最高人民法院
司 法 解 释 全 书

（2010 年权威解读版）

最 高 人 民 法 院 研 究 室　审定
《最高人民法院司法解释全书》编委会 编

（第一卷）

中国言实出版社

图书在版编目（CIP）数据

最高人民法院司法解释全书（2010 年版）/《最高人民法院司法解释全书》编委会编．—北京：中国言实出版社，2010．4
ISBN 978-7-80250-259-8

Ⅰ．最…　Ⅱ．最…　Ⅲ．法律解释—汇编—中国
Ⅳ．D920．5

中国版本图书馆 CIP 数据核字（2009）第 041895 号

出版发行　中国言实出版社
地　址：北京市朝阳区北苑路 180 号加利大夏 5 号楼 105 室
邮　编：100101
电　话：64924716（发行部）　64963101（邮　购）
64924880（总编室）　64963107（编辑部）
网　址：www.zgyscbs.cn
E—mail：zgyscbs@263.net

经　销　新华书店
印　刷　北京佳顺印务有限公司
版　次　2009 年 4 月第 1 版
2010 年 4 月第 2 版　2010 年 4 月第 2 次印刷
规　格　787 毫米×1092 毫米　1/16　158 印张
字　数　3800 千字
定　价　880.00 元（全四卷）　ISBN 978-7-80250-259-8/D·337

前　言

1981年全国人大常委会发布的《关于加强法律解释工作的决议》，是至今为止涉及法律解释内容方面最权威的法定依据。该决议规定：凡属于法律、法令条文本身需要进一步明确界限或作补充规定的，由全国人大常委会进行解释；凡属于法院审判工作中具体应用法律、法令的问题，由最高人民法院进行解释；凡属于检察院检察工作中具体应用法律、法令的问题，由最高人民检察院进行解释。最高人民法院和最高人民检察院的解释如果有原则性的分歧，报请全国人民代表大会常务委员会解释或决定。这一规定既是最高人民法院行使司法解释权的法律依据，又是其职责权限和效力等级的规定。

因此，在我国司法解释是指，国家最高司法机关根据法律赋予的职权就具体应用法律问题所制作的具有普遍司法效力的规范性文件。最高国家司法机关就是指最高人民法院和最高人民检察院。其中，最高人民法院的司法解释尤其重要。

最高人民法院的司法解释是最高人民法院为适应复杂多变的社会生活和审判实践的需要，依据法律赋予的职权，对现行的成文法所作的解释。它是对法律的解释，但不是立法，也不是立法解释。但是，司法解释一经生效，即具有普遍的司法效力，对案件当事人及其与案件有关的人具有约束力。

因此，在我国司法实践中，最高人民法院的司法解释在案件的审理和判决中所起的重要作用不言自明。为了向广大读者，特别是法律工作者提供文本准确、分类合理、专业性强、条理清晰、方便实用的司法解释汇编本，我们特编辑出版了这本《最高人民法院司法解释全书》。

本书由最高人民法院研究室审定，根据审判机关所涉案件的程序和规定作为分类标准，对最高人民法院司法解释进行了科学、系统、详尽的分类，便于读者查阅。全书共分为七部分，分别是刑事、刑事诉讼、民事、民事诉讼、国家赔偿、行政以及综合等。每个部分又分为若干类别，并按照时间顺序进行排列，读者使用非常方便。本书收录的最高人民法院司法解释皆为现行有效，并在每个部分按时间顺序进行了合理编排，日期截止到2009年12月底。

对于2009年度的司法解释，我们还编辑了权威的解读，以便于读者充分理解相关司法解释的制定背景、过程以及相关条款的具体含义。本书具有以下特点：第一，全面性，最高人民法院所发布的现行有效的司法解释以及重要的司法文件都收入了本书；第二，权威性，本书的编辑体例和相关分类由权威专家审定，所收入的司法解释与法定文本进行了详细比对，所收入的司法解释解读也都是目前最权威的解读；第三，实用性，本书根据广大法律工作者的实际需要进行了分类，并且对2009年的司法解释配备了权威的司法解释，非常适宜广大法律工作者查找和使用相关司法解释。

本书是法官、检察官、律师、刑事法学研究者，以及其他广大法律工作者必备的工作用书。本书也适宜作为法学院校的教学参考书。

编　者

2010年4月

总 目 录

目　　录

一　刑　　事

8　妨害社会管理秩序罪 …………………………（221）

二　刑事诉讼

一　刑　　事

1 综 合

（一）司法解释

最高人民法院关于处理涉及汶川地震相关案件适用法律问题的意见（一）

（2008 年 7 月 14 日 法发［2008］21 号）

为依法做好灾区审判和执行工作，保障灾区人民群众合法权益，维护灾区社会稳定，为抗震救灾和灾后恢复重建提供有力的司法保障，最高人民法院分别于 5 月 27 日和 6 月 6 日发布了《最高人民法院关于依法做好抗震救灾期间审判工作切实维护灾区社会稳定的通知》（法［2008］152 号）和《最高人民法院关于依法做好抗震救灾恢复重建期间民事审判和执行工作的通知》（法［2008］164 号），上述两个《通知》对涉灾案件审判和执行工作的基本原则和一些具体法律适用问题作出了规定，各级人民法院要严格执行。根据灾后恢复重建的实际情况，为尽快恢复灾区正常的经济、社会秩序，现对涉及四川汶川地震灾害相关案件适用法律的有关问题进一步提出以下意见：

一、对于涉及灾区群众人身、财产关系的婚姻家庭、继承、宣告死亡、宣告失踪等案件，人民法院要依法积极受理，尽快解决因地震造成相关人身和财产权利义务关系变化而带来的问题。

二、灾区群众安置地与原住所地、经常居住地不在同一行政区域的，对于异地安置以后发生的诉讼，可以将安置地视为当事人的居住地依法确定管辖。

三、农村承包地因地震灾害导致不能耕种、边界不明，当事人起诉要求进行调整、边界划定或重新确权的，人民法院应当告知当事人向有关政府行政主管部门申请解决。

四、案件承办法官因遇难或者其他原因无法履行职责的，人民法院可以根据《最高人民法院关于人民法院合议庭工作的若干规定》（法释[2002]25号）的程序更换办案人员继续审理。案件被移送或者被指定管辖的，由受移送或者被指定管辖的人民法院继续审理。

五、人民法院正在审理的刑事案件、民事案件、行政案件以及执行案件中，当事人死亡或失踪的，要依法分别处理。刑事案件被告人死亡的，终止审理。民事案件、行政案件和执行案件当事人死亡或者失踪的，裁定中止审理、执行，待灾区安置及恢复重建工作进行到一定阶段，经法定程序对涉案人身、财产关系明确后，人民法院依法决定是否恢复审理、执行，或者按撤诉处理、终结诉讼、终结执行，或者变更主体等。

六、当事人在诉讼中提交给法院的证据如系原件，在未经质证的情况下在地震中灭失，待证事实或者毁损灭失的证据内容又不能通过其他证明方法证明的，人民法院应当通过调解等办法妥善处理。

七、对民法通则第一百三十九条规定的“中止时效的原因消除”、民事诉讼法第七十六条规定的“障碍消除”、第一百三十六条规定的“中止诉讼的原因消除”以及第二百三十二条规定的“中止的情形消失”，《最高人民法院关于执行〈中华人民共和国行政诉讼法〉若干问题的解释》第五十一条规定的“中止诉讼的原因消除”之日的确定，要区别灾区不同情况，坚持从宽掌握的原则，结合个案具体情况具体分析。

人民法院在确定时可以考虑以下因素：1. 人民法院恢复正常工作的情况；2. 当地恢复重建进展的情况；3. 失踪当事人重新出现、财产代管人经依法确定、被有关部门确定死亡或被人民法院宣告死亡明确继承人的情况；4. 作为法人或其他组织的当事人恢复经营能力或者已经确立权利义务承受人的情况。

八、正在审理中的案件当事人在地震灾害中下落不明的，人民法院在核实当事人的身份、下落等有关情况后可以公告送达法律文书。

利害关系人申请宣告下落不明人失踪的，人民法院作出宣告失踪判决后，应当变更财产代管人为当事人，相关法律文书向财产代管人送达。

九、在诉讼过程中，因地震造成已查封、扣押的财产毁损、灭失的，应当参照最高人民法院《关于人民法院民事执行中查封、扣押、冻结财产的规定》第二十四条的规定处理；申请人提供其他财产线索申请查封、扣押的，可不再交纳申请费。

对于已评估过的财产，因地震造成毁损或价值贬损的，可以根据申请人的申请重新予以评估，评估费用按照《诉讼费用交纳办法》第十二条的规定确定。

十、申请执行人为非灾区企业或者公民，被执行人为灾区企业或者公民，财产无法确定或者确无财产可供执行的，应当中止执行；被执行人遭受灾害后有财产可供执行的，执行机构应尽力促成和解结案；申请执行人要求继续执行，但执行该财产将严重影响恢复重建工作顺利进行的，可以中止执行。中止执行的情形消失后，应当及时恢复执行。

灾区受灾企业或者公民申请强制执行，被执行人为非灾区企业或者公民的，人民法院应当加大执行力度，依法及时执行，以利于灾区企业和公民更好地恢复生产、重建家园。

最高人民法院、最高人民检察院关于执行《中华人民共和国刑法》确定罪名的补充规定（三）

（2007 年 10 月 25 日 法释［2007］16 号）

根据《中华人民共和国刑法修正案（五）》（以下简称《刑法修正案（五）》）、《中华人民共和国刑法修正案（六）》（以下简称《刑法修正案（六）》）的规定，现对最高人民法院《关于执行〈中华人民共和国刑法〉确定罪名的规定》，最高人民检察院《关于适用刑法分则规定的犯罪的罪名的意见》，最高人民法院、最高人民检察院《关于执行〈中华人民共和国刑法〉确定罪名的补充规定》作如下补充、修改：

（续表1）

刑法条文	罪名
第134条第2款（《刑法修正案（六）》第1条第2款）	强令违章冒险作业罪
第135条之一（《刑法修正案（六）》第3条）	大型群众性活动重大安全事故罪
第139条之一（《刑法修正案（六）》第4条）	不报、谎报安全事故罪
第161条（《刑法修正案（六）》第5条）	违规披露、不披露重要信息罪（取消提供虚假财会报告罪罪名）
第162条之二（《刑法修正案（六）》第6条）	虚假破产罪
第163条（《刑法修正案（六）》第7条）	非国家工作人员受贿罪（取消公司、企业人员受贿罪罪名）
第164条（《刑法修正案（六）》第8条）	对非国家工作人员行贿罪（取消对公司、企业人员行贿罪罪名）
第169条之一（《刑法修正案（六）》第9条）	背信损害上市公司利益罪
第175条之一（《刑法修正案（六）》第10条）	骗取贷款、票据承兑、金融票证罪
第177条之一第1款（《刑法修正案（五）》第1条第1款）	妨害信用卡管理罪
第177条之一第2款（《刑法修正案（五）》第1条第2款）	窃取、收买、非法提供信用卡信息罪
第182条（《刑法修正案（六）》第11条）	操纵证券、期货市场罪（取消操纵证券、期货交易价格罪罪名）
第185条之一第1款（《刑法修正案（六）》第12条第1款）	背信运用受托财产罪
第185条之一第2款（《刑法修正案（六）》第12条第2款）	违法运用资金罪
第186条（《刑法修正案（六）》第13条）	违法发放贷款罪（取消违法向关系人发放贷款罪罪名）
第187条（《刑法修正案（六）》第14条）	吸收客户资金不入账罪（取消用账外客户资金非法拆借、发放贷款罪罪名）
第188条（《刑法修正案（六）》第15条）	违规出具金融票证罪（取消非法出具金融票证罪罪名）
第262条之一（《刑法修正案（六）》第17条）	组织残疾人、儿童乞讨罪

（续表 2）

刑法条文	罪名
第 303 条第 2 款（《刑法修正案（六）》第 18 条第 2 款）	开设赌场罪
第 312 条（《刑法修正案（六）》第 19 条）	掩饰、隐瞒犯罪所得、犯罪所得收益罪（取消窝藏、转移、收购、销售赃物罪罪名）
第 369 条第 2 款（《刑法修正案（五）》第 3 条第 2 款）	过失损坏武器装备、军事设施、军事通信罪
第 399 条之一（《刑法修正案（六）》第 20 条）	枉法仲裁罪

最高人民法院最高人民检察院关于执行《中华人民共和国刑法》确定罪名的补充规定（二）

（2003 年 8 月 6 日最高人民法院审判委员会第 1283 次会议　2003 年 8 月 12 日最高人民检察院第十届检察委员会第 7 次会议通过　2003 年 8 月 15 日公布　2003 年 8 月 21 日起施行　法释〔2003〕12 号）

为统一认定罪名，根据《中华人民共和国刑法修正案（四）》（以下简称《刑法修正案（四）》）的规定，现对最高人民法院《关于执行〈中华人民共和国刑法〉确定罪名的规定》、最高人民检察院《关于适用刑法分则规定的犯罪的罪名的意见》作如下补充、修改：

刑法条文罪名第 152 条第 2 款

（《刑法修正案（四）》第 2 条）走私废物罪

（取消刑法原第 155 条第 3 项走私固体废物罪罪名）第 244 条之一

（《刑法修正案（四）》第 4 条）雇用童工从事危重劳动罪第 344 条

（《刑法修正案（四）》第 6 条）非法采伐、毁坏国家重点保护植物罪

非法收购、运输、加工、出售国家重点保护植物、国家重点保护植物制品罪

(取消非法采伐、毁坏珍贵树木罪罪名)第345条第3款

(《刑法修正案(四)》第7条第3款)非法收购、运输盗伐、滥伐的林木罪

(取消非法收购盗伐、滥伐的林木罪罪名)第399条第3款

(《刑法修正案(四)》第8条第3款)执行判决、裁定失职罪

执行判决、裁定滥用职权罪

最高人民法院最高人民检察院关于执行《中华人民共和国刑法》确定罪名的补充规定

(最高人民法院审判委员会第1193次会议　最高人民检察院第九届检察委员会第100次会议通过　2002年3月15日公布　自2002年3月26日起施行　法释〔2002〕7号)

为正确理解、执行《中华人民共和国刑法》和全国人民代表大会常务委员会《关于惩治骗购外汇、逃汇和非法买卖外汇犯罪的决定》、《中华人民共和国刑法修正案》、《中华人民共和国刑法修正案(二)》、《中华人民共和国刑法修正案(三)》(以下分别简称为《决定》、《修正案》及《修正案(二)》、《修正案(三)》),统一认定罪名,现对最高人民法院《关于执行〈中华人民共和国刑法〉确定罪名的规定》、最高人民检察院《关于适用刑法分则规定的犯罪的罪名的意见》作如下补充、修改:

刑法条文罪名第114条、第115条第1款

(《修正案(三)》第1、2条)投放危险物质罪

(取消投毒罪罪名)第115条第2款

(《修正案(三)》第1、2条)过失投放危险物质罪

(取消过失投毒罪罪名)第120条之一

(《修正案(三)》第4条)资助恐怖活动罪第125条第2款

(《修正案(三)》第5条)非法制造、买卖、运输、储存危险物质罪

(取消非法买卖、运输核材料罪罪名)第127条第1款、第2款

(《修正案(三)》第6条第1款、第2款)盗窃、抢夺枪支、弹药、爆炸物、危险物质罪第127条第2款

(《修正案(三)》第6条第2款)抢劫枪支、弹药、爆炸物、危险物质罪第162条之一

(《修正案》第1条)隐匿、故意销毁会计凭证、会计账簿、财务会计报告罪第168条

(《修正案》第2条)国有公司、企业、事业单位人员失职罪

国有公司、企业、事业单位人员滥用职权罪

(取消徇私舞弊造成破产、亏损罪罪名)第174条第2款

(《修正案》第3条)伪造、变造、转让金融机构经营许可证、批准文件罪第181条第1款、第2款

(《修正案》第5条第1款、第2款)编造并传播证券、期货交易虚假信息罪

诱骗投资者买卖证券、期货合约罪第182条

(《修正案》第6条)操纵证券、期货交易价格罪《决定》第1条骗购外汇罪

第229条第1款、第2款、第3款提供虚假证明文件罪(取消中介组织人员提供虚假证明文件罪罪名)

出具证明文件重大失实罪(取消中介组织人员出具证明文件重大失实罪罪名)第236条强奸罪(取消奸淫幼女罪罪名)第291条之一

(《修正案(三)》第8条)投放虚假危险物质罪

编造、故意传播虚假恐怖信息罪第342条

(《修正案(二)》)非法占用农用地罪

(取消非法占用耕地罪罪名)第397条滥用职权罪

玩忽职守罪

(取消国家机关工作人员徇私舞弊罪罪名)第399条第1款、第2款徇私枉法罪(取消枉法追诉、裁判罪)

民事、行政枉法裁判罪(取消枉法裁判罪)第406条国家机关工作人员签订、履行合同失职被骗罪(取消国家机关工作人员签订、履行合同失职罪)最高人民法院、最高人民检察院原有关罪名问题的规定与本规定不一致的,以本规定为准。

最高人民法院最高人民检察院关于适用刑事司法解释时间效力问题的规定

（2001年9月18日最高人民法院审判委员会第1193次会议　2001年6月18日最高人民检察院第九届检察委员会第90次会议通过　自2001年12月17日起施行　高检发释字〔2001〕5号）

为正确适用司法解释办理案件，现对适用刑事司法解释时间效力问题提出如下意见：

一、司法解释是最高人民法院对审判工作中具体应用法律问题和最高人民检察院对检察工作中具体应用法律问题所作的具有法律效力的解释，自发布或者规定之日起施行，效力适用于法律的施行期间。

二、对于司法解释实施前发生的行为，行为时没有相关司法解释，司法解释施行后尚未处理或者正在处理的案件，依照司法解释的规定办理。

三、对于新的司法解释实施前发生的行为，行为时已有相关司法解释，依照行为时的司法解释办理，但适用新的司法解释对犯罪嫌疑人、被告人有利的，适用新的司法解释。

四、对于在司法解释施行前已办结的案件，按照当时的法律和司法解释，认定事实和适用法律没有错误的，不再变动。

最高人民法院关于农村合作基金会从业人员犯罪如何定性问题的批复

（2000年4月26日最高人民法院审判委员会第1111次会议通过　自2000年5月12日起施行　法释〔2000〕10号）

四川省高级人民法院：

你院川高法〔1999〕376号《关于农村合作基金会从业人员犯罪如何定性的请

示》收悉。经研究,答复如下:

农村合作基金会从业人员,除具有金融机构现职工作人员身份的以外,不属于金融机构工作人员。对其实施的犯罪行为,应当依照刑法的有关规定定罪处罚。

最高人民法院关于在审理经济纠纷案件中涉及经济犯罪嫌疑若干问题的规定

(1998 年 4 月 9 日最高人民法院审判委员会第 974 次会议通过 自 1998 年 4 月 29 日起施行 法释〔1998〕7 号)

根据《中华人民共和国民法通则》、《中华人民共和国刑法》、《中华人民共和国民事诉讼法》、《中华人民共和国刑事诉讼法》等有关规定,对审理经济纠纷案件中涉及经济犯罪嫌疑问题作以下规定:

第一条 同一公民、法人或其他经济组织因不同的法律事实,分别涉及经济纠纷和经济犯罪嫌疑的,经济纠纷案件和经济犯罪嫌疑案件应当分开审理。

第二条 单位直接负责的主管人员和其他直接责任人员,以为单位骗取财物为目的,采取欺骗手段对外签订经济合同,骗取的财物被该单位占有、使用或处分构成犯罪的,除依法追究有关人员的刑事责任,责令该单位返还骗取的财物外,如给被害人造成经济损失的,单位应当承担赔偿责任。

第三条 单位直接负责的主管人员和其他直接责任人员,以该单位的名义对外签订经济合同,将取得的财物部分或全部占为己有构成犯罪的,除依法追究行为人的刑事责任外,该单位对行为人因签订、履行该经济合同造成的后果,依法应当承担民事责任。

第四条 个人借用单位的业务介绍信、合同专用章或者盖有公章的空白合同书,以出借单位名义签订经济合同,骗取财物归个人占有、使用、处分或者进行其他犯罪活动,给对方造成经济损失构成犯罪的,除依法追究借用人的刑事责任外,出借业务介绍信、合同专用章或者盖有公章的空白合同书的单位,依法应当承担赔偿责任。但是,有证据证明被害人明知签订合同对方当事人是借用行为,仍与之签订合同的除外。

第五条 行为人盗窃、盗用单位的公章、业务介绍信、盖有公章的空白合同书，或者私刻单位的公章签订经济合同，骗取财物归个人占有、使用、处分或者进行其他犯罪活动构成犯罪的，单位对行为人该犯罪行为所造成的经济损失不承担民事责任。

行为人私刻单位公章或者擅自使用单位公章、业务介绍信、盖有公章的空白合同书以签订经济合同的方法进行的犯罪行为，单位有明显过错，且该过错行为与被害人的经济损失之间具有因果关系的，单位对该犯罪行为所造成的经济损失，依法应当承担赔偿责任。

第六条 企业承包、租赁经营合同期满后，企业按规定办理了企业法定代表人的变更登记，而企业法人未采取有效措施收回其公章、业务介绍信、盖有公章的空白合同书，或者没有及时采取措施通知相对人，致原企业承包人、租赁人得以用原承包、租赁企业的名义签订经济合同，骗取财物占为己有构成犯罪的，该企业对被害人的经济损失，依法应当承担赔偿责任。但是，原承包人、承租人利用擅自保留的公章、业务介绍信、盖有公章的空白合同书以原承包、租赁企业的名义签订经济合同，骗取财物占为己有构成犯罪的，企业一般不承担民事责任。

单位聘用的人员被解聘后，或者受单位委托保管公章的人员被解除委托后，单位未及时收回其公章，行为人擅自利用保留的原单位公章签订经济合同，骗取财物占为己有构成犯罪，如给被害人造成经济损失的，单位应当承担赔偿责任。

第七条 单位直接负责的主管人员和其他直接责任人员，将单位进行走私或其他犯罪活动所得财物以签订经济合同的方法予以销售，买方明知或者应当知道的，如因此造成经济损失，其损失由买方自负。但是，如果买方不知该经济合同的标的物是犯罪行为所得财物而购买的，卖方对买方所造成的经济损失应当承担民事责任。

第八条 根据《中华人民共和国刑事诉讼法》第七十七条第一款的规定，被害人对本规定第二条因单位犯罪行为造成经济损失的，对第四条、第五条第一款、第六条应当承担刑事责任的被告人未能返还财物而遭受经济损失提起附带民事诉讼的，受理刑事案件的人民法院应当依法一并审理。被害人因其遭受经济损失也有权对单位另行提起民事诉讼。若被害人另行提起民事诉讼的，有管辖权的人民法院应当依法受理。

第九条 被害人请求保护其民事权利的诉讼时效在公安机关、检察机关查处经济犯罪嫌疑期间中断。如果公安机关决定撤销涉嫌经济犯罪案件或者检察机关决定不起诉的，诉讼时效从撤销案件或决定不起诉之次日起重新计算。

第十条 人民法院在审理经济纠纷案件中，发现与本案有牵连，但与本案不是同一法律关系的经济犯罪嫌疑线索、材料，应将犯罪嫌疑线索、材料移送有关公安机关或检察机关查处，经济纠纷案件继续审理。

第十一条 人民法院作为经济纠纷受理的案件，经审理认为不属经济纠纷案件而有经济犯罪嫌疑的，应当裁定驳回起诉，将有关材料移送公安机关或检察机关。

第十二条 人民法院已立案审理的经济纠纷案件，公安机关或检察机关认为有经济犯罪嫌疑，并说明理由附有关材料函告受理该案的人民法院的，有关人民法院应当认真审查。经过审查，认为确有经济犯罪嫌疑的，应当将案件移送公安机关或检察机关，并书面通知当事人，退还案件受理费；如认为确属经济纠纷案件的，应当依法继续审理，并将结果函告有关公安机关或检察机关。

最高人民法院关于执行《中华人民共和国刑法》确定罪名的规定

（1997 年 12 月 9 日最高人民法院审判委员会第 951 次会议通过 自 1997 年 12 月 16 日起施行 法释〔1997〕9 号）

为正确理解、执行第八届全国人民代表大会第五次会议通过的修订的《中华人民共和国刑法》，统一认定罪名，现根据修订的《中华人民共和国刑法》，对刑法分则中罪名规定如下：

第一章 危害国家安全罪

刑法条文	罪 名
第 102 条	背叛国家罪

第103条第1款	分裂国家罪
第2款	煽动分裂国家罪
第104条	武装叛乱、暴乱罪
第105条第1款	颠覆国家政权罪
第2款	煽动颠覆国家政权罪
第107条	资助危害国家安全犯罪活动罪
第108条	投敌叛变罪
第109条	叛逃罪
第110条	间谍罪
第111条	为境外窃取、刺探、收买、非法提供国家秘密、情报罪
第112条	资敌罪

第二章　危害公共安全罪

第114条、第115条第1款	放火罪
	决水罪
	爆炸罪
	投毒罪
	以危险方法危害公共安全罪
第115条第2款	失火罪
	过失决水罪
	过失爆炸罪
	过失投毒罪
	过失以危险方法危害公共安全罪
第116条、第119条第1款	破坏交通工具罪
第117条、第119条第1款	破坏交通设施罪
第118条、第119条第1款	破坏电力设备罪
	破坏易燃易爆设备罪

第 119 条第 2 款	过失损坏交通工具罪
	过失损坏交通设施罪
	过失损坏电力设备罪
	过失损坏易燃易爆设备罪
第 120 条	组织、领导、参加恐怖组织罪
第 121 条	劫持航空器罪
第 122 条	劫持船只、汽车罪
第 123 条	暴力危及飞行安全罪
第 124 条第 1 款	破坏广播电视设施、公用电信设施罪
第 2 款	过失损坏广播电视设施、公用电信设施罪
第 125 条第 1 款	非法制造、买卖、运输、邮寄、储存枪支、弹药、爆炸物罪
第 2 款	非法买卖、运输核材料罪
第 126 条	违规制造、销售枪支罪
第 127 条第 1 款、第 2 款	盗窃、抢夺枪支、弹药、爆炸物罪
第 2 款	抢劫枪支、弹药、爆炸物罪
第 128 条第 1 款	非法持有、私藏枪支、弹药罪
第 2 款、第 3 款	非法出租、出借枪支罪
第 129 条	丢失枪支不报罪
第 130 条	非法携带枪支、弹药、管制刀具、危险物品危及公共安全罪
第 131 条	重大飞行事故罪
第 132 条	铁路运营安全事故罪
第 133 条	交通肇事罪
第 134 条	重大责任事故罪
第 135 条	重大劳动安全事故罪
第 136 条	危险物品肇事罪

第137条	工程重大安全事故罪
第138条	教育设施重大安全事故罪
第139条	消防责任事故罪

第三章　破坏社会主义市场经济秩序罪

第一节　生产、销售伪劣商品罪

第140条	生产、销售伪劣产品罪
第141条	生产、销售假药罪
第142条	生产、销售劣药罪
第143条	生产、销售不符合卫生标准的食品罪
第144条	生产、销售有毒、有害食品罪
第145条	生产、销售不符合标准的医用器材罪
第146条	生产、销售不符合安全标准的产品罪
第147条	生产、销售伪劣农药、兽药、化肥、种子罪
第148条	生产、销售不符合卫生标准的化妆品罪

第二节　走　私　罪

第151条第1款	走私武器、弹药罪
	走私核材料罪
	走私假币罪
第2款	走私文物罪
	走私贵重金属罪
	走私珍贵动物、珍贵动物制品罪
第3款	走私珍稀植物、珍稀植物制品罪
第152条	走私淫秽物品罪
第153条	走私普通货物、物品罪
第155条第(3)项	走私固体废物罪

第三节 妨害对公司、企业的管理秩序罪

第 158 条	虚报注册资本罪
第 159 条	虚假出资、抽逃出资罪
第 160 条	欺诈发行股票、债券罪
第 161 条	提供虚假财会报告罪
第 162 条	妨害清算罪
第 163 条	公司、企业人员受贿罪
第 164 条	对公司、企业人员行贿罪
第 165 条	非法经营同类营业罪
第 166 条	为亲友非法牟利罪
第 167 条	签订、履行合同失职被骗罪
第 168 条	徇私舞弊造成破产、亏损罪
第 169 条	徇私舞弊低价折股、出售国有资产罪

第四节 破坏金融管理秩序罪

第 170 条	伪造货币罪
第 171 条第 1 款	出售、购买、运输假币罪
第 2 款	金融工作人员购买假币、以假币换取货币罪
第 172 条	持有、使用假币罪
第 173 条	变造货币罪
第 174 条第 1 款	擅自设立金融机构罪
第 2 款	伪造、变造、转让金融机构经营许可证罪
第 175 条	高利转贷罪
第 176 条	非法吸收公众存款罪
第 177 条	伪造、变造金融票证罪
第 178 条第 1 款	伪造、变造国家有价证券罪

第2款	伪造、变造股票、公司、企业债券罪
第179条	擅自发行股票、公司、企业债券罪
第180条	内幕交易、泄露内幕信息罪
第181条第1款	编造并传播证券交易虚假信息罪
第2款	诱骗投资者买卖证券罪
第182条	操纵证券交易价格罪
第186条第1款	违法向关系人发放贷款罪
第2款	违法发放贷款罪
第187条	用帐外客户资金非法拆借、发放贷款罪
第188条	非法出具金融票证罪
第189条	对违法票据承兑、付款、保证罪
第190条	逃汇罪
第191条	洗钱罪

第五节　金融诈骗罪

第192条	集资诈骗罪
第193条	贷款诈骗罪
第194条第1款	票据诈骗罪
第2款	金融凭证诈骗罪
第195条	信用证诈骗罪
第196条	信用卡诈骗罪
第197条	有价证券诈骗罪
第198条	保险诈骗罪

第六节　危害税收征管罪

第201条	偷税罪
第202条	抗税罪
第203条	逃避追缴欠税罪

第 204 条第 1 款	骗取出口退税罪
第 205 条	虚开增值税专用发票、用于骗取出口退税、抵扣税款发票罪
第 206 条	伪造、出售伪造的增值税专用发票罪
第 207 条	非法出售增值税专用发票罪
第 208 条第 1 款	非法购买增值税专用发票、购买伪造的增值税专用发票罪
第 209 条第 1 款	非法制造、出售非法制造的用于骗取出口退税、抵扣税款发票罪
第 2 款	非法制造、出售非法制造的发票罪
第 3 款	非法出售用于骗取出口退税、抵扣税款发票罪
第 4 款	非法出售发票罪

第七节　侵犯知识产权罪

第 213 条	假冒注册商标罪
第 214 条	销售假冒注册商标的商品罪
第 215 条	非法制造、销售非法制造的注册商标标识罪
第 216 条	假冒专利罪
第 217 条	侵犯著作权罪
第 218 条	销售侵权复制品罪
第 219 条	侵犯商业秘密罪

第八节　扰乱市场秩序罪

第 221 条	损害商业信誉、商品声誉罪
第 222 条	虚假广告罪
第 223 条	串通投标罪

第 224 条	合同诈骗罪
第 225 条	非法经营罪
第 226 条	强迫交易罪
第 227 条第 1 款	伪造、倒卖伪造的有价票证罪
第 2 款	倒卖车票、船票罪
第 228 条	非法转让、倒卖土地使用权罪
第 229 条第 1 款、第 2 款	中介组织人员提供虚假证明文件罪
第 3 款	中介组织人员出具证明文件重大失实罪
第 230 条	逃避商检罪

第四章　侵犯公民人身权利、民主权利罪

第 232 条	故意杀人罪
第 233 条	过失致人死亡罪
第 234 条	故意伤害罪
第 235 条	过失致人重伤罪
第 236 条第 1 款	强奸罪
第 2 款	奸淫幼女罪
第 237 条第 1 款	强制猥亵、侮辱妇女罪
第 3 款	猥亵儿童罪
第 238 条	非法拘禁罪
第 239 条	绑架罪
第 240 条	拐卖妇女、儿童罪
第 241 条第 1 款	收买被拐卖的妇女、儿童罪
第 242 条第 2 款	聚众阻碍解救被收买的妇女、儿童罪
第 243 条	诬告陷害罪
第 244 条	强迫职工劳动罪
第 245 条	非法搜查罪

	非法侵入住宅罪
第 246 条	侮辱罪
	诽谤罪
第 247 条	刑讯逼供罪
	暴力取证罪
第 248 条	虐待被监管人罪
第 249 条	煽动民族仇恨、民族歧视罪
第 250 条	出版歧视、侮辱少数民族作品罪
第 251 条	非法剥夺公民宗教信仰自由罪
	侵犯少数民族风俗习惯罪
第 252 条	侵犯通信自由罪
第 253 条第 1 款	私自开拆、隐匿、毁弃邮件、电报罪
第 254 条	报复陷害罪
第 255 条	打击报复会计、统计人员罪
第 256 条	破坏选举罪
第 257 条	暴力干涉婚姻自由罪
第 258 条	重婚罪
第 259 条第 1 款	破坏军婚罪
第 260 条	虐待罪
第 261 条	遗弃罪
第 262 条	拐骗儿童罪

第五章 侵犯财产罪

第 263 条	抢劫罪
第 264 条	盗窃罪
第 266 条	诈骗罪
第 267 条第 1 款	抢夺罪
第 268 条	聚众哄抢罪

第 270 条	侵占罪
第 271 条第 1 款	职务侵占罪
第 272 条第 1 款	挪用资金罪
第 273 条	挪用特定款物罪
第 274 条	敲诈勒索罪
第 275 条	故意毁坏财物罪
第 276 条	破坏生产经营罪

第六章　妨害社会管理秩序罪

第一节　扰乱公共秩序罪

第 277 条	妨害公务罪
第 278 条	煽动暴力抗拒法律实施罪
第 279 条	招摇撞骗罪
第 280 条第 1 款	伪造、变造、买卖国家机关公文、证件、印章罪
	盗窃、抢夺、毁灭国家机关公文、证件、印章罪
第 2 款	伪造公司、企业、事业单位、人民团体印章罪
第 3 款	伪造、变造居民身份证罪
第 281 条	非法生产、买卖警用装备罪
第 282 条第 1 款	非法获取国家秘密罪
第 2 款	非法持有国家绝密、机密文件、资料、物品罪
第 283 条	非法生产、销售间谍专用器材罪
第 284 条	非法使用窃听、窃照专用器材罪
第 285 条	非法侵入计算机信息系统罪
第 286 条	破坏计算机信息系统罪
第 288 条	扰乱无线电通讯管理秩序罪

第 290 条第 1 款	聚众扰乱社会秩序罪
第 2 款	聚众冲击国家机关罪
第 291 条	聚众扰乱公共场所秩序、交通秩序罪
第 292 条第 1 款	聚众斗殴罪
第 293 条	寻衅滋事罪
第 294 条第 1 款	组织、领导、参加黑社会性质组织罪
第 2 款	入境发展黑社会组织罪
第 4 款	包庇、纵容黑社会性质组织罪
第 295 条	传授犯罪方法罪
第 296 条	非法集会、游行、示威罪
第 297 条	非法携带武器、管制刀具、爆炸物参加集会、游行、示威罪
第 298 条	破坏集会、游行、示威罪
第 299 条	侮辱国旗、国徽罪
第 300 条第 1 款	组织、利用会道门、邪教组织、利用迷信破坏法律实施罪
第 2 款	组织、利用会道门、邪教组织、利用迷信致人死亡罪
第 301 条第 1 款	聚众淫乱罪
第 2 款	引诱未成年人聚众淫乱罪
第 302 条	盗窃、侮辱尸体罪
第 303 条	赌博罪
第 304 条	故意延误投递邮件罪

第二节 妨害司法罪

第 305 条	伪证罪
第 306 条	辩护人、诉讼代理人毁灭证据、伪造证据、妨害作证罪

第307条第1款	妨害作证罪
第2款	帮助毁灭、伪造证据罪
第308条	打击报复证人罪
第309条	扰乱法庭秩序罪
第310条	窝藏、包庇罪
第311条	拒绝提供间谍犯罪证据罪
第312条	窝藏、转移、收购、销售赃物罪
第313条	拒不执行判决、裁定罪
第314条	非法处置查封、扣押、冻结的财产罪
第315条	破坏监管秩序罪
第316条第1款	脱逃罪
第2款	劫夺被押解人员罪
第317条第1款	组织越狱罪
第2款	暴动越狱罪 聚众持械劫狱罪

第三节　妨害国(边)境管理罪

第318条	组织他人偷越国(边)境罪
第319条	骗取出境证件罪
第320条	提供伪造、变造的出入境证件罪 出售出入境证件罪
第321条	运送他人偷越国(边)境罪
第322条	偷越国(边)境罪
第323条	破坏界碑、界桩罪 破坏永久性测量标志罪

第四节　妨害文物管理罪

第324条第1款	故意损毁文物罪
第2款	故意损毁名胜古迹罪
第3款	过失损毁文物罪

第 325 条	非法向外国人出售、赠送珍贵文物罪
第 326 条	倒卖文物罪
第 327 条	非法出售、私赠文物藏品罪
第 328 条第 1 款	盗掘古文化遗址、古墓葬罪
第 2 款	盗掘古人类化石、古脊椎动物化石罪
第 329 条第 1 款	抢夺、窃取国有档案罪
第 2 款	擅自出卖、转让国有档案罪

第五节 危害公共卫生罪

第 330 条	妨害传染病防治罪
第 331 条	传染病菌种、毒种扩散罪
第 332 条	妨害国境卫生检疫罪
第 333 条第 1 款	非法组织卖血罪、强迫卖血罪
第 334 条第 1 款	非法采集、供应血液、制作、供应血液制品罪
第 2 款	采集、供应血液、制作、供应血液制品事故罪
第 335 条	医疗事故罪
第 336 条第 1 款	非法行医罪
第 2 款	非法进行节育手术罪
第 337 条	逃避动植物检疫罪

第六节 破坏环境资源保护罪

第 338 条	重大环境污染事故罪
第 339 条第 1 款	非法处置进口的固体废物罪
第 2 款	擅自进口固体废物罪
第 340 条	非法捕捞水产品罪
第 341 条第 1 款	非法猎捕、杀害珍贵、濒危野生动物罪

	非法收购、运输、出售珍贵、濒危野生动物、珍贵、濒危野生动物制品罪
第2款	非法狩猎罪
第342条	非法占用耕地罪
第343条第1款	非法采矿罪
第2款	破坏性采矿罪
第344条	非法采伐、毁坏珍贵树木罪
第345条第1款	盗伐林木罪
第2款	滥伐林木罪
第3款	非法收购盗伐、滥伐的林木罪

第七节　走私、贩卖、运输、制造毒品罪

第347条	走私、贩卖、运输、制造毒品罪
第348条	非法持有毒品罪
第349条第1款、第2款	包庇毒品犯罪分子罪
第1款	窝藏、转移、隐瞒毒品、毒赃罪
第350条第1款	走私制毒物品罪
	非法买卖制毒物品罪
第351条	非法种植毒品原植物罪
第352条	非法买卖、运输、携带、持有毒品原植物种子、幼苗罪
第353条第1款	引诱、教唆、欺骗他人吸毒罪
第2款	强迫他人吸毒罪
第354条	容留他人吸毒罪
第355条	非法提供麻醉药品、精神药品罪

第八节　组织、强迫、引诱、容留、介绍卖淫罪

第358条第1款	组织卖淫罪
	强迫卖淫罪

第 3 款	协助组织卖淫罪
第 359 条第 1 款	引诱、容留、介绍卖淫罪
第 2 款	引诱幼女卖淫罪
第 360 条第 1 款	传播性病罪
第 2 款	嫖宿幼女罪

第九节 制作、贩卖、传播淫秽物品罪

第 363 条第 1 款	制作、复制、出版、贩卖、传播淫秽物品牟利罪
第 2 款	为他人提供书号出版淫秽书刊罪
第 364 条第 1 款	传播淫秽物品罪
第 2 款	组织播放淫秽音像制品罪
第 365 条	组织淫秽表演罪

第七章 危害国防利益罪

第 368 条第 1 款	阻碍军人执行职务罪
第 2 款	阻碍军事行动罪
第 369 条	破坏武器装备、军事设施、军事通信罪
第 370 条第 1 款	故意提供不合格武器装备、军事设施罪
第 2 款	过失提供不合格武器装备、军事设施罪
第 371 条第 1 款	聚众冲击军事禁区罪
第 2 款	聚众扰乱军事管理区秩序罪
第 372 条	冒充军人招摇撞骗罪
第 373 条	煽动军人逃离部队罪
	雇用逃离部队军人罪
第 374 条	接送不合格兵员罪
第 375 条第 1 款	伪造、变造、买卖武装部队公文、证件、印章罪

	盗窃、抢夺武装部队公文、证件、印章罪
第2款	非法生产、买卖军用标志罪
第376条第1款	战时拒绝、逃避征召、军事训练罪
第2款	战时拒绝、逃避服役罪
第377条	战时故意提供虚假敌情罪
第378条	战时造谣扰乱军心罪
第379条	战时窝藏逃离部队军人罪
第380条	战时拒绝、故意延误军事订货罪
第381条	战时拒绝军事征用罪

第八章 贪污贿赂罪

第382条	贪污罪
第384条	挪用公款罪
第385条	受贿罪
第387条	单位受贿罪
第389条	行贿罪
第391条	对单位行贿罪
第392条	介绍贿赂罪
第393条	单位行贿罪
第395条第1款	巨额财产来源不明罪
第2款	隐瞒境外存款罪
第396条第1款	私分国有资产罪
第2款	私分罚没财物罪

第九章 渎 职 罪

第397条	滥用职权罪
	玩忽职守罪
第398条	故意泄露国家秘密罪

	过失泄露国家秘密罪
第 399 条第 1 款	徇私枉法罪
第 2 款	枉法裁判罪
第 400 条第 1 款	私放在押人员罪
第 2 款	失职致使在押人员脱逃罪
第 401 条	徇私舞弊减刑、假释、暂予监外执行罪
第 402 条	徇私舞弊不移交刑事案件罪
第 403 条	滥用管理公司、证券职权罪
第 404 条	徇私舞弊不征、少征税款罪
第 405 条第 1 款	徇私舞弊发售发票、抵扣税款、出口退税罪
第 2 款	违法提供出口退税凭证罪
第 406 条	国家机关工作人员签订、履行合同失职罪
第 407 条	违法发放林木采伐许可证罪
第 408 条	环境监管失职罪
第 409 条	传染病防治失职罪
第 410 条	非法批准征用、占用土地罪
	非法低价出让国有土地使用权罪
第 411 条	放纵走私罪
第 412 条第 1 款	商检徇私舞弊罪
第 2 款	商检失职罪
第 413 条第 1 款	动植物检疫徇私舞弊罪
第 2 款	动植物检疫失职罪
第 414 条	放纵制售伪劣商品犯罪行为罪
第 415 条	办理偷越国(边)境人员出入境证件罪
	放行偷越国(边)境人员罪
第 416 条第 1 款	不解救被拐卖、绑架妇女、儿童罪
第 2 款	阻碍解救被拐卖、绑架妇女、儿童罪
第 417 条	帮助犯罪分子逃避处罚罪

第 418 条	招收公务员、学生徇私舞弊罪
第 419 条	失职造成珍贵文物损毁、流失罪

第十章　军人违反职责罪

第 421 条	战时违抗命令罪
第 422 条	隐瞒、谎报军情罪
	拒传、假传军令罪
第 423 条	投降罪
第 424 条	战时临阵脱逃罪
第 425 条	擅离、玩忽军事职守罪
第 426 条	阻碍执行军事职务罪
第 427 条	指使部属违反职责罪
第 428 条	违令作战消极罪
第 429 条	拒不救援友邻部队罪
第 430 条	军人叛逃罪
第 431 条第 1 款	非法获取军事秘密罪
第 2 款	为境外窃取、刺探、收买、非法提供军事秘密罪
第 432 条	故意泄露军事秘密罪
	过失泄露军事秘密罪
第 433 条	战时造谣惑众罪
第 434 条	战时自伤罪
第 435 条	逃离部队罪
第 436 条	武器装备肇事罪
第 437 条	擅自改变武器装备编配用途罪
第 438 条	盗窃、抢夺武器装备、军用物资罪
第 439 条	非法出卖、转让武器装备罪
第 440 条	遗弃武器装备罪

第 441 条	遗失武器装备罪
第 442 条	擅自出卖、转让军队房地产罪
第 443 条	虐待部属罪
第 444 条	遗弃伤病军人罪
第 445 条	战时拒不救治伤病军人罪
第 446 条	战时残害居民、掠夺居民财物罪
第 447 条	私放俘虏罪
第 448 条	虐待俘虏罪

(二)司法性文件

最高人民法院关于依法做好抗震救灾期间审判工作切实维护灾区社会稳定的通知

(2008年5月26日　法[2008]152号)

各省、自治区、直辖市高级人民法院,解放军军事法院,新疆维吾尔自治区高级人民法院生产建设兵团分院:

四川汶川发生特大地震灾害后,在党中央和国务院的坚强领导和周密部署下,抗震救灾取得阶段性成果,灾后重建工作有序展开。当前,抗震救灾工作正处于关键时刻,全国各级人民法院要坚持在党的领导下,充分发挥人民法院的审判职能作用,立足于维护社会稳定,化解矛盾,促进和谐,为抗震救灾和灾后重建工作提供有力的司法保障,为夺取抗震救灾全面胜利,确保灾后重建工作顺利进行做出新的更大的贡献。为做好当前的审判工作,切实维护灾区社会稳定,现将有关事项通知如下:

一、各级人民法院要深刻领会党中央、国务院关于继续做好抗震救灾工作的一系列部署和胡锦涛总书记的重要指示精神,认真贯彻落实中央政法委员会关于全力以赴做好抗震救灾和社会稳定工作的具体要求,继续把抗震救灾作为当前最重要最紧迫的任务。对于涉及四川汶川特大地震灾害案件的审判和执行工作,应从大局出发,有利于维护社会稳定,有利于维护最广大人民的根本利益,有利于巩固抗震救灾的成果和灾后重建工作的顺利进行。要认真学习和准确适用《防震减灾法》、《突发事件应对法》等处理涉灾案件的相关法律、行政法规和司法解释,要结合当前抗震救灾工作的实际,加强统筹协调,为抗震救灾和灾后重建提供有力的司法保障,切实维护灾区治安秩序,增强灾区群众的安全感。

二、依法严惩危害抗震救灾和灾后重建的各种犯罪活动，坚决维护灾区社会稳定。人民法院要认真落实党中央、国务院关于维护灾区稳定、保障灾区人民群众生命财产安全的各项指示精神，严厉打击故意破坏灾区稳定、损害抗震救灾成果、不利于灾后重建工作顺利进行、影响灾区人民群众重建家园信心和决心的违法犯罪行为。严格贯彻宽严相济的刑事政策，注意区分性质不同的违法犯罪行为，彰显司法权威，以人民群众看得见、感受得到的方式为灾区的生产生活提供有力的司法保障。

对抗震救灾和灾后重建期间发生的以下犯罪行为应依法从重处罚：

（一）盗窃、抢夺、抢劫、故意毁坏用于抗震救灾的物资、设备设施，以及以赈灾募捐名义进行诈骗、敛取钱财，拐卖灾区孤残儿童、妇女等犯罪行为。

（二）为牟取暴利，囤积居奇、哄抬物价、非法经营、强迫交易等严重扰乱灾区市场秩序，影响灾区人民群众正常生产生活的犯罪行为。

（三）故意编造、传播、散布不利于灾区稳定的虚假、恐怖信息，严重影响抗震救灾和灾后重建工作开展的妨害公务、聚众扰乱社会秩序、公共场所秩序、交通秩序、聚众冲击国家机关等犯罪行为。

（四）在灾区生产、销售或者以赈灾名义故意向灾区提供伪劣产品、有毒有害食品、假药劣药等犯罪行为。

（五）国家工作人员贪污、挪用抗震救灾款物、滥用职权或玩忽职守危害抗震救灾和灾后重建工作顺利进行，严重损害党和国家形象的犯罪行为。

（六）破坏电力、交通、通讯等公共设施的犯罪行为。

（七）妨害传染病防治等危害公共卫生的犯罪行为。

坚持特殊时期、特殊案件、特殊办理的方针，对那些严重危害抗震救灾和灾后重建工作进行的犯罪行为，要在法定期限内快审、快判，力争在最短的时间内使灾区人民群众感受到人民法院维护灾区稳定和打击犯罪的决心与力度，震慑潜在的犯罪分子，预防其他犯罪的发生。

三、各级人民法院特别是灾区人民法院要坚持在党委、政府的统一领导下，及时化解抗震救灾和灾后重建过程中的各种矛盾纠纷，鼓励、支持人民调解等组织化解纠纷，积极支持行政机关运用行政手段解决纠纷。对于起诉到人民法院的民事等案件，要区分不同情况办理：对于涉及灾区群众基本生活保障、恢复生活生产的案件,要依法快立、快审、快执;对于可能影响抗震救灾和灾后重建工作顺利进行、群体性以及社会比较敏感的案件,要积极与有关部门进行协调,慎重审查立案。在审理过程中,特别要注意进行诉前调解,多做当事人的调解、协调工作,尽可能通过调解或者和解撤诉的方式化解纠纷,切实做到"案结事了"。在审判和执行过程中,要特别注意保护灾区的未成年人、孤寡老人、因地震伤残人员的合法民事权益。要积极主动地推出便民利民措施,加大司法救助的力度,扩大对地震灾区群众司法救助范围,建立抗震救灾司法救助绿色通道,简化受理手续,努力做到应助尽助。

四、对于有的灾区人民法院审判人员一时不能补充到位的,高级人民法院要统一协调,根据诉讼法的有关规定,加大移送管辖、指定管辖、提级管辖的力度,将灾区人民法院已经受理或者有待受理的适合交由其他人民法院管辖的案件,移交或指定其他人民法院管辖,或者由上级人民法院直接提审、执行。

五、各级人民法院在抗震救灾期间,要结合相关案件的审判工作,加强法制宣传,耐心做好灾区群众特别是遇难者家属的心理安抚、思想疏导工作,协助安置好灾区群众。要努力扩大审判的社会效果,为抗震救灾和灾后重建工作营造良好的法制氛围。要与有关部门一起全面排查、及时化解灾后重建过程中的矛盾纠纷。

各高级人民法院,特别是灾情比较严重地区的高级人民法院,要加强对有关案件审判、执行工作的调研。受理或者审判的重要、敏感案件及相关情况、问题,应当及时报告最高人民法院。

最高人民法院最高人民检察院公安部关于办理海上发生的违法犯罪案件有关问题的通知

(2007年9月17日　公通字[2007]60号)

各省、自治区、直辖市高级人民法院、人民检察院、公安厅(局),解放军军事法院、军事检察院,新疆维吾尔自治区高级人民法院生产建设兵团分院、新疆生产建设兵团人民检察院、公安局:

为维护我国国家安全和海域治安秩序，保护公共财产和公民人身财产安全，及时、有效地办理发生在海上的违法犯罪案件，现就有关问题通知如下：

一、公安机关海上执法任务由沿海省、自治区、直辖市公安边防总队及其所属的海警支队、海警大队承担。在办理海上治安行政案件和刑事案件时，公安边防总队行使地（市）级人民政府公安机关的职权，海警支队行使县级人民政府公安机关的职权，海警大队行使公安派出所的职权，分别以自己名义作出决定和制作法律文书。

二、对省、自治区、直辖市公安边防总队及其下设的海警支队管辖海域的划分，应当充分考虑执法办案工作的需要，可以不受行政区划海域划分的限制。

海警支队的管辖海域由其隶属的省、自治区、直辖市公安边防总队划定，报公安部边防管理局和所在省、自治区、直辖市公安厅、局备案，并抄送所在地省、自治区、直辖市高级人民法院、人民检察院。

沿海省、自治区、直辖市公安边防总队的管辖海域由公安部边防管理局划定，并抄送最高人民法院、最高人民检察院。

三、海上发生的一般治安行政案件，由违法行为发生海域海警大队管辖；重大、复杂、涉外的治安行政案件，由违法行为发生海域海警支队管辖；如果由违法嫌疑人居住地公安机关管辖更为适宜的，可以由违法嫌疑人居住地的公安机关管辖。

海上发生的刑事案件，由犯罪行为发生海域海警支队管辖；如果由犯罪嫌疑人居住地或者主要犯罪行为发生地公安机关管辖更为适宜的，可以由犯罪嫌疑人居住地或者主要犯罪行为发生地的公安机关管辖；对管辖有争议或者情况特殊的刑事案件，可报请上级公安机关指定管辖。

同一省、自治区、直辖市内跨海警支队管辖海域的行政案件和刑事案件，由违法犯罪行为发生海域海警支队协商确定管辖；协商不成的，由省、自治区、直辖市公安边防总队指定管辖。

跨省、自治区、直辖市管辖海域的行政案件和刑事案件，由违法犯罪行为发生海域省、自治区、直辖市公安边防总队协商确定管辖；协商不成的，由公安部边防管理局指定管辖。

四、海警支队办理刑事案件，需要提请批准逮捕或者移送审查起诉的，依法向所在地人民检察院提请或者移送，人民检察院应当依法进行审查并作出决定。

人民检察院提起公诉的海上犯罪案件，同级人民法院依法审判。人民法院判处管制、剥夺政治权利以及决定暂予监外执行、缓刑、假释的，由罪犯居住地公安机关执行。

五、公民、法人或者其他组织对海警大队作出的具体行政行为不服而依法申请行政复议的，由该海警大队隶属的海警支队依法办理。

公民、法人或者其他组织对海警支队作出的具体行政行为不服而依法申请行政复议的，由该海警支队隶属的省、自治区、直辖市公安边防总队依法办理。

六、公民、法人或者其他组织认为公安边防海警作出的具体行政行为侵犯其合法权益的，可以依法提起行政诉讼。作出决定的公安边防海警应当依法出庭应诉。

七、公民、法人或者其他组织认为公安边防海警违法行使职权侵犯其合法权益造成损害而向公安机关申请国家赔偿的，由作出决定的公安边防海警依法办理。

对公安边防海警作出的有关刑事赔偿决定不服的，可以向其上一级机关申请复议。对复议决定不服的，可以向人民法院赔偿委员会提出赔偿申请。

对公安边防海警作出的有关行政赔偿决定不服的，可以向人民法院提起行政赔偿诉讼。对具体的行政行为不服的，可以在申请行政复议和提起行政诉讼时，一并提出行政赔偿请求。

八、对海上违法犯罪案件的调查处理、侦查、提起公诉和审判，分别依照《刑事诉讼法》《治安管理处罚法》等相关法律、法规、规章和司法解释的规定办理。

公安边防海警办理行政复议、参与行政诉讼、进行国家赔偿等，分别依照《行政诉讼法》《行政复议法》《国家赔偿法》等相关法律、法规、规章和司法解释的规定办理。

各地接本通知后，请认真贯彻执行。执行中遇到的问题，请及时分别报告最高人民法院、最高人民检察院、公安部。

最高人民法院关于印发《全国法院维护农村稳定刑事审判工作座谈会纪要》的通知

（1999年10月27日　法〔1999〕217号）

各省、自治区、直辖市高级人民法院，解放军军事法院，新疆维吾尔自治区高级人民法院生产建设兵团分院，全国地方各中级人民法院，各大单位军事法院，新疆生产建设兵团各中级法院：

现将全国法院维护农村稳定刑事审判工作座谈会纪要印发，望认真贯彻执行。

附：

全国法院维护农村稳定刑事审判工作座谈会纪要

为了贯彻党的十五届三中全会作出的《中共中央关于农业和农村工作若干重大问题的决定》（以下简称《决定》），落实1999年8月最高人民法院在上海召开的全国高级法院院长座谈会（以下简称"上海会议"）关于推进人民法院改革、切实把人民法院的工作重点放在基层的精神，进一步探索和开拓刑事审判为农村稳定和农业发展服务的工作思路，最高人民法院于1999年9月8日至10日在山东省济南市召开了全国法院维护农村稳定刑事审判工作座谈会。出席会议的有各省、自治区、直辖市高级人民法院主管刑事审判工作的副院长、刑事审判庭庭长。解放军军事法院和新疆维吾尔自治区高级人民法院生产建设兵团分院也派代表参加会议。最高人民法院副院长刘家琛在座谈会上作了重要讲话。

与会同志总结交流了近年来各地法院审理农村中刑事案件的情况和经验，分析了当前农村治安形势和农村中刑事案件及农民犯罪的特点，认真讨论了当前审理农村几类主要刑事案件和农民犯罪案件应当注意的若干问题；对当前及今后一个时期加强刑事审判工作，维护农村稳定提出了明确要求，现纪要如下：

一

会议认为,农村稳定是巩固工农联盟的政权、维护国家长治久安的坚实基础。农村社会治安稳定、农业发展,是从根本上改变长期以来我国城乡犯罪中农民占大多数的状况的社会条件和物质基础。改革开放以来,我国农村政治稳定、农业稳步发展、农村治安形势总的是平稳的,这是主流。但是在一些地方,还存在影响治安稳定的不容忽视的突出问题。其主要特点表现为:

一是农村社会矛盾复杂化,有的导致群体性械斗和上访事件,有的激化为严重治安犯罪案件。二是非法宗教和邪教组织在一些农村乡镇有重新抬头之势。三是农村金融和市场管理秩序混乱,损害了农民的合法权益,严重影响农村稳定和农业发展。四是农民间因生产生活、邻里纠纷、婚姻家庭等内部矛盾激化为刑事犯罪的情况比较突出。这一状况,如得不到有效控制,长期下去,将导致党和政府在农村依靠的基本队伍结构发生变化,不利于基层政权的巩固与发展。五是一些地方出现的"村霸"、"乡霸"等恶势力及封建宗族势力横行乡里,有的犯罪团伙带有明显的黑社会组织性质,成为威胁农村治安稳定的一大祸端。六是卖淫嫖娼、贩卖、吸食毒品,赌博等社会丑恶现象在一些农村地区发展蔓延,诱发了多种犯罪。以上问题,在广大农村有一定的普遍性,有的还很突出,不仅影响农村的稳定、改革和农业的发展,也与整个社会的稳定息息相关。尤其值得重视的是,农村中刑事犯罪案件和农民犯罪案件在我国所有刑事犯罪案件和罪犯中所占比例逐年增加,特别是在杀人、抢劫、盗窃、伤害案件中,农民犯罪占了大部分,所占比例连年上升。在判处死刑的罪犯中,农民犯罪所占的比例近年来也呈上升趋势。

上述情况表明,农村中农民犯罪问题已成为影响我国社会治安稳定的重要因素,并在很大程度上决定着我国治安形势的走向。解决好这一问题实际上也就找到了我国解决犯罪问题的一个重要突破口。认真分析研究这些问题,提出具体对策意见。对于解决农村稳定、全国社会治安问题具有重大意义。

会议认为,涉及农村中犯罪案件、农民犯罪案件的审判工作,直接关系到党在农村工作中的方针、政策能否得到贯彻落实。正确处理好这类案件,不仅仅是审判工作的问题,而且是一个严肃的政治问题。因此,加强对农村中犯罪案件、农民犯罪案件的审判工作，维护农村和整个社会稳定，应当始终是人民法院面临的一项重要而紧迫的政治任务。

二

会议在认真学习《决定》和“上海会议”文件的基础上，结合执行刑法、刑事诉讼法的审判实践，对审理农村中犯罪案件、农民犯罪案件中的一些重要问题进行了研究、讨论。一致认为，对于故意杀人、故意伤害、抢劫、强奸、绑架等严重危害农村社会治安的暴力犯罪以及带有黑社会性质的团伙犯罪，一定要继续坚持从重从快严厉打击的方针。要根据当地社会治安的特点，将经常性“严打”和集中打击、专项斗争结合起来，始终保持“严打”的高压态势，有效地遏制严重刑事犯罪活动蔓延的势头，尽一切努力维护好农村社会治安的稳定。同时，对正确适用法律，处理好农村常见多发案件，全面、正确掌握党的刑事政策，取得了一致意见：

(一)关于故意杀人、故意伤害案件

要准确把握故意杀人犯罪适用死刑的标准。对故意杀人犯罪是否判处死刑，不仅要看是否造成了被害人死亡结果，还要综合考虑案件的全部情况。对于因婚姻家庭、邻里纠纷等民间矛盾激化引发的故意杀人犯罪，适用死刑一定要十分慎重，应当与发生在社会上的严重危害社会治安的其他故意杀人犯罪案件有所区别。对于被害人一方有明显过错或对矛盾激化负有直接责任，或者被告人有法定从轻处罚情节的，一般不应判处死刑立即执行。

要注意严格区分故意杀人罪与故意伤害罪的界限。在直接故意杀人与间接故意杀人案件中，犯罪人的主观恶性程度是不同的，在处刑上也应有所区别。间接故意杀人与故意伤害致人死亡，虽然都造成了死亡后果，但行为人故意的性质和内容是截然不同的。不注意区分犯罪的性质和故意的内容，只要有死亡后果就判处死刑的做法是错误的，这在今后的工作中，应当予以纠正。对于故意伤害致人死亡，手段特别残忍，情节特别恶劣的，才可以判处死刑。

要准确把握故意伤害致人重伤造成“严重残疾”的标准。参照1996年国家技术监督局颁布的《职工工伤与职业病致残程度鉴定标准》(以下简称“工伤标准”)，刑法第二百三十四条第二款规定的“严重残疾”是指下列情形之一：被害人身体器官大部缺损、器官明显畸形、身体器官有中等功能障碍、造成严重并发症等。残疾程序可以分为一般残疾(十至七级)、严重残疾(六至三级)、特别严重残疾(二至一级),六级以上视为"严重残疾"。在有关司法解释出台前,可统一参照"工伤标准"确定残疾等级。实践中,并不是只要达到"严重残疾"就判处死刑,还要根据伤害致人"严重残疾"的具体情况,综合考虑犯罪情节和危害后果来决定刑罚。故意伤害致重伤造成严重残疾,只有犯罪手段特别残忍,后果特别严重的,才能考虑适用死刑(包括死刑,缓期二年执行)。

(二)关于盗窃案件

要重点打击的是:盗窃农业生产资料和承包经营的山林、果林、渔塘产品等严重影响和破坏农村经济发展的犯罪;盗窃农民生活资料,严重影响农民生活和社会稳定的犯罪;结伙盗窃、盗窃集团和盗、运、销一条龙的犯罪;盗窃铁路、油田、重点工程物资的犯罪等。

对盗窃集团的首要分子、盗窃惯犯、累犯,盗窃活动造成特别严重后果的,要依法从严惩处。对于盗窃牛、马、骡、拖拉机等生产经营工具或者生产资料的,应当依法从重处罚。对盗窃犯罪的初犯、未成年犯,或者确因生活困难而实施盗窃犯罪,或积极退赃、赔偿损失的,应当注意体现政策,酌情从轻处罚。其中,具备判处管制、单处罚金或者宣告缓刑条件的,应区分不同情况尽可能适用管制、罚金或者缓刑。

最高人民法院《关于审理盗窃案件具体应用法律若干问题的解释》第四条中"入户盗窃"的"户",是指家庭及其成员与外界相对隔离的生活场所,包括封闭的院落、为家庭生活租用的房屋、牧民的帐篷以及渔民作为家庭生活场所的渔船等。集生活、经营于一体的处所,在经营时间内一般不视为"户"。

(三)关于农村恶势力犯罪案件

修订后的刑法将原"流氓罪"分解为若干罪名,分别规定了相应的刑罚,更有利于打击此类犯罪,也便于实践中操作。对实施多种原刑法规定的"流氓"行为,构成犯罪的,应按照修订后刑法的罪名分别定罪量刑,按数罪并罚原则处理。对于团伙成员相对固定,以暴力、威胁手段称霸一方,欺压百姓,采取收取"保护费"、代人强行收债、违规强行承包等手段,公然与政府对抗的,应按照黑社会性质组织犯罪处理;其中,又有故意杀人、故意伤害等犯罪行为的,按数罪并罚的规定处罚。

(四)关于破坏农业生产坑农害农案件

对于起诉到法院的坑农害农案件,要及时依法处理。对犯罪分子判处刑罚时,要注意尽最大可能挽回农民群众的损失。被告人积极赔偿损失的,可以考虑适当从轻处罚。被害人提起刑事自诉的,要分别不同情况处理:受害群众较多的,应依靠当地党委,并与有关政法部门协调,尽量通过公诉程序处理;被害人直接向法院起诉并符合自诉案件立案规定的,应当立案并依法审理。对于生产、销售伪劣农药、兽药、化肥、种子罪所造成的损失数额标准,在最高法院作出司法解释前,各高级法院可结合本地具体情况制定参照执行的标准。

(五)关于村民群体械斗案件

处理此类案件要十分注意政策界限。案件经审理并提出处理意见后,要征求当地党委和有关部门的意见。既要严格依法办事,又要做好耐心细致的解释工作,把处理案件与根治械斗发生的原因结合起来,防止发生意外和出现新的矛盾冲突。

要查清事实,分清责任,正确适用刑罚。处理的重点应是械斗的组织者、策划者和实施犯罪的骨干分子。一般来说,械斗的组织者和策划者,应对组织、策划的犯罪承担全部责任;直接实施犯罪行为的,应对其实施的犯罪行为负责。要注意缩小打击面,扩大教育面。对积极参与犯罪的从犯,应当依法从轻或者减轻处罚。其中符合缓刑条件的,应当适用缓刑;对被煽动、欺骗、裹挟而参与械斗,情节较轻,经教育确有悔改表现的,可不按犯罪处理。

要注意做好被害人的工作。对因参与械斗而受伤的被害人,也应指出其行为的违法性质;对因受害造成生产、生活上困难的,要协助有关部门解决好,努力依法做好善后工作,消除对立情绪,根除伺机再度报复的潜在隐患。

(六)关于拐卖妇女、儿童犯罪案件

要从严惩处拐卖妇女、儿童犯罪团伙的首要分子和以拐卖妇女、儿童为常业的"人贩子"。

要严格把握此类案件罪与非罪的界限。对于买卖至亲的案件,要区别对待:以贩卖牟利为目的"收养"子女的;应以拐卖儿童罪处理;对那些迫于生活困难、受重男轻女思想影响而出卖亲生子女或收养子女的,可不作为犯罪处理;对于出卖子女确属情节恶劣的,可按遗弃罪处罚;对于那些确属介绍婚姻,且被介绍的男女双方相互了解对方的基本情况,或者确属介绍收养,并经被收养人父母同意的,尽管介绍的人数较多,从中收取财物较多,也不应作犯罪处理。

三

会议在认真分析了农村中犯罪、农民犯罪的原因和特点的基础上,结合我国农村基层组织的作用和现状,对处理农村中犯罪案件和农民犯罪案件应当把握的政策界限进行了研究;对正确处理以下问题取得了一致意见:

(一)关于正确处理干群关系矛盾引发的刑事案件问题

开庭审理此类案件,一般要深入发案地,认真查清事实,了解案件发生真实原因,分清双方责任,合情、合理、合法地予以处理。

对利用手中掌握的权力欺压百姓、胡作非为,严重损害群众和集体利益,构成犯罪的,要依法严惩;对只是因工作方法简单粗暴构成犯罪的,要做好工作,取得群众谅解后,酌情予以处理。

对抗拒基层组织正常管理,纯属打击报复农村干部的犯罪分子,一定要依法严惩;对事出有因而构成犯罪的农民被告人,则要体现从宽政策。群体事件中,处罚的应只是构成犯罪的极少数为首者和组织者;对于其他一般参与的群众,要以教育为主,不作犯罪处理。

要充分依靠当地党委和政府,充分征求有关部门对此类案件判决的意见。对当地政府强烈要求判处死刑的案件,要了解有关背景。对于依法应当判处死刑的,不能因为担心被告方人多势众会闹事而不判处死刑;相反,对不应当判处死刑的,也不能因为被害方闹事就判处死刑。要依靠党政部门努力做好法制宣传教育工作,在未做好群众思想工作的情况下,不要急于下判。

(二)关于对农民被告人依法判处缓刑、管制、免予刑事处罚问题

对农民被告人适用刑罚,既要严格遵循罪刑相适应的原则,又要充分考虑到农民犯罪主体的特殊性。要依靠当地党委做好相关部门的工作,依法适当多适用非监禁刑罚。对于已经构成犯罪,但不需要判处刑罚的,或者法律规定有管制刑的,应当依法免予刑事处罚或判处管制刑。对于罪行较轻且认罪态度好,符合宣告缓

刑条件的,应当依法适用缓刑。

要努力配合有关部门落实非监禁刑的监管措施。在监管措施落实问题上可以探索多种有效的方式,如在城市应加强与适用缓刑的犯罪人原籍的政府和基层组织联系落实帮教措施;在农村应通过基层组织和被告人亲属、家属、好友做好帮教工作等等。

(三)关于村委会和村党支部成员利用职务便利侵吞集体财产犯罪的定性问题

为了保证案件的及时审理,在没有司法解释规定之前,对于已起诉到法院的这类案件,原则上以职务侵占罪定罪处罚。

(四)关于财产刑问题

凡法律规定并处罚金或者没收财产的,均应当依法并处,被告人的执行能力不能作为是否判处财产刑的依据。确实无法执行或不能执行的,可以依法执行终结或者减免。对法律规定主刑有死刑、无期徒刑和有期徒刑,同时并处没收财产或罚金的,如决定判处死刑,只能并处没收财产;判处无期徒刑的,可以并处没收财产,也可以并处罚金;判处有期徒刑的,只能并处罚金。

对于法律规定有罚金刑的犯罪,罚金的具体数额应根据犯罪的情节确定。刑法和司法解释有明确规定的,按规定判处;没有规定的,各地可依照法律规定的原则和具体情况,在总结审判经验的基础上统一规定参照执行的数额标准。

对自由刑与罚金刑均可选择适用的案件,如盗窃罪,在决定刑罚时,既要避免以罚金刑代替自由刑,又要克服机械执法只判处自由刑的倾向。对于可执行财产刑且罪行又不严重的初犯、偶犯、从犯等,可单处罚金刑。对于应当并处罚金刑的犯罪,如被告人能积极缴纳罚金,认罪态度较好,且判处的罚金数量较大,自由刑可适当从轻,或考虑宣告缓刑。这符合罪刑相适应原则,因为罚金刑也是刑罚。

被告人犯数罪的,应避免判处罚金刑的同时,判处没收部分财产。对于判处没收全部财产,同时判处罚金刑的,应决定执行没收全部财产,不再执行罚金刑。

(五)关于刑事附带民事诉讼问题

人民法院审理附带民事诉讼案件的受案范围,应只限于被害人因人身权利受到犯罪行为侵犯和财物被犯罪行为损毁而遭受的物质损失,不包括因犯罪分子非法占有、处置被害人财产而使其遭受的物质损失。对因犯罪分子非法占有、处置被害人财产而使其遭受的物质损失,应当根据刑法第六十四条的规定处理,即应通过追缴赃款赃物、责令退赔的途径解决。如赃款赃物尚在的,应一律追缴;已被用掉、毁坏或挥霍的,应责令退赔。无法退赃的,在决定刑罚时,应作为酌定从重处罚的情节予以考虑。

关于附带民事诉讼的赔偿范围,在没有司法解释规定之前,应注意把握以下原则:一是要充分运用现有法律规定,在法律许可的范围内最大限度地补偿被害人因被告人的犯罪行为而遭受的物质损失。物质损失应包括已造成的损失,也包括将来必然遭受的损失。二是赔偿只限于犯罪行为直接造成的物质损失,不包括精神损失和间接造成的物质损失。三是要适当考虑被告人的赔偿能力。被告人的赔偿能力包括现在的赔偿能力和将来的赔偿能力,对未成年被告人还应考虑到其监护人的赔偿能力,以避免数额过大的空判引起的负面效应,被告人的民事赔偿情况可作为量刑的酌定情节。四是要切实维护被害人的合法权益。附带民事原告人提出起诉的,对于没有构成犯罪的共同致害人,也要追究其民事赔偿责任。未成年致害人由其法定代表人或者监护人承担赔偿责任。但是,在逃的同案犯不应列为附带民事诉讼的被告人。关于赔偿责任的分担:共同致害人应当承担连带赔偿责任;在学校等单位内部发生犯罪造成受害人损失,在管理上有过错责任的学校等单位有赔偿责任,但不承担连带赔偿责任;交通肇事犯罪的车辆所有人(单位)在犯罪分子无赔偿能力的情况下,承担代为赔偿或者垫付的责任。

(六)关于刑事自诉案件问题

要把自诉案件的立案关。有的地方为了便于具体操作,制定了具体立案标准,也有的地方实行"立案听证",让合议庭听取有关方面的意见,审查证据材料,决定是否立案。这些做法可以进一步总结,效果好的,可逐步推广。

要注重指导和协助双方当事人自行取证举证。由于广大农民群众法律水平尚不高,个人取证有相当难度,一般情况下很难达到法律规定的证据要求。如果因证据不足而简单、轻率地决定对自诉案件不予受理,就有可能使矛盾激化,引发新的刑事案件。因此,对于当事人所举证据不充分的,在指导自诉人取证的基础上,对于确有困难的,人民法院应当依法调查取证。

要正确适用调解。调解应查清事实、分清责任,在双方自愿的基础上依法进行,不能强迫调解,更不能违法调解。

要正确适用强制措施和刑罚。自诉案件经审查初步认定构成犯罪且较为严重的,对有可能逃避刑事责任和民事责任的被告人,要依法及时采取强制措施。对可能判处管制、拘役或者独立适用附加刑或者能及时到案,不致发生社会危险的被告人,不应当决定逮捕。在处刑上,对自诉案件被告人更应当注意尽量依法多适用非监禁刑罚。

最高人民法院关于认真学习宣传贯彻修订的《中华人民共和国刑法》的通知

(1997 年 3 月 25 日　法发〔1997〕3 号)

各省、自治区、直辖市高级人民法院,解放军军事法院:

修订的《中华人民共和国刑法》业经第八届全国人民代表大会第五次会议通过,1997 年 10 月 1 日起施行。刑法是国家的基本法,是人民法院审理刑事案件的重要法律依据。修订刑法,是健全社会主义法制的一件大事,是完善我国刑事法律和司法制度的重要步骤,引起国内外的普遍关注。认真学习、宣传、贯彻好修订的刑法,对于人民法院进一步提高执法水平,更好地履行打击犯罪、保护人民的职责,具有十分重要的意义。为正确贯彻执行修订的刑法,特作如下通知:

一、各级人民法院要认真组织广大审判人员学习修订的刑法。修订的刑法认真总结了 17 年实施刑法的实践经验,借鉴国内外有关刑法的立法经验,明确规定了刑法的基本原则;突出了对社会主义市场经济秩序的保护;适应与犯罪行为作斗争的现实需要,对人民群众反映强烈的一些常见、多发罪作了更加明确、详细的规定;对新出现的需要追究的犯罪行为规定了相应的刑事责任;对一些重要的刑法制度作了修改、完善,是一部更加科学、统一、完备的刑法典。各级人民法院要制定学习计划,采用各种形式,不断深化学习,真正学懂、弄通。

二、各级人民法院要结合当地实际情况,与有关部门配合,广泛、深入地开展修订的刑法的宣传活动。修订的刑法是司法机关打击和惩治犯罪的有力武器,并将对社会政治经济生活的诸多方面产生重大影响。人民法院要充分发挥审判工作的优势,通过新闻媒介等多种形式,突出重点,有针对性地做好修订的刑法的宣传工作,使广大人民群众了解、遵守刑法,让修订的刑法深入人心。

三、修订的刑法实施后,各级人民法院必须坚决贯彻执行。对于修订的刑法实施前发生的行为,10 月 1 日实施后尚未处理或者正在处理的案件,依照修订的刑法第十二条的规定办理;对于修订的刑法实施前,人民法院已审结的案件,实施后人民法院按照审判监督程序重新审理的,适用原审结时的有关法律规定。

四、修订的刑法实施前,人民法院审判刑事案件仍然应当依照现行刑法和人大常委会修改、补充刑法的有关决定、补充规定及最高人民法院的有关司法解释,并应遵守刑事诉讼法有关程序和期限的规定。

五、修订的刑法实施后,对已明令废止的全国人大常委会有关决定和补充规定,最高人民法院原作出的有关司法解释不再适用。但是如果修订的刑法有关条文实质内容没有变化的,人民法院在刑事审判工作中,在没有新的司法解释前,可参照执行。其他对于与修订的刑法规定相抵触的司法解释,不再适用。

六、各级人民法院在学习、宣传和贯彻修订的刑法中,要加强调查研究,对遇到的理解和适用法律的重大、疑难问题,要注意收集,及时上报。

特此通知。

2 总 则

(一)司法解释

最高人民法院关于审理未成年人刑事案件具体应用法律若干问题的解释

(2005 年 12 月 12 日最高人民法院审判委员会第 1373 次会议通过 2006 年 1 月 11 日公布 自 2006 年 1 月 23 日起施行 法释〔2006〕1 号)

为正确审理未成年人刑事案件,贯彻"教育为主,惩罚为辅"的原则,根据刑法等有关法律的规定,现就审理未成年人刑事案件具体应用法律的若干问题解释如下:

第一条 本解释所称未成年人刑事案件,是指被告人实施被指控的犯罪时已满十四周岁不满十八周岁的案件。

第二条 刑法第十七条规定的"周岁",按照公历的年、月、日计算,从周岁生日的第二天起算。

第三条 审理未成年人刑事案件,应当查明被告人实施被指控的犯罪时的年龄。裁判文书中应当写明被告人出生的年、月、日。

第四条 对于没有充分证据证明被告人实施被指控的犯罪时已经达到法定刑事责任年龄且确实无法查明的,应当推定其没有达到相应法定刑事责任年龄。

相关证据足以证明被告人实施被指控的犯罪时已经达到法定刑事责任年龄,但是无法准确查明被告人具体出生日期的,应当认定其达到相应法定刑事责任年龄。

第五条 已满十四周岁不满十六周岁的人实施刑法第十七条第二款规定以外的行为，如果同时触犯了刑法第十七条第二款规定的，应当依照刑法第十七条第二款的规定确定罪名，定罪处罚。

第六条 已满十四周岁不满十六周岁的人偶尔与幼女发生性行为，情节轻微、未造成严重后果的，不认为是犯罪。

第七条 已满十四周岁不满十六周岁的人使用轻微暴力或者威胁，强行索要其他未成年人随身携带的生活、学习用品或者钱财数量不大，且未造成被害人轻微伤以上或者不敢正常到校学习、生活等危害后果的，不认为是犯罪。

已满十六周岁不满十八周岁的人具有前款规定情形的，一般也不认为是犯罪。

第八条 已满十六周岁不满十八周岁的人出于以大欺小、以强凌弱或者寻求精神刺激，随意殴打其他未成年人、多次对其他未成年人强拿硬要或者任意损毁公私财物，扰乱学校及其他公共场所秩序，情节严重的，以寻衅滋事罪定罪处罚。

第九条 已满十六周岁不满十八周岁的人实施盗窃行为未超过三次，盗窃数额虽已达到“数额较大”标准，但案发后能如实供述全部盗窃事实并积极退赃，且具有下列情形之一的，可以认定为“情节显著轻微危害不大”，不认为是犯罪：

（一）系又聋又哑的人或者盲人；

（二）在共同盗窃中起次要或者辅助作用，或者被胁迫；

（三）具有其他轻微情节的。

已满十六周岁不满十八周岁的人盗窃未遂或者中止的，可不认为是犯罪。

已满十六周岁不满十八周岁的人盗窃自己家庭或者近亲属财物，或者盗窃其他亲属财物但其他亲属要求不予追究的，可不按犯罪处理。

第十条 已满十四周岁不满十六周岁的人盗窃、诈骗、抢夺他人财物，为窝藏赃物、抗拒抓捕或者毁灭罪证，当场使用暴力，故意伤害致人重伤或者死亡，或者故意杀人的，应当分别以故意伤害罪或者故意杀人罪定罪处罚。

已满十六周岁不满十八周岁的人犯盗窃、诈骗、抢夺罪，为窝藏赃物、抗拒抓捕或者毁灭罪证而当场使用暴力或者以暴力相威胁的，应当依照刑法第二百六十九条的规定定罪处罚;情节轻微的,可不以抢劫罪定罪处罚。

第十一条 对未成年罪犯适用刑罚,应当充分考虑是否有利于未成年罪犯的教育和矫正。

对未成年罪犯量刑应当依照刑法第六十一条的规定,并充分考虑未成年人实施犯罪行为的动机和目的、犯罪时的年龄、是否初次犯罪、犯罪后的悔罪表现、个人成长经历和一贯表现等因素。对符合管制、缓刑、单处罚金或者免予刑事处罚适用条件的未成年罪犯,应当依法适用管制、缓刑、单处罚金或者免予刑事处罚。

第十二条 行为人在达到法定刑事责任年龄前后均实施了犯罪行为,只能依法追究其达到法定刑事责任年龄后实施的犯罪行为的刑事责任。

行为人在年满十八周岁前后实施了不同种犯罪行为,对其年满十八周岁以前实施的犯罪应当依法从轻或者减轻处罚。行为人在年满十八周岁前后实施了同种犯罪行为,在量刑时应当考虑对年满十八周岁以前实施的犯罪,适当给予从轻或者减轻处罚。

第十三条 未成年人犯罪只有罪行极其严重的,才可以适用无期徒刑。对已满十四周岁不满十六周岁的人犯罪一般不判处无期徒刑。

第十四条 除刑法规定“应当”附加剥夺政治权利外,对未成年罪犯一般不判处附加剥夺政治权利。

如果对未成年罪犯判处附加剥夺政治权利的,应当依法从轻判处。

对实施被指控犯罪时未成年、审判时已成年的罪犯判处附加剥夺政治权利,适用前款的规定。

第十五条 对未成年罪犯实施刑法规定的“并处”没收财产或者罚金的犯罪,应当依法判处相应的财产刑;对未成年罪犯实施刑法规定的“可以并处”没收财产或者罚金的犯罪,一般不判处财产刑。

对未成年罪犯判处罚金刑时,应当依法从轻或者减轻判处,并根据犯罪情节,综合考虑其缴纳罚金的能力,确定罚金数额。但罚金的最低数额不得少于五百元人民币。

对被判处罚金刑的未成年罪犯,其监护人或者其他人自愿代为垫付罚金的,人民法院应当允许。

第十六条 对未成年罪犯符合刑法第七十二条第一款规定的,可以宣告缓刑。如果同时具有下列情形之一,对其适用缓刑确实不致再危害社会的,应当宣告缓刑:

(一)初次犯罪;

(二)积极退赃或赔偿被害人经济损失;

(三)具备监护、帮教条件。

第十七条 未成年罪犯根据其所犯罪行,可能被判处拘役、三年以下有期徒刑,如果悔罪表现好,并具有下列情形之一的,应当依照刑法第三十七条的规定免予刑事处罚:

(一)系又聋又哑的人或者盲人;

(二)防卫过当或者避险过当;

(三)犯罪预备、中止或者未遂;

(四)共同犯罪中从犯、胁从犯;

(五)犯罪后自首或者有立功表现;

(六)其他犯罪情节轻微不需要判处刑罚的。

第十八条 对未成年罪犯的减刑、假释,在掌握标准上可以比照成年罪犯依法适度放宽。

未成年罪犯能认罪服法,遵守监规,积极参加学习、劳动的,即可视为"确有悔改表现"予以减刑,其减刑的幅度可以适当放宽,间隔的时间可以相应缩短。符合刑法第八十一条第一款规定的,可以假释。

未成年罪犯在服刑期间已经成年的,对其减刑、假释可以适用上述规定。

第十九条 刑事附带民事案件的未成年被告人有个人财产的,应当由本人承担民事赔偿责任,不足部分由监护人予以赔偿,但单位担任监护人的除外。

被告人对被害人物质损失的赔偿情况,可以作为量刑情节予以考虑。

第二十条 本解释自公布之日起施行。

《最高人民法院关于办理未成年人刑事案件适用法律的若干问题的解释》(法发〔1995〕9号)自本解释公布之日起不再执行。

最高人民法院关于如何认定国有控股、参股股份有限公司中的国有公司、企业人员的解释

(2005 年 8 月 11 日 法释〔2005〕10 号)

为准确认定刑法分则第三章第三节中的国有公司、企业人员,现对国有控股、参股的股份有限公司中的国有公司、企业人员解释如下:

国有公司、企业委派到国有控股、参股公司从事公务的人员,以国有公司、企业人员论。

最高人民法院关于被告人对行为性质的辩解是否影响自首成立问题的批复

(2004 年 3 月 23 日最高人民法院审判委员会第 1312 次会议通过 2004 年 3 月 26 日公布 自 2004 年 4 月 1 日起施行 法释〔2004〕2 号)

广西壮族自治区高级人民法院:

你院 2003 年 6 月 10 日《关于被告人对事实性质的辩解是否影响投案自首的成立的请示》收悉。经研究,答复如下:

根据刑法第六十七条第一款和最高人民法院《关于处理自首和立功具体应用法律若干问题的解释》第一条的规定,犯罪以后自动投案,如实供述自己的罪行的,是自首。被告人对行为性质的辩解不影响自首的成立。

最高人民法院关于撤销缓刑时罪犯在宣告缓刑前羁押的时间能否折抵刑期问题的批复

（2002年4月8日最高人民法院审判委员会第1220次会议通过 2002年4月10日公布 自2002年4月18日起施行 法释〔2002〕11号）

各省、自治区、直辖市高级人民法院，解放军军事法院，新疆维吾尔自治区高级人民法院生产建设兵团分院：

最近，有的法院反映，关于在撤销缓刑时罪犯在宣告缓刑前羁押的时间能否折抵刑期的问题不明确。经研究，批复如下：

根据刑法第七十七条的规定，对被宣告缓刑的犯罪分子撤销缓刑执行原判刑罚的，对其在宣告缓刑前羁押的时间应当折抵刑期。

最高人民法院关于在国有资本控股、参股的股份有限公司中从事管理工作的人员利用职务便利非法占有本公司财物如何定罪问题的批复

（2001年5月22日最高人民法院审判委员会第1176次会议通过 自2001年5月26日起施行 法释〔2001〕17号）

重庆市高级人民法院：

你院渝高法明传〔2000〕38号《关于在股份有限公司中从事管理工作的人员侵占本公司财物如何定性的请示》收悉。经研究，答复如下：

在国有资本控股、参股的股份有限公司中从事管理工作的人员，除受国家机关、国有公司、企业、事业单位委派从事公务的以外，不属于国家工作人员。对其利用职务上的便利，将本单位财物非法占为已有，数额较大的，应当依照刑法第二百七十一条第一款的规定，以职务侵占罪定罪处罚。

最高人民法院关于适用财产刑若干问题的规定

（2000年11月15日最高人民法院审判委员会第1139次会议通过　自2000年12月19日起施行　法释〔2000〕45号）

为正确理解和执行刑法有关财产刑的规定，现就适用财产刑的若干问题规定如下：

第一条　刑法规定"并处"没收财产或者罚金的犯罪，人民法院在对犯罪分子判处主刑的同时，必须依法判处相应的财产刑；刑法规定"可以并处"没收财产或者罚金的犯罪，人民法院应当根据案件具体情况及犯罪分子的财产状况，决定是否适用财产刑。

第二条　人民法院应当根据犯罪情节，如违法所得数额、造成损失的大小等，并综合考虑犯罪分子缴纳罚金的能力，依法判处罚金。刑法没有明确规定罚金数额标准的，罚金的最低数额不能少于一千元。

对未成年人犯罪应当从轻或者减轻判处罚金，但罚金的最低数额不能少于五百元。

第三条　依法对犯罪分子所犯数罪分别判处罚金的，应当实行并罚，将所判处的罚金数额相加，执行总和数额。

一人犯数罪依法同时并处罚金和没收财产的，应当合并执行；但并处没收全部财产的，只执行没收财产刑。

第四条　犯罪情节较轻，适用单处罚金不致再危害社会并具有下列情形之一

的,可以依法单处罚金:

(一)偶犯或者初犯;

(二)自首或者有立功表现的;

(三)犯罪时不满十八周岁的;

(四)犯罪预备、中止或者未遂的;

(五)被胁迫参加犯罪的;

(六)全部退赃并有悔罪表现的;

(七)其他可以依法单处罚金的情形。

第五条 刑法第五十三条规定的“判决指定的期限”应当在判决书中予以确定;“判决指定的期限”应为从判决发生法律效力第二日起最长不超过三个月。

第六条 刑法第五十三条规定的“由于遭遇不能抗拒的灾祸缴纳确实有困难的”,主要是指因遭受火灾、水灾、地震等灾祸而丧失财产;罪犯因重病、伤残等而丧失劳动能力,或者需要罪犯抚养的近亲属患有重病,需支付巨额医药费等,确实没有财产可供执行的情形。

具有刑法第五十三条规定“可以酌情减少或者免除”事由的,由罪犯本人、亲属或者犯罪单位向负责执行的人民法院提出书面申请,并提供相应的证明材料。人民法院审查以后,根据实际情况,裁定减少或者免除应当缴纳的罚金数额。

第七条 刑法第六十条规定的“没收财产以前犯罪分子所负的正当债务”,是指犯罪分子在判决生效前所负他人的合法债务。

第八条 罚金刑的数额应当以人民币为计算单位。

第九条 人民法院认为依法应当判处被告人财产刑的,可以在案件审理过程中,决定扣押或者冻结被告人的财产。

第十条 财产刑由第一审人民法院执行。

犯罪分子的财产在异地的,第一审人民法院可以委托财产所在地人民法院代为执行。

第十一条 自判决指定的期限届满第二日起,人民法院对于没有法定减免事由不缴纳罚金的,应当强制其缴纳。

对于隐藏、转移、变卖、损毁已被扣押、冻结财产情节严重的,依照刑法第三百一十四条的规定追究刑事责任。

最高人民法院关于审理单位犯罪案件对其直接负责的主管人员和其他直接责任人员是否区分主犯、从犯问题的批复

（2000 年 9 月 28 日最高人民法院审判委员会第 1132 次会议通过　法释〔2000〕31 号）

湖北省高级人民法院：

你院鄂高法〔1999〕374 号《关于单位犯信用证诈骗罪案件中对其“直接负责的主管人员”和“其他直接责任人员”是否划分主从犯问题的请示》收悉。经研究，答复如下：

在审理单位故意犯罪案件时，对其直接负责的主管人员和其他直接责任人员，可不区分主犯、从犯，按照其在单位犯罪中所起的作用判处刑罚。

最高人民法院关于审理单位犯罪案件具体应用法律有关问题的解释

（1999 年 6 月 18 日最高人民法院审判委员会第 1069 次会议通过　自 1999 年 7 月 3 日起施行　法释〔1999〕14 号）

为依法惩治单位犯罪活动，根据刑法的有关规定，现对审理单位犯罪案件具体应用法律的有关问题解释如下：

第一条　刑法第三十条规定的“公司、企业、事业单位”，既包括国有、集体所有的公司、企业、事业单位，也包括依法设立的合资经营、合作经营企业和具有法人资

格的独资、私营等公司、企业、事业单位。

第二条 个人为进行违法犯罪活动而设立的公司、企业、事业单位实施犯罪的，或者公司、企业、事业单位设立后，以实施犯罪为主要活动的，不以单位犯罪论处。

第三条 盗用单位名义实施犯罪，违法所得由实施犯罪的个人私分的，依照刑法有关自然人犯罪的规定定罪处罚。

最高人民法院关于对怀孕妇女在羁押期间自然流产审判时是否可以适用死刑问题的批复

（1998年8月4日最高人民法院审判委员会第1010次会议通过 自1998年8月13日起施行 法释〔1998〕18号）

河北省高级人民法院：

你院冀高法〔1998〕40号《关于审判时对怀孕妇女在公安预审羁押期间自然流产，是否适用死刑的请示》收悉。经研究，答复如下：

怀孕妇女因涉嫌犯罪在羁押期间自然流产后，又因同一事实被起诉、交付审判的，应当视为“审判的时候怀孕的妇女”，依法不适用死刑。

最高人民法院关于处理自首和立功具体应用法律若干问题的解释

（1998年4月6日最高人民法院审判委员会第972次会议通过 自1998年5月9日起施行 法释〔1998〕8号）

为正确认定自首和立功，对具有自首或者立功表现的犯罪分子依法适用刑罚，现就具体应用法律的若干问题解释如下：

第一条 根据刑法第六十七条第一款的规定，犯罪以后自动投案，如实供述自己的罪行的,是自首。

(一)自动投案,是指犯罪事实或者犯罪嫌疑人未被司法机关发觉,或者虽被发觉,但犯罪嫌疑人尚未受到讯问、未被采取强制措施时,主动、直接向公安机关、人民检察院或者人民法院投案。

犯罪嫌疑人向其所在单位、城乡基层组织或者其他有关负责人员投案的;犯罪嫌疑人因病、伤或者为了减轻犯罪后果,委托他人先代为投案,或者先以信电投案的;罪行尚未被司法机关发觉,仅因形迹可疑,被有关组织或者司法机关盘问、教育后,主动交代自己的罪行的;犯罪后逃跑,在被通缉、追捕过程中,主动投案的;经查实确已准备去投案,或者正在投案途中,被公安机关捕获的,应当视为自动投案。

并非出于犯罪嫌疑人主动,而是经亲友规劝、陪同投案的;公安机关通知犯罪嫌疑人的亲友,或者亲友主动报案后,将犯罪嫌疑人送去投案的,也应当视为自动投案。

犯罪嫌疑人自动投案后又逃跑的,不能认定为自首。

(二)如实供述自己的罪行,是指犯罪嫌疑人自动投案后,如实交代自己的主要犯罪事实。

犯有数罪的犯罪嫌疑人仅如实供述所犯数罪中部分犯罪的,只对如实供述部分犯罪的行为,认定为自首。

共同犯罪案件中的犯罪嫌疑人,除如实供述自己的罪行,还应当供述所知的同案犯,主犯则应当供述所知其他同案犯的共同犯罪事实,才能认定为自首。

犯罪嫌疑人自动投案并如实供述自己的罪行后又翻供的,不能认定为自首;但在一审判决前又能如实供述的,应当认定为自首。

第二条 根据刑法第六十七条第二款的规定,被采取强制措施的犯罪嫌疑人、被告人和已宣判的罪犯,如实供述司法机关尚未掌握的罪行,与司法机关已掌握的或者判决确定的罪行属不同种罪行的,以自首论。

第三条 根据刑法第六十七条第一款的规定,对于自首的犯罪分子,可以从轻或者减轻处罚;对于犯罪较轻的,可以免除处罚。具体确定从轻、减轻还是免除处罚,应当根据犯罪轻重,并考虑自首的具体情节。

第四条 被采取强制措施的犯罪嫌疑人、被告人和已宣判的罪犯，如实供述司法机关尚未掌握的罪行，与司法机关已掌握的或者判决确定的罪行属同种罪行的，可以酌情从轻处罚；如实供述的同种罪行较重的，一般应当从轻处罚。

第五条 根据刑法第六十八条第一款的规定，犯罪分子到案后有检举、揭发他人犯罪行为，包括共同犯罪案件中的犯罪分子揭发同案犯共同犯罪以外的其他犯罪，经查证属实；提供侦破其他案件的重要线索，经查证属实；阻止他人犯罪活动；协助司法机关抓捕其他犯罪嫌疑人（包括同案犯）；具有其他有利于国家和社会的突出表现的，应当认定为有立功表现。

第六条 共同犯罪案件的犯罪分子到案后，揭发同案犯共同犯罪事实的，可以酌情予以从轻处罚。

第七条 根据刑法第六十八条第一款的规定，犯罪分子有检举、揭发他人重大犯罪行为，经查证属实；提供侦破其他重大案件的重要线索，经查证属实；阻止他人重大犯罪活动；协助司法机关抓捕其他重大犯罪嫌疑人（包括同案犯）；对国家和社会有其他重大贡献等表现的，应当认定为有重大立功表现。

前款所称“重大犯罪”、“重大案件”、“重大犯罪嫌疑人”的标准，一般是指犯罪嫌疑人、被告人可能被判处无期徒刑以上刑罚或者案件在本省、自治区、直辖市或者全国范围内有较大影响等情形。

最高人民法院关于适用刑法第十二条几个问题的解释

（1997年12月23日最高人民法院审判委员会第952次会议通过自 1998年1月13日公布起施行 法释〔1997〕12号）

修订后的《中华人民共和国刑法》一九九七年十月一日施行以来，一些地方法院就刑法第十二条适用中的几个具体问题向我院请示。现解释如下：

第一条 刑法第十二条规定的“处刑较轻”，是指刑法对某种犯罪规定的刑罚即法定刑比修订前刑法轻。法定刑较轻是指法定最高刑较轻;如果法定最高刑相同,则指法定最低刑轻。

第二条 如果刑法规定的某一犯罪只有一个法定刑幅度,法定最高刑或者最低刑是指该法定刑幅度的最高刑或者最低刑;如果刑法规定的某一犯罪有两个以上的法定刑幅度,法定最高刑或者最低刑是指具体犯罪行为应当适用的法定刑幅度的最高刑或者最低刑。

第三条 一九九七年十月一日以后审理一九九七年九月三十日以前发生的刑事案件,如果刑法规定的定罪处刑标准、法定刑与修订前刑法相同的,应当适用修订前的刑法。

最高人民法院关于对故意伤害、盗窃等严重破坏社会秩序的犯罪分子能否附加剥夺政治权利问题的批复

(1997 年 12 月 23 日最高人民法院审判委员会第 952 次会议通过自 1998 年 1 月 13 日起施行 法释〔1997〕11 号)

福建省高级人民法院:

你院《关于对故意伤害、盗窃(重大)等犯罪分子被判处有期徒刑的,能否附加剥夺政治权利的请示》收悉。经研究,答复如下:

根据刑法第五十六条规定,对于故意杀人、强奸、放火、爆炸、投毒、抢劫等严重破坏社会秩序的犯罪分子,可以附加剥夺政治权利。对故意伤害、盗窃等其他严重破坏社会秩序的犯罪,犯罪分子主观恶性较深、犯罪情节恶劣、罪行严重的,也可以依法附加剥夺政治权利。

最高人民法院关于办理减刑、假释案件具体应用法律若干问题的规定

（1997年10月28日最高人民法院审判委员会第940次会议通过　自1997年11月8日起施行　法释〔1997〕6号）

为正确适用刑法、刑事诉讼法，依法办理减刑、假释案件，根据刑法、刑事诉讼法和有关法律的规定，结合减刑、假释工作的实践经验，制定本规定。

第一条　根据刑法第七十八条第一款的规定，被判处管制、拘役、有期徒刑、无期徒刑的犯罪分子，在执行期间，如果认真遵守监规，接受教育改造，确有悔改表现的，或者有立功表现的，可以减刑；有重大立功表现的，应当减刑。

（一）"确有悔改表现"是指同时具备以下四个方面情形：认罪服法；认真遵守监规，接受教育改造；积极参加政治、文化、技术学习；积极参加劳动，完成生产任务。

对罪犯在刑罚执行期间提出申诉的，要依法保护其申诉权利。对罪犯申诉应当具体情况具体分析，不应当一概认为是不认罪服法。

（二）"立功表现"是指具有下列情形之一的：

1. 检举、揭发监内外犯罪活动，或者提供重要的破案线索，经查证属实的；

2. 阻止他人犯罪活动的；

3. 在生产、科研中进行技术革新，成绩突出的；

4. 在抢险救灾或者排除重大事故中表现积极的；

5. 有其他有利于国家和社会的突出事迹的。

（三）"重大立功表现"是指具有刑法第七十八条规定的应当减刑的六种表现之一的情形。

第二条　对有期徒刑罪犯在刑罚执行期间，符合减刑条件的减刑幅度为：如果确有悔改表现的，或者有立功表现的，一般一次减刑不超过一年有期徒刑；如果确

有悔改表现并有立功表现,或者有重大立功表现的,一般一次减刑不超过两年有期徒刑。被判处十年以上有期徒刑的罪犯,如果悔改表现突出的,或者有立功表现的,一次减刑不得超过两年有期徒刑;如果悔改表现突出并有立功表现,或者有重大立功表现的,一次减刑不得超过三年有期徒刑。

第三条 有期徒刑罪犯的减刑起始时间和间隔时间为:被判处五年以上有期徒刑的罪犯,一般在执行一年半以上方可减刑;两次减刑之间一般应当间隔一年以上。被判处十年以上有期徒刑的罪犯,一次减二年至三年有期徒刑之后,再减刑时,其间隔时间一般不得少于二年。被判处不满五年有期徒刑的罪犯,可以比照上述规定,适当缩短起始和间隔时间。

确有重大立功表现的,可以不受上述减刑起始和间隔时间的限制。

第四条 在有期徒刑罪犯减刑时,对附加剥夺政治权利的刑期可以酌减。酌减后剥夺政治权利的期限,最短不得少于一年。

第五条 对判处拘役或者三年以下有期徒刑、宣告缓刑的犯罪分子,一般不适用减刑。

如果在缓刑考验期间有重大立功表现的,可以参照刑法第七十八条的规定,予以减刑,同时相应的缩减其缓刑考验期限。减刑后实际执行的刑期不能少于原判刑期的二分之一,相应缩减的缓刑考验期限不能低于减刑后实际执行的刑期。判处拘役的缓刑考验期限不能少于两个月,判处有期徒刑的缓刑考验期限不能少于一年。

第六条 无期徒刑罪犯在执行期间,如果确有悔改表现的,或者有立功表现的,服刑二年以后,可以减刑。减刑幅度为:对确有悔改表现的,或者有立功表现的,一般可以减为十八年以上二十年以下有期徒刑;对有重大立功表现的,可以减为十三年以上十八年以下有期徒刑。

第七条 无期徒刑罪犯在刑罚执行期间又犯罪,被判处有期徒刑以下刑罚的,自新罪判决确定之日起一般在两年之内不予减刑;对新罪判处无期徒刑的,减刑的起始时间要适当延长。

第八条 被判处无期徒刑的罪犯减刑后,实际执行的刑期不能少于十年,其起始时间应当自无期徒刑判决确定之日起计算。

第九条 根据刑法第五十条的规定，死刑缓期执行罪犯在死刑缓期执行期间，如果没有故意犯罪，二年期满以后，减为无期徒刑；如果确有重大立功表现，二年期满以后，减为十五年以上二十年以下有期徒刑。

对死刑缓期执行罪犯经过一次或几次减刑后，其实际执行的刑期，不得少于十二年（不含死刑缓期执行的二年）。

第十条 刑法第八十一条第一款规定的“不致再危害社会”，是指罪犯在刑罚执行期间一贯表现好，确已具备本规定第一条第（一）项所列情形，不致违法、重新犯罪的，或者是老年、身体有残疾（不含自伤致残），并丧失作案能力的。

第十一条 刑法第八十一条第一款规定的“特殊情况”，是指有国家政治、国防、外交等方面特殊需要的情况。

第十二条 根据刑法第八十一条第二款的规定，对累犯以及因杀人、爆炸、抢劫、强奸、绑架等暴力性犯罪中的一罪被判处十年以上有期徒刑、无期徒刑的犯罪分子，不得假释。

第十三条 对犯罪时未成年的罪犯的减刑、假释，在掌握标准上可以比照成年罪犯依法适度放宽。未成年罪犯能认罪服法，遵守监规，积极参加学习、劳动的，即可视为确有悔改表现予以减刑，其减刑的幅度可以适当放宽，间隔的时间可以相应缩短。符合刑法第八十一条第一款规定的，可以假释。

第十四条 对老年和身体有残疾（不含自伤致残）罪犯的减刑、假释，应当主要注重悔罪的实际表现。对除刑法第八十一条第二款规定的情形之外，有悔罪表现，丧失作案能力或者生活不能自理，且假释后生活确有着落的老残犯，可以依法予以假释。

第十五条 对死刑缓期执行罪犯减为无期徒刑或者有期徒刑后，符合刑法第八十一条第一款和本规定第九条第二款规定的，可以假释。

第十六条 被假释的罪犯，除有特殊情形，一般不得减刑，其假释考验期也不能缩短。

第十七条 罪犯减刑后又假释的间隔时间，一般为一年；对一次减二年或者三年有期徒刑后，又适用假释的，其间隔时间不得少于二年。

第十八条 对判处有期徒刑的罪犯减刑、假释，执行原判刑期二分之一以上的起始时间,应当从判决执行之日起计算,判决执行以前先行羁押的,羁押一日折抵刑期一日。

最高人民法院关于适用刑法时间效力规定若干问题的解释

（1997年9月25日最高人民法院审判委员会第937次会议通过　自1997年10月1日起施行　法释〔1997〕5号）

为正确适用刑法,现就人民法院1997年10月1日以后审理的刑事案件,具体适用修订前的刑法或者修订后的刑法的有关问题规定如下:

第一条　对于行为人1997年9月30日以前实施的犯罪行为,在人民检察院、公安机关、国家安全机关立案侦查或者在人民法院受理案件以后,行为人逃避侦查或者审判,超过追诉期限或者被害人在追诉期限内提出控告,人民法院、人民检察院、公安机关应当立案而不予立案,超过追诉期限的,是否追究行为人的刑事责任,适用修订前的刑法第七十七条的规定。

第二条　犯罪分子1997年9月30日以前犯罪,不具有法定减轻处罚情节,但是根据案件的具体情况需要在法定刑以下判处刑罚的,适用修订前的刑法第五十九条第二款的规定。

第三条　前罪判处的刑罚已经执行完毕或者赦免,在1997年9月30日以前又犯应当判处有期徒刑以上刑罚之罪,是否构成累犯,适用修订前的刑法第六十一条的规定;1997年10月1日以后又犯应当判处有期徒刑以上刑罚之罪的,是否构成累犯,适用刑法第六十五条的规定。

第四条　1997年9月30日以前被采取强制措施的犯罪嫌疑人、被告人或者1997年9月30日以前犯罪,1997年10月1日以后仍在服刑的罪犯,如实供述司法机关还未掌握的本人其他罪行的,适用刑法第六十七条第二款的规定。

第五条　1997年9月30日以前犯罪的犯罪分子,有揭发他人犯罪行为,或者提供重要线索,从而得以侦破其他案件等立功表现的,适用刑法第六十八条的规定。

第六条 1997年9月30日以前犯罪被宣告缓刑的犯罪分子,在1997年10月1日以后的缓刑考验期间又犯新罪、被发现漏罪或者违反法律、行政法规或者国务院公安部门有关缓刑的监督管理规定,情节严重的,适用刑法第七十七条的规定,撤销缓刑。

第七条 1997年9月30日以前犯罪,1997年10月1日以后仍在服刑的犯罪分子,因特殊情况,需要不受执行刑期限制假释的,适用刑法第八十一条第一款的规定,报经最高人民法院核准。

第八条 1997年9月30日以前犯罪,1997年10月1日以后仍在服刑的累犯以及因杀人、爆炸、抢劫、强奸、绑架等暴力性犯罪被判处十年以上有期徒刑、无期徒刑的犯罪分子,适用修订前的刑法第七十三条的规定,可以假释。

第九条 1997年9月30日以前被假释的犯罪分子,在1997年10月1日以后的假释考验期内,又犯新罪、被发现漏罪或者违反法律、行政法规或者国务院公安部门有关假释的监督管理规定的,适用刑法第八十六条的规定,撤销假释。

第十条 按照审判监督程序重新审判的案件,适用行为时的法律。

（二）司法性文件

最高人民法院关于依法不再核准类推案件的通知

（1997 年 9 月 22 日　法发〔1997〕23 号）

各省、自治区、直辖市高级人民法院，解放军军事法院：

修订后的《中华人民共和国刑法》于 1997 年 10 月 1 日起施行。现就 1997 年 10 月 1 日以后审理此前发生的适用类推案件的有关问题，通知如下：

一、1997 年 10 月 1 日以后，各级人民法院一律不再适用修订前的刑法第七十九条的规定向我院报送类推案件。

二、1997 年 9 月 30 日以前已经报送但在 10 月 1 日前尚未核准的类推案件，应当根据修订后的刑法第三条的规定，分别不同情况作出处理：对于按照修订前的刑法需要类推定罪，修订后的刑法没有规定为犯罪的行为，一律不得定罪判刑；对于按照修订前的刑法需要类推定罪，修订后的刑法也规定为犯罪的行为，如需追究刑事责任的，应适用修订后刑法第十二条的规定处罚。

三、1997 年 10 月 1 日以后，各级人民法院审理发生在 1997 年 9 月 30 日以前，按照修订前的刑法需要类推定罪的案件，应当按照本通知第二条的规定办理。

最高人民法院关于在附加剥夺政治权利执行期间重新犯罪的被告人是否适用数罪并罚问题的批复

（1994 年 5 月 16 日　法复〔1994〕8 号）

上海市高级人民法院：

你院《关于对在附加剥夺政治权利期间重新犯罪的被告人是否适用数罪并罚

问题的请示》收悉。经研究,答复如下:

对被判处有期徒刑的罪犯,主刑已执行完毕,在执行附加刑剥夺政治权利期间又重新犯罪,如果所犯新罪无须判处附加刑剥夺政治权利的,应当按照《中华人民共和国刑法》第六十四条第二款、第六十六条的规定,在对被告人所犯新罪作出判决时,将新罪所判处的刑罚和前罪没有执行完毕的附加刑剥夺政治权利,按照数罪并罚原则,决定执行的刑罚,即在新罪所判处的刑罚执行完毕以后,继续执行前罪没有执行完毕的附加刑剥夺政治权利。

最高人民法院关于判决宣告后又发现被判刑的犯罪分子的同种漏罪是否实行数罪并罚问题的批复

(1993 年 4 月 16 日　法复〔1993〕3 号)

江西省高级人民法院:

你院赣高法〔1992〕39 号《关于判决宣告后又发现被判刑的犯罪分子的同种漏罪是否按数罪并罚处理的请示》收悉。经研究,答复如下:

人民法院的判决宣告并已发生法律效力以后,刑罚还没有执行完毕以前,发现被判刑的犯罪分子在判决宣告以前还有其他罪没有判决的,不论新发现的罪与原判决的罪是否属于同种罪,都应当依照刑法第六十五条的规定实行数罪并罚。但如果在第一审人民法院的判决宣告以后,被告人提出上诉或者人民检察院提出抗诉,判决尚未发生法律效力的,第二审人民法院在审理期间,发现原审被告人在第一审判决宣告以前还有同种漏罪没有判决的,第二审人民法院应当依照刑事诉讼法第一百三十六条第(三)项的规定,裁定撤销原判,发回原审人民法院重新审判,第一审人民法院重新审判时,不适用刑法关于数罪并罚的规定。

3 危害国家安全罪

司法解释

最高人民法院关于审理为境外窃取、刺探、收买、非法提供国家秘密、情报案件具体应用法律若干问题的解释

（2000年11月20日最高人民法院审判委员会1142次会议通过 自2001年1月22日起施行 法释〔2001〕4号）

为依法惩治为境外的机构、组织、人员窃取、刺探、收买、非法提供国家秘密、情报犯罪活动，维护国家安全和利益，根据刑法有关规定，现就审理这类案件具体应用法律的若干问题解释如下：

第一条 刑法第一百一十一条规定的“国家秘密”，是指《中华人民共和国保守国家秘密法》第二条、第八条以及《中华人民共和国保守国家秘密法实施办法》第四条确定的事项。

刑法第一百一十一条规定的“情报”，是指关系国家安全和利益、尚未公开或者依照有关规定不应公开的事项。

对为境外机构、组织、人员窃取、刺探、收买、非法提供国家秘密之外的情报的行为，以为境外窃取、刺探、收买、非法提供情报罪定罪处罚。

第二条 为境外窃取、刺探、收买、非法提供国家秘密或者情报，具有下列情形之一的，属于“情节特别严重”，处十年以上有期徒刑、无期徒刑，可以并处没收

财产：

（一）为境外窃取、刺探、收买、非法提供绝密级国家秘密的；

（二）为境外窃取、刺探、收买、非法提供三项以上机密级国家秘密的；

（三）为境外窃取、刺探、收买、非法提供国家秘密或者情报，对国家安全和利益造成其他特别严重损害的。

实施前款行为，对国家和人民危害特别严重、情节特别恶劣的，可以判处死刑，并处没收财产。

第三条 为境外窃取、刺探、收买、非法提供国家秘密或者情报，具有下列情形之一的，处五年以上十年以下有期徒刑，可以并处没收财产：

（一）为境外窃取、刺探、收买、非法提供机密级国家秘密的；

（二）为境外窃取、刺探、收买、非法提供三项以上秘密级国家秘密的；

（三）为境外窃取、刺探、收买、非法提供国家秘密或者情报，对国家安全和利益造成其他严重损害的。

第四条 为境外窃取、刺探、收买、非法提供秘密级国家秘密或者情报，属于"情节较轻"，处五年以下有期徒刑、拘役、管制或者剥夺政治权利，可以并处没收财产。

第五条 行为人知道或者应当知道没有标明密级的事项关系国家安全和利益，而为境外窃取、刺探、收买、非法提供的，依照刑法第一百一十一条的规定以为境外窃取、刺探、收买、非法提供国家秘密罪定罪处罚。

第六条 通过互联网将国家秘密或者情报非法发送给境外的机构、组织、个人的，依照刑法第一百一十一条的规定定罪处罚；将国家秘密通过互联网予以发布，情节严重的，依照刑法第三百九十八条的规定定罪处罚。

第七条 审理为境外窃取、刺探、收买、非法提供国家秘密案件，需要对有关事项是否属于国家秘密以及属于何种密级进行鉴定的，由国家保密工作部门或者省、自治区、直辖市保密工作部门鉴定。

4 危害公共安全罪

（一）司法解释

最高人民法院关于审理破坏电力设备刑事案件具体应用法律若干问题的解释

（2007 年 8 月 15 日 法释[2007]15 号）

为维护公共安全，依法惩治破坏电力设备等犯罪活动，根据刑法有关规定，现就审理这类刑事案件具体应用法律的若干问题解释如下：

第一条 破坏电力设备，具有下列情形之一的，属于刑法第一百一十九条第一款规定的“造成严重后果”，以破坏电力设备罪判处十年以上有期徒刑、无期徒刑或者死刑：

（一）造成一人以上死亡、三人以上重伤或者十人以上轻伤的；

（二）造成一万以上用户电力供应中断六小时以上，致使生产、生活受到严重影响的；

（三）造成直接经济损失一百万元以上的；

（四）造成其他危害公共安全严重后果的。

第二条 过失损坏电力设备，造成本解释第一条规定的严重后果的，依照刑法第一百一十九条第二款的规定，以过失损坏电力设备罪判处三年以上七年以下有期徒刑；情节较轻的，处三年以下有期徒刑或者拘役。

第三条 盗窃电力设备，危害公共安全，但不构成盗窃罪的，以破坏电力设备罪定罪处罚；同时构成盗窃罪和破坏电力设备罪的，依照刑法处罚较重的规定定罪处罚。

盗窃电力设备，没有危及公共安全，但应当追究刑事责任的，可以根据案件的不同情况，按照盗窃罪等犯罪处理。

第四条 本解释所称电力设备，是指处于运行、应急等使用中的电力设备；已经通电使用，只是由于枯水季节或电力不足等原因暂停使用的电力设备；已经交付使用但尚未通电的电力设备。不包括尚未安装完毕，或者已经安装完毕但尚未交付使用的电力设备。

本解释中直接经济损失的计算范围，包括电量损失金额，被毁损设备材料的购置、更换、修复费用，以及因停电给用户造成的直接经济损失等。

最高人民法院、最高人民检察院关于办理危害矿山生产安全刑事案件具体应用法律若干问题的解释

（2007 年 2 月 28 日　法释[2007]5 号）

为依法惩治危害矿山生产安全犯罪，保障矿山生产安全，根据刑法有关规定，现就办理此类刑事案件具体应用法律的若干问题解释如下：

第一条 刑法第一百三十四条第一款规定的犯罪主体，包括对矿山生产、作业负有组织、指挥或者管理职责的负责人、管理人员、实际控制人、投资人等人员，以及直接从事矿山生产、作业的人员。

第二条 刑法第一百三十四条第二款规定的犯罪主体，包括对矿山生产、作业负有组织、指挥或者管理职责的负责人、管理人员、实际控制人、投资人等人员。

第三条 刑法第一百三十五条规定的“直接负责的主管人员和其他直接责任人员”，是指对矿山安全生产设施或者安全生产条件不符合国家规定负有直接责任的矿山生产经营单位负责人、管理人员、实际控制人、投资人，以及对安全生产设施或者安全生产条件负有管理、维护职责的电工、瓦斯检查工等人员。

第四条 发生矿山生产安全事故，具有下列情形之一的，应当认定为刑法第一百三十四条、第一百三十五条规定的“重大伤亡事故或者其他严重后果”：

（一）造成死亡一人以上，或者重伤三人以上的；

（二）造成直接经济损失一百万元以上的；

（三）造成其他严重后果的情形。

具有下列情形之一的，应当认定为刑法第一百三十四条、第一百三十五条规定的“情节特别恶劣”：

（一）造成死亡三人以上，或者重伤十人以上的；

（二）造成直接经济损失三百万元以上的；

（三）其他特别恶劣的情节。

第五条 刑法第一百三十九条之一规定的“负有报告职责的人员”，是指矿山生产经营单位的负责人、实际控制人、负责生产经营管理的投资人以及其他负有报告职责的人员。

第六条 在矿山生产安全事故发生后，负有报告职责的人员不报或者谎报事故情况，贻误事故抢救，具有下列情形之一的，应当认定为刑法第一百三十九条之一规定的“情节严重”：

（一）导致事故后果扩大，增加死亡一人以上，或者增加重伤三人以上，或者增加直接经济损失一百万元以上的；

（二）实施下列行为之一，致使不能及时有效开展事故抢救的：

1. 决定不报、谎报事故情况或者指使、串通有关人员不报、谎报事故情况的；

2. 在事故抢救期间擅离职守或者逃匿的；

3. 伪造、破坏事故现场，或者转移、藏匿、毁灭遇难人员尸体，或者转移、藏匿受伤人员的；

4. 毁灭、伪造、隐匿与事故有关的图纸、记录、计算机数据等资料以及其他证据的；

（三）其他严重的情节。

具有下列情形之一的，应当认定为刑法第一百三十九条之一规定的“情节特别严重”：

（一）导致事故后果扩大，增加死亡三人以上，或者增加重伤十人以上，或者增加直接经济损失三百万元以上的；

（二）采用暴力、胁迫、命令等方式阻止他人报告事故情况导致事故后果扩大的；

（三）其他特别严重的情节。

第七条 在矿山生产安全事故发生后，实施本解释第六条规定的相关行为，帮助负有报告职责的人员不报或者谎报事故情况，贻误事故抢救的，对组织者或者积极参加者，依照刑法第一百三十九条之一的规定，以共犯论处。

第八条 在采矿许可证被依法暂扣期间擅自开采的，视为刑法第三百四十三条第一款规定的“未取得采矿许可证擅自采矿”。

违反矿产资源法的规定，非法采矿或者采取破坏性的开采方法开采矿产资源，造成重大伤亡事故或者其他严重后果，同时构成刑法第三百四十三条规定的犯罪和刑法第一百三十四条或者第一百三十五条规定的犯罪的，依照数罪并罚的规定处罚。

第九条 国家机关工作人员滥用职权或者玩忽职守，危害矿山生产安全，具有下列情形之一，致使公共财产、国家和人民利益遭受重大损失的，依照刑法第三百九十七条的规定定罪处罚：

（一）对不符合矿山法定安全生产条件的事项予以批准或者验收通过的；

（二）对于未依法取得批准、验收的矿山生产经营单位擅自从事生产经营活动不依法予以处理的；

（三）对于已经依法取得批准的矿山生产经营单位不再具备安全生产条件而不撤销原批准或者发现违反安全生产法律法规的行为不予查处的；

（四）强令审核、验收部门及其工作人员实施本条第（一）项行为，或者实施其他阻碍下级部门及其工作人员依法履行矿山安全生产监督管理职责行为的；

（五）在矿山生产安全事故发生后，负有报告职责的国家机关工作人员不报或者谎报事故情况，贻误事故抢救的；

（六）其他滥用职权或者玩忽职守的行为。

第十条 以暴力、威胁方法阻碍矿山安全生产监督管理的，依照刑法第二百七十七条的规定，以妨害公务罪定罪处罚。

第十一条 国家工作人员违反规定投资入股矿山生产经营，构成本解释涉及的有关犯罪的，作为从重情节依法处罚。

第十二条 危害矿山生产安全构成犯罪的人，在矿山生产安全事故发生后，积极组织、参与事故抢救的，可以酌情从轻处罚。

最高人民法院关于审理破坏公用电信设施刑事案件具体应用法律若干问题的解释

（2004 年 12 月 30 日 法释〔2004〕21 号）

为维护公用电信设施的安全和通讯管理秩序，依法惩治破坏公用电信设施犯罪活动，根据刑法有关规定，现就审理这类刑事案件具体应用法律的若干问题解释如下：

第一条 采用截断通信线路、损毁通信设备或者删除、修改、增加电信网计算机信息系统中存储、处理或者传输的数据和应用程序等手段，故意破坏正在使用的公用电信设施，具有下列情形之一的，属于刑法第一百二十四条规定的“危害公共安全”，依照刑法第一百二十四条第一款规定，以破坏公用电信设施罪处三年以上七年以下有期徒刑：

（一）造成火警、匪警、医疗急救、交通事故报警、救灾、抢险、防汛等通信中断或者严重障碍，并因此贻误救助、救治、救灾、抢险等，致使人员死亡一人、重伤三人以上或者造成财产损失三十万元以上的；

（二）造成二千以上不满一万用户通信中断一小时以上，或者一万以上用户通信中断不满一小时的；

（三）在一个本地网范围内，网间通信全阻、关口局至某一局向全部中断或网间某一业务全部中断不满二小时或者直接影响范围不满五万（用户小时）的；

（四）造成网间通信严重障碍，一日内累计二小时以上不满十二小时的；

（五）其他危害公共安全的情形。

第二条 实施本解释第一条规定的行为，具有下列情形之一的，属于刑法第一百二十四条第一款规定的“严重后果”，以破坏公用电信设施罪处七年以上有期徒刑：

（一）造成火警、匪警、医疗急救、交通事故报警、救灾、抢险、防汛等通信中断或者严重障碍，并因此贻误救助、救治、救灾、抢险等，致使人员死亡二人以上、重伤六人以上或者造成财产损失六十万元以上的；

（二）造成一万以上用户通信中断一小时以上的；

（三）在一个本地网范围内，网间通信全阻、关口局至某一局向全部中断或网间某一业务全部中断二小时以上或者直接影响范围五万（用户小时）以上的；

（四）造成网间通信严重障碍，一日内累计十二小时以上的；

（五）造成其他严重后果的。

第三条 故意破坏正在使用的公用电信设施尚未危害公共安全，或者故意毁坏尚未投入使用的公用电信设施，造成财物损失，构成犯罪的，依照刑法第二百七十五条规定，以故意毁坏财物罪定罪处罚。

盗窃公用电信设施价值数额不大，但是构成危害公共安全犯罪的，依照刑法第一百二十四条的规定定罪处罚；盗窃公用电信设施同时构成盗窃罪和破坏公用电信设施罪的，依照处罚较重的规定定罪处罚。

第四条 指使、组织、教唆他人实施本解释规定的故意犯罪行为的，按照共犯定罪处罚。

第五条 本解释中规定的公用电信设施的范围、用户数、通信中断和严重障碍的标准和时间长度，依据国家电信行业主管部门的有关规定确定。

最高人民法院最高人民检察院关于办理非法制造、买卖、运输、储存毒鼠强等禁用剧毒化学品刑事案件具体应用法律若干问题的解释

（2003年8月29日最高人民法院审判委员会第1287次会议 2003年2月13日最高人民检察院第九届检察委员会第119次会议通过 2003年9月4日公布 自2003年10月1日起施行 法释〔2003〕14号）

为依法惩治非法制造、买卖、运输、储存毒鼠强等禁用剧毒化学品的犯罪活动，维护公共安全，根据刑法有关规定，现就办理这类刑事案件具体应用法律的若干问题解释如下：

第一条 非法制造、买卖、运输、储存毒鼠强等禁用剧毒化学品，危害公共安全，具有下列情形之一的，依照刑法第一百二十五条的规定，以非法制造、买卖、运输、储存危险物质罪，处三年以上十年以下有期徒刑：

（一）非法制造、买卖、运输、储存原粉、原液、制剂 50 克以上，或者饵料 2 千克以上的；

（二）在非法制造、买卖、运输、储存过程中致人重伤、死亡或者造成公私财产损失 10 万元以上的。

第二条 非法制造、买卖、运输、储存毒鼠强等禁用剧毒化学品，具有下列情形之一的，属于刑法第一百二十五条规定的“情节严重”，处十年以上有期徒刑、无期徒刑或者死刑：

（一）非法制造、买卖、运输、储存原粉、原液、制剂 500 克以上，或者饵料 20 千克以上的；

（二）在非法制造、买卖、运输、储存过程中致 3 人以上重伤、死亡，或者造成公私财产损失 20 万元以上的；

（三）非法制造、买卖、运输、储存原粉、原药、制剂 50 克以上不满 500 克，或者饵料 2 千克以上不满 20 千克，并具有其他严重情节的。

第三条 单位非法制造、买卖、运输、储存毒鼠强等禁用剧毒化学品的，依照本解释第一条、第二条规定的定罪量刑标准执行。

第四条 对非法制造、买卖、运输、储存毒鼠强等禁用剧毒化学品行为负有查处职责的国家机关工作人员，滥用职权或者玩忽职守，致使公共财产、国家和人民利益遭受重大损失的，依照刑法第三百九十七条的规定，以滥用职权罪或者玩忽职守罪追究刑事责任。

第五条 本解释施行以前，确因生产、生活需要而非法制造、买卖、运输、储存毒鼠强等禁用剧毒化学品饵料自用，没有造成严重社会危害的，可以依照刑法第十三条的规定，不作为犯罪处理。

本解释施行以后，确因生产、生活需要而非法制造、买卖、运输、储存毒鼠强等禁用剧毒化学品饵料自用，构成犯罪，但没有造成严重社会危害，经教育确有悔改表现的，可以依法从轻、减轻或者免除处罚。

第六条 本解释所称"毒鼠强等禁用剧毒化学品",是指国家明令禁止的毒鼠强、氟乙酰胺、氟乙酸钠、毒鼠硅、甘氟(见附表)。

序号	通用名称	中文名称		英文名称		分子式	CAS 号
		化学名	别名	化学名(英文)	别名(英文)		
1	毒鼠强	2,6-二硫-1,3,5,7-四氮三环[3,3,1,1,3,7]癸烷-2,2,6,6-四氧化物	四亚甲基二砜四胺	2,6-dithia-1,3,5,7-tetrazatricyclo[3,3,1,1,3,7] decane-2,2,6,6-tetaoxide	tetraminc	$C_4H_9N_4O_4S_2$	80-12-6
2	氟乙酰胺	氟乙酰胺	敌蚜胺	Fluoroacetamide	Fluorakil 100	C_2H_4FNO	640-19-7
3	氟乙酸钠	氟乙酸钠	一氟乙酸钠	Sodium monofluo fluoroacetate	Compound 1080	$C_2H_2FNaO_2$	62-74-8
4	毒鼠硅	1-(对氯苯基)-2,8,9-三氧-5氮-1-硅双环(3,3,3)十二烷	氯硅宁、硅灭鼠	1-(p – chloropenyl)-2,8,9-trioxo-5-nitrigen-1-silicon-dicyclo-(3,3,3) undencane	RS-150, silatrane	$C_{12}H_6ClNO_3Si$	29025-67-0
5	甘氟	1,3-二氟内醇-2和1-氯-3氟丙醇-2混合物	伏鼠酸、鼠甘伏	1,3-difluoirhydrine of glycerin and 2-chlorofluro-hydrine or glycerin	Glyfuor Gliftor	$C_3H_6F_2O_3$ C_3H_6ClFO	

最高人民法院关于对采用破坏性手段盗窃正在使用的油田输油管道中油品的行为如何适用法律问题的批复

(2002年4月8日最高人民法院审判委员会第1220次会议通过 2002年4月10日公布 自2002年4月18日起施行 法释〔2002〕10号)

各省、自治区、直辖市高级人民法院,解放军军事法院,新疆维吾尔自治区高级人民法院生产建设兵团分院:

近来，一些高级人民法院对采用破坏性手段盗窃正在使用的油田输油管道中油品的行为如何适用法律问题请示我院。根据刑法的有关规定，批复如下：

正在使用的油田输油管道，属于刑法规定的“易燃易爆设备”。行为人采用破坏性手段盗窃正在使用的油田输油管道中的油品，构成破坏易燃易爆设备罪、盗窃罪等犯罪的，依照处罚较重的规定定罪处罚。

最高人民法院关于审理非法制造、买卖、运输枪支、弹药、爆炸物等刑事案件具体应用法律若干问题的解释

（2001年5月10日最高人民法院审判委员会第1174次会议通过　自2001年5月16日起施行　法释〔2001〕15号）

为依法严惩非法制造、买卖、运输枪支、弹药、爆炸物等犯罪活动，根据刑法有关规定，现就审理这类案件具体应用法律的若干问题解释如下：

第一条　个人或者单位非法制造、买卖、运输、邮寄、储存枪支、弹药、爆炸物，具有下列情形之一的，依照刑法第一百二十五条第一款的规定，以非法制造、买卖、运输、邮寄、储存枪支、弹药、爆炸物罪定罪处罚：

（一）非法制造、买卖、运输、邮寄、储存军用枪支一支以上的；

（二）非法制造、买卖、运输、邮寄、储存以火药为动力发射枪弹的非军用枪支一支以上或者以压缩气体等为动力的其他非军用枪支二支以上的；

（三）非法制造、买卖、运输、邮寄、储存军用子弹十发以上、气枪铅弹五百发以上或者其他非军用子弹一百发以上的；

（四）非法制造、买卖、运输、邮寄、储存手榴弹一枚以上的；

（五）非法制造、买卖、运输、邮寄、储存爆炸装置的；

（六）非法制造、买卖、运输、邮寄、储存炸药、发射药、黑火药一千克以上或者烟火药三千克以上、雷管三十枚以上或者导火索、导爆索三十米以上的；

（七）具有生产爆炸物品资格的单位不按照规定的品种制造，或者具有销售、使用爆炸物品资格的单位超过限额买卖炸药、发射药、黑火药十千克以上或者烟火药三十千克以上、雷管三百枚以上或者导火索、导爆索三百米以上的；

（八）多次非法制造、买卖、运输、邮寄、储存弹药、爆炸物的；

（九）虽未达到上述最低数量标准，但具有造成严重后果等其他恶劣情节的。

介绍买卖枪支、弹药、爆炸物的，以买卖枪支、弹药、爆炸物罪的共犯论处。

第二条 非法制造、买卖、运输、邮寄、储存枪支、弹药、爆炸物，具有下列情形之一的，属于刑法第一百二十五条第一款规定的"情节严重"：

（一）非法制造、买卖、运输、邮寄、储存枪支、弹药、爆炸物的数量达到本解释第一条第（一）、（二）、（三）、（六）、（七）项规定的最低数量标准五倍以上的；

（二）非法制造、买卖、运输、邮寄、储存手榴弹三枚以上的；

（三）非法制造、买卖、运输、邮寄、储存爆炸装置，危害严重的；

（四）达到本解释第一条规定的最低数量标准，并具有造成严重后果等其他恶劣情节的。

第三条 依法被指定或者确定的枪支制造、销售企业，实施刑法第一百二十六条规定的行为，具有下列情形之一的，以违规制造、销售枪支罪定罪处罚：

（一）违规制造枪支五支以上的；

（二）违规销售枪支二支以上的；

（三）虽未达到上述最低数量标准，但具有造成严重后果等其他恶劣情节的。

具有下列情形之一的，属于刑法第一百二十六条规定的"情节严重"：

（一）违规制造枪支二十支以上的；

（二）违规销售枪支十支以上的；

（三）达到本条第一款规定的最低数量标准，并具有造成严重后果等其他恶劣情节的。

具有下列情形之一的，属于刑法第一百二十六条规定的"情节特别严重"：

（一）违规制造枪支五十支以上的；

（二）违规销售枪支三十支以上的；

（三）达到本条第二款规定的最低数量标准，并具有造成严重后果等其他恶劣情节的。

第四条 盗窃、抢夺枪支、弹药、爆炸物，具有下列情形之一的，依照刑法第一百二十七条第一款的规定，以盗窃、抢夺枪支、弹药、爆炸物罪定罪处罚：

（一）盗窃、抢夺以火药为动力的发射枪弹非军用枪支一支以上或者以压缩气体等为动力的其他非军用枪支二支以上的；

（二）盗窃、抢夺军用子弹十发以上、气枪铅弹五百发以上或者其他非军用子弹一百发以上的；

（三）盗窃、抢夺爆炸装置的；

（四）盗窃、抢夺炸药、发射药、黑火药一千克以上或者烟火药三千克以上、雷管三十枚以上或者导火索、导爆索三十米以上的；

（五）虽未达到上述最低数量标准，但具有造成严重后果等其他恶劣情节的。

具有下列情形之一的，属于刑法第一百二十七条第一款规定的“情节严重”：

（一）盗窃、抢夺枪支、弹药、爆炸物的数量达到本条第一款规定的最低数量标准五倍以上的；

（二）盗窃、抢夺军用枪支的；

（三）盗窃、抢夺手榴弹的；

（四）盗窃、抢夺爆炸装置，危害严重的；

（五）达到本条第一款规定的最低数量标准，并具有造成严重后果等其他恶劣情节的。

第五条 具有下列情形之一的，依照刑法第一百二十八条第一款的规定，以非法持有、私藏枪支、弹药罪定罪处罚：

（一）非法持有、私藏军用枪支一支的；

（二）非法持有、私藏以火药为动力发射枪弹的非军用枪支一支或者以压缩气体等为动力的其他非军用枪支二支以上的；

（三）非法持有、私藏军用子弹二十发以上，气枪铅弹一千发以上或者其他非军用子弹二百发以上的；

（四）非法持有、私藏手榴弹一枚以上的；

（五）非法持有、私藏的弹药造成人员伤亡、财产损失的。

具有下列情形之一的，属于刑法第一百二十八条第一款规定的“情节严重”：

（一）非法持有、私藏军用枪支二支以上的；

（二）非法持有、私藏以火药为动力发射枪弹的非军用枪支二支以上或者以压缩气体等为动力的其他非军用枪支五支以上的；

（三）非法持有、私藏军用子弹一百发以上，气枪铅弹五千发以上或者其他非军用子弹一千发以上的；

（四）非法持有、私藏手榴弹三枚以上的；

（五）达到本条第一款规定的最低数量标准，并具有造成严重后果等其他恶劣情节的。

第六条 非法携带枪支、弹药、爆炸物进入公共场所或者公共交通工具，危及公共安全，具有下列情形之一的，属于刑法第一百三十条规定的“情节严重”：

（一）携带枪支或者手榴弹的；

（二）携带爆炸装置的；

（三）携带炸药、发射药、黑火药五百克以上或者烟火药一千克以上、雷管二十枚以上或者导火索、导爆索二十米以上的；

（四）携带的弹药、爆炸物在公共场所或者公共交通工具上发生爆炸或者燃烧，尚未造成严重后果的；

（五）具有其他严重情节的。

行为人非法携带本条第一款第（三）项规定的爆炸物进入公共场所或者公共交通工具，虽未达到上述数量标准，但拒不交出的，依照刑法第一百三十条的规定定罪处罚；携带的数量达到最低数量标准，能够主动、全部交出的，可不以犯罪论处。

第七条 非法制造、买卖、运输、邮寄、储存、盗窃、抢夺、持有、私藏、携带成套枪支散件的，以相应数量的枪支计；非成套枪支散件以每三十件为一成套枪支散件计。

第八条 刑法第一百二十五条第一款规定的“非法储存”，是指明知是他人非法制造、买卖、运输、邮寄的枪支、弹药、爆炸物而为其存放的行为。

刑法第一百二十八条第一款规定的“非法持有”，是指不符合配备、配置枪支、弹药条件的人员，违反枪支管理法律、法规的规定，擅自持有枪支、弹药的行为。

刑法第一百二十八条第一款规定的“私藏”，是指依法配备、配置枪支、弹药的人员，在配备、配置枪支、弹药的条件消除后，违反枪支管理法律、法规的规定，私自藏匿所配备、配置的枪支、弹药且拒不交出的行为。

第九条 实施非法制造、买卖、运输、邮寄、储存、盗窃、抢夺、持有、私藏其他弹药、爆炸物品等行为，参照本解释有关条文规定的定罪量刑标准处罚。

最高人民法院关于审理交通肇事刑事案件具体应用法律若干问题的解释

（2000年11月10日最高人民法院审判委员会第1136次会议通过 自2000年11月21日起施行 法释〔2000〕33号）

为依法惩处交通肇事犯罪活动，根据刑法有关规定，现将审理交通肇事刑事案件具体应用法律的若干问题解释如下：

第一条 从事交通运输人员或者非交通运输人员，违反交通运输管理法规发生重大交通事故，在分清事故责任的基础上，对于构成犯罪的，依照刑法第一百三十三条的规定定罪处罚。

第二条 交通肇事具有下列情形之一的，处三年以下有期徒刑或者拘役：

（一）死亡一人或者重伤三人以上，负事故全部或者主要责任的；

（二）死亡三人以上，负事故同等责任的；

（三）造成公共财产或者他人财产直接损失，负事故全部或者主要责任，无能力赔偿数额在三十万元以上的。

交通肇事致一人以上重伤，负事故全部或者主要责任，并具有下列情形之一的，以交通肇事罪定罪处罚：

（一）酒后、吸食毒品后驾驶机动车辆的；

（二）无驾驶资格驾驶机动车辆的；

（三）明知是安全装置不全或者安全机件失灵的机动车辆而驾驶的；

（四）明知是无牌证或者已报废的机动车辆而驾驶的；

（五）严重超载驾驶的；

（六）为逃避法律追究逃离事故现场的。

第三条 “交通运输肇事后逃逸”，是指行为人具有本解释第二条第一款规定和第二款第（一）至（五）项规定的情形之一，在发生交通事故后，为逃避法律追究而逃跑的行为。

第四条 交通肇事具有下列情形之一的，属于“有其他特别恶劣情节”，处三年以上七年以下有期徒刑：

（一）死亡二人以上或者重伤五人以上，负事故全部或者主要责任的；

（二）死亡六人以上，负事故同等责任的；

（三）造成公共财产或者他人财产直接损失，负事故全部或者主要责任，无能力赔偿数额在六十万元以上的。

第五条 “因逃逸致人死亡”，是指行为人在交通肇事后为逃避法律追究而逃跑，致使被害人因得不到救助而死亡的情形。

交通肇事后，单位主管人员、机动车辆所有人、承包人或者乘车人指使肇事人逃逸，致使被害人因得不到救助而死亡的，以交通肇事罪的共犯论处。

第六条 行为人在交通肇事后为逃避法律追究，将被害人带离事故现场后隐藏或者遗弃，致使被害人无法得到救助而死亡或者严重残疾的，应当分别依照刑法第二百三十二条、第二百三十四条第二款的规定，以故意杀人罪或者故意伤害罪定罪处罚。

第七条 单位主管人员、机动车辆所有人或者机动车辆承包人指使、强令他人违章驾驶造成重大交通事故，具有本解释第二条规定情形之一的，以交通肇事罪定罪处罚。

第八条 在实行公共交通管理的范围内发生重大交通事故的，依照刑法第一百三十三条和本解释的有关规定办理。

在公共交通管理的范围外，驾驶机动车辆或者使用其他交通工具致人伤亡或者致使公共财产或者他人财产遭受重大损失，构成犯罪的，分别依照刑法第一百三十四条、第一百三十五条、第二百三十三条等规定定罪处罚。

第九条　各省、自治区、直辖市高级人民法院可以根据本地实际情况，在三十万元至六十万元、六十万元至一百万元的幅度内，确定本地区执行本解释第二条第一款第（三）项、第四条第（三）项的起点数额标准，并报最高人民法院备案。

最高人民法院关于办理非法制造、买卖、运输非军用枪支、弹药刑事案件适用法律问题的解释

（1995年9月20日　法发〔1995〕20号）

一、非法制造、买卖、运输非军用枪支、非军用枪支主要零部件或者其专用弹药，构成犯罪的，依照刑法第一百一十二条的规定定罪处罚。

非军用枪支是指射击运动枪、猎枪、麻醉注射枪、气枪、钢珠枪、催泪枪、电击枪以及其他足以致人伤亡或者使人丧失知觉的枪支。

二、非法制造、买卖、运输非军用枪支、弹药，有下列情形之一的，依照刑法第一百一十二条规定，判处七年以下有期徒刑：

1. 制造非军用枪支1支或者买卖、运输2支以上的；
2. 制造非军用枪支成套散件1套以上或者买卖、运输2套以上的；
3. 制造非军用枪支主要零部件50件以上或者买卖、运输100件以上的；
4. 制造非军用枪支专用子弹500发以上或者买卖、运输1000发以上的；
5. 虽未达到上述各项最低数量标准，但具有其他情形，应依法追究刑事责任的。

三、非法制造、买卖、运输非军用枪支、弹药的数量达到本解释第二条规定的各项最低数量标准5倍以上，或者具有其他严重情节的，依照刑法第一百一十二条规定，判处七年以上有期徒刑或者无期徒刑。

四、非法制造、买卖、运输非军用枪支、弹药情节特别严重，或者造成严重后果的，依照全国人大常委会《关于严惩严重危害社会治安的犯罪分子的决定》第一条第四项的规定处罚。

(二)司法性文件

最高人民法院、最高人民检察院、公安部、监察部、国家安全生产监督管理总局关于严格依法及时办理危害生产安全刑事案件的通知

(2008年6月6日　高检会[2008]5号)

各省、自治区、直辖市高级人民法院、人民检察院、公安厅(局)、监察厅(局)、安全生产监督管理局,新疆维吾尔自治区高级人民法院生产建设兵团分院、新疆生产建设兵团人民检察院、公安局、监察局、安全生产监督管理局,各省级煤矿安全监察机构:

为充分发挥刑事诉讼活动对预防重大生产安全责任事故的重要作用,维护法律权威,保障人民群众生命财产安全,促进社会和谐稳定,推动经济社会又好又快发展,根据中华人民共和国《刑法》、《刑事诉讼法》、《安全生产法》、《关于办理危害矿山生产安全刑事案件具体应用法律若干问题的解释》和国务院《生产安全事故报告和调查处理条例》等法律法规的规定,现就严格依法及时办理危害生产安全刑事案件的有关事项通知如下:

一、进一步提高对办理危害生产安全刑事案件重要性的认识。各级人民法院、人民检察院、公安机关、监察机关、安全生产监督管理部门和煤矿安全监察机构要从维护法律权威,促进在全社会实现公平正义的高度,充分认识及时、严肃、认真办理危害生产安全刑事案件的重要性和紧迫性,采取更加有效的措施,加大工作力度,提高办案质量和效率,促进生产安全形势持续稳定好转,实现办案的法律效果与社会效果的有机统一。

二、安全生产监督管理部门、煤矿安全监察机构和负有安全生产监督管理职责的有关部门接到事故报告后，应当按规定及时通知公安机关、监察机关、工会和人民检察院。

有关单位和人员要严格履行保护现场和重要痕迹、物证的义务。因抢救人员、防止事故扩大以及疏通交通等原因，需要移动事故现场物件的，应当做出标志，绘制现场简图并做出书面记录，妥善保存现场重要痕迹、物证。任何单位和个人不得破坏事故现场、毁灭相关证据。

相关单位、部门要在事故调查组的统一组织协调下开展调查取证、现场勘验、技术鉴定等工作，查明事故发生的经过、原因、人员伤亡情况及直接经济损失，认定事故的性质和事故责任，在法定期限内完成事故调查处理工作，并将处理意见抄送有关单位、部门。

事故调查过程中，发现涉嫌犯罪的，事故调查组应当及时将有关材料或者复印件移交公安机关、检察机关。

三、公安机关、人民检察院根据事故的性质和造成的危害后果，对涉嫌构成犯罪的，应当按照案件管辖规定，及时立案侦查，采取强制措施和侦查措施。犯罪嫌疑人逃匿的，公安机关应当迅速开展追捕工作。要全面收集证明犯罪嫌疑人有罪无罪以及犯罪情节轻重的证据材料。对容易灭失的痕迹、物证应当首先采取措施提取、固定。

需要有关部门进行鉴定的，公安机关、检察机关应当及时建议事故调查组组织鉴定，也可以自行组织鉴定. 事故调查组组织鉴定、或者委托有关部门鉴定、或者公安机关、检察机关自行组织鉴定的，鉴定报告原则上应当自委托或者决定之日起20日内作出。不涉及机械、电气、瓦斯、化学、有毒有害物(气)体、锅炉压力容器、起重机械、地质勘察、工程设计与施工质量、火灾以及非法开采、破坏矿产资源量认定等专业技术问题的，不需要进行鉴定，相关事实和证据符合法定条件的，可以逮捕、公诉和审判。

四、人民法院、人民检察院、公安机关在办理危害生产安全刑事案件中应当分工负责，互相配合、互相制约。公安机关对已经被刑事拘留的犯罪嫌疑人，在提请批准逮捕前可以先行通知检察机关，听取检察机关对收集、固定证据和开展技术鉴定工作的意见、建议。检察机关应当加强与公安机关的联系配合,认真做好审查批准逮捕工作。公安机关办理的危害生产安全案件中被采取强制措施的犯罪嫌疑人,如系人民检察院办理的渎职等职务犯罪案件的证人或者同案犯,人民检察院需要对其进行询问或者讯问的,可商公安机关予以配合,公安机关应当予以配合。公安机关办理危害生产安全刑事案件涉及渎职等职务犯罪案件的,如果涉嫌主罪属于公安机关管辖的,由公安机关为主侦查,人民检察院予以配合;如果涉嫌主罪属于人民检察院管辖的,由人民检察院为主侦查,公安机关予以配合。

人民法院、人民检察院和公安机关要坚持以事实为根据,以法律为准绳,贯彻宽严相济的刑事政策,依法从快侦查、审查批准逮捕、审查起诉和审判,尽可能提高办案效率。证明案件事实、性质、危害后果以及犯罪嫌疑人刑事责任的证据具备的,应当提起公诉和审判。不能以变更监视居住、取保候审为名压案不办。

五、加强业务指导和案件督办。上级公安机关、人民检察院对危害生产安全的重特大刑事案件可以直接组织办理,获取主要证据后,指定下级公安机关、人民检察院侦查终结,也可以采取挂牌督办、派员参办等方法,专人负责,全程跟踪。上级公安机关、人民检察院要支持下级机关依法办案,帮助他们排除干扰和阻力,研究解决办案过程中遇到的重大疑难问题。对发案地人民法院、人民检察院、公安机关办理确有困难的案件,上级人民法院、人民检察院、公安机关可以指定管辖、异地交办。

六、人民法院、人民检察院、公安机关、监察机关、安全生产监督管理部门、煤矿安全监察机构,对生产安全责任事故刑事案件的事实、性质认定、证据采信、法律适用以及责任追究有意见分歧的,应当加强协调沟通。协调后意见仍然不一致的,各自向上级机关(部门)报告,由上级机关(部门)协调解决。

公安机关、人民检察院对危害生产安全刑事案件的犯罪嫌疑人采取拘留、逮捕等强制措施的,人民法院作出判决的,应当及时通报事故调查组或者相关职能部门。在案件办理过程中,由于事实、证据或者案件性质发生变化,需要改变原处理决定的,也应当及时通报事故调查组或者相关职能部门。

七、严肃查办谎报瞒报事故行为。对有关单位和个人故意干扰、阻碍办案,或者毁灭、伪造证据、转移藏匿物证书证,或者拒不提供证据资料等违纪违法行为,监察机关要追究直接责任人和有关领导的责任；违反治安管理的，由公安机关进行治安管理处罚；构成犯罪的，依法追究刑事责任、对国家机关工作人员拘私枉法、帮助犯罪分子逃避处罚以及滥用职权、玩忽职守的，检察机关、监察机关要严肃查处；构成犯罪的，依法追究刑事责任。

八、提高工作透明度，主动接受社会监督、生产安全领域刑事案件的调查、判决情况要及时向社会公布，以取信于民。

九、本通知所提出的各项要求适用于《生产安全事故报告和调查处理条例》规定的生产经营活动中发生的造成人身伤亡或者直接经济损失的生产安全事故的报告、调查处理和侦查、公诉、审判工作、环境污染事故、核设施事故、国防科研生产事故的报告、调查处理以及侦查、公诉、审判工作不适用本通知。

最高人民法院关于加大对涉及重大公共安全事故等案件的审判力度全力维护社会稳定的通知

（2004 年 6 月 4 日　法[2004]107 号）

各省、自治区、直辖市高级人民法院，解放军军事法院，新疆维吾尔自治区高级人民法院生产建设兵团分院：

一段时间以来，各地连续发生一些重大公共安全事故，特别是火灾、公众聚集场所人员死亡、危险化学品泄露、爆炸、道路交通等事故，以及假冒伪劣商品损害人民群众生命健康的案件，给人民群众生命财产安全造成了重大损失，影响了社会秩序。对于已经发生的重大公共安全事故和安全生产工作中存在的隐患，国家有关部门采取积极的应对措施予以处理和防范。一些构成犯罪的案件或者民事、行政案件已诉至人民法院，进入司法程序处理。为切实做好此类案件的审判工作，依法维护公共安全，维护公民、法人和其他组织的合法权益，现就有关问题通知如下：

一、各级人民法院要从维护社会稳定的高度，认识审理好涉及重大公共安全事故等案件的重要性和迫切性。公共安全关系到广大人民群众的根本利益，关系到改革发展稳定的大局。依法保障广大人民群众的生命财产安全，是各级人民法院践行“三个代表”重要思想，落实司法为民要求的重要内容。各级人民法院要充分认识确保社会公共领域安全的严峻性，增强做好这项工作的责任感、紧迫感；充分认识新形势下保障公共安全的长期性、艰巨性和复杂性，牢固树立常抓不懈的思想，进一步加大对相关案件的审理力度，严惩各类危害公共安全、危害人民群众生命健康和财产安全的违法犯罪活动，切实维护社会稳定，依法促进经济社会全面协调发展。

二、深入研究涉及重大公共安全事故案件的法律适用问题，保护人民群众生命健康和财产安全。涉及重大公共安全事故的案件牵涉面广，法律关系复杂，为社会广泛关注。有关人民法院应当依照法律和司法解释的有关规定，抓紧研究相关的法律适用问题，确保案件审判取得法律效果与社会效果的有机统一。特别是对于发生在学校、地铁、商场、工矿企业、建设工地、化学危险品仓库、加油站、餐饮娱乐场所、大型社会活动和人员密集公共场所的安全责任事故案件；生产、销售伪劣商品损害人民群众生命健康和财产安全的案件；在传染病防治工作中发生的案件；违反国家规定，严重扰乱市场经济秩序的案件；以及因相关责任人玩忽职守、失职渎职、责任不落实导致重特大事故构成犯罪的案件，要抓紧制定相应的审判工作预案，坚决依法严惩危害国家和人民利益的犯罪行为，有效遏制此类犯罪案件的发生；及时处理有关损害赔偿的民事责任问题，使受害人及时、有效地得到司法救济。

三、切实抓好大案要案的审判工作，把加强司法审判与加强司法宣传结合起来。对于已经起诉到法院的涉及重大公共安全事故的案件，受案法院要将其作为当前审判工作的一项重点任务，主要领导要切实负起领导责任，抽调精干审判力量，严把案件的事实关、证据关、程序关和适用法律关，保证此类案件的依法及时审结。要精心做好此类案件的开庭审判工作，确保定案事实清楚、证据确实充分、审判程序合法、裁判公正及时。各级人民法院在办理相关案件的过程中，要把加强司法审判与加强司法宣传结合起来，通过公开审判、公开宣判、庭审直播等形式，扩大审判的社会效果，教育、帮助生产单位、有关部门和人民群众增强公共安全意识和生产安全意识,提高安全防范能力,充分发挥审判一案、教育一片的法制宣传作用,以有效地预防和遏制类似案件的发生。

四、加强司法建议工作,促进依法行政和重大公共安全事故应急处理机制的健全。各级人民法院在审判工作中,要注重认真分析此类案件的特点,归纳总结重大公共安全事故发生的原因,查找问题、发现隐患,有针对性地向有关部门提出司法建议,防范和化解各类风险,促进行政机关依法行政,堵塞公共安全管理方面的漏洞,促进经济社会的协调健康发展。

以上通知,请认真遵照执行。对于在审判工作中遇到的新情况,新问题,要积极争取党委、人大和政府的支持,并及时向上级人民法院报告,以确保各项审判职能作用的充分发挥,为全面建设小康社会提供更加有力的司法保障。

最高人民法院关于处理涉枪、涉爆申诉案件有关问题的通知

(2003 年 1 月 15 日　法[2003]8 号)

各省、自治区、直辖市高级人民法院,解放军军事法院,新疆维吾尔自治区高级人民法院生产建设兵团分院:

我院于 2001 年 9 月 17 日发出《对执行〈关于审理非法制造、买卖、运输枪支、弹药、爆炸物等刑事案件具体应用法律若干问题的解释〉有关问题的通知》(以下简称《通知》)后,一些高级人民法院向我院请示,对于符合《通知》的要求,但是已经依照我院于 2001 年 5 月 16 日公布的《关于审理非法制造、买卖、运输枪支、弹药、爆炸物等刑事案件具体应用法律若干问题的解释》(以下简称《解释》)作出生效裁判的案件,当事人提出申诉的,人民法院能否根据《通知》精神再审改判等问题。为准确适用法律和司法解释,现就有关问题通知如下:

《解释》公布后,人民法院经审理并已作出生效裁判的非法制造、买卖、运输枪支、弹药、爆炸物等刑事案件,当事人依法提出申诉,经审查认为生效裁判不符合

《通知》规定的，人民法院可以根据案件的具体情况，按照审判监督程序重新审理，并依照《通知》规定的精神予以改判。

最高人民法院对执行《关于审理非法制造、买卖、运输枪支、弹药、爆炸物等刑事案件具体应用法律若干问题的解释》有关问题的通知

（2001 年 9 月 17 日　法〔2001〕129 号）

各省、自治区、直辖市高级人民法院，解放军军事法院，新疆维吾尔自治区高级人民法院生产建设兵团分院：

我院《关于审理非法制造、买卖、运输枪支、弹药、爆炸物等刑事案件具体应用法律若干问题的解释》（以下简称《解释》）公布施行后，地方各级人民法院陆续审理了一批非法制造、买卖、运输枪支、弹药、爆炸物等案件，对于推动“治爆缉枪”专项斗争的深入进行，维护社会治安秩序，发挥了积极作用。鉴于此类案件的社会影响较大，为准确适用法律，依法严厉打击涉枪涉爆犯罪活动，现就审理这类案件适用《解释》的有关问题通知如下：

一、对于《解释》施行前，行为人因生产、生活所需非法制造、买卖、运输枪支、弹药、爆炸物没有造成严重社会危害，经教育确有悔改表现的，可以依照刑法第十三条的规定，不作为犯罪处理。

二、对于《解释》施行后发生的非法制造、买卖、运输枪支、弹药、爆炸物等行为，构成犯罪的，依照刑法和《解释》的有关规定定罪处罚。行为人确因生产、生活所需而非法制造、买卖、运输枪支、弹药、爆炸物，没有造成严重社会危害，经教育确有悔改表现的，可依法免除或者从轻处罚。

以上通知，请认真遵照执行。执行中如有问题，请及时报告我院。

最高人民法院关于办理非法制造、买卖、运输、私藏钢珠枪犯罪案件适用法律问题的通知

（1993 年 12 月 17 日　法发〔1993〕43 号）

各省、自治区、直辖市高级人民法院，解放军军事法院：

近年来，非法制造、买卖、运输、私藏钢珠枪的问题在一些地方十分突出。犯罪分子利用钢珠枪进行犯罪活动的案件明显增多，对社会治安造成严重危害。

钢珠枪是能发射金属弹丸，可致人伤亡的枪支。各级人民法院对非法制造、买卖、运输、私藏钢珠枪，构成犯罪的，应根据案件不同情况，分别依照刑法第一百一十二条、第一百六十三条的规定，追究刑事责任。

最高人民法院关于破坏生产单位正在使用的电动机是否构成破坏电力设备罪问题的批复

（1993 年 8 月 4 日　法明传〔1993〕241 号）

湖北省高级人民法院：

你院 91035 号传真《关于破坏生产单位正在使用的电动机是否可以构成破坏电力设备罪的请示》收悉。经研究，答复如下：

破坏电力设备罪是危害公共安全的犯罪。该罪所侵犯的客体，是社会的公共安全。如果行为人的行为不具有危害社会公共安全的性质，不能构成该罪。

对拆盗某些排灌站、加工厂等生产单位正在使用中的电机设备等，没有危及社会公共安全，但应当追究刑事责任的，可以根据案件的不同情况，按盗窃罪、破坏集体生产罪或者故意毁坏公私财物罪处理。

最高人民法院最高人民检察院关于刑法第一百一十四条规定的犯罪主体的适用范围的联合通知

(1986年6月21日〔1986〕 高检会(二)字第10号)

各省、自治区、直辖市高级人民法院、人民检察院,军事法院、军事检察院,铁路运输高级法院、全国铁路运输检察院:

近来,有些国营和集体企业、事业单位,以及群众合作经营组织和个体经营户,由于忽视安全生产而不断发生人员伤亡和财产损失的重大责任事故。为了确保人身安全,减少经济损失,除有关部门切实加强安全生产教育外,对于重大责任事故一定要认真查处,情节严重,触犯刑律,已构成犯罪的,必须依法追究刑事责任。

刑法第一百一十四条关于重大责任事故的犯罪主体,既包括国营和集体的工厂、矿山、林场、建筑企业或其他企业、事业单位的职工;也包括群众合作经营组织或个体经营户的从业人员。对于群众合作经营组织和个体经营户的主管负责人,在管理工作中玩忽职守,致使发生重大伤亡事故,造成严重后果,也应按刑法第一百一十四条的规定。追究刑事责任。

5 破坏社会主义市场经济秩序罪

（一）司法解释

最高人民法院、最高人民检察院关于办理商业贿赂刑事案件适用法律若干问题的意见

（2008 年 11 月 20 日）

为依法惩治商业贿赂犯罪，根据刑法有关规定，结合办案工作实际，现就办理商业贿赂刑事案件适用法律的若干问题，提出如下意见：

一、商业贿赂犯罪涉及刑法规定的以下八种罪名：(1)非国家工作人员受贿罪（刑法第一百六十三条）；(2)对非国家工作人员行贿罪（刑法第一百六十四条）；(3)受贿罪（刑法第三百八十五条）；(4)单位受贿罪（刑法第三百八十七条）；(5)行贿罪（刑法第三百八十九条）；(6)对单位行贿罪（刑法第三百九十一条）；(7)介绍贿赂罪（刑法第三百九十二条）；(8)单位行贿罪（刑法第三百九十三条）。

二、刑法第一百六十三条、第一百六十四条规定的“其他单位”，既包括事业单位、社会团体、村民委员会、居民委员会、村民小组等常设性的组织，也包括为组织体育赛事、文艺演出或者其他正当活动而成立的组委会、筹委会、工程承包队等非常设性的组织。

三、刑法第一百六十三条、第一百六十四条规定的“公司、企业或者其他单位的工作人员”，包括国有公司、企业以及其他国有单位中的非国家工作人员。

四、医疗机构中的国家工作人员，在药品、医疗器械、医用卫生材料等医药产品

采购活动中,利用职务上的便利,索取销售方财物,或者非法收受销售方财物,为销售方谋取利益,构成犯罪的,依照刑法第三百八十五条的规定,以受贿罪定罪处罚。

医疗机构中的非国家工作人员,有前款行为,数额较大的,依照刑法第一百六十三条的规定,以非国家工作人员受贿罪定罪处罚。

医疗机构中的医务人员,利用开处方的职务便利,以各种名义非法收受药品、医疗器械、医用卫生材料等医药产品销售方财物,为医药产品销售方谋取利益,数额较大的,依照刑法第一百六十三条的规定,以非国家工作人员受贿罪定罪处罚。

五、学校及其他教育机构中的国家工作人员,在教材、教具、校服或者其他物品的采购等活动中,利用职务上的便利,索取销售方财物,或者非法收受销售方财物,为销售方谋取利益,构成犯罪的,依照刑法第三百八十五条的规定,以受贿罪定罪处罚。

学校及其他教育机构中的非国家工作人员,有前款行为,数额较大的,依照刑法第一百六十三条的规定,以非国家工作人员受贿罪定罪处罚。

学校及其他教育机构中的教师,利用教学活动的职务便利,以各种名义非法收受教材、教具、校服或者其他物品销售方财物,为教材、教具、校服或者其他物品销售方谋取利益,数额较大的,依照刑法第一百六十三条的规定,以非国家工作人员受贿罪定罪处罚。

六、依法组建的评标委员会、竞争性谈判采购中谈判小组、询价采购中询价小组的组成人员,在招标、政府采购等事项的评标或者采购活动中,索取他人财物或者非法收受他人财物,为他人谋取利益,数额较大的,依照刑法第一百六十三条的规定,以非国家工作人员受贿罪定罪处罚。

依法组建的评标委员会、竞争性谈判采购中谈判小组、询价采购中询价小组中国家机关或者其他国有单位的代表有前款行为的,依照刑法第三百八十五条的规定,以受贿罪定罪处罚。

七、商业贿赂中的财物,既包括金钱和实物,也包括可以用金钱计算数额的财产性利益,如提供房屋装修、含有金额的会员卡、代币卡(券)、旅游费用等。具体数额以实际支付的资费为准。

八、收受银行卡的,不论受贿人是否实际取出或者消费,卡内的存款数额一般应全额认定为受贿数额。使用银行卡透支的,如果由给予银行卡的一方承担还款责任,透支数额也应当认定为受贿数额。

九、在行贿犯罪中,"谋取不正当利益",是指行贿人谋取违反法律、法规、规章或者政策规定的利益,或者要求对方违反法律、法规、规章、政策、行业规范的规定提供帮助或者方便条件。

在招标投标、政府采购等商业活动中,违背公平原则,给予相关人员财物以谋取竞争优势的,属于"谋取不正当利益"。

十、办理商业贿赂犯罪案件,要注意区分贿赂与馈赠的界限。主要应当结合以下因素全面分析、综合判断:(1)发生财物往来的背景,如双方是否存在亲友关系及历史上交往的情形和程度;(2)往来财物的价值;(3)财物往来的缘由、时机和方式,提供财物方对于接受方有无职务上的请托;(4)接受方是否利用职务上的便利为提供方谋取利益。

十一、非国家工作人员与国家工作人员通谋,共同收受他人财物,构成共同犯罪的,根据双方利用职务便利的具体情形分别定罪追究刑事责任:

(1)利用国家工作人员的职务便利为他人谋取利益的,以受贿罪追究刑事责任。

(2)利用非国家工作人员的职务便利为他人谋取利益的,以非国家工作人员受贿罪追究刑事责任。

(3)分别利用各自的职务便利为他人谋取利益的,按照主犯的犯罪性质追究刑事责任,不能分清主从犯的,可以受贿罪追究刑事责任。

最高人民法院、最高人民检察院关于办理侵犯知识产权刑事案件具体应用法律若干问题的解释(二)

(2007年4月5日 法释[2007]6号)

为维护社会主义市场经济秩序,依法惩治侵犯知识产权犯罪活动,根据刑法、刑事诉讼法有关规定,现就办理侵犯知识产权刑事案件具体应用法律的若干问题解释如下:

第一条 以营利为目的，未经著作权人许可，复制发行其文字作品、音乐、电影、电视、录像作品、计算机软件及其他作品，复制品数量合计在五百张(份)以上的，属于刑法第二百一十七条规定的“有其他严重情节”；复制品数量在二千五百张(份)以上的，属于刑法第二百一十七条规定的“有其他特别严重情节”。

第二条 刑法第二百一十七条侵犯著作权罪中的“复制发行”，包括复制、发行或者既复制又发行的行为。

侵权产品的持有人通过广告、征订等方式推销侵权产品的，属于刑法第二百一十七条规定的“发行”。

非法出版、复制、发行他人作品，侵犯著作权构成犯罪的，按照侵犯著作权罪定罪处罚。

第三条 侵犯知识产权犯罪，符合刑法规定的缓刑条件的，依法适用缓刑。有下列情形之一的，一般不适用缓刑：

(一)因侵犯知识产权被刑事处罚或者行政处罚后，再次侵犯知识产权构成犯罪的；

(二)不具有悔罪表现的；

(三)拒不交出违法所得的；

(四)其他不宜适用缓刑的情形。

第四条 对于侵犯知识产权犯罪的，人民法院应当综合考虑犯罪的违法所得、非法经营数额、给权利人造成的损失、社会危害性等情节，依法判处罚金。罚金数额一般在违法所得的一倍以上五倍以下，或者按照非法经营数额的50%以上一倍以下确定。

第五条 被害人有证据证明的侵犯知识产权刑事案件，直接向人民法院起诉的，人民法院应当依法受理；严重危害社会秩序和国家利益的侵犯知识产权刑事案件，由人民检察院依法提起公诉。

第六条 单位实施刑法第二百一十三条至第二百一十九条规定的行为，按照《最高人民法院、最高人民检察院关于办理侵犯知识产权刑事案件具体应用法律若干问题的解释》和本解释规定的相应个人犯罪的定罪量刑标准定罪处罚。

第七条 以前发布的司法解释与本解释不一致的，以本解释为准。

最高人民法院关于审理走私刑事案件具体应用法律若干问题的解释(二)

(2006年7月31日最高人民法院审判委员会第1396次会议通过
2006年11月14日公布　自2006年11月16日起施行　法释〔2006〕9号)

为依法惩治走私犯罪活动,根据刑法和刑法修正案(四)的规定,现就人民法院审理走私刑事案件具体应用法律的若干问题补充解释如下:

第一条　走私各种口径在六十毫米以下常规炮弹、手榴弹或者枪榴弹等分别或者合计不满五枚的,属于刑法第一百五十一条第一款规定的"情节较轻",以走私弹药罪判处三年以上七年以下有期徒刑,并处罚金。

走私各种口径在六十毫米以下常规炮弹、手榴弹或者枪榴弹等分别或者合计达到五枚以上不满十枚,或者走私各种口径超过六十毫米以上常规炮弹合计不满五枚的,依照刑法第一百五十一条第一款规定,以走私弹药罪判处七年以上有期徒刑,并处罚金或者没收财产。

走私本条第二款规定的各种弹药,数量超过该款规定的数量标准,或者走私具有巨大杀伤力的非常规炮弹一枚以上的,属于刑法第一百五十一条第四款规定的"情节特别严重",以走私弹药罪判处无期徒刑或者死刑,并处没收财产。

第二条　走私各种弹药的弹头、弹壳,构成犯罪的,依照刑法第一百五十一条第一款规定,以走私弹药罪定罪处罚。

走私报废或者无法组装并使用的各种弹药的弹头、弹壳,构成犯罪的,以走私普通货物、物品罪定罪处罚;经国家有关技术部门鉴定为废物的,以走私废物罪定罪处罚。

对走私的各种弹药的弹头、弹壳是否属于"报废或者无法组装并使用"的,可由国家有关技术部门进行鉴定。

第三条　走私各种炮弹、手榴弹、枪榴弹的弹头、弹壳的定罪量刑数量标准,按照本解释第一条规定的定罪量刑数量标准的五倍执行。

走私军用子弹、非军用子弹的弹头、弹壳的定罪量刑数量标准，按照最高人民法院法释〔2000〕30号《关于审理走私刑事案件具体应用法律若干问题的解释》第一条规定的关于走私军用子弹或者非军用子弹的定罪量刑数量标准的五倍执行。

第四条 实施本解释第一条、第二条规定的走私犯罪行为，符合最高人民法院法释〔2000〕30号《关于审理走私刑事案件具体应用法律若干问题的解释》第一条的第一款第（三）项、第二款第（三）项、第三款第（三）项和第（四）项规定的相应情形的，按照该解释有关规定的处罚原则处理。

第五条 对在走私的普通货物、物品或者废物中藏匿刑法第一百五十一条、第一百五十二条、第三百四十七条、第三百五十条规定的货物、物品，构成犯罪的，以实际走私的货物、物品定罪处罚；构成数罪的，实行数罪并罚。

第六条 逃避海关监管，走私国家禁止进口的废物或者国家限制进口的可用作原料的废物，具有下列情形之一的，属于刑法第一百五十二条第二款规定的"情节严重"，以走私废物罪判处五年以下有期徒刑，并处或者单处罚金：

（一）走私国家禁止进口的危险性固体废物、液态废物分别或者合计达到一吨以上不满五吨的；

（二）走私国家禁止进口的非危险性固体废物、液态废物分别或者合计达到五吨以上不满二十五吨的；

（三）未经许可，走私国家限制进口的可用作原料的固体废物、液态废物分别或者合计达到二十吨以上不满一百吨的；

（四）走私国家禁止进口的废物并造成重大环境污染事故。

第七条 走私国家禁止进口的废物或者国家限制进口的可用作原料的废物的数量，超过本解释第六条规定的数量标准，或者达到了规定的数量标准并造成重大环境污染事故，或者虽未达到规定的数量标准但造成重大环境污染事故且后果特别严重的，属于刑法第一百五十二条第二款规定的"情节特别严重"，以走私废物罪判处五年以上有期徒刑，并处罚金。

第八条 经许可进口国家限制进口的可用作原料的废物时，偷逃应缴税额，构成犯罪的，应当依照刑法第一百五十三条规定，以走私普通货物罪定罪处罚；既未经许可，又偷逃应缴税额，同时构成走私废物罪和走私普通货物罪的，应当按照刑法处罚较重的规定定罪处罚。

虽经许可,但超过许可数量进口国家限制进口的可用作原料的废物,超过部分以未经许可论。

第九条 走私置于容器中的气态废物的,参照本解释规定的有关固体废物、液态废物的定罪数量标准和处罚原则处理。

国家限制进口的可用作原料的废物的具体种类,按照国家有关部门规定执行。

第十条 本解释施行后,最高人民法院法释〔2000〕30号《关于审理走私刑事案件具体应用法律若干问题的解释》中有关走私固体废物犯罪的规定不再执行。

最高人民法院最高人民检察院关于办理侵犯著作权刑事案件中涉及录音录像制品有关问题的批复

(2005年9月26日由最高人民法院审判委员会第1365次会议讨论通过 法释〔2005〕12号)

各省、自治区、直辖市高级人民法院、人民检察院,解放军军事法院、军事检察院,新疆维吾尔自治区高级人民法院生产建设兵团分院、新疆生产建设兵团人民检察院:

《最高人民法院、最高人民检察院关于办理侵犯知识产权刑事案件具体应用法律若干问题的解释》发布以后,部分高级人民法院、省级人民检察院就关于办理侵犯著作权刑事案件中涉及录音录像制品的有关问题提出请示。经研究,批复如下:

以营利为目的,未经录音录像制作者许可,复制发行其制作的录音录像制品的行为,复制品的数量标准分别适用《最高人民法院、最高人民检察院关于办理侵犯知识产权刑事案件具体应用法律若干问题的解释》第五条第一款第(二)项、第二款第(二)项的规定。

未经录音录像制作者许可,通过信息网络传播其制作的录音录像制品的行为,应当视为刑法第二百一十七条第(三)项规定的"复制发行"。

最高人民法院最高人民检察院关于办理侵犯知识产权刑事案件具体应用法律若干问题的解释

（2004 年 12 月 8 日　法释〔2004〕19 号）

为依法惩治侵犯知识产权犯罪活动，维护社会主义市场经济秩序，根据刑法有关规定，现就办理侵犯知识产权刑事案件具体应用法律的若干问题解释如下：

第一条　未经注册商标所有人许可，在同一种商品上使用与其注册商标相同的商标，具有下列情形之一的，属于刑法第二百一十三条规定的"情节严重"，应当以假冒注册商标罪判处三年以下有期徒刑或者拘役，并处或者单处罚金：

（一）非法经营数额在五万元以上或者违法所得数额在三万元以上的；

（二）假冒两种以上注册商标，非法经营数额在三万元以上或者违法所得数额在二万元以上的；

（三）其他情节严重的情形。

具有下列情形之一的，属于刑法第二百一十三条规定的"情节特别严重"，应当以假冒注册商标罪判处三年以上七年以下有期徒刑，并处罚金：

（一）非法经营数额在二十五万元以上或者违法所得数额在十五万元以上的；

（二）假冒两种以上注册商标，非法经营数额在十五万元以上或者违法所得数额在十万元以上的；

（三）其他情节特别严重的情形。

第二条　销售明知是假冒注册商标的商品，销售金额在五万元以上的，属于刑法第二百一十四条规定的"数额较大"，应当以销售假冒注册商标的商品罪判处三年以下有期徒刑或者拘役，并处或者单处罚金。

销售金额在二十五万元以上的，属于刑法第二百一十四条规定的"数额巨大"，应当以销售假冒注册商标的商品罪判处三年以上七年以下有期徒刑，并处罚金。

第三条　伪造、擅自制造他人注册商标标识或者销售伪造、擅自制造的注册商标标识，具有下列情形之一的，属于刑法第二百一十五条规定的"情节严重"，应当

以非法制造、销售非法制造的注册商标标识罪判处三年以下有期徒刑、拘役或者管制,并处或者单处罚金:

(一)伪造、擅自制造或者销售伪造、擅自制造的注册商标标识数量在二万件以上,或者非法经营数额在五万元以上,或者违法所得数额在三万元以上的;

(二)伪造、擅自制造或者销售伪造、擅自制造两种以上注册商标标识数量在一万件以上,或者非法经营数额在三万元以上,或者违法所得数额在二万元以上的;

(三)其他情节严重的情形。

具有下列情形之一的,属于刑法第二百一十五条规定的"情节特别严重",应当以非法制造、销售非法制造的注册商标标识罪判处三年以上七年以下有期徒刑,并处罚金:

(一)伪造、擅自制造或者销售伪造、擅自制造的注册商标标识数量在十万件以上,或者非法经营数额在二十五万元以上,或者违法所得数额在十五万元以上的;

(二)伪造、擅自制造或者销售伪造、擅自制造两种以上注册商标标识数量在五万件以上,或者非法经营数额在十五万元以上,或者违法所得数额在十万元以上的;

(三)其他情节特别严重的情形。

第四条 假冒他人专利,具有下列情形之一的,属于刑法第二百一十六条规定的"情节严重",应当以假冒专利罪判处三年以下有期徒刑或者拘役,并处或者单处罚金:

(一)非法经营数额在二十万元以上或者违法所得数额在十万元以上的;

(二)给专利权人造成直接经济损失五十万元以上的;

(三)假冒两项以上他人专利,非法经营数额在十万元以上或者违法所得数额在五万元以上的;

(四)其他情节严重的情形。

第五条 以营利为目的,实施刑法第二百一十七条所列侵犯著作权行为之一,违法所得数额在三万元以上的,属于"违法所得数额较大";具有下列情形之一的,属于"有其他严重情节",应当以侵犯著作权罪判处三年以下有期徒刑或者拘役,并处或者单处罚金:

（一）非法经营数额在五万元以上的；

（二）未经著作权人许可，复制发行其文字作品、音乐、电影、电视、录像作品、计算机软件及其他作品，复制品数量合计在一千张（份）以上的；

（三）其他严重情节的情形。

以营利为目的，实施刑法第二百一十七条所列侵犯著作权行为之一，违法所得数额在十五万元以上的，属于“违法所得数额巨大”；具有下列情形之一的，属于“有其他特别严重情节”，应当以侵犯著作权罪判处三年以上七年以下有期徒刑，并处罚金：

（一）非法经营数额在二十五万元以上的；

（二）未经著作权人许可，复制发行其文字作品、音乐、电影、电视、录像作品、计算机软件及其他作品，复制品数量合计在五千张（份）以上的；

（三）其他特别严重情节的情形。

第六条 以营利为目的，实施刑法第二百一十八条规定的行为，违法所得数额在十万元以上的，属于“违法所得数额巨大”，应当以销售侵权复制品罪判处三年以下有期徒刑或者拘役，并处或者单处罚金。

第七条 实施刑法第二百一十九条规定的行为之一，给商业秘密的权利人造成损失数额在五十万元以上的，属于“给商业秘密的权利人造成重大损失”，应当以侵犯商业秘密罪判处三年以下有期徒刑或者拘役，并处或者单处罚金。

给商业秘密的权利人造成损失数额在二百五十万元以上的，属于刑法第二百一十九条规定的“造成特别严重后果”，应当以侵犯商业秘密罪判处三年以上七年以下有期徒刑，并处罚金。

第八条 刑法第二百一十三条规定的“相同的商标”，是指与被假冒的注册商标完全相同，或者与被假冒的注册商标在视觉上基本无差别、足以对公众产生误导的商标。

刑法第二百一十三条规定的“使用”，是指将注册商标或者假冒的注册商标用于商品、商品包装或者容器以及产品说明书、商品交易文书，或者将注册商标或者假冒的注册商标用于广告宣传、展览以及其他商业活动等行为。

第九条 刑法第二百一十四条规定的“销售金额”，是指销售假冒注册商标的商品后所得和应得的全部违法收入。

具有下列情形之一的，应当认定为属于刑法第二百一十四条规定的“明知”：

（一）知道自己销售的商品上的注册商标被涂改、调换或者覆盖的；

（二）因销售假冒注册商标的商品受到过行政处罚或者承担过民事责任、又销售同一种假冒注册商标的商品的；

（三）伪造、涂改商标注册人授权文件或者知道该文件被伪造、涂改的；

（四）其他知道或者应当知道是假冒注册商标的商品的情形。

第十条 实施下列行为之一的，属于刑法第二百一十六条规定的“假冒他人专利”的行为：

（一）未经许可，在其制造或者销售的产品、产品的包装上标注他人专利号的；

（二）未经许可，在广告或者其他宣传材料中使用他人的专利号，使人将所涉及的技术误认为是他人专利技术的；

（三）未经许可，在合同中使用他人的专利号，使人将合同涉及的技术误认为是他人专利技术的；

（四）伪造或者变造他人的专利证书、专利文件或者专利申请文件的。

第十一条 以刊登收费广告等方式直接或者间接收取费用的情形，属于刑法第二百一十七条规定的“以营利为目的”。

刑法第二百一十七条规定的“未经著作权人许可”，是指没有得到著作权人授权或者伪造、涂改著作权人授权许可文件或者超出授权许可范围的情形。

通过信息网络向公众传播他人文字作品、音乐、电影、电视、录像作品、计算机软件及其他作品的行为，应当视为刑法第二百一十七条规定的“复制发行”。

第十二条 本解释所称“非法经营数额”，是指行为人在实施侵犯知识产权行为过程中，制造、储存、运输、销售侵权产品的价值。已销售的侵权产品的价值，按照实际销售的价格计算。制造、储存、运输和未销售的侵权产品的价值，按照标价或者已经查清的侵权产品的实际销售平均价格计算。侵权产品没有标价或者无法查清其实际销售价格的，按照被侵权产品的市场中间价格计算。

多次实施侵犯知识产权行为，未经行政处理或者刑事处罚的，非法经营数额、违法所得数额或者销售金额累计计算。

本解释第三条所规定的“件”，是指标有完整商标图样的一份标识。

第十三条 实施刑法第二百一十三条规定的假冒注册商标犯罪,又销售该假冒注册商标的商品,构成犯罪的,应当依照刑法第二百一十三条的规定,以假冒注册商标罪定罪处罚。

实施刑法第二百一十三条规定的假冒注册商标犯罪,又销售明知是他人的假冒注册商标的商品,构成犯罪的,应当实行数罪并罚。

第十四条 实施刑法第二百一十七条规定的侵犯著作权犯罪,又销售该侵权复制品,构成犯罪的,应当依照刑法第二百一十七条的规定,以侵犯著作权罪定罪处罚。

实施刑法第二百一十七条规定的侵犯著作权犯罪,又销售明知是他人的侵权复制品,构成犯罪的,应当实行数罪并罚。

第十五条 单位实施刑法第二百一十三条至第二百一十九条规定的行为,按照本解释规定的相应个人犯罪的定罪量刑标准的三倍定罪量刑。

第十六条 明知他人实施侵犯知识产权犯罪,而为其提供贷款、资金、账号、发票、证明、许可证件,或者提供生产、经营场所或者运输、储存、代理进出口等便利条件、帮助的,以侵犯知识产权犯罪的共犯论处。

第十七条 以前发布的有关侵犯知识产权犯罪的司法解释,与本解释相抵触的,自本解释施行后不再适用。

最高人民法院最高人民检察院关于办理侵犯知识产权刑事案件具体应用法律若干问题的解释

(2004年11月2日最高人民法院审判委员会第1331次会议 2004年11月11日最高人民检察院第十届检察委员会第28次会议通过 法释〔2004〕19号)

为依法惩治侵犯知识产权犯罪活动,维护社会主义市场经济秩序,根据刑法有关规定,现就办理侵犯知识产权刑事案件具体应用法律的若干问题解释如下:

第一条 未经注册商标所有人许可，在同一种商品上使用与其注册商标相同的商标，具有下列情形之一的，属于刑法第二百一十三条规定的"情节严重"，应当以假冒注册商标罪判处三年以下有期徒刑或者拘役，并处或者单处罚金：

（一）非法经营数额在五万元以上或者违法所得数额在三万元以上的；

（二）假冒两种以上注册商标，非法经营数额在三万元以上或者违法所得数额在二万元以上的；

（三）其他情节严重的情形。

具有下列情形之一的，属于刑法第二百一十三条规定的"情节特别严重"，应当以假冒注册商标罪判处三年以上七年以下有期徒刑，并处罚金：

（一）非法经营数额在二十五万元以上或者违法所得数额在十五万元以上的；

（二）假冒两种以上注册商标，非法经营数额在十五万元以上或者违法所得数额在十万元以上的；

（三）其他情节特别严重的情形。

第二条 销售明知是假冒注册商标的商品，销售金额在五万元以上的，属于刑法第二百一十四条规定的"数额较大"，应当以销售假冒注册商标的商品罪判处三年以下有期徒刑或者拘役，并处或者单处罚金。

销售金额在二十五万元以上的，属于刑法第二百一十四条规定的"数额巨大"，应当以销售假冒注册商标的商品罪判处三年以上七年以下有期徒刑，并处罚金。

第三条 伪造、擅自制造他人注册商标标识或者销售伪造、擅自制造的注册商标标识，具有下列情形之一的，属于刑法第二百一十五条规定的"情节严重"，应当以非法制造、销售非法制造的注册商标标识罪判处三年以下有期徒刑、拘役或者管制，并处或者单处罚金：

（一）伪造、擅自制造或者销售伪造、擅自制造的注册商标标识数量在二万件以上，或者非法经营数额在五万元以上，或者违法所得数额在三万元以上的；

（二）伪造、擅自制造或者销售伪造、擅自制造两种以上注册商标标识数量在一万件以上，或者非法经营数额在三万元以上，或者违法所得数额在二万元以上的；

（三）其他情节严重的情形。

具有下列情形之一的，属于刑法第二百一十五条规定的"情节特别严重"，应当以非法制造、销售非法制造的注册商标标识罪判处三年以上七年以下有期徒刑，并处罚金：

（一）伪造、擅自制造或者销售伪造、擅自制造的注册商标标识数量在十万件以上，或者非法经营数额在二十五万元以上，或者违法所得数额在十五万元以上的；

（二）伪造、擅自制造或者销售伪造、擅自制造两种以上注册商标标识数量在五万件以上，或者非法经营数额在十五万元以上，或者违法所得数额在十万元以上的；

（三）其他情节特别严重的情形。

第四条 假冒他人专利，具有下列情形之一的，属于刑法第二百一十六条规定的"情节严重"，应当以假冒专利罪判处三年以下有期徒刑或者拘役，并处或者单处罚金：

（一）非法经营数额在二十万元以上或者违法所得数额在十万元以上的；

（二）给专利权人造成直接经济损失五十万元以上的；

（三）假冒两项以上他人专利，非法经营数额在十万元以上或者违法所得数额在五万元以上的；

（四）其他情节严重的情形。

第五条 以营利为目的，实施刑法第二百一十七条所列侵犯著作权行为之一，违法所得数额在三万元以上的，属于"违法所得数额较大"；具有下列情形之一的，属于"有其他严重情节"，应当以侵犯著作权罪判处三年以下有期徒刑或者拘役，并处或者单处罚金：

（一）非法经营数额在五万元以上的；

（二）未经著作权人许可，复制发行其文字作品、音乐、电影、电视、录像作品、计算机软件及其他作品，复制品数量合计在一千张（份）以上的；

（三）其他严重情节的情形。

以营利为目的，实施刑法第二百一十七条所列侵犯著作权行为之一，违法所得数额在十五万元以上的，属于"违法所得数额巨大"；具有下列情形之一的，属于"有其他特别严重情节"，应当以侵犯著作权罪判处三年以上七年以下有期徒刑，并处罚金：

（一）非法经营数额在二十五万元以上的；

（二）未经著作权人许可，复制发行其文字作品、音乐、电影、电视、录像作品、计算机软件及其他作品，复制品数量合计在五千张（份）以上的；

（三）其他特别严重情节的情形。

第六条 以营利为目的，实施刑法第二百一十八条规定的行为，违法所得数额在十万元以上的，属于“违法所得数额巨大”，应当以销售侵权复制品罪判处三年以下有期徒刑或者拘役，并处或者单处罚金。

第七条 实施刑法第二百一十九条规定的行为之一，给商业秘密的权利人造成损失数额在五十万元以上的，属于“给商业秘密的权利人造成重大损失”，应当以侵犯商业秘密罪判处三年以下有期徒刑或者拘役，并处或者单处罚金。

给商业秘密的权利人造成损失数额在二百五十万元以上的，属于刑法第二百一十九条规定的“造成特别严重后果”，应当以侵犯商业秘密罪判处三年以上七年以下有期徒刑，并处罚金。

第八条 刑法第二百一十三条规定的“相同的商标”，是指与被假冒的注册商标完全相同，或者与被假冒的注册商标在视觉上基本无差别、足以对公众产生误导的商标。

刑法第二百一十三条规定的“使用”，是指将注册商标或者假冒的注册商标用于商品、商品包装或者容器以及产品说明书、商品交易文书，或者将注册商标或者假冒的注册商标用于广告宣传、展览以及其他商业活动等行为。

第九条 刑法第二百一十四条规定的“销售金额”，是指销售假冒注册商标的商品后所得和应得的全部违法收入。

具有下列情形之一的，应当认定为属于刑法第二百一十四条规定的“明知”：

（一）知道自己销售的商品上的注册商标被涂改、调换或者覆盖的；

（二）因销售假冒注册商标的商品受到过行政处罚或者承担过民事责任、又销售同一种假冒注册商标的商品的；

（三）伪造、涂改商标注册人授权文件或者知道该文件被伪造、涂改的；

（四）其他知道或者应当知道是假冒注册商标的商品的情形。

第十条 实施下列行为之一的，属于刑法第二百一十六条规定的“假冒他人专利”的行为：

（一）未经许可，在其制造或者销售的产品、产品的包装上标注他人专利号的；

（二）未经许可，在广告或者其他宣传材料中使用他人的专利号，使人将所涉及的技术误认为是他人专利技术的；

（三）未经许可，在合同中使用他人的专利号，使人将合同涉及的技术误认为是他人专利技术的；

（四）伪造或者变造他人的专利证书、专利文件或者专利申请文件的。

第十一条 以刊登收费广告等方式直接或者间接收取费用的情形，属于刑法第二百一十七条规定的“以营利为目的”。

刑法第二百一十七条规定的“未经著作权人许可”，是指没有得到著作权人授权或者伪造、涂改著作权人授权许可文件或者超出授权许可范围的情形。

通过信息网络向公众传播他人文字作品、音乐、电影、电视、录像作品、计算机软件及其他作品的行为，应当视为刑法第二百一十七条规定的“复制发行”。

第十二条 本解释所称“非法经营数额”，是指行为人在实施侵犯知识产权行为过程中，制造、储存、运输、销售侵权产品的价值。已销售的侵权产品的价值，按照实际销售的价格计算。制造、储存、运输和未销售的侵权产品的价值，按照标价或者已经查清的侵权产品的实际销售平均价格计算。侵权产品没有标价或者无法查清其实际销售价格的，按照被侵权产品的市场中间价格计算。

多次实施侵犯知识产权行为，未经行政处理或者刑事处罚的，非法经营数额、违法所得数额或者销售金额累计计算。

本解释第三条所规定的“件”，是指标有完整商标图样的一份标识。

第十三条 实施刑法第二百一十三条规定的假冒注册商标犯罪，又销售该假冒注册商标的商品，构成犯罪的，应当依照刑法第二百一十三条的规定，以假冒注册商标罪定罪处罚。

实施刑法第二百一十三条规定的假冒注册商标犯罪，又销售明知是他人的假冒注册商标的商品，构成犯罪的，应当实行数罪并罚。

第十四条 实施刑法第二百一十七条规定的侵犯著作权犯罪，又销售该侵权复制品，构成犯罪的，应当依照刑法第二百一十七条的规定，以侵犯著作权罪定罪处罚。

实施刑法第二百一十七条规定的侵犯著作权犯罪,又销售明知是他人的侵权复制品,构成犯罪的,应当实行数罪并罚。

第十五条 单位实施刑法第二百一十三条至第二百一十九条规定的行为,按照本解释规定的相应个人犯罪的定罪量刑标准的三倍定罪量刑。

第十六条 明知他人实施侵犯知识产权犯罪,而为其提供贷款、资金、账号、发票、证明、许可证件,或者提供生产、经营场所或者运输、储存、代理进出口等便利条件、帮助的,以侵犯知识产权犯罪的共犯论处。

第十七条 以前发布的有关侵犯知识产权犯罪的司法解释,与本解释相抵触的,自本解释施行后不再适用。

最高人民法院关于审理偷税、抗税刑事案件具体应用法律若干问题的解释

(2002年11月4日最高人民法院审判委员会第1254次会议通过 2002年11月5日公布 自2002年11月7日起施行 法释〔2002〕33号)

为依法惩处偷税、抗税犯罪活动,根据刑法的有关规定,现就审理偷税、抗税刑事案件具体应用法律的若干问题解释如下:

第一条 纳税人实施下列行为之一,不缴或者少缴应纳税款,偷税数额占应纳税额的百分之十以上且偷税数额在一万元以上的,依照刑法第二百零一条第一款的规定定罪处罚:

(一)伪造、变造、隐匿、擅自销毁帐簿、记帐凭证;

(二)在帐簿上多列支出或者不列、少列收入;

(三)经税务机关通知申报而拒不申报纳税;

(四)进行虚假纳税申报;

(五)缴纳税款后,以假报出口或者其他欺骗手段,骗取所缴纳的税款。

扣缴义务人实施前款行为之一，不缴或者少缴已扣、已收税款，数额在一万元以上且占应缴税额百分之十以上的，依照刑法第二百零一条第一款的规定定罪处罚。扣缴义务人书面承诺代纳税人支付税款的，应当认定扣缴义务人"已扣、已收税款"。

实施本条第一款、第二款规定的行为，偷税数额在五万元以下，纳税人或者扣缴义务人在公安机关立案侦查以前已经足额补缴应纳税款和滞纳金，犯罪情节轻微，不需要判处刑罚的，可以免予刑事处罚。

第二条 纳税人伪造、变造、隐匿、擅自销毁用于记帐的发票等原始凭证的行为，应当认定为刑法第二百零一条第一款规定的伪造、变造、隐匿、擅自销毁记帐凭证的行为。

具有下列情形之一的，应当认定为刑法第二百零一条第一款规定的"经税务机关通知申报"：

（一）纳税人、扣缴义务人已经依法办理税务登记或者扣缴税款登记的；

（二）依法不需要办理税务登记的纳税人，经税务机关依法书面通知其申报的；

（三）尚未依法办理税务登记、扣缴税款登记的纳税人、扣缴义务人，经税务机关依法书面通知其申报的。

刑法第二百零一条第一款规定的"虚假的纳税申报"，是指纳税人或者扣缴义务人向税务机关报送虚假的纳税申报表、财务报表、代扣代缴、代收代缴税款报告表或者其他纳税申报资料，如提供虚假申请，编造减税、免税、抵税、先征收后退还税款等虚假资料等。

刑法第二百零一条第三款规定的"未经处理"，是指纳税人或者扣缴义务人在五年内多次实施偷税行为，但每次偷税数额均未达到刑法第二百零一条规定的构成犯罪的数额标准，且未受行政处罚的情形。

纳税人、扣缴义务人因同一偷税犯罪行为受到行政处罚，又被移送起诉的，人民法院应当依法受理。依法定罪并判处罚金的，行政罚款折抵罚金。

第三条 偷税数额，是指在确定的纳税期间，不缴或者少缴各税种偷税款的总额。

偷税数额占应纳税额的百分比，是指一个纳税年度中的各税种偷税总额与该纳税年度应纳税总额的比例。不按纳税年度确定纳税期的其他纳税人，偷税数额占应纳税额的百分比，按照行为人最后一次偷税行为发生之日前一年中各税种偷税总额与该年纳税总额的比例确定。纳税义务存续期间不足一个纳税年度的，偷税数额占应纳税额的百分比，按照各税种偷税总额与实际发生纳税义务期间应当缴纳税款总额的比例确定。

偷税行为跨越若干个纳税年度，只要其中一个纳税年度的偷税数额及百分比达到刑法第二百零一条第一款规定的标准，即构成偷税罪。各纳税年度的偷税数额应当累计计算，偷税百分比应当按照最高的百分比确定。

第四条 两年内因偷税受过二次行政处罚，又偷税且数额在一万元以上的，应当以偷税罪定罪处罚。

第五条 实施抗税行为具有下列情形之一的，属于刑法第二百零二条规定的"情节严重"：

（一）聚众抗税的首要分子；

（二）抗税数额在十万元以上的；

（三）多次抗税的；

（四）故意伤害致人轻伤的；

（五）具有其他严重情节。

第六条 实施抗税行为致人重伤、死亡，构成故意伤害罪、故意杀人罪的，分别依照刑法第二百三十四条第二款、第二百三十二条的规定定罪处罚。

与纳税人或者扣缴义务人共同实施抗税行为的，以抗税罪的共犯依法处罚。

最高人民法院关于审理骗取出口退税刑事案件具体应用法律若干问题的解释

（2002年9月9日最高人民法院审判委员会第1241次会议通过
2002年9月17日公布 自2002年9月23日起施行 法释〔2002〕30号）

为依法惩治骗取出口退税犯罪活动，根据《中华人民共和国刑法》的有关规定，现就审理骗取出口退税刑事案件具体应用法律的若干问题解释如下：

第一条 刑法第二百零四条规定的“假报出口”，是指以虚构已税货物出口事实为目的，具有下列情形之一的行为：

（一）伪造或者签订虚假的买卖合同；

（二）以伪造、变造或者其他非法手段取得出口货物报关单、出口收汇核销单、出口货物专用缴款书等有关出口退税单据、凭证；

（三）虚开、伪造、非法购买增值税专用发票或者其他可以用于出口退税的发票；

（四）其他虚构已税货物出口事实的行为。

第二条 具有下列情形之一的，应当认定为刑法第二百零四条规定的“其他欺骗手段”：

（一）骗取出口货物退税资格的；

（二）将未纳税或者免税货物作为已税货物出口的；

（三）虽有货物出口，但虚构该出口货物的品名、数量、单价等要素，骗取未实际纳税部分出口退税款的；

（四）以其他手段骗取出口退税款的。

第三条 骗取国家出口退税款5万元以上的，为刑法第二百零四条规定的“数额较大”；骗取国家出口退税款50万元以上的，为刑法第二百零四条规定的“数额巨大”；骗取国家出口退税款250万元以上的，为刑法第二百零四条规定的“数额特别巨大”。

第四条 具有下列情形之一的，属于刑法第二百零四条规定的“其他严重情节”：

（一）造成国家税款损失30万元以上并且在第一审判决宣告前无法追回的；

（二）因骗取国家出口退税行为受过行政处罚，两年内又骗取国家出口退税款数额在30万元以上的；

（三）情节严重的其他情形。

第五条 具有下列情形之一的，属于刑法第二百零四条规定的“其他特别严重情节”：

（一）造成国家税款损失150万元以上并且在第一审判决宣告前无法追回的；

（二）因骗取国家出口退税行为受过行政处罚，两年内又骗取国家出口退税款数额在150万元以上的；

（三）情节特别严重的其他情形。

第六条 有进出口经营权的公司、企业，明知他人意欲骗取国家出口退税款，仍违反国家有关进出口经营的规定，允许他人自带客户、自带货源、自带汇票并自行报关，骗取国家出口退税款的，依照刑法第二百零四条第一款、第二百一十一条的规定定罪处罚。

第七条 实施骗取国家出口退税行为，没有实际取得出口退税款的，可以比照既遂犯从轻或者减轻处罚。

第八条 国家工作人员参与实施骗取出口退税犯罪活动的，依照刑法第二百零四条第一款的规定从重处罚。

第九条 实施骗取出口退税犯罪，同时构成虚开增值税专用发票罪等其他犯罪的，依照刑法处罚较重的规定定罪处罚。

最高人民法院最高人民检察院关于办理非法生产、销售、使用禁止在饲料和动物饮用水中使用的药品等刑事案件具体应用法律若干问题的解释

（最高人民法院审判委员会第1237次会议　最高人民检察院第九届检察委员会第109次会议通过　2002年8月16日发布　自2002年8月23日起施行　法释〔2002〕26号）

为依法惩治非法生产、销售、使用盐酸克仑特罗（Clenbuterol Hydrochloride俗称“瘦肉精”）等禁止在饲料和动物饮用水中使用的药品等犯罪活动，维护社会主义市场经济秩序，保护公民身体健康，根据刑法有关规定，现就办理这类刑事案件具体应用法律的若干问题解释如下：

第一条 未取得药品生产、经营许可证件和批准文号，非法生产、销售盐酸克

仑特罗等禁止在饲料和动物饮用水中使用的药品，扰乱药品市场秩序，情节严重的，依照刑法第二百二十五条第（一）项的规定，以非法经营罪追究刑事责任。

第二条 在生产、销售的饲料中添加盐酸克仑特罗等禁止在饲料和动物饮用水中使用的药品，或者销售明知是添加有该类药品的饲料，情节严重的，依照刑法第二百二十五条第（四）项的规定，以非法经营罪追究刑事责任。

第三条 使用盐酸克仑特罗等禁止在饲料和动物饮用水中使用的药品或者含有该类药品的饲料养殖供人食用的动物，或者销售明知是使用该类药品或者含有该类药品的饲料养殖的供人食用的动物的，依照刑法第一百四十四条的规定，以生产、销售有毒、有害食品罪追究刑事责任。

第四条 明知是使用盐酸克仑特罗等禁止在饲料和动物饮用水中使用的药品或者含有该类药品的饲料养殖的供人食用的动物，而提供屠宰等加工服务，或者销售其制品的，依照刑法第一百四十四条的规定，以生产、销售有毒、有害食品罪追究刑事责任。

第五条 实施本解释规定的行为，同时触犯刑法规定的两种以上犯罪的，依照处罚较重的规定追究刑事责任。

第六条 禁止在饲料和动物饮用水中使用的药品，依照国家有关部门公告的禁止在饲料和动物饮用水中使用的药物品种目录确定。

（附：农业部卫生部国家药品监督管理局公告的《禁止在饲料和动物饮用水中使用的药物品种目录》）

最高人民法院最高人民检察院海关总署关于印发《办理走私刑事案件适用法律若干问题的意见》的通知

（2002年7月8日　法〔2002〕139号）

各省、自治区、直辖市高级人民法院、人民检察院，解放军军事法院、军事检察院，新疆维吾尔自治区高级人民法院生产建设兵团分院、生产建设兵团人民检察院，广东

分署,天津、上海特派办,各直属海关:

现将《最高人民法院、最高人民检察院、海关总署关于办理走私刑事案件适用法律若干问题的意见》印发给你们,请认真组织学习、参照执行。

附:

最高人民法院最高人民检察院海关总署关于办理走私刑事案件适用法律若干问题的意见

为研究解决近年来公安、司法机关在办理走私刑事案件中遇到的新情况、新问题,最高人民法院、最高人民检察院、海关总署共同开展了调查研究,根据修订后的刑法及有关司法解释的规定,在总结侦查、批捕、起诉、审判工作经验的基础上,就办理走私刑事案件的程序、证据以及法律适用等问题提出如下意见:

一、关于走私犯罪案件的管辖问题

根据刑事诉讼法的规定,走私犯罪案件由犯罪地的走私犯罪侦查机关立案侦查。走私犯罪案件复杂,环节多,其犯罪地可能涉及多个犯罪行为发生地,包括货物、物品的进口(境)地、出口(境)地、报关地、核销地等。如果发生刑法第一百五十四条、第一百五十五条规定的走私犯罪行为的,走私货物、物品的销售地、运输地、收购地和贩卖地均属于犯罪行为的发生地。对有多个走私犯罪行为发生地的,由最初受理的走私犯罪侦查机关或者由主要犯罪地的走私犯罪侦查机关管辖。对管辖有争议的,由共同的上级走私犯罪侦查机关指定管辖。

对发生在海(水)上的走私犯罪案件由该辖区的走私犯罪侦查机关管辖,但对走私船舶有跨辖区连续追缉情形的,由缉获走私船舶的走私犯罪侦查机关管辖。

人民检察院受理走私犯罪侦查机关提请批准逮捕、移送审查起诉的走私犯罪案件,人民法院审理人民检察院提起公诉的走私犯罪案件,按照《最高人民法院、最高人民检察院、公安部、司法部、海关总署关于走私犯罪侦查机关办理走私犯罪案件适用刑事诉讼程序若干问题的通知》(署侦〔1998〕742号)的有关规定执行。

二、关于电子数据证据的收集、保全问题

走私犯罪侦查机关对于能够证明走私犯罪案件真实情况的电子邮件、电子合同、电子帐册、单位内部的电子信息资料等电子数据应当作为刑事证据予以收集、保全。

侦查人员应当对提取、复制电子数据的过程制作有关文字说明,记明案由、对象、内容,提取、复制的时间、地点,电子数据的规格、类别、文件格式等,并由提取、复制电子数据的制作人、电子数据的持有人和能够证明提取、复制过程的见证人签名或者盖章,附所提取、复制的电子数据一并随案移送。

电子数据的持有人不在案或者拒绝签字的,侦查人员应当记明情况;有条件的可将提取、复制有关电子数据的过程拍照或者录像。

三、关于办理走私普通货物、物品刑事案件偷逃应缴税额的核定问题

在办理走私普通货物、物品刑事案件中,对走私行为人涉嫌偷逃应缴税额的核定,应当由走私犯罪案件管辖地的海关出具《涉嫌走私的货物、物品偷逃税款海关核定证明书》(以下简称《核定证明书》)。海关出具的《核定证明书》,经走私犯罪侦查机关、人民检察院、人民法院审查确认,可以作为办案的依据和定罪量刑的证据。

走私犯罪侦查机关、人民检察院和人民法院对《核定证明书》提出异议或者因核定偷逃税额的事实发生变化,认为需要补充核定或者重新核定的,可以要求原出具《核定证明书》的海关补充核定或者重新核定。

走私犯罪嫌疑人、被告人或者辩护人对《核定证明书》有异议,向走私犯罪侦查机关、人民检察院或者人民法院提出重新核定申请的,经走私犯罪侦查机关、人民检察院或者人民法院同意,可以重新核定。重新核定应当另行指派专人进行。

四、关于走私犯罪嫌疑人的逮捕条件

对走私犯罪嫌疑人提请逮捕和审查批准逮捕，应当依照刑事诉讼法第六十条规定的逮捕条件来办理。一般按照下列标准掌握：

（一）有证据证明有走私犯罪事实

1. 有证据证明发生了走私犯罪事实

有证据证明发生了走私犯罪事实，须同时满足下列两项条件：

（1）有证据证明发生了违反国家法律、法规，逃避海关监管的行为；

（2）查扣的或者有证据证明的走私货物、物品的数量、价值或者偷逃税额达到刑法及相关司法解释规定的起刑点。

2. 有证据证明走私犯罪事实系犯罪嫌疑人实施的

有下列情形之一，可认为走私犯罪事实系犯罪嫌疑人实施的：

（1）现场查获犯罪嫌疑人实施走私犯罪的；

（2）视听资料显示犯罪嫌疑人实施走私犯罪的；

（3）犯罪嫌疑人供认的；

（4）有证人证言指证的；

（5）有同案的犯罪嫌疑人供述的；

（6）其他证据能够证明犯罪嫌疑人实施走私犯罪的。

3. 证明犯罪嫌疑人实施走私犯罪行为的证据已经查证属实的

符合下列证据规格要求之一，属于证明犯罪嫌疑人实施走私犯罪行为的证据已经查证属实的：

（1）现场查获犯罪嫌疑人实施犯罪，有现场勘查笔录、留置盘问记录、海关扣留查问笔录或者海关查验（检查）记录等证据证实的；

（2）犯罪嫌疑人的供述有其他证据能够印证的；

（3）证人证言能够相互印证的；

（4）证人证言或者同案犯供述能够与其他证据相互印证的；

（5）证明犯罪嫌疑人实施走私犯罪的其他证据已经查证属实的。

（二）可能判处有期徒刑以上的刑罚

是指根据刑法第一百五十一条、第一百五十二条、第一百五十三条、第三百四十七条、第三百五十条等规定和《最高人民法院关于审理走私刑事案件具体应用法律若干问题的解释》等有关司法解释的规定，结合已查明的走私犯罪事实，对走私犯罪嫌疑人可能判处有期徒刑以上的刑罚。

（三）采取取保候审、监视居住等方法，尚不足以防止发生社会危险性而有逮捕必要的

主要是指：走私犯罪嫌疑人可能逃跑、自杀、串供、干扰证人作证以及伪造、毁灭证据等妨碍刑事诉讼活动的正常进行的，或者存在行凶报复、继续作案可能的。

五、关于走私犯罪嫌疑人、被告人主观故意的认定问题

行为人明知自己的行为违反国家法律法规，逃避海关监管，偷逃进出境货物、物品的应缴税额，或者逃避国家有关进出境的禁止性管理，并且希望或者放任危害结果发生的，应认定为具有走私的主观故意。

走私主观故意中的"明知"是指行为人知道或者应当知道所从事的行为是走私行为。具有下列情形之一的，可以认定为"明知"，但有证据证明确属被蒙骗的除外：

（一）逃避海关监管，运输、携带、邮寄国家禁止进出境的货物、物品的；

（二）用特制的设备或者运输工具走私货物、物品的；

（三）未经海关同意，在非设关的码头、海（河）岸、陆路边境等地点，运输（驳载）、收购或者贩卖非法进出境货物、物品的；

（四）提供虚假的合同、发票、证明等商业单证委托他人办理通关手续的；

（五）以明显低于货物正常进（出）口的应缴税额委托他人代理进（出）口业务的；

（六）曾因同一种走私行为受过刑事处罚或者行政处罚的；

（七）其他有证据证明的情形。

六、关于行为人对其走私的具体对象不明确的案件的处理问题

走私犯罪嫌疑人主观上具有走私犯罪故意，但对其走私的具体对象不明确的，不影响走私犯罪构成，应当根据实际的走私对象定罪处罚。但是，确有证据证明行为人因受蒙骗而对走私对象发生认识错误的，可以从轻处罚。

七、关于走私珍贵动物制品行为的处罚问题

走私珍贵动物制品的，应当根据刑法第一百五十一条第二、四、五款和《最高人民法院关于审理走私刑事案件具体应用法律若干问题的解释》（以下简称《解释》）第四条的有关规定予以处罚，但同时具有下列情形，情节较轻的，一般不以犯罪论处：

（一）珍贵动物制品购买地允许交易；

（二）入境人员为留作纪念或者作为礼品而携带珍贵动物制品进境，不具有牟利目的的。

同时具有上述两种情形，达到《解释》第四条第三款规定的量刑标准的，一般处五年以下有期徒刑，并处罚金；达到《解释》第四条第四款规定的量刑标准的，一般处五年以上有期徒刑，并处罚金。

八、关于走私旧汽车、切割车等货物、物品的行为的定罪问题

走私刑法第一百五十一条、第一百五十二条、第三百四十七条、第三百五十条规定的货物、物品以外的，已被国家明令禁止进出口的货物、物品，例如旧汽车、切割车、侵犯知识产权的货物、来自疫区的动植物及其产品等，应当依照刑法第一百五十三条的规定，以走私普通货物、物品罪追究刑事责任。

九、关于利用购买的加工贸易登记手册、特定减免税批文等涉税单证进口货物行为的定性处理问题

加工贸易登记手册、特定减免税批文等涉税单证是海关根据国家法律法规以及有关政策性规定，给予特定企业用于保税货物经营管理和减免税优惠待遇的凭

证。利用购买的加工贸易登记手册、特定减免税批文等涉税单证进口货物,实质是将一般贸易货物伪报为加工贸易保税货物或者特定减免税货物进口,以达到偷逃应缴税款的目的,应当适用刑法第一百五十三条以走私普通货物、物品罪定罪处罚。如果行为人与走私分子通谋出售上述涉税单证,或者在出卖批文后又以提供印章、向海关伪报保税货物、特定减免税货物等方式帮助买方办理进口通关手续的,对卖方依照刑法第一百五十六条以走私罪共犯定罪处罚。买卖上述涉税单证情节严重尚未进口货物的,依照刑法第二百八十条的规定定罪处罚。

十、关于在加工贸易活动中骗取海关核销行为的认定问题

在加工贸易经营活动中,以假出口、假结转或者利用虚假单证等方式骗取海关核销,致使保税货物、物品脱离海关监管,造成国家税款流失,情节严重的,依照刑法第一百五十三条的规定,以走私普通货物、物品罪追究刑事责任。但有证据证明因不可抗力原因导致保税货物脱离海关监管,经营人无法办理正常手续而骗取海关核销的,不认定为走私犯罪。

十一、关于伪报价格走私犯罪案件中实际成交价格的认定问题

走私犯罪案件中的伪报价格行为,是指犯罪嫌疑人、被告人在进出口货物、物品时,向海关申报进口或者出口的货物、物品的价格低于或者高于进出口货物的实际成交价格。

对实际成交价格的认定,在无法提取真、伪两套合同、发票等单证的情况下,可以根据犯罪嫌疑人、被告人的付汇渠道、资金流向、会计账册、境内外收发货人的真实交易方式,以及其他能够证明进出口货物实际成交价格的证据材料综合认定。

十二、关于出售走私货物已缴纳的增值税应否从走私偷逃应缴税额中扣除的问题

走私犯罪嫌疑人为出售走私货物而开具增值税专用发票并缴纳增值税,是其走私行为既遂后在流通领域获违法所得的一种手段,属于非法开具增值税专用发票。对走私犯罪嫌疑人因出售走私货物而实际缴纳走私货物增值税的,在核定走

私货物偷逃应缴税额时,不应当将其已缴纳的增值税额从其走私偷逃应缴税额中扣除。

十三、关于刑法第一百五十四条规定的“销售牟利”的理解问题

刑法第一百五十四条第(一)、(二)项规定的“销售牟利”,是指行为人主观上为了牟取非法利益而擅自销售海关监管的保税货物、特定减免税货物。该种行为是否构成犯罪,应当根据偷逃的应缴税额是否达到刑法第一百五十三条及相关司法解释规定的数额标准予以认定。实际获利与否或者获利多少并不影响其定罪。

十四、关于海上走私犯罪案件如何追究运输人的刑事责任问题

对刑法第一百五十五条第(二)项规定的实施海上走私犯罪行为的运输人、收购人或者贩卖人应当追究刑事责任。对运输人,一般追究运输工具的负责人或者主要责任人的刑事责任,但对于事先通谋的、集资走私的、或者使用特殊的走私运输工具从事走私犯罪活动的,可以追究其他参与人员的刑事责任。

十五、关于刑法第一百五十六条规定的“与走私罪犯通谋”的理解问题

通谋是指犯罪行为人之间事先或者事中形成的共同的走私故意。下列情形可以认定为通谋:

(一)对明知他人从事走私活动而同意为其提供贷款、资金、账号、发票、证明、海关单证,提供运输、保管、邮寄或者其他方便的;

(二)多次为同一走私犯罪分子的走私行为提供前项帮助的。

十六、关于放纵走私罪的认定问题

依照刑法第四百一十一条的规定,负有特定监管义务的海关工作人员徇私舞弊,利用职权,放任、纵容走私犯罪行为,情节严重的,构成放纵走私罪。放纵走私行为,一般是消极的不作为。如果海关工作人员与走私分子通谋,在放纵走私过程中以积极的行为配合走私分子逃避海关监管或者在放纵走私之后分得赃款的,应

以共同走私犯罪追究刑事责任。

海关工作人员收受贿赂又放纵走私的,应以受贿罪和放纵走私罪数罪并罚。

十七、关于单位走私犯罪案件诉讼代表人的确定及其相关问题

单位走私犯罪案件的诉讼代表人,应当是单位的法定代表人或者主要负责人。单位的法定代表人或者主要负责人被依法追究刑事责任或者因其他原因无法参与刑事诉讼的,人民检察院应当另行确定被告单位的其他负责人作为诉讼代表人参加诉讼。

接到出庭通知的被告单位的诉讼代表人应当出庭应诉。拒不出庭的,人民法院在必要的时候,可以拘传到庭。

对直接负责的主管人员和其他直接责任人员均无法归案的单位走私犯罪案件,只要单位走私犯罪的事实清楚、证据确实充分,且能够确定诉讼代表人代表单位参与刑事诉讼活动的,可以先行追究该单位的刑事责任。

被告单位没有合适人选作为诉讼代表人出庭的,因不具备追究该单位刑事责任的诉讼条件,可按照单位犯罪的条款先行追究单位犯罪中直接负责的主管人员或者其他直接责任人员的刑事责任。人民法院在对单位犯罪中直接负责的主管人员或者直接责任人员进行判决时,对于扣押、冻结的走私货物、物品、违法所得以及属于犯罪单位所有的走私犯罪工具,应当一并判决予以追缴、没收。

十八、关于单位走私犯罪及其直接负责的主管人员和直接责任人员的认定问题

具备下列特征的,可以认定为单位走私犯罪:(1)以单位的名义实施走私犯罪,即由单位集体研究决定,或者由单位的负责人或者被授权的其他人员决定、同意;(2)为单位谋取不正当利益或者违法所得大部分归单位所有。

依照《最高人民法院关于审理单位犯罪案件具体应用法律有关问题的解释》第二条的规定,个人为进行违法犯罪活动而设立的公司、企业、事业单位实施犯罪的,或者个人设立公司、企业、事业单位后,以实施犯罪为主要活动的,不以单位犯罪论处。单位是否以实施犯罪为主要活动,应根据单位实施走私行为的次数、频度、持

续时间、单位进行合法经营的状况等因素综合考虑认定。

根据单位人员在单位走私犯罪活动中所发挥的不同作用,对其直接负责的主管人员和其他直接责任人员,可以确定为一人或者数人。对于受单位领导指派而积极参与实施走私犯罪行为的人员,如果其行为在走私犯罪的主要环节起重要作用的,可以认定为单位犯罪的直接责任人员。

十九、关于单位走私犯罪后发生分立、合并或者其他资产重组情形以及单位被依法注销、宣告破产等情况下,如何追究刑事责任的问题

单位走私犯罪后,单位发生分立、合并或者其他资产重组等情况的,只要承受该单位权利义务的单位存在,应当追究单位走私犯罪的刑事责任。走私单位发生分立、合并或者其他资产重组后,原单位名称发生更改的,仍以原单位(名称)作为被告单位。承受原单位权利义务的单位法定代表人或者负责人为诉讼代表人。

单位走私犯罪后,发生分立、合并或者其他资产重组情形,以及被依法注销、宣告破产等情况的,无论承受该单位权利义务的单位是否存在,均应追究原单位直接负责的主管人员和其他直接责任人员的刑事责任。

人民法院对原走私单位判处罚金的,应当将承受原单位权利义务的单位作为被执行人。罚金超出新单位所承受的财产的,可在执行中予以减除。

二十、关于单位与个人共同走私普通货物、物品案件的处理问题

单位和个人(不包括单位直接负责的主管人员和其他直接责任人员)共同走私的,单位和个人均应对共同走私所偷逃应缴税额负责。

对单位和个人共同走私偷逃应缴税额为 5 万元以上不满 25 万元的,应当根据其在案件中所起的作用,区分不同情况做出处理。单位起主要作用的,对单位和个人均不追究刑事责任,由海关予以行政处理;个人起主要作用的,对个人依照刑法有关规定追究刑事责任,对单位由海关予以行政处理。无法认定单位或个人起主要作用的,对个人和单位分别按个人犯罪和单位犯罪的标准处理。

单位和个人共同走私偷逃应缴税额超过 25 万元且能区分主、从犯的,应当按

照刑法关于主、从犯的有关规定,对从犯从轻、减轻处罚或者免除处罚。

二十一、关于单位走私犯罪案件自首的认定问题

在办理单位走私犯罪案件中,对单位集体决定自首的,或者单位直接负责的主管人员自首的,应当认定单位自首。认定单位自首后,如实交代主要犯罪事实的单位负责的其他主管人员和其他直接责任人员,可视为自首,但对拒不交代主要犯罪事实或逃避法律追究的人员,不以自首论。

二十二、关于共同走私犯罪案件如何判处罚金刑问题

审理共同走私犯罪案件时,对各共同犯罪人判处罚金的总额应掌握在共同走私行为偷逃应缴税额的一倍以上五倍以下。

二十三、关于走私货物、物品、走私违法所得以及走私犯罪工具的处理问题

在办理走私犯罪案件过程中,对发现的走私货物、物品、走私违法所得以及属于走私犯罪分子所有的犯罪工具,走私犯罪侦查机关应当及时追缴,依法予以查扣、冻结。在移送审查起诉时应当将扣押物品文件清单、冻结存款证明文件等材料随案移送,对于扣押的危险品或者鲜活、易腐、易失效、易贬值等不宜长期保存的货物、物品,已经依法先行变卖、拍卖的,应当随案移送变卖、拍卖物品清单以及原物的照片或者录像资料;人民检察院在提起公诉时应当将上述扣押物品文件清单、冻结存款证明和变卖、拍卖物品清单一并移送;人民法院在判决走私罪案件时,应当对随案清单、证明文件中载明的款、物审查确认并依法判决予以追缴、没收;海关根据人民法院的判决和海关法的有关规定予以处理,上缴中央国库。

二十四、关于走私货物、物品无法扣押或者不便扣押情况下走私违法所得的追缴问题

在办理走私普通货物、物品犯罪案件中,对于走私货物、物品因流入国内市场或者投入使用,致使走私货物、物品无法扣押或者不便扣押的,应当按照走私货物、

物品的进出口完税价格认定违法所得予以追缴；走私货物、物品实际销售价格高于进出口完税价格的，应当按照实际销售价格认定违法所得予以追缴。

最高人民法院最高人民检察院关于办理生产、销售伪劣商品刑事案件具体应用法律若干问题的解释

（2001年4月5日最高人民法院审判委员会第1168次会议 2001年3月30日最高人民检察院第九届检察委员会第84次会议通过 2001年4月9日公布 自2001年4月10日起施行 法释〔2001〕10号）

为依法惩治生产、销售伪劣商品犯罪活动，根据刑法有关规定，现就办理这类案件具体应用法律的若干问题解释如下：

第一条 刑法第一百四十条规定的“在产品中掺杂、掺假”，是指在产品中掺入杂质或者异物，致使产品质量不符合国家法律、法规或者产品明示质量标准规定的质量要求，降低、失去应有使用性能的行为。

刑法第一百四十条规定的“以假充真”，是指以不具有某种使用性能的产品冒充具有该种使用性能的产品的行为。

刑法第一百四十条规定的“以次充好”，是指以低等级、低档次产品冒充高等级、高档次产品，或者以残次、废旧零配件组合、拼装后冒充正品或者新产品的行为。

刑法第一百四十条规定的“不合格产品”，是指不符合《中华人民共和国产品质量法》第二十六条第二款规定的质量要求的产品。

对本条规定的上述行为难以确定的，应当委托法律、行政法规规定的产品质量检验机构进行鉴定。

第二条 刑法第一百四十条、第一百四十九条规定的“销售金额”，是指生产者、销售者出售伪劣产品后所得和应得的全部违法收入。

伪劣产品尚未销售,货值金额达到刑法第一百四十条规定的销售金额三倍以上的,以生产、销售伪劣产品罪(未遂)定罪处罚。

货值金额以违法生产、销售的伪劣产品的标价计算;没有标价的,按照同类合格产品的市场中间价格计算。货值金额难以确定的,按照国家计划委员会、最高人民法院、最高人民检察院、公安部 1997 年 4 月 22 日联合发布的《扣押、追缴、没收物品估价管理办法》的规定,委托指定的估价机构确定。

多次实施生产、销售伪劣产品行为,未经处理的,伪劣产品的销售金额或者货值金额累计计算。

第三条 经省级以上药品监督管理部门设置或者确定的药品检验机构鉴定,生产、销售的假药具有下列情形之一的,应认定为刑法第一百四十一条规定的“足以严重危害人体健康”:

(一)含有超标准的有毒有害物质的;

(二)不含所标明的有效成份,可能贻误诊治的;

(三)所标明的适应症或者功能主治超出规定范围,可能造成贻误诊治的;

(四)缺乏所标明的急救必需的有效成份的。

生产、销售的假药被使用后,造成轻伤、重伤或者其他严重后果的,应认定为“对人体健康造成严重危害”。

生产、销售的假药被使用后,致人严重残疾,三人以上重伤、十人以上轻伤或者造成其他特别严重后果的,应认定为“对人体健康造成特别严重危害”。

第四条 经省级以上卫生行政部门确定的机构鉴定,食品中含有可能导致严重食物中毒事故或者其他严重食源性疾患的超标准的有害细菌或者其他污染物的,应认定为刑法第一百四十三条规定的“足以造成严重食物中毒事故或者其他严重食源性疾患”。

生产、销售不符合卫生标准的食品被食用后,造成轻伤、重伤或者其他严重后果的,应认定为“对人体健康造成严重危害”。

生产、销售不符合卫生标准的食品被食用后,致人死亡、严重残疾、三人以上重伤,十人以上轻伤或者造成其他特别严重后果的。应认定为“后果特别严重”。

第五条 生产、销售的有毒、有害食品被食用后,造成轻伤、重伤或者其他严重后果的,应认定为刑法第一百四十四条规定的"对人体健康造成严重危害"。

生产、销售的有毒、有害食品被食用后,致人严重残疾、三人以上重伤、十人以上轻伤或者造成其他特别严重后果的,应认定为"对人体健康造成特别严重危害"。

第六条 生产、销售不符合标准的医疗器械、医用卫生材料,致人轻伤或者其他严重后果的,应认定为刑法第一百四十五条规定的"对人体健康造成严重危害"。

生产、销售不符合标准的医疗器械、医用卫生材料,造成感染病毒性肝炎等难以治愈的疾病、一人以上重伤、三人以上轻伤或者其他严重后果的,应认定为"后果特别严重"。

生产、销售不符合标准的医疗器械、医用卫生材料,致人死亡、严重残疾、感染艾滋病、三人以上重伤、十人以上轻伤或者造成其他特别严重后果的,应认定为"情节特别恶劣"。

医疗机构或者个人,知道或者应当知道是不符合保障人体健康的国家标准、行业标准的医疗器械、医用卫生材料而购买、使用,对人体健康造成严重危害的,以销售不符合标准的医用器材罪定罪处罚。

没有国家标准、行业标准的医疗器械,注册产品标准可视为"保障人体健康的行业标准"。

第七条 刑法第一百四十七条规定的生产、销售伪劣农药、兽药、化肥、种子罪中"使生产遭受较大损失",一般以二万元为起点;"重大损失",一般以十万元为起点;"特别重大损失",一般以五十万元为起点。

第八条 国家机关工作人员徇私舞弊,对生产、销售伪劣商品犯罪不履行法律规定的查处职责,具有下列情形之一的,属于刑法第四百一十四条规定的"情节严重":

(一)放纵生产、销售假药或者有毒、有害食品犯罪行为的;

(二)放纵依法可能判处二年有期徒刑以上刑罚的生产、销售伪劣商品犯罪行为的;

(三)对三个以上有生产、销售伪劣商品犯罪行为的单位或者个人不履行追究职责的；

(四)致使国家和人民利益遭受重大损失或者造成恶劣影响的。

第九条 知道或者应当知道他人实施生产、销售伪劣商品犯罪，而为其提供贷款、资金、账号、发票、证明、许可证件，或者提供生产、经营场所或者运输、仓储、保管、邮寄等便利条件，或者提供制假生产技术的，以生产、销售伪劣商品犯罪的共犯论处。

第十条 实施生产、销售伪劣商品犯罪，同时构成侵犯知识产权、非法经营等其他犯罪的，依照处罚较重的规定定罪处罚。

第十一条 实施刑法第一百四十条至第一百四十八条规定的犯罪，又以暴力、威胁方法抗拒查处，构成其他犯罪的，依照数罪并罚的规定处罚。

第十二条 国家机关工作人员参与生产、销售伪劣商品犯罪的，从重处罚。

最高人民法院关于情节严重的传销或者变相传销行为如何定性问题的批复

(2001年3月29日最高人民法院审判委员会第1166次会议通过　自2001年4月18日起施行　法释〔2001〕11号)

广东省高级人民法院：

你院粤高法〔2000〕101号《关于情节严重的传销和变相传销的行为是否构成非法经营罪问题的请示》收悉。经研究，答复如下：

对于1998年4月18日国务院《关于禁止传销经营活动的通知》发布以后，仍然从事传销或者变相传销活动，扰乱市场秩序，情节严重的，应当依照刑法第二百二十五条第(四)项的规定，以非法经营罪定罪处罚。

实施上述犯罪，同时构成刑法规定的其他犯罪的，依照处罚较重的规定定罪处罚。

最高人民法院关于对变造、倒卖变造邮票行为如何适用法律问题的解释

（2000 年 11 月 15 日最高人民法院审判委员会第 1139 次会议通过　自 2000 年 12 月 9 日起施行　法释〔2000〕41 号）

为了正确适用刑法，现对审理变造、倒卖变造邮票案件如何适用法律问题解释如下：

对变造或者倒卖变造的邮票数额较大的，应当依照刑法第二百二十七条第一款的规定定罪处罚。

最高人民法院关于审理走私刑事案件具体应用法律若干问题的解释

（2000 年 9 月 20 日最高人民法院审判委员会第 1131 次会议通过　自 2000 年 10 月 8 日起施行　法释〔2000〕30 号）

为严惩走私犯罪活动，根据刑法分则第三章第二节的规定，现就审理走私刑事案件具体应用法律的若干问题解释如下：

第一条　根据刑法第一百五十一条第一款的规定，具有下列情节之一的，属于走私武器、弹药罪“情节较轻”，处三年以上七年以下有期徒刑，并处罚金：

（一）走私军用子弹十发以上不满五十发的；

（二）走私非军用枪支二支以上不满五支或者非军用子弹一百发以上不满五百发的；

（三）走私武器、弹药虽未达到上述数量标准，但具有走私的武器、弹药被用于

实施其他犯罪等恶劣情节的。

走私武器、弹药,具有下列情节之一的,处七年以上有期徒刑,并处罚金或者没收财产:

(一)走私军用枪支一支或者军用子弹五十发以上不满一百发的;

(二)走私非军用枪支五支以上不满十支或者非军用子弹五百发以上不满一千发的;

(三)走私武器、弹药达到本条第一款规定的数量标准,并具有其他恶劣情节的。

具有下列情节之一的,属于走私武器、弹药罪"情节特别严重",处无期徒刑或者死刑,并处没收财产:

(一)走私军用枪支二支以上或者军用子弹一百发以上的;

(二)走私非军用枪支十支以上或者非军用子弹一千发以上的;

(三)犯罪集团的首要分子或者使用特种车,走私武器、弹药达到本条第二款规定的数量标准的;

(四)走私武器、弹药达到本条第二款规定的数量标准,并具有其他恶劣情节的。走私其他武器、弹药的,参照本条各款规定的量刑标准处罚。

走私成套枪支散件的,以走私相应数量的枪支计;走私非成套枪支散件的,以每三十件为一套枪支散件计。

走私管制刀具、仿真枪支构成犯罪的,依照刑法第一百五十三条的规定定罪处罚。

刑法第一百五十一条第一款规定的"武器、弹药"的种类,参照《中华人民共和国海关进口税则》及《中华人民共和国禁止进出境物品表》的有关规定确定。

第二条 刑法第一百五十一条第一款规定的"货币",是指可在国内市场流通或者兑换的人民币、境外货币。

走私伪造的货币,总面额二千元以上不足二万元或者币量二百张(枚)以上不足二千张(枚)的,属于走私假币罪"情节较轻",处三年以上七年以下有期徒刑,并处罚金。

走私伪造的货币，具有下列情节之一的，处七年以上有期徒刑，并处罚金或者没收财产：

（一）走私伪造的货币，总面额二万元以上不足二十万元或者币量二千张（枚）以上不足二万张（枚）的；

（二）走私伪造的货币并流入市场，面额达到本条第二款规定的数量标准的。

具有下列情节之一的，属于走私假币罪“情节特别严重”，处无期徒刑或者死刑，并处没收财产：

（一）走私伪造的货币，总面额二十万元以上或者币量二万张（枚）以上的；

（二）走私伪造的货币并流入市场，面额达到本条第三款第（一）项规定的数量标准的；

（三）走私伪造的货币达到本条第三款规定的数量标准，并具有是犯罪集团的首要分子或者使用特种车进行走私等严重情节的。

货币面额以人民币计。走私伪造的境外货币的，其面额以案发时国家外汇管理机关公布的外汇牌价折合人民币计算。

第三条 走私国家禁止出口的三级文物二件以下的，属于走私文物罪“情节较轻”，处五年以下有期徒刑，并处罚金。

走私文物，具有下列情节之一的，处五年以上有期徒刑，并处罚金：

（一）走私国家禁止出口的二级文物二件以下或者三级文物三件以上八件以下的；

（二）走私国家禁止出口的文物达到本条第一款规定的数量标准，并具有造成该文物严重毁损或者无法追回等恶劣情节的。

具有下列情节之一的，属于走私文物罪“情节特别严重”，处无期徒刑或者死刑，并处没收财产：

（一）走私国家禁止出口的一级文物一件以上或者二级文物三件以上或者三级文物九件以上的；

（二）走私国家禁止出口的文物达到本条第二款规定的数量标准，并造成该文物严重毁损或者无法追回的；

（三）走私国家禁止出口的文物达到本条第二款规定的数量标准，并具有是犯罪集团的首要分子或者使用特种车进行走私等严重情节的。

第四条 刑法第一百五十一条第二款规定的“珍贵动物”,是指列入《国家重点保护野生动物名录》中的国家一、二级保护野生动物和列入《濒危野生动植物种国际贸易公约》附录一、附录二中的野生动物以及驯养繁殖的上述物种。

走私国家二级保护动物未达到本解释附表中(一)规定的数量标准或者走私珍贵动物制品价值十万元以下的,属于走私珍贵动物、珍贵动物制品罪“情节较轻”,处五年以下有期徒刑,并处罚金。

走私珍贵动物及其制品,具有下列情节之一的,处五年以上有期徒刑,并处罚金:

(一)走私国家一、二级保护动物达到本解释附表中(一)规定的数量标准的;

(二)走私珍贵动物制品价值十万元以上不满二十万元的;

(三)走私国家一、二级保护动物虽未达到本款规定的数量标准,但具有造成该珍贵动物死亡或者无法追回等恶劣情节的。

具有下列情形之一的,属于走私珍贵动物、珍贵动物制品罪“情节特别严重”,处无期徒刑或者死刑,并处没收财产:

(一)走私国家一、二级保护动物达到本解释附表中(二)规定的数量标准的;

(二)走私珍贵动物制品价值二十万元以上的;

(三)走私国家一、二级保护动物达到本解释附表中(一)规定的数量标准,并造成该珍贵动物死亡或者无法追回的;

(四)走私国家一、二级保护动物达到本解释附表中(一)规定的数量标准,并具有是犯罪集团的首要分子或者使用特种车进行走私等严重情节的。

走私《濒危动植物种国际贸易公约》附录一、附录二中的动物及其制品的,参照本解释附表中规定的同属或者同科动物的定罪量刑标准执行。

第五条 刑法第一百五十二条规定的“其他淫秽物品”,是指除淫秽的影片、录像带、录音带、图片、书刊以外的,通过文字、声音、形象等形式表现淫秽内容的影碟、音碟、电子出版物等物品。

走私淫秽物品达到下列数量之一的,属于走私淫秽物品罪“情节较轻”,处三年以下有期徒刑、拘役或者管制,并处罚金:

（一）走私淫秽录像带、影碟五十盘（张）以上至一百盘（张）的；

（二）走私淫秽录音带、音碟一百盘（张）以上至二百盘（张）的；

（三）走私淫秽扑克、书刊、画册一百副（册）以上至二百副（册）的；

（四）走私淫秽照片、画片五百张以上至一千张的；

（五）走私其他淫秽物品相当于上述数量的。

走私淫秽物品在本条第二款规定的最高数量以上不满最高数量五倍的，处三年以上十年以下有期徒刑，并处罚金。

走私淫秽物品在本条第二款规定的最高数量五倍以上，或者虽不满最高数量五倍，但具有是犯罪集团的首要分子或者使用特种车进行走私等严重情节的，属于走私淫秽物品罪“情节严重”，处十年以上有期徒刑或者无期徒刑，并处罚金或者没收财产。

走私非淫秽的影片、影碟、录像带、录音带、音碟、图片、书刊、电子出版物等物品的，依照刑法第一百五十三条的规定定罪处罚。

第六条 刑法第一百五十三条规定的“应缴税额”，是指进出口货物、物品应当缴纳的进出口关税和进口环节海关代征税的税额。

走私货物、物品所偷逃的应缴税额，应当以走私行为案发时所适用的税则、税率、汇率和海关审定的完税价格计算，并以海关出具的证明为准。

刑法第一百五十三条第三款规定的“对多次走私未经处理的”，是指对多次走私未经行政处罚处理的。

第七条 刑法第一百五十四条规定的“保税货物”，是指经海关批准，未办理纳税手续进境，在境内储存、加工、装配后应予复运出境的货物。保税货物包括通过加工贸易、补偿贸易等方式进口的货物，以及在保税仓库、保税工厂、保税区或者免税商店内等储存、加工、寄售的货物。

第八条 刑法第一百五十五条规定的“直接向走私人非法收购走私进口的其他货物、物品，数额较大的”，是指明知是走私行为人而向其非法收购走私进口的其他货物、物品，应缴税额为五万元以上的。

直接向走私人非法收购国家禁止进口物品的，或者在内海、领海运输、收购、贩卖国家禁止进出口物品的，应当按照走私物品的种类，分别适用刑法第一百五十一条、第一百五十二条、第三百四十七条的规定定罪处罚。

直接向走私人非法收购走私进口的国家非禁止进口货物、物品,数额较大的,或者在内海、领海运输、收购、贩卖国家限制进出口货物、物品,数额较大,没有合法证明的,应当适用刑法第一百五十三条的规定定罪处罚。

刑法第一百五十五条第二项规定的"内海",包括内河的入海口水域。

第九条 刑法第一百五十五条第(三)项规定的"固体废物",是指国家禁止进口的固体废物和国家限制进口的可用作原料的固体废物。国家限制进口的可用作原料的固体废物的具体种类,按照《国家限制进口的可用作原料的固体废物目录》执行。

走私国家禁止进口的固体废物不满十吨,或者走私国家限制进口的可用作原料的固体废物偷逃应缴税额在五万元以上不满十五万元的,依照刑法第一百五十三条第一款第(三)项规定处罚。

走私国家禁止进口的固体废物十吨以上不满一百吨,或者走私国家限制进口的可用作原料的固体废物偷逃应缴税额十五万元以上不满五十万元的,依照刑法第一百五十三条第一款第(二)项规定处罚。

走私国家禁止进口的固体废物一百吨以上,或者走私国家限制进口的可用作原料的固体废物偷逃应缴税额五十万元以上的,依照刑法第一百五十三条第一款第(一)项规定处罚。

第十条 单位犯刑法第一百五十一条、第一百五十二条规定的各罪以及走私国家禁止进口的固体废物的,对单位判处罚金,并对其直接负责的主管人员和其他直接责任人员,分别依照本解释的有关规定处罚。

单位犯走私普通货物、物品罪以及走私国家限制进口的可用作原料的固体废物的,偷逃应缴税额在二十五万元以上不满七十五万元的,对单位判处罚金,并对其直接负责的主管人员和其他直接责任人员,处三年以下有期徒刑或者拘役;偷逃应缴税额在七十五万元以上不满二百五十万元的,属于情节严重,处三年以上十年以下有期徒刑;偷逃应缴税额在二百五十万元以上的,属于情节特别严重,处十年以上有期徒刑。

最高人民法院关于审理伪造货币等案件具体应用法律若干问题的解释

（2000年4月20日最高人民法院审判委员会第1110次会议通过 自2000年9月14日起施行 法释〔2000〕26号）

为依法惩治伪造货币，出售、购买、运输假币等犯罪活动，根据刑法的有关规定，现就审理这类案件具体应用法律的若干问题解释如下：

第一条 伪造货币的总面额在二千元以上不满三万元或者币量在二百张（枚）以上不足三千张（枚）的，依照刑法第一百七十条的规定，处三年以上十年以下有期徒刑，并处五万元以上五十万元以下罚金。伪造货币的总面额在三万元以上的，属于“伪造货币数额特别巨大”。

行为人制造货币版样或者与他人事前通谋，为他人伪造货币提供版样的，依照刑法第一百七十条的规定定罪处罚。

第二条 行为人购买假币后使用，构成犯罪的，依照刑法第一百七十一条的规定，以购买假币罪定罪，从重处罚。行为人出售、运输假币构成犯罪，同时有使用假币行为的，依照刑法第一百七十一条、第一百七十二条的规定，实行数罪并罚。

第三条 出售、购买假币或者明知是假币而运输，总面额在四千元以上不满五万元的，属于“数额较大”；总面额在五万元以上不满二十万元的，属于“数额巨大”；总面额在二十万元以上的，属于“数额特别巨大”，依照刑法第一百七十一条第一款的规定定罪处罚。

第四条 银行或者其他金融机构的工作人员购买假币或者利用职务上的便利，以假币换取货币，总面额在四千元以上不满五万元或者币量在四百张（枚）以上不足五千张（枚）的，处三年以上十年以下有期徒刑，并处二万元以上二十万元以下罚金；总面额在五万元以上或者币量在五千张（枚）以上或者有其他严重情节的，处十年以上有期徒刑或者无期徒刑，并处二万元以上二十万元以下罚金或者没收财产;总面额不满人民币四千元或者币量不足四百张(枚)或者具有其他情节较轻情形的,处三年以下有期徒刑或者拘役,并处或者单处一万元以上十万元以下罚金。

第五条 明知是假币而持有、使用,总面额在四千元以上不满五万元的,属于"数额较大";总面额在五万元以上不满二十万元的,属于"数额巨大";总面额在二十万元以上的,属于"数额特别巨大",依照刑法第一百七十二条的规定定罪处罚。

第六条 变造货币的总面额在二千元以上不满三万元的,属于"数额较大";总面额在三万元以上的,属于"数额巨大",依照刑法第一百七十三条的规定定罪处罚。

第七条 本解释所称"货币"是指可在国内市场流通或者兑换的人民币和境外货币。

货币面额应当以人民币计算,其他币种以案发时国家外汇管理机关公布的外汇牌价折算成人民币。

最高人民法院关于审理倒卖车票刑事案件有关问题的解释

(1999 年 9 月 2 日最高人民法院审判委员会第 1074 次会议通过 自 1999 年 9 月 14 日起施行 法释〔1999〕17 号)

为依法惩处倒卖车票的犯罪活动,根据刑法的有关规定,现就审理倒卖车票刑事案件的有关问题解释如下:

第一条 高价、变相加价倒卖车票或者倒卖坐席、卧铺签字号及订购车票凭证,票面数额在五千元以上,或者非法获利数额在二千元以上的,构成刑法第二百二十七条第二款规定的"倒卖车票情节严重"。

第二条 对于铁路职工倒卖车票或者与其他人员勾结倒卖车票;组织倒卖车票的首要分子;曾因倒卖车票受过治安处罚两次以上或者被劳动教养一次以上,两年内又倒卖车票,构成倒卖车票罪的,依法从重处罚。

最高人民法院关于审理非法出版物刑事案件具体应用法律若干问题的解释

（1998 年 12 月 11 日最高人民法院审判委员会第 1032 次会议通过　自 1998 年 12 月 23 日起施行　法释〔1998〕30 号）

为依法惩治非法出版物犯罪活动，根据刑法的有关规定，现对审理非法出版物刑事案件具体应用法律的若干问题解释如下：

第一条　明知出版物中载有煽动分裂国家、破坏国家统一或者煽动颠覆国家政权、推翻社会主义制度的内容，而予以出版、印刷、复制、发行、传播的，依照刑法第一百零三条第二款或者第一百零五条第二款的规定，以煽动分裂国家罪或者煽动颠覆国家政权罪定罪处罚。

第二条　以营利为目的，实施刑法第二百一十七条所列侵犯著作权行为之一，个人违法所得数额在五万元以上，单位违法所得数额在二十万元以上的，属于"违法所得数额较大"；具有下列情形之一的，属于"有其他严重情节"：

（一）因侵犯著作权曾经两次以上被追究行政责任或者民事责任，两年内又实施刑法第二百一十七条所列侵犯著作权行为之一的；

（二）个人非法经营数额在二十万元以上，单位非法经营数额在一百万元以上的；

（三）造成其他严重后果的。

以营利为目的，实施刑法第二百一十七条所列侵犯著作权行为之一，个人违法所得数额在二十万元以上，单位违法所得数额在一百万元以上的，属于"违法所得数额巨大"；具有下列情形之一的，属于"有其他特别严重情节"：

（一）个人非法经营数额在一百万元以上，单位非法经营数额在五百万元以上的；

（二）造成其他特别严重后果的。

第三条　刑法第二百一十七条第（一）项中规定的"复制发行"，是指行为人以营利为目的,未经著作权人许可而实施的复制、发行或者既复制又发行其文字作品、音乐、电影、电视、录像作品、计算机软件及其他作品的行为。

第四条 以营利为目的,实施刑法第二百一十八条规定的行为,个人违法所得数额在十万元以上,单位违法所得数额在五十万元以上的,依照刑法第二百一十八条的规定,以销售侵权复制品罪定罪处罚。

第五条 实施刑法第二百一十七条规定的侵犯著作权行为,又销售该侵权复制品,违法所得数额巨大的,只定侵犯著作权罪,不实行数罪并罚。

实施刑法第二百一十七条规定的侵犯著作权的犯罪行为,又明知是他人的侵权复制品而予以销售,构成犯罪的,应当实行数罪并罚。

第六条 在出版物中公然侮辱他人或者捏造事实诽谤他人,情节严重的,依照刑法第二百四十六条的规定,分别以侮辱罪或者诽谤罪定罪处罚。

第七条 出版刊载歧视、侮辱少数民族内容的作品,情节恶劣,造成严重后果的,依照刑法第二百五十条的规定,以出版歧视、侮辱少数民族作品罪定罪处罚。

第八条 以牟利为目的,实施刑法第三百六十三条第一款规定的行为,具有下列情形之一的,以制作、复制、出版、贩卖、传播淫秽物品牟利罪定罪处罚:

(一)制作、复制、出版淫秽影碟、软件、录像带五十至一百张(盒)以上,淫秽音碟、录音带一百至二百张(盒)以上,淫秽扑克、书刊、画册一百至二百副(册)以上,淫秽照片、画片五百至一千张以上的;

(二)贩卖淫秽影碟、软件、录像带一百至二百张(盒)以上,淫秽音碟、录音带二百至四百张(盒)以上,淫秽扑克、书刊、画册二百至四百副(册)以上,淫秽照片、画片一千至二千张以上的;

(三)向他人传播淫秽物品达二百至五百人次以上,或者组织播放淫秽影、像达十至二十场次以上的;

(四)制作、复制、出版、贩卖、传播淫秽物品,获利五千至一万元以上的。

以牟利为目的,实施刑法第三百六十三条第一款规定的行为,具有下列情形之一的,应当认定为制作、复制、出版、贩卖、传播淫秽物品牟利罪"情节严重":

(一)制作、复制、出版淫秽影碟、软件、录像带二百五十至五百张(盒)以上,淫秽音碟、录音带五百至一千张(盒)以上,淫秽扑克、书刊、画册五百至一千副(册)以上,淫秽照片、画片二千五百至五千张以上的;

(二)贩卖淫秽影碟、软件、录像带五百至一千张(盒)以上,淫秽音碟、录音带一千至二千张(盒)以上,淫秽扑克、书刊、画册一千至二千副(册)以上,淫秽照片、画片五千至一万张以上的;

(三)向他人传播淫秽物品达一千至二千人次以上,或者组织播放淫秽影、像达五十至一百场次以上的;

(四)制作、复制、出版、贩卖、传播淫秽物品,获利三万至五万元以上的。

以牟利为目的,实施刑法第三百六十三条第一款规定的行为,其数量(数额)达到前款规定的数量(数额)五倍以上的,应当认定为制作、复制、出版、贩卖、传播淫秽物品牟利罪"情节特别严重"。

第九条 为他人提供书号、刊号,出版淫秽书刊的,依照刑法第三百六十三条第二款的规定,以为他人提供书号出版淫秽书刊罪定罪处罚。

为他人提供版号,出版淫秽音像制品的,依照前款规定定罪处罚。

明知他人用于出版淫秽书刊而提供书号、刊号的,依照刑法第三百六十三条第一款的规定,以出版淫秽物品牟利罪定罪处罚。

第十条 向他人传播淫秽的书刊、影片、音像、图片等出版物达三百至六百人次以上或者造成恶劣社会影响的,属于"情节严重",依照刑法第三百六十四条第一款的规定,以传播淫秽物品罪定罪处罚。

组织播放淫秽的电影、录像等音像制品达十五至三十场次以上或者造成恶劣社会影响的,依照刑法第三百六十四条第二款的规定,以组织播放淫秽音像制品罪定罪处罚。

第十一条 违反国家规定,出版、印刷、复制、发行本解释第一条至第十条规定以外的其他严重危害社会秩序和扰乱市场秩序的非法出版物,情节严重的,依照刑法第二百二十五条第(三)项的规定,以非法经营罪定罪处罚。

第十二条 个人实施本解释第十一条规定的行为,具有下列情形之一的,属于非法经营行为"情节严重":

(一)经营数额在五万元至十万元以上的;

（二）违法所得数额在二万元至三万元以上的；

（三）经营报纸五千份或者期刊五千本或者图书二千册或者音像制品、电子出版物五百张（盒）以上的。

具有下列情形之一的，属于非法经营行为“情节特别严重”：

（一）经营数额在十五万元至三十万元以上的；

（二）违法所得数额在五万元至十万元以上的；

（三）经营报纸一万五千份或者期刊一万五千本或者图书五千册或者音像制品、电子出版物一千五百张（盒）以上的。

第十三条 单位实施本解释第十一条规定的行为，具有下列情形之一的，属于非法经营行为“情节严重”：

（一）经营数额在十五万元至三十万元以上的；

（二）违法所得数额在五万元至十万元以上的；

（三）经营报纸一万五千份或者期刊一万五千本或者图书五千册或者音像制品、电子出版物一千五百张（盒）以上的。

具有下列情形之一的，属于非法经营行为“情节特别严重”：

（一）经营数额在五十万元至一百万元以上的；

（二）违法所得数额在十五万元至三十万元以上的；

（三）经营报纸五万份或者期刊五万本或者图书一万五千册或者音像制品、电子出版物五千张（盒）以上的。

第十四条 实施本解释第十一条规定的行为，经营数额、违法所得数额或者经营数量接近非法经营行为“情节严重”、“情节特别严重”的数额、数量起点标准，并具有下列情形之一的，可以认定为非法经营行为“情节严重”、“情节特别严重”：

（一）两年内因出版、印刷、复制、发行非法出版物受过行政处罚两次以上的；

（二）因出版、印刷、复制、发行非法出版物造成恶劣社会影响或者其他严重后果的。

第十五条 非法从事出版物的出版、印刷、复制、发行业务，严重扰乱市场秩序，情节特别严重，构成犯罪的，可以依照刑法第二百二十五条第（三）项的规定，以非法经营罪定罪处罚。

第十六条 出版单位与他人事前通谋，向其出售、出租或者以其他形式转让该出版单位的名称、书号、刊号、版号，他人实施本解释第二条、第四条、第八条、第九条、第十条、第十一条规定的行为，构成犯罪的，对该出版单位应当以共犯论处。

第十七条 本解释所称“经营数额”，是指以非法出版物的定价数额乘以行为人经营的非法出版物数量所得的数额。

本解释所称“违法所得数额”，是指获利数额。

非法出版物没有定价或者以境外货币定价的，其单价数额应当按照行为人实际出售的价格认定。

第十八条 各省、自治区、直辖市高级人民法院可以根据本地的情况和社会治安状况，在本解释第八条、第十条、第十二条、第十三条规定的有关数额、数量标准的幅度内，确定本地执行的具体标准，并报最高人民法院备案。

最高人民法院关于审理骗购外汇、非法买卖外汇刑事案件具体应用法律若干问题的解释

（1998年8月28日最高人民法院审判委员会第1018次会议通过 自1998年9月1日起施行 法释〔1998〕20号）

为依法惩处骗购外汇、非法买卖外汇的犯罪行为，根据刑法的有关规定，现对审理骗购外汇、非法买卖外汇案件具体应用法律的若干问题解释如下：

第一条 以进行走私、逃汇、洗钱、骗税等犯罪活动为目的，使用虚假、无效的凭证、商业单据或者采取其他手段向外汇指定银行骗购外汇的，应当分别按照刑法分则第三章第二节、第一百九十条、第一百九十一条和第二百零四条等规定定罪处罚。

非国有公司、企业或者其他单位，与国有公司、企业或者其他国有单位勾结逃汇的，以逃汇罪的共犯处罚。

第二条 伪造、变造、买卖海关签发的报关单、进口证明、外汇管理机关的核准件等凭证或者购买伪造、变造的上述凭证的，按照刑法第二百八十条第一款的规定定罪处罚。

第三条 在外汇指定银行和中国外汇交易中心及其分中心以外买卖外汇，扰乱金融市场秩序，具有下列情形之一的，按照刑法第二百二十五条第（三）项的规定定罪处罚：

（一）非法买卖外汇二十万美元以上的；

（二）违法所得五万元人民币以上的。

第四条 公司、企业或者其他单位，违反有关外贸代理业务的规定，采用非法手段，或者明知是伪造、变造的凭证、商业单据，为他人向外汇指定银行骗购外汇，数额在五百万美元以上或者违法所得五十万元人民币以上的，按照刑法第二百二十五条第（三）项的规定定罪处罚。

居间介绍骗购外汇一百万美元以上或者违法所得十万元人民币以上的，按照刑法第二百二十五条第（三）项的规定定罪处罚。

第五条 海关、银行、外汇管理机关工作人员与骗购外汇的行为人通谋，为其提供购买外汇的有关凭证，或者明知是伪造、变造的凭证和商业单据而出售外汇，构成犯罪的，按照刑法的有关规定从重处罚。

第六条 实施本解释规定的行为，同时触犯二个以上罪名的，择一重罪从重处罚。

第七条 根据刑法第六十四条规定，骗购外汇、非法买卖外汇的，其违法所得予以追缴，用于骗购外汇、非法买卖外汇的资金予以没收，上缴国库。

第八条 骗购、非法买卖不同币种的外汇的，以案发时国家外汇管理机关制定的统一折算率折合后依照本解释处罚。

最高人民法院关于严厉打击有关非法出版物犯罪活动的通知

（1998 年 3 月 27 日　法发〔1998〕4 号）

各省、自治区、直辖市高级人民法院，解放军军事法院：

当前，有关非法出版物犯罪活动仍很严重，从境外走私、贩运淫秽、反动、盗版激光视盘(VCD)的活动增多;境内还有部分非法光盘生产线未被挖出,非法音像制品在局部地区出现回潮,淫秽色情出版物有重新抬头的势头;境外敌对势力利用出版渠道对我进行思想文化渗透加剧,一批有严重政治问题的出版物流入境内,在一些地区被不法分子翻印出售;盗印辞书、工具书、中小学教学用书及其他畅销书的活动屡禁不止。为了严厉打击有关非法出版物犯罪活动,净化文化环境,维护文化市场秩序,现通知如下:

一、各级人民法院要充分认识当前有关非法出版物犯罪活动的严重性、危害性和依法惩治这类犯罪分子,遏制犯罪活动蔓延的必要性。各地法院特别是这类犯罪活动严重地区的法院,要把打击这类犯罪活动的工作切实摆上审判工作的议事日程,对起诉到法院的这类案件,要及时审结,依法惩处。

二、刑法对处罚这类犯罪活动分别作出了规定,最高人民法院正在抓紧作出司法解释。各地法院要认真组织刑事审判干部学习刑法的有关规定,依法及时判处这类犯罪分子。对个别特殊情况,如在运用法律时认为对刑法规定不够明确的,可逐级请示,呈报最高人民法院,但不能以法律规定不明确为由而不予受理,也不能“等到司法解释下发后才处理”。

三、对这类犯罪活动的处理,要把性质严重、情节恶劣的犯罪分子和有组织的、破坏性大的共同犯罪的首要分子、主犯列为打击重点。对其中罪行严重,但归案后能够检举揭发地下生产、销售窝点,经查证属实,或者有其他重大立功表现的,可以从宽处理。对于零星销售、数量不大或者罪行一般,归案后经教育能认罪服法的,也可以从宽处理。但无论罪重罪轻,都要重视对他们进行经济制裁,依法运用罚金刑、没收财产刑,剥夺犯罪分子非法取得的经济利益。

四、重点地区法院要在当地党委的领导下,和有关部门密切配合,适时开展打击有关非法出版物犯罪活动的专项斗争,并注意利用新闻媒介大力宣传打击该类犯罪的情况,以取得震慑犯罪,教育群众,有效遏制这类犯罪活动的明显成效。

最高人民法院关于适用《全国人民代表大会常务委员会关于惩治虚开、伪造和非法出售增值税专用发票犯罪的决定》的若干问题的解释

（1996年10月17日　法发〔1996〕30号）

为正确执行《全国人民代表大会常务委员会关于惩治虚开、伪造和非法出售增值税专用发票犯罪的决定》（以下简称《决定》），依法惩治虚开、伪造和非法出售增值税专用发票和其他发票犯罪，现就适用《决定》的若干具体问题解释如下：

一、根据《决定》第一条规定，虚开增值税专用发票的，构成虚开增值税专用发票罪。

具有下列行为之一的，属于"虚开增值税专用发票"：（1）没有货物购销或者没有提供或接受应税劳务而为他人、为自己、让他人为自己、介绍他人开具增值税专用发票；（2）有货物购销或者提供或接受了应税劳务但为他人、为自己、让他人为自己、介绍他人开具数量或者金额不实的增值税专用发票；（3）进行了实际经营活动，但让他人为自己代开增值税专用发票。

虚开税款数额1万元以上的或者虚开增值税专用发票致使国家税款被骗取5千元以上的，应当依法定罪处罚。

虚开税款数额10万元以上的，属于"虚开的税款数额较大"。具有下列情形之一的，属于"有其他严重情节"：（1）因虚开增值税专用发票致使国家税款被骗取5万元以上的；（2）曾因虚开增值税专用发票受过刑事处罚的；（3）具有其他严重情节的。

虚开税款数额50万元以上的，属于"虚开的税款数额巨大"。具有下列情形之一的，属于"有其他特别严重情节"：（1）因虚开增值税专用发票致使国家税款被骗取30万元以上的；（2）虚开的税款数额接近巨大并有其他严重情节的；（3）具有其

他特别严重情节的。利用虚开的增值税专用发票实际抵扣税款或者骗取出口退税100万元以上的,属于“骗取国家税款数额特别巨大”;造成国家税款损失50万元以上并且在侦查终结前仍无法追回的,属于“给国家利益造成特别重大损失”。利用虚开的增值税专用发票骗取国家税款数额特别巨大、给国家利益造成特别重大损失,为“情节特别严重”的基本内容。

虚开增值税专用发票犯罪分子与骗取税款犯罪分子均应当对虚开的税款数额和实际骗取的国家税款数额承担刑事责任。

利用虚开的增值税专用发票抵扣税款或者骗取出口退税的,应当依照《决定》第一条的规定定罪处罚;以其他手段骗取国家税款的,仍应依照《全国人民代表大会常务委员会关于惩治偷税、抗税犯罪的补充规定》的有关规定定罪处罚。

二、根据《决定》第二条规定,伪造或者出售伪造的增值税专用发票的,构成伪造、出售伪造的增值税专用发票罪。

伪造或者出售伪造的增值税专用发票25份以上或者票面额(千元版以每份1000元,万元版以每份1万元计算,以此类推。下同)累计10万元以上的应当依法定罪处罚。

伪造或者出售伪造的增值税专用发票100份以上或者票面额累计50万元以上的,属于“数量较大”。具有下列情形之一的,属于“有其他严重情节”:(1)违法所得数额在1万元以上的;(2)伪造并出售伪造的增值税专用发票60份以上或者票面额累计30万元以上的;(3)造成严重后果或者具有其他严重情节的。

伪造或者出售伪造的增值税专用发票500份以上或者票面额累计250万元以上的,属于“数量巨大”。具有下列情形之一的,属于“有其他特别严重情节”:(1)违法所得数额在5万元以上的;(2)伪造并出售伪造的增值税专用发票300份以上或者票面额累计200万元以上的;(3)伪造或者出售伪造的增值税专用发票接近“数量巨大”并有其他严重情节的;(4)造成特别严重后果或者具有其他特别严重情节的。

伪造并出售伪造的增值税专用发票1000份以上或者票面额累计1000万元以上的,属于“伪造并出售伪造的增值税专用发票数量特别巨大”。具有下列情形之一的,属于“情节特别严重”:(1)违法所得数额在5万元以上的;(2)因伪造、出售伪造的增值税专用发票致使国家税款被骗取100万元以上的；(3)给国家税款造成实际损失50万元以上的；(4)具有其他特别严重情节的。对于伪造并出售伪造的增值税专用发票数量达到特别巨大，又具有特别严重情节，严重破坏经济秩序的，应当依照《决定》第二条第二款的规定处罚。

伪造并出售同一宗增值税专用发票的，数量或者票面额不重复计算。

变造增值税专用发票的，按照伪造增值税专用发票行为处理。

三、根据《决定》第三条规定，非法出售增值税专用发票的，构成非法出售增值税专用发票罪。

非法出售增值税专用发票案件的定罪量刑数量标准按照本解释第二条第二、三、四款的规定执行。

四、根据《决定》第四条规定，非法购买增值税专用发票或者购买伪造的增值税专用发票的，构成非法购买增值税专用发票、伪造的增值税专用发票罪。

非法购买增值税专用发票或者购买伪造的增值税专用发票25份以上或者票面额累计10万元以上的，应当依法定罪处罚。

非法购买真、伪两种增值税专用发票的，数量累计计算，不实行数罪并罚。

五、根据《决定》第五条规定，虚开用于骗取出口退税、抵扣税款的其他发票的，构成虚开专用发票罪，依照《决定》第一条的规定处罚。

"用于骗取出口退税、抵扣税款的其他发票"是指可以用于申请出口退税、抵扣税款的非增值税专用发票，如运输发票、废旧物品收购发票、农业产品收购发票等。

六、根据《决定》第六条规定，伪造、擅自制造或者出售伪造、擅自制造的可以用于骗取出口退税、抵扣税款的其他发票的，构成非法制造专用发票罪或出售非法制造的专用发票罪。

伪造、擅自制造或者出售伪造、擅自制造的可以用于骗取出口退税、抵扣税款的其他发票50份以上的，应当依法定罪处罚；伪造、擅自制造或者出售伪造、擅自制造的可以用于骗取出口退税、抵扣税款的其他发票200份以上的，属于"数量巨大"；伪造、擅自制造或者出售伪造、擅自制造的可以用于骗取出口退税、抵扣税款的其他发票1000份以上的，属于"数量特别巨大"。

七、盗窃增值税专用发票或者可以用于骗取出口退税、抵扣税款的其他发票25

份以上,或者其他发票50份以上的;诈骗增值税专用发票或者可以用于骗取出口退税、抵扣税款的其他发票50份以上,或者其他发票100份以上的,依照刑法第一百五十一条的规定处罚。

盗窃增值税专用发票或者可以用于骗取出口退税、抵扣税款的其他发票250份以上,或者其他发票500份以上的;诈骗增值税专用发票或者可以用于骗取出口退税、抵扣税款的其他发票500份以上,或者其他发票1000份以上的,依照刑法第一百五十二条的规定处罚。

盗窃增值税专用发票或者其他发票情节特别严重的,依照《全国人民代表大会常务委员会关于严惩严重破坏经济的罪犯的决定》第一条第(一)项的规定处罚。

盗窃、诈骗增值税专用发票或者其他发票后,又实施《决定》规定的虚开、出售等犯罪的,按照其中的重罪定罪处罚,不实行数罪并罚。

最高人民法院关于办理违反公司法受贿、侵占、挪用等刑事案件适用法律若干问题的解释

(1995年12月25日 法发〔1995〕23号)

为正确适用《全国人民代表大会常务委员会关于惩治违反公司法的犯罪的决定》(以下简称《决定》),依法惩治违反公司法受贿、侵占、挪用等犯罪行为,现就《决定》第九条、第十条、第十一条、第十二条、第十四条规定的几个具体问题解释如下:

一、根据《决定》第九条的规定,公司和其他企业的董事、监事、职工利用职务上的便利,索取或者收受贿赂,数额较大的,构成商业受贿罪。

实施《决定》第九条规定的行为,索取或者收受贿赂五千元至二万元以上的,属于“数额较大”;索取或者收受贿赂十万元以上的,属于“数额巨大”。

二、根据《决定》第十条的规定，公司和其他企业的董事、监事、职工利用职务或者工作上的便利，侵占本公司、企业财物，数额较大的，构成侵占罪。

《决定》第十条规定的“侵占”，是指行为人以侵吞、盗窃、骗取或者以其他手段非法占有本公司、企业财物的行为。

实施《决定》第十条规定的行为，侵占公司、企业财物五千元至二万元以上的，属于“数额较大”；侵占公司、企业财物十万元以上的，属于“数额巨大”。

三、根据《决定》第十一条规定，公司和其他企业的董事、监事、职工利用职务上的便利，挪用本单位资金归个人使用或者借贷给他人，数额较大、超过三个月未还的，或者虽未超过三个月，但数额较大，进行营利活动的，或者进行非法活动的，构成挪用资金罪。

实施《决定》第十一条规定的行为，挪用本单位资金一万元至三万元以上的，为“数额较大”；为进行非法活动，挪用本单位资金五千元至二万元以上的，追究刑事责任。

挪用本单位资金案发后，人民检察院起诉前不退还的，依照《决定》第十条的规定定罪处罚。

四、根据《决定》第十二条规定，国家工作人员实施《决定》第九条、第十条、第十一条规定的行为，构成犯罪的，依照《全国人民代表大会常务委员会关于惩治贪污罪贿赂罪的补充规定》处罚。

《决定》第十二条所说的国家工作人员，是指在国有公司、企业或者其他公司、企业中行使管理职权，并具有国家工作人员身份的人员，包括受国有公司、国有企业委派或者聘请，作为国有公司、国有企业代表，在中外合资、合作、股份制公司、企业中，行使管理职权，并具有国家工作人员身份的人员。

五、《决定》第十四条所说的“有限责任公司、股份有限公司以外的企业职工”，是指有限责任公司、股份有限公司以外的企业中非国家工作人员的职工。

六、各高级人民法院可以根据本地实际情况，按照本解释规定的受贿、侵占、挪用的定罪数额幅度，确定本地区执行的具体数额标准，并报最高人民法院备案。

七、《决定》公布施行前发生的行为，公布施行后尚未处理或者正在处理的，依照刑法第九条规定的原则办理。

最高人民法院关于适用《全国人民代表大会常务委员会关于惩治侵犯著作权的犯罪的决定》若干问题的解释

（1995 年 1 月 16 日 法发〔1995〕1 号）

为了正确适用《全国人民代表大会常务委员会关于惩治侵犯著作权的犯罪的决定》（以下简称《决定》），现就若干具体问题解释如下：

一、以营利为目的，实施《决定》第一条所列各项行为之一，违法所得数额较大或者有其他严重情节的，构成侵犯著作权罪。

二、实施《决定》第一条所列侵犯著作权行为之一，个人违法所得数额（即获利数额，下同）在 2 万元以上，单位违法所得数额在 10 万元以上的，属于“违法所得数额较大”；具有下列情形之一的，属于“有其他严重情节”：

（一）因侵犯著作权曾经两次以上被追究行政责任或者民事责任，又侵犯著作权的；

（二）个人非法经营数额在 10 万元以上，单位非法经营数额在 50 万元以上的；

（三）造成其他严重后果或者具有其他严重情节的。

三、实施《决定》第一条所列侵犯著作权行为之一，个人违法所得数额在 10 万元以上，单位违法所得数额在 50 万元以上的，属于“违法所得数额巨大”；具有下列情形之一的，属于“有其他特别严重情节”：

（一）因侵犯著作权曾被追究刑事责任，又犯侵犯著作权罪的；

（二）个人非法经营数额在 100 万元以上，单位非法经营数额在 500 万元以上的；

（三）造成其他特别严重后果或者具有其他特别严重情节的。

四、以营利为目的，实施《决定》第二条规定的行为，违法所得数额较大的，构成销售侵权复制品罪。

五、以营利为目的，销售明知是《决定》第一条所规定的侵权复制品，个人违法所得数额在 2 万元以上,单位违法所得数额在 10 万元以上的,属于“违法所得数额较大”;个人违法所得数额在 10 万元以上,单位违法所得数额在 50 万元以上的,属于“违法所得数额巨大”。

六、实施《决定》第一条所规定的侵犯著作权行为,又销售该侵权复制品,违法所得数额较大或者有其他严重情节的,只定侵犯著作权罪,不实行数罪并罚。

实施《决定》第一条规定的侵犯著作权的犯罪行为,又销售明知是《决定》第一条规定的其他侵权复制品,构成犯罪的,应当实行数罪并罚。

七、《决定》公布施行后发生的侵犯著作权行为,依照《决定》的规定办理。《决定》公布施行后本解释发布前已经处理的案件,不再变动。

(二)司法性文件

最高人民法院关于依法严厉打击集资诈骗和非法吸收公众存款犯罪活动的通知

(2004 年 11 月 15 日 法〔2004〕240 号)

各省、自治区、直辖市高级人民法院,解放军军事法院,新疆维吾尔自治区高级人民法院生产建设兵团分院:

近年来,一些地方集资诈骗、非法吸收公众存款犯罪活动十分猖獗,大案要案接连发生,严重扰乱金融市场秩序,侵犯公民、法人和其他组织的合法权益。为了切实维护国家金融市场秩序和社会政治稳定,现就人民法院充分发挥审判职能作用,依法严厉打击集资诈骗和非法吸收公众存款犯罪活动的有关问题通知如下:

一、充分认识集资诈骗和非法吸收公众存款犯罪的严重社会危害性,切实加强对这类犯罪案件的审判工作。当前,各种形式的非法集资犯罪活动,手段更加狡黠,欺骗性更强,导致大量人民群众上当受骗。不少集资诈骗和非法吸收公众存款犯罪案件,涉案金额特别巨大,受害人员范围广,给公民和法人以及其他组织造成巨额财产损失,严重破坏金融市场秩序,由此导致的群体性事件屡有发生,严重影响社会政治稳定。各级人民法院一定要从贯彻"三个代表"重要思想,树立和落实科学发展观,落实"司法为民"要求的高度,进一步提高对集资诈骗和非法吸收公众存款犯罪案件审判工作重要性的认识,全面发挥人民法院刑事审判职能作用,为有效遏制集资诈骗和非法吸收公众存款犯罪活动,规范金融市场秩序提供有力司法保障。

二、坚决贯彻依法严惩集资诈骗和非法吸收公众存款犯罪的方针，加大对集资诈骗和非法吸收公众存款犯罪的打击力度。金融犯罪一直是我国整顿和规范市场经济秩序工作的打击重点，集资诈骗和非法吸收公众存款犯罪案件，是金融犯罪刑事审判工作的重中之重。集资诈骗和非法吸收公众存款犯罪发案较多的地区，人民法院要积极配合有关部门，开展严厉打击这类犯罪的专项行动，切实维护金融市场秩序和社会政治稳定。对集资诈骗和非法吸收公众存款的犯罪活动，一定要贯彻依法严惩的方针，保持对犯罪的高压态势，以有效震慑不法分子，保护人民群众利益。一旦案件起诉后，即应尽快开庭，及时审结。对集资诈骗数额特别巨大并且给国家和人民利益造成特别重大损失，罪行极其严重的犯罪分子，依法应该判处死刑的，要坚决判处死刑，决不手软。在对犯罪分子判处主刑的同时，要依法适用财产刑，并加大赃款赃物的追缴力度，不让犯罪分子在经济上获取非法利益。对集资诈骗和非法吸收公众存款共同犯罪案件中的主犯，一定要依法从严惩处。

三、坚持审判工作法律效果和社会效果有机统一，积极参与金融市场经济秩序的综合治理。各级人民法院在审判集资诈骗和非法吸收公众存款犯罪案件工作中，要把依法审判与法制宣传有机结合起来。注意通过依法公开宣判、新闻媒体宣传等各种行之有效的形式，揭露犯罪骗局，教育广大群众，提高公民防骗意识。要妥善处理涉及众多被害人的犯罪案件，注意追缴犯罪分子的违法所得，及时将被骗的集资款返还被害人，配合地方党委和政府做好案件的善后工作，尽量将犯罪造成的不良后果降到最低限度，确保社会稳定。对办案过程中发现有关部门和单位在资金管理制度和环节上存在的漏洞和隐患，要及时提出司法建议，以做到防患于未然。

四、深入调查研究，及时解决审判这类案件中的疑难问题。各高级人民法院对于近期受理的集资诈骗和非法吸收公众存款大要案的审理情况，要及时报告我院。审理集资诈骗和非法吸收公众存款犯罪案件政策性强，涉及法律适用问题疑难，各高级人民法院对在审判工作中遇到的新情况、新问题，要认真研究，提出意见，加强指导，及时报告我院。

最高人民法院关于依法惩处生产销售伪劣食品、药品等严重破坏市场经济秩序犯罪的通知

（2004 年 6 月 21 日 法[2004]118 号）

各省、自治区、直辖市高级人民法院，解放军军事法院，新疆维吾尔自治区高级人民法院生产建设兵团分院：

全国开展整顿和规范市场经济秩序工作以来，各级人民法院充分发挥审判职能，及时依法惩处了一大批各种严重破坏市场经济秩序的犯罪分子，维护了社会主义市场经济秩序，保障了公民、法人和其他组织的合法权益，为整顿和规范市场经济秩序工作提供了有力的司法保障。前不久，全国整顿和规范市场经济秩序工作领导小组第二次会议要求，进一步加大整治工作力度，紧紧抓住关系人民群众身体健康、生命安全和切身利益的突出问题，以开展食品卫生专项整治、打击“血头血霸”和非法采血供血、加强知识产权保护等为重点，扎扎实实推进今年的整顿和规范市场经济秩序工作。5 月 13 日国务院召开全国食品安全专项整治电视电话会议，部署在全国范围内深入开展食品安全专项整治工作。及时审理好生产、销售伪劣食品、药品等犯罪案件，依法惩处严重破坏市场经济秩序的犯罪分子，是人民法院当前一项重要的审判工作。为此，特通知如下：

一、提高认识，把审理生产、销售伪劣食品、药品等破坏市场经济秩序犯罪案件的工作切实抓紧抓好

各种破坏社会主义市场经济秩序的犯罪，不但直接影响国民经济的健康运行，而且严重损害人民群众的切身利益。今年以来，安徽省阜阳市发生的劣质奶粉致多名婴儿死亡事件和广东省广州市发生的有毒白酒致死人命事件，一再提醒我们，

整顿和规范市场经济秩序是一项长期的、艰巨的任务，必须以对人民高度负责的精神，抓紧抓好，常抓不懈。各级人民法院一定要从践行“三个代表”重要思想、落实司法为民要求的高度，充分认识整顿和规范市场经济秩序工作的重要性、必要性、紧迫性和长期性，把依法及时审理好破坏社会主义市场经济秩序犯罪案件作为一项经常性的重要工作，切实加强领导，安排得力审判力量，保证起诉到法院的生产、销售伪劣食品、药品等犯罪案件及时依法审结，有力打击犯罪分子的嚣张气焰，保障食品安全等专项整治工作的顺利进行。

二、突出重点，依法惩处严重破坏社会主义市场经济秩序的犯罪分子

各级法院要坚定不移地贯彻依法从严惩处的方针，对严重破坏社会主义市场经济秩序的犯罪分子严格依照刑法的规定定罪判刑。当前，要重点打击生产销售有毒有害食品以及不符合卫生标准的食品的犯罪；生产销售假药、劣药以及不符合卫生标准的医用器械犯罪；生产销售伪劣农药、兽药、化肥、种子的犯罪；生产销售不符合安全标准的产品以及其他伪劣产品的犯罪；强迫卖血、非法组织卖血和非法采集、制作、供应血液及血液制品犯罪；假冒注册商标、销售侵权复制品以及伪造、擅自制造他人注册商标标识等侵犯知识产权犯罪。对起诉到法院的走私、偷税、抗税、骗税、合同诈骗、金融诈骗、非法传销和变相传销等严重破坏市场经济秩序的犯罪分子，要继续依法从严惩处。各地法院要根据实际确定打击重点，注重实效。要把犯罪数额巨大、情节恶劣、危害严重、群众反映强烈，给国家和人民利益造成重大损失的案件，特别是有国家工作人员参与或者包庇纵容的案件，作为大案要案，抓紧及时审理，依法从严判处。依法应当重判的，要坚决重判。在依法适用主刑的同时，必须充分适用财产刑。法律规定应当并处罚金或者没收财产的，要坚决判处罚金或者没收财产；法律规定可以并处罚金或者没收财产的，一般也要判处罚金或者没收财产。对犯罪分子违法所得的财物要依法追缴或者责令退赔；对其用于犯罪的本人财物要依法予以没收。

三、依法妥善处理涉及众多受害人的案件

对于涉及大量受害群众的案件，在审理过程中一定要注意严格依法办事，妥善

慎重处理;做好群众工作,确保社会稳定。被害人对涉嫌生产销售伪劣商品和侵犯知识产权等犯罪案件,直接向人民法院起诉的,人民法院应当依法立案并审理;如果属于严重危害社会秩序和国家利益或者受害群众较多的,应当依靠当地党委并与有关部门及时协调,依法通过公诉案件审理程序处理。要重视刑事附带民事诉讼的审理。注意最大限度依法挽回受害人和受害单位的损失。被告人和被告单位积极、主动赔偿受害人和受害单位损失的,可以酌情、适当从轻处罚。

四、通过审判活动积极参与市场经济秩序的综合治理

整顿和规范市场经济秩序是一项综合性的系统工程,既要治标,又要治本。人民法院的审判活动在治标和治本上都能发挥重要的作用。各级法院要精心做好破坏市场经济秩序犯罪案件的开庭审判工作,通过公开审理、公开宣判、庭审直播等形式,扩大审判的社会效果;在办案的同时,要注意发现在市场管理制度和环节上存在漏洞和隐患,及时提出司法建议,提醒和督促有关部门和单位健全制度,加强管理,防止发生犯罪;要注意选择具有教育意义的典型案件到案发当地公开宣判,并通过新闻媒体,采取就案说法等各种形式,广泛宣传法律,教育广大群众,提高全体公民运用法律保障和维护自身合法权益的意识和能力。要注意通过审判活动,大力加强法制宣传,增强全民法治观念和诚信观念,在全社会形成自觉守法和诚实守信的社会主义商业道德风尚。

近年来,最高法院在指导各级法院审理好与整顿和规范市场经济秩序有关案件的同时,选择典型案件,通过新闻媒体定期向社会公布,取得了很好的社会效果。各高级法院要进一步加强对辖区内有关督办案件的指导,严格按照最高人民法院有关通知的要求,确定联络员,加强信息沟通,随时了解审理进度,及时报送审判信息,对最高法院挂牌督办的案件和其他有重大影响的案件,一旦起诉到法院即应将受理情况层报最高法院。被最高法院确定为宣传报道的案件,有关法院要积极配合最高法院搞好大要案件督办和通过中央新闻媒体公布判决结果的工作。

以上通知,请认真遵照执行。

最高人民法院、最高人民检察院、公安部、国家烟草专卖局关于印发《关于办理假冒伪劣烟草制品等刑事案件适用法律问题座谈会纪要》的通知

（2003 年 12 月 23 日　高检会[2003]4 号）

各省、自治区、直辖市高级人民法院，人民检察院，公安厅、局，烟草专卖局，解放军军事法院，军事检察院，新疆维吾尔自治区高级人民法院生产建设兵团分院，新疆生产建设兵团人民检察院，公安局：

现将最高人民法院、最高人民检察院、公安部、国家烟草专卖局《关于办理假冒伪劣烟草制品等刑事案件适用法律问题座谈会纪要》印发给你们，请参照执行。执行中有什么问题，请及时报告最高人民法院、最高人民检察院、公安部、国家烟草专卖局。

关于办理假冒伪劣烟草制品等刑事案件适用法律问题座谈会纪要

生产、销售假冒伪劣烟草制品等犯罪行为严重破坏国家烟草专卖制度，扰乱社会主义市场经济秩序，侵害消费者合法权益。2001 年以来，公安部、国家烟草专卖局联合开展了卷烟打假专项行动，取得了显著成效。同时，在查处生产、销售假冒伪劣烟草制品等犯罪案件过程中也遇到了一些适用法律方面的问题。为此，最高人民法院、最高人民检察院、公安部、国家烟草专卖局于 2003 年 8 月 4 日至 6 日在昆明召开了办理假冒伪劣烟草制品等刑事案件适用法律问题座谈会。最高人民法院、最高人民检察院、公安部、国家烟草专卖局以及部分省、自治区、直辖市法院、检察院、公安厅（局）、烟草专卖局等单位的有关人员参加了会议。全国人大常委会工委刑法室应邀派员参加了会议。与会人员在总结办案经验的基础上，根据法律和司法解释的有关规定，就办理假冒伪劣烟草制品等刑事案件中一些带有普遍性的具体适用法律问题进行了广泛讨论并形成了共识。纪要如下：

一、关于生产、销售伪劣烟草制品行为适用法律问题

(一)关于生产伪劣烟草制品尚未销售或者尚未完全销售行为定罪量刑问题

根据刑法第一百四十条的规定,生产、销售伪劣烟草制品,销售金额在五万元以上的,构成生产、销售伪劣产品罪。

根据《最高人民法院、最高人民检察院关于办理生产、销售伪劣商品刑事案件具体应用法律若干问题的解释》的有关规定,销售金额是指生产者、销售者出售伪劣烟草制品后所得和应得的全部违法收入。伪劣烟草制品尚未销售,货值金额达到刑法第一百四十条规定的销售金额三倍(十五万元)以上的,以生产、销售伪劣产品罪(未遂)定罪处罚。货值金额以违法生产、销售的伪劣产品的标价计算;没有标价的,按照同类合格产品的市场中间价格计算。货值金额难以确定的,按照国家计划委员会、最高人民法院、最高人民检察院、公安部 1997 年 4 月 22 日联合发布的《扣押、追缴、没收物品估价管理办法》的规定,委托指定的估价机构确定。

伪劣烟草制品尚未销售,货值金额分别达到十五万元以上不满二十万元、二十万元以上不满五十万元、五十万元以上不满二百万元、二百万元以上的,分别依照刑法第一百四十条规定的各量刑档次定罪处罚。

伪劣烟草制品的销售金额不满五万元,但与尚未销售的伪劣烟草制品的货值金额合计达到十五万元以上的,以生产、销售伪劣产品罪(未遂)定罪处罚。

生产伪劣烟草制品尚未销售,无法计算货值金额,有下列情形之一的,以生产、销售伪劣产品罪(未遂)定罪处罚:

1. 生产伪劣烟用烟丝数量在 1000 公斤以上的;
2. 生产伪劣烟用烟叶数量在 1500 公斤以上的。

(二)关于非法生产、拼装、销售烟草专用机械行为定罪处罚问题

非法生产、拼装、销售烟草专用机械行为,依照刑法第一百四十条的规定,以生产、销售伪劣产品罪追究刑事责任。

二、关于销售明知是假冒烟用注册商标的烟草制品行为中的"明知"问题

根据刑法第二百一十四条的规定,销售明知是假冒烟用注册商标的烟草制品,

销售金额较大的，构成销售假冒注册商标的商品罪。

“明知”，是指知道或应当知道。有下列情形之一的，可以认定为“明知”：

1. 以明显低于市场价格进货的；

2. 以明显低于市场价格销售的；

3. 销售假冒烟用注册商标的烟草制品被发现后转移、销毁物证或者提供虚假证明、虚假情况的；

4. 其他可以认定为明知的情形。

三、关于非法经营烟草制品行为适用法律问题

未经烟草专卖行政主管部门许可，无生产许可证、批发许可证、零售许可证，而生产、批发、零售烟草制品，具有下列情形之一的，依照刑法第二百二十五条的规定定罪处罚：

1. 个人非法经营数额在五万元以上的，或者违法所得数额在一万元以上的；

2. 单位非法经营数额在五十万元以上的，或者违法所得数额在十万元以上的；

3. 曾因非法经营烟草制品行为受过二次以上行政处罚又非法经营的，非法经营数额在二万元以上的；

四、关于共犯问题

知道或者应当知道他人实施本《纪要》第一条至第三条规定的犯罪行为，仍实施下列行为之一的，应认定为共犯，依法追究刑事责任：

1. 直接参与生产、销售假冒伪劣烟草制品或者销售假冒烟用注册商标的烟草制品或者直接参与非法经营烟草制品并在其中起主要作用的；

2. 提供房屋、场地、设备、车辆、贷款、资金、账号、发票、证明、技术等设施和条件，用于帮助生产、销售、储存、运输假冒伪劣烟草制品、非法经营烟草制品的；

3. 运输假冒伪劣烟草制品的。

上述人员中有检举他人犯罪经查证属实，或者提供重要线索，有立功表现的，可以从轻或减轻处罚；有重大立功表现的，可以减轻或者免除处罚。

五、国家机关工作人员参与实施本《纪要》第一条至第三条规定的犯罪行为的处罚问题

根据《最高人民法院、最高人民检察院关于办理生产、销售伪劣商品刑事案件具体应用法律若干问题的解释》的规定,国家机关工作人员参与实施本《纪要》第一条至第三条规定的犯罪行为的,从重处罚。

六、关于一罪与数罪问题

行为人的犯罪行为同时构成生产、销售伪劣产品罪、销售假冒注册商标的商品罪、非法经营罪等罪的,依照处罚较重的规定定罪处罚。

七、关于窝藏、转移非法制售的烟草制品行为的定罪处罚问题

明知是非法制售的烟草制品而予以窝藏、转移的,依照刑法第三百一十二条的规定,以窝藏、转移赃物罪定罪处罚。

八、关于以暴力、威胁方法阻碍烟草专卖执法人员依法执行职务行为的定罪处罚问题

以暴力、威胁方法阻碍烟草专卖执法人员依法执行职务的,依照刑法第二百七十七条的规定,以妨害公务罪定罪处罚。

九、关于煽动群众暴力抗拒烟草专卖法律实施行为的定罪处罚问题

煽动群众暴力抗拒烟草专卖法律实施的,依照刑法第二百七十八条的规定,以煽动暴力抗拒法律实施罪定罪处罚。

十、关于鉴定问题

假冒伪劣烟草制品的鉴定工作,由国家烟草专卖行政主管部门授权的省级以上烟草产品质量监督检验机构,按照国家烟草专卖局制定的假冒伪劣卷烟鉴别检验管理办法和假冒伪劣卷烟鉴别检验规程等有关规定进行。

假冒伪劣烟草专用机械的鉴定由国家质量监督部门，或其委托的国家烟草质量监督检验中心，根据烟草行业的有关技术标准进行。

十一、关于烟草制品、卷烟的范围

本纪要所称烟草制品指卷烟、雪茄烟、烟丝、复烤烟叶、烟叶、卷烟纸、滤嘴棒、烟用丝束。

本纪要所称卷烟包括散支烟和成品烟。

最高人民法院关于进一步加强各项审判工作为整顿和规范市场经济秩序提供有力司法保障的通知

（2003年5月6日　法〔2003〕57号）

各省、自治区、直辖市高级人民法院，解放军军事法院，新疆维吾尔自治区高级人民法院生产建设兵团分院：

根据党中央关于今年的工作部署和十届全国人大一次会议精神，国务院确定将继续大力整顿和规范市场经济秩序作为一项重要工作，并于最近召开了全国整顿和规范市场经济秩序工作会议，在总结前一阶段工作的基础上，提出了今后五年的工作目标和今年的工作重点。充分发挥审判机关的职能作用，依法严惩严重破坏市场经济秩序的犯罪分子，依法保护公民、法人和其它组织的合法权益，保障各级人民政府及其有关行政执法部门依法行政，为整顿和规范市场经济秩序提供有力的司法保障，是当前和今后一个时期人民法院的一项十分重要的任务。为此，特通知如下：

一、充分认识整顿和规范市场经济秩序的重大意义

整顿和规范市场经济秩序，是建立和完善社会主义市场经济体制的一项重要内容，事关社会主义现代化建设的全局，符合最广大人民的根本利益。2001年4月以

来,在全国范围内开展的整顿和规范市场经济秩序工作,已经取得了阶段性成果,经济秩序混乱的状况初步改观,广大人民群众基本上是满意的。两年来,全国各级法院全面加强了各项审判工作,有力地保障和有效地促进了整顿和规范市场经济秩序工作的深入进行。但是,当前市场经济秩序混乱的现象还大量存在,一些深层次矛盾和问题还没有根本解决,继续整顿和规范市场经济秩序的任务仍很艰巨。假冒伪劣、偷税骗汇、商业欺诈、违规失信等经济违法犯罪活动,严重损害人民群众的切身利益,甚至危害到人民群众生命安全,阻碍扩大内需和经济发展,损害我国的国际形象和对外开放,败坏社会信用,毒化社会风气。因此,继续大力整顿规范市场经济秩序,不仅是保证当前经济正常运行、巩固和发展国民经济良好势头的迫切需要,也是建立和完善社会主义市场经济体制、全面推进社会文明进步而采取的重大举措,不仅有重大的经济意义,而且有重大的政治意义。各级法院一定要从贯彻党的十六大精神和"三个代表"重要思想的高度,充分认识整顿和规范市场经济秩序工作的重要性、紧迫性、经常性和长期性,统一思想,加强领导,组织和动员全体法官和其他工作人员,继续发扬不怕疲劳连续作战的传统和作风,以饱满的政治热情和高度的政治责任感,积极投入到整顿和规范市场经济秩序的审判工作中,与有关部门和其它司法机关密切配合,保证起诉到法院的各类案件依法及时审结,保障和促进这项工作的顺利进行。

二、继续依法从严惩处严重破坏市场经济秩序的犯罪

依法严惩各种破坏市场经济秩序的犯罪,是整顿和规范市场经济秩序的一个十分重要的内容,是审判机关应当依法履行的法律职责。在市场经济领域的违法犯罪活动仍然大量存在的情况下,必须进一步加大刑罚打击的力度。只有始终保持高压态势,才能为治本和规范工作创造良好的环境和条件。各级法院要坚定不移地贯彻对严重破坏社会主义经济的犯罪分子依法从严惩处的方针,对起诉到法院的严重破坏市场经济秩序的犯罪案件,严格依照刑法、全国人大常委会有关修改刑法的决定和修正案的规定及最高人民法院的司法解释定罪判刑。今年要重点打击制售假冒伪劣食品、药品、农资犯罪,走私,偷税抗税和骗税犯罪,侵犯知识产权犯罪,非法传销和变相传销犯罪,合同诈骗和金融诈骗犯罪等。各地法院要根据当

地的实际,突出打击重点,注重实际效果。要把犯罪数额巨大、情节恶劣、危害严重、群众反映强烈,给国家和人民利益造成重大损失的大案要案作为重中之重,依法抓紧审理,坚决从严判处。当前,要重点打击利用非典型肺炎防治工作实施破坏市场经济秩序的各种犯罪,对于借机生产、销售伪劣的传染病防治、防护用品,制售假药、劣药以及不符合保障人体健康标准的医疗器械、医用卫生材料,假借防治传染病发布虚假广告推销商品、诈骗财物,借机垄断货源、囤积居奇、哄抬物价,以及其它严重破坏市场经济秩序构成犯罪的,要坚决、及时依照刑法规定定罪处罚。

三、严格依法办案,注意体现政策,确保审判的法律效果和社会效果

各级法院审判破坏市场经济秩序的犯罪案件,一要坚决,二要慎重,务必搞准。首先要严格区分罪与非罪的界限,坚决排除地方和部门保护主义的干扰,既要防止以罚代刑,放纵犯罪,又要防止把一般行政违法行为和民事侵权行为当作犯罪处罚。其次要严格依法办案,切实把好事实证据关、适用法律关和审判程序关,确保案件质量,提高审判效率。再次要严格财产刑的适用和执行,法律规定应当并处罚金或者没收财产的,要坚决判处罚金或者没收财产;法律规定可以并处罚金或者没收财产的,一般也要判处罚金或者没收财产。当前,各级法院应当特别注意采取措施改变目前财产刑的执行不了和执行不力的问题,切实加大财产刑执行力度,最大限度发挥其在惩罚和预防犯罪中的效用。最后要严格贯彻罪刑法定、罪刑相适应的原则和惩办与宽大相结合的刑事政策。罪该从严的要坚决依法从严判处,罪该从宽的也要依法从宽。对于在整顿和规范市场经济秩序中,向司法机关投案自首或者有检举揭发等立功表现,以及具有其它法定从轻、减轻或者免除处罚情节的犯罪分子,应当依法从轻、减轻或者免除处罚,以分化和瓦解犯罪分子。

四、充分发挥民商事审判、行政审判和执行工作在整顿和规范市场经济秩序中的保障作用

人民法院的民商事审判、行政审判和执行工作,依法直接调整经济和社会关系,与整顿和规范市场经济秩序密切相关。要依法及时审理民商案件,通过依法调整公民、法人和其它组织之间的财产、信用和契约关系,制裁侵犯知识产权、欺诈经

营和恶意拖欠甚至逃废债务等违法违约行为，有力保障公平竞争和市场秩序，维护公民、法人和其它组织的合法权益和市场交易安全。在民事诉讼过程中发现涉嫌经济犯罪的，要严格按照《最高人民法院关于在审理经济纠纷案件中涉及经济犯罪嫌疑若干问题的规定》办理，及时将犯罪嫌疑线索、材料移送有关公安机关或检察机关查处。在审理行政案件时，要注意支持和保障行政机关依法行使职权，行政机关在整顿和规范市场经济秩序中依法作出的具体行政行为，要依法支持和维护。同时也要注意保护市场主体的合法权益，对公民、法人或者其它组织诉行政机关不履行保护公平竞争法定职责以及要求主管行政机关对制假售假者依法追究法律责任而提起的行政诉讼，人民法院应当及时受理，公正审判。要采取有力措施，切实加强执行工作。已经生效的法院裁判和其它法律文书要坚决依法执行，保证被法律确认的财产权利真正及时落实到权利主体手上，切实维护市场主体的合法权益和市场经济的秩序。

五、结合审判积极参与对市场经济秩序的综合治理

整顿和规范市场经济秩序是一项综合性的系统工程，既要治标，又要治本。人民法院的审判活动在治标和治本上都能发挥重要的作用。各级法院在办案的同时，要注意发现在管理制度和环节上存在漏洞和隐患，及时提出司法建议，提醒和督促有关部门和单位健全制度，加强管理，防止发生犯罪和出现纠纷。要把依法审理整顿和规范市场经济秩序有关案件，与向全社会进行社会主义市场经济法制宣传教育有机结合起来。要注意选择具有教育意义的典型案件到案发当地或者发案单位公开宣判，并通过新闻媒体，采取就案说法等各种形式，广泛宣传法律，教育广大群众，提高全民族运用法律保障和维护自身合法权益的意识和能力。要注意通过审判活动，大力加强依法治国和以德治国的宣传，增强全民法治观念和诚信观念，在全社会形成自觉守法和诚实守信的社会主义商业道德风尚。各级法院要积极配合最高法院搞好大要案件督办和通过中央新闻媒体公布判决结果的工作，对于最高法院督办的破坏市场经济秩序大要案件，要严格按照最高法院有关通知的要求，加强沟通联络，及时报送信息。案件一旦起诉到法院，即将起诉书层报最高法院。案件开庭或者宣判前，要向最高法院通报情况，被确定为最高法院组织宣传

报道的案件，有关法院应当积极做好有关配合工作。各高级法院要进一步加强对辖区内有关督办案件的指导，要掌握审理进度，做到心中有数，确定专门的联络员负责督促和报告，每个月末将案件进展情况及时报最高法院。

最高人民法院关于对《审计署关于咨询虚开增值税专用发票罪问题的函》的复函

（2001年10月17日　法函〔2001〕66号）

国家审计署：

你署审函〔2001〕75号《审计署关于咨询虚开增值税专用发票罪问题的函》收悉。经研究，现提出以下意见供参考：

地方税务机关实施“高开低征”或者“开大征小”等违规开具增值税专用发票的行为，不属于刑法第二百零五条规定的虚开增值税专用发票的犯罪行为，造成国家税款重大损失的，对有关主管部门的国家机关工作人员，应当根据刑法有关渎职罪的规定追究刑事责任。

最高人民法院关于审理生产、销售伪劣商品刑事案件有关鉴定问题的通知

（2001年5月21日　法〔2001〕70号）

各省、自治区、直辖市高级人民法院，解放军军事法院，新疆维吾尔自治区高级人民法院生产建设兵团分院：

自全国开展整顿和规范市场经济秩序工作以来，各地人民法院陆续受理了一批生产、销售伪劣产品、假冒商标和非法经营等严重破坏社会主义市场经济秩序的犯罪案件。此类案件中涉及的生产、销售的产品，有的纯属伪劣产品，有的则只是

侵犯知识产权的产品。由于涉案产品是否“以假充真”、“以次充好”、“以不合格产品冒充合格产品”，直接影响到对被告人的定罪及处刑，为准确适用刑法和《最高人民法院、最高人民检察院关于办理生产、销售伪劣商品刑事案件具体应用法律若干问题的解释》（以下简称《解释》），严惩假冒伪劣商品犯罪，不放纵和轻纵犯罪分子，现就审理生产、销售伪劣商品、假冒商标和非法经营等严重破坏社会主义市场经济秩序的犯罪案件中可能涉及的假冒伪劣商品的有关鉴定问题通知如下：

一、对于提起公诉的生产、销售伪劣产品、假冒商标、非法经营等严重破坏社会主义市场经济秩序的犯罪案件，所涉生产、销售的产品是否属于“以假充真”、“以次充好”、“以不合格产品冒充合格产品”难以确定的，应当根据《解释》第一条第五款的规定，由公诉机关委托法律、行政法规规定的产品质量检验机构进行鉴定。

二、根据《解释》第三条和第四条的规定，人民法院受理的生产、销售假药犯罪案件和生产、销售不符合卫生标准的食品犯罪案件，均需有“省级以上药品监督管理部门设置或者确定的药品检验机构”和“省级以上卫生行政部门确定的机构”出具的鉴定结论。

三、经鉴定确系伪劣商品，被告人的行为既构成生产、销售伪劣产品罪，又构成生产、销售假药罪或者生产、销售不符合卫生标准的食品罪，或者同时构成侵犯知识产权、非法经营等其他犯罪的，根据刑法第一百四十九条第二款和《解释》第十条的规定，应当依照处罚较重的规定定罪处罚。

最高人民法院关于印发《全国法院审理金融犯罪案件工作座谈会纪要》的通知

（2001 年 1 月 21 日　法[2001]8 号）

各省、自治区、直辖市高级人民法院，解放军军事法院，新疆维吾尔自治区高级人民法院生产建设兵团分院；全国地方各中级人民法院，各大单位军事法院，新疆生产建设兵团各中级法院：

现将《全国法院审理金融犯罪案件工作座谈会纪要》印发，供参照执行。执行中有什么问题，请及时报告我院。

全国法院审理金融犯罪案件工作座谈会纪要

为进一步加强人民法院对金融犯罪案件的审判工作，正确理解和适用刑法对金融犯罪的有关规定，更加准确有力地依法打击各种金融犯罪，最高人民法院于2000年9月20日至22日在湖南省长沙市召开了全国法院审理金融犯罪案件工作座谈会。各省、自治区、直辖市高级人民法院和解放军军事法院主管刑事审判工作的副院长、刑事审判庭庭长以及中国人民银行的代表参加了座谈会。最高人民法院副院长刘家琛在座谈会上做了重要讲话。

座谈会总结交流了全国法院审理金融犯罪案件工作的情况和经验，研究讨论了刑法修订以来审理金融犯罪案件中遇到的有关具体适用法律的若干问题，对当前和今后一个时期人民法院审理金融犯罪案件工作提出了明确的要求和意见。纪要如下：

一、座谈会认为，金融是现代经济的核心。随着改革开放的不断深入和社会主义市场经济体制的建立、完善，我国金融体制也发生了重大变革，金融业务大大扩展且日益多元化、国际化，各种现代化的金融手段和信用工具被普遍应用，金融已经广泛深刻地介入我国经济并在其中发挥着越来越重要的作用，成为国民经济的"血液循环系统"，是市场资源配置关系的主要形式和国家宏观调控经济的重要手段。金融的安全、有序、高效、稳健运行，对于经济发展、国家安全以及社会稳定至关重要。如果金融不稳定，势必会危及经济和社会的稳定，影响改革和发展的进程。保持金融的稳定和安全，必须加强金融法制建设，依法强化金融监管，规范金融秩序，依法打击金融领域内的各种违法犯罪活动。

近年来，人民法院充分发挥刑事审判职能，依法严惩了一大批严重破坏金融管理秩序和金融诈骗的犯罪分子，为保障金融安全，防范和化解金融风险，发挥了重要作用。但是，金融犯罪的情况仍然是严重的。从法院受理案件的情况看，金融犯罪的数量在逐年增加；涉案金额越来越大；金融机构工作人员作案和内外勾结共同作案的现象突出;单位犯罪和跨国(境)、跨区域作案增多;犯罪手段趋向专业化、智能化,新类型犯罪不断出现;犯罪分子作案后大肆挥霍、转移赃款或携款外逃的情况时有发生,危害后果越来越严重。金融犯罪严重破坏社会主义市场经济秩序,扰乱金融管理秩序,危害国家信用制度,侵害公私财产权益,造成国家金融资产大量流失,有的地方还由此引发了局部性的金融风波和群体性事件,直接影响了社会稳定。必须清醒地看到,目前,我国经济体制中长期存在的一些矛盾和困难已经或正在向金融领域转移并积聚,从即将到来的新世纪开始,我国将进入加快推进现代化的新的发展阶段,随着经济的快速发展、改革的不断深化以及对外开放的进一步扩大,我国金融业在获得更大发展机遇的同时,也面临着维护金融稳定更加严峻的形势。依法打击各种金融犯罪是人民法院刑事审判工作一项长期的重要任务。

座谈会认为,人民法院审理金融犯罪案件工作过去虽已取得了很大成绩,但由于修订后的刑法增加了不少金融犯罪的新罪名,审判实践中遇到了大量新情况和新问题,如何进一步提高适用法律的水平,依法审理好不断增多的金融犯罪案件,仍然是各级法院面临的新的课题:各级法院特别是法院的领导,一定要进一步提高打击金融犯罪对于维护金融秩序、防范金融风险、确保国家金融安全,对于保障改革、促进发展和维护稳定重要意义的认识,把审理金融犯罪案件作为当前和今后很长时期内刑事审判工作的重点,切实加强领导和指导,提高审判业务水平,加大审判工作力度,以更好地适应改革开放和现代化建设的新形势对人民法院刑事审判工作的要求。为此,必须做好以下几方面的工作:

首先,金融犯罪是严重破坏社会主义市场经济秩序的犯罪,审理金融犯罪案件要继续贯彻依法从严惩处严重经济犯罪分子的方针。修订后的刑法和全国人大常委会的有关决定,对危害严重的金融犯罪规定了更加严厉的刑罚,体现了对金融犯罪从严惩处的精神,为人民法院审判各种金融犯罪案件提供了有力的法律依据。各级法院要坚决贯彻立法精神,严格依法惩处破坏金融管理秩序和金融诈骗的犯罪单位和犯罪个人。

第二,进一步加强审理金融犯罪案件工作,促进金融制度的健全与完善。各级法院要切实加强对金融犯罪案件审判工作的组织领导,调整充实审判力量,确保起诉到法院的破坏金融管理秩序和金融诈骗犯罪案件依法及时审结。对于针对金融机构的抢劫、盗窃和发生在金融领域的贪污、侵占、挪用、受贿等其他刑事犯罪案件,也要抓紧依法审理,及时宣判。对于各种专项斗争中破获的金融犯罪案件,要集中力量抓紧审理,依法从严惩处。可选择典型案件到案发当地和案发单位公开宣判,并通过各种新闻媒体广泛宣传,形成对金融违法犯罪的强大威慑力,教育广大干部群众增强金融法制观念,维护金融安全,促进金融制度的不断健全与完善。

第三,要加强学习培训,不断提高审判水平。审理金融犯罪案件,是一项政策性很强的工作,而且涉及很多金融方面的专业知识。各级法院要重视对刑事法官的业务学习和培训,采取请进来、走出去等灵活多样的形式,组织刑事审判人员认真学习银行法、证券法、票据法、保险法等金融法律和公司法、担保法、会计法、审计法等相关法律,学习有关金融政策法规以及一些基本业务知识,以确保正确理解和适用刑法,处理好金融犯罪案件。

第四,要结合审判工作加强调查研究。金融犯罪案件比较复杂,新情况、新问题多,审理难,度大,加强调查研究工作尤为必要。各级法院都要结合审理金融犯罪,有针对性地开展调查研究。对办案中发现的管理制度方面存在的漏洞和隐患,要及时提出司法建议。最高法院和高级法院要进一步加强对下级法院的工作指导,及时研究解决实践中遇到的适用法律上的新问题,需要通过制定司法解释加以明确的,要及时逐级报请最高法院研究。

二、座谈会重点研究讨论了人民法院审理金融犯罪案件中遇到的一些有关适用法律问题。与会同志认为,对于修订后的刑法实施过程中遇到的具体适用法律问题,在最高法院相应的新的司法解释出台前,原有司法解释与现行刑法不相冲突的仍然可以参照执行。对于法律和司法解释没有具体规定或规定不够明确,司法实践中又亟需解决的一些问题,与会同志结合审判实践进行了深入的探讨,并形成了一致意见:

(一)关于单位犯罪问题

根据刑法和《最高人民法院关于审理单位犯罪案件具体应用法律有关问题的解释》的规定,以单位名义实施犯罪,违法所得归单位所有的,是单位犯罪。

1. 单位的分支机构或者内设机构、部门实施犯罪行为的处理。以单位的分支机构或者内设机构、部门的名义实施犯罪,违法所得亦归分支机构或者内设机构、部门所有的,应认定为单位犯罪。不能因为单位的分支机构或者内设机构、部门没有可供执行罚金的财产,就不将其认定为单位犯罪,而按照个人犯罪处理:

2. 单位犯罪直接负责的主管人员和其他直接责任人员的认定:直接负责的主管人员,是在单位实施的犯罪中起决定、批准、授意、纵容、指挥等作用的人员,一般是单位的主管负责人,包括法定代表人。其他直接责任人员,是在单位犯罪中具体实施犯罪并起较大作用的人员,既可以是单位的经营管理人员,也可以是单位的职工,包括聘任、雇佣的人员。应当注意的是,在单位犯罪中,对于受单位领导指派或奉命而参与实施了一定犯罪行为的人员,一般不宜作为直接责任人员追究刑事责任。对单位犯罪中的直接负责的主管人员和其他直接责任人员,应根据其在单位犯罪中的地位、作用和犯罪情节,分别处以相应的刑罚,主管人员与直接责任人员,在个案中,不是当然的主、从犯关系,有的案件,主管人员与直接责任人员在实施犯罪行为的主从关系不明显的,可不分主、从犯。但具体案件可以分清主、从犯,且不分清主、从犯,在同一法定刑档次、幅度内量刑无法做到罪刑相适应的,应当分清主、从犯,依法处罚。

3. 对未作为单位犯罪起诉的单位犯罪案件的处理。对于应当认定为单位犯罪的案件,检察机关只作为自然人犯罪案件起诉的,人民法院应及时与检察机关协商,建议检察机关对犯罪单位补充起诉。如检察机关不补充起诉的,人民法院仍应依法审理,对被起诉的自然人根据指控的犯罪事实、证据及庭审查明的事实,依法按单位犯罪中的直接负责的主管人员或者其他直接责任人员追究刑事责任,并应引用刑罚分则关于单位犯罪追究直接负责的主管人员和其他直接责任人员刑事责任的有关条款。

4. 单位共同犯罪的处理。两个以上单位以共同故意实施的犯罪,应根据各单位在共同犯罪中的地位、作用大小,确定犯罪单位

(二)关于破坏金融管理秩序罪

1. 非金融机构非法从事金融活动案件的处理

1998 年 7 月 13 日,国务院发布了《非法金融机构和非法金融业务活动取缔办法》。1998 年 8 月 11 日,国务院办公厅转发了中国人民银行整顿乱集资、乱批设金融机构和乱办金融业务实施方案,对整顿金融“三乱”工作的政策措施等问题做出

了规定。各地根据整顿金融“三乱”工作实施方案的规定,对于未经中国人民银行批准,但是根据地方政府或有关部门文件设立并从事或变相从事金融业务的各类基金会、互助会、储金会等机构和组织,由各地人民政府和各有关部门限期进行清理整顿。超过实施方案规定期限继续从事非法金融业务活动的,依法予以取缔;情节严重、构成犯罪的,依法追究刑事责任。因此,上述非法从事金融活动的机构和组织只要在实施方案规定期限之前停止非法金融业务活动的,对有关单位和责任人员,不应以擅自设立金融机构罪处理;对其以前从事的非法金融活动,一般也不作犯罪处理;这些机构和组织的人员利用职务实施的个人犯罪,如贪污罪、职务侵占罪、挪用公款罪、挪用资金罪等,应当根据具体案情分别依法定罪处罚。

2.关于假币犯罪

假币犯罪的认定。假币犯罪是一种严重破坏金融管理秩序的犯罪。只要有证据证明行为人实施了出售、购买、运输、使用假币行为,且数额较大,就构成犯罪。伪造货币的,只要实施了伪造行为,不论是否完成全部印制工序,即构成伪造货币罪;对于尚未制造出成品,无法计算伪造、销售假币面额的,或者制造、销售用于伪造货币的版样的,不认定犯罪数额,依据犯罪情节决定刑罚。明知是伪造的货币而持有,数额较大,根据现有证据不能认定行为人是为了进行其他假币犯罪的,以持有假币罪定罪处罚;如果有证据证明其持有的假币已构成其他假币犯罪的,应当以其他假币犯罪定罪处罚。

假币犯罪罪名的确定。假币犯罪案件中犯罪分子实施数个相关行为的,在确定罪名时应把握以下原则:

(1)对同一宗假币实施了法律规定为选择性罪名的行为,应根据行为人所实施的数个行为,按相关罪名刑法规定的排列顺序并列确定罪名,数额不累计计算,不实行数罪并罚:

(2)对不同宗假币实施法律规定为选择性罪名的行为,并列确定罪名,数额按全部假币面额累计计算,不实行数罪并罚。

(3)对同一宗假币实施了刑法没有规定为选择性罪名的数个犯罪行为,择一重罪从重处罚。如伪造货币或者购买假币后使用的,以伪造货币罪或购买假币罪定罪,从重处罚。

(4)对不同宗假币实施了刑法没有规定为选择性罪名的数个犯罪行为,分别定罪,数罪并罚。

出售假币被查获部分的处理。在出售假币时被抓获的,除现场查获的假币应认定为出售假币的犯罪数额外,现场之外在行为人住所或者其他藏匿地查获的假币,亦应认定为出售假币的犯罪数额。但有证据证实后者是行为人有实施其他假币犯罪的除外。

制造或者出售伪造的台币行为的处理。对于伪造台币的,应当以伪造货币罪定罪处罚;出售伪造的台币的,应当以出售假币罪定罪处罚。

3.用账外客户资金非法拆借、发放贷款行为的认定和处罚

银行或者其他金融机构及其工作人员以牟利为目的,采取吸收客户资金不入账的方式,将客户资金用于非法拆借、发放贷款,造成重大损失的,构成用账外客户资金非法拆借、发放贷款罪。以牟利为目的,是指金融机构及其工作人员为本单位或者个人牟利,不具有这种目的,不构成该罪。这里的"牟利",一般是指谋取用账外客户资金非法拆借、发放贷款所产生的非法收益,如利息、差价等。对于用款人为取得贷款而支付的回扣、手续费等,应根据具体情况分别处理:银行或者其他金融机构用账外客户资金非法拆借、发放贷款,收取的回扣、手续费等,应认定为"牟利";银行或者其他金融机构的工作人员利用职务上的便利,用账外客户资金非法拆借、发放贷款,收取回扣、手续费等,数额较小的,以"牟利"论处;银行或者其他金融机构的工作人员将用款人支付给单位的回扣、手续费秘密占为已有,数额较大的,以贪污罪定罪处罚;银行或者其他金融机构的工作人员利用职务便利,用账外客户资金非法拆借、发放贷款,索取用款人的财物,或者非法收受其他财物,或者收取回扣、手续费等,数额较大的,以受贿罪定罪处罚。吸收客户资金不入账,是指不记入金融机构的法定存款账目,以逃避国家金融监管,至于是否记入法定账目以外设立的账目,不影响该罪成立。

审理银行或者其他金融机构及其工作人员用账外客户资金非法拆借、发放贷款案件,要注意将用账外客户资金非法拆借、发放贷款的行为与挪用公款罪和挪用资金罪区别开来。对于利用职务上的便利,挪用已经记入金融机构法定存款账户的客户资金归个人使用的,或者吸收客户资金不入账,却给客户开具银行存单,客

户也认为将款已存入银行,该款却被行为人以个人名义借贷给他人的,均应认定为挪用公款罪或者挪用资金罪。

4. 破坏金融管理秩序相关犯罪数额和情节的认定

最高人民法院先后颁行了《关于审理伪造货币等案件具体应用法律若干问题的解释》、《关于审理走私刑事案件具体应用法律若干问题的解释》,对伪造货币,走私、出售、购买、运输假币等犯罪的定罪处刑标准以及相关适用法律问题作出了明确规定。为正确执行刑法,在其他有关的司法解释出台之前,对假币犯罪以外的破坏金融管理秩序犯罪的数额和情节,可参照以下标准掌握:

关于非法吸收公众存款罪。非法吸收或者变相吸收公众存款的,要从非法吸收公众存款的数额、范围以及给存款人造成的损失等方面来判定扰乱金融秩序造成危害的程度。根据司法实践,具有下列情形之一的,可以按非法吸收公众存款罪定罪处罚:

(1)个人非法吸收或者变相吸收公众存款20万元以上的,单位非法吸收或者变相吸收公众存款100万元以上的;

(2)个人非法吸收或者变相吸收公众存款30户以上的,单位非法吸收或者变相吸收公众存款150户以上的;

(3)个人非法吸收或者变相吸收公众存款给存款人造成损失10万元以上的,单位非法吸收或者变相吸收公众存款给存款人造成损失50万元以上的,或者造成其他严重后果的:个人非法吸收或者变相吸收公众存款100万元以上,单位非法吸收或者变相吸收公众存款500万元以上的,可以认定为“数额巨大”。

关于违法向关系人发放贷款罪。银行或者其他金融机构工作人员违反法律、行政法规规定,向关系人发放信用贷款或者发放担保贷款的条件优于其他借款人同类贷款条件,造成10－30万元以上损失的,可以认定为“造成较大损失”;造成50—100万元以上损失的,可以认定为“造成重大损失”。

关于违法发放贷款罪。银行或者其他金融机构工作人员违反法律、行政法规规定,向关系人以外的其他人发放贷款,造成50—100万元以上损失的,可以认定为“造成重大损失”;造成300—500万元以上损失的,可以认定为“造成特别重大损失”。

关于用账外客户资金非法拆借、发放贷款罪。对于银行或者其他金融机构工作人员以牟利为目的,采取吸收客户资金不入账的方式,将资金用于非法拆借、发放贷款,造成50—100万元以上损失的,可以认定为“造成重大损失。”;造成300—500万元以上损失的,可以认定为“造成特别重大损失”。

对于单位实施违法发放贷款和用账外客户资金非法拆借、发放贷款造成损失构成犯罪的数额标准,可按个人实施上述犯罪的数额标准二至四倍掌握。

由于各地经济发展不平衡,各省、自治区、直辖市高级人民法院可参照上述数额标准或幅度,根据本地的具体情况,确定在本地区掌握的具体标准。

(三)关于金融诈骗罪

1. 金融诈骗罪中非法占有目的的认定

金融诈骗犯罪都是以非法占有为目的的犯罪。在司法实践中,认定是否具有非法占有为目的,应当坚持主客观相一致的原则,既要避免单纯根据损失结果客观归罪,也不能仅凭被告人自己的供述,而应当根据案件具体情况具体分析。根据司法实践,对于行为人通过诈骗的方法非法获取资金,造成数额较大资金不能归还,并具有下列情形之一的,可以认定为具有非法占有的目的:

(1)明知没有归还能力而大量骗取资金的;

(2)非法获取资金后逃跑的;

(3)肆意挥霍骗取资金的;

(4)使用骗取的资金进行违法犯罪活动的;

(5)抽逃、转移资金、隐匿财产,以逃避返还资金的;

(6)隐匿、销毁账目,或者搞假破产、假倒闭,以逃避返还资金的;

(7)其他非法占有资金、拒不返还的行为。但是,在处理具体案件的时候,对于有证据证明行为人不具有非法占有目的的,不能单纯以财产不能归还就按金融诈骗罪处罚。

2. 贷款诈骗罪的认定和处理。贷款诈骗犯罪是目前案发较多的金融诈骗犯罪之一。审理贷款诈骗犯罪案件,应当注意以下两个问题:

一是单位不能构成贷款诈骗罪。根据刑法第三十条和第一百九十三条的规定,单位不构成贷款诈骗罪。对于单位实施的贷款诈骗行为,不能以贷款诈骗罪定罪处罚,也不能以贷款诈骗罪追究直接负责的主管人员和其他直接责任人员的刑事责任。但是,在司法实践中,对于单位十分明显地以非法占有为目的,利用签订、履行借款合同诈骗银行或其他金融机构贷款,符合刑法第二百二十四条规定的合同诈骗罪构成要件的,应当以合同诈骗罪定罪处罚。

二是要严格区分贷款诈骗与贷款纠纷的界限。对于合法取得贷款后,没有按规定的用途使用贷款,到期没有归还贷款的,不能以贷款诈骗罪定罪处罚;对于确有证据证明行为人不具有非法占有的目的,因不具备贷款的条件而采取了欺骗手段获取贷款,案发时有能力履行还贷义务,或者案发时不能归还贷款是因为意志以外的原因,如因经营不善、被骗、市场风险等,不应以贷款诈骗罪定罪处罚。

3. 集资诈骗罪的认定和处理:集资诈骗罪和欺诈发行股票、债券罪、非法吸收公众存款罪在客观上均表现为向社会公众非法募集资金。区别的关键在于行为人是否具有非法占有的目的。对于以非法占有为目的而非法集资,或者在非法集资过程中产生了非法占有他人资金的故意,均构成集资诈骗罪。但是,在处理具体案件时要注意以下两点:一是不能仅凭较大数额的非法集资款不能返还的结果,推定行为人具有非法占有的目的;二是行为人将大部分资金用于投资或生产经营活动,而将少量资金用于个人消费或挥霍的,不应仅以此便认定具有非法占有的目的。

4. 金融诈骗犯罪定罪量刑的数额标准和犯罪数额的计算。金融诈骗的数额不仅是定罪的重要标准,也是量刑的主要依据。在没有新的司法解释之前,可参照1996年《最高人民法院关于审理诈骗案件具体应用法律的若干问题的解释》的规定执行。在具体认定金融诈骗犯罪的数额时,应当以行为人实际骗取的数额计算。对于行为人为实施金融诈骗活动而支付的中介费、手续费、回扣等,或者用于行贿、赠与等费用,均应计入金融诈骗的犯罪数额。但应当将案发前已归还的数额扣除。

(四)死刑的适用

刑法对危害特别严重的金融诈骗犯罪规定了死刑。人民法院应当运用这一法律武器,有力地打击金融诈骗犯罪。对于罪行极其严重、依法该判死刑的犯罪分子,一定要坚决判处死刑。但需要强调的是,金融诈骗犯罪的数额特别巨大不是判处死刑的惟一标准,只有诈骗"数额特别巨大并且给国家和人民利益造成特别重大损失"的犯罪分子,才能依法选择适用死刑。对于犯罪数额特别巨大,但追缴、退赔后,挽回了损失或者损失不大的,一般不应当判处死刑立即执行;对具有法定从轻、减轻处罚情节的,一般不应当判处死刑。

(五)财产刑的适用

金融犯罪是图利型犯罪,惩罚和预防此类犯罪,应当注重同时从经济上制裁犯罪分子。刑法对金融犯罪都规定了财产刑,人民法院应当严格依法判处。罚金的数额,应当根据被告人的犯罪情节,在法律规定的数额幅度内确定。对于具有从轻、减轻或者免除处罚情节的被告人,对于本应并处的罚金刑原则上也应当从轻、减轻或者免除。

单位金融犯罪中直接负责的主管人员和其他直接责任人员,是否适用罚金刑,应当根据刑法的具体规定。刑法分则条文规定有罚金刑,并规定对单位犯罪中直接负责的主管人员和其他直接责任人员依照自然人犯罪条款处罚的,应当判处罚金刑,但是对直接负责的主管人员和其他直接责任人员判处罚金的数额,应当低于对单位判处罚金的数额;刑法分则条文明确规定对单位犯罪中直接负责的主管人员和其他直接责任人员只判处自由刑的,不能附加判处罚金刑。

最高人民法院最高人民检察院公安部关于印发《办理骗汇、逃汇犯罪案件联席会议纪要》的通知

(1999年6月7日 公通字〔1999〕39号)

各省、自治区、直辖市高级人民法院,人民检察院,公安厅、局,解放军军事法院、军事检察院:

1999年3月16日,最高人民法院、最高人民检察院、公安部和中央政法委、军队、国务院有关部门在北京召开联席会议,研究解决当前打击骗汇犯罪斗争中的有关问题。现将会议形成的《办理骗汇、逃汇犯罪案件联席会议纪要》印发给你们,请遵照执行。

附：

办理骗汇、逃汇犯罪案件联席会议纪要

（1999 年 3 月 16 日）

中央部署开展打击骗汇犯罪专项斗争以来，在国务院和中央政法委的统一领导和组织协调下，各级公安机关和人民检察院迅速行动起来，在全国范围内对骗汇犯罪开展了全面打击行动。1998 年 8 月 28 日最高人民法院《关于审理骗购外汇、非法买卖外汇刑事案件具体应用法律若干问题的解释》发布，对司法机关运用法律武器准确、及时打击犯罪发挥了重要作用。但是，一些地方在办理此类案件过程中，在案件管辖、适用法律及政策把握等方面遇到一些问题，需要予以明确。为了进一步贯彻中央从重从快严厉打击骗汇犯罪的指示精神，准确适用法律，保障专项斗争深入开展，争取尽快起诉、宣判一批骗汇犯罪案件，打击和震慑骗汇犯罪活动，1999 年 3 月 16 日，中央政法委、最高人民法院、最高人民检察院、公安部、中国人民银行、国家外汇管理局、解放军军事法院、军事检察院、总政保卫部等有关部门在北京昌平召开联席会议，共同研究解决打击骗汇犯罪斗争中出现的各种问题。会议纪要如下：

一、各级公安机关、人民检察院、人民法院和军队保卫、检、法部门在办理骗汇案件过程中，要从维护国家外汇管理秩序和国家经济安全的高度认识打击骗汇、逃汇犯罪专项斗争的重大意义，坚决贯彻党中央、国务院部署，积极参加专项斗争，各司其职，互相配合，加强协调，加快办案进度。

二、全国人大常委会《关于惩治骗购外汇、逃汇和非法买卖外汇犯罪的决定》（以下简称《决定》）公布施行后发生的犯罪行为，应当依照《决定》办理；对于《决定》公布施行前发生的公布后尚未处理或者正在处理的行为，依照修订后的刑法第十二条第一款规定的原则办理。

最高人民法院 1998 年 8 月 28 日发布的《关于审理骗购外汇、非法买卖外汇刑事案件具体应用法律若干问题的解释》（以下简称《解释》），是对具体应用修订后的刑法有关问题的司法解释,适用于依照修订后的刑法判处的案件。各执法部门对于《解释》应当准确理解,严格执行。

《解释》第四条规定:"公司、企业或者其他单位,违反有关外贸代理业务的规定,采用非法手段,或者明知是伪造、变造的凭证、商业单据,为他人向外汇指定银行骗购外汇,数额在五百万美元以上或者违法所得五十万元人民币以上的,按照刑法第二百二十五条第(三)项的规定定罪处罚;居间介绍骗购外汇一百万美元以上或者违法所得十万元人民币以上的,按照刑法第二百二十五条第(三)项的规定定罪处罚。"上述所称"采用非法手段",是指有国家批准的进出口经营权的外贸代理企业在经营代理进口业务时,不按国家经济主管部门有关规定履行职责,放任被代理方自带客户、自带货源、自带汇票、自行报关,在不见进口产品、不见供货货主、不见外商的情况下代理进口业务,或者采取法律、行政法规和部门规章禁止的其他手段代理进口业务。

认定《解释》第四条所称的"明知",要结合案件的具体情节予以综合考虑,不能仅仅因为行为人不供述就不予认定。报关行为先于签订外贸代理协议的,或者委托方提供的购汇凭证明显与真实凭证、商业单据不符的,应当认定为明知。

《解释》第四条所称"居间介绍骗购外汇",是指收取他人人民币、以虚假购汇凭证委托外贸公司、企业骗购外汇,获取非法收益的行为。

三、公安机关侦查骗汇、逃汇犯罪案件中涉及人民检察院管辖的贪污贿赂、渎职犯罪案件的,应当将贪污贿赂、渎职犯罪案件材料移送有管辖权的人民检察院审查。对管辖交叉的案件,可以分别立案,共同工作。如果涉嫌主罪属于公安机关管辖,由公安机关为主侦查,人民检察院予以配合;如果涉嫌主罪属于人民检察院管辖,由人民检察院为主侦查,公安机关予以配合。双方意见有较大分歧的,要协商解决,并及时向当地党委、政法委和上级主管机关请示。

四、公安机关侦查骗汇、逃汇犯罪案件,要及时全面收集和固定犯罪证据,抓紧缉捕犯罪分子。人民检察院和人民法院对正在办理的骗汇、逃汇犯罪案件,只要基本犯罪事实清楚,基本证据确实充分,应当及时依法起诉、审判。主犯在逃或者骗购外汇所需人民币资金的来源无法彻底查清,但证明在案的其他犯罪嫌疑人实施犯罪的基本证据确实充分的,为在法定时限内结案,可以对在案的其他犯罪嫌疑人先行处理。对于已收集到外汇指定银行汇出凭证和境外收汇银行收款凭证等证据,能够证明所骗购外汇确已汇至港澳台地区或国外的,应视为骗购外汇既遂。

五、坚持"惩办与宽大相结合"的政策。对骗购外汇共同犯罪的主犯,或者参与伪造、变造购汇凭证的骗汇人员,以及与骗购外汇的犯罪分子相勾结的国家工作人员,要从严惩处。对具有自首、立功或者其他法定从轻、减轻情节的,依法从轻、减轻处理。

六、各地在办理骗汇、逃汇犯罪案件中遇到的有关问题以及侦查、起诉、审判的信息要及时向各自上级主管机关报告。上级机关要加强对案件的督办、检查和指导协调工作。

最高人民法院关于严厉打击骗购外汇和非法买卖外汇犯罪活动的通知

(1998 年 10 月 5 日)

北京、江苏、福建、山东、湖北、广东、广西、湖南、宁夏、新疆省、自治区、直辖市高级人民法院:

今年以来,我国在东南亚金融危机影响逐渐显现的情况下,采取了一系列扩大出口、鼓励利用外资的政策,取得了积极的效果,人民币汇率持续稳定。但是,一些不法分子和单位无视国家外汇管理法规,通过伪造、变造、买卖凭证、商业单据等非法手续大肆骗购外汇和非法买卖外汇,严重破坏国家金融外汇管理秩序,影响了国家税收和宏观经济运行。为严厉打击骗购外汇和非法买卖外汇的犯罪活动,维护经济秩序,确保经济秩序,确保国民经济增长目标的实现,特作如下通知:

一、以高度的政治责任感,坚决、迅速地开展严厉打击骗购和非法买卖外汇犯罪活动的斗争。当前,国际金融形势动荡不定,今年七月以来,我国又遭受了历史上罕见的特大洪涝灾害,对国民经济的正常发展产生不利影响。在这种形势下,一些不法分子通过骗汇和倒汇牟取非法利益,严重危及我国的经济安全。对此,各级人民法院应当予以高度重视,要充分发挥审判职能作用,依法严惩各种破坏外汇管理的犯罪,维护国家金融秩序和宏观经济的正常运行。

二、充分运用法律武器,加大对骗购和非法买卖外汇犯罪的打击力度。刑法对逃汇等破坏外汇管理的犯罪作了明确的规定,近日,最高人民法院又发布了《关于审理骗购外汇、非法买卖外汇刑事案件具体应用法律若干问题的解释》,为严厉打击骗购外汇、非法买卖外汇等犯罪活动提供有了有力的法律武器。各级人民法院要组织广大干警认真学习、准确掌握与运用刑法和司法解释的有关规定,对起诉到法院的此类犯罪必须及时审理,依法严惩。要排除干扰,敢于碰硬,不论案件涉及到什么单位、个人,构成犯罪的,都必须依法追究刑事责任。对于伪造凭证骗购外汇数额大、危害严重的以及国家工作人员利用职务便利参与骗购外汇、非法买卖外汇的,必须依法从重处罚。在对犯罪分子依法适用主刑的同时,还应当重视适用财产刑。对骗购外汇、非法买卖外汇的违法所得一律予以追缴,用于骗购外汇、非法买卖外汇的资金坚决予以没收,上缴国库。

三、加强领导,密切配合和协作。在打击骗购和非法买卖外汇犯罪活动的斗争中,人民法院要切实加强领导,并与公安、检察机关密切配合,协调行动,特别是对已查获的重大案件,要及时审判,严惩犯罪分子。

四、注重办案的社会效果。各地人民法院要选择典型案件,采取公开宣判、召开新闻发布会等方法,向社会公布判决结果,以震慑犯罪,教育群众。同时,对于办案中发现有关单位在管理中存在的漏洞,要及时提出司法建议,巩固与扩大办案的社会效果。

五、坚持大案要案报告制度。各级人民法院在审理骗购外汇、非法买卖外汇刑事案件中遇到的重要情况和问题,要及时向当地党委和上级人民法院反映、汇报,及时解决。对于今年内审理的这类案件,要一律在受理案件后五日内层报最高人民法院刑一庭。

以上通知望切实遵照执行。

6　侵犯公民人身权利、民主权利罪

（一）司法解释

最高人民法院关于行为人不明知是不满十四周岁的幼女双方自愿发生性关系是否构成强奸罪问题的批复

（2003年1月8日最高人民法院审判委员会第1262次会议通过　2003年1月17日公布　自2003年1月24日起施行　法释〔2003〕4号）

辽宁省高级人民法院：

你院《关于行为人不明知是不满十四周岁的幼女而与其自愿发生性关系，是否构成强奸罪问题的请示》收悉。经研究，答复如下：

行为人明知是不满十四周岁的幼女而与其发生性关系，不论幼女是否自愿，均应依照刑法第二百三十六条第二款的规定，以强奸罪定罪处罚；行为人确实不知对方是不满十四周岁的幼女，双方自愿发生性关系，未造成严重后果，情节显著轻微的，不认为是犯罪。

最高人民法院关于对为索取法律不予保护的债务非法拘禁他人行为如何定罪问题的解释

（2000年6月30日最高人民法院审判委员会第1121次会议通过　自2000年7月19日起施行　法释〔2000〕19号）

为了正确适用刑法，现就为索取高利贷、赌债等法律不予保护的债务，非法拘禁他人行为如何定罪问题解释如下：

行为人为索取高利贷、赌债等法律不予保护的债务，非法扣押、拘禁他人的，依照刑法第二百三十八条的规定定罪处罚。

最高人民法院关于审理强奸案件有关问题的解释

（2000年2月13日最高人民法院审判委员会第1099次会议通过 自2000年2月24日起施行 法释〔2000〕4号）

为依法惩处强奸犯罪活动，根据刑法的有关规定，现就审理强奸案件的有关问题解释如下：

对于已满14周岁不满16周岁的人，与幼女发生性关系构成犯罪的，依照刑法第十七条、第二百三十六条第二款的规定，以强奸罪定罪处罚；对于与幼女发生性关系，情节轻微、尚未造成严重后果的，不认为是犯罪。

对于行为人既实施了强奸妇女行为又实施了奸淫幼女行为的，依照刑法第二百三十六条的规定，以强奸罪从重处罚。

最高人民法院关于审理拐卖妇女案件适用法律有关问题的解释

（1999年12月23日最高人民法院审判委员会第1094次会议通过 自2000年1月25日起施行 法释〔2000〕1号）

为依法惩治拐卖妇女的犯罪行为，根据刑法和刑事诉讼法的有关规定，现就审理拐卖妇女案件具体适用法律的有关问题解释如下：

第一条 刑法第二百四十条规定的拐卖妇女罪中的“妇女”，既包括具有中国国籍的妇女，也包括具有外国国籍和无国籍的妇女。被拐卖的外国妇女没有身份证明的，不影响对犯罪分子的定罪处罚。

第二条 外国人或者无国籍人拐卖外国妇女到我国境内被查获的，应当根据刑法第六条的规定，适用我国刑法定罪处罚。

第三条 对于外国籍被告人身份无法查明或者其国籍国拒绝提供有关身份证明，人民检察院根据刑事诉讼法第一百二十八条第二款的规定起诉的案件，人民法院应当依法受理。

最高人民法院最高人民检察院关于执行《全国人民代表大会常务委员会关于严惩拐卖、绑架妇女、儿童的犯罪分子的决定》的若干问题的解答

（1992年12月11日 法发〔1992〕41号高检会〔1992〕35号）

一、《全国人民代表大会常务委员会关于严惩拐卖、绑架妇女、儿童的犯罪分子的决定》规定了几个新罪名？

《全国人民代表大会常务委员会关于严惩拐卖、绑架妇女、儿童的犯罪分子的决定》（以下简称《决定》）规定了六个新罪名，即：拐卖妇女、儿童罪（第一条）；绑架妇女、儿童罪（第二条第一款）；绑架勒索罪（第二条第三款）；收买被拐卖、绑架的妇女、儿童罪（第三条第一款）；聚众阻碍解救被收买的妇女、儿童罪（第四条第三款）；利用职务阻碍解救被拐卖、绑架的妇女、儿童罪（第五条第二款）。

上述各罪除绑架勒索罪外，其余均为选择性罪名。

二、怎样认定拐卖妇女、儿童罪？

根据《决定》第一条第二款的规定，拐卖妇女、儿童罪，是指以出卖为目的，拐

骗、收买、贩卖、接送或者中转妇女、儿童的行为。只要实施其中一种行为的,即构成本罪。

(一)借收养名义拐卖儿童的,以拐卖儿童罪追究刑事责任。

(二)确属通过介绍婚姻、介绍收养儿童索取了财物的,不构成本罪。

(三)拐卖妇女、儿童以外的人口的,依照刑法第一百四十一条和《全国人民代表大会常务委员会关于严惩严重危害社会治安的犯罪分子的决定》第一条第三项的规定,以拐卖人口罪定罪处罚。

三、怎样理解《决定》第一条第一款第(三)项关于"奸淫被拐卖的妇女的"规定?

《决定》第一条第一款第(三)项所规定的"奸淫被拐卖的妇女的",是指拐卖妇女的犯罪分子在拐卖过程中,与被害妇女发生性关系的行为。不论行为人是否使用了暴力或者胁迫手段,也不论被害妇女是否有反抗行为,都应当按照该项规定处罚。

四、怎样理解《决定》第一条第一款第(五)项关于"造成被拐卖的妇女、儿童或者其亲属重伤、死亡或者其他严重后果的"规定?

《决定》第一条第一款第(五)项所规定的"造成被拐卖的妇女、儿童或者其亲属重伤、死亡或者其他严重后果的",是指由于犯罪分子拐卖妇女、儿童的行为,直接、间接造成被拐卖的妇女、儿童或者其亲属重伤、死亡或者其他严重后果的,例如:由于犯罪分子采取拘禁、捆绑、虐待等手段,致使被害人重伤、死亡或者造成其他严重后果的;由于犯罪分子的拐卖行为以及拐卖中的侮辱、殴打等行为引起的被害人或者其亲属自杀、精神失常或者其他严重后果的,等等。

对被拐卖的妇女、儿童进行故意杀害、伤害的,应当以故意杀人罪或者故意伤害罪与拐卖妇女、儿童罪实行并罚。

五、如何区分绑架妇女、儿童罪和绑架勒索罪?

(一)根据《决定》第二条的规定,绑架妇女、儿童罪,是指以出卖为目的,使用暴力、胁迫或者麻醉方法，劫持妇女、儿童的行为。绑架勒索罪，是指以勒索财物为目的，使用暴力、胁迫或者麻醉方法，劫持他人的行为。两罪的主要区别在于：1. 犯罪目的不同。前者是以出卖为目的，后者则是以勒索财物为目的。2. 犯罪侵犯的客体不同。前者侵犯的是被绑架人的人身权利，后者侵犯的不仅是被绑架人的人身权利，还侵犯了他们的财产权利。3. 犯罪对象不同。前者的绑架对象仅指妇女、儿童，后者则是指包括妇女、儿童在内的一切人。

（二）根据《决定》第二条第二款的规定，以出卖为目的，偷盗婴、幼儿的，以绑架儿童罪定罪，并依照《决定》第二条第一款的规定处罚。

（三）以勒索财物为目的，偷盗婴、幼儿的，以绑架勒索罪定罪，并依照《决定》第二条第一款的规定处罚。

（四）以索债为目的，非法剥夺他人人身自由的，定非法拘禁罪，不能定绑架勒索罪。

六、怎样认定拐卖妇女、儿童罪和绑架妇女、儿童罪中"情节特别严重"的行为？

拐卖妇女、儿童罪中的"情节特别严重"，是指《决定》第一条第一款所列六项情形中特别严重的情节。在具体执行中，不应在这六项情形之外再扩大范围。

绑架妇女、儿童罪中的"情节特别严重"，主要是指绑架妇女、儿童犯罪集团的首要分子情节特别严重的；绑架手段极其残忍、恶劣的；造成被害人或者其家属重伤、死亡或者其他严重后果情节特别严重的；绑架妇女、儿童多人具有极大社会危害性的等等。

七、怎样认定收买被拐卖、绑架的妇女、儿童罪？

根据《决定》第三条第一款的规定，收买被拐卖、绑架的妇女、儿童罪，是指不以出卖为目的，收买被拐卖、绑架的妇女、儿童的行为。以出卖为目的，收买被拐卖、绑架的妇女、儿童的，以拐卖妇女、儿童罪论处。

（一）收买人必须明知是被拐卖、绑架的妇女、儿童而予以收买的，才能构成本罪。

（二）共同参与了收买被拐卖、绑架的妇女、儿童犯罪行为的（例如，有些收买行为是全体家庭成员或者亲属朋友共同商量决定的等），对于其中的主犯，应当追究刑事责任；对于其他参与者，如果是情节显著轻微危害不大的，不认为是犯罪，不追究刑事责任。

（三）被买妇女与收买人已成婚，并愿意留在当地共同生活的，对收买人可以视为“按照被买妇女的意愿，不阻碍其返回原居住地”，不追究刑事责任。

八、怎样划分婴儿、幼儿、儿童的年龄界限？

《决定》和本《解答》中所说的“儿童”，是指不满十四岁的人。其中，不满一岁的为婴儿，一岁以上不满六岁的为幼儿。

九、如何理解《决定》的时效问题？

（一）对在《决定》公布施行后发生的案件，依照《决定》的规定办理。对在《决定》公布施行前发生、公布施行后尚未处理或者正在处理的案件，依照刑法第九条规定的原则办理。

（二）本《解答》发布后，对应当按照《决定》处理的案件，适用本《解答》。《决定》公布施行前已处理的案件和本《解答》发布前已按《决定》处理的案件，不再适用本《解答》。

（三）本《解答》发布前有关办理拐卖、绑架妇女、儿童案件的司法解释，与本《解答》不一致的，不再适用。

最高人民法院最高人民检察院公安部司法部关于印发《人体轻伤鉴定标准（试行）》的通知

（1990 年 4 月 2 日　法（司）发〔1990〕6 号）

各省、自治区、直辖市高级人民法院、人民检察院、公安厅（局）、司法厅（局）：

现将《人体轻伤鉴定标准（试行）》印发给你们，作为评定伤害他人身体造成轻伤的鉴定标准,在法医检案中参照执行。在试行中遇到的问题请及时按系统反映,以便进一步修改完善。

司法部最高人民法院最高人民检察院公安部关于印发《人体重伤鉴定标准》的通知

(1990年3月29日　司发〔1990〕070号)

各省、自治区、直辖市高级人民法院、人民检察院、公安厅(局)、司法厅(局):

司法部、最高人民法院、最高人民检察院、公安部于一九八六年八月十五日联合发布的《人体重伤鉴定标准(试行)》试行以来,在重伤的法医学鉴定中收到了较好的效果,同时,各地司法机关也提出了一些修改意见。现将司法部根据各地司法机关的意见修改的《人体重伤鉴定标准》印发给你们,作为法医评定重伤的标准,正式施行。

（二）司法性文件

最高人民法院最高人民检察院公安部民政部司法部中华全国妇女联合会关于打击拐卖妇女儿童犯罪有关问题的通知

（2000 年 3 月 20 日　公通字〔2000〕26 号）

各省、自治区、直辖市高级人民法院，人民检察院，公安厅、局，民政厅、局，司法厅、局，妇联：

近年来，一些地方拐卖妇女、儿童犯罪活动猖獗，并呈发展蔓延之势，犯罪团伙组织日趋严密，犯罪手段更加隐蔽、狡猾、残忍，盗抢儿童、强迫被拐卖的妇女卖淫的案件突出，因拐卖妇女、儿童引起的伤害、杀人、强奸等恶性案件逐年增多，危害日益严重。拐卖妇女、儿童犯罪严重侵犯被拐卖的妇女、儿童的人身权利，致使许多家庭骨肉分离、家破人亡，并由此引发一系列社会问题，直接影响社会稳定。为有效遏制此类犯罪的上升势头，切实保护妇女、儿童的合法权益，维护社会稳定，今年上半年将在全国范围内开展“打击人贩子、解救被拐卖妇女儿童”专项斗争（以下简称“打拐”专项斗争）。为搞好这次“打拐”专项斗争，依法惩处拐卖妇女、儿童的犯罪分子，解救被拐卖的妇女、儿童，现就有关问题通知如下：

一、切实提高对开展“打拐”专项斗争重要性的认识，加强组织领导和协作配合。开展“打拐”专项斗争，是贯彻全心全意为人民服务的宗旨，保护公民合法权益，解除人民群众疾苦的一项“民心工程”、“爱心工程”。做好这项工作，有利于提高党和政府在人民群众中的威信，树立良好的形象。各级政法机关及有关部门和组织一定要充分认识拐卖妇女、儿童犯罪的严重性和危害性，充分认识开展“打拐”

专项斗争的重大意义，将这项工作作为维护社会稳定的大事来抓。有关部门和组织要高度重视，切实加强组织领导，充分发挥本部门的职能作用，协同作战，坚决杜绝地方保护主义。公安机关、人民检察院、人民法院要依法及时侦查、逮捕、起诉、审判拐卖妇女、儿童的犯罪分子，解救被拐卖的妇女、儿童；司法行政机关要做好宣传教育、协查、收监和法律援助工作；民政部门要做好对被拐卖妇女和儿童的救济工作，及查找不到父母的儿童的收养工作；妇联等组织要维护妇女、儿童的合法权益，协助有关部门做好宣传、解救、安置工作。各有关部门、组织应当加强联系和沟通，相互支持，密切配合，共同做好打击人贩子、解救被拐卖的妇女、儿童的各项工作，确保"打拐"专项斗争取得预期效果。

二、大力敦促犯罪分子投案自首，坦白交待罪行，揭发犯罪，争取从宽处理。要采取多种形式，广泛宣传刑法关于自首、立功等从宽处理的刑事政策。各地还可选择一些因主动投案自首或者有立功表现而给予从轻、减轻、免除处罚的典型案件，公开宣传报道，敦促在逃的犯罪分子尽快投案自首，坦白交待罪行，检举、揭发他人的犯罪行为，提供破案线索，争取从宽处理。要做好对犯罪分子家属、亲友的政策宣传工作，动员他们规劝、陪同有拐卖妇女、儿童犯罪行为的亲友投案自首，或者将犯罪嫌疑人送往司法机关投案。对窝藏、包庇犯罪分子、阻碍解救、妨害公务，构成犯罪的，要依法追究刑事责任。监狱、看守所等监管部门要对在押人员加大宣传攻势，鼓励坦白、检举、揭发拐卖妇女、儿童犯罪行为。对于投案自首、坦白交待罪行、有立功表现的犯罪嫌疑人、被告人，司法机关应当切实落实刑事政策，依法从轻、减轻处罚。对于自首的犯罪分子，犯罪较轻的，可以免除处罚；对有重大立功表现的犯罪分子，可以减轻或者免除处罚；对犯罪后自首又有重大立功表现的，应当减轻或者免除处罚。

三、深入开展法制宣传教育，广泛发动群众参与"打拐"专项斗争，防止发生阻碍解救事件。各级公安机关和司法行政机关要组织专门班子，制定宣传计划，充分利用广播、电视、报刊、网络等媒体和"148"法律服务热线等渠道，结合打击人贩子、处理买主、解救被拐卖的妇女、儿童的典型案例，大张旗鼓地开展宣传教育活动。要大力宣传党和政府打击拐卖妇女、儿童犯罪的态度和决心，宣传拐卖妇女、儿童犯罪的严重危害，宣传国家禁止买卖妇女、儿童和惩处人贩子、买主的法律规定，宣传“打拐”专项斗争中涌现出的不怕牺牲、不辞劳苦打击人贩子、解救被拐卖的妇女、儿童的英雄模范事迹,形成宣传攻势,提高广大人民群众的法制观念,教育群众自觉守法。特别是在拐卖妇女、儿童以及收买被拐卖的妇女、儿童情况较严重的地区,要深入村村户户进行法制宣传教育,真正做到家喻户晓、人人皆知。要以案说法,使广大干部和群众能够认识到拐卖妇女、儿童,收买被拐卖的妇女、儿童,阻碍解救被拐卖的妇女、儿童都是违法犯罪行为,要受到法律制裁。在不通广播、电视的贫困、边远地区,要采取印发宣传材料、召开座谈会等多种形式进行宣传。

要广泛发动社会各界以及基层干部、群众,积极投入“打拐”专项斗争,主动配合、协助有关部门做好解救被拐卖妇女、儿童的工作,号召群众检举、揭发拐卖、收买妇女、儿童的犯罪行为,自觉同拐卖妇女、儿童犯罪活动作斗争。各地公安机关要设立“打拐”热线电话,接受群众举报,对提供重要犯罪线索、协助抓获重大犯罪嫌疑人的人员,要给予奖励。

四、正确适用法律,依法严厉打击拐卖妇女、儿童的犯罪活动。这次“打拐”专项斗争的重点是打击拐卖妇女、儿童的人贩子。凡是拐卖妇女、儿童的,不论是哪个环节,只要是以出卖为目的,有拐骗、绑架、收买、贩卖、接送、中转、窝藏妇女、儿童的行为之一的,不论拐卖人数多少,是否获利,均应以拐卖妇女、儿童罪追究刑事责任。对收买被拐卖的妇女、儿童的,以及阻碍解救被拐卖妇女、儿童构成犯罪的,也要依法惩处。出卖亲生子女的,由公安机关依法没收非法所得,并处以罚款;以营利为目的,出卖不满十四周岁子女,情节恶劣的,借收养名义拐卖儿童的,以及出卖捡拾的儿童的,均应以拐卖儿童罪追究刑事责任。出卖十四周岁以上女性亲属或者其他不满十四周岁亲属的,以拐卖妇女、儿童罪追究刑事责任。

办案中,要正确区分罪与非罪、罪与罪的界限,特别是拐卖妇女罪与介绍婚姻收取钱物行为、拐卖儿童罪与收养中介行为、拐卖儿童罪与拐骗儿童罪,以及绑架儿童罪与拐卖儿童罪的界限,防止扩大打击面或者放纵犯罪。

五、各级政法机关和有关部门应当密切配合,形成合力,共同打好“打拐”专项斗争。公安机关应当组织专门力量,扎扎实实地做好侦查工作,全力侦破拐卖妇女、儿童犯罪案件,抓捕犯罪嫌疑人,并切实做好证据的收集工作,为起诉和审判打下坚实基础;人民检察院对公安机关提请逮捕和移送审查起诉的犯罪嫌疑人,应当依法及时批捕和提起公诉;人民法院对人民检察院提起公诉的案件,应当依法及时审判;监狱应当做好对罪犯收监执行和在押、在逃罪犯的协查工作。民政部门、妇联在工作中发现犯罪线索或者犯罪嫌疑人的,应当及时移交司法机关依法处理。

各级政法机关要全力以赴,提高办案效率,加快办案进度,力争在"打拐"专项斗争中逮捕一批、起诉一批、审判一批拐卖妇女、儿童的犯罪嫌疑人和被告人,震慑犯罪。人民检察院对公安机关侦查终结、移送审查起诉的案件,人民法院对人民检察院提起公诉的案件,应当坚持基本事实清楚,基本证据确凿的原则,及时起诉、审判,防止久拖不决。同时要严格遵守法律规定的诉讼程序和时限要求,依法办案,严禁刑讯逼供,防止滥用强制措施,超期羁押。

拐入地、拐出地或中转地公安机关立案侦查的拐卖妇女、儿童案件,应当向同级人民检察院提请批准逮捕、移送审查起诉。对于有多次倒卖情形的拐卖妇女、儿童案件,无论行为人是第几道贩子,只要其犯罪行为已经查证属实的,就应当及时起诉、审判。对于其他犯罪线索,公安机关应当组织力量继续进行侦查。对同案犯在逃的,已抓获的犯罪嫌疑人、被告人的犯罪事实已经查清,并有确实、充分证据的,应当及时起诉、审判。一人犯数罪的,对其中主要罪行或某一罪行事实清楚,证据确实充分,而其他罪行一时难以查清的,可先对其已查清的主要罪行或某一罪行作出处理。

六、切实做好解救和善后安置工作,保护被拐卖妇女、儿童的合法权益。解救被拐卖的妇女、儿童,是人民政府和政法机关的重要职责。公安、司法行政、民政、妇联等有关部门和组织要明确责任,各司其职,相互配合,通力合作。解救工作要充分依靠当地党委、政府的支持,做好对基层干部和群众的说服教育工作,注意方式、方法,慎用警械、武器,避免激化矛盾,防止出现围攻执法人员、聚众阻碍解救等突发事件。

对于被拐卖的未成年女性、现役军人配偶、遭受摧残虐待的、被强迫卖淫或者从事其他色情服务的妇女,以及本人要求解救的妇女,要立即解救。对于自愿继续留在现住地生活的成年女性,应尊重本人意愿,愿在现住地结婚且符合法定结婚条件的,应当依法办理结婚登记手续。被拐卖妇女与买主所生子女的抚养问题,可由双方协商解决或由人民法院裁决。对于遭受摧残虐待、被强迫乞讨或从事违法犯罪活动的,以及本人要求解救的被拐卖儿童,应当立即解救。对于解救的被拐卖儿童,由其父母或者其他监护人户口所在地公安机关负责接回。

公安、民政、妇联等有关部门和组织应当密切配合,做好被解救妇女、儿童的善后安置工作。任何单位和个人不得歧视被拐卖的妇女、儿童。对被解救回的未成年人,其父母及其他监护人应当接收并认真履行抚养义务。拒绝接收,拒不履行抚养义务,构成犯罪的,以遗弃罪追究刑事责任。

七、进一步开展综合治理,预防拐卖妇女、儿童犯罪发生。各级政法机关和有关部门要通过“打拐”专项斗争,及时发现问题,总结经验教训,动员全社会的力量,开展群防群治,常抓不懈,从根本上预防拐卖妇女、儿童犯罪的发生。公安、民政等有关部门要严格执行户口管理、暂住人口、流动人口登记、婚姻登记、收养登记等各项法律、法规和规章制度,堵塞漏洞。妇联等组织要积极维护妇女、儿童的合法权益,对妇女进行宣传教育,帮助她们提高自身素质,不断增强防拐防骗意识和自我保护能力。

各地接到本通知后,应当立即部署贯彻执行。执行中遇到的问题,请及时分别报告最高人民法院、最高人民检察院、公安部、民政部、司法部、全国妇联。

7　侵犯财产罪

司法解释

最高人民法院、最高人民检察院关于办理与盗窃、抢劫、诈骗、抢夺机动车相关刑事案件具体应用法律若干问题的解释

（2007年5月9日　法释[2007]11号）

为依法惩治与盗窃、抢劫、诈骗、抢夺机动车相关的犯罪活动，根据刑法、刑事诉讼法等有关法律的规定，现对办理这类案件具体应用法律的若干问题解释如下：

第一条　明知是盗窃、抢劫、诈骗、抢夺的机动车，实施下列行为之一的，依照刑法第三百一十二条的规定，以掩饰、隐瞒犯罪所得、犯罪所得收益罪定罪，处三年以下有期徒刑、拘役或者管制，并处或者单处罚金：

（一）买卖、介绍买卖、典当、拍卖、抵押或者用其抵债的；

（二）拆解、拼装或者组装的；

（三）修改发动机号、车辆识别代号的；

（四）更改车身颜色或者车辆外形的；

（五）提供或者出售机动车来历凭证、整车合格证、号牌以及有关机动车的其他证明和凭证的；

（六）提供或者出售伪造、变造的机动车来历凭证、整车合格证、号牌以及有关机动车的其他证明和凭证的。

实施第一款规定的行为涉及盗窃、抢劫、诈骗、抢夺的机动车五辆以上或者价值总额达到五十万元以上的，属于刑法第三百一十二条规定的“情节严重”，处三年以上七年以下有期徒刑，并处罚金。

第二条 伪造、变造、买卖机动车行驶证、登记证书，累计三本以上的，依照刑法第二百八十条第一款的规定，以伪造、变造、买卖国家机关证件罪定罪，处三年以下有期徒刑、拘役、管制或者剥夺政治权利。

伪造、变造、买卖机动车行驶证、登记证书，累计达到第一款规定数量标准五倍以上的，属于刑法第二百八十条第一款规定中的“情节严重”，处三年以上十年以下有期徒刑。

第三条 国家机关工作人员滥用职权，有下列情形之一，致使盗窃、抢劫、诈骗、抢夺的机动车被办理登记手续，数量达到三辆以上或者价值总额达到三十万元以上的，依照刑法第三百九十七条第一款的规定，以滥用职权罪定罪，处三年以下有期徒刑或者拘役：

（一）明知是登记手续不全或者不符合规定的机动车而办理登记手续的；

（二）指使他人为明知是登记手续不全或者不符合规定的机动车办理登记手续的；

（三）违规或者指使他人违规更改、调换车辆档案的；

（四）其他滥用职权的行为。

国家机关工作人员疏于审查或者审查不严，致使盗窃、抢劫、诈骗、抢夺的机动车被办理登记手续，数量达到五辆以上或者价值总额达到五十万元以上的，依照刑法第三百九十七条第一款的规定，以玩忽职守罪定罪，处三年以下有期徒刑或者拘役。

国家机关工作人员实施前两款规定的行为，致使盗窃、抢劫、诈骗、抢夺的机动车被办理登记手续，分别达到前两款规定数量、数额标准五倍以上的，或者明知是盗窃、抢劫、诈骗、抢夺的机动车而办理登记手续的，属于刑法第三百九十七条第一款规定的“情节特别严重”，处三年以上七年以下有期徒刑。

国家机关工作人员徇私舞弊，实施上述行为，构成犯罪的，依照刑法第三百九十七条第二款的规定定罪处罚。

第四条 实施本解释第一条、第二条、第三条第一款或者第三款规定的行为，事前与盗窃、抢劫、诈骗、抢夺机动车的犯罪分子通谋的，以盗窃罪、抢劫罪、诈骗罪、抢夺罪的共犯论处。

第五条 对跨地区实施的涉及同一机动车的盗窃、抢劫、诈骗、抢夺以及掩饰、隐瞒犯罪所得、犯罪所得收益行为，有关公安机关可以依照法律和有关规定一并立案侦查，需要提请批准逮捕、移送审查起诉、提起公诉的，由该公安机关所在地的同级人民检察院、人民法院受理。

第六条 行为人实施本解释第一条、第三条第三款规定的行为，涉及的机动车有下列情形之一的，应当认定行为人主观上属于上述条款所称"明知"：

（一）没有合法有效的来历凭证；

（二）发动机号、车辆识别代号有明显更改痕迹，没有合法证明的。

最高人民法院、最高人民检察院关于办理盗窃油气、破坏油气设备等刑事案件具体应用法律若干问题的解释

（2006年11月20日最高人民法院审判委员会第1406次会议　2006年12月11日最高人民检察院第十届检察委员会第66次会议通过　法释〔2007〕3号）

为维护油气的生产、运输安全，依法惩治盗窃油气、破坏油气设备等犯罪，根据刑法有关规定，现就办理这类刑事案件具体应用法律的若干问题解释如下：

第一条 在实施盗窃油气等行为过程中，采用切割、打孔、撬砸、拆卸、开关等手段破坏正在使用的油气设备的，属于刑法第一百一十八条规定的"破坏燃气或者其他易燃易爆设备"的行为；危害公共安全，尚未造成严重后果的，依照刑法第一百一十八条的规定定罪处罚。

第二条 实施本解释第一条规定的行为，具有下列情形之一的，属于刑法第一

百一十九条第一款规定的“造成严重后果”,依照刑法第一百一十九条第一款的规定定罪处罚:

(一)造成一人以上死亡、三人以上重伤或者十人以上轻伤的;

(二)造成井喷或者重大环境污染事故的;

(三)造成直接经济损失数额在五十万元以上的;

(四)造成其他严重后果的。

第三条 盗窃油气或者正在使用的油气设备,构成犯罪,但未危害公共安全的,依照刑法第二百六十四条的规定,以盗窃罪定罪处罚。

盗窃油气,数额巨大但尚未运离现场的,以盗窃未遂定罪处罚。

为他人盗窃油气而偷开油气井、油气管道等油气设备阀门排放油气或者提供其他帮助的,以盗窃罪的共犯定罪处罚。

第四条 盗窃油气同时构成盗窃罪和破坏易燃易爆设备罪的,依照刑法处罚较重的规定定罪处罚。

第五条 明知是盗窃犯罪所得的油气或者油气设备,而予以窝藏、转移、收购、加工、代为销售或者以其他方法掩饰、隐瞒的,依照刑法第三百一十二条的规定定罪处罚。

实施前款规定的犯罪行为,事前通谋的,以盗窃犯罪的共犯定罪处罚。

第六条 违反矿产资源法的规定,非法开采或者破坏性开采石油、天然气资源的,依照刑法第三百四十三条以及《最高人民法院关于审理非法采矿、破坏性采矿刑事案件具体应用法律若干问题的解释》的规定追究刑事责任。

第七条 国家机关工作人员滥用职权或者玩忽职守,实施下列行为之一,致使公共财产、国家和人民利益遭受重大损失的,依照刑法第三百九十七条的规定,以滥用职权罪或者玩忽职守罪定罪处罚:

(一)超越职权范围,批准发放石油、天然气勘查、开采、加工、经营等许可证的;

(二)违反国家规定,给不符合法定条件的单位、个人发放石油、天然气勘查、开采、加工、经营等许可证的;

(三)违反《石油天然气管道保护条例》等国家规定,在油气设备安全保护范围内批准建设项目的;

（四）对发现或者经举报查实的未经依法批准、许可擅自从事石油、天然气勘查、开采、加工、经营等违法活动不予查封、取缔的。

第八条 本解释所称的“油气”，是指石油、天然气。其中，石油包括原油、成品油；天然气包括煤层气。

本解释所称“油气设备”，是指用于石油、天然气生产、储存、运输等易燃易爆设备。

最高人民法院关于审理抢劫、抢夺刑事案件适用法律若干问题的意见

（2005 年 6 月 8 日 法发〔2005〕8 号）

抢劫、抢夺是多发性的侵犯财产犯罪。1997 年刑法修订后，为了更好地指导审判工作，最高人民法院先后发布了《关于审理抢劫案件具体应用法律若干问题的解释》（以下简称《抢劫解释》）和《关于审理抢夺刑事案件具体应用法律若干问题的解释》（以下简称《抢夺解释》）。但是，抢劫、抢夺犯罪案件的情况比较复杂，各地法院在审判过程中仍然遇到了不少新情况、新问题。为准确、统一适用法律，现对审理抢劫、抢夺犯罪案件中较为突出的几个法律适用问题，提出意见如下：

一、关于“入户抢劫”的认定

根据《抢劫解释》第一条规定，认定“入户抢劫”时，应当注意以下三个问题：一是“户”的范围。“户”在这里是指住所，其特征表现为供他人家庭生活和与外界相对隔离两个方面，前者为功能特征，后者为场所特征。一般情况下，集体宿舍、旅店宾馆、临时搭建工棚等不应认定为“户”，但在特定情况下，如果确实具有上述两个特征的，也可以认定为“户”。二是“入户”目的的非法性。进入他人住所须以实施抢劫等犯罪为目的。抢劫行为虽然发生在户内，但行为人不以实施抢劫等犯罪为目的进入他人住所，而是在户内临时起意实施抢劫的，不属于“入户抢劫”。三是暴力或者暴力胁迫行为必须发生在户内。入户实施盗窃被发现，行为人为窝藏赃物、抗拒抓

捕或者毁灭罪证而当场使用暴力或者以暴力相威胁的,如果暴力或者暴力胁迫行为发生在户内,可以认定为“入户抢劫”;如果发生在户外,不能认定为“入户抢劫”。

二、关于“在公共交通工具上抢劫”的认定

公共交通工具承载的旅客具有不特定多数人的特点。根据《抢劫解释》第二条规定,“在公共交通工具上抢劫”主要是指在从事旅客运输的各种公共汽车、大、中型出租车、火车、船只、飞机等正在运营中的机动公共交通工具上对旅客、司售、乘务人员实施的抢劫。在未运营中的大、中型公共交通工具上针对司售、乘务人员抢劫的,或者在小型出租车上抢劫的,不属于“在公共交通工具上抢劫”。

三、关于“多次抢劫”的认定

刑法第二百六十三条第(四)项中的“多次抢劫”是指抢劫三次以上。

对于“多次”的认定,应以行为人实施的每一次抢劫行为均已构成犯罪为前提,综合考虑犯罪故意的产生、犯罪行为实施的时间、地点等因素,客观分析、认定。对于行为人基于一个犯意实施犯罪的,如在同一地点同时对在场的多人实施抢劫的;或基于同一犯意在同一地点实施连续抢劫犯罪的,如在同一地点连续地对途经此地的多人进行抢劫的;或在一次犯罪中对一栋居民楼房中的几户居民连续实施入户抢劫的,一般应认定为一次犯罪。

四、关于“携带凶器抢夺”的认定

《抢劫解释》第六条规定,“携带凶器抢夺”,是指行为人随身携带枪支、爆炸物、管制刀具等国家禁止个人携带的器械进行抢夺或者为了实施犯罪而携带其他器械进行抢夺的行为。行为人随身携带国家禁止个人携带的器械以外的其他器械抢夺,但有证据证明该器械确实不是为了实施犯罪准备的,不以抢劫罪定罪;行为人将随身携带凶器有意加以显示、能为被害人察觉到的,直接适用刑法第二百六十三条的规定定罪处罚;行为人携带凶器抢夺后,在逃跑过程中为窝藏赃物、抗拒抓捕或者毁灭罪证而当场使用暴力或者以暴力相威胁的,适用刑法第二百六十七条第二款的规定定罪处罚。

五、关于转化抢劫的认定

行为人实施盗窃、诈骗、抢夺行为,未达到“数额较大”,为窝藏赃物、抗拒抓捕或者毁灭罪证当场使用暴力或者以暴力相威胁,情节较轻、危害不大的,一般不以犯罪论处;但具有下列情节之一的,可依照刑法第二百六十九条的规定,以抢劫罪定罪处罚。

(1)盗窃、诈骗、抢夺接近“数额较大”,标准的;

(2)入户或在公共交通工具上盗窃、诈骗、抢夺后在户外或交通工具外实施上述行为的;

(3)使用暴力致人轻微伤以上后果的;

(4)使用凶器或以凶器相威胁的;

(5)具有其他严重情节的。

六、关于抢劫犯罪数额的计算

抢劫信用卡后使用、消费的,其实际使用、消费的数额为抢劫数额;抢劫信用卡后未实际使用、消费的,不计数额,根据情节轻重量刑。所抢信用卡数额巨大,但未实际使用、消费或者实际使用、消费的数额未达到巨大标准的,不适用“抢劫数额巨大”的法定刑。

为抢劫其他财物,劫取机动车辆当作犯罪工具或者逃跑工具使用的,被劫取机动车辆的价值计入抢劫数额;为实施抢劫以外的其他犯罪劫取机动车辆的,以抢劫罪和实施的其他犯罪实行数罪并罚。

抢劫存折、机动车辆的数额计算,参照执行《关于审理盗窃案件具体应用法律若干问题的解释》的相关规定。

七、关于抢劫特定财物行为的定性

以毒品、假币、淫秽物品等违禁品为对象,实施抢劫的,以抢劫罪定罪;抢劫的违禁品数量作为量刑情节予以考虑。抢劫违禁品后又以违禁品实施其他犯罪的,应以抢劫罪与具体实施的其他犯罪实行数罪并罚。

抢劫赌资、犯罪所得的赃款赃物的，以抢劫罪定罪，但行为人仅以其所输赌资或所赢赌债为抢劫对象，一般不以抢劫罪定罪处罚。构成其他犯罪的，依照刑法的相关规定处罚。

为个人使用，以暴力、胁迫等手段取得家庭成员或近亲属财产的，一般不以抢劫罪定罪处罚，构成其他犯罪的，依照刑法的相关规定处理；教唆或者伙同他人采取暴力、胁迫等手段劫取家庭成员或近亲属财产的，可以抢劫罪定罪处罚。

八、关于抢劫罪数的认定

行为人实施伤害、强奸等犯罪行为，在被害人未失去知觉，利用被害人不能反抗、不敢反抗的处境，临时起意劫取他人财物的，应以此前所实施的具体犯罪与抢劫罪实行数罪并罚；在被害人失去知觉或者没有发觉的情形下，以及实施故意杀人犯罪行为之后，临时起意拿走他人财物的，应以此前所实施的具体犯罪与盗窃罪实行数罪并罚。

九、关于抢劫罪与相似犯罪的界限

1. 冒充正在执行公务的人民警察、联防人员，以抓卖淫嫖娼、赌博等违法行为为名非法占有财物的行为定性

行为人冒充正在执行公务的人民警察“抓赌”、“抓嫖”，没收赌资或者罚款的行为，构成犯罪的，以招摇撞骗罪从重处罚；在实施上述行为中使用暴力或者暴力威胁的，以抢劫罪定罪处罚。行为人冒充治安联防队员“抓赌”、“抓嫖”、没收赌资或者罚款的行为，构成犯罪的，以敲诈勒索罪定罪处罚；在实施上述行为中使用暴力或者暴力威胁的，以抢劫罪定罪处罚。

2. 以暴力、胁迫手段索取超出正常交易价钱、费用的钱财的行为定性

从事正常商品买卖、交易或者劳动服务的人，以暴力、胁迫手段迫使他人交出与合理价钱、费用相差不大钱物，情节严重的，以强迫交易罪定罪处罚；以非法占有为目的，以买卖、交易、服务为幌子采用暴力、胁迫手段迫使他人交出与合理价钱、费用相差悬殊的钱物的，以抢劫罪定罪处刑。在具体认定时，既要考虑超出合理价钱、费用的绝对数额，还要考虑超出合理价钱、费用的比例，加以综合判断。

3. 抢劫罪与绑架罪的界限

绑架罪是侵害他人人身自由权利的犯罪,其与抢劫罪的区别在于:第一,主观方面不尽相同。抢劫罪中,行为人一般出于非法占有他人财物的故意实施抢劫行为,绑架罪中,行为人既可能为勒索他人财物而实施绑架行为,也可能出于其它非经济目的实施绑架行为;第二,行为手段不尽相同。抢劫罪表现为行为人劫取财物一般应在同一时间、同一地点,具有“当场性”;绑架罪表现为行为人以杀害、伤害等方式向被绑架人的亲属或其他人或单位发出威胁,索取赎金或提出其他非法要求,劫取财物一般不具有“当场性”。

绑架过程中又当场劫取被害人随身携带财物的,同时触犯绑架罪和抢劫罪两罪名,应择一重罪定罪处罚。

4. 抢劫罪与寻衅滋事罪的界限

寻衅滋事罪是严重扰乱社会秩序的犯罪,行为人实施寻衅滋事的行为时,客观上也可能表现为强拿硬要公私财物的特征。这种强拿硬要的行为与抢劫罪的区别在于:前者行为人主观上还具有逞强好胜和通过强拿硬要来填补其精神空虚等目的,后者行为人一般只具有非法占有他人财物的目的;前者行为人客观上一般不以严重侵犯他人人身权利的方法强拿硬要财物,而后者行为人则以暴力、胁迫等方式作为劫取他人财物的手段。司法实践中,对于未成年人使用或威胁使用轻微暴力强抢少量财物的行为,一般不宜以抢劫罪定罪处罚。其行为符合寻衅滋事罪特征的,可以寻衅滋事罪定罪处罚。

5. 抢劫罪与故意伤害罪的界限

行为人为索取债务,使用暴力、暴力威胁等手段的,一般不以抢劫罪定罪处罚。构成故意伤害等其他犯罪的,依照刑法第二百三十四条等规定处罚。

十、抢劫罪的既遂、未遂的认定

抢劫罪侵犯的是复杂客体,既侵犯财产权利又侵犯人身权利,具备劫取财物或者造成他人轻伤以上后果两者之一的,均属抢劫既遂;既未劫取财物,又未造成他人人身伤害后果的,属抢劫未遂。据此,刑法第二百六十三条规定的八种处罚情节中除“抢劫致人重伤、死亡的”这一结果加重情节之外,其余七种处罚情节同样存在既遂、未遂问题，其中属抢劫未遂的，应当根据刑法关于加重情节的法定刑规定，结合未遂犯的处理原则量刑。

十一、驾驶机动车、非机动车夺取他人财物行为的定性

对于驾驶机动车、非机动车（以下简称“驾驶车辆”）夺取他人财物的，一般以抢夺罪从重处罚。但具有下列情形之一，应当以抢劫罪定罪处罚：

（1）驾驶车辆，逼挤、撞击或强行逼倒他人以排除他人反抗，乘机夺取财物的；

（2）驾驶车辆强抢财物时，因被害人不放手而采取强拉硬拽方法劫取财物的；

（3）行为人明知其驾驶车辆强行夺取他人财物的手段会造成他人伤亡的后果，仍然强行夺取并放任造成财物持有人轻伤以上后果的。

最高人民法院关于审理抢夺刑事案件具体应用法律若干问题的解释

（2002年7月15日最高人民法院审判委员会第1231次会议通过 2002年7月16日公布 自2002年7月20日起施行 法释〔2002〕18号）

为依法惩治抢夺犯罪活动，根据刑法有关规定，现就审理这类案件具体应用法律的若干问题解释如下：

第一条 抢夺公私财物“数额较大”、“数额巨大”、“数额特别巨大”的标准如下：

（一）抢夺公私财物价值人民币五百元至二千元以上的，为“数额较大”；

（二）抢夺公私财物价值人民币五千元至二万元以上的，为“数额巨大”；

（三）抢夺公私财物价值人民币三万元至十万元以上的，为“数额特别巨大”。

第二条 抢夺公私财物达到本解释第一条第（一）项规定的“数额较大”的标准，具有下列情形之一的，可以依照刑法第二百六十七条第一款的规定，以抢夺罪从重处罚：

（一）抢夺残疾人、老年人、不满十四周岁未成年人的财物的；

（二）抢夺救灾、抢险、防汛、优抚、扶贫、移民、救济等款物的；

（三）一年内抢夺三次以上的；

（四）利用行驶的机动车辆抢夺的。

抢夺公私财物，未经行政处罚处理，依法应当追诉的，抢夺数额累计计算。

第三条 抢夺公私财物虽然达到本解释第一条第（一）项规定的“数额较大”的标准，但具有下列情形之一的，可以视为刑法第三十七条规定的“犯罪情节轻微不需要判处刑罚”，免予刑事处罚：

（一）已满十六周岁不满十八周岁的未成年人作案，属于初犯或者被教唆犯罪的；

（二）主动投案、全部退赃或者退赔的；

（三）被胁迫参加抢夺，没有分赃或者获赃较少的；

（四）其他情节轻微，危害不大的。

第四条 抢夺公私财物，数额接近本解释第一条第（二）项、第（三）项规定的“数额巨大”、“数额特别巨大”的标准，并具有本解释第二条规定的情形之一的，可以分别认定为“其他严重情节”或者“其他特别严重情节”。

第五条 实施抢夺公私财物行为，构成抢夺罪，同时造成被害人重伤、死亡等后果，构成过失致人重伤罪、过失致人死亡罪等犯罪的，依照处罚较重的规定定罪处罚。

第六条 各省、自治区、直辖市高级人民法院可以根据本地区经济发展状况，并考虑社会治安状况，在本解释第一条规定的数额幅度内，分别确定本地区执行的具体标准，并报最高人民法院备案。

最高人民法院关于抢劫过程中故意杀人案件如何定罪问题的批复

（2001年5月22日最高人民法院审判委员会第1176次会议通过　自2001年5月26日起施行　法释〔2001〕16号）

上海市高级人民法院：

你院沪高法〔2000〕117号《关于抢劫过程中故意杀人案件定性问题的请示》收

悉。经研究,答复如下:

行为人为劫取财物而预谋故意杀人,或者在劫取财物过程中,为制服被害人反抗而故意杀人的,以抢劫罪定罪处罚。

行为人实施抢劫后,为灭口而故意杀人的,以抢劫罪和故意杀人罪定罪,实行数罪并罚。

最高人民法院关于审理抢劫案件具体应用法律若干问题的解释

(2000 年 11 月 17 日最高人民法院审判委员会第 1141 次会议通过 自 2000 年 11 月 28 日起施行 法释〔2000〕35 号)

为依法惩处抢劫犯罪活动,根据刑法的有关规定,现就审理抢劫案件具体应用法律的若干问题解释如下:

第一条 刑法第二百六十三条第(一)项规定的“入户抢劫”,是指为实施抢劫行为而进入他人生活的与外界相对隔离的住所,包括封闭的院落、牧民的帐篷、渔民作为家庭生活场所的渔船、为生活租用的房屋等进行抢劫的行为。

对于入户盗窃,因被发现而当场使用暴力或者以暴力相威胁的行为,应当认定为入户抢劫。

第二条 刑法第二百六十三条第(二)项规定的“在公共交通工具上抢劫”,既包括在从事旅客运输的各种公共汽车,大、中型出租车,火车,船只,飞机等正在运营中的机动公共交通工具上对旅客、司售、乘务人员实施的抢劫,也包括对运行途中的机动公共交通工具加以拦截后,对公共交通工具上的人员实施的抢劫。

第三条 刑法第二百六十三条第(三)项规定的“抢劫银行或者其他金融机构”,是指抢劫银行或者其他金融机构的经营资金、有价证券和客户的资金等。

抢劫正在使用中的银行或者其他金融机构的运钞车的，视为“抢劫银行或者其他金融机构”。

第四条 刑法第二百六十三条第（四）项规定的“抢劫数额巨大”的认定标准，参照各地确定的盗窃罪数额巨大的认定标准执行。

第五条 刑法第二百六十三条第（七）项规定的“持枪抢劫”，是指行为人使用枪支或者向被害人显示持有、佩带的枪支进行抢劫的行为。“枪支”的概念和范围，适用《中华人民共和国枪支管理法》的规定。

第六条 刑法第二百六十七条第二款规定的“携带凶器抢夺”，是指行为人随身携带枪支、爆炸物、管制刀具等国家禁止个人携带的器械进行抢夺或者为了实施犯罪而携带其他器械进行抢夺的行为。

最高人民法院关于如何理解刑法第二百七十二条规定的“挪用本单位资金归个人使用或者借贷给他人”问题的批复

（2000年6月30日最高人民法院审判委员会第1121次会议通过 自2000年7月27日起施行 法释〔2000〕22号）

新疆维吾尔自治区高级人民法院：

你院新高法〔1998〕193号《关于对刑法第二百七十二条“挪用本单位资金归个人使用或者借贷给他人”的规定应如何理解的请示》收悉。经研究，答复如下：

公司、企业或者其他单位的非国家工作人员，利用职务上的便利，挪用本单位资金归本人或者其他自然人使用，或者挪用人以个人名义将所挪用的资金借给其他自然人和单位，构成犯罪的，应当依照刑法第二百七十二条第一款的规定定罪处罚。

最高人民法院关于敲诈勒索罪数额认定标准问题的规定

（2000 年 4 月 28 日最高人民法院审判委员会第 1113 次会议通过　自 2000 年 5 月 18 日起施行　法释〔2000〕11 号）

根据刑法第二百七十四条的规定，现对敲诈勒索罪数额认定标准规定如下：

一、敲诈勒索公私财物“数额较大”，以一千元至三千元为起点；

二、敲诈勒索公私财物“数额巨大”，以一万元至三万元为起点。

各省、自治区、直辖市高级人民法院可以根据本地区实际情况，在上述数额幅度内，研究确定本地区执行的敲诈勒索罪“数额较大”、“数额巨大”的具体数额标准，并报最高人民法院备案。

最高人民法院关于对受委托管理、经营国有财产人员挪用国有资金行为如何定罪问题的批复

（2000 年 2 月 13 日最高人民法院审判委员会第 1099 次会议通过　自 2000 年 2 月 24 日起施行　法释〔2000〕5 号）

江苏省高级人民法院：

你院苏高法〔1999〕94 号《关于受委托管理、经营国有财产的人员能否作为挪用公款罪主体问题的请示》收悉。经研究，答复如下：

对于受国家机关、国有公司、企业、事业单位、人民团体委托，管理、经营国有财产的非国家工作人员，利用职务上的便利，挪用国有资金归个人使用构成犯罪的，

应当依照刑法第二百七十二条第一款的规定定罪处罚。

最高人民法院关于村民小组组长利用职务便利非法占有公共财物行为如何定性问题的批复

(1999年6月18日最高人民法院审判委员会第1069次会议通过　自1999年7月3日起施行　法释〔1999〕12号)

四川省高级人民法院：

你院川高法〔1998〕224号《关于村民小组组长利用职务便利侵吞公共财物如何定性的问题的请示》收悉。经研究，答复如下：

对村民小组组长利用职务上的便利，将村民小组集体财产非法占为己有，数额较大的行为，应当依照刑法第二百七十一条第一款的规定，以职务侵占罪定罪处罚。

最高人民法院最高人民检察院公安部关于铁路运输过程中盗窃罪数额认定标准问题的规定

(1999年2月4日　公发〔1999〕4号)

各省、自治区、直辖市高级人民法院，人民检察院，公安厅、局，解放军军事法院、军事检察院：

根据《刑法》第二百六十四条的规定，结合铁路运输的治安状况和盗窃案件特点，现对铁路运输过程中盗窃罪数额认定标准规定如下：

一、个人盗窃公私财物"数额较大"，以一千元为起点；

二、个人盗窃公私财物“数额巨大”，以一万元为起点；

三、个人盗窃公私财物“数额特别巨大”，以六万元为起点。

最高人民法院最高人民检察院公安部关于依法查处盗窃、抢劫机动车案件的规定

（1998 年 5 月 8 日 公通字〔1998〕31 号）

为依法严厉打击盗窃、抢劫机动车犯罪活动，堵塞盗窃、抢劫机动车犯罪分子的销赃渠道，保护国家、集体财产和公民的合法财产，根据《中华人民共和国刑法》（以下简称《刑法》）、《中华人民共和国刑事诉讼法》（以下简称《刑事诉讼法》）和其他有关法律、法规的规定，制定本规定。

一、司法机关依法查处盗窃、抢劫机动车案件，任何单位和个人都应当予以协助。以暴力、威胁方法阻碍司法工作人员依法办案的，依照《刑法》第二百七十七条第一款的规定处罚。

二、明知是盗窃、抢劫所得机动车而予以窝藏、转移、收购或者代为销售的，依照《刑法》第三百一十二条的规定处罚。

对明知是盗窃、抢劫所得机动车而予以拆解、改装、拼装、典当、倒卖的，视为窝藏、转移、收购或者代为销售，依照《刑法》第三百一十二条的规定处罚。

三、国家指定的车辆交易市场、机动车经营企业（含典当、拍卖行）以及从事机动车修理、零部件销售企业的主管人员或者其他直接责任人员，明知是盗窃、抢劫的机动车而予以窝藏、转移、拆解、改装、拼装、收购或者代为销售的，依照《刑法》第三百一十二条的规定处罚。单位组织实施上述行为的，由工商行政管理机关予以处罚。

四、本规定第二条和第三条中的行为人事先与盗窃、抢劫机动车辆的犯罪分子通谋的，分别以盗窃、抢劫罪的共犯论处。

五、机动车交易必须在国家指定的交易市场或合法经营企业进行，其交易凭证

经工商行政管理机关验证盖章后办理登记或过户手续，私下交易机动车辆属于违法行为，由工商行政管理机关依法处理。

明知是赃车而购买，以收购赃物罪定罪处罚。单位的主管人员或者其他直接责任人员明知是赃车购买的，以收购赃物罪定罪处罚。

明知是赃车而介绍买卖的，以收购、销售赃物罪的共犯论处。

六、非法出售机动车有关发票的，或者伪造、擅自制造或者出售伪造、擅自制造的机动车有关发票的，依照《刑法》第二百零九条的规定处罚。

七、伪造、变造、买卖机动车牌证及机动车入户、过户、验证的有关证明文件的，依照《刑法》第二百八十条第一款的规定处罚。

八、公安、工商行政管理人员利用职务上的便利，索取或者非法收受他人财物，为赃车入户、过户、验证构成犯罪的，依照《刑法》第三百八十五条、第三百八十六条的规定处罚。

九、公安、工商行政管理人员或者其他国家机关工作人员滥用职权或者玩忽职守、徇私舞弊，致使赃车入户、过户、验证的，给予行政处分；致使公共财产、国家和人民利益遭受重大损失的，依照《刑法》第三百九十七条的规定处罚。

十、公安人员对盗窃、抢劫的机动车辆，非法提供机动车牌证或者为其取得机动车牌证提供便利，帮助犯罪分子逃避处罚的，依照《刑法》第四百一十七条规定处罚。

十一、对犯罪分子盗窃、抢劫所得的机动车辆及其变卖价款，应当依照《刑法》第六十四条的规定予以追缴。

十二、对明知是赃车而购买的，应将车辆无偿追缴；对违反国家规定购买车辆，经查证是赃车的，公安机关可以根据《刑事诉讼法》第一百一十条和第一百一十四条规定进行追缴和扣押。对不明知是赃车而购买的，结案后予以退还买主。

十三、对购买赃车后使用非法提供的入户、过户手续或者使用伪造、变造的入户、过户手续为赃车入户、过户的，应当吊销牌证，并将车辆无偿追缴；已将入户、过户车辆变卖的，追缴变卖所得并责令赔偿经济损失。

十四、对直接从犯罪分子处追缴的被盗窃、抢劫的机动车辆，经检验鉴定，查证属实后，可依法先行返还失主，移送案件时附清单、照片及其他证据。在返还失主前，按照赃物管理规定管理，任何单位和个人都不得挪用、损毁或者自行处理。

十五、盗窃、抢劫机动车案件，由案件发生地公安机关立案侦查，赃车流入地公安机关应当予以配合。跨地区系列盗窃、抢劫机动车案件，由最初受理的公安机关立案侦查；必要时，可由主要犯罪地公安机关立案侦查，或者由上级公安机关指定立案侦查。

十六、各地公安机关扣押或者协助管辖单位追回的被盗窃、抢劫的机动车应当移送管辖单位依法处理，不得以任何理由扣留或者索取费用。拖延不交的，给予单位领导行政处分。

十七、本规定所称的“明知”，是指知道或者应当知道。有下列情形之一的，可视为应当知道，但有证据证明确属被蒙骗的除外：

（一）在非法的机动车交易场所和销售单位购买的；

（二）机动车证件手续不全或者明显违反规定的；

（三）机动车发动机号或者车架号有更改痕迹，没有合法证明的；

（四）以明显低于市场价格购买机动车的。

十八、本规定自公布之日起执行。对侵占、抢夺，诈骗机动车案件的查处参照本规定的原则办理。本规定公布后尚未办结的案件，适用本规定。

最高人民法院关于审理盗窃案件具体应用法律若干问题的解释

（1997 年 11 月 4 日最高人民法院审判委员会第 942 次会议通过自 1998 年 3 月 17 日起施行 法释〔1998〕4 号）

为依法惩处盗窃犯罪活动，根据刑法有关规定，现就审理盗窃案件具体应用法律的若干问题解释如下：

第一条 根据刑法第二百六十四条的规定，以非法占有为目的，秘密窃取公私财物数额较大或者多次盗窃公私财物的行为，构成盗窃罪。

（一）盗窃数额，是指行为人窃取的公私财物的数额。

（二）盗窃未遂，情节严重，如以数额巨大的财物或者国家珍贵文物等为盗窃目标的，应当定罪处罚。

（三）盗窃的公私财物，包括电力、煤气、天然气等。

（四）偷拿自己家的财物或者近亲属的财物，一般可不按犯罪处理；对确有追究刑事责任必要的，处罚时也应与在社会上作案的有所区别。

第二条 刑法第二百六十五条规定的"以牟利为目的"，是指为了出售、出租、自用、转让等谋取经济利益的行为。

第三条 盗窃公私财物"数额较大"、"数额巨大"、"数额特别巨大"的标准如下：

（一）个人盗窃公私财物价值人民币五百元至二千元以上的，为"数额较大"。

（二）个人盗窃公私财物价值人民币五千元至二万元以上的，为"数额巨大"。

（三）个人盗窃公私财物价值人民币三万元至十万元以上的，为"数额特别巨大"。

各省、自治区、直辖市高级人民法院可根据本地区经济发展状况，并考虑社会治安状况，在前款规定的数额幅度内，分别确定本地区执行的"数额较大"、"数额巨大"、"数额特别巨大"的标准。

第四条 对于一年内入户盗窃或者在公共场所扒窃三次以上的，应当认定为"多次盗窃"，以盗窃罪定罪处罚。

第五条 被盗物品的数额，按照下列方法计算：

（一）被盗物品的价格，应当以被盗物品价格的有效证明确定。对于不能确定的，应当区别情况，根据作案当时、当地的同类物品的价格，并按照下列核价方法，以人民币分别计算：

1. 流通领域的商品，按市场零售价的中等价格计算；属于国家定价的，按国家定价计算；属于国家指导价的，按指导价的最高限价计算。

2. 生产领域的产品，成品按本项之1规定的方法计算；半成品比照成品价格折算。

3. 单位和公民的生产资料、生活资料等物品，原则上按购进价计算，但作案当时市场价高于原购进价的，按当时市场价的中等价格计算。

4. 农副产品，按农贸市场同类产品的中等价格计算。

大牲畜，按交易市场同类同等大牲畜的中等价格计算。

5. 进出口货物、物品，按本项之1规定的方法计算。

6. 金、银、珠宝等制作的工艺品，按国有商店零售价格计算；国有商店没有出售的，按国家主管部门核定的价格计算。

黄金、白银按国家定价计算。

7. 外币，按被盗当日国家外汇管理局公布的外汇卖出价计算。

8. 不属于馆藏三级以上的一般文物，包括古玩、古书画等，按国有文物商店的一般零售价计算，或者按国家文物主管部门核定的价格计算。

9. 以牟利为目的，盗接他人通信线路、复制他人电信码号的，盗窃数额按当地邮电部门规定的电话初装费、移动电话入网费计算；销赃数额高于电话初装费、移动电话入网费的，盗窃数额按销赃数额计算。移动电话的销赃数额，按减去裸机成本价格计算。

10. 明知是盗接他人通信线路、复制他人电信码号的电信设备、设施而使用的，盗窃数额按合法用户为其支付的电话费计算。盗窃数额无法直接确认的，应当以合法用户的电信设备、设施被盗接、复制后的月缴费额减去被复制前6个月的平均电话费推算；合法用户使用电信设备、设施不足6个月的，按实际使用的月平均电话费推算。

11. 盗接他人通信线路后自己使用的，盗窃数额按本项之10的规定计算；复制他人电信码号后自己使用的，盗窃数额按本项之9、10规定的盗窃数额累计计算。

（二）有价支付凭证、有价证券、有价票证，按下列方法计算：

1. 不记名、不挂失的有价支付凭证、有价证券、有价票证，不论能否即时兑现，均按票面数额和案发时应得的孳息、奖金或者奖品等可得收益一并计算。股票按被盗当日证券交易所公布的该种股票成交的平均价格计算。

2. 记名的有价支付凭证、有价证券、有价票证，如果票面价值已定并能即时兑现的，如活期存折、已到期的定期存折和已填上金额的支票，以及不需证明手续即可提取货物的提货单等，按票面数额和案发时应得的利息或者可提货物的价值计算。如果票面价值未定,但已经兑现的,按实际兑现的财物价值计算;尚未兑现的,可作为定罪量刑的情节。

不能即时兑现的记名有价支付凭证、有价证券、有价票证或者能即时兑现的有价支付凭证、有价证券、有价票证已被销毁、丢弃,而失主可以通过挂失、补领、补办手续等方式避免实际损失的,票面数额不作为定罪量刑的标准,但可作为定罪量刑的情节。

(三)邮票、纪念币等收藏品、纪念品,按国家有关部门核定的价格计算。

(四)同种类的大宗被盗物品,失主以多种价格购进,能够分清的,分别计算;难以分清的,应当按此类物品的中等价格计算。

(五)被盗物品已被销赃、挥霍、丢弃、毁坏的,无法追缴或者几经转手,最初形态被破坏的,应当根据失主、证人的陈述、证言和提供的有效凭证以及被告人的供述,按本条第(一)项规定的核价方法,确定原被盗物品的价值。

(六)失主以明显低于被盗当时、当地市场零售价购进的物品,应当按本条第(一)项规定的核价方法计算。

(七)销赃数额高于按本解释计算的盗窃数额的,盗窃数额按销赃数额计算。

(八)盗窃违禁品,按盗窃罪处理的,不计数额,根据情节轻重量刑。

(九)被盗物品价格不明或者价格难以确定的,应当按国家计划委员会、最高人民法院、最高人民检察院、公安部《扣押、追缴、没收物品估价管理办法》的规定,委托指定的估价机构估价。

(十)对已陈旧、残损或者使用过的被盗物品,应当结合作案当时、当地同类物品的价格和被盗时的残旧程度,按本条第(九)项的规定办理。

(十一)残次品,按主管部门核定的价格计算;废品,按物资回收利用部门的收购价格计算;假、劣物品,有价值的,按本条第(九)项的规定办理,以实际价值计算。

(十二)多次盗窃构成犯罪,依法应当追诉的,或者最后一次盗窃构成犯罪,前次盗窃行为在一年以内的,应当累计其盗窃数额。

(十三)盗窃行为给失主造成的损失大于盗窃数额的,损失数额可作为量刑的情节。

第六条 审理盗窃案件,应当根据案件的具体情形认定盗窃罪的情节:

（一）盗窃公私财物接近"数额较大"的起点，具有下列情形之一的，可以追究刑事责任：

1. 以破坏性手段盗窃造成公私财产损失的；

2. 盗窃残疾人、孤寡老人或者丧失劳动能力人的财物的；

3. 造成严重后果或者具有其他恶劣情节的。

（二）盗窃公私财物虽已达到"数额较大"的起点，但情节轻微，并具有下列情形之一的，可不作为犯罪处理：

1. 已满十六周岁不满十八周岁的未成年人作案的；

2. 全部退赃、退赔的；

3. 主动投案的；

4. 被胁迫参加盗窃活动，没有分赃或者获赃较少的；

5. 其他情节轻微、危害不大的。

（三）盗窃数额达到"数额较大"或者"数额巨大"的起点，并具有下列情形之一的，可以分别认定为"其他严重情节"或者"其他特别严重情节"：

1. 犯罪集团的首要分子或者共同犯罪中情节严重的主犯；

2. 盗窃金融机构的；

3. 流窜作案危害严重的；

4. 累犯；

5. 导致被害人死亡、精神失常或者其他严重后果的；

6. 盗窃救灾、抢险、防汛、优抚、扶贫、移民、救济、医疗款物，造成严重后果的；

7. 盗窃生产资料，严重影响生产的；

8. 造成其他重大损失的。

第七条　审理共同盗窃犯罪案件，应当根据案件的具体情形对各被告人分别作出处理：

（一）对犯罪集团的首要分子，应当按照集团盗窃的总数额处罚。

（二）对共同犯罪中的其他主犯，应当按照其所参与的或者组织、指挥的共同盗窃的数额处罚。

（三）对共同犯罪中的从犯，应当按照其所参与的共同盗窃的数额确定量刑幅度,并依照刑法第二十七条第二款的规定,从轻、减轻处罚或者免除处罚。

第八条 刑法第二百六十四条规定的"盗窃金融机构",是指盗窃金融机构的经营资金、有价证券和客户的资金等,如储户的存款、债券、其他款物,企业的结算资金、股票,不包括盗窃金融机构的办公用品、交通工具等财物的行为。

第九条 盗窃国家三级文物的,处三年以下有期徒刑、拘役或者管制,并处或者单处罚金;盗窃国家二级文物的,处三年以上十年以下有期徒刑,并处罚金;盗窃国家一级文物的,处十年以上有期徒刑或者无期徒刑,并处罚金或者没收财产。

一案中盗窃三级以上不同等级文物的,按照所盗文物中高级别文物的量刑幅度处罚;一案中盗窃同级文物三件以上的,按照盗窃高一级文物的量刑幅度处罚。

刑法第二百六十四条规定的"盗窃珍贵文物,情节严重",主要是指盗窃国家一级文物后造成损毁、流失,无法追回;盗窃国家二级文物三件以上或者盗窃国家一级文物一件以上,并具有本解释第六条第(三)项第1348目规定情形之一的行为。

第十条 根据刑法第一百九十六条第三款的规定,盗窃信用卡并使用的,以盗窃罪定罪处罚。其盗窃数额应当根据行为人盗窃信用卡后使用的数额认定。

第十一条 根据刑法第二百一十条第一款的规定,盗窃增值税专用发票或者可以用于骗取出口退税、抵扣税款的其他发票的,以盗窃罪定罪处罚。盗窃上述发票数量在二十五份以上的,为"数额较大";数量在二百五十份以上的,为"数额巨大";数量在二千五百份以上的,为"数额特别巨大"。

第十二条 审理盗窃案件,应当注意区分盗窃罪与其他犯罪的界限:

(一)盗窃广播电视设施、公用电信设施价值数额不大,但是构成危害公共安全犯罪的,依照刑法第一百二十四条的规定定罪处罚;盗窃广播电视设施、公用电信设施同时构成盗窃罪和破坏广播电视设施、公用电信设施罪的,择一重罪处罚。

(二)盗窃使用中的电力设备,同时构成盗窃罪和破坏电力设备罪的,择一重罪处罚。

(三)为盗窃其他财物,盗窃机动车辆当犯罪工具使用的,被盗机动车辆的价值计入盗窃数额;为实施其他犯罪盗窃机动车辆的,以盗窃罪和所实施的其他犯罪实行数罪并罚。为实施其他犯罪,偷开机动车辆当犯罪工具使用后,将偷开的机动车辆送回原处或者停放到原处附近,车辆未丢失的,按照其所实施的犯罪从重处罚。

（四）为练习开车、游乐等目的，多次偷开机动车辆，并将机动车辆丢失的，以盗窃罪定罪处罚；在偷开机动车辆过程中发生交通肇事构成犯罪，又构成其他罪的，应当以交通肇事罪和其他罪实行数罪并罚；偷开机动车辆造成车辆损坏的，按照刑法第二百七十五条的规定定罪处罚；偶尔偷开机动车辆，情节轻微的，可以不认为是犯罪。

（五）实施盗窃犯罪，造成公私财物损毁的，以盗窃罪从重处罚；又构成其他犯罪的，择一重罪从重处罚；盗窃公私财物未构成盗窃罪，但因采用破坏性手段造成公私财物损毁数额较大的，以故意毁坏财物罪定罪处罚。盗窃后，为掩盖盗窃罪行或者报复等，故意破坏公私财物构成犯罪的，应当以盗窃罪和构成的其他罪实行数罪并罚。

（六）盗窃技术成果等商业秘密的，按照刑法第二百一十九条的规定定罪处罚。

第十三条 对于依法应当判处罚金刑的盗窃犯罪分子，应当在一千元以上盗窃数额的二倍以下判处罚金；对于依法应当判处罚金刑，但没有盗窃数额或者无法计算盗窃数额的犯罪分子，应当在一千元以上十万元以下判处罚金。

最高人民法院关于审理诈骗案件具体应用法律的若干问题的解释

（1996 年 12 月 16 日最高人民法院审判委员会
第 853 次会议讨论通过 法发〔1996〕32 号）

为依法惩治诈骗犯罪活动，根据《中华人民共和国刑法》（以下简称《刑法》）和《全国人民代表大会常务委员会关于惩治破坏金融秩序犯罪的决定》（以下简称《决定》）的有关规定，现就审理诈骗案件的几个具体问题解释如下：

一、根据《刑法》第一百五十一条和第一百五十二条的规定，诈骗公私财物数额较大的，构成诈骗罪。

个人诈骗公私财物 2 千元以上的，属于“数额较大”；个人诈骗公私财物 3 万元以上的,属于“数额巨大”。

个人诈骗公私财物20万元以上的,属于诈骗数额特别巨大。诈骗数额特别巨大是认定诈骗犯罪“情节特别严重”的一个重要内容,但不是唯一情节。诈骗数额在10万元以上,又具有下列情形之一的,也应认定为“情节特别严重”:

(1)诈骗集团的首要分子或者共同诈骗犯罪中情节严重的主犯;

(2)惯犯或者流窜作案危害严重的;

(3)诈骗法人、其他组织或者个人急需的生产资料,严重影响生产或者造成其他严重损失的;

(4)诈骗救灾、抢险、防汛、优抚、救济、医疗款物,造成严重后果的;

(5)挥霍诈骗的财物,致使诈骗的财物无法返还的;

(6)使用诈骗的财物进行违法犯罪活动的;

(7)曾因诈骗受过刑事处罚的;

(8)导致被害人死亡、精神失常或者其他严重后果的;

(9)具有其他严重情节的。

单位直接负责的主管人员和其他直接责任人员以单位名义实施诈骗行为,诈骗所得归单位所有,数额在5万至10万元以上的,应当依照《刑法》第一百五十一条的规定追究上述人员的刑事责任;数额在20万至30万元以上的,依照《刑法》第一百五十二条的规定追究上述人员的刑事责任。

对共同诈骗犯罪,应当以行为人参与共同诈骗的数额认定其犯罪数额,并结合行为人在共同犯罪中的地位、作用和非法所得数额等情节依法处罚。

已经着手实行诈骗行为,只是由于行为人意志以外的原因而未获取财物的,是诈骗未遂。诈骗未遂,情节严重的,也应当定罪并依法处罚。

各省、自治区、直辖市高级人民法院可根据本地区经济发展状况,并考虑社会治安状况,在“2千元至4千元”、“3万元至5万元”的幅度内,分别确定本地区执行的个人诈骗“数额较大”、“数额巨大”,以及单位实施诈骗,追究有关人员刑事责任,参照本条第四款规定的数额,确定适用《刑法》第一百五十一条或者第一百五十二条的具体数额标准,并报最高人民法院备案。

二、根据《刑法》第一百五十一条和第一百五十二条的规定,利用经济合同诈骗他人财物数额较大的,构成诈骗罪。

利用经济合同进行诈骗的,诈骗数额应当以行为人实际骗取的数额认定,合同标的数额可以作为量刑情节予以考虑。

行为人具有下列情形之一的,应认定其行为属于以非法占有为目的,利用经济合同进行诈骗:

(一)明知没有履行合同的能力或者有效的担保,采取下列欺骗手段与他人签订合同,骗取财物数额较大并造成较大损失的:

1. 虚构主体;

2. 冒用他人名义;

3. 使用伪造、变造或者无效的单据、介绍信、印章或者其他证明文件的;

4. 隐瞒真相,使用明知不能兑现的票据或者其他结算凭证作为合同履行担保的;

5. 隐瞒真相,使用明知不符合担保条件的抵押物、债权文书等作为合同履行担保的;

6. 使用其他欺骗手段使对方交付款、物的。

(二)合同签订后携带对方当事人交付的货物、货款、预付款或者定金、保证金等担保合同履行的财产逃跑的;

(三)挥霍对方当事人交付的货物、货款、预付款或者定金、保证金等担保合同履行的财产,致使上述款物无法返还的;

(四)使用对方当事人交付的货物、货款、预付款或者定金、保证金等担保合同履行的财产进行违法犯罪活动,致使上述款物无法返还的;

(五)隐匿合同货物、货款、预付款或者定金、保证金等担保合同履行的财产,拒不返还的;

(六)合同签订后,以支付部分货款,开始履行合同为诱饵,骗取全部货物后,在合同规定的期限内或者双方另行约定的付款期限内,无正当理由拒不支付其余货款的。

三、根据《决定》第八条规定,以非法占有为目的,使用诈骗方法非法集资的,构成集资诈骗罪。

“诈骗方法”是指行为人采取虚构集资用途，以虚假的证明文件和高回报率为诱饵，骗取集资款的手段。

“非法集资”是指法人、其他组织或者个人，未经有权机关批准，向社会公众募集资金的行为。

行为人实施《决定》第八条规定的行为，具有下列情形之一的，应当认定其行为属于“以非法占有为目的，使用诈骗方法非法集资”：

(1)携带集资款逃跑的；

(2)挥霍集资款，致使集资款无法返还的；

(3)使用集资款进行违法犯罪活动，致使集资款无法返还的；

(4)具有其他欺诈行为，拒不返还集资款，或者致使集资款无法返还的。

个人进行集资诈骗数额在20万元以上的，属于“数额巨大”；个人进行集资诈骗数额在100万元以上的，属于“数额特别巨大”。

单位进行集资诈骗数额在50万元以上的，属于“数额巨大”；单位进行集资诈骗数额在250万元以上的，属于“数额特别巨大”。

四、根据《决定》第十条规定，以非法占有为目的，诈骗银行或者其他金融机构的贷款，数额较大的，构成贷款诈骗罪。

《决定》第十条规定的“其他严重情节”是指：

(1)为骗取贷款，向银行或者金融机构的工作人员行贿，数额较大的；

(2)挥霍贷款，或者用贷款进行违法活动，致使贷款到期无法偿还的；

(3)隐匿贷款去向，贷款期限届满后，拒不偿还的；

(4)提供虚假的担保申请贷款，贷款期限届满后，拒不偿还的；

(5)假冒他人名义申请贷款，贷款期限届满后，拒不偿还的。

《决定》第十条规定的“其他特别严重情节”是指：

(1)为骗取贷款，向银行或者金融机构的工作人员行贿，数额巨大的；

(2)携带贷款逃跑的；

(3)使用贷款进行犯罪活动的。

个人进行贷款诈骗数额在1万元以上的，属于“数额较大”；个人进行贷款诈骗数额在5万元以上的，属于“数额巨大”；个人进行贷款诈骗数额在20万元以上的，属于“数额特别巨大”。

五、根据《决定》第十二条规定，利用金融票据进行诈骗活动，数额较大的，构成票据诈骗罪。

个人进行票据诈骗数额在5千元以上的，属于“数额较大”；个人进行票据诈骗数额在5万元以上的，属于“数额巨大”；个人进行票据诈骗数额在10万元以上的，属于“数额特别巨大”。

单位进行票据诈骗数额在10万元以上的，属于“数额较大”；单位进行票据诈骗数额在30万元以上的，属于“数额巨大”；单位进行票据诈骗数额在100万元以上的，属于“数额特别巨大”。

使用伪造、变造的委托收款凭证、汇款凭证、银行存单等其他银行结算凭证进行诈骗，数额较大的，以票据诈骗罪定罪处罚。

六、根据《决定》第十三条规定，利用信用证进行诈骗活动的，构成信用证诈骗罪。

个人进行信用证诈骗数额在10万元以上的，属于“数额巨大”；个人进行信用证诈骗数额在50万元以上的，属于“数额特别巨大”。

单位进行信用证诈骗数额在50万元以上的，属于“数额巨大”；单位进行信用证诈骗数额在250万元以上的，属于“数额特别巨大”。

七、根据《决定》第十四条规定，利用信用卡进行诈骗活动，数额较大的，构成信用卡诈骗罪。

行为人实施《决定》第十四条第一款(一)、(二)、(三)项规定的行为，诈骗数额在5千元以上的，属于“数额较大”；诈骗数额在5万元以上的，属于“数额巨大”；诈骗数额在20万元以上的，属于“数额特别巨大”。

“恶意透支”是指持卡人以非法占有为目的，或者明知无力偿还，透支数额超过信用卡准许透支的数额较大，逃避追查，或者自收到发卡银行催收通知之日起3个月内仍不归还的行为。恶意透支5千元以上的，属于“数额较大”；恶意透支5万元以上的，属于“数额巨大”；恶意透支20万元以上的，属于“数额特别巨大”。

持卡人在银行交纳保证金的，其恶意透支数额以超出保证金的数额计算。

八、根据《决定》第十六条规定，进行保险诈骗活动，数额较大的，构成保险诈骗罪。

个人进行保险诈骗数额在1万元以上的,属于"数额较大";个人进行保险诈骗数额在5万元以上的,属于"数额巨大";个人进行保险诈骗数额在20万元以上的,属于"数额特别巨大"。

单位进行保险诈骗数额在5万元以上的,属于"数额较大";单位进行保险诈骗数额在25万元以上的,属于"数额巨大";单位进行保险诈骗数额在100万元以上的,属于"数额特别巨大"。

九、对于多次进行诈骗,并以后次诈骗财物归还前次诈骗财物,在计算诈骗数额时,应当将案发前已经归还的数额扣除,按实际未归还的数额认定,量刑时可将多次行骗的数额作为从重情节予以考虑。

十、行为人进行诈骗犯罪活动,案发后扣押、冻结在案的财物及其孳息,如果权属明确的,应当发还给被害人;如果权属不明确的,可按被害人被骗款物占扣押、冻结在案的财物及其孳息总额的比例发还被害人;如果能够确定扣押、冻结在案的财物及其孳息不属于已查明的被害人所有,但又无法发还未查明被害人的,应当依法上缴国库。

十一、行为人将诈骗财物已用于归还个人欠款、货款或者其他经济活动的,如果对方明知是诈骗财物而收取,属恶意取得,应当一律予以追缴;如确属善意取得,则不再追缴。

十二、本解释中使用的货币数额是指人民币的数额。审理具体案件涉及外币的,应当依照行为发生时国家外汇管理局公布的外汇牌价折算成人民币。

十三、本解释所称"以上"包括本数在内。

十四、本解释自公布之日起生效。

8 妨害社会管理秩序罪

(一)司法解释

最高人民法院、最高人民检察院关于办理非法采供血液等刑事案件具体应用法律若干问题的解释

(2008 年 9 月 22 日 法释[2008]12 号)

为保障公民的身体健康和生命安全,依法惩处非法采供血液等犯罪,根据刑法有关规定,现对办理此类刑事案件具体应用法律的若干问题解释如下:

第一条 对未经国家主管部门批准或者超过批准的业务范围,采集、供应血液或者制作、供应血液制品的,应认定为刑法第三百三十四条第一款规定的"非法采集、供应血液或者制作、供应血液制品"。

第二条 对非法采集、供应血液或者制作、供应血液制品,具有下列情形之一的,应认定为刑法第三百三十四条第一款规定的"不符合国家规定的标准,足以危害人体健康",处五年以下有期徒刑或者拘役,并处罚金:

(一)采集、供应的血液含有艾滋病病毒、乙型肝炎病毒、丙型肝炎病毒、梅毒螺旋体等病原微生物的;

(二)制作、供应的血液制品含有艾滋病病毒、乙型肝炎病毒、丙型肝炎病毒、梅毒螺旋体等病原微生物,或者将含有上述病原微生物的血液用于制作血液制品的;

（三）使用不符合国家规定的药品、诊断试剂、卫生器材，或者重复使用一次性采血器材采集血液，造成传染病传播危险的；

（四）违反规定对献血者、供血浆者超量、频繁采集血液、血浆，足以危害人体健康的；

（五）其他不符合国家有关采集、供应血液或者制作、供应血液制品的规定标准，足以危害人体健康的。

第三条　对非法采集、供应血液或者制作、供应血液制品，具有下列情形之一的，应认定为刑法第三百三十四条第一款规定的"对人体健康造成严重危害"，处五年以上十年以下有期徒刑，并处罚金：

（一）造成献血者、供血浆者、受血者感染乙型肝炎病毒、丙型肝炎病毒、梅毒螺旋体或者其他经血液传播的病原微生物的；

（二）造成献血者、供血浆者、受血者重度贫血、造血功能障碍或者其他器官组织损伤导致功能障碍等身体严重危害的；

（三）对人体健康造成其他严重危害的。

第四条　对非法采集、供应血液或者制作、供应血液制品，具有下列情形之一的，应认定为刑法第三百三十四条第一款规定的"造成特别严重后果"，处十年以上有期徒刑或者无期徒刑，并处罚金或者没收财产：

（一）因血液传播疾病导致人员死亡或者感染艾滋病病毒的；

（二）造成五人以上感染乙型肝炎病毒、丙型肝炎病毒、梅毒螺旋体或者其他经血液传播的病原微生物的；

（三）造成五人以上重度贫血、造血功能障碍或者其他器官组织损伤导致功能障碍等身体严重危害的；

（四）造成其他特别严重后果的。

第五条　对经国家主管部门批准采集、供应血液或者制作、供应血液制品的部门，具有下列情形之一的，应认定为刑法第三百三十四条第二款规定的"不依照规定进行检测或者违背其他操作规定"：

（一）血站未用两个企业生产的试剂对艾滋病病毒抗体、乙型肝炎病毒表面抗原、丙型肝炎病毒抗体、梅毒抗体进行两次检测的；

（二）单采血浆站不依照规定对艾滋病病毒抗体、乙型肝炎病毒表面抗原、丙型肝炎病毒抗体、梅毒抗体进行检测的；

（三）血液制品生产企业在投料生产前未用主管部门批准和检定合格的试剂进行复检的；

（四）血站、单采血浆站和血液制品生产企业使用的诊断试剂没有生产单位名称、生产批准文号或者经检定不合格的；

（五）采供血机构在采集检验标本、采集血液和成分血分离时，使用没有生产单位名称、生产批准文号或者超过有效期的一次性注射器等采血器材的；

（六）不依照国家规定的标准和要求包装、储存、运输血液、原料血浆的；

（七）对国家规定检测项目结果呈阳性的血液未及时按照规定予以清除的；

（八）不具备相应资格的医务人员进行采血、检验操作的；

（九）对献血者、供血浆者超量、频繁采集血液、血浆的；

（十）采供血机构采集血液、血浆前，未对献血者或供血浆者进行身份识别，采集冒名顶替者、健康检查不合格者血液、血浆的；

（十一）血站擅自采集原料血浆，单采血浆站擅自采集临床用血或者向医疗机构供应原料血浆的；

（十二）重复使用一次性采血器材的；

（十三）其他不依照规定进行检测或者违背操作规定的。

第六条 对经国家主管部门批准采集、供应血液或者制作、供应血液制品的部门，不依照规定进行检测或者违背其他操作规定，具有下列情形之一的，应认定为刑法第三百三十四条第二款规定的“造成危害他人身体健康后果”，对单位判处罚金，并对其直接负责的主管人员和其他直接责任人员，处五年以下有期徒刑或者拘役：

（一）造成献血者、供血浆者、受血者感染艾滋病病毒、乙型肝炎病毒、丙型肝炎病毒、梅毒螺旋体或者其他经血液传播的病原微生物的；

（二）造成献血者、供血浆者、受血者重度贫血、造血功能障碍或者其他器官组织损伤导致功能障碍等身体严重危害的；

（三）造成其他危害他人身体健康后果的。

第七条 经国家主管部门批准的采供血机构和血液制品生产经营单位，应认定为刑法第三百三十四条第二款规定的"经国家主管部门批准采集、供应血液或者制作、供应血液制品的部门"。

第八条 本解释所称"血液"，是指全血、成分血和特殊血液成分。

本解释所称"血液制品"，是指各种人血浆蛋白制品。

本解释所称"采供血机构"，包括血液中心、中心血站、中心血库、脐带血造血干细胞库和国家卫生行政主管部门根据医学发展需要批准、设置的其他类型血库、单采血浆站。

最高人民法院关于审理非法行医刑事案件具体应用法律若干问题的解释

（2008 年 4 月 29 日　法释[2008]5 号）

为保障公民身体健康和生命安全，依法惩处非法行医犯罪，根据刑法的有关规定，现对审理非法行医刑事案件具体应用法律的若干问题解释如下：

第一条 具有下列情形之一的，应认定为刑法第三百三十六条第一款规定的"未取得医生执业资格的人非法行医"：

（一）未取得或者以非法手段取得医师资格从事医疗活动的；

（二）个人未取得《医疗机构执业许可证》开办医疗机构的；

（三）被依法吊销医师执业证书期间从事医疗活动的；

（四）未取得乡村医生执业证书，从事乡村医疗活动的；

（五）家庭接生员实施家庭接生以外的医疗行为的。

第二条 具有下列情形之一的，应认定为刑法第三百三十六条第一款规定的"情节严重"：

（一）造成就诊人轻度残疾、器官组织损伤导致一般功能障碍的；

（二）造成甲类传染病传播、流行或者有传播、流行危险的；

(三)使用假药、劣药或不符合国家规定标准的卫生材料、医疗器械,足以严重危害人体健康的;

(四)非法行医被卫生行政部门行政处罚两次以后,再次非法行医的;

(五)其他情节严重的情形。

第三条 具有下列情形之一的,应认定为刑法第三百三十六条第一款规定的"严重损害就诊人身体健康":

(一)造成就诊人中度以上残疾、器官组织损伤导致严重功能障碍的;

(二)造成三名以上就诊人轻度残疾、器官组织损伤导致一般功能障碍的。

第四条 实施非法行医犯罪,同时构成生产、销售假药罪,生产、销售劣药罪,诈骗罪等其他犯罪的,依照刑法处罚较重的规定定罪处罚。

第五条 本解释所称"轻度残疾、器官组织损伤导致一般功能障碍"、"中度以上残疾、器官组织损伤导致严重功能障碍",参照卫生部《医疗事故分级标准(试行)》认定。

最高人民法院、最高人民检察院、公安部关于印发《办理毒品犯罪案件适用法律若干问题的意见》的通知

(2007年12月18日 公通字[2007]84号)

各省、自治区、直辖市高级人民法院、人民检察院、公安厅、局,新疆维吾尔自治区高级人民法院生产建设兵团分院、新疆生产建设兵团人民检察院、公安局:

为解决近年来在办理毒品案件中遇到的一些突出法律适用问题,根据有关法律和司法解释的规定,结合侦查、批捕、起诉、审判工作实践,最高人民法院、最高人民检察院、公安部制定了《办理毒品犯罪案件适用法律若干问题的意见》。现印发给你们,请结合本地、本部门实际认真贯彻执行。

附：

办理毒品犯罪案件适用法律若干问题的意见

一、关于毒品犯罪案件的管辖问题

根据刑事诉讼法的规定，毒品犯罪案件的地域管辖，应当坚持以犯罪地管辖为主、被告人居住地管辖为辅的原则。

“犯罪地”包括犯罪预谋地，毒资筹集地，交易进行地，毒品生产地，毒资、毒赃和毒品的藏匿地、转移地，走私或者贩运毒品的目的地以及犯罪嫌疑人被抓获地等。

“被告人居住地”包括被告人常住地、户籍地及其临时居住地。

对怀孕、哺乳期妇女走私、贩卖、运输毒品案件，查获地公安机关认为移交其居住地管辖更有利于采取强制措施和查清犯罪事实的，可以报请共同的上级公安机关批准，移送犯罪嫌疑人居住地公安机关办理，查获地公安机关应继续配合。

公安机关对侦办跨区域毒品犯罪案件的管辖权有争议的，应本着有利于查清犯罪事实，有利于诉讼，有利于保障案件侦查安全的原则，认真协商解决。经协商无法达成一致的，报共同的上级公安机关指定管辖。对即将侦查终结的跨省（自治区、直辖市）重大毒品案件，必要时可由公安部商最高人民法院和最高人民检察院指定管辖。

为保证及时结案，避免超期羁押，人民检察院对于公安机关移送审查起诉的案件，人民法院对于已进入审判程序的案件，被告人及其辩护人提出管辖异议或者办案单位发现没有管辖权的，受案人民检察院、人民法院经审可以依法报请上级人民检察院、人民法院指定管辖，不再自行移送有管辖权的人民检察院、人民法院。

二、关于毒品犯罪嫌疑人、被告人主观明知的认定问题

走私、贩卖、运输、非法持有毒品主观故意中的“明知”，是指行为人知道或者应

当知道所实施的行为是走私、贩卖、运输、非法持有毒品行为。具有下列情形之一，并且犯罪嫌疑人、被告人不能做出合理解释的，可以认定其“应当知道”，但有证据证明确属被蒙骗的除外：

（一）执法人员在口岸、机场、车站、港口和其他检查站检查时，要求行为人申报为他人携带的物品和其他疑似毒品物，并告知其法律责任，而行为人未如实申报，在其所携带的物品内查获毒品的；

（二）以伪报、藏匿、伪装等蒙蔽手段逃避海关、边防等检查，在其携带、运输、邮寄的物品中查获毒品的；

（三）执法人员检查时，有逃跑、丢弃携带物品或逃避、抗拒检查等行为，在其携带或丢弃的物品中查获毒品的；

（四）体内藏匿毒品的；

（五）为获取不同寻常的高额或不等值的报酬而携带、运输毒品的；

（六）采用高度隐蔽的方式携带、运输毒品的；

（七）采用高度隐蔽的方式交接毒品，明显违背合法物品惯常交接方式的；

（八）其他有证据足以证明行为人应当知道的。

三、关于办理氯胺酮等毒品案件定罪量刑标准问题

（一）走私、贩卖、运输、制造、非法持有下列毒品，应当认定为刑法第三百四十七条第二款第（一）项、第三百四十八条规定的“其他毒品数量大”：

1. 二亚甲基双氧安非他明（MDMA）等苯丙胺类毒品（甲基苯丙胺除外）100 克以上；

2. 氯胺酮、美沙酮 1 千克以上；

3. 三唑仑、安眠酮 50 千克以上；

4. 氯氮卓、艾司唑仑、地西泮、溴西泮 500 千克以上；

5. 上述毒品以外的其他毒品数量大的。

（二）走私、贩卖、运输、制造、非法持有下列毒品，应当认定为刑法第三百四十七条第三款、第三百四十八条规定的“其他毒品数量较大”：

1. 二亚甲基双氧安非他明（MDMA）等苯丙胺类毒品（甲基苯丙胺除外）20 克

以上不满100克的；

2. 氯胺酮、美沙酮200克以上不满1千克的；

3. 三唑仑、安眠酮10千克以上不满50千克的；

4. 氯氮卓、艾司唑仑、地西泮、溴西泮100千克以上不满500千克的；

5. 上述毒品以外的其他毒品数量较大的。

(三)走私、贩卖、运输、制造下列毒品，应当认定为刑法第三百四十七条第四款规定的“其他少量毒品”：

1. 二亚甲基双氧安非他明(MDMA)等苯丙胺类毒品(甲基苯丙胺除外)不满20克的；

2. 氯胺酮、美沙酮不满200克的；

3. 三唑仑、安眠酮不满10千克的；

4. 氯氮卓、艾司唑仑、地西泮、溴西泮不满100千克的；

5. 上述毒品以外的其他少量毒品的。

(四)上述毒品品种包括其盐和制剂。毒品鉴定结论中毒品品名的认定应当以国家食品药品监督管理局、公安部、卫生部最新发布的《麻醉药品品种目录》、《精神药品品种目录》为依据。

四、关于死刑案件的毒品含量鉴定问题

可能判处死刑的毒品犯罪案件，毒品鉴定结论中应有含量鉴定的结论。

最高人民法院关于审理环境污染刑事案件具体应用法律若干问题的解释

(2006年6月26日最高人民法院审判委员会第1391次会议通过
2006年7月21日公布　自2006年7月28日起施行　法释〔2006〕4号)

为依法惩治有关环境污染犯罪行为，根据刑法有关规定，现就审理这类刑事案件具体应用法律的若干问题解释如下：

第一条 具有下列情形之一的,属于刑法第三百三十八条、第三百三十九条和第四百零八条规定的“公私财产遭受重大损失”:

(一)致使公私财产损失三十万元以上的;

(二)致使基本农田、防护林地、特种用途林地五亩以上,其他农用地十亩以上,其他土地二十亩以上基本功能丧失或者遭受永久性破坏的;

(三)致使森林或者其他林木死亡五十立方米以上,或者幼树死亡二千五百株以上的。

第二条 具有下列情形之一的,属于刑法第三百三十八条、第三百三十九条和第四百零八条规定的“人身伤亡的严重后果”或者“严重危害人体健康”:

(一)致使一人以上死亡、三人以上重伤、十人以上轻伤,或者一人以上重伤并且五人以上轻伤的;

(二)致使传染病发生、流行或者人员中毒达到《国家突发公共卫生事件应急预案》中突发公共卫生事件分级Ⅲ级情形,严重危害人体健康的;

(三)其他致使“人身伤亡的严重后果”或者“严重危害人体健康”的情形。

第三条 具有下列情形之一的,属于刑法第三百三十八条、第三百三十九条规定的“后果特别严重”:

(一)致使公私财产损失一百万元以上的;

(二)致使水源污染、人员疏散转移达到《国家突发环境事件应急预案》中突发环境事件分级Ⅱ级以上情形的;

(三)致使基本农田、防护林地、特种用途林地十五亩以上,其他农用地三十亩以上,其他土地六十亩以上基本功能丧失或者遭受永久性破坏的;

(四)致使森林或者其他林木死亡一百五十立方米以上,或者幼树死亡七千五百株以上的;

(五)致使三人以上死亡、十人以上重伤、三十人以上轻伤,或者三人以上重伤并且十人以上轻伤的;

(六)致使传染病发生、流行达到《国家突发公共卫生事件应急预案》中突发公共卫生事件分级Ⅱ级以上情形的;

(七)其他后果特别严重的情形。

第四条 本解释所称"公私财产损失",包括污染环境行为直接造成的财产损毁、减少的实际价值,为防止污染扩大以及消除污染而采取的必要的、合理的措施而发生的费用。

第五条 单位犯刑法第三百三十八条、第三百三十九条规定之罪的,定罪量刑标准依照刑法和本解释的有关规定执行。

最高人民法院关于审理破坏林地资源刑事案件具体应用法律若干问题的解释

(2005 年 12 月 19 日最高人民法院审判委员会第 1374 次会议通过 2005 年 12 月 26 日公布 自 2005 年 12 月 30 日起施行 法释〔2005〕15 号)

为依法惩治破坏林地资源犯罪活动,根据《中华人民共和国刑法》、《中华人民共和国刑法修正案(二)》及全国人民代表大会常务委员会《关于〈中华人民共和国刑法〉第二百二十八条、第三百四十二条、第四百一十条的解释》的有关规定,现就人民法院审理这类刑事案件具体应用法律的若干问题解释如下:

第一条 违反土地管理法规,非法占用林地,改变被占用林地用途,在非法占用的林地上实施建窑、建坟、建房、挖沙、采石、采矿、取土、种植农作物、堆放或排泄废弃物等行为或者进行其他非林业生产、建设,造成林地的原有植被或林业种植条件严重毁坏或者严重污染,并具有下列情形之一的,属于《中华人民共和国刑法修正案(二)》规定的"数量较大,造成林地大量毁坏",应当以非法占用农用地罪判处五年以下有期徒刑或者拘役,并处或者单处罚金:

(一)非法占用并毁坏防护林地、特种用途林地数量分别或者合计达到五亩以上;

(二)非法占用并毁坏其他林地数量达到十亩以上;

(三)非法占用并毁坏本条第(一)项、第(二)项规定的林地,数量分别达到相应规定的数量标准的百分之五十以上;

（四）非法占用并毁坏本条第（一）项、第（二）项规定的林地，其中一项数量达到相应规定的数量标准的百分之五十以上，且两项数量合计达到该项规定的数量标准。

第二条 国家机关工作人员徇私舞弊，违反土地管理法规，滥用职权，非法批准征用、占用林地，具有下列情形之一的，属于刑法第四百一十条规定的“情节严重”，应当以非法批准征用、占用土地罪判处三年以下有期徒刑或者拘役：

（一）非法批准征用、占用防护林地、特种用途林地数量分别或者合计达到十亩以上；

（二）非法批准征用、占用其他林地数量达到二十亩以上；

（三）非法批准征用、占用林地造成直接经济损失数额达到三十万元以上，或者造成本条第（一）项规定的林地数量分别或者合计达到五亩以上或者本条第（二）项规定的林地数量达到十亩以上毁坏。

第三条 实施本解释第二条规定的行为，具有下列情形之一的，属于刑法第四百一十条规定的“致使国家或者集体利益遭受特别重大损失”，应当以非法批准征用、占用土地罪判处三年以上七年以下有期徒刑：

（一）非法批准征用、占用防护林地、特种用途林地数量分别或者合计达到二十亩以上；

（二）非法批准征用、占用其他林地数量达到四十亩以上；

（三）非法批准征用、占用林地造成直接经济损失数额达到六十万元以上，或者造成本条第（一）项规定的林地数量分别或者合计达到十亩以上或者本条第（二）项规定的林地数量达到二十亩以上毁坏。

第四条 国家机关工作人员徇私舞弊，违反土地管理法规，非法低价出让国有林地使用权，具有下列情形之一的，属于刑法第四百一十条规定的“情节严重”，应当以非法低价出让国有土地使用权罪判处三年以下有期徒刑或者拘役：

（一）林地数量合计达到三十亩以上，并且出让价额低于国家规定的最低价额标准的百分之六十；

（二）造成国有资产流失价额达到三十万元以上。

第五条 实施本解释第四条规定的行为，造成国有资产流失价额达到六十万元以上的，属于刑法第四百一十条规定的“致使国家和集体利益遭受特别重大损失”，应当以非法低价出让国有土地使用权罪判处三年以上七年以下有期徒刑。

第六条 单位实施破坏林地资源犯罪的，依照本解释规定的相关定罪量刑标准执行。

第七条 多次实施本解释规定的行为依法应当追诉且未经处理的，应当按照累计的数量、数额处罚。

最高人民法院最高人民检察院关于办理赌博刑事案件具体应用法律若干问题的解释

（2005年5月11日　法释〔2005〕3号）

为依法惩治赌博犯罪活动，根据刑法的有关规定，现就办理赌博刑事案件具体应用法律的若干问题解释如下：

第一条 以营利为目的，有下列情形之一的，属于刑法第三百零三条规定的“聚众赌博”：

（一）组织3人以上赌博，抽头渔利数额累计达到5000元以上的；

（二）组织3人以上赌博，赌资数额累计达到5万元以上的；

（三）组织3人以上赌博，参赌人数累计达到20人以上的；

（四）组织中华人民共和国公民10人以上赴境外赌博，从中收取回扣、介绍费的。

第二条 以营利为目的，在计算机网络上建立赌博网站，或者为赌博网站担任代理，接受投注的，属于刑法第三百零三条规定的“开设赌场”。

第三条 中华人民共和国公民在我国领域外周边地区聚众赌博、开设赌场，以吸引中华人民共和国公民为主要客源，构成赌博罪的，可以依照刑法规定追究刑事责任。

第四条 明知他人实施赌博犯罪活动，而为其提供资金、计算机网络、通讯、费用结算等直接帮助的，以赌博罪的共犯论处。

第五条 实施赌博犯罪,有下列情形之一的,依照刑法第三百零三条的规定从重处罚:

(一)具有国家工作人员身份的;

(二)组织国家工作人员赴境外赌博的;

(三)组织未成年人参与赌博,或者开设赌场吸引未成年人参与赌博的。

第六条 未经国家批准擅自发行、销售彩票,构成犯罪的,依照刑法第二百二十五条第(四)项的规定,以非法经营罪定罪处罚。

第七条 通过赌博或者为国家工作人员赌博提供资金的形式实施行贿、受贿行为,构成犯罪的,依照刑法关于贿赂犯罪的规定定罪处罚。

第八条 赌博犯罪中用作赌注的款物、换取筹码的款物和通过赌博赢取的款物属于赌资。通过计算机网络实施赌博犯罪的,赌资数额可以按照在计算机网络上投注或者赢取的点数乘以每一点实际代表的金额认定。

赌资应当依法予以追缴;赌博用具、赌博违法所得以及赌博犯罪分子所有的专门用于赌博的资金、交通工具、通讯工具等,应当依法予以没收。

第九条 不以营利为目的,进行带有少量财物输赢的娱乐活动,以及提供棋牌室等娱乐场所只收取正常的场所和服务费用的经营行为等,不以赌博论处。

最高人民法院最高人民检察院关于办理利用互联网、移动通讯终端、声讯台制作、复制、出版、贩卖、传播淫秽电子信息刑事案件具体应用法律若干问题的解释

(2004年9月1日最高人民法院审判委员会第1323次会议 2004年9月2日最高人民检察院第十届检察委员会第26次会议通过 2004年9月3日公布 自2004年9月6日起施行 法释〔2004〕11号)

为依法惩治利用互联网、移动通讯终端制作、复制、出版、贩卖、传播淫秽电子信息、通过声讯台传播淫秽语音信息等犯罪活动,维护公共网络、通讯的正常秩序,

保障公众的合法权益,根据《中华人民共和国刑法》、《全国人民代表大会常务委员会关于维护互联网安全的决定》的规定,现对办理该类刑事案件具体应用法律的若干问题解释如下:

第一条 以牟利为目的,利用互联网、移动通讯终端制作、复制、出版、贩卖、传播淫秽电子信息,具有下列情形之一的,依照刑法第三百六十三条第一款的规定,以制作、复制、出版、贩卖、传播淫秽物品牟利罪定罪处罚:

(一)制作、复制、出版、贩卖、传播淫秽电影、表演、动画等视频文件二十个以上的;

(二)制作、复制、出版、贩卖、传播淫秽音频文件一百个以上的;

(三)制作、复制、出版、贩卖、传播淫秽电子刊物、图片、文章、短信息等二百件以上的;

(四)制作、复制、出版、贩卖、传播的淫秽电子信息,实际被点击数达到一万次以上的;

(五)以会员制方式出版、贩卖、传播淫秽电子信息,注册会员达二百人以上的;

(六)利用淫秽电子信息收取广告费、会员注册费或者其他费用,违法所得一万元以上的;

(七)数量或者数额虽未达到第(一)项至第(六)项规定标准,但分别达到其中两项以上标准一半以上的;

(八)造成严重后果的。

利用聊天室、论坛、即时通信软件、电子邮件等方式,实施第一款规定行为的,依照刑法第三百六十三条第一款的规定,以制作、复制、出版、贩卖、传播淫秽物品牟利罪定罪处罚。

第二条 实施第一条规定的行为,数量或者数额达到第一条第一款第(一)项至第(六)项规定标准五倍以上的,应当认定为刑法第三百六十三条第一款规定的"情节严重";达到规定标准二十五倍以上的,应当认定为"情节特别严重"。

第三条 不以牟利为目的,利用互联网或者移动通讯终端传播淫秽电子信息,具有下列情形之一的,依照刑法第三百六十四条第一款的规定,以传播淫秽物品罪定罪处罚:

（一）数量达到第一条第一款第（一）项至第（五）项规定标准二倍以上的；

（二）数量分别达到第一条第一款第（一）项至第（五）项两项以上标准的；

（三）造成严重后果的。

利用聊天室、论坛、即时通信软件、电子邮件等方式，实施第一款规定行为的，依照刑法第三百六十四条第一款的规定，以传播淫秽物品罪定罪处罚。

第四条 明知是淫秽电子信息而在自己所有、管理或者使用的网站或者网页上提供直接链接的，其数量标准根据所链接的淫秽电子信息的种类计算。

第五条 以牟利为目的，通过声讯台传播淫秽语音信息，具有下列情形之一的，依照刑法第三百六十三条第一款的规定，对直接负责的主管人员和其他直接责任人员以传播淫秽物品牟利罪定罪处罚：

（一）向一百人次以上传播的；

（二）违法所得一万元以上的；

（三）造成严重后果的。

实施前款规定行为，数量或者数额达到前款第（一）项至第（二）项规定标准五倍以上的，应当认定为刑法第三百六十三条第一款规定的“情节严重”；达到规定标准二十五倍以上的，应当认定为“情节特别严重”。

第六条 实施本解释前五条规定的犯罪，具有下列情形之一的，依照刑法第三百六十三条第一款、第三百六十四条第一款的规定从重处罚：

（一）制作、复制、出版、贩卖、传播具体描绘不满十八周岁未成年人性行为的淫秽电子信息的；

（二）明知是具体描绘不满十八周岁的未成年人性行为的淫秽电子信息而在自己所有、管理或者使用的网站或者网页上提供直接链接的；

（三）向不满十八周岁的未成年人贩卖、传播淫秽电子信息和语音信息的；

（四）通过使用破坏性程序、恶意代码修改用户计算机设置等方法，强制用户访问、下载淫秽电子信息的。

第七条 明知他人实施制作、复制、出版、贩卖、传播淫秽电子信息犯罪，为其提供互联网接入、服务器托管、网络存储空间、通讯传输通道、费用结算等帮助的，对直接负责的主管人员和其他直接责任人员，以共同犯罪论处。

第八条　利用互联网、移动通讯终端、声讯台贩卖、传播淫秽书刊、影片、录像带、录音带等以实物为载体的淫秽物品的，依照《最高人民法院关于审理非法出版物刑事案件具体应用法律若干问题的解释》的有关规定定罪处罚。

第九条　刑法第三百六十七条第一款规定的“其他淫秽物品”，包括具体描绘性行为或者露骨宣扬色情的诲淫性的视频文件、音频文件、电子刊物、图片、文章、短信息等互联网、移动通讯终端电子信息和声讯台语音信息。

有关人体生理、医学知识的电子信息和声讯台语音信息不是淫秽物品。包含色情内容的有艺术价值的电子文学、艺术作品不视为淫秽物品。

最高人民法院关于在林木采伐许可证规定的地点以外采伐本单位或者本人所有的森林或者其他林木的行为如何适用法律问题的批复

（2004 年 3 月 23 日最高人民法院审判委员会第 1312 次会议通过　2004 年 3 月 26 日公布　自 2004 年 4 月 1 日起施行　法释〔2004〕3 号）

各省、自治区、直辖市高级人民法院，解放军军事法院，新疆维吾尔自治区高级人民法院生产建设兵团分院：

最近，有的法院反映，关于在林木采伐许可证规定的地点以外采伐本单位或者本人所有的森林或者其他林木的行为适用法律问题不明确。经研究，批复如下：

违反森林法的规定，在林木采伐许可证规定的地点以外，采伐本单位或者本人所有的森林或者其他林木的，除农村居民采伐自留地和房前屋后个人所有的零星林木以外，属于《最高人民法院关于审理破坏森林资源刑事案件具体应用法律若干问题的解释》第五条第一款第（一）项“未经林业行政主管部门及法律规定的其他主管部门批准并核发林木采伐许可证”规定的情形，数量较大的，应当依照刑法第三百四十五条第二款的规定，以滥伐林木罪定罪处罚。

最高人民法院关于审理非法采矿、破坏性采矿刑事案件具体应用法律若干问题的解释

（2003 年 5 月 16 日最高人民法院审判委员会第 1270 次会议通过 2003 年 5 月 29 日公布 自 2003 年 6 月 3 日起施行 法释〔2003〕9 号）

为依法惩处非法采矿、破坏性采矿犯罪活动，根据刑法有关规定，现就审理这类刑事案件具体应用法律的若干问题解释如下：

第一条 违反矿产资源法的规定非法采矿，具有下列情形之一，经责令停止开采后拒不停止开采，造成矿产资源破坏的，依照刑法第三百四十三条第一款的规定，以非法采矿罪定罪处罚：

（一）未取得采矿许可证擅自采矿；

（二）擅自进入国家规划矿区、对国民经济具有重要价值的矿区和他人矿区范围采矿；

（三）擅自开采国家规定实行保护性开采的特定矿种。

第二条 具有下列情形之一的，属于本解释第一条第（一）项规定的“未取得采矿许可证擅自采矿”：

（一）无采矿许可证开采矿产资源的；

（二）采矿许可证被注销、吊销后继续开采矿产资源的；

（三）超越采矿许可证规定的矿区范围开采矿产资源的；

（四）未按采矿许可证规定的矿种开采矿产资源的（共生、伴生矿种除外）；

（五）其他未取得采矿许可证开采矿产资源的情形。

第三条 非法采矿造成矿产资源破坏的价值，数额在 5 万元以上的，属于刑法第三百四十三条第一款规定的“造成矿产资源破坏”；数额在 30 万元以上的，属于

刑法第三百四十三条第一款规定的“造成矿产资源严重破坏”。

第四条 刑法第三百四十三条第二款规定的破坏性采矿罪中“采取破坏性的开采方法开采矿产资源”，是指行为人违反地质矿产主管部门审查批准的矿产资源开发利用方案开采矿产资源，并造成矿产资源严重破坏的行为。

第五条 破坏性采矿造成矿产资源破坏的价值，数额在30万元以上的，属于刑法第三百四十三条第二款规定的“造成矿产资源严重破坏”。

第六条 破坏性的开采方法以及造成矿产资源破坏或者严重破坏的数额，由省级以上地质矿产主管部门出具鉴定结论，经查证属实后予以认定。

第七条 多次非法采矿或者破坏性采矿构成犯罪，依法应当追诉的，或者一年内多次非法采矿或破坏性采矿未经处理的，造成矿产资源破坏的数额累计计算。

第八条 单位犯非法采矿罪和破坏性采矿罪的定罪量刑标准，按照本解释的有关规定执行。

第九条 各省、自治区、直辖市高级人民法院，可以根据本地区的实际情况，在5万元至10万元、30万元至50万元的幅度内，确定执行本解释第三条、第五条的起点数额标准，并报最高人民法院备案。

最高人民法院最高人民检察院关于办理妨害预防、控制突发传染病疫情等灾害的刑事案件具体应用法律若干问题的解释

（2003年5月13日最高人民法院审判委员会第1269次会议 2003年5月13日最高人民检察院第十届检察委员会第3次会议通过 2003年5月14日公布 自2003年5月15日起施行 法释〔2003〕8号）

为依法惩治妨害预防、控制突发传染病疫情等灾害的犯罪活动，保障预防、控制突发传染病疫情等灾害工作的顺利进行，切实维护人民群众的身体健康和生命

安全，根据《中华人民共和国刑法》等有关法律规定，现就办理相关刑事案件具体应用法律的若干问题解释如下：

第一条 故意传播突发传染病病原体，危害公共安全的，依照刑法第一百一十四条、第一百一十五条第一款的规定，按照以危险方法危害公共安全罪定罪处罚。

患有突发传染病或者疑似突发传染病而拒绝接受检疫、强制隔离或者治疗，过失造成传染病传播，情节严重，危害公共安全的，依照刑法第一百一十五条第二款的规定，按照过失以危险方法危害公共安全罪定罪处罚。

第二条 在预防、控制突发传染病疫情等灾害期间，生产、销售伪劣的防治、防护产品、物资，或者生产、销售用于防治传染病的假药、劣药，构成犯罪的，分别依照刑法第一百四十条、第一百四十一条、第一百四十二条的规定，以生产、销售伪劣产品罪，生产、销售假药罪或者生产、销售劣药罪定罪，依法从重处罚。

第三条 在预防、控制突发传染病疫情等灾害期间，生产用于防治传染病的不符合保障人体健康的国家标准、行业标准的医疗器械、医用卫生材料，或者销售明知是用于防治传染病的不符合保障人体健康的国家标准、行业标准的医疗器械、医用卫生材料，不具有防护、救治功能，足以严重危害人体健康的，依照刑法第一百四十五条的规定，以生产、销售不符合标准的医用器材罪定罪，依法从重处罚。

医疗机构或者个人，知道或者应当知道系前款规定的不符合保障人体健康的国家标准、行业标准的医疗器械、医用卫生材料而购买并有偿使用的，以销售不符合标准的医用器材罪定罪，依法从重处罚。

第四条 国有公司、企业、事业单位的工作人员，在预防、控制突发传染病疫情等灾害的工作中，由于严重不负责任或者滥用职权，造成国有公司、企业破产或者严重损失，致使国家利益遭受重大损失的，依照刑法第一百六十八条的规定，以国有公司、企业、事业单位人员失职罪或者国有公司、企业、事业单位人员滥用职权罪定罪处罚。

第五条 广告主、广告经营者、广告发布者违反国家规定，假借预防、控制突发传染病疫情等灾害的名义，利用广告对所推销的商品或者服务作虚假宣传，致使多人上当受骗,违法所得数额较大或者有其他严重情节的,依照刑法第二百二十二条的规定,以虚假广告罪定罪处罚。

第六条 违反国家在预防、控制突发传染病疫情等灾害期间有关市场经营、价格管理等规定,哄抬物价、牟取暴利,严重扰乱市场秩序,违法所得数额较大或者有其他严重情节的,依照刑法第二百二十五条第(四)项的规定,以非法经营罪定罪,依法从重处罚。

第七条 在预防、控制突发传染病疫情等灾害期间,假借研制、生产或者销售用于预防、控制突发传染病疫情等灾害用品的名义,诈骗公私财物数额较大的,依照刑法有关诈骗罪的规定定罪,依法从重处罚。

第八条 以暴力、威胁方法阻碍国家机关工作人员、红十字会工作人员依法履行为防治突发传染病疫情等灾害而采取的防疫、检疫、强制隔离、隔离治疗等预防、控制措施的,依照刑法第二百七十七条第一款、第三款的规定,以妨害公务罪定罪处罚。

第九条 在预防、控制突发传染病疫情等灾害期间,聚众"打砸抢",致人伤残、死亡的,依照刑法第二百八十九条、第二百三十四条、第二百三十二条的规定,以故意伤害罪或者故意杀人罪定罪,依法从重处罚。对毁坏或者抢走公私财物的首要分子,依照刑法第二百八十九条、第二百六十三条的规定,以抢劫罪定罪,依法从重处罚。

第十条 编造与突发传染病疫情等灾害有关的恐怖信息,或者明知是编造的此类恐怖信息而故意传播,严重扰乱社会秩序的,依照刑法第二百九十一条之一的规定,以编造、故意传播虚假恐怖信息罪定罪处罚。

利用突发传染病疫情等灾害,制造、传播谣言,煽动分裂国家、破坏国家统一,或者煽动颠覆国家政权、推翻社会主义制度的,依照刑法第一百零三条第二款、第一百零五条第二款的规定,以煽动分裂国家罪或者煽动颠覆国家政权罪定罪处罚。

第十一条 在预防、控制突发传染病疫情等灾害期间,强拿硬要或者任意损毁、占用公私财物情节严重,或者在公共场所起哄闹事,造成公共场所秩序严重混乱的,依照刑法第二百九十三条的规定,以寻衅滋事罪定罪,依法从重处罚。

第十二条 未取得医师执业资格非法行医,具有造成突发传染病病人、病原携带者、疑似突发传染病病人贻误诊治或者造成交叉感染等严重情节的,依照刑法第三百三十六条第一款的规定,以非法行医罪定罪,依法从重处罚。

第十三条 违反传染病防治法等国家有关规定,向土地、水体、大气排放、倾倒或者处置含传染病病原体的废物、有毒物质或者其他危险废物,造成突发传染病传播等重大环境污染事故,致使公私财产遭受重大损失或者人身伤亡的严重后果的,依照刑法第三百三十八条的规定,以重大环境污染事故罪定罪处罚。

第十四条 贪污、侵占用于预防、控制突发传染病疫情等灾害的款物或者挪用归个人使用,构成犯罪的,分别依照刑法第三百八十二条、第三百八十三条、第二百七十一条、第三百八十四条、第二百七十二条的规定,以贪污罪、侵占罪、挪用公款罪、挪用资金罪定罪,依法从重处罚。

挪用用于预防、控制突发传染病疫情等灾害的救灾、优抚、救济等款物,构成犯罪的,对直接责任人员,依照刑法第二百七十三条的规定,以挪用特定款物罪定罪处罚。

第十五条 在预防、控制突发传染病疫情等灾害的工作中,负有组织、协调、指挥、灾害调查、控制、医疗救治、信息传递、交通运输、物资保障等职责的国家机关工作人员,滥用职权或者玩忽职守,致使公共财产、国家和人民利益遭受重大损失的,依照刑法第三百九十七条的规定,以滥用职权罪或者玩忽职守罪定罪处罚。

第十六条 在预防、控制突发传染病疫情等灾害期间,从事传染病防治的政府卫生行政部门的工作人员,或者在受政府卫生行政部门委托代表政府卫生行政部门行使职权的组织中从事公务的人员,或者虽未列入政府卫生行政部门人员编制但在政府卫生行政部门从事公务的人员,在代表政府卫生行政部门行使职权时,严重不负责任,导致传染病传播或者流行,情节严重的,依照刑法第四百零九条的规定,以传染病防治失职罪定罪处罚。

在国家对突发传染病疫情等灾害采取预防、控制措施后,具有下列情形之一的,属于刑法第四百零九条规定的“情节严重”:

(一)对发生突发传染病疫情等灾害的地区或者突发传染病病人、病原携带者、疑似突发传染病病人，未按照预防、控制突发传染病疫情等灾害工作规范的要求做好防疫、检疫、隔离、防护、救治等工作，或者采取的预防、控制措施不当，造成传染范围扩大或者疫情、灾情加重的；

（二）隐瞒、缓报、谎报或者授意、指使、强令他人隐瞒、缓报、谎报疫情、灾情，造成传染范围扩大或者疫情、灾情加重的；

（三）拒不执行突发传染病疫情等灾害应急处理指挥机构的决定、命令，造成传染范围扩大或者疫情、灾情加重的；

（四）具有其他严重情节的。

第十七条 人民法院、人民检察院办理有关妨害预防、控制突发传染病疫情等灾害的刑事案件，对于有自首、立功等悔罪表现的，依法从轻、减轻、免除处罚或者依法作出不起诉决定。

第十八条 本解释所称"突发传染病疫情等灾害"，是指突然发生，造成或者可能造成社会公众健康严重损害的重大传染病疫情、群体性不明原因疾病以及其他严重影响公众健康的灾害。

最高人民法院最高人民检察院关于印发《最高人民法院、最高人民检察院关于办理组织和利用邪教组织犯罪案件具体应用法律若干问题的解答》的通知

（2002年5月20日）

各省、自治区、直辖市高级人民法院、人民检察院，解放军军事法院、军事检察院，新疆维吾尔自治区高级人民法院生产建设兵团分院、生产建设兵团人民检察院：

《最高人民法院、最高人民检察院关于办理组织和利用邪教组织犯罪案件具体

应用法律若干问题的解答》已分别于2002年5月17日、2002年4月12日,由最高人民法院审判委员会第1222次会议,最高人民检察院第九届检察委员会第106次会议讨论通过,现印发给你们,望遵照执行。

最高人民法院关于审理组织、运送他人偷越国(边)境等刑事案件适用法律若干问题的解释

(2002年1月28日最高人民法院审判委员会第1209次会议通过 自2002年2月6日起施行 法释〔2002〕3号)

为依法严惩组织、运送他人偷越国(边)境等犯罪活动,根据刑法有关规定,现就审理这类案件具体应用法律的若干问题解释如下:

第一条 领导、策划、指挥他人偷越国(边)境或者在首要分子指挥下,实施拉拢、引诱、介绍他人偷越国(边)境等行为的,属于刑法第三百一十八条规定的"组织他人偷越国(边)境"。

第二条 刑法第三百一十八条第(二)项、第三百二十一条第(一)项规定的"人数众多",一般是指组织、运送他人偷越国(边)境人数在十人以上。

第三条 为组织他人偷越国(边)境使用、骗取出境证件五份以上,或者非法收取办证费三十万元以上的,属于刑法第三百一十九条第一款规定的骗取出境证件罪"情节严重"。

第四条 具有下列情形之一的,属于刑法第三百二十条规定的"情节严重":

(一)为他人提供伪造、变造的护照、签证等出入境证件五份以上或者出售护照、签证等出入境证件五份以上的;

(二)违法所得三十万元以上的;

(三)有其他严重情节的。

第五条 偷越国(边)境,具有下列情形之一的,属于刑法第三百二十二条规定的“情节严重”:

(一)在境外实施损害国家利益的行为的;

(二)偷越国(边)境三次以上的;

(三)拉拢、引诱他人一起偷越国(边)境的;

(四)因偷越国(边)境被行政处罚后一年内又偷越国(边)境的;

(五)有其他严重情节的。

最高人民法院最高人民检察院关于办理伪造、贩卖伪造的高等院校学历、学位证明刑事案件如何适用法律问题的解释

(2001年6月21日最高人民法院审判委员会第1181次会议 2001年7月2日最高人民检察院第九届检察委员会第91次会议通过 自2001年7月5日起施行 法释〔2001〕22号)

为依法惩处伪造、贩卖伪造的高等院校学历、学位证明的犯罪活动,现就办理这类案件适用法律的有关问题解释如下:

对于伪造高等院校印章制作学历、学位证明的行为,应当依照刑法第二百八十条第二款的规定,以伪造事业单位印章罪定罪处罚。

明知是伪造高等院校印章制作的学历、学位证明而贩卖的,以伪造事业单位印章罪的共犯论处。

最高人民法院最高人民检察院关于办理组织和利用邪教组织犯罪案件具体应用法律若干问题的解释(二)

(2001年5月10日最高人民法院审判委员会第1174次会议 2001年4月29日最高人民检察院检察委员会第九届第87次会议通过 自2001年6月11日起施行 法释〔2001〕19号)

为依法办理邪教组织犯罪案件,根据刑法的有关规定,现对办理邪教组织犯罪案件具体应用法律的若干问题,作如下解释:

第一条 制作、传播邪教宣传品,宣扬邪教,破坏法律、行政法规实施,具有下列情形之一的,依照刑法第三百条第一款的规定,以组织、利用邪教组织破坏法律实施罪定罪处罚:

(一)制作、传播邪教传单、图片、标语、报纸300份以上,书刊100册以上,光盘100张以上,录音、录像带100盒以上的;

(二)制作、传播宣扬邪教的D6D、6CD、CD母盘的;

(三)利用互联网制作、传播邪教组织信息的;

(四)在公共场所悬挂横幅、条幅,或者以书写、喷涂标语等方式宣扬邪教,造成严重社会影响的;

(五)因制作、传播邪教宣传品受过刑事处罚或者行政处罚又制作、传播的;

(六)其他制作、传播邪教宣传品,情节严重的。

制作、传播邪教宣传品数量达到前款第(一)项规定的标准五倍以上,或者虽未达到五倍,但造成特别严重社会危害的,属于刑法第三百条第一款规定的“情节特别严重”。

第二条 制作、传播邪教宣传品,煽动分裂国家、破坏国家统一,或者煽动颠覆国家政权、推翻社会主义制度的,依照刑法第一百零三条第二款、第一百零五条第二款的规定,以煽动分裂国家罪或者煽动颠覆国家政权罪定罪处罚。

第三条 制作、传播邪教宣传品,公然侮辱他人或者捏造事实诽谤他人的,依照刑法第二百四十六条的规定,以侮辱罪或者诽谤罪定罪处罚。

第四条 制作、传播的邪教宣传品具有煽动分裂国家、破坏国家统一,煽动颠覆国家政权、推翻社会主义制度,侮辱、诽谤他人,严重危害社会秩序和国家利益,或者破坏国家法律、行政法规实施等内容,其行为同时触犯刑法第一百零三条第二款、第一百零五条第二款、第二百四十六条、第三百条第一款等规定的,依照处罚较重的规定定罪处罚。

第五条 邪教组织被取缔后,仍聚集滋事、公开进行邪教活动,或者聚众冲击国家机关、新闻机构等单位,人数达到20人以上的,或者虽未达到20人,但具有其他严重情节的,对于组织者、策划者、指挥者和屡教不改的积极参加者,依照刑法第三百条第一款的规定,以组织、利用邪教组织破坏法律实施罪定罪处罚。

第六条 为组织、策划邪教组织人员聚集滋事、公开进行邪教活动而进行聚会、串联等活动,对于组织者、策划者、指挥者和屡教不改的积极参加者,依照刑法第三百条第一款的规定定罪处罚。

第七条 邪教组织人员以暴力、威胁方法阻碍国家机关工作人员依法执行职务的,依照刑法第二百七十七条第一款的规定,以妨害公务罪定罪处罚。其行为同时触犯刑法其他规定的,依照处罚较重的规定定罪处罚。

第八条 邪教组织人员为境外窃取、刺探、收买、非法提供国家秘密、情报的,以窃取、刺探、收买方法非法获取国家秘密的,非法持有国家绝密、机密文件、资料、物品拒不说明来源与用途的,或者泄露国家秘密情节严重的,分别依照刑法第一百一十一条为境外窃取、刺探、收买、非法提供国家秘密、情报罪,第二百八十二条第一款非法获取国家秘密罪,第二百八十二条第二款非法持有国家绝密、机密文件、资料、物品罪,第三百九十八条故意泄露国家秘密罪、过失泄露国家秘密罪的规定定罪处罚。

第九条 组织、策划、煽动、教唆、帮助邪教组织人员自杀、自残的,依照刑法第二百三十二条、第二百三十四条的规定,以故意杀人罪、故意伤害罪定罪处罚。

第十条 邪教组织人员以自焚、自爆或者其他危险方法危害公共安全的,分别依照刑法第一百一十四条、第一百一十五条第一款以危险方法危害公共安全罪等规定定罪处罚。

第十一条 人民检察院审查起诉邪教案件，对于犯罪情节轻微，有悔罪表现，确实不致再危害社会的犯罪嫌疑人，根据刑事诉讼法第一百四十二条第二款的规定，可以作出不起诉决定。

第十二条 人民法院审理邪教案件，对于有悔罪表现，不致再危害社会的被告人，可以依法从轻处罚；依法可以判处管制、拘役或者符合适用缓刑条件的，可以判处管制、拘役或者适用缓刑；对于犯罪情节轻微不需要判处刑罚的，可以免予刑事处罚。

第十三条 本规定下列用语的含义是：

（一）"宣传品"，是指传单、标语、喷图、图片、书籍、报刊、录音带、录像带、光盘及其母盘或者其他有宣传作用的物品；

（二）"制作"，是指编写、印制、复制、绘画、出版、录制、摄制、洗印等行为；

（三）"传播"，是指散发、张贴、邮寄、上载、播放以及发送电子信息等行为。

最高人民法院关于审理黑社会性质组织犯罪的案件具体应用法律若干问题的解释

（2000 年 12 月 4 日最高人民法院审判委员会第 1148 次会议通过　自 2000 年 12 月 10 日起施行　法释〔2000〕42 号）

为依法惩治黑社会性质组织的犯罪活动，根据刑法有关规定，现就审理黑社会性质组织的犯罪案件具体应用法律的若干问题解释如下：

第一条 刑法第二百九十四条规定的"黑社会性质的组织"，一般应具备以下特征：

（一）组织结构比较紧密，人数较多，有比较明确的组织者、领导者，骨干成员基本固定，有较为严格的组织纪律；

（二）通过违法犯罪活动或者其他手段获取经济利益，具有一定的经济实力；

（三）通过贿赂、威胁等手段，引诱、逼迫国家工作人员参加黑社会性质组织活动，或者为其提供非法保护；

（四）在一定区域或者行业范围内，以暴力、威胁、滋扰等手段，大肆进行敲诈勒索、欺行霸市、聚众斗殴、寻衅滋事、故意伤害等违法犯罪活动，严重破坏经济、社会生活秩序。

第二条 刑法第二百九十四条第二款规定的"发展组织成员"，是指将境内、外人员吸收为该黑社会组织成员的行为。对黑社会组织成员进行内部调整等行为，可视为"发展组织成员"。

港、澳、台黑社会组织到内地发展组织成员的，适用刑法第二百九十四条第二款的规定定罪处罚。

第三条 组织、领导、参加黑社会性质的组织又有其他犯罪行为的，根据刑法第二百九十四条第三款的规定，依照数罪并罚的规定处罚；对于黑社会性质组织的组织者、领导者，应当按照其所组织、领导的黑社会性质组织所犯的全部罪行处罚；对于黑社会性质组织的参加者，应当按照其所参与的犯罪处罚。

对于参加黑社会性质的组织，没有实施其他违法犯罪活动的，或者受蒙蔽、胁迫参加黑社会性质的组织，情节轻微的，可以不作为犯罪处理。

第四条 国家机关工作人员组织、领导、参加黑社会性质组织的，从重处罚。

第五条 刑法第二百九十四条第四款规定的"包庇"，是指国家机关工作人员为使黑社会性质组织及其成员逃避查禁，而通风报信，隐匿、毁灭、伪造证据，阻止他人作证、检举揭发，指使他人作伪证，帮助逃匿，或者阻挠其他国家机关工作人员依法查禁等行为。

刑法第二百九十四条第四款规定的"纵容"，是指国家机关工作人员不依法履行职责，放纵黑社会性质组织进行违法犯罪活动的行为。

第六条 国家机关工作人员包庇、纵容黑社会性质的组织，有下列情形之一的，属于刑法第二百九十四条第四款规定的"情节严重"：

（一）包庇、纵容黑社会性质组织跨境实施违法犯罪活动的；

（二）包庇、纵容境外黑社会组织在境内实施违法犯罪活动的；

（三）多次实施包庇、纵容行为的；

（四）致使某一区域或者行业的经济、社会生活秩序遭受黑社会性质组织特别严重破坏的；

（五）致使黑社会性质组织的组织者、领导者逃匿，或者致使对黑社会性质组织的查禁工作严重受阻的；

（六）具有其他严重情节的。

第七条 对黑社会性质组织和组织、领导、参加黑社会性质组织的犯罪分子聚敛的财物及其收益，以及用于犯罪的工具等，应当依法追缴、没收。

最高人民法院关于审理破坏野生动物资源刑事案件具体应用法律若干问题的解释

（2000年11月17日最高人民法院审判委员会第1141次会议通过 自2000年12月11日起施行 法释〔2000〕37号）

为依法惩处破坏野生动物资源的犯罪活动，根据刑法的有关规定，现就审理这类案件具体应用法律的若干问题解释如下：

第一条 刑法第三百四十一条第一款规定的“珍贵、濒危野生动物”，包括列入国家重点保护野生动物名录的国家一、二级保护野生动物、列入《濒危野生动植物种国际贸易公约》附录一、附录二的野生动物以及驯养繁殖的上述物种。

第二条 刑法第三百四十一条第一款规定的“收购”，包括以营利、自用等为目的的购买行为；“运输”，包括采用携带、邮寄、利用他人、使用交通工具等方法进行运送的行为；“出售”，包括出卖和以营利为目的的加工利用行为。

第三条 非法猎捕、杀害、收购、运输、出售珍贵、濒危野生动物具有下列情形之一的，属于“情节严重”：

（一）达到本解释附表所列相应数量标准的；

（二）非法猎捕、杀害、收购、运输、出售不同种类的珍贵、濒危野生动物，其中两种以上分别达到附表所列“情节严重”数量标准一半以上的。

非法猎捕、杀害、收购、运输、出售珍贵、濒危野生动物具有下列情形之一的，属于“情节特别严重”：

（一）达到本解释附表所列相应数量标准的；

（二）非法猎捕、杀害、收购、运输、出售不同种类的珍贵、濒危野生动物，其中两种以上分别达到附表所列“情节特别严重”数量标准一半以上的。

第四条 非法猎捕、杀害、收购、运输、出售珍贵、濒危野生动物构成犯罪，具有下列情形之一的，可以认定为“情节严重”；非法猎捕、杀害、收购、运输、出售珍贵、濒危野生动物符合本解释第三条第一款的规定，并具有下列情形之一的，可以认定为“情节特别严重”：

（一）犯罪集团的首要分子；

（二）严重影响对野生动物的科研、养殖等工作顺利进行的；

（三）以武装掩护方法实施犯罪的；

（四）使用特种车、军用车等交通工具实施犯罪的；

（五）造成其他重大损失的。

第五条 非法收购、运输、出售珍贵、濒危野生动物制品具有下列情形之一的，属于“情节严重”：

（一）价值在十万元以上的；

（二）非法获利五万元以上的；

（三）具有其他严重情节的。

非法收购、运输、出售珍贵、濒危野生动物制品具有下列情形之一的，属于“情节特别严重”：

（一）价值在二十万元以上的；

（二）非法获利十万元以上的；

（三）具有其他特别严重情节的。

第六条 违反狩猎法规，在禁猎区、禁猎期或者使用禁用的工具、方法狩猎，具有下列情形之一的，属于非法狩猎“情节严重”：

（一）非法狩猎野生动物二十只以上的；

（二）违反狩猎法规，在禁猎区或者禁猎期使用禁用的工具、方法狩猎的；

（三）具有其他严重情节的。

第七条 使用爆炸、投毒、设置电网等危险方法破坏野生动物资源，构成非法猎捕、杀害珍贵、濒危野生动物罪或者非法狩猎罪，同时构成刑法第一百一十四条或者第一百一十五条规定之罪的，依照处罚较重的规定定罪处罚。

第八条 实施刑法第三百四十一条规定的犯罪，又以暴力、威胁方法抗拒查处，构成其他犯罪的，依照数罪并罚的规定处罚。

第九条 伪造、变造、买卖国家机关颁发的野生动物允许进出口证明书、特许猎捕证、狩猎证、驯养繁殖许可证等公文、证件构成犯罪的，依照刑法第二百八十条第一款的规定以伪造、变造、买卖国家机关公文、证件罪定罪处罚。

实施上述行为构成犯罪，同时构成刑法第二百二十五条第二项规定的非法经营罪的，依照处罚较重的规定定罪处罚。

第十条 非法猎捕、杀害、收购、运输、出售《濒危野生动植物种国际贸易公约》附录一、附录二所列的非原产于我国的野生动物“情节严重”、“情节特别严重”的认定标准，参照本解释第三条、第四条以及附表所列与其同属的国家一、二级保护野生动物的认定标准执行；没有与其同属的国家一、二级保护野生动物的，参照与其同科的国家一、二级保护野生动物的认定标准执行。

第十一条 珍贵、濒危野生动物制品的价值，依照国家野生动物保护主管部门的规定核定；核定价值低于实际交易价格的，以实际交易价格认定。

第十二条 单位犯刑法第三百四十一条规定之罪，定罪量刑标准依照本解释的有关规定执行。

附表：

非法猎捕、杀害、收购、运输、出售珍贵、濒危野生动物刑事案件“情节严重”、“情节特别严重”数量认定标准

中文名	拉丁文名	级别	情节严重	情节特别严重
蜂猴	Nycticebus spp.	I	3	4
熊猴	Macaca assamensis	I	2	3
台湾猴	Macaca cyclopis	I	1	2
豚尾猴	Macaca nemestrina	I	2	3

（续表1）

中文名	拉丁文名	级别	情节严重	情节特别严重
叶猴(所有种)	Presbytis spp.	I	1	2
金丝猴(所有种)	Rhinopithecus spp.	I	0	1
长臂猿(所有种)	Hylobates spp.	I	1	2
马来熊	Helarctos malayanus	I	2	3
大熊猫	Ailuropoda melanoleuca	I	0	1
紫貂	Martes zibellina	I	3	4
貂熊	Gulo gulo	I	2	3
熊狸	Arctictis binturong	I	1	2
云豹	Neofelis nebulosa	I	0	1
豹	Panthera pardus	I	0	1
雪豹	Panthera uncia	I	0	1
虎	Panthera tigris	I	0	1
亚洲象	Elephas maximus	I	0	1
蒙古野驴	Equus hemionus	I	2	3
西藏野驴	Equus kiang	I	3	5
野马	Equus przewalskii	I	0	1
野骆驼	Camelus ferus（=bactrianus）	I	1	2
鼷鹿	Tragulus javanicus	I	2	3
黑麂	Muntiacus crinifrons	I	1	2
白唇鹿	Cervus albirostris	I	1	2
坡鹿	Cervus eldi	I	1	2
梅花鹿	Cervus nippon	I	2	3
豚鹿	Cervus porcinus	I	2	3
麋鹿	Elaphurus davidianus	I	1	2
野牛	Bos gaurus	I	1	2
野牦牛	Bos mutus（=grunniens）	I	2	3

（续表2）

中 文 名	拉 丁 文 名	级别	情节严重	情节特别严重
普氏原羚	Procapra przewalskii	I	1	2
藏羚	Pantholops hodgsoni	I	2	3
高鼻羚羊	Saiga tatarica	I	0	1
扭角羚	Budorcas taxicolor	I	1	2
台湾鬣羚	Capricornis crispus	I	2	3
赤斑羚	Naemorhedus cranbrooki	I	2	4
塔尔羊	Hemitragus jemlahicus	I	2	4
北山羊	Capra ibex	I	2	4
河狸	Castor fiber	I	1	2
短尾信天翁	Diomedea albatrus	I	2	4
白腹军舰鸟	Fregata andrewsi	I	2	4
白鹳	Ciconia ciconia	I	2	4
黑鹳	Ciconia nigra	I	2	4
朱鹮	Nipponia nippon	I	0	1
中华沙秋鸭	Mergus squamatus	I	2	3
金雕	Aquila chrysaetos	I	2	4
白肩雕	Aquila heliaca	I	2	4
玉带海雕	Haliaeetus leucoryphus	I	2	4
白尾海雕	Haliaeetus albcilla	I	2	3
虎头海雕	Haliaeetus pelagicus	I	2	4
拟兀鹫	Pseudogyps bengalensis	I	2	4
胡兀鹫	Gypaetus barbatus	I	2	4
细嘴松鸡	Tetrao parvirostris	I	3	5
斑尾榛鸡	Tetrastes sewerzowi	I	3	5
雉鹑	Tetraophasis obscurus	I	3	5
四川山鹧鸪	Arborophila rufipectus	I	3	5

（续表3）

中文名	拉丁文名	级别	情节严重	情节特别严重
海南山鹧鸪	Arborophila ardens	I	3	5
黑头角雉	Tragopan melanocephalus	I	2	3
红胸角雉	Tragopan satyra	I	2	4
灰腹角雉	Tragopan blythii	I	2	3
黄腹角雉	Tragopan caboti	I	2	3
虹雉(所有种)	Lophophorus spp.	I	2	4
褐马鸡	Crossoptilon mantchuricum	I	2	3
蓝鹇	Lophura swinhoii	I	2	3
黑颈长尾雉	Syrmaticus humiae	I	2	4
白颈长尾雉	Syrmaticus ewllioti	I	2	4
黑长尾雉	Syrmaticus mikado	I	2	4
孔雀雉	Polyplectron bicalcaratum	I	2	3
绿孔雀	Pavo muticus	I	2	3
黑颈鹤	Grus nigricollis	I	2	3
白头鹤	Grus monacha	I	2	3
丹顶鹤	Grus japonensis	I	2	3
白鹤	Grus leucogeranus	I	2	3
赤颈鹤	Grus antigone	I	1	2
鸨(所有种)	Otis spp.	I	4	6
遗鸥	Larus relictus	I	2	4
四爪陆龟	Testudo horsfieldi	I	4	8
蜥鳄	Shinisaurus crocodilurus	I	2	4
巨蜥	Varanus salvator	I	2	4
蟒	Python molurus	I	2	4
扬子鳄	Alligator sinensis	I	1	2
中华蛩蠊	Galloisiana sinensis	I	3	6

（续表 4）

中文名	拉丁文名	级别	情节严重	情节特别严重
金斑喙凤蝶	Teinopalpus aureus	Ⅰ	3	6
短尾猴	Macaca arctoides	Ⅱ	6	
猕猴	Macaca mulatta	Ⅱ	6	10
藏酋猴	Macaca thibetana	Ⅱ	6	10
穿山甲	Manis pentadactyla	Ⅱ	8	16
豺	Cuon alpinus	Ⅱ	4	6
黑熊	Selenarctos thibetanus	Ⅱ	3	5
棕熊(包括马熊)	Ursus arctos(U. a. pruinosus)	Ⅱ	3	5
小熊猫	Ailurus fulgens	Ⅱ	3	5
石貂	Martes foina	Ⅱ	4	10
黄喉貂	Martes flavigula	Ⅱ	4	10
斑林狸	Prionodon pardicolor	Ⅱ	4	8
大灵猫	Viverra zibetha	Ⅱ	3	5
小灵猫	Viverricula indica	Ⅱ	4	8
草原斑猫	Felis lybica (= silvestris)	Ⅱ	4	8
荒漠猫	Felis bieti	Ⅱ	4	10
丛林猫	Felis chaus	Ⅱ	4	8
猞猁	Felis lynx	Ⅱ	2	3
兔狲	Felis manul	Ⅱ	3	5
金猫	Felis temmincki	Ⅱ	4	8
渔猫	Felis viverrinus	Ⅱ	4	8
麝(所有种)	Moschus spp.	Ⅱ	3	5
河麂	Hydropotes inermis	Ⅱ	4	8
马鹿(含白臀鹿)	Cervus elaphus (C. e. macneilli)	Ⅱ	4	6
水鹿	Cervus unicolor	Ⅱ	3	5
驼鹿	Alces alces	Ⅱ	3	5

（续表5）

中文名	拉丁文名	级别	情节严重	情节特别严重
黄羊	Procapra gutturosa	Ⅱ	8	15
藏原羚	Procapra picticaudata	Ⅱ	4	8
鹅喉羚	Gazella subgutturosa	Ⅱ	4	8
鬣羚	Capricornis sumatraensis	Ⅱ	3	4
斑羚	Naemorhedus goral	Ⅱ	4	8
岩羊	Pseudois nayaur	Ⅱ	4	8
盘羊	Ovis ammon	Ⅱ	3	5
海南兔	Lepus peguensis hainanus	Ⅱ	6	10
雪兔	Lepus timidus	Ⅱ	6	10
塔里木兔	Lepus yarkandensis	Ⅱ	20	40
巨松鼠	Ratufa bicolor	Ⅱ	6	10
角䴙䴘	Podiceps auritus	Ⅱ	6	10
赤颈䴙䴘	Podiceps grisegena	Ⅱ	6	8
鹈鹕(所有种)	Pelecanus spp.	Ⅱ	4	8
鲣鸟(所有种)	Sula spp.	Ⅱ	6	10
海鸬鹚	Phalacrocorax pelagicus	Ⅱ	4	8
黑颈鸬鹚	Phalacrocorax niger	Ⅱ	4	8
黄嘴白鹭	Egretta eulophotes	Ⅱ	6	10
岩鹭	Egretta sacra	Ⅱ	6	20
海南虎斑	Gorsachius magnificus	Ⅱ	6	10
小苇鳽	Ixbrychus minutus	Ⅱ	6	10
彩鹳	Ibis leucocephalus	Ⅱ	3	4
白鹮	Threskiornis aethiopicus	Ⅱ	4	8
黑鹮	Pseudibis papillosa	Ⅱ	4	8
彩鹮	Plegadis falcinellus	Ⅱ	4	8
白琵鹭	Platalea leucorodia	Ⅱ	4	8

（续表 6）

中 文 名	拉 丁 文 名	级别	情节严重	情节特别严 重
黑脸琵鹭	Platalea ninor	Ⅱ	4	8
红胸黑雁	Branta ruficollis	Ⅱ	4	8
白额雁	Anser albifrons	Ⅱ	6	10
天鹅（所有种）	Cygnus spp.	Ⅱ	6	10
鸳鸯	Aix galericulata	Ⅱ	6	10
其他鹰类	（Accipitridae）	Ⅱ	4	8
隼科（所有种）	Falconidae	Ⅱ	6	10
黑琴鸡	Lyrurus tetrix	Ⅱ	4	8
柳雷鸟	Lagopus lagopus	Ⅱ	4	8
岩雷鸟	Lagopus mutus	Ⅱ	6	10
镰翅鸡	Falcipennis falcipennis	Ⅱ	3	4
花尾榛鸡	Tetrastes bonasia	Ⅱ	10	20
雪鸡（所有种）	Tetraogallus spp.	Ⅱ	10	20
血雉	Ithaginis cruentus	Ⅱ	4	6
红腹角雉	Tragopan temminckii	Ⅱ	4	6
藏马鸡	Crossoptilon crossoptilon	Ⅱ	4	6
蓝马鸡	Crossoptilon aurtum	Ⅱ	4	10
黑鹇	Lophura leucomelana	Ⅱ	6	8
白鹇	Lophura nycthemera	Ⅱ	6	10
原鸡	Gallus gallus	Ⅱ	6	8
勺鸡	Pucrasia macrolopha	Ⅱ	6	8
白冠长尾雉	Syrmaticus reevesii	Ⅱ	4	6
锦鸡（所有种）	Chrysolophus spp.	Ⅱ	4	8
灰鹤	Grus grus	Ⅱ	4	8
沙丘鹤	Grus canadensis	Ⅱ	4	8
白枕鹤	Grus vipio	Ⅱ	4	8

（续表7）

中 文 名	拉 丁 文 名	级别	情节严重	情节特别严 重
蓑羽鹤	Anthropoides virgo	Ⅱ	6	10
长脚秧鸡	Crex crex	Ⅱ	6	10
姬田鸡	Porzana parva	Ⅱ	6	10
棕背田鸡	Porzana bicolor	Ⅱ	6	10
花田鸡	Coturnicops noveboracensis	Ⅱ	6	10
铜翅水雉	Metopidius indicus	Ⅱ	6	10
小杓鹬	Numenius borealis	Ⅱ	8	15
小青脚鹬	Tringa guttifer	Ⅱ	6	10
灰燕鸻	Glareola lactea	Ⅱ	6	10
小鸥	Larus minutus	Ⅱ	6	10
黑浮鸥	Chlidonias niger	Ⅱ	6	10
黄嘴河燕鸥	Sterna aurantia	Ⅱ	6	10
黑嘴端凤头燕鸥	Thalasseus zimmermanni	Ⅱ	4	8
黑腹沙鸡	Pterocles orientalis	Ⅱ	4	8
绿鸠(所有种)	Treron spp.	Ⅱ	6	8
黑颏果鸠	Ptilinopus leclancheri	Ⅱ	6	10
皇鸠(所有种)	Ducula spp.	Ⅱ	6	10
斑尾林鸽	Columba palumbus	Ⅱ	6	10
鹃鸠(所有种)	Macropygia spp.	Ⅱ	6	10
鹦鹉科(所有种)	Psittacidae.	Ⅱ	6	10
鸦鹃(所有种)	Centropus spp.	Ⅱ	6	10
鸮形目(所有种)	Strigiformfs	Ⅱ	6	10
灰喉针尾雨燕	Hirundapus cochinchinensis	Ⅱ	6	10
凤头雨燕	Hemiprocne longipennis	Ⅱ	6	10
橙胸咬鹃	Harpactes oreskios	Ⅱ	6	10
蓝耳翠鸟	Alcedo meninting	Ⅱ	6	10

（续表 8）

中 文 名	拉 丁 文 名	级别	情节严重	情节特别严 重
鹳嘴翠鸟	Pelargopsis capensis	Ⅱ	6	10
黑胸蜂虎	Merops leschenaulti	Ⅱ	6	10
绿喉蜂虎	Merops orientalis	Ⅱ	6	10
犀鸟科（所有种）	Bucertidae	Ⅱ	4	8
白腹黑啄木鸟	Dryocopus javensis	Ⅱ	6	10
阔嘴鸟科（所有种）	Eurylaimidae	Ⅱ	6	10
八色鸫科（所有种）	Pittidae	Ⅱ	6	10
凹甲陆龟	Manouria impressa	Ⅱ	6	10
大壁虎	Gekko gecko	Ⅱ	10	20
虎纹蛙	Rana tigrina	Ⅱ	100	200
伟铗虮	Atlasjapyx atlas	Ⅱ	6	10
尖板曦箭蜓	Heliogomphus retroflexus	Ⅱ	6	10
宽纹北箭蜓	Ophiogomphus spinicorne	Ⅱ	6	10
中华缺翅虫	Zorotypus sinensis	Ⅱ	6	10
墨脱缺翅虫	Zorotypus medoensis	Ⅱ	6	10
拉步甲	Carabus (Coptolabrus) lafossei	Ⅱ	6	10
硕步甲	Carabus (Apotopterus) davidi	Ⅱ	6	10
彩臂金龟（所有种）	Cheirotonus spp.	Ⅱ	6	10
叉犀金龟	Allomyrina davidis	Ⅱ	6	10
双尾褐凤蝶	Bhutanitis mansfieldi	Ⅱ	6	10
三尾褐凤蝶	Bhutanitis thaidina dongchuanensis	Ⅱ	6	10
中华虎凤蝶	Luehdorfia chinensis huashanensis	Ⅱ	6	10
阿波罗绢蝶	Parnassius apollo	Ⅱ	6	10

最高人民法院关于审理破坏森林资源刑事案件具体应用法律若干问题的解释

（2000 年 11 月 17 日最高人民法院审判委员会第 1141 次会议通过　自 2000 年 12 月 11 日起施行　法释〔2000〕36 号）

为依法惩处破坏森林资源的犯罪活动，根据刑法的有关规定，现就审理这类案件具体应用法律的若干问题解释如下：

第一条　刑法第三百四十四条规定的“珍贵树木”，包括由省级以上林业主管部门或者其他部门确定的具有重大历史纪念意义、科学研究价值或者年代久远的古树名木，国家禁止、限制出口的珍贵树木以及列入国家重点保护野生植物名录的树木。

第二条　具有下列情形之一的，属于非法采伐、毁坏珍贵树木行为“情节严重”：

（一）非法采伐珍贵树木二株以上或者毁坏珍贵树木致使珍贵树木死亡三株以上的；

（二）非法采伐珍贵树木二立方米以上的；

（三）为首组织、策划、指挥非法采伐或者毁坏珍贵树木的；

（四）其他情节严重的情形。

第三条　以非法占有为目的，具有下列情形之一，数量较大的，依照刑法第三百四十五条第一款的规定，以盗伐林木罪定罪处罚：

（一）擅自砍伐国家、集体、他人所有或者他人承包经营管理的森林或者其他林木的；

（二）擅自砍伐本单位或者本人承包经营管理的森林或者其他林木的；

（三）在林木采伐许可证规定的地点以外采伐国家、集体、他人所有或者他人承包经营管理的森林或者其他林木的。

第四条 盗伐林木“数量较大”,以二至五立方米或者幼树一百至二百株为起点;盗伐林木“数量巨大”,以二十至五十立方米或者幼树一千至二千株为起点;盗伐林木“数量特别巨大”,以一百至二百立方米或者幼树五千至一万株为起点。

第五条 违反森林法的规定,具有下列情形之一,数量较大的,依照刑法第三百四十五条第二款的规定,以滥伐林木罪定罪处罚:

(一)未经林业行政主管部门及法律规定的其他主管部门批准并核发林木采伐许可证,或者虽持有林木采伐许可证,但违反林木采伐许可证规定的时间、数量、树种或者方式,任意采伐本单位所有或者本人所有的森林或者其他林木的;

(二)超过林木采伐许可证规定的数量采伐他人所有的森林或者其他林木的。

林木权属争议一方在林木权属确权之前,擅自砍伐森林或者其他林木,数量较大的,以滥伐林木罪论处。

第六条 滥伐林木“数量较大”,以十至二十立方米或者幼树五百至一千株为起点;滥伐林木“数量巨大”,以五十至一百立方米或者幼树二千五百至五千株为起点。

第七条 对于一年内多次盗伐、滥伐少量林木未经处罚的,累计其盗伐、滥伐林木的数量,构成犯罪的,依法追究刑事责任。

第八条 盗伐、滥伐珍贵树木,同时触犯刑法第三百四十四条、第三百四十五条规定的,依照处罚较重的规定定罪处罚。

第九条 将国家、集体、他人所有并已经伐倒的树木窃为己有,以及偷砍他人房前屋后、自留地种植的零星树木,数额较大的,依照刑法第二百六十四条的规定,以盗窃罪定罪处罚。

第十条 刑法第三百四十五条规定的“非法收购明知是盗伐、滥伐的林木”中的“明知”,是指知道或者应当知道。具有下列情形之一的,可以视为应当知道,但是有证据证明确属被蒙骗的除外:

(一)在非法的木材交易场所或者销售单位收购木材的;

(二)收购以明显低于市场价格出售的木材的;

(三)收购违反规定出售的木材的。

第十一条 具有下列情形之一的,属于在林区非法收购盗伐、滥伐的林木“情节严重”:

（一）非法收购盗伐、滥伐的林木二十立方米以上或者幼树一千株以上的；

（二）非法收购盗伐、滥伐的珍贵树木二立方米以上或者五株以上的；

（三）其他情节严重的情形。

具有下列情形之一的，属于在林区非法收购盗伐、滥伐的林木“情节特别严重”：

（一）非法收购盗伐、滥伐的林木一百立方米以上或者幼树五千株以上的；

（二）非法收购盗伐、滥伐的珍贵树木五立方米以上或者十株以上的；

（三）其他情节特别严重的情形。

第十二条 林业主管部门的工作人员违反森林法的规定，超过批准的年采伐限额发放林木采伐许可证或者违反规定滥发林木采伐许可证，具有下列情形之一的，属于刑法第四百零七条规定的“情节严重，致使森林遭受严重破坏”，以违法发放林木采伐许可证罪定罪处罚：

（一）发放林木采伐许可证允许采伐数量累计超过批准的年采伐限额，导致林木被采伐数量在十立方米以上的；

（二）滥发林木采伐许可证，导致林木被滥伐二十立方米以上的；

（三）滥发林木采伐许可证，导致珍贵树木被滥伐的；

（四）批准采伐国家禁止采伐的林木，情节恶劣的；

（五）其他情节严重的情形。

第十三条 对于伪造、变造、买卖林木采伐许可证、木材运输证件，森林、林木、林地权属证书，占用或者征用林地审核同意书、育林基金等缴费收据以及其他国家机关批准的林业证件构成犯罪的，依照刑法第二百八十条第一款的规定，以伪造、变造、买卖国家机关公文、证件罪定罪处罚。

对于买卖允许进出口证明书等经营许可证明，同时触犯刑法第二百二十五条、第二百八十条规定之罪的，依照处罚较重的规定定罪处罚。

第十四条 聚众哄抢林木五立方米以上的，属于聚众哄抢“数额较大”；聚众哄抢林木二十立方米以上的，属于聚众哄抢“数额巨大”，对首要分子和积极参加的，依照刑法第二百六十八条的规定，以聚众哄抢罪定罪处罚。

第十五条 非法实施采种、采脂、挖笋、掘根、剥树皮等行为，牟取经济利益数额较大的，依照刑法第二百六十四条的规定，以盗窃罪定罪处罚。同时构成其他犯罪的,依照处罚较重的规定定罪处罚。

第十六条　单位犯刑法第三百四十四条、第三百四十五条规定之罪,定罪量刑标准按照本解释的规定执行。

第十七条　本解释规定的林木数量以立木蓄积计算,计算方法为:原木材积除以该树种的出材率。

本解释所称"幼树",是指胸径五厘米以下的树木。

滥伐林木的数量,应在伐区调查设计允许的误差额以上计算。

第十八条　盗伐、滥伐以生产竹材为主要目的的竹林的定罪量刑问题,有关省、自治区、直辖市高级人民法院可以参照上述规定的精神,规定本地区的具体标准,并报最高人民法院备案。

第十九条　各省、自治区、直辖市高级人民法院可以根据本地区的实际情况,在本解释第四条、第六条规定的数量幅度内,确定本地区执行的具体数量标准,并报最高人民法院备案。

最高人民法院关于审理破坏土地资源刑事案件具体应用法律若干问题的解释

(2000年6月16日最高人民法院审判委员会第1119次会议通过　自2000年6月22日起施行　法释〔2000〕14号)

为依法惩处破坏土地资源犯罪活动,根据刑法的有关规定,现就审理这类案件具体应用法律的若干问题解释如下:

第一条　以牟利为目的,违反土地管理法规,非法转让、倒卖土地使用权,具有下列情形之一的,属于非法转让、倒卖土地使用权"情节严重",依照刑法第二百二十八条的规定,以非法转让、倒卖土地使用权罪定罪处罚:

(一)非法转让、倒卖基本农田五亩以上的;

(二)非法转让、倒卖基本农田以外的耕地十亩以上的;

(三)非法转让、倒卖其他土地二十亩以上的;

(四)非法获利五十万元以上的;

（五）非法转让、倒卖土地接近上述数量标准并具有其他恶劣情节的，如曾因非法转让、倒卖土地使用权受过行政处罚或者造成严重后果等。

第二条 实施第一条规定的行为，具有下列情形之一的，属于非法转让、倒卖土地使用权“情节特别严重”：

（一）非法转让、倒卖基本农田十亩以上的；

（二）非法转让、倒卖基本农田以外的耕地二十亩以上的；

（三）非法转让、倒卖其他土地四十亩以上的；

（四）非法获利一百万元以上的；

（五）非法转让、倒卖土地接近上述数量标准并具有其他恶劣情节，如造成严重后果等。

第三条 违反土地管理法规，非法占用耕地改作他用，数量较大，造成耕地大量毁坏的，依照刑法第三百四十二条的规定，以非法占用耕地罪定罪处罚：

（一）非法占用耕地“数量较大”，是指非法占用基本农田五亩以上或者非法占用基本农田以外的耕地十亩以上。

（二）非法占用耕地“造成耕地大量毁坏”，是指行为人非法占用耕地建窑、建坟、建房、挖沙、采石、采矿、取土、堆放固体废弃物或者进行其他非农业建设，造成基本农田五亩以上或者基本农田以外的耕地十亩以上种植条件严重毁坏或者严重污染。

第四条 国家机关工作人员徇私舞弊，违反土地管理法规，滥用职权，非法批准征用、占用土地，具有下列情形之一的，属于非法批准征用、占用土地“情节严重”，依照刑法第四百一十条的规定，以非法批准征用、占用土地罪定罪处罚：

（一）非法批准征用、占用基本农田十亩以上的；

（二）非法批准征用、占用基本农田以外的耕地三十亩以上的；

（三）非法批准征用、占用其他土地五十亩以上的；

（四）虽未达到上述数量标准，但非法批准征用、占用土地造成直接经济损失三十万元以上；造成耕地大量毁坏等恶劣情节的。

第五条 实施第四条规定的行为，具有下列情形之一的，属于非法批准征用、占用土地“致使国家或者集体利益遭受特别重大损失”：

（一）非法批准征用、占用基本农田二十亩以上的；

（二）非法批准征用、占用基本农田以外的耕地六十亩以上的；

（三）非法批准征用、占用其他土地一百亩以上的；

（四）非法批准征用、占用土地，造成基本农田五亩以上、其他耕地十亩以上严重毁坏的；

（五）非法批准征用、占用土地造成直接经济损失五十万元以上等恶劣情节的。

第六条 国家机关工作人员徇私舞弊，违反土地管理法规，非法低价出让国有土地使用权，具有下列情形之一的，属于“情节严重”，依照刑法第四百一十条的规定，以非法低价出让国有土地使用权罪定罪处罚：

（一）出让国有土地使用权面积在三十亩以上，并且出让价额低于国家规定的最低价额标准的百分之六十的；

（二）造成国有土地资产流失价额在三十万元以上的。

第七条 实施第六条规定的行为，具有下列情形之一的，属于非法低价出让国有土地使用权，“致使国家和集体利益遭受特别重大损失”：

（一）非法低价出让国有土地使用权面积在六十亩以上，并且出让价额低于国家规定的最低价额标准的百分之四十的；

（二）造成国有土地资产流失价额在五十万元以上的。

第八条 单位犯非法转让、倒卖土地使用权罪、非法占有耕地罪的定罪量刑标准，依照本解释第一条、第二条、第三条的规定执行。

第九条 多次实施本解释规定的行为依法应当追诉的，或者一年内多次实施本解释规定的行为未经处理的，按照累计的数量、数额处罚。

最高人民法院关于审理扰乱电信市场管理秩序案件具体应用法律若干问题的解释

（2000年4月28日最高人民法院审判委员会第1113次会议通过 自2000年5月24日起施行 法释〔2000〕12号）

为依法惩处扰乱电信市场管理秩序的犯罪活动，根据刑法的有关规定，现就审理这类案件具体应用法律的若干问题解释如下：

第一条 违反国家规定,采取租用国际专线、私设转接设备或者其他方法,擅自经营国际电信业务或者涉港澳台电信业务进行营利活动,扰乱电信市场管理秩序,情节严重的,依照刑法第二百二十五条第(四)项的规定,以非法经营罪定罪处罚。

第二条 实施本解释第一条规定的行为,具有下列情形之一的,属于非法经营行为"情节严重":

(一)经营去话业务数额在一百万元以上的;

(二)经营来话业务造成电信资费损失数额在一百万元以上的。

具有下列情形之一的,属于非法经营行为"情节特别严重":

(一)经营去话业务数额在五百万元以上的;

(二)经营来话业务造成电信资费损失数额在五百万元以上的。

第三条 实施本解释第一条规定的行为,经营数额或者造成电信资费损失数额接近非法经营行为"情节严重"、"情节特别严重"的数额起点标准,并具有下列情形之一的,可以分别认定为非法经营行为"情节严重"、"情节特别严重":

(一)两年内因非法经营国际电信业务或者涉港澳台电信业务行为受过行政处罚两次以上的;

(二)因非法经营国际电信业务或者涉港澳台电信业务行为造成其他严重后果的。

第四条 单位实施本解释第一条规定的行为构成犯罪的,对单位判处罚金,并对其直接负责的主管人员和其他直接责任人员,依照本解释第二条、第三条的规定处罚。

第五条 违反国家规定,擅自设置、使用无线电台(站),或者擅自占用频率,非法经营国际电信业务或者涉港澳台电信业务进行营利活动,同时构成非法经营罪和刑法第二百八十八条规定的扰乱无线电通讯管理秩序罪的,依照处罚较重的规定定罪处罚。

第六条 国有电信企业的工作人员,由于严重不负责任或者滥用职权,造成国有电信企业破产或者严重损失,致使国家利益遭受重大损失的,依照刑法第一百六十八条的规定定罪处罚。

第七条 将电信卡非法充值后使用,造成电信资费损失数额较大的,依照刑法第二百六十四条的规定,以盗窃罪定罪处罚。

第八条 盗用他人公共信息网络上网账号、密码上网,造成他人电信资费损失数额较大的,依照刑法第二百六十四条的规定,以盗窃罪定罪处罚。

第九条 以虚假、冒用的身份证件办理入网手续并使用移动电话,造成电信资费损失数额较大的,依照刑法第二百六十六条的规定,以诈骗罪定罪处罚。

第十条 本解释所称"经营去话业务数额",是指以行为人非法经营国际电信业务或者涉港澳台电信业务的总时长(分钟数)乘以行为人每分钟收取的用户使用费所得的数额。

本解释所称"电信资费损失数额",是指以行为人非法经营国际电信业务或者涉港澳台电信业务的总时长(分钟数)乘以在合法电信业务中我国应当得到的每分钟国际结算价格所得的数额。

最高人民法院关于审理毒品案件定罪量刑标准有关问题的解释

(2000年4月20日最高人民法院审判委员会第1110次会议通过 自2000年6月10日起施行 法释〔2000〕13号)

为依法严惩毒品犯罪,根据刑法分则第六章第七节的规定,现就审理毒品案件定罪量刑标准有关问题解释如下:

第一条 走私、贩卖、运输、制造、非法持有下列毒品,应当认定为刑法第三百四十七条第二款第(一)项、第三百四十八条规定的"其他毒品数量大":

(一)苯丙胺类毒品(甲基苯丙胺除外)一百克以上;

(二)大麻油五千克、大麻脂十千克、大麻叶及大麻烟一百五十千克以上;

(三)可卡因五十克以上;

(四)吗啡一百克以上;

（五）度冷丁（杜冷丁）二百五十克以上（针剂100mg/支规格的二千五百支以上，50mg/支规格的五千支以上；片剂25mg/片规格的一万片以上，50mg/片规格的五千片以上）；

（六）盐酸二氢埃托啡十毫克以上（针剂或者片剂20μg/支、片规格的五百支、片以上）；

（七）咖啡因二百千克以上；

（八）罂粟壳二百千克以上；

（九）上述毒品以外的其他毒品数量大的。

第二条 走私、贩卖、运输、制造、非法持有下列毒品，应当认定为刑法第三百四十七条第三款、第三百四十八条规定的"其他毒品数量较大"：

（一）苯丙胺类毒品（甲基苯丙胺除外）二十克以上不满一百克；

（二）大麻油一千克以上不满五千克，大麻脂二千克以上不满十千克，大麻叶及大麻烟三十千克以上不满一百五十千克；

（三）可卡因十克以上不满五十克；

（四）吗啡二十克以上不满一百克；

（五）度冷丁（杜冷丁）五十克以上不满二百五十克（针剂100mg/支规格的五百支以上不满二千五百支，50mg/支规格的一千支以上不满五千支；片剂25mg/片规格的二千片以上不满一万片，50mg/片规格的一千片以上不满五千片）；

（六）盐酸二氢埃托啡二毫克以上不满十毫克（针剂或者片剂20μg/支、片规格的一百支、片以上不满五百支、片）；

（七）咖啡因五十千克以上不满二百千克；

（八）罂粟壳五十千克以上不满二百千克；

（九）上述毒品以外的其他毒品数量较大的。

第三条 具有下列情形之一的，可以认定为刑法第三百四十七条第四款规定的"情节严重"：

（一）走私、贩卖、运输、制造鸦片一百四十克以上不满二百克、海洛因或者甲基苯丙胺七克以上不满十克或者其他数量相当毒品的；

（二）国家工作人员走私、制造、运输、贩卖毒品；

（三）在戒毒监管场所贩卖毒品的；

（四）向多人贩毒或者多次贩毒的；

（五）其他情节严重的行为。

第四条 违反国家规定，非法运输、携带进出境或在境内非法买卖醋酸酐、乙醚、三氯甲烷或者其他用于制造毒品的原料或者配剂达到下列数量标准的，依照刑法第三百五十条第一款的规定定罪处罚：

（一）麻黄碱、伪麻黄碱及其盐类和单方制剂五千克以上不满五十千克；麻黄浸膏、麻黄浸膏粉一百千克以上不满一千千克；

（二）醋酸酐、三氯甲烷二百千克以上不满二千千克；

（三）乙醚四百千克以上不满三千千克；

（四）上述原料或者配剂以外其他相当数量的用于制造毒品的原料或者配剂。

违反国家规定，非法运输、携带进出境或者在境内非法买卖用于制造毒品的原料或者配剂，超过前款所列数量标准的，应当认定为刑法第三百五十条第一款规定的“数量大”。

第五条 非法种植大麻五千株以上不满三万株，应当认定为刑法第三百五十一条第一款第（一）项规定的非法种植大麻“数量较大”；非法种植大麻三万株以上，应当认定为刑法第三百五十一条第二款规定的非法种植大麻“数量大”。

最高人民法院最高人民检察院关于办理组织和利用邪教组织犯罪案件具体应用法律若干问题的解释（一）

（1999年10月9日最高人民法院审判委员会第1079次会议 1999年10月8日最高人民检察院检察委员会第九届第47次会议通过 自1999年10月30日起施行 法释〔1999〕18号）

为依法惩处组织和利用邪教组织进行犯罪活动，根据刑法的有关规定，现就办理这类案件具体应用法律的若干问题解释如下：

第一条 刑法第三百条中的“邪教组织”,是指冒用宗教、气功或者其他名义建立,神化首要分子,利用制造、散布迷信邪说等手段蛊惑、蒙骗他人,发展、控制成员,危害社会的非法组织。

第二条 组织和利用邪教组织并具有下列情形之一的,依照刑法第三百条第一款的规定定罪处罚:

(一)聚众围攻、冲击国家机关、企业事业单位,扰乱国家机关、企事业单位的工作、生产、经营、教学和科研秩序的;

(二)非法举行集会、游行、示威,煽动、欺骗、组织其成员或者其他人聚众围攻、冲击、强占、哄闹公共场所及宗教活动场所,扰乱社会秩序的;

(三)抗拒有关部门取缔或者已经被有关部门取缔,又恢复或者另行建立邪教组织,或者继续进行邪教活动的;

(四)煽动、欺骗、组织其成员或者其他人不履行法定义务,情节严重的;

(五)出版、印刷、复制、发行宣扬邪教内容出版物,以及印制邪教组织标识的;

(六)其他破坏国家法律、行政法规实施行为的。

实施前款所列行为,并具有下列情形之一的,属于“情节特别严重”:

(一)跨省、自治区、直辖市建立组织机构或者发展成员的;

(二)勾结境外机构、组织、人员进行邪教活动的;

(三)出版、印刷、复制、发行宣扬邪教内容出版物以及印制邪教组织标识,数量或者数额巨大的;

(四)煽动、欺骗、组织其成员或者其他人破坏国家法律、行政法规实施,造成严重后果的。

第三条 刑法第三百条第二款规定的组织和利用邪教组织蒙骗他人,致人死亡,是指组织和利用邪教组织制造、散布迷信邪说,蒙骗其成员或者其他人实施绝食、自残、自虐等行为,或者阻止病人进行正常治疗,致人死亡的情形。

具有下列情形之一的,属于“情节特别严重”:

(一)造成3人以上死亡的;

(二)造成死亡人数不满3人,但造成多人重伤的;

(三)曾因邪教活动受过刑事或者行政处罚,又组织和利用邪教组织蒙骗他人,致人死亡的；

（四）造成其他特别严重后果的。

第四条 组织和利用邪教组织制造、散布迷信邪说，指使、胁迫其成员或者其他人实施自杀、自伤行为的，分别依照刑法第二百三十二条、第二百三十四条的规定，以故意杀人罪或者故意伤害罪定罪处罚。

第五条 组织和利用邪教组织，以迷信邪说引诱、胁迫、欺骗或者其他手段，奸淫妇女、幼女的，依照刑法第二百三十六条的规定，以强奸罪或者奸淫幼女罪定罪处罚。

第六条 组织和利用邪教组织以各种欺骗手段，收取他人财物的，依照刑法第二百六十六条的规定，以诈骗罪定罪处罚。

第七条 组织和利用邪教组织，组织、策划、实施、煽动分裂国家、破坏国家统一或者颠覆国家政权、推翻社会主义制度的，分别依照刑法第一百零三条、第一百零五条、第一百一十三条的规定定罪处罚。

第八条 对于邪教组织和组织、利用邪教组织破坏法律实施的犯罪分子，以各种手段非法聚敛的财物，用于犯罪的工具、宣传品等，应当依法追缴、没收。

第九条 对组织和利用邪教组织进行犯罪活动的组织、策划、指挥者和屡教不改的积极参加者，依照刑法和本解释的规定追究刑事责任；对有自首、立功表现的，可以依法从轻、减轻或者免除处罚。

对于受蒙蔽、胁迫参加邪教组织并已退出和不再参加邪教组织活动的人员，不作为犯罪处理。

最高人民法院关于审理拒不执行判决、裁定案件具体应用法律若干问题的解释

（1998年4月8日最高人民法院审判委员会第974次会议通过 自1998年4月25日起施行 法释〔1998〕6号）

为正确适用刑法第三百一十三条规定，保证人民法院判决、裁定的执行，现就审理拒不执行判决、裁定案件具体应用法律的若干问题解释如下：

第一条 刑法第三百一十三条规定的“人民法院的判决、裁定”，是指人民法院依法作出的，具有执行内容并已经发生法律效力的判决、裁定。

第二条 对人民法院发生法律效力的判决、裁定“有能力执行”，是指根据查实的证据证明，负有执行人民法院判决、裁定义务的人有可供执行的财产或者具有履行特定行为义务的能力。

第三条 负有执行人民法院判决、裁定义务的人具有下列情形之一的，应当认定为拒不执行人民法院判决、裁定的行为“情节严重”：

（一）在人民法院发出执行通知以后，隐藏、转移、变卖、毁损已被依法查封、扣押或者已被清点并责令其保管的财产，转移已被冻结的财产，致使判决、裁定无法执行的；

（二）隐藏、转移、变卖、毁损在执行中向人民法院提供担保的财产，致使判决、裁定无法执行的；

（三）以暴力、威胁方法妨害或者抗拒执行，致使执行工作无法进行的；

（四）聚众哄闹、冲击执行现场，围困、扣押、殴打执行人员，致使执行工作无法进行的；

（五）毁损、抢夺执行案件材料、执行公务车辆和其他执行器械、执行人员服装以及执行公务证件，造成严重后果的；

（六）其他妨害或者抗拒执行造成严重后果的。

第四条 负有执行人民法院判决、裁定义务的单位直接负责的主管人员和其他直接责任人员，为了本单位的利益实施本解释第三条所列行为之一，造成特别严重后果的，对该主管人员和其他直接责任人员依照刑法第三百一十三条的规定，以拒不执行判决、裁定罪定罪处罚。

第五条 与被执行人共同实施本解释第三条第（三）、（四）、（五）、（六）项规定所列行为之一，情节严重的，以拒不执行判决、裁定罪的共犯依法追究刑事责任。

第六条 暴力抗拒人民法院执行判决、裁定，杀害、重伤执行人员的，依照刑法第二百三十二条、第二百三十四条第二款的规定定罪处罚。

第七条 拒不执行判决、裁定案件由犯罪行为发生地的人民法院管辖。

第八条 人民法院在执行判决、裁定过程中，对拒不执行判决、裁定情节严重的人,可以先行司法拘留。认为拒不执行判决、裁定人的行为已构成犯罪的,应当将案件依法移送行为发生地的公安机关立案查处。

人民法院依法对拒不执行判决、裁定的人定罪判刑,先行司法拘留的日期应当折抵刑期。

最高人民法院最高人民检察院关于执行《全国人民代表大会常务委员会关于严禁卖淫嫖娼的决定》的若干问题的解答

(1992年12月11日 法发〔1992〕42号 高检会〔1992〕36号)

一、《全国人民代表大会常务委员会关于严禁卖淫嫖娼的决定》规定了几个新罪名?

《全国人民代表大会常务委员会关于严禁卖淫嫖娼的决定》(简称《决定》)规定了4个新罪名,即:组织他人卖淫罪(第一条第一款);协助组织他人卖淫罪(第一条第二款);介绍他人卖淫罪(第三条第一款);传播性病罪(第五条第一款)。

二、怎样认定组织他人卖淫罪?

根据《决定》第一条第一款的规定,组织他人卖淫罪,是指以招募、雇佣、强迫、引诱、容留等手段,控制多人从事卖淫的行为。

本罪的主体必须是卖淫的组织者,可以是几个人,也可以是一个人,关键要看其在卖淫活动中是否起组织者的作用。

在组织他人卖淫的犯罪活动中,对被组织卖淫的人有强迫、引诱、容留、介绍卖淫行为的,应当作为组织他人卖淫罪的量刑情节予以考虑,不实行数罪并罚。如果这些行为是对被组织者以外的其他人实施的,仍应当分别定罪,实行数罪并罚。

三、怎样认定协助组织他人卖淫罪?

根据《决定》第一条第二款的规定,协助组织他人卖淫罪,是指在组织他人卖淫的共同犯罪中起帮助作用的行为。如充当保镖、打手、管帐人等。依照《决定》第一条第二款的规定,协助组织他人卖淫的行为,有具体的罪状和单独的法定刑,应当确定为独立的罪名,适用单独的法定刑处罚,不适用刑法总则第二十四条关于从犯的处罚原则。

四、怎样理解《决定》第二条第(三)项关于"强奸后迫使卖淫"的规定?

《决定》第二条第(三)项规定的"强奸后迫使卖淫",是指强奸行为与强迫他人卖淫的行为有联系,是强迫他人卖淫的法定从重情节。因此,只定强迫他人卖淫罪即可。如果强奸行为与强迫他人卖淫的行为之间没有联系,则应当分别定罪,实行并罚。

五、哪些是组织他人卖淫罪、强迫他人卖淫罪中"情节特别严重"的行为?

《决定》第一条第一款规定的组织他人卖淫罪中的"情节特别严重",主要是指组织他人卖淫的首要分子情节特别严重的;组织他人卖淫手段特别恶劣的;对被组织卖淫者造成特别严重后果的;组织多人多次卖淫具有极大的社会危害性的等等。

《决定》第二条规定的强迫他人卖淫罪中的"情节特别严重",是指《决定》第二条所列四项情形中特别严重的情节。在具体执行中,不应在这四项情形之外扩大范围。

六、怎样认定引诱、容留、介绍他人卖淫罪?

引诱、容留、介绍他人卖淫罪是一个选择性罪名。引诱、容留、介绍他人卖淫这三种行为,不论是同时实施还是只实施其中一种行为,均构成本罪。如:介绍他人卖淫的,定介绍他人卖淫罪;兼有引诱、容留、介绍他人卖淫三种行为的,定引诱、容留、介绍他人卖淫罪,不实行数罪并罚。

引诱、容留、介绍他人卖淫是否以营利为目的,不影响本罪的成立。

根据《决定》第三条第二款的规定,引诱不满十四岁的幼女卖淫的,依照《决定》第二条第(一)项关于强迫不满十四岁的幼女卖淫的规定处罚,定强迫他人卖淫罪。

七、哪些是引诱、容留、介绍他人卖淫罪中"情节严重"的行为?

引诱、容留、介绍他人卖淫,情节严重的,一般有以下几种情形:

(一)多次引诱、容留、介绍他人卖淫的;

(二)引诱、容留、介绍多人卖淫的;

(三)引诱、容留、介绍明知是有严重性病的人卖淫的;

(四)容留、介绍不满十四岁的幼女卖淫的;

(五)引诱、容留、介绍他人卖淫具有其他严重情节的。

八、怎样认定传播性病罪?

根据《决定》第五条第一款的规定,传播性病罪,是指明知自己患有梅毒、淋病等严重性病而进行卖淫嫖娼的行为。

(一)本罪属特殊主体,即已满十六岁,具有刑事责任能力,且患有梅毒、淋病等严重性病的人。中国公民和外国人均可成为本罪的主体。

(二)必须实施了卖淫、嫖娼的行为。至于实际是否已造成他人染上性病的结果,不影响本罪的成立。行为人通过其他方式(如通奸等)将性病传播给他人的,不构成本罪。

(三)具备以下情形之一的,可以认定为"明知":

1. 有证据证明曾到医院就医,被诊断为患有严重性病的;

2. 根据本人的知识和经验,能够知道自己患有严重性病的;

3. 通过其他方法能够证明被告人是"明知"的。

九、对《决定》中提到的"他人"、"多人""多次"应当怎样理解?

(一)组织、协助组织、强迫、引诱、容留、介绍他人卖淫中的"他人",主要是指女人,也包括男人。

(二)《决定》和本解答中的“多人”、“多次”的“多”,是指“三”以上的数(含本数)。

十、如何理解《决定》的时效问题?

(一)对在《决定》公布施行后发生的案件,依照《决定》的规定办理。对在《决定》公布施行前发生、公布施行后尚未处理或者正在处理的案件,依照刑法第九条规定的原则办理。

(二)本解答发布后,对应当按照《决定》处理的案件,适用本解答。《决定》公布施行前已处理的案件和本解答发布前已按《决定》处理的案件,不再适用本解答。

(三)鉴于《决定》对刑法第一百四十条和第一百六十九条以及《全国人民代表大会常务委员会关于严惩严重危害社会治安的犯罪分子的决定》第一条第六项的规定已进行修改、补充,对《决定》公布施行后依照。《决定》处理的案件,在诉讼文书中不再引用上述有关条文。

(二)司法性文件

最高人民法院、最高人民检察院、公安部关于依法严肃查处拒不执行判决、裁定和暴力抗拒法院执行犯罪行为有关问题的通知

(2007 年 8 月 30 日　法发[2007]29 号)

各省、自治区、直辖市高级人民法院、人民检察院、公安厅(局),新疆维吾尔自治区高级人民法院生产建设兵团分院,新疆生产建设兵团人民检察院、公安局:

近年来,在人民法院强制执行生效法律文书过程中,一些地方单位、企业和个人拒不执行或以暴力手段抗拒人民法院执行的事件时有发生且呈逐年上升的势头。这种违法犯罪行为性质恶劣,社会危害大,严重影响了法律的尊严和执法机关的权威,已经引起了党中央的高度重视。中央政法委在《关于切实解决人民法院执行难问题的通知》(政法[2005]52 号文件)中,特别提出公、检、法机关应当统一执法思想,加强协作配合,完善法律制度,依法严厉打击暴力抗拒法院执行的犯罪行为。为贯彻中央政法委指示精神,加大对拒不执行判决、裁定和暴力抗拒执行犯罪行为的惩处力度,依据《中华人民共和国刑法》、《中华人民共和国刑事诉讼法》、全国人大常委会《关于〈中华人民共和国刑法〉第三百一十三条的解释》等规定,现就有关问题通知如下:

一、对下列拒不执行判决、裁定的行为,依照刑法第三百一十三条的规定,以拒不执行判决、裁定罪论处。

(一)被执行人隐藏、转移、故意毁损财产或者无偿转让财产、以明显不合理的低价转让财产,致使判决、裁定无法执行的;

（二）担保人或者被执行人隐藏、转移、故意毁损或者转让已向人民法院提供担保的财产，致使判决、裁定无法执行的；

（三）协助执行义务人接到人民法院协助执行通知书后，拒不协助执行，致使判决、裁定无法执行的；

（四）被执行人、担保人、协助执行义务人与国家机关工作人员通谋，利用国家机关工作人员的职权妨害执行，致使判决、裁定无法执行的；

（五）其他有能力执行而拒不执行，情节严重的情形。

二、对下列暴力抗拒执行的行为，依照刑法第二百七十七条的规定，以妨害公务罪论处。

（一）聚众哄闹、冲击执行现场，围困、扣押、殴打执行人员，致使执行工作无法进行的；

（二）毁损、抢夺执行案件材料、执行公务车辆和其他执行器械、执行人员服装以及执行公务证件，造成严重后果的；

（三）其他以暴力、威胁方法妨害或者抗拒执行，致使执行工作无法进行的。

三、负有执行人民法院判决、裁定义务的单位直接负责的主管人员和其他直接责任人员，为了本单位的利益实施本《通知》第一条、第二条所列行为之一的，对该主管人员和其他直接责任人员，依照刑法第三百一十三条和第二百七十七条的规定，分别以拒不执行判决、裁定罪和妨害公务罪论处。

四、国家机关工作人员有本《通知》第一条第四项行为的，以拒不执行判决、裁定罪的共犯追究刑事责任。

国家机关工作人员收受贿赂或者滥用职权，有本《通知》第一条第四项行为的，同时又构成刑法第三百八十五条、第三百九十七条规定罪的，依照处罚较重的规定定罪处罚。

五、拒不执行判决、裁定案件由犯罪行为发生地的公安机关、人民检察院、人民法院管辖。如果由犯罪嫌疑人、被告人居住地的人民法院管辖更为适宜的，可以由犯罪嫌疑人、被告人居住地的公安机关、人民检察院、人民法院管辖。

六、以暴力、威胁方法妨害或者抗拒执行的，公安机关接到报警后，应当立即出警，依法处置。

七、人民法院在执行判决、裁定过程中，对拒不执行判决、裁定情节严重的人，可以先行司法拘留；拒不执行判决、裁定的行为人涉嫌犯罪的，应当将案件依法移送有管辖权的公安机关立案侦查。

八、人民法院、人民检察院和公安机关在办理拒不执行判决、裁定和妨害公务案件过程中，应当密切配合、加强协作。对于人民法院移送的涉嫌拒不执行判决、裁定罪和妨害公务罪的案件，公安机关应当及时立案侦查，检察机关应当及时提起公诉，人民法院应当及时审判。

在办理拒不执行判决、裁定和妨害公务案件过程中，应当根据案件的具体情况，正确区分罪与非罪的界限，认真贯彻"宽严相济"的刑事政策。

九、人民法院认为公安机关应当立案侦查而不立案侦查的，可提请人民检察院予以监督。人民检察院认为需要立案侦查的，应当要求公安机关说明不立案的理由。人民检察院认为公安机关不立案理由不能成立的，应当通知公安机关立案，公安机关接到通知后应当立案。

十、公安机关侦查终结后移送人民检察院审查起诉的拒不执行判决、裁定和妨害公务案件，人民检察院决定不起诉，公安机关认为不起诉决定有错误的，可以要求复议；如果意见不被接受，可以向上一级人民检察院提请复核。

十一、公安司法人员在办理拒不执行判决、裁定和妨害公务案件中，消极履行法定职责，造成严重后果的，应当依法依纪追究直接责任人责任直至追究刑事责任。

十二、本通知自印发之日起执行，执行中遇到的情况和问题，请分别报告最高人民法院、最高人民检察院、公安部。

最高人民法院关于严格执行有关走私案件涉案财物处理规定的通知

（2006 年 4 月 30 日　法〔2006〕114 号）

各省、自治区、直辖市高级人民法院，解放军军事法院，新疆维吾尔自治区高级人民法院生产建设兵团分院：

日前，据海关总署反映，有的地方法院在审理走私刑事案件中有不判或部分判决涉案赃款赃物的现象。对人民法院没有判决追缴、没收的涉案财物,海关多以行政处罚的方式予以没收或收缴,从而导致行政诉讼等不良后果。为严肃规范执法,现就有关规定重申如下:

关于刑事案件赃款赃物的处理问题,相关法律、司法解释已经规定得很明确。《海关法》第九十二条规定,"海关依法扣留的货物、物品、运输工具,在人民法院判决或者海关处罚决定作出之前,不得处理";"人民法院判决没收或者海关决定没收的走私货物、物品、违法所得、走私运输工具、特制设备,由海关依法统一处理,所得价款和海关决定处以的罚款,全部上缴中央国库。"《最高人民法院、最高人民检察院、海关总署关于办理走私刑事案件适用法律若干问题的意见》第二十三条规定,"人民法院在判决走私罪案件时,应当对随案清单、证明文件中载明的款、物审查确认并依法判决予以追缴、没收;海关根据人民法院的判决和海关法的有关规定予以处理,上缴中央国库。"

据此,地方各级人民法院在审理走私犯罪案件时,对涉案的款、物等,应当严格遵循并切实执行上述法律、司法解释的规定,依法作出追缴、没收的判决。对于在审理走私犯罪案件中遇到的新情况、新问题,要加强与海关等相关部门的联系和协调,对于遇到的适用法律的新问题,应当及时报告最高人民法院。

最高人民法院　最高人民检察院关于切实保障司法人员依法履行职务的紧急通知

(2005年8月25日　法〔2005〕173号)

各省、自治区、直辖市高级人民法院、人民检察院,解放军军事法院、检察院,新疆维吾尔自治区高级人民法院生产建设兵团分院、新疆生产建设兵团人民检察院:

近年来,人民法院开庭审判活动中侮辱、谩骂、围攻、殴打审判人员、检察人员等妨碍司法人员依法履行职务现象时有发生。为此,中央政法委于2005年1月19日下发了《关于认真解决妨碍、报复政法干警依法履行职务问题的意见》(政法

〔2005〕2 号)。为切实解决妨碍司法人员依法履行职务问题,保护司法人员的人身安全,保障司法工作的顺利进行,维护法律尊严和司法权威,现就落实中央政法委《关于认真解决妨碍、报复政法干警依法履行职务问题的意见》的有关问题通知如下:

一、高度重视司法人员依法履行职务的保障工作

开庭审判和出庭支持公诉是审判人员、检察人员依法行使国家审判权和检察权的重要司法活动。保护审判人员、检察人员的人身安全,保障审判、公诉工作的顺利进行,维护法律尊严和司法权威,是实施依法治国方略,建设社会主义和谐社会的必然要求和重要保障。各级人民法院、人民检察院要高度认识保障司法人员依法履行职务工作的重要性,积极采取措施,为审判、公诉工作的顺利进行提供必要的物质保障,创造良好的司法环境。同时,各级人民法院、人民检察院要严格规范司法行为,做到公正、文明司法,不断改进司法形象,以公正司法赢得人民群众的理解和支持。

二、大力加强人民法院审判法庭建设以及安全保障工作管理

各级人民法院特别是基层人民法院要进一步加强审判法庭建设以及安全保障工作管理,切实解决司法人员履行职务所必要的设施条件和庭审环境。一是将审判活动区和旁听区严格分离,并分别设立专用通道;二是根据《最高人民法院关于人民法院法庭专用设备配置的意见》,抓紧配置监控、安检等设备,并配备安检司法警察;三是在审判场所显眼位置设置告示牌,警示、教育诉讼参与人员、旁听人员遵守法庭规则;四是司法警察部门要严格依照《中华人民共和国人民法院法庭规则》、《人民法院司法警察值庭规则》以及《人民法院司法警察安全检查规则》等有关规定,庭前严格落实值庭司法警察的警力配备,明确值庭司法警察的具体任务和职责分工。要对开庭审判的全过程进行监控,严禁携带器械以及易燃易爆、强腐蚀性等危险物品的人员进入法庭,保证庭审活动的顺利进行和司法人员的人身安全,并保护司法人员庭审后安全离开审判场所。

上述设施建设所需经费问题,各级人民法院应当按照中央政法委《关于认真解

决妨碍、报复政法干警依法履行职务问题的意见》的有关要求,及时向当地党委、政法委汇报,妥善解决。各基层法院的法庭建设可纳入三年发展规划系统解决。

三、配备司法警察,保证公务用车,保障检察人员依法履行职务

人民检察院检察人员出庭履行职责时,不得少于二人。对于可能出现妨碍检察人员依法履行职务情形的,人民检察院司法警察应当配合出警,并依照有关规定携带、使用警械具。人民检察院司法警察应当加强同人民法院司法警察的配合,必要时护送检察人员出庭和返回,保障检察人员依法履行职责和人身安全。各级人民检察院应当保证检察人员出庭所需公务用车。

四、制定临庭处置预案,组织落实应变防范措施

在法庭审理前,人民法院、人民检察院应当根据案情分别制定临庭处置预案,充分预测可能发生的妨碍司法行为。对可能出现妨碍司法人员依法履行职务情况的,人民法院、人民检察院应当共同制定处置预案,研究对策,采取措施,并视情况需要通报公安机关。必要时,可向党委、政法委、上级机关汇报,共同做好协调、防范工作。

五、依法严肃处理妨碍司法人员依法履行职务的行为

在法庭审理中,诉讼参与人员、旁听人员妨碍司法人员依法履行职务的,人民法院应当依照《中华人民共和国刑事诉讼法》、《中华人民共和国民事诉讼法》、《中华人民共和国行政诉讼法》、《中华人民共和国人民法院法庭规则》等有关规定,及时采取制止、训诫、强行带出法庭、罚款、拘留等措施;国家工作人员妨碍司法人员依法履行职务的,应当同时建议有关部门给予党纪、政纪处分;严重扰乱法庭秩序,构成犯罪的,应当依法追究刑事责任,并将处理情况公诸于众,以儆效尤。对于严重妨碍司法人员依法履行职务,造成恶劣影响的典型事件,人民法院和人民检察院应当及时向党委、政法委、上级机关等有关部门汇报,既要依法严肃查处,维护法律尊严和司法权威,又要注意方式方法,及时化解矛盾,防止事态的进一步扩大。

六、加强司法警察队伍建设和保密工作，做好宣传教育工作

各级人民法院、人民检察院应当加强司法警察队伍建设，组织专项培训，建立快速反应机制，提高司法警察处理紧急事件的能力；强化案件保密工作，严禁违反规定泄露案情以及办案人员的通讯方式、住址等个人信息，对于泄密行为，应当依照《人民法院审判纪律处分办法》、《检察人员纪律处分条例》的有关规定严肃惩处；加强司法工作人员安全意识、自我保护意识以及安全防范技能的教育培训，建立健全政法干警依法履行职务的保障和救济措施，有条件的地方应当为其办理人身保险；加强法制宣传教育工作，提高人民群众的法律意识，在全社会形成崇尚法律、维护司法的良好氛围。

最高人民法院最高人民检察院公安部关于开展集中打击赌博违法犯罪活动专项行动有关工作的通知

（2005 年 1 月 10 日　公通字〔2005〕2 号）

各省、自治区、直辖市高级人民法院，人民检察院，公安厅、局，新疆维吾尔自治区高级人民法院生产建设兵团分院，新疆生产建设兵团人民检察院，公安局：

近年来，各类赌博违法犯罪活动日益猖獗，特别是境外赌博业对我渗透加剧，网络赌博蔓延迅速，六合彩、私彩赌博活动在一些地区泛滥成灾，到境外赌博和参与网络赌博的人数日益增多，党政领导干部、国家公务员和企事业单位负责人参赌人数呈上升趋势，造成国家资金大量流失，诱发了大量的社会问题，人民群众和社会各界反映强烈。为打击赌博违法犯罪活动，维护社会治安稳定和社会管理秩序，决定从 2005 年 1 月至 5 月，在全国范围内组织开展集中打击赌博违法犯罪活动专项行动。现就有关要求通知如下：

一、提高思想认识，切实增强开展集中打击赌博违法犯罪活动的政治责任感和工作紧迫感

赌博之风蔓延，危害是多方面的、长期的。开展集中打击赌博违法犯罪活动专项行动，是践行“三个代表”重要思想、加强三个文明建设的必然要求，是构建社会主义和谐社会、巩固党的执政基础的重要举措。各级公安机关、人民检察院、人民法院要深刻认识赌博违法犯罪活动的严重危害和开展打击赌博违法犯罪活动的重要性、紧迫性，从深入贯彻党的十六大、十六届四中全会精神和努力践行“三个代表”重要思想、提高党的执政能力的战略高度，以对党、对人民高度负责的态度，充分发挥职能作用，认真部署，协同作战，坚决打击赌博这一社会丑恶现象，有效震慑犯罪，净化社会环境，维护社会和谐稳定。

二、突出打击重点，严格依照法律规定打击赌博违法犯罪活动

各级公安机关、人民检察院、人民法院要充分认识此类违法犯罪活动的特点，充分发挥职能作用，依法打击进行赌博违法犯罪活动的不法分子。要通过专项行动打掉一批赌博团伙、窝点，铲除封堵一批赌博网站，查破一批赌博大案要案，严惩一批赌博违法犯罪分子。其中，重点惩处赌博犯罪集团和网络赌博的组织者、六合彩和赌球赌马等赌博活动的组织者以及参与赌博犯罪活动的党政领导干部、国家公务员和企事业单位负责人。

在专项行动中，要按照刑法和有关司法解释的规定，严格依法办案，准确认定赌博犯罪行为，保证办案质量。对以营利为目的聚众赌博、开设赌场的，无论其是否参与赌博，均应以赌博罪追究刑事责任；对以营利为目的以赌博为业的，无论其是否实际营利，也应以赌博罪追究刑事责任。对通过在中国领域内设立办事处、代表处或者散发广告等形式，招揽、组织中国公民赴境外赌博，构成犯罪的，以赌博罪定罪处罚。对具有教唆他人赌博、组织未成年人聚众赌博或者开设赌场吸引未成年人参与赌博以及国家工作人员犯赌博罪等情形的，应当依法从严处理。对实施贪污、挪用公款、职务侵占、挪用单位资金、挪用特定款物、受贿等犯罪，并将犯罪所得的款物用于赌博的，分别依照刑法有关规定从重处罚；同时构成赌博罪的，应依

照刑法规定实行数罪并罚。要充分运用没收财产、罚金等财产刑,以及追缴违法所得、没收用于赌博的本人财物和犯罪工具等措施,从经济上制裁犯罪分子,铲除赌博犯罪行为的经济基础。要坚持惩办与宽大相结合的刑事政策,区别对待,宽严相济,最大限度地分化瓦解犯罪分子。对主动投案自首或者有检举、揭发赌博违法犯罪活动等立功表现的,可依法从宽处罚。

要严格区分赌博违法犯罪活动与群众正常文娱活动的界限,对不以营利为目的,进行带有少量财物输赢的娱乐活动,以及提供棋牌室等娱乐场所并只收取固定的场所和服务费用的经营行为等,不得以赌博论处。对参赌且赌资较大的,可由公安机关依法给予治安处罚;符合劳动教养条件的,依法给予劳动教养;违反党纪政纪的,由主管机关予以纪律处分。要严格依法办案,对构成犯罪的,决不姑息手软,严禁以罚代刑,降格处理;对不构成犯罪或者不应当给予行政处理的,不得打击、处理,不得以禁赌为名干扰群众的正常文娱活动。

三、加强协调配合。形成打击合力

当前,赌博犯罪活动不仅数量多,而且组织严密,参与范围广,作案手段隐蔽,逃避打击能力强。各级公安机关、人民检察院、人民法院在办案中要坚持实事求是,科学、正确认识此类犯罪活动的特殊性,按照“基本事实清楚、基本证据确凿”的原则,不纠缠细枝末节,密切配合,依法从重从快打击赌博犯罪活动。公安机关应当组织专门力量,扎扎实实地做好侦查工作。赌博犯罪行为发生地公安机关发现犯罪行为后均应依法立即立案侦查,全力查清犯罪事实,抓捕犯罪嫌疑人。要切实做好证据的收集、固定和保全工作,为起诉和审判打下坚实基础。人民检察院对公安机关提请批准逮捕和移送审查起诉的犯罪嫌疑人,要依法及时审查批捕和审查起诉。人民法院对人民检察院提起公诉的案件,应当依法及时审判。各级公安机关、人民检察院、人民法院应当加强配合和制约,严格依法办案,保证办案质量。

四、广泛宣传发动,推动专项行动深入开展

在专项行动中,各级公安机关、人民检察院、人民法院要充分利用各种新闻媒体,大力宣传有关法律和政策,向广大群众表明党和政府及政法机关打击赌博违

法犯罪活动的决心和信心。要选择典型案例公开曝光,震慑犯罪,教育群众,使广大人民群众树立守法意识,自觉远离、坚决抵制赌博活动。要建立举报奖励制度,设立举报电话、信箱和网址,对积极提供线索、帮助查破赌博大案要案的群众给予奖励,动员广大群众检举、揭发犯罪,形成打击赌博违法犯罪活动的良好氛围。

各地接到本通知后,请立即部署贯彻执行。执行中遇到的问题,请及时分别报告最高人民法院、最高人民检察院、公安部。

最高人民法院、最高人民检察院、公安部关于依法开展打击淫秽色情网站专项行动有关工作的通知

(2004年7月16日　公通字[2004]53号)

各省、自治区、直辖市高级人民法院,人民检察院,公安厅、局,新疆维吾尔自治区高级人民法院生产建设兵团分院,新疆生产建设兵团人民检察院,公安局:

当前淫秽色情网站有泛滥、蔓延之势,严重危害青少年的健康成长,败坏社会道德风尚,诱发多种犯罪活动,社会各界和广大人民群众对此反映强烈。为有效清除淫秽色情网站,坚决打击网上淫秽色情活动,创造健康的网络环境,维护社会治安秩序的稳定,从今年7月中旬至"十一"前,在全国范围内开展打击淫秽色情网站专项行动。现就专项行动的有关工作通知如下:

一、充分认识开展打击淫秽色情网站专项行动的重要意义,切实增强政治责任感和工作紧迫感

党的十六大明确指出,"全面建设小康社会,必须大力发展社会主义文化,建设社会主义精神文明";"大力发展先进文化,支持健康有益文化,努力改造落后文化,坚决抵制腐朽文化"。淫秽色情网站传播的淫秽色情信息是腐朽文化的突出表现,

与加强社会主义精神文明完全背道而驰。开展打击淫秽色情网站专项行动,是加强社会主义精神文明建设的必然要求,是保护青少年身心健康的迫切需要,是实现和维护广大人民群众根本利益的重要举措。各级公安机关、人民检察院、人民法院要深刻认识淫秽色情网站的严重危害和开展打击淫秽色情网站、净化网络环境的重要性、紧迫性,从深入贯彻党的十六大精神和努力践行"三个代表"重要思想、保持国家长治久安的战略高度,以对党、对人民高度负责的态度,充分发挥本部门的职能作用,认真部署,协同作战,坚决铲除网络中的社会丑恶现象,有效震慑犯罪,净化社会环境,促进社会主义精神文明建设。

二、充分运用法律武器,突出打击重点

各级公安机关、人民检察院、人民法院要准确把握此类违法犯罪活动的特点,充分发挥各自的职能作用,依法严厉打击利用淫秽色情网站进行违法犯罪活动的不法分子。要通过专项行动破获一批以互联网为媒介,制作、贩卖、传播淫秽物品和组织卖淫嫖娼的案件,打掉一批犯罪团伙,严惩一批经营淫秽色情网站和利用互联网从事非法活动的违法犯罪分子和经营单位。

在专项行动中,要严格按照《刑法》、全国人民代表大会常务委员会《关于维护互联网安全的决定》和有关司法解释的规定,严格依法办案,正确把握罪与非罪的界限,保证办案质量。对于利用互联网从事犯罪活动的,应当根据其具体实施的行为,分别以制作、复制、出版、贩卖、传播淫秽物品牟利罪、传播淫秽物品罪、组织播放淫秽音像制品罪及刑法规定的其他有关罪名,依法追究刑事责任。对于违反国家规定,擅自设立互联网上网服务营业场所,或者擅自从事互联网上网服务经营活动,情节严重,构成犯罪的,以非法经营罪追究刑事责任。对于建立淫秽网站、网页,提供涉及未成年人淫秽信息、利用青少年教育网络从事淫秽色情活动以及顶风作案、罪行严重的犯罪分子,要坚决依法从重打击,严禁以罚代刑。要充分运用没收犯罪工具、追缴违法所得等措施,以及没收财产、罚金等财产刑,加大对犯罪分子的经济制裁力度,坚决铲除淫秽色情网站的生存基础,彻底剥夺犯罪分子非法获利和再次犯罪的资本。

要坚持惩办与宽大相结合的刑事政策,区别对待,审时度势,宽严相济,最大限

度地分化瓦解犯罪分子；对于主动投案自首或者有检举、揭发淫秽色情违法犯罪活动等立功表现的，可依法从宽处罚。

三、加强协调配合，形成打击合力

当前，淫秽色情网站违法犯罪活动不仅数量多，而且技术含量高，传播范围广，作案手段隐蔽，逃避打击能力强。各级公安机关、人民检察院、人民法院在办案中要坚持实事求是，科学、正确认识此类犯罪活动的特殊性，按照“基本事实清楚、基本证据确凿”的原则，不纠缠细枝末节，密切配合，齐心协力，依法从重从快打击利用淫秽色情网站的各种犯罪活动。公安机关应当组织专门力量，扎扎实实地做好侦查工作。淫秽色情网站所在地公安机关和淫秽色情网站制作、维护人居住地公安机关发现淫秽色情网站后均应立即依法立案侦查，全力侦破利用淫秽色情网站犯罪案件，抓捕犯罪嫌疑人。要切实做好证据的收集、固定和保全工作，将侦查中获取的电子数据制作成电子证据文档光盘作为证据随案件其他证据一并移送，为起诉和审判打下坚实基础；人民检察院对公安机关提请逮捕和移送审查起诉的犯罪嫌疑人，要依法从快批捕和提起公诉；人民法院对人民检察院提起公诉的案件，应该当依法及时审判。各级公安机关、人民检察院、人民法院对案件定性、证据认定、案件管辖等有关问题发生分歧时，要加强沟通与协调，加快办案进度，提高办案效率，形成打击合力，有效震慑犯罪。

四、加大宣传力度，推动专项行动深入开展

在专项行动中，公安机关、人民检察院、人民法院要充分利用各种新闻媒体，通过典型案例宣传有关法律和政策，向广大群众表明党和政府及政法机关打击淫秽色情网站的决心与信心。要选择典型案例公开曝光，震慑犯罪，弘扬法制，教育群众，使广大网民特别是青少年树立守法意识，自觉远离、抵制淫秽色情网站。要通过设立举报电话和举报网站等方式，动员广大群众检举、揭发犯罪，形成全社会打击淫秽色情网站的合力。

各地接到本通知后，请立即部署贯彻执行。执行中遇到问题，请及时分别报告最高人民法院、最高人民检察院、公安部。

最高人民法院关于审理毒品案件定罪量刑标准有关问题的解释

（2000 年 6 月 6 日 法释[2000]13 号）

为依法严惩毒品犯罪，根据刑法分则第六章第七节的规定，现就审理毒品案件定罪量刑标准有关问题解释如下：

第一条 走私、贩卖、运输、制造、非法持有下列毒品，应当认定为刑法第三百四十七条第二款第（一）项、第三百四十八条规定的“其他毒品数量大”：

（一）苯丙胺类毒品（甲基苯丙胺除外）一百克以上；

（二）大麻油五千克、大麻脂十千克、大麻叶及大麻烟一百五十千克以上；

（三）可卡因五十克以上；

（四）吗啡一百克以上；

（五）度冷丁（杜冷丁）二百五十克以上（针剂 100mg/支规格的二千五百支以上，50mg/支规格的五千支以上；片剂 25mg/片规格的一万片以上，50mg/片规格的五千片以上）；

（六）盐酸二氢埃托啡十毫克以上（针剂或者片剂 20μg/支、片规格的五百支、片以上）；

（七）咖啡因二百千克以上；

（八）罂粟壳二百千克以上；

（九）上述毒品以外的其他毒品数量大的。

第二条 走私、贩卖、运输、制造、非法持有下列毒品，应当认定为刑法第三百四十七条第三款、第三百四十八条规定的“其他毒品数量较大”：

（一）苯丙胺类毒品（甲基苯丙胺除外）二十克以上不满一百克；

（二）大麻油一千克以上不满五千克，大麻脂二千克以上不满十千克，大麻叶及大麻烟三十千克以上不满一百五十千克；

（三）可卡因十克以上不满五十克；

（四）吗啡二十克以上不满一百克；

（五）度冷丁（杜冷丁）五十克以上不满二百五十克（针剂100mg/支规格的五百支以上不满二千五百支，50mg/支规格的一千支以上不满五千支；片剂25mg/片规格的二千片以上不满一万片，50mg/片规格的一千片以上不满五千片）；

（六）盐酸二氢埃托啡二毫克以上不满十毫克（针剂或者片剂20μg/支、片规格的一百支、片以上不满五百支、片）；

（七）咖啡因五十千克以上不满二百千克；

（八）罂粟壳五十千克以上不满二百千克；

（九）上述毒品以外的其他毒品数量较大的。

第三条 具有下列情形之一的，可以认定为刑法第三百四十七条第四款规定的“情节严重”：

（一）走私、贩卖、运输、制造鸦片一百四十克以上不满二百克、海洛因或者甲基苯丙胺七克以上不满十克或者其他数量相当毒品的；

（二）国家工作人员走私、制造、运输、贩卖毒品；

（三）在戒毒监管场所贩卖毒品的；

（四）向多人贩毒或者多次贩毒的；

（五）其他情节严重的行为。

第四条 违反国家规定，非法运输、携带进出境或在境内非法买卖醋酸酐、乙醚、三氯甲烷或者其他用于制造毒品的原料或者配剂达到下列数量标准的，依照刑法第三百五十条第一款的规定定罪处罚：

（一）麻黄碱、伪麻黄碱及其盐类和单方制剂五千克以上不满五十千克；麻黄浸膏、麻黄浸膏粉一百千克以上不满一千千克；

（二）醋酸酐、三氯甲烷二百千克以上不满二千千克；

（三）乙醚四百千克以上不满三千千克；

（四）上述原料或者配剂以外其他相当数量的用于制造毒品的原料或者配剂。

违反国家规定，非法运输、携带进出境或者在境内非法买卖用于制造毒品的原料或者配剂，超过前款所列数量标准的，应当认定为刑法第三百五十条第一款规定的“数量大”。

第五条　非法种植大麻五千株以上不满三万株,应当认定为刑法第三百五十一条第一款第(一)项规定的非法种植大麻"数量较大";非法种植大麻三万株以上,应当认定为刑法第三百五十一条第二款规定的非法种植大麻"数量大"。

最高人民法院关于贯彻全国人大常委会《关于取缔邪教组织、防范和惩治邪教活动的决定》和"两院"司法解释的通知

(1999年11月5日　法发〔1999〕29号)

各省、自治区、直辖市高级人民法院,解放军军事法院,新疆维吾尔自治区高级人民法院生产建设兵团分院:

10月30日,九届全国人大常委会第十二次会议通过了《关于取缔邪教组织、防范和惩治邪教活动的决定》(以下简称《决定》),最高人民法院、最高人民检察院联合发布了《关于办理组织和利用邪教组织犯罪案件具体应用法律若干问题的解释》(以下简称《解释》)。《决定》对邪教组织的性质和危害,对防范和惩治邪教组织的犯罪活动作出了明确规定。《解释》根据刑法规定,对办理邪教组织犯罪案件提供了具体的司法依据。这一重要法律和司法解释的出台,对于依法严厉打击邪教组织特别是"法轮功"邪教组织,维护社会稳定,保护人民利益,保障改革开放和社会主义现代化建设顺利进行,具有十分重要的意义。现就人民法院学习贯彻《决定》和《解释》,依法审理组织和利用邪教组织犯罪案件特别是"法轮功"邪教组织犯罪案件通知如下:

一、认真学习宣传贯彻《决定》和《解释》,进一步明确审判工作指导思想和任务。近年来,邪教组织特别是"法轮功"邪教组织冒用宗教、气功或者其他名义建议、神化首要分子,大搞教主崇拜,利用制造、散布迷信邪说等手段蛊惑、蒙骗他人,发展、控制成员,从事违法犯罪活动,危害人民群众生命财产安全和经济发展,严重影响了社会稳定,必须坚决依法惩办。修订后的刑法专门对组织和利用邪教组织

破坏国家法律、行政法规实施;组织和利用邪教组织蒙骗他人,致人死亡以及组织和利用邪教组织奸淫妇女、诈骗财物行为的定罪处罚问题,作了明确规定。全国人大常委会近日通过的《决定》,更为依法惩治组织和利用邪教组织的犯罪活动提供了有力的法律武器。各级人民法院要认真学习,统一思想认识,认清“法轮功”的邪教性质及其危害,深刻领会中央关于抓紧处理和解决“法轮功”问题的重要指示精神,充分认识这场斗争的重要性、复杂性、尖锐性和长期性,进一步明确指导思想,把防范和惩治各种邪教组织犯罪作为一项严肃的政治任务,认真履行职责,充分发挥人民法院的审判职能作用,对组织和利用邪教组织破坏国家法律、行政法规实施,聚众闹事,扰乱社会秩序,以迷信邪说蒙骗他人,致人死亡,或者奸淫妇女、诈骗财物等犯罪行为,坚决依法严惩。

二、依法审理组织和利用邪教组织犯罪案件,明确打击重点。各级人民法院要认真贯彻执行《决定》,按照《解释》的规定要求,严格依法办案,正确适用法律,坚决依法打击“法轮功”等邪教组织的犯罪活动。对于组织和利用邪教组织聚众围攻、冲击国家机关、企事业单位,扰乱国家机关、企事业单位的工作、生产、经营、教学和科研等秩序;非法举行集会、游行、示威,煽动、欺骗、组织其成员或者其他聚众围攻、冲击、强占、哄闹公共场所及宗教活动场所,扰乱社会秩序;出版、印刷、复制、发行宣扬邪教内容的出版物、印制邪教组织标识的,坚决依照刑法第三百条第一款的规定,以组织、利用邪教组织破坏法律实施罪定罪处罚。对于组织和利用邪教组织制造、散布迷信邪说,蒙骗其成员或者其他人实施绝食、自残、自虐等行为,或者阻止病人进行正常治疗,致人死亡的,坚决依照刑法第三百条第二款的规定,以组织、利用邪教组织致人死亡罪定罪处罚,对造成特别严重后果的,依法从重处罚。对于邪教组织以各种欺骗手段敛取钱财的,依照刑法第三百条第三款和第二百六十六条的规定,以诈骗罪定罪处罚。对于邪教组织和组织、利用邪教组织破坏法律实施的犯罪分子,以各种手段非法聚敛的财物,用于犯罪的工具、宣传品的,应当依法追缴、没收。

三、正确运用法律和政策,严格区分不同性质的矛盾。各级人民法院在审判工作中必须坚持教育与惩罚相结合,团结教育大多数被蒙骗的群众,坚决依法严惩极少数犯罪分子。在依法惩治构成犯罪的组织者、策划者、指挥者和积极参加者的同时，要注意团结大多数，教育大多数，解脱大多数。要把不明真相参与邪教活动的人同组织和利用邪教组织进行非法活动、蓄意破坏社会稳定的犯罪分子区别开来；要把一般“法轮功”练习者同极少数违法犯罪活动的策划者、组织者区别开来；要把正常的宗教信仰、合法的宗教活动同“法轮功”等邪教组织的活动区别开来。重点打击组织和利用邪教组织进行犯罪活动的组织、策划、指挥者和屡教不改的骨干分子。对有自首、立功表现的，可以依法从轻、减轻或者免除处罚；对于受蒙蔽、胁迫参加邪教组织并已退出和不再参加邪教组织活动的人员，不作为犯罪处理。

四、加强对学习宣传贯彻《决定》工作的领导，保证审理组织和利用邪教组织犯罪案件工作顺利进行。各级人民法院依法审理组织和利用邪教组织犯罪案件，必须在党委领导下，在党委政法委的指导下，周密部署，保证万无一失。要把依法审理组织和利用邪教组织犯罪案件作为一项重要政治任务，务必抓紧抓好。要加强与检察、公安机关的密切配合，对于检察机关移送起诉的组织和利用邪教组织犯罪案件，要抽调精干力量进行审理，依法及时审结。上级人民法院要注意了解和掌握下级人民法院审判案件的情况，及时指导。对一些典型案件应当适时召开新闻发布会，扩大审判的社会影响。要通过各种形式宣传和对具体案件的处理，教育广大群众，提高公民的法制观念，使广大群众认识邪教组织反科学、反人类、反社会、反政府，危害社会的实质，增强自觉反对和抵制邪教组织的意识。要落实人民法院参与社会治安综合治理的各项措施，坚持预防与惩治并重，防范邪教组织的滋生和发展。

以上通知，望认真执行。

最高人民法院关于对设置圈套诱骗他人参赌又向索还钱财的受骗者施以暴力或暴力威胁的行为应如何定罪问题的批复

（1995 年 11 月 6 日　法复〔1995〕8 号）

贵州省高级人民法院：

你院《关于设置圈套诱骗他人参赌，当参赌者要求退还所输钱财时，设赌者以

暴力相威胁,甚至将参赌者打伤、杀伤并将钱财带走的行为如何定性》的请示收悉。经研究,答复如下:

行为人设置圈套诱骗他人参赌获取钱财,属赌博行为,构成犯罪的,应当以赌博罪定罪处罚。参赌者识破骗局要求退还所输钱财,设赌者又使用暴力或者以暴力相威胁,拒绝退还的,应以赌博罪从重处罚;致参赌者伤害或者死亡的,应以赌博罪和故意伤害罪或者故意杀人罪,依法实行数罪并罚。

最高人民法院关于审理淫秽物品刑事案件中适用法律的两个问题的批复

(1992年5月27日　法复〔1992〕4号)

广东省高级人民法院:

你院粤法刑一〔1991〕18号《关于办理淫秽物品犯罪案件中遇到的几个问题的请示》收悉。经研究,答复如下:

一、对于你院请示的"关于《全国人民代表大会常务委员会关于惩治走私、制作、贩卖、传播淫秽物品的犯罪分子的决定》(以下简称《决定》)公布施行后发生的淫秽物品犯罪案件,定罪量刑时是否仍须引用刑法第一百七十条的问题",同意你院的意见,即:《决定》不是对刑法第一百七十条的修改或者补充,而是对淫秽物品犯罪的重新规定。因此,在依照《决定》审理淫秽物品刑事案件定罪量刑时,引用《决定》的有关条款即可,不必同时引用刑法第一百七十条。

二、对于你院请示的"关于为他人提供书号,出版淫秽书刊的行为如何定罪的问题",同意你院的意见,即:根据《决定》第二条第二款的规定,不明知他人用于出版淫秽书刊而提供书号的,是过失犯罪,应定"为他人提供书号出版淫秽书刊罪";明知他人用于出版淫秽书刊而提供书号的,则应依照《决定》第二条第一款规定的出版淫秽书刊罪定罪处罚。

最高人民法院最高人民检察院关于盗伐、滥伐林木案件几个问题的解答

（1991 年 10 月 17 日　法（研）发〔1991〕31 号）

各省、自治区、直辖市高级人民法院、人民检察院，解放军军事法院、军事检察院：

近年来，一些地方就办理盗伐、滥伐林木案件适用法律的若干问题，向最高人民法院、最高人民检察院提出请示。经研究，现作如下解答：

一、问：最高人民法院、最高人民检察院《关于办理盗伐、滥伐林木案件应用法律的几个问题的解释》（以下简称《解释》第八条中规定，国营企业事业单位、集体组织滥伐林木情节特别严重的，应按刑法第一百二十八条追究其主管人员和直接责任人员的刑事责任。对于“情节特别严重”的数量起点是否可按“林区为 100 立方米或者幼树 5000 株；非林区为 50 立方米或者幼树 2500 株”的标准掌握？

答：对于“情节特别严重”的数量起点，在林区一般为立木材积 100 立方米或者幼树 5000 株；非林区一般为 50 立方米或者幼树 2500 株。

二、问：在林区，有的人今日盗伐一株，明日盗伐二株，持续不断，对林木危害很大。但是，由于每次盗伐没有达到“数量较大”的标准，不能依法惩处。对于一贯盗伐林木的，是否可以累计其盗伐数量定罪处罚？

答：对于连续多次盗伐林木，情节恶劣的行为，可以累计其未经处理的盗伐数量，按照《解释》第五条第（3）项的规定，视为盗伐林木“情节严重”依照刑法第一百二十八条盗伐林木罪定罪处刑。累计的时间一般以一年为宜。

三、问：我们在审判实践中经常遇到因进行营利性生产而毁坏生长中的林木，情况很复杂，有的只是毁坏了林木，例如，毁林种粮、种参；有的既毁林又非法占有木材；有的毁坏的是用材林；有的毁坏的是经济林，如剥树皮卖药材。对于这类犯罪行为，“情节严重”的，如何计算其造成的损失？盗伐林木种植木耳、香菇定什么罪？

答：因进行营利性生产，违反森林管理法规，毁坏林木，影响林木正常生长，致使林木死亡，情节严重的，依照刑法第一百五十六条故意毁坏公私财物罪定罪处刑。

因泄愤报复而毁坏生长中的林木，情节严重的，依照刑法第一百二十五条的规定定罪处刑。

对毁坏经济林和用材林的应当分别处理。毁坏经济林的，可以按照经济价值或者林木的株数计算损失。毁坏经济林和用材林的具体数量标准，请你们根据实际情况作出规定。

对毁林后又侵占林木情节严重的，或者盗伐林木种植木耳、香菇或烧炭等情节严重的，依照刑法第一百二十八条盗伐林木罪定罪处刑。

四、问：雇工盗伐林木构成犯罪的案件，对被雇者应否追究刑事责任？

答：雇佣他人盗伐林木构成犯罪的案件，如果被雇者不知是盗伐他人林木的，应由雇主承担刑事责任；如果被雇者明知是盗伐他人林木的，应按盗伐林木罪的共犯论处。

五、问：我们在执行《解释》第十条(3)时，发现目前有的人还伪造、倒卖林木采伐指标、运输木材的其他凭证以及完税证、育林基金、更改资金、林政费、更新造林费等票据。上述行为构成犯罪的，是否可以分别依照刑法第一百二十条、第一百二十四条定罪处刑？

国家机关、集体组织倒卖木材采伐证或者采伐指标、木材经营指标的，如何追究主管人员和其他直接责任人员的刑事责任？

答：以营利为目的，伪造、倒卖林木采伐许可证或者采伐指标、运输木材的各种票证，情节严重的，依照刑法第一百二十条以伪造或者倒卖计划供应票证罪追究刑事责任。认定“情节严重”或者“情节特别严重”，可以伪造或者倒卖票证的面额结合牟利的数额和造成实际的危害为根据。具体数额标准，请你们作出规定。

伪造税票，包括育林基金、更改资金、林政费、更新造林费等票据的，应当依照刑法第一百二十四条伪造税票罪的规定惩处。

对于无证贩卖木材同时又伪造计划供应票证和税票的，应择一重罪处罚。

国家机关、企业事业单位、集体组织倒卖林木采伐许可证或者采伐指标、木材经营指标,情节特别严重的,依照刑法第一百二十条第一款伪造或者倒卖计划供应票证罪的规定追究主管人员和其他直接责任人员的刑事责任。

六、问:在盗伐林木案件中,有些盗伐者对护林人员施加暴力或者以暴力相威胁,危害护林人员的人身安全,虽然其盗伐林木的数量或者伤害的程度还构不成犯罪,但是情节恶劣,影响很坏。对此,是否可以按盗伐林木罪惩处?

答:盗伐林木者对护林人员施加暴力或者以暴力相威胁,危害护林人员人身安全,虽然其盗伐林木尚未达到数量较大的起点或者伤害的程度尚未达到轻伤的标准,但是情节恶劣,需要依法追究刑事责任的,可以视为盗伐林木"情节严重",依照刑法第一百二十八条盗伐林木罪的规定追究刑事责任;如果使用暴力或者以暴力相威胁,情节显著轻微危害不大的,可不认为是犯罪。

附:

立木材积的计算和幼树的概念及数量计算

(1991 年 10 月 17 日)

一、立木材积的计算。立木材积即为立木蓄积。计算方法是:原木材积除以该树种的出材率。如:某地区、某树种的出材率为 60%,即:立木材积(立木蓄积)原木材积 ÷ 60%。

二、幼树的概念和幼树数量计算。幼树是指生长在幼龄阶段的树木。在森林资源调查中,树木胸径在 5cm 以下的视为幼树,以"株"为单位进行统计。

9　危害国防利益罪

司法解释

最高人民法院关于审理危害军事通信刑事案件具体应用法律若干问题的解释

（2007 年 6 月 26 日　法释[2007]13 号）

为依法惩治危害军事通信的犯罪活动，维护国防利益和军事通信安全，根据刑法有关规定，现就审理这类刑事案件具体应用法律的若干问题解释如下：

第一条　故意实施损毁军事通信线路、设备，破坏军事通信计算机信息系统，干扰、侵占军事通信电磁频谱等行为的，依照刑法第三百六十九条第一款的规定，以破坏军事通信罪定罪，处三年以下有期徒刑、拘役或者管制；破坏重要军事通信的，处三年以上十年以下有期徒刑。

第二条　实施破坏军事通信行为，具有下列情形之一的，属于刑法第三百六十九条第一款规定的"情节特别严重"，以破坏军事通信罪定罪，处十年以上有期徒刑、无期徒刑或者死刑：

（一）造成重要军事通信中断或者严重障碍，严重影响部队完成作战任务或者致使部队在作战中遭受损失的；

（二）造成部队执行抢险救灾、军事演习或者处置突发性事件等任务的通信中断或者严重障碍，并因此贻误部队行动，致使死亡 3 人以上、重伤 10 人以上或者财产损失 100 万元以上的；

（三）破坏重要军事通信三次以上的；

（四）其他情节特别严重的情形。

第三条 过失损坏军事通信，造成重要军事通信中断或者严重障碍的，属于刑法第三百六十九条第二款规定的“造成严重后果”，以过失损坏军事通信罪定罪，处三年以下有期徒刑或者拘役。

第四条 过失损坏军事通信，具有下列情形之一的，属于刑法第三百六十九条第二款规定的“造成特别严重后果”，以过失损坏军事通信罪定罪，处三年以上七年以下有期徒刑：

（一）造成重要军事通信中断或者严重障碍，严重影响部队完成作战任务或者致使部队在作战中遭受损失的；

（二）造成部队执行抢险救灾、军事演习或者处置突发性事件等任务的通信中断或者严重障碍，并因此贻误部队行动，致使死亡 3 人以上、重伤 10 人以上或者财产损失 100 万元以上的；

（三）其他后果特别严重的情形。

第五条 建设、施工单位直接负责的主管人员、施工管理人员，明知是军事通信线路、设备而指使、强令、纵容他人予以损毁的，或者不听管护人员劝阻，指使、强令、纵容他人违章作业，造成军事通信线路、设备损毁的，以破坏军事通信罪定罪处罚。

建设、施工单位直接负责的主管人员、施工管理人员，忽视军事通信线路、设备保护标志，指使、纵容他人违章作业，致使军事通信线路、设备损毁，构成犯罪的，以过失损坏军事通信罪定罪处罚。

第六条 破坏、过失损坏军事通信，并造成公用电信设施损毁，危害公共安全，同时构成刑法第一百二十四条和第三百六十九条规定的犯罪的，依照处罚较重的规定定罪处罚。

盗窃军事通信线路、设备，不构成盗窃罪，但破坏军事通信的，依照刑法第三百六十九条第一款的规定定罪处罚；同时构成刑法第一百二十四条、第二百六十四条和第三百六十九条第一款规定的犯罪的，依照处罚较重的规定定罪处罚。

违反国家规定，侵入国防建设、尖端科学技术领域的军事通信计算机信息系统,尚未对军事通信造成破坏的,依照刑法第二百八十五条的规定定罪处罚;对军事通信造成破坏,同时构成刑法第二百八十五条、第二百八十六条、第三百六十九条第一款规定的犯罪的,依照处罚较重的规定定罪处罚。

违反国家规定,擅自设置、使用无线电台、站,或者擅自占用频率,经责令停止使用后拒不停止使用,干扰无线电通讯正常进行,构成犯罪的,依照刑法第二百八十八条的规定定罪处罚;造成军事通信中断或者严重障碍,同时构成刑法第二百八十八条、第三百六十九条第一款规定的犯罪的,依照处罚较重的规定定罪处罚。

第七条 本解释所称"重要军事通信",是指军事首脑机关及重要指挥中心的通信,部队作战中的通信,等级战备通信,飞行航行训练、抢险救灾、军事演习或者处置突发性事件中的通信,以及执行试飞试航、武器装备科研试验或者远洋航行等重要军事任务中的通信。

本解释所称军事通信的具体范围、通信中断和严重障碍的标准,参照中国人民解放军通信主管部门的有关规定确定。

最高人民法院关于审理非法生产、买卖武装部队车辆号牌等刑事案件具体应用法律若干问题的解释

(2002年4月8日最高人民法院审判委员会第1220次会议通过
2002年4月10日公布　自2002年4月17日起施行　法释〔2002〕9号)

为依法惩治非法生产、买卖武装部队车辆号牌等犯罪活动,根据刑法的有关规定,现就审理这类刑事案件具体应用法律的若干问题解释如下:

第一条 伪造、变造、买卖或者盗窃、抢夺武装部队车辆行驶证、车辆驾驶证、车辆监理印章,具有下列情形之一的,根据刑法第三百七十五条第一款的规定,以伪造、变造、买卖武装部队证件、印章或者盗窃、抢夺武装部队证件、印章罪定罪处罚:

（一）伪造、变造、买卖或者盗窃、抢夺武装部队车辆监理印章的；

（二）伪造、变造、买卖或者盗窃、抢夺武装部队车辆行驶证、车辆驾驶证三本以上的。

具有下列情形之一的，属于刑法第三百七十五条第一款规定的“情节严重”：

（一）伪造、变造、买卖或者盗窃、抢夺武装部队车辆监理印章三枚以上的；

（二）伪造、变造、买卖或者盗窃、抢夺武装部队车辆行驶证、车辆驾驶证十本以上的；

（三）具有其他严重情节的。

第二条 非法生产、买卖武装部队车辆号牌等专用标志，具有下列情形之一的，属于刑法第三百七十五条第二款规定的“情节严重”：

（一）非法生产、买卖武装部队军以上领导机关专用车辆号牌的；

（二）非法生产、买卖武装部队其他车辆号牌三副以上的；

（三）具有其他严重情节的。

伪造、变造武装部队车辆号牌或者买卖伪造、变造的武装部队车辆号牌，情节严重的，依照刑法第三百七十五条第二款的规定定罪处罚。

第三条 使用伪造、变造、盗窃的武装部队车辆号牌，不缴或者少缴应纳的车辆购置税、车辆使用税等税款，偷税数额占应纳税额的百分之十以上，且偷税数额在一万元以上的，依照刑法第二百零一条第一款的规定定罪处罚。

使用伪造、变造、盗窃的武装部队车辆号牌，骗免养路费、通行费等各种规费，数额较大的，依照刑法第二百六十六条的规定定罪处罚。

第四条 冒充军人使用伪造、变造、盗窃的武装部队车辆号牌，造成恶劣影响的，依照刑法第三百七十二条的规定定罪处罚。

第五条 单位犯刑法第三百七十五条第二款规定之罪的，依照本解释第二条的规定执行。

10　贪污贿赂罪

（一）司法解释

最高人民法院、最高人民检察院关于印发《关于办理受贿刑事案件适用法律若干问题的意见》的通知

（2007年7月8日　法发[2007]22号）

各省、自治区、直辖市高级人民法院、人民检察院，解放军军事法院、军事检察院，新疆维吾尔自治区高级人民法院生产建设兵团分院、新疆生产建设兵团人民检察院：

现将《最高人民法院、最高人民检察院关于办理受贿刑事案件适用法律若干问题的意见》印发给你们，请认真贯彻执行。

关于办理受贿刑事案件适用法律若干问题的意见

为依法惩治受贿犯罪活动，根据刑法有关规定，现就办理受贿刑事案件具体适用法律若干问题，提出以下意见：

一、关于以交易形式收受贿赂问题

国家工作人员利用职务上的便利为请托人谋取利益,以下列交易形式收受请托人财物的,以受贿论处:

(1)以明显低于市场的价格向请托人购买房屋、汽车等物品的;

(2)以明显高于市场的价格向请托人出售房屋、汽车等物品的;

(3)以其他交易形式非法收受请托人财物的。

受贿数额按照交易时当地市场价格与实际支付价格的差额计算。

前款所列市场价格包括商品经营者事先设定的不针对特定人的最低优惠价格。根据商品经营者事先设定的各种优惠交易条件,以优惠价格购买商品的,不属于受贿。

二、关于收受干股问题

干股是指未出资而获得的股份。国家工作人员利用职务上的便利为请托人谋取利益,收受请托人提供的干股的,以受贿论处。进行了股权转让登记,或者相关证据证明股份发生了实际转让的,受贿数额按转让行为时股份价值计算,所分红利按受贿孳息处理。股份未实际转让,以股份分红名义获取利益的,实际获利数额应当认定为受贿数额。

三、关于以开办公司等合作投资名义收受贿赂问题

国家工作人员利用职务上的便利为请托人谋取利益,由请托人出资,“合作”开办公司或者进行其他“合作”投资的,以受贿论处。受贿数额为请托人给国家工作人员的出资额。

国家工作人员利用职务上的便利为请托人谋取利益,以合作开办公司或者其他合作投资的名义获取“利润”,没有实际出资和参与管理、经营的,以受贿论处。

四、关于以委托请托人投资证券、期货或者其他委托理财的名义收受贿赂问题

国家工作人员利用职务上的便利为请托人谋取利益,以委托请托人投资证券、

期货或者其他委托理财的名义,未实际出资而获取“收益”,或者虽然实际出资,但获取“收益”明显高于出资应得收益的,以受贿论处。受贿数额,前一情形,以“收益”额计算;后一情形,以“收益”额与出资应得收益额的差额计算。

五、关于以赌博形式收受贿赂的认定问题

根据《最高人民法院、最高人民检察院关于办理赌博刑事案件具体应用法律若干问题的解释》第七条规定,国家工作人员利用职务上的便利为请托人谋取利益,通过赌博方式收受请托人财物的,构成受贿。

实践中应注意区分贿赂与赌博活动、娱乐活动的界限。具体认定时,主要应当结合以下因素进行判断:(1)赌博的背景、场合、时间、次数;(2)赌资来源;(3)其他赌博参与者有无事先通谋;(4)输赢钱物的具体情况和金额大小。

六、关于特定关系人“挂名”领取薪酬问题

国家工作人员利用职务上的便利为请托人谋取利益,要求或者接受请托人以给特定关系人安排工作为名,使特定关系人不实际工作却获取所谓薪酬的,以受贿论处。

七、关于由特定关系人收受贿赂问题

国家工作人员利用职务上的便利为请托人谋取利益,授意请托人以本意见所列形式,将有关财物给予特定关系人的,以受贿论处。

特定关系人与国家工作人员通谋,共同实施前款行为的,对特定关系人以受贿罪的共犯论处。特定关系人以外的其他人与国家工作人员通谋,由国家工作人员利用职务上的便利为请托人谋取利益,收受请托人财物后双方共同占有的,以受贿罪的共犯论处。

八、关于收受贿赂物品未办理权属变更问题

国家工作人员利用职务上的便利为请托人谋取利益,收受请托人房屋、汽车等物品,未变更权属登记或者借用他人名义办理权属变更登记的,不影响受贿的

认定。

认定以房屋、汽车等物品为对象的受贿,应注意与借用的区分。具体认定时,除双方交代或者书面协议之外,主要应当结合以下因素进行判断:(1)有无借用的合理事由;(2)是否实际使用;(3)借用时间的长短;(4)有无归还的条件;(5)有无归还的意思表示及行为。

九、关于收受财物后退还或者上交问题

国家工作人员收受请托人财物后及时退还或者上交的,不是受贿。

国家工作人员受贿后,因自身或者与其受贿有关联的人、事被查处,为掩饰犯罪而退还或者上交的,不影响认定受贿罪。

十、关于在职时为请托人谋利,离职后收受财物问题

国家工作人员利用职务上的便利为请托人谋取利益之前或者之后,约定在其离职后收受请托人财物,并在离职后收受的,以受贿论处。

国家工作人员利用职务上的便利为请托人谋取利益,离职前后连续收受请托人财物的,离职前后收受部分均应计入受贿数额。

十一、关于"特定关系人"的范围

本意见所称"特定关系人",是指与国家工作人员有近亲属、情妇(夫)以及其他共同利益关系的人。

十二、关于正确贯彻宽严相济刑事政策的问题

依照本意见办理受贿刑事案件,要根据刑法关于受贿罪的有关规定和受贿罪权钱交易的本质特征,准确区分罪与非罪、此罪与彼罪的界限,惩处少数,教育多数。在从严惩处受贿犯罪的同时,对于具有自首、立功等情节的,依法从轻、减轻或者免除处罚。

最高人民法院关于挪用公款犯罪如何计算追诉期限问题的批复

（2003 年 9 月 18 日最高人民法院审判委员会第 1290 次会议通过　法释〔2003〕16 号）

天津市高级人民法院：

你院津高法〔2002〕4 号《关于挪用公款犯罪如何计算追诉期限问题的请示》收悉。经研究，答复如下：

根据刑法第八十九条、第三百八十四条的规定，挪用公款归个人使用，进行非法活动的，或者挪用公款数额较大、进行营利活动的，犯罪的追诉期限从挪用行为实施完毕之日起计算；挪用公款数额较大、超过三个月未还的，犯罪的追诉期限从挪用公款罪成立之日起计算。挪用公款行为有连续状态的，犯罪的追诉期限应当从最后一次挪用行为实施完毕之日或者犯罪成立之日起计算。

最高人民法院关于如何认定挪用公款归个人使用有关问题的解释

（2001 年 9 月 18 日最高人民法院审判委员会第 1193 次会议通过　自 2001 年 10 月 26 日起施行　法释〔2001〕29 号）

为依法惩处挪用公款犯罪活动，根据刑法的有关规定，现就如何认定挪用公款归个人使用的有关问题解释如下：

第一条　国家工作人员利用职务上的便利，以个人名义将公款借给其他自然人或者不具有法人资格的私营独资企业、私营合伙企业等使用的，属于挪用公款归个人使用。

第二条 国家工作人员利用职务上的便利,为谋取个人利益,以个人名义将公款借给其他单位使用的,属于挪用公款归个人使用。

第三条 本解释施行后,我院此前发布的司法解释的有关内容与本解释不一致的,不再适用。

最高人民法院关于国家工作人员利用职务上的便利为他人谋取利益离退休后收受财物行为如何处理问题的批复

(2000年6月30日最高人民法院审判委员会第1121次会议通过 自2000年7月21日起施行 法释〔2000〕21号)

江苏省高级人民法院:

你院苏高法〔1999〕65号《关于国家工作人员在职时为他人谋利,离退休后收受财物是否构成受贿罪的请示》收悉。经研究,答复如下:

国家工作人员利用职务上的便利为请托人谋取利益,并与请托人事先约定,在其离退休后收受请托人财物,构成犯罪的,以受贿罪定罪处罚。

最高人民法院关于审理贪污、职务侵占案件如何认定共同犯罪几个问题的解释

(2000年6月27日最高人民法院审判委员会第1120次会议通过 自2000年7月8日起施行 法释〔2000〕15号)

为依法审理贪污或者职务侵占犯罪案件,现就这类案件如何认定共同犯罪问题解释如下:

第一条 行为人与国家工作人员勾结,利用国家工作人员的职务便利,共同侵吞、窃取、骗取或者以其他手段非法占有公共财物的,以贪污罪共犯论处。

第二条 行为人与公司、企业或者其他单位的人员勾结,利用公司、企业或者其他单位人员的职务便利,共同将该单位财物非法占为己有,数额较大的,以职务侵占罪共犯论处。

第三条 公司、企业或者其他单位中,不具有国家工作人员身份的人与国家工作人员勾结,分别利用各自的职务便利,共同将本单位财物非法占为己有的,按照主犯的犯罪性质定罪。

最高人民法院关于审理挪用公款案件具体应用法律若干问题的解释

(1998年4月6日最高人民法院审判委员会第972次会议通过 自1998年5月9日起施行 法释〔1998〕9号)

为依法惩处挪用公款犯罪,根据刑法的有关规定,现对办理挪用公款案件具体应用法律的若干问题解释如下:

第一条 刑法第三百八十四条规定的"挪用公款归个人使用",包括挪用者本人使用或者给他人使用。

挪用公款给私有公司、私有企业使用的,属于挪用公款归个人使用。

第二条 对挪用公款罪,应区分三种不同情况予以认定:

(一)挪用公款归个人使用,数额较大、超过三个月未还的,构成挪用公款罪。

挪用正在生息或者需要支付利息的公款归个人使用,数额较大,超过三个月但在案发前全部归还本金的,可以从轻处罚或者免除处罚。给国家、集体造成的利息损失应予追缴。挪用公款数额巨大,超过三个月,案发前全部归还的,可以酌情从轻处罚。

(二)挪用公款数额较大,归个人进行营利活动的,构成挪用公款罪,不受挪用时间和是否归还的限制。在案发前部分或者全部归还本息的,可以从轻处罚;情节轻微的,可以免除处罚。

挪用公款存入银行、用于集资、购买股票、国债等,属于挪用公款进行营利活动。所获取的利息、收益等违法所得,应当追缴,但不计入挪用公款的数额。

(三)挪用公款归个人使用,进行赌博、走私等非法活动的,构成挪用公款罪,不受“数额较大”和挪用时间的限制。

挪用公款给他人使用,不知道使用人用公款进行营利活动或者用于非法活动,数额较大、超过三个月未还的,构成挪用公款罪;明知使用人用于营利活动或者非法活动的,应当认定为挪用人挪用公款进行营利活动或者非法活动。

第三条 挪用公款归个人使用,“数额较大、进行营利活动的”,或者“数额较大、超过三个月未还的”,以挪用公款一万元至三万元为“数额较大”的起点,以挪用公款十五万元至二十万元为“数额巨大”的起点。挪用公款“情节严重”,是指挪用公款数额巨大,或者数额虽未达到巨大,但挪用公款手段恶劣;多次挪用公款;因挪用公款严重影响生产、经营,造成严重损失等情形。

“挪用公款归个人使用,进行非法活动的”,以挪用公款五千元至一万元为追究刑事责任的数额起点。挪用公款五万元至十万元以上的,属于挪用公款归个人使用,进行非法活动“情节严重”的情形之一。挪用公款归个人使用,进行非法活动,情节严重的其他情形,按照本条第一款的规定执行。

各高级人民法院可以根据本地实际情况,按照本解释规定的数额幅度,确定本地区执行的具体数额标准,并报最高人民法院备案。

挪用救灾、抢险、防汛、优抚、扶贫、移民、救济款物归个人使用的数额标准,参照挪用公款归个人使用进行非法活动的数额标准。

第四条 多次挪用公款不还,挪用公款数额累计计算;多次挪用公款,并以后次挪用的公款归还前次挪用的公款,挪用公款数额以案发时未还的实际数额认定。

第五条 “挪用公款数额巨大不退还的”,是指挪用公款数额巨大,因客观原因在一审宣判前不能退还的。

第六条 携带挪用的公款潜逃的,依照刑法第三百八十二条、第三百八十三条的规定定罪处罚。

第七条 因挪用公款索取、收受贿赂构成犯罪的，依照数罪并罚的规定处罚。挪用公款进行非法活动构成其他犯罪的，依照数罪并罚的规定处罚。

第八条 挪用公款给他人使用，使用人与挪用人共谋，指使或者参与策划取得挪用款的，以挪用公款罪的共犯定罪处罚。

最高人民法院关于贪污、挪用公款所生利息应否计入贪污、挪用公款犯罪数额问题的批复

（1993年12月15日　法复〔1993〕11号）

四川省高级人民法院：

你院川高法明传〔1993〕112号《关于贪污挪用银行库存款其所生利息是否计入贪污挪用公款犯罪数额的请示》收悉。经研究，答复如下：

贪污、挪用公款（包括银行库存款）后至案发前，被贪污、挪用公款所生利息，不应作为贪污、挪用公款的犯罪数额计算。但该利息是贪污、挪用公款行为给被害单位造成实际经济损失的一部分，应作为被告人的非法所得，连同其贪污、挪用的公款一并依法追缴。

(二)司法性文件

最高人民法院关于印发《全国法院审理经济犯罪案件工作座谈会纪要》的通知

(2003 年 11 月 13 日 法[2003]167 号)

省、自治区、直辖市高级人民法院,解放军军事法院,新疆维吾尔自治区高级人民法院生产建设兵团分院:

现将《全国法院审理经济犯罪案件工作座谈会纪要》印发,供参照执行;执行中有什么问题,请及时报告我院。

附:

全国法院审理经济犯罪案件工作座谈会纪要

一、关于贪污贿赂犯罪和渎职犯罪的主体

(一)国家机关工作人员的认定

刑法中所称的国家机关工作人员。是指在国家机关中从事公务的人员、包括在各级国家权力机关、行政机关、司法机关和军事机关中从事公务的人员:

根据有关立法解释的规定,在依照法律、法规规定行使国家行政管理职权的组织中从事公务的人员,或者在受国家机关委托代表国家行使职权的组织中从事公务的人员、或者虽未列入国家机关人员编制但在国家机关中从事公务的人员,视为国家机关工作人员。在乡(镇)以上中国共产党机关、人民政协机关中从事公务的人员,司法实践中也应当视为国家机关工作人员:

(二)国家机关、国有公司、企业、事业单位委派到非国有公司、企业、事业单位、社会团体从事公务的人员的认定

所谓委派,即委任、派遣,其形式多种多样,如任命、指派、提名、批准等。不论被委派的人身份如何,只要是接受国家机关、国有公司、企业、事业单位委派,代表国家机关、国有公司、企业、事业单位在非国有公司、企业、事业单位、社会团体中从事组织、领导、监督、管理等工作,都可以认定为国家机关、国有公司、企业、事业单位委派到非国有公司、企业、事业单位、社会团体从事公务的人员－如国家机关、国有公司、企业、事业单位委派在国有控股或者参股的股份有限公司从事组织、领导、监督、管理等工作的人员,应当以国家工作人员论:国有公司、企业改制为股份有限公司后.原国有公司、企业的工作人员和股份有限公司新任命的人员中,除代表国有投资主体行使监督、管理职权的人外不以国家工作人员论。

(三)"其他依照法律从事公务的人员"的认定

刑法第九十三条第二款规定的"其他依照法律从事公务的人员"应当具有两个特征:一是在特定条件下行使国家管理职能;二是依照法律规定从事公务。具体包括:(1)依法履行职责的各级人民代表大会代表;(2)依法懂行审判职责的人民陪审员;(3)协助乡镇人民政府、街道办事处从事行政管理丁作的村民委员会、居民委员会等农村和城市基层组织人员;(4)其他由法律授权从事公务的人员。

(四)关于"从事公务"的理解

从事公务,是指代表国家机关、国有公司、企业事业单位、人民团体等履行组织、领导、监督、管理等职责。公务主要表现为与职权相联系的公共事务以及监督、管理国有财产的职务活动。如国家机关工作人员依法履行职责,国有公司的董事、经理、监事、会计、出纳人员等管理、监督国有财产等活动,属于从事公务。那些不具备职权内容的劳务活动、技术服务工作,如售货员、售票员等所从事的工作,一般不认为是公务。

二、关于贪污罪

(一)贪污罪既遂与未遂的认定

贪污罪是一种以非法占有为目的的财产性职务犯罪,与盗窃、诈骗、抢夺等侵

犯财产罪一样,应当以行为人是否实际控制财物作为区分贪污罪既遂与未遂的标准。对于行为人利用职务上的便利,实施了虚假平帐等贪污行为,但公共财物尚未实际转移,或者尚未被行为人控制就被查获的,应当认定为贪污未遂:行为人控制公共财物后,是否将财物据为自有,不影响贪污既遂的认定。

(二)“受委托管理、经营国有财产”的认定

刑法第三百八十二条第二款规定的“受委托管理、经营国有财产”,是指因承包、租赁、临时聘用等管理、经营国有财产。

(三)国家工作人员与非国家工作人员勾结共同非法占有单位财物行为的认定

对于国家工作人员与他人勾结,共同非法占有单位财物的行为,应当按照《最高人民法院关于审理贪污、职务侵占案件如何认定共同犯罪几个问题的解释》的规定定罪处罚。对于在公司、企业或者其他单位中,非国家工作人员与国家工作人员勾结,分别利用各自的职务便利,共同将本单位财物非法占有的,应当尽量区分主从犯,按照主犯的犯罪性质定罪。司法实践中,如果根据案件的实际情况。各共同犯罪人在共同犯罪中的地位、作用相当,难以区分主从犯的,可以贪污罪定罪处罚。

(四)共同贪污犯罪中“个人贪污数额”的认定

刑法第三百八十;三条第一款规定的“个人贪污数额”,在共同贪污犯罪案件中应理解为个人所参与或者组织、指挥共同贪污的数额,不能只按个人实际分得的赃款数额来认定。对共同贪污犯罪中的从犯,应当按照其所参与的共同贪污的数额确定量刑幅度,并依照刑法第二十七条第二款的规定,从轻、减轻处罚或者免除处罚。

三、关于受贿罪

(一)关于“利用职务上的便利”的认定

刑法第三百八十五条第一款规定的“利用职务上的便利”,既包括利用本人职务上主管、负责、承办某项公共事务的职权,也包括利用职务上有隶属、制约关系的其他国家工作人员的职权。担任单位领导职务的国家下作人员通过不属自己主管的下级部门的国家工作人员的职务为他人谋取利益的,应当认定为“利用职务上的便利”为他人谋取利益。

（二）“为他人谋取利益”的认定

为他人谋取利益包括承诺、实施和实现三个阶段的行为。只要具有其中一个阶段的行为，如国家工作人员收受他人财物时，根据他人提出的具体请托事项，承诺为他人谋取利益的，就具备了为他人谋取利益的要件。明知他人有具体请托事项而收受其财物的，视为承诺为他人谋取利益。

（三）“利用职权或地位形成的便利条件”的认定

刑法第三百八十八条规定的“利用本人职权或者地位形成的便利条件”，是指行为人与被其利用的国家工作人员之间在职务上虽然没有隶属、制约关系，但是行为人利用了本人职权或者地位产生的影响和一定的工作联系，如单位内不同部门的国家工作人员之间、上下级单位没有职务上隶属、制约关系的国家工作人员之间、有工作联系的不同单位的国家工作人员之间等。

（四）离职国家工作人员收受财物行为的处理

参照《最高人民法院关于国家工作人员利用职务上的便利为他人谋取利益离退休后收受财物行为如何处理问题的批复》规定的精神，国家工作人员利用职务上的便利为请托人谋取利益，并与请托人事先约定，在其离职后收受请托人财物，构成犯罪的，以受贿罪定罪处罚。

（五）共同受贿犯罪的认定

根据刑法关于共同犯罪的规定，非国家工作人员与国家工作人员勾结伙同受贿的，应当以受贿罪的共犯追究刑事责任。非国家工作人员是否构成受贿罪共犯，取决于双方有无共同受贿的故意和行为，国家工作人员的近亲属向国家工作人员代为转达请托事项，收受请托人财物并告知该国家工作人员。或者国家工作人员明知其近亲属收受了他人财物，仍按照近亲属的要求利用职权为他人谋取利益的，对该国家工作人员应认定为受贿罪，其近亲属以受贿罪共犯论处:近亲属以外的其他人与国家工作人员通谋，由国家工作人员利用职务上的便利为请托人谋取利益，收受请托人财物后双方共同占有的，构成受贿罪共犯，国家工作人员利用职务上的便利为他人谋取利益，并指定他人将财物送给其他人。构成犯罪的，应以受贿罪定罪处罚。

（六）以借款为名索取或者非法收受财物行为的认定

国家工作人员利用职务上的便利以借为名向他人索取财物，或者非法收受财物为他人谋取利益的.应当认定为受贿。具体认定时,不能仅仅看是否有书面借款手续,应当根据以下因素综合判定:(1)有无正当、合理的借款事由;(2)款项的去向;(3)双方平时关系如何、有无经济往来;(4)出借方是否要求国家工作人员利用职务上的便利为其谋取利益;(5)借款后是否有归还的意思表示及行为;(6)是否有归还的能力;(7)未归还的原因;等等。

(七)涉及股票受贿案件的认定

在办理涉及股票的受贿案件时,应当注意:(1)国家工作人员利用职务上的便利,索取或非法收受股票,没有支付股本金,为他人谋取利益,构成受贿罪的,其受贿数额按照收受股票时的实际价格计算。(2)行为人支付股本金而购买较有可能升值的股票,由于不是无偿收受请托人财物,不以受贿罪论处。(3)股票已上市且已升值,行为人仅支付股本金,其“购买”股票时的实际价格与股本金的差价部分应认定为受贿。

四、关于挪用公款罪

(一)单位决定将公款给个人使用行为的认定

经单位领导集体研究决定将公款给个人使用,或者单位负责人为了单位的利益,决定将公款给个人使用的,不以挪用公款罪定罪处罚。上述行为致使单位遭受重大损失,构成其他犯罪的,依照刑法的有关规定对责任人员定罪处罚。

(二)挪用公款供其他单位使用行为的认定

根据全国人大常委会《关于 < 中华人民共和国刑法 > 第三百八十四条第一款的解释》的规定,“以个人名义将公款供其他单位使用的”、“个人决定以单位名义将公款供其他单位使用谋取个人利益的”,属于挪用公款“归个人使用”、在司法实践中,对于将公款供其他单位使用的,认定是否属于“以个人名义”,不能只看形式,要从实质上把握。对于行为人逃避财务监管,或者与使用人约定以个人名义进行,或者借款、还款都以个人名义进行,将公款给其他单位使用的,应认定为“以个人名义”。“个人决定”既包括行为人在职权范围内决定,也包括超越职权范围决定。“谋取个人利益”,既包括行为人与使用人事先约定谋取个人利益实际尚未获取的情况,也包括虽未事先约定但实际已获取了个人利益的情况、其中的“个人利益”,

既包括不正当利益,也包括正当利益;既包括财产性利益,也包括非财产性利益,但这种非财产性利益应当是具体的实际利益,如升学、就业等:

(三)国有单位领导向其主管的具有法人资格的下级单位借公款归个人使用的认定

国有单位领导利用职务上的便利指令具有法人资格的下级单位将公款供个人使用的,属于挪用公款行为,构成犯罪的,应以挪用公款罪定罪处罚。

(四)挪用有价证券、金融凭证用于质押行为性质的认定

挪用金融凭证、有价证券用于质押,使公款处于风险之中,与挪用公款为他人提供担保没有实质的区别.符合刑法关于挪用公款罪规定的,以挪用公款罪定罪处罚挪用公款数额以实际或者可能承担的风险数额认定。

(五)挪用公款归还个人欠款行为性质的认定

挪用公款归还个人欠款的,应当根据产生欠款的原因分别认定属于挪用公款的何种情形。归还个人进行非法活动或者进行营利活动产生的欠款,应当认定为挪用公款进行非法活动或者进行营利活动。

(六)挪用公款用于注册公司、企业行为性质的认定

申报注册资本是为进行生产经营活动作准备,属于成立公司、企业进行营利活动的组成部分:因此,挪用公款归个人用于公司、企业注册资本验资证明的,应当认定为挪用公款进行营利活动。

(七)挪用公款后尚未投入实际使用的行为性质的认定

挪用公款后尚未投入实际使用的,只要同时具备"数额较大"和"超过三个月未还"的构成要件,应当认定为挪用公款罪,但可以酌情从轻处罚。

(八)挪用公款转化为贪污的认定

挪用公款罪与贪污罪的主要区别在于行为人主观上是否具有非法占有公款的目的:挪用公款是否转化为贪污,应当按照主客观相一致的原则,具体判断和认定行为人主观上是否具有非法占有公款的目的-在司法实践中,具有以下情形之一的可以认定行为人具有非法占有公款的目的:

1. 根据《最高人民法院关于审理挪用公款案件具体应用法律若干问题的解释)第六条的规定行为人"携带挪用的公款潜逃的",对其携带挪用的公款部分,以

贪污罪定罪处罚。

2. 行为人挪用公款后采取虚假发票平帐、销毁有关帐目等手段,使所挪用的公款已难以在单位财务帐目上反映出来,且没有归还行为的,应当以贪污罪定罪处罚。

3. 行为人截取单位收入不入帐,非法占有,使所占有的公款难以在单位财务帐目上反映出来,且没有归还行为的,应当以贪污罪定罪处罚。

4. 有证据证明行为人有能力归还所挪用的公款而拒不归还,并隐瞒挪用的公款去向的,应当以贪污罪定罪处罚。

五、关于巨额财产来源不明罪

(一)行为人不能说明巨额财产来源合法的认定刑法第三百九十五条第一款规定的“不能说明”,包括以下情况:(1)行为人拒不说明财产来源;(2)行为人无法说明财产的具体来源;(3)行为人所说的财产来源经司法机关查证并不属实;(4)行为人所说的财产来源因线索不具体等原因,司法机关无法查实,但能排除存在来源合法的可能性和合理性的。

(二)“非法所得”的数额计算

刑法第三百九十五条规定的“非法所得”,一般是指行为人的全部财产与能够认定的所有支出的总和减去能够证实的有真实来源的所得。在具体计算时,应注意以下问题:(1)应把国家工作人员个人财产和与其共同生活的家庭成员的财产、支出等一并计算,而且一并减去他们所有的合法收入以及确属与其共同生活的家庭成员个人的非法收入;(2)行为人所有的财产包括房产、家具、生活用品、学习用品及股票、债券、存款等动产和不动产;行为人的支出包括合法支出和不合法的支出,包括日常生活、工作、学习费用、罚款及向他人行贿的财物等;行为人的合法收入包括工资、奖金、稿酬、继承等法律和政策允许的各种收入;(3)为了便于计算犯罪数额,对于行为人的财产和合法收入,一般可以从行为人有比较确定的收入和财产时开始计算。

六、关于渎职罪

(一)渎职犯罪行为造成的公共财产重大损失的认定

根据刑法规定,玩忽职守、滥用职权等渎职犯罪是以致使公共财产、国家和人民利益遭受重大损失为构成要件的。其中,公共财产的重大损失,通常是指渎职行为已经造成的重大经济损失。在司法实践中,有以下情形之一的,虽然公共财产作为债权存在,但已无法实现债权的,可以认定为行为人的渎职行为造成了经济损失:(1)债务人已经法定程序被宣告破产;(2)债务人潜逃,去向不明;(3)因行为人责任,致使超过诉讼时效;(4)有证据证明债权无法实现的其他情况;

(二)玩忽职守罪的追诉时效

玩忽职守行为造成的重大损失当时没有发生,而是玩忽职守行为之后一定时间发生的,应从危害结果发生之日起计算玩忽职守罪的追诉期限。

(三)国有公司、企业人员渎职犯罪的法律适用

对于1999年12月24日《中华人民共和国刑法修正案》实施以前发生的国有公司、企业人员渎职行为(不包括徇私舞弊行为),尚未处理或者正在处理的不能按照刑法修正案追究刑事责任。

(四)关于"徇私"的理解

徇私舞弊型渎职犯罪的"徇私"应理解为徇个人私情、私利－国家机关工作人员为了本单位的利益.实施滥用职权、玩忽职守行为,构成犯罪的,依照刑法第三百九十七条第一款的规定定罪处罚。

最高人民法院最高人民检察院关于在办理受贿犯罪大要案的同时严肃查处严重行贿犯罪分子的通知

(1999年3月4日　高检会〔1999〕1号)

各省、自治区、直辖市高级人民法院、人民检察院、解放军军事法院、军事检察院:

近一时期,各级人民法院、人民检察院依法严肃惩处了一批严重受贿犯罪分子,取得了良好的社会效果。但是还有一些大肆拉拢、腐蚀国家工作人员的行贿犯罪分子却没有受到应有的法律追究,他们继续进行行贿犯罪,严重危害了党和国家

的廉政建设。为依法严肃惩处严重行贿犯罪,特作如下通知:

一、要充分认识严肃惩处行贿犯罪,对于全面落实党中央反腐败工作部署,把反腐败斗争引向深入,从源头上遏制和预防受贿犯罪的重要意义。各级人民法院、人民检察院要把严肃惩处行贿犯罪作为反腐败斗争中的一项重要和紧迫的工作,在继续严肃惩处受贿犯罪分子的同时,对严重行贿犯罪分子,必须依法严肃惩处,坚决打击。

二、对于为谋取不正当利益而行贿,构成行贿罪、向单位行贿罪、单位行贿罪的,必须依法追究刑事责任。"谋取不正当利益"是指谋取违反法律、法规、国家政策和国务院各部门规章规定的利益,以及要求国家工作人员或者有关单位提供违反法律、法规、国家政策和国务院各部门规章规定的帮助或者方便条件。

对于向国家工作人员介绍贿赂,构成犯罪的案件,也要依法查处。

三、当前要特别注意依法严肃惩处下列严重行贿犯罪行为:

1. 行贿数额巨大、多次行贿或者向多人行贿的;

2. 向党政干部和司法工作人员行贿的;

3. 为进行走私、偷税、骗税、骗汇、逃汇、非法买卖外汇等违法犯罪活动,向海关、工商、税务、外汇管理等行政执法机关工作人员行贿的;

4. 为非法办理金融、证券业务,向银行等金融机构、证券管理机构工作人员行贿,致使国家利益遭受重大损失的;

5. 为非法获取工程、项目的开发、承包、经营权,向有关主管部门及其主管领导行贿,致使公共财产、国家和人民利益遭受重大损失的;

6. 为制售假冒伪劣产品,向有关国家机关、国有单位及国家工作人员行贿,造成严重后果的;

7. 其他情节严重的行贿犯罪行为。

四、在查处严重行贿、介绍贿赂犯罪案件中,既要坚持从严惩处的方针,又要注意体现政策。行贿人、介绍贿赂人具有刑法第三百九十条第二款、第三百九十二条第二款规定的在被追诉前主动交代行贿、介绍贿赂犯罪情节的,依法分别可以减轻或者免除处罚;行贿人、介绍贿赂人在被追诉后如实交待行贿、介绍贿赂行为的,也可以酌情从轻处罚。

五、在依法严肃查处严重行贿、介绍贿赂犯罪案件中,要讲究斗争策略,注意工作方法。要把查处受贿犯罪大案要案同查处严重行贿、介绍贿赂犯罪案件有机地结合起来,通过打击行贿、介绍贿赂犯罪,促进受贿犯罪大案要案的查处工作,推动查办贪污贿赂案件工作的全面、深入开展。

六、各级人民法院、人民检察院要结合办理贿赂犯罪案件情况,认真总结经验、教训,找出存在的问题,提出切实可行的解决办法,以改变对严重行贿犯罪打击不力的状况。工作中遇到什么情况和问题,要及时报告最高人民法院、最高人民检察院。

以上通知,望认真遵照执行。

11 渎职罪

司法解释

最高人民法院关于未被公安机关正式录用的人员狱医能否构成失职致使在押人员脱逃罪主体问题的批复

（2000年9月14日最高人民法院审判委员会第1130次会议通过 自2000年9月22日起施行 法释〔2000〕28号）

吉林省高级人民法院：

你院吉高法〔1999〕158号《关于未被正式录用的司法工作人员受委托执行职务的是否符合犯罪主体要件问题的请示》收悉。经研究，答复如下：

对于未被公安机关正式录用，受委托履行监管职责的人员，由于严重不负责任，致使在押人员脱逃，造成严重后果的，应当依照刑法第四百条第二款的规定定罪处罚。

不负监管职责的狱医，不构成失职致使在押人员脱逃罪的主体。但是受委派承担了监管职责的狱医，由于严重不负责任，致使在押人员脱逃，造成严重后果的，应当依照刑法第四百条第二款的规定定罪处罚。

12　军人违反职责罪

司法解释

最高人民法院最高人民检察院关于对军人非战时逃离部队的行为能否定罪处罚问题的批复

（2000年9月28日最高人民法院审判委员会第1132次会议　2000年11月13日最高人民检察院第九届检察委员会第74次会议通过　自2000年12月8日起施行　法释〔2000〕39号）

中国人民解放军军事法院、军事检察院：

〔1999〕军法呈字第19号《关于军人非战时逃离部队情节严重的，能否适用刑法定罪处罚问题的请示》收悉。经研究，答复如下：

军人违反兵役法规，在非战时逃离部队，情节严重的，应当依照刑法第四百三十五条第一款的规定定罪处罚。

13 附:刑法修正案、单行刑法及刑事立法解释

(一)刑法修正案、单行刑法

中华人民共和国刑法修正案(六)

(2006年6月29日第十届全国人民代表大会常务委员会第二十二次会议通过)

一、将刑法第一百三十四条修改为:“在生产、作业中违反有关安全管理的规定,因而发生重大伤亡事故或者造成其他严重后果的,处三年以下有期徒刑或者拘役;情节特别恶劣的,处三年以上七年以下有期徒刑。

“强令他人违章冒险作业,因而发生重大伤亡事故或者造成其他严重后果的,处五年以下有期徒刑或者拘役;情节特别恶劣的,处五年以上有期徒刑。”

二、将刑法第一百三十五条修改为:“安全生产设施或者安全生产条件不符合国家规定,因而发生重大伤亡事故或者造成其他严重后果的,对直接负责的主管人员和其他直接责任人员,处三年以下有期徒刑或者拘役;情节特别恶劣的,处三年以上七年以下有期徒刑。”

三、在刑法第一百三十五条后增加一条,作为第一百三十五条之一:“举办大型群众性活动违反安全管理规定,因而发生重大伤亡事故或者造成其他严重后果的,对直接负责的主管人员和其他直接责任人员,处三年以下有期徒刑或者拘役;情节特别恶劣的,处三年以上七年以下有期徒刑。”

四、在刑法第一百三十九条后增加一条，作为第一百三十九条之一："在安全事故发生后，负有报告职责的人员不报或者谎报事故情况，贻误事故抢救，情节严重的，处三年以下有期徒刑或者拘役；情节特别严重的，处三年以上七年以下有期徒刑。"

五、将刑法第一百六十一条修改为："依法负有信息披露义务的公司、企业向股东和社会公众提供虚假的或者隐瞒重要事实的财务会计报告，或者对依法应当披露的其他重要信息不按照规定披露，严重损害股东或者其他人利益，或者有其他严重情节的，对其直接负责的主管人员和其他直接责任人员，处三年以下有期徒刑或者拘役，并处或者单处二万元以上二十万元以下罚金。"

六、在刑法第一百六十二条之一后增加一条，作为第一百六十二条之二："公司、企业通过隐匿财产、承担虚构的债务或者以其他方法转移、处分财产，实施虚假破产，严重损害债权人或者其他人利益的，对其直接负责的主管人员和其他直接责任人员，处五年以下有期徒刑或者拘役，并处或者单处二万元以上二十万元以下罚金。"

七、将刑法第一百六十三条修改为："公司、企业或者其他单位的工作人员利用职务上的便利，索取他人财物或者非法收受他人财物，为他人谋取利益，数额较大的，处五年以下有期徒刑或者拘役；数额巨大的，处五年以上有期徒刑，可以并处没收财产。

"公司、企业或者其他单位的工作人员在经济往来中，利用职务上的便利，违反国家规定，收受各种名义的回扣、手续费，归个人所有的，依照前款的规定处罚。

"国有公司、企业或者其他国有单位中从事公务的人员和国有公司、企业或者其他国有单位委派到非国有公司、企业以及其他单位从事公务的人员有前两款行为的，依照本法第三百八十五条、第三百八十六条的规定定罪处罚。"

八、将刑法第一百六十四条第一款修改为："为谋取不正当利益，给予公司、企业或者其他单位的工作人员以财物，数额较大的，处三年以下有期徒刑或者拘役；数额巨大的，处三年以上十年以下有期徒刑，并处罚金。"

九、在刑法第一百六十九条后增加一条，作为第一百六十九条之一："上市公司的董事、监事、高级管理人员违背对公司的忠实义务，利用职务便利，操纵上市公司从事下列行为之一，致使上市公司利益遭受重大损失的，处三年以下有期徒刑或者拘役，并处或者单处罚金；致使上市公司利益遭受特别重大损失的，处三年以上七年以下有期徒刑，并处罚金：

“（一）无偿向其他单位或者个人提供资金、商品、服务或者其他资产的；

“（二）以明显不公平的条件，提供或者接受资金、商品、服务或者其他资产的；

“（三）向明显不具有清偿能力的单位或者个人提供资金、商品、服务或者其他资产的；

“（四）为明显不具有清偿能力的单位或者个人提供担保，或者无正当理由为其他单位或者个人提供担保的；

“（五）无正当理由放弃债权、承担债务的；

“（六）采用其他方式损害上市公司利益的。

“上市公司的控股股东或者实际控制人，指使上市公司董事、监事、高级管理人员实施前款行为的，依照前款的规定处罚。

“犯前款罪的上市公司的控股股东或者实际控制人是单位的，对单位判处罚金，并对其直接负责的主管人员和其他直接责任人员，依照第一款的规定处罚。”

十、在刑法第一百七十五条后增加一条，作为第一百七十五条之一：“以欺骗手段取得银行或者其他金融机构贷款、票据承兑、信用证、保函等，给银行或者其他金融机构造成重大损失或者有其他严重情节的，处三年以下有期徒刑或者拘役，并处或者单处罚金；给银行或者其他金融机构造成特别重大损失或者有其他特别严重情节的，处三年以上七年以下有期徒刑，并处罚金。

“单位犯前款罪的，对单位判处罚金，并对其直接负责的主管人员和其他直接责任人员，依照前款的规定处罚。”

十一、将刑法第一百八十二条修改为：“有下列情形之一，操纵证券、期货市场，情节严重的，处五年以下有期徒刑或者拘役，并处或者单处罚金；情节特别严重的，处五年以上十年以下有期徒刑，并处罚金：

“（一）单独或者合谋，集中资金优势、持股或者持仓优势或者利用信息优势联合或者连续买卖，操纵证券、期货交易价格或者证券、期货交易量的；

“（二）与他人串通，以事先约定的时间、价格和方式相互进行证券、期货交易，影响证券、期货交易价格或者证券、期货交易量的；

“（三）在自己实际控制的帐户之间进行证券交易，或者以自己为交易对象，自买自卖期货合约，影响证券、期货交易价格或者证券、期货交易量的；

“（四）以其他方法操纵证券、期货市场的。

“单位犯前款罪的，对单位判处罚金，并对其直接负责的主管人员和其他直接责任人员，依照前款的规定处罚。”

十二、在刑法第一百八十五条后增加一条，作为第一百八十五条之一：“商业银行、证券交易所、期货交易所、证券公司、期货经纪公司、保险公司或者其他金融机构，违背受托义务，擅自运用客户资金或者其他委托、信托的财产，情节严重的，对单位判处罚金，并对其直接负责的主管人员和其他直接责任人员，处三年以下有期徒刑或者拘役，并处三万元以上三十万元以下罚金；情节特别严重的，处三年以上十年以下有期徒刑，并处五万元以上五十万元以下罚金。

“社会保障基金管理机构、住房公积金管理机构等公众资金管理机构，以及保险公司、保险资产管理公司、证券投资基金管理公司，违反国家规定运用资金的，对其直接负责的主管人员和其他直接责任人员，依照前款的规定处罚。”

十三、将刑法第一百八十六条第一款、第二款修改为：“银行或者其他金融机构的工作人员违反国家规定发放贷款，数额巨大或者造成重大损失的，处五年以下有期徒刑或者拘役，并处一万元以上十万元以下罚金；数额特别巨大或者造成特别重大损失的，处五年以上有期徒刑，并处二万元以上二十万元以下罚金。

“银行或者其他金融机构的工作人员违反国家规定，向关系人发放贷款的，依照前款的规定从重处罚。”

十四、将刑法第一百八十七条第一款修改为：“银行或者其他金融机构的工作人员吸收客户资金不入帐，数额巨大或者造成重大损失的，处五年以下有期徒刑或者拘役，并处二万元以上二十万元以下罚金；数额特别巨大或者造成特别重大损失的，处五年以上有期徒刑，并处五万元以上五十万元以下罚金。”

十五、将刑法第一百八十八条第一款修改为：“银行或者其他金融机构的工作人员违反规定，为他人出具信用证或者其他保函、票据、存单、资信证明，情节严重的，处五年以下有期徒刑或者拘役；情节特别严重的，处五年以上有期徒刑。”

十六、将刑法第一百九十一条第一款修改为:“明知是毒品犯罪、黑社会性质的组织犯罪、恐怖活动犯罪、走私犯罪、贪污贿赂犯罪、破坏金融管理秩序犯罪、金融诈骗犯罪的所得及其产生的收益,为掩饰、隐瞒其来源和性质,有下列行为之一的,没收实施以上犯罪的所得及其产生的收益,处五年以下有期徒刑或者拘役,并处或者单处洗钱数额百分之五以上百分之二十以下罚金;情节严重的,处五年以上十年以下有期徒刑,并处洗钱数额百分之五以上百分之二十以下罚金:

“(一)提供资金帐户的;

“(二)协助将财产转换为现金、金融票据、有价证券的;

“(三)通过转帐或者其他结算方式协助资金转移的;

“(四)协助将资金汇往境外的;

“(五)以其他方法掩饰、隐瞒犯罪所得及其收益的来源和性质的。”

十七、在刑法第二百六十二条后增加一条,作为第二百六十二条之一:“以暴力、胁迫手段组织残疾人或者不满十四周岁的未成年人乞讨的,处三年以下有期徒刑或者拘役,并处罚金;情节严重的,处三年以上七年以下有期徒刑,并处罚金。”

十八、将刑法第三百零三条修改为:“以营利为目的,聚众赌博或者以赌博为业的,处三年以下有期徒刑、拘役或者管制,并处罚金。

“开设赌场的,处三年以下有期徒刑、拘役或者管制,并处罚金;情节严重的,处三年以上十年以下有期徒刑,并处罚金。”

十九、将刑法第三百一十二条修改为:“明知是犯罪所得及其产生的收益而予以窝藏、转移、收购、代为销售或者以其他方法掩饰、隐瞒的,处三年以下有期徒刑、拘役或者管制,并处或者单处罚金;情节严重的,处三年以上七年以下有期徒刑,并处罚金。”

二十、在刑法第三百九十九条后增加一条,作为第三百九十九条之一:“依法承担仲裁职责的人员,在仲裁活动中故意违背事实和法律作枉法裁决,情节严重的,处三年以下有期徒刑或者拘役;情节特别严重的,处三年以上七年以下有期徒刑。”

二十一、本修正案自公布之日起施行。

中华人民共和国刑法修正案(五)

(2005 年 2 月 28 日第十届全国人民代表大会常务委员会第十四次会议通过)

一、在刑法第一百七十七条后增加一条,作为第一百七十七条之一:"有下列情形之一,妨害信用卡管理的,处三年以下有期徒刑或者拘役,并处或者单处一万元以上十万元以下罚金;数量巨大或者有其他严重情节的,处三年以上十年以下有期徒刑,并处二万元以上二十万元以下罚金:

"(一)明知是伪造的信用卡而持有、运输的,或者明知是伪造的空白信用卡而持有、运输,数量较大的;

"(二)非法持有他人信用卡,数量较大的;

"(三)使用虚假的身份证明骗领信用卡的;

"(四)出售、购买、为他人提供伪造的信用卡或者以虚假的身份证明骗领的信用卡的。

"窃取、收买或者非法提供他人信用卡信息资料的,依照前款规定处罚。

"银行或者其他金融机构的工作人员利用职务上的便利,犯第二款罪的,从重处罚。"

二、将刑法第一百九十六条修改为:"有下列情形之一,进行信用卡诈骗活动,数额较大的,处五年以下有期徒刑或者拘役,并处二万元以上二十万元以下罚金;数额巨大或者有其他严重情节的,处五年以上十年以下有期徒刑,并处五万元以上五十万元以下罚金;数额特别巨大或者有其他特别严重情节的,处十年以上有期徒刑或者无期徒刑,并处五万元以上五十万元以下罚金或者没收财产:

"(一)使用伪造的信用卡,或者使用以虚假的身份证明骗领的信用卡的:

"(二)使用作废的信用卡的;

"(三)冒用他人信用卡的;

"(四)恶意透支的。

“前款所称恶意透支，是指持卡人以非法占有为目的，超过规定限额或者规定期限透支，并且经发卡银行催收后仍不归还的行为。

“盗窃信用卡并使用的，依照本法第二百六十四条的规定定罪处罚。”

三、在刑法第三百六十九条中增加一款作为第二款，将该条修改为：“破坏武器装备、军事设施、军事通信的，处三年以下有期徒刑、拘役或者管制；破坏重要武器装备、军事设施、军事通信的，处三年以上十年以下有期徒刑；情节特别严重的，处十年以上有期徒刑、无期徒刑或者死刑。

“过失犯前款罪，造成严重后果的，处三年以下有期徒刑或者拘役；造成特别严重后果的，处三年以上七年以下有期徒刑。

“战时犯前两款罪的，从重处罚。”

四、本修正案自公布之日起施行。

中华人民共和国刑法修正案(四)

(2002 年 12 月 28 日第九届全国人民代表大会
常务委员会第三十一次会议通过)

为了惩治破坏社会主义市场经济秩序、妨害社会管理秩序和国家机关工作人员的渎职犯罪行为，保障社会主义现代化建设的顺利进行，保障公民的人身安全，对刑法作如下修改和补充：

一、将刑法第一百四十五条修改为：“生产不符合保障人体健康的国家标准、行业标准的医疗器械、医用卫生材料，或者销售明知是不符合保障人体健康的国家标准、行业标准的医疗器械、医用卫生材料，足以严重危害人体健康的，处三年以下有期徒刑或者拘役，并处销售金额百分之五十以上二倍以下罚金；对人体健康造成严重危害的，处三年以上十年以下有期徒刑，并处销售金额百分之五十以上二倍以下罚金；后果特别严重的，处十年以上有期徒刑或者无期徒刑，并处销售金额百分之五十以上二倍以下罚金或者没收财产。”

二、在第一百五十二条中增加一款作为第二款：“逃避海关监管将境外固体废物、液态废物和气态废物运输进境，情节严重的，处五年以下有期徒刑，并处或者单处罚金；情节特别严重的，处五年以上有期徒刑，并处罚金。”

原第二款作为第三款，修改为：“单位犯前两款罪的，对单位判处罚金，并对其直接负责的主管人员和其他直接责任人员，依照前两款的规定处罚。”

三、将刑法第一百五十五条修改为：“下列行为，以走私罪论处，依照本节的有关规定处罚：(一)直接向走私人非法收购国家禁止进口物品的，或者直接向走私人非法收购走私进口的其他货物、物品，数额较大的；(二)在内海、领海、界河、界湖运输、收购、贩卖国家禁止进出口物品的，或者运输、收购、贩卖国家限制进出口货物、物品，数额较大，没有合法证明的。”

四、刑法第二百四十四条后增加一条，作为第二百四十四条之一：“违反劳动管理法规，雇用未满十六周岁的未成年人从事超强度体力劳动的，或者从事高空、井下作业的，或者在爆炸性、易燃性、放射性、毒害性等危险环境下从事劳动，情节严重的，对直接责任人员，处三年以下有期徒刑或者拘役，并处罚金；情节特别严重的，处三年以上七年以下有期徒刑，并处罚金。

“有前款行为，造成事故，又构成其他犯罪的，依照数罪并罚的规定处罚。”

五、将刑法第三百三十九条第三款修改为：“以原料利用为名，进口不能用作原料的固体废物、液态废物和气态废物的，依照本法第一百五十二条第二款、第三款的规定定罪处罚。”

六、将刑法第三百四十四条修改为：“违反国家规定，非法采伐、毁坏珍贵树木或者国家重点保护的其他植物的，或者非法收购、运输、加工、出售珍贵树木或者国家重点保护的其他植物及其制品的，处三年以下有期徒刑、拘役或者管制，并处罚金；情节严重的，处三年以上七年以下有期徒刑，并处罚金。”

七、将刑法第三百四十五条修改为：“盗伐森林或者其他林木，数量较大的，处三年以下有期徒刑、拘役或者管制，并处或者单处罚金；数量巨大的，处三年以上七年以下有期徒刑，并处罚金；数量特别巨大的，处七年以上有期徒刑，并处罚金。

“违反森林法的规定，滥伐森林或者其他林木，数量较大的，处三年以下有期徒刑、拘役或者管制，并处或者单处罚金；数量巨大的，处三年以上七年以下有期徒刑，并处罚金。

“非法收购、运输明知是盗伐、滥伐的林木，情节严重的，处三年以下有期徒刑、拘役或者管制,并处或者单处罚金;情节特别严重的,处三年以上七年以下有期徒刑,并处罚金。

“盗伐、滥伐国家级自然保护区内的森林或者其他林木的,从重处罚。”

八、将刑法第三百九十九条修改为:“司法工作人员徇私枉法、徇情枉法,对明知是无罪的人而使他受追诉、对明知是有罪的人而故意包庇不使他受追诉,或者在刑事审判活动中故意违背事实和法律作枉法裁判的,处五年以下有期徒刑或者拘役;情节严重的,处五年以上十年以下有期徒刑;情节特别严重的,处十年以上有期徒刑。

“在民事、行政审判活动中故意违背事实和法律作枉法裁判,情节严重的,处五年以下有期徒刑或者拘役;情节特别严重的,处五年以上十年以下有期徒刑。

“在执行判决、裁定活动中,严重不负责任或者滥用职权,不依法采取诉讼保全措施、不履行法定执行职责,或者违法采取诉讼保全措施、强制执行措施,致使当事人或者其他人的利益遭受重大损失的,处五年以下有期徒刑或者拘役;致使当事人或者其他人的利益遭受特别重大损失的,处五年以上十年以下有期徒刑。

“司法工作人员收受贿赂,有前三款行为的,同时又构成本法第三百八十五条规定之罪的,依照处罚较重的规定定罪处罚。”

九、本修正案自公布之日起施行。

中华人民共和国刑法修正案(三)

(2001年12月29日第九届全国人民代表大会常务委员会第二十五次会议通过)

为了惩治恐怖活动犯罪,保障国家和人民生命、财产安全,维护社会秩序,对刑法作如下补充修改:

一、将刑法第一百一十四条修改为:“放火、决水、爆炸以及投放毒害性、放射性、传染病病原体等物质或者以其他危险方法危害公共安全,尚未造成严重后果的,处三年以上十年以下有期徒刑。”

二、将刑法第一百一十五条第一款修改为:“放火、决水、爆炸以及投放毒害性、放射性、传染病病原体等物质或者以其他危险方法致人重伤、死亡或者使公私财产遭受重大损失的,处十年以上有期徒刑、无期徒刑或者死刑。"

三、将刑法第一百二十条第一款修改为:"组织、领导恐怖活动组织的,处十年以上有期徒刑或者无期徒刑;积极参加的,处三年以上十年以下有期徒刑;其他参加的,处三年以下有期徒刑、拘役、管制或者剥夺政治权利。"

四、刑法第一百二十条后增加一条,作为第一百二十条之一:"资助恐怖活动组织或者实施恐怖活动的个人的,处五年以下有期徒刑、拘役、管制或者剥夺政治权利,并处罚金;情节严重的,处五年以上有期徒刑,并处罚金或者没收财产。

"单位犯前款罪的,对单位判处罚金,并对其直接负责的主管人员和其他直接责任人员,依照前款的规定处罚。"

五、将刑法第一百二十五条第二款修改为:"非法制造、买卖、运输、储存毒害性、放射性、传染病病原体等物质,危害公共安全的,依照前款的规定处罚。"

六、将刑法第一百二十七条修改为:"盗窃、抢夺枪支、弹药、爆炸物的,或者盗窃、抢夺毒害性、放射性、传染病病原体等物质,危害公共安全的,处三年以上十年以下有期徒刑;情节严重的,处十年以上有期徒刑、无期徒刑或者死刑。

"抢劫枪支、弹药、爆炸物的,或者抢劫毒害性、放射性、传染病病原体等物质,危害公共安全的,或者盗窃、抢夺国家机关、军警人员、民兵的枪支、弹药、爆炸物的,处十年以上有期徒刑、无期徒刑或者死刑。"

七、将刑法第一百九十一条修改为:"明知是毒品犯罪、黑社会性质的组织犯罪、恐怖活动犯罪、走私犯罪的违法所得及其产生的收益,为掩饰、隐瞒其来源和性质,有下列行为之一的,没收实施以上犯罪的违法所得及其产生的收益,处五年以下有期徒刑或者拘役,并处或者单处洗钱数额百分之五以上百分之二十以下罚金;情节严重的,处五年以上十年以下有期徒刑,并处洗钱数额百分之五以上百分之二十以下罚金:(一)提供资金帐户的;(二)协助将财产转换为现金或者金融票据的;(三)通过转帐或者其他结算方式协助资金转移的;(四)协助将资金汇往境外的;(五)以其他方法掩饰、隐瞒犯罪的违法所得及其收益的来源和性质的。

"单位犯前款罪的,对单位判处罚金,并对其直接负责的主管人员和其他直接责任人员,处五年以下有期徒刑或者拘役;情节严重的,处五年以上十年以下有期徒刑。"

八、刑法第二百九十一条后增加一条,作为第二百九十一条之一:"投放虚假的爆炸性、毒害性、放射性、传染病病原体等物质，或者编造爆炸威胁、生化威胁、放射威胁等恐怖信息，或者明知是编造的恐怖信息而故意传播，严重扰乱社会秩序的，处五年以下有期徒刑、拘役或者管制；造成严重后果的，处五年以上有期徒刑。”

九、本修正案自公布之日起施行。

中华人民共和国刑法修正案(二)

(2001 年 8 月 31 日第九届全国人民代表大会常务委员会第二十三次会议通过)

为了惩治毁林开垦和乱占滥用林地的犯罪，切实保护森林资源，将刑法第三百四十二条修改为：

“违反土地管理法规，非法占用耕地、林地等农用地，改变被占用土地用途，数量较大，造成耕地、林地等农用地大量毁坏的，处五年以下有期徒刑或者拘役，并处或者单处罚金。”

本修正案自公布之日起施行。

全国人民代表大会常务委员会关于维护互联网安全的决定

(2000 年 12 月 28 日第九届全国人民代表大会常务委员会第十九次会议通过)

我国的互联网，在国家大力倡导和积极推动下，在经济建设和各项事业中得到日益广泛的应用，使人们的生产、工作、学习和生活方式已经开始并将继续发生深刻的变化，对于加快我国国民经济、科学技术的发展和社会服务信息化进程具有重要作用。同时，如何保障互联网的运行安全和信息安全问题已经引起全社会的普遍关注。为了兴利除弊，促进我国互联网的健康发展，维护国家安全和社会公共利益，保护个人、法人和其他组织的合法权益，特作如下决定：

一、为了保障互联网的运行安全，对有下列行为之一，构成犯罪的，依照刑法有关规定追究刑事责任：

（一）侵入国家事务、国防建设、尖端科学技术领域的计算机信息系统；

（二）故意制作、传播计算机病毒等破坏性程序，攻击计算机系统及通信网络，致使计算机系统及通信网络遭受损害；

（三）违反国家规定，擅自中断计算机网络或者通信服务，造成计算机网络或者通信系统不能正常运行。

二、为了维护国家安全和社会稳定，对有下列行为之一，构成犯罪的，依照刑法有关规定追究刑事责任：

（一）利用互联网造谣、诽谤或者发表、传播其他有害信息，煽动颠覆国家政权、推翻社会主义制度，或者煽动分裂国家、破坏国家统一；

（二）通过互联网窃取、泄露国家秘密、情报或者军事秘密；

（三）利用互联网煽动民族仇恨、民族歧视，破坏民族团结；

（四）利用互联网组织邪教组织、联络邪教组织成员，破坏国家法律、行政法规实施。

三、为了维护社会主义市场经济秩序和社会管理秩序，对有下列行为之一，构成犯罪的，依照刑法有关规定追究刑事责任：

（一）利用互联网销售伪劣产品或者对商品、服务作虚假宣传；

（二）利用互联网损坏他人商业信誉和商品声誉；

（三）利用互联网侵犯他人知识产权；

（四）利用互联网编造并传播影响证券、期货交易或者其他扰乱金融秩序的虚假信息；

（五）在互联网上建立淫秽网站、网页，提供淫秽站点链接服务，或者传播淫秽书刊、影片、音像、图片。

四、为了保护个人、法人和其他组织的人身、财产等合法权利，对有下列行为之一，构成犯罪的，依照刑法有关规定追究刑事责任：

(一)利用互联网侮辱他人或者捏造事实诽谤他人;

(二)非法截获、篡改、删除他人电子邮件或者其他数据资料,侵犯公民通信自由和通信秘密;

(三)利用互联网进行盗窃、诈骗、敲诈勒索。

五、利用互联网实施本决定第一条、第二条、第三条、第四条所列行为以外的其他行为,构成犯罪的,依照刑法有关规定追究刑事责任。

六、利用互联网实施违法行为,违反社会治安管理,尚不构成犯罪的,由公安机关依照《治安管理处罚条例》予以处罚;违反其他法律、行政法规,尚不构成犯罪的,由有关行政管理部门依法给予行政处罚;对直接负责的主管人员和其他直接责任人员,依法给予行政处分或者纪律处分。

利用互联网侵犯他人合法权益,构成民事侵权的,依法承担民事责任。

七、各级人民政府及有关部门要采取积极措施,在促进互联网的应用和网络技术的普及过程中,重视和支持对网络安全技术的研究和开发,增强网络的安全防护能力。有关主管部门要加强对互联网的运行安全和信息安全的宣传教育,依法实施有效的监督管理,防范和制止利用互联网进行的各种违法活动,为互联网的健康发展创造良好的社会环境。从事互联网业务的单位要依法开展活动,发现互联网上出现违法犯罪行为和有害信息时,要采取措施,停止传输有害信息,并及时向有关机关报告。任何单位和个人在利用互联网时,都要遵纪守法,抵制各种违法犯罪行为和有害信息。人民法院、人民检察院、公安机关、国家安全机关要各司其职,密切配合,依法严厉打击利用互联网实施的各种犯罪活动。要动员全社会的力量,依靠全社会的共同努力,保障互联网的运行安全与信息安全,促进社会主义精神文明和物质文明建设。

我国的互联网,在国家大力倡导和积极推动下,在经济建设和各项事业中得到日益广泛的应用,使人们的生产、工作、学习和生活方式已经开始并将继续发生深刻的变化,对于加快我国国民经济、科学技术的发展和社会服务信息化进程具有重要作用。同时,如何保障互联网的运行安全和信息安全问题已经引起全社会的普遍关注。为了兴利除弊,促进我国互联网的健康发展,维护国家安全和社会公共利益,保护个人、法人和其他组织的合法权益,特作如下决定:

一、为了保障互联网的运行安全，对有下列行为之一，构成犯罪的，依照刑法有关规定追究刑事责任：

（一）侵入国家事务、国防建设、尖端科学技术领域的计算机信息系统；

（二）故意制作、传播计算机病毒等破坏性程序，攻击计算机系统及通信网络，致使计算机系统及通信网络遭受损害；

（三）违反国家规定，擅自中断计算机网络或者通信服务，造成计算机网络或者通信系统不能正常运行。

二、为了维护国家安全和社会稳定，对有下列行为之一，构成犯罪的，依照刑法有关规定追究刑事责任：

（一）利用互联网造谣、诽谤或者发表、传播其他有害信息，煽动颠覆国家政权、推翻社会主义制度，或者煽动分裂国家、破坏国家统一；

（二）通过互联网窃取、泄露国家秘密、情报或者军事秘密；

（三）利用互联网煽动民族仇恨、民族歧视，破坏民族团结；

（四）利用互联网组织邪教组织、联络邪教组织成员，破坏国家法律、行政法规实施。

三、为了维护社会主义市场经济秩序和社会管理秩序，对有下列行为之一，构成犯罪的，依照刑法有关规定追究刑事责任：

（一）利用互联网销售伪劣产品或者对商品、服务作虚假宣传；

（二）利用互联网损坏他人商业信誉和商品声誉；

（三）利用互联网侵犯他人知识产权；

（四）利用互联网编造并传播影响证券、期货交易或者其他扰乱金融秩序的虚假信息；

（五）在互联网上建立淫秽网站、网页，提供淫秽站点链接服务，或者传播淫秽书刊、影片、音像、图片。

四、为了保护个人、法人和其他组织的人身、财产等合法权利，对有下列行为之一，构成犯罪的，依照刑法有关规定追究刑事责任：

（一）利用互联网侮辱他人或者捏造事实诽谤他人；

（二）非法截获、篡改、删除他人电子邮件或者其他数据资料，侵犯公民通信自由和通信秘密；

（三）利用互联网进行盗窃、诈骗、敲诈勒索。

五、利用互联网实施本决定第一条、第二条、第三条、第四条所列行为以外的其他行为，构成犯罪的，依照刑法有关规定追究刑事责任。

六、利用互联网实施违法行为，违反社会治安管理，尚不构成犯罪的，由公安机关依照《治安管理处罚条例》予以处罚；违反其他法律、行政法规，尚不构成犯罪的，由有关行政管理部门依法给予行政处罚；对直接负责的主管人员和其他直接责任人员，依法给予行政处分或者纪律处分。

利用互联网侵犯他人合法权益，构成民事侵权的，依法承担民事责任。

七、各级人民政府及有关部门要采取积极措施，在促进互联网的应用和网络技术的普及过程中，重视和支持对网络安全技术的研究和开发，增强网络的安全防护能力。有关主管部门要加强对互联网的运行安全和信息安全的宣传教育，依法实施有效的监督管理，防范和制止利用互联网进行的各种违法活动，为互联网的健康发展创造良好的社会环境。从事互联网业务的单位要依法开展活动，发现互联网上出现违法犯罪行为和有害信息时，要采取措施，停止传输有害信息，并及时向有关机关报告。任何单位和个人在利用互联网时，都要遵纪守法，抵制各种违法犯罪行为和有害信息。人民法院、人民检察院、公安机关、国家安全机关要各司其职，密切配合，依法严厉打击利用互联网实施的各种犯罪活动。要动员全社会的力量，依靠全社会的共同努力，保障互联网的运行安全与信息安全，促进社会主义精神文明和物质文明建设。

中华人民共和国刑法修正案

（1999 年 12 月 25 日第九届全国人民代表大会常务委员会第十三次会议通过）

为了惩治破坏社会主义市场经济秩序的犯罪，保障社会主义现代化建设的顺利进行，对刑法作如下补充修改：

一、第一百六十二条后增加一条,作为第一百六十二条之一:“隐匿或者故意销毁依法应当保存的会计凭证、会计帐簿、财务会计报告,情节严重的,处五年以下有期徒刑或者拘役,并处或者单处二万元以上二十万元以下罚金。”

“单位犯前款罪的,对单位判处罚金,并对其直接负责的主管人员和其他直接责任人员,依照前款的规定处罚。”

二、将刑法第一百六十八条修改为:“国有公司、企业的工作人员,由于严重不负责任或者滥用职权,造成国有公司、企业破产或者严重损失,致使国家利益遭受重大损失的,处三年以下有期徒刑或者拘役;致使国家利益遭受特别重大损失的,处三年以上七年以下有期徒刑。”

“国有事业单位的工作人员有前款行为,致使国家利益遭受重大损失的,依照前款的规定处罚。”

“国有公司、企业、事业单位的工作人员,徇私舞弊,犯前两款罪的,依照第一款的规定从重处罚。”

三、将刑法第一百七十四条修改为:“未经国家有关主管部门批准,擅自设立商业银行、证券交易所、期货交易所、证券公司、期货经纪公司、保险公司或者其他金融机构的,处三年以下有期徒刑或者拘役,并处或者单处二万元以上二十万元以下罚金;情节严重的,处三年以上十年以下有期徒刑,并处五万元以上五十万元以下罚金。”

“伪造、变造、转让商业银行、证券交易所、期货交易所、证券公司、期货经纪公司、保险公司或者其他金融机构的经营许可证或者批准文件的,依照前款的规定处罚。”

“单位犯前两款罪的,对单位判处罚金,并对其直接负责的主管人员和其他直接责任人员,依照第一款的规定处罚。”

四、将刑法第一百八十条修改为:“证券、期货交易内幕信息的知情人员或者非法获取证券、期货交易内幕信息的人员,在涉及证券的发行,证券、期货交易或者其他对证券、期货交易价格有重大影响的信息尚未公开前,买入或者卖出该证券,或者从事与该内幕信息有关的期货交易,或者泄露该信息,情节严重的,处五年以下有期徒刑或者拘役,并处或者单处违法所得一倍以上五倍以下罚金;情节特别严重的,处五年以上十年以下有期徒刑,并处违法所得一倍以上五倍以下罚金。”

“单位犯前款罪的,对单位判处罚金,并对其直接负责的主管人员和其他直接责任人员,处五年以下有期徒刑或者拘役。”

“内幕信息、知情人员的范围,依照法律、行政法规的规定确定。”

五、将刑法第一百八十一条修改为:“编造并且传播影响证券、期货交易的虚假信息,扰乱证券、期货交易市场,造成严重后果的,处五年以下有期徒刑或者拘役,并处或者单处一万元以上十万元以下罚金。”

“证券交易所、期货交易所、证券公司、期货经纪公司的从业人员,证券业协会、期货业协会或者证券期货监督管理部门的工作人员,故意提供虚假信息或者伪造、变造、销毁交易记录,诱骗投资者买卖证券、期货合约,造成严重后果的,处五年以下有期徒刑或者拘役,并处或者单处一万元以上十万元以下罚金;情节特别恶劣的,处五年以上十年以下有期徒刑,并处二万元以上二十万元以下罚金。”

“单位犯前两款罪的,对单位判处罚金,并对其直接负责的主管人员和其他直接责任人员,处五年以下有期徒刑或者拘役。”

六、将刑法第一百八十二条修改为:“有下列情形之一,操纵证券、期货交易价格,获取不正当利益或者转嫁风险,情节严重的,处五年以下有期徒刑或者拘役,并处或者单处违法所得一倍以上五倍以下罚金:

(一)单独或者合谋,集中资金优势、持股或者持仓优势或者利用信息优势联合或者连续买卖,操纵证券、期货交易价格的;

(二)与他人串通,以事先约定的时间、价格和方式相互进行证券、期货交易,或者相互买卖并不持有的证券,影响证券、期货交易价格或者证券、期货交易量的;

(三)以自己为交易对象,进行不转移证券所有权的自买自卖,或者以自己为交易对象,自买自卖期货合约,影响证券、期货交易价格或者证券、期货交易量的;

(四)以其他方法操纵证券、期货交易价格的。

“单位犯前款罪的,对单位判处罚金,并对其直接负责的主管人员和其他直接责任人员,处五年以下有期徒刑或者拘役。”

七、将刑法第一百八十五条修改为:“商业银行、证券交易所、期货交易所、证券公司、期货经纪公司、保险公司或者其他金融机构的工作人员利用职务上的便利,挪用本单位或者客户资金的，依照本法第二百七十二条的规定定罪处罚。

“国有商业银行、证券交易所、期货交易所、证券公司、期货经纪公司、保险公司或者其他国有金融机构的工作人员和国有商业银行、证券交易所、期货交易所、证券公司、期货经纪公司、保险公司或者其他国有金融机构委派到前款规定中的非国有机构从事公务的人员有前款行为的，依照本法第三百八十四条的规定定罪处罚。”

八、刑法第二百二十五条增加一项，作为第三项：“未经国家有关主管部门批准，非法经营证券、期货或者保险业务的；”原第三项改为第四项。

九、本修正案自公布之日起施行。

全国人民代表大会常务委员会关于取缔邪教组织、防范和惩治邪教活动的决定

（1999 年 10 月 30 日第九届全国人民代表大会常务委员会第十二次会议通过）

为了维护社会稳定，保护人民利益，保障改革开放和社会主义现代化建设的顺利进行，必须取缔邪教组织、防范和惩治邪教活动。根据宪法和有关法律，特作如下决定：

一、坚决依法取缔邪教组织，严厉惩治邪教组织的各种犯罪活动。邪教组织冒用宗教、气功或者其他名义，采用各种手段扰乱社会秩序，危害人民群众生命财产安全和经济发展，必须依法取缔，坚决惩治。人民法院、人民检察院和公安、国家安全、司法行政机关要各司其职，共同做好这项工作。对组织和利用邪教组织破坏国家法律、行政法规实施，聚众闹事，扰乱社会秩序，以迷信邪说蒙骗他人，致人死亡，或者奸淫妇女、诈骗财物等犯罪活动，依法予以严惩。

二、坚持教育与惩罚相结合，团结、教育绝大多数被蒙骗的群众，依法严惩极少数犯罪分子。在依法处理邪教组织的工作中，要把不明真相参与邪教活动的人同

组织和利用邪教组织进行非法活动、蓄意破坏社会稳定的犯罪分子区别开来。对受蒙骗的群众不予追究。对构成犯罪的组织者、策划者、指挥者和骨干分子，坚决依法追究刑事责任；对于自首或者有立功表现的，可以依法从轻、减轻或者免除处罚。

三、在全体公民中深入持久地开展宪法和法律的宣传教育，普及科学文化知识。依法取缔邪教组织，惩治邪教活动，有利于保护正常的宗教活动和公民的宗教信仰自由。要使广大人民群众充分认识邪教组织严重危害人类、危害社会的实质，自觉反对和抵制邪教组织的影响，进一步增强法制观念，遵守国家法律。

四、防范和惩治邪教活动，要动员和组织全社会的力量，进行综合治理。各级人民政府和司法机关应当认真落实责任制，把严防邪教组织的滋生和蔓延，防范和惩治邪教活动作为一项重要任务长期坚持下去，维护社会稳定。

全国人民代表大会常务委员会关于惩治骗购外汇、逃汇和非法买卖外汇犯罪的决定

（1998 年 12 月 29 日第九届全国人民代表大会常务委员会第六次会议通过同日公布）

为了惩治骗购外汇、逃汇和非法买卖外汇的犯罪行为，维护国家外汇管理秩序，对刑法作如下补充修改：

一、有下列情形之一，骗购外汇，数额较大的，处五年以下有期徒刑或者拘役，并处骗购外汇数额百分之五以上百分之三十以下罚金；数额巨大或者有其他严重情节的，处五年以上十年以下有期徒刑，并处骗购外汇数额百分之五以上百分之三十以下罚金；数额特别巨大或者有其他特别严重情节的，处十年以上有期徒刑或者无期徒刑，并处骗购外汇数额百分之五以上百分之三十以下罚金或者没收财产：

（一）使用伪造、变造的海关签发的报关单、进口证明、外汇管理部门核准件等凭证和单据的；

（二）重复使用海关签发的报关单、进口证明、外汇管理部门核准件等凭证和单

据的；

（三）以其他方式骗购外汇的。

伪造、变造海关签发的报关单、进口证明、外汇管理部门核准件等凭证和单据，并用于骗购外汇的，依照前款的规定从重处罚。

明知用于骗购外汇而提供人民币资金的，以共犯论处。

单位犯前三款罪的，对单位依照第一款的规定判处罚金，并对其直接负责的主管人员和其他直接责任人员，处五年以下有期徒刑或者拘役；数额巨大或者有其他严重情节的，处五年以上十年以下有期徒刑；数额特别巨大或者有其他特别严重情节的，处十年以上有期徒刑或者无期徒刑。

二、买卖伪造、变造的海关签发的报关单、进日证明、外汇管理部门核准件等凭证和单据或者国家机关的其他公文、证件、印章的，依照刑法第二百八十条的规定定罪处罚。

三、将刑法第一百九十条修改为：公司、企业或者其他单位，违反国家规定，擅自将外汇存放境外，或者将境内的外汇非法转移到境外，数额较大的，对单位判处逃汇数额百分之五以上百分之三十以下罚金，并对其直接负责的主管人员和其他直接责任人员处五年以下有期徒刑或者拘役；数额巨大或者有其他严重情节的，对单位判处逃汇数额百分之五以上百分之三十以下罚金，并对其直接负责的主管人员和其他直接责任人员处五年以上有期徒刑。

四、在国家规定的交易场所以外非法买卖外汇，扰乱市场秩序，情节严重的，依照刑法第二百二十五条的规定定罪处罚。

单位犯前款罪的，依照刑法第二百三十一条的规定处罚。

五、海关、外汇管理部门以及金融机构、从事对外贸易经营活动的公司、企业或者其他单位的工作人员与骗购外汇或者逃汇的行为人通谋，为其提供购买外汇的有关凭证或者其他便利的，或者明知是伪造、变造的凭证和单据而售汇、付汇的，以共犯论，依照本决定从重处罚。

六、海关、外汇管理部门的工作人员严重不负责任，造成大量外汇被骗购或者逃汇，致使国家利益遭受重大损失的，依照刑法第三百九十七条的规定定罪处罚。

七、金融机构、从事对外贸易经营活动的公司、企业的工作人员严重不负责任，造成大量外汇被骗购或者逃汇,致使国家利益遭受重大损失的,依照刑法第一百六十七条的规定定罪处罚。

八、犯本决定规定之罪,依法被追缴、没收的财物和罚金,一律上缴国库。

九、本决定自公布之日起施行。

(二)刑事立法解释

全国人民代表大会常务委员会关于《中华人民共和国刑法》有关文物的规定适用于具有科学价值的古脊椎动物化石、古人类化石的解释

(2005 年 12 月 29 日第十届全国人民代表大会
常务委员会第十九次会议通过)

全国人民代表大会常务委员会根据司法实践中遇到的情况,讨论了关于走私、盗窃、损毁、倒卖或者非法转让具有科学价值的古脊椎动物化石、古人类化石的行为适用刑法有关规定的问题,解释如下:

刑法有关文物的规定,适用于具有科学价值的古脊椎动物化石、古人类化石。

现予公告。

全国人民代表大会常务委员会关于《中华人民共和国刑法》有关出口退税、抵扣税款的其他发票规定的解释

(2005 年 12 月 29 日第十届全国人民代表大会
常务委员会第十九次会议通过)

全国人民代表大会常务委员会根据司法实践中遇到的情况,讨论了刑法规定的“出口退税、抵扣税款的其他发票”的含义问题,解释如下:

刑法规定的“出口退税、抵扣税款的其他发票”,是指除增值税专用发票以外

的，具有出口退税、抵扣税款功能的收付款凭证或者完税凭证。

现予公告。

全国人民代表大会常务委员会关于《中华人民共和国刑法》有关信用卡规定的解释

（2004年12月29日第十届全国人民代表大会常务委员会第十三次会议通过）

全国人民代表大会常务委员会根据司法实践中遇到的情况，讨论了刑法规定的“信用卡”的含义问题，解释如下：

刑法规定的“信用卡”，是指由商业银行或者其他金融机构发行的具有消费支付、信用贷款、转账结算、存取现金等全部功能或者部分功能的电子支付卡。

现予公告。

全国人大常委会关于《中华人民共和国刑法》第九章渎职罪主体适用问题的解释

（2002年12月28日第九届全国人民代表大会常务委员会第三十一次会议通过）

全国人大常委会根据司法实践中遇到的情况，讨论了刑法第九章渎职罪主体的适用问题，解释如下：

在依照法律、法规规定行使国家行政管理职权的组织中从事公务的人员，或者在受国家机关委托代表国家机关行使职权的组织中从事公务的人员，或者虽未列入国家机关人员编制但在国家机关中从事公务的人员,在代表国家机关行使职权时,有渎职行为,构成犯罪的,依照刑法关于渎职罪的规定追究刑事责任。

现予公告。

全国人大常委会关于刑法第三百一十三条的解释

(2002 年 8 月 29 日第九届全国人民代表大会常务委员会第二十九次会议通过)

全国人民代表大会常务委员会讨论了刑法第三百一十三条规定的“对人民法院的判决、裁定有能力执行而拒不执行,情节严重”的含义问题,解释如下:

刑法第三百一十三条规定的“人民法院的判决、裁定”,是指人民法院依法作出的具有执行内容并已发生法律效力的判决、裁定。人民法院为依法执行支付令、生效的调解书、仲裁裁决、公证债权文书等所作的裁定属于该条规定的裁定。

下列情形属于刑法第三百一十三条规定的“有能力执行而拒不执行,情节严重”的情形:

(一)被执行人隐藏、转移、故意毁损财产或者无偿转让财产、以明显不合理的低价转让财产,致使判决、裁定无法执行的;

(二)担保人或者被执行人隐藏、转移、故意毁损或者转让已向人民法院提供担保的财产,致使判决、裁定无法执行的;

(三)协助执行义务人接到人民法院协助执行通知书后,拒不协助执行,致使判决、裁定无法执行的;

(四)被执行人、担保人、协助执行义务人与国家机关工作人员通谋,利用国家机关工作人员的职权妨害执行,致使判决、裁定无法执行的;

(五)其他有能力执行而拒不执行,情节严重的情形。

国家机关工作人员有上述第四项行为的,以拒不执行判决、裁定罪的共犯追究刑事责任。国家机关工作人员收受贿赂或者滥用职权,有上述第四项行为的,同时又构成刑法第三百八十五条、第三百九十七条规定之罪的，依照处罚较重的规定定罪处罚。

现予公告。

全国人民代表大会常务委员会法制工作委员会关于已满十四周岁不满十六周岁的人承担刑事责任范围问题的答复意见

（2002 年 7 月 24 日 法工委复字〔2002〕12 号）

最高人民检察院：

关于你单位 4 月 8 日来函收悉，经研究，现答复如下：

刑法第十七条第二款规定的八种犯罪，是指具体犯罪行为而不是具体罪名。对于刑法第十七条中规定的“犯故意杀人、故意伤害致人重伤或者死亡”，是指只要故意实施了杀人、伤害行为并且造成了致人重伤、死亡后果的，都应负刑事责任。而不是指只有犯故意杀人罪、故意伤害罪的，才负刑事责任，绑架撕票的，不负刑事责任。对司法实践中出现的已满十四周岁不满十六周岁的人绑架人质后杀害被绑架人、拐卖妇女、儿童而故意造成被拐卖妇女、儿童重伤或死亡的行为，依据刑法是应当追究其刑事责任的。

全国人大常委会关于刑法第三百八十四条第一款的解释

（2002 年 4 月 28 日第九届全国人民代表大会常务委员会第二十七次会议通过）

全国人民代表大会常务委员会讨论了刑法第三百八十四条第一款规定的国家工作人员利用职务上的便利，挪用公款“归个人使用”的含义问题，解释如下：

有下列情形之一的,属于挪用公款“归个人使用”:

(一)将公款供本人、亲友或者其他自然人使用的;

(二)以个人名义将公款供其他单位使用的;

(三)个人决定以单位名义将公款供其他单位使用,谋取个人利益的。

现予公告。

全国人大常委会关于刑法第二百九十四条第一款的解释

(2002年4月28日第九届全国人民代表大会常务委员会第二十七次会议通过)

全国人民代表大会常务委员会讨论了刑法第二百九十四条第一款规定的“黑社会性质的组织”的含义问题,解释如下:

刑法第二百九十四条第一款规定的“黑社会性质的组织”应当同时具备以下特征:

(一)形成较稳定的犯罪组织,人数较多,有明确的组织者、领导者,骨干成员基本固定;

(二)有组织地通过违法犯罪活动或者其他手段获取经济利益,具有一定的经济实力,以支持该组织的活动;

(三)以暴力、威胁或者其他手段,有组织地多次进行违法犯罪活动,为非作恶,欺压、残害群众;

(四)通过实施违法犯罪活动,或者利用国家工作人员的包庇或者纵容,称霸一方,在一定区域或者行业内,形成非法控制或者重大影响,严重破坏经济、社会生活秩序。

现予公告。

全国人大常委会关于刑法第二百二十八条、第三百四十二条、第四百一十条的解释

（2001 年 8 月 31 日第九届全国人民代表大会常务委员会第二十三次会议通过）

全国人民代表大会常务委员会讨论了刑法第二百二十八条、第三百四十二条、第四百一十条规定的“违反土地管理法规”和第四百一十条规定的“非法批准征用、占用土地”的含义问题，解释如下：

刑法第二百二十八条、第三百四十二条、第四百一十条规定的“违反土地管理法规”，是指违反土地管理法、森林法、草原法等法律以及有关行政法规中关于土地管理的规定。

刑法第四百一十条规定的“非法批准征用、占用土地”，是指非法批准征用、占用耕地、林地等农用地以及其他土地。

现予公告。

全国人民代表大会常务委员会关于《中华人民共和国刑法》第九十三条第二款的解释

（2000 年 4 月 29 日第九届全国人民代表大会常务委员会第十五次会议通过）

全国人民代表大会常务委员会讨论了村民委员会等村基层组织人员在从事哪些工作时属于刑法第九十三条第二款规定的“其他依照法律从事公务的人员”，解释如下：

村民委员会等村基层组织人员协助人民政府从事下列行政管理工作，属于刑法第九十三条第二款规定的“其他依照法律从事公务的人员”：

（一）救灾、抢险、防汛、优抚、扶贫、移民、救济款物的管理；

（二）社会捐助公益事业款物的管理；

（三）国有土地的经营和管理；

（四）土地征用补偿费用的管理；

（五）代征、代缴税款；

（六）有关计划生育、户籍、征兵工作；

（七）协助人民政府从事的其他行政管理工作。

村民委员会等村基层组织人员从事前款规定的公务，利用职务上的便利，非法占有公共财物、挪用公款、索取他人财物或者非法收受他人财物，构成犯罪的，适用刑法第三百八十二条和第三百八十三条贪污罪、第三百八十四条挪用公款罪、第三百八十五条和第三百八十六条受贿罪的规定。

现予公告。

全国人大常委会法制工作委员会、最高人民法院、最高人民检察院、司法部关于劳教工作干警适用刑法关于司法工作人员规定的通知

（1986年7月10日　法工委发文[86]32号）

各省、自治区、直辖市高级人民法院、人民检察院、司法厅（局）：

近几年，有些司法机关在处理劳教工作干警体罚虐待劳教人员的犯罪案件时，对劳教工作干警是否适用刑法关于司法工作人员的规定有不同认识，影响对案件的处理。根据实际情况和需要，经研究认为：劳教工作干警担负着对劳教人员的管理、教育、改造工作，可适用刑法关于司法工作人员的规定。劳教工作干警违反监管法规，体罚虐待劳教人员，情节严重的，依照《刑法》第一百八十九条的规定处理。

过去对这类案件已经作过处理，与本通知规定不符的，不再变更。

全国人大常委会法制工作委员会、最高人民法院、最高人民检察院、公安部、司法部、民政部关于正在服刑的罪犯和被羁押的人的选举权问题的联合通知

(1984 年 3 月 24 日　法工委联字[84]1 号)

公安、司法、民政厅(局):

全国县、乡两级人民代表大会代表的选举工作,正在逐步展开。在当前严厉打击严重危害社会治安的刑事犯罪活动的情况下,对于过去已判刑、但没有附加剥夺政治权利的严重刑事罪犯和被羁押正在受侦查、起诉、审判的人是否准许行使选举权问题,有些地方提出一些问题和意见,经研究后,现做如下通知,望遵照执行:

一、1983 年 3 月全国人大常委会通过的《关于县级以下人民代表大会代表直接选举的若干规定》,对于已被判刑的罪犯和被羁押正在受侦查、起诉、审判的人的选举权问题已经作了规定。这一规定是根据宪法关于公民的选举权、被选举权的规定的原则确定的,是适当的,在这次县、乡直接选举工作中,仍应贯彻执行。

二、对这次严厉打击严重危害社会治安的刑事犯罪活动中因反革命案或者严重破坏社会秩序案被羁押正在受侦查、起诉、审判的人,应当依照法律规定经人民检察院或者人民法院决定,在被羁押期间停止行使选举权利;其他未经人民检察院或者人民法院决定停止行使选举权利的,应准予行使选举权利。

三、对正在服刑的反革命罪犯和被判处死刑、无期徒刑的其他罪犯,凡是没有附加剥夺政治权利的,应当由人民法院依照审判监督程序,判处附加剥夺政治权利;被判处有期徒刑(包括原判死缓、无期徒刑后减为有期徒刑的)、现正在服刑的故意杀人、强奸、放火、爆炸、投毒、抢劫、流氓、盗窃(重大)等严重破坏社会秩序的罪犯,凡是需要剥夺选举权利的,也可由人民法院依照审判监督程序,判处附加剥

夺政治权利。如果原来是第一审生效的案件,应当由上一级人民法院提审;如果原来是第二审生效的案件,应当由第二审人民法院再审。根据刑事诉讼法第一百五十条的规定,依照上述程序所做的判决、裁定,是终审的判决、裁定,不得上诉。

四、今后对于反革命罪犯和判处死刑、无期徒刑的其他罪犯,各级人民法院在审判时,应当依照刑法第五十二条、第五十三条的规定,一律同时判处附加剥夺政治权利;对于严重破坏社会秩序的罪犯,需要剥夺政治权利的,也应依照刑法第五十二条的规定,同时判处附加剥夺政治权利。

五、对准予行使选举权利的被羁押的人和正在服刑的罪犯,经选举委员会和执行羁押、监禁的机关共同决定,可以在原户口所在地参加选举,也可以在劳改场所参加选举;可以在流动票箱投票,也可以委托有选举权的亲属或者其他选民代为投票。

二　刑事诉讼

1 综 合

(一)司法解释

最高人民法院、最高人民检察院、公安部、司法部印发《关于进一步严格依法办案确保办理死刑案件质量的意见》的通知

(2007 年 3 月 9 日 法发[2007]11 号)

各省、自治区、直辖市高级人民法院、人民检察院、公安厅(局)、司法厅(局),解放军军事法院、军事检察院、总政治部保卫部,新疆维吾尔自治区高级人民法院生产建设兵团分院、新疆生产建设兵团人民检察院、公安局、司法局:

现将《关于进一步严格依法办案确保办理死刑案件质量的意见》印发给你们,请认真遵照执行。执行情况及遇到的问题,请分别及时报告最高人民法院、最高人民检察院、公安部、司法部。

最高人民法院关于印发《人民法院司法警察押解规则》的通知

(2003 年 11 月 3 日 法发[2003]19 号)

各省、自治区、直辖市高级人民法院,解放军军事法院,新疆维吾尔自治区高级人民法院生产建设兵团分院:

现将《人民法院司法警察押解规则》印发给你们，请认真组织学习、贯彻执行。执行中有何问题，请及时报告我院。

最高人民法院司法部关于规范法官和律师相互关系维护司法公正的若干规定

（最高人民法院 2004 年 3 月 19 日发布　法发〔2004〕9 号）

为了加强对法官和律师在诉讼活动中的职业纪律约束，规范法官和律师的相互关系，维护司法公正，根据《中华人民共和国法官法》、《中华人民共和国律师法》等有关法律、法规，制定本规定。

第一条　法官和律师在诉讼活动中应当忠实于宪法和法律，依法履行职责，共同维护法律尊严和司法权威。

第二条　法官应当严格依法办案，不受当事人及其委托的律师利用各种关系、以不正当方式对案件审判进行的干涉或者施加的影响。

律师在代理案件之前及其代理过程中，不得向当事人宣称自己与受理案件法院的法官具有亲朋、同学、师生、曾经同事等关系，并不得利用这种关系或者以法律禁止的其他形式干涉或者影响案件的审判。

第三条　法官不得私自单方面会见当事人及其委托的律师。

律师不得违反规定单方面会见法官。

第四条　法官应当严格执行回避制度，如果与本案当事人委托的律师有亲朋、同学、师生、曾经同事等关系，可能影响案件公正处理的，应当自行申请回避，是否回避由本院院长或者审判委员会决定。

律师因法定事由或者根据相关规定不得担任诉讼代理人或者辩护人的，应当谢绝当事人的委托，或者解除委托代理合同。

第五条　法官应当严格执行公开审判制度，依法告知当事人及其委托的律师本案审判的相关情况，但是不得泄露审判秘密。

律师不得以各种非法手段打听案情，不得违法误导当事人的诉讼行为。

第六条　法官不得为当事人推荐、介绍律师作为其代理人、辩护人，或者暗示更换承办律师，或者为律师介绍代理、辩护等法律服务业务，并且不得违反规定向当事人及其委托的律师提供咨询意见或者法律意见。

律师不得明示或者暗示法官为其介绍代理、辩护等法律服务业务。

第七条　法官不得向当事人及其委托律师索取或者收取礼品、金钱、有价证券等；不得借婚丧喜庆事宜向律师索取或者收取礼品、礼金；不得接受当事人及其委托律师的宴请；不得要求或者接受当事人及其委托律师出资装修住宅、购买商品或者进行各种娱乐、旅游活动；不得要求当事人及其委托的律师报销任何费用；不得向当事人及其委托的律师借用交通工具、通讯工具或者其他物品。

当事人委托的律师不得借法官或者其近亲属婚丧喜庆事宜馈赠礼品、金钱、有价证券等；不得向法官请客送礼、行贿或者指使、诱导当事人送礼、行贿；不得为法官装修住宅、购买商品或者出资邀请法官进行娱乐、旅游活动；不得为法官报销任何费用；不得向法官出借交通工具、通讯工具或者其他物品。

第八条　法官不得要求或者暗示律师向当事人索取财物或者其他利益。

当事人委托的律师不得假借法官的名义或者以联络、酬谢法官为由，向当事人索取财物或者其他利益。

第九条　法官应当严格遵守法律规定的审理期限，合理安排审判事务，遵守开庭时间。

律师应当严格遵守法律规定的提交诉讼文书的期限及其他相关程序性规定，遵守开庭时间。

法官和律师均不得借故延迟开庭。法官确有正当理由不能按期开庭，或者律师确有正当理由不能按期出庭的，人民法院应当在不影响案件审理期限的情况下，另行安排开庭时间，并及时通知当事人及其委托的律师。

第十条　法官在庭审过程中，应当严格按照法律规定的诉讼程序进行审判活动，尊重律师的执业权利，认真听取诉讼双方的意见。

律师应当自觉遵守法庭规则，尊重法官权威，依法履行辩护、代理职责。

第十一条　法官和律师在诉讼活动中应当严格遵守司法礼仪，保持良好的仪表，举止文明。

第十二条 律师对于法官有违反本规定行为的，可以自行或者通过司法行政部门、律师协会向有关人民法院反映情况，或者署名举报，提出追究违纪法官党纪、政纪或者法律责任的意见。

法官对于律师有违反本规定行为的，可以直接或者通过人民法院向有关司法行政部门、律师协会反映情况，或者提出给予行业处分、行政处罚直至追究法律责任的司法建议。

第十三条 当事人、案外人发现法官或者律师有违反本规定行为的，可以向有关人民法院、司法行政部门、纪检监察部门、律师协会反映情况或者署名举报。

第十四条 人民法院、司法行政部门、律师协会对于法官、律师违反本规定的，应当视其情节，按照有关法律、法规或者规定给予处理；构成犯罪的，依法追究刑事责任。

第十五条 对法官和律师在案件执行过程中的纪律约束，按照本规定执行。

对人民法院其他工作人员和律师辅助人员的纪律约束，参照本规定的有关内容执行。

第十六条 本规定由最高人民法院、司法部负责解释。

第十七条 本规定自公布之日起实施。

最高人民法院关于审理未成年人刑事案件的若干规定

（2000年11月15日最高人民法院审判委员会第1139次会议通过　自2001年4月2日施行　法释〔2001〕9号）

第一章　总　　则

第一条 为了维护未成年被告人的合法权益，依法惩罚和教育未成年罪犯，保障无罪的未成年人不受刑事追究，逐步建立和完善具有中国特色的未成年人刑事审判制度,根据《中华人民共和国刑事诉讼法》、《中华人民共和国人民法院组织法》、《中华人民共和国未成年人保护法》和《中华人民共和国预防未成年人犯罪法》的有关规定,结合我国审判未成年人刑事案件的司法实践,制定本规定。

第二条 审理未成年人刑事案件适用《中华人民共和国刑事诉讼法》、《最高人民法院关于执行〈中华人民共和国刑事诉讼法〉若干问题的解释》(以下简称《解释》)。本规定有特别规定的,适用本规定。

第三条 审判未成年人刑事案件,必须以事实为根据,以法律为准绳,坚持教育为主、惩罚为辅的原则,执行教育、感化、挽救的方针,积极参与社会治安综合治理。

第四条 人民法院应当加强同公安机关、人民检察院的联系,坚持分工负责、互相配合、互相制约的原则,以保证公正、及时地审理未成年人刑事案件。

第五条 人民法院要加强同政府有关部门、共青团、妇联、工会等人民团体以及未成年人保护组织等有关社会团体的联系,共同做好未成年罪犯的教育和挽救工作。

第六条 中级人民法院和基层人民法院可以建立未成年人刑事审判庭。条件尚不具备的地方,应当在刑事审判庭内设立未成年人刑事案件合议庭或者由专人负责办理未成年人刑事案件。高级人民法院可以在刑事审判庭内设立未成年人刑事案件合议庭。

未成年人刑事审判庭和未成年人刑事案件合议庭统称少年法庭。

最高人民法院和高级人民法院设立少年法庭指导小组,指导少年法庭的工作,总结和推广未成年人刑事审判工作的经验。少年法庭指导小组应当有专人或者设立办公室负责具体指导工作。

第七条 审判第一审未成年人刑事案件的合议庭,可以由审判员或者由审判员与人民陪审员组成。依照法律规定适用简易程序的案件除外。

第八条 审判未成年人刑事案件合议庭的审判长,应当由熟悉未成年人特点、善于做未成年人思想教育工作的审判员担任,并且应当保持其工作的相对稳定性。

审判未成年人刑事案件的人民陪审员,一般由熟悉未成年人特点,热心于教育、挽救失足未成年人工作,并经过必要培训的共青团、妇联、工会、学校的干部、教师或者离退休人员、未成年人保护组织的工作人员等担任。

第九条 审判未成年人刑事案件,应当注意掌握未成年被告人的生理和心理特点,依法准确、及时地查明起诉指控的案件事实;对于构成犯罪的未成年人,应当帮助其认识犯罪原因和犯罪行为的社会危害性,做到寓教于审,惩教结合。

第十条 少年法庭受理案件的范围:

(一)被告人在实施被指控的犯罪时不满十八周岁的案件;

(二)被告人在实施被指控的犯罪时不满十八周岁,并被指控为首要分子或者主犯的共同犯罪案件。

其他共同犯罪案件有未成年被告人的,或者其他涉及未成年人的刑事案件是否由少年法庭审理,由人民法院院长根据少年法庭工作的实际情况决定。

第十一条 对在开庭审理时不满十六周岁的未成年人刑事案件,一律不公开审理。

对在开庭审理时不满十八周岁的未成年人刑事案件,一般也不公开审理。如果有必要公开审理的,必须经过本院院长批准,并且应适当限制旁听人数和范围。

第十二条 未成年人刑事案件的证人是未成年人的,除法律规定外,经人民法院准许,可以不出庭。

第十三条 未成年人刑事案件判决前,审判人员不得向外界披露该未成年人的姓名、住所、照片及可能推断出该未成年人的资料。

未成年人刑事案件的诉讼案卷材料,除依法查阅、摘抄、复制以外,未经本院院长批准,不得查询和摘录,并不得公开和传播。

第十四 条未成年被告人的法定代理人在诉讼中享有申请回避、辩护、发问、提出新的证据、要求重新鉴定或者勘验、提出上诉等诉讼权利。在未成年被告人最后陈述后,经审判长许可,法定代理人可以发表意见。

第十五条 人民法院应当依法保证未成年被告人获得辩护。

开庭审理时不满十八周岁的未成年被告人没有委托辩护人的,人民法院应当指定承担法律援助义务的律师为其提供辩护。

在审判过程中,未成年被告人及其法定代理人可以拒绝辩护人为他辩护。

第二章　开庭前的准备工作

第十六条　对于人民检察院提起公诉的未成年人刑事案件，人民法院除依照《解释》的有关规定进行审查外，还应当查明是否附有被告人年龄的有效证明材料。对于没有附送被告人年龄的有效证明材料的，应当通知人民检察院在三日内补送。

第十七条　人民法院向未成年被告人送达起诉书副本时，应当向其讲明被指控的罪行和有关法律条款；并告知诉讼的程序及有关的诉讼权利、义务，消除未成年被告人的紧张情绪。

第十八条　人民法院在向未成年被告人的法定代理人送达起诉书副本时，应当告知其诉讼权利、义务和在开庭审判中应当注意的有关事项。

第十九条　开庭审理前，应当通知未成年被告人的法定代理人出庭。法定代理人无法出庭或者确实不适宜出庭的，应另行通知其他监护人或者其他成年近亲属出庭。经通知，其他监护人或者成年近亲属不到庭的，人民法院应当记录在卷。

第二十条　开庭审理前，审判未成年人刑事案件的审判长认为有必要的，可以安排法定代理人或者其他成年近亲属、教师等人员与未成年被告人会见。

第二十一条　开庭审理前，控辩双方可以分别就未成年被告人性格特点、家庭情况、社会交往、成长经历以及实施被指控的犯罪前后的表现等情况进行调查，并制作书面材料提交合议庭。必要时，人民法院也可以委托有关社会团体组织就上述情况进行调查或者自行进行调查。

第二十二条　人民法院应当为辩护律师查阅、摘抄、复制所指控的犯罪事实的材料，以及同在押未成年被告人会见和通信提供便利条件。经人民法院许可，其他辩护人也可以查阅、摘抄、复制上述材料，同在押的未成年被告人会见和通信。

第二十三条　少年法庭应当将开庭前的准备工作和活动记录存卷。

第三章　审　　判

第二十四条　人民法院应当在辩护台靠近旁听区一侧为未成年被告人的法定代理人设置席位。

第二十五条　在法庭上不得对未成年被告人使用戒具。未成年被告人在法庭上可以坐着接受法庭调查、询问，在回答审判人员的提问、宣判时应当起立。

第二十六条 未成年被告人或者其法定代理人当庭拒绝委托的辩护人进行辩护，要求另行委托或者人民法院为其另行指定辩护人、辩护律师的，合议庭应当同意并宣布延期审理。

未成年被告人或者其法定代理人当庭拒绝由人民法院指定的辩护律师进行辩护，要求另行委托辩护人的，合议庭应当同意并宣布延期审理。未成年被告人或者其法定代理人当庭拒绝人民法院指定的辩护律师为其辩护，如确有正当理由，合议庭应当同意并宣布延期审理，人民法院应当为未成年被告人另行指定辩护律师。

重新开庭后，未成年被告人或者其法定代理人再次当庭拒绝重新委托的辩护人或者由人民法院指定的辩护律师进行辩护的，一般不予准许。如果重新开庭时被告人已满十八周岁的，应当准许，但不得再行委托或者由人民法院再行指定辩护人、辩护律师。上述情况应当记录在卷。

第二十七条 法庭审理时，审判人员应当注意未成年被告人的智力发育程度和心理状态，要态度严肃、和蔼，用语准确、通俗易懂。发现有对未成年被告人诱供、训斥、讽刺或者威胁的情形时，应当及时制止。

第二十八条 法庭调查时，审判人员应当核实未成年被告人在实施被指控的行为时的年龄。同时还应当查明未成年被告人实施被指控的行为时的主观和客观原因。

第二十九条 法庭审理时，控辩双方向法庭提出从轻判处未成年被告人管制、拘役宣告缓刑或者有期徒刑宣告缓刑、免予刑事处罚等适用刑罚建议的，应当提供有关未成年被告人能够获得监护、帮教的书面材料。

第三十条 休庭时，可以允许法定代理人或者其他成年近亲属、教师等人员会见被告人。

第三十一条 对未成年人刑事案件宣告判决应当公开进行，但不得采取召开大会等形式。

第三十二条 定期宣告判决的，合议庭应当通知公诉人、未成年被告人的法定代理人及其他诉讼参与人到庭。

法定代理人不到庭或者确实无法到庭的，也可以通知其他成年近亲属到庭，并在宣判后向其送达判决书副本。

第三十三条　人民法院判决未成年被告人有罪的，宣判后，由合议庭组织到庭的诉讼参与人对未成年被告人进行教育。如果未成年被告人的法定代理人以外的其他成年近亲属或者教师、公诉人等参加有利于教育、感化未成年被告人的，合议庭可以邀请其参加宣判后的教育。

对未成年被告人的教育可以围绕下列内容进行：

(一)犯罪行为对社会的危害和应当受刑罚处罚的必要性；

(二)导致犯罪行为发生的主观、客观原因及应当吸取的教训；

(三)正确对待人民法院的裁判。

第三十四条　开庭审理的上诉和抗诉案件，参照上述规定进行。

第四章　简易程序

第三十五条　少年法庭应当根据刑事诉讼法第一百七十四条及《解释》的有关规定，确定未成年人刑事案件是否适用简易程序。

第三十六条　适用简易程序审理的案件，应当通知未成年被告人的法定代理人、辩护人出庭。

第三十七条　适用简易程序审理的案件，对未成年被告人进行法庭教育适用本《规定》第三十三条的规定。

第五章　执　　行

第三十八条　对于判决、裁定已经发生法律效力并应当收监服刑的未成年罪犯，少年法庭应当填写结案登记表并附送有关未成年罪犯的调查材料及其在案件审理中的表现材料，连同起诉书副本、判决书或者裁定书副本、执行通知书，一并送达执行机关。

第三十九条　少年法庭可以通过多种形式与未成年犯管教所等未成年罪犯服刑场所建立联系，了解未成年罪犯的改造情况，协助做好帮教、改造工作；并可以对正在服刑的未成年罪犯进行回访考察。

第四十条　少年法庭认为有必要时，可以敦促被收监服刑的未成年罪犯的父母或者其他监护人及时探视,以使未成年罪犯获得家庭和社会的关怀,增强改造的信心。

第四十一条 对于判处管制、拘役宣告缓刑或者有期徒刑宣告缓刑、免予刑事处罚等的未成年罪犯,少年法庭可以协助公安机关同其所在学校、单位、街道、居民委员会、村民委员会、监护人等制定帮教措施。

第四十二条 少年法庭可以适时走访被判处管制、拘役宣告缓刑或者有期徒刑宣告缓刑、免予刑事处罚等的未成年罪犯及其家庭,了解对未成年罪犯的管理和教育情况,以引导未成年罪犯的家庭正确地承担管教责任,为未成年罪犯改过自新创造良好的环境。

第四十三条 对于判处管制、拘役宣告缓刑或者有期徒刑宣告缓刑、免予刑事处罚等的未成年罪犯具备就学就业条件的,人民法院可以就其安置问题向有关部门提出司法建议,并且附送必要的材料。

第四十四条对于执行机关依法提出给未成年罪犯减刑或者假释的书面意见,人民法院应当及时予以审核、裁定。

最高人民法院关于执行《中华人民共和国刑事诉讼法》若干问题的解释

(1998年6月29日最高人民法院审判委员会第989次会议通过 1998年9月2日公布 自1998年9月8日起施行 法释〔1998〕23号)

为正确理解和适用修正后的刑事诉讼法,现结合人民法院审判工作实际,对执行刑事诉讼法的若干具体问题解释如下:

一、管辖

第一条 人民法院直接受理的自诉案件包括:

(一)告诉才处理的案件:

1. 侮辱、诽谤案(刑法第二百四十六条规定的,但是严重危害社会秩序和国家利益的除外);

2. 暴力干涉婚姻自由案(刑法第二百五十七条第一款规定的);

3. 虐待案(刑法第二百六十条第一款规定的);

4. 侵占案(刑法第二百七十条规定的)。

(二)人民检察院没有提起公诉,被害人有证据证明的轻微刑事案件:

1. 故意伤害案(刑法第二百三十四条第一款规定的);

2. 非法侵入住宅案(刑法第二百四十五条规定的);

3. 侵犯通信自由案(刑法第二百五十二条规定的);

4. 重婚案(刑法第二百五十八条规定的);

5. 遗弃案(刑法第二百六十一条规定的);

6. 生产、销售伪劣商品案(刑法分则第三章第一节规定的,但是严重危害社会秩序和国家利益的除外);

7. 侵犯知识产权案(刑法分则第三章第七节规定的,但是严重危害社会秩序和国家利益的除外);

8. 属于刑法分则第四章、第五章规定的,对被告人可能判处三年有期徒刑以下刑罚的案件。

对上列八项案件,被害人直接向人民法院起诉的,人民法院应当依法受理。对于其中证据不足、可由公安机关受理的,或者认为对被告人可能判处三年有期徒刑以上刑罚的,应当移送公安机关立案侦查。

(三)被害人有证据证明对被告人侵犯自己人身、财产权利的行为应当依法追究刑事责任,而公安机关或者人民检察院已经作出不予追究的书面决定的案件。

第二条　犯罪地是指犯罪行为发生地。以非法占有为目的的财产犯罪,犯罪地包括犯罪行为发生地和犯罪分子实际取得财产的犯罪结果发生地。

第三条　刑事自诉案件的自诉人、被告人一方或者双方是在港、澳、台居住的中国公民或者其住所地是在港、澳、台的单位的,由犯罪地的基层人民法院审判。

港、澳、台同胞告诉的,应当出示港、澳、台居民身份证、回乡证或者其他能证明本人身份的证明。

第四条 人民检察院认为可能判处无期徒刑、死刑而向中级人民法院提起公诉的普通刑事案件,中级人民法院受理后,认为不需要判处无期徒刑以上刑罚的,可以依法审理,不再交基层人民法院审理。

第五条 一人犯数罪、共同犯罪和其他需要并案审理的案件,只要其中一人或者一罪属于上级人民法院管辖的,全案由上级人民法院管辖。

第六条 单位犯罪的刑事案件,由犯罪地的人民法院管辖。如果由被告单位住所地的人民法院管辖更为适宜的,可以由被告单位住所地的人民法院管辖。

第七条 对于中华人民共和国缔结或者参加的国际条约所规定的罪行,中华人民共和国在所承担条约义务的范围内,行使刑事管辖权。

前款规定的案件由被告人被抓获地的中级人民法院管辖。

第八条 在中华人民共和国领域外的中国船舶内的犯罪,由犯罪发生后该船舶最初停泊的中国口岸所在地的人民法院管辖。

第九条 在中华人民共和国领域外的中国航空器内的犯罪,由犯罪发生后该航空器在中国最初降落地的人民法院管辖。

第十条 在国际列车上的犯罪,按照我国与相关国家签订的有关管辖协定确定管辖。没有协定的,由犯罪发生后该列车最初停靠的中国车站所在地或者目的地的铁路运输法院管辖。

第十一条 中国公民在驻外的中国使领馆内的犯罪,由该公民主管单位所在地或者他的原户籍所在地的人民法院管辖。

第十二条 中国公民在中华人民共和国领域外的犯罪,由该公民离境前的居住地或者原户籍所在地的人民法院管辖。

第十三条 外国人在中华人民共和国领域外对中华人民共和国国家或者公民犯罪,依照《中华人民共和国刑法》应受处罚的,由该外国人入境地的中级人民法院管辖。

第十四条 发现正在服刑的罪犯在判决宣告前还有其他犯罪没有受到审判的,由原审人民法院管辖;如果罪犯服刑地或者新发现罪的主要犯罪地的人民法院管辖更为适宜的,可以由服刑地或者新发现罪的主要犯罪地的人民法院管辖。

正在服刑的罪犯在服刑期间又犯罪的,由服刑地的人民法院管辖。

正在服刑的罪犯在脱逃期间的犯罪，如果是在犯罪地捕获并发现的，由犯罪地的人民法院管辖；如果是被缉捕押解回监狱后发现的，由罪犯服刑地的人民法院管辖。

第十五条　上级人民法院认为有必要审理下级人民法院管辖的第一审刑事案件，应当向下级人民法院下达改变管辖决定书，并书面通知同级人民检察院。

第十六条　基层人民法院对于认为案情重大、复杂或者可能判处无期徒刑、死刑的第一审刑事案件，请求移送中级人民法院审判，应当经合议庭报请院长决定后，在案件审理期限届满十五日以前书面请求移送。中级人民法院应当在接到移送申请十日内作出决定。

中级人民法院不同意移送的，应当向该基层人民法院下达不同意移送决定书，由该基层人民法院依法审判；同意移送的，应当向该基层人民法院下达同意移送决定书，并书面通知同级人民检察院。基层人民法院接到上级人民法院同意移送决定书后，应当通知同级人民检察院和当事人，并将起诉材料退回同级人民检察院。

第十七条　两个以上同级人民法院都有权管辖的案件，由最初受理的人民法院管辖。尚未开庭审判的，在必要的时候，可以移送被告人主要犯罪地的人民法院审判。对管辖权发生争议的，应当在审限内协商解决；协商不成的，由争议的人民法院分别逐级报请共同的上一级人民法院指定管辖。

第十八条　有管辖权的人民法院因案件涉及本院院长需要回避等原因，不宜行使管辖权的，可以请求上一级人民法院管辖；上一级人民法院也可以指定与提出请求的人民法院同级的其他人民法院管辖。

第十九条　上级人民法院指定管辖的，应当将指定管辖决定书分别送达被指定管辖的人民法院和其他有关的人民法院。

原受理案件的人民法院，在收到上级人民法院指定其他人民法院管辖决定书后，不再行使管辖权。对于公诉案件，应当书面通知提起公诉的人民检察院，并将全部案卷材料退回，同时书面通知当事人；对于自诉案件，应当将全部案卷材料移送被指定管辖的人民法院，并书面通知当事人。

第二十条　现役军人（含军内在编职工，下同）和非军人共同犯罪的，分别由军事法院和地方人民法院或者其他专门法院管辖；涉及国家军事秘密的，全案由军事法院管辖。

第二十一条 下列案件由地方人民法院或者军事法院以外的其他专门法院管辖:

(一)非军人、随军家属在部队营区内犯罪的;

(二)军人在办理退役手续后犯罪的;

(三)现役军人入伍前犯罪的(需与服役期内犯罪一并审判的除外);

(四)退役军人在服役期内犯罪的(犯军人违反职责罪的除外)。

第二十二条 上级人民法院在必要的时候,可以将下级人民法院管辖的案件指定其他下级人民法院管辖。

二、回避

第二十三条 审判委员会委员、合议庭组成人员及独任审判员有刑事诉讼法第二十八条、第二十九条所列情形之一的,应当自行回避;当事人和他们的法定代理人也有权申请上列人员回避。

第二十四条 审判人员自行回避的,可以口头或者书面提出,并说明理由,由院长决定。

当事人和他们的法定代理人申请审判人员回避的,可以口头或者书面提出,由院长决定,并将决定告知申请人。

第二十五条 当事人和他们的法定代理人申请人民法院院长回避或者院长自行回避的,应当由审判委员会讨论决定,并将决定告知申请人。

审判委员会讨论院长回避问题时,由副院长主持,院长不得参加。

第二十六条 应当回避的人员,本人没有自行回避,当事人和他们的法定代理人也没有申请其回避的,院长或者审判委员会应当决定其回避。

第二十七条 依照刑事诉讼法第二十九条规定提出回避申请的,申请人应当提供证明材料。

第二十八条 被决定回避的人员对决定有异议的,可以在恢复庭审前申请复议一次;被驳回回避申请的当事人及其法定代理人对决定有异议的,可以当庭申请复议一次。

第二十九条　不属于刑事诉讼法第二十八条、第二十九条所列情形的回避申请，由法庭当庭驳回，并不得申请复议。

第三十条　当事人及其法定代理人对出庭的检察人员、书记员提出回避申请的，人民法院应当通知指派该检察人员出庭的人民检察院，由该院检察长或者检察委员会决定。

第三十一条　参加过本案侦查、起诉的侦查、检察人员，如果调至人民法院工作，不得担任本案的审判人员。

凡在一个审判程序中参与过本案审判工作的合议庭组成人员，不得再参与本案其他程序的审判。

第三十二条　上述有关回避的规定，适用于法庭书记员、翻译人员和鉴定人。其回避问题由人民法院院长决定。

三、辩护与代理

第三十三条　人民法院审判案件过程中，应当充分保证被告人行使刑事诉讼法第三十二条规定的辩护权利。但下列人员不得被委托担任辩护人：

（一）被宣告缓刑和刑罚尚未执行完毕的人；

（二）依法被剥夺、限制人身自由的人；

（三）无行为能力或者限制行为能力的人；

（四）人民法院、人民检察院、公安机关、国家安全机关、监狱的现职人员；

（五）本院的人民陪审员；

（六）与本案审理结果有利害关系的人；

（七）外国人或者无国籍人。

前款第（四）、（五）、（六）、（七）项规定的人员，如果是被告人的近亲属或者监护人，由被告人委托担任辩护人的，人民法院可以准许。

第三十四条　律师、人民团体、被告人所在单位推荐的公民以及被告人的监护人、亲友，被委托为辩护人的，人民法院应当核实其身份证明和辩护委托书。

第三十五条　一名被告人委托辩护人不得超过两人。在共同犯罪的案件中，一名辩护人不得为两名以上的同案被告人辩护。

第三十六条 被告人没有委托辩护人而具有下列情形之一的，人民法院应当为其指定辩护人：

（一）盲、聋、哑人或者限制行为能力的人；

（二）开庭审理时不满十八周岁的未成年人；

（三）可能被判处死刑的人。

第三十七条 被告人没有委托辩护人而具有下列情形之一的，人民法院可以为其指定辩护人：

（一）符合当地政府规定的经济困难标准的；

（二）本人确无经济来源，其家庭经济状况无法查明的；

（三）本人确无经济来源，其家属经多次劝说仍不愿为其承担辩护律师费用的；

（四）共同犯罪案件中，其他被告人已委托辩护人的；

（五）具有外国国籍的；

（六）案件有重大社会影响的；

（七）人民法院认为起诉意见和移送的案件证据材料可能影响正确定罪量刑的。

第三十八条 被告人坚持自己行使辩护权，拒绝人民法院指定的辩护人为其辩护的，人民法院应当准许，并记录在案；被告人具有本解释第三十六条规定情形之一，拒绝人民法院指定的辩护人为其辩护，有正当理由的，人民法院应当准许，但被告人需另行委托辩护人，或者人民法院应当为其另行指定辩护人。

第三十九条 人民法院指定的辩护人，应当是依法承担法律援助义务的律师。

第四十条 人民法院应当为辩护律师查阅、摘抄、复制本案所指控的犯罪事实的材料提供方便，并保证必要的时间。其他辩护人经人民法院准许，可以查阅、摘抄、复制本案所指控的犯罪事实的材料。但审判委员会和合议庭的讨论记录及有关其他案件的线索材料，辩护律师和其他辩护人不得查阅、摘抄、复制。

第四十一条 辩护律师可以同在押的被告人会见和通信。其他辩护人经人民法院准许，也可以同在押的被告人会见和通信。

第四十二条 人民法院受理自诉案件后三日内，应当告知被告人有权委托辩护人；同时应当告知自诉人及其法定代理人、附带民事诉讼的当事人及其法定代理人有权委托诉讼代理人。

第四十三条　辩护律师申请向被害人及其近亲属、被害人提供的证人收集与本案有关的材料，人民法院认为确有必要的，应当准许，并签发准许调查书。

第四十四条　辩护律师向证人或者其他有关单位和个人收集、调取与本案有关的材料，因证人、有关单位和个人不同意，申请人民法院收集、调取，人民法院认为有必要的，应当同意。

第四十五条　辩护律师直接申请人民法院收集、调取证据，人民法院认为辩护律师不宜或者不能向证人或者其他有关单位和个人收集、调取，并确有必要的，应当同意。

人民法院根据辩护律师的申请收集、调取证据时，申请人可以在场。

人民法院根据辩护律师的申请收集、调取的证据，应当及时复制移送申请人。

第四十六条　辩护律师根据本解释第四十三条、第四十四条、第四十五条第一款规定提出的申请，应当以书面形式提出，并说明申请的理由，列出需要调查问题的提纲。

第四十七条　当事人委托诉讼代理人应当参照刑事诉讼法第三十二条和本解释第三十三条的规定执行。

第四十八条　诉讼代理人的责任是根据事实和法律，维护被害人、自诉人或者附带民事诉讼当事人的合法权益。

第四十九条　律师担任诉讼代理人，可以查阅、摘抄、复制与本案有关的材料，了解案情。其他诉讼代理人经人民法院准许，也可以查阅、摘抄、复制本案有关材料，了解案情。需要收集、调取与本案有关的材料的，可以参照本解释第四十四条、第四十五条的规定执行。

第五十条　诉讼代理人应当向人民法院提交由被代理人签名或者盖章的委托书；如果被代理人是附带民事诉讼当事人的，诉讼代理人应当向人民法院提交由被代理人签名或者盖章的授权委托书。

第五十一条　人民法院对律师、其他辩护人和诉讼代理人查阅、摘抄、复制本案所指控的犯罪事实的材料，只收取复制材料所必需的工本费用。

四、证据

第五十二条 需要运用证据证明的案件事实包括：

（一）被告人的身份；

（二）被指控的犯罪行为是否存在；

（三）被指控的行为是否为被告人所实施；

（四）被告人有无罪过，行为的动机、目的；

（五）实施行为的时间、地点、手段、后果以及其他情节；

（六）被告人的责任以及与其他同案人的关系；

（七）被告人的行为是否构成犯罪，有无法定或者酌定从重、从轻、减轻处罚以及免除处罚的情节；

（八）其他与定罪量刑有关的事实。

第五十三条 收集、调取的书证应当是原件。只有在取得原件确有困难时，才可以是副本或者复制件。

收集、调取的物证应当是原物。只有在原物不便搬运、不易保存或者依法应当返还被害人时，才可以拍摄足以反映原物外形或者内容的照片、录像。

书证的副本、复制件，物证的照片、录像，只有经与原件、原物核实无误或者经鉴定证明真实的，才具有与原件、原物同等的证明力。

制作书证的副本、复制件，拍摄物证的照片、录像以及对有关证据录音时，制作人不得少于二人。提供证据的副本、复制件及照片、音像制品应当附有关于制作过程的文字说明及原件、原物存放何处的说明，并由制作人签名或者盖章。

第五十四条 人民法院依法向有关单位和个人收集、调取、调查、核实证据，认为必要时，可以通知检察人员、辩护人到场。

人民法院向有关单位收集、调取的书面证据材料，必须由提供人署名，并加盖单位印章；人民法院向个人收集、调取的书面证据材料，必须由本人确认无误后签名或者盖章。

第五十五条 人民法院对公诉案件依法调查、核实证据时，发现对认定案件事实有重要作用的新的证据材料，应当告知检察人员和辩护人。必要时，也可以直接提取，复制后移送检察人员和辩护人。

第五十六条　人民法院对有关单位和个人提供的证据，应当出具收据，注明证据的名称、收到的时间、件数、页数以及是否原件等，由书记员或者审判员签名。

第五十七条　对于证人能否辨别是非，能否正确表达，必要时可以进行审查或者鉴定。

第五十八条　证据必须经过当庭出示、辨认、质证等法庭调查程序查证属实，否则不能作为定案的根据。

对于出庭作证的证人，必须在法庭上经过公诉人、被害人和被告人、辩护人等双方询问、质证，其证言经过审查确实的，才能作为定案的根据；未出庭证人的证言宣读后经当庭查证属实的，可以作为定案的根据。

法庭查明证人有意作伪证或者隐匿罪证时，应当依法处理。

第五十九条　对鉴定结论有疑问的，人民法院可以指派或者聘请有专门知识的人或者鉴定机构，对案件中的某些专门性问题进行补充鉴定或者重新鉴定。

第六十条　人民法院在开庭审理时，对省级人民政府指定的医院作出的鉴定结论，经质证后，认为有疑问，不能作为定案根据的，可以另行聘请省级人民政府指定的其他医院进行补充鉴定或者重新鉴定。

第六十一条　严禁以非法的方法收集证据。凡经查证确实属于采用刑讯逼供或者威胁、引诱、欺骗等非法的方法取得的证人证言、被害人陈述、被告人供述，不能作为定案的根据。

第六十二条　在公开审理案件时，对于公诉人、诉讼参与人提出涉及国家秘密或者个人隐私的证据时，审判长应当制止。如确与本案有关的，应当决定案件转为不公开审理。

五、强制措施

第六十三条　人民法院在审判过程中，根据案件情况，可以对被告人拘传、取保候审、监视居住或者决定逮捕。

合议庭或者独任审判员认为应当对被告人撤销或者变更强制措施的，应当报请院长批准。

第六十四条 对经过依法传唤,无正当理由拒不到庭,或者根据案件情况有必要拘传的被告人,可以拘传。

拘传由司法警察执行,执行人员不得少于二人。

拘传被告人时,应当出示拘传票。对抗拒拘传的,可以使用戒具。

第六十五条 审判人员对被拘传的人,应当在拘传后的十二小时以内讯问完毕,不得以连续拘传的形式变相关押被拘传人。

第六十六条 被告人具有下列情形之一的,人民法院可以决定取保候审或者监视居住:

(一)可能判处管制、拘役或者独立适用附加刑的;

(二)可能判处有期徒刑以上刑罚,采取取保候审、监视居住不致发生社会危险的;

(三)应当逮捕但患有严重疾病的,或者是正在怀孕、哺乳自己婴儿的妇女。

第六十七条 人民法院对被告人决定取保候审、监视居住,应当向其本人宣布,并由被告人在取保候审决定书或者监视居住决定书上签名。

第六十八条 被羁押的被告人及其法定代理人、近亲属和律师有权申请取保候审。申请取保候审应当采用书面形式。人民法院应当在接到书面申请后七日内作出是否同意的答复。对符合取保候审条件并且提出了保证人或者能够交纳保证金的,人民法院应当同意,并依法办理取保候审手续;对不符合取保候审条件,不同意取保候审的,应当告知申请人,并说明不同意的理由。

第六十九条 对符合取保候审条件,具有下列情形之一的被告人,人民法院决定取保候审时,可以责令其提供一至二名保证人:

(一)无力交纳保证金的;

(二)未成年人或者具有其他不宜收取保证金情形的。

第七十条 人民法院应当依法严格审查保证人是否符合法定条件。符合保证人条件的,应当告知他必须履行的义务,并由他出具保证书。

第七十一条 人民法院决定对被告人取保候审,根据案件情况,可以责令其交纳保证金。保证金仅限于现金。人民法院应当根据起诉指控犯罪的性质、情节、被告人的经济状况等因素,决定应当收取的保证金数额。

保证金应当依照有关规定交由公安机关收取和保管。

第七十二条 对同一被告人决定取保候审的,不能同时使用保证人保证与保证金保证。

第七十三条 根据案件事实,认为已经构成犯罪的被告人在取保候审期间逃匿的,如果保证人与该被告人串通,协助其逃匿以及明知藏匿地点而拒绝向司法机关提供的,对保证人应当依照刑法有关规定追究刑事责任。

具有前款规定情形的,如果取保候审的被告人同时也是附带民事诉讼的被告人,保证人还应当承担连带赔偿责任,但应当以其保证前附带民事诉讼原告人提起的诉讼请求数额为限。

第七十四条 被取保候审人违反刑事诉讼法第五十六条规定,被依法没收保证金后,人民法院仍决定对其取保候审的,取保候审的期限应当连续计算。

第七十五条 人民检察院、公安机关已对犯罪嫌疑人取保候审、监视居住,案件起诉到人民法院后,人民法院对于符合取保候审、监视居住条件的,应当依法对被告人重新办理取保候审、监视居住手续。取保候审、监视居住的期限重新计算。

人民法院不得对同一被告人重复采取取保候审、监视居住措施。

第七十六条 人民法院决定对被告人取保候审、监视居住,应当在宣布后立即将取保候审决定书、取保候审执行通知书或者监视居住决定书、监视居住执行通知书,送达负责执行的公安机关。

第七十七条 人民法院对有证据证明有犯罪事实存在,可能判处有期徒刑以上刑罚的被告人,认为采取取保候审、监视居住等措施,尚不足以防止发生社会危险而有逮捕必要的,应即决定依法逮捕。

第七十八条 人民法院作出逮捕决定后,应当将逮捕决定书送交公安机关执行。将被告人逮捕后,人民法院应当将逮捕的原因和羁押的处所,在二十四小时内通知被逮捕人的家属或者其所在单位;确实无法通知的,应当将原因记录在卷。

第七十九条 对人民法院决定逮捕的被告人,审判人员必须在逮捕后的二十四小时内进行讯问。如果发现不应当逮捕的,应当报经院长批准后,变更强制措施或者立即释放。立即释放的,应当发给释放证明。

第八十条 对已经逮捕的被告人,符合下列情形之一的,人民法院可以变更强制措施：

（一）患有严重疾病的；

（二）案件不能在法律规定的期限内审结的；

（三）正在怀孕、哺乳自己婴儿的妇女。

第八十一条 对已经逮捕的被告人，符合下列情形之一的，人民法院应当变更强制措施或者释放：

（一）第一审人民法院判处管制或者宣告缓刑以及单独适用附加刑，判决尚未发生法律效力的；

（二）第二审人民法院审理期间，被告人被羁押的时间已到第一审人民法院对其判处的刑期期限的；

（三）因进行司法鉴定而尚未审结的案件，法律规定的期限届满的。

第八十二条 对具有下列情形之一的被告人，应当变更强制措施，决定逮捕：

（一）已取保候审或者监视居住的被告人，违反刑事诉讼法第五十六条、第五十七条的规定，不逮捕可能发生社会危险的；

（二）具有本解释第六十六条第（三）项规定的情形而未予逮捕的被告人，疾病痊愈或者哺乳期已满的。

决定变更强制措施，予以逮捕的，应当通知负责执行取保候审或者监视居住的公安机关。

第八十三条 对被羁押的被告人需要变更强制措施或者释放的，应当将变更强制措施决定书或者释放通知书送交公安机关执行。

六、附带民事诉讼

第八十四条 人民法院受理刑事案件后，可以告知因犯罪行为遭受物质损失的被害人（公民、法人和其他组织）、已死亡被害人的近亲属、无行为能力或者限制行为能力被害人的法定代理人，有权提起附带民事诉讼。

有权提起附带民事诉讼的人放弃诉讼权利的，应当准许，并记录在案。

第八十五条 如果是国家财产、集体财产遭受损失，受损失的单位未提起附带民事诉讼，人民检察院在提起公诉时提起附带民事诉讼的，人民法院应当受理。

第八十六条 附带民事诉讼中依法负有赔偿责任的人包括：

（一）刑事被告人（公民、法人和其他组织）及没有被追究刑事责任的其他共同致害人；

（二）未成年刑事被告人的监护人；

（三）已被执行死刑的罪犯的遗产继承人；

（四）共同犯罪案件中，案件审结前已死亡的被告人的遗产继承人；

（五）其他对刑事被告人的犯罪行为依法应当承担民事赔偿责任的单位和个人。

第八十七条 附带民事诉讼的成年被告人，应当承担赔偿责任的，如果其亲属自愿代为承担，应当准许。

第八十八条 附带民事诉讼的起诉条件是：

（一）提起附带民事诉讼的原告人、法定代理人符合法定条件；

（二）有明确的被告人；

（三）有请求赔偿的具体要求和事实根据；

（四）被害人的物质损失是由被告人的犯罪行为造成的；

（五）属于人民法院受理附带民事诉讼的范围。

第八十九条 附带民事诉讼应当在刑事案件立案以后第一审判决宣告以前提起。有权提起附带民事诉讼的人在第一审判决宣告以前没有提起的，不得再提起附带民事诉讼。但可以在刑事判决生效后另行提起民事诉讼。

第九十条 在侦查、预审、审查起诉阶段，有权提起附带民事诉讼的人向公安机关、人民检察院提出赔偿要求，已经公安机关、人民检察院记录在案的，刑事案件起诉后，人民法院应当按附带民事诉讼案件受理；经公安机关、人民检察院调解，当事人双方达成协议并已给付，被害人又坚持向法院提起附带民事诉讼的，人民法院也可以受理。

第九十一条 提起附带民事诉讼一般应当提交附带民事诉状。书写诉状确有困难的，可以口头起诉。审判人员应当对原告人的口头诉讼请求详细询问，并制作笔录，向原告人宣读；原告人确认无误后，应当签名或者盖章。

第九十二条 人民法院收到附带民事诉状后，应当进行审查，并在七日内决定是否立案。符合刑事诉讼法第七十七条第一、二款以及本解释第八十八条规定的，应当受理；不符合规定的，应当裁定驳回起诉。

第九十三条 人民法院受理附带民事诉讼后，应当在五日内向附带民事诉讼的被告人送达附带民事起诉状副本，或者将口头起诉的内容及时通知附带民事诉讼的被告人，并制作笔录。被告人是未成年人的，应当将附带民事起诉状副本送达其法定代理人，或者将口头起诉的内容通知其法定代理人。

人民法院送达附带民事起诉状副本时，应当根据刑事案件审理的期限，确定被告人或者其法定代理人提交民事答辩状的时间。

第九十四条 附带民事诉讼案件的当事人对自己提出的主张，有责任提供证据。

第九十五条 人民法院审理附带民事诉讼案件，在必要时，可以决定查封或者扣押被告人财产。

第九十六条 审理附带民事诉讼案件，除人民检察院提起的以外，可以调解。调解应当在自愿合法的基础上进行。经调解达成协议的，审判人员应当及时制作调解书。调解书经双方当事人签收后即发生法律效力。

调解达成协议并当庭执行完毕的，可以不制作调解书，但应当记入笔录，经双方当事人、审判人员、书记员签名或者盖章即发生法律效力。

第九十七条 经调解无法达成协议或者调解书签收前当事人反悔的，附带民事诉讼应当同刑事诉讼一并判决。

第九十八条 附带民事诉讼的原告人经人民法院传票传唤，无正当理由拒不到庭，或者未经法庭许可中途退庭的，应当按自行撤诉处理。

第九十九条 对于被害人遭受的物质损失或者被告人的赔偿能力一时难以确定，以及附带民事诉讼当事人因故不能到庭等案件，为了防止刑事案件审判的过分迟延，附带民事诉讼可以在刑事案件审判后，由同一审判组织继续审理。如果同一审判组织的成员确实无法继续参加审判的，可以更换审判组织成员。

第一百条 人民法院审判附带民事诉讼案件，除适用刑法、刑事诉讼法外，还应当适用民法通则、民事诉讼法有关规定。

第一百零一条 人民法院认定公诉案件被告人的行为不构成犯罪的，对已经提起的附带民事诉讼，经调解不能达成协议的，应当一并作出刑事附带民事判决。

第一百零二条　人民法院审理刑事附带民事诉讼案件，不收取诉讼费。

七、期间、送达、审理期限

第一百零三条　期间以时、日、月计算。期间开始的时和日不计算在期间以内；计算法定期间时，应当将路途上的时间扣除；期间的最后一日为节假日的，以节假日后的第一日为期间届满日期。但对于被告人或者罪犯的在押期间，应当至期间届满之日为止，不得因节假日而延长在押期限。

当事人由于不能抗拒的原因或者有其他正当理由而耽误期限，依法申请继续进行应当在期限届满以前完成的诉讼活动，人民法院查证属实后，应当裁定准许。

以月计算的期限，自本月某日至下月某日为一个月，如本月 1 日收案至下一个月 1 日、本月最后一日至下一个月最后一日为一个月的审理期限；半月一律按 15 日计算期限。

第一百零四条　送达诉讼文书必须有送达回证。收件人本人应当在送达回证上记明收到的日期，并且签名或者盖章。如果本人不在，可以由其成年家属或者所在单位负责收件人员代收，代收人应当在送达回证上记明收到的日期，并且签名或者盖章。

收件人本人或者代收人在送达回证上签收的日期为送达的日期。

如果收件人本人或者代收人拒绝接收或者拒绝签名、盖章，送达人可以邀请见证人到场，说明情况，在送达回证上记明拒收的事由和日期，由送达人、见证人签名或者盖章，并将诉讼文书留在收件人或者代收人住处或者单位后，即视为送达。

第一百零五条　直接送达诉讼文书有困难的，可以委托收件人所在地的人民法院代为送达，或者邮寄送达。

第一百零六条　委托送达的，应当将委托函、委托送达的诉讼文书及送达回证，寄送收件人所在地的人民法院。受委托的人民法院收到委托送达的诉讼文书，应当登记，并由专人及时送达收件人，然后将送达回证及时退回委托送达的人民法院。受委托的人民法院无法送达时，应当将不能送达的原因及时告知委托的人民法院，并将诉讼文书及送达回证退回。

第一百零七条 邮寄送达的，应当将诉讼文书、送达回证挂号邮寄给收件人。挂号回执上注明的日期为送达的日期。

第一百零八条 诉讼文书的收件人是军人的，可以通过所在部队团级以上单位的政治部门转交。

收件人正在服刑的，可以通过所在监狱或者其他执行机关转交。

收件人正在劳动教养的，可以通过劳动教养单位转交。

代为转交的部门、单位收到诉讼文书后，应当立即交收件人签收，并将送达回证及时退回送达的人民法院。

第一百零九条 审理公诉案件的期限，依照刑事诉讼法的规定执行。适用普通程序审理的被告人被羁押的自诉案件，应当在被告人被羁押后一个月内宣判，至迟不得超过一个半月。有刑事诉讼法第一百二十六条规定情形之一的，经省、自治区、直辖市高级人民法院批准或者决定，可以再延长一个月。

需要延长审理期限的，应当在期满七日以前报请高级人民法院批准或者决定。

适用普通程序审理的被告人未被羁押的自诉案件，应当在立案后六个月内宣判。有特殊情况需要延长审理期限的，由本院院长批准，可以延长三个月。

第一百一十条 审理期间，对被告人作精神病鉴定的时间不计入审理期限。

八、审判组织

第一百一十一条 合议庭的审判长由审判员担任，在审判员不能参加合议庭的情况下，助理审判员由本院院长提出，经审判委员会通过，可以临时代行审判员职务，并可以担任审判长。

第一百一十二条 开庭审理和评议案件，必须由同一合议庭进行。合议庭成员在评议案件的时候，应当表明自己的意见。如果意见分歧，应当按多数人的意见作出决定，但是少数人的意见应当写入笔录。评议笔录由合议庭的组成人员在审阅确认无误后签名。评议情况应当保密。

第一百一十三条 审判员依法独任审判时，行使与本解释规定的审判长同样的职权。

第一百一十四条 合议庭开庭审理并且评议后，应当作出判决或者裁定。

对下列疑难、复杂、重大的案件，合议庭认为难以作出决定的，可以提请院长决定提交审判委员会讨论决定：

（一）拟判处死刑的；

（二）合议庭成员意见有重大分歧的；

（三）人民检察院抗诉的；

（四）在社会上有重大影响的；

（五）其他需要由审判委员会讨论决定的。

对于合议庭提请院长决定提交审判委员会讨论决定的案件，院长认为不必要的，可以建议合议庭复议一次。

独任审判的案件，开庭审理后，独任审判员认为有必要的，也可以提请院长决定提交审判委员会讨论决定。

第一百一十五条　审判委员会的决定，合议庭应当执行。合议庭有不同意见的，可以建议院长提交审判委员会复议。

九、公诉案件第一审程序

第一百一十六条　人民法院对人民检察院提起的公诉案件，应当在收到起诉书（一式八份，每增加一名被告人，增加起诉书五份）后，指定审判员审查以下内容：

（一）案件是否属于本院管辖；

（二）起诉书指控的被告人的身份、实施犯罪的时间、地点、手段、犯罪事实、危害后果和罪名以及其他可能影响定罪量刑的情节等是否明确；

（三）起诉书中是否载明被告人被采取强制措施的种类、羁押地点、是否在案以及有无扣押、冻结在案的被告人的财物及存放地点；是否列明被害人的姓名、住址、通讯处，为保护被害人而不宜列明的，应当单独移送被害人名单；

（四）是否附有起诉前收集的证据的目录；

（五）是否附有能够证明指控犯罪行为性质、情节等内容的主要证据复印件或者照片；

（六）是否附有起诉前提供了证言的证人名单；证人名单应当分别列明出庭作证和拟不出庭作证的证人的姓名、性别、年龄、职业、住址和通讯处；

（七）已委托辩护人、代理人的，是否附有辩护人、代理人的姓名、住址、通讯处明确的名单；

（八）提起附带民事诉讼的，是否附有相关证据材料；

（九）侦查、起诉程序的各种法律手续和诉讼文书复印件是否完备；

（十）有无刑事诉讼法第十五条第（二）至（六）项规定的不追究刑事责任的情形。

前款第（五）项中所说的主要证据包括：

1. 起诉书中涉及的刑事诉讼法第四十二条规定的证据种类中的主要证据；

2. 同种类多个证据中被确定为主要证据的；如果某一种类证据中只有一个证据，该证据即为主要证据；

3. 作为法定量刑情节的自首、立功、累犯、中止、未遂、防卫过当等证据。

第一百一十七条 案件经审查后，应当根据不同情况分别处理：

（一）对于不属于本院管辖或者被告人不在案的，应当决定退回人民检察院；

（二）对于不符合本解释第一百一十六条第（二）至（九）项规定之一，需要补送材料的，应当通知人民检察院在三日内补送；

（三）对于根据刑事诉讼法第一百六十二条第（三）项规定宣告被告人无罪，人民检察院依据新的事实、证据材料重新起诉的，人民法院应当依法受理；

（四）依照本解释第一百七十七条规定，人民法院裁定准许人民检察院撤诉的案件，没有新的事实、证据，人民检察院重新起诉的，人民法院不予受理；

（五）对于符合刑事诉讼法第十五条第（二）至（六）项规定的情形的，应当裁定终止审理或者决定不予受理；

（六）对于被告人真实身份不明，但符合刑事诉讼法第一百二十八条第二款规定的，人民法院应当依法受理。

第一百一十八条 人民法院对于按照普通程序审理的公诉案件，决定是否受理，应当在七日内审查完毕。

对于人民检察院建议按简易程序审理的公诉案件，决定是否受理，应当在三日内审查完毕。

人民法院对提起公诉的案件进行审查的期限，计入人民法院的审理期限。

第一百一十九条　对于决定开庭审理的案件,人民法院应当进行下列工作:

(一)适用普通程序审理的案件,由院长或者庭长指定审判长并确定合议庭组成人员;适用简易程序审理的案件,由庭长指定审判员一人独任审理;

(二)将人民检察院的起诉书副本至迟在开庭十日以前送达当事人;

(三)对于未委托辩护人的被告人,告知其可以委托辩护人;对于符合刑事诉讼法第三十四条第二、三款规定的,应当指定承担法律援助义务的律师为其提供辩护;对于符合刑事诉讼法第三十四条第一款及本解释第三十七条规定的,一般要指定承担法律援助义务的律师为其提供辩护;

(四)通知被告人、辩护人于开庭五日前提供出庭作证的身份、住址、通讯处明确的证人、鉴定人名单及不出庭作证的证人、鉴定人名单和拟当庭宣读、出示的证据复印件、照片;

(五)将开庭的时间、地点在开庭三日以前通知人民检察院;

(六)将传唤当事人和通知辩护人、法定代理人、证人、鉴定人和勘验、检查笔录制作人、翻译人员的传票和通知书,至迟在开庭三日以前送达;

(七)公开审判的案件,在开庭三日以前先期公布案由、被告人姓名、开庭时间和地点。

人民法院通知公诉机关或者辩护人提供的证人时,如果该证人表示拒绝出庭作证或者按照所提供的证人通讯地址未能通知到该证人的,应当及时告知申请通知该证人的公诉机关或者辩护人。

上述工作情况应当制作笔录,并由审判人员和书记员签名。

第一百二十条　开庭审判前,合议庭可以拟出法庭审理提纲,提纲一般包括下列内容:

(一)合议庭成员在庭审中的具体分工;

(二)起诉书指控的犯罪事实部分的重点和认定案件性质方面的要点;

(三)讯问被告人时需了解的案情要点;

(四)控辩双方拟出庭作证的证人、鉴定人和勘验、检查笔录制作人名单;

(五)控辩双方拟当庭宣读、出示的证人书面证言、物证和其他证据的目录;

(六)庭审中可能出现的问题及拟采取的措施。

第一百二十一条 审判案件应当公开进行。但是涉及国家秘密或者个人隐私的案件,不公开审理。对未成年被告人案件的审理,适用相关规定。

对于当事人提出申请的确属涉及商业秘密的案件,法庭应当决定不公开审理。

第一百二十二条 依法不公开审理的案件,任何公民包括与审理该案无关的法院工作人员和被告人的近亲属都不得旁听。审理未成年被告人的案件,适用相关规定。

第一百二十三条 被害人、诉讼代理人、证人、鉴定人经人民法院传唤或者通知未到庭,不影响开庭审判的,人民法院可以开庭审理。

第一百二十四条 开庭审理前,书记员应当依次进行下列工作:

(一)查明公诉人、当事人、证人及其他诉讼参与人是否已经到庭;

(二)宣读法庭规则;

(三)请公诉人、辩护人入庭;

(四)请审判长、审判员(人民陪审员)入庭;

(五)审判人员就座后,当庭向审判长报告开庭前的准备工作已经就绪。

第一百二十五条 审判长宣布开庭,传被告人到庭后,应当查明被告人的下列情况:

(一)姓名、出生年月日、民族、出生地、文化程度、职业、住址,或者单位的名称、住所地、诉讼代表人的姓名、职务;

(二)是否曾受到过法律处分及处分的种类、时间;

(三)是否被采取强制措施及强制措施的种类、时间;

(四)收到人民检察院起诉书副本的日期;附带民事诉讼的,附带民事诉讼被告人收到民事诉状的日期。

第一百二十六条 审判长宣布案件的来源、起诉的案由、附带民事诉讼原告人和被告人的姓名(名称)及是否公开审理。对于不公开审理的案件,应当当庭宣布不公开审理的理由。

第一百二十七条 审判长宣布合议庭组成人员、书记员、公诉人、辩护人、鉴定人和翻译人员的名单。

第一百二十八条 审判长应当告知当事人、法定代理人在法庭审理过程中依法享有下列诉讼权利：

（一）可以申请合议庭组成人员、书记员、公诉人、鉴定人和翻译人员回避；

（二）可以提出证据，申请通知新的证人到庭、调取新的证据、重新鉴定或者勘验、检查；

（三）被告人可以自行辩护；

（四）被告人可以在法庭辩论终结后作最后的陈述。

第一百二十九条　审判长分别询问当事人、法定代理人是否申请回避，申请何人回避和申请回避的理由。

如果当事人、法定代理人申请审判人员、出庭支持公诉的检察人员回避，合议庭认为符合法定情形的，应当依照本解释有关回避的规定处理；认为不符合法定情形的，应当当庭驳回，继续法庭审理。如果申请回避人当庭申请复议，合议庭应当宣布休庭，待作出复议决定后，决定是否继续法庭审理。

同意或者驳回回避申请的决定及复议决定，由审判长宣布，并说明理由。必要时，也可以由院长到庭宣布。

第一百三十条　审判长宣布法庭调查开始后，应当首先由公诉人宣读起诉书；有附带民事诉讼的，再由附带民事诉讼的原告人或者其诉讼代理人宣读附带民事诉状。

第一百三十一条　起诉书指控的被告人的犯罪事实为两起以上的，法庭调查时，一般应当就每一起犯罪事实分别进行。

第一百三十二条　在审判长主持下，被告人、被害人可以就起诉书指控的犯罪事实分别进行陈述。

第一百三十三条　在审判长主持下，公诉人可以就起诉书中指控的犯罪事实讯问被告人；被害人及其诉讼代理人经审判长准许，可以就公诉人讯问的情况进行补充性发问；附带民事诉讼的原告人及其法定代理人或者诉讼代理人经审判长准许，可以就附带民事诉讼部分的事实向被告人发问；经审判长准许，被告人的辩护人及法定代理人或者诉讼代理人可以在控诉一方就某一具体问题讯问完毕后向被告人发问。

第一百三十四条　对于共同犯罪案件中的被告人，应当分别进行讯问。合议庭认为必要时,可以传唤共同被告人同时到庭对质。

第一百三十五条 控辩双方经审判长准许,可以向被害人、附带民事诉讼原告人发问。

第一百三十六条 审判长对于控辩双方讯问、发问被告人、被害人和附带民事诉讼原告人、被告人的内容与本案无关或者讯问、发问的方式不当的,应当制止。

对于控辩双方认为对方讯问或者发问的内容与本案无关或者讯问、发问的方式不当并提出异议的,审判长应当判明情况予以支持或者驳回。

第一百三十七条 审判人员认为有必要时,可以向被告人、被害人及附带民事诉讼原告人、被告人讯问或者发问。

第一百三十八条 对指控的每一起案件事实,经审判长准许,公诉人可以提请审判长传唤证人、鉴定人和勘验、检查笔录制作人出庭作证,或者出示证据,宣读未到庭的被害人、证人、鉴定人和勘验、检查笔录制作人的书面陈述、证言、鉴定结论及勘验、检查笔录;被害人及其诉讼代理人和附带民事诉讼的原告人及其诉讼代理人经审判长准许,也可以分别提请传唤尚未出庭作证的证人、鉴定人和勘验、检查笔录制作人出庭作证,或者出示公诉人未出示的证据,宣读未宣读的书面证人证言、鉴定结论及勘验、检查笔录。

第一百三十九条 控辩双方要求证人出庭作证,向法庭出示物证、书证、视听资料等证据,应当向审判长说明拟证明的事实,审判长同意的,即传唤证人或者准许出示证据;审判长认为与案件无关或者明显重复、不必要的证据,可以不予准许。

第一百四十条 被告人、辩护人、法定代理人经审判长准许,可以在起诉一方举证提供证据后,分别提请传唤证人、鉴定人出庭作证,或者出示证据、宣读未到庭的证人的书面证言、鉴定人的鉴定结论。

第一百四十一条 证人应当出庭作证。

符合下列情形,经人民法院准许的,证人可以不出庭作证:

(一)未成年人;

(二)庭审期间身患严重疾病或者行动极为不便的;

(三)其证言对案件的审判不起直接决定作用的;

(四)有其他原因的。

第一百四十二条　证人到庭后，审判人员应当先核实证人的身份、与当事人以及本案的关系，告知证人应当如实地提供证言和有意作伪证或者隐匿罪证要负的法律责任。

证人作证前，应当在如实作证的保证书上签名。

第一百四十三条　向证人发问，应当先由提请传唤的一方进行；发问完毕后，对方经审判长准许，也可以发问。

第一百四十四条　鉴定人应当出庭宣读鉴定结论，但经人民法院准许不出庭的除外。鉴定人到庭后，审判人员应当先核实鉴定人的身份、与当事人及本案的关系，告知鉴定人应当如实地提供鉴定意见和有意作虚假鉴定要负的法律责任。

鉴定人说明鉴定结论前，应当在如实说明鉴定结论的保证书上签名。

第一百四十五条　向鉴定人发问，应当先由要求传唤的一方进行；发问完毕后，对方经审判长准许，也可以发问。

第一百四十六条　询问证人应当遵循以下规则：

（一）发问的内容应当与案件的事实相关；

（二）不得以诱导方式提问；

（三）不得威胁证人；

（四）不得损害证人的人格尊严。

前款规定也适用于对被告人、被害人、附带民事诉讼原告人和被告人、鉴定人的讯问、发问或者询问。

第一百四十七条　审判长对于向证人、鉴定人发问的内容与本案无关或者发问的方式不当的，应当制止。

对于控辩双方认为对方发问的内容与本案无关或者发问的方式不当并提出异议的，审判长应当判明情况予以支持或者驳回。

第一百四十八条　审判人员认为有必要时，可以询问证人、鉴定人。

第一百四十九条　向证人和鉴定人发问应当分别进行。证人、鉴定人经控辩双方发问或者审判人员询问后，审判长应当告其退庭。

证人、鉴定人不得旁听对本案的审理。

第一百五十条　当庭出示的物证、书证、视听资料等证据，应当先由出示证据的一方就所出示的证据的来源、特征等作必要的说明,然后由另一方进行辨认并发表意见。控辩双方可以互相质问、辩论。

第一百五十一条 当庭出示的证据、宣读的证人证言、鉴定结论和勘验、检查笔录等,在出示、宣读后,应即将原件移交法庭。对于确实无法当庭移交的,应当要求出示、宣读证据的一方在休庭后三日内移交。

第一百五十二条 对于公诉人在法庭上宣读、播放未到庭证人的证言的,如果该证人提供过不同的证言,法庭应当要求公诉人将该证人的全部证言在休庭后三日内移交。

人民法院审查前款规定的证据材料,发现与庭审调查认定的案件事实有重大出入,可能影响正确裁判的,应当决定恢复法庭调查。

第一百五十三条 在法庭调查过程中,合议庭对于证据有疑问的,可以宣布休庭,对该证据进行调查核实。

第一百五十四条 人民法院调查核实证据时,可以进行勘验、检查、扣押、鉴定和查询、冻结。必要时,可以通知检察人员、辩护人到场。

第一百五十五条 公诉人要求出示开庭前送交人民法院的证据目录以外的证据,辩护方提出异议的,审判长如认为该证据确有出示的必要,可以准许出示。如果辩护方提出对新的证据要做必要准备时,可以宣布休庭,并根据具体情况确定辩护方作必要准备的时间。确定的时间期满后,应当继续开庭审理。

第一百五十六条 当事人和辩护人申请通知新的证人到庭,调取新的证据,申请重新鉴定或者勘验的,应当提供证人的姓名、证据的存放地点,说明所要证明的案件事实,要求重新鉴定或者勘验的理由。审判人员根据具体情况,认为可能影响案件事实认定的,应当同意该申请,并宣布延期审理;不同意的,应当告知理由并继续审理。

依照前款规定延期审理的时间不得超过一个月,延期审理的时间不计入审限。

第一百五十七条 在庭审过程中,公诉人发现案件需要补充侦查,提出延期审理建议的,合议庭应当同意。但是建议延期审理的次数不得超过两次。

法庭宣布延期审理后,人民检察院在补充侦查的期限内没有提请人民法院恢复法庭审理的,人民法院应当决定按人民检察院撤诉处理。

第一百五十八条 人民法院向人民检察院调取需要调查核实的证据材料，或者根据辩护人、被告人的申请，向人民检察院调取在侦查、审查起诉中收集的有关被告人无罪和罪轻的证据材料，应当通知人民检察院在收到调取证据材料决定书后三日内移交。

第一百五十九条 合议庭在案件审理过程中，发现被告人可能有自首、立功等法定量刑情节，而起诉和移送的证据材料中没有这方面的证据材料的，应当建议人民检察院补充侦查。

第一百六十条 合议庭认为本案事实已经调查清楚，应当由审判长宣布法庭调查结束，开始就全案事实、证据、适用法律等问题进行法庭辩论。

第一百六十一条 法庭辩论应当在审判长的主持下，按照下列顺序进行：

（一）公诉人发言；

（二）被害人及其诉讼代理人发言；

（三）被告人自行辩护；

（四）辩护人辩护；

（五）控辩双方进行辩论。

第一百六十二条 附带民事诉讼部分的辩论应当在刑事诉讼部分的辩论结束后进行。先由附带民事诉讼原告人及其诉讼代理人发言，然后由被告人及其诉讼代理人答辩。

第一百六十三条 在法庭辩论过程中，审判长对于控辩双方与案件无关、重复或者互相指责的发言应当制止。

第一百六十四条 对于辩护人依照有关规定当庭拒绝继续为被告人进行辩护的，合议庭应当准许。如果被告人要求另行委托辩护人，合议庭应当宣布延期审理，由被告人另行委托辩护人或者由人民法院为其另行指定辩护律师。

第一百六十五条 被告人当庭拒绝辩护人为其辩护，要求另行委托辩护人的，应当同意，并宣布延期审理。

被告人要求人民法院另行指定辩护律师，合议庭同意的，应当宣布延期审理。

重新开庭后，被告人再次当庭拒绝重新委托的辩护人或者人民法院指定的辩护律师为其辩护的，合议庭应当分别情形作出处理：

（一）被告人是成年人的，可以准许。但被告人不得再另行委托辩护人，人民法院也不再另行指定辩护律师，被告人可以自行辩护；

（二）被告人具有本解释第三十六条规定情形之一的，不予准许。

依照本解释第一百六十四条、本条第一、二款规定另行委托、指定辩护人或者辩护律师的，自案件宣布延期审理之日起至第十日止，准备辩护时间不计入审限。

第一百六十六条 在法庭辩论过程中，如果合议庭发现新的事实，认为有必要进行调查时，审判长可以宣布暂停辩论，恢复法庭调查，待该事实查清后继续法庭辩论。

第一百六十七条 审判长宣布法庭辩论终结后，合议庭应当保证被告人充分行使最后陈述的权利。如果被告人在最后陈述中多次重复自己的意见，审判长可以制止；如果陈述内容是蔑视法庭、公诉人，损害他人及社会公共利益或者与本案无关的，应当制止；在公开审理的案件中，被告人最后陈述的内容涉及国家秘密或者个人隐私的，也应当制止。

第一百六十八条 被告人在最后陈述中提出了新的事实、证据，合议庭认为可能影响正确裁判的，应当恢复法庭调查；如果被告人提出新的辩解理由，合议庭认为确有必要的，可以恢复法庭辩论。

第一百六十九条 附带民事诉讼部分可以在法庭辩论结束后当庭调解。不能达成协议的，可以同刑事部分一并判决。

第一百七十条 审判长在被告人最后陈述后，应当宣布休庭，合议庭进行评议。

第一百七十一条 开庭审理的全部活动，应当由书记员制作成笔录，经审判长审阅后，分别由审判长和书记员签名。

第一百七十二条 法庭笔录中的出庭证人的证言部分，应当在庭审后交由证人阅读或者向其宣读。证人确认无误后，应当签名或者盖章。

第一百七十三条 法庭笔录应当在庭审后交由当事人阅读或者向其宣读。当事人认为记录有遗漏或者有差错的，可以请求补充或者改正。当事人确认无误后，应当签名或者盖章。

第一百七十四条 对于当庭出示、宣读的证据，审判长宣布休庭后，合议庭应当与提供证据的公诉人、辩护人等办理交接手续。

第一百七十五条　合议庭应当根据已经查明的事实、证据和有关法律规定，并在充分考虑控辩双方意见的基础上，进行评议，确定被告人是否有罪，应否追究刑事责任；构成何罪，应否处以刑罚；判处何种刑罚；有无从重、从轻、减轻或者免除处罚的情节；附带民事诉讼如何解决；赃款赃物如何处理等，并依法作出判决。

第一百七十六条　人民法院应当根据案件的具体情形，分别作出裁判：

（一）起诉指控的事实清楚，证据确实、充分，依据法律认定被告人的罪名成立的，应当作出有罪判决；

（二）起诉指控的事实清楚，证据确实、充分，指控的罪名与人民法院审理认定的罪名不一致的，应当作出有罪判决；

（三）案件事实清楚，证据确实、充分，依据法律认定被告人无罪的，应当判决宣告被告人无罪；

（四）证据不足，不能认定被告人有罪的，应当以证据不足，指控的犯罪不能成立，判决宣告被告人无罪；

（五）案件事实部分清楚，证据确实、充分的，应当依法作出有罪或者无罪的判决；事实不清，证据不足部分，依法不予认定；

（六）被告人因不满十六周岁，不予刑事处罚的，应当判决宣告被告人不负刑事责任；

（七）被告人是精神病人，在不能辨认或者不能控制自己行为的时候造成危害结果，不予刑事处罚的，应当判决宣告被告人不负刑事责任；

（八）犯罪已过追诉时效期限，并且不是必须追诉或者经特赦令免除刑罚的，应当裁定终止审理；

（九）被告人死亡的，应当裁定终止审理；对于根据已查明的案件事实和认定的证据材料，能够确认被告人无罪的，应当判决宣告被告人无罪。

第一百七十七条　在宣告判决前，人民检察院要求撤回起诉的，人民法院应当审查人民检察院撤回起诉的理由，并作出是否准许的裁定。

第一百七十八条　人民法院在审理中发现新的事实，可能影响定罪的，应当建议人民检察院补充或者变更起诉；人民检察院不同意的，人民法院应当就起诉指控的犯罪事实,依照本解释第一百七十六条的有关规定依法作出裁判。

第一百七十九条 依据本解释第一百一十七条第(三)项规定受理的案件,依法作出判决时,人民法院对于前案依据刑事诉讼法第一百六十二条第(三)项规定作出的判决,不予撤销。但应当在判决中写明:"被告人曾于年月日被人民检察院以罪向人民法院提起公诉。因证据不足,指控的犯罪不能成立,被人民法院依法判决宣告无罪。"

第一百八十条 合议庭成员应当在评议笔录上签名,在法律文书上署名。

第一百八十一条 在审判过程中,自诉人或者被告人患精神病或者其他严重疾病,以及案件起诉到人民法院后被告人脱逃,致使案件在较长时间内无法继续审理的,人民法院应当裁定中止审理。

由于其他不能抗拒的原因,使案件无法继续审理的,可以裁定中止审理。

中止审理的原因消失后,应当恢复审理。中止审理的期间不计入审理期限。

第一百八十二条 当庭宣告判决的,应当宣布判决结果,并在五日内将判决书送达当事人、法定代理人、诉讼代理人、提起公诉的人民检察院、辩护人和被告人的近亲属。定期宣告判决的,合议庭应当在宣判前,先期公告宣判的时间和地点,传唤当事人并通知公诉人、法定代理人、诉讼代理人和辩护人;判决宣告后应当立即将判决书送达当事人、法定代理人、诉讼代理人、提起公诉的人民检察院、辩护人和被告人的近亲属。判决生效后还应当送达被告人的所在单位或者原户籍所在地的公安派出所。被告人是单位的,应当送达被告人注册登记的工商行政管理机关。

第一百八十三条 宣告判决,应当一律公开进行。

宣告判决时,法庭内全体人员应当起立。

宣判时,公诉人、辩护人、被害人、自诉人或者附带民事诉讼的原告人未到庭的,不影响宣判的进行。

第一百八十四条 在法庭审判过程中,如果诉讼参与人或者旁听人员违反法庭秩序,合议庭应当按照下列情形分别处理:

(一)对于违反法庭秩序情节较轻的,应当当庭警告制止并进行训诫;

(二)对于不听警告制止的,可以指令法警强行带出法庭;

(三)对于违反法庭秩序情节严重的,经报请院长批准后,对行为人处一千元以下的罚款或者十五日以下的拘留；

（四）对于严重扰乱法庭秩序，构成犯罪的，应当依法追究刑事责任。

当事人对人民法院罚款、拘留的决定不服，可以向上一级人民法院申请复议。复议申请可以直接向上一级人民法院提出，也可以通过作出罚款、拘留决定的人民法院提出。通过作出罚款、拘留决定的人民法院向上一级人民法院申请复议的，该人民法院应当自收到复议申请之日起三日内，将申请人的复议申请、罚款或者拘留决定书和有关事实、证据材料一并报上一级人民法院复议。上一级人民法院复议期间，不停止决定的执行。

第一百八十五条 人民检察院认为人民法院审理案件过程中，有违反法律规定的诉讼程序的情况，在庭审后提出书面纠正意见的，人民法院认为正确的，应当采纳。

十、自诉案件第一审程序

第一百八十六条 人民法院受理的自诉案件必须符合下列条件：

（一）属于刑事诉讼法第一百七十条、本解释第一条规定的案件；

（二）属于本院管辖的；

（三）刑事案件的被害人告诉的；

（四）有明确的被告人、具体的诉讼请求和能证明被告人犯罪事实的证据。

人民法院受理刑事诉讼法第一百七十条第（三）项规定的自诉案件，还应当符合刑事诉讼法第八十六条、第一百四十五条的规定。

第一百八十七条 本解释第一条规定的案件，如果被害人死亡、丧失行为能力或者因受强制、威吓等原因无法告诉，或者是限制行为能力人以及由于年老、患病、盲、聋、哑等原因不能亲自告诉，其法定代理人、近亲属代为告诉的，人民法院应当依法受理。

因前款规定的原因，被告人不能告诉，由其法定代理人、近亲属代为告诉的，代为告诉人应当提供与被害人关系的证明和被害人不能亲自告诉的原因的证明。

第一百八十八条 对于自诉案件，人民法院经审查有下列情形之一的，应当说服自诉人撤回起诉，或者裁定驳回起诉：

(一)不符合本解释第一百八十六条规定的条件的;

(二)证据不充分的;

(三)犯罪已过追诉时效期限的;

(四)被告人死亡的;

(五)被告人下落不明的;

(六)除因证据不足而撤诉的以外,自诉人撤诉后,就同一事实又告诉的;

(七)经人民法院调解结案后,自诉人反悔,就同一事实再行告诉的。

第一百八十九条 自诉人应当向人民法院提交刑事自诉状;提起附带民事诉讼的,还应当提交刑事附带民事自诉状。

自诉人书写自诉状确有困难的,可以口头告诉,由人民法院工作人员作出告诉笔录,向自诉人宣读,自诉人确认无误后,应当签名或者盖章。

第一百九十条 自诉状或者告诉笔录应当包括以下内容:

(一)自诉人、被告人、代为告诉人的姓名、性别、年龄、民族、出生地、文化程度、职业、工作单位、住址;

(二)被告人犯罪行为的时间、地点、手段、情节和危害后果等;

(三)具体的诉讼请求;

(四)致送人民法院的名称及具状时间;

(五)证人的姓名、住址及其他证据的名称、来源等。

如果被告人是二人以上的,自诉人在告诉时需按被告人的人数提供自诉状副本。

第一百九十一条 人民法院应当在收到自诉状或者口头告诉第二日起十五日内作出是否立案的决定,并书面通知自诉人或者代为告诉人。

第一百九十二条 对于已经立案,经审查缺乏罪证的自诉案件,如果自诉人提不出补充证据,应当说服自诉人撤回起诉或者裁定驳回起诉;自诉人经说服撤回起诉或者被驳回起诉后,又提出了新的足以证明被告人有罪的证据,再次提起自诉的,人民法院应当受理。

第一百九十三条 自诉人明知有其他共同侵害人,但只对部分侵害人提起自诉的,人民法院应当受理,并视为自诉人对其他侵害人放弃告诉权利。判决宣告后自诉人又对其他共同侵害人就同一事实提起自诉的，人民法院不再受理。共同被害人中只有部分人告诉的，人民法院应当通知其他被害人参加诉讼。被通知人接到通知后表示不参加诉讼或者不出庭的，即视为放弃告诉权利。第一审宣判后，被通知人就同一事实又提起自诉的，人民法院不予受理。但当事人另行提起民事诉讼的，不受本解释限制。

第一百九十四条　被告人实施的两个以上的犯罪行为，分别属于公诉案件和自诉案件的，人民法院可以在审理公诉案件时，对自诉案件一并审理。

第一百九十五条　人民法院受理自诉案件后，对于当事人因客观原因不能取得并提供有关证据而申请人民法院调取证据，人民法院认为必要的，可以依法调取。

第一百九十六条　人民法院对于决定受理的自诉案件，应当开庭审判。不适用简易程序审理的，审判程序参照公诉案件第一审程序的规定进行。

第一百九十七条　人民法院对告诉才处理和被害人有证据证明的轻微刑事案件，可以在查明事实、分清是非的基础上进行调解。自诉人在宣告判决前可以同被告人自行和解或者撤回起诉。

第一百九十八条　对于自诉人要求撤诉的，经人民法院审查认为确属自愿的，应当准许；经审查认为自诉人系被强迫、威吓等，不是出于自愿的，应当不予准许。

第一百九十九条　对于已经审理的自诉案件，当事人自行和解的，应当记录在卷。

第二百条　调解应当在自愿、合法，不损害国家、集体和其他公民利益的前提下进行。调解达成协议的，人民法院应当制作刑事自诉案件调解书，由审判人员和书记员署名，并加盖人民法院印章。调解书经双方当事人签收后即发生法律效力。调解没有达成协议或者调解书签收前当事人反悔的，人民法院应当进行判决。

第二百零一条　人民法院裁定准许自诉人撤诉或者当事人自行和解的案件，被告人被采取强制措施的，应当立即予以解除。

第二百零二条　自诉人经两次依法传唤，无正当理由拒不到庭的，或者未经法庭准许中途退庭的，人民法院应当决定按自诉人撤诉处理。

自诉人是二人以上，其中部分人撤诉的，不影响案件的继续审理。

第二百零三条 对于刑事诉讼法第一百七十条第(三)项规定的案件,不适用调解。

第二百零四条 在自诉案件审理过程中,被告人下落不明的,应当中止审理。被告人归案后,应当恢复审理,必要时,应当对被告人依法采取强制措施。

第二百零五条 审理自诉案件,应当参照刑事诉讼法第一百六十二条和本解释第一百七十六条的有关规定作出判决。对于依法宣告无罪的案件,其附带民事诉讼部分应当依法进行调解或者一并作出判决。

第二百零六条 告诉才处理和被害人有证据证明的轻微刑事案件的被告人或者其法定代理人在诉讼过程中,可以对自诉人提起反诉。反诉必须符合下列条件:

(一)反诉的对象必须是本案自诉人;

(二)反诉的内容必须是与本案有关的行为;

(三)反诉的案件必须符合本解释第一条第(一)、(二)项的规定。

反诉案件适用自诉案件的规定,并应当与自诉案件一并审理。原自诉人撤诉的,不影响反诉案件的继续审理。

十一、单位犯罪案件的审理程序

第二百零七条 人民法院受理单位犯罪案件,除依照本解释第一百一十六条的有关规定进行审查外,还应当审查起诉书中是否列明被告单位的名称、住所地,以及代表被告单位出庭的诉讼代表人的姓名、职务、通讯处。未按规定列明的,应当按本解释第一百一十七条第(二)项的规定办理。

第二百零八条 代表被告单位出庭的诉讼代表人,应当是单位的法定代表人或者主要负责人;法定代表人或者主要负责人被指控为单位犯罪直接负责的主管人员的,应当由单位的其他负责人作为被告单位的诉讼代表人出庭。

被告单位的诉讼代表人与被指控为单位犯罪直接负责的主管人员是同一人的,人民法院应当要求人民检察院另行确定被告单位的诉讼代表人出庭。

第二百零九条 人民法院决定开庭审理单位犯罪案件,应当通知被告单位的诉讼代表人出庭。

第二百一十条 接到出庭通知的被告单位的诉讼代表人应当出庭。拒不出庭的，人民法院在必要的时候，可以拘传到庭。

第二百一十一条 人民法院审理单位犯罪案件，被告单位的诉讼代表人享有刑事诉讼法规定的有关被告人的诉讼权利。开庭时，诉讼代表人席位置于审判台前左侧。

第二百一十二条 被告单位需要委托辩护人的，参照本解释有关辩护的规定办理。

第二百一十三条 被告单位的违法所得及其产生的收益，尚未依法追缴或者扣押、冻结的，人民法院应当根据案件具体情况，决定追缴或者扣押、冻结。

第二百一十四条 人民法院为了保证判决的执行，根据案件具体情况，可以先行扣押、冻结被告单位的财产或者由被告单位提出担保。

第二百一十五条 人民法院审理单位犯罪案件，被告单位被注销或者宣告破产，但单位犯罪直接负责的主管人员和其他直接责任人员应当负刑事责任的，应当继续审理。

第二百一十六条 审理单位犯罪案件的其他程序，参照本解释的有关规定办理。

十二、简易程序

第二百一十七条 基层人民法院受理的公诉案件，人民检察院在起诉时书面建议适用简易程序的，应当随案移送全案卷宗和证据材料。人民法院经审查认为符合刑事诉讼法第一百七十四条第(一)项规定的，可以适用简易程序；认为依法不应当适用简易程序的，应当书面通知人民检察院，并将全案卷宗和证据材料退回人民检察院。

第二百一十八条 对于公诉案件，人民检察院移送起诉时没有建议适用简易程序，人民法院经审查认为符合刑事诉讼法第一百七十四条第(一)项规定，拟适用简易程序审理的，应当书面征求人民检察院的意见。人民检察院同意并移送全案卷宗和证据材料后，应当适用简易程序。

第二百一十九条 告诉才处理的案件和被害人有证据证明的轻微刑事案件，人民法院可以适用简易程序。但刑事诉讼法第一百七十条第(三)项规定的案件除外。

第二百二十条 刑事诉讼法第一百七十四条第(一)项规定的可能判处三年以下有期徒刑、拘役、管制、单处罚金的公诉案件,是指被告人被指控的一罪或者数罪,可能被宣告判处的刑罚为三年以下有期徒刑、拘役、管制、单处罚金的案件。

第二百二十一条 人民法院对公诉案件的被告人可能判处免予刑事处分的,可以适用简易程序。

第二百二十二条 人民法院审理具有以下情形之一的案件,不应当适用简易程序:

(一)公诉案件的被告人对于起诉指控的犯罪事实予以否认的;

(二)比较复杂的共同犯罪案件;

(三)被告人是盲、聋、哑人的;

(四)辩护人作无罪辩护的;

(五)其他不宜适用简易程序的。

第二百二十三条 人民法院决定适用简易程序审理案件,应当在向被告人送达起诉书副本的同时,告知该案适用简易程序审理。

适用简易程序审理的案件,送达起诉书至开庭审判的时间,不受刑事诉讼法第一百五十一条第(二)项规定的限制。

第二百二十四条 适用简易程序审理的案件,在开庭审判前,人民法院应当将开庭的时间、地点通知人民检察院、自诉人、被告人、辩护人,也可以通知其他诉讼参与人。

通知可以用简便方式,但应当记录在卷。

第二百二十五条 适用简易程序审理的案件,审判员宣布开庭,传被告人到庭后,应当查明被告人的基本情况,然后依次宣布案由、独任审判员、书记员、公诉人、辩护人、诉讼代理人、鉴定人和翻译人员的名单,并告知各项诉讼权利。

被告人可以就起诉书指控的犯罪事实进行陈述和辩护。审判员可以出示、宣读主要证据,并听取被告人的意见。如果公诉人出庭支持公诉,在被告人陈述后,公诉人可以出示、宣读主要证据。经审判员准许,被告人及其辩护人可以同公诉人进行辩论。

审判员在必要时，可以讯问被告人。

被告人作最后陈述后，人民法院一般应当当庭宣判。

第二百二十六条 适用简易程序审理的案件，被告人委托辩护人的，辩护人可以不出庭，但应当在开庭审判前将书面辩护意见送交人民法院。

第二百二十七条 被告人、自诉人要求证人出庭的，人民法院可以准许。

第二百二十八条 适用简易程序审理的自诉案件，自诉人宣读起诉书后，被告人可以就起诉书指控的犯罪事实进行陈述，并自行辩护。自诉人应当出示主要证据。被告人有证据出示的，审判员应当准许。经审判员准许，被告人及其辩护人可以同自诉人及其诉讼代理人进行辩论。

第二百二十九条 适用简易程序审理的案件，在法庭审理过程中，发现以下不宜适用简易程序情形的，应当决定中止审理，并按照公诉案件或者自诉案件的第一审普通程序重新审理：

（一）公诉案件被告人的行为不构成犯罪的；

（二）公诉案件被告人应当判处三年以上有期徒刑的；

（三）公诉案件被告人当庭翻供，对于起诉指控的犯罪事实予以否认的；

（四）事实不清或者证据不充分的；

（五）其他依法不应当或者不宜适用简易程序的。

第二百三十条 转为普通程序审理的案件，审理期限应当从决定转为普通程序之日起计算。

十三、第二审程序

第二百三十一条 第二审人民法院受理不服第一审人民法院判决或者裁定提出上诉的和人民检察院认为第一审人民法院判决或者裁定确有错误提出抗诉的案件。

第二百三十二条 地方各级人民法院在宣告第一审判决、裁定时，应当明确告知被告人、自诉人、附带民事诉讼的当事人和他们的法定代理人，如果不服判决或者裁定，有权在法定期限内以书状或者口头形式向上一级人民法院提出上诉；被告人的辩护人和近亲属，在法定期限内经被告人同意，也可以提出上诉；附带民事诉讼的当事人和他们的法定代理人,可以对判决或者裁定中的附带民事部分,提出上诉。

被告人、自诉人、附带民事诉讼的当事人和他们的法定代理人是否提出上诉,以他们在上诉期满前最后一次的意思表示为准。

第二百三十三条 人民法院受理的上诉案件,一般应当有上诉状正本及副本。

上诉状内容应当包括:第一审判决书、裁定书的文号和上诉人收到的时间;第一审法院的名称;上诉的请求和理由;提出上诉的时间;上诉人签名或者盖章。如果是被告人的辩护人、近亲属经被告人同意提出上诉的,还应当写明提出上诉的人与被告人的关系,并应当以被告人作为上诉人。

第二百三十四条 被告人、自诉人、附带民事诉讼原告人和被告人因书写上诉状确有困难而口头提出上诉的,第一审人民法院应当根据其所陈述的理由和请求制作笔录,由上诉人阅读或者向其宣读后,上诉人应当签名或者盖章。

第二百三十五条 第二审人民法院受理的上诉和抗诉案件,必须是在法定期限内提出的。不服判决的上诉和抗诉的期限为十日;不服裁定的上诉和抗诉的期限为五日。上诉和抗诉的期限,从接到判决书、裁定书的第二日起计算。

第二百三十六条 被告人、自诉人、附带民事诉讼的原告人和被告人通过第一审人民法院提出上诉的,第一审人民法院应当审查上诉是否符合法律规定。符合法律规定的,应当在上诉期满后三日内将上诉状连同案卷、证据移送上一级人民法院,同时将上诉状副本送交同级人民检察院和对方当事人。

第二百三十七条 被告人、自诉人、附带民事诉讼的原告人和被告人直接向第二审人民法院提出上诉的,第二审人民法院应当在收到上诉状后三日以内将上诉状交第一审人民法院。第一审人民法院应当审查上诉是否符合法律规定。符合法律规定的,应当在接到上诉状后三日以内将上诉状连同案卷、证据移送上一级人民法院,同时将上诉状副本送交同级人民检察院和对方当事人。

第二百三十八条 被告人、自诉人、附带民事诉讼的原告人和被告人及其法定代理人在上诉期限内要求撤回上诉的,应当准许。

第二百三十九条 被告人、自诉人、附带民事诉讼的原告人和被告人及其法定代理人在上诉期满后要求撤回上诉的,应当由第二审人民法院进行审查。如果认为原判决认定事实和适用法律正确，量刑适当，应当裁定准许被告人撤回上诉；如果认为原判决事实不清，证据不足或者将无罪判为有罪、轻罪重判等，应当不准许撤回上诉，并按照上诉程序进行审理。

第二百四十条　地方各级人民检察院对同级人民法院第一审判决、裁定的抗诉，通过第一审人民法院提交抗诉书。第一审人民法院应当在抗诉期满后三日内将抗诉书连同案卷、证据移送上一级人民法院，并且将抗诉书副本送交当事人。

第二百四十一条　人民检察院在抗诉期限内撤回抗诉的，第一审人民法院不再向上一级人民法院移送案件；如果是在抗诉期满后第二审人民法院宣告裁判前撤回抗诉的，第二审人民法院可以裁定准许，并通知第一审人民法院和当事人。

第二百四十二条　对附带民事判决或者裁定的上诉、抗诉期限，应当按照刑事部分的上诉、抗诉期限确定。如果原审附带民事部分是另行审判的，上诉期限应当按照民事诉讼法规定的期限执行。

第二百四十三条　人民法院审理人民检察院提出抗诉的案件，应当通知同级人民检察院派员出庭。对接到开庭通知后人民检察院不派员出庭的抗诉案件，人民法院应当裁定按人民检察院撤回抗诉处理，并通知第一审人民法院和当事人。

第二百四十四条　对于在上诉、抗诉期满前撤回上诉、抗诉的案件，第一审判决、裁定在上诉、抗诉期满之日起生效；对于在上诉、抗诉期满后要求撤回上诉、抗诉，第二审人民法院裁定准许的，第一审判决、裁定应当自第二审人民法院裁定书送达原上诉人或者抗诉的检察机关之日起生效。

第二百四十五条　第二审人民法院对第一审人民法院移送上诉、抗诉的案卷，应当审查是否包括下列内容：

（一）移送上诉、抗诉案件函；

（二）上诉状或者抗诉书；

（三）第一审判决书或者裁定书八份（每增加一名被告人增加一份）；

（四）全部案卷材料和证据，包括案件审结报告和其他应当移送的材料。

前款所列材料齐备，第二审人民法院应当收案；材料不齐备的，应当通知第一审人民法院及时补送。

第二百四十六条　第二审人民法院应当就第一审判决、裁定认定的事实和适用法律进行全面审查,不受上诉或者抗诉范围的限制。

第二百四十七条 共同犯罪案件,只有部分被告人提出上诉的,或者人民检察院只就第一审人民法院对部分被告人的判决提出抗诉的,第二审人民法院应当对全案进行审查,一并处理。

第二百四十八条 共同犯罪案件,如果提出上诉的被告人死亡,其他被告人没有提出上诉,第二审人民法院仍应当对全案进行审查。死亡的被告人不构成犯罪的,应当宣告无罪;审查后认为构成犯罪的,应当宣布终止审理。对其他同案被告人仍应当作出判决或者裁定。

第二百四十九条 审理附带民事诉讼的上诉、抗诉案件,应当对全案进行审查。如果第一审判决的刑事部分并无不当,第二审人民法院只需就附带民事诉讼部分作出处理。如果第一审判决附带民事部分事实清楚,适用法律正确的,应当以刑事附带民事裁定维持原判,驳回上诉、抗诉。

第二百五十条 附带民事诉讼案件,只有附带民事诉讼的当事人和他们的法定代理人提出上诉的,第一审刑事部分的判决,在上诉期满后即发生法律效力。

应当送监执行的第一审刑事被告人是第二审附带民事诉讼被告人的,在第二审附带民事诉讼案件审结前,可以暂缓送监执行。

第二百五十一条 对于上诉、抗诉案件应当审查下列主要内容:

(一)第一审判决认定的事实是否清楚,证据是否确实、充分,证据之间有无矛盾;

(二)第一审判决适用法律是否正确,量刑是否适当;

(三)在侦查、起诉、第一审程序中,有无违反法律规定的诉讼程序的情形;

(四)上诉、抗诉是否提出了新的事实和证据;

(五)被告人供述、辩解的情况;

(六)辩护人的辩护意见以及采纳的情况;

(七)附带民事部分的判决、裁定是否适当;

(八)第一审法院合议庭、审判委员会讨论的意见。

审查后写出审查报告。

第二百五十二条 在第二审程序中,被告人除自行辩护外,还可以继续委托第一审辩护人或者另行委托辩护人辩护。

共同犯罪案件，只有部分被告人提出上诉或者人民检察院只就第一审人民法院对部分被告人的判决提出抗诉的，其他同案被告人也可以委托辩护人辩护。

第二百五十三条　对上诉案件，应当组成合议庭，开庭审理。

经过阅卷，讯问被告人，听取其他当事人、辩护人、诉讼代理人的意见后，合议庭认定的事实与第一审认定的没有变化，证据充分的，可以不开庭审理。

对人民检察院抗诉的案件，第二审人民法院应当开庭审理。

第二百五十四条　第二审人民法院开庭审理上诉、抗诉案件，可以到案件发生地或者原审人民法院所在地进行。

第二百五十五条　第二审人民法院开庭审理上诉或者抗诉案件，除参照第一审程序的规定外，还应当依照下列规定进行：

（一）法庭调查阶段，审判长或者审判员宣读第一审判决书、裁定书后，由上诉人陈述上诉理由或者由检察人员宣读抗诉书；如果是既有上诉又有抗诉的案件，先由检察人员宣读抗诉书，再由上诉人陈述上诉理由；法庭调查的重点要针对上诉或者抗诉的理由，全面查清事实，核实证据；

（二）法庭调查阶段，如果检察人员或者辩护人申请出示、宣读、播放第一审审理期间已经移交给人民法院的证据的，法庭应当指令值庭法警出示、播放有关证据；需要宣读的证据，由法警交由申请人宣读；

（三）法庭辩论阶段，上诉案件，应当先由上诉人、辩护人发言，再由检察人员发言；抗诉案件，应当先由检察人员发言，再由被告人、辩护人发言；既有上诉又有抗诉的案件，应当先由检察人员发言，再由上诉人、辩护人发言，并进行辩论。

第二百五十六条　共同犯罪案件，没有提出上诉的和没有对其判决提出抗诉的第一审被告人，应当参加法庭调查，并可以参加法庭辩论。

第二百五十七条　第二审人民法院审理被告人或者其法定代理人、辩护人、近亲属提出上诉的案件，不得加重被告人的刑罚，并应当执行下列具体规定：

（一）共同犯罪案件，只有部分被告人提出上诉的，既不能加重提出上诉的被告人的刑罚，也不能加重其他同案被告人的刑罚；

（二）对原判认定事实清楚、证据充分，只是认定的罪名不当的，在不加重原判

刑罚的情况下,可以改变罪名;

(三)对被告人实行数罪并罚的,不得加重决定执行的刑罚,也不能在维持原判决决定执行的刑罚不变的情况下,加重数罪中某罪的刑罚;

(四)对被告人判处拘役或者有期徒刑宣告缓刑的,不得撤销原判决宣告的缓刑或者延长缓刑考验期;

(五)对事实清楚、证据充分,但判处的刑罚畸轻,或者应当适用附加刑而没有适用的案件,不得撤销第一审判决,直接加重被告人的刑罚或者适用附加刑,也不得以事实不清或者证据不足发回第一审人民法院重新审理。必须依法改判的,应当在第二审判决、裁定生效后,按照审判监督程序重新审判。

人民检察院提出抗诉或者自诉人提出上诉的案件,不受前款规定的限制。但是人民检察院抗诉的案件,经第二审人民法院审理后,改判被告人死刑立即执行的,应当报请最高人民法院核准。

第二百五十八条 共同犯罪案件中,人民检察院只对部分被告人的判决提出抗诉的,第二审人民法院对其他第一审被告人不得加重刑罚。

第二百五十九条提出上诉或者抗诉的理由具有刑事诉讼法第一百九十一条规定的情形之一的,第二审人民法院应当裁定撤销原判,发回第一审人民法院重新审判。

第二百六十条 第二审人民法院审理刑事附带民事上诉、抗诉案件,如果发现刑事和附带民事部分均有错误需依法改判的,应当一并改判。

第二百六十一条 第二审人民法院审理对刑事部分提出上诉、抗诉,附带民事诉讼部分已经发生法律效力的案件,如果发现第一审判决或者裁定中的民事部分确有错误,应当对民事部分按照审判监督程序予以纠正。

第二百六十二条 第二审人民法院审理对附带民事诉讼部分提出上诉、抗诉,刑事部分已经发生法律效力的案件,如果发现第一审判决或者裁定中的刑事部分确有错误,应当对刑事部分按照审判监督程序进行再审,并将附带民事诉讼部分与刑事部分一并审理。

第二百六十三条 对第二审自诉案件,必要时可以进行调解,当事人也可以自行和解。调解结案的,应当制作调解书,第一审判决、裁定视为自动撤销;当事人自行和解的，由人民法院裁定准许撤回自诉，并撤销第一审判决或者裁定。

第二百六十四条　第二审人民法院对于调解结案或者当事人自行和解的自诉案件，被告人被采取强制措施的，应当立即予以解除。

第二百六十五条　在第二审程序中，自诉案件的当事人提出反诉的，第二审人民法院应当告知其另行起诉。

第二百六十六条　在第二审案件附带民事部分审理中，第一审民事原告人增加独立的诉讼请求或者第一审民事被告人提出反诉的，第二审人民法院可以根据当事人自愿的原则就新增加的诉讼请求或者反诉进行调解，调解不成的，告知当事人另行起诉。

第二百六十七条　人民法院依法开庭审理第二审公诉案件，应当在开庭十日以前通知人民检察院查阅案卷。自通知后的第二日起，人民检察院查阅案卷超过七日后的期限，不计入第二审审理期限。

十四、在法定刑以下判处刑罚和适用特殊情况假释的核准程序

第二百六十八条　根据刑法第六十三条第二款规定报请最高人民法院核准在法定刑以下判处刑罚的案件，按下列情形分别处理：

（一）被告人不提出上诉、人民检察院不提出抗诉的，在上诉、抗诉期满后三日内报请上一级人民法院复核。上一级人民法院同意原判的，应当逐级报请最高人民法院核准；上一级人民法院不同意原判的，应当裁定发回重新审判或者改变管辖，按照第一审程序重新审理。原判是由基层人民法院作出的，高级人民法院可以指定中级人民法院按照第一审程序重新审理；

（二）被告人提出上诉或者人民检察院提出抗诉的案件，应当按照第二审程序审理。上诉或者抗诉无理的，应当裁定驳回上诉或者抗诉，维持原判，并按照本条第（一）项规定的程序逐级报请最高人民法院核准。上诉或者抗诉有理的，应当依法改判。改判后仍判决在法定刑以下处以刑罚的，按照本条第（一）项规定的程序逐级报请最高人民法院核准。

第二百六十九条　报请最高人民法院核准在法定刑以下判处刑罚的案件，应当报送报请核准案件的结案报告、判决书各十五份，以及全案诉讼卷宗和证据。

第二百七十条 最高人民法院复核在法定刑以下判处刑罚的案件,予以核准的,作出核准裁定书;不予核准的,应当撤销原判决、裁定,发回原审人民法院重新审判或者指定其他下级人民法院重新审判。

第二百七十一条 根据刑法第八十一条第一款规定报请最高人民法院核准因犯罪分子具有特殊情况,不受执行刑期限制的假释案件,按下列情形分别处理:

(一)中级人民法院依法作出假释裁定后,应即报请高级人民法院复核。高级人民法院同意假释的,应当报请最高人民法院核准;高级人民法院不同意假释的,应当裁定撤销中级人民法院的假释裁定;

(二)高级人民法院依法作出假释裁定的,应当报请最高人民法院核准。

第二百七十二条报请最高人民法院核准因犯罪分子具有特殊情况,不受执行刑期限制的假释案件,应当报送报请核准假释案件的报告、罪犯具有特殊情况的报告、假释裁定书各十五份,以及全案卷宗。

第二百七十三条 最高人民法院核准因犯罪分子具有特殊情况,不受执行刑期限制的假释案件,予以核准的,作出核准裁定书;不予核准的,应当作出撤销原裁定,不准假释的裁定书。

十五、死刑复核程序

第二百七十四条 死刑由最高人民法院核准,但依法授权高级人民法院核准的除外。

因人民检察院提出抗诉而由人民法院按照第二审程序改判死刑的案件,应当报请最高人民法院核准。

第二百七十五条 报请最高人民法院核准的死刑案件,按照下列情形分别处理:

(一)中级人民法院判处死刑的第一审案件,被告人不上诉、人民检察院不抗诉的,在上诉、抗诉期满后三日内报请高级人民法院复核。高级人民法院同意判处死刑的,应当依法作出裁定后,报请最高人民法院核准;不同意判处死刑的,应当提审或者发回重新审判;

(二)中级人民法院判处死刑的第一审案件,被告人提出上诉或者人民检察院提出抗诉，高级人民法院终审裁定维持死刑判决的，报请最高人民法院核准；

（三）高级人民法院判处死刑的第一审案件，被告人不上诉、人民检察院不抗诉的，在上诉、抗诉期满后三日内报请最高人民法院核准；

（四）依法应当由最高人民法院核准的死刑案件，判处死刑缓期二年执行的罪犯，在死刑缓期执行期间，如果故意犯罪，查证属实，应当执行死刑的，由高级人民法院报请最高人民法院核准。

第二百七十六条　依授权可以由高级人民法院核准的死刑案件，中级人民法院判处死刑后，被告人不上诉、人民检察院不抗诉的，在上诉、抗诉期满后三日内报请高级人民法院核准。

高级人民法院同意判处死刑的，应当裁定核准死刑；不同意判处死刑的，应当依法改判；认为原判事实不清，证据不足的，应当发回中级人民法院重新审判。

第二百七十七条　依授权可以由高级人民法院核准的死刑案件，判处死刑缓期二年执行的罪犯，在死刑缓期执行期间，如果故意犯罪，查证属实，应当执行死刑的，报请高级人民法院核准。

第二百七十八条　中级人民法院判处死刑缓期二年执行的第一审案件，被告人不上诉、人民检察院不抗诉的，应当报请高级人民法院核准。

高级人民法院对于报请核准的死刑缓期二年执行的案件，按照下列情形分别处理：

（一）同意判处死刑缓期二年执行的，应当裁定予以核准；

（二）认为原判事实不清、证据不足的，应当裁定发回重新审判；

（三）认为原判量刑过重的，应当依法改判。

高级人民法院核准死刑缓期二年执行的案件，不得以提高审级等方式加重被告人的刑罚。

第二百七十九条　被告人被判处死刑的数罪中，如果有应当由最高人民法院核准的，或者共同犯罪案件部分被告人被判处死刑的罪中有应当由最高人民法院核准的，必须将全案报请最高人民法院核准。

第二百八十条　报请复核死刑（死刑缓期二年执行）案件，应当一案一报。报送的材料应当包括报请复核的报告、死刑（死刑缓期二年执行）案件综合报告和判决书各十五份，以及全部诉讼案卷和证据；共同犯罪的案件，应当报送全案的诉讼案卷和证据。

（一）报请复核的报告，应当载明案由、简要案情和审理过程及判决结果；

（二）死刑（死刑缓期二年执行）案件综合报告应当包括以下主要内容：

1. 被告人的姓名、性别、出生年月日、民族、文化程度、职业、住址、简历以及拘留、逮捕、起诉的时间和现在被羁押的处所；

2. 被告人的犯罪事实，包括犯罪时间、地点、动机、目的、手段、危害后果以及从轻、从重处罚等情节，认定犯罪的证据，定罪量刑的法律依据；

3. 需要说明的其他问题。

第二百八十一条　报送死刑（死刑缓期二年执行）复核案件的诉讼案卷和证据，根据案件具体情况应当包括以下内容：

（一）拘留证、逮捕证、搜查证的复印件；

（二）扣押赃款、赃物和其他在案物证的清单；

（三）公安机关、国家安全机关的起诉意见书，或者人民检察院的侦查终结报告；

（四）人民检察院的起诉书；

（五）案件的审查报告、法庭审理笔录、合议庭评议笔录和审判委员会讨论决定笔录；

（六）被告人上诉状、人民检察院抗诉书；

（七）人民法院的判决书、裁定书和宣判笔录、送达回证；

（八）能够证明案件具体情况并经过查证属实的各种肯定的和否定的证据，包括物证或者物证照片、书证、证人证言、被害人陈述、被告人供述和辩解。

第二百八十二条　高级人民法院复核或者核准死刑（死刑缓期二年执行）案件，必须提审被告人。

第二百八十三条　复核死刑（死刑缓期二年执行）案件，应当全面审查以下内容：

（一）被告人的年龄，有无责任能力，是否正在怀孕的妇女；

（二）原审判决认定的主要事实是否清楚，证据是否确实、充分；

（三）犯罪情节、后果及危害程度；

（四）原审判决适用法律是否正确，是否必须判处死刑，是否必须立即执行；

（五）有无法定、酌定从轻或者减轻处罚的情节；

（六）其他应当审查的情况。

第二百八十四条　对报请核准的死刑（死刑缓期二年执行）案件全面审查后，合议庭应当进行评议并写出复核审理报告。审核报告应当包括以下内容：

（一）案件的由来和审理经过；

（二）被告人和被害人简况；

（三）案件的侦破情况；

（四）原审判决要点和控辩双方意见；

（五）对事实和证据复核后的分析与认定；

（六）合议庭评议意见、审判委员会讨论决定意见；

（七）需要说明的问题。

第二百八十五条　对判处死刑的案件，复核后应当根据案件情形分别作出裁判：

（一）原审判决认定事实和适用法律正确、量刑适当的，裁定予以核准；

（二）原审判决认定事实错误或者证据不足的，裁定撤销原判，发回重新审判；

（三）原审判决认定的事实正确，但适用法律有错误，或者量刑不当，不同意判处死刑的，应当改判；

（四）发现第一审人民法院或者第二审人民法院违反法律规定的诉讼程序，可能影响正确判决的，应当裁定撤销原判，发回第一审人民法院或者第二审人民法院重新审判。

第二百八十六条　高级人民法院复核后发回原审人民法院重新审判的案件，重新审判所作的判决、裁定，被告人可以提出上诉，人民检察院可以提出抗诉。

第二百八十七条　共同犯罪案件中，部分被告人被判处死刑的，最高人民法院或者高级人民法院复核时，应当对全案进行审查，但不影响对其他被告人已经发生法律效力的判决、裁定的执行；发现对其他被告人已经发生法律效力的判决、裁定确有错误时，可以指令原审人民法院再审。

十六、扣押、冻结在案财物的处理

第二百八十八条 人民法院对于扣押、冻结在案的被告人的财物及其孳息,应当妥善保管,以供核查。任何单位和个人不得挪用或者自行处理。

依法扣押的货币、有价证券,应当登记写明货币、有价证券的名称、数额、面额,货币应当存入银行专户,并登记银行存款凭证的名称、内容,入卷备查。

依法扣押的物品,应当登记写明物品名称、型号、规格、数量、重量、质量、成色、纯度、颜色、新旧程度、缺损特征和来源等,入卷备查。

依法扣押的文物、金银、珠宝、名贵字画等以及违禁品,应当及时鉴定。

对扣押的物品应当及时依照有关规定作价。

第二百八十九条 对于被害人的合法财产,被害人明确的,扣押、冻结机关应当依法及时返还。但须经拍照、鉴定、作价,并在案卷中注明返还的理由,将原物照片、清单和被害人的领取手续入卷备查。

第二百九十条 对作为证据使用的实物,包括作为物证的货币、有价证券等,应当随案移送。开庭审判时,经向法庭出示、质证后移交法庭。休庭或者闭庭时办理证据交接手续,清点、核对无误的,由经手人在清单上分别签名后予以封存。对因上诉、抗诉引起第二审程序的,第一审人民法院应当将上述证据移送第二审人民法院,并办理证据交接手续。

第二百九十一条 下列不宜移送的实物,人民法院受理案件时,应当审查是否附有相关证据材料;需要鉴定(包括估价)的,应当附有鉴定结论:

(一)大宗的、不便搬运的物品,由扣押机关开列清单,并附原物照片和封存手续,注明存放地点;

(二)易腐烂、霉变和不易保管的物品,扣押机关变卖处理后,随案移送原物照片、清单、变价处理的凭证(复印件);

(三)违禁品、枪支弹药、易燃易爆物品、剧毒物品以及其他危险品,扣押机关依照国家有关规定处理后,随案移送原物照片和清单。

对于查封、扣押的货币、有价证券等依法不移送的,人民法院受理案件时,应当审查是否附有原物照片、清单或者其他证明文件。

第二百九十二条 人民法院受理案件时,对于侦查机关冻结在金融机构的存款,应当审查是否附有金融机构出具的证明文件原件。人民法院作出生效判决后,通知该金融机构上缴国库,同时将判决书送达有关财政机关。金融机构应当在接到执行通知书后十五日内向人民法院送交执行回单。

第二百九十三条 对于查封、扣押的赃款、赃物依法不移送的,人民法院作出的判决生效后,由原审的人民法院通知查封、扣押机关上缴国库,同时将通知及判决书送达有关财政机关。查封、扣押机关应当在接到执行通知书后十五日内向人民法院送交执行回单。

第二百九十四条 对于人民法院扣押、冻结的赃款、赃物及其孳息,人民法院作出的判决生效后,由原审人民法院依照生效的法律文书进行处理。除依法返还被害人的以外,应当一律没收,上缴国库。法律另有规定的除外。

对人民检察院、公安机关因犯罪嫌疑人死亡,申请人民法院裁定通知冻结犯罪嫌疑人存款、汇款等的金融机构,将该犯罪嫌疑人的存款、汇款等上缴国库或者返还被害人的案件,人民法院应当经过阅卷、审查有关证据材料后作出裁定。

第二百九十五条 对于扣押、冻结的与本案无关的财物,已列入清单的,人民法院应当通知扣押、冻结机关依法处理。被告人被判处财产刑的,人民法院应当通知扣押、冻结机关将拟返还被告人的财物移交人民法院执行刑罚。

十七、审判监督程序

第二百九十六条 各级人民法院对当事人及其法定代理人、近亲属对已经发生法律效力的判决、裁定提出的申诉,应当进行登记并认真审查处理。

第二百九十七条 人民法院经审查,对不符合刑事诉讼法第二百零三条规定的申诉,按来信、来访处理。

第二百九十八条 受理、审查申诉一般由作出发生法律效力的判决、裁定的人民法院进行。直接向上级人民法院申诉的,如果没有经作出发生法律效力的判决、裁定的人民法院审查处理,上级人民法院可以交该人民法院审查,并告知申诉人;如果属于案情疑难、复杂、重大的,或者已经由作出发生法律效力的判决、裁定的人民法院审查处理后仍坚持申诉的,上级人民法院可以直接受理、审查,下级人民法院也可以请求移送上一级人民法院审查处理。

第二百九十九条 原审人民法院审查处理的申诉、上级人民法院直接处理的申诉和转交下级人民法院审查处理的申诉,应当立申诉卷。

第三百条 第二审人民法院对不服本院维持第一审人民法院裁判的申诉,可以交由第一审人民法院审查。第一审人民法院审查后,应当写出审查报告,提出处理意见,报第二审人民法院审定。

第三百零一条 对最高人民法院核准死刑的案件或者授权高级人民法院核准死刑案件的申诉,可以由原核准的人民法院直接处理,也可以交由原审人民法院审查。原审人民法院应当写出审查报告,提出处理意见,逐级上报原核准的人民法院审定。

第三百零二条 人民法院受理申诉后,应当在三个月内作出决定,至迟不得超过六个月。经审查,认为有刑事诉讼法第二百零四条规定的情形之一的,由院长提请审判委员会决定重新审判;对不符合刑事诉讼法第二百零四条规定的申诉,应当说服申诉人撤回申诉;对仍然坚持申诉的,应当书面通知驳回。

第三百零三条 申诉人对驳回申诉不服的,可以向上一级人民法院申诉。上一级人民法院经审查认为申诉不符合刑事诉讼法第二百零四条规定的,应当予以驳回。经两级人民法院处理后又提出申诉的,如果没有新的充分理由,人民法院可以不再受理。

第三百零四条 各级人民法院院长对本院已经发生法律效力的判决和裁定,如果发现在认定事实或者适用法律上确有错误,经提交审判委员会讨论决定再审的案件,应当另行组成合议庭进行再审。

第三百零五条 最高人民法院对各级人民法院已经发生法律效力的判决、裁定,上级人民法院对下级人民法院已经发生法律效力的判决和裁定,如果发现确有错误,可以指令下级人民法院再审;对于原判决、裁定认定事实正确,但是在适用法律上有错误,或者案情疑难、复杂、重大的,或者有其他不宜由原审人民法院审理的情况的案件,也可以提审。

第三百零六条 最高人民检察院对各级人民法院已经发生法律效力的判决和裁定,上级人民检察院对下级人民法院已经发生法律效力的判决和裁定,如果发现确有错误，按照审判监督程序向同级人民法院提出抗诉的案件，接受抗诉的人民法院应当组成合议庭重新审理；对于原判决事实不清或者证据不足的，可以指令下级人民法院再审，并将指令再审的决定书抄送抗诉的人民检察院。

第三百零七条 人民法院决定按照审判监督程序重新审判的案件，除人民检察院提起抗诉的外，应当制作再审决定书。再审期间不停止原判决、裁定的执行。

第三百零八条 人民法院按照审判监督程序重新审判的案件，应当对原判决、裁定认定的事实、证据和适用法律进行全面审查。

第三百零九条 人民法院按照审判监督程序重新审判的案件，如果原来是第一审案件，应当依照第一审程序进行审判，所作的判决、裁定，可以上诉、抗诉；如果原来是第二审案件，或者是上级人民法院提审的案件，应当依照第二审程序进行审判，所作的判决、裁定，是终审的判决、裁定。

第三百一十条 按照审判监督程序进行再审的刑事自诉案件，应当依法作出判决、裁定；附带民事部分可以调解结案。

第三百一十一条 再审案件的审理期限，依照刑事诉讼法第二百零七条的规定执行。

第三百一十二条 再审案件经过重新审理后，应当按照下列情形分别处理：

（一）原判决、裁定认定事实和适用法律正确、量刑适当的，应当裁定驳回申诉或者抗诉；

（二）原判决、裁定认定事实没有错误，但适用法律有错误，或者量刑不当的，应当改判。按照第二审程序审理的案件，认为必须判处被告人死刑立即执行的，直接改判后，应当报请最高人民法院核准；

（三）应当对被告人实行数罪并罚的案件，原判决、裁定没有分别定罪量刑的，应当撤销原判决、裁定，重新定罪量刑，并决定执行的刑罚；

（四）按照第二审程序审理的案件，原判决、裁定认定事实不清或者证据不足的，可以在查清事实后改判，也可以裁定撤销原判，发回原审人民法院重新审判。原判决、裁定认定事实不清，证据不足，经再审仍无法查清，证据不足，不能认定原审被告人有罪的，应当参照本解释第一百七十六条第（四）项规定，判决宣告被告人无罪。

十八、涉外刑事案件审理程序

第三百一十三条 本解释所称的涉外刑事案件是指：

（一）在中华人民共和国领域内，外国人犯罪的或者我国公民侵犯外国人合法权利的刑事案件；

（二）在中华人民共和国领域外，符合刑法第八条、第十条规定情形的外国人对中华人民共和国国家和公民犯罪和中国公民犯罪的案件；

（三）符合刑法第九条规定的情形，中华人民共和国在所承担国际条约义务范围内行使管辖权的案件。

第三百一十四条 外国人的国籍以其入境时的有效证件予以确认；国籍不明的，以公安机关会同外事部门查明的为准。国籍确实无法查明的，以无国籍人对待，适用涉外刑事案件审理程序。

第三百一十五条 享有外交特权和豁免权的外国人的刑事责任问题，通过外交途径解决。

第三百一十六条 外国籍被告人在刑事诉讼中，享有我国法律规定的诉讼权利并承担义务。

第三百一十七条 中华人民共和国缔结或者参加的国际条约中有关于刑事诉讼程序具体规定的，适用该国际条约的规定。但是，我国声明保留的条款除外。

第三百一十八条 人民法院审判涉外刑事案件，应当公开进行。但是涉及国家秘密或者个人隐私的案件，不公开审理。公开审理的案件，由人民法院发旁听证的，凭证入场旁听。

第三百一十九条 人民法院审判涉外刑事案件，使用中华人民共和国通用的语言、文字，应当为外国籍被告人提供翻译。如果外国籍被告人通晓中国语言、文字，拒绝他人翻译的，应当由本人出具书面声明，或者将他的口头声明记录在卷。诉讼文书为中文本，应当附有被告人通晓的外文译本，译本不加盖人民法院印章，以中文本为准。翻译费用由被告人承担。

如果外国籍被告人拒收诉讼文书的，应当依照本解释第一百零四条第三款的规定处理。

第三百二十条 外国籍被告人委托律师辩护的，以及附带民事诉讼的原告人、自诉人委托律师代理诉讼的，应当委托具有中华人民共和国律师资格并依法取得执业证书的律师。

外国籍被告人没有委托辩护人的，人民法院可以为其指定辩护人。被告人拒绝辩护人为其辩护的，应当由其提出书面声明，或者将其口头声明记录在卷后，人民法院予以准许。

在中华人民共和国领域外居住的外国人寄给中国律师或者中国公民的授权委托书，必须经所在国公证机关证明、所在国外交部或者其授权机关认证，并经中国驻该国使、领馆认证，才具有法律效力。但中国与该国之间有互免认证协定的除外。

第三百二十一条 人民法院审理涉外刑事案件及处理结果，应当及时通报当地外事部门。

第三百二十二条 对涉外刑事案件的被告人及人民法院认定的其他相关犯罪嫌疑人，可以决定限制出境；对开庭审理案件时必须到庭的证人，可以要求暂缓出境。限制出境的决定应当通报同级公安机关或者国家安全机关。

第三百二十三条 人民法院决定限制外国人和中国公民出境的，应当口头或者书面通知被限制出境的人，也可以采取扣留其护照或者其他有效出入境证件的办法，在案件审理终结前不得离境。

第三百二十四条 对需要在边防检查站阻止外国人和中国公民出境的，人民法院应当填写口岸阻止人员出境通知书。控制口岸在本省、自治区、直辖市的，应当向本省、自治区、直辖市公安厅（局）办理交控手续。控制口岸不在本省、自治区、直辖市的，应当通过有关省、自治区、直辖市公安厅（局）办理交控手续。在紧急情况下，如确有必要，也可以先向边防检查站交控，然后补办交控手续。

第三百二十五条 根据中华人民共和国缔结或者参加的国际条约，或者按照对等互惠原则，我国法院和外国法院可以互相请求，代为一定的诉讼行为。

外国法院请求的事项同中华人民共和国的主权、安全或者社会公共利益不相容以及违反中国法律的，应当予以驳回；不属于我国法院职权范围的，应当予以退回，并说明理由。

第三百二十六条 请求与我国签订司法协助协定的国家的法院代为一定诉讼行为的，必须由所在省、自治区、直辖市高级人民法院报经最高人民法院审查同意。与我国签订司法协助协定的国家的法院请求我国法院代为一定诉讼行为的，应当由最高人民法院审查后转达。

第三百二十七条 向在中华人民共和国领域外居住的当事人送达诉讼文书，采用下列方式：

(一)通过外交途径送达；

(二)对中国籍当事人，可以委托我国使、领馆代为送达；

(三)当事人所在国的法律允许邮寄送达的，可以邮寄送达；

(四)当事人所在国与我国有刑事司法协助协定的，按照协定规定的方式送达；

(五)当事人是自诉案件的自诉人或者是附带民事诉讼的原告人，有诉讼代理人的，可以由诉讼代理人送达。

第三百二十八条 人民法院与同我国建交国家的法院通过外交途径相互请求送达法律文书的，除该国同我国已有司法协助协定的依协定外，依据互惠原则办理。

第三百二十九条 外国法院通过外交途径请求我国法院向我国公民以及在华的第三国当事人送达有关刑事法律文书，除有司法协助协定的外，按照下列程序处理：

(一)由该国驻华使、领馆将法律文书交外交部领事司转递有关高级人民法院。该高级人民法院经审查后，认为可以代为送达的，应当指定有关中级人民法院送达当事人。请求方附有送达回证的，当事人应当在送达回证上签字；未附送达回证的，由负责送达的中级人民法院出具送达证明。送达回证或者送达证明由高级人民法院通过外交部领事司转递请求方；

(二)受送达的当事人享有外交特权与豁免权的，不予送达；不属于人民法院职权范围或者因地址不明及其他原因不能送达的，有关高级人民法院应当注明不能送达的原因，由外交部领事司向请求方说明，予以退回。

第三百三十条 外国驻华使、领馆通过外交途径请求我国法院向在华的该国国民送达法律文书，适用本解释第三百二十九条的规定。

第三百三十一条 人民法院通过外交途径向国外当事人送达法律文书，按照下列程序处理：

（一）请求送达的法律文书必须经高级人民法院审查，由高级人民法院交外交部领事司转递；

（二）必须准确注明受送达当事人的外文姓名、性别、年龄、国籍及详细地址，并将该案的基本情况函告外交部领事司；

（三）必须附有注明被请求方法院名称的送达请求书。被请求方法院名称不明的，可以请求该当事人所在地区主管法院送达。所送法律文书必须附有被请求方官方通用文字或者该国同意使用的第三国文字译本。如果被请求方对请求书及法律文书有公证、认证等特殊要求，由外交部领事司通知高级人民法院。

第三百三十二条 人民法院委托我使、领馆向在外国的中国籍当事人送达法律文书，按照下列程序处理：

（一）委托送达的法律文书必须经高级人民法院审查，由高级人民法院交外交部领事司转递；

（二）必须准确注明受送达当事人的外文姓名、性别、年龄及详细地址，并将该案的基本情况函告外交部领事司。

第三百三十三条 我国法院和外国法院通过外交途径相互请求送达法律文书的收费，参照最高人民法院、外交部、司法部《关于我国法院和外国法院通过外交途径相互委托送达法律文书和调查取证费用收支办法的通知》办理。

第三百三十四条 外国籍被告人被逮捕、审判或者在案件审理中死亡，应当通知其所属国家的驻华使、领馆，并按照有关规定处理。

第三百三十五条 外国法院请求我国法院提供司法协助的请求书及所附文件，应当附有中文译本或者国际条约规定的其他文字文本。

第三百三十六条 涉外刑事案件审理过程中的其他事宜，按照本解释的有关规定和其他有关规定办理。

十九、执行程序

第三百三十七条 判决和裁定在发生法律效力后执行。

下列判决和裁定是发生法律效力的判决和裁定：

（一）已过法定期限没有上诉、抗诉的判决和裁定；

（二）终审的判决和裁定；

（三）高级人民法院核准的死刑缓期二年执行的判决、裁定和依据最高人民法院的授权核准死刑的判决和裁定；

（四）最高人民法院核准死刑的判决和裁定。

第三百三十八条 最高人民法院判处和核准的死刑立即执行的判决、裁定，应当由最高人民法院院长签发执行死刑命令；最高人民法院授权高级人民法院核准的死刑立即执行的判决、裁定，应当由高级人民法院院长签发执行死刑命令。

第三百三十九条 被判处死刑缓期二年执行的罪犯，在死刑缓期执行期间，如果故意犯罪的，应当由人民检察院提起公诉，罪犯服刑地的中级人民法院依法审判，所作的判决可以上诉、抗诉。

认定构成故意犯罪的判决、裁定发生法律效力后，由作出生效判决、裁定的人民法院，依照本解释第二百七十五条第（四）项或者第二百七十七条的规定报请上级人民法院或者由本院核准犯罪分子死刑立即执行。上级人民法院或者本院核准后，交罪犯服刑地的中级人民法院执行死刑。

第三百四十条 死刑缓期二年执行期满应当减刑的，人民法院应当及时减刑。死刑缓期二年执行期满减为有期徒刑的，刑期自死刑缓期二年执行期满之日起计算。

第三百四十一条 最高人民法院和高级人民法院的执行死刑命令，均由高级人民法院交付原审人民法院执行，原审人民法院接到执行死刑命令后，应当在七日内执行。

第三百四十二条 下级人民法院在接到执行死刑命令后，发现有下列情形之一的，应当停止执行，并立即报告核准死刑的人民法院，由核准死刑的人民法院作出裁定：

（一）在执行前发现裁判可能有错误的；

（二）在执行前罪犯揭发重大犯罪事实或者有其他重大立功表现，可能需要改判的；

（三）罪犯正在怀孕的。

前款第（一）项、第（二）项规定停止执行的原因消失后，必须报请核准死刑的人民法院院长再签发执行死刑命令才能执行；由于前款第（三）项规定的原因停止执行的，应当报请核准死刑的人民法院依法改判。

第三百四十三条　执行死刑前，罪犯提出会见其近亲属或者其近亲属提出会见罪犯申请的，人民法院可以准许。

第三百四十四条　人民法院将罪犯交付执行死刑，应当在交付执行三日前通知同级人民检察院派员临场监督。

第三百四十五条　死刑采用枪决或者注射等方法执行。

采用注射方法执行死刑的，应当在指定的刑场或者羁押场所内执行。具体程序，依照有关规定。

采用枪决、注射以外的其他方法执行死刑的，应当事先报请最高人民法院批准。

第三百四十六条　执行死刑前，指挥执行的审判人员对罪犯应当验明正身，询问有无遗言、信札，并制作笔录，然后交付执行人员执行死刑。

执行死刑应当公布，禁止游街示众或者其他有辱被执行人人格的行为。

第三百四十七条　执行死刑完毕，应当由法医验明罪犯确实死亡后，在场书记员制作笔录。交付执行的人民法院应当将执行死刑情况（包括执行死刑前后照片）及时逐级上报最高人民法院。

第三百四十八条　执行死刑后，负责执行的人民法院应当办理以下事项：

（一）对于死刑罪犯的遗书、遗言笔录，应当及时进行审查，涉及财产继承、债务清偿、家事嘱托等内容的，将遗书、遗言笔录交给家属，同时复制存卷备查；涉及案件线索等问题的，应当抄送有关机关；

（二）通知罪犯家属在限期内领取罪犯尸体；有火化条件的，通知领取骨灰。过期不领取的，由人民法院通知有关单位处理。对于死刑罪犯的尸体或者骨灰的处理情况，应当记录在卷；

（三）对外国籍罪犯执行死刑后，通知外国驻华使、领馆的程序和时限，依照有关规定办理。

第三百四十九条 对于判处死刑缓期二年执行、无期徒刑、有期徒刑的罪犯，交付执行的人民法院应当将判决书、裁定书、人民检察院的起诉书副本、自诉状复印件、人民法院的执行通知书、结案登记表及时送达看守所，由公安机关将罪犯交付监狱执行。

第三百五十条 收监执行决定书应当分别送达交付执行的公安机关和监狱。罪犯需要羁押执行刑罚，而判决确定前罪犯没有被羁押的，人民法院应当根据生效的判决书或者裁定书将罪犯羁押，并送交公安机关。

第三百五十一条 对于判处拘役的罪犯，在判决、裁定生效后，由交付执行的人民法院将判决书、裁定书、人民检察院的起诉书副本、自诉状复印件、执行通知书、结案登记表及时送达公安机关。

第三百五十二条 执行通知书回执经看守所盖章后，附入人民法院的诉讼案卷。

第三百五十三条 被判处有期徒刑或者拘役的罪犯，有刑事诉讼法第二百一十四条第一、五款规定的情形之一，人民法院决定暂予监外执行的，应当制作《暂予监外执行决定书》，载明罪犯基本情况、判决确定的罪名和刑罚、决定暂予监外执行的原因、依据等内容，并抄送人民检察院和罪犯居住地的公安机关。

第三百五十四条 判决、裁定生效后，公安机关将罪犯交付执行，监狱不予收监的，监狱应当书面说明理由，由公安机关将执行通知书退回人民法院。人民法院经审查认为监狱不予收监的罪犯不符合刑事诉讼法第二百一十四条规定的暂予监外执行条件的，应当决定将罪犯交付监狱收监执行。收监执行决定书应当分别送达交付执行的公安机关和监狱。

第三百五十五条 第一审人民法院判处拘役或者有期徒刑宣告缓刑的犯罪分子，判决尚未发生法律效力的，不能立即交付执行。如果被宣告缓刑的罪犯在押，第一审人民法院应当先行作出变更强制措施的决定，改为监视居住或者取保候审，并立即通知有关公安机关。判决发生法律效力后，应当将法律文书送达当地公安机关。

第三百五十六条 被宣告缓刑、假释的犯罪分子，在缓刑、假释考验期限内再犯新罪或者被发现判决宣告以前还有其他罪没有判决，应当撤销缓刑、假释的，由审判新罪的人民法院在审判新罪时，对原判决、裁定宣告的缓刑、假释予以撤销；如果原来是上级人民法院判决、裁定宣告缓刑、假释的，审判新罪的下级人民法院也可以撤销原判决、裁定宣告的缓刑、假释。审判新罪的人民法院对原审判决、裁定宣告的缓刑、假释撤销后，应当通知原宣告缓刑、假释的人民法院和执行机关。

第三百五十七条　被宣告缓刑、假释的犯罪分子，在缓刑、假释考验期限内违反法律、行政法规或者国务院公安部门有关缓刑、假释的监督管理规定，应当依法撤销缓刑、假释的，原作出缓刑、假释裁判的人民法院应当自收到同级公安机关提出的撤销缓刑、假释建议书之日起一个月内依法作出裁定。

人民法院撤销缓刑、假释的裁定，一经作出，立即生效。

第三百五十八条　发生法律效力的刑事判决、裁定和调解书中涉及财产内容需要执行的，由原审人民法院执行。

附带民事判决中财产的执行，依照民事诉讼法和最高人民法院的有关规定办理。

第三百五十九条　罚金在判决规定的期限内一次或者分期缴纳。期满无故不缴纳的，人民法院应当强制缴纳。经强制缴纳仍不能全部缴纳的，人民法院在任何时候，包括在判处的主刑执行完毕后，发现被执行人有可以执行的财产的，应当追缴。

如果由于遭遇不能抗拒的灾祸缴纳罚金确实有困难的，犯罪分子可以向人民法院申请减少或者免除。人民法院查证属实后，可以裁定对原判决确定的罚金数额予以减少或者免除。

行政机关对被告人就同一事实已经处以罚款的，人民法院判处罚金时应当予以折抵。

第三百六十条　对判处财产刑的犯罪分子或者附带民事诉讼的判决、裁定有执行财产内容的被告人，在本地无财产可供执行的，原判人民法院可以委托其财产所在地人民法院代为执行。代为执行的人民法院执行后或者无法执行的，应当将有关情况及时通知委托的人民法院。代为执行的人民法院可以将执行财产刑的财产直接上缴国库；需要退赔的财产，应当由执行的人民法院移交委托人民法院依法退赔。

第三百六十一条　被判处死刑缓期二年执行的罪犯，在死刑缓期二年执行期间，如果没有故意犯罪，死刑缓期二年执行期满后，即应当裁定减刑。如果死刑缓期二年执行期满后尚未裁定减刑前又犯新罪的，应当依法减刑后对其所犯新罪另行审判。

第三百六十二条 减刑、假释案件按照下列情形分别处理：

（一）对于被判处死刑缓期二年执行的罪犯的减刑，由罪犯服刑地的高级人民法院根据省、自治区、直辖市监狱管理机关审核同意的监狱减刑建议书裁定；

（二）对于被判处无期徒刑的罪犯的减刑、假释，由罪犯服刑地的高级人民法院根据省、自治区、直辖市监狱管理机关审核同意的监狱减刑、假释建议书裁定。高级人民法院应当自收到减刑、假释建议书之日起一个月内依法裁定；案情复杂或者情况特殊的，可以延长一个月；

（三）对于被判处有期徒刑（包括减为有期徒刑）的罪犯的减刑、假释，由罪犯服刑地的中级人民法院根据当地执行机关提出的减刑、假释建议书裁定。中级人民法院应当自收到减刑、假释建议书之日起一个月内依法裁定；案情复杂或者情况特殊的，可以延长一个月；

（四）对于被判处拘役的罪犯的减刑，由罪犯服刑地的中级人民法院根据当地同级执行机关提出的减刑建议书裁定；

（五）对于被判处管制的罪犯的减刑，由罪犯服刑地的中级人民法院根据当地同级执行机关提出的减刑建议书裁定；

（六）被宣告缓刑的罪犯，在缓刑考验期限内确有重大立功表现，需要予以减刑，并相应缩短缓刑考验期限的，应当由负责考察的公安派出所会同罪犯的所在单位或者基层组织提出书面意见，由罪犯所在地的中级人民法院根据当地同级执行机关提出的减刑、假释建议书裁定；

（七）对于公安机关看守所监管的罪犯的减刑、假释，由罪犯所在的看守所提出意见，由当地中级人民法院根据当地同级执行机关提出的减刑、假释建议书裁定。

前款第（四）至（七）项规定的减刑、假释，人民法院应当自收到减刑、假释建议书之日起一个月内依法裁定。

第三百六十三条 人民法院受理减刑、假释案件，应当审查执行机关移送的材料是否包括下列内容：

（一）减刑、假释建议书；

（二）终审法院的判决书、裁定书、历次减刑裁定书的复制件；

（三）罪犯确有悔改或者立功、重大立功表现的具体事实的书面证明材料；

（四）罪犯评审鉴定表、奖惩审批表等。

经审查，如果前款规定的材料齐备的，应当收案；材料不齐备的，应当通知提请减刑、假释的执行机关补送。

第三百六十四条　人民法院审理减刑、假释案件，应当依法组成合议庭。

第三百六十五条　减刑、假释的裁定，应当及时送达执行机关、同级人民检察院、负责监督假释罪犯的公安机关以及罪犯本人。人民检察院认为人民法院的减刑、假释裁定不当，应当在收到裁定书副本后二十日内，向人民法院提出书面纠正意见。人民法院收到书面纠正意见后，应当重新组成合议庭进行审理，并在一个月内作出最终裁定。

二十、附则

第三百六十六条　本解释的有关规定适用于军事法院、铁路运输法院等专门人民法院。

第三百六十七条　本解释发布前有关刑事诉讼程序的司法解释，与本解释重复或者抵触的，以本解释为准。

最高人民法院最高人民检察院公安部国家安全部司法部全国人大常委会法制工作委员会关于刑事诉讼法实施中若干问题的规定

（1998年1月19日）

一、管辖

1. 按照刑事诉讼法对刑事案件管辖的分工的规定，人民检察院管辖“贪污贿赂犯罪，国家工作人员的渎职犯罪，国家机关工作人员利用职权实施的非法拘禁、刑讯逼供、报复陷害、非法搜查的侵犯公民人身权利的犯罪以及侵犯公民民主权利的犯罪”。对于涉税等案件由公安机关管辖,公安机关应当立案侦查,人民检察院不再受理。任何不符合刑事诉讼法关于案件管辖分工规定的文件一律无效。

对于人民检察院已经立案侦查的依法应由公安机关管辖的涉税等案件,可由人民检察院继续办理完毕,或由人民检察院移交公安机关办理。

2. 刑事诉讼法规定人民检察院管辖“国家工作人员的渎职犯罪”案件,修订后的刑法已将渎职罪的主体修改为国家机关工作人员。根据这一修改,人民检察院管辖的“渎职犯罪”,是指刑法分则第九章规定的渎职罪。另外,刑法分则第四章第二百四十八条规定的监管人员殴打、体罚、虐待被监管人罪,由人民检察院管辖。刑法分则第三章破坏社会主义市场经济秩序罪中规定的犯罪由公安机关管辖。

3. 修订后的刑法已将贪污贿赂罪明确在分则第八章中作了规定,根据这一修改,人民检察院管辖“贪污贿赂犯罪”案件,是指修订后刑法分则第八章规定的贪污贿赂罪和其他章节中明确规定按照刑法分则第八章贪污贿赂罪的规定定罪处罚的犯罪。第一百六十三条第一款、第二款、第一百八十四条第一款和第一百六十四条规定的犯罪由公安机关管辖。

4. 刑事诉讼法第一百七十条第二项规定由人民法院直接受理的“被害人有证据证明的轻微刑事案件”是指下列被害人有证据证明的刑事案件:

(一)故意伤害案(轻伤);

(二)重婚案;

(三)遗弃案;

(四)妨害通信自由案;

(五)非法侵入他人住宅案;

(六)生产、销售伪劣商品案件(严重危害社会秩序和国家利益的除外);

(七)侵犯知识产权案件(严重危害社会秩序和国家利益的除外);

(八)属于刑法分则第四章、第五章规定的,对被告人可以判处三年有期徒刑以下刑罚的其他轻微刑事案件。

上述所列八项案件中,被害人直接向人民法院起诉的,人民法院应当依法受理,对于其中证据不足、可由公安机关受理的,应当移送公安机关立案侦查。被害人向公安机关控告的，公安机关应当受理。

伪证罪、拒不执行判决裁定罪由公安机关立案侦查。

5. 修改后的刑事诉讼法删除了原来关于“上级人民法院在必要的时候，可以把自己管辖的第一审刑事案件交由下级人民法院审判”的内容。根据这一修改，对于第一审刑事案件，依法应当由上级人民法院管辖的，不能再指定下级人民法院管辖。

6. 公安机关侦查刑事案件涉及人民检察院管辖的贪污贿赂案件时，应当将贪污贿赂案件移送人民检察院；人民检察院侦查贪污贿赂案件涉及公安机关管辖的刑事案件，应当将属于公安机关管辖的刑事案件移送公安机关。在上述情况中，如果涉嫌主罪属于公安机关管辖，由公安机关为主侦查，人民检察院予以配合；如果涉嫌主罪属于人民检察院管辖，由人民检察院为主侦查，公安机关予以配合。

二、立案

7. 刑事诉讼法第八十七条规定：“人民检察院认为公安机关对应当立案侦查的案件而不立案侦查的，或者被害人认为公安机关对应当立案侦查的案件而不立案侦查，向人民检察院提出的，人民检察院应当要求公安机关说明不立案的理由。人民检察院认为公安机关不立案理由不能成立的，应当通知公安机关立案，公安机关接到通知后应当立案。”根据上述规定，公安机关在收到人民检察院《要求说明不立案理由通知书》后七日内应当将说明情况书面答复人民检察院。人民检察院认为公安机关不立案理由不能成立，发出《通知立案书》时，应当将有关证明应该立案的材料同时移送公安机关。公安机关在收到《通知立案书》后，应当在十五日内决定立案，并将立案决定书送达人民检察院。

三、回避

8. 刑事诉讼法第三十条和第三十一条规定，书记员、翻译人员和鉴定人员的回避，由人民法院院长决定。根据这一规定，上述人员的回避不能由审判长决定。

四、律师参加刑事诉讼

9. 刑事诉讼法第九十六条规定的“涉及国家秘密的案件”，是指案情或者案件性质涉及国家秘密的案件，不能因刑事案件侦查过程中的有关材料和处理意见需保守秘密而作为涉及国家秘密的案件。

10. 依照刑事诉讼法第九十六条规定，在侦查阶段犯罪嫌疑人聘请律师的，可以自己聘请，也可以由其亲属代为聘请。在押的犯罪嫌疑人提出聘请律师的，看守机关应当及时将其请求转达办理案件的有关侦查机关，侦查机关应当及时向其所委托的人员或者所在的律师事务所转达该项请求。犯罪嫌疑人仅有聘请律师的要求，但提不出具体对象的，侦查机关应当及时通知当地律师协会或者司法行政机关为其推荐律师。

11. 刑事诉讼法第九十六条规定，涉及国家秘密的案件，律师会见在押的犯罪嫌疑人，应当经侦查机关批准。对于不涉及国家秘密的案件，律师会见犯罪嫌疑人不需要经过批准。不能以侦查过程需要保密作为涉及国家秘密的案件不予批准。律师提出会见犯罪嫌疑人的，应当在四十八小时内安排会见，对于组织、领导、参加黑社会性质组织罪、组织、领导、参加恐怖活动组织罪或者走私犯罪、毒品犯罪、贪污贿赂犯罪等重大复杂的两人以上的共同犯罪案件，律师提出会见犯罪嫌疑人的，应当在五日内安排会见。

12. 刑事诉讼法第九十六条规定，在侦查阶段，律师会见在押的犯罪嫌疑人，侦查机关根据案件情况和需要可以派员在场。审查起诉阶段和审判阶段，案件已经侦查终结，辩护律师和其他辩护人会见在押的犯罪嫌疑人、被告人时，人民检察院、人民法院不派员在场。

13. 在审判阶段，辩护律师和其他辩护人依照刑事诉讼法第三十六条规定的程序可以到人民法院查阅、摘抄、复制本案所指控的犯罪事实的材料，同被告人会见、通信。辩护律师还可以依照刑事诉讼法第三十七条的规定向证人或者其他有关单位和个人收集与本案有关的材料，申请人民检察院、人民法院收集、调取证据，申请人民法院通知证人出庭作证。辩护律师经人民检察院、人民法院许可，并且经被害人或者其近亲属、被害人提供的证人同意，可以向他们收集与本案有关的材料。

在法庭审理过程中，辩护律师在提供被告人无罪或者罪轻的证据时，认为在侦查、审查起诉过程中侦查机关、人民检察院收集的证明被告人无罪或者罪轻的证据材料需要在法庭上出示的，可以申请人民法院向人民检察院调取该证据材料，并可以到人民法院查阅、摘抄、复制该证据材料。

14. 对于律师查阅、摘抄、复制案件的诉讼文书、技术性鉴定材料和本案所指控的犯罪事实的材料，只能收取复制材料所必要的工本费用，不得收取各种其他名目的费用。工本费收取的标准应当全国统一，由最高人民法院、最高人民检察院报国家价格主管部门核定。

15. 刑事诉讼法第三十七条规定："辩护律师经证人或者其他有关单位和个人同意，可以向他们收集与本案有关的材料，也可以申请人民检察院、人民法院收集、调取证据，或者申请人民法院通知证人出庭作证。"对于辩护律师申请人民检察院、人民法院收集、调取证据，人民检察院、人民法院认为需要调查取证的，应当由人民检察院、人民法院收集、调取证据，不应当向律师签发准许调查决定书，让律师收集、调取证据。

16. 刑事诉讼法第四十条规定："自诉案件的自诉人及其法定代理人，附带民事诉讼的当事人及其法定代理人，有权随时委托诉讼代理人。"根据这一规定，对自诉人及其法定代理人、附带民事诉讼的当事人及其法定代理人委托诉讼代理人不应当限定为在"开庭审判前"。

五、证据

17. 刑事诉讼法第九十七条规定："侦查人员询问证人，可以到证人的所在单位或者住处进行"，"在必要的时候，也可以通知证人到人民检察院或者公安机关提供证言"。侦查人员询问证人，应当依照刑事诉讼法第九十七条的规定进行，不得另行指定其他地点。

18. 刑事诉讼法第一百二十条第二款规定："对人身伤害的医学鉴定有争议需要重新鉴定或者对精神病的医学鉴定，由省级人民政府指定的医院进行。"人民法院在开庭审理时，对省级人民政府指定的医院作出的鉴定结论，经质证后，认为有疑问，不能作为定案根据的，可以另行聘请省级人民政府指定的其他医院进行补充鉴定或者重新鉴定。不能另行聘请其他鉴定机构进行补充鉴定或者重新鉴定。

19. 刑事诉讼法第一百一十七条规定："人民检察院、公安机关根据侦查犯罪的需要，可以依照规定查询、冻结犯罪嫌疑人的存款、汇款。"根据这一规定，人民检察院、公安机关不能扣划存款、汇款，对于在侦查、审查起诉中犯罪嫌疑人死亡，对犯罪嫌疑人的存款、汇款应当依法予以没收或者返还被害人的，可以申请人民法院裁定通知冻结犯罪嫌疑人存款、汇款的金融机构上缴国库或者返还被害人。

六、取保候审、监视居住

20. 刑事诉讼法第五十二条规定："被羁押的犯罪嫌疑人、被告人及其法定代理人、近亲属有权申请取保候审。"第九十六条规定："犯罪嫌疑人被逮捕的，聘请的律师可以为其申请取保候审。"被羁押的犯罪嫌疑人、被告人及其法定代理人、近亲属和律师申请取保候审，有权决定的机关应当在七日内作出是否同意的答复。同意取保候审的，依法办理取保候审手续；不同意取保候审的，应当告知申请人，并说明不同意的理由。

21. 刑事诉讼法第五十三条规定："对犯罪嫌疑人、被告人取保候审，应当责令犯罪嫌疑人、被告人提出保证人或者交纳保证金。"根据这一规定，不能要求同时提供保证人并交纳保证金。

22. 对犯罪嫌疑人采取保证金保证的，由决定机关根据案件具体情况确定保证金的数额。取保候审保证金由公安机关统一收取和保管。对取保候审保证人是否履行了保证义务，由公安机关认定，对保证人的罚款决定，也由公安机关作出。具体办法由公安部会同最高人民法院、最高人民检察院、国家安全部制定。

23. 被采取取保候审、监视居住的犯罪嫌疑人、被告人无正当理由不得离开所居住的市、县或者住处，有正当理由需离开所居住的市、县或者住处，应当经执行机关批准。如取保候审、监视居住是由人民检察院、人民法院决定的，执行机关在批准犯罪嫌疑人、被告人离开所居住的市、县或者住处前，应当征得决定机关同意。

24. 被监视居住的犯罪嫌疑人、被告人会见其聘请的律师不需要经过批准。

七、拘留、逮捕

25. 刑事诉讼法规定，拘留由公安机关执行。对于人民检察院直接受理的案件，人民检察院作出的拘留决定，应当送达公安机关执行，公安机关应当立即执行，人民检察院可以协助公安机关执行。

26. 修改后的刑事诉讼法将原刑事诉讼法关于逮捕条件中"主要犯罪事实已经查清"的规定修改为"有证据证明有犯罪事实"。其中"有证据证明有犯罪事实",是指同时具备下列情形:

(一)有证据证明发生了犯罪事实;

(二)有证据证明犯罪事实是犯罪嫌疑人实施的;

(三)证明犯罪嫌疑人实施犯罪行为的证据已有查证属实的。

犯罪事实可以是犯罪嫌疑人实施的数个犯罪行为中的一个。

27. 人民检察院审查公安机关提请批准逮捕的案件,应当作出批准或者不批准逮捕的决定,对报请批准逮捕的案件不另行侦查。

28. 对于人民检察院批准逮捕的决定,公安机关应当立即执行,并将执行回执及时送达作出批准逮捕的人民检察院。如果未能执行,也应当将回执送达人民检察院,并写明未能执行的原因;对于人民检察院决定不批准逮捕的,公安机关在收到不批准逮捕决定书后,应当立即释放在押的犯罪嫌疑人或者变更强制措施,并将执行回执在收到不批准逮捕决定书后的三日内送达作出不批准逮捕决定的人民检察院。

八、期间和办案期限

29. 关于刑事诉讼中期间的计算,期间的最后一日为节假日的,以节假日后的第一日为期间届满日期。但对于犯罪嫌疑人、被告人或者罪犯在押期间,应当至期间届满之日为止,不得因节假日而延长在押期限至节假日后的第一日。

30. 公安机关对案件提请延长羁押期限时,应当在羁押期限届满七日前提出,并书面呈报延长羁押期限案件的主要案情和延长羁押期限的具体理由,人民检察院应当在羁押期限届满前作出决定。

31. 最高人民检察院直接立案侦查的案件,符合刑事诉讼法第一百二十四条、第一百二十六条和第一百二十七条规定的条件,需要延长犯罪嫌疑人侦查羁押期限的,由最高人民检察院依法决定。

32. 根据刑事诉讼法第一百二十八条的规定,公安机关在侦查期间,发现犯罪嫌疑人另有重要罪行,重新计算侦查羁押期限的,由公安机关决定,不再经人民检察院批准。但须报人民检察院备案,人民检察院可以进行监督。

33. 刑事诉讼法第一百二十二条规定:“对犯罪嫌疑人作精神病鉴定的期间不计入办案期限。”根据上述规定,犯罪嫌疑人、被告人在押的案件,除对犯罪嫌疑人、被告人的精神病鉴定时间不计入办案期限外,其他鉴定时间都应当计入办案期限。对于因鉴定时间较长,办案期限届满仍不能终结的案件,自期限届满之日起,应当对被羁押的犯罪嫌疑人、被告人变更强制措施,改为取保候审或者监视居住。

九、侦查终结

34. 人民检察院受理同级公安机关移送审查起诉的案件,按照刑事诉讼法的管辖规定,认为应当由上级人民检察院或者同级其他人民检察院起诉的,应当由人民检察院将案件移送有管辖权的人民检察院审查起诉。

十、移送起诉

35. 根据刑事诉讼法第一百五十条的规定,人民检察院提起公诉的案件,应当向人民法院移送起诉书、证据目录、证人名单和所有犯罪事实的主要证据的复印件或者照片。对于移送材料中的一些具体问题,按以下办法办理:

(一)人民检察院移送证人名单应当包括在起诉前提供了证言的证人名单,证人名单应当列明证人的姓名、年龄、性别、职业、住址、通讯处。人民检察院对于拟不出庭的证人,可以不说明不出庭的理由。

(二)人民检察院移送证据目录应当是起诉前收集的证据材料的目录。

(三)关于被害人姓名、住址、通讯处,有无扣押、冻结在案的被告人的财物及存放地点,被告人被采取强制措施的种类、是否在案及羁押地点等问题,人民检察院应当在起诉书中列明,不再单独移送材料,其中对于涉及被害人隐私或者为保护被害人人身安全,而不宜在起诉书中列明被害人姓名、住址、通讯处的,单独移送人民法院。

(四)鉴定结论、勘验检查笔录已经作为主要证据移送复印件的,鉴定人、勘验检查笔录制作人姓名已载明,不再另行移送。

36. 根据刑事诉讼法第一百五十条的规定,人民检察院提起公诉的案件,应当向人民法院移送所有犯罪事实的主要证据的复印件或者照片。“主要证据”包括：

（一）起诉书中涉及的各证据种类中的主要证据；

（二）多个同种类证据中被确定为“主要证据”的；

（三）作为法定量刑情节的自首、立功、累犯、中止、未遂、正当防卫的证据。

人民检察院针对具体案件移送起诉时，“主要证据”由人民检察院根据以上规定确定。

37. 刑事诉讼法第一百五十条规定：“人民法院对提起公诉的案件进行审查后，对于起诉书中有明确的指控犯罪事实并且附有证据目录、证人名单和主要证据复印件或者照片的，应当决定开庭审判。”对于人民检察院提起公诉的案件，人民法院都应当受理。人民法院对提起公诉的案件进行审查后，对于起诉书中有明确的指控犯罪事实并且附有证据目录、证人名单和主要证据复印件或者照片的，应当决定开庭审判，不得以上述材料不充足为由而不开庭审判。如人民检察院移送的材料中缺少上述材料的，人民法院可以通知人民检察院补充材料，人民检察院应当自收到通知之日起三日内补送。

人民法院对提起公诉的案件进行审查的期限计入人民法院的审理期限。

38. 对于适用简易程序审理的公诉案件，无论人民检察院是否派员出庭，都应当向人民法院移送全部案卷和证据材料。

十一、开庭审判

39. 刑事诉讼法第一百五十四条规定，开庭的时候，审判长查明当事人是否到庭。根据上述规定，应当由审判长查明当事人是否到庭，不能规定由书记员查明。

40. 关于在法庭审判中询问证人的顺序，法庭审判在审判长的主持下进行，公诉人、辩护人向证人发问的顺序由审判长决定。

41. 刑事诉讼法第一百五十八条第一款规定：“法庭审理过程中，合议庭对证据有疑问的，可以宣布休庭，对证据进行调查核实。”第一百五十九条第一款规定：“法庭审理过程中，当事人和辩护人、诉讼代理人有权申请通知新的证人到庭，调取新的物证，申请重新鉴定或者勘验。”根据上述规定，人民法院可以向人民检察院调取需要调查核实的证据材料；人民法院也可以根据辩护人、被告人的申请，向人民检察院调取在侦查、审查起诉中收集的有关被告人无罪或者罪轻的证据材料。人民检察院应当自收到人民法院要求调取证据材料决定书后三日内移交。

42. 人民检察院对于在法庭上出示、宣读、播放的证据材料应当当庭移交人民法院,确实无法当庭移交的,应当在休庭后三日内移交。对于在法庭上出示、宣读、播放未到庭证人的证言的,如果该证人提供过不同的证言,人民检察院应当将该证人的全部证言在休庭后三日内移交。

43. 修改后的刑事诉讼法第一百六十九条规定:“人民检察院发现人民法院审理案件违反法律规定的诉讼程序,有权向人民法院提出纠正意见。”人民检察院对违反法定程序的庭审活动提出纠正意见,应当由人民检察院在庭审后提出。

十二、二审

44. 刑事诉讼法第一百八十八条规定:“人民检察院提出抗诉的案件或者第二审人民法院开庭审理的公诉案件,同级人民检察院都应当派员出庭。”根据这一规定,出席第二审审判的应当是同级人民检察院的检察人员。

45. 人民检察院提出抗诉的案件或者第二审人民法院开庭审理的公诉案件,在二审中出庭的检察人员和辩护人需要出示、宣读、播放一审中已移交人民法院的证据的,出庭的检察人员和辩护人可以申请法庭出示、宣读、播放。

46. 对于人民检察院抗诉的案件,经第二审人民法院审查后,认为应当判处被告人死刑的,按照刑事诉讼法第一百八十九条的规定处理,即第二审人民法院认为原判决认定事实没有错误,但适用法律有错误,或者量刑不当的,应当改判;认为原判决事实不清或者证据不足的,可以在查清事实后改判或者发回重审。其中,对于第二审人民法院直接改判死刑的案件,无论该案件的死刑核准权是否下放,都应当报请最高人民法院核准。

十三、死刑复核

47. 高级人民法院核准死刑缓期二年执行的案件,应当作出核准或者不核准的决定,不能加重被告人的刑罚。

十四、赃款赃物

48. 对于赃款赃物，除依法返还被害人的财物以及依法销毁的违禁品外，必须一律上缴国库。任何单位和个人都不得挪用或者私自处理。关于赃款赃物的处理，应当按照刑事诉讼法第一百九十八条的规定执行，并应当根据不同情况作以下处理：

（一）对作为证据使用的实物，应当依法随案移送。对不宜移送的，应当将其清单、照片或者其他证明文件随案移送，不得以未移送赃款赃物为由，拒绝受理案件。

（二）侦查机关冻结在金融机构的赃款，应当向人民法院随案移送该金融机构出具的证明文件，待人民法院作出生效判决后，由人民法院通知该金融机构上缴国库，该金融机构应当向人民法院送交执行回单。

（三）查封、扣押的赃款赃物，对依法不移送的，应当随案移送证据清单、照片或者其他证明文件，待人民法院作出生效判决后，由人民法院通知查封、扣押机关上缴国库，查封、扣押机关应当向人民法院送交执行回单。

国家安全机关依照法律规定，办理危害国家安全的刑事案件，适用本规定中有关公安机关的规定。

本规定自公布之日起施行。最高人民法院、最高人民检察院、公安部、国家安全部制订的关于刑事诉讼法执行问题的解释或者规定中与本规定不一致的，以本规定为准。

(二)司法性文件

最高人民法院最高人民检察院公安部关于公安部证券犯罪侦查局直属分局办理证券期货领域刑事案件适用刑事诉讼程序若干问题的通知

(2005 年 2 月 28 日　公通字〔2005〕11 号)

各省、自治区、直辖市高级人民法院、人民检察院、公安厅(局),新疆维吾尔自治区高级人民法院生产建设兵团分院、新疆生产建设兵团人民检察院、公安局:

根据中央机构编制委员会办公室的批复,公安部在北京、大连、上海、武汉、深圳、成都设立证券犯罪侦查局直属分局(以下简称直属分局),直接承办证券期货领域重特大刑事案件,行使《刑事诉讼法》赋予公安机关的刑事侦查权。为保证各直属分局依法履行职责,与各行政执法部门、司法机关密切配合,切实加大打击证券期货领域犯罪的力度,现就各直属分局办理证券期货领域刑事案件适用刑事诉讼程序的若干问题通知如下:

一、直属分局管辖以下案件:

(一)欺诈发行股票、债券案件;

(二)上市公司提供虚假财会报告案件;

(三)内幕交易、泄露内幕信息案件;

(四)操纵证券、期货交易价格案件;

(五)公安部交办的其他经济犯罪案件。

直属分局在办理上述前 4 类案件中发现的其他经济犯罪案件,应当移送有管辖权的地方公安机关,但直属分局管辖更为适宜的,由公安部指定直属分局一并侦查。地方公安机关办案中发现的上述前 4 类证券期货犯罪案件,原则上由地方公安机关继续侦查,但涉嫌主罪属于上述前 4 类案件罪名的,应当层报公安部,由公安部指定有关直属分局管辖。

二、各直属分局管辖地区分别是:

北京分局:北京、天津、河北、山西、新疆(含生产建设兵团);

大连分局:辽宁、吉林、黑龙江、内蒙古;

上海分局:上海、江苏、浙江、安徽、山东;

武汉分局:河南、湖北、湖南、陕西、甘肃、宁夏;

深圳分局:福建、江西、广东、广西、海南;

成都分局:重庆、四川、贵州、云南、青海、西藏。

三、直属分局行使公安机关侦查权,依法对本通知第一条规定的刑事案件立案、侦查、预审。对犯罪嫌疑人分别依法决定传唤、拘传、取保候审、监视居住、拘留;认为需要逮捕的,提请人民检察院审查批准;对依法不追究刑事责任的不予立案,已经立案的予以撤销案件;对侦查终结应当起诉的案件,移送人民检察院审查决定;对不够刑事处罚的犯罪嫌疑人需要行政处理的,移送有关部门处理。

四、直属分局依照《刑事诉讼法》和《公安机关办理刑事案件程序规定》等有关规定出具和使用刑事法律文书,冠以"公安部证券犯罪侦查局＊＊分局"字样,并加盖"公安部证券犯罪侦查局＊＊分局"印章和分局局长印章。

五、直属分局在侦查办案过程中,需要提请批准逮捕犯罪嫌疑人的,应当按照《刑事诉讼法》及《公安机关办理刑事案件程序规定》的有关规定,制作相应的法律文书,连同有关案卷材料、证据,移送犯罪地或犯罪嫌疑人所在地的人民检察院审查批准。

六、直属分局侦查终结的案件,犯罪事实清楚,证据确实、充分的,应当按照《刑事诉讼法》的有关规定,制作《起诉意见书》,连同案卷材料、证据,一并移送犯罪地或犯罪嫌疑人所在地人民检察院审查决定。

七、人民检察院认为直属分局移送的案件,犯罪事实已经查清,证据确实、充分,依法应当追究刑事责任的,应当依照《刑事诉讼法》有关管辖的规定向人民法院提起公诉。人民法院应当依法作出判决。

八、案情重大、复杂或者确有特殊情况需要改变管辖的，人民法院可以依照《刑事诉讼法》第二十三条、第二十六条的规定决定。

九、对经侦查不构成犯罪和人民检察院依法不起诉或者人民法院依法宣告无罪、免予刑事处罚的刑事案件，需要追究行政责任的，依照有关行政法规的规定，移送有关部门处理。

本通知自下发之日起执行。各地公安、司法机关此前已经受理的案件仍由其继续办理。

最高人民法院关于推行十项制度切实防止产生新的超期羁押的通知

（2003 年 12 月 1 日）

各省、自治区、直辖市高级人民法院，解放军军事法院，新疆维吾尔自治区高级人民法院生产建设兵团分院：

为了严格执行刑事诉讼法的有关规定，实现人民法院"公正与效率"的工作主题，牢固树立司法为民的观念，切实提高办理刑事案件的质量和效率，严厉打击犯罪，尊重和保障人权，全国各级人民法院在今年集中清理超审限和超期羁押案件之后，必须建立并完善严格防止超期羁押的司法工作机制，推行十项制度，努力实现防止超期羁押工作的规范化、制度化、法制化。现特作如下通知：

一、全面实行以审限管理为中心的案件流程管理制度，建立超期羁押预警机制，切实防止超期羁押。各级人民法院在审理案件过程中，应当严格遵守刑事诉讼法关于审理期限的规定，进一步实行以审限管理为中心的案件流程管理制度，建立超期羁押预警机制。对被羁押的被告人，及时办理换押手续。对审理时间达到法定审限三分之二的案件，以"催办通知"的方式，向承办案件审判庭和承办案件法官催办；对审理时间接近法定审限的案件，以"审限警示"的方式，向承办案件审判庭和承办案件法官发送"审限警示"。

二、实行严格依法适用取保候审、监视居住等法律措施的制度。各级人民法院必须实行严格适用刑事诉讼法关于取保候审、监视居住规定的制度。对被告人符合取保候审、监视居住条件的，应当依法采取取保候审、监视居住。对过失犯罪等社会危险性较小且符合法定条件的被告人，应当依法适用取保候审、监视居住等法律措施。对已被羁押超过法定羁押期限的被告人，应当依法予以释放；如果被告人被羁押的案件不能在法定期限内审结，需要继续审理的，应当依法变更强制措施。

三、建立及时通报制度，告知法院羁押期限。根据法定事由，例如依法延期审理、中止审理、进行司法精神病鉴定等，人民法院依法办理法律手续延长审限的案件，不计入审限。人民法院应当及时将上述不计入审限的情况书面通知看守所、被告人及其家属，并说明审限延长的理由。对于人民检察院因抗诉等原因阅卷的案件，根据《最高人民法院关于严格执行案件审理期限制度的若干规定》（法释200029号），其占用的时间不计入审限，人民法院应当及时将情况书面通知看守所、被告人及其家属，并说明理由。

四、完善依法独立审判制度，规范以至逐步取消内部请示的做法。人民法院审理刑事案件，应当依照刑事诉讼法的规定独立审判，坚持两审终审制。除了适用法律疑难案件以外，不得向上级人民法院请示。要规范以至逐步取消内部请示的做法。

五、建立严格的案件发回重审制度。按照刑事诉讼法以及《最高人民法院、最高人民检察院、公安部关于严格执行刑事诉讼法，切实纠防超期羁押通知》的规定，第二审人民法院经过审理，对于原判决事实不清楚或者证据不足的案件，只能裁定撤销原判，发回原审人民法院重新审判一次，严格禁止多次发回重审。

六、坚持依法办案，有罪依法追究，无罪坚决放人。人民法院审理刑事案件，依法惩罚犯罪、保障人权，有罪依法追究，无罪坚决放人。经过审理，对于案件事实清楚，证据确实、充分，依据法律认定被告人有罪的，应当作出有罪判决；对于经过审理，只有部分犯罪事实清楚、证据确实、充分的案件，只就该部分事实和证据进行认定和判决；对于审理后，仍然证据不足，在法律规定的审限内无法收集充分的证据，不能认定被告人有罪的案件，应当坚决依法作出证据不足、指控的犯罪不能成立的无罪判决，绝不能搞悬案、疑案，拖延不决，迟迟不判。

七、完善及时宣判制度。人民法院依法作出判决后，应当按照法律规定及时公开宣判并送达执行通知书，不得为了营造声势而延期宣判和执行。

八、建立高效率的送达、移送卷宗制度。依照刑事诉讼法规定，法定期间不包括路途上的时间。人民法院在审判过程中，因送达裁判文书以及第一审案件审结后进入第二审程序，或者第二审案件审结后进入死刑复核程序等移送卷宗的案件，路途上的时间不计入审限。人民法院应当积极采取各种措施，努力改进送达、移送案卷等工作，尽量缩短占用的时间，使其更加制度化、规范化，不得无故拖延。

九、坚持超期羁押案件月报制度，做到月清月结。人民法院应当坚持超期羁押案件月报制度，每月定期向上级人民法院书面报告；最高人民法院每月定期向全国法院发布《全国法院超期羁押案件情况月报》。积极采取措施，努力做到超期羁押案件月清月结。

十、严格执行超期羁押责任追究制度。凡故意违反刑事诉讼法和《最高人民法院、最高人民检察院、公安部关于严格执行刑事诉讼法，切实纠防超期羁押通知》的规定，造成被告人超期羁押的，对于直接负责的主管人员和其他责任人员，由其所在单位或者上级主管机关依照有关规定予以行政处分或者纪律处分，构成犯罪的，依法追究刑事责任。

最高人民法院最高人民检察院公安部关于严格执行刑事诉讼法，切实纠防超期羁押的通知

（2003 年 11 月 12 日　法〔2003〕163 号）

各省、自治区、直辖市高级人民法院、人民检察院、公安厅（局），解放军军事法院、军事检察院、总政治部保卫部：

目前，超期羁押现象在全国许多地方没有得到有效遏制，“前清后超”、“边清边超”、“押而不决”等现象仍然不断发生，人民群众反映强烈。各级人民法院、人民检察院和公安机关要坚持以“三个代表”重要思想为指导，坚持司法为民的工作要求，

严格执行刑事诉讼法的有关规定，切实提高办理刑事案件的质量和效率，维护人民法院、人民检察院和公安机关的公正形象，坚决纠正和预防超期羁押现象，尊重和保障犯罪嫌疑人、被告人的合法权益。现就有关问题通知如下：

一、进一步端正执法思想，牢固树立实体法和程序法并重、打击犯罪和保障人权并重的刑事诉讼观念。社会主义司法制度必须保障在全社会实现公平和正义。人民法院、人民检察院和公安机关依法进行刑事诉讼，既要惩罚犯罪，维护社会稳定，也要尊重和保障人权，尊重和保障犯罪嫌疑人、被告人的合法权益，是依法惩罚犯罪和依法保障人权的有机统一。任何人，在人民法院依法判决之前，都不得被确定有罪。在侦查、起诉、审判等各个阶段，必须始终坚持依法进行诉讼，认真遵守刑事诉讼法关于犯罪嫌疑人、被告人羁押期限的规定，坚决克服重实体、轻程序，重打击、轻保障的错误观念，避免因超期羁押而侵犯犯罪嫌疑人、被告人合法权益现象的发生。

二、严格适用刑事诉讼法关于犯罪嫌疑人、被告人羁押期限的规定，严禁随意延长羁押期限。犯罪嫌疑人、被告人被羁押的，人民法院、人民检察院和公安机关在刑事诉讼的不同阶段，要及时办理换押手续。在侦查阶段，要严格遵守拘留、逮捕后的羁押期限的规定；犯罪嫌疑人被逮捕以后，需要延长羁押期限的，应当符合刑事诉讼法第一百二十四条、第一百二十六条或者第一百二十七条规定的情形，并应当经过上一级人民检察院或者省、自治区、直辖市人民检察院的批准或者决定。在审查逮捕阶段和审查起诉阶段，人民检察院应当在法定期限内作出决定。在审判阶段，人民法院要严格遵守刑事诉讼法关于审理期限的规定；需要延长一个月审理期限的，应当属于刑事诉讼法第一百二十六条规定的情形之一，而且应当经过省、自治区、直辖市高级人民法院批准或者决定。

凡不符合刑事诉讼法关于重新计算犯罪嫌疑人、被告人羁押期限规定的，不得重新计算羁押期限。严禁滥用退回补充侦查、撤回起诉、改变管辖等方式变相超期羁押犯罪嫌疑人、被告人。

三、准确适用刑事诉讼法关于取保候审、监视居住的规定。人民法院、人民检察院和公安机关在对犯罪嫌疑人、被告人采取强制措施时，凡符合取保候审、监视居住条件的，应当依法采取取保候审、监视居住。对已被羁押的犯罪嫌疑人、被告人，在其法定羁押期限已满时必须立即释放，如侦查、起诉、审判活动尚未完成，需要继续查证、审理的，要依法变更强制措施为取保候审或者监视居住，充分发挥取保候审、监视居住这两项强制措施的作用，做到追究犯罪与保障犯罪嫌疑人、被告人合法权益的统一。

四、坚持依法办案，正确适用法律，有罪依法追究，无罪坚决放人，人民法院、人民检察院和公安机关在刑事诉讼过程中，要分工负责，互相配合，互相制约，依法进行，避免超期羁押现象的发生。在侦查、起诉、审判等各个诉讼阶段，凡发现犯罪嫌疑人、被告人不应或者不需要追究刑事责任的，应当依法撤销案件，或者不起诉，或者终止审理，或者宣告无罪。公安机关、人民检察院要严格执行刑事诉讼法关于拘留、逮捕条件的规定，不符合条件的坚决不拘、不提请批准逮捕或者决定不批准逮捕。人民检察院对于经过两次补充侦查或者在审判阶段建议补充侦查并经人民法院决定延期审理的案件，不再退回公安机关；对于经过两次补充侦查，仍然证据不足、不符合起诉条件的案件，要依法作出不起诉的决定。公安机关要依法加强对看守所的管理，及时向办案机关通报超期羁押情况。人民法院对于人民检察院提起公诉的案件，经过审理，认为证据不足，不能认定被告人有罪的，要依法作出证据不足、指控的犯罪不能成立的无罪判决。第二审人民法院经过审理，对于事实不清或者证据不足的案件，只能一次裁定撤销原判、发回原审人民法院重新审判；对于经过查证，只有部分犯罪事实清楚、证据充分的案件，只就该部分罪行进行认定和宣判；对于查证以后，仍然事实不清或者证据不足的案件，要依法作出证据不足、指控的犯罪不能成立的无罪判决，不得拖延不决，迟迟不判。

五、严格执行超期羁押责任追究制度。超期羁押侵犯犯罪嫌疑人、被告人的合法权益，损害司法公正，对此必须严肃查处，绝不姑息。本通知发布以后，凡违反刑事诉讼法和本通知的规定，造成犯罪嫌疑人、被告人超期羁押的，对于直接负责的主管人员和其他直接责任人员，由其所在单位或者上级主管机关依照有关规定予以行政或者纪律处分；造成犯罪嫌疑人、被告人超期羁押，情节严重的，对于直接负责的主管人员和其他直接责任人员，依照刑法第三百九十七条的规定，以玩忽职守罪或者滥用职权罪追究刑事责任。

六、对于重大、疑难、复杂的案件，涉外案件，新类型案件以及危害国家安全案件涉及的适用法律问题，应及时报请全国人大常委会作出立法解释或者最高人民法院、最高人民检察院作出司法解释。

执行本通知的情况，请及时层报最高人民法院、最高人民检察院和公安部。

最高人民法院最高人民检察院公安部关于办理非法生产光盘案件有关问题的通知

（1997年3月28日　公发〔1997〕6号）

各省、自治区、直辖市高级人民法院、人民检察院、公安厅（局）、解放军军事法院、解放军军事检察院：

1996年以来，公安机关在打击侵犯知识产权违法犯罪活动的斗争中，陆续侦破了一批非法生产光盘案件，查获一批光盘生产线设备。鉴于光盘生产线设备价格昂贵，长期封存容易造成损坏，根据《中华人民共和国刑事诉讼法》第198条的规定，现就办案中处理光盘生产线设备的有关问题通知如下：

一、公安机关对查获的非法生产光盘案件，经侦查初步认定构成犯罪的，应当对查获的光盘生产线设备作为犯罪工具依法追缴。追缴后，应采取拍照、录像等方式做好物证的保全、固定工作，再变卖给有关部门指定的单位，变卖的价款及其孳息可暂存入银行。制作的原物照片、录像、物品清单、处理凭证以及其他证明文件，作为证据随案移送。

二、对查获的非法生产光盘案件，经侦查认定构不成犯罪的，其光盘生产线设备应当移交有关行政部门依法处理。

三、对主要犯罪嫌疑人未抓获，案情尚未全部查清的案件，其随案查获的光盘生产线设备，由公安机关按照本通知第一条规定做好证据保全、固定及设备的变卖工作。待案件查清后，对构成犯罪的，按照本通知第一条办理；对构不成犯罪的，按照本通知第二条办理。

四、变卖、罚没光盘生产线设备的收入，一律上缴国库。

2 管　　辖

司法性文件

最高人民法院最高人民检察院公安部关于旅客列车上发生的刑事案件管辖问题的通知

（2001 年 8 月 23 日　公通字〔2001〕70 号）

各省、自治区、直辖市高级人民法院，人民检察院，公安厅、局，新疆维吾尔自治区高级人民法院生产建设兵团分院、新疆生产建设兵团人民检察院、公安局：

为维护旅客列车的治安秩序，及时、有效地处理发生在旅客列车上的刑事案件，现对旅客列车上发生的刑事案件的管辖问题规定如下：

一、列车上发生的刑事案件，由负责该车乘务的乘警队所属的铁路公安机关立案，列车乘警应及时收集案件证据，填写有关法律文书。对于已经查获犯罪嫌疑人的，列车乘警应对犯罪嫌疑人认真盘查，制作盘查笔录。对被害人、证人要进行询问，制作询问笔录，或者由被害人、证人书写被害经过、证言。取证结束后，列车乘警应当将犯罪嫌疑人及盘查笔录、被害人、证人的证明材料以及其他与案件有关证据一并移交前方停车站铁路公安机关。对于未查获犯罪嫌疑人的案件，列车乘警应当及时收集案件线索及证据，并由负责该车乘务的乘警队所属的铁路公安机关继续侦查。

二、车站铁路公安机关对于法律手续齐全并附有相关证据材料的交站处理案件应当受理。经审查和进一步侦查，认为需要逮捕犯罪嫌疑人或者移送审查起诉的，应当依法向同级铁路运输检察院提请批准逮捕或者移送审查起诉。

三、铁路运输检察院对同级公安机关提请批准逮捕或者移送审查起诉的交站处理案件应当受理。经审查符合逮捕条件的，应当依法批准逮捕；符合起诉条件的，应当依法提起公诉或者将案件移送有管辖权的铁路运输检察院审查起诉。

四、铁路运输法院对铁路运输检察院提起公诉的交站处理案件，经审查认为符合受理条件的，应当受理并依法审判。

各地接本通知后，请认真贯彻执行。执行中遇到的问题，请及时分别报告最高人民法院、最高人民检察院、公安部。

3 回 避

(一)司法解释

最高人民法院关于审判人员严格执行回避制度的若干规定

(2000年1月31日 法发〔2000〕5号)

为确保司法公正,根据人民法院组织法、刑事诉讼法、民事诉讼法、行政诉讼法和其他法律的有关规定,现就审判人员执行回避制度及有关问题规定如下:

第一条 审判人员具有下列情形之一的,应当自行回避,当事人及其法定代理人也有权要求他们回避:

(一)是本案的当事人或者与当事人有直系血亲、三代以内旁系血亲及姻亲关系的;

(二)本人或者其近亲属与本案有利害关系的;

(三)担任过本案的证人、鉴定人、勘验人、辩护人、诉讼代理人的;

(四)与本案的诉讼代理人、辩护人有夫妻、父母、子女或者同胞兄弟姐妹关系的;

(五)本人与本案当事人之间存在其他利害关系,可能影响案件公正处理的。

第二条 审判人员具有下列情形之一的,当事人及其法定代理人有权要求回避,但应当提供相关证据材料:

(一)未经批准,私下会见本案一方当事人及其代理人、辩护人的;

（二）为本案当事人推荐、介绍代理人、辩护人，或者为律师、其他人员介绍办理该案件的；

（三）接受本案当事人及其委托的人的财物、其他利益，或者要求当事人及其委托的人报销费用的；

（四）接受本案当事人及其委托的人的宴请，或者参加由其支付费用的各项活动的；

（五）向本案当事人及其委托的人借款、借用交通工具、通讯工具或者其他物品，或者接受当事人及其委托的人在购买商品、装修住房以及其他方面给予的好处的。

第三条 凡在一个审判程序中参与过本案审判工作的审判人员，不得再参与该案其他程序的审判。

第四条 审判人员及法院其他工作人员离任二年内，担任诉讼代理人或者辩护人的，人民法院不予准许；审判人员及法院其他工作人员离任二年后，担任原任职法院审理案件的诉讼代理人或者辩护人，对方当事人认为可能影响公正审判而提出异议的，人民法院应当支持，不予准许本院离任人员担任诉讼代理人或者辩护人。但是作为当事人的近亲属或者监护人代理诉讼或者进行辩护的除外。

第五条 审判人员及法院其他工作人员的配偶、子女或者父母，担任其所在法院审理案件的诉讼代理人或者辩护人的，人民法院不予准许。

第六条 第二审人民法院发现或者根据当事人、诉讼代理人、辩护人的举报，认为第一审人民法院的审理有违反本规定第一条至第三条所列情形之一的，经核查属实，应当裁定撤销原判，发回原审人民法院重新审判。

第七条 当事人、诉讼代理人、辩护人认为审判人员有违反本规定行为的，可以向法院纪检、监察部门或者其他有关部门举报。受理举报的部门应当及时处理，并将有关意见反馈举报人。

第八条 审判人员明知具有本规定第一条至第三条规定情形之一，故意不依法自行回避或者对符合回避条件的申请故意不作出回避决定的，依照《人民法院审判纪律处分办法（试行）》的规定予以处分。

审判人员明知诉讼代理人、辩护人具有本规定第四条、第五条规定情形之一，故意不作出正确决定的,参照《人民法院审判纪律处分办法(试行)》第二十四条的规定予以处分。

第九条 本规定所称审判人员是指各级人民法院院长、副院长、审判委员会委员、庭长、副庭长、审判员、助理审判员。

本规定所称法院其他工作人员是指法院中占行政编制的工作人员。

人民陪审员、书记员、翻译人员、司法鉴定人员、勘验人员的回避问题,参照审判人员回避的有关内容执行。

执行员在执行过程中的回避问题,参照审判人员回避的有关内容执行。

(二)司法性文件

最高人民法院关于如何理解法官法第十七条“原任职法院”问题的答复

(2007 年 4 月 16 日　法[2007]62 号)

上海市高级人民法院:

你院《关于〈法官法〉第十七条“原任职法院”等问题如何理解的请示》(沪高法[2006]392 号)收悉。经研究,答复如下:

《中华人民共和国法官法》第十七条第二款规定的“原任职法院”,包括该法官曾经担任过审判职务的所有法院。

最高人民法院关于适用《关于审判人员严格执行回避制度的若干规定》第四条有关问题的答复

(2000 年 6 月 20 日　法〔2000〕95 号)

山东省高级人民法院:

你院鲁高法函〔2000〕41 号《关于如何适用〈审判人员严格执行回避制度若干规定〉第四条的请示》收悉。经研究,答复如下:

第一条　《关于审判人员严格执行回避制度的若干规定》(以下简称《若干规

定》)第四条规定的“离任”,包括离休、退休、调动、辞职、辞退、开除等情形。

第二条　一方当事人以对方当事人的诉讼代理人或者辩护人具有《若干规定》第四条规定的情形而提出异议的,由受理案件人民法院的院长以决定书形式,对本院离任人员担任诉讼代理人或者辩护人问题作出决定。

最高人民法院关于执行《关于审判人员严格执行回避制度的若干规定》时间效力问题的通知

(2000 年 6 月 15 日　法〔2000〕94 号)

各省、自治区、直辖市高级人民法院,解放军军事法院,新疆维吾尔自治区高级人民法院生产建设兵团分院:

为正确执行《关于审判人员严格执行回避制度的若干规定》(以下简称《若干规定》),现就《若干规定》的时间效力问题通知如下:

《若干规定》发布以后尚未开庭审理或者已经开庭审理但庭审活动尚未结束的案件,审判人员具有《若干规定》第一条、第二条、第三条规定情形之一的,应当回避;诉讼代理人、辩护人具有《若干规定》第四条、第五条规定情形之一的,人民法院应当不准许其继续代理诉讼或者进行辩护。

4 辩护与代理

（一）司法解释

最高人民法院、司法部关于充分保障律师依法履行辩护职责确保死刑案件办理质量的若干规定

为确保死刑案件的办理质量，根据《中华人民共和国刑事诉讼法》及相关法律、法规和司法解释的有关规定，结合人民法院刑事审判和律师辩护、法律援助工作的实际，现就人民法院审理死刑案件，律师依法履行辩护职责的具体问题规定如下：

一、人民法院对可能被判处死刑的被告人，应当根据刑事诉讼法的规定，充分保障其辩护权及其他合法权益，并充分保障辩护律师依法履行辩护职责。司法行政机关、律师协会应当加强对死刑案件辩护工作的指导，积极争取政府财政部门落实并逐步提高法律援助工作经费。律师办理死刑案件应当恪尽职守，切实维护被告人的合法权益。

二、被告人可能被判处死刑而没有委托辩护人的，人民法院应当通过法律援助机构指定律师为其提供辩护。被告人拒绝指定的律师为其辩护，有正当理由的，人民法院应当准许，被告人可以另行委托辩护人；被告人没有委托辩护人的，人民法院应当通知法律援助机构为其另行指定辩护人；被告人无正当理由再次拒绝指定的律师为其辩护的，人民法院应当不予准许并记录在案。

三、法律援助机构在收到指定辩护通知书三日以内，指派具有刑事案件出庭辩护经验的律师担任死刑案件的辩护人。

四、被指定担任死刑案件辩护人的律师，不得将案件转由律师助理办理；有正当理由不能接受指派的，经法律援助机构同意，由法律援助机构另行指派其他律师

办理。

五、人民法院受理死刑案件后,应当及时通知辩护律师查阅案卷,并积极创造条件,为律师查阅、复制指控犯罪事实的材料提供方便。

人民法院对承办法律援助案件的律师复制涉及被告人主要犯罪事实并直接影响定罪量刑的证据材料的复制费用,应当免收或者按照复制材料所必须的工本费减收。

律师接受委托或者被指定担任死刑案件的辩护人后,应当及时到人民法院阅卷;对于查阅的材料中涉及国家秘密、商业秘密、个人隐私、证人身份等情况的,应当保守秘密。

六、律师应当在开庭前会见在押的被告人,征询是否同意为其辩护,并听取被告人的陈述和意见。

七、律师书面申请人民法院收集、调取证据,申请通知证人出庭作证,申请鉴定或者补充鉴定、重新鉴定的,人民法院应当及时予以书面答复并附卷。

八、第二审开庭前,人民检察院提交新证据、进行重新鉴定或者补充鉴定的,人民法院应当至迟在开庭三日以前通知律师查阅。

九、律师出庭辩护应当认真做好准备工作,围绕案件事实、证据、适用法律、量刑、诉讼程序等,从被告人无罪、罪轻或者减轻、免除其刑事责任等方面提出辩护意见,切实保证辩护质量,维护被告人的合法权益。

十、律师接到人民法院开庭通知后,应当保证准时出庭。人民法院应当按时开庭。法庭因故不能按期开庭,或者律师确有正当理由不能按期出庭的,人民法院应当在不影响案件审理期限的情况下,另行安排开庭时间,并于开庭三日前通知当事人、律师和人民检察院。

十一、人民法院应当加强审判场所的安全保卫,保障律师及其他诉讼参与人的人身安全,确保审判活动的顺利进行。

十二、法官应当严格按照法定诉讼程序进行审判活动,尊重律师的诉讼权利,认真听取控辩双方的意见,保障律师发言的完整性。对于律师发言过于冗长、明显重复或者与案件无关,或者在公开开庭审理中发言涉及国家秘密、个人隐私,或者进行人身攻击的,法官应当提醒或者制止。

十三、法庭审理中,人民法院应当如实、详细地记录律师意见。法庭审理结束后，律师应当在闭庭三日以内向人民法院提交书面辩护意见。

十四、人民法院审理被告人可能被判处死刑的刑事附带民事诉讼案件，在对赔偿事项进行调解时，律师应当在其职责权限范围内，根据案件和当事人的具体情况，依法提出有利于案件处理、切实维护当事人合法权益的意见，促进附带民事诉讼案件调解解决。

十五、人民法院在裁判文书中应当写明指派律师担任辩护人的法律援助机构、律师姓名及其所在的执业机构。对于律师的辩护意见，合议庭、审判委员会在讨论案件时应当认真进行研究，并在裁判文书中写明采纳与否的理由。

人民法院应当按照有关规定将裁判文书送达律师。

十六、人民法院审理案件过程中，律师提出会见法官请求的，合议庭根据案件具体情况，可以在工作时间和办公场所安排会见、听取意见。会见活动，由书记员制作笔录，律师签名后附卷。

十七、死刑案件复核期间，被告人的律师提出当面反映意见要求或者提交证据材料的，人民法院有关合议庭应当在工作时间和办公场所接待，并制作笔录附卷。律师提出的书面意见，应当附卷。

十八、司法行政机关和律师协会应当加强对律师的业务指导和培训，以及职业道德和执业纪律教育，不断提高律师办理死刑案件的质量，并建立对律师从事法律援助工作的考核机制。

最高人民法院关于第二审人民法院审理死刑上诉案件，被告人没有委托辩护人的是否应为其指定辩护人问题的批复

（1997 年 11 月 6 日最高人民法院审判委员会第 943 次会议通过　自 1997 年 11 月 20 日公布起施行　法释〔1997〕7 号）

江西省高级人民法院：

你院《关于第二审死刑案件是否需要全部指定辩护人的请示》（赣法刑一请字

〔1997〕2号)收悉。经研究,答复如下:

刑事诉讼法第三十四条第三款关于被告人可能被判处死刑而没有委托辩护人的,人民法院应当指定承担法律援助义务的律师为其提供辩护的规定,也应当适用于第二审死刑案件。即第一审人民法院已判处死刑的被告人提出上诉而没有委托辩护人的,第二审人民法院应当为其指定辩护人。

（二）司法性文件

最高人民法院关于认真贯彻律师法依法保障律师在诉讼中执业权利的通知

（2006年3月13日）

各省、自治区、直辖市高级人民法院，解放军军事法院，新疆维吾尔自治区高级人民法院生产建设兵团分院：

多年来，各级人民法院依照律师法和刑事诉讼法、民事诉讼法、行政诉讼法的规定及最高人民法院的要求，在各项审判和执行工作中，认真履行了法律赋予的职责，依法保护当事人及其代理律师、辩护律师在诉讼活动中享有的各项权利。但是，也有个别法院和少数审判人员、执行人员，在诉讼活动中，对律师的权利和作用未能给予应有的重视，侵犯律师权利的现象还时有发生。最近，最高人民法院肖扬院长作出重要批示，要求各级人民法院依法保障律师的执业权利，正确处理法官和律师的关系，共同维护公平和正义。为继续深入贯彻实施律师法，认真落实肖扬院长批示精神，现就有关问题通知如下：

一、进一步学习律师法和诉讼法有关规定，依法保护当事人及代理律师、辩护律师的各项诉讼权利。

律师法和诉讼法都是重要的法律，在我国社会主义法律体系中居于不可或缺的地位。律师法和诉讼法规定了当事人及其代理律师、辩护律师在诉讼活动中享有的各项权利，明确了律师在诉讼活动中的重要作用。各级人民法院和广大审判人员、执行人员应当继续深入学习律师法和诉讼法，特别是在举办任职培训、在职培训和续职培训时，要将律师法和诉讼法作为培训的重要内容。在审判和执行活动中正确运用法律的规定，严格规范司法行为，保障律师在诉讼活动中的执业权利，维护当事人的合法权益。

二、深刻领会肖扬院长重要批示精神，大力提高对律师在诉讼活动中职能作用的认识。

肖扬院长的批示从维护公平和正义的角度深刻揭示了律师和法官的内在联系并从正反两方面阐明了处理法官和律师关系的指导思想和原则。依法支持和保障律师所享有的权利，既是人民法院应当履行的法定职责，也是诉讼活动得以顺利开展的重要保障。各级人民法院和广大审判人员、执行人员要从维护司法公正的高度来看待律师的地位；要充分认识到，诉讼活动中正确发挥律师的作用，无论是审理复杂、疑难的民商事纠纷案件，还是在刑事诉讼中保障被告人的合法权利，亦或促进执行案件的顺利执结，都有利于促进法官公正审理案件，有利于诉讼活动的顺利进行，有利于真正做到案结事了。

三、各级人民法院应当依照律师法和诉讼法的规定，结合本地的实际情况，制定各种行之有效的措施，创造良好的律师执业环境，维护正常的法律服务秩序。

（一）在诉讼活动，特别是庭审过程中，应当充分尊重律师作为诉讼代理人或者辩护人参与举证、质证、辩论、提问等依法享有的诉讼权利，严格遵守最高人民法院颁布的《法官行为规范（试行）》。

（二）依法保障律师在刑事诉讼审判阶段会见被告人的权利。

（三）在裁判文书中，应当准确反映律师的辩护意见和代理意见的主要观点；律师的辩护词和代理意见应当按照规定归档入卷。

（四）要创造条件为律师查阅、摘抄、复印、复制案件材料提供必要的方便。

（五）根据案件情况开庭前给予律师合理的准备时间。

（六）对于律师提出请求人民法院调取证据，凡是符合法律规定和最高人民法院司法解释要求的，不得推诿、拒绝。

（七）根据十届全国人大常委会第十七次会议审议的《全国人大常委会执法检查组关于检查〈中华人民共和国律师法〉实施情况的报告》的要求，人民法院可以在民事诉讼中积极探索和试行证据调查令做法，并认真研究相关问题，总结经验。

（八）严格按照民事诉讼法等法律规定和最高人民法院司法解释要求，审查公民代理人的资格，规范公民代理案件的行为。

四、正确处理律师和法官之间的关系,共同维护良好职业形象。

各级人民法院要认真学习肖扬院长的重要批示精神,正确理解最高人民法院、司法部《关于规范法官和律师相互关系维护司法公正的若干规定》。法官依法行使审判权,律师根据当事人的委托依法提供法律服务。法官和律师由于工作原因在诉讼活动中必然发生接触,形成一定的相互关系。正确处理这种关系,有利于诉讼活动的正常进行,有利于保障律师依法执业,更有利于保护当事人的合法权益,维护司法公正。法官和律师之间应当建立一种正常的工作关系。法官在诉讼活动中应当依法保障律师履行职责,为律师执业依法创造条件;律师应当自觉维护法官权威、法庭秩序,保障诉讼活动的顺利进行。法官和律师在依法履行职责过程中,应当互相尊重、互相监督,共同塑造良好的职业形象。

特此通知。

最高人民法院司法部关于刑事法律援助工作的联合通知

(1997年4月9日　司发通〔1997〕046号)

各省、自治区、直辖市高级人民法院、司法厅(局),解放军军事法院:

为顺利实施《中华人民共和国刑事诉讼法》有关法律援助的规定,最高人民法院、司法部就有关刑事审判中的法律援助程序、各级人民法院同所在地的法律援助机构的工作衔接等有关事项通知如下:

一、人民法院指定辩护的刑事法律援助案件,由该人民法院所在地的法律援助机构统一接受并组织实施;尚未设立法律援助机构的地方,由人民法院所在地的同级司法行政机关接受并组织实施。

二、法律援助机构或者司法行政机关接到指定辩护通知书和起诉书副本后,对刑事被告人是盲、聋、哑、未成年人、可能被判处死刑而没有委托辩护人的,应于三日内指派承担法律援助义务的律师提供辩护。

三、对刑事被告人符合当地政府规定的经济困难标准,人民法院认为需要指定律师为其提供辩护的刑事案件,法律援助机构或者司法行政机关应于收到指定辩护的通知书三日内,指派承担法律援助义务的律师提供辩护。

四、对人民法院根据案情认为确需律师辩护、符合下列条件的刑事被告人,法律援助机构或者司法行政机关应于接受人民法院指定辩护三日内,指派承担法律援助义务的律师提供辩护:

(一)本人确无经济来源,其家庭经济状况无法查明的;

(二)本人确无经济来源,其家属经多次劝说仍不愿为其承担辩护律师费用的;

(三)共同犯罪案件中,其他被告已委托辩护人,而该被告人没有委托辩护人的;

(四)外国籍被告人没有委托辩护人的;

(五)案件有重大社会影响的;

(六)人民法院认为起诉意见和移送的案件证据材料有问题,有可能影响正确定罪量刑的。

五、人民法院对需要指定辩护的案件,应在开庭十日以前,将指定辩护律师通知书和人民检察院的起诉书副本送交所在地的法律援助机构或者同级司法行政机关。同时,附送被告人符合法定或者本通知规定的法律援助条件的情况说明或经济困难的证明材料。

六、接受承办法律援助事务的辩护律师征得刑事被告人同意后,即可依照刑事诉讼法的有关规定履行辩护职责。

七、人民法院应当积极支持律师行使辩护职能所开展的法律援助工作,为其提供查阅、摘抄、复制本案所指控的犯罪事实的材料及同在押的被告人会见和通信等方面的便利条件。

5 证 据

司法性文件

最高人民法院关于贯彻落实《全国人民代表大会常务委员会关于司法鉴定管理问题的决定》做好过渡期相关工作的通知

（2005 年 7 月 14 日 法发〔2005〕12 号）

各省、自治区、直辖市高级人民法院，解放军军事法院，新疆维吾尔自治区高级人民法院生产建设兵团分院：

第十届全国人民代表大会常务委员会第十四次会议通过了《全国人民代表大会常务委员会关于司法鉴定管理问题的决定》（以下简称《决定》）。为贯彻落实《决定》精神，做好过渡期的相关工作，保证审判工作的顺利进行，现将有关事项通知如下：

一、深刻领会《决定》精神，坚决贯彻执行《决定》，促进司法鉴定管理制度的完善

司法鉴定制度改革是我国司法体制改革的重要组成部分。《决定》对我国司法鉴定工作进行了调整和改革，这对于进一步规范司法鉴定管理工作，解决当前司法鉴定中存在的突出问题，保障诉讼活动的顺利进行，树立人民法院中立、公正的司法形象具有重大意义。各级人民法院应当认真组织学习《决定》，深刻领会《决定》的精神，坚决贯彻落实《决定》的相关规定，做好司法鉴定制度改革的各项工作，在贯彻落实《决定》的过程中，各级人民法院应当注意解决好以下几个具体问题：

(一)坚决贯彻执行《决定》第七条关于"人民法院不得设立鉴定机构"的规定。2005 年 10 月 1 日《决定》正式实施前，各级人民法院应当从依法履行职责，确保审判工作的中立地位，维护人民法院公正司法的需要出发，积极稳妥地完成人民法院撤销司法鉴定职能的任务。

(二)各级人民法院应当积极组织开展人民法院不设鉴定机构、不再进行自主鉴定业务后如何加强司法技术工作，保障审判工作顺利进行的专题调研工作，稳步、有序地做好司法鉴定人员职能的调整工作。

(三)《决定》明确国家对从事法医类、物证类、声像资料鉴定业务的鉴定人和鉴定机构由省级人民政府司法行政部门实行登记管理制度，解决了上述人员和机构资格的统一管理问题。《决定》实施后，各级人民法院在进行对外委托鉴定工作时要严格按照《决定》的上述规定，委托省级人民政府司法行政部门登记和公告的鉴定人和鉴定机构，以促进司法鉴定管理制度的完善。

二、最高人民法院贯彻落实《决定》的工作安排

为贯彻落实《决定》精神，按照中央关于司法体制和工作机制改革的部署，最高人民法院在组织实施司法鉴定制度改革的同时，将组织开展加强人民法院司法技术工作的调研活动，并着手研究制定《人民法院司法技术工作管理规定》，争取在 2005 年 10 月 1 日前颁布实施，同时废止《人民法院司法鉴定工作暂行规定》和《人民法院对外委托司法鉴定管理规定》。

今年下半年，最高人民法院将组织召开全国法院司法技术工作会议，全面推行在司法鉴定管理体制改革的新形势下，统一规范加强人民法院司法技术工作的各项制度和措施，以便各级人民法院充分发挥司法技术人员的作用，为保证审判工作顺利进行，维护司法的公正与效率服务。

三、当前贯彻落实《决定》的有关工作要求

根据中央关于司法体制和工作机制改革的部署，各项司法体制改革，必须在中央的统一领导下，稳步、有序地推进。各级人民法院要在最高人民法院的统一部署

下，积极稳妥地做好过渡期的以下工作：

（一）2005 年 9 月 30 日前，各级人民法院应当善始善终地在规定时限内认真完成已受理的法医类、物证类和声像资料鉴定案件的自主鉴定工作。2005 年 10 月 1 日起，各级人民法院一律不得受理各种类型的鉴定业务。

（二）各级人民法院如有事业单位性质的鉴定机构，应当于 2005 年 9 月 30 日前停止进行鉴定工作；如继续从事司法鉴定工作的，应当同人民法院脱钩。

（三）各级人民法院要严格遵照《决定》的相关规定，在 2005 年 9 月 30 日前根据省级人民政府司法行政部门审批公告的法医类、物证类、声像资料鉴定机构与人员的情况，做好委托上述三类鉴定的相关准备工作。

最高人民法院最高人民检察院公安部国家安全部司法部关于做好《全国人民代表大会常务委员会关于司法鉴定管理问题的决定》施行前有关工作的通知

（2005 年 7 月 27 日　司发通〔2005〕62 号）

各省、自治区、直辖市高级人民法院、人民检察院、公安厅（局）、国家安全厅（局）、司法厅（局），新疆维吾尔自治区高级人民法院生产建设兵团分院，新疆生产建设兵团人民检察院、公安局、司法局：

《全国人民代表大会常务委员会关于司法鉴定管理问题的决定》（以下简称《决定》）已于 2 月 28 日十届全国人大常委会第十四次会议通过并发布，自 10 月 1 日起施行。《决定》是推动司法鉴定体制改革，规范和加强司法鉴定管理工作的重要法律依据，各级人民法院、人民检察院、公安机关、国家安全机关、司法行政机关要认真学习，统一认识，加强沟通，密切协作，在中央统一部署下积极稳妥地做好《决定》实施的各项准备工作。在《决定》发布至施行前的过渡期间，针对新的司法鉴定管理体制需要逐步建立健全的实际，要合理发挥现有司法鉴定资源的作用，既防止不顾需要滥设司法鉴定机构，造成无序发展，又防止为社会提供司法鉴定服务的能力锐减,甚至形成空白。必须树立全局观念,维持司法鉴定工作的正常秩序,满足司法机关和公民、组织的需求,保障诉讼活动的顺利进行,为《决定》的顺利施行创造有利条件。为此,特通知如下:

一、公安机关、检察机关、国家安全机关要严格根据《决定》的要求,在各系统的统一部署下,积极稳妥地推进现有鉴定机构及其职能的调整,健全管理机制,规范鉴定活动。

二、人民法院、司法行政机关已经设立的司法鉴定机构应当于9月30日前按照《决定》要求及新的管理体制完成调整工作。具体措施、进度安排,分别由最高人民法院、司法部研究制定,部署实施。调整措施部署实施前,现有鉴定机构可以继续从事司法鉴定业务。

三、过渡期间,司法部将根据《决定》尽快修改制定面向社会服务的司法鉴定机构和司法鉴定人登记管理办法。各地要根据新修订的两个规章的规定,于9月30日前完成对现有经司法行政机关登记和人民法院名册中的法医类、物证类、声像资料司法鉴定机构及其鉴定人员的审核,符合条件的由省级司法行政机关分别情况予以登记、编制统一的面向社会服务的司法鉴定机构、司法鉴定人名册,并予公告。对现有暂未纳入统一管理范围的各类鉴定机构,可以继续开展相关司法鉴定服务。对根据诉讼需要,需纳入统一管理范围的司法鉴定业务和鉴定机构,由司法部与最高人民法院、最高人民检察院依据《决定》规定协商确定。

四、过渡期间,省级司法行政机关确因现有规模、布局、类别难以满足社会对司法鉴定需求而需要新核准司法鉴定机构、补充鉴定人员的,其核准从事的鉴定业务范围,必须属于《决定》已经明确规定的法医类、物证类、声像资料鉴定,其准入条件按照《决定》和修改后的面向社会服务的司法鉴定机构和司法鉴定人登记管理办法执行。

五、过渡期间,各地要采取有效措施,确保司法鉴定工作的有序进行。各项鉴定业务活动,必须严格执行现行司法鉴定工作程序、工作制度、技术标准、执业准则,依法规范开展鉴定服务,确保鉴定质量。司法鉴定服务的收费,继续执行各地现行的做法和标准,但应停止向有关部门申报新的鉴定收费项目和标准。各有关部门应根据中央关于司法体制改革的精神和《决定》的要求,加强协调与合作,共同维护好过渡期间司法鉴定工作的正常秩序。

六、各有关部门对《决定》实施的准备工作要高度重视，加强领导，顾全大局，密切协作，积极稳妥地推进和落实各项工作。中央有关部门将在充分调研、协调一致的基础上，陆续制定出台实施《决定》的配套法规和制度，各地、各有关部门要步调一致，严格执行统一部署及相关规定，不得各自为政。

七、过渡期间，各地、各有关部门要建立贯彻执行《决定》的信息反馈制度，将贯彻落实《决定》精神和执行本通知过程中遇到的有关问题，及时向上级机关报告，以便统一研究，协调解决，在中央的统一部署和指导下，确保实施《决定》的各项准备工作顺利进行。

最高人民法院关于印发《人民法院司法鉴定工作暂行规定》的通知

（2001年11月16日　法发〔2001〕23号）

各省、自治区、直辖市高级人民法院，解放军军事法院，新疆维吾尔自治区高级人民法院生产建设兵团分院：

现将《人民法院司法鉴定工作暂行规定》印发给你们，请结合工作实际，认真贯彻执行，规范人民法院司法鉴定工作。执行中有何问题，请及时报告我院。

最高人民法院最高人民检察院公安部司法部新闻出版署关于公安部光盘生产源鉴定中心行使行政、司法鉴定权有关问题的通知

（2000年3月9日　公通字〔2000〕21号）

各省、自治区、直辖市高级人民法院，人民检察院，公安厅、局，司法厅、局，新闻出版局及有关音像行政管理部门；解放军军事法院、军事检察院，新疆生产建设兵团公

安局：

为适应“扫黄”“打非”、保护知识产权工作的需要，解决目前各地办案过程中遇到的光盘生产源无法识别的问题，经中央机构编制委员会办公室批准，公安部组建了光盘生产源鉴定中心（设在广东省深圳市，以下简称鉴定中心）。目前，鉴定中心的各项筹备工作已完毕，所开发研制的光盘生产源识别方法已通过了由最高人民法院、最高人民检察院、公安部、司法部和国家新闻出版署派员组成的专家委员会的评审鉴定，具备了行政、司法鉴定能力。现将有关问题通知如下：

一、鉴定范围和内容

鉴定中心负责对各地人民法院、人民检察院、公安机关、司法行政机关、新闻出版行政机关、音像行政管理部门和其他行政执法机关在办理制黄贩黄、侵权盗版案件中所查获的光盘及母盘进行鉴定，确定送检光盘及母盘的生产企业。

企事业单位因业务工作需要，提出鉴定申请的，鉴定中心也可以进行上述鉴定。

二、鉴定程序

办案单位认为需要进行行政、司法鉴定的，应持有本单位所在地县级以上人民法院、人民检察院、公安机关、司法行政机关或其他行政执法机关出具的公函；新闻出版行政机关、音像行政管理部门办案需要鉴定的，由当地省级以上新闻出版机关、音像行政管理部门出具委托鉴定公函。

企事业单位需要鉴定的，由本单位向鉴定中心出具委托鉴定公函。鉴定中心在接受鉴定委托后，应立即组织2名以上专业技术人员进行鉴定，在30天以内出具《中华人民共和国公安部光盘生产源鉴定书》（见附件），并报公安部治安管理局备案。

委托鉴定可通过寄递方式提出。

三、鉴定费用

鉴定中心接受人民法院、人民检察院、公安机关、司法行政机关、新闻出版行政机关、音像行政管理部门或其他行政执法机关委托鉴定的，不收取鉴定费用。

鉴定中心接受企事业单位委托鉴定的，按照国家有关规定收取鉴定费用。

四、鉴定的法律效力

鉴定中心出具的鉴定书可以作为定案依据。

本通知自发布之日起执行。

附件：

《中华人民共和国公安部光盘生产源鉴定书》(略)

最高人民法院最高人民检察院国家计划委员会公安部关于印发《扣押、追缴、没收物品估价管理办法》的通知

(1997年4月22日　计办〔1997〕808号)

各省、自治区、直辖市物价局(委员会)、计委(计经委)、高级人民法院、人民检察院、公安厅(局)：

为了落实最高人民法院、最高人民检察院、公安部、国家计委印发的《关于统一赃物估价工作的通知》(法发〔1994〕9号)，特制定《扣押、追缴、没收物品估价管理办法》。现印发给你们，请遵照执行，并就有关事项通知如下：

一、逐步建立、完善统一规范的扣押、追缴、没收物品估价制度，是人民法院、人民检察院、公安机关正确办理刑事案件的重要保障。对案件中依法扣押、追缴、没收的价格不明或价格难以确定需要估价的物品，各级人民法院、人民检察院、公安机关要依照本办法的规定委托估价，各级人民政府价格部门要依照本办法估定价格。

二、扣押、追缴、没收物品估价工作涉及面广，时限性强，责任重大。各级人民

法院、人民检察院、公安机关和政府价格部门应当密切配合、相互协作，共同搞好这项工作。

三、各级政府价格部门要按照本办法的规定，建立健全组织机构和相应的规章制度，认真履行自己的职责，切实做好工作。

四、在国家制定的扣押、追缴、没收物品估价鉴定收费办法发布前，各省、自治区、直辖市人民政府价格部门可会同同级人民法院、人民检察院、公安厅（局）并商有关部门制定本地区的扣押、追缴、没收物品估价鉴定收费暂行办法。

五、对在本办法执行中出现的问题，请及时报告。

附：

扣押、追缴、没收物品估价管理办法

第一章　总　　则

第一条　为了加强对扣押、追缴、没收物品估价管理，规范扣押、追缴、没收物品估价工作，保障刑事诉讼活动的顺利进行，依据国家有关法律和最高人民法院、最高人民检察院、公安部、国家计委的有关规定，特制定本办法。

第二条　人民法院、人民检察院、公安机关各自管辖的刑事案件，对于价格不明或者价格难以确定的扣押、追缴、没收物品需要估价的，应当委托指定的估价机构估价。案件移送时，应当附有《扣押、追缴、没收物品估价鉴定结论书》。

第三条　公安机关移送人民检察院审查起诉和人民检察院向人民法院提起公诉的案件，对估价结论有异议的，应当由提出异议的机关自行委托估价机构重新估价。

第四条　对于扣押、追缴、没收的珍贵文物，珍贵、濒危动物及其制品，珍稀植物及其制品，毒品，淫秽物品，枪支、弹药等不以价格数额作为定罪量刑标准的，不需要估价。

第五条　国务院及地方人民政府价格部门是扣押、追缴、没收物品估价工作的主管部门，其设立的价格事务所是各级人民法院、人民检察院、公安机关指定的扣押、追缴、没收物品估价机构，其他任何机构或者个人不得对扣押、追缴、没收物品估价。

第六条　价格事务所出具的扣押、追缴、没收物品估价鉴定结论，经人民法院、人民检察院、公安机关确认，可以作为办理案件的依据。

第二章　委托程序

第七条　各级人民法院、人民检察院、公安机关遇有本办法第二条所列情形时，应当委托同级价格部门设立的价格事务所进行估价。

第八条　委托机关在委托估价时，应当送交《扣押、追缴、没收物品估价委托书》。《扣押、追缴、没收物品估价委托书》应当包括以下内容：

（一）估价的理由和要求；

（二）扣押、追缴、没收物品的品名、牌号、规格、种类、数量、来源，以及购置、生产、使用时间；

（三）起获扣押、追缴、没收物品时其被使用、损坏程度的记录，重要的扣押、追缴、没收物品，应当附照片；

（四）起获扣押、追缴、没收物品的时间、地点；

（五）其他需要说明的情况。

委托机关送交的《扣押、追缴、没收物品估价委托书》必须加盖单位公章。

第九条　价格事务所接到人民法院、人民检察院、公安机关的《扣押、追缴、没收物品估价委托书》时，应当认真审核委托书的各项内容及要求，如委托书所提要求无法做到时，应当立即与委托机关协商。

第三章　估价程序

第十条　价格事务所在接受委托后，应当按照《扣押、追缴、没收物品估价委托书》载明的情况对实物进行查验，如发现差异，应立即与委托机关共同确认。

价格事务所一般不留存扣押、追缴、没收物品，如确需留存时，应当征得委托机关同意并严格办理交接手续。

第十一条 价格事务所估价确实需要时,可以提请委托机关协助查阅有关的帐目、文件等资料。可以向与委托事项有关的单位和个人进行调查或索取证明材料。

第十二条 价格事务所应当在接受估价委托之日起七日内作出扣押、追缴、没收物品估价鉴定结论;另有约定的,在约定期限内作出。

第十三条 价格事务所办理的扣押、追缴、没收物品估价鉴定,应当由两名以上估价工作人员共同承办,出具的估价鉴定结论,必须经过内部审议。

价格事务所估价人员,遇有下列情形之一的,应当回避:

(一)与估价事项当事人有亲属关系或与该估价事项有利害关系的;

(二)与估价事项当事人有其他关系,可能影响对扣押、追缴、没收物品公正估价的。

第十四条 价格事务所在完成估价后,应当向委托机关出具《扣押、追缴、没收物品估价鉴定结论书》。《扣押、追缴、没收物品估价鉴定结论书》应当包括以下内容:

(一)估价范围和内容;

(二)估价依据;

(三)估价方法和过程要述;

(四)估价结论;

(五)其他需要说明的问题及有关材料;

(六)估价工作人员签名。

价格事务所出具的《扣押、追缴、没收物品估价鉴定结论书》必须加盖单位公章。

第十五条 委托机关对价格事务所出具的《扣押、追缴、没收物品估价鉴定结论书》有异议的,可以向原估价机构要求补充鉴定或者重新鉴定,也可以直接委托上级价格部门设立的价格事务所复核或者重新估价。

第十六条 接受委托的价格事务所认为必要时,在征得委托机关同意后,可以将委托事项转送上级价格部门设立的价格事务所进行估价,并将有关情况书面通知原委托估价机关。

第十七条 国家计划委员会直属价格事务所是扣押、追缴、没收物品估价的最终复核裁定机构。

第四章　估价的基本原则

第十八条　价格事务所必须按照国家的有关法律规定,以及最高人民法院、最高人民检察院制定的有关司法解释和各项价格法规,客观公正、准确及时地估定扣押、追缴、没收物品价格。

第十九条　扣押、追缴、没收物品估价的基准日除法律、法规和司法解释另有规定外,应当由委托机关根据案件实际情况确定。

第二十条　价格事务所对委托估价的文物、邮票、字画、贵重金银、珠宝及其制品等特殊物品,应当送有关专业部门作出技术、质量鉴定后,根据其提供的有关依据,作出估价结论。

第五章　组织管理

第二十一条　按照国家有关价格工作的管理规定,扣押、追缴、没收物品估价工作实行统一领导、分级管理。

第二十二条　国家计划委员会的主要职责:

(一)会同最高人民法院、最高人民检察院、公安部制定、解释扣押、追缴、没收物品估价工作的基本原则。

(二)确定划分国家和地方价格部门在扣押、追缴、没收物品估价工作中的主要职责。

(三)负责管理、指导、监督、检查全国扣押、追缴、没收物品估价工作。

(四)其设立的价格事务所办理最高人民法院、最高人民检察院、公安部委托的扣押、追缴、没收物品估价;协调或者办理跨地区(省、自治区、直辖市)、跨部门的扣押、追缴、没收物品估价业务;办理疑难、重大案件涉及的扣押、追缴、没收物品估价。

第二十三条　各省、自治区、直辖市价格部门的主要职责:

(一)贯彻执行最高人民法院、最高人民检察院、公安部和国家计委对估价工作制定的各项方针、政策和基本原则,会同同级司法机关制定本地区有关扣押、追缴、没收物品估价的具体规定。

(二)其设立的价格事务所办理同级人民法院、人民检察院、公安机关委托的扣押、追缴、没收物品估价;办理本地区内跨地(市)县,有相当难度的扣押、追缴、没收物品估价及复核工作;协助上级价格部门设立的价格事务所进行扣押、追缴、没收物品估价工作。

第二十四条 地(市)县(市、区)价格部门的职责:

(一)贯彻执行估价工作的有关规定,协助上级价格部门做好扣押、追缴、没收物品估价工作。接受上级价格部门对扣押、追缴、没收物品估价工作的管理、指导、监督、检查。

(二)其设立的价格事务所办理同级人民法院、人民检察院、公安机关委托的扣押、追缴、没收物品估价,协助上级价格部门设立的价格事务所进行扣押、追缴、没收物品估价工作。

第六章 法律责任

第二十五条 严禁估价人员虚假鉴定、徇私舞弊、玩忽职守、泄露涉案秘密。凡违反规定,造成估价失实,或者对办理案件造成不良影响的,对责任人员将视情节,给予处分;构成犯罪的,依法追究刑事责任。

第二十六条 价格事务所和鉴定人对出具的《扣押、追缴、没收物品估价鉴定结论书》的内容分别承担相应法律责任。

第二十七条 价格事务所及其工作人员对估价工作中涉及的有关资料和情况负责保密。

第七章 附 则

第二十八条 其他涉案物品的估价,以及行政执法机关提请价格部门设立的价格事务所对收缴、罚没、扣押物品的估价,可以参照本办法执行。

第二十九条 价格事务所在进行扣押、追缴、没收物品估价时,可以向委托估价机关收取合理的估价鉴定费。估价鉴定收费办法由国家计委会同最高人民法院、最高人民检察院、公安部并商有关部门另行制定。

第三十条　本办法自颁布之日起施行。

附件：

一、扣押、追缴、没收物品估价委托书（样本）（略）

二、扣押、追缴、没收物品估价鉴定结论书（样本）（略）

6　强制措施

司法解释

最高人民法院最高人民检察院公安部国家安全部关于取保候审若干问题的规定

（1999年8月4日发布　公通字〔1999〕39号）

第一条　为了严格执行刑事诉讼法，保证正确适用取保候审，根据刑事诉讼法和有关法律规定，制定本规定。

第二条　对犯罪嫌疑人、被告人取保候审的，由公安机关、国家安全机关、人民检察院、人民法院根据案件的具体情况依法作出决定。

公安机关、人民检察院、人民法院决定取保候审的，由公安机关执行。国家安全机关决定取保候审的，以及人民检察院、人民法院在办理国家安全机关移送的犯罪案件时决定取保候审的，由国家安全机关执行。

第三条　对犯罪嫌疑人、被告人决定取保候审的，不得中止对案件的侦查、起诉和审理。严禁以取保候审变相放纵犯罪。

第四条　对犯罪嫌疑人、被告人决定取保候审的，应当责令其提出保证人或者交纳保证金。

对同一犯罪嫌疑人、被告人决定取保候审的，不得同时使用保证人保证和保证金保证。

第五条　采取保证金形式取保候审的，保证金的起点数额为一千元。

决定机关应当以保证被取保候审人不逃避、不妨碍刑事诉讼活动为原则，综合考虑犯罪嫌疑人、被告人的社会危险性，案件的情节、性质，可能判处刑罚的轻重，犯罪嫌疑人、被告人经济状况，当地的经济发展水平等情况，确定收取保证金的数额。

第六条　取保候审保证金由县级以上执行机关统一收取和管理。没收保证金的决定、退还保证金的决定、对保证人的罚款决定等，应当由县级以上执行机关作出。

第七条　县级以上执行机关应当在其指定的银行设立取保候审保证金专户，委托银行代为收取和保管保证金，并将指定银行的名称通知人民检察院、人民法院。

保证金应当以人民币交纳。

第八条　决定机关作出取保候审收取保证金的决定后，应当及时将《取保候审决定书》送达被取保候审人和为其提供保证金的单位或者个人，责令其向执行机关指定的银行一次性交纳保证金。

决定机关核实保证金已经交纳到执行机关指定银行的凭证后，应当将《取保候审决定书》、《取保候审执行通知书》和银行出具的收款凭证及其他有关材料一并送交执行机关执行。

第九条　执行机关在执行取保候审时，应当告知被取保候审人必须遵守刑事诉讼法第五十六条的规定及其违反规定，或者在取保候审期间重新犯罪应当承担的后果。

第十条　被取保候审人违反刑事诉讼法第五十六条规定，依法应当没收保证金的，由县级以上执行机关作出没收部分或者全部保证金的决定，并通知决定机关；对需要变更强制措施的，应当同时提出变更强制措施的意见，连同有关材料一并送交决定机关。

第十一条　决定机关发现被取保候审人违反刑事诉讼法第五十六条的规定，认为依法应当没收保证金的，应当提出没收部分或者全部保证金的书面意见，连同有关材料一并送交县级以上执行机关。县级以上执行机关应当根据决定机关的意见，及时作出没收保证金的决定，并通知决定机关。

第十二条 被取保候审人没有违反刑事诉讼法第五十六条的规定，但在取保候审期间涉嫌重新犯罪被司法机关立案侦查的，执行机关应当暂扣其交纳的保证金，待人民法院判决生效后，决定是否没收保证金。对故意重新犯罪的，应当没收保证金；对过失重新犯罪或者不构成犯罪的，应当退还保证金。

第十三条 决定机关收到执行机关已没收保证金的书面通知，或者变更强制措施的意见后，应当在五日内作出变更强制措施或者责令犯罪嫌疑人重新交纳保证金、提出保证人的决定，并通知执行机关。

决定重新交纳保证金的程序，适用本规定的有关规定。

第十四条 执行机关应当向被取保候审人宣布没收保证金的决定，并告知其如不服本决定，可以在收到《没收保证金决定书》后的五日以内，向执行机关的上一级主管机关申请复核一次。上一级主管机关收到复核申请后，应当在七日内作出复核决定。

第十五条 没收保证金的决定已过复核申请期限或者经复核后决定没收保证金的，县级以上执行机关应当及时通知银行按照国家的有关规定上缴国库。

第十六条 采取保证人形式取保候审的，被取保候审人违反刑事诉讼法第五十六条的规定，保证人未及时报告的，经查证属实后，由县级以上执行机关对保证人处一千元以上二万元以下罚款，并将有关情况及时通知决定机关。

第十七条 执行机关应当向保证人宣布罚款决定，并告知其如不服本决定，可以在收到《对保证人罚款决定书》后的五日以内，向执行机关的上一级主管机关申请复核一次。上一级主管机关收到复核申请后，应当在七日内作出复核决定。

第十八条 没收取保候审保证金和对保证人罚款均系刑事司法行为，不能提起行政诉讼。当事人如不服复核决定，可以依法向有关机关提出申诉。

第十九条 采取保证人形式取保候审的，执行机关发现保证人丧失了担保条件时，应当书面通知决定机关。

决定机关收到执行机关的书面通知后，应当责令被取保候审人重新提出保证人或者交纳保证金，或者作出变更强制措施的决定，并通知执行机关。

第二十条 取保候审即将到期的，执行机关应当在期限届满十五日前书面通知决定机关，由决定机关作出解除取保候审或者变更强制措施的决定，并于期限届满前书面通知执行机关。

执行机关收到决定机关的《解除取保候审决定书》或者变更强制措施的通知后，应当立即执行，并将执行情况及时通知决定机关。

第二十一条 被取保候审人在取保候审期间没有违反刑事诉讼法第五十六条的规定，也没有故意重新犯罪的，在解除取保候审、变更强制措施或者执行刑罚的同时，县级以上执行机关应当制作《退还保证金决定书》，通知银行如数退还保证金，并书面通知决定机关。

执行机关应当及时向被取保候审人宣布退还保证金的决定，并书面通知其到银行领取退还的保证金。

第二十二条 在侦查或者审查起诉阶段已经采取取保候审的，案件移送至审查起诉或者审判阶段时，如果需要继续取保候审，或者需要变更保证方式或强制措施的，受案机关应当在七日内作出决定，并通知执行机关和移送案件的机关。

受案机关决定继续取保候审的，应当重新作出取保候审决定。对继续采取保证金方式取保候审的，原则上不变更保证金数额，不再重新收取保证金。

取保候审期限即将届满，受案机关仍未作出继续取保候审、变更保证方式或者变更强制措施决定的，执行机关应当在期限届满十五日前书面通知受案机关。受案机关应当在原取保候审期限届满前作出决定，并通知执行机关和移送案件的机关。

第二十三条 原决定机关收到受案机关作出的变更强制措施决定后，应当立即解除原取保候审，并将《解除取保候审决定书》、《解除取保候审通知书》送达执行机关，执行机关应当及时书面通知被取保候审人、保证人；受案机关作出继续取保候审或者变更保证方式决定的，原取保候审自动解除，不再办理解除手续。

第二十四条 被告人被取保候审的，人民法院决定开庭审理时，应当依照刑事诉讼法的有关规定传唤被告人，同时通知取保候审的执行机关。

第二十五条 对被取保候审人判处罚金或者没收财产的判决生效后，依法应当解除取保候审，退还保证金的，如果保证金属于其个人财产，人民法院可以书面通知执行机关将保证金移交人民法院执行刑罚，但剩余部分应当退还被取保候审人。

第二十六条 保证金的收取、管理和没收应当严格按照本规定和国家的财经管理制度执行，任何单位和个人不得截留、坐支、私分、挪用或者以其他任何方式侵吞保证金。对违反规定的，应当依照有关规定给予行政处分；构成犯罪的，依法追究刑事责任。

第二十七条 司法机关及其工作人员违反本规定，擅自收取、没收或者退还取保候审保证金的，依照有关法律和规定，追究直接负责的主管人员和其他直接责任人员的责任。

第二十八条 本规定自发布之日起施行。

最高人民检察院最高人民法院公安部关于严格执行刑事诉讼法关于对犯罪嫌疑人、被告人羁押期限的规定坚决纠正超期羁押问题的通知

（1998 年 10 月 19 日　高检会〔1998〕1 号）

各省、自治区、直辖市人民检察院、高级人民法院、公安厅（局），军事检察院，军事法院，总政治部保卫部：

修改后的《刑事诉讼法》对办理刑事案件羁押犯罪嫌疑人、被告人的期限作了更加明确、具体的规定，但有些地方的司法机关在办案中对犯罪嫌疑人、被告人超期羁押的问题仍然比较突出。为维护国家法律的严肃性，保障刑事诉讼活动的顺利进行，保护犯罪嫌疑人、被告人的合法权益，各级司法机关必须采取有效措施，对犯罪嫌疑人、被告人超期羁押的问题坚决予以纠正。现就有关问题通知如下：

一、对犯罪嫌疑人、被告人已经采取刑事拘留、逮捕强制措施的案件，要集中力量查办，在法定期限内办结。对于在法定期限内确实难以办结的案件，应当根据案件的具体情况依法变更强制措施或者释放犯罪嫌疑人、被告人。

二、严格执行《刑事诉讼法》关于延长、重新计算羁押期限的规定。对不符合有关规定的，不得随意延长、重新计算羁押期限；检察机关立案侦查的案件，侦查与审查起诉羁押期限不得互相借用；经最高人民法院核准或授权高级人民法院核准的死刑罪犯，下级人民法院在接到执行死刑命令后，应当按期执行。办理犯罪嫌疑人、被告人在押的案件，需要向上级机关请示的，请示、答复时间应当计入办案期限。

三、对复杂、疑难和重大案件，羁押期限届满的，应当分别不同情况，采取果断措施依法作出处理：(1)对于流窜作案、多次作案的犯罪嫌疑人、被告人的主要罪行或某一罪行事实清楚，证据确实充分，而其他罪行一时又难以查清的，应当对已查清的主要罪行或某一罪行移送起诉、提起公诉或者进行审判；(2)对于共同犯罪案件中主犯或者从犯在逃，在押犯罪嫌疑人、被告人的犯罪事实清楚，证据确实充分的，应当对在押犯罪嫌疑人、被告人移送起诉、提起公诉或者进行审判；犯罪事实一时难以查清的，应当对在押犯罪嫌疑人、被告人依法变更强制措施；(3)对于司法机关之间有争议的案件通过协调后意见仍不能一致的，办案单位应按照各自的职权在法定期限内依法作出处理。

四、各级司法机关必须严格执行对犯罪嫌疑人、被告人羁押换押制度。公安机关移送起诉、检察机关向法院提起公诉以及人民法院审理一审、二审案件递次移送时，均应按照有关规定及时对犯罪嫌疑人、被告人办理换押手续。

五、上级司法机关发现下级司法机关超期羁押犯罪嫌疑人、被告人的，要依法予以纠正，下级司法机关应当将纠正结果报告上级司法机关。本机关负责人发现业务部门承办的案件超期羁押犯罪嫌疑人、被告人的，应当立即研究解决办法，及时予以纠正。

六、守所发现对犯罪嫌疑人、被告人羁押超过法定期限的，应当将超期羁押的情况报告人民检察院。各级人民检察院应当认真履行法律监督职责，发现办案机关超期羁押犯罪嫌疑人、被告人的，应当及时向办案机关提出纠正意见。办案机关接到人民检察院纠正超期羁押通知后，应当及时进行研究，根据案件的具体情况采取相应的纠正措施，并将纠正情况回复提出纠正意见的人民检察院。

七、办案机关超期羁押犯罪嫌疑人、被告人，经上级机关或人民检察院提出纠正意见后,在一个月内不予纠正的,或者在超期羁押期间造成被羁押人伤残、死亡或其他严重后果的,应当追究办案机关负责人和直接责任人员的责任。

地方各级人民检察院、人民法院、公安厅(局)要组织力量,对本机关超期羁押的案件进行一次全面清理,逐案进行研究,根据本通知的精神,及时依法作出处理。

各省、自治区、直辖市人民检察院、高级人民法院、公安厅(局)要在今年年底前,将本系统清理和纠正超期羁押犯罪嫌疑人、被告人的情况分别书面报告最高人民检察院、最高人民法院、公安部。

7 刑事附带民事诉讼

司法解释

最高人民法院关于刑事附带民事诉讼范围问题的规定

（2000 年 12 月 13 日最高人民法院审判委员会第 1148 次会议通过 法释〔2000〕47 号）

根据刑法第三十六条、第三十七条、第六十四条和刑事诉讼法第七十七条的有关规定，现对刑事附带民事诉讼的范围问题规定如下：

第一条 因人身权利受到犯罪侵犯而遭受物质损失或者财物被犯罪分子毁坏而遭受物质损失的，可以提起附带民事诉讼。

对于被害人因犯罪行为遭受精神损失而提起附带民事诉讼的，人民法院不予受理。

第二条 被害人因犯罪行为遭受的物质损失，是指被害人因犯罪行为已经遭受的实际损失和必然遭受的损失。

第三条 人民法院审理附带民事诉讼案件，依法判决后，查明被告人确实没有财产可供执行的，应当裁定中止或者终结执行。

第四条 被告人已经赔偿被害人物质损失的，人民法院可以作为量刑情节予以考虑。

第五条 犯罪分子非法占有、处置被害人财产而使其遭受物质损失的，人民法院应当依法予以追缴或者责令退赔。被追缴、退赔的情况，人民法院可以作为量刑情节予以考虑。

经过追缴或者退赔仍不能弥补损失，被害人向人民法院民事审判庭另行提起民事诉讼的，人民法院可以受理。

最高人民法院关于审理刑事附带民事诉讼案件有关问题的批复

（2000年11月20日最高人民法院审判委员会第1142次会议通过　2000年12月1日起施行　法释〔2000〕40号）

吉林省高级人民法院：

你院吉高法〔2000〕46号《关于刑事附带民事诉讼案件中有关问题的请示》收悉。经研究，答复如下：

第二审人民法院审理对附带民事诉讼部分提出上诉的案件，原告一方要求增加赔偿数额，第二审人民法院可以依法进行调解。调解未达成协议或者调解书送达前一方反悔的，第二审人民法院应当依照刑事诉讼法、民事诉讼法的有关规定作出判决或者裁定。

根据《最高人民法院关于执行〈中华人民共和国刑事诉讼法〉若干问题的解释》第一百条的规定，对于附带民事诉讼当事人提出先予执行申请的，人民法院应当依照民事诉讼法的有关规定，裁定先予执行或者驳回申请。

8 立　　案

司法解释

最高人民法院关于规范人民法院再审立案的若干意见(试行)

(2002 年 9 月 10 日　法发〔2002〕13 号)

为加强审判监督,规范再审立案工作,根据《中华人民共和国刑事诉讼法》、《中华人民共和国民事诉讼法》和《中华人民共和国行政诉讼法》的有关规定,结合审判实际,制定本规定。

第一条　各级人民法院、专门人民法院对本院或者上级人民法院对下级人民法院作出的终审裁判,经复查认为符合再审立案条件的,应当决定或裁定再审。

人民检察院依照法律规定对人民法院作出的终审裁判提出抗诉的,应当再审立案。

第二条　地方各级人民法院、专门人民法院负责下列案件的再审立案:

(一)本院作出的终审裁判,符合再审立案条件的;

(二)下一级人民法院复查驳回或者再审改判,符合再审立案条件的;

(三)上级人民法院指令再审的;

(四)人民检察院依法提出抗诉的。

第三条　最高人民法院负责下列案件的再审立案:

(一)本院作出的终审裁判,符合再审立案条件的;

(二)高级人民法院复查驳回或者再审改判,符合再审立案条件的;

(三)最高人民检察院依法提出抗诉的,

(四)最高人民法院认为应由自己再审的。

第四条 上级人民法院对下级人民法院作出的终审裁判,认为确有必要的,可以直接立案复查,经复查认为符合再审立案条件的,可以决定或裁定再审。

第五条 再审申请人或申诉人向人民法院申请再审或申诉,应当提交以下材料:

(一)再审申请书或申诉状,应当载明当事人的基本情况、申请再审或申诉的事实与理由;

(二)原一、二审判决书、裁定书等法律文书,经过人民法院复查或再审的,应当附有驳回通知书、再审判决书或裁定书;

(三)以有新的证据证明原裁判认定的事实确有错误为由申请再审或申诉的,应当同时附有证据目录、证人名单和主要证据复印件或者照片;需要人民法院调查取证的,应当附有证据线索。

申请再审或申诉不符合前款规定的,人民法院不予审查。

第六条 申请再审或申诉一般由终审人民法院审查处理。

上一级人民法院对未经终审人民法院审查处理的申请再审或申诉,一般交终审人民法院审查;对经终审人民法院审查处理后仍坚持申请再审或申诉的,应当受理。

对未经终审人民法院及其上一级人民法院审查处理,直接向上级人民法院申请再审或申诉的,上级人民法院应当交下一级人民法院处理。

第七条 对终审刑事裁判的申诉,具备下列情形之一的,人民法院应当决定再审:

(一)有审判时未收集到的或者未被采信的证据,可能推翻原定罪量刑的;

(二)主要证据不充分或者不具有证明力的;

(三)原裁判的主要事实依据被依法变更或撤销的;

(四)据以定罪量刑的主要证据自相矛盾的;

(五)引用法律条文错误或者违反刑法第十二条的规定适用失效法律的;

（六）违反法律关于溯及力规定的；

（七）量刑明显不当的；

（八）审判程序不合法，影响案件公正裁判的；

（九）审判人员在审理案件时索贿受贿、徇私舞弊并导致枉法裁判的。

第八条　对终审民事裁判、调解的再审申请，具备下列情形之一的，人民法院应当裁定再审：

（一）有再审申请人以前不知道或举证不能的证据，可能推翻原裁判的；

（二）主要证据不充分或者不具有证明力的；

（三）原裁判的主要事实依据被依法变更或撤销的；

（四）就同一法律事实或同一法律关系，存在两个相互矛盾的生效法律文书，再审申请人对后一生效法律文书提出再审申请的；

（五）引用法律条文错误或者适用失效、尚未生效法律的；

（六）违反法律关于溯及力规定的；

（七）调解协议明显违反自愿原则，内容违反法律或者损害国家利益、公共利益和他人利益的；

（八）审判程序不合法，影响案件公正裁判的；

（九）审判人员在审理案件时索贿受贿、徇私舞弊并导致枉法裁判的。

第九条　对终审行政裁判的申诉，具备下列情形之一的，人民法院应当裁定再审：

（一）依法应当受理而不予受理或驳回起诉的；

（二）有新的证据可能改变原裁判的；

（三）主要证据不充分或不具有证明力的；

（四）原裁判的主要事实依据被依法变更或撤销的；

（五）引用法律条文错误或者适用失效、尚未生效法律的；

（六）违反法律关于溯及力规定的；

（七）行政赔偿调解协议违反自愿原则，内容违反法律或损害国家利益、公共利益和他人利益的；

（八）审判程序不合法，影响案件公正裁判的；

（九）审判人员在审理案件时索贿受贿、徇私舞弊并导致枉法裁判的。

第十条 人民法院对刑事案件的申诉人在刑罚执行完毕后两年内提出的申诉，应当受理；超过两年提出申诉，具有下列情形之一的，应当受理：

（一）可能对原审被告人宣告无罪的；

（二）原审被告人在本条规定的期限内向人民法院提出申诉，人民法院未受理的；

（三）属于疑难、复杂、重大案件的。

不符合前款规定的，人民法院不予受理。

第十一条 人民法院对刑事附带民事案件中仅就民事部分提出申诉的，一般不予再审立案。但有证据证明民事部分明显失当且原审被告人有赔偿能力的除外。

第十二条 人民法院对民事、行政案件的再审申请人或申诉人超过两年提出再审申请或申诉的，不予受理。

第十三条 人民法院对不符合法定主体资格的再审申请或申诉，不予受理。

第十四条 人民法院对下列民事案件的再审申请不予受理：

（一）人民法院依照督促程序、公示催告程序和破产还债程序审理的案件；

（二）人民法院裁定撤销仲裁裁决和裁定不予执行仲裁裁决的案件；

（三）人民法院判决、调解解除婚姻关系的案件，但当事人就财产分割问题申请再审的除外。

第十五条 上级人民法院对经终审法院的上一级人民法院依照审判监督程序审理后维持原判或者经两级人民法院依照审判监督程序复查均驳回的申请再审或申诉案件，一般不予受理。

但再审申请人或申诉人提出新的理由，且符合《中华人民共和国刑事诉讼法》第二百零四条、《中华人民共和国民事诉讼法》第一百七十九条、《中华人民共和国行政诉讼法》第六十二条及本规定第七、八、九条规定条件的，以及刑事案件的原审被告人可能被宣告无罪的除外。

第十六条 最高人民法院再审裁判或者复查驳回的案件，再审申请人或申诉人仍不服提出再审申请或申诉的，不予受理。

第十七条　本意见自2002年11月1日起施行。以前有关再审立案的规定与本意见不一致的，按本意见执行。

最高人民法院关于人民法院立案工作的暂行规定

（1997年5月29日）

为了切实保护当事人的诉讼权利，加强人民法院的立案工作，根据我国刑事诉讼法、民事诉讼法、行政诉讼法等有关法律，结合审判实践经验，对人民法院的立案工作作如下规定。

第一条　人民法院的立案工作遵循便利人民群众诉讼、便利人民法院审判的原则。

第二条　上级人民法院对下级人民法院的立案工作进行监督和指导。

基层人民法院对人民法庭的立案工作进行检查和指导。

第三条　人民法院立案工作的任务，是保障当事人依法行使诉讼权利，保证人民法院正确、及时审理案件。

第四条　人民法院对当事人提起的诉讼依法进行审查，符合受理条件的应当及时立案。

第五条　人民法院实行立案与审判分开的原则。

第六条　人民法院的立案工作由专门机构负责，可以设在告诉申诉审判庭内；不设告诉申诉审判庭的，可以单独设立。

第七条　立案工作的范围：

（一）审查民事、经济纠纷、行政案件的起诉，决定立案或者裁定不予受理；审查刑事自诉案件的起诉，决定立案或者裁定驳回；对刑事公诉案件进行立案登记。

（二）对下级人民法院移送的刑事、民事、经济纠纷、行政上诉案件和人民检察院对第一审刑事判决、裁定提出的抗诉案件进行立案登记。

（三）对本院决定再审、上级人民法院指令再审和人民检察院按照审判监督程序提出抗诉的案件进行立案登记。

（四）负责应由人民法院依法受理的其他案件的立案工作。

（五）计算并通知原告、上诉人预交案件受理费。

第八条 人民法院收到当事人的起诉，应当依照法律和司法解释规定的案件受理条件进行审查：

（一）起诉人应当具备法律规定的主体资格；

（二）应当有明确的被告；

（三）有具体的诉讼请求和事实根据；

（四）属于人民法院受理案件的范围和受诉人民法院管辖。

提起刑事自诉、刑事附带民事诉讼的，还应当符合《最高人民法院关于执行〈中华人民共和国刑事诉讼法〉若干问题的解释（试行）》中关于受理条件的规定。

第九条 人民法院审查立案中，发现原告或者自诉人证明其诉讼请求的主要证据不具备的，应当及时通知其补充证据。收到诉状的时间，从当事人补交有关证据材料之日起开始计算。

第十条 人民法院收到诉状和有关证据，应当进行登记，并向原告或者自诉人出具收据。收据中应当注明证据名称、原件或复制件、收到时间、份数和页数，由负责审查起诉的审判人员和原告、自诉人签名或者盖章。对于不予立案或者原告、自诉人在立案前撤回起诉的，应当将起诉材料退还，并由当事人签收。

第十一条 对经审查不符合法定受理条件，原告坚持起诉的，应当裁定不予受理；自诉人坚持起诉的，应当裁定驳回。

第十二条 不予受理和驳回起诉的裁定书由负责审查起诉的审判人员制作，报庭长或者院长审批。裁定书由负责审查起诉的审判员、书记员署名，加盖人民法院印章。

第十三条 经审查认为起诉符合受理条件的，根据案件的不同情况，由负责审查起诉的审判人员决定立案或者报庭长审批。重大疑难案件报院长审批或者经审判委员会讨论决定。

第十四条 起诉经审查决定立案后，应当编立案号，填写立案登记表，计算案件受理费，向原告或者自诉人发出案件受理通知书，并书面通知原告预交案件受理费。

第十五条　决定立案后，立案机构应当在二日内将案件移送有关审判庭审理，并办理移交手续，注明移交日期。经审查决定受理或立案登记的日期为立案日期。

第十六条　刑事自诉案件应当在收到自诉状、口头告诉第二日起十五日内决定立案或者裁定驳回起诉；民事、经济纠纷案件应当在收到起诉状、口头告诉之日起七日内决定立案或者裁定不予受理；行政案件应当在收到起诉状之日起七日内决定立案或者裁定不予受理。

第十七条　审判庭对立案机构移送的案件认为不属本庭职责范围的，应当及时提出，报院长决定。

第十八条　人民法庭经审查认为符合受理条件的起诉，报庭长批准立案；当事人直接向基层人民法院起诉的，基层人民法院应当审查受理。

人民法庭决定立案后，应当将当事人的姓名、单位、案由、简要案情报基层人民法院统一编立案号。

对符合受理条件的起诉人民法庭不予立案的，基层人民法院应当决定立案，交由人民法庭审理。

第十九条　对当事人不服一审判决、裁定提出上诉的案件，第一审人民法院应当及时办妥送达上诉状副本等有关手续，将案卷材料连同二审案件诉讼费缴费凭证等一并移送第二审人民法院。

第二十条　第二审人民法院立案机构收到第一审人民法院移送的上诉材料及一审案件卷宗材料，应当查对以下内容：

（一）上诉状、一审裁判文书齐全；一审卷宗数应与案件移送函标明的数量相符。

（二）上诉人递交上诉状的时间在法定上诉期限以内；虽然超过法定上诉期限，但提交了因不可抗拒的事由或者具有其他正当理由申请顺延上诉期限的书面材料。

（三）附有上诉案件受理费单据或者上诉人关于缓、减、免交上诉费用的申请。

对卷宗、材料不齐备的，应当及时通知第一审人民法院补充。

第二十一条 第二审人民法院立案机构经查对有关材料无误的,应当填写立案登记表,编立案号,向当事人发送案件受理通知书和上诉案件应诉通知书,并将案卷材料于立案登记的第二日移交有关审判庭。

第二十二条 对当事人提出的申诉或者再审申请,认为符合受理条件的,应当登记后立卷审查。

第二十三条 对具有以下情形的再审案件,应当移送有关审判庭审理:

(一)经审查认为申诉或者再审申请符合法律规定的条件,并报经院长批准再审的;

(二)本院院长提交审判委员会讨论决定再审的;

(三)上级人民法院指令再审的;

(四)人民检察院提出抗诉的。

第二十四条 执行案件的立案工作可参照本规定执行。

第二十五条 各高级人民法院、解放军军事法院可以根据本规定制定实施细则,并报最高人民法院备案。

以前有关立案工作的规定与本规定不一致的,以本规定为准。

9 侦　　查

司法性文件

最高人民法院最高人民检察院公安部司法部海关总署关于走私犯罪侦查机关办理走私犯罪案件适用刑事诉讼程序若干问题的通知

（1998 年 12 月 3 日　署侦〔1998〕742 号）

各省、自治区、直辖市高级人民法院、人民检察院、公安厅（局）、司法厅（局），海关总署广东分署、各直属海关：

根据《国务院关于缉私警察队伍设置方案的批复》（国函〔1998〕53 号）和《国务院办公厅关于组建缉私警察队伍实施方案的复函》（国办函〔1998〕52 号），海关总署、公安部组建成立走私犯罪侦查局，纳入公安部编制机构序列，设在海关总署。缉私警察是对走私犯罪案件依法进行侦查、拘留、执行逮捕、预审的专职刑警队伍，走私犯罪侦查局既是海关总署的一个内设局，又是公安部的一个序列局，实行海关与公安双重垂直领导、以海关领导为主的体制，按照海关对缉私工作的统一部署和指挥，部署警力，执行任务。走私犯罪侦查局在广东分署和全国各直属海关设立走私犯罪侦查分局；走私犯罪侦查分局原则上在隶属海关设立走私犯罪侦查支局。各级走私犯罪侦查机关负责其所在海关业务管辖区域内的走私犯罪案件的侦查工作。

为保证缉私警察队伍依法履行职责，与各行政执法部门、司法机关密切配合，切实加大打击走私犯罪活动的力度，现将走私犯罪侦查机关办理走私案件适用刑事诉讼程序的若干问题通知如下：

一、走私犯罪侦查机关在中华人民共和国海关关境内，依法查缉涉税走私犯罪案件和发生在海关监管区内的走私武器、弹药、核材料、伪造的货币、文物、贵重金属、珍贵动物及其制品、珍稀植物及其制品、淫秽物品、固体废物和毒品等非涉税走私犯罪案件，接受海关调查部门、地方公安机关（包括公安边防部门）和工商行政等执法部门查获移送的走私犯罪案件。

二、走私犯罪侦查机关在侦办走私犯罪案件过程中，依法采取通缉、边控、搜查、拘留、执行逮捕、监视居住等措施，以及核实走私罪嫌疑人身份和犯罪经历时，需地方公安机关配合的，应通报有关地方公安机关，地方公安机关应予配合。其中在全国范围通缉、边控走私犯罪嫌疑人，请求国际刑警组织或者境外警方协助的，以及追捕走私犯罪嫌疑人需要地方公安机关调动警力的，应层报公安部批准。

走私犯罪侦查机关决定对走私犯罪嫌疑人采取取保候审的，应通知并移送走私犯罪嫌疑人居住地公安机关执行。罪犯因走私罪被人民法院判处剥夺政治权利、管制以及决定暂予监外执行、假释或者宣告缓刑的，由地方公安机关执行。

走私犯罪侦查机关因办案需要使用技术侦察手段时，应严格遵照有关规定，按照审批程序和权限报批后，由有关公安机关实施。

三、走私犯罪侦查分局、支局在查办走私犯罪案件过程中进行侦查、拘留、执行逮捕、预审等工作，按《公安机关办理刑事案件程序规定》（以下简称《程序规定》）办理。

四、走私犯罪侦查机关依照刑事诉讼法的规定出具和使用刑事法律文书，适用公安部统一制定的文书格式，冠以“走私犯罪侦查（分、支）局”字样并加盖“走私犯罪侦查（分、支）局”印章。

五、走私犯罪侦查机关在侦办走私犯罪案件过程中，需要提请批准逮捕走私犯罪嫌疑人时，应按《程序规定》制作相应的法律文书，连同有关案卷材料、证据，直接移送走私犯罪侦查机关所在地的分、州、市级人民检察院审查决定。

六、走私犯罪侦查机关对犯罪事实清楚，证据确实、充分，已侦查终结的案件，应当制作《起诉意见书》，连同案卷材料、证据，一并移送走私犯罪侦查机关所在地的分、州、市级人民检察院审查决定。

七、人民检察院认为走私犯罪嫌疑人的犯罪事实已经查清，证据确实、充分，依法应当追究刑事责任的，应当依法提起公诉。对于基层人民法院管辖的案件，可以依照刑事诉讼法第二十三条的规定，向当地中级人民法院提起公诉，人民法院应当依法作出判决。

八、律师参加刑事诉讼活动，应严格按《中华人民共和国刑事诉讼法》、《中华人民共和国律师法》、《最高人民法院、最高人民检察院、公安部、国家安全部、司法部、全国人大常委会法制工作委员会关于刑事诉讼法实施中若干问题的规定》以及本通知等有关规定办理。

九、对走私犯罪案件的侦查、提起公诉、审判的其他程序，依照《中华人民共和国刑事诉讼法》以及其他相关法律的规定办理。

十、对经侦查不构成走私罪和人民检察院依法不起诉或者人民法院依法免予刑事处罚的走私案件，依照《中华人民共和国海关法》的规定，移送海关调查部门处理。

十一、海关调查部门、地方公安机关（包括公安边防部门）和工商行政等执法部门对于查获的需移送走私犯罪侦查机关的案件，应当就近移送。走私犯罪侦查机关应及时接受，出具有关手续，并将案件处理结果书面通报移送部门。

本通知自下发之日起执行。

10 审 判

（一）司法解释

最高人民法院关于刑事第二审判决改变第一审判决认定的罪名后能否加重附加刑的批复

（2008年6月6日 法释[2008]8号）

各省、自治区、直辖市高级人民法院，解放军军事法院，新疆维吾尔自治区高级人民法院生产建设兵团分院：

近来，有的高级人民法院请示，在审理被告人提起上诉的第二审刑事案件时，第二审人民法院判决改变第一审判决认定罪名的，能否增加适用附加刑或者将罚金刑改为没收财产刑等问题不明确。经研究，批复如下：

根据刑事诉讼法第一百九十条的规定，第二审人民法院审判被告人或者他的法定代理人、辩护人、近亲属上诉的案件，不得加重被告人的刑罚。因此，第一审人民法院没有判处附加刑的，第二审人民法院判决改变罪名后，不得判处附加刑；第一审人民法院原判附加刑较轻的，第二审人民法院不得改判较重的附加刑，也不得以事实不清或者证据不足发回第一审人民法院重新审理；必须依法改判的，应当在第二审判决、裁定生效后，按照审判监督程序重新审判。

最高人民法院关于在裁判文书中如何引用刑法修正案的批复

（2007 年 4 月 11 日　法释[2007]7 号）

各省、自治区、直辖市高级人民法院，解放军军事法院，新疆维吾尔自治区高级人民法院生产建设兵团分院：

近来，一些法院对在裁判文书中如何引用刑法修正案的问题请示我院。经研究，批复如下：

人民法院在裁判文书中适用刑法修正案的规定时，应当直接引用修正后的刑法条文，表述为“《中华人民共和国刑法》第 × 条的规定”，或者“《中华人民共和国刑法》第 × 条之的规定”。

最高人民法院最高人民检察院关于死刑第二审案件开庭审理程序若干问题的规定（试行）

（2006 年 8 月 28 日最高人民法院审判委员会第 1398 次会议　2006 年 9 月 11 日最高人民检察院第十届检察委员会第 60 次会议通过　2006 年 9 月 21 日公布　自 2006 年 9 月 25 日起施行　法释〔2006〕8 号）

为依法准确惩罚犯罪，加强刑事司法领域的人权保障，确保死刑案件的办案质量，根据《中华人民共和国刑事诉讼法》的有关规定，现对死刑第二审案件开庭审理程序的有关问题规定如下：

第一条　第二审人民法院审理第一审判处死刑立即执行的被告人上诉、人民检察院抗诉的案件,应当依照法律和有关规定开庭审理。

第二条 第二审人民法院审理第一审判处死刑缓期二年执行的被告人上诉的案件,有下列情形之一的,应当开庭审理:

(一)被告人或者辩护人提出影响定罪量刑的新证据,需要开庭审理的;

(二)具有刑事诉讼法第一百八十七条规定的开庭审理情形的。

人民检察院对第一审人民法院判处死刑缓期二年执行提出抗诉的案件,第二审人民法院应当开庭审理。

第三条 被判处死刑的被告人提出上诉的案件,原审人民法院应当在上诉期满后三日以内将上诉状连同案卷、证据移送上一级人民法院,同时将上诉状副本送交同级人民检察院和当事人。收到上诉状副本的人民检察院应当在三日以内将上诉状副本及有关材料报送上一级人民检察院。

对第一审的死刑判决抗诉的案件,提出抗诉的人民检察院向原审人民法院提交抗诉书后,应当在三日以内将抗诉书副本及有关材料报送上一级人民检察院。原审人民法院应当在抗诉期满后三日以内将抗诉书连同案卷、证据移送上一级人民法院,并将抗诉书副本送交当事人。

第四条 对死刑判决提出上诉的被告人,在上诉期满后第二审开庭前要求撤回上诉的,第二审人民法院应当进行审查。合议庭经过阅卷、讯问被告人、听取其他当事人、辩护人、诉讼代理人的意见后,认为原判决事实清楚,适用法律正确,量刑适当的,不再开庭审理,裁定准许被告人撤回上诉;认为原判决事实不清,证据不足或者无罪判为有罪,轻罪重判的,应当不准许撤回上诉,按照第二审程序开庭审理。

第五条 第二审人民法院开庭审理死刑上诉、抗诉案件,合议庭应当在开庭前对案卷材料进行全面审查,重点审查下列内容:

(一)上诉、抗诉的理由及是否提出了新的事实和证据;

(二)被告人供述、辩解的情况;

(三)辩护人的意见以及原审人民法院采纳的情况;

(四)原审判决认定的事实是否清楚,证据是否确实、充分;

(五)原审判决适用法律是否正确,量刑是否适当;

（六）在侦查、起诉及审判中，有无违反法律规定的诉讼程序的情形；

（七）原审人民法院合议庭、审判委员会讨论的意见；

（八）其他对定罪量刑有影响的内容。

第六条 第二审人民法院应当及时查明被判处死刑立即执行的被告人是否委托了辩护人。没有委托辩护人的，应当告知被告人可以自行委托辩护人或者通知法律援助机构指定承担法律援助义务的律师为其提供辩护。

被告人拒绝人民法院指定的辩护人为其辩护，有正当理由的，人民法院应当准许，被告人可以另行委托辩护人。被告人没有委托辩护人的，人民法院应当为其另行指定辩护人。

第七条 第二审人民法院开庭审理死刑上诉、抗诉案件，应当在开庭十日以前通知人民检察院查阅案卷。

第八条 人民检察院办理死刑上诉、抗诉案件，应当在开庭前对案卷材料进行全面审查，重点围绕抗诉或者上诉的理由，审查第一审判决认定案件事实、适用法律是否正确，证据是否确实、充分，量刑是否适当，审判活动是否合法，并进行下列工作：

（一）应当讯问被告人，听取被告人的上诉理由或者辩解；

（二）必要时听取辩护人的意见；

（三）核查主要证据，必要时询问证人；

（四）对鉴定结论有疑问的，可以重新鉴定或者补充鉴定；

（五）根据案件情况，可以听取被害人的意见。

第九条 第二审人民法院开庭审理的死刑上诉、抗诉案件，同级人民检察院应当派员出庭。

第十条 第二审人民法院开庭审理死刑上诉、抗诉案件，人民检察院应当在开庭前拟定庭审中的讯问、询问、举证、质证、答辩提纲和出庭意见书等。

第十一条 第二审人民法院开庭审理死刑上诉、抗诉案件，应当由审判员三人至五人组成合议庭，对于疑难、复杂、重大的死刑案件，应当由院长或者庭长担任审判长。

第十二条 合议庭应当在开庭前查明有关情况并做好以下准备工作：

（一）在第一审判决宣判后，被告人是否有检举、揭发行为需要查证核实的；

（二）是否存在可能导致延期审理的情形；

（三）必要时应当讯问被告人；

（四）拟定庭审提纲，确定需要开庭审理的内容；

（五）将开庭的时间、地点在开庭三日以前通知人民检察院；

（六）通知人民检察院、被告人及其辩护人在开庭五日以前提供出庭作证的证人、鉴定人名单；

（七）将传唤当事人和通知辩护人、证人、鉴定人和翻译人员的传票和通知书，在开庭三日以前送达；

（八）人民检察院向第二审人民法院提交新证据的，第二审人民法院应当通知被告人的辩护律师或者经许可的其他辩护人在开庭前到人民法院查阅；被告人及其辩护人向第二审人民法院提交新证据的，第二审人民法院应当通知人民检察院在开庭前到人民法院查阅；

（九）人民检察院在审查期间进行重新鉴定或者补充鉴定的，作出的鉴定应当及时提交人民法院，人民法院应当在开庭三日以前将鉴定结论告知当事人及其诉讼代理人、辩护人；被害人及其诉讼代理人或者被告人及其辩护人提出重新鉴定、补充鉴定要求并经第二审人民法院同意的，作出的鉴定应当及时提交人民法院，人民法院应当在开庭三日以前将鉴定结论告知对方当事人及其诉讼代理人、辩护人并通知人民检察院；

（十）公开审判的案件，在开庭三日以前先期公布案由、被告人姓名、开庭时间和地点；

（十一）其他准备工作。

上述活动情形应当写入笔录，由审判人员和书记员签名。

第十三条　第二审人民法院开庭审理死刑上诉、抗诉案件，具有下列情形之一的，应当通知证人、鉴定人、被害人出庭作证：

（一）人民检察院、被告人及其辩护人对鉴定结论有异议、鉴定程序违反规定或者鉴定结论明显存在疑点的；

（二）人民检察院、被告人及其辩护人对证人证言、被害人陈述有异议，该证人证言或者被害人陈述对定罪量刑有重大影响的；

（三）合议庭认为其他有必要出庭作证的。

第十四条　第二审人民法院应当全面审理死刑上诉、抗诉案件。但在开庭时，可以根据具体情况围绕人民检察院、被告人及其辩护人提出争议的问题和人民法院认为需要重点审查的问题进行：

（一）审判长宣布开庭后，可以宣读原审判决书，也可以只宣读案由、主要事实、证据和判决主文等判决书的主要内容。法庭调查时，上诉案件由上诉人或者辩护人先宣读上诉状或者陈述上诉理由，抗诉案件由检察人员先宣读抗诉书；对于既有上诉又有抗诉的案件，先由检察人员宣读抗诉书，后由上诉人或者辩护人宣读上诉状或者陈述上诉理由。

（二）法庭调查的重点是，对原审判决提出异议的事实、证据以及提交的新的证据等。对于人民检察院、被告人及其辩护人没有异议的事实、证据和情节，可以不在庭审时调查。

（三）人民检察院、被告人及其辩护人对原审判决采纳的证据没有异议的，可以不再举证和质证。

（四）法庭辩论时，抗诉的案件，由检察人员先发言；上诉的案件，由上诉人、辩护人先发言；既有抗诉又有上诉的案件，由检察人员先发言，并依次进行辩论。

（五）对共同犯罪中没有判处死刑且没有提出上诉的被告人，人民检察院和辩护人在开庭前表示不需要进行讯问和质证的，可以不再传唤到庭。对没有被判处死刑的其他被告人的罪行，事实清楚的，可以不在庭审时审理。

（六）对被告人所犯数罪中判处其他刑罚的犯罪，事实清楚且人民检察院、被告人及其辩护人没有异议的，可以不在庭审时审理。

第十五条　在第二审程序中，检察人员或者辩护人发现证据出现重大变化，可能影响案件定罪量刑的，可以建议延期审理。

第十六条　第二审人民法院应当在裁判文书中写明人民检察院的意见、被告人的辩解和辩护人的意见，以及是否采纳的情况并说明理由。

第十七条　第二审人民法院作出判决、裁定后，当庭宣判的，应当在五日以内将判决书或者裁定书送达当事人、辩护人和同级人民检察院；定期宣判的，应当在宣判后立即送达。

第二审人民法院可以委托第一审人民法院代为宣判，并向当事人送达第二审判决书或者裁定书。

第十八条 在第二审程序中，出席法庭的检察人员发现法庭审判活动违反法律规定的诉讼程序，休庭后由人民检察院向人民法院提出纠正意见。

第十九条 死刑第二审案件开庭审理程序的其他事项，依照刑事诉讼法、司法解释和有关规定执行。

第二十条 本规定自发布之日起施行。本规定发布前的司法解释和有关规定，与本规定相抵触的，以本规定为准。

最高人民法院最高人民检察院司法部关于适用普通程序审理“被告人认罪案件”的若干意见（试行）

（2003 年 3 月 14 日）

为提高审理刑事案件的质量和效率，根据《中华人民共和国刑事诉讼法》的规定，结合刑事诉讼工作实际，制定本意见。

第一条 被告人对被指控的基本犯罪事实无异议，并自愿认罪的第一审公诉案件，一般适用本意见审理。

对于指控被告人犯数罪的案件，对被告人认罪的部分，可以适用本意见审理。

第二条 下列案件不适用本意见审理：

1. 被告人系盲、聋、哑人的；
2. 可能判处死刑的；
3. 外国人犯罪的；
4. 有重大社会影响的；
5. 被告人认罪但经审查认为可能不构成犯罪的；
6. 共同犯罪案件中，有的被告人不认罪或者不同意适用本意见审理的；
7. 其他不宜适用本意见审理的案件。

第三条　人民检察院认为符合适用本意见审理的案件，可以在提起公诉时书面建议人民法院适用本意见审理。

对于人民检察院没有建议适用本意见审理的公诉案件，人民法院经审查认为可以适用本意见审理的，应当征求人民检察院、被告人及辩护人的意见。人民检察院、被告人及辩护人同意的，适用本意见审理。

第四条　人民法院在决定适用本意见审理案件前，应当向被告人讲明有关法律规定、认罪和适用本意见审理可能导致的法律后果，确认被告人自愿同意适用本意见审理。

第五条　人民法院对决定适用本意见审理的案件，应当书面通知人民检察院、被告人及辩护人。

第六条　对于决定适用本意见审理的案件，人民法院在开庭前可以阅卷。

第七条　对适用本意见开庭审理的案件，合议庭应当在公诉人宣读起诉书后，询问被告人对被指控的犯罪事实及罪名的意见，核实其是否自愿认罪和同意适用本意见进行审理，是否知悉认罪可能导致的法律后果。对于被告人自愿认罪并同意适用本意见进行审理的，可以对具体审理方式作如下简化：

（一）被告人可以不再就起诉书指控的犯罪事实进行供述。

（二）公诉人、辩护人、审判人员对被告人的讯问、发问可以简化或者省略。

（三）控辩双方对无异议的证据，可以仅就证据的名称及所证明的事项作出说明。合议庭经确认公诉人、被告人、辩护人无异议的，可以当庭予以认证。

对于合议庭认为有必要调查核实的证据，控辩双方有异议的证据，或者控方、辩方要求出示、宣读的证据，应当出示、宣读，并进行质证。

（四）控辩双方主要围绕确定罪名、量刑及其他有争议的问题进行辩论。

第八条　适用本意见审理案件，应当严格执行刑事诉讼法规定的基本原则和程序，做到事实清楚、证据确实充分，切实保障被告人的诉讼权利。

第九条　人民法院对自愿认罪的被告人，酌情予以从轻处罚。

第十条　对适用本意见审理的案件，人民法院一般当庭宣判。

第十一条　适用本意见审理案件过程中，发现有不符合本意见规定情形的，人民法院应当决定不再适用本意见审理。

第十二条 本意见自二〇〇三年三月十四日起试行。

最高人民法院最高人民检察院司法部关于适用简易程序审理公诉案件的若干意见

（2003年3月14日）

为依法适用简易程序，提高审理刑事案件的质量和效率，根据《中华人民共和国刑事诉讼法》的规定，制定本意见。

第一条 对于同时具有下列情形的公诉案件，可以适用简易程序审理：

（一）事实清楚、证据充分；

（二）被告人及辩护人对所指控的基本犯罪事实没有异议；

（三）依法可能判处三年以下有期徒刑、拘役、管制或者单处罚金。

第二条 具有下列情形之一的公诉案件，不适用简易程序审理：

（一）比较复杂的共同犯罪案件；

（二）被告人、辩护人作无罪辩护的；

（三）被告人系盲、聋、哑人的；

（四）其他不宜适用简易程序审理的情形。

第三条 人民检察院建议适用简易程序的，应当制作《适用简易程序建议书》，在提起公诉时，连同全案卷宗、证据材料、起诉书一并移送人民法院。

人民法院在征得被告人、辩护人同意后决定适用简易程序的，应当制作《适用简易程序决定书》，在开庭前送达人民检察院、被告人及辩护人。

人民法院认为依法不应当适用简易程序的，应当书面通知人民检察院，并将全案卷宗和证据材料退回人民检察院。

第四条 对于人民检察院没有建议适用简易程序的公诉案件，人民法院经审查认为可以适用简易程序审理的，应当征求人民检察院与被告人、辩护人的意见。人民检察院同意并移送全案卷宗和证据材料后，适用简易程序审理。

人民法院决定适用简易程序的，应当制作《适用简易程序决定书》，在开庭前送达人民检察院、被告人及辩护人。

第五条　适用简易程序审理的公诉案件，人民法院应当在开庭前将开庭的时间、地点分别通知人民检察院、被告人、辩护人及其他诉讼参与人。

通知可以使用简便方式，但应当记录在卷。

第六条　适用简易程序审理公诉案件，除人民检察院监督公安机关立案侦查的案件，以及其他人民检察院认为有必要派员出庭的案件外，人民检察院可以不派员出庭。

第七条　适用简易程序审理的公诉案件，独任审判员宣布开庭，传被告人到庭后，应当查明被告人的基本情况，然后依次宣布案由、独任审判员、书记员、公诉人、被害人、辩护人、诉讼代理人和翻译人员的名单，并告知各项诉讼权利。

独任审判员应当讯问被告人对起诉书的意见，是否自愿认罪，并告知有关法律规定及可能导致的法律后果；被告人及其辩护人可以就起诉书指控的犯罪进行辩护。

被告人有最后陈述的权利。

被告人自愿认罪，并对起诉书所指控的犯罪事实无异议的，法庭可以直接作出有罪判决。

第八条　对于适用简易程序审理的公诉案件，人民法院一般当庭宣判，并在五日内将判决书送达被告人和提起公诉的人民检察院。

第九条　人民法院对自愿认罪的被告人，酌情予以从轻处罚。

第十条　人民法院在适用简易程序审理公诉案件时，发现有下列情形之一的，应当将简易程序转为普通程序重新审理：

（一）被告人的行为不构成犯罪；

（二）被告人应当判处三年以上有期徒刑刑罚；

（三）被告人当庭对起诉指控的犯罪事实予以否认；

（四）事实不清或者证据不足；

（五）其他不宜适用简易程序审理的情形。

人民检察院未派员出庭的，人民法院应当将上述决定书面通知人民检察院。

第十一条　转为普通程序重新审理的公诉案件，人民法院应当在三日内将全案卷宗和证据材料退回人民检察院。

人民检察院应当在收到上述材料后五日内按照普通程序审理公诉案件的法定要求,向人民法院移送有关材料。

最高人民法院关于人民法院合议庭工作的若干规定

(2002年7月30日最高人民法院审判委员会第1234次会议通过 2002年8月12日公布 自2002年8月17日起施行 法释〔2002〕25号)

为了进一步规范合议庭的工作程序,充分发挥合议庭的职能作用,根据《中华人民共和国人民法院组织法》、《中华人民共和国刑事诉讼法》、《中华人民共和国民事诉讼法》、《中华人民共和国行政诉讼法》等法律的有关规定,结合人民法院审判工作实际,制定本规定。

第一条 人民法院实行合议制审判第一审案件,由法官或者由法官和人民陪审员组成合议庭进行;人民法院实行合议制审判第二审案件和其他应当组成合议庭审判的案件,由法官组成合议庭进行。

人民陪审员在人民法院执行职务期间,除不能担任审判长外,同法官有同等的权利义务。

第二条 合议庭的审判长由符合审判长任职条件的法官担任。

院长或者庭长参加合议庭审判案件的时候,自己担任审判长。

第三条 合议庭组成人员确定后,除因回避或者其他特殊情况,不能继续参加案件审理的之外,不得在案件审理过程中更换。更换合议庭成员,应当报请院长或者庭长决定。合议庭成员的更换情况应当及时通知诉讼当事人。

第四条 合议庭的审判活动由审判长主持,全体成员平等参与案件的审理、评议、裁判,共同对案件认定事实和适用法律负责。

第五条 合议庭承担下列职责:

（一）根据当事人的申请或者案件的具体情况，可以作出财产保全、证据保全、先予执行等裁定；

（二）确定案件委托评估、委托鉴定等事项；

（三）依法开庭审理第一审、第二审和再审案件；

（四）评议案件；

（五）提请院长决定将案件提交审判委员会讨论决定；

（六）按照权限对案件及其有关程序性事项作出裁判或者提出裁判意见；

（七）制作裁判文书；

（八）执行审判委员会决定；

（九）办理有关审判的其他事项。

第六条　审判长履行下列职责：

（一）指导和安排审判辅助人员做好庭前调解、庭前准备及其他审判业务辅助性工作；

（二）确定案件审理方案、庭审提纲、协调合议庭成员的庭审分工以及做好其他必要的庭审准备工作；

（三）主持庭审活动；

（四）主持合议庭对案件进行评议；

（五）依照有关规定，提请院长决定将案件提交审判委员会讨论决定；

（六）制作裁判文书，审核合议庭其他成员制作的裁判文书；

（七）依照规定权限签发法律文书；

（八）根据院长或者庭长的建议主持合议庭对案件复议；

（九）对合议庭遵守案件审理期限制度的情况负责；

（十）办理有关审判的其他事项。

第七条　合议庭接受案件后，应当根据有关规定确定案件承办法官，或者由审判长指定案件承办法官。

第八条　在案件开庭审理过程中，合议庭成员必须认真履行法定职责，遵守《中华人民共和国法官职业道德基本准则》中有关司法礼仪的要求。

第九条　合议庭评议案件应当在庭审结束后五个工作日内进行。

第十条 合议庭评议案件时,先由承办法官对认定案件事实、证据是否确实、充分以及适用法律等发表意见,审判长最后发表意见;审判长作为承办法官的,由审判长最后发表意见。对案件的裁判结果进行评议时,由审判长最后发表意见。审判长应当根据评议情况总结合议庭评议的结论性意见。

合议庭成员进行评议的时候,应当认真负责,充分陈述意见,独立行使表决权,不得拒绝陈述意见或者仅作同意与否的简单表态。同意他人意见的,也应当提出事实根据和法律依据,进行分析论证。

合议庭成员对评议结果的表决,以口头表决的形式进行。

第十一条 合议庭进行评议的时候,如果意见分歧,应当按多数人的意见作出决定,但是少数人的意见应当写入笔录。

评议笔录由书记员制作,由合议庭的组成人员签名。

第十二条 合议庭应当依照规定的权限,及时对评议意见一致或者形成多数意见的案件直接作出判决或者裁定。但是对于下列案件,合议庭应当提请院长决定提交审判委员会讨论决定:

(一)拟判处死刑的;

(二)疑难、复杂、重大或者新类型的案件,合议庭认为有必要提交审判委员会讨论决定的;

(三)合议庭在适用法律方面有重大意见分歧的;

(四)合议庭认为需要提请审判委员会讨论决定的其他案件,或者本院审判委员会确定的应当由审判委员会讨论决定的案件。

第十三条 合议庭对审判委员会的决定有异议,可以提请院长决定提交审判委员会复议一次。

第十四条 合议庭一般应当在作出评议结论或者审判委员会作出决定后的五个工作日内制作出裁判文书。

第十五条 裁判文书一般由审判长或者承办法官制作。但是审判长或者承办法官的评议意见与合议庭评议结论或者审判委员会的决定有明显分歧的,也可以由其他合议庭成员制作裁判文书。

对制作的裁判文书,合议庭成员应当共同审核,确认无误后签名。

第十六条 院长、庭长可以对合议庭的评议意见和制作的裁判文书进行审核，但是不得改变合议庭的评议结论。

第十七条 院长、庭长在审核合议庭的评议意见和裁判文书过程中，对评议结论有异议的，可以建议合议庭复议，同时应当对要求复议的问题及理由提出书面意见。

合议庭复议后，庭长仍有异议的，可以将案件提请院长审核，院长可以提交审判委员会讨论决定。

第十八条 合议庭应当严格执行案件审理期限的有关规定。遇有特殊情况需要延长审理期限的，应当在审限届满前按规定的时限报请审批。

最高人民法院关于办理不服本院生效裁判案件的若干规定

（2001 年 10 月 29 日　法发〔2001〕20 号）

根据《中华人民共和国刑事诉讼法》、《中华人民共和国民事诉讼法》和《中华人民共和国行政诉讼法》及《最高人民法院机关内设机构及新设事业单位职能》的有关规定，为规范审判监督工作，制定本规定。

一、立案庭对不服本院生效裁判案件经审查认为可能有错误，决定再审立案或者登记立案并移送审判监督庭后，审判监督庭应及时审理。

二、经立案庭审查立案的不服本院生效裁判案件，立案庭应将本案全部卷宗材料调齐，一并移送审判监督庭。

经立案庭登记立案、尚未归档的不服本院生效裁判案件，审判监督庭需要调阅有关案卷材料的，应向相关业务庭发出调卷通知。有关业务庭应在收到调卷通知十日内，将有关案件卷宗按规定装订整齐，移送审判监督庭。

三、在办理不服本院生效裁判案件过程中，经庭领导同意，承办人可以就案件有关情况与原承办人或原合议庭交换意见；未经同意，承办人不得擅自与原承办人或原合议庭交换意见。

四、对立案庭登记立案的不服本院生效裁判案件，合议庭在审查过程中，认为对案件有关情况需要听取双方当事人陈述的，应报庭领导决定。

五、对本院生效裁判案件经审查认为应当再审的，或者已经进入再审程序、经审理认为应当改判的，由院长提交审判委员会讨论决定。

提交审判委员会讨论的案件审理报告应注明原承办人和原合议庭成员的姓名，并可附原合议庭对审判监督庭再审审查结论的书面意见。

六、审判监督庭经审查驳回当事人申请再审的，或者经过再审程序审理结案的，应及时向本院有关部门通报案件处理结果。

七、审判监督庭在审理案件中，发现原办案人员有《人民法院审判人员违法审判责任追究办法（试行）》、《人民法院审判纪律处分办法（试行）》规定的违法违纪情况的，应移送纪检组（监察室）处理。

当事人在案件审查或审理过程中反映原办案人员有违法违纪问题或提交有关举报材料的，应告知其向本院纪检组（监察室）反映或提交；已收举报材料的，审判监督庭应及时移送纪检组（监察室）。

八、对不服本院执行工作办公室、赔偿委员会办公室办理的有关案件，按照本规定执行。

九、审判监督庭负责本院国家赔偿的确认工作，办理高级人民法院国家赔偿确认工作的请示，负责对全国法院赔偿确认工作的监督与指导。

十、地方各级人民法院、专门人民法院可根据本规定精神，制定具体规定。

最高人民法院关于刑事再审案件开庭审理程序的具体规定

（2001年10月18日最高人民法院审判委员会第1196次会议通过　2001年12月26日最高人民法院公告公布　自2002年1月1日起施行　法释〔2001〕31号）

为了深化刑事庭审方式的改革，进一步提高审理刑事再审案件的效率，确保审判质量，规范案件开庭审理的程序，根据《中华人民共和国刑事诉讼法》、最高人民法院《关于执行〈中华人民共和国刑事诉讼法〉若干问题的解释》的规定，制定本规定。

第一条　本规定适用依照第一审程序或第二审程序开庭审理的刑事再审案件。

第二条　人民法院在收到人民检察院按照审判监督程序提出抗诉的刑事抗诉书后，应当根据不同情况，分别处理：

（一）不属于本院管辖的，决定退回人民检察院；

（二）按照抗诉书提供的原审被告人（原审上诉人）住址无法找到原审被告人（原审上诉人）的，人民法院应当要求提出抗诉的人民检察院协助查找；经协助查找仍无法找到的，决定退回人民检察院；

（三）抗诉书没有写明原审被告人（原审上诉人）准确住址的，应当要求人民检察院在七日内补充，经补充后仍不明确或逾期不补的，裁定维持原判；

（四）以有新的证据证明原判决、裁定认定的事实确有错误为由提出抗诉，但抗诉书未附有新的证据目录、证人名单和主要证据复印件或者照片的，人民检察院应当在七日内补充；经补充后仍不完备或逾期不补的，裁定维持原判。

第三条　以有新的证据证明原判决、裁定认定的事实确有错误为由提出申诉的，应当同时附有新的证据目录、证人名单和主要证据复印件或者照片。需要申请人民法院调取证据的，应当附有证据线索。未附有的，应当在七日内补充；经补充后仍不完备或逾期不补的，应当决定不予受理。

第四条　参与过本案第一审、第二审、复核程序审判的合议庭组成人员，不得参与本案的再审程序的审判。

第五条　人民法院审理下列再审案件，应当依法开庭审理：

（一）依照第一审程序审理的；

（二）依照第二审程序需要对事实或者证据进行审理的；

（三）人民检察院按照审判监督程序提出抗诉的；

（四）可能对原审被告人（原审上诉人）加重刑罚的；

（五）有其他应当开庭审理情形的。

第六条　下列再审案件可以不开庭审理：

（一）原判决、裁定认定事实清楚，证据确实、充分，但适用法律错误，量刑畸重的；

（二）1979年《中华人民共和国刑事诉讼法》施行以前裁判的；

（三）原审被告人（原审上诉人）、原审自诉人已经死亡或者丧失刑事责任能力的；

（四）原审被告人（原审上诉人）在交通十分不便的边远地区监狱服刑，提押到庭确有困难的；但人民检察院提出抗诉的，人民法院应征得人民检察院的同意；

（五）人民法院按照审判监督程序决定再审，按本规定第九条第（五）项规定，经两次通知，人民检察院不派员出庭的。

第七条 人民法院审理共同犯罪再审案件，如果人民法院再审决定书或者人民检察院抗诉书只对部分同案原审被告人（同案原审上诉人）提起再审，其他未涉及的同案原审被告人（同案原审上诉人）不出庭不影响案件审理的，可以不出庭参与诉讼；

部分同案原审被告人（同案原审上诉人）具有本规定第六条第（三）、（四）项规定情形不能出庭的，不影响案件的开庭审理。

第八条 除人民检察院抗诉的以外，再审一般不得加重原审被告人（原审上诉人）的刑罚。

根据本规定第六条第（二）、（三）、（四）、（五）项、第七条的规定，不具备开庭条件可以不开庭审理的，或者可以不出庭参加诉讼的，不得加重未出庭原审被告人（原审上诉人）、同案原审被告人（同案原审上诉人）的刑罚。

第九条 人民法院在开庭审理前，应当进行下列工作：

（一）确定合议庭的组成人员；

（二）将再审决定书、申诉书副本至迟在开庭三十日前，重大、疑难案件至迟在开庭六十日前送达同级人民检察院，并通知其查阅案卷和准备出庭；

（三）将再审决定书或抗诉书副本至迟在开庭三十日以前送达原审被告人（原审上诉人），告知其可以委托辩护人，或者依法为其指定承担法律援助义务的律师担任辩护人；

（四）至迟在开庭十五日前，重大、疑难案件至迟在开庭六十日前，通知辩护人查阅案卷和准备出庭；

（五）将开庭的时间、地点在开庭七日以前通知人民检察院；

（六）传唤当事人，通知辩护人、诉讼代理人、证人、鉴定人和翻译人员，传票和通知书至迟在开庭七日以前送达；

（七）公开审判的案件，在开庭七日以前先期公布案由、原审被告人（原审上诉人）姓名、开庭时间和地点。

第十条 人民法院审理人民检察院提出抗诉的再审案件，对人民检察院接到出庭通知后未出庭的，应当裁定按人民检察院撤回抗诉处理，并通知诉讼参与人。

第十一条 人民法院决定再审或者受理抗诉书后，原审被告人（原审上诉人）正在服刑的，人民法院依据再审决定书或者抗诉书及提押票等文书办理提押；

原审被告人（原审上诉人）在押，再审可能改判宣告无罪的，人民法院裁定中止执行原裁决后，可以取保候审；

原审被告人（原审上诉人）不在押，确有必要采取强制措施并符合法律规定采取强制措施条件的，人民法院裁定中止执行原裁决后，依法采取强制措施。

第十二条 原审被告人（原审上诉人）收到再审决定书或者抗诉书后下落不明或者收到抗诉书后未到庭的，人民法院应当中止审理；原审被告人（原审上诉人）到案后，恢复审理；如果超过二年仍查无下落的，应当裁定终止审理。

第十三条 人民法院应当在开庭三十日前通知人民检察院、当事人或者辩护人查阅、复制双方提交的新证据目录及新证据复印件、照片。

人民法院应当在开庭十五日前通知控辩双方查阅、复制人民法院调取的新证据目录及新证据复印件、照片等证据。

第十四条 控辩双方收到再审决定书或抗诉书后，人民法院通知开庭之日前，可以提交新的证据。开庭后，除对原审被告人（原审上诉人）有利的外，人民法院不再接纳新证据。

第十五条 开庭审理前，合议庭应当核实原审被告人（原审上诉人）何时因何案被人民法院依法裁判，在服刑中有无重新犯罪，有无减刑、假释，何时刑满释放等情形。

第十六条 开庭审理前，原审被告人（原审上诉人）到达开庭地点后，合议庭应当查明原审被告人(原审上诉人)基本情况,告知原审被告人(原审上诉人)享有辩护权和最后陈述权,制作笔录后,分别由该合议庭成员和书记员签名。

第十七条 开庭审理时,审判长宣布合议庭组成人员及书记员、公诉人、辩护人、鉴定人和翻译人员的名单,并告知当事人、法定代理人享有申请回避的权利。

第十八条 人民法院决定再审的,由合议庭组成人员宣读再审决定书。

根据人民检察院提出抗诉进行再审的,由公诉人宣读抗诉书。

当事人及其法定代理人、近亲属提出申诉的,由原审被告人(原审上诉人)及其辩护人陈述申诉理由。

第十九条 在审判长主持下,控辩双方应就案件的事实、证据和适用法律等问题分别进行陈述。合议庭对控辩双方无争议和有争议的事实、证据及适用法律问题进行归纳,予以确认。

第二十条 在审判长主持下,就控辩双方有争议的问题,进行法庭调查和辩论。

第二十一条 在审判长主持下,控辩双方对提出的新证据或者有异议的原审据以定罪量刑的证据进行质证。

第二十二条 进入辩论阶段,原审被告人(原审上诉人)及其法定代理人、近亲属提出申诉的,先由原审被告人(原审上诉人)及其辩护人发表辩护意见,然后由公诉人发言,被害人及其代理人发言。

被害人及其法定代理人、近亲属提出申诉的,先由被害人及其代理人发言,公诉人发言,然后由原审被告人(原审上诉人)及其辩护人发表辩护意见。

人民检察院提出抗诉的,先由公诉人发言,被害人及其代理人发言,然后由原审被告人(原审上诉人)及其辩护人发表辩护意见。

既有申诉又有抗诉的,先由公诉人发言,后由申诉方当事人及其代理人或者辩护人发言或者发表辩护意见,然后由对方当事人及其代理人或辩护人发言或者发表辩护意见。

公诉人、当事人和辩护人、诉讼代理人经审判长许可,可以互相辩论。

第二十三条 合议庭根据控辩双方举证、质证和辩论情况,可以当庭宣布认证结果。

第二十四条　再审改判宣告无罪并依法享有申请国家赔偿权利的当事人，宣判时合议庭应当告知其该判决发生法律效力后即有申请国家赔偿的权利。

第二十五条　人民法院审理再审案件，应当在作出再审决定之日起三个月内审结。需要延长期限的，经本院院长批准，可以延长三个月。

自接到阅卷通知后的第二日起，人民检察院查阅案卷超过七日后的期限，不计入再审审理期限。

第二十六条　依照第一、二审程序审理的刑事自诉再审案件开庭审理程序，参照本规定执行。

第二十七条　本规定发布前最高人民法院有关再审案件开庭审理程序的规定，与本规定相抵触的，以本规定为准。

第二十八条　本规定自2002年1月1日起执行。

最高人民法院关于严格执行案件审理期限制度的若干规定

（2000年9月14日最高人民法院审判委员会第1130次会议通过　自2000年9月28日起施行　法释〔2000〕29号）

为提高诉讼效率，确保司法公正，根据刑事诉讼法、民事诉讼法、行政诉讼法和海事诉讼特别程序法的有关规定，现就人民法院执行案件审理期限制度的有关问题规定如下：

一、各类案件的审理、执行期限

第一条　适用普通程序审理的第一审刑事公诉案件、被告人被羁押的第一审刑事自诉案件和第二审刑事公诉、刑事自诉案件的期限为一个月，至迟不得超过一个半月；附带民事诉讼案件的审理期限，经本院院长批准，可以延长两个月。有刑事诉讼法第一百二十六条规定情形之一的，经省、自治区、直辖市高级人民法院批准或者决定，审理期限可以再延长一个月；最高人民法院受理的刑事上诉、刑事抗诉案件，经最高人民法院决定，审理期限可以再延长一个月。

适用普通程序审理的被告人未被羁押的第一审刑事自诉案件，期限为六个月；有特殊情况需要延长的，经本院院长批准，可以延长三个月。

适用简易程序审理的刑事案件，审理期限为二十日。

第二条 适用普通程序审理的第一审民事案件，期限为六个月；有特殊情况需要延长的，经本院院长批准，可以延长六个月，还需延长的，报请上一级人民法院批准，可以再延长三个月。

适用简易程序审理的民事案件，期限为三个月。

适用特别程序审理的民事案件，期限为三十日；有特殊情况需要延长的，经本院院长批准，可以延长三十日，但审理选民资格案件必须在选举日前审结。

审理第一审船舶碰撞、共同海损案件的期限为一年；有特殊情况需要延长的，经本院院长批准，可以延长六个月。

审理对民事判决的上诉案件，审理期限为三个月；有特殊情况需要延长的，经本院院长批准，可以延长三个月。

审理对民事裁定的上诉案件，审理期限为三十日。

对罚款、拘留民事决定不服申请复议的，审理期限为五日。

审理涉外民事案件，根据民事诉讼法第二百五十条的规定，不受上述案件审理期限的限制。

审理涉港、澳、台的民事案件的期限，参照审理涉外民事案件的规定办理。

第三条 审理第一审行政案件的期限为三个月；有特殊情况需要延长的，经高级人民法院批准可以延长三个月。高级人民法院审理第一审案件需要延长期限的，由最高人民法院批准，可以延长三个月。

审理行政上诉案件的期限为两个月；有特殊情况需要延长的，由高级人民法院批准，可以延长两个月。高级人民法院审理的第二审案件需要延长期限的，由最高人民法院批准，可以延长两个月。

第四条 按照审判监督程序重新审理的刑事案件的期限为三个月；需要延长期限的，经本院院长批准，可以延长三个月。

裁定再审的民事、行政案件，根据再审适用的不同程序，分别执行第一审或第二审审理期限的规定。

第五条 执行案件应当在立案之日起六个月内执结，非诉执行案件应当在立案之日起三个月内执结；有特殊情况需要延长的，经本院院长批准，可以延长三个月，还需延长的，层报高级人民法院备案。

委托执行的案件，委托的人民法院应当在立案后一个月内办理完委托执行手续，受委托的人民法院应当在收到委托函件后三十日内执行完毕。未执行完毕，应当在期限届满后十五日内将执行情况函告委托人民法院。

刑事案件没收财产刑应当即时执行。

刑事案件罚金刑，应当在判决、裁定发生法律效力后三个月内执行完毕，至迟不超过六个月。

二、立案、结案时间及审理期限的计算

第六条 第一审人民法院收到起诉书（状）或者执行申请书后，经审查认为符合受理条件的应当在七日内立案；收到自诉人自诉状或者口头告诉的，经审查认为符合自诉案件受理条件的应当在十五日内立案。

改变管辖的刑事、民事、行政案件，应当在收到案卷材料后的三日内立案。

第二审人民法院应当在收到第一审人民法院移送的上（抗）诉材料及案卷材料后的五日内立案。

发回重审或指令再审的案件，应当在收到发回重审或指令再审裁定及案卷材料后的次日内立案。

按照审判监督程序重新审判的案件，应当在作出提审、再审裁定（决定）的次日立案。

第七条 立案机构应当在决定立案的三日内将案卷材料移送审判庭。

第八条 案件的审理期限从立案次日起计算。

由简易程序转为普通程序审理的第一审刑事案件的期限，从决定转为普通程序次日起计算；由简易程序转为普通程序审理的第一审民事案件的期限，从立案次日起连续计算。

第九条 下列期间不计入审理、执行期限：

（一）刑事案件对被告人作精神病鉴定的期间；

（二）刑事案件因另行委托、指定辩护人，法院决定延期审理的，自案件宣布延期审理之日起至第十日止准备辩护的时间；

（三）公诉人发现案件需要补充侦查，提出延期审理建议后，合议庭同意延期审理的期间；

（四）刑事案件二审期间，检察院查阅案卷超过七日后的时间；

（五）因当事人、诉讼代理人、辩护人申请通知新的证人到庭、调取新的证据、申请重新鉴定或者勘验，法院决定延期审理一个月之内的期间；

（六）民事、行政案件公告、鉴定的期间；

（七）审理当事人提出的管辖权异议和处理法院之间的管辖争议的期间；

（八）民事、行政、执行案件由有关专业机构进行审计、评估、资产清理的期间；

（九）中止诉讼（审理）或执行至恢复诉讼（审理）或执行的期间；

（十）当事人达成执行和解或者提供执行担保后，执行法院决定暂缓执行的期间；

（十一）上级人民法院通知暂缓执行的期间；

（十二）执行中拍卖、变卖被查封、扣押财产的期间。

第十条 人民法院判决书宣判、裁定书宣告或者调解书送达最后一名当事人的日期为结案时间。如需委托宣判、送达的，委托宣判、送达的人民法院应当在审限届满前将判决书、裁定书、调解书送达受托人民法院。受托人民法院应当在收到委托书后七日内送达。

人民法院判决书宣判、裁定书宣告或者调解书送达有下列情形之一的，结案时间遵守以下规定：

（一）留置送达的，以裁判文书留在受送达人的住所日为结案时间；

（二）公告送达的，以公告刊登之日为结案时间；

（三）邮寄送达的，以交邮日期为结案时间；

（四）通过有关单位转交送达的，以送达回证上当事人签收的日期为结案时间。

三、案件延长审理期限的报批

第十一条　刑事公诉案件、被告人被羁押的自诉案件，需要延长审理期限的，应当在审理期限届满七日以前，向高级人民法院提出申请；被告人未被羁押的刑事自诉案件，需要延长审理期限的，应当在审理期限届满十日前向本院院长提出申请。

第十二条　民事案件应当在审理期限届满十日前向本院院长提出申请；还需延长的，应当在审理期限届满十日前向上一级人民法院提出申请。

第十三条　行政案件应当在审理期限届满十日前向高级人民法院或者最高人民法院提出申请。

第十四条　对于下级人民法院申请延长办案期限的报告，上级人民法院应当在审理期限届满三日前作出决定，并通知提出申请延长审理期限的人民法院。

需要本院院长批准延长办案期限的，院长应当在审限届满前批准或者决定。

四、上诉、抗诉二审案件的移送期限

第十五条　被告人、自诉人、附带民事诉讼的原告人和被告人通过第一审人民法院提出上诉的刑事案件，第一审人民法院应当在上诉期限届满后三日内将上诉状连同案卷、证据移送第二审人民法院。被告人、自诉人、附带民事诉讼的原告人和被告人直接向上级人民法院提出上诉的刑事案件，第一审人民法院应当在接到第二审人民法院移交的上诉状后三日内将案卷、证据移送上一级人民法院。

第十六条　人民检察院抗诉的刑事二审案件，第一审人民法院应当在上诉、抗诉期届满后三日内将抗诉书连同案卷、证据移送第二审人民法院。

第十七条　当事人提出上诉的二审民事、行政案件，第一审人民法院收到上诉状，应当在五日内将上诉状副本送达对方当事人。人民法院收到答辩状，应当在五日内将副本送达上诉人。

人民法院受理人民检察院抗诉的民事、行政案件的移送期限，比照前款规定办理。

第十八条　第二审人民法院立案时发现上诉案件材料不齐全的，应当在两日内通知第一审人民法院。第一审人民法院应当在接到第二审人民法院的通知后五日内补齐。

第十九条 下级人民法院接到上级人民法院调卷通知后,应当在五日内将全部案卷和证据移送,至迟不超过十日。

五、对案件审理期限的监督、检查

第二十条 各级人民法院应当将审理案件期限情况作为审判管理的重要内容,加强对案件审理期限的管理、监督和检查。

第二十一条 各级人民法院应当建立审理期限届满前的催办制度。

第二十二条 各级人民法院应当建立案件审理期限定期通报制度。对违反诉讼法规定,超过审理期限或者违反本规定的情况进行通报。

第二十三条 审判人员故意拖延办案,或者因过失延误办案,造成严重后果的,依照《人民法院审判纪律处分办法(试行)》第五十九条的规定予以处分。

审判人员故意拖延移送案件材料,或者接受委托送达后,故意拖延不予送达的,参照《人民法院审判纪律处分办法(试行)》第五十九条的规定予以处分。

第二十四条 本规定发布前有关审理期限规定与本规定不一致的,以本规定为准。

最高人民法院裁判文书公布管理办法

(2000年6月15日　法办发[2000]4号)

为推进审判方式改革的深入发展,维护司法公正,最高人民法院决定从今年起有选择地向社会公布裁判文书。特制订公布办法如下:

一、公布的裁判文书是指本院各审判庭审理案件所作出的判决书、裁定书。

二、裁判文书的公布主要通过以下五种渠道:

1. 对有重大影响的案件的裁判文书,商请人民日报、法制日报等报刊予以公布。

2. 对具有典型意义、有一定指导作用的案件的裁判文书，不定期地在人民法院报、公报上公布。

3. 日常的裁判文书可随时在人民法院报网和我院开通的政府网上公布。这是公布裁判文书的一种主要形式。

4. 所有公布的裁判文书可装订成册，放在指定部门供各界人士查阅。目前先考虑放在出版社的读者服务部，同时设置一部触摸式电脑将公布的裁判文书输入，供查阅。如当事人需要索取的，可收取成本费。

5. 每年将所公布的裁判文书汇集成册，由出版社出版发行。

三、公布程序：

1. 本院的裁判文书公布工作由办公厅负责统一协调。

2. 各审判庭负责提供各类裁判文书的正本。

3. 办公厅总值班室对各审判庭的裁判文书加盖院印时留存三份，一份供筛选公布，一份供装订成册，一份备查。

4. 公报编辑部负责对裁判文书进行初选，并将拟公布的裁判文书冠一个案名，商有关审判庭提出公布的意见后，送办公厅。

5. 办公厅对拟公布的裁判文书进行审核。必要时，报主管院领导审核。

6. 办公厅宣传处负责对经领导审核后可予以公布的裁判文书进行编号，对外提供。

7. 公布时间一般以裁判文书盖章后一个月之后。对送达有特殊情形需要延长裁判文书公布时间的，有关审判庭应及时通知公报编辑部。特殊案件的裁判文书协调好时间后即可公布。

四、不宜公布的几种情况：

1. 裁判文中中涉及国家政治生活，公布后可能产生不良影响的；

2. 案件涉及国家秘密、商业秘密，未成年人犯罪和个人隐私情况的；

3. 裁判文书比较集中反映死刑数字的；

4. 裁判文书中过多涉及其他人和事，因可能会给他人造成精神压力或给法院工作带来不利影响而无必要公布的；

5. 裁判文书中的理由部分说理不透彻，不足以印证裁判主义的；

6. 裁判文书文字表达存在缺陷、错误的；

7. 其他不宜公布的裁判文书。

五、对违反本办法擅自对外公布裁判文书造成重大恶劣影响的，按照有关规定追究有关人员的责任。

六、本办法自2000年6月15日起施行。

最高人民法院印发《关于人民法庭若干问题的规定》的通知

（1999年7月15日　法发[1999]199920号）

全国地方各级人民法院、各级军事法院、各铁路运输中级法院和基层法院、各海事法院，新疆生产建设兵团各级法院：

现将《最高人民法院关于人民法庭若干问题的规定》印发给你们，请认真贯彻执行。在本规定公布之前，有关人民法庭的规定与本规定不一致的，以本规定为准。

在贯彻执行中有何情况和问题，请及时向我院报告。

最高人民法院关于严格执行公开审判制度的若干规定

（1999年3月8日　法发〔1999〕3号）

各省、自治区、直辖市高级人民法院，解放军军事法院，新疆维吾尔自治区高级人民法院生产建设兵团分院：

为了严格执行公开审判制度，根据我国宪法和有关法律，特作如下规定：

一、人民法院进行审判活动，必须坚持依法公开审判制度，做到公开开庭，公开举证、质证，公开宣判。

二、人民法院对于第一审案件，除下列案件外，应当依法一律公开审理：

（一）涉及国家秘密的案件；

（二）涉及个人隐私的案件；

（三）十四岁以上不满十六岁未成年人犯罪的案件；经人民法院决定不公开审理的十六岁以上不满十八岁未成年人犯罪的案件；

（四）经当事人申请，人民法院决定不公开审理的涉及商业秘密的案件；

（五）经当事人申请，人民法院决定不公开审理的离婚案件；

（六）法律另有规定的其他不公开审理的案件。

对于不公开审理的案件，应当当庭宣布不公开审理的理由。

三、下列第二审案件应当公开审理：

（一）当事人对不服公开审理的第一审案件的判决、裁定提起上诉的，但因违反法定程序发回重审的和事实清楚依法径行判决、裁定的除外。

（二）人民检察院对公开审理的案件的判决、裁定提起抗诉的，但需发回重审的除外。

四、依法公开审理案件应当在开庭三日以前公告。公告应当包括案由、当事人姓名或者名称、开庭时间和地点。

五、依法公开审理案件，案件事实未经法庭公开调查不能认定。

证明案件事实的证据未在法庭公开举证、质证，不能进行认证，但无需举证的事实除外。缺席审理的案件，法庭可以结合其他事实和证据进行认证。

法庭能够当庭认证的，应当当庭认证。

六、人民法院审理的所有案件应当一律公开宣告判决。

宣告判决，应当对案件事实和证据进行认定，并在此基础上正确适用法律。

七、凡应当依法公开审理的案件没有公开审理的，应当按下列规定处理：

（一）当事人提起上诉或者人民检察院对刑事案件的判决、裁定提起抗诉的，第二审人民法院应当裁定撤销原判决，发回重审；

（二）当事人申请再审的，人民法院可以决定再审；人民检察院按照审判监督程序提起抗诉的，人民法院应当决定再审。

上述发回重审或者决定再审的案件应当依法公开审理。

八、人民法院公开审理案件,庭审活动应当在审判法庭进行。需要巡回依法公开审理的,应当选择适当的场所进行。

九、审判法庭和其他公开进行案件审理活动的场所,应当按照最高人民法院关于法庭布置的要求悬挂国徽,设置审判席和其他相应的席位。

十、依法公开审理案件,公民可以旁听,但精神病人、醉酒的人和未经人民法院批准的未成年人除外。

根据法庭场所和参加旁听人数等情况,旁听人需要持旁听证进入法庭的,旁听证由人民法院制发。

外国人和无国籍人持有效证件要求旁听的,参照中国公民旁听的规定办理。

旁听人员必须遵守《中华人民共和国人民法院法庭规则》的规定,并应当接受安全检查。

十一、依法公开审理案件,经人民法院许可,新闻记者可以记录、录音、录像、摄影、转播庭审实况。

外国记者的旁听按照我国有关外事管理规定办理。

最高人民法院关于对在执行死刑前发现重大情况需要改判的案件如何适用程序问题的批复

(1999 年 1 月 29 日最高人民法院审判委员会第 1042 次会议通过　自 1999 年 2 月 13 日起施行　法释〔1999〕2 号)

甘肃省高级人民法院:

你院甘高法〔1998〕97 号《对在执行死刑前发现重大情况需要改判的案件适用何种程序的请示》收悉。经研究,答复如下:

对核准死刑的判决、裁定生效之后,执行死刑前发现有刑事诉讼法第二百一十一条规定的情形,需要改判的案件,应当由有死刑核准权的人民法院适用审判监督程序依法改判或者指令下级人民法院再审。

(二)司法性文件

最高人民法院关于进一步做好死刑第二审案件开庭审理工作的通知

(2005年12月7日　法〔2005〕214号)

各省、自治区、直辖市高级人民法院,解放军军事法院,新疆维吾尔自治区高级人民法院生产建设兵团分院:

为落实《人民法院第二个五年改革纲要》有关改革和完善死刑案件审判程序的要求,根据刑事诉讼法关于第二审案件开庭审理的规定,现就人民法院依照第二审程序开庭审理死刑案件的有关问题通知如下:

一、充分认识进一步做好死刑案件第二审开庭审理工作的重要性和必要性。死刑案件,人命关天,必须适用极为严格、审慎的审理程序。死刑第二审案件开庭审理是严格执行刑事诉讼法、落实人民法院"二五"改革纲要的重要举措,也是完善死刑案件审判程序、保证死刑案件质量的必然要求,有利于加强司法人权保障,有利于从制度上保证死刑判决的公正和慎重。各高级法院一定要高度重视,统一思想,切实增强责任感和紧迫感,精心组织,周密部署,克服困难,创造条件,把死刑第二审案件开庭审理作为当前的一项重要工作抓紧抓好,确保落实到位。

二、各高级法院在继续坚持对人民检察院抗诉的死刑第二审案件开庭审理的同时,自2006年1月1日起,对案件重要事实和证据问题提出上诉的死刑第二审案件,一律开庭审理,并积极创造条件,在2006年下半年对所有死刑第二审案件实行开庭审理。

三、各高级法院开庭审理死刑上诉、抗诉案件,应当重点审查上诉、抗诉理由以及法院认为需要查证的与定罪量刑有关的其他问题。在此基础上,严格依照刑事诉讼法的规定对第一审判决认定的事实和适用法律进行全面审查。要根据死刑案件第二审开庭的特点,完善第二审程序和开庭审理方式,确保案件质量,提高办案效率。

四、开庭审理死刑第二审案件,下列情形的证人、鉴定人应当出庭:(一)控辩双方对证人证言、鉴定结论有异议,该证言、鉴定结论对定罪量刑有重大影响的;(二)其他法院认为应当出庭作证的。

五、各高级法院要在当地党委的领导下,积极争取政府及有关部门的支持,切实解决开庭审理死刑第二审案件所涉人、财、物保障及相关问题。要加强与检察机关、司法行政部门的协调,争取支持和配合,保证公诉人和律师出庭,确保死刑第二审案件开庭审理工作顺利进行。

以上通知,请遵照执行。执行情况及遇到的问题,请及时报告我院。

最高人民法院研究室关于对刑罚已执行完毕,由于发现新的证据,又因同一事实被以新的罪名重新起诉的案件,应适用何种程序进行审理等问题的答复

(2002 年 7 月 31 日发布)

安徽省高级人民法院:

你院〔2001〕皖刑终字第 610 号《关于对刑罚已执行完毕的罪犯,又因同一案件被以新的罪名重新起诉,应适用何种程序进行审理及原服完的刑期在新刑罚中如何计算的请示》(以下简称《请示》)收悉。经研究,答复如下:

你院《请示》中涉及的案件是共同犯罪案件,因此,对于先行判决且刑罚已经执行完毕,由于同案犯归案发现新的证据,又因同一事实被以新的罪名重新起诉的被告人,原判人民法院应当按照审判监督程序撤销原判决、裁定,并将案件移送有管辖权的人民法院,按照第一审程序与其他同案被告人并案审理。

该被告人已经执行完毕的刑罚,由收案的人民法院在对被指控的新罪作出判决时依法折抵,被判处有期徒刑的,原执行完毕的刑期可以折抵刑期。

最高人民法院关于执行《最高人民法院关于严格执行案件审理期限制度的若干规定》中有关问题的复函

（2001 年 8 月 20 日　法函〔2001〕46 号）

江苏省高级人民法院：

你院苏立函字第 10 号《关于执行（最高人民法院关于严格执行案件审理期限制度的若干规定）中有关问题的请示》收悉。经研究，答复如下：

立案庭承担有关法律文书送达、对管辖权异议的审查、诉讼保全、庭前证据交换等庭前程序性工作的，向审判庭移送案卷材料的期限可不受《最高人民法院关于严格执行案件审理期限制度的若干规定》（以下简称《若干规定》）第七条“立案机构应当在决定立案的三日内将案卷材料移送审判庭”规定的限制，但第一审案件移送案卷材料的期限最长不得超过二十日，第二审案件最长不得超过十五日。

立案庭未承担上述程序性工作的，仍应执行《若干规定》第七条的规定。

最高人民法院关于审理死刑缓期执行期间故意犯罪的一审案件如何制作裁判文书有关问题的通知

（1999 年 11 月 18 日发布）

各省、自治区、直辖市高级人民法院，解放军军事法院，新疆维吾尔自治区高级人民法院生产建设兵团分院：

为进一步规范审理死刑缓期执行期间故意犯罪的一审案件制作裁判文书的问题，根据刑事诉讼法第二百一十条第二款的规定，特作如下规定：

被判处死刑缓期二年执行的罪犯，在缓期执行期间，故意犯罪的，中级人民法院在对新罪作出一审判决时，应当在判决书的尾部交待上诉事项后写明："依据刑法第五十条、刑事诉讼法第二百一十条第二款和最高人民法院《关于执行〈中华人民共和国刑事诉讼法〉若干问题的解释》第三百三十九条第二款的规定，本判决生效以后，经最高人民法院（或者依授权有死刑核准权的高级人民法院和解放军军事法院）核准，对被告人应当执行死刑。"

附：

人民法院刑事判决书

（死缓期间故意犯罪一审适用普通程序用）（ ）刑初字第号

公诉机关人民检察院。

被告人……（写明姓名、性别、出生年月日、生于地、民族、文化程度，因犯罪在监狱服刑）。

辩护人……（写明姓名、工作单位和职务）。

人民检察院以检诉〔 〕号起诉书指控被告人在死刑缓期二年执行期间犯罪，于年月日向本院提起公诉。本院依法组成合议庭，公开（或者不公开）开庭审理了本案。人民检察院指派检察员出庭支持公诉，被害人及其法定代理人、诉讼代理人，被告人及其法定代理人，辩护人，证人，鉴定人，翻译人员等到庭参加诉讼。现已审理终结。

人民检察院指控……（概述人民检察院指控被告人犯罪的事实、证据和适用法律的意见）。

被告人辩称……（概述被告人对指控的犯罪事实予以供述、辩解、自行辩护的意见和有关证据）。辩护人提出的辩护意见是……（概述辩护人的辩护意见和有关证据）。

经审理查明，……（首先写明法庭审理查明的事实；其次写明经举证、质证定案的证据及其来源；最后对控辩双方有异议的事实、证据进行分析、认证）

另查:被告人曾因犯罪于年月日被中级人民法院以( )刑初字第号刑事判决判处死刑,缓期二年执行,剥夺政治权利终身(或者判处死刑,剥夺政治权利终身);高级人民法院于年月日以( )刑终字第号刑事裁定(或者判决),维持原判(或者判处被告人死刑,缓期二年执行,剥夺政治权利终身。如果系最高人民法院改判为死刑,缓期二年执行的,亦应一并写明。)

本院认为,……(根据查证属实的事实、证据和有关法律规定,论证公诉机关指控的犯罪是否成立,被告人的行为是否构成犯罪,犯的什么罪,应否从轻、减轻、免除处罚或者从重处罚。对于控辩双方关于适用法律方面的意见,应当有分析地表示是否予以采纳,并阐明理由)。依照……(写明判决的法律依据),判决如下:

第一,定罪判刑的,表述为:被告人犯罪,判处……(写明主刑、附加刑)。

第二,宣告无罪的,无论是适用《中华人民共和国刑事诉讼法》第一百六十二条第(二)项还是第(三)项,均应表述为:

被告人无罪。

如不服本判决,可在接到判决书的第二日起十日内,通过本院或者直接向高级人民法院提出上诉。书面上诉的,应当提交上诉状正本一份,副本份。

对于定罪判刑的,还应当在全部交待上述之后,另起一段,写明:

依据刑法第五十条、刑事诉讼法第二百一十条第二款和最高人民法院《关于执行〈中华人民共和国刑事诉讼法〉若干问题的解释》第三百三十九条第二款的规定,本判决生效以后,经最高人民法院(或者依授权有死刑核准权的高级人民法院和解放军军事法院)核准,对被告人应当执行死刑。

审判长

审判员

审判员

年月日

本件与原本核对无异

书记员

法院刑事诉讼文书样式(补充)

说明

一、本样式根据《中华人民共和国人民法院组织法》第十三条、《中华人民共和国刑事诉讼法》第二百一十条第二款、《中华人民共和国刑法》第五十条和最高人民法院《关于执行〈中华人民共和国刑事诉讼法〉若干问题的解释》第三百三十九条第二款的规定制订,供中级人民法院对公诉机关起诉的被告人在死刑缓期二年执行期间故意犯罪的案件审理终结后,根据已经查明的事实、证据,依据有关法律规定,作出被告人有罪或者无罪,犯的什么罪,判处什么刑罚或者宣告无罪等处理决定时使用。

二、本样式基本上是按照一审刑事判决书样式的内容和要求设计的。但由于是死缓期间故意犯罪的一审案件,根据法律规定,判决发生法律效力后有可能要执行被告人死刑,因此,在事实部分还要简要叙述被告人曾因犯何罪被判处死缓;对于定罪判刑的案件,在尾部,不论被告人是否上诉人、人民检察院是否抗诉,还必须写明:"依照刑法第五十条、刑事诉讼法第二百一十条第二款和最高人民法院《关于执行〈中华人民共和国刑事诉讼法〉若干问题的解释》第三百三十九条第二款的规定,本判决生效以后,经最高人民法院(或者依授权有死刑核准权的高级人民法院和解放军军事法院)核准,对被告人应当执行死刑。"(宣告无罪的不写)。

最高人民法院关于在裁判文书中如何引用修订前、后刑法名称的通知

(1997 年 12 月 31 日　法〔1997〕192 号)

各省、自治区、直辖市高级人民法院,解放军军事法院:

为统一在裁判文书中引用修订前刑法和修订后刑法的名称,现通知如下:

从收到本通知之日起，在裁判文书中引用修订前的刑法，一律称“1979 年《中华人民共和国刑法》”；引用修订后的刑法，一律称“《中华人民共和国刑法》”。

最高人民法院研究室关于二审法院对有余刑又犯新罪的被告人未实行并罚的一审判决如何纠正问题的答复

（1994 年 1 月 29 日）

江苏省高级人民法院：

你院苏高法〔1994〕2 号《关于二审法院对有余刑又犯新罪的被未实行并罚的一审判决如何纠正的请示》收悉。经研究，答复如下：

第二审人民法院在审理有余刑又犯新罪的被告人上诉案件时，发现第一审人民法院仅对上诉人新犯的罪作出了判决，而未将其前罪尚未执行的刑罚和后罪所判处的刑罚实行并罚，应当根据刑事诉讼法第一百三十六条第（二）项、第一百三十七条第一款和刑法第六十六条的规定，在不加重被告人刑罚的前提下，直接予以改判，实行并罚。

附：

江苏省高级人民法院关于二审法院对有余刑又犯新罪的被告人未实行并罚的一审判决如何纠正的请示

（1994 年 1 月 5 日　苏高法〔1994〕2 号）

最高人民法院：

最近，我院在审理一起刑事上诉案中，发现一审法院仅对新罪刑罚作出判处，未将该案上诉人的余刑与新罪实行并罚。对此，我院审判委员会在如何纠正一审法院差错的方式上形成了三种意见。第一种意见认为，二审法院可以改判方式在维持一审法院所判刑罚的同时，直接纠正原判决的差错；第二种意见认为，二审法院可在要求一审法院作出补充判决或者补充裁定后，以裁定一并予以维持；第三种意见认为，二审法院应以裁定撤销原判，发回重审。

以上意见何者正确，请予示复。

最高人民法院研究室关于被告人在第二审期间脱逃案件可否中止审理问题的电话答复

（1990年6月5日）

广东省高级人民法院：

你院关于在第二审审理期间的刑事上诉人（原审被告人），打伤同室在押人犯和管教干部后脱逃，审判期限届满前仍未将其捕获归案，第二审人民法院可否裁定同时宣告中止审理和撤销原判的请示收悉。

经研究，我们认为，刑事上诉人在第二审人民法院审理期间脱逃，审判期限届满时尚未归案的，第二审人民法院不宜宣告中止审理，但可以宣告延期审理，在将上诉人追捕归案后继续依法审理。

最高人民法院研究室关于第二审以调解方式结案的自诉刑事案件应采用何种法律文书撤销原审判决问题的电话答复

（1986年9月25日）

辽宁省高级人民法院研究室：

你室《关于第二审以调解方式结案的自诉刑事案件应采用何种法律文书撤销

原审判决问题的电话请示》收悉。经研究,答复如下:

对于以调解方式结案的刑事自诉第二审案件,可以制作调解书。调解书送达后,原审人民法院的判决即视为撤销。

附:

辽宁省高级人民法院研究室关于第二审以调解方式结案的自诉刑事案件应采用何种法律文书撤销原审判决问题的电话请示

最高人民法院研究室:

第一审判决的自诉刑事案件,当事人上诉,第二审以调解方式结案,应采用何种法律文书撤销原判?有两种意见,一种意见是制作判决书,撤销原来的第一审判决;另一种意见是制作调解书,调解书送达后,第一审判决自然失效。哪种意见正确,请予复示。

11　死刑复核程序

（一）司法解释

最高人民法院关于复核死刑案件若干问题的规定

（2007年2月27日　法释[2007]4号）

为确保死刑案件审判质量，根据《中华人民共和国刑事诉讼法》的有关规定，结合审判实践，现就最高人民法院复核死刑案件的若干问题规定如下：

第一条　最高人民法院复核死刑案件，应当作出核准的裁定、判决，或者作出不予核准的裁定。

第二条　原判认定事实和适用法律正确、量刑适当、诉讼程序合法的，裁定予以核准。

原判判处被告人死刑并无不当，但具体认定的某一事实或者引用的法律条款等不完全准确、规范的，可以在纠正后作出核准死刑的判决或者裁定。

第三条　最高人民法院复核后认为原判认定事实不清、证据不足的，裁定不予核准，并撤销原判，发回重新审判。

第四条　最高人民法院复核后认为原判认定事实正确，但依法不应当判处死刑的，裁定不予核准，并撤销原判，发回重新审判。

第五条　最高人民法院复核后认为原审人民法院违反法定诉讼程序，可能影响公正审判的，裁定不予核准，并撤销原判，发回重新审判。

第六条　数罪并罚案件，一人有两罪以上被判处死刑，最高人民法院复核后，认为其中部分犯罪的死刑裁判认定事实不清、证据不足的，对全案裁定不予核准，并撤销原判，发回重新审判；认为其中部分犯罪的死刑裁判认定事实正确，但依法不应当判处死刑的，可以改判并对其他应当判处死刑的犯罪作出核准死刑的判决。

第七条　一案中两名以上被告人被判处死刑，最高人民法院复核后，认为其中部分被告人的死刑裁判认定事实不清、证据不足的，对全案裁定不予核准，并撤销原判，发回重新审判；认为其中部分被告人的死刑裁判认定事实正确，但依法不应当判处死刑的，可以改判并对其他应当判处死刑的被告人作出核准死刑的判决。

第八条　最高人民法院裁定不予核准死刑的，根据案件具体情形可以发回第二审人民法院或者第一审人民法院重新审判。

高级人民法院依照复核程序审理后报请最高人民法院核准死刑的案件，最高人民法院裁定不予核准死刑，发回高级人民法院重新审判的，高级人民法院可以提审或者发回第一审人民法院重新审判。

第九条　发回第二审人民法院重新审判的案件，第二审人民法院可以直接改判；必须通过开庭审理查清事实、核实证据的，或者必须通过开庭审理纠正原审程序违法的，应当开庭审理。

第十条　发回第一审人民法院重新审判的案件，第一审人民法院应当开庭审理。

第十一条　依照本规定第三条、第五条、第六条、第七条发回重新审判的案件，原审人民法院应当另行组成合议庭进行审理。

第十二条　最高人民法院依照本规定核准或者不予核准死刑的，裁判文书应当引用相关法律和司法解释条文，并说明理由。

第十三条　本规定自发布之日起施行。

本规定发布前的有关司法解释，与本规定不一致的，以本规定为准。

最高人民法院关于统一行使死刑案件核准权有关问题的决定

（2006年12月13日最高人民法院审判委员会第1409次会议通过 2006年12月28日公布 自2007年1月1日起施行 法释〔2006〕12号）

第十届全国人民代表大会常务委员会第二十四次会议通过了《关于修改〈中华人民共和国人民法院组织法〉的决定》，将人民法院组织法原第十三条修改为第十二条："死刑除依法由最高人民法院判决的以外，应当报请最高人民法院核准。"修改人民法院组织法的决定自2007年1月1日起施行。根据修改后的人民法院组织法第十二条的规定，现就有关问题决定如下：

（一）自2007年1月1日起，最高人民法院根据全国人民代表大会常务委员会有关决定和人民法院组织法原第十三条的规定发布的关于授权高级人民法院和解放军军事法院核准部分死刑案件的通知，一律予以废止。

（二）自2007年1月1日起，死刑除依法由最高人民法院判决的以外，各高级人民法院和解放军军事法院依法判处和裁定的，应当报请最高人民法院核准。

（三）2006年12月31日以前，各高级人民法院和解放军军事法院已经核准的死刑立即执行的判决、裁定，依法仍由各高级人民法院、解放军军事法院院长签发执行死刑的命令。

(二)司法性文件

最高人民法院关于报送按照审判监督程序改判死刑被告人在死缓考验期内故意犯罪应当执行死刑的复核案件的通知

(2003年11月26日最高人民法院公布)

各省、自治区、直辖市高级人民法院,解放军军事法院:

根据《中华人民共和国刑事诉讼法》第二百零六条、第二百条,《中华人民共和国刑法》第五十条的规定,今后凡是按照审判监督程序改判被告人死刑,被告人在死缓考验期内故意犯罪应当执行死刑的死刑复核案件,一律报送最高人民法院核准。

12 执行程序

（一）司法解释

最高人民法院关于刑事案件终审判决和裁定何时发生法律效力问题的批复

（2004年7月20日最高人民法院审判委员会第1320次会议通过 2004年7月26日公布 自2004年7月29日起施行 法释〔2004〕7号）

各省、自治区、直辖市高级人民法院，解放军军事法院，新疆维吾尔自治区高级人民法院生产建设兵团分院：

近来，有的法院反映，关于刑事案件终审判决和裁定何时发生法律效力问题不明确。经研究，批复如下：

根据《中华人民共和国刑事诉讼法》第一百六十三条、第一百九十五条和第二百零八条规定的精神，终审的判决和裁定自宣告之日起发生法律效力。

最高人民法院关于如何理解刑事诉讼法第二百一十三条中“交付执行的人民法院”问题的批复

（1999年12月23日最高人民法院审判委员会第1094次会议通过 自2000年1月25日起施行 法释〔2000〕2号）

内蒙古自治区高级人民法院：

你院内高法〔1999〕22号《关于如何理解“交付执行的人民法院”的请示》收悉。

经研究，答复如下：

刑事诉讼法第二百一十三条第一款规定的“交付执行的人民法院”，是指第一审人民法院。

最高人民法院关于人民法院决定暂予监外执行有关问题的批复

（1998年11月26日最高人民法院审判委员会第1031次会议通过　自1999年1月19日起施行　法释〔1999〕1号）

各省、自治区、直辖市高级人民法院，解放军军事法院，新疆维吾尔自治区高级人民法院生产建设兵团分院：

我院《关于执行〈中华人民共和国刑事诉讼法〉若干问题的解释》发布以后，部分高级人民法院反映该解释第三百五十三条中规定的人民法院决定暂予监外执行的情形不明确。依据《全国人民代表大会关于修改〈中华人民共和国刑事诉讼法〉的决定》第一百零三条的规定，批复如下：

根据刑事诉讼法第二百一十四条的规定，对于被判处有期徒刑或者拘役的罪犯，具有下列情形之一的，人民法院可以决定暂予监外执行：

（一）有严重疾病需要保外就医的；

（二）怀孕或者哺乳自己婴儿的妇女；

（三）生活不能自理，适用暂予监外执行不致危害社会的。

(二)司法性文件

最高人民法院关于适用新的《执行死刑命令》样式的通知

(2007 年 8 月 21 日　法发[2007]27 号)

各省、自治区、直辖市高级人民法院,解放军军事法院,新疆维吾尔自治区高级人民法院生产建设兵团分院:

为规范死刑执行工作,我院重新制作了《执行死刑命令》样式,现将新的样式及说明予以印发,自印发之日起正式适用。

附:

中华人民共和国最高人民法院执行死刑命令

(20)刑执号

中级人民法院:

本院已依法核准犯　　　　罪的罪犯　　　　死刑。现命令你院自接到此命令之日起七日内,将罪犯　　　　验明正身,核对犯罪事实无误,讯问有无遗言、信札之后,交付执行死刑,并将执行情况报告本院。发现有《中华人民共和国刑事诉讼法》第二百一十一条第一款、第二百一十二条第四款规定的应当停止执行或者暂停执行的情形的，即停止执行，并立即报告本院。

此令

院长

（院印）

年　　月　　日

《执行死刑命令》样式的说明

一、本样式根据《中华人民共和国刑事诉讼法》第二百一十条第一款、第二百一十一条第一款、第二百一十二条第四款的规定制定，供最高人民法院在作出核准死刑立即执行的判决或裁定之后，由本院院长签发执行死刑命令时使用。

二、案号为"（20）刑执号"，其中括号内为年份，写院长签发死刑命令的年份；"刑"、"执"二字间为各刑庭序列号，写本庭序列号；"执"、"号"二字间为命令号，写该复核案件的案号。

一案中有多名被核准的被告人的，在命令号数字后和"号"字间加" -1、" -2 "等，按被告人的顺序依次排列，如"（20）刑执 -1 号"。

三、主送机关写"省（市、自治区）市中级人民法院"。省份必须写明；如系军事法院、海事法院或铁路运输中级法院等专门法院，填写时相应划掉"中级"、"人民"等字。

四、正文第一句中"犯罪"的罪名仅填写因该罪核准死刑的罪名，有两个以上的罪被判处死刑的，均应填写，未判处死刑的罪名一律不填写。

五、罪犯姓名为被核准的被告人姓名，一份命令只能填写一名被告人，只写最高人民法院判决、裁定确认的姓名，不必写"曾用名、又名"等。

六、执行死刑命令一律使用统一印刷的填充式的样式。案号、主送机关、罪名、罪犯姓名等内容均由承办人手工填写，不得机填。

最高人民法院关于死刑缓期执行的期间如何确定问题的批复

（2002 年 11 月 4 日最高人民法院审判委员会第 1254 次会议通过 2002 年 11 月 5 日公布 自 2002 年 11 月 9 日起施行 法释〔2002〕34 号）

甘肃省高级人民法院：

你院〔2000〕甘刑他字第 536 号《关于死缓生效日期如何确定的请示》收悉。经研究，答复如下：

根据刑法第五十一条的规定，死刑缓期执行的期间，从判决或者裁定核准死刑缓期二年执行的法律文书宣告或送达之日起计算。

最高人民法院关于严格依法及时交付罪犯执行刑罚问题的通知

（2001 年 10 月 24 日 法〔2001〕155 号）

各省、自治区、直辖市高级人民法院，解放军军事法院，新疆维吾尔自治区高级人民法院生产建设兵团分院：

据有关部门反映，一些地方法院在交付罪犯执行刑罚的问题上，存在不严格执法的现象。有的法院对于判决前未羁押，判决生效后需要羁押执行刑罚的罪犯，未依法予以羁押并及时交付执行；有的法院在判决生效后的较长时间不向有关机关发出执行通知书等，导致一些罪犯逃脱法律惩罚，个别罪犯甚至重新犯罪,危害社会,严重损害了法律的尊严和人民法院生效判决的严肃性,在社会上造成了恶劣影响。为了严肃执法,现就人民法院交付罪犯执行刑罚的有关问题通知如下:

一、各级人民法院要进一步提高对交付罪犯执行刑罚工作重要性的认识。在刑事判决、裁定发生法律效力以后,人民法院依法、及时将应当收监执行的罪犯交付有关机关执行,是确保生效裁判得以执行,维护法律尊严的必然要求,也是惩治和预防犯罪的重要方面,直接关系到整个刑事审判工作的法律效果和社会效果,关系到人民法院公正司法的形象。各级人民法院要进一步增强依法办案、严格执法的意识,加强审判纪律约束,坚决纠正和防止类似问题的发生。

二、各级人民法院应当严格依照刑事诉讼法以及《最高人民法院关于执行〈中华人民共和国刑事诉讼法〉若干问题的解释》关于执行程序的规定,对于已经发生法律效力的判决,必须立即将罪犯交付执行。特别是对于应收监执行的罪犯,应当及时向有关机关送达执行通知书等法律文书;对于罪犯需要羁押执行刑罚,而判决确定前罪犯没有被羁押的,人民法院在判决生效后即应根据生效的判决书或者裁定书将罪犯予以羁押,并送交公安机关执行。

三、各级人民法院接此通知后,应对1997年刑事诉讼法实施以来执行刑事诉讼法及《最高人民法院关于执行〈中华人民共和国刑事诉讼法〉若干问题的解释》有关规定的情况,特别是对判决前未被羁押、判决生效后需要羁押执行刑罚的罪犯,交付执行的情况开展清理自查。在清理自查过程中,对于发现的问题应及时予以纠正,对于判决生效以后,应将罪犯羁押而目前仍未羁押的罪犯予以羁押,并依法交付执行。对于在此项工作中故意违反法律,或者因过失,造成严重后果的负有责任的审判人员,要严格依照《最高人民法院〈人民法院审判人员违法审判责任追究办法(试行)〉》、《人民法院审判纪律处分办法(试行)》的规定予以严肃处理。

四、各高级人民法院应加强对交付罪犯执行刑罚工作的监督和检查。各高级人民法院要在各地自查的基础上,进一步督促存在上述问题的法院查找原因,提出改进措施,并于2001年11月30日前将相关情况及改进措施汇总后报我院。

最高人民法院研究室关于被判处无期徒刑的罪犯未交付执行即保外就医后依法减刑程序问题的答复

（1996 年 8 月 7 日　法明传〔1996〕318 号）

陕西省高级人民法院：

你院陕高法〔1996〕52 号《关于被判处无期徒刑的罪犯未交付执行前，因病从看守所保外就医，符合法定减刑条件的，应由哪个机关向法院呈报减刑的请示》收悉。经研究，答复如下：

被判处无期徒刑的罪犯未交付监狱执行即保外就医，符合减刑条件的，应由负责监管的公安机关提出减刑建议，逐级上报，由省公安厅审查同意后，提请高级人民法院依法裁定。

附：

陕西省高级人民法院关于被判处无期徒刑的罪犯未交付执行前，因病从看守所保外就医，符合法定减刑条件的，应由哪个机关向法院呈报减刑的请示

（陕高法〔1996〕52 号）

最高人民法院：

我院在审理减刑案件中遇到这样一个问题，即被判处无期徒刑的罪犯，未交付执行前因病从看守所保外就医期间，符合法律规定的减刑条件，应由哪个机关向所在地高级人民法院提请减刑。根据最高人民法院、最高人民检察院、公安部、司法

部1987年2月20日〔1987〕高检会(三)字第4号《关于罪犯在看守所执行刑罚以及监外有关问题的通知》第三条第三款的规定:"暂予监外执行的罪犯……如果符合法律规定的减刑条件,应依照《刑事诉讼法》第一百六十二条第二款的规定,由负责执行的公安派出所提出书面意见,呈报县以上公安机关审查后,提请同级人民法院裁定"。我们认为,从看守所保外就医的无期徒刑犯,符合法定减刑条件的,应由负责监管的执行机关提出减刑意见,逐级上报,再由省公安厅审查同意后,提请高级人民法院依法裁定。妥否,请予答复。

最高人民法院关于决定对罪犯暂予监外执行应采用何种法律文书问题的答复

(1996年3月22日　法函〔1996〕41号)

吉林省高级人民法院:

你院1996年1月23日吉法研字〔1996〕第1号《关于决定对罪犯暂予监外执行应采用何种法律文书的请示》收悉。经研究,答复如下:

对犯罪分子符合《中华人民共和国监狱法》第十七条第一款暂不收监的规定,人民法院决定暂予监外执行刑罚的,应当制作《暂予监外执行决定书》,载明罪犯基本情况,判决确认的罪名和刑罚、决定暂予监外执行的原因和依据等内容。

附:

吉林省高级人民法院关于决定对罪犯暂予监外执行应采用何种法律文书的请示

(吉法研字〔1996〕1号)

最高人民法院:

《中华人民共和国监狱法》第十七条规定,对暂不收监的罪犯应当由交付执行的人民法院决定暂予监外执行。但应采用何种法律文书有两种意见：

一种意见认为，应分别情况采用判决或决定形式。即，对罪犯作出判决时，如果确认其符合暂予监外执行条件，应在同一法律文书主文中列出，不必再另作出决定；如果在交付公安机关、监狱执行中发现应暂予监外执行，再另行作出决定，采用决定书形式。

一种意见认为，在判决发生法律效力前，不能确认被告人的刑罚，也就无暂予监外执行的依据。如果不适宜关押，可以改变强制措施。暂予监外执行适用对象是已交付执行的罪犯，是判决发生法律效力后对不适宜收监罪犯采取的暂时措施。因此，在对罪犯交付执行中，如果发现不适宜收监，应由合议庭严格审查是否符合条件，按规定审批，并作出《暂予监外执行决定书》。

我们认为第二种意见是适当的。有妥否，请批示。

最高人民法院研究室关于办理减刑、假释和刑事申诉案件有关程序问题的答复

（1995年6月8日　法明传〔1995〕220A号）

江苏省高级人民法院：

你院苏高法〔1995〕3号《关于处理减刑假释和刑事申诉工作中几个问题的请示》和〔1995〕苏高法申函字第9号《关于有期徒刑缓刑罪犯和看守所监管罪犯的减刑、假释有关程序问题的请示报告》收悉，经研究，一并答复如下：1. 对被宣告缓刑的罪犯的减刑条件，应当按照《最高人民法院关于审理刑事案件程序的具体规定》第二百四十三条第（五）项的规定执行，即被宣告缓刑的罪犯只有在缓刑考验期限内“确有立功表现”的，才能对其依法减刑。

2. 对被宣告缓刑的罪犯的减刑，经县级公安机关审查同意后，如果是被判处拘役宣告缓刑的，报请基层人民法院裁定；被判处有期徒刑宣告缓刑的，由当地县级公安机关报经地市级公安机关审查同意后，报请中级人民法院裁定。

3. 对被判处一年以下有期徒刑，或者余刑在一年以下，由县级公安机关看守所

监管的罪犯的减刑、假释，由罪犯所在的看守所提出意见，经县级公安机关审查同意后，报请当地基层人民法院裁定；如果是由地市级公安机关看守所监管的罪犯的减刑、假释，由罪犯所在的看守所提出意见，经地市级公安机关审查同意后，报请当地中级人民法院裁定。

4. 对被判处有期徒刑后，直接从羁押的县级看守所保外就医和未经看守所羁押，经法院直接判处有期徒刑监外执行罪犯的减刑，应从严掌握，对其减刑的条件和程序可参照对有期徒刑宣告缓刑罪犯减刑的规定办理。

5. 关于第二审人民法院对不服本院维持第一审人民法院判决的申诉，交由第一审人民法院审查后，第一审人民法院认为申诉无理的案件，报经第二审人民法院同意后，由第二审人民法院驳回申诉。

附一：

江苏省高级人民法院关于有期徒刑缓刑罪犯和看守所监管罪犯的减刑、假释有关程序问题的请示报告

（〔1995〕苏高法申函字第9号）

最高人民法院：

现就审理减刑、假释案件中程序方面的两个问题请示如下：

一、你院《关于审理刑事案件程序的具体规定》（下称《具体规定》）第二百四十三条第（五）项规定，被宣告缓刑的罪犯在减刑时，减刑书意见书而报经当地县级公安机关审查同意后，报请当地人民法院裁定。此前，你院1988年1月5日法研复字〔1988〕1号《关于被判处拘役或者三年以下有期徒刑宣告缓刑的罪犯减刑的管辖和处刑程序的批复》的规定是“报县级以上公安机关审查”，因此，我省以前对属于中级法院管辖的有期徒刑缓刑罪犯的减刑，要求经地（市）级公安机关审查签署意见。按照《具体规定》，是否可以理解为对前一批复的修改，即有期徒刑缓刑罪犯的减刑，由县级公安机关审查同意后直接报请当地中级人民法院裁定。

二、《具体规定》第二百四十三条第（六）项规定，看守所监管的罪犯的减刑、假释需经当地县级公安机关审查同意后，分别报请当地中级或基层人民法院裁定。我省地级市看守所直属地级市公安机关领导，这些看守所监管的罪犯减刑、假释如要报经当地县级公安机关审查，关系不顺且不好执行。能否参照最高人民法院、最高人民检察院、公安部、司法部1987年2月20日《关于罪犯在看守所执行刑罚以及监外执行的有关问题的通知》第二条“由罪犯判决前关押的看守所提出书面意见，经主管公安机关审查、签署意见”的规定精神，仍由罪犯所在的看守所提出意见，经主管的地级市公安机关审查同意后，报请当地中级人民法院裁定。

请予答复。

附二：

江苏省高级人民法院关于处理减刑、假释和刑事申诉工作中几个问题的请示

（苏高法〔1995〕3号）

最高人民法院：

现就处理减刑、假释和刑事申诉工作中的几个问题请示如下：

一、被判处有期徒刑后，直接从羁押的县级看守所保外就医和未经看守所羁押，经法院直接判处有期徒刑监外执行罪犯的减刑管辖问题。

被判处有期徒刑后直接从县级看守所保外就医罪犯的减刑管辖问题，审判实践中有两种意见：一种意见认为一律由基层人民法院管辖。另一种意见认为应根据罪犯报请减刑时余刑的长短来确定，即余刑在一年以下的，基层人民法院管辖，余刑在一年以上的，则由中级人民法院管辖。我们倾向于第二种意见。

对未经看守所羁押、经法院直接判处有期徒刑监外执行罪犯的减刑管辖问题，我们认为应根据罪犯在报请减刑时余刑长短来确定管辖，即余刑一年以下的，由执行持的基层人民法院管辖，余刑在一年以上的，由执行地的中级人民法

院管辖。

二、最高人民法院《关于审查刑事案件程序的具体规定》二百四十三条第五项规定“被宣告缓刑的罪犯，在缓刑考验期限内确有立功表现，需要予以减刑，并相应缩减缓刑考验期限的……”。该规定把判缓刑罪犯减刑的法定条件限定为“有立功表现”，而按照最高人民法院《全国法院减刑、假释工作座谈会纪要》规定为“确有悔改或者立功表现”；最高人民法院《关于缓刑考验期内表现较好的罪犯可否缩减其缓刑考验期限的批复》中，对被宣告缓刑罪犯的减刑法定条件规定为“在缓刑考验期内确有突出的悔改表现或者立功表现。”鉴于上述三个司法解释提法的变化，是否可以理解为，现已把被宣告缓刑罪犯减刑的法定条件从严限定为“确有立功表现”？

三、最高人民法院《关于审理刑事案件程序的具体规定》第一百八十九条规定“第二审人民法院对不服本院维持第一审人民法院判决的申诉，可以交由原第一审人民法院审查。第一审人民法院审查后，应当写出审查报告，提出处理意见，报第二审人民法院审定。”第一审人民法院审查后认为应当维持原判的案件，是否需报第二审人民法院审定并由第二审人民法院驳回申诉，有两种意见：一种意见认为，不需要报第二审人民法院，第一审人民法院可以直接驳回申诉，审判实践中目前大部分都是采取这种做法。另一种意见则认为，应当报第二审人民法院，由第二审人民法院审定并由第二审人民法院驳回申诉。我们倾向于第二种意见。

四、“两法”实施以来的公诉刑事案件，人民法院在复查过程中，发现原审法院对人民检察院未起诉的犯罪事实在未退回人民检察院补充起诉的情况下，直接予以认定并判决的，如何处理？审判实践中有两种意见：一种意见认为，对部分未起诉的犯罪事实，如果证据充分，可以认定的，在复查时发现这种做法虽违反法律程序，但可不予改判；另一种意见认为，这属于严重违反法律程序问题，可再审撤销该部分事实，对案件进行改判，这部分事实作为漏罪，由检察院另行起诉，另案处理；也可撤销原判，由一审法院退回人民检察院补充起诉，再由人民法院审理。我们倾向于第一种意见。

以上请示，请示批复。

最高人民法院关于如何确定刑满释放日期的批复

（法研复[1990]14号）

浙江省高级人民法院：

你院关于如何确定刑满释放日期的请示收悉。经研究认为，被判处有期徒刑、拘役的犯罪分子的刑满释放日期，应为判决书确定的刑期的终止之日。例如，犯罪分子被判处有期徒刑一年，判决书确定刑期自一九九零年一月一日起至一九九零年十二月三十一日止，其刑满释放日期应为一九九零年十二月三十一日。

最高人民法院
司法解释全书

（2010年权威解读版）

最高人民法院研究室　审定
《最高人民法院司法解释全书》编委会　编

（第二卷）

中国言实出版社

总 目 录

目录

三 民事

四 民事诉讼

三 民事

1 综 合

司法解释

最高人民法院关于审理不正当竞争民事案件应用法律若干问题的解释

（2006 年 12 月 30 日最高人民法院审判委员会第 1412 次会议通过 2007 年1 月 12日公布 自 2007 年 2 月 1 日起施行 法释〔2007〕2 号）

为了正确审理不正当竞争民事案件，依法保护经营者的合法权益，维护市场竞争秩序，依照《中华人民共和国民法通则》、《中华人民共和国反不正当竞争法》、《中华人民共和国民事诉讼法》等法律的有关规定，结合审判实践经验和实际情况，制定本解释。

第一条 在中国境内具有一定的市场知名度，为相关公众所知悉的商品，应当认定为反不正当竞争法第五条第（二）项规定的“知名商品”。人民法院认定知名商品，应当考虑该商品的销售时间、销售区域、销售额和销售对象，进行任何宣传的持续时间、程度和地域范围，作为知名商品受保护的情况等因素，进行综合判断。原告应当对其商品的市场知名度负举证责任。

在不同地域范围内使用相同或者近似的知名商品特有的名称、包装、装潢，在后使用者能够证明其善意使用的，不构成反不正当竞争法第五条第（二）项规定的不正当竞争行为。因后来的经营活动进入相同地域范围而使其商品来源足以产生混淆，在先使用者请求责令在后使用者附加足以区别商品来源的其他标识的，人民法院应当予以支持。

第二条　具有区别商品来源的显著特征的商品的名称、包装、装潢，应当认定为反不正当竞争法第五条第（二）项规定的“特有的名称、包装、装潢”。有下列情形之一的，人民法院不认定为知名商品特有的名称、包装、装潢：

（一）商品的通用名称、图形、型号；

（二）仅仅直接表示商品的质量、主要原料、功能、用途、重量、数量及其他特点的商品名称；

（三）仅由商品自身的性质产生的形状，为获得技术效果而需有的商品形状以及使商品具有实质性价值的形状；

（四）其他缺乏显著特征的商品名称、包装、装潢。

前款第（一）、（二）、（四）项规定的情形经过使用取得显著特征的，可以认定为特有的名称、包装、装潢。

知名商品特有的名称、包装、装潢中含有本商品的通用名称、图形、型号，或者直接表示商品的质量、主要原料、功能、用途、重量、数量以及其他特点，或者含有地名，他人因客观叙述商品而正当使用的，不构成不正当竞争行为。

第三条　由经营者营业场所的装饰、营业用具的式样、营业人员的服饰等构成的具有独特风格的整体营业形象，可以认定为反不正当竞争法第五条第（二）项规定的“装潢”。

第四条　足以使相关公众对商品的来源产生误认，包括误认为与知名商品的经营者具有许可使用、关联企业关系等特定联系的，应当认定为反不正当竞争法第五条第（二）项规定的“造成和他人的知名商品相混淆，使购买者误认为是该知名商品”。

在相同商品上使用相同或者视觉上基本无差别的商品名称、包装、装潢，应当视为足以造成和他人知名商品相混淆。

认定与知名商品特有名称、包装、装潢相同或者近似，可以参照商标相同或者近似的判断原则和方法。

第五条　商品的名称、包装、装潢属于商标法第十条第一款规定的不得作为商标使用的标志，当事人请求依照反不正当竞争法第五条第（二）项规定予以保护的，人民法院不予支持。

第六条　企业登记主管机关依法登记注册的企业名称，以及在中国境内进行商业使用的外国（地区）企业名称，应当认定为反不正当竞争法第五条第（三）项规定的“企业名称”。具有一定的市场知名度、为相关公众所知悉的企业名称中的字号，可以认定为反不正当竞争法第五条第（三）项规定的“企业名称”。

在商品经营中使用的自然人的姓名，应当认定为反不正当竞争法第五条第（三）项规定的“姓名”。具有一定的市场知名度、为相关公众所知悉的自然人的笔名、艺名等，可以认定为反不正当竞争法第五条第（三）项规定的“姓名”。

第七条 在中国境内进行商业使用，包括将知名商品特有的名称、包装、装潢或者企业名称、姓名用于商品、商品包装以及商品交易文书上，或者用于广告宣传、展览以及其他商业活动中，应当认定为反不正当竞争法第五条第（二）项、第（三）项规定的“使用”。

第八条 经营者具有下列行为之一，足以造成相关公众误解的，可以认定为反不正当竞争法第九条第一款规定的引人误解的虚假宣传行为：

（一）对商品作片面的宣传或者对比的；

（二）将科学上未定论的观点、现象等当作定论的事实用于商品宣传的；

（三）以歧义性语言或者其他引人误解的方式进行商品宣传的。

以明显的夸张方式宣传商品，不足以造成相关公众误解的，不属于引人误解的虚假宣传行为。

人民法院应当根据日常生活经验、相关公众一般注意力、发生误解的事实和被宣传对象的实际情况等因素，对引人误解的虚假宣传行为进行认定。

第九条 有关信息不为其所属领域的相关人员普遍知悉和容易获得，应当认定为反不正当竞争法第十条第三款规定的“不为公众所知悉”。

具有下列情形之一的，可以认定有关信息不构成不为公众所知悉：

（一）该信息为其所属技术或者经济领域的人的一般常识或者行业惯例；

（二）该信息仅涉及产品的尺寸、结构、材料、部件的简单组合等内容，进入市场后相关公众通过观察产品即可直接获得；

（三）该信息已经在公开出版物或者其他媒体上公开披露；

（四）该信息已通过公开的报告会、展览等方式公开；

（五）该信息从其他公开渠道可以获得；

（六）该信息无需付出一定的代价而容易获得。

第十条 有关信息具有现实的或者潜在的商业价值，能为权利人带来竞争优势的，应当认定为反不正当竞争法第十条第三款规定的“能为权利人带来经济利益、具有实用性”。

第十一条 权利人为防止信息泄漏所采取的与其商业价值等具体情况相适应的合理保护措施，应当认定为反不正当竞争法第十条第三款规定的“保密措施”。

人民法院应当根据所涉信息载体的特性、权利人保密的意愿、保密措施的可识别程度、他人通过正当方式获得的难易程度等因素，认定权利人是否采取了保密措施。

具有下列情形之一，在正常情况下足以防止涉密信息泄漏的，应当认定权利人采取了保密措施：

（一）限定涉密信息的知悉范围，只对必须知悉的相关人员告知其内容；

（二）对于涉密信息载体采取加锁等防范措施；

（三）在涉密信息的载体上标有保密标志；

（四）对于涉密信息采用密码或者代码等；

（五）签订保密协议；

（六）对于涉密的机器、厂房、车间等场所限制来访者或者提出保密要求；

（七）确保信息秘密的其他合理措施。

第十二条 通过自行开发研制或者反向工程等方式获得的商业秘密，不认定为反不正当竞争法第十条第（一）、（二）项规定的侵犯商业秘密行为。

前款所称“反向工程”，是指通过技术手段对从公开渠道取得的产品进行拆卸、测绘、分析等而获得该产品的有关技术信息。当事人以不正当手段知悉了他人的商业秘密之后，又以反向工程为由主张获取行为合法的，不予支持。

第十三条 商业秘密中的客户名单，一般是指客户的名称、地址、联系方式以及交易的习惯、意向、内容等构成的区别于相关公知信息的特殊客户信息，包括汇集众多客户的客户名册，以及保持长期稳定交易关系的特定客户。

客户基于对职工个人的信赖而与职工所在单位进行市场交易，该职工离职后，能够证明客户自愿选择与自己或者其新单位进行市场交易的，应当认定没有采用不正当手段，但职工与原单位另有约定的除外。

第十四条　当事人指称他人侵犯其商业秘密的，应当对其拥有的商业秘密符合法定条件、对方当事人的信息与其商业秘密相同或者实质相同以及对方当事人采取不正当手段的事实负举证责任。其中，商业秘密符合法定条件的证据，包括商业秘密的载体、具体内容、商业价值和对该项商业秘密所采取的具体保密措施等。

第十五条　对于侵犯商业秘密行为，商业秘密独占使用许可合同的被许可人提起诉讼的，人民法院应当依法受理。

排他使用许可合同的被许可人和权利人共同提起诉讼，或者在权利人不起诉的情况下，自行提起诉讼，人民法院应当依法受理。

普通使用许可合同的被许可人和权利人共同提起诉讼，或者经权利人书面授权，单独提起诉讼的，人民法院应当依法受理。

第十六条　人民法院对于侵犯商业秘密行为判决停止侵害的民事责任时，停止侵害的时间一般持续到该项商业秘密已为公众知悉时为止。

依据前款规定判决停止侵害的时间如果明显不合理的，可以在依法保护权利人该项商业秘密竞争优势的情况下，判决侵权人在一定期限或者范围内停止使用该项商业秘密。

第十七条　确定反不正当竞争法第十条规定的侵犯商业秘密行为的损害赔偿额，可以参照确定侵犯专利权的损害赔偿额的方法进行；确定反不正当竞争法第五条、第九条、第十四条规定的不正当竞争行为的损害赔偿额，可以参照确定侵犯注册商标专用权的损害赔偿额的方法进行。

因侵权行为导致商业秘密已为公众所知悉的，应当根据该项商业秘密的商业价值确定损害赔偿额。商业秘密的商业价值，根据其研究开发成本、实施该项商业秘密的收益、可得利益、可保持竞争优势的时间等因素确定。

第十八条　反不正当竞争法第五条、第九条、第十条、第十四条规定的不正当竞争民事第一审案件，一般由中级人民法院管辖。

各高级人民法院根据本辖区的实际情况，经最高人民法院批准，可以确定若干基层人民法院受理不正当竞争民事第一审案件，已经批准可以审理知识产权民事案件的基层人民法院，可以继续受理。

第十九条　本解释自二〇〇七年二月一日起施行。

最高人民法院关于企业或个人欠国家银行贷款逾期两年未还应当适用民法通则规定的诉讼时效问题的批复

（1993 年 2 月 22 日　法复〔1993〕1 号）

河南省高级人民法院：

你院豫法研〔1990〕23 号请示收悉。关于企业或个人欠国家银行贷款逾期两年未还是否适用民法通则规定的诉讼时效问题，经研究，答复如下：

国家各专业银行及其他金融机构系实行独立核算的经济实体。它们与借款的企业或公民之间的借贷关系，是平等主体之间的债权债务关系。国家各专业银行及其他金融机构向人民法院请求保护其追偿贷款权利的，应当适用民法通则关于诉讼时效的规定。确已超过诉讼时效期间，并且没有诉讼时效中止、中断或者延长诉讼时效期间情况的，人民法院应当判决驳回其诉讼请求。

最高人民法院印发《关于贯彻执行〈中华人民共和国民法通则〉若干问题的意见（试行）》的通知

（1988 年 1 月 26 日最高人民法院审判委员会讨论通过　法办发〔1988〕6 号）

一、公民

（一）关于民事权利能力和民事行为能力问题

（二）关于监护问题

（三）关于宣告失踪、宣告死亡问题

(四)关于个体工商户、农村承包经营户、个人合伙问题

二、法人

三、民事法律行为和代理

四、民事权利

(一)关于财产所有权和与财产所有权有关的财产权问题

(二)关于债权问题

(三)关于知识产权、人身权问题

五、民事责任

六、诉讼时效

七、涉外民事关系的法律适用

八、其他

全国地方各级人民法院,各级军事法院,各铁路运输中级法院和基层法院,各海事法院:

现将《关于贯彻执行〈中华人民共和国民法通则〉若干问题的意见(试行)》发给你们,请在民事审判工作和经济审判工作中试行。在试行过程中,应注意调查研究,总结经验。有何意见和问题,请及时报告我院。

最高人民法院对在审判工作中有关适用民法通则时效的几个问题的批复

(1987 年 5 月 22 日最高人民法院颁布)

上海市高级人民法院:

你院〔86〕沪高法办字 168 号《关于民法通则施行后几个问题的请示报告》收悉。经征求全国人民代表大会常务委员会法制工作委员会的意见,现答复如下:

(一)人民法院审理民法通则施行前发生的民事案件,无论是已经受理尚未审结,还是今后受理的,凡民法通则施行前法律、政策已有规定的,则适用原来的法

律、政策;民法通则施行前法律、政策没有规定的,可以参照民法通则的规定。

(二)民法通则施行前已经发生法律效力的判决,当事人提出申诉或者按审判监督程序决定再审的案件,仍应依照原来的法律、政策处理。

(三)民法通则施行前民事权利被侵害尚未处理的,无论被侵害人知道与否,向人民法院请求保护民事权利的诉讼时效期间,分别为民法通则第一百三十五条规定的二年或第一百三十六条规定的一年。诉讼时效期间自民法通则施行之日起计算。

民法通则施行前民事权利被侵害尚未处理的,无论是否超过二十年,向人民法院请求保护民事权利的诉讼时效期间,分别为民法通则第一百三十五条规定的二年或第一百三十六条规定的一年。诉讼时效期间自民法通则施行之日起计算。

对于上述诉讼时效期间,有特殊情况的,人民法院可以延长。

2 婚　　姻

（一）司法解释

最高人民法院关于适用《中华人民共和国婚姻法》若干问题的解释（二）

（2003年12月4日最高人民法院审判委员会第1299次会议通过
2003年12月25日公布　自2004年4月1日起施行　法释〔2003〕19号）

为正确审理婚姻家庭纠纷案件，根据《中华人民共和国婚姻法》（以下简称婚姻法）、《中华人民共和国民事诉讼法》等相关法律规定，对人民法院适用婚姻法的有关问题作出如下解释：

第一条　当事人起诉请求解除同居关系的，人民法院不予受理。但当事人请求解除的同居关系，属于婚姻法第三条、第三十二条、第四十六条规定的“有配偶者与他人同居”的，人民法院应当受理并依法予以解除。

当事人因同居期间财产分割或者子女抚养纠纷提起诉讼的，人民法院应当受理。

第二条　人民法院受理申请宣告婚姻无效案件后，经审查确属无效婚姻的，应当依法作出宣告婚姻无效的判决。原告申请撤诉的，不予准许。

第三条　人民法院受理离婚案件后，经审查确属无效婚姻的，应当将婚姻无效的情形告知当事人，并依法作出宣告婚姻无效的判决。

第四条　人民法院审理无效婚姻案件，涉及财产分割和子女抚养的，应当对婚姻效力的认定和其他纠纷的处理分别制作裁判文书。

第五条 夫妻一方或者双方死亡后一年内,生存一方或者利害关系人依据婚姻法第十条的规定申请宣告婚姻无效的,人民法院应当受理。

第六条 利害关系人依据婚姻法第十条的规定,申请人民法院宣告婚姻无效的,利害关系人为申请人,婚姻关系当事人双方为被申请人。

夫妻一方死亡的,生存一方为被申请人。

夫妻双方均已死亡的,不列被申请人。

第七条 人民法院就同一婚姻关系分别受理了离婚和申请宣告婚姻无效案件的,对于离婚案件的审理,应当待申请宣告婚姻无效案件作出判决后进行。

前款所指的婚姻关系被宣告无效后,涉及财产分割和子女抚养的,应当继续审理。

第八条 离婚协议中关于财产分割的条款或者当事人因离婚就财产分割达成的协议,对男女双方具有法律约束力。

当事人因履行上述财产分割协议发生纠纷提起诉讼的,人民法院应当受理。

第九条 男女双方协议离婚后一年内就财产分割问题反悔,请求变更或者撤销财产分割协议的,人民法院应当受理。

人民法院审理后,未发现订立财产分割协议时存在欺诈、胁迫等情形的,应当依法驳回当事人的诉讼请求。

第十条 当事人请求返还按照习俗给付的彩礼的,如果查明属于以下情形,人民法院应当予以支持:

(一)双方未办理结婚登记手续的;

(二)双方办理结婚登记手续但确未共同生活的;

(三)婚前给付并导致给付人生活困难的。

适用前款第(二)、(三)项的规定,应当以双方离婚为条件。

第十一条 婚姻关系存续期间,下列财产属于婚姻法第十七条规定的"其他应当归共同所有的财产":

(一)一方以个人财产投资取得的收益;

(二)男女双方实际取得或者应当取得的住房补贴、住房公积金;

（三）男女双方实际取得或者应当取得的养老保险金、破产安置补偿费。

第十二条 婚姻法第十七条第三项规定的“知识产权的收益”，是指婚姻关系存续期间，实际取得或者已经明确可以取得的财产性收益。

第十三条 军人的伤亡保险金、伤残补助金、医药生活补助费属于个人财产。

第十四条 人民法院审理离婚案件，涉及分割发放到军人名下的复员费、自主择业费等一次性费用的，以夫妻婚姻关系存续年限乘以年平均值，所得数额为夫妻共同财产。

前款所称年平均值，是指将发放到军人名下的上述费用总额按具体年限均分得出的数额。其具体年限为人均寿命七十岁与军人入伍时实际年龄的差额。

第十五条 夫妻双方分割共同财产中的股票、债券、投资基金份额等有价证券以及未上市股份有限公司股份时，协商不成或者按市价分配有困难的，人民法院可以根据数量按比例分配。

第十六条 人民法院审理离婚案件，涉及分割夫妻共同财产中以一方名义在有限责任公司的出资额，另一方不是该公司股东的，按以下情形分别处理：

（一）夫妻双方协商一致将出资额部分或者全部转让给该股东的配偶，过半数股东同意、其他股东明确表示放弃优先购买权的，该股东的配偶可以成为该公司股东；

（二）夫妻双方就出资额转让份额和转让价格等事项协商一致后，过半数股东不同意转让，但愿意以同等价格购买该出资额的，人民法院可以对转让出资所得财产进行分割。过半数股东不同意转让，也不愿意以同等价格购买该出资额的，视为其同意转让，该股东的配偶可以成为该公司股东。

用于证明前款规定的过半数股东同意的证据，可以是股东会决议，也可以是当事人通过其他合法途径取得的股东的书面声明材料。

第十七条 人民法院审理离婚案件，涉及分割夫妻共同财产中以一方名义在合伙企业中的出资，另一方不是该企业合伙人的，当夫妻双方协商一致，将其合伙企业中的财产份额全部或者部分转让给对方时，按以下情形分别处理：

（一）其他合伙人一致同意的，该配偶依法取得合伙人地位；

（二）其他合伙人不同意转让，在同等条件下行使优先受让权的，可以对转让所得的财产进行分割；

（三）其他合伙人不同意转让，也不行使优先受让权，但同意该合伙人退伙或者退还部分财产份额的，可以对退还的财产进行分割；

（四）其他合伙人既不同意转让，也不行使优先受让权，又不同意该合伙人退伙或者退还部分财产份额的，视为全体合伙人同意转让，该配偶依法取得合伙人地位。

第十八条 夫妻以一方名义投资设立独资企业的，人民法院分割夫妻在该独资企业中的共同财产时，应当按照以下情形分别处理：

（一）一方主张经营该企业的，对企业资产进行评估后，由取得企业一方给予另一方相应的补偿；

（二）双方均主张经营该企业的，在双方竞价基础上，由取得企业的一方给予另一方相应的补偿；

（三）双方均不愿意经营该企业的，按照《中华人民共和国个人独资企业法》等有关规定办理。

第十九条 由一方婚前承租、婚后用共同财产购买的房屋，房屋权属证书登记在一方名下的，应当认定为夫妻共同财产。

第二十条 双方对夫妻共同财产中的房屋价值及归属无法达成协议时，人民法院按以下情形分别处理：

（一）双方均主张房屋所有权并且同意竞价取得的，应当准许；

（二）一方主张房屋所有权的，由评估机构按市场价格对房屋作出评估，取得房屋所有权的一方应当给予另一方相应的补偿；

（三）双方均不主张房屋所有权的，根据当事人的申请拍卖房屋，就所得价款进行分割。

第二十一条 离婚时双方对尚未取得所有权或者尚未取得完全所有权的房屋有争议且协商不成的，人民法院不宜判决房屋所有权的归属，应当根据实际情况判决由当事人使用。

当事人就前款规定的房屋取得完全所有权后，有争议的，可以另行向人民法院提起诉讼。

第二十二条 当事人结婚前,父母为双方购置房屋出资的,该出资应当认定为对自己子女的个人赠与,但父母明确表示赠与双方的除外。

当事人结婚后,父母为双方购置房屋出资的,该出资应当认定为对夫妻双方的赠与,但父母明确表示赠与一方的除外。

第二十三条 债权人就一方婚前所负个人债务向债务人的配偶主张权利的,人民法院不予支持。但债权人能够证明所负债务用于婚后家庭共同生活的除外。

第二十四条 债权人就婚姻关系存续期间夫妻一方以个人名义所负债务主张权利的,应当按夫妻共同债务处理。但夫妻一方能够证明债权人与债务人明确约定为个人债务,或者能够证明属于婚姻法第十九条第三款规定情形的除外。

第二十五条 当事人的离婚协议或者人民法院的判决书、裁定书、调解书已经对夫妻财产分割问题作出处理的,债权人仍有权就夫妻共同债务向男女双方主张权利。

一方就共同债务承担连带清偿责任后,基于离婚协议或者人民法院的法律文书向另一方主张追偿的,人民法院应当支持。

第二十六条 夫或妻一方死亡的,生存一方应当对婚姻关系存续期间的共同债务承担连带清偿责任。

第二十七条 当事人在婚姻登记机关办理离婚登记手续后,以婚姻法第四十六条规定为由向人民法院提出损害赔偿请求的,人民法院应当受理。但当事人在协议离婚时已经明确表示放弃该项请求,或者在办理离婚登记手续一年后提出的,不予支持。

第二十八条 夫妻一方申请对配偶的个人财产或者夫妻共同财产采取保全措施的,人民法院可以在采取保全措施可能造成损失的范围内,根据实际情况,确定合理的财产担保数额。

第二十九条 本解释自 2004 年 4 月 1 日起施行。

本解释施行后,人民法院新受理的一审婚姻家庭纠纷案件,适用本解释。

本解释施行后,此前最高人民法院作出的相关司法解释与本解释相抵触的,以本解释为准。

最高人民法院关于适用《中华人民共和国婚姻法》若干问题的解释(一)

(2001 年 12 月 24 日最高人民法院审判委员会第 1202 次会议通过　自 2001 年 12 月 27 日起施行　法释〔2001〕30 号)

为了正确审理婚姻家庭纠纷案件,根据《中华人民共和国婚姻法》(以下简称婚姻法)、《中华人民共和国民事诉讼法》等法律的规定,对人民法院适用婚姻法的有关问题作出如下解释:

第一条　婚姻法第三条、第三十二条、第四十三条、第四十五条、第四十六条所称的"家庭暴力",是指行为人以殴打、捆绑、残害、强行限制人身自由或者其他手段,给其家庭成员的身体、精神等方面造成一定伤害后果的行为。持续性、经常性的家庭暴力,构成虐待。

第二条　婚姻法第三条、第三十二条、第四十六条规定的"有配偶者与他人同居"的情形,是指有配偶者与婚外异性,不以夫妻名义,持续、稳定地共同居住。

第三条　当事人仅以婚姻法第四条为依据提起诉讼的,人民法院不予受理;已经受理的,裁定驳回起诉。

第四条　男女双方根据婚姻法第八条规定补办结婚登记的,婚姻关系的效力从双方均符合婚姻法所规定的结婚的实质要件时起算。

第五条　未按婚姻法第八条规定办理结婚登记而以夫妻名义共同生活的男女,起诉到人民法院要求离婚的,应当区别对待:

(一)1994 年 2 月 1 日民政部《婚姻登记管理条例》公布实施以前,男女双方已经符合结婚实质要件的,按事实婚姻处理。

(二)1994 年 2 月 1 日民政部《婚姻登记管理条例》公布实施以后,男女双方符合结婚实质要件的,人民法院应当告知其在案件受理前补办结婚登记;未补办结婚登记的,按解除同居关系处理。

第六条 未按婚姻法第八条规定办理结婚登记而以夫妻名义共同生活的男女，一方死亡，另一方以配偶身份主张享有继承权的，按照本解释第五条的原则处理。

第七条 有权依据婚姻法第十条规定向人民法院就已办理结婚登记的婚姻申请宣告婚姻无效的主体，包括婚姻当事人及利害关系人。利害关系人包括：

（一）以重婚为由申请宣告婚姻无效的，为当事人的近亲属及基层组织。

（二）以未到法定婚龄为由申请宣告婚姻无效的，为未达法定婚龄者的近亲属。

（三）以有禁止结婚的亲属关系为由申请宣告婚姻无效的，为当事人的近亲属。

（四）以婚前患有医学上认为不应当结婚的疾病，婚后尚未治愈为由申请宣告婚姻无效的，为与患病者共同生活的近亲属。

第八条 当事人依据婚姻法第十条规定向人民法院申请宣告婚姻无效的，申请时，法定的无效婚姻情形已经消失的，人民法院不予支持。

第九条 人民法院审理宣告婚姻无效案件，对婚姻效力的审理不适用调解，应当依法作出判决；有关婚姻效力的判决一经作出，即发生法律效力。

涉及财产分割和子女抚养的，可以调解。调解达成协议的，另行制作调解书。对财产分割和子女抚养问题的判决不服的，当事人可以上诉。

第十条 婚姻法第十一条所称的"胁迫"，是指行为人以给另一方当事人或者其近亲属的生命、身体健康、名誉、财产等方面造成损害为要挟，迫使另一方当事人违背真实意愿结婚的情况。

因受胁迫而请求撤销婚姻的，只能是受胁迫一方的婚姻关系当事人本人。

第十一条 人民法院审理婚姻当事人因受胁迫而请求撤销婚姻的案件，应当适用简易程序或者普通程序。

第十二条 婚姻法第十一条规定的"一年"，不适用诉讼时效中止、中断或者延长的规定。

第十三条 婚姻法第十二条所规定的自始无效，是指无效或者可撤销婚姻在依法被宣告无效或被撤销时，才确定该婚姻自始不受法律保护。

第十四条 人民法院根据当事人的申请，依法宣告婚姻无效或者撤销婚姻的，应当收缴双方的结婚证书并将生效的判决书寄送当地婚姻登记管理机关。

第十五条　被宣告无效或被撤销的婚姻，当事人同居期间所得的财产，按共同共有处理。但有证据证明为当事人一方所有的除外。

第十六条　人民法院审理重婚导致的无效婚姻案件时，涉及财产处理的，应当准许合法婚姻当事人作为有独立请求权的第三人参加诉讼。

第十七条　婚姻法第十七条关于"夫或妻对夫妻共同所有的财产，有平等的处理权"的规定，应当理解为：

（一）夫或妻在处理夫妻共同财产上的权利是平等的。因日常生活需要而处理夫妻共同财产的，任何一方均有权决定。

（二）夫或妻非因日常生活需要对夫妻共同财产做重要处理决定，夫妻双方应当平等协商，取得一致意见。他人有理由相信其为夫妻双方共同意思表示的，另一方不得以不同意或不知道为由对抗善意第三人。

第十八条　婚姻法第十九条所称"第三人知道该约定的"，夫妻一方对此负有举证责任。

第十九条　婚姻法第十八条规定为夫妻一方所有的财产，不因婚姻关系的延续而转化为夫妻共同财产。但当事人另有约定的除外。

第二十条　婚姻法第二十一条规定的"不能独立生活的子女"，是指尚在校接受高中及其以下学历教育，或者丧失或未完全丧失劳动能力等非因主观原因而无法维持正常生活的成年子女。

第二十一条　婚姻法第二十一条所称"抚养费"，包括子女生活费、教育费、医疗费等费用。

第二十二条　人民法院审理离婚案件，符合第三十二条第二款规定"应准予离婚"情形的，不应当因当事人有过错而判决不准离婚。

第二十三条　婚姻法第三十三条所称的"军人一方有重大过错"，可以依据婚姻法第三十二条第二款前三项规定及军人有其他重大过错导致夫妻感情破裂的情形予以判断。

第二十四条　人民法院作出的生效的离婚判决中未涉及探望权，当事人就探望权问题单独提起诉讼的，人民法院应予受理。

第二十五条　当事人在履行生效判决、裁定或者调解书的过程中，请求中止行使探望权的，人民法院在征询双方当事人意见后，认为需要中止行使探望权的，依法作出裁定。中止探望的情形消失后，人民法院应当根据当事人的申请通知其恢复探望权的行使。

第二十六条 未成年子女、直接抚养子女的父或母及其他对未成年子女负担抚养、教育义务的法定监护人，有权向人民法院提出中止探望权的请求。

第二十七条 婚姻法第四十二条所称“一方生活困难”，是指依靠个人财产和离婚时分得的财产无法维持当地基本生活水平。

一方离婚后没有住处的，属于生活困难。

离婚时，一方以个人财产中的住房对生活困难者进行帮助的形式，可以是房屋的居住权或者房屋的所有权。

第二十八条 婚姻法第四十六条规定的“损害赔偿”，包括物质损害赔偿和精神损害赔偿。涉及精神损害赔偿的，适用最高人民法院《关于确定民事侵权精神损害赔偿责任若干问题的解释》的有关规定。

第二十九条 承担婚姻法第四十六条规定的损害赔偿责任的主体，为离婚诉讼当事人中无过错方的配偶。

人民法院判决不准离婚的案件，对于当事人基于婚姻法第四十六条提出的损害赔偿请求，不予支持。

在婚姻关系存续期间，当事人不起诉离婚而单独依据该条规定提起损害赔偿请求的，人民法院不予受理。

第三十条 人民法院受理离婚案件时，应当将婚姻法第四十六条等规定中当事人的有关权利义务，书面告知当事人。在适用婚姻法第四十六条时，应当区分以下不同情况：

（一）符合婚姻法第四十六条规定的无过错方作为原告基于该条规定向人民法院提起损害赔偿请求的，必须在离婚诉讼的同时提出。

（二）符合婚姻法第四十六条规定的无过错方作为被告的离婚诉讼案件，如果被告不同意离婚也不基于该条规定提起损害赔偿请求的，可以在离婚后一年内就此单独提起诉讼。

（三）无过错方作为被告的离婚诉讼案件，一审时被告未基于婚姻法第四十六条规定提出损害赔偿请求，二审期间提出的，人民法院应当进行调解，调解不成的，告知当事人在离婚后一年内另行起诉。

第三十一条 当事人依据婚姻法第四十七条的规定向人民法院提起诉讼，请求再次分割夫妻共同财产的诉讼时效为两年，从当事人发现之次日起计算。

第三十二条 婚姻法第四十八条关于对拒不执行有关探望子女等判决和裁定的，由人民法院依法强制执行的规定，是指对拒不履行协助另一方行使探望权的有关个人和单位采取拘留、罚款等强制措施，不能对子女的人身、探望行为进行强制执行。

第三十三条 婚姻法修改后正在审理的一、二审婚姻家庭纠纷案件，一律适用修改后的婚姻法。此前最高人民法院作出的相关司法解释如与本解释相抵触，以本解释为准。

第三十四条 本解释自公布之日起施行。

最高人民法院关于人民法院受理申请承认外国法院离婚判决案件有关问题的规定

（1999 年 12 月 1 日最高人民法院审判委员会第 1090 次会议通过　自 2000 年 3 月 1 日起施行　法释〔2000〕6 号）

1998 年 9 月 17 日，我院以法〔1998〕86 号通知印发了《关于人民法院受理申请承认外国法院离婚判决案件几个问题的意见》，现根据新的情况，对人民法院受理申请承认外国法院离婚判决案件的有关问题重新作如下规定：

一、中国公民向人民法院申请承认外国法院离婚判决，人民法院不应以其未在国内缔结婚姻关系而拒绝受理；中国公民申请承认外国法院在其缺席情况下作出的离婚判决，应同时向人民法院提交作出该判决的外国法院已合法传唤其出庭的有关证明文件。

二、外国公民向人民法院申请承认外国法院离婚判决，如果其离婚的原配偶是中国公民的，人民法院应予受理；如果其离婚的原配偶是外国公民的，人民法院不予受理,但可告知其直接向婚姻登记机关申请再婚登记。

三、当事人向人民法院申请承认外国法院离婚调解书效力的,人民法院应予受理,并根据《关于中国公民申请承认外国法院离婚判决程序问题的规定》进行审查,作出承认或不予承认的裁定。

自本规定公布之日起,我院法〔1998〕86 号通知印发的《关于人民法院受理申请承认外国法院离婚判决案件几个问题的意见》同时废止。

最高人民法院印发《关于审理离婚案件中公房使用、承租若干问题的解答》的通知

(1996 年 2 月 5 日　法发〔1996〕4 号)

全国地方各级人民法院、各级军事法院、各铁路运输中级法院和基层法院、各海事法院:

现将《最高人民法院关于审理离婚案件中公房使用、承租若干问题的解答》印发给你们,请贯彻执行。执行中有何问题,请及时报告我院。

最高人民法院关于《婚姻登记管理条例》施行后发生的以夫妻名义非法同居的重婚案件是否以重婚罪定罪处罚的批复

(1994 年 12 月 14 日　法复〔1994〕10 号)

四川省高级人民法院:

你院川高法〔1994〕135 号《〈婚姻登记管理条例〉施行前后发生的事实上的重

婚关系是否按重婚罪处理的请示》收悉。经研究，答复如下：

新的《婚姻登记管理条例》（1994 年 1 月 12 日国务院批准，1994 年 2 月 1 日民政部发布）发布施行后，有配偶的人与他人以夫妻名义同居生活的，或者明知他人有配偶而与之以夫妻名义同居生活的，仍应按重婚罪定罪处罚。

最高人民法院关于人民法院审理离婚案件处理子女抚养问题的若干具体意见

（1993 年 11 月 3 日　法发〔1993〕30 号）

人民法院审理离婚案件，对子女抚养问题，应当依照《中华人民共和国婚姻法》第二十九条、第三十条及有关法律规定，从有利于子女身心健康，保障子女的合法权益出发，结合父母双方的抚养能力和抚养条件等具体情况妥善解决。根据上述原则，结合审判实践，提出如下具体意见：

1. 两周岁以下的子女，一般随母方生活。母方有下列情形之一的，可随父方生活：

（1）患有久治不愈的传染性疾病或其他严重疾病，子女不宜与其共同生活的；

（2）有抚养条件不尽抚养义务，而父方要求子女随其生活的；

（3）因其他原因，子女确无法随母方生活的。

2. 父母双方协议两周岁以下子女随父方生活，并对子女健康成长无不利影响的，可予准许。

3. 对两周岁以上未成年的子女，父方和母方均要求随其生活，一方有下列情形之一的，可予优先考虑：

（1）已做绝育手术或因其他原因丧失生育能力的；

（2）子女随其生活时间较长，改变生活环境对子女健康成长明显不利的；

（3）无其他子女，而另一方有其他子女的；

（4）子女随其生活，对子女成长有利，而另一方患有久治不愈的传染性疾病或其他严重疾病，或者有其他不利于子女身心健康的情形，不宜与子女共同生活的。

4. 父方与母方抚养子女的条件基本相同，双方均要求子女与其共同生活，但子女单独随祖父母或外祖父母共同生活多年，且祖父母或外祖父母要求并且有能力帮助子女照顾孙子女或外孙子女的，可作为子女随父或母生活的优先条件予以考虑。

5. 父母双方对十周岁以上的未成年子女随父或随母生活发生争执的，应考虑该子女的意见。

6. 在有利于保护子女利益的前提下，父母双方协议轮流抚养子女的，可予准许。

7. 子女抚育费的数额，可根据子女的实际需要、父母双方的负担能力和当地的实际生活水平确定。

有固定收入的，抚育费一般可按其月总收入的百分之二十至百分之三十的比例给付。负担两个以上子女抚育费的，比例可适当提高，但一般不得超过月总收入的百分之五十。

无固定收入的，抚育费的数额可依据当年总收入或同行业平均收入，参照上述比例确定。

有特殊情况的，可适当提高或降低上述比例。

8. 抚育费应定期给付，有条件的可一次性给付。

9. 对一方无经济收入或者下落不明的，可用其财物折抵子女抚育费。

10. 父母双方可以协议子女随一方生活并由抚养方负担子女全部抚育费。但经查实，抚养方的抚养能力明显不能保障子女所需费用，影响子女健康成长的，不予准许。

11. 抚育费的给付期限，一般至子女十八周岁为止。

十六周岁以上不满十八周岁，以其劳动收入为主要生活来源，并能维持当地一般生活水平的，父母可停止给付抚育费。

12. 尚未独立生活的成年子女有下列情形之一，父母又有给付能力的，仍应负担必要的抚育费：

(1)丧失劳动能力或虽未完全丧失劳动能力,但其收入不足以维持生活的;

(2)尚在校就读的;

(3)确无独立生活能力和条件的。

13. 生父与继母或生母与继父离婚时,对曾受其抚养教育的继子女,继父或继母不同意继续抚养的,仍应由生父母抚养。

14.《中华人民共和国收养法》施行前,夫或妻一方收养的子女,对方未表示反对,并与该子女形成事实收养关系的,离婚后,应由双方负担子女的抚育费;夫或妻一方收养的子女,对方始终反对的,离婚后,应由收养方抚养该子女。

15. 离婚后,一方要求变更子女抚养关系的,或者子女要求增加抚育费的,应另行起诉。

16. 一方要求变更子女抚养关系有下列情形之一的,应予支持:

(1)与子女共同生活的一方因患严重疾病或因伤残无力继续抚养子女的;

(2)与子女共同生活的一方不尽抚养义务或有虐待子女行为,或其与子女共同生活对子女身心健康确有不利影响的;

(3)十周岁以上未成年子女,愿随另一方生活,该方又有抚养能力的;

(4)有其他正当理由需要变更的。

17. 父母双方协议变更子女抚养关系的,应予准许。

18. 子女要求增加抚育费有下列情形之一,父或母有给付能力的,应予支持:

(1)原定抚育费数额不足以维持当地实际生活水平的;

(2)因子女患病、上学,实际需要已超过原定数额的;

(3)有其他正当理由应当增加的。

19. 父母不得因子女变更姓氏而拒付子女抚育费。父或母一方擅自将子女姓氏改为继母或继父姓氏而引起纠纷的,应责令恢复原姓氏。

20. 在离婚诉讼期间,双方均拒绝抚养子女的,可先行裁定暂由一方抚养。

21. 对拒不履行或妨害他人履行生效判决、裁定、调解中有关子女抚养义务的当事人或者其他人,人民法院可依照《中华人民共和国民事诉讼法》第一百零二条的规定采取强制措施。

最高人民法院印发《关于人民法院审理离婚案件如何认定夫妻感情确已破裂的若干具体意见》、《关于人民法院审理未办结婚登记而以夫妻名义同居生活案件的若干意见》的通知

（1989 年 12 月 13 日　法〔民〕发〔1989〕38 号）

全国地方各级人民法院、各级军事法院，各铁路运输中级法院和基层法院，各海事法院：

现将《关于人民法院审理离婚案件如何认定夫妻感情确已破裂的若干具体意见》、《关于人民法院审理未办结婚登记而以夫妻名义同居生活案件的若干意见》发给你们，请依照执行，并请在执行中注意总结经验，有何意见和问题，请及时报告我院。

附件一：

关于人民法院审理离婚案件如何认定夫妻感情确已破裂的若干具体意见

（1989 年 12 月 13 日）

人民法院审理离婚案件，准予或不准离婚应以夫妻感情是否破裂作为区分的界限。判断夫妻感情是否确已破裂，应当从婚姻基础、婚后感情、离婚原因、夫妻关

系的现状和有无和好的可能等方面综合分析。根据婚姻法的有关规定和审判实践经验,凡属下列情形之一的,视为夫妻感情确已破裂。一方坚决要求离婚,经调解无效,可依法判决准予离婚。

1. 一方患有法定禁止结婚疾病的,或一方有生理缺陷,或其他原因不能发生性行为,且难以治愈的。

2. 婚前缺乏了解,草率结婚,婚后未建立起夫妻感情,难以共同生活的。

3. 婚前隐瞒了精神病,婚后经治不愈,或者婚前知道对方患有精神病而与其结婚,或一方在夫妻共同生活期间患精神病,久治不愈的。

4. 一方欺骗对方,或者在结婚登记时弄虚作假,骗取《结婚证》的。

5. 双方办理结婚登记后,未同居生活,无和好可能的。

6. 包办、买卖婚姻、婚后一方随即提出离婚的,或者虽共同生活多年,但确未建立起夫妻感情的。

7. 因感情不和分居已满 3 年,确无和好可能的,或者经人民法院判决不准离婚后又分居满 1 年,互不履行夫妻义务的。

8. 一方与他人通奸、非法同居,经教育仍无悔改表现,无过错一方起诉离婚,或者过错方起诉离婚,对方不同意离婚,经批评教育,处分,或在人民法院判决不准离婚后,过错方又起诉离婚,确无和好可能的。

9. 一方重婚,对方提出离婚的。

10. 一方好逸恶劳、有赌博等恶习,不履行家庭义务、屡教不改,夫妻难以共同生活的。

11. 一方被依法判处长期徒刑,或其违法、犯罪行为严重伤害夫妻感情的。

12. 一方下落不明满二年,对方起诉离婚,经公告查找确无下落的。

13. 受对方的虐待、遗弃,或者受对方亲属虐待,或虐待对方亲属,经教育不改,另一方不谅解的。

14. 因其他原因导致夫妻感情确已破裂的。

附件二：

关于人民法院审理未办结婚登记而以夫妻名义同居生活案件的若干意见

（1989 年 11 月 21 日）

人民法院审理未办结婚登记而以夫妻名义同居生活的案件，应首先向双方当事人严肃指出其行为的违法性和危害性，并视其违法情节给予批评教育或民事制裁。但基于这类“婚姻”关系形成的原因和案件的具体情况复杂，为保护妇女和儿童的合法权益，有利于婚姻家庭关系的稳定，维护安定团结，在一定时期内，有条件的承认其事实婚姻关系，是符合实际的。为此，我们根据法律规定和审判实践经验，对此类案件的审理提出以下意见：

1. 1986 年 3 月 15 日《婚姻登记办法》施行之前，未办结婚登记手续即以夫妻名义同居生活，群众也认为是夫妻关系的，一方向人民法院起诉“离婚”，如起诉时双方均符合结婚的法院条件，可认定为事实婚姻关系；如起诉时一方或双方不符合结婚的法定条件，应认定非法同居关系。

2. 1986 年 3 月 15 日《婚姻登记办法》施行之后，未办结婚登记手续即以夫妻名义同居生活，群众也认为是夫妻关系的，一方向人民法院起诉“离婚”，如同居时双方均符合结婚的法定条件，可认定为事实婚姻关系；如同居时一方或双方不符合结婚的法定条件，应认定为非法同居关系。

3. 自民政部新的婚姻登记管理条例施行之日起，未办结婚登记即以夫妻名义同居生活，按非法同居关系对待。

4. 离婚后双方未再婚，未履行复婚登记手续，又以夫妻名义共同生活，一方起诉“离婚”的，一般应解除其非法同居关系。

5. 已登记结婚的一方又与第三人形成事实婚姻关系，或事实婚姻关系的一方又与第三人登记结婚,或事实婚姻关系的一方又与第三人形成新的事实婚姻关系,凡前一个婚姻关系的一方要求追究重婚罪的,无论其行为是否构成重婚罪,均应解除后一个婚姻关系。前一个婚姻关系的一方如要求处理离婚问题,应根据其婚姻关系的具体情况进行调解或者作出判决。

6. 审理事实婚姻关系的离婚案件,应当先进行调解,经调解和好或撤诉的,确认婚姻关系有效,发给调解书或裁定书,经调解不能和好的,应调解或判决准予离婚。

7. 未办结婚登记而以夫妻名义同居生活的男女,一方要求"离婚"或解除同居关系,经查确属非法同居关系的,应一律判决予以解除。

8. 人民法院审理非法同居关系的案件,如涉及非婚生子女抚养和财产分割问题,应一并予以解决。具体分割财产时,应照顾妇女、儿童的利益,考虑财产的实际情况和双方的过错程度,妥善分割。

9. 解除非法同居关系时,双方所生的非婚生子女,由哪一方抚养,双方协商,协商不成时,应根据子女的利益和双方的具体情况判决,哺乳期内的子女,原则上应由母方抚养,如父方条件好,母方同意,也可由父方抚养,子女为限制民事行为能力人的,应征求子女本人的意见,一方将未成年的子女送他人收养,须征得另一方的同意。

10. 解除非法同居关系时,同居生活期间双方共同所得的收入和购置的财产,按一般共有财产处理,同居生活前,一方自愿赠送给对方的财物可比照赠与关系处理;一方向另一方索取的财物,可参照最高人民法院(84)法办字第 112 号《关于贯彻执行民事政策法律若干问题的意见》第(18)条规定的精神处理。

11. 解除非示同居关系时,同居期间为共同生产、生活而形成的债权、债务,可按共同债权、债务处理。

12. 解除非法同居关系时,一方在共同生活期间患有严重疾病未治愈的,分割财产时,应予适当照顾,或者由另一方给予一次性的经济帮助。

13. 同居生活期间一方死亡,另一方要求继承死者遗产,如认定事实婚姻关系的,可以配偶身份按继承法的有关规定处理;如认定非法同居关系,而又符合继承法第十四条规定的,可根据相互扶助的具体情况处理。

14. 人民法院在审理未办结婚登记而以夫妻名义同居生活的案件时,对违法情节严重,应按照婚姻法、民法通则、《关于贯彻执行〈民法通则〉若干问题的意见》和其他法律、法规的有关规定,给予适当的民事制裁。

15. 本意见自颁布之日起施行。凡最高人民法院过去的规定与本意见相抵触的,均按本意见执行。

最高人民法院关于当事人申请承认澳大利亚法院出具的离婚证明书人民法院应否受理问题的批复

(2005 年 7 月 26 日　法释〔2005〕8 号)

广东省高级人民法院:

你院报送的粤高法民一他字〔2004〕9 号“关于当事人申请承认澳大利亚法院出具的离婚证明书有关问题”的请示收悉。经研究,答复如下:

当事人持澳大利亚法院出具的离婚证明书向人民法院申请承认其效力的,人民法院应予受理,并依照《中华人民共和国民事诉讼法》第二百六十七条和第二百六十八条以及最高人民法院《关于中国公民申请承认外国法院离婚判决程序问题的规定》的有关规定进行审查,依法作出承认或者不予承认的裁定。

(二)司法性文件

最高人民法院关于认真学习正确适用《中华人民共和国婚姻法》的通知

(2001 年 5 月 10 日　法发〔2001〕9 号)

各省、自治区、直辖市高级人民法院,解放军军事法院,新疆维吾尔自治区高级人民法院生产建设兵团分院:

《全国人民代表大会常务委员会关于修改〈中华人民共和国婚姻法〉的决定》已经第九届全国人民代表大会常务委员会第二十一次会议于 2001 年 4 月 28 日通过,并自公布之日施行。为了保证《中华人民共和国婚姻法》的统一正确实施,特通知如下:

一、充分认识修改婚姻法的重要意义。婚姻法是关系到每个公民和每个家庭切身利益的一部重要法律。改革开放以来,随着我国社会经济状况、人们思想观念的变化,婚姻家庭关系也出现了一些新情况、新问题。此次修改婚姻法,对于建立平等、和睦、文明的婚姻家庭关系,维护社会安定,促进社会主义精神文明建设和社会进步,将发挥重要的作用。

二、各级人民法院应组织审判人员,特别是民事审判人员认真学习第九届全国人民代表大会常务委员会第二十一次会议通过的《全国人民代表大会常务委员会关于修改〈中华人民共和国婚姻法〉的决定》。要利用各种形式对审判人员进行业务培训,联系实际,掌握立法精神,正确理解法律规定。

三、自 2001 年 4 月 28 日起,人民法院在审理婚姻纠纷案件时,应一律适用经第九届全国人民代表大会常务委员会第二十一次会议修改的《中华人民共和国婚姻法》。此前与修改后的《中华人民共和国婚姻法》相悖的法律、法规和司法解释，在审理第一审和第二审婚姻家庭案件中不再适用。

四、最高人民法院将在调查研究的基础上，抓紧起草有关司法解释。各地人民法院在学习和适用修改后的《中华人民共和国婚姻法》的过程中，应当认真总结审判经验，深入调查研究，注意搜集典型案例，遇有法律适用问题，应及时报告我院。

司法部关于贯彻执行《中华人民共和国收养法》若干问题的意见

（2000 年 3 月 3 日　司发通〔2000〕33 号）

各省、自治区、直辖市司法厅（局），新疆生产建设兵团司法局：

新修改的《中华人民共和国收养法》（以下简称新收养法，修改前的收养法简称原收养法）已于 1999 年 4 月 1 日起施行。该法对收养的条件和收养关系的成立等作出了新的规定。为正确贯彻执行新收养法和有关法规、规章，现就办理收养公证及其他相关公证的有关问题通知如下：

1. 公证机构应当按新收养法及有关法规、规章的规定，认真办好收养公证、解除收养关系公证，以及其他相关公证，如收养协议、亲属关系、解除收养关系协议、声明书、委托书等公证。原收养法实施期间建立的收养关系，符合原收养法规定的，公证机构可以给予公证；不符合原收养法规定的，公证机构不得办理收养或解除收养关系公证，但可对当事人之间抚养的事实进行公证。

2. 新收养法施行后，收养关系的成立和协议解除收养关系以登记为准。公证机构办理收养协议或解除收养关系协议公证时，应告知当事人有关办理登记的法律规定并记录在卷，但已经登记的除外。

3. 公证机构办理收养或解除收养关系公证，应按《公证暂行条例》和《公证程序规则（试行）》的规定办理，要重点审查当事人的身份、行为能力和意思表示是否真实，收养登记证或解除收养关系证明是否系有权机关签发。公证机构发现登记证内容违反收养法的,应当拒绝公证。

夫妻共同收养,一方因故不能亲自到场,另一方到场并提交经过公证的配偶的委托书的,视为亲自到场。

4. 新收养法施行后,对外国人收养公证,司法部不再下发《指定管辖通知》。

公证机构不再办理以下事务:(1)不再审查外国收养人向中国收养组织提交的申请文件。(2)不再审查外国收养人所在国法律规定与中国法律规定是否一致。(3)不再举行颁发公证书的仪式。(4)不再上报《外国人收养公证登记表》。

对外国人收养公证,公证机构可以应当事人请求在收养公证书证词最后加入更改被收养人姓名内容。但荷兰人收养除外。

5. 对收养查找不到父母的弃婴和儿童的,如当事人申请办理弃婴或弃儿来源情况公证,应提交办理登记的收养登记机关出具的公告查找情况证明,公证机构审查后予以公证。

6. 对原收养法施行前发生的事实收养,公证机构仍按《司法部关于办理收养法实施前建立的事实收养关系公证的通知》(司发通〔1993〕125 号)规定办理事实收养公证。

法国人收养公证仍按我部原公证司《关于为法国公民办理收养公证的通知》〔(97)司公字 014 号〕的规定办理。但其收养公证书按本通知所附专用格式出具。

7. 根据民政部的有关规定,收养登记机关自 1999 年 8 月 1 日起启用新式收养证书。1999 年 12 月 31 日前,中国公民收养登记可使用老式或新式收养证书,自 2000 年 1 月 1 日起,一律使用新式收养证书。

新式《收养登记证》和《解除收养关系证明》内芯使用飞燕图案水印纸,内页套印中华人民共和国民政部收养证件管理专用章。新式《收养登记证》中收养人与被收养人的合影照片骑缝处加盖收养登记专用章(钢印)。上述两证落款处须加盖收养登记机关的公章方能生效。公证机构应注意审查。

8. 公证机构应严格执行公证收费标准,不得超标准收费或乱收费。

9. 本通知自下发之日起执行,《司法部关于外国人收养公证若干问题的通知》(司发通〔1997〕072 号)同时废止。我部过去下发的文件有与本通知规定不一致的,以本通知为准。

附件：

一、《中国公民收养子女登记办法》（略）

二、《外国人在中华人民共和国收养子女登记办法》（略）

三、《华侨以及居住在香港、澳门、台湾地区的中国公民办理收养登记的管辖以及所需要出具的证件和证明材料的规定》（略）

四、公证书格式（略）

五、新式《收养登记证》和《解除收养关系证明》式样（略）

最高人民法院关于美籍华人曹信宝与我公民王秀丽结婚登记有关问题的复函

（1993年1月22日 〔1993〕法民字第2号）

民政部婚姻管理司：

你司1991年12月24日民婚字〔1991〕60号函及转来宁波市民政局《关于美籍华人曹信宝与我公司王秀丽结婚登记有关问题的请示》收悉。经研究答复如下：

一、与中国公民结婚的外国人（包括外籍华人），由外国法院判决离婚后，在中国境内又申请与中国公民结婚的，如果前一婚姻关系的外国法院的离婚判决未经我人民法院确认，该外国人则应就前一婚姻关系的外国法院的离婚判决向人民法院申请承认，经人民法院裁定承认后，婚姻登记机关按照有关规定审查无误才能予以婚姻登记。

申请承认外国法院离婚判决，没有时间限制。

二、在忻清菊不服美国法院对其与曹信宝离婚所作判决的情况下，曹在中国境内又申请与王秀丽登记结婚，是违反我国有关法律的，该“结婚登记”应依法予以撤销。但现在曹信宝与忻清菊已经由人民法院调解离婚，其与王秀丽的“结婚登记”

是否撤销，请你们酌情处理。

以上意见，供参考。

最高人民法院关于夫妻关系存续期间男方受欺骗抚养非亲生子女离婚后可否向女方追索抚育费的复函

（1992年4月2日 〔1991〕民他字第63号）

四川省高级人民法院：

你院“关于夫妻关系存续期间男方受欺骗抚养非亲生子女离婚后可否向女方追索抚养费的请示”收悉。经研究，我们认为，在夫妻关系存续期间，一方与他人通奸生育子女，隐瞒真情，另一方受欺骗而抚养了非亲生子女，其中离婚后给付的抚育费，受欺骗方要求返还的，可酌情返还；至于在夫妻关系存续期间受欺骗方支出的抚育费用应否返还，因涉及的问题比较复杂，尚需进一步研究，就你院请示所述具体案件而言，因双方在离婚时，其共同财产已由男方一人分得，故可不予返还。以上意见供参考。

最高人民法院关于夫妻离婚后人工授精所生子女的法律地位如何确定的复函

（1991年7月8日 〔1991〕民他字第12号）

河北省高级人民法院：

你院冀法（民）〔1991〕43号《关于夫妻离婚后人工授精所生子女的法律地位如

何确定的请示报告》收悉。

经研究，我们认为，在夫妻关系存续期间，双方一致同意进行人工授精，所生子女应视为夫妻双方的婚生子女，父母子女之间权利义务关系适用《婚姻法》的有关规定。

以上意见，供参考。

附：

河北省高级人民法院关于夫妻离婚后人工受精所生子女的法律的地位如何确定的请示报告

（1991 年 4 月 8 日）

最高人民法院：

我省廊坊市三河县人民法院受理了王艳华（女，28 岁，汉族）诉杨建忠（男，31 岁，汉族）离婚一案，杨建忠和王艳华经人介绍于 1987 年 12 月登记结婚，婚后一年多未生育，经天津市计划生育技术指导所检查确认男方患无精症，经双方协商，王于 1989 年 2 月实行人工受精手术，同年 11 月生一女杨倩，后因夫妻生活琐事多次发生争吵打架，致使感情恶化，王艳华于 1990 年 4 月诉至法院，要求与杨建忠离婚，双方同意离婚，但均争养小孩，廊坊市中级法院对人工受精所生子女的法律地位发生意见分歧，请示我院，一种意见认为小孩应判归男方抚养，因男方无生育能力；另一种意见则认为小孩应判归女方抚养，因为该小孩与男方没有血缘关系。

我院认为，此案双方争养的小孩杨倩，是因男方无生育能力，在双方一致同意的情况下人工受精所生，应视为婚生子女，推定确认男方就是孩子的生父，夫妻离婚后，按照婚姻法的有关规定双方都有抚养教育子女的义务，因而也适用最高法院《关于贯彻执行民事政策若干问题的意见》中第 22 条的规定，鉴于本案中杨倩年龄尚小，且一直随其母生活，从有利于子女成长考虑，应判决杨倩同女方一起生活为宜，但此类问题法律尚无规定，特请示，请答复。

最高人民法院关于对一方当事人下落不明未满两年的离婚案件是否受理和公告送达问题的批复

（1989 年 8 月 22 日　法民字〔1989〕第 20 号）

辽宁省高级人民法院：

你院辽法（88）民请字第 1 号请示收悉。经研究，现答复如下：

对于夫妻一方下落不明，另一方诉至法院，只要求离婚，不申请宣告下落不明人死亡的案件，不论下落不明人出走时间的长短、法院均应受理，并应依照《中华人民共和国民事诉讼法（试行）》规定的普通程序进行审理，法律文书的送达依照民事诉讼法（试行）第七十五条的规定进行。

最高人民法院关于涉外离婚诉讼中子女抚养问题如何处理的批复

（1987 年 8 月 3 日）

浙江省高级人民法院：

你院 1987 年 6 月 11 日〔87〕浙法民他字 19 号请示报告收悉。

关于杭州市中级人民法院审理的加拿大籍华人姜伟明与中国公民陈科离婚一案有关子女归谁抚养的问题，经研究，我们认为，对该案审理中涉及的外籍华人离婚后子女抚养的问题，应适用我国法律，按照我国婚姻法有关规定的精神，从切实保护子女权益,有利于子女身心健康成长出发,结合双方的具体情况进行处理。处理时,对有识别能力的子女,要事先征求并尊重其本人愿随父或随母生活的意见。鉴于姜伟明、陈科之子陈宇(现年十二岁)过去主要由其母姜伟明抚养,本人又坚决表示不愿随父陈科生活的实际情况,我们同意你院审判委员会的处理意见,即根据有关政策法律规定,陈宇以仍由其母姜伟明抚养为宜。

3 继　　承

（一）司法解释

最高人民法院关于如何处理农村五保对象遗产问题的批复

（2000 年 6 月 30 日最高人民法院审判委员会第 1121 次会议通过　自 2000 年 8 月 3 日起施行　法释〔2000〕23 号）

各省、自治区、直辖市高级人民法院，解放军军事法院，新疆维吾尔自治区高级人民法院生产建设兵团分院：

国务院 1994 年 1 月 23 日《农村五保供养工作条例》发布后，一些高级人民法院反映，我院 1985 年 9 月 11 日发布的法（民）发〔1985〕22 号《关于贯彻执行〈中华人民共和国继承法〉若干问题的意见》第 55 条的规定与该条例的有关规定不一致。经研究，答复如下：

农村五保对象死亡后，其遗产按照国务院《农村五保供养工作条例》第十八条、第十九条的有关规定处理。

附：

农村五保供养工作条例有关条例

第十八条　五保对象的个人财产，其本人可以继续使用，但是不得自行处分；

其需要代管的财产，可以由农村集体经济组织代管。

第十九条 五保对象死亡后，其遗产归所在的农村集体经济组织所有；有五保供养协议的，按照协议处理。

最高人民法院关于贯彻执行《中华人民共和国继承法》若干问题的意见

（1985 年 9 月 11 日）

第六届全国人民代表大会第三次会议通过的《中华人民共和国继承法》，是我国公民处理继承问题的准则，是人民法院正确、及时审理继承案件的依据。人民法院贯彻执行继承法，要根据社会主义的法制原则，坚持继承权男女平等，贯彻互相扶助和权利义务相一致的精神，依法保护公民的私有财产的继承权。

为了正确贯彻执行继承法，我们根据继承法的有关规定和审判实践经验，对审理继承案件中具体适用继承法的一些问题，提出以下意见，供各级人民法院在审理继承案件时试行。

一、关于总则部分

1. 继承从被继承人生理死亡或被宣告死亡时开始。

失踪人被宣告死亡的，以法院判决中确定的失踪人的死亡日期，为继承开始的时间。

2. 相互有继承关系的几个人在同一事件中死亡，如不能确定死亡先后时间的，推定没有继承人的人先死亡。死亡人各自都有继承人的，如几个死亡人辈份不同，推定长辈先死亡；几个死亡人辈份相同，推定同时死亡，彼此不发生继承，由他们各自的继承人分别继承。

3. 公民可继承的其他合法财产包括有价证券和履行标的为财物的债权等。

4. 承包人死亡时尚未取得承包收益的，可把死者生前对承包所投入的资金和所付出的劳动及其增值和孳息，由发包单位或者接续承包合同的人合理折价、补偿，其价额作为遗产。

5. 被继承人生前与他人订有遗赠抚养协议，同时又立有遗嘱的，继承开始后，如果遗赠抚养协议与遗嘱没有抵触，遗产分别按协议和遗嘱处理；如果有抵触，按协议处理，与协议抵触的遗嘱全部或部分无效。

6. 遗嘱继承人依遗嘱取得遗产后，仍有权依继承法第十三条的规定取得遗嘱未处分的遗产。

7. 不满六周岁的儿童、精神病患者，应当认定其为无行为能力人。

已满六周岁，不满十八周岁的未成年人，应当认定其为限制行为能力人。

8. 法定代理人代理被代理人行使继承权、受遗赠权，不得损害被代理人的利益。法定代理人一般不能代理被代理人放弃继承权，受遗赠权。明显损害被代理人利益的，应认定其代理行为无效。

9. 在遗产继承中，继承人之间因是否丧失继承权发生纠纷，诉讼到人民法院的，由人民法院根据继承法第七条的规定，判决确认其是否丧失继承权。

10. 继承人虐待被继承人情节是否严重，可以从实施虐待行为的时间、手段、后果和社会影响等方面认定。

虐待被继承人情节严重的，不论是否追究刑事责任，均可确认其丧失继承权。

11. 继承人故意杀害被继承人的，不论是既遂还是未遂，均应确认其丧失继承权。

12. 继承人有继承法第七条第（一）项或第（二）项所列之行为，而被继承人以遗嘱将遗产指定由该继承人继承的，可确认遗嘱无效，并按继承法第七条的规定处理。

13. 继承人虐待被继承人情节严重的，或者遗弃被继承人的，如以后确有悔改表现，而且被虐待人、被遗弃人生前又表示宽恕，可不确认其丧失继承权。

14. 继承人伪造、篡改或者销毁遗嘱，侵害了缺乏劳动能力又无生活来源的继承人的利益，并造成其生活困难的，应认定其行为情节严重。

15. 在诉讼时效期间内，因不可抗拒的事由致继承人无法主张继承权利的，人民法院可按中止诉讼时效处理。

16. 继承人在知道自己的权利受到侵犯之日起的二年之内,其遗产继承权纠纷确在人民调解委员会进行调解期间,可按中止诉讼时效处理。

17. 继承人因遗产继承纠纷向人民法院提起诉讼,诉讼时效即为中断。

18. 自继承开始之日起的第十八年至第二十年期间内,继承人才知道自己的权利被侵犯的,其提起诉讼的权利,应当在继承开始之日起的二十年之内行使,超过二十年的,不得再行提起诉讼。

二、关于法定继承部分

19. 被收养人对养父母尽了赡养义务,同时又对生父母扶养较多的,除可依继承法第十条的规定继承养父母的遗产外,还可依继承法第十四条的规定分得生父母的适当的遗产。

20. 在旧社会形成的一夫多妻家庭中,子女与生母以外的父亲的其他配偶之间形成抚养关系的,互有继承权。

21. 继子女继承了继父母遗产的,不影响其继承生父母的遗产。

继父母继承了继子女遗产的,不影响其继承生子女的遗产。

22. 养祖父母与养孙子女的关系,视为养父母与养子女关系的,可互为第一顺序继承人。

23. 养子女与生子女之间、养子女与养子女之间,系养兄弟姐妹,可互为第二顺序继承人。

被收养人与其亲兄弟姐妹之间的权利义务关系,因收养关系的成立而消除,不能互为第二顺序继承人。

24. 继兄弟姐妹之间的继承权,因继兄弟姐妹之间的扶养关系而发生。没有扶养关系的,不能互为第二顺序继承人。

继兄弟姐妹之间相互继承了遗产的,不影响其继承亲兄弟姐妹的遗产。

25. 被继承人的孙子女、外孙子女、曾孙子女、外曾孙子女都可以代位继承,代位继承人不受辈数的限制。

26. 被继承人的养子女、已形成扶养关系的继子女的生子女可代位继承;被继承人亲生子女的养子女可代位继承;被继承人养子女的养子女可代位继承;与被继承人已形成扶养关系的继子女的养子女也可以代位继承。

27. 代位继承人缺乏劳动能力又没有生活来源,或者对被继承人尽过主要赡养义务的,分配遗产时,可以多分。

28. 继承人丧失继承权的,其晚辈直系血亲不得代位继承。如该代位继承人缺乏劳动能力又没有生活来源,或对被继承人尽赡养义务较多的,可适当分给遗产。

29. 丧偶儿媳对公婆、丧偶女婿对岳父、岳母,无论其是否再婚,依继承法第十二条规定作为第一顺序继承人时,不影响其子女代位继承。

30. 对被继承人生活提供了主要经济来源,或在劳务等方面给予了主要扶助的,应当认定其尽了主要赡养义务或主要扶养义务。

31. 依继承法第十四条规定可以分给适当遗产的人,分给他们遗产时,按具体情况可多于或少于继承人。

32. 依继承法第十四条规定可以分给适当遗产的人,在其依法取得被继承人遗产的权利受到侵犯时,本人有权以独立的诉讼主体的资格向人民法院提起诉讼。但在遗产分割时,明知而未提出请求的,一般不予受理;不知而未提出请求,在二年以内起诉的,应予受理。

33. 继承人有扶养能力和扶养条件,愿意尽扶养义务,但被继承人因有固定收入和劳动能力,明确表示不要求其扶养的,分配遗产时,一般不应因此而影响其继承份额。

34. 有扶养能力和扶养条件的继承人虽然与被继承人共同生活,但对需要扶养的被继承人不尽扶养义务,分配遗产时,可以少分或者不分。

三、关于遗嘱继承部分

35. 继承法实施前订立的,形式上稍有欠缺的遗嘱,如内容合法,又有充分证据证明确为遗嘱人真实意思表示的,可以认定遗嘱有效。

36. 继承人、受遗赠人的债权人、债务人,共同经营的合伙人,也应当视为与继承人、受遗赠人有利害关系,不能作为遗嘱的见证人。

37. 遗嘱人未保留缺乏劳动能力又没有生活来源的继承人的遗产份额,遗产处理时,应当为该继承人留下必要的遗产,所剩余的部分,才可参照遗嘱确定的分配原则处理。

继承人是否缺乏劳动能力又没有生活来源，应按遗嘱生效时该继承人的具体情况确定。

38. 遗嘱人以遗嘱处分了属于国家、集体或他人所有的财产，遗嘱的这部分，应认定无效。

39. 遗嘱人生前的行为与遗嘱的意思表示相反，而使遗嘱处分的财产在继承开始前灭失、部分灭失或所有权转移、部分转移的，遗嘱视为被撤销或部分被撤销。

40. 公民在遗书中涉及死后个人财产处分的内容，确为死者真实意思的表示，有本人签名并注明了年、月、日，又无相反证据的，可按自书遗嘱对待。

41. 遗嘱人立遗嘱时必须有行为能力。无行为能力人所立的遗嘱，即使其本人后来有了行为能力，仍属无效遗嘱。遗嘱人立遗嘱时有行为能力，后来丧失了行为能力，不影响遗嘱的效力。

42. 遗嘱人以不同形式立有数份内容相抵触的遗嘱，其中有公证遗嘱的，以最后所立公证遗嘱为准；没有公证遗嘱的，以最后所立的遗嘱为准。

43. 附义务的遗嘱继承或遗赠，如义务能够履行，而继承人、受遗赠人无正当理由不履行，经受益人或其他继承人请求，人民法院可以取消他接受附义务那部分遗产的权利，由提出请求的继承人或受益人负责按遗嘱人的意愿履行义务，接受遗产。

四、关于遗产的处理部分

44. 人民法院在审理继承案件时，如果知道有继承人而无法通知的，分割遗产时，要保留其应继承的遗产，并确定该遗产的保管人或保管单位。

45. 应当为胎儿保留的遗产份额没有保留的，应从继承人所继承的遗产中扣回。

为胎儿保留的遗产份额，如胎儿出生后死亡的，由其继承人继承；如胎儿出生时就是死体的，由被继承人的继承人继承。

46. 继承人因放弃继承权，致其不能履行法定义务的，放弃继承权的行为无效。

47. 继承人放弃继承应当以书面形式向其他继承人表示。用口头方式表示放弃继承,本人承认,或有其它充分证据证明的,也应当认定其有效。

48. 在诉讼中,继承人向人民法院以口头方式表示放弃继承的,要制作笔录,由放弃继承的人签名。

49. 继承人放弃继承的意思表示,应当在继承开始后、遗产分割前作出。遗产分割后表示放弃的不再是继承权,而是所有权。

50. 遗产处理前或在诉讼进行中,继承人对放弃继承翻悔的,由人民法院根据其提出的具体理由,决定是否承认。遗产处理后,继承人对放弃继承翻悔的,不予承认。

51. 放弃继承的效力,追溯到继承开始的时间。

52. 继承开始后,继承人没有表示放弃继承,并于遗产分割前死亡的,其继承遗产的权利转移给他的合法继承人。

53. 继承开始后,受遗赠人表示接受遗赠,并于遗产分割前死亡的,其接受遗赠的权利转移给他的继承人。

54. 由国家或集体组织供给生活费用的烈属和享受社会救济的城市居民,其遗产仍应准许合法继承人继承。

55. 集体组织对“五保户”实行“五保”时,双方有扶养协议的,按协议处理;没有抚养协议,死者有遗嘱继承人或法定继承人要求继承的,按遗嘱继承或法定继承处理,但集体组织有权要求扣回“五保”费用。

56. 扶养人或集体组织与公民订有遗赠扶养协议,扶养人或集体组织无正当理由不履行,致协议解除的,不能享受遗赠的权利,其支付的供养费用一般不予补偿;遗赠人无正当理由不履行,致协议解除的,则应偿还扶养人或集体组织已支付的供养费用。

57. 遗产因无人继承收归国家或集体组织所有时,按继承法第十四条规定可以分给遗产的人提出取得遗产的要求,人民法院应视情况适当分给遗产。

58. 人民法院在分割遗产中的房屋、生产资料和特定职业所需要的财产时,应依据有利于发挥其使用效益和继承人的实际需要,兼顾各继承人的利益进行处理。

59. 人民法院对故意隐匿、侵吞或争抢遗产的继承人,可以酌情减少其应继承的遗产。

60. 继承诉讼开始后,如继承人、受遗赠人中有既不愿参加诉讼,又不表示放弃实体权利的,应追加为共同原告;已明确表示放弃继承的,不再列为当事人。

61. 继承人中有缺乏劳动能力又没有生活来源的人,即使遗产不足清偿债务,也应为其保留适当遗产,然后再按继承法第三十三条和民事诉讼法第一百八十条的规定清偿债务。

62. 遗产已被分割而未清偿债务时,如有法定继承又有遗嘱继承和遗赠的,首先由法定继承人用其所得遗产清偿债务;不足清偿时,剩余的债务由遗嘱继承人和受遗赠人按比例用所得遗产偿还;如果只有遗嘱继承和遗赠的,由遗嘱继承人和受遗赠人按比例用所得遗产偿还。

五、关于附则部分

63. 涉外继承,遗产为动产的,适用被继承人住所地法律,即适用被继承人生前最后住所地国家的法律。

64. 继承法施行前,人民法院已经审结的继承案件,继承法施行后,按审判监督程序提起再审的,适用审结时的有关政策、法律。

人民法院对继承法生效前已经受理、生效时尚未审结的继承案件,适用继承法。但不得再以超过诉讼时效为由驳回起诉。

（二）司法性文件

最高人民法院关于被继承人死亡后没有法定继承人分享，遗产人能否分得全部遗产的复函

（1992年9月16日 〔1992〕民他字第25号）

江苏省高级人民法院：

你院〔1991〕民请字第21号关于沈玉根诉马以荣房屋典当一案的请示报告和卷宗均以收悉。

经研究认为，沈玉根与叔祖母沈戴氏共同生活十多年，并尽了生养死葬的义务。依照我国继承法第十四条的规定，可分给沈玉根适当的遗产。根据沈戴氏死亡后没有法定继承人等情况，沈玉根可以分享沈戴氏的全部遗产，包括对已出典房屋的回赎权。至于是否允许回赎，应依照有关规定和具体情况妥善处理。

附：

江苏省高级人民法院关于沈玉根诉马以荣房屋典当一案的请示报告

（1992年6月6日）

最高人民法院：

我省扬州市中级人民法院向我院请示的沈玉根诉马以荣房屋典当一案，经我院审判委员会研究，意见不尽一致，请示你院。该案的主要案情是：原告沈玉根的叔祖父沈连桂（1968年死亡）、叔祖母戴凤英（1984年死亡）有坐落兴化市昭阳镇玉

带路75号瓦平房四小间和玉带路陶家巷6号瓦平房大小共六间。戴凤英死亡后无法定继承人。

一九七〇年被告马以荣原住房屋因国家建设拆迁,经韩正友等人介绍并见证,典进戴凤英的玉带路75号四小间房屋,典契载明:“玉带路86号(原门牌号)沈戴氏有破旧瓦房四小间现急要倒塌,重典于马以荣,计人民币五百元,不拿房租,不限年限,房屋由马以荣修建为两大间,一厨房与沈戴氏无关,修建费由马以荣负责,以后如沈戴氏收回房子,除掉交五百元房金外并付给马以荣全部修建费用以手续结算。”典契签订后,钱、房两清,马以荣即将房屋改建为三间,另有一天井,嗣后又增建了披屋和院墙、自来水等设施,居住使用至今。

一九七五年,原告沈玉根搬至玉带路陶家巷6号与沈戴氏共同生活(户口于一九七五年十二月迁入),承担了沈戴氏的一切生活费用(包括医疗)和死后殡葬义务。一九八二年被告马以荣经城建部门批准,欲将房屋翻建为楼房,沈戴氏曾出面阻止,致翻建未成。一九八九年原告沈玉根以对其叔祖母沈戴氏生前进行了赡养和死后遗留给其典契为据向原审人民法院提起诉讼,要求回赎房子。兴化市人民法院受理后因在适用法律上把握不准,请示扬州市中级人民法院,扬州市中级人民法院审判委员会讨论后对本案审理意见不一致,随向我院请示。我院审判委员会讨论有两种意见:第一种意见认为,沈玉根与叔祖母戴凤英共同生活十多年,虽没有明确的收养关系,但尽了生养死葬的义务,应视为事实上的收养关系,继承死者遗产,因此,沈玉根有权回赎被继承人的房产;第二种意见则认为,沈玉根与戴凤英共同生活时已是成年,并未有明确的收养关系,不存在继承关系,沈玉根对戴凤英尽了生养死葬的义务,依照《继承法》第十四条规定,可以分给他适当的遗产。但是在享受遗产的份额上有分歧,一部分委员认为,享受遗产在无其他继承人的情况下,可以全部享受;另一部分委员认为,继承与享受遗产是有严格区别的,“继承”包括被继承人生前权利的继承,而享受遗产,只是对死者遗产部分或全部享受,无权享受死者生前的权利。本案原告沈玉根已经享受死者戴凤英十间房屋遗产的六间,争议的四间死者生前重典,且已改建,为了维护社会的稳定和当事人的居住条件,可不予回赎或调解被告再给原告适当的补偿。

我院审判委员会原则上倾向第二种意见。

最高人民法院关于蒋家正、蒋淑芳与徐文英等人析产继承案的复函

（1991 年 1 月 28 日 〔1990〕民他字第 53 号）

江苏省高级人民法院：

你院苏法（民）发〔1990〕字第 104 号关于蒋家正、蒋淑芳与徐文英等人析产继承案的请示报告收悉。

经研究，我们同意你院的倾向性意见，即根据蒋松琴与徐文英结婚后，共同生活时间长达二十年等情况，依照我院 1984 年 8 月 30 日《关于贯彻执行民事政策法律若干问题的意见》第 12 条的规定精神，原属于蒋松琴的婚前个人房产应视为他与徐文英的夫妻共同财产。蒋松琴去世后，应按先析产后继承的原则，把从夫妻共同财产中分出来的属于蒋松琴的那部分作为蒋的遗产，由其法定继承人继承。各自继承的具体数额，可根据不同情况确定。

以上意见供参考。

最高人民法院关于蒋秀蓉诉彭润明、邱家乐、朱翠莲继承清偿债务纠纷一案的批复

（1991 年 1 月 26 日 〔1990〕民他字第 23 号）

四川省高级人民法院：

你院〔89〕川法民示字第 28 号《关于新津县蒋秀蓉诉彭润明、邱家乐、朱翠莲继承清偿债务纠纷一案的请示报告》收悉。经研究认为：蒋秀蓉在彭润明、邱国红夫

妇家当保姆期间，被犯罪分子王念先杀伤致残，彭、邱夫妇亦在与该罪犯搏斗中被杀身亡。从本案事实看，蒋秀蓉并非因保护雇主一家的生命、财产安全或其他利益而被杀伤，故要求从雇主的遗产中补偿其医疗费、生活费等，于法无据。但鉴于蒋秀蓉是在受雇期间受害的具体情况，可尽量对被告多做说服工作，争取其自愿从遗产中给予蒋秀蓉适当照顾。如调解不成，即判决驳回蒋秀蓉的诉讼请求。

以上意见，供参考。

最高人民法院关于保险金能否作为被保险人遗产的批复

（1988 年 3 月 24 日 〔1987〕民他字第 52 号）

河北省高级人民法院：

你院冀法民〔1987〕1 号请示报告收悉。据报告称：栾城县南焦村个体三轮摩托车司机孙文兴于 1986 年 5 月 26 日运送货主张新国及其货物（锡锭）时，在京广铁路窦妪道口与火车相撞，致孙文兴、张新国双亡，三轮摩托车毁损。这次事故应由孙文兴负责。孙文兴生前在本县保险公司除投保了车损险（保险金为 3500 元）外，还投保了人身意外伤害险（保险金为 5000 元），并指定了受益人。现托运人张新国之妻梁聚芬向栾城县人民法院起诉，要求承运人孙文兴之妻郭香荣给予赔偿。

经征求有关部门的意见，现将你院请示关于人身保险金能否作为被保险人的遗产进行赔偿的问题，答复如下：

一、根据我国保险法规有关条文规定的精神，人身保险金能否列入被保险人的遗产，取决于被保险人是否指定了受益人。指定了受益人的，被保险人死亡后，其人身保险金应付给受益人；未指定受益人的，被保险人死亡后，其人身保险金应作为遗产处理，可以用来清偿债务或者赔偿。

二、财产保险与人身保险不同。财产保险不存在指定受益人的问题。因而，财产保险金属于被保险人的遗产。孙文兴投保的车损险是财产保险，属于他的遗产，可以用来清偿债务或者赔偿。

在处理本案时，应本着上述原则，适当注意保护债权人的利益，合情合理解决。

最高人民法院关于产权人生前已处分的房屋死后不宜认定为遗产的批复

（1987 年 6 月 24 日 〔1987〕民他字第 31 号）

贵州省高级人民法院：

你院《关于陶冶与邓秀芳财产继承一案的请示报告》收悉。据报告称，陶庭柱、陶齐氏夫妇生育一子（陶国祥）二女（陶冶，另一女早亡），陶庭柱于 1924 年死亡，遗有祖遗房屋三间。陶齐氏于 1941 年将三间房屋过户在儿子陶国祥名下并交了该房产权状。解放后该房产权仍由陶国祥登记，并管理使用达四十余年，直至 1968 年陶齐氏死亡时，双方均未提出异议。1983 年陶国祥死亡后，陶冶以房屋系父母遗产为由要求继承。一、二审判决认定陶冶无权继承此房，你院裁定将此案发回安顺地区中级法院再审，并向我院请示。

我们研究认为，此案讼争房屋虽系祖遗产，但陶齐氏已将产权状交与陶国祥，并在两次产权登记和私房改造中，均确定由陶国祥长期管理使用，陶冶在陶齐氏生前从未提出异议。据此应当认为该房产权早已转归陶国祥夫妻共有。陶国祥死后的遗产，依法应由邓秀芳及其子女继承。陶冶无权要求继承。

4 名誉权

（一）司法解释

最高人民法院关于刘兰祖诉山西日报社、山西省委支部建设杂志社侵害名誉权一案的复函

（1999 年 11 月 27 日 〔1999〕民他字第 32 号）

山西省高级人民法院：

你院〔1999〕晋民一他字第 1 号《关于刘兰祖诉山西日报社、山西省委支部建设杂志社侵害名誉权一案的请示报告》收悉。经研究，我们认为，贾卯清和刘兰祖合谋侵吞公款的行为已经有关纪检部门予以认定，并给予贾卯清相应的党纪处分，山西日报社和山西省委支部建设杂志社（以下简称支部建设杂志社）将相关事实通过新闻媒体予以报道，没有违反新闻真实性的基本原则，该报道的内容未有失实之处，属于正常的舆论监督。根据最高人民法院有关司法解释的规定精神和本案的具体情况，山西日报社和支部建设杂志社的行为，不构成对刘兰祖名誉权的侵害。

最高人民法院关于审理名誉权案件若干问题的解释

（1998 年 8 月 31 日 法释〔1998〕26 号）

1993 年我院印发《关于审理名誉权案件若干问题的解答》以来，各地人民法院在审理名誉权案件中，又提出一些如何适用法律的问题，现解释如下：

一、问:名誉权案件如何确定侵权结果发生地?

答:人民法院受理这类案件时,受侵权的公民、法人和其他组织的住所地,可以认定为侵权结果发生地。

二、问:有关机关和组织编印的仅供领导部门内部参阅的刊物、资料等刊登来信或者文章引起的名誉权纠纷,以及机关、社会团体、学术机构、企事业单位分发本单位、本系统或者其他一定范围内的一般内部刊物和内部资料所载内容引起的名誉权纠纷,人民法院是否受理?

答:有关机关和组织编印的仅供领导部门内部参阅的刊物、资料等刊登的来信或者文章,当事人以其内容侵害名誉权向人民法院提起诉讼的,人民法院不予受理。

机关、社会团体、学术机构、企事业单位分发本单位、本系统或者其他一定范围内的内部刊物和内部资料,所载内容引起名誉权纠纷的,人民法院应当受理。

三、问:新闻媒介和出版机构转载作品引起的名誉权纠纷,人民法院是否受理?

答:新闻媒介和出版机构转载作品,当事人以转载者侵害其名誉权向人民法院提起诉讼的,人民法院应当受理。

四、问:国家机关、社会团体、企事业单位等部门依职权对其管理的人员作出的结论引起的名誉权纠纷,人民法院是否受理?

答:国家机关、社会团体、企事业单位等部门对其管理的人员作出的结论或者处理决定,当事人以其侵害名誉权向人民法院提起诉讼的,人民法院不予受理。

五、问:因检举、控告引起的名誉权纠纷,人民法院是否受理?

答:公民依法向有关部门检举、控告他人的违法违纪行为,他人以检举、控告侵害其名誉权向人民法院提起诉讼的,人民法院不予受理。如果借检举、控告之名侮辱、诽谤他人,造成他人名誉损害,当事人以其名誉权受到侵害向人民法院提起诉讼的,人民法院应当受理。

六、问:新闻单位报道国家机关的公开的文书和职权行为引起的名誉权纠纷,是否认定为构成侵权?

答:新闻单位根据国家机关依职权制作的公开的文书和实施的公开的职权行为所作的报道,其报道客观准确的,不应当认定为侵害他人名誉权;其报道失实,或者前述文书和职权行为已公开纠正而拒绝更正报道，致使他人名誉受到损害的，应当认定为侵害他人名誉权。

七、问：因提供新闻材料引起的名誉权纠纷，如何认定是否构成侵权？

答：因提供新闻材料引起的名誉权纠纷，认定是否构成侵权，应区分以下两种情况：

（一）主动提供新闻材料，致使他人名誉受到损害的，应当认定为侵害他人名誉权。

（二）因被动采访而提供新闻材料且未经提供者同意公开，新闻单位擅自发表，致使他人名誉受到损害的，对提供者一般不应当认定为侵害名誉权；虽系被动提供新闻材料，但发表时得到提供者同意或者默许，致使他人名誉受到损害的，应当认定为侵害名誉权。

八、问：因医疗卫生单位公开患者患有淋病、梅毒、麻风病、艾滋病等病情引起的名誉权纠纷，如何认定是否构成侵权？

答：医疗卫生单位的工作人员擅自公开患者患有淋病、梅毒、麻风病、艾滋病等病情，致使患者名誉受到损害的，应当认定为侵害患者名誉权。

医疗卫生单位向患者或其家属通报病情，不应当认定为侵害患者名誉权。

九、问：对产品质量、服务质量进行批评、评论引起的名誉权纠纷，如何认定是否构成侵权？

答：消费者对生产者、经营者、销售者的产品质量或者服务质量进行批评、评论，不应当认定为侵害他人名誉权。但借机诽谤、诋毁，损害其名誉的，应当认定为侵害名誉权。

新闻单位对生产者、经营者、销售者的产品质量或者服务质量进行批评、评论，内容基本属实，没有侮辱内容的，不应当认定为侵害其名誉权；主要内容失实，损害其名誉的，应当认定为侵害名誉权。

十、问：因名誉权受到侵害使生产、经营、销售遭受损失予以赔偿的范围和数额如何确定？

答：因名誉权受到侵害使生产、经营、销售遭受损失予以赔偿的范围和数额，可以按照确因侵权而造成客户退货、解除合同等损失程度来适当确定。

十一、问:名誉权纠纷与其他民事纠纷交织在一起的,人民法院应如何审理?

答:名誉权纠纷与其他民事纠纷交织在一起的,人民法院应当按当事人自己选择的请求予以审理。发生适用数种请求的,人民法院应当根据《中华人民共和国民事诉讼法》的有关规定和案件的实际情况,可以合并审理的合并审理;不能合并审理的,可以告知当事人另行起诉。

最高人民法院关于审理名誉权案件若干问题的解答

(1993年6月15日最高人民法院审判委员会第579次会议讨论通过　1993年8月7日　法发〔1993〕15号)

各地人民法院在审理名誉权案件中,提出一些如何适用法律的问题,现解答如下:

一、问:人民法院对当事人关于名誉权纠纷的起诉应如何进行审查?

答:人民法院收到有关名誉权纠纷的起诉时,应按照《中华人民共和国民事诉讼法》(以下简称民事诉讼法)第一百零八条的规定进行审查,符合条件的,应予受理。对不符合起诉条件的,应裁定不予受理;对缺乏侵权事实坚持起诉的,应裁定驳回起诉。

二、问:当事人在公共场所受到侮辱、诽谤,经公安机关依照《中华人民共和国治安管理处罚条例》(以下简称治安管理处罚条例)处理后,又向人民法院提起民事诉讼的,人民法院是否受理?

答:当事人在公共场所受到侮辱、诽谤,以名誉权受侵害为由提起民事诉讼的,无论是否经公安机关依照治安管理处罚条例处理,人民法院均应依法审查,符合受理条件的,应予受理。

三、问:当事人提起名誉权诉讼后,以同一事实和理由又要求追究被告人的刑事责任的,应如何处理?

答:当事人提起名誉权诉讼后,以同一事实和理由又要求追究被告刑事责任的，应中止民事诉讼，待刑事案件审结后，根据不同情况分别处理：对于犯罪情节轻微，没有给予被告人刑事处罚的，或者刑事自诉已由原告撤回或者被驳回的，应恢复民事诉讼；对于民事诉讼请求已在刑事附带民事诉讼中解决的，应终结民事案件的审理。

四、问：名誉权案件如何确定管辖？

答：名誉权案件，适用民事诉讼法第二十九条的规定，由侵权行为地或者被告住所地人民法院管辖。侵权行为地包括侵权行为实施地和侵权结果发生地。

五、问：死者名誉受到损害，哪些人可以作为原告提起民事诉讼？

答：死者名誉受到损害的，其近亲属有权向人民法院起诉。近亲属包括：配偶、父母、子女、兄弟姐妹、祖父母、外祖父母、孙子女、外孙子女。

六、问：因新闻报道或者其他作品引起的名誉权纠纷，如何确定被告？

答：因新闻报道或其他作品发生的名誉权纠纷，应根据原告的起诉确定被告。只诉作者的，列作者为被告；只诉新闻出版单位的，列新闻出版单位为被告；对作者和新闻出版单位都提起诉讼的，将作者和新闻出版单位均列为被告，但作者与新闻出版单位为隶属关系，作品系作者履行职务所形成的，只列单位为被告。

七、问：侵害名誉权责任应如何认定？

答：是否构成侵害名誉权的责任，应当根据受害人确有名誉被损害的事实、行为人行为违法、违法行为与损害后果之间有因果关系、行为人主观上有过错来认定。

以书面或者口头形式侮辱或者诽谤他人，损害他人名誉的，应认定为侵害他人名誉权。

对未经他人同意，擅自公布他人的隐私材料或者以书面、口头形式宣扬他人隐私，致他人名誉受到损害的，按照侵害他人名誉权处理。

因新闻报道严重失实，致他人名誉受到损害的，应按照侵害他人名誉权处理。

八、问：因撰写、发表批评文章引起的名誉权纠纷，应如何认定是否构成侵权？

答：因撰写、发表批评文章引起的名誉权纠纷，人民法院应根据不同情况处理：

文章反映的问题基本真实，没有侮辱他人人格的内容的，不应认定为侵害他人名誉权。

文章反映的问题虽基本属实，但有侮辱他人人格的内容，使他人名誉受到损害的，应认定为侵害他人名誉权。

文章的基本内容失实，使他人名誉受到损害的，应认定为侵害他人名誉权。

九、问：因文学作品引起的名誉权纠纷，应如何认定是否构成侵权？

答：撰写、发表文学作品，不是以生活中特定的人为描写对象，仅是作品的情节与生活中某人的情况相似，不应认定为侵害他人名誉权。

描写真人真事的文学作品，对特定人进行侮辱、诽谤或者披露隐私损害其名誉的；或者虽未写明真实姓名和住址，但事实是以特定人或者特定人的特定事实为描写对象，文中有侮辱、诽谤或者披露隐私的内容，致其名誉受到损害的，应认定为侵害他人名誉权。

编辑出版单位在作品已被认定为侵害他人名誉权或者被告知明显属于侵害他人名誉权后，应刊登声明消除影响或者采取其他补救措施；拒不刊登声明，不采取其他补救措施，或者继续刊登、出版侵权作品的，应认定为侵权。

十、问：侵害名誉权的责任承担形式如何掌握？

答：人民法院依照《中华人民共和国民法通则》第一百二十条和第一百三十四条的规定，可以责令侵权人停止侵害、恢复名誉、消除影响、赔礼道歉、赔偿损失。

恢复名誉、消除影响、赔礼道歉可以书面或者口头的方式进行，内容须事先经人民法院审查。

恢复名誉、消除影响的范围，一般应与侵权所造成不良影响的范围相当。

公民、法人因名誉权受到侵害要求赔偿的，侵权人应赔偿侵权行为造成的经济损失；公民并提出精神损害赔偿要求的，人民法院可根据侵权人的过错程度、侵权行为的具体情节、给受害人造成精神损害的后果等情况酌定。

十一、问：侵权人不执行生效判决，不为对方恢复名誉、消除影响、赔礼道歉的，应如何处理？

答：侵权人拒不执行生效判决，不为对方恢复名誉、消除影响的，人民法院可以采取公告、登报等方式，将判决的主要内容和有关情况公布于众，费用由被执行人负担，并可依照民事诉讼法第一百零二条第六项的规定处理。

(二)司法性文件

最高人民法院关于广西高院请示黄仕冠、黄德信与广西法制报社、范宝忠名誉侵权一案请示的复函

(2000年7月31日　〔2000〕民他字第8号)

广西壮族自治区高级人民法院:

你院关于黄仕冠、黄德信与广西法制报社、范宝忠名誉侵权一案的请示收悉。经研究认为,范宝忠供稿、《广西法制报》发表的《法官黄仕冠、黄德信徇私舞弊被逮捕》一文,内容严重失实,且在人民法院判决黄仕冠、黄德信无罪后,范宝忠、广西法制报社拒绝进行更正报道和后续报道,根据我院《关于审理名誉权案件若干问题的解释》的有关规定,其行为侵害了黄仕冠、黄德信的名誉权,范宝忠、广西法制报社依法应承担相应的民事责任。但考虑到本案的具体情况,该案以案外和解的方式处理为宜。故请告知范宝忠和广西法制报社,依照法律规定,其应当承担侵权的民事责任。希望范宝忠和广西法制报社通过赔礼道歉、消除影响以及给黄仕冠、黄德信一定经济补偿等方式争取达成和解,使黄仕冠、黄德信主动撤诉。如果不能达成和解,则依法作出处理。

最高人民法院关于刊登侵害他人名誉权小说的出版单位在作者已被判刑后还应否承担民事责任的复函

(1992年8月14日　〔1992〕民他字第1号)

江苏省高级人民法院:

你院〔1991〕民请字第10号《关于刊登侵害他人名誉权小说的出版单位在作者

已被判刑后还应否承担民事责任的请示》收悉。经研究认为：出版单位刊登侮辱、诽谤他人的小说，原告多次向出版单位反映，要求其澄清事实、消除影响，出版单位未予置理。在作者为此被以诽谤罪追究刑事责任后，出版单位仍不采取措施，为原告消除影响，致使该小说继续流传于社会，扩大了不良影响，侵害了原告的名誉权。因此，出版单位应当承担民事责任。

最高人民法院关于胡骥超、周孔昭、石述成诉刘守忠、遵义晚报社侵害名誉权一案的函

（1991 年 5 月 13 日　〔1990〕民他字第 48 号）

贵州省高级人民法院：

你院〔90〕民请字第 2 号《关于胡骥超、周孔昭、石述成诉刘守忠、遵义晚报社侵害名誉权一案的请示报告》收悉。

经研究认为：本案被告刘守忠因与原告胡骥超、周孔昭、石述成有矛盾，在历史小说创作中故意以影射手法对原告进行丑化和侮辱，使其名誉受到了损害。被告遵义晚报社在已知所发表的历史小说对他人的名誉造成损害的情况下，仍继续连载，放任侵权后果的扩大。依照《中华人民共和国民法通则》第 101 条和第 120 条的规定，上述二被告的行为已构成侵害原告的名誉权，应承担侵权民事责任。

以上意见，供参考。

最高人民法院关于范应莲诉敬永祥等侵害海灯法师名誉权一案有关诉讼程序问题的复函

（1990 年 10 月 27 日　〔1990〕民他字第 30 号）

四川省高级人民法院：

你院川法民示〔1990〕9 号函请示的范应莲诉敬永祥等侵害海灯法师名誉权一

案有关诉讼程序问题,经研究答复如下:

一、根据民事诉讼法(试行)第十七条第二款、第二十条规定和最高人民法院有关批复精神,同意你院审判委员会的意见,即:此案可由成都市中级人民法院管辖。

二、海灯死亡后,其名誉权应依法保护,作为海灯的养子,范应莲有权向人民法院提起诉讼。

三、被告敬永祥撰写的《对海灯法师武功提出不同看法》一文,其内容不是指向海灯法师武馆。因此,不应追加该馆作为本案原告参加诉讼。

四、被告敬永祥撰写《对海灯法师武功提出不同看法》投稿于新华通讯社《内参选编》,不是履行职务,范应莲未起诉新华通讯社。根据民事诉讼法(试行)第十一条规定和本案的具体情况,不宜追加新华通讯社作为被告参加诉讼。

以上意见供参考。

最高人民法院关于王水泉诉郑戴仇名誉权案的复函

(1990 年 4 月 6 日 〔1989〕民他字第 39 号)

江西省高级人民法院:

你院赣法(民)〔1989〕6 号《关于王水泉诉郑戴仇名誉权案的请示报告》收悉。

经研究认为,郑戴仇参与评定王水泉副教授职称时,有人反映王水泉所写《从经典描述提取量子信息——费曼路径积分简介》(下称《简介》)是抄袭之作,郑将此意见向评审组织反映是允许的。但当意见未被采纳后,意擅自在公众场合多次传播;尤其是在有关人员证明,并由有关组织作出《简介》不属抄袭之作的结论后,仍继续散布,进一步扩大不良影响,其行为已超越了评定工作的职权范围。故同意你院审判委员会的意见,即郑戴仇的行为损害了王水泉的名誉权,应承担相应的民事责任。

以上意见供参考。

最高人民法院关于死亡人的名誉权应受法律保护的函

（1989 年 4 月 12 日）

天津市高级人民法院：

你院津高法〔1988〕第 47 号关于处理荷花女名誉权纠纷案的请示报告收悉。经研究答复如下：

（一）吉文贞（艺名“荷花女”）死亡后，其名誉权应依法保护，其母陈秀琴亦有权向人民法院提起诉讼。

（二）《荷花女》一文中的插图无明显侵权情况，插图作者可不列为本案的诉讼当事人。

（三）本案被告是否承担或如何承担民事责任，由你院根据本案具体情况确定。

以上意见供参考。

附：

天津市高级人民法院关于处理《荷花女》名誉权纠纷案的请示报告

（1988 年 9 月　津高法〔1988〕第 47 号）

最高人民法院：

去年六月，我市中级人民法院受理了天津已故艺人吉文贞（艺名“荷花女”）之母陈秀琴诉小说《荷花女》（天津《今晚报》连载刊登）作者魏锡林和《今晚报》侵犯名誉权纠纷一案。经过市中级人民法院 1 年多的深入调查，开庭审理，案件事实已基本查清,经审判委员会讨论,将处理意见上报我院,我们原则同意市中级人民法院的分析认定和处理意见,但认为对有些问题的处理缺乏具体明确的法律依据,为慎重起见,经我院审判委员会研究决定,特作如下请示报告。

一、案件的基本情况

原告:陈秀琴,女,80 岁,汉族,上海人,无职业,住天津市和平区南京路华胜村七栋 107 号。

委托代理人:魏树林,女,40 岁,天津电表厂干部,住和平区南京路华胜村三栋 608 号,系原告之外孙女。

委托代理人:王宗华,男,54 岁,天津市第六律师事务所律师。

被告:魏锡林,男,52 岁,汉族,河北省人,任中国民主促进会天津市委员会宣传部副部长,中国作家协会天津分会会员,住天津市南开区西康路 49 号。

委托代理人:白松林,天津市第二法律顾问处律师。

委托代理人:刘思训,天津市和平区法律顾问处律师。

被告:《今晚报》社,地址天津市和平区鞍山道 54 号。

法定代表人:李夫,男,59 岁,任《今晚报》社总编辑。

委托代理人:张维功,男,39 岁,任《今晚报》副刊部编辑。

委托代理人:周贵有,男,24 岁,任《今晚报》副刊部编辑。

第三人:王毅,男,29 岁,《今晚报》副刊部美工编辑。

第三人:董振涛,男,40 岁,《今晚报》副刊部美工编辑。

第三人:曹永祥,男,31 岁,《今晚报》副刊部美工编辑。

第三人:米亚娟,女 37 岁,天津市第三文化宫干部。

原告陈秀琴系天津解放前已故艺人吉文贞之母。吉文贞 1925 年 6 月出生在上海的一个曲艺之家,自幼就随其父吉评三(当时的曲艺演员)学艺演唱,后辗转来津。1940 年左右,吉文贞参加了天津"庆云"戏院成立的"兄弟剧团"演出,从此便以"荷花女"之艺名在天津曾红极一时,1944 年病故,年仅 19 岁。

被告魏锡林在翻阅解放前天津地区的旧报刊收集资料时,看到了有关"荷花女"的一些报道,即拟以其为主人公写小说。1986 年 2 月至 6 月间,魏锡林曾先后三次找到原告陈秀琴家了解有关“荷花女”的生平以及从艺情况,同时又给在青岛工作的“荷花女”之弟吉文利去信询问有关吉文贞的情况及索要照片。随后魏锡林自行创作完成了名为《荷花女》的小说。该小说约有11万多字并配有数十幅插图,自1987年4月18日开始在《今晚报》副刊上每日登出一篇,截至同年6月12日刊登完毕,共计连载56篇。

小说在连载过程中,原告陈秀琴及其亲属以小说插图及虚构的事实的损名誉为由,曾先后两次去《今晚报》社要求停载。《今晚报》副刊部负责人在接待中告知原告可找作者协商,并答应如亲属写出“荷花女”的生平文章后给予刊登,最后以报纸要对读者负责为由而未停刊。原告起诉后,《今晚报》社还于同年8月召开小说笔会,授予魏锡林创作小说《荷花女》荣誉奖。

原告陈秀琴于1987年6月向市中级人民法院起诉,认为魏锡林未经原告同意在其创作发表的小说《荷花女》中故意歪曲并捏造事实,侵害了已故艺人吉文贞和原告的名誉。《今晚报》未经审查刊登该小说,当原告要求其停止刊载时遭到拒绝;报社所作《荷花女》小说的插图也有损吉文贞形象,其肖像权也受到侵害,故要求被告魏锡林及《今晚报》社赔礼道歉并负责赔偿因此而受到的经济损失。

被告魏锡林辩称:小说《荷花女》主要情节虽属虚构,但并没有因此降低反而美化、提高了“荷花女”本人的形象;另“荷花女”本人已死,陈秀琴不是正当原告,无权起诉。应当驳回起诉并向法院提出反诉,要求追究原告的“诬告罪”。

被告《今晚报》社答辩称:报社按照“文责自负”的原则,不负有核实文学作品内容是否真实的义务,按照法律规定,公民的民事权利能力始于出生,终于死亡。因“荷花女”早已死亡,保护死人的名誉权不符合民法通则的规定,原告诉讼请求不能成立,应予驳回。

第三人辩称:我们所绘插图是受《今晚报》社委托的职务创作,不应承担民事责任。

案经审理查明,被告魏锡林所著小说《荷花女》使用了原告之女吉文贞的真实姓名及其艺名,在有些章节中仅根据一些传闻及当时旧报上的消息进行了虚构,主要集中在以下三处:一是小说虚构了“荷花女”先后同许扬、小麒麟、于仁杰三个男人谈过婚事并表示愿做于仁杰的姨太太以及其母陈秀琴曾收过聘礼;二是小说中写了“荷花女”曾分别到过当时天津有名的流氓恶霸袁文会、刘广海的家中唱堂会，并被袁、刘二人强奸污辱过；三是小说以暗示的手法告诉读者“荷花女”是因患性病致死。对以上三点，陈秀琴认为是对吉文贞及自己的污辱侵权，而且也确无证据证明被告魏锡林所写上述内容属实。

市中级人民法院认为，小说情节是允许虚构的，但是以真人真名来随意加以虚构并涉及个人隐私则是法律、道德所不允许的。《荷花女》中的虚构之处，有的涉及了吉文贞的个人品质、生活作风等个人隐私，在社会上造成了不好影响，同时陈秀琴的名誉因此也受到了损害。对此，被告魏锡林应承担其侵权的民事责任。至于吉文贞已死亡，对死人名誉权是否给予保护，目前我国尚无法律明确规定。但我们认为，公民死亡只是丧失了民事权利能力，其在生前已经取得的具体民事权利仍应受到法律保护。比如我们对在历次政治运动中遭受迫害致死的人，通过适当方式为死者平反昭雪、恢复名誉即是对死者名誉权的保护；而被处决的死刑罪犯，刑法明确规定剥夺政治权利终身，也从另一个方面说明公民死亡后其生前的民事权利受法律保护。作者魏锡林以虚构事实、散布隐私等方式毁损死者吉文贞的人格，构成侵犯名誉权，故应承担民事责任。当死人名誉权受到侵犯时，可参照文化部颁发的《图书、期刊版权保护试行条例》第十一条关于作者死亡后，其署名等权利受到侵犯时，由作者的合法继承人保护其不受侵犯的规定精神，“荷花女”之母陈秀琴有权提起诉讼。

《今晚报》社在原告两次要求停刊时而未予理睬仍继续刊登，且又向被告魏锡林授予创作奖，致使损害的影响进一步扩大，故与作者魏锡林构成共同侵权，魏锡林应承担主要责任，《今晚报》也应承担相应的民事责任。至于小说中的插图应视为小说内容的一部分，属侵犯名誉权的一种方式，故侵犯肖像权之诉不予成立。

关于插图作者是否列为本案第三人的问题有两种意见，一种是主张插图作者是《今晚报》工作人员，所以插图作者是职务作品，因此不列插图者为第三人；另一种认为插图作者与文字作者应一样对待，故主张列，但又分为几种情况，一是将四人均列为被告；二是《今晚报》的三位美工人员不列，因为是职务之作，因而只把从第三文化宫借调来的米亚娟列为第三人；三是要看其所绘插图的内容来确定是被告还是第三人。

二、对本案的处理意见

经合议庭评议并报院审判委员会讨论研究，拟对《荷花女》名誉权纠纷案作如下处理：

（一）判令被告魏锡林在《今晚报》或其他报刊连续三天发表声明，为死者吉文贞恢复名誉，向原告陈秀琴赔礼道歉；判令被告《今晚报》刊登原告所写介绍吉文贞的生平文章，并在文前加编者按，对原告赔礼道歉。如二被告拒绝执行，由人民法院在其他报刊刊登与上述内容相同或判决书主要内容的公告，其费用由二被告分担。

（二）判令被告赔偿原告陈秀琴因治病等受到的实际损失170余元。至于因名誉权受到侵害而要求经济赔偿的数额，按照我院第四次民事业务研讨会纪要提出的标准确定400元，总计约600元，由二被告按其责任大小分担。

（三）判令被告魏锡林所著《荷花女》一书今后不得再以任何形式复印、出版发行。

（四）《今晚报》社在1987年8月授予魏锡林创作《荷花女》一书所得的荣誉奖证书由人民法院予以收缴。

（五）关于作者魏锡林所得稿酬，一种意见是应按非法所得予以收缴；另一种意见认为可以不管。我们倾向于后一种意见。

（六）诉讼费20元由二被告各负担10元。

以上报告妥否，请批示。

5 损害赔偿

（一）司法解释

最高人民法院关于审理涉及会计师事务所在审计业务活动中民事侵权赔偿案件的若干规定

（2007年6月11日 法释[2007]12号）

为正确审理涉及会计师事务所在审计业务活动中民事侵权赔偿案件，维护社会公共利益和相关当事人的合法权益，根据《中华人民共和国民法通则》、《中华人民共和国注册会计师法》、《中华人民共和国公司法》、《中华人民共和国证券法》等法律，结合审判实践，制定本规定。

第一条 利害关系人以会计师事务所在从事注册会计师法第十四条规定的审计业务活动中出具不实报告并致其遭受损失为由，向人民法院提起民事侵权赔偿诉讼的，人民法院应当依法受理。

第二条 因合理信赖或者使用会计师事务所出具的不实报告，与被审计单位进行交易或者从事与被审计单位的股票、债券等有关的交易活动而遭受损失的自然人、法人或者其他组织，应认定为注册会计师法规定的利害关系人。

会计师事务所违反法律法规、中国注册会计师协会依法拟定并经国务院财政部门批准后施行的执业准则和规则以及诚信公允的原则，出具的具有虚假记载、误导性陈述或者重大遗漏的审计业务报告，应认定为不实报告。

第三条 利害关系人未对被审计单位提起诉讼而直接对会计师事务所提起诉

讼的,人民法院应当告知其对会计师事务所和被审计单位一并提起诉讼;利害关系人拒不起诉被审计单位的,人民法院应当通知被审计单位作为共同被告参加诉讼。

利害关系人对会计师事务所的分支机构提起诉讼的,人民法院可以将该会计师事务所列为共同被告参加诉讼。

利害关系人提出被审计单位的出资人虚假出资或者出资不实、抽逃出资,且事后未补足的,人民法院可以将该出资人列为第三人参加诉讼。

第四条 会计师事务所因在审计业务活动中对外出具不实报告给利害关系人造成损失的,应当承担侵权赔偿责任,但其能够证明自己没有过错的除外。

会计师事务所在证明自己没有过错时,可以向人民法院提交与该案件相关的执业准则、规则以及审计工作底稿等。

第五条 注册会计师在审计业务活动中存在下列情形之一,出具不实报告并给利害关系人造成损失的,应当认定会计师事务所与被审计单位承担连带赔偿责任:

(一)与被审计单位恶意串通;

(二)明知被审计单位对重要事项的财务会计处理与国家有关规定相抵触,而不予指明;

(三)明知被审计单位的财务会计处理会直接损害利害关系人的利益,而予以隐瞒或者作不实报告;

(四)明知被审计单位的财务会计处理会导致利害关系人产生重大误解,而不予指明;

(五)明知被审计单位的会计报表的重要事项有不实的内容,而不予指明;

(六)被审计单位示意其作不实报告,而不予拒绝。

对被审计单位有前款第(二)至(五)项所列行为,注册会计师按照执业准则、规则应当知道的,人民法院应认定其明知。

第六条 会计师事务所在审计业务活动中因过失出具不实报告,并给利害关系人造成损失的,人民法院应当根据其过失大小确定其赔偿责任。

注册会计师在审计过程中未保持必要的职业谨慎,存在下列情形之一,并导致报告不实的,人民法院应当认定会计师事务所存在过失:

(一)违反注册会计师法第二十条第(二)、(三)项的规定;

（二）负责审计的注册会计师以低于行业一般成员应具备的专业水准执业；

（三）制定的审计计划存在明显疏漏；

（四）未依据执业准则、规则执行必要的审计程序；

（五）在发现可能存在错误和舞弊的迹象时，未能追加必要的审计程序予以证实或者排除；

（六）未能合理地运用执业准则和规则所要求的重要性原则；

（七）未根据审计的要求采用必要的调查方法获取充分的审计证据；

（八）明知对总体结论有重大影响的特定审计对象缺少判断能力，未能寻求专家意见而直接形成审计结论；

（九）错误判断和评价审计证据；

（十）其他违反执业准则、规则确定的工作程序的行为。

第七条 会计师事务所能够证明存在以下情形之一的，不承担民事赔偿责任：

（一）已经遵守执业准则、规则确定的工作程序并保持必要的职业谨慎，但仍未能发现被审计的会计资料错误；

（二）审计业务所必须依赖的金融机构等单位提供虚假或者不实的证明文件，会计师事务所在保持必要的职业谨慎下仍未能发现其虚假或者不实；

（三）已对被审计单位的舞弊迹象提出警告并在审计业务报告中予以指明；

（四）已经遵照验资程序进行审核并出具报告，但被验资单位在注册登记后抽逃资金；

（五）为登记时未出资或者未足额出资的出资人出具不实报告，但出资人在登记后已补足出资。

第八条 利害关系人明知会计师事务所出具的报告为不实报告而仍然使用的，人民法院应当酌情减轻会计师事务所的赔偿责任。

第九条 会计师事务所在报告中注明“本报告仅供年检使用”、“本报告仅供工商登记使用”等类似内容的，不能作为其免责的事由。

第十条 人民法院根据本规定第六条确定会计师事务所承担与其过失程度相应的赔偿责任时，应按照下列情形处理：

（一）应先由被审计单位赔偿利害关系人的损失。被审计单位的出资人虚假出资、不实出资或者抽逃出资，事后未补足，且依法强制执行被审计单位财产后仍不足以赔偿损失的，出资人应在虚假出资、不实出资或者抽逃出资数额范围内向利害关系人承担补充赔偿责任。

（二）对被审计单位、出资人的财产依法强制执行后仍不足以赔偿损失的，由会计师事务所在其不实审计金额范围内承担相应的赔偿责任。

（三）会计师事务所对一个或者多个利害关系人承担的赔偿责任应以不实审计金额为限。

第十一条 会计师事务所与其分支机构作为共同被告的，会计师事务所对其分支机构的责任部分承担连带赔偿责任。

第十二条 本规定所涉会计师事务所侵权赔偿纠纷未经审判，人民法院不得将会计师事务所追加为被执行人。

第十三条 本规定自公布之日起施行。本院过去发布的有关会计师事务所民事责任的相关规定，与本规定相抵触的，不再适用。

在本规定公布施行前已经终审，当事人申请再审或者按照审判监督程序决定再审的会计师事务所民事侵权赔偿案件，不适用本规定。

在本规定公布施行后尚在一审或者二审阶段的会计师事务所民事侵权赔偿案件，适用本规定。

最高人民法院关于确定民事侵权精神损害赔偿责任若干问题的解释

（2001 年 3 月 8 日　法释〔2001〕7 号）

为在审理民事侵权案件中正确确定精神损害赔偿责任，根据《中华人民共和国民法通则》等有关法律规定，结合审判实践经验，对有关问题作如下解释：

第一条 自然人因下列人格权利遭受非法侵害，向人民法院起诉请求赔偿精神损害的，人民法院应当依法予以受理：

（一）生命权、健康权、身体权；

（二）姓名权、肖像权、名誉权、荣誉权；

（三）人格尊严权、人身自由权。

违反社会公共利益、社会公德侵害他人隐私或者其他人格利益，受害人以侵权为由向人民法院起诉请求赔偿精神损害的，人民法院应当依法予以受理。

第二条 非法使被监护人脱离监护，导致亲子关系或者近亲属间的亲属关系遭受严重损害，监护人向人民法院起诉请求赔偿精神损害的，人民法院应当依法予以受理。

第三条 自然人死亡后，其近亲属因下列侵权行为遭受精神痛苦，向人民法院起诉请求赔偿精神损害的，人民法院应当依法予以受理：

（一）以侮辱、诽谤、贬损、丑化或者违反社会公共利益、社会公德的其他方式，侵害死者姓名、肖像、名誉、荣誉；

（二）非法披露、利用死者隐私，或者以违反社会公共利益、社会公德的其他方式侵害死者隐私；

（三）非法利用、损害遗体、遗骨，或者以违反社会公共利益、社会公德的其他方式侵害遗体、遗骨。

第四条 具有人格象征意义的特定纪念物品，因侵权行为而永久性灭失或者毁损，物品所有人以侵权为由，向人民法院起诉请求赔偿精神损害的，人民法院应当依法予以受理。

第五条 法人或者其他组织以人格权利遭受侵害为由，向人民法院起诉请求赔偿精神损害的，人民法院不予受理。

第六条 当事人在侵权诉讼中没有提出赔偿精神损害的诉讼请求，诉讼终结后又基于同一侵权事实另行起诉请求赔偿精神损害的，人民法院不予受理。

第七条 自然人因侵权行为致死，或者自然人死亡后其人格或者遗体遭受侵害，死者的配偶、父母和子女向人民法院起诉请求赔偿精神损害的，列其配偶、父母和子女为原告；没有配偶、父母和子女的，可以由其他近亲属提起诉讼，列其他近亲属为原告。

第八条 因侵权致人精神损害，但未造成严重后果，受害人请求赔偿精神损害的，一般不予支持，人民法院可以根据情形判令侵权人停止侵害、恢复名誉、消除影响、赔礼道歉。

因侵权致人精神损害,造成严重后果的,人民法院除判令侵权人承担停止侵害、恢复名誉、消除影响、赔礼道歉等民事责任外,可以根据受害人一方的请求判令其赔偿相应的精神损害抚慰金。

第九条 精神损害抚慰金包括以下方式:

(一)致人残疾的,为残疾赔偿金;

(二)致人死亡的,为死亡赔偿金;

(三)其他损害情形的精神抚慰金。

第十条 精神损害的赔偿数额根据以下因素确定:

(一)侵权人的过错程度,法律另有规定的除外;

(二)侵害的手段、场合、行为方式等具体情节;

(三)侵权行为所造成的后果;

(四)侵权人的获利情况;

(五)侵权人承担责任的经济能力;

(六)受诉法院所在地平均生活水平。

法律、行政法规对残疾赔偿金、死亡赔偿金等有明确规定的,适用法律、行政法规的规定。

第十一条 受害人对损害事实和损害后果的发生有过错的,可以根据其过错程度减轻或者免除侵权人的精神损害赔偿责任。

第十二条 在本解释公布施行之前已经生效施行的司法解释,其内容有与本解释不一致的,以本解释为准。

最高人民法院关于审理触电人身损害赔偿案件若干问题的解释

(2001 年 1 月 10 日　法释〔2001〕3 号)

为正确审理因触电引起的人身损害赔偿案件,保护当事人的合法权益,根据

《中华人民共和国民法通则》(以下简称民法通则)、《中华人民共和国电力法》和其他有关法律的规定,结合审判实践经验,对审理此类案件具体应用法律的若干问题解释如下:

第一条 民法通则第一百二十三条所规定的"高压"包括1千伏(KV)及其以上电压等级的高压电;1千伏(KV)以下电压等级为非高压电。

第二条 因高压电造成人身损害的案件,由电力设施产权人依照民法通则第一百二十三条的规定承担民事责任。但对因高压电引起的人身损害是由多个原因造成的,按照致害人的行为与损害结果之间的原因力确定各自的责任。致害人的行为是损害后果发生的主要原因,应当承担主要责任;致害人的行为是损害后果发生的非主要原因,则承担相应的责任。

第三条 因高压电造成他人人身损害有下列情形之一的,电力设施产权人不承担民事责任:

(一)不可抗力;

(二)受害人以触电方式自杀、自伤;

(三)受害人盗窃电能,盗窃、破坏电力设施或者因其他犯罪行为而引起触电事故;

(四)受害人在电力设施保护区从事法律、行政法规所禁止的行为。

第四条 因触电引起的人身损害赔偿范围包括:

(一)医疗费:指医院对因触电造成伤害的当事人进行治疗所收取的费用。医疗费根据治疗医院诊断证明、处方和医药费、住院费的单据确定。医疗费还应当包括继续治疗费和其他器官功能训练费以及适当的整容费。继续治疗费既可根据案情一次性判决,也可根据治疗需要确定赔偿标准。费用的计算参照公费医疗的标准。当事人选择的医院应当是依法成立的、具有相应治疗能力的医院、卫生院、急救站等医疗机构。当事人应当根据受损害的状况和治疗需要就近选择治疗医院。

(二)误工费:有固定收入的,按实际减少的收入计算。没有固定收入或者无收入的,按事故发生地上年度职工平均年工资标准计算。误工时间可以按照医疗机构的证明或者法医鉴定确定;依此无法确定的,可以根据受害人的实际损害程度和恢复状况等确定。

（三）住院伙食补助费和营养费：住院伙食补助费应当根据受害人住院或者在外地接受治疗期间的时间，参照事故发生地国家机关一般工作人员的出差伙食补助标准计算。人民法院应当根据受害人的伤残情况、治疗医院的意见决定是否赔偿营养费及其数额。

（四）护理费：受害人住院期间，护理人员有收入的，按照误工费的规定计算；无收入的，按照事故发生地平均生活费计算。也可以参照护工市场价格计算。受害人出院以后，如果需要护理的，凭治疗医院证明，按照伤残等级确定。残疾用具费应一并考虑。

（五）残疾人生活补助费：根据丧失劳动能力的程度或伤残等级，按照事故发生地平均生活费计算。自定残之月起，赔偿 20 年。但 50 周岁以上的，年龄每增加 1 岁减少 1 年，最低不少于 10 年；70 周岁以上的，按 5 年计算。

（六）残疾用具费：受害残疾人因日常生活或辅助生产劳动需要必须配制假肢、代步车等辅助器具的，凭医院证明按照国产普通型器具的费用计算。

（七）丧葬费：国家或者地方有关机关有规定的，依该规定；没有规定的，按照办理丧葬实际支出的合理费用计算。

（八）死亡补偿费：按照当地平均生活费计算，补偿 20 年。对 70 周岁以上的，年龄每增加 1 岁少计 1 年，但补偿年限最低不少于 10 年。

（九）被抚养人生活费：以死者生前或者残者丧失劳动能力前实际抚养的、没有其他生活来源的人为限，按当地居民基本生活费标准计算。被抚养人不满 18 周岁的，生活费计算到 18 周岁。被抚养人无劳动能力的，生活费计算 20 年，但 50 周岁以上的，年龄每增加 1 岁抚养费少计 1 年，但计算生活费的年限最低不少于 10 年；被抚养人 70 周岁以上的，抚养费只计 5 年。

（十）交通费：是指救治触电受害人实际必需的合理交通费用，包括必须转院治疗所必需的交通费。

（十一）住宿费：是指受害人因客观原因不能住院也不能住在家里确需就地住宿的费用，其数额参照事故发生地国家机关一般工作人员的出差住宿标准计算。

当事人的亲友参加处理触电事故所需交通费、误工费、住宿费、伙食补助费，参照第一款的有关规定计算，但计算费用的人数不超过 3 人。

第五条 依照前条规定计算的各种费用,凡实际发生和受害人急需的,应当一次性支付;其他费用,可以根据数额大小、受害人需求程度、当事人的履行能力等因素确定支付时间和方式。如果采用定期金赔偿方式,应当确定每期的赔偿额并要求责任人提供适当的担保。

第六条 因非高压电造成的人身损害赔偿可以参照第四条和第五条的规定处理。

最高人民法院关于审理铁路运输损害赔偿案件若干问题的解释

(1994 年 10 月 27 日 法发〔1994〕25 号)

为了正确、及时地审理铁路运输损害赔偿案件,现就审判工作中遇到的一些问题,根据《中华人民共和国铁路法》(以下简称铁路法)和有关的法律规定,结合审判实践,作出如下解释,供在审判工作中执行。

一、实际损失的赔偿范围

铁路法第十七条中的"实际损失",是指因灭失、短少、变质、污染、损坏导致货物、包裹、行李实际价值的损失。

铁路运输企业按照实际损失赔偿时,对灭失、短少的货物、包裹、行李,按照其实际价值赔偿;对变质、污染、损坏降低原有价值的货物、包裹、行李,可按照其受损前后实际价值的差额或者加工、修复费用赔偿。

货物、包裹、行李的赔偿价格按照托运时的实际价值计算。实际价值中未包含已支付的铁路运杂费、包装费、保险费、短途搬运费等费用的,按照损失部分的比例加算。

二、铁路运输企业的重大过失

铁路法第十七条中的"重大过失"是指铁路运输企业或者其受雇人、代理人对承运的货物、包裹、行李明知可能造成损失而轻率地作为或者不作为。

三、保价货物损失的赔偿

铁路法第十七条第一款(一)项中规定的“按照实际损失赔偿,但最高不超过保价额”,是指保价运输的货物、包裹、行李在运输中发生损失,无论托运人在办理保价运输时,保价额是否与货物、包裹、行李的实际价值相符,均应在保价额内按照损失部分的实际价值赔偿,实际损失超过保价额的部分不予赔偿。

如果损失是因铁路运输企业的故意或者重大过失造成的,比照铁路法第十七条第一款(二)项的规定,不受保价额的限制,按照实际损失赔偿。

四、保险货物损失的赔偿

投保货物运输险的货物在运输中发生损失,对不属于铁路运输企业免责范围的,适用铁路法第十七条第一款(二)项的规定,由铁路运输企业承担赔偿责任。

保险公司按照保险合同的约定向托运人或收货人先行赔付后,对于铁路运输企业应按货物实际损失承担赔偿责任的,保险公司按照支付的保险金额向铁路运输企业追偿,因不足额保险产生的实际损失与保险金的差额部分,由铁路运输企业赔偿;对于铁路运输企业应按限额承担赔偿责任的,在足额保险的情况下,保险公司向铁路运输企业的追偿额为铁路运输企业的赔偿限额,在不足额保险的情况下,保险公司向铁路运输企业的追偿额在铁路运输企业的赔偿限额内按照投保金额与货物实际价值的比例计算,因不足额保险产生的铁路运输企业的赔偿限额与保险公司在限额内追偿额的差额部分,由铁路运输企业赔偿。

五、保险保价货物损失的赔偿

既保险又保价的货物在运输中发生损失,对不属于铁路运输企业免责范围的,适用铁路法第十七条第一款(一)项的规定由铁路运输企业承担赔偿责任。对于保险公司先行赔付的,比照本解释第四条对保险货物损失的赔偿处理。

六、保险补偿制度的适用

《铁路货物运输实行保险与负责运输相结合的补偿制度的规定(试行)》(简称

保险补偿制度),适用于1991年5月1日铁路法实施以前已投保货物运输险的案件。铁路法实施后投保货物运输险的案件,适用铁路法第十七条第一款的规定,保险补偿制度中有关保险补偿的规定不再适用。

七、逾期交付的责任

货物、包裹、行李逾期交付,如果是因铁路逾期运到造成的,由铁路运输企业支付逾期违约金;如果是因收货人或旅客逾期领取造成的,由收货人或旅客支付保管费;既因逾期运到又因收货人或者旅客逾期领取造成的,由双方各自承担相应的责任。

铁路逾期运到并且发生损失时,铁路运输企业除支付逾期违约金外,还应当赔偿损失。对收货人或者旅客逾期领取,铁路运输企业在代保管期间因保管不当造成损失的,由铁路运输企业赔偿。

八、误交付的责任

货物、包裹、行李误交付(包括被第三者冒领造成的误交付),铁路运输企业查找超过运到期限的,由铁路运输企业支付逾期违约金。不能交付的,或者交付时有损失的,由铁路运输企业赔偿。铁路运输企业赔付后,再向有责任的第三者追偿。

九、赔偿后又找回原物的处理

铁路运输企业赔付后又找回丢失、被盗、冒领、逾期等按灭失处理的货物、包裹、行李的,在通知托运人,收货人或者旅客退还赔款领回原物的期限届满后仍无人领取的,适用铁路法第二十二条按无主货物的规定处理。铁路运输企业未通知托运人,收货人或者旅客而自行处理找回的货物、包裹、行李的,由铁路运输企业赔偿实际损失与已付赔款差额。

十、代办运输货物损失的赔偿

代办运输的货物在铁路运输中发生损失,对代办运输企业接受托运人的委托以自己的名义与铁路运输企业签订运输合同托运或者领取货物的,如委托人依据委托合同要求代办运输企业向铁路运输企业索赔的,应予支持。对代办运输企业未及时索赔而超过运输合同索赔时效的,代办运输企业应当赔偿。

十一、人身伤亡的赔偿范围

铁路法第五十八条规定的因铁路行车事故及其他铁路运营事故造成的人身伤亡,包括旅客伤亡和路外伤亡。

人身伤亡,除铁路法第五十八条第二款列举的免责情况外,如果铁路运输企业能够证明人身伤亡是由受害人自身原因造成的,不应再责令铁路运输企业承担赔偿责任。

对人身伤亡的赔偿责任范围适用民法通则第一百一十九条的规定。1994 年 9 月 1 日以后发生的旅客伤亡的赔偿责任范围适用国务院批准的《铁路旅客运输损害赔偿规定》。

十二、铁路旅客运送责任期间

铁路运输企业对旅客运送的责任期间自旅客持有效车票进站时起到旅客出站或者应当出站时止。不包括旅客在候车室内的期间。

十三、旅客伤亡的保险责任与运输责任

在铁路旅客运送责任期间发生旅客伤亡,属于《铁路旅客意外伤害强制保险条例》规定的保险责任范围的,铁路运输企业支付保险金后,对旅客伤亡不属于铁路运输企业免责范围的,铁路运输企业还应当支付赔偿金。

十四、第三者责任造成旅客伤亡的赔偿

在铁路旅客运送期间因第三者责任造成旅客伤亡,旅客或者其继承人要求铁路运输企业先予赔偿的,应予支持。铁路运输企业赔付后,有权向有责任的第三者追偿。

十五、索赔时效

对承运中的货物、包裹、行李发生损失或者逾期,向铁路运输企业要求赔偿的

请求权,时效期间适用铁路运输规章 180 日的规定。自铁路运输企业交付的次日起计算;货物、包裹、行李全部灭失的,自运到期限届满后第 30 日的次日起计算。但对在此期间内或者运到期限内已经确认灭失的,自铁路运输企业交给货运记录的次日起计算。

对旅客伤亡,向铁路企业要求赔偿的请求权,时效期间适用民法通则第一百三十六条第(一)项 1 年的规定。自到达旅行目的地的次日或者旅行中止的次日起计算。

对路外伤亡,向铁路运输企业要求赔偿的请求权,时效期间适用民法通则第一百三十六条第(一)项 1 年的规定,自受害人受到伤害的次日起计算。

（二）司法性文件

最高人民法院关于浙江省高级人民法院请示机动车第三者责任险性质的复函

（2006 年 4 月 19 日 〔2006〕民一他字第 1 号）

浙江省高级人民法院：

你院〔2005〕浙法民一他字第 1 号《中国人民财产保险股份有限公司浦江支公司与楼棕荣、吴林宵、楼超建、张伏莲、邱朝阳道路交通事故损害赔偿纠纷一案的请示报告》收悉。经研究，答复如下：

根据《中华人民共和国道路交通安全法》第十七条的规定，本案第三者责任险的性质为商业保险。交通事故损害纠纷发生后，应当依照保险合同的约定，确定保险公司承担的赔偿责任。

最高人民法院民一庭关于经常居住地在城镇的农村居民因交通事故伤亡如何计算赔偿费用的复函

（2006 年 4 月 3 日 〔2005〕民他字第 25 号）

云南省高级人民法院：

你院《关于罗金会等五人与云南昭通交通运输集团公司旅客运输合同纠纷

一案所涉法律理解及适用问题的请示》收悉。经研究,答复如下:人身损害赔偿案件中,残疾赔偿金、死亡赔偿金和被扶养人生活费的计算,应当根据案件的实际情况,结合受害人住所地、经常居住地等因素,确定适用城镇居民人均可支配收入(人均消费性支出)或者农村居民人均纯收入(人均年生活消费支出)的标准。本案中,受害人唐顺亮虽然农村户口,但在城市经商、居住,其经常居住地和主要收入来源地均为城市,有关损害赔偿费用应当根据当地城镇居民的相关标准计算。

最高人民法院关于参照《医疗事故处理条例》审理医疗纠纷民事案件的通知

(2003 年 1 月 6 日　法〔2003〕20 号)

各省、自治区、直辖市高级人民法院,解放军军事法院,新疆维吾尔自治区高级人民法院生产建设兵团分院:

2002 年 4 月 4 日国务院公布了《医疗事故处理条例》(以下简称“条例”),自 2002 年 9 月 1 日起施行。条例对于妥善解决医疗纠纷,保护医患双方的合法权益,维护医疗秩序具有重要意义。现就人民法院参照条例审理医疗纠纷民事案件的有关问题通知如下:

一、条例施行后发生的医疗事故引起的医疗赔偿纠纷,诉到法院的,参照条例的有关规定办理;因医疗事故以外的原因引起的其他医疗赔偿纠纷,适用民法通则的规定。

人民法院在条例施行前已经按照民法通则、原《医疗事故处理办法》等法律、法规审理的民事案件,依法进行再审的,不适用条例的规定。

二、人民法院在民事审判中,根据当事人的申请或者依职权决定进行医疗事故司法鉴定的,交由条例所规定的医学会组织鉴定。因医疗事故以外的原因引起的其他医疗赔偿纠纷需要进行司法鉴定的,依照《人民法院对外委托司法鉴定管理规定》组织鉴定。

人民法院对司法鉴定申请和司法鉴定结论的审查按照《最高人民法院关于民事诉讼证据的若干规定》的有关规定处理。

三、条例施行后，人民法院审理因医疗事故引起的医疗赔偿纠纷民事案件，在确定医疗事故赔偿责任时，参照条例第四十九条、第五十条、第五十一条和第五十二条的规定办理。

人民法院在审理涉及医疗事故民事案件中遇到的其他重大问题，请及时层报我院。

最高人民法院关于国内船舶发生海损事故造成的营运损失应列入海损赔偿范围的复函

（1991年9月13日　法〔交〕函〔1991〕104号）

广东省高级人民法院：

你院粤法经行〔1990〕第14号《关于船舶营运损失和船员工资损失应否列入海损赔偿范围的请示报告》收悉。经研究，答复如下：

根据《中华人民共和国民法通则》第一百一十七条第二款和第三款的规定，损害他人财产的，侵害人应当赔偿受害人因其侵权行为所遭受的实际损失，包括受害人财产的毁损、减少、灭失和为减少或消除损失所支出的费用，以及受害人在未受害的正常情况下可以得到的利益。因此，国内船舶在内河或沿海运输中发生海损事故造成的船舶修理期间的合理营运损失（其中包括船员工资损失），应当列入海损赔偿范围。

最高人民法院关于赵正与尹发惠人身损害赔偿案如何运用法律政策的函

（1991 年 8 月 9 日 〔1991〕民他字第 1 号）

云南省高级人民法院：

你院法民请字〔1990〕第 16 号关于赵正与尹发惠人身损害赔偿案如何适用法律政策的请示收悉。经研究，答复如下：

尹发惠因疏忽大意行为致使幼童赵正被烫伤，应当承担侵权民事责任；赵正的父母对赵正监护不周，亦有过失，应适当减轻尹发惠的民事责任。尹发惠应赔偿赵正医治烫伤所需的医疗费、护理费、生活补助费等费用的主要部分。保险公司依照合同付给赵正的医疗赔偿金可以冲抵尹发惠应付的赔偿数额，保险公司由此获得向尹发惠的追偿权。赵正母亲所在单位的补助是对职工的照顾，因此，不能抵销尹发惠应承担的赔偿金额。

以上意见供参考。

最高人民法院关于庞启林诉庞永红损害赔偿申诉案的函

（1991 年 5 月 22 日 〔1991〕民他字第 9 号）

广东省高级人民法院：

你院〔1990〕粤法民申字第 62 号《关于庞启林诉庞永红损害赔偿申诉一案的请求报告》收悉。经研究认为：庞启林与庞永红住房前后相邻，庞启林在庞永红房屋近处挖井，违背了处理相邻关系的原则，1987 年 6 月该地区发生特大洪水，水井大量泛水涌沙，庞启林又未能及时采取措施，损坏了庞永红的房基，致该房成为危房，给庞永红造成了重大损失。依照《中华人民共和国民法通则》第 83 条的规定，庞启林应负赔偿责任。考虑该案具体情况，可以适当减轻庞启林的赔偿责任。

以上意见，供参考。

最高人民法院关于上海科技报社和陈贯一与朱虹侵害肖像权上诉案的函

（1991 年 1 月 26 日 〔1990〕民他字第 28 号）

上海市高级人民法院：

你院〔90〕沪高民他字第 4 号关于“上海科技报社和陈贯一与朱虹侵害肖像权上诉案的请示”收悉。

经研究认为：上海科技报社、陈贯一未经朱虹同意，在上海科技报载文介绍陈贯一对“重症肌无力症”的治疗经验时，使用了朱虹患病时和治愈后的两幅照片，其目的是为了宣传医疗经验，对社会是有益的，且该行为并未造成严重不良后果，尚构不成侵害肖像权。因此，同意你院审判委员会的意见，即该案由二审人民法院撤销一审人民法院原审判决，驳回朱虹的诉讼请求。在处理时，应向上海科技报社和陈贯一指出，今后未经肖像权人同意，不得再使用其肖像。以上意见，供参考。

最高人民法院关于个人合伙成员在从事经营活动中不慎死亡其他成员应否承担民事责任问题的批复

（1987年10月10日　〔1987〕民他字第57号）

辽宁省高级人民法院：

你院〔87〕民监字7号关于个人合伙成员在从事经营活动中不慎死亡，其他成员应否承担民事责任的请示报告收悉。

据报告称：贾国仁、贾国满兄弟二人合伙经营汽车运输，雇司机开车，兄弟二人轮流领车运输。时值贾国满领车拉白灰，当其指挥倒车挂斗车时，由于雨后路滑，刹车后汽车仍向后滑动，贾国满被挤身亡。经查，司机对此事故没有责任。贾国满之妻苏文雅要求贾国仁给以经济补偿，承担她女儿的抚恤费用。一、二审法院判决由贾国仁按分成比例承担抚恤金一千六百五十四元。

研究认为：贾国满在兄弟二人合伙经营的汽车运输活动中，不慎被车挤死，对这次事故的发生，贾国仁没有过错，不应负赔偿责任，但贾国满为合伙人的共同利益，在经营运输活动中，不慎被车挤死，其兄作为合伙经营的受益人之一，给予死者家属适当的经济补偿，既合情理，也符合有关法律规定的精神。至于具体补偿多少，请根据实际情况酌定。

最高人民法院关于如何适用《中华人民共和国民法通则》第一百三十四条第三款的复函

（1993年11月4日）

四川省高级人民法院：

你院关于如何适用《中华人民共和国民法通则》第一百三十四条第三款的请示

报告收悉。经研究并征求有关部门意见,答复如下:

《中华人民共和国民法通则》第一百三十四条第三款“依照法律规定处以罚款、拘留”的含义,是指人民法院审理民事案件,国家法律规定人民法院对违反民事法律的当事人可以处以罚款、拘留的,人民法院才可以处以罚款、拘留;法律规定由有关行政部门处以罚款、拘留的,应由有关行政部门予以处罚。

6 合 同

（一）司法解释

最高人民法院关于审理涉外民事或商事合同纠纷案件法律适用若干问题的规定

（2007 年 7 月 23 日　法释［2007］14 号）

为正确审理涉外民事或商事合同纠纷案件，准确适用法律，根据《中华人民共和国民法通则》、《中华人民共和国合同法》等有关规定，制定本规定。

第一条　涉外民事或商事合同应适用的法律，是指有关国家或地区的实体法，不包括冲突法和程序法。

第二条　本规定所称合同争议包括合同的订立、合同的效力、合同的履行、合同的变更和转让、合同的终止以及违约责任等争议。

第三条　当事人选择或者变更选择合同争议应适用的法律，应当以明示的方式进行。

第四条　当事人在一审法庭辩论终结前通过协商一致，选择或者变更选择合同争议应适用的法律的，人民法院应予准许。

当事人未选择合同争议应适用的法律，但均援引同一国家或者地区的法律且未提出法律适用异议的，应当视为当事人已经就合同争议应适用的法律作出选择。

第五条　当事人未选择合同争议应适用的法律的，适用与合同有最密切联系的国家或者地区的法律。

人民法院根据最密切联系原则确定合同争议应适用的法律时，应根据合同的特殊性质，以及某一方当事人履行的义务最能体现合同的本质特性等因素，确定与合同有最密切联系的国家或者地区的法律作为合同的准据法。

（一）买卖合同，适用合同订立时卖方住所地法；如果合同是在买方住所地谈判并订立的，或者合同明确规定卖方须在买方住所地履行交货义务的，适用买方住所地法。

（二）来料加工、来件装配以及其他各种加工承揽合同，适用加工承揽人住所地法。

（三）成套设备供应合同，适用设备安装地法。

（四）不动产买卖、租赁或者抵押合同，适用不动产所在地法。

（五）动产租赁合同，适用出租人住所地法。

（六）动产质押合同，适用质权人住所地法。

（七）借款合同，适用贷款人住所地法。

（八）保险合同，适用保险人住所地法。

（九）融资租赁合同，适用承租人住所地法。

（十）建设工程合同，适用建设工程所在地法。

（十一）仓储、保管合同，适用仓储、保管人住所地法。

（十二）保证合同，适用保证人住所地法。

（十三）委托合同，适用受托人住所地法。

（十四）债券的发行、销售和转让合同，分别适用债券发行地法、债券销售地法和债券转让地法。

（十五）拍卖合同，适用拍卖举行地法。

（十六）行纪合同，适用行纪人住所地法。

（十七）居间合同，适用居间人住所地法。

如果上述合同明显与另一国家或者地区有更密切联系的，适用该另一国家或者地区的法律。

第六条　当事人规避中华人民共和国法律、行政法规的强制性规定的行为，不发生适用外国法律的效力,该合同争议应当适用中华人民共和国法律。

第七条 适用外国法律违反中华人民共和国社会公共利益的,该外国法律不予适用,而应当适用中华人民共和国法律。

第八条 在中华人民共和国领域内履行的下列合同,适用中华人民共和国法律:

(一)中外合资经营企业合同;

(二)中外合作经营企业合同;

(三)中外合作勘探、开发自然资源合同;

(四)中外合资经营企业、中外合作经营企业、外商独资企业股份转让合同;

(五)外国自然人、法人或者其他组织承包经营在中华人民共和国领域内设立的中外合资经营企业、中外合作经营企业的合同;

(六)外国自然人、法人或者其他组织购买中华人民共和国领域内的非外商投资企业股东的股权的合同;

(七)外国自然人、法人或者其他组织认购中华人民共和国领域内的非外商投资有限责任公司或者股份有限公司增资的合同;

(八)外国自然人、法人或者其他组织购买中华人民共和国领域内的非外商投资企业资产的合同;

(九)中华人民共和国法律、行政法规规定应适用中华人民共和国法律的其他合同。

第九条 当事人选择或者变更选择合同争议应适用的法律为外国法律时,由当事人提供或者证明该外国法律的相关内容。

人民法院根据最密切联系原则确定合同争议应适用的法律为外国法律时,可以依职权查明该外国法律,亦可以要求当事人提供或者证明该外国法律的内容。

当事人和人民法院通过适当的途径均不能查明外国法律的内容的,人民法院可以适用中华人民共和国法律。

第十条 当事人对查明的外国法律内容经质证后无异议的,人民法院应予确认。当事人有异议的,由人民法院审查认定。

第十一条 涉及香港特别行政区、澳门特别行政区的民事或商事合同的法律适用,参照本规定。

第十二条 本院以前发布的规定与本规定不一致的,以本规定为准。

最高人民法院关于审理涉及农村土地承包纠纷案件适用法律问题的解释

(2005 年 9 月 1 日 法释〔2005〕6 号)

根据《中华人民共和国民法通则》、《中华人民共和国合同法》、《中华人民共和国民事诉讼法》、《中华人民共和国农村土地承包法》、《中华人民共和国土地管理法》等法律的规定,结合民事审判实践,对审理涉及农村土地承包纠纷案件适用法律的若干问题解释如下:

一、受理与诉讼主体

第一条 下列涉及农村土地承包民事纠纷,人民法院应当依法受理:

(一)承包合同纠纷;

(二)承包经营权侵权纠纷;

(三)承包经营权流转纠纷;

(四)承包地征收补偿费用分配纠纷;

(五)承包经营权继承纠纷。

集体经济组织成员因未实际取得土地承包经营权提起民事诉讼的,人民法院应当告知其向有关行政主管部门申请解决。

集体经济组织成员就用于分配的土地补偿费数额提起民事诉讼的,人民法院不予受理。

第二条 当事人自愿达成书面仲裁协议的,受诉人民法院应当参照最高人民法院《关于适用〈中华人民共和国民事诉讼法〉若干问题的意见》第 145 条至第 148 条的规定处理。

当事人未达成书面仲裁协议，一方当事人向农村土地承包仲裁机构申请仲裁，另一方当事人提起诉讼的，人民法院应予受理，并书面通知仲裁机构。但另一方当事人接受仲裁管辖后又起诉的，人民法院不予受理。

当事人对仲裁裁决不服并在收到裁决书之日起三十日内提起诉讼的，人民法院应予受理。

第三条 承包合同纠纷，以发包方和承包方为当事人。

前款所称承包方是指以家庭承包方式承包本集体经济组织农村土地的农户，以及以其他方式承包农村土地的单位或者个人。

第四条 农户成员为多人的，由其代表人进行诉讼。

农户代表人按照下列情形确定：

（一）土地承包经营权证等证书上记载的人；

（二）未依法登记取得土地承包经营权证等证书的，为在承包合同上签字的人；

（三）前两项规定的人死亡、丧失民事行为能力或者因其他原因无法进行诉讼的，为农户成员推选的人。

二、家庭承包纠纷案件的处理

第五条 承包合同中有关收回、调整承包地的约定违反农村土地承包法第二十六条、第二十七条、第三十条、第三十五条规定的，应当认定该约定无效。

第六条 因发包方违法收回、调整承包地，或者因发包方收回承包方弃耕、撂荒的承包地产生的纠纷，按照下列情形，分别处理：

（一）发包方未将承包地另行发包，承包方请求返还承包地的，应予支持；

（二）发包方已将承包地另行发包给第三人，承包方以发包方和第三人为共同被告，请求确认其所签订的承包合同无效、返还承包地并赔偿损失的，应予支持。但属于承包方弃耕、撂荒情形的，对其赔偿损失的诉讼请求，不予支持。

前款第（二）项所称的第三人，请求受益方补偿其在承包地上的合理投入的，应予支持。

第七条 承包合同约定或者土地承包经营权证等证书记载的承包期限短于农村土地承包法规定的期限，承包方请求延长的，应予支持。

第八条 承包方违反农村土地承包法第十七条规定，将承包地用于非农建设或者对承包地造成永久性损害，发包方请求承包方停止侵害、恢复原状或者赔偿损失的，应予支持。

第九条 发包方根据农村土地承包法第二十六条规定收回承包地前，承包方已经以转包、出租等形式将其土地承包经营权流转给第三人，且流转期限尚未届满，因流转价款收取产生的纠纷，按照下列情形，分别处理：

（一）承包方已经一次性收取了流转价款，发包方请求承包方返还剩余流转期限的流转价款的，应予支持；

（二）流转价款为分期支付，发包方请求第三人按照流转合同的约定支付流转价款的，应予支持。

第十条 承包方交回承包地不符合农村土地承包法第二十九条规定程序的，不得认定其为自愿交回。

第十一条 土地承包经营权流转中，本集体经济组织成员在流转价款、流转期限等主要内容相同的条件下主张优先权的，应予支持。但下列情形除外：

（一）在书面公示的合理期限内未提出优先权主张的；

（二）未经书面公示，在本集体经济组织以外的人开始使用承包地两个月内未提出优先权主张的。

第十二条 发包方强迫承包方将土地承包经营权流转给第三人，承包方请求确认其与第三人签订的流转合同无效的，应予支持。

发包方阻碍承包方依法流转土地承包经营权，承包方请求排除妨碍、赔偿损失的，应予支持。

第十三条 承包方未经发包方同意，采取转让方式流转其土地承包经营权的，转让合同无效。但发包方无法定理由不同意或者拖延表态的除外。

第十四条 承包方依法采取转包、出租、互换或者其他方式流转土地承包经营权，发包方仅以该土地承包经营权流转合同未报其备案为由，请求确认合同无效的，不予支持。

第十五条 承包方以其土地承包经营权进行抵押或者抵偿债务的，应当认定无效。对因此造成的损失，当事人有过错的，应当承担相应的民事责任。

第十六条 因承包方不收取流转价款或者向对方支付费用的约定产生纠纷，当事人协商变更无法达成一致，且继续履行又显失公平的，人民法院可以根据发生变更的客观情况，按照公平原则处理。

第十七条 当事人对转包、出租地流转期限没有约定或者约定不明的，参照合同法第二百三十二条规定处理。除当事人另有约定或者属于林地承包经营外，承包地交回的时间应当在农作物收获期结束后或者下一耕种期开始前。

对提高土地生产能力的投入，对方当事人请求承包方给予相应补偿的，应予支持。

第十八条 发包方或者其他组织、个人擅自截留、扣缴承包收益或者土地承包经营权流转收益，承包方请求返还的，应予支持。

发包方或者其他组织、个人主张抵销的，不予支持。

三、其他方式承包纠纷的处理

第十九条 本集体经济组织成员在承包费、承包期限等主要内容相同的条件下主张优先承包权的，应予支持。但在发包方将农村土地发包给本集体经济组织以外的单位或者个人，已经法律规定的民主议定程序通过，并由乡（镇）人民政府批准后主张优先承包权的，不予支持。

第二十条 发包方就同一土地签订两个以上承包合同，承包方均主张取得土地承包经营权的，按照下列情形，分别处理：

（一）已经依法登记的承包方，取得土地承包经营权；

（二）均未依法登记的，生效在先合同的承包方取得土地承包经营权；

（三）依前两项规定无法确定的，已经根据承包合同合法占有使用承包地的人取得土地承包经营权，但争议发生后一方强行先占承包地的行为和事实，不得作为确定土地承包经营权的依据。

第二十一条 承包方未依法登记取得土地承包经营权证等证书，即以转让、出租、入股、抵押等方式流转土地承包经营权，发包方请求确认该流转无效的，应予支持。但非因承包方原因未登记取得土地承包经营权证等证书的除外。

承包方流转土地承包经营权，除法律或者本解释有特殊规定外，按照有关家庭承包土地承包经营权流转的规定处理。

四、土地征收补偿费用分配及土地承包经营权继承纠纷的处理

第二十二条 承包地被依法征收,承包方请求发包方给付已经收到的地上附着物和青苗的补偿费的,应予支持。

承包方已将土地承包经营权以转包、出租等方式流转给第三人的,除当事人另有约定外,青苗补偿费归实际投入人所有,地上附着物补偿费归附着物所有人所有。

第二十三条 承包地被依法征收,放弃统一安置的家庭承包方,请求发包方给付已经收到的安置补助费的,应予支持。

第二十四条 农村集体经济组织或者村民委员会、村民小组,可以依照法律规定的民主议定程序,决定在本集体经济组织内部分配已经收到的土地补偿费。征地补偿安置方案确定时已经具有本集体经济组织成员资格的人,请求支付相应份额的,应予支持。但已报全国人大常委会、国务院备案的地方性法规、自治条例和单行条例、地方政府规章对土地补偿费在农村集体经济组织内部的分配办法另有规定的除外。

第二十五条 林地家庭承包中,承包方的继承人请求在承包期内继续承包的,应予支持。

其他方式承包中,承包方的继承人或者权利义务承受者请求在承包期内继续承包的,应予支持。

五、其他规定

第二十六条 人民法院在审理涉及本解释第五条、第六条第一款第(二)项及第二款、第十六条的纠纷案件时,应当着重进行调解。必要时可以委托人民调解组织进行调解。

第二十七条 本解释自 2005 年 9 月 1 日起施行。施行后受理的第一审案件,适用本解释的规定。

施行前已经生效的司法解释与本解释不一致的,以本解释为准。

最高人民法院关于银行储蓄卡密码被泄露导致存款被他人骗取引起的储蓄合同纠纷应否作为民事案件受理问题的批复

（2005 年 8 月 1 日　法释〔2005〕7 号）

四川省高级人民法院：

你院《关于存款人泄露银行储蓄卡密码导致存款被他人骗取引起的纠纷应否作为民事案件受理的请示》收悉。经研究，答复如下：

因银行储蓄卡密码被泄露，他人伪造银行储蓄卡骗取存款人银行存款，存款人依其与银行订立的储蓄合同提起民事诉讼的，人民法院应当依法受理。

最高人民法院关于审理技术合同纠纷案件适用法律若干问题的解释

（2005 年 1 月 1 日　法释〔2004〕20 号）

为了正确审理技术合同纠纷案件，根据《中华人民共和国合同法》、《中华人民共和国专利法》和《中华人民共和国民事诉讼法》等法律的有关规定，结合审判实践，现就有关问题作出以下解释。

一、一般规定

第一条　技术成果，是指利用科学技术知识、信息和经验作出的涉及产品、工艺、材料及其改进等的技术方案，包括专利、专利申请、技术秘密、计算机软件、集成电路布图设计、植物新品种等。

技术秘密，是指不为公众所知悉、具有商业价值并经权利人采取保密措施的技术信息。

第二条 合同法第三百二十六条第二款所称“执行法人或者其他组织的工作任务”，包括：

（一）履行法人或者其他组织的岗位职责或者承担其交付的其他技术开发任务；

（二）离职后一年内继续从事与其原所在法人或者其他组织的岗位职责或者交付的任务有关的技术开发工作，但法律、行政法规另有规定的除外。

法人或者其他组织与其职工就职工在职期间或者离职以后所完成的技术成果的权益有约定的，人民法院应当依约定确认。

第三条 合同法第三百二十六条第二款所称“物质技术条件”，包括资金、设备、器材、原材料、未公开的技术信息和资料等。

第四条 合同法第三百二十六条第二款所称“主要利用法人或者其他组织的物质技术条件”，包括职工在技术成果的研究开发过程中，全部或者大部分利用了法人或者其他组织的资金、设备、器材或者原材料等物质条件，并且这些物质条件对形成该技术成果具有实质性的影响；还包括该技术成果实质性内容是在法人或者其他组织尚未公开的技术成果、阶段性技术成果基础上完成的情形。但下列情况除外：

（一）对利用法人或者其他组织提供的物质技术条件，约定返还资金或者交纳使用费的；

（二）在技术成果完成后利用法人或者其他组织的物质技术条件对技术方案进行验证、测试的。

第五条 个人完成的技术成果，属于执行原所在法人或者其他组织的工作任务，又主要利用了现所在法人或者其他组织的物质技术条件的，应当按照该自然人原所在和现所在法人或者其他组织达成的协议确认权益。不能达成协议的，根据对完成该项技术成果的贡献大小由双方合理分享。

第六条 合同法第三百二十六条、第三百二十七条所称完成技术成果的“个人”,包括对技术成果单独或者共同作出创造性贡献的人,也即技术成果的发明人或者设计人。人民法院在对创造性贡献进行认定时,应当分解所涉及技术成果的实质性技术构成。提出实质性技术构成并由此实现技术方案的人,是作出创造性贡献的人。

提供资金、设备、材料、试验条件,进行组织管理,协助绘制图纸、整理资料、翻译文献等人员,不属于完成技术成果的个人。

第七条 不具有民事主体资格的科研组织订立的技术合同,经法人或者其他组织授权或者认可的,视为法人或者其他组织订立的合同,由法人或者其他组织承担责任;未经法人或者其他组织授权或者认可的,由该科研组织成员共同承担责任,但法人或者其他组织因该合同受益的,应当在其受益范围内承担相应责任。

前款所称不具有民事主体资格的科研组织,包括法人或者其他组织设立的从事技术研究开发、转让等活动的课题组、工作室等。

第八条 生产产品或者提供服务依法须经有关部门审批或者取得行政许可,而未经审批或者许可的,不影响当事人订立的相关技术合同的效力。

当事人对办理前款所称审批或者许可的义务没有约定或者约定不明确的,人民法院应当判令由实施技术的一方负责办理,但法律、行政法规另有规定的除外。

第九条 当事人一方采取欺诈手段,就其现有技术成果作为研究开发标的与他人订立委托开发合同收取研究开发费用,或者就同一研究开发课题先后与两个或者两个以上的委托人分别订立委托开发合同重复收取研究开发费用的,受损害方依照合同法第五十四条第二款规定请求变更或者撤销合同的,人民法院应当予以支持。

第十条 下列情形,属于合同法第三百二十九条所称的“非法垄断技术、妨碍技术进步”:

(一)限制当事人一方在合同标的技术基础上进行新的研究开发或者限制其使用所改进的技术,或者双方交换改进技术的条件不对等,包括要求一方将其自行改进的技术无偿提供给对方、非互惠性转让给对方、无偿独占或者共享该改进技术的知识产权;

(二)限制当事人一方从其他来源获得与技术提供方类似技术或者与其竞争的

技术；

（三）阻碍当事人一方根据市场需求，按照合理方式充分实施合同标的技术，包括明显不合理地限制技术接受方实施合同标的技术生产产品或者提供服务的数量、品种、价格、销售渠道和出口市场；

（四）要求技术接受方接受并非实施技术必不可少的附带条件，包括购买非必需的技术、原材料、产品、设备、服务以及接收非必需的人员等；

（五）不合理地限制技术接受方购买原材料、零部件、产品或者设备等的渠道或者来源；

（六）禁止技术接受方对合同标的技术知识产权的有效性提出异议或者对提出异议附加条件。

第十一条 技术合同无效或者被撤销后，技术开发合同研究开发人、技术转让合同让与人、技术咨询合同和技术服务合同的受托人已经履行或者部分履行了约定的义务，并且造成合同无效或者被撤销的过错在对方的，对其已履行部分应当收取的研究开发经费、技术使用费、提供咨询服务的报酬，人民法院可以认定为因对方原因导致合同无效或者被撤销给其造成的损失。

技术合同无效或者被撤销后，因履行合同所完成新的技术成果或者在他人技术成果基础上完成后续改进技术成果的权利归属和利益分享，当事人不能重新协议确定的，人民法院可以判决由完成技术成果的一方享有。

第十二条 根据合同法第三百二十九条的规定，侵害他人技术秘密的技术合同被确认无效后，除法律、行政法规另有规定的以外，善意取得该技术秘密的一方当事人可以在其取得时的范围内继续使用该技术秘密，但应当向权利人支付合理的使用费并承担保密义务。

当事人双方恶意串通或者一方知道或者应当知道另一方侵权仍与其订立或者履行合同的，属于共同侵权，人民法院应当判令侵权人承担连带赔偿责任和保密义务，因此取得技术秘密的当事人不得继续使用该技术秘密。

第十三条 依照前条第一款规定可以继续使用技术秘密的人与权利人就使用费支付发生纠纷的，当事人任何一方都可以请求人民法院予以处理。继续使用技术秘密但又拒不支付使用费的，人民法院可以根据权利人的请求判令使用人停止使用。

人民法院在确定使用费时，可以根据权利人通常对外许可该技术秘密的使用费或者使用人取得该技术秘密所支付的使用费，并考虑该技术秘密的研究开发成本、成果转化和应用程度以及使用人的使用规模、经济效益等因素合理确定。

不论使用人是否继续使用技术秘密，人民法院均应当判令其向权利人支付已使用期间的使用费。使用人已向无效合同的让与人支付的使用费应当由让与人负责返还。

第十四条 对技术合同的价款、报酬和使用费，当事人没有约定或者约定不明确的，人民法院可以按照以下原则处理：

（一）对于技术开发合同和技术转让合同，根据有关技术成果的研究开发成本、先进性、实施转化和应用的程度，当事人享有的权益和承担的责任，以及技术成果的经济效益等合理确定；

（二）对于技术咨询合同和技术服务合同，根据有关咨询服务工作的技术含量、质量和数量，以及已经产生和预期产生的经济效益等合理确定。

技术合同价款、报酬、使用费中包含非技术性款项的，应当分项计算。

第十五条 技术合同当事人一方迟延履行主要债务，经催告后在30日内仍未履行，另一方依据合同法第九十四条第（三）项的规定主张解除合同的，人民法院应当予以支持。

当事人在催告通知中附有履行期限且该期限超过30日的，人民法院应当认定该履行期限为合同法第九十四条第（三）项规定的合理期限。

第十六条 当事人以技术成果向企业出资但未明确约定权属，接受出资的企业主张该技术成果归其享有的，人民法院一般应当予以支持，但是该技术成果价值与该技术成果所占出资额比例明显不合理损害出资人利益的除外。

当事人对技术成果的权属约定有比例的，视为共同所有，其权利使用和利益分配，按共有技术成果的有关规定处理，但当事人另有约定的，从其约定。

当事人对技术成果的使用权约定有比例的，人民法院可以视为当事人对实施该项技术成果所获收益的分配比例，但当事人另有约定的，从其约定。

二、技术开发合同

第十七条 合同法第三百三十条所称"新技术、新产品、新工艺、新材料及其系统",包括当事人在订立技术合同时尚未掌握的产品、工艺、材料及其系统等技术方案,但对技术上没有创新的现有产品的改型、工艺变更、材料配方调整以及对技术成果的验证、测试和使用除外。

第十八条 合同法第三百三十条第四款规定的"当事人之间就具有产业应用价值的科技成果实施转化订立的"技术转化合同,是指当事人之间就具有实用价值但尚未实现工业化应用的科技成果包括阶段性技术成果,以实现该科技成果工业化应用为目标,约定后续试验、开发和应用等内容的合同。

第十九条 合同法第三百三十五条所称"分工参与研究开发工作",包括当事人按照约定的计划和分工,共同或者分别承担设计、工艺、试验、试制等工作。

技术开发合同当事人一方仅提供资金、设备、材料等物质条件或者承担辅助协作事项,另一方进行研究开发工作的,属于委托开发合同。

第二十条 合同法第三百四十一条所称"当事人均有使用和转让的权利",包括当事人均有不经对方同意而自己使用或者以普通使用许可的方式许可他人使用技术秘密,并独占由此所获利益的权利。当事人一方将技术秘密成果的转让权让与他人,或者以独占或者排他使用许可的方式许可他人使用技术秘密,未经对方当事人同意或者追认的,应当认定该让与或者许可行为无效。

第二十一条 技术开发合同当事人依照合同法的规定或者约定自行实施专利或使用技术秘密,但因其不具备独立实施专利或者使用技术秘密的条件,以一个普通许可方式许可他人实施或者使用的,可以准许。

三、技术转让合同

第二十二条 合同法第三百四十二条规定的"技术转让合同",是指合法拥有技术的权利人,包括其他有权对外转让技术的人,将现有特定的专利、专利申请、技术秘密的相关权利让与他人,或者许可他人实施、使用所订立的合同。但就尚待研究开发的技术成果或者不涉及专利、专利申请或者技术秘密的知识、技术、经验和信息所订立的合同除外。

技术转让合同中关于让与人向受让人提供实施技术的专用设备、原材料或者提供有关的技术咨询、技术服务的约定，属于技术转让合同的组成部分。因此发生的纠纷，按照技术转让合同处理。

当事人以技术入股方式订立联营合同，但技术入股人不参与联营体的经营管理，并且以保底条款形式约定联营体或者联营对方支付其技术价款或者使用费的，视为技术转让合同。

第二十三条 专利申请权转让合同当事人以专利申请被驳回或者被视为撤回为由请求解除合同，该事实发生在依照专利法第十条第三款的规定办理专利申请权转让登记之前的，人民法院应当予以支持；发生在转让登记之后的，不予支持，但当事人另有约定的除外。

专利申请因专利申请权转让合同成立时即存在尚未公开的同样发明创造的在先专利申请被驳回，当事人依据合同法第五十四条第一款第（二）项的规定请求予以变更或者撤销合同的，人民法院应当予以支持。

第二十四条 订立专利权转让合同或者专利申请权转让合同前，让与人自己已经实施发明创造，在合同生效后，受让人要求让与人停止实施的，人民法院应当予以支持，但当事人另有约定的除外。

让与人与受让人订立的专利权、专利申请权转让合同，不影响在合同成立前让与人与他人订立的相关专利实施许可合同或者技术秘密转让合同的效力。

第二十五条 专利实施许可包括以下方式：

（一）独占实施许可，是指让与人在约定许可实施专利的范围内，将该专利仅许可一个受让人实施，让与人依约定不得实施该专利；

（二）排他实施许可，是指让与人在约定许可实施专利的范围内，将该专利仅许可一个受让人实施，但让与人依约定可以自行实施该专利；

（三）普通实施许可，是指让与人在约定许可实施专利的范围内许可他人实施该专利，并且可以自行实施该专利。

当事人对专利实施许可方式没有约定或者约定不明确的，认定为普通实施许可。专利实施许可合同约定受让人可以再许可他人实施专利的，认定该再许可为普通实施许可，但当事人另有约定的除外。

技术秘密的许可使用方式，参照本条第一、二款的规定确定。

第二十六条 专利实施许可合同让与人负有在合同有效期内维持专利权有效的义务，包括依法缴纳专利年费和积极应对他人提出宣告专利权无效的请求，但当事人另有约定的除外。

第二十七条 排他实施许可合同让与人不具备独立实施其专利的条件，以一个普通许可的方式许可他人实施专利的，人民法院可以认定为让与人自己实施专利，但当事人另有约定的除外。

第二十八条 合同法第三百四十三条所称"实施专利或者使用技术秘密的范围"，包括实施专利或者使用技术秘密的期限、地域、方式以及接触技术秘密的人员等。

当事人对实施专利或者使用技术秘密的期限没有约定或者约定不明确的，受让人实施专利或者使用技术秘密不受期限限制。

第二十九条 合同法第三百四十七条规定技术秘密转让合同让与人承担的"保密义务"，不限制其申请专利，但当事人约定让与人不得申请专利的除外。

当事人之间就申请专利的技术成果所订立的许可使用合同，专利申请公开以前，适用技术秘密转让合同的有关规定；发明专利申请公开以后、授权以前，参照适用专利实施许可合同的有关规定；授权以后，原合同即为专利实施许可合同，适用专利实施许可合同的有关规定。

人民法院不以当事人就已经申请专利但尚未授权的技术订立专利实施许可合同为由，认定合同无效。

四、技术咨询合同和技术服务合同

第三十条 合同法第三百五十六条第一款所称"特定技术项目"，包括有关科学技术与经济社会协调发展的软科学研究项目，促进科技进步和管理现代化、提高经济效益和社会效益等运用科学知识和技术手段进行调查、分析、论证、评价、预测的专业性技术项目。

第三十一条 当事人对技术咨询合同受托人进行调查研究、分析论证、试验测定等所需费用的负担没有约定或者约定不明确的，由受托人承担。

当事人对技术咨询合同委托人提供的技术资料和数据或者受托人提出的咨询报告和意见未约定保密义务，当事人一方引用、发表或者向第三人提供的，不认定为违约行为，但侵害对方当事人对此享有的合法权益的，应当依法承担民事责任。

第三十二条 技术咨询合同受托人发现委托人提供的资料、数据等有明显错误或者缺陷，未在合理期限内通知委托人的，视为其对委托人提供的技术资料、数据等予以认可。委托人在接到受托人的补正通知后未在合理期限内答复并予补正的，发生的损失由委托人承担。

第三十三条 合同法第三百五十六条第二款所称"特定技术问题"，包括需要运用专业技术知识、经验和信息解决的有关改进产品结构、改良工艺流程、提高产品质量、降低产品成本、节约资源能耗、保护资源环境、实现安全操作、提高经济效益和社会效益等专业技术问题。

第三十四条 当事人一方以技术转让的名义提供已进入公有领域的技术，或者在技术转让合同履行过程中合同标的技术进入公有领域，但是技术提供方进行技术指导、传授技术知识，为对方解决特定技术问题符合约定条件的，按照技术服务合同处理，约定的技术转让费可以视为提供技术服务的报酬和费用，但是法律、行政法规另有规定的除外。

依照前款规定，技术转让费视为提供技术服务的报酬和费用明显不合理的，人民法院可以根据当事人的请求合理确定。

第三十五条 当事人对技术服务合同受托人提供服务所需费用的负担没有约定或者约定不明确的，由受托人承担。

技术服务合同受托人发现委托人提供的资料、数据、样品、材料、场地等工作条件不符合约定，未在合理期限内通知委托人的，视为其对委托人提供的工作条件予以认可。委托人在接到受托人的补正通知后未在合理期限内答复并予补正的，发生的损失由委托人承担。

第三十六条 合同法第三百六十四条规定的"技术培训合同"，是指当事人一方委托另一方对指定的学员进行特定项目的专业技术训练和技术指导所订立的合同，不包括职业培训、文化学习和按照行业、法人或者其他组织的计划进行的职工业余教育。

第三十七条 当事人对技术培训必需的场地、设施和试验条件等工作条件的提供和管理责任没有约定或者约定不明确的，由委托人负责提供和管理。

技术培训合同委托人派出的学员不符合约定条件，影响培训质量的，由委托人按照约定支付报酬。

受托人配备的教员不符合约定条件，影响培训质量，或者受托人未按照计划和项目进行培训，导致不能实现约定培训目标的，应当减收或者免收报酬。

受托人发现学员不符合约定条件或者委托人发现教员不符合约定条件，未在合理期限内通知对方，或者接到通知的一方未在合理期限内按约定改派的，应当由负有履行义务的当事人承担相应的民事责任。

第三十八条 合同法第三百六十四条规定的“技术中介合同”，是指当事人一方以知识、技术、经验和信息为另一方与第三人订立技术合同进行联系、介绍以及对履行合同提供专门服务所订立的合同。

第三十九条 中介人从事中介活动的费用，是指中介人在委托人和第三人订立技术合同前，进行联系、介绍活动所支出的通信、交通和必要的调查研究等费用。中介人的报酬，是指中介人为委托人与第三人订立技术合同以及对履行该合同提供服务应当得到的收益。

当事人对中介人从事中介活动的费用负担没有约定或者约定不明确的，由中介人承担。当事人约定该费用由委托人承担但未约定具体数额或者计算方法的，由委托人支付中介人从事中介活动支出的必要费用。

当事人对中介人的报酬数额没有约定或者约定不明确的，应当根据中介人所进行的劳务合理确定，并由委托人承担。仅在委托人与第三人订立的技术合同中约定中介条款，但未约定给付中介人报酬或者约定不明确的，应当支付的报酬由委托人和第三人平均承担。

第四十条 中介人未促成委托人与第三人之间的技术合同成立的，其要求支付报酬的请求，人民法院不予支持；其要求委托人支付其从事中介活动必要费用的请求，应当予以支持，但当事人另有约定的除外。

中介人隐瞒与订立技术合同有关的重要事实或者提供虚假情况，侵害委托人利益的，应当根据情况免收报酬并承担赔偿责任。

第四十一条 中介人对造成委托人与第三人之间的技术合同的无效或者被撤销没有过错，并且该技术合同的无效或者被撤销不影响有关中介条款或者技术中介合同继续有效，中介人要求按照约定或者本解释的有关规定给付从事中介活动的费用和报酬的，人民法院应当予以支持。

中介人收取从事中介活动的费用和报酬不应当被视为委托人与第三人之间的技术合同纠纷中一方当事人的损失。

五、与审理技术合同纠纷有关的程序问题

第四十二条 当事人将技术合同和其他合同内容或者将不同类型的技术合同内容订立在一个合同中的，应当根据当事人争议的权利义务内容，确定案件的性质和案由。

技术合同名称与约定的权利义务关系不一致的，应当按照约定的权利义务内容，确定合同的类型和案由。

技术转让合同中约定让与人负责包销或者回购受让人实施合同标的技术制造的产品，仅因让与人不履行或者不能全部履行包销或者回购义务引起纠纷，不涉及技术问题的，应当按照包销或者回购条款约定的权利义务内容确定案由。

第四十三条 技术合同纠纷案件一般由中级以上人民法院管辖。

各高级人民法院根据本辖区的实际情况并报经最高人民法院批准，可以指定若干基层人民法院管辖第一审技术合同纠纷案件。

其他司法解释对技术合同纠纷案件管辖另有规定的，从其规定。

合同中既有技术合同内容，又有其他合同内容，当事人就技术合同内容和其他合同内容均发生争议的，由具有技术合同纠纷案件管辖权的人民法院受理。

第四十四条 一方当事人以诉讼争议的技术合同侵害他人技术成果为由请求确认合同无效，或者人民法院在审理技术合同纠纷中发现可能存在该无效事由的，人民法院应当依法通知有关利害关系人，其可以作为有独立请求权的第三人参加诉讼或者依法向有管辖权的人民法院另行起诉。

利害关系人在接到通知后 15 日内不提起诉讼的，不影响人民法院对案件的

审理。

第四十五条 第三人向受理技术合同纠纷案件的人民法院就合同标的技术提出权属或者侵权请求时，受诉人民法院对此也有管辖权的，可以将权属或者侵权纠纷与合同纠纷合并审理；受诉人民法院对此没有管辖权的，应当告知其向有管辖权的人民法院另行起诉或者将已经受理的权属或者侵权纠纷案件移送有管辖权的人民法院。权属或者侵权纠纷另案受理后，合同纠纷应当中止诉讼。

专利实施许可合同诉讼中，受让人或者第三人向专利复审委员会请求宣告专利权无效的，人民法院可以不中止诉讼。在案件审理过程中专利权被宣告无效的，按照专利法第四十七条第二款和第三款的规定处理。

六、其他

第四十六条 集成电路布图设计、植物新品种许可使用和转让等合同争议，相关行政法规另有规定的，适用其规定；没有规定的，适用合同法总则的规定，并可以参照合同法第十八章和本解释的有关规定处理。

计算机软件开发、许可使用和转让等合同争议，著作权法以及其他法律、行政法规另有规定的，依照其规定；没有规定的，适用合同法总则的规定，并可以参照合同法第十八章和本解释的有关规定处理。

第四十七条 本解释自2005年1月1日起施行。

最高人民法院关于审理建设工程施工合同纠纷案件适用法律问题的解释

（2004年9月29日最高人民法院审判委员会第1327次会议通过　2004年10月25日公布　自2005年1月1日起施行　法释〔2004〕14号）

根据《中华人民共和国民法通则》、《中华人民共和国合同法》、《中华人民共和国招标投标法》、《中华人民共和国民事诉事法》等法律规定，结合民事审判实际，就审理建设工程施工合同纠纷案件适用法律的问题,制定本解释。

第一条 建设工程施工合同具有下列情形之一的,应当根据合同法第五十二条第(五)项的规定,认定无效:

(一)承包人未取得建筑施工企业资质或者超越资质等级的;

(二)没有资质的实际施工人借用有资质的建筑施工企业名义的;

(三)建设工程必须进行招标而未招标或者中标无效的。

第二条 建设工程施工合同无效,但建设工程经竣工验收合格,承包人请求参照合同约定支付工程价款的,应予支持。

第三条 建设工程施工合同无效,且建设工程经竣工验收不合格的,按照以下情形分别处理:

(一)修复后的建设工程经竣工验收合格,发包人请求承包人承担修复费用的,应予支持;

(二)修复后的建设工程经竣工验收不合格,承包人请求支付工程价款的,不予支持。

因建设工程不合格造成的损失,发包人有过错的,也应承担相应的民事责任。

第四条 承包人非法转包、违法分包建设工程或者没有资质的实际施工人借用有资质的建筑施工企业名义与他人签订建设工程施工合同的行为无效。人民法院可以根据民法通则第一百三十四条规定,收缴当事人已经取得的非法所得。

第五条 承包人超越资质等级许可的业务范围签订建设工程施工合同,在建设工程竣工前取得相应资质等级,当事人请求按照无效合同处理的,不予支持。

第六条 当事人对垫资和垫资利息有约定,承包人请求按照约定返还垫资及其利息的,应予支持,但是约定的利息计算标准高于中国人民银行发布的同期同类贷款利率的部分除外。

当事人对垫资没有约定的,按照工程欠款处理。

当事人对垫资利息没有约定,承包人请求支付利息的,不予支持。

第七条 具有劳务作业法定资质的承包人与总承包人、分包人签订的劳务分包合同,当事人以转包建设工程违反法律规定为由请求确认无效的,不予支持。

第八条 承包人具有下列情形之一,发包人请求解除建设工程施工合同的,应予支持：

（一）明确表示或者以行为表明不履行合同主要义务的；

（二）合同约定的期限内没有完工，且在发包人催告的合理期限内仍未完工的；

（三）已经完成的建设工程质量不合格，并拒绝修复的；

（四）将承包的建设工程非法转包、违法分包的。

第九条 发包人具有下列情形之一，致使承包人无法施工，且在催告的合理期限内仍未履行相应义务，承包人请求解除建设工程施工合同的，应予支持：

（一）未按约定支付工程价款的；

（二）提供的主要建筑材料、建筑构配件和设备不符合强制性标准的；

（三）不履行合同约定的协助义务的。

第十条 建设工程施工合同解除后，已经完成的建设工程质量合格的，发包人应当按照约定支付相应的工程价款；已经完成的建设工程质量不合格的，参照本解释第三条规定处理。

因一方违约导致合同解除的，违约方应当赔偿因此而给对方造成的损失。

第十一条 因承包人的过错造成建设工程质量不符合约定，承包人拒绝修理、返工或者改建，发包人请求减少支付工程价款的，应予支持。

第十二条 发包人具有下列情形之一，造成建设工程质量缺陷，应当承担过错责任：

（一）提供的设计有缺陷；

（二）提供或者指定购买的建筑材料、建筑构配件、设备不符合强制性标准；

（三）直接指定分包人分包专业工程。

承包人有过错的，也应当承担相应的过错责任。

第十三条 建设工程未经竣工验收，发包人擅自使用后，又以使用部分质量不符合约定为由主张权利的，不予支持；但是承包人应当在建设工程的合理使用寿命内对地基基础工程和主体结构质量承担民事责任。

第十四条 当事人对建设工程实际竣工日期有争议的，按照以下情形分别处理：

（一）建设工程经竣工验收合格的，以竣工验收合格之日为竣工日期；

（二）承包人已经提交竣工验收报告，发包人拖延验收的，以承包人提交验收报告之日为竣工日期；

（三）建设工程未经竣工验收，发包人擅自使用的，以转移占有建设工程之日为竣工日期。

第十五条 建设工程竣工前，当事人对工程质量发生争议，工程质量经鉴定合格的，鉴定期间为顺延工期期间。

第十六条 当事人对建设工程的计价标准或者计价方法有约定的，按照约定结算工程价款。

因设计变更导致建设工程的工程量或者质量标准发生变化，当事人对该部分工程价款不能协商一致的，可以参照签订建设工程施工合同时当地建设行政主管部门发布的计价方法或者计价标准结算工程价款。

建设工程施工合同有效，但建设工程经竣工验收不合格的，工程价款结算参照本解释第三条规定处理。

第十七条 当事人对欠付工程价款利息计付标准有约定的，按照约定处理；没有约定的，按照中国人民银行发布的同期同类贷款利率计息。

第十八条 利息从应付工程价款之日计付。当事人对付款时间没有约定或者约定不明的，下列时间视为应付款时间：

（一）建设工程已实际交付的，为交付之日；

（二）建设工程没有交付的，为提交竣工结算文件之日；

（三）建设工程未交付，工程价款也未结算的，为当事人起诉之日。

第十九条 当事人对工程量有争议的，按照施工过程中形成的签证等书面文件确认。承包人能够证明发包人同意其施工，但未能提供签证文件证明工程量发生的，可以按照当事人提供的其他证据确认实际发生的工程量。

第二十条 当事人约定，发包人收到竣工结算文件后，在约定期限内不予答复，视为认可竣工结算文件的，按照约定处理。承包人请求按照竣工结算文件结算工程价款的，应予支持。

第二十一条 当事人就同一建设工程另行订立的建设工程施工合同与经过备案的中标合同实质性内容不一致的，应当以备案的中标合同作为结算工程价款的根据。

第二十二条 当事人约定按照固定价结算工程价款,一方当事人请求对建设工程造价进行鉴定的,不予支持。

第二十三条 当事人对部分案件事实有争议的,仅对有争议的事实进行鉴定,但争议事实范围不能确定,或者双方当事人请求对全部事实鉴定的除外。

第二十四条 建设工程施工合同纠纷以施工行为地为合同履行地。

第二十五条 因建设工程质量发生争议的,发包人可以以总承包人、分包人和实际施工人为共同被告提起诉讼。

第二十六条 实际施工人以转包人、违法分包人为被告起诉的,人民法院应当依法受理。

实际施工人以发包人为被告主张权利的,人民法院可以追加转包人或者违法分包人为本案当事人。发包人只在欠付工程价款范围内对实际施工人承担责任。

第二十七条 因保修人未及时履行保修义务,导致建筑物毁损或者造成人身、财产损害的,保修人应当承担赔偿责任。

保修人与建筑物所有人或者发包人对建筑物毁损均有过错的,各自承担相应的责任。

第二十八条 本解释自二〇〇五年一月一日起施行。

施行后受理的第一审案件适用本解释。

施行前最高人民法院发布的司法解释与本解释相抵触的,以本解释为准。

最高人民法院关于建设工程价款优先受偿权问题的批复

(2002 年 6 月 11 日最高人民法院审判委员会第 1225 次会议通过 2002 年6 月 20 日公布 自 2002 年 6 月 27 日起施行 法释〔2002〕16 号)

上海市高级人民法院:

你院沪高法〔2001〕14 号《关于合同法第 286 条理解与适用问题的请示》收悉。

经研究,答复如下:

一、人民法院在审理房地产纠纷案件和办理执行案件中,应当依照《中华人民共和国合同法》第二百八十六条的规定,认定建筑工程的承包人的优先受偿权优于抵押权和其他债权。

二、消费者交付购买商品房的全部或者大部分款项后,承包人就该商品房享有的工程价款优先受偿权不得对抗买受人。

三、建筑工程价款包括承包人为建设工程应当支付的工作人员报酬、材料款等实际支出的费用,不包括承包人因发包人违约所造成的损失。

四、建设工程承包人行使优先权的期限为六个月,自建设工程竣工之日或者建设工程合同约定的竣工之日起计算。

五、本批复第一条至第三条自公布之日起施行,第四条自公布之日起六个月后施行。

最高人民法院关于适用《中华人民共和国合同法》若干问题的解释(一)

(1999年12月1日最高人民法院审判委员会第1090次会议通过 自1999年12月19日起施行 法释〔1999〕19号)

为了正确审理合同纠纷案件,根据《中华人民共和国合同法》(以下简称合同法)的规定,对人民法院适用合同法的有关问题作出如下解释:

一、法律适用范围

第一条 合同法实施以后成立的合同发生纠纷起诉到人民法院的,适用合同法的规定;合同法实施以前成立的合同发生纠纷起诉到人民法院的,除本解释另有规定的以外,适用当时的法律规定,当时没有法律规定的,可以适用合同法的有关规定。

第二条 合同成立于合同法实施之前,但合同约定的履行期限跨越合同法实施之日或者履行期限在合同法实施之后,因履行合同发生的纠纷,适用合同法第四章的有关规定。

第三条 人民法院确认合同效力时,对合同法实施以前成立的合同,适用当时的法律合同无效而适用合同法合同有效的,则适用合同法。

第四条 合同法实施以后,人民法院确认合同无效,应当以全国人大及其常委会制定的法律和国务院制定的行政法规为依据,不得以地方性法规、行政规章为依据。

第五条 人民法院对合同法实施以前已经作出终审裁决的案件进行再审,不适用合同法。

二、诉讼时效

第六条 技术合同争议当事人的权利受到侵害的事实发生在合同法实施之前,自当事人知道或者应当知道其权利受到侵害之日起至合同法实施之日超过一年的,人民法院不予保护;尚未超过一年的,其提起诉讼的时效期间为二年。

第七条 技术进出口合同争议当事人的权利受到侵害的事实发生在合同法实施之前,自当事人知道或者应当知道其权利受到侵害之日起至合同法施行之日超过二年的,人民法院不予保护;尚未超过二年的,其提起诉讼的时效期间为四年。

第八条 合同法第五十五条规定的“一年”、第七十五条和第一百零四条第二款规定的“五年”为不变期间,不适用诉讼时效中止、中断或者延长的规定。

三、合同效力

第九条 依照合同法第四十四条第二款的规定,法律、行政法规规定合同应当办理批准手续,或者办理批准、登记等手续才生效,在一审法庭辩论终结前当事人仍未办理批准手续的,或者仍未办理批准、登记等手续的,人民法院应当认定该合同未生效;法律、行政法规规定合同应当办理登记手续,但未规定登记后生效的,当事人未办理登记手续不影响合同的效力,合同标的物所有权及其他物权不能转移。

合同法第七十七条第二款、第八十七条、第九十六条第二款所列合同变更、转让、解除等情形,依照前款规定处理。

第十条 当事人超越经营范围订立合同,人民法院不因此认定合同无效。但违反国家限制经营、特许经营以及法律、行政法规禁止经营规定的除外。

四、代位权

第十一条 债权人依照合同法第七十三条的规定提起代位权诉讼,应当符合下列条件:

(一)债权人对债务人的债权合法;

(二)债务人怠于行使其到期债权,对债权人造成损害;

(三)债务人的债权已到期;

(四)债务人的债权不是专属于债务人自身的债权。

第十二条 合同法第七十三条第一款规定的专属于债务人自身的债权,是指基于扶养关系、抚养关系、赡养关系、继承关系产生的给付请求权和劳动报酬、退休金、养老金、抚恤金、安置费、人寿保险、人身伤害赔偿请求权等权利。

第十三条 合同法第七十三条规定的"债务人怠于行使其到期债权,对债权人造成损害的",是指债务人不履行其对债权人的到期债务,又不以诉讼方式或者仲裁方式向其债务人主张其享有的具有金钱给付内容的到期债权,致使债权人的到期债权未能实现。

次债务人(即债务人的债务人)不认为债务人有怠于行使其到期债权情况的,应当承担举证责任。

第十四条 债权人依照合同法第七十三条的规定提起代位权诉讼的,由被告住所地人民法院管辖。

第十五条 债权人向人民法院起诉债务人以后,又向同一人民法院对次债务人提起代位权诉讼,符合本解释第十三条的规定和《中华人民共和国民事诉讼法》第一百零八条规定的起诉条件的,应当立案受理;不符合本解释第十三条规定的,告知债权人向次债务人住所地人民法院另行起诉。

受理代位权诉讼的人民法院在债权人起诉债务人的诉讼裁决发生法律效力以前，应当依照《中华人民共和国民事诉讼法》第一百三十六条第（五）项的规定中止代位权诉讼。

第十六条 债权人以次债务人为被告向人民法院提起代位权诉讼，未将债务人列为第三人的，人民法院可以追加债务人为第三人。

两个或者两个以上债权人以同一次债务人为被告提起代位权诉讼的，人民法院可以合并审理。

第十七条 在代位权诉讼中，债权人请求人民法院对次债务人的财产采取保全措施的，应当提供相应的财产担保。

第十八条 在代位权诉讼中，次债务人对债务人的抗辩，可以向债权人主张。

债务人在代位权诉讼中对债权人的债权提出异议，经审查异议成立的，人民法院应当裁定驳回债权人的起诉。

第十九条 在代位权诉讼中，债权人胜诉的，诉讼费由次债务人负担，从实现的债权中优先支付。

第二十条 债权人向次债务人提起的代位权诉讼经人民法院审理后认定代位权成立的，由次债务人向债权人履行清偿义务，债权人与债务人、债务人与次债务人之间相应的债权债务关系即予消灭。

第二十一条 在代位权诉讼中，债权人行使代位权的请求数额超过债务人所负债务额或者超过次债务人对债务人所负债务额的，对超出部分人民法院不予支持。

第二十二条 债务人在代位权诉讼中，对超过债权人代位请求数额的债权部分起诉次债务人的，人民法院应当告知其向有管辖权的人民法院另行起诉。

债务人的起诉符合法定条件的，人民法院应当受理；受理债务人起诉的人民法院在代位权诉讼裁决发生法律效力以前，应当依法中止。

五、撤销权

第二十三条 债权人依照合同法第七十四条的规定提起撤销权诉讼的，由被告住所地人民法院管辖。

第二十四条 债权人依照合同法第七十四条的规定提起撤销权诉讼时只以债务人为被告，未将受益人或者受让人列为第三人的，人民法院可以追加该受益人或者受让人为第三人。

第二十五条 债权人依照合同法第七十四条的规定提起撤销权诉讼，请求人民法院撤销债务人放弃债权或转让财产的行为，人民法院应当就债权人主张的部分进行审理，依法撤销的，该行为自始无效。

两个或者两个以上债权人以同一债务人为被告，就同一标的提起撤销权诉讼的，人民法院可以合并审理。

第二十六条 债权人行使撤销权所支付的律师代理费、差旅费等必要费用，由债务人负担；第三人有过错的，应当适当分担。

六、合同转让中的第三人

第二十七条 债权人转让合同权利后，债务人与受让人之间因履行合同发生纠纷诉至人民法院，债务人对债权人的权利提出抗辩的，可以将债权人列为第三人。

第二十八条 经债权人同意，债务人转移合同义务后，受让人与债权人之间因履行合同发生纠纷诉至人民法院，受让人就债务人对债权人的权利提出抗辩的，可以将债务人列为第三人。

第二十九条 合同当事人一方经对方同意将其在合同中的权利义务一并转让给受让人，对方与受让人因履行合同发生纠纷诉至人民法院，对方就合同权利义务提出抗辩的，可以将出让方列为第三人。

七、请求权竞合

第三十条 债权人依照合同法第一百二十二条的规定向人民法院起诉时作出选择后，在一审开庭以前又变更诉讼请求的，人民法院应当准许。对方当事人提出管辖权异议，经审查异议成立的，人民法院应当驳回起诉。

最高人民法院关于如何确认公民与企业之间借贷行为效力问题的批复

（1999年1月26日最高人民法院审判委员会第1041次会议通过　自1999年2月13日起施行　法释〔1999〕3号）

黑龙江省高级人民法院：

你院黑高法〔一九九八〕一百九十二号《关于公民与企业之间借贷合同效力如何确认的请示》收悉。经研究，答复如下：

公民与非金融企业（以下简称企业）之间的借贷属于民间借贷。只要双方当事人意思表示真实即可认定有效。但是，具有下列情形之一的，应当认定无效：

（一）企业以借贷名义向职工非法集资；

（二）企业以借贷名义非法向社会集资；

（三）企业以借贷名义向社会公众发放贷款；

（四）其他违反法律、行政法规的行为。

借贷利率超过银行同期同类贷款利率四倍的，按照最高人民法院法（民）发〔一九九一〕二十一号《关于人民法院审理借贷案件的若干意见》的有关规定办理。

最高人民法院关于审理存单纠纷案件的若干规定

（1997年11月25日最高人民法院审判委员会第946次会议通过　自1997年12月13日公布起施行　法释〔1997〕8号）

为正确审理存单纠纷案件，根据《中华人民共和国民法通则》、《中华人民共和国经济合同法》、《中华人民共和国担保法》的有关规定和在总结审判经验的基础上，制定本规定。

第一条 存单纠纷案件的范围

（一）存单持有人以存单为重要证据向人民法院提起诉讼的纠纷案件；

（二）当事人以进帐单、对帐单、存款合同等凭证为主要证据向人民法院提起诉讼的纠纷案件；

（三）金融机构向人民法院起诉要求确认存单、进帐单、对帐单、存款合同等凭证无效的纠纷案件；

（四）以存单为表现形式的借贷纠纷案件。

第二条 存单纠纷案件的案由

人民法院可将本规定第一条所列案件，一律以存单纠纷为案由。实体审理时应以存单纠纷案件中真实法律关系为基础依法处理。

第三条 存单纠纷案件的受理与中止

存单纠纷案件当事人向人民法院提起诉讼，人民法院应当依照《中华人民共和国民事诉讼法》第一百零八条的规定予以审查，符合规定的，均应受理。

人民法院在受理存单纠纷案件后，如发现犯罪线索，应将犯罪线索及时书面告知公安或检察机关。如案件当事人因伪造、变造、虚开存单或涉嫌诈骗，有关国家机关已立案侦查，存单纠纷案件确须待刑事案件结案后才能审理的，人民法院应当中止审理。对于追究有关当事人的刑事责任不影响对存单纠纷案件审理的，人民法院应对存单纠纷案件有关当事人是否承担民事责任以及承担民事责任的大小依法及时进行认定和处理。

第四条 存单纠纷案件的管辖

依照《中华人民共和国民事诉讼法》第二十四条的规定，存单纠纷案件由被告住所地人民法院或出具存单、进帐单、对帐单或与当事人签订存款合同的金融机构住所地人民法院管辖。住所地与经常居住地不一致的，由经常居住地人民法院管辖。

第五条 对一般存单纠纷案件的认定和处理

（一）认定

当事人以存单或进帐单、对帐单、存款合同等凭证为主要证据向人民法院提起诉讼的存单纠纷案件和金融机构向人民法院提起的确认存单或进帐单、对帐单、存款合同等凭证无效的存单纠纷案件,为一般存单纠纷案件。

（二）处理

人民法院在审理一般存单纠纷案件中,除应审查存单、进帐单、对帐单、存款合同等凭证的真实性外,还应审查持有人与金融机构间存款关系的真实性,并以存单、进帐单、对帐单、存款合同等凭证的真实性以及存款关系的真实性为依据,作出正确处理。

1. 持有人以上述真实凭证为证据提起诉讼的,金融机构应当对持有人与金融机构间是否存在存款关系负举证责任。如金融机构有充分证据证明持有人未向金融机构交付上述凭证所记载的款项的,人民法院应当认定持有人与金融机构间不存在存款关系,并判决驳回原告的诉讼请求。

2. 持有人以上述真实凭证为证据提起诉讼的,如金融机构不能提供证明存款关系不真实的证据,或仅以金融机构底单的记载内容与上述凭证记载内容不符为由进行抗辩的,人民法院应认定持有人与金融机构间存款关系成立,金融机构应当承担兑付款项的义务。

3. 持有人以在样式、印鉴、记载事项上有别于真实凭证,但无充分证据证明系伪造或变造的瑕疵凭证提起诉讼的,持有人应对瑕疵凭证的取得提供合理的陈述。如持有人对瑕疵凭证的取得提供了合理陈述,而金融机构否认存款关系存在的,金融机构应当对持有人与金融机构间是否存在存款关系负举证责任。如金融机构有充分证据证明持有人未向金融机构交付上述凭证所记载的款项的,人民法院应当认定持有人与金融机构间不存在存款关系,判决驳回原告的诉讼请求;如金融机构不能提供证明存款关系不真实的证据,或仅以金融机构底单的记载内容与上述凭证记载内容不符为由进行抗辩的,人民法院应认定持有人与金融机构间存款关系成立,金融机构应当承担兑付款项的义务。

4. 存单纠纷案件的审理中,如有充足证据证明存单、进帐单、对帐单、存款合同等凭证系伪造、变造,人民法院应在查明案件事实的基础上,依法确认上述凭证无效,并可驳回持上述凭证起诉的原告的诉讼请求或根据实际存款数额进行判决。如有本规定第三条中止审理情形的,人民法院应当中止审理。

第六条 对以存单为表现形式的借贷纠纷案件的认定和处理

(一)认定

在出资人直接将款项交与用资人使用,或通过金融机构将款项交与用资人使用,金融机构向出资人出具存单或进帐单、对帐单或与出资人签订存款合同,出资人从用资人或从金融机构取得或约定取得高额利差的行为中发生的存单纠纷案件,为以存单为表现形式的借贷纠纷案件。但符合本规定第七条所列委托贷款和信托贷款的除外。

(二)处理

以存单为表现形式的借贷,属于违法借贷,出资人收取的高额利差应充抵本金,出资人,金融机构与用资人因参与违法借贷均应当承担相应的民事责任。可分以下几种情况处理:

1. 出资人将款项或票据(以下统称资金)交付给金融机构,金融机构给出资人出具存单或进帐单、对帐单或与出资人签订存款合同,并将资金自行转给用资人的,金融机构与用资人对偿还出资人本金及利息承担连带责任;利息按人民银行同期存款利率计算至给付之日。

2. 出资人未将资金交付给金融机构,而是依照金融机构的指定将资金直接转给用资人,金融机构给出资人出具存单或进帐单、对帐单或与出资人签订存款合同的,首先由用资人偿还出资人本金及利息,金融机构对用资人不能偿还出资人本金及利息部分承担补充赔偿责任;利息按人民银行同期存款利率计算至给付之日。

3. 出资人将资金交付给金融机构,金融机构给出资人出具存单或进帐单、对帐单或与出资人签订存款合同,出资人再指定金融机构将资金转给用资人的,首先由用资人返还出资人本金和利息。利息按人民银行同期存款利率计算至给付之日。金融机构因其帮助违法借贷的过错,应当对用资人不能偿还出资人本金部分承担赔偿责任,但不超过不能偿还本金部分的百分之四十。

4. 出资人未将资金交付给金融机构,而是自行将资金直接转给用资人,金融机构给出资人出具存单或进帐单、对帐单或与出资人签订存款合同的,首先由用资人返还出资人本金和利息。利息按人民银行同期存款利率计算至给付之日。金融机构因其帮助违法借贷的过错,应当对用资人不能偿还出资人本金部分承担赔偿责任，但不超过不能偿还本金部分的百分之二十。

本条中所称交付，指出资人向金融机构转移现金的占有或出资人向金融机构交付注明出资人或金融机构（包括金融机构的下属部门）为收款人的票据。出资人向金融机构交付有资金数额但未注明收款人的票据的，亦属于本条中所称交付。

如以存单为表现形式的借贷行为确已发生，即使金融机构向出资人出具的存单、进帐单、对帐单或与出资人签订的存款合同存在虚假、瑕疵，或金融机构工作人员超越权限出具上述凭证等情形，不影响人民法院按以上规定对案件进行处理。

（三）当事人的确定

出资人起诉金融机构的，人民法院应通知用资人作为第三人参加诉讼；出资人起诉用资人的，人民法院应通知金融机构作为第三人参加诉讼；公款私存的，人民法院在查明款项的真实所有人基础上，应通知款项的真实所有人为权利人参加诉讼，与存单记载的个人为共同诉讼人。该个人申请退出诉讼的，人民法院可予准许。

第七条 对存单纠纷案件中存在的委托贷款关系和信托贷款关系的认定和纠纷的处理

（一）认定

存单纠纷案件中，出资人与金融机构、用资人之间按有关委托贷款的要求签订有委托贷款协议的，人民法院应认定出资人与金融机构间成立委托贷款关系。金融机构向出资人出具的存单或进帐单、对帐单或与出资人签订的存款合同，均不影响金融机构与出资人间委托贷款关系的成立。出资人与金融机构间签订委托贷款协议后，由金融机构自行确定用资人的，人民法院应认定出资人与金融机构间成立信托贷款关系。

委托贷款协议和信托贷款协议应当用书面形式。口头委托贷款或信托贷款，当事人无异议的，人民法院可予以认定；有其他证据能够证明金融机构与出资人之间确系委托贷款或信托贷款关系的，人民法院亦予以认定。

（二）处理

构成委托贷款的，金融机构出具的存单或进帐单、对帐单或与出资人签订的存款合同不作为存款关系的证明，借款方不能偿还贷款的风险应当由委托人承担。

如有证据证明金融机构出具上述凭证是对委托贷款进行担保的,金融机构对偿还贷款承担连带担保责任。委托贷款中约定的利率超过人民银行规定的部分无效。构成信托贷款的,按人民银行有关信托贷款的规定处理。

第八条 对存单质押的认定和处理

存单可以质押。存单持有人以伪造、变造的虚假存单质押的,质押合同无效。接受虚假存单质押的当事人如以该存单质押为由起诉金融机构,要求兑付存款优先受偿的,人民法院应当判决驳回其诉讼请求,并告知其可另案起诉出质人。

存单持有人以金融机构开具的、未有实际存款或与实际存款不符的存单进行质押,以骗取或占用他人财产的,该质押关系无效。接受存单质押的人起诉的,该存单持有人与开具存单的金融机构为共同被告。利用存单骗取或占用他人财产的存单持有人对侵犯他人财产权承担赔偿责任,开具存单的金融机构因其过错致他人财产权受损,对所造成的损失承担连带赔偿责任。接受存单质押的人在审查存单的真实性上有重大过失的,开具存单的金融机构仅对所造成的损失承担补充赔偿责任。明知存单虚假而接受存单质押的,开具存单的金融机构不承担民事赔偿责任。

以金融机构核押的存单出质的,即便存单系伪造、变造、虚开,质押合同均为有效,金融机构应当依法向质权人兑付存单所记载的款项。

第九条其他在存单纠纷案件的审理中,有关当事人如有违法行为,依法应给予民事制裁的,人民法院可依法对有关当事人实施民事制裁。案件审理中发现的犯罪线索,人民法院应及时书面告知公安或检察机关,并将有关材料及时移送公安或检察机关。

（二）司法性文件

最高人民法院关于企业相互借贷的合同出借方尚未取得约定利息人民法院应当如何裁决问题的解答

（1996年3月25日　法复〔1996〕2号）

各省、自治区、直辖市高级人民法院，解放军军事法院：

《最高人民法院关于审理联营合同纠纷案件若干问题的解答》〈法（经）发〔1990〕27号〉于1990年11月12日下发以后，一些高级人民法院先后就如何执行该解答第四个问题第（二）条向我院请求，现解答如下：

对企业之间相互借贷的出借方或者名为联营、实为借贷的出资方尚未取得的约定利息，人民法院应当依法向借款方收缴。

最高人民法院关于银行、信用社扣划预付货款收贷应否退还问题的批复

（1994年3月9日　法复〔1994〕1号）

四川省高级人民法院：

你院川高法〔1993〕12号《关于银行、信用社扣划预付货款收贷应否退还的请示》收悉。经研究，答复如下：

一、根据《中华人民共和国民法通则》第七十二条的规定，一方当事人按照合同约定将预付货款汇入对方当事人帐户，对方当事人即取得该款项的所有权，但双方当事人另有约定的除外。

二、预付款人将预付货款汇入对方当事人帐户后，即丧失了该款项的所有权。因此，该款项被银行、信用社或者其他金融机构扣划还贷后，预付款人无权向银行、信用社或者其他金融机构请求返还。人民法院在审理这类经济纠纷案件时，不应当将银行、信用社或者其他金融机构列为第三人参加诉讼。

三、如果银行、信用社或者其他金融机构明知借款人无履行合同的能力，而与其同谋或者怂恿其通过签订合同收取预付货款还贷的，预付款人可以直接要求银行、信用社或者其他金融机构返还已经还贷的预付货款。

四、银行、信用社或者其他金融机构对预付款人承诺专款专用而又扣划该款项还贷的，预付款人也可直接要求银行、信用社或者其他金融机构返还被其扣划的预付货款。

7 担 保

（一）司法解释

最高人民法院关于人民法院应当如何认定保证人在保证期间届满后又在催款通知书上签字问题的批复

（2004 年 3 月 23 日最高人民法院审判委员会第 1312 次会议通过 2004 年4 月 14 日公布 自 2004 年 4 月 19 日起施行 法释〔2004〕4 号）

云南、河北、四川省高级人民法院：

云高法〔2003〕69 号《关于保证人超过保证期间后又在催款通知书上签字应如何认定性质和责任的请示》、〔2003〕冀民二请字第 1 号《关于如何认定已过了保证期间的保证人在中国长城资产管理公司〈债权转移确认通知书〉上盖章的民事责任的请示》和川高法〔2003〕266 号《关于保证期届满后保证人与债务人同日在催款通知书上签字或者盖章的法律效力问题的请示》收悉。经研究，答复如下：

根据《中华人民共和国担保法》的规定，保证期间届满债权人未依法向保证人主张保证责任的，保证责任消灭。保证责任消灭后，债权人书面通知保证人要求承担保证责任或者清偿债务，保证人在催款通知书上签字的，人民法院不得认定保证人继续承担保证责任。但是，该催款通知书内容符合合同法和担保法有关担保合同成立的规定，并经保证人签字认可，能够认定成立新的保证合同的，人民法院应当认定保证人按照新保证合同承担责任。

最高人民法院关于涉及担保纠纷案件的司法解释的适用和保证责任方式认定问题的批复

（2002年11月11日最高人民法院审判委员会第1256次会议通过 2002年11月23日公布 自2002年12月6日起施行 法释〔2002〕38号）

山东省高级人民法院：

你院鲁法民二字〔2002〕2号《关于担保法适用有关问题的请示》收悉。经研究，答复如下：

一、最高人民法院法发〔1994〕8号《关于审理经济合同纠纷案件有关保证的若干问题的规定》，适用于该规定施行后发生的担保纠纷案件和该规定施行前发生的尚未审结的第一审、第二审担保纠纷案件。该规定施行前判决、裁定已经发生法律效力的担保纠纷案件，进行再审的，不适用该《规定》。《中华人民共和国担保法》生效后发生的担保行为和担保纠纷，适用担保法和担保法相关司法解释的规定。

二、担保法生效之前订立的保证合同中对保证责任方式没有约定或者约定不明的，应当认定为一般保证。保证合同中明确约定保证人在债务人不能履行债务时始承担担保责任的，视为一般保证。保证合同中明确约定保证人在被保证人不履行债务时承担保证责任，且根据当事人订立合同的本意推定不出为一般保证责任的，视为连带责任保证。

在本批复施行前，判决、裁定已经发生法律效力的担保纠纷案件，当事人申请再审或者按审判监督程序决定再审的，不适用本批复。

最高人民法院关于已承担保证责任的保证人向其他保证人行使追偿权问题的批复

（2002 年 11 月 11 日最高人民法院审判委员会第 1256 次会议通过　2002 年11 月 23 日公布　自 2002 年 12 月 5 日起施行　法释〔2002〕37 号）

云南省高级人民法院：

你院云高法〔2002〕160 号《关于已经承担了保证责任的保证人向保证期间内未被主张保证责任的其他保证人行使追偿权是否成立的请示》收悉。经研究，答复如下：

根据《中华人民共和国担保法》第十二条的规定，承担连带责任保证的保证人一人或者数人承担保证责任后，有权要求其他保证人清偿应当承担的份额，不受债权人是否在保证期间内向未承担保证责任的保证人主张过保证责任的影响。

最高人民法院关于国有工业企业以机器设备等财产为抵押物与债权人签订的抵押合同的效力问题的批复

（2002 年 6 月 11 日最高人民法院审判委员会第 1225 次会议通过　2002 年6 月 18 日公布　自 2002 年 6 月 22 日起施行　法释〔2002〕14 号）

重庆市高级人民法院：

你院渝高法〔2001〕37 号《关于认定国有工业企业以机器设备、厂房为抵押物与债权人签订的抵押合同的法律效力的请示》收悉。经研究，答复如下：

根据《中华人民共和国担保法》第三十四条和最高人民法院《关于适用〈中华人民共和国合同法〉若干问题的解释(一)》第九条规定的精神,国有工业企业以机器设备、厂房等财产与债权人签订的抵押合同,如无其它法定的无效情形,不应当仅以未经政府主管部门批准为由认定抵押合同无效。

本批复施行后,正在审理或者尚未审理的案件,适用本批复,但判决、裁定已经发生法律效力的案件提起再审的除外。

最高人民法院关于适用《中华人民共和国担保法》若干问题的解释

(2000年9月29日最高人民法院审判委员会第1133次会议通过　自2000年12月13日起施行　法释〔2000〕44号)

为了正确适用《中华人民共和国担保法》(以下简称担保法),结合审判实践经验,对人民法院审理担保纠纷案件适用法律问题作出如下解释。

一、关于总则部分的解释

第一条　当事人对由民事关系产生的债权,在不违反法律、法规强制性规定的情况下,以担保法规定的方式设定担保的,可以认定为有效。

第二条　反担保人可以是债务人,也可以是债务人之外的其他人。

反担保方式可以是债务人提供的抵押或者质押,也可以是其他人提供的保证、抵押或者质押。

第三条　国家机关和以公益为目的的事业单位、社会团体违反法律规定提供担保的,担保合同无效。因此给债权人造成损失的,应当根据担保法第五条第二款的规定处理。

第四条　董事、经理违反《中华人民共和国公司法》第六十条的规定,以公司资产为本公司的股东或者其他个人债务提供担保的,担保合同无效。除债权人知道或者应当知道的外，债务人、担保人应当对债权人的损失承担连带赔偿责任。

第五条 以法律、法规禁止流通的财产或者不可转让的财产设定担保的，担保合同无效。

以法律、法规限制流通的财产设定担保的，在实现债权时，人民法院应当按照有关法律、法规的规定对该财产进行处理。

第六条 有下列情形之一的，对外担保合同无效：

（一）未经国家有关主管部门批准或者登记对外担保的；

（二）未经国家有关主管部门批准或者登记，为境外机构向境内债权人提供担保的；

（三）为外商投资企业注册资本、外商投资企业中的外方投资部分的对外债务提供担保的；

（四）无权经营外汇担保业务的金融机构、无外汇收入的非金融性质的企业法人提供外汇担保的；

（五）主合同变更或者债权人将对外担保合同项下的权利转让，未经担保人同意和国家有关主管部门批准的，担保人不再承担担保责任。但法律、法规另有规定的除外。

第七条 主合同有效而担保合同无效，债权人无过错的，担保人与债务人对主合同债权人的经济损失，承担连带赔偿责任；债权人、担保人有过错的，担保人承担民事责任的部分，不应超过债务人不能清偿部分的二分之一。

第八条 主合同无效而导致担保合同无效，担保人无过错的，担保人不承担民事责任；担保人有过错的，担保人承担民事责任的部分，不应超过债务人不能清偿部分的三分之一。

第九条 担保人因无效担保合同向债权人承担赔偿责任后，可以向债务人追偿，或者在承担赔偿责任的范围内，要求有过错的反担保人承担赔偿责任。

担保人可以根据承担赔偿责任的事实对债务人或者反担保人另行提起诉讼。

第十条 主合同解除后，担保人对债务人应当承担的民事责任仍应承担担保责任。但是，担保合同另有约定的除外。

第十一条 法人或者其他组织的法定代表人、负责人超越权限订立的担保合同,除相对人知道或者应当知道其超越权限的以外,该代表行为有效。

第十二条 当事人约定的或者登记部门要求登记的担保期间,对担保物权的存续不具有法律约束力。

担保物权所担保的债权的诉讼时效结束后,担保权人在诉讼时效结束后的二年内行使担保物权的,人民法院应当予以支持。

二、关于保证部分的解释

第十三条 保证合同中约定保证人代为履行非金钱债务的,如果保证人不能实际代为履行,对债权人因此造成的损失,保证人应当承担赔偿责任。

第十四条 不具有完全代偿能力的法人、其他组织或者自然人,以保证人身份订立保证合同后,又以自己没有代偿能力要求免除保证责任的,人民法院不予支持。

第十五条 担保法第七条规定的其他组织主要包括:

(一)依法登记领取营业执照的独资企业、合伙企业;

(二)依法登记领取营业执照的联营企业;

(三)依法登记领取营业执照的中外合作经营企业;

(四)经民政部门核准登记的社会团体;

(五)经核准登记领取营业执照的乡镇、街道、村办企业。

第十六条 从事经营活动的事业单位、社会团体为保证人的,如无其他导致保证合同无效的情况,其所签定的保证合同应当认定为有效。

第十七条 企业法人的分支机构未经法人书面授权提供保证的,保证合同无效。因此给债权人造成损失的,应当根据担保法第五条第二款的规定处理。

企业法人的分支机构经法人书面授权提供保证的,如果法人的书面授权范围不明,法人的分支机构应当对保证合同约定的全部债务承担保证责任。

企业法人的分支机构经营管理的财产不足以承担保证责任的,由企业法人承担民事责任。

企业法人的分支机构提供的保证无效后应当承担赔偿责任的,由分支机构经营管理的财产承担。企业法人有过错的,按照担保法第二十九条的规定处理。

第十八条 企业法人的职能部门提供保证的,保证合同无效。债权人知道或者应当知道保证人为企业法人的职能部门的,因此造成的损失由债权人自行承担。

债权人不知保证人为企业法人的职能部门,因此造成的损失,可以参照担保法第五条第二款的规定和第二十九条的规定处理。

第十九条 两个以上保证人对同一债务同时或者分别提供保证时,各保证人与债权人没有约定保证份额的,应当认定为连带共同保证。

连带共同保证的保证人以其相互之间约定各自承担的份额对抗债权人的,人民法院不予支持。

第二十条 连带共同保证的债务人在主合同规定的债务履行期届满没有履行债务的,债权人可以要求债务人履行债务,也可以要求任何一个保证人承担全部保证责任。

连带共同保证的保证人承担保证责任后,向债务人不能追偿的部分,由各连带保证人按其内部约定的比例分担。没有约定的,平均分担。

第二十一条 按份共同保证的保证人按照保证合同约定的保证份额承担保证责任后,在其履行保证责任的范围内对债务人行使追偿权。

第二十二条 第三人单方以书面形式向债权人出具担保书,债权人接受且未提出异议的,保证合同成立。

主合同中虽然没有保证条款,但是,保证人在主合同上以保证人的身份签字或者盖章的,保证合同成立。

第二十三条 最高额保证合同的不特定债权确定后,保证人应当对在最高债权额限度内就一定期间连续发生的债权余额承担保证责任。

第二十四条 一般保证的保证人在主债权履行期间届满后,向债权人提供了债务人可供执行财产的真实情况的,债权人放弃或者怠于行使权利致使该财产不能被执行,保证人可以请求人民法院在其提供可供执行财产的实际价值范围内免除保证责任。

第二十五条 担保法第十七条第三款第(一)项规定的债权人要求债务人履行债务发生的重大困难情形,包括债务人下落不明、移居境外,且无财产可供执行。

第二十六条 第三人向债权人保证监督支付专款专用的,在履行了监督支付专款专用的义务后,不再承担责任。未尽监督义务造成资金流失的,应当对流失的资金承担补充赔偿责任。

第二十七条 保证人对债务人的注册资金提供保证的，债务人的实际投资与注册资金不符，或者抽逃转移注册资金的，保证人在注册资金不足或者抽逃转移注册资金的范围内承担连带保证责任。

第二十八条 保证期间，债权人依法将主债权转让给第三人的，保证债权同时转让，保证人在原保证担保的范围内对受让人承担保证责任。但是保证人与债权人事先约定仅对特定的债权人承担保证责任或者禁止债权转让的，保证人不再承担保证责任。

第二十九条 保证期间，债权人许可债务人转让部分债务未经保证人书面同意的，保证人对未经其同意转让部分的债务，不再承担保证责任。但是，保证人仍应当对未转让部分的债务承担保证责任。

第三十条 保证期间，债权人与债务人对主合同数量、价款、币种、利率等内容作了变动，未经保证人同意的，如果减轻债务人的债务的，保证人仍应当对变更后的合同承担保证责任；如果加重债务人的债务的，保证人对加重的部分不承担保证责任。

债权人与债务人对主合同履行期限作了变动，未经保证人书面同意的，保证期间为原合同约定的或者法律规定的期间。

债权人与债务人协议变动主合同内容，但并未实际履行的，保证人仍应当承担保证责任。

第三十一条 保证期间不因任何事由发生中断、中止、延长的法律后果。

第三十二条 保证合同约定的保证期间早于或者等于主债务履行期限的，视为没有约定，保证期间为主债务履行期届满之日起六个月。

保证合同约定保证人承担保证责任直至主债务本息还清时为止等类似内容的，视为约定不明，保证期间为主债务履行期届满之日起二年。

第三十三条 主合同对主债务履行期限没有约定或者约定不明的，保证期间自债权人要求债务人履行义务的宽限期届满之日起计算。

第三十四条 一般保证的债权人在保证期间届满前对债务人提起诉讼或者申请仲裁的，从判决或者仲裁裁决生效之日起，开始计算保证合同的诉讼时效。

连带责任保证的债权人在保证期间届满前要求保证人承担保证责任的,从债权人要求保证人承担保证责任之日起,开始计算保证合同的诉讼时效。

第三十五条 保证人对已经超过诉讼时效期间的债务承担保证责任或者提供保证的,又以超过诉讼时效为由抗辩的,人民法院不予支持。

第三十六条 一般保证中,主债务诉讼时效中断,保证债务诉讼时效中断;连带责任保证中,主债务诉讼时效中断,保证债务诉讼时效不中断。

一般保证和连带责任保证中,主债务诉讼时效中止的,保证债务的诉讼时效同时中止。

第三十七条 最高额保证合同对保证期间没有约定或者约定不明的,如最高额保证合同约定有保证人清偿债务期限的,保证期间为清偿期限届满之日起六个月。没有约定债务清偿期限的,保证期间自最高额保证终止之日或自债权人收到保证人终止保证合同的书面通知到达之日起六个月。

第三十八条 同一债权既有保证又有第三人提供物的担保的,债权人可以请求保证人或者物的担保人承担担保责任。当事人对保证担保的范围或者物的担保的范围没有约定或者约定不明的,承担了担保责任的担保人,可以向债务人追偿,也可以要求其他担保人清偿其应当分担的份额。

同一债权既有保证又有物的担保的,物的担保合同被确认无效或者被撤销,或者担保物因不可抗力的原因灭失而没有代位物的,保证人仍应当按合同的约定或者法律的规定承担保证责任。

债权人在主合同履行期届满后怠于行使担保物权,致使担保物的价值减少或者毁损、灭失的,视为债权人放弃部分或者全部物的担保。保证人在债权人放弃权利的范围内减轻或者免除保证责任。

第三十九条 主合同当事人双方协议以新贷偿还旧贷,除保证人知道或者应当知道的外,保证人不承担民事责任。

新贷与旧贷系同一保证人的,不适用前款的规定。

第四十条 主合同债务人采取欺诈、胁迫等手段,使保证人在违背真实意思的情况下提供保证的,债权人知道或者应当知道欺诈、胁迫事实的,按照担保法第三十条的规定处理。

第四十一条 债务人与保证人共同欺骗债权人，订立主合同和保证合同的，债权人可以请求人民法院予以撤销。因此给债权人造成损失的，由保证人与债务人承担连带赔偿责任。

第四十二条 人民法院判决保证人承担保证责任或者赔偿责任的，应当在判决书主文中明确保证人享有担保法第三十一条规定的权利。判决书中未予明确追偿权的，保证人只能按照承担责任的事实，另行提起诉讼。

保证人对债务人行使追偿权的诉讼时效，自保证人向债权人承担责任之日起开始计算。

第四十三条 保证人自行履行保证责任时，其实际清偿额大于主债权范围的，保证人只能在主债权范围内对债务人行使追偿权。

第四十四条 保证期间，人民法院受理债务人破产案件的，债权人既可以向人民法院申报债权，也可以向保证人主张权利。

债权人申报债权后在破产程序中未受清偿的部分，保证人仍应当承担保证责任。债权人要求保证人承担保证责任的，应当在破产程序终结后六个月内提出。

第四十五条 债权人知道或者应当知道债务人破产，既未申报债权也未通知保证人，致使保证人不能预先行使追偿权的，保证人在该债权在破产程序中可能受偿的范围内免除保证责任。

第四十六条 人民法院受理债务人破产案件后，债权人未申报债权的，各连带共同保证的保证人应当作为一个主体申报债权，预先行使追偿权。

三、关于抵押部分的解释

第四十七条 以依法获准尚未建造的或者正在建造中的房屋或者其他建筑物抵押的，当事人办理了抵押物登记，人民法院可以认定抵押有效。

第四十八条 以法定程序确认为违法、违章的建筑物抵押的，抵押无效。

第四十九条 以尚未办理权属证书的财产抵押的，在第一审法庭辩论终结前能够提供权利证书或者补办登记手续的，可以认定抵押有效。

当事人未办理抵押物登记手续的，不得对抗第三人。

第五十条 以担保法第三十四条第一款所列财产一并抵押的，抵押财产的范围应当以登记的财产为准。抵押财产的价值在抵押权实现时予以确定。

第五十一条　抵押人所担保的债权超出其抵押物价值的，超出的部分不具有优先受偿的效力。

第五十二条　当事人以农作物和与其尚未分离的土地使用权同时抵押的，土地使用权部分的抵押无效。

第五十三条　学校、幼儿园、医院等以公益为目的的事业单位、社会团体，以其教育设施、医疗卫生设施和其他社会公益设施以外的财产为自身债务设定抵押的，人民法院可以认定抵押有效。

第五十四条　按份共有人以其共有财产中享有的份额设定抵押的，抵押有效。

共同共有人以其共有财产设定抵押，未经其他共有人的同意，抵押无效。但是，其他共有人知道或者应当知道而未提出异议的视为同意，抵押有效。

第五十五条　已经设定抵押的财产被采取查封、扣押等财产保全或者执行措施的，不影响抵押权的效力。

第五十六条　抵押合同对被担保的主债权种类、抵押财产没有约定或者约定不明，根据主合同和抵押合同不能补正或者无法推定的，抵押不成立。

法律规定登记生效的抵押合同签订后，抵押人违背诚实信用原则拒绝办理抵押登记致使债权人受到损失的，抵押人应当承担赔偿责任。

第五十七条　当事人在抵押合同中约定，债务履行期届满抵押权人未受清偿时，抵押物的所有权转移为债权人所有的内容无效。该内容的无效不影响抵押合同其他部分内容的效力。

债务履行期届满后抵押权人未受清偿时，抵押权人和抵押人可以协议以抵押物折价取得抵押物。但是，损害顺序在后的担保物权人和其他债权人利益的，人民法院可以适用合同法第七十四条、第七十五条的有关规定。

第五十八条　当事人同一天在不同的法定登记部门办理抵押物登记的，视为顺序相同。

因登记部门的原因致使抵押物进行连续登记的，抵押物第一次登记的日期，视为抵押登记的日期，并依此确定抵押权的顺序。

第五十九条　当事人办理抵押物登记手续时，因登记部门的原因致使其无法办理抵押物登记，抵押人向债权人交付权利凭证的，可以认定债权人对该财产有优先受偿权。但是，未办理抵押物登记的，不得对抗第三人。

第六十条 以担保法第四十二条第(二)项规定的不动产抵押的，县级以上地方人民政府对登记部门未作规定，当事人在土地管理部门或者房产管理部门办理了抵押物登记手续，人民法院可以确认其登记的效力。

第六十一条 抵押物登记记载的内容与抵押合同约定的内容不一致的，以登记记载的内容为准。

第六十二条 抵押物因附合、混合或者加工使抵押物的所有权为第三人所有的，抵押权的效力及于补偿金；抵押物所有人为附合物、混合物或者加工物的所有人的，抵押权的效力及于附合物、混合物或者加工物；第三人与抵押物所有人为附合物、混合物或者加工物的共有人的，抵押权的效力及于抵押人对共有物享有的份额。

第六十三条 抵押权设定前为抵押物的从物的，抵押权的效力及于抵押物的从物。但是，抵押物与其从物为两个以上的人分别所有时，抵押权的效力不及于抵押物的从物。

第六十四条 债务履行期届满，债务人不履行债务致使抵押物被人民法院依法扣押的，自扣押之日起抵押权人收取的由抵押物分离的天然孳息和法定孳息，按照下列顺序清偿：

(一)收取孳息的费用；

(二)主债权的利息；

(三)主债权。

第六十五条 抵押人将已出租的财产抵押的，抵押权实现后，租赁合同在有效期内对抵押物的受让人继续有效。

第六十六条 抵押人将已抵押的财产出租的，抵押权实现后，租赁合同对受让人不具有约束力。

抵押人将已抵押的财产出租时，如果抵押人未书面告知承租人该财产已抵押的，抵押人对出租抵押物造成承租人的损失承担赔偿责任；如果抵押人已书面告知承租人该财产已抵押的，抵押权实现造成承租人的损失，由承租人自己承担。

第六十七条 抵押权存续期间，抵押人转让抵押物未通知抵押权人或者未告知受让人的，如果抵押物已经登记的，抵押权人仍可以行使抵押权；取得抵押物所有权的受让人，可以代替债务人清偿其全部债务，使抵押权消灭。受让人清偿债务后可以向抵押人追偿。

如果抵押物未经登记的，抵押权不得对抗受让人，因此给抵押权人造成损失的，由抵押人承担赔偿责任。

第六十八条　抵押物依法被继承或者赠与的，抵押权不受影响。

第六十九条　债务人有多个普通债权人的，在清偿债务时，债务人与其中一个债权人恶意串通，将其全部或者部分财产抵押给该债权人，因此丧失了履行其他债务的能力，损害了其他债权人的合法权益，受损害的其他债权人可以请求人民法院撤销该抵押行为。

第七十条　抵押人的行为足以使抵押物价值减少的，抵押权人请求抵押人恢复原状或提供担保遭到拒绝时，抵押权人可以请求债务人履行债务，也可以请求提前行使抵押权。

第七十一条　主债权未受全部清偿的，抵押权人可以就抵押物的全部行使其抵押权。

抵押物被分割或者部分转让的，抵押权人可以就分割或者转让后的抵押物行使抵押权。

第七十二条　主债权被分割或者部分转让的，各债权人可以就其享有的债权份额行使抵押权。

主债务被分割或者部分转让的，抵押人仍以其抵押物担保数个债务人履行债务。但是，第三人提供抵押的，债权人许可债务人转让债务未经抵押人书面同意的，抵押人对未经其同意转让的债务，不再承担担保责任。

第七十三条　抵押物折价或者拍卖、变卖该抵押物的价款低于抵押权设定时约定价值的，应当按照抵押物实现的价值进行清偿。不足清偿的剩余部分，由债务人清偿。

第七十四条　抵押物折价或者拍卖、变卖所得的价款，当事人没有约定的，按下列顺序清偿：

（一）实现抵押权的费用；

（二）主债权的利息；

（三）主债权。

第七十五条 同一债权有两个以上抵押人的，债权人放弃债务人提供的抵押担保的，其他抵押人可以请求人民法院减轻或者免除其应当承担的担保责任。

同一债权有两个以上抵押人的，当事人对其提供的抵押财产所担保的债权份额或者顺序没有约定或者约定不明的，抵押权人可以就其中任一或者各个财产行使抵押权。

抵押人承担担保责任后，可以向债务人追偿，也可以要求其他抵押人清偿其应当承担的份额。

第七十六条 同一动产向两个以上债权人抵押的，当事人未办理抵押物登记，实现抵押权时，各抵押权人按照债权比例受偿。

第七十七条 同一财产向两个以上债权人抵押的，顺序在先的抵押权与该财产的所有权归属一人时，该财产的所有权人可以以其抵押权对抗顺序在后的抵押权。

第七十八条 同一财产向两个以上债权人抵押的，顺序在后的抵押权所担保的债权先到期的，抵押权人只能就抵押物价值超出顺序在先的抵押担保债权的部分受偿。

顺序在先的抵押权所担保的债权先到期的，抵押权实现后的剩余价款应予提存，留待清偿顺序在后的抵押担保债权。

第七十九条 同一财产法定登记的抵押权与质权并存时，抵押权人优先于质权人受偿。

同一财产抵押权与留置权并存时，留置权人优先于抵押权人受偿。

第八十条 在抵押物灭失、毁损或者被征用的情况下，抵押权人可以就该抵押物的保险金、赔偿金或者补偿金优先受偿。

抵押物灭失、毁损或者被征用的情况下，抵押权所担保的债权未届清偿期的，抵押权人可以请求人民法院对保险金、赔偿金或补偿金等采取保全措施。

第八十一条 最高额抵押权所担保的债权范围，不包括抵押物因财产保全或者执行程序被查封后或债务人、抵押人破产后发生的债权。

第八十二条 当事人对最高额抵押合同的最高限额、最高额抵押期间进行变更，以其变更对抗顺序在后的抵押权人的，人民法院不予支持。

第八十三条 最高额抵押权所担保的不特定债权，在特定后，债权已届清偿期的，最高额抵押权人可以根据普通抵押权的规定行使其抵押权。

抵押权人实现最高额抵押权时，如果实际发生的债权余额高于最高限额的，以最高限额为限，超过部分不具有优先受偿的效力；如果实际发生的债权余额低于最高限额的，以实际发生的债权余额为限对抵押物优先受偿。

四、关于质押部分的解释

（一）动产质押

第八十四条 出质人以其不具有所有权但合法占有的动产出质的，不知出质人无处分权的质权人行使质权后，因此给动产所有人造成损失的，由出质人承担赔偿责任。

第八十五条 债务人或者第三人将其金钱以特户、封金、保证金等形式特定化后，移交债权人占有作为债权的担保，债务人不履行债务时，债权人可以以该金钱优先受偿。

第八十六条 债务人或者第三人未按质押合同约定的时间移交质物的，因此给质权人造成损失的，出质人应当根据其过错承担赔偿责任。

第八十七条 出质人代质权人占有质物的，质押合同不生效；质权人将质物返还于出质人后，以其质权对抗第三人的，人民法院不予支持。

因不可归责于质权人的事由而丧失对质物的占有，质权人可以向不当占有人请求停止侵害、恢复原状、返还质物。

第八十八条 出质人以间接占有的财产出质的，质押合同自书面通知送达占有人时视为移交。占有人收到出质通知后，仍接受出质人的指示处分出质财产的，该行为无效。

第八十九条 质押合同中对质押的财产约定不明，或者约定的出质财产与实际移交的财产不一致的，以实际交付占有的财产为准。

第九十条 质物有隐蔽瑕疵造成质权人其他财产损害的，应由出质人承担赔偿责任。但是,质权人在质物移交时明知质物有瑕疵而予以接受的除外。

第九十一条 动产质权的效力及于质物的从物。但是,从物未随同质物移交质权人占有的,质权的效力不及于从物。

第九十二条 按照担保法第六十九条的规定将质物提存的,质物提存费用由质权人负担;出质人提前清偿债权的,应当扣除未到期部分的利息。

第九十三条 质权人在质权存续期间,未经出质人同意,擅自使用、出租、处分质物,因此给出质人造成损失的,由质权人承担赔偿责任。

第九十四条 质权人在质权存续期间,为担保自己的债务,经出质人同意,以其所占有的质物为第三人设定质权的,应当在原质权所担保的债权范围之内,超过的部分不具有优先受偿的效力。转质权的效力优于原质权。

质权人在质权存续期间,未经出质人同意,为担保自己的债务,在其所占有的质物上为第三人设定质权的无效。质权人对因转质而发生的损害承担赔偿责任。

第九十五条 债务履行期届满质权人未受清偿的,质权人可以继续留置质物,并以质物的全部行使权利。出质人清偿所担保的债权后,质权人应当返还质物。

债务履行期届满,出质人请求质权人及时行使权利,而质权人怠于行使权利致使质物价格下跌的,由此造成的损失,质权人应当承担赔偿责任。

第九十六条 本解释第五十七条、第六十二条、第六十四条、第七十一条、第七十二条、第七十三条、第七十四条、第八十条之规定,适用于动产质押。

(二)权利质押

第九十七条 以公路桥梁、公路隧道或者公路渡口等不动产收益权出质的,按照担保法第七十五条第(四)项的规定处理。

第九十八条 以汇票、支票、本票出质,出质人与质权人没有背书记载“质押”字样,以票据出质对抗善意第三人的,人民法院不予支持。

第九十九条 以公司债券出质的,出质人与质权人没有背书记载“质押”字样,以债券出质对抗公司和第三人的,人民法院不予支持。

第一百条 以存款单出质的,签发银行核押后又受理挂失并造成存款流失的,应当承担民事责任。

第一百零一条 以票据、债券、存款单、仓单、提单出质的,质权人再转让或者质押的无效。

第一百零二条 以载明兑现或者提货日期的汇票、支票、本票、债券、存款单、仓单、提单出质的，其兑现或者提货日期后于债务履行期的，质权人只能在兑现或者提货日期届满时兑现款项或者提取货物。

第一百零三条 以股份有限公司的股份出质的，适用《中华人民共和国公司法》有关股份转让的规定。

以上市公司的股份出质的，质押合同自股份出质向证券登记机构办理出质登记之日起生效。

以非上市公司的股份出质的，质押合同自股份出质记载于股东名册之日起生效。

第一百零四条 以依法可以转让的股份、股票出质的，质权的效力及于股份、股票的法定孳息。

第一百零五条 以依法可以转让的商标专用权，专利权、著作权中的财产权出质的，出质人未经质权人同意而转让或者许可他人使用已出质权利的，应当认定为无效。因此给质权人或者第三人造成损失的，由出质人承担民事责任。

第一百零六条 质权人向出质人、出质债权的债务人行使质权时，出质人、出质债权的债务人拒绝的，质权人可以起诉出质人和出质债权的债务人，也可以单独起诉出质债权的债务人。

五、关于留置部分的解释

第一百零七条 当事人在合同中约定排除留置权，债务履行期届满，债权人行使留置权的，人民法院不予支持。

第一百零八条 债权人合法占有债务人交付的动产时，不知债务人无处分该动产的权利，债权人可以按照担保法第八十二条的规定行使留置权。

第一百零九条 债权人的债权已届清偿期，债权人对动产的占有与其债权的发生有牵连关系，债权人可以留置其所占有的动产。

第一百一十条 留置权人在债权未受全部清偿前，留置物为不可分物的，留置权人可以就其留置物的全部行使留置权。

第一百一十一条 债权人行使留置权与其承担的义务或者合同的特殊约定相抵触的，人民法院不予支持。

第一百一十二条 债权人的债权未届清偿期，其交付占有标的物的义务已届履行期的，不能行使留置权。但是，债权人能够证明债务人无支付能力的除外。

第一百一十三条 债权人未按担保法第八十七条规定的期限通知债务人履行义务，直接变价处分留置物的，应当对此造成的损失承担赔偿责任。债权人与债务人按照担保法第八十七条的规定在合同中约定宽限期的，债权人可以不经通知，直接行使留置权。

第一百一十四条 本解释第六十四条、第八十条、第八十七条、第九十一条、第九十三条的规定，适用于留置。

六、关于定金部分的解释

第一百一十五条 当事人约定以交付定金作为订立主合同担保的，给付定金的一方拒绝订立主合同的，无权要求返还定金；收受定金的一方拒绝订立合同的，应当双倍返还定金。

第一百一十六条 当事人约定以交付定金作为主合同成立或者生效要件的，给付定金的一方未支付定金，但主合同已经履行或者已经履行主要部分的，不影响主合同的成立或者生效。

第一百一十七条 定金交付后，交付定金的一方可以按照合同的约定以丧失定金为代价而解除主合同，收受定金的一方可以双倍返还定金为代价而解除主合同。对解除主合同后责任的处理，适用《中华人民共和国合同法》的规定。

第一百一十八条 当事人交付留置金、担保金、保证金、订约金、押金或者订金等，但没有约定定金性质的，当事人主张定金权利的，人民法院不予支持。

第一百一十九条 实际交付的定金数额多于或者少于约定数额，视为变更定金合同；收受定金一方提出异议并拒绝接受定金的，定金合同不生效。

第一百二十条 因当事人一方迟延履行或者其他违约行为，致使合同目的不能实现，可以适用定金罚则。但法律另有规定或者当事人另有约定的除外。

当事人一方不完全履行合同的，应当按照未履行部分所占合同约定内容的比例,适用定金罚则。

第一百二十一条　当事人约定的定金数额超过主合同标的额百分之二十的,超过的部分,人民法院不予支持。

第一百二十二条　因不可抗力、意外事件致使主合同不能履行的,不适用定金罚则。因合同关系以外第三人的过错,致使主合同不能履行的,适用定金罚则。受定金处罚的一方当事人,可以依法向第三人追偿。

七、关于其他问题的解释

第一百二十三条　同一债权上数个担保物权并存时,债权人放弃债务人提供的物的担保的,其他担保人在其放弃权利的范围内减轻或者免除担保责任。

第一百二十四条　企业法人的分支机构为他人提供保证的,人民法院在审理保证纠纷案件中可以将该企业法人作为共同被告参加诉讼。但是商业银行、保险公司的分支机构提供保证的除外。

第一百二十五条　一般保证的债权人向债务人和保证人一并提起诉讼的,人民法院可以将债务人和保证人列为共同被告参加诉讼。但是,应当在判决书中明确在对债务人财产依法强制执行后仍不能履行债务时,由保证人承担保证责任。

第一百二十六条　连带责任保证的债权人可以将债务人或者保证人作为被告提起诉讼,也可以将债务人和保证人作为共同被告提起诉讼。

第一百二十七条　债务人对债权人提起诉讼,债权人提起反诉的,保证人可以作为第三人参加诉讼。

第一百二十八条　债权人向人民法院请求行使担保物权时,债务人和担保人应当作为共同被告参加诉讼。

同一债权既有保证又有物的担保的,当事人发生纠纷提起诉讼的,债务人与保证人、抵押人或者出质人可以作为共同被告参加诉讼。

第一百二十九条　主合同和担保合同发生纠纷提起诉讼的,应当根据主合同确定案件管辖。担保人承担连带责任的担保合同发生纠纷,债权人向担保人主张权利的,应当由担保人住所地的法院管辖。

主合同和担保合同选择管辖的法院不一致的,应当根据主合同确定案件管辖。

第一百三十条　在主合同纠纷案件中，对担保合同未经审判，人民法院不应当依据对主合同当事人所作出的判决或者裁定，直接执行担保人的财产。

第一百三十一条　本解释所称"不能清偿"指对债务人的存款、现金、有价证券、成品、半成品、原材料、交通工具等可以执行的动产和其他方便执行的财产执行完毕后，债务仍未能得到清偿的状态。

第一百三十二条　在案件审理或者执行程序中，当事人提供财产担保的，人民法院应当对该财产的权属证书予以扣押，同时向有关部门发出协助执行通知书，要求其在规定的时间内不予办理担保财产的转移手续。

第一百三十三条　担保法施行以前发生的担保行为，适用担保行为发生时的法律、法规和有关司法解释。

担保法施行以后因担保行为发生的纠纷案件，在本解释公布施行前已经终审，当事人申请再审或者按审判监督程序决定再审的，不适用本解释。

担保法施行以后因担保行为发生的纠纷案件，在本解释公布施行后尚在一审或二审阶段的，适用担保法和本解释。

第一百三十四条　最高人民法院在担保法施行以前作出的有关担保问题的司法解释，与担保法和本解释相抵触的，不再适用。

最高人民法院关于因法院错判导致债权利息损失扩大保证人应否承担责任问题的批复

（2000 年 7 月 20 日最高人民法院审判委员会第 1126 次会议通过　自 2000 年 8 月 12 日起施行　法释〔2000〕24 号）

四川省高级人民法院：

你院川高法〔1999〕72 号《关于因法院错判导致资金利息扩大的部分损失保证人应否承担责任的请示》收悉。经研究，答复如下：

依照《中华人民共和国担保法》第二十一条的规定，除合同另有约定的外，主债权的利息是指因债务人未按照合同约定履行义务而产生的利息。因法院错判引起债权利息损失扩大的部分,不属于保证担保的范围,保证人不承担责任。

最高人民法院关于能否将国有土地使用权折价抵偿给抵押权人问题的批复

(1998年9月1日最高人民法院审判委员会第1019次会议通过　自1998年9月9日起施行　法释〔1998〕25号)

四川省高级人民法院:

你院川高法〔1998〕19号《关于能否将国有土地使用权以国土部门认定的价格抵偿给抵押权人的请示》收悉。经研究,答复如下:

在依法以国有土地使用权作抵押的担保纠纷案件中,债务履行期届满抵押权人未受清偿的,可以通过拍卖的方式将土地使用权变现。如果无法变现,债务人又没有其他可供清偿的财产时,应当对国有土地使用权依法评估。人民法院可以参考政府土地管理部门确认的地价评估结果将土地使用权折价,经抵押权人同意,将折价后的土地使用权抵偿给抵押权人,土地使用权由抵押权人享有。

最高人民法院关于审理出口退税托管帐户质押贷款案件有关问题的规定

(2004年12月7日　法释〔2004〕18号)

为正确审理涉及出口退税专用帐户质押贷款纠纷案件,维护相关当事人的合法权益,根据《中华人民共和国民法通则》、《中华人民共和国合同法》、《中华人民共和国担保法》等有关规定,结合人民法院审判实践,制定本规定。

第一条 本规定适用于审理、执行涉及出口退税专用帐户质押贷款的案件。

本规定所称出口退税专用帐户质押贷款,是指借款人将出口退税专用帐户托管给贷款银行,并承诺以该帐户中的退税款作为还款保证的贷款。

第二条 以出口退税专用帐户质押方式贷款的,应当签订书面质押贷款合同。质押贷款合同自贷款银行实际托管借款人出口退税专用帐户时生效。

第三条 出口退税专用帐户质押贷款银行,对质押帐户内的退税款享有优先受偿权。

第四条 人民法院审理和执行案件时,不得对已设质的出口退税专用帐户内的款项采取财产保全措施或者执行措施。

第五条 借款人进入破产程序时,贷款银行对已经设质的出口退税专用帐户内的款项享有优先受偿权,但应以被担保债权尚未受偿的数额为限。

第六条 有下列情形之一的,不受本《规定》第三、四、五条规定的限制,人民法院可以采取财产保全或者执行措施:

(一)借款人将非退税款存入出口退税专用帐户的;

(二)贷款银行将出口退税专用帐户内的退税款扣还其他贷款,且数额已经超出质押贷款金额的;

(三)贷款银行同意税务部门转移出口退税专用帐户的;

(四)贷款银行有其他违背退税帐户专用性质,损害其他债权人利益行为的。

第七条 本规定自公布之日起施行。

（二）司法性文件

最高人民法院关于担保法司法解释第五十九条中的“第三人”范围问题的答复

（2006年5月18日　法函〔2006〕51号）

四川省高级人民法院：

你院川高法〔2005〕496号《关于对〈最高人民法院关于适用《中华人民共和国担保法》若干问题的解释〉第五十九条的理解与适用的请示》收悉。经研究，答复如下：

根据《中华人民共和国担保法》第四十一条、第四十三条第二款规定，应当办理抵押物登记而未经登记的，抵押权不成立；自愿办理抵押物登记而未办理的，抵押权不得对抗第三人。因登记部门的原因致使当事人无法办理抵押物登记是抵押未登记的特殊情形，如果抵押人向债权人交付了权利凭证，人民法院可以基于抵押当事人的真实意思认定该抵押合同对抵押权人和抵押人有效，但此种抵押对抵押当事人之外的第三人不具有法律效力。

最高人民法院关于中国建设银行信阳分行民权路支行与信阳市自来水（集团）有限责任公司、河南华夏光学电子仪器厂借款担保合同纠纷一案的答复

（2005年12月2日）

河南省高级人民法院；

你院《关于中国建设银行信阳分行民权路支行与信阳市自来水（集团）有限责

任公司、河南华夏光学电子仪器厂借款担保合同纠纷案的请示》收悉。经研究,答复如下:

1998年9月21日,中国建设银行信阳分行民权路支行(以下简称建行民权路支行)向信阳市自来水(集团)有限责任公司下发了"河南省建设投资总公司贷款单位情况调查表",该表包括贷款本金、逾期本金、逾期利息、还款计划等内容,故应认定其具有债权人向债务人主张权利的意思表示,具有诉讼时效中断的法律效力。

因本案所涉贷款系河南省基本建设基金,河南省建设投资总公司代表河南省政府经营管理该基金,并由河南省计划委员会统筹经营管理行为,故河南省计划委员会单独或与中国建设银行河南省分行联合下发的关于省基本建设经营性基金贷款回收计划的有关文件具有债权人主张权利的内容。其中豫计投资[1997]566号文件及豫计投资[1998]568号文件的发放对象均非借款人,其主张权利的意思表示并未到达债务人,故不具有诉讼时效中断的法律效力;豫计投资[2000]532号文件的发放对象包括借款单位,但其是否具有诉讼时效中断的法律效力,应视你院查明该文件是否送达债务人的事实而定。

综上,同意你院审委会关于调查表具有诉讼时效中断的法律效力的意见。

以上意见供你院参考。

最高人民法院关于处理担保法生效前发生保证行为的保证期间问题的通知

(2002年8月1日 法〔2002〕144号)

各省、自治区、直辖市高级人民法院,解放军军事法院,新疆维吾尔自治区高级人民法院生产建设兵团分院:

我院于2000年12月8日公布法释〔2000〕44号《关于适用〈中华人民共和国担保法〉若干问题的解释》后,一些部门和地方法院反映对于担保法实施前发生的保证行为如何确定保证期间问题没有作出规定,而我院于1994年4月15日公布的法发〔1994〕8号《关于审理经济合同纠纷案件有关保证的若干问题的规定》对此问题亦不十分明确。为了正确审理担保法实施前的有关保证合同纠纷案件，维护债权人和其他当事人的合法权益，经商全国人大常委会法制工作委员会同意，现就有关问题通知如下：

一、对于当事人在担保法生效前签订的保证合同中没有约定保证期限或者约定不明确的，如果债权人已经在法定诉讼时效期间内向主债务人主张了权利，使主债务没有超过诉讼时效期间，但未向保证人主张权利的，债权人可以自本通知发布之日起6个月（自2002年8月1日至2003年1月31日）内，向保证人主张权利。逾期不主张的，保证人不再承担责任。

二、主债务人进入破产程序，债权人没有申报债权的，债权人亦可以在上述期间内向保证人主张债权；如果债权人已申报了债权，对其在破产程序中未受清偿的部分债权，债权人可以在破产程序终结后6个月内向保证人主张。

三、本通知发布时，已经终审的案件、再审案件以及主债务已超过诉讼时效的案件，不适用本通知。

最高人民法院关于正确确认企业借款合同纠纷案件中有关保证合同效力问题的通知

（1998年9月14日　法〔1998〕85号）

各省、自治区、直辖市高级人民法院，新疆维吾尔自治区高级人民法院生产建设兵团分院：

近来发现一些地方人民法院在审理企业破产案件或者与破产企业相关的银行贷款合同纠纷案件中，对所涉及的债权保证问题，未能准确地理解和适用有关法律规定，致使在确认保证合同的效力问题上出现偏差，为此特作如下通知：

各级人民法院在处理上述有关保证问题时，应当准确理解法律，严格依法确认保证合同（包括主合同中的保证条款）的效力。除确系因违反担保法及有关司法解释的规定等应当依法确认为无效的情况外，不应仅以保证人的保证系因地方政府指令而违背了保证人的意志，或该保证人已无财产承担保证责任等原因，而确认保证合同无效，并以此免除保证责任。

特此通知。

8 票　据

司法解释

最高人民法院关于审理信用证纠纷案件若干问题的规定

（2005年10月24日最高人民法院审判委员会第1368次会议通过　2005年11月14日公布　自2006年1月1日起施行　法释〔2005〕13号）

根据《中华人民共和国民法通则》、《中华人民共和国合同法》、《中华人民共和国担保法》、《中华人民共和国民事诉讼法》等法律，参照国际商会《跟单信用证统一惯例》等相关国际惯例，结合审判实践，就审理信用证纠纷案件的有关问题，制定本规定。

第一条　本规定所指的信用证纠纷案件，是指在信用证开立、通知、修改、撤销、保兑、议付、偿付等环节产生的纠纷。

第二条　人民法院审理信用证纠纷案件时，当事人约定适用相关国际惯例或者其他规定的，从其约定；当事人没有约定的，适用国际商会《跟单信用证统一惯例》或者其他相关国际惯例。

第三条　开证申请人与开证行之间因申请开立信用证而产生的欠款纠纷、委托人和受托人之间因委托开立信用证产生的纠纷、担保人为申请开立信用证或者委托开立信用证提供担保而产生的纠纷以及信用证项下融资产生的纠纷，适用本规定。

第四条 因申请开立信用证而产生的欠款纠纷、委托开立信用证纠纷和因此产生的担保纠纷以及信用证项下融资产生的纠纷应当适用中华人民共和国相关法律。涉外合同当事人对法律适用另有约定的除外。

第五条 开证行在作出付款、承兑或者履行信用证项下其他义务的承诺后，只要单据与信用证条款、单据与单据之间在表面上相符，开证行应当履行在信用证规定的期限内付款的义务。当事人以开证申请人与受益人之间的基础交易提出抗辩的，人民法院不予支持。具有本规定第八条的情形除外。

第六条 人民法院在审理信用证纠纷案件中涉及单证审查的，应当根据当事人约定适用的相关国际惯例或者其他规定进行；当事人没有约定的，应当按照国际商会《跟单信用证统一惯例》以及国际商会确定的相关标准，认定单据与信用证条款、单据与单据之间是否在表面上相符。

信用证项下单据与信用证条款之间、单据与单据之间在表面上不完全一致，但并不导致相互之间产生歧义的，不应认定为不符点。

第七条 开证行有独立审查单据的权利和义务，有权自行作出单据与信用证条款、单据与单据之间是否在表面上相符的决定，并自行决定接受或者拒绝接受单据与信用证条款、单据与单据之间的不符点。

开证行发现信用证项下存在不符点后，可以自行决定是否联系开证申请人接受不符点。开证申请人决定是否接受不符点，并不影响开证行最终决定是否接受不符点。开证行和开证申请人另有约定的除外。

开证行向受益人明确表示接受不符点的，应当承担付款责任。

开证行拒绝接受不符点时，受益人以开证申请人已接受不符点为由要求开证行承担信用证项下付款责任的，人民法院不予支持。

第八条 凡有下列情形之一的，应当认定存在信用证欺诈：

（一）受益人伪造单据或者提交记载内容虚假的单据；

（二）受益人恶意不交付货物或者交付的货物无价值；

（三）受益人和开证申请人或者其他第三方串通提交假单据，而没有真实的基础交易；

（四）其他进行信用证欺诈的情形。

第九条 开证申请人、开证行或者其他利害关系人发现有本规定第八条的情形,并认为将会给其造成难以弥补的损害时,可以向有管辖权的人民法院申请中止支付信用证项下的款项。

第十条 人民法院认定存在信用证欺诈的,应当裁定中止支付或者判决终止支付信用证项下款项,但有下列情形之一的除外:

(一)开证行的指定人、授权人已按照开证行的指令善意地进行了付款;

(二)开证行或者其指定人、授权人已对信用证项下票据善意地作出了承兑;

(三)保兑行善意地履行了付款义务;

(四)议付行善意地进行了议付。

第十一条 当事人在起诉前申请中止支付信用证项下款项符合下列条件的,人民法院应予受理:

(一)受理申请的人民法院对该信用证纠纷案件享有管辖权;

(二)申请人提供的证据材料证明存在本规定第八条的情形;

(三)如不采取中止支付信用证项下款项的措施,将会使申请人的合法权益受到难以弥补的损害;

(四)申请人提供了可靠、充分的担保;

(五)不存在本规定第十条的情形。

当事人在诉讼中申请中止支付信用证项下款项的,应当符合前款第(二)、(三)、(四)、(五)项规定的条件。

第十二条 人民法院接受中止支付信用证项下款项申请后,必须在四十八小时内作出裁定;裁定中止支付的,应当立即开始执行。

人民法院作出中止支付信用证项下款项的裁定,应当列明申请人、被申请人和第三人。

第十三条 当事人对人民法院作出中止支付信用证项下款项的裁定有异议的,可以在裁定书送达之日起十日内向上一级人民法院申请复议。上一级人民法院应当自收到复议申请之日起十日内作出裁定。

复议期间,不停止原裁定的执行。

第十四条 人民法院在审理信用证欺诈案件过程中,必要时可以将信用证纠纷与基础交易纠纷一并审理。

当事人以基础交易欺诈为由起诉的，可以将与案件有关的开证行、议付行或者其他信用证法律关系的利害关系人列为第三人；第三人可以申请参加诉讼，人民法院也可以通知第三人参加诉讼。

第十五条　人民法院通过实体审理，认定构成信用证欺诈并且不存在本规定第十条的情形的，应当判决终止支付信用证项下的款项。

第十六条　保证人以开证行或者开证申请人接受不符点未征得其同意为由请求免除保证责任的，人民法院不予支持。保证合同另有约定的除外。

第十七条　开证申请人与开证行对信用证进行修改未征得保证人同意的，保证人只在原保证合同约定的或者法律规定的期间和范围内承担保证责任。保证合同另有约定的除外。

第十八条　本规定自二〇〇六年一月一日起施行。

最高人民法院关于审理票据纠纷案件若干问题的规定

（2000年2月24日最高人民法院审判委员会第1102次会议通过　自2000年11月21日起施行　法释〔2000〕32号）

为了正确适用《中华人民共和国票据法》（以下简称票据法），公正、及时审理票据纠纷案件，保护票据当事人的合法权益，维护金融秩序和金融安全，根据票据法及其他有关法律的规定，结合审判实践，现对人民法院审理票据纠纷案件的若干问题规定如下：

一、受理和管辖

第一条　因行使票据权利或者票据法上的非票据权利而引起的纠纷，人民法院应当依法受理。

第二条 依照票据法第十条的规定,票据债务人(即出票人)以在票据未转让时的基础关系违法、双方不具有真实的交易关系和债权债务关系、持票人应付对价而未付对价为由,要求返还票据而提起诉讼的,人民法院应当依法受理。

第三条 依照票据法第三十六条的规定,票据被拒绝承兑、被拒绝付款或者汇票、支票超过提示付款期限后,票据持有人背书转让的,被背书人以背书人为被告行使追索权而提起诉讼的,人民法院应当依法受理。

第四条 持票人不先行使付款请求权而先行使追索权遭拒绝提起诉讼的,人民法院不予受理。除有票据法第六十一条第二款和本规定第三条所列情形外,持票人只能在首先向付款人行使付款请求权而得不到付款时,才可以行使追索权。

第五条 付款请求权是持票人享有的第一顺序权利,追索权是持票人享有的第二顺序权利,即汇票到期被拒绝付款或者具有票据法第六十一条第二款所列情形的,持票人请求背书人、出票人以及汇票的其他债务人支付票据法第七十条第一款所列金额和费用的权利。

第六条 因票据权利纠纷提起的诉讼,依法由票据支付地或者被告住所地人民法院管辖。

票据支付地是指票据上载明的付款地,票据上未载明付款地的,汇票付款人或者代理付款人的营业场所、住所或者经常居住地,本票出票人的营业场所,支票付款人或者代理付款人的营业场所所在地为票据付款地。代理付款人即付款人的委托代理人,是指根据付款人的委托代为支付票据金额的银行、信用合作社等金融机构。

第七条 因非票据权利纠纷提起的诉讼,依法由被告住所地人民法院管辖。

二、票据保全

第八条 人民法院在审理、执行票据纠纷案件时,对具有下列情形之一的票据,经当事人申请并提供担保,可以依法采取保全措施或者执行措施:

(一)不履行约定义务,与票据债务人有直接债权债务关系的票据当事人所持有的票据;

(二)持票人恶意取得的票据;

（三）应付对价而未付对价的持票人持有的票据；

（四）记载有“不得转让”字样而用于贴现的票据；

（五）记载有“不得转让”字样而用于质押的票据；

（六）法律或者司法解释规定有其他情形的票据。

三、举证责任

第九条　票据诉讼的举证责任由提出主张的一方当事人承担。

依照票据法第四条第二款、第十条、第十二条、第二十一条的规定，向人民法院提起诉讼的持票人有责任提供诉争票据。该票据的出票、承兑、交付、背书转让涉嫌欺诈、偷盗、胁迫、恐吓、暴力等非法行为的，持票人对持票的合法性应当负责举证。

第十条　票据债务人依照票据法第十三条的规定，对与其有直接债权债务关系的持票人提出抗辩，人民法院合并审理票据关系和基础关系的，持票人应当提供相应的证据证明已经履行了约定义务。

第十一条　付款人或者承兑人被人民法院依法宣告破产的，持票人因行使追索权而向人民法院提起诉讼时，应当向受理法院提供人民法院依法作出的宣告破产裁定书或者能够证明付款人或者承兑人破产的其他证据。

第十二条　在票据诉讼中，负有举证责任的票据当事人应当在一审人民法院法庭辩论结束以前提供证据。因客观原因不能在上述举证期限以内提供的，应当在举证期限届满以前向人民法院申请延期。延长的期限由人民法院根据案件的具体情况决定。

票据当事人在一审人民法院审理期间隐匿票据、故意有证不举，应当承担相应的诉讼后果。

四、票据权利及抗辩

第十三条　票据法第十七条第一款第（一）、（二）项规定的持票人对票据的出票人和承兑人的权利，包括付款请求权和追索权。

第十四条　票据债务人以票据法第十条、第二十一条的规定为由，对业经背书转让票据的持票人进行抗辩的,人民法院不予支持。

第十五条 票据债务人依照票据法第十二条、第十三条的规定,对持票人提出下列抗辩的,人民法院应予支持:

(一)与票据债务人有直接债权债务关系并且不履行约定义务的;

(二)以欺诈、偷盗或者胁迫等非法手段取得票据,或者明知有前列情形,出于恶意取得票据的;

(三)明知票据债务人与出票人或者与持票人的前手之间存在抗辩事由而取得票据的;

(四)因重大过失取得票据的;

(五)其他依法不得享有票据权利的。

第十六条 票据债务人依照票据法第九条、第十七条、第十八条、第二十二条和第三十一条的规定,对持票人提出下列抗辩的,人民法院应予支持:

(一)欠缺法定必要记载事项或者不符合法定格式的;

(二)超过票据权利时效的;

(三)人民法院作出的除权判决已经发生法律效力的;

(四)以背书方式取得但背书不连续的;

(五)其他依法不得享有票据权利的。

第十七条 票据出票人或者背书人被宣告破产的,而付款人或者承兑人不知其事实而付款或者承兑,因此所产生的追索权可以登记为破产债权,付款人或者承兑人为债权人。

第十八条 票据法第十七条第一款第(三)、(四)项规定的持票人对前手的追索权,不包括对票据出票人的追索权。

第十九条 票据法第四十条第二款和第六十五条规定的持票人丧失对其前手的追索权,不包括对票据出票人的追索权。

第二十条 票据法第十七条规定的票据权利时效发生中断的,只对发生时效中断事由的当事人有效。

第二十一条 票据法第六十六条第一款规定的书面通知是否逾期,以持票人或者其前手发出书面通知之日为准;以信函通知的,以信函投寄邮戳记载之日为准。

第二十二条 票据法第七十条、第七十一条所称中国人民银行规定的利率,是指中国人民银行规定的企业同期流动资金贷款利率。

第二十三条 代理付款人在人民法院公示催告公告发布以前按照规定程序善意付款后,承兑人或者付款人以已经公示催告为由拒付代理付款人已经垫付的款项的,人民法院不予支持。

五、失票救济

第二十四条 票据丧失后,失票人直接向人民法院申请公示催告或者提起诉讼的,人民法院应当依法受理。

第二十五条 出票人已经签章的授权补记的支票丧失后,失票人依法向人民法院申请公示催告的,人民法院应当依法受理。

第二十六条 票据法第十五条第三款规定的可以申请公示催告的失票人,是指按照规定可以背书转让的票据在丧失票据占有以前的最后合法持票人。

第二十七条 出票人已经签章但未记载代理付款人的银行汇票丧失后,失票人依法向付款人即出票银行所在地人民法院申请公示催告的,人民法院应当依法受理。

第二十八条 超过付款提示期限的票据丧失以后,失票人申请公示催告的,人民法院应当依法受理。

第二十九条 失票人通知票据付款人挂失止付后三日内向人民法院申请公示催告的,公示催告申请书应当载明下列内容:

(一)票面金额;

(二)出票人、持票人、背书人;

(三)申请的理由、事实;

(四)通知票据付款人或者代理付款人挂失止付的时间;

(五)付款人或者代理付款人的名称、通信地址、电话号码等。

第三十条 人民法院决定受理公示催告申请,应当同时通知付款人及代理付款人停止支付,并自立案之日起三日内发出公告。

第三十一条 付款人或者代理付款人收到人民法院发出的止付通知,应当立即停止支付,直至公示催告程序终结。非经发出止付通知的人民法院许可擅自解付的,不得免除票据责任。

第三十二条 人民法院决定受理公示催告申请后发布的公告应当在全国性的报刊上登载。

第三十三条 依照《中华人民共和国民事诉讼法》(以下简称民事诉讼法)第一百九十四条的规定,公示催告的期间,国内票据自公告发布之日起六十日,涉外票据可根据具体情况适当延长,但最长不得超过九十日。

第三十四条 依照民事诉讼法第一百九十五条第二款的规定,在公示催告期间,以公示催告的票据质押、贴现,因质押、贴现而接受该票据的持票人主张票据权利的,人民法院不予支持,但公示催告期间届满以后人民法院作出除权判决以前取得该票据的除外。

第三十五条 票据丧失后,失票人在票据权利时效届满以前请求出票人补发票据,或者请求债务人付款,在提供相应担保的情况下因债务人拒绝付款或者出票人拒绝补发票据提起诉讼的,由被告住所地或者票据支付地人民法院管辖。

第三十六条 失票人因请求出票人补发票据或者请求债务人付款遭到拒绝而向人民法院提起诉讼的,被告为与失票人具有票据债权债务关系的出票人、拒绝付款的票据付款人或者承兑人。

第三十七条 失票人为行使票据所有权,向非法持有票据人请求返还票据的,人民法院应当依法受理。

第三十八条 失票人向人民法院提起诉讼的,除向人民法院说明曾经持有票据及丧失票据的情形外,还应当提供担保。担保的数额相当于票据载明的金额。

第三十九条 对于伪报票据丧失的当事人,人民法院在查明事实,裁定终结公示催告或者诉讼程序后,可以参照民事诉讼法第一百零二条的规定,追究伪报人的法律责任。

六、票据效力

第四十条 依照票据法第一百零九条以及经国务院批准的《票据管理实施办

法》的规定，票据当事人使用的不是中国人民银行规定的统一格式票据的，按照《票据管理实施办法》的规定认定，但在中国境外签发的票据除外。

第四十一条 票据出票人在票据上的签章上不符合票据法以及下述规定的，该签章不具有票据法上的效力：

（一）商业汇票上的出票人的签章，为该法人或者该单位的财务专用章或者公章加其法定代表人、单位负责人或者其授权的代理人的签名或者盖章；

（二）银行汇票上的出票人的签章和银行承兑汇票的承兑人的签章，为该银行汇票专用章加其法定代表人或者其授权的代理人的签名或者盖章；

（三）银行本票上的出票人的签章，为该银行的本票专用章加其法定代表人或者其授权的代理人的签名或者盖章；

（四）支票上的出票人的签章，出票人为单位的，为与该单位在银行预留签章一致的财务专用章或者公章加其法定代表人或者其授权的代理人的签名或者盖章；出票人为个人的，为与该个人在银行预留签章一致的签名或者盖章。

第四十二条 银行汇票、银行本票的出票人以及银行承兑汇票的承兑人在票据上未加盖规定的专用章而加盖该银行的公章，支票的出票人在票据上未加盖与该单位在银行预留签章一致的财务专用章而加盖该出票人公章的，签章人应当承担票据责任。

第四十三条 依照票据法第九条以及《票据管理实施办法》的规定，票据金额的中文大写与数码不一致，或者票据载明的金额、出票日期或者签发日期、收款人名称更改，或者违反规定加盖银行部门印章代替专用章，付款人或者代理付款人对此类票据付款的，应当承担责任。

第四十四条 因更改银行汇票的实际结算金额引起纠纷而提起诉讼，当事人请求认定汇票效力的，人民法院应当认定该银行汇票无效。

第四十五条 空白授权票据的持票人行使票据权利时未对票据必须记载事项补充完全，因付款人或者代理付款人拒绝接收该票据而提起诉讼的，人民法院不予支持。

第四十六条 票据的背书人、承兑人、保证人在票据上的签章不符合票据法以及《票据管理实施办法》规定的，或者无民事行为能力人、限制民事行为能力人在票据上签章的，其签章无效，但不影响人民法院对票据上其他签章效力的认定。

七、票据背书

第四十七条 因票据质权人以质押票据再行背书质押或者背书转让引起纠纷而提起诉讼的，人民法院应当认定背书行为无效。

第四十八条 依照票据法第二十七条的规定，票据的出票人在票据上记载“不得转让”字样，票据持有人背书转让的，背书行为无效。背书转让后的受让人不得享有票据权利，票据的出票人、承兑人对受让人不承担票据责任。

第四十九条 依照票据法第二十七条和第三十条的规定，背书人未记载被背书人名称即将票据交付他人的，持票人在票据被背书人栏内记载自己的名称与背书人记载具有同等法律效力。

第五十条 依照票据法第三十一条的规定，连续背书的第一背书人应当是在票据上记载的收款人，最后的票据持有人应当是最后一次背书的被背书人。

第五十一条 依照票据法第三十四条和第三十五条的规定，背书人在票据上记载“不得转让”、“委托收款”、“质押”字样，其后手再背书转让、委托收款或者质押的，原背书人对后手的被背书人不承担票据责任，但不影响出票人、承兑人以及原背书人之前手的票据责任。

第五十二条 依照票据法第五十七条第二款的规定，贷款人恶意或者有重大过失从事票据质押贷款的，人民法院应当认定质押行为无效。

第五十三条 依照票据法第二十七条的规定，出票人在票据上记载“不得转让”字样，其后手以此票据进行贴现、质押的，通过贴现、质押取得票据的持票人主张票据权利的，人民法院不予支持。

第五十四条 依照票据法第三十四条和第三十五条的规定，背书人在票据上记载“不得转让”字样，其后手以此票据进行贴现、质押的，原背书人对后手的被背书人不承担票据责任。

第五十五条 依照票据法第三十五条第二款的规定，以汇票设定质押时，出质人在汇票上只记载了“质押”字样未在票据上签章的，或者出质人未在汇票、粘单上记载“质押”字样而另行签订质押合同、质押条款的，不构成票据质押。

第五十六条 商业汇票的持票人向其非开户银行申请贴现,与向自己开立存款账户的银行申请贴现具有同等法律效力。但是,持票人有恶意或者与贴现银行恶意串通的除外。

第五十七条 违反规定区域出票,背书转让银行汇票,或者违反票据管理规定跨越票据交换区域出票、背书转让银行本票、支票的,不影响出票人、背书人依法应当承担的票据责任。

第五十八条 依照票据法第三十六条的规定,票据被拒绝承兑、被拒绝付款或者超过提示付款期限,票据持有人背书转让的,背书人应当承担票据责任。

第五十九条 承兑人或者付款人依照票据法第五十三条第二款的规定对逾期提示付款的持票人付款与按照规定的期限付款具有同等法律效力。

八、票据保证

第六十条 国家机关、以公益为目的的事业单位、社会团体、企业法人的分支机构和职能部门作为票据保证人的,票据保证无效,但经国务院批准为使用外国政府或者国际经济组织贷款进行转贷,国家机关提供票据保证的,以及企业法人的分支机构在法人书面授权范围内提供票据保证的除外。

第六十一条 票据保证无效的,票据的保证人应当承担与其过错相应的民事责任。

第六十二条 保证人未在票据或者粘单上记载"保证"字样而另行签订保证合同或者保证条款的,不属于票据保证,人民法院应当适用《中华人民共和国担保法》的有关规定。

九、法律适用

第六十三条 人民法院审理票据纠纷案件,适用票据法的规定;票据法没有规定的,适用《中华人民共和国民法通则》、《中华人民共和国合同法》、《中华人民共和国担保法》等民商事法律以及国务院制定的行政法规。

中国人民银行制定并公布施行的有关行政规章与法律、行政法规不抵触的,可以参照适用。

第六十四条 票据当事人因对金融行政管理部门的具体行政行为不服提起诉讼的，适用《中华人民共和国行政处罚法》、票据法以及《票据管理实施办法》等有关票据管理的规定。

中国人民银行制定并公布施行的有关行政规章与法律、行政法规不抵触的，可以参照适用。

第六十五条 人民法院对票据法施行以前已经作出终审裁决的票据纠纷案件进行再审，不适用票据法。

十、法律责任

第六十六条 具有下列情形之一的票据，未经背书转让的，票据债务人不承担票据责任；已经背书转让的，票据无效不影响其他真实签章的效力：

（一）出票人签章不真实的；

（二）出票人为无民事行为能力人的；

（三）出票人为限制民事行为能力人的。

第六十七条 依照票据法第十四条、第一百零三条、第一百零四条的规定，伪造、变造票据者除应当依法承担刑事、行政责任外，给他人造成损失的，还应当承担民事赔偿责任。被伪造签章者不承担票据责任。

第六十八条 对票据未记载事项或者未完全记载事项作补充记载，补充事项超出授权范围的，出票人对补充后的票据应当承担票据责任。给他人造成损失的，出票人还应当承担相应的民事责任。

第六十九条 付款人或者代理付款人未能识别出伪造、变造的票据或者身份证件而错误付款，属于票据法第五十七条规定的“重大过失”，给持票人造成损失的，应当依法承担民事责任。付款人或者代理付款人承担责任后有权向伪造者、变造者依法追偿。

持票人有过错的，也应当承担相应的民事责任。

第七十条 付款人及其代理付款人有下列情形之一的，应当自行承担责任：

（一）未依照票据法第五十七条的规定对提示付款人的合法身份证明或者有效证件以及汇票背书的连续性履行审查义务而错误付款的；

（二）公示催告期间对公示催告的票据付款的；

（三）收到人民法院的止付通知后付款的；

（四）其他以恶意或者重大过失付款的。

第七十一条 票据法第六十三条所称“其他有关证明”是指：

（一）人民法院出具的宣告承兑人、付款人失踪或者死亡的证明、法律文书；

（二）公安机关出具的承兑人、付款人逃匿或者下落不明的证明；

（三）医院或者有关单位出具的承兑人、付款人死亡的证明；

（四）公证机构出具的具有拒绝证明效力的文书。

第七十二条 当事人因申请票据保全错误而给他人造成损失的，应当依法承担民事责任。

第七十三条 因出票人签发空头支票、与其预留本名的签名式样或者印鉴不符的支票给他人造成损失的，支票的出票人和背书人应当依法承担民事责任。

第七十四条 人民法院在审理票据纠纷案件时，发现与本案有牵连但不属同一法律关系的票据欺诈犯罪嫌疑线索的，应当及时将犯罪嫌疑线索提供给有关公安机关，但票据纠纷案件不应因此而中止审理。

第七十五条 依照票据法第一百零五条的规定，由于金融机构工作人员在票据业务中玩忽职守，对违反票据法规定的票据予以承兑、付款、贴现或者保证，给当事人造成损失的，由该金融机构与直接责任人员依法承担连带责任。

第七十六条 依照票据法第一百零七条的规定，由于出票人制作票据，或者其他票据债务人未按照法定条件在票据上签章，给他人造成损失的，除应当按照所记载事项承担票据责任外，还应当承担相应的民事责任。

持票人明知或者应当知道前款情形而接受的，可以适当减轻出票人或者票据债务人的责任。

9 破 产

（一）司法解释

最高人民法院关于债权人对人员下落不明或者财产状况不清的债务人申请破产清算案件如何处理的批复

（2008年8月7日 法释〔2008〕10号）

贵州省高级人民法院：

你院《关于企业法人被吊销营业执照后，依法负有清算责任的人未向法院申请破产，债权人是否可以申请被吊销营业执照的企业破产的请示》（（2007）黔高民二破请终字1号）收悉。经研究，批复如下：

债权人对人员下落不明或者财产状况不清的债务人申请破产清算，符合企业破产法规定的，人民法院应依法予以受理。债务人能否依据企业破产法第十一条第二款的规定向人民法院提交财产状况说明、债权债务清册等相关材料，并不影响对债权人申请的受理。

人民法院受理上述破产案件后，应当依据企业破产法的有关规定指定管理人追收债务人财产；经依法清算，债务人确无财产可供分配的，应当宣告债务人破产并终结破产程序；破产程序终结后二年内发现有依法应当追回的财产或者有应当供分配的其他财产的，债权人可以请求人民法院追加分配。

债务人的有关人员不履行法定义务，人民法院可依据有关法律规定追究其相应法律责任;其行为导致无法清算或者造成损失,有关权利人起诉请求其承担相应民事责任的,人民法院应依法予以支持。

最高人民法院关于《中华人民共和国企业破产法》施行时尚未审结的企业破产案件适用法律若干问题的规定

(2007 年 4 月 25 日　法释〔2007〕10 号)

为正确适用《中华人民共和国企业破产法》,对人民法院审理企业破产法施行前受理的、施行时尚未审结的企业破产案件具体适用法律问题,规定如下:

第一条　债权人、债务人或者出资人向人民法院提出重整或者和解申请,符合下列条件之一的,人民法院应予受理:

(一)债权人申请破产清算的案件,债务人或者出资人于债务人被宣告破产前提出重整申请,且符合企业破产法第七十条第二款的规定;

(二)债权人申请破产清算的案件,债权人于债务人被宣告破产前提出重整申请,且符合企业破产法关于债权人直接向人民法院申请重整的规定;

(三)债务人申请破产清算的案件,债务人于被宣告破产前提出重整申请,且符合企业破产法关于债务人直接向人民法院申请重整的规定;

(四)债务人依据企业破产法第九十五条的规定申请和解。

第二条　清算组在企业破产法施行前未通知或者答复未履行完毕合同的对方当事人解除或者继续履行合同的,从企业破产法施行之日起计算,在该法第十八条第一款规定的期限内未通知或者答复的,视为解除合同。

第三条　已经成立清算组的,企业破产法施行后,人民法院可以指定该清算组为管理人。

尚未成立清算组的,人民法院应当依照企业破产法和《最高人民法院关于审理企业破产案件指定管理人的规定》及时指定管理人。

第四条 债权人主张对债权债务抵销的，应当符合企业破产法第四十条规定的情形；但企业破产法施行前，已经依据有关法律规定抵销的除外。

第五条 对于尚未清偿的破产费用，应当按企业破产法第四十一条和第四十二条的规定区分破产费用和共益债务，并依据企业破产法第四十三条的规定清偿。

第六条 人民法院尚未宣告债务人破产的，应当适用企业破产法第四十六条的规定确认债权利息；已经宣告破产的，依据企业破产法施行前的法律规定确认债权利息。

第七条 债权人已经向人民法院申报债权的，由人民法院将相关申报材料移交给管理人；尚未申报的，债权人应当直接向管理人申报。

第八条 债权人未在人民法院确定的债权申报期内向人民法院申报债权的，可以依据企业破产法第五十六条的规定补充申报。

第九条 债权人对债权表记载债权有异议，向受理破产申请的人民法院提起诉讼的，人民法院应当依据企业破产法第二十一条和第五十八条的规定予以受理。但人民法院对异议债权已经作出裁决的除外。

债权人就争议债权起诉债务人，要求其承担偿还责任的，人民法院应当告知该债权人变更其诉讼请求为确认债权。

第十条 债务人的职工就清单记载有异议，向受理破产申请的人民法院提起诉讼的，人民法院应当依据企业破产法第二十一条和第四十八条的规定予以受理。但人民法院对异议债权已经作出裁决的除外。

第十一条 有财产担保的债权人未放弃优先受偿权利的，对于企业破产法第六十一条第一款第七项、第十项规定以外的事项享有表决权。但该债权人对于企业破产法施行前已经表决的事项主张行使表决权，或者以其未行使表决权为由请求撤销债权人会议决议的，人民法院不予支持。

第十二条 债权人认为债权人会议的决议违反法律规定，损害其利益，向人民法院请求撤销该决议，裁定尚未作出的，人民法院应当依据企业破产法第六十四条的规定作出裁定。

第十三条 债权人对于财产分配方案的裁定不服，已经申诉的，由上一级人民法院依据申诉程序继续审理；企业破产法施行后提起申诉的，人民法院应当告知其依据企业破产法第六十六条的规定申请复议。

债权人对于人民法院作出的债务人财产管理方案的裁定或者破产财产变价方案的裁定不服,向受理破产申请的人民法院申请复议的,人民法院应当依据企业破产法第六十六条的规定予以受理。

债权人或者债务人对破产宣告裁定有异议,已经申诉的,由上一级人民法院依据申诉程序继续审理;企业破产法施行后提起申诉的,人民法院不予受理。

第十四条 企业破产法施行后,破产人的职工依据企业破产法第一百三十二条的规定主张权利的,人民法院应予支持。

第十五条 破产人所欠董事、监事和高级管理人员的工资,应当依据企业破产法第一百一十三条第三款的规定予以调整。

第十六条 本规定施行前本院作出的有关司法解释与本规定相抵触的,人民法院审理尚未审结的企业破产案件不再适用。

最高人民法院关于审理企业破产案件指定管理人的规定

(2007 年 4 月 12 日 法释〔2007〕8 号)

一、管理人名册的编制

二、管理人的指定

三、管理人的更换

为公平、公正审理企业破产案件,保证破产审判工作依法顺利进行,促进管理人制度的完善和发展,根据《中华人民共和国企业破产法》的规定,制定本规定。

一、管理人名册的编制

第一条 人民法院审理企业破产案件应当指定管理人。除企业破产法和本规定另有规定外,管理人应当从管理人名册中指定。

第二条　高级人民法院应当根据本辖区律师事务所、会计师事务所、破产清算事务所等社会中介机构及专职从业人员数量和企业破产案件数量，确定由本院或者所辖中级人民法院编制管理人名册。

人民法院应当分别编制社会中介机构管理人名册和个人管理人名册。由直辖市以外的高级人民法院编制的管理人名册中，应当注明社会中介机构和个人所属中级人民法院辖区。

第三条　符合企业破产法规定条件的社会中介机构及其具备相关专业知识并取得执业资格的人员，均可申请编入管理人名册。已被编入机构管理人名册的社会中介机构中，具备相关专业知识并取得执业资格的人员，可以申请编入个人管理人名册。

第四条　社会中介机构及个人申请编入管理人名册的，应当向所在地区编制管理人名册的人民法院提出，由该人民法院予以审定。

人民法院不受理异地申请，但异地社会中介机构在本辖区内设立的分支机构提出申请的除外。

第五条　人民法院应当通过本辖区有影响的媒体就编制管理人名册的有关事项进行公告。公告应当包括以下内容：

（一）管理人申报条件；

（二）应当提交的材料；

（三）评定标准、程序；

（四）管理人的职责以及相应的法律责任；

（五）提交申报材料的截止时间；

（六）人民法院认为应当公告的其他事项。

第六条　律师事务所、会计师事务所申请编入管理人名册的，应当提供下列材料：

（一）执业证书、依法批准设立文件或者营业执照；

（二）章程；

（三）本单位专职从业人员名单及其执业资格证书复印件；

（四）业务和业绩材料；

（五）行业自律组织对所提供材料真实性以及有无被行政处罚或者纪律处分情况的证明；

（六）人民法院要求的其他材料。

第七条 破产清算事务所申请编入管理人名册的，应当提供以下材料：

（一）营业执照或者依法批准设立的文件；

（二）本单位专职从业人员的法律或者注册会计师资格证书，或者经营管理经历的证明材料；

（三）业务和业绩材料；

（四）能够独立承担民事责任的证明材料；

（五）行业自律组织对所提供材料真实性以及有无被行政处罚或者纪律处分情况的证明，或者申请人就上述情况所作的真实性声明；

（六）人民法院要求的其他材料。

第八条 个人申请编入管理人名册的，应当提供下列材料：

（一）律师或者注册会计师执业证书复印件以及执业年限证明；

（二）所在社会中介机构同意其担任管理人的函件；

（三）业务专长及相关业绩材料；

（四）执业责任保险证明；

（五）行业自律组织对所提供材料真实性以及有无被行政处罚或者纪律处分情况的证明；

（六）人民法院要求的其他材料。

第九条 社会中介机构及个人具有下列情形之一的，人民法院可以适用企业破产法第二十四条第三款第四项的规定：

（一）因执业、经营中故意或者重大过失行为，受到行政机关、监管机构或者行业自律组织行政处罚或者纪律处分之日起未逾三年；

（二）因涉嫌违法行为正被相关部门调查；

（三）因不适当履行职务或者拒绝接受人民法院指定等原因，被人民法院从管理人名册除名之日起未逾三年；

（四）缺乏担任管理人所应具备的专业能力；

（五）缺乏承担民事责任的能力；

（六）人民法院认为可能影响履行管理人职责的其他情形。

第十条 编制管理人名册的人民法院应当组成专门的评审委员会，决定编入管理人名册的社会中介机构和个人名单。评审委员会成员应不少于七人。

人民法院应当根据本辖区社会中介机构以及社会中介机构中个人的实际情况，结合其执业业绩、能力、专业水准、社会中介机构的规模、办理企业破产案件的经验等因素制定管理人评定标准，由评审委员会根据申报人的具体情况评定其综合分数。

人民法院根据评审委员会评审结果，确定管理人初审名册。

第十一条 人民法院应当将管理人初审名册通过本辖区有影响的媒体进行公示，公示期为十日。

对于针对编入初审名册的社会中介机构和个人提出的异议，人民法院应当进行审查。异议成立、申请人确不宜担任管理人的，人民法院应将该社会中介机构或者个人从管理人初审名册中删除。

第十二条 公示期满后，人民法院应审定管理人名册，并通过全国有影响的媒体公布，同时逐级报最高人民法院备案。

第十三条 人民法院可以根据本辖区的实际情况，分批确定编入管理人名册的社会中介机构及个人。

编制管理人名册的全部资料应当建立档案备查。

第十四条 人民法院可以根据企业破产案件受理情况、管理人履行职务以及管理人资格变化等因素，对管理人名册适时进行调整。新编入管理人名册的社会中介机构和个人应当按照本规定的程序办理。

人民法院发现社会中介机构或者个人有企业破产法第二十四条第三款规定情形的，应当将其从管理人名册中除名。

二、管理人的指定

第十五条 受理企业破产案件的人民法院指定管理人，一般应从本地管理人名册中指定。

对于商业银行、证券公司、保险公司等金融机构以及在全国范围内有重大影响、法律关系复杂、债务人财产分散的企业破产案件，人民法院可以从所在地区高级人民法院编制的管理人名册列明的其他地区管理人或者异地人民法院编制的管理人名册中指定管理人。

第十六条 受理企业破产案件的人民法院，一般应指定管理人名册中的社会中介机构担任管理人。

第十七条 对于事实清楚、债权债务关系简单、债务人财产相对集中的企业破产案件，人民法院可以指定管理人名册中的个人为管理人。

第十八条 企业破产案件有下列情形之一的，人民法院可以指定清算组为管理人：

（一）破产申请受理前，根据有关规定已经成立清算组，人民法院认为符合本规定第十九条的规定；

（二）审理企业破产法第一百三十三条规定的案件；

（三）有关法律规定企业破产时成立清算组；

（四）人民法院认为可以指定清算组为管理人的其他情形。

第十九条 清算组为管理人的，人民法院可以从政府有关部门、编入管理人名册的社会中介机构、金融资产管理公司中指定清算组成员，人民银行及金融监督管理机构可以按照有关法律和行政法规的规定派人参加清算组。

第二十条 人民法院一般应当按照管理人名册所列名单采取轮候、抽签、摇号等随机方式公开指定管理人。

第二十一条 对于商业银行、证券公司、保险公司等金融机构或者在全国范围有重大影响、法律关系复杂、债务人财产分散的企业破产案件，人民法院可以采取公告的方式，邀请编入各地人民法院管理人名册中的社会中介机构参与竞争，从参与竞争的社会中介机构中指定管理人。参与竞争的社会中介机构不得少于三家。

采取竞争方式指定管理人的，人民法院应当组成专门的评审委员会。

评审委员会应当结合案件的特点，综合考量社会中介机构的专业水准、经验、机构规模、初步报价等因素，从参与竞争的社会中介机构中择优指定管理人。被指定为管理人的社会中介机构应经评审委员会成员二分之一以上通过。

采取竞争方式指定管理人的，人民法院应当确定一至两名备选社会中介机构，作为需要更换管理人时的接替人选。

第二十二条　对于经过行政清理、清算的商业银行、证券公司、保险公司等金融机构的破产案件，人民法院除可以按照本规定第十八条第一项的规定指定管理人外，也可以在金融监督管理机构推荐的已编入管理人名册的社会中介机构中指定管理人。

第二十三条　社会中介机构、清算组成员有下列情形之一，可能影响其忠实履行管理人职责的，人民法院可以认定为企业破产法第二十四条第三款第三项规定的利害关系：

（一）与债务人、债权人有未了结的债权债务关系；

（二）在人民法院受理破产申请前三年内，曾为债务人提供相对固定的中介服务；

（三）现在是或者在人民法院受理破产申请前三年内曾经是债务人、债权人的控股股东或者实际控制人；

（四）现在担任或者在人民法院受理破产申请前三年内曾经担任债务人、债权人的财务顾问、法律顾问；

（五）人民法院认为可能影响其忠实履行管理人职责的其他情形。

第二十四条　清算组成员的派出人员、社会中介机构的派出人员、个人管理人有下列情形之一，可能影响其忠实履行管理人职责的，可以认定为企业破产法第二十四条第三款第三项规定的利害关系：

（一）具有本规定第二十三条规定情形；

（二）现在担任或者在人民法院受理破产申请前三年内曾经担任债务人、债权人的董事、监事、高级管理人员；

（三）与债权人或者债务人的控股股东、董事、监事、高级管理人员存在夫妻、直系血亲、三代以内旁系血亲或者近姻亲关系；

（四）人民法院认为可能影响其公正履行管理人职责的其他情形。

第二十五条　在进入指定管理人程序后，社会中介机构或者个人发现与本案有利害关系的，应主动申请回避并向人民法院书面说明情况。人民法院认为社会中介机构或者个人与本案有利害关系的,不应指定该社会中介机构或者个人为本案管理人。

第二十六条 社会中介机构或者个人有重大债务纠纷或者因涉嫌违法行为正被相关部门调查的,人民法院不应指定该社会中介机构或者个人为本案管理人。

第二十七条 人民法院指定管理人应当制作决定书,并向被指定为管理人的社会中介机构或者个人、破产申请人、债务人、债务人的企业登记机关送达。决定书应与受理破产申请的民事裁定书一并公告。

第二十八条 管理人无正当理由,不得拒绝人民法院的指定。

管理人一经指定,不得以任何形式将管理人应当履行的职责全部或者部分转给其他社会中介机构或者个人。

第二十九条 管理人凭指定管理人决定书按照国家有关规定刻制管理人印章,并交人民法院封样备案后启用。

管理人印章只能用于所涉破产事务。管理人根据企业破产法第一百二十二条规定终止执行职务后,应当将管理人印章交公安机关销毁,并将销毁的证明送交人民法院。

第三十条 受理企业破产案件的人民法院应当将指定管理人过程中形成的材料存入企业破产案件卷宗,债权人会议或者债权人委员会有权查阅。

三、管理人的更换

第三十一条 债权人会议根据企业破产法第二十二条第二款的规定申请更换管理人的,应由债权人会议作出决议并向人民法院提出书面申请。

人民法院在收到债权人会议的申请后,应当通知管理人在两日内作出书面说明。

第三十二条 人民法院认为申请理由不成立的,应当自收到管理人书面说明之日起十日内作出驳回申请的决定。

人民法院认为申请更换管理人的理由成立的,应当自收到管理人书面说明之日起十日内作出更换管理人的决定。

第三十三条 社会中介机构管理人有下列情形之一的,人民法院可以根据债权人会议的申请或者依职权迳行决定更换管理人:

(一)执业许可证或者营业执照被吊销或者注销;

(二)出现解散、破产事由或者丧失承担执业责任风险的能力;

(三)与本案有利害关系;

(四)履行职务时,因故意或者重大过失导致债权人利益受到损害;

(五)有本规定第二十六条规定的情形。

清算组成员参照适用前款规定。

第三十四条 个人管理人有下列情形之一的,人民法院可以根据债权人会议的申请或者依职权迳行决定更换管理人:

(一)执业资格被取消、吊销;

(二)与本案有利害关系;

(三)履行职务时,因故意或者重大过失导致债权人利益受到损害;

(四)失踪、死亡或者丧失民事行为能力;

(五)因健康原因无法履行职务;

(六)执业责任保险失效;

(七)有本规定第二十六条规定的情形。

清算组成员的派出人员、社会中介机构的派出人员参照适用前款规定。

第三十五条 管理人无正当理由申请辞去职务的,人民法院不予许可。正当理由的认定,可参照适用本规定第三十三条、第三十四条规定的情形。

第三十六条 人民法院对管理人申请辞去职务未予许可,管理人仍坚持辞去职务并不再履行管理人职责的,人民法院应当决定更换管理人。

第三十七条 人民法院决定更换管理人的,原管理人应当自收到决定书之次日起,在人民法院监督下向新任管理人移交全部资料、财产、营业事务及管理人印章,并及时向新任管理人书面说明工作进展情况。原管理人不能履行上述职责的,新任管理人可以直接接管相关事务。

在破产程序终结前,原管理人应当随时接受新任管理人、债权人会议、人民法院关于其履行管理人职责情况的询问。

第三十八条 人民法院决定更换管理人的,应将决定书送达原管理人、新任管理人、破产申请人、债务人以及债务人的企业登记机关,并予公告。

第三十九条 管理人申请辞去职务未获人民法院许可，但仍坚持辞职并不再履行管理人职责，或者人民法院决定更换管理人后，原管理人拒不向新任管理人移交相关事务，人民法院可以根据企业破产法第一百三十条的规定和具体情况，决定对管理人罚款。对社会中介机构为管理人的罚款5万元至20万元人民币，对个人为管理人的罚款1万元至5万元人民币。

管理人有前款规定行为或者无正当理由拒绝人民法院指定的，编制管理人名册的人民法院可以决定停止其担任管理人一年至三年，或者将其从管理人名册中除名。

第四十条 管理人不服罚款决定的，可以向上一级人民法院申请复议，上级人民法院应在收到复议申请后五日内作出决定，并将复议结果通知下级人民法院和当事人。

最高人民法院关于审理企业破产案件确定管理人报酬的规定

（2007年4月12日　法释〔2007〕9号）

为公正、高效审理企业破产案件，规范人民法院确定管理人报酬工作，根据《中华人民共和国企业破产法》的规定，制定本规定。

第一条 管理人履行企业破产法第二十五条规定的职责，有权获得相应报酬。

管理人报酬由审理企业破产案件的人民法院依据本规定确定。

第二条 人民法院应根据债务人最终清偿的财产价值总额，在以下比例限制范围内分段确定管理人报酬：

（一）不超过一百万元（含本数，下同）的，在12%以下确定；

（二）超过一百万元至五百万元的部分，在10%以下确定；

（三）超过五百万元至一千万元的部分，在8%以下确定；

（四）超过一千万元至五千万元的部分，在6%以下确定；

（五）超过五千万元至一亿元的部分，在3%以下确定；

（六）超过一亿元至五亿元的部分，在1%以下确定；

（七）超过五亿元的部分，在0.5%以下确定。

担保权人优先受偿的担保物价值，不计入前款规定的财产价值总额。

高级人民法院认为有必要的，可以参照上述比例在30%的浮动范围内制定符合当地实际情况的管理人报酬比例限制范围，并通过当地有影响的媒体公告，同时报最高人民法院备案。

第三条　人民法院可以根据破产案件的实际情况，确定管理人分期或者最后一次性收取报酬。

第四条　人民法院受理企业破产申请后，应当对债务人可供清偿的财产价值和管理人的工作量作出预测，初步确定管理人报酬方案。管理人报酬方案应当包括管理人报酬比例和收取时间。

第五条　人民法院采取公开竞争方式指定管理人的，可以根据社会中介机构提出的报价确定管理人报酬方案，但报酬比例不得超出本规定第二条规定的限制范围。

上述报酬方案一般不予调整，但债权人会议异议成立的除外。

第六条　人民法院应当自确定管理人报酬方案之日起三日内，书面通知管理人。

管理人应当在第一次债权人会议上报告管理人报酬方案内容。

第七条　管理人、债权人会议对管理人报酬方案有意见的，可以进行协商。双方就调整管理人报酬方案内容协商一致的，管理人应向人民法院书面提出具体的请求和理由，并附相应的债权人会议决议。

人民法院经审查认为上述请求和理由不违反法律和行政法规强制性规定，且不损害他人合法权益的，应当按照双方协商的结果调整管理人报酬方案。

第八条　人民法院确定管理人报酬方案后，可以根据破产案件和管理人履行职责的实际情况进行调整。

人民法院应当自调整管理人报酬方案之日起三日内，书面通知管理人。管理人应当自收到上述通知之日起三日内，向债权人委员会或者债权人会议主席报告管理人报酬方案调整内容。

第九条 人民法院确定或者调整管理人报酬方案时，应当考虑以下因素：

（一）破产案件的复杂性；

（二）管理人的勤勉程度；

（三）管理人为重整、和解工作做出的实际贡献；

（四）管理人承担的风险和责任；

（五）债务人住所地居民可支配收入及物价水平；

（六）其他影响管理人报酬的情况。

第十条 最终确定的管理人报酬及收取情况，应列入破产财产分配方案。在和解、重整程序中，管理人报酬方案内容应列入和解协议草案或重整计划草案。

第十一条 管理人收取报酬，应当向人民法院提出书面申请。申请书应当包括以下内容：

（一）可供支付报酬的债务人财产情况；

（二）申请收取报酬的时间和数额；

（三）管理人履行职责的情况。

人民法院应当自收到上述申请书之日起十日内，确定支付管理人的报酬数额。

第十二条 管理人报酬从债务人财产中优先支付。

债务人财产不足以支付管理人报酬和管理人执行职务费用的，管理人应当提请人民法院终结破产程序。但债权人、管理人、债务人的出资人或者其他利害关系人愿意垫付上述报酬和费用的，破产程序可以继续进行。

上述垫付款项作为破产费用从债务人财产中向垫付人随时清偿。

第十三条 管理人对担保物的维护、变现、交付等管理工作付出合理劳动的，有权向担保权人收取适当的报酬。管理人与担保权人就上述报酬数额不能协商一致的，人民法院应当参照本规定第二条规定的方法确定，但报酬比例不得超出该条规定限制范围的10%。

第十四条 律师事务所、会计师事务所通过聘请本专业的其他社会中介机构或者人员协助履行管理人职责的，所需费用从其报酬中支付。

破产清算事务所通过聘请其他社会中介机构或者人员协助履行管理人职责

的，所需费用从其报酬中支付。

第十五条 清算组中有关政府部门派出的工作人员参与工作的不收取报酬。其他机构或人员的报酬根据其履行职责的情况确定。

第十六条 管理人发生更换的，人民法院应当分别确定更换前后的管理人报酬。其报酬比例总和不得超出本规定第二条规定的限制范围。

第十七条 债权人会议对管理人报酬有异议的，应当向人民法院书面提出具体的请求和理由。异议书应当附有相应的债权人会议决议。

第十八条 人民法院应当自收到债权人会议异议书之日起三日内通知管理人。管理人应当自收到通知之日起三日内作出书面说明。

人民法院认为有必要的，可以举行听证会，听取当事人意见。

人民法院应当自收到债权人会议异议书之日起十日内，就是否调整管理人报酬问题书面通知管理人、债权人委员会或者债权人会议主席。

最高人民法院关于破产企业国有划拨土地使用权应否列入破产财产等问题的批复

（2002年10月11日最高人民法院审判委员会第1245次会议通过 2003年4月16日公布 自2003年4月18日起施行 法释〔2003〕6号）

湖北省高级人民法院：

你院鄂高法〔2002〕158号《关于破产企业国有划拨土地使用权应否列入破产财产以及有关抵押效力认定等问题的请示》收悉。经研究，答复如下：

一、根据《中华人民共和国土地管理法》第五十八条第一款第（四）项及《城镇国有土地使用权出让和转让暂行条例》第四十七条的规定，破产企业以划拨方式取得的国有土地使用权不属于破产财产，在企业破产时，有关人民政府可以予以收回，并依法处置。纳入国家兼并破产计划的国有企业，其依法取得的国有土地使用权，应依据国务院有关文件规定办理。

二、企业对其以划拨方式取得的国有土地使用权无处分权,以该土地使用权为标的物设定抵押,除依法办理抵押登记手续外,还应经具有审批权限的人民政府或土地行政管理部门批准。否则,应认定抵押无效。如果企业对以划拨方式取得的国有土地使用权设定抵押时,履行了法定的审批手续,并依法办理了抵押登记,应认定抵押有效。根据《中华人民共和国城市房地产管理法》第五十条和《中华人民共和国担保法》第五十六条的规定,抵押权人只有在以抵押标的物折价或拍卖、变卖所得价款缴纳相当于土地使用权出让金的款项后,对剩余部分方可享有优先受偿权。但纳入国家兼并破产计划的国有企业,其用以划拨方式取得的国有土地使用权设定抵押的,应依据国务院有关文件规定办理。

三、国有企业以关键设备、成套设备、厂房设定抵押的效力问题,应依据法释〔2002〕14 号《关于国有工业企业以机器设备等财产为抵押物与债权人签订的抵押合同的法律效力问题的批复》办理。

国有企业以建筑物设定抵押的效力问题,应区分两种情况处理:如果建筑物附着于以划拨方式取得的国有土地使用权之上,将该建筑物与土地使用权一并设定抵押的,对土地使用权的抵押需履行法定的审批手续,否则,应认定抵押无效;如果建筑物附着于以出让、转让方式取得的国有土地使用权之上,将该建筑物与土地使用权一并设定抵押的,即使未经有关主管部门批准,亦应认定抵押有效。

本批复自公布之日起施行,正在审理或者尚未审理的案件,适用本批复,但对提起再审的判决、裁定已经发生法律效力的案件除外。

最高人民法院关于审理企业破产案件若干问题的规定

(2002 年 7 月 18 日最高人民法院审判委员会第 1232 次会议通过 2002 年 7 月 30 日公布 自 2002 年 9 月 1 日起施行 法释〔2002〕23 号)

为正确适用《中华人民共和国企业破产法(试行)》(以下简称企业破产法)、

《中华人民共和国民事诉讼法》(以下简称民事诉讼法),规范对企业破产案件的审理,结合人民法院审理企业破产案件的实际情况,特制定以下规定。

一、关于企业破产案件管辖

第一条 企业破产案件由债务人住所地人民法院管辖。债务人住所地指债务人的主要办事机构所在地。债务人无办事机构的,由其注册地人民法院管辖。

第二条 基层人民法院一般管辖县、县级市或者区的工商行政管理机关核准登记企业的破产案件;

中级人民法院一般管辖地区、地级市(含本级)以上的工商行政管理机关核准登记企业的破产案件;

纳入国家计划调整的企业破产案件,由中级人民法院管辖。

第三条 上级人民法院审理下级人民法院管辖的企业破产案件,或者将本院管辖的企业破产案件移交下级人民法院审理,以及下级人民法院需要将自己管辖的企业破产案件交由上级人民法院审理的,依照民事诉讼法第三十九条的规定办理;省、自治区、直辖市范围内因特殊情况需对个别企业破产案件的地域管辖作调整的,须经共同上级人民法院批准。

二、关于破产申请与受理

第四条 申请(被申请)破产的债务人应当具备法人资格,不具备法人资格的企业、个体工商户、合伙组织、农村承包经营户不具备破产主体资格。

第五条 国有企业向人民法院申请破产时,应当提交其上级主管部门同意其破产的文件;其他企业应当提供其开办人或者股东会议决定企业破产的文件。

第六条 债务人申请破产,应当向人民法院提交下列材料:

(一)书面破产申请;

(二)企业主体资格证明;

(三)企业法定代表人与主要负责人名单;

(四)企业职工情况和安置预案;

(五)企业亏损情况的书面说明,并附审计报告;

（六）企业至破产申请日的资产状况明细表，包括有形资产、无形资产和企业投资情况等；

（七）企业在金融机构开设帐户的详细情况，包括开户审批材料、帐号、资金等；

（八）企业债权情况表，列明企业的债务人名称、住所、债务数额、发生时间和催讨偿还情况；

（九）企业债务情况表，列明企业的债权人名称、住所、债权数额、发生时间；

（十）企业涉及的担保情况；

（十一）企业已发生的诉讼情况；

（十二）人民法院认为应当提交的其他材料。

第七条 债权人申请债务人破产，应当向人民法院提交下列材料：

（一）债权发生的事实与证据；

（二）债权性质、数额、有无担保，并附证据；

（三）债务人不能清偿到期债务的证据。

第八条 债权人申请债务人破产，人民法院可以通知债务人核对以下情况：

（一）债权的真实性；

（二）债权在债务人不能偿还的到期债务中所占的比例；

（三）债务人是否存在不能清偿到期债务的情况。

第九条 债权人申请债务人破产，债务人对债权人的债权提出异议，人民法院认为异议成立的，应当告知债权人先行提起民事诉讼。破产申请不予受理。

第十条 人民法院收到破产申请后，应当在七日内决定是否立案；破产申请人提交的材料需要更正、补充的，人民法院可以责令申请人限期更正、补充。按期更正、补充材料的，人民法院自收到更正补充材料之日起七日内决定是否立案；未按期更正、补充的，视为撤回申请。

人民法院决定受理企业破产案件的，应当制作案件受理通知书，并送达申请人和债务人。通知书作出时间为破产案件受理时间。

第十一条 在人民法院决定受理企业破产案件前，破产申请人可以请求撤回破产申请。

人民法院准许申请人撤回破产申请的，在撤回破产申请之前已经支出的费用由破产申请人承担。

第十二条　人民法院经审查发现有下列情况的,破产申请不予受理:

(一)债务人有隐匿、转移财产等行为,为了逃避债务而申请破产的;

(二)债权人借破产申请毁损债务人商业信誉,意图损害公平竞争的。

第十三条　人民法院对破产申请不予受理的,应当作出裁定。

破产申请人对不予受理破产申请的裁定不服的,可以在裁定送达之日起十日内向上一级人民法院提起上诉。

第十四条　人民法院受理企业破产案件后,发现不符合法律规定的受理条件或者有本规定第十二条所列情形的,应当裁定驳回破产申请。

人民法院受理债务人的破产申请后,发现债务人巨额财产下落不明且不能合理解释财产去向的,应当裁定驳回破产申请。

破产申请人对驳回破产申请的裁定不服的,可以在裁定送达之日起十日内向上一级人民法院提起上诉。

第十五条　人民法院决定受理企业破产案件后,应当组成合议庭,并在十日内完成下列工作:

(一)将合议庭组成人员情况书面通知破产申请人和被申请人,并在法院公告栏张贴企业破产受理公告。公告内容应当写明:破产申请受理时间、债务人名称,申报债权的期限、地点和逾期未申报债权的法律后果、第一次债权人会议召开的日期、地点;

(二)在债务人企业发布公告,要求保护好企业财产,不得擅自处理企业的帐册、文书、资料、印章,不得隐匿、私分、转让、出售企业财产;

(三)通知债务人立即停止清偿债务,非经人民法院许可不得支付任何费用;

(四)通知债务人的开户银行停止债务人的结算活动,并不得扣划债务人款项抵扣债务。但经人民法院依法许可的除外。

第十六条　人民法院受理债权人提出的企业破产案件后,应当通知债务人在十五日内向人民法院提交有关会计报表、债权债务清册、企业资产清册以及人民法院认为应当提交的资料。

第十七条　人民法院受理企业破产案件后,除应当按照企业破产法第九条的规定通知已知的债权人外，还应当于三十日内在国家、地方有影响的报纸上刊登公告，公告内容同第十五条第（一）项的规定。

第十八条 人民法院受理企业破产案件后，除可以随即进行破产宣告成立清算组的外，在企业原管理组织不能正常履行管理职责的情况下，可以成立企业监管组。企业监管组成员从企业上级主管部门或者股东会议代表、企业原管理人员、主要债权人中产生，也可以聘请会计师、律师等中介机构参加。企业监管组主要负责处理以下事务：

（一）清点、保管企业财产；

（二）核查企业债权；

（三）为企业利益而进行的必要的经营活动；

（四）支付人民法院许可的必要支出；

（五）人民法院许可的其他工作。

企业监管组向人民法院负责，接受人民法院的指导、监督。

第十九条 人民法院受理企业破产案件后，以债务人为原告的其他民事纠纷案件尚在一审程序的，受诉人民法院应当将案件移送受理破产案件的人民法院；案件已进行到二审程序的，受诉人民法院应当继续审理。

第二十条 人民法院受理企业破产案件后，对债务人财产的其他民事执行程序应当中止。

以债务人为被告的其他债务纠纷案件，根据下列不同情况分别处理：

（一）已经审结但未执行完毕的，应当中止执行，由债权人凭生效的法律文书向受理破产案件的人民法院申报债权。

（二）尚未审结且无其他被告和无独立请求权的第三人的，应当中止诉讼，由债权人向受理破产案件的人民法院申报债权。在企业被宣告破产后，终结诉讼。

（三）尚未审结并有其他被告或者无独立请求权的第三人的，应当中止诉讼，由债权人向受理破产案件的人民法院申报债权。待破产程序终结后，恢复审理。

（四）债务人系从债务人的债务纠纷案件继续审理。

三、关于债权申报

第二十一条 债权人申报债权应当提交债权证明和合法有效的身份证明；代

理申报人应当提交委托人的有效身份证明、授权委托书和债权证明。

申报的债权有财产担保的,应当提交证明财产担保的证据。

第二十二条　人民法院在登记申报的债权时,应当记明债权人名称、住所、开户银行、申报债权数额、申报债权的证据、财产担保情况、申报时间、联系方式以及其他必要的情况。

已经成立清算组的,由清算组进行上述债权登记工作。

第二十三条　连带债务人之一或者数人破产的,债权人可就全部债权向该债务人或者各债务人行使权利,申报债权。债权人未申报债权的,其他连带债务人可就将来可能承担的债务申报债权。

第二十四条　债权人虽未在法定期间申报债权,但有民事诉讼法第七十六条规定情形的,在破产财产分配前可向清算组申报债权。清算组负责审查其申报的债权,并由人民法院审查确定。债权人会议对人民法院同意该债权人参加破产财产分配有异议的,可以向人民法院申请复议。

四、关于破产和解与破产企业整顿

第二十五条　人民法院受理企业破产案件后,在破产程序终结前,债务人可以向人民法院申请和解。人民法院在破产案件审理过程中,可以根据债权人、债务人具体情况向双方提出和解建议。

人民法院作出破产宣告裁定前,债权人会议与债务人达成和解协议并经人民法院裁定认可的,由人民法院发布公告,中止破产程序。

人民法院作出破产宣告裁定后,债权人会议与债务人达成和解协议并经人民法院裁定认可,由人民法院裁定中止执行破产宣告裁定,并公告中止破产程序。

第二十六条　债务人不按和解协议规定的内容清偿全部债务的,相关债权人可以申请人民法院强制执行。

第二十七条　债务人不履行或者不能履行和解协议的,经债权人申请,人民法院应当裁定恢复破产程序。和解协议系在破产宣告前达成的,人民法院应当在裁定恢复破产程序的同时裁定宣告债务人破产。

第二十八条　企业由债权人申请破产的,如被申请破产的企业系国有企业,依照企业破产法第四章的规定，其上级主管部门可以申请对该企业进行整顿。整顿申请应当在债务人被宣告破产前提出。

企业无上级主管部门的，企业股东会议可以通过决议并以股东会议名义申请对企业进行整顿。整顿工作由股东会议指定人员负责。

第二十九条 企业整顿期间，企业的上级主管部门或者负责实施整顿方案的人员应当定期向债权人会议和人民法院报告整顿情况、和解协议执行情况。

第三十条 企业整顿期间，对于债务人财产的执行仍适用企业破产法第十一条的规定。

五、关于破产宣告

第三十一条 企业破产法第三条第一款规定的“不能清偿到期债务”是指：

(一)债务的履行期限已届满；

(二)债务人明显缺乏清偿债务的能力。

债务人停止清偿到期债务并呈连续状态，如无相反证据，可推定为“不能清偿到期债务”。

第三十二条 人民法院受理债务人破产案件后，有下列情形之一的，应当裁定宣告债务人破产：

(一)债务人不能清偿债务且与债权人不能达成和解协议的；

(二)债务人不履行或者不能履行和解协议的；

(三)债务人在整顿期间有企业破产法第二十一条规定情形的；

(四)债务人在整顿期满后有企业破产法第二十二条第二款规定情形的。

宣告债务人破产应当公开进行。由债权人提出破产申请的，破产宣告时应当通知债务人到庭。

第三十三条 债务人自破产宣告之日起停止生产经营活动。为债权人利益确有必要继续生产经营的，须经人民法院许可。

第三十四条 人民法院宣告债务人破产后，应当通知债务人的开户银行，限定其银行帐户只能由清算组使用。人民法院通知开户银行时应当附破产宣告裁定书。

第三十五条 人民法院裁定宣告债务人破产后应当发布公告，公告内容包括债务人亏损情况、资产负债状况、破产宣告时间、破产宣告理由和法律依据以及对债务人的财产、帐册、文书、资料和印章的保护等内容。

第三十六条 破产宣告后，破产企业的财产在其他民事诉讼程序中被查封、扣押、冻结的，受理破产案件的人民法院应当立即通知采取查封、扣押、冻结措施的人民法院予以解除，并向受理破产案件的人民法院办理移交手续。

第三十七条 企业被宣告破产后，人民法院应当指定必要的留守人员。破产企业的法定代表人、财会、财产保管人员必须留守。

第三十八条 破产宣告后，债权人或者债务人对破产宣告有异议的，可以在人民法院宣告企业破产之日起十日内，向上一级人民法院申诉。上一级人民法院应当组成合议庭进行审理，并在三十日内作出裁定。

六、关于债权人会议

第三十九条 债权人会议由申报债权的债权人组成。

债权人会议主席由人民法院在有表决权的债权人中指定。必要时，人民法院可以指定多名债权人会议主席，成立债权人会议主席委员会。

少数债权人拒绝参加债权人会议，不影响会议的召开。但债权人会议不得作出剥夺其对破产财产受偿的机会或者不利于其受偿的决议。

第四十条 第一次债权人会议应当在人民法院受理破产案件公告三个月期满后召开。除债务人的财产不足以支付破产费用，破产程序提前终结外，不得以一般债权的清偿率为零为理由取消债权人会议。

第四十一条 第一次债权人会议由人民法院召集并主持。人民法院除完成本规定第十七条确定的工作外，还应当做好以下准备工作：

（一）拟订第一次债权人会议议程；

（二）向债务人的法定代表人或者负责人发出通知，要求其必须到会；

（三）向债务人的上级主管部门、开办人或者股东会议代表发出通知，要求其派员列席会议；

（四）通知破产清算组成员列席会议；

(五)通知审计、评估人员参加会议;

(六)需要提前准备的其他工作。

第四十二条　债权人会议一般包括以下内容:

(一)宣布债权人会议职权和其他有关事项;

(二)宣布债权人资格审查结果;

(三)指定并宣布债权人会议主席;

(四)安排债务人法定代表人或者负责人接受债权人询问;

(五)由清算组通报债务人的生产经营、财产、债务情况并作清算工作报告和提出财产处理方案及分配方案;

(六)讨论并审查债权的证明材料、债权的财产担保情况及数额、讨论通过和解协议、审阅清算组的清算报告、讨论通过破产财产的处理方案与分配方案等。讨论内容应当记明笔录。债权人对人民法院或者清算组登记的债权提出异议的,人民法院应当及时审查并作出裁定;

(七)根据讨论情况,依照企业破产法第十六条的规定进行表决。

以上第(五)至(七)项议程内的工作在本次债权人会议上无法完成的,交由下次债权人会议继续进行。

第四十三条　债权人认为债权人会议决议违反法律规定或者侵害其合法权益的,可以在债权人会议作出决议后七日内向人民法院提出,由人民法院依法裁定。

第四十四条　清算组财产分配方案经债权人会议两次讨论未获通过的,由人民法院依法裁定。

对前款裁定,占无财产担保债权总额半数以上债权的债权人有异议的,可以在人民法院作出裁定之日起十日内向上一级人民法院申诉。上一级人民法院应当组成合议庭进行审理,并在三十日内作出裁定。

第四十五条　债权人可以委托代理人出席债权人会议,并可以授权代理人行使表决权。代理人应当向人民法院或者债权人会议主席提交授权委托书。

第四十六条　第一次债权人会议后又召开债权人会议的,债权人会议主席应当在发出会议通知前三日报告人民法院,并由会议召集人在开会前十五日将会议时间、地点、内容、目的等事项通知债权人。

七、关于清算组

第四十七条　人民法院应当自裁定宣告企业破产之日起十五日内成立清算组。

第四十八条　清算组成员可以从破产企业上级主管部门、清算中介机构以及会计、律师中产生，也可以从政府财政、工商管理、计委、经委、审计、税务、物价、劳动、社会保险、土地管理、国有资产管理、人事等部门中指定。人民银行分（支）行可以按照有关规定派人参加清算组。

第四十九条　清算组经人民法院同意可以聘请破产清算机构、律师事务所、会计事务所等中介机构承担一定的破产清算工作。中介机构就清算工作向清算组负责。

第五十条　清算组的主要职责是：

（一）接管破产企业。向破产企业原法定代表人及留守人员接收原登记造册的资产明细表、有形资产清册，接管所有财产、帐册、文书档案、印章、证照和有关资料。破产宣告前成立企业监管组的，由企业监管组和企业原法定代表人向清算组进行移交；

（二）清理破产企业财产，编制财产明细表和资产负债表，编制债权债务清册，组织破产财产的评估、拍卖、变现；

（三）回收破产企业的财产，向破产企业的债务人、财产持有人依法行使财产权利；

（四）管理、处分破产财产，决定是否履行合同和在清算范围内进行经营活动。确认别除权、抵销权、取回权；

（五）进行破产财产的委托评估、拍卖及其他变现工作；

（六）依法提出并执行破产财产处理和分配方案；

（七）提交清算报告；

（八）代表破产企业参加诉讼和仲裁活动；

（九）办理企业注销登记等破产终结事宜；

（十）完成人民法院依法指定的其他事项。

第五十一条　清算组对人民法院负责并且报告工作，接受人民法院的监督。

人民法院应当及时指导清算组的工作，明确清算组的职权与责任，帮助清算组拟订工作计划，听取清算组汇报工作。

清算组有损害债权人利益的行为或者其他违法行为的，人民法院可以根据债权人的申请或者依职权予以纠正。

人民法院可以根据债权人的申请或者依职权更换不称职的清算组成员。

第五十二条　清算组应当列席债权人会议，接受债权人会议的询问。债权人有权查阅有关资料、询问有关事项；清算组的决定违背债权人利益的，债权人可以申请人民法院裁定撤销该决定。

第五十三条　清算组对破产财产应当及时登记、清理、审计、评估、变价。必要时，可以请求人民法院对破产企业财产进行保全。

第五十四条　清算组应当采取有效措施保护破产企业的财产。债务人的财产权利如不依法登记或者及时行使将丧失权利的，应当及时予以登记或者行使；对易损、易腐、跌价或者保管费用较高的财产应当及时变卖。

八、关于破产债权

第五十五条　下列债权属于破产债权：

（一）破产宣告前发生的无财产担保的债权；

（二）破产宣告前发生的虽有财产担保但是债权人放弃优先受偿的债权；

（三）破产宣告前发生的虽有财产担保但是债权数额超过担保物价值部分的债权；

（四）票据出票人被宣告破产，付款人或者承兑人不知其事实而向持票人付款或者承兑所产生的债权；

（五）清算组解除合同，对方当事人依法或者依照合同约定产生的对债务人可以用货币计算的债权；

（六）债务人的受托人在债务人破产后，为债务人的利益处理委托事务所发生的债权；

（七）债务人发行债券形成的债权；

（八）债务人的保证人代替债务人清偿债务后依法可以向债务人追偿的债权；

（九）债务人的保证人按照《中华人民共和国担保法》第三十二条的规定预先行使追偿权而申报的债权；

（十）债务人为保证人的，在破产宣告前已经被生效的法律文书确定承担的保证责任；

（十一）债务人在破产宣告前因侵权、违约给他人造成财产损失而产生的赔偿责任。

（十二）人民法院认可的其他债权。

以上第（五）项债权以实际损失为计算原则。违约金不作为破产债权，定金不再适用定金罚则。

第五十六条　因企业破产解除劳动合同，劳动者依法或者依据劳动合同对企业享有的补偿金请求权，参照企业破产法第三十七条第二款第（一）项规定的顺序清偿。

第五十七条　债务人所欠非正式职工（含短期劳动工）的劳动报酬，参照企业破产法第三十七条第二款第（一）项规定的顺序清偿。

第五十八条　债务人所欠企业职工集资款，参照企业破产法第三十七条第二款第（一）项规定的顺序清偿。但对违反法律规定的高额利息部分不予保护。

职工向企业的投资，不属于破产债权。

第五十九条　债务人退出联营应当对该联营企业的债务承担责任的，联营企业的债权人对该债务人享有的债权属于破产债权。

第六十条　与债务人互负债权债务的债权人可以向清算组请求行使抵销权，抵销权的行使应当具备以下条件：

（一）债权人的债权已经得到确认；

（二）主张抵销的债权债务均发生在破产宣告之前。

经确认的破产债权可以转让。受让人以受让的债权抵销其所欠债务人债务的，人民法院不予支持。

第六十一条　下列债权不属于破产债权：

（一）行政、司法机关对破产企业的罚款、罚金以及其他有关费用；

（二）人民法院受理破产案件后债务人未支付应付款项的滞纳金，包括债务人未执行生效法律文书应当加倍支付的迟延利息和劳动保险金的滞纳金；

（三）破产宣告后的债务利息；

（四）债权人参加破产程序所支出的费用；

（五）破产企业的股权、股票持有人在股权、股票上的权利；

（六）破产财产分配开始后向清算组申报的债权；

（七）超过诉讼时效的债权；

（八）债务人开办单位对债务人未收取的管理费、承包费。

上述不属于破产债权的权利，人民法院或者清算组也应当对当事人的申报进行登记。

第六十二条　政府无偿拨付给债务人的资金不属于破产债权。但财政、扶贫、科技管理等行政部门通过签订合同，按有偿使用、定期归还原则发放的款项，可以作为破产债权。

第六十三条　债权人对清算组确认或者否认的债权有异议的，可以向清算组提出。债权人对清算组的处理仍有异议的，可以向人民法院提出。人民法院应当在查明事实的基础上依法作出裁决。

九、关于破产财产

第六十四条　破产财产由下列财产构成：

（一）债务人在破产宣告时所有的或者经营管理的全部财产；

（二）债务人在破产宣告后至破产程序终结前取得的财产；

（三）应当由债务人行使的其他财产权利。

第六十五条　债务人与他人共有的物、债权、知识产权等财产或者财产权，应当在破产清算中予以分割，债务人分割所得属于破产财产；不能分割的，应当就其应得部分转让，转让所得属于破产财产。

第六十六条　债务人的开办人注册资金投入不足的，应当由该开办人予以补足，补足部分属于破产财产。

第六十七条　企业破产前受让他人财产并依法取得所有权或者土地使用权的，即便未支付或者未完全支付对价，该财产仍属于破产财产。

第六十八条　债务人的财产被采取民事诉讼执行措施的，在受理破产案件后尚未执行的或者未执行完毕的剩余部分,在该企业被宣告破产后列入破产财产。因错误执行应当执行回转的财产,在执行回转后列入破产财产。

第六十九条 债务人依照法律规定取得代位求偿权的,依该代位求偿权享有的债权属于破产财产。

第七十条 债务人在被宣告破产时未到期的债权视为已到期,属于破产财产,但应当减去未到期的利息。

第七十一条 下列财产不属于破产财产:

(一)债务人基于仓储、保管、加工承揽、委托交易、代销、借用、寄存、租赁等法律关系占有、使用的他人财产;

(二)抵押物、留置物、出质物,但权利人放弃优先受偿权的或者优先偿付被担保债权剩余的部分除外;

(三)担保物灭失后产生的保险金、补偿金、赔偿金等代位物;

(四)依照法律规定存在优先权的财产,但权利人放弃优先受偿权或者优先偿付特定债权剩余的部分除外;

(五)特定物买卖中,尚未转移占有但相对人已完全支付对价的特定物;

(六)尚未办理产权证或者产权过户手续但已向买方交付的财产;

(七)债务人在所有权保留买卖中尚未取得所有权的财产;

(八)所有权专属于国家且不得转让的财产;

(九)破产企业工会所有的财产。

第七十二条 本规定第七十一条第(一)项所列的财产,财产权利人有权取回。

前款财产在破产宣告前已经毁损灭失的,财产权利人仅能以直接损失额为限申报债权;在破产宣告后因清算组的责任毁损灭失的,财产权利人有权获得等值赔偿。

债务人转让上述财产获利的,财产权利人有权要求债务人等值赔偿。

十、关于破产财产的收回、处理和变现

第七十三条 清算组应当向破产企业的债务人和财产持有人发出书面通知,要求债务人和财产持有人于限定的时间向清算组清偿债务或者交付财产。

破产企业的债务人和财产持有人有异议的,应当在收到通知后的七日内提出,

由人民法院作出裁定。

破产企业的债务人和财产持有人在收到通知后既不向清算组清偿债务或者交付财产，又没有正当理由不在规定的异议期内提出异议的，由清算组向人民法院提出申请，经人民法院裁定后强制执行；

破产企业在境外的财产，由清算组予以收回。

第七十四条 债务人享有的债权，其诉讼时效自人民法院受理债务人的破产申请之日起，适用《中华人民共和国民法通则》第一百四十条关于诉讼时效中断的规定。债务人与债权人达成和解协议，中止破产程序的，诉讼时效自人民法院中止破产程序裁定之日起重新计算。

第七十五条 经人民法院同意，清算组可以聘用律师或者其他中介机构的人员追收债权。

第七十六条 债务人设立的分支机构和没有法人资格的全资机构的财产，应当一并纳入破产程序进行清理。

第七十七条 债务人在其开办的全资企业中的投资权益应当予以追收。

全资企业资不抵债的，清算组停止追收。

第七十八条 债务人对外投资形成的股权及其收益应当予以追收。对该股权可以出售或者转让，出售、转让所得列入破产财产进行分配。

股权价值为负值的，清算组停止追收。

第七十九条 债务人开办的全资企业，以及由其参股、控股的企业不能清偿到期债务，需要进行破产还债的，应当另行提出破产申请。

第八十条 清算组处理集体所有土地使用权时，应当遵守相关法律规定。未办理土地征用手续的集体所有土地使用权，应当在该集体范围内转让。

第八十一条 破产企业的职工住房，已经签订合同、交付房款，进行房改给个人的，不属于破产财产。未进行房改的，可由清算组向有关部门申请办理房改事项，向职工出售。按照国家规定不具备房改条件，或者职工在房改中不购买住房的，由清算组根据实际情况处理。

第八十二条 债务人的幼儿园、学校、医院等公益福利性设施，按国家有关规定处理，不作为破产财产分配。

第八十三条　处理破产财产前，可以确定有相应评估资质的评估机构对破产财产进行评估，债权人会议、清算组对破产财产的评估结论、评估费用有异议的，参照最高人民法院《关于民事诉讼证据的若干规定》第二十七条的规定处理。

第八十四条　债权人会议对破产财产的市场价格无异议的，经人民法院同意后，可以不进行评估。但是国有资产除外。

第八十五条　破产财产的变现应当以拍卖方式进行。由清算组负责委托有拍卖资格的拍卖机构进行拍卖。

依法不得拍卖或者拍卖所得不足以支付拍卖所需费用的，不进行拍卖。

前款不进行拍卖或者拍卖不成的破产财产，可以在破产分配时进行实物分配或者作价变卖。债权人对清算组在实物分配或者作价变卖中对破产财产的估价有异议的，可以请求人民法院进行审查。

第八十六条　破产财产中的成套设备，一般应当整体出售。

第八十七条　依法属于限制流通的破产财产，应当由国家指定的部门收购或者按照有关法律规定处理。

十一、关于破产费用

第八十八条　破产费用包括：

（一）破产财产的管理、变卖、分配所需要的费用；

（二）破产案件的受理费；

（三）债权人会议费用；

（四）催收债务所需费用；

（五）为债权人的共同利益而在破产程序中支付的其他费用。

第八十九条　人民法院受理企业破产案件可以按照《人民法院诉讼收费办法补充规定》预收案件受理费。

破产宣告前发生的经人民法院认可的必要支出，从债务人财产中拨付。债务人财产不足以支付的，如系债权人申请破产的，由债权人支付。

第九十条　清算期间职工生活费、医疗费可以从破产财产中优先拨付。

第九十一条　破产费用可随时支付，破产财产不足以支付破产费用的，人民法院根据清算组的申请裁定终结破产程序。

十二、关于破产财产的分配

第九十二条 破产财产分配方案经债权人会议通过后，由清算组负责执行。财产分配可以一次分配，也可以多次分配。

第九十三条 破产财产分配方案应当包括以下内容：

（一）可供破产分配的财产种类、总值，已经变现的财产和未变现的财产；

（二）债权清偿顺序、各顺序的种类与数额，包括破产企业所欠职工工资、劳动保险费用和破产企业所欠税款的数额和计算依据，纳入国家计划调整的企业破产，还应当说明职工安置费的数额和计算依据；

（三）破产债权总额和清偿比例；

（四）破产分配的方式、时间；

（五）对将来能够追回的财产拟进行追加分配的说明。

第九十四条 列入破产财产的债权，可以进行债权分配。债权分配以便于债权人实现债权为原则。

将人民法院已经确认的债权分配给债权人的，由清算组向债权人出具债权分配书，债权人可以凭债权分配书向债务人要求履行。债务人拒不履行的，债权人可以申请人民法院强制执行。

第九十五条 债权人未在指定期限内领取分配的财产的，对该财产可以进行提存或者变卖后提存价款，并由清算组向债权人发出催领通知书。债权人在收到催领通知书一个月后或者在清算组发出催领通知书两个月后，债权人仍未领取的，清算组应当对该部分财产进行追加分配。

十三、关于破产终结

第九十六条 破产财产分配完毕，由清算组向人民法院报告分配情况，并申请人民法院终结破产程序。

人民法院在收到清算组的报告和终结破产程序申请后，认为符合破产程序终结规定的，应当在七日内裁定终结破产程序。

第九十七条 破产程序终结后，由清算组向破产企业原登记机关办理企业注销登记。

破产程序终结后仍有可以追收的破产财产、追加分配等善后事宜需要处理的，经人民法院同意，可以保留清算组或者保留部分清算组成员。

第九十八条 破产程序终结后出现可供分配的财产的，应当追加分配。追加分配的财产，除企业破产法第四十条规定的由人民法院追回的财产外，还包括破产程序中因纠正错误支出收回的款项，因权利被承认追回的财产，债权人放弃的财产和破产程序终结后实现的财产权利等。

第九十九条 破产程序终结后，破产企业的帐册、文书等卷宗材料由清算组移交破产企业上级主管机关保存；无上级主管机关的，由破产企业的开办人或者股东保存。

十四、其他

第一百条 人民法院在审理企业破产案件中，发现破产企业的原法定代表人或者直接责任人员有企业破产法第三十五条所列行为的，应当向有关部门建议，对该法定代表人或者直接责任人员给予行政处分；涉嫌犯罪的，应当将有关材料移送相关国家机关处理。

第一百零一条 破产企业有企业破产法第三十五条所列行为，致使企业财产无法收回，造成实际损失的，清算组可以对破产企业的原法定代表人、直接责任人员提起民事诉讼，要求其承担民事赔偿责任。

第一百零二条 人民法院受理企业破产案件后，发现企业有巨额财产下落不明的，应当将有关涉嫌犯罪的情况和材料，移送相关国家机关处理。

第一百零三条 人民法院可以建议有关部门对破产企业的主要责任人员限制其再行开办企业，在法定期限内禁止其担任公司的董事、监事、经理。

第一百零四条 最高人民法院发现各级人民法院，或者上级人民法院发现下级人民法院在破产程序中作出的裁定确有错误的，应当通知其纠正；不予纠正的，可以裁定指令下级人民法院重新作出裁定。

第一百零五条 纳入国家计划调整的企业破产案件，除适用本规定外，还应当适用国家有关企业破产的相关规定。

第一百零六条 本规定自二〇〇二年九月一日起施行。在本规定发布前制定的有关审理企业破产案件的司法解释，与本规定相抵触的，不再适用。

最高人民法院关于企业离退休人员的养老保险统筹金应当列入破产财产分配方案问题的批复

（2002 年 4 月 15 日最高人民法院审判委员会第 1221 次会议通过
2002 年 4 月 18 日公布 自 2002 年 4 月 24 日起施行 法释〔2002〕12 号）

云南省高级人民法院：

你院云高法〔2001〕45 号《关于企业离休人员的养老统筹金能否列入破产财产分配问题的请示》收悉。经研究，答复如下：

破产企业离退休人员的养老保险统筹金属于《中华人民共和国破产法（试行）》第三十七条第二款和《中华人民共和国民事诉讼法》第二百零四条规定的“劳动保险费用”，应当列入破产财产的第一清偿顺序。

最高人民法院关于企业被人民法院依法宣告破产后，在破产程序终结前经人民法院允许从事经营活动所签合同是否有效问题的批复

（2000 年 11 月 14 日最高人民法院审判委员会第 1138 次会议通过
2002 年 12 月 1 日公布 自 2000 年 12 月 9 日起施行 法释〔2000〕43 号）

四川省高级人民法院：

你院川高法〔1999〕23 号《关于企业被人民法院依法宣告破产后，在破产程序

终结前经人民法院允许从事经营活动所签经济合同是否有效的请示》收悉。经研究，答复如下：

企业被人民法院宣告破产后，破产企业应当自人民法院宣告破产裁定之日起停止生产经营活动。但经清算组允许，破产企业可以在破产程序终结之前，以清算组的名义从事与清算工作相关的生产经营活动。清算组应当将从事此种经营活动的情况报告人民法院。如果破产企业在此期间对外签订的合同，并非以清算组的名义，且与清算工作无关，应当认定为无效。

我院以前发布的司法解释与本批复不一致的，以本批复为准。

最高人民法院关于对企业法人破产还债程序终结的裁定的抗诉应否受理问题的批复

（1997 年 7 月 25 日最高人民法院审判委员会第 924 次会议通过 1997 年 7 月 13 日　自 1997 年 8 月 2 日公布起施行　法释〔1997〕2 号）

江苏省高级人民法院：

你院〔1996〕苏申经复字第 16 号《关于对宣告企业法人破产还债程序终结裁定的抗诉应否受理问题的请示》收悉。经研究，答复如下：

检察机关对人民法院作出的企业法人破产还债程序终结的裁定提出抗诉没有法律依据。检察机关对前述裁定提出抗诉的，人民法院应当通知其不予受理。

最高人民法院关于贯彻执行《中华人民共和国企业破产法（试行）》若干问题的意见

（1991 年 11 月 7 日　法〔经〕发〔1991〕35 号发布）

为了正确贯彻执行《中华人民共和国企业破产法（试行）》（以下简称企业破

产法)，根据企业破产法和审判实践经验，现就破产诉讼中的若干问题提出如下意见：

一、管辖

1. 企业破产案件由债务人所在地人民法院管辖。债务人所在地是指企业主要办事机构所在地。

2. 基层人民法院一般管辖县、县级市或区的工商行政管理机关核准登记企业的破产案件；

中级人民法院一般管辖地区、地级市(含本级)以上工商行政管理机关核准登记企业的破产案件；

个别案件的级别管辖，可以依照《中华人民共和国民事诉讼法》(以下简称民事诉讼法)第三十九条第一款和第二款的规定办理。

二、破产申请

3. 提出破产申请，应当采用书面形式。

4. 债权人提出破产申请，应当向人民法院提供下列材料：

(1)债权发生事实及有关证据；

(2)债权性质、数额；

(3)债权有无财产担保，有财产担保的，应当提供证据；

(4)债务人不能清偿到期债务的有关证据。

5. 债务人提出破产申请，应当向人民法院提供下列材料：

(1)企业亏损情况的说明；

(2)会计报表；

(3)企业财产状况明细表和有形财产的处所；

(4)债权清册和债务清册(包括债权人和债务人名单、住所、开户银行、债权债务发生的时间、债权债务数额，有无争议等)；

(5)破产企业上级主管部门或者政府授权部门同意其申请破产的意见；

(6)人民法院认为依法应当提供的其他材料。

三、破产案件的受理

6. 人民法院收到破产申请后，应当依照企业破产法第七条、第八条和第三条的规定进行审查，并在七日内决定是否立案。

人民法院经审查认为破产申请需要更正、补充材料的，可以责令申请人限期更正、补充。按期更正、补充材料的，自收到更正补充材料的次日起七日内决定是否立案；逾期未予更正、补充的，视为撤回申请。

7. 申请人不服人民法院驳回破产申请裁定的，有权向上一级人民法院提起上诉。上诉的期限为十日。

8. 企业破产法第三条第一款中的“不能清偿到期债务”，是指：

(1)债务的清偿期限已经届满；

(2)债权人已要求清偿；

(3)债务人明显缺乏清偿能力。

债务人停止支付到期债务并呈连续状态，如无相反证据，可推定为“不能清偿到期债务”。

9. 人民法院受理破产案件后，应当组成合议庭进行审理。

10. 人民法院受理破产案件后，应当在十日内发布公告。公告除了在受理破产案件的人民法院公告栏内张贴外，还应根据具体案情（如债权人所分布的区域、破产财产所在的区域等）在地方或全国性报刊上登载。公告应包括下列内容：

(1)立案时间；

(2)破产案件的债务人；

(3)申报债权的期限、地点和逾期未报的法律后果；

(4)第一次债权人会议召开的日期、地点等。

11. 人民法院受理破产案件后，应当在十日内通知债务人，在收到债务人提交的债务清册后十日内通知已知的债权人。

通知已知债权人的通知书应包括本意见第10条第(3)、(4)项内容。

12. 人民法院受理破产案件后，以破产企业为债务人的其他经济纠纷案件，根据下列不同情况分别处理：

(1)已经审结但未执行的,应当中止执行,由债权人凭生效的法律文书向受理破产案件的人民法院申报债权;

(2)尚未审结且另无连带责任人的,应当终结诉讼,由债权人向受理破产案件的人民法院申报债权;

(3)尚未审结且另有连带责任人的,应当中止诉讼,由债权人向受理破产案件的人民法院申报债权。待破产程序终结后,恢复审理。

13. 人民法院受理破产案件后,以破产企业为债权人的其他经济纠纷案件,受诉人民法院不能在三个月以内结案时,应当移送受理破产案件的人民法院,由受理破产案件的人民法院按照本意见第45条、第46条的规定办理。

14. 人民法院受理破产案件后,发现破产企业作为债权人的案件在其他人民法院并且在三个月以内难以审结的,应通知该人民法院移送。

15. 在民事诉讼程序或民事执行程序进行中,人民法院获悉债务人不能清偿到期债务时,应当告知债务人可以向其所在地人民法院申请破产。

申请破产的,债务人所在地的人民法院应当依法宣告债务人破产。

不申请破产的,不依职权宣告债务人破产。原诉讼程序或执行程序可继续进行。

16. 依照企业破产法第十条第二款的规定,债务人为其他单位担任保证人的,应当在收到人民法院破产立案通知后五日内转告有关当事人。债权人得知保证人(债务人)破产的情事后,享有是否将其债权作为破产债权的选择权。债权人既不参加破产程序又不告知保证人的,保证人(债务人)的保证义务即自此终止;债权人参加破产程序的,债权人在破产宣告时所享有的债权额即为破产债权,参加分配后仍然可就其未受清偿的债权向被保证人求偿。

17. 人民法院发布立案公告后,债权人只能申报债权,不能向受理破产案件的人民法院提起新的诉讼。申报书应具有本意见第4条所列前三项内容。

18. 人民法院对于申报的债权,应当指派专人负责登记造册。

19. 人民法院受理破产案件后,应当立即通知债务人自收到通知之日起,停止清偿债务,债务人正常生产经营所必须偿付的,在清算组成立前应当经人民法院审查批准。

债务人收到人民法院关于停止清偿债务的通知后，仍然对部分债权人清偿债务或者有企业破产法第三十五条第一款所列行为者，人民法院应当裁定无效，追回该项财产，并可依照民事诉讼法第一百零二条、第一百零四条的规定对法定代表人、上级主管部门负责人以及其他直接责任者进行处罚。

20. 人民法院受理破产案件后，应当及时通知债务人的开户银行停止办理债务人清偿债务的结算业务；开户银行支付维持债务人正常生产经营所必需的费用，需经人民法院许可。

21. 债务人的开户银行收到人民法院的通知后，不得扣划债务人的既存款和汇入款抵还贷款。扣划的无效，应当退回扣划的款项。拒不退回的，人民法院应当裁定其退回并向其开户银行制发协助执行通知书，并可依照民事诉讼法第一百零二条、第一百零四条的规定对有关人员和直接责任者予以处罚。

22. 人民法院受理破产案件后，应向企业全体职工发布公告，要求他们保护好企业财产，不得非法处理企业的帐册、文书、资料和印章，不得隐匿、私分、无偿转让、非正常压价出售企业的财产。

破产企业的法定代表人在破产程序终结以前，擅离职守或以其他方式逃避的，或者拒绝向清算组办理交接手续的，或者有民事诉讼法第一百零二条所列行为之一的，人民法院可以根据情节轻重，予以罚款、拘留；构成犯罪的，依法追究刑事责任。

四、债权人会议

23. 第一次债权人会议由人民法院主持，以后的债权人会议由会议主席主持。

24. 人民法院召集第一次债权人会议时，应当宣布债权人资格审查结果，指定并宣布债权人会议主席，宣布债权人会议的职权及其他有关事项，并通报债务人的生产、经营、财产、债务的基本状况。

25. 债权人会议主席召开债权人会议，应在发出通知前三日报告人民法院。

26. 债权人可以委托代理人出席债权人会议，行使表决权。代理人应向人民法院或债权人会议主席提交由委托人签名盖章的授权委托书。

27. 召开债权人会议，召集人应在开会前七日（外地应为二十日）将会议的时间、地点、内容、目的等事项通知债权人。

28. 债权人会议决议的表决，以出席会议的有表决权的债权人计算票数，以其代表的债权额计算表决的债权额。

29. 企业破产法第十六条第一款的“半数以上”、“三分之二以上”均包括本数，“过半数”不包括本数。

30. 行使表决权的债权人所代表的债权额，按债权人会议确定的债权额计算。对债权人会议确定的债权额有争议的，由人民法院审查后裁定，并按裁定所确认的债权额计算。

31. 清算组提出破产财产分配方案，经债权人会议多次讨论仍未通过的，人民法院应根据具体案情及时作出裁定。

32. 债务人的上级主管部门可以派员列席债权人会议。债务人的法定代表人必须列席债权人会议并有义务回答债权人的询问，拒绝列席的，人民法院可以依照民事诉讼法第一百条的规定拘传。

五、和解和整顿

33. 企业由债权人申请破产，其上级主管部门申请对该企业进行整顿的，应向人民法院、债权人会议提交整顿方案。整顿方案应当具有下列内容：

(1)对企业达到破产界限的原因的分析；

(2)调整或组建企业新的领导班子的计划；

(3)改善经营管理的措施和改造、转产措施的可行性；

(4)扭亏增盈的办法；

(5)整顿的期限(不得超过两年)和目标等。

34. 被申请整顿的企业应当向债权人会议提交和解协议草案。和解协议草案应具有下列内容：

(1)清偿债务的财产来源；

(2)清偿债务的办法；

(3)清偿债务的期限等。

被申请整顿的企业如果要求减少债务的，还应写明请求减少的数额。

35. 企业与债权人会议达成和解协议，经人民法院认可后，由人民法院发布公告，中止破产程序；企业与债权人达不成和解协议的，由人民法院裁定宣告企业破产。

36. 企业整顿期间，企业的上级主管部门应当定期向债权人会议和人民法院报告整顿情况、和解协议执行情况。

37. 企业整顿期间，企业有企业破产法第二十一条第一项和第三项所列情形之一的，部分债权人或债权人会议均有权申请终结整顿。

38. 企业整顿期间，人民法院发现债务人有企业破产法第二十一条所列情形之一的，应当裁定终结该企业的整顿，宣告其破产。

39. 经过整顿，企业能够偿还到期债务的，只能按照和解协议规定的期限、数额清偿。但是，有财产担保并且没有放弃优先权的债权，不在此限。

担保物权人在破产案件受理后至破产宣告前非经人民法院同意，不得行使优先权。

40. 人民法院受理破产案件后，企业的上级主管部门不申请整顿的，即可依法宣告其破产。

六、破产宣告

41. 人民法院宣告企业破产，应当公开进行。

42. 人民法院宣告企业破产，应当通知债权人、债务人到庭，当庭宣布裁定。拒不到庭的，不影响裁定的效力。

43. 人民法院宣告企业破产的裁定自宣告之日起发生法律效力，破产企业自即日起应当停止生产经营活动，但人民法院或清算组认为确有必要继续生产经营的除外。

44. 人民法院裁定宣告企业破产的同时可发布公告。公告应具有下列内容：

(1)企业亏损、资产负债状况；

(2)宣告企业破产的理由和法律根据；

(3)宣告企业破产的日期；

(4)宣告企业破产后破产企业的财产、帐册、文书、资料和印章等的保护；

公告应加盖人民法院印章。

45. 人民法院宣告企业破产后,应通知破产企业的债务人或财产持有人向清算组清偿债务或交付财产。

46. 破产企业的债务人或财产持有人收到人民法院的上述通知后,应当按通知的数额、时间向清算组清偿债务或交付财产;对通知的债务数额或财产的品种、数量等有异议的,可在七日内请求人民法院予以裁定;逾期既未清偿或交付又未提出异议的,由清算组申请人民法院裁定后强制执行。

47. 人民法院宣告企业破产后,应通知(附宣告企业破产的裁定书副本)破产企业的开户银行,限定其银行帐户只能供清算组使用。

48. 人民法院宣告企业破产后,可将宣告企业破产的裁定书副本抄送有关政府监察部门和审计部门。

49. 企业被宣告破产后,人民法院应当指定必要的留守人员。破产企业的法定代表人和财会、统计、保管、保卫人员必须留守,其他需要留守的人员及留守人数由清算组决定。

七、破产清算

50. 成立清算组以前,人民法院商同级人民政府从企业上级主管部门、政府财政、工商行政管理、计委、审计、税务、物价、劳动、人事等部门和专业人员中用公函指定清算组成员。一经指定,有关单位和有关人员不得借故推托或擅离职守。确因客观情况不能执行职务的,人民法院可以另行指定。

清算组组长由人民法院指定。

51. 清算组可以聘任会计师事务所一定数量的会计师及其他工作人员。

52. 清算组对人民法院负责并且报告工作,接受人民法院监督。清算组有损害债权人利益的行为或其他违法行为,人民法院应当纠正,并可以解除不称职的清算组成员的职务,另行指定新的成员。

53. 清算组应当列席债权人会议并受债权人会议监督。清算组的决定违背债权人利益的,债权人可以申请人民法院裁定撤销。

54. 宣告企业破产后,破产企业的原法定代表人应当组织企业财会人员做好财务决算工作，保管人员编制好财产清单，业务人员做好购销等业务的清结工作。清算组接管破产企业时，由破产企业的原法定代表人向清算组移交。

55. 清算组决定解除合同，另一方当事人因合同解除受到损害而发生的损害赔偿争议，由人民法院裁定解决。裁定书所确定的赔偿数额应列入破产债权。

56. 清算组接管破产企业后，应组织企业留守人员和清算组的工作人员，对破产企业的全部财产清点、登记造册，查明企业实有财产总额。

57. 清算组对破产财产应当重新估价，已经折旧完毕的固定资产，应对其残值重新估价，残次变质财产应当变价计算，不需要变价的，按原值计价。

58. 清算组分配破产企业的财产，以金钱分配为原则，也可以采用实物方式，或者兼用两种方式；破产企业的债权在分配时仍未得到清偿的，也可以将该债权按比例分配给破产企业的债权人，同时通知破产企业的债务人。

59. 清算组处理破产企业的财产，可以将实物合理作价后分配给债权人，也可以变卖出售。变卖应公开进行，如采用公开拍卖方式。破产财产属于限制流转物的，由国家指定的部门收购。

60. 破产企业与他人组成法人型或合伙型联营体的，破产企业作为出资投入的财产和应得收益应当收回；不能收回的可以转让，联营对方在同等条件下享有优先购买权。破产企业作为合伙型联营的一方应对退出前联营的全部债务承担连带责任，联营体的债权人可作为债权人参加破产程序。清算组收回破产企业投入的财产和应得收益给联营对方造成损害的，按照本意见第55条处理。

61. 依照民法通则第八十九条和企业破产法第十三条第一款的规定，凡被保证人被宣告破产前，保证人代替被保证人清偿债务的，保证人有权以其清偿数额作为破产债权向人民法院申报并参加分配；凡被保证人被宣告破产前，保证人未代替被保证人清偿债务的，分以下两种情况：

（1）债权人可以作为破产债权人参加破产程序，以其全部债权额作为破产债权申报并参加分配，还可就不足受偿部分向保证人追偿；

（2）保证人在申报债权的期限届满以前得知债权人不参加破产程序的情事后，可以其保证的债务数额作为破产债权申报并参加分配。

62. 票据（汇票、本票、支票）发票人或背书人被宣告破产，而付款人或承兑人不知其事实而付款或承兑,因此所产生的债权为破产债权,付款人或承兑人为债权人。

63. 破产企业的抵押物或者其他担保物的价款,不足其所担保的债务数额的,其差额应列入破产债权。

64. 计息的破产债权,计算到破产宣告之日止。

65. 破产宣告时破产企业未到期的债权,以到期债权列入破产财产,但是应当减去未到期的利息及其他损失。确实无法收回的破产企业的财产,不列为破产财产进行分配。

66. 企业破产法第三十四条第一款第(一)项中的“费用”,包括破产企业留守人员的工资和劳动保险费用以及清算组的必需费用。

67. 清算组应当根据清算结果制作破产财产明细表、资产负债表,并提出破产财产的分配方案。

68. 破产财产的分配方案经债权人会议讨论通过、人民法院裁定认可后,清算组应即通知债权人限期领取财产,逾期不领取的,可以提存。

69. 债权人领取财产时,应当出具注明债权人具体地址、开户银行帐号的证明。

70. 破产财产分配完毕,清算组提请人民法院终结破产程序后,人民法院应当在七日内裁定终结破产程序。

71. 破产程序终结后,清算组应当向破产企业原登记机关办理破产企业注销登记,并将办理情况及时告知人民法院。

72. 破产企业注销登记后,人民法院应宣布清算组撤销。

73. 破产程序终结后发现的破产企业的财产请求权,由破产企业的上级主管部门行使。追回的财产,由人民法院依照企业破产法第三十七条的规定清偿。如财产较少,人民法院认为无再行分配的必要,可归破产企业的上级主管部门。

八、其他

74. 非全民所有制企业法人的破产还债程序,适用民事诉讼法的规定。

75. 人民法院对破产案件作出的裁定,除驳回破产申请的裁定外,一律不准上诉。当事人对裁定有异议的,可以向做出裁定的原审人民法院申请复议。但是,复议期间不停止裁定的执行。

76. 破产企业的债务人或财产持有人对人民法院通知清偿的债务数额或交付的财产数量有异议,经人民法院审查被驳回的,应当按照《人民法院诉讼收费办法》第五条第(四)项规定的标准交纳案件受理费。

(二)司法性文件

最高人民法院关于对《最高人民法院关于审理企业破产案件若干问题的规定》第五十六条理解的答复

(2003 年 9 月 9 日　法函〔2003〕46 号)

劳动和社会保障部:

你部 2002 年 12 月 15 日对我院《关于审理企业破产案件若干问题的规定》(以下简称《规定》)第五十六条执行中的有关问题征求意见的函收悉,经研究,答复如下:

一、《规定》第五十六条不适用于纳入国家计划调整的企业破产案件,该类企业破产案件适用国务院国发〔1994〕59 号《关于在若干城市试行国有企业破产有关问题的通知》和国发〔1997〕10 号《关于在若干城市试行国有企业兼并破产和职工再就业有关问题的补充通知》的有关规定。在根据相关规定向破产企业职工发放安置费、经济补偿金后,不再就解除劳动合同补偿金予以补偿。

二、《规定》第五十六条中"依法或者依据劳动合同"的含义是:第一,补偿金的数额应当依据劳动合同的约定,劳动合同中没有约定的,则应依照法律、法规、参照部门规章的相关规定予以补偿。第二,如果劳动合同约定的补偿金或者根据有关规定确定的补偿金额过低或者过高,清算组可以根据有关规定进行调整。调整的标准,应当以破产企业正常生产经营状况下职工十二个月的月平均工资为基数计算补偿金额。第三,清算组调整后,企业的工会、职工个人认为补偿金仍然过低的,可以向受理破产案件的人民法院提出变更申请;债权人会议对清算组确定的职工补偿金有异议的,按《规定》第四十四条规定的程序进行。

最高人民法院关于人民法院在审理企业破产案件中适用最高人民法院《关于审理企业破产案件若干问题的规定》的通知

(2002 年 12 月 26 日　法〔2002〕273 号)

各省、自治区、直辖市高级人民法院，解放军军事法院，新疆维吾尔自治区高级人民法院生产建设兵团分院：

最高人民法院《关于审理企业破产案件若干问题的规定》(以下简称《规定》)已由最高人民法院审判委员会第 1232 次会议通过，并于 2002 年 9 月 1 日起施行。为在审理企业破产案件工作中正确适用《规定》，现就有关问题通知如下：

一、各级人民法院应当认真组织审判人员学习《规定》，深刻理解其含义，准确把握司法解释的精神，充分认识《规定》在规范企业破产行为，保障债权人和债务人的合法权益。防止假破产、真逃债，建立社会信用，维护社会经济秩序，促进社会主义市场经济发展方面的重要作用。

二、当事人向人民法院提出企业破产申请后，由立案庭接收有关申请材料，确定案号，并将有关申请材料移交审理企业破产案件的审判庭，由该审判庭依照《规定》的有关规定，决定是否受理当事人的申请。

三、企业破产申请人根据《规定》第十三条第二款、第十四条第三款的规定，向上一级人民法院提起上诉的，由上级人民法院审理企业破产案件的审判庭审理。

四、企业破产案件当事人根据《规定》第三十八条、第四十四条第二款的规定，向上一级人民法院申诉的，由上一级人民法院审理企业破产案件的审判庭审理。

五、根据《规定》第一百零四条的规定，最高人民法院发现地方各级人民法院，或者上级人民法院发现下级人民法院在企业破产程序中作出的裁定确有错误的。由最高人民法院或者上级人民法院审理企业破产案件的审判庭审理。

六、各级人民法院在执行《规定》的过程中，应当注意加强调查研究，总结审判实践经验，切实保证《规定》的有效实施。

最高人民法院关于破产企业拖欠税金是否受破产法规定的破产债权申报期限限制问题的答复

（2002 年 1 月 18 日　法研〔2002〕11 号）

广东省高级人民法院：

你院粤高法〔2001〕138 号“关于拖欠税金是否受破产法规定的破产债权申报期限限制的请示”收悉。经研究答复如下：

根据《中华人民共和国破产法（试行）》第三十七条第二款的规定，破产企业所欠税款不属于破产债权，不适用《中华人民共和国破产法（试行）》第九条的规定。

最高人民法院关于人民法院在审理企业破产和改制案件中切实防止债务人逃废债务的紧急通知

（2001 年 8 月 10 日　法〔2001〕105 号）

各省、自治区、直辖市高级人民法院，解放军军事法院，新疆维吾尔自治区高级人民法院生产建设兵团分院：

为了确保在审理企业破产和改制案件时严格适用法律，准确把握政策界限，坚决抵制、排除地方保护主义干扰，有效制止逃废、悬空债务现象，现就人民法院当前审理企业破产和改制案件中应当特别注意的几个问题紧急通知如下：

一、人民法院审理企业破产和改制案件，是运用司法手段维护市场经济秩序、社会信用,促进经济体制改革和经济发展的重要方面,各级人民法院必须以江泽民同志“三个代表”重要思想为指导,提高认识,加强领导,配备政治强、业务精的审判人员积极而慎重地审理好每一件企业破产和改制案件。院领导要亲自过问,审理任务重的法院要组织专门的合议庭。各中、高级人民法院对本辖区内影响较大的案件,要随时了解情况,对于典型案件和重大问题,要及时向上级人民法院报告。

二、上级人民法院要切实加强对下级人民法院审理企业破产案件的监督和指导,对确有错误的宣告企业破产裁定,应当通知其依法纠正,必要时可以指令下级人民法院重新作出裁定。破产宣告后,债权人或债务人有异议的,可以在人民法院宣告企业破产之日起十日内,向上一级人民法院申请复议,上一级人民法院应当在十五日内作出复议决定。

三、人民法院对企业破产案件立案应慎重,经审查破产申请发现有逃废债务迹象,或者“资不抵债”证据不足的,应当责令申请人补充材料,不得盲目立案。发现债务人有巨额财产下落不明且债务人不能合理解释财产去向的,或者先行剥离企业有效资产另组企业,而后申请破产的,应当裁定驳回破产申请。对于内贸、外贸企业的破产申请,应当严格按照国经贸〔1996〕492 号文件的批准程序规定,从严把握,审慎受理。

四、人民法院在审理企业破产案件时,要切实监督和指导清算组认真审查破产企业的财务报表和原始凭证,逐项核实债权、债务,最大限度地保护债权人和其他当事人的合法权益。对破产企业隐匿、私分和无偿转让、压价出售财产,以及违反法律,对未到期债务提前清偿损害其他债权人利益和放弃债权等行为,应当依法确认无效,或者依当事人的申请依法予以撤销,并采取有效措施追回财产,防止国有资产流失。要准确把握政策界限,对未列入《全国企业兼并破产和职工再就业工作计划》的国有工业企业破产,不能适用国务院国发〔1994〕59 号和〔1997〕10 号文件,而应当按照《中华人民共和国企业破产法(试行)》的规定办理,即破产企业财产变现所得必须用于按比例清偿债务,安置破产企业职工的费用只能从当地政府补贴、民政救济和社会保障等渠道予以妥善解决。严格禁止和纠正违反规定,随意“搭车”,损害债权人的合法利益的现象。凡是纳入国家兼并破产计划的国有企业破产案件,在未对破产财产依法清算、处置完毕前,不得裁定终结破产程序。

五、处置破产财产，一般应当采取拍卖的方式，并加强对拍卖程序的监督，要确保拍卖的透明度、公平性，防止拍卖流于形式。要依法确定竞买人的资格，除法律、法规及有关政策有明确规定外，不得任意限定竞买人。所拍卖的破产财产价格，应当以评估确定的价格为依据，按照国家有关规定确定底价，一次拍卖不成的，应当降低底价继续拍卖，仍无法成交的，可经债权人会议讨论通过或者人民法院裁定，以实物作价抵还债务。以实物作价抵还债务的，应当以最后一次拍卖底价作为基本依据，做到公平、公正。防止因不适当地采取实物分配的方式抵还破产债权，而损害债权人的利益。

六、应当严格依据法律及司法解释的规定认真审查并确认破产企业担保的效力。不能仅以担保系政府指令违背了担保人意志，或者以担保人无财产承担担保责任等为由，而确认担保合同无效，更不能在确认担保合同无效后，完全免除担保人的赔偿责任。债务人有多个普通债权人的，债务人与其中一个债权人恶意串通，将其全部或者部分财产抵押给该债权人，因此丧失了履行其他债务的能力，损害了其他债权人的合法权益，受损害的其他债权人请求人民法院撤销该抵押行为的，人民法院应依法予以支持。对于合法有效的抵押，要确保抵押权人优先受偿。

七、人民法院审理涉及企业公司制改造、股份合作制改造、债权转股权、国有小型企业出售、企业兼并及分立等国有企业改制的纠纷案件，应当严格适用法律与国家改制政策。有关法律、行政法规无明文规定的，可适用改制行为发生时国务院有关主管部门的规范性文件；违反法律、行政法规和国务院规定的政策的有关地方性改制文件，不能作为办案依据。

八、人民法院审理国有企业改制案件，凡是改制行为发生时国务院有关主管部门的规范性文件明确规定须履行审批手续，对未履行审批手续，且事后又未补办审批手续的，或者当事人双方恶意串通，损害国家或债权人利益的，应当依法确认有关协议无效；在小型企业出售中，出售方借出售企业逃废债务，受让人知情的，对债权人撤销企业出售合同的主张，应当依法予以支持。

九、人民法院审理国有企业改制案件，应当依法认真处理好改制企业遗留债务的承担问题。对于改制企业遗留债务，当事人之间约定了新的债务承担人、并经债权人同意的，可依当事人的约定；对于虽未经债权人同意，但新的债务承担人有足够能力清偿债务的，可按照实际情况确认由新的债务承担人承担债务；对于仅对改制企业的财产进行了处理，而未处理改制企业债务的，原则上应当由改制变更后的企业在所接受财产的等值范围内承担原企业遗留债务。

十、人民法院审理国有企业改制案件，对企业出售中，卖方隐瞒或遗漏原企业债务的，应当由卖方对所隐瞒或遗漏的债务向原企业的债权人承担责任；对企业股份合作制改造及吸收合并中，被兼并或被改制企业原资产管理人隐瞒或遗漏债务的，应当由被兼并或被改制企业原资产管理人对所隐瞒或遗漏的债务承担民事责任；对借企业分立剥离企业有效资产，以逃避债务的，应当将分立后的企业列为共同被告，并依法确认由其承担连带责任。

请接到本通知后，立即组织有关审判人员学习，抓紧对本辖区法院所审理的案件进行一次认真检查，并制定贯彻执行措施，切实防止在审理企业破产和改制案件中债务人逃废债务的问题。检查、贯彻执行情况，及时报告最高人民法院。

最高人民法院关于当前人民法院审理企业破产案件应当注意的几个问题的通知

（1997年3月6日　法发〔1997〕2号）

各省、自治区、直辖市高级人民法院，解放军军事法院：

近几年来，人民法院受理的企业破产案件逐年增加，特别是国务院在若干城市进行企业优化资本结构，建立和完善企业优胜劣汰机制的试点工作以来，企业破产案件上升幅度较大。为了正确、及时审理好这类案件，现就人民法院当前审理企业破产案件应当注意的几个问题通知如下：

一、人民法院审理企业破产案件，既要积极又要十分慎重。要有利于促进调整产业结构，建立现代企业制度；要防止规避法律，逃避债务，造成国有资产流失；要摈弃狭隘的地方保护主义，依法保护债权人和债务人的合法权益；要维护社会稳定，为建立与完善社会主义市场经济体制服务。

二、人民法院受理企业破产案件,要认真审查当事人的破产申请是否符合《中华人民共和国破产法(试行)》(以下简称《企业破产法》)、《中华人民共和国民事诉讼法》(以下简称《民事诉讼法》)以及其他有关法律、法规、政策规定的条件,切实把好立案关。对不符合受理条件的,依法不予受理。要严防假破产、真逃债的情况发生。

三、《国务院关于在若干城市试行国有企业破产有关问题的通知》(国发〔1994〕59 号,以下简称《通知》)和《国务院关于在若干城市试行国有企业兼并破产和职工再就业有关问题的补充通知》(国发〔1997〕10 号,以下简称《补充通知》),以及经国务院批准由国家经贸委、中国人民银行发布的《关于试行国有企业兼并破产中若干问题的通知》(国经贸企〔1996〕492 号)中有关破产方面的规定,只适用于国务院确定的“企业优化资本结构”试点城市(以下简称试点城市)内的国有工业企业,非试点城市的企业破产案件及试点城市中非国有工业企业破产案件,一律不得适用。在《补充通知》发布之前,试点城市人民法院按《通知》的有关规定确定已受理的破产案件,仍按《通知》的规定执行。借用外国政府贷款或转贷款偿还任务尚未落实的国有工业企业,暂不受理其破产申请。

四、人民法院审理企业破产案件,要对破产企业的财产认真进行清算。清算组的成员要有代表性,由人民法院从破产企业的主管部门,当地经贸委(计经委、经委)、财政厅(局)、土地管理局、国有资产管理部门、中国人民银行或其分(支)行等有关部门和专业人员中指定。清算组组长由人民法院指定。清算组对人民法院负责,并报告工作。

清算组的主要职责是,保护破产财产,清理债权债务,编制财产明细表和资产负债表,编制分配方案,依法处理和分配破产财产,依法从事必要的民事活动,提交清算报告,办理企业注销登记等破产终结事宜,完成人民法院依法指定的其他事项。

五、债权人会议由依法申请债权的所有债权人组成。破产企业债权银行总行或分(支)行派人参加债权人会议。债权人会议主席由人民法院在有表决权的债权人中指定。债权人会议的主要职责是:审查有关债权的证明材料,确认债权有无财产担保及其数额;讨论通过和解协议草案;审阅清算组清算、审计和评估报告;讨论通过破产财产的处理和分配方案。

债权人会议成员均享有表决权,但有财产担保债权人未放弃优先受偿权利的除外。会议决议对全体债权人均具有约束力。清算组提出破产财产分配方案,经债权人会议多次协商难以通过的,由人民法院依法裁定。

六、人民法院审理企业破产案件,要注意防止债务人利用破产逃避债务。对于破产企业以逃避债务为目的从事的隐匿、私分或者无偿转让财产、压价出售财产、对未到期债务提前清偿及放弃债权等行为,应依法确认为无效,并追回财产。对于破产企业对外所享有的债权,要依法予以追回,纳入破产财产。

七、人民法院审理企业破产案件涉及抵押合同及担保债权的法律效力问题的,要按照《企业破产法》、《中华人民共和国担保法》(以下简称《担保法》)、《通知》、《补充通知》以及本通知的有关规定,认真审查并正确认定抵押合同的效力。对国有企业已确认为关键设备、成套设备或重要建筑物设立抵押而未经政府主管部门批准的,以《担保法》第三十七条规定不得作抵押的财产设立抵押的,破产企业在法院受理企业破产案件前6个月至破产宣告期间,对原没有抵押的债务设立抵押的,在有多个债权人的情况下,债务人与个别债权人恶意串通将其大部分财产抵押给一个债权人,从而丧失履行其他债务能力的,均应认定抵押合同无效。

八、人民法院在处理破产企业财产前,应由国务院国有资产管理行政主管部门认可的资产评估机构进行资产评估。资产评估必须实事求是,严禁低值高估或者高值低估。处理破产企业的财产,要尽可能采取拍卖等方式,防止低价转让,避免国有资产流失或损害债权人合法利益。未经债权人会议通过或人民法院裁定,不得以实物作价抵还债务。

九、人民法院审理试点城市的国有工业企业破产案件,应当按照《通知》和《补充通知》的规定,以拍卖或者招标方式为主依法转让土地使用权。转让所得首先用于安置破产企业的职工。职工安置费用应当严格按照《通知》和《补充通知》的规定确定,不得随意提高标准和扩大范围。

十、人民法院在审理破产案件时,要努力降低破产成本,可视案件具体情况,适当减收免收诉讼费用;破产费用支付范围和原则应当经债权人会议审定,对于评估、审计等方面的收费,要认真审查,按保证工作需要的最低费用支付。

十一、上级人民法院要切实加强对下级人民法院审理企业破产案件工作的指导和监督。上级人民法院发现下级人民法院的裁定确有错误，应当通知其依法纠正；必要时可以指令下级人民法院重新作出裁定。

十二、本通知中有关审理试点城市国有工业企业破产案件的规定，也适用于国务院今后确定的试点城市的国有工业企业破产案件。

最高人民法院关于实行社会保险的企业破产后各种社会保险统筹费用应缴纳至何时问题的批复

（1996 年 11 月 22 日　法复〔1996〕17 号）

四川省高级人民法院：

你院川高法〔1995〕167 号《关于实行社会保险的企业破产后，各种社会保险统筹费用应缴纳至何时的请示》已收悉。经研究，现答复如下：

参加社会保险的企业破产的，欠缴的社会保险统筹费用应当缴纳至人民法院裁定宣告破产之日。

最高人民法院关于在破产程序中当事人或人民检察院对人民法院作出的债权人优先受偿的裁定申请再审或抗诉应如何处理问题的批复

（1996 年 8 月 13 日　法复〔1996〕14 号）

四川省高级人民法院：

你院川高法〔1994〕119 号请示收悉。经研究，答复如下：

在破产程序中,债权人根据人民法院已发生法律效力的用抵押物偿还债权人本金及利息的判决书或调解书行使优先权时,受理破产案件的人民法院不能以任何方式改变已生效的判决书或调解书的内容,也不需要用裁定书加以认可。如果债权人据以行使优先权的生效法律文书确有错误,应由作出判决或调解的人民法院或其上级人民法院按照审判监督程序进行再审。如果审理破产案件的人民法院用裁定的方式变更了生效的法律文书的内容,人民法院应当依法予以纠正。但当事人不能对此裁定申请再审,亦不涉及人民检察院抗诉的问题,对于人民检察院坚持抗诉的,人民法院应通知不予受理。

最高人民法院关于破产债权能否与未到位的注册资金抵销问题的复函

(1995 年 4 月 10 日　法函〔1995〕32 号)

湖北省高级人民法院:

你院〔1994〕鄂经初字第 10 号请示报告收悉,经研究,答复如下:

据你院报告称:中国外运武汉公司(下称武汉公司)与香港德仓运输股份有限公司(下称香港公司)合资成立的武汉货柜有限公司(下称货柜公司),于 1989 年 3 月 7 日至 8 日曾召开董事会议,决定将注册资金由原来的 110 万美元增加到 180 万美元。1993 年 1 月 4 日又以董事会议对合资双方同意将注册资金增加到 240 万美元的《合议书》予以认可。事后,货柜公司均依规定向有关审批机构和国家工商行政管理局办理了批准、变更手续。因此,应当确认货柜公司的注册资金已变更为 240 万美元,尚未到位的资金应由出资人予以补足。货柜公司被申请破产后,武汉公司作为货柜公司的债权人同货柜公司的其他债权人享有平等的权利。为保护其他债权人的合法权益,武汉公司对货柜公司享有的破产债权不能与该公司对货柜公司未出足的注册资金相抵销。

最高人民法院关于审计(师)事务所执业审计师可以接受清算组的聘任参与企业破产清算的通知

(1993年8月28日　法〔1993〕72号)

各省、自治区、直辖市高级人民法院:

审计(师)事务所是依法成立的社会审计组织,根据《中华人民共和国审计条例》第三十二条第一款第(二)项之规定,社会审计组织可以接受国家机关、企事业单位、个人委托,承办经济案件的鉴定事项。因此,在审理破产案件中,清算组织可以聘任审计(师)事务所一定数量的执业审计师参与企业破产清算。

10 房 地 产

（一）司法解释

最高人民法院关于当事人达不成拆迁补偿安置协议就补偿安置争议提起民事诉讼人民法院应否受理问题的批复

（2005 年 8 月 1 日　法释〔2005〕9 号）

浙江省高级人民法院：

你院浙高法〔2004〕175 号《关于双方未达成拆迁补偿安置协议当事人就补偿安置争议向法院起诉，法院能否以民事案件受理的请示》收悉。经研究，答复如下：

拆迁人与被拆迁人或者拆迁人、被拆迁人与房屋承租人达不成拆迁补偿安置协议，就补偿安置争议向人民法院提起民事诉讼的，人民法院不予受理，并告知当事人可以按照《城市房屋拆迁管理条例》第十六条的规定向有关部门申请裁决。

最高人民法院关于审理涉及国有土地使用权合同纠纷案件适用法律问题的解释

（2004年11月23日由最高人民法院审判委员会第1334次会议通过 现予公布 自2005年8月1日起施行 法释〔2005〕5号）

根据《中华人民共和国民法通则》、《中华人民共和国合同法》、《中华人民共和国土地管理法》、《中华人民共和国城市房地产管理法》等法律规定，结合民事审判实践，就审理涉及国有土地使用权合同纠纷案件适用法律的问题，制定本解释。

一、土地使用权出让合同纠纷

第一条 本解释所称的土地使用权出让合同，是指市、县人民政府土地管理部门作为出让方将国有土地使用权在一定年限内让与受让方，受让方支付土地使用权出让金的协议。

第二条 开发区管理委员会作为出让方与受让方订立的土地使用权出让合同，应当认定无效。

本解释实施前，开发区管理委员会作为出让方与受让方订立的土地使用权出让合同，起诉前经市、县人民政府土地管理部门追认的，可以认定合同有效。

第三条 经市、县人民政府批准同意以协议方式出让的土地使用权，土地使用权出让金低于订立合同时当地政府按照国家规定确定的最低价的，应当认定土地使用权出让合同约定的价格条款无效。

当事人请求按照订立合同时的市场评估价格交纳土地使用权出让金的，应予支持；受让方不同意按照市场评估价格补足，请求解除合同的，应予支持。因此造成的损失，由当事人按照过错承担责任。

第四条 土地使用权出让合同的出让方因未办理土地使用权出让批准手续而不能交付土地，受让方请求解除合同的，应予支持。

第五条 受让方经出让方和市、县人民政府城市规划行政主管部门同意,改变土地使用权出让合同约定的土地用途,当事人请求按照起诉时同种用途的土地出让金标准调整土地出让金的,应予支持。

第六条 受让方擅自改变土地使用权出让合同约定的土地用途,出让方请求解除合同的,应予支持。

二、土地使用权转让合同纠纷

第七条 本解释所称的土地使用权转让合同,是指土地使用权人作为转让方将出让土地使用权转让于受让方,受让方支付价款的协议。

第八条 土地使用权人作为转让方与受让方订立土地使用权转让合同后,当事人一方以双方之间未办理土地使用权变更登记手续为由,请求确认合同无效的,不予支持。

第九条 转让方未取得出让土地使用权证书与受让方订立合同转让土地使用权,起诉前转让方已经取得出让土地使用权证书或者有批准权的人民政府同意转让的,应当认定合同有效。

第十条 土地使用权人作为转让方就同一出让土地使用权订立数个转让合同,在转让合同有效的情况下,受让方均要求履行合同的,按照以下情形分别处理:

(一)已经办理土地使用权变更登记手续的受让方,请求转让方履行交付土地等合同义务的,应予支持;

(二)均未办理土地使用权变更登记手续,已先行合法占有投资开发土地的受让方请求转让方履行土地使用权变更登记等合同义务的,应予支持;

(三)均未办理土地使用权变更登记手续,又未合法占有投资开发土地,先行支付土地转让款的受让方请求转让方履行交付土地和办理土地使用权变更登记等合同义务的,应予支持;

(四)合同均未履行,依法成立在先的合同受让方请求履行合同的,应予支持。

未能取得土地使用权的受让方请求解除合同、赔偿损失的,按照《中华人民共和国合同法》的有关规定处理。

第十一条 土地使用权人未经有批准权的人民政府批准,与受让方订立合同转让划拨土地使用权的,应当认定合同无效。但起诉前经有批准权的人民政府批准办理土地使用权出让手续的,应当认定合同有效。

第十二条 土地使用权人与受让方订立合同转让划拨土地使用权,起诉前经有批准权的人民政府同意转让,并由受让方办理土地使用权出让手续的,土地使用权人与受让方订立的合同可以按照补偿性质的合同处理。

第十三条 土地使用权人与受让方订立合同转让划拨土地使用权,起诉前经有批准权的人民政府决定不办理土地使用权出让手续,并将该划拨土地使用权直接划拨给受让方使用的,土地使用权人与受让方订立的合同可以按照补偿性质的合同处理。

三、合作开发房地产合同纠纷

第十四条 本解释所称的合作开发房地产合同,是指当事人订立的以提供出让土地使用权、资金等作为共同投资,共享利润、共担风险合作开发房地产为基本内容的协议。

第十五条 合作开发房地产合同的当事人一方具备房地产开发经营资质的,应当认定合同有效。

当事人双方均不具备房地产开发经营资质的,应当认定合同无效。但起诉前当事人一方已经取得房地产开发经营资质或者已依法合作成立具有房地产开发经营资质的房地产开发企业的,应当认定合同有效。

第十六条 土地使用权人未经有批准权的人民政府批准,以划拨土地使用权作为投资与他人订立合同合作开发房地产的,应当认定合同无效。但起诉前已经办理批准手续的,应当认定合同有效。

第十七条 投资数额超出合作开发房地产合同的约定,对增加的投资数额的承担比例,当事人协商不成的,按照当事人的过错确定;因不可归责于当事人的事由或者当事人的过错无法确定的,按照约定的投资比例确定;没有约定投资比例的,按照约定的利润分配比例确定。

第十八条 房屋实际建筑面积少于合作开发房地产合同的约定,对房屋实际建筑面积的分配比例,当事人协商不成的,按照当事人的过错确定;因不可归责于当事人的事由或者当事人过错无法确定的，按照约定的利润分配比例确定。

第十九条　在下列情形下，合作开发房地产合同的当事人请求分配房地产项目利益的，不予受理；已经受理的，驳回起诉：

（一）依法需经批准的房地产建设项目未经有批准权的人民政府主管部门批准；

（二）房地产建设项目未取得建设工程规划许可证；

（三）擅自变更建设工程规划。

因当事人隐瞒建设工程规划变更的事实所造成的损失，由当事人按照过错承担。

第二十条　房屋实际建筑面积超出规划建筑面积，经有批准权的人民政府主管部门批准后，当事人对超出部分的房屋分配比例协商不成的，按照约定的利润分配比例确定。对增加的投资数额的承担比例，当事人协商不成的，按照约定的投资比例确定；没有约定投资比例的，按照约定的利润分配比例确定。

第二十一条　当事人违反规划开发建设的房屋，被有批准权的人民政府主管部门认定为违法建筑责令拆除，当事人对损失承担协商不成的，按照当事人过错确定责任；过错无法确定的，按照约定的投资比例确定责任；没有约定投资比例的，按照约定的利润分配比例确定责任。

第二十二条　合作开发房地产合同约定仅以投资数额确定利润分配比例，当事人未足额交纳出资的，按照当事人的实际投资比例分配利润。

第二十三条　合作开发房地产合同的当事人要求将房屋预售款充抵投资参与利润分配的，不予支持。

第二十四条　合作开发房地产合同约定提供土地使用权的当事人不承担经营风险，只收取固定利益的，应当认定为土地使用权转让合同。

第二十五条　合作开发房地产合同约定提供资金的当事人不承担经营风险，只分配固定数量房屋的，应当认定为房屋买卖合同。

第二十六条　合作开发房地产合同约定提供资金的当事人不承担经营风险，只收取固定数额货币的，应当认定为借款合同。

第二十七条　合作开发房地产合同约定提供资金的当事人不承担经营风险，

只以租赁或者其他形式使用房屋的，应当认定为房屋租赁合同。

四、其它

第二十八条 本解释自2005年8月1日起施行；施行后受理的第一审案件适用本解释。

本解释施行前最高人民法院发布的司法解释与本解释不一致的，以本解释为准。

最高人民法院关于审理商品房买卖合同纠纷案件适用法律若干问题的解释

（2003年3月24日最高人民法院审判委员会第1267次会议通过 2003年4月28日公布 自2003年6月1日起施行 法释〔2003〕7号）

为正确、及时审理商品房买卖合同纠纷案件，根据《中华人民共和国民法通则》、《中华人民共和国合同法》、《中华人民共和国城市房地产管理法》、《中华人民共和国担保法》等相关法律，结合民事审判实践，制定本解释。

第一条 本解释所称的商品房买卖合同，是指房地产开发企业（以下统称为出卖人）将尚未建成或者已竣工的房屋向社会销售并转移房屋所有权于买受人，买受人支付价款的合同。

第二条 出卖人未取得商品房预售许可证明，与买受人订立的商品房预售合同，应当认定无效，但是在起诉前取得商品房预售许可证明的，可以认定有效。

第三条 商品房的销售广告和宣传资料为要约邀请，但是出卖人就商品房开发规划范围内的房屋及相关设施所作的说明和允诺具体确定，并对商品房买卖合同的订立以及房屋价格的确定有重大影响的，应当视为要约。该说明和允诺即使未载入商品房买卖合同，亦应当视为合同内容，当事人违反的，应当承担违约责任。

第四条 出卖人通过认购、订购、预订等方式向买受人收受定金作为订立商品房买卖合同担保的，如果因当事人一方原因未能订立商品房买卖合同，应当按照法律关于定金的规定处理；因不可归责于当事人双方的事由，导致商品房买卖合同未能订立的，出卖人应当将定金返还买受人。

第五条 商品房的认购、订购、预订等协议具备《商品房销售管理办法》第十六条规定的商品房买卖合同的主要内容，并且出卖人已经按照约定收受购房款的，该协议应当认定为商品房买卖合同。

第六条 当事人以商品房预售合同未按照法律、行政法规规定办理登记备案手续为由，请求确认合同无效的，不予支持。

当事人约定以办理登记备案手续为商品房预售合同生效条件的，从其约定，但当事人一方已经履行主要义务，对方接受的除外。

第七条 拆迁人与被拆迁人按照所有权调换形式订立拆迁补偿安置协议，明确约定拆迁人以位置、用途特定的房屋对被拆迁人予以补偿安置，如果拆迁人将该补偿安置房屋另行出卖给第三人，被拆迁人请求优先取得补偿安置房屋的，应予支持。

被拆迁人请求解除拆迁补偿安置协议的，按照本解释第八条的规定处理。

第八条 具有下列情形之一的，导致商品房买卖合同目的不能实现的，无法取得房屋的买受人可以请求解除合同、返还已付购房款及利息、赔偿损失，并可以请求出卖人承担不超过已付购房款一倍的赔偿责任：

（一）商品房买卖合同订立后，出卖人未告知买受人又将该房屋抵押给第三人；

（二）商品房买卖合同订立后，出卖人又将该房屋出卖给第三人。

第九条 出卖人订立商品房买卖合同时，具有下列情形之一，导致合同无效或者被撤销、解除的，买受人可以请求返还已付购房款及利息、赔偿损失，并可以请求出卖人承担不超过已付购房款一倍的赔偿责任：

（一）故意隐瞒没有取得商品房预售许可证明的事实或者提供虚假商品房预售许可证明；

（二）故意隐瞒所售房屋已经抵押的事实；

（三）故意隐瞒所售房屋已经出卖给第三人或者为拆迁补偿安置房屋的事实。

第十条 买受人以出卖人与第三人恶意串通，另行订立商品房买卖合同并将房屋交付使用，导致其无法取得房屋为由，请求确认出卖人与第三人订立的商品房买卖合同无效的，应予支持。

第十一条 对房屋的转移占有，视为房屋的交付使用，但当事人另有约定的除外。

房屋毁损、灭失的风险，在交付使用前由出卖人承担，交付使用后由买受人承担；买受人接到出卖人的书面交房通知，无正当理由拒绝接收的，房屋毁损、灭失的风险自书面交房通知确定的交付使用之日起由买受人承担，但法律另有规定或者当事人另有约定的除外。

第十二条 因房屋主体结构质量不合格不能交付使用，或者房屋交付使用后，房屋主体结构质量经核验确属不合格，买受人请求解除合同和赔偿损失的，应予支持。

第十三条 因房屋质量问题严重影响正常居住使用，买受人请求解除合同和赔偿损失的，应予支持。

交付使用的房屋存在质量问题，在保修期内，出卖人应当承担修复责任；出卖人拒绝修复或者在合理期限内拖延修复的，买受人可以自行或者委托他人修复。修复费用及修复期间造成的其他损失由出卖人承担。

第十四条 出卖人交付使用的房屋套内建筑面积或者建筑面积与商品房买卖合同约定面积不符，合同有约定的，按照约定处理；合同没有约定或者约定不明确的，按照以下原则处理：

（一）面积误差比绝对值在3%以内（含3%），按照合同约定的价格据实结算，买受人请求解除合同的，不予支持；

（二）面积误差比绝对值超出3%，买受人请求解除合同、返还已付购房款及利息的，应予支持。买受人同意继续履行合同，房屋实际面积大于合同约定面积的，面积误差比在3%以内（含3%）部分的房价款由买受人按照约定的价格补足，面积误差比超出3%部分的房价款由出卖人承担，所有权归买受人；房屋实际面积小于合同约定面积的，面积误差比在3%以内（含3%）部分的房价款及利息由出卖人返还买受人，面积误差比超过3%部分的房价款由出卖人双倍返还买受人。

第十五条 根据《合同法》第九十四条的规定，出卖人迟延交付房屋或者买受人迟延支付购房款,经催告后在三个月的合理期限内仍未履行,当事人一方请求解除合同的,应予支持,但当事人另有约定的除外。

法律没有规定或者当事人没有约定,经对方当事人催告后,解除权行使的合理期限为三个月。对方当事人没有催告的,解除权应当在解除权发生之日起一年内行使;逾期不行使的,解除权消灭。

第十六条 当事人以约定的违约金过高为由请求减少的,应当以违约金超过造成的损失 30% 为标准适当减少;当事人以约定的违约金低于造成的损失为由请求增加的,应当以违约造成的损失确定违约金数额。

第十七条 商品房买卖合同没有约定违约金数额或者损失赔偿额计算方法,违约金数额或者损失赔偿额可以参照以下标准确定:

逾期付款的,按照未付购房款总额,参照中国人民银行规定的金融机构计收逾期贷款利息的标准计算。

逾期交付使用房屋的,按照逾期交付使用房屋期间有关主管部门公布或者有资格的房地产评估机构评定的同地段同类房屋租金标准确定。

第十八条 由于出卖人的原因,买受人在下列期限届满未能取得房屋权属证书的,除当事人有特殊约定外,出卖人应当承担违约责任:

(一)商品房买卖合同约定的办理房屋所有权登记的期限;

(二)商品房买卖合同的标的物为尚未建成房屋的,自房屋交付使用之日起 90 日;

(三)商品房买卖合同的标的物为已竣工房屋的,自合同订立之日起 90 日。

合同没有约定违约金或者损失数额难以确定的,可以按照已付购房款总额,参照中国人民银行规定的金融机构计收逾期贷款利息的标准计算。

第十九条 商品房买卖合同约定或者《城市房地产开发经营管理条例》第三十三条规定的办理房屋所有权登记的期限届满后超过一年,由于出卖人的原因,导致买受人无法办理房屋所有权登记,买受人请求解除合同和赔偿损失的,应予支持。

第二十条 出卖人与包销人订立商品房包销合同,约定出卖人将其开发建设的房屋交由包销人以出卖人的名义销售的,包销期满未销售的房屋,由包销人按照合同约定的包销价格购买,但当事人另有约定的除外。

第二十一条 出卖人自行销售已经约定由包销人包销的房屋，包销人请求出卖人赔偿损失的，应予支持，但当事人另有约定的除外。

第二十二条 对于买受人因商品房买卖合同与出卖人发生的纠纷，人民法院应当通知包销人参加诉讼；出卖人、包销人和买受人对各自的权利义务有明确约定的，按照约定的内容确定各方的诉讼地位。

第二十三条 商品房买卖合同约定，买受人以担保贷款方式付款、因当事人一方原因未能订立商品房担保贷款合同并导致商品房买卖合同不能继续履行的，对方当事人可以请求解除合同和赔偿损失。因不可归责于当事人双方的事由未能订立商品房担保贷款合同并导致商品房买卖合同不能继续履行的，当事人可以请求解除合同，出卖人应当将收受的购房款本金及其利息或者定金返还买受人。

第二十四条 因商品房买卖合同被确认无效或者被撤销、解除，致使商品房担保贷款合同的目的无法实现，当事人请求解除商品房担保贷款合同的，应予支持。

第二十五条 以担保贷款为付款方式的商品房买卖合同的当事人一方请求确认商品房买卖合同无效或者撤销、解除合同的，如果担保权人作为有独立请求权第三人提出诉讼请求，应当与商品房担保贷款合同纠纷合并审理；未提出诉讼请求的，仅处理商品房买卖合同纠纷。担保权人就商品房担保贷款合同纠纷另行起诉的，可以与商品房买卖合同纠纷合并审理。

商品房买卖合同被确认无效或者被撤销、解除后，商品房担保贷款合同也被解除的，出卖人应当将收受的购房贷款和购房款的本金及利息分别返还担保权人和买受人。

第二十六条 买受人未按照商品房担保贷款合同的约定偿还贷款，亦未与担保权人办理商品房抵押登记手续，担保权人起诉买受人，请求处分商品房买卖合同项下买受人合同权利的，应当通知出卖人参加诉讼；担保权人同时起诉出卖人的，如果出卖人为商品房担保贷款合同提供保证的，应当列为共同被告。

第二十七条 买受人未按照商品房担保贷款合同的约定偿还贷款，但是已经取得房屋权属证书并与担保权人办理了商品房抵押登记手续，抵押权人请求买受人偿还贷款或者就抵押的房屋优先受偿的，不应当追加出卖人为当事人，但出卖人提供保证的除外。

第二十八条 本解释自2003年6月1日起施行。

《中华人民共和国城市房地产管理法》施行后订立的商品房买卖合同发生的纠纷案件,本解释公布施行后尚在一审、二审阶段的,适用本解释。

《中华人民共和国城市房地产管理法》施行后订立的商品房买卖合同发生的纠纷案件,在本解释公布施行前已经终审,当事人申请再审或者按照审判监督程序决定再审的,不适用本解释。

《中华人民共和国城市房地产管理法》施行前发生的商品房买卖行为,适用当时的法律、法规和《最高人民法院〈关于审理房地产管理法施行前房地产开发经营案件若干问题的解答〉》。

最高人民法院关于审理建设工程合同纠纷案件的暂行意见

(2002年8月5日最高人民法院发布)

为了维护、规范建设工程市场经济秩序,正确审理建设工程合同纠纷案件,根据《中华人民共和国合同法》、《中华人民共和国建筑法》的有关规定,结合审判实际经验,特作如下暂行规定。

诉讼主体

1. 建设工程合同纠纷案件的当事人通常为建设工程的发包人和承包人。人民法院应根据不同的情况来具体确定该类纠纷案件当事人的诉讼地位。

2. 因拖欠工程款引起的纠纷,承包人将承包的建设工程合同转包而由实际施工人起诉承包人的,可不将发包人列为案件的当事人;承包人提出将发包人列为第三人,并对其主张权利而发包人对承包人又负有义务的,可将发包人列为第三人,当事人根据不同的法律关系承担相应的法律责任;如转包经发包人同意,即属合同转让,应直接列发包人为被告。

3. 因工程质量引起的纠纷，发包人只起诉承包人，在审理中查明有转包的，应追加实际施工作共同被告，实际施工人与承包对工程质量承担连带责任。

4. 施工人挂靠其他建筑施工企业，并以被挂靠建筑施工企业名义签订建设工程合同，而被挂靠建筑施工企业不愿起诉的，施工人可作为原告起诉，不必将被挂靠建筑施工企业列为共同被告。

5. 施工人挂靠其他建筑施工企业，并以被挂靠建筑施工企业的名义签订建筑工程合同而被起诉的，应将施工人和被挂靠建筑施工企业列为共同被告；被挂靠建筑施工企业对施工人因承揽的工程不符合质量标准造成发包人损失的，应承担连带责任。

6. 两个以上的承包人联合承包工程，由其中一方与发包人签订建设工程合同而发生纠纷的，其他联合承包工程的施工人应列为共同的原被告。

7. 两个以上的法人、其他经济组织或个人合作建设工程，并对合作建设工程享有共同权益的，其中合作一方因与工程的承包人签订建设工程合同而发生纠纷的，其他合作建设方应列为共同原被告。

合同效力

8. 有下列情形之一的，所签订的建筑工程施工合同无效：

（1）不具有经营建筑活动主体资格的企业或个人；

（2）没有按国家规定的程序和国家批准的投资计划；

（3）承包人将其承包的全部建设工程转包给第三人；

（4）承包人将其承包的全部建设工程肢解后，以分包名义转包给第三人；

（5）建设工程总承包人未经建设单位同意，将承包工程中的部分工程分包；

（6）分包单位将其承包的工程再分包或转包。

9. 有下列情形之一的，并以被挂靠建筑企业名义签订的建筑工程合同无效：

（1）不具有从事建筑活动主体资格的个人、合伙组织或企业以具备从事建筑活动资格的建筑企业的名义承揽工程；

（2）资质等级低的建筑企业以资质等级高的建筑企业的名义承揽工程；

（3）不具有工程总包资格的建筑企业以具有总包资格的建筑企业的名义承揽

工程。

10. 发包人与承包人签订无取得土地使用权证、无取得建筑工程规划许可证、无办理报建手续的“三无”工程建设施工合同,应确认无效;但在审理期间已补办手续的,应确认合同有效。

11. 发包人经审查被批准用地,并已取得建设用地规划许可证,只是用地手续尚未办理而未能取得土地使用权证的,不宜将因发包人的用地手续在形式上存在欠缺而认定所签订的建设施工合同无效。

12. 违反《建设工程规划许可证》的规定,超规模建设所签订的建设工程合同经批准可补办手续,且无违反其他法律规定的,应确认合同有效。

13. 对承包人超越建筑资质等级签订的建设工程合同,如承包人具备《施工企业资质等级标准》的规定的可上浮与建设项目的要求相符的等级条件,工程质量符合设计要求并验收合格的,可按有效合同处理,并以合同约定的建筑资质等级结算工程款。但严重超越本企业建筑资质等级订立的建设工程合同无效。

14. 承包人跨省区或跨市承揽建设工程,但未办理外来施工企业承包工程许可证手续而订立的建设工程合同,应责令承包人被办有关手续,并由有关行政部门按规定处理,而不应据此认定合同无效。

15. 对应实行公开招标的建设工程,发包人直接发包后,具备相应资质的承包人已开始履行合同的,不宜以建筑工程未实行公开招标为由,认定所签订的建筑工程施工合同无效。

16. 建筑工程合同中带资、垫资和垫款承包工程的条款应确认无效,对承包人带资、垫资和垫款承建的工程,发包人应支付该款相应的利息。

外商投资建筑业企业依据国家有关规定,在我国境内带资承包工程,合同中的带资条款认定有效。

17. 建设工程合同对工程款结算没有约定或虽有约定,但发包人与承包人自行结算达成的结算协议有效。属国家投资建设的重大工程,并由国家对工程款结算依法进行管理的除外。

18. 具备法人资格的承包人内部分支机构,在其营业执照的经营范围内对外签订的建设工程合同,应视为承包人对其行为已授权,其签订的合同有效,并应以该承包人的建筑资质等级结算工程款。

民事责任

19. 发包人知道或应当知道承包人挂靠其他建筑企业仍与之签订建设工程合同的,应对无效合同承担相应过错责任。

20. 转包、挂靠签订的建设工程合同被确认无效后,应按实际工人的建筑资质等级结算工程款,但对施工人主张的工程结算中有关计划利润部分的请求可不予支持。

21. 建设工程合同被确认无效后,如属发包人的过错,工程款的结算按有效合同的原则处理;因承包人不具有从事建筑活动主体资格造成合同无效的,应按非等级资质结算工程款。

22. 发包人未按建筑工程合同约定支付工程进度款致使停工、窝工的,承包人可顺延工程日期,并有权要求赔偿停工、窝工等损失。

23. 承包人对发包人逾期支付工程进度款没有异议并继续施工的,在发生纠纷后,承包人要求对方对此承担违约责任,不予支持。

24. 因发包人的原因致使工程中途停建、缓建的,发包人应及时通知对方采取适当的措施防止损失扩大;承包人没有采取适当的措施致使损失扩大的,不得就扩大的损失要求赔偿。

25. 隐蔽工程经双方验收认可后,承包人继续施工而发现隐蔽工程存在质量问题造成损失的,发包人应承担相应的过错责任;若设计单位和监理单位都有过错,应按过错大小各自承担相应的责任。

26. "三无"工程被有关部门责令停建后,承包人仍然依发包人的要求继续施工的,由此造成的损失发包人负主要过错责任,承包人承担次要的过错责任。

27. 建设工程合同约定对工程总价或材料价格实行包干的,如合同有效,工程款应按该约定结算。因情势变更导致建材价格大幅上涨而明显不利于承包人的,承包人可请求增加工程款。但建材涨价属正常的市场风险范畴,涨价部分应由承包人承担。

28. 因承包人的原因造成逾期交付建设工程的,承包人应承担违约责任。如果由于逾期交付工程致使发包人的损失超过违约金的，发包人可请求对方赔偿，但不得超过承包人违约时预见或应当预见的因违反合同时可能造成损失。

29. 工程未经验收，发包人提前使用或擅自动用，因此而发生质量或其他问题，由发包人承担责任，但工程质量因承包人原因造成的，由承包人负责。对造成质量问题双方都有过错的，应根据过错大小各自承担相应的民事责任。

30. 建筑工程竣工验收合格后，承包人有先将工程及相关的资料交付给对方的义务。承包人因发包人未按约定支付工程款而拒绝交付工程、致使发包人无法对竣工的工程行使占有、使用和处分权利而发生的损失，由承包人承担。

最高人民法院印发《关于审理房地产管理法施行前房地产开发经营案件若干问题的解答》的通知

（1995 年 12 月 27 日　法发〔1996〕2 号）

全国地方各级人民法院、各级军事法院、各铁路运输中级法院和基层法院、各海事法院：

现将《关于审理房地产管理法施行前房地产开发经营案件若干问题的解答》印发给你们，请贯彻执行。执行中有何问题，请及时报告我院。

(二)司法性文件

最高人民法院关于征用土地、落实私房政策等具体行政行为相互矛盾而引起的房屋纠纷不应由人民法院处理的复函

(1994 年 9 月 30 日)

陕西省高级人民法院:

你院 1994 年 1 月 27 日《关于陈水泉与中国工商银行勉县支行、勉县房地产管理局返还房屋、赔偿纠纷一案的请示报告》收悉。

据你院报告称:讼争房屋原系陈水泉之父陈根生所有,1965 年私房改造时由国家经租。1978 年中国工商银行勉县支行(以下简称工商行)经有关部门审批同意,征用 3.96 亩土地作为营业用地,讼争房屋在征用土地范围内,工商行对该房屋的拆迁作了安置补偿。勉县房地产管理局(以下简称房地局)一直未将征用范围内的讼争房屋拆除,且继续出租他人使用。1988 年 5 月,勉县人民政府经复查确认讼争房屋系错改,遂撤销原改造决定,将产权发还陈家。陈水泉持发还通知,通过房地局搬入讼争房屋。工商行即为讼争房屋的归属与房地局发生纠纷,并于 1989 年 8 月诉至法院,要求收回征用的土地及其范围内的房屋,并要求房地局赔偿损失。

经研究,我们认为,此案的争议系由征用土地、落实私房政策两个具体行政行为相矛盾引起的,依照有关法律规定,不应由人民法院处理,以交由政府有关部门解决为宜。

以上意见,供参考。

最高人民法院关于对澳亚(成都)房地产有限公司与深圳中科财实业发展公司集资建房案的管辖问题的请示报告的函

(1994 年 9 月 19 日)

四川省高级人民法院:

你院〔1994〕川高法申字第 7 号《关于对澳亚(成都)房地产有限公司与深圳中科财实业发展公司集资建房案的管辖问题的请示报告》收悉。经研究认为:澳亚(成都)房地产有限公司与深圳中科财实业发展公司在 1994 年 3 月 6 日签订的《合作开发澳亚国际食品大厦项目合同书》中对仲裁的约定,是双方对发生争议时解决方式协商一致的意思表示,有明确的仲裁事项和仲裁机构。纠纷发生后,深圳中科财实业发展公司即向成都市经济合同仲裁委员会提交了仲裁申请,澳亚(成都)房地产有限公司也向该仲裁委员会提交了法人代表身份证明、委托律师代为诉讼的委托书等有关材料以及延长答辩期的请求。故应认定澳亚(成都)房地产有限公司承认合同中订立的仲裁条款和深圳中科财实业发展公司选择的仲裁机构。根据我国有关法律、条例规定,此类合同纠纷属于经济合同仲裁委员会仲裁范围。成都市经济合同仲裁委员会依据合同双方的选择及四川省工商行政管理局经济合同仲裁委员会的指定受理此案并无不妥。澳亚(成都)房地产有限公司在仲裁答辩期内又向法院起诉,应适用经济合同法、民事诉讼法等法律的有关规定,人民法院不应受理。据此,同意你院倾向性意见,即此案以由成都市经济合同仲裁委员会立案受理为宜。

最高人民法院关于深圳市装饰工程工业总公司与深圳市金光企业股份有限公司、原审第三人沈阳军区驻深圳办事处房屋产权案的复函

（1994 年 8 月 31 日）

广东省高级人民法院：

你院〔1993〕粤民终字第 52 号《关于审理上诉人深圳市装饰工程工业总公司与被上诉人深圳市金光企业股份有限公司、原审第三人沈阳军区驻深圳办事处房屋产权纠纷一案的请示》收悉。我院对此案曾有过明确意见。经再次研究认为：在宁夏回族自治区高级人民法院审理的辽宁省国际信托投资公司和辽宁省对外经济发展公司诉深圳金光公司合作经营羊绒纠纷案件中，深圳装饰公司不是该案法律关系的当事人。在该案审理过程中，装饰公司也未申请参加诉讼或主张权利。宁夏回族自治区高级人民法院作出一审判决生效后，在执行过程中装饰公司主张被执行房产的产权，对此，在程序上应按照民事诉讼法第二百零八条以及我院关于适用民事诉讼法若干问题的意见第 257 条、第 258 条的规定，作为执行中的案外人提出异议来处理，而不应把已经作为生效判决执行标的的房屋产权又作为另一案件法律关系的标的。因此，深圳市中级人民法院一审裁定驳回装饰公司的起诉是正确的，你院对本案应从程序上作出处理，维持一审裁定。请你院依照民事诉讼法有关审限等问题的规定，尽快审结此案，并将处理结果报告我院。

最高人民法院关于吴连胜等诉烟台市房地产管理局房屋典当回赎一案如何处理的复函

（1993 年 2 月 16 日　〔1992〕民他字第 48 号）

山东省高级人民法院：

你院〔1992〕鲁法民上字第 3 号关于吴连胜等诉烟台市房地产管理局房屋典当回赎一案的请示报告收悉。经研究，答复如下：

一、关于诉讼当事人的问题。1952 年，原承典房屋的孤女学道院与烟台市盲哑学校合并，承典的房屋遂由该学校管理使用。同年，烟台市盲哑学校原校址（不包括讼争之房）由政府部门划归海军防区。盲哑学校迁走后，该承典房由海军 407 医院管理使用至今。据此，我们同意你院审判委员会的倾向性意见，即：烟台市盲哑学校由于与孤女学道院合并所承受的典当合同的权利义务，并未因海军 407 医院对该承典房的管理使用而发生变更或解除。烟台市盲哑学校应为本案的被告，海军 407 医院为第三人。

二、关于回赎问题。1955 年讼争房屋典期届满后，出典人曾多次主张回赎。由于出典人与烟台市房管部门对如何计算回赎典价发生争议等原因而未能及时回赎。我们意见，根据我院有关批复的精神，结合本案具体情况，以准予出典人回赎为宜。

以上意见，供参考。

最高人民法院关于房地产案件受理问题的通知

（1992年11月25日　法发〔1992〕38号）

全国地方各级人民法院、各级军事法院、各铁路运输中级法院和基层法院、各海事法院：

随着我国当前经济的发展和住房制度、土地使用制度的改革，有关房屋和土地使用方面的纠纷在一些经济发达的地区，不仅收案数量和纠纷种类有增多的趋势，而且出现了许多值得重视和研究的新的情况和新问题。为了适应形势发展的需要，现就不少地方提出的而又需要明确的有关房地产纠纷案件的受理问题通知如下：

一、凡公民之间、法人之间、其他组织之间以及他们相互之间因房地产方面的权益发生争执而提起的民事诉讼，由讼争的房地产所在地人民法院的民事审判庭依法受理。

二、公民、法人和其他组织对人民政府或者其主管部门就有关土地的所有权或者使用权归属的处理决定不服，或对人民政府或者其主管部门就房地产问题作出的行政处罚决定不服，依法向人民法院提起的行政诉讼，由房地产所在地人民法院的行政审判庭依法受理。

三、凡不符合民事诉讼法、行政诉讼法有关起诉条件的属于历史遗留的落实政策性质的房地产纠纷，因行政指令而调整划拨、机构撤并分合等引起的房地产纠纷，因单位内部建房、分房等而引起的占房、腾房等房地产纠纷，均不属于人民法院主管工作的范围，当事人为此而提起的诉讼，人民法院应依法不予受理或驳回起诉，可告知其找有关部门申请解决。

最高人民法院关于因体制变动引起的房地产纠纷案法院不应受理的复函

（1992年4月9日 〔1991〕民他字第49号）

海南省高级人民法院：

你院琼高法（民）他字〔1991〕2号《关于机械电子工业部第五研究所诉中国人民解放军38002部队后勤部土地、房屋、财产纠纷一案的请示报告》收悉。经研究并征求有关部门意见后认为：双方讼争的海南省三亚市榆林试验站房屋、土地纠纷是因机械电子工业部第五研究所体制变动引起的，应由有关部门解决，不应由人民法院作为民事案件受理。据此，本案应由二审法院撤销一审判决，驳回原告起诉。

最高人民法院关于韩玉山与定兴县房地产公司房产纠纷案的复函

（1989年11月24日 〔1989〕民他字第40号）

河北省高级人民法院：

你院冀法（民）〔1989〕126号关于韩玉山与定兴县房地产公司房产纠纷一案的请示报告收悉。经研究，我们认为该案当事人之间的房屋产权纠纷属于土改中遗留的落实政策问题，定兴县落实私房政策办公室和县政府既已行文确认该房屋的产权归属，原告对该处理不服，根据我院《关于贯彻执行〈民事诉讼法（试行）〉若干问题的意见》第（43）条之规定，应告知其向有关部门申请解决。

以上意见供参考。

附：

河北省高级人民法院的请示报告

最高人民法院：

我省定兴县固城镇四街韩玉山与县房地产公司为房产案，在法院应否受理问题上，意见不一，特向你院请示，现将情况报告如下：

原告：韩玉山，男，64岁，定兴县固城镇四街人。

被告：定兴县房地产公司。

法定代表人：郝文才，定兴县房地产公司经理。

第三人：定兴县固城镇四街村民委员会。

法定代表人：田振然，定兴县固城镇四街村委员会主任。

原告之父韩洛翠（1953年去世）1937年盖房28间，解放前曾被国民党部队占用，韩洛翠于1948年给儿子分家（现争议28间房屋未分）。土改时，其子、孙均以自己的名义将所分的房产填了土地证。韩洛翠及其子定为中农成份。韩玉山称，这28间房其父韩洛翠填写了土地证，但举不出证据。经查，土改时的村干部，有的证明土改时韩洛翠未承认该房是他家的，怕提高成份；有的证明韩家的土地房产没有改出去，解放时，该房由人民政府接管，不久由学校占用，在此期间，学校的粪便由原告家收取。1957年固城县医院占用该房，1961年、1967年医院经公社同意曾两次搬出搬进。1978年镇医院要与县房产公司订立租赁合同时，因固城镇四街村委会提出异议租赁未成，学校，医院占用该房期间，未向任何人交过房租，只是对房屋进行了局部修缮，没有大的改动。

1984年韩玉山等向定兴县信访办公室上访，要求收回28间房产。

定兴县落实私房政策办公室于1988年1月5日文字通知韩玉山“该房解放前由国民党还乡团做据点，解放后由人民政府接管。土改时你家放弃产权登记。根据最高人民法院《关于贯彻执行民事政策几个问题的意见》第二条第一款的指示，报请政府常委会议研究决定,原有28间房的产权仍归国家所有。"韩玉山不服,1988年8月22日定兴县政府行文再次强调固城医院28间房产属于公产,产权由房管所移交给固城医院。固城镇四街村委会认为:此房土改时房主未进行产权登记,未明确收归国有,县政府将此房定为公产不妥,如不归还韩玉山,应归村委会所有。固城镇医院根据县政府行文要拆除全部旧房重建(已拆掉3间)。因韩玉山阻拦致使医院翻建工程无法进行。韩玉山曾向县法院起诉,县法院认为,此房屋纠纷属于土改遗留问题,一直未受理,但定兴县有关领导却让县法院立案处理。经研究,我们认为,此房产纠纷属于土改遗留问题,定兴县落实房地产政策办公室和县人民政府行文明确此房归国家所有,如韩玉山不服应向有关上级主管部门申请解决,法院不受理。固城医院翻建房屋受到韩玉山等人阻拦,无法施工,如以韩玉山侵权为由向县法院起诉,法院应当受理。但在审理中是否涉及定兴县政府行文,我院有两种意见:

1. 审理此案时,法院无权撤销或变更县政府行文,故不审查县政府行文正确与否,只责令韩玉山停止侵害。

2. 审理此案时,应审查县政府行文是否正确,如不符合政策和法律规定,可以变更或撤销,依据政策和法律作出判决。

我们倾向第一种意见。

因对此类问题如何掌握拿不准,特请示。

最高人民法院关于典当房屋被视为绝卖以后确认产权程序问题的批复

(1989年7月24日 〔1989〕法民字第17号)

山西省高级人民法院:

你院〔1989〕晋法民报字第3号《关于典当房屋被视为绝卖以后产权确认问题的请示》收悉。经研究,现答复如下:

出典的房屋已超过规定的回赎期限，承典人提起确认房屋产权归己的诉讼时，人民法院应分别情况适用不同程序：对出典人或者其继承人提出异议的，应按照《民事诉讼法（试行）》规定的普通程序或简易程序进行审理；对出典人或者其继承人无异议的，或者出典人已经死亡又无继承人的，可以比照《民事诉讼法（试行）》特别程序的有关规定进行审理。经审理，如确认房屋产权归承典人所有，承典人即可持法院判决书向房管部门申请办理产权登记手续。

最高人民法院关于处理私房社会主义改造中房屋典当回赎案件中的两个问题的批复

（1988 年 9 月 8 日　法（研）复〔1988〕37 号）

山东省高级人民法院：

你院鲁法（民）发〔1988〕10 号《关于处理房屋典当回赎案件中两个问题的请示报告》收悉。经研究，并商得中华人民共和国建设部的同意，答复如下：

一、人民法院处理有关私房社会主义改造中的房屋典当回赎案件，仍应参照国家房产管理局（65）国房局字 105 号《关于私房改造中处理典当房屋问题的意见》办理；但此类房屋典当问题比较复杂，政策性强，各地在执行中可根据具体情况，区别对待，如出典的房屋在改造前未回赎，改造中产权已转移给国家，改造后不准回赎；如出典的房屋没有被改造，产权未转移给国家，应按国房局字 105 号文件中关于“今后对于出典房屋一般仍应按照典当关系处理”该文件第一条第一项规定：出典房屋不同于出租房屋，如果将出典房屋纳入改造，名义上改的是出典人，实际改了承典人。因此，今后对于出典房屋一般仍应按照典当关系处理。的规定，和最高人民法院（84）法办字第 112 号《关于贯彻执行民事政策法律若干问题的意见》第 58 条的规定，以及最高人民法院近几年来对此条规定所作的解释处理。

二、最高人民法院（84）法办字第 112 号《关于贯彻执行民事政策法律若干问题的意见》第 58 条第二款规定：“典期届满逾期十年或典期未载明期限经过三十年未赎的，原则上应视为绝卖”。人民法院处理未被改造的出典房屋纠纷案件，对于已超过上述规定回赎期限的，应确认房屋产权为承典人所有；对于未超过规定回赎期限的，应准予出典人回赎。

最高人民法院关于父母的房屋遗产由兄弟姐妹中一人领取了房屋产权证并视为己有发生纠纷应如何处理问题的批复

（1987年6月15日 〔1987〕民他字第16号）

广东省高级人民法院：

你院粤法民字〔1987〕31号《关于惠阳地区中级人民法院请示的上诉人钟秋香、钟玉妹诉钟寿祥房屋纠纷一案的报告》及卷宗收悉。

据你院报告称：钟和记（1941年故）与妻子苏衬（1926年故）、继妻王细（1984年故）先后生有4个儿女，即：钟妙（1976年故）、钟秋香、钟玉妹、钟秋胜（1981年故）。1940年钟和记与王细夫妇收养了钟寿祥（当时12岁）。1939年、1940年钟和记和王细购置房屋6间，钟和记死后，由王细、钟玉妹、钟秋香、钟寿祥等长期居住。1973年钟秋香将自己居住的那部分房屋进行了改建。钟寿祥曾以自己的名字，于1947年、1953年、1960年先后领取了6间房屋所有权证。王细于1984年死后，钟寿祥便在1985年将部分房屋拆除改建，并将其中部分房屋宅基地给其子使用，为此，双方发生纠纷。

经研究，同意你院审判委员会的意见。即根据该房产的来源及使用等情况，以认定该屋为钟和记和王细的遗产，属钟秋香、钟玉妹、钟寿祥、钟妙、钟秋胜五人共有为宜。钟寿祥以个人名义领取的产权证，可视为代表共有人登记取得的产权证明。钟妙、钟秋胜已故，其应得部分由其合法继承人继承。

以上意见供你院批复时参考。

最高人民法院关于房屋典当回赎中几个有关问题的批复

（1986 年 5 月 27 日　〔1986〕民他字第 4 号）

浙江省高级人民法院：

你院 1985 年 11 月 7 日〔85〕浙法研字 47 号《关于房屋典当关系的回赎时效问题的请示报告》收悉。对你院报告中所提问题，经我们研究答复如下：

一、关于适用我院〔84〕法民字第 16 号批复问题。1984 年 9 月 8 日我院《关于贯彻执行民事政策法律若干问题的意见》（以下简称《意见》）下达后，有的省高级人民法院来函询问如何适用《意见》第 58 条第 2 款。为解答此问题，我院下发了〔84〕法民字第 16 号批复，指出《意见》下达前已受理尚未审结或已审结又提出申诉的房屋典当案件，仍按以往的有关政策法律处理；《意见》下达后受理的房屋典当案件，则按《意见》第 58 条第 2 款的规定办理。

二、关于我院〔84〕法民字第 16 号批复中"才提出回赎的"如何理解的问题。我们认为该批复主要是指典当房屋在典期届满已逾十年或未定典期经过三十年，出典人才提出回赎，在这以前出典人从未主张过权利的，据此，即可适用我院《意见》第 58 条第 2 款的规定，原则上视为绝卖。

三、关于房屋典当回赎时效期间的计算问题，我们原则上同意你院的意见，即典当契约载明典期的自期满之次日起计算，契约未载明典期的，自履行契约之日起计算。如果典期届满，出典人未按契约规定期限提出回赎，是由于不可抗力使其不能行使请求权的，这种受客观原因影响的时间，应予扣除，不计入回赎时效期间；如果典期届满，出典人已提出回赎要求，但由于承典人的原因而逾期未能回赎的，这种情况，应自出典人提出回赎之日起重新计算回赎时效。

鉴于我院《意见》第 58 条第 2 款仅是对房屋典当回赎期限的规定，因此，我们只就在处理房屋典当案件的审判实践中如何计算回赎时效期间问题加以解释。

四、关于对瑞安县人民法院请示的林朝明诉王金水等典当案件的处理，我们同意你院意见，即基层人民法院或中级人民法院需要请示的案件，在经过该院审判委员会认真讨论并提出倾向性意见后，应按照我院〔73〕法办字第4号和〔85〕法民字第5号通知关于逐级请示的规定办理。

最高人民法院关于审理房屋产权案件有关政策问题的批复

（1986年1月27日颁布实施　法〔民〕复〔1986〕5号）

湖南省高级人民法院：

你院〔1985〕湖法民请字第10号《关于审理房屋产权案件有关政策问题的请示》收悉。经研究认为，我院1963年8月28日《关于贯彻执行民事政策几个问题的意见（修正稿）》中，有关“地主、富农在土改时应没收而被遗漏的房屋，应当按照土地改革法予以没收，收归国家或集体所有”的规定，是根据当时的情况作出的。20多年来，我国的政治、经济形势发生了重大变化，党的工作重心已经转移，因此，该规定不应当再继续适用。

最高人民法院关于房屋典当回赎问题的批复

（1984年12月2日　〔1984〕法民字第15号）

山东省高级人民法院：

你院〔1984〕鲁法民字第24号关于房屋典当回赎问题的来函请示收悉。因这个问题涉及对国家房产管理局〔65〕国房局字105号文件的执行，经我院与中华人民共和国城乡建设环境保护部进行了联系，该部认为：105号文件现在仍然适用，但各地也可根据实际情况灵活掌握。对私房改造时被改造户出典的房屋,私改前未回赎,现在提出回赎的,应查明承典人的房屋在私改时是否被改造了,如果没有改造,产权未转移给国家,仍是出典人与承典人之间的典当纠纷,应按民事政策决定准予或不准予回赎。如果已经改造了,产权已转移给国家了,则应按105号文件处理,即被改造户在私改前出典的房屋,改造前不回赎,改造后不准再行回赎。

以上意见,仅供参考。

11 劳　　动

（一）司法解释

最高人民法院关于审理劳动争议案件适用法律若干问题的解释（二）

（2006 年 7 月 10 日最高人民法院审判委员会第 1393 次会议通过　2006 年 8 月 14 日公布　自 2006 年 10 月 1 日起施行　法释〔2006〕6 号）

为正确审理劳动争议案件，根据《中华人民共和国劳动法》、《中华人民共和国民事诉讼法》等相关法律规定，结合民事审判实践，对人民法院审理劳动争议案件适用法律的若干问题补充解释如下：

第一条　人民法院审理劳动争议案件，对下列情形，视为劳动法第八十二条规定的“劳动争议发生之日”：

（一）在劳动关系存续期间产生的支付工资争议，用人单位能够证明已经书面通知劳动者拒付工资的，书面通知送达之日为劳动争议发生之日。用人单位不能证明的，劳动者主张权利之日为劳动争议发生之日。

（二）因解除或者终止劳动关系产生的争议，用人单位不能证明劳动者收到解除或者终止劳动关系书面通知时间的，劳动者主张权利之日为劳动争议发生之日。

（三）劳动关系解除或者终止后产生的支付工资、经济补偿金、福利待遇等争议，劳动者能够证明用人单位承诺支付的时间为解除或者终止劳动关系后的具体日期的，用人单位承诺支付之日为劳动争议发生之日。劳动者不能证明的，解除或者终止劳动关系之日为劳动争议发生之日。

第二条 拖欠工资争议，劳动者申请仲裁时劳动关系仍然存续，用人单位以劳动者申请仲裁超过六十日为由主张不再支付的，人民法院不予支持。但用人单位能够证明劳动者已经收到拒付工资的书面通知的除外。

第三条 劳动者以用人单位的工资欠条为证据直接向人民法院起诉，诉讼请求不涉及劳动关系其他争议的，视为拖欠劳动报酬争议，按照普通民事纠纷受理。

第四条 用人单位和劳动者因劳动关系是否已经解除或者终止，以及应否支付解除或终止劳动关系经济补偿金产生的争议，经劳动争议仲裁委员会仲裁后，当事人依法起诉的，人民法院应予受理。

第五条 劳动者与用人单位解除或者终止劳动关系后，请求用人单位返还其收取的劳动合同定金、保证金、抵押金、抵押物产生的争议，或者办理劳动者的人事档案、社会保险关系等移转手续产生的争议，经劳动争议仲裁委员会仲裁后，当事人依法起诉的，人民法院应予受理。

第六条 劳动者因为工伤、职业病，请求用人单位依法承担给予工伤保险待遇的争议，经劳动争议仲裁委员会仲裁后，当事人依法起诉的，人民法院应予受理。

第七条 下列纠纷不属于劳动争议：

（一）劳动者请求社会保险经办机构发放社会保险金的纠纷；

（二）劳动者与用人单位因住房制度改革产生的公有住房转让纠纷；

（三）劳动者对劳动能力鉴定委员会的伤残等级鉴定结论或者对职业病诊断鉴定委员会的职业病诊断鉴定结论的异议纠纷；

（四）家庭或者个人与家政服务人员之间的纠纷；

（五）个体工匠与帮工、学徒之间的纠纷；

（六）农村承包经营户与受雇人之间的纠纷。

第八条 当事人不服劳动争议仲裁委员会作出的预先支付劳动者部分工资或者医疗费用的裁决，向人民法院起诉的，人民法院不予受理。

用人单位不履行上述裁决中的给付义务，劳动者依法向人民法院申请强制执行的，人民法院应予受理。

第九条　劳动者与起有字号的个体工商户产生的劳动争议诉讼，人民法院应当以营业执照上登记的字号为当事人，但应同时注明该字号业主的自然情况。

第十条　劳动者因履行劳动力派遣合同产生劳动争议而起诉，以派遣单位为被告；争议内容涉及接受单位的，以派遣单位和接受单位为共同被告。

第十一条　劳动者和用人单位均不服劳动争议仲裁委员会的同一裁决，向同一人民法院起诉的，人民法院应当并案审理，双方当事人互为原告和被告。在诉讼过程中，一方当事人撤诉的，人民法院应当根据另一方当事人的诉讼请求继续审理。

第十二条　当事人能够证明在申请仲裁期间内因不可抗力或者其他客观原因无法申请仲裁的，人民法院应当认定申请仲裁期间中止，从中止的原因消灭之次日起，申请仲裁期间连续计算。

第十三条　当事人能够证明在申请仲裁期间内具有下列情形之一的，人民法院应当认定申请仲裁期间中断：

（一）向对方当事人主张权利；

（二）向有关部门请求权利救济；

（三）对方当事人同意履行义务。

申请仲裁期间中断的，从对方当事人明确拒绝履行义务，或者有关部门作出处理决定或明确表示不予处理时起，申请仲裁期间重新计算。

第十四条　在诉讼过程中，劳动者向人民法院申请采取财产保全措施，人民法院经审查认为申请人经济确有困难，或有证据证明用人单位存在欠薪逃匿可能的，应当减轻或者免除劳动者提供担保的义务，及时采取保全措施。

第十五条　人民法院作出的财产保全裁定中，应当告知当事人在劳动仲裁机构的裁决书或者在人民法院的裁判文书生效后三个月内申请强制执行。逾期不申请的，人民法院应当裁定解除保全措施。

第十六条　用人单位制定的内部规章制度与集体合同或者劳动合同约定的内容不一致，劳动者请求优先适用合同约定的，人民法院应予支持。

第十七条　当事人在劳动争议调解委员会主持下达成的具有劳动权利义务内

容的调解协议,具有劳动合同的约束力,可以作为人民法院裁判的根据。

当事人在劳动争议调解委员会主持下仅就劳动报酬争议达成调解协议,用人单位不履行调解协议确定的给付义务,劳动者直接向人民法院起诉的,人民法院可以按照普通民事纠纷受理。

第十八条 本解释自二○○六年十月一日起施行。本解释施行前本院颁布的有关司法解释与本解释规定不一致的,以本解释的规定为准。

本解释施行后,人民法院尚未审结的一审、二审案件适用本解释。本解释施行前已经审结的案件,不得适用本解释的规定进行再审。

最高人民法院关于人民法院审理事业单位人事争议案件若干问题的规定

(2003年6月17日最高人民法院审判委员会第1278次会议通过 2003年8月27日公布 自2003年9月5日起施行 法释〔2003〕13号)

为了正确审理事业单位与其工作人员之间的人事争议案件,根据《中华人民共和国劳动法》的规定,现对有关问题规定如下:

第一条 事业单位与其工作人员之间因辞职、辞退及履行聘用合同所发生的争议,适用《中华人民共和国劳动法》的规定处理。

第二条 当事人对依照国家有关规定设立的人事争议仲裁机构所作的人事争议仲裁裁决不服,自收到仲裁裁决之日起十五日内向人民法院提起诉讼的,人民法院应当依法受理。一方当事人在法定期间内不起诉又不履行仲裁裁决,另一方当事人向人民法院申请执行的,人民法院应当依法执行。

第三条 本规定所称人事争议是指事业单位与其工作人员之间因辞职、辞退及履行聘用合同所发生的争议。

最高人民法院关于审理劳动争议案件适用法律若干问题的解释

（2001 年 3 月 22 日最高人民法院审判委员会第 1165 次会议通过　2001 年4 月 16 日中华人民共和国最高人民法院公告公布　自 2001 年 4 月 30 日起施行　法释〔2001〕14 号）

为正确审理劳动争议案件，根据《中华人民共和国劳动法》（以下简称《劳动法》）和《中华人民共和国民事诉讼法》（以下简称《民事诉讼法》）等相关法律之规定，就适用法律的若干问题，作如下解释。

第一条　劳动者与用人单位之间发生的下列纠纷，属于《劳动法》第二条规定的劳动争议，当事人不服劳动争议仲裁委员会作出的裁决，依法向人民法院起诉的，人民法院应当受理：

（一）劳动者与用人单位在履行劳动合同过程中发生的纠纷；

（二）劳动者与用人单位之间没有订立书面劳动合同，但已形成劳动关系后发生的纠纷；

（三）劳动者退休后，与尚未参加社会保险统筹的原用人单位因追索养老金、医疗费、工伤保险待遇和其他社会保险费而发生的纠纷。

第二条　劳动争议仲裁委员会以当事人申请仲裁的事项不属于劳动争议为由，作出不予受理的书面裁决、决定或者通知，当事人不服，依法向人民法院起诉的，人民法院应当分别情况予以处理：

（一）属于劳动争议案件的，应当受理；

（二）虽不属于劳动争议案件，但属于人民法院主管的其他案件，应当依法受理。

第三条　劳动争议仲裁委员会根据《劳动法》第八十二条之规定，以当事人仲裁申请超过六十日期限为由，作出不予受理的书面裁决、决定或者通知，当事人不服,依法向人民法院起诉的,人民法院应当受理;对确已超过仲裁申请期限,又无不可抗力或者其他正当理由的,依法驳回其诉讼请求。

第四条 劳动争议仲裁委员会以申请仲裁的主体不适格为由,作出不予受理的书面裁决、决定或者通知,当事人不服,依法向人民法院起诉的,经审查,确属主体不适格的,裁定不予受理或者驳回起诉。

第五条 劳动争议仲裁委员会为纠正原仲裁裁决错误重新作出裁决,当事人不服,依法向人民法院起诉的,人民法院应当受理。

第六条 人民法院受理劳动争议案件后,当事人增加诉讼请求的,如该诉讼请求与讼争的劳动争议具有不可分性,应当合并审理;如属独立的劳动争议,应当告知当事人向劳动争议仲裁委员会申请仲裁。

第七条 劳动争议仲裁委员会仲裁的事项不属于人民法院受理的案件范围,当事人不服,依法向人民法院起诉的,裁定不予受理或者驳回起诉。

第八条 劳动争议案件由用人单位所在地或者劳动合同履行地的基层人民法院管辖。

劳动合同履行地不明确的,由用人单位所在地的基层人民法院管辖。

第九条 当事人双方不服劳动争议仲裁委员会作出的同一仲裁裁决,均向同一人民法院起诉的,先起诉的一方当事人为原告,但对双方的诉讼请求,人民法院应当一并作出裁决。

当事人双方就同一仲裁裁决分别向有管辖权的人民法院起诉的,后受理的人民法院应当将案件移送给先受理的人民法院。

第十条 用人单位与其它单位合并的,合并前发生的劳动争议,由合并后的单位为当事人;用人单位分立为若干单位的,其分立前发生的劳动争议,由分立后的实际用人单位为当事人。

用人单位分立为若干单位后,对承受劳动权利义务的单位不明确的,分立后的单位均为当事人。

第十一条 用人单位招用尚未解除劳动合同的劳动者,原用人单位与劳动者发生的劳动争议,可以列新的用人单位为第三人。

原用人单位以新的用人单位侵权为由向人民法院起诉的,可以列劳动者为第三人。

原用人单位以新的用人单位和劳动者共同侵权为由向人民法院起诉的，新的用人单位和劳动者列为共同被告。

第十二条 劳动者在用人单位与其他平等主体之间的承包经营期间，与发包方和承包方双方或者一方发生劳动争议，依法向人民法院起诉的，应当将承包方和发包方作为当事人。

第十三条 因用人单位作出的开除、除名、辞退、解除劳动合同、减少劳动报酬、计算劳动者工作年限等决定而发生的劳动争议，用人单位负举证责任。

第十四条 劳动合同被确认为无效后，用人单位对劳动者付出的劳动，一般可参照本单位同期、同工种、同岗位的工资标准支付劳动报酬。

根据《劳动法》第九十七条之规定，由于用人单位的原因订立的无效合同，给劳动者造成损害的，应当比照违反和解除劳动合同经济补偿金的支付标准，赔偿劳动者因合同无效所造成的经济损失。

第十五条 用人单位有下列情形之一，迫使劳动者提出解除劳动合同的，用人单位应当支付劳动者的劳动报酬和经济补偿，并可支付赔偿金：

（一）以暴力、威胁或者非法限制人身自由的手段强迫劳动的；

（二）未按照劳动合同约定支付劳动报酬或者提供劳动条件的；

（三）克扣或者无故拖欠劳动者工资的；

（四）拒不支付劳动者延长工作时间工资报酬的；

（五）低于当地最低工资标准支付劳动者工资的。

第十六条 劳动合同期满后，劳动者仍在原用人单位工作，原用人单位未表示异议的，视为双方同意以原条件继续履行劳动合同。一方提出终止劳动关系的，人民法院应当支持。

根据《劳动法》第二十条之规定，用人单位应当与劳动者签订无固定期限劳动合同而未签订的，人民法院可以视为双方之间存在无固定期限劳动合同关系，并以原劳动合同确定双方的权利义务关系。

第十七条 劳动争议仲裁委员会作出仲裁裁决后，当事人对裁决中的部分事项不服，依法向人民法院起诉的，劳动争议仲裁裁决不发生法律效力。

第十八条 劳动争议仲裁委员会对多个劳动者的劳动争议作出仲裁裁决后，部分劳动者对仲裁裁决不服，依法向人民法院起诉的，仲裁裁决对提出起诉的劳动者不发生法律效力；对未提出起诉的部分劳动者，发生法律效力，如其申请执行的，人民法院应当受理。

第十九条 用人单位根据《劳动法》第四条之规定，通过民主程序制定的规章制度，不违反国家法律、行政法规及政策规定，并已向劳动者公示的，可以作为人民法院审理劳动争议案件的依据。

第二十条 用人单位对劳动者作出的开除、除名、辞退等处理，或者因其他原因解除劳动合同确有错误的，人民法院可以依法判决予以撤销。

对于追索劳动报酬、养老金、医疗费以及工伤保险待遇、经济补偿金、培训费及其他相关费用等案件，给付数额不当的，人民法院可以予以变更。

第二十一条 当事人申请人民法院执行劳动争议仲裁机构作出的发生法律效力的裁决书、调解书，被申请人提出证据证明劳动争议仲裁裁决书、调解书有下列情形之一，并经审查核实的，人民法院可以根据《民事诉讼法》第二百一十七条之规定，裁定不予执行：

（一）裁决的事项不属于劳动争议仲裁范围，或者劳动争议仲裁机构无权仲裁的；

（二）适用法律确有错误的；

（三）仲裁员仲裁该案时，有徇私舞弊、枉法裁决行为的；

（四）人民法院认定执行该劳动争议仲裁裁决违背社会公共利益的。

人民法院在不予执行的裁定书中，应当告知当事人在收到裁定书之次日起三十日内，可以就该劳动争议事项向人民法院起诉。

最高人民法院关于人民法院对经劳动争议仲裁裁决的纠纷准予撤诉或驳回起诉后劳动争议仲裁裁决从何时起生效的解释

（2000年4月4日最高人民法院审判委员会第1108次会议通过　自2000年7月19日起施行　法释〔2000〕18号）

为正确适用法律审理劳动争议案件，对人民法院裁定准予撤诉或驳回起诉后，劳动争议仲裁裁决从何时起生效的问题解释如下：

第一条　当事人不服劳动争议仲裁裁决向人民法院起诉后又申请撤诉，经人民法院审查准予撤诉的，原仲裁裁决自人民法院裁定送达当事人之日起发生法律效力。

第二条　当事人因超过起诉期间而被人民法院裁定驳回起诉的，原仲裁裁决自起诉期间届满之次日起恢复法律效力。

第三条　因仲裁裁决确定的主体资格错误或仲裁裁决事项不属于劳动争议，被人民法院驳回起诉的，原仲裁裁决不发生法律效力。

(二)司法性文件

最高人民法院关于劳动争议仲裁委员会的复议仲裁决定书可否作为执行依据问题的批复

(1996 年 7 月 21 日　法复〔1996〕10 号)

河南省高级人民法院:

你院〔1995〕豫法执请字第 1 号《关于劳仲复裁字〔1991〕第 1 号复议仲裁决定书能否作为执行依据的请示》收悉。经研究,答复如下:

仲裁一裁终局制度,是指仲裁决定一经作出即发生法律效力,当事人没有提请再次裁决的权利,但这并不排除原仲裁机构发现自己作出的裁决有错误进行重新裁决的情况。劳动争议仲裁委员会发现自己作出的仲裁决定书有错误而进行重新仲裁,符合实事求是的原则,不违背一裁终局制度,不应视为违反法定程序。因此对当事人申请执行劳动争议仲裁委员会复议仲裁决定的,应予立案执行。如被执行人提出申辩称该复议仲裁决定书有其他应不予执行的情形,应按照民事诉讼法第二百一十六条的规定,认真审查,慎重处理。

最高人民法院关于在劳动争议仲裁程序中能否适用先予执行的函

(1994 年 8 月 10 日)

劳动部劳动关系和监察司:

你司《关于在劳动争议仲裁程序中能否适用先予执行》的函收悉。经研究认为：(一)同意你司根据劳动争议的特殊性，对涉及到职工生活保障、工伤医疗保障等有关职工切身利益的问题，经过初步审理后，确属紧急情况的可以比照国际经济贸易仲裁中的中间裁决或部分裁决的形式，裁决企业支付职工的劳动报酬或因工负伤急需的医疗费。但此种裁决与民事诉讼法赋予人民法院裁定先予执行是不同的。(二)企业对中间裁决或部分裁决不服的，应参照民事诉讼法第九十九条规定，赋予企业向原仲裁委员会申请复议的权利。该裁决生效后，如企业不执行，职工可以申请人民法院强制执行。(三)建议明确规定适用中间裁决或部分裁决的劳动争议案件的范围，以防任意扩大。

以上意见，供参考。

最高人民法院关于劳动争议案件受理问题的通知

(1993 年 10 月 20 日　法发〔1993〕29 号)

全国地方各级人民法院、各级军事法院、各铁路运输中级法院和基层法院、各海事法院：

关于劳动争议案件由哪个审判庭受理的问题，经研究，现通知如下：

从通知下发之日起，劳动争议案件由人民法院的民事审判庭受理。一九八六年十一月八日法(研)复〔1986〕32 号批复第一条关于劳动合同纠纷案件，暂由人民法院的经济审判庭受理的规定予以废止。

最高人民法院关于人民法院对集体企业退休职工为追索退休金而提起的诉讼应否受理问题的复函

(1993 年 4 月 15 日)

四川省高级人民法院：

你院川高法〔1993〕13 号《关于集体企业退休职工追索退休金提起诉讼人民法

院应否受理的请示》收悉。经研究并征求有关部门意见,现答复如下:

职工退休后虽然与企业已不存在劳动关系,但他们过去在岗位上履行的劳动义务仍是其退休后享受养老保险金的前提和基础条件,而且其退休金的计算也需要企业提供依据。据此,集体企业退休职工因追索退休金而与企业行政发生的争议可视为劳动争议,并参照《国营企业劳动争议处理暂行规定》处理,即当事人可以向企业劳动争议调解委员会申请调解或者直接向当地劳动争议仲裁委员会申请仲裁;如对仲裁不服,可以在收到仲裁决定书之日起 15 日内向人民法院起诉,人民法院经审查后依法受理。

以上意见,供参考。

最高人民法院对劳动部《关于人民法院审理劳动争议案件几个问题的函》的答复

(1989 年 8 月 10 日实施　法〔经〕函〔1989〕53 号)

劳动部:

你部劳力函字〔1988〕1 号《关于人民法院审理劳动争议案件几个问题的函》收悉。经研究,答复如下:

一、下列劳动争议案件,当事人一方或者双方对劳动争议仲裁委员会的仲裁决定不服,在收到仲裁决定书之日起 15 日内向人民法院起诉,符合《中华人民共和国民事诉讼法(试行)》第八十一条规定的起诉条件的,人民法院应予受理:

1. 国务院《国营企业劳动争议处理暂行规定》第二条、第三十条和第三十二条规定的劳动争议案件;

2. 国务院《私营企业暂行条例》第二十九条规定的劳动争议案件;

3. 其他法律、法规规定应由人民法院审理的劳动争议案件。

二、劳动争议当事人对仲裁决定不服,向人民法院起诉的,人民法院仍应以争议的双方为诉讼当事人,不应将劳动争议仲裁委员会列为被告或者第三人。在判决书、裁定书、调解书中也不应含有撤销或者维持仲裁决定的内容。

三、劳动争议当事人按规定申请执行人民法院的判决、裁定、调解协议或者仲裁机关的仲裁决定的,人民法院应当依照民事诉讼法(试行)规定的执行程序办理。在执行中,对于企业拒绝给职工安排工作并且不发工资或者不给福利待遇的,人民法院可按民事诉讼法(试行)第一百七十九条的规定,通知银行或者信用社扣划应付的工资和应享受的福利待遇,必要时可责令企业赔偿该职工的实际损失。

最高人民法院关于审理劳动争议案件诉讼当事人问题的批复

(1988年10月19日 〔经〕复〔1988〕号)

陕西省高级人民法院:

你院陕高法研〔1988〕43号《关于审理劳动争议案件诉讼当事人问题的请示》收悉。经研究,答复如下:

同意你院的意见。即:劳动争议当事人不服劳动争议仲裁委员会的仲裁决定,向人民法院起诉,争议的双方仍然是企业与职工。双方当事人在适用法律上和诉讼地位上是平等的。此类案件不是行政案件。人民法院在审理时,应以争议的双方为诉讼当事人,不应把劳动争议仲裁委员会列为被告或第三人。

12 公 司

（一）司法解释

最高人民法院关于适用《中华人民共和国公司法》若干问题的规定（二）

（2008年5月12日 法释〔2008〕6号）

为正确适用《中华人民共和国公司法》，结合审判实践，就人民法院审理公司解散和清算案件适用法律问题作出如下规定。

第一条 单独或者合计持有公司全部股东表决权百分之十以上的股东，以下列事由之一提起解散公司诉讼，并符合公司法第一百八十三条规定的，人民法院应予受理：

（一）公司持续两年以上无法召开股东会或者股东大会，公司经营管理发生严重困难的；

（二）股东表决时无法达到法定或者公司章程规定的比例，持续两年以上不能做出有效的股东会或者股东大会决议，公司经营管理发生严重困难的；

（三）公司董事长期冲突，且无法通过股东会或者股东大会解决，公司经营管理发生严重困难的；

（四）经营管理发生其他严重困难，公司继续存续会使股东利益受到重大损失的情形。

股东以知情权、利润分配请求权等权益受到损害，或者公司亏损、财产不足以偿还全部债务,以及公司被吊销企业法人营业执照未进行清算等为由,提起解散公司诉讼的,人民法院不予受理。

第二条 股东提起解散公司诉讼,同时又申请人民法院对公司进行清算的,人民法院对其提出的清算申请不予受理。人民法院可以告知原告,在人民法院判决解散公司后,依据公司法第一百八十四条和本规定第七条的规定,自行组织清算或者另行申请人民法院对公司进行清算。

第三条 股东提起解散公司诉讼时,向人民法院申请财产保全或者证据保全的,在股东提供担保且不影响公司正常经营的情形下,人民法院可予以保全。

第四条 股东提起解散公司诉讼应当以公司为被告。

原告以其他股东为被告一并提起诉讼的,人民法院应当告知原告将其他股东变更为第三人;原告坚持不予变更的,人民法院应当驳回原告对其他股东的起诉。

原告提起解散公司诉讼应当告知其他股东,或者由人民法院通知其参加诉讼。其他股东或者有关利害关系人申请以共同原告或者第三人身份参加诉讼的,人民法院应予准许。

第五条 人民法院审理解散公司诉讼案件,应当注重调解。当事人协商同意由公司或者股东收购股份,或者以减资等方式使公司存续,且不违反法律、行政法规强制性规定的,人民法院应予支持。当事人不能协商一致使公司存续的,人民法院应当及时判决。

经人民法院调解公司收购原告股份的,公司应当自调解书生效之日起六个月内将股份转让或者注销。股份转让或者注销之前,原告不得以公司收购其股份为由对抗公司债权人。

第六条 人民法院关于解散公司诉讼作出的判决,对公司全体股东具有法律约束力。

人民法院判决驳回解散公司诉讼请求后,提起该诉讼的股东或者其他股东又以同一事实和理由提起解散公司诉讼的,人民法院不予受理。

第七条 公司应当依照公司法第一百八十四条的规定,在解散事由出现之日起十五日内成立清算组,开始自行清算。

有下列情形之一,债权人申请人民法院指定清算组进行清算的,人民法院应予受理：

（一）公司解散逾期不成立清算组进行清算的；

（二）虽然成立清算组但故意拖延清算的；

（三）违法清算可能严重损害债权人或者股东利益的。

具有本条第二款所列情形，而债权人未提起清算申请，公司股东申请人民法院指定清算组对公司进行清算的，人民法院应予受理。

第八条 人民法院受理公司清算案件，应当及时指定有关人员组成清算组。

清算组成员可以从下列人员或者机构中产生：

（一）公司股东、董事、监事、高级管理人员；

（二）依法设立的律师事务所、会计师事务所、破产清算事务所等社会中介机构；

（三）依法设立的律师事务所、会计师事务所、破产清算事务所等社会中介机构中具备相关专业知识并取得执业资格的人员。

第九条 人民法院指定的清算组成员有下列情形之一的，人民法院可以根据债权人、股东的申请，或者依职权更换清算组成员：

（一）有违反法律或者行政法规的行为；

（二）丧失执业能力或者民事行为能力；

（三）有严重损害公司或者债权人利益的行为。

第十条 公司依法清算结束并办理注销登记前，有关公司的民事诉讼，应当以公司的名义进行。

公司成立清算组的，由清算组负责人代表公司参加诉讼；尚未成立清算组的，由原法定代表人代表公司参加诉讼。

第十一条 公司清算时，清算组应当按照公司法第一百八十六条的规定，将公司解散清算事宜书面通知全体已知债权人，并根据公司规模和营业地域范围在全国或者公司注册登记地省级有影响的报纸上进行公告。

清算组未按照前款规定履行通知和公告义务，导致债权人未及时申报债权而未获清偿，债权人主张清算组成员对因此造成的损失承担赔偿责任的，人民法院应依法予以支持。

第十二条　公司清算时，债权人对清算组核定的债权有异议的，可以要求清算组重新核定。清算组不予重新核定，或者债权人对重新核定的债权仍有异议，债权人以公司为被告向人民法院提起诉讼请求确认的，人民法院应予受理。

第十三条　债权人在规定的期限内未申报债权，在公司清算程序终结前补充申报的，清算组应予登记。

公司清算程序终结，是指清算报告经股东会、股东大会或者人民法院确认完毕。

第十四条　债权人补充申报的债权，可以在公司尚未分配财产中依法清偿。公司尚未分配财产不能全额清偿，债权人主张股东以其在剩余财产分配中已经取得的财产予以清偿的，人民法院应予支持；但债权人因重大过错未在规定期限内申报债权的除外。

债权人或者清算组，以公司尚未分配财产和股东在剩余财产分配中已经取得的财产，不能全额清偿补充申报的债权为由，向人民法院提出破产清算申请的，人民法院不予受理。

第十五条　公司自行清算的，清算方案应当报股东会或者股东大会决议确认；人民法院组织清算的，清算方案应当报人民法院确认。未经确认的清算方案，清算组不得执行。

执行未经确认的清算方案给公司或者债权人造成损失，公司、股东或者债权人主张清算组成员承担赔偿责任的，人民法院应依法予以支持。

第十六条　人民法院组织清算的，清算组应当自成立之日起六个月内清算完毕。

因特殊情况无法在六个月内完成清算的，清算组应当向人民法院申请延长。

第十七条　人民法院指定的清算组在清理公司财产、编制资产负债表和财产清单时，发现公司财产不足清偿债务的，可以与债权人协商制作有关债务清偿方案。

债务清偿方案经全体债权人确认且不损害其他利害关系人利益的，人民法院可依清算组的申请裁定予以认可。清算组依据该清偿方案清偿债务后，应当向人民法院申请裁定终结清算程序。

债权人对债务清偿方案不予确认或者人民法院不予认可的，清算组应当依法向人民法院申请宣告破产。

第十八条 有限责任公司的股东、股份有限公司的董事和控股股东未在法定期限内成立清算组开始清算，导致公司财产贬值、流失、毁损或者灭失，债权人主张其在造成损失范围内对公司债务承担赔偿责任的，人民法院应依法予以支持。

有限责任公司的股东、股份有限公司的董事和控股股东因怠于履行义务，导致公司主要财产、帐册、重要文件等灭失，无法进行清算，债权人主张其对公司债务承担连带清偿责任的，人民法院应依法予以支持。

上述情形系实际控制人原因造成，债权人主张实际控制人对公司债务承担相应民事责任的，人民法院应依法予以支持。

第十九条 有限责任公司的股东、股份有限公司的董事和控股股东，以及公司的实际控制人在公司解散后，恶意处置公司财产给债权人造成损失，或者未经依法清算，以虚假的清算报告骗取公司登记机关办理法人注销登记，债权人主张其对公司债务承担相应赔偿责任的，人民法院应依法予以支持。

第二十条 公司解散应当在依法清算完毕后，申请办理注销登记。公司未经清算即办理注销登记，导致公司无法进行清算，债权人主张有限责任公司的股东、股份有限公司的董事和控股股东，以及公司的实际控制人对公司债务承担清偿责任的，人民法院应依法予以支持。

公司未经依法清算即办理注销登记，股东或者第三人在公司登记机关办理注销登记时承诺对公司债务承担责任，债权人主张其对公司债务承担相应民事责任的，人民法院应依法予以支持。

第二十一条 有限责任公司的股东、股份有限公司的董事和控股股东，以及公司的实际控制人为二人以上的，其中一人或者数人按照本规定第十八条和第二十条第一款的规定承担民事责任后，主张其他人员按照过错大小分担责任的，人民法院应依法予以支持。

第二十二条 公司解散时，股东尚未缴纳的出资均应作为清算财产。股东尚未缴纳的出资，包括到期应缴未缴的出资，以及依照公司法第二十六条和第八十一条的规定分期缴纳尚未届满缴纳期限的出资。

公司财产不足以清偿债务时，债权人主张未缴出资股东，以及公司设立时的其他股东或者发起人在未缴出资范围内对公司债务承担连带清偿责任的，人民法院应依法予以支持。

第二十三条　清算组成员从事清算事务时，违反法律、行政法规或者公司章程给公司或者债权人造成损失，公司或者债权人主张其承担赔偿责任的，人民法院应依法予以支持。

有限责任公司的股东、股份有限公司连续一百八十日以上单独或者合计持有公司百分之一以上股份的股东，依据公司法第一百五十二条第三款的规定，以清算组成员有前款所述行为为由向人民法院提起诉讼的，人民法院应予受理。

公司已经清算完毕注销，上述股东参照公司法第一百五十二条第三款的规定，直接以清算组成员为被告、其他股东为第三人向人民法院提起诉讼的，人民法院应予受理。

第二十四条　解散公司诉讼案件和公司清算案件由公司住所地人民法院管辖。公司住所地是指公司主要办事机构所在地。公司办事机构所在地不明确的，由其注册地人民法院管辖。

基层人民法院管辖县、县级市或者区的公司登记机关核准登记公司的解散诉讼案件和公司清算案件；中级人民法院管辖地区、地级市以上的公司登记机关核准登记公司的解散诉讼案件和公司清算案件。

最高人民法院关于适用《中华人民共和国公司法》若干问题的规定（一）

（2006年3月27日最高人民法院审判委员会第1382次会议通过
2006年4月28日公布　自2006年5月9日起施行　法释〔2006〕3号）

为正确适用2005年10月27日十届全国人大常委会第十八次会议修订的《中华人民共和国公司法》，对人民法院在审理相关的民事纠纷案件中，具体适用公司法的有关问题规定如下：

第一条 公司法实施后，人民法院尚未审结的和新受理的民事案件，其民事行为或事件发生在公司法实施以前的，适用当时的法律法规和司法解释。

第二条 因公司法实施前有关民事行为或者事件发生纠纷起诉到人民法院的，如当时的法律法规和司法解释没有明确规定时，可参照适用公司法的有关规定。

第三条 原告以公司法第二十二条第二款、第七十五条第二款规定事由，向人民法院提起诉讼时，超过公司法规定期限的，人民法院不予受理。

第四条 公司法第一百五十二条规定的180日以上连续持股期间，应为股东向人民法院提起诉讼时，已期满的持股时间；规定的合计持有公司百分之一以上股份，是指两个以上股东持股份额的合计。

第五条 人民法院对公司法实施前已经终审的案件依法进行再审时，不适用公司法的规定。

第六条 本规定自公布之日起实施。

最高人民法院关于如何认定国有控股、参股股份有限公司中的国有公司、企业人员的解释

（2005年8月11日 法释〔2005〕10号）

为准确认定刑法分则第三章第三节中的国有公司、企业人员，现对国有控股、参股的股份有限公司中的国有公司、企业人员解释如下：

国有公司、企业委派到国有控股、参股公司从事公务的人员，以国有公司、企业人员论。

最高人民法院关于审理与企业改制相关的民事纠纷案件若干问题的规定

（2002 年 12 月 3 日最高人民法院审判委员会第 1259 次会议通过　2003 年 1 月 3 日公布　自 2003 年 2 月 1 日起施行　法释〔2003〕1 号）

为了正确审理与企业改制相关的民事纠纷案件，根据《中华人民共和国民法通则》、《中华人民共和国公司法》、《中华人民共和国全民所有制工业企业法》、《中华人民共和国合同法》、《中华人民共和国民事诉讼法》等法律、法规的规定，结合审判实践，制定本规定。

一、案件受理

第一条　人民法院受理以下平等民事主体间在企业产权制度改造中发生的民事纠纷案件：

（一）企业公司制改造中发生的民事纠纷；

（二）企业股份合作制改造中发生的民事纠纷；

（三）企业分立中发生的民事纠纷；

（四）企业债权转股权纠纷；

（五）企业出售合同纠纷；

（六）企业兼并合同纠纷；

（七）与企业改制相关的其他民事纠纷。

第二条　当事人起诉符合本规定第一条所列情形，并符合民事诉讼法第一百零八条规定的起诉条件的，人民法院应当予以受理。

第三条　政府主管部门在对企业国有资产进行行政性调整、划转过程中发生的纠纷，当事人向人民法院提起民事诉讼的，人民法院不予受理。

二、企业公司制改造

第四条 国有企业依公司法整体改造为国有独资有限责任公司的,原企业的债务,由改造后的有限责任公司承担。

第五条 企业通过增资扩股或者转让部分产权,实现他人对企业的参股,将企业整体改造为有限责任公司或者股份有限公司的,原企业债务由改造后的新设公司承担。

第六条 企业以其部分财产和相应债务与他人组建新公司,对所转移的债务债权人认可的,由新组建的公司承担民事责任;对所转移的债务未通知债权人或者虽通知债权人,而债权人不予认可的,由原企业承担民事责任。原企业无力偿还债务,债权人就此向新设公司主张债权的,新设公司在所接收的财产范围内与原企业承担连带民事责任。

第七条 企业以其优质财产与他人组建新公司,而将债务留在原企业,债权人以新设公司和原企业作为共同被告提起诉讼主张债权的,新设公司应当在所接收的财产范围内与原企业共同承担连带责任。

三、企业股份合作制改造

第八条 由企业职工买断企业产权,将原企业改造为股份合作制的,原企业的债务,由改造后的股份合作制企业承担。

第九条 企业向其职工转让部分产权,由企业与职工共同组建股份合作制企业的,原企业的债务由改造后的股份合作制企业承担。

第十条 企业通过其职工投资增资扩股,将原企业改造为股份合作制企业的,原企业的债务由改造后的股份合作制企业承担。

第十一条 企业在进行股份合作制改造时,参照公司法的有关规定,公告通知了债权人。企业股份合作制改造后,债权人就原企业资产管理人(出资人)隐瞒或者遗漏的债务起诉股份合作制企业的,如债权人在公告期间内申报过该债权,股份合作制企业在承担民事责任后,可再向原企业资产管理人(出资人)追偿。如债权人在公告期内未申报过该债权,则股份合作制企业不承担民事责任,人民法院可告知债权人另行起诉原企业资产管理人(出资人)。

四、企业分立

第十二条 债权人向分立后的企业主张债权,企业分立时对原企业的债务承担有约定,并经债权人认可的,按照当事人的约定处理;企业分立时对原企业债务承担没有约定或者约定不明,或者虽然有约定但债权人不予认可的,分立后的企业应当承担连带责任。

第十三条 分立的企业在承担连带责任后,各分立的企业间对原企业债务承担有约定的,按照约定处理;没有约定或者约定不明的,根据企业分立时的资产比例分担。

五、企业债权转股权

第十四条 债权人与债务人自愿达成债权转股权协议,且不违反法律和行政法规强制性规定的,人民法院在审理相关的民事纠纷案件中,应当确认债权转股权协议有效。

政策性债权转股权,按照国务院有关部门的规定处理。

第十五条 债务人以隐瞒企业资产或者虚列企业资产为手段,骗取债权人与其签订债权转股权协议,债权人在法定期间内行使撤销权的,人民法院应当予以支持。

债权转股权协议被撤销后,债权人有权要求债务人清偿债务。

第十六条 部分债权人进行债权转股权的行为,不影响其他债权人向债务人主张债权。

六、国有小型企业出售

第十七条 以协议转让形式出售企业,企业出售合同未经有审批权的地方人民政府或其授权的职能部门审批的,人民法院在审理相关的民事纠纷案件时,应当确认该企业出售合同不生效。

第十八条 企业出售中,当事人双方恶意串通,损害国家利益的,人民法院在审理相关的民事纠纷案件时,应当确认该企业出售行为无效。

第十九条 企业出售中,出卖人实施的行为具有合同法第五十四条规定的情形，买受人在法定期限内行使撤销权的，人民法院应当予以支持。

第二十条 企业出售合同约定的履行期限届满，一方当事人拒不履行合同，或者未完全履行合同义务，致使合同目的不能实现，对方当事人要求解除合同并要求赔偿损失的，人民法院应当予以支持。

第二十一条 企业出售合同约定的履行期限届满，一方当事人未完全履行合同义务，对方当事人要求继续履行合同并要求赔偿损失的，人民法院应当予以支持。双方当事人均未完全履行合同义务的，应当根据当事人的过错，确定各自应当承担的民事责任。

第二十二条 企业出售时，出卖人对所售企业的资产负债状况、损益状况等重大事项未履行如实告知义务，影响企业出售价格，买受人就此向人民法院起诉主张补偿的，人民法院应当予以支持。

第二十三条 企业出售合同被确认无效或者被撤销的，企业售出后买受人经营企业期间发生的经营盈亏，由买受人享有或者承担。

第二十四条 企业售出后，买受人将所购企业资产纳入本企业或者将所购企业变更为所属分支机构的，所购企业的债务，由买受人承担。但买卖双方另有约定，并经债权人认可的除外。

第二十五条 企业售出后，买受人将所购企业资产作价入股与他人重新组建新公司，所购企业法人予以注销的，对所购企业出售前的债务，买受人应当以其所有财产，包括在新组建公司中的股权承担民事责任。

第二十六条 企业售出后，买受人将所购企业重新注册为新的企业法人，所购企业法人被注销的，所购企业出售前的债务，应当由新注册的企业法人承担。但买卖双方另有约定，并经债权人认可的除外。

第二十七条 企业售出后，应当办理而未办理企业法人注销登记，债权人起诉该企业的，人民法院应当根据企业资产转让后的具体情况，告知债权人追加责任主体，并判令责任主体承担民事责任。

第二十八条 出售企业时，参照公司法的有关规定，出卖人公告通知了债权人。企业售出后，债权人就出卖人隐瞒或者遗漏的原企业债务起诉买受人的，如债权人在公告期内申报过该债权，买受人在承担民事责任后，可再行向出卖人追偿。

如债权人在公告期内未申报过该债权,则买受人不承担民事责任。人民法院可告知债权人另行起诉出卖人。

第二十九条 出售企业的行为具有合同法第七十四条规定的情形,债权人在法定期限内行使撤销权的,人民法院应当予以支持。

七、企业兼并

第三十条 企业兼并协议自当事人签字盖章之日起生效。需经政府主管部门批准的,兼并协议自批准之日起生效;未经批准的,企业兼并协议不生效。但当事人在一审法庭辩论终结前补办报批手续的,人民法院应当确认该兼并协议有效。

第三十一条 企业吸收合并后,被兼并企业的债务应当由兼并方承担。

第三十二条 企业进行吸收合并时,参照公司法的有关规定,公告通知了债权人。企业吸收合并后,债权人就被兼并企业原资产管理人(出资人)隐瞒或者遗漏的企业债务起诉兼并方的,如债权人在公告期内申报过该笔债权,兼并方在承担民事责任后,可再行向被兼并企业原资产管理人(出资人)追偿。如债权人在公告期内未申报过该笔债权,则兼并方不承担民事责任。人民法院可告知债权人另行起诉被兼并企业原资产管理人(出资人)。

第三十三条 企业新设合并后,被兼并企业的债务由新设合并后的企业法人承担。

第三十四条 企业吸收合并或新设合并后,被兼并企业应当办理而未办理工商注销登记,债权人起诉被兼并企业的,人民法院应当根据企业兼并后的具体情况,告知债权人追加责任主体,并判令责任主体承担民事责任。

第三十五条 以收购方式实现对企业控股的,被控股企业的债务,仍由其自行承担。但因控股企业抽逃资金、逃避债务,致被控股企业无力偿还债务的,被控股企业的债务则由控股企业承担。

八、附则

第三十六条 本规定自二○○三年二月一日起施行。在本规定施行前,本院制定的有关企业改制方面的司法解释与本规定相抵触的,不再适用。

（二）司法性文件

最高人民法院关于金融资产管理公司收购、处置银行不良资产有关问题的补充通知

（2005 年 5 月 30 日　法〔2005〕62 号）

各省、自治区、直辖市高级人民法院，新疆维吾尔自治区高级人民法院生产建设兵团分院：

为了深化金融改革，规范金融秩序，本院先后下发了《关于审理金融资产管理公司收购、管理、处置国有银行不良贷款形成的资产的案件适用法律若干问题的规定》、《关于贯彻执行最高人民法院“十二条”司法解释有关问题的函的答复》和《关于国有金融资产管理公司处置国有商业银行不良资产案件交纳诉讼费用的通知》。最近，根据国务院关于国有独资商业银行股份制改革的总体部署，中国信达资产管理公司收购了中国银行、中国建设银行和交通银行剥离的不良资产。为了维护金融资产安全，降低不良资产处置成本，现将审理金融资产管理公司在收购、处置不良资产发生的纠纷案件的有关问题补充通知如下：

一、国有商业银行（包括国有控股银行）向金融资产管理公司转让不良贷款，或者金融资产管理公司受让不良贷款后，通过债权转让方式处置不良资产的，可以适用本院发布的上述规定。

二、国有商业银行（包括国有控股银行）向金融资产管理公司转让不良贷款，或者金融资产管理公司收购、处置不良贷款的，担保债权同时转让，无须征得担保人的同意，担保人仍应在原担保范围内对受让人继续承担担保责任。担保合同中关于合同变更需经担保人同意的约定，对债权人转让债权没有约束力。

三、金融资产管理公司转让、处置已经涉及诉讼、执行或者破产等程序的不良债权时，人民法院应当根据债权转让协议和转让人或者受让人的申请，裁定变更诉讼或者执行主体。

最高人民法院关于聊城市柳园供销公司法人资格认定问题的复函

（1992 年 3 月 17 日　法函〔1992〕36 号）

山东省高级人民法院：

你院鲁高法函〔1992〕4 号《关于如何认定企业法人资格的请示》收悉。经研究，答复如下：

依照《中华人民共和国民法通则》第四十一条之规定，集体所有制企业具备法人条件，经主管机关核准登记，取得法人资格。根据《中华人民共和国企业法人登记管理条例》第四条之规定，企业法人登记主管机关是国家工商行政管理局和地方各级工商行政管理局。你院请示中的集体企业聊城市柳园供销公司符合法定条件并经工商行政管理机关核准依法领取有企业法人营业执照，其法人资格应予承认。至于申报单位出资不足问题，可责令其补足注册资金的差额部分，不宜仅据此而否定聊城市柳园供销公司的法人资格。

最高人民法院关于企业开办的公司撤销后由谁作为诉讼主体问题的批复

（1987 年 10 月 15 日　法〔经〕复〔1987〕42 号）

新疆维吾尔自治区高级人民法院：

你院一九八七年六月二十五日关于涉及新疆石河子华侨农工商联合企业（又

名华侨农场,以下称华侨农场)开办的富华经销公司(简称“富华公司”)的经济纠纷案件应如何确定诉讼主体的请示收悉。现答复如下:

华侨农场系全民所有制企业,富华公司为华侨农场开办的公司。经与有关部门联系,国务院国发〔1985〕102 号《关于进一步清理和整顿公司的通知》也适用于企业办的公司。因此,同意你院对华侨农场适用上述通知的意见,富华公司资不抵债,华侨农场应对富华公司的债务负连带责任。鉴于华侨农场在富华公司被撤销后即成立了财产清算小组负责清理该公司的财产,根据本院一九八四年九月十七日《关于在经济审判工作中贯彻执行〈民事诉讼法(试行)〉若干问题的意见》“企业关闭的,由其主管单位或清理人(单位)作诉讼当事人”的规定,对涉及富华公司的经济纠纷案件,人民法院应将华侨农场和富华公司财产清算小组列为共同被告。

乌鲁木齐市中级法院审结的河北省青龙县皮毛厂诉富华公司购销羊皮合同货款纠纷案,在执行过程中,富华公司被撤销。根据上述原则,该院应当依照《民事诉讼法(试行)》第一百二十二条第一款第(六)项规定,裁定确认华侨农场和富华公司财产清算小组承担民事责任,执行原调解协议。

13 知识产权

（一）司法解释

最高人民法院关于审理注册商标、企业名称与在先权利冲突的民事纠纷案件若干问题的规定

（2008 年 2 月 18 日　法释〔2008〕3 号）

为正确审理注册商标、企业名称与在先权利冲突的民事纠纷案件，根据《中华人民共和国民事诉讼法》、《中华人民共和国民法通则》、《中华人民共和国商标法》和《中华人民共和国反不正当竞争法》等法律的规定，结合审判实践，制定本规定。

第一条　原告以他人注册商标使用的文字、图形等侵犯其著作权、外观设计专利权、企业名称权等在先权利为由提起诉讼，符合民事诉讼法第一百零八条规定的，人民法院应当受理。

原告以他人使用在核定商品上的注册商标与其在先的注册商标相同或者近似为由提起诉讼的，人民法院应当根据民事诉讼法第一百一十一条第（三）项的规定，告知原告向有关行政主管机关申请解决。但原告以他人超出核定商品的范围或者以改变显著特征、拆分、组合等方式使用的注册商标，与其注册商标相同或者近似为由提起诉讼的，人民法院应当受理。

第二条　原告以他人企业名称与其在先的企业名称相同或者近似，足以使相关公众对其商品的来源产生混淆，违反反不正当竞争法第五条第（三）项的规定为

由提起诉讼,符合民事诉讼法第一百零八条规定的,人民法院应当受理。

第三条 人民法院应当根据原告的诉讼请求和争议民事法律关系的性质,按照《民事案件案由规定(试行)》,确定注册商标或者企业名称与在先权利冲突的民事纠纷案件的案由,并适用相应的法律。

第四条 被诉企业名称侵犯注册商标专用权或者构成不正当竞争的,人民法院可以根据原告的诉讼请求和案件具体情况,确定被告承担停止使用、规范使用等民事责任。

最高人民法院关于审理侵犯植物新品种权纠纷案件具体应用法律问题的若干规定

(2006 年 12 月 25 日最高人民法院审判委员第 1411 次会议通过 2007 年 1 月 12 日公布 自 2007 年 2 月 1 日起施行 法释〔2007〕1 号)

为正确处理侵犯植物新品种权纠纷案件,根据《中华人民共和国民法通则》、《中华人民共和国民事诉讼法》等有关规定,结合侵犯植物新品种权纠纷案件的审判经验和实际情况,就具体应用法律的若干问题规定如下:

第一条 植物新品种权所有人(以下称品种权人)或者利害关系人认为植物新品种权受到侵犯的,可以依法向人民法院提起诉讼。

前款所称利害关系人,包括植物新品种实施许可合同的被许可人、品种权财产权利的合法继承人等。

独占实施许可合同的被许可人可以单独向人民法院提起诉讼;排他实施许可合同的被许可人可以和品种权人共同起诉,也可以在品种权人不起诉时,自行提起诉讼;普通实施许可合同的被许可人经品种权人明确授权,可以提起诉讼。

第二条 未经品种权人许可,为商业目的生产或销售授权品种的繁殖材料,或者为商业目的将授权品种的繁殖材料重复使用于生产另一品种的繁殖材料的,人民法院应当认定为侵犯植物新品种权。

被控侵权物的特征、特性与授权品种的特征、特性相同,或者特征、特性的不同是因非遗传变异所致的,人民法院一般应当认定被控侵权物属于商业目的生产或者销售授权品种的繁殖材料。

被控侵权人重复以授权品种的繁殖材料为亲本与其他亲本另行繁殖的,人民法院一般应当认定属于商业目的将授权品种的繁殖材料重复使用于生产另一品种的繁殖材料。

第三条 侵犯植物新品种权纠纷案件涉及的专门性问题需要鉴定的,由双方当事人协商确定的有鉴定资格的鉴定机构、鉴定人鉴定;协商不成的,由人民法院指定的有鉴定资格的鉴定机构、鉴定人鉴定。

没有前款规定的鉴定机构、鉴定人的,由具有相应品种检测技术水平的专业机构、专业人员鉴定。

第四条 对于侵犯植物新品种权纠纷案件涉及的专门性问题可以采取田间观察检测、基因指纹图谱检测等方法鉴定。

对采取前款规定方法作出的鉴定结论,人民法院应当依法质证,认定其证明力。

第五条 品种权人或者利害关系人向人民法院提起侵犯植物新品种权诉讼时,同时提出先行停止侵犯植物新品种权行为或者保全证据请求的,人民法院经审查可以先行作出裁定。

人民法院采取证据保全措施时,可以根据案件具体情况,邀请有关专业技术人员按照相应的技术规程协助取证。

第六条 人民法院审理侵犯植物新品种权纠纷案件,应当依照民法通则第一百三十四条的规定,结合案件具体情况,判决侵权人承担停止侵害、赔偿损失等民事责任。

人民法院可以根据被侵权人的请求,按照被侵权人因侵权所受损失或者侵权人因侵权所得利益确定赔偿数额。被侵权人请求按照植物新品种实施许可费确定赔偿数额的,人民法院可以根据植物新品种实施许可的种类、时间、范围等因素,参照该植物新品种实施许可费合理确定赔偿数额。

依照前款规定难以确定赔偿数额的，人民法院可以综合考虑侵权的性质、期间、后果，植物新品种实施许可费的数额，植物新品种实施许可的种类、时间、范围及被侵权人调查、制止侵权所支付的合理费用等因素，在50万元以下确定赔偿数额。

第七条　被侵权人和侵权人均同意将侵权物折价抵扣被侵权人所受损失的，人民法院应当准许。被侵权人或者侵权人不同意折价抵扣的，人民法院依照当事人的请求，责令侵权人对侵权物作消灭活性等使其不能再被用作繁殖材料的处理。

侵权物正处于生长期或者销毁侵权物将导致重大不利后果的，人民法院可以不采取责令销毁侵权物的方法，但法律、行政法规另有规定的除外。

第八条　以农业或者林业种植为业的个人、农村承包经营户接受他人委托代为繁殖侵犯品种权的繁殖材料，不知道代繁物是侵犯品种权的繁殖材料并说明委托人的，不承担赔偿责任。

最高人民法院关于修改《最高人民法院关于审理涉及计算机网络著作权纠纷案件适用法律若干问题的解释》的决定（二）

（2006年11月22日　法释〔2006〕11号）

根据《中华人民共和国著作权法》第五十八条及《信息网络传播权保护条例》的规定，最高人民法院审判委员会第1406次会议决定对《最高人民法院关于审理涉及计算机网络著作权纠纷案件适用法律若干问题的解释》作如下修改：

删去《最高人民法院关于审理涉及计算机网络著作权纠纷案件适用法律若干问题的解释》第三条。

根据本决定对《最高人民法院关于审理涉及计算机网络著作权纠纷案件适用法律若干问题的解释》的条文顺序作相应调整后，重新公布。

最高人民法院关于审理商标民事纠纷案件适用法律若干问题的解释

(2002 年 10 月 12 日最高人民法院审判委员会第 1246 次会议通过 自 2002 年 10 月 16 日起施行 法释〔2002〕32 号)

为了正确审理商标纠纷案件,根据《中华人民共和国民法通则》、《中华人民共和国合同法》、《中华人民共和国商标法》、《中华人民共和国民事诉讼法》等法律的规定,就适用法律若干问题解释如下:

第一条 下列行为属于商标法第五十二条第(五)项规定的给他人注册商标专用权造成其他损害的行为:

(一)将与他人注册商标相同或者相近似的文字作为企业的字号在相同或者类似商品上突出使用,容易使相关公众产生误认的;

(二)复制、摹仿、翻译他人注册的驰名商标或其主要部分在不相同或者不相类似商品上作为商标使用,误导公众,致使该驰名商标注册人的利益可能受到损害的;

(三)将与他人注册商标相同或者相近似的文字注册为域名,并且通过该域名进行相关商品交易的电子商务,容易使相关公众产生误认的。

第二条 依据商标法第十三条第一款的规定,复制、摹仿、翻译他人未在中国注册的驰名商标或其主要部分,在相同或者类似商品上作为商标使用,容易导致混淆的,应当承担停止侵害的民事法律责任。

第三条 商标法第四十条规定的商标使用许可包括以下三类:

(一)独占使用许可,是指商标注册人在约定的期间、地域和以约定的方式,将该注册商标仅许可一个被许可人使用,商标注册人依约定不得使用该注册商标;

(二)排他使用许可,是指商标注册人在约定的期间、地域和以约定的方式,将该注册商标仅许可一个被许可人使用,商标注册人依约定可以使用该注册商标但不得另行许可他人使用该注册商标；

（三）普通使用许可，是指商标注册人在约定的期间、地域和以约定的方式，许可他人使用其注册商标，并可自行使用该注册商标和许可他人使用其注册商标。

第四条 商标法第五十三条规定的利害关系人，包括注册商标使用许可合同的被许可人、注册商标财产权利的合法继承人等。

在发生注册商标专用权被侵害时，独占使用许可合同的被许可人可以向人民法院提起诉讼；排他使用许可合同的被许可人可以和商标注册人共同起诉，也可以在商标注册人不起诉的情况下，自行提起诉讼；普通使用许可合同的被许可人经商标注册人明确授权，可以提起诉讼。

第五条 商标注册人或者利害关系人在注册商标续展宽展期内提出续展申请，未获核准前，以他人侵犯其注册商标专用权提起诉讼的，人民法院应当受理。

第六条 因侵犯注册商标专用权行为提起的民事诉讼，由商标法第十三条、第五十二条所规定侵权行为的实施地、侵权商品的储藏地或者查封扣押地、被告住所地人民法院管辖。

前款规定的侵权商品的储藏地，是指大量或者经常性储存、隐匿侵权商品所在地；查封扣押地，是指海关、工商等行政机关依法查封、扣押侵权商品所在地。

第七条 对涉及不同侵权行为实施地的多个被告提起的共同诉讼，原告可以选择其中一个被告的侵权行为实施地人民法院管辖；仅对其中某一被告提起的诉讼，该被告侵权行为实施地的人民法院有管辖权。

第八条 商标法所称相关公众，是指与商标所标识的某类商品或者服务有关的消费者和与前述商品或者服务的营销有密切关系的其他经营者。

第九条 商标法第五十二条第（一）项规定的商标相同，是指被控侵权的商标与原告的注册商标相比较，二者在视觉上基本无差别。

商标法第五十二条第（一）项规定的商标近似，是指被控侵权的商标与原告的注册商标相比较，其文字的字形、读音、含义或者图形的构图及颜色，或者其各要素组合后的整体结构相似，或者其立体形状、颜色组合近似，易使相关公众对商品的来源产生误认或者认为其来源与原告注册商标的商品有特定的联系。

第十条 人民法院依据商标法第五十二条第（一）项的规定，认定商标相同或者近似按照以下原则进行：

（一）以相关公众的一般注意力为标准；

（二）既要进行对商标的整体比对，又要进行对商标主要部分的比对，比对应当在比对对象隔离的状态下分别进行；

（三）判断商标是否近似，应当考虑请求保护注册商标的显著性和知名度。

第十一条 商标法第五十二条第（一）项规定的类似商品，是指在功能、用途、生产部门、销售渠道、消费对象等方面相同，或者相关公众一般认为其存在特定联系、容易造成混淆的商品。

类似服务，是指在服务的目的、内容、方式、对象等方面相同，或者相关公众一般认为存在特定联系、容易造成混淆的服务。

商品与服务类似，是指商品和服务之间存在特定联系，容易使相关公众混淆。

第十二条 人民法院依据商标法第五十二条第（一）项的规定，认定商品或者服务是否类似，应当以相关公众对商品或者服务的一般认识综合判断；《商标注册用商品和服务国际分类表》、《类似商品和服务区分表》可以作为判断类似商品或者服务的参考。

第十三条 人民法院依据商标法第五十六条第一款的规定确定侵权人的赔偿责任时，可以根据权利人选择的计算方法计算赔偿数额。

第十四条 商标法第五十六条第一款规定的侵权所获得的利益，可以根据侵权商品销售量与该商品单位利润乘积计算；该商品单位利润无法查明的，按照注册商标商品的单位利润计算。

第十五条 商标法第五十六条第一款规定的因被侵权所受到的损失，可以根据权利人因侵权所造成商品销售减少量或者侵权商品销售量与该注册商标商品的单位利润乘积计算。

第十六条 侵权人因侵权所获得的利益或者被侵权人因被侵权所受到的损失均难以确定的，人民法院可以根据当事人的请求或者依职权适用商标法第五十六条第二款的规定确定赔偿数额。

人民法院在确定赔偿数额时，应当考虑侵权行为的性质、期间、后果，商标的声誉，商标使用许可费的数额，商标使用许可的种类、时间、范围及制止侵权行为的合理开支等因素综合确定。

当事人按照本条第一款的规定就赔偿数额达成协议的,应当准许。

第十七条 商标法第五十六条第一款规定的制止侵权行为所支付的合理开支,包括权利人或者委托代理人对侵权行为进行调查、取证的合理费用。

人民法院根据当事人的诉讼请求和案件具体情况,可以将符合国家有关部门规定的律师费用计算在赔偿范围内。

第十八条 侵犯注册商标专用权的诉讼时效为二年,自商标注册人或者利害权利人知道或者应当知道侵权行为之日起计算。商标注册人或者利害关系人超过二年起诉的,如果侵权行为在起诉时仍在持续,在该注册商标专用权有效期限内,人民法院应当判决被告停止侵权行为,侵权损害赔偿数额应当自权利人向人民法院起诉之日起向前推算二年计算。

第十九条 商标使用许可合同未经备案的,不影响该许可合同的效力,但当事人另有约定的除外。

商标使用许可合同未在商标局备案的,不得对抗善意第三人。

第二十条 注册商标的转让不影响转让前已经生效的商标使用许可合同的效力,但商标使用许可合同另有约定的除外。

第二十一条 人民法院在审理侵犯注册商标专用权纠纷案件中,依据民法通则第一百三十四条、商标法第五十三条的规定和案件具体情况,可以判决侵权人承担停止侵害、排除妨碍、消除危险、赔偿损失、消除影响等民事责任,还可以作出罚款,收缴侵权商品、伪造的商标标识和专门用于生产侵权商品的材料、工具、设备等财物的民事制裁决定。罚款数额可以参照《中华人民共和国商标法实施条例》的有关规定确定。

工商行政管理部门对同一侵犯注册商标专用权行为已经给予行政处罚的,人民法院不再予以民事制裁。

第二十二条 人民法院在审理商标纠纷案件中,根据当事人的请求和案件的具体情况,可以对涉及的注册商标是否驰名依法作出认定。

认定驰名商标,应当依照商标法第十四条的规定进行。

当事人对曾经被行政主管机关或者人民法院认定的驰名商标请求保护的,对方当事人对涉及的商标驰名不持异议，人民法院不再审查。提出异议的，人民法院依照商标法第十四条的规定审查。

第二十三条 本解释有关商品商标的规定，适用于服务商标。

第二十四条 以前的有关规定与本解释不一致的，以本解释为准。

最高人民法院关于审理著作权民事纠纷案件适用法律若干问题的解释

（2002年10月12日最高人民法院审判委员会第1246次会议通过 自2002年10月15日起施行 法释〔2002〕31号）

为了正确审理著作权民事纠纷案件，根据《中华人民共和国民法通则》、《中华人民共和国合同法》、《中华人民共和国著作权法》、《中华人民共和国民事诉讼法》等法律的规定，就适用法律若干问题解释如下：

第一条 人民法院受理以下著作权民事纠纷案件：

（一）著作权及与著作权有关权益权属、侵权、合同纠纷案件；

（二）申请诉前停止侵犯著作权、与著作权有关权益行为，申请诉前财产保全、诉前证据保全案件；

（三）其他著作权、与著作权有关权益纠纷案件。

第二条 著作权民事纠纷案件，由中级以上人民法院管辖。

各高级人民法院根据本辖区的实际情况，可以确定若干基层人民法院管辖第一审著作权民事纠纷案件。

第三条 对著作权行政管理部门查处的侵犯著作权行为，当事人向人民法院提起诉讼追究该行为人民事责任的，人民法院应当受理。

人民法院审理已经过著作权行政管理部门处理的侵犯著作权行为的民事纠纷案件，应当对案件事实进行全面审查。

第四条 因侵犯著作权行为提起的民事诉讼，由著作权法第四十六条、第四十七条所规定侵权行为的实施地、侵权复制品储藏地或者查封扣押地、被告住所地人民法院管辖。

前款规定的侵权复制品储藏地，是指大量或者经营性储存、隐匿侵权复制品所在地；查封扣押地，是指海关、版权、工商等行政机关依法查封、扣押侵权复制品所在地。

第五条 对涉及不同侵权行为实施地的多个被告提起的共同诉讼，原告可以选择其中一个被告的侵权行为实施地人民法院管辖；仅对其中某一被告提起的诉讼，该被告侵权行为实施地的人民法院有管辖权。

第六条 依法成立的著作权集体管理组织，根据著作权人的书面授权，以自己的名义提起诉讼，人民法院应当受理。

第七条 当事人提供的涉及著作权的底稿、原件、合法出版物、著作权登记证书、认证机构出具的证明、取得权利的合同等，可以作为证据。

在作品或者制品上署名的自然人、法人或者其他组织视为著作权、与著作权有关权益的权利人，但有相反证明的除外。

第八条 当事人自行或者委托他人以定购、现场交易等方式购买侵权复制品而取得的实物、发票等，可以作为证据。

公证人员在未向涉嫌侵权的一方当事人表明身份的情况下，如实对另一方当事人按照前款规定的方式取得的证据和取证过程出具的公证书，应当作为证据使用，但有相反证据的除外。

第九条 著作权法第十条第(一)项规定的“公之于众”，是指著作权人自行或者经著作权人许可将作品向不特定的人公开，但不以公众知晓为构成条件。

第十条 著作权法第十五条第二款所指的作品，著作权人是自然人的，其保护期适用著作权法第二十一条第一款的规定；著作权人是法人或其他组织的，其保护期适用著作权法第二十一条第二款的规定。

第十一条 因作品署名顺序发生的纠纷，人民法院按照下列原则处理：有约定的按约定确定署名顺序；没有约定的，可以按照创作作品付出的劳动、作品排列、作者姓氏笔划等确定署名顺序。

第十二条 按照著作权法第十七条规定委托作品著作权属于受托人的情形，

委托人在约定的使用范围内享有使用作品的权利;双方没有约定使用作品范围的,委托人可以在委托创作的特定目的范围内免费使用该作品。

第十三条 除著作权法第十一条第三款规定的情形外,由他人执笔,本人审阅定稿并以本人名义发表的报告、讲话等作品,著作权归报告人或者讲话人享有。著作权人可以支付执笔人适当的报酬。

第十四条 当事人合意以特定人物经历为题材完成的自传体作品,当事人对著作权权属有约定的,依其约定;没有约定的,著作权归该特定人物享有,执笔人或整理人对作品完成付出劳动的,著作权人可以向其支付适当的报酬。

第十五条 由不同作者就同一题材创作的作品,作品的表达系独立完成并且有创作性的,应当认定作者各自享有独立著作权。

第十六条 通过大众传播媒介传播的单纯事实消息属于著作权法第五条第(二)项规定的时事新闻。传播报道他人采编的时事新闻,应当注明出处。

第十七条 著作权法第三十二条第二款规定的转载,是指报纸、期刊登载其他报刊已发表作品的行为。转载未注明被转载作品的作者和最初登载的报刊出处的,应当承担消除影响、赔礼道歉等民事责任。

第十八条 著作权法第二十二条第(十)项规定的室外公共场所的艺术作品,是指设置或者陈列在室外社会公众活动处所的雕塑、绘画、书法等艺术作品。

对前款规定艺术作品的临摹、绘画、摄影、录像人,可以对其成果以合理的方式和范围再行使用,不构成侵权。

第十九条 出版者、制作者应当对其出版、制作有合法授权承担举证责任,发行者、出租者应当对其发行或者出租的复制品有合法来源承担举证责任。举证不能的,依据著作权法第四十六条、第四十七条的相应规定承担法律责任。

第二十条 出版物侵犯他人著作权的,出版者应当根据其过错、侵权程度及损害后果等承担民事赔偿责任。

出版者对其出版行为的授权、稿件来源和署名、所编辑出版物的内容等未尽到合理注意义务的,依据著作权法第四十八条的规定,承担赔偿责任。

出版者尽了合理注意义务,著作权人也无证据证明出版者应当知道其出版涉及侵权的,依据民法通则第一百一十七条第一款的规定,出版者承担停止侵权、返还其侵权所得利润的民事责任。

出版者所尽合理注意义务情况，由出版者承担举证责任。

第二十一条　计算机软件用户未经许可或者超过许可范围商业使用计算机软件的，依据著作权法第四十七条第（一）项、《计算机软件保护条例》第二十四条第（一）项的规定承担民事责任。

第二十二条　著作权转让合同未采取书面形式的，人民法院依据合同法第三十六条、第三十七条的规定审查合同是否成立。

第二十三条　出版者将著作权人交付出版的作品丢失、毁损致使出版合同不能履行的，依据著作权法第五十三条、民法通则第一百一十七条以及合同法第一百二十二条的规定追究出版者的民事责任。

第二十四条　权利人的实际损失，可以根据权利人因侵权所造成复制品发行减少量或者侵权复制品销售量与权利人发行该复制品单位利润乘积计算。发行减少量难以确定的，按照侵权复制品市场销售量确定。

第二十五条　权利人的实际损失或者侵权人的违法所得无法确定的，人民法院根据当事人的请求或者依职权适用著作权法第四十八条第二款的规定确定赔偿数额。

人民法院在确定赔偿数额时，应当考虑作品类型、合理使用费、侵权行为性质、后果等情节综合确定。

当事人按照本条第一款的规定就赔偿数额达成协议的，应当准许。

第二十六条　著作权法第四十八条第一款规定的制止侵权行为所支付的合理开支，包括权利人或者委托代理人对侵权行为进行调查、取证的合理费用。

人民法院根据当事人的诉讼请求和具体案情，可以将符合国家有关部门规定的律师费用计算在赔偿范围内。

第二十七条　在著作权法修改决定施行前发生的侵犯著作权行为起诉的案件，人民法院于该决定施行后作出判决的，可以参照适用著作权法第四十八条的规定。

第二十八条　侵犯著作权的诉讼时效为两年，自著作权人知道或者应当知道侵权行为之日起计算。权利人超过两年起诉的，如果侵权行为在起诉时仍在持续，在该著作权保护期内，人民法院应当判决被告停止侵权行为；侵权损害赔偿数额应当自权利人向人民法院起诉之日起向前推算两年计算。

第二十九条 对著作权法第四十七条规定的侵权行为，人民法院根据当事人的请求除追究行为人民事责任外，还可以依据民法通则第一百三十四条第三款的规定给予民事制裁，罚款数额可以参照《中华人民共和国著作权法实施条例》的有关规定确定。

著作权行政管理部门对相同的侵权行为已经给予行政处罚的，人民法院不再予以民事制裁。

第三十条 对2001年10月27日前发生的侵犯著作权行为，当事人于2001年10月27日后向人民法院提出申请采取责令停止侵权行为或者证据保全措施的，适用著作权法第四十九条、第五十条的规定。

人民法院采取诉前措施，参照《最高人民法院关于诉前停止侵犯注册商标专用权行为和保全证据适用法律问题的解释》的规定办理。

第三十一条 除本解释另行规定外，2001年10月27日以后人民法院受理的著作权民事纠纷案件，涉及2001年10月27日前发生的民事行为的，适用修改前著作权法的规定；涉及该日期以后发生的民事行为的，适用修改后著作权法的规定；涉及该日期前发生，持续到该日期后的民事行为的，适用修改后著作权法的规定。

第三十二条 以前的有关规定与本解释不一致的，以本解释为准。

最高人民法院关于产品侵权案件的受害人能否以产品的商标所有人为被告提起民事诉讼的批复

（2002年7月4日最高人民法院审判委员会第1229次会议通过
2002年7月11日公布　自2002年7月28日起施行　法释〔2002〕22号）

北京市高级人民法院：

你院京高法〔2001〕271号《关于荆其廉、张新荣等诉美国通用汽车公司、美国通用汽车海外公司损害赔偿案诉讼主体确立问题处理结果的请示报告》收悉。经研究,我们认为,任何将自己的姓名、名称、商标或者可资识别的其他标识体现在产品上,表示其为产品制造者的企业或个人,均属于《中华人民共和国民法通则》第一百二十二条规定的“产品制造者”和《中华人民共和国产品质量法》规定的“生产者”。本案中美国通用汽车公司为事故车的商标所有人,根据受害人的起诉和本案的实际情况,本案以通用汽车公司、通用汽车海外公司、通用汽车巴西公司为被告并无不当。

最高人民法院关于诉前停止侵犯注册商标专用权行为和保全证据适用法律问题的解释

(2001 年 12 月 25 日最高人民法院审判委员会第 1203 次会议通过
2001 年 1 月 9 日公布　自 2002 年 1 月 22 日起施行　法释〔2002〕2 号)

为切实保护商标注册人和利害关系人的合法权益,根据《中华人民共和国民法通则》、《中华人民共和国商标法》(以下简称商标法)、《中华人民共和国民事诉讼法》(以下简称民事诉讼法)的有关规定,现就有关诉前停止侵犯注册商标专用权行为和保全证据适用法律问题解释如下:

第一条　根据商标法第五十七条、第五十八条的规定,商标注册人或者利害关系人可以向人民法院提出诉前责令停止侵犯注册商标专用权行为或者保全证据的申请。

提出申请的利害关系人,包括商标使用许可合同的被许可人、注册商标财产权利的合法继承人。注册商标使用许可合同被许可人中,独占使用许可合同的被许可人可以单独向人民法院提出申请;排他使用许可合同的被许可人在商标注册人不申请的情况下,可以提出申请。

第二条　诉前责令停止侵犯注册商标专用权行为或者保全证据的申请,应当向侵权行为地或者被申请人住所地对商标案件有管辖权的人民法院提出。

第三条 商标注册人或者利害关系人向人民法院提出诉前停止侵犯注册商标专用权行为的申请,应当递交书面申请状。申请状应当载明:(一)当事人及其基本情况;(二)申请的具体内容、范围;(三)申请的理由,包括有关行为如不及时制止,将会使商标注册人或者利害关系人的合法权益受到难以弥补的损害的具体说明。

商标注册人或者利害关系人向人民法院提出诉前保全证据的申请,应当递交书面申请状。申请状应当载明:(一)当事人及其基本情况;(二)申请保全证据的具体内容、范围、所在地点;(三)请求保全的证据能够证明的对象;(四)申请的理由,包括证据可能灭失或者以后难以取得,且当事人及其诉讼代理人因客观原因不能自行收集的具体说明。

第四条 申请人提出诉前停止侵犯注册商标专用权行为的申请时,应当提交下列证据:

(一)商标注册人应当提交商标注册证,利害关系人应当提交商标使用许可合同、在商标局备案的材料及商标注册证复印件;排他使用许可合同的被许可人单独提出申请的,应当提交商标注册人放弃申请的证据材料;注册商标财产权利的继承人应当提交已经继承或者正在继承的证据材料。

(二)证明被申请人正在实施或者即将实施侵犯注册商标专用权的行为的证据,包括被控侵权商品。

第五条 人民法院作出诉前停止侵犯注册商标专用权行为或者保全证据的裁定事项,应当限于商标注册人或者利害关系人申请的范围。

第六条 申请人提出诉前停止侵犯注册商标专用权行为的申请时应当提供担保。

申请人申请诉前保全证据可能涉及被申请人财产损失的,人民法院可以责令申请人提供相应的担保。

申请人提供保证、抵押等形式的担保合理、有效的,人民法院应当准许。

申请人不提供担保的,驳回申请。

人民法院确定担保的范围时,应当考虑责令停止有关行为所涉及的商品销售收益,以及合理的仓储、保管等费用,停止有关行为可能造成的合理损失等。

第七条 在执行停止有关行为裁定过程中,被申请人可能因采取该项措施造成更大损失的,人民法院可以责令申请人追加相应的担保。申请人不追加担保的,可以解除有关停止措施。

第八条 停止侵犯注册商标专用权行为裁定所采取的措施,不因被申请人提供担保而解除,但申请人同意的除外。

第九条 人民法院接受商标注册人或者利害关系人提出责令停止侵犯注册商标专用权行为的申请后,经审查符合本规定第四条的,应当在四十八小时内作出书面裁定;裁定责令被申请人停止侵犯注册商标专用权行为的,应当立即开始执行。

人民法院作出诉前责令停止有关行为的裁定,应当及时通知被申请人,至迟不得超过五日。

第十条 当事人对诉前责令停止侵犯注册商标专用权行为裁定不服的,可以在收到裁定之日起十日内申请复议一次。复议期间不停止裁定的执行。

第十一条 人民法院对当事人提出的复议申请应当从以下方面进行审查:

(一)被申请人正在实施或者即将实施的行为是否侵犯注册商标专用权;

(二)不采取有关措施,是否会给申请人合法权益造成难以弥补的损害;

(三)申请人提供担保的情况;

(四)责令被申请人停止有关行为是否损害社会公共利益。

第十二条 商标注册人或者利害关系人在人民法院采取停止有关行为或者保全证据的措施后十五日内不起诉的,人民法院应当解除裁定采取的措施。

第十三条 申请人不起诉或者申请错误造成被申请人损失的,被申请人可以向有管辖权的人民法院起诉请求申请人赔偿,也可以在商标注册人或者利害关系人提起的侵犯注册商标专用权的诉讼中提出损害赔偿请求,人民法院可以一并处理。

第十四条 停止侵犯注册商标专用权行为裁定的效力,一般应维持到终审法律文书生效时止。

人民法院也可以根据案情,确定停止有关行为的具体期限;期限届满时,根据当事人的请求及追加担保的情况,可以作出继续停止有关行为的裁定。

第十五条 被申请人违反人民法院责令停止侵犯注册商标专用权行为或者保全证据裁定的,依照民事诉讼法第一百零二条规定处理。

第十六条　商标注册人或者利害关系人向人民法院提起商标侵权诉讼时或者诉讼中，提出先行停止侵犯注册商标专用权请求的，人民法院可以先行作出裁定。前款规定涉及的有关申请、证据提交、担保的确定、裁定的执行和复议等事项，参照本司法解释有关规定办理。

第十七条　诉前停止侵犯注册商标专用权行为和保全证据的案件，申请人应当按照《人民法院诉讼收费办法》及其补充规定缴纳费用。

最高人民法院关于审理商标案件有关管辖和法律适用范围问题的解释

（2001年12月25日最高人民法院审判委员会第1203次会议通过
2002年1月9日公布　自2002年1月21日起施行　法释〔2002〕1号）

《全国人民代表大会常务委员会关于修改〈中华人民共和国商标法〉的决定》（以下简称商标法修改决定）已由第九届全国人民代表大会常务委员会第二十四次会议通过，自2001年12月1日起施行。为了正确审理商标案件，根据《中华人民共和国商标法》（以下简称商标法）、《中华人民共和国民事诉讼法》和《中华人民共和国行政诉讼法》（以下简称行政诉讼法）的规定，现就人民法院审理商标案件有关管辖和法律适用范围等问题，作如下解释：

第一条　人民法院受理以下商标案件：

1. 不服国务院工商行政管理部门商标评审委员会（以下简称商标评审委员会）作出的复审决定或者裁定的案件；

2. 不服工商行政管理部门作出的有关商标的具体行政行为的案件；

3. 商标专用权权属纠纷案件；

4. 侵犯商标专用权纠纷案件；

5. 商标专用权转让合同纠纷案件；

6. 商标许可使用合同纠纷案件；

7. 申请诉前停止侵犯商标专用权案件；

8. 申请诉前财产保全案件；

9. 申请诉前证据保全案件；

10. 其他商标案件。

第二条 本解释第一条所列第 1 项第一审案件，由北京市高级人民法院根据最高人民法院的授权确定其辖区内有关中级人民法院管辖。

本解释第一条所列第 2 项第一审案件，根据行政诉讼法的有关规定确定管辖。

商标民事纠纷第一审案件，由中级以上人民法院管辖。

各高级人民法院根据本辖区的实际情况，经最高人民法院批准，可以在较大城市确定 1—2 个基层人民法院受理第一审商标民事纠纷案件。

第三条 商标注册人或者利害关系人向工商行政管理部门就侵犯商标专用权行为请求处理，又向人民法院提起侵犯商标专用权诉讼请求损害赔偿的，人民法院应当受理。

第四条 商标评审委员会在商标法修改决定施行前受理的案件，于该决定施行后作出复审决定或裁定，当事人对复审决定或裁定不服向人民法院起诉的，人民法院应当受理。

第五条 除本解释另行规定外，对商标法修改决定施行前发生，属于修改后商标法第四条、第五条、第八条、第九条第一款、第十条第一款第（二）、（三）、（四）项、第十条第二款、第十一条、第十二条、第十三条、第十五条、第十六条、第二十四条、第二十五条、第三十一条所列举的情形，商标评审委员会于商标法修改决定施行后作出复审决定或者裁定，当事人不服向人民法院起诉的行政案件，适用修改后商标法的相应规定进行审查；属于其他情形的，适用修改前商标法的相应规定进行审查。

第六条 当事人就商标法修改决定施行时已满一年的注册商标发生争议，不服商标评审委员会作出的裁定向人民法院起诉的，适用修改前商标法第二十七条第二款规定的提出申请的期限处理；商标法修改决定施行时商标注册不满一年的，适用修改后商标法第四十一条第二款、第三款规定的提出申请的期限处理。

第七条 对商标法修改决定施行前发生的侵犯商标专用权行为，商标注册人或者利害关系人于该决定施行后在起诉前向人民法院提出申请采取责令停止侵权行为或者保全证据措施的，适用修改后商标法第五十七条、第五十八条的规定。

第八条 对商标法修改决定施行前发生的侵犯商标专用权行为起诉的案件，人民法院于该决定施行时尚未作出生效判决的，参照修改后商标法第五十六条的规定处理。

第九条 除本解释另行规定外，商标法修改决定施行后人民法院受理的商标民事纠纷案件，涉及该决定施行前发生的民事行为的，适用修改前商标法的规定；涉及该决定施行后发生的民事行为的，适用修改后商标法的规定；涉及该决定施行前发生，持续到该决定施行后的民事行为的，分别适用修改前、后商标法的规定。

第十条 人民法院受理的侵犯商标专用权纠纷案件，已经过工商行政管理部门处理的，人民法院仍应当就当事人民事争议的事实进行审查。

最高人民法院关于开展涉及集成电路布图设计案件审判工作的通知

(2001 年 10 月 30 日最高人民法院审判委员会第 1197 次会议通过　法发〔2001〕24 号)

各省、自治区、直辖市高级人民法院，解放军军事法院，新疆维吾尔自治区高级人民法院生产建设兵团分院：

国务院《集成电路布图设计保护条例》自 2001 年 10 月 1 日起施行。对集成电路布图设计专有权进行司法保护，是人民法院的一项新的审判任务。做好这项审判工作，将对保护集成电路布图设计权利人的合法权益，鼓励集成电路技术的创新，促进科学技术的发展具有重要意义。

为确保人民法院依法受理和公正审判涉及集成电路布图设计(以下简称布图设计)的案件，根据《中华人民共和国民事诉讼法》、《中华人民共和国行政诉讼法》及《集成电路布图设计保护条例》的有关规定，现就涉及布图设计案件审判工作的有关问题通知如下：

一、关于受理案件的范围

人民法院受理符合《中华人民共和国民事诉讼法》第一百零八条、《中华人民共和国行政诉讼法》第四十一条规定的起诉条件的下列涉及布图设计的案件：

（一）布图设计专有权权属纠纷案件；

（二）布图设计专有权转让合同纠纷案件；

（三）侵犯布图设计专有权纠纷案件；

（四）诉前申请停止侵权、财产保全案件；

（五）不服国务院知识产权行政部门驳回布图设计登记申请的复审决定的案件；

（六）不服国务院知识产权行政部门撤销布图设计登记申请决定的案件；

（七）不服国务院知识产权行政部门关于使用布图设计非自愿许可决定的案件；

（八）不服国务院知识产权行政部门关于使用布图设计非自愿许可的报酬的裁决的案件；

（九）不服国务院知识产权行政部门对侵犯布图设计专有权行为处理决定的案件；

（十）不服国务院知识产权行政部门行政复议决定的案件；

（十一）其他涉及布图设计的案件。

二、关于案件的管辖

本通知第一条所列第（五）至（十）类案件，由北京市第一中级人民法院作为第一审人民法院审理；其余各类案件，由各省、自治区、直辖市人民政府所在地，经济特区所在地和大连、青岛、温州、佛山、烟台市的中级人民法院作为第一审人民法院审理。

三、关于诉前申请采取责令停止有关行为措施的适用

对于申请人民法院采取诉前责令停止侵犯布图设计专有权行为措施的，应当

参照《最高人民法院关于对诉前停止侵犯专利权行为适用法律问题的若干规定》执行。

四、关于中止诉讼

人民法院受理的侵犯布图设计专有权纠纷案件，被告以原告的布图设计专有权不具有足够的稳定性为由要求中止诉讼的，人民法院一般不中止诉讼。

各高、中级人民法院要组织有关审判人员认真学习、研究集成电路布图设计条例，熟悉掌握相关的法学理论和专业知识，努力提高审判人员的业务素质和司法水平。要积极开展涉及布图设计案件的调研工作，及时总结审判经验。对涉及布图设计案件终审裁决的法律文书，要及时报送最高人民法院。

最高人民法院关于审理专利纠纷案件适用法律问题的若干规定

（2001 年 6 月 19 日最高人民法院审判委员会第 1180 次会议通过　自 2001 年 7 月 1 日起施行　法释〔2001〕21 号）

为了正确审理专利纠纷案件，根据《中华人民共和国民法通则》（以下简称民法通则）、《中华人民共和国专利法》（以下简称专利法）、《中华人民共和国民事诉讼法》和《中华人民共和国行政诉讼法》等法律的规定，作如下规定：

第一条　人民法院受理下列专利纠纷案件：

1. 专利申请权纠纷案件；
2. 专利权权属纠纷案件；
3. 专利权、专利申请权转让合同纠纷案件；
4. 侵犯专利权纠纷案件；
5. 假冒他人专利纠纷案件；
6. 发明专利申请公布后、专利权授予前使用费纠纷案件；

7. 职务发明创造发明人、设计人奖励、报酬纠纷案件；

8. 诉前申请停止侵权、财产保全案件；

9. 发明人、设计人资格纠纷案件；

10. 不服专利复审委员会维持驳回申请复审决定案件；

11. 不服专利复审委员会专利权无效宣告请求决定案件；

12. 不服国务院专利行政部门实施强制许可决定案件；

13. 不服国务院专利行政部门实施强制许可使用费裁决案件；

14. 不服国务院专利行政部门行政复议决定案件；

15. 不服管理专利工作的部门行政决定案件；

16. 其他专利纠纷案件。

第二条 专利纠纷第一审案件，由各省、自治区、直辖市人民政府所在地的中级人民法院和最高人民法院指定的中级人民法院管辖。

第三条 当事人对专利复审委员会于2001年7月1日以后作出的关于实用新型、外观设计专利权撤销请求复审决定不服向人民法院起诉的，人民法院不予受理。

第四条 当事人对专利复审委员会于2001年7月1日以后作出的关于维持驳回实用新型、外观设计专利申请的复审决定，或者关于实用新型、外观设计专利权无效宣告请求的决定不服向人民法院起诉的，人民法院应当受理。

第五条 因侵犯专利权行为提起的诉讼，由侵权行为地或者被告住所地人民法院管辖。

侵权行为地包括：被控侵犯发明、实用新型专利权的产品的制造、使用、许诺销售、销售、进口等行为的实施地；专利方法使用行为的实施地，依照该专利方法直接获得的产品的使用、许诺销售、销售、进口等行为的实施地；外观设计专利产品的制造、销售、进口等行为的实施地；假冒他人专利的行为实施地。上述侵权行为的侵权结果发生地。

第六条 原告仅对侵权产品制造者提起诉讼，未起诉销售者，侵权产品制造地与销售地不一致的，制造地人民法院有管辖权；以制造者与销售者为共同被告起诉的，销售地人民法院有管辖权。

销售者是制造者分支机构,原告在销售地起诉侵权产品制造者制造、销售行为的,销售地人民法院有管辖权。

第七条 原告根据1993年1月1日以前提出的专利申请和根据该申请授予的方法发明专利权提起的侵权诉讼,参照本规定第五条、第六条的规定确定管辖。

人民法院在上述案件实体审理中依法适用方法发明专利权不延及产品的规定。

第八条 提起侵犯实用新型专利权诉讼的原告,应当在起诉时出具由国务院专利行政部门作出的检索报告。

侵犯实用新型、外观设计专利权纠纷案件的被告请求中止诉讼的,应当在答辩期内对原告的专利权提出宣告无效的请求。

第九条 人民法院受理的侵犯实用新型、外观设计专利权纠纷案件,被告在答辩期间内请求宣告该项专利权无效的,人民法院应当中止诉讼,但具备下列情形之一的,可以不中止诉讼:

(一)原告出具的检索报告未发现导致实用新型专利丧失新颖性、创造性的技术文献的;

(二)被告提供的证据足以证明其使用的技术已经公知的;

(三)被告请求宣告该项专利权无效所提供的证据或者依据的理由明显不充分的;

(四)人民法院认为不应当中止诉讼的其他情形。

第十条 人民法院受理的侵犯实用新型、外观设计专利权纠纷案件,被告在答辩期间届满后请求宣告该项专利权无效的,人民法院不应当中止诉讼,但经审查认为有必要中止诉讼的除外。

第十一条 人民法院受理的侵犯发明专利权纠纷案件或者经专利复审委员会审查维持专利权的侵犯实用新型、外观设计专利权纠纷案件,被告在答辩期间内请求宣告该项专利权无效的,人民法院可以不中止诉讼。

第十二条 人民法院决定中止诉讼,专利权人或者利害关系人请求责令被告停止有关行为或者采取其他制止侵权损害继续扩大的措施,并提供了担保,人民法院经审查符合有关法律规定的,可以在裁定中止诉讼的同时一并作出有关裁定。

第十三条 人民法院对专利权进行财产保全,应当向国务院专利行政部门发出协助执行通知书,载明要求协助执行的事项,以及对专利权保全的期限,并附人民法院作出的裁定书。

对专利权保全的期限一次不得超过六个月,自国务院专利行政部门收到协助执行通知书之日起计算。如果仍然需要对该专利权继续采取保全措施的,人民法院应当在保全期限届满前向国务院专利行政部门另行送达继续保全的协助执行通知书。保全期限届满前未送达的,视为自动解除对该专利权的财产保全。

人民法院对出质的专利权可以采取财产保全措施,质权人的优先受偿权不受保全措施的影响;专利权人与被许可人已经签订的独占实施许可合同,不影响人民法院对该专利权进行财产保全。

人民法院对已经进行保全的专利权,不得重复进行保全。

第十四条 2001 年 7 月 1 日以前利用本单位的物质技术条件所完成的发明创造,单位与发明人或者设计人订有合同,对申请专利的权利和专利权的归属作出约定的,从其约定。

第十五条 人民法院受理的侵犯专利权纠纷案件,涉及权利冲突的,应当保护在先依法享有权利的当事人的合法权益。

第十六条 专利法第二十三条所称的在先取得的合法权利包括:商标权、著作权、企业名称权、肖像权、知名商品特有包装或者装潢使用权等。

第十七条 专利法第五十六条第一款所称的"发明或者实用新型专利权的保护范围以其权利要求的内容为准,说明书及附图可以用于解释权利要求",是指专利权的保护范围应当以权利要求书中明确记载的必要技术特征所确定的范围为准,也包括与该必要技术特征相等同的特征所确定的范围。

等同特征是指与所记载的技术特征以基本相同的手段,实现基本相同的功能,达到基本相同的效果,并且本领域的普通技术人员无需经过创造性劳动就能够联想到的特征。

第十八条 侵犯专利权行为发生在 2001 年 7 月 1 日以前的,适用修改前专利法的规定追究民事责任;发生在 2001 年 7 月 1 日以后的,适用修改后专利法的规定追究民事责任。

第十九条 假冒他人专利的，人民法院可以依照专利法第五十八条的规定追究其民事责任。管理专利工作的部门未给予行政处罚的，人民法院可以依照民法通则第一百三十四条第三款的规定给予民事制裁，适用民事罚款数额可以参照专利法第五十八条的规定确定。

第二十条 人民法院依照专利法第五十七条第一款的规定追究侵权人的赔偿责任时，可以根据权利人的请求，按照权利人因被侵权所受到的损失或者侵权人因侵权所获得的利益确定赔偿数额。

权利人因被侵权所受到的损失可以根据专利权人的专利产品因侵权所造成销售量减少的总数乘以每件专利产品的合理利润所得之积计算。权利人销售量减少的总数难以确定的，侵权产品在市场上销售的总数乘以每件专利产品的合理利润所得之积可以视为权利人因被侵权所受到的损失。

侵权人因侵权所获得的利益可以根据该侵权产品在市场上销售的总数乘以每件侵权产品的合理利润所得之积计算。侵权人因侵权所获得的利益一般按照侵权人的营业利润计算，对于完全以侵权为业的侵权人，可以按照销售利润计算。

第二十一条 被侵权人的损失或者侵权人获得的利益难以确定，有专利许可使用费可以参照的，人民法院可以根据专利权的类别、侵权人侵权的性质和情节、专利许可使用费的数额、该专利许可的性质、范围、时间等因素，参照该专利许可使用费的1至3倍合理确定赔偿数额；没有专利许可使用费可以参照或者专利许可使用费明显不合理的，人民法院可以根据专利权的类别、侵权人侵权的性质和情节等因素，一般在人民币5000元以上30万元以下确定赔偿数额，最多不得超过人民币50万元。

第二十二条 人民法院根据权利人的请求以及具体案情，可以将权利人因调查、制止侵权所支付的合理费用计算在赔偿数额范围之内。

第二十三条 侵犯专利权的诉讼时效为二年，自专利权人或者利害关系人知道或者应当知道侵权行为之日起计算。权利人超过二年起诉的，如果侵权行为在起诉时仍在继续，在该项专利权有效期内，人民法院应当判决被告停止侵权行为，侵权损害赔偿数额应当自权利人向人民法院起诉之日起向前推算二年计算。

第二十四条 专利法第十一条、第六十三条所称的许诺销售，是指以做广告、在商店橱窗中陈列或者在展销会上展出等方式作出销售商品的意思表示。

第二十五条 人民法院受理的侵犯专利权纠纷案件,已经过管理专利工作的部门作出侵权或者不侵权认定的,人民法院仍应当就当事人的诉讼请求进行全面审查。

第二十六条 以前的有关司法解释与本规定不一致的,以本规定为准。

最高人民法院关于对诉前停止侵犯专利权行为适用法律问题的若干规定

(2001年6月5日最高人民法院审判委员会第1179次会议通过 2001年6月7日公布 自2001年7月1日起施行 法释〔2001〕20号)

为切实保护专利权人和其他利害关系人的合法权益,根据《中华人民共和国民法通则》、《中华人民共和国专利法》(以下简称专利法)、《中华人民共和国民事诉讼法》(以下简称民事诉讼法)的有关规定,现就有关诉前停止侵犯专利权行为适用法律若干问题规定如下:

第一条 根据专利法第六十一条的规定,专利权人或者利害关系人可以向人民法院提出诉前责令被申请人停止侵犯专利权行为的申请。

提出申请的利害关系人,包括专利实施许可合同的被许可人、专利财产权利的合法继承人等。专利实施许可合同被许可人中,独占实施许可合同的被许可人可以单独向人民法院提出申请;排他实施许可合同的被许可人在专利权人不申请的情况下,可以提出申请。

第二条 诉前责令停止侵犯专利权行为的申请,应当向有专利侵权案件管辖权的人民法院提出。

第三条 专利权人或者利害关系人向人民法院提出申请,应当递交书面申请状;申请状应当载明当事人及其基本情况、申请的具体内容、范围和理由等事项。申请的理由包括有关行为如不及时制止会使申请人合法权益受到难以弥补的损害的具体说明。

第四条 申请人提出申请时，应当提交下列证据：

（一）专利权人应当提交证明其专利权真实有效的文件，包括专利证书、权利要求书、说明书、专利年费交纳凭证。提出的申请涉及实用新型专利的，申请人应当提交国务院专利行政部门出具的检索报告。

（二）利害关系人应当提供有关专利实施许可合同及其在国务院专利行政部门备案的证明材料，未经备案的应当提交专利权人的证明，或者证明其享有权利的其他证据。

排他实施许可合同的被许可人单独提出申请的，应当提交专利权人放弃申请的证明材料。

专利财产权利的继承人应当提交已经继承或者正在继承的证据材料。

（三）提交证明被申请人正在实施或者即将实施侵犯其专利权的行为的证据，包括被控侵权产品以及专利技术与被控侵权产品技术特征对比材料等。

第五条 人民法院作出诉前停止侵犯专利权行为的裁定事项，应当限于专利权人或者利害关系人申请的范围。

第六条 申请人提出申请时应当提供担保，申请人不提供担保的，驳回申请。

当事人提供保证、抵押等形式的担保合理、有效的，人民法院应当准予。

人民法院确定担保范围时，应当考虑责令停止有关行为所涉及产品的销售收入，以及合理的仓储、保管等费用；被申请人停止有关行为可能造成的损失，以及人员工资等合理费用支出；其他因素。

第七条 在执行停止有关行为裁定过程中，被申请人可能因采取该项措施造成更大损失的，人民法院可以责令申请人追加相应的担保。申请人不追加担保的，解除有关停止措施。

第八条 停止侵犯专利权行为裁定所采取的措施，不因被申请人提出反担保而解除。

第九条 人民法院接受专利权人或者利害关系人提出责令停止侵犯专利权行为的申请后，经审查符合本规定第四条的，应当在四十八小时内作出书面裁定；裁定责令被申请人停止侵犯专利权行为的，应当立即开始执行。

人民法院在前述期限内，需要对有关事实进行核对的，可以传唤单方或双方当事人进行询问,然后再及时作出裁定。

人民法院作出诉前责令被申请人停止有关行为的裁定,应当及时通知被申请人,至迟不得超过五日。

第十条 当事人对裁定不服的,可以在收到裁定之日起十日内申请复议一次。复议期间不停止裁定的执行。

第十一条 人民法院对当事人提出的复议申请应当从以下方面进行审查:

(一)被申请人正在实施或即将实施的行为是否构成侵犯专利权;

(二)不采取有关措施,是否会给申请人合法权益造成难以弥补的损害;

(三)申请人提供担保的情况;

(四)责令被申请人停止有关行为是否损害社会公共利益。

第十二条 专利权人或者利害关系人在人民法院采取停止有关行为的措施后十五日内不起诉的,人民法院解除裁定采取的措施。

第十三条 申请人不起诉或者申请错误造成被申请人损失的,被申请人可以向有管辖权的人民法院起诉请求申请人赔偿,也可以在专利权人或者利害关系人提起的专利权侵权诉讼中提出损害赔偿的请求,人民法院可以一并处理。

第十四条 停止侵犯专利权行为裁定的效力,一般应维持到终审法律文书生效时止。人民法院也可以根据案情,确定具体期限;期限届满时,根据当事人的请求仍可作出继续停止有关行为的裁定。

第十五条 被申请人违反人民法院责令停止有关行为裁定的,依照民事诉讼法第一百零二条规定处理。

第十六条 人民法院执行诉前停止侵犯专利权行为的措施时,可以根据当事人的申请,参照民事诉讼法第七十四条的规定,同时进行证据保全。

人民法院可以根据当事人的申请,依照民事诉讼法第九十二条、第九十三条的规定进行财产保全。

第十七条 专利权人或者利害关系人向人民法院提起专利侵权诉讼时,同时提出先行停止侵犯专利权行为请求的,人民法院可以先行作出裁定。

第十八条 诉前停止侵犯专利权行为的案件,申请人应当按照《人民法院诉讼收费办法》及其补充规定交纳费用。

最高人民法院关于审理植物新品种纠纷案件若干问题的解释

（2000 年 12 月 25 日最高人民法院审判委员会第 1154 次会议通过　2001 年2 月 5 日最高人民法院公告公布　自 2001 年 2 月 14 日起施行　法释〔2001〕5 号）

为依法受理和审判植物新品种纠纷案件，根据《中华人民共和国民事诉讼法》、《中华人民共和国行政诉讼法》的有关规定，现就有关问题解释如下：

第一条　人民法院受理的植物新品种纠纷案件主要包括以下几类：

（一）是否应当授予植物新品种权纠纷案件；

（二）宣告授予的植物新品种权无效或者维持植物新品种权的纠纷案件；

（三）授予品种权的植物新品种更名的纠纷案件；

（四）实施强制许可的纠纷案件；

（五）实施强制许可使用费的纠纷案件；

（六）植物新品种申请权纠纷案件；

（七）植物新品种权权利归属纠纷案件；

（八）转让植物新品种申请权和转让植物新品种权的纠纷案件；

（九）侵犯植物新品种权的纠纷案件；

（十）不服省级以上农业、林业行政管理部门依据职权对侵犯植物新品种权处罚的纠纷案件；

（十一）不服县级以上农业、林业行政管理部门依据职权对假冒授权品种处罚的纠纷案件。

第二条　人民法院在依法审查当事人涉及植物新品种权的起诉时，只要符合《中华人民共和国民事诉讼法》第一百零八条、《中华人民共和国行政诉讼法》第四十一条规定的民事案件或者行政案件的起诉条件，均应当依法予以受理。

第三条 本解释第一条所列第(一)至(五)类案件,由北京市第二中级人民法院作为第一审人民法院审理;第(六)至(十一)类案件,由各省、自治区、直辖市人民政府所在地和最高人民法院指定的中级人民法院作为第一审人民法院审理。

第四条 以侵权行为地确定人民法院管辖的侵犯植物新品种权的民事案件,其所称的侵权行为地,是指未经品种权所有人许可,以商业目的生产、销售该授权植物新品种的繁殖材料的所在地,或者将该授权品种的繁殖材料重复使用于生产另一品种的繁殖材料的所在地。

第五条 关于是否应当授予植物新品种权的纠纷案件、宣告授予的植物新品种权无效或者维持植物新品种权的纠纷案件、授予品种权的植物新品种更名的纠纷案件,应当以行政主管机关植物新品种复审委员会为被告;关于实施强制许可的纠纷案件,应当以植物新品种审批机关为被告;关于强制许可使用费纠纷案件,应当根据原告所请求的事项和所起诉的当事人确定被告。

第六条 人民法院审理侵犯植物新品种权纠纷案件,被告在答辩期间内向行政主管机关植物新品种复审委员会请求宣告该植物新品种权无效的,人民法院一般不中止诉讼。

最高人民法院关于人民法院对注册商标权进行财产保全的解释

(2000年11月22日最高人民法院审判委员会第1144次会议通过 2001年1月2日发布 自2001年1月21日起施行 法释〔2001〕1号)

为了正确实施对注册商标权的财产保全措施,避免重复保全,现就人民法院对注册商标权进行财产保全有关问题解释如下:

第一条 人民法院根据民事诉讼法有关规定采取财产保全措施时,需要对注册商标权进行保全的,应当向国家工商行政管理局商标局(以下简称商标局)发出协助执行通知书,载明要求商标局协助保全的注册商标的名称、注册人、注册证号码、保全期限以及协助执行保全的内容,包括禁止转让、注销注册商标、变更注册事项和办理商标权质押登记等事项。

第二条 对注册商标权保全的期限一次不得超过六个月,自商标局收到协助执行通知书之日起计算。如果仍然需要对该注册商标权继续采取保全措施的,人民法院应当在保全期限届满前向商标局重新发出协助执行通知书,要求继续保全。否则,视为自动解除对该注册商标权的财产保全。

第三条 人民法院对已经进行保全的注册商标权,不得重复进行保全。

（二）司法性文件

最高人民法院印发《最高人民法院关于全面加强知识产权审判工作为建设创新型国家提供司法保障的意见》的通知

（2007 年 1 月 11 日　法发〔2007〕1 号）

全国地方各级人民法院、各级军事法院、各铁路运输中级法院和基层法院、各海事法院，新疆生产建设兵团各级法院：

现将《最高人民法院关于全面加强知识产权审判工作为建设创新型国家提供司法保障的意见》印发给你们，请在审判工作中结合实际，认真执行。

附件：

最高人民法院关于全面加强知识产权审判工作为建设创新型国家提供司法保障的意见

以胡锦涛同志为总书记的党中央，从全面建设小康社会、加快推进社会主义现代化事业的战略高度出发，在《中共中央国务院关于实施科技规划纲要增强自主创新能力的决定》和《中共中央关于构建社会主义和谐社会若干重大问题的决定》中明确提出把我国建设成为创新型国家的目标和任务。为充分发挥人民法院的审判职能作用，为建设创新型国家提供强有力的司法保障，现就全面加强人民法院知识产权审判工作，提出如下意见。

一、充分认识全面加强知识产权审判工作的重大意义

1. 全面加强知识产权审判工作必将促进创新型国家建设。人民法院作为国家审判机关对知识产权的司法保护，在国家整体的知识产权执法保护体系中居于基础地位，发挥着主导作用。人民法院在依法调整知识产权关系、维护知识产权权利人合法权益、惩治侵犯知识产权犯罪和维护社会主义市场经济秩序等方面，负有不可替代的法律职责，肩负着重大使命。通过全面加强知识产权审判工作，必将推进人才强国战略的实施，全面贯彻和体现尊重劳动、尊重知识、尊重人才、尊重创造的方针。

2. 全面加强知识产权审判工作必将树立我国良好的国际形象。全面加强知识产权司法保护，不仅是我国参与国际竞争、营造更具吸引力的引进国外资金和先进技术的良好投资软环境的现实需要，也是我国履行对外承诺、树立良好国际形象的客观要求。全面加强知识产权审判工作必将更好地保护和吸引外商投资，保障和提升我国企业国际竞争力，进一步促进扩大对外开放。人民法院通过严格依法制裁知识产权侵权行为，依法严惩商标假冒和盗版等严重违法犯罪行为，依法平等保护中外当事人的合法权益，必将树立中国知识产权司法保护的良好形象。

3. 全面加强知识产权审判工作必将推进社会主义和谐社会建设。通过知识产权审判，可以使有利于社会进步的创造愿望得到尊重、创造活动得到支持、创造能力得到发挥、创造成果得到保护，使社会充满生机与活力；可以促进和保障社会诚信机制的建立，引导人们信守约定、讲求信用、维护良好风尚，促成彼此信任，增加价值认同和凝聚力，实现社会的诚信友爱。

二、知识产权审判工作的指导思想、目标任务和基本原则

4. 为建设创新型国家提供司法保障，必须坚持以邓小平理论和“三个代表”重要思想为指导，全面贯彻落实科学发展观，按照建设创新型国家的要求，坚持“公正司法，一心为民”方针和“公正与效率”工作主题，进一步加大知识产权司法保护力度，依法保护知识产权，维护公平竞争，促进自主创新，服务对外开放，把知识产权

司法保护贯穿于知识产权创造、管理和运用的全过程,为实施国家知识产权战略,为建设创新型国家和构建社会主义和谐社会提供强有力的司法保障,努力营造公正高效权威的法治环境。

5. 为建设创新型国家提供司法保障的主要目标和任务是:知识产权审判工作全面加强;知识产权刑事、民事和行政审判职能作用得到充分发挥;知识产权诉讼制度不断完善;知识产权司法保护体系更加健全;知识产权法官队伍素质显著提高;司法公正高效权威、权利人维权积极便捷、侵权人必受惩处、知识财富有序流转的良好的知识产权司法保护环境基本建立;知识产权司法保障能力和水平显著增强;创新型国家的司法需求得到全面满足。

6. 为建设创新型国家提供司法保障,必须坚持以下原则:一是坚持公正司法。始终把公正司法作为知识产权审判的灵魂和生命,通过依法公正高效权威的知识产权司法,最大限度地维护和实现知识产权领域的公平正义。二是坚持司法统一。严格依法办案,确保法律规范和司法解释在知识产权审判中的统一适用,努力实现司法标准和裁判结果的协调。三是坚持平等保护。依法平等保护中外当事人的合法权益,坚决抵制地方保护和部门本位,克服地方封锁和行业垄断。四是坚持利益平衡。正确处理保护知识产权和维护公众利益的关系、激励科技创新和鼓励科技运用的关系,既要切实保护知识产权,也要制止权利滥用和非法垄断。五是坚持服务大局。牢固树立大局观念和服务意识,克服就案办案的单纯业务观念,实现个案处理的法律效果与社会效果的有机统一。

三、充分发挥知识产权司法保护的职能作用,保障全社会的创造活力和创新能力

7. 依法严惩侵犯知识产权犯罪。充分发挥知识产权刑事司法保护的职能作用,依法运用各种刑事制裁措施,发挥刑罚惩治和预防知识产权犯罪的功能。对假冒、盗版等涉及知识产权的犯罪行为,进一步完善和统一定罪量刑标准,规范缓刑适用,根据犯罪情况和危害后果,依法从严惩处;在依法适用主刑的同时,加大罚金刑的适用与执行力度;注意通过采取追缴违法所得、收缴犯罪工具、销毁侵权产品、责令赔偿损失等措施,从经济上剥夺侵权人的再犯罪能力和条件;依法审理侵犯知

识产权刑事自诉案件,切实保障被害人的刑事自诉权利;在行政案件审理过程中发现涉嫌刑事犯罪应当给予刑事制裁而仅受到行政处罚或者行政处理的,应在向行政机关提出司法建议的同时,及时将犯罪线索移送公安机关侦查处理;民事案件审理中发现犯罪嫌疑线索,符合刑事自诉条件的,应当告知权利人可以同时提起刑事自诉;依法应当提起公诉的,应及时将涉嫌犯罪内容移送公安机关侦查处理,移送后不影响民事案件审理的,民事案件可以继续审理。

8. 依法妥善审理知识产权民事案件。注意充分发挥知识产权民事审判在保护知识产权和激励自主创新中的主导作用。依法审理涉及专利、技术秘密、计算机软件、植物新品种、集成电路布图设计等技术性知识产权案件,合理适度保护创新成果,加大对经济增长有重大突破性带动作用、具有自主知识产权的关键核心技术的保护力度;依法审理涉及商标、地理标志等标识性知识产权案件和各类不正当竞争案件,严格规范市场竞争秩序;依法审理涉及作品和录音录像制品等表达性知识产权案件,促进版权相关产业健康发展;依法审理涉及计算机网络和新技术、新类型知识产权纠纷,促进新兴产业的健康成长;依法审理涉外知识产权案件,平等保护中外当事人的合法权益;积极保护传统知识、遗传资源和民间文艺,保护持有者知情同意和惠益分享的权益;依法科学合理地解释权利范围,正确运用侵权判定方法,严格掌握专利侵权案件认定等同特征的条件;依法慎重认定驰名商标,凡是超出认定范围或者不符合认定条件的案件、原告的侵权指控不能成立的案件,不得认定驰名商标;注意商业秘密案件中对当事人的双向保护,依法平衡择业自由和商业秘密保护的关系;准确认定知识产权合同的效力与责任,严格合同解除条件,充分尊重当事人意思自治。

9. 依法监督和支持行政机关依法行政。切实发挥行政审判对知识产权行政执法行为的司法审查职能,监督和支持行政机关依法行政,保护知识产权行政相对人的合法权益,维护知识产权行政管理秩序,促进知识产权行政保护。依法支持行政机关制裁侵权行为;行政机关申请强制执行行政处理决定,经审查符合执行条件的,应及时裁定并予以强制执行;加大对严重知识产权侵权行为行政不作为的司法监督力度,督促行政执法机关及时依职权制止侵权行为;依法履行对专利、商标等知识产权确权纠纷案件的司法复审职责,在事实认定和法律适用上对行政行为进行全面的合法性审查。

10. 加强知识产权审判监督和案件协调。畅通知识产权案件申请再审渠道，严格依法审查当事人和社会反映强烈的案件，发现确有错误的裁判，及时予以再审改判；确属无理申诉的，要依照法律和政策，切实做好息诉息访工作；加强对知识产权行政授权争议案件的审判监督。对有较大社会影响的关联案件，审理法院之间要注意沟通，统一案件审判标准，保证裁判结果的协调，发现裁判结果可能发生冲突的，及时报请上级法院予以指导和协调解决；建立重大知识产权案件报告制度，对关系全局、有重大影响的案件，以及诉讼标的额巨大的案件、尚无先例的新类型案件，受理法院应及时向上级法院通报审理情况；进一步完善驰名商标认定备案制度。

11. 健全知识产权案件执行制度。建立知识产权案件归口执行制度，受理知识产权案件较多的法院，应在执行部门中指定专门合议庭或者小组负责；被执行人拒不履行停止侵权的生效裁判内容继续其原侵权行为的，除权利人可依法追究其民事责任以外，法院应当依法协调公安、检察机关以拒不执行判决、裁定罪追究其刑事责任。

12. 完善知识产权民事案件管辖和受理制度。知识产权民事案件原则上由中级以上法院一审，案件数量较多审理压力大的地方，可以通过高级法院报请最高法院指定部分基层法院管辖部分知识产权案件；从严掌握对专利、植物新品种和集成电路布图设计案件的指定管辖制度；适当调整知识产权民事案件级别管辖标准，扩大中级法院受理一审案件的范围；具有普遍法律适用意义的知识产权案件，下级法院经审判委员会讨论决定，可以报请上级法院审理，上级法院经审查认为符合条件的，可以直接审理；积极探索知识产权案件审级管辖改革；对于诉前临时措施案件，立案部门在进行登记后应当立即移交负责知识产权审判的业务庭，由专业审判人员进行审查，确保在法定期限内作出裁定，并由审判人员协调立即予以执行。

13. 依法加大侵权赔偿和民事制裁力度。严格知识产权侵权损害赔偿适用规则，贯彻全面赔偿原则，努力降低维权成本，加大民事制裁的威慑力度。依法适当减轻权利人的赔偿举证责任；有证据证明侵权人在不同时间多次实施侵权行为的，推定其存在持续侵权行为，相应确认其赔偿范围；作为自然人的原告因侵权行为受到精神损害的,可以根据其请求依法确定合理的精神损害抚慰金;当事人为诉讼支付的符合规定的律师费,应当根据当事人的请求,综合考虑其必要性、全部诉讼请求的支持程度、请求赔偿额和实际判赔额的比例等因素合理确定,并计入赔偿范围;考虑当事人的主观过错确定相应的赔偿责任;依法运用民事制裁惩处侵权人。

14. 依法正确适用临时措施。对于当事人诉前或者诉中提出的临时禁令或者先予执行、财产保全和证据保全等申请,要积极受理、迅速审查、慎重裁定、立即执行。高度重视诉前临时措施的时效性;准确把握采取临时措施的实质性条件,对于临时禁令要在重点审查侵权可能性的同时,考虑诉讼时效和损害状况;对于证据保全,在考虑侵权可能性的同时,重点考虑证据风险和申请人的取证能力;科学、合理地确定担保要求。

15. 妥善处理专业技术事实认定。注重发挥人民陪审员、专家证人、专家咨询、技术鉴定在解决知识产权审判专业技术事实认定难题中的作用。注意把具有专业技术特长和一定法律知识、普遍公认的专家,通过所在城市的基层法院推荐、提请任命为人民陪审员;支持当事人聘请具有专门知识的人员作为诉讼辅助人员出庭就案件的专门性问题进行说明,不受举证时限的限制;复杂、疑难知识产权案件,可以向相关领域的技术和法律专家咨询;对于采取其他方式仍难以作出认定的专业技术事实问题,可以委托进行技术鉴定。对于域外形成的公开出版物等可以直接初步确认其真实性的证据材料,除非对方当事人对其真实性能够提出有效质疑而举证方又不能有效反驳,无需办理公证认证等证明手续。

16. 禁止知识产权权利滥用。准确界定知识产权权利人和社会公众的权利界限,依法审查和支持当事人的在先权、先用权、公知技术、禁止反悔、合理使用、正当使用等抗辩事由;制止非法垄断技术、妨碍技术进步的行为,依法认定限制研发、强制回授、阻碍实施、搭售、限购和禁止有效性质疑等技术合同无效事由,维护技术市场的公平竞争;防止权利人滥用侵权警告和滥用诉权,完善确认不侵权诉讼和滥诉反赔制度。

17. 加大知识产权案件调解力度。在运用裁判方式审判案件的同时,注重知识产权案件的诉讼调解,坚持“能调则调,当判则判,调判结合,案结事了”的原则,将调解贯穿于案件审理的全过程,提高诉讼的调解率、和解撤诉率;高度重视在诉前临时措施案件中的调解；积极探索和总结知识产权行政案件协调和刑事自诉案件调解的经验；注意发挥行业协会和专业人士等的沟通协商作用，帮助消除对立情绪，协调解决矛盾纠纷。

18. 认真落实司法为民措施。加强诉讼指导和诉讼释明，增进当事人参与诉讼的能力，增强裁判的公信度和执行力。编制知识产权诉讼指南；坚持公开审判制度；全面实行当事人权利义务告知制度；实施诉讼风险提示制度；探索当事人举证指导制度；探索试行调查令制度，对于属于国家有关部门保存而当事人无法自行取得的证据和当事人确因客观原因不能自行收集的其他证据，可以探索由法院授权当事人的代理律师进行调查取证；加大司法救助力度，对经济确有困难的知识分子和特困、濒临破产企业，减免诉讼费；加强对代理人资格的审查，依法规范公民代理知识产权诉讼；依法规范法官和律师的关系，认真审查律师依法提交的诉讼材料，充分听取律师的意见；强化审限意识和效率意识，严格审查决定中止诉讼，避免造成当事人的诉累；提高裁判文书制作水平，做到辨法析理、胜败皆明。

四、采取有力措施，提高知识产权司法保障能力

19. 加强知识产权审判队伍职业化建设。注意从精通法律、外语基础较好、具有理工专业背景和一定审判经验的人员中选拔、培养知识产权法官，进一步完善知识产权审判队伍的专业结构；注意保持知识产权法官队伍的相对稳定；建立科学合理的绩效评价制度，避免简单以案件数量为衡量标准；加大对知识产权法官职业技能的培训力度；注意提高知识产权法官的政治素质和职业道德修养，切实提高廉洁司法意识。

20. 健全知识产权审判组织。最高法院、高级法院、受理知识产权民事案件较多的中级法院和指定受理知识产权民事案件的基层法院要设立独立的知识产权审判庭，其他中级法院要设置统一审理知识产权民事案件的合议庭；立案、刑事审判、行政审判、执行和审判监督等职能部门要指定专门的合议庭或者专业人员负责知识产权案件的审查、审判、执行。

21. 加强知识产权保护职能部门之间的协调与配合。要加强知识产权刑事、民事、行政审判部门之间的业务协调与沟通，加强知识产权审判部门与立案、执行和

审判监督部门之间的工作衔接,加强上下级法院之间的信息通报和业务交流。要注意加强与相关知识产权行政执法部门的工作协调,加强与公安、检察机关在知识产权刑事执法中的工作配合与相互制约,加强同外事、商务、科技、信息产业、新闻、宣传等综合部门在知识产权保护工作中的信息沟通与相互协作。

22. 探索建立知识产权审判工作新机制。要从整体提升知识产权司法保护能力出发,以实现方便当事人诉讼和法院审理、优化审判资源配置、简化救济程序、保证司法统一为目标,提出完善知识产权司法保护的组织基础和理顺程序运作机制的科学对策。深入研究和推动完善专利、商标等知识产权确权纠纷解决机制。

23. 加强知识产权司法解释和立法建议。进一步提高司法解释的质量,增强司法解释的可操作性和工作透明度,统一司法尺度,不断完善知识产权诉讼制度;积极参与知识产权立法活动,及时向立法机关和国家有关部门提出立法建议,将实践证明成熟可行的司法经验通过立法形式予以肯定,推动知识产权法律体系的不断健全和完善。

24. 深入开展知识产权司法保护调研。要结合科技、经济、文化发展的特点和审判工作实际,加强对知识产权司法保护新问题的法律适用和诉讼制度建设的研究,适当借鉴国际知识产权保护的有益经验,跟踪国际知识产权研究的新成果,提出科学合理、切实可行的对策建议,推动调研成果的转化。积极参与国际知识产权立法活动。

25. 积极开展知识产权司法建议。针对知识产权案件审理中发现的地方政府和企业、科研机构等在知识产权工作中存在的问题,及时向行政主管部门、行业协会和企业、科研机构等提出司法建议,督促其健全制度、加强管理、堵塞漏洞、消除隐患,为地方党委、政府制定相关政策提供决策依据。对我国科技经济发展和行业兴衰可能产生重大影响的知识产权动向,应当及时向有关方面发出预警,以便做好应对准备。

26. 加大知识产权司法保护宣传力度。结合人民法院新闻发布制度,适时发布知识产权审判中的重要新闻和典型案例;坚持审判公开和透明原则,严格按照有关规定和要求,将生效知识产权裁判文书及时上网公开;选择有影响的案例,邀请人大代表、政协委员、行业协会和有关部门的代表、外国政府和国际组织驻华机构代表、专家学者等代表性人士和社会公众等旁听庭审，增强知识产权审判的公开性和公信力；加大对外宣传力度，加深世界各国对我国知识产权司法保护制度及保护状况的全面、客观的了解。

为建设创新型国家提供强有力的知识产权司法保障是人民法院的神圣职责。各级人民法院和全体知识产权法官要不断增强做好知识产权审判工作为建设创新型国家提供强有力的司法保障的责任感和使命感，不辱使命，扎实工作，求真务实，开拓创新，努力建设公正高效权威的知识产权司法保护制度，为建设创新型国家创造良好的法治环境。

最高人民法院关于建立驰名商标司法认定备案制度的通知

（2006 年 11 月 12 日）

各省、自治区、直辖市高级人民法院，解放军军事法院，新疆维吾尔自治区高级人民法院生产建设兵团分院：

近年来，各地人民法院在审理商标侵权等民事纠纷案件中，根据《中华人民共和国商标法》和相关司法解释的有关规定，认定了一定数量的驰名商标。根据审判工作需要，及时掌握和研究驰名商标司法认定的情况和问题，最高人民法院决定对驰名商标的司法认定设立备案制度。现就有关问题通知如下：

一、本通知下发前，已经生效的涉及驰名商标认定的案件，在本通知下发之日起两个月内，由各高级人民法院将一、二审法律文书连同认定驰名商标案件的统计表报送最高人民法院民三庭备案；

二、自本通知下发之日，各高级人民法院对于辖区内法律文书已生效的涉及认定驰名商标的案件，在文书生效之日起二十日内将一、二审法律文书及统计表报最高人民法院民三庭备案。

最高人民法院关于印发《全国法院知识产权审判工作会议关于审理技术合同纠纷案件若干问题的纪要》的通知

（2001 年 6 月 5 日）

各省、自治区、直辖市高级人民法院，解放军军事法院，新疆维吾尔自治区高级人民法院生产建设兵团分院：

现将全国法院知识产权审判工作会议关于审理技术合同纠纷案件若干问题的纪要印发，望认真贯彻执行。

附：

全国法院知识产权审判工作会议关于审理技术合同纠纷案件若干问题的纪要

（2001 年 6 月 15 日）

1999 年 3 月 15 日，第九届全国人民代表大会第二次会议通过《中华人民共和国合同法》（以下简称合同法），并于同年 10 月 1 日起施行。合同法的颁布与施行，结束了经济合同法、涉外经济合同法和技术合同法三部合同法并存的局面，实现了三部合同法的统一。我国合同法律制度发生了重大变革。根据合同法规定，技术合同法被废止，其主要内容已被吸收在合同法分则的第十八章技术合同中。与之相适应，最高人民法院根据技术合同法和技术合同法实施条例制定的《关于审理科技纠纷案件的若干问题的规定》司法解释,也被废止。为了适应我国合同法律制度的重大变革,实现新旧合同法律制度的平稳过渡,最高人民法院正在有计划、有步骤地制定有关合同法的司法解释,目前已发布了《关于适用〈中华人民共和国合同法〉若干问题的解释》(一),有关技术合同部分的司法解释被列为《关于适用〈中华人民共和国合同法〉若干问题的解释》(三)。

1999 年 8 月,最高人民法院即开始进行《解释》(三)的起草工作,在对原有的技术合同法律、行政法规和司法解释进行清理的基础上,并根据合同法对技术合同新的规定和审判实践中出现的新情况、新问题,形成了征求意见稿。1999 年 11 月,为贯彻执行合同法,最高人民法院在安徽省合肥市召开全国法院技术合同审判工作座谈会,全国 31 个高院和 22 个中院、2 个基层法院近 70 余名代表参加了会议,李国光副院长出席会议并作了重要讲话。座谈会上对征求意见稿进行了充分讨论,有近 20 个法院还提交了书面意见。国家科技部和国家知识产权局亦派代表参加了会议。2000 年 4 月上旬,原知识产权庭与国家科技部又共同在西安市召开技术合同法律问题研讨会,再次就征求意见稿征求了部分地方科委、科协组织、知识产权诉讼律师和专利代理人的意见。此后,还向全国人大常委会法工委、国务院法制办等 8 个部门和郑成思、梁慧星等 11 名专家书面征求意见。在广泛征求意见并反复修改的基础上,形成送审稿。

2001 年 6 月 12 日至 15 日,最高人民法院在上海市召开全国法院知识产权审判工作会议。全国 30 个高级人民法院、新疆高院生产建设兵团分院、解放军军事法院、24 个中级人民法院分管知识产权审判工作的副院长、知识产权审判庭或者负责知识产权审判工作的业务庭庭长或副庭长,以及全国人大法工委、全国人大教科文卫委、国务院法制办、国家科技部、国家工商行政管理总局、国家知识产权局、国家版权局等单位的负责同志,中国社会科学院知识产权中心、清华大学法学院、北京大学知识产权学院、中国人民大学知识产权教学与研究中心的著名专家学者等共 120 余人参加了会议。最高人民法院副院长曹建明出席会议并作了讲话。会议分析了当前知识产权审判工作面临的形势,总结了近二十年来知识产权审判工作的经验,部署了当前和今后一段时期人民法院知识产权审判工作的任务。会议着重围绕我国"入世"对知识产权审判工作的影响及应做的准备工作,贯彻新修改的专利法、合同法以及其他知识产权法律，充分发挥知识产权审判整体职能等议题，进行了深入的讨论。会议还对技术合同纠纷案件适用法律的若干问题进行了研讨。会议认为，为解决当前人民法院审理技术合同纠纷案件的急需，有必要将已经成熟的一些审判技术合同若干适用法律问题的原则纪要发给各地人民法院，以作为指导全国法院审理技术合同纠纷案件的指导意见。各地法院在执行中，要继续总结经验，及时将执行中有关问题反映给最高人民法院民事审判第三庭。以便将审判技术合同纠纷适用法律的司法解释稿修改得更加完善，待提交最高人民法院审判委员会讨论通过后正式发布施行。现就审理技术合同纠纷案件适用法律的若干问题纪要如下：

一、一般规定

(一)技术成果和技术秘密

1. 合同法第十八章所称技术成果，是指利用科学技术知识、信息和经验作出的产品、工艺、材料及其改进等技术方案，包括专利、专利申请、技术秘密和其他能够取得知识产权的技术成果(如植物新品种、计算机软件、集成电路布图设计和新药成果等)。

2. 合同法第十八章所称的技术秘密，是指不为公众所知悉、能为权利人带来经济利益、具有实用性并经权利人采取保密措施的技术信息。

前款所称不为公众所知悉，是指该技术信息的整体或者精确的排列组合或者要素，并非为通常涉及该信息有关范围的人所普遍知道或者容易获得；能为权利人带来经济利益、具有实用性，是指该技术信息因属于秘密而具有商业价值，能够使拥有者获得经济利益或者获得竞争优势；权利人采取保密措施，是指该技术信息的合法拥有者根据有关情况采取的合理措施，在正常情况下可以使该技术信息得以保密。

合同法所称技术秘密与技术秘密成果是同义语。

(二)职务技术成果与非职务技术成果

3. 法人或者其他组织与其职工在劳动合同或者其他协议中就职工在职期间或者离职以后所完成的技术成果的权益有约定的，依其约定确认。但该约定依法应当认定为无效或者依法被撤销、解除的除外。

4. 合同法第三百二十六条第二款所称执行法人或者其他组织的工作任务，是指：

(1)职工履行本岗位职责或者承担法人或者其他组织交付的其他科学研究和技术开发任务。

(2)离职、退职、退休后一年内继续从事与其原所在法人或者其他组织的岗位职责或者交付的任务有关的科学研究和技术开发，但法律、行政法规另有规定或者当事人另有约定的除外。

前款所称岗位职责，是指根据法人或者其他组织的规定，职工所在岗位的工作任务和责任范围。

5. 合同法第三百二十六条第二款所称物质技术条件，是指资金、设备、器材、原材料、未公开的技术信息和资料。

合同法第三百二十六条第二款所称主要利用法人或者其他组织的物质技术条件，是指职工在完成技术成果的研究开发过程中，全部或者大部分利用了法人或者其他组织的资金、设备、器材或者原材料，或者该技术成果的实质性内容是在该法人或者其他组织尚未公开的技术成果、阶段性技术成果或者关键技术的基础上完成的。但对利用法人或者其他组织提供的物质技术条件，约定返还资金或者交纳使用费的除外。

在研究开发过程中利用法人或者其他组织已对外公开或者已为本领域普通技术人员公知的技术信息，或者在技术成果完成后利用法人或者其他组织的物质条件对技术方案进行验证、测试的，不属于主要利用法人或者其他组织的物质技术条件。

6. 完成技术成果的个人既执行了原所在法人或者其他组织的工作任务，又就同一科学研究或者技术开发课题主要利用了现所在法人或者其他组织的物质技术条件所完成的技术成果的权益，由其原所在法人或者其他组织和现所在法人或者其他组织协议确定，不能达成协议的，由双方合理分享。

7. 职工于本岗位职责或者其所在法人或者其他组织交付的任务之外从事业余兼职活动或者与他人合作完成的技术成果的权益，按照其与聘用人(兼职单位)或者合作人的约定确认。没有约定或者约定不明确，依照合同法第六十一条的规定不能达成补充协议的，按照合同法第三百二十六条和第三百二十七条的规定确认。

依照前款规定处理时不得损害职工所在的法人或者其他组织的技术权益。

8. 合同法第三百二十六条和第三百二十七条所称完成技术成果的个人，是指对技术成果单独或者共同作出创造性贡献的人，不包括仅提供资金、设备、材料、试验条件的人员，进行组织管理的人员，协助绘制图纸、整理资料、翻译文献等辅助服务人员。

判断创造性贡献时，应当分解技术成果的实质性技术构成，提出实质性技术构成和由此实现技术方案的人是作出创造性贡献的人。对技术成果做出创造性贡献的人为发明人或者设计人。

（三）技术合同的主体

9. 法人或者其他组织设立的从事技术研究开发、转让等活动的不具有民事主体资格的科研组织（包括课题组、工作室等）订立的技术合同，经法人或者其他组织授权或者认可的，视为法人或者其他组织订立的合同，由法人或者其他组织承担责任；未经法人或者其他组织授权或者认可的，由该科研组织成员共同承担责任，但法人或者其他组织因该合同受益的，应当在其受益范围内承担相应的责任。

（四）技术合同的效力

10. 技术合同不因下列事由无效：

（1）合同标的技术未经技术鉴定；

（2）技术合同未经登记或者未向有关部门备案；

（3）以已经申请专利尚未授予专利权的技术订立专利实施许可合同。

11. 技术合同内容有下列情形的，属于合同法第三百二十九条所称“非法垄断技术，妨碍技术进步”：

（1）限制另一方在合同标的技术的基础上进行新的研究开发，或者双方交换改进技术的条件不对等，包括要求一方将其自行改进的技术无偿地提供给对方、非互惠性地转让给对方、无偿地独占或者共享该改进技术的知识产权；

（2）限制另一方从其他来源吸收技术；

（3）阻碍另一方根据市场的需求，按照合理的方式充分实施合同标的技术，包括不合理地限制技术接受方实施合同标的技术生产产品或者提供服务的数量、品种、价格、销售渠道和出口市场；

(4)要求技术接受方接受并非实施技术必不可少的附带条件，包括购买技术接受方并不需要的技术、服务、原材料、设备或者产品等和接收技术接受方并不需要的人才等；

(5)不合理地限制技术接受方自由选择从不同来源购买原材料、零部件或者设备等。

(6)禁止技术接受方对合同标的技术的知识产权的有效性提出异议的条件。

12. 技术合同内容有下列情形的，属于合同法第三百二十九条所称侵害他人技术成果：

(1)侵害他人专利权、专利申请权、专利实施权的；

(2)侵害他人技术秘密成果使用权、转让权的；

(3)侵害他人植物新品种权、植物新品种申请权、植物新品种实施权的；

(4)侵害他人计算机软件著作权、集成电路布图设计权、新药成果权等技术成果权的；

(5)侵害他人发明权、发现权以及其他科技成果权的。

侵害他人发明权、发现权以及其他科技成果权等技术成果完成人人身权利的合同，合同部分无效，不影响其他部分效力的，其他部分仍然有效。

13. 当事人使用或者转让其独立研究开发或者以其他正当方式取得的与他人的技术秘密相同或者近似的技术秘密的，不属于合同法第三百二十九条所称侵害他人技术成果。

通过合法的参观访问或者对合法取得的产品进行拆卸、测绘、分析等反向工程手段掌握相关技术的，属于前款所称以其他正当方式取得。但法律另有规定或者当事人另有约定的除外。

14. 除当事人另有约定或者技术成果的权利人追认的以外，技术秘密转让合同和专利实施许可合同的受让人，将合同标的技术向他人转让而订立的合同无效。

15. 技术转让合同中既有专利权转让或者专利实施许可内容，又有技术秘密转让内容，专利权被宣告无效或者技术秘密被他人公开的，不影响合同中另一部分内容的效力。但当事人另有约定的除外。

16. 当事人一方采取欺诈手段，就其现有技术成果作为研究开发标的与他人订立委托开发合同收取研究开发费用，或者就同一研究开发课题先后与两个或者两个以上的委托人分别订立委托开发合同重复收取研究开发费用的，受损害方可以依照合同法第五十四条第二款的规定请求变更或者撤销合同，但属于合同法第五十二条和第三百二十九条规定的情形应当对合同作无效处理的除外。

17. 技术合同无效或者被撤销后，研究开发人、让与人、受托人已经履行了约定的义务，且造成合同无效或者被撤销的过错在对方的，其按约定应当收取的研究开发经费、技术使用费和提供咨询服务的报酬，可以视为因对方原因导致合同无效或者被撤销给其造成的损失。

18. 技术合同无效或者被撤销后，当事人因合同取得的技术资料、样品、样机等技术载体应当返还权利人，并不得保留复制品；涉及技术秘密的，当事人依法负有保密义务。

19. 技术合同无效或者被撤销后，因履行合同所完成的新的技术成果或者在他人技术成果的基础上完成的后续改进部分的技术成果的权利归属和利益分享，当事人不能重新协议确定的，由完成技术成果的一方当事人享有。

20. 侵害他人技术秘密成果使用权、转让权的技术合同无效后，除法律、行政法规另有规定的以外，善意、有偿取得该技术秘密的一方可以继续使用该技术秘密，但应当向权利人支付合理的使用费并承担保密义务。除与权利人达成协议以外，善意取得的一方（使用人）继续使用该技术秘密不得超过其取得时确定的使用范围。当事人双方恶意串通或者一方明知或者应知另一方侵权仍然与其订立或者履行合同的，属于共同侵权，应当承担连带赔偿责任和保密义务，因该无效合同而取得技术秘密的当事人不得继续使用该技术秘密。

前款规定的使用费由使用人与权利人协议确定，不能达成协议的，任何一方可以请求人民法院予以裁决。使用人拒不履行双方达成的使用费协议的，权利人除可以请求人民法院判令使用人支付已使用期间的使用费以外，还可以请求判令使用人停止使用该技术秘密；使用人拒不执行人民法院关于使用费的裁决的，权利人除可以申请强制执行已使用期间的使用费外，还可以请求人民法院判令使用人停止使用该技术秘密。在双方就使用费达成协议或者人民法院作出生效裁决以前，使用人可以不停止使用该技术秘密。

21. 人民法院在裁决前条规定的使用费时，可以根据权利人善意对外转让该技术秘密的费用并考虑使用人的使用规模和经济效益等因素来确定；也可以依据使用人取得该技术秘密所支付的费用并考虑该技术秘密的研究开发成本、成果转化和应用程度和使用人的使用规模和经济效益等因素来确定。

人民法院应当对已使用期间的使用费和以后使用的付费标准一并作出裁决。

合同被确认无效后，使用人不论是否继续使用该技术秘密，均应当向权利人支付其已使用期间的使用费，其已向无效合同的让与人支付的费用应当由让与人负责返还，该费用中已由让与人作为侵权损害的赔偿直接给付权利人的部分，在计算使用人向权利人支付的使用费时相应扣除。

22. 法律、法规规定生产产品或者提供服务须经有关部门审批手续或者领取许可证，而实际尚未办理该审批手续或者领取许可证的，不影响当事人就有关产品的生产或者服务的提供所订立的技术合同的效力。

当事人对办理前款所称审批手续或者许可证的义务没有约定或者约定不明确，依照合同法第六十一条的规定不能达成补充协议的，除法律、法规另有规定的以外，由实施技术的一方负责办理。

(五)技术合同履行内容的确定

23. 当事人对技术合同的价款、报酬和使用费没有约定或者约定不明确，依照合同法第六十一条的规定不能达成补充协议的，人民法院可以按照以下原则处理：

(1)对于技术开发合同和技术转让合同，根据有关技术成果的研究开发成本、先进性、实施转化和应用的程度，当事人享有的权益和承担的责任，以及技术成果的经济效益和社会效益等合理认定；

(2)对于技术咨询合同和技术服务合同，根据有关咨询服务工作的数量、质量和技术含量，以及预期产生的经济效益和社会效益等合理认定。

技术合同价款、报酬、使用费中包含非技术性款项的，应当分项计算。

24. 当事人对技术合同的履行地点没有约定或者约定不明确，依照合同法第六十一条的规定不能达成补充协议的，技术开发合同以研究开发人所在地为履行地，但依据合同法第三百三十条第四款订立的合同以技术成果实施地为履行地；技术转让合同以受让人所在地为履行地；技术咨询合同以受托人所在地为履行地；技术服务合同以委托人所在地为履行地。但给付合同价款、报酬、使用费的，以接受给付的一方所在地为履行地。

25. 技术合同当事人对技术成果的验收标准没有约定或者约定不明确，在适用合同法第六十二条的规定时，没有国家标准、行业标准或者专业技术标准的，按照本行业合乎实用的一般技术要求履行。

当事人订立技术合同时所作的可行性分析报告中有关经济效益或者成本指标的预测和分析，不应当视为合同约定的验收标准，但当事人另有约定的除外。

（六）技术合同的解除与违约责任

26. 技术合同当事人一方迟延履行主要债务，经催告后在30日内仍未履行的，另一方可以依据合同法第九十四条第（三）项的规定解除合同。

当事人在催告通知中附有履行期限且该期限长于30日的，自该期限届满时，方可解除合同。

27. 有下列情形之一，使技术合同的履行成为不必要或者不可能时，当事人可以依据合同法第九十四条第（四）项的规定解除合同：

（1）因一方违约致使履行合同必备的物质条件灭失或者严重破坏，无法替代或者修复的；

（2）技术合同标的的项目或者技术因违背科学规律或者存在重大缺陷，无法达到约定的技术、经济效益指标的；

28. 专利实施许可合同和技术秘密转让合同约定按照提成支付技术使用费，受让人无正当理由不实施合同标的技术，并以此为由拒绝支付技术使用费的，让与人可以依据合同法第九十四条第（四）项的规定解除合同。

29. 在技术秘密转让合同有效期内，由于非受让人的原因导致合同标的技术公开且已进入公有领域的，当事人可以解除合同，但另有约定的除外。

30. 技术合同履行中，当事人一方在技术上发生的能够及时纠正的差错，或者为适应情况变化所作的必要技术调整，不影响合同目的实现的，不认为是违约行为,因此发生的额外费用自行承担。但因未依照合同法第六十条第二款的规定履行通知义务而造成对方当事人损失的,应当承担相应的违约责任。

31. 在履行技术合同中,为提供技术成果或者咨询服务而交付的技术载体和内容等与约定不一致的,应当及时更正、补充。不按时更正、补充的和因更正、补充有关技术载体和内容等给对方造成损失或者增加额外负担的,应当承担相应的违约责任。但一方所作技术改进,使合同的履行产生了比原合同更为积极或者有利效果的除外。

(七)技术合同的定性

32. 当事人将技术合同和其他合同内容合订为一个合同,或者将不同类型的技术合同内容合订在一个合同中的,应当根据当事人争议的权利义务内容,确定案件的性质和案由,适用相应的法律、法规。

33. 技术合同名称与合同约定的权利义务关系不一致的,应当按照合同约定的权利义务内容,确定合同的类型和案由,适用相应的法律、法规。

34. 当事人以技术开发、转让、咨询或者服务为承包内容订立的合同,属于技术合同。

35. 转让阶段性技术成果并约定后续开发义务的合同,就该阶段性技术成果的重复试验效果方面发生争议的,按照技术转让合同处理;就后续开发方面发生争议的,按照技术开发合同处理。

36. 技术转让合同中约定让与人向受让人提供实施技术的专用设备、原材料或者提供有关的技术咨询、技术服务的,这类约定属于技术转让合同的组成部分。因这类约定发生纠纷的,按照技术转让合同处理。

37. 当事人以技术入股方式订立联营合同,但技术入股人不参与联营体的经营管理,并且以保底条款形式约定联营体或者联营对方支付其技术价款或者使用费的,属于技术转让合同。

38. 技术转让合同中约定含让与人负责包销(回购)受让人实施合同标的技术制造的产品,仅因让与人不履行或者不能全部履行包销(回购)义务引起纠纷,不涉及技术问题的,按照包销(回购)条款所约定的权利义务内容确定案由,并适用相应的法律规定处理。

39. 技术开发合同当事人一方仅提供资金、设备、材料等物质条件，承担辅助协作事项，另一方进行研究开发工作的合同，属于委托开发合同。

40. 当事人一方以技术转让的名义提供已进入公有领域的技术，并进行技术指导，传授技术知识等，为另一方解决特定技术问题所订立的合同，可以视为技术服务合同履行，但属于合同法第五十二条和第五十四条规定情形的除外。

（八）几种特殊标的技术合同的法律适用

41. 新药技术成果转让和植物新品种申请权转让、植物新品种权转让和使用许可等合同争议，适用合同法总则的规定，并可以参照合同法第十八章和本纪要关于技术转让合同的规定，但法律另有规定的，依照其规定。

42. 计算机软件开发、许可、转让等合同争议，著作权法以及其他法律另有规定的，依照其规定；没有规定的，适用合同法总则的规定，并可以参照合同法第十八章和本纪要的有关规定。

二、技术开发合同

（一）相关概念

43. 合同法第三百三十条所称新技术、新产品、新工艺、新材料及其系统，是指当事人在订立技术合同时尚未掌握的产品、工艺、材料及其系统等技术方案，但在技术上没有创新的现有产品的改型、工艺变更、材料配方调整以及技术成果的验证、测试和使用除外。

44. 合同法第三百三十条第四款所称当事人之间就具有产业应用价值的科技成果实施转化订立的合同，是指当事人之间就具有实用价值但尚未能够实现商品化、产业化应用的科技成果（包括阶段性技术成果），以实现该科技成果的商品化、产业化应用为目标，约定有关后续试验、开发和应用等内容的合同。

45. 合同法第三百三十五条所称分工参与研究开发工作，是指按照约定的计划和分工共同或者分别承担设计、工艺、试验、试制等工作。

46. 合同法第三百四十一条所称技术秘密成果的使用权、转让权，是指当事人依据法律规定或者合同约定所取得的使用、转让技术秘密成果的权利。使用权是指以生产经营为目的自己使用或者许可他人使用技术秘密成果的权利；转让权是指向他人让与技术秘密成果的权利。

47. 合同法第三百四十一条所称当事人均有使用和转让的权利,是指当事人均有不经对方同意而自己使用或者以普通使用许可的方式许可他人使用技术秘密并独占由此获得的利益的权利。当事人一方将技术秘密成果的使用权、转让权全部让与他人,或者以独占、排他使用许可的方式许可他人使用技术秘密的,必须征得对方当事人的同意。

(二)当事人的权利和义务

48. 委托开发合同委托人在不妨碍研究开发人正常工作的情况下,有权依据合同法第六十条第二款的规定,对研究开发人履行合同和使用研究开发经费的情况进行必要的监督检查,包括查阅帐册和访问现场。

研究开发人有权依据合同法第三百三十一条的规定,要求委托人补充必要的背景资料和数据等,但不得超过履行合同所需要的范围。

49. 研究开发成果验收时,委托开发合同的委托人和合作开发合同的当事人有权取得实施技术成果所必需的技术资料、试验报告和数据,要求另一方进行必要的技术指导,保证所提供的技术成果符合合同约定的条件。

50. 根据合同法第三百三十九条第一款和第三百四十条第一款的规定,委托开发或者合作开发完成的技术成果所获得的专利权为当事人共有的,实施该专利的方式和利益分配办法,由当事人约定。当事人没有约定或者约定不明确,依照合同法第六十一条的规定不能达成补充协议的,当事人均享有自己实施该专利的权利,由此所获得的利益归实施人。

当事人不具备独立实施专利的条件,以普通实施许可的方式许可一个法人或者其他组织实施该专利,或者与一个法人、其他组织或者自然人合作实施该专利或者通过技术入股与之联营实施该专利,可以视为当事人自己实施专利。

51. 根据合同法第三百四十一条的规定,当事人一方仅享有自己使用技术秘密的权利,但其不具备独立使用该技术秘密的条件,以普通使用许可的方式许可一个法人或者其他组织使用该技术秘密,或者与一个法人、其他组织或者自然人合作使用该技术秘密或者通过技术入股与之联营使用该技术秘密,可以视为当事人自己使用技术秘密。

三、技术转让合同

(一)技术转让合同的一般规定

52. 合同法第三百四十二条所称技术转让合同,是指技术的合法拥有者包括有权对外转让技术的人将特定和现有的专利、专利申请、技术秘密的相关权利让与他人或者许可他人使用所订立的合同,不包括就尚待研究开发的技术成果或者不涉及专利、专利申请或者技术秘密的知识、技术、经验和信息订立的合同。其中:

(1)专利权转让合同,是指专利权人将其专利权让与受让人,受让人支付价款所订立的合同。

(2)专利申请权转让合同,是指让与人将其特定的技术成果申请专利的权利让与受让人,受让人支付价款订立的合同。

(3)技术秘密转让合同,是指技术秘密成果的权利人或者其授权的人作为让与人将技术秘密提供给受让人,明确相互之间技术秘密成果使用权、转让权,受让人支付价款或者使用费所订立的合同。

(4)专利实施许可合同,是指专利权人或者其授权的人作为让与人许可受让人在约定的范围内实施专利,受让人支付使用费所订立的合同。

53. 技术转让合同让与人应当保证受让人按约定的方式实施技术达到约定的技术指标。除非明确约定让与人保证受让人达到约定的经济效益指标,让与人不对受让人实施技术后的经济效益承担责任。

转让阶段性技术成果,让与人应当保证在一定条件下重复试验可以得到预期的效果。

54. 技术转让合同中约定受让人取得的技术须经受让人小试、中试、工业性试验后才能投入批量生产的,受让人未经小试、中试、工业性试验直接投入批量生产所发生的损失,让与人不承担责任。

55. 合同法第三百四十三条所称实施专利或者使用技术秘密的范围,是指实施专利或者使用技术秘密的期限、地域和方式以及接触技术秘密的人员等。

56. 合同法第三百五十四条所称后续改进,是指在技术转让合同有效期内,当事人一方或各方对合同标的技术所作的革新或者改良。

57. 当事人之间就申请专利的技术成果所订立的许可使用合同，专利申请公开以前，适用技术秘密转让合同的有关规定；发明专利申请公开以后、授权以前，参照专利实施许可合同的有关规定；授权以后，原合同即为专利实施许可合同，适用专利实施许可合同的有关规定。

（二）专利权转让合同和专利申请权转让合同

58. 订立专利权转让合同或者专利申请权转让合同前，让与人自己已经实施发明创造的，除当事人另有约定的以外，在合同生效后，受让人有权要求让与人停止实施。

专利权或者专利申请权依照专利法的规定让与受让人后，受让人可以依法作为专利权人或者专利申请人对他人行使权利。

59. 专利权转让合同、专利申请权转让合同不影响让与人在合同成立前与他人订立的专利实施许可合同或者技术秘密转让合同的效力。有关当事人之间的权利义务依照合同法第五章的规定确定。

60. 专利申请权依照专利法的规定让与受让人前专利申请被驳回的，当事人可以解除专利申请权转让合同；让与受让人后专利申请被驳回的，合同效力不受影响。但当事人另有约定的除外。

专利申请因专利申请权转让合同成立时即存在尚未公开的同样发明创造的在先专利申请而被驳回的，当事人可以依据合同法第五十四条第一款第（二）项的规定请求予以变更或者撤销合同。

（三）专利实施许可合同

61. 专利实施许可合同让与人应当在合同有效期内维持专利权有效，但当事人另有约定的除外。

在合同有效期内，由于让与人的原因导致专利权被终止的，受让人可以依据合同法第九十四条第（四）项的规定解除合同，让与人应当承担违约责任；专利权被宣告无效的，合同终止履行，并依据专利法的有关规定处理。

62. 专利实施许可合同对实施专利的期限没有约定或者约定不明确，依照合同法第六十一条的规定不能达成补充协议的，受让人实施专利不受期限限制。

63. 专利实施许可可以采取独占实施许可、排他实施许可、普通实施许可等方式。

前款所称排他实施许可，是指让与人在已经许可受让人实施专利的范围内无权就同一专利再许可他人实施；独占实施许可，是指让与人在已经许可受让人实施专利的范围内无权就同一专利再许可他人实施或者自己实施；普通实施许可，是指让与人在已经许可受让人实施专利的范围内仍可以就同一专利再许可他人实施。

当事人对专利实施许可方式没有约定或者约定不明确，依照合同法第六十一条的规定不能达成补充协议的，视为普通实施许可。

专利实施许可合同约定受让人可以再许可他人实施该专利的，该再许可为普通实施许可，但当事人另有约定的除外。

64. 除当事人另有约定的以外，根据实施专利的强制许可决定而取得的专利实施权为普通实施许可。

65. 除当事人另有约定的以外，排他实施许可合同让与人不具备独立实施其专利的条件，与一个法人、其他组织或者自然人合作实施该专利，或者通过技术入股实施该专利，可视为让与人自己实施专利。但让与人就同一专利与两个或者两个以上法人、其他组织或者自然人分别合作实施或者入股联营的，属于合同法第三百五十一条规定的违反约定擅自许可第三人实施专利的行为。

66. 除当事人另有约定的以外，专利实施许可合同的受让人将受让的专利与他人合作实施或者入股联营的，属于合同法第三百五十二条规定的未经让与人同意擅自许可第三人实施专利的行为。

（四）技术秘密转让合同

67. 技术秘密转让合同对使用技术秘密的期限没有约定或者约定不明确，依照合同法第六十一条的规定不能达成补充协议的，受让人可以无限期地使用该技术秘密。

68. 合同法第三百四十七条所称技术秘密转让合同让与人的保密义务不影响其申请专利的权利，但当事人约定让与人不得申请专利或者明确约定让与人承担保密义务的除外。

69. 技术秘密转让可以采取本纪要第63条规定的许可使用方式，并参照适用合同法和本纪要关于专利实施许可使用方式的有关规定。

四、技术咨询合同和技术服务合同

（一）技术咨询合同

70. 合同法第三百五十六条第一款所称的特定技术项目，包括有关科学技术与经济、社会协调发展的软科学研究项目和促进科技进步和管理现代化，提高经济效益和社会效益的技术项目以及其他专业性技术项目。

71. 除当事人另有约定的以外，技术咨询合同受托人进行调查研究、分析论证、试验测定等所需费用，由受托人自己负担。

72. 技术咨询合同委托人提供的技术资料和数据或者受托人提出的咨询报告和意见，当事人没有约定保密义务的，在不侵害对方当事人对此享有的合法权益的前提下，双方都有引用、发表和向第三人提供的权利。

73. 技术咨询合同受托人发现委托人提供的资料、数据等有明显错误和缺陷的，应当及时通知委托人。委托人应当及时答复并在约定的期限内予以补正。

受托人发现前款所述问题不及时通知委托人的，视为其认可委托人提供的技术资料、数据等符合约定的条件。

（二）技术服务合同

74. 合同法第三百五十六条第二款所称特定技术问题，是指需要运用科学技术知识解决专业技术工作中的有关改进产品结构、改良工艺流程、提高产品质量、降低产品成本、节约资源能耗、保护资源环境、实现安全操作、提高经济效益和社会效益等问题。

75. 除当事人另有约定的以外，技术服务合同受托人完成服务项目，解决技术问题所需费用，由受托人自己负担。

76. 技术服务合同受托人发现委托人提供的资料、数据、样品、材料、场地等工作条件不符合约定的，应当及时通知委托人。委托人应当及时答复并在约定的期限内予以补正。

受托人发现前款所述问题不及时通知委托人的，视为其认可委托人提供的技术资料、数据等工作条件符合约定的条件。

77. 技术服务合同受托人在履约期间,发现继续工作对材料、样品或者设备等有损坏危险时,应当中止工作,并及时通知委托人或者提出建议。委托人应当在约定的期限内作出答复。

受托人不中止工作或者不及时通知委托人并且未采取适当措施的,或者委托人未按期答复的,对因此发生的危险后果由责任人承担相应的责任。

(三)技术培训合同

78. 合同法第三百六十四条所称技术培训合同,是指当事人一方委托另一方对指定的人员(学员)进行特定项目的专业技术训练和技术指导所订立的合同,不包括职业培训、文化学习和按照行业、单位的计划进行的职工业余教育。

79. 技术培训合同委托人的主要义务是按照约定派出符合条件的学员;保证学员遵守培训纪律,接受专业技术训练和技术指导;按照约定支付报酬。

受托人的主要义务是按照约定配备符合条件的教员;制定和实施培训计划,按期完成培训;实现约定的培训目标。

80. 当事人对技术培训必需的场地、设施和试验条件等的提供和管理责任没有约定或者约定不明确,依照合同法第六十一条的规定不能达成补充协议的,由委托人负责提供和管理。

81. 技术培训合同委托人派出的学员不符合约定条件,影响培训质量的,委托人应当按照约定支付报酬。

受托人配备的教员不符合约定条件,影响培训质量的,或者受托人未按照计划和项目进行培训,导致不能实现约定的培训目标的,应当承担减收或者免收报酬等违约责任。

受托人发现学员不符合约定条件或者委托人发现教员不符合约定条件的,应当及时通知对方改派。对方应当在约定的期限内改派。未及时通知或者未按约定改派的,责任人承担相应的责任。

(四)技术中介合同

82. 合同法第三百六十四条所称技术中介合同,是指当事人一方以知识、技术、经验和信息为另一方与第三人订立技术合同进行联系、介绍、组织商品化、产业化开发并对履行合同提供服务所订立的合同,但就不含有技术中介服务内容订立的各种居间合同除外。

83. 技术中介合同委托人的主要义务是提出明确的订约要求,提供有关背景材料;按照约定承担中介人从事中介活动的费用;按照约定支付报酬。

中介人的主要义务是如实反映委托人和第三人的技术成果、资信状况和履约能力;保守委托人和第三人的商业秘密;按照约定为委托人和第三人订立、履行合同提供服务。

84. 当事人对中介人从事中介活动的费用的负担没有约定或者约定不明确,依照合同法第六十一条的规定不能达成补充协议的,由中介人自己负担。当事人约定该费用由委托人承担但没有约定该费用的数额或者计算方法的,委托人应当支付中介人从事中介活动支出的必要费用。

前款所称中介人从事中介活动的费用,是指中介人在委托人和第三人订立技术合同前,进行联系、介绍活动所支出的通信、交通和必要的调查研究等费用。

85. 当事人对中介人的报酬数额没有约定或者约定不明确,依照合同法第六十一条的规定不能达成补充协议的,根据中介人的劳务合理确定,并由委托人负担。仅在委托人与第三人订立的技术合同中约定有中介条款,但对给付中介人报酬的义务没有约定或者约定不明确,依照合同法第六十一条的规定不能达成补充协议的,由委托人和第三人平均负担。

前款所称中介人的报酬,是指中介人为委托人与第三人订立技术合同,以及为其履行合同提供服务应当得到的收益。

86. 中介人未促成委托人与第三人之间的技术合同成立的,无权要求支付报酬,但可以要求委托人支付从事中介活动支出的必要费用。

87. 中介人故意隐瞒与订立技术合同有关的重要事实或者提供虚假情况,损害委托人利益的,应当承担免收报酬和损害赔偿责任。

88. 中介人收取的从事中介活动的费用和报酬不应视为委托人与第三人之间的技术合同纠纷中一方当事人的损失。

89. 中介人对造成委托人与第三人之间的技术合同的无效或者被撤销没有过错,且该技术合同无效或者被撤销不影响有关中介条款或者技术中介合同继续有效的,中介人仍有权按照约定收取从事中介活动的费用和报酬。

五、与审理技术合同纠纷有关的程序问题

(一)技术合同纠纷的管辖与受理

90. 技术合同纠纷属于与知识产权有关的纠纷,由中级以上人民法院管辖,但最高人民法院另行确定管辖的除外。

91. 合同中既有技术合同内容,又有其他合同内容,当事人就技术合同内容和其他合同内容均发生争议的,由具有技术合同纠纷案件管辖权的人民法院受理。

92. 一方当事人以诉讼争议的技术合同侵害他人技术成果为由主张合同无效或者人民法院在审理技术合同纠纷中发现可能存在该无效事由时,应当依法通知有关利害关系人作为有独立请求权的第三人参加诉讼。

93. 他人向受理技术合同纠纷的人民法院就该合同标的技术提出权属或者侵权主张时,受诉人民法院对此亦有管辖权的,可以将该权属或者侵权纠纷与合同纠纷合并审理;受诉人民法院对此没有管辖权的,应当告知其向有管辖权的人民法院另行起诉。权属或者侵权纠纷另案受理后,合同纠纷应当中止诉讼。

94. 专利实施许可合同诉讼中,受让人(被许可人)或者第三人向专利复审委员会请求宣告该专利权无效的,人民法院可以不中止诉讼。在审理过程中该专利权被宣告无效的,按照专利法的有关规定处理。

95. 因技术中介合同中介人违反约定的保密义务发生的纠纷,可以与技术合同纠纷合并审理。

96. 中介人一般不作为委托人与第三人之间的技术合同诉讼的当事人,但下列情况除外:

(1)中介人与技术合同一方当事人恶意串通损害另一方利益的,恶意串通的双方应列为共同被告,承担连带责任;

(2)中介人隐瞒技术合同一方当事人的真实情况给另一方造成损失的,中介人应列为被告,并依其过错承担相应的责任;

(3)因中介人不履行技术中介合同或者中介条款约定的其他义务,导致技术合同不能依约履行的,可以根据具体情况将中介人列为诉讼当事人。

（二）技术合同标的技术的鉴定

97. 在技术合同纠纷诉讼中，需对合同标的技术进行鉴定的，除法定鉴定部门外，当事人协商推荐共同信任的组织或者专家进行鉴定的，人民法院可予指定；当事人不能协商一致的，人民法院可以从由省级以上科技行政主管部门推荐的鉴定组织或者专家中选择并指定，也可以直接指定相关组织或者专家进行鉴定。

指定专家进行鉴定的，应当组成鉴定组。

鉴定人应当是三人以上的单数。

98. 鉴定应当以合同约定由当事人提供的技术成果或者技术服务内容为鉴定对象，从原理、设计、工艺和必要的技术资料等方面，按照约定的检测方式和验收标准，审查其能否达到约定的技术指标和经济效益指标。

99. 当事人对技术成果的检测方式或者验收标准没有约定或者约定不明确，依照合同法第六十一条的规定不能达成补充协议的，可以根据具体案情采用本行业常用的或者合乎实用的检测方式或者验收标准进行检测鉴定、专家评议或者验收鉴定。

对合同约定的验收标准明确、技术问题并不复杂的，可以采取当事人现场演示、操作、制作等方式对技术成果进行鉴定。

100. 技术咨询合同当事人对咨询报告和意见的验收或者评价办法没有约定或者约定不明确，依照合同法第六十一条的规定不能达成补充协议的，按照合乎实用的一般要求进行鉴定。

101. 对已经按照国家有关规定通过技术成果鉴定、新产品鉴定等鉴定，又无相反的证据能够足以否定该鉴定结论的技术成果，或者已经实际使用证明是成熟可靠的技术成果，在诉讼中当事人又对该技术成果的评价发生争议的，不再进行鉴定。

102. 不能以授予专利权的有关专利文件代替对合同标的技术的鉴定结论。

最高人民法院关于不服专利管理机关对专利申请权纠纷、专利侵权纠纷的处理决定提起诉讼，人民法院应作何种案件受理问题的答复

（1995年7月7日　法函〔1995〕93号）

湖北省高级人民法院：

你院鄂高法明传〔1995〕161号请示收悉，经研究，答复如下：

一、专利侵权案件中有关赔偿责任和赔偿数额的纠纷，若经专利管理机关调解后，当事人一方或双方反悔的，以对方当事人为被告提起诉讼的，人民法院应作为民事案件受理。

二、专利管理机关依据《中华人民共和国专利法》第六十条的规定，作出责令侵权人停止侵权行为，并赔偿损失的处理决定，若当事人一方或双方对专利管理机关作出的处理决定不服，以专利管理机关为被告提起诉讼的，人民法院应作为行政案件受理。

附：

湖北省高级人民法院关于不服专利管理机关对专利申请权纠纷、专利侵权纠纷的处理决定提起诉讼，人民法院应作何种案件受理问题的请示

（鄂高法明传〔1995〕161号）

最高人民法院行政审判庭：

最近，武汉市中级人民法院收到两起以湖北省专利管理局为被告的行政诉讼

案件。一案为不服省专利局对专利申请权纠纷作出的确权“专利纠纷处理决定”；一案为不服省专利局对专利侵权的赔偿责任和赔偿数额作出的“专利纠纷处理决定”。受理后，被告致函武汉中院称，根据最高人民法院〔1994〕111 号《关于进一步加强知识产权司法保护的通知》第二条规定，省专利局不应作为这两起案件的被告参加诉讼，当事人不服处理决定，人民法院应作民事案件受理。为此，武汉中院向我院提出请示。

经研究，我们认为，当事人不服专利管理机关的专利纠纷处理决定提起诉讼，人民法院应当作为行政案件受理。理由是：1. 专利管理机关作出的专利纠纷处理决定是一项具体行政行为。根据《最高人民法院关于贯彻执行〈中华人民共和国行政诉讼法〉若干问题的意见（试行）》第一条对“具体行政行为”的解释，上述两案中省专利局作出的“专利纠纷处理决定”完全符合具体行政行为的基本特征；2. 最高法院《关于审理专利纠纷案件若干问题的解答》第六条规定“根据最高人民法院关于专利案件的管辖规定，如果做出处理决定的专利管理机关所在地的中级人民法院对专利案件有管辖权，当事人不服处理决定的，可以向专利管理机关所在地的中级人民法院起诉，……有关人民法院应当作为行政案件受理。”第八条规定“依照行政诉讼法第六十六条和专利法第六十条的规定，专利管理机关作出的处理决定，当事人期满不起诉又不履行的，专利管理机关可以向被执行人所在地或者被执行人财产所在地的对专利案件有管辖权的中级人民法院请求执行。”这两条已对案件类别作出了明确规定；3.《关于进一步加强知识产权司法保护的通知》第二条规定“知识产权中有关赔偿责任和赔偿数额的纠纷，经主管行政管理部门调处后，当事人不服向人民法院提起民事诉讼的，由民事审判庭或者经济审判庭受理；……”其中的“调处”应理解为行政机关的居间调解，当事人达成协议后翻悔起诉的应作为民事案件受理。但上述两案中，省专利局作出“专利纠纷处理决定”的行为显然非调解行为，而是依行政管理职权作出的行政处理，我们认为，应作为行政案件受理。

以上意见妥否，请复示。

最高人民法院关于吴冠中诉上海朵云轩、香港永成古玩拍卖有限公司著作权纠纷案的函

（1995 年 7 月 6 日）

上海市高级人民法院：

你院 1995 年 3 月 27 日关于吴冠中诉上海朵云轩、香港永成古玩拍卖有限公司著作权纠纷案的请示报告收悉。经研究，我们认为：上海朵云轩、香港永成古玩拍卖有限公司不听劝阻，执意拍卖假冒他人署名美术作品的行为，属于严重的侵权行为，应当按照《中华人民共和国著作权法》第四十六条第（七）项及其他有关法律规定予以严肃处理。因此，同意你院提出的上海市中级人民法院对此案具有管辖权，两被告应承担停止侵害、赔礼道歉、消除影响及赔偿损失民事责任的意见。赔偿损失的范围和数额，应根据原告因侵权行为受到的物质损失和精神损害的全部实际损失，以及本案的综合情况予以确定。对被告的侵权行为还应当予以民事制裁。赔偿的数额和民事制裁的具体方式由你院研究决定。

以上意见，供参考。

最高人民法院《关于专利侵权案件中如何确定地域管辖的请示》的复函

（1994 年 3 月 8 日　法经〔1994〕51 号）

北京市高级人民法院：

你院京高法〔1994〕14 号《关于专利侵权案件中如何确定地域管辖的请示》

收悉。

据你院报告称，专利权人长城公司一直自己实施“等离子体加速器法离子镀膜装置”专利技术。1993 年 12 月，长城公司发现遵化设备厂向北京齿轮厂销售了其专利权的产品等离子体镀膜机，认为该销售行为已构成了侵权，遂向北京市中级人民法院起诉，要求遵化设备厂立即停止生产、销售该专利技术产品，赔礼道歉，并赔偿经济损失。

经我们研究认为：未经专利权人许可，以生产经营为目的的生产制造和经营销售专利产品的行为，是经常发生的两种专利侵权行为。根据民事诉讼法关于侵权行为提起诉讼人民法院管辖的有关规定，专利权人或者利害关系人就销售行为提起的专利侵权诉讼案件，销售地人民法院有管辖权。

附件一：

北京市高级人民法院关于专利侵权案件中如何确定地域管辖的请示

（京高法〔1994〕14 号）

最高人民法院：

1994 年 1 月 4 日我市中级法院向我院呈报了“关于专利侵权案件管辖的请示报告”，请示关于北京长城钛金技术联合开发公司（以下简称长城公司）诉遵化市钛金设备厂（以下简称遵化设备厂）专利侵权案管辖地如何确定问题。

1989 年 11 月 29 日长城公司获得了“等离子体加速器法离子镀膜装置”的实用新型专利。此专利一直由其自己实施，从未转让或许可他人实施。1993 年 12 月长城公司发现遵化设备厂向北京齿轮厂不锈钢经营部销售了该公司所有的专利技术产品——等离子体镀膜机，认为该行为已构成了侵权，于 1993 年 12 月 28 日向我市中级人民法院起诉，要求遵化设备厂立即停止生产、销售专利技术产品，赔礼道歉，并赔偿经济损失。

此案中侵权产品是在河北遵化制造后，销售到北京的，因此造成侵权产品制造地和销售地不一致，涉及到地域管辖问题。1987 年《最高人民法院关于专利侵权纠纷案件地域管辖问题的通知》中曾规定当侵权产品制造地不明时才可由产品的使用地或销售地法院管辖，否则应由产品的制造地法院管辖，根据上述规定，我市中级法院不能受理此案。但是我市中级法院认为，根据民事诉讼法的规定和审判实践的情况，该院可以受理此案。

我院经研究，同意我市中级法院的意见，应当依照 1991 年公布施行的民事诉讼法第二十九条规定的精神，尊重当事人的诉讼选择权，由本市中级法院受理此案。并认为：

一、被告实施制造行为后在不同地区实施销售行为的，专利权人可以选择制造行为地或销售行为地人民法院提起诉讼，制造行为地、销售行为地人民法院对此案均有管辖权。

二、侵权人在几个地区实施销售行为的，专利权人可以选择其中一个销售行为地人民法院管辖。

三、专利侵权的销售行为地应包括被告及其销售部、经营部、办事处等具体实施出售行为的地点及购买方所在地。

以上意见当否，请指示。

附件二：

北京市中级人民法院关于专利侵权案件管辖的请示报告

北京市高级人民法院：

一九九三年十二月二十八日，北京长城钛金技术联合开发公司向本庭提交一份诉状，状告遵化市钛金设备厂侵犯了其实用新型专利权。

北京长城钛金技术联合开发公司是以拥有“等离子体钛金加速器法镀膜技术”专门研制、生产钛金镀膜设备的高科技企业。1989 年 11 月 29 日获得了“等离子体加速器法离子镀膜装置”的实用新型专利。此专利一直由其自己实施，从未转让或许可他人实施该专利技术。1993 年 12 月，长城钛金技术联合开发公司发现遵化市钛金设备厂向北京齿轮厂不锈钢经营部销售了该公司所有的专利技术产品——等离子体镀膜机，认为该行为已构成了侵权，向法院起诉要求遵化市钛金设备厂立即停止生产、销售专利技术产品；赔礼道歉；并赔偿损失 25 万元人民币。

此案中侵权产品是在河北遵化制造后，销售到北京齿轮厂，因而造成侵权产品制造地、销售地不一致，从而涉及到一个地域管辖的问题。一九八七年六月二十九日《最高人民法院关于专利侵权纠纷案件地域管辖问题的通知》中第一条规定：未经专利权人许可，为了生产经营目的而制造、使用、销售发明或者实用新型专利产品以及制造、销售外观设计专利产品的，由该产品制造地的人民法院管辖；制造地不明时由该产品的使用地或者销售地的人民法院受理。此案的侵权产品制造地是遵化，依此规定应由遵化市法院受理此案。但在实践中执行起来，存在一些问题。

一、“民事诉讼法”规定，因侵权行为引起的诉讼由侵权行为地或被告所在地人民法院管辖。这一特殊管辖规定，给予专利持有人起诉时较大的选择自由，而最高法院的司法解释限制了起诉人对受诉法院的选择权。当原告依民事诉讼法规定提起专利侵权诉讼时，我院以制造地不在本市为由裁定不予受理，感到缺乏充足的法律依据。

二、目前专利持有人往往因顾虑地方保护主义的影响，不愿到侵权产品制造地或被告所在地向法院起诉。另外专利持有人选择侵权产品销售地法院起诉，也为了便利其诉讼，使纠纷得到及时解决。因此准许专利权持有人对受诉法院选择，有利于公正、及时地解决专利侵权案件，与加强对知识产权的保护的要求是相符合的。

鉴于以上理由，我院认为，未经专利持有人许可，非法制造、销售专利产品都是侵犯专利权的行为，专利持有人应当有权选择在制造地法院起诉或销售地法院起诉。因此，此案的原告依照“民事诉讼法”规定，向北京市中级人民法院提起专利侵权诉讼，我院应当受理。

以上意见妥否，请答复。

最高人民法院关于在专利侵权诉讼中当事人均拥有专利权应如何处理问题的批复

（1993 年 8 月 16 日实施　经他字〔1993〕第 20 号）

北京市高级人民法院：

你院京高法〔1992〕143 号关于《天津市东郊农牧场诉中国人民解放军 3608 工厂专利侵权上诉案》有关问题的请示收悉。经研究，答复如下：

在专利侵权诉讼中，人民法院应当依照中国专利局授予的有效专利权作为法律保护的客体，审查其是否受到侵害。至于原告的专利权或者原、被告双方各自拥有的专利权是否真正符合专利性条件，应当由诉讼当事人通过撤销程序或者无效程序解决；诉讼当事人不向专利复审委员会请示撤销或者宣告对方专利权无效的，人民法院应当认定诉讼当事人拥有的专利权有效。

对于相同或者类似产品，不同的人都拥有专利权的有以下三种情形：一是不同的发明人对该产品所作出的发明创造的发明点不同，他们的技术方案之间有本质区别；二是在后的专利技术是对在先的专利技术的改进或者改良，它比在先的专利技术更先进，但实施该技术有赖于实施前一项专利技术，因而它属于从属专利；三是因实用新型专利未经实质审查，前后两项实用新型专利的技术方案相同或者等同，后一项实用新型专利属于重复授权。

人民法院在审理专利侵权纠纷案件时，根据《中华人民共和国专利法》规定的先申请原则，只要原告先于被告提出专利申请，则应当依据原告的专利权保护范围，审查被告制造的产品主要技术特征是否完全覆盖原告的专利保护范围。在一般情况下，前述第一种情形由于被告发明的技术方案同原告发明的技术方案有本质的区别，故被告不构成侵权。后两种情形或者被告为了实施其从属专利而未经在先专利权人的许可，实施了在先的专利技术；或者由于前后两项实用新型专利的技术方案相同或者等同，被告对后一项重复授权专利技术的实施，均构成对原告专利权的侵犯。因此,人民法院不应当仅以被告拥有专利权为由,不进行是否构成专利侵权的分析判断即驳回原告的诉讼请示,而应当分析被告拥有专利权的具体情况以及与原告专利权的关系,从而判定是否构成侵权。

最高人民法院关于审理第一审专利案件聘请专家担任陪审员的复函

(1991 年 6 月 6 日　法〔经〕函〔1991〕64 号)

北京市高级人民法院:

你院京高法〔1990〕第 208 号请示收悉。经研究,同意你院的意见。人民法院在审理第一审专利案件时,可以根据该案件所涉及的技术领域,聘请有关技术专家担任陪审员。

最高人民法院关于审理专利申请权纠纷案件若干问题的通知

(1987 年 10 月 19 日实施　法〔经〕发〔1987〕29 号)

全国地方各级人民法院,各级军事法院,各铁路运输中级法院和基层法院,各海事法院:

自专利法实施以来,有关专利申请权的纠纷时有发生。为了正确地贯彻执行专利法及其实施细则,妥善解决专利申请权纠纷,保护专利申请权人的合法权益,现将有关问题通知如下:

一、当事人因专利申请权纠纷对其上级主管部门或者其所在地区专利管理机关的处理不服,向人民法院起诉的,人民法院应予受理。

二、专利申请权纠纷案件包括:

1. 关于是职务发明创造还是非职务发明创造的纠纷案件;

2. 关于谁是发明创造的发明人或者设计人的纠纷案件;

3. 关于协作(合作)完成或者接受委托完成的发明创造,谁有权申请专利的纠纷案件。

三、专利申请权纠纷案件的管辖,按我院1985年2月16日《关于开展专利审判工作的几个问题的通知》中有关案件管辖问题的第2项规定办理,即由各省、自治区、直辖市人民政府所在地的中级人民法院,各经济特区中级人民法院以及由各省、自治区高级人民法院根据实际需要,指定并报经我院同意的中级人民法院作为第一审法院。

四、人民法院对专利申请权纠纷作出的判决,发生法律效力后应及时抄送国家专利局。国家专利局或者专利复审委员会在对异议或者无效宣告请求进行审查或者复审的过程中,如果发现异议或者无效宣告请求是针对已为人民法院确认专利申请权提出的,而且异议人或者无效宣告请求人提出了新的证据和理由,则应中止专利审查或者复审程序,并将新的证据和理由送交有关人民法院。有关人民法院应认真审查处理,并将处理结果通知异议人或者无效宣告请求人和国家专利局或者专利复审委员会。

五、为防止发明创造失去新颖性,对于尚未公开的专利申请,人民法院审理专利申请权纠纷案件时,应当注意保密。

14 海事、交通

（一）司法解释

最高人民法院关于审理船舶碰撞纠纷案件若干问题的规定

（2008年5月19日 法释〔2008〕7号）

为正确审理船舶碰撞纠纷案件，依照《中华人民共和国民法通则》、《中华人民共和国民事诉讼法》、《中华人民共和国海商法》、《中华人民共和国海事诉讼特别程序法》等法律，制定本规定。

第一条 本规定所称船舶碰撞，是指海商法第一百六十五条所指的船舶碰撞，不包括内河船舶之间的碰撞。

海商法第一百七十条所指的损害事故，适用本规定。

第二条 审理船舶碰撞纠纷案件，依照海商法第八章的规定确定碰撞船舶的赔偿责任。

第三条 因船舶碰撞导致船舶触碰引起的侵权纠纷，依照海商法第八章的规定确定碰撞船舶的赔偿责任。

非因船舶碰撞导致船舶触碰引起的侵权纠纷，依照民法通则的规定确定触碰船舶的赔偿责任，但不影响海商法第八章之外其他规定的适用。

第四条 船舶碰撞产生的赔偿责任由船舶所有人承担，碰撞船舶在光船租赁期间并经依法登记的，由光船承租人承担。

第五条 因船舶碰撞发生的船上人员的人身伤亡属于海商法第一百六十九条第三款规定的第三人的人身伤亡。

第六条 碰撞船舶互有过失造成船载货物损失,船载货物的权利人对承运货物的本船提起违约赔偿之诉,或者对碰撞船舶一方或者双方提起侵权赔偿之诉的,人民法院应当依法予以受理。

第七条 船载货物的权利人因船舶碰撞造成其货物损失向承运货物的本船提起诉讼的,承运船舶可以依照海商法第一百六十九条第二款的规定主张按照过失程度的比例承担赔偿责任。

前款规定不影响承运人和实际承运人援用海商法第四章关于承运人抗辩理由和限制赔偿责任的规定。

第八条 碰撞船舶船载货物权利人或者第三人向碰撞船舶一方或者双方就货物或其他财产损失提出赔偿请求的,由碰撞船舶方提供证据证明过失程度的比例。无正当理由拒不提供证据的,由碰撞船舶一方承担全部赔偿责任或者由双方承担连带赔偿责任。

前款规定的证据指具有法律效力的判决书、裁定书、调解书和仲裁裁决书。对于碰撞船舶提交的国外的判决书、裁定书、调解书和仲裁裁决书,依照民事诉讼法第二百六十六条和第二百六十七条规定的程序审查。

第九条 因起浮、清除、拆毁由船舶碰撞造成的沉没、遇难、搁浅或被弃船舶及船上货物或者使其无害的费用提出的赔偿请求,责任人不能依照海商法第十一章的规定享受海事赔偿责任限制。

第十条 审理船舶碰撞纠纷案件时,人民法院根据当事人的申请进行证据保全取得的或者向有关部门调查收集的证据,应当在当事人完成举证并出具完成举证说明书后出示。

第十一条 船舶碰撞事故发生后,主管机关依法进行调查取得并经过事故当事人和有关人员确认的碰撞事实调查材料,可以作为人民法院认定案件事实的证据,但有相反证据足以推翻的除外。

最高人民法院关于审理海上保险纠纷案件若干问题的规定

（2006年11月13日最高人民法院审判委员会第1405次会议通过
2006年11月23日公布　自2007年1月1日起施行　法释〔2006〕10号）

为正确审理海上保险纠纷案件，依照《中华人民共和国海商法》、《中华人民共和国保险法》、《中华人民共和国海事诉讼特别程序法》和《中华人民共和国民事诉讼法》的相关规定，制定本规定。

第一条　审理海上保险合同纠纷案件，适用海商法的规定；海商法没有规定的，适用保险法的有关规定；海商法、保险法均没有规定的，适用合同法等其他相关法律的规定。

第二条　审理非因海上事故引起的港口设施或者码头作为保险标的的保险合同纠纷案件，适用保险法等法律的规定。

第三条　审理保险人因发生船舶触碰港口设施或者码头等保险事故，行使代位请求赔偿权利向造成保险事故的第三人追偿的案件，适用海商法的规定。

第四条　保险人知道被保险人未如实告知海商法第二百二十二条第一款规定的重要情况，仍收取保险费或者支付保险赔偿，保险人又以被保险人未如实告知重要情况为由请求解除合同的，人民法院不予支持。

第五条　被保险人未按照海商法第二百三十四条的规定向保险人支付约定的保险费的，保险责任开始前，保险人有权解除保险合同，但保险人已经签发保险单证的除外；保险责任开始后，保险人以被保险人未支付保险费请求解除合同的，人民法院不予支持。

第六条　保险人以被保险人违反合同约定的保证条款未立即书面通知保险人为由，要求从违反保证条款之日起解除保险合同的，人民法院应予支持。

第七条　保险人收到被保险人违反合同约定的保证条款书面通知后仍支付保

险赔偿,又以被保险人违反合同约定的保证条款为由请求解除合同的,人民法院不予支持。

第八条 保险人收到被保险人违反合同约定的保证条款的书面通知后,就修改承保条件、增加保险费等事项与被保险人协商未能达成一致的,保险合同于违反保证条款之日解除。

第九条 在航次之中发生船舶转让的,未经保险人同意转让的船舶保险合同至航次终了时解除。船舶转让时起至航次终了时止的船舶保险合同的权利、义务由船舶出让人享有、承担,也可以由船舶受让人继受。

船舶受让人根据前款规定向保险人请求赔偿时,应当提交有效的保险单证及船舶转让合同的证明。

第十条 保险人与被保险人在订立保险合同时均不知道保险标的已经发生保险事故而遭受损失,或者保险标的已经不可能因发生保险事故而遭受损失的,不影响保险合同的效力。

第十一条 海上货物运输中因承运人无正本提单交付货物造成的损失不属于保险人的保险责任范围。保险合同当事人另有约定的,依约定。

第十二条 发生保险事故后,被保险人为防止或者减少损失而采取的合理措施没有效果,要求保险人支付由此产生的合理费用的,人民法院应予支持。

第十三条 保险人在行使代位请求赔偿权利时,未依照海事诉讼特别程序法的规定,向人民法院提交其已经向被保险人实际支付保险赔偿凭证的,人民法院不予受理;已经受理的,裁定驳回起诉。

第十四条 受理保险人行使代位请求赔偿权利纠纷案件的人民法院应当仅就造成保险事故的第三人与被保险人之间的法律关系进行审理。

第十五条 保险人取得代位请求赔偿权利后,以被保险人向第三人提起诉讼、提交仲裁、申请扣押船舶或者第三人同意履行义务为由主张诉讼时效中断的,人民法院应予支持。

第十六条 保险人取得代位请求赔偿权利后,主张享有被保险人因申请扣押船舶取得的担保权利的,人民法院应予支持。

第十七条 本规定自2007年1月1日起施行。

最高人民法院关于可否将航道养护费的缴付请求列入船舶优先权问题的批复

（2003 年 6 月 3 日最高人民法院审判委员会第 1274 次会议通过
2003 年 12 月 8 日公布　自 2003 年 12 月 13 日起施行　法释〔2003〕18 号）

广东省高级人民法院：

你院〔2002〕粤高法经二请字第 2 号《关于可否将航道养护费的缴付请求列入船舶优先权的请示》收悉。经研究，答复如下：

根据《中华人民共和国航道管理条例》、《中华人民共和国水路运输管理条例》的有关规定，航行于我国沿海、江河、湖泊及其他通航水域内的船舶、排筏应当按照国家规定缴纳航道养护费。水路运输企业和其他从事营业性运输和非营业性运输的单位、个人必须按照国家规定缴纳航道养护费等费用。因此，有关航道养护费的缴付请求，可以适用《中华人民共和国海商法》第二十二条第一款第（三）项的规定，具有船舶优先权。

最高人民法院关于购买人使用分期付款购买的车辆从事运输因交通事故造成他人财产损失保留车辆所有权的出卖方不应承担民事责任的批复

（2000 年 11 月 21 日最高人民法院审判委员会第 1143 次会议通过
2000 年 12 月 1 日公布　自 2000 年 12 月 8 日起施行　法释〔2000〕38 号）

四川省高级人民法院：

你院川高法〔1999〕2 号《关于在实行分期付款、保留所有权的车辆买卖合同履行过程中购买方使用该车辆进行货物运输给他人造成损失的，出卖方是否应当承担民事责任的请示》收悉。经研究，答复如下：

采取分期付款方式购车，出卖方在购买方付清全部车款前保留车辆所有权的，购买方以自己名义与他人订立货物运输合同并使用该车运输时，因交通事故造成他人财产损失的，出卖方不承担民事责任。

最高人民法院关于被盗机动车辆肇事后由谁承担损害赔偿责任问题的批复

（1999年6月18日最高人民法院审判委员会第1069次会议通过 1999年6月25日公布 自1999年7月3日起施行 法释〔1999〕13号）

河南省高级人民法院：

你院《关于被盗机动车辆肇事后肇事人逃跑由谁承担损害赔偿责任的请示》收悉。经研究，答复如下：

使用盗窃的机动车辆肇事，造成被害人物质损失的，肇事人应当依法承担损害赔偿责任，被盗机动车辆的所有人不承担损害赔偿责任。

最高人民法院关于交通事故中的财产损失是否包括被损车辆停运损失问题的批复

（1999年1月29日最高人民法院审判委员会第1042次会议通过 1999年2月11日公布 自1999年2月13日起施行 法释〔1999〕5号）

吉林省高级人民法院：

你院吉高法〔一九九八〕一百四十三号《关于交通事故损害赔偿中的财产损失

是否包括间接损失问题的请示》收悉。经研究,答复如下:

《中华人民共和国民法通则》第一百一十七条第二款、第三款规定:“损坏国家的、集体的财产或者他人财产的,应当恢复原状或者折价赔偿。”“受害人因此遭受其他重大损失的,侵害人并应当赔偿损失。”因此,在交通事故损害赔偿案件中,如果受害人以被损车辆正用于货物运输或者旅客运输经营活动,要求赔偿被损车辆修复期间的停运损失的,交通事故责任者应当予以赔偿。

最高人民法院关于承运人就海上货物运输向托运人、收货人或提单持有人要求赔偿的请求权时效期间的批复

(1997年7月11日最高人民法院审判委员会第921次会议通过　自1997年8月7日起施行　法释〔1997〕3号)

山东省高级人民法院:

你院鲁法经〔1996〕74号《关于赔偿请求权时效期间的请示》收悉。经研究,答复如下:

承运人就海上货物运输向托运人、收货人或提单持有人要求赔偿的请求权,在有关法律未予以规定前,比照适用《中华人民共和国海商法》第二百五十七条第一款的规定,时效期间为一年,自权利人知道或者应当知道权利被侵害之日起计算。

最高人民法院关于审理船舶碰撞和触碰案件财产损害赔偿的规定

(1995年10月18日最高人民法院审判委员会第735次会议讨论通过)

根据《中华人民共和国民法通则》和《中华人民共和国海商法》的有关规定,结

合我国海事审判实践并参照国际惯例，对审理船舶碰撞和触碰案件的财产损害赔偿规定如下：

一、请求人可以请求赔偿对船舶碰撞或者触碰所造成的财产损失，船舶碰撞或者触碰后相继发生的有关费用和损失，为避免或者减少损害而产生的合理费用和损失，以及预期可得利益的损失。

因请求人的过错造成的损失或者使损失扩大的部分，不予赔偿。

二、赔偿应当尽量达到恢复原状，不能恢复原状的折价赔偿。

三、船舶损害赔偿分为全损赔偿和部分损害赔偿。

（一）船舶全损的赔偿包括：

船舶价值损失；

未包括在船舶价值内的船舶上的燃料、物料、备件、供应品，渔船上的捕捞设备、网具、渔具等损失；

船员工资、遣返费及其他合理费用。

（二）船舶部分损害的赔偿包括：合理的船舶临时修理费、永久修理费及辅助费用、维持费用，但应满足下列条件：

船舶应就近修理，除非请求人能证明在其他地方修理更能减少损失和节省费用，或者有其他合理的理由。如果船舶经临时修理可继续营运，请求人有责任进行临时修理；

船舶碰撞部位的修理，同请求人为保证船舶适航，或者因另外事故所进行的修理，或者与船舶例行的检修一起进行时，赔偿仅限于修理本次船舶碰撞的受损部位所需的费用和损失。

（三）船舶损害赔偿还包括：

合理的救助费，沉船的勘查、打捞和清除费用，设置沉船标志费用；

拖航费用，本航次的租金或者运费损失，共同海损分摊；

合理的船期损失；

其他合理的费用。

四、船上财产的损害赔偿包括：

船上财产的灭失或者部分损坏引起的贬值损失；

合理的修复或者处理费用；

合理的财产救助、打捞和清除费用，共同海损分摊；

其他合理费用。

五、船舶触碰造成设施损害的赔偿包括：

设施的全损或者部分损坏修复费用；

设施修复前不能正常使用所产生的合理的收益损失。

六、船舶碰撞或者触碰造成第三人财产损失的，应予赔偿。

七、除赔偿本金外，利息损失也应赔偿。

八、船舶价值损失的计算，以船舶碰撞发生地当时类似船舶的市价确定；碰撞发生地无类似船舶市价的，以船舶船籍港类似船舶的市价确定，或者以其他地区类似船舶市价的平均价确定；没有市价的，以原船舶的造价或者购置价，扣除折旧（折旧率按年4～10%）计算；折旧后没有价值的按残值计算。

船舶被打捞后尚有残值的，船舶价值应扣除残值。

九、船上财产损失的计算：

（一）货物灭失的，按照货物的实际价值，即以货物装船时的价值加运费加请求人已支付的货物保险费计算，扣除可节省的费用；

（二）货物损坏的，以修复所需的费用，或者以货物的实际价值扣除残值和可节省的费用计算；

（三）由于船舶碰撞在约定的时间内迟延交付所产生的损失，按迟延交付货物的实际价值加预期可得利润与到岸时的市价的差价计算，但预期可得利润不得超过货物实际价值的10%；

（四）船上捕捞的鱼货，以实际的鱼货价值计算。鱼货价值参照海事发生时当地市价，扣除可节省的费用；

（五）船上渔具、网具的种类和数量，以本次出海捕捞作业所需量扣减现存量计算，但所需量超过渔政部门规定或者许可的种类和数量的，不予认定；渔具、网具的价值，按原购置价或者原造价扣除折旧费用和残值计算；

（六）旅客行李、物品（包括自带行李）的损失，属本船旅客的损失，依照海商法的规定处理；属他船旅客的损失，可参照旅客运输合同中有关旅客行李灭失或者损坏的赔偿规定处理；

（七）船员个人生活必需品的损失，按实际损失适当予以赔偿；

（八）承运人与旅客书面约定由承运人保管的货币、金银、珠宝、有价证券或者其他贵重物品的损失，依海商法的规定处理；船员、旅客、其他人员个人携带的货币、金银、珠宝、有价证券或者其他贵重物品的损失，不予认定；

（九）船上其他财产的损失，按其实际价值计算。

十、船期损失的计算：

期限：船舶全损的，以找到替代船所需的合理期间为限，但最长不得超过两个月；船舶部分损害的修船期限，以实际修复所需的合理期间为限，其中包括联系、住坞、验船等所需的合理时间；渔业船舶，按上述期限扣除休渔期为限，或者以一个渔汛期为限。

船期损失，一般以船舶碰撞前后各两个航次的平均净盈利计算；无前后各两个航次可参照的，以其他相应航次的平均净盈利计算。

渔船渔汛损失，以该渔船前 3 年的同期渔汛平均净收益计算，或者以本年内同期同类渔船的平均净收益计算。计算渔汛损失时，应当考虑到碰撞渔船在对船捕鱼作业或者围网灯光捕鱼作业中的作用等因素。

十一、租金或者运费损失的计算：

碰撞导致期租合同承租人停租或者不付租金的，以停租或者不付租金额，扣除可节省的费用计算。

因货物灭失或者损坏导致倒付运费损失的，以尚未收取的运费金额扣除可节省的费用计算。

十二、设施损害赔偿的计算：

期限：以实际停止使用期间扣除常规检修的期间为限；

设施部分损坏或者全损，分别以合理的修复费用或者重新建造的费用，扣除已使用年限的折旧费计算；

设施使用的收益损失，以实际减少的净收益，即按停止使用前 3 个月的平均净盈利计算；部分使用并有收益的，应当扣减。

十三、利息损失的计算：

船舶价值的损失利息，从船舶损失停止计算之日起至判决或者调解指定的应付之日止；

其他各项损失的利息，从损失发生之日或者费用产生之日起计算至判决或调解指定的应付之日止；

利息按本金性质的同期利率计算。

十四、计算损害赔偿的货币，当事人有约定的，依约定；没有约定的，按以下相关的货币计算：

按船舶营运或者生产经营所使用的货币计算；

船载进、出口货物的价值，按买卖合同或者提单、运单记明的货币计算；

以特别提款权计算损失的，按法院判决或者调解之日的兑换率换算成相应的货币。

十五、本规定不包括对船舶碰撞或者触碰责任的确定，不影响船舶所有人或者承运人依法享受免责和责任限制的权利。

十六、本规定中下列用语的含义：

“船舶”是指所有用作或者能够用作水上运输工具的各类水上船筏，包括非排水船舶和水上飞机。但是用于军事的和政府公务的船舶除外。

“设施”是指人为设置的固定或者可移动的构造物，包括固定平台、浮鼓、码头、堤坝、桥梁、敷设或者架设的电缆、管道等。

“船舶碰撞”是指在海上或者与海相通的可航水域，两艘或者两艘以上的船舶之间发生接触或者没有直接接触，造成财产损害的事故。

“船舶触碰”是指船舶与设施或者障碍物发生接触并造成财产损害的事故。

“船舶全损”是指船舶实际全部损失，或者损坏已达到相当严重的程度，以至于救助、打捞、修理费等费用之和达到或者超过碰撞或者触碰发生前的船舶价值。

“辅助费用”是指为进行修理而产生的合理费用，包括必要的进坞费、清舱除气费、排放油污水处理费、港口使用费、引航费、检验费以及修船期间所产生的住坞费、码头费等费用，但不限于上述费用。

“维持费用”是指船舶修理期间，船舶和船员日常消耗的费用，包括燃料、物料、淡水及供应品的消耗和船员工资等。

十七、本规定自发布之日起施行。

最高人民法院关于印发《关于审理铁路运输损害赔偿案件若干问题的解释》的通知

（1994 年 10 月 27 日　法发〔1994〕25 号）

各省、自治区、直辖市高级人民法院，各铁路运输中级法院和基层法院：

现将《最高人民法院关于审理铁路运输损害赔偿案件若干问题的解释》印发给你们，请遵照执行。

最高人民法院印发《关于审理涉外海上人身伤亡案件损害赔偿的具体规定（试行）》的通知

（1992 年 5 月 16 日　法发〔1992〕16 号）

各省、自治区、直辖市高级人民法院，解放军军事法院，各海事法院：

现将我院《关于审理涉外海上人身伤亡案件损害赔偿的具体规定（试行）》印发给你们，请认真组织试行。在试行中注意总结经验，有何问题和意见，请各有关高级人民法院及时报告我院。

附：

最高人民法院关于审理涉外海上人身伤亡案件损害赔偿的具体规定(试行)

(1991 年 11 月 8 日最高人民法院审判委员会第 521 次会议通过 1992 年 5 月 16 日发布 法发〔1992〕16 号)

为了正确及时地审理涉外海上人身伤亡损害赔偿案件,保护当事人的合法权益,依据《中华人民共和国民法通则》有关规定,结合我国海事审判实践,参照国际习惯作法,特作如下具体规定:

一、涉外海上人身伤亡损害赔偿案件,是指案件的主体、客体和法律事实具有涉外因素的,在海上(含通海水域)和港口作业过程中因受害人的生命、健康受到侵害所引起的海事赔偿案件。伤残者本人、死亡者遗属均有权依法向有管辖权的海事法院提起诉讼,请求侵权人赔偿损失。根据《中华人民共和国民事诉讼法》第十五条规定,伤亡者所在单位可以支持伤残者及死亡者遗属向法院起诉。

二、责任的承担

除法律另有规定者外,损害的发生完全是因一方的过错造成的,由该过错方承担全部责任;互有过错的,按过错程度比例分别承担责任;过错程度比例难以确定的,由各自平均承担责任。

二人以上共同侵权造成他人损害,侵害人承担连带责任。船舶所有人、经营人、承租人、救助人等的受雇人员在执行职务过程中造成第三者伤亡的,由船舶所有人、经营人、承租人或救助人承担赔偿责任。

三、伤残赔偿范围

(一)收入损失。是指根据伤残者受伤致残之前的实际收入水平计算的收入损失。因受伤、致残丧失劳动能力者,按受伤、致残之前的实际收入的全额赔偿;因受伤、致残丧失部分劳动能力者,按受伤、致残前后的实际收入的差额赔偿。

(二)医疗、护理费。医疗费包括挂号费、检查诊断费、治疗医药费、住院费等;护理费包括住院期间必需陪护人的合理费用和出院后生活不能自理所雇请的护理人的费用。

(三)安抚费。是指对受伤致残者的精神损失所给予的补偿。可按伤势轻重、伤痛情况、残废程度,并考虑其年龄、职业等因素作一次性的赔付。

(四)其他必要的费用。包括运送伤残人员的交通、食宿之合理费用、伤愈前的营养费、补救性治疗(整容、镶牙等)费、残疾用具(假肢、代步车等)费、医疗期间陪住家属的交通费、食宿费等合理支出。

四、死亡赔偿范围和计算公式

(一)收入损失。是指根据死者生前的综合收入水平计算的收入损失。收入损失 =(年收入 - 年个人生活费)× 死亡时起至退休的年数 + 退休收入 ×10

死者年个人生活费占年收入的 25%—30%。

(二)医疗、护理费(具体内容参见前条第(二)项)。

(三)安抚费。是指对死者遗属的精神损失所给予的补偿。

(四)丧葬费。包括运尸、火化、骨灰盒和一期骨灰存放费等合理支出。但以死者生前 6 个月的收入总额为限。

(五)其他必要的费用。包括寻找尸体、遗属的交通、食宿及误工等合理费用。

五、受伤者的收入损失,计算到伤愈为止;致残者的收入损失,计算到 70 岁;死亡者的收入损失,计算到 70 岁。

70 岁以上致残或死亡的,其计算收入损失的年限不足 5 年者,按 5 年计算,并予以一次性赔付(综合考虑利率及物价上涨因素)。

六、伤亡者本人无固定工资收入的,其收入损失可比照同岗位、同工种、同职务的人员工资标准,或按其所在地区正常年度内的收入计算。

伤亡者为待业人员及其他无固定工资收入的,按其所在地的平均生活水平计算。伤亡者为未成年人的,可参照本款以 18 岁为起点计算。

伤亡者为我国公民的,其对外索赔的标准,可参照我国有关部门制定的对外索赔工资标准处理。

七、海上人身伤亡损害赔偿的最高限额为每人80万元人民币。

八、赔偿费应赔付给死者遗属、伤残者本人。伤亡者所在单位或者其他单位或个人为处理伤亡事故所垫付的费用,应从赔偿费中返还。

九、当事人双方国籍相同或者在同一国家有住所的,可以适用当事人本国法律或者住所地法律。

十、本规定自1992年7月1日起试行。

(二)司法性文件

最高人民法院关于海事审判工作发展的若干意见

(2006年11月9日　法发〔2006〕27号)

海事审判是人民法院审判工作的重要组成部分。1984年11月全国人大常委会作出《关于在沿海港口城市设立海事法院的决定》,首次明确了海事法院的法律地位。最高人民法院根据这一决定,先后在大连、天津、青岛、上海、广州、武汉、海口、厦门、宁波和北海设立了10个专门审理海事海商纠纷案件的海事法院。海事法院所在地的高级人民法院负责审理不服其辖区内海事法院的判决和裁定提起的上诉案件,并对海事法院的审判工作进行监督。最高人民法院负责监督、指导全国海事审判工作。至此,我国成为世界上建立专门海事司法机构最多的国家。

海事法院成立以来,坚持公正司法、一心为民,坚持与时俱进、开拓创新,坚持遵循海事审判规律,不断完善海事诉讼制度,不断提高审判质量和效率,充分发挥专门审判职能,依法公正审理了大量海事海商纠纷案件,为经贸和航运事业的发展提供了优质的司法保障,为建立规范的海事审判制度、完善海事立法以及海事法律的研究提供了宝贵的实践经验。目前,海事司法已成为中国司法的对外窗口,国际影响力和公信力不断增强。

进入21世纪,海事审判工作面临着前所未有的机遇和挑战。世界多极化和经济全球化不断推动世界格局的变化,有力地促进了我国全方位、多层次、宽领域的对外开放,对外经贸和航运发展势头更加强劲,国际航运中心和区域航运中心建设方兴未艾,海运经济和海洋经济在我国国民经济中将占有更加重要的地位,这一领域的司法保障需求日益凸显。随着经贸航运事业的迅速发展,海事海商纠纷不断增加,海事法律关系日趋复杂,海事审判任务越来越重,面临的考验也越来越严峻,加强海事审判工作势在必行。

一、海事审判工作的主要任务和指导原则

1. 今后五年海事审判工作的主要任务是：以邓小平理论和“三个代表”重要思想为指导，坚持科学发展观，牢固树立社会主义法治理念，按照“公正司法，一心为民”的方针，围绕“公正与效率”工作主题，充分发挥海事审判职能作用，遵循海事审判工作规律，健全和完善海事审判制度，规范海事司法行为，增强司法能力，提高司法水平，努力实现法官职业化，全面提升我国海事司法的权威性和公信力，为经贸和航运事业的发展提供更加有力的司法保障，为实现“十一五”规划的奋斗目标，为构建社会主义和谐社会做出新贡献。

2. 加强海事审判工作，必须坚持科学发展观既要坚持一切从实际出发，努力探索符合中国特色的海事审判工作发展思路，又要坚持对外开放，充分借鉴国际通行的海事司法制度，保持开阔的国际视野，公正维护国际航运市场秩序。

3. 加强海事审判工作，必须坚持社会主义法治理念。一要牢固树立依法治国的理念，不断建立公正、高效、权威的海事审判制度；二要牢固树立司法为民的理念，按照“公正司法，一心为民”的方针，维护人民群众的根本利益，依法保护中外当事人的合法权益；三要牢固树立公平正义的理念，发挥海事法院的优势，排除地方保护主义、部门保护主义的影响和干扰，公正审理各类海事海商纠纷案件；四要牢固树立服务大局的理念，把海事审判工作置于党和国家工作大局中进行谋划；五要牢固树立党的领导的理念，提高在新形势下加强党对海事审判工作领导重大意义的认识，保持海事审判队伍忠于国家、忠于人民、忠于法律的本色，开创海事审判工作新局面。

二、健全和完善海事审判制度，充分发挥专门审判职能作用

4. 进一步理顺海事司法行政体制，根据海事审判工作的特点和规律，努力优化人、财、物等审判资源配备机制。逐步统一海事法院现有的管理模式和财政体制，为今后海事法院的发展奠定坚实的基础。

5. 进一步完善海事海商案件专门管辖制度。海事海商案件的专门管辖制度是

我国海事审判制度的基础。海事法院应当依法受理案件，当事人不得通过协议方式、地方人民法院不得通过改变案由排除海事法院专门管辖。地方人民法院违反法律规定以及最高人民法院的有关规定受理海事海商案件的，只要一方当事人提出管辖异议，上级人民法院应当予以支持，将案件移送有管辖权的海事法院审理；上级人民法院发现地方人民法院受理海事海商案件的，也可以依职权予以撤销。最高人民法院和各高级人民法院要加大监督力度，确保海事海商案件专门管辖这一法律制度落到实处。2007 年，最高人民法院将对海事海商案件的专门管辖问题进行专项检查，发现违反规定受理案件的，坚决予以纠正并通报。

适时调整海事法院的案件管辖范围，有关陆源污染海域及通海可航水域案件应当由海事法院管辖。要充分发挥海事法院跨行政区域设置的优势，充分利用专业特长，积极支持环保公益诉讼，有选择性地管辖一批此类案件。当前，要重点管辖陆源污染渤海水域案件和陆源污染长江水域的案件。同时，要进一步研究海事行政案件的管辖问题，逐步理顺海事行政案件的管辖。

6. 进一步加强海事海商二审案件的审理。相关高级人民法院要加强海事审判的力量，加大海事审判的力度，切实履行上诉审法院的职责，准确把握裁判尺度，保证海事审判质量。

7. 进一步完善海事审判监督制度。相关高级人民法院应当指定审理海事海商案件的审判庭归口审理海事海商管辖案件以及海事审判监督案件，保证裁判尺度的统一。改革海事审判监督制度，制定海事海商再审案件的立案标准以及审理程序，案件再审前可实行听证制度，必要时可实行 5 人合议制。

8. 进一步完善合议庭制度。海事法院可以根据案件的类型，相对固定合议庭，提高法官的专业化水平。

9. 进一步完善海事审判陪审员制度。制定陪审员的适用范围、选任等规定，逐步建立海事海商案件专家陪审员制度。

10. 进一步完善海事执行制度。规范诉讼前、诉讼中及执行阶段的扣押和拍卖船舶等强制措施，维护司法权威。

三、坚持科学的审判理念，公开、公正审理海事海商案件

11. 坚持公开审判的原则，以公开促公正。海事海商案件的立案、开庭、裁判结

果依法应当公开的均要公开。所有生效的涉外海事海商判决书要在中国涉外商事海事审判网以及各法院的门户网站上公布,并在三年内实现全部生效裁判文书对外公布。

12. 充分尊重当事人意思自治。在不违反法律原则和公共秩序的前提下,诉讼当事人可以最大限度地处分自己的诉讼权利和实体权利。海事诉讼活动中,在不影响第三方利益和公共秩序的前提下,经双方当事人同意并记录在案,诉讼程序可以简化。

13. 认真落实便民诉讼原则,减少当事人的诉讼成本。在安排诉讼活动时,要充分考虑当事人的利益,减少不必要的讼累。注重调解工作,坚持"能调则调,当判则判,调判结合,案结事了"的原则,提高调解结案率。

14. 加强裁判文书的说理性,提高裁判文书的质量。裁判文书应当全面客观地反映审判的全过程,对当事人请求的事项和诉讼权利义务依法准确地做出解释和裁决。海事海商案件一、二审判决书可以参照最高人民法院制作的涉外商事纠纷案件判决书参考样式制作。

四、加强审判监督和指导,统一裁判尺度

15. 加强司法解释工作,对目前海事审判中存在的带有普遍性、典型性的问题进行研究,及时提出指导性意见。就海上保险、无单放货、沿海内河运输、货运代理、油污损害赔偿、船舶碰撞以及海事赔偿责任限制基金程序等法律适用问题,制定司法解释,统一裁判尺度。

16. 加强审判业务指导,提高审判水平。相关高级人民法院和海事法院应及时研究海事审判中的有关问题,总结两审法院在审判实践中的经验,确保本辖区内审结的所有案件符合司法统一的要求。

17. 加强案件评查工作。建立海事海商案件评查制度,最高人民法院要不定期地进行案件评查,并适时组织海事法院之间、相关高级人民法院之间的相互评查,及时发现审判工作中存在的问题,促进审判质量的不断提高。

18. 加强审判业务交流。通过定期举办审判业务研讨会等方式,对海事审判中存在的热点难点问题进行研讨和总结,以统一认识,提高司法能力,同时为最高人

民法院出台相关司法解释和司法解释性文件奠定基础。

19. 加强典型案例的指导作用。相关高级人民法院要挑选部分典型案例报送最高人民法院，由最高人民法院进行选编，定期编辑下发。从2007年开始，最高人民法院将每年编辑一到两期案例选编，指导海事审判工作。

五、规范诉讼活动，确保程序公正

20. 规范诉讼程序。进一步完善海事诉讼指引制度、风险提示制度、案件审理排期制度、延长审限理由告知等制度，避免当事人告状无门或者违规立案情况的发生；进一步规范庭审活动，强化当事人举证、质证和证据交换等程序；进一步规范海事执行活动，公开执行的所有环节，做到依法规范执行、廉洁文明执行。

21. 规范简易程序的适用。海事法院审理事实清楚、权利义务明确且争议不大的海事海商案件可以依照民事诉讼法规定的简易程序审理。2007年，最高人民法院将制定海事海商案件简易程序的具体规定，明确简易程序的适用范围、诉讼程序、裁判文书的制作。

22. 加强派出法庭规范化建设。相关高级人民法院应当将海事法院的派出法庭工作纳入到人民法庭的管理范畴，解决建设和经费保障等问题。要根据海事审判的需要，规范派出法庭的设置，加强派出法庭的人员管理，统一工作守则，严格审判流程，确保案件质量。2007年，最高人民法院将对海事法院派出法庭的各项工作进行抽查，指导相关高级人民法院和海事法院解决派出法庭工作中存在的困难和问题。

23. 严格规范海事诉讼收费标准。海事法院和上诉审高级人民法院要严格依照法律规定以及最高人民法院的有关规定，公开所有收费项目及收费标准。要加强在立案、诉前和诉讼中扣押、拍卖船舶以及执行等收费环节的监管，避免滥收费现象的发生。实践中需要统一的收费项目和标准，要在广泛征求意见的基础上制定相应的法律文件，使海事诉讼收费有法可依，有据可查。

六、加强审判管理，提高工作质量和效率

24. 加强审判流程管理、审判质量管理和审判组织运作管理，严格责任制，做到权责分明。完善海事司法各主要环节的运作机制，提高海事法院内部机构之间的

协调配合能力,使整个审判活动更加科学规范,更加简捷经济,更加实际有效。

25. 加强信息技术的运用,提高审判工作的科技含量。逐步推广庭审记录数字化,用录音录像同步记录庭审全过程,提高庭审的质量和效率。建立诉讼档案电子数据库,对建院以来已结案的裁判文书,进行电子数据处理,方便保存和查阅。

26. 加强审判信息沟通工作,保证各海事法院之间、海事法院与上级法院之间审判信息的畅通对有关海事法院扣押、拍卖外籍船舶以及重大案件的审判信息要及时向最高人民法院通报备案。

27. 加强对外宣传工作。各海事法院要建立新闻发言人制度,统一对外发布重大的工作部署和重要举措、各类大案要案及社会关注案件的审判情况,确保社会公众的知情权。要充分利用涉外商事海事审判网站,宣传海事审判工作,不断增强海事审判工作的透明度,不断扩大海事审判的影响力。

七、加强队伍建设,率先实现法官职业化

28. 深入开展社会主义法治理念教育,坚持“公正司法,一心为民”的方针教育法官树立正确的世界观、人生观和价值观,坚持“八荣八耻”,坚定理想信念。

29. 加强司法能力建设,提高海事法官司法水平。海事法官不仅要精通法律,还要熟悉航海技术知识;不仅要精通海事海商法律,还要精通普通的民商法。要不断提高法官驾驭庭审、司法调解、运用法律和裁判文书说理的能力,大力培养懂法律、懂经贸、懂航运、懂外语的专家型职业法官。

30. 加强海事法官的职业培训。最高人民法院每年负责组织一到两次海事法官的培训,海事法院和上诉审高级人民法院也要定期组织海事法官的培训。培训的内容主要包括年轻海事法官到有关实务部门学习、民商事法律基础培训、专业技能培训三个方面,不断实现知识更新。

31. 建立科学的海事法官队伍管理模式。相关高级人民法院要认真行使海事法官的干部管理监督职责,制定海事法官队伍建设的长远规划。为开拓海事法官的视野,相关高级人民法院应选派海事法院的法官到地方人民法院或者上级人民法院进行交流。要加强海事法院领导班子建设,选好配强“一把手”。对海事法院的领导干部要纳入普通中级人民法院的领导干部序列中进行培养、晋升和交流使

用,促进海事法院的健康发展。

八、加强合作与交流,扩大国际影响力

32. 组织海事法官参加中国代表团参与有关国际海事公约的起草和修改工作。学习和借鉴其他国家海事司法的经验和做法,提高我国海事立法和司法水平。

33. 选派优秀法官到海事法律制度比较成熟的国家进行培训和访问,拓宽法官的国际视野。培训的方式可采用到外国知名大学进行定期培训,也可把国际上知名的海事法律专家和海事法官请进来,组织法官在国内集中培训。通过各种形式的培训,帮助法官及时掌握国际航运市场的发展动态,了解国际海事法律的最新发展动向。

34. 举办国际海事司法论坛,了解各国海事司法动态和信息,同时向世界介绍中国的海事司法制度、扩大我国海事审判的国际影响力。

九、加强领导,促进海事审判工作的全面可持续发展。

35. 实现海事审判工作全面发展,领导是关键。相关高级人民法院要加强对海事法院的监督和指导,把海事审判的发展列为重要工作内容,对所属海事法院的基本建设、队伍建设以及海事审判工作中存在的问题进行研究,尽快采取切实可行的措施加以解决。海事法院应当将各项工作的情况包括遇到的困难和存在的问题及时向上级法院报告,自觉接受上级法院的监督和指导。海事法院和上诉审高级人民法院要站在战略的高度,按照最高人民法院的要求,振奋精神,扎实上作,开拓进取,努力探索海事审判发展的新思路,开创海事审判工作的新局面。

最高人民法院民事审判第四庭、中国海事局关于规范海上交通事故调查与海事案件审理工作的指导意见

(2006 年 1 月 19 日　法民四〔2006〕第 1 号)

各海事局、各海事法院、海事法院所在地的各高级人民法院:

为规范海上交通事故调查和海事案件审理,加强海事局与海事法院之间的工

作协调与配合，共同维护海上交通运输安全秩序，最高人民法院民事审判第四庭、中国海事局经研究，制定以下工作指导意见。请遵照执行。

一、海事调查与海事诉讼

（一）海事局作为国家海上安全监督管理主管机关，对海上交通事故依法行使行政管理权。人民法院作为国家审判机关，依法审理因海上交通事故提起的诉讼案件。海事局、海事法院依法独立行使职权。为查处海上交通事故，审理海事案件，应当相互配合、互相协商，提供工作方便，提高工作效率和执法、司法水平。

（二）中国海事局、最高人民法院民事审判第四庭对于突发的有重大社会影响的海上交通事故，应当建立海事调查与海事诉讼协调机制，协助海事局和海事法院妥善处理事故和纠纷。当地海事局和海事法院、有关高级人民法院应当及时沟通信息，对重大海上交通事故和重大海事案件，相互通报事故处理结果和案件裁决结果。

（三）海事局应协助海事法院查询案件审理中涉及的船舶国籍、船舶所有权、船舶抵押权、船舶租赁的登记和变更情况。

（四）海事法院因审理海事案件需要到海事局调查收集证据时，应派两名法官并应出示工作证件及协助调查通知书，海事局应提供事故当事人提交的证据材料以及其他与海上交通事故有关的证据材料。海事法院收集的证据原件不能提取的，可以复制，由海事局签章确认。海上交通事故当事人在海事局事故调查中签字确认的调查材料，除非有相反的证据和理由，海事法院可以作为证据采信。

（五）海事调查报告及其结论意见可以作为海事法院在案件审理中的诉讼证据，除非有充分事实证据和理由足以推翻海事调查报告及其结论意见。

（六）海事法院在案件审理中，诉讼当事人对海事局的海事调查报告及其结论意见有疑义的，海事法院可以要求海事局对当事人提出的相关问题作出解释和说明。

（七）海事法院在受理船舶碰撞案件中，为查明案件事实，经当事人申请，或者海事法院认为案件审理需要，在出具协助调查通知书后，可以向海事局调取船舶航行记录的信息资料。

（八）中国海事局及其所属机构与外国海事调查机关联合调查的证据材料，不属于海事局向海事法院提供的证据范畴。

（九）海上交通事故发生后，逃逸船舶拒绝接受海事调查或者诉讼中拒绝承认发生碰撞事故，受害船舶当事人有证据证明逃逸船舶当事人持有证据可以证明事故发生的相关事实，逃逸船舶无正当理由拒不提供的，海事法院在案件审理中根据《最高人民法院关于民事诉讼证据的若干规定》第七十五条的规定，结合证明案件事实的有关证据，可以作出逃逸船舶妨碍举证的不利推定。

二、船舶扣押与船舶拍卖

（一）海事法院裁定扣押船舶，应向海事局发出协助执行通知书，请求海事局提供协助。海事局根据裁定书载明的事项依照法律规定提供协助。协助执行中发生的有关费用，由海事局与海事法院结算。

（二）海事法院请求海事局协助不予办理船舶所有权变更、船舶转让等手续，或者对已经拍卖、变卖船舶的需要办理变更手续，应当出具协助执行通知书和有关裁判文书。

（三）被扣押船舶应当配备足够的在船值班的适任船员，保证船舶的安全。海事局对存在安全隐患的被扣押船舶可以采取强制措施配备船员，或者责令被扣押船舶移泊。涉及被扣押船舶的安全监管、船舶动向等有关事项，海事局与海事法院应当互相通报信息，给予必要的工作配合。

（四）为方便工作，海事法院请求海事局分支机构协助执行扣押船舶的，海事局分支机构向上级海事局报告后，协助办理船舶扣押手续。

（五）海事法院作出船舶拍卖裁定后，应当及时通知协助扣押船舶的海事局。船舶拍卖公告发布后，海事局可以通知已公告拍卖船舶的登记抵押权人在海事法院办理海事债权登记。

（六）海事局、海事法院应当加强对被扣押船舶逃逸查处的合作，及时通报相关信息。海事局协助海事法院对逃逸船舶的追查。海事局、海事法院应当对逃逸船舶和事件当事人依法予以处罚。

三、防污管理与污染索赔

船舶油污事故发生后，海事局组织有关单位和个人参加清污作业的费用，油污责任人应当承担赔偿责任。海事法院在审理清污费用赔偿案件中，应当对此予以充分考虑。

最高人民法院关于指定上海海事法院管辖与中国海事仲裁委员会上海分会相关的海事仲裁司法审查案件的通知

（2005 年 7 月 27 日　法〔2005〕66 号）

辽宁省、山东省、湖北省、浙江省、福建省、广东省、海南省、广西壮族自治区、天津市、上海市高级人民法院，各海事法院：

经上海市司法局批准并登记，中国海事仲裁委员会上海分会于 2003 年 1 月 8 日在上海市正式挂牌成立并开始受理海事仲裁案件。为了明确相关案件的管辖分工，加强海事仲裁司法监督工作，方便当事人诉讼，根据《中华人民共和国民事诉讼法》、《中华人民共和国仲裁法》和《中华人民共和国海事诉讼特别程序法》的有关规定，通知如下：

指定上海海事法院管辖涉及中国海事仲裁委员会上海分会的海事仲裁协议效力的案件和申请撤销其海事仲裁裁决的案件。

特此通知。

最高人民法院关于转发中国民用航空总局等《关于规范飞行人员流动管理保证民航飞行队伍稳定的意见》的通知

（2005 年 7 月 25 日　法发〔2005〕13 号）

各省、自治区、直辖市高级人民法院，解放军军事法院，新疆维吾尔自治区高级人民法院生产建设兵团分院：

鉴于近一时期出现的民用航空系统飞行人员要求解除劳动合同纠纷，涉及民航体制改革中出现的新类型问题，具有特殊性，对此类纠纷的妥善处理，关系到民航飞行安全及国有资产保护，为此，经国务院同意，中国民用航空总局会同人事部、劳动和社会保障部、国务院国有资产监督管理委员会、国务院法制办公室于 2005 年 5 月 25 日，就公共航空运输企业飞行人员流动问题联合下发了《关于规范飞行人员流动管理，保证民航飞行队伍稳定的意见》（民航人发〔2005〕104 号，以下简称《意见》）。

现将《意见》转发你院，请在审判工作中，参照《意见》确定的处理原则及培训费用计算标准，认真抓好涉及飞行人员解除劳动合同所引发的劳动争议案件的监督指导工作，指导辖区内的各级人民法院做好涉及此类纠纷的双方当事人的思想工作，争取以调解或者和解撤诉等手段化解矛盾，解决纠纷，以维护飞行人员的合法权益，维护国有资产及航空安全，实现法律效果和社会效果的统一。审理此类案件中遇到的新情况和新问题请及时报告我院。

特此通知。

最高人民法院关于印发《关于铁路运输法院对经济纠纷案件管辖范围的规定》的通知

（1990年6月16日　法〔交〕发〔1990〕8号）

全国地方各级人民法院、各级军事法院、各铁路运输中级法院和基层法院、各海事法院：

《关于铁路运输法院对经济纠纷案件管辖范围的规定》已经最高人民法院第460次审判委员会通过，现印发给你们，自颁布之日起施行。

附：

最高人民法院关于铁路运输法院对经济纠纷案件管辖范围的规定

（1990年6月16日　法〔交〕发〔1990〕8号）

为了明确铁路运输法院与地方人民法院对案件管辖的分工，及时审理与铁路运输有关的经济合同纠纷和侵权纠纷案件，维护铁路运输经济秩序，保护公民、法人的合法权益，特对铁路运输法院受理经济纠纷案件的范围规定如下：

一、铁路货物运输合同纠纷案件；

二、铁路旅客和行李、包裹运输合同纠纷案件；

三、由铁路处理的多式联运合同纠纷案件；

四、国际铁路联运合同纠纷案件；

五、铁路货物运输保险合同纠纷案件；

六、代办托运、包装整理、仓储保管、接取送达等铁路运输延伸服务合同纠纷案件；

七、国家铁路与地方铁路、专用铁路、专用线在修建、管理和运输方面发生的合同纠纷案件；

八、铁路在装卸作业、线路维修等方面发生的委托劳务合同纠纷案件；

九、铁路系统内部的经济纠纷案件；

十、违反铁路安全保护法律、法规，对铁路造成损害的侵权纠纷案件；

十一、铁路行车、调车作业造成人身、财产损害，原告选择向铁路运输法院起诉的侵权纠纷案件；

十二、上级人民法院指定铁路运输法院受理的其他经济纠纷案件。

最高人民法院交通运输审判庭关于接受平安保险公司申请为水险业务中提供有关担保的函

（1989 年 7 月 25 日　法交〔1989〕15 号）

广东、上海、武汉、青岛、天津、大连海事法院：

平安保险公司是交通部香港招商局和中国工商银行深圳分行合资经营的全民所有制金融保险企业，于 1988 年 3 月经中国人民银行总行批准成立，5 月正式开业，现注册资本为人民币 1.5 亿元、港币 1.5 亿元。平安保险公司现有四个分公司，且将在国内沿海地区继续设立分支机构。为提高赔付能力，该公司于 1988 年 10 月又与中国人民保险公司订立了分保合同，将其所承保业务的 30% 分保给中国人民保险公司。该公司经营范围为办理企业财产险、货物运输险、船舶险、建筑安装工程险等人民币和外汇业务。现平安保险公司向我庭申请接受在其经营的水险业务中为船舶、货物保险人提供的有关担保。

经研究认为，平安保险公司为国营企业，资金雄厚，其担保有可靠的保证，同时法院接受平安公司为其被保险人出具的担保，也扩大了为当事人担保的渠道，对法院审理海事案件提供了方便条件。故决定各海事法院接受平安保险公司为其被保险人提供的担保。

执行中有何问题,望告我庭。

特此通知

附一:

最高人民法院交通运输审判庭函

(1989 年 7 月 25 日　法交〔1989〕14 号)

平安保险公司:

你公司平保函〔1989〕004 号函收悉。

经研究,决定接受你公司的申请,海事法院认可你公司作为船舶、货物保险人为被保险人出具的担保。有关事宜,由我庭通知各海事法院。

有关业务,请与海事法院直接联系,并将你公司的有关文件和资料寄各海事法院。

附二:

平安保险公司关于申请接受我公司出具担保的函

(1989 年 7 月 4 日　平保函〔1989〕004 号)

最高人民法院交通庭:

我公司是交通部招商局和工商银行深圳分行合资经营的全民所有制金融保险企业,是我国第二家经营保险业务的专业公司。公司于去年 3 月经中国人民银行总行批准,5 月在深圳正式开业,资本金为人民币 1.5 亿元,港币 1.5 亿元。经营财产险类、责任险类、信用保证保险、人身险类的人民币和外汇保险业务。截止今年6月底,业务总承保额达60多亿。公司所做业务70%以上分保给中国人民保险公司。在国外公司有300多家检验理赔代理。目前,公司包括海南省在内有四个分公司,并已开始在国内沿海地区设立分支机构。

在我公司经营的保险业务,尤其是水险业务中,我公司做为船舶、货物保险人,经常需要为被保险人提供碰撞、救助、共同海损等担保书。根据我公司和股东单位的资金能力以及我公司的再保险安排,完全能够保证我公司所提供担保的兑现。为避免在发生海上事故时因担保问题而耽搁时间,我们特此申请,请接受我公司做为保险人为被保险人出具的书面担保。

盼予以批准并望通知属下机构。

最高人民法院交通运输审判庭关于认可中国船东互保协会担保的通知

（1989年3月1日　法交〔1989〕4号）

广州、上海、武汉、青岛、天津、大连海事法院：

中国船东互保协会于1988年7月28日向我院提出申请,请求法院接受其为有关船舶出具的担保。

经审查,中国船东互保协会经国务院批准成立于1984年1月1日,现有入会船480条,其在各港代理为外轮代理公司。每年入会船向协会交纳保费,作为协会赔付基金。协会成立五年来,留存基金迅速增长。为提高赔付能力,还与国际保赔协会的主要成员联合王国保赔协会、西英保赔协会、英国汽船保赔协会和伦敦及利物浦保赔协会建立了分保合作关系,将中国船东互保协会会员船每事故40万美元以上的索赔额的风险分摊到了国际保赔集团。此外,中国船东互保协会还接受了和准备接受一些外国保赔协会的委托,作为其在中国港口的通讯代理。

我们认为法院接受中国船东互保协会的担保,对海事法院审理海事海商案件提供了方便条件，对扶持和发展我国自己的保赔事业、保护我国航运事业，扩大我国保赔协会在国际上的影响有积极的作用。经研究，并报院领导批准，决定各海事法院接受中国船东互保协会为其会员船和与之建立通讯代理关系的外国保赔协会入会船提供的担保。

执行中有何问题，望及时报告我庭。

特此通知

附一：

最高人民法院交通运输审判庭关于认可中国船东互保协会之担保事

（1989 年 3 月 1 日　法交〔1989〕5 号）

中国船东互保协会：

你会〔88〕中船保第 8805 号函收悉。

经研究，决定认可你会为本会会员船及委托你会作为通讯代理的外国保赔协会会员船提供的担保。有关事宜，我庭将通知各海事法院。

附二：

中国船东互保协会函请认可中船保担保事

（1988 年 7 月 22 日　〔88〕中船保字第 8805 号）

最高人民法院交通运输庭：

中国船东互保协会（以下简称“中船保”）是经国务院批准，于 1984 年 1 月 1 日正式成立的具有独立法人资格的不营利的民间互助组织，该协会直属交通部领导。

至今,中船保已发展成为拥有30家会员船公司,480艘(共计547万总吨)入会船的具有相当规模的保赔协会。会员中有28家是在中华人民共和国境内注册的船公司,2家是在香港注册的公司。入会船除2艘悬挂方便旗外,其余均为挂中华人民共和国国旗的从事国际海上运输船舶。

中船保成立以来,通过与国际保赔集团的主要成员联合王国保赔协会(U. K),西英保赔协会(W、O、E),英国汽船保赔协会(S、S、M)和伦敦及利物浦保赔协会(L. L)先后建立良好的分保合作关系,将中船保入会船每事故40万美元索赔额以上的风险分摊到了国际保赔集团,从而使入会船取得油污事故4亿美元、其他风险事故无限额的风险保障。

由于中船保经理部在选择会员和风险管理方面做了大量的工作,各会员公司也大力抓好安全生产,协会成立4年多来,尚未发生过高赔付金额的灾难性风险事故,一直保持着良好的赔付记录,留存基金也因而迅速增长,至今年6月30日,已达880万美元。

中船保的入会船都是从事国际海上运输的船舶,当船舶在国外港口发生海事争议时,可能需要提供担保以避免船舶被扣。目前,中船保有两种做法:一是提供协会的担保,二是由中国银行出具担保。

随着业务的发展和扩大,中船保在国内外共委建通讯代理200余家,形成一个有效的网络。自去年11月以来,若干英国保赔协会也已委托或拟委托中船保为其中国港口的通讯代理。除了办理具体业务工作外,还要求中船保为其在中国港口提供海事纠纷的担保,作为向其入会船提供的一项重要服务。同样,中船保入会船在中国港口也时而发生海事纠纷,可能需要提供担保。

为此,经与贵院交通运输庭商量,特再去函要求对中船保将提供的上述两种担保予以认可。如蒙核准,敬请通告各地海事法院为感。

最高人民法院关于转发涉港经济纠纷和海事海商纠纷案例的通知

（1986年10月23日　法〔经〕发〔1986〕29号）

全国地方各级人民法院，各级军事法院，各级铁路运输法院，各海事法院：

现将最高人民法院经济审判庭选编的涉港经济纠纷和海事海商纠纷案例共7个转发给你们，请主管经济审判工作的领导同志组织有关人员进行学习、讨论。你们在讨论和工作中有何意见，望报我院。

〔案例之一〕

某市化工机械进出口分公司诉香港某贸易行购销合同质量纠纷案

原告：某市化工机械进出口分公司。

被告：香港某贸易行。

原告与被告于1985年1月4日在某市签订一份购销冷暖风机的成交确认书，约定由被告向原告提供型号为S－006的冷暖风机5000台，每台28美元，总计价款14万美元，于1985年2月3日前分批交货，货物的质量、数量以中国商品检验局检验证或卖方出具的证明书为依据，索赔期为到货后90天。1月9日，被告方的法定代表人同原告方的经办人王某商量，以成交确认书中的“以中国商品检验局检验证为据”会影响他向台湾厂家进货为由，要求将此项检验条款删去。王某在未经公司法定代表人授权的情况下，擅自同意被告的要求，删掉了被告所持成交确认书中的上述检验条款，但原告所持的成交确认书仍保留原样，未作任何改动。1月19日，原告开出14万美元的信用证。被告于2月17日和25日两次交货共3800台，价款106400美元。剩余的1200台，双方协议不再履行。但被告交付的冷暖风机，既没有产品标牌（标明产品的品种、型号、规格、生产厂、出厂日期等），也没有产品检验合格证，经我商检机构抽样检验，连安全、正常运转的起码要求都达不到，完全是一堆拼凑起来的废物。5 月 10 日,原告根据某市商检局出具的 3300 台冷暖风机品质不良的检验证,要求与被告协商解决,被告以合同已履行完毕为由拒绝协商。原告向法院起诉,要求将 3300 台品质不良的冷暖风机退还被告,并由被告退还货款 92400 美元及利息。被告在答辩中强调这批冷暖风机业经原告验收入库并付了货款,主张合同已经终止,不同意退货。

法院经审理认为:被告的法定代表人与原告的经办人王某商定删去被告所持成交确认书中的检验条款,在程序上和实体上均与我国法律和国际贸易惯例不符,应为无效。被告提供的冷暖风机,不符合合同规定的质量要求,原告要求退货并索赔是合法的。但原告的经办人王某擅自删改合同,致使被告产生误解,原告也应承担一定责任。根据经济合同法第五十五条、第三十二条第一款的规定,判决如下:(一)原告在收到被告退货价款 10 天内将质量不良的 3300 百台冷暖风机还给被告,费用由原告承担;(二)退货价款 92400 美元,原告负担 30%,余款 64680 美元被告在判决生效后 15 天内返还原告。

本案的处理有以下两个问题:

一、判令原告承担退货价款总额 30% 的损失和退货费用是错误的。本案的主要问题是产品质量问题。原告在规定的索赔期内,对产品质量提出异议是完全有理的。被告应对违约造成的损失负全部责任,已经收取的 3300 台冷暖风机的货款应当全部返还。原审法院确认原告的经办人王某擅自删改合同,致使被告产生误解,原告也应承担一定责任是不正确的。因为原告经办人王某擅自删掉被告所持成交确认书中的由中国商检局检验的条款,并不意味被告由此可以提供质量低劣的产品,何况王某未经授权删改合同并不构成合法、有效的变更。被告违约提供质量低劣的冷暖风机,完全出于自己的过错,由此造成的损失,理应由被告独自承担。法院判令原告负担退货价金的 30% 和退货费用是没有法律根据的,其结果反而让被告在经济上占了便宜。这样就起不到保护守法者、制裁违约者的作用。

二、原审法院没有建议主管部门查清经办人王某除有越权行为外,是否还有其他违法行为;没有建议原告对经办人王某的越权行为作适当处理。王某擅自删改被告所持的成交确认书,不仅反映了王某的法制观念极为淡薄,也暴露了原告单位的合同管理制度很不健全。法院应当抓住这个事例,向原告单位提出司法建议,促使它们加强合同管理制度，改善经营管理。

〔案例之二〕

香港某有限公司诉经济特区某联合开发服务公司合作经营权益转让纠纷案

原告：香港某有限公司。

被告：经济特区某联合开发服务公司。

原告与经济特区某公社于 1981 年 12 月签订合作经营协议，双方商定合作建造和经营一座宾馆，由公社提供 1 万平方英尺的土地，由原告负责宾馆建造和经营所需的全部资金约 400 万港币。宾馆建成后，双方合作经营 15 年。在此期间，公社每年从宾馆总营业额中提取一定的比例，营业后的前 7 年，每年提取 5%；后 8 年，每年提取 9%。经营期间，公社不需偿还原告的投资本息，原告也无需缴纳土地使用费。如经营亏损，全部由原告负责。合作期满，宾馆的全部财产和权益，无条件归公社所有。未经双方同意，任何一方不得私自擅改协议或将权益转让给第三者。宾馆建成后投入了正常营业。1983 年 5 月，原告将在宾馆的投资额人民币 65.5 万元的 80%，计 52.4 万元的权益作价 96 万元，转让给某省电站筹建处（被告的前身）。双方签订的转让宾馆权益的协议于 1983 年 12 月经某经济特区政府批准。协议中规定电站筹建处以 96 万元人民币的股金（50% 付港币，50% 付人民币）占有宾馆 80% 的股权和资产。在协议履行过程中，电站筹建处因无外汇，向中国银行以人民币 39.6 元兑换 100 港元的调剂汇价将 48 万人民币兑换成港币 1203439.5 元，于 1983 年 11 月 16 日汇付给原告港币 606719.7 元。原告不同意，主张应按国家当天公布的外汇牌价人民币 24.67 元兑换 100 港元折算。为此被告应再补付港币 732242 元。双方为此发生争议，原告遂于 1984 年 7 月 12 日向某市法院起诉。

第一审法院经审理查明：（一）电站筹建处已撤销，它对宾馆的权益已转给电站服务公司，后又改名为某联合开发服务公司，故确定由该开发服务公司作为被告参加诉讼。（二）调剂价是国内企业间通过银行调剂外汇余缺的一种内部汇价，根据国家有关外汇管理的规定，不能适用于侨资、外资、中外合资企业。电站筹建处用国内企业名义调剂外汇与香港公司结算支付是违法的、无效的。（三）原告将其在宾馆的权益转让给电站筹建处,事先并未征得公社同意,这是违反双方合作经营协议的。事后虽经市政府做工作,公社仍有意见,不愿参加董事会,并声称要收回作为第二期投资的土地。1985 年 5 月 26 日,公社以原、被告违法转让宾馆权益侵害其合法权益为由向法院起诉,要求赔偿损失人民币 40 万元。

法院曾多次召集原、被告双方进行调解,但因被告坚持己见,以外汇调剂价折算是合法的,且已为原告的原董事长陈某等三人接受,新董事长不能否定前任董事长的合法行为为由,拒绝按国家公布牌价折算给予原告补偿,调解不成。其间,被告的董事长陆某曾以省人民政府副秘书长的身份,"召集"省法院经济庭和第一审法院的有关负责人以及承办本案的人员同被告的负责人一起去汇报调查情况,研究解决方案,并为如何审理本案定了调子:(一)转让宾馆权益是人民币交易,协议中未明确人民币如何折算为港币,双方均有过失,其中 48 万元人民币兑换成港币,是原电站筹建处代原告换的,被告不能为此承担经济损失;(二)要尽量维护被告的权益,减少被告的损失,力争在双方多接触的基础上,使原告撤诉;(三)若原告坚不撤诉,最多赔偿应补偿额的三分之一。因为多次调解未成,原告多次要求法院判决,但法院迟迟不定。原告为避免旷日持久的拖延下去,使其遭受更多的经济损失,在无可奈何的情况下,建议终止转让宾馆权益的协议。被告对原告的建议表示同意。双方在法院主持下,经过半年多的磋商,终于达成和解协议:(一)双方同意终止 1983 年 5 月 24 日签订的宾馆权益转让协议,被告将购买的 80% 的股权返还原告,原告将已收到的 48 万人民币和 606719.7 元港币连同利息返还被告;(二)1984 年 3 月以前已付给电站筹建处的红利人民币 93310.02 元从宾馆收入中支出;(三)被告派往宾馆的总经理和会计各一名的工资从宾馆营业成本中列支;(四)被告不再享有宾馆 80% 的红利。原告于 1985 年 9 月 10 日向法院申请撤诉,法院于 9 月 12 日裁定准予撤诉,诉讼费港币 1 万元由原告负担。

本案的处理有以下几个问题:

一、没有确认转让宾馆权益的协议无效。本案原、被告双方签订转让宾馆权益 80% 的协议,事先未曾征得公社的同意,违反了原告与公社合作经营宾馆协议中"未经双方同意,任何一方不得私自将权益转让给第三者"的规定,侵犯了公社方的合法权利。原、被告之间的这一协议后来虽经市政府批准,但从法律角度说,应当认为是无效的。

二、没有依法将公社列为有独立请求权的第三人参加诉讼。在原、被告诉讼过程中,公社为了维护自己的合法权益,向法院对原、被告提起诉讼,成为诉讼当事人是合法的,符合民事诉讼法(试行)第四十八条第一款的规定。法院却没有让公社参加诉讼,甚至连公社的起诉状等材料也没有订入案卷,这显然是错误的。

三、法院屈从于行政干预,没有秉公执法。人民法院依照法律规定独立行使审判权,不受行政机关、社会团体和个人的干涉。这是人民法院进行审判活动的一项基本原则,宪法、人民法院组织法和民事诉讼法(试行)都作了明确规定。受理本案的法院在案件事实已经查清,是非已经分明的情况下,面对行政干预,不敢秉公执法,而是违心地久调不决,迫使原告最终不得不作较大的让步以了结此案。两级法院的有关负责人和被告一方的董事长、诉讼代理人一起听取承办人员的调查汇报,然后研究处理方案,这种做法严重违反了民事诉讼法(试行)规定的审判程序,也严重违反了当事人在法律面前一律平等的原则,损害了法院严肃执法、公正无私的形象。

四、处理不公平。从原、被告双方在法院主持下达成的和解协议看,原告按返还原则退还了收取的股金及其利息,而被告只返还了宾馆权益,对宾馆在转让期间1984年3月以前已获得的红利人民币93310.02元则没有返还。这显然有失公平,违背了秉公执法,保护外商或港澳同胞的合法权益的原则。

〔**案例之三**〕

香港某茶楼诉某县工人文化宫合作经营合同纠纷案

原告:香港某茶楼。

被告:某县工人文化宫。

原告与被告于1982年3月10日签订合作经营快餐部的协议。协议规定,被告提供600平方米场地和40名工人,并负责组织施工,原告无息提供资金50万元港币,用于基建和设备投资,其中15万元用于进口设备及工具。另外,原告还负责无息提供20万元港币,作为合作经营的快餐部周转用的流动资金。双方还约定,建筑材料除部分从香港进口外,其余在国内购买。协议自主管部门批准之日起生效,有效期为5年。3月22日，协议经该县外经委批准。6月7日，该县外经委根据省人民政府关于禁止国家机关、团体、学校及其他事业单位从事商业活动和经营进出口业务的规定，发出正式文件，决定停止原、被告双方的合作经营项目。原告对此决定有异议，曾多次找被告、该县外经委、省外经委，要求继续履行协议。在此期间，原告向被告汇款3万元港币，为被告用于快餐部的基建，同时原告还在香港购买了部分设备，被告则为原告代垫了伙食、车费等费用。原告因多次交涉未果，向法院起诉，要求被告赔偿因不执行协议给他造成的损失。

第一审法院经审理认为：原、被告双方签订的协议原来是有效的，但后来因为主管部门决定予以停止，该协议即告失效。在协议有效期间，原告未向被告交付任何设备，也未汇付任何资金。原告汇入3万元港币，是在主管部门决定终止执行协议之后。原告单方面坚持要继续筹办快餐部，拒绝终止结算，事后又提出高额索赔，显属不妥。被告在协议终止后将原告汇付的港币3万元投入基建中使用，亦不恰当。法院参照中外合资经营企业法第二条第二款和经济合同法第十六条的规定，判决如下：(一)原、被告双方签订的合办快餐部的协议无效；(二)被告偿还原告汇入的投资款折合人民币9576元，利息955.93元，合计人民币10531.93元；(三)原告归还借支款及被告代垫款计人民币1244.21元；(四)第二、三两项折抵后，被告应退还原告人民币9287.72元，按判决之日外汇牌价兑付港币，通过中国银行汇付出境。

原告对判决不服，提出上诉。第二审法院审理后认为：原、被告双方自愿达成并经主管部门批准的合作经营协议，因主管部门指令停止执行而失效，双方均不承担违约责任。对县外经委的决定，双方均应无条件执行。原告在协议已被停止执行后，单方坚持要继续履行协议，并汇入款项，购买设备，纯属原告一方意志，应当自负其责；被告在接到县外经委停止执行协议的书面通知后，仍接受原告汇来款项用于基建、亦属不当。原审法院判定协议无效并适用经济合同法第十六条有误，为此判决：(一)撤销第一审判决第一项关于协议无效的认定；(二)维持第一审判决的二、三、四项；(三)在协议停止执行后，双方为筹办合作项目支出的费用除上述判决的以外，由双方各自负担，互不赔偿损失。

本案处理的关键问题，是原、被告双方合作经营快餐部的协议不能因为县外经委决定停止执行而自然失效。我国在对外经济交往中,一贯主张重合同,守信用。涉外经济合同依法成立,对于当事人双方即具有法律约束力,任何一方不得擅自变更或解除合同。县外经委的决定,可以作为国内一方与外方协商变更或终止合同的依据,除双方在合同中有约定外,一般不属于不可抗力,如果因此而给对方造成经济损失,应当给予合理赔偿。主管机关不能用行政命令的办法终止双方依法成立的经济合同。就本案而言,县外经委作出的停止原、被告双方协议的决定,只能对被告一方起指令作用,而对原告并无拘束力。被告可以据此向原告提议进行协商终止协议,但在双方协商同意终止前,原协议仍然有效。因此第一、二审法院判定原、被告双方的合作经营协议,因县外经委决定予以停止即告失效,双方均应无条件执行县外经委的决定,以及原告在县外经委作出决定后对其继续执行协议的行为应自负其责等等,都是不正确的。

〔**案例之四**〕

某县医药公司诉某部队货物损害赔偿纠纷案

原告:某县医药公司。

被告:某部队。

原告所属“岱商三号”运输船,核定载重吨为20吨,实载百杂货21.6吨,于1984年7月5日上午9时20分自宁波港启航开往岱山,约10时30分时航行到王家洋与清水浦之间的甬江江面,与被告的一艘登陆艇相遇,该艇以平均8.2节的航速逆水航行,鼓浪较大,冲击了原告的货船,致机舱、货仓进水,船体迅速倾斜下沉,虽经其他船舶救助,在江南冲滩,仍造成货物损失折合人民币32798.21元。原告向海事法院起诉,要求判令被告赔偿损失的50%。被告在答辩中矢口否认浪损事实,拒绝承担任何赔偿责任。法院经过认真细致的调查,搜集了比较充分的证据,特别是找到当时在岸边放羊、目击登陆艇浪损“岱商三号”船的老人俞某,取得了证词。在证据面前,被告不得不承认浪损事实。法院在审理中查明:原告所属“岱商三号”违章超载货物1.6吨,且配载不当,造成拱头;船长在遇到登陆艇鼓浪时没有及时采取避让措施。被告违反宁波港港章关于在甬江中逆流航行最高不得超过6节的规定,高速航行,而且不听港监劝阻,继续超速航行,鼓浪冲击了原告货船,以致货仓进水,造成货损。根据以上情况,法院认定原告超载及配载不当是导致事故发生的主要原因,被告违章高速航行是事故发生的直接原因,判令原告承担70%的责任,被告承担30%的责任。

本案处理的主要问题是,对货损责任的判断不妥当。原告违章超载及货物配载不当,为船沉货损伏下一种潜在的危险,然而这仅是一种可能性,而非船沉货损的必然原因。使这种可能性变为现实的是浪损。被告在甬江中违反港章超速航行鼓浪冲击"岱商三号"是导致原告船沉货损的直接原因和主要原因。特别是被告不听港监劝阻,置其他船舶的安全于不顾,继续高速航行,终于造成原告船沉货损,性质是严重的,应当严肃处理。虽然被告的损害责任可因原告的过错而适当减轻,但仍应责令被告承担较多的赔偿责任。

〔案例之五〕

某出版物资公司诉某县运输处货物损害赔偿纠纷案

原告(反诉被告):某出版物资公司。

被告(反诉原告):某县运输处。

第三人:某造纸厂。

原告于1981年向第三人订购52克二号卷筒凸版纸3500吨,并由第三人代办水上货物运输事宜,托付被告承运。1981年11月8日被告所属"源驳10号"船在第三人处受载76.137吨纸张,由拖轮拖带至上海,12月7日到达目的港后,系泊在苏州河某泊位第四档,9日中午移泊该泊位第一档。当晚24时,"源驳10号"船驾长杨某察看潮舱,无有漏水现象,误认为开始涨潮,便睡觉去了。该驳船因无人值班,10日晨始发现货舱进水,船体下沉,经查系驳船因退潮搁浅,船底被弃置于河道的废铁梯触漏,纸张受损67.763吨,计人民币48335.3元。原告认为这是一起责任事故,要求被告负全部赔偿责任;被告则主张这是一起意外事故,拒不承担任何责任。双方交涉数年,其间并经航政管理部门调解,均无结果,原告遂于1985年1月向法院起诉。在诉讼期间,被告对原告扣留其另一航次运费人民币20250.55元,以及本航次发生海损事故后支出抢救费、驳船修理费、救助延期租费共7842.54元,提起反诉。

法院经审理认为:被告违反《苏州河港航管理若干暂行规定》第九条关于船舶停泊期间值班制度的规定,12 月 9 日 24 时起至次日早晨没有安排人员值班。同时,该驳船驾长错误地计算了潮汐的涨退时间,造成驳船因退潮搁浅而触损,货舱进水。因此被告对事故造成的损失应负赔偿责任,第三人对本起事故无任何责任。原告扣留被告另一航次的运费不当,应将该运费归还被告。在法院主持下,原、被告双方达成如下协议:(一)原告承担 65% 的经济损失;(二)被告承担 35% 的经济损失,由被告赔偿原告人民币 16917.33 元;(三)原告扣留被告运费 20250.55 元归还被告,其余部分由被告负担;(四)双方同意法院对诉讼费的决定:本诉的诉讼费人民币 507.24 元由被告承担;反诉的诉讼费人民币 344.9 元,原告分担 260.9 元,被告分担 84 元。

本案的处理有以下问题:

一、让无责任的原告承担大部分经济损失是不对的。这次海损事故的发生,主要出于承运人的疏忽大意。承运人如果按照规定安排值班人员值夜班,在落潮时将缆绳松动,使驳船能够随落潮水位向河中心移动,就可以避免搁浅,船底也不会为河道中的废铁梯触损。因此承运人对海损事故的经济损失应当承担主要责任。在这起责任事故中,原告没有过错,与事故的发生没有联系,对事故造成的损害自不应承担责任。法院在主持调解中,让原告承担 65% 的经济损失,于法无据。如果被告赔偿全部经济损失确有困难,可以分期偿付或予适当减免。原告为照顾被告的实际困难,自愿放弃部分诉讼请求的,也可以准许。但是绝不能把这种自愿放弃与依法应当承担的责任混为一谈。

二、没有依法通知有关部门作为第三人参加诉讼并承担适当责任。这次海损事故是因为驳船搁浅,船底触在废铁梯上穿了四个洞,致使货舱进水造成的。城建部门修建上岸用铁扶梯时,将拆下的废铁梯任意抛入苏州河河道,而航道管理部门则疏于检查,没有及时发现和清除。如果河道上没有废铁梯,即使驳船搁浅,也不一定会发生触损造成货物损失。因此,城建部门和航道管理部门对于这次海损事故的发生都有一定的责任。法院对它们的责任未予追究,也没有向航道管理部门发出清除河道危险物的司法建议,是不妥当的。

〔案例之六〕

某县某区供销经理部诉某县某镇某生产联合社海上货物运输合同纠纷案

原告:某县某区供销经理部。

被告:某县某镇一生产联合社。

原、被告双方于1985年5月7日达成协议,由被告承运大口瓶24万只至浙江省温岭县永安码头,运费2100元,船到码头付款。同日,被告所属86号船由港务局调配,在生产厂及港务局装载上述货物后启航,原告派人押运。船货于5月11日到达温岭县永安码头,因原告未按约付款,被告未同意原告全部卸货,双方发生争议。5月14日,被告因为拿不到运费而且原告又以"有本领你把货运回去"之类的言语相激,负气之下,将留置在船上的部分货物运回启运港码头。嗣后。被告曾多次要求原告派人解决上述纠纷,但原告采取消极态度,强调此事是业务员詹某背着经理部搞的私人经营活动,应由詹某本人负责解决等等,一拖再拖,致使货物搁置达4个月之久。为了减轻货物损失和保管费用,被告在取得当地政府及港务局等有关部门的同意后,于10月10日将上述留置的货物予以变卖,所得价款20698.2元予以提存。原告遂以被告违反合同,擅自留置货物,在运回及处理上述货物的过程中造成大量损坏和短缺为由,向法院起诉,要求被告返还变卖价款并赔偿损失。

法院经审理认为:这项海上货物运输合同纠纷是因原告未按约偿付运费引起的,原告对被告运回货物及处理货物所产生的合理费用应负赔偿责任;而被告对于运回和处理上述货物过程中所造成的货物损坏和短缺亦应负赔偿责任。经法院调解,原、被告双方达成协议如下:(一)原告偿付被告货物运费及赔偿被告运回和处理货物的合理损失计人民币6150元;(二)被告赔偿原告货物损失计人民币5090元;(三)被告归还变卖货物所得价款计人民币20698.2元及利息82.79元;共计人民币20780.99元;(四)上述第三项款项扣除第一、二项差额1060元后所余人民币19720.99元,由被告在收到调解书后次日起7天内汇付原告;(五)本案受理费计人民币410元由原、被告双方各承担50%。

本案的处理有以下两个问题：

一、有些重要的事实情节没有查清和取证，例如装运的大口瓶实数是多少，运到目的港卸下了多少，为被告留置并运回启运港卸在被告建房场地上的又是多少？詹某是原告方的业务人员，是与被告订立运输协议的经办人，又是货物运输的押运人和未按协议支付运费并与被告发生争执的当事者。所以詹某在本案中是一个关键性人物，是一个重要的证人。但在整个诉讼过程中，法院未向他作任何查证工作，这是严重的疏漏。

二、责任不明。被告是在原告违约拒付运费的情况下行使留置权的，因留置而引起的一切损失，应由原告方承担，同时，原告还应承担违约责任赔偿因此给被告造成的损失；原告在未能证明被告有过错的情况下，要求被告赔偿在运回和处理大口瓶的过程中造成的货物短缺和损坏，是没有道理的。法院认定被告应负赔偿责任，有欠妥当。

〔案例之七〕

沈某等四人诉某县搬运公司沿江外海联运代办站等海上货物运输损害赔偿纠纷案

原告：沈某等四人。

被告：某县搬运公司沿江外海联运代办站。

被告：陈某，“××渔 0107 轮”船长。

案由：海上货物运输损害赔偿纠纷。

1985 年 1 月 23 日，原告沈某等 4 人（无证贩运者）前往被告某县搬运公司沿江外海联运代办站（以下简称代办站）托运 51 捆腈纶衫裤至福州，代办站将该批货物交由被告陈某承包的“××渔 0107 轮”承运。当天，货物装船后，原告沈某等人向代办站支付了运费并取得了该站出具的收款凭证，便乘火车去福州准备收货。代办站同陈某口头约定，1 月 24 日续装其他货物。被告陈某违约，将船放走，让其他船员驾驶载运两根圆木回村。24 日 16 时左右，该轮在苍南县附近海面因船底油灰脱落大量进水而沉没，造成船、货全损。原告向海事法院起诉，请求判令代办站赔偿货物损失人民币 20310.5 元。代办站则起诉陈某，要求赔偿所承运的货物损失人民币 20319.5 元。海事法院裁定两案合并审理，以沈某等 4 人为原告，代办站和陈某为被告。

法院经审理认为：被告陈某将只准出海捕捞生产的渔船从事货物运输，并将船舶交由其他船员驾驶，以致发生海损事故时不能在场组织抢救，应对货物损失负主要责任；被告代办站明知“××渔 0107 轮”是渔船，仍同意该轮将货物运往福州，对货物损失也应承担部分责任；原告沈某等人未经工商行政部门批准，擅自进行长途贩运，在知道“××渔 0107 轮”是渔轮后，仍同意其承运，对货物损失也应承担一定责任。此外，原告自报的损失金额缺乏确凿证据，不予认定，应按货物的市场价格重新核算。原、被告于 1985 年 10 月 12 日经法院主持调解，达成如下协议：（一）确定货物损失金额人民币 8415 元；（二）被告陈某承担货损金额人民币 5049 元，被告代办站承担货损金额人民币 2103.75 元，原告沈某等四人承担货损金额人民币 1262.25 元；（三）被告陈某所应承担的货损金额分两期付给原告沈某等 4 人（1985 年 11 月 15 日前付 2524.5 元，1986 年 6 月 15 日前将余款付清）；（四）被告代办站应当承担的货损金额于 1985 年 11 月 15 日前一次全部付给原告沈某等 4 人；（五）案件受理费人民币 446.4 元由被告陈某负担 267.84 元，被告代办站负担 111.6 元，原告沈某等 4 人负担 66.96 元。

本案处理中的主要问题是：

一、对货损责任认定不当，不应让原告承担货损责任。原告无照贩运属于违反工商行政管理规定的问题，可以根据情节轻重对其进行教育，或处以罚款，但其违章行为不是造成本航次货损事故的原因。要求作为货主的原告，熟悉航运规章是不合理的。他们按代办站的通知装船，不能认为有过失。据此认定原告应对货损事故承担一定的责任是不妥当的。

二、应将陈某列为本案的第三人，而不应列为被告。本案的货物运输合同关系发生在原告和代办站之间，原告和陈某之间并无法律关系，所以陈某不应成为本案的被告。但陈某同代办站之间存在着法律上的利害关系，法院在处理原告和代办站之间的合同纠纷时，应将陈某列为本案的第三人。

四　民事诉讼

1　综　　合

（一）司法解释

最高人民法院关于适用《中华人民共和国民事诉讼法》审判监督程序若干问题的解释

（2008 年 11 月 10 日最高人民法院审判委员会第 1453 次会议通过　2008 年 11 月 25 日公布　自 2008 年 12 月 1 日起施行　法释〔2008〕14 号）

为了保障当事人申请再审权利，规范审判监督程序，维护各方当事人的合法权益，根据 2007 年 10 月 28 日修正的《中华人民共和国民事诉讼法》，结合审判实践，对审判监督程序中适用法律的若干问题作出如下解释：

第一条　当事人在民事诉讼法第一百八十四条规定的期限内，以民事诉讼法第一百七十九条所列明的再审事由，向原审人民法院的上一级人民法院申请再审的，上一级人民法院应当依法受理。

第二条　民事诉讼法第一百八十四条规定的申请再审期间不适用中止、中断和延长的规定。

第三条　当事人申请再审，应当向人民法院提交再审申请书，并按照对方当事人人数提出副本。

人民法院应当审查再审申请书是否载明下列事项：

（一）申请再审人与对方当事人的姓名、住所及有效联系方式等基本情况；法人或其他组织的名称、住所和法定代表人或主要负责人的姓名、职务及有效联系方式等基本情况；

（二）原审人民法院的名称，原判决、裁定、调解文书案号；

（三）申请再审的法定情形及具体事实、理由；

（四）具体的再审请求。

第四条 当事人申请再审，应当向人民法院提交已经发生法律效力的判决书、裁定书、调解书，身份证明及相关证据材料。

第五条 案外人对原判决、裁定、调解书确定的执行标的物主张权利，且无法提起新的诉讼解决争议的，可以在判决、裁定、调解书发生法律效力后二年内，或者自知道或应当知道利益被损害之日起三个月内，向作出原判决、裁定、调解书的人民法院的上一级人民法院申请再审。

在执行过程中，案外人对执行标的提出书面异议的，按照民事诉讼法第二百零四条的规定处理。

第六条 申请再审人提交的再审申请书或者其他材料不符合本解释第三条、第四条的规定，或者有人身攻击等内容，可能引起矛盾激化的，人民法院应当要求申请再审人补充或改正。

第七条 人民法院应当自收到符合条件的再审申请书等材料后五日内完成向申请再审人发送受理通知书等受理登记手续，并向对方当事人发送受理通知书及再审申请书副本。

第八条 人民法院受理再审申请后，应当组成合议庭予以审查。

第九条 人民法院对再审申请的审查，应当围绕再审事由是否成立进行。

第十条 申请再审人提交下列证据之一的，人民法院可以认定为民事诉讼法第一百七十九条第一款第（一）项规定的"新的证据"：

（一）原审庭审结束前已客观存在庭审结束后新发现的证据；

（二）原审庭审结束前已经发现，但因客观原因无法取得或在规定的期限内不能提供的证据；

（三）原审庭审结束后原作出鉴定结论、勘验笔录者重新鉴定、勘验，推翻原结论的证据。

当事人在原审中提供的主要证据，原审未予质证、认证，但足以推翻原判决、裁定的，应当视为新的证据。

第十一条　对原判决、裁定的结果有实质影响、用以确定当事人主体资格、案件性质、具体权利义务和民事责任等主要内容所依据的事实，人民法院应当认定为民事诉讼法第一百七十九条第一款第（二）项规定的“基本事实”。

第十二条　民事诉讼法第一百七十九条第一款第（五）项规定的“对审理案件需要的证据”，是指人民法院认定案件基本事实所必须的证据。

第十三条　原判决、裁定适用法律、法规或司法解释有下列情形之一的，人民法院应当认定为民事诉讼法第一百七十九条第一款第（六）项规定的“适用法律确有错误”：

（一）适用的法律与案件性质明显不符的；

（二）确定民事责任明显违背当事人约定或者法律规定的；

（三）适用已经失效或尚未施行的法律的；

（四）违反法律溯及力规定的；

（五）违反法律适用规则的；

（六）明显违背立法本意的。

第十四条　违反专属管辖、专门管辖规定以及其他严重违法行使管辖权的，人民法院应当认定为民事诉讼法第一百七十九条第一款第（七）项规定的“管辖错误”。

第十五条　原审开庭过程中审判人员不允许当事人行使辩论权利，或者以不送达起诉状副本或上诉状副本等其他方式，致使当事人无法行使辩论权利的，人民法院应当认定为民事诉讼法第一百七十九条第一款第（十）项规定的“剥夺当事人辩论权利”。但依法缺席审理，依法径行判决、裁定的除外。

第十六条　原判决、裁定对基本事实和案件性质的认定系根据其他法律文书作出，而上述其他法律文书被撤销或变更的，人民法院可以认定为民事诉讼法第一百七十九条第一款第（十三）项规定的情形。

第十七条　民事诉讼法第一百七十九条第二款规定的“违反法定程序可能影响案件正确判决、裁定的情形”，是指除民事诉讼法第一百七十九条第一款第（四）项以及第（七）项至第（十二）项之外的其他违反法定程序，可能导致案件裁判结果错误的情形。

第十八条 民事诉讼法第一百七十九条第二款规定的"审判人员在审理该案件时有贪污受贿,徇私舞弊,枉法裁判行为",是指该行为已经相关刑事法律文书或者纪律处分决定确认的情形。

第十九条 人民法院经审查再审申请书等材料,认为申请再审事由成立的,应当径行裁定再审。

当事人申请再审超过民事诉讼法第一百八十四条规定的期限,或者超出民事诉讼法第一百七十九条所列明的再审事由范围的,人民法院应当裁定驳回再审申请。

第二十条 人民法院认为仅审查再审申请书等材料难以作出裁定的,应当调阅原审卷宗予以审查。

第二十一条 人民法院可以根据案情需要决定是否询问当事人。

以有新的证据足以推翻原判决、裁定为由申请再审的,人民法院应当询问当事人。

第二十二条 在审查再审申请过程中,对方当事人也申请再审的,人民法院应当将其列为申请再审人,对其提出的再审申请一并审查。

第二十三条 申请再审人在案件审查期间申请撤回再审申请的,是否准许,由人民法院裁定。

申请再审人经传票传唤,无正当理由拒不接受询问,可以裁定按撤回再审申请处理。

第二十四条 人民法院经审查认为申请再审事由不成立的,应当裁定驳回再审申请。

驳回再审申请的裁定一经送达,即发生法律效力。

第二十五条 有下列情形之一的,人民法院可以裁定终结审查:

(一)申请再审人死亡或者终止,无权利义务承受人或者权利义务承受人声明放弃再审申请的;

(二)在给付之诉中,负有给付义务的被申请人死亡或者终止,无可供执行的财产,也没有应当承担义务的人的;

(三)当事人达成执行和解协议且已履行完毕的,但当事人在执行和解协议中声明不放弃申请再审权利的除外;

（四）当事人之间的争议可以另案解决的。

第二十六条　人民法院审查再审申请期间，人民检察院对该案提出抗诉的，人民法院应依照民事诉讼法第一百八十八条的规定裁定再审。申请再审人提出的具体再审请求应纳入审理范围。

第二十七条　上一级人民法院经审查认为申请再审事由成立的，一般由本院提审。最高人民法院、高级人民法院也可以指定与原审人民法院同级的其他人民法院再审，或者指令原审人民法院再审。

第二十八条　上一级人民法院可以根据案件的影响程度以及案件参与人等情况，决定是否指定再审。需要指定再审的，应当考虑便利当事人行使诉讼权利以及便利人民法院审理等因素。

接受指定再审的人民法院，应当按照民事诉讼法第一百八十六条第一款规定的程序审理。

第二十九条　有下列情形之一的，不得指令原审人民法院再审：

（一）原审人民法院对该案无管辖权的；

（二）审判人员在审理该案件时有贪污受贿，徇私舞弊，枉法裁判行为的；

（三）原判决、裁定系经原审人民法院审判委员会讨论作出的；

（四）其他不宜指令原审人民法院再审的。

第三十条　当事人未申请再审、人民检察院未抗诉的案件，人民法院发现原判决、裁定、调解协议有损害国家利益、社会公共利益等确有错误情形的，应当依照民事诉讼法第一百七十七条的规定提起再审。

第三十一条　人民法院应当依照民事诉讼法第一百八十六条的规定，按照第一审程序或者第二审程序审理再审案件。

人民法院审理再审案件应当开庭审理。但按照第二审程序审理的，双方当事人已经其他方式充分表达意见，且书面同意不开庭审理的除外。

第三十二条　人民法院开庭审理再审案件，应分别不同情形进行：

（一）因当事人申请裁定再审的，先由申请再审人陈述再审请求及理由，后由被申请人答辩及其他原审当事人发表意见；

（二）因人民检察院抗诉裁定再审的，先由抗诉机关宣读抗诉书，再由申请抗诉

的当事人陈述,后由被申请人答辩及其他原审当事人发表意见;

(三)人民法院依职权裁定再审的,当事人按照其在原审中的诉讼地位依次发表意见。

第三十三条 人民法院应当在具体的再审请求范围内或在抗诉支持当事人请求的范围内审理再审案件。当事人超出原审范围增加、变更诉讼请求的,不属于再审审理范围。但涉及国家利益、社会公共利益,或者当事人在原审诉讼中已经依法要求增加、变更诉讼请求,原审未予审理且客观上不能形成其他诉讼的除外。

经再审裁定撤销原判决,发回重审后,当事人增加诉讼请求的,人民法院依照民事诉讼法第一百二十六条的规定处理。

第三十四条 申请再审人在再审期间撤回再审申请的,是否准许由人民法院裁定。裁定准许的,应终结再审程序。申请再审人经传票传唤,无正当理由拒不到庭的,或者未经法庭许可中途退庭的,可以裁定按自动撤回再审申请处理。

人民检察院抗诉再审的案件,申请抗诉的当事人有前款规定的情形,且不损害国家利益、社会公共利益或第三人利益的,人民法院应当裁定终结再审程序;人民检察院撤回抗诉的,应当准予。

终结再审程序的,恢复原判决的执行。

第三十五条 按照第一审程序审理再审案件时,一审原告申请撤回起诉的,是否准许由人民法院裁定。裁定准许的,应当同时裁定撤销原判决、裁定、调解书。

第三十六条 当事人在再审审理中经调解达成协议的,人民法院应当制作调解书。调解书经各方当事人签收后,即具有法律效力,原判决、裁定视为被撤销。

第三十七条 人民法院经再审审理认为,原判决、裁定认定事实清楚、适用法律正确的,应予维持;原判决、裁定在认定事实、适用法律、阐述理由方面虽有瑕疵,但裁判结果正确的,人民法院应在再审判决、裁定中纠正上述瑕疵后予以维持。

第三十八条 人民法院按照第二审程序审理再审案件,发现原判决认定事实错误或者认定事实不清的,应当在查清事实后改判。但原审人民法院便于查清事实,化解纠纷的,可以裁定撤销原判决,发回重审;原审程序遗漏必须参加诉讼的当事人且无法达成调解协议,以及其他违反法定程序不宜在再审程序中直接作出实体处理的,应当裁定撤销原判决,发回重审。

第三十九条　新的证据证明原判决、裁定确有错误的,人民法院应予改判。

申请再审人或者申请抗诉的当事人提出新的证据致使再审改判,被申请人等当事人因申请再审人或者申请抗诉的当事人的过错未能在原审程序中及时举证,请求补偿其增加的差旅、误工等诉讼费用的,人民法院应当支持;请求赔偿其由此扩大的直接损失,可以另行提起诉讼解决。

第四十条　人民法院以调解方式审结的案件裁定再审后,经审理发现申请再审人提出的调解违反自愿原则的事由不成立,且调解协议的内容不违反法律强制性规定的,应当裁定驳回再审申请,并恢复原调解书的执行。

第四十一条　民事再审案件的当事人应为原审案件的当事人。原审案件当事人死亡或者终止的,其权利义务承受人可以申请再审并参加再审诉讼。

第四十二条　因案外人申请人民法院裁定再审的,人民法院经审理认为案外人应为必要的共同诉讼当事人,在按第一审程序再审时,应追加其为当事人,作出新的判决;在按第二审程序再审时,经调解不能达成协议的,应撤销原判,发回重审,重审时应追加案外人为当事人。

案外人不是必要的共同诉讼当事人的,仅审理其对原判决提出异议部分的合法性,并应根据审理情况作出撤销原判决相关判项或者驳回再审请求的判决;撤销原判决相关判项的,应当告知案外人以及原审当事人可以提起新的诉讼解决相关争议。

第四十三条　本院以前发布的司法解释与本解释不一致的,以本解释为准。本解释未作规定的,按照以前的规定执行

最高人民法院关于适用《中华人民共和国民事诉讼法》执行程序若干问题的解释

(2008年11月3日　法释〔2008〕13号)

为了依法及时有效地执行生效法律文书,维护当事人的合法权益,根据2007年10月修改后的《中华人民共和国民事诉讼法》(以下简称民事诉讼法),结合人民

法院执行工作实际，对执行程序中适用法律的若干问题作出如下解释：

第一条 申请执行人向被执行的财产所在地人民法院申请执行的，应当提供该人民法院辖区有可供执行财产的证明材料。

第二条 对两个以上人民法院都有管辖权的执行案件，人民法院在立案前发现其他有管辖权的人民法院已经立案的，不得重复立案。

立案后发现其他有管辖权的人民法院已经立案的，应当撤销案件；已经采取执行措施的，应当将控制的财产交先立案的执行法院处理。

第三条 人民法院受理执行申请后，当事人对管辖权有异议的，应当自收到执行通知书之日起十日内提出。

人民法院对当事人提出的异议，应当审查。异议成立的，应当撤销执行案件，并告知当事人向有管辖权的人民法院申请执行；异议不成立的，裁定驳回。当事人对裁定不服的，可以向上一级人民法院申请复议。

管辖权异议审查和复议期间，不停止执行。

第四条 对人民法院采取财产保全措施的案件，申请执行人向采取保全措施的人民法院以外的其他有管辖权的人民法院申请执行的，采取保全措施的人民法院应当将保全的财产交执行法院处理。

第五条 执行过程中，当事人、利害关系人认为执行法院的执行行为违反法律规定的，可以依照民事诉讼法第二百零二条的规定提出异议。

执行法院审查处理执行异议，应当自收到书面异议之日起十五日内作出裁定。

第六条 当事人、利害关系人依照民事诉讼法第二百零二条规定申请复议的，应当采取书面形式。

第七条 当事人、利害关系人申请复议的书面材料，可以通过执行法院转交，也可以直接向执行法院的上一级人民法院提交。

执行法院收到复议申请后，应当在五日内将复议所需的案卷材料报送上一级人民法院；上一级人民法院收到复议申请后，应当通知执行法院在五日内报送复议所需的案卷材料。

第八条 上一级人民法院对当事人、利害关系人的复议申请，应当组成合议庭进行审查。

第九条 当事人、利害关系人依照民事诉讼法第二百零二条规定申请复议的，上一级人民法院应当自收到复议申请之日起三十日内审查完毕，并作出裁定。有特殊情况需要延长的，经本院院长批准，可以延长，延长的期限不得超过三十日。

第十条 执行异议审查和复议期间，不停止执行。

被执行人、利害关系人提供充分、有效的担保请求停止相应处分措施的，人民法院可以准许；申请执行人提供充分、有效的担保请求继续执行的，应当继续执行。

第十一条 依照民事诉讼法第二百零三条的规定，有下列情形之一的，上一级人民法院可以根据申请执行人的申请，责令执行法院限期执行或者变更执行法院：

（一）债权人申请执行时被执行人有可供执行的财产，执行法院自收到申请执行书之日起超过六个月对该财产未执行完结的；

（二）执行过程中发现被执行人可供执行的财产，执行法院自发现财产之日起超过六个月对该财产未执行完结的；

（三）对法律文书确定的行为义务的执行，执行法院自收到申请执行书之日起超过六个月未依法采取相应执行措施的；

（四）其他有条件执行超过六个月未执行的。

第十二条 上一级人民法院依照民事诉讼法第二百零三条规定责令执行法院限期执行的，应当向其发出督促执行令，并将有关情况书面通知申请执行人。

上一级人民法院决定由本院执行或者指令本辖区其他人民法院执行的，应当作出裁定，送达当事人并通知有关人民法院。

第十三条 上一级人民法院责令执行法院限期执行，执行法院在指定期间内无正当理由仍未执行完结的，上一级人民法院应当裁定由本院执行或者指令本辖区其他人民法院执行。

第十四条 民事诉讼法第二百零三条规定的六个月期间，不应当计算执行中的公告期间、鉴定评估期间、管辖争议处理期间、执行争议协调期间、暂缓执行期间以及中止执行期间。

第十五条 案外人对执行标的主张所有权或者有其他足以阻止执行标的转让、交付的实体权利的，可以依照民事诉讼法第二百零四条的规定，向执行法院提出异议。

第十六条　案外人异议审查期间，人民法院不得对执行标的进行处分。

案外人向人民法院提供充分、有效的担保请求解除对异议标的的查封、扣押、冻结的，人民法院可以准许；申请执行人提供充分、有效的担保请求继续执行的，应当继续执行。

因案外人提供担保解除查封、扣押、冻结有错误，致使该标的无法执行的，人民法院可以直接执行担保财产；申请执行人提供担保请求继续执行有错误，给对方造成损失的，应当予以赔偿。

第十七条　案外人依照民事诉讼法第二百零四条规定提起诉讼，对执行标的主张实体权利，并请求对执行标的停止执行的，应当以申请执行人为被告；被执行人反对案外人对执行标的所主张的实体权利的，应当以申请执行人和被执行人为共同被告。

第十八条　案外人依照民事诉讼法第二百零四条规定提起诉讼的，由执行法院管辖。

第十九条　案外人依照民事诉讼法第二百零四条规定提起诉讼的，执行法院应当依照诉讼程序审理。经审理，理由不成立的，判决驳回其诉讼请求；理由成立的，根据案外人的诉讼请求作出相应的裁判。

第二十条　案外人依照民事诉讼法第二百零四条规定提起诉讼的，诉讼期间，不停止执行。

案外人的诉讼请求确有理由或者提供充分、有效的担保请求停止执行的，可以裁定停止对执行标的进行处分；申请执行人提供充分、有效的担保请求继续执行的，应当继续执行。

案外人请求停止执行、请求解除查封、扣押、冻结或者申请执行人请求继续执行有错误，给对方造成损失的，应当予以赔偿。

第二十一条　申请执行人依照民事诉讼法第二百零四条规定提起诉讼，请求对执行标的许可执行的，应当以案外人为被告；被执行人反对申请执行人请求的，应当以案外人和被执行人为共同被告。

第二十二条　申请执行人依照民事诉讼法第二百零四条规定提起诉讼的，由执行法院管辖。

第二十三条　人民法院依照民事诉讼法第二百零四条规定裁定对异议标的中止执行后,申请执行人自裁定送达之日起十五日内未提起诉讼的,人民法院应当裁定解除已经采取的执行措施。

第二十四条　申请执行人依照民事诉讼法第二百零四条规定提起诉讼的,执行法院应当依照诉讼程序审理。经审理,理由不成立的,判决驳回其诉讼请求;理由成立的,根据申请执行人的诉讼请求作出相应的裁判。

第二十五条　多个债权人对同一被执行人申请执行或者对执行财产申请参与分配的,执行法院应当制作财产分配方案,并送达各债权人和被执行人。债权人或者被执行人对分配方案有异议的,应当自收到分配方案之日起十五日内向执行法院提出书面异议。

第二十六条　债权人或者被执行人对分配方案提出书面异议的,执行法院应当通知未提出异议的债权人或被执行人。

未提出异议的债权人、被执行人收到通知之日起十五日内未提出反对意见的,执行法院依异议人的意见对分配方案审查修正后进行分配;提出反对意见的,应当通知异议人。异议人可以自收到通知之日起十五日内,以提出反对意见的债权人、被执行人为被告,向执行法院提起诉讼;异议人逾期未提起诉讼的,执行法院依原分配方案进行分配。

诉讼期间进行分配的,执行法院应当将与争议债权数额相应的款项予以提存。

第二十七条　在申请执行时效期间的最后六个月内,因不可抗力或者其他障碍不能行使请求权的,申请执行时效中止。从中止时效的原因消除之日起,申请执行时效期间继续计算。

第二十八条　申请执行时效因申请执行、当事人双方达成和解协议、当事人一方提出履行要求或者同意履行义务而中断。从中断时起,申请执行时效期间重新计算。

第二十九条　生效法律文书规定债务人负有不作为义务的,申请执行时效期间从债务人违反不作为义务之日起计算。

第三十条　执行员依照民事诉讼法第二百一十六条规定立即采取强制执行措施的,可以同时或者自采取强制执行措施之日起三日内发送执行通知书。

第三十一条　人民法院依照民事诉讼法第二百一十七条规定责令被执行人报告财产情况的,应当向其发出报告财产令。报告财产令中应当写明报告财产的范围、报告财产的期间、拒绝报告或者虚假报告的法律后果等内容。

第三十二条　被执行人依照民事诉讼法第二百一十七条的规定,应当书面报告下列财产情况:

(一)收入、银行存款、现金、有价证券;

(二)土地使用权、房屋等不动产;

(三)交通运输工具、机器设备、产品、原材料等动产;

(四)债权、股权、投资权益、基金、知识产权等财产性权利;

(五)其他应当报告的财产。

被执行人自收到执行通知之日前一年至当前财产发生变动的,应当对该变动情况进行报告。

被执行人在报告财产期间履行全部债务的,人民法院应当裁定终结报告程序。

第三十三条　被执行人报告财产后,其财产情况发生变动,影响申请执行人债权实现的,应当自财产变动之日起十日内向人民法院补充报告。

第三十四条　对被执行人报告的财产情况,申请执行人请求查询的,人民法院应当准许。申请执行人对查询的被执行人财产情况,应当保密。

第三十五条　对被执行人报告的财产情况,执行法院可以依申请执行人的申请或者依职权调查核实。

第三十六条　依照民事诉讼法第二百三十一条规定对被执行人限制出境的,应当由申请执行人向执行法院提出书面申请;必要时,执行法院可以依职权决定。

第三十七条　被执行人为单位的,可以对其法定代表人、主要负责人或者影响债务履行的直接责任人员限制出境。

被执行人为无民事行为能力人或者限制民事行为能力人的,可以对其法定代理人限制出境。

第三十八条　在限制出境期间,被执行人履行法律文书确定的全部债务的,执行法院应当及时解除限制出境措施;被执行人提供充分、有效的担保或者申请执行人同意的,可以解除限制出境措施。

第三十九条　依照民事诉讼法第二百三十一条的规定，执行法院可以依职权或者依申请执行人的申请，将被执行人不履行法律文书确定义务的信息，通过报纸、广播、电视、互联网等媒体公布。

媒体公布的有关费用，由被执行人负担；申请执行人申请在媒体公布的，应当垫付有关费用。

第四十条　本解释施行前本院公布的司法解释与本解释不一致的，以本解释为准。

最高人民法院关于诉讼收费监督管理的规定

（2007 年 9 月 20 日）

为了进一步加强和完善对人民法院诉讼收费的监督管理，防止和查处违规收费行为，维护当事人的合法权益，根据《民事诉讼法》、《行政诉讼法》和《诉讼费用交纳办法》的有关规定，制定本规定。

第一条　诉讼收费范围和收费标准应当严格执行《诉讼费用交纳办法》，不得提高收费标准。

第二条　当事人交纳诉讼费用确有困难的，可以依照《诉讼费用交纳办法》向人民法院申请缓交、减交或者免交诉讼费用的司法救助。对不符合司法救助情形的，不应准予免交、减交或者缓交。

第三条　诉讼收费严格实行“收支两条线”管理的规定，各级人民法院应当严格按照有关规定将依法收取的诉讼按照规定及时上缴同级财政，纳入预算管理，不得擅自开设银行帐户收费，不得截留、坐支、挪用、私分诉讼费用。

第四条　各级人民法院收取诉讼费用应当到指定的价格主管部门办理收费许可证。

第五条　各级人民法院应当严格执行收费公示制度的有关规定，在立案场所公示收费许可证，诉讼费用交纳范围、交纳项目、交纳标准，以及投诉部门和电话等。

第六条 各级人民法院收取诉讼费用应当按照财务隶属关系使用国务院财政部门或者省级人民政府财政部门印制的财政票据，不得私自印制或者使用任何其他票据进行收费。

第七条 基层人民法院的人民法庭按照有关规定当场收取诉讼费用的，必须向当事人出具省级人民政府财政部门印制的财政票据，并及时将收取的诉讼费用缴入指定代理银行。

第八条 各级人民法院不得违反规定预收执行申请费和破产申请费用。

第九条 各级人民法院应当按照实际成本向当事人、辩护人以及代理人等收取复制案件卷宗材料、审判工作的声像档案和法律文书的工本费。实际成本按照人民法院所在地省级价格、财政部门的规定执行。

第十条 诉讼费用结算完毕后，各级人民法院按照规定应当退还当事人诉讼费用的，应当及时办理退还手续；案件经审理需移送、移交的，应当及时办理随案移交诉讼费用的手续，不得影响当事人诉讼；当事人需要补缴诉讼费用的，应当及时督促补缴。

第十一条 各级人民法院不得向法院内部各部门下达收费任务和指标，不得以诉讼收费数额的多少作为对部门或个人奖惩的依据，不得将诉讼费用的收取与奖金、福利、津贴等挂钩。

第十二条 各级人民法院应当对本院收取诉讼费用的情况每年进行一次自查。上级人民法院应当对所辖法院收取诉讼费用的情况有计划地开展检查。对检查中发现的问题，应当及时纠正。

各级人民法院应当按照有关规定接受并配合有关职能部门对诉讼收费情况的监督检查。

第十三条 各级人民法院监察部门负责受理对违反规定收取诉讼费用行为的举报，并查处违反规定收取诉讼费用的行为。

第十四条 各级人民法院监察部门对于违反规定收取诉讼费用的行为，应当认真进行调查。查证属实的，应当依照最高人民法院有关纪律处分的规定对直接责任人员进行处理。对于违反规定收取诉讼费用，严重损害当事人利益，造成恶劣影响的,还应当追究有关领导和责任人员的责任。

第十五条 本规定自下发之日起施行。

关于加强人民法院审判公开工作的若干意见

(2007年6月4日)

为进一步落实宪法规定的公开审判原则,深入贯彻党的十六届六中全会提出的健全公开审判制度的要求,充分发挥人民法院在构建社会主义和谐社会中的职能作用,现就加强人民法院审判公开工作提出以下意见。

一、充分认识加强人民法院审判公开工作的重大意义

1. 加强审判公开工作是构建社会主义和谐社会的内在要求。审判公开是以公开审理案件为核心内容的、人民法院审判工作各重要环节的依法公开,是对宪法规定的公开审判原则的具体落实,是我国人民民主专政本质的重要体现,是在全社会实现公平和正义的重要保障。各级人民法院要充分认识到广大人民群众和全社会对不断增强审判工作公开性的高度关注和迫切需要,从发展社会主义民主政治、落实依法治国方略、构建社会主义和谐社会的高度,在各项审判和执行工作中依法充分落实审判公开。

2. 加强审判公开工作是建设公正、高效、权威的社会主义司法制度的迫切需要。深入贯彻落实《中共中央关于构建社会主义和谐社会若干重大问题的决定》,建设公正、高效、权威的社会主义司法制度,是当前和今后一个时期人民法院工作的重要目标。实现这一目标,必须加强审判公开。司法公正应当是"看得见的公正",司法高效应当是"能感受的高效",司法权威应当是"被认同的权威"。各级人民法院要通过深化审判公开,充分保障当事人诉讼权利,积极接受当事人监督,主动接受人大及其常委会的工作监督,正确面对新闻媒体的舆论监督,建设公正、高效、权威的社会主义司法制度。

二、准确把握人民法院审判公开工作的基本原则

3. 依法公开。要严格履行法律规定的公开审判职责，切实保障当事人依法参与审判活动、知悉审判工作信息的权利。要严格执行法律规定的公开范围，在审判工作中严守国家秘密和审判工作秘密，依法保护当事人隐私和商业秘密。

4. 及时公开。法律规定了公开时限的，要严格遵守法律规定的时限，在法定时限内快速、完整地依法公开审判工作信息。法律没有规定公开时限的，要在合理时间内快速、完整地依法公开审判工作信息。

5. 全面公开。要按照法律规定，在案件审理过程中做到公开开庭，公开举证、质证，公开宣判；根据审判工作需要，公开与保护当事人权利有关的人民法院审判工作各重要环节的有效信息。

三、切实加强人民法院审判公开工作的基本要求

6. 人民法院应当以设置宣传栏或者公告牌、建立网站等方便查阅的形式，公布本院管辖的各类案件的立案条件、由当事人提交的法律文书的样式、诉讼费用的收费标准及缓、减、免交诉讼费的基本条件和程序、案件审理与执行工作流程等事项。

7. 对当事人起诉材料、手续不全的，要尽量做到一次性全面告知当事人应当提交的材料和手续，有条件的人民法院应当采用书面形式告知。能够当场补齐的，立案工作人员应当指导当事人当场补齐。

8. 对决定受理适用普通程序的案件，应当在案件受理通知书和应诉通知书中，告知当事人所适用的审判程序及有关的诉讼权利和义务。决定由适用简易程序转为适用普通程序的，应当在作出决定后及时将决定的内容及事实和法律根据告知当事人。

9. 当事人及其诉讼代理人请求人民法院调查取证的，应当提出书面申请。人民法院决定调查收集证据的，应当及时告知申请人及其他当事人。决定不调查收集证据的，应当制作书面通知，说明不调查收集证据的理由，并及时送达申请人。

10. 人民法院裁定采取财产保全措施或者先予执行的，应当在裁定书中写明采取财产保全措施或者先予执行所依据的事实和法律根据，及申请人提供担保的种

类、金额或者免予担保的事实和法律根据。人民法院决定不采取财产保全措施或者先予执行的，应当作出书面裁定，并在裁定书中写明有关事实和法律根据。

11. 人民法院必须严格执行《中华人民共和国刑事诉讼法》、《中华人民共和国民事诉讼法》、《中华人民共和国行政诉讼法》及相关司法解释关于公开审理的案件范围的规定，应当公开审理的，必须公开审理。当事人提出案件涉及个人隐私或者商业秘密的，人民法院应当综合当事人意见、社会一般理性认识等因素，必要时征询专家意见，在合理判断基础上作出决定。

12. 审理刑事二审案件，应当积极创造条件，逐步实现开庭审理；被告人一审被判处死刑的上诉案件和检察机关提出抗诉的案件，应当开庭审理。要逐步加大民事、行政二审案件开庭审理的力度。

13. 刑事二审案件不开庭审理的，人民法院应当在全面审查案卷材料和证据基础上讯问被告人，听取辩护人、代理人的意见，核实证据，查清事实；民事、行政二审案件不开庭审理的，人民法院应当全面审查案卷，充分听取当事人意见，核实证据，查清事实。

14. 要逐步提高当庭宣判比率，规范定期宣判、委托宣判。人民法院审理案件，能够当庭宣判的，应当当庭宣判。定期宣判、委托宣判的，应当在裁判文书签发或者收到委托函后及时进行，宣判前应当通知当事人和其他诉讼参与人。宣判时允许旁听，宣判后应当立即送达法律文书。

15. 依法公开审理的案件，我国公民可以持有效证件旁听，人民法院应当妥善安排好旁听工作。因审判场所、安全保卫等客观因素所限发放旁听证的，应当作出必要的说明和解释。

16. 对群众广泛关注、有较大社会影响或者有利于社会主义法治宣传教育的案件，可以有计划地通过相关组织安排群众旁听，邀请人大代表、政协委员旁听，增进广大群众、人大代表、政协委员了解法院审判工作，方便对审判工作的监督。

17. 申请执行人向人民法院提供被执行人财产线索的，人民法院应当在收到有关线索后尽快决定是否调查，决定不予调查的，应当告知申请执行人具体理由。人民法院根据申请执行人提供的线索或依职权调查被执行人财产状况的，应当在调查结束后及时将调查结果告知申请执行人。被执行人向人民法院申报财产的，人民法院应当在收到申报后及时将被执行人申报的财产状况告知申请执行人。

18. 人民法院应当公告选择评估、拍卖等中介机构的条件和程序，公开进行选定，并及时公告选定的中介机构名单。人民法院应当向当事人、利害关系人公开评估、拍卖、变卖的过程和结果；不能及时拍卖、变卖的，应当向当事人、利害关系人说明原因。

19. 对办案过程中涉及当事人或案外人重大权益的事项，法律没有规定办理程序的，各级人民法院应当根据实际情况，建立灵活、方便的听证机制，举行听证。对当事人、利害关系人提出的执行异议、变更或追加被执行人的请求、经调卷复查认为符合再审条件的申诉申请再审案件，人民法院应当举行听证。

20. 人民法院应当建立和公布案件办理情况查询机制，方便当事人及其委托代理人及时了解与当事人诉讼权利、义务相关的审判和执行信息。

21. 有条件的人民法院对于庭审活动和相关重要审判活动可以录音、录像，建立审判工作的声像档案，当事人可以按规定查阅和复制。

22. 各高级人民法院应当根据本辖区内的情况制定通过出版物、局域网、互联网等方式公布生效裁判文书的具体办法，逐步加大生效裁判文书公开的力度。

23. 通过电视、互联网等媒体对人民法院公开审理案件进行直播、转播的，由高级人民法院批准后进行。

四、规范审判公开工作，维护法律权威和司法形象

24. 人民法院公开审理案件，庭审活动应当在审判法庭进行。巡回审理案件，有固定审判场所的，庭审活动应当在该固定审判场所进行；尚无固定审判场所的，可根据实际条件选择适当的场所。

25. 人民法院裁判文书是人民法院公开审判活动、裁判理由、裁判依据和裁判结果的重要载体。裁判文书的制作应当符合最高人民法院颁布的裁判文书样式要求，包含裁判文书的必备要素，并按照繁简得当、易于理解的要求，清楚地反映裁判过程、事实、理由和裁判依据。

26. 人民法院工作人员实施公务活动，应当依据有关规定着装，并主动出示工作证。

27. 人民法院应当向社会公开审判、执行工作纪律规范，公开违法审判、违法执行的投诉办法，便于当事人及社会监督。

最高人民法院关于加强民事裁判文书制作工作的通知

（2006 年 6 月 27 日）

各省、自治区、直辖市高级人民法院，解放军军事法院，新疆维吾尔自治区高级人民法院生产建设兵团分院：

近年来，随着民事审判方式改革的不断深化，各级人民法院积极探索民事裁判文书的改革，民事裁判文书制作工作得到加强，文书制作水平总体上有较大提高，但是仍然存在不少问题。有的裁判文书简单罗列证据，没有完整叙述案件事实；有的裁判文书说理缺乏针对性，没有围绕诉争焦点展开；有的裁判文书引用法条错误、错漏字很多，存在严重的低级错误，损害了裁判文书作为记录裁判过程、展示司法公正载体的形象和权威性。为了进一步提高民事裁判文书的质量，积极稳妥地推进民事裁判文书改革步伐，加强民事裁判文书的辨法析理作用，规范民事裁判文书的制作，特作如下通知：

一、要严格按照《人民法院五年改革纲要》的原则要求，加强民事裁判文书的制作工作。各级人民法院要在 1992 年民事裁判文书样式的基础上，根据民事案件的特点，积极探索民事裁判文书的改革。要保证改革在保持国家法律文书的严肃性和统一性原则下进行，对民事裁判文书的基本框架不应随意变动。要强调案件事实的公开性和完整性、证据认定的逻辑性、判案理由的说理性以及文字语言的准确性，突出对重点争议证据的认证说理以及对当事人诉讼请求的辨法析理；要根据案件的具体情况区别对待，做到简繁得当；对于难以通过文字表述的内容，可以通过附图、附表等适当方式予以表达；对于涉及个人隐私、商业秘密等不宜直接公开的内容，可以采用附件等形式予以表述，附件只送达当事人，对外不得公开。

二、要把制作民事裁判文书作为记录人民法院民事审判和执行活动的重要手段。对程序的表述要力求精要,抓住主要环节,不纠缠于细枝末节、面面俱到;对相关证据的分析和认证要围绕当事人争议的焦点进行;对事实中当事人无争议的部分要直接陈述,防止证据的简单罗列和重复。对于审理案件的重要程序事项和诉讼活动要明确表述,包括原告起诉、上诉人上诉时间,重要的诉讼文件和证据提交、转递情况,因管辖异议、中止诉讼、委托鉴定等导致审理时间延长的程序事实,采取诉前或诉中的财产保全措施,等等。

三、要增强判案的说理性,努力做到"辨法析理、胜败皆明"。针对当事人争议焦点,要详尽地阐述裁判的理由,简繁得当地制作裁判文书。不仅要对实体判决的理由进行阐述,而且要对诉讼证据的采信与否进行说明,努力使人民法院民事裁判文书成为向社会公众展示人民法院司法公正形象的重要载体,进行法制教育的生动教材。

四、要增强责任意识,确保民事裁判文书的质量。要树立严谨细致的工作作风,严把文字质量关,严格遵循裁判文书的格式和要求,校对好文字和数字,坚决杜绝不符合格式要求和带有错别字等低级错误的民事裁判文书。上级人民法院发现下级人民法院制作的民事裁判文书存在严重的质量问题和低级错误的,应当给予通报批评;造成恶劣影响的,应当对直接责任人给予纪律处分。

最高人民法院关于以法院专递方式邮寄送达民事诉讼文书的若干规定

(2004年9月7日最高人民法院审判委员会第1324次会议通过 2004年9月17日公布 自2005年1月1日起施行 法释〔2004〕13号)

为保障和方便双方当事人依法行使诉讼权利,根据《中华人民共和国民事诉讼法》的有关规定,结合民事审判经验和各地的实际情况,制定本规定。

第一条 人民法院直接送达诉讼文书有困难的,可以交由国家邮政机构(以下

简称邮政机构)以法院专递方式邮寄送达,但有下列情形之一的除外:

(一)受送达人或者其诉讼代理人、受送达人指定的代收人同意在指定的期间内到人民法院接受送达的;

(二)受送达人下落不明的;

(三)法律规定或者我国缔结或者参加的国际条约中约定有特别送达方式的。

第二条 以法院专递方式邮寄送达民事诉讼文书的,其送达与人民法院送达具有同等法律效力。

第三条 当事人起诉或者答辩时应当向人民法院提供或者确认自己准确的送达地址,并填写送达地址确认书。当事人拒绝提供的,人民法院应当告知其拒不提供送达地址的不利后果,并记入笔录。

第四条 送达地址确认书的内容应当包括送达地址的邮政编码、详细地址以及受送达人的联系电话等内容。

当事人要求对送达地址确认书中的内容保密的,人民法院应当为其保密。

当事人在第一审、第二审和执行终结前变更送达地址的,应当及时以书面方式告知人民法院。

第五条 当事人拒绝提供自己的送达地址,经人民法院告知后仍不提供的,自然人以其户籍登记中的住所地或者经常居住地为送达地址;法人或者其他组织以其工商登记或者其他依法登记、备案中的住所地为送达地址。

第六条 邮政机构按照当事人提供或者确认的送达地址送达的,应当在规定的日期内将回执退回人民法院。

邮政机构按照当事人提供或确认的送达地址在五日内投送三次以上未能送达,通过电话或者其他联系方式又无法告知受送达人的,应当将邮件在规定的日期内退回人民法院,并说明退回的理由。

第七条 受送达人指定代收人的,指定代收人的签收视为受送达人本人签收。

邮政机构在受送达人提供或确认的送达地址未能见到受送达人的,可以将邮件交给与受送达人同住的成年家属代收,但代收人是同一案件中另一方当事人的除外。

第八条 受送达人及其代收人应当在邮件回执上签名、盖章或者捺印。

受送达人及其代收人在签收时应当出示其有效身份证件并在回执上填写该证件的号码;受送达人及其代收人拒绝签收的,由邮政机构的投递员记明情况后将邮件退回人民法院。

第九条 有下列情形之一的,即为送达:

(一)受送达人在邮件回执上签名、盖章或者捺印的;

(二)受送达人是无民事行为能力或者限制民事行为能力的自然人,其法定代理人签收的;

(三)受送达人是法人或者其他组织,其法人的法定代表人、该组织的主要负责人或者办公室、收发室、值班室的工作人员签收的;

(四)受送达人的诉讼代理人签收的;

(五)受送达人指定的代收人签收的;

(六)受送达人的同住成年家属签收的。

第十条 签收人是受送达人本人或者是受送达人的法定代表人、主要负责人、法定代理人、诉讼代理人的,签收人应当当场核对邮件内容。签收人发现邮件内容与回执上的文书名称不一致的,应当当场向邮政机构的投递员提出,由投递员在回执上记明情况后将邮件退回人民法院。

签收人是受送达人办公室、收发室和值班室的工作人员或者是与受送达人同住成年家属,受送达人发现邮件内容与回执上的文书名称不一致的,应当在收到邮件后的三日内将该邮件退回人民法院,并以书面方式说明退回的理由。

第十一条 因受送达人自己提供或者确认的送达地址不准确、拒不提供送达地址、送达地址变更未及时告知人民法院、受送达人本人或者受送达人指定的代收人拒绝签收,导致诉讼文书未能被受送达人实际接收的,文书退回之日视为送达之日。

受送达人能够证明自己在诉讼文书送达的过程中没有过错的,不适用前款规定。

第十二条 本规定自2005年1月1日起实施。

我院以前的司法解释与本规定不一致的,以本规定为准。

最高人民法院关于人民法院民事调解工作若干问题的规定

（2004 年 8 月 18 日最高人民法院审判委员会第 1321 次会议通过 2004 年 9 月 16 日公布 自 2004 年 11 月 1 日起施行 法释〔2004〕12 号）

为了保证人民法院正确调解民事案件，及时解决纠纷，保障和方便当事人依法行使诉讼权利，节约司法资源，根据《中华人民共和国民事诉讼法》等法律的规定，结合人民法院调解工作的经验和实际情况，制定本规定。

第一条 人民法院对受理的第一审、第二审和再审民事案件，可以在答辩期满后裁判作出前进行调解。在征得当事人各方同意后，人民法院可以在答辩期满前进行调解。

第二条 对于有可能通过调解解决的民事案件，人民法院应当调解。但适用特别程序、督促程序、公示催告程序、破产还债程序的案件，婚姻关系、身份关系确认案件以及其他依案件性质不能进行调解的民事案件，人民法院不予调解。

第三条 根据民事诉讼法第八十七条的规定，人民法院可以邀请与当事人有特定关系或者与案件有一定联系的企业事业单位、社会团体或者其他组织，和具有专门知识、特定社会经验、与当事人有特定关系并有利于促成调解的个人协助调解工作。

经各方当事人同意，人民法院可以委托前款规定的单位或者个人对案件进行调解，达成调解协议后，人民法院应当依法予以确认。

第四条 当事人在诉讼过程中自行达成和解协议的，人民法院可以根据当事人的申请依法确认和解协议制作调解书。双方当事人申请庭外和解的期间，不计入审限。

当事人在和解过程中申请人民法院对和解活动进行协调的，人民法院可以委派审判辅助人员或者邀请、委托有关单位和个人从事协调活动。

第五条 人民法院应当在调解前告知当事人主持调解人员和书记员姓名以及是否申请回避等有关诉讼权利和诉讼义务。

第六条 在答辩期满前人民法院对案件进行调解，适用普通程序的案件在当事人同意调解之日起15天内，适用简易程序的案件在当事人同意调解之日起7天内未达成调解协议的，经各方当事人同意，可以继续调解。延长的调解期间不计入审限。

第七条 当事人申请不公开进行调解的，人民法院应当准许。

调解时当事人各方应当同时在场，根据需要也可以对当事人分别作调解工作。

第八条 当事人可以自行提出调解方案，主持调解的人员也可以提出调解方案供当事人协商时参考。

第九条 调解协议内容超出诉讼请求的，人民法院可以准许。

第十条 人民法院对于调解协议约定一方不履行协议应当承担民事责任的，应予准许。

调解协议约定一方不履行协议，另一方可以请求人民法院对案件作出裁判的条款，人民法院不予准许。

第十一条 调解协议约定一方提供担保或者案外人同意为当事人提供担保的，人民法院应当准许。

案外人提供担保的，人民法院制作调解书应当列明担保人，并将调解书送交担保人。担保人不签收调解书的，不影响调解书生效。

当事人或者案外人提供的担保符合担保法规定的条件时生效。

第十二条 调解协议具有下列情形之一的，人民法院不予确认：

（一）侵害国家利益、社会公共利益的；

（二）侵害案外人利益的；

（三）违背当事人真实意思的；

（四）违反法律、行政法规禁止性规定的。

第十三条 根据民事诉讼法第九十条第一款第（四）项规定，当事人各方同意在调解协议上签名或者盖章后生效，经人民法院审查确认后，应当记入笔录或者将协议附卷，并由当事人、审判人员、书记员签名或者盖章后即具有法律效力。当事人请求制作调解书的，人民法院应当制作调解书送交当事人。当事人拒收调解书的，不影响调解协议的效力。一方不履行调解协议的，另一方可以持调解书向人民法院申请执行。

第十四条　当事人不能对诉讼费用如何承担达成协议的，不影响调解协议的效力。人民法院可以直接决定当事人承担诉讼费用的比例，并将决定记入调解书。

第十五条　对调解书的内容既不享有权利又不承担义务的当事人不签收调解书的，不影响调解书的效力。

第十六条　当事人以民事调解书与调解协议的原意不一致为由提出异议，人民法院审查后认为异议成立的，应当根据调解协议裁定补正民事调解书的相关内容。

第十七条　当事人就部分诉讼请求达成调解协议的，人民法院可以就此先行确认并制作调解书。

当事人就主要诉讼请求达成调解协议，请求人民法院对未达成协议的诉讼请求提出处理意见并表示接受该处理结果的，人民法院的处理意见是调解协议的一部分内容，制作调解书的记入调解书。

第十八　条当事人自行和解或者经调解达成协议后，请求人民法院按照和解协议或者调解协议的内容制作判决书的，人民法院不予支持。

第十九条　调解书确定的担保条款条件或者承担民事责任的条件成就时，当事人申请执行的，人民法院应当依法执行。

不履行调解协议的当事人按照前款规定承担了调解书确定的民事责任后，对方当事人又要求其承担民事诉讼法第二百三十二条规定的迟延履行责任的，人民法院不予支持。

第二十条　调解书约定给付特定标的物的，调解协议达成前该物上已经存在的第三人的物权和优先权不受影响。第三人在执行过程中对执行标的物提出异议的，应当按照民事诉讼法第二百零八条规定处理。

第二十一条　人民法院对刑事附带民事诉讼案件进行调解，依照本规定执行。

第二十二条　本规定实施前人民法院已经受理的案件，在本规定施行后尚未审结的，依照本规定执行。

第二十三条 本规定实施前最高人民法院的有关司法解释与本规定不一致的，适用本规定。

第二十四条 本规定自 2004 年 11 月 1 日起实施。

最高人民法院关于在民事审判工作中适用《中华人民共和国工会法》若干问题的解释

（2003 年 1 月 9 日最高人民法院审判委员会第 1263 次会议通过 2003 年 6 月 25 日公布 自 2003 年 7 月 9 日起施行 法释〔2003〕11 号）

为正确审理涉及工会经费和财产、工会工作人员权利的民事案件，维护工会和职工的合法权益，根据《中华人民共和国工会法》、《中华人民共和国民法通则》和《中华人民共和国民事诉讼法》等法律的规定，现就有关法律的适用问题解释如下：

第一条 人民法院审理涉及工会组织的有关案件时，应当认定依照工会法建立的工会组织的社团法人资格。具有法人资格的工会组织依法独立享有民事权利，承担民事义务。建立工会的企业、事业单位、机关与所建工会以及工会投资兴办的企业，根据法律和司法解释的规定，应当分别承担各自的民事责任。

第二条 根据工会法第十八条规定，人民法院审理劳动争议案件，涉及确定基层工会专职主席、副主席或者委员延长的劳动合同期限的，应当自上述人员工会职务任职期限届满之日起计算，延长的期限等于其工会职务任职的期间。

工会法第十八条规定的“个人严重过失”，是指具有《中华人民共和国劳动法》第二十五条第（二）项、第（三）项或者第（四）项规定的情形。

第三条 基层工会或者上级工会依照工会法第四十三条规定向人民法院申请支付令的，由被申请人所在地的基层人民法院管辖。

第四条 人民法院根据工会法第四十三条的规定受理工会提出的拨缴工会经费的支付令申请后，应当先行征询被申请人的意见。被申请人仅对应拨缴经费数额有异议的，人民法院应当就无异议部分的工会经费数额发出支付令。

人民法院在审理涉及工会经费的案件中，需要按照工会法第四十二条第一款第（二）项规定的“全部职工”、“工资总额”确定拨缴数额的，“全部职工”、“工资总额”的计算，应当按照国家有关部门规定的标准执行。

第五条　根据工会法第四十三条和民事诉讼法的有关规定，上级工会向人民法院申请支付令或者提起诉讼，要求企业、事业单位拨缴工会经费的，人民法院应当受理。基层工会要求参加诉讼的，人民法院可以准许其作为共同申请人或者共同原告参加诉讼。

第六条　根据工会法第五十二条规定，人民法院审理涉及职工和工会工作人员因参加工会活动或者履行工会法规定的职责而被解除劳动合同的劳动争议案件，可以根据当事人的请求裁判用人单位恢复其工作，并补发被解除劳动合同期间应得的报酬；或者根据当事人的请求裁判用人单位给予本人年收入二倍的赔偿，并参照《违反和解除劳动合同的经济补偿办法》第八条规定给予解除劳动合同时的经济补偿金。

第七条　对于企业、事业单位无正当理由拖延或者拒不拨缴工会经费的，工会组织向人民法院请求保护其权利的诉讼时效期间，适用民法通则第一百三十五条的规定。

第八条　工会组织就工会经费的拨缴向人民法院申请支付令的，应当按照《最高人民法院关于适用〈中华人民共和国民事诉讼法〉若干问题的意见》第一百三十二条的规定交纳申请费；督促程序终结后，工会组织另行起诉的，按照《人民法院诉讼收费办法》规定的财产案件收费标准交纳诉讼费用。

最高人民法院关于审理涉及人民调解协议的民事案件的若干规定

（2002年9月5日最高人民法院审判委员会第1240次会议通过　2002年9月16日公布　自2002年11月1日起施行　法释〔2002〕29号）

为了公正审理涉及人民调解协议的民事案件，根据《中华人民共和国民法通则》、《中华人民共和国合同法》、《中华人民共和国民事诉讼法》，参照《人民调解委

员会组织条例》,结合民事审判经验和实际情况,对审理涉及人民调解协议的民事案件的有关问题作如下规定:

第一条　经人民调解委员会调解达成的、有民事权利义务内容,并由双方当事人签字或者盖章的调解协议,具有民事合同性质。当事人应当按照约定履行自己的义务,不得擅自变更或者解除调解协议。

第二条　当事人一方向人民法院起诉,请求对方当事人履行调解协议的,人民法院应当受理。

当事人一方向人民法院起诉,请求变更或者撤销调解协议,或者请求确认调解协议无效的,人民法院应当受理。

第三条　当事人一方起诉请求履行调解协议,对方当事人反驳的,有责任对反驳诉讼请求所依据的事实提供证据予以证明。

当事人一方起诉请求变更或者撤销调解协议,或者请求确认调解协议无效的,有责任对自己的诉讼请求所依据的事实提供证据予以证明。

当事人一方以原纠纷向人民法院起诉,对方当事人以调解协议抗辩的,应当提供调解协议书。

第四条　具备下列条件的,调解协议有效:

(一)当事人具有完全民事行为能力;

(二)意思表示真实;

(三)不违反法律、行政法规的强制性规定或者社会公共利益。

第五条　有下列情形之一的,调解协议无效:

(一)损害国家、集体或者第三人利益;

(二)以合法形式掩盖非法目的;

(三)损害社会公共利益;

(四)违反法律、行政法规的强制性规定。

人民调解委员会强迫调解的,调解协议无效。

第六条　下列调解协议,当事人一方有权请求人民法院变更或者撤销:

(一)因重大误解订立的;

(二)在订立调解协议时显失公平的;

一方以欺诈、胁迫的手段或者乘人之危，使对方在违背真实意思的情况下订立的调解协议，受损害方有权请求人民法院变更或者撤销。

当事人请求变更的，人民法院不得撤销。

第七条 有下列情形之一的，撤销权消灭：

（一）具有撤销权的当事人自知道或者应当知道撤销事由之日起一年内没有行使撤销权；

（二）具有撤销权的当事人知道撤销事由后明确表示或者以自己的行为放弃撤销权。

第八条 无效的调解协议或者被撤销的调解协议自始没有法律约束力。调解协议部分无效，不影响其他部分效力的，其他部分仍然有效。

第九条 调解协议的诉讼时效，适用民法通则第一百三十五条的规定。

原纠纷的诉讼时效因人民调解委员会调解而中断。

调解协议被撤销或者被认定无效后，当事人以原纠纷起诉的，诉讼时效自调解协议被撤销或者被认定无效的判决生效之日起重新计算。

第十条 具有债权内容的调解协议，公证机关依法赋予强制执行效力的，债权人可以向被执行人住所地或者被执行人的财产所在地人民法院申请执行。

第十一条 基层人民法院及其派出的人民法庭审理涉及人民调解协议的民事案件，一般应当适用简易程序。

第十二条 人民法院审理涉及人民调解协议的民事案件，调解协议被人民法院已经发生法律效力的判决变更、撤销，或者被确认无效的，可以适当的方式告知当地的司法行政机关或者人民调解委员会。

第十三条 本规定自2002年11月1日起施行。

人民法院审理民事案件涉及2002年11月1日以后达成的人民调解协议的，适用本规定。

最高人民法院关于冻结、拍卖上市公司国有股和社会法人股若干问题的规定

（2001 年 8 月 28 日最高人民法院审判委员会第 1188 次会议通过　自 2001 年 9 月 30 日起施行　法释〔2001〕28 号）

为了保护债权人以及其他当事人的合法权益，维护证券市场的正常交易秩序，根据《中华人民共和国证券法》、《中华人民共和国公司法》、《中华人民共和国民事诉讼法》，参照《中华人民共和国拍卖法》等法律的有关规定，对人民法院在财产保全和执行过程中，冻结、拍卖上市公司国有股和社会法人股（以下均简称股权）等有关问题，作如下规定：

第一条　人民法院在审理民事纠纷案件过程中，对股权采取冻结、评估、拍卖和办理股权过户等财产保全和执行措施，适用本规定。

第二条　本规定所指上市公司国有股，包括国家股和国有法人股。国家股指有权代表国家投资的机构或部门向股份有限公司出资或依据法定程序取得的股份；国有法人股指国有法人单位，包括国有资产比例超过 50% 的国有控股企业，以其依法占有的法人资产向股份有限公司出资形成或者依据法定程序取得的股份。

本规定所指社会法人股是指非国有法人资产投资于上市公司形成的股份。

第三条　人民法院对股权采取冻结、拍卖措施时，被保全人和被执行人应当是股权的持有人或者所有权人。被冻结、拍卖股权的上市公司非依据法定程序确定为案件当事人或者被执行人，人民法院不得对其采取保全或执行措施。

第四条　人民法院在审理案件过程中，股权持有人或者所有权人作为债务人，如有偿还能力的，人民法院一般不应对其股权采取冻结保全措施。

人民法院已对股权采取冻结保全措施的，股权持有人、所有权人或者第三人提供了有效担保，人民法院经审查符合法律规定的，可以解除对股权的冻结。

第五条　人民法院裁定冻结或者解除冻结股权，除应当将法律文书送达负有协助执行义务的单位以外，还应当在作出冻结或者解除冻结裁定后7日内，将法律文书送达股权持有人或者所有权人并书面通知上市公司。

人民法院裁定拍卖上市公司股权，应当于委托拍卖之前将法律文书送达股权持有人或者所有权人并书面通知上市公司。

被冻结或者拍卖股权的当事人是国有股份持有人的，人民法院在向该国有股份持有人送达冻结或者拍卖裁定时，应当告其于5日内报主管财政部门备案。

第六条　冻结股权的期限不超过一年。如申请人需要延长期限的，人民法院应当根据申请，在冻结期限届满前办理续冻手续，每次续冻期限不超过6个月。逾期不办理续冻手续的，视为自动撤销冻结。

第七条　人民法院采取保全措施，所冻结的股权价值不得超过股权持有人或者所有权人的债务总额。股权价值应当按照上市公司最近期报表每股资产净值计算。

股权冻结的效力及于股权产生的股息以及红利、红股等孳息，但股权持有人或者所有权人仍可享有因上市公司增发、配售新股而产生的权利。

第八条　人民法院采取强制执行措施时，如果股权持有人或者所有权人在限期内提供了方便执行的其他财产，应当首先执行其他财产。其他财产不足以清偿债务的，方可执行股权。

本规定所称可供方便执行的其他财产，是指存款、现金、成品和半成品、原材料、交通工具等。

人民法院执行股权，必须进行拍卖。

股权的持有人或者所有权人以股权向债权人质押的，人民法院执行时也应当通过拍卖方式进行，不得直接将股权执行给债权人。

第九条　拍卖股权之前，人民法院应当委托具有证券从业资格的资产评估机构对股权价值进行评估。资产评估机构由债权人和债务人协商选定。不能达成一致意见的，由人民法院召集债权人和债务人提出候选评估机构，以抽签方式决定。

第十条　人民法院委托资产评估机构评估时，应当要求资产评估机构严格依照国家规定的标准、程序和方法对股权价值进行评估,并说明其应当对所作出的评估报告依法承担相应责任。

人民法院还应当要求上市公司向接受人民法院委托的资产评估机构如实提供有关情况和资料;要求资产评估机构对上市公司提供的情况和资料保守秘密。

第十一条 人民法院收到资产评估机构作出的评估报告后,须将评估报告分别送达债权人和债务人以及上市公司。债权人和债务人以及上市公司对评估报告有异议的,应当在收到评估报告后 7 日内书面提出。人民法院应当将异议书交资产评估机构,要求该机构在 10 日之内作出说明或者补正。

第十二条 对股权拍卖,人民法院应当委托依法成立的拍卖机构进行。拍卖机构的选定,参照本规定第九条规定的方法进行。

第十三条 股权拍卖保留价,应当按照评估值确定。

第一次拍卖最高应价未达到保留价时,应当继续进行拍卖,每次拍卖的保留价应当不低于前次保留价的 90%。经三次拍卖仍不能成交时,人民法院应当将所拍卖的股权按第三次拍卖的保留价折价抵偿给债权人。

人民法院可以在每次拍卖未成交后主持调解,将所拍卖的股权参照该次拍卖保留价折价抵偿给债权人。

第十四条 拍卖股权,人民法院应当委托拍卖机构于拍卖日前 10 天,在《中国证券报》、《证券时报》或者《上海证券报》上进行公告。

第十五条 国有股权竞买人应当具备依法受让国有股权的条件。

第十六条 股权拍卖过程中,竞买人已经持有的该上市公司股份数额和其竞买的股份数额累计不得超过该上市公司已经发行股份数额的 30%。如竞买人累计持有该上市公司股份数额已达到 30% 仍参与竞买的,须依照《中华人民共和国证券法》的相关规定办理,在此期间应当中止拍卖程序。

第十七条 拍卖成交后,人民法院应当向证券交易市场和证券登记结算公司出具协助执行通知书,由买受人持拍卖机构出具的成交证明和财政主管部门对股权性质的界定等有关文件,向证券交易市场和证券登记结算公司办理股权变更登记。

最高人民法院关于民事经济审判方式改革问题的若干规定

（1998年6月19日最高人民法院审判委员会第995次会议通过
1998年7月6日公布　自1998年7月11日起施行　法释〔1998〕14号）

为了正确适用《中华人民共和国民事诉讼法》（以下简称民事诉讼法），建立与社会主义市场经济体制相适应的民事经济审判机制，保证依法、正确、及时地审理案件，在总结各地实践经验的基础上，对民事、经济审判方式改革中的有关问题作出如下规定。

关于当事人举证和法院调查收集证据问题

一、人民法院可以制定各类案件举证须知，明确举证内容及其范围和要求。

二、人民法院在送达受理案件通知书和应诉通知书时，应当告知当事人围绕自己的主张提供证据。

三、下列证据由人民法院调查收集：

1. 当事人及其诉讼代理人因客观原因不能自行收集并已提出调取证据的申请和该证据线索的；

2. 应当由人民法院勘验或者委托鉴定的；

3. 当事人双方提出的影响查明案件主要事实的证据材料相互矛盾，经过庭审质证无法认定其效力的；

4. 人民法院认为需要自行调查收集的其他证据。

上述证据经人民法院调查，未能收集到的，仍由负有举证责任的当事人承担举证不能的后果。

四、审判人员收到当事人或者其诉讼代理人递交的证据材料应当出具收据。

关于做好庭前必要准备及时开庭审理问题

五、开庭前应当做好下列准备工作：

1. 在法定期限内，分别向当事人送达受理案件通知书、应诉通知书和起诉状、答辩状副本；

2. 通知必须共同进行诉讼的当事人参加诉讼；

3. 告知当事人有关的诉讼权利和义务、合议庭组成人员；

4. 审查有关的诉讼材料，了解双方当事人争议的焦点和应当适用的有关法律以及有关专业知识；

5. 调查收集应当由人民法院调查收集的证据；

6. 需要由人民法院勘验或者委托鉴定的，进行勘验或者委托有关部门鉴定；

7. 案情比较复杂、证据材料较多的案件，可以组织当事人交换证据；

8. 其他必要的准备工作。

六、合议庭成员和独任审判员开庭前不得单独接触一方当事人及其诉讼代理人。

七、按普通程序审理的案件，开庭审理应当在答辩期届满并做好必要的准备工作后进行。当事人明确表示不提交答辩状，或者在答辩期届满前已经答辩，或者同意在答辩期间开庭的，也可以在答辩期限届满前开庭审理。

关于改进庭审方式问题

八、法庭调查按下列顺序进行：

1. 由原告口头陈述事实或者宣读起诉状，讲明具体诉讼请求和理由；

2. 由被告口头陈述事实或者宣读答辩状，对原告诉讼请求提出异议或者反诉的，讲明具体请求和理由；

3. 第三人陈述或者答辩，有独立请求权的第三人陈述诉讼请求和理由；无独立请求权的第三人针对原、被告的陈述提出承认或者否认的答辩意见；

4. 原告或者被告对第三人的陈述进行答辩；

5. 审判长或者独任审判员归纳本案争议焦点或者法庭调查重点，并征求当事人的意见；

6. 原告出示证据，被告进行质证；被告出示证据，原告进行质证；

7. 原、被告对第三人出示的证据进行质证；第三人对原告或者被告出示的证据进行质证；

8. 审判人员出示人民法院调查收集的证据,原告、被告和第三人进行质证。

经审判长许可,当事人可以向证人发问,当事人可以互相发问。

审判人员可以询问当事人。

九、案件有两个以上独立存在的事实或者诉讼请求的,可以要求当事人逐项陈述事实和理由,逐个出示证据并分别进行调查和质证。

对当事人无争议的事实,无需举证、质证。

十、当事人向法庭提出的证据,应当由当事人或者其诉讼代理人宣读。当事人及其诉讼代理人因客观原因不能宣读的证据,可以由审判人员代为宣读。

人民法院依职权调查收集的证据由审判人员宣读。

十一、案件的同一事实,除举证责任倒置外,由提出主张的一方当事人首行举证,然后由另一方当事人举证。另一方当事人不能提出足以推翻前一事实的证据的,对这一事实可以认定;提出足以推翻前一事实的证据的,再转由提出主张的当事人继续举证。

十二、经过庭审质证的证据,能够当即认定的,应当当即认定;当即不能认定的,可以休庭合议后再予以认定;合议之后认为需要继续举证或者进行鉴定、勘验等工作的,可以在下次开庭质证后认定。未经庭审质证的证据,不能作为定案的根据。

十三、一方当事人要求补充证据或者申请重新鉴定、勘验,人民法院认为有必要的可以准许。补充的证据或者重新进行鉴定、勘验的结论,必须再次开庭质证。

十四、法庭决定再次开庭的,审判长或者独任审判员对本次开庭情况应当进行小结,指出庭审已经确认的证据,并指明下次开庭调查的重点。

十五、第二次开庭审理时,只就未经调查的事项进行调查和审理,对已经调查、质证并已认定的证据不再重复审理。

十六、法庭调查结束前,审判长或者独任审判员应当就法庭调查认定的事实和当事人争议的问题进行归纳总结。

十七、审判人员应当引导当事人围绕争议焦点进行辩论。当事人及其诉讼代理人的发言与本案无关或者重复未被法庭认定的事实,审判人员应当予以制止。

十八、法庭辩论由各方当事人依次发言。一轮辩论结束后当事人要求继续辩论的,可以进行下一轮辩论。下一轮辩论不得重复第一轮辩论的内容。

十九、法庭辩论时,审判人员不得对案件性质、是非责任发表意见,不得与当事人辩论。

法庭辩论终结,审判长或者独任审判员征得各方当事人同意后,可以依法进行调解,调解不成的,应当及时判决。

二十、适用简易程序审理的案件,当事人同时到庭的,可以径行开庭进行调解。调解前告知当事人诉讼权利义务和主持调解的审判人员,在询问当事人是否申请审判人员回避后,当事人不申请回避的,可以直接进行调解。调解不成的或者达成协议后当事人反悔又未提出新的事实和证据,可以不再重新开庭,直接作出判决。

关于对证据的审核和认定问题

二十一、当事人对自己的主张,只有本人陈述而不能提出其他相关证据的,除对方当事人认可外,其主张不予支持。

二十二、一方当事人提出的证据,对方当事人认可或者不予反驳的,可以确认其证明力。

二十三、一方当事人提出的证据,对方当事人举不出相应证据反驳的,可以综合全案情况对该证据予以认定。

二十四、双方当事人对同一事实分别举出相反的证据,但都没有足够理由否定对方证据的,应当分别对当事人提出的证据进行审查,并结合其他证据综合认定。

二十五、当事人在庭审质证时对证据表示认可,庭审后又反悔,但提不出相应证据的,不能推翻已认定的证据。

二十六、对单一证据,应当注意从以下几个方面进行审查:

1. 证据取得的方式;

2. 证据形成的原因;

3. 证据的形式;

4. 证据提供者的情况及其与本案的关系;

5. 书证是否系原件,物证是否系原物;复印件或者复制品是否与原件、原物的内容、形式及其他特征相符合。

二十七、判断数个证据的效力应当注意以下几种情况:

1. 物证、历史档案、鉴定结论、勘验笔录或者经过公证、登记的书证，其证明力一般高于其他书证、视听资料和证人证言；

2. 证人提供的对与其有亲属关系或者其他密切关系的一方当事人有利的证言，其证明力低于其他证人证言；

3. 原始证据的证明力大于传来证据；

4. 对证人的智力状况、品德、知识、经验、法律意识和专业技能等进行综合分析。

二十八、下列证据，不能单独作为认定案件事实的依据：

1. 未成年人所作的与其年龄和智力状况不相当的证言；

2. 与一方当事人有亲属关系的证人出具的对该当事人有利的证言；

3. 没有其他证据印证并有疑点的视听资料；

4. 无法与原件、原物核对的复印件、复制品。

二十九、当事人提供的证人在人民法院通知的开庭日期，没有正当理由拒不出庭的，由提供该证人的当事人承担举证不能的责任。

三十、有证据证明持有证据的一方当事人无正当理由拒不提供，如果对方当事人主张该证据的内容不利于证据持有人，可以推定该主张成立。

关于加强合议庭和独任审判员职责问题

三十一、合议庭组成人员必须共同参加对案件的审理，对案件的事实、证据、性质、责任、适用法律以及处理结果等共同负责。

三十二、经过开庭审理当庭达成调解协议的，由审判长或者独任审判员签发调解书。

三十三、事实清楚、法律关系明确、是非责任分明、合议庭意见一致的裁判，可以由审判长或者独任审判员签发法律文书。但应当由院长签发的除外。

三十四、合议庭、独任审判员审理决定的案件或者经院长提交审判委员会决定的案件，发现认定事实或者适用法律有重大错误并造成严重后果的，按照有关规定由有关人员承担相应责任。

关于第二审程序中的有关问题

三十五、第二审案件的审理应当围绕当事人上诉请求的范围进行，当事人没有提出请求的，不予审查。但判决违反法律禁止性规定、侵害社会公共利益或者他人利益的除外。

三十六、被上诉人在答辩中要求变更或者补充第一审判决内容的，第二审人民法院可以不予审查。

三十七、第二审人民法院在审理上诉案件时，需要对原证据重新审查或者当事人提出新证据的，应当开庭审理。对事实清楚、适用法律正确和事实清楚，只是定性错误或者适用法律错误的案件，可以在询问当事人后径行裁判。

三十八、第二审人民法院根据当事人提出的新证据对案件改判或者发回重审的，应当在判决书或者裁定书中写明对新证据的确认，不应当认为是第一审裁判错误。

三十九、在第二审中，一方当事人提出新证据致使案件被发回重审的，对方当事人有权要求其补偿误工费、差旅费等费用。

最高人民法院关于在经济审判工作中严格执行《中华人民共和国民事诉讼法》的若干规定

（1994 年 12 月 22 日　法发〔1994〕29 号）

为在经济审判工作中严格执行《中华人民共和国民事诉讼法》的有关规定，严肃审判纪律，进一步规范诉讼活动，保障和推动经济审判工作健康发展，特作如下规定：

一、关于管辖

1. 两个以上人民法院对同一案件都有管辖权并已分别立案的，后立案的人民法院得知有关法院先立案的情况后，应当在七日内裁定将案件移送先立案的人民法院。对为争管辖权而将立案日期提前的，该院或者其上级人民法院应当予以纠正。

2. 当事人基于同一法律关系或者同一法律事实而发生纠纷，以不同诉讼请求分别向有管辖权的不同法院起诉的，后立案的法院在得知有关法院先立案的情况后，应当在七日内裁定将案件移送先立案的法院合并审理。

3. 两个以上人民法院之间对地域管辖有争议的案件，有关人民法院均应当立即停止进行实体审理，并按最高人民法院关于适用民事诉讼法的意见第36条的规定解决管辖争议。协商不成报请共同上级人民法院指定管辖的，上级人民法院应当在收到下级人民法院报告之日起三十日内，作出指定管辖的决定。

4. 两个以上人民法院如对管辖权有争议，在争议未解决前，任何一方人民法院均不得对案件作出判决。对抢先作出判决的，上级人民法院应当以违反程序为由撤销其判决，并将案件移送或者指定其他人民法院审理，或者由自己提审。

5. 人民法院对当事人在法定期限内提出管辖权异议的，应当认真进行审查，并在十五日内作出异议是否成立的书面裁定。当事人对此裁定不服提出上诉的，第二审人民法院应当依法作出书面裁定。

6. 人民法院在审理国内经济纠纷案件中，如受诉人民法院对该案件没有管辖权，不能因对非争议标的物或者对争议标的物非主要部分采取诉前财产保全措施而取得该案件的管辖权。

7. 各高级人民法院就本省、自治区、直辖市作出的关于案件级别管辖的规定，应当报送最高人民法院批准。未经批准的，不能作为级别管辖的依据；已经批准公布实施的，应当认真执行，不得随意更改。

8. 地方各级人民法院不得自行作出地域管辖的规定，已作规定的，一律无效。

二、关于无独立请求权的第三人

9. 受诉人民法院对与原被告双方争议的诉讼标的无直接牵连和不负有返还或者赔偿等义务的人，以及与原告或被告约定仲裁或有约定管辖的案外人，或者专属管辖案件的一方当事人，均不得作为无独立请求权的第三人通知其参加诉讼。

10. 人民法院在审理产品质量纠纷案件中，对原被告之间法律关系以外的人，证据已证明其已经提供了合同约定或者符合法律规定的产品的，或者案件中的当事人未在规定的质量异议期内提出异议的，或者作为收货方已经认可该产品质量的,不得作为无独立请求权的第三人通知其参加诉讼。

11. 人民法院对已经履行了义务,或者依法取得了一方当事人的财产,并支付了相应对价的原被告之间法律关系以外的人,不得作为无独立请求权的第三人通知其参加诉讼。

三、关于财产保全和先予执行

12. 人民法院采取诉前财产保全,必须由申请人提供相当于请求保全数额的担保。担保的条件,依法律规定;法律未作规定的,由人民法院审查决定。

13. 人民法院对财产采取诉讼保全措施,一般应当由当事人提交符合法定条件的申请。只有在诉讼争议的财产有毁损、灭失等危险,或者有证据表明被申请人可能采取隐匿、转移、出卖其财产的,人民法院方可依职权裁定采取财产保全措施。

14. 人民法院采取财产保全措施时,保全的范围应当限于当事人争议的财产,或者被告的财产。对案外人的财产不得采取保全措施,对案外人善意取得的与案件有关的财产,一般也不得采取财产保全措施;被申请人提供相应数额并有可供执行的财产作担保的,采取措施的人民法院应当及时解除财产保全。

15. 人民法院对有偿还能力的企业法人,一般不得采取查封、冻结的保全措施。已采取查封、冻结保全措施的,如该企业法人提供了可供执行的财产担保,或者可以采取其他方式保全的,应当及时予以解封、解冻。

16. 人民法院先予执行的裁定,应当由当事人提出书面申请,并经开庭审理后作出。在管辖权尚未确定的情况下,不得裁定先予执行。

17. 人民法院对当事人申请先予执行的案件,只有在案件的基本事实清楚,当事人间的权利义务关系明确,被申请人负有给付、返还或者赔偿义务,先予执行的财产为申请人生产、生活所急需,不先予执行会造成更大损失的情况下,才能采取先予执行的措施。

18. 人民法院采取先予执行措施后,申请先予执行的当事人申请撤诉的,人民法院应当及时通知对方当事人、第三人或有关的案外人。在接到通知至准予撤诉的裁定送达前,对方当事人、第三人及有关的案外人,对撤诉提出异议的,应当裁定驳回撤诉申请。

19. 受诉人民法院院长或者上级人民法院发现采取财产保全或者先予执行措施确有错误的,应当按照审判监督程序立即纠正。因申请错误造成被申请人损失的,由申请人予以赔偿;因人民法院依职权采取保全措施错误造成损失的,由人民法院依法予以赔偿。

四、关于办案期限

20. 上级人民法院决定调卷审查的案件,下级人民法院应当在接到上级人民法院调卷函后的十五日内将全部案卷报送上级人民法院。如有特殊情况不能按期报送的,应当及时报告上级人民法院。

21. 上级人民法院发函要求下级人民法院对已经发生法律效力的判决、裁定进行审查的,下级人民法院应当在收函之日起三个月内向上级人民法院报送审查结果或者审查情况。

22. 上级人民法院必要时可以在调卷函或要求审查的函件中提出暂缓执行的意见,有关人民法院对此如有异议,应当及时报告上级人民法院。上级人民法院接到下级人民法院审查报告后,应当在一个月内作出调卷决定或者通知恢复执行。上级人民法院决定调卷的案件,应当在收到案卷后三个月内向下级人民法院发出中止执行的裁定或恢复执行的通知。

23. 最高人民法院对地方各级人民法院已经发生法律效力的判决、裁定,上级人民法院对下级人民法院已经发生法律效力的判决、裁定,按照审判监督程序,决定提审或者指令再审的,提审或者再审的人民法院除有特殊情况外,适用第一审程序的,应当在六个月内结案;适用第二审程序的,应当在三个月内结案。决定提审的,办案限自裁定提审的次日起计算。指令再审的,自下级人民法院接到指令再审的裁定的次日起计算。上级人民法院指令再审的案件,下级人民法院在该案审结后,应当将裁判结果报上级人民法院。

最高人民法院关于适用《中华人民共和国民事诉讼法》若干问题的意见

（最高人民法院审判委员会第528次会议讨论
通过1992年7月14日发布　法发〔1992〕22号）

为了正确适用《中华人民共和国民事诉讼法》（以下简称民事诉讼法），根据民事诉讼法的规定和审判实践经验，我们提出以下意见，供各级人民法院在审判工作中执行。

一、管辖

1. 民事诉讼法第十九条第（一）项规定的重大涉外案件，是指争议标的额大，或者案情复杂，或者居住在国外的当事人人数众多的涉外案件。

2. 专利纠纷案件由最高人民法院确定的中级人民法院管辖。

海事、海商案件由海事法院管辖。

3. 各省、自治区、直辖市高级人民法院可以依照民事诉讼法第十九条第（二）项、第二十条的规定，从本地实际情况出发，根据案情繁简、诉讼标的金额大小、在当地的影响等情况，对本辖区内一审案件的级别管辖提出意见，报最高人民法院批准。

4. 公民的住所地是指公民的户籍所在地；法人的住所地是指法人的主要营业地或者主要办事机构所在地。

5. 公民的经常居住地是指公民离开住所地至起诉时已连续居住一年以上的地方。但公民住院就医的地方除外。

6. 被告一方被注销城镇户口的，依照民事诉讼法第二十三条规定确定管辖；双方均被注销城镇户口的，由被告居住地的人民法院管辖。

7. 当事人的户籍迁出后尚未落户，有经常居住地的，由该地人民法院管辖。没有经常居住地，户籍迁出不足一年的，由其原户籍所在地人民法院管辖；超过一年的，由其居住地人民法院管辖。

8. 双方当事人都被监禁或被劳动教养的，由被告原住所地人民法院管辖。被告被监禁或被劳动教养一年以上的，由被告被监禁地或被劳动教养地人民法院管辖。

9. 追索赡养费案件的几个被告住所地不在同一辖区的，可以由原告住所地人民法院管辖。

10. 不服指定监护或变更监护关系的案件，由被监护人住所地人民法院管辖。

11. 非军人对军人提出的离婚诉讼，如果军人一方为非文职军人，由原告住所地人民法院管辖。

离婚诉讼双方当事人都是军人的，由被告住所地或者被告所在的团级以上单位驻地的人民法院管辖。

12. 夫妻一方离开住所地超过一年，另一方起诉离婚的案件，由原告住所地人民法院管辖。夫妻双方离开住所地超过一年，一方起诉离婚的案件，由被告经常居住地人民法院管辖；没有经常居住地的，由原告起诉时居住地的人民法院管辖。

13. 在国内结婚并定居国外的华侨，如定居国法院以离婚诉讼须由婚姻缔结地法院管辖为由不予受理，当事人向人民法院提出离婚诉讼的，由婚姻缔结地或一方在国内的最后居住地人民法院管辖。

14. 在国外结婚并定居国外的华侨，如定居国法院以离婚诉讼须由国籍所属国法院管辖为由不予受理，当事人向人民法院提出离婚诉讼的，由一方原住所地或在国内的最后居住地人民法院管辖。

15. 中国公民一方居住在国外，一方居住在国内，不论哪一方向人民法院提起离婚诉讼，国内一方住所地的人民法院都有权管辖。如国外一方在居住国法院起诉，国内一方向人民法院起诉的，受诉人民法院有权管辖。

16. 中国公民双方在国外但未定居，一方向人民法院起诉离婚的，应由原告或者被告原住所地的人民法院管辖。

17. 对没有办事机构的公民合伙、合伙型联营体提起的诉讼，由被告注册登记地人民法院管辖。没有注册登记，几个被告又不在同一辖区的，被告住所地的人民法院都有管辖权。

18. 因合同纠纷提起的诉讼,如果合同没有实际履行,当事人双方住所地又都不在合同约定的履行地的,应由被告住所地人民法院管辖。

19. 购销合同的双方当事人在合同中对交货地点有约定的,以约定的交货地点为合同履行地;没有约定的,依交货方式确定合同履行地;采用送货方式的,以货物送达地为合同履行地;采用自提方式的,以提货地为合同履行地;代办托运或按木材、煤炭送货办法送货的,以货物发运地为合同履行地。

购销合同的实际履行地点与合同中约定的交货地点不一致的,以实际履行地点为合同履行地。

20. 加工承揽合同,以加工行为地为合同履行地,但合同中对履行地有约定的除外。

21. 财产租赁合同、融资租赁合同以租赁物使用地为合同履行地,但合同中对履行地有约定的除外。

22. 补偿贸易合同,以接受投资一方主要义务履行地为合同履行地。

23. 民事诉讼法第二十五条规定的书面合同中的协议,是指合同中的协议管辖条款或者诉讼前达成的选择管辖的协议。

24. 合同的双方当事人选择管辖的协议不明确或者选择民事诉讼法第二十五条规定的人民法院中的两个以上人民法院管辖的,选择管辖的协议无效,依照民事诉讼法第二十四条的规定确定管辖。

25. 因保险合同纠纷提起的诉讼,如果保险标的物是运输工具或者运输中的货物,由被告住所地或者运输工具登记注册地、运输目的地、保险事故发生地的人民法院管辖。

26. 民事诉讼法第二十七条规定的票据支付地,是指票据上载明的付款地。票据未载明付款地的,票据付款人(包括代理付款人)的住所地或主营业所所在地为票据付款地。

27. 债权人申请支付令,适用民事诉讼法第二十二条规定,由债务人住所地的基层人民法院管辖。

28. 民事诉讼法第二十九条规定的侵权行为地,包括侵权行为实施地、侵权结果发生地。

29. 因产品质量不合格造成他人财产、人身损害提起的诉讼,产品制造地、产品销售地、侵权行为地和被告住所地的人民法院都有管辖权。

30. 铁路运输合同纠纷及与铁路运输有关的侵权纠纷,由铁路运输法院管辖。

31. 诉前财产保全,由当事人向财产所在地的人民法院申请。

在人民法院采取诉前财产保全后,申请人起诉的,可以向采取诉前财产保全的人民法院或者其他有管辖权的人民法院提起。

32. 当事人申请诉前财产保全后没有在法定的期间起诉,因而给被申请人造成财产损失引起诉讼的,由采取该财产保全措施的人民法院管辖。

33. 两个以上人民法院都有管辖权的诉讼,先立案的人民法院不得将案件移送给另一个有管辖权的人民法院。人民法院在立案前发现其他有管辖权的人民法院已先立案的,不得重复立案;立案后发现其他有管辖权的人民法院已先立案的,裁定将案件移送给先立案的人民法院。

34. 案件受理后,受诉人民法院的管辖权不受当事人住所地、经常居住地变更的影响。

35. 有管辖权的人民法院受理案件后,不得以行政区域变更为由,将案件移送给变更后有管辖权的人民法院。判决后的上诉案件和依审判监督程序提审的案件,由原审人民法院的上级人民法院进行审判;第二审人民法院发回重审或者上级人民法院指令再审的案件,由原审人民法院重审或者再审。

36. 依照民事诉讼法第三十七条第二款规定,发生管辖权争议的两个人民法院因协商不成报请它们的共同上级人民法院指定管辖时,如双方为同属一个地、市辖区的基层人民法院,由该地、市的中级人民法院及时指定管辖;同属一个省、自治区、直辖市的两个人民法院,由该省、自治区、直辖市的高级人民法院及时指定管辖;如双方为跨省、自治区、直辖市的人民法院,高级人民法院协商不成的,由最高人民法院及时指定管辖。

依前款规定报请上级人民法院指定管辖时,应当逐级进行。

37. 上级人民法院依照民事诉讼法第三十七条的规定指定管辖,应书面通知报送的人民法院和被指定的人民法院。报送的人民法院接到通知后,应及时告知当事人。

二、诉讼参加人

38. 法人的正职负责人是法人的法定代表人。没有正职负责人的，由主持工作的副职负责人担任法定代表人。设有董事会的法人，以董事长为法定代表人；没有董事长的法人，经董事会授权的负责人可作为法人的法定代表人。

不具备法人资格的其他组织，以其主要负责人为代表人。

39. 在诉讼中，法人的法定代表人更换的，由新的法定代表人继续进行诉讼，并应向人民法院提交新的法定代表人身份证明书。原法定代表人进行的诉讼行为有效。

本条的规定，适用于其他组织参加的诉讼。

40. 民事诉讼法第四十九条规定的其他组织是指合法成立、有一定的组织机构和财产，但又不具备法人资格的组织，包括：

(1)依法登记领取营业执照的私营独资企业、合伙组织；

(2)依法登记领取营业执照的合伙型联营企业；

(3)依法登记领取我国营业执照的中外合作经营企业、外资企业；

(4)经民政部门核准登记领取社会团体登记证的社会团体；

(5)法人依法设立并领取营业执照的分支机构；

(6)中国人民银行、各专业银行设在各地的分支机构；

(7)中国人民保险公司设在各地的分支机构；

(8)经核准登记领取营业执照的乡镇、街道、村办企业；

(9)符合本条规定条件的其他组织。

41. 法人非依法设立的分支机构，或者虽依法设立，但没有领取营业执照的分支机构，以设立该分支机构的法人为当事人。

42. 法人或者其他组织的工作人员因职务行为或者授权行为发生的诉讼，该法人或其他组织为当事人。

43. 个体工商户、个人合伙或私营企业挂靠集体企业并以集体企业的名义从事生产经营活动的，在诉讼中，该个体工商户、个人合伙或私营企业与其挂靠的集体企业为共同诉讼人。

44. 在诉讼中，一方当事人死亡，有继承人的，裁定中止诉讼。人民法院应及时通知继承人作为当事人承担诉讼，被继承人已经进行的诉讼行为对承担诉讼的继承人有效。

45. 个体工商户、农村承包经营户、合伙组织雇佣的人员在进行雇佣合同规定的生产经营活动中造成他人损害的，其雇主是当事人。

46. 在诉讼中，个体工商户以营业执照上登记的业主为当事人。有字号的，应在法律文书中注明登记的字号。

营业执照上登记的业主与实际经营者不一致的，以业主和实际经营者为共同诉讼人。

47. 个人合伙的全体合伙人在诉讼中为共同诉讼人。个人合伙有依法核准登记的字号的，应在法律文书中注明登记的字号。全体合伙人可以推选代表人；被推选的代表人，应由全体合伙人出具推选书。

48. 当事人之间的纠纷经仲裁机构仲裁或者经人民调解委员会调解，当事人不服仲裁或调解向人民法院提起诉讼的，应以对方当事人为被告。

49. 法人或者其他组织应登记而未登记即以法人或者其他组织名义进行民事活动，或者他人冒用法人、其他组织名义进行民事活动，或者法人或者其他组织依法终止后仍以其名义进行民事活动的，以直接责任人为当事人。

50. 企业法人合并的，因合并前的民事活动发生的纠纷，以合并后的企业为当事人；企业法人分立的，因分立前的民事活动发生的纠纷，以分立后的企业为共同诉讼人。

51. 企业法人未经清算即被撤销，有清算组织的，以该清算组织为当事人；没有清算组织的，以作出撤销决定的机构为当事人。

52. 借用业务介绍信、合同专用章、盖章的空白合同书或者银行帐户的，出借单位和借用人为共同诉讼人。

53. 因保证合同纠纷提起的诉讼，债权人向保证人和被保证人一并主张权利的，人民法院应当将保证人和被保证人列为共同被告；债权人仅起诉保证人的，除保证合同明确约定保证人承担连带责任的外，人民法院应当通知被保证人作为共同被告参加诉讼;债权人仅起诉被保证人的,可只列被保证人为被告。

54. 在继承遗产的诉讼中,部分继承人起诉的,人民法院应通知其他继承人作为共同原告参加诉讼;被通知的继承人不愿意参加诉讼又未明确表示放弃实体权利的,人民法院仍应把其列为共同原告。

55. 被代理人和代理人承担连带责任的,为共同诉讼人。

56. 共有财产权受到他人侵害,部分共有权人起诉的,其他共有权人应当列为共同诉讼人。

57. 必须共同进行诉讼的当事人没有参加诉讼的,人民法院应当依照民事诉讼法第一百一十九条的规定,通知其参加;当事人也可以向人民法院申请追加。人民法院对当事人提出的申请,应当进行审查,申请无理的,裁定驳回;申请有理的,书面通知被追加的当事人参加诉讼。

58. 人民法院追加共同诉讼的当事人时,应通知其他当事人。应当追加的原告,已明确表示放弃实体权利的,可不予追加;既不愿意参加诉讼,又不放弃实体权利的,仍追加为共同原告,其不参加诉讼,不影响人民法院对案件的审理和依法作出判决。

59. 民事诉讼法第五十四条和第五十五条规定的当事人一方人数众多,一般指十人以上。

60. 依照民事诉讼法第五十四条规定,当事人一方人数众多在起诉时确定的,可以由全体当事人推选共同的代表人,也可以由部分当事人推选自己的代表人;推选不出代表人的当事人,在必要的共同诉讼中可由自己参加诉讼,在普通的共同诉讼中可以另行起诉。

61. 依照民事诉讼法第五十五条规定,当事人一方人数众多在起诉时不确定的,由当事人推选代表人,当事人推选不出的,可以由人民法院提出人选与当事人协商,协商不成的,也可以由人民法院在起诉的当事人中指定代表人。

62. 民事诉讼法第五十四条和第五十五条规定的代表人为二至五人,每位代表人可以委托一至二人作为诉讼代理人。

63. 依照民事诉讼法第五十五条规定受理的案件,人民法院可以发出公告,通知权利人向人民法院登记。公告期根据具体案件的情况确定,最少不得少于三十日。

64. 依照民事诉讼法第五十五条规定向人民法院登记的当事人,应证明其与对方当事人的法律关系和所受到的损害。证明不了的,不予登记,当事人可以另行起诉。人民法院的裁判在登记的范围内执行。未参加登记的权利人在诉讼时效期间内提起诉讼,人民法院认定其请求成立的,裁定适用人民法院已作出的判决、裁定。

65. 依照民事诉讼法第五十六条的规定,有独立请求权的第三人有权向人民法院提出诉讼请求和事实、理由,成为当事人;无独立请求权的第三人,可以申请或者由人民法院通知参加诉讼。

66. 在诉讼中,无独立请求权的第三人有当事人的诉讼权利义务,判决承担民事责任的无独立请求权的第三人有权提出上诉。但该第三人在一审中无权对案件的管辖权提出异议,无权放弃、变更诉讼请求或者申请撤诉。

67. 在诉讼中,无民事行为能力人、限制民事行为能力人的监护人是他的法定代理人。事先没有确定监护人的,可以由有监护资格的人协商确定,协商不成的,由人民法院在他们之间指定诉讼中的法定代理人。当事人没有民法通则第十六条第一、二款或者第十七条第一款规定的监护人的,可以指定该法第十六条第四款或者第十七条第三款规定的有关组织担任诉讼期间的法定代理人。

68. 除律师、当事人的近亲属、有关的社会团体或者当事人所在单位推荐的人之外,当事人还可以委托其他公民为诉讼代理人。但无民事行为能力人、限制民事行为能力人或者可能损害被代理人利益的人以及人民法院认为不宜作诉讼代理人的人,不能作为诉讼代理人。

69. 当事人向人民法院提交的授权委托书,应在开庭审理前送交人民法院。授权委托书仅写“全权代理”而无具体授权的,诉讼代理人无权代为承认、放弃、变更诉讼请求,进行和解,提起反诉或者上诉。

三、证据

70. 人民法院收集调查证据,应由两人以上共同进行。调查材料要由调查人、被调查人、记录人签名或盖章。

71. 对当事人提供的证据,人民法院应当出具收据,注明证据的名称、收到的时间、份数和页数，由审判员或书记员签名或盖章。

72. 证据应当在法庭上出示，并经过庭审辩论、质证。依法应当保密的证据，人民法院可视具体情况决定是否在开庭时出示，需要出示的，也不得在公开开庭时出示。

73. 依照民事诉讼法第六十四条第二款规定，由人民法院负责调查收集的证据包括：

（1）当事人及其诉讼代理人因客观原因不能自行收集的；

（2）人民法院认为需要鉴定、勘验的；

（3）当事人提供的证据互相有矛盾、无法认定的；

（4）人民法院认为应当由自己收集的其他证据。

74. 在诉讼中，当事人对自己提出的主张，有责任提供证据。但在下列侵权诉讼中，对原告提出的侵权事实，被告否认的，由被告负责举证：

（1）因产品制造方法发明专利引起的专利侵权诉讼；

（2）高度危险作业致人损害的侵权诉讼；

（3）因环境污染引起的损害赔偿诉讼；

（4）建筑物或者其他设施以及建筑物上的搁置物、悬挂物发生倒塌、脱落、坠落致人损害的侵权诉讼；

（5）饲养动物致人损害的侵权诉讼；

（6）有关法律规定由被告承担举证责任的。

75. 下列事实，当事人无需举证：

（1）一方当事人对另一方当事人陈述的案件事实和提出的诉讼请求，明确表示承认的；

（2）众所周知的事实和自然规律及定理；

（3）根据法律规定或已知事实，能推定出的另一事实；

（4）已为人民法院发生法律效力的裁判所确定的事实；

（5）已为有效公证书所证明的事实。

76. 人民法院对当事人一时不能提交证据的，应根据具体情况，指定其在合理期限内提交。当事人在指定期限内提交确有困难的，应在指定期限届满之前，向人民法院申请延期。延长的期限由人民法院决定。

77. 依照民事诉讼法第六十五条由有关单位向人民法院提出的证明文书，应由单位负责人签名或盖章，并加盖单位印章。

78. 证据材料为复制件，提供人拒不提供原件或原件线索，没有其他材料可以印证，对方当事人又不予承认的，在诉讼中不得作为认定事实的根据。

四、期间和送达

79. 依照民事诉讼法第七十五条第二款规定，民事诉讼中以日计算的各种期间均从次日起算。

80. 民事诉讼法第一百一十二条规定的立案期限，因起诉状内容欠缺令原告补正的，从补正后交人民法院的次日起算。由上级人民法院转交下级人民法院，或者由基层人民法院转交有关人民法庭受理的案件，从受诉人民法院或人民法庭收到起诉状的次日起算。

81. 向法人或者其他组织送达诉讼文书，应当由法人的法定代表人、该组织的主要负责人或者办公室、收发室、值班室等负责收件的人签收或盖章，拒绝签收或者盖章的，适用留置送达。

82. 受送达人拒绝接受诉讼文书，有关基层组织或者所在单位的代表及其他见证人不愿在送达回证上签字或盖章的，由送达人在送达回证上记明情况，把送达文书留在受送达人住所，即视为送达。

83. 受送达人有诉讼代理人的，人民法院既可以向受送达人送达，也可以向其诉讼代理人送达。受送达人指定诉讼代理人为代收人的，向诉讼代理人送达时，适用留置送达。

84. 调解书应当直接送达当事人本人，不适用留置送达。当事人本人因故不能签收的，可由其指定的代收人签收。

85. 邮寄送达，应当附有送达回证。挂号信回执上注明的收件日期与送达回证上注明的收件日期不一致的，或者送达回证没有寄回的，以挂号信回执上注明的收件日期为送达日期。

86. 依照民事诉讼法第八十条规定，委托其他人民法院代为送达的，委托法院应当出具委托函，并附需要送达的诉讼文书和送达回证，以受送达人在送达回证上签收的日期为送达日期。

87. 依照民事诉讼法第八十一条和第八十二条规定，诉讼文书交有关单位转交的，以受送达人在送达回证上注明的签收日期为送达日期。

88. 公告送达，可以在法院的公告栏、受送达人原住所地张贴公告，也可以在报纸上刊登公告；对公告送达方式有特殊要求的，应按要求的方式进行公告。公告期满，即视为送达。

89. 公告送达起诉状或上诉状副本的，应说明起诉或上诉要点，受送达人答辩期限及逾期不答辩的法律后果；公告送达传票，应说明出庭地点、时间及逾期不出庭的法律后果；公告送达判决书、裁定书的，应说明裁判主要内容，属于一审的，还应说明上诉权利、上诉期限和上诉的人民法院。

90. 人民法院在定期宣判时，当事人拒不签收判决书、裁定书的，应视为送达，并在宣判笔录中记明。

五、调解

91. 人民法院受理案件后，经审查，认为法律关系明确、事实清楚，在征得当事人双方同意后，可以迳行调解。

92. 人民法院审理民事案件，应当根据自愿和合法的原则进行调解。当事人一方或双方坚持不愿调解的，人民法院应当及时判决。

人民法院审理离婚案件，应当进行调解，但不应久调不决。

93. 人民法院调解案件时，当事人不能出庭的，经其特别授权，可由其委托代理人参加调解，达成的调解协议，可由委托代理人签名。

离婚案件当事人确因特殊情况无法出庭参加调解的，除本人不能表达意志的以外，应当出具书面意见。

94. 无民事行为能力人的离婚案件，由其法定代理人进行诉讼。法定代理人与对方达成协议要求发给判决书的，可根据协议内容制作判决书。

95. 当事人一方拒绝签收调解书的，调解书不发生法律效力，人民法院要及时通知对方当事人。

96. 调解书不能当庭送达双方当事人的,应以后收到调解书的当事人签收的日期为调解书生效日期。

97. 无独立请求权的第三人参加诉讼的案件,人民法院调解时需要确定无独立请求权的第三人承担义务的,应经第三人的同意,调解书应当同时送达第三人。第三人在调解书送达前反悔的,人民法院应当及时判决。

六、财产保全和先予执行

98. 人民法院依照民事诉讼法第九十二条、第九十三条规定,在采取诉前财产保全和诉讼财产保全时责令申请人提供担保的,提供担保的数额应相当于请求保全的数额。

99. 人民法院对季节性商品、鲜活、易腐烂变质以及其他不宜长期保存的物品采取保全措施时,可以责令当事人及时处理,由人民法院保存价款;必要时,人民法院可予以变卖,保存价款。

100. 人民法院在财产保全中采取查封、扣押财产措施时,应当妥善保管被查封、扣押的财产。当事人、负责保管的有关单位或个人以及人民法院都不得使用该项财产。

101. 人民法院对不动产和特定的动产(如车辆、船舶等)进行财产保全,可以采用扣押有关财产权证照并通知有关产权登记部门不予办理该项财产的转移手续的财产保全措施;必要时,也可以查封或扣押该项财产。

102. 人民法院对抵押物、留置物可以采取财产保全措施,但抵押权人、留置权人有优先受偿权。

103. 对当事人不服一审判决提出上诉的案件,在第二审人民法院接到报送的案件之前,当事人有转移、隐匿、出卖或者毁损财产等行为,必须采取财产保全措施的,由第一审人民法院依当事人申请或依职权采取。第一审人民法院制作的财产保全裁定,应及时报送第二审人民法院。

104. 人民法院对债务人到期应得的收益,可以采取财产保全措施,限制其支取,通知有关单位协助执行。

105. 债务人的财产不能满足保全请求,但对第三人有到期债权的,人民法院可以依债权人的申请裁定该第三人不得对本案债务人清偿。该第三人要求偿付的，由人民法院提存财物或价款。

106. 民事诉讼法规定的先予执行，人民法院应当在受理案件后终审判决作出前采取。先予执行应当限于当事人诉讼请求的范围，并以当事人的生活、生产经营的急需为限。

107. 民事诉讼法第九十七条第（三）项规定的紧急情况，包括：

（1）需要立即停止侵害、排除妨碍的；

（2）需要立即制止某项行为的；

（3）需要立即返还用于购置生产原料、生产工具货款的；

（4）追索恢复生产、经营急需的保险理赔费的。

108. 人民法院裁定采取财产保全措施后，除作出保全裁定的人民法院自行解除和其上级人民法院决定解除外，在财产保全期限内，任何单位都不得解除保全措施。

109. 诉讼中的财产保全裁定的效力一般应维持到生效的法律文书执行时止。在诉讼过程中，需要解除保全措施的，人民法院应及时作出裁定，解除保全措施。

110. 对当事人不服财产保全、先予执行裁定提出的复议申请，人民法院应及时审查。裁定正确的，通知驳回当事人的申请；裁定不当的，作出新的裁定变更或者撤销原裁定。

111. 人民法院先予执行后，依发生法律效力的判决，申请人应当返还因先予执行所取得的利益的，适用民事诉讼法第二百一十四条的规定。

七、对妨害民事诉讼的强制措施

112. 民事诉讼法第一百条规定的必须到庭的被告，是指负有赡养、抚育、扶养义务和不到庭就无法查清案情的被告。

给国家、集体或他人造成损害的未成年人的法定代理人，如其必须到庭，经两次传票传唤无正当理由拒不到庭的，也可以适用拘传。

113. 拘传必须用拘传票，并直接送达被拘传人；在拘传前，应向被拘传人说明拒不到庭的后果，经批评教育仍拒不到庭的，可拘传其到庭。

114. 人民法院依照民事诉讼法第一百零一条、第一百零二条的规定，需要对诉讼参与人和其他人采取拘留措施的，应经院长批准，作出拘留决定书，由司法警察将被拘留人送交当地公安机关看管。

115. 被拘留人不在本辖区的，作出拘留决定的人民法院应派员到被拘留人所在地的人民法院，请该院协助执行，受委托的人民法院应及时派员协助执行。被拘留人申请复议或者在拘留期间承认并改正错误，需要提前解除拘留的，受委托人民法院应向委托人民法院转达或者提出建议，由委托人民法院审查决定。

116. 因哄闹、冲击法庭，用暴力、威胁等方法抗拒执行公务等紧急情况，必须立即采取拘留措施的，可在拘留后，立即报告院长补办批准手续。院长认为拘留不当的，应当解除拘留。

117. 被拘留人在拘留期间认错悔改的，可以责令其具结悔过，提前解除拘留。提前解除拘留，应报经院长批准，并作出提前解除拘留决定书，交负责看管的公安机关执行。

118. 民事诉讼法第一百零一条、第一百零二条规定的罚款、拘留可以单独适用，也可以合并适用。

119. 对同一妨害民事诉讼行为的罚款、拘留不得连续适用。但发生了新的妨害民事诉讼的行为，人民法院可以重新予以罚款、拘留。

120. 依照民事诉讼法第一百零六条的规定，人民法院对非法拘禁他人或者非法私自扣押他人财产追索债务的单位和个人予以拘留、罚款的，适用该法第一百零四条和第一百零五条的规定。

121. 被罚款、拘留的人不服罚款、拘留决定申请复议的，上级人民法院应在收到复议申请后五日内作出决定，并将复议结果通知下级人民法院和当事人。

122. 上级人民法院复议时认为强制措施不当，应当制作决定书，撤销或变更下级人民法院的拘留、罚款决定。情况紧急的，可以在口头通知后三日内发出决定书。

123. 当事人有下列情形之一的，可以依照民事诉讼法第一百零二条第一款第（六）项的规定处理：

（1）在法律文书发生法律效力后隐藏、转移、变卖、毁损财产，造成人民法院无法执行的；

（2）以暴力、威胁或者其他方法妨碍或抗拒人民法院执行的；

（3）有履行能力而拒不执行人民法院发生法律效力的判决书、裁定书、调解书和支付令的。

124. 有关单位有下列情形之一的，人民法院可以依照民事诉讼法第一百零二条的规定处理：

（1）擅自转移已被人民法院冻结的存款，或擅自解冻的；

（2）以暴力、威胁或者其他方法阻碍司法工作人员查询、冻结、划拨银行存款的；

（3）接到人民法院协助执行通知后，给当事人通风报信，协助其转移、隐匿财产的。

125. 依照民事诉讼法第一百零一条的规定，应当追究有关人员刑事责任的，由审理该案的审判组织直接予以判决；在判决前，应当允许当事人陈述意见或者委托辩护人辩护。

126. 依照民事诉讼法第一百零二条第一款第（六）项的规定，应当追究有关人员刑事责任的，由人民法院刑事审判庭直接受理并予以判决。

127. 依照民事诉讼法第一百零二条第（一）至（五）项和第一百零六条的规定，应当追究有关人员刑事责任的，依照刑事诉讼法的规定办理。

八、诉讼费用

128. 依照民事诉讼法第九十三条的规定向人民法院申请诉前财产保全的，诉讼费用按照《人民法院诉讼收费办法》第八条第（二）项的规定交纳。

129. 依照民事诉讼法第五十五条审理的案件不预交案件受理费，结案后按照诉讼标的额由败诉方交纳。

130. 依照民事诉讼法第五十五条第四款的规定，未参加登记的权利人向人民法院申请执行的，按《人民法院诉讼收费办法》第八条第（一）项的规定交纳申请执行费。

131. 人民法院裁定不予受理的案件，当事人不需交纳诉讼费用。当事人不服裁定上诉的，诉讼费用按照《人民法院诉讼收费办法》第五条第（三）项的规定交纳。

132. 依照民事诉讼法第一百八十九条的规定向人民法院申请支付令的，每件交纳申请费100元。督促程序因债务人异议而终结的，申请费由申请人负担；债务人未提出异议的，申请费由债务人负担。

133. 督促程序终结后，债权人另行起诉的，按照《人民法院诉讼收费办法》交纳诉讼费用。

134. 依照民事诉讼法第一百九十三条的规定向人民法院申请公示催告的，每件交纳申请费100元。申请费和公告费由申请人负担。

135. 依照民事诉讼法第一百九十六条、第一百九十八条的规定向人民法院起诉的，按照《人民法院诉讼收费办法》第五条第（四）项的规定交纳案件受理费。

136. 依照民事诉讼法第一百九十九条的规定，向人民法院申请破产还债的，可不预交案件受理费，破产费用从破产财产中拨付。

137. 人民法院依职权提起的再审案件和人民检察院抗诉的再审案件，当事人不需交纳诉讼费用。

138. 委托执行，受委托人民法院不得向委托人民法院收取费用。执行中实际支出的费用，按照《人民法院诉讼收费办法》收取。

九、第一审普通程序

139. 起诉不符合受理条件的，人民法院应当裁定不予受理。立案后发现起诉不符合受理条件的，裁定驳回起诉。

不予受理的裁定书由负责审查立案的审判员、书记员署名；驳回起诉的裁定书由负责审理该案的审判员、书记员署名。

140. 当事人在诉状中有谩骂和人身攻击之词，送达副本可能引起矛盾激化，不利于案件解决的，人民法院应当说服其实事求是地修改。坚持不改的，可以送达起诉状副本。

141. 对本院没有管辖权的案件，告知原告向有管辖权的人民法院起诉；原告坚持起诉的，裁定不予受理；立案后发现本院没有管辖权的，应当将案件移送有管辖权的人民法院。

142. 裁定不予受理、驳回起诉的案件,原告再次起诉的,如果符合起诉条件,人民法院应予受理。

143. 原告应当预交而未预交案件受理费,人民法院应当通知其预交,通知后仍不预交或者申请减、缓、免未获人民法院批准而仍不预交的,裁定按自动撤诉处理。

144. 当事人撤诉或人民法院按撤诉处理后,当事人以同一诉讼请求再次起诉的,人民法院应予受理。

原告撤诉或者按撤诉处理的离婚案件,没有新情况、新理由,六个月内又起诉的,可比照民事诉讼法第一百一十一条第(七)项的规定不予受理。

145. 依照民事诉讼法第一百一十一条第(二)项的规定,当事人在书面合同中订有仲裁条款,或者在发生纠纷后达成书面仲裁协议,一方向人民法院起诉的,人民法院裁定不予受理,告知原告向仲裁机构申请仲裁。但仲裁条款、仲裁协议无效、失效或者内容不明确无法执行的除外。

146. 当事人在仲裁条款或协议中选择的仲裁机构不存在,或者选择裁决的事项超越仲裁机构权限的,人民法院有权依法受理当事人一方的起诉。

147. 因仲裁条款或协议无效、失效或者内容不明确,无法执行而受理的民事诉讼,如果被告一方对人民法院管辖权提出异议的,受诉人民法院应就管辖权作出裁定。

148. 当事人一方向人民法院起诉时未声明有仲裁协议,人民法院受理后,对方当事人又应诉答辩的,视为该人民法院有管辖权。

149. 病员及其亲属对医疗事故技术鉴定委员会作出的医疗事故结论没有意见,仅要求医疗单位就医疗事故赔偿经济损失向人民法院提起诉讼的,应予受理。

150. 判决不准离婚、调解和好的离婚案件以及判决、调解维持收养关系的案件的被告向人民法院起诉的,不受民事诉讼法第一百一十一条第(七)项规定的条件限制。

151. 夫妻一方下落不明,另一方诉至人民法院,只要求离婚,不申请宣告下落不明人失踪或死亡的案件,人民法院应当受理,对下落不明人用公告送达诉讼文书。

152. 赡养费、扶养费、抚育费案件，裁判发生法律效力后，因新情况、新理由，一方当事人再行起诉要求增加或减少费用的，人民法院应作为新案受理。

153. 当事人超过诉讼时效期间起诉的，人民法院应予受理。受理后查明无中止、中断、延长事由的，判决驳回其诉讼请求。

154. 民事诉讼法第六十六条、第一百二十条所指的商业秘密，主要是指技术秘密、商业情报及信息等，如生产工艺、配方、贸易联系、购销渠道等当事人不愿公开的工商业秘密。

155. 人民法院按照普通程序审理案件，应当在开庭三日前用传票传唤当事人。对诉讼代理人、证人、鉴定人、勘验人、翻译人员应当用通知书通知其到庭。当事人或其他诉讼参与人在外地的，应留有必要的在途时间。

156. 在案件受理后，法庭辩论结束前，原告增加诉讼请求，被告提出反诉，第三人提出与本案有关的诉讼请求，可以合并审理的，人民法院应当合并审理。

157. 无民事行为能力人的离婚诉讼，当事人的法定代理人应当到庭；法定代理人不能到庭的，人民法院应当在查清事实的基础上，依法作出判决。

158. 无民事行为能力的当事人的法定代理人，经传票传唤无正当理由拒不到庭的，如属原告方，可以比照民事诉讼法第一百二十九条的规定，按撤诉处理；如属被告方，可以比照民事诉讼法第一百三十条的规定，按缺席判决。

159. 有独立请求权的第三人经人民法院传票传唤，无正当理由拒不到庭的，或者未经法庭许可中途退庭的，可以对该第三人比照民事诉讼法第一百二十九条的规定，按撤诉处理。

160. 有独立请求权的第三人参加诉讼后，原告申请撤诉，人民法院在准许原告撤诉后，有独立请求权的第三人作为另案原告，原案原告、被告作为另案被告，诉讼另行进行。

161. 当事人申请撤诉或者依法可以按撤诉处理的案件，如果当事人有违反法律的行为需要依法处理的，人民法院可以不准撤诉或者不按撤诉处理。

162. 无独立请求权的第三人经人民法院传票传唤，无正当理由拒不到庭的，或者未经法庭许可中途退庭的，不影响案件的审理。人民法院判决承担民事责任的无独立请求权的第三人，有权提起上诉。

163. 一审宣判后，原审人民法院发现判决有错误，当事人在上诉期内提出上诉的，原审人民法院可以提出原判决有错误的意见，报送第二审人民法院，由第二审人民法院按照第二审程序进行审理；当事人不上诉的，按照审判监督程序处理。

164. 民事诉讼法第一百三十五条规定的审限，是指从立案的次日起至裁判宣告、调解书送达之日止的期间，但公告期间、鉴定期间、审理当事人提出的管辖权异议以及处理人民法院之间的管辖争议期间不应计算在内。

165. 一审判决书和可以上诉的裁定书不能同时送达双方当事人的，上诉期从各自收到判决书、裁定书的次日起计算。

166. 民事诉讼法第一百四十条第一款第（七）项中的笔误是指法律文字误写、误算，诉讼费用漏写、误算和其他笔误。

167. 裁定中止诉讼的原因消除，恢复诉讼程序时，不必撤销原裁定，从人民法院通知或准许当事人双方继续进行诉讼时起，中止诉讼的裁定即失去效力。

十、简易程序

168. 民事诉讼法第一百四十二条规定的简单民事案件中的“事实清楚”，是指当事人双方对争议的事实陈述基本一致，并能提供可靠的证据，无须人民法院调查收集证据即可判明事实、分清是非；“权利义务关系明确”，是指谁是责任的承担者，谁是权利的享有者，关系明确；“争议不大”是指当事人对案件的是非、责任以及诉讼标的争执无原则分歧。

169. 起诉时被告下落不明的案件，不得适用简易程序审理。

170. 适用简易程序审理的案件，审理期限不得延长。在审理过程中，发现案情复杂，需要转为普通程序审理的，可以转为普通程序，由合议庭进行审理，并及时通知双方当事人。审理期限从立案的次日起计算。

171. 已经按照普通程序审理的案件，在审理过程中无论是否发生了情况变化，都不得改用简易程序审理。

172. 适用简易程序审理案件，人民法院应当将起诉内容，用口头或书面方式告知被告，用口头或者其他简便方式传唤当事人、证人，由审判员独任审判，书记员担任记录，不得自审自记。判决结案的，应当依照民事诉讼法第一百三十四条的规定公开宣判。

173. 人民法庭制作的判决书、裁定书、调解书，必须加盖基层人民法院印章，不得用人民法庭的印章代替基层人民法院的印章。

174. 发回重审和按照审判监督程序再审的案件，不得适用简易程序审理。

175. 适用简易程序审理案件，卷宗中应当具备以下材料：(1)诉状或者口头起诉笔录；(2)答辩状或者口头答辩笔录；(3)委托他人代理诉讼的要有授权委托书；(4)必要的证据；(5)询问当事人笔录；(6)审理(包括调解)笔录；(7)判决书、调解书、裁定书，或者调解协议；(8)送达和宣判笔录；(9)执行情况；(10)诉讼费收据。

十一、第二审程序

176. 双方当事人和第三人都提出上诉的，均为上诉人。

177. 必要共同诉讼人中的一人或者部分人提出上诉的，按下列情况处理：

(1)该上诉是对与对方当事人之间权利义务分担有意见，不涉及其他共同诉讼人利益的，对方当事人为被上诉人，未上诉的同一方当事人依原审诉讼地位列明；

(2)该上诉仅对共同诉讼人之间权利义务分担有意见，不涉及对方当事人利益的，未上诉的同一方当事人为被上诉人，对方当事人依原审诉讼地位列明；

(3)该上诉对双方当事人之间以及共同诉讼人之间权利义务承担有意见的，未提出上诉的其他当事人均为被上诉人。

178. 一审宣判时或判决书、裁定书送达时，当事人口头表示上诉的，人民法院应告知其必须在法定上诉期间内提出上诉状。未在法定上诉期间内递交上诉状的，视为未提出上诉。

179. 无民事行为能力人、限制民事行为能力人的法定代理人，可以代理当事人提起上诉。

180. 第二审人民法院依照民事诉讼法第一百五十一条的规定，对上诉人上诉请求的有关事实和适用法律进行审查时，如果发现在上诉请求以外原判确有错误的，也应予以纠正。

181. 第二审人民法院发现第一审人民法院有下列违反法定程序的情形之一，可能影响案件正确判决的，应依照民事诉讼法第一百五十三条第一款第(四)项的

规定,裁定撤销原判,发回原审人民法院重审:

(1)审理本案的审判人员、书记员应当回避未回避的;

(2)未经开庭审理而作出判决的;

(3)适用普通程序审理的案件当事人未经传票传唤而缺席判决的;

(4)其他严重违反法定程序的。

182. 对当事人在一审中已经提出的诉讼请求,原审人民法院未作审理、判决的,第二审人民法院可以根据当事人自愿的原则进行调解,调解不成的,发回重审。

183. 必须参加诉讼的当事人在一审中未参加诉讼,第二审人民法院可以根据当事人自愿的原则予以调解,调解不成的,发回重审。发回重审的裁定书不列应当追加的当事人。

184. 在第二审程序中,原审原告增加独立的诉讼请求或原审被告提出反诉的,第二审人民法院可以根据当事人自愿的原则就新增加的诉讼请求或反诉进行调解,调解不成的,告知当事人另行起诉。

185. 一审判决不准离婚的案件,上诉后,第二审人民法院认为应当判决离婚的,可以根据当事人自愿的原则,与子女抚养、财产问题一并调解,调解不成的,发回重审。

186. 人民法院依照第二审程序审理的案件,认为依法不应由人民法院受理的,可以由第二审人民法院直接裁定撤销原判,驳回起诉。

187. 第二审人民法院查明第一审人民法院作出的不予受理裁定有错误的,应在撤销原裁定的同时,指令第一审人民法院立案受理;查明第一审人民法院作出的驳回起诉裁定有错误的,应在撤销原裁定的同时,指令第一审人民法院进行审理。

188. 第二审人民法院对下列上诉案件,可以依照民事诉讼法第一百五十二条的规定径行判决、裁定:

(1)一审就不予受理、驳回起诉和管辖权异议作出裁定的案件;

(2)当事人提出的上诉请求明显不能成立的案件;

(3)原审裁判认定事实清楚,但适用法律错误的案件;

(4)原判决违反法定程序,可能影响案件正确判决,需要发回重审的案件。

189. 在第二审程序中，作为当事人的法人或者其他组织分立的，人民法院可以直接将分立后的法人或者其他组织列为共同诉讼人；合并的，将合并后的法人或者其他组织列为当事人。不必将案件发还原审人民法院重审。

190. 在第二审程序中，当事人申请撤回上诉，人民法院经审查认为一审判决确有错误，或者双方当事人串通损害国家和集体利益、社会公共利益及他人合法权益的，不应准许。

191. 当事人在二审中达成和解协议的，人民法院可以根据当事人的请求，对双方达成的和解协议进行审查并制作调解书送达当事人；因和解而申请撤诉，经审查符合撤诉条件的，人民法院应予准许。

192. 第二审人民法院宣告判决可以自行宣判，也可以委托原审人民法院或者当事人所在地人民法院代行宣判。

十二、特别程序

193. 在诉讼中，当事人的利害关系人提出该当事人患有精神病，要求宣告该当事人无民事行为能力或限制民事行为能力的，应由利害关系人向人民法院提出申请，由受诉人民法院按照特别程序立案审理，原诉讼中止。

194. 宣告失踪或宣告死亡案件，人民法院可以根据申请人的请求，清理下落不明人的财产，指定诉讼期间的财产管理人。公告期满后，人民法院判决宣告失踪的，应同时依照民法通则第二十一条第一款的规定指定失踪人的财产代管人。

195. 失踪人的财产代管人经人民法院指定后，代管人申请变更代管的，比照民事诉讼法特别程序的有关规定进行审理。申请有理的，裁定撤销申请人的代管人身份，同时另行指定财产代管人；申请无理的，裁定驳回申请。失踪人的其他利害关系人申请变更代管的，人民法院应告知其以原指定的代管人为被告起诉，并按普通程序进行审理。

196. 人民法院判决宣告公民失踪后，利害关系人向人民法院申请宣告失踪人死亡，从失踪的次日起满四年的，人民法院应当受理，宣告失踪的判决即是该公民失踪的证明，审理中仍应依照民事诉讼法第一百六十八条的规定进行公告。

197. 认定财产无主案件，公告期间有人对财产提出请求，人民法院应裁定终结特别程序,告知申请人另行起诉,适用普通程序审理。

198. 被指定的监护人不服指定,应当在接到通知的次日起三十日内向人民法院起诉。经审理,认为指定并无不当的,裁定驳回起诉;指定不当的,判决撤销指定,同时另行指定监护人。判决书应送达起诉人、原指定单位及判决指定的监护人。

十三、审判监督程序

199. 各级人民法院院长对本院已经发生法律效力的判决、裁定,发现确有错误,经审判委员会讨论决定再审的,应当裁定中止原判决、裁定的执行。

200. 最高人民法院对地方各级人民法院已经发生法律效力的判决、裁定,上级人民法院对下级人民法院已经发生法律效力的判决、裁定,如果发现确有错误,应在提审或者指令下级人民法院再审的裁定中同时写明中止原判决、裁定的执行;情况紧急的,可以将中止执行的裁定口头通知负责执行的人民法院,但应在口头通知后十日内发出裁定书。

201. 按审判监督程序决定再审或提审的案件,由再审或提审的人民法院在作出新的判决、裁定中确定是否撤销、改变或者维持原判决、裁定;达成调解协议的,调解书送达后,原判决、裁定即视为撤销。

202. 由第二审人民法院判决、裁定的案件,上级人民法院需要指令再审的,应当指令第二审人民法院再审。

203. 无民事行为能力人、限制民事行为能力人的法定代理人,可以代理当事人提出再审申请。

204. 当事人对已经发生法律效力的调解书申请再审,适用民事诉讼法第一百八十二条的规定,应在该调解书发生法律效力后二年内提出。

205. 当事人可以向原审人民法院申请再审,也可以向上一级人民法院申请再审。向上一级人民法院申请再审的,上级人民法院经审查认为符合民事诉讼法第一百七十九条规定条件的,可以指令下级人民法院再审,也可以提审。

206. 人民法院接到当事人的再审申请后,应当进行审查。认为符合民事诉讼法第一百七十九条规定的,应当在立案后裁定中止原判决的执行,并及时通知双方当事人；认为不符合第一百七十九条规定的，用通知书驳回申请。

207. 按照督促程序、公示催告程序、企业法人破产还债程序审理的案件以及依照审判监督程序审理后维持原判的案件，当事人不得申请再审。

208. 对不予受理、驳回起诉的裁定，当事人可以申请再审。

209. 当事人就离婚案件中的财产分割问题申请再审的，如涉及判决中已分割的财产，人民法院应依照民事诉讼法第一百七十九条的规定进行审查，符合再审条件的，应立案审理；如涉及判决中未作处理的夫妻共同财产，应告知当事人另行起诉。

210. 人民法院提审或按照第二审程序再审的案件，在审理中发现原一、二审判决违反法定程序的，可分别情况处理：

（1）认为不符合民事诉讼法规定的受理条件的，裁定撤销一、二审判决，驳回起诉。

（2）具有本意见第一百八十一条规定的违反法定程序的情况，可能影响案件正确判决、裁定的，裁定撤销一、二审判决，发回原审人民法院重审。

211. 依照审判监督程序再审的案件，人民法院发现原一、二审判决遗漏了应当参加的当事人的，可以根据当事人自愿的原则予以调解，调解不成的，裁定撤销一、二审判决，发回原审人民法院重审。

212. 民事诉讼法第一百八十二条中的二年为不变期间，自判决、裁定发生法律效力次日起计算。

213. 再审案件按照第一审程序或者第二审程序审理的，适用民事诉讼法第一百三十五条、第一百五十九条规定的审限。审限自决定再审的次日起计算。

214. 本意见第一百九十二条的规定适用于审判监督程序。

十四、督促程序

215. 债权人向人民法院申请支付令，符合下列条件的，人民法院应予受理，并在收到申请后五日内通知债权人：

（1）请求给付金钱或汇票、本票、支票以及股票、债券、国库券、可转让的存款单等有价证券的；

(2)请求给付的金钱或者有价证券已到期且数额确定,并写明了请求所根据的事实、证据的;

(3)债权人没有对待给付义务的;

(4)支付令能够送达债务人的。

不符合上述条件的,通知不予受理。

216. 人民法院受理申请后,由审判员一人进行审查。经审查申请不成立的,应当在十五日内裁定驳回申请,该裁定不得上诉。

217. 在人民法院发出支付令前,申请人撤回申请的,应当裁定终结督促程序。

218. 债务人不在我国境内的,或者虽在我国境内但下落不明的,不适用督促程序。

219. 支付令应记明以下事项:

(1)债权人、债务人姓名或名称等基本情况;

(2)债务人应当给付的金钱、有价证券的种类、数量;

(3)清偿债务或者提出异议的期限;

(4)债务人在法定期间不提出异议的法律后果。

支付令由审判员、书记员署名,加盖人民法院印章。

220. 向债务人本人送达支付令,债务人拒绝接收的,人民法院可以留置送达。

221. 依照民事诉讼法第一百九十二条的规定,债务人在法定期间提出书面异议的,人民法院无须审查异议是否有理由,应当直接裁定终结督促程序。债务人对债务本身没有异议,只是提出缺乏清偿能力的,不影响支付令的效力。

债务人的口头异议无效。

222. 民事诉讼法第一百九十一条驳回支付令申请的裁定书和第一百九十二条终结督促程序的裁定书,由审判员、书记员署名,加盖人民法院印章。

223. 债务人在收到支付令后,不在法定期间提出书面异议,而向其他人民法院起诉的,不影响支付令的效力。

224. 督促程序终结后,债权人起诉的,由有管辖权的人民法院受理。

225. 债权人向人民法院申请执行支付令的期限,适用民事诉讼法第二百一十九条的规定。

十五、公示催告程序

226. 民事诉讼法第一百九十三条规定的票据持有人,是指票据被盗、遗失或者灭失前的最后持有人。

227. 人民法院收到公示催告的申请后,应当立即审查,并决定是否受理。经审查认为符合受理条件的,通知予以受理,并同时通知支付人停止支付;认为不符合受理条件的,七日内裁定驳回申请。

228. 人民法院依照民事诉讼法第一百九十四条规定发出的受理申请的公告,应写明以下内容:

(1)公示催告申请人的姓名或名称;

(2)票据的种类、票面金额、发票人、持票人、背书人等;

(3)申报权利的期间;

(4)在公示催告期间转让票据权利、利害关系人不申报的法律后果。

229. 公告应张贴于人民法院公告栏内,并在有关报纸或其他宣传媒介上刊登;人民法院所在地有证券交易所的,还应张贴于该交易所。

230. 利害关系人在公示催告期间向人民法院申报权利的,人民法院应当裁定终结公示催告程序。利害关系人在申报期届满后,判决作出之前申报权利的,同样应裁定终结公示催告程序。

231. 利害关系人申报权利,人民法院应通知其向法院出示票据,并通知公示催告申请人在指定的期间察看该票据。公示催告申请人申请公示催告的票据与利害关系人出示的票据不一致的,人民法院应当裁定驳回利害关系人的申报。

232. 在申报权利的期间没有人申报的,或者申报被驳回的,公示催告申请人应自申报权利期间届满的次日起一个月内申请人民法院作出判决。逾期不申请判决的,终结公示催告程序。

233. 判决生效后,公示催告申请人有权依据判决向付款人请求付款。

234. 适用公示催告程序审理案件,可由审判员一人独任审理;判决宣告票据无效的,应当组成合议庭审理。

235. 公示催告申请人撤回申请,应在公示催告前提出;公示催告期间申请撤回的,人民法院可以径行裁定终结公示催告程序。

236. 人民法院依照民事诉讼法第一百九十四条规定通知支付人停止支付,应符合有关财产保全的规定。支付人收到停止支付通知后拒不支付的,除可依照民事诉讼法第一百零二条、第一百零三条规定采取强制措施外,在判决后,支付人仍应承担支付义务。

237. 人民法院依据民事诉讼法第一百九十六条规定终结公示催告程序后,公示催告申请人或者申报人向人民法院提起诉讼的,依照民事诉讼法第二十七条的规定确定管辖。

238. 民事诉讼法第一百九十六条终结公示催告程序的裁定书,由审判员、书记员署名,加盖人民法院印章。

239. 依照民事诉讼法第一百九十八条的规定,利害关系人向人民法院起诉的,人民法院可按票据纠纷适用普通程序审理。

十六、企业法人破产还债程序

240. 具有法人资格的集体企业、联营企业、私人企业以及设在中国领域内的中外合资经营企业、中外合作经营企业和外资企业等,适用企业法人破产还债程序。

联营企业中的联营各方均为全民所有制企业的,该联营企业的破产不适用企业法人破产还债程序。

241. 债权人就其抵押物或者其他担保物享有优先受偿权。抵押权人或者其他担保物权人在破产还债案件受理后至破产宣告前请求优先受偿的,应经人民法院准许。

抵押物或者其他担保物的价款不足其所担保的债务数额的,其差额部分列为破产债权。

242. 人民法院受理破产案件后,应当组成合议庭进行审理。

243. 人民法院依照民事诉讼法第二百条发出的破产公告,应当在报纸上刊登,公告中应当写明下列内容:

(1)立案时间;

(2)破产案件的债务人;

(3)申报债权的期限、地点和逾期未报的法律后果;

(4)第一次债权人会议召开的日期、地点。

244. 人民法院受理破产申请后,对债务人的其他民事执行程序、财产保全程序必须中止。

245. 人民法院受理破产案件后,应当及时通知债务人的开户银行停止办理债务人的结算业务。开户银行支付维持债务人正常生产经营所必需的费用,应经人民法院许可。

246. 依照民事诉讼法第二百零一条的规定,人民法院组织成立破产清算组织的,破产财产处理和分配方案由破产清算组织提出,经债权人会议讨论通过,报请人民法院裁定后执行。

247. 债权人会议讨论通过破产财产的处理和分配方案,应由出席会议的有表决权的债权人的过半数通过,并且其所代表的债权额必须占无财产担保债权总额的半数以上;讨论通过和解协议草案,必须占无财产担保债权总额的三分之二以上。

248. 民事诉讼法第二百条规定的和解协议,应当具备以下内容:

(1)清偿债务的财产来源;

(2)清偿债务的办法;

(3)清偿债务的期限。

249. 清算组织在对破产财产进行保管、清理、估价、处理和分配过程中,应向人民法院负责并报告工作,接受人民法院和债权人会议的监督。

250. 破产财产分配完毕,由破产清算组织提请人民法院裁定终结破产程序。破产程序终结后,未得到清偿的债权不再清偿。

251. 破产程序终结后,由破产清算组织向破产企业原登记机关办理注销登记。

252. 破产还债案件,一律用裁定;当事人除对驳回破产申请的裁定可以上诉外,对其他裁定不准上诉。

253. 人民法院审理破产还债案件,除适用民事诉讼法第十九章的规定外,并可参照《中华人民共和国企业破产法(试行)》的有关规定。

十七、执行程序

254. 强制执行的标的应当是财物或者行为。当事人拒绝履行发生法律效力的判决、裁定、调解书、支付令的，人民法院应向当事人发出执行通知。在执行通知指定的期间被执行人仍不履行的，应当强制执行。

255. 发生法律效力的支付令，由制作支付令的人民法院负责执行。

256. 民事诉讼法第二百零七条第二款规定的由人民法院执行的其他法律文书，包括仲裁裁决书、公证债权文书。

其他法律文书由被执行人住所地或者被执行人的财产所在地人民法院执行；当事人分别向上述人民法院申请执行的，由最先接受申请的人民法院执行。

257. 民事诉讼法第二百零八条规定的中止执行，应当限于案外人依该条规定提出异议部分的财产范围。对被执行人的其他财产，不应中止执行。异议理由不成立的，通知驳回。

258. 执行员在执行本院的判决、裁定和调解书时，发现确有错误的，应当提出书面意见，报请院长审查处理。在执行上级人民法院的判决、裁定和调解书时，发现确有错误的，可提出书面意见，经院长批准，函请上级人民法院审查处理。

259. 被执行人、被执行的财产在外地的，负责执行的人民法院可以委托当地人民法院代为执行，也可以直接到当地执行。直接到当地执行的，负责执行的人民法院可以要求当地人民法院协助执行。当地人民法院应当根据要求协助执行。

260. 委托执行，委托人民法院应当出具委托函和生效的法律文书（副本）。委托函应当提出明确的执行要求。

261. 受委托人民法院在接到委托函后，无权对委托执行的生效的法律文书进行实体审查；执行中发现据以执行的法律文书有错误的，受委托人民法院应当及时向委托人民法院反映。

262. 受委托人民法院应当严格按照生效法律文书的规定和委托人民法院的要求执行。对债务人履行债务的时间、期限和方式需要变更的，应当征得申请执行人的同意，并将变更情况及时告知委托人民法院。

263. 受委托人民法院遇有需要中止或者终结执行的情形，应当及时函告委托人民法院，由委托人民法院作出裁定，在此期间，可以暂缓执行。受委托人民法院不得自行裁定中止或者终结执行。

264. 委托执行中，案外人对执行标的提出异议的，受委托人民法院应当函告委托人民法院，由委托人民法院通知驳回或者作出中止执行的裁定，在此期间，暂缓执行。

265. 依照民事诉讼法第二百一十条第二款的规定，受委托人民法院的上一级人民法院在接到委托人民法院指令执行的请求后，应当在五日内书面指令受委托人民法院执行，并将这一情况及时告知委托人民法院。

受委托人民法院在接到上一级人民法院的书面指令后，应当立即执行，将执行情况报告上一级人民法院，并告知委托人民法院。

266. 一方当事人不履行或者不完全履行在执行中双方自愿达成的和解协议，对方当事人申请执行原生效法律文书的，人民法院应当恢复执行，但和解协议已履行的部分应当扣除。和解协议已经履行完毕的，人民法院不予恢复执行。

267. 申请恢复执行原法律文书，适用民事诉讼法第二百一十九条申请执行期限的规定。申请执行期限因达成执行中的和解协议而中止，其期限自和解协议所定履行期限的最后一日起连续计算。

268. 人民法院依照民事诉讼法第二百一十二条的规定决定暂缓执行的，如果担保是有期限的，暂缓执行的期限应与担保期限一致，但最长不得超过一年。被执行人或担保人对担保的财产在暂缓执行期间有转移、隐藏、变卖、毁损等行为的，人民法院可以恢复强制执行。

269. 民事诉讼法第二百一十二条规定的执行担保，可以由被执行人向人民法院提供财产作担保，也可以由第三人出面作担保。以财产作担保的，应提交保证书；由第三人担保的，应当提交担保书。担保人应当具有代为履行或代为承担赔偿责任的能力。

270. 被执行人在人民法院决定暂缓执行的期限届满后仍不履行义务的，人民法院可以直接执行担保财产，或者裁定执行担保人的财产，但执行担保人的财产以担保人应当履行义务部分的财产为限。

271. 依照民事诉讼法第二百一十三条的规定，执行中作为被执行人的法人或者其他组织分立、合并的,其权利义务由变更后的法人或者其他组织承受;被撤销的,如果依有关实体法的规定有权利义务承受人的,可以裁定该权利义务承受人为被执行人。

272. 其他组织在执行中不能履行法律文书确定的义务的,人民法院可以裁定执行对该其他组织依法承担义务的法人或者公民个人的财产。

273. 在执行中,作为被执行人的法人或者其他组织名称变更的,人民法院可以裁定变更后的法人或者其他组织为被执行人。

274. 作为被执行人的公民死亡,其遗产继承人没有放弃继承的,人民法院可以裁定变更被执行人,由该继承人在遗产的范围内偿还债务。继承人放弃继承的,人民法院可以直接执行被执行人的遗产。

275. 法律规定由人民法院执行的其他法律文书执行完毕后,该法律文书被有关机关依法撤销的,经当事人申请,适用民事诉讼法第二百一十四条的规定。

276. 执行中,具有企业法人资格的被执行人不能清偿到期债务,根据债权人或者债务人申请,人民法院可以依法宣告被执行人破产。

277. 仲裁机构裁决的事项部分属于仲裁协议的范围,部分超过仲裁协议范围的,对超过部分,人民法院应当裁定不予执行。

278. 依照民事诉讼法第二百一十七条第二款、第三款的规定,人民法院裁定不予执行仲裁裁决后,当事人可以重新达成书面仲裁协议申请仲裁,也可以向人民法院起诉。

279. 民事诉讼法第二百二十条规定的执行通知,人民法院应在收到申请执行书后的十日内发出。执行通知中除应责令被执行人履行法律文书确定的义务外,并应通知其承担民事诉讼法第二百三十二条规定的迟延履行利息或者迟延履行金。

280. 人民法院可以直接向银行及其营业所、储蓄所、信用合作社以及其他有储蓄业务的单位查询、冻结、划拨被执行人的存款。外地法院可以直接到被执行人住所地、被执行财产所在地银行及其营业所、储蓄所、信用合作社以及其他有储蓄业务的单位查询、冻结、划拨被执行人应当履行义务部分的存款,无需由当地人民法院出具手续。

281. 人民法院在执行中需要变卖被执行人财产的,可以交有关单位变卖,也可以由人民法院直接变卖。由人民法院直接变卖的,变卖前应就价格问题征求物价等有关部门的意见,作价应当公平合理。

对变卖的财产,人民法院或其工作人员不得买受。

282. 人民法院在执行中已依照民事诉讼法第二百二十一条、第二百二十三条的规定对被执行人的财产查封、冻结的,任何单位包括其他人民法院不得重复查封、冻结或者擅自解冻,违者按照民事诉讼法第一百零二条的规定处理。被执行人的财产不能满足所有申请执行人清偿要求的,执行时可以参照民事诉讼法第二百零四条的规定处理。

283. 依照民事诉讼法第二百三十一条规定,当事人不履行法律文书确定的行为义务,如果该项行为义务只能由被执行人完成的,人民法院可以依照民事诉讼法第一百零二条第一款第(六)项的规定处理。

284. 执行的标的物为特定物的,应执行原物。原物确已不存在的,可折价赔偿。

285. 执行中,被执行人隐匿财产的,人民法院除可依照民事诉讼法第一百零二条规定对其处理外,并应责令被执行人交出隐匿的财产或折价赔偿。被执行人拒不交出或赔偿的,人民法院可按被执行财产的价值强制执行被执行人的其他财产,也可以采取搜查措施,追回被隐匿的财产。

286. 人民法院依照民事诉讼法第二百二十七条规定对被执行人及其住所或者财产隐匿地进行搜查,必须符合以下条件:

(1)生效法律文书确定的履行期限已经届满;

(2)被执行人不履行法律文书确定的义务;

(3)认为有隐匿财产的行为。

搜查人员必须按规定着装并出示搜查令和身份证件。

287. 人民法院搜查时禁止无关人员进入搜查现场;搜查对象是公民的,应通知被执行人或者他的成年家属以及基层组织派员到场;搜查对象是法人或者其他组织的,应通知法定代表人或者主要负责人到场,有上级主管部门的,也应通知主管部门有关人员到场。拒不到场的,不影响搜查。

搜查妇女身体,应由女执行人员进行。

288. 搜查中发现应当依法扣押的财产,依照民事诉讼法第二百二十四条第二款和第二百二十六条的规定办理。

289. 搜查应制作搜查笔录,由搜查人员、被搜查人及其他在场人签名或盖章。拒绝签名或者盖章的,应在搜查笔录中写明。

290. 法人或其他组织持有法律文书指定交付的财物或者票证,在人民法院发出协助执行通知后,拒不转交的,强制执行,并可依照民事诉讼法第一百零三条的规定处理。

291. 有关单位和个人持有法律文书指定交付的财物或者票证,因其过失被毁损或灭失的,人民法院可责令持有人赔偿;拒不赔偿的,人民法院可按被执行的财物或者票证的价值强制执行。

292. 人民法院在执行中需要办理房产证、土地证、山林所有权证、专利证书、商标证书、车辆执照等有关财产权证照转移手续的,可以依照民事诉讼法第二百三十条规定办理。

293. 被执行人迟延履行的,迟延履行期间的利息或迟延履行金自判决、裁定和其他法律文书指定的履行期间届满的次日起计算。

294. 民事诉讼法第二百三十二条规定的加倍支付迟延履行期间的债务利息,是指在按银行同期贷款最高利率计付的债务利息上增加一倍。

295. 被执行人未按判决、裁定和其他法律文书指定的期间履行非金钱给付义务的,无论是否已给申请执行人造成损失,都应当支付迟延履行金。已经造成损失的,双倍补偿申请执行人已经受到的损失;没有造成损失的,迟延履行金可以由人民法院根据具体案件情况决定。

296. 债权人依照民事诉讼法第二百三十三条的规定请求人民法院继续执行的,不受民事诉讼法第二百一十九条所定期限的限制。

297. 被执行人为公民或者其他组织,在执行程序开始后,被执行人的其他已经取得执行依据的或者已经起诉的债权人发现被执行人的财产不能清偿所有债权的,可以向人民法院申请参与分配。

298. 申请参与分配,申请人应提交申请书,申请书应写明参与分配和被执行人不能清偿所有债权的事实和理由，并附有执行依据。

参与分配申请应当在执行程序开始后，被执行人的财产被清偿前提出。

299. 被执行人为公民或者其他组织，在有其他已经取得执行依据的债权人申请参与分配的执行中，被执行人的财产参照民事诉讼法第二百零四条规定的顺序清偿，不足清偿同一顺序的，按照比例分配。清偿后的剩余债务，被执行人应当继续清偿。债权人发现被执行人有其他财产的，可以随时请求人民法院执行。

300. 被执行人不能清偿债务，但对第三人享有到期债权的，人民法院可依申请执行人的申请，通知该第三人向申请执行人履行债务。该第三人对债务没有异议但又在通知指定的期限内不履行的，人民法院可以强制执行。

301. 经申请执行人和被执行人同意，可以不经拍卖、变卖，直接将被执行人的财产作价交申请执行人抵偿债务，对剩余债务，被执行人应当继续清偿。

302. 被执行人的财产无法拍卖或变卖的，经申请执行人同意，人民法院可以将该项财产作价后交付申请执行人抵偿债务，或者交付申请执行人管理；申请执行人拒绝接收或管理的，退回被执行人。

303. 在人民法院执行完毕后，被执行人或者其他人对已执行的标的有妨害行为的，人民法院应当采取措施，排除妨害，并可以依照民事诉讼法第一百零二条的规定处理。因妨害行为给申请执行人或者其他人造成损失的，受害人可以另行起诉。

十八、涉外民事诉讼程序的特别规定

304. 当事人一方或双方是外国人、无国籍人、外国企业或组织、或者当事人之间民事法律关系的设立、变更、终止的法律事实发生在外国，或者诉讼标的物在外国的民事案件，为涉外民事案件。

305. 依照民事诉讼法第三十四条和第二百四十六条规定，属于中华人民共和国人民法院专属管辖的案件，当事人不得用书面协议选择其他国家法院管辖。但协议选择仲裁裁决的除外。

306. 中华人民共和国人民法院和外国法院都有管辖权的案件，一方当事人向外国法院起诉，而另一方当事人向中华人民共和国人民法院起诉的，人民法院可予受理。判决后,外国法院申请或者当事人请求人民法院承认和执行外国法院对本案作出的判决、裁定的,不予准许;但双方共同参加或者签订的国际条约另有规定的除外。

307. 对不在我国领域内居住的被告,经用公告方式送达诉状或传唤,公告期满不应诉,人民法院缺席判决后,仍应将裁判文书依照民事诉讼法第二百四十七条第(七)项的规定公告送达。自公告送达裁判文书满六个月的次日起,经过三十日的上诉期当事人没有上诉的,一审判决即发生法律效力。

308. 涉外民事诉讼中的外籍当事人,可以委托本国人为诉讼代理人,也可以委托本国律师以非律师身份担任诉讼代理人;外国驻华使、领馆官员,受本国公民的委托,可以以个人名义担任诉讼代理人,但在诉讼中不享有外交特权和豁免权。

309. 涉外民事诉讼中,外国驻华使、领馆授权其本馆官员,在作为当事人的本国国民不在我国领域内的情况下,可以以外交代表身份为其本国国民在我国聘请中国律师或中国公民代理民事诉讼。

310. 涉外民事诉讼中,经调解双方达成协议,应当制发调解书。当事人要求发给判决书的,可以依协议的内容制作判决书送达当事人。

311. 当事人双方分别居住在我国领域内和领域外,对第一审人民法院判决、裁定的上诉期,居住在我国领域内的为民事诉讼法第一百四十七条所规定的期限;居住在我国领域外的为三十日。双方的上诉期均已届满没有上诉的,第一审人民法院的判决、裁定即发生法律效力。

312. 本意见第一百四十五条至第一百四十八条、第二百七十七条、第二百七十八条的规定适用于涉外民事诉讼程序。

313. 我国涉外仲裁机构作出的仲裁裁决,一方当事人不履行,对方当事人向人民法院申请执行的,应依照民事诉讼法第二十八章的有关规定办理。

314. 申请人向人民法院申请执行我国涉外仲裁机构裁决,须提出书面申请书,并附裁决书正本。如申请人为外国一方当事人,其申请书须用中文本提出。

315. 人民法院强制执行涉外仲裁机构的仲裁裁决时,如被执行人申辩有民事诉讼法第二百六十条第一款规定的情形之一的,在其提供了财产担保后,可以中止执行。人民法院应当对被执行人的申辩进行审查,并根据审查结果裁定不予执行或驳回申辩。

316. 涉外经济合同的解除或者终止，不影响合同中仲裁条款的效力。当事人一方因订有仲裁条款的涉外经济合同被解除或者终止向人民法院起诉的，不予受理。

317. 依照民事诉讼法第二百五十八条的规定，我国涉外仲裁机构将当事人的财产保全申请提交人民法院裁定的，人民法院可以进行审查，决定是否进行保全；裁定采取保全的，应当责令申请人提供担保，申请人不提供担保的，裁定驳回申请。

318. 当事人向中华人民共和国有管辖权的中级人民法院申请承认和执行外国法院作出的发生法律效力的判决、裁定的，如果该法院所在国与中华人民共和国没有缔结或者共同参加国际条约，也没有互惠关系的，当事人可以向人民法院起诉，由有管辖权的人民法院作出判决，予以执行。

319. 与我国没有司法协助协议又无互惠关系的国家的法院，未通过外交途径，直接请求我国法院司法协助的，我国法院应予退回，并说明理由。

320. 当事人在我国领域外使用人民法院的判决书、裁定书，要求我国人民法院证明其法律效力的，以及外国法院要求我国人民法院证明判决书、裁定书的法律效力的，我国作出判决、裁定的人民法院，可以本法院的名义出具证明。

（二）司法性文件

最高人民法院关于依法做好抗震救灾恢复重建期间民事审判和执行工作的通知

（2008年6月6日　法〔2008〕164号）

各省、自治区、直辖市高级人民法院，解放军军事法院，新疆维吾尔自治区高级人民法院生产建设兵团分院：

四川汶川特大地震是新中国成立以来破坏性最强、波及范围最广的一次地震，造成了灾区人民群众生命财产的巨大损失。中共中央政治局常务委员会于2008年6月5日专门研究部署汶川地震灾后恢复重建对口支援工作。灾后恢复重建是一项十分艰巨的任务，为加快灾后恢复重建，必须充分发挥社会主义制度的政治优势，举全国之力。各级人民法院要紧紧围绕全党全国工作大局，要把人民利益放在高于一切的位置，真正做到想灾区人民之所想、急灾区人民之所急，充分认识灾后恢复重建任务的艰巨性，充分发挥人民法院的审判职能作用，依法维护人民群众的生命财产安全，维护正常的社会秩序，维护人民群众的根本利益。

为依法做好灾区民事审判和执行工作，保障灾区人民群众合法权益，维护灾区社会稳定，为抗震救灾和灾后重建提供有力的司法保障，特通知如下：

一、各级人民法院特别是灾区人民法院一定要在党委领导下，积极支持当地政府把恢复重建工作纳入法制轨道，充分发挥人民法院在依法解决各种类型民事纠纷中的职能作用，扎扎实实做好民事案件的审判和执行工作。要在严格执法的前提下，正确认识和把握人民法院工作法律效果和社会效果的统一。灾区人民法院受理、审理和执行民事案件一定要从大局出发，要有利于维护灾区社会稳定，有利于维护灾区广大人民的根本利益，有利于巩固抗震救灾的成果和灾后恢复重建工作的顺利进行。

二、人民法院要积极支持和协助政府部门进行行政安置、抚慰、补助、救助等项工作，对于在工作中产生的矛盾和纠纷，人民法院要从法律的角度主动研究，主动提出如何依法行政、解决纠纷的建议和对策。特别是要在当地党委的统一领导下，充分发挥行政调解、诉讼调解、人民调解的作用，形成三位一体的综合性的纠纷解决体制，从源头上化解矛盾，减少纠纷。

三、在灾后重建期间，对于当事人起诉到人民法院的案件，符合立案条件的起诉，尤其是宣告失踪、宣告死亡以及对灾区输出农民工追讨劳动报酬等纠纷，应当及时立案，切实保障当事人诉权的实现。对于灾民被异地安置、投亲靠友后，因纠纷起诉到人民法院的，由于目前居住地发生了变化，在管辖问题上，由相关高级人民法院依照民事诉讼法等有关法律规定，从方便灾民、有利稳定的原则出发，统筹安排。对属于人民法院收案范围的纠纷，人民法院受理案件后，要切实加强涉灾民事案件的诉讼指导和法律释明，注重对当事人进行诉讼风险的提示；对不属于或不宜由人民法院处理的纠纷，应认真做好群众思想疏导工作，引导当事人选择其他有效途径和方式解决争议。

四、当事人因四川汶川特大地震不可抗力不能及时主张权利的，依照民法通则的规定诉讼时效中止，从中止时效的原因消除之日起，诉讼时效期间继续计算。人民法院对当事人因抗震救灾、灾后重建而不能参加诉讼活动的，要依法延期或中止审理；延期或中止的原因消除后，及时恢复审理。

五、对于宣告失踪、宣告死亡案件，人民法院要依法积极受理，以便尽快明确身份关系和财产关系。由于四川汶川特大地震后，“下落不明人住所地基层人民法院”受到严重破坏，难以开展审判工作，不能行使管辖权的，上级人民法院可以依照民事诉讼法第三十七条第一款的规定，指定其他基层人民法院管辖。

对灾区输出农民工追讨劳动报酬等纠纷案件，必须做到快立、快审，切实加强诉讼指导和法律释明，必要时可以先予执行。对因灾区输出农民工返乡参加抗震救灾，用人单位请求解除劳动关系的，人民法院应慎重处理。

对于起诉到人民法院的民事案件，当事人提出证据保全申请的，有关法院要依法采取保全措施。对于因地震毁损和灭失相关证据，带来当事人举证困难的，可以放宽举证期限，并加强依职权调查取证。要主动推出便民利民措施，为灾区当事人诉讼提供便利。要加大缓、减、免诉讼费用的力度，保证灾区群众不因缴不起诉讼费用而无法打官司。

六、人民法院在执行工作中，应当慎用强制执行措施。特别是对明确专用于抗震救灾的资金和物资，一律不得采取查封、扣押、冻结、划拨等财产保全措施和强制执行措施。

七、灾区人民法院要根据当地民事纠纷的实际情况和特点，积极向有关部门提出注意保护人民群众合法民事权益的司法建议，为有关部门有序、依法采取有效措施出谋划策。

各高级人民法院，特别是地震灾区的高级人民法院，要加强对房地产、储蓄存款合同、保险合同、借款合同纠纷等有关案件审判、执行工作的调研。受理或者审判的重要、敏感案件及相关情况、问题，应当及时报告最高人民法院。

二00八年六月六日

最高人民法院关于依法做好抗震救灾期间审判工作切实维护灾区社会稳定的通知

（2008年5月26日　法〔2008〕152号）

各省、自治区、直辖市高级人民法院，解放军军事法院，新疆维吾尔自治区高级人民法院生产建设兵团分院：

四川汶川发生特大地震灾害后，在党中央和国务院的坚强领导和周密部署下，抗震救灾取得阶段性成果，灾后重建工作有序展开。当前，抗震救灾工作正处于关键时刻，全国各级人民法院要坚持在党的领导下，充分发挥人民法院的审判职能作用，立足于维护社会稳定，化解矛盾，促进和谐，为抗震救灾和灾后重建工作提供有力的司法保障，为夺取抗震救灾全面胜利，确保灾后重建工作顺利进行做出新的更大的贡献。为做好当前的审判工作，切实维护灾区社会稳定，现将有关事项通知如下：

一、各级人民法院要深刻领会党中央、国务院关于继续做好抗震救灾工作的一系列部署和胡锦涛总书记的重要指示精神，认真贯彻落实中央政法委员会关于全力以赴做好抗震救灾和社会稳定工作的具体要求，继续把抗震救灾作为当前最重要最紧迫的任务。对于涉及四川汶川特大地震灾害案件的审判和执行工作，应从大局出发，有利于维护社会稳定，有利于维护最广大人民的根本利益，有利于巩固抗震救灾的成果和灾后重建工作的顺利进行。要认真学习和准确适用《防震减灾法》、《突发事件应对法》等处理涉灾案件的相关法律、行政法规和司法解释，要结合当前抗震救灾工作的实际，加强统筹协调，为抗震救灾和灾后重建提供有力的司法保障，切实维护灾区治安秩序，增强灾区群众的安全感。

二、依法严惩危害抗震救灾和灾后重建的各种犯罪活动，坚决维护灾区社会稳定。人民法院要认真落实党中央、国务院关于维护灾区稳定、保障灾区人民群众生命财产安全的各项指示精神，严厉打击故意破坏灾区稳定、损害抗震救灾成果、不利于灾后重建工作顺利进行、影响灾区人民群众重建家园信心和决心的违法犯罪行为。严格贯彻宽严相济的刑事政策，注意区分性质不同的违法犯罪行为，彰显司法权威，以人民群众看得见、感受得到的方式为灾区的生产生活提供有力的司法保障。

对抗震救灾和灾后重建期间发生的以下犯罪行为应依法从重处罚：

（一）盗窃、抢夺、抢劫、故意毁坏用于抗震救灾的物资、设备设施，以及以赈灾募捐名义进行诈骗、敛取钱财，拐卖灾区孤残儿童、妇女等犯罪行为。

（二）为牟取暴利，囤积居奇、哄抬物价、非法经营、强迫交易等严重扰乱灾区市场秩序，影响灾区人民群众正常生产生活的犯罪行为。

（三）故意编造、传播、散布不利于灾区稳定的虚假、恐怖信息，严重影响抗震救灾和灾后重建工作开展的妨害公务、聚众扰乱社会秩序、公共场所秩序、交通秩序、聚众冲击国家机关等犯罪行为。

（四）在灾区生产、销售或者以赈灾名义故意向灾区提供伪劣产品、有毒有害食品、假药劣药等犯罪行为。

（五）国家工作人员贪污、挪用抗震救灾款物、滥用职权或玩忽职守危害抗震救灾和灾后重建工作顺利进行，严重损害党和国家形象的犯罪行为。

（六）破坏电力、交通、通讯等公共设施的犯罪行为。

（七）妨害传染病防治等危害公共卫生的犯罪行为。

坚持特殊时期、特殊案件、特殊办理的方针，对那些严重危害抗震救灾和灾后重建工作进行的犯罪行为，要在法定期限内快审、快判，力争在最短的时间内使灾区人民群众感受到人民法院维护灾区稳定和打击犯罪的决心与力度，震慑潜在的犯罪分子，预防其他犯罪的发生。

三、各级人民法院特别是灾区人民法院要坚持在党委、政府的统一领导下，及时化解抗震救灾和灾后重建过程中的各种矛盾纠纷，鼓励、支持人民调解等组织化解纠纷，积极支持行政机关运用行政手段解决纠纷。对于起诉到人民法院的民事等案件，要区分不同情况办理：对于涉及灾区群众基本生活保障、恢复生活生产的案件，要依法快立、快审、快执；对于可能影响抗震救灾和灾后重建工作顺利进行、群体性以及社会比较敏感的案件，要积极与有关部门进行协调，慎重审查立案。在审理过程中，特别要注意进行诉前调解，多做当事人的调解、协调工作，尽可能通过调解或者和解撤诉的方式化解纠纷，切实做到“案结事了”。在审判和执行过程中，要特别注意保护灾区的未成年人、孤寡老人、因地震伤残人员的合法民事权益。要积极主动地推出便民利民措施，加大司法救助的力度，扩大对地震灾区群众司法救助范围，建立抗震救灾司法救助绿色通道，简化受理手续，努力做到应助尽助。

四、对于有的灾区人民法院审判人员一时不能补充到位的，高级人民法院要统一协调，根据诉讼法的有关规定，加大移送管辖、指定管辖、提级管辖的力度，将灾区人民法院已经受理或者有待受理的适合交由其他人民法院管辖的案件，移交或指定其他人民法院管辖，或者由上级人民法院直接提审、执行。

五、各级人民法院在抗震救灾期间，要结合相关案件的审判工作，加强法制宣传，耐心做好灾区群众特别是遇难者家属的心理安抚、思想疏导工作，协助安置好灾区群众。要努力扩大审判的社会效果，为抗震救灾和灾后重建工作营造良好的法制氛围。要与有关部门一起全面排查、及时化解灾后重建过程中的矛盾纠纷。

各高级人民法院，特别是灾情比较严重地区的高级人民法院，要加强对有关案件审判、执行工作的调研。受理或者审判的重要、敏感案件及相关情况、问题，应当及时报告最高人民法院。

最高人民法院、最高人民检察院、公安部、中国证监会关于查询、冻结、扣划证券和证券交易结算资金有关问题的通知

（2008 年 1 月 10 日　法发〔2008〕4 号）

各省、自治区、直辖市高级人民法院、人民检察院、公安厅（局），解放军军事法院、军事检察院，新疆维吾尔自治区高级人民法院生产建设兵团分院，新疆生产建设兵团人民检察院、公安局：

为维护正常的证券交易结算秩序，保护公民、法人和其他组织的合法权益，保障执法机关依法执行公务，根据《中华人民共和国刑事诉讼法》、《中华人民共和国民事诉讼法》、《中华人民共和国证券法》等法律以及司法解释的规定，现就人民法院、人民检察院、公安机关查询、冻结、扣划证券和证券交易结算资金的有关问题通知如下：

一、人民法院、人民检察院、公安机关在办理案件过程中，按照法定权限需要通过证券登记结算机构或者证券公司查询、冻结、扣划证券和证券交易结算资金的，证券登记结算机构或者证券公司应当依法予以协助。

二、人民法院要求证券登记结算机构或者证券公司协助查询、冻结、扣划证券和证券交易结算资金，人民检察院、公安机关要求证券登记结算机构或者证券公司协助查询、冻结证券和证券交易结算资金时，有关执法人员应当依法出具相关证件和有效法律文书。

执法人员证件齐全、手续完备的，证券登记结算机构或者证券公司应当签收有关法律文书并协助办理有关事项。

拒绝签收人民法院生效法律文书的，可以留置送达。

三、人民法院、人民检察院、公安机关可以依法向证券登记结算机构查询客户和证券公司的证券账户、证券交收账户和资金交收账户内已完成清算交收程序的余额、余额变动、开户资料等内容。

人民法院、人民检察院、公安机关可依法向证券公司查询客户的证券账户和资金账户、证券交收账户和资金交收账户内的余额、余额变动、证券及资金流向、开户资料等内容。

查询自然人账户的，应当提供自然人姓名和身份证件号码；查询法人账户的，应当提供法人名称和营业执照或者法人注册登记证书号码。

证券登记结算机构或者证券公司应当出具书面查询结果并加盖业务专用章。查询机关对查询结果有疑问时，证券登记结算机构、证券公司在必要时应当进行书面解释并加盖业务专用章。

四、人民法院、人民检察院、公安机关按照法定权限冻结、扣划相关证券、资金时，应当明确冻结、扣划证券、资金所在的账户名称、账户号码、冻结期限，所冻结、扣划证券的名称、数量或者资金的数额。扣划时，还应当明确拟划入的账户名称、账号。

冻结证券和交易结算资金时，应当明确冻结的范围是否及于孳息。

本通知规定的以证券登记结算机构名义建立的各类专门清算交收账户不得整体冻结。

五、证券登记结算机构依法按照业务规则收取并存放于专门清算交收账户内的下列证券，不得冻结、扣划：

（一）证券登记结算机构设立的证券集中交收账户、专用清偿账户、专用处置帐户内的证券。

（二）证券公司按照业务规则在证券登记结算机构开设的客户证券交收账户、自营证券交收账户和证券处置账户内的证券。

六、证券登记结算机构依法按照业务规则收取并存放于专门清算交收账户内的下列资金，不得冻结、扣划：

（一）证券登记结算机构设立的资金集中交收账户、专用清偿账户内的资金。

（二）证券登记结算机构依法收取的证券结算风险基金和结算互保金。

（三）证券登记结算机构在银行开设的结算备付金专用存款账户和新股发行验资专户内的资金，以及证券登记结算机构为新股发行网下申购配售对象开立的网下申购资金账户内的资金；

（四）证券公司在证券登记结算机构开设的客户资金交收账户内的资金。

（五）证券公司在证券登记结算机构开设的自营资金交收账户内最低限额自营结算备付金及根据成交结果确定的应付资金。

七、证券登记结算机构依法按照业务规则要求证券公司等结算参与人、投资者或者发行人提供的回购质押券、价差担保物、行权担保物、履约担保物，在交收完成之前，不得冻结、扣划。

八、证券公司在银行开立的自营资金账户内的资金可以冻结、扣划。

九、在证券公司托管的证券的冻结、扣划，既可以在托管的证券公司办理，也可以在证券登记结算机构办理。不同的执法机关同一交易日分别在证券公司、证券登记结算机构对同一笔证券办理冻结扣划手续的，证券公司协助办理的为在先冻结、扣划。

冻结、扣划未在证券公司或者其他托管机构托管的证券或者证券公司自营证券的，由证券登记结算机构协助办理。

十、证券登记结算机构受理冻结、扣划要求后，应当在受理日对应的交收日交收程序完成后根据交收结果协助冻结、扣划。

证券公司受理冻结、扣划要求后，应当立即停止证券交易，冻结时已经下单但尚未撮合成功的应当采取撤单措施。冻结后，根据成交结果确定的用于交收的应付证券和应付资金可以进行正常交收。在交收程序完成后，对于剩余部分可以扣划。同时，证券公司应当根据成交结果计算出等额的应收资金或者应收证券交由执法机关冻结或者扣划。

十一、已被人民法院、人民检察院、公安机关冻结的证券或证券交易结算资金，其他人民法院、人民检察院、公安机关或者同一机关因不同案件可以进行轮候冻结。冻结解除的，登记在先的轮候冻结自动生效。

轮候冻结生效后，协助冻结的证券登记结算机构或者证券公司应当书面通知做出该轮候冻结的机关。

十二、冻结证券的期限不得超过二年，冻结交易结算资金的期限不得超过六个月。

需要延长冻结期限的，应当在冻结期限届满前办理续行冻结手续，每次续行冻结的期限不得超过前款规定的期限。

十三、不同的人民法院、人民检察院、公安机关对同一笔证券或者交易结算资金要求冻结、扣划或者轮候冻结时，证券登记结算机构或者证券公司应当按照送达协助冻结、扣划通知书的先后顺序办理协助事项。

十四、要求冻结、扣划的人民法院、人民检察院、公安机关之间，因冻结、扣划事项发生争议的，要求冻结、扣划的机关应当自行协商解决。协商不成的，由其共同上级机关决定；没有共同上级机关的，由其各自的上级机关协商解决。

在争议解决之前，协助冻结的证券登记结算机构或者证券公司应当按照争议机关所送达法律文书载明的最大标的范围对争议标的进行控制。

十五、依法应当予以协助而拒绝协助，或者向当事人通风报信，或者与当事人通谋转移、隐匿财产的，对有关的证券登记结算机构或者证券公司和直接责任人应当依法进行制裁。

十六、以前规定与本通知规定内容不一致的，以本通知为准。

十七、本通知中所规定的证券登记结算机构，是指中国证券登记结算有限责任公司及其分公司。

十八、本通知自 2008 年 3 月 1 日起实施。

最高人民法院关于人民法院受理共同诉讼案件问题的通知

（2005 年 12 月 30 日　法〔2005〕270 号）

各省、自治区、直辖市高级人民法院、新疆维吾尔自治区高级人民法院生产建设兵团分院：

为方便当事人诉讼和人民法院就地进行案件调节工作，提高审判效率，节省诉讼资源，进一步加强最高人民法院对下级人民法院民事审判工作的监督和指导，根据民事诉讼法的有关规定，现就人民法院受理共同诉讼案件问题通知如下：

一、当事人一方或双方人数众多的共同诉讼，依法由基层人民法院受理。受理法院认为不宜作为共同诉讼受理的，可分别受理。

在高级人民法院辖区内有重大影响的上述案件，由中级人民法院受理。如情况特殊，确需高级人民法院作为一审民事案件审理的，应当在受理前报最高人民法院批准。

法律、司法解释对知识产权，海事、海商，涉外等民事纠纷案件的级别管辖另有规定的，从其规定。

二、各级人民法院应当加强对共同诉讼案件涉及问题的调查研究，上级人民法院应当加强对下级人民法院审理此类案件的指导工作。

本通知执行过程中有何问题及建议，请及时报告我院。

本通知自 2006 年 1 月 1 日起执行。

人民法院民事诉讼风险提示书

（2003 年 12 月 23 日最高人民法院审判委员会第 1302 次会议通过）

诉讼，帮助当事人避免常见的诉讼风险，减少不必要的损失，根据《中华人民共和国民法通则》、《中华人民共和国民事诉讼法》以及最高人民法院《关于民事诉讼证据的若干规定》等法律和司法解释的规定，现将常见的民事诉讼风险提示如下：

一、起诉不符合条件

当事人起诉不符合法律规定条件的，人民法院不会受理，即使受理也会驳回起诉。

当事人起诉不符合管辖规定的，案件将会被移送到有权管辖的人民法院审理。

二、诉讼请求不适当

当事人提出的诉讼请求应明确、具体、完整，对未提出的诉讼请求人民法院不会审理。

当事人提出的诉讼请求要适当，不要随意扩大诉讼请求范围；无根据的诉讼请求，除得不到人民法院支持外，当事人还要负担相应的诉讼费用。

三、逾期改变诉讼请求

当事人增加、变更诉讼请求或者提出反诉，超过人民法院许可或者指定期限的，可能不被审理。

四、超过诉讼时效

当事人请求人民法院保护民事权利的期间一般为二年（特殊的为一年）。原告向人民法院起诉后，被告提出原告的起诉已超过法律保护期间的，如果原告没有对超过法律保护期间的事实提供证据证明，其诉讼请求不会得到人民法院的支持。

五、授权不明

当事人委托诉讼代理人代为承认、放弃、变更诉讼请求，进行和解，提起反诉或者上诉等事项的，应在授权委托书中特别注明。没有在授权委托书中明确、具体记明特别授权事项的，诉讼代理人就上述特别授权事项发表的意见不具有法律效力。

六、不按时交纳诉讼费用

当事人起诉或者上诉，不按时预交诉讼费用，或者提出缓交、减交、免交诉讼费用申请未获批准仍不交纳诉讼费用的，人民法院将会裁定按自动撤回起诉、上诉处理。

当事人提出反诉，不按规定预交相应的案件受理费的，人民法院将不会审理。

七、申请财产保全不符合规定

当事人申请财产保全，应当按规定交纳保全费用而没有交纳的，人民法院不会对申请保全的财产采取保全措施。

当事人提出财产保全申请，未按人民法院要求提供相应财产担保的，人民法院将依法驳回其申请。

申请人申请财产保全有错误的，将要赔偿被申请人因财产保全所受到的损失。

八、不提供或者不充分提供证据

除法律和司法解释规定不需要提供证据证明外，当事人提出诉讼请求或者反驳对方的诉讼请求，应提供证据证明。不能提供相应的证据或者提供的证据证明不了有关事实的，可能面临不利的裁判后果。

九、超过举证时限提供证据

当事人向人民法院提交的证据，应当在当事人协商一致并经人民法院认可或者人民法院指定的期限内完成。超过上述期限提交的,人民法院可能视其放弃了举证的权利,但属于法律和司法解释规定的新的证据除外。

十、不提供原始证据

当事人向人民法院提供证据,应当提供原件或者原物,特殊情况下也可以提供经人民法院核对无异的复制件或者复制品。提供的证据不符合上述条件的,可能影响证据的证明力,甚至可能不被采信。

十一、证人不出庭作证

除属于法律和司法解释规定的证人确有困难不能出庭的特殊情况外,当事人提供证人证言的,证人应当出庭作证并接受质询。如果证人不出庭作证,可能影响该证人证言的证据效力,甚至不被采信。

十二、不按规定申请审计、评估、鉴定

当事人申请审计、评估、鉴定,未在人民法院指定期限内提出申请或者不预交审计、评估、鉴定费用,或者不提供相关材料,致使争议的事实无法通过审计、评估、鉴定结论予以认定的,可能对申请人产生不利的裁判后果。

十三、不按时出庭或者中途退出法庭

原告经传票传唤,无正当理由拒不到庭,或者未经法庭许可中途退出法庭的,人民法院将按自动撤回起诉处理;被告反诉的,人民法院将对反诉的内容缺席审判。

被告经传票传唤,无正当理由拒不到庭,或者未经法庭许可中途退出法庭的,人民法院将缺席判决。

十四、不准确提供送达地址

适用简易程序审理的案件,人民法院按照当事人自己提供的送达地址送达诉讼文书时,因当事人提供的己方送达地址不准确,或者送达地址变更未及时告知人

民法院，致使人民法院无法送达，造成诉讼文书被退回的，诉讼文书也视为送达。

十五、超过期限申请强制执行

向人民法院申请强制执行的期限，双方或者一方当事人是公民的为一年，双方是法人或者其他组织的为六个月。期限自生效法律文书确定的履行义务期限届满之日起算。超过上述期限申请的，人民法院不予受理。

十六、无财产或者无足够财产可供执行

被执行人没有财产或者没有足够财产履行生效法律文书确定义务的，人民法院可能对未履行的部分裁定中止执行，申请执行人的财产权益将可能暂时无法实现或者不能完全实现。

十七、不履行生效法律文书确定义务

被执行人未按生效法律文书指定期间履行给付金钱义务的，将要支付迟延履行期间的双倍债务利息。

被执行人未按生效法律文书指定期间履行其他义务的，将要支付迟延履行金。

最高人民法院关于落实23项司法为民具体措施的指导意见

（2003年12月3日）

今年8月，最高人民法院在全国高级法院院长座谈会上提出了23项司法为民具体措施后，全国各级人民法院紧密结合实际，针对人民群众反映强烈的焦点、热点问题，针对司法大检查中查摆出来的问题，制定本院落实司法为民，扎扎实实为人民群众办实事的具体措施。司法为民重点在“司法”，本质在“为民”，为了在司法实践中进一步丰富和发展司法为民的思想，正确把握司法与为民的内在联系，处

理好严格司法与文明司法的关系，处理好认真贯彻执行体现最广大人民根本利益的法律与依法满足诉讼当事人的合法要求的关系，确保23项司法为民具体措施施行的整体效果，最高人民法院制订了《关于落实23项司法为民具体措施的指导意见》，请结合本地实际情况贯彻执行。在实施过程中有什么经验和问题，请及时报告最高人民法院办公厅。

一、认真做好群众来信来访和申诉接访工作，限时回复人民群众申诉来信来访

各级人民法院要不断提高办信接访人员对信访工作重要性的认识，做好群众申诉来信来访工作。做到来访有人接谈、来信有回音、申诉有结果，确保人民群众依法行使诉讼权利。

来信、来访全部登记、建档，有条件的法院应将来信及来访纳入计算机管理，以便于登记、分类和查询。对于非诉讼信件及来访，根据所反映问题的类别及其主管机关，按照归口管理的原则，告知当事人向有关部门反映。对于诉讼来信、来访，根据最高人民法院《关于规范人民法院再审立案的若干意见（试行）》的规定，按照分级负责管理的原则办理。符合立案条件的，予以立案审查，并告知来信、来访人等待处理结果；虽然符合立案条件，但缺少申诉材料或法律文书的，应告知来信、来访人需补齐的材料；不符合立案条件的，告知当事人不予立案。

对于来信、来访所反映的问题需要及时解决的，应在转处信件或接访的三日内，回复或告知当事人。对于一般来信、来访，应在转处信件或接访的十日内，回复或告知当事人。下级人民法院应当认真处理上级人民法院关于当事人来信来访的答复，不得推诿或敷衍了事。

二、对来信来访和申诉进行摘报，及时反映和解决群众关注的焦点热点问题

摘报工作是申诉信访工作的重要环节。各级人民法院信访工作人员要及时反映重大、紧急来信来访，防止矛盾激化，切实维护群众合法权益。

摘报的内容包括：非诉讼来信、来访涉及有关组织、部门违反法律或者有关规

定,问题较严重或者反映较强烈的;诉讼来信、来访涉及法院领导、法官徇私舞弊、枉法裁判的;其他有代表性的焦点和热点问题。摘报应当有真实的来信人姓名、有具体的来信内容、有准确的来信地址。

摘报件要及时报送本院领导,根据情况,可批转有关组织、部门或者层报上级法院并通报有关法院。要及时查处和解决摘报反映的问题。及时了解问题或案件处理的进展情况。对领导批示查报结果的问题或案件,要及时向领导汇报,必要时,可将结果回复当事人。

三、加强接访场所的硬件建设,改善接访条件

加强接访场所的硬件建设,是人民法院整体建设的组成部分,直接服务于人民群众,便民、利民,体现司法文明。各级人民法院接待申诉来访应当在专门的场所进行,有条件的法院可以建造信访接待室。接待场所内应备有相应文具、桌椅供申诉来访群众使用,并应具备其他必须具备的附属设施,如洗手间、饮水设备等,体现司法活动的人文关怀。接访场所要经常加强安全检查,有条件的法院可以使用安检、防爆、监控等设备,保障接访场所及人员安全,保证接访工作顺利进行。

四、依法及时审查申诉和再审请求,符合立案条件的及时立案

各级人民法院要依法及时审查申诉和再审请求,符合立案条件的及时立案,以保障当事人的诉讼权利,进一步规范办理申诉案件的工作程序。

当事人申诉和申请再审案件的范围:本院作出的终审裁判,符合再审立案条件的;下一级法院复查驳回或者再审改判,符合再审立案条件的;本院认为应由本院再审的。依法不予再审立案的,应充分说明理由,妥善做好当事人息诉工作。

办理当事人申诉和申请再审的机构及程序:立案庭信访部门为受理当事人申诉和申请再审的机构。当事人直接递交申诉和申请再审材料,接谈人员经审查符合前述规定,应在收取材料后及时转立案登记部门予以立案。当事人邮寄申诉和申请再审材料,办信人员经审查符合前述规定,应在留取材料后及时转立案登记部门予以立案;经审查不符合前述规定的,应区分不同情况及时函复告知当事人。立案登记部门收到信访部门转来的申诉和申请再审材料,应当按照规定时间登记立

案,及时转交相关审判庭或立案庭依法审查,决定案件是否进入再审程序,并告知申诉人。

五、各级人民法院要及时清理未审结的案件

各级人民法院应当查明积案原因,对严重超审限的案件予以高度重视。要组织办案人员,明确结案时间,采取各种有效措施清理积案。在清理积案的过程中,要经常检查、督促案件承办法官在规定的期限内结案,按时完成积案清理任务,杜绝边清边超等现象。进一步健全和完善审限管理制度,不能违法办案,不能违反法定程序办案。

六、建立和完善民事案件繁简分流机制,减轻涉诉群众讼累

各级人民法院要严格执行最高人民法院《关于适用简易程序审理民事案件的若干规定》,依法高效、快捷地审理民事案件,提高诉讼效率。对简单的民事案件适用简易程序速裁,减轻涉诉群众的讼累。要规范简易程序的操作规程,方便当事人诉讼,充分保护当事人的诉讼权利。要尊重当事人的程序选择权,充分体现诉讼民主和当事人意思自治的原则,合理配置司法资源,全面提高司法效率,建立和完善公正高效的审判运行机制。

七、规范法院诉讼调解工作,提高诉讼效率与质量

各级人民法院要进一步健全和规范诉讼调解程序,充分发挥调解解决纠纷的优势,切实保障当事人的诉讼权利。法院应当提供适当的场所为当事人调解创造良好环境。诉讼调解以当事人自愿为原则,不得强制调解,不得以判压调,也不得以调解拖延办案。诉讼调解应当严格按照法律规定的程序进行,调解协议内容应当合法,不得违反法律、行政法规的禁止性规定,不得侵害国家、社会公共利益或者他人的合法权益。民事诉讼过程中,调解可以在任何一个阶段进行,法院不得以调审分离拒绝当事人进行调解的正当请求。人民法院可以邀请人民陪审员以及其他具有专门知识或者特定社会经验,有利于调解的组织或者人员协助调解工作。当事人达成的调解协议,超出当事人诉讼请求范围的,只要不违反法律、行政法规的

禁止性规定，不侵害国家、社会公共利益或者他人合法权益，人民法院审查后可以依据调解协议内容制作调解书。

八、推进人民法庭便民建设，通过巡回流动办案等方式审理涉及消费者、旅游者权益等案件

基层人民法庭可以根据本地实际情况，在旅游风景区、集贸市场等涉及旅游者、消费者合法权益及其他事关人民群众切身利益的纠纷易发地点，定期或不定期的巡回流动办案，就地立案、就地审理，当即调解、当庭结案。要努力提高当庭结案率，及时化解社会矛盾纠纷，依法保护当事人合法权益，提高法制宣传教育的实效，维护正常的市场秩序。

九、对涉诉群众在民事、行政诉讼中的诉讼权利和义务以及申请执行等行为进行指导，使群众正确适用法律保护自身权益

加强对当事人的诉讼指导，是方便群众诉讼，充分保障当事人正确行使诉讼权利的重要措施。各级人民法院要印制诉讼费收费标准、案件审理期限、举证规则、诉讼风险等诉讼指导宣传材料，依法告知当事人的诉讼权利和义务，以及诉讼中所必须的文书格式、要求等。要告知法院内部审判机构设置、职责分工等情况，方便当事人参与诉讼活动。要严格依照程序法的有关规定，杜绝借指导、提供咨询等名义，不当干涉当事人行使诉讼权利。

十、向涉诉群众提示诉讼请求不当、丧失诉讼时效、举证超过时限、拒不执行等方面的法律风险，减少涉诉群众不必要的损失

各级人民法院要通过法律风险提示，指导涉诉群众避免因不清楚涉诉的法律风险而产生的损失，保护涉诉群众的利益。法律风险提示适用于刑事、民事、行政等各类案件。适用于诉讼的立案、审判、审判监督、执行等各个阶段。适用于各级人民法院，包括普通法院和各类专门法院。法律风险提示应当向涉诉群众明确提示有关诉讼的主要法律法规、司法解释的规定；提示可能存在的诉讼请求不当、丧失诉讼时效、举证超过时限、拒不执行等方面的法律风险以及可能的法律后果。

各级人民法院应当在立案大厅等便于群众查阅的场所公示、配置法律风险提示书，必要时，相关诉讼阶段的承办人员应当对案件当事人提示相关诉讼阶段可能存在的法律风险。法律风险提示必须严格以法律、司法解释、有关文件规定为依据。

十一、严格执行刑事诉讼法，切实纠防超期羁押，保障被告人合法权益

各级人民法院要按照最高人民法院、最高人民检察院、公安部《关于严格执行刑事诉讼法，切实纠防超期羁押的通知》的要求，严格依照刑事诉讼法的规定审判案件，有罪依法判刑，无罪依法放人，杜绝对被告人超期羁押现象。对于确实因客观原因无法结案的，要依法及时变更强制措施，并将变更强制措施的情况及时通报公安机关、检察机关。对于事实不清、证据不足，不能认定被告人有罪的，要坚决依法宣告无罪，避免出现反复发回重审，导致被告人超期羁押的情况。

各级人民法院要坚持清理超审限案件周报制度，最高人民法院要定期将各地超审限案件清理情况予以通报。对于故意违反审限制度规定，造成案件超审限，导致被告人超期羁押的，要按照有关规定，追究有关人员的责任；构成犯罪的，依法追究刑事责任。

十二、加强对进城务工人员维护自身合法权益案件的审判，制裁职业中介机构欺诈行为和用工单位拖欠工资行为

保障进城务工人员的合法权益，促进劳动用工制度的完善，维护劳动市场的正常秩序，事关增加农民收入和维护城市稳定。各级人民法院对于属于劳动法调整范围的劳动争议纠纷案件，要依法快立案、快审判、快执行，及时保护当事人的合法权益。对于不属于劳动法调整范围的务工人员与用工单位之间依法应当由人民法院管辖的民事纠纷，要及时受理，并在准确界定民事法律关系的基础上作出公正裁判。人民法院在审判过程中，发现职业中介机构存在欺诈或者用人单位拖欠工资的违法行为，要积极向有关部门提出司法建议，予以制裁。

十三、依法审理行政案件，为行政机关整治地区封锁和部门行业垄断行为提供司法保障

各级人民法院要依法保护公民、法人和其他组织的诉权，促进行政机关依法行政，克服地方保护主义。对涉及行政机关整治地区封锁和部门行业垄断的案件加快审理，及时结案，防止违法行为者利用诉讼程序阻挠行政机关依法行政。

各级人民法院受理涉及地区封锁和行业垄断的重大案件，应当及时向当地党委和人大报告，与当地政府沟通，争取支持。对于被诉具体行政行为依据的规范性文件，只要违反国家法律法规的有关规定，人民法院在审理行政案件时不予适用。在审理案件过程中，发现行政机关在整治地区封锁和部门行业垄断中有违法行为或者不规范的行为，在依法裁判的同时要及时向有关部门提出司法建议。

十四、切实执行诉讼费减、免、缓制度，确保经济确有困难的当事人打得起官司

人民法院对经济确有困难的当事人予以司法救助，可以确保当事人依法平等行使诉讼权利，平等享有国家司法资源，体现社会主义司法制度优越性，维护当事人的合法权益。

各级人民法院要按照《关于对确有困难的当事人予以司法救助的规定》，对于符合救助条件的当事人切实给予救助。凡是由司法行政部门已给予法律援助的，人民法院也应给予司法救助。要严格掌握救助标准，严格审批程序，既要保证经济确有困难的当事人得到救助，又要防止随意降低标准，杜绝不属救助对象的当事人得到救助，严禁借司法救助搞不正之风，确保司法救助真正发挥作用。

十五、依法提供法律援助，保障当事人诉讼权利，维护司法公正

在诉讼过程中保障经济困难的公民获得必要的法律援助，能够充分行使诉讼权利，是人民法院必须履行的职责。对于被告人是盲、聋、哑人或者限制行为能力的人，开庭审理时不满18周岁的未成年人，可能被判处死刑的人，没有委托辩护人的，人民法院应当为其指定辩护人，对于被告人符合当地政府规定的经济困难标准

或者本人确无经济来源的，被告人家庭经济状况无法查明，且其家属经多次劝说仍不愿为其承担辩护律师费用或者共同犯罪案件中其他被告人已委托辩护人的，被告人具有外国国籍的，案件有重大社会影响的，在没有委托辩护人的情形下，人民法院认为起诉意见和移送的案件证据材料可能影响正确定罪量刑的，可以为其指定辩护人。

人民法院对于法律援助机构决定提供法律援助的民事案件，经审查认为符合司法救助条件的，可以先行对受援人作出缓收案件受理费及其他诉讼费的司法救助决定，待案件审结后再根据案件的具体情况决定对受法律援助当事人一方诉讼费的减免。

十六、建立保护债权人利益的执行收费制度

各级人民法院要规范执行收费，严禁各地自行提高收费标准，坚决杜绝执行乱收费，减轻当事人的负担。申请执行时不预交执行费，待执行款项到位后扣除。执行中的实际支出费由申请执行人预交，但应在每次需要实际支出费用时预交，而不是执行立案时预交。实际支出费应当按照《人民法院诉讼收费办法补充规定》第二条第二款的规定收取，不得变相增加收费项目或者改变收费标准。要规范执行费用的支出手续，支出项目必须有相关的票据存档备查。结案时，执行人员应当出具费用结算书和有关凭证，由申请执行人和被执行人确认。当事人对执行费用的数额和计算方法有异议的，可以向执行法院申请复议。申请执行人民法院发放债权凭证的，不再收取申请执行费。

十七、加强对人民调解组织的指导，提高人民调解工作质量

加强对人民调解组织的指导，提高人民调解工作的质量，是多渠道解决矛盾纠纷的一个重要环节。人民法院要按照最高人民法院、司法部《关于进一步加强新时期人民调解工作的意见》和最高人民法院《关于审理涉及人民调解协议的若干规定》的精神，加强对新情况、新问题的调查研究，进一步研究完善衔接诉讼调解和人民调解的工作方式，注意引导群众重视人民调解的作用，积极以简捷经济的方式化解矛盾纠纷。要积极配合当地司法行政部门，采取多种方式、多种途径，对人民调

解员进行业务培训，提高人民调解员的法律知识水平和调解纠纷的技巧。

基层人民法院及其人民法庭可以配合司法行政部门，以举办培训班、座谈会等方式对人民调解员进行培训，或者组织旁听案件审判，把指导人民调解的工作具体化，不断提高人民调解工作的水平。

十八、进一步加强少年法庭建设，保护未成年人的合法权益

各级人民法院要进一步加强未成年人案件审判工作，保护涉案未成年人的合法权益，确保未成年人刑事案件的审判取得良好法律效果和社会效果。要按照最高人民法院《关于审理未成年人刑事案件的若干规定》第六条规定的要求，结合本地具体情况，尽快建立少年法庭或者确定专人办理未成年人刑事案件。要将少年法庭工作列为人民法院重要日常工作之一。对少年法庭工作遇到的困难和问题应及时加以研究解决，确保少年法庭工作正常开展。

开庭审理未成年人刑事案件，应当通知其法定代理人出庭，并保障法定代理人充分行使诉讼权利。开庭审理前，必须就开庭程序等事项向未成年被告人做详细介绍。开庭审理时应当充分听取未成年被告人对被指控事实、证据及对自己行为性质的意见，保障未成年被告人行使各项诉讼权利。对不构成犯罪的未成年人应当宣告无罪并当庭释放。对构成犯罪的未成年人应当依法从轻、减轻处罚。审判未成年人案件，不得对外公开未成年被告人的姓名、住址、肖像及其他可能推断出该未成年人情况的各种资料。未成年证人一般可不出庭作证。少年法庭开展工作必须立足审判，以审判为中心适度延伸，要遵循法制原则开展各项探索和制度创新。

十九、加强对妇女、儿童人身权益的保护，依法审判家庭暴力引起的刑事和民事案件

各级人民法院要充分发挥审判职能作用，加大对家庭暴力引起的侵犯妇女儿童合法权益犯罪的打击惩处力度。要及时受理因家庭暴力引起的婚姻家庭民事案件，防止矛盾纠纷激化。在审理涉及婚姻家庭、赡养、继承、抚养、扶养、收养等民事案件时，对家庭暴力的受侵害方的合法权益，要依法充分予以保护和照顾。

二十、加强对涉农案件的审理，打击和制裁坑农、害农行为，保护农民权益

各级人民法院要通过加强对涉农案件的审理，打击和制裁坑农、害农行为，坚持保护农村集体经济组织利益和保护农民利益的完整统一，保障和稳定党的农村政策，依法促进农业和农村经济的发展。要依法及时审理涉及“乱收费、乱罚款、乱摊派”的行政案件，减轻农民负担。依法审理农村山林、土地承包合同纠纷案件。依法保护土地承包关系，鼓励延长土地承包，制止随意提高土地承包费和收回土地高价发包等行为，保障国家土地政策的连续性。要审理好农副产品买卖合同纠纷案件，从维护合同的法律效力出发，依法制裁随意侵犯农民合法权益的行为。及时审理生产销售假冒伪劣种子、化肥、农药等坑农害农案件，充分保护农民的合法权益。

二十一、规范司法解释制定程序，确保法律正确实施

各级人民法院要及时总结审判经验，提出司法解释立项建议。对于关系人民群众切身利益的司法解释在发布前，应当采取座谈会、听证会等多种形式，听取方方面面的意见。也可以将司法解释草案在人民法院报、中国法院网等全国性新闻媒体、网络上登载，广泛征求各有关单位和人员的意见。在起草司法解释过程中，应当进行深入的调查研究工作，广泛听取各级人民法院及审判人员的意见，特别是中级人民法院和基层人民法院的意见，增强司法解释制定工作的民主性和透明度，提高司法解释的质量。

二十二、全面落实公开审判制度，方便人民群众旁听案件审判

要认真贯彻最高人民法院《关于严格执行公开审判制度的若干规定》的要求，切实落实公开审判制度。人民法院要把树立司法文明形象和提升司法权威结合起来，使人民群众进一步增强对司法工作的信任和支持。

人民法院公开审判的案件，应当在开庭三日前公告当事人姓名、案由和开庭的时间、地点，群众可凭身份证领取旁听证旁听案件审理。要依照相关规定规范旁听

证的发放条件和发放办法。严肃法庭纪律,保持审判人员的良好形象,体现司法文明和司法权威。判决必须公开宣告,继续完善公开宣判和判决公开的形式。加强人民法院的审判法庭建设,改善工作条件,尽最大可能方便人民群众旁听审判。

二十三、加强法官职业行为约束,规范法官和律师在诉讼活动中的关系,确保司法公正

加强对法官和律师在诉讼活动中的职业行为约束,可以有效防止和消除当事人及社会公众对司法公正产生或者可能产生的猜疑。法官应当严格依法办案,自觉抵制案件当事人及其委托的律师利用各种社会关系、以各种方式对案件的审理施加不正当的影响,严格依法办案。法官不得在非工作时间、非工作场所私下会见案件一方当事人及其律师。法官不得违反规定为案件当事人推荐、介绍律师作为其代理人、辩护人,不得为律师介绍代理、辩护等法律服务业务。对于法官有妨碍司法公正行为的,有关人民法院应当视其情节,按照有关法律、法规或规定给予处罚;构成犯罪的,依法追究刑事责任。

最高人民法院关于审理城市信用社清理整顿期间相关民事案件有关问题的通知

(2002 年 11 月 18 日　法〔2002〕252 号)

各省、自治区、直辖市高级人民法院,新疆维吾尔自治区高级人民法院生产建设兵团分院:

为维护国家金融秩序,配合国家清理整顿城市信用社的工作,依法保护当事人合法权益,现就人民法院审理城市信用社清理整顿期间相关民事案件的有关问题通知如下:

一、依照国务院《金融机构撤销条例》的规定,城市信用社被撤销后,对以其为被告而起诉的民事案件,人民法院不予受理,并应当告知当事人依照《金融机构撤

销条例》的规定申报债权；已经受理的，中止审理，待清算组成立后，人民法院可以以清算组为诉讼当事人恢复审理。

以被撤销的城市信用社为被执行人的执行案件，尚未执行的，不予执行；已经开始执行的，终止执行。

二、当事人对被撤销的城市信用社的清算行为不服向人民法院提起民事诉讼，或者清算组提起民事诉讼的，人民法院应当依法受理。

三、对以停业整顿的城市信用社为被告起诉的民事案件，人民法院暂不受理；已经受理的，中止审理；对以停业整顿的城市信用社为被执行人的执行案件，人民法院暂不执行；正在执行的，中止执行。

最高人民法院对《关于贯彻执行最高人民法院“十二条”司法解释有关问题的函》的答复

（2002 年 1 月 7 日　法函〔2002〕3 号）

信达、华融、长城、东方资产管理公司：

你们于 2001 年 10 月 15 日发出的“信总报〔2001〕64 号”关于贯彻执行最高人民法院“十二条”司法解释有关问题的函收悉。经研究，现就函中所提出问题答复如下：

依据我院《关于审理涉及金融资产管理公司收购、管理、处置国有银行不良贷款形成的资产的案件适用法律若干问题的规定》（以下简称《规定》）第十条规定，为了最大限度地保全国有资产，金融资产管理公司在全国或省级有影响的报纸上发布的有催收内容的债权转让公告或通知所构成的诉讼时效中断，可以溯及至金融资产管理公司受让原债权银行债权之日；金融资产管理公司对已承接的债权，可以在上述报纸上以发布催收公告的方式取得诉讼时效中断（主张权利）的证据。关于涉及资产管理公司清收不良资产的诉讼案件，其“管辖问题”应按《规定》执行。

最高人民法院司法部关于民事法律援助工作若干问题的联合通知

（1999年4月12日　司发通〔1999〕32号）

各省、自治区、直辖市高级人民法院、司法厅（局），解放军军事法院：

为切实贯彻“公民在法律面前一律平等”的宪法原则，保障公民获得平等的法律帮助，根据有关法律援助的法律法规和《人民法院诉讼收费办法》的规定，现就民事法律援助工作的有关问题通知如下：

一、公民在赡养费、扶养费、抚育费、劳动报酬、工伤等方面提起民事诉讼，符合下列条件的，可到有管辖权的人民法院所在地的法律援助机构申请法律援助：

1. 有充分理由证明为保障自己合法权益需要法律帮助；

2. 本人及其家庭经济状况符合当地政府部门规定的公民经济困难标准。

请求发给抚恤金和请求国家赔偿的案件参照前款规定办理。

二、法律援助机构对公民提出的法律援助申请进行审查。对于符合法律援助条件的，作出同意提供法律援助的决定。

法律援助机构作出上述决定后，受援人可以据此向有管辖权的人民法院提出缓、减、免交诉讼费的书面申请，并附符合法律援助条件的有效证明材料。

三、人民法院对于法律援助机构决定减、免费提供法律援助民事诉讼代理人，经审查认为符合法律援助条件，应当先行对受援人作出缓收案件受理费及其他诉讼费的决定，待案件审结后再根据案件的具体情况决定诉讼费的支付。

经人民法院调解达成协议的案件，诉讼费由诉讼双方协商解决；协商不成的，由人民法院根据诉讼双方具体情况作出决定。

由人民法院判决结案的案件，败诉方为非受援方当事人，诉讼费应当由败诉方承担；败诉方为受援方当事人，由其交纳诉讼费确有困难的，人民法院应当减、免收诉讼费；双方都有责任的由双方分担诉讼费，受援方当事人交纳诉讼费确有困难的，人民法院应当减、免收其应承担的部分。

四、人民法院对于法律援助机构决定减、免费提供法律援助民事诉讼代理，经审查认为不符合法律援助条件的，应当作出不同意缓、减、免收诉讼费的决定，书面函告法律援助机构，并附简要理由。

对于人民法院决定不予缓、减、免收诉讼费的案件，法律援助机构可撤销该案申请人的受援资格，不予提供减、免收代理费的法律援助。

五、人民法院应当根据民事诉讼法及其他相关法律法规的规定，对民事法律援助案件及时立案、及时审结、及时执行，对承办案件的法律援助人员应予支持配合，在工作上尽量提供方便，以维护受援人的合法权益。

六、法律援助人员办理民事法律援助案件应当向人民法院提交由法律援助机构统一印制的公函和文书。在法律援助案件代理中，要尽职尽责，必要时可请求人民法院依法调查收集证据。

七、法律援助人员办理法律援助案件所需差旅费、文印费、交通通讯费、调查取证费等办案必要开支，受援方列入诉讼请求的，人民法院可根据具体情况判由非受援的败诉方承担。

法律援助人员办案费用的计算办法为：差旅费按法律援助机构所在地财政部门规定的公务人员差旅费标准计算，文印费、交通通讯费等开支一般不超过500元；鉴定费、调查取证费和证人出庭费由人民法院根据国家的有关规定和实际情况决定。

最高人民法院关于如何处理经乡（镇）人民政府调处的民间纠纷的通知

（1993年9月3日　法发〔1993〕21号）

全国地方各级人民法院：

近年来，各地普遍反映，一些地方的民间纠纷，是经乡（镇）司法助理员调解后达成协议，或者调解不成，而由乡（镇）人民政府作出调处决定的，所制作的调解书或决定书，由司法助理员署名并加盖乡（镇）人民政府印章。如果当事人不服上述调处决定，向人民法院起诉，人民法院应如何处理，希望最高人民法院予以明确。为了解决这些问题，依法、正确、及时地处理好民间纠纷，根据有关法律、法规的规定，结合审判工作实践，现特作如下通知：

一、民间纠纷未经司法助理员调解或者乡（镇）人民政府调处，当事人直接向人民法院起诉的，人民法院应当依法受理，不得以未经调处为由拒绝受理。

二、民间纠纷经司法助理员调解，当事人未达成协议或者达成协议后又反悔，如果一方直接向人民法院起诉，或者先请求乡（镇）人民政府处理但不服调处决定而就原争议标的向人民法院起诉的，人民法院应当依法受理，以原纠纷的双方为案件当事人。

三、人民法院对经司法助理员和乡（镇）人民政府调处的民间纠纷，经审理后应当依法作出判决、裁定或者制作调解书。法律文书的内容不应涉及是否维持、变更或者撤销原调处意见，但如果原来所作处理有违背法律、法规的情况，应当依法予以纠正。

四、民间纠纷经司法助理员调解达成的协议或者经乡（镇）人民政府所作的调处决定，当事人向人民法院申请强制执行的，人民法院不予执行。

2 管 辖

（一）司法解释

最高人民法院关于当事人达不成拆迁补偿安置协议就补偿安置争议提起民事诉讼人民法院应否受理问题的批复

（2005 年 8 月 11 日　法释〔2005〕9 号）

浙江省高级人民法院：

你院浙高法〔2004〕175 号《关于双方未达成拆迁补偿安置协议当事人就补偿安置争议向法院起诉，法院能否以民事案件受理的请示》收悉。经研究，答复如下：

拆迁人与被拆迁人或者拆迁人、被拆迁人与房屋承租人达不成拆迁补偿安置协议，就补偿安置争议向人民法院提起民事诉讼的，人民法院不予受理，并告知当事人可以按照《城市房屋拆迁管理条例》第十六条的规定向有关部门申请裁决。

最高人民法院关于新疆生产建设兵团人民法院案件管辖权问题的若干规定

（2005年6月6日　法释〔2005〕4号）

根据《全国人民代表大会常务委员会关于新疆维吾尔自治区生产建设兵团设置人民法院和人民检察院的决定》第三条的规定，对新疆生产建设兵团各级人民法院案件管辖权问题规定如下：

第一条　新疆生产建设兵团基层人民法院和中级人民法院分别行使地方基层人民法院和中级人民法院的案件管辖权，管辖兵团范围内的各类案件。

新疆维吾尔自治区高级人民法院生产建设兵团分院管辖原应当由高级人民法院管辖的兵团范围内的第一审案件、上诉案件和其他案件，其判决和裁定是新疆维吾尔自治区高级人民法院的判决和裁定。但兵团各中级人民法院判处死刑（含死缓）的案件的上诉案件以及死刑复核案件由新疆维吾尔自治区高级人民法院管辖。

第二条　兵团人民检察院提起公诉的第一审刑事案件，由兵团人民法院管辖。

兵团人民法院对第一审刑事自诉案件、第二审刑事案件以及再审刑事案件的管辖，适用刑事诉讼法的有关规定。

第三条　兵团人民法院管辖以下民事案件：

（一）垦区范围内发生的案件；

（二）城区内发生的双方当事人均为兵团范围内的公民、法人或者其他组织的案件；

（三）城区内发生的双方当事人一方为兵团范围内的公民、法人或者其他组织，且被告住所地在兵团工作区、生活区或者管理区内的案件。

对符合协议管辖和专属管辖条件的案件，依照民事诉讼法的有关规定确定管辖权。

第四条　以兵团的行政机关作为被告的行政案件由该行政机关所在地的兵团

人民法院管辖,其管辖权限依照行政诉讼法的规定办理。

第五条 兵团人民法院管辖兵团范围内发生的涉外案件。新疆维吾尔自治区高级人民法院生产建设兵团分院根据最高人民法院的有关规定确定管辖涉外案件的兵团法院。

第六条 兵团各级人民法院与新疆维吾尔自治区地方各级人民法院之间因管辖权发生争议的,由争议双方协商解决;协商不成的,报请新疆维吾尔自治区高级人民法院决定管辖。

第七条 新疆维吾尔自治区高级人民法院生产建设兵团分院所管辖第一审案件的上诉法院是最高人民法院。

第八条 对于新疆维吾尔自治区高级人民法院生产建设兵团分院审理再审案件所作出的判决、裁定,新疆维吾尔自治区高级人民法院不再进行再审。

第九条 本规定自发布之日起实施。人民法院关于兵团人民法院案件管辖的其他规定与本规定不一致的,以本规定为准。

最高人民法院关于对与证券交易所监管职能相关的诉讼案件管辖与受理问题的规定

(2005 年 1 月 31 日 法释〔2005〕1 号)

为正确及时地管辖、受理与证券交易所监管职能相关的诉讼案件,特作出以下规定:

一、根据《中华人民共和国民事诉讼法》第三十七条和《中华人民共和国行政诉讼法》第二十二条的有关规定,指定上海证券交易所和深圳证券交易所所在地的中级人民法院分别管辖以上海证券交易所和深圳证券交易所为被告或第三人的与证券交易所监管职能相关的第一审民事和行政案件。

二、与证券交易所监管职能相关的诉讼案件包括:

(一)证券交易所根据《中华人民共和国公司法》、《中华人民共和国证券法》、

《中华人民共和国证券投资基金法》、《证券交易所管理办法》等法律、法规、规章的规定，对证券发行人及其相关人员、证券交易所会员及其相关人员、证券上市和交易活动做出处理决定引发的诉讼；

（二）证券交易所根据国务院证券监督管理机构的依法授权，对证券发行人及其相关人员、证券交易所会员及其相关人员、证券上市和交易活动做出处理决定引发的诉讼；

（三）证券交易所根据其章程、业务规则、业务合同的规定，对证券发行人及其相关人员、证券交易所会员及其相关人员、证券上市和交易活动做出处理决定引发的诉讼；

（四）证券交易所在履行监管职能过程中引发的其他诉讼。

三、投资者对证券交易所履行监管职责过程中对证券发行人及其相关人员、证券交易所会员及其相关人员、证券上市和交易活动做出的不直接涉及投资者利益的行为提起的诉讼，人民法院不予受理。

四、本规定自发布之日起施行。

最高人民法院关于破产清算组在履行职责过程中违约或侵权等民事纠纷案件诉讼管辖问题的批复

（2004年6月17日最高人民法院审判委员会第1317次会议通过
2004年6月21日公布　自2004年6月28日起施行　法释〔2004〕5号）

湖北省高级人民法院：

你院鄂高法〔2003〕383号《关于破产清算组在履行职责过程中违约或侵权等民事纠纷案件诉讼管辖问题的请示》收悉。经研究，答复如下：

企业被宣告破产后，清算组因履行清算职责对他人违约或者侵权引起的民事诉讼，发生在破产程序终结之前的，由受理破产案件的人民法院管辖，在破产程序中一并处理。

最高人民法院关于涉外民商事案件诉讼管辖若干问题的规定

(2001 年 12 月 25 日最高人民法院审判委员会第 1203 次会议通过　自 2002 年 3 月 1 日起施行　法释〔2002〕5 号)

为正确审理涉外民商事案件,依法保护中外当事人的合法权益,根据《中华人民共和国民事诉讼法》第十九条的规定,现将有关涉外民商事案件诉讼管辖的问题规定如下:

第一条　第一审涉外民商事案件由下列人民法院管辖:

(一)国务院批准设立的经济技术开发区人民法院;

(二)省会、自治区首府、直辖市所在地的中级人民法院;

(三)经济特区、计划单列市中级人民法院;

(四)最高人民法院指定的其他中级人民法院;

(五)高级人民法院。

上述中级人民法院的区域管辖范围由所在地的高级人民法院确定。

第二条　对国务院批准设立的经济技术开发区人民法院所作的第一审判决、裁定不服的,其第二审由所在地中级人民法院管辖。

第三条　本规定适用于下列案件:

(一)涉外合同和侵权纠纷案件;

(二)信用证纠纷案件;

(三)申请撤销、承认与强制执行国际仲裁裁决的案件;

(四)审查有关涉外民商事仲裁条款效力的案件;

(五)申请承认和强制执行外国法院民商事判决、裁定的案件。

第四条　发生在与外国接壤的边境省份的边境贸易纠纷案件,涉外房地产案件和涉外知识产权案件,不适用本规定。

第五条　涉及香港、澳门特别行政区和台湾地区当事人的民商事纠纷案件的管辖,参照本规定处理。

第六条　高级人民法院应当对涉外民商事案件的管辖实施监督,凡越权受理涉外民商事案件的,应当通知或者裁定将案件移送有管辖权的人民法院审理。

第七条　本规定于2002年3月1日起施行。本规定施行前已经受理的案件由原受理人民法院继续审理。

本规定发布前的有关司法解释、规定与本规定不一致的,以本规定为准。

最高人民法院关于如何理解《关于适用〈中华人民共和国民事诉讼法〉若干问题的意见》第31条第2款的批复

(1998年4月2日最高人民法院审判委员会第970次会议通过　1998年4月17日公布　自1998年4月25日起施行　法释〔1998〕5号)

山西省高级人民法院:

你院晋高法〔1996〕148号关于对最高人民法院《关于适用〈中华人民共和国民事诉讼法〉若干问题的意见》第31条第2款如何理解的请示收悉。经研究,答复如下:

最高人民法院《关于适用〈中华人民共和国民事诉讼法〉若干问题的意见》第31条第2款的规定是指:在人民法院采取诉前财产保全后,申请人起诉的,应当向有管辖权的人民法院提起。采取诉前财产保全的人民法院对该案有管辖权的,应当依法受理;没有管辖权的,应当及时将采取诉前财产保全的全部材料移送有管辖权的受诉人民法院。

（二）司法性文件

最高人民法院关于调整高级人民法院和中级人民法院管辖第一审民商事案件标准的通知

（2008 年 2 月 3 日　法发〔2008〕10 号）

各省、自治区、直辖市高级人民法院，解放军军事法院，新疆维吾尔自治区高级人民法院生产建设兵团分院：

为贯彻执行修改后的民事诉讼法，进一步加强最高人民法院和高级人民法院的审判监督和指导职能，现就调整高级人民法院和中级人民法院管辖第一审民商事案件标准问题，通知如下：

一、高级人民法院管辖下列第一审民商事案件

北京、上海、广东、江苏、浙江高级人民法院，可管辖诉讼标的额在 2 亿元以上的第一审民商事案件，以及诉讼标的额在 1 亿元以上且当事人一方住所地不在本辖区或者涉外、涉港澳台的第一审民商事案件。

天津、重庆、山东、福建、湖北、湖南、河南、辽宁、吉林、黑龙江、广西、安徽、江西、四川、陕西、河北、山西、海南高级人民法院，可管辖诉讼标的额在 1 亿元以上的第一审民商事案件，以及诉讼标的额在 5000 万元以上且当事人一方住所地不在本辖区或者涉外、涉港澳台的第一审民商事案件。

甘肃、贵州、新疆、内蒙古、云南高级人民法院和新疆生产建设兵团分院，可管辖诉讼标的额在 5000 万元以上的第一审民商事案件，以及诉讼标的额在 2000 万元以上且当事人一方住所地不在本辖区或者涉外、涉港澳台的第一审民商事案件。

青海、宁夏、西藏高级人民法院可管辖诉讼标的额在 2000 万元以上的第一审

民商事案件，以及诉讼标的额在1000万元以上且当事人一方住所地不在本辖区或者涉外、涉港澳台的第一审民商事案件。

二、中级人民法院管辖下列第一审民商事案件

中级人民法院管辖第一审民商事案件标准，由高级人民法院自行确定，但应当符合下列条件：

北京、上海所辖中级人民法院，广东、江苏、浙江辖区内省会城市、计划单列市和经济较为发达的市中级人民法院，可管辖诉讼标的额不低于5000万元的第一审民商事案件，以及诉讼标的额不低于2000万元且当事人一方住所地不在本辖区或者涉外、涉港澳台的第一审民商事案件。其他中级人民法院可管辖诉讼标的额不低于2000万元的第一审民商事案件，以及诉讼标的额不低于800万元且当事人一方住所地不在本辖区或者涉外、涉港澳台的第一审民商事案件。

天津所辖中级人民法院.重庆所辖城区中级人民法院，山东、福建、湖北、湖南、河南、辽宁、吉林、黑龙江、广西、安徽、江西、四川、陕西、河北、山西、海南辖区内省会城市、计划单列市和经济较为发达的市中级人民法院，可管辖诉讼标的额不低于800万元的第一审民商事案件，以及诉讼标的额不低于300万元且当事人一方住所地不在本辖区或者涉外、涉港澳台的第一审民商事案件。其他中级人民法院可管辖诉讼标的额不低于500万元的第一审民商事案件，以及诉讼标的额不低于200万元且当事人一方住所地不在本辖区或者涉外、涉港澳台的第一审民商事案件。

甘肃、贵州、新疆、内蒙古、云南辖区内省会城市中级人民法院，可管辖诉讼标的额不低于300万元的第一审民商事案件，以及诉讼标的额不低于200万元且当事人一方住所地不在本辖区或者涉外、涉港澳台的第一审民商事案件。其他中级人民法院可管辖诉讼标的额不低于200万元的第一审民商事案件，以及诉讼标的额不低于100万元且当事人一方住所地不在本辖区或者涉外、涉港澳台的第一审民商事案件。

青海、宁夏、西藏辖区内中级人民法院，可管辖诉讼标的额不低于100万元的第一审民商事案件，以及诉讼标的额不低于50万元且当事人一方住所地不在本辖区或者涉外、涉港澳台的第一审民商事案件。

三、婚姻、继承、家庭、物业服务、人身损害赔偿、交通事故、劳动争议等案件，以

及群体性纠纷案件。一般由基层人民法院管辖。

四、对重大疑难、新类型和在适用法律上有普遍意义的案件,可以依照民事诉讼法第三十九条的规定,由上级人民法院自行决定由其审理,或者根据下级人民法院报请决定由其审理。

五、实行专门管辖的海事海商案件、集中管辖的涉外民商事案件和知识产权案件,按现行规定执行。

六、军事法院管辖军内第一审民商事案件的标准,参照当地同级地方人民法院标准执行。

七、高级人民法院认为确有必要的,可以制定适当高于本通知的标准。对于辖区内贫困地区的中级人民法院,可以适当降低标准。

八、各高级人民法院关于本辖区的级别管辖标准应当于2008年3月5日前报我院批准。未经批准的,不得作为确定级别管辖的依据。

本通知执行过程中遇到的问题,请及时报告我院。

2008年2月3日

最高人民法院关于严格执行高级人民法院受理第一审民商事纠纷案件级别管辖标准问题的通知

(2002年2月1日　法〔2002〕23号)

各省、自治区、直辖市高级人民法院,新疆维吾尔自治区高级人民法院生产建设兵团分院:

近来,发现少数高级人民法院在受理第一审民商事案件时违反我院法发〔1999〕11号《关于各高级人民法院受理第一审民事、经济纠纷案件级别管辖标准问题的通知》(以下简称《通知》)的规定,所受理的案件争议标的数额大大低于规定标准，以致上诉至我院的案件数量有所上升，影响了办案效率及对下级法院审判工作的监督指导。为此，我院再次重申，各高级人民法院应严格执行上述《通知》，对于没有依照《通知》规定受理案件的做法应立即予以纠正。对于继续不按《通知》规定受理的案件，我院将作发回重审处理。

特此通知。

最高人民法院关于军事法院试行审理军内民事案件问题的复函

（2001 年 6 月 26 日　法函〔2001〕33 号）

中国人民解放军军事法院：

你院〔2001〕军法呈字第 12 号《关于指定军事法院试办审理军内民事案件的请示》收悉。经研究，答复如下：

一、根据《中华人民共和国民事诉讼法》第三十七条第一款规定的精神，军事法院试行审理双方当事人都是现役军人、部队管理的离退休干部、军队在编职工或者军内法人的民事案件。

申请宣告军人失踪、申请宣告军人死亡的案件，申请人向军事法院提出的，军事法院可以受理。

民事案件一方当事人为非军人的，由地方人民法院受理。

二、当事人向军事法院提起民事诉讼实行自愿原则，即原告可以向军事法院起诉，也可以向地方人民法院起诉。

经最高人民法院批准各高级人民法院辖区内各级人民法院受理第一审民事、经济纠纷案件级别管辖标准

（1999 年 8 月 1 日最高人民法院发布）

根据最高人民法院法发〔1999〕11 号通知的要求，以下高级人民法院已根据本地实际情况制定了本辖区各级人民法院分级受理第一审民事、经济纠纷案件级别管辖标准，并报经最高人民法院批准，现予公布如下：

广东省

一、基层法院管辖下列第一审民事、经济纠纷案件：

1. 广州、深圳市所辖基层法院管辖争议标的金额为 600 万元以下（不含本数，下同）的案件，300 万元以下的涉外和涉港、澳、台案件；

2. 珠海、佛山、东莞、中山市所辖的基层法院管辖争议标的金额为 300 万元以下的案件，150 万元以下的涉外和涉港、澳、台案件；

3. 汕头、惠州、江门、湛江、茂名市所辖基层法院管辖争议标的金额为 200 万元以下的案件，150 万元以下的涉外和涉港、澳、台案件；

4. 肇庆、汕尾、阳江、韶关、潮州、揭阳、清远、云浮、梅州、河源市所辖基层法院以及铁路运输基层法院管辖争议标的为 100 万元以下的案件，70 万元以下的涉外和涉港、澳、台案件；

5. 高于上列标准 50% 以内的案件，经中级法院批准，基层法院可以作为第一审案件受理；高于上列所定标准 50% 以上的案件，中级法院不得交由基层法院作第一审案件受理。

二、中级法院管辖下列第一审民事、经济纠纷案件：

1. 争议标的金额在第一条第 1、2、3、4 项规定的最高限额至 1 亿元以下的案件；

2. 争议标的金额依第一条之规定虽属基层法院管辖，但中级法院认为在本辖区有重大影响的案件；

3. 上级法院交办的案件。

三、高级法院管辖下列第一审民事、经济纠纷案件（含涉外的涉港、澳、台纠纷案件）：

1. 争议标的金额为1亿元（含本数）的案件；

2. 争议标的金额虽不满1亿元，但高级法院认为在本辖区有重大影响的案件；

3. 最高法院交办的案件。

四、知识产权案件，除专利纠纷案件按最高法院指定管辖外，其它案件均由中级法院作为第一审案件受理。

江苏省

一、民事案件：

1. 苏州市中级人民法院受理一审案件的诉讼标的额为300万元以上，不满3000万元；

2. 南京市、无锡市中级人民法院受理一审案件的诉讼标的额为150万元以上，不满3000万元；

3. 其他市中级人民法院受理一审案件的诉讼标的额为100万元以上，不满3000万元；

4. 各中级人民法院受理一审涉外、涉港澳台案件的诉讼标的额为100万元以上，不满3000万元；

5. 申请承认外国法院离婚判决的案件；

6. 申请认可台湾地区有关法院民事判决的案件；

7. 劳动争议案件（含省级劳动争议仲裁机构仲裁的）除符合上述规定外，一律由基层人民法院作一审案件受理。

低于上述标准，中级人民法院认为属于在本辖区内有重大影响应当作为一审案件受理的，在受理前必须报请省法院批准。

二、经济纠纷案件：

1. 苏州市中级人民法院受理一审案件的诉讼标的额为200万元以上，不满

5000万元；

2. 南京市中级人民法院受理一审案件的诉讼标的额为160万元以上，不满5000万元；

3. 无锡市中级人民法院受理一审案件的诉讼标的额为100万元以上，不满5000万元；

4. 其他市中级人民法院受理一审案件的诉讼标的额为50万元以上，不满5000万元。

上述数额均含本数。

山东省

一、第一审民事案件级别管辖标准

（一）高级人民法院

1. 受理以财产为内容的争议金额在3000万元以上的国内民事案件；

2. 受理以财产为内容的争议金额在2000万元以上的涉外、涉港澳台民事案件。

（二）中级人民法院

1. 济南、青岛受理以财产为内容的争议金额在150万元以上至3000万元的国内民事案件，争议金额在50万元以上至2000万元的涉外、涉港澳台民事案件；

2. 烟台、威海、潍坊、淄博受理以财产为内容的争议金额在70万元以上至3000万元的国内民事案件，争议金额在50万元以上至2000万元的涉外、涉港澳台民事案件；

3. 德州、聊城、泰安、济宁、枣庄、菏泽、临沂、日照、莱芜、东营、滨州受理以财产为内容的争议金额在50万元以上至3000万元的国内民事案件，争议金额在50万元以上至2000万元的涉外、涉港澳台民事案件。

（三）基层人民法院受理以财产为内容的争议金额分别在其所属中级人民法院管辖争议金额最低限额以下的国内和涉外、涉港澳台民事案件。

（四）经济技术开发区人民法院受理以财产为内容的争议金额在200万元以下的国内民事案件，争议金额在100万元以下的涉外、涉港澳台案件。

二、第一审经济纠纷案件级别管辖标准

(一)高级人民法院

1. 受理争议金额在5000万元以上的国内经济纠纷案件;

2. 受理争议金额在3000万元以上的涉外、涉港澳台经济纠纷案件。

(二)中级人民法院、铁路运输中级法院

1. 济南、青岛受理争议金额在200万元以上至5000万元的国内经济纠纷案件,争议金额在50万元以上至3000万元的涉外、涉港澳台经济纠纷案件;

2. 烟台、威海、潍坊、淄博受理争议金额在100万元以上至5000万元的国内经济纠纷案件,争议金额在50万元以上至3000万元的涉外、涉港澳台经济纠纷案件;

3. 德州、聊城、泰安、济宁、枣庄、菏泽、临沂、日照、莱芜、东营、滨州、铁路受理争议金额在50万元以上至5000万元的国内经济纠纷案件,争议金额在50万元以上至3000万元的涉外、涉港澳台经济纠纷案件。

4. 海事法院受理第一审海事纠纷和海商纠纷案件,不受争议金额限制。

(三)基层人民法院、铁路运输基层法院受理争议金额分别在其所属中级法院管辖争议金额最低限额以下的国内和涉外、涉港澳台经济纠纷案件。

(四)经济技术开发区人民法院受理争议金额在500万元以下的国内和涉外、涉港澳台经济纠纷案件。

三、前述所称的"以上"均包含本数在内。

湖南省

一、基层人民法院受理的以财产为内容的第一审民事案件和第一审经济纠纷案件;

(一)长沙市所属基层人民法院受理争议金额在150万元以下的案件;涉外和涉港、澳、台的案件,争议金额在50万元以下。

(二)岳阳、衡阳、株洲、湘潭、常德、益阳、郴州七市所属基层人民法院受理争议金额在80万元以下的案件;涉外和涉港、澳、台的案件,争议金额在40万元以下。

(三)邵阳、张家界、怀化、娄底、永州、湘西自治州六地、市、州所属基层人民法院受理争议金额在60万元以下的案件;涉外和涉港、澳、台的案件,争议金额在30万元以下。

二、中级人民法院受理的以财产为内容的第一审民事案件和第一审经济纠纷案件：

（一）长沙市中级人民法院受理争议金额在150万元以上至3000万元以下的案件；涉外和涉港、澳、台的案件，争议金额在50万元以上至2000万元以下。

（二）岳阳、衡阳、株洲、湘潭、常德、益阳、郴州七市中级人民法院受理争议金额在80万元以上至3000万元以下的案件；涉外和涉港、澳、台的案件，争议金额在40万元以上至2000万元以下。

（三）邵阳、张家界、怀化、娄底、永州、湘西自治州六地、市、州中级人民法院受理争议金额在60万元以上至3000万元以下的案件。涉外和涉港、澳、台的案件，争议金额在30万元以上至2000万元以下。

三、省高级人民法院受理的以财产为内容的第一审民事案件和第一审经济纠纷案件，争议金额在3000万元以上；涉外和涉港、澳、台案件，争议金额在2000万元以上。

四、前述所称的“以上”包括本数，所称的“以下”不包括本数。

安徽省

一、省高级人民法院受理以财产为内容的第一审民事案件，争议金额为3000万元以上；涉外和涉港、澳、台案件，争议金额在2000万元以上。

合肥市中级人民法院受理以财产为内容的第一审民事案件，争议金额为50万元以上不满3000万元；房地产案件，争议金额为100万元以上不满3000万元；涉外和涉港、澳、台案件，争议金额为50万元以上不满2000万元。

其他各中级人民法院受理以财产为内容的第一审民事案件，争议金额为20万元以上不满3000万元；房地产案件，争议金额为40万元以上不满3000万元；涉外和涉港、澳、台案件，争议金额为20万元以上不满2000万元。

二、省高级人民法院受理第一审经济纠纷案件，争议金额为3000万元以上；涉外和涉港、澳、台案件，争议金额为2000万元以上。

合肥市中级人民法院受理第一审经济纠纷案件，争议金额为100万元以上不满3000万元；涉外和涉港、澳、台案件，争议金额为100万元以上不满2000万元。

其他各中级人民法院受理第一审经济纠纷案件，争议金额为40万元以上不满

3000万元；涉外和涉港、澳、台案件，争议金额为40万元以上不满2000万元。

三、争议金额在中级人民法院管辖争议金额的最低限额以下的第一审民事、经济纠纷案件，由基层人民法院受理。

重庆市

一、市高级人民法院受理第一审以财产为内容的民事、经济纠纷案件的诉讼争议标的金额不得低于3000万元；涉外和涉港、澳、台第一审民事、经济纠纷案件诉讼争议标的金额不得低于2000万元。

二、市第一中级人民法院受理诉讼标的金额在200万元（含本数）至3000万元以下的第一审以财产为内容的民事、经济纠纷案件；受理诉讼标的金额在100万元（含本数）至2000万元以下的第一审涉外和涉港、澳、台民事、经济纠纷案件。

市第二（万州区除外）、三（涪陵区除外）、四中级人民法院受理诉讼标的金额在100万元（含本数）至3000万元以下的第一审以财产为内容的民事、经济纠纷案件；受理涉外和涉港、澳、台诉讼标的金额在100万元（含本数）至2000万元以下的民事、经济纠纷案件。

三、市第一中级人民法院所辖基层人民法院和万州区、涪陵区人民法院受理诉讼标的金额在200万元以下的第一审以财产为内容的民事、经济纠纷案件；受理诉讼争议标的金额在100万元以下的涉外和涉港、澳、台第一审民事、经济纠纷案件。

市第二、三、四中级人民法院所辖其他基层人民法院受理诉讼标的金额在100万元以下的第一审以财产为内容的民事、经济纠纷案件及涉外和涉港、澳、台第一审民事、经济纠纷案件。

山西省

一、太原市中级人民法院，受理以财产为内容的第一审民事案件，争议金额不得低于200万元。

大同、长治、晋城、阳泉、朔州、运城、临汾、晋中、忻州、吕梁等地市中级人民法院受理以财产为内容的第一审民事案件，争议金额不得低于50万元。

以财产为内容的涉外、涉港、澳、台的第一审民事案件，争议金额800万元以下的由中级人民法院受理。

二、太原市中级人民法院，受理第一审经济纠纷案件，争议金额不得低于200万元。

大同、长治、晋城、阳泉、朔州、运城、临汾、晋中、忻州、吕梁等地市中级人民法院，受理第一审经济纠纷案件，争议金额不得低于100万元。

涉外、涉港、澳、台的第一审经济纠纷案件，争议金额在2000万元以下的一律由中级人民法院受理。

三、各中级人民法院不得受理最高人民法院法发〔1999〕11号文件规定应由高级人民法院受理的第一审民事、经济纠纷案件。

青海省

一、第一审民事案件的级别管辖

（一）高级人民法院管辖下列第一审民事案件：

以财产为内容，争议金额1000万元以上的第一审民事案件；争议金额800万元以上的涉外和涉港、澳、台案件；并且每年受理上述案件总数不超过5件。

（二）中级人民法院管辖下列第一审民事案件：

1. 重大涉外、涉港澳台案件：

（1）争议的标的额在人民币20万元以上；

（2）居住在国外、境外的当事人为5人以上；

（3）当事人在国外、境外的居住地涉及的国家或地区为3个以上；

（4）外国驻我国使领馆在作为当事人的本国公民因故不能到庭亦未委托的情况下，直接派代表出庭参加诉讼的案件；

（5）受理时经审查认为可能会适用外国法的。

2. 土地、山岭、林木、草原、荒地、滩涂、水资源等纠纷标的物跨县以上行政区域的案件；

3. 争议标的额为人民币20万元以上，不足1000万元的一般财产案件；

4. 争议标的额为人民币30万元以上，不足1000万元的房地产案件；

5. 省劳动争议仲裁委员会仲裁的有重大影响的劳动争议案件；

6. 副省级以上干部的离婚案件。

二、第一审经济纠纷案件的级别管辖

（一）高级人民法院管辖下列第一审经济纠纷案件：

争议金额1000万元以上的经济纠纷案件；争议金额800万元以上的涉外和涉港、澳、台案件。

（二）中级人民法院管辖下列第一审案件

1. 玉树州、果洛州中级人民法院管辖诉讼标的金额20万元以上，不满1000万元的案件；其他各中级人民法院管辖诉讼标的金额50万元以上，不满1000万元的案件，其中海西州中级人民法院受理格尔木市的案件诉讼标的金额下限为200万元以上；

2. 州、地级市（含本级）以上工商行政管理机关注册登记企业的破产案件；

3. 属于我省管辖的专利纠纷案件由西宁市中级人民法院受理。

甘肃省

一、省高级法院受理争议金额1000万元（含1000万元）以上的第一审民事、经济纠纷案件。涉外和涉港、澳、台的案件争议金额800万元（含800万元）以上。每年受理的民事第一审案件不超过5件。

二、兰州、白银、金昌、铁路中级法院和陇南林区分院受理争议金额50万元（不含50万元）以上的第一审民事、经济纠纷案件。

庆阳、平凉、天水、酒泉、张掖、武威中级法院受理争议金额40万元（不含40万元）以上的第一审民事、经济纠纷案件。

定西、陇南、甘南、临夏中级法院受理争议金额30万元（不含30万元）以上的第一审民事、经济纠纷案件。

嘉峪关市、甘肃矿区法院受理争议金额1000万元（不含1000万元）以下的第一审民事、经济纠纷案件，涉外和涉港、澳、台的案件争议金额800万元（不含800万元）以下（这两个法院没有下属基层法院）。

贵州省

一、省高级人民法院管辖争议金额1000万元以上的第一审民事、经济纠纷案件。

二、贵阳市中级人民法院管辖争议金额150万元以上不满1000万元的第一审民事、经济纠纷案件；遵义市中级人民法院管辖争议金额120万元以上不满1000万元的第一审民事、经济纠纷案件；其他各中级人民法院管辖争议金额100万元以上不满1000万元的第一审民事、经济纠纷案件。

三、贵阳市辖区的基层人民法院管辖争议金额不满150万元的第一审民事、经济纠纷案件；遵义市辖区的基层人民法院管辖争议金额不满120万元的第一审民事、经济纠纷案件；其他各基层人民法院管辖争议金额不满100万元的第一审民事、经济纠纷案件。

内蒙古自治区

一、高级人民法院受理以财产为内容的第一审民事案件，争议金额不得低于1000万元（不含本数），涉外和涉港、澳、台案件，争议金额不得低于800万元（不含本数），并且每年高级人民法院受理上述案件总数不得超过5件。

呼和浩特市、包头市中级人民法院，受理以财产为内容的第一审民事案件，争议金额不得低于100万元（不含本数）；涉外和涉港、澳、台案件，争议金额不得高于800万元（含本数）。

乌兰察布盟、阿拉善盟、锡林郭勒盟中级人民法院，受理以财产为内容的第一审民事案件，争议金额不得低于30万元（不含本数）；涉外和涉港、澳、台案件，争议金额不得高于800万元（含本数）。

其他盟、市中级人民法院，受理以财产为内容的第一审民事案件，争议金额不得低于50万元（不含本数）；涉外和涉港、澳、台案件，争议金额不得高于800万元（含本数）。

二、高级人民法院受理第一审经济纠纷案件，争议金额不得低于1000万元（不含本数）；涉外和涉港、澳、台的案件，争议金额不得低于800万元（不含本数）。

呼和浩特市、包头市中级人民法院，受理第一审经济纠纷案件，争议金额不得低于100万元（不含本数）；涉外和涉港、澳、台案件，争议金额不得高于800万元（含本数）。

乌兰察布盟、阿拉善盟中级人民法院、呼铁运输中级法院受理第一审经济纠纷案件，争议金额不得低于30万元（不含本数）；涉外和涉港、澳、台案件，争议金额不得高于800万元（含本数）。

其他盟、市中级人民法院受理第一审经济纠纷案件，争议金额不得低于50万元（不含本数）；涉外和涉港、澳、台案件，争议金额不得高于800万元（含本数）。

三、各基层人民法院受理以财产为内容的第一审民事案件、第一审经济纠纷案件,争议金额不得高于所属辖区中级人民法院受理同类案件的最低限额。

新疆维吾尔自治区

一、基层人民法院管辖的第一审经济纠纷案件

(一)乌鲁木齐市所属各基层人民法院、石河子市人民法院、奎屯市人民法院管辖诉讼标的金额在 80 万元以下的经济纠纷案件;

(二)除上项外的其他各地、州、市和兵团各农业师、乌鲁木齐铁路运输中级法院所属的各基层法院管辖诉讼标的金额在 50 万元以下的经济纠纷案件。

诉讼标的金额在 30 万元以下的涉外和涉港、澳、台经济纠纷案件,由乌鲁木齐市、克拉玛依市所属各基层法院、各地州所在地的市人民法院以及石河子市、奎屯市人民法院管辖。

二、中级人民法院管辖的第一审经济纠纷案件

(一)按上述两类地区划分,管辖诉讼标的金额分别在 80 万元、50 万元以上至 1000 万元以下的经济纠纷案件;

(二)诉讼标的金额在 30 万元以上至 800 万元以下的涉外和涉港、澳、台经济纠纷案件,由地方各中级人民法院管辖;

(三)最高人民法院法(经)发〔1985〕3 号文件中所列三类专利纠纷案件,由乌鲁木齐市中级人民法院管辖。

三、高级人民法院管辖的第一审经济纠纷案件

(一)诉讼标的金额在 1000 万元以上的经济纠纷案件;

(二)诉讼标的金额在 800 万元以上的涉外和涉港、澳、台案件。

发生于石河子市辖区,依本规定应由地方中级人民法院管辖的涉外和涉港、澳、台案件。

四、高级人民法院伊犁哈萨克自治州分院在本辖区内管辖与高级法院同等诉讼标的的金额的第一审经济纠纷案件和涉外、涉港、澳、台经济纠纷案件,以及发生于奎屯市辖区,依本规定应由中级人民法院管辖的第一审经济纠纷案件。

高级人民法院生产建设兵团分院在授权范围内管辖与高级人民法院同等诉讼标的金额的第一审经济纠纷案件。

高级人民法院伊犁哈萨克自治州分院和生产建设兵团分院管辖的第一审经济纠纷案件,二审法院为新疆维吾尔自治区高级人民法院。

五、第一审民事案件的级别管辖适用以上规定。

六、前述所称的“以上”包括本数,“以下”不包括本数。

宁夏回族自治区

一、自治区高级人民法院受理第一审民事、经济纠纷案件级别管辖标准分别规定为1000万元以上,涉外和涉港、澳、台案件级别管辖标准规定为800万元以上(含本数)。

二、银川、石嘴山、吴忠市中级法院受理第一审民事案件级别管辖标准规定为40万元以上至1000万元以下,受理第一审经济纠纷案件和房地产案件级别管辖标准规定为50万元以上至1000万元以下;固原地区中级法院受理第一审民事案件级别管辖标准规定为10万元以上至1000万元以下,受理第一审经济纠纷案件(含房地产案件)级别管辖标准规定为25万元以上至1000万元以下,各中级法院受理涉外和涉港、澳、台案件级别管辖标准规定为800万元以下。

三、基层法院(固原地区基层除外)受理第一审民事、经济纠纷案件(含房地产案件)级别管辖标准分别规定为40万元以下,50万元以下;固原地区基层法院受理第一审民事、经济纠纷案件(含房地产案件)级别管辖标准分别规定为10万元以下,25万元以下。

西藏自治区

一、高级人民法院受理以财产为内容的第一审民事案件、经济纠纷案件争议金额不得低于1000万元人民币;涉外和涉港、澳、台案件,争议金额不得低于800万元人民币。

二、拉萨市中级人民法院受理以财产为内容的第一审民事案件、经济纠纷案件,在拉萨市城区范围内,争议金额不得低于100万元人民币,在所辖各县范围内争议金额不得低于30万元人民币;其它各地区中级人民法院受理各地区所在地范围内以财产为内容的第一审民事案件、经济纠纷案件,争议金额不得低于50万元人民币,在所辖其它各县范围内争议金额不得低于30万元人民币。

对于涉外和涉港、澳、台的以财产为内容的第一审民事案件、经济纠纷案件争议金额在800万元人民币以下的，均由各中级人民法院受理。

三、拉萨市城关区人民法院受理以财产为内容的民事案件、经济纠纷案件，争议金额不得超过100万元人民币；其它各地区所在地基层人民法院受理的以财产为内容的民事案件、经济纠纷案件，争议金额不得超过50万元人民币；其余各基层人民法院受理的以财产为内容的民事案件、经济纠纷案件，争议金额不得超过30万元人民币。

设有人民法庭的基层人民法院可依据本通知自行规定争议金额的受理限额。

最高人民法院关于当事人就案件级别管辖权向上级法院提出异议上级法院发函通知移送，而下级法院拒不移送，也不作出实体判决应如何处理问题的复函

（1996年10月9日　法函〔1996〕150号）

江西省高级人民法院：

你院赣高法经请〔1996〕1号请示收悉。经研究答复如下：

原则同意你院倾向性意见。你院《关于江西省第一审经济纠纷案件级别管辖规定》已经我院批准，你省各级人民法院都应当认真执行。上级人民法院认为下级人民法院违反级别管辖的规定，应通知有关法院将案件移送有管辖权的法院审理，该法院必须移送。如果受诉法院拒不移送，即使尚未作出实体判决的，上级人民法院也可参照本院法函〔1995〕95号函的精神，依照《中华人民共和国民事诉讼法》第一百四十条第一款第十一项的规定，裁定将案件移送有管辖权的法院审理，同时应对有关人员给予严肃批评；情节严重的，应以违反审判纪律对有关人员作出严肃处理。

最高人民法院关于执行级别管辖规定几个问题的批复

（1996 年 5 月 7 日　法复〔1996〕5 号）

山东省高级人民法院：

你院鲁高法函〔1994〕37 号请示及鲁高法函〔1995〕74 号请示均已收悉。经研究，答复如下：

一、在当事人双方或一方全部没有履行合同义务的情况下，发生纠纷提起诉讼，如当事人在诉讼请求中明确要求全部履行合同的，应以合同总金额加上其他请求额作为诉讼标的金额，并据以确定级别管辖；如当事人在诉讼请求中要求解除合同的，应以其具体的诉讼请求金额来确定诉讼标的金额，并据以确定级别管辖。

二、当事人在诉讼中增加诉讼请求从而加大诉讼标的金额，致使诉讼标的金额超过受诉法院级别管辖权限的，一般不再予以变动。但是当事人故意规避有关级别管辖等规定的除外。

三、按照级别管辖规定应当由上级人民法院管辖的案件，上级人民法院交由下级人民法院审理的，该下级人民法院不得再交其下级人民法院审理。

四、人民法院受理案件后，发现不符合级别管辖规定的，应按我院法函〔1995〕95 号《关于当事人就级别管辖提出异议应如何处理问题的函》的意见办理。

最高人民法院关于当事人在合同中协议选择管辖法院问题的复函

（1995 年 12 月 7 日　法函〔1995〕157 号）

河北省高级人民法院：

你院〔1995〕冀法经二请字 1 号请示收悉。经研究，答复如下：

根据《中华人民共和国民事诉讼法》第二十五条规定，合同的双方当事人可以在书面合同中协议选择被告住所地、合同履行地、合同签订地、原告住所地、标的物所在地人民法院管辖。如果当事人约定选择上述列举的两个以上人民法院管辖的，依据本院《关于适用〈中华人民共和国民事诉讼法〉若干问题的意见》第二十四条的规定，该选择管辖的协议无效；如果当事人约定选择上述列举以外的人民法院管辖的，因其超出法律规定的范围，也应认定该约定无效，不能以此作为确定管辖的依据。

最高人民法院关于第三人能否对管辖权提出异议问题的批复

（1990年7月28日　法〔经〕复〔1990〕9号）

江苏省高级人民法院：

你院苏法（经）〔1989〕第9号《关于第三人能否对管辖权提出异议的请示》收悉。经研究，答复如下：

一、有独立请求权的第三人主动参加他人已开始的诉讼，应视为承认和接受了受诉法院的管辖，因而不发生对管辖权提出异议的问题；如果是受诉法院依职权通知他参加诉讼，则他有权选择是以有独立请求权的第三人的身份参加诉讼，还是以原告身份向其他有管辖权的法院另行起诉。

二、无独立请求权的第三人参加他人已开始的诉讼，是通过支持一方当事人的主张，维护自己的利益。由于他在诉讼中始终辅助一方当事人，并以一方当事人的主张为转移。所以，他无权对受诉法院的管辖权提出异议。

3 诉讼参加人

（一）司法解释

最高人民法院关于完善院长、副院长、庭长、副庭长参加合议庭审理案件制度的若干意见

（2007年3月30日 法发〔2007〕14号）

为了使人民法院的院长、副院长、庭长、副庭长更好地履行审判职责，结合审判工作实际，特制定本意见。

第一条 各级人民法院院长、副院长、庭长、副庭长除参加审判委员会审理案件以外，每年都应当参加合议庭或者担任独任法官审理案件。

第二条 院长、副院长、庭长、副庭长参加合议庭审理下列案件：

（一）疑难、复杂、重大案件；

（二）新类型案件；

（三）在法律适用方面具有普遍意义的案件；

（四）认为应当由自己参加合议庭审理的案件。

第三条 最高人民法院的院长、副院长、庭长、副庭长办理案件的数量标准，由最高人民法院规定。

地方各级人民法院的院、副院长、庭长、副庭长办理案件的数量标准，由本级人民法院根据本地实际情况规定。中级人民法院、基层人民法院规定的办案数量应当报高级人民法院备案。

院长、副院长、庭长、副庭长应当选择一定数量的案件，亲自担任承办人办理。

第四条　院长、副院长、庭长、副庭长办理案件，应当起到示范作用。同时注意总结审判工作经验，规范指导审判工作。

第五条　院长、副院长、庭长、副庭长参加合议庭审理案件，依法担任审判长，与其他合议庭成员享有平等的表决权。

院长、副院长参加合议庭评议时，多数人的意见与院长、副院长的意见不一致的，院长、副院长可以决定将案件提交审判委员会讨论。合议庭成员中的非审判委员会委员应当列席审判委员会。

第六条　院长、副院长、庭长、副庭长办理案件，开庭时间一经确定，不得随意变动。

第七条　院长、副院长、庭长、副庭长参加合议庭审理案件，应当作为履行审判职责的一项重要工作，纳入对其工作的考评和监督范围。

第八条　本意见自印发之日起施行。

最高人民法院关于诉讼代理人查阅民事案件材料的规定

（2002年11月4日最高人民法院审判委员会第1254次会议通过
2002年11月15日发布　自2002年12月7日起施行　法释〔2002〕39号）

为保障代理民事诉讼的律师和其他诉讼代理人依法行使查阅所代理案件有关材料的权利，保证诉讼活动的顺利进行，根据《中华人民共和国民事诉讼法》第六十一条的规定，现对诉讼代理人查阅代理案件有关材料的范围和办法作如下规定：

第一条　代理民事诉讼的律师和其他诉讼代理人有权查阅所代理案件的有关材料。但是，诉讼代理人查阅案件材料不得影响案件的审理。

诉讼代理人为了申请再审的需要，可以查阅已经审理终结的所代理案件有关材料。

第二条 人民法院应当为诉讼代理人阅卷提供便利条件,安排阅卷场所。必要时,该案件的书记员或者法院其他工作人员应当在场。

第三条 诉讼代理人在诉讼过程中需要查阅案件有关材料的,应当提前与该案件的书记员或者审判人员联系;查阅已经审理终结的案件有关材料的,应当与人民法院有关部门工作人员联系。

第四条 诉讼代理人查阅案件有关材料应当出示律师证或者身份证等有效证件。

查阅案件有关材料应当填写查阅案件有关材料阅卷单。

第五条 诉讼代理人在诉讼中查阅案件材料限于案件审判卷和执行卷的正卷,包括起诉书、答辩书、庭审笔录及各种证据材料等。

案件审理终结后,可以查阅案件审判卷的正卷。

第六条 诉讼代理人查阅案件有关材料后,应当及时将查阅的全部案件材料交回书记员或者其他负责保管案卷的工作人员。

书记员或者法院其他工作人员对诉讼代理人交回的案件材料应当当面清查,认为无误后在阅卷单上签注。阅卷单应当附卷。

诉讼代理人不得将查阅的案件材料携出法院指定的阅卷场所。

第七条 诉讼代理人查阅案件材料可以摘抄或者复印。涉及国家秘密的案件材料,依照国家有关规定办理。

复印案件材料应当经案卷保管人员的同意。复印已经审理终结的案件有关材料,诉讼代理人可以要求案卷管理部门在复印材料上盖章确认。

复印案件材料可以收取必要的费用。

第八条 查阅案件材料中涉及国家秘密、商业秘密和个人隐私的,诉讼代理人应当保密。

第九条 诉讼代理人查阅案件材料时不得涂改、损毁、抽取案件材料

人民法院对修改、损毁、抽取案卷材料的诉讼代理人,可以参照民事诉讼法第一百零二条第一款第(一)项的规定处理。

第十条 民事案件的当事人查阅案件有关材料的,参照本规定执行。

第十一条 本规定自公布之日起施行。

最高人民法院司法部关于印发《关于人民陪审员选任、培训、考核工作的实施意见》的通知

（2004年12月31日　法发〔2004〕22号）

各省、自治区、直辖市高级人民法院、司法厅（局），新疆维吾尔自治区高级人民法院生产建设兵团分院、新疆维吾尔自治区生产建设兵团司法局：

现将《最高人民法院、司法部关于人民陪审员选任、培训、考核工作的实施意见》印发给你们，请认真组织学习、贯彻执行。执行中如遇有问题，请及时报告最高人民法院、司法部。

（二）司法性文件

最高人民法院关于对经济确有困难的当事人提供司法救助的规定

（2000 年 7 月 12 日最高人民法院审判委员会第 1124 次会议通过　2005 年4 月 5 日最高人民法院审判委员会第 1347 次会议通过修订　法发〔2005〕6 号）

第一条　为了使经济确有困难的当事人能够依法行使诉讼权利，维护其合法权益，根据《中华人民共和国民事诉讼法》、《中华人民共和国行政诉讼法》和《人民法院诉讼收费办法》，制定本规定。

第二条　本规定所称司法救助，是指人民法院对于当事人为维护自己的合法权益，向人民法院提起民事、行政诉讼，但经济确有困难的，实行诉讼费用的缓交、减交、免交。

第三条　当事人符合本规定第二条并具有下列情形之一的，可以向人民法院申请司法救助：

（一）追索赡养费、扶养费、抚育费、抚恤金的；

（二）孤寡老人、孤儿和农村“五保户”；

（三）没有固定生活来源的残疾人、患有严重疾病的人；

（四）国家规定的优抚、安置对象；

（五）追索社会保险金、劳动报酬和经济补偿金的；

（六）交通事故、医疗事故、工伤事故、产品质量事故或者其他人身伤害事故的受害人，请求赔偿的；

（七）因见义勇为或为保护社会公共利益致使自己合法权益受到损害，本人或者近亲属请求赔偿或经济补偿的；

（八）进城务工人员追索劳动报酬或其他合法权益受到侵害而请求赔偿的；

（九）正在享受城市居民最低生活保障、农村特困户救济或者领取失业保险金，无其他收入的；

（十）因自然灾害等不可抗力造成生活困难，正在接受社会救济，或者家庭生产经营难以为继的；

（十一）起诉行政机关违法要求农民履行义务的；

（十二）正在接受有关部门法律援助的；

（十三）当事人为社会福利机构、敬老院、优抚医院、精神病院、SOS 儿童村、社会救助站、特殊教育机构等社会公共福利单位的；

（十四）其他情形确实需要司法救助的。

第四条 当事人请求人民法院提供司法救助，应在起诉或上诉时提交书面申请和足以证明其确有经济困难的证明材料。其中因生活困难或者追索基本生活费用申请司法救助的，应当提供本人及其家庭经济状况符合当地民政、劳动和社会保障等部门规定的公民经济困难标准的证明。

第五条 人民法院对当事人司法救助的请求，经审查符合本规定第三条所列情形的，立案时应准许当事人缓交诉讼费用。

第六条 人民法院决定对一方当事人司法救助，对方当事人败诉的，诉讼费用由对方当事人交纳；拒不交纳的强制执行。

对方当事人胜诉的，可视申请司法救助当事人的经济状况决定其减交、免交诉讼费用。决定减交诉讼费用的，减交比例不得低于 30%。符合本规定第三条第二项、第九项规定情形的，应免交诉讼费用。

第七条 对当事人请求缓交诉讼费用的，由承办案件的审判人员或合议庭提出意见，报庭长审批；对当事人请求减交、免交诉讼费用的，由承办案件的审判人员或合议庭提出意见，经庭长审核同意后，报院长审批。

第八条 人民法院决定对当事人减交、免交诉讼费用的，应在法律文书中列明。

第九条 当事人骗取司法救助的，人民法院应当责令其补交诉讼费用；拒不补交的，以妨害诉讼行为论处。

第十条 本规定自公布之日起施行。

最高人民法院关于人民陪审员管理办法（试行）

（2005年1月6日 法发〔2005〕1号）

第一章 总 则

第一条 根据《全国人民代表大会常务委员会关于完善人民陪审员制度的决定》（以下简称《决定》）及《最高人民法院、司法部关于人民陪审员选任、培训、考核工作的实施意见》（以下简称《意见》），为做好人民陪审员的管理工作，保障人民陪审员制度的实施，制定本办法。

第二条 各级人民法院应设立人民陪审员工作指导小组，指导人民陪审员的管理工作。

人民陪审员管理工作包括人民陪审员人事管理工作和人民陪审员参加审判活动的日常管理工作。

第三条 人民陪审员人事管理工作由人民法院政工部门负责。

政工部门应设立非常设机构或指定专人负责人民陪审员的人事管理工作。

第四条 人民陪审员参加审判活动的日常管理工作由人民法院根据实际情况确定具体管理部门。

第二章 名额确定

第五条 基层人民法院根据本辖区案件数量及特点、人口数量、地域面积、民族状况等因素，并结合上级人民法院从本院随机抽取人民陪审员的需要，在不低于所在法院现任法官人数的二分之一，不高于所在法院现任法官人数的范围内提出人民陪审员名额的意见，提请同级人民代表大会常务委员会确定。

第六条 人民陪审员的名额意见在报请同级人民代表大会常务委员会确定之前，基层人民法院应当先报上一级人民法院审核，上一级人民法院可以对本辖区内人民陪审员名额进行适当调整。

高级人民法院应当将本辖区内各基层人民法院人民陪审员名额报最高人民法院备案。

第七条人民陪审员的名额可以根据实际情况进行调整。调整应当按照确定人民陪审员名额的程序进行。

第三章 选 任

第八条 选任人民陪审员应当在确定的名额范围内进行。

第九条 基层人民法院应当在人民陪审员选任工作开始前一个月向社会公告所需选任的人民陪审员的名额、选任条件、推荐（申请）期限、程序等相关事项，以便有关单位推荐人选和公民提出申请。

基层人民法院在必要时可动员公民本人提出申请或公民所在单位、户籍所在地或者经常居住地的基层组织推荐人民陪审员人选。

第十条 公民所在单位、户籍所在地或者经常居住地的基层组织需征得公民本人同意后，方可向当地基层人民法院推荐其担任人民陪审员。

公民个人可以向户籍所在地或者经常居住地的基层人民法院直接提出担任人民陪审员的申请。

第十一条 基层人民法院应当要求推荐人民陪审员的有关单位或者提出申请的公民，提供被推荐人或者申请人的有关身份证明材料复印件，填写并提交《人民陪审员人选推荐表》（附表一）或者《人民陪审员人选申请表》（附表二）一式三份。

《人民陪审员人选推荐表》和《人民陪审员人选申请表》应当以最高人民法院规定的样式、内容为准。

第十二条 基层人民法院应当对被推荐和本人申请担任人民陪审员的公民，依照《决定》第四条、第五条、第六条及《意见》第二条的规定进行审查。审查内容主要包含《人民陪审员人选推荐表》或《人民陪审员人选申请表》所填内容的真实性、被推荐人、申请人的任职资格、工作能力、日常表现等。

第十三条　基层人民法院应将审查后初步确定的人民陪审员人选名单及《人民陪审员人选推荐表》或者《人民陪审员人选申请表》送同级人民政府司法行政机关征求意见。

基层人民法院认为有必要对被推荐人、申请人的有关情况进行调查的，应当会同同级人民政府司法行政机关到公民所在单位、户籍所在地或者经常居住地的基层组织进行调查。

第十四条　基层人民法院根据审查结果及本院人民陪审员的名额确定人民陪审员的人选。

确定人民陪审员的人选，应当注意吸收社会不同行业、不同性别、不同年龄、不同民族的人员。

第十五条　公民不得同时在两个以上的基层人民法院担任人民陪审员。

第十六条　基层人民法院应将确定的人民陪审员人选报上一级人民法院审核。上一级人民法院主要审核人民陪审员的任职资格。

第十七条　经审核的人民陪审员人选，由基层人民法院院长提请同级人民代表大会常务委员会任命。

基层人民法院提请同级人民代表大会常务委员会任命人民陪审员，应提交以下材料：提请任命人民陪审员的议案、《人民陪审员人选推荐表》或《人民陪审员人选申请表》等有关材料以及同级人民代表大会常务委员会要求提供的其他材料。

第十八条　基层人民法院应当将任命的人民陪审员名单抄送同级人民政府司法行政机关，并逐级报高级人民法院备案，同时向社会公告。

基层人民法院应当及时将任命决定书面通知人民陪审员本人及其所在单位、户籍所在地或经常居住地的基层组织。

第十九条　基层人民法院应当为人民陪审员颁发《人民陪审员工作证》。

《人民陪审员工作证》由最高人民法院政治部制发统一样式，各地法院自行印制。

第四章　培　　训

第二十条　人民陪审员培训分为岗前培训和任职期间的审判业务专项培训。

初任人民陪审员上岗前应当接受履行职责所必备的审判业务知识和技能培训。包括法官职责和权利、法官职业道德、审判纪律、司法礼仪、法律基础知识和基本诉讼规则等内容。

人民陪审员任职期间应当根据陪审工作的实际需要接受审判业务专项培训。主要以掌握采信证据、认定事实、适用法律的一般规则和学习新法律法规为内容。

第二十一条　最高人民法院教育培训主管部门、国家法官学院负责制定统一的人民陪审员培训大纲和培训教材，提出明确的培训教学要求，定期对人民陪审员培训工作进行督促、检查。必要时，可举办人民陪审员培训示范班和人民陪审员师资培训班。

第二十二条　高级人民法院教育培训主管部门和法官教育培训机构负责本辖区人民陪审员培训规划和相关管理、协调工作，承担本辖区人民陪审员岗前培训工作任务。

第二十三条　有条件的中、基层人民法院教育培训主管部门和法官培训机构可受高级人民法院委托承担人民陪审员岗前培训任务。

中级人民法院负责审定辖区内人民陪审员任职期间的审判业务专项培训教学方案。

第二十四条　基层人民法院应当会同同级人民政府司法行政部门及时提出接受岗前培训的人员名单和培训意见，报上级人民法院教育培训主管部门和法官培训机构。

第二十五条　人民陪审员培训应当根据人民陪审员履行职责的实际需要，结合陪审实务进行，培训的具体内容应视不同培训对象的要求有所侧重。

第二十六条　人民陪审员培训以脱产集中培训与在职自学相结合的方式进行，也可结合实际采取分段培训、累计学时的方式。

培训形式除集中授课外，可采取庭审观摩、专题研讨等多种形式。

岗前培训的面授时间一般不少于24学时，任职期间的审判业务专项培训每年应不少于16学时。

第二十七条　人民法院应当提供人民陪审员参加培训的场所、培训设施和其他必要的培训条件。

第二十八条 人民法院应当为参加岗前培训合格的人民陪审员颁发《合格证书》。

国家法官学院举办的人民陪审员岗前培训的《合格证书》,由最高人民法院教育培训主管部门和国家法官学院验证、发放。

高级人民法院培训机构举办或委托中、基层人民法院培训机构举办的人民陪审员岗前培训的《合格证书》,由高级人民法院教育培训主管部门和教育培训机构验证、发放。

人民陪审员岗前培训《合格证书》,由最高人民法院政治部统一印制。

第五章 考核与表彰

第二十九条 基层人民法院会同同级人民政府司法行政机关对人民陪审员执行职务的情况进行考核。

对人民陪审员的考核实行平时考核和年终考核相结合。

第三十条 对人民陪审员的考核内容包括陪审工作实绩、思想品德、工作态度、审判纪律、审判作风和参加培训情况等方面。

中级人民法院、高级人民法院在其所在城市的基层人民法院人民陪审员名单中随机抽取人民陪审员参与本院审判工作的,应当将人民陪审员在本院执行职务的情况通报其所在的基层人民法院,作为对人民陪审员的考核依据之一。

第三十一条 考核结果作为对人民陪审员进行表彰和奖励的依据。

基层人民法院应及时将考核结果书面通知人民陪审员本人。人民陪审员对考核结果有异议,向基层人民法院申请复议的,基层人民法院应当受理。

第三十二条 对于在审判工作中有显著成绩或者有其他突出事迹的人民陪审员,由基层人民法院会同同级人民政府司法行政机关给予表彰和奖励。

第三十三条 基层人民法院应及时将对人民陪审员的表彰和奖励决定书面通知人民陪审员本人及其所在单位、户籍所在地或经常居住地的基层组织。

第六章 职务免除

第三十四条 人民陪审员有《决定》第十七条规定情形之一的,由基层人民法院会同同级人民政府司法行政机关进行查证。

经查证属实的，由基层人民法院院长提请同级人民代表大会常务委员会免除其人民陪审员的职务。

人民陪审员有《决定》第十七条第（一）、（二）、（三）项所列情形之一的，由所在基层人民法院人民陪审员人事管理部门按照规定进行查证。在查证过程中，发现人民陪审员有《决定》第十七条第（四）项所列情形的，应交由本院纪检、监察部门进行查证。

第三十五条 人民陪审员有《决定》第十七条第（四）项所列行为，尚不构成犯罪的，除依法免除其人民陪审员职务外，必要时基层人民法院可书面建议其所在单位依照有关规定给予处分。

第三十六条 人民陪审员的任期为五年。人民陪审员任期届满后，其职务自动免除。基层人民法院无须再提请同级人民代表大会常务委员会免除其人民陪审员职务。

第三十七条 人民陪审员被免除职务的，基层人民法院应书面通知被免职者本人及其所在单位、户籍所在地或经常居住地的基层组织。

基层人民法院应将免职名单抄送同级人民政府司法行政机关，并逐级报高级人民法院备案，同时向社会公告。

第七章 补助与经费

第三十八条 人民陪审员在执行职务期间应当享受的各项补助，人民法院应当按照规定及时支付。

第三十九条 人民陪审员因参加审判活动、培训而支出的公共交通、就餐等费用，由所在法院，参照当地差旅费支付标准给予补助。

无固定收入的人民陪审员参加审判活动、培训期间，由所在法院，参照当地职工上年度平均货币工资水平，按照实际工作日给予补助。

人民陪审员参加中级人民法院、高级人民法院审判活动的，由随机抽取人民陪审员参加审判活动的中级人民法院、高级人民法院按照前两款规定，给予人民陪审员各项补助。

第四十条　有工作单位的人民陪审员因参加培训、审判活动，被所在单位克扣或者变相克扣工资、奖金及其他福利待遇的，基层人民法院应及时向其所在单位，或所在单位的主管部门，或所在单位的上级部门提出纠正意见。

第四十一条　人民陪审员因参加培训、审判活动应当享受的补助，人民法院为实施人民陪审员制度所必需的开支，人民法院应当纳入当年的业务经费预算并及时向同级人民政府财政部门申报，由同级政府财政给予保障。

各级人民法院对于实施人民陪审员制度的各项经费应当单独列支、单独管理、专款专用，以保障人民陪审员制度的有效实行。

第八章　附　　则

第四十二条　海事、兵团、铁路等法院人民陪审员管理办法另行制定。

第四十三条　本办法由最高人民法院负责解释。

第四十四条　本办法自公布之日起施行。

附：1. 人民陪审员入选推荐表（略）

2. 人民陪审员入选申请表（略）

最高人民法院关于领取营业执照的证券公司营业部是否具有民事诉讼主体资格的复函

（1997年8月22日　法函〔1997〕98号）

上海市高级人民法院：

你院〔1997〕沪高经他字第4号请示收悉。经研究，答复如下：

证券公司营业部是经中国人民银行或其授权的分支机构依据《中华人民共和国银行法》的有关规定批准设立，专营证券交易等业务的机构。其领有《经营金融业务许可证》和《营业执照》，具有一定的运营资金和在核准的经营范围内开展证券交易等业务的行为能力。根据最高人民法院《关于适用〈中华人民共和国民事诉讼法〉若干问题的意见》第40条第(5)项之规定，证券公司营业部可以作为民事诉讼当事人。

最高人民法院关于民事诉讼委托代理人在执行程序中的代理权限问题的批复

（1997年1月23日　法复〔1997〕1号）

陕西省高级人民法院：

你院陕高法〔1996〕78号《关于诉讼委托代理人的代理权限是否包括执行程序的请示》收悉。经研究，答复如下：

根据民事诉讼法的规定，当事人在民事诉讼中有权委托代理人。当事人委托代理人时，应当依法向人民法院提交记明委托事项和代理人具体代理权限的授权委托书。如果当事人在授权委托书中没有写明代理人在执行程序中有代理权及具体的代理事项，代理人在执行程序中没有代理权，不能代理当事人直接领取或者处分标的物。

最高人民法院关于如何确定委托贷款协议纠纷诉讼主体资格的批复

（1996年5月16日　法复〔1996〕6号）

四川省高级人民法院：

你院《关于有委托贷款协议的借款合同如何确定诉讼主体问题的请示》（川高法〔1995〕193号）收悉。经研究，答复如下：

在履行委托贷款协议过程中，由于借款人不按期归还贷款而发生纠纷的，贷款人（受托人）可以借款合同纠纷为由向人民法院提起诉讼；贷款人不起诉的，委托人可以委托贷款协议的受托人为被告、以借款人为第三人向人民法院提起诉讼。

最高人民法院关于市政府经济技术协作委员会能否作为诉讼主体独立承担民事责任问题的复函

（1996 年 1 月 8 日　法函〔1996〕9 号）

吉林省高级人民法院：

你院《关于市政府经济协作委员会能否作为诉讼主体独立承担民事责任问题的请示报告》收悉。

据你院报告，1991 年 7 月 12 日，辽宁省沈阳宏泰食品有限公司（下称宏泰公司）与吉林省白山市经济技术物资协作公司（下称经协公司）签订了一份购销松籽合同，合同规定，由经协公司供给宏泰公司松籽 1000 吨。经协公司的上级主管部门白山市（原浑江市）人民政府经济技术协作委员会（下称经协委）自愿向宏泰公司出具了一份担保书，担保书规定，“我委同意承担如下责任：一、监督公司履行合同条款，兑现合同；二、监督公司按合同规定使用‘宏泰食品有限公司’所拨定金、货款的使用；三、如公司不能兑现合同，发生违约，负责担保退还定金和经济损失。”主合同签订后，宏泰公司为履行合同汇给经协公司定金人民币 50 万元和货款 421 万元，后因松籽质量问题发生纠纷，宏泰公司向经协公司索要货款未果，故诉至法院。但宏泰公司在诉讼中提出担保人经协委不是独立法人，应追加其上级主管部门白山市人民政府作为本案被告并承担连带责任，没有法律根据。

经研究，我们认为，经协委于 1988 年 6 月 1 日正式成立，有独立的经费，依照《中华人民共和国民法通则》第五十条“有独立经费的机关从成立这日起，具有法人资格”的规定，经协委具有机关法人资格，可以作为诉讼主体并承担相应的民事责任。

最高人民法院关于经鉴证的合同发生纠纷可否追加鉴证机关工商行政管理局为诉讼第三人问题的批复

（1987年10月7日颁布实施　民他字〔1987〕第51号）

江西省高级人民法院：

你院〔87〕赣法民字第23号关于高家俊诉徐六林承揽加工合同纠纷案可否追加于都县工商行政管理局为第三人的请示收悉。

据所报材料述称，高家俊的一艘五十二吨木壳机动船，于1985年6月在泰和县永昌码头沉没受损后，高家俊即与于都县罗坳乡农民徐六林签订了承揽改建该船舶的合同，并于同年8月8日，双方到于都县工商行政管理局作了鉴证。双方因履行合同发生纠纷。于都县工商行政管理局在调查处理中发现徐六林既无营业执照，又无技术力量，但仍召集双方修改合同，继续履行合同。高家俊自行掌管现金开支，徐六林组织人员购料开工。由于双方未能按合同履行而引起诉讼。经于都县人民法院判决后，高家俊在上诉中，要求合同鉴证机关于都县工商局承担民事责任。你院对可否追加于都县工商行政管理局为第三人承担民事责任问题，向本院请示。

经研究认为，本案系承揽扩修船舶合同纠纷。由于当事人违反合同规定而造成的经济损失，应按照合同规定，由有过错的当事人承担。于都县工商行政管理局不是该合同当事人，不宜追加为本案的第三人。

4 证　　据

（一）司法解释

最高人民法院关于适用《关于民事诉讼证据的若干规定》中有关举证时限规定的通知

（2008 年 12 月 11 日　法发〔2008〕42 号）

全国地方各级人民法院、各级军事法院、各铁路运输中级法院和基层法院、各海事法院，新疆生产建设兵团各级法院：

《最高人民法院关于民事诉讼证据的若干规定》（以下简称《证据规定》）自 2002 年 4 月 1 日施行以来，对于指导和规范人民法院的审判活动，提高诉讼当事人的证据意识，促进民事审判活动公正有序地开展，起到了积极的作用。但随着新情况、新问题的出现，一些地方对《证据规定》中的个别条款，特别是有关举证时限的规定理解不统一。为切实保障当事人诉讼权利的充分行使，保障人民法院公正高效行使审判权，现将适用《证据规定》中举证时限规定等有关问题通知如下：

一、关于第三十三条第三款规定的举证期限问题。《证据规定》第三十三条第三款规定的举证期限是指在适用一审普通程序审理民事案件时，人民法院指定当事人提供证据证明其主张的基础事实的期限，该期限不得少于三十日。但是人民法院在征得双方当事人同意后，指定的举证期限可以少于三十日。前述规定的举证期限届满后，针对某一特定事实或特定证据或者基于特定原因，人民法院可以根据案件的具体情况,酌情指定当事人提供证据或者反证的期限,该期限不受“不得少于三十日”的限制。

二、关于适用简易程序审理案件的举证期限问题。适用简易程序审理的案件,人民法院指定的举证期限不受《证据规定》第三十三条第三款规定的限制,可以少于三十日。简易程序转为普通程序审理,人民法院指定的举证期限少于三十日的,人民法院应当为当事人补足不少于三十日的举证期限。但在征得当事人同意后,人民法院指定的举证期限可以少于三十日。

三、关于当事人提出管辖权异议后的举证期限问题。当事人在一审答辩期内提出管辖权异议的,人民法院应当在驳回当事人管辖权异议的裁定生效后,依照《证据规定》第三十三条第三款的规定,重新指定不少于三十日的举证期限。但在征得当事人同意后,人民法院可以指定少于三十日的举证期限。

四、关于对人民法院依职权调查收集的证据提出相反证据的举证期限问题。人民法院依照《证据规定》第十五条调查收集的证据在庭审中出示后,当事人要求提供相反证据的,人民法院可以酌情确定相应的举证期限。

五、关于增加当事人时的举证期限问题。人民法院在追加当事人或者有独立请求权的第三人参加诉讼的情况下,应当依照《证据规定》第三十三条第三款的规定,为新参加诉讼的当事人指定举证期限。该举证期限适用于其他当事人。

六、关于当事人申请延长举证期限的问题。当事人申请延长举证期限经人民法院准许的,为平等保护双方当事人的诉讼权利,延长的举证期限适用于其他当事人。

七、关于增加、变更诉讼请求以及提出反诉时的举证期限问题。当事人在一审举证期限内增加、变更诉讼请求或者提出反诉,或者人民法院依照《证据规定》第三十五条的规定告知当事人可以变更诉讼请求后,当事人变更诉讼请求的,人民法院应当根据案件的具体情况重新指定举证期限。当事人对举证期限有约定的,依照《证据规定》第三十三条第二款的规定处理。

八、关于二审新的证据举证期限的问题。在第二审人民法院审理中,当事人申请提供新的证据的,人民法院指定的举证期限,不受“不得少于三十日”的限制。

九、关于发回重审案件举证期限问题。发回重审的案件,第一审人民法院在重新审理时，可以结合案件的具体情况和发回重审的原因等情况，酌情确定举证期限。如果案件是因违反法定程序被发回重审的，人民法院在征求当事人的意见后，可以不再指定举证期限或者酌情指定举证期限。但案件因遗漏当事人被发回重审的，按照本通知第五条处理。如果案件是因认定事实不清、证据不足发回重审的，人民法院可以要求当事人协商确定举证期限，或者酌情指定举证期限。上述举证期限不受"不得少于三十日"的限制。

十、关于新的证据的认定问题。人民法院对于"新的证据"，应当依照《证据规定》第四十一条、第四十二条、第四十三条、第四十四条的规定，结合以下因素综合认定：

（一）证据是否在举证期限或者《证据规定》第四十一条、第四十四条规定的其他期限内已经客观存在；

（二）当事人未在举证期限或者司法解释规定的其他期限内提供证据，是否存在故意或者重大过失的情形。

最高人民法院关于人民法院对外委托司法鉴定管理规定

（2002年2月22日最高人民法院审判委员会第1214次会议通过 2002年3月27日公布 自2002年4月1日起施行 法释〔2002〕8号）

第一条 为规范人民法院对外委托和组织司法鉴定工作，根据《人民法院司法鉴定工作暂行规定》，制定本办法。

第二条 人民法院司法鉴定机构负责统一对外委托和组织司法鉴定。未设司法鉴定机构的人民法院，可在司法行政管理部门配备专职司法鉴定人员，并由司法行政管理部门代行对外委托司法鉴定的职责。

第三条 人民法院司法鉴定机构建立社会鉴定机构和鉴定人（以下简称鉴定人）名册，根据鉴定对象对专业技术的要求，随机选择和委托鉴定人进行司法鉴定。

第四条 自愿接受人民法院委托从事司法鉴定,申请进入人民法院司法鉴定人名册的社会鉴定、检测、评估机构,应当向人民法院司法鉴定机构提交申请书和以下材料:

(一)企业或社团法人营业执照副本;

(二)专业资质证书;

(三)专业技术人员名单、执业资格和主要业绩;

(四)年检文书;

(五)其他必要的文件、资料。

第五条 以个人名义自愿接受人民法院委托从事司法鉴定,申请进入人民法院司法鉴定人名册的专业技术人员,应当向人民法院司法鉴定机构提交申请书和以下材料:

(一)单位介绍信;

(二)专业资格证书;

(三)主要业绩证明;

(四)其他必要的文件、资料等。

第六条 人民法院司法鉴定机构应当对提出申请的鉴定人进行全面审查,择优确定对外委托和组织司法鉴定的鉴定人候选名单。

第七条 申请进入地方人民法院鉴定人名册的单位和个人,其入册资格由有关人民法院司法鉴定机构审核,报上一级人民法院司法鉴定机构批准,并报最高人民法院司法鉴定机构备案。

第八条 经批准列入人民法院司法鉴定人名册的鉴定人,在《人民法院报》予以公告。

第九条 已列入名册的鉴定人应当接受有关人民法院司法鉴定机构的年度审核,并提交以下材料:

(一)年度业务工作报告书;

(二)专业技术人员变更情况;

(三)仪器设备更新情况;

(四)其他变更情况和要求提交的材料。

年度审核有变更事项的,有关司法鉴定机构应当逐级报最高人民法院司法鉴定机构备案。

第十条 人民法院司法鉴定机构依据尊重当事人选择和人民法院指定相结合的原则,组织诉讼双方当事人进行司法鉴定的对外委托。

诉讼双方当事人协商不一致的,由人民法院司法鉴定机构在列入名册的、符合鉴定要求的鉴定人中,选择受委托人鉴定。

第十一条 司法鉴定所涉及的专业未纳入名册时,人民法院司法鉴定机构可以从社会相关专业中,择优选定受委托单位或专业人员进行鉴定。如果被选定的单位或专业人员需要进入鉴定人名册的,仍应当呈报上一级人民法院司法鉴定机构批准。

第十二条 遇有鉴定人应当回避等情形时,有关人民法院司法鉴定机构应当重新选择鉴定人。

第十三条 人民法院司法鉴定机构对外委托鉴定的,应当指派专人负责协调,主动了解鉴定的有关情况,及时处理可能影响鉴定的问题。

第十四条 接受委托的鉴定人认为需要补充鉴定材料时,如果由申请鉴定的当事人提供确有困难的,可以向有关人民法院司法鉴定机构提出请求,由人民法院决定依据职权采集鉴定材料。

第十五条 鉴定人应当依法履行出庭接受质询的义务。人民法院司法鉴定机构应当协调鉴定人做好出庭工作。

第十六条 列入名册的鉴定人有不履行义务,违反司法鉴定有关规定的,由有关人民法院视情节取消入册资格,并在《人民法院报》公告。

最高人民法院关于民事诉讼证据的若干规定

（2001年12月6日最高人民法院审判委员会第1201次会议通过
2001年12月21日公布　自2002年4月1日起施行　法释〔2001〕33号）

为保证人民法院正确认定案件事实，公正、及时审理民事案件，保障和便利当事人依法行使诉讼权利，根据《中华人民共和国民事诉讼法》（以下简称《民事诉讼法》）等有关法律的规定，结合民事审判经验和实际情况，制定本规定。

一、当事人举证

第一条　原告向人民法院起诉或者被告提出反诉，应当附有符合起诉条件的相应的证据材料。

第二条　当事人对自己提出的诉讼请求所依据的事实或者反驳对方诉讼请求所依据的事实有责任提供证据加以证明。

没有证据或者证据不足以证明当事人的事实主张的，由负有举证责任的当事人承担不利后果。

第三条　人民法院应当向当事人说明举证的要求及法律后果，促使当事人在合理期限内积极、全面、正确、诚实地完成举证。

当事人因客观原因不能自行收集的证据，可申请人民法院调查收集。

第四条　下列侵权诉讼，按照以下规定承担举证责任：

（一）因新产品制造方法发明专利引起的专利侵权诉讼，由制造同样产品的单位或者个人对其产品制造方法不同于专利方法承担举证责任；

（二）高度危险作业致人损害的侵权诉讼，由加害人就受害人故意造成损害的事实承担举证责任；

（三）因环境污染引起的损害赔偿诉讼，由加害人就法律规定的免责事由及其行为与损害结果之间不存在因果关系承担举证责任；

（四）建筑物或者其他设施以及建筑物上的搁置物、悬挂物发生倒塌、脱落、坠落致人损害的侵权诉讼，由所有人或者管理人对其无过错承担举证责任；

（五）饲养动物致人损害的侵权诉讼，由动物饲养人或者管理人就受害人有过错或者第三人有过错承担举证责任；

（六）因缺陷产品致人损害的侵权诉讼，由产品的生产者就法律规定的免责事由承担举证责任；

（七）因共同危险行为致人损害的侵权诉讼，由实施危险行为的人就其行为与损害结果之间不存在因果关系承担举证责任；

（八）因医疗行为引起的侵权诉讼，由医疗机构就医疗行为与损害结果之间不存在因果关系及不存在医疗过错承担举证责任。

有关法律对侵权诉讼的举证责任有特殊规定的，从其规定。

第五条 在合同纠纷案件中，主张合同关系成立并生效的一方当事人对合同订立和生效的事实承担举证责任；主张合同关系变更、解除、终止、撤销的一方当事人对引起合同关系变动的事实承担举证责任。

对合同是否履行发生争议的，由负有履行义务的当事人承担举证责任。

对代理权发生争议的，由主张有代理权一方当事人承担举证责任。

第六条 在劳动争议纠纷案件中，因用人单位作出开除、除名、辞退、解除劳动合同、减少劳动报酬、计算劳动者工作年限等决定而发生劳动争议的，由用人单位负举证责任。

第七条 在法律没有具体规定，依本规定及其他司法解释无法确定举证责任承担时，人民法院可以根据公平原则和诚实信用原则，综合当事人举证能力等因素确定举证责任的承担。

第八条 诉讼过程中，一方当事人对另一方当事人陈述的案件事实明确表示承认的，另一方当事人无需举证。但涉及身份关系的案件除外。

对一方当事人陈述的事实，另一方当事人既未表示承认也未否认，经审判人员充分说明并询问后，其仍不明确表示肯定或者否定的，视为对该项事实的承认。

当事人委托代理人参加诉讼的，代理人的承认视为当事人的承认。但未经特别授权的代理人对事实的承认直接导致承认对方诉讼请求的除外；当事人在场但对其代理人的承认不作否认表示的，视为当事人的承认。

当事人在法庭辩论终结前撤回承认并经对方当事人同意，或者有充分证据证明其承认行为是在受胁迫或者重大误解情况下作出且与事实不符的，不能免除对方当事人的举证责任。

第九条 下列事实，当事人无需举证证明：

（一）众所周知的事实；

（二）自然规律及定理；

（三）根据法律规定或者已知事实和日常生活经验法则，能推定出的另一事实；

（四）已为人民法院发生法律效力的裁判所确认的事实；

（五）已为仲裁机构的生效裁决所确认的事实；

（六）已为有效公证文书所证明的事实。

前款（一）、（三）、（四）、（五）、（六）项，当事人有相反证据足以推翻的除外。

第十条 当事人向人民法院提供证据，应当提供原件或者原物。如需自己保存证据原件、原物或者提供原件、原物确有困难的，可以提供经人民法院核对无异的复制件或者复制品。

第十一条 当事人向人民法院提供的证据系在中华人民共和国领域外形成的，该证据应当经所在国公证机关予以证明，并经中华人民共和国驻该国使领馆予以认证，或者履行中华人民共和国与该所在国订立的有关条约中规定的证明手续。

当事人向人民法院提供的证据是在香港、澳门、台湾地区形成的，应当履行相关的证明手续。

第十二条 当事人向人民法院提供外文书证或者外文说明资料，应当附有中文译本。

第十三条 对双方当事人无争议但涉及国家利益、社会公共利益或者他人合法权益的事实，人民法院可以责令当事人提供有关证据。

第十四条 当事人应当对其提交的证据材料逐一分类编号，对证据材料的来源、证明对象和内容作简要说明，签名盖章，注明提交日期，并依照对方当事人人数提出副本。

人民法院收到当事人提交的证据材料，应当出具收据，注明证据的名称、份数和页数以及收到的时间，由经办人员签名或者盖章。

二、人民法院调查收集证据

第十五条 《民事诉讼法》第六十四条规定的“人民法院认为审理案件需要的证据”，是指以下情形：

（一）涉及可能有损国家利益、社会公共利益或者他人合法权益的事实；

（二）涉及依职权追加当事人、中止诉讼、终结诉讼、回避等与实体争议无关的程序事项。

第十六条 除本规定第十五条规定的情形外，人民法院调查收集证据，应当依当事人的申请进行。

第十七条 符合下列条件之一的，当事人及其诉讼代理人可以申请人民法院调查收集证据：

（一）申请调查收集的证据属于国家有关部门保存并须人民法院依职权调取的档案材料；

（二）涉及国家秘密、商业秘密、个人隐私的材料；

（三）当事人及其诉讼代理人确因客观原因不能自行收集的其他材料。

第十八条 当事人及其诉讼代理人申请人民法院调查收集证据，应当提交书面申请。申请书应当载明被调查人的姓名或者单位名称、住所地等基本情况、所要调查收集的证据的内容、需要由人民法院调查收集证据的原因及其要证明的事实。

第十九条 当事人及其诉讼代理人申请人民法院调查收集证据，不得迟于举证期限届满前七日。

人民法院对当事人及其诉讼代理人的申请不予准许的，应当向当事人或其诉讼代理人送达通知书。当事人及其诉讼代理人可以在收到通知书的次日起三日内向受理申请的人民法院书面申请复议一次。人民法院应当在收到复议申请之日起五日内作出答复。

第二十条 调查人员调查收集的书证，可以是原件，也可以是经核对无误的副本或者复制件。是副本或者复制件的，应当在调查笔录中说明来源和取证情况。

第二十一条 调查人员调查收集的物证应当是原物。被调查人提供原物确有困难的,可以提供复制品或者照片。提供复制品或者照片的,应当在调查笔录中说明取证情况。

第二十二条　调查人员调查收集计算机数据或者录音、录像等视听资料的,应当要求被调查人提供有关资料的原始载体。提供原始载体确有困难的,可以提供复制件。提供复制件的,调查人员应当在调查笔录中说明其来源和制作经过。

第二十三条　当事人依据《民事诉讼法》第七十四条的规定向人民法院申请保全证据,不得迟于举证期限届满前七日。

当事人申请保全证据的,人民法院可以要求其提供相应的担保。

法律、司法解释规定诉前保全证据的,依照其规定办理。

第二十四条　人民法院进行证据保全,可以根据具体情况,采取查封、扣押、拍照、录音、录像、复制、鉴定、勘验、制作笔录等方法。

人民法院进行证据保全,可以要求当事人或者诉讼代理人到场。

第二十五条　当事人申请鉴定,应当在举证期限内提出。符合本规定第二十七条规定的情形,当事人申请重新鉴定的除外。

对需要鉴定的事项负有举证责任的当事人,在人民法院指定的期限内无正当理由不提出鉴定申请或者不预交鉴定费用或者拒不提供相关材料,致使对案件争议的事实无法通过鉴定结论予以认定的,应当对该事实承担举证不能的法律后果。

第二十六条　当事人申请鉴定经人民法院同意后,由双方当事人协商确定有鉴定资格的鉴定机构、鉴定人员,协商不成的,由人民法院指定。

第二十七条　当事人对人民法院委托的鉴定部门作出的鉴定结论有异议申请重新鉴定,提出证据证明存在下列情形之一的,人民法院应予准许:

(一)鉴定机构或者鉴定人员不具备相关的鉴定资格的;

(二)鉴定程序严重违法的;

(三)鉴定结论明显依据不足的;

(四)经过质证认定不能作为证据使用的其他情形。

对有缺陷的鉴定结论,可以通过补充鉴定、重新质证或者补充质证等方法解决的,不予重新鉴定。

第二十八条　一方当事人自行委托有关部门作出的鉴定结论,另一方当事人有证据足以反驳并申请重新鉴定的,人民法院应予准许。

第二十九条 审判人员对鉴定人出具的鉴定书,应当审查是否具有下列内容:

(一)委托人姓名或者名称、委托鉴定的内容;

(二)委托鉴定的材料;

(三)鉴定的依据及使用的科学技术手段;

(四)对鉴定过程的说明;

(五)明确的鉴定结论;

(六)对鉴定人鉴定资格的说明;

(七)鉴定人员及鉴定机构签名盖章。

第三十条 人民法院勘验物证或者现场,应当制作笔录,记录勘验的时间、地点、勘验人、在场人、勘验的经过、结果,由勘验人、在场人签名或者盖章。对于绘制的现场图应当注明绘制的时间、方位、测绘人姓名、身份等内容。

第三十一条 摘录有关单位制作的与案件事实相关的文件、材料,应当注明出处,并加盖制作单位或者保管单位的印章,摘录人和其他调查人员应当在摘录件上签名或者盖章。

摘录文件、材料应当保持内容相应的完整性,不得断章取义。

三、举证时限与证据交换

第三十二条 被告应当在答辩期届满前提出书面答辩,阐明其对原告诉讼请求及所依据的事实和理由的意见。

第三十三条 人民法院应当在送达案件受理通知书和应诉通知书的同时向当事人送达举证通知书。举证通知书应当载明举证责任的分配原则与要求、可以向人民法院申请调查取证的情形、人民法院根据案件情况指定的举证期限以及逾期提供证据的法律后果。

举证期限可以由当事人协商一致,并经人民法院认可。

由人民法院指定举证期限的,指定的期限不得少于三十日,自当事人收到案件受理通知书和应诉通知书的次日起计算。

第三十四条 当事人应当在举证期限内向人民法院提交证据材料,当事人在举证期限内不提交的，视为放弃举证权利。

对于当事人逾期提交的证据材料，人民法院审理时不组织质证。但对方当事人同意质证的除外。

当事人增加、变更诉讼请求或者提起反诉的，应当在举证期限届满前提出。

第三十五条　诉讼过程中，当事人主张的法律关系的性质或者民事行为的效力与人民法院根据案件事实作出的认定不一致的，不受本规定第三十四条规定的限制，人民法院应当告知当事人可以变更诉讼请求。

当事人变更诉讼请求的，人民法院应当重新指定举证期限。

第三十六条　当事人在举证期限内提交证据材料确有困难的，应当在举证期限内向人民法院申请延期举证，经人民法院准许，可以适当延长举证期限。当事人在延长的举证期限内提交证据材料仍有困难的，可以再次提出延期申请，是否准许由人民法院决定。

第三十七条　经当事人申请，人民法院可以组织当事人在开庭审理前交换证据。

人民法院对于证据较多或者复杂疑难的案件，应当组织当事人在答辩期届满后、开庭审理前交换证据。

第三十八条　交换证据的时间可以由当事人协商一致并经人民法院认可，也可以由人民法院指定。

人民法院组织当事人交换证据的，交换证据之日举证期限届满。当事人申请延期举证经人民法院准许的，证据交换日相应顺延。

第三十九条　证据交换应当在审判人员的主持下进行。

在证据交换的过程中，审判人员对当事人无异议的事实、证据应当记录在卷；对有异议的证据，按照需要证明的事实分类记录在卷，并记载异议的理由。通过证据交换，确定双方当事人争议的主要问题。

第四十条　当事人收到对方交换的证据后提出反驳并提出新证据的，人民法院应当通知当事人在指定的时间进行交换。

证据交换一般不超过两次。但重大、疑难和案情特别复杂的案件，人民法院认为确有必要再次进行证据交换的除外。

第四十一条 《民事诉讼法》第一百二十五条第一款规定的“新的证据”，是指以下情形：

（一）一审程序中的新的证据包括：当事人在一审举证期限届满后新发现的证据；当事人确因客观原因无法在举证期限内提供，经人民法院准许，在延长的期限内仍无法提供的证据；

（二）二审程序中的新的证据包括：一审庭审结束后新发现的证据；当事人在一审举证期限届满前申请人民法院调查取证未获准许，二审法院经审查认为应当准许并依当事人申请调取的证据。

第四十二条 当事人在一审程序中提供新的证据的，应当在一审开庭前或者开庭审理时提出。

当事人在二审程序中提供新的证据的，应当在二审开庭前或者开庭审理时提出；二审不需要开庭审理的，应当在人民法院指定的期限内提出。

第四十三条 当事人举证期限届满后提供的证据不是新的证据的，人民法院不予采纳。

当事人经人民法院准许延期举证，但因客观原因未能在准许的期限内提供，且不审理该证据可能导致裁判明显不公的，其提供的证据可视为新的证据。

第四十四条 《民事诉讼法》第一百七十九条第一款第（一）项规定的“新的证据”，是指原审庭审结束后新发现的证据。

当事人在再审程序中提供新的证据的，应当在申请再审时提出。

第四十五条 一方当事人提出新的证据的，人民法院应当通知对方当事人在合理期限内提出意见或者举证。

第四十六条 由于当事人的原因未能在指定期限内举证，致使案件在二审或者再审期间因提出新的证据被人民法院发回重审或者改判的，原审裁判不属于错误裁判案件。一方当事人请求提出新的证据的另一方当事人负担由此增加的差旅、误工、证人出庭作证、诉讼等合理费用以及由此扩大的直接损失，人民法院应予支持。

四、质证

第四十七条 证据应当在法庭上出示，由当事人质证。未经质证的证据，不能作为认定案件事实的依据。

当事人在证据交换过程中认可并记录在卷的证据，经审判人员在庭审中说明后，可以作为认定案件事实的依据。

第四十八条　涉及国家秘密、商业秘密和个人隐私或者法律规定的其他应当保密的证据，不得在开庭时公开质证。

第四十九条　对书证、物证、视听资料进行质证时，当事人有权要求出示证据的原件或者原物。但有下列情况之一的除外：

（一）出示原件或者原物确有困难并经人民法院准许出示复制件或者复制品的；

（二）原件或者原物已不存在，但有证据证明复制件、复制品与原件或原物一致的。

第五十条　质证时，当事人应当围绕证据的真实性、关联性、合法性，针对证据证明力有无以及证明力大小，进行质疑、说明与辩驳。

第五十一条　质证按下列顺序进行：

（一）原告出示证据，被告、第三人与原告进行质证；

（二）被告出示证据，原告、第三人与被告进行质证；

（三）第三人出示证据，原告、被告与第三人进行质证。

人民法院依照当事人申请调查收集的证据，作为提出申请的一方当事人提供的证据。

人民法院依照职权调查收集的证据应当在庭审时出示，听取当事人意见，并可就调查收集该证据的情况予以说明。

第五十二条　案件有两个以上独立的诉讼请求的，当事人可以逐个出示证据进行质证。

第五十三条　不能正确表达意志的人，不能作为证人。

待证事实与其年龄、智力状况或者精神健康状况相适应的无民事行为能力人和限制民事行为能力人，可以作为证人。

第五十四条　当事人申请证人出庭作证，应当在举证期限届满十日前提出，并经人民法院许可。

人民法院对当事人的申请予以准许的，应当在开庭审理前通知证人出庭作证，并告知其应当如实作证及作伪证的法律后果。

证人因出庭作证而支出的合理费用，由提供证人的一方当事人先行支付，由败诉一方当事人承担。

第五十五条　证人应当出庭作证，接受当事人的质询。

证人在人民法院组织双方当事人交换证据时出席陈述证言的，可视为出庭作证。

第五十六条　《民事诉讼法》第七十条规定的“证人确有困难不能出庭”，是指有下列情形：

（一）年迈体弱或者行动不便无法出庭的；

（二）特殊岗位确实无法离开的；

（三）路途特别遥远，交通不便难以出庭的；

（四）因自然灾害等不可抗力的原因无法出庭的；

（五）其他无法出庭的特殊情况。

前款情形，经人民法院许可，证人可以提交书面证言或者视听资料或者通过双向视听传输技术手段作证。

第五十七条　出庭作证的证人应当客观陈述其亲身感知的事实。证人为聋哑人的，可以其他表达方式作证。

证人作证时，不得使用猜测、推断或者评论性的语言。

第五十八条　审判人员和当事人可以对证人进行询问。证人不得旁听法庭审理；询问证人时，其他证人不得在场。人民法院认为有必要的，可以让证人进行对质。

第五十九条　鉴定人应当出庭接受当事人质询。

鉴定人确因特殊原因无法出庭的，经人民法院准许，可以书面答复当事人的质询。

第六十条　经法庭许可，当事人可以向证人、鉴定人、勘验人发问。

询问证人、鉴定人、勘验人不得使用威胁、侮辱及不适当引导证人的言语和方式。

第六十一条　当事人可以向人民法院申请由一至二名具有专门知识的人员出庭就案件的专门性问题进行说明。人民法院准许其申请的，有关费用由提出申请的当事人负担。

审判人员和当事人可以对出庭的具有专门知识的人员进行询问。

经人民法院准许，可以由当事人各自申请的具有专门知识的人员就有关案件中的问题进行对质。

具有专门知识的人员可以对鉴定人进行询问。

第六十二条　法庭应当将当事人的质证情况记入笔录，并由当事人核对后签名或者盖章。

五、证据的审核认定

第六十三条　人民法院应当以证据能够证明的案件事实为依据依法作出裁判。

第六十四条　审判人员应当依照法定程序，全面、客观地审核证据，依据法律的规定，遵循法官职业道德，运用逻辑推理和日常生活经验，对证据有无证明力和证明力大小独立进行判断，并公开判断的理由和结果。

第六十五条　审判人员对单一证据可以从下列方面进行审核认定：

（一）证据是否原件、原物，复印件、复制品与原件、原物是否相符；

（二）证据与本案事实是否相关；

（三）证据的形式、来源是否符合法律规定；

（四）证据的内容是否真实；

（五）证人或者提供证据的人，与当事人有无利害关系。

第六十六条　审判人员对案件的全部证据，应当从各证据与案件事实的关联程度、各证据之间的联系等方面进行综合审查判断。

第六十七条　在诉讼中，当事人为达成调解协议或者和解的目的作出妥协所涉及的对案件事实的认可，不得在其后的诉讼中作为对其不利的证据。

第六十八条　以侵害他人合法权益或者违反法律禁止性规定的方法取得的证据，不能作为认定案件事实的依据。

第六十九条 下列证据不能单独作为认定案件事实的依据:

(一)未成年人所作的与其年龄和智力状况不相当的证言;

(二)与一方当事人或者其代理人有利害关系的证人出具的证言;

(三)存有疑点的视听资料;

(四)无法与原件、原物核对的复印件、复制品;

(五)无正当理由未出庭作证的证人证言。

第七十条 一方当事人提出的下列证据,对方当事人提出异议但没有足以反驳的相反证据的,人民法院应当确认其证明力:

(一)书证原件或者与书证原件核对无误的复印件、照片、副本、节录本;

(二)物证原物或者与物证原物核对无误的复制件、照片、录像资料等;

(三)有其他证据佐证并以合法手段取得的、无疑点的视听资料或者与视听资料核对无误的复制件;

(四)一方当事人申请人民法院依照法定程序制作的对物证或者现场的勘验笔录。

第七十一条 人民法院委托鉴定部门作出的鉴定结论,当事人没有足以反驳的相反证据和理由的,可以认定其证明力。

第七十二条 一方当事人提出的证据,另一方当事人认可或者提出的相反证据不足以反驳的,人民法院可以确认其证明力。

一方当事人提出的证据,另一方当事人有异议并提出反驳证据,对方当事人对反驳证据认可的,可以确认反驳证据的证明力。

第七十三条 双方当事人对同一事实分别举出相反的证据,但都没有足够的依据否定对方证据的,人民法院应当结合案件情况,判断一方提供证据的证明力是否明显大于另一方提供证据的证明力,并对证明力较大的证据予以确认。

因证据的证明力无法判断导致争议事实难以认定的,人民法院应当依据举证责任分配的规则作出裁判。

第七十四条 诉讼过程中,当事人在起诉状、答辩状、陈述及其委托代理人的代理词中承认的对己方不利的事实和认可的证据,人民法院应当予以确认,但当事人反悔并有相反证据足以推翻的除外。

第七十五条　有证据证明一方当事人持有证据无正当理由拒不提供，如果对方当事人主张该证据的内容不利于证据持有人，可以推定该主张成立。

第七十六条　当事人对自己的主张，只有本人陈述而不能提出其他相关证据的，其主张不予支持。但对方当事人认可的除外。

第七十七条　人民法院就数个证据对同一事实的证明力，可以依照下列原则认定：

（一）国家机关、社会团体依职权制作的公文书证的证明力一般大于其他书证；

（二）物证、档案、鉴定结论、勘验笔录或者经过公证、登记的书证，其证明力一般大于其他书证、视听资料和证人证言；

（三）原始证据的证明力一般大于传来证据；

（四）直接证据的证明力一般大于间接证据；

（五）证人提供的对与其有亲属或者其他密切关系的当事人有利的证言，其证明力一般小于其他证人证言。

第七十八条　人民法院认定证人证言，可以通过对证人的智力状况、品德、知识、经验、法律意识和专业技能等的综合分析作出判断。

第七十九条　人民法院应当在裁判文书中阐明证据是否采纳的理由。

对当事人无争议的证据，是否采纳的理由可以不在裁判文书中表述。

六、其他

第八十条　对证人、鉴定人、勘验人的合法权益依法予以保护。

当事人或者其他诉讼参与人伪造、毁灭证据，提供假证据，阻止证人作证，指使、贿买、胁迫他人作伪证，或者对证人、鉴定人、勘验人打击报复的，依照《民事诉讼法》第一百零二条的规定处理。

第八十一条　人民法院适用简易程序审理案件，不受本解释中第三十二条、第三十三条第三款和第七十九条规定的限制。

第八十二条　本院过去的司法解释，与本规定不一致的，以本规定为准。

第八十三条　本规定自 2002 年 4 月 1 日起施行。2002 年 4 月 1 日尚未审结的一审、二审和再审民事案件不适用本规定。

本规定施行前已经审理终结的民事案件，当事人以违反本规定为由申请再审的，人民法院不予支持。

本规定施行后受理的再审民事案件，人民法院依据《民事诉讼法》第一百八十四条的规定进行审理的，适用本规定。

（二）司法性文件

最高人民法院印发《〈关于民事诉讼证据的若干规定〉文书样式（试行）》的通知

（2003 年 1 月 9 日　法发〔2003〕2 号）

各省、自治区、直辖市高级人民法院，解放军军事法院，新疆维吾尔自治区高级人民法院生产建设兵团分院：

为推动最高人民法院《关于民事诉讼证据的若干规定》的贯彻施行，进一步规范人民法院的审判活动，最高人民法院审判委员会于 2002 年 11 月 25 日第 1258 次会议讨论通过《〈关于民事诉讼证据的若干规定〉文书样式（试行）》。现印发给你们，请认真贯彻执行。执行中如存在问题，望及时报告我院。

附：

《最高人民法院关于民事诉讼证据的若干规定》文书样式（试行）

目　　录

5. 准许/不予准许变更举证期限申请通知书
6. 因公告送达变更举证期限通知书
7. 因追加当事人或第三人参加诉讼变更举证期限通知书
8. 二审指定举证期限通知书
9. 重新指定举证期限通知书
10. 人民法院依当事人申请组织证据交换通知书
11. 人民法院依职权组织交换证据通知书
12. 不予准许交换证据申请通知书
13. 准许当事人调查收集证据申请通知书
14. 不予准许当事人调查收集证据申请决定书
15. 复议决定书(驳回当事人申请法院调查收集证据的复议申请)
16. 复议决定书(撤销原决定)
17. 证据保全担保通知书
18. 证据保全裁定书
19. 驳回证据保全申请通知书
20. 准许重新鉴定申请通知书
21. 不予准许重新鉴定申请通知书
22. 准许证人出庭作证申请通知书
23. 不予准许证人出庭作证申请通知书
24. 人民法院依当事人申请通知证人出庭作证通知书
25. 人民法院依职权通知证人出庭作证通知书
26. 人民法院准许具有专门知识人员出庭协助质证的申请通知书
27. 人民法院不予准许具有专门知识的人员出庭申请通知书
28. 具有专门知识的人员出庭通知书
29. 对新的证据提出意见或举证通知书
30. 程序转换通知书
31. 证据收据

×人民法院应诉通知书(　　)×字第号

×：

本院已受理×(原告或者上诉人的姓名或名称)诉你方×(案由)纠纷一案,现发送×诉状副本一份,并将有关事项通知如下：

一、当事人在诉讼过程中,有权行使《中华人民共和国民事诉讼法》第五十条、第五十一条、第五十二条等规定的诉讼权利,同时必须遵守诉讼秩序,履行诉讼义务。

二、你方应当在收到×诉状之日起十五日(涉外案件为三十日)内向本院提交答辩状一式×份。

三、法人或者其他组织参加诉讼的,应当提交法人或者其他组织资格证明以及法定代表人身份证明书或者负责人身份证明书。自然人参加诉讼的,应当提交身份证明。

四、需要委托代理人代为诉讼的,应当提交由委托人签名或者盖章的授权委托书,授权委托书应当依照《中华人民共和国民事诉讼法》第五十九条的规定载明委托事项和权限。

年　　月　　日

(院印)

格式之一的说明

本通知书送达被告或者被上诉人。

×人民法院举证通知书(　　)×字第号

×：

根据《中华人民共和国民事诉讼法》和最高人民法院《关于民事诉讼证据的若干规定》,现将有关举证事项通知如下：

一、当事人应当对自己提出的诉讼请求所依据的事实或者反驳对方诉讼请求所依据的事实承担举证责任。当事人没有证据或者提出的证据不足以证明其事实主张的,由负有举证责任的当事人承担不利后果。

二、向人民法院提供证据,应当提供原件或者原物,或经人民法院核对无异的复制件或者复制品。并应对提交的证据材料逐一分类编号,对证据材料的来源、证明对象和内容作简要说明,依照对方当事人人数提出副本。

三、申请鉴定,增加、变更诉讼请求或者提出反诉,应当在举证期限届满前提出。

四、你方申请证人作证,应当在举证期限届满的十日适用简易程序的,当事人申请的时间可以不受十日的限制。前向本院提出申请。

五、申请证据保全,应当在举证期限届满的七日适用简易程序的,当事人申请的时间可以不受七日的限制。前提出,本院可根据情况要求你方提供相应的担保。

六、你方在收到本通知书后,可以与对方当事人协商确定举证期限后,向本院申请认可。

你方与对方当事人未能协商一致,或者未申请本院认可,或本院不予认可的,你方应当于年月日前向本院提交证据。

七、你方在举证期限内提交证据材料确有困难的,可以依照最高人民法院《关于民事诉讼证据的若干规定》第三十六条的规定,向本院申请延期举证。

八、你方在举证期限届满后提交的证据不符合最高人民法院《关于民事诉讼证据的若干规定》第四十一条、第四十三条第二款、第四十四条规定的“新的证据”的规定的,视为你方放弃举证权利。但对方当事人同意质证的除外。

九、符合最高人民法院《关于民事诉讼证据的若干规定》第十七条规定的条件之一的,你方可以在举证期限届满的七日前书面申请本院调查收集证据。

附:

1. 存在最高人民法院《关于民事诉讼证据的若干规定》(以下简称《证据规定》)第四条或者第五条、第六条规定的情形的,审判人员可以针对不同案件情况填写。

2. 如当事人可能提供域外形成的证据的，审判人员应当根据《证据规定》第十一条、第十二条的规定，填写相关内容。

3. ……（审判人员认为有必要的，可以根据案件的具体情况，指定当事人提供与本案有关的证据）

年月×日

（院印）

样式之二的说明

本通知书适用于一审诉讼程序。

人民法院指定举证期限时，应当指定举证期限后满的时间。后收到通知书的一方当事人举证期限不足 30 日的，自其收到通知书起第 31 日为举证期限后满的时间。

×人民法院通知书（准许延长举证期限申请）（　）×字第号

×：

你方与（对方当事人的姓名或者名称及案由）纠纷一案，×（申请人的姓名或者名称）于年月日以……（申请延长举证期限的理由），在举证期限内提交证据确有困难为由，向本院申请延期举证。

经审查，×（申请人的姓名或者名称）的申请符合最高人民法院《关于民事诉讼证据的若干规定》第三十六条的规定，本院予以准许。延长本案举证期限至年月日。

年　　月　　日

（院印）

样式之三的说明

①本通知书适用于《证据规定》第三十六条的情形。

②延长举证期限系延长双方当事人的举证期限，而非仅针对一方当事人。本通知书应当送达双方当事人。

×人民法院通知书（不予准许延长举证期限申请）（　）×字第号

×：

你方与（对方当事人的姓名或者名称及案由）纠纷一案，×（申请人的姓名或者名称）于年月日以……（申请延长举证期限的理由），在举证期限内提交证据确有困难为由，向本院申请延期举证。

经审查，×（申请人的姓名或者名称）申请延长举证期限的理由不成立，根据最高人民法院《关于民事诉讼证据的若干规定》第三十六条的规定，本院不予准许。

年　　月　　日

（院印）

样式之四的说明

①本通知书适用于《证据规定》第三十六条的情形。

②本通知书送达申请人。本通知书的内容，人民法院可以口头方式告知申请人，并记入笔录，由当事人或代理人签名。

×人民法院通知书(准许/不予准许当事人变更举证期限申请)(　　)×字第号

×:

你方与(对方当事人的姓名或者名称及案由)纠纷一案,本院于年月日向你方发出举证通知书,指定你方于年月日前向本院提交证据。现你方与×(对方当事人的姓名或者名称)协商确定双方于年月日前完成举证,并向本院申请认可。

经审查,本院予以准许(或"不予准许")。

年　　月　　日

(院印)

样式之五的说明

准许的通知书应当送达双方当事人。不予准许的通知书,人民法院可以口头方式告知申请人,并记入笔录,由当事人或代理人签名。

×人民法院通知书(因公告送达变更举证期限)(　　)×字第号

×:

你方与(对方当事人的姓名或者名称及案由)纠纷一案,因……(根据案件涉及的"受送达人下落不明,或者以其他方式无法送达"的具体情况填写),本院现以公告方式向其送达有关诉讼文书。本案举证期限届满之日变更至年月日。逾期提供证据的,视为放弃举证权利。

年　　月　　日

（院印）

样式之六的说明

①变更后的举证期限后满日应自公告期后满之日起不少于30日。

②本通知书送达公告送达的受送达人之外的当事人。

×人民法院通知书（因追加当事人或有独立请求权第三人参加诉讼变更举证期限）（　）×字第号

×：

你方与（对方当事人的姓名或者名称及案由）纠纷一案，因……（根据案件涉及的“追加当事人”或者“作为有独立请求权第三人参加诉讼”具体情况填写，并应当写明追加的当事人的名称及诉讼地位），本院决定本案举证期限届满之日变更至年月日。逾期提供证据的，视为放弃举证权利。

年　　月　　日

（院印）

样式之七的说明

本通知书送达被追加人之外的各方当事人。

×人民法院通知书（二审指定举证期限）（　）×字第号

×：

本院已受理你方与（对方当事人的姓名或者名称及案由）纠纷上诉一案。依照最高人民法院《关于民事诉讼证据的若干规定》,你方如有新的证据,可以与对方当事人协商确定举证期限后,向本院申请认可;未能协商一致,或者未申请本院认可,或者本院不予认可的,你方应当在年月日前提交有关证据。逾期提交证据的,视为放弃举证权利。

年　　月　　日

（院印）

样式之八的说明

①本通知书适用于二审指定单证期限的情形。

②人民法院指定的二审举证期限,不受《证据规定》第三十三条第三款"不得少于30日"的限制,人民法院可以根据案件情况指定。

③本通知书送达双方当事人。

×人民法院通知书(重新指定举证期限)(　)×字第号

×:

你方与(对方当事人的姓名或者名称及案由)纠纷一案,×(提出变更诉讼请求或反诉的当事人的姓名或者名称)已在举证期限届满前……(可根据当事人变更诉讼请求或者提出反诉的具体情况填写。适用《证据规定》第三十五条情形的,应当表述为"×经本院告知已变更诉讼请求")。

你方应当于年月日前向本院提交证据。逾期不提交的,视为放弃举证权利。

年　　月　　日

（院印）

样式之九的说明

①本通知书适用于《证据规定》第三十四条第三款和第三十五条的情形。

②本通知书送达双方当事人。

×人民法院通知书(人民法院依当事人申请组织证据交换)(　)×字第号

×：

你方与(对方当事人的姓名或者名称及案由)纠纷一案,经×(申请人姓名或者名称)申请,本院根据最高人民法院《关于民事诉讼证据的若干规定》第三十七条的规定,决定组织当事人于年月日时分交换证据,你方应准时到×(证据交换的地点)参加。证据交换之日举证期限届满,逾期提供证据的,视为放弃举证权利。

年　　月　　日

(院印)

样式之十的说明

①本通知书适用于《证据规定》第三十七条第一款的情形。

②本通知书送达双方当事人。

×人民法院通知书(人民法院依职权组织证据交换)(　)×字第号

×：

你方与(对方当事人的姓名或者名称及案由)纠纷一案,由于……(由审判人员根据案件证据较多或复杂疑难的具体情况填写),本院根据最高人民法院《关于民事诉讼证据的若干规定》第三十七条(再次组织证据交换的,应当依据《证据规定》第四十条)的规定,决定组织当事人于年月日时分交换证据,你方应准时到(证据交换的地点）参加。证据交换之日举证期限届满，逾期提供证据的，视为放弃举证权利。

年　月　日

（院印）

样式之十一的说明

①本通知书适用于《证据规定》第三十七条第二款和第四十条的情形。

②本通知书送达双方当事人。

×人民法院通知书（不予准许证据交换申请）（　）×字第号

×：

你方因与（对方当事人的姓名或者名称及案由）纠纷一案，于年月日向本院申请庭前交换证据。

经审查，本院认为，……（写明不予准许的理由）。对你方的申请，本院决定不予准许。

年　月　日

（院印）

样式之十二的说明

①本通知书适用于《证据规定》第三十七条第一款的情形。

②本通知书送达申请人。本通知书内容，审判人员可口头告知当事人，并记入笔录，由当事人或者代理人签字。

×人民法院通知书(准许当事人申请法院调查收集证据)(　)×字第号

×:

你方与(对方当事人的姓名或者名称及案由)纠纷一案,×(申请人的姓名或者名称)于年月日向本院申请调查收集……(当事人申请调查收集的证据的名称)。

经审查,你方的申请符合最高人民法院《关于民事诉讼证据的若干规定》的有关规定,本院予以准许。

年　　月　　日

(院印)

样式之十三的说明

①本通知书送达申请方。

②本通知书的内容,人民法院可以口头告知当事人,并记入笔录,由申请人签字或者盖章。

×人民法院决定书(不予准许当事人申请法院调查收集证据)(　)×字第号

×:

你方因与(对方当事人的姓名或者名称及案由)纠纷一案,于年月日向本院申请调查收集……(当事人申请调查收集的证据名称)。

经审查,本院认为,……(人民法院不予准许当事人调查收集证据申请的理由)。你方的申请不符合最高人民法院《关于民事诉讼证据的若干规定》第十七条

(可根据情况以第十八条或者第十九条为依据)的规定,本院决定不予准许。

如不服本决定,可以在收到本决定书的次日起三日内向本院书面申请复议一次。

年 月 日

(院印)

样式之十四的说明

本决定书送达申请人。

×人民法院复议决定书(驳回不予准许调查收集证据申请的复议)( )×字第号

×:

你方不服本院( )×字第号不予准许调查收集证据申请的决定,于年月日向本院申请复议。提出:……(当事人申请复议的请求和理由)。

经审查,本院认为,……(人民法院作出复议决定的理由)。依照最高人民法院《关于民事诉讼证据的若干规定》第十九条的规定,决定如下:

驳回申请,维持原决定。

年 月 日

(院印)

样式之十五的说明

本决定书送达申请人。

×人民法院复议决定书(撤销原决定)(　　)×字第号

×：

×不服本院(　　)×字第号不予准许调查收集证据申请的决定，于年月日向本院申请复议。提出：……(申请复议的请求和理由)。

经审查，本院认为，……(人民法院作出复议决定的理由)。依照最高人民法院《关于民事诉讼证据的若干规定》第十九条的规定，决定如下：

一、撤销本院年月日(　　)×字第号决定；

二、准许×(申请人民法院调查收集证据的当事人的姓名或者名称)于年月日向本院提出的调查收集……(当事人向人民法院申请调查收集的证据的名称)的申请。

年　　月　　日

(院印)

样式之十六的说明

本决定书送达申请人。

×人民法院通知书(证据保全担保)(　　)×字第号

×：

你方因与(对方当事人的姓名或者名称及案由)纠纷一案，于年月日向本院提出关于……(当事人申请保全的证据名称)证据保全的申请。根据最高人民法院

《关于民事诉讼证据的若干规定》第二十三条第二款的规定,你方应当在收到本通知之日起日内提供……(具体的担保方式。采取何种担保形式,人民法院可根据案件的具体情况指定)作为担保。逾期不提供担保的,视为放弃申请。

年　　月　　日

(院印)

样式之十七的说明

本通知书送达申请人。

×人民法院民事裁定书(证据保全用)(　　)×字第号

申请人……(姓名或名称、住所地等基本情况)

被申请人……(姓名或名称、住所地等基本情况)

本院在审理×与×(当事人姓名或者名称及案由)纠纷一案中,×(申请人姓名或者名称)于年月日向本院提出证据保全申请,请求……(当事人申请对何证据采取何种保全方法,当事人提供担保的,也应当写明)。

本院经审查认为,……(人民法院作出证据保全裁定的理由)。依照《中华人民共和国民事诉讼法》第七十四条、最高人民法院《关于民事诉讼证据的若干规定》第二十四条第一款的规定,裁定如下:……(保全的证据名称、数量等情况及保全方法)。

审判长

审判员(或独任审判员)

审判员

本件与原本核对无异

年　　月　　日

(院印)

书记员

样式之十八的说明

本裁定书应当送达申请人以及所涉及的各方当事人或相关的第三人。

×人民法院通知书(驳回证据保全申请)(　　)×字第号

×：

你方因与×(对方当事人姓名或名称及案由)纠纷一案中,于年月日向本院提出证据保全申请,请求……(当事人申请对何证据采取何种保全方法,当事人提供担保的,也应当写明)。

本院经审查认为,……(作出决定的理由)。依照《中华人民共和国民事诉讼法》第七十四条、最高人民法院《关于民事诉讼证据的若干规定》第二十三条(有其他法律或司法解释规定的,可援引)的规定,本院决定驳回你方的证据保全申请。

年　　月　　日

(院印)

样式之十九的说明

本通知书送达申请人。通知书内容可以口头方式告知当事人,并记入笔录,由当事人或者代理人签字。

×人民法院通知书(准许重新鉴定申请)(　　)×字第号

×：

×(申请重新鉴定的当事人的姓名或者名称)因与×(对方当事人的姓名或者

名称及案由）纠纷一案，对院委托×（鉴定机构的名称或者鉴定人员的姓名）所作的鉴定结论有异议，认为……（当事人申请重新鉴定的理由），并于年月日向本院申请重新鉴定。

经审查，×（申请人的姓名或者名称）的申请符合最高人民法院《关于民事诉讼证据的若干规定》第二十七条的规定，本院予以准许。

年　　月　　日

（院印）

样式之二十的说明

①本通知书适用于《证据规定》第二十七条规定的情形。

②本通知书送达各方当事人。通知书的内容，审判人员可以当庭以口头方式告知当事人，并记入笔录，由双方当事人或者代理人签字。

×人民法院通知书（不予准许重新鉴定申请）（　）×字第号

×：

你方因与×（对方当事人的姓名或者名称及案由）纠纷一案，对（原委托鉴定的人民法院名称）院委托（原鉴定机构的名称或者鉴定人员的姓名）所作的鉴定结论有异议，认为……（当事人申请重新鉴定的理由），并于年月日向本院申请重新鉴定。

经审查，……（不予准许当事人重新鉴定申请的理由），你方的申请不符合最高人民法院《关于民事诉讼证据的若干规定》第二十七条的规定，本院不予准许。

年　　月　　日

（院印）

样式之二十一的说明

①本通知书适用于《证据规定》第二十七条规定的情形。

②本通知书送达申请人。通知书的内容，审判人员可以口头方式告知申请人，并记入笔录，由申请人或者其代理人签字。

×人民法院通知书（准许当事人申请证人出庭作证）（　）×字第号

×：

你方因与×（对方当事人的姓名或者名称及案由）纠纷一案，于年月日向本院申请证人×（证人的姓名或者名称）出庭就……（证人作证的事项）事项陈述证言。

经审查，你方的申请符合最高人民法院《关于民事诉讼证据的若干规定》第五十四条的规定，本院予以准许。

年　　月　　日

（院印）

样式之二十二的说明

①本通知书适用于《证据规定》第五十四条的情形。

②本通知书送达申请方，但有关证人出庭作证的申请，应当记入证据目录或证据收据。

×人民法院通知书（不予准许当事人申请证人出庭作证）（　）×字第号

×：

你方因与×（对方当事人的姓名或者名称）纠纷一案，于年月日向本院申请证人×（证人的姓名或者名称）出庭就……（证人作证的事项）事项陈述证言。经审查,……(不予准许当事人申请的理由),本院不予准许。

年　　月　　日

(院印)

样式之二十三的说明

①本通知书适用于《证据规定》第五十四条的情形。

②本通知书送达申请人。通知书的内容,审判人员可口头告知申请人,并记入笔录,由当事人或者代理人签字。

×人民法院通知书(人民法院依当事人申请通知证人出庭作证)(　)×字第号

×:

×与×(当事人的姓名或者名称及案由)纠纷一案,×(申请证人出庭作证的当事人的姓名或者名称)向本院申请你(单位作为证人的,可填写“你单位”)出庭作证,并已经本院准许。你(单位作为证人的,可填写“你单位”)应于年月日时分携带有效身份证明到(证人作证的地点)出席法庭审理(证人出席证据交换陈述证言的,可表述为“证据交换”),陈述证言。根据《中华人民共和国民事诉讼法》和最高人民法院《关于民事诉讼证据的若干规定》,现将有关事项通知如下:

一、凡是知道案件情况的单位和个人,都有义务出庭作证。

二、证人应当客观陈述亲身感知的事实,不得使用猜测、推断或者评论性的语言。证人不得宣读事先准备的书面证言。

三、证人应当如实作证,并如实回答审判人员和当事人的询问,作伪证的,应承担相应的法律责任。

四、证人不得旁听法庭审理,不得与当事人和其他证人交换意见。

五、证人的合法权利受法律保护。

年　　月　　日

（院印）

样式之二十四的说明

①本通知书适用于《证据规定》第五十四条的情形。

②本通知书送达证人。

×人民法院通知书（人民法院依职权通知证人出庭作证）（　）×字第号

×：

×与×（当事人的姓名或者名称及案由）纠纷一案，本院现通知你（单位作为证人的，可填写“你单位”）作为证人，就……（证人作证的事项）事项出庭陈述证言。你（单位作为证人的，可填写“你单位”）应于年月日时分携带有效身份证明到（证人作证的地点）出席法庭审理（证人出席证据交换陈述证言的，可表述为“证据交换”），陈述证言。根据《中华人民共和国民事诉讼法》和最高人民法院《关于民事诉讼证据的若干规定》，现将有关事项通知如下：

一、凡是知道案件情况的单位和个人，都有义务出庭作证。

二、证人应当客观陈述亲身感知的事实，不得使用猜测、推断或者评论性的语言。证人不得宣读事先准备的书面证言。

三、证人应当如实作证，并如实回答审判人员和当事人的询问，作伪证的，应承担相应的法律责任。

四、证人不得旁听法庭审理，不得与当事人和其他证人交换意见。

五、证人的合法权利受法律保护。

年　　月　　日

（院印）

样式之二十五的说明

①本通知书适用于人民法院依职权传唤证人出庭作证情形。

②本通知书送达证人。

×人民法院通知书(准许具有专门知识人员出庭协助质证的申请)(　　)×字第号

×：

你方与×(对方当事人的姓名或者名称及案由)纠纷一案,×(申请具有专门知识的人员出庭的当事人的姓名或者名称)于年月日向本院申请×(当事人申请的具有专门知识的人员的姓名)作为具有专门知识的人员出庭,就……(具有专门知识的人员协助质证的事项)事项协助质证。经审查,×(申请具有专门知识的人员出庭的当事人的姓名或者名称)的申请符合最高人民法院《关于民事诉讼证据的若干规定》第六十一条的规定,本院予以准许。

年　　月　　日

(院印)

样式之二十六的说明

①本通知书适用于《证据规定》第六十一条的情形。

②为程序公正考虑,此通知书送达双方当事人。

×人民法院通知书(不予准许具有专门知识人员出庭协助质证的申请)(　　)×字第号

×：

你方因与×(对方当事人的姓名或者名称及案由)纠纷一案,于年月日向本院申请×（当事人申请的具有专门知识的人员的姓名）作为具有专门知识的人员出庭，就……（具有专门知识的人员协助质证的事项）事项协助质证。经审查，你方的申请……（人民法院可以根据案件的具体情况，写明不予准许的理由），本院不予准许。

年　　月　　日

（院印）

样式之二十七的说明

①本通知书适用于《证据规定》第六十一条规定的情形。

②本通知书送达申请人。通知书内容，审判人员可口头告知申请人，并记入笔录，由申请人或者代理人签字。

×人民法院通知书（具有专门知识人员出庭协助质证）（　）×字第号

×：

×与×（当事人的姓名或者名称及案由）纠纷一案，×（申请具有专门知识的人员出庭的当事人的姓名或者名称）向本院申请你作为具有专门知识的人员出庭，就本案涉及的……（具有专门知识的人员协助质证的具体的专门性问题）问题协助其质证。本院经审查已准许×（申请具有专门知识的人员出庭的当事人的姓名或者名称）的申请。现将有关事项通知如下：

一、你应当于年月日时分携带有效身份证明到（法庭审理的地点）出席法庭审理。

二、你应当遵守法庭秩序，服从审判人员指挥，不得参与本案与……（具有专门知识的人员协助质证的具体的专门性问题）问题无关的诉讼活动。

三、审判人员和当事人可以对你进行询问。经人民法院准许，你可以与对方当事人申请的具有专门知识的人员就……（具有专门知识的人员协助质证的具体的专门性问题)问题进行对质。

四、你在法庭上可以就……(具有专门知识的人员协助质证的具体的专门性问题)问题对鉴定人进行询问。

年　　月　　日

(院印)

样式之二十八的说明

①本通知书适用于《证据规定》第六十一条的情形。

②本通知书送达出庭协助质证的具有专门知识的人员。

×人民法院通知书(对新的证据提出意见或者举证)(　　)×字第号

×:

你方与×(对方当事人的姓名或者名称及案由)纠纷一案,×(主张新的证据的当事人的姓名或者名称)依照最高人民法院《关于民事诉讼证据的若干规定》的有关规定向本院提交了新的证据:……(新的证据的名称)。你方应当在年月日前针对该项新的证据提出意见或者举证。逾期提交证据的,视为放弃举证权利。

年　　月　　日

(院印)

样式之二十九的说明

①本通知书适用于《证据规定》第四十五条的情形。

②本通知书送达提出新的证据的当事人的对方。

×人民法院通知书(简易程序转普通程序)(　)×字第号

×：

你方与×(对方当事人的姓名或者名称及案由)纠纷一案,本院在适用简易程序审理的过程中,发现案情复杂,依照最高人民法院《关于适用〈中华人民共和国民事诉讼法〉若干问题的意见》第170条的规定,决定将本案转为适用普通程序,并由×担任审判长,与×、×组成合议庭进行审理。

本案的举证期限延长至年月日,逾期提供证据的,视为放弃举证权利。

年　　月　　日

(院印)

样式之三十的说明

①简易程序转为普通程序后,涉及举证期限的变化,由此,在程序转换通知书中应当一并写明有关举证期限的确定。

②本通知书送达双方当事人。

×人民法院证据收据(　)×字第号

×：

今收到×(提交证据的当事人的姓名或者名称)提交的证据……(单一证据可填写证据名称。如证据较多,可表述为"参见附录")一式份。

签收人：×

年　　月　　日

附录：

序号证据名称份数页数原件/复制件证明目的备注

5 强制措施

（一）司法解释

最高人民法院关于查封法院全部处分标的物后轮候查封的效力问题的批复

（2007年9月11日 法函〔2007〕100号）

北京市高级人民法院：

你院《关于查封法院全部处分标的物后，轮候查封的效力问题的请示》（京高法[2007]208号）收悉。经研究，答复如下：

根据《最高人民法院关于人民法院民事执行中查封、扣押、冻结财产的规定》（法释[2004]15号）第二十八条第一款的规定，轮候查封、扣押、冻结自在先的查封、扣押、冻结解除时自动生效，故人民法院对已查封、扣押、冻结的全部财产进行处分后，该财产上的轮候查封自始未产生查封、扣押、冻结的效力。同时，根据上述司法解释第三十条的规定，人民法院对已查封、扣押、冻结的财产进行拍卖、变卖或抵债的，原查封、扣押、冻结的效力消灭，人民法院无需先行解除该财产上的查封、扣押、冻结，可直接进行处分，有关单位应当协助办理有关财产权证照转移手续。

（二）司法性文件

最高人民法院关于工商行政管理局以收取查询费为由拒绝人民法院无偿查询企业登记档案人民法院是否应予民事制裁的复函

（2000年6月29日　法函〔2000〕43号）

甘肃省高级人民法院：

你院〔1999〕甘经他字第180号《关于工商行政管理局以收取查询费为由拒绝人民法院无偿查询企业登记档案，人民法院是否应予民事制裁的请示》收悉。经研究，答复如下：

你省在请示中反映，张掖地区中级人民法院在审理经济合同纠纷案件中，向张掖市工商行政管理局查明某一企业工商登记情况时，该局依内部规定，以法院未交查询费为由，拒绝履行协助义务，妨碍了人民法院依法调查取证。张掖地区中级人民法院依照《中华人民共和国民事诉讼法》的有关规定，作出了对张掖市工商行政管理局罚款两万元的决定。张掖市工商行政管理局不服，向省高级人民法院提出复议申请。你院就《关于工商行政管理局以收到查询费为由拒绝人民法院无偿查询企业登记档案，人民法院是否应予民事制裁的问题》，向我院请示。我院就此问题征求了国务院法制办公室的意见，经国务院法制办公室与国家工商行政管理局协商，国家工商行政管理局以工商企字〔2000〕第81号《关于修改〈企业登记档案资料查询办法〉第十条的通知》，对工商企字〔1996〕第398号《企业登记档案资料查询办法》进行了修改。第十条第一款改为："查询、复制企业登记档案资料，查询人应当交纳查询费、复制费。公、检、法、纪检监察、国家安全机关查询档案资料不交费。"

我们认为,张掖地区中级人民法院依照《中华人民共和国民事诉讼法》的有关规定,作出对张掖市工商行政管理局罚款两万元的决定是正确的。但是鉴于国家工商行政管理局已经于2000年4月29日,修改了《企业登记档案资料查询办法》的有关规定,故建议你院撤销张掖地区中级人民法院作出的〔1999〕张中法执法罚字第01号罚款决定书,并及时与甘肃省工商行政管理局做好协调工作。

附:

国家工商行政管理局关于修改《企业登记档案资料查询办法》第十条的通知

(2000年4月29日　工商企字〔2000〕81号)

各省、自治区、直辖市及计划单列市工商行政管理局:

经研究,现对《企业登记档案资料查询办法》(工商企字〔1996〕398号)第十条进行修改。第十条第一款改为"查询、复制企业登记档案资料,查询人应当交纳查询费、复制费。公、检、法、纪检监察、国家安全机关查询档案资料不交费。"请遵照执行。

最高人民法院关于对因妨害民事诉讼被罚款拘留的人不服决定申请复议的期间如何确定问题的批复

(1993年2月23日　〔1993〕法民字第7号)

广东省高级人民法院:

你院《关于对因妨害民事诉讼被罚款拘留的人不服决定申请复议的期间如何

确定问题的请示》收悉。经研究,同意你院意见,即不服人民法院作出的罚款、拘留决定的人,可在接到决定书之次日起三日内,向作出决定的人民法院提出书面申请,要求上一级人民法院复议,或直接向上一级人民法院申请复议。对提出书面申请有困难的,可以口头申请。当事人的口头申请,应当记入笔录,由当事人签名或者盖章。

最高人民法院关于在执行经济纠纷案件中严禁违法拘留人的通知

(1992年8月29日　法发〔1992〕25号)

各省、自治区、直辖市高级人民法院,解放军军事法院:

近来,少数人民法院在执行经济纠纷案件中,不严格依照民事诉讼法的规定办事,以拘留被执行人促使其执行判决的事件时有发生,损害了人民法院严肃执法的形象,必须认真纠正。为此,特重申如下:

一、民事诉讼中的拘留是对妨害民事诉讼的一种强制措施。人民法院在执行中采取这种强制措施,必须十分慎重,只有符合民事诉讼法第一百零二条规定的条件,才可采取拘留措施。

二、人民法院根据民事诉讼法第一百零二条的规定决定采用拘留措施时,应当经院长批准,作出《拘留决定书》,由司法警察将《拘留决定书》连同被拘留人一并送交拘留地的公安机关看管。

三、按照上述规定,各级人民法院对正在执行中的拘留决定,要立即进行一次清查。凡不符合法律规定条件的,法律手续不全的,必须立即放人,并做好善后工作。

四、根据人民法院组织法关于下级人民法院的审判工作受上级人民法院监督的规定,上级人民法院如果发现下级人民法院采取拘留措施不当时,应督促该法院及时予以纠正。

五、对在执行经济纠纷案件的判决中违法拘人的，要严肃查处，并追究有关领导和直接责任人员的责任。

应当指出，发生法律效力的法律文书，必须坚决执行，但执行必须严格依法进行。这两个方面都是维护法律的严肃性。各级人民法院在执行中，要善于从实际情况出发，注意执行的社会效果，提高执法水平，进一步搞好执行工作。

最高人民法院关于第二审人民法院在审理过程中可否对当事人的违法行为径行制裁等问题的批复

（1990 年 7 月 25 日　法经〔1990〕45 号）

湖北省高级人民法院：

你院鄂法〔1990〕经呈字第 1 号《关于人民法院在第二审中发现需要对当事人的违法行为予以民事制裁时，应由哪一审法院作出决定等问题的请示报告》收悉。经研究，答复如下：

一、第二审人民法院在审理案件过程中，认为当事人有违法行为应予依法制裁而原审人民法院未予制裁的，可以径行予以民事制裁。

二、当事人不服人民法院民事制裁决定而向上一级人民法院申请复议的，该上级人民法院无论维持、变更或者撤销原决定，均应制作民事制裁决定书。

三、人民法院复议期间，被制裁人请求撤回复议申请的，经过审查，应当采取通知的形式，准予撤回申请或者驳回其请求。

6 财产保全

（一）司法解释

最高人民法院关于当事人申请财产保全错误造成案外人损失应否承担赔偿责任问题的解释

（2005 年 8 月 15 日　法释〔2005〕11 号）

近来，一些法院就当事人申请财产保全错误造成案外人损失引发的赔偿纠纷案件应如何适用法律问题请示我院。经研究，现解释如下：

根据《中华人民共和国民法通则》第一百零六条、《中华人民共和国民事诉讼法》第九十六条等法律规定，当事人申请财产保全错误造成案外人损失的，应当依法承担赔偿责任。

最高人民法院关于诉前财产保全几个问题的批复

（1998 年 11 月 19 日由最高人民法院审判委员会第 1030 次会议通过　1998年 11 月 27 日公布　自 1998 年 12 月 5 日起施行　法释〔1998年〕29 号）

湖北省高级人民法院：

你院鄂高法〔1998〕63 号《关于采取诉前财产保全几个问题的请示》收悉。经研究，答复如下：

一、人民法院受理当事人诉前财产保全申请后，应当按照诉前财产保全标的金额并参照《中华人民共和国民事诉讼法》关于级别管辖和专属管辖的规定，决定采取诉前财产保全措施。

二、采取财产保全措施的人民法院受理申请人的起诉后，发现所受理的案件不属于本院管辖的，应当将案件和财产保全申请费一并移送有管辖权的人民法院。

案件移送后，诉前财产保全裁定继续有效。

因执行诉前财产保全裁定而实际支出的费用，应由受诉人民法院在申请费中返还给作出诉前财产保全的人民法院。

最高人民法院关于人民法院发现本院作出的诉前保全裁定和在执行程序中作出的裁定确有错误以及人民检察院对人民法院作出的诉前保全裁定提出抗诉人民法院应当如何处理的批复

（1998年7月21日最高人民法院审判委员会第1005次会议通过　1998年7月30日公布　自1998年8月5日起施行　法释〔1998〕17号）

山东省高级人民法院：

你院鲁高法函〔1998〕57号《关于人民法院在执行程序中作出的裁定如发现确有错误应按何种程序纠正的请示》和鲁高法函〔1998〕58号《关于人民法院发现本院作出的诉前保全裁定确有错误或者人民检察院对人民法院作出的诉前保全提出抗诉人民法院应如何处理的请示》收悉。经研究，答复如下：

一、人民法院院长以本院已经发生法律效力的诉前保全裁定和在执行程序中作出的裁定，发现确有错误，认为需要撤销的，应当提交审判委员会讨论决定后，裁定撤销原裁定。

二、人民检察院对人民法院作出的诉前保全裁定提出抗诉，没有法律依据，人民法院应当通知其不予受理。

最高人民法院关于对案外人的财产能否进行保全问题的批复

（1998 年 4 月 2 日由最高人民法院审判委员会第 970 次会议通过　1998 年5 月 19 日公布　自 1998 年 5 月 26 日起施行　法释〔1998〕10 号）

湖北省高级人民法院：

你院鄂高法〔1996〕191 号《关于对案外人的财产能否进行诉讼财产保全的请示》收悉。经研究，答复如下：

最高人民法院法发〔1994〕29 号《关于在经济审判工作中严格执行〈中华人民共和国民事诉讼法〉的若干规定》第十四条的规定与最高人民法院法发〔1992〕22 号《关于适用〈中华人民共和国民事诉讼法〉若干问题的意见》第一百零五条的规定精神是一致的，均应当严格执行。

对于债务人的财产不能满足保全请求，但对案外人有到期债权的，人民法院可以依债权人的申请裁定该案外人不得对债务人清偿。该案外人对其到期债务没有异议并要求偿付的，由人民法院提存财物或价款。但是，人民法院不应对其财产采取保全措施。

（二）司法性文件

最高人民法院关于对尚未到期的财产收益可否采取诉讼保全措施问题的批复

（1988年10月18日　法〔研〕复〔1988〕49号）

山东省高级人民法院：

你院鲁法（经）发〔1988〕42号《关于可否对尚未到期的财产收益采取诉讼保全措施的请示报告》收悉，经研究，答复如下：

人民法院处理经济纠纷案件，债务人在银行帐号上长期无款，又无其他财产可供执行的，如确有将来可得收益的财产，为保护债权人合法权益及生效判决的执行，根据民事诉讼法（试行）的有关规定，在不影响企业正常营业的情况下，可裁定限制债务人支取到期应得的部分或全部收益，并应通知有关单位协助执行（附判决书或裁定书副本），如果债务人或有关单位违反人民法院的判决或裁定，擅自支取的，人民法院可依法按妨碍民事诉讼行为论处。

最高人民法院
司 法 解 释 全 书

（2010 年权威解读版）

最 高 人 民 法 院 研 究 室　审定
《最高人民法院司法解释全书》编委会 编

（第三卷）

中国言实出版社

总　目　录

目　　录

五 国家赔偿

六　行　政

七　综　　合

附录:废止的司法解释

7　诉讼时效

司法解释

最高人民法院关于审理民事案件适用诉讼时效制度若干问题的规定

（2008年8月21日　法释［2008］11号）

为正确适用法律关于诉讼时效制度的规定，保护当事人的合法权益，依照《中华人民共和国民法通则》、《中华人民共和国物权法》、《中华人民共和国合同法》、《中华人民共和国民事诉讼法》等法律的规定，结合审判实践，制定本规定。

第一条　当事人可以对债权请求权提出诉讼时效抗辩，但对下列债权请求权提出诉讼时效抗辩的，人民法院不予支持：

（一）支付存款本金及利息请求权；

（二）兑付国债、金融债券以及向不特定对象发行的企业债券本息请求权；

（三）基于投资关系产生的缴付出资请求权；

（四）其他依法不适用诉讼时效规定的债权请求权。

第二条　当事人违反法律规定，约定延长或者缩短诉讼时效期间、预先放弃诉讼时效利益的，人民法院不予认可。

第三条　当事人未提出诉讼时效抗辩，人民法院不应对诉讼时效问题进行释明及主动适用诉讼时效的规定进行裁判。

第四条 当事人在一审期间未提出诉讼时效抗辩，在二审期间提出的，人民法院不予支持，但其基于新的证据能够证明对方当事人的请求权已过诉讼时效期间的情形除外。

当事人未按照前款规定提出诉讼时效抗辩，以诉讼时效期间届满为由申请再审或者提出再审抗辩的，人民法院不予支持。

第五条 当事人约定同一债务分期履行的，诉讼时效期间从最后一期履行期限届满之日起计算。

第六条 未约定履行期限的合同，依照合同法第六十一条、第六十二条的规定，可以确定履行期限的，诉讼时效期间从履行期限届满之日起计算；不能确定履行期限的，诉讼时效期间从债权人要求债务人履行义务的宽限期届满之日起计算，但债务人在债权人第一次向其主张权利之时明确表示不履行义务的，诉讼时效期间从债务人明确表示不履行义务之日起计算。

第七条 享有撤销权的当事人一方请求撤销合同的，应适用合同法第五十五条关于一年除斥期间的规定。

对方当事人对撤销合同请求权提出诉讼时效抗辩的，人民法院不予支持。

合同被撤销，返还财产、赔偿损失请求权的诉讼时效期间从合同被撤销之日起计算。

第八条 返还不当得利请求权的诉讼时效期间，从当事人一方知道或者应当知道不当得利事实及对方当事人之日起计算。

第九条 管理人因无因管理行为产生的给付必要管理费用、赔偿损失请求权的诉讼时效期间，从无因管理行为结束并且管理人知道或者应当知道本人之日起计算。

本人因不当无因管理行为产生的赔偿损失请求权的诉讼时效期间，从其知道或者应当知道管理人及损害事实之日起计算。

第十条 具有下列情形之一的，应当认定为民法通则第一百四十条规定的“当事人一方提出要求”，产生诉讼时效中断的效力：

（一）当事人一方直接向对方当事人送交主张权利文书，对方当事人在文书上签字、盖章或者虽未签字、盖章但能够以其他方式证明该文书到达对方当事人的；

(二)当事人一方以发送信件或者数据电文方式主张权利,信件或者数据电文到达或者应当到达对方当事人的;

(三)当事人一方为金融机构,依照法律规定或者当事人约定从对方当事人账户中扣收欠款本息的;

(四)当事人一方下落不明,对方当事人在国家级或者下落不明的当事人一方住所地的省级有影响的媒体上刊登具有主张权利内容的公告的,但法律和司法解释另有特别规定的,适用其规定。

前款第(一)项情形中,对方当事人为法人或者其他组织的,签收人可以是其法定代表人、主要负责人、负责收发信件的部门或者被授权主体;对方当事人为自然人的,签收人可以是自然人本人、同住的具有完全行为能力的亲属或者被授权主体。

第十一条　权利人对同一债权中的部分债权主张权利,诉讼时效中断的效力及于剩余债权,但权利人明确表示放弃剩余债权的情形除外。

第十二条　当事人一方向人民法院提交起诉状或者口头起诉的,诉讼时效从提交起诉状或者口头起诉之日起中断。

第十三条　下列事项之一,人民法院应当认定与提起诉讼具有同等诉讼时效中断的效力:

(一)申请仲裁;

(二)申请支付令;

(三)申请破产、申报破产债权;

(四)为主张权利而申请宣告义务人失踪或死亡;

(五)申请诉前财产保全、诉前临时禁令等诉前措施;

(六)申请强制执行;

(七)申请追加当事人或者被通知参加诉讼;

(八)在诉讼中主张抵销;

(九)其他与提起诉讼具有同等诉讼时效中断效力的事项。

第十四条　权利人向人民调解委员会以及其他依法有权解决相关民事纠纷的国家机关、事业单位、社会团体等社会组织提出保护相应民事权利的请求,诉讼时效从提出请求之日起中断。

第十五条 权利人向公安机关、人民检察院、人民法院报案或者控告,请求保护其民事权利的,诉讼时效从其报案或者控告之日起中断。

上述机关决定不立案、撤销案件、不起诉的,诉讼时效期间从权利人知道或者应当知道不立案、撤销案件或者不起诉之日起重新计算;刑事案件进入审理阶段,诉讼时效期间从刑事裁判文书生效之日起重新计算。

第十六条 义务人作出分期履行、部分履行、提供担保、请求延期履行、制定清偿债务计划等承诺或者行为的,应当认定为民法通则第一百四十条规定的当事人一方"同意履行义务。"

第十七条 对于连带债权人中的一人发生诉讼时效中断效力的事由,应当认定对其他连带债权人也发生诉讼时效中断的效力。

对于连带债务人中的一人发生诉讼时效中断效力的事由,应当认定对其他连带债务人也发生诉讼时效中断的效力。

第十八条 债权人提起代位权诉讼的,应当认定对债权人的债权和债务人的债权均发生诉讼时效中断的效力。

第十九条 债权转让的,应当认定诉讼时效从债权转让通知到达债务人之日起中断。

债务承担情形下,构成原债务人对债务承认的,应当认定诉讼时效从债务承担意思表示到达债权人之日起中断。

第二十条 有下列情形之一的,应当认定为民法通则第一百三十九条规定的"其他障碍",诉讼时效中止:

(一)权利被侵害的无民事行为能力人、限制民事行为能力人没有法定代理人,或者法定代理人死亡、丧失代理权、丧失行为能力;

(二)继承开始后未确定继承人或者遗产管理人;

(三)权利人被义务人或者其他人控制无法主张权利;

(四)其他导致权利人不能主张权利的客观情形。

第二十一条 主债务诉讼时效期间届满,保证人享有主债务人的诉讼时效抗辩权。

保证人未主张前述诉讼时效抗辩权，承担保证责任后向主债务人行使追偿权的，人民法院不予支持，但主债务人同意给付的情形除外。

第二十二条　诉讼时效期间届满，当事人一方向对方当事人作出同意履行义务的意思表示或者自愿履行义务后，又以诉讼时效期间届满为由进行抗辩的，人民法院不予支持。

第二十三条　本规定施行后，案件尚在一审或者二审阶段的，适用本规定；本规定施行前已经终审的案件，人民法院进行再审时，不适用本规定。

第二十四条　本规定施行前本院作出的有关司法解释与本规定相抵触的，以本规定为准。

最高人民法院关于解除劳动合同的劳动争议仲裁申请期限应当如何起算问题的批复

（2004年7月20日最高人民法院审判委员会第1320次会议通过　2004年7月26日公布　自2004年7月29日起施行　法释〔2004〕8号）

云南省高级人民法院：

你院云高法〔2004〕256号《关于审理劳动争议案件的当事人申请劳动争议仲裁期限应如何起算的请示》收悉。经研究，答复如下：

用人单位依据《中华人民共和国劳动法》第二十五条第（四）项的规定解除劳动合同，与劳动者发生争议的，劳动者向劳动争议仲裁委员会申请仲裁的期限应当自收到解除劳动合同书面通知之日起计算。

最高人民法院关于如何确定沿海、内河货物运输赔偿请求权时效期间问题的批复

（2001年5月22日最高人民法院审判委员会1176次会议通过　自2001年5月31日起施行　法释〔2001〕18号）

浙江省高级人民法院：

你院浙高法〔2000〕267号《关于沿海、内河货物运输赔偿请求权诉讼时效期间如何计算的请示》收悉。经研究，答复如下：

根据《中华人民共和国海商法》第二百五十七条第一款规定的精神，结合审判实践，托运人、收货人就沿海、内河货物运输合同向承运人要求赔偿的请求权，或者承运人就沿海、内河货物运输向托运人、收货人要求赔偿的请求权，时效期间为一年，自承运人交付或者应当交付货物之日起计算。

最高人民法院关于超过诉讼时效期间借款人在催款通知单上签字或者盖章的法律效力问题的批复

（1999年1月29日最高人民法院审判委员会第1042次会议通过　1999年2月11日公布　自1999年2月16日施行　法释〔1999〕7号）

河北省高级人民法院：

你院〔1998〕冀经一请字第38号《关于超过诉讼时效期间信用社向借款人发出的“催收到期贷款通知单”是否受法律保护的请示》收悉。经研究，答复如下：

根据《中华人民共和国民法通则》第四条、第九十条规定的精神，对于超过诉讼

时效期间，信用社向借款人发出催收到期贷款通知单，债务人在该通知单上签字或者盖章的，应当视为对原债务的重新确认，该债权债务关系应受法律保护。

最高人民法院关于超过诉讼时效期间当事人达成的还款协议是否应当受法律保护问题的批复

（1997年4月16日　法复〔1997〕4号）

四川省高级人民法院：

你院川高法〔1996〕116号《关于超过诉讼时效期限达成的还款协议是否应受法律保护的请示》收悉。经研究，答复如下：

根据《中华人民共和国民法通则》第九十条规定的精神，超过诉讼时效期间，当事人双方就原债务达成的还款协议的，应当予以保护。

8　起诉与受理

(一)司法解释

最高人民法院关于依据原告起诉时提供的被告住址无法送达应如何处理问题的批复

(2004年10月9日　法释〔2004〕17号)(2004年10月9日由最高人民法院审判委员会第1328次会议通过　现予公布　自2004年12月2日起施行)

近来,一些高级人民法院就人民法院依据民事案件的原告起诉时提供的被告住址无法送达应如何处理问题请示我院。为了正确适用法律,保障当事人行使诉讼权利,根据《中华人民共和国民事诉讼法》的有关规定,批复如下:

人民法院依据原告起诉时所提供的被告住址无法直接送达或者留置送达,应当要求原告补充材料。原告因客观原因不能补充或者依据原告补充的材料仍不能确定被告住址的,人民法院应当依法向被告公告送达诉讼文书。人民法院不得仅以原告不能提供真实、准确的被告住址为由裁定驳回起诉或者裁定终结诉讼。

因有关部门不准许当事人自行查询其他当事人的住址信息,原告向人民法院申请查询的,人民法院应当依原告的申请予以查询。

最高人民法院关于当事人对驳回其申请撤销仲裁裁决的裁定不服而申请再审，人民法院不予受理问题的批复

（2004 年 7 月 20 日最高人民法院审判委员会第 1320 次会议通过
2004 年 7 月 26 日公布　自 2004 年 7 月 29 日起施行　法释〔2004〕9 号）

陕西省高级人民法院：

你院陕高法〔2004〕225 号《关于当事人不服人民法院驳回其申请撤销仲裁裁决的裁定申请再审，人民法院是否受理的请示》收悉。经研究，答复如下：

根据《中华人民共和国仲裁法》第九条规定的精神，当事人对人民法院驳回其申请撤销仲裁裁决的裁定不服而申请再审的，人民法院不予受理。

最高人民法院关于人民法院是否受理刑事案件被害人提起精神损害赔偿民事诉讼问题的批复

（2002 年 7 月 11 日最高人民法院审判委员会第 1230 次会议通过
2002 年 7 月 15 日　自 2002 年 7 月 20 日起施行　法释〔2002〕17 号）

云南省高级人民法院：

你院云高法〔2001〕176 号《关于人民法院是否受理被害人就刑事犯罪行为单独提起的精神损害赔偿民事诉讼的请示》收悉。经研究，答复如下：

根据刑法第三十六条和刑事诉讼法第七十七条以及我院《关于刑事附带民事诉讼范围问题的规定》第一条第二款的规定，对于刑事案件被害人由于被告人的犯

罪行为而遭受精神损失提起的附带民事诉讼,或者在该刑事案件审结以后,被害人另行提起精神损害赔偿民事诉讼的,人民法院不予受理。

最高人民法院关于当事人持台湾地区有关法院支付命令向人民法院申请认可人民法院应否受理的批复

(2001年3月20日最高人民法院审判委员会第1053次会议通过　自2001年4月27日起施行　法释〔2001〕13号)

广东省高级人民法院:

你院粤高法立〔2000〕30号《关于当事人持台湾地区有关法院支付命令向人民法院申请认可,人民法院应否受理的请示》收悉。经研究,答复如下:

人民法院对当事人持台湾地区有关法院支付命令及其确定证明书申请其认可的,可比照我院《关于人民法院认可台湾地区有关法院民事判决的规定》予以受理。

最高人民法院关于人民法院是否受理因邮电部门电报稽延纠纷提起诉讼问题的批复

(1999年5月22日最高人民法院审判委员会第1061次会议通过　1999年6月9日公布自1999年6月17日起施行法释〔1999〕11号)

西藏自治区高级人民法院:

你院〔1998〕藏法研请字第1号《关于邮电部门电报稽延产生的赔偿诉讼是否仍按法(经)复〔1986〕38号批复办理的请示》收悉。经研究,答复如下:

一、因邮电部门电报稽延发生的纠纷,当事人向人民法院起诉的,只要符合民事诉讼法第一百零八条的规定,人民法院应当受理。

二、最高人民法院在此之前发布的有关司法解释与本批复不一致的,以本批复为准。

最高人民法院关于人民检察院对民事调解书提出抗诉人民法院应否受理问题的批复

（1999年1月26日最高人民法院审判委员会第1041次会议通过 自1999年2月13日起施行 法释〔1999〕4号）

黑龙江、河南省高级人民法院：

黑高法〔1998〕67号《关于检察院对调解书抗诉应否受理的请示》和豫高法〔1998〕130号《关于检察机关对民事、经济调解书提出抗诉人民法院应否受理的请示》收悉。经研究，答复如下：

《中华人民共和国民事诉讼法》第一百八十五条只规定人民检察院可以对人民法院已经发生法律效力的判决、裁定提出抗诉，没有规定人民检察院可以对调解书提出抗诉。人民检察院对调解书提出抗诉的，人民法院不予受理。

最高人民法院关于劳动仲裁委员会逾期不作出仲裁裁决或者作出不予受理通知的劳动争议案件，人民法院应否受理的批复

（1998年6月8日最高人民法院审判委员会第991次会议通过 自1998年9月9日起施行 法释〔1998〕24号）

四川省高级人民法院：

你院川高法〔1998〕52号"关于未经劳动仲裁的劳动争议案件，当事人向法院起诉人民法院应否受理的请示"收悉。经研究，答复如下：

根据《中华人民共和国劳动法》第七十九条规定的精神，劳动争议案件经劳动争议仲裁委员会仲裁是提起诉讼的必经程序。劳动争议仲裁委员会逾期不作出仲裁裁决或者作出不予受理的决定，当事人不服向人民法院提起行政诉讼的，人民法院不予受理；当事人不服劳动争议仲裁委员会作出的劳动争议仲裁裁决，可以向人民法院提起民事诉讼。

（二）司法性文件

最高人民法院关于实施《民事案件案由规定》的通知

（2008年2月4日　法发［2008］11号）

各省、自治区、直辖市高级人民法院，解放军军事法院，新疆维吾尔自治区高级人民法院生产建设兵团分院：

《民事案件案由规定》已于2007年10月29日由最高人民法院审判委员会第1438次会议讨论通过，自2008年4月1日起施行，《民事案件案由规定（试行）》（法发［2000］26号）同时废止。现将《民事案件案由规定》印发给你们，请认真贯彻执行。

我院《民事案件案由规定（试行）》自2001年1月1日起试行以来，在方便当事人进行民事诉讼，规范人民法院民事立案、审判和司法统计工作方面，发挥了重要作用。近年来，随着一批新的民事法律的施行，审判实践中出现了许多新类型民事案件，需要对民事案由进行细化、补充和完善。特别是物权法施行后，迫切需要对《民事案件案由规定（试行）》进行修订，增补物权类纠纷案件案由。根据第七次全国民事审判工作会议的要求，最高人民法院对《民事案件案由规定（试行）》进行了修订，形成了《民事案件案由规定》。现就各级人民法院适用《民事案件案由规定》的有关问题通知如下：

一、要认真学习掌握《民事案件案由规定》，高度重视民事案件案由在民事审判工作中的重要作用

民事案件案由是民事诉讼案件的名称，反映案件所涉及的民事法律关系的性质，是人民法院将诉讼争议所包含的法律关系进行的概括。建立科学、完善的民事

案件案由体系，有利于当事人准确选择诉由，有利于人民法院在民事立案和审判中准确确定案件诉讼争点和正确适用法律，有利于提高民事案件司法统计的准确性和科学性，有利于对受理案件进行分类管理，从而更好地为审判规范化建设服务，为人民法院司法决策提供更有价值的参考。

二、要坚持统一的民事案件案由的确定标准

民事案件案由应当依据当事人主张的民事法律关系的性质来确定。鉴于具体案件中当事人的诉讼请求、争议的焦点可能有多个，争议的标的也可能是两个以上，为保证案由的高度概括和简洁明了，民事案件案由的表述方式原则上确定为“法律关系性质”加“纠纷”，一般不再包含争议焦点、标的物、侵权方式等要素。另外，考虑到当事人诉争的民事法律关系的性质具有复杂性，为了更准确地体现诉争的民事法律关系和便于司法统计，《民事案件案由规定》在坚持以法律关系性质作为案由的确定标准的同时，对少部分案由也依据请求权、形成权或者确认之诉、形成之诉的标准进行确定。

对适用民事特别程序等规定的特殊民事案件案由，根据当事人的诉讼请求直接表述。

三、关于民事案件案由编排体系的几个问题

1.《民事案件案由规定》以民法理论对民事法律关系的分类为基础，结合现行立法及审判实践，将案由的编排体系划分为人格权、婚姻家庭继承、物权、债权、劳动争议与人事争议、知识产权、海事海商、与铁路运输有关的民事纠纷以及与公司、证券、票据等有关的民事纠纷、适用特殊程序案件案由等共十大部分，作为第一级案由。为保持体系的相对完整，并考虑规范民事审判业务分工，对某些案由进行了合并和拆分。如知识产权纠纷类中，既包括知识产权相关的合同纠纷案件，也包括知识产权权属和侵权纠纷案件。在第一级案由项下，细分为三十类案由，作为第二级案由（以大写数字表示）；在第二级案由项下列出了三百六十多种案由，作为第三级案由（以阿拉伯数字表示），第三级案由是实践中最常见和广泛使用的案由。基于审判工作指导、调研和司法统计的需要，在部分第三级案由项下列出了部分第四

级案由(以阿拉伯数字加()表示)。

2. 关于侵权纠纷案件案由的编排。《民事案件案由规定》未将侵权纠纷案件单独列为第一级案由,而是分别作了规定。第一,一般民事侵权案件,依民事权利的类型,分别规定在人格权、物权、知识产权等第一级案由项下,根据需要列为第二级或者第三级案由,或者隐含在第三级案由之下。第二,对于一些同时侵害人身权利和财产权利的侵权纠纷案件,以及适用特殊侵权规则的侵权纠纷案件,则单独列在债权纠纷案件案由项下,作为第二级案由,以下列出若干第三级案由。

3. 关于物权纠纷案由和合同纠纷案由适用的问题。《民事案由规定》按照物权变动原因与结果相区分的原则,对于因物权变动的原因关系,即债权性质的合同关系产生的纠纷,应适用债权纠纷部分的案由,如物权设立原因关系方面的担保合同纠纷,物权转移原因关系方面的买卖合同纠纷。对于因物权成立、归属、效力、使用、收益等物权关系产生的纠纷,则应适用物权纠纷部分的案由,如担保物权纠纷。对此,人民法院应根据当事人诉争的法律关系的性质,查明该法律关系涉及的是物权变动的原因关系还是物权变动的结果关系,以正确确定案由。

4. 关于第三部分中"物权保护纠纷"与"所有权纠纷"、"用益物权纠纷"、"担保物权纠纷"的协调问题。物权法第三章"物权的保护"所规定的物权请求权或者债权请求权保护方法,在《民事案件案由规定》规定的每个物权类型(第三级案由)项下可能部分或者全部适用,多数可以作为第四级案由规定,但为避免使整个案由体系冗长繁杂,在各第三级案由下并未一一列出,在适用时可以按照保护的权利种类,分别适用所有权、用益物权、担保物权项下的第三级案由。如果一个纠纷中同时涉及所有权、用益物权和担保物权中两种以上的物权,或者在物权纠纷案由其他部分找不到可以适用的第三级案由时,则可以适用"物权保护纠纷"项下的具体案由。

四、适用《民事案件案由规定》时应注意的几个问题

1. 第一审法院立案时应当根据当事人诉争的法律关系性质,首先应适用《民事案件案由规定》列出的第四级案由,第四级案由没有规定的,则适用第三级案由;第

三级案由中没有规定的，则可以直接适用相应的第二级案由或者第一级案由。地方各级人民法院对审判中出现的可以作为新的第三级民事案由或者应当规定为第四级民事案由的纠纷类型，可以及时报告最高人民法院。最高人民法院将定期收集、整理、筛选，及时细化、补充相关案由。

2. 同一诉讼中涉及两个以上的法律关系，属于主从关系的，人民法院应当以主法律关系确定案由，但当事人仅以从法律关系起诉的，则以从法律关系确定案由；不属于主从关系的，则以当事人诉争的法律关系确定案由，均为诉争法律关系的，则按诉争的两个以上法律关系确定并列的两个案由。

3. 在请求权竞合的情形下，人民法院应当按照当事人自主选择行使的请求权，根据当事人诉争的法律关系的性质，确定相应的案由。

4. 当事人在诉讼过程中增加或者变更诉讼请求导致当事人诉争的法律关系发生变更的，人民法院应当相应变更案件的案由。

在适用《民事案件案由规定》过程中有何情况和问题，应当及时报告最高人民法院。

最高人民法院研究室关于人民法院对农村集体经济所得收益分配纠纷是否受理问题的答复

（2001 年 7 月 9 日　法研〔2001〕51 号）

广东省高级人民法院：

你院粤高法〔2000〕25 号《关于对农村集体经济所得收益分配的争议纠纷，人民法院是否受理的请示》收悉。经研究，答复如下：

农村集体经济组织与其成员之间因收益分配产生的纠纷，属平等民事主体之间的纠纷。当事人就该纠纷起诉到人民法院，只要符合《中华人民共和国民事诉讼法》第一百零八条的规定，人民法院应当受理。

最高人民法院经济审判庭对于新经济合同法施行前已经工商行政管理部门作出行政处理的经济合同纠纷案件当事人又以经济纠纷提起民事诉讼应否受理问题的函

（1994 年 6 月 7 日　法经〔1994〕133 号）

福建省高级人民法院经济庭：

关于厦门新星包装联合公司诉江西凯隆化工有限公司购销聚酯饮料瓶合同纠纷案，我庭曾以法经〔1994〕3 号函提出处理意见。收到你们今年 3 月 1 日的报告后，又作了研究，现答复如下：

1993 年 7 月 20 日，江西省工商行政管理局以无效经济合同确认书的形式确认南昌石泉饮料厂于 1993 年 1 月 18 日以江西凯隆化工有限公司南昌分公司名义与厦门新星包装联合公司签订的购销聚酯饮料瓶合同为无效合同，债务由南昌石泉饮料厂承担。该局于 8 月 2 日邮寄送达无效经济合同确认书。厦门新星包装联合公司于 8 月 9 日签收了法律文书。该公司于 8 月 2 日以江西凯隆化工有限公司为被告向厦门市湖里区人民法院提起民事诉讼。江西凯隆化工有限公司以该案已经工商行政管理部门作出行政处理，法院不应重复立案为由，在法定期限内提出了管辖异议。湖里区人民法院裁定予以驳回，该公司提起上诉，厦门市中级人民法院驳回上诉，维持原裁定。

我们认为，对于新经济合同法施行前已经工商行政管理部门通过行政方式处理了的经济合同纠纷案件，根据本院〔1992〕行他字第 5 号答复精神，人民法院不应再按经济纠纷立案受理，已经受理了的，应当驳回当事人起诉，厦门市中级人民法院应当依法裁定撤销一、二审法院驳回当事人管辖异议的裁定并驳回当事人起诉。如果当事人不服江西省工商行政管理局的行政处理决定，可以在接到厦门市中级人民法院驳回起诉的裁定书的次日起一个月之内,依行政诉讼法的有关规定向有管辖权的人民法院提起行政诉讼。

最高人民法院关于当事人对医疗事故鉴定结论有异议又不申请重新鉴定而以要求医疗单位赔偿经济损失为由向人民法院起诉的案件应否受理的复函

(1990 年 11 月 7 日　〔1990〕民他字第 44 号)

四川省高级人民法院:

你院川法研〔1990〕41 号请示收悉。经研究,同意你院审判委员会的倾向性意见,即:当事人对医疗事故鉴定结论虽有异议,但不申请重新鉴定,而以要求医疗单位赔偿经济损失为由向人民法院起诉的,如符合《中华人民共和国民事诉讼法(试行)》第八十一条规定,人民法院应作为民事案件受理。

最高人民法院关于财产犯罪的受害者能否向已经过司法机关处理的人提起损害赔偿的民事诉讼的复函

(1989 年 7 月 10 日　〔1989〕民他字第 29 号)

甘肃省高级人民法院:

你院甘法研〔1988〕23 号《关于财产犯罪的受害者能否向已经过司法机关处理

的人提起损害赔偿的民事诉讼》的请示报告收悉。经研究认为:关于财产犯罪的受害人可否提起损害赔偿的民事诉讼问题,情况比较复杂,尚需在审判实践中积累经验进行研究。至于你院请示报告中涉及的马占魁、王凌贵诈骗财产一案,应当设法继续追赃,不宜采用提起民事诉讼的办法。

9 第一审普通程序

(一)司法解释

最高人民法院关于印发《第一审经济纠纷案件适用普通程序开庭审理的若干规定》的通知

(1993年11月16日 法发〔1993〕34号)

全国地方各级人民法院、各级军事法院、各铁路运输中级法院和基层法院、各海事法院:

为改进经济审判工作,提高审判水平,充分发挥合议庭的作用,抓好开庭审理,实现审理案件规范化,现将《第一审经济纠纷案件适用普通程序开庭审理的若干规定》印发给你们,请依照执行。各地在执行中有什么问题和建议,请及时报告我院。

附:

第一审经济纠纷案件适用普通程序开庭审理的若干规定

(最高人民法院审判委员会第602次会议讨论通过)

一、开庭前的工作

1. 人民法院对决定受理的案件,应当在受理案件通知书和应诉通知书中,向当事人告知有关的诉讼权利义务，或者口头予以告知，如果已经确定开庭日期的，应当一并告知当事人及其诉讼代理人开庭的时间、地点。合议庭组成后，应当在三日内将合议庭组成人员告知当事人。告知后，因情事变化，必须调整合议庭组成人员的，应当于调整后三日内告知当事人。在开庭前三日内决定调整合议庭组成人员的，原定的开庭日期应予顺延。

2. 合议庭成员应当认真审核双方提供的诉讼材料，了解案情，审查证据，掌握争议的焦点和需要庭审调查、辩论的主要问题。

3. 必须共同进行诉讼的当事人没有参加诉讼的，应当通知其参加诉讼。

4. 对专门性问题合议庭认为需要鉴定、审计的，应及时交由法定鉴定部门或者指定有关部门鉴定，委托审计机关审计。

5. 开庭前，合议庭可以召集双方当事人及其诉讼代理人交换、核对证据，核算帐目。对双方当事人无异议的事实、证据应当记录在卷，并由双方当事人签字确认。在开庭审理时如双方当事人不再提出异议，便可予以认定。

在双方当事人自愿的条件下，合议庭可以在开庭审理前让双方当事人及其诉讼代理人自行协商解决。当事人和解，原告申请撤诉，或者双方当事人要求发给调解书的，经审查认为不违反法律规定，不损害第三人利益的，可以裁定准予撤诉，或者按照双方当事人达成的和解协议制作调解书发给当事人。

6. 合议庭审查案卷材料后，认为法律关系明确、事实清楚，经征得当事人双方同意，可以在开庭审理前径行调整。调解达成协议的，制作调解书发给当事人。双方当事人对案件事实无争议，只是在责任承担上达不成协议的，开庭审理可以在双方当事人对事实予以确认的基础上，直接进行法庭辩论。

7. 开庭审理前达不成协议的，合议庭应即研究确定开庭审理的日期和庭审提纲，并明确合议庭成员在庭审中的分工。

8. 开庭日期确定后，书记员应当在开庭三日前将传票送达当事人，将开庭通知书送达当事人的诉讼代理人、证人、鉴定人、勘验人、翻译人员。当事人或其他诉讼参与人在外地的，应留有必要的在途时间。公开审理的，应当公告当事人姓名、案由和开庭的时间、地点。

9. 开庭审理前，书记员应当查明当事人和其他诉讼参与人是否到庭。当事人或其他诉讼参与人没有到庭的，应将情况及时报告审判长，并由合议庭确定是否需要延期开庭审理或者中止诉讼。决定延期开庭审理的，应当及时通知当事人和其他诉讼参与人；决定中止诉讼的，应当制作裁定书，发给当事人。原告经传票传唤，无正当理由拒不到庭的，可以按撤诉处理；被告经传票传唤，无正当理由拒不到庭的，可以缺席判决。

二、宣布开庭

10. 书记员宣布当事人及其诉讼代理人入庭。

11. 书记员宣布法庭纪律。

12. 书记员宣布全体起立，请审判长、审判员、陪审员入庭。

13. 书记员向审判长报告当事人及其诉讼代理人的出庭情况。审判长核对当事人及其诉讼代理人的身份，并询问各方当事人对于对方出庭人员有无异议。

14. 当事人的身份经审判长核对无误，且当事人对对方出庭人员没有异议，审判长宣布各方当事人及其诉讼代理人符合法律规定，可以参加本案诉讼。

15. 审判长宣布案由及开始庭审，不公开审理的应当说明理由。

16. 被告经人民法院传票传唤，无正当理由拒不到庭的，审判长可以宣布缺席审理，并说明传票送达合法和缺席审理的依据。无独立请求权的第三人经人民法院传票传唤，无正当理由拒不到庭的，不影响案件的审理。

17. 审判长宣布合议庭组成人员、书记员名单。

18. 审判长告知当事人有关的诉讼权利义务，询问各方当事人是否申请回避。当事人提出申请回避的，合议庭应当宣布休庭。院长担任审判长时的回避，由审判委员会决定；审判人员的回避，由院长决定；其他人员的回避，由审判长决定。当事人申请回避的理由不能成立的，由审判长在重新开庭时宣布予以驳回，记入笔录；当事人申请回避的理由成立，决定回避的，由审判长宣布延期审理。

当事人对驳回回避申请的决定不服，申请复议的，不影响案件的开庭。人民法院对复议申请，应当在三日内作出复议决定并通知复议申请人，也可以在开庭时当庭作出复议决定并告知复议申请人。

三、法庭调查

19. 审判长宣布进行法庭调查后，应当告知当事人法庭调查的重点是双方争议的事实。当事人对自己提出的主张，有责任提供证据，反驳对方主张的，也应提供证据或说明理由。

20. 原告简要陈述起诉的请求和理由，或者宣读起诉书。

21. 被告针对原告起诉中的请求和理由作出承认或者否定的答辩，对双方确认的事实，应当记入笔录，法院无须再作调查。

22. 第三人陈述或答辩。有独立请求权的第三人陈述诉讼请求及理由。无独立请求权的第三人针对原、被告的陈述提出承认或否认的答辩意见。

23. 案件有多个诉讼请求或多个独立存在的事实的，可按每个诉讼请求、每段事实争议的问题由当事人依次陈述、核对证据。

24. 双方当事人就争议的事实所提供的书证、物证、视听资料，应经对方辨认，互相质证。

涉及国家机密、商业秘密的证据，当事人提交法庭的，法庭不能公开出示，但可以适当提示。

25. 凡是知道案件情况的单位和个人，都有义务出庭作证。证人出庭作证，法庭应查明证人身份，告知证人作证的义务以及作伪证应负的法律责任。证人作证后，应征询双方当事人对证人证言的意见。经法庭许可，当事人及其诉讼代理人可以向证人发问。

证人确有困难不能出庭的，其所提交的书面证言应当当庭宣读。当事人自己调查取得的证人证言，由当事人宣读后提交法庭，对方当事人可以质询；人民法院调查取得的证人证言，由书记员宣读，双方当事人可以质询。

26. 勘验人、鉴定人宣读勘验笔录、鉴定结论后，由双方当事人发表意见。经法庭许可，当事人及其诉讼代理人可以向勘验人、鉴定人发问。

27. 双方当事人争议的事实查清后，审判长应当询问双方当事人有无新的证据提出，原告的诉讼请求或被告的反诉请求有无变更。当事人重复陈述的，审判长应当及时提醒或制止。

28. 案件的事实清楚后,审判长宣布法庭调查结束。

29. 当事人要求提供新的证据或者合议庭认为事实尚未查清,确需人民法院补充调查、收集证据或通知新的证人到庭、重新鉴定、勘验,因而需要延期审理的,可以宣布延期审理。需要当事人补充证据的,应告知其在限定期间内提供。

四、法庭辩论

30. 审判长宣布法庭辩论开始,当事人及其诉讼代理人就本案争议的问题进行辩论。辩论应当实事求是,以理服人。必要时,审判长可以根据案情限定当事人及其诉讼代理人每次发表意见的时间。

31. 原告及其诉讼代理人发言。

32. 被告及其诉讼代理人答辩。

33. 第三人及其诉讼代理人发言或答辩。

34. 第一轮辩论结束,审判长应当询问当事人是否还有补充意见。当事人要求继续发言的,应当允许,但要提醒不可重复。

35. 当事人没有补充意见的,审判长宣布法庭辩论终结。

36. 法庭辩论终结,审判长按照原告、被告、第三人的顺序征询各方最后意见。

五、法庭辩论后的调解

37. 经过法庭调查和辩论,如果事实清楚的,审判长按照原告、被告和有独立请求权第三人的顺序询问当事人是否愿意调解。无独立请求权的第三人需要承担义务的,在询问原告、被告之后,还应询问其是否愿意调解。

当事人愿意调解的,可以当庭进行,也可以休庭后进行。

38. 调解时,可以先由各方当事人提出调解方案。当事人意见不一致的,合议庭要讲清法律规定,分清责任,促使双方当事人达成协议。必要时,合议庭可以根据双方当事人的请求提出调解方案,供双方当事人考虑;也可以先分别征询各方当事人意见,而后进行调解。

39. 经过调解,双方当事人达成协议的,应当在调解协议上签字盖章。人民法院应当根据双方当事人达成的调解协议制作调解书送达当事人。双方当事人达成协议后当即履行完毕,不要求发给调解书的,应当记入笔录,在双方当事人、合议庭成员、书记员签名或盖章后,即具有法律效力。

40. 双方当事人当庭达成调解协议的,合议庭应当宣布调解结果,告知当事人调解书经双方当事人签收后,即具有法律效力。

六、合议庭评议

41. 经过开庭审理后调解不成的,合议庭应当休庭进行评议,就案件的性质、认定的事实、适用的法律、是非责任和处理结果作出结论。

42. 评议中如发现案件事实尚未查清,需要当事人补充证据或者由人民法院自行调查收集证据的,可以决定延期审理,由审判长在继续开庭时宣布延期审理的理由和时间,以及当事人提供补充证据的期限。

43. 合议庭评议案件,实行少数服从多数的原则。评议中的不同意见,书记员必须如实记入笔录,由合议庭成员在笔录上签名。

七、宣判

44. 合议庭评议后,由审判长宣布继续开庭并宣读裁判。宣判时,当事人及其他诉讼参与人、旁听人员应当起立。宣判的内容包括:认定的事实、适用的法律、判决的结果和理由、诉讼费用的负担、当事人的上诉权利、上诉期限和上诉法院。

45. 不能当庭宣判的,审判长应当宣布另定日期宣判。

46. 由书记员宣读庭审笔录,也可以告知当事人和其他诉讼参与人当庭或者在五日内阅读。

庭审笔录经宣读或阅读,当事人和其他诉讼参与人认为记录无误的,应当在笔录上签名或盖章;拒绝签名、盖章的,记明情况附卷;认为对自己的陈述记录有遗漏或者差错,申请补正的,允许在笔录后面或另页补正。

庭审笔录由合议庭成员和书记员签名。

八、闭庭

47. 审判长宣布闭庭。

48. 书记员宣布全体起立，合议庭成员等退庭。

49. 合议庭成员退庭后，书记员宣布当事人和旁听人员退庭。

（二）司法性文件

最高人民法院关于在民事判决书中增加向当事人告知民事诉讼法第二百三十二条规定内容的通知

（2007年2月7日　法[2007]19号）

全国地方各级人民法院、各级军事法院、各铁路运输中级法院和基层法院、各海事法院，新疆生产建设兵团各级法院：

根据《中共中央关于构建社会主义和谐社会若干重大问题的决定》有关“落实当事人权利义务告知制度”的要求，为使胜诉的当事人及时获得诉讼成果，促使败诉的当事人及时履行义务，经研究决定，在具有金钱给付内容的民事判决书中增加向当事人告知民事诉讼法第二百三十二条规定的内容。现将在民事判决书中具体表述方式通知如下：

一、一审判决中具有金钱给付义务的，应当在所有判项之后另起一行写明：如果未按本判决指定的期间履行给付金钱义务，应当依照《中华人民共和国民事诉讼法》第二百三十二条之规定，加倍支付迟延履行期间的债务利息。

二、二审判决作出改判的案件，无论一审判决是否写入了上述告知内容，均应在所有判项之后另起一行写明第一条的告知内容。

三、如一审判决已经写明上述告知内容，二审维持原判的判决，可不再重复告知。

特此通知。

2007年2月7日

10 简易程序

司法解释

最高人民法院关于适用简易程序审理民事案件的若干规定

（2003 年 7 月 4 日最高人民法院审判委员会第 1280 次会议通过 2003 年 9 月 10 日公布 自 2003 年 12 月 1 日起施行 法释〔2003〕15 号）

为保障和方便当事人依法行使诉讼权利，保证人民法院公正、及时审理民事案件，根据《中华人民共和国民事诉讼法》的有关规定，结合民事审判经验和实际情况，制定本规定。

一、适用范围

第一条 基层人民法院根据《中华人民共和国民事诉讼法》第一百四十二条规定审理简单的民事案件，适用本规定，但有下列情形之一的案件除外：

（一）起诉时被告下落不明的；

（二）发回重审的；

（三）共同诉讼中一方或者双方当事人人数众多的；

（四）法律规定应当适用特别程序、审判监督程序、督促程序、公示催告程序和企业法人破产还债程序的；

（五）人民法院认为不宜适用简易程序进行审理的。

第二条 基层人民法院适用第一审普通程序审理的民事案件，当事人各方自愿选择适用简易程序，经人民法院审查同意的，可以适用简易程序进行审理。

人民法院不得违反当事人自愿原则，将普通程序转为简易程序。

第三条 当事人就适用简易程序提出异议，人民法院认为异议成立的，或者人民法院在审理过程中发现不宜适用简易程序的，应当将案件转入普通程序审理。

二、起诉与答辩

第四条 原告本人不能书写起诉状，委托他人代写起诉状确有困难的，可以口头起诉。

原告口头起诉的，人民法院应当将当事人的基本情况、联系方式、诉讼请求、事实及理由予以准确记录，将相关证据予以登记。人民法院应当将上述记录和登记的内容向原告当面宣读，原告认为无误后应当签名或者捺印。

第五条 当事人应当在起诉或者答辩时向人民法院提供自己准确的送达地址、收件人、电话号码等其他联系方式，并签名或者捺印确认。

送达地址应当写明受送达人住所地的邮政编码和详细地址；受送达人是有固定职业的自然人的，其从业的场所可以视为送达地址。

第六条 原告起诉后，人民法院可以采取捎口信、电话、传真、电子邮件等简便方式随时传唤双方当事人、证人。

第七条 双方当事人到庭后，被告同意口头答辩的，人民法院可以当即开庭审理；被告要求书面答辩的，人民法院应当将提交答辩状的期限和开庭的具体日期告知各方当事人，并向当事人说明逾期举证以及拒不到庭的法律后果，由各方当事人在笔录和开庭传票的送达回证上签名或者捺印。

第八条 人民法院按照原告提供的被告的送达地址或者其他联系方式无法通知被告应诉的，应当按以下情况分别处理：

（一）原告提供了被告准确的送达地址，但人民法院无法向被告直接送达或者留置送达应诉通知书的，应当将案件转入普通程序审理；

（二）原告不能提供被告准确的送达地址，人民法院经查证后仍不能确定被告送达地址的，可以被告不明确为由裁定驳回原告起诉。

第九条 被告到庭后拒绝提供自己的送达地址和联系方式的，人民法院应当告知其拒不提供送达地址的后果；经人民法院告知后被告仍然拒不提供的，按下列方式处理：

（一）被告是自然人的，以其户籍登记中的住所地或者经常居住地为送达地址；

（二）被告是法人或者其他组织的，应当以其工商登记或者其他依法登记、备案中的住所地为送达地址。

人民法院应当将上述告知的内容记入笔录。

第十条 因当事人自己提供的送达地址不准确、送达地址变更未及时告知人民法院，或者当事人拒不提供自己的送达地址而导致诉讼文书未能被当事人实际接收的，按下列方式处理：

（一）邮寄送达的，以邮件回执上注明的退回之日视为送达之日；

（二）直接送达的，送达人当场在送达回证上记明情况之日视为送达之日。

上述内容，人民法院应当在原告起诉和被告答辩时以书面或者口头方式告知当事人。

第十一条 受送达的自然人以及他的同住成年家属拒绝签收诉讼文书的，或者法人、其他组织负责收件的人拒绝签收诉讼文书的，送达人应当依据《中华人民共和国民事诉讼法》第七十九条的规定邀请有关基层组织或者所在单位的代表到场见证，被邀请的人不愿到场见证的，送达人应当在送达回证上记明拒收事由、时间和地点以及被邀请人不愿到场见证的情形，将诉讼文书留在受送达人的住所或者从业场所，即视为送达。

受送达人的同住成年家属或者法人、其他组织负责收件的人是同一案件中另一方当事人的，不适用前款规定。

三、审理前的准备

第十二条 适用简易程序审理的民事案件，当事人及其诉讼代理人申请人民法院调查收集证据和申请证人出庭作证，应当在举证期限届满前提出，但其提出申请的期限不受《最高人民法院关于民事诉讼证据的若干规定》第十九条第一款、第五十四条第一款的限制。

第十三条 当事人一方或者双方就适用简易程序提出异议后，人民法院应当进行审查，并按下列情形分别处理：

（一）异议成立的，应当将案件转入普通程序审理，并将合议庭的组成人员及相关事项以书面形式通知双方当事人；

（二）异议不成立的，口头告知双方当事人，并将上述内容记入笔录。

转入普通程序审理的民事案件的审理期限自人民法院立案的次日起开始计算。

第十四条 下列民事案件，人民法院在开庭审理时应当先行调解：

（一）婚姻家庭纠纷和继承纠纷；

（二）劳务合同纠纷；

（三）交通事故和工伤事故引起的权利义务关系较为明确的损害赔偿纠纷；

（四）宅基地和相邻关系纠纷；

（五）合伙协议纠纷；

（六）诉讼标的额较小的纠纷。

但是根据案件的性质和当事人的实际情况不能调解或者显然没有调解必要的除外。

第十五条 调解达成协议并经审判人员审核后，双方当事人同意该调解协议经双方签名或者捺印生效的，该调解协议自双方签名或者捺印之日起发生法律效力。当事人要求摘录或者复制该调解协议的，应予准许。

调解协议符合前款规定的，人民法院应当另行制作民事调解书。调解协议生效后一方拒不履行的，另一方可以持民事调解书申请强制执行。

第十六条 人民法院可以当庭告知当事人到人民法院领取民事调解书的具体日期，也可以在当事人达成调解协议的次日起十日内将民事调解书发送给当事人。

第十七条 当事人以民事调解书与调解协议的原意不一致为由提出异议，人民法院审查后认为异议成立的，应当根据调解协议裁定补正民事调解书的相关内容。

四、开庭审理

第十八条 以捎口信、电话、传真、电子邮件等形式发送的开庭通知，未经当事人确认或者没有其他证据足以证明当事人已经收到的，人民法院不得将其作为按撤诉处理和缺席判决的根据。

第十九条　开庭前已经书面或者口头告知当事人诉讼权利义务，或者当事人各方均委托律师代理诉讼的，审判人员除告知当事人申请回避的权利外，可以不再告知当事人其他的诉讼权利义务。

第二十条　对没有委托律师代理诉讼的当事人，审判人员应当对回避、自认、举证责任等相关内容向其作必要的解释或者说明，并在庭审过程中适当提示当事人正确行使诉讼权利、履行诉讼义务，指导当事人进行正常的诉讼活动。

第二十一条　开庭时，审判人员可以根据当事人的诉讼请求和答辩意见归纳出争议焦点，经当事人确认后，由当事人围绕争议焦点举证、质证和辩论。

当事人对案件事实无争议的，审判人员可以在听取当事人就适用法律方面的辩论意见后迳行判决、裁定。

第二十二条　当事人双方同时到基层人民法院请求解决简单的民事纠纷，但未协商举证期限，或者被告一方经简便方式传唤到庭的，当事人在开庭审理时要求当庭举证的，应予准许；当事人当庭举证有困难的，举证的期限由当事人协商决定，但最长不得超过十五日；协商不成的，由人民法院决定。

第二十三条　适用简易程序审理的民事案件，应当一次开庭审结，但人民法院认为确有必要再次开庭的除外。

第二十四条　书记员应当将适用简易程序审理民事案件的全部活动记入笔录。对于下列事项，应当详细记载：

（一）审判人员关于当事人诉讼权利义务的告知、争议焦点的概括、证据的认定和裁判的宣告等重大事项；

（二）当事人申请回避、自认、撤诉、和解等重大事项；

（三）当事人当庭陈述的与其诉讼权利直接相关的其他事项。

第二十五条　庭审结束时，审判人员可以根据案件的审理情况对争议焦点和当事人各方举证、质证和辩论的情况进行简要总结，并就是否同意调解征询当事人的意见。

第二十六条　审判人员在审理过程中发现案情复杂需要转为普通程序的，应当在审限届满前及时作出决定,并书面通知当事人。

五、宣判与送达

第二十七条 适用简易程序审理的民事案件,除人民法院认为不宜当庭宣判的以外,应当当庭宣判。

第二十八条 当庭宣判的案件,除当事人当庭要求邮寄送达的以外,人民法院应当告知当事人或者诉讼代理人领取裁判文书的期间和地点以及逾期不领取的法律后果。上述情况,应当记入笔录。

人民法院已经告知当事人领取裁判文书的期间和地点的,当事人在指定期间内领取裁判文书之日即为送达之日;当事人在指定期间内未领取的,指定领取裁判文书期间届满之日即为送达之日,当事人的上诉期从人民法院指定领取裁判文书期间届满之日的次日起开始计算。

第二十九条 当事人因交通不便或者其他原因要求邮寄送达裁判文书的,人民法院可以按照当事人自己提供的送达地址邮寄送达。

人民法院根据当事人自己提供的送达地址邮寄送达的,邮件回执上注明收到或者退回之日即为送达之日,当事人的上诉期从邮件回执上注明收到或者退回之日的次日起开始计算。

第三十条 原告经传票传唤,无正当理由拒不到庭或者未经法庭许可中途退庭的,可以按撤诉处理;被告经传票传唤,无正当理由拒不到庭或者未经法庭许可中途退庭的,人民法院可以根据原告的诉讼请求及双方已经提交给法庭的证据材料缺席判决。

按撤诉处理或者缺席判决的,人民法院可以按照当事人自己提供的送达地址将裁判文书送达给未到庭的当事人。

第三十一条 定期宣判的案件,定期宣判之日即为送达之日,当事人的上诉期自定期宣判的次日起开始计算。当事人在定期宣判的日期无正当理由未到庭的,不影响该裁判上诉期间的计算。

当事人确有正当理由不能到庭,并在定期宣判前已经告知人民法院的,人民法院可以按照当事人自己提供的送达地址将裁判文书送达给未到庭的当事人。

第三十二条　适用简易程序审理的民事案件，有下列情形之一的，人民法院在制作裁判文书时对认定事实或者判决理由部分可以适当简化：

（一）当事人达成调解协议并需要制作民事调解书的；

（二）一方当事人在诉讼过程中明确表示承认对方全部诉讼请求或者部分诉讼请求的；

（三）当事人对案件事实没有争议或者争议不大的；

（四）涉及个人隐私或者商业秘密的案件，当事人一方要求简化裁判文书中的相关内容，人民法院认为理由正当的；

（五）当事人双方一致同意简化裁判文书的。

六、其他

第三十三条　本院已经公布的司法解释与本规定不一致的，以本规定为准。

第三十四条　本规定自 2003 年 12 月 1 日起施行。2003 年 12 月 1 日以后受理的民事案件，适用本规定。

最高人民法院关于印发《经济纠纷案件适用简易程序开庭审理的若干规定》的通知

（1993 年 11 月 16 日　法发〔1993〕35 号）

全国地方各级人民法院、各级军事法院、各铁路运输中级法院和基层法院、各海事法院：

为改进经济审判工作，提高审判水平，抓好开庭审理，正确适用简易程序，实现审理案件规范化，现将《经济纠纷案件适用简易程序开庭审理的若干规定》印发给你们，请依照执行。各地在执行中，有什么问题和建议，请及时报告我院。

附：

经济纠纷案件适用简易程序开庭审理的若干规定

（最高人民法院审判委员会第602次会议讨论通过）

1. 基层人民法院和它派出的法庭收到起诉状经审查立案后，认为事实清楚、权利义务关系明确、争议不大的简单的经济纠纷案件，可以适用简易程序进行审理。

2. 原、被告双方同时到庭请求解决纠纷的，可以当即审理，当即调解。

3. 原告到庭请求解决纠纷，被告在本地的，可以用书面、电话、请基层组织工作人员捎信等简便方式传唤另一方当事人到庭。被告口头答辩的，记入笔录，可以当即审理；被告要求书面答辩的，可以征求其所需答辩期限的意见，但最长不得超过15天。

经询问双方当事人或者被告答辩后，发现双方争议较大，案情重大、复杂的，转入普通程序进行审理。

4. 经双方当事人陈述，权利义务关系明确、事实清楚，在征得双方当事人同意后，可以直接进行调解。调解达成协议，制作调解书发给当事人；即时履行完毕，当事人不要求发给调解书的，可将协议内容记入笔录，不制作调解书。双方当事人对案件事实无争议，只是在责任的承担上达不成协议的，开庭审理时可以在双方当事人对事实予以确认的基础上，直接进行法庭辩论。

5. 双方当事人对主要事实陈述不一致，或者庭前调解达不成协议的，可以当即开庭审理，也可以另定日期审理，并告知当事人开庭的时间、地点。

6. 开庭前，书记员查明当事人及其他诉讼参与人是否到庭。当事人或其他诉讼参与人没有到庭的，应将情况及时报告审判员，由审判员决定是否需要延期或者中止审理。决定延期或者中止审理的，应及时通知当事人和其他诉讼参与人。原告经传票传唤，无正当理由拒不到庭的，可以按撤诉处理。审判员决定如期审理的，书记员宣布当事人及其诉讼代理人入庭。

7. 开庭前书记员先宣布法庭纪律。

8. 书记员宣布全体起立,请审判员入庭。

9. 书记员向审判员报告当事人及其诉讼代理人的出庭情况,审判员核对当事人及其诉讼代理人的身份,并询问各方当事人对于对方出庭人员有无异议。

10. 当事人身份经审判员核对无误,且对对方出庭人员没有异议的,审判员宣布到庭的当事人及其诉讼代理人符合法律规定,可以参加本案诉讼。

11. 审判员宣布案由、开庭。

12. 审判员宣布审判员、书记员姓名,告知当事人有关的诉讼权利义务,询问各方当事人是否申请回避。

13. 原告简要陈述起诉的请求、事实和理由。

14. 被告针对原告起诉中陈述的事实提出承认或者否认的答辩。

15. 当事人对自己的主张有责任提供证据,各方当事人提供的证据,应经对方辨认、互相质证。

16. 证人出庭作证的,应查明证人身份,告知证人作证的义务以及作伪证应负的法律责任。证人作证后应征询双方当事人对证人证言的意见。经法庭许可,当事人及其诉讼代理人可以向证人发问。对确实不能出庭的证人提供的证言,当庭宣读后,也应征询双方当事人意见。

17. 当事人对争议的问题可以互相辩论。审判员对当事人在辩论中与本案无关的言辞应当及时制止。

18. 经法庭调查、辩论,事实基本清楚后,审判员按原告、被告的顺序询问双方当事人是否愿意调解。调解可以当庭进行,也可以休庭后进行。

19. 调解可先由各方当事人提出调解方案。当事人意见有分歧的,要讲明道理、分清责任,促使双方当事人自愿达成协议。审判员也可根据对方当事人的请求提出初步调解方案,征询各方当事人意见。

20. 经调解,双方当事人取得一致意见,根据协商的内容起草调解协议,由各方当事人签字或盖章。人民法院应当制作调解书发给当事人。

21. 调解达不成协议的,审判员可以当庭宣判。宣判时,审判员与当事人应当起立。宣判内容包括认定的事实、判决的理由、适用的法律依据、判决的结果、诉讼费用的负担、当事人的上诉权利、上诉期间和上诉的法院。

22. 书记员宣读庭审笔录或者告知当事人和其他诉讼参与人当庭或者在五日内阅读。

庭审笔录经宣读或阅读,记录无误的,当事人和其他诉讼参与人应当在笔录上签名或盖章;拒绝签名、盖章的,记明情况附卷;认为对自己的陈述记录有遗漏或者差错,申请补正的,允许在笔录后面或另页补正。

庭审笔录,由审判员和书记员签名。

23. 审判员宣布闭庭。

24. 书记员宣布全体起立,请审判员退庭。

25. 审判员退庭后,书记员宣布当事人和旁听人员等退庭。

11　第二审程序

（一）司法解释

最高人民法院关于人民法院对民事案件发回重审和指令再审有关问题的规定

（2002年4月15日最高人民法院审判委员会第1221次会议通过　2002年7月31日颁布　自2002年8月15日起施行　法释〔2002〕24号）

各省、自治区、直辖市高级人民法院，解放军军事法院，新疆维吾尔自治区高级人民法院生产建设兵团分院：

根据《中华人民共和国民事诉讼法》（以下简称民事诉讼法）的有关规定，现对人民法院将民事案件发回重审和指令再审的有关问题作如下规定：

第一条　第二审人民法院根据民事诉讼法第一百五十三条第一款第（三）项的规定将案件发回原审人民法院重审的，对同一案件，只能发回重审一次。第一审人民法院重审后，第二审人民法院认为原判决认定事实仍有错误，或者原判决认定事实不清、证据不足的，应当查清事实后依法改判。

第二条　各级人民法院依照民事诉讼法第一百七十七条第一款的规定对同一案件进行再审的，只能再审一次。

上级人民法院根据民事诉讼法第一百七十七条第二款的规定指令下级人民法院再审的，只能指令再审一次。上级人民法院认为下级人民法院作出的发生法律效力的再审判决、裁定需要再次进行再审的,上级人民法院应当依法提审。

上级人民法院因下级人民法院违反法定程序而指令再审的,不受前款规定的限制。

第三条 同一人民法院根据民事诉讼法第一百七十八条的规定,对同一案件只能依照审判监督程序审理一次。

前款所称“依照审判监督程序审理一次”不包括人民法院对当事人的再审申请审查后用通知书驳回的情形。

(二)司法性文件

最高人民法院关于正确适用《关于人民法院对民事案件发回重审和指令再审有关问题的规定》的通知

(2003年11月13日)

各省、自治区、直辖市高级人民法院,解放军军事法院,新疆维吾尔自治区高级人民法院生产建设兵团分院:

我院2002年7月31日公布《关于人民法院对民事案件发回重审和指令再审有关问题的规定》后,部分高级人民法院就如何理解和适用陆续向我院请示。为正确适用该规定,经我院审判委员会第1285次会议讨论决定,现就有关问题通知如下:

1. 各级人民法院对本院已经发生法律效力的民事判决、裁定,不论以何种方式启动审判监督程序的,一般只能再审一次。

2. 对于下级人民法院已经再审过的民事案件,上一级人民法院认为需要再审的,应当依法提审。提审的人民法院对该案件只能再审一次。

3. 人民检察院按照审判监督程序提起抗诉的民事案件,一般应当由作出生效裁判的人民法院再审;作出生效裁判的人民法院已经再审过的,由上一级人民法院提审,或者指令该法院的其他同级人民法院再审。

4. 各级人民法院院长发现本院发生法律效力的再审裁判确有错误依法必须改判的,应当提出书面意见请示上一级人民法院,并附全部案卷。上一级人民法院一般应当提审,也可以指令该法院的其他同级人民法院再审。

人民法院对行政案件进行再审的,参照上述原则执行。

最高人民法院关于人民法院裁定撤销仲裁裁决或驳回当事人申请后当事人能否上诉问题的批复

（1997 年 4 月 23 日　法复〔1997〕5 号）

广西壮族自治区高级人民法院：

你院桂高法〔1996〕144 号请示及 1997 年 1 月 20 日补充意见均已收悉。经研究，答复如下：

根据《中华人民共和国民事诉讼法》第一百四十条、第一百四十一条和《中华人民共和国仲裁法》第九条第二款规定，对人民法院依法作出的撤销仲裁裁决或驳回当事人申请的裁定，当事人无权上诉。人民法院依法裁定撤销仲裁裁决的，当事人可以根据双方重新达成的仲裁协议申请仲裁，也可以向人民法院起诉。

最高人民法院关于第二审人民法院发现原审人民法院已生效的民事制裁决定确有错误应如何纠正的复函

（1994 年 11 月 21 日　法经〔1994〕308 号）

西藏自治区高级人民法院：

你院藏高法〔1994〕49 号请示收悉。经研究，答复如下：

同意你院审判委员会的意见。第二审人民法院纠正一审人民法院已生效的民事制裁决定，可比照我院 1986 年 4 月 2 日法（研）复〔1986〕14 号批复的精神处理。

即：上级人民法院发现下级人民法院已生效的民事制裁决定确有错误时，应及时予以纠正。纠正的方法，可以口头或者书面通知下级人民法院纠正，也可以使用决定书，撤销下级人民法院的决定。

最高人民法院关于上诉人在第二审人民法院审理期间死亡如何处理问题的批复

（1991 年 2 月 11 日　〔90〕民他字第 43 号）

山东省高级人民法院：

你院《关于王安明与王志方、王志元父子为析产一案第二审期间王安明死亡应如何结案问题的请示报告》收悉。经研究，我们认为，上诉人王安明在第二审人民法院审理期间死亡，应根据民事诉讼法（试行）第一百一十八条和第一百一十九条规定，裁定中止诉讼，并通知王安明的其他法定继承人参加诉讼。如果其他法定继承人在中止诉讼满 6 个月不参加诉讼，即按终结诉讼处理。

最高人民法院关于第二审人民法院因追加、更换当事人发回重审的民事裁定书上，应如何列当事人问题的批复

（1990 年 4 月 14 日　法民〔1990〕8 号）

山东省高级人民法院：

你院鲁法（经）函〔1990〕19 号《关于在第二审追加当事人后调解不成发回重审

的民事裁定书上，是否列上被追加的当事人问题的请示报告》收悉。经研究，我们认为：

第二审人民法院审理需要追加或更换当事人的案件，如调解不成，应发回重审。在发回重审的民事裁定书上，不应列被追加或更换的当事人。

12　特别程序

司法性文件

最高人民法院关于失踪人的工作单位能否向人民法院申请宣告失踪人死亡问题的批复

（1986年2月18日　〔1986〕民他字第28号）

湖北省高级人民法院：

你院鄂法〔1985〕民行字第14号《关于失踪人的工作单位能否向人民法院提出申请宣告失踪人死亡的请示报告》收悉。经我们研究认为：《中华人民共和国民事诉讼法（试行）》第一百三十三条所指的利害关系人，必须是与被申请宣告死亡的人存在一定的人身关系或者民事权利义务关系的人。宣恩县人大常委会为解决减员增补以及停发失踪人聂的工资等问题不宜作为利害关系人向人民法院申请宣告失踪人死亡，应按《中华人民共和国地方各级人民代表大会和地方各级人民政府组织法》及我国劳动制度的有关规定处理。

13 督促程序

（一）司法解释

最高人民法院关于适用督促程序若干问题的规定

（2000年11月13日最高人民法院审判委员会第1137次会议通过 2001年1月8日公布 自2001年1月21日起施行 法释〔2001〕2号）

为了在审判工作中正确适用督促程序，根据《中华人民共和国民事诉讼法》有关规定，现对适用督促程序处理案件的若干问题规定如下：

第一条 基层人民法院受理债权人依法申请支付令的案件，不受争议金额的限制。

第二条 共同债务人住所地、经常居住地不在同一基层人民法院辖区，各有关人民法院都有管辖权的，债权人可以向其中任何一个基层人民法院申请支付令；债权人向两个以上有管辖权的人民法院申请支付令的，由最先立案的人民法院管辖。

第三条 人民法院收到债权人的书面申请后，认为申请书不符合要求的，人民法院可以通知债权人限期补正。补正期间不计入民事诉讼法第一百九十条规定的期限。

第四条 对设有担保的债务案件主债务人发出的支付令，对担保人没有拘束力。债权人就担保关系单独提起诉讼的，支付令自行失效。

第五条 人民法院受理债权人的支付令申请后，经审理，有下列情况之一的，应当裁定驳回申请：

（一）当事人不适格；

（二）给付金钱或者汇票、本票、支票以及股票、债券、国库券、可转让的存款单等有价证券的证明文件没有约定逾期给付利息或者违约金、赔偿金，债权人坚持要求给付利息或者违约金、赔偿金；

（三）债权人要求给付的金钱或者汇票、本票、支票以及股票、债券、国库券、可转让的存款单等有价证券属于违法所得；

（四）债权人申请支付令之前已向人民法院申请诉前保全，或者申请支付令同时又要求诉前保全。

第六条　人民法院受理支付令申请后，债权人就同一债权关系又提起诉讼，或者人民法院发出支付令之日起三十日内无法送达债务人的，应当裁定终结督促程序。

第七条　债务人对债权债务关系没有异议，但对清偿能力、清偿期限、清偿方式等提出不同意见的，不影响支付令的效力。

第八条　债权人基于同一债权债务关系，向债务人提出多项支付请求，债务人仅就其中一项或几项请求提出异议的，不影响其他各项请求的效力。

第九条　债权人基于同一债权债务关系，就可分之债向多个债务人提出支付请求，多个债务人中的一人或几人提出异议的，不影响其他请求的效力。

第十条　人民法院作出终结督促程序前，债务人请求撤回异议的，应当准许。

第十一条　人民法院院长对本院已发生法律效力的支付令，发现确有错误，认为需要撤销的，应当提交审判委员会讨论决定后，裁定撤销支付令，驳回债权人的申请。

第十二条　最高人民法院有关适用督促程序的其他司法解释与本规定不一致的，以本规定为准。

（二）司法性文件

最高人民法院关于支付令生效后发现确有错误应当如何处理的批复

（1992年7月13日　法函〔1992〕98号发布）

山东省高级人民法院：

你院鲁高法函〔1992〕35号请示收悉。经研究，答复如下：

一、债务人未在法定期间提出书面异议，支付令即发生法律效力，债务人不得申请再审；超过法定期间债务人提出的异议，不影响支付令的效力。

二、人民法院院长对本院已经发生法律效力的支付令，发现确有错误，认为需要撤销的，应当提交审判委员会讨论通过后，裁定撤销原支付令，驳回债权人的申请。

14　公示催告程序

司法性文件

最高人民法院关于对遗失金融债券可否按“公示催告”程序办理的复函

（1992年5月8日　法函〔1992〕60号）

中国银行：

你行中银综〔1992〕59号《关于对遗失债券有关法律问题的请示》收悉。经研究，答复如下：

我国民事诉讼法第一百九十三条规定：“按照规定可以背书转让的票据持有人，因票据被盗、遗失或者灭失，可以向票据支付地的基层人民法院申请公示催告。依照法律规定可以申请公示催告的其他事项，适用本章规定。”这里的票据是指汇票、本票和支票。你行发行的金融债券不属于以上几种票据，也不属于“依照法律规定可以申请公示催告的其他事项”。而且你行在“发行通知”中明确规定，此种金融债券“不计名、不挂失，可以转让和抵押”。因此，对你行发行的金融债券不能适用公示催告程序。

15 审判监督程序

（一）司法解释

最高人民法院关于适用《中华人民共和国民事诉讼法》审判监督程序若干问题的解释

（2008年11月10日最高人民法院审判委员会第1453次会议通过 2008年11月25日公布 自2008年12月1日起施行 法释[2008]14号）

为了保障当事人申请再审权利，规范审判监督程序，维护各方当事人的合法权益，根据2007年10月28日修正的《中华人民共和国民事诉讼法》，结合审判实践，对审判监督程序中适用法律的若干问题作出如下解释：

第一条 当事人在民事诉讼法第一百八十四条规定的期限内，以民事诉讼法第一百七十九条所列明的再审事由，向原审人民法院的上一级人民法院申请再审的，上一级人民法院应当依法受理。

第二条 民事诉讼法第一百八十四条规定的申请再审期间不适用中止、中断和延长的规定。

第三条 当事人申请再审，应当向人民法院提交再审申请书，并按照对方当事人人数提出副本。

人民法院应当审查再审申请书是否载明下列事项：

（一）申请再审人与对方当事人的姓名、住所及有效联系方式等基本情况；法人或其他组织的名称、住所和法定代表人或主要负责人的姓名、职务及有效联系方式等基本情况；

（二）原审人民法院的名称，原判决、裁定、调解文书案号；

（三）申请再审的法定情形及具体事实、理由；

（四）具体的再审请求。

第四条　当事人申请再审，应当向人民法院提交已经发生法律效力的判决书、裁定书、调解书，身份证明及相关证据材料。

第五条　案外人对原判决、裁定、调解书确定的执行标的物主张权利，且无法提起新的诉讼解决争议的，可以在判决、裁定、调解书发生法律效力后二年内，或者自知道或应当知道利益被损害之日起三个月内，向作出原判决、裁定、调解书的人民法院的上一级人民法院申请再审。

在执行过程中，案外人对执行标的提出书面异议的，按照民事诉讼法第二百零四条的规定处理。

第六条　申请再审人提交的再审申请书或者其他材料不符合本解释第三条、第四条的规定，或者有人身攻击等内容，可能引起矛盾激化的，人民法院应当要求申请再审人补充或改正。

第七条　人民法院应当自收到符合条件的再审申请书等材料后五日内完成向申请再审人发送受理通知书等受理登记手续，并向对方当事人发送受理通知书及再审申请书副本。

第八条　人民法院受理再审申请后，应当组成合议庭予以审查。

第九条　人民法院对再审申请的审查，应当围绕再审事由是否成立进行。

第十条　申请再审人提交下列证据之一的，人民法院可以认定为民事诉讼法第一百七十九条第一款第（一）项规定的“新的证据”：

（一）原审庭审结束前已客观存在庭审结束后新发现的证据；

（二）原审庭审结束前已经发现，但因客观原因无法取得或在规定的期限内不能提供的证据；

（三）原审庭审结束后原作出鉴定结论、勘验笔录者重新鉴定、勘验，推翻原结论的证据。

当事人在原审中提供的主要证据,原审未予质证、认证,但足以推翻原判决、裁定的,应当视为新的证据。

第十一条 对原判决、裁定的结果有实质影响、用以确定当事人主体资格、案件性质、具体权利义务和民事责任等主要内容所依据的事实,人民法院应当认定为民事诉讼法第一百七十九条第一款第(二)项规定的"基本事实"。

第十二条 民事诉讼法第一百七十九条第一款第(五)项规定的"对审理案件需要的证据",是指人民法院认定案件基本事实所必须的证据。

第十三条 原判决、裁定适用法律、法规或司法解释有下列情形之一的,人民法院应当认定为民事诉讼法第一百七十九条第一款第(六)项规定的"适用法律确有错误":

(一)适用的法律与案件性质明显不符的;

(二)确定民事责任明显违背当事人约定或者法律规定的;

(三)适用已经失效或尚未施行的法律的;

(四)违反法律溯及力规定的;

(五)违反法律适用规则的;

(六)明显违背立法本意的。

第十四条 违反专属管辖、专门管辖规定以及其他严重违法行使管辖权的,人民法院应当认定为民事诉讼法第一百七十九条第一款第(七)项规定的"管辖错误"。

第十五条 原审开庭过程中审判人员不允许当事人行使辩论权利,或者以不送达起诉状副本或上诉状副本等其他方式,致使当事人无法行使辩论权利的,人民法院应当认定为民事诉讼法第一百七十九条第一款第(十)项规定的"剥夺当事人辩论权利"。但依法缺席审理,依法径行判决、裁定的除外。

第十六条 原判决、裁定对基本事实和案件性质的认定系根据其他法律文书作出,而上述其他法律文书被撤销或变更的,人民法院可以认定为民事诉讼法第一百七十九条第一款第(十三)项规定的情形。

第十七条 民事诉讼法第一百七十九条第二款规定的"违反法定程序可能影

响案件正确判决、裁定的情形",是指除民事诉讼法第一百七十九条第一款第(四)项以及第(七)项至第(十二)项之外的其他违反法定程序,可能导致案件裁判结果错误的情形。

第十八条 民事诉讼法第一百七十九条第二款规定的"审判人员在审理该案件时有贪污受贿,徇私舞弊,枉法裁判行为",是指该行为已经相关刑事法律文书或者纪律处分决定确认的情形。

第十九条 人民法院经审查再审申请书等材料,认为申请再审事由成立的,应当径行裁定再审。

当事人申请再审超过民事诉讼法第一百八十四条规定的期限,或者超出民事诉讼法第一百七十九条所列明的再审事由范围的,人民法院应当裁定驳回再审申请。

第二十条 人民法院认为仅审查再审申请书等材料难以作出裁定的,应当调阅原审卷宗予以审查。

第二十一条 人民法院可以根据案情需要决定是否询问当事人。

以有新的证据足以推翻原判决、裁定为由申请再审的,人民法院应当询问当事人。

第二十二条 在审查再审申请过程中,对方当事人也申请再审的,人民法院应当将其列为申请再审人,对其提出的再审申请一并审查。

第二十三条 申请再审人在案件审查期间申请撤回再审申请的,是否准许,由人民法院裁定。

申请再审人经传票传唤,无正当理由拒不接受询问,可以裁定按撤回再审申请处理。

第二十四条 人民法院经审查认为申请再审事由不成立的,应当裁定驳回再审申请。

驳回再审申请的裁定一经送达,即发生法律效力。

第二十五条 有下列情形之一的,人民法院可以裁定终结审查:

(一)申请再审人死亡或者终止,无权利义务承受人或者权利义务承受人声明放弃再审申请的;

（二）在给付之诉中，负有给付义务的被申请人死亡或者终止，无可供执行的财产，也没有应当承担义务的人的；

（三）当事人达成执行和解协议且已履行完毕的，但当事人在执行和解协议中声明不放弃申请再审权利的除外；

（四）当事人之间的争议可以另案解决的。

第二十六条 人民法院审查再审申请期间，人民检察院对该案提出抗诉的，人民法院应依照民事诉讼法第一百八十八条的规定裁定再审。申请再审人提出的具体再审请求应纳入审理范围。

第二十七条 上一级人民法院经审查认为申请再审事由成立的，一般由本院提审。最高人民法院、高级人民法院也可以指定与原审人民法院同级的其他人民法院再审，或者指令原审人民法院再审。

第二十八条 上一级人民法院可以根据案件的影响程度以及案件参与人等情况，决定是否指定再审。需要指定再审的，应当考虑便利当事人行使诉讼权利以及便利人民法院审理等因素。

接受指定再审的人民法院，应当按照民事诉讼法第一百八十六条第一款规定的程序审理。

第二十九条 有下列情形之一的，不得指令原审人民法院再审：

（一）原审人民法院对该案无管辖权的；

（二）审判人员在审理该案件时有贪污受贿，徇私舞弊，枉法裁判行为的；

（三）原判决、裁定系经原审人民法院审判委员会讨论作出的；

（四）其他不宜指令原审人民法院再审的。

第三十条 当事人未申请再审、人民检察院未抗诉的案件，人民法院发现原判决、裁定、调解协议有损害国家利益、社会公共利益等确有错误情形的，应当依照民事诉讼法第一百七十七条的规定提起再审。

第三十一条 人民法院应当依照民事诉讼法第一百八十六条的规定，按照第一审程序或者第二审程序审理再审案件。

人民法院审理再审案件应当开庭审理。但按照第二审程序审理的，双方当事人已经其他方式充分表达意见，且书面同意不开庭审理的除外。

第三十二条　人民法院开庭审理再审案件,应分别不同情形进行:

(一)因当事人申请裁定再审的,先由申请再审人陈述再审请求及理由,后由被申请人答辩及其他原审当事人发表意见;

(二)因人民检察院抗诉裁定再审的,先由抗诉机关宣读抗诉书,再由申请抗诉的当事人陈述,后由被申请人答辩及其他原审当事人发表意见;

(三)人民法院依职权裁定再审的,当事人按照其在原审中的诉讼地位依次发表意见。

第三十三条　人民法院应当在具体的再审请求范围内或在抗诉支持当事人请求的范围内审理再审案件。当事人超出原审范围增加、变更诉讼请求的,不属于再审审理范围。但涉及国家利益、社会公共利益,或者当事人在原审诉讼中已经依法要求增加、变更诉讼请求,原审未予审理且客观上不能形成其他诉讼的除外。

经再审裁定撤销原判决,发回重审后,当事人增加诉讼请求的,人民法院依照民事诉讼法第一百二十六条的规定处理。

第三十四条　申请再审人在再审期间撤回再审申请的,是否准许由人民法院裁定。裁定准许的,应终结再审程序。申请再审人经传票传唤,无正当理由拒不到庭的,或者未经法庭许可中途退庭的,可以裁定按自动撤回再审申请处理。

人民检察院抗诉再审的案件,申请抗诉的当事人有前款规定的情形,且不损害国家利益、社会公共利益或第三人利益的,人民法院应当裁定终结再审程序;人民检察院撤回抗诉的,应当准予。

终结再审程序的,恢复原判决的执行。

第三十五条　按照第一审程序审理再审案件时,一审原告申请撤回起诉的,是否准许由人民法院裁定。裁定准许的,应当同时裁定撤销原判决、裁定、调解书。

第三十六条　当事人在再审审理中经调解达成协议的,人民法院应当制作调解书。调解书经各方当事人签收后,即具有法律效力,原判决、裁定视为被撤销。

第三十七条　人民法院经再审审理认为,原判决、裁定认定事实清楚、适用法律正确的，应予维持；原判决、裁定在认定事实、适用法律、阐述理由方面虽有瑕疵，但裁判结果正确的，人民法院应在再审判决、裁定中纠正上述瑕疵后予以维持。

第三十八条 人民法院按照第二审程序审理再审案件，发现原判决认定事实错误或者认定事实不清的，应当在查清事实后改判。但原审人民法院便于查清事实，化解纠纷的，可以裁定撤销原判决，发回重审；原审程序遗漏必须参加诉讼的当事人且无法达成调解协议，以及其他违反法定程序不宜在再审程序中直接作出实体处理的，应当裁定撤销原判决，发回重审。

第三十九条 新的证据证明原判决、裁定确有错误的，人民法院应予改判。

申请再审人或者申请抗诉的当事人提出新的证据致使再审改判，被申请人等当事人因申请再审人或者申请抗诉的当事人的过错未能在原审程序中及时举证，请求补偿其增加的差旅、误工等诉讼费用的，人民法院应当支持；请求赔偿其由此扩大的直接损失，可以另行提起诉讼解决。

第四十条 人民法院以调解方式审结的案件裁定再审后，经审理发现申请再审人提出的调解违反自愿原则的事由不成立，且调解协议的内容不违反法律强制性规定的，应当裁定驳回再审申请，并恢复原调解书的执行。

第四十一条 民事再审案件的当事人应为原审案件的当事人。原审案件当事人死亡或者终止的，其权利义务承受人可以申请再审并参加再审诉讼。

第四十二条 因案外人申请人民法院裁定再审的，人民法院经审理认为案外人应为必要的共同诉讼当事人，在按第一审程序再审时，应追加其为当事人，作出新的判决；在按第二审程序再审时，经调解不能达成协议的，应撤销原判，发回重审，重审时应追加案外人为当事人。

案外人不是必要的共同诉讼当事人的，仅审理其对原判决提出异议部分的合法性，并应根据审理情况作出撤销原判决相关判项或者驳回再审请求的判决；撤销原判决相关判项的，应当告知案外人以及原审当事人可以提起新的诉讼解决相关争议。

第四十三条 本院以前发布的司法解释与本解释不一致的，以本解释为准。本解释未作规定的，按照以前的规定执行

最高人民法院印发《关于人民法院办理全国人大代表关注案件的暂行规定》的通知

(2005 年 12 月 30 日 法发〔2005〕28 号)

各省、自治区、直辖市高级人民法院,解放军军事法院,新疆维吾尔自治区高级人民法院生产建设兵团分院:

根据《中共全国人大常委会党组关于进一步发挥全国人大代表作用,加强全国人大常委会制度建设的若干意见》和全国人大相关工作文件的精神,我院结合工作实际,制定了《最高人民法院关于人民法院办理全国人大代表关注案件的暂行规定》,现予印发。请认真组织学习,贯彻落实。贯彻情况或执行中的问题,请及时报告我院。

附件:

最高人民法院关于人民法院办理全国人大代表关注案件的暂行规定

第一条 为进一步规范全国人大代表关注案件的办理工作,切实提高办理工作的质量和效率,根据有关法律和规定,结合人民法院工作实际,制定本规定。

第二条 全国人大代表关注案件,是指全国人大代表(以下简称代表)通过全国人民代表大会及其常务委员会有关办事机构转交材料,或者采用寄送信函、直接到人民法院反映等形式,向人民法院提出意见或建议的案件。

第三条 代表关注案件的受理、转办、督办和答复代表等工作由最高人民法院和地方各级人民法院的督查联络部门负责。

第四条 督查联络部门的工作应遵循依法办理、及时高效、分级负责、加强沟通的原则。

第五条 上级人民法院督查联络部门应加强对下级人民法院代表关注案件办理工作的督促、指导与协调，下级人民法院在办理过程中遇到的问题和情况应及时向上级人民法院督查联络部门报告。

第六条 督查联络部门对代表关注案件应于受理当日进行登记，并录入《全国法院督查联络工作管理系统》。同一年度的代表关注案件应当按照受理时间统一编号，同一案件原则上只编立一个号。

第七条 督查联络部门对代表关注案件的材料进行审查后，认为符合下列情形之一的，应当在二日内转由本院各有关部门办理：

（一）本院正在审理的一审、二审和再审案件；

（二）本院已经作出终审裁判或下一级人民法院已经作出再审裁判或驳回通知书的；

（三）本院负责执行的案件、跨省（地区）需本院协调执行的。

第八条 督查联络部门对代表关注案件的材料进行审查后，认为不属本院办理的，应当及时转交下一级人民法院办理。

第九条 督查联络部门对代表关注案件的材料进行审查后，如认定代表本人确系案件当事人，或当事人近亲属，或与案件有其他利害关系的，可按照全国人大常委会有关规定，于登记后函告代表应当自行回避。

第十条 督查联络部门提出的拟转办，或直接答复的意见应当报厅（室）领导审批，厅（室）领导认为属于重大事项的，应当报分管院领导审批。

第十一条 督查联络部门对代表关注案件的材料应当及时转有关承办部门或承办法院办理。转办应当采用转办函形式，转办函应当指明代表反映的问题，并明确办理的期限。

第十二条 最高人民法院承办的案件，联络工作办公室应当在转办之日起三日内将转办情况函告代表；最高人民法院转由各高级人民法院办理的案件，有关高级人民法院应当在收件之日起五日内将收转办情况函告代表。

第十三条 各级人民法院办理的代表关注案件应当在下列期限内办结：

（一）正在审理期间的案件，应当在法律规定的审限内办结；

（二）申诉、申请再审或对执行、赔偿案件提出异议的，一般应在转办之日起三个月内办结。

如果案情属重大、疑难、复杂，确实需要延长审限和办理期限的，应当依法报请院领导批准，并在审限或办理期限届满前向督查联络部门备案。

第十四条　代表关注案件需要公开开庭审理的，应提前通知相关代表参加旁听。

第十五条　代表关注的案件符合以下条件之一的，即为办结：

（一）本院已经审结的；

（二）承办法院已依法裁定（决定）再审或通知驳回的；

（三）案件已经执结，或依法作出中止或终结执行裁定的；

（四）代表反映执行过程中存在的问题已经得到纠正，或经查没有发现问题的；

（五）符合第九条规定情形的。

第十六条　代表关注案件办结后，承办部门应针对代表反映的问题、办理情况和结果，及时起草答复稿，交由督查联络部门统一答复代表。

第十七条　督查联络部门应对承办部门拟定的答复文稿进行审核。重点审查答复内容是否具有针对性和理由是否充分。对不符合要求的，报部门主管领导审核后，退回承办部门补报或重报。

第十八条　最高人民法院承办的代表关注案件由最高人民法院答复，最高人民法院转交高级人民法院办理的代表关注案件，由各高级人民法院答复，并抄报最高人民法院备案。代表直接向地方各级人民法院反映的案件，由接收人民法院直接办理并答复代表。全国人大常委会有关办事机构转办的代表关注案件，在答复相关代表的同时，应将答复函抄报转办单位。

第十九条　每年1月底前，督查联络部门应对上一年度未办结的代表关注案件进展情况进行汇总，并针对代表反映的问题、未办结原因和办理进展情况，分别向有关代表作出进展性答复。

第二十条　符合下列情形之一的案件办结后，最高人民法院或有关高级人民法院督查联络部门可会同案件的具体承办部门当面答复代表：

（一）代表连续反映三年以上的；

（二）30名以上代表联名反映的；

（三）代表对裁判结果不满，且反映强烈的；

（四）领导同志批示的重点案件。

各高级人民法院对本辖区外的代表当面答复时，可商请最高人民法院联络工作办公室派员参加。

第二十一条 督查联络部门要熟悉代表关注案件的主要问题，及时加强与承办部门的联系沟通，掌握代表关注案件的办理进展情况，对在规定期限内未能办结的，应及时催办。

催办可采用发函、现场督办和通报的方式，定期或不定期对承办部门或承办法院进行催办。对已过办理期限经两次催办仍未办结的，可直接将有关情况通报给承办法院的院长，或报请本院主管院领导予以督办。各高级人民法院应及时将未办结理由报最高人民法院联络工作办公室。

第二十二条 各级人民法院应利用《全国法院督查联络工作管理系统》加强对代表关注案件办理情况的统计分析工作，及时向院领导提供准确的信息和可行的建议。

第二十三条 全国人大代表反映人民法院其他工作方面问题的办理工作，可参照本规定执行。

第二十四条 全国政协委员关注案件的办理工作，可参照本规定执行。

第二十五条 本规定由最高人民法院办公厅负责解释，各高级人民法院可结合实际情况制定实施细则，并报最高人民法院办公厅备案。

第二十六条 本规定自2006年1月1日起施行。

最高人民法院关于印发《最高人民法院办理全国人大代表建议、批评和意见及全国政协委员提案工作的规则》的通知

（法发〔2005〕27号）

第一条 为规范全国人大代表建议、批评和意见（以下简称建议）、全国政协委

员提案(以下简称提案)的办理工作,进一步提高建议、提案的办理质量和效率,根据全国人大常委会办公厅《关于全国人民代表大会代表建议、批评和意见处理办法》和全国政协办公厅关于《中国人民政治协商会议全国委员会提案工作条例》的有关规定,结合最高人民法院工作实际,制定本规则。

第二条　每年"两会"后,办公厅按照全国人大和全国政协的要求领取交由我院承办的建议和提案。领取时应与建议、提案的目录清单逐一进行核对。

第三条　办公厅应对建议、提案的具体内容进行审查,并针对下列情况分别提出调整意见:

(一)完全不属于人民法院工作职能范围的,应当建议重新确定承办单位;

(二)部分内容不属于人民法院职能范围的,应当建议增加有关承办单位,并根据建议、提案的主要内容确定主办和协办单位;

(三)主要内容是针对具体案件问题的,应当建议撤销原建议、提案号,转为代表、委员来信处理;

(四)其他不应作为建议、提案办理的,应当建议或由代表、委员充实内容,或转为参阅件处理。

第四条　办公厅应及时将调整意见与全国人大常委会办公厅和全国政协办公厅进行协商调整。

第五条　办公厅应根据我院各部门职能分工的情况,于调整工作完成后一周内,确定每件建议、提案的具体承办部门。建议、提案的内容涉及两个以上部门的,应分别交有关部门分别办理。

第六条　办公厅应在承办部门确定之日起三日内对建议、提案作出统计分析。统计分析报告的内容应包括:建议、提案的数量;涉及代表、委员的人数;建议、提案主要内容的分类及各自的数量、特点;重点建议、提案情况,以及各部门承办情况等。统计分析报告经办公厅领导审核后报院领导审阅。

第七条　建议、提案应当以交办会的形式进行交办。交办会由院领导主持召开,并就办理工作提出要求。交办会由各承办部门的主要负责同志和内勤参加。各承办部门内勤负责领取本单位承办的建议、提案。

各承办部门如对交办的建议、提案有异议,应当提出充分的理由和明确的调整意见，于交办之日起三日内与联络工作办公室协商调整。

第八条 各承办部门的领导要切实重视建议、提案办理工作，把办理工作列入本部门的重要议事日程，亲自审阅建议、提案的内容，及时将办理工作落实到专人，并提出明确的办理要求，随时加强对办理工作的督促检查。

第九条 对重点建议、提案，应当在办理过程中加强与提出建议、提案的相关代表、委员的沟通和联系，通过走访、座谈、调研等多种方式，充分听取代表、委员意见，取得代表、委员的充分理解和支持。

第十条 各承办部门对建议、提案进行答复时应当做到：

（一）根据建议、提案的内容，依照国家法律、法规和最高人民法院院长在全国人民代表大会会议上所作工作报告的中心内容，联系人民法院的工作实际，实事求是进行答复；

（二）针对代表、委员在建议、提案中所提出的问题正面进行答复，不能答非所问；

（三）答复内容要清楚，情况分析要透彻，杜绝出现形式化或内容空洞的现象；

（四）对一时难以解决的问题，要实事求是地向代表和委员介绍情况，说明不能解决的原因，切忌简单化的答复；

（五）对建议、提案的答复稿，承办部门的领导要做到亲自审核，严格把关，并提出明确的审核意见。

第十一条 建议、提案应当在交办之日起两个月内，至迟不超过四个月答复代表、委员。“两会”闭会期间收到的建议、提案，应当在交办之日起两个月内，至迟不超过四个月答复代表、委员。

第十二条 建议、提案的答复稿经承办部门领导签署意见后，连同答复稿的电子版一起送联络工作办公室。联络工作办公室应严格依照第十条规定的内容对答复稿进行审查和修改，对答复不符合要求的，应退回原承办部门重新作答。

答复稿由办公厅领导报请各主管院领导审核签发后，以办公厅函的形式答复各有关全国人大代表和全国政协委员。

第十三条 联络工作办公室应指定专人对答复函逐字进行核校。每份答复函寄相关的全国人大代表、全国政协委员和主办单位各一份，并抄送全国人大常委会办公厅和全国政协办公厅。

第十四条 代表或委员对答复明确表示不满意的，应由承办部门重新办理，并于重新交办之日起三个月内再次答复代表。

第十五条 建议、提案全部办结后，办公厅应对办理工作的情况进行分析和总结，并分别向全国人大常委会办公厅和全国政协办公厅写出总结报告。

第十六条 办公厅应于每年10月底前将我院对建议、提案的答复函汇编成册，分送各位院领导和各承办单位。

第十七条 由全国人大各专门委员会审议的议案，在征求最高人民法院意见时，参照上述规则办理，相关意见应及时向有关专门委员会反馈。

第十八条 本规则自2006年1月1日起施行。

最高人民法院关于当事人对按自动撤回上诉处理的裁定不服申请再审人民法院应如何处理问题的批复

（2002年7月15日最高人民法院审判委员会第1231次会议通过 2002年7月19日最高人民法院公告公布 自2002年7月24日起施行 法释〔2002〕20号）

吉林省高级人民法院：

你院吉高法〔2002〕20号《关于当事人对按撤回上诉处理的裁定不服申请再审，人民法院经审查认为该裁定确有错误应如何进行再审问题的请示》收悉。经研究，答复如下：

当事人对按自动撤回上诉处理的裁定不服申请再审，人民法院认为符合《中华人民共和国民事诉讼法》第一百七十九条规定的情形之一的，应当再审。经再审，裁定确有错误的，应当予以撤销，恢复第二审程序。

最高人民法院关于民事损害赔偿案件当事人的再审申请超出原审诉讼请求人民法院是否应当再审问题的批复

（2002年7月15日最高人民法院审判委员会第1231次会议通过 2002年7月18日最高人民法院公告公布　自2002年7月20日起施行 法释〔2002〕19号）

云南省高级人民法院：

你院云高法〔2001〕8号《关于再审民事案件能否超原判诉讼请求判决的请示》收悉。经研究，答复如下：

根据《中华人民共和国民事诉讼法》第一百七十九条的规定，民事损害赔偿案件当事人的再审申请超出原审诉讼请求，或者当事人在原审判决、裁定执行终结前，以物价变动等为由向人民法院申请再审的，人民法院应当依法予以驳回。

最高人民法院关于第二审法院裁定按自动撤回上诉处理的案件第一审法院能否再审问题的批复

（1998年7月31日最高人民法院审判委员会第1009次会议通过 自1998年8月13日起施行　法释〔1998〕19号）

河南省高级人民法院：

你院豫高法〔1997〕129号《关于再审案件中若干问题的请示》收悉。经研究，答复如下：

在民事诉讼中，上诉人不依法预交上诉案件受理费，或者经传唤无正当理由拒不到庭，由第二审人民法院裁定按自动撤回上诉处理后，第一审判决自第二审裁定确定之日起生效。当事人对生效的第一审判决不服，申请再审的，第一审人民法院及其上一级人民法院可以依法决定再审，上一级人民法院的同级人民检察院也可以依法提出抗诉。对第二审裁定不服申请再审的，由第二审人民法院或其上一级人民法院依法决定是否再审。

最高人民法院关于人民法院不予受理人民检察院单独就诉讼费负担裁定提出抗诉问题的批复

（1998 年 7 月 21 日最高人民法院审判委员会第 1005 次会议通过自 1998 年 9 月 5 日起施行　法释〔1998〕22 号）

河南省高级人民法院：

你院豫高法〔1998〕131 号《关于人民检察院单独就诉讼费负担的裁定进行抗诉能否受理的请示》收悉。经研究，同意你院意见，即：人民检察院对人民法院就诉讼费负担的裁定提出抗诉，没有法律依据，人民法院不予受理。

最高人民法院关于检察机关对先予执行的民事裁定提出抗诉人民法院应当如何审理的批复

（1996 年 8 月 8 日　法复〔1996〕13 号）

江西省高级人民法院：

你院《关于检察机关对先予执行的民事裁定提出抗诉的案件应当如何审理的请示》收悉。经研究认为，根据《中华人民共和国民事诉讼法》的规定，人民检察院只能对人民法院已经发生法律效力的判决、裁定按照审判监督程序提出抗诉。人民法院对其抗诉亦应当按照审判监督程序进行再审。这种监督是案件终结后的“事后监督”。因此，对于人民法院在案件审理过程中作出的先予执行的裁定，因案件尚未审结，不涉及再审，人民检察院提出抗诉，于法无据。如其坚持抗诉，人民法院应以书面通知形式将抗诉书退回提出抗诉的人民检察院。

最高人民法院关于当事人因对不予执行仲裁裁决的裁定不服而申请再审人民法院不予受理的批复

（1996年6月26日　法复〔1996〕8号）

四川省高级人民法院：

你院川高法〔1995〕198号《关于当事人认为人民法院对仲裁裁决作出的不予执行的裁定有错误而申请再审，人民法院应否受理的请示》收悉。经研究，答复如下：

依照《中华人民共和国民事诉讼法》第二百一十七条的规定，人民法院对仲裁裁决依法裁定不予执行，当事人不服而申请再审的，没有法律依据，人民法院不予受理。

最高人民法院关于人民检察院提出抗诉按照审判监督程序再审维持原裁判的民事、经济、行政案件，人民检察院再次提出抗诉应否受理问题的批复

（1995年10月6日　法复〔1995〕7号）

四川省高级人民法院：

你院关于人民检察院提出抗诉，人民法院按照审判监督程序再审维持原裁判的民事、经济、行政案件，人民检察院再次提出抗诉，人民法院应否受理的请示收悉。经研究，同意你院意见，即上级人民检察院对下级人民法院已经发生法律效力的民事、经济、行政案件提出抗诉的，无论是同级人民法院再审还是指令下级人民法院再审，凡作出维持原裁判的判决、裁定后，原提出抗诉的人民检察院再次提出抗诉的，人民法院不予受理；原提出抗诉的人民检察院的上级人民检察院提出抗诉的，人民法院应当受理。

最高人民法院关于民事调解书确有错误当事人没有申请再审的案件人民法院可否再审问题的批复

（1993 年 3 月 8 日 〔1993〕民他字第 1 号）

江苏省高级人民法院：

你院苏高法〔1992〕第 174 号《关于人民法院发现确有错误的民事调解书，当事人并未申请再审，人民法院是否可以提出再审问题的请示》收悉。经研究，答复如下：

对已经发生法律效力的调解书，人民法院如果发现确有错误，而又必须再审的，当事人没有申请再审，人民法院根据民事诉讼法的有关规定精神，可以按照审判监督程序再审。

（二）司法性文件

最高人民法院关于上一级人民检察院对基层人民法院已发生法律效力的民事判决、裁定向中级人民法院提出抗诉，中级人民法院可否交基层人民法院再审的复函

（1995年10月9日）

四川省高级人民法院：

你院川高法〔1994〕172号关于上一级人民检察院对基层人民法院已经发生法律效力的民事判决、裁定向中级人民法院提出抗诉，中级人民法院可否交基层人民法院再审的请示收悉。经研究，同意你院第一种意见，即上一级人民检察院对基层人民法院发生法律效力的民事判决、裁定向中级人民法院提出抗诉，中级人民法院可以自己再审，也可以交由原作出生效裁判的基层人民法院再审。

16　涉外民事诉讼特别程序

(一)司法解释

最高人民法院关于涉台民事诉讼文书送达的若干规定

(2008年4月17日　法释[2008]4号)

为维护涉台民事案件当事人的合法权益,保障涉台民事案件诉讼活动的顺利进行,促进海峡两岸人员往来和交流,根据民事诉讼法的有关规定,制定本规定。

第一条　人民法院审理涉台民事案件向住所地在台湾地区的当事人送达民事诉讼文书,以及人民法院接受台湾地区有关法院的委托代为向住所地在大陆的当事人送达民事诉讼文书,适用本规定。

涉台民事诉讼文书送达事务的处理,应当遵守一个中国原则和法律的基本原则,不违反社会公共利益。

第二条　人民法院送达或者代为送达的民事诉讼文书包括:起诉状副本、上诉状副本、反诉状副本、答辩状副本、授权委托书、传票、判决书、调解书、裁定书、支付令、决定书、通知书、证明书、送达回证以及与民事诉讼有关的其他文书。

第三条　人民法院向住所地在台湾地区的当事人送达民事诉讼文书,可以采用下列方式:

(一)受送达人居住在大陆的,直接送达。受送达人是自然人,本人不在的,可以交其同住成年家属签收;受送达人是法人或者其他组织的,应当由法人的法定代表人、其他组织的主要负责人或者该法人、组织负责收件的人签收；

受送达人不在大陆居住，但送达时在大陆的，可以直接送达；

（二）受送达人在大陆有诉讼代理人的，向诉讼代理人送达。受送达人在授权委托书中明确表明其诉讼代理人无权代为接收的除外；

（三）受送达人有指定代收人的，向代收人送达；

（四）受送达人在大陆有代表机构、分支机构、业务代办人的，向其代表机构或者经受送达人明确授权接受送达的分支机构、业务代办人送达；

（五）受送达人在台湾地区的地址明确的，可以邮寄送达；

（六）有明确的传真号码、电子信箱地址的，可以通过传真、电子邮件方式向受送达人送达；

（七）按照两岸认可的其他途径送达。

采用上述方式不能送达或者台湾地区的当事人下落不明的，公告送达。

第四条 采用本规定第三条第一款第（一）、（二）、（三）、（四）项方式送达的，由受送达人、诉讼代理人或者有权接受送达的人在送达回证上签收或者盖章，即为送达；拒绝签收或者盖章的，可以依法留置送达。

第五条 采用本规定第三条第一款第（五）项方式送达的，应当附有送达回证。受送达人未在送达回证上签收但在邮件回执上签收的，视为送达，签收日期为送达日期。

自邮寄之日起满三个月，如果未能收到送达与否的证明文件，且根据各种情况不足以认定已经送达的，视为未送达。

第六条 采用本规定第三条第一款第（六）项方式送达的，应当注明人民法院的传真号码或者电子信箱地址，并要求受送达人在收到传真件或者电子邮件后及时予以回复。以能够确认受送达人收悉的日期为送达日期。

第七条 采用本规定第三条第一款第（七）项方式送达的，应当由有关的高级人民法院出具盖有本院印章的委托函。委托函应当写明案件各方当事人的姓名或者名称、案由、案号；受送达人姓名或者名称、受送达人的详细地址以及需送达的文书种类。

第八条 采用公告方式送达的，公告内容应当在境内外公开发行的报刊或者权威网站上刊登。

公告送达的，自公告之日起满三个月，即视为送达。

第九条　人民法院按照两岸认可的有关途径代为送达台湾地区法院的民事诉讼文书的，应当有台湾地区有关法院的委托函。

人民法院收到台湾地区有关法院的委托函后，经审查符合条件的，应当在收到委托函之日起两个月内完成送达。

民事诉讼文书中确定的出庭日期或者其他期限逾期的，受委托的人民法院亦应予送达。

第十条　人民法院按照委托函中的受送达人姓名或者名称、地址不能送达的，应当附函写明情况，将委托送达的民事诉讼文书退回。

完成送达的送达回证以及未完成送达的委托材料，可以按照原途径退回。

第十一条　受委托的人民法院对台湾地区有关法院委托送达的民事诉讼文书的内容和后果不负法律责任。

最高人民法院关于内地与澳门特别行政区相互认可和执行仲裁裁决的安排

（2007年12月12日　法释[2007]17号）

根据《中华人民共和国澳门特别行政区基本法》第九十三条的规定，最高人民法院与澳门特别行政区经协商，达成《关于内地与澳门特别行政区相互认可和执行仲裁裁决的安排》（以下简称《安排》），并于2007年10月30日签署。本《安排》已于2007年9月17日由最高人民法院审判委员会第1437次会议通过，现予公布。根据双方一致意见，本《安排》自2008年1月1日起实施。

根据《中华人民共和国澳门特别行政区基本法》第九十三条的规定，经最高人民法院与澳门特别行政区协商，现就内地与澳门特别行政区相互认可和执行仲裁裁决的有关事宜达成如下安排：

第一条 内地人民法院认可和执行澳门特别行政区仲裁机构及仲裁员按照澳门特别行政区仲裁法规在澳门作出的民商事仲裁裁决,澳门特别行政区法院认可和执行内地仲裁机构依据《中华人民共和国仲裁法》在内地作出的民商事仲裁裁决,适用本安排。

本安排没有规定的,适用认可和执行地的程序法律规定。

第二条 在内地或者澳门特别行政区作出的仲裁裁决,一方当事人不履行的,另一方当事人可以向被申请人住所地、经常居住地或者财产所在地的有关法院申请认可和执行。

内地有权受理认可和执行仲裁裁决申请的法院为中级人民法院。两个或者两个以上中级人民法院均有管辖权的,当事人应当选择向其中一个中级人民法院提出申请。

澳门特别行政区有权受理认可仲裁裁决申请的法院为中级法院,有权执行的法院为初级法院。

第三条 被申请人的住所地、经常居住地或者财产所在地分别在内地和澳门特别行政区的,申请人可以向一地法院提出认可和执行申请,也可以分别向两地法院提出申请。

当事人分别向两地法院提出申请的,两地法院都应当依法进行审查。予以认可的,采取查封、扣押或者冻结被执行人财产等执行措施。仲裁地法院应当先进行执行清偿;另一地法院在收到仲裁地法院关于经执行债权未获清偿情况的证明后,可以对申请人未获清偿的部分进行执行清偿。两地法院执行财产的总额,不得超过依据裁决和法律规定所确定的数额。

第四条 申请人向有关法院申请认可和执行仲裁裁决的,应当提交以下文件或者经公证的副本:

(一)申请书;

(二)申请人身份证明;

(三)仲裁协议;

(四)仲裁裁决书或者仲裁调解书。

上述文件没有中文文本的,申请人应当提交经正式证明的中文译本。

第五条　申请书应当包括下列内容：

（一）申请人或者被申请人为自然人的，应当载明其姓名及住所；为法人或者其他组织的，应当载明其名称及住所，以及其法定代表人或者主要负责人的姓名、职务和住所；申请人是外国籍法人或者其他组织的，应当提交相应的公证和认证材料；

（二）请求认可和执行的仲裁裁决书或者仲裁调解书的案号或识别资料和生效日期；

（三）申请认可和执行仲裁裁决的理由及具体请求，以及被申请人财产所在地、财产状况及该仲裁裁决的执行情况。

第六条　申请人向有关法院申请认可和执行内地或者澳门特别行政区仲裁裁决的期限，依据认可和执行地的法律确定。

第七条　对申请认可和执行的仲裁裁决，被申请人提出证据证明有下列情形之一的，经审查核实，有关法院可以裁定不予认可：

（一）仲裁协议一方当事人依对其适用的法律在订立仲裁协议时属于无行为能力的；或者依当事人约定的准据法，或当事人没有约定适用的准据法而依仲裁地法律，该仲裁协议无效的；

（二）被申请人未接到选任仲裁员或者进行仲裁程序的适当通知，或者因他故未能陈述意见的；

（三）裁决所处理的争议不是提交仲裁的争议，或者不在仲裁协议范围之内；或者裁决载有超出当事人提交仲裁范围的事项的决定，但裁决中超出提交仲裁范围的事项的决定与提交仲裁事项的决定可以分开的，裁决中关于提交仲裁事项的决定部分可以予以认可；

（四）仲裁庭的组成或者仲裁程序违反了当事人的约定，或者在当事人没有约定时与仲裁地的法律不符的；

（五）裁决对当事人尚无约束力，或者业经仲裁地的法院撤销或者拒绝执行的。

有关法院认定，依执行地法律，争议事项不能以仲裁解决的，不予认可和执行该裁决。

内地法院认定在内地认可和执行该仲裁裁决违反内地法律的基本原则或者

社会公共利益,澳门特别行政区法院认定在澳门特别行政区认可和执行该仲裁裁决违反澳门特别行政区法律的基本原则或者公共秩序,不予认可和执行该裁决。

第八条 申请人依据本安排申请认可和执行仲裁裁决的,应当根据执行地法律的规定,交纳诉讼费用。

第九条 一方当事人向一地法院申请执行仲裁裁决,另一方当事人向另一地法院申请撤销该仲裁裁决,被执行人申请中止执行且提供充分担保的,执行法院应当中止执行。

根据经认可的撤销仲裁裁决的判决、裁定,执行法院应当终结执行程序;撤销仲裁裁决申请被驳回的,执行法院应当恢复执行。

当事人申请中止执行的,应当向执行法院提供其他法院已经受理申请撤销仲裁裁决案件的法律文书。

第十条 受理申请的法院应当尽快审查认可和执行的请求,并作出裁定。

第十一条 法院在受理认可和执行仲裁裁决申请之前或者之后,可以依当事人的申请,按照法院地法律规定,对被申请人的财产采取保全措施。

第十二条 由一方有权限公共机构(包括公证员)作成的文书正本或者经公证的文书副本及译本,在适用本安排时,可以免除认证手续在对方使用。

第十三条 本安排实施前,当事人提出的认可和执行仲裁裁决的请求,不适用本安排。

自 1999 年 12 月 20 日至本安排实施前,澳门特别行政区仲裁机构及仲裁员作出的仲裁裁决,当事人向内地申请认可和执行的期限,自本安排实施之日起算。

第十四条 为执行本安排,最高人民法院和澳门特别行政区终审法院应当相互提供相关法律资料。

最高人民法院和澳门特别行政区终审法院每年相互通报执行本安排的情况。

第十五条 本安排在执行过程中遇有问题或者需要修改的,由最高人民法院和澳门特别行政区协商解决。

第十六条 本安排自 2008 年 1 月 1 日起实施。

最高人民法院关于涉外民事或商事案件司法文书送达问题若干规定

（2006年7月17日最高人民法院审判委员会第1394次会议通过
2006年8月10日公布　自2006年8月22日起施行　法释〔2006〕5号）

为规范涉外民事或商事案件司法文书送达，根据《中华人民共和国民事诉讼法》（以下简称民事诉讼法）的规定，结合审判实践，制定本规定。

第一条　人民法院审理涉外民事或商事案件时，向在中华人民共和国领域内没有住所的受送达人送达司法文书，适用本规定。

第二条　本规定所称司法文书，是指起诉状副本、上诉状副本、反诉状副本、答辩状副本、传票、判决书、调解书、裁定书、支付令、决定书、通知书、证明书、送达回证以及其他司法文书。

第三条　作为受送达人的自然人或者企业、其他组织的法定代表人、主要负责人在中华人民共和国领域内的，人民法院可以向该自然人或者法定代表人、主要负责人送达。

第四条　除受送达人在授权委托书中明确表明其诉讼代理人无权代为接收有关司法文书外，其委托的诉讼代理人为民事诉讼法第二百四十七条第（四）项规定的有权代其接受送达的诉讼代理人，人民法院可以向该诉讼代理人送达。

第五条　人民法院向受送达人送达司法文书，可以送达给其在中华人民共和国领域内设立的代表机构。

受送达人在中华人民共和国领域内有分支机构或者业务代办人的，经该受送达人授权，人民法院可以向其分支机构或者业务代办人送达。

第六条　人民法院向在中华人民共和国领域内没有住所的受送达人送达司法文书时，若该受送达人所在国与中华人民共和国签订有司法协助协定，可以依照司法协助协定规定的方式送达；若该受送达人所在国是《关于向国外送达民事或商事司法文书和司法外文书公约》的成员国,可以依照该公约规定的方式送达。

受送达人所在国与中华人民共和国签订有司法协助协定,且为《关于向国外送达民事或商事司法文书和司法外文书公约》成员国的,人民法院依照司法协助协定的规定办理。

第七条 按照司法协助协定、《关于向国外送达民事或商事司法文书和司法外文书公约》或者外交途径送达司法文书,自我国有关机关将司法文书转递受送达人所在国有关机关之日起满六个月,如果未能收到送达与否的证明文件,且根据各种情况不足以认定已经送达的,视为不能用该种方式送达。

第八条 受送达人所在国允许邮寄送达的,人民法院可以邮寄送达。

邮寄送达时应附有送达回证。受送达人未在送达回证上签收但在邮件回执上签收的,视为送达,签收日期为送达日期。

自邮寄之日起满六个月,如果未能收到送达与否的证明文件,且根据各种情况不足以认定已经送达的,视为不能用邮寄方式送达。

第九条 人民法院依照民事诉讼法第二百四十七条第(七)项规定的公告方式送达时,公告内容应在国内外公开发行的报刊上刊登。

第十条 除本规定上述送达方式外,人民法院可以通过传真、电子邮件等能够确认收悉的其他适当方式向受送达人送达。

第十一条 除公告送达方式外,人民法院可以同时采取多种方式向受送达人进行送达,但应根据最先实现送达的方式确定送达日期。

第十二条 人民法院向受送达人在中华人民共和国领域内的法定代表人、主要负责人、诉讼代理人、代表机构以及有权接受送达的分支机构、业务代办人送达司法文书,可以适用留置送达的方式。

第十三条 受送达人未对人民法院送达的司法文书履行签收手续,但存在以下情形之一的,视为送达:

(一)受送达人书面向人民法院提及了所送达司法文书的内容;

(二)受送达人已经按照所送达司法文书的内容履行;

(三)其他可以视为已经送达的情形。

第十四条 人民法院送达司法文书，根据有关规定需要通过上级人民法院转递的，应附申请转递函。

上级人民法院收到下级人民法院申请转递的司法文书，应在七个工作日内予以转递。

上级人民法院认为下级人民法院申请转递的司法文书不符合有关规定需要补正的，应在七个工作日内退回申请转递的人民法院。

第十五条 人民法院送达司法文书，根据有关规定需要提供翻译件的，应由受理案件的人民法院委托中华人民共和国领域内的翻译机构进行翻译。

翻译件不加盖人民法院印章，但应由翻译机构或翻译人员签名或盖章证明译文与原文一致。

第十六条 本规定自公布之日起施行。

最高人民法院关于向外国公司送达司法文书能否向其驻华代表机构送达并适用留置送达问题的批复

（2002年6月11日最高人民法院审判委员会第1225次会议 通过 2002年6月18日最高人民法院公告公布 自2002年6月22日起施行 法释〔2002〕15号）

北京市高级人民法院：

你院京高法〔2001〕216号《关于对外国公司送达司法文书能否向其驻华代表机构送达并适用留置送达的请示》收悉。经研究，答复如下：

《关于向国外送达民事或商事司法文书和司法外文书公约》（以下简称海牙送达公约）第一条规定："在所有民事或商事案件中，如有须递送司法文书或司法外文书以便向国外送达的情形，均应适用本公约。"根据《中华人民共和国民事诉讼法》（以下简称民事诉讼法）第二百四十七条的规定，人民法院对在中华人民共和国领域内没有住所的当事人送达诉讼文书,可以依照受送达人所在国与中华人民共和国缔结或者共同参加的国际条约中规定的方式送达;当受送达人在中华人民共和国领域内设有代表机构时,便不再属于海牙送达公约规定的"有须递送司法文书或司法外文书以便向国外送达的情形"。因此,人民法院可以根据民事诉讼法第二百四十七条第(五)项的规定向受送达人在中华人民共和国领域内设立的代表机构送达诉讼文书,而不必根据海牙送达公约向国外送达。

根据民事诉讼法第二百三十七条的规定,人民法院向外国公司的驻华代表机构送达诉讼文书时,可以适用留置送达的方式。

最高人民法院关于内地与澳门特别行政区法院就民商事案件相互委托送达司法文书和调取证据的安排

(2001 年 8 月 7 日最高人民法院审判委员会第 1186 次会议通过 2001 年 8 月 27 日公布 自 2001 年 9 月 15 日起施行 法释〔2001〕26 号)

根据《中华人民共和国澳门特别行政区基本法》第九十三条的规定,最高人民法院与澳门特别行政区代表经协商,现就内地与澳门特别行政区法院就民商事案件相互委托送达司法文书和调取证据问题规定如下:

一、一般规定

第一条 内地人民法院与澳门特别行政区法院就民商事案件(在内地包括劳动争议案件,在澳门特别行政区包括民事劳工案件)相互委托送达司法文书和调取证据,均适用本安排。

第二条 双方相互委托送达司法文书和调取证据,均须通过各高级人民法院和澳门特别行政区终审法院进行。最高人民法院与澳门特别行政区终审法院可以直接相互委托送达和调取证据。

本安排在执行过程中遇有问题,应当通过最高人民法院与澳门特别行政区终审法院协商解决。

第三条 各高级人民法院和澳门特别行政区终审法院相互收到对方法院的委托书后,应当立即将委托书及所附司法文书和相关文件转送根据其本辖区法律规定有权完成该受托事项的法院。

如果受委托方法院认为委托书不符合本安排规定,影响其完成受托事项时,应当及时通知委托方法院,并说明对委托书的异议。必要时可以要求委托方法院补充材料。

第四条 委托书应当以中文文本提出。所附司法文书及其他相关文件没有中文文本的,应当提供中文译本。

第五条 委托方法院应当在合理的期限内提出委托请求,以保证受委托方法院收到委托书后,及时完成受托事项。

受委托方法院应优先处理受托事项。完成受托事项的期限,送达文书最迟不得超过自收到委托书之日起两个月,调取证据最迟不得超过自收到委托书之日起三个月。

第六条 受委托方法院应当根据本辖区法律规定执行受托事项。委托方法院请求按照特殊方式执行委托事项的,如果受委托方法院认为不违反本辖区的法律规定,可以按照其特殊方式执行。

第七条 委托方法院无须支付受委托方法院在送达司法文书或调取证据时发生的费用或税项。但受委托方法院根据其本辖区法律规定,有权在调取证据时,要求委托方法院预付鉴定人、证人、翻译人员的费用,以及因采用委托方法院在委托书中请求以特殊方式送达司法文书或调取证据所产生的费用。

第八条 受委托方法院收到委托书后,不得以其本辖区法律规定对委托方法院审理的该民商事案件享有专属管辖权或不承认对该请求事项提起诉讼的权利为由,不予执行受托事项。

受委托方法院在执行受托事项时,如果该事项不属于法院职权范围,或者内地人民法院认为在内地执行该受托事项将违反其基本法律原则或社会公共利益,或者澳门特别行政区法院认为在澳门特别行政区执行该受托事项将违反其基本法律原则或公共秩序的,可以不予执行,但应当及时向委托方法院书面说明不予执行的原因。

二、司法文书的送达

第九条委托方法院请求送达司法文书,须出具盖有其印章的委托书,并在委托书中说明委托机关的名称、受送达人的姓名或者名称、详细地址及案件性质。如果执行方法院请求按特殊方式送达或者有特别注意的事项的,应当在委托书中注明。

第十条 委托书及所附司法文书和其他相关文件一式两份,受送达人为两人以上的,每人一式两份。

第十一条 完成司法文书送达事项后,内地人民法院应当出具送达回证;澳门特别行政区法院应当出具送达证明书。出具的送达回证和送达证明书,应当注明送达的方法、地点和日期,及司法文书接收人的身份,并加盖法院印章。

受委托方法院无法送达的,应当在送达回证或者送达证明书上注明妨碍送达的原因、拒收事由和日期,并及时退回委托书及所附全部文件。

第十二条 不论委托方法院司法文书中确定的出庭日期或者期限是否已过,受委托方法院均应送达。

第十三条 受委托方法院对委托方法院委托送达的司法文书和所附相关文件的内容和后果不负法律责任。

第十四条 本安排中的司法文书在内地包括:起诉状副本、上诉状副本、反诉状副本、答辩状副本、授权委托书、传票、判决书、调解书、裁定书、支付令、决定书、通知书、证明书、送达回证以及其他司法文书和所附相关文件;在澳门特别行政区包括:起诉状副本、答辩状副本、反诉状副本、上诉状副本、陈述书、申辩书、声明异议书、反驳书、申请书、撤诉书、认诺书、和解书、财产目录、财产分割表、和解建议书、债权人协议书、传唤书、通知书、法官批示、命令状、法庭许可令状、判决书、合议庭裁判书、送达证明书以及其他司法文书和所附相关文件。

三、调取证据

第十五条 委托方法院请求调取的证据只能是用于与诉讼有关的证据。

第十六条　双方相互委托代为调取证据的委托书应当写明：

（一）委托法院的名称；

（二）当事人及其诉讼代理人的姓名、地址，及其他一切有助于辨别其身份的情况；

（三）委托调取证据的原因，以及委托调取证据的具体事项；

（四）被调查人的姓名、地址，及其他一切有助于辨别其身份的情况，以及需要向其提出的问题；

（五）调取证据需采用的特殊方式；

（六）有助于执行该委托的其他一切情况。

第十七条　代为调取证据的范围包括：代为询问当事人、证人和鉴定人，代为进行鉴定和司法勘验，调取其他与诉讼有关的证据。

第十八条　如委托方法院提出要求，受委托方法院应当将取证的时间、地点通知委托方法院，以便有关当事人及其诉讼代理人能够出席。

第十九条　受委托方法院在执行委托调取证据时，根据委托方法院的请求，可以允许委托方法院派司法人员出席。必要时，经受委托方允许，委托方法院的司法人员可以向证人、鉴定人等发问。

第二十条　受委托方法院完成委托调取证据的事项后，应当向委托方法院书面说明。

如果未能按委托方法院的请求全部或部分完成调取证据事项，受委托方法院应当向委托方法院书面说明妨碍调取证据的原因，并及时退回委托书及所附全部文件。

如果当事人、证人根据受委托方的法律规定，拒绝作证或推辞提供证言时，受委托方法院应当以书面通知委托方法院，并退回委托书及所附全部文件。

第二十一条　受委托方法院可以根据委托方法院的请求，并经证人、鉴定人同意，协助安排其辖区的证人、鉴定人到对方辖区出庭作证。

证人、鉴定人在委托方地域内逗留期间，不得因在其离开受委托方地域之前，在委托方境内所实施的行为或针对他所作的裁决而被刑事起诉、羁押，或者为履行刑罚或者其他处罚而被剥夺财产或者扣留身份证件，或者以任何方式对其人身自由加以限制。

证人、鉴定人完成所需诉讼行为，且可自由离开委托方地域后，在委托方境内逗留超过七天，或者已离开委托方地域又自行返回时，前款所指的豁免即行终止。

证人、鉴定人到委托方法院出庭而导致的费用及补偿，由委托方法院预付。

该条所指出庭作证人员，在澳门特别行政区还包括当事人。

第二十二条 受委托方法院取证时，被调查的当事人、证人、鉴定人等的代理人可以出席。

四、附则

第二十三条 受委托方法院可以根据委托方法院的请求代为查询，并提供本辖区的有关法律。

第二十四条 如果本安排需要修改，应当通过最高人民法院与澳门特别行政区代表协商解决。

第二十五条 本安排自 2001 年 9 月 15 日起生效。

最高人民法院关于当事人持台湾地区有关法院民事调解书或者有关机构出具或确认的调解协议书向人民法院申请认可人民法院应否受理的批复

（1999 年 4 月 9 日由最高人民法院审判委员会第 1053 次会议通过 1999 年 4 月 27 日公布 自 1999 年 5 月 12 日起施行 法释〔1999〕10 号）

四川省高级人民法院：

你院关于当事人持台湾地区有关法院民事调解书或者有关机构出具或确认的调解协议书向人民法院申请认可，人民法院应否受理的请示收悉。经研究，答复如下：

台湾地区有关法院出具的民事调解书，是在法院主持下双方当事人达成的协议，应视为与法院民事判决书具有同等效力。当事人向人民法院申请认可的，人民法院应比照我院《关于人民法院认可台湾地区有关法院民事判决的规定》予以受理。但对台湾地区有关机构（包括民间调解机构）出具或确认的调解协议书，当事人向人民法院申请认可的，人民法院不应予以受理。

最高人民法院关于内地与香港特别行政区法院相互委托送达民商事司法文书的安排

（1998 年 12 月 30 日最高人民法院审判委员会第 1038 次会议通过　1999 年 3 月 29 日公布　自 1999 年 3 月 30 日起施行　法释〔1999〕9 号）

根据《中华人民共和国香港特别行政区基本法》第九十五条的规定，经最高人民法院与香港特别行政区代表协商，现就内地与香港特别行政区法院相互委托送达民商事司法文书问题规定如下：

一、内地法院和香港特别行政区法院可以相互委托送达民商事司法文书。

二、双方委托送达司法文书，均须通过各高级人民法院和香港特别行政区高等法院进行。最高人民法院司法文书可以直接委托香港特别行政区高等法院送达。

三、委托方请求送达司法文书，须出具盖有其印章的委托书，并须在委托书中说明委托机关的名称、受送达人的姓名或者名称、详细地址及案件的性质。

委托书应当以中文文本提出。所附司法文书没有中文文本的，应当提供中文译本。以上文件一式两份。受送达人为两人以上的，每人一式两份。

受委托方如果认为委托书与本安排的规定不符，应当通知委托方，并说明对委托书的异议。必要时可以要求委托方补充材料。

四、不论司法文书中确定的出庭日期或者期限是否已过，受委托方均应送达。委托方应当尽量在合理期限内提出委托请求。

受委托方接到委托书后，应当及时完成送达，最迟不得超过自收到委托书之日起两个月。

五、送达司法文书后，内地人民法院应当出具送达回证；香港特别行政区法院应当出具送达证明书。出具送达回证和证明书，应当加盖法院印章。

受委托方无法送达的，应当在送达回证或者证明书上注明妨碍送达的原因、拒收事由和日期，并及时退回委托书及所附全部文书。

六、送达司法文书，应当依照受委托方所在地法律规定的程序进行。

七、受委托方对委托方委托送达的司法文书的内容和后果不负法律责任。

八、委托送达司法文书费用互免。但委托方在委托书中请求以特定送达方式送达所产生的费用，由委托方负担。

九、本安排中的司法文书在内地包括：起诉状副本、上诉状副本、授权委托书、传票、判决书、调解书、裁定书、决定书、通知书、证明书、送达回证；在香港特别行政区包括：起诉状副本、上诉状副本、传票、状词、誓章、判案书、判决书、裁决书、通知书、法庭命令、送达证明。

上述委托送达的司法文书以互换司法文书样本为准。

十、本安排在执行过程中遇有问题和修改，应当通过最高人民法院与香港特别行政区高等法院协商解决。

司法部最高人民法院外交部关于印发《关于执行海牙送达公约的实施办法》的通知

（1992年9月19日司发通〔1992〕093号）

有关人民法院、驻外使领馆、司法厅（局）：

1992年3月4日，我们发出了《关于执行〈关于向国外送达民事或商事司法文书和司法外文书公约〉有关程序的通知》。现将根据该通知制定的《关于执行海牙送达公约的实施办法》印发给你们，请遵照执行。

附：

关于执行海牙送达公约的实施办法

为了正确、及时、有效地按照《关于向国外送达民事或商事司法文书和司法外文书公约》（下称《公约》）向在《公约》成员国的当事人送达文书和执行成员国提出的送达请求，根据最高人民法院、外交部和司法部外发〔1992〕8号《关于执行〈关于向国外送达民事或商事司法文书和司法外文书公约〉有关程序的通知》（下称《通知》），制定本实施办法。

一、司法部收到国外的请求书后，对于有中文译本的文书，应于五日内转给最高人民法院；对于用英文或法文写成，或者附有英文或法文译本的文书，应于七日内转给最高人民法院；对于不符合《公约》规定的文书，司法部将予以退回或要求请求方补充、修正材料。

二、最高人民法院应于五日内将文书转给送达执行地高级人民法院；高级人民法院收文后，应于三日内转有关的中级人民法院或者专门人民法院；中级人民法院或者专门人民法院收文后，应于十日内完成送达，并将送达回证尽快交最高人民法院转司法部。

三、执行送达的法院不管文书中确定的出庭日期或期限是否已过，均应送达。如受送达人拒收，应在送达回证上注明。

四、对于国外按《公约》提交的未附中文译本而附英、法文译本的文书，法院仍应予以送达。除双边条约中规定英、法文译本为可接受文字者外，受送达人有权以未附中文译本为由拒收。凡当事人拒收的，送达法院应在送达回证上注明。

五、司法部接到送达回证后，按《公约》的要求填写证明书，并将其转回国外请求方。

六、司法部在转递国外文书时，应说明收到请求书的日期、被送达的文书是否附有中文译本、出庭日期是否已过等情况。

七、我国法院需要向在公约成员国居住的该国公民、第三国公民、无国籍人送达文书时,应将文书及相应文字的译本各一式三份(无需致外国法院的送达委托书及空白送达回证)按《通知》规定的途径送最高人民法院转司法部。译文应由译者签名或翻译单位盖章证明无误。

八、司法部收到最高人民法院转来向国外送达的文书后,应按《公约》附录中的格式制作请求书、被送达文书概要和空白证明书,与文书一并送交被请求国的中央机关;必要时,也可由最高人民法院将文书通过我国驻该国使馆转交该国指定的机关。

九、我国法院如果需要通过我驻公约成员国的使领馆向居住在该国的中国公民送达文书,应将被送达的文书、致使领馆的送达委托书及空白送达回证按《通知》规定的途径转最高人民法院,由最高人民法院径送或经司法部转送我驻该国使领馆送达当事人。

十、司法部将国内文书转往公约成员国中央机关两个半月后,如果未收到证明书,将发函催办;请求法院如果直接收到国外寄回的证明书,应尽快通报最高人民法院告知司法部。

十一、本办法中的"文书"兼指司法文书和司法外文书。

十二、本办法自下发之日起施行。

注:

(1)截至1992年9月,我国与外国签订的双边司法协助条约(协定)中允许被送达文书附第三种文字译本的情况:

国家名称第三语种

一、已生效的

波兰英文

蒙古英文

二、已签署的

意大利英文、法文

俄罗斯英文

西班牙英文、法文

罗马尼亚英文

三、已草签的

土耳其英文

古巴英文

泰国英文

保加利亚英文

(2)本《实施办法》适用于香港地区

（二）司法性文件

最高人民法院关于人民法院受理涉及特权与豁免的民事案件有关问题的通知

（2007 年 5 月 22 日）

各省、自治区、直辖市高级人民法院，解放军军事法院，新疆维吾尔自治区高级人民法院生产建设兵团分院：

为严格执行《中华人民共和国民事诉讼法》以及我国参加的有关国际公约的规定，保障正确受理涉及特权与豁免的民事案件，我院决定对人民法院受理的涉及特权与豁免的案件建立报告制度，特做如下通知：凡以下列在中国享有特权与豁免的主体为被告、第三人向人民法院起诉的民事案件，人民法院应在决定受理之前，报请本辖区高级人民法院审查；高级人民法院同意受理的，应当将其审查意见报最高人民法院。在最高人民法院答复前，一律暂不受理。

一、外国国家；

二、外国驻中国使馆和使馆人员；

三、外国驻中国领馆和领馆成员；

四、途经中国的外国驻第三国的外交代表和与其共同生活的配偶及未成年子女；

五、途经中国的外国驻第三国的领事官员和与其共同生活的配偶及未成年子女；

六、持有中国外交签证或者持有外交护照（仅限互免签证的国家）来中国的外国官员；

七、持有中国外交签证或者持有与中国互免签证国家外交护照的领事官员；

八、来中国访问的外国国家元首、政府首脑、外交部长及其他具有同等身份的官员；

九、来中国参加联合国及其专门机构召开的国际会议的外国代表；

十、临时来中国的联合国及其专门机构的官员和专家；

十一、联合国系统组织驻中国的代表机构和人员；

十二、其他在中国享有特权与豁免的主体。

第二次全国涉外商事海事审判工作会议纪要（一）

（2005年12月26日　法发〔2005〕26号）

为进一步贯彻"公正司法，一心为民"的方针，落实"公正与效率"工作主题，规范涉外商事海事司法行为，增强司法能力，提高司法水平，开创涉外商事海事审判工作新局面，最高人民法院于2005年11月15日至16日在江苏省南京市召开了第二次全国涉外商事海事审判工作会议。各高级人民法院的分管院长、涉外商事海事审判部门的庭长、具有涉外商事审判管辖权的中级人民法院的分管院长、海事法院院长以及中央有关部门的代表共200人参加了会议。最高人民法院院长肖扬发表了书面讲话，副院长万鄂湘到会讲话。

会议总结交流了2001年来涉外商事海事审判工作的经验，研究了审判实践中亟待解决的问题，讨论了进一步规范涉外商事海事审判工作，为改革开放和经贸、航运事业提供司法保障的措施。会议达成以下共识，并形成纪要：

一、关于案件管辖

1. 人民法院在审理国内商事纠纷案件过程中，因追加当事人而使得案件具有涉外因素的，属于涉外商事纠纷案件，应当按照《最高人民法院关于涉外民商事案件诉讼管辖若干问题的规定》确定案件的管辖。当事人协议管辖不得违反前述规定。

无管辖权的人民法院不得受理涉外商事纠纷案件；已经受理的，应将案件移送有管辖权的人民法院审理。

2. 涉及外资金融机构（包括外国独资银行、独资财务公司、合资银行、合资财务公司、外国银行分行）的商事纠纷案件，其诉讼管辖按照《最高人民法院关于涉外民商事案件诉讼管辖若干问题的规定》办理。

3. 一方当事人以外国当事人为被告向人民法院提起诉讼，该外国当事人在我国境内设有来料加工、来样加工、来件装配或者补偿贸易企业（以下简称“三来一补”企业）的，应认定其在我国境内有可供扣押的财产，该“三来一补”企业所在地有涉外商事案件管辖权的人民法院可以对纠纷行使管辖权。

4. 人民法院在认定涉外商事纠纷案件当事人协议选择的法院是否属于《中华人民共和国民事诉讼法》第二百四十四条规定的“与争议有实际联系的地点的法院”时，应该考虑当事人住所地、登记地、营业地、合同签订地、合同履行地、标的物所在地等因素。

5. 中外合资经营企业合同、中外合作经营企业合同，合资、合作企业的注册登记地为合同履行地；涉及转让在我国境内依法设立的中外合资经营企业、中外合作经营企业、外商独资企业股份的合同，上述外商投资企业的注册登记地为合同履行地。根据《中华人民共和国民事诉讼法》的规定，合同履行地的人民法院对上述合同纠纷享有管辖权。

6. 当事人申请确认涉外仲裁协议效力的案件，由申请人住所地、被申请人住所地或者仲裁协议签订地有权受理涉外商事案件的中级人民法院管辖；申请执行我国涉外仲裁裁决的案件，由被申请人住所地、财产所在地有权受理涉外商事案件的中级人民法院管辖；申请撤销我国涉外仲裁裁决的案件，由仲裁机构所在地有权受理涉外商事案件的中级人民法院管辖；申请承认与执行外国仲裁裁决的案件，由被申请人住所地或者财产所在地有权受理涉外商事案件的中级人民法院管辖。

7. 涉外商事合同的当事人之间签订的有效仲裁协议约定了因合同发生的或与合同有关的一切争议均应通过仲裁方式解决，原告就当事人在签订和履行合同过程中发生的纠纷以侵权为由向人民法院提起诉讼的，人民法院不享有管辖权。

8. 人民法院根据《中华人民共和国民事诉讼法》的规定仅对主合同纠纷或者担保合同纠纷享有管辖权，原告以主债务人和担保人为共同被告向人民法院提起诉讼的，人民法院可以对主合同纠纷和担保合同纠纷一并管辖，但主合同或者担保合同当事人订有仲裁协议或者管辖协议，约定纠纷由仲裁机构仲裁或者外国法院排他性管辖的，人民法院对订有此类协议的主合同纠纷或者担保合同纠纷不享有管辖权。

9. 担保合同的主债务人在我国境外，债权人在我国仅起诉担保人的，人民法院应根据《中华人民共和国民事诉讼法》的相关规定行使管辖权。在审理过程中，如发现依据担保合同的准据法，担保人享有先诉抗辩权或者该案需要先确定主合同债权额的，可以根据不同情况分别作如下处理：(1)人民法院对主合同纠纷享有管辖权的，可以要求原告在一定期限内追加主债务人为共同被告；(2)人民法院对主合同纠纷不享有管辖权的，应裁定中止审理，并指定一定的期限，告知债权人对主债务人提起诉讼或仲裁，或者以其他方式确定主债权额。债权人在指定的期限内对主债务人提起诉讼或仲裁，或者经其他方式可以明确主债权额的，人民法院应在债权人提交相应的生效裁判文书或者其他证明文件后恢复审理。

债权人在指定的期限内拒绝申请追加主债务人为共同被告，或者未对主债务人提起诉讼或仲裁，或者经其他方式仍未能明确主债权额，且人民法院调解不成的，裁定驳回债权人的起诉。

10. 我国法院和外国法院都享有管辖权的涉外商事纠纷案件，一方当事人向外国法院起诉且被受理后又就同一争议向我国法院提起诉讼，或者对方当事人就同一争议向我国法院提起诉讼的，外国法院是否已经受理案件或者作出判决，不影响我国法院行使管辖权，但是否受理，由我国法院根据案件具体情况决定。外国法院判决已经被我国法院承认和执行的，人民法院不应受理。我国缔结或者参加的国际条约另有规定的,按规定办理。

11. 我国法院在审理涉外商事纠纷案件过程中,如发现案件存在不方便管辖的因素,可以根据“不方便法院原则”裁定驳回原告的起诉。“不方便法院原则”的适用应符合下列条件:(1)被告提出适用“不方便法院原则”的请求,或者提出管辖异议而受诉法院认为可以考虑适用“不方便法院原则”;(2)受理案件的我国法院对案件享有管辖权;(3)当事人之间不存在选择我国法院管辖的协议;(4)案件不属于我国法院专属管辖;(5)案件不涉及我国公民、法人或者其他组织的利益;(6)案件争议发生的主要事实不在我国境内且不适用我国法律,我国法院若受理案件在认定事实和适用法律方面存在重大困难;(7)外国法院对案件享有管辖权且审理该案件更加方便。

12. 涉外商事纠纷案件的当事人协议约定外国法院对其争议享有非排他性管辖权时,可以认定该协议并没有排除其他国家有管辖权法院的管辖权。如果一方当事人向我国法院提起诉讼,我国法院依照《中华人民共和国民事诉讼法》的有关规定对案件享有管辖权的,可以受理。

二、关于诉讼当事人

13. 外国企业在我国境内依法设立并领取营业执照的分支机构,具有民事诉讼主体资格,可以作为当事人参加诉讼。因分支机构不能独立承担民事责任,其作为被告时,人民法院可以根据原告的申请追加设立该分支机构的外国企业为共同被告。

外国企业在我国境内设立的代表机构不具有诉讼主体资格的,涉及代表机构的纠纷案件应由外国企业作为当事人参加诉讼。

14. 根据《中华人民共和国民事诉讼法》第四十九条和《最高人民法院关于适用〈中华人民共和国民事诉讼法〉若干问题的意见》第40条的规定,外国企业、自然人在我国境内设立的“三来一补”企业具有民事诉讼主体资格,可以作为当事人参加诉讼。因“三来一补”企业不能独立承担民事责任,其作为被告时,人民法院可以根据原告的申请追加设立该“三来一补”企业的外国企业、自然人为共同被告。

15. 人民法院在审理案件过程中查明外国当事人被宣告破产或者进入清算程

序的，应通知外国当事人的破产财产管理人或者清算人参加诉讼。

16. 外国当事人作为原告时，应根据《中华人民共和国民事诉讼法》第一百一十条第（一）项的规定，向人民法院提供身份证明，证明材料应符合我国法律要求的形式。拒不提供的，应裁定不予受理。案件已经受理的，可要求原告在指定期限内补充提供相关资料，期满无正当理由仍未提供的，可以裁定驳回起诉。

17. 外国当事人作为被告时，应针对不同情况分别作如下处理：(1)原告起诉时提供了被告存在的证明，但未提供被告的明确住址或者依据原告所提供的被告住址无法送达（公告送达除外）的，应要求原告补充提供被告的明确住址。依据原告补充的材料仍不能确定被告住址的，应依法向被告公告送达相关司法文书；(2)原告起诉时没有提供被告存在的证明，但根据起诉状所列明的被告的姓名、名称、住所、法定代表人的姓名等情况对被告按照法定的送达途径（公告送达除外）能够送达的，送达后被告不在法定的期限内应诉答辩，又拒不到庭的，可以依法缺席审判；(3)原告在起诉时没有提供被告存在的证明，根据起诉状所列明的情况对被告按照法定的送达途径（公告送达除外）无法送达的，应要求原告补充提供被告存在的证明，原告拒不提供或者补充提供后仍无法确定被告真实存在的，可以认定为没有明确的被告，应根据《中华人民共和国民事诉讼法》第一百零八条第（二）项的规定裁定驳回原告的起诉。

18. 外国当事人在我国境外出具的授权委托书，应当履行相关的公证、认证或者其他证明手续。对于未履行相关手续的诉讼代理人，人民法院对其代理资格不予认可。

19. 外国自然人在人民法院办案人员面前签署的授权委托书无需办理公证、认证或者其他证明手续，但在签署授权委托书时应出示身份证明和入境证明，人民法院办案人员应在授权委托书上注明相关情况并要求该外国自然人予以确认。

20. 外国自然人在我国境内签署的授权委托书，经我国公证机关公证，证明该委托书是在我国境内签署的，无需在其所在国再办理公证、认证或者其他证明手续。

21. 外国法人、其他组织的法定代表人或者负责人代表该法人、其他组织在人民法院办案人员面前签署的授权委托书，无需办理公证、认证或者其他证明手续，但在签署授权委托书时，外国法人、其他组织的法定代表人或者负责人除了向人民法院办案人员出示自然人身份证明和入境证明外，还必须提供该法人或者其他组织出具的能够证明其有权签署授权委托书的证明文件，且该证明文件必须办理公证、认证或者其他证明手续。人民法院办案人员应在授权委托书上注明相关情况并要求该法定代表人或者负责人予以确认。

22. 外国法人、其他组织的法定代表人或者负责人代表该法人、其他组织在我国境内签署的授权委托书，经我国公证机关公证，证明该委托书是在我国境内签署，且该法定代表人或者负责人向人民法院提供了外国法人、其他组织出具的办理了公证、认证或者其他证明手续的能够证明其有权签署授权委托书的证明文件的，该授权委托书无需在外国当事人的所在国办理公证、认证或者其他证明手续。

23. 外国当事人将其在特定时期内发生的或者将特定范围的案件一次性委托他人代理，人民法院经审查可以予以认可。该一次性委托在一审程序中已办理公证、认证或者其他证明手续的，二审或者再审程序中无需再办理公证、认证或者其他证明手续。

三、关于司法文书送达

(一)涉外商事纠纷案件司法文书的送达

24. 人民法院向在我国境内没有住所的当事人送达司法文书，可以直接送达给其在我国境内委托的诉讼代理人或者其在我国境内设立的代表机构。外国人、无国籍人或者外国公司、企业、其他组织的法定代表人或者负责人在我国境内的，人民法院可直接向其送达。当事人在我国境内有分支机构或者业务代办人的，经该当事人授权，人民法院可以向其分支机构或者业务代办人送达相关司法文书。人民法院向当事人的诉讼代理人、法定代表人或者负责人、代表机构以及有权接受的分支机构、业务代办人送达司法文书，适用留置送达。

25. 外国当事人如果在我国境内没有可以代其接受送达的代理人或者相关机构，若该当事人所在国与我国签订有司法协助协定或者其所在国是1965年海牙《关于向国外送达民事或商事司法文书和司法外文书公约》(以下简称《海牙送达公约》)的成员国,向该当事人送达司法文书依照司法协助协定或者公约的规定执行。具体程序可以分别按照最高人民法院发布的法(办)发[1988]3号《关于执行中外司法协助协定的通知》、最高人民法院、外交部、司法部联合发布的外发[1992]8号《关于执行〈关于向国外送达民事或商事司法文书和司法外文书公约〉有关程序的通知》、司发通[1992]093号《关于执行海牙送达公约的实施办法》的规定办理。如果当事人所在国既与我国签订有司法协助协定,又是《海牙送达公约》的成员国,送达司法文书依照司法协助协定的规定办理。

对在我国境内没有住所的当事人,如果不能适用前述方式送达,可以通过外交途径送达。具体程序可以按照最高人民法院、外交部、司法部联合发布的外发[1986]47号《关于我国法院和外国法院通过外交途径相互委托送达法律文书若干问题的通知》的规定办理。

26. 按照司法协助协定、《海牙送达公约》或者外交途径送达司法文书,自我国有关机关将司法文书转递受送达当事人所在国有关机关之日起满六个月,如果未能收到送达与否的证明文件,且根据其他情况也不足以认定已经送达的,视为不能适用该种方式送达。

27. 在我国境内没有住所的当事人,其所在国允许邮寄送达的,可以邮寄送达。邮寄送达时应附有送达回证,如果当事人未在送达回证上签收,但在邮件回执上签收,视为已经送达。自邮寄之日起满六个月,如无法得到送达与否的证明文件,且根据其他情况也不足以认定已经送达的,视为不能适用邮寄方式送达。

28. 人民法院通过公告方式送达司法文书,公告内容应该在国内外公开发行的报纸上刊登,同时可以在中国涉外商事海事审判网(http://www.ccmt.org.cn)上公布。

29. 传真、电子邮件等送达方式,如果不违反受送达人住所地法律禁止性规定,人民法院在送达司法文书时可以采用。通过传真、电子邮件方式送达的,应当要求当事人在收到后七日内予以回复,当事人回复时确认收到的时间为送达的时间;若当事人回复时未确认收到的时间,其回复的时间为送达的时间。当事人未回复的,视为未送达。

30. 除公告送达方式外,人民法院可以同时采取多种方式对当事人进行送达,但应根据最先实现送达的送达方式确定送达时间。

31. 人民法院送达司法文书，根据有关规定须通过上级人民法院转递的，应附申请转递函。上级人民法院收到下级人民法院申请转递的司法文书，应当在七个工作日内予以转递。上级人民法院认为下级人民法院申请转递的司法文书不符合有关规定需要补正的，亦应在七个工作日内退回申请转递的人民法院。

32. 人民法院送达司法文书，根据有关规定需提供翻译件的，应由受理案件的人民法院委托我国境内的翻译机构进行翻译。翻译件不加盖人民法院印章，但应由翻译机构或翻译人员签名或盖章证明译文与原文一致。

33. 当事人虽未对人民法院送达的司法文书履行签收手续，但存在以下情形的，视为已经送达：(1)当事人通过口头或者书面形式向人民法院提及了所送达的司法文书的内容；(2)当事人已经按照所送达司法文书的内容履行。

（二）涉港澳台案件司法文书的送达

34. 住所地在香港特别行政区、澳门特别行政区的当事人如果在内地没有可以代其接受送达的代理人或者相关机构，需要向其送达司法文书时，分别按照《最高人民法院关于内地与香港特别行政区法院相互委托送达民商事司法文书的安排》或者《最高人民法院关于内地与澳门特别行政区法院就民商事案件相互委托送达司法文书和调查取证的安排》办理。按照上述两个安排送达司法文书，自内地的高级人民法院或者最高人民法院将有关司法文书递送香港特别行政区高等法院或者澳门特别行政区终审法院之日起满三个月，如未收到送达与否的证明文件，且根据其他情况不足以认定已经送达的，视为不能适用上述安排中规定的方式送达。

35. 人民法院向住所地在香港特别行政区、澳门特别行政区、台湾地区的当事人送达司法文书，可以邮寄送达。邮寄送达时应附有送达回证，如果当事人未在送达回证上签收，但在邮件回执上签收，视为已经送达。自邮寄之日起满二个月，虽未得到送达与否的证明文件，但根据其他情况足以认定已经送达的，期间届满之日视为送达。自邮寄之日起满二个月，未得到送达与否的证明文件，且根据其他情况不足以认定已经送达的，视为不能适用邮寄方式送达。

36. 住所地在香港特别行政区、澳门特别行政区的当事人如果在内地没有可以代其接受送达的代理人或者相关机构，人民法院也不能通过两个安排规定的方式或者邮寄方式送达的，可以通过公告方式送达。

37. 住所地在台湾地区的当事人如果在大陆没有可以代其接受送达的代理人或者相关机构，人民法院也不能通过邮寄方式送达的，可以通过公告方式送达。

38. 通过公告方式向住所地在香港特别行政区、澳门特别行政区、台湾地区的当事人送达司法文书，自公告之日起满六十日，即视为送达。

四、关于诉讼证据

39. 对当事人提供的在我国境外形成的证据，人民法院应根据不同情况分别作如下处理：(1)对证明诉讼主体资格的证据，应履行相关的公证、认证或者其他证明手续；(2)对其他证据，由提供证据的一方当事人选择是否办理相关的公证、认证或者其他证明手续，但人民法院认为确需办理的除外。

对在我国境外形成的证据，不论是否已办理公证、认证或者其他证明手续，人民法院均应组织当事人进行质证，并结合当事人的质证意见进行审核认定。

40. 对当事人提供的在我国境外形成的应履行相关公证、认证或者其他证明手续的证据，应当经所在国公证机关公证，并经我国驻该国使领馆认证，或者履行我国与该所在国订立的有关条约中规定的证明手续。如果其所在国与我国没有外交关系，则该证据应经与我国有外交关系的第三国驻该国使领馆认证，再转由我国驻该第三国使领馆认证。

41. 当事人向人民法院提供外文视听资料的，应附有视听资料中所用语言的记录文本及中文译本。

42. 当事人提交的证据材料不属于新的证据，人民法院经审查认为该证据可能影响裁判结果的，应予以质证。

43. 当事人在一审时未申请鉴定，或者申请鉴定后无正当理由不预交鉴定费用或拒不提交相关材料致使无法鉴定，而在二审或者再审期间申请鉴定的，视下列情况分别处理：(1)人民法院经审查认为，不鉴定不会影响裁判结果的，对当事人的申请不予准许；(2)人民法院经审查认为，不鉴定可能导致案件的主要事实不清的，对当事人的申请应予准许。

44. 当事人在一审时申请人民法院调取证据未获准许，而在二审或者再审期间申请调取证据的，视下列情况分别处理：(1)人民法院经审查认为，不调取证据不会影响裁判结果的，对当事人的申请不予准许；(2)人民法院经审查认为，不调取证据可能导致案件的主要事实不清的，对当事人的申请应予准许。

45. 对经合法传唤的被告未到庭而进行缺席审判的案件，不能免除原告对其诉讼请求的证明责任，人民法院仍应对原告所提交的证据材料进行审查。

五、关于涉外商事合同法律适用

46. 涉外商事合同的当事人可以在订立合同时或者订立合同后，经过协商一致，以明示方式选择合同争议所适用的法律。合同争议包括合同是否成立、成立的时间、效力、内容的解释、履行、违约责任，以及合同的解除、变更、中止、转让、终止等争议。

47. 涉外商事合同的当事人可以在订立合同后至一审法庭辩论终结前通过协商一致改变订立合同时选择的法律，但不得损害第三人的合法利益。

48. 当事人协议选择的法律，是指有关国家及地区的实体法规范，不包括冲突规范和程序法规范。

49. 人民法院按照最密切联系原则确定的涉外商事合同应适用的法律，是指有关国家及地区的实体法规范，不包括冲突规范和程序法规范。

50. 当事人规避中华人民共和国法律、行政法规的强制性或禁止性规定的行为，不发生适用外国法律的效力，人民法院应适用中华人民共和国法律。

51. 涉外商事纠纷案件应当适用的法律为外国法律时，由当事人提供或者证明该外国法律的相关内容。当事人可以通过法律专家、法律服务机构、行业自律性组织、国际组织、互联网等途径提供相关外国法律的成文法或者判例，亦可同时提供相关的法律著述、法律介绍资料、专家意见书等。

当事人对提供外国法律确有困难的，可以申请人民法院依职权查明相关外国法律。

52. 当事人提供的外国法律经质证后无异议的，人民法院应予确认。对当事人有异议的部分或者当事人提供的专家意见不一致的,由人民法院审查认定。

53. 外国法律的内容无法查明时,人民法院可以适用中华人民共和国法律。

54. 适用外国法律违反中华人民共和国法律的基本原则和社会公共利益的,该外国法律不予适用,而应适用中华人民共和国的法律。

55. 涉外商事合同的当事人没有选择合同所适用的法律的,人民法院受理案件后,当事人可以在一审法庭辩论终结前作出选择。如果当事人不能协商一致作出选择,适用与合同有最密切联系地的法律。

56. 人民法院根据最密切联系原则确定合同应适用的法律时,应根据合同的特殊性质,以及当事人履行的义务最能体现合同的本质特性等因素,确定与合同有最密切联系国家的法律作为合同的准据法。在通常情况下,下列合同的最密切联系地的法律是:(1)国际货物买卖合同,适用合同订立时卖方住所地法;如果合同是在买方住所地谈判并订立的,或者合同主要是依买方确定的条件并应买方发出的招标订立的,或者合同明确规定卖方须在买方住所地履行交货义务的,适用买方住所地法。(2)来料加工、来件装配以及其他各种加工承揽合同,适用加工承揽人住所地法。(3)成套设备供应合同,适用设备安装运转地法。(4)不动产买卖、租赁或者抵押合同,适用不动产所在地法。(5)动产租赁合同,适用出租人住所地法。(6)动产质押合同,适用质权人住所地法。(7)借款合同,适用贷款人住所地法。(8)赠与合同,适用赠与人住所地法。(9)保险合同,适用保险人住所地法。(10)融资租赁合同,适用承租人住所地法。(11)建设工程合同,适用建设工程所在地法。(12)仓储、保管合同,适用仓储、保管人住所地法。(13)保证合同,适用保证人住所地法。(14)委托合同,适用受托人住所地法。(15)债券的发行、销售和转让合同,分别适用债券发行地法、债券销售地法和债券登记地法。(16)拍卖合同,适用拍卖举行地法。(17)行纪合同,适用行纪人住所地法。(18)居间合同,适用居间人住所地法。

上述合同明显与另一国家或者地区有更密切联系的,适用该国或者地区的法律。

57. 具有中华人民共和国国籍的自然人、法人或者其他组织与外国的自然人、法人或者其他组织订立的在我国境内履行的下列合同,适用中华人民共和国法律:

(1)中外合资经营企业合同;(2)中外合作经营企业合同;(3)中外合作勘探、开发自然资源合同;(4)转让中外合资经营企业、中外合作经营企业、外商独资企业股份的合同;(5)外国自然人、法人或者其他组织承包经营在我国境内设立的企业的合同。

最高人民法院民事审判第四庭关于北京长城高级润滑油品有限公司申请承认与执行朝鲜民主主义人民共和国和解决定案有关适用法律问题的请示的答复

(2005年11月23日　〔2005〕民四他字第43号)

辽宁省高级人民法院:

你院〔2005〕辽民四他字第2号《关于北京长城高级润滑油品有限公司申请承认与执行朝鲜民主主义人民共和国和解决定案有关适用法律问题的请示》收悉。经研究,答复如下:

我国民事诉讼法第二百六十九条规定,国外仲裁机构的裁决,需要中华人民共和国人民法院承认和执行的,应当由当事人直接向被执行人住所地或者其财产所在地的中级人民法院申请,人民法院应当依照中华人民共和国缔结或者参加的国际条约,或者按照互惠原则办理。该条所指"财产",应当理解为被执行人在我国领域内拥有的实际可执行的财产,不包括未来可能进入我国境内的财产。本案中,被执行人朝鲜水产物贸易会社和朝鲜水产船舶经营会社的住所地均不在我国,朝鲜水产物贸易会社在我国领域内没有可供执行的财产,朝鲜水产船舶经营会社所有的船舶尚未进入我国领域,也不能认定其在我国领域内有可供执行的财产。"近期将有船舶进入大连港"具有不确定性,在朝鲜水产船舶经营会社所有的船舶进入大连港之前,大连市中级人民法院对本案不具有管辖权。

最高人民法院关于加强涉外商事案件诉讼管辖工作的通知

（2004 年 12 月 29 日　法〔2004〕265 号）

各省、自治区、直辖市高级人民法院，解放军军事法院，新疆维吾尔自治区高级人民法院生产建设兵团分院：

最高人民法院 2002 年 3 月 1 日法释〔2002〕5 号《关于涉外民商事案件诉讼管辖若干问题的规定》施行以来，各地法院认真贯彻落实，建立了涉外商事审判工作的新格局，提高了审判质量和涉外商事法官素质，为应对我国加入世界贸易组织后所面临的挑战作出了较大贡献。为进一步方便当事人诉讼，防止涉外商事案件流失，培育并充分利用司法资源，不断提高涉外商事审判能力，现根据最高人民法院《关于涉外民商事案件诉讼管辖若干问题的规定》第一条第（四）项的规定，通知如下：

一、受理边境贸易纠纷案件法院的上诉审中级人民法院，国务院批准设立的经济技术开发区法院的上诉审中级人民法院，以及其他中级人民法院，需要指定管辖一审涉外商事案件的，由其所在地的高级人民法院报请最高人民法院审批。

各高级人民法院要在调研的基础上，于 2005 年 3 月底前将需要指定管辖的上列中级人民法院上报指定。

二、授权广东省和各直辖市的高级人民法院根据实际工作需要指定辖区内的基层人民法院管辖本区的第一审涉外（含涉港澳台）商事案件，明确基层人民法院与中级人民法院的案件管辖分工，并将指定管辖的情况报最高人民法院备案。

三、指定管辖一审涉外商事案件的法院，必须坚持标准。要设立专门的涉外商事审判庭或者合议庭，配备足够的审判力量，确保审判质量。需要管辖第一审涉外商事案件但暂不具备条件的，要加强法官培训，待符合条件后再报请指定。

四、指定管辖一审涉外商事案件的法院，要及时确定其管辖区域，并向社会公布，确保最高人民法院《关于涉外民商事案件诉讼管辖若干问题的规定》的正确贯彻实施。

五、各高级人民法院要切实加强对涉外商事案件诉讼管辖工作的监督指导，坚决纠正不当管辖，认真解决涉外商事案件管辖中存在的问题，正确行使涉外商事案件的管辖权，维护我国的司法权威。

特此通知。

最高人民法院关于审理和执行涉外民商事案件应当注意的几个问题的通知

（2000 年 4 月 17 日　法〔2000〕51 号）

各省、自治区、直辖市高级人民法院：

为了依法及时、公正地处理好涉外民商事案件，促进我国对外经济贸易和招商引资等重大经济活动，适应即将加入世贸组织的新形势，现就审理和执行涉外民商事案件中应当注意的问题通知如下：

一、严格执行涉外民商事案件审查程序，切实保护各方当事人的诉讼权利。各级人民法院要严格遵守《中华人民共和国民事诉讼法》和最高人民法院及其批准的高级人民法院有关案件管辖的规定，对诉至法院的涉外民商事案件认真进行审查。对属于人民法院受理范围、符合级别管辖、地域管辖和专属管辖规定并符合法律规定的起诉条件的，应当在法定期限内及时立案，不得拖延、推诿；对不属于人民法院受理范围的要及时告知当事人采取其他救济方式，不得违法滥用管辖权或无故放弃管辖权。对涉外合同中订有仲裁条款或者当事人事后达成书面仲裁协议的，人民法院不予受理；根据当事人的申请，依照法律规定，拟裁定涉外合同仲裁协议无效的，应先逐级呈报最高人民法院，待最高人民法院答复同意后才可以确认仲裁协议无效。涉外民商事案件法律文书的送达手续必须合法；如用公告方式送达，必须严格按照《中华人民共和国民事诉讼法》第八十四条规定办理，并应当在《人民法院报》或省级以上对外公开发行的报纸上和在受案法院公告栏内同时刊登。

二、严格依照冲突规范适用处理案件的民商事法律，切实做到依法公开、公正、及时、平等地保护国内外当事人的合法权益。各级人民法院审理涉外民商事案件时，要坚持国家主权原则和依法独立审判原则，保证案件处理的程序公正和实体公正。涉外民商事案件除法律另有规定的以外一律公开审理，允许新闻媒体自负其责地进行报道。审理案件必须做到认定事实客观、全面，适用法律准确、适当，实体处理公正、合法，除《中华人民共和国合同法》第一百二十六条第二款规定的三类合同必须适用中国法律外，均应依照有关规定或者当事人约定，准确选用准据法；对我国参加的国际公约，除我国声明保留的条款外，应予优先适用，同时可以参照国际惯例。制作涉外法律文书应文字通畅，逻辑严密，格式规范，说理透彻。

三、严格遵守涉外民商事案件生效法律文书的执行规定，切实维护国家司法权威。各级人民法院在强化执行工作过程中，应从维护国家司法形象和法制尊严的高度认识涉外执行工作的重要性，进一步加强涉外案件的执行，要注意执行方法，提高执行效率，注重执行效果。对涉外仲裁裁决和国外仲裁裁决的审查与执行，要严格依照有关国际公约和《中华人民共和国民事诉讼法》、最高人民法院《关于适用〈中华人民共和国民事诉讼法〉若干问题的意见》、《最高人民法院关于人民法院执行工作若干问题的规定（试行）》中有关涉外执行的规定和最高人民法院〔法〕经发〔1987〕5 号通知、法发〔1995〕18 号通知、法释〔1998〕28 号规定及法〔1998〕40 号通知办理。各级人民法院凡拟适用《中华人民共和国民事诉讼法》第二百六十条和有关国际公约规定，不予执行涉外仲裁裁决、撤销涉外仲裁裁决或拒绝承认和执行外国仲裁机构的裁决的，均应按规定逐级呈报最高人民法院审查，在最高人民法院答复前，不得制发裁定。

四、各级人民法院要加强对国际条约、国际惯例等国际经贸规范的学习，不断提高审理涉外民商事案件的水平。对在适用法律上有重大争议的，应按最高人民法院《关于建立经济纠纷大案要案报告制度的通知》（法经函〔1989〕第 4 号）执行。审判人员要严格遵守审判纪律，不得私自接待国外当事人或其他有关人员；严格执行回避制度，不得单独接触一方当事人及其关系人；对于涉外案件外国当事人所在国家外交机构代表的正式询问，应由受案法院负责接待，有关情况应及时报告上级法院。

外交部司法部民政部关于驻外使、领馆就中国公民申请人民法院承认外国法院离婚判决事进行公证、认证的有关规定

（1997年3月27日　外领八函〔1997〕5号）

各驻外使领馆、团、处：

近年来，随着我公民在国外结婚、离婚人数的增多，涉及中国公民向我人民法院申请承认外国法院离婚判决的案件也越来越多。为维护司法裁判的严肃性，统一、明确做法，方便当事人，经商最高人民法院，现对有关事宜做如下具体规定：

一、婚姻当事人一方为中国公民的外国法院的离婚判决书在国内使用，须经国内中级人民法院对该判决裁定承认后，才能为当事人出具以该外国法院离婚判决为准的婚姻状况公证。

二、婚姻当事人一方为中国公民的外国法院离婚判决书在国外使用：

（一）若居住国可根据外国法院离婚判决书或其它证明材料，为当事人出具婚姻状况证明，不需要我驻该国使、领馆出具以外国法院离婚判决为准的婚姻状况公证，我使、领馆可不予干预，但不干预不等于承认。

（二）若当事人不能在居住国取得婚姻状况证明，需我驻该国使、领馆出具以此判决为准的婚姻状况公证，应先向国内中级人民法院申请对该判决的承认。该判决经裁定承认后，才能为当事人出具有关公证。

三、国内中级人民法院受理当事人的申请时，对外国法院离婚判决书的真伪不能判定，要求当事人对该判决书的真实性进行证明的，当事人可向驻外使、领馆申请公证、认证。外国法院的离婚判决书可经过居住国公证机构公证、外交部

或外交部授权机构认证，我使、领馆认证；亦或居住国外交部直接认证，我使、领馆认证。进行上述认证的目的是为判决书的真伪提供证明，不涉及对其内容的承认。

四、当事人不能亲自回国申请承认外国法院的离婚判决，可委托他人代理。驻外使、领馆可为此类委托书办理公证或认证。受理委托书公证应要求当事人亲自申请。

五、当事人或其代理人申请国内中级人民法院对外国法院离婚判决书的裁定承认，必须提供：

（一）外国法院离婚判决书正本及经证明无误的中文译文；

（二）若申请人是离婚判决的原告，作出判决的外国法院出具的被告已被合法传唤出庭或合法传唤出庭文件已送达被告的有关证明文件及经证明无误的中文译文。

（三）若判决书中未指明判决已生效或生效时间的，作出判决的外国法院出具的判决已生效的证明文件及经证明无误的中文译文。

驻外使、领馆应按照公证、认证程序为上述文件办理公证或认证。

六、第五条中所述的“经证明无误的中文译文”，可经如下途径证明：

（一）外国公证机构公证、外交部或外交部授权机构认证及我驻外使、领馆认证；

（二）驻外使、领馆直接公证；

（三）国内公证机关公证；

七、外国法院离婚判决书生效日期与我国法院裁定承认日期不同，离婚后未再婚公证应以外国法院离婚判决书生效日期为准。

八、国内中级人民法院裁定对外国法院离婚判决不予承认的，当事人可到国内原户籍所在地或婚姻缔结地中级人民法院起诉离婚。驻外使领馆可根据国内法院的离婚判决，为当事人出具在国外期间的婚姻状况证明。

九、有关外国法院离婚判决中夫妻财产分割、生活费负担、子女抚养等方面判决承认执行的公证、认证，不适用本规定。

原规定与上述规定不一致的，按此规定办理。上述规定以外的情况，请逐案报请国内。

最高人民法院关于终止地方法院与国外地方法院司法部门司法协助协议的通知

（1995 年 1 月 28 日　法〔1995〕4 号）

各省、自治区、直辖市高级人民法院：

近来，发现个别地方法院与国外地方司法机关签订司法协助协议。经我院研究并征求外交部条法司意见，认为：司法协助（包括相互代为送达司法文书、调查取证、承认与执行法院判决等）关系到国家的司法主权。依据《中华人民共和国缔结条约程序法》的有关规定，与外国谈判缔结司法协助协定只能以国家或政府的名义，或者经国家或政府授权的机关对外签署，并须报请国务院审核后，提交全国人大常委会决定批准。据此，地方法院无权与国外签订司法协助协议，已签订的应立即终止执行，并向对方说明情况。

今后各地方法院遇有相邻国家有关地区提出谈判缔结司法协助协定事宜，应及时报告我院，由我院会同有关部门研究处理。

最高人民法院外交部司法部关于执行《关于向国外送达民事或商事司法文书和司法外文书公约》有关程序的通知

（1992 年 3 月 4 日　外发〔1992〕8 号）

全国各有关法院、各驻外使领馆：

1991年3月2日,第七届全国人民代表大会常务委员会第十八次会议决定批准我国加入1965年11月15日订于海牙的《关于向国外送达民事或商事司法文书和司法外文书公约》(以下简称《公约》),并指定司法部为中央机关和有权接收外国通过领事途径转递的文书的机关。该公约已自1992年1月1日起对我国生效。现就执行该公约的有关程序通知如下:

一、凡公约成员国驻华使、领馆转送该国法院或其他机关请求我国送达的民事或商事司法文书,应直接送交司法部,由司法部转递给最高人民法院,再由最高人民法院交有关人民法院送达给当事人。送达证明由有关人民法院交最高人民法院退司法部,再由司法部送交该国驻华使、领馆。

二、凡公约成员国有权送交文书的主管当局或司法助理人员直接送交司法部请求我国送达的民事或商事司法文书,由司法部转递给最高人民法院,再由最高人民法院交有关人民法院送达给当事人。送达证明由有关人民法院交最高人民法院退司法部,再由司法部送交该国主管当局或司法助理人员。

三、对公约成员国驻华使、领馆直接向其在华的本国公民送达民事或商事司法文书,如不违反我国法律,可不表示异议。

四、我国法院若请求公约成员国向该国公民或第三国公民或无国籍人送达民事或商事司法文书,有关中级人民法院或专门人民法院应将请求书和所送司法文书送有关高级人民法院转最高人民法院,由最高人民法院送司法部转送给该国指定的中央机关;必要时,也可由最高人民法院送我国驻该国使馆转送给该国指定的中央机关。

五、我国法院欲向在公约成员国的中国公民送达民事或商事司法文书,可委托我国驻该国的使、领馆代为送达。委托书和所送司法文书应由有关中级人民法院或专门人民法院送有关高级人民法院转最高人民法院,由最高人民法院径送或经司法部转送我国驻该国使、领馆送达给当事人。送达证明按原途径退有关法院。

六、非公约成员国通过外交途径委托我国法院送达的司法文书按最高人民法院、外交部、司法部1986年8月14日联名颁发的外发〔1986〕47号《关于我国法院和外国法院通过外交途径相互委托送达法律文书若干问题的通知》办理。公约成员国在特殊情况下通过外交途径请求我国法院送达的司法文书,也按上述文件办理。

七、我国与公约成员国签订有司法协助协定的,按协定的规定办理。

八、执行公约中需同公约成员国交涉的事项由外交部办理。

九、执行公约的其他事项由司法部商有关部门办理。

最高人民法院外交部司法部关于我国法院和外国法院通过外交途径相互委托送达法律文书和调查取证费用收支办法的通知

（1990 年 1 月 9 日　外领五函〔1990〕4 号）

全国各有关法院,各驻外使领馆、团、处:

1986 年 8 月 14 日,最高人民法院、外交部、司法部外发〔1986〕47 号文件《关于我国法院和外国法院通过外交途径相互委托送达法律文书若干问题的通知》的第六条,对我国法院和外国法院通过外交途径相互委托送达法律文书费用的收支问题作了原则规定。三年来的实践表明,每遇需收费案件,我驻外使馆、外交部和人民法院均要逐案折算人民币,相互转账,手续繁琐,费时费事,在实际执行中有不少困难。为改进工作,适应形势发展的需要,现就我国法院和外国法院通过外交途径送达民、商事案法律文书和民、商事案调查取证所需费用的收支办法通知如下:

一、我国法院通过外交途径委托外国法院代为送达法律文书或调查取证所需费用的支付办法如下:

（一）每次金额折合人民币 100 元以下的,由我国受托使馆支付并在该馆“其他费用”科目中报销;

（二）每次金额折合人民币超过 100 元但不足 1,000 元的,由受托使馆垫付,每年第四季度汇总一次向外交部财务司托收;

（三）每次金额超过人民币 1,000 元但不足 3,000 元的,委托法院在给外交部领事司的委托函中应注明同意支付该笔费用,在外交部当年外汇额度许可的情况下，由外交部领事司通知受托使馆办理。受托使馆垫付外汇后，逐案向外交部财务司托收，然后由外交部财务司通知委托法院转账支付人民币（外交部人民币账号：中国工商银行北京市东四南分理处930005－38号）；

（四）每次金额超过人民币3,000元的，委托法院在给外交部领事司的委托函中应注明同意支付该笔费用，然后由外交部领事司商最高人民法院外事局共同研究处理。

二、外国法院通过外交途径委托我国法院送达法律文书和调查取证应支付的费用，由我国受托法院将送达或调查取证的情况连同建议收费额一并随案函告外交部领事司，再由领事司按对等原则向委托法院所在国驻华使馆统一收取。具体处理办法如下：

（一）每次金额在人民币1,000元以下的，外交部领事司收取后直接交外交部财务司；

（二）每次金额在人民币1,000元以上但不足3,000元的，外交部领事司向委托法院所在国驻华使馆收取后，交外交部财务司以人民币向我国受委托法院转汇或转账支付；

（三）每次金额在人民币3,000元以上的，由外交部领事司向委托法院所在国驻华使馆收取后转交我国受委托法院。

此外，我国法院向当事人收取送达法律文书或调查取证的费用，由该法院按国家有关规定处理。

本通知自发出之日起施行。

最高人民法院关于执行中外司法协助协定的通知

（1988年2月1日　法（办）发〔1988〕3号）

各省、自治区、直辖市高级人民法院，各中级人民法院、铁路运输中级法院、海事法院：

我国实行对外开放以来，不少国家先后要求同我国签订司法协助协定。去年，我国已分别同法国、波兰、比利时签订了司法协助协定，其中《中华人民共和国和波兰人民共和国关于民事和刑事司法协助的决定》〔见附件(一)〕已经互换批准书，并将于1988年2月13日生效。现将该协定转发给你们，请研究执行。

今后，还会有一些国家陆续同我国缔结司法协助协定。为了正确地执行我国同外国缔结的司法协助协定，现作如下通知：

一、凡缔约的外国一方通过我国司法部申请我国法院提供司法协助的请求文书和所附文件，我国司法部转递我院后，由我院审查送交有关高级人民法院指定有关中级人民法院或专门法院办理。承办法院必须严格按照与该国缔结的司法协助协定的内容认真负责办理。办完后，报经原高级人民法院审核后转报我院，由我院审核并译成外文，连同原文书一并送司法部，再由司法部转递提出申请的外国一方。

二、我国法院需要缔约的外国一方的法院提供司法协助时，也必须按照与该国的司法协助协定的规定提出请求文书和所附文件，经所属高级人民法院审核后转报我院，由我院审核并译成外文，连同中文的请求文书和所附文件一并转司法部，由司法部转递缔约的外国一方。

三、我国同尚未与我签订司法协助协定的国家如果相互需要司法协助，仍按我国民事诉讼法(试行)的有关规定以及1986年8月14日最高人民法院、外交部、司法部《关于我国法院和外国法院通过外交途径相互委托送达法律文书若干问题的通知》的规定执行。

附件：

中华人民共和国和波兰人民共和国
关于民事和刑事司法协助的协定

中华人民共和国和波兰人民共和国，在尊重国家主权、独立、平等和互惠的基础上，为加强两国在司法领域的友好合作关系，决定缔结本协定。为此目的，特议定下列各条：

第一章 总 则

第一条 司法保护

缔约一方的国民在缔约另一方境内，享有与缔约另一方国民同等的司法保护，有权在与缔约另一方国民同等的条件下，在缔约另一方法院或其他机关进行诉讼或提出请求。

第二条 诉讼费用保证金的免除

缔约一方的法院和主管民事案件的其他机关，对于在缔约另一方境内有住所或居所的缔约另一方国民，不得令其提供民事诉讼费用保证金。

第三条 诉讼费用的预付

缔约一方的国民在缔约另一方境内，应在与缔约另一方国民同等的条件下和范围内预付民事诉讼费用。

第四条 法人

前三条规定亦适用于法人。

第五条 诉讼费用的减免

缔约一方的国民在缔约另一方境内，可在与缔约另一方国民同等的条件下和范围内申请减交或免交民事诉讼费用。缔约一方的国民申请减免民事诉讼费用，应由其住所或居所所在地的主管机关出具证明书；如果该申请人在缔约双方境内均无住所或居所，亦可由其本国的外交或领事机关出具证明书。

第六条 司法协助的途径

一、缔约双方的法院和其他机关相互提供司法协助，由缔约双方的中央机关直接通知。

二、前款所述的中央机关由缔约双方通过外交途径指明。

第七条 司法协助请求书

一、申请司法协助应用请求书。司法协助请求书的内容应包括下列各项：请求和被请求机关的名称，当事人的姓名、国籍、职业、住所或居所，代理人的姓名和地址，请求提供司法协助的具体案由。执行该请求所必需的其他文件和资料也须随请求书一并提供。

二、请求刑事司法协助，应附该项请求涉及的犯罪事实的说明以及有关的法律规定。

三、上述请求书和文件应由缔约一方的请求机关签署和盖章。

第八条 语文

司法协助范围内来往的信件和递送的文件应用本国的文字书写，并附有对方的文字或英文的译本。

第九条 司法协助的费用

一、缔约双方应相互免费提供司法协助。

二、被通知到提出请求的缔约一方境内出庭的证人或鉴定人的旅费和食宿费，由提出请求的缔约一方承担。应本人要求，提出请求的缔约一方的主管机关应预付上述费用。

第十条 司法协助的拒绝

如果被请求的缔约一方认为提供司法协助有损于本国的主权、安全或公共秩序，可以拒绝提供司法协助，但应将拒绝的理由通知提出请求的缔约一方。

第十一条 司法协助适用的法律

一、被请求机关提供司法协助，适用本国法律。

二、被请求机关提供民事司法协助，亦可应请求适用缔约另一方的法律，但以不违背被请求的缔约一方法律的基本原则为限。

第十二条 定义

本协定中所指"民事案件"，也包括商法、婚姻法和劳动法等范围内有关财产权益和人身权利的案件。

第二章 民事方面的送达文书和调查取证

第十三条 范围

缔约双方应根据请求相互代为送达司法文书和司法外文书，询问当事人、证人和鉴定人，进行鉴定和司法勘验，以及收集其他证据。

第十四条 请求的执行

一、如果被请求的缔约一方的机关认为自己无权执行请求，则应将该项请求转送有权执行请求的主管机关，并通知请求机关。

二、被请求的缔约一方的机关如果无法按照请求书中所示的地址执行请求，应采取适当的措施以确定准确的地址，完成请求事项；必要时可要求提出请求的缔约一方提供补充的情况。

三、如因无法确定地址或其他原因不能执行请求，被请求的缔约一方的机关应通知提出请求的缔约一方，说明具体原因，并退回提出请求的缔约一方所附的文件。

第十五条　通知执行情况

一、被请求的缔约一方的主管机关，应按照本协定第六条第一款规定的途径，将送达文书或调查取证的执行日期和地点通知提出请求的缔约一方的主管机关，并附送达回证或所取得的证据材料。

二、送达回证应注明收件人收件日期和签名，送达机关和送达人的盖章和签名。如收件人拒收文件，应注明拒收的事由。

第三章　民事裁决的承认与执行

第十六条　范围

一、缔约双方应根据本协定规定的条件，在其境内承认或执行本协定生效后的缔约另一方境内作出的下列裁决：

（一）法院对民事案件作出的裁决；

（二）法院对刑事案件中有关赔偿请求所作出的裁决；

（三）主管机关对继承案件作出的裁决；

（四）仲裁庭作出的裁决。

二、本协定中所指“裁决”也包括调解书。

第十七条　请求应附的文件

请求承认与执行裁决，应附下列文件：

（一）与原本相符的裁决副本。如果副本中没有明确指出裁决已经生效和可以执行，则应附由法院出具的证明其已生效和可以执行的文件；

（二）送达回证或证明裁决已经送达的其他文件；

（三）法院证明败诉一方已经合法传唤，以及在其缺乏诉讼行为能力时已得到应有代理的文件；

（四）请求书和前三项所指文件经证明无误的被请求的缔约一方文字或英文的译文。

第十八条　承认与执行的程序

一、承认或执行裁决的请求，可由缔约一方法院依照本协定第六条第一款规定的途径向缔约另一方法院提出，亦可由当事人直接向将承认或执行裁决的缔约另一方有管辖权的法院提出。

二、在承认与执行裁决的程序中，法院只审查该裁决是否符合本协定所规定的条件。

第十九条　承认与执行的效力

缔约一方的裁决一经缔约另一方法院承认或执行，即与承认或执行裁决一方的法院作出的裁决具有同等效力。

第二十条　拒绝承认与执行

对本协定第十六条列举的裁决，有下列情形之一的，不予承认或执行：

（一）按照将承认或执行裁决的缔约一方的法律，裁决是由无管辖权的法院作出的；

（二）根据作出裁决的缔约一方的法律，该裁决尚未生效或不能执行；

（三）根据作出裁决的缔约一方的法律，败诉一方当事人未经法院合法传唤；

（四）当事人被剥夺了答辩的可能性，或在缺乏诉讼行为能力时被剥夺了应有的代理；

（五）将承认或执行裁决的缔约一方境内的法院对于相同当事人之间就同一诉讼标的案件已经作出了发生法律效力的裁决，或正在进行审理，或已承认了第三国法院对该案所作的发生法律效力的裁决；

（六）裁决的承认或执行有损于将承认或执行裁决的缔约一方法律的基本原则或公共秩序。

第二十一条　仲裁庭裁决的承认与执行

缔约双方应根据1958年6月10日在纽约签订的关于承认和执行外国仲裁裁决的公约，相互承认与执行在对方境内作出的仲裁裁决。

第四章　刑事方面的送达文书和调查取证

第二十二条　范围

缔约双方应根据请求，在刑事方面相互代为送达司法文书和司法外文书，听取当事人、嫌疑犯的陈述，询问证人、被害人和鉴定人，进行鉴定、检查和司法勘验，以及收集其他证据。

第二十三条　请求的执行和通知执行情况

本协定第十四条、第十五条的规定亦适用于刑事方面的送达文书和调查取证。

第二十四条　刑事司法协助的拒绝

被请求的缔约一方可根据下列理由之一拒绝提供刑事司法协助：

（一）如果被请求的缔约一方认为该项请求涉及的犯罪具有政治性质或为军事犯罪；

（二）按照被请求的缔约一方的法律，该项请求涉及的行为并不构成犯罪；

（三）该项请求涉及的嫌疑犯或罪犯是被请求的缔约一方国民，且不在提出请求的缔约一方境内。

第二十五条　刑事诉讼结果的通知

缔约双方应相互递送各自法院对缔约另一方国民所作的生效裁决的副本或案情摘要。

第五章　其他规定

第二十六条　交流法律情报

缔约双方应根据请求，按照本协定第六条第一款规定的途径相互提供本国有关的法律和司法实践的情报，交换法学出版物。

第二十七条　认证的免除

由缔约一方法院或其他主管机关制作或证明的并加盖印章的文件，不必经过认证，即可在缔约另一方境内使用。

第二十八条 证人和鉴定人的保护

一、对通过被请求的缔约一方通知前来出庭的证人或鉴定人，无论其国籍如何，提出请求的缔约一方不得因其入境前所犯的罪行或者因其证词、鉴定或其他涉及诉讼内容的行为而追究其刑事责任和以任何形式剥夺其自由。

二、如果证人或鉴定人在接到无须继续留在提出请求的缔约一方境内的通知后次日起 15 日内，有出境的可能而仍不出境的，即丧失前款给予的保护。

第二十九条 协定的执行

本协定执行过程中所产生的任何困难均应通过外交途径解决。

第六章 最后条款

第三十条 批准和生效

本协定须经批准，批准书在北京互换。本协定自互换批准书之日起第三十天开始生效。

第三十一条 终止

缔约任何一方可书面通知另一方要求终止本协定。本协定在发出终止通知之日起 12 个月后失效，否则本协定永远有效。

本协定于 1987 年 6 月 5 日在华沙签订，一式两份，每份用中文和波兰文写成，两种文本具有同等效力。

缔约双方全权代表分别在本协定上签字盖章，以昭信守。

中华人民共和国代表

钱其琛

波兰人民共和国代表

杨·马耶夫斯基

附件：

关于《中波司法协助协定》的说明(略)

最高人民法院外交部司法部关于我国法院和外国法院通过外交途径相互委托送达法律文书若干问题的通知

（1986年8月14日　外发〔1986〕47号）

全国各有关法院、各驻外使领馆：

目前，在我国与外国没有双边协议的情况下，有关涉外民事、经济等方面诉讼的法律文书，一般按互惠原则通过外交途径送达。过去，由于送达的法律文书不多，没有制定统一的规定。随着我国实行对外开放政策，涉外民事、经济等方面诉讼案件中需要送达的法律文书日益增多，为适应新的形势，针对过去在法律文书送达方面的问题，现根据我国民事诉讼法（试行）的有关规定，对我国法院和外国法院通过外交途径相互委托送达民事、经济等方面诉讼的法律文书的若干问题通知如下：

一、凡已同我国建交国家的法院，通过外交途径委托我国法院向我国公民或法人以及在华的第三国或无国籍当事人送达法律文书，除该国同我国已订有协议的按协议处理外，一般根据互惠原则按下列程序和要求办理：

1. 由该国驻华使馆将法律文书交外交部领事司转递给有关高级人民法院，再由该高级人民法院指定有关中级人民法院送达给当事人。当事人在所附送达回证上签字后，中级人民法院将送达回证退高级人民法院，再通过外交部领事司转退给对方；如未附送达回证，则由有关中级人民法院出具送达证明交有关高级人民法院，再通过外交部领事司转给对方。

2. 委托送达法律文书须用委托书。委托书和所送法律文书须附有中文译本。

3. 法律文书的内容有损我国主权和安全的，予以驳回，如受送达人享有外交特权和豁免，一般不予送达；不属于我国法院职权范围或因地址不明或其他原因不能送达的，由有关高级人民法院提出处理意见或注明妨碍送达的原因，由外交部领事司向对方说明理由，予以退回。

二、外国驻华使、领馆可以直接向其在华的本国国民送达法律文书，但不得损害我国主权和安全，不得采取强制措施。如对方通过外交途径委托我方向其在华的该国国民送达法律文书，亦可按第一条的规定予以送达。

三、对拒绝转递我国法院通过外交途径委托送达法律文书的国家或有特殊限制的国家，我可根据情况采取相应措施。

四、我国法院通过外交途径向国外当事人送达法律文书，应按下列程序和要求办理：

1. 要求送达的法律文书须经省、自治区、直辖市高级人民法院审查，由外交部领事司负责转递。

2. 须准确注明受送达人姓名、性别、年龄、国籍及其在国外的详细外文地址，并将该案的基本情况函告外交部领事司，以便转递。

3. 须附有送达委托书。如对方法院名称不明，可委托当事人所在地区主管法院。委托书和所送法律文书还须附有该国文字或该国同意使用的第三国文字译本。如该国对委托书及法律文书有公证、认证等特殊要求，将由外交部领事司逐案通知。

五、我国法院向在外国领域内的中国籍当事人送达法律文书，如该国允许我使、领馆直接送达，可委托我驻该国使、领馆送达。此类法律文书可不必附有外文译本。

六、我国法院和外国法院通过外交途径相互委托送达法律文书的收费，一般按对等原则办理。外国法院支付我国法院代为送达法律文书的费用，由外交部领事司转交有关高级人民法院，我国法院支付外国法院代为送达法律文书的费用，由有关高级人民法院交外交部领事司转递。但应委托一方要求用特殊方式送达法律文书所引起的费用，由委托一方负担。

七、中、日（本）双方法院委托对方法院代为送达法律文书，除按上述有关原则办理外，还应依照最高人民法院一九八二年十日十二日《关于中、日两国之间委托送达法律文书使用送达回证问题的通知》办理。

八、我国法院和外国法院通过外交途径相互委托代为调查或取证，参照以上有关规定办理。

本通知自发出之日起实行。执行中有何问题，请报有关单位。

最高人民法院关于立案后有关涉外诉讼文书及送达问题的批复

（1983年12月15日 〔1983〕法经字第6号）

上海市高级人民法院：

你院〔1983〕沪高法办字第144号文收悉。现就有关问题答复如下：

一、根据最高人民法院历次的有关批复，通过外交途径送达的诉讼文书，仍由中级人民法院报送高级人民法院审查后迳送外交部领事司。

二、送达挪威方面的起诉状副本除中文本外，可以附送原告提供的英文译文。

三、在送达起诉状副本时，应同时送达《应诉通知书》、《法定代表人身份证明书》、《授权委托书》、《送达回证》等法律文书。经与外交部联系，按照互惠原则，通过外交途径送达挪威方面的法律文书，在送达法律文书的同时应附送英文译本。

四、根据《中华人民共和国民事诉讼法（试行）》第一百九十条的规定，外国当事人进行诉讼，必须向人民法院提交中文诉讼文书，有关的外文书证，均应附有中文译本。

五、根据《中华人民共和国民事诉讼法（试行）》第一百九十一条的规定，外国企业和组织在人民法院起诉、应诉，委托律师代理诉讼的，必须委托中华人民共和国的律师。

不在我国领域内居住的外国人、外国企业寄给中国律师或者中国公民的《授权委托书》，外国企业《法定代表人身份证明书》均必须经所在国公证机关证明，并经我国驻该国使、领馆认证，才具有效力。除此，还应要求外籍法人提交法人资格证明。

外国人、外国企业法定代表人委托中国律师和中国公民以外的任何人代理诉讼的,人民法院视该《授权委托书》无效。

六、你院随文送审的《应诉通知书》等中、英文样式,可以试用。但《应诉通知书》中第四条第二款应删去,或修改为"你方如需要委托中国公民代为诉讼的,一经确定具体人选,即应填写《授权委托书》,须经你国公证机关公证和我国驻你国使、领馆认证,才具有效力。"

17 执行程序

（一）司法解释

最高人民法院关于适用《中华人民共和国民事诉讼法》执行程序若干问题的解释

（2008 年 11 月 3 日 法释[2008]13 号）

为了依法及时有效地执行生效法律文书，维护当事人的合法权益，根据 2007 年 10 月修改后的《中华人民共和国民事诉讼法》（以下简称民事诉讼法），结合人民法院执行工作实际，对执行程序中适用法律的若干问题作出如下解释：

第一条 申请执行人向被执行的财产所在地人民法院申请执行的，应当提供该人民法院辖区有可供执行财产的证明材料。

第二条 对两个以上人民法院都有管辖权的执行案件，人民法院在立案前发现其他有管辖权的人民法院已经立案的，不得重复立案。

立案后发现其他有管辖权的人民法院已经立案的，应当撤销案件；已经采取执行措施的，应当将控制的财产交先立案的执行法院处理。

第三条 人民法院受理执行申请后，当事人对管辖权有异议的，应当自收到执行通知书之日起十日内提出。

人民法院对当事人提出的异议，应当审查。异议成立的，应当撤销执行案件，并告知当事人向有管辖权的人民法院申请执行；异议不成立的，裁定驳回。当事人对裁定不服的，可以向上一级人民法院申请复议。

管辖权异议审查和复议期间，不停止执行。

第四条 对人民法院采取财产保全措施的案件，申请执行人向采取保全措施的人民法院以外的其他有管辖权的人民法院申请执行的，采取保全措施的人民法院应当将保全的财产交执行法院处理。

第五条 执行过程中，当事人、利害关系人认为执行法院的执行行为违反法律规定的，可以依照民事诉讼法第二百零二条的规定提出异议。

执行法院审查处理执行异议，应当自收到书面异议之日起十五日内作出裁定。

第六条 当事人、利害关系人依照民事诉讼法第二百零二条规定申请复议的，应当采取书面形式。

第七条 当事人、利害关系人申请复议的书面材料，可以通过执行法院转交，也可以直接向执行法院的上一级人民法院提交。

执行法院收到复议申请后，应当在五日内将复议所需的案卷材料报送上一级人民法院；上一级人民法院收到复议申请后，应当通知执行法院在五日内报送复议所需的案卷材料。

第八条 上一级人民法院对当事人、利害关系人的复议申请，应当组成合议庭进行审查。

第九条 当事人、利害关系人依照民事诉讼法第二百零二条规定申请复议的，上一级人民法院应当自收到复议申请之日起三十日内审查完毕，并作出裁定。有特殊情况需要延长的，经本院院长批准，可以延长，延长的期限不得超过三十日。

第十条 执行异议审查和复议期间，不停止执行。

被执行人、利害关系人提供充分、有效的担保请求停止相应处分措施的，人民法院可以准许；申请执行人提供充分、有效的担保请求继续执行的，应当继续执行。

第十一条 依照民事诉讼法第二百零三条的规定，有下列情形之一的，上一级人民法院可以根据申请执行人的申请，责令执行法院限期执行或者变更执行法院：

（一）债权人申请执行时被执行人有可供执行的财产，执行法院自收到申请执行书之日起超过六个月对该财产未执行完结的；

（二）执行过程中发现被执行人可供执行的财产，执行法院自发现财产之日起超过六个月对该财产未执行完结的；

（三）对法律文书确定的行为义务的执行，执行法院自收到申请执行书之日起超过六个月未依法采取相应执行措施的；

（四）其他有条件执行超过六个月未执行的。

第十二条　上一级人民法院依照民事诉讼法第二百零三条规定责令执行法院限期执行的，应当向其发出督促执行令，并将有关情况书面通知申请执行人。

上一级人民法院决定由本院执行或者指令本辖区其他人民法院执行的，应当作出裁定，送达当事人并通知有关人民法院。

第十三条　上一级人民法院责令执行法院限期执行，执行法院在指定期间内无正当理由仍未执行完结的，上一级人民法院应当裁定由本院执行或者指令本辖区其他人民法院执行。

第十四条　民事诉讼法第二百零三条规定的六个月期间，不应当计算执行中的公告期间、鉴定评估期间、管辖争议处理期间、执行争议协调期间、暂缓执行期间以及中止执行期间。

第十五条　案外人对执行标的主张所有权或者有其他足以阻止执行标的转让、交付的实体权利的，可以依照民事诉讼法第二百零四条的规定，向执行法院提出异议。

第十六条　案外人异议审查期间，人民法院不得对执行标的进行处分。

案外人向人民法院提供充分、有效的担保请求解除对异议标的的查封、扣押、冻结的，人民法院可以准许；申请执行人提供充分、有效的担保请求继续执行的，应当继续执行。

因案外人提供担保解除查封、扣押、冻结有错误，致使该标的无法执行的，人民法院可以直接执行担保财产；申请执行人提供担保请求继续执行有错误，给对方造成损失的，应当予以赔偿。

第十七条　案外人依照民事诉讼法第二百零四条规定提起诉讼，对执行标的主张实体权利，并请求对执行标的停止执行的，应当以申请执行人为被告；被执行人反对案外人对执行标的所主张的实体权利的，应当以申请执行人和被执行人为共同被告。

第十八条　案外人依照民事诉讼法第二百零四条规定提起诉讼的，由执行法院管辖。

第十九条 案外人依照民事诉讼法第二百零四条规定提起诉讼的,执行法院应当依照诉讼程序审理。经审理,理由不成立的,判决驳回其诉讼请求;理由成立的,根据案外人的诉讼请求作出相应的裁判。

第二十条 案外人依照民事诉讼法第二百零四条规定提起诉讼的,诉讼期间,不停止执行。

案外人的诉讼请求确有理由或者提供充分、有效的担保请求停止执行的,可以裁定停止对执行标的进行处分;申请执行人提供充分、有效的担保请求继续执行的,应当继续执行。

案外人请求停止执行、请求解除查封、扣押、冻结或者申请执行人请求继续执行有错误,给对方造成损失的,应当予以赔偿。

第二十一条 申请执行人依照民事诉讼法第二百零四条规定提起诉讼,请求对执行标的许可执行的,应当以案外人为被告;被执行人反对申请执行人请求的,应当以案外人和被执行人为共同被告。

第二十二条 申请执行人依照民事诉讼法第二百零四条规定提起诉讼的,由执行法院管辖。

第二十三条 人民法院依照民事诉讼法第二百零四条规定裁定对异议标的中止执行后,申请执行人自裁定送达之日起十五日内未提起诉讼的,人民法院应当裁定解除已经采取的执行措施。

第二十四条 申请执行人依照民事诉讼法第二百零四条规定提起诉讼的,执行法院应当依照诉讼程序审理。经审理,理由不成立的,判决驳回其诉讼请求;理由成立的,根据申请执行人的诉讼请求作出相应的裁判。

第二十五条 多个债权人对同一被执行人申请执行或者对执行财产申请参与分配的,执行法院应当制作财产分配方案,并送达各债权人和被执行人。债权人或者被执行人对分配方案有异议的,应当自收到分配方案之日起十五日内向执行法院提出书面异议。

第二十六条 债权人或者被执行人对分配方案提出书面异议的,执行法院应当通知未提出异议的债权人或被执行人。

未提出异议的债权人、被执行人收到通知之日起十五日内未提出反对意见的，执行法院依异议人的意见对分配方案审查修正后进行分配；提出反对意见的，应当通知异议人。异议人可以自收到通知之日起十五日内，以提出反对意见的债权人、被执行人为被告，向执行法院提起诉讼；异议人逾期未提起诉讼的，执行法院依原分配方案进行分配。

诉讼期间进行分配的，执行法院应当将与争议债权数额相应的款项予以提存。

第二十七条　在申请执行时效期间的最后六个月内，因不可抗力或者其他障碍不能行使请求权的，申请执行时效中止。从中止时效的原因消除之日起，申请执行时效期间继续计算。

第二十八条　申请执行时效因申请执行、当事人双方达成和解协议、当事人一方提出履行要求或者同意履行义务而中断。从中断时起，申请执行时效期间重新计算。

第二十九条　生效法律文书规定债务人负有不作为义务的，申请执行时效期间从债务人违反不作为义务之日起计算。

第三十条　执行员依照民事诉讼法第二百一十六条规定立即采取强制执行措施的，可以同时或者自采取强制执行措施之日起三日内发送执行通知书。

第三十一条　人民法院依照民事诉讼法第二百一十七条规定责令被执行人报告财产情况的，应当向其发出报告财产令。报告财产令中应当写明报告财产的范围、报告财产的期间、拒绝报告或者虚假报告的法律后果等内容。

第三十二条　被执行人依照民事诉讼法第二百一十七条的规定，应当书面报告下列财产情况：

（一）收入、银行存款、现金、有价证券；

（二）土地使用权、房屋等不动产；

（三）交通运输工具、机器设备、产品、原材料等动产；

（四）债权、股权、投资权益、基金、知识产权等财产性权利；

（五）其他应当报告的财产。

被执行人自收到执行通知之日前一年至当前财产发生变动的，应当对该变动情况进行报告。

被执行人在报告财产期间履行全部债务的，人民法院应当裁定终结报告程序。

第三十三条 被执行人报告财产后,其财产情况发生变动,影响申请执行人债权实现的,应当自财产变动之日起十日内向人民法院补充报告。

第三十四条 对被执行人报告的财产情况,申请执行人请求查询的,人民法院应当准许。申请执行人对查询的被执行人财产情况,应当保密。

第三十五条 对被执行人报告的财产情况,执行法院可以依申请执行人的申请或者依职权调查核实。

第三十六条 依照民事诉讼法第二百三十一条规定对被执行人限制出境的,应当由申请执行人向执行法院提出书面申请;必要时,执行法院可以依职权决定。

第三十七条 被执行人为单位的,可以对其法定代表人、主要负责人或者影响债务履行的直接责任人员限制出境。

被执行人为无民事行为能力人或者限制民事行为能力人的,可以对其法定代理人限制出境。

第三十八条 在限制出境期间,被执行人履行法律文书确定的全部债务的,执行法院应当及时解除限制出境措施;被执行人提供充分、有效的担保或者申请执行人同意的,可以解除限制出境措施。

第三十九条 依照民事诉讼法第二百三十一条的规定,执行法院可以依职权或者依申请执行人的申请,将被执行人不履行法律文书确定义务的信息,通过报纸、广播、电视、互联网等媒体公布。

媒体公布的有关费用,由被执行人负担;申请执行人申请在媒体公布的,应当垫付有关费用。

第四十条 本解释施行前本院公布的司法解释与本解释不一致的,以本解释为准。

最高人民法院关于内地与香港特别行政区法院相互认可和执行当事人协议管辖的民商事案件判决的安排

(2008 年 7 月 3 日　法释[2008]9 号)

根据《中华人民共和国香港特别行政区基本法》第九十五条的规定,最高人民法院与香港特别行政区经协商，达成《关于内地与香港特别行政区法院相互认可和执行当事人协议管辖的民商事案件判决的安排》(以下简称《安排》)，并于2006年7月14日签署。《安排》已于2006年6月12日由最高人民法院审判委员会第1390次会议通过，现予公布。根据双方一致意见，本《安排》自2008年8月1日起生效。

根据《中华人民共和国香港特别行政区基本法》第九十五条的规定，最高人民法院与香港特别行政区政府经协商，现就当事人协议管辖的民商事案件判决的认可和执行问题作出如下安排：

第一条　内地人民法院和香港特别行政区法院在具有书面管辖协议的民商事案件中作出的须支付款项的具有执行力的终审判决，当事人可以根据本安排向内地人民法院或者香港特别行政区法院申请认可和执行。

第二条　本安排所称"具有执行力的终审判决"：

(一)在内地是指：

1. 最高人民法院的判决；

2. 高级人民法院、中级人民法院以及经授权管辖第一审涉外、涉港澳台民商事案件的基层人民法院(名单附后)依法不准上诉或者已经超过法定期限没有上诉的第一审判决，第二审判决和依照审判监督程序由上一级人民法院提审后作出的生效判决。

(二)在香港特别行政区是指终审法院、高等法院上诉法庭及原讼法庭和区域法院作出的生效判决。

本安排所称判决，在内地包括判决书、裁定书、调解书、支付令；在香港特别行政区包括判决书、命令和诉讼费评定证明书。

当事人向香港特别行政区法院申请认可和执行判决后，内地人民法院对该案件依法再审的，由作出生效判决的上一级人民法院提审。

第三条　本安排所称"书面管辖协议"，是指当事人为解决与特定法律关系有关的已经发生或者可能发生的争议，自本安排生效之日起，以书面形式明确约定内地人民法院或者香港特别行政区法院具有唯一管辖权的协议。

本条所称"特定法律关系"，是指当事人之间的民商事合同，不包括雇佣合同以及自然人因个人消费、家庭事宜或者其他非商业目的而作为协议一方的合同。

本条所称“书面形式”是指合同书、信件和数据电文（包括电报、电传、传真、电子数据交换和电子邮件）等可以有形地表现所载内容、可以调取以备日后查用的形式。

书面管辖协议可以由一份或者多份书面形式组成。

除非合同另有规定，合同中的管辖协议条款独立存在，合同的变更、解除、终止或者无效，不影响管辖协议条款的效力。

第四条 申请认可和执行符合本安排规定的民商事判决，在内地向被申请人住所地、经常居住地或者财产所在地的中级人民法院提出，在香港特别行政区向香港特别行政区高等法院提出。

第五条 被申请人住所地、经常居住地或者财产所在地在内地不同的中级人民法院辖区的，申请人应当选择向其中一个人民法院提出认可和执行的申请，不得分别向两个或者两个以上人民法院提出申请。

被申请人的住所地、经常居住地或者财产所在地，既在内地又在香港特别行政区的，申请人可以同时分别向两地法院提出申请，两地法院分别执行判决的总额，不得超过判决确定的数额。已经部分或者全部执行判决的法院应当根据对方法院的要求提供已执行判决的情况。

第六条 申请人向有关法院申请认可和执行判决的，应当提交以下文件：

（一）请求认可和执行的申请书；

（二）经作出终审判决的法院盖章的判决书副本；

（三）作出终审判决的法院出具的证明书，证明该判决属于本安排第二条所指的终审判决，在判决作出地可以执行；

（四）身份证明材料：

1. 申请人为自然人的，应当提交身份证或者经公证的身份证复印件；

2. 申请人为法人或者其他组织的，应当提交经公证的法人或者其他组织注册登记证书的复印件；

3. 申请人是外国籍法人或者其他组织的，应当提交相应的公证和认证材料。

向内地人民法院提交的文件没有中文文本的，申请人应当提交证明无误的中文译本。

执行地法院对于本条所规定的法院出具的证明书，无需另行要求公证。

第七条 请求认可和执行申请书应当载明下列事项：

（一）当事人为自然人的，其姓名、住所；当事人为法人或者其他组织的，法人或者其他组织的名称、住所以及法定代表人或者主要负责人的姓名、职务和住所；

（二）申请执行的理由与请求的内容，被申请人的财产所在地以及财产状况；

（三）判决是否在原审法院地申请执行以及已执行的情况。

第八条 申请人申请认可和执行内地人民法院或者香港特别行政区法院判决的程序，依据执行地法律的规定。本安排另有规定的除外。

申请人申请认可和执行的期间为二年。

前款规定的期间，内地判决到香港特别行政区申请执行的，从判决规定履行期间的最后一日起计算，判决规定分期履行的，从规定的每次履行期间的最后一日起计算，判决未规定履行期间的，从判决生效之日起计算；香港特别行政区判决到内地申请执行的，从判决可强制执行之日起计算，该日为判决上注明的判决日期，判决对履行期间另有规定的，从规定的履行期间届满后开始计算。

第九条 对申请认可和执行的判决，原审判决中的债务人提供证据证明有下列情形之一的，受理申请的法院经审查核实，应当裁定不予认可和执行：

（一）根据当事人协议选择的原审法院地的法律，管辖协议属于无效。但选择法院已经判定该管辖协议为有效的除外；

（二）判决已获完全履行；

（三）根据执行地的法律，执行地法院对该案享有专属管辖权；

（四）根据原审法院地的法律，未曾出庭的败诉一方当事人未经合法传唤或者虽经合法传唤但未获依法律规定的答辩时间。但原审法院根据其法律或者有关规定公告送达的，不属于上述情形；

（五）判决是以欺诈方法取得的；

（六）执行地法院就相同诉讼请求作出判决，或者外国、境外地区法院就相同诉讼请求作出判决，或者有关仲裁机构作出仲裁裁决，已经为执行地法院所认可或者执行的。

内地人民法院认为在内地执行香港特别行政区法院判决违反内地社会公共利益,或者香港特别行政区法院认为在香港特别行政区执行内地人民法院判决违反香港特别行政区公共政策的,不予认可和执行。

第十条 对于香港特别行政区法院作出的判决,判决确定的债务人已经提出上诉,或者上诉程序尚未完结的,内地人民法院审查核实后,可以中止认可和执行程序。经上诉,维持全部或者部分原判决的,恢复认可和执行程序;完全改变原判决的,终止认可和执行程序。

内地地方人民法院就已经作出的判决按照审判监督程序作出提审裁定,或者最高人民法院作出提起再审裁定的,香港特别行政区法院审查核实后,可以中止认可和执行程序。再审判决维持全部或者部分原判决的,恢复认可和执行程序;再审判决完全改变原判决的,终止认可和执行程序。

第十一条 根据本安排而获认可的判决与执行地法院的判决效力相同。

第十二条 当事人对认可和执行与否的裁定不服的,在内地可以向上一级人民法院申请复议,在香港特别行政区可以根据其法律规定提出上诉。

第十三条 在法院受理当事人申请认可和执行判决期间,当事人依相同事实再行提起诉讼的,法院不予受理。

已获认可和执行的判决,当事人依相同事实再行提起诉讼的,法院不予受理。

对于根据本安排第九条不予认可和执行的判决,申请人不得再行提起认可和执行的申请,但是可以按照执行地的法律依相同案件事实向执行地法院提起诉讼。

第十四条 法院受理认可和执行判决的申请之前或者之后,可以按照执行地法律关于财产保全或者禁制资产转移的规定,根据申请人的申请,对被申请人的财产采取保全或强制措施。

第十五条 当事人向有关法院申请执行判决,应当根据执行地有关诉讼收费的法律和规定交纳执行费或者法院费用。

第十六条 内地与香港特别行政区法院相互认可和执行的标的范围,除判决确定的数额外,还包括根据该判决须支付的利息、经法院核定的律师费以及诉讼费，但不包括税收和罚款。

在香港特别行政区诉讼费是指经法官或者司法常务官在诉讼费评定证明书中核定或者命令支付的诉讼费用。

第十七条　内地与香港特别行政区法院自本安排生效之日（含本日）起作出的判决，适用本安排。

第十八条　本安排在执行过程中遇有问题或者需要修改，由最高人民法院和香港特别行政区政府协商解决。

附：

截止2006年5月31日，内地经授权管辖第一审涉外、涉港澳台民商事案件的基层人民法院名单

附：

内地经授权管辖第一审涉外涉港澳台民商事案件的基层人民法院名单

（截止2006年5月31日）

广东省

广州市越秀区人民法院

广州市海珠区人民法院

广州市天河区人民法院

广州市番禺区人民法院

广州市萝岗区人民法院

广州市南沙区人民法院

深圳市福田区人民法院

深圳市罗湖区人民法院

深圳市宝安区人民法院

深圳市龙岗区人民法院

深圳市南山区人民法院

深圳市盐田区人民法院

佛山市禅城区人民法院

东莞市人民法院

湛江经济技术开发区人民法院

惠州市大亚湾经济技术开发区人民法院

山东省

济南高新技术产业开发区人民法院

淄博高新技术产业开发区人民法院

泰安高新技术产业开发区人民法院

烟台经济技术开发区人民法院

日照经济开发区人民法院

河北省

石家庄高新技术产业开发区人民法院

廊坊经济技术开发区人民法院

秦皇岛市经济技术开发区人民法院

湖北省

武汉市经济技术开发区人民法院

武汉东湖新技术开发区人民法院

襄樊高新技术开发区人民法院

辽宁省

沈阳经济技术开发区人民法院

沈阳高新技术产业开发区人民法院

大连经济技术开发区人民法院

江苏省

苏州市工业园区人民法院

无锡市高新技术产业开发区人民法院

常州高新技术产业开发区人民法院

南通经济技术开发区人民法院

上海市

浦东新区人民法院

黄浦区人民法院

吉林省

长春市经济术开发区人民法院

吉林高新技术产业开发区人民法院

天津市

天津市经济技术开发区人民法院

浙江省

义乌市人民法院

河南省

郑州高新技术产业开发区人民法院

洛阳市高新技术开发区人民法院

四川省

成都高新技术产业开发区人民法院

绵阳高新技术产业开发区人民法院

海南省

洋浦开发区人民法院

内蒙古自治区

包头稀土高新技术产业开发区人民法院

安徽省

合肥高新技术产业开发区人民法院

最高人民法院根据审判工作的需要，对授权管辖第一审涉外、涉港澳台民商事案件的基层人民法院进行增减的，在通报香港特别行政区政府后，列入附件。

最高人民法院关于人民法院办理执行案件若干期限的规定

（2006 年 12 月 30 日）

为确保及时、高效、公正办理执行案件，依据《中华人民共和国民事诉讼法》和有关司法解释的规定，结合执行工作实际，制定本规定。

第一条 被执行人有财产可供执行的案件，一般应当在立案之日起 6 个月内执结；非诉执行案件一般应当在立案之日起 3 个月内执结。

有特殊情况须延长执行期限的，应当报请本院院长或副院长批准。

申请延长执行期限的，应当在期限届满前 5 日内提出。

第二条 人民法院应当在立案后 7 日内确定承办人。

第三条 承办人收到案件材料后，经审查认为情况紧急、需立即采取执行措施的，经批准后可立即采取相应的执行措施。

第四条 承办人应当在收到案件材料后 3 日内向被执行人发出执行通知书，通知被执行人按照有关规定申报财产，责令被执行人履行生效法律文书确定的义务。

被执行人在指定的履行期间内有转移、隐匿、变卖、毁损财产等情形的，人民法院在获悉后应当立即采取控制性执行措施。

第五条 承办人应当在收到案件材料后 3 日内通知申请执行人提供被执行人财产状况或财产线索。

第六条 申请执行人提供了明确、具体的财产状况或财产线索的，承办人应当在申请执行人提供财产状况或财产线索后 5 日内进行查证、核实。情况紧急的，应当立即予以核查。

申请执行人无法提供被执行人财产状况或财产线索，或者提供财产状况或财产线索确有困难,需人民法院进行调查的,承办人应当在申请执行人提出调查申请后10日内启动调查程序。

根据案件具体情况,承办人一般应当在1个月内完成对被执行人收入、银行存款、有价证券、不动产、车辆、机器设备、知识产权、对外投资权益及收益、到期债权等资产状况的调查。

第七条　执行中采取评估、拍卖措施的,承办人应当在10日内完成评估、拍卖机构的遴选。

第八条　执行中涉及不动产、特定动产及其它财产需办理过户登记手续的,承办人应当在5日内向有关登记机关送达协助执行通知书。

第九条　对执行异议的审查,承办人应当在收到异议材料及执行案卷后15日内提出审查处理意见。

第十条　对执行异议的审查需进行听证的,合议庭应当在决定听证后10日内组织异议人、申请执行人、被执行人及其他利害关系人进行听证。

承办人应当在听证结束后5日内提出审查处理意见。

第十一条　对执行异议的审查,人民法院一般应当在1个月内办理完毕。

需延长期限的,承办人应当在期限届满前3日内提出申请。

第十二条　执行措施的实施及执行法律文书的制作需报经审批的,相关负责人应当在7日内完成审批程序。

第十三条　下列期间不计入办案期限:

1. 公告送达执行法律文书的期间;

2. 暂缓执行的期间;

3. 中止执行的期间;

4. 就法律适用问题向上级法院请示的期间;

5. 与其他法院发生执行争议报请共同的上级法院协调处理的期间。

第十四条　法律或司法解释对办理期限有明确规定的,按照法律或司法解释规定执行。

第十五条　本规定自2007年1月1日起施行。

最高人民法院关于人民法院执行公开的若干规定

（2006 年 12 月 31 日）

为进一步规范人民法院执行行为，增强执行工作的透明度，保障当事人的知情权和监督权，进一步加强对执行工作的监督，确保执行公正，根据《中华人民共和国民事诉讼法》和有关司法解释等规定，结合执行工作实际，制定本规定。

第一条 本规定所称的执行公开，是指人民法院将案件执行过程和执行程序予以公开。

第二条 人民法院应当通过通知、公告或者法院网络、新闻媒体等方式，依法公开案件执行各个环节和有关信息，但涉及国家秘密、商业秘密等法律禁止公开的信息除外。

第三条 人民法院应当向社会公开执行案件的立案标准和启动程序。

人民法院对当事人的强制执行申请立案受理后，应当及时将立案的有关情况、当事人在执行程序中的权利和义务以及可能存在的执行风险书面告知当事人；不予立案的，应当制作裁定书送达申请人，裁定书应当载明不予立案的法律依据和理由。

第四条 人民法院应当向社会公开执行费用的收费标准和根据，公开执行费减、缓、免交的基本条件和程序。

第五条 人民法院受理执行案件后，应当及时将案件承办人或合议庭成员及联系方式告知双方当事人。

第六条 人民法院在执行过程中，申请执行人要求了解案件执行进展情况的，执行人员应当如实告知。

第七条 人民法院对申请执行人提供的财产线索进行调查后，应当及时将调查结果告知申请执行人；对依职权调查的被执行人财产状况和被执行人申报的财产状况，应当主动告知申请执行人。

第八条 人民法院采取查封、扣押、冻结、划拨等执行措施的，应当依法制作裁定书送达被执行人，并在实施执行措施后将有关情况及时告知双方当事人，或者以方便当事人查询的方式予以公开。

第九条 人民法院采取拘留、罚款、拘传等强制措施的，应当依法向被采取强制措施的人出示有关手续，并说明对其采取强制措施的理由和法律依据。采取强制措施后，应当将情况告知其他当事人。

采取拘留或罚款措施的，应当在决定书中告知被拘留或者被罚款的人享有向上级人民法院申请复议的权利。

第十条 人民法院拟委托评估、拍卖或者变卖被执行人财产的，应当及时告知双方当事人及其他利害关系人，并严格按照《中华人民共和国民事诉讼法》和最高人民法院《关于人民法院民事执行中拍卖、变卖财产的规定》等有关规定，采取公开的方式选定评估机构和拍卖机构，并依法公开进行拍卖、变卖。

评估结束后，人民法院应当及时向双方当事人及其他利害关系人送达评估报告；拍卖、变卖结束后，应当及时将结果告知双方当事人及其他利害关系人。

第十一条 人民法院在办理参与分配的执行案件时，应当将被执行人财产的处理方案、分配原则和分配方案以及相关法律规定告知申请参与分配的债权人。必要时，应当组织各方当事人举行听证会。

第十二条 人民法院对案外人异议、不予执行的申请以及变更、追加被执行主体等重大执行事项，一般应当公开听证进行审查；案情简单，事实清楚，没有必要听证的，人民法院可以直接审查。审查结果应当依法制作裁定书送达各方当事人。

第十三条 人民法院依职权对案件中止执行的，应当制作裁定书并送达当事人。裁定书应当说明中止执行的理由，并明确援引相应的法律依据。

对已经中止执行的案件，人民法院应当告知当事人中止执行案件的管理制度、申请恢复执行或者人民法院依职权恢复执行的条件和程序。

第十四条 人民法院依职权对据以执行的生效法律文书终结执行的，应当公开听证，但申请执行人没有异议的除外。

终结执行应当制作裁定书并送达双方当事人。裁定书应当充分说明终结执行的理由,并明确援引相应的法律依据。

第十五条 人民法院未能按照最高人民法院《关于人民法院办理执行案件若干期限的规定》中规定的期限完成执行行为的,应当及时向申请执行人说明原因。

第十六条 人民法院对执行过程中形成的各种法律文书和相关材料,除涉及国家秘密、商业秘密等不宜公开的文书材料外,其他一般都应当予以公开。

当事人及其委托代理人申请查阅执行卷宗的,经人民法院许可,可以按照有关规定查阅、抄录、复制执行卷宗正卷中的有关材料。

第十七条 对违反本规定不公开或不及时公开案件执行信息的,视情节轻重,依有关规定追究相应的责任。

第十八条 各高级人民法院在实施本规定过程中,可以根据实际需要制定实施细则。

第十九条 本规定自2007年1月1日起施行。

最高人民法院关于民事执行中查封、扣押、冻结财产有关期限问题的答复

(2006年7月11日 法函〔2006〕76号)

上海市高级人民法院:

你院《关于民事执行续行查封、扣押、冻结财产问题的请示》(沪高法[2006]12号)收悉。经研究,答复如下:

同意你院倾向性意见,即《最高人民法院关于人民法院民事执行中查封、扣押、冻结财产的规定》施行前采取的查封、扣押、冻结措施,除了当时法律、司法解释及有关通知对期限问题有专门规定的以外,没有期限限制。但人民法院应当对有关案件尽快处理。

最高人民法院印发《关于执行案件督办工作的规定》等三项执行工作制度的通知

（2006 年 5 月 18 日　法发〔2006〕11 号）

各省、自治区、直辖市高级人民法院，解放军军事法院，新疆维吾尔自治区高级人民法院生产建设兵团分院：

现将《关于执行案件督办工作的规定（试行）》、《关于执行款物管理工作的规定（试行）》、《人民法院执行文书立卷归档办法（试行）》等三项执行工作制度印发给你们，请认真贯彻执行。

执行中有何问题，请及时报告我院。

2006 年 5 月 18 日

附：

关于执行案件督办工作的规定（试行）、关于执行款物管理工作的规定（试行）、人民法院执行文书立卷归档办法（试行）

附件 1：

关于执行案件督办工作的规定（试行）

为了加强和规范上级法院对下级法院执行案件的监督，根据《中华人民共和国民事诉讼法》及有关司法解释的规定，结合人民法院执行工作的实践，制定本规定。

第一条 最高人民法院对地方各级人民法院执行案件进行监督。高级人民法院、中级人民法院对本辖区内人民法院执行案件进行监督。

第二条 当事人反映下级法院有消极执行或者案件长期不能执结,上级法院认为情况属实的,应当督促下级法院及时采取执行措施,或者在指定期限内办结。

第三条 上级法院应当在受理反映下级法院执行问题的申诉后十日内,对符合督办条件的案件制作督办函,并附相关材料函转下级法院。遇有特殊情况,上级法院可要求下级法院立即进行汇报,或派员实地进行督办。

下级法院在接到上级法院的督办函后,应指定专人办理。

第四条 下级法院应当在上级法院指定的期限内,将案件办理情况或者处理意见向督办法院作出书面报告。

第五条 对于上级法院督办的执行案件,被督办法院应当按照上一级法院的要求,及时制作案件督办函,并附案件相关材料函转至执行法院。被督办法院负责在上一级法院限定的期限届满前,将督办案件办理情况书面报告上一级法院,并附相关材料。

第六条 下级法院逾期未报告工作情况或案件处理结果的,上级法院根据情况可以进行催报,也可以直接调卷审查,指定其他法院办理,或者提级执行。

第七条 上级法院收到下级法院的书面报告后,认为下级法院的处理意见不当的,应当提出书面意见函告下级法院。下级法院应当按照上级法院的意见办理。

第八条 下级法院认为上级法院的处理意见错误,可以按照有关规定提请上级法院复议。

对下级法院提请复议的案件,上级法院应当另行组成合议庭进行审查。经审查认为原处理意见错误的,应当纠正;认为原处理意见正确的,应当拟函督促下级法院按照原处理意见办理。

第九条 对于上级法院督办的执行案件,下级法院无正当理由逾期未报告工作情况或案件处理结果,或者拒不落实、消极落实上级法院的处理意见,经上级法院催办后仍未纠正的，上级法院可以在辖区内予以通报，并依据有关规定追究相关法院或者责任人的责任。

第十条　本规定自公布之日起施行。

附件2：

关于执行款物管理工作的规定（试行）

为了加强人民法院执行款物的管理工作，维护当事人的合法权益，根据《中华人民共和国民事诉讼法》及有关司法解释，参照有关财务管理规定，结合执行工作实际，制定本规定。

第一条　本规定所指的执行款物是在执行程序中，依法应当由人民法院经管的财物。

第二条　各级人民法院财务部门应当开设执行款专户，对执行款实行专项管理、专款专付。

执行机构和财务部门应当分工负责，相互配合，相互监督。

第三条　财务部门对执行款的收付进行逐案登记并建立明细账，执行机构应当指定专人负责对执行款的收付情况设立台账，同时对每个案件实行明细记账。案件承办人应当对每个执行案件的执行款往来情况进行登记，并归入案件档案。

第四条　人民法院在强制执行中，执行款可以由被执行人直接交付给申请执行人，也可以从被执行人账户直接划至申请执行人账户。但对于有争议或需再分配的执行款，或因其他情况，人民法院认为确有必要先存入执行款专户的，应当划进执行款专户。

第五条　被执行人直接向法院支付现金或票据的，执行人员应当会同被执行人将现金或者票据交本院财务部门，财务部门应当出具收款凭据。

第六条　执行中确需执行人员直接代收现金或者票据的，应当不少于两名执行人员在场，即时向付款人出具收据，并将收款情况记入笔录并由付款人签名。

收款人应当在回院后一个工作日内移交本院财务部门或将有关款项缴入执行款专户。

第七条 人民法院委托拍卖机构拍卖被执行人财产时,应在拍卖委托书中要求竞买人或买受人将保证金或者拍卖价款直接汇入法院执行款专户。汇款时应注明汇款单位、拍卖机构名称、被执行人名称、案号。

第八条 执行款到账次日,财务部门应当将到账情况告知执行机构,执行机构应当在五日内将收款时间和数额等有关情况告知案件当事人。

第九条 执行款到账后,执行法院应当在一个月内核算执行费用和执行款,并及时通知申请执行人办理取款手续。需要延期划付的,应当在期限届满前书面说明原因并报主管院领导审查批准。

第十条 执行款专户的款项需要支付时,执行人员应当填报有关支付案款审批表并附以下材料,报经执行局长或主管院领导审批后,交由财务部门办理。

(一)生效的法律文书、立案审批表;

(二)款项到账的相关证明;

(三)申请付款人的有效身份证明。委托他人代收的,应当向法院出具特别授权委托书;

(四)已扣缴或应当扣缴的票据或说明。

财务部门支付执行款时,应当按照有关财务管理规定认真审核。

第十一条 人民法院向申请执行人支付执行款前,应当依法扣除未缴的申请执行费和执行中实际支出费用。

第十二条 人民法院向当事人交付执行款时,应当同时收取和审核当事人出具的收款凭据。

第十三条 由人民法院保管的查封、扣押物品应当指定专人负责,妥善保管,任何人不得擅自使用。

第十四条 执行法院解除对财产的查封、扣押、冻结措施后,应当将财产及时返还。

第十五条 案件承办人调离执行机构,在移交案件时,必须同时移交执行款物及相关材料。执行款物交接不清的,不得办理调离手续。

第十六条 严禁使用、截留、挪用、侵吞和私分执行款物。违反者,按有关规定追究责任。

第十七条　各高级人民法院在实施本规定过程中，可以根据实际需要制定实施细则。

第十八条　本规定自公布之日起施行。

附件3：

人民法院执行文书立卷归档办法（试行）

一、总则

第一条　为了加强执行文书的立卷归档工作，根据《中华人民共和国档案法》、《人民法院档案管理办法》等有关规定，结合人民法院执行工作实际，制定本办法。

第二条　本办法所称的执行文书，是指人发法院在案件执行过程中所形成的一切与案件有关的各类文书材料。

第三条　人民法院办理的下列执行案件，纳入立卷归档的范围。

1. 本院直接受理的执行案件；
2. 提级执行、受指定执行的案件；
3. 受托执行的案件；
4. 执行监督、请示、协调的案件；
5. 申请复议的案件；
6. 其他执行案件。

第四条　执行案件由立案庭统一立案，按照案件类型分类编号。

执行案件必须一案一号。一个案件从收案到结案所形成的法律文书、公文、函电等所有司法文书以及执行文书的立卷、归档、保管均使用收案时编定的案号。

中止执行的案件恢复执行后，不得重新立案，应继续使用原案号。

第五条　执行文书材料由承办书记员负责收集、整理立卷，承办执行法官或执行员和部门领导负责检查卷宗质量，并监督承办书记员按期归档。

二、执行文书材料的收集

第六条　执行案件收案后，承办书记员即开始收集有关本案的各种文书材料，着手立卷工作。

第七条 执行文书材料应全面、真实地反映执行的整个过程和具体情况。

第八条 送达法律文书应当有送达回证附卷。

邮寄送达法律文书被退回的，挂号函件收据、附有邮局改退批条的退回邮件信封应当附卷。

公告送达法律文书的，公告的原件和附件、刊登公告的报纸版面或张贴公告的照片应当附卷。

第九条 执行款物的收付材料必须附卷，包括收取执行款物的收据存根；交付、退回款物后当事人开具的收据；划款通知书；法院扣收申请执行费、实际支出费的票据；以物抵债裁定书及抵债物交付过程的材料；双方当事人签订和解协议后交付款物的收据复印件等。

第十条 入卷的执行法律文书，除卷内装订的外，应当随卷各附三份归档，装入卷底袋内备用。其他文书材料，一般只保存一份（有领导人批示的材料除外）。

第十一条 入卷的执行文书材料应当保留原件，未能提供原件的可保存一份复印件，但要注明没有原件的原因。执行人员依职权通过摘录、复制方式取得的与案件有关的证明材料，应注明来源、日期，并由经手人或经办人签名，同时加盖提供单位印章。

第十二条 下列文书材料一般不归档：

1. 没有证明价值的信封、工作材料；

2. 内容相同的重份材料；

3. 法规、条例复制件；

4. 一般的法律文书草稿（未定稿）；

5. 与本案无关的材料。

第十三条 在案件办结以后，执行人员应当认真检查全案的文书材料是否收集齐全，若发现法律文书不完备的，应当及时补齐。

三、执行文书材料的排列

第十四条 执行文书材料的排列顺序应当按照执行程序的进程、形成文书的时间顺序，兼顾文书材料之间的有机联系进行排列。

执行卷宗应当按照利于保密、方便利用的原则，分别立正卷和副卷。无不宜公开内容的案件可以不立副卷。

第十五条　执行案件正卷文书材料排列顺序：

1. 卷宗封面；

2. 卷内目录；

3. 立案审批表；

4. 申请执行书；

5. 执行依据；

6. 受理案件通知书、举证通知书及送达回执；

7. 案件受理费及实际支出费收据；

8. 执行通知书、财产申报通知书及送达回执；

9. 申请执行人、被执行人身份证明、工商登记资料、法定代表人身份证明及授权委托书、律师事务所函；

10. 申请执行人、被执行人、案外人举证材料；

11. 询问笔录、调查笔录、听证笔录、执行笔录及人民法院取证材料；

12. 采取、解除、撤销强制执行措施（包括查询、查封、冻结、扣划、扣押、评估、拍卖、变卖、搜查、拘传、罚款、拘留等）文书材料；

13. 追加、变更执行主体裁定书正本；

14. 强制执行裁定书正本；

15. 执行和解协议；

16. 执行和解协议履行情况的证明材料；

17. 以物抵债裁定书及相关材料；

18. 中止执行、终结执行、不予执行裁定书及执行凭证；

19. 执行款物收取、交付凭证及有关审批材料；

20. 延长执行期限的审批表；

21. 结案报告、结案审批表；

22. 送达回证；

23. 备考表;

24. 证物袋;

25. 卷底。

第十六条 执行监督案件正卷文书材料的排列顺序:

1. 卷宗封面;

2. 卷内目录;

3. 立案审批表;

4. 执行监督申请书;

5. 原执行裁定书;

6. 当事人身份证明或法定代表人身份证明及授权委托书、律师事务所函;

7. 当事人提供的证据材料;

8. 听证笔录、调查笔录;

9. 督办函;

10. 执行法院书面报告;

11. 监督结果或有关裁定书;

12. 结案报告、结案审批表;

13. 送达回证;

14. 备考表;

15. 证物袋;

16. 卷底。

第十七条 执行协调案件文书材料的排列顺序:

1. 卷宗封面;

2. 卷内目录;

3. 立案审批表;

4. 请求协调报告及相关证据材料;

5. 协调函;

6. 被协调法院的报告及相关证据材料;

7. 协调会议记录;

8. 承办人审查报告；

9. 合议庭评议案件笔录；

10. 执行局(庭)研究案件记录及会议纪要；

11. 审判委员会研究案件记录及会议纪要；

12. 协调意见书；

13. 结案报告、结案审批表；

14. 备考表；

15. 证物袋；

16. 卷底。

第十八条　执行请示案件文书材料的排列顺序：

1. 卷宗封面；

2. 卷内目录；

3. 立案审批表；

4. 请示报告及相关证据材料；

5. 承办人审查报告；

6. 合议庭评议案件笔录；

7. 执行局(庭)研究案件笔录及会议纪要；

8. 本院审判委员会评议案件笔录及会议纪要；

9. 向上级法院的请示或报告；

10. 批复意见；

11. 结案报告、结案审批表；

12. 备考表；

13. 证物袋；

14. 卷底。

第十九条　执行复议案件正卷文书材料的排列顺序：

1. 卷宗封面；

2. 卷内目录；

3. 立案审批表；

4. 复议申请书；

5. 原决定书；

6. 复议申请人身份证明、法定代表人身份证明及授权委托书、律师事务所函；

7. 复议申请人提供的证据材料；

8. 听证笔录、调查笔录；

9. 复议决定书；

10. 结案报告、结案审批表；

11. 送达回证；

12. 备考表；

13. 证物袋；

14. 卷底。

第二十条 各类执行案件副卷文书材料的排列顺序：

1. 卷宗封面；

2. 卷内目录；

3. 阅卷笔录；

4. 执行方案；

5. 承办人与有关部门内部交换意见的材料或笔录；

6. 有关案件的内部请示与批复；

7. 上级法院及有关单位领导人对案件的批示；

8. 承办人审查报告；

9. 合议庭评议案件笔录；

10. 执行局(庭)研究案件记录及会议纪要；

11. 审判委员会研究案件记录及会议纪要；

12. 法律文书签发件；

13. 其他不宜公开的材料；

14. 备考表；

15. 证物袋；

16. 卷底。

四、执行文书的立卷及卷宗装订

第二十一条　人民法院执行文书材料经过系统收集、整理、排列后，逐页编号。页号一律用阿拉伯数字编写，正面书写在右上角，背面书写在左上角，背面无字迹的不编页号。卷宗封面、卷内目录、备考表、证物袋、卷底不编页号。

第二十二条　执行文书材料包括卷皮的书写、签发必须使用碳素墨水、蓝黑墨水或微机打印，如出现文书材料使用红、蓝墨水或铅笔、圆珠笔及易褪色不易长期保管书写工具书写的，要附复印件。需要归档的传真文书材料必须复印，复印件归档，传真件不归档。

第二十三条　卷宗封面必须按项目要求填写齐全，字迹工整、规范、清晰。卷面案号应当与卷内文件案号一致；案件类别栏填写“执行”；案由栏填写执行依据确认的案由；当事人栏应当填写准确、完整，不能缩写、简称或省略；收、结案日期应当与卷内文书记载一致；执行标的栏，应当填写申请执行标的；执行结果栏，应当填写已经执行的金额或其他情况；裁决机关栏，应当填写作出生效法律文书的机关；结案方式栏，按不同情况分别填写自动履行、强制执行、终结执行、执行和解或不予执行等；结案日期栏，应当填写批准报结的日期。

第二十四条　卷内目录应当按文书材料顺序逐项填写。一份文书材料编一个顺序号。

第二十五条　卷内文件目录所在页的编号，除最后一份需填写起止号外，其余只填起号。

第二十六条　卷内备考表，由本卷情况说明、立卷人、检查人、验收人、立卷日期等项目组成。

“本卷情况说明”栏内填写卷内文书缺损、修改、补充、移出、销毁等情况；“立卷人”由立卷人签字；“检查人”由承办执行法官或执行员签字；“验收人”由档案部门接收人签字；“立卷日期”填写立卷完成的日期。

第二十七条　卷宗的装订必须牢固、整齐、美观，便于保管和利用。

每卷的厚度以不超过 15 毫米为宜，材料过多的，应当按顺序分册装订。每册案卷都从“1”开始编写页号。卷宗装订齐下齐右、三孔一线，长度以 180 毫米左右为宜，并在卷底装订线结扣处粘贴封条，由立卷人盖章。

第二十八条 卷宗装订前，要对文书材料进行全面检查，材料不完整的要补齐，破损或褪色、字迹扩散的要修补、复制。

卷内材料用纸以 A4 办公纸为标准。纸张过大的要修剪折叠，纸张过小、订口过窄的要加贴衬纸。

外文及少数民族文字材料应当附上汉语译文。

作为证据查考日期的信封，保留原件，打开展平加贴衬纸。

卷宗内严禁留置金属物。

五、执行卷宗的归档和保管

第二十九条 执行人员应当妥善保管执行卷宗，防止卷宗毁损、遗漏、丢失。

第三十条 承办书记员应当在案件报结后一个月内将执行卷宗装订完毕，并送有关部门或负责人核查是否符合案件归档条件，验收合格的应当立即归档。不合格的，应当及时予以补救。

执行卷宗应当在案件报结后的三个月内完成归档工作。

第三十一条 执行机构应当对执行卷宗的归档情况登记造册，归档案件必须有档案部门的签收手续。

第三十二条 中止执行的案件可以由执行机构统一保管执行卷宗，不得在执行人员处存放。

第三十三条 执行档案的保管期限由档案管理部门按照有关规定确定。

第三十四条 已经归档的卷宗不得抽取材料，确需增添材料的，应当征得档案管理人员同意后，按立卷要求办理。

第三十五条 对违反本办法未及时归档、任意从案卷中抽取文书材料或损毁、遗漏、丢失案卷材料的有关人员，视情节轻重，依有关规定作出相应处理。

六、附则

第三十六条 各高级人民法院在实施本办法过程中，可以根据实际需要制定实施细则。

第三十七条　本办法自公布之日起施行。

内地与澳门特别行政区关于相互认可和执行民商事判决的安排

（2006 年 2 月 13 日最高人民法院审判委员会第 1378 次会议通过
2006 年 3 月 21 日公布　自 2006 年 4 月 1 日起生效　法释〔2006〕2 号）

根据《中华人民共和国澳门特别行政区基本法》第九十三条的规定，最高人民法院与澳门特别行政区经协商，就内地与澳门特别行政区法院相互认可和执行民商事判决事宜，达成如下安排：

第一条　内地与澳门特别行政区民商事案件（在内地包括劳动争议案件，在澳门特别行政区包括劳动民事案件）判决的相互认可和执行，适用本安排。

本安排亦适用于刑事案件中有关民事损害赔偿的判决、裁定。

本安排不适用于行政案件。

第二条　本安排所称“判决”，在内地包括：判决、裁定、决定、调解书、支付令；在澳门特别行政区包括：裁判、判决、确认和解的裁定、法官的决定或者批示。

本安排所称“被请求方”，指内地或者澳门特别行政区双方中，受理认可和执行判决申请的一方。

第三条　一方法院作出的具有给付内容的生效判决，当事人可以向对方有管辖权的法院申请认可和执行。

没有给付内容，或者不需要执行，但需要通过司法程序予以认可的判决，当事人可以向对方法院单独申请认可，也可以直接以该判决作为证据在对方法院的诉讼程序中使用。

第四条　内地有权受理认可和执行判决申请的法院为被申请人住所地、经常居住地或者财产所在地的中级人民法院。两个或者两个以上中级人民法院均有管辖权的，申请人应当选择向其中一个中级人民法院提出申请。

澳门特别行政区有权受理认可判决申请的法院为中级法院，有权执行的法院为初级法院。

第五条 被申请人在内地和澳门特别行政区均有可供执行财产的，申请人可以向一地法院提出执行申请。

申请人向一地法院提出执行申请的同时，可以向另一地法院申请查封、扣押或者冻结被执行人的财产。待一地法院执行完毕后，可以根据该地法院出具的执行情况证明，就不足部分向另一地法院申请采取处分财产的执行措施。

两地法院执行财产的总额，不得超过依据判决和法律规定所确定的数额。

第六条 请求认可和执行判决的申请书，应当载明下列事项：

（一）申请人或者被申请人为自然人的，应当载明其姓名及住所；为法人或者其他组织的，应当载明其名称及住所，以及其法定代表人或者主要负责人的姓名、职务和住所；

（二）请求认可和执行的判决的案号和判决日期；

（三）请求认可和执行判决的理由、标的，以及该判决在判决作出地法院的执行情况。

第七条 申请书应当附生效判决书副本，或者经作出生效判决的法院盖章的证明书，同时应当附作出生效判决的法院或者有权限机构出具的证明下列事项的相关文件：

（一）传唤属依法作出，但判决书已经证明的除外；

（二）无诉讼行为能力人依法得到代理，但判决书已经证明的除外；

（三）根据判决作出地的法律，判决已经送达当事人，并已生效；

（四）申请人为法人的，应当提供法人营业执照副本或者法人登记证明书；

（五）判决作出地法院发出的执行情况证明。

如被请求方法院认为已充分了解有关事项时，可以免除提交相关文件。

被请求方法院对当事人提供的判决书的真实性有疑问时，可以请求作出生效判决的法院予以确认。

第八条 申请书应当用中文制作。所附司法文书及其相关文件未用中文制作的，应当提供中文译本。其中法院判决书未用中文制作的，应当提供由法院出具的中文译本。

第九条 法院收到申请人请求认可和执行判决的申请后,应当将申请书送达被申请人。

被申请人有权提出答辩。

第十条 被请求方法院应当尽快审查认可和执行的请求,并作出裁定。

第十一条 被请求方法院经审查核实存在下列情形之一的,裁定不予认可:

(一)根据被请求方的法律,判决所确认的事项属被请求方法院专属管辖;

(二)在被请求方法院已存在相同诉讼,该诉讼先于待认可判决的诉讼提起,且被请求方法院具有管辖权;

(三)被请求方法院已认可或者执行被请求方法院以外的法院或仲裁机构就相同诉讼作出的判决或仲裁裁决;

(四)根据判决作出地的法律规定,败诉的当事人未得到合法传唤,或者无诉讼行为能力人未依法得到代理;

(五)根据判决作出地的法律规定,申请认可和执行的判决尚未发生法律效力,或者因再审被裁定中止执行;

(六)在内地认可和执行判决将违反内地法律的基本原则或者社会公共利益;在澳门特别行政区认可和执行判决将违反澳门特别行政区法律的基本原则或者公共秩序。

第十二条 法院就认可和执行判决的请求作出裁定后,应当及时送达。

当事人对认可与否的裁定不服的,在内地可以向上一级人民法院提请复议,在澳门特别行政区可以根据其法律规定提起上诉;对执行中作出的裁定不服的,可以根据被请求方法律的规定,向上级法院寻求救济。

第十三条 经裁定予以认可的判决,与被请求方法院的判决具有同等效力。判决有给付内容的,当事人可以向该方有管辖权的法院申请执行。

第十四条 被请求方法院不能对判决所确认的所有请求予以认可和执行时,可以认可和执行其中的部分请求。

第十五条 法院受理认可和执行判决的申请之前或者之后,可以按照被请求方法律关于财产保全的规定,根据申请人的申请,对被申请人的财产采取保全措施。

第十六条 在被请求方法院受理认可和执行判决的申请期间,或者判决已获认可和执行,当事人再行提起相同诉讼的,被请求方法院不予受理。

第十七条 对于根据本安排第十一条(一)、(四)、(六)项不予认可的判决,申请人不得再行提起认可和执行的申请。但根据被请求方的法律,被请求方法院有管辖权的,当事人可以就相同案件事实向当地法院另行提起诉讼。

本安排第十一条(五)项所指的判决,在不予认可的情形消除后,申请人可以再行提起认可和执行的申请。

第十八条 为适用本安排,由一方有权限公共机构(包括公证员)作成或者公证的文书正本、副本及译本,免除任何认证手续而可以在对方使用。

第十九条 申请人依据本安排申请认可和执行判决,应当根据被请求方法律规定,交纳诉讼费用、执行费用。

申请人在生效判决作出地获准缓交、减交、免交诉讼费用的,在被请求方法院申请认可和执行判决时,应当享有同等待遇。

第二十条 对民商事判决的认可和执行,除本安排有规定的以外,适用被请求方的法律规定。

第二十一条 本安排生效前提出的认可和执行请求,不适用本安排。

两地法院自1999年12月20日以后至本安排生效前作出的判决,当事人未向对方法院申请认可和执行,或者对方法院拒绝受理的,仍可以于本安排生效后提出申请。

澳门特别行政区法院在上述期间内作出的判决,当事人向内地人民法院申请认可和执行的期限,自本安排生效之日起重新计算。

第二十二条 本安排在执行过程中遇有问题或者需要修改,应当由最高人民法院与澳门特别行政区协商解决。

第二十三条 为执行本安排,最高人民法院和澳门特别行政区终审法院应当相互提供相关法律资料。

最高人民法院和澳门特别行政区终审法院每年相互通报执行本安排的情况。

第二十四条 本安排自2006年4月1日起生效。

最高人民法院关于人民法院执行设定抵押的房屋的规定

（2005年11月14日最高人民法院审判委员会第1371次会议通过　2005年12月14日公布　自2005年12月21日起施行　法释〔2005〕14号）

根据《中华人民共和国民事诉讼法》等法律的规定，结合人民法院民事执行工作的实践，对人民法院根据抵押权人的申请，执行设定抵押的房屋的问题规定如下：

第一条　对于被执行人所有的已经依法设定抵押的房屋，人民法院可以查封，并可以根据抵押权人的申请，依法拍卖、变卖或者抵债。

第二条　人民法院对已经依法设定抵押的被执行人及其所扶养家属居住的房屋，在裁定拍卖、变卖或者抵债后，应当给予被执行人六个月的宽限期。在此期限内，被执行人应当主动腾空房屋，人民法院不得强制被执行人及其所扶养家属迁出该房屋。

第三条　上述宽限期届满后，被执行人仍未迁出的，人民法院可以作出强制迁出裁定，并按照民事诉讼法第二百二十九条的规定执行。

强制迁出时，被执行人无法自行解决居住问题的，经人民法院审查属实，可以由申请执行人为被执行人及其所扶养家属提供临时住房。

第四条　申请执行人提供的临时住房，其房屋品质、地段可以不同于被执行人原住房，面积参照建设部、财政部、民政部、国土资源部和国家税务总局联合发布的《城镇最低收入家属廉租住房管理办法》所规定的人均廉租住房面积标准确定。

第五条　申请执行人提供的临时住房，应当计收租金。租金标准由申请执行人和被执行人双方协商确定；协商不成的，由人民法院参照当地同类房屋租金标准确定，当地无同类房屋租金标准可以参照的，参照当地房屋租赁市场平均租金标准确定。

已经产生的租金,可以从房屋拍卖或者变卖价款中优先扣除。

第六条 被执行人属于低保对象且无法自行解决居住问题的,人民法院不应强制迁出。

第七条 本规定自公布之日起施行。施行前本院已公布的司法解释与本规定不一致的,以本规定为准。

最高人民法院关于人民法院民事执行中拍卖、变卖财产的规定

(2004 年 10 月 26 日最高人民法院审判委员会第 1330 次会议通过 2004 年 11 月 15 日公布 自 2005 年 1 月 1 日起实施 法释〔2004〕16 号)

为了进一步规范民事执行中的拍卖、变卖措施,维护当事人的合法权益,根据《中华人民共和国民事诉讼法》等法律的规定,结合人民法院民事执行工作的实践经验,制定本规定。

第一条 在执行程序中,被执行人的财产被查封、扣押、冻结后,人民法院应当及时进行拍卖、变卖或者采取其他执行措施。

第二条 人民法院对查封、扣押、冻结的财产进行变价处理时,应当首先采取拍卖的方式,但法律、司法解释另有规定的除外。

第三条 人民法院拍卖被执行人财产,应当委托具有相应资质的拍卖机构进行,并对拍卖机构的拍卖进行监督,但法律、司法解释另有规定的除外。

第四条 对拟拍卖的财产,人民法院应当委托具有相应资质的评估机构进行价格评估。对于财产价值较低或者价格依照通常方法容易确定的,可以不进行评估。

当事人双方及其他执行债权人申请不进行评估的,人民法院应当准许。

对被执行人的股权进行评估时,人民法院可以责令有关企业提供会计报表等

资料;有关企业拒不提供的,可以强制提取。

第五条 评估机构由当事人协商一致后经人民法院审查确定;协商不成的,从负责执行的人民法院或者被执行人财产所在地的人民法院确定的评估机构名册中,采取随机的方式确定;当事人双方申请通过公开招标方式确定评估机构的,人民法院应当准许。

第六条 人民法院收到评估机构作出的评估报告后,应当在五日内将评估报告发送当事人及其他利害关系人。当事人或者其他利害关系人对评估报告有异议的,可以在收到评估报告后十日内以书面形式向人民法院提出。

当事人或者其他利害关系人有证据证明评估机构、评估人员不具备相应的评估资质或者评估程序严重违法而申请重新评估的,人民法院应当准许。

第七条 拍卖机构由当事人协商一致后经人民法院审查确定;协商不成的,从负责执行的人民法院或者被执行人财产所在地的人民法院确定的拍卖机构名册中,采取随机的方式确定;当事人双方申请通过公开招标方式确定拍卖机构的,人民法院应当准许。

第八条 拍卖应当确定保留价。

拍卖保留价由人民法院参照评估价确定;未作评估的,参照市价确定,并应当征询有关当事人的意见。

人民法院确定的保留价,第一次拍卖时,不得低于评估价或者市价的百分之八十;如果出现流拍,再行拍卖时,可以酌情降低保留价,但每次降低的数额不得超过前次保留价的百分之二十。

第九条 保留价确定后,依据本次拍卖保留价计算,拍卖所得价款在清偿优先债权和强制执行费用后无剩余可能的,应当在实施拍卖前将有关情况通知申请执行人。申请执行人于收到通知后五日内申请继续拍卖的,人民法院应当准许,但应当重新确定保留价;重新确定的保留价应当大于该优先债权及强制执行费用的总额。

依照前款规定流拍的,拍卖费用由申请执行人负担。

第十条 执行人员应当对拍卖财产的权属状况、占有使用情况等进行必要的调查,制作拍卖财产现状的调查笔录或者收集其他有关资料。

第十一条 拍卖应当先期公告。

拍卖动产的,应当在拍卖七日前公告;拍卖不动产或者其他财产权的,应当在拍卖十五日前公告。

第十二条 拍卖公告的范围及媒体由当事人双方协商确定;协商不成的,由人民法院确定。拍卖财产具有专业属性的,应当同时在专业性报纸上进行公告。

当事人申请在其他新闻媒体上公告或者要求扩大公告范围的,应当准许,但该部分的公告费用由其自行承担。

第十三条 拍卖不动产、其他财产权或者价值较高的动产的,竞买人应当于拍卖前向人民法院预交保证金。申请执行人参加竞买的,可以不预交保证金。保证金的数额由人民法院确定,但不得低于评估价或者市价的百分之五。

应当预交保证金而未交纳的,不得参加竞买。拍卖成交后,买受人预交的保证金充抵价款,其他竞买人预交的保证金应当在三日内退还;拍卖未成交的,保证金应当于三日内退还竞买人。

第十四条 人民法院应当在拍卖五日前以书面或者其他能够确认收悉的适当方式,通知当事人和已知的担保物权人、优先购买权人或者其他优先权人于拍卖日到场。

优先购买权人经通知未到场的,视为放弃优先购买权。

第十五条 法律、行政法规对买受人的资格或者条件有特殊规定的,竞买人应当具备规定的资格或者条件。

申请执行人、被执行人可以参加竞买。

第十六条 拍卖过程中,有最高应价时,优先购买权人可以表示以该最高价买受,如无更高应价,则拍归优先购买权人;如有更高应价,而优先购买权人不作表示的,则拍归该应价最高的竞买人。

顺序相同的多个优先购买权人同时表示买受的,以抽签方式决定买受人。

第十七条 拍卖多项财产时,其中部分财产卖得的价款足以清偿债务和支付被执行人应当负担的费用的,对剩余的财产应当停止拍卖,但被执行人同意全部拍卖的除外。

第十八条 拍卖的多项财产在使用上不可分,或者分别拍卖可能严重减损其价值的，应当合并拍卖。

第十九条　拍卖时无人竞买或者竞买人的最高应价低于保留价，到场的申请执行人或者其他执行债权人申请或者同意以该次拍卖所定的保留价接受拍卖财产的，应当将该财产交其抵债。

有两个以上执行债权人申请以拍卖财产抵债的，由法定受偿顺位在先的债权人优先承受；受偿顺位相同的，以抽签方式决定承受人。承受人应受清偿的债权额低于抵债财产的价额的，人民法院应当责令其在指定的期间内补交差额。

第二十条　在拍卖开始前，有下列情形之一的，人民法院应当撤回拍卖委托：

（一）据以执行的生效法律文书被撤销的；

（二）申请执行人及其他执行债权人撤回执行申请的；

（三）被执行人全部履行了法律文书确定的金钱债务的；

（四）当事人达成了执行和解协议，不需要拍卖财产的；

（五）案外人对拍卖财产提出确有理由的异议的；

（六）拍卖机构与竞买人恶意串通的；

（七）其他应当撤回拍卖委托的情形。

第二十一条　人民法院委托拍卖后，遇有依法应当暂缓执行或者中止执行的情形的，应当决定暂缓执行或者裁定中止执行，并及时通知拍卖机构和当事人。拍卖机构收到通知后，应当立即停止拍卖，并通知竞买人。

暂缓执行期限届满或者中止执行的事由消失后，需要继续拍卖的，人民法院应当在十五日内通知拍卖机构恢复拍卖。

第二十二条　被执行人在拍卖日之前向人民法院提交足额金钱清偿债务，要求停止拍卖的，人民法院应当准许，但被执行人应当负担因拍卖支出的必要费用。

第二十三条　拍卖成交或者以流拍的财产抵债的，人民法院应当作出裁定，并于价款或者需要补交的差价全额交付后十日内，送达买受人或者承受人。

第二十四条　拍卖成交后，买受人应当在拍卖公告确定的期限或者人民法院指定的期限内将价款交付到人民法院或者汇入人民法院指定的帐户。

第二十五条　拍卖成交或者以流拍的财产抵债后，买受人逾期未支付价款或者承受人逾期未补交差价而使拍卖、抵债的目的难以实现的，人民法院可以裁定重新拍卖。重新拍卖时,原买受人不得参加竞买。

重新拍卖的价款低于原拍卖价款造成的差价、费用损失及原拍卖中的佣金,由原买受人承担。人民法院可以直接从其预交的保证金中扣除。扣除后保证金有剩余的,应当退还原买受人;保证金数额不足的,可以责令原买受人补交;拒不补交的,强制执行。

第二十六条 拍卖时无人竞买或者竞买人的最高应价低于保留价,到场的申请执行人或者其他执行债权人不申请以该次拍卖所定的保留价抵债的,应当在六十日内再行拍卖。

第二十七条 对于第二次拍卖仍流拍的动产,人民法院可以依照本规定第十九条的规定将其作价交申请执行人或者其他执行债权人抵债。申请执行人或者其他执行债权人拒绝接受或者依法不能交付其抵债的,人民法院应当解除查封、扣押,并将该动产退还被执行人。

第二十八条 对于第二次拍卖仍流拍的不动产或者其他财产权,人民法院可以依照本规定第十九条的规定将其作价交申请执行人或者其他执行债权人抵债。申请执行人或者其他执行债权人拒绝接受或者依法不能交付其抵债的,应当在六十日内进行第三次拍卖。

第三次拍卖流拍且申请执行人或者其他执行债权人拒绝接受或者依法不能接受该不动产或者其他财产权抵债的,人民法院应当于第三次拍卖终结之日起七日内发出变卖公告。自公告之日起六十日内没有买受人愿意以第三次拍卖的保留价买受该财产,且申请执行人、其他执行债权人仍不表示接受该财产抵债的,应当解除查封、冻结,将该财产退还被执行人,但对该财产可以采取其他执行措施的除外。

第二十九条 动产拍卖成交或者抵债后,其所有权自该动产交付时起转移给买受人或者承受人。

不动产、有登记的特定动产或者其他财产权拍卖成交或者抵债后,该不动产、特定动产的所有权、其他财产权自拍卖成交或者抵债裁定送达买受人或者承受人时起转移。

第三十条 人民法院裁定拍卖成交或者以流拍的财产抵债后,除有依法不能移交的情形外,应当于裁定送达后十五日内,将拍卖的财产移交买受人或者承受人。被执行人或者第三人占有拍卖财产应当移交而拒不移交的，强制执行。

第三十一条　拍卖财产上原有的担保物权及其他优先受偿权，因拍卖而消灭，拍卖所得价款，应当优先清偿担保物权人及其他优先受偿权人的债权，但当事人另有约定的除外。

拍卖财产上原有的租赁权及其他用益物权，不因拍卖而消灭，但该权利继续存在于拍卖财产上，对在先的担保物权或者其他优先受偿权的实现有影响的，人民法院应当依法将其除去后进行拍卖。

第三十二条　拍卖成交的，拍卖机构可以按照下列比例向买受人收取佣金：

拍卖成交价200万元以下的，收取佣金的比例不得超过5%；超过200万元至1000万元的部分，不得超过3%；超过1000万元至5000万元的部分，不得超过2%；超过5000万元至1亿元的部分，不得超过1%；超过1亿元的部分，不得超过0.5%。

采取公开招标方式确定拍卖机构的，按照中标方案确定的数额收取佣金。

拍卖未成交或者非因拍卖机构的原因撤回拍卖委托的，拍卖机构为本次拍卖已经支出的合理费用，应当由被执行人负担。

第三十三条　在执行程序中拍卖上市公司国有股和社会法人股的，适用最高人民法院《关于冻结、拍卖上市公司国有股和社会法人股若干问题的规定》。

第三十四条　对查封、扣押、冻结的财产，当事人双方及有关权利人同意变卖的，可以变卖。

金银及其制品、当地市场有公开交易价格的动产、易腐烂变质的物品、季节性商品、保管困难或者保管费用过高的物品，人民法院可以决定变卖。

第三十五条　当事人双方及有关权利人对变卖财产的价格有约定的，按照其约定价格变卖；无约定价格但有市价的，变卖价格不得低于市价；无市价但价值较大、价格不易确定的，应当委托评估机构进行评估，并按照评估价格进行变卖。

按照评估价格变卖不成的，可以降低价格变卖，但最低的变卖价不得低于评估价的二分之一。

变卖的财产无人应买的，适用本规定第十九条的规定将该财产交申请执行人或者其他执行债权人抵债；申请执行人或者其他执行债权人拒绝接受或者依法不能交付其抵债的,人民法院应当解除查封、扣押,并将该财产退还被执行人。

第三十六条 本规定自2005年1月1日起施行。施行前本院公布的司法解释与本规定不一致的,以本规定为准。

最高人民法院关于人民法院民事执行中查封、扣押、冻结财产的规定

(2004年10月26日最高人民法院审判委员会第1330次会议通过 2004年11月4日公布 自2005年1月1日起施行 法释〔2004〕发15号)

为了进一步规范民事执行中的查封、扣押、冻结措施,维护当事人的合法权益,根据《中华人民共和国民事诉讼法》等法律的规定,结合人民法院民事执行工作的实践经验,制定本规定。

第一条 人民法院查封、扣押、冻结被执行人的动产、不动产及其他财产权,应当作出裁定,并送达被执行人和申请执行人。

采取查封、扣押、冻结措施需要有关单位或者个人协助的,人民法院应当制作协助执行通知书,连同裁定书副本一并送达协助执行人。查封、扣押、冻结裁定书和协助执行通知书送达时发生法律效力。

第二条 人民法院可以查封、扣押、冻结被执行人占有的动产、登记在被执行人名下的不动产、特定动产及其他财产权。

未登记的建筑物和土地使用权,依据土地使用权的审批文件和其他相关证据确定权属。

对于第三人占有的动产或者登记在第三人名下的不动产、特定动产及其他财产权,第三人书面确认该财产属于被执行人的,人民法院可以查封、扣押、冻结。

第三条 作为执行依据的法律文书生效后至申请执行前,债权人可以向有执行管辖权的人民法院申请保全债务人的财产。人民法院可以参照民事诉讼法第九

十二条的规定作出保全裁定,保全裁定应当立即执行。

第四条　诉讼前、诉讼中及仲裁中采取财产保全措施的,进入执行程序后,自动转为执行中的查封、扣押、冻结措施,并适用本规定第二十九条关于查封、扣押、冻结期限的规定。

第五条　人民法院对被执行人下列的财产不得查封、扣押、冻结:

(一)被执行人及其所扶养家属生活所必需的衣服、家具、炊具、餐具及其他家庭生活必需的物品;

(二)被执行人及其所扶养家属所必需的生活费用。当地有最低生活保障标准的,必需的生活费用依照该标准确定;

(三)被执行人及其所扶养家属完成义务教育所必需的物品;

(四)未公开的发明或者未发表的著作;

(五)被执行人及其所扶养家属用于身体缺陷所必需的辅助工具、医疗物品;

(六)被执行人所得的勋章及其他荣誉表彰的物品;

(七)根据《中华人民共和国缔结条约程序法》,以中华人民共和国、中华人民共和国政府或者中华人民共和国政府部门名义同外国、国际组织缔结的条约、协定和其他具有条约、协定性质的文件中规定免于查封、扣押、冻结的财产;

(八)法律或者司法解释规定的其他不得查封、扣押、冻结的财产。

第六条　对被执行人及其所扶养家属生活所必需的居住房屋,人民法院可以查封,但不得拍卖、变卖或者抵债。

第七条　对于超过被执行人及其所扶养家属生活所必需的房屋和生活用品,人民法院根据申请执行人的申请,在保障被执行人及其所扶养家属最低生活标准所必需的居住房屋和普通生活必需品后,可予以执行。

第八条　查封、扣押动产的,人民法院可以直接控制该项财产。人民法院将查封、扣押的动产交付其他人控制的,应当在该动产上加贴封条或者采取其他足以公示查封、扣押的适当方式。

第九条　查封不动产的,人民法院应当张贴封条或者公告,并可以提取保存有关财产权证照。

查封、扣押、冻结已登记的不动产、特定动产及其他财产权,应当通知有关登记机关办理登记手续。未办理登记手续的,不得对抗其他已经办理了登记手续的查封、扣押、冻结行为。

第十条 查封尚未进行权属登记的建筑物时,人民法院应当通知其管理人或者该建筑物的实际占有人,并在显著位置张贴公告。

第十一条 扣押尚未进行权属登记的机动车辆时,人民法院应当在扣押清单上记载该机动车辆的发动机编号。该车辆在扣押期间权利人要求办理权属登记手续的,人民法院应当准许并及时办理相应的扣押登记手续。

第十二条 查封、扣押的财产不宜由人民法院保管的,人民法院可以指定被执行人负责保管;不宜由被执行人保管的,可以委托第三人或者申请执行人保管。

由人民法院指定被执行人保管的财产,如果继续使用对该财产的价值无重大影响,可以允许被执行人继续使用;由人民法院保管或者委托第三人、申请执行人保管的,保管人不得使用。

第十三条 查封、扣押、冻结担保物权人占有的担保财产,一般应当指定该担保物权人作为保管人;该财产由人民法院保管的,质权、留置权不因转移占有而消灭。

第十四条 对被执行人与其他人共有的财产,人民法院可以查封、扣押、冻结,并及时通知共有人。

共有人协议分割共有财产,并经债权人认可的,人民法院可以认定有效。查封、扣押、冻结的效力及于协议分割后被执行人享有份额内的财产;对其他共有人享有份额内的财产的查封、扣押、冻结,人民法院应当裁定予以解除。

共有人提起析产诉讼或者申请执行人代位提起析产诉讼的,人民法院应当准许。诉讼期间中止对该财产的执行。

第十五条 对第三人为被执行人的利益占有的被执行人的财产,人民法院可以查封、扣押、冻结;该财产被指定给第三人继续保管的,第三人不得将其交付给被执行人。

对第三人为自己的利益依法占有的被执行人的财产,人民法院可以查封、扣押、冻结,第三人可以继续占有和使用该财产,但不得将其交付给被执行人。

第三人无偿借用被执行人的财产的,不受前款规定的限制。

第十六条　被执行人将其财产出卖给第三人，第三人已经支付部分价款并实际占有该财产，但根据合同约定被执行人保留所有权的，人民法院可以查封、扣押、冻结；第三人要求继续履行合同的，应当由第三人在合理期限内向人民法院交付全部余款后，裁定解除查封、扣押、冻结。

第十七条　被执行人将其所有的需要办理过户登记的财产出卖给第三人，第三人已经支付部分或者全部价款并实际占有该财产，但尚未办理产权过户登记手续的，人民法院可以查封、扣押、冻结；第三人已经支付全部价款并实际占有，但未办理过户登记手续的，如果第三人对此没有过错，人民法院不得查封、扣押、冻结。

第十八条　被执行人购买第三人的财产，已经支付部分价款并实际占有该财产，但第三人依合同约定保留所有权，申请执行人已向第三人支付剩余价款或者第三人书面同意剩余价款从该财产变价款中优先支付的，人民法院可以查封、扣押、冻结。

第三人依法解除合同的，人民法院应当准许，已经采取的查封、扣押、冻结措施应当解除，但人民法院可以依据申请执行人的申请，执行被执行人因支付价款而形成的对该第三人的债权。

第十九条　被执行人购买需要办理过户登记的第三人的财产，已经支付部分或者全部价款并实际占有该财产，虽未办理产权过户登记手续，但申请执行人已向第三人支付剩余价款或者第三人同意剩余价款从该财产变价款中优先支付的，人民法院可以查封、扣押、冻结。

第二十条　查封、扣押、冻结被执行人的财产时，执行人员应当制作笔录，载明下列内容：

（一）执行措施开始及完成的时间；

（二）财产的所在地、种类、数量；

（三）财产的保管人；

（四）其他应当记明的事项。

执行人员及保管人应当在笔录上签名，有民事诉讼法第二百二十四条规定的人员到场的，到场人员也应当在笔录上签名。

第二十一条　查封、扣押、冻结被执行人的财产，以其价额足以清偿法律文书确定的债权额及执行费用为限，不得明显超标的额查封、扣押、冻结。

发现超标的额查封、扣押、冻结的，人民法院应当根据被执行人的申请或者依职权，及时解除对超标的额部分财产的查封、扣押、冻结，但该财产为不可分物且被执行人无其他可供执行的财产或者其他财产不足以清偿债务的除外。

第二十二条 查封、扣押的效力及于查封、扣押物的从物和天然孳息。

第二十三条 查封地上建筑物的效力及于该地上建筑物使用范围内的土地使用权，查封土地使用权的效力及于地上建筑物，但土地使用权与地上建筑物的所有权分属被执行人与他人的除外。

地上建筑物和土地使用权的登记机关不是同一机关的，应当分别办理查封登记。

第二十四条 查封、扣押、冻结的财产灭失或者毁损的，查封、扣押、冻结的效力及于该财产的替代物、赔偿款。人民法院应当及时作出查封、扣押、冻结该替代物、赔偿款的裁定。

第二十五条 查封、扣押、冻结协助执行通知书在送达登记机关时，登记机关已经受理被执行人转让不动产、特定动产及其他财产的过户登记申请，尚未核准登记的，应当协助人民法院执行。人民法院不得对登记机关已经核准登记的被执行人已转让的财产实施查封、扣押、冻结措施。

查封、扣押、冻结协助执行通知书在送达登记机关时，其他人民法院已向该登记机关送达了过户登记协助执行通知书的，应当优先办理过户登记。

第二十六条 被执行人就已经查封、扣押、冻结的财产所作的移转、设定权利负担或者其他有碍执行的行为，不得对抗申请执行人。

第三人未经人民法院准许占有查封、扣押、冻结的财产或者实施其他有碍执行的行为的，人民法院可以依据申请执行人的申请或者依职权解除其占有或者排除其妨害。

人民法院的查封、扣押、冻结没有公示的，其效力不得对抗善意第三人。

第二十七条 人民法院查封、扣押被执行人设定最高额抵押权的抵押物的，应当通知抵押权人。抵押权人受抵押担保的债权数额自收到人民法院通知时起不再增加。

人民法院虽然没有通知抵押权人，但有证据证明抵押权人知道查封、扣押事实的，受抵押担保的债权数额从其知道该事实时起不再增加。

第二十八条　对已被人民法院查封、扣押、冻结的财产，其他人民法院可以进行轮候查封、扣押、冻结。查封、扣押、冻结解除的，登记在先的轮候查封、扣押、冻结即自动生效。

其他人民法院对已登记的财产进行轮候查封、扣押、冻结的，应当通知有关登记机关协助进行轮候登记，实施查封、扣押、冻结的人民法院应当允许其他人民法院查阅有关文书和记录。

其他人民法院对没有登记的财产进行轮候查封、扣押、冻结的，应当制作笔录，并经实施查封、扣押、冻结的人民法院执行人员及被执行人签字，或者书面通知实施查封、扣押、冻结的人民法院。

第二十九条　人民法院冻结被执行人的银行存款及其他资金的期限不得超过六个月，查封、扣押动产的期限不得超过一年，查封不动产、冻结其他财产权的期限不得超过二年。法律、司法解释另有规定的除外。

申请执行人申请延长期限的，人民法院应当在查封、扣押、冻结期限届满前办理续行查封、扣押、冻结手续，续行期限不得超过前款规定期限的二分之一。

第三十条　查封、扣押、冻结期限届满，人民法院未办理延期手续的，查封、扣押、冻结的效力消灭。

查封、扣押、冻结的财产已经被执行拍卖、变卖或者抵债的，查封、扣押、冻结的效力消灭。

第三十一条　有下列情形之一的，人民法院应当作出解除查封、扣押、冻结裁定，并送达申请执行人、被执行人或者案外人：

（一）查封、扣押、冻结案外人财产的；

（二）申请执行人撤回执行申请或者放弃债权的；

（三）查封、扣押、冻结的财产流拍或者变卖不成，申请执行人和其他执行债权人又不同意接受抵债的；

（四）债务已经清偿的；

（五）被执行人提供担保且申请执行人同意解除查封、扣押、冻结的；

（六）人民法院认为应当解除查封、扣押、冻结的其他情形。

解除以登记方式实施的查封、扣押、冻结的，应当向登记机关发出协助执行通知书。

第三十二条 财产保全裁定和先予执行裁定的执行适用本规定。

第三十三条 本规定自2005年1月1日起施行。施行前本院公布的司法解释与本规定不一致的，以本规定为准。

人民法院执行工作纪律处分办法（试行）

（2002年9月12日最高人民法院审判委员会第1243次会议通过 2002年9月25日公布 法发〔2002〕15号）

为了保障执行工作的公正与效率，促进人民法院的廉政建设，根据《中华人民共和国法官法》等有关法律，制定本办法。

第一条 人民法院工作人员在执行工作中，故意违反有关法律、法规，或者因过失违反有关法律、法规造成严重后果的，应当依照本办法处理。

第二条 故意违反法律规定，对应当受理的执行案件不予受理，或者对不应当受理的执行申请违法受理的，给予警告至记大过处分。

因过失致使依法应当受理的执行案件未予受理，或者对不应当受理的执行申请违法受理，造成严重后果的，给予警告至记大过处分。

第三条 故意违反《人民法院诉讼收费办法》的有关规定，擅自超标准或者超范围收取执行费用，造成不良影响的，给予警告至记大过处分。

第四条 明知具有法定回避情形，不依法自行回避，造成不良影响的，给予警告至记大过处分。

第五条 向被执行人或者协助执行人通风报信，致使其逃匿或者转移、隐匿、变卖被执行财产的，给予警告至记大过处分；情节严重的，给予降级至开除处分。

第六条 对具备执行条件的案件，故意拖延执行或者不执行的，给予警告至记大过处分；情节严重的，给予降级至开除处分。

因过失延误执行，造成严重后果的，给予警告至记大过处分。

第七条　依照有关规定应当对被执行人财产进行调查、搜查、查封、扣押、冻结、变卖，或者应当委托有关机构审计、评估、拍卖而不作为，造成严重后果的，给予警告至降级处分。

第八条　在强制执行时，不依法出示法院工作人员的证件及有关法律文书，造成严重后果的，给予警告至记大过处分。

第九条　故意违反法律规定对被执行人、协助执行人以及其他人采取拘传、拘留、罚款等强制措施的，给予警告至记大过处分；情节严重的，给予降级至开除处分。

采取强制措施有过失行为，造成伤亡等严重后果的，给予警告至开除处分。

第十条　故意超标的查封、扣押、冻结、变卖被执行人可分割的财产，造成较大损失的，给予警告至记大过处分；造成严重后果的，给予降级或者撤职处分。

第十一条　擅自解除已被查封、扣押、冻结的财产的，给予警告至记大过处分；造成严重后果的，给予降级或者撤职处分。

第十二条　故意违反法律规定，错误变更或者追加被执行主体的，给予警告至记大过处分；造成严重后果的，给予降级至开除处分。

因过失违反法律规定，错误变更或者追加被执行主体，造成严重后果的，给予警告至记大过处分。

第十三条　对案外人就执行标的提出的异议不依法审查和处理，造成案外人财产损失的，给予警告至记大过处分，造成严重后果的，给予降级至开除处分。

第十四条　为谋私利或者主观上偏袒一方当事人，故意违反法律规定，迫使另一方当事人违背真实意愿达成执行和解协议，损害其利益的，给予警告至记大过处分。

第十五条　为谋私利或者为一方当事人利益，违反有关规定，在选定审计、评估、拍卖、鉴定等中介机构时弄虚作假的，给予警告至记大过处分。

接受上述中介机构款物或者其他好处的，给予警告至记大过处分；情节严重的，给予降级至开除处分。

第十六条　指使或者暗示有关部门、有关人员在评估、拍卖中违反有关规定故意压低或者抬高价格，损害当事人利益的，给予警告至记大过处分；造成严重后果的，给予降级至开除处分。

第十七条 故意违反法律规定，暂缓执行、中止执行、终结执行的，给予警告至记大过处分；造成严重后果的，给予降级至开除处分。

第十八条 故意违反法律规定，对应当恢复执行的案件不予恢复的，给予警告至记大过处分；造成严重后果的，给予降级至开除处分。

第十九条 故意违背合议庭评议结果、审判委员会决定制作执行文书的，给予记大过至开除处分。

因过失导致制作执行文书内容错误，造成严重后果的，给予警告至记大过处分。

第二十条 伪造、篡改执行文书的，给予记大过至开除处分。

第二十一条 故意损毁、藏匿卷宗或者证据等材料的，给予记大过至开除处分。

丢失卷宗或者证据等材料的，给予警告至记大过处分。

第二十二条 不依法送达执行文书，造成严重后果的，给予警告至记大过处分。

第二十三条 故意违反有关规定，执行被执行人到期债权，造成第三人财产损失的，给予警告至记大过处分；造成严重后果的，给予降级至开除处分。

第二十四条 在多个债权人对一个债务人申请执行的案件中，与当事人串通，故意违反参与分配程序及原则，损害其他当事人利益的，给予警告至记大过处分；造成严重后果的，给予降级至开除处分。

第二十五条 无正当理由，故意拖延发还案件执行款或其他财产，造成债权人损失的，给予警告至记大过处分；造成严重后果的，给予降级至开除处分。

第二十六条 故意将案件执行款执行给其他当事人的，给予警告至记大过处分；造成债权人损失的，给予降级至开除处分。

因过失将案件执行款执行给其他当事人，造成债权人损失的，给予警告至记大过处分。

第二十七条 故意拖延或者拒不执行上级法院执行决定的，给予警告至记大过处分；造成严重后果的，给予降级至开除处分。

第二十八条 对外地人民法院委托执行的具备执行条件的案件，无正当理由故意拖延执行或者不执行的，给予警告至记大过处分。

第二十九条　接受当事人及其代理人的款物以及其他好处，或者要当事人及其代理人报销应当由个人支付的费用的，给予警告至记大过处分；情节严重的，给予降级至开除处分。

第三十条　接受当事人及其代理人的宴请，或者参加由其支付费用的娱乐等活动，造成不良影响的，给予警告至记大过处分。

第三十一条　利用执行工作之便，借用当事人及其代理人款物供个人使用的，给予警告至记大过处分；情节严重的，给予降级至开除处分。

第三十二条　使用、截留、挪用、侵吞、私分案件执行款及其孳息或者其他财产的，给予警告至记大过处分；情节严重的，给予降级至开除处分。

第三十三条　利用执行工作之便为自己、配偶、子女或者其他人谋取不正当利益的，给予警告至记大过处分；情节严重的，给予降级至开除处分。

第三十四条　违反本办法情节轻微的，责令有关责任人作出检查或者通报批评。

第三十五条　违反本办法有犯罪嫌疑的，应当在作出纪律处分后移送有司法机关处理，或者待有关司法机关作出处理后，再作出纪律处分。

第三十六条　本办法由最高人民法院解释。

第三十七条　本办法自公布之日起施行。

最高人民法院关于如何处理人民检察院提出的暂缓执行建议问题的批复

（2000年6月30日最高人民法院审判委员会第1121次会议通过　2000年7月10日公布　自2000年7月15日起施行　法释〔2000〕16号）

广东省高级人民法院：

你院粤高法民〔1998〕186号《关于检察机关对法院生效民事判决建议暂缓执

行是否采纳的请示》收悉。经研究,答复如下:

根据《中华人民共和国民事诉讼法》的规定,人民检察院对人民法院生效民事判决提出暂缓执行的建议没有法律依据。

最高人民法院关于加强和改进委托执行工作的若干规定

(2000年2月24日最高人民法院审判委员会第1102次会议通过 自2000年3月11日起施行 法释〔2000〕9号)

为了加强和改进高级人民法院对委托和受托执行案件的统一管理,严格依法执行受托案件,切实保障跨辖区案件当事人的合法权益,根据《中华人民共和国民事诉讼法》的规定,对委托执行工作的有关问题作如下规定。

1. 被执行人或被执行的财产在本省、自治区、直辖市辖区以外的案件,除少数特殊情况之外,应当委托执行。

被执行人或被执行的财产在本省、自治区、直辖市辖区内,需跨中级人民法院,基层人民法院辖区执行的案件,亦应以委托执行为主。

直辖市内法院间的跨辖区的执行案件,以及设区的市内跨辖区的执行案件,是否以委托执行为主,由各高级人民法院根据实际情况自行确定。

2. 有下列特殊情况的,可以不委托执行:

(1)被执行人在不同辖区内有财产,且任何一个地方的财产不足以单独清偿债务的;

(2)分布在不同法院辖区的多个被执行人对清偿债务责任的承担有一定关联的;

(3)需要裁定变更或追加本辖区以外的被执行人的;

(4)案件审理中已对当事人在外地的财产进行保全,异地执行更为方便的;

(5)因其他特殊情况不便委托执行,经高级人民法院批准的。

3. 执行法院到异地办理执行案件时,应当主动请求当地法院协助执行。当地法院应当按照外地法院的请求予以积极办理。

4. 受托法院应当于收到委托执行手续后十五日内开始执行,一般应当在三十日内执行完毕,最迟应当在六个月内执行完毕。委托手续不全的,执行期限自受托法院收到齐全手续之日起算。

5. 申请执行费和执行中实际支出的费用,在案件委托后,由受托法院直接向当事人收取。委托法院已经预收的,应当在办理委托手续后三日内,将预收的费用退给申请执行人,由其直接向受托法院缴纳。

6. 受托法院接受委托执行案件后,应当依法自行决定采取执行措施和强制措施,也可以与委托法院共同商定执行方式方法。

7. 委托执行后,委托法院应当及时告知申请执行人。申请执行人可以直接向受托法院或者请求委托法院向受托法院催促执行,也可以向受托法院的上级法院请求督促执行。

委托法院或者申请执行人要求了解案件执行情况的,受托法院应当及时告知。

8. 委托执行后,委托法院发现被执行人在本辖区内有可供执行的财产或者其他有关情况时,应当及时向受托法院通报。受托法院可以与委托法院协商,视情决定共同执行或采取其他措施执行。

9. 委托执行后,遇有下列情况,由受托法院依照法律和司法解释的规定处理:

(1)需要变更或追加被执行主体的;

(2)因执行担保需要暂缓执行的;

(3)当事人之间达成执行和解协议的;

(4)案外人对非属据以执行的生效法律文书指定交付的执行标的物提出异议的。

10. 案外人对据以执行的生效法律文书指定交付的财物和票证提出异议的,受托法院应当及时将案外人的书面异议转交委托法院处理。委托法院应当及时作出中止执行或驳回异议的裁定,并通知受托法院。

11. 受托法院在办理受托执行案件过程中,发现据以执行的生效法律文书有明显错误,如予执行将造成严重后果的,应当首先对被执行人的财产采取查封、扣押、冻结等措施，然后将书面意见及时转交作出生效法律文书的法院处理。

作出生效法律文书的法院收到受托法院的书面意见后，应当于二个月内作出书面答复。受托法院应当按照其答复意见执行。超过二个月未作出答复的，受托法院可以将案件退回委托法院，并抄告其上级法院。

12. 高级人民法院统一管理和协调本辖区内各级人民法院的委托执行工作。

中级人民法院辖区内基层人民法院间的委托执行案件，可以由中级人民法院进行统一管理和协调。

13. 高级人民法院和中级人民法院对所属下级法院办理的受托执行案件，应当采取有效措施监督执行，必要时可以采取指定执行、共同执行和提级执行以及统一集中清理的办法执行。

14. 各高级人民法院可以参照本规定，制定本辖区委托执行工作的实施细则。

15. 本规定自公布之日起执行。

最高人民法院关于高级人民法院统一管理执行工作若干问题的规定

（2000 年 1 月 14 日　法发〔2000〕3 号）

为了保障依法公正执行，提高执行工作效率，根据有关规定和执行工作具体情况，现就高级人民法院统一管理执行工作的若干问题规定如下：

一、高级人民法院在最高人民法院的监督和指导下，对本辖区执行工作的整体部署、执行案件的监督和协调、执行力量的调度以及执行装备的使用等，实行统一管理。

地方各级人民法院办理执行案件，应当依照法律规定分级负责。

二、高级人民法院应当根据法律、法规、司法解释和最高人民法院的有关规定，结合本辖区的实际情况制定统一管理执行工作的具体规章制度，确定一定时期内执行工作的目标和重点，组织本辖区内的各级人民法院实施。

三、高级人民法院应当根据最高人民法院的统一部署或本地区的具体情况适时组织集中执行和专项执行活动。

四、高级人民法院在组织集中执行、专项执行或其他重大执行活动中,可以统一调度、使用下级人民法院的执行力量,包括执行人员、司法警察、执行装备等。

五、高级人民法院有权对下级人民法院的违法、错误的执行裁定、执行行为函告下级法院自行纠正或直接下达裁定、决定予以纠正。

六、高级人民法院负责协调处理本辖区内跨中级人民法院辖区的法院与法院之间的执行争议案件。对跨高级人民法院辖区的法院与法院之间的执行争议案件,由争议双方所在地的两地高级人民法院协商处理;协商不成的,按有关规定报请最高人民法院协调处理。

七、对跨高级人民法院辖区的法院与公安、检察等机关之间的执行争议案件,由执行法院所在地的高级人民法院与有关公安、检察等机关所在地的高级人民法院商有关机关协调解决,必要时可报请最高人民法院协调处理。

八、高级人民法院对本院及下级人民法院的执行案件,认为需要指定执行的,可以裁定指定执行。

高级人民法院对最高人民法院函示指定执行的案件,应当裁定指定执行。

九、高级人民法院对下级人民法院的下列案件可以裁定提级执行:

1. 高级人民法院指令下级人民法院限期执结,逾期未执结需要提级执行的;

2. 下级人民法院报请高级人民法院提级执行,高级人民法院认为应当提级执行的;

3. 疑难、重大和复杂的案件,高级人民法院认为应当提级执行的。

高级人民法院对最高人民法院函示提级执行的案件,应当裁定提级执行。

十、高级人民法院应监督本辖区内各级人民法院按有关规定精神配备合格的执行人员,并根据最高人民法院的要求和本辖区的具体情况,制定培训计划,确定培训目标,采取切实有效措施予以落实。

十一、中级人民法院、基层人民法院和专门人民法院执行机构的主要负责人在按干部管理制度和法定程序规定办理任免手续前应征得上一级人民法院的同意。

上级人民法院认为下级人民法院执行机构的主要负责人不称职的,可以建议有关部门予以调整、调离或者免职。

十二、高级人民法院应根据执行工作需要，商财政、计划等有关部门编制本辖区内各级人民法院关于交通工具、通讯设备、警械器具、摄录器材等执行装备和业务经费的计划，确定执行装备的标准和数量，并由本辖区内各级人民法院协同当地政府予以落实。

十三、下级人民法院不执行上级人民法院对执行工作和案件处理作出的决定，上级人民法院应通报批评；情节严重的，可以建议有关部门对有关责任人员予以纪律处分。

十四、中级人民法院、基层人民法院和专门人民法院对执行工作的管理职责由高级人民法院规定。

十五、本规定自颁布之日起执行。

最高人民法院关于人民法院执行工作若干问题的规定（试行）

（1998年6月11日最高人民法院审判委员会第992次会议通过
1998年7月8日公布　自1998年7月18日起施行　法释〔1998〕15号）

为了保证在执行程序中正确适用法律，及时有效地执行生效法律文书，维护当事人的合法权益，根据《中华人民共和国民事诉讼法》（以下简称民事诉讼法）等有关法律的规定，结合人民法院执行工作的实践经验，现对人民法院执行工作若干问题作如下规定。

一、执行机构及其职责

1. 人民法院根据需要，依据有关法律的规定，设立执行机构，专门负责执行工作。

2. 执行机构负责执行下列生效法律文书：

(1)人民法院民事、行政判决、裁定、调解书,民事制裁决定、支付令,以及刑事附带民事判决、裁定、调解书;

(2)依法应由人民法院执行的行政处罚决定、行政处理决定;

(3)我国仲裁机构作出的仲裁裁决和调解书;人民法院依据《中华人民共和国仲裁法》有关规定作出的财产保全和证据保全裁定;

(4)公证机关依法赋予强制执行效力的关于追偿债款、物品的债权文书;

(5)经人民法院裁定承认其效力的外国法院作出的判决、裁定,以及国外仲裁机构作出的仲裁裁决;

(6)法律规定由人民法院执行的其他法律文书。

3. 人民法院在审理民事、行政案件中作出的财产保全和先予执行裁定,由审理案件的审判庭负责执行。

4. 人民法庭审结的案件,由人民法庭负责执行。其中复杂、疑难或被执行人不在本法院辖区的案件,由执行机构负责执行。

5. 执行程序中重大事项的办理,应由三名以上执行员讨论,并报经院长批准。

6. 依据民事诉讼法第二百一十七条或第二百六十条的规定对仲裁裁决是否有不予执行事由进行审查的,应组成合议庭进行。

7. 执行机构应配备必要的交通工具、通讯设备、音像设备和警械用具等,以保障及时有效地履行职责。

8. 执行人员执行公务时,应向有关人员出示工作证和执行公务证,并按规定着装。必要时应由司法警察参加。

执行公务证由最高人民法院统一制发。

9. 上级人民法院执行机构负责本院对下级人民法院执行工作的监督、指导和协调。

二、执行管辖

10. 仲裁机构作出的国内仲裁裁决、公证机关依法赋予强制执行效力的公证债权文书,由被执行人住所地或被执行的财产所在地人民法院执行。

前款案件的级别管辖,参照各地法院受理诉讼案件的级别管辖的规定确定。

11. 在国内仲裁过程中,当事人申请财产保全,经仲裁机构提交人民法院的,由被申请人住所地或被申请保全的财产所在地的基层人民法院裁定并执行;申请证据保全的,由证据所在地的基层人民法院裁定并执行。

12. 在涉外仲裁过程中,当事人申请财产保全,经仲裁机构提交人民法院的,由被申请人住所地或被申请保全的财产所在地的中级人民法院裁定并执行;申请证据保全的,由证据所在地的中级人民法院裁定并执行。

13. 专利管理机关依法作出的处理决定和处罚决定,由被执行人住所地或财产所在地的省、自治区、直辖市有权受理专利纠纷案件的中级人民法院执行。

14. 国务院各部门、各省、自治区、直辖市人民政府和海关依照法律、法规作出的处理决定和处罚决定,由被执行人住所地或财产所在地的中级人民法院执行。

15. 两个以上人民法院都有管辖权的,当事人可以向其中一个人民法院申请执行;当事人向两个以上人民法院申请执行的,由最先立案的人民法院管辖。

16. 人民法院之间因执行管辖权发生争议的,由双方协商解决;协商不成的,报请双方共同的上级人民法院指定管辖。

17. 基层人民法院和中级人民法院管辖的执行案件,因特殊情况需要由上级人民法院执行的,可以报请上级人民法院执行。

三、执行的申请和移送

18. 人民法院受理执行案件应当符合下列条件:

(1)申请或移送执行的法律文书已经生效;

(2)申请执行人是生效法律文书确定的权利人或其继承人、权利承受人;

(3)申请执行人在法定期限内提出申请;

(4)申请执行的法律文书有给付内容,且执行标的和被执行人明确;

(5)义务人在生效法律文书确定的期限内未履行义务;

(6)属于受申请执行的人民法院管辖。

人民法院对符合上述条件的申请,应当在七日内予以立案;不符合上述条件之一的,应当在七日内裁定不予受理。

19. 生效法律文书的执行,一般应当由当事人依法提出申请。

发生法律效力的具有给付赡养费、扶养费、抚育费内容的法律文书、民事制裁决定书,以及刑事附带民事判决、裁定、调解书,由审判庭移送执行机构执行。

20. 申请执行,应向人民法院提交下列文件和证件:

(1)申请执行书。申请执行书中应当写明申请执行的理由、事项、执行标的,以及申请执行人所了解的被执行人的财产状况。

申请执行人书写申请执行书确有困难的,可以口头提出申请。人民法院接待人员对口头申请应当制作笔录,由申请执行人签字或盖章。

外国一方当事人申请执行的,应当提交中文申请执行书。当事人所在国与我国缔结或共同参加的司法协助条约有特别规定的,按照条约规定办理。

(2)生效法律文书副本。

(3)申请执行人的身份证明。公民个人申请的,应当出示居民身份证;法人申请的,应当提交法人营业执照副本和法定代表人身份证明;其他组织申请的,应当提交营业执照副本和主要负责人身份证明。

(4)继承人或权利承受人申请执行的,应当提交继承或承受权利的证明文件。

(5)其他应当提交的文件或证件。

21. 申请执行仲裁机构的仲裁裁决,应当向人民法院提交有仲裁条款的合同书或仲裁协议书。

申请执行国外仲裁机构的仲裁裁决的,应当提交经我国驻外使领馆认证或我国公证机关公证的仲裁裁决书中文本。

22. 申请执行人可以委托代理人代为申请执行。委托代理的,应当向人民法院提交经委托人签字或盖章的授权委托书,写明委托事项和代理人的权限。

委托代理人代为放弃、变更民事权利,或代为进行执行和解,或代为收取执行款项的,应当有委托人的特别授权。

23. 申请人民法院强制执行,应当按照人民法院诉讼收费办法的规定缴纳申请执行的费用。

四、执行前的准备和对被执行人财产状况的查明

24. 人民法院决定受理执行案件后,应当在三日内向被执行人发出执行通知

书，责令其在指定的期间内履行生效法律文书确定的义务，并承担民事诉讼法第二百三十二条规定的迟延履行期间的债务利息或迟延履行金。

25. 执行通知书的送达，适用民事诉讼法关于送达的规定。

26. 被执行人未按执行通知书指定的期间履行生效法律文书确定的义务的，应当及时采取执行措施。

在执行通知书指定的期限内，被执行人转移、隐匿、变卖、毁损财产的，应当立即采取执行措施。

人民法院采取执行措施，应当制作裁定书，送达被执行人。

27. 人民法院执行非诉讼生效法律文书，必要时可向制作生效法律文书的机构调取卷宗材料。

28. 申请执行人应当向人民法院提供其所了解的被执行人的财产状况或线索。被执行人必须如实向人民法院报告其财产状况。

人民法院在执行中有权向被执行人、有关机关、社会团体、企业事业单位或公民个人，调查了解被执行人的财产状况，对调查所需的材料可以进行复制、抄录或拍照，但应当依法保密。

29. 为查明被执行人的财产状况和履行义务的能力，可以传唤被执行人或被执行人的法定代表人或负责人到人民法院接受询问。

30. 被执行人拒绝按人民法院的要求提供其有关财产状况的证据材料的，人民法院可以按照民事诉讼法第二百二十七条的规定进行搜查。

31. 人民法院依法搜查时，对被执行人可能存放隐匿的财物及有关证据材料的处所、箱柜等，经责令被执行人开启而拒不配合的，可以强制开启。

五、金钱给付的执行

32. 查询、冻结、划拨被执行人在银行（含其分理处、营业所和储蓄所）、非银行金融机构、其他有储蓄业务的单位（以下简称金融机构）的存款，依照中国人民银行、最高人民法院、最高人民检察院、公安部《关于查询、冻结、扣划企业事业单位、机关、团体银行存款的通知》的规定办理。

33. 金融机构擅自解冻被人民法院冻结的款项，致冻结款项被转移的，人民法院有权责令其限期追回已转移的款项。在限期内未能追回的，应当裁定该金融机构在转移的款项范围内以自己的财产向申请执行人承担责任。

34. 被执行人为金融机构的，对其交存在人民银行的存款准备金和备付金不得冻结和扣划，但对其在本机构、其他金融机构的存款，及其在人民银行的其他存款可以冻结、划拨，并可对被执行人的其他财产采取执行措施，但不得查封其营业场所。

35. 作为被执行人的公民，其收入转为储蓄存款的，应当责令其交出存单。拒不交出的，人民法院应当作出提取其存款的裁定，向金融机构发出协助执行通知书，并附生效法律文书，由金融机构提取被执行人的存款交人民法院或存入人民法院指定的帐户。

36. 被执行人在有关单位的收入尚未支取的，人民法院应当作出裁定，向该单位发出协助执行通知书，由其协助扣留或提取。

37. 有关单位收到人民法院协助执行被执行人收入的通知后，擅自向被执行人或其他人支付的，人民法院有权责令其限期追回；逾期未追回的，应当裁定其在支付的数额内向申请执行人承担责任。

38. 被执行人无金钱给付能力的，人民法院有权裁定对被执行人的其他财产采取查封、扣押措施。裁定书应送达被执行人。

采取前款措施需有关单位协助的，应当向有关单位发出协助执行通知书，连同裁定书副本一并送达有关单位。

39. 查封、扣押财产的价值应当与被执行人履行债务的价值相当。

40. 人民法院对被执行人所有的其他人享有抵押权、质押权或留置权的财产，可以采取查封、扣押措施。财产拍卖、变卖后所得价款，应当在抵押权人、质押权人或留置权人优先受偿后，其余额部分用于清偿申请执行人的债权。

41. 对动产的查封，应当采取加贴封条的方式。不便加贴封条的，应当张贴公告。

对有产权证照的动产或不动产的查封，应当向有关管理机关发出协助执行通知书，要求其不得办理查封财产的转移过户手续，同时可以责令被执行人将有关财产权证照交人民法院保管。必要时也可以采取加贴封条或张贴公告的方法查封。

既未向有关管理机关发出协助执行通知书,也未采取加贴封条或张贴公告的办法查封的,不得对抗其他人民法院的查封。

42. 被查封的财产,可以指令由被执行人负责保管。如继续使用被查封的财产对其价值无重大影响,可以允许被执行人继续使用。因被执行人保管或使用的过错造成的损失,由被执行人承担。

43. 被扣押的财产,人民法院可以自行保管,也可以委托其他单位或个人保管。对扣押的财产,保管人不得使用。

44. 被执行人或其他人擅自处分已被查封、扣押、冻结财产的,人民法院有权责令责任人限期追回财产或承担相应的赔偿责任。

45. 被执行人的财产经查封、扣押后,在人民法院指定的期间内履行义务的,人民法院应当及时解除查封、扣押措施。

46. 人民法院对查封、扣押的被执行人财产进行变价时,应当委托拍卖机构进行拍卖。

财产无法委托拍卖、不适于拍卖或当事人双方同意不需要拍卖的,人民法院可以交由有关单位变卖或自行组织变卖。

47. 人民法院对拍卖、变卖被执行人的财产,应当委托依法成立的资产评估机构进行价格评估。

48. 被执行人申请对人民法院查封的财产自行变卖的,人民法院可以准许,但应当监督其按照合理价格在指定的期限内进行,并控制变卖的价款。

49. 拍卖、变卖被执行人的财产成交后,必须即时钱物两清。

委托拍卖、组织变卖被执行人财产所发生的实际费用,从所得价款中优先扣除。所得价款超出执行标的数额和执行费用的部分,应当退还被执行人。

50. 被执行人不履行生效法律文书确定的义务,人民法院有权裁定禁止被执行人转让其专利权、注册商标专用权、著作权(财产权部分)等知识产权。上述权利有登记主管部门的,应当同时向有关部门发出协助执行通知书,要求其不得办理财产权转移手续,必要时可以责令被执行人将产权或使用权证照交人民法院保存。

对前款财产权,可以采取拍卖、变卖等执行措施。

51. 对被执行人从有关企业中应得的已到期的股息或红利等收益,人民法院有权裁定禁止被执行人提取和有关企业向被执行人支付，并要求有关企业直接向申请执行人支付。

对被执行人预期从有关企业中应得的股息或红利等收益，人民法院可以采取冻结措施，禁止到期后被执行人提取和有关企业向被执行人支付。到期后人民法院可从有关企业中提取，并出具提取收据。

52. 对被执行人在其他股份有限公司中持有的股份凭证（股票），人民法院可以扣押，并强制被执行人按照公司法的有关规定转让，也可以直接采取拍卖、变卖的方式进行处分，或直接将股票抵偿给债权人，用于清偿被执行人的债务。

53. 对被执行人在有限责任公司、其他法人企业中的投资权益或股权，人民法院可以采取冻结措施。

冻结投资权益或股权的，应当通知有关企业不得办理被冻结投资权益或股权的转移手续，不得向被执行人支付股息或红利。被冻结的投资权益或股权，被执行人不得自行转让。

54. 被执行人在其独资开办的法人企业中拥有的投资权益被冻结后，人民法院可以直接裁定予以转让，以转让所得清偿其对申请执行人的债务。

对被执行人在有限责任公司中被冻结的投资权益或股权，人民法院可以依据《中华人民共和国公司法》第三十五条、第三十六条的规定，征得全体股东过半数同意后，予以拍卖、变卖或以其他方式转让。不同意转让的股东，应当购买该转让的投资权益或股权，不购买的，视为同意转让，不影响执行。

人民法院也可允许并监督被执行人自行转让其投资权益或股权，将转让所得收益用于清偿对申请执行人的债务。

55. 对被执行人在中外合资、合作经营企业中的投资权益或股权，在征得合资或合作他方的同意和对外经济贸易主管机关的批准后，可以对冻结的投资权益或股权予以转让。

如果被执行人除在中外合资、合作企业中的股权以外别无其他财产可供执行，其他股东又不同意转让的，可以直接强制转让被执行人的股权，但应当保护合资他方的优先购买权。

56. 有关企业收到人民法院发出的协助冻结通知后，擅自向被执行人支付股息或红利,或擅自为被执行人办理已冻结股权的转移手续,造成已转移的财产无法追回的,应当在所支付的股息或红利或转移的股权价值范围内向申请执行人承担责任。

六、交付财产和完成行为的执行

57. 生效法律文书确定被执行人交付特定标的物的,应当执行原物。原物被隐匿或非法转移的,人民法院有权责令其交出。原物确已变质、损坏或灭失的,应当裁定折价赔偿或按标的物的价值强制执行被执行人的其他财产。

58. 有关单位或公民持有法律文书指定交付的财物或票证,在接到人民法院协助执行通知书或通知书后,协同被执行人转移财物或票证的,人民法院有权责令其限期追回;逾期未追回的,应当裁定其承担赔偿责任。

59. 被执行人的财产经拍卖、变卖或裁定以物抵债后,需从现占有人处交付给买受人或申请执行人的,适用民事诉讼法第二百二十八条、第二百二十九条和本规定 57 条、58 条的规定。

60. 被执行人拒不履行生效法律文书中指定的行为的,人民法院可以强制其履行。

对于可以替代履行的行为,可以委托有关单位或他人完成,因完成上述行为发生的费用由被执行人承担。

对于只能由被执行人完成的行为,经教育,被执行人仍拒不履行的,人民法院应当按照妨害执行行为的有关规定处理。

七、被执行人到期债权的执行

61. 被执行人不能清偿债务,但对本案以外的第三人享有到期债权的,人民法院可以依申请执行人或被执行人的申请,向第三人发出履行到期债务的通知(以下简称履行通知)。履行通知必须直接送达第三人。

履行通知应当包含下列内容:

(1)第三人直接向申请执行人履行其对被执行人所负的债务,不得向被执行人清偿;

(2)第三人应当在收到履行通知后的十五日内向申请执行人履行债务;

(3)第三人对履行到期债权有异议的,应当在收到履行通知后的十五日内向执行法院提出;

(4)第三人违背上述义务的法律后果。

62. 第三人对履行通知的异议一般应当以书面形式提出,口头提出的,执行人员应记入笔录,并由第三人签字或盖章。

63. 第三人在履行通知指定的期间内提出异议的,人民法院不得对第三人强制执行,对提出的异议不进行审查。

64. 第三人提出自己无履行能力或其与申请执行人无直接法律关系,不属于本规定所指的异议。

第三人对债务部分承认、部分有异议的,可以对其承认的部分强制执行。

65. 第三人在履行通知指定的期限内没有提出异议,而又不履行的,执行法院有权裁定对其强制执行。此裁定同时送达第三人和被执行人。

66. 被执行人收到人民法院履行通知后,放弃其对第三人的债权或延缓第三人履行期限的行为无效,人民法院仍可在第三人无异议又不履行的情况下予以强制执行。

67. 第三人收到人民法院要求其履行到期债务的通知后,擅自向被执行人履行,造成已向被执行人履行的财产不能追回的,除在已履行的财产范围内与被执行人承担连带清偿责任外,可以追究其妨害执行的责任。

68. 在对第三人作出强制执行裁定后,第三人确无财产可供执行的,不得就第三人对他人享有的到期债权强制执行。

69. 第三人按照人民法院履行通知向申请执行人履行了债务或已被强制执行后,人民法院应当出具有关证明。

八、对案外人异议的处理

70. 案外人对执行标的主张权利的,可以向执行法院提出异议。

案外人异议一般应当以书面形式提出,并提供相应的证据。以书面形式提出确有困难的,可以允许以口头形式提出。

71. 对案外人提出的异议，执行法院应当依照民事诉讼法第二百零八条的规定进行审查。

审查期间可以对财产采取查封、扣押、冻结等保全措施，但不得进行处分。正在实施的处分措施应当停止。

经审查认为案外人的异议理由不成立的，裁定驳回其异议，继续执行。

72. 案外人提出异议的执行标的物是法律文书指定交付的特定物，经审查认为案外人的异议成立的，报经院长批准，裁定对生效法律文书中该项内容中止执行。

73. 执行标的物不属生效法律文书指定交付的特定物，经审查认为案外人的异议成立的，报经院长批准，停止对该标的物的执行。已经采取的执行措施应当裁定立即解除或撤销，并将该标的物交还案外人。

74. 对案外人提出的异议一时难以确定是否成立，案外人已提供确实有效的担保的，可以解除查封、扣押措施。申请执行人提供确实有效的担保的，可以继续执行。因提供担保而解除查封扣押或继续执行有错误，给对方造成损失的，应裁定以担保的财产予以赔偿。

75. 执行上级人民法院的法律文书遇有本规定 72 条规定的情形的，或执行的财产是上级人民法院裁定保全的财产时遇有本规定 73 条、74 条规定的情形的，需报经上级人民法院批准。

九、被执行主体的变更和追加

76. 被执行人为无法人资格的私营独资企业，无能力履行法律文书确定的义务的，人民法院可以裁定执行该独资企业业主的其他财产。

77. 被执行人为个人合伙组织或合伙型联营企业，无能力履行生效法律文书确定的义务的，人民法院可以裁定追加该合伙组织的合伙人或参加该联营企业的法人为被执行人。

78. 被执行人为企业法人的分支机构不能清偿债务时，可以裁定企业法人为被执行人。企业法人直接经营管理的财产仍不能清偿债务的，人民法院可以裁定执行该企业法人其他分支机构的财产。

若必须执行已被承包或租赁的企业法人分支机构的财产时，对承包人或承租人投入及应得的收益应依法保护。

79. 被执行人按法定程序分立为两个或多个具有法人资格的企业,分立后存续的企业按照分立协议确定的比例承担债务;不符合法定程序分立的,裁定由分立后存续的企业按照其从被执行企业分得的资产占原企业总资产的比例对申请执行人承担责任。

80. 被执行人无财产清偿债务,如果其开办单位对其开办时投入的注册资金不实或抽逃注册资金,可以裁定变更或追加其开办单位为被执行人,在注册资金不实或抽逃注册资金的范围内,对申请执行人承担责任。

81. 被执行人被撤销、注销或歇业后,上级主管部门或开办单位无偿接受被执行人的财产,致使被执行人无遗留财产清偿债务或遗留财产不足清偿的,可以裁定由上级主管部门或开办单位在所接受的财产范围内承担责任。

82. 被执行人的开办单位已经在注册资金范围内或接受财产的范围内向其他债权人承担了全部责任的,人民法院不得裁定开办单位重复承担责任。

83. 依照民事诉讼法第二百一十三条、最高人民法院关于适用民事诉讼法若干问题的意见第 271 条至第 274 条及本规定裁定变更或追加被执行主体的,由执行法院的执行机构办理。

十、执行担保和执行和解

84. 被执行人或其担保人以财产向人民法院提供执行担保的,应当依据《中华人民共和国担保法》的有关规定,按照担保物的种类、性质,将担保物移交执行法院,或依法到有关机关办理登记手续。

85. 人民法院在审理案件期间,保证人为被执行人提供保证,人民法院据此未对被执行人的财产采取保全措施或解除保全措施的,案件审结后如果被执行人无财产可供执行或其财产不足清偿债务时,即使生效法律文书中未确定保证人承担责任,人民法院有权裁定执行保证人在保证责任范围内的财产。

86. 在执行中,双方当事人可以自愿达成和解协议,变更生效法律文书确定的履行义务主体、标的物及其数额、履行期限和履行方式。

和解协议一般应当采取书面形式。执行人员应将和解协议副本附卷。无书面协议的，执行人员应将和解协议的内容记入笔录，并由双方当事人签名或盖章。

87. 当事人之间达成的和解协议合法有效并已履行完毕的，人民法院作执行结案处理。

十一、多个债权人对一个债务人申请执行和参与分配

88. 多份生效法律文书确定金钱给付内容的多个债权人分别对同一被执行人申请执行，各债权人对执行标的物均无担保物权的，按照执行法院采取执行措施的先后顺序受偿。

多个债权人的债权种类不同的，基于所有权和担保物权而享有的债权，优先于金钱债权受偿。有多个担保物权的，按照各担保物权成立的先后顺序清偿。

一份生效法律文书确定金钱给付内容的多个债权人对同一被执行人申请执行，执行的财产不足清偿全部债务的，各债权人对执行标的物均无担保物权的，按照各债权比例受偿。

89. 被执行人为企业法人，其财产不足清偿全部债务的，可告知当事人依法申请被执行人破产。

90. 被执行人为公民或其他组织，其全部或主要财产已被一个人民法院因执行确定金钱给付的生效法律文书而查封、扣押或冻结，无其他财产可供执行或其他财产不足清偿全部债务的，在被执行人的财产被执行完毕前，对该被执行人已经取得金钱债权执行依据的其他债权人可以申请对该被执行人的财产参与分配。

91. 对参与被执行人财产的具体分配，应当由首先查封、扣押或冻结的法院主持进行。

首先查封、扣押、冻结的法院所采取的执行措施如系为执行财产保全裁定，具体分配应当在该院案件审理终结后进行。

92. 债权人申请参与分配的，应当向其原申请执行法院提交参与分配申请书，写明参与分配的理由，并附有执行依据。该执行法院应将参与分配申请书转交给主持分配的法院，并说明执行情况。

93. 对人民法院查封、扣押或冻结的财产有优先权、担保物权的债权人，可以申请参加参与分配程序，主张优先受偿权。

94. 参与分配案件中可供执行的财产,在对享有优先权、担保权的债权人依照法律规定的顺序优先受偿后,按照各个案件债权额的比例进行分配。

95. 被执行人的财产被分配给各债权人后,被执行人对其剩余债务应当继续清偿。债权人发现被执行人有其他财产的,人民法院可以根据债权人的申请继续依法执行。

96. 被执行人为企业法人,未经清理或清算而撤销、注销或歇业,其财产不足清偿全部债务的,应当参照本规定 90 条至 95 条的规定,对各债权人的债权按比例清偿。

十二、对妨害执行行为的强制措施的适用

97. 对必须到人民法院接受询问的被执行人或被执行人的法定代表人或负责人,经两次传票传唤,无正当理由拒不到场的,人民法院可以对其进行拘传。

98. 对被拘传人的调查询问不得超过二十四小时,调查询问后不得限制被拘传人的人身自由。

99. 在本辖区以外采取拘传措施时,应当将被拘传人拘传到当地法院,当地法院应予以协助。

100. 被执行人或其他人有下列拒不履行生效法律文书或者妨害执行行为之一的,人民法院可以依照民事诉讼法第一百零二条的规定处理:

(1)隐藏、转移、变卖、毁损向人民法院提供执行担保的财产的;

(2)案外人与被执行人恶意串通转移被执行人财产的;

(3)故意撕毁人民法院执行公告、封条的;

(4)伪造、隐藏、毁灭有关被执行人履行能力的重要证据,妨碍人民法院查明被执行人财产状况的;

(5)指使、贿买、胁迫他人对被执行人的财产状况和履行义务的能力问题作伪证的;

(6)妨碍人民法院依法搜查的;

(7)以暴力、威胁或其他方法妨碍或抗拒执行的;

(8)哄闹、冲击执行现场的;

(9)对人民法院执行人员或协助执行人员进行侮辱、诽谤、诬陷、围攻、威胁、殴打或者打击报复的；

(10)毁损、抢夺执行案件材料、执行公务车辆、其他执行器械、执行人员服装和执行公务证件的。

101. 在执行过程中遇有被执行人或其他人拒不履行生效法律文书或者妨害执行情节严重,需要追究刑事责任的,应将有关材料移交有关机关处理。

十三、执行的中止、终结、结案和执行回转

102. 有下列情形之一的,人民法院应当依照民事诉讼法第二百三十四条第一款第五项的规定裁定中止执行:

(1)人民法院已受理以被执行人为债务人的破产申请的;

(2)被执行人确无财产可供执行的;

(3)执行的标的物是其他法院或仲裁机构正在审理的案件争议标的物,需要等待该案件审理完毕确定权属的;

(4)一方当事人申请执行仲裁裁决,另一方当事人申请撤销仲裁裁决的;

(5)仲裁裁决的被申请执行人依据民事诉讼法第二百一十七条第二款的规定向人民法院提出不予执行请求,并提供适当担保的。

103. 按照审判监督程序提审或再审的案件,执行机构根据上级法院或本院作出的中止执行裁定书中止执行。

104. 中止执行的情形消失后,执行法院可以根据当事人的申请或依职权恢复执行。

恢复执行应当书面通知当事人。

105. 在执行中,被执行人被人民法院裁定宣告破产的,执行法院应当依照民事诉讼法第二百三十五条第六项的规定,裁定终结执行。

106. 中止执行和终结执行的裁定书应当写明中止或终结执行的理由和法律依据。

107. 人民法院执行生效法律文书,一般应当在立案之日起六个月内执行结案,但中止执行的期间应当扣除。确有特殊情况需要延长的,由本院院长批准。

108. 执行结案的方式为：

(1)生效法律文书确定的内容全部执行完毕；

(2)裁定终结执行；

(3)裁定不予执行；

(4)当事人之间达成执行和解协议并已履行完毕。

109. 在执行中或执行完毕后，据以执行的法律文书被人民法院或其他有关机关撤销或变更的，原执行机构应当依照民事诉讼法第二百一十四条的规定，依当事人申请或依职权，按照新的生效法律文书，作出执行回转的裁定，责令原申请执行人返还已取得的财产及其孳息。拒不返还的，强制执行。

执行回转应重新立案，适用执行程序的有关规定。

110. 执行回转时，已执行的标的物系特定物的，应当退还原物。不能退还原物的，可以折价抵偿。

十四、委托执行、协助执行和执行争议的协调

111. 凡需要委托执行的案件，委托法院应在立案后一个月内办妥委托执行手续。超过此期限委托的，应当经对方法院同意。

112. 委托法院明知被执行人有下列情形的，应当及时依法裁定中止执行或终结执行，不得委托当地法院执行：

(1)无确切住所，长期下落不明，又无财产可供执行的；

(2)有关法院已经受理以被执行人为债务人的破产案件或者已经宣告其破产的。

113. 委托执行一般应在同级人民法院之间进行。经对方法院同意，也可委托上一级的法院执行。

被执行人是军队企业的，可以委托其所在地的军事法院执行。

执行标的物是船舶的，可以委托有关海事法院执行。

114. 委托法院应当向受委托法院出具书面委托函，并附送据以执行的生效法律文书副本原件、立案审批表复印件及有关情况说明，包括财产保全情况、被执行人的财产状况、生效法律文书履行的情况，并注明委托法院地址、联系电话、联系人等。

115. 委托执行案件的实际支出费用，由受托法院向被执行人收取，确有必要的，可以向申请执行人预收。委托法院已经向申请执行人预收费用的，应当将预收的费用转交受托法院。

116. 案件委托执行后，未经受托法院同意，委托法院不得自行执行。

117. 受托法院接到委托后，应当及时将指定的承办人、联系电话、地址等告知委托法院；如发现委托执行的手续、资料不全，应及时要求委托法院补办。但不得据此拒绝接受委托。

118. 受托法院对受托执行的案件应当严格按照民事诉讼法和最高人民法院有关规定执行，有权依法采取强制执行措施和对妨害执行行为的强制措施。

119. 被执行人在受托法院当地有工商登记或户籍登记，但人员下落不明，如有可供执行的财产，可以直接执行其财产。

120. 对执行担保和执行和解的情况以及案外人对非属法律文书指定交付的执行标的物提出的异议，受托法院可以按照有关法律规定处理，并及时通知委托法院。

121. 受托法院在执行中，认为需要变更被执行人的，应当将有关情况函告委托法院，由委托法院依法决定是否作出变更被执行人的裁定。

122. 受托法院认为受托执行的案件应当中止、终结执行的，应提供有关证据材料，函告委托法院作出裁定。受托法院提供的证据材料确实、充分的，委托法院应当及时作出中止或终结执行的裁定。

123. 受托法院认为委托执行的法律文书有错误，如执行可能造成执行回转困难或无法执行回转的，应当首先采取查封、扣押、冻结等保全措施，必要时要将保全款项划到法院帐户，然后函请委托法院审查。受托法院按照委托法院的审查结果继续执行或停止执行。

124. 人民法院在异地执行时，当地人民法院应当积极配合，协同排除障碍，保证执行人员的人身安全和执行装备、执行标的物不受侵害。

125. 两个或两个以上人民法院在执行相关案件中发生争议的，应当协商解决。协商不成的，逐级报请上级法院，直至报请共同的上级法院协调处理。

执行争议经高级人民法院协商不成的，由有关的高级人民法院书面报请最高人民法院协调处理。

126. 执行中发现两地法院或人民法院与仲裁机构就同一法律关系作出不同裁判内容的法律文书的,各有关法院应当立即停止执行,报请共同的上级法院处理。

127. 上级法院协调处理有关执行争议案件,认为必要时,可以决定将有关款项划到本院指定的帐户。

128. 上级法院协调下级法院之间的执行争议所作出的处理决定,有关法院必须执行。

十五、执行监督

129. 上级人民法院依法监督下级人民法院的执行工作。最高人民法院依法监督地方各级人民法院和专门法院的执行工作。

130. 上级法院发现下级法院在执行中作出的裁定、决定、通知或具体执行行为不当或有错误的,应当及时指令下级法院纠正,并可以通知有关法院暂缓执行。

下级法院收到上级法院的指令后必须立即纠正。如果认为上级法院的指令有错误,可以在收到该指令后五日内请求上级法院复议。

上级法院认为请求复议的理由不成立,而下级法院仍不纠正的,上级法院可直接作出裁定或决定予以纠正,送达有关法院及当事人,并可直接向有关单位发出协助执行通知书。

131. 上级法院发现下级法院执行的非诉讼生效法律文书有不予执行事由,应当依法作出不予执行裁定而不制作的,可以责令下级法院在指定时限内作出裁定,必要时可直接裁定不予执行。

132. 上级法院发现下级法院的执行案件(包括受委托执行的案件)在规定的期限内未能执行结案的,应当作出裁定、决定、通知而不制作的,或应当依法实施具体执行行为而不实施的,应当督促下级法院限期执行,及时作出有关裁定等法律文书,或采取相应措施。

对下级法院长期未能执结的案件,确有必要的,上级法院可以决定由本院执行或与下级法院共同执行,也可以指定本辖区其他法院执行。

133. 上级法院在监督、指导、协调下级法院执行案件中,发现据以执行的生效法律文书确有错误的,应当书面通知下级法院暂缓执行,并按照审判监督程序处理。

134. 上级法院在申诉案件复查期间,决定对生效法律文书暂缓执行的,有关审判庭应当将暂缓执行的通知抄送执行机构。

135. 上级法院通知暂缓执行的,应同时指定暂缓执行的期限。暂缓执行的期限一般不得超过三个月。有特殊情况需要延长的,应报经院长批准,并及时通知下级法院。

暂缓执行的原因消除后,应当及时通知执行法院恢复执行。期满后上级法院未通知继续暂缓执行的,执行法院可以恢复执行。

136. 下级法院不按照上级法院的裁定、决定或通知执行,造成严重后果的,按照有关规定追究有关主管人员和直接责任人员的责任。

十六、附则

137. 本规定自公布之日起试行。

本院以前作出的司法解释与本规定有抵触的,以本规定为准。本规定未尽事宜,按照以前的规定办理。

最高人民法院关于对被执行人存在银行的凭证式国库券可否采取执行措施问题的批复

(1998 年 2 月 5 日最高人民法院审判委员会第 958 次会议通过　自 1998 年 2 月 12 日公布起施行　法释〔1998〕2 号)

北京市高级人民法院:

你院《关于对被执行人在银行的凭证式记名国库券可否采取冻结、扣划强制措施的请示》(京高法〔1997〕194 号)收悉。经研究,答复如下:

被执行人存在银行的凭证式国库券是由被执行人交银行管理的到期偿还本息

的有价证券,在性质上与银行的定期储蓄存款相似,属于被执行人的财产。依照《中华人民共和国民事诉讼法》第二百二十一条规定的精神,人民法院有权冻结、划拨被执行人存在银行的凭证式国库券。有关银行应当按照人民法院的协助执行通知书将本息划归执行申请人。

最高人民法院关于人民法院能否对信用证开证保证金采取冻结和扣划措施问题的规定

(1996年6月20日最高人民法院审判委员会第822次会议通过 自1997年9月13日起施行 法释〔1997〕4号)

信用证开证保证金属于有进出口经营权的企业向银行申请对国外(境外)方开立信用证而备付的具有担保支付性质的资金。为了严肃执法和保护当事人的合法权益,现就有关冻结、扣划信用证开证保证金的问题规定如下:

一、人民法院在审理或执行案件时,依法可以对信用证开证保证金采取冻结措施,但不得扣划。如果当事人认为人民法院冻结和扣划的某项资金属于信用证开证保证金的,应当提供有关证据予以证明。人民法院审查后,可按以下原则处理:对于确系信用证开证保证金的,不得采取扣划措施;如果开证银行履行了对外支付义务,根据该银行的申请,人民法院应当立即解除对信用证开证保证金相应部分的冻结措施;如果申请开证人提供的开证保证金是外汇,当事人又举证证明信用证的受益人提供的单据与信用证条款相符时,人民法院应当立即解除冻结措施。

二、如果银行因信用证无效、过期,或者因单证不符而拒付信用证款项并且免除了对外支付义务,以及在正常付出了信用证款项并从信用证开证保证金中扣除相应款额后尚有剩余,即在信用证开证保证金帐户存款已丧失保证金功能的情况下,人民法院可以依法采取扣划措施。

三、人民法院对于为逃避债务而提供虚假证据证明属信用证开证保证金的单位和个人,应当依照民事诉讼法的有关规定严肃处理。

最高人民法院关于证券监督管理机构申请人民法院冻结资金帐户、证券帐户的若干规定

(2005 年 5 月 1 日　法释〔2005〕2 号)

根据《中华人民共和国行政诉讼法》、《中华人民共和国证券法》、《中华人民共和国证券投资基金法》及《期货交易管理暂行条例》等法律法规的有关规定,现就证券监督管理机构依法申请人民法院冻结资金帐户、证券帐户的有关问题规定如下:

第一条　中国证券监督管理委员会及其下属各省、自治区、直辖市、计划单列市证券监督管理局作为申请人,在履行证券、期货监督管理职责中,对有证据证明被申请人有转移或者隐匿违法资金、证券或者其他财产迹象,依法向人民法院申请冻结资金帐户、证券帐户的,人民法院应当依法受理。

第二条　申请人依法申请人民法院冻结资金帐户、证券帐户,应当提交申请书,并提供申请冻结的事实依据和法律、法规依据,被申请冻结的资金帐户、证券帐户的情况以及人民法院认为应当提供的其他材料。

第三条　申请人提供的事实依据主要包括下列材料:

(一)银行转帐单复印件;

(二)财务凭证复印件;

(三)举报材料复印件;

(四)交易记录复印件;

(五)证券监督管理机构认定意见书;

(六)其他书证。

第四条　申请人民法院冻结资金帐户、证券帐户的,由申请人或者被申请人所在地的中级人民法院管辖。

因特殊原因需要指定管辖的，由高级人民法院决定。

第五条　人民法院收到申请人的冻结申请后，对情况紧急的，应当在 48 小时内作出冻结或者不予受理的裁定。

裁定冻结的，应当立即执行。

第六条　人民法院应当组成合议庭对冻结资金帐户、证券帐户的申请进行书面审查。有下列情形之一的，人民法院应当裁定不予受理：

（一）超越法定职权；

（二）明显缺乏事实依据；

（三）明显违反法定程序；

（四）适用法律、法规错误；

（五）其他不宜冻结的情形。

第七条　申请人对人民法院不予受理或者被申请人对人民法院冻结的裁定有异议的，可以自收到裁定书之日起七日内向上一级人民法院申请复议。上一级人民法院应当自收到复议申请后的十五日内作出决定。

复议期间不停止裁定的执行。

第八条　人民法院冻结资金帐户、证券帐户的期限为三个月。期满未申请继续冻结的，冻结自动解除。

冻结期满后需要继续冻结的，申请人应当在期满之日的十日前向人民法院提出继续冻结的申请。人民法院应当在期满前作出是否继续冻结的裁定。

第九条　申请冻结资金帐户、证券帐户违法或者不当，给被申请人合法权益造成损失的，由申请人依法承担行政赔偿责任。

第十条　本规定自公布之日起实施。

(二)司法性文件

最高人民法院关于是否承认和执行大韩商事仲裁院仲裁裁决的请示的复函

(2006年3月3日 〔2005〕民四他字第46号)

黑龙江省高级人民法院:

你院[2005]黑高商外他字第1号《关于(株)TS海码路申请承认并执行大韩商事仲裁院仲裁裁决一案的请示报告》收悉。经研究,答复如下:

大韩商事仲裁院就(株)TS海码路与大庆派派思食品有限公司之间的开发协议和连锁协议纠纷,于2004年10月22日做出了第04113－0004号仲裁裁决。大庆派派思食品有限公司在(株)TS海码路向哈尔滨市中级人民法院申请承认和执行该仲裁裁决后,以仲裁庭未按照《中华人民共和国和大韩民国关于民事和商事司法协助的条约》第4条和第8条的规定向其送达开庭通知书和仲裁裁决书为由主张拒绝承认和执行该仲裁裁决。由于双方当事人在开发协议和连锁协议中明确约定"仲裁适用《大韩商事仲裁院仲裁规则》",而本案仲裁庭按照该仲裁规则的规定通过邮寄方式向大庆派派思食品有限公司送达了开庭通知书和仲裁裁决书,也有证据证明大庆派派思食品有限公司收到了上述开庭通知书和仲裁裁决书。虽然仲裁庭在送达开庭通知书和仲裁裁决书时未附中文译本,但通过邮寄方式送达以及未附中文译本的做法并不违反韩国仲裁法和《大韩商事仲裁院仲裁规则》的规定。《中华人民共和国和大韩民国关于民事和商事司法协助的条约》中有关"司法协助的联系途径"和"文字"的规定,仅适用于两国司法机关进行司法协助的情形,不适用于仲裁机构或者仲裁庭在仲裁程序中的送达。大庆派派思食品有限公司没有举证证明本案仲裁裁决存在我国参加的《1958 年承认执行外国仲裁裁决公约》第 5 条第 1 款规定的情形，本案仲裁裁决依法应予承认和执行。

附：

黑龙江省高级人民法院关于（株）TS 海码路申请承认并执行大韩商事仲裁院仲裁裁决一案的请示

（2005 年 10 月 14 日　〔2005〕黑高商外他字第 1 号）

最高人民法院：

（株）TS 海码路申请承认并执行大韩商事仲裁院仲裁裁决一案，哈尔滨市中级法院经审查，拟裁定不予承认大韩民国商事仲裁院第 04113？0004 号仲裁裁决在中国境内的效力，并报请我院审查。我院在审查中形成两种意见：多数人意见认为，应承认和执行该裁决；少数人意见认为，此案存在拒绝承认和执行的情形，应驳回（株）TS 海码路的申请。审判委员会经研究决定将上述两种意见报请钧院请示。现将案件情况报告如下：

一、申请人和被申请人的基本情况

申请人（株）TS 海码路。住所地，大韩民国汉城特别市松坡区新川洞 7—23。

法定代表人崔相允，代表理事。

被申请人大庆派派思食品有限公司。住所地，黑龙江省大庆市让湖路区西宾路 7 号（大庆商厦一层）。

法定代表人王江龙，总经理。

二、案件由来和审理经过

申请人（株）TS 海码路（以下简称海码路）于 2005 年 4 月向哈尔滨市中级法院

申请承认并执行大韩商事仲裁院第04113—0004号仲裁裁决，哈尔滨市中级法院经审查认为此案存在可能导致该仲裁裁决不予承认和执行的情形，遂依照《最高人民法院关于人民法院处理与涉外仲裁及外国仲裁事项有关问题的通知》报请我院审查。我院于2005年6月21日受理后，依法组成合议庭进行审查。我院审判委员会对本案也进行了审议。本案现已审查完毕。

三、申请人请求事项及被申请人抗辩理由

申请人海码路称，因大庆派派思食品有限公司（以下简称派派思）未按约定履行支付相关费用的义务，海码路向大韩商事仲裁院提请仲裁，大韩商事仲裁院于2004年10月22日作出第04113？0004号仲裁裁决，该裁决已在大韩民国发生法律效力，且未被提请撤销。大韩民国已于1973年5月9日加入《承认及执行外国仲裁裁决公约》（以下简称《纽约公约》）。综上，向法院申请承认大韩商事仲裁院第04113？0004号仲裁裁决，并裁定由派派思承担与本案相关的案件受理费、执行费及律师代理费。

被申请人派派思称：(1)该仲裁裁决违反仲裁程序，对派派思不能发生法律效力。根据《中华人民共和国和大韩民国关于民事和商事司法协助的条约》第四条，司法协助应当通过各自指定的中央机关直接进行联系，在中华人民共和国为司法部，在大韩民国为法院行政处。而大韩商事仲裁院在仲裁该案时，未按照条约规定方式向派派思送达仲裁开庭通知书和仲裁裁决书等，而是直接邮寄给了派派思，并且又违反该条约第8条关于使用文字的规定，未附有中文译本。因被申请人不懂韩文，并不知道是仲裁院的通知，未予以重视，也就未能按时参加开庭，丧失了陈述理由的机会。(2)因大韩商事仲裁院违反了送达程序和使用文字的规定，未能以适当方式通知派派思，故根据《纽约公约》第5条之规定，对该裁决应拒绝承认和执行。

四、查明的简要事实

查明：2001年8月16日，海码路与派派思签订“Po？Peyes”开发协议和连锁协议，由海码路赋予派派思连锁经营的权利，派派思应向海码路支付特许权使用费及开设店铺费用。协议还约定：协议依大韩民国法律解释；与协议相关的问题发生纠

纷时可提交仲裁，仲裁员在韩国大韩商社仲裁委员会（The Korean Commercial Arbitration Board，又译为大韩商事仲裁院）挑选，议长由大韩商社仲裁委员会选出。此外，协议中派派思预留的通知地址是："大庆派派思食品有限公司，中华人民共和国，黑龙江省大庆市让胡路区北方建材城 11—3 号，总经理王江龙"。协议履行过程中，海码路以派派思未按约定支付相关费用为由向大韩商事仲裁院提请仲裁，大韩商事仲裁院于 2004 年 10 月 22 日作出第 04113—0004 号仲裁裁决，认定"向派派思送达仲裁申请书后，两次没有出席且未作任何答辩"，裁决：（1）派派思支付海码路人民币 375342.14 元和美金 30000 元，同时支付对该金额自 2004 年 4 月 16 日起至 2004 年 10 月 22 日止年利率为 6% 的利息和 2004 年 10 月 23 日起至清偿债务时止年利率 20% 的迟延利息；（2）确认派派思在与海码路缔结的 2001 年 8 月 16 日的开发合同及连锁合同上不享有权利；（3）仲裁费用由派派思负担。上述仲裁裁决已在大韩民国发生法律效力，且未被提请撤销。

另查明：大韩商事仲裁院分别于 2004 年 7 月 19 日、2004 年 10 月 27 日通过敦豪快递（DHL）向派派思送达仲裁通知及裁决书，其快递运送单系以英文书写，发件人大韩商事仲裁院，收件人派派思，联系人王江龙，电话 459—582—5666，地址是中国黑龙江大庆市萨尔图区友谊大街 12 号。但该地址不是派派思的营业地址。王江龙在异议申请书中承认收到了快递邮件，但因邮件中材料无中文译本，又不懂韩文，不知道是仲裁院的通知，未参加开庭。

此外，中国与大韩民国均已加入《纽约公约》。中国与大韩民国于 2003 年 7 月 7 日签订了《中华人民共和国和大韩民国关于民事和商事司法协助的条约》，该条约已于 2004 年 2 月 29 日经中国全国人民代表大会常务委员会通过。《大韩民国仲裁法》认可投递方式送达，并以投递的当日视为被投递人已接收，仲裁当事人撤销裁决的申请应当在收到生效的裁决书之日起 3 个月内提出。

五、哈尔滨市中级人民法院审查意见及理由

哈尔滨市中级法院认为，海码路与派派思之间的纠纷属于因契约性的商事法律关系引起的争议，根据我国法律规定可以用仲裁方式解决。被申请人派派思在该院辖区，依照《最高人民法院关于执行我国加入的〈承认和执行外国仲裁裁决公

约〉的通知》及查明的事实,申请人海码路请求承认并执行大韩商事仲裁院仲裁裁决,符合立案受理条件。因被申请人派派思认为存在可能拒绝承认与执行的情形,且该院依职权审查后,确认存在"未协议选定仲裁机构"以及"未按约定地址通知仲裁"的事实,属于拒绝承认与执行的情形。故依照《中华人民共和国民事诉讼法》第二百六十八条之规定,拟裁定不予承认大韩商事仲裁院第04113—0004号仲裁裁决在中国境内的效力。

六、我院审查意见和理由

我院经审查认为:

1. 中国及大韩民国均已加入《纽约公约》,因此,对于申请承认及执行大韩民国仲裁裁决的事项,应当适用该公约。根据《纽约公约》及最高人民法院的有关规定,申请人海码路请求事项符合人民法院立案受理条件,哈尔滨中级法院对此案有管辖权。

2. 哈尔滨中级法院所称"未协议选定仲裁机构"不能成为拒绝承认并执行本案仲裁裁决的理由。(1)根据《纽约公约》第5条第1项及《最高人民法院关于执行我国加入的〈承认和执行外国仲裁裁决公约〉的通知》第四条规定的精神,此问题应属当事人请求才予以审查的情形,而本案被申请人派派思提出的不应承认裁决的理由中,并未提及此问题,法院不应依职权审查。(2)本案涉及的开发协议及连锁协议中约定双方产生纠纷时"可提交仲裁,仲裁员在韩国大韩商社仲裁委员会挑选,议长由大韩商社仲裁委员会选出",由此可见,协议中的仲裁条款以及对仲裁机构的选择是明确的,不存在"未协议选定仲裁机构"的情形。

3. 哈尔滨中级法院所称"未按约定地址通知仲裁"也不能成为拒绝承认并执行本案仲裁裁决的理由。(1)本案中被申请人派派思并没有以大韩商事仲裁院"未按约定地址通知仲裁"为由,请求对仲裁裁决不予承认,法院对此不应依职权审查。(2)此案涉及的仲裁事项适用大韩民国仲裁法,而大韩民国仲裁法认可投递送达的效力。由此,虽然大韩商事仲裁院通过敦豪快递(DHL)向派派思送达仲裁通知及裁决的地址与开发协议及连锁协议中预留的地址不同,但该快递并未被退回,而且,派派思法定代表人王江龙也承认收到过快递文件,只是因不懂韩文未予重视。

因此,可以认定大韩商事仲裁院已向派派思通知仲裁。

4. 关于此案是否存在拒绝承认并执行仲裁裁决情形的问题。

关于派派思提出的大韩商事仲裁院未按中韩条约规定的方式送达,该裁决不能对其发生法律效力的答辩理由,我院认为,中韩签订的《中华人民共和国和大韩民国关于民事和商事司法协助的条约》是针对两国之间有关司法领域内需要协助事项所做的规定,不应对仲裁事项产生效力。因此,派派思此项抗辩理由没有法律依据,拟不予采纳。

派派思还提出大韩商事仲裁院未按《纽约公约》对其以适当方式通知,对该裁决应拒绝承认和执行。对此,我院审判委员会经讨论形成以下两种意见:

多数人意见认为,海码路与派派思双方协议已约定依大韩民国法律解释,并选择将争议的事项交由大韩商事仲裁院裁决,因此,仲裁程序应符合仲裁地大韩民国的法律规定。根据《韩国仲裁法》第23条规定,"(1)当事人可以自由约定仲裁程序中使用的一种或几种语言。没有上述约定,仲裁庭应当决定该语言,否则应使用韩语。(2)除非另有特别约定,上述第一款所述的约定或决定应适用于当事人提交的任何书面文件、庭审中、仲裁庭的裁决书、决定或其他通讯中。(3)仲裁庭如认为必要,可以命令当事人提交的任何书面证据附具第一款所述语言的翻译文本。"因本案双方的协议中没有约定仲裁所使用的语言,大韩商事仲裁院使用韩文通知派派思参加仲裁,并不违反《韩国仲裁法》的规定,该通知是适当的。派派思未参与仲裁,是其作为与韩国企业进行交往的商事主体未尽注意义务,对所送达的材料没有重视造成的。因此,本案不存在《纽约公约》第5条所列情形,对大韩商事仲裁院第04113?0004号仲裁裁决应予承认和执行。

少数人意见认为,虽然本案争议的送达方式符合当事人双方选择的仲裁地大韩民国的法律规定,但如果该国法律与其缔结或参加的国际条约有不同规定的,应适用国际条约。大韩民国已加入《纽约公约》。根据《纽约公约》第5条,仲裁机关对于指派仲裁员或仲裁程序,应以适当方式通知当事人。《纽约公约》中虽然没有详细指明"适当通知"的具体内容,但根据对"适当"及"通知"的文字含义、作用和目的的一般理解,"适当通知"至少应当是该"通知"及其内容能够为被通知人所知道或应当知道:接到的是通知、发出通知者的身份以及通知的内容,从而使被通知人能够判断、选择是否行使权利，进行申辩以及如何行使。本案中作为被通知人的派派思是在中华人民共和国境内的中国法人，大韩商事仲裁院在向中国境内中国公民、法人送达有关通知、裁决等文书时，应当尊重中国的语言习惯，附送中文译本。派派思作为中国法人，在接到以英文书写的快递运送单以及没有中文文本的文件时，不可能一定知道也没有理由应当知道该快递系从何处发出、为何发出、系何内容，同时也没有义务必须知道上述文件内容。因此，大韩商事仲裁院在作出本案仲裁裁决过程中对派派思的通知是不适当的，此案存在拒绝承认并执行仲裁裁决的情形。派派思此项抗辩理由成立，根据《纽约公约》第5条第1项（乙）之规定，应当驳回申请人海码路的申请，拒绝承认和执行大韩商事仲裁院第04113？0004号仲裁裁决。

鉴于以上两种意见分歧较大，特报请钧院审示。

最高人民法院民事审判第四庭关于广州海事法院拍卖“新双运机13”等船舶后价款分配问题的请示的答复

（2005年11月24日 〔2005〕民四他字第42号）

广东省高级人民法院：

你院[2005]粤高法民四他字第18号“关于广州海事法院拍卖‘新双运机13’等船舶后价款分配问题的请示”报告收悉。经研究，答复如下：

依照我院《关于海事法院受理案件范围的若干问题的规定》，江门市新会区人民法院审理的三件船舶抵押贷款纠纷案件，属于海事法院专门管辖的海事纠纷案件。新会区人民法院违反规定受理海事案件显属不当，应予纠正。鉴于该院已经审结三案，并进入执行程序，对该三案可不进入审判监督程序，但你院应当向该院明确指出其在受理案件程序上的错误。

根据我院《关于适用〈中华人民共和国海事诉讼特别程序法〉若干问题的解

释》的规定，地方人民法院为执行生效法律文书对属于被执行人财产的船舶进行扣押、拍卖的，应当委托船籍港所在地或者船舶所在地的海事法院执行，包括对船舶扣押、拍卖以及债权分配，以保护与船舶相关的特殊债权人的利益，新会区人民法院应将三执行案件移送广州海事法院执行。

广州海事法院应当依照《中华人民共和国海事诉讼特别程序法》以及《中华人民共和国海商法》的有关规定，对船舶价款予以清偿。中国银行新会支行作为债权人，可以依据新会区人民法院发生法律效力的判决书确认的债权申请债权登记，参加对船舶价款的清偿。鉴于中国银行新会支行的债权属于船舶抵押权，且已经向新会区人民法院申请强制执行，新会区人民法院也已经委托广州海事法院扣押、拍卖船舶，在中国银行新会支行没有申请债权登记的情况下，可将该行依据新会区人民法院三份判决确认的债权，在船舶价款中依照法定的顺序予以清偿。

最高人民法院关于印发《关于证券监督管理机构申请人民法院冻结资金帐户、证券帐户的若干规定》的通知

（2005 年 4 月 29 日　法〔2005〕55 号）

各省、自治区、直辖市高级人民法院，新疆维吾尔自治区高级人民法院生产建设兵团分院：

根据《证券法》等有关法律法规的规定以及实际工作的需要，我院制定了《关于证券监督管理机构申请人民法院冻结资金帐户、证券帐户的若干规定》，现印发给你们，望遵照执行。同时，就有关问题明确如下：

一、关于人民法院内部分工。人民法院收到证券监督管理机构冻结资金帐户、证券帐户的申请，由立案庭登记后及时移交行政审判庭审查，由行政审判庭作出是否受理的裁定。人民法院裁定冻结资金帐户、证券帐户的，由行政审判庭执行。

二、关于费用的收取。人民法院受理申请冻结资金帐户、证券帐户案件，每件

收取一万元以下受理费。冻结期满后需要继续冻结的,不再收取受理费。采用冻结措施的实际费用由申请人承担。

各地在执行中对遇到的问题应当认真进行研究,并及时向我院反馈。

最高人民法院关于在民事审判和执行工作中依法保护金融债权防止国有资产流失问题的通知

(2005年3月16日　法〔2005〕32号)

各省、自治区、直辖市高级人民法院,解放军军事法院,新疆维吾尔自治区高级人民法院生产建设兵团分院:

依法保护金融债权,防止国有资产流失,关系到国家经济安全,已经成为当前我国经济结构调整和金融体制改革过程中的重要问题。随着金融不良债权处置工作进入攻坚阶段和处置难度的加大、处置方式的多元化,人民群众和社会各界对人民法院在审理和执行涉及不良金融债权案件中如何依法保护金融债权,防止国有资产流失提出了更高的要求。为正确审理上述相关纠纷案件,保障金融不良债权处置工作的顺利进行,防止国有资产流失,现通知如下:

一、充分发挥民事审判和执行工作在依法调整社会各种经济关系,维护社会主义市场经济秩序方面的职能作用。在审理和执行涉及金融不良债权案件中要严格执行民事诉讼法、合同法、担保法及本院颁布的《关于审理企业破产案件若干问题的规定》、《关于审理与企业改制相关的民事纠纷案件若干问题的规定》等一系列司法解释,准确理解和把握立法和司法解释的本意,统一司法尺度。

二、各级人民法院和广大法官要增强司法能力,提高司法水平,维护国家法制的统一,摒弃和坚决抵制地方保护主义。审理涉及金融不良债权案件,要坚持办案的法律效果与社会效果的统一,妥善处理国家利益和地方利益的关系,依法保护金融债权和企业职工的合法权益。

三、加强涉及金融不良债权案件的调研工作。随着我国金融体制改革的逐步深入,人民法院在审理和执行涉及金融不良债权案件中会不断遇到新情况和新问题。这些问题政策性强、社会影响大,而有关法律法规又相对滞后。人民法院要在总结经验的基础上加强调查研究,不断提高办案质量和效率。上级人民法院要加强对下级人民法院的监督指导,并开展有针对性的执法检查,发现问题及时纠正。

四、在审理和执行上述案件时,需要对金融不良债权和相关财产进行评估、审计的,要严格依照法律规定委托有相应资质并信誉良好的中介机构进行,要对评估、审计程序和结果进行严格审查。对被执行人的财产进行变价时,要尽可能采取由拍卖机构公开拍卖的方式,最大限度回收金融债权。

五、人民法院在民事审判和执行工作中,如发现金融机构工作人员在处置金融不良债权过程中与受让人、中介机构等恶意串通,故意违规处置金融不良债权,有经济犯罪嫌疑线索的,要及时将犯罪嫌疑线索移送检察机关查处。

六、要加强与金融监管部门、国有资产管理部门的沟通和协调,对辖区内有重大影响和易引起社会关注的案件,处理前应征求上述有关部门的意见,共同做好工作。

七、在执行涉及金融不良债权案件时,要做好处理突发事件的预案,防范少数不法人员煽动、组织不明真相的职工和群众冲击法院和执行现场,围攻法院工作人员和集体到党政机关上访。发生重大突发性事件,要及时向地方党委、人大和上级人民法院报告。

特此通知。

最高人民法院实施《关于以法院专递方式邮寄送达民事诉讼文书的若干规定》的通知

（2004 年 11 月 8 日　法〔2004〕241 号）

各省、自治区、直辖市高级人民法院,解放军军事法院,新疆维吾尔自治区高级人民

法院生产建设兵团分院：

为保障和便于当事人依法行使诉讼权利，保证民事诉讼活动的正常进行，最高人民法院审判委员会第1324次会议讨论通过了《关于以法院专递方式邮寄送达民事诉讼文书的若干规定》（以下简称《规定》），该《规定》将于2005年1月1日起正式实施。为了使各级法院更好地贯彻执行这一司法解释，经与国家邮政局协商，现将执行《规定》中应当注意的几个问题通知如下：

一、各高级人民法院应当根据《规定》的内容与省级邮政管理机关共同制定执行细则。在本《规定》实施前已经开展"法院专递"业务的，应当检查和修改相关制度中的内容，保证《规定》在全国范围内得到统一的贯彻实施。

二、各高级人民法院可以根据本辖区内经济发展的水平与各省邮政管理机关协商决定"法院专递"的资费标准。在确定收费标准时，应当充分考虑同城与异地、城市与乡村等综合因素，切实考虑农村和城市中特困群体的实际困难，合理确定"法院专递"的资费标准。

三、各高级人民法院可以根据本辖区内法院的办公经费状况确定"法院专递"费用的负担方式。办公经费确实无力负担的，可以依照《人民法院诉讼收费办法》第十九条第三款的规定由当事人负担，但根据《〈人民法院诉讼收费办法〉补充规定》第四条第二款具备司法救助条件的当事人可以例外。

四、各级人民法院应当建立统一的"法院专递业务管理办公室"，负责本院"法院专递"的收发业务。

五、邮政机构的工作人员在送达民事诉讼文书过程中遇到受送达人拒绝接收，并请求当地基层人民法院或者人民法庭予以协助的，当地基层人民法院或者人民法庭应当给予协助。

六、各高级人民法院应当采取灵活多样的方式，抓紧培训立案和民事审判业务部门的法官，力求准确。全面地掌握《规定》的内容，为2005年1月1日《规定》的正式实施做好准备。

七、在学习和贯彻《规定》过程中发现的问题，请及时报告最高人民法院，以便进一步修改、完善。

以上通知，请遵照执行。

附：

《当事人送达地址确认书》文书样式

人民法院当事人送达地址确认书案由案号(　　)字第号人民法院对当事人填写送达地址确认书的告知事项根据最高人民法院《关于以法院专递方式邮寄送达民事诉讼文书的若干规定》第一条、第三条、第四条、第五条和第十一条的规定，告知如下：

一当事人拒绝提供自己的送达地址的，自然人依其户籍登记中的住所地或者经常居住地为送达地址；法人或者其他组织以其工商登记或者其他依法登记、备案中的住所地为送达地址。

二因受送达人自己提供或者确认的送达地址不准确、拒不提供送达地址、送达地址变更未及时告知人民法院、受送达人本人或者受送达人指定的代收人拒绝签收，导致诉讼文书未能被受送达人实际接收的，文书退回之日视为送达之日。当事人提供的自己的送达地址当事人(原告、被告或第三人)：

送达地址：

邮政编码：

收件人：

电话(移动电话)：

其他联系方式：当事人对自己送达地址的确认我已经阅读了人民法院对当事人填写送达地址确认书的告知事项，并保证上述送达地址是准确、有效的。

当事人签名、盖章或捺印：

年月日备考法院工作人员签名注：1. 本样式供所有民事案件使用。

2. 当事人填写本表前，应当仔细阅读表中第一栏内人民法院对当事人填写送达地址确认书的书面告知；当事人阅读有困难的，法院工作人员应当向其口头告知。

3. 本表中当事人的送达地址应当由当事人自己或当事人的代理人填写；当事

人因文化水平限制不能书写,又没有代理人的,可以口述后由法院工作人员代为填写,并经两名以上法院工作人员宣读无误后由当事人签名或捺印确认。

4. 当事人的电话号码应当包括办公电话、住宅电话和移动电话。

5. 当事人拒绝提供自己送达地址的,或者当事人要求对《当事人送达地址确认书》中的内容保密的,应当在备考栏内注明。

最高人民法院国土资源部建设部关于依法规范人民法院执行和国土资源房地产管理部门协助执行若干问题的通知

(2004 年 2 月 10 日　法发〔2004〕5 号)

各省、自治区、直辖市高级人民法院,解放军军事法院,新疆维吾尔自治区高级人民法院生产建设兵团分院;各省、自治区、直辖市国土资源厅(国土环境资源厅、国土资源和房屋管理局、房屋土地资源管理局、规划和国土资源局),新疆生产建设兵团国土资源局;各省、自治区建设厅,新疆生产建设兵团建设局,各直辖市房地产管理局:

为保证人民法院生效判决、裁定及其他生效法律文书依法及时执行,保护当事人的合法权益,根据《中华人民共和国民事诉讼法》、《中华人民共和国土地管理法》、《中华人民共和国城市房地产管理法》等有关法律规定,现就规范人民法院执行和国土资源、房地产管理部门协助执行的有关问题通知如下:

一、人民法院在办理案件时,需要国土资源、房地产管理部门协助执行的,国土资源、房地产管理部门应当按照人民法院的生效法律文书和协助执行通知书办理协助执行事项。

国土资源、房地产管理部门依法协助人民法院执行时,除复制有关材料所必需的工本费外,不得向人民法院收取其他费用。登记过户的费用按照国家有关规定收取。

二、人民法院对土地使用权、房屋实施查封或者进行实体处理前，应当向国土资源、房地产管理部门查询该土地、房屋的权属。

人民法院执行人员到国土资源、房地产管理部门查询土地、房屋权属情况时，应当出示本人工作证和执行公务证，并出具协助查询通知书。

人民法院执行人员到国土资源、房地产管理部门办理土地使用权或者房屋查封、预查封登记手续时，应当出示本人工作证和执行公务证，并出具查封、预查封裁定书和协助执行通知书。

三、对人民法院查封或者预查封的土地使用权、房屋，国土资源、房地产管理部门应当及时办理查封或者预查封登记。

国土资源、房地产管理部门在协助人民法院执行土地使用权、房屋时，不对生效法律文书和协助执行通知书进行实体审查。国土资源、房地产管理部门认为人民法院查封、预查封或者处理的土地、房屋权属错误的，可以向人民法院提出审查建议，但不应当停止办理协助执行事项。

四、人民法院在国土资源、房地产管理部门查询并复制或者抄录的书面材料，由土地、房屋权属的登记机构或者其所属的档案室（馆）加盖印章。无法查询或者查询无结果的，国土资源、房地产管理部门应当书面告知人民法院。

五、人民法院查封时，土地、房屋权属的确认以国土资源、房地产管理部门的登记或者出具的权属证明为准。权属证明与权属登记不一致的，以权属登记为准。

在执行人民法院确认土地、房屋权属的生效法律文书时，应当按照人民法院生效法律文书所确认的权利人办理土地、房屋权属变更、转移登记手续。

六、土地使用权和房屋所有权归属同一权利人的，人民法院应当同时查封；土地使用权和房屋所有权归属不一致的，查封被执行人名下的土地使用权或者房屋。

七、登记在案外人名下的土地使用权、房屋，登记名义人（案外人）书面认可该土地、房屋实际属于被执行人时，执行法院可以采取查封措施。

如果登记名义人否认该土地、房屋属于被执行人，而执行法院、申请执行人认为登记为虚假时，须经当事人另行提起诉讼或者通过其他程序，撤销该登记并登记在被执行人名下之后，才可以采取查封措施。

八、对被执行人因继承、判决或者强制执行取得，但尚未办理过户登记的土地使用权、房屋的查封，执行法院应当向国土资源、房地产管理部门提交被执行人取得财产所依据的继承证明、生效判决书或者执行裁定书及协助执行通知书，由国土资源、房地产管理部门办理过户登记手续后，办理查封登记。

九、对国土资源、房地产管理部门已经受理被执行人转让土地使用权、房屋的过户登记申请，尚未核准登记的，人民法院可以进行查封，已核准登记的，不得进行查封。

十、人民法院对可以分割处分的房屋应当在执行标的额的范围内分割查封，不可分割的房屋可以整体查封。

分割查封的，应当在协助执行通知书中明确查封房屋的具体部位。

十一、人民法院对土地使用权、房屋的查封期限不得超过二年。期限届满可以续封一次，续封时应当重新制作查封裁定书和协助执行通知书，续封的期限不得超过一年。确有特殊情况需要再续封的，应当经过所属高级人民法院批准，且每次再续封的期限不得超过一年。

查封期限届满，人民法院未办理继续查封手续的，查封的效力消灭。

十二、人民法院在案件执行完毕后，对未处理的土地使用权、房屋需要解除查封的，应当及时作出裁定解除查封，并将解除查封裁定书和协助执行通知书送达国土资源、房地产管理部门。

十三、被执行人全部缴纳土地使用权出让金但尚未办理土地使用权登记的，人民法院可以对该土地使用权进行预查封。

十四、被执行人部分缴纳土地使用权出让金但尚未办理土地使用权登记的，对可以分割的土地使用权，按已缴付的土地使用权出让金，由国土资源管理部门确认被执行人的土地使用权，人民法院可以对确认后的土地使用权裁定预查封。对不可以分割的土地使用权，可以全部进行预查封。

被执行人在规定的期限内仍未全部缴纳土地出让金的，在人民政府收回土地使用权的同时，应当将被执行人缴纳的按照有关规定应当退还的土地出让金交由人民法院处理，预查封自动解除。

十五、下列房屋虽未进行房屋所有权登记，人民法院也可以进行预查封：

（一）作为被执行人的房地产开发企业，已办理了商品房预售许可证且尚未出售的房屋；

（二）被执行人购买的已由房地产开发企业办理了房屋权属初始登记的房屋；

（三）被执行人购买的办理了商品房预售合同登记备案手续或者商品房预告登记的房屋。

十六、国土资源、房地产管理部门应当依据人民法院的协助执行通知书和所附的裁定书办理预查封登记。土地、房屋权属在预查封期间登记在被执行人名下的，预查封登记自动转为查封登记，预查封转为正式查封后，查封期限从预查封之日起开始计算。

十七、预查封的期限为二年。期限届满可以续封一次，续封时应当重新制作预查封裁定书和协助执行通知书，预查封的续封期限为一年。确有特殊情况需要再续封的，应当经过所属高级人民法院批准，且每次再续封的期限不得超过一年。

十八、预查封的效力等同于正式查封。预查封期限届满之日，人民法院未办理预查封续封手续的，预查封的效力消灭。

十九、两个以上人民法院对同一宗土地使用权、房屋进行查封的，国土资源、房地产管理部门为首先送达协助执行通知书的人民法院办理查封登记手续后，对后来办理查封登记的人民法院作轮候查封登记，并书面告知该土地使用权、房屋已被其他人民法院查封的事实及查封的有关情况。

二十、轮候查封登记的顺序按照人民法院送达协助执行通知书的时间先后进行排列。查封法院依法解除查封的，排列在先的轮候查封自动转为查封；查封法院对查封的土地使用权、房屋全部处理的，排列在后的轮候查封自动失效；查封法院对查封的土地使用权、房屋部分处理的，对剩余部分，排列在后的轮候查封自动转为查封。

预查封的轮候登记参照第十九条和本条第一款的规定办理。

二十一、已被人民法院查封、预查封并在国土资源、房地产管理部门办理了查封、预查封登记手续的土地使用权、房屋，被执行人隐瞒真实情况，到国土资源、房地产管理部门办理抵押、转让等手续的，人民法院应当依法确认其行为无效，并可视情节轻重，依法追究有关人员的法律责任。国土资源、房地产管理部门应当按照人民法院的生效法律文书撤销不合法的抵押、转让等登记，并注销所颁发的证照。

二十二、国土资源、房地产管理部门对被人民法院依法查封、预查封的土地使用权、房屋，在查封、预查封期间不得办理抵押、转让等权属变更、转移登记手续。

国土资源、房地产管理部门明知土地使用权、房屋已被人民法院查封、预查封，仍然办理抵押、转让等权属变更、转移登记手续的，对有关的国土资源、房地产管理部门和直接责任人可以依照民事诉讼法第一百零二条的规定处理。

二十三、在变价处理土地使用权、房屋时，土地使用权、房屋所有权同时转移；土地使用权与房屋所有权归属不一致的，受让人继受原权利人的合法权利。

二十四、人民法院执行集体土地使用权时，经与国土资源管理部门取得一致意见后，可以裁定予以处理，但应当告知权利受让人到国土资源管理部门办理土地征用和国有土地使用权出让手续，缴纳土地使用权出让金及有关税费。

对处理农村房屋涉及集体土地的，人民法院应当与国土资源管理部门协商一致后再行处理。

二十五、人民法院执行土地使用权时，不得改变原土地用途和出让年限。

二十六、经申请执行人和被执行人协商同意，可以不经拍卖、变卖，直接裁定将被执行人以出让方式取得的国有土地使用权及其地上房屋经评估作价后交由申请执行人抵偿债务，但应当依法向国土资源和房地产管理部门办理土地、房屋权属变更、转移登记手续。

二十七、人民法院制作的土地使用权、房屋所有权转移裁定送达权利受让人时即发生法律效力，人民法院应当明确告知权利受让人及时到国土资源、房地产管理部门申请土地、房屋权属变更、转移登记。

国土资源、房地产管理部门依据生效法律文书进行权属登记时，当事人的土地、房屋权利应当追溯到相关法律文书生效之时。

二十八、人民法院进行财产保全和先予执行时适用本通知。

二十九、本通知下发前已经进行的查封，自本通知实施之日起计算期限。

三十、本通知自 2004 年 3 月 1 日起实施。

最高人民法院关于谨防发生暴力抗拒执行事件的紧急通知

（2001年5月22日）

各省、自治区、直辖市高级人民法院：

最近一个时期，一些地方因暴力抗拒执行而致执行干警被打伤的事件时有发生，特别是在乡镇、农村地区更为突出。最高人民法院对在暴力抗拒执行中被打伤、打残的执行干警表示慰问。在暴力抗拒情况下的强制执行所产生的负面影响极大，应当引起各级人民法院的特别关注。

发生暴力抗拒执行事件的原因是多方面的，其中既有基层政权组织疏于管理或怂恿对抗执行行为及被执行人执行意识差、群众法治观念淡薄等外部原因，也有执行干警工作不讲策略、违反程序、方法简单、粗心大意、言行失准、激化矛盾等内部原因。但是，相关法院关于暴力抗拒执行的报告大多只找外部原因，极少从内部找原因。事实上，只要执行法院、执行干警在个案执行中，能够坚持从实际出发，冷静地面对现实，严格地依法执行，全方位地做好工作，许多暴力抗拒执行事件是可以避免的。为此，特通知如下：

一、增强社情意识。执行工作直接面对社会，面对群众，必须深入了解当时当地的社情民情。执行人员在个案执行过程中，对被执行人特别是居住在乡镇、农村、林场、农场、矿区等地的被执行人，要注重了解其当地基层政权、基层组织的领导管理情况，公安派出所的协助执行能力，民族风情及民众的法律意识，被执行人的文化修养、道德品质、性格特征、精神状态及其家族势力等，并有针对性地确定执行方案。

凡经调查分析认为有激化矛盾可能的，都应当事先通知基层政权组织和公安派出所协助执行；如果执行人员认为可以独自到被执行人居住地或被执行人财产所在地执行而不需要通知基层政权组织和公安机关协助执行并可以防止激化矛盾的，须将工作方案报经分管院长或执行局长批准。

二、提高程序公正意识。执行工作必须坚持程序正义原则，严格按照法定程序进行，在任何情况下都不可图“便捷”而舍弃法定程序。执行人员在执行程序中必须一丝不苟地按照法定程序操作，切实有效地防止矛盾激化，保持良好的执行秩序。

对于居住在偏远山区或易于引发群体对抗的被执行人，应当邮寄送达执行通知书，改变当面送达即予执行的做法；如果经查被执行人暂无可供执行的财产，可促成其与申请执行人达成和解协议，不可不经工作即以拘留、拘传等方式“追债”；被执行人对据以执行的生效法律文书或执行行为有异议，并提供证据证明的，应当当场停止执行，并在事后认真审查，依法处理；被执行人提出执行异议虽没有当场提供证据证明，但以异议理由当场对抗执行的，也应当为防激化矛盾而停止执行，事后依法妥处；凡被执行人或案外人当众有暴力抗拒执行的言行，或以自焚、自缢、自溺等自杀手段相要挟的，如无公安机关协助配合，不宜当场采取拘留等措施，并应立即停止执行，以缓解矛盾，但应于事后对暴力抗拒执行者予以司法拘留或追究其刑事责任，按法定程序处理。

三、注重执行形象。执行人员就地执行，直接面对社会的各种矛盾，置身于人民群众的监督中，要通过规范的言行举止，充分体现国家的人民民主专政的形象，充分体现人民法院最讲理、最公正、最可信赖的形象，充分体现法院干警为人民的公仆形象，从而，赢得执行当事人、现场群众和基层政权机关的信赖和支持。

为此，执行人员应当首先明确执行工作追求的司法价值是执行程序公正，端正执行工作的终极目的；应当充分尊重执行当事人双方的法定权利，特别是对被执行人的执行异议，必须认真审查，及时答复，不得不予理睬或有反感情绪或不予审查即予以驳回；坚持对执行异议采取听证、质证、辩证等方式予以审查，努力保持执行透明度，增强执行公信度；改变超职权主义的执行观念和执行方法，充分尊重执行当事人双方的意思自治表示；应当持证着装，规范执行用语，并善于教育说服工作，善于对暴力抗拒行为人晓之以德，治之以法；在矛盾激化时，应当保持理智，不发怒、不失言、不过度，冷静、沉着、果断地化妥矛盾，妥处突发事件，保持法官的风度。

四、加强社会协作。执行工作的社会性较强，要求执行人员必须作好社会工作，善于将司法工作和社会工作紧密地结合起来，将依法独立执行与依靠地方党委领导紧密结合起来，将执行专门工作与坚持群众路线紧密结合起来，力求执行个案形成社会合力，并扩大法治宣传效果。

执行人员在个案执行中，对有可能激化矛盾、发生暴力抗拒执行行为的，应当及时向当地党委报告或通报情况，争取其支持和协助；对暴力抗拒执行情节严重的行为人，要及时依靠党委并会同公安机关和检察机关追究其刑事责任，并同时报告上级法院；对地方官员支持、怂恿、袒护暴力抗拒执行的行为人，要逐级上报，坚决追究其党政纪律和法律责任；对于暴力抗拒执行的典型事例，要依靠媒体及时公正批评，扩大法治宣传的社会效果，充分发挥舆论引导和监督作用。

五、强化自我保护意识。执行工作是人民法院司法工作的“第一线”，是维护司法公正的最后一道“防线”。各地法院执行机构是现代“商战”必争的“制高点”；执行干警既处于社会矛盾冲突的旋涡中，又置身于反腐败斗争的“风口浪尖”上，因而，必须强化自我保护意识，为此，执行干警要懂得“公生明、廉生威”的道理，坚持廉洁奉公，一身正气，以优良的素质和气质感召群众，团结群众，化解矛盾；要懂得“知己知彼”的重要性，力戒麻痹大意，盲目自信，坚持制作切实可行的执行方案，并对一切可以预见到的暴力抗拒执行的因素作出防范预案，把握工作的主动权；要以社会稳定为己任，注重执行的社会效果与司法效果的统一，尤其在就地执行出现群体围观、参与时，要以社会效果为重，力避激化矛盾；要善于总结经验教训，凡发生暴力抗拒执行事件，都要及时剖析执行瑕疵，找准内部原因，予以通报批评，并“对症下药”，改进工作。

以上通知收到后，请立即转发下级法院，并监督执行。

特此通知。

最高人民法院司法部关于公证机关赋予强制执行效力的债权文书执行有关问题的联合通知

（2000年9月1日）

为了贯彻《中华人民共和国民事诉讼法》、《中华人民共和国公证暂行条例》的有关

规定,规范赋予强制执行效力债权文书的公证和执行行为,现就有关问题通知如下:

一、公证机关赋予强制执行效力的债权文书应当具备以下条件:

(一)债权文书具有给付货币、物品、有价证券的内容;

(二)债权债务关系明确,债权人和债务人对债权文书有关给付内容无疑义;

(三)债权文书中载明债务人不履行义务或不完全履行义务时,债务人愿意接受依法强制执行的承诺。

二、公证机关赋予强制执行效力的债权文书的范围:

(一)借款合同、借用合同、无财产担保的租赁合同;

(二)赊欠货物的债权文书;

(三)各种借据、欠单;

(四)还款(物)协议;

(五)以给付赡养费、扶养费、抚育费、学费、赔(补)偿金为内容的协议;

(六)符合赋予强制执行效力条件的其他债权文书。

三、公证机关在办理符合赋予强制执行的条件和范围的合同、协议、借据、欠单等债权文书公证时,应当依法赋予该债权文书具有强制执行效力。

未经公证的符合本通知第二条规定的合同、协议、借据、欠单等债权文书,在履行过程中,债权人申请公证机关赋予强制执行效力的,公证机关必须征求债务人的意见;如债务人同意公证并愿意接受强制执行的,公证机关可以依法赋予该债权文书强制执行效力。

四、债务人不履行或不完全履行公证机关赋予强制执行效力的债权文书的,债权人可以向原公证机关申请执行证书。

五、公证机关签发执行证书应当注意审查以下内容:

(一)不履行或不完全履行的事实确实发生;

(二)债权人履行合同义务的事实和证据,债务人依照债权文书已经部分履行的事实;

(三)债务人对债权文书规定的履行义务有无疑义。

六、公证机关签发执行证书应当注明被执行人、执行标的和申请执行的期限。

债务人已经履行的部分，在执行证书中予以扣除。因债务人不履行或不完全履行而发生的违约金、利息、滞纳金等，可以列入执行标的。

七、债权人凭原公证书及执行证书可以向有管辖权的人民法院申请执行。

八、人民法院接到申请执行书，应当依法按规定程序办理。必要时，可以向公证机关调阅公证卷宗，公证机关应当提供。案件执行完毕后，由人民法院在十五日内将公证卷宗附结案通知退回公证机关。

九、最高人民法院、司法部《关于执行〈民事诉讼法（试行）〉中涉及公证条款的几个问题的通知》和《关于已公证的债权文书依法强制执行问题的答复》自本联合通知发布之日起废止。

最高人民法院中国人民银行关于依法规范人民法院执行和金融机构协助执行的通知

（2000年9月4日　法发〔2000〕21号）

各省、自治区、直辖市高级人民法院，解放军军事法院，新疆维吾尔自治区高级人民法院生产建设兵团分院，中国人民银行各分行，中国工商银行，中国农业银行，中国银行，中国建设银行及其他金融机构：

为依法保障当事人的合法权益，维护经济秩序，根据《中华人民共和国民事诉讼法》，现就规范人民法院执行和银行（含其分理处、营业所和储蓄所）以及其他办理存款业务的金融机构（以下统称金融机构）协助执行的有关问题通知如下：

一、人民法院查询被执行人在金融机构的存款时，执行人员应当出示本人工作证和执行公务证，并出具法院协助查询存款通知书。金融机构应当立即协助办理查询事宜，不需办理签字手续，对于查询的情况，由经办人签字确认。对协助执行手续完备拒不协助查询的，按照民事诉讼法第一百零二条规定处理。

人民法院对查询到的被执行人在金融机构的存款，需要冻结的，执行人员应当出示本人工作证和执行公务证,并出具法院冻结裁定书和协助冻结存款通知书。金融机构应当立即协助执行。对协助执行手续完备拒不协助冻结的,按照民事诉讼法第一百零二条规定处理。

人民法院扣划被执行人在金融机构存款的,执行人员应当出示本人工作证和执行公务证,并出具法院扣划裁定书和协助扣划存款通知书,还应当附生效法律文书副本。金融机构应当立即协助执行。对协助执行手续完备拒不协助扣划的,按照民事诉讼法第一百零二条规定处理。

人民法院查询、冻结、扣划被执行人在金融机构的存款时,可以根据工作情况要求存款人开户的营业场所的上级机构责令该营业场所做好协助执行工作,但不得要求该上级机构协助执行。

二、人民法院要求金融机构协助冻结、扣划被执行人的存款时,冻结、扣划裁定和协助执行通知书适用留置送达的规定。

三、对人民法院依法冻结、扣划被执行人在金融机构的存款,金融机构应当立即予以办理,在接到协助执行通知书后,不得再扣划应当协助执行的款项用以收贷收息;不得为被执行人隐匿、转移存款。违反此项规定的,按照民事诉讼法第一百零二条的有关规定处理。

四、金融机构在接到人民法院的协助执行通知书后,向当事人通风报信,致使当事人转移存款的,法院有权责令该金融机构限期追回,逾期未追回的,按照民事诉讼法第一百零二条的规定予以罚款、拘留;构成犯罪的,依法追究刑事责任,并建议有关部门给予行政处分。

五、对人民法院依法向金融机构查询或查阅的有关资料,包括被执行人开户、存款情况以及会计凭证、账簿、有关对账单等资料(含电脑储存资料),金融机构应当及时如实提供并加盖印章;人民法院根据需要可抄录、复制、照相,但应当依法保守秘密。

六、金融机构作为被执行人,执行法院到有关人民银行查询其在人民银行开户、存款情况的,有关人民银行应当协助查询。

七、人民法院在查询被执行人存款情况时,只提供单位账户名称而未提供账号的,开户银行应当根据银发〔1997〕94 号《关于贯彻落实中共中央政法委〈关于司法机关冻结、扣划银行存款问题的意见〉的通知》第二条的规定，积极协助查询并书面告知。

八、金融机构的分支机构作为被执行人的，执行法院应当向其发出限期履行通知书，期限为十五日；逾期未自动履行的，依法予以强制执行；对被执行人未能提供可供执行财产的，应当依法裁定逐级变更其上级机构为被执行人，直至其总行、总公司。每次变更前，均应当给予被变更主体十五日的自动履行期限；逾期未自动履行的，依法予以强制执行。

九、人民法院依法可以对银行承兑汇票保证金采取冻结措施，但不得扣划。如果金融机构已对汇票承兑或者已对外付款，根据金融机构的申请，人民法院应当解除对银行承兑汇票保证金相应部分的冻结措施。银行承兑汇票保证金已丧失保证金功能时，人民法院可以依法采取扣划措施。

十、有关人民法院在执行由两个人民法院或者人民法院与仲裁、公证等有关机构就同一法律关系作出的两份或者多份生效法律文书的过程中，需要金融机构协助执行的，金融机构应当协助最先送达协助执行通知书的法院，予以查询、冻结，但不得扣划。有关人民法院应当就该两份或多份生效法律文书上报共同上级法院协调解决，金融机构应当按照共同上级法院的最终协调意见办理。

十一、财产保全和先予执行依照上述规定办理。

此前的规定与本通知有抵触的，以本通知为准。

最高人民法院关于在审理和执行民事、经济纠纷案件时不得查封、冻结和扣划社会保险基金的通知

（2000 年 2 月 18 日　法〔2000〕19 号）

各省、自治区、直辖市高级人民法院，新疆维吾尔自治区高级人民法院生产建设兵团分院：

近一个时期,少数法院在审理和执行社会保险机构原下属企业(现已全部脱钩)与其它企业、单位的经济纠纷案件时,查封社会保险机构开设的社会保险基金帐户,影响了社会保险基金的正常发放,不利于社会的稳定。为杜绝此类情况发生,特通知如下:

社会保险基金是由社会保险机构代参保人员管理,并最终由参保人员享用的公共基金,不属于社会保险机构所有。社会保险机构对该项基金设立专户管理,专款专用,专项用于保障企业退休职工、失业人员的基本生活需要,属专项资金,不得挪作他用。因此,各地人民法院在审理和执行民事、经济纠纷案件时,不得查封、冻结或扣划社会保险基金;不得用社会保险基金偿还社会保险机构及其原下属企业的债务。

各地人民法院如发现有违反上述规定的,应当及时依法予以纠正。

最高人民法院关于严禁冻结或划拨国有企业下岗职工基本生活保障资金的通知

(1999 年 11 月 24 日　法〔1999〕228 号)

各省、自治区、直辖市高级人民法院,新疆维吾尔自治区高级人民法院生产建设兵团分院:

据悉,最近一些地方人民法院在审理或执行经济纠纷案件中,冻结并划拨国有企业下岗职工基本生活保障资金,导致下岗职工基本生活无法保障,影响了社会稳定。为杜绝此类事件发生,特通知如下:

国有企业下岗职工基本生活保障资金是采取企业、社会、财政各承担三分之一的办法筹集的,由企业再就业服务中心设立专户管理,专项用于保障下岗职工基本生活,具有专项资金的性质,不得挪作他用,不能与企业的其他财产等同对待。各地人民法院在审理和执行经济纠纷案件时,不得将该项存于企业再就业服务中心的专项资金作为企业财产处置,不得冻结或划拨该项资金用以抵偿企业债务。

各地人民法院应对已审结和执行完毕的经济纠纷案件做一下清理，凡发现违反上述规定的，应当及时依法予以纠正。

最高人民法院关于不得对中国人民银行及其分支机构的办公楼、运钞车、营业场所等进行查封的通知

（1999 年 3 月 4 日　法〔1999〕28 号）

各省、自治区、直辖市高级人民法院，解放军军事法院，新疆维吾尔自治区高级人民法院生产建设兵团分院：

近年来，一些地方发生中国人民银行分支机构因行使金融监管权而被列为被告的案件，有的受案法院查封了人民银行的办公楼（内有金库）、运钞车、营业场所，影响了人民银行金融监管工作的正常进行。为防止和杜绝类似事件的发生，特就有关问题通知如下：

中国人民银行是依法行使国家金融行政管理职权的国家机关，根据《中国人民银行法》和《非法金融机构和非法金融活动取缔办法》的规定，对金融业实施监督管理，行使撤销、关闭金融机构，取缔非法金融机构等行政职权。因此，被撤销、关闭的金融机构或被取缔的非法金融机构自身所负的民事责任不应当由行使监督管理职权的中国人民银行承担，更不应以此为由查封中国人民银行及其分支机构的办公楼、运钞车和营业场所。各级人民法院在审理、执行当事人一方为被撤销、关闭的金融机构或被取缔的非法金融机构的经济纠纷案件中，如发现上述问题，应当及时依法予以纠正。

对确应由中国人民银行及其分支机构承担民事责任的案件，人民法院亦不宜采取查封其办公楼、运钞车、营业场所的措施。中国人民银行及其分支机构应当自觉履行已生效的法律文书，逾期不履行的，人民法院在查明事实的基础上，可以依

法执行其其他财产。

最高人民法院最高人民检察院公安部关于对冻结、扣划企业事业单位、机关团体在银行、非银行金融机构存款的执法活动加强监督的通知

（1996年8月13日　法〔1996〕83号）

各省、自治区、直辖市高级人民法院、人民检察院、公安厅(局)；军事法院、军事检察院：

为了加强执法监督，必要时及时纠正地方人民法院、人民检察院、公安机关关于冻结、扣划有关单位在银行、非银行金融机构存款的错误决定，特通知如下：

一、最高人民法院、最高人民检察院、公安部发现地方各级人民法院、人民检察院、公安机关冻结、解冻、扣划有关单位在银行、非银行金融机构存款有错误时，上级人民法院、人民检察院、公安机关发现下级人民法院、人民检察院、公安机关冻结、解冻、扣划有关单位在银行、非银行金融机构存款有错误时，可以依照法定程序作出决定或者裁定，送达本系统地方各级或下级有关法院、检察院、公安机关限期纠正。有关法院、检察院、公安机关应当立即执行。

二、有关法院、检察院、公安机关认为上级机关的决定或者裁定有错误的，可在收到该决定或者裁定之日起5日以内向作出决定或裁定的人民法院、人民检察院、公安机关请求复议。最高人民法院、最高人民检察院、公安部或上级人民法院、人民检察院、公安机关经审查，认为请求复议的理由不能成立，依法有权直接向有关银行发出法律文书，纠正各自的下级机关所作的错误决定，并通知原作出决定的机关；有关银行、非银行金融机构接到此项法律文书后，应当立即办理，不得延误，不必征得原作出决定机关的同意。

最高人民法院关于税务机关是否有义务协助人民法院直接划拨退税款问题的批复

（1996年7月21日　法复〔1996〕11号）

湖北省高级人民法院：

你院〔1995〕鄂执函字第5号请示收悉。经研究，答复如下：

根据国家税务总局《出口货物退（免）税管理办法》的有关规定，企业出口退税款，在国家税务机关审查批准后，须经特定程序通过银行（国库）办理退库手续退给出口企业。国家税务机关只是企业出口退税的审核、审批机关，并不持有退税款项，故人民法院不能依据民事诉讼法第二百二十八条的规定，要求税务机关直接划拨被执行人应得退税款项，但可依照民事诉讼法的有关规定，要求税务机关提供被执行人在银行的退税帐户、退税数额及退税时间等情况，并依据税务机关提供的被执行人的退税帐户，依法通知有关银行对需执行的款项予以冻结或划拨。

最高人民法院关于人民法院依法有权查询、冻结和扣划邮政储蓄存款问题的批复

（1996年2月29日　法复〔1996〕1号）

福建省高级人民法院：

你院闽高法〔1995〕118号《关于人民法院查询、冻结邮政存款的请示》收悉。经研究，答复如下：

依照《中华人民共和国民事诉讼法》第六十五条的规定，人民法院有权向包括

邮政企业的有关单位调查取证,有关单位不得拒绝。

《中华人民共和国民事诉讼法》第一百零三条、第二百二十一条和第二百二十二条中的“其他有储蓄业务的单位”,包括办理邮政储蓄业务的邮政企业。人民法院为财产保全、先予执行或者执行已经发生法律效力的法律文书,有权查询、冻结、扣划邮政企业办理的邮政储蓄存款;有关的邮政企业依法应当协助人民法院查询、冻结和扣划。

最高人民法院关于人民法院可以对商业银行在人民银行的存款依法采取强制措施的批复

(1995年8月10日　法复〔1995〕4号)

四川省高级人民法院:

你院川高法〔1995〕78号《关于被执行人系专业银行,能否对其在人民银行的款项采取强制措施的请示》收悉。经研究,答复如下:

专业银行是依法设立的商业银行,是以其全部法人财产承担民事责任的企业法人。依照《中华人民共和国民事诉讼法》第二百二十一条之规定,作为被执行人的专业银行未按执行通知自动履行已生效的法律文书确定的义务,人民法院有权查询、冻结、划拨该专业银行在人民银行的存款;有关人民银行必须按照协助执行通知书(附已生效的法律文书)及时办理;拒不协助执行的,依法追究法律责任。

18　海事诉讼特别程序

（一）司法解释

最高人民法院关于适用《中华人民共和国海事诉讼特别程序法》若干问题的解释

（2002年12月3日最高人民法院审判委员会第1259次会议通过 自2003年2月1日起施行　法释〔2003〕3号）

为了依法正确审理海事案件，根据《中华人民共和国民事诉讼法》和《中华人民共和国海事诉讼特别程序法》的规定以及海事审判的实践，对人民法院适用海事诉讼特别程序法的若干问题作出如下解释。

一、关于管辖

第一条　在海上或者通海水域发生的与船舶或者运输、生产、作业相关的海事侵权纠纷、海商合同纠纷，以及法律或者相关司法解释规定的其他海事纠纷案件由海事法院及其上级人民法院专门管辖。

第二条　涉外海事侵权纠纷案件和海上运输合同纠纷案件的管辖，适用民事诉讼法第二十五章的规定；民事诉讼法第二十五章没有规定的，适用海事诉讼特别程序法第六条第二款（一）、（二）项的规定和民事诉讼法的其他有关规定。

第三条　海事诉讼特别程序法第六条规定的海船指适合航行于海上或者通海水域的船舶。

第四条 海事诉讼特别程序法第六条第二款(一)项规定的船籍港指被告船舶的船籍港。被告船舶的船籍港不在中华人民共和国领域内,原告船舶的船籍港在中华人民共和国领域内的,由原告船舶的船籍港所在地的海事法院管辖。

第五条 海事诉讼特别程序法第六条第二款(二)项规定的起运港、转运港和到达港指合同约定的或者实际履行的起运港、转运港和到达港。合同约定的起运港、转运港和到达港与实际履行的起运港、转运港和到达港不一致的,以实际履行的地点确定案件管辖。

第六条 海事诉讼特别程序法第六条第二款(四)项的保赔标的物所在地指保赔船舶的所在地。

第七条 海事诉讼特别程序法第六条第二款(七)项规定的船舶所在地指起诉时船舶的停泊地或者船舶被扣押地。

第八条 因船员劳务合同纠纷直接向海事法院提起的诉讼,海事法院应当受理。

第九条 因海难救助费用提起的诉讼,除依照民事诉讼法第三十二条的规定确定管辖外,还可以由被救助的船舶以外的其他获救财产所在地的海事法院管辖。

第十条 与船舶担保或者船舶优先权有关的借款合同纠纷,由被告住所地、合同履行地、船舶的船籍港、船舶所在地的海事法院管辖。

第十一条 海事诉讼特别程序法第七条(三)项规定的有管辖权的海域指中华人民共和国的毗连区、专属经济区、大陆架以及有管辖权的其他海域。

第十二条 海事诉讼特别程序法第七条(三)项规定的合同履行地指合同的实际履行地;合同未实际履行的,为合同约定的履行地。

第十三条 当事人根据海事诉讼特别程序法第十一条的规定申请执行海事仲裁裁决,申请承认和执行国外海事仲裁裁决的,由被执行的财产所在地或者被执行人住所地的海事法院管辖;被执行的财产为船舶的,无论该船舶是否在海事法院管辖区域范围内,均由海事法院管辖。船舶所在地没有海事法院的,由就近的海事法院管辖。

前款所称财产所在地和被执行人住所地是指海事法院行使管辖权的地域。

第十四条 认定海事仲裁协议效力案件,由被申请人住所地、合同履行地或者约定的仲裁机构所在地的海事法院管辖。

第十五条 除海事法院及其上级人民法院外，地方人民法院对当事人提出的船舶保全申请应不予受理；地方人民法院为执行生效法律文书需要扣押和拍卖船舶的，应当委托船籍港所在地或者船舶所在地的海事法院执行。

第十六条 两个以上海事法院都有管辖权的诉讼，原告可以向其中一个海事法院起诉；原告向两个以上有管辖权的海事法院起诉的，由最先立案的海事法院管辖。

第十七条 海事法院之间因管辖权发生争议，由争议双方协商解决；协商解决不了的，报请最高人民法院指定管辖。

二、关于海事请求保全

第十八条 海事诉讼特别程序法第十二条规定的被请求人的财产包括船舶、船载货物、船用燃油以及船用物料。对其他财产的海事请求保全适用民事诉讼法有关财产保全的规定。

第十九条 海事诉讼特别程序法规定的船载货物指处于承运人掌管之下，尚未装船或者已经装载于船上以及已经卸载的货物。

第二十条 海事诉讼特别程序法第十三条规定的被保全的财产所在地指船舶的所在地或者货物的所在地。当事人在诉讼前对已经卸载但在承运人掌管之下的货物申请海事请求保全，如果货物所在地不在海事法院管辖区域的，可以向卸货港所在地的海事法院提出，也可以向货物所在地的地方人民法院提出。

第二十一条 诉讼或者仲裁前申请海事请求保全适用海事诉讼特别程序法第十四条的规定。

外国法院已受理相关海事案件或者有关纠纷已经提交仲裁，但涉案财产在中华人民共和国领域内，当事人向财产所在地的海事法院提出海事请求保全申请的，海事法院应当受理。

第二十二条 利害关系人对海事法院作出的海事请求保全裁定提出异议，经审查认为理由不成立的，应当书面通知利害关系人。

第二十三条 被请求人或者利害关系人依据海事诉讼特别程序法第二十条的

规定要求海事请求人赔偿损失，向采取海事请求保全措施的海事法院提起诉讼的，海事法院应当受理。

第二十四条 申请扣押船舶错误造成的损失，包括因船舶被扣押在停泊期间产生的各项维持费用与支出、船舶被扣押造成的船期损失和被申请人为使船舶解除扣押而提供担保所支出的费用。

第二十五条 海事请求保全扣押船舶超过三十日、扣押货物或者其他财产超过十五日，海事请求人未提起诉讼或者未按照仲裁协议申请仲裁的，海事法院应当及时解除保全或者返还担保。

海事请求人未在期限内提起诉讼或者申请仲裁，但海事请求人和被请求人协议进行和解或者协议约定了担保期限的，海事法院可以根据海事请求人的申请，裁定认可该协议。

第二十六条 申请人为申请扣押船舶提供限额担保，在扣押船舶期限届满时，未按照海事法院的通知追加担保的，海事法院可以解除扣押。

第二十七条 海事诉讼特别程序法第十八条第二款、第七十四条规定的提供给海事请求人的担保，除被请求人和海事请求人有约定的外，海事请求人应当返还；海事请求人不返还担保的，该担保至海事请求保全期间届满之次日失效。

第二十八条 船舶被扣押期间产生的各项维持费用和支出，应当作为为债权人共同利益支出的费用，从拍卖船舶的价款中优先拨付。

第二十九条 海事法院根据海事诉讼特别程序法第二十七条的规定准许已经实施保全的船舶继续营运的，一般仅限于航行于国内航线上的船舶完成本航次。

第三十条 申请扣押船舶的海事请求人在提起诉讼或者申请仲裁后，不申请拍卖被扣押船舶的，海事法院可以根据被申请人的申请拍卖船舶。拍卖所得价款由海事法院提存。

第三十一条 海事法院裁定拍卖船舶，应当通过报纸或者其他新闻媒体连续公告三日。

第三十二条 利害关系人请求终止拍卖被扣押船舶的，是否准许，海事法院应当作出裁定；海事法院裁定终止拍卖船舶的，为准备拍卖船舶所发生的费用由利害关系人承担。

第三十三条　拍卖船舶申请人或者利害关系人申请终止拍卖船舶的，应当在公告确定的拍卖船舶日期届满七日前提出。

第三十四条　海事请求人和被请求人应当按照海事法院的要求提供海事诉讼特别程序法第三十三条规定的已知的船舶优先权人、抵押权人和船舶所有人的有关确切情况。

第三十五条　海事诉讼特别程序法第三十八条规定的船舶现状指船舶展示时的状况。船舶交接时的状况与船舶展示时的状况经评估确有明显差别的，船舶价款应当作适当的扣减，但属于正常损耗或者消耗的燃油不在此限。

第三十六条　海事请求人申请扣押船载货物的价值应当与其请求的债权数额相当，但船载货物为不可分割的财产除外。

第三十七条　拍卖的船舶移交后，海事法院应当及时通知相关的船舶登记机关。

第三十八条　海事请求人申请扣押船用燃油、物料的，除适用海事诉讼特别程序法第五十条的规定外，还可以适用海事诉讼特别程序法第三章第一节的规定。

第三十九条　二十总吨以下小型船艇的扣押和拍卖，可以依照民事诉讼法规定的扣押和拍卖程序进行。

第四十条　申请人依据《中华人民共和国海商法》第八十八条规定申请拍卖留置的货物的，参照海事诉讼特别程序法关于拍卖船载货物的规定执行。

三、关于海事强制令

第四十一条　诉讼或者仲裁前申请海事强制令的，适用海事诉讼特别程序法第五十三条的规定。

外国法院已受理相关海事案件或者有关纠纷已经提交仲裁的，当事人向中华人民共和国的海事法院提出海事强制令申请，并向法院提供可以执行海事强制令的相关证据的，海事法院应当受理。

第四十二条　海事法院根据海事诉讼特别程序法第五十七条规定，准予申请人海事强制令申请的，应当制作民事裁定书并发布海事强制令。

第四十三条　海事强制令由海事法院执行。被申请人、其他相关单位或者个人不履行海事强制令的,海事法院应当依据民事诉讼法的有关规定强制执行。

第四十四条 利害关系人对海事法院作出海事强制令的民事裁定提出异议,海事法院经审查认为理由不成立的,应当书面通知利害关系人。

第四十五条 海事强制令发布后十五日内,被请求人未提出异议,也未就相关的海事纠纷提起诉讼或者申请仲裁的,海事法院可以应申请人的请求,返还其提供的担保。

第四十六条 被请求人依据海事诉讼特别程序法第六十条的规定要求海事请求人赔偿损失的,由发布海事强制令的海事法院受理。

四、关于海事证据保全

第四十七条 诉讼前申请海事证据保全,适用海事诉讼特别程序法第六十四条的规定。

外国法院已受理相关海事案件或者有关纠纷已经提交仲裁,当事人向中华人民共和国的海事法院提出海事证据保全申请,并提供被保全的证据在中华人民共和国领域内的相关证据的,海事法院应当受理。

第四十八条 海事请求人申请海事证据保全,申请书除应当依照海事诉讼特别程序法第六十五条的规定载明相应内容外,还应当载明证据收集、调取的有关线索。

第四十九条 海事请求人在采取海事证据保全的海事法院提起诉讼后,可以申请复制保全的证据材料;相关海事纠纷在中华人民共和国领域内的其他海事法院或者仲裁机构受理的,受诉法院或者仲裁机构应海事请求人的申请可以申请复制保全的证据材料。

第五十条 利害关系人对海事法院作出的海事证据保全裁定提出异议,海事法院经审查认为理由不成立的,应当书面通知利害关系人。

第五十一条 被请求人依据海事诉讼特别程序法第七十一条的规定要求海事请求人赔偿损失的,由采取海事证据保全的海事法院受理。

五、关于海事担保

第五十二条 海事诉讼特别程序法第七十七条规定的正当理由指:

(1)海事请求人请求担保的数额过高;

(2)被请求人已采取其他有效的担保方式;

(3)海事请求人的请求权消灭。

六、关于送达

第五十三条　有关海事强制令、海事证据保全的法律文书可以向当事船舶的船长送达。

第五十四条　应当向被告送达的开庭传票等法律文书,可以向被扣押的被告船舶的船长送达,但船长作为原告的除外。

第五十五条　海事诉讼特别程序法第八十条第一款(三)项规定的其他适当方式包括传真、电子邮件(包括受送达人的专门网址)等送达方式。

通过以上方式送达的,应确认受送达人确已收悉。

七、关于审判程序

第五十六条　海事诉讼特别程序法第八十四条规定的当事人应当在开庭审理前完成举证的内容,包括当事人按照海事诉讼特别程序法第八十二条的规定填写《海事事故调查表》和提交有关船舶碰撞的事实证据材料。

前款规定的证据材料,当事人应当在一审开庭前向海事法院提供。

第五十七条　《海事事故调查表》属于当事人对发生船舶碰撞基本事实的陈述。经对方当事人认可或者经法院查证属实,可以作为认定事实的依据。

第五十八条　有关船舶碰撞的事实证据材料指涉及船舶碰撞的经过、碰撞原因等方面的证据材料。

有关船舶碰撞的事实证据材料,在各方当事人完成举证后进行交换。当事人在完成举证前向法院申请查阅有关船舶碰撞的事实证据材料的,海事法院应予驳回。

第五十九条　海事诉讼特别程序法第八十五条规定的新的证据指非当事人所持有,在开庭前尚未掌握或者不能获得,因而在开庭前不能举证的证据。

第六十条　因船舶碰撞以外的海事海商案件需要进行船舶检验或者估价的,

适用海事诉讼特别程序法第八十六条的规定。

第六十一条 依据《中华人民共和国海商法》第一百七十条的规定提起的诉讼和因船舶触碰造成损害提起的诉讼，参照海事诉讼特别程序法关于审理船舶碰撞案件的有关规定审理。

第六十二条 未经理算的共同海损纠纷诉至海事法院的，海事法院应责令当事人自行委托共同海损理算。确有必要由海事法院委托理算的，由当事人提出申请，委托理算的费用由主张共同海损的当事人垫付。

第六十三条 当事人对共同海损理算报告提出异议，经海事法院审查异议成立，需要补充理算或者重新理算的，应当由原委托人通知理算人进行理算。原委托人不通知理算的，海事法院可以通知理算人重新理算，有关费用由异议人垫付；异议人拒绝垫付费用的，视为撤销异议。

第六十四条 因与共同海损纠纷有关的非共同海损损失向责任人提起的诉讼，适用海事诉讼特别程序法第九十二条规定的审限。

第六十五条 保险人依据海事诉讼特别程序法第九十五条规定行使代位请求赔偿权利，应当以自己的名义进行；以他人名义提起诉讼的，海事法院应不予受理或者驳回起诉。

第六十六条 保险人依据海事诉讼特别程序法第九十五条的规定请求变更当事人或者请求作为共同原告参加诉讼的，海事法院应当予以审查并作出是否准予的裁定。当事人对裁定不服的，可以提起上诉。

第六十七条 保险人依据海事诉讼特别程序法第九十五条的规定参加诉讼的，被保险人依此前进行的诉讼行为所取得的财产保全或者通过扣押取得的担保权益等，在保险人的代位请求赔偿权利范围内对保险人有效。被保险人因自身过错产生的责任，保险人不予承担。

第六十八条 海事诉讼特别程序法第九十六条规定的支付保险赔偿的凭证指赔偿金收据、银行支付单据或者其他支付凭证。仅有被保险人出具的权利转让书但不能出具实际支付证明的，不能作为保险人取得代位请求赔偿权利的事实依据。

第六十九条 海事法院根据油污损害的保险人或者提供财务保证的其他人的请求，可以通知船舶所有人作为无独立请求权的第三人参加诉讼。

第七十条　海事诉讼特别程序法第一百条规定的失控指提单或者其他提货凭证被盗、遗失。

第七十一条　申请人依据海事诉讼特别程序法第一百条的规定向海事法院申请公示催告的，应当递交申请书。申请书应当载明：提单等提货凭证的种类、编号、货物品名、数量、承运人、托运人、收货人、承运船舶名称、航次以及背书情况和申请的理由、事实等。有副本的应当附有单证的副本。

第七十二条　海事法院决定受理公示催告申请的，应当同时通知承运人、承运人的代理人或者货物保管人停止交付货物，并于三日内发出公告，敦促利害关系人申报权利。公示催告的期间由海事法院根据情况决定，但不得少于三十日。

第七十三条　承运人、承运人的代理人或者货物保管人收到海事法院停止交付货物的通知后，应当停止交付，至公示催告程序终结。

第七十四条　公示催告期间，转让提单的行为无效；有关货物的存储保管费用及风险由申请人承担。

第七十五条　公示催告期间，国家重点建设项目待安装、施工、生产的货物，救灾物资，或者货物本身属性不宜长期保管以及季节性货物，在申请人提供充分可靠担保的情况下，海事法院可以依据申请人的申请作出由申请人提取货物的裁定。

承运人、承运人的代理人或者货物保管人收到海事法院准予提取货物的裁定后，应当依据裁定的指令将货物交付给指定的人。

第七十六条　公示催告期间，利害关系人可以向海事法院申报权利。海事法院收到利害关系人的申报后，应当裁定终结公示催告程序，并通知申请人和承运人、承运人的代理人或者货物保管人。

申请人、申报人可以就有关纠纷向海事法院提起诉讼。

第七十七条　公示催告期间无人申报的，海事法院应当根据申请人的申请作出判决，宣告提单或者有关提货凭证无效。判决内容应当公告，并通知承运人、承运人的代理人或者货物保管人。自判决公告之日起，申请人有权请求承运人、承运人的代理人或者货物保管人交付货物。

第七十八条　利害关系人因正当理由不能在公示催告期间向海事法院申报的，自知道或者应当知道判决公告之日起一年内，可以向作出判决的海事法院起诉。

八、关于设立海事赔偿责任限制基金程序

第七十九条 海事诉讼特别程序法第一百零一条规定的船舶所有人指有关船舶证书上载明的船舶所有人。

第八十条 海事事故发生在中华人民共和国领域外的,船舶发生事故后进入中华人民共和国领域内的第一到达港视为海事诉讼特别程序法第一百零二条规定的事故发生地。

第八十一条 当事人在诉讼中申请设立海事赔偿责任限制基金的,应当向受理相关海事纠纷案件的海事法院提出,但当事人之间订有有效诉讼管辖协议或者仲裁协议的除外。

第八十二条 设立海事赔偿责任限制基金应当通过报纸或者其他新闻媒体连续公告三日。如果涉及的船舶是可以航行于国际航线的,应当通过对外发行的报纸或者其他新闻媒体发布公告。

第八十三条 利害关系人依据海事诉讼特别程序法第一百零六条的规定对申请人设立海事赔偿责任限制基金提出异议的,海事法院应当对设立基金申请人的主体资格、事故所涉及的债权性质和申请设立基金的数额进行审查。

第八十四条 准予申请人设立海事赔偿责任限制基金的裁定生效后,申请人应当在三日内在海事法院设立海事赔偿责任限制基金。申请人逾期未设立基金的,按自动撤回申请处理。

第八十五条 海事诉讼特别程序法第一百零八条规定的担保指中华人民共和国境内的银行或者其他金融机构所出具的担保。

第八十六条 设立海事赔偿责任限制基金后,向基金提出请求的任何人,不得就该项索赔对设立或以其名义设立基金的人的任何其他财产,行使任何权利。

九、关于债权登记与受偿程序

第八十七条 海事诉讼特别程序法第一百一十一条规定的与被拍卖船舶有关的债权指与被拍卖船舶有关的海事债权。

第八十八条 海事诉讼特别程序法第一百一十五条规定的判决书、裁定书、调解书和仲裁裁决书指我国国内的判决书、裁定书、调解书和仲裁裁决书。对于债权人提供的国外的判决书、裁定书、调解书和仲裁裁决书，适用民事诉讼法第二百六十八条和第二百六十九条规定的程序审查。

第八十九条 在债权登记前，债权人已向受理债权登记的海事法院以外的海事法院起诉的，受理案件的海事法院应当将案件移送至登记债权的海事法院一并审理，但案件已经进入二审的除外。

第九十条 债权人依据海事诉讼特别程序法第一百一十六条规定向受理债权登记的海事法院提起确权诉讼的，应当在办理债权登记后七日内提起。

第九十一条 海事诉讼特别程序法第一百一十九条第二款规定的三项费用按顺序拨付。

十、关于船舶优先权催告程序

第九十二条 船舶转让合同订立后船舶实际交付前，受让人即可申请船舶优先权催告。

受让人不能提供原船舶证书的，不影响船舶优先权催告申请的提出。

第九十三条 海事诉讼特别程序法第一百二十条规定的受让人指船舶转让中的买方和有买船意向的人，但受让人申请海事法院作出除权判决时，必须提交其已经实际受让船舶的证据。

第九十四条 船舶受让人对不准予船舶优先权催告申请的裁定提出复议的，海事法院应当在七日内作出复议决定。

第九十五条 海事法院准予船舶优先权催告申请的裁定生效后，应当通过报纸或者其他新闻媒体连续公告三日。优先权催告的船舶为可以航行于国际航线的，应当通过对外发行的报纸或者其他新闻媒体发布公告。

第九十六条 利害关系人在船舶优先权催告期间提出优先权主张的，海事法院应当裁定优先权催告程序终结。

十一、其他

第九十七条 在中华人民共和国领域内进行海事诉讼，适用海事诉讼特别程序法的规定。海事诉讼特别程序法没有规定的，适用民事诉讼法的有关规定。

第九十八条 本规定自2003年2月1日起实施。

最高人民法院关于海事法院受理案件范围的若干规定

（2001年8月9日最高人民法院审判委员会第1187次会议通过 2001年9月11日公布 自2001年9月18日起施行 法释〔2001〕27号）

《中华人民共和国海事诉讼特别程序法》已于2000年7月1日起施行。根据《中华人民共和国民事诉讼法》、《中华人民共和国海事诉讼特别程序法》、《中华人民共和国行政诉讼法》以及我国参加和批准的有关国际公约，参照国际习惯作法，在总结我国海事审判实践经验的基础上，现将海事法院的收案范围规定如下：

一、海事侵权纠纷案件

1. 船舶碰撞损害赔偿案件，包括浪损等间接碰撞的损害赔偿纠纷案件。

2. 船舶触碰海上、通海水域、港口及其岸上的设施或者其他财产的损害赔偿纠纷案件，其中包括船舶触碰码头、防波堤、栈桥、船闸、桥梁以及触碰航标等助航设施和其他海上设施的损害赔偿纠纷案件。

3. 船舶损坏在空中架设或者在海底、通海水域水下敷设的设施或者其他财产的损害赔偿纠纷案件。

4. 船舶排放、泄漏、倾倒油类、污水或者其他有害物质，造成水域污染或者他船、货物及其他财产损失的损害赔偿纠纷案件。

5. 海上或者通海水域的航运、生产、作业或者船舶建造、修理、拆解或者港口作业、建设，造成水域污染、滩涂污染或者他船、货物及其他财产损失的损害赔偿纠纷案件。

6. 船舶的航行或者作业损害捕捞、养殖设施、水产养殖物的赔偿纠纷案件。

7. 航道中的沉船沉物及其残骸、废弃物，海上或者通海水域的临时或者永久性设施、装置不当，影响船舶航行，造成船舶、货物及其他财产损失的损害赔偿纠纷案件。

8. 船舶在海上或者通海水域进行航运、作业，或者港口作业过程中的人身伤亡事故引起的损害赔偿纠纷案件。

9. 非法留置船舶、船载货物和船舶物料、备品纠纷案件。

10. 其他海事侵权纠纷案件。

二、海商合同纠纷案件

11. 海上、通海水域货物运输合同纠纷案件，其中包括远洋运输、含有海运区段的国际多式联运、沿海和内河运输，以及水水联运、水陆联运等水上货物运输合同纠纷案件。

12. 海上、通海水域旅客和行李运输合同纠纷案件。

13. 船舶经营管理合同纠纷案件。

14. 船舶的建造、买卖、修理、改建和拆解合同纠纷案件。

15. 船舶抵押合同纠纷案件。

16. 船舶租用合同纠纷案件，其中包括光船租赁（含租购）、定期租船、航次租船合同纠纷案件。

17. 船舶融资租赁合同纠纷案件。

18. 沿海、通海水域的运输船舶的承包合同纠纷案件。

19. 渔船承包合同纠纷案件。

20. 船舶属具和海运集装箱租赁、保管合同纠纷案件。

21. 港口货物保管合同纠纷案件。

22. 船舶代理合同纠纷案件。

23. 与海上或者通海水域的船舶运输有关的货运代理合同纠纷案件。

24. 船舶物料、备品供应合同纠纷案件。

25. 船员劳务合同纠纷案件。

26. 海难救助、海上打捞合同纠纷案件。

27. 拖航合同纠纷案件。

28. 海上保险、保赔合同纠纷案件,其中包括水运货物保险、船舶保险、油污和其他保赔责任险、人身保险、海上设施保险、集装箱保险等合同纠纷案件。

29. 海上、通海水域运输联营合同纠纷案件。

30. 与船舶营运有关的借款合同纠纷案件。

31. 海事担保合同纠纷案件。

32. 其他海商合同纠纷案件。

三、其他海事海商纠纷案件

33. 在海上或者通海水域、港口的运输、作业(含捕捞作业)中发生的重大责任事故引起的赔偿纠纷案件。

34. 港口作业纠纷案件。

35. 共同海损纠纷案件。

36. 海洋开发利用纠纷案件,其中包括对大陆架的开发和利用(如海洋石油、天然气的开采),海水淡化和综合利用、海洋水下工程、海洋科学考察等纠纷案件。

37. 从事海上或者通海水域运输、渔业生产的船舶共有人之间的经营、收益、分配和财产分割纠纷案件。

38. 船舶所有权、占有权、使用权、抵押权、留置权和优先权的纠纷案件。

39. 海运欺诈纠纷案件。

40. 海事行政案件。

41. 海事行政赔偿案件。

42. 申请认定海事仲裁协议效力的案件。

43. 申请撤销海事仲裁裁决案件。

44. 申请认定海上或者通海水域财产无主的案件。

45. 申请无因管理海上、通海水域财产的案件。

46. 申请因海事事故宣告死亡的案件。

47. 海事请求保全案件,包括海事请求权人为保障其海事请求权的实现。在诉讼前申请扣押船舶、船载货物、船用物料及备品、船用燃油的案件,以及在诉讼前申请冻结、查封财产的案件。

48. 因申请海事请求保全错误或者请求担保数额过高引起的损害赔偿纠纷案件。

49. 海事强制令案件。

50. 海事证据保全案件。

51. 因错误申请海事强制令、海事证据保全引起的损害赔偿纠纷案件。

52. 海事支付令案件。

53. 海事公示催告案件。

54. 设立海事赔偿责任限制基金案件。

55. 海事债权登记、受偿案件。

56. 与海事债权登记相关的确权诉讼案件。

57. 船舶优先权催告案件。

58. 法律规定由海事法院受理的和上级人民法院交办的其他案件。

四、海事执行案件

59. 申请执行海事法院及其上诉审高级人民法院和最高人民法院就海事请求作出的生效法律文书的案件。

60. 海洋、通海水域行政主管机关依法申请强制执行的案件。

61. 依据1985年《承认及执行外国仲裁裁决公约》的规定,申请承认、执行外国仲裁机构海事仲裁裁决的案件。

62. 申请执行公证机关确认的与船舶和船舶营运有关的债权文书的案件。

63. 依照我国与外国签订的司法协助协定,或者按照互惠原则申请承认和协助执行外国法院裁决的海事海商案件。

五、其他规定

64. 海事法院受理的行政案件,其上诉审由分管海事海商案件的审判庭审理。

65. 本规定自颁布之日起施行。1989年5月13日法(交)发〔1989〕6号最高人民法院《关于印发〈关于海事法院收案范围的规定〉的通知》、1989 年 12 月 23 日法(交)发〔1989〕39 号《关于进一步贯彻执行海事法院收案范围的通知》同时废止。

66. 本院以前作出的有关规定与本规定不一致的,以本规定为准。

最高人民法院关于涉外海事诉讼管辖的具体规定

(1986 年 1 月 31 日最高人民法院审判委员会通过)

为了维护国家主权,保护海事诉讼当事人的合法权益,便于海事诉讼的及时进行,现根据《中华人民共和国民事诉讼法(试行)》、《中华人民共和国海洋环境保护法》、《中华人民共和国海上交通安全法》以及我国参加的有关国际公约,并参照国际习惯做法,对我国海事法院的涉外海事诉讼管辖具体规定如下:

一、因船舶碰撞或船舶损坏海上作业设施等海损事故引起的索赔诉讼

1. 船舶碰撞或其他海损事故发生在我国港口、内水、领海以及我国管辖的其他海域的;

2. 船舶碰撞或其他海损事故虽然发生在我国管辖海域以外,但受害船舶或加害船舶的最初到达港为我国港口、加害船舶或者属于加害船舶所有人的其他船舶在我国港口被扣留、受害船舶或加害船舶的船籍港为我国港口的;

3. 船舶碰撞或其他海损事故造成中国公民伤亡或财产损害的。

二、因海上作业或设施安置不当妨碍船舶安全航行造成损害事故,海上运输和海上、港口作业过程中发生人身伤亡事故或者海上运输和海上作业中发生重大责任事故引起索赔的诉讼

1. 事故发生在我国领海或者我国管辖的其他海域的;

2. 受损害船舶的最初到达港为我国港口的；

3. 事故造成中国公民伤亡或财产损害的。

三、因船舶排放油类或向海洋倾倒废物或其他有害物质或者因海洋石油勘探开发、拆船作业不当造成海域污染引起的索赔诉讼

1. 污染损害发生在我国领海或者我国管辖的其他海域的；

2. 污染事故虽然发生在我国管辖海域以外，但使我国海域受到污染的；

3. 为了防止、减轻污染损害，我国采取了预防措施的。

四、因追索海难救助、打捞费用提起的诉讼

1. 救助或打捞是在我国领海或者我国管辖的其他海域进行的；

2. 救助船舶，被救助船舶的最初到达港为我国港口的。

五、因海洋开发和海洋综合利用合同纠纷提起的诉讼

1. 合同履行地在我国领海或者我国管辖的其他海域的；

2. 开发和利用的是我国领海或者我国管辖的其他海域的。

六、因拖航合同纠纷提起的诉讼

1. 合同是在我国签订或履行的；

2. 合同双方或一方的船舶到达我国港口或进入我国管辖海域的。

七、因海上运输合同纠纷提起的诉讼

1. 合同在我国签订或履行的；

2. 货物的装货港、卸货港、目的港、船舶中途停泊港以及旅客和行李的启运港、转运港、到达港或目的港为我国港口的；

3. 合同、提单订有由我国法院管辖的条款的。

八、因定期租船合同纠纷或光船租船合同纠纷提起的诉讼

1. 合同在我国签订或履行的；

2. 船舶的船籍港、交还港为我国港口的。

九、因船务代理合同纠纷提起的诉讼

1. 合同是在我国签订或履行的；
2. 合同任何一方的营业机构在我国境内的；
3. 被代理船舶进入我国管辖海域或到达我国港口的。

十、因港口装卸作业或理货发生纠纷提起的诉讼，装卸作业或理货是在我国港口进行的。

十一、因船舶修理合同纠纷提起的诉讼

1. 合同在我国签订或者船舶在我国修理的；
2. 在国外修理的船舶到达我国港口或进入我国管辖海域的。

十二、因海上保险合同纠纷提起的诉讼

1. 保险人主事务所、常设机构在我国境内的；
2. 被保险的船、货到达我国港口的。

十三、因共同海损提起的诉讼

1. 共同海损发生在我国领海或者我国管辖的其他海域的；
2. 共同海损的理算是在我国进行的；
3. 发生共同海损船舶的航程终点为我国港口的。

十四、因船舶建造、买卖合同纠纷提起的诉讼

1. 合同是在我国签订或履行的；
2. 建造、买卖的船舶到达我国港口或进入我国管辖海域的。

十五、因船舶抵押权或优先受偿权提起的诉讼

1. 抵押权或优先受偿权是在我国设定或发生的；

2. 该船舶到达我国港口或进入我国管辖海域的。

十六、因船员与船东、雇主的劳务合同纠纷提起的诉讼

1. 合同是在我国签订或履行的；

2. 船员所在船舶到达我国港口或进入我国管辖海域的；

3. 船员、船东、雇主为中国公民的。

十七、除上述各条外，凡具有下列情形之一的涉外海事诉讼，我国海事法院亦有管辖权：

1. 被告在我国境内有住所、惯常居所、主事务所或常设机构的；

2. 我国海事法院应海事请求权人的申请为保全其海事请求权的行使，已对船舶实行扣押或当事人在我国已经提供担保的；

3. 被告在我国境内有其他财产可供扣押的；

4. 双方当事人协议在我国法院进行诉讼的。

(二)司法性文件

最高人民法院关于调整大连、武汉、北海海事法院管辖区域和案件范围的通知

(2002年12月10日　法发〔2002〕274号)

各省、自治区、直辖市高级人民法院,解放军军事法院,新疆维吾尔自治区高级人民法院生产建设兵团分院,各海事法院:

为适应我国航运经济发展和海事审判的需要,根据《中华人民共和国海事诉讼特别程序法》,现对大连海事法院、武汉海事法院、北海海事法院管辖区域和案件范围作如下调整:

一、大连海事法院的管辖区域范围:南自辽宁省与河北省的交界处、东至鸭绿江口的延伸海域和鸭绿江水域,其中包括黄海一部分、渤海一部分、海上岛屿,以及黑龙江省的黑龙江、松花江、乌苏里江等与海相通可航水域、港口发生的海事、海商案件。

二、武汉海事法院的管辖区域范围:自四川省宜宾市合江门至江苏省浏河口之间与海相通的可航水域、港口发生的海事、海商案件。

三、北海海事法院的管辖区域范围:广西壮族自治区所属港口、水域、北部湾海域及其岛屿和水域,以及云南省的澜沧江至湄公河等与海相通的可航水域发生的海事、海商案件。北海海事法院与广州海事法院的管辖区域以英罗湾河道中心线为界,河道中心线及其延伸海域以东由广州海事法院管辖,河道中心线及其延伸海域以西,包括乌泥岛、涠洲岛、斜阳岛等水域由北海海事法院管辖。

四、大连海事法院、武汉海事法院、北海海事法院分别管辖上述发生在黑龙江

省水域(大连)、长江支流水域(武汉)、云南省水域(北海)内的下列海事、海商案件:

1. 船舶碰撞、共同海损、海难救助、船舶污染、船舶扣押和拍卖案件;

2. 涉外海事、海商案件。

发生在上述水域内的其他海事、海商案件,由地方人民法院管辖。

五、地方人民法院审理海事、海商案件,应适用《中华人民共和国海商法》、《中华人民共和国海事诉讼特别程序法》等有关法律的规定。

最高人民法院关于学习宣传贯彻海事诉讼特别程序法的通知

(2000 年 2 月 28 日 法发〔2000〕7 号)

各省、自治区、直辖市高级人民法院,解放军军事法院,新疆维吾尔自治区高级人民法院生产建设兵团分院:

《中华人民共和国海事诉讼特别程序法》(以下简称海事诉讼特别程序法)经第九届全国人民代表大会常务委员会第十三次会议审议通过,已于 1999 年 12 月 25 日公布,自 2000 年 7 月 1 日起施行。海事诉讼特别程序法是为科学规范海事诉讼程序,维护当事人的诉讼权利,正确实施《中华人民共和国海商法》及其他海事实体法律而设立的特殊的诉讼程序制度,是我国诉讼法律制度的重要组成部分。为了正确贯彻执行海事诉讼特别程序法,切实保障当事人依法进行海事诉讼,维护司法公正,特通知如下:

一、各级人民法院,尤其是海事法院及其上诉审高级人民法院应当充分认识实施海事诉讼特别程序法的重要意义,认真组织审判人员对这部法律逐条学习和研究,加强培训,准确理解立法原意,认真做好贯彻执行这部法律的各项准备工作;同时,要进一步搞好公开审判,以案讲法,配合有关部门,积极开展宣传活动,使广大人民群众和社会各界了解这部法律,提高依法进行海事诉讼的法律意识。

二、在 2000 年 7 月 1 日前,审理海事海商案件,应当适用《中华人民共和国民事诉讼法》(以下简称民事诉讼法)和最高人民法院的有关司法解释性规定;在这期间受理但未审结的案件,已经依照民事诉讼法的规定进行的诉讼程序有效。2000年7月1日起,海事诉讼特别程序法有规定的,应当严格按照海事诉讼特别程序法的规定办理,海事诉讼特别程序法没有规定的,适用民事诉讼法的规定。

三、自2000年7月1日起,除海事法院及其所在地的高级人民法院依法受理海事海商案件外,地方各级人民法院应当按照民事诉讼法、海事诉讼特别程序法的规定严格执行审查立案程序,不得采取改变案由或者追加第三人等方式变相受理海事海商案件。海事法院和地方人民法院对案件管辖不明确的,应当逐级向上级人民法院请示;有争议的,依据海事诉讼特别程序法第十条的规定办理。

四、自2000年7月1日起,除依法执行已生效的判决、仲裁裁决、依法赋予强制执行效力的公证债权文书外,非因海事诉讼特别程序法第二十一条规定的海事请求,海事法院、地方各级人民法院不得受理任何财产保全申请扣押船舶。

五、自2000年7月1日起,最高人民法院《关于海事法院诉讼前扣押船舶的规定》、《关于海事法院拍卖被扣押船舶清偿债务的规定》以及其他关于海事诉讼程序方面的司法解释,凡与海事诉讼特别程序法相抵触的,停止执行。

六、各级人民法院在执行海事诉讼特别程序法过程中,要不断总结经验。对执行中遇到的问题,应当认真研究并提出意见,及时向我院请示报告,以保证海事诉讼特别程序法正确贯彻实施。

最高人民法院关于北海海事法院正式对外受理案件问题的通知

(1999年7月19日　法〔1999〕123号)

各省、自治区、直辖市高级人民法院,解放军军事法院,新疆维吾尔自治区高级人民法院生产建设兵团分院,各海事法院:

根据最高人民法院《关于同意广西壮族自治区设立北海海事法院的批复》精

神，现就北海海事法院正式对外受理案件的有关问题通知如下：

一、北海海事法院管辖广西壮族自治区所属港口和水域以及北部湾海域及其岛屿和水域内发生的一审海事、海商案件，与广州海事法院的管辖区域以英罗湾河道中心线为界，河道中心线及其延伸海域以东由广州海事法院管辖，河道中心线及其延伸海域以西，包括乌泥岛、涠洲岛、斜阳岛，属北海海事法院管辖，不服北海海事法院一审判决的上诉案件由广西壮族自治区高级人民法院管辖。

二、北海海事法院的收案范围按照最高人民法院《关于海事法院收案范围的规定》办理。

三、北海海事法院人、财、物的管理工作，按照中编办发〔1999〕5号《关于理顺大连等6个海事法院管理体制若干问题的意见》中的有关规定办理。

四、北海海事法院于1999年7月1日开始正式对外办公，受理案件。

1999年7月1日以后，广州海事法院不再受理上述管辖范围内的海事、海案商件。在此之前已受理的案件不再移送，其上诉案件仍由广东省高级人民法院审理。

最高人民法院关于设立宁波海事法院的决定

（1992年12月4日　法发〔1992〕40号）

各省、自治区、直辖市高级人民法院，解放军军事法院，各海事法院：

为适应我国经济建设和对外开放的需要，根据全国人大常委会《关于在沿海港口城市设立海事法院的决定》，决定设立宁波海事法院。

宁波海事法院与当地中级人民法院同级，内设海事审判庭、海商审判庭、研究室和办公室等机构。

宁波海事法院管辖浙江省所属港口和水域（包括所辖岛屿、所属港口和通海的内河水域）内发生的海事海商方面的一审案件，上诉案件由浙江省高级人民法院管辖。

最高人民法院公布的《关于海事法院收案范围的规定》适用于宁波海事法院。

根据全国人大常委会《关于在沿海港口城市设立海事法院的决定》二、四条的规定，宁波海事法院对宁波市人大常委会负责并报告工作，审判工作受浙江省高级人民法院监督。宁波海事法院的院长由宁波市人大常委会主任提请市人大常委会任免，副院长、庭长、副庭长、审判员和审判委员会委员由宁波海事法院院长提请宁波市人大常委会任免。

宁波海事法院于一九九三年一月一日开始受理案件。上海海事法院在此之前已经受理的案件，不再移送，其上诉案件仍由上海市高级人民法院审理。

宁波海事法院印章由我院制发。

最高人民法院关于设立海口、厦门海事法院的决定

(1990年3月2日　法(交)发〔1990〕4号)

各省、自治区、直辖市高级人民法院，解放军军事法院，各海事法院：

为适应我国经济建设和对外开放的需要，根据全国人大常委会《关于在沿海港口城市设立海事法院的决定》，决定设立海口海事法院和厦门海事法院。

海口海事法院、厦门海事法院与当地中级人民法院同级，内设海事审判庭、海商审判庭、研究室和办公室等机构。

海口海事法院管辖海南省所属港口和水域以及西沙、中沙、南沙、黄岩岛等岛屿和水域内发生的一审海事、海商案件。厦门海事法院管辖下列区域内发生的一审海事、海商案件：南自福建省与广东省交界处、北至福建省与浙江省交界处的延伸海域，其中包括东海南部、台湾省、海上岛屿和福建省所属港口。不服海口、厦门海事法院一审判决的上诉案件分别由海南省高级人民法院和福建省高级人民法院管辖。

最高人民法院公布的《关于海事法院收案范围的规定》适用于海口、厦门海事法院。

根据全国人大常委会《关于在沿海港口城市设立海事法院的决定》第二、四条的规定，海口海事法院、厦门海事法院分别对海口市、厦门市人大常委会负责并报告工作，审判工作分别受海南省高级人民法院和福建省高级人民法院监督。海口海事法院、厦门海事法院的院长分别由海口市、厦门市人大常委会主任提请市人大常委会任免，副院长、庭长、副庭长、审判员和审判委员会委员分别由海口、厦门海事法院院长提请海口市、厦门市人大常委会任免。

海口海事法院和厦门海事法院分别于 1990 年 3 月 10 日和 25 日开始受理案件。广州、上海海事法院在此之前已经受理的案件，不再移送，其上诉案件仍由广东省高级人民法院和上海市高级人民法院审理。

最高人民法院关于调整武汉、上海海事法院管辖区域的通知

（1987 年 7 月 28 日　法（司）函〔1987〕39 号）

武汉、上海海事法院：

为了适应长江的进一步开发利用和对外开放的需要，经研究，决定调整武汉海事法院和上海海事法院对长江干线的管辖区域。现将有关事项通知如下：

一、武汉海事法院管辖区域为：自四川兰家沱至江苏浏河口的长江干线，包括重庆、涪陵、万县、宜昌、枝江、沙市、城陵矶、武汉、黄石、九江、安庆、铜陵、芜湖、马鞍山、南京、镇江、江阴、张家港、南通等主要港口；浏河口以下区域，仍归上海海事法院管辖。

二、武汉等六个海事法院的收案范围，仍执行最高人民法院〔1984〕法司字 146 号文件的规定，受理 18 类海事、海商案件。

三、张家港至浏河口一段水域内的海事、海商案件，凡在 1987 年 8 月 15 日以

前提起诉讼的，仍由上海海事法院受理，上海市高级人民法院作为第二审；1987年8月16日以后提起诉讼的，由武汉海事法院受理，湖北省高级人民法院作为第二审。

特此通知。

最高人民法院公安部关于海事法院审判人员等处理海事案件登外轮问题的通知

（1986年10月25日　法（经）发〔1986〕30号）

各沿海省、自治区、直辖市高级人民法院、公安厅（局）：

为了便于及时处理涉外海事案件，现根据1981年6月4日国务院国发〔1981〕99号文件批准的《登外轮人员审批和管理办法》的规定精神，对海事法院审判人员等处理海事案件登外轮的问题通知如下：

一、海事法院的审判人员、执行人员和司法警察在处理案件过程中需要登外轮时，凭海事法院院长签发的《执行公务证》并着国家规定的法院制服登轮；随同办案人员登轮的翻译、鉴定人员凭海事法院的通知书登轮。海事法院应事先将登轮时间和人数通知边防检查站。《执行公务证》在有效期限内使用。

二、海事法院在内河对外开放港口登外轮处理案件时，比照上述规定办理。

三、登外轮的海事法院办案人员和翻译、鉴定人员，必须严格遵守国务院国发〔1981〕99号文件批准的《登外轮工作人员守则》。

特此通知，望遵照执行。

附：

海事法院执行公务证样式（略）

最高人民法院交通部关于设立海事法院的通知

（1984年5月24日）

上海、天津、青岛港务管理局、大连港口局、广州海运管理局、长江航务管理局，上海、天津、山东、辽宁、广东、湖北省、市高级人民法院，上海、天津、青岛、大连、广州、长江水上运输法院筹备组：

为了适应我国海上运输和对外贸易事业发展的需要，更好地行使我国海域司法管辖权，维护我国的权益，保护当事人的合法利益，根据宪法和有关法律的规定，经请示中央政法委员会决定，在上海、天津、青岛、大连、广州、武汉等6个口岸城市设立海事专门法院。现将有关事项通知如下：

（一）以上海、天津、青岛、大连、广州、长江（驻武汉市）6个水上运输法院筹备组为基础，组建上海、天津、青岛、大连、广州和武汉海事法院。

海事法院设海事审判庭、海商审判庭、研究室、办公室等机构。根据需要，经最高人民法院和交通部批准，可在院、部指定或委托管辖的港口，设派出法庭。

海事法院与中级人民法院同级，审理国内和涉外的第一审海事案件和海商案件，不受理刑事案件和一般民事案件。其上诉审法院为所在省、市高级人民法院。有关审判业务事宜，由上级人民法院监督和指导。

海事法院院长，由交通部提名，经征求所在省、市高级人民法院意见，按照干部管理权限的规定，办理党内批准手续后，提请所在市人民代表大会选举产生；副院长、庭长、副庭长、审判员和审判委员会委员，属于交通部管理名单的，由交通部提名，经征求所在省、市高级人民法院意见，按照干部管理权限的规定，办理党内批准手续后，由海事法院院长提请所在市人民代表大会常务委员会任免；不属于交通部管理名单的，由海事法院提名，经征求所在省、市高级人民法院意见，按照干部管理权限的规定，办理党内批准手续后，由院长提请所在市人民代表大会常务委员会任免。

（二）海事法院的人员编制，暂定为：上海、广州、武汉各60人，天津、青岛、大连各40人。要配备文化程度和政策水平较高、政治条件较好、具有一定海事、海商和法律专业知识、年富力强并有一定数量懂外文的干部担负各项业务工作。

（三）海事法院的人员编制、经费、物资装备（包括办公用房、干警宿舍、交通工具等），在未纳入政法系统以前，仍由交通部有关组建单位负担。

（四）请上海、天津、青岛港务管理局、大连港口局、广州海运管理局、长江航务管理局分别负责组建海事法院。按照上述条件配备干部，安排（建设）办公用房和调拨、购置办公用具等。交通部过去下达给各水上运输法院筹备组的基建、物资装备计划和经费管理办法继续有效，由海事法院使用。

（五）以水上运输高级法院筹备组为基础，在交通部设立"海事法院办公室"（局级），负责管理属于交通部管理名单的海事法院干部；编制和审核经费预决算、基建和物资装备计划；向最高人民法院和交通部提出设置派出法庭的建议；负责海事和海商方面的法制宣传；沟通、协调与有关部门的关系；等等。

（六）自1984年6月1日起，各海事法院宣告成立，并从10月1日开始受理案件。印章由最高人民法院颁发。

19　仲　　裁

（一）司法解释

最高人民法院关于适用《中华人民共和国仲裁法》若干问题的解释

（2005 年 12 月 26 日最高人民法院审判委员会第 1375 次会议通过　2006 年 8 月 23 日公布　自 2006 年 9 月 8 日起施行　法释〔2006〕7 号）

根据《中华人民共和国仲裁法》和《中华人民共和国民事诉讼法》等法律规定，对人民法院审理涉及仲裁案件适用法律的若干问题作如下解释：

第一条　仲裁法第十六条规定的“其他书面形式”的仲裁协议，包括以合同书、信件和数据电文（包括电报、电传、传真、电子数据交换和电子邮件）等形式达成的请求仲裁的协议。

第二条　当事人概括约定仲裁事项为合同争议的，基于合同成立、效力、变更、转让、履行、违约责任、解释、解除等产生的纠纷都可以认定为仲裁事项。

第三条　仲裁协议约定的仲裁机构名称不准确，但能够确定具体的仲裁机构的，应当认定选定了仲裁机构。

第四条　仲裁协议仅约定纠纷适用的仲裁规则的，视为未约定仲裁机构，但当事人达成补充协议或者按照约定的仲裁规则能够确定仲裁机构的除外。

第五条　仲裁协议约定两个以上仲裁机构的，当事人可以协议选择其中的一个仲裁机构申请仲裁；当事人不能就仲裁机构选择达成一致的，仲裁协议无效。

第六条 仲裁协议约定由某地的仲裁机构仲裁且该地仅有一个仲裁机构的，该仲裁机构视为约定的仲裁机构。该地有两个以上仲裁机构的，当事人可以协议选择其中的一个仲裁机构申请仲裁；当事人不能就仲裁机构选择达成一致的，仲裁协议无效。

第七条 当事人约定争议可以向仲裁机构申请仲裁也可以向人民法院起诉的，仲裁协议无效。但一方向仲裁机构申请仲裁，另一方未在仲裁法第二十条第二款规定期间内提出异议的除外。

第八条 当事人订立仲裁协议后合并、分立的，仲裁协议对其权利义务的继受人有效。

当事人订立仲裁协议后死亡的，仲裁协议对承继其仲裁事项中的权利义务的继承人有效。

前两款规定情形，当事人订立仲裁协议时另有约定的除外。

第九条 债权债务全部或者部分转让的，仲裁协议对受让人有效，但当事人另有约定、在受让债权债务时受让人明确反对或者不知有单独仲裁协议的除外。

第十条 合同成立后未生效或者被撤销的，仲裁协议效力的认定适用仲裁法第十九条第一款的规定。

当事人在订立合同时就争议达成仲裁协议的，合同未成立不影响仲裁协议的效力。

第十一条 合同约定解决争议适用其他合同、文件中的有效仲裁条款的，发生合同争议时，当事人应当按照该仲裁条款提请仲裁。

涉外合同应当适用的有关国际条约中有仲裁规定的，发生合同争议时，当事人应当按照国际条约中的仲裁规定提请仲裁。

第十二条 当事人向人民法院申请确认仲裁协议效力的案件，由仲裁协议约定的仲裁机构所在地的中级人民法院管辖；仲裁协议约定的仲裁机构不明确的，由仲裁协议签订地或者被申请人住所地的中级人民法院管辖。

申请确认涉外仲裁协议效力的案件，由仲裁协议约定的仲裁机构所在地、仲裁协议签订地、申请人或者被申请人住所地的中级人民法院管辖。

涉及海事海商纠纷仲裁协议效力的案件,由仲裁协议约定的仲裁机构所在地、仲裁协议签订地、申请人或者被申请人住所地的海事法院管辖;上述地点没有海事法院的,由就近的海事法院管辖。

第十三条　依照仲裁法第二十条第二款的规定,当事人在仲裁庭首次开庭前没有对仲裁协议的效力提出异议,而后向人民法院申请确认仲裁协议无效的,人民法院不予受理。

仲裁机构对仲裁协议的效力作出决定后,当事人向人民法院申请确认仲裁协议效力或者申请撤销仲裁机构的决定的,人民法院不予受理。

第十四条　仲裁法第二十六条规定的"首次开庭"是指答辩期满后人民法院组织的第一次开庭审理,不包括审前程序中的各项活动。

第十五条　人民法院审理仲裁协议效力确认案件,应当组成合议庭进行审查,并询问当事人。

第十六条　对涉外仲裁协议的效力审查,适用当事人约定的法律;当事人没有约定适用的法律但约定了仲裁地的,适用仲裁地法律;没有约定适用的法律也没有约定仲裁地或者仲裁地约定不明的,适用法院地法律。

第十七条　当事人以不属于仲裁法第五十八条或者民事诉讼法第二百六十条规定的事由申请撤销仲裁裁决的,人民法院不予支持。

第十八条　仲裁法第五十八条第一款第一项规定的"没有仲裁协议"是指当事人没有达成仲裁协议。仲裁协议被认定无效或者被撤销的,视为没有仲裁协议。

第十九条　当事人以仲裁裁决事项超出仲裁协议范围为由申请撤销仲裁裁决,经审查属实的,人民法院应当撤销仲裁裁决中的超裁部分。但超裁部分与其他裁决事项不可分的,人民法院应当撤销仲裁裁决。

第二十条　仲裁法第五十八条规定的"违反法定程序",是指违反仲裁法规定的仲裁程序和当事人选择的仲裁规则可能影响案件正确裁决的情形。

第二十一条　当事人申请撤销国内仲裁裁决的案件属于下列情形之一的,人民法院可以依照仲裁法第六十一条的规定通知仲裁庭在一定期限内重新仲裁:

(一)仲裁裁决所根据的证据是伪造的;

（二）对方当事人隐瞒了足以影响公正裁决的证据的。

人民法院应当在通知中说明要求重新仲裁的具体理由。

第二十二条 仲裁庭在人民法院指定的期限内开始重新仲裁的，人民法院应当裁定终结撤销程序；未开始重新仲裁的，人民法院应当裁定恢复撤销程序。

第二十三条 当事人对重新仲裁裁决不服的，可以在重新仲裁裁决书送达之日起六个月内依据仲裁法第五十八条规定向人民法院申请撤销。

第二十四条 当事人申请撤销仲裁裁决的案件，人民法院应当组成合议庭审理，并询问当事人。

第二十五条 人民法院受理当事人撤销仲裁裁决的申请后，另一方当事人申请执行同一仲裁裁决的，受理执行申请的人民法院应当在受理后裁定中止执行。

第二十六条 当事人向人民法院申请撤销仲裁裁决被驳回后，又在执行程序中以相同理由提出不予执行抗辩的，人民法院不予支持。

第二十七条 当事人在仲裁程序中未对仲裁协议的效力提出异议，在仲裁裁决作出后以仲裁协议无效为由主张撤销仲裁裁决或者提出不予执行抗辩的，人民法院不予支持。

当事人在仲裁程序中对仲裁协议的效力提出异议，在仲裁裁决作出后又以此为由主张撤销仲裁裁决或者提出不予执行抗辩，经审查符合仲裁法第五十八条或者民事诉讼法第二百一十七条、第二百六十条规定的，人民法院应予支持。

第二十八条 当事人请求不予执行仲裁调解书或者根据当事人之间的和解协议作出的仲裁裁决书的，人民法院不予支持。

第二十九条 当事人申请执行仲裁裁决案件，由被执行人住所地或者被执行的财产所在地的中级人民法院管辖。

第三十条 根据审理撤销、执行仲裁裁决案件的实际需要，人民法院可以要求仲裁机构作出说明或者向相关仲裁机构调阅仲裁案卷。

人民法院在办理涉及仲裁的案件过程中作出的裁定，可以送相关的仲裁机构。

第三十一条 本解释自公布之日起实施。

本院以前发布的司法解释与本解释不一致的，以本解释为准。

最高人民法院关于人民检察院对不撤销仲裁裁决的民事裁定提出抗诉人民法院应否受理问题的批复

（2000 年 12 月 12 日最高人民法院审判委员会第 1150 次会议通过 自 2000 年 12 月 19 日起施行 法释〔2000〕46 号）

内蒙古自治区高级人民法院：

你院〔2000〕内法民再字第 29 号《关于人民检察院能否对人民法院不予撤销仲裁裁决的民事裁定抗诉的请示报告》收悉。经研究，答复如下：

人民检察院对发生法律效力的不撤销仲裁裁决的民事裁定提出抗诉，没有法律依据，人民法院不予受理。

最高人民法院关于当事人对仲裁协议的效力提出异议由哪一级人民法院管辖问题的批复

（2000 年 7 月 20 日最高人民法院审判委员会第 1126 次会议通过 自 2000 年 8 月 12 日起施行 法释〔2000〕25 号）

山东省高级人民法院：

你院鲁高法〔1998〕144 号《关于当事人对仲裁协议的效力有异议应该向何人民法院请求作出裁定以及人民法院如何作出裁定的请示》收悉。经研究，答复如下：

关于请示的第一个问题，当事人协议选择国内仲裁机构仲裁后，一方对仲裁协议的效力有异议请求人民法院作出裁定的，由该仲裁委员会所在地的中级人民法院管辖。当事人对仲裁委员会没有约定或者约定不明的，由被告所在地的中级人民法院管辖。

关于请示的第二个问题，我院法释〔1998〕27 号批复已有明确规定，在此不再答复。

最高人民法院关于人民检察院对撤销仲裁裁决的民事裁定提起抗诉人民法院应如何处理问题的批复

（2000 年 6 月 30 日最高人民法院审判委员会第 1121 次会议通过 自 2000 年 7 月 15 日起施行 法释〔2000〕17 号）

陕西省高级人民法院：

你院陕高法〔1999〕183 号《关于下级法院撤销仲裁裁决的民事裁定确有错误，检察机关抗诉应如何处理的请示》收悉。经研究，答复如下：

检察机关对发生法律效力的撤销仲裁裁决的民事裁定提起抗诉，没有法律依据，人民法院不予受理。依照《中华人民共和国仲裁法》第九条的规定，仲裁裁决被人民法院依法撤销后，当事人可以重新达成仲裁协议申请仲裁，也可以向人民法院提起诉讼。

最高人民法院关于我国仲裁机构作出的仲裁裁决能否部分撤销问题的批复

（1999 年 8 月 25 日最高人民法院审判委员会第 1071 次会议通过 自 1999 年 8 月 31 日起施行 法释〔1999〕16 号）

广东省高级人民法院：

你院〔1997〕粤法经二请字第22号《关于深圳瑞丰工贸有限公司申请撤销〔1997〕深国仲结字第07号裁决一案的请示》收悉。经研究，答复如下：

我国仲裁机构作出的仲裁裁决，如果裁决事项超出当事人仲裁协议约定的范围，或者不属当事人申请仲裁的事项，并且上述事项与仲裁机构作出裁决的其他事项是可分的，人民法院可以基于当事人的申请，在查清事实后裁定撤销该超裁部分。

对你院〔1997〕粤法经二请字第22号请示，同意你院审判委员会多数意见，即中国国际经济贸易仲裁委员会深圳分会〔1997〕深国仲结字第07号裁决的第三项内容系租赁合同项下的争议，不是合作合同项下的争议，鉴于该租赁合同没有仲裁条款，按照深圳瑞丰工贸有限公司的申请，人民法院可以裁定撤销仲裁裁决中的该部分内容。

最高人民法院关于内地与香港特别行政区相互执行仲裁裁决的安排

（1999年6月18日最高人民法院审判委员会第1069次会议通过　自2000年2月1日起施行　法释〔2000〕3号）

根据《中华人民共和国香港特别行政区基本法》第九十五条的规定，经最高人民法院与香港特别行政区（以下简称香港特区）政府协商，香港特区法院同意执行内地仲裁机构（名单由国务院法制办公室经国务院港澳事务办公室提供）依据《中华人民共和国仲裁法》所作出的裁决，内地人民法院同意执行在香港特区按香港特区《仲裁条例》所作出的裁决。现就内地与香港特区相互执行仲裁裁决的有关事宜作出如下安排：

一、在内地或者香港特区作出的仲裁裁决，一方当事人不履行仲裁裁决的，另一方当事人可以向被申请人住所地或者财产所在地的有关法院申请执行。

二、上条所述的有关法院，在内地指被申请人住所地或者财产所在地的中级人民法院，在香港特区指香港特区高等法院。

被申请人住所地或者财产所在地在内地不同的中级人民法院辖区内的，申请人可以选择其中一个人民法院申请执行裁决，不得分别向两个或者两个以上人民法院提出申请。

被申请人的住所地或者财产所在地，既在内地又在香港特区的，申请人不得同时分别向两地有关法院提出申请。只有一地法院执行不足以偿还其债务时，才可就不足部分向另一地法院申请执行。两地法院先后执行仲裁裁决的总额，不得超过裁决数额。

三、申请人向有关法院申请执行在内地或者香港特区作出的仲裁裁决的，应当提交以下文书：

（一）执行申请书；

（二）仲裁裁决书；

（三）仲裁协议。

四、执行申请书的内容应当载明下列事项：

（一）申请人为自然人的情况下，该人的姓名、地址；申请人为法人或者其他组织的情况下，该法人或其他组织的名称、地址及法定代表人姓名；

（二）被申请人为自然人的情况下，该人的姓名、地址；被申请人为法人或者其他组织的情况下，该法人或其他组织的名称、地址及法定代表人姓名；

（三）申请人为法人或者其他组织的，应当提交企业注册登记的副本。申请人是外国籍法人或者其他组织的，应当提交相应的公证和认证材料；

（四）申请执行的理由与请求的内容，被申请人的财产所在地及财产状况。

执行申请书应当以中文文本提出，裁决书或者仲裁协议没有中文文本的，申请人应当提交正式证明的中文译本。

五、申请人向有关法院申请执行内地或者香港特区仲裁裁决的期限依据执行地法律有关时限的规定。

六、有关法院接到申请人申请后，应当按执行地法律程序处理及执行。

七、在内地或者香港特区申请执行的仲裁裁决，被申请人接到通知后，提出证据证明有下列情形之一的，经审查核实，有关法院可裁定不予执行：

（一）仲裁协议当事人依对其适用的法律属于某种无行为能力的情形；或者该项仲裁协议依约定的准据法无效；或者未指明以何种法律为准时，依仲裁裁决地的法律是无效的；

（二）被申请人未接到指派仲裁员的适当通知，或者因他故未能陈述意见的；

（三）裁决所处理的争议不是交付仲裁的标的或者不在仲裁协议条款之内，或者裁决载有关于交付仲裁范围以外事项的决定的；但交付仲裁事项的决定可与未交付仲裁的事项划分时，裁决中关于交付仲裁事项的决定部分应当予以执行；

（四）仲裁庭的组成或者仲裁庭程序与当事人之间的协议不符，或者在有关当事人没有这种协议时与仲裁地的法律不符的；

（五）裁决对当事人尚无约束力，或者业经仲裁地的法院或者按仲裁地的法律撤销或者停止执行的。

有关法院认定依执行地法律，争议事项不能以仲裁解决的，则可不予执行该裁决。

内地法院认定在内地执行该仲裁裁决违反内地社会公共利益，或者香港特区法院决定在香港特区执行该仲裁裁决违反香港特区的公共政策，则可不予执行该裁决。

八、申请人向有关法院申请执行在内地或者香港特区作出的仲裁裁决，应当根据执行地法院有关诉讼收费的办法交纳执行费用。

九、1997 年 7 月 1 日以后申请执行在内地或者香港特区作出的仲裁裁决按本安排执行。

十、对 1997 年 7 月 1 日至本安排生效之日的裁决申请问题，双方同意：

1997 年 7 月 1 日至本安排生效之日因故未能向内地或者香港特区法院申请执行，申请人为法人或者其他组织的，可以在本安排生效后六个月内提出；如申请人为自然人的，可以在本安排生效后一年内提出。

对于内地或香港特区法院在 1997 年 7 月 1 日至本安排生效之日拒绝受理或者拒绝执行仲裁裁决的案件，应允许当事人重新申请。

十一、本安排在执行过程中遇有问题和修改，应当通过最高人民法院和香港特区政府协商解决。

附：

内地仲裁委员会名单

截止至 1999 年 5 月 31 日，内地依照《中华人民共和国仲裁法》成立的仲裁委员会名单如下：

一、中国国际商会设立的仲裁委员会

中国国际经济贸易仲裁委员会、中国海事仲裁委员会

二、各省、自治区、直辖市成立的仲裁委员会

北京市

北京仲裁委员会

天津市

天津仲裁委员会

河北省

石家庄仲裁委员会、邯郸仲裁委员会、邢台仲裁委员会、沧州仲裁委员会、承德仲裁委员会、张家口仲裁委员会、衡水仲裁委员会

山西省

大同仲裁委员会、阳泉仲裁委员会

内蒙古自治区

呼和浩特仲裁委员会、乌海仲裁委员会、包头仲裁委员会、赤峰仲裁委员会

辽宁省

鞍山仲裁委员会、抚顺仲裁委员会、本溪仲裁委员会、锦州仲裁委员会、辽阳仲裁委员会、朝阳仲裁委员会、大连仲裁委员会、葫芦岛仲裁委员会、沈阳仲裁委员会、营口仲裁委员会、丹东仲裁委员会、阜新仲裁委员会、铁岭仲裁委员会、盘锦仲

裁委员会

吉林省

长春仲裁委员会、白山仲裁委员会、通化仲裁委员会

黑龙江省

牡丹江仲裁委员会、哈尔滨仲裁委员会、七台河仲裁委员会、鸡西仲裁委员会、佳木斯仲裁委员会、黑河仲裁委员会、鹤岗仲裁委员会、大庆仲裁委员会

上海市

上海仲裁委员会

江苏省

常州仲裁委员会、南京仲裁委员会、南通仲裁委员会、徐州仲裁委员会、连云港仲裁委员会、淮阴仲裁委员会、盐城仲裁委员会、扬州仲裁委员会、苏州仲裁委员会、无锡仲裁委员会、镇江仲裁委员会

浙江省

杭州仲裁委员会、金华仲裁委员会、绍兴仲裁委员会、温州仲裁委员会、宁波仲裁委员会、舟山仲裁委员会、嘉兴仲裁委员会、湖州仲裁委员会、台州仲裁委员会

安徽省

马鞍山仲裁委员会、滁州仲裁委员会、黄山仲裁委员会、安庆仲裁委员会、铜陵仲裁委员会、芜湖仲裁委员会、合肥仲裁委员会、淮南仲裁委员会、蚌埠仲裁委员会、淮北仲裁委员会、阜阳仲裁委员会

福建省

福州仲裁委员会、厦门仲裁委员会

江西省

南昌仲裁委员会、新余仲裁委员会、萍乡仲裁委员会

山东省

淄博仲裁委员会、潍坊仲裁委员会、青岛仲裁委员会、威海仲裁委员会、济南仲裁委员会、烟台仲裁委员会、东营仲裁委员会、泰安仲裁委员会、枣庄仲裁委员会、临沂仲裁委员会、日照仲裁委员会、德州仲裁委员会、莱芜仲裁委员会、济宁仲裁委员会

河南省

洛阳仲裁委员会、平顶山仲裁委员会

湖北省

武汉仲裁委员会、荆州仲裁委员会、宜昌仲裁委员会、襄樊仲裁委员会

湖南省

长沙仲裁委员会、株洲仲裁委员会、郴州仲裁委员会、常德仲裁委员会、益阳仲裁委员会、湘潭仲裁委员会、衡阳仲裁委员会、邵阳仲裁委员会、岳阳仲裁委员会

广东省

广州仲裁委员会、深圳仲裁委员会、佛山仲裁委员会、江门仲裁委员会、汕头仲裁委员会、肇庆仲裁委员会、韶关仲裁委员会、惠州仲裁委员会

广西壮族自治区

柳州仲裁委员会、南宁仲裁委员会、桂林仲裁委员会、钦州仲裁委员会、梧州仲裁委员会

海南省

海口仲裁委员会

重庆市

重庆仲裁委员地

四川省

万县仲裁委员会、广元仲裁委员会、遂宁仲裁委员会、德阳仲裁委员会、成都仲裁委员会、泸州仲裁委员会、攀枝花仲裁委员会、自贡仲裁委员会、乐山仲裁委员会、绵阳仲裁委员会

贵州省

六盘水仲裁委员会、贵阳仲裁委员会

云南省

昆明仲裁委员会

陕西省

西安仲裁委员会、宝鸡仲裁委员会、咸阳仲裁委员会、铜川仲裁委员会、汉中仲裁委员会

甘肃省

天水仲裁委员会、兰州仲裁委员会、嘉峪关仲裁委员会

青海省

西宁仲裁委员会

宁夏回族自治区

银川仲裁委员会、石嘴山仲裁委员会

新疆维吾尔自治区

克拉玛依仲裁委员会

三、迄今曾受理过涉港澳仲裁案件的仲裁委员会

中国国际经济贸易仲裁委员会、中国海事仲裁委员会。

北京仲裁委员会、天津仲裁委员会、石家庄仲裁委员会、抚顺仲裁委员会、长春仲裁委员会、常州仲裁委员会、南通仲裁委员会、连云港仲裁委员会、苏州仲裁委员会、杭州仲裁委员会、深圳仲裁委员会、佛山仲裁委员会、长沙仲裁委员会、呼和浩特仲裁委员会、上海仲裁委员会、广州仲裁委员会、江门仲裁委员会、厦门仲裁委员会、青岛仲裁委员会、济南仲裁委员会、东营仲裁委员会、烟台仲裁委员会、汕头仲裁委员会、岳阳仲裁委员会、南宁仲裁委员会、桂林仲裁委员会、昆明仲裁委员会、柳州仲裁委员会。

最高人民法院关于当事人对人民法院撤销仲裁裁决的裁定不服申请再审人民法院是否受理问题的批复

（1999年1月29日最高人民法院审判委员会第1042次会议通过　1999年2月11日公布　自1999年2月16日起施行　法释〔1999〕6号）

陕西省高级人民法院：

你院陕高法〔1998〕78 号《关于当事人对人民法院撤销仲裁裁决的裁定不服申请再审是否应当受理的请示》收悉。经研究,答复如下:

根据《中华人民共和国仲裁法》第九条规定的精神,当事人对人民法院撤销仲裁裁决的裁定不服申请再审的,人民法院不予受理。

最高人民法院关于承认和执行外国仲裁裁决收费及审查期限问题的规定

(1998 年 10 月 21 日最高人民法院审判委员会第 1029 次会议通过 1998 年 11 月 14 日公布 自 1998 年 11 月 21 日起施行 法释〔1998〕28 号)

为正确执行我国加入的联合国《承认及执行外国仲裁裁决公约》(以下称纽约公约),现对人民法院依照纽约公约规定,承认和执行外国仲裁裁决收费及审查期限问题作出如下规定:

一、人民法院受理当事人申请承认外国仲裁裁决的,预收人民币 500 元。

二、人民法院受理当事人申请承认和执行外国仲裁裁决的,应按照《人民法院诉讼收费办法》有关规定,依申请执行的金额或标的价额预收执行费。如人民法院最终决定仅承认而不予执行外国仲裁裁决时,在扣除本规定第一条所列费用后,其余退还申请人。

三、人民法院受理当事人申请承认和执行外国仲裁裁决,不得对承认和执行分别两次收费。对所预收费用的负担,按照《人民法院诉讼收费办法》有关规定执行。

四、当事人依照纽约公约第四条规定的条件申请承认和执行外国仲裁裁决,受理申请的人民法院决定予以承认和执行的,应在受理申请之日起两个月内作出裁定,如无特殊情况,应在裁定后六个月内执行完毕;决定不予承认和执行的,须按最高人民法院法发〔1995〕18 号《关于人民法院处理与涉外仲裁及外国仲裁事项有关问题的通知》的有关规定,在受理申请之日起两个月内上报最高人民法院。

最高人民法院关于确认仲裁协议效力几个问题的批复

（1998年10月21日最高人民法院审判委员会第1029次会议通过 1998年10月26日公布　自1998年11月5日起施行　法释〔1998〕27号）

山东省高级人民法院：

你院鲁高法函〔1997〕84号《关于认定重建仲裁机构前达成的仲裁协议的效力的几个问题的请示》收悉。经研究，答复如下：

一、在《中华人民共和国仲裁法》实施后重新组建仲裁机构前，当事人达成的仲裁协议只约定了仲裁地点，未约定仲裁机构，双方当事人在补充协议中选定了在该地点依法重新组建的仲裁机构的，仲裁协议有效；双方当事人达不成补充协议的，仲裁协议无效。

二、在仲裁法实施后依法重新组建仲裁机构前，当事人在仲裁协议中约定了仲裁机构，一方当事人申请仲裁，另一方当事人向人民法院起诉的，经人民法院审查，按照有关规定能够确定新的仲裁机构的，仲裁协议有效。对当事人的起诉，人民法院不予受理。

三、当事人对仲裁协议的效力有异议，一方当事人申请仲裁机构确认仲裁协议效力，另一方当事人请求人民法院确认仲裁协议无效，如果仲裁机构先于人民法院接受申请并已作出决定，人民法院不予受理；如果仲裁机构接受申请后尚未作出决定，人民法院应予受理，同时通知仲裁机构终止仲裁。

四、一方当事人就合同纠纷或者其他财产权益纠纷申请仲裁，另一方当事人对仲裁协议的效力有异议，请求人民法院确认仲裁协议无效并就合同纠纷或者其他财产权益纠纷起诉的，人民法院受理后应当通知仲裁机构中止仲裁。人民法院依法作出仲裁协议有效或者无效的裁定后，应当将裁定书副本送达仲裁机构，由仲裁机构根据人民法院的裁定恢复仲裁或者撤销仲裁案件。

人民法院依法对仲裁协议作出无效的裁定后，另一方当事人拒不应诉的，人民法院可以缺席判决；原受理仲裁申请的仲裁机构在人民法院确认仲裁协议无效后仍不撤销其仲裁案件的，不影响人民法院对案件的审理。

最高人民法院关于未被续聘的仲裁员在原参加审理的案件裁决书上签名，人民法院应当执行该仲裁裁决书的批复

（1998年7月13日最高人民法院审判委员会第1001次会议通过　自1998年9月5日起施行　法释〔1998〕21号）

广东省高级人民法院：

你院〔1996〕粤高法执函字第五号《关于未被续聘的仲裁员继续参加审理并作出裁决的案件，人民法院应否立案执行的请示》收悉。经研究，答复如下：

在中国国际经济贸易仲裁委员会深圳分会对深圳东鹏实业有限公司与中国化工建设深圳公司合资经营合同纠纷案件仲裁过程中，陈野被当事人指定为该案的仲裁员时具有合法的仲裁员身份，并参与了开庭审理工作。之后，新的仲裁员名册中没有陈野的名字，说明仲裁机构不再聘任陈野为仲裁员，但这只能约束仲裁机构以后审理的案件，不影响陈野在此前已合法成立的仲裁庭中的案件审理工作。其在该仲裁庭所作的〔1994〕深国仲结字第四十七号裁决书上签字有效。深圳市中级人民法院应当根据当事人的申请对该仲裁裁决书予以执行。

最高人民法院关于审理当事人申请撤销仲裁裁决案件几个具体问题的批复

（1998年6月11日最高人民法院审判委员会第992次会议通过　1998年7月21日公布　自1998年7月28日起施行　法释〔1998〕16号）

安徽省高级人民法院：

你院〔1996〕经他字第26号《关于在审理一方当事人申请撤销仲裁裁决的案件中几个具体问题应如何解决的请示报告》收悉。经研究，答复如下：

一、原依照有关规定设立的仲裁机构在《中华人民共和国仲裁法》（以下简称仲裁法）实施前受理、实施后审理的案件，原则上应当适用仲裁法的有关规定。鉴于原仲裁机构的体制与仲裁法规定的仲裁机构有所不同，原仲裁机构适用仲裁法某些规定有困难的，如仲裁庭的组成，也可以适用《中华人民共和国经济合同仲裁条例》的有关规定，人民法院在审理有关申请撤销仲裁裁决案件中不应以未适用仲裁法的规定为由，撤销仲裁裁决。

二、一方当事人向人民法院申请撤销仲裁裁决的，人民法院在审理时，应当列对方当事人为被申请人。

三、当事人向人民法院申请撤销仲裁裁决的案件，应当按照非财产案件收费标准计收案件受理费；该费用由申请人交纳。

（二）司法性文件

最高人民法院关于是否裁定撤销中国国际经济贸易仲裁委员会华南分会仲裁裁决的请示的复函

（2006年3月1日 〔2005〕民四他字第47号）

广东省高级人民法院：

你院[2005]粤高法民四他字第22号“关于罗定市供电局申请撤销仲裁裁决一案的请示”收悉。经研究，答复如下：

中国国际经济贸易仲裁委员会华南分会就罗定市供电局与辉恩中国投资有限公司之间的合作合同纠纷作出了[2005]中国贸仲深裁字第37号裁决。罗定市供电局以裁决事项超出合作合同仲裁协议范围、仲裁程序违反仲裁规则以及执行裁决违反社会公共利益等为由向深圳市中级人民法院申请撤销该仲裁裁决。因是否接受当事人的变更反请求系仲裁庭有权自行决定的事项，且罗定市供电局作为民事主体参与民事活动应当承担责任，故其有关仲裁程序违反仲裁规则及执行裁决违反社会公共利益的理由依法不能成立。但本案合作合同存在于罗定市供电局与辉恩中国投资有限公司之间，合作合同中的仲裁条款应仅约束该两当事人之间的合作合同纠纷，仲裁庭无权就辉恩中国投资有限公司与合作公司辉罗有限公司之间的借贷合同纠纷以及与罗定市供电局之间的借贷担保合同纠纷进行仲裁。由于借贷合同及借贷担保合同约定的仲裁机构为广州仲裁委员会且该委已就借贷担保合同纠纷作出了[2004]穗仲案字第1692号仲裁裁决，因此，本案仲裁裁决第一项中有关股东借贷损失的内容，超出了合作合同仲裁条款约定的范围，应认定属于超裁。同意你院的请示意见，本案应撤销仲裁裁决第一项中的股东借贷损失部分。

附：

广东省高级人民法院关于罗定市供电局申请撤销仲裁裁决一案的请示

（2005年11月1日　［2005］粤高法民四他字第22号）

最高人民法院：

中国国际经济贸易仲裁委员会华南分会对罗定市供电局与辉恩中国投资有限公司（下称辉恩公司）合作合同争议一案，作出了［2005］中国贸仲深裁字第37号裁决。后罗定市供电局向深圳市中级人民法院提出撤销涉案仲裁裁决的申请。经审查，深圳市中级人民法院拟对涉案仲裁裁决予以部分撤销，并依规定就本案向我院进行请示。

深圳市中级人民法院认为，涉案仲裁裁决第一项是支持辉恩公司要求罗定市供电局支付赔偿金1600万美元的请求，而辉恩公司是根据合作公司清算委员会出具的清算结束报告计算赔偿金的，清算报告确认辉恩公司损失注册资本金9 992 960美元、股东借贷损失余额12 839 188.87美元，合计损失22 832 148.87美元，辉恩公司要求罗定市供电局赔偿其损失总额的70%，即1600万美元。股东借贷是指辉恩公司借给合作公司的款项，且双方签订了借贷协议，协议还约定了不同的仲裁机构解决争议。本案仲裁裁决将辉恩公司借给合作公司的款项也作为辉恩公司的损失，并裁决由罗定市供电局赔偿，超出了辉恩公司与罗定市供电局签订《合作合同》的仲裁条款的范围，不是双方合作合同项下的争议，因此，仲裁裁决事项超出了当事人仲裁条款约定的范围。根据《中华人民共和国民事诉讼法》第二百六十条第一款第（四）项的规定，应当撤销中国国际经济贸易仲裁委员会华南分会［2005］中国贸仲深裁字第37号裁决第一项。

经审查,我院倾向认为,涉案仲裁裁决应当予以部分撤销。首先,涉案仲裁裁决部分超裁。第一,辉恩公司与罗定市供电局就合作建立辉罗公司签订了《合作合同》,《合作合同》第二十三章第23.1中约定了“凡因执行本合同所发生的或与本合同有关的一切争议,合作各方应通过友好协商解决;如果协商不能解决,应提交中国国际经济贸易促进委员会的仲裁委员会申请仲裁”的仲裁条款,该仲裁条款明确了《合作合同》仲裁的双方当事人是辉恩公司和罗定市供电局。第二,仲裁裁决第一判项中的股东借贷损失12 839 188.87美元是基于《贷款合同》、《再贷协议》、《确认书》确定的,其中《贷款合同》中约定了就贷款纠纷提交广州市仲裁委仲裁的仲裁条款,广州市仲裁委也已经对此作出了裁决。后两份合同没有仲裁条款。上述三份合同均是罗定市供电局作为担保人,辉恩公司作为出借人,辉罗公司作为借款人,由辉恩公司作为股东借款给已经成立的合作公司辉罗公司。因此,股东借贷损失是基于三份股东借贷合同产生的,股东借贷纠纷的当事人是辉恩公司和辉罗公司,股东借贷纠纷这一法律关系主体有别于《合作合同》纠纷的法律关系主体。因此,股东借贷损失的争议不属于合作合同项下的争议,涉案仲裁裁决超出了仲裁条款约定的范围。中国国际经济贸易仲裁委员会华南分会对股东借贷纠纷没有管辖权,该仲裁裁决就借贷损失该部分的裁决属于部分超裁。其次,根据《中华人民共和国民事诉讼法》第二百六十条第一款第(四)项的规定和法院法释[1999]第16号“我国仲裁机构作出的仲裁裁决,如果裁决事项超出当事人仲裁协议约定的范围,或者不属当事人申请仲裁的事项,并且上述事项与仲裁机构作出裁决的其他事项是可分的,人民法院可以基于当事人的申请,在查清事实后裁定撤销该超裁部分”的规定,本案股东借贷损失与注册资金损失是可分的不同事项,双方当事人就股东借贷损失的数额12 839 188.87美元均表示认可,债权人辉恩公司对该损失仅请求70%,即12 839 188.87美元×70% =8 987 432.209美元,仲裁庭对该8 987 432.209美元部分的裁决属于超裁,应当对8 987 432.209美元部分的裁决予以撤销。

综上,我院倾向认为,部分撤销本案所涉仲裁裁决,即撤销中国国际经济贸易仲裁委员会华南分会[2005]中国贸仲深裁字第37号裁决第一判项中关于股东借贷损失的70%即8 987 432.209美元部分。

但是，我们也注意到本案股东借贷纠纷的主体虽与《合作合同》纠纷的主体不同，但是修订的《合作合同》第5.2、5.4条规定，合作公司的投资总额包括注册资本和借贷资本，借贷资本指本案所涉的外方借贷给合作公司的资金。《合作合同》补充条款中也约定，外方的债权和股权值大于设备值时，设备的处置权归外方所有。《合作合同》第19.2条约定，如提前终止合作期限和解除合同，应分清责任。可见，《合作合同》也涉及对股东借贷及处理的约定，《合作合同》的上述约定是否属于《合作合同》第二十三章第23.1约定的"……一切争议……"把握不大。

综上，依据法院《关于人民法院撤销涉外仲裁裁决有关事项的通知》第一条的规定，特向法院请示，请予批复。

最高人民法院关于是否裁定撤销承德仲裁委员会仲裁裁决的请示的复函

（2006年1月24日　〔2005〕民四他字第51号）

河北省高级人民法院：

你院[2005]冀立民函字第89号"关于撤销承德仲裁委员会承仲裁字[2000]第33号、承仲裁补字[2000]第1号仲裁裁决的请示"收悉。经研究，答复如下：

本案属于申请撤销我国仲裁机构做出的涉外仲裁裁决案件。根据你院请示报告及所附卷宗反映的情况，承德仲裁委员会就北京鹏华经济技术发展公司与英属韦津群岛好运有限公司之间的纠纷于2000年12月26日曾经做出了承仲裁字[2000]第33号仲裁裁决，但又于同年12月28日做出承仲裁补字[2000]第1号仲裁裁决，撤销了承仲裁字[2000]第33号裁决。《中华人民共和国仲裁法》第五十六条规定："对裁决书中的文字、计算错误或者仲裁段已经裁决但在裁决书中遗漏的事项，仲裁庭应当补正；当事人自收到裁决书之日起三十日内，可以请求仲裁庭补正"。《承德仲裁委员会仲裁规则》第四十六条第三款规定："仲裁庭做出的补正或者补充裁决，是原裁决书的组成部分"。有关法律与仲裁规则仅授权仲裁委员会可以就程序和遗漏事项做出补充裁决，没有授权仲裁委员会撤销其已经做出、送达且生效的仲裁裁决。承德仲裁委员会在对同一纠纷已经做出仲裁裁决的情况下，又做出撤销原裁决的补充裁决缺乏法律依据，也不符合《承德仲裁委员会仲裁规则》的规定，属于《中华人民共和国民事诉讼法》第二百六十条第一款第（三）项规定的“仲裁庭的组成或者仲裁的程序与仲裁规则不符”的情况，人民法院可以依据《中华人民共和国仲裁法》第七十条的规定撤销仲裁裁决。

鉴于本案仲裁裁决存在的主要问题是仲裁程序违反法定程序，这种对程序的违反（以补充裁决撤销原裁决）对当事人权利的影响可以以通知仲裁庭重新仲裁的方式纠正。根据本案所涉仲裁裁决的实际情况，应当根据《中华人民共和国仲裁法》第六十一条的规定，通知仲裁庭在一定期限内重新仲裁，并裁定中止撤销程序。仲裁庭拒绝重新仲裁的，应当裁定恢复撤销程序，依法一并撤销该两仲裁裁决。

附：

河北省高级人民法院关于撤销承德仲裁委员会承仲裁字［2000］第33号、承仲裁补字［2000］第1号仲裁裁决的请示

（2005年11月23日　［2005］冀立民函字第89号）

最高人民法院民四庭：

按照你院［2004］民四他字第45号函的要求，承德市中级人民法院于2005年4月25日依法受理并公开开庭审理了申请人北京鹏华经济技术发展公司（以下简称鹏华公司）与被申请人英属韦津群岛好运有限公司（以下简称好运公司）申请撤销仲裁裁决一案，后形成如下处理意见：

好运公司在承德仲裁委员会申请仲裁时，未向仲裁机构提供该公司依法存在的证明，其公司的法定代表人身份证明亦未经我国驻港外交机构的认证；在我院开

庭审理期间,该公司未在我院规定的期限内向我院提供上述证明文件,故根据《民事诉讼法》及最高法院关于涉外、涉港诉讼文书及送达问题的批复,好运公司在仲裁及诉讼中不具备主体资格。另承德仲裁委针对鹏华公司与好运公司之间的争议作出承仲裁字[2000]第33号裁决后,又以承仲裁补字[2000]第1号裁决撤销了该第33号裁决,违反了《仲裁法》的相关规定及承德仲裁委的仲裁规则,该补充裁决应视为违法。遂决定撤销承德仲裁委承仲裁字[2000]第33号、承仲裁补字[2000]第1号裁决。

针对承德市中级人民法院的报送意见,经认真审查,本院认为该院对本案认定事实清楚,适用法律正确,同意对承德仲裁委承仲裁字[2000]第33号、承仲裁补字[2000]第1号裁决予以撤销。依照你院《关于人民法院撤销涉外仲裁裁决有关事项的通知》的规定,特报请你院审定。

妥否,请批示。

最高人民法院民事审判第四庭关于能否裁定不予执行[2003]贸仲裁字第0138号仲裁裁决的请示的答复

(2006年1月23日 〔2005〕民四他字第45号)

安徽省高级人民法院:

你院[2005]皖执他字第11号“关于能否裁定不予执行[2003]贸仲裁字第0138号仲裁裁决的请示”收悉。经研究,答复如下:

中国国际经济贸易仲裁委员会依据深圳宝升竞高环保发展有限公司、合肥市市容环境卫生管理委员会(后变更为合肥市市容环境卫生管理局,以下简称市容管理局)、香港合升国际有限公司、合肥市进出口公司(后变更为合肥市进出口有限公司)以及美国 Wildcat Mfg. Co. ,Inc. 之间签订的《合肥市市容环境卫生管理委员会引进美国野猫公司城市生活垃圾处理设备及技术合同》中的仲裁条款作出[2003]贸仲裁字第0138号仲裁裁决后,市容管理局以仲裁裁决违反法定程序、主要证据未经当事人质证、认定事实的主要依据不足、适用法律错误等为由申请人民法院不予执行该裁决。因合同存在涉外和涉港因素,中国国际经济贸易仲裁委员会仲裁庭就该纠纷所作出的裁决属于我国涉外仲裁裁决。根据《中华人民共和国民事诉讼法》和《中华人民共和国仲裁法》关于涉外仲裁的规定,人民法院对仲裁庭就本案具体适用法律和有关事实认定无权进行审查,市容管理局提出的仲裁裁决认定事实的主要证据不足、适用法律错误的理由不应予以支持。

《中国国际经济贸易仲裁委员会仲裁规则(2000年)》第四十条规定:"专家报告和鉴定报告的副本,应送给双方当事人,给予双方当事人对专家报告和鉴定报告提出意见的机会。任何一方当事人要求专家/鉴定人参加开庭的,经仲裁庭同意后,专家/鉴定人可以参加开庭,并在仲裁庭认为必要和适宜的情况下就他们的报告作出解释。"第四十一条规定:"当事人提出的证据由仲裁庭审定;专家报告和鉴定报告,由仲裁庭决定是否采纳。"该仲裁规则并未要求相关鉴定报告必须经开庭质证,仲裁庭有权对鉴定报告进行审查并决定是否采纳。在本案中,仲裁庭将鉴定报告分别送达双方当事人并要求其提出书面意见的做法既不违反仲裁规则也保证了双方当事人的程序权利。市容管理局的此项理由亦不应予以支持。

关于是否可以根据《中华人民共和国民事诉讼法》第二百六十条第二款的规定以裁决违背社会公共利益为由不予执行的问题。《中华人民共和国民事诉讼法》第二百六十条第一款规定的抗辩理由主要是为了维护仲裁程序上的公平和正义,赋予当事人以司法上的救济权利,而第二款社会公共利益不仅是为了维护仲裁程序上的公平,而且还担负着维护国家根本法律秩序的功能。从本案情况来看,有关合同的签订与执行并不存在违背社会公共利益以致无法为我国法律秩序所容忍的情节。同时,有关设备闲置并非执行相关仲裁裁决产生的结果,以违背社会公共利益为由不予执行仲裁裁决缺乏依据。

综上,本案相关仲裁裁决应当予以执行。

最高人民法院民事审判第四庭关于爱尔建材(天津)有限公司与德国玛莎(集团)股份有限公司、玛莎(天津)建材机械有限公司买卖合同纠纷案仲裁条款无效的请示的答复

(2005年12月30日 〔2005〕民四他字第50号)

天津市高级人民法院:

你院[2005]津高民四终字第171号《关于爱尔建材(天津)有限公司与德国玛莎(集团)股份有限公司、玛莎(天津)建材机械有限公司买卖合同纠纷一案仲裁条款无效的请示》收悉。经研究,答复如下:

本案中,爱尔建材(天津)有限公司(以下简称爱尔公司)与德国玛莎集团公司(以下简称德国玛莎公司)签订的中、英文本《合同》中均约定了仲裁条款,并明确约定以中文本为准,故本案应以《合同》中文本所载仲裁条款为准确定仲裁条款的效力。《合同》中文本约定:"一切因执行本合同所引起的争执,双方应友好协商解决。如双方协商不能解决时,此争执通过仲裁解决。仲裁执行地点在中国北京或天津进行由中国或天津对外国际贸易促进委员会按照现行仲裁章程进行仲裁。仲裁委员会的裁决为终局裁决,对双方均有约束力,双方均应执行。仲裁费用由败诉方负担。"双方未约定认定该仲裁条款效力的准据法,但约定了仲裁地点为中国北京或天津,因此,应当根据仲裁地法即中国法律认定该仲裁条款的效力。该仲裁条款表达了将与合同有关的争议交付仲裁解决的意思,并约定由"中国或天津对外国际贸易促进委员会"进行仲裁,由于"天津对外国际贸易促进委员会"并不存在,且在当事人约定由"中国对外国际贸易促进委员会"仲裁时可以认为当事人选择的是由"中国国际经济贸易仲裁委员会"进行仲裁,因此,应当认为该仲裁条款符合我国仲裁法的规定,是有效的仲裁条款。爱尔公司与德国玛莎公司之间的合同纠纷即

应当通过仲裁解决，人民法院不享有管辖权。

由于爱尔公司与玛莎（天津）建材机械有限公司之间并不存在仲裁协议，因此，对于爱尔公司与玛莎（天津）建材机械有限公司之间的争议，天津市第一中级人民法院作为被告住所地的人民法院，依法享有管辖权。

此外，你院应当注意本案被告中文名称应与《合同》载明的中文名称一致。

附件：

天津市高级人民法院关于爱尔建材（天津）有限公司与德国玛莎（集团）股份有限公司、玛莎（天津）建材机械有限公司买卖合同纠纷一案仲裁条款无效的请示

（2005 年 10 月 20 日　[2005]津高民四终字第 171 号）

最高人民法院：

爱尔建材（天津）有限公司（以下简称爱尔公司）与德国玛莎（集团）股份有限公司（以下简称德国玛莎公司）、玛莎（天津）建材机械有限公司（以下简称玛莎天津公司）买卖合同纠纷一案，爱尔公司与德国玛莎公司于 2002 年 9 月 16 日签订的订购合同约定："一切因执行本合同所引起的争执，双方应友好协商解决。如双方协商不能解决时，此争执通过仲裁解决。仲裁执行地点在中国北京或天津进行，由中国或天津对外国际贸易促进委员会按照现行仲裁章程进行仲裁。仲裁委员会的裁决为终局裁决，对双方均有约束力，双方均应执行。"我市第一中级人民法院经审查认为，爱尔公司与德国玛莎公司签订的订购合同中，虽约定双方出现纠纷由仲裁机构裁决，但该仲裁条款约定的仲裁机构名称不明确。故该仲裁条款属于对仲裁机构约定不明确，人民法院对此案有管辖权。

我院经审查有两种意见：多数意见认为，爱尔公司与德国玛莎公司签订的订购合同中，没有约定确认仲裁条款效力适用的准据法，但仲裁条款约定的仲裁地点是

中国北京或天津，故本案应适用仲裁地法律即《中华人民共和国仲裁法》来判定仲裁条款的效力。双方当事人于2002年9月16日签订的订购合同中约定的仲裁机构“中国或天津对外国际贸易促进委员会”，在我国北京市或天津市均不存在。因此，我市第一中级人民法院认为“该仲裁条款属于对仲裁机构约定不明确”是正确的。当事人不能达成补充协议，人民法院对此案有管辖权。

少数意见认为，双方当事人在仲裁条款中约定的仲裁机构“中国或天津对外国际贸易促进委员会”，可以推定为中国国际经济贸易仲裁委员会。当事人应向仲裁机构申请仲裁。

依据《最高人民法院关于人民法院处理与涉外仲裁及外国仲裁事项有关问题的通知》规定，我院将审查意见及有关案件材料报最高人民法院，请审查予以答复。

最高人民法院关于确认仲裁协议效力请示的复函

（2005年12月1日　〔2005〕民四他字第52号）

北京市高级人民法院：

你院京高法发[2005]309号“关于杭州泰利德纺织科技有限公司申请确认仲裁协议无效一案的请示”收悉。经研究，答复如下：

同意你院的处理意见。杭州泰利德纺织科技有限公司与泓实业股份有限公司签订的《买卖合约书》第十七条规定：“在履行本合同中发生纠纷的，双方友好协商解决，协商不成的，则纠纷呈送北京经济贸易仲裁委员会为最终裁决”。本案系涉港纠纷案件，双方当事人未约定确定仲裁条款效力所适用的法律，亦未约定仲裁地，应当根据法院地即中国内地的法律来判断仲裁条款的效力。北京市并不存在当事人所约定的仲裁机构，同时北京市有北京仲裁委员会、中国国际经济贸易仲裁委员会以及中国海事仲裁委员会三家仲裁机构，亦无法推定当事人的真实意思表示。在当事人一方已经向人民法院申请确认仲裁条款无效的情况下，可以认定双方无法就仲裁机构问题达成补充协议。根据《中华人民共和国仲裁法》第十六条、第十八条的规定,该仲裁条款应当认定无效。

附件:

北京市高级人民法院关于杭州泰利德纺织科技有限公司申请确认仲裁协议无效一案的请示

(2005 年 11 月 23 日　京高法发[2005]309 号)

最高人民法院:

我院收到北京市第二中级人民法院《关于对中国国际经济贸易仲裁委员会受理 M20050287 号仲裁案中仲裁协议无效的请示》。经我院审查,杭州泰利德纺织科技有限公司申请确认其与泓实业股份有限公司签订的合同中有关仲裁协议条款应为无效的请求,符合《中华人民共和国仲裁法》第十六条第二款、第十八条的规定,应确认该仲裁条款无效。根据《最高人民法院关于人民法院处理与涉外仲裁及外国仲裁事项有关问题的通知》(法发[1995]18 号)的规定,特向你院将有关情况汇报如下:

一、当事人情况

申请人(仲裁被申请人)杭州泰利德纺织科技有限公司。

被申请人(仲裁申请人)泓实业股份有限公司(香港公司)。

二、基本案件

2003 年 11 月 24 日,杭州泰利德纺织科技有限公司与泓实业股份有限公司签订 ET? 0321A 号买卖合约书。该合同中第十七条约定:在履行本合同中发生纠纷的,双方友好协商解决。协商不成,则呈送北京经济贸易仲裁委员会为最终裁决。

三、处理意见

根据《中华人民共和国仲裁法》第十六条第二款、第十八条的规定，双方当事人选定的仲裁委员会“北京经济贸易仲裁委员会”并不存在，属对仲裁机构的选择约定不明确，且双方当事人未提交已就仲裁机构达成补充协议的证据。故我院同意北京市第二中级人民法院拟裁定该仲裁条款无效的处理意见。

以上意见妥否，请批示。

最高人民法院关于人民法院撤销涉外仲裁裁决有关事项的通知

（1998年4月23日　法〔1998〕40号）

各省、自治区、直辖市高级人民法院，解放军军事法院：

为严格执行《中华人民共和国仲裁法》（以下简称仲裁法）和《中华人民共和国民事诉讼法》（以下简称民事诉讼法），保障诉讼和仲裁活动依法进行，现决定对人民法院撤销我国涉外仲裁裁决建立报告制度，为此，特作如下通知：

一、凡一方当事人按照仲裁法的规定向人民法院申请撤销我国涉外仲裁裁决，如果人民法院经审查认为涉外仲裁裁决具有民事诉讼法第二百六十条第一款规定的情形之一的，在裁定撤销裁决或通知仲裁庭重新仲裁之前，须报请本辖区所属高级人民法院进行审查。如果高级人民法院同意撤销裁决或通知仲裁庭重新仲裁，应将其审查意见报最高人民法院。待最高人民法院答复后，方可裁定撤销裁决或通知仲裁庭重新仲裁。

二、受理申请撤销裁决的人民法院如认为应予撤销裁决或通知仲裁庭重新仲裁的，应在受理申请后三十日内报其所属的高级人民法院，该高级人民法院如同意撤销裁决或通知仲裁庭重新仲裁的，应在十五日内报最高人民法院，以严格执行仲裁法第六十条的规定。

最高人民法院关于实施《中华人民共和国仲裁法》几个问题的通知

（1997 年 3 月 26 日　法发〔1997〕4 号）

各省、自治区、直辖市高级人民法院：

现就人民法院实施《中华人民共和国仲裁法》（以下简称《仲裁法》），需要明确的几个问题，通知如下：

一、《仲裁法》施行前当事人依法订立的仲裁协议继续有效，有关当事人向人民法院起诉的，人民法院不予受理，应当告知其向依照《仲裁法》组建的仲裁机构申请仲裁。当事人双方书面协议放弃仲裁后，一方向人民法院起诉的，人民法院应当依法受理。

二、在仲裁过程中，当事人申请财产保全的，一般案件由被申请人住所地或者财产所在地的基层人民法院作出裁定；属涉外仲裁案件的，依据《中华人民共和国民事诉讼法》第二百五十八条的规定，由被申请人住所地或者财产所在地的中级人民法院作出裁定。有关人民法院对仲裁机构提交的财产保全申请应当认真进行审查，符合法律规定的，即应依法作出财产保全的裁定；如认为不符合法律规定的，应依法裁定驳回申请。

三、对依照《仲裁法》组建的仲裁机构所作出的仲裁裁决（包括涉外仲裁裁决），当事人申请执行的，人民法院应当依法受理。

最高人民法院关于仅选择仲裁地点而对仲裁机构没有约定的仲裁条款效力问题的函

（1997 年 3 月 19 日　法函〔1997〕36 号）

浙江省高级人民法院：

你院浙法经字〔1997〕7号关于朱国珲诉浙江省义乌市对外经济贸易公司国际货物买卖合同纠纷一案中仲裁条款效力的函收悉。经研究，答复如下：本案合同仲裁条款中双方当事人仅约定仲裁地点，而对仲裁机构没有约定。发生纠纷后，双方当事人就仲裁机构达不成补充协议，应依据《中华人民共和国仲裁法》第十八条之规定，认定本案所涉仲裁协议无效，浙江省金华市中级人民法院可以依法受理本案。

最高人民法院关于同时选择两个仲裁机构的仲裁条款效力问题的函

（1996年12月12日　法函〔1996〕176号）

山东省高级人民法院：

你院鲁法经〔1996〕88号“关于齐鲁制药厂诉美国安泰国际贸易公司合资合同纠纷一案中仲裁条款效力的审查报告”收悉。经研究，答复如下：本案当事人订立的合同中仲裁条款约定“合同争议应提交中国国际贸易促进委员会对外经济贸易仲裁委员会，或瑞典斯德哥尔摩商会仲裁院仲裁”，该仲裁条款对仲裁机构的约定是明确的，亦是可以执行的。当事人只要选择约定的仲裁机构之一即可进行仲裁。根据《中华人民共和国民事诉讼法》第一百一十一条第二项之规定，本案纠纷应由当事人提交仲裁解决，人民法院对本案没有管辖权。

五 国家赔偿

（一）司法解释

最高人民法院关于审理人民法院国家赔偿确认案件若干问题的规定（试行）

（2004年5月18日最高人民法院审判委员会第1315次会议通过　2004年8月10日公布自　2004年10月1日起施行　法释〔2004〕10号）

为正确审理人民法院在审判和执行中违法侵权的确认案件，根据《中华人民共和国国家赔偿法》及有关法律制定本规定。

第一条　公民、法人或者其他组织认为人民法院及其工作人员的职务行为侵犯其合法权益提起国家赔偿请求的，除本规定第五条规定的情形外，应当依法先行申请确认。

第二条　公民、法人或者其他组织认为人民法院及其工作人员违法行使职权申请确认的是确认申请人。

申请确认由作出司法行为的人民法院受理，但申请确认基层人民法院司法行为违法的案件，由中级人民法院受理。

第三条　具备下列条件的，应予立案：

（一）确认申请人应当具有《中华人民共和国国家赔偿法》第十八条规定的国家赔偿请求人资格；

（二）有具体的确认请求和损害事实、理由；

（三）确认申请人申请确认应当在司法行为发生或者知道、应当知道司法行为发生之日起两年内提出；

（四）属于受理确认申请的人民法院管辖。

第四条 具有下列情形之一的确认申请，不予受理：

（一）依法应当通过审判监督程序提出申诉或者申请再审的；

（二）申请事项属于司法机关已经立案正在查处的；

（三）人民法院工作人员的行为与行使职权无关的；

（四）属于《中华人民共和国民事诉讼法》第二百一十四条规定情形的；

（五）依法不属于确认范围的其他情形。

第五条 人民法院作出的下列情形之一的判决、裁定、决定，属于依法确认，当事人可以根据该判决、裁定、决定提出国家赔偿申请：

（一）逮捕决定已经依法撤销的，但《中华人民共和国刑事诉讼法》第十五条规定的情形除外；

（二）判决宣告无罪并已发生法律效力的；

（三）实施了国家赔偿法第十五条第（四）、（五）项规定的行为责任人员已被依法追究的；

（四）实施了国家赔偿法第十六条第（一）项规定行为，并已依法作出撤销决定的；

（五）依法撤销违法司法拘留、罚款、财产保全、执行裁定、决定的；

（六）对违法行为予以纠正的其他情形。

第六条 人民法院应当在收到确认申请之日起七日内决定是否立案。

审查立案时，发现缺少相关证据的，可以通知确认申请人七日内予以补充。

第七条 确认申请人对不予受理决定不服的，可以在收到不予受理决定书之日起十五日内，向上一级人民法院申请复议。

上一级人民法院应当在收到复议申请之日起三十日内作出是否受理的决定。

第八条 人民法院审理确认案件应当组成合议庭。

第九条 人民法院审理确认案件，应当审查以下内容：

（一）被申请确认的损害事实是否存在；

（二）人民法院原作出司法行为的理由及依据；

（三）人民法院原行使职权的行为是否符合法定程序、原行使的职权适用法律是否正确；

（四）其他需要审查的内容。

第十条　人民法院审理确认案件可以进行书面审理，根据案件的具体情况可以进行听证。是否听证由合议庭决定。

第十一条　被申请确认的案件在原审判、执行过程中，具有下列情形之一的，应当确认违法：

（一）人民法院决定逮捕的犯罪嫌疑人没有犯罪事实或者事实不清、证据不足，释放后，未依法撤销逮捕决定的；

（二）查封、扣押、冻结、追缴与刑事案件无关的合法财产，并造成损害的；

（三）违反法律规定对没有实施妨害诉讼行为的人、被执行人、协助执行人等，采取或者重复采取拘传、拘留、罚款等强制措施，且未依法撤销的；

（四）司法拘留超过法律规定或者决定书确定的期限的；

（五）超过法定金额实施司法罚款的；

（六）违反法律规定采取或者解除保全措施，给确认申请人造成损害的；

（七）超标的查封、扣押、冻结、变卖或者执行确认申请人可分割的财产，给申请人造成损害的；

（八）违反法律规定，重复查封、扣押、冻结确认申请人财产，给申请人造成损害的；

（九）对查封、扣押的财物故意不履行监管职责，发生灭失或者其他严重后果，给确认申请人造成损害的；

（十）对已经发现的被执行人的财产，故意拖延执行或者不执行，导致被执行的财产流失，给确认申请人造成损害的；

（十一）对应当恢复执行的案件不予恢复执行，导致被执行的财产流失，给确认申请人造成损害的；

（十二）没有法律依据将案件执行款物执行给其他当事人或者案外人，给确认申请人造成损害的；

（十三）违法查封、扣押、执行案外人财产，给案外人造成损害的；

（十四）对依法应当拍卖的财产未拍卖，强行将财产变卖或者以物抵债，给确认申请人造成损害的；

（十五）违反法律规定的其他情形。

第十二条 人民法院确认或者不予确认违法行使职权的，应当制作裁定书。确认违法的，应同时撤销原违法裁决。

人民法院对本院司法行为是否违法作出的裁定书由院长署名；上级人民法院对下级人民法院司法行为是否违法作出的裁定书由合议庭署名。

第十三条 人民法院审理确认案件，应当自送达受理通知书之日起六个月内作出裁定。需要延长期限的，报请本院院长批准可以延期三个月。

第十四条 确认申请人对人民法院受理确认申请后，超过审理期限未作出裁决的，可以在期满后三十日内向上一级人民法院提出书面申诉。

上一级人民法院应当在收到确认申诉书之日起三个月内指令下级人民法院限期作出裁定或者自行审理。自行审理需要延长期限的，报请本院院长批准可以延期三个月。

第十五条 上级人民法院审理确认案件举行听证的，下级人民法院应当参加听证。

确认申请人无正当理由不参加听证的，视为撤回确认申请。

第十六条 原作出司法行为的人民法院有义务对其行为的合法性作出说明。

第十七条 确认申请人对人民法院作出的不予确认违法的裁定不服，可以在收到裁定书之日起三十日内向上一级人民法院提出申诉。

上一级人民法院应当在收到确认申诉书之日起三个月内作出确认或者不予确认的裁定。需要延长期限的，报请本院院长批准可以延期三个月。

第十八条 最高人民法院对各级人民法院、上级人民法院对下级人民法院作出的确认裁定认为确有错误的，可以直接作出确认，也可以指令下级人民法院或者其他同级人民法院重新确认。

第十九条 本规定发布前的司法解释，与本规定相抵触的，以本规定为准。

第二十条 本规定自2004年10月1日起施行。

最高人民法院关于行政机关工作人员执行职务致人伤亡构成犯罪的赔偿诉讼程序问题的批复

（2002 年 8 月 5 日最高人民法院审判委员会第 1236 次会议通过　2002 年 8 月 23 日公布　自 2002 年 8 月 30 日起施行　法释〔2002〕28 号）

山东省高级人民法院：

你院鲁高法函〔1998〕132 号《关于对行政机关工作人员执行职务时致人伤、亡，法院以刑事附带民事判决赔偿损失后，受害人或其亲属能否再提起行政赔偿诉讼的请示》收悉。经研究，答复如下：

一、行政机关工作人员在执行职务中致人伤、亡已构成犯罪，受害人或其亲属提起刑事附带民事赔偿诉讼的，人民法院对民事赔偿诉讼请求不予受理。但应当告知其可以依据《中华人民共和国国家赔偿法》的有关规定向人民法院提起行政赔偿诉讼。

二、本批复公布以前发生的此类案件，人民法院已作刑事附带民事赔偿处理，受害人或其亲属再提起行政赔偿诉讼的，人民法院不予受理。

最高人民法院关于公安机关不履行法定行政职责是否承担行政赔偿责任问题的批复

（2001 年 6 月 26 日最高人民法院审判委员会第 1182 次会议通过　自 2001 年 7 月 22 日起施行　法释〔2001〕23 号）

四川省高级人民法院：

你院川高法〔2000〕198号《关于公安机关不履行法定职责是否承担行政赔偿责任的问题的请示》收悉。经研究，答复如下：

由于公安机关不履行法定行政职责，致使公民、法人和其他组织的合法权益遭受损害的，应当承担行政赔偿责任。在确定赔偿的数额时，应当考虑该不履行法定职责的行为在损害发生过程和结果中所起的作用等因素。

最高人民法院最高人民检察院关于适用《关于办理人民法院人民检察院共同赔偿案件若干问题的解释》有关问题的答复

（2000年12月11日最高人民检察院第九届检察委员会第77次会议通过高检发释字〔2001〕1号）

各省、自治区、直辖市高级人民法院、人民检察院，解放军军事法院、军事检察院，新疆维吾尔自治区高级人民法院生产建设兵团分院、新疆生产建设兵团人民检察院：

《中华人民共和国国家赔偿法》（以下简称《国家赔偿法》）实施后，为规范共同赔偿案件的办理工作，最高人民法院、最高人民检察院联合下发了《关于办理人民法院、人民检察院共同赔偿案件若干问题的解释》（以下简称《解释》）。在执行过程中，有些地方人民法院、人民检察院提出了一些具体问题，经研究，答复如下：

一、最高人民法院、最高人民检察院《解释》是对办理共同赔偿案件如何适用《国家赔偿法》第十九条、第二十条相关内容的具有普遍适用意义的司法解释，各地办理共同赔偿案件时应当严格执行。

二、共同赔偿案件的办理机关将拟制的《共同赔偿决定书》送达另一赔偿义务机关后，另一赔偿义务机关认同的，应在收到《共同赔偿决定书》后的十五日内盖章。不认同的，应及时作出不予认同的书面答复。办理机关可依此告知赔偿请求人向共同赔偿义务机关中人民法院的上一级人民法院赔偿委员会申请作出赔偿决定。

三、一审人民法院判决有罪，二审人民法院发回重审后，一审人民法院改判无罪，或者发回重审的，一审人民法院在重新审理期间退回人民检察院补充侦查，或者人民检察院要求撤回起诉，人民法院裁定准许撤诉后，人民检察院作出不起诉决定或者撤销案件决定的，一审人民法院和提起公诉的人民检察院为共同赔偿义务机关。

最高人民法院关于民事、行政诉讼中司法赔偿若干问题的解释

（2000 年 9 月 14 日最高人民法院审判委员会第 1130 次会议通过自 2000 年 9 月 21 日起施行法释〔2000〕27 号）

根据《中华人民共和国国家赔偿法》（以下简称国家赔偿法）以及有关法律规定，现就审理民事、行政诉讼中司法赔偿案件具体适用法律的若干问题解释如下：

第一条　根据国家赔偿法第三十一条的规定，人民法院在民事、行政诉讼过程中，违法采取对妨害诉讼的强制措施、保全措施或者对判决、裁定及其他生效法律文书执行错误，侵犯公民、法人和其他组织合法权益造成损害的，依法应由国家承担赔偿责任。

第二条　违法采取对妨害诉讼的强制措施，是指下列行为：

（一）对没有实施妨害诉讼行为的人或者没有证据证明实施妨害诉讼的人采取司法拘留、罚款措施的；

（二）超过法律规定期限实施司法拘留的；

（三）对同一妨害诉讼行为重复采取罚款、司法拘留措施的；

（四）超过法律规定金额实施罚款的；

（五）违反法律规定的其他情形。

第三条　违法采取保全措施，是指人民法院依职权采取的下列行为：

（一）依法不应当采取保全措施而采取保全措施或者依法不应当解除保全措施而解除保全措施的；

（二）保全案外人财产的，但案外人对案件当事人负有到期债务的情形除外；

（三）明显超过申请人申请保全数额或者保全范围的；

（四）对查封、扣押的财物不履行监管职责，严重不负责任，造成毁损、灭失的，但依法交由有关单位、个人负责保管的情形除外；

（五）变卖财产未由合法评估机构估价，或者应当拍卖而未依法拍卖，强行将财物变卖给他人的；

（六）违反法律规定的其他情形。

第四条 对判决、裁定及其他生效法律文书执行错误，是指对已经发生法律效力的判决、裁定、民事制裁决定、调解、支付令、仲裁裁决、具有强制执行效力的公证债权文书以及行政处罚、处理决定等执行错误。包括下列行为：

（一）执行尚未发生法律效力的判决、裁定、民事制裁决定等法律文书的；

（二）违反法律规定先予执行的；

（三）违法执行案外人财产且无法执行回转的；

（四）明显超过申请数额、范围执行且无法执行回转的；

（五）执行过程中，对查封、扣押的财产不履行监管职责，严重不负责任，造成财物毁损、灭失的；

（六）执行过程中，变卖财物未由合法评估机构估价，或者应当拍卖而未依法拍卖，强行将财物变卖给他人的；

（七）违反法律规定的其他情形。

第五条 人民法院及其工作人员在民事、行政诉讼或者执行过程中，以殴打或者唆使他人以殴打等暴力行为，或者违法使用武器、警械，造成公民身体伤害、死亡的，应当比照国家赔偿法第十五条第（四）项、第（五）项规定予以赔偿。

第六条 人民法院及其工作人员在民事、行政诉讼或者执行过程中，具有本解释第二条至第五条规定情形，造成损害的，应当承担直接损失的赔偿责任。

因多种原因造成的损害，只赔偿因违法侵权行为所造成的直接损失。

第七条 根据国家赔偿法第十七条、第三十一条的规定，具有下列情形之一的，国家不承担赔偿责任：

（一）因申请人申请保全有错误造成损害的；

（二）因申请人提供的执行标的物有错误造成损害的；

（三）人民法院工作人员与行使职权无关的个人行为；

（四）属于民事诉讼法第二百一十四条规定情形的；

（五）被保全人、被执行人，或者人民法院依法指定的保管人员违法动用、隐匿、毁损、转移、变卖人民法院已经保全的财产的；

（六）因不可抗力造成损害后果的；

（七）依法不应由国家承担赔偿责任的其他情形。

第八条　申请民事、行政诉讼中司法赔偿的，违法行使职权的行为应当先经依法确认。

申请确认的，应当先向侵权的人民法院提出。

人民法院应自受理确认申请之日起两个月内依照相应程序作出裁决或相关的决定。

申请人对确认裁定或者决定不服或者侵权的人民法院逾期不予确认的，申请人可以向其上一级人民法院申诉。

第九条　未经依法确认直接向人民法院赔偿委员会申请作出赔偿决定的，人民法院赔偿委员会不予受理。

第十条　经依法确认有本解释第二条至第五条规定情形之一的，赔偿请求人可依法向侵权的人民法院提出赔偿申请，人民法院应当受理。人民法院逾期不作决定的，赔偿请求人可以向其上一级人民法院赔偿委员会申请作出赔偿决定。

第十一条　民事、行政诉讼中司法赔偿的赔偿方式主要为支付赔偿金。包括：支付侵犯人身自由权、生命健康权的赔偿金；财产损坏的，赔偿修复所需费用；财产灭失的，按侵权行为发生时当地市场价格予以赔偿；财产已拍卖的，给付拍卖所得的价款；财产已变卖的，按合法评估机构的估价赔偿；造成其他损害的，赔偿直接损失。

能够返还财产或者恢复原状的，予以返还财产或者恢复原状。包括：解除查封、扣押、冻结；返还财产、恢复原状；退还罚款、罚没财物。

第十二条 国家赔偿法第二十八条第(七)项规定的直接损失包括下列情形:

(一)保全、执行过程中造成财物灭失、毁损、霉变、腐烂等损坏的;

(二)违法使用保全、执行的财物造成损坏的;

(三)保全的财产系国家批准的金融机构贷款的,当事人应支付的该贷款借贷状态下的贷款利息。执行上述款项的,贷款本金及当事人应支付的该贷款借贷状态下的贷款利息;

(四)保全、执行造成停产停业的,停产停业期间的职工工资、税金、水电费等必要的经常性费用;

(五)法律规定的其他直接损失。

第十三条 违法采取司法拘留措施的,按国家赔偿法第二十六条规定予以赔偿。

造成受害人名誉权、荣誉权损害的,按照国家赔偿法第三十条规定,在侵权行为影响的范围内,为受害人消除影响、恢复名誉、赔礼道歉。

第十四条 人民法院赔偿委员会在审理侦查、检察、监狱管理机关及其工作人员违法行使职权侵犯公民财产权造成损害的赔偿案件时,可参照本解释的有关规定办理。

最高人民法院关于刑事赔偿和非刑事司法赔偿案件立案工作的暂行规定(试行)

(2000年1月11日)

为切实保障赔偿请求人依法申请国家赔偿的权利,规范刑事赔偿和非刑事司法赔偿案件(以下简称赔偿案件)的立案工作,根据《中华人民共和国国家赔偿法》及有关法律,制定本规定。

第一条 赔偿案件的立案工作应便于人民法院或者人民法院赔偿委员会正确及时审理案件。

第二条　人民法院、人民法院赔偿委员会对赔偿请求人提出的赔偿申请依法进行审查，符合立案条件的应当立案。

第三条　赔偿请求人向人民法院、人民法院赔偿委员会提出赔偿申请的，赔偿义务机关的司法侵权行为应当先经依法确认。

第四条　本级人民法院作为赔偿义务机关的赔偿案件的立案工作由该法院的立案机构负责。

第五条　本级人民法院作为赔偿义务机关的赔偿案件的立案范围：

(一)对没有犯罪事实的人错误决定逮捕的；

(二)依照审判监督程序再审改判无罪，原判刑罚已经执行的；

(三)刑讯逼供或者以殴打等暴力行为或者唆使他人以殴打等暴力行为、违法使用武器警械造成公民身体伤害或者死亡的；

(四)人民法院违法对财产采取查封、扣押、冻结、追缴等措施造成损害的；

(五)依照审判监督程序再审改判无罪，原判罚金、没收财产已经执行的；

(六)一审判决有罪，二审改判无罪的；

(七)人民法院在民事诉讼、行政诉讼过程中，违法采取对妨害诉讼的强制措施、保全措施或者对判决、裁定及其他生效法律文书执行错误，造成损害的。

第六条　人民法院收到当事人的赔偿申请后，应当依法进行审查，符合下列条件的，应予立案：

(一)赔偿请求人应当具备法律规定的主体资格；

(二)本院是赔偿义务机关；

(三)有具体的赔偿请求事项和事实根据；

(四)有依法确认的法律文书或者其他证明材料；

(五)符合法定的请求期间，因不可抗力或者其他障碍未能在法定期间行使请求权或者人民法院决定延长期间的除外。

第七条　依法应当由人民法院赔偿委员会作出决定的赔偿案件的立案工作由赔偿委员会办公室负责。

第八条　人民法院赔偿委员会受理的赔偿案件的立案范围：

(一)因犯罪嫌疑人没有犯罪事实或者事实不清、证据不足，侦查机关对犯罪嫌

疑人解除刑事拘留或者检察机关不批准逮捕,或者侦查机关撤销案件,决定予以释放的;

(二)因犯罪嫌疑人没有犯罪事实或者事实不清、证据不足,检察机关作出撤销拘留决定、不批准逮捕决定、撤销逮捕决定、撤销案件决定、不起诉决定的;

(三)因犯罪嫌疑人没有犯罪事实或者事实不清、证据不足,人民法院撤销逮捕决定的;

(四)人民法院一审判决无罪并已发生法律效力的,二审判决无罪的,依照审判监督程序再审改判无罪并已发生法律效力的;

(五)侦查、检察、审判、监狱管理机关及其工作人员实施国家赔偿法第十五条第(四)项、第(五)项规定的行为,责任人员被依法追究刑事责任或者给予其他处分的;

(六)实施了国家赔偿法第十六条规定行为,已依法纠正的;

(七)人民法院撤销原错误司法拘留、罚款决定的;

(八)人民法院撤销原错误拘传的;

(九)人民法院撤销原错误财产保全裁定的;

(十)人民法院错误执行判决、裁定及其他生效法律文书,已依法纠正的;

(十一)上一级人民法院经复议,撤销下级人民法院原错误的强制措施、保全措施、执行裁定、决定的;

(十二)侦查、检察、审判、监狱管理机关依法对违法侵权行为加以纠正的其他情形。

第九条 人民法院赔偿委员会收到赔偿申请后,应当依法进行审查,符合下列条件的,应予立案:

(一)赔偿请求人具备法律规定的主体资格;

(二)赔偿义务机关是行使侦查、检察、审判、监狱管理职权的机关;

(三)有具体的赔偿请求事项和事实根据;

(四)有依法确认的法律文书或者其他证明材料;

(五)符合法定的请求期间,因不可抗力或者其他障碍未能在法定期间行使请求权或者人民法院赔偿委员会决定延长期间的除外;

（六）赔偿义务机关是侦查、检察、监狱管理机关的，作出赔偿决定后或者逾期未作赔偿决定，赔偿请求人申请复议，经复议仍不服或者复议机关逾期未作复议决定的；赔偿义务机关是人民法院的，作出赔偿决定后，赔偿请求人不服的，或者人民法院逾期未作赔偿决定的；

（七）符合国家赔偿法及有关司法解释对国家赔偿法溯及力的规定。

第十条　人民法院、人民法院赔偿委员会从收到赔偿申请之日起，应当在七日内决定立案或者不予受理。

第十一条　审查立案时，发现缺少有关证明材料的，应当通知赔偿请求人予以补充。收到赔偿申请的时间，从有关证明材料补充齐全后起算。

第十二条　决定立案的，应当编立案号，填写立案登记表，向赔偿请求人发出受理案件通知书。

人民法院赔偿委员会决定立案的，还应当向赔偿义务机关、复议机关发出受理案件通知书，并送达赔偿申请书副本。

第十三条　人民法院决定立案的，立案机构应当在二日内将案件移送相关部门，并办理移交手续，注明移交日期。经审查决定立案的登记日期为立案日期。

第十四条　对经审查不符合立案条件的，应当制作不予受理案件通知书。

第十五条　上级人民法院赔偿委员会对下级人民法院、下级人民法院赔偿委员会的赔偿案件立案工作进行监督和指导。

第十六条　对经审查不应由人民法院或者人民法院赔偿委员会受理的，应当告知赔偿请求人向有关机关申请赔偿。

最高人民法院关于刑事赔偿和非刑事司法赔偿案件案由的暂行规定（试行）

（2000年1月11日）

为规范刑事赔偿和非刑事司法赔偿案件的案由，根据《中华人民共和国国家赔偿法》(以下简称国家赔偿法)的规定制定本暂行规定。

1. 错误刑事拘留赔偿〔国家赔偿法第十五条第(一)项〕对没有犯罪事实或者没有事实证明有犯罪重大嫌疑的人错误拘留的赔偿案件。

2. 错误逮捕赔偿〔国家赔偿法第十五条第(二)项〕对没有犯罪事实的人错误逮捕的赔偿案件。

3. 错捕错判共同赔偿〔国家赔偿法第十五条第(二)项、第十九条第四款〕对没有犯罪事实的人错误逮捕,一审人民法院判决有罪二审人民法院宣告无罪的赔偿案件。

4. 再审改判无罪赔偿〔国家赔偿法第十五条第(三)项〕依照审判监督程序再审改判无罪,原判刑罚已经执行的赔偿案件。

5. 刑讯逼供致人伤害、死亡赔偿〔国家赔偿法第十五条第(四)项〕刑讯逼供造成公民身体伤害或者死亡的赔偿案件。

6. 使用暴力、唆使他人使用暴力致人伤害、死亡赔偿〔国家赔偿法第十五条第(四)项〕以殴打等暴力行为或者唆使他人以殴打等暴力行为造成公民身体伤害或者死亡的赔偿案件。

7. 违法使用武器、警械致人伤害、死亡赔偿〔国家赔偿法第十五条第(五)项〕违法使用武器、警械造成公民伤害或者死亡的赔偿案件。

8. 刑事违法查封、扣押、冻结、追缴赔偿〔国家赔偿法第十六条第(一)项〕在刑事诉讼过程中,违法对财产采取查封、扣押、冻结、追缴等强制措施的赔偿案件。

9. 错判罚金、没收财产赔偿〔国家赔偿法第十六条第(二)项〕依照审判监督程序再审改判无罪,原判罚金、没收财产已经执行的赔偿案件。

10. 违法司法拘传赔偿〔国家赔偿法第三十一条〕人民法院在民事诉讼、行政诉讼过程中,违法拘传的赔偿。

11. 违法司法罚款赔偿〔国家赔偿法第三十一条〕人民法院在民事诉讼、行政诉讼过程中,违法罚款的赔偿案件。

12. 违法司法拘留赔偿〔国家赔偿法第三十一条〕人民法院在民事诉讼、行政诉讼过程中,违法司法拘留的赔偿案件。

13. 违法查封、扣押、冻结赔偿〔国家赔偿法第三十一条〕人民法院在民事诉讼、行政诉讼过程中,违法采取查封、扣押、冻结等(包括法律规定的其他方法)保全措施的赔偿案件。

14. 错误执行赔偿〔国家赔偿法第三十一条〕人民法院在民事诉讼、行政诉讼过程中,对判决、裁定或者其他生效法律文书执行错误的赔偿案件。

国家赔偿案件文书样式(试行)

(2000年1月11日最高人民法院)

样式1　赔偿申请书(供向赔偿义务机关或人民法院赔偿委员会申请赔偿时用)赔偿请求人……(姓名、住址等基本情况)。

(如是法人或其他组织的,应写明:赔偿请求人名称、地址;法定代表人或其他组织负责人姓名、职务;委托代理人姓名、住址)

被请求赔偿义务机关……(名称)。

(向人民法院赔偿委员会申请作出赔偿决定,有复议机关的,还应当写明复议机关名称)

赔偿请求人……(姓名、名称)因……(申请赔偿案由),请求(赔偿义务机关名称)……(申请赔偿的具体要求)。

(事实与理由:……)。

(向人民法院赔偿委员会申请作出赔偿决定的,还须写明赔偿义务机关的确认、决定或复议机关复议情况)

此　致

(赔偿义务机关或人民法院

赔偿委员会名称)

附:有关法律文书及证明材料

赔偿请求人(签名或单章)

年　　月　　日

样式2　口头申请赔偿登记表

口头申请赔偿日期年月日赔偿请求人姓名性别年龄职业(工作单位)住址赔偿义务机关口头申请赔偿日期年月日复议机关确认情况赔偿义务机关决定情况(决定赔偿、不予赔偿、逾期不作决定、不予受理)复议机关复议情况赔偿请求人的要求、事实根据和理由填表人请求人签名(盖章)

样式3　人民法院

受理案件通知书(供通知赔偿请求人用)(　　)法赔字第号

(赔偿请求人姓名或名称):

你(或你单位)于年月日以……(申请赔偿的案由)为由,要求本院……(申请赔偿的具体要求)。经审查,你(或你单位)的赔偿申请符合《中华人民共和国国家赔偿法》第……条的规定,本院决定立案。(如有事项需通知当事人,写明"现将有关事项通知如下:")

年　月　日

(院印)

(送达本通知书应使用送达回证)

样式4　人民法院赔偿委员会

受理案件通知书(供通知赔偿请求人用)(　　)法委赔字第号

(赔偿请求人姓名或名称):你(或你单位)因……(申请赔偿的案由)申请……(赔偿义务机关名称)赔偿一案,……(写明不服机关×字第×号决定,或者向赔偿义务机关申请,逾期未作决定,向复议机关申请复议,复议机关逾期未作出决定等情况)向本院赔偿委员会申请作出赔偿决定,经审查,你(或你单位)的申请符合法定立案条件,本院赔偿委员会决定立案审理。(如有事项需通知当事人,写明"现将有关事项通知如下:")

年　月　日

(院印)

(送达本通知书应使用送达回证)

样式5　人民法院

不予受理案件通知书(供人民法院赔偿案件审查立案时用)(　　)法赔通字第号

(赔偿请求人姓名或名称):

你(或你单位)因……(申请赔偿的案由)申请本院……(请求赔偿的具体事项)。经审查认为,你(或你单位)的赔偿申请不符合……(写明所依据的法律规定),决定不予受理。

特此通知

年　　月　　日

(院印)

(送达本通知书应使用送达回证)

样式6　人民法院赔偿委员会

不予受理案件通知书(供人民法院赔偿案件审查立案时用)(　　)法委赔通字第号

(赔偿请求人姓名或名称):

你(或你单位)因……(申请赔偿的案由)申请……(赔偿义务机关名称)赔偿一案,于年月日向本院赔偿委员会申请作出赔偿决定。经审查认为,你(或你单位)的赔偿申请不符合《中华人民共和国国家赔偿法》第条规定的条件,(需写明理由的,写明理由)决定不予受理。

特此通知

年　　月　　日

(院印)

(送达本通知书应使用送达回证)

样式7　人民法院赔偿委员会

通知书(供通知赔偿义务机关和复议机关时用)(法委赔字第　　号)

(赔偿义务机关或复议机关名称):

……(赔偿请求人姓名或名称)因……(申请赔偿的案由)申请你单位赔偿一案,……(写明不服赔偿义务机关×字第×号决定,或向赔偿义务机关申请赔偿逾期未作决定,或向复议机关申请复议,复议机关逾期未作决定等情况)向本院赔偿委员会申请作出赔偿决定,本院赔偿委员会决定立案审理。现随文发送赔偿申请书副本一份,并将有关事项通知如下:(如交法定代表人身份证明书、委托代理书、调取案卷等事项)

年　　月　　日

(院印)

(送达本通知书应使用送达回证)

样式8　人民法院赔偿委员会

通知书(供调查案件事实时用)(　　)法委赔字第号

(赔偿请求人、赔偿义务机关、复议机关或有关证人姓名):

本院赔偿委员会受理赔偿请求人……(姓名或名称)申请……(赔偿义务机关名称)赔偿一案,定于年月日时分在……(地点)进行调查,请准时参加。

特此通知

年　　月　　日

(院印)

(送达本通知书应使用送达回证)

样式9　关于……(写明赔偿请求人姓名或名称和案由)一案的审理报告(供人民法院赔偿委员会审理案件时用)()法委赔字第号

一、案件的由来

……(写明赔偿请求人的姓名)不服……(写明赔偿义务机关名称)年月日作出的()字第号决定(或者复议机关的复议决定,或逾期未作决定),向本院赔偿委员会提出赔偿申请。

二、赔偿请求人的基本情况及赔偿义务机关、复议机关的名称

……(分项写明赔偿请求人的基本情况,赔偿义务机关、复议机关的名称、法定

代表人、委托代理人)。

三、赔偿请求人的申请事项及理由

……(写明赔偿请求人提出申请事项的依据,所陈述的事实及其申请的理由。对此部分应作出必要的归纳,力求简明扼要)。

四、申请的赔偿案件确认情况、赔偿义务机关决定情况以及复议机关的复议情况(或逾期未作决定、复议决定的情况)

……(简要写明赔偿义务机关违法侵权确认情况、赔偿义务机关对赔偿申请作出的决定情况,或逾期未作决定的情况。复议机关的复议情况,或逾期未作复议决定的情况)。

五、承办人审查认定的事实及依据

……(详细写明赔偿义务机关原违法侵权的事实以及赔偿义务机关依法确认后复议机关确认的违法侵权事实及证据、法律根据;赔偿义务机关、复议机关赔偿或不予赔偿的事实、证据、理由以及法律根据。详细写明经过查证,原赔偿义务机关或者复议机关认定的事实哪些是正确的或全部是正确的,有哪些可靠的证据可以充分证明;哪些是错误的或是全部错误的,有哪些足以否定的理由和根据等)。

六、应当报告的其他情况

……(写明与本案有关的,尤其是与案件的处理有直接关系的情况,有什么问题就写什么问题,没有就不写)。

七、承办人提出的处理意见及理由

……(写明根据认定的事实,遵照有关的法律、法规,对赔偿请求人的申请及其理由能否成立,作出全面的分析评定;对于原赔偿义务机关或者复议机关的决定是否正确,是全部正确或者部分正确,哪些部分有错误或者全部错误,理由和根据有哪些,作出全面的分析评定。并在分析评定的基础上引述法律、法规的有关规定,提出处理意见。对于赔偿义务机关或者复议机关的决定适用法律正确,处理方式得当的,应当予以维持;对于赔偿义务机关或者复议机关的决定适用法律错误,或者处理方式不当的,应当予以撤销或变更;对于经依法确认有赔偿法第十五条、第十六条、第三十一条规定情形之一,赔偿义务机关或者复议机关逾期未作决定的,应当作出赔偿或者不予赔偿的决定;对于赔偿请求人的申请属于赔偿法第十七条规定的国家不承担赔偿责任的情形，应当作出不予赔偿的决定）。

八、赔偿办讨论意见

……（写明赔偿办讨论的时间、拟决定主文的内容及所依据的法律。有两种以上不同意见的，应分别表述，并写明不同意见的理由及法律依据）。

承办人×

年 月 日

（赔偿义务机关审理赔偿案件时的

审理报告可参照此报告）

样式10 ×人民法院

赔偿决定书（供人民法院作为赔偿义务机关用）（ ）法赔字第号

赔偿请求人……（姓名、住址等基本情况）。

（如是法人或其他组织的，应写明：赔偿请求人名称、地址；法定代表人姓名、职务；委托代理人姓名、地址）

赔偿请求人……（姓名或名称）于年月日以……（申请赔偿的案由）向本院……（申请赔偿的具体要求）。

本院查明：……（叙述侵权事实和应予赔偿或者不予赔偿的事实，以及认定的证据）。

本院认为，……（决定赔偿或者不予赔偿的理由）。根据《中华人民共和国国家赔偿法》第条之规定，决定如下：

（根据不同情况分别适用以下决定主文）

（一）决定赔偿主文

……（写明赔偿请求人姓名或名称、赔偿方式及赔偿数额）。

（二）决定不予赔偿主文

对……（赔偿请求人姓名或名称）以……（申请事项）的申请予以驳回，不予赔偿。

如对本决定有异议，可在收到本决定之日起三十日内向人民法院赔偿委员会申请作出赔偿决定。

年 月 日

（院印）

（送达本决定应使用送达回证）

样式11 人民法院赔偿委员会

决定书（ ）法委赔字第号赔偿请求人……（姓名、住址等基本情况）。

（如是法人或其他组织的，应写明赔偿请求人名称、地址；法定代表人的姓名、职务；委托代理人的姓名、地址）

赔偿义务机关……（名称）。

法定代表人……（姓名、职务）。

委托代理人……（姓名、住址等基本情况）。

复议机关……（名称）。

法定代表人……（姓名、职务）。

委托代理人……（姓名、住址等基本情况）。

赔偿请求人……（姓名或名称）于年月日以……（申请赔偿的案由）为由，要求……（赔偿义务机关名称）……（申请赔偿的具体要求）。……（赔偿义务机关赔偿与否，以及赔偿情况，复议机关及复议决定情况）。……（赔偿请求人不服赔偿义务机关或者复议机关决定的理由，赔偿义务机关或复议机关逾期未作决定亦应写明，要求本院赔偿委员会作出决定的事项及理由）。

赔偿委员会经审理查明：……（叙述赔偿义务机关、复议机关确认的侵权事实，赔偿义务机关和复议机关决定情况、复议情况，赔偿委员会审查认定的事实及依据）。

本院赔偿委员会认定，……（决定赔偿、不予赔偿，或者维持原决定、撤销原决定、变更原决定的理由）。根据《中华人民共和国国家赔偿法》第条之规定，决定如下：

（根据不同情况分别适用以下决定主文）

（一）赔偿义务机关没有作出决定的，赔偿委员会经审理决定赔偿主文

……（写明赔偿义务机关名称、赔偿请求人姓名或名称、赔偿方式及赔偿数额）。

（二）赔偿义务机关没有作出决定的，赔偿委员会经审理决定不予赔偿主文

对赔偿请求人……（姓名或名称）关于……（申请的事项）的申请予以驳回，不予赔偿。

（三）维持原复议决定主文

维持……（赔偿义务机关或者复议机关名称）……（决定的时间及文号）的决定。

（四）撤销复议机关（赔偿义务机关）决定，重新作出决定的主文

一、撤销……（赔偿义务机关名称）……（决定的时间及文号）决定和……（复议机关名称）……（决定的时间及文号）的决定。

二、……（写明赔偿义务机关名称、赔偿请求人姓名或名称、赔偿方式及赔偿数额）。

（五）变更复议机关（赔偿义务机关）决定的主文

一、撤销……（指出撤销的原决定的款项或主要内容）

二、维持……（写明维持的原决定的款项或主要内容）

三、……（写明变更的款项和内容、重新决定赔偿的赔偿方式及赔偿数额。赔偿义务机关、复议机关已决定赔偿并已支取的部分应写明予以扣除）。

本决定自收到之日起十五日内履行完毕。

本决定为发生法律效力的决定。

年　　月　　日

（院印）

（送达本决定应使用送达回证）

样式12　1×人民法院、×人民检察院

共同赔偿决定书（供人民法院办理共同赔偿案件时用）（）×法检赔字第号

赔偿请求人……（姓名或名称、住址或所在地等基本情况）。

赔偿请求人……（姓名或名称）于年月日，以……（申请共同赔偿案由）为由，向本院和×人民检察院提出共同赔偿申请，要求本院和×人民检察院……（申请共同赔偿的具体要求）。

经本院和×人民检察院查明：……（叙述应予赔偿或者不予赔偿的事实，以及认定的证据）。

本院和×人民检察院认为，……（决定赔偿或者不予赔偿的理由）。根据《中华人民共和国国家赔偿法》第条之规定，决定如下：

……〔写明决定结果。分两种情况：

第一，决定赔偿的，表述为：

“赔偿……（赔偿请求人姓名或名称、赔偿方式及赔偿数额）。”

第二，决定不予赔偿的，表述为：

“对……（赔偿请求人姓名或名称）的申请不予赔偿。”〕

如对本决定有异议，可在收到本决定之日起三十日内向×人民法院赔偿委员会申请作出赔偿决定。

×人民法院 ×人民检察院

（印章）（印章）

年 月 日

样式12 2×人民检察院、×人民法院

共同赔偿决定书（供人民检察院办理共同赔偿案件时用）（ ）×检法赔字第号

赔偿请求人……（姓名或名称、住址或所在地等基本情况）。

赔偿请求人……（姓名或名称）于年月日，以……（申请共同赔偿案由）为由，向本院和×人民法院提出共同赔偿申请，要求本院和×人民法院……（申请共同赔偿的具体要求）。

经本院和×人民法院查明：……（叙述应予赔偿或者不予赔偿的事实，以及认定的证据）。

本院和×人民法院认为，……（决定赔偿或者不予赔偿的理由）。根据《中华人民共和国国家赔偿法》第条之规定，决定如下：

……〔写明决定结果。分两种情况：

第一，决定赔偿的，表述为：

“赔偿……（赔偿请求人姓名或名称、赔偿方式及赔偿数额）。”

第二,决定不予赔偿的,表述为:

"对……(赔偿请求人姓名或名称)的申请不予赔偿。"〕

如对本决定有异议,可在收到本决定之日起三十日内向×人民法院赔偿委员会申请作出赔偿决定。

×人民检察院×人民法院

(印章)(印章)

年　月　日

样式13　人民法院

赔偿决定书(供准许撤回申请时用)(　　)法赔字第号

赔偿请求人……(姓名、住址等基本情况)。

(如是法人或其他组织的,应写明赔偿请求人名称、地址;法定代表人姓名、职务;委托代理人姓名、住址)

赔偿请求人……(姓名或名称)于年月日以……(申请赔偿的案由)为由向本院申请赔偿。本院在审理过程中,……(赔偿请求人姓名或名称)的提出撤回赔偿申请。

本院决定如下:

准许……(赔偿请求人姓名或名称)撤回赔偿申请。

年月日

(院印)

(送达本决定书应使用送达回证)

样式14　人民法院赔偿委员会

决定书(供准许撤回申请时用)(　　)法委赔字第号

赔偿请求人……(姓名、住址等基本情况)。

(如是法人或其他组织的,应写明赔偿请求人名称、地址;法定代表人姓名、职务;委托代理人姓名、工作单位)。

赔偿义务机关……(名称、所在地)。

法定代表人……(姓名、职务)。

委托代理人……（姓名、工作单位）。

复议机关……（名称、所在地）。

法定代表人……（姓名、职务）。

委托代理人……（姓名、职务）。

委托代理人……（姓名、工作单位）。

赔偿请求人……（姓名或名称）于年月日以……（赔偿义务机关名称）赔偿。本案在审理过程中，……（赔偿请求人姓名或名称）以……（理由）为由撤回赔偿申请。

本院赔偿委员会决定如下：

准许……（赔偿请求人姓名或名称）撤回赔偿申请。

年　　月　　日

（院印）

（送达本决定书应使用送达回证）

样式15　人民法院

赔偿决定书（供人民法院立案后程序性驳回赔偿申请用）（　　）法赔字第号

赔偿请求人……（姓名、地址等基本情况）。

（如是法人或其他组织的，应写明：赔偿请求人名称、地址；法定代表人姓名、职务；委托代理人姓名、地址）

赔偿请求人……（姓名或名称）于年月日以……（申请赔偿的案由）向本院……（申请赔偿的具体要求）。

经审查，本院认为，……（写明赔偿请求人不符合法定的主体资格或者其他违反程序性规定的理由）。本院决定如下：

驳回赔偿请求人……（姓名或名称）的赔偿申请。

年　　月　　日

（院印）

（送达本决定书应使用送达回证）

样式16　人民法院赔偿委员会

决定书(供人民法院赔偿委员会立案后决定程序性驳回申请用)( )法委赔字第号

赔偿请求人……(姓名、地址等基本情况)。

(如是法人或其他组织的,应写明:赔偿请求人名称、地址;法定代表人姓名、职务;委托代理人姓名、地址)。

赔偿义务机关……(名称)。

法定代表人……(姓名、职务)。

委托代理人……(姓名、住址)。

复议机关……(名称)。

法定代表人……(姓名、职务)。

委托代理人……(姓名、住址)。

赔偿请求人……(姓名或名称)于年月日以……(申请赔偿的案由)为由,要求……(赔偿义务机关名称)……(申请赔偿的具体要求)。……(赔偿义务机关的决定情况、复议机关的复议情况)。赔偿请求人于年月日向本院赔偿委员会提出赔偿申请。

经审查,本院赔偿委员会认为,……(写明不符合赔偿请求人法定主体资格,或赔偿义务机关、复议机关作出决定后逾期向赔偿委员会提出赔偿申请等违反程序性规定的理由)。本院赔偿委员会决定如下:

驳回赔偿请求人……(姓名或名称)的赔偿申请。

年　月　日

(院印)

(送达本决定书应使用送达回证)

样式17　人民法院赔偿委员会

驳回申诉通知书(　　)法委赔监字第号(申请人姓名或名称):

你(或你单位)为……(案件名称)一案,对×人民法院(或×人民法院赔偿委员会)字第号决定不服,以……(申诉的主要理由)为由,向本院赔偿委员会提出申诉。

本院赔偿委员会经审查认为，原决定在认定事实和适用法律方面是正确的，……（针对申诉的主要论点讲道理，说服教育）。

原决定正确，你对该案的申诉理由不能成立。

特此通知

年　　月　　日

（院印）

样式18　×人民法院赔偿委员会

执行通知书（　　）法委赔字第号（赔偿义务机关名称）：

关于……（赔偿请求人姓名或名称）因……（申请赔偿的案由）申请你单位赔偿一案，我院赔偿委员会于年月日作出（　　）字第号决定，根据《中华人民共和国国家赔偿法》第二十三条第三款的规定，该决定已发生法律效力，请你单位在接到本通知后十日内向……（赔偿请求人姓名或名称）给付……（赔偿金或财物）。

附：决定书份。

年　　月　　日

（院印）

样式19×人民法院赔偿委员会

协助执行通知书（　　）法委赔字第号（主送单位名称）：

关于……（赔偿请求人姓名或名称）申请……（赔偿义务机关名称）申请……（赔偿义务机关名称）赔偿一案，我院赔偿委员会于年月日作出（　　）字第号决定，根据《中华人民共和国国家赔偿法》第二十三条第三款的规定，决定已发生法律效力。因……（写明请求协助的原因）。根据《国家赔偿费用管理办法》的规定，请协助执行以下事项：

……（事项的具体内容）。

附：决定书份。

年　月　日

（院印）

样式20　司法建议书

（主送单位名称）：

本院赔偿委员会在审理……（赔偿请求人姓名或名称）申请……（赔偿义务机关名称）赔偿一案中，发现……（写明发现有关单位存在的主要问题和提出建议的理由）。为此，特建议：

……（写明建议的主要事项）。

年　月　日

（院印）

抄送：（抄送单位名称）

样式21　赔偿委员会讨论案件记录

时间：年月日时

分至时分

地址：

汇报人：

参加人：

列席人：

记录人：

讨论内容：

样式22 赔偿案件调查笔录

时间：年月日时

分至时分

地点：

调查人：

记录人：

被调查人：（姓名、性别、住址等基本情况）

最高人民法院赔偿委员会工作规则

（1999 年 4 月 26 日最高人民法院赔偿委员会第 7 次会议通过　法发〔1999〕16 号）

第一条　为了规范赔偿委员会工作，充分发挥其职能作用，根据《中华人民共和国国家赔偿法》和有关法律规定，特制定本规则。

第二条　赔偿委员会的任务

（一）讨论、决定下列案件：

1. 赔偿请求人向本院申请赔偿，应由本院作出赔偿决定的国家赔偿案件；

2. 不服本院赔偿委员会的决定，需要重新作出赔偿决定的案件；

3. 不服高级人民法院赔偿委员会的决定，向本院申诉，决定提审的案件；

4. 高级人民法院和解放军军事法院请示的适用法律的重大或者疑难的案件；

5. 其他重大、疑难的案件。

（二）讨论司法解释草案。

（三）讨论、研究赔偿工作的重大事项，总结赔偿工作经验，监督、指导地方各级法院的赔偿工作。

（四）讨论、决定其他有关赔偿工作的重大事项。

第三条　赔偿委员会讨论的事项，由主任或者副主任提交。

第四条　赔偿委员会两个月召开一次例会，必要时可以随时召开。

第五条　赔偿委员会讨论的议题，赔偿委员会办公室应当将有关的文件资料，于一日前发送各委员和有关列席人员。

赔偿委员会委员接到会议通过后应当按时出席会议。因故不能出席会议的应于一日前告知赔偿委员会办公室。

第六条　赔偿委员会会议由主任主持，或者由主任委托副主任主持。

第七条　赔偿委员会开会应有过半数的委员参加。

赔偿委员会实行民主集中制。赔偿委员会讨论的案件,必须超过委员会全体委员的半数同意方能通过。少数委员的意见可以保留并记录在卷。

第八条 赔偿委员会讨论的重大疑难的案件,或者有重大分歧的案件,可以由主持会议的赔偿委员会主任或者副主任决定提交审判委员会讨论。

第九条 赔偿委员会讨论的案件或者其他事项,承办人应当做好准备,根据会议主持人的要求汇报,并负责回答委员提出的问题。

第十条 赔偿委员会的决定,赔偿委员会办公室应当执行,不得擅自改变;如发现有新情况,可以提请赔偿委员会主任或者副主任决定提交赔偿委员会复议。

第十一条 赔偿委员会讨论、决定的事项,须作出会议纪要,会议纪要经会议主持人审定后印发各委员,根据需要可增发各高级人民法院赔偿委员会。

赔偿委员会办公室应当将会议纪要附卷备查。

第十二条 赔偿委员会办公室,是赔偿委员会的具体工作机构,负责案件审理,草拟司法解释草案,负责赔偿委员会会前准备,会议记录,草拟会议纪要。根据赔偿委员会的部署和要求,具体实施对地方各级法院赔偿工作的监督、指导,对全国赔偿工作的经验和存在的问题开展调查研究,总结经验,以及办理其他有关赔偿工作的具体事项。

第十三条 赔偿委员会委员,以及其他列席会议的人员,应当遵守保密规定,不得泄漏赔偿委员会讨论情况。

第十四条 本规则自通过之日起实行。

最高人民法院最高人民检察院关于办理人民法院、人民检察院共同赔偿案件若干问题的解释

(1997年6月27日　法发〔1997〕16号　高检会〔1997〕1号)

第一条 检察机关批准逮捕并提起公诉,一审人民法院判决有罪,二审人民法

院改判无罪依法应当赔偿的案件，一审人民法院和批准逮捕的人民检察院为共同赔偿义务机关。批准逮捕与提起公诉的如不是同一人民检察院，共同赔偿义务机关为提起公诉的人民检察院。

第二条　赔偿请求人因在起诉、审判阶段被错误羁押而申请赔偿的，可以向共同赔偿义务机关中的任何一个机关提出申请，先收到申请的机关为赔偿案件的办理机关。

第三条　二审人民法院宣告无罪的赔偿案件，作为共同赔偿义务机关的人民法院和人民检察院各按应当赔偿金额的二分之一承担赔偿责任。

第四条　赔偿案件的办理机关收到赔偿申请后，应当将赔偿申请书副本送达另一赔偿义务机关。赔偿案件的办理机关负责审查有关法律文书证明材料后，提出决定赔偿或者不予赔偿的意见，并拟制《×××人民法院、×××人民检察院共同赔偿决定书》（样式附后）。决定赔偿的，同时开具共同赔偿金额分割单，并将上述材料送交另一赔偿义务机关认同。另一赔偿义务机关应当于十五日内予以答复。认同的，应当在《×××人民法院、×××人民检察院共同赔偿决定书》上盖章并将应当承担的赔偿金额一并送交赔偿案件的办理机关，由该机关一次给付赔偿请求人。

第五条　共同赔偿义务机关作出赔偿决定后，赔偿请求人对赔偿数额有异议的，可以在收到决定之日起三十日内向共同赔偿义务机关中人民法院的上一级人民法院赔偿委员会申请作出赔偿决定。

第六条　共同赔偿义务机关应当在赔偿案件的办理机关收到赔偿申请之日起两个月内作出决定。逾期不能作出决定的，赔偿请求人可以向共同赔偿义务机关中人民法院的上一级人民法院赔偿委员会申请作出赔偿决定。

第七条　上级人民检察院对二审人民法院宣告无罪的判决按照审判监督程序提出抗诉的，提出抗诉的人民检察院和原二审人民法院应当及时通知下级人民检察院和一审人民法院。赔偿案件正在办理的，应中止办理，审理期限中断。经再审改判有罪的，正在办理的赔偿案件应当终止办理。已作出赔偿决定的，应当由原作出赔偿决定的机关予以撤销，已支付的赔偿金应当收回。

第八条　在共同赔偿案件中赔偿请求人因生命健康权、财产权遭受侵害同时提出赔偿申请的，应当另案办理，由侵权机关负责确认和赔偿。赔偿案件的办理机关不是侵权机关的，应当告知赔偿请求人向侵权机关申请确认和赔偿。

附样式：

×××人民法院、×××人民检察院共同赔偿决定书

（人民法院办理共同赔偿案件时用）

（××××）×法检赔字第××号

赔偿请求人……（姓名或名称、住址或所在地等基本情况）。

赔偿请求人……（姓名或名称）于××××年××月××日，以……（申请共同赔偿案由）为由，向本院提出共同赔偿申请，要求本院和×××人民检察院……（申请共同赔偿的具体要求）。

经本院和×××人民检察院查明，……（叙述应予赔偿或者不予赔偿的事实，以及认定的证据）。

本院和×××人民检察院认为，……（决定赔偿或者不予赔偿的理由）。根据《中华人民共和国国家赔偿法》第××条之规定，决定如下：

……〔写明决定结果。分两种情况：

第一，决定赔偿的，表述为：

"赔偿……（赔偿请求人姓名或名称、赔偿方式及赔偿数额）。"

第二，决定不予赔偿的，表述为：

"对……（赔偿请求人姓名或名称）的申请不予赔偿。"〕

如对本决定有异议，可在收到本决定之日起三十日内向×××人民法院赔偿委员会申请作出赔偿决定。

×××人民法院　×××人民检察院

（印章）　（印章）

××××年××月××日

×××人民检察院、×××人民法院共同赔偿决定书

（人民检察院办理共同赔偿案件时用）

（××××）×检法赔字第××号

赔偿请求人……(姓名或名称、住址或所在地等基本情况)。

赔偿请求人……(姓名或名称)于××××年××月××日,以……(申请共同赔偿案由)为由,向本院提出共同赔偿申请,要求本院和×××人民法院……(申请共同赔偿的具体要求)。

经本院和×××人民法院查明,……(叙述应予赔偿或者不予赔偿的事实,以及认定的证据)。

本院和×××人民法院认为,……(决定赔偿或者不予赔偿的理由)。根据《中华人民共和国国家赔偿法》第××条之规定,决定如下:

……〔写明决定结果。分两种情况:

第一,决定赔偿的,表述为:

"赔偿……(赔偿请求人姓名或名称、赔偿方式及赔偿数额)。"

第二,决定不予赔偿的,表述为:

"对……(赔偿请求人姓名或名称)的申请不予赔偿。"〕

如对本决定有异议,可在收到本决定之日起三十日内向×××人民法院赔偿委员会申请作出赔偿决定。

×××人民检察院　×××人民法院

(印章)　(印章)

××××年××月××日

最高人民法院关于审理行政赔偿案件若干问题的规定

(1997年4月29日　法发〔1997〕10号)

为正确审理行政赔偿案件,根据《中华人民共和国国家赔偿法》和《中华人民共和国行政诉讼法》的规定,对审理行政赔偿案件的若干问题作以下规定:

一、受案范围

第一条 《中华人民共和国国家赔偿法》第三条、第四条规定的其他违法行为，包括具体行政行为和与行政机关及其工作人员行使行政职权有关的，给公民、法人或者其他组织造成损害的，违反行政职责的行为。

第二条 赔偿请求人对行政机关确认具体行政行为违法但又决定不予赔偿，或者对确定的赔偿数额有异议提起行政赔偿诉讼的，人民法院应予受理。

第三条 赔偿请求人认为行政机关及其工作人员实施了国家赔偿法第三条第（三）、（四）、（五）项和第四条第（四）项规定的非具体行政行为的行为侵犯其人身权、财产权并造成损失，赔偿义务机关拒不确认致害行为违法，赔偿请求人可直接向人民法院提起行政赔偿诉讼。

第四条 公民、法人或者其他组织在提起行政诉讼的同时一并提出行政赔偿请求的，人民法院应一并受理。

赔偿请求人单独提起行政赔偿诉讼，须以赔偿义务机关先行处理为前提。赔偿请求人对赔偿义务机关确定的赔偿数额有异议或者赔偿义务机关逾期不予赔偿，赔偿请求人有权向人民法院提起行政赔偿诉讼。

第五条 法律规定由行政机关最终裁决的具体行政行为，被作出最终裁决的行政机关确认违法，赔偿请求人以赔偿义务机关应当赔偿而不予赔偿或逾期不予赔偿或者对赔偿数额有异议提起行政赔偿诉讼，人民法院应依法受理。

第六条 公民、法人或者其他组织以国防、外交等国家行为或者行政机关制定发布行政法规、规章或者具有普遍约束力的决定、命令侵犯其合法权益造成损害为由，向人民法院提起行政赔偿诉讼的，人民法院不予受理。

二、管辖

第七条 公民、法人或者其他组织在提起行政诉讼的同时一并提出行政赔偿请求的，人民法院依照行政诉讼法第十七条、第十八条、第二十条的规定管辖。

第八条 赔偿请求人提起行政赔偿诉讼的请求涉及不动产的，由不动产所在地的人民法院管辖。

第九条　单独提起的行政赔偿诉讼案件由被告住所地的基层人民法院管辖。

中级人民法院管辖下列第一审行政赔偿案件：

(1)被告为海关、专利管理机关的；

(2)被告为国务院各部门或者省、自治区、直辖市人民政府的；

(3)本辖区内其他重大影响和复杂的行政赔偿案件。

高级人民法院管辖本辖区内有重大影响和复杂的第一审行政赔偿案件。

最高人民法院管辖全国范围内有重大影响和复杂的第一审行政赔偿案件。

第十条　赔偿请求人因同一事实对两个以上行政机关提起行政诉讼的，可以向其中任何一个行政机关住所地的人民法院提起。赔偿请求人向两个以上有管辖权的人民法院提起行政赔偿诉讼的，由最先收到起诉状的人民法院管辖。

第十一条　公民对限制人身自由的行政强制措施不服，或者对行政赔偿机关基于同一事实对同一当事人作出限制人身自由和对财产采取强制措施的具体行政行为不服，在提起行政诉讼的同时一并提出行政赔偿请求的，由受理该行政案件的人民法院管辖；单独提起行政赔偿诉讼的，由被告住所地或原告住所地或不动产所在地的人民法院管辖。

第十二条　人民法院发现受理的案件不属于自己管辖，应当移送有管辖权的人民法院；受移送的人民法院不得再行移送。

第十三条　人民法院对管辖权发生争议的，由争议双方协商解决，协商不成的，报请他们的共同上级人民法院指定管辖。如双方为跨省、自治区、直辖市的人民法院，高级人民法院协商不成的，由最高人民法院及时指定管辖。

依前款规定报请上级人民法院指定管辖时，应当逐级进行。

三、诉讼当事人

第十四条　与行政赔偿案件处理结果有法律上的利害关系的其他公民、法人或者其他组织有权作为第三人参加行政赔偿诉讼。

第十五条　受害的公民死亡，其继承人和其他有抚养关系的亲属以及死者生前抚养的无劳动能力的人有权提起行政赔偿诉讼。

第十六条　企业法人或者其他组织被行政机关撤销、变更、兼并、注销，认为经营自主权受到侵害,依法提起行政赔偿诉讼,原企业法人或其他组织,或者对其享有权利的法人或其他组织均具有原告资格。

第十七条 两个以上行政机关共同侵权,赔偿请求人对其中一个或者数个侵权机关提起行政赔偿诉讼,若诉讼请求系可分之诉,被诉的一个或者数个侵权机关为被告;若诉讼请求系不可分之诉,由人民法院依法追加其他侵权机关为共同被告。

第十八条 复议机关的复议决定加重损害的,赔偿请求人只对作出原决定的行政机关提起行政赔偿诉讼,作出原决定的行政机关为被告;赔偿请求人只对复议机关提起行政赔偿诉讼的,复议机关为被告。

第十九条 行政机关依据行政诉讼法第六十六条的规定申请人民法院强制执行具体行政行为,由于据以强制执行的根据错误而发生行政赔偿诉讼的,申请强制执行的行政机关为被告。

第二十条 人民法院审理行政赔偿案件,需要变更被告而原告不同意变更的,裁定驳回起诉。

四、起诉与受理

第二十一条 赔偿请求人单独提起行政赔偿诉讼,应当符合下列条件:

(1)原告具有请求资格;

(2)有明确的被告;

(3)有具体的赔偿请求和受损害的事实根据;

(4)加害行为为具体行政行为的,该行为已被确认为违法;

(5)赔偿义务机关已先行处理或超过法定期限不予处理;

(6)属于人民法院行政赔偿诉讼的受案范围和受诉人民法院管辖;

(7)符合法律规定的起诉期限。

第二十二条 赔偿请求人单独提起行政赔偿诉讼,可以在向赔偿义务机关递交赔偿申请后的两个月届满之日起三个月内提出。

第二十三条 公民、法人或者其他组织在提起行政诉讼的同时一并提出行政赔偿请求的,其起诉期限按照行政诉讼起诉期限的规定执行。

行政案件的原告可以在提起行政诉讼后至人民法院一审庭审结束前，提出行政赔偿请求。

第二十四条　赔偿义务机关作出赔偿决定时，未告知赔偿请求人的诉权或者起诉期限，致使赔偿请求人逾期向人民法院起诉的，其起诉期限从赔偿请求人实际知道诉权或者起诉期限时计算，但逾期的期间自赔偿请求人收到赔偿决定之日起不得超过一年。

第二十五条　受害的公民死亡，其继承人和有抚养关系的人提起行政赔偿诉讼，应当提供该公民死亡的证明及赔偿请求人与死亡公民之间的关系证明。

第二十六条　当事人先后被采取限制人身自由的行政强制措施和刑事拘留等强制措施，因强制措施被确认为违法而请求赔偿的，人民法院按其行为性质分别适用行政赔偿程序和刑事赔偿程序立案受理。

第二十七条　人民法院接到原告单独提起的行政赔偿起诉状，应当进行审查，并在七日内立案或者作出不予受理的裁定。

人民法院接到行政赔偿起诉状后，在七日内不能确定可否受理的，应当先予受理。审理中发现不符合受理条件的，裁定驳回起诉。

当事人对不予受理或者驳回起诉的裁定不服的，可以在裁定书送达之日起十日内向上一级人民法院提起上诉。

五、审理和判决

第二十八条　当事人在提起行政诉讼的同时一并提出行政赔偿请求，或者因具体行政行为和与行使行政职权有关的其他行为侵权造成损害一并提出行政赔偿请求的，人民法院应当分别立案，根据具体情况可以合并审理，也可以单独审理。

第二十九条　人民法院审理行政赔偿案件，就当事人之间的行政赔偿争议进行审理与裁判。

第三十条　人民法院审理行政赔偿案件在坚持合法、自愿的前提下，可以就赔偿范围、赔偿方式和赔偿数额进行调解。调解成立的，应当制作行政赔偿调解书。

第三十一条　被告在一审判决前同原告达成赔偿协议，原告申请撤诉的，人民法院应当依法予以审查并裁定是否准许。

第三十二条 原告在行政赔偿诉讼中对自己的主张承担举证责任。被告有权提供不予赔偿或者减少赔偿数额方面的证据。

第三十三条 被告的具体行政行为违法但尚未对原告合法权益造成损害的,或者原告的请求没有事实根据或法律根据的,人民法院应当判决驳回原告的赔偿请求。

第三十四条 人民法院对赔偿请求人未经确认程序而直接提起行政赔偿诉讼的案件,在判决时应当对赔偿义务机关致害行为是否违法予以确认。

第三十五条 人民法院对单独提起行政赔偿案件作出判决的法律文书的名称为行政赔偿判决书、行政赔偿裁定书或者行政赔偿调解书。

六、执行与期间

第三十六条 发生法律效力的行政赔偿判决、裁定或调解协议,当事人必须履行。一方拒绝履行的,对方当事人可以向第一审人民法院申请执行。

申请执行的期限,申请人是公民的为一年,申请人是法人或者其他组织的为六个月。

第三十七条 单独受理的第一审行政赔偿案件的审理期限为三个月,第二审为两个月;一并受理行政赔偿请求案件的审理期限与该行政案件的审理期限相同。如因特殊情况不能按期结案,需要延长审限的,应按照行政诉讼法的有关规定报请批准。

七、其他

第三十八条 人民法院审理行政赔偿案件,除依照国家赔偿法行政赔偿程序的规定外,对本规定没有规定的,在不与国家赔偿法相抵触的情况下,可以适用行政诉讼的有关规定。

第三十九条 赔偿请求人要求人民法院确认致害行为违法涉及的鉴定、勘验、审计等费用,由申请人预付,最后由败诉方承担。

第四十条 最高人民法院以前所作的有关司法解释与本规定不一致的,按本规定执行。

最高人民法院印发《关于人民法院执行〈中华人民共和国国家赔偿法〉几个问题的解释》的通知

（1996年5月6日　法发〔1996〕15号）

各省、自治区、直辖市高级人民法院，解放军军事法院：

现将《最高人民法院关于人民法院执行〈中华人民共和国国家赔偿法〉几个问题的解释》印发给你们，请认真遵照执行。执行中有何意见和问题，请及时报告我院。

最高人民法院关于印发《人民法院赔偿委员会审理赔偿案件程序的暂行规定》的通知

（1996年5月6日　法发〔1996〕14号）

各省、自治区、直辖市高级人民法院，解放军军事法院：

现将《人民法院赔偿委员会审理赔偿案件程序的暂行规定》印发给你们，请认真遵照执行。执行中有何意见和问题，请及时报告我院。

附：赔偿案件诉讼文书样式（略）

最高人民法院关于鉴证机关对经济合同鉴证错误给当事人造成损失，应当承担赔偿责任的答复

（1996年4月19日）

四川省高级人民法院：

你院川高法〔1995〕22号“对经济合同鉴证错误给当事人造成经济损失，鉴证机关是否承担赔偿责任的请求”已收悉，经研究答复如下：

工商行政管理机关对经济合同鉴证是国家对经济合同进行管理和监督的一项措施。根据《行政诉讼法》、《国家赔偿法》的有关规定，鉴证机关没有严格依法审查合同，对主体不合格或没有履约能力的经济合同予以鉴证，致使一方当事人受到经济损失的，受到损失的当事人可以向人民法院提起行政诉讼，并要求鉴证机关予以赔偿。鉴证机关除退还收取的鉴证费外，应承担与其过错相应的赔偿责任。

最高人民法院关于受理行政赔偿案件是否收取诉讼费用的答复

（1995年9月18日　法函〔1995〕121号）

四川省高级人民法院：

你院川高法〔1995〕123号《关于国家赔偿法实施后行政赔偿案件是否收取诉

讼费用的请示》收悉。经研究,答复如下:

根据《中华人民共和国国家赔偿法》第三十四条的规定,人民法院受理行政赔偿案件,不得向当事人收取诉讼费用。

最高人民法院关于《中华人民共和国国家赔偿法》溯及力和人民法院赔偿委员会受案范围问题的批复

(1995年1月29日　法复〔1995〕1号)

各省、自治区、直辖市高级人民法院,解放军军事法院:

《中华人民共和国国家赔偿法》(以下简称《国家赔偿法》)公布和施行以来,一些地方高级人民法院就该法的溯及力和人民法院赔偿委员会受理案件的范围问题请示多院,经研究,现答复如下:

一、根据《国家赔偿法》第三十五条规定,《国家赔偿法》1995年1月1日起施行。《国家赔偿法》不溯及既往。即:国家机关及其工作人员行使职权时侵犯公民、法人和其他组织合法权益的行为,发生在1994年12月31日以前的,依照以前的有关规定处理。发生在1995年1月1日以后并经依法确认的,适用《国家赔偿法》予以赔偿。发生在1994年12月31日以前,但持续至1995年1月1日以后,并经依法确认的,属于1995年1月1日以后应予赔偿的部分,适用《国家赔偿法》予以赔偿;属于1994年12月31日以前应予赔偿的部分,适用当时的规定予以赔偿;当时没有规定的,参照《国家赔偿法》的规定予以赔偿。

二、依照《国家赔偿法》的有关规定,人民法院赔偿委员会受理下列案件:

1. 行使侦查、检察,监狱管理职权的机关及其工作人员在行使职权时侵犯公民、法人和其他组织的人身权、财产权,造成损害,经依法确认应予赔偿,赔偿请求人经依法申请赔偿和申请复议,因对复议决定不服或者复议机关逾期不作决定,在法定期间内向复议机关所在地的同级人民法院赔偿委员会申请作出赔偿决定的；

2. 人民法院是赔偿义务机关，赔偿请求人经申请赔偿，因赔偿义务机关逾期不予赔偿或者赔偿请求人对赔偿数额有异议，在法定期间内向赔偿义务机关的上一级人民法院赔偿委员会申请作出赔偿决定的。

（二）司法性文件

最高人民法院最高人民检察院关于刑事赔偿义务机关确定问题的通知

（2005 年 7 月 5 日　高检会〔2005〕1 号）

各省、自治区、直辖市高级人民法院、人民检察院，解放军军事法院、军事检察院，新疆维吾尔自治区高级人民法院生产建设兵团分院、新疆生产建设兵团人民检察院：

为规范刑事赔偿案件的办理，及时执行生效的刑事赔偿决定，切实保障赔偿请求人的合法权益，根据《中华人民共和国国家赔偿法》第十九条和《最高人民法院、最高人民检察院〈关于办理人民法院、人民检察院共同赔偿案件若干问题的解释〉》第一条的规定，现就确定赔偿义务机关的有关事项通知如下：

一、人民检察院批准逮捕并提起公诉，一审人民法院判决无罪，或者人民检察院撤回起诉作出不起诉决定或者撤销案件决定，依法应当赔偿的案件，批准逮捕与提起公诉的如不是同一人民检察院，赔偿义务机关为批准逮捕的人民检察院。

二、人民检察院批准逮捕并提起公诉，一审人民法院判决有罪，二审人民法院改判无罪，或者发回重审后一审人民法院改判无罪，或者人民检察院撤回起诉作出不起诉决定或者撤销案件决定，依法应当赔偿的案件，一审人民法院和批准逮捕的人民检察院为共同赔偿义务机关。批准逮捕与提起公诉的如不是同一人民检察院，共同赔偿义务机关为提起公诉的人民检察院。

三、本通知自发布之日起施行。本通知发布前，已经生效的刑事赔偿决定不再变更赔偿义务机关。

最高人民法院关于各高、中级人民法院赔偿委员会及其办公室机构设置的通知

（2002年1月7日　法〔2002〕3号）

各省、自治区、直辖市高级人民法院，解放军军事法院，新疆维吾尔自治区高级人民法院生产建设兵团分院：

为了搞好国家赔偿审判工作，根据《地方各级人民法院机构改革意见》和全国地方人民法院机构改革工作座谈会精神，现对各高、中级人民法院赔偿委员会及其办公室的机构设置通知如下：

一、各高、中级人民法院应当设立赔偿委员会及其办公室，赔偿委员会主任委员由副院长兼任。

二、高、中级人民法院赔偿委员会办公室有条件的应当独立设置。独立设置确有困难的，可以挂靠在行政审判庭，但不合署办公，应当独立开展工作。赔偿委员会办公室的人员编制与行政审判庭分别设定，以保持人员相对稳定。

三、机构改革已经完成的法院，未达到上述要求的，应当按上述要求进行调整。

特此通知

最高人民法院关于印发国家统计局《关于对职工日平均工资计算问题的复函》的通知

（1996年2月13日〔1996〕法赔字第1号）

各高级人民法院、解放军军事法院赔偿委员会：

现将国家统计局《关于对职工日平均工资计算问题的复函》印发给你们，对日赔偿金的计算方法，可参照复函的意见办理。

最高人民法院赔偿委员会办公室

最高人民法院关于贯彻执行《中华人民共和国国家赔偿法》设立赔偿委员会的通知

（1994年12月23日）

各省、自治区、直辖市高级人民法院，解放军军事法院：

第八届全国人大常委会第七次会议通过的《中华人民共和国国家赔偿法》（以下简称《国家赔偿法》）将于1995年1月1日起施行。《国家赔偿法》的实施，是我国社会主义民主与法制建设的一件大事。人民法院认真贯彻执行《国家赔偿法》，不仅对于保障公民、法人和其他组织的合法权益具有重要的作用，而且对于加强人民法院审判工作，进一步提高办案质量，也具有十分重要的意义。各级人民法院要组织广大审判人员继续深入学习《国家赔偿法》，从思想上、组织上认真做好贯彻执行《国家赔偿法》的各项准备工作。现就实施《国家赔偿法》，在中级以上人民法院设立赔偿委员会的问题通知如下：

依照《国家赔偿法》第二十三条规定，中级以上人民法院设立赔偿委员会。中级人民法院赔偿委员会由3名或5名委员，高级人民法院赔偿委员会由5名或7名委员组成。赔偿委员会委员由审判员担任，其组成人员须报上一级人民法院批准。赔偿委员会设主任委员一人，由副院长兼任，亦可设专职主任主持工作，下设办公室，配备2名至5名工作人员。赔偿委员会应在1995年1月底前组建完成。

人民法院赔偿委员会依法处理各类赔偿案件，要切实做到严肃执法，秉公办案。赔偿委员会作赔偿决定，实行少数服从多数的原则。赔偿委员会受理的重大疑难案件，院长可以提交审判委员会讨论决定。赔偿委员会依法作出赔偿决定应当制作“赔偿决定书”，署名“×人民法院赔偿委员会”，加盖人民法院院印。

各级人民法院要通过学习贯彻《国家赔偿法》，教育干警进一步增强责任感，并注意总结审判工作经验，采取有效措施，切实解决审判工作存在的问题，不断提高办案质量，以预防和减少错案。一旦发生错案，要本着有错必纠的原则，坚决改正，并依法赔偿。赔偿经费按国家赔偿法和预算法的有关规定，列入各级财政预算。

实施《国家赔偿法》，将会遇到一些如何正确理解和执行法律的问题，我院将在进一步调查研究的基础上，作出司法解释；其他有关问题，我院正与有关部门协商解决。各地人民法院在贯彻《国家赔偿法》中遇到的重要问题，请及时层报我院研究解决。

六 行　政

1 综 合

(一)司法解释

最高人民法院关于审理反补贴行政案件应用法律若干问题的规定

(2002年9月11日最高人民法院审判委员会第1242次会议通过 2002年11月21日最高人民法院公告公布 自2003年1月1日起施行 法释〔2002〕36号)

为依法公正地审理反补贴行政案件,根据《中华人民共和国行政诉讼法》及其他有关法律的规定,制定本规定。

第一条 人民法院依法受理对下列反补贴行政行为提起的行政诉讼:

(一)有关补贴及补贴金额、损害及损害程度的终裁决定;

(二)有关是否征收反补贴税以及追溯征收的决定;

(三)有关保留、修改或者取消反补贴税以及承诺的复审决定;

(四)依照法律、行政法规规定可以起诉的其他反补贴行政行为。

第二条 与反补贴行政行为具有法律上利害关系的个人或者组织为利害关系人,可以依照行政诉讼法及其他有关法律、行政法规的规定,向人民法院提起行政诉讼。

前款所称利害关系人，是指向国务院主管机关提出反补贴调查书面申请的申请人，有关出口经营者和进口经营者及其他具有法律上利害关系的自然人、法人或者其他组织。

第三条 反补贴行政案件的被告，应当是作出相应被诉反补贴行政行为的国务院主管部门。

第四条 与被诉反补贴行政行为具有法律上利害关系的其他国务院主管部门，可以作为第三人参加诉讼。

第五条 第一审反补贴行政案件由下列人民法院管辖：

（一）被告所在地高级人民法院指定的中级人民法院；

（二）被告所在地高级人民法院。

第六条 人民法院依照行政诉讼法及其他有关反补贴的法律、行政法规，参照国务院部门规章，对被诉反补贴行政行为的事实问题和法律问题，进行合法性审查。

第七条 被告对其作出的被诉反补贴行政行为负举证责任，应当提供作出反补贴行政行为的证据和所依据的规范性文件。

人民法院依据被告的案卷记录审查被诉反补贴行政行为的合法性。被告在作出被诉反补贴行政行为时没有记入案卷的事实材料，不能作为认定该行为合法的根据。

第八条 原告对其主张的事实有责任提供证据。经人民法院依照法定程序审查，原告提供的证据具有关联性、合法性和真实性的，可以作为定案的根据。

被告在反补贴行政调查程序中依照法定程序要求原告提供证据，原告无正当理由拒不提供、不如实提供或者以其他方式严重妨碍调查，而在诉讼程序中提供的证据，人民法院不予采纳。

第九条 在反补贴行政调查程序中，利害关系人无正当理由拒不提供证据、不如实提供证据或者以其他方式严重妨碍调查的，国务院主管部门根据能够获得的证据得出的事实结论，可以认定为证据充分。

第十条 人民法院审理反补贴行政案件，根据不同情况，分别作出以下判决：

（一）被诉反补贴行政行为证据确凿，适用法律、行政法规正确，符合法定程序的，判决维持；

（二）被诉反补贴行政行为有下列情形之一的，判决撤销或者部分撤销，并可以判决被告重新作出反补贴行政行为：

1. 主要证据不足的；

2. 适用法律、行政法规错误的；

3. 违反法定程序的；

4. 超越职权的；

5. 滥用职权的。

（三）依照法律或者司法解释规定作出的其他判决。

第十一条 人民法院审理反补贴行政案件，可以参照有关涉外民事诉讼程序的规定。

第十二条 本规定自2003年1月1日起实施。

最高人民法院关于审理反倾销行政案件应用法律若干问题的规定

（2002年9月11日最高人民法院审判委员会第1242次会议 通过 2002年11月21日公布 自2003年1月1日起施行 法释〔2002〕35号）

为依法公正地审理反倾销行政案件，根据《中华人民共和国行政诉讼法》及其他有关法律的规定，制定本规定。

第一条 人民法院依法受理对下列反倾销行政行为提起的行政诉讼：

（一）有关倾销及倾销幅度、损害及损害程度的终裁决定；

（二）有关是否征收反倾销税的决定以及追溯征收、退税、对新出口经营者征税的决定；

（三）有关保留、修改或者取消反倾销税以及价格承诺的复审决定；

（四）依照法律、行政法规规定可以起诉的其他反倾销行政行为。

第二条 与反倾销行政行为具有法律上利害关系的个人或者组织为利害关系人，可以依照行政诉讼法及其他有关法律、行政法规的规定，向人民法院提起行政诉讼。

前款所称利害关系人，是指向国务院主管部门提出反倾销调查书面申请的申请人，有关出口经营者和进口经营者及其他具有法律上利害关系的自然人、法人或者其他组织。

第三条 反倾销行政案件的被告，应当是作出相应被诉反倾销行政行为的国务院主管部门。

第四条 与被诉反倾销行政行为具有法律上利害关系的其他国务院主管部门，可以作为第三人参加诉讼。

第五条 第一审反倾销行政案件由下列人民法院管辖：

（一）被告所在地高级人民法院指定的中级人民法院；

（二）被告所在地高级人民法院。

第六条 人民法院依照行政诉讼法及其他有关反倾销的法律、行政法规，参照国务院部门规章，对被诉反倾销行政行为的事实问题和法律问题，进行合法性审查。

第七条 被告对其作出的被诉反倾销行政行为负举证责任，应当提供作出反倾销行政行为的证据和所依据的规范性文件。

人民法院依据被告的案卷记录审查被诉反倾销行政行为的合法性。被告在作出被诉反倾销行政行为时没有记入案卷的事实材料，不能作为认定该行为合法的根据。

第八条 原告对其主张的事实有责任提供证据。经人民法院依照法定程序审查，原告提供的证据具有关联性、合法性和真实性的，可以作为定案的根据。

被告在反倾销行政调查程序中依照法定程序要求原告提供证据，原告无正当理由拒不提供、不如实提供或者以其他方式严重妨碍调查，而在诉讼程序中提供的证据，人民法院不予采纳。

第九条 在反倾销行政调查程序中，利害关系人无正当理由拒不提供证据、不如实提供证据或者以其他方式严重妨碍调查的，国务院主管部门根据能够获得的证据得出的事实结论，可以认定为证据充分。

第十条 人民法院审理反倾销行政案件，根据不同情况，分别作出以下判决：

（一）被诉反倾销行政行为证据确凿，适用法律、行政法规正确，符合法定程序的，判决维持；

（二）被诉反倾销行政行为有下列情形之一的，判决撤销或者部分撤销，并可以判决被告重新作出反倾销行政行为：

1. 主要证据不足的；
2. 适用法律、行政法规错误的；
3. 违反法定程序的；
4. 超越职权的；
5. 滥用职权的。

（三）依照法律或者司法解释规定作出的其他判决。

第十一条 人民法院审理反倾销行政案件，可以参照有关涉外民事诉讼程序的规定。

第十二条 本规定自2003年1月1日起实施。

最高人民法院关于审理国际贸易行政案件若干问题的规定

（2002年8月27日最高人民法院审判委员会第1239次会议通过 2002年8月27日公布 自2002年10月1日起施行 法释〔2002〕27号）

为依法公正及时地审理国际贸易行政案件，根据《中华人民共和国行政诉讼法》（以下简称行政诉讼法）、《中华人民共和国立法法》（以下简称立法法）以及其他有关法律的规定，制定本规定。

第一条 下列案件属于本规定所称国际贸易行政案件：

（一）有关国际货物贸易的行政案件；

（二）有关国际服务贸易的行政案件；

（三）与国际贸易有关的知识产权行政案件；

（四）其他国际贸易行政案件。

第二条 人民法院行政审判庭依法审理国际贸易行政案件。

第三条 自然人、法人或者其他组织认为中华人民共和国具有国家行政职权的机关和组织及其工作人员（以下统称行政机关）有关国际贸易的具体行政行为侵犯其合法权益的，可以依照行政诉讼法以及其他有关法律、法规的规定，向人民法院提起行政诉讼。

第四条 当事人的行为发生在新法生效之前，行政机关在新法生效之后对该行为作出行政处理决定的，当事人可以依照新法的规定提起行政诉讼。

第五条 第一审国际贸易行政案件由具有管辖权的中级以上人民法院管辖。

第六条 人民法院审理国际贸易行政案件，应当依照行政诉讼法，并根据案件具体情况，从以下方面对被诉具体行政行为进行合法性审查：

（一）主要证据是否确实、充分；

（二）适用法律、法规是否正确；

（三）是否违反法定程序；

（四）是否超越职权；

（五）是否滥用职权；

（六）行政处罚是否显失公正；

（七）是否不履行或者拖延履行法定职责。

第七条 根据行政诉讼法第五十二条第一款及立法法第六十三条第一款和第二款规定，人民法院审理国际贸易行政案件，应当依据中华人民共和国法律、行政法规以及地方立法机关在法定立法权限范围内制定的有关或者影响国际贸易的地方性法规。地方性法规适用于本行政区域内发生的国际贸易行政案件。

第八条 根据行政诉讼法第五十三条第一款及立法法第七十一条、第七十二条和第七十三条规定，人民法院审理国际贸易行政案件，参照国务院部门根据法律和国务院的行政法规、决定、命令，在本部门权限范围内制定的有关或者影响国际贸易的部门规章，以及省、自治区、直辖市和省、自治区的人民政府所在地的市、经济特区所在地的市、国务院批准的较大的市的人民政府根据法律、行政法规和地方性法规制定的有关或者影响国际贸易的地方政府规章。

第九条　人民法院审理国际贸易行政案件所适用的法律、行政法规的具体条文存在两种以上的合理解释，其中有一种解释与中华人民共和国缔结或者参加的国际条约的有关规定相一致的，应当选择与国际条约的有关规定相一致的解释，但中华人民共和国声明保留的条款除外。

第十条　外国人、无国籍人、外国组织在中华人民共和国进行国际贸易行政诉讼，同中华人民共和国公民、组织有同等的诉讼权利和义务，但有行政诉讼法第七十一条第二款规定的情形的，适用对等原则。

第十一条　涉及香港特别行政区、澳门特别行政区和台湾地区当事人的国际贸易行政案件，参照本规定处理。

第十二条　本规定自2002年10月1日起施行。

最高人民法院关于执行《中华人民共和国行政诉讼法》若干问题的解释

（1999年11月24日最高人民法院审判委员会第1088次会议通过　自2000年3月10日起施行　法释〔2000〕8号）

为正确理解和适用《中华人民共和国行政诉讼法》（以下简称行政诉讼法），现结合行政审判工作实际，对执行行政诉讼法的若干问题作出如下解释：

一、受案范围

第一条　公民、法人或者其他组织对具有国家行政职权的机关和组织及其工作人员的行政行为不服，依法提起诉讼的，属于人民法院行政诉讼的受案范围。

公民、法人或者其他组织对下列行为不服提起诉讼的，不属于人民法院行政诉讼的受案范围：

(一)行政诉讼法第十二条规定的行为；

(二)公安、国家安全等机关依照刑事诉讼法的明确授权实施的行为；

(三)调解行为以及法律规定的仲裁行为；

(四)不具有强制力的行政指导行为；

(五)驳回当事人对行政行为提起申诉的重复处理行为；

(六)对公民、法人或者其他组织权利义务不产生实际影响的行为。

第二条 行政诉讼法第十二条第(一)项规定的国家行为，是指国务院、中央军事委员会、国防部、外交部等根据宪法和法律的授权，以国家的名义实施的有关国防和外交事务的行为，以及经宪法和法律授权的国家机关宣布紧急状态、实施戒严和总动员等行为。

第三条 行政诉讼法第十二条第(二)项规定的“具有普遍约束力的决定、命令”，是指行政机关针对不特定对象发布的能反复适用的行政规范性文件。

第四条 行政诉讼法第十二条第(三)项规定的“对行政机关工作人员的奖惩、任免等决定”，是指行政机关作出的涉及该行政机关公务员权利义务的决定。

第五条 行政诉讼法第十二条第(四)项规定的“法律规定由行政机关最终裁决的具体行政行为”中的“法律”，是指全国人民代表大会及其常务委员会制定、通过的规范性文件。

二、管辖

第六条 各级人民法院行政审判庭审理行政案件和审查行政机关申请执行其具体行政行为的案件。

专门人民法院、人民法庭不审理行政案件，也不审查和执行行政机关申请执行其具体行政行为的案件。

第七条 复议决定有下列情形之一的，属于行政诉讼法规定的“改变原具体行政行为”：

(一)改变原具体行政行为所认定的主要事实和证据的；

（二）改变原具体行政行为所适用的规范依据且对定性产生影响的；

（三）撤销、部分撤销或者变更原具体行政行为处理结果的。

第八条 有下列情形之一的，属于行政诉讼法第十四条第（三）项规定的“本辖区内重大、复杂的案件”：

（一）被告为县级以上人民政府，且基层人民法院不适宜审理的案件；

（二）社会影响重大的共同诉讼、集团诉讼案件；

（三）重大涉外或者涉及香港特别行政区、澳门特别行政区、台湾地区的案件；

（四）其他重大、复杂案件。

第九条 行政诉讼法第十八条规定的“原告所在地”，包括原告的户籍所在地、经常居住地和被限制人身自由地。

行政机关基于同一事实既对人身又对财产实施行政处罚或者采取行政强制措施的，被限制人身自由的公民、被扣押或者没收财产的公民、法人或者其他组织对上述行为均不服的，既可以向被告所在地人民法院提起诉讼，也可以向原告所在地人民法院提起诉讼，受诉人民法院可一并管辖。

第十条 当事人提出管辖异议，应当在接到人民法院应诉通知之日起10日内以书面形式提出。

对当事人提出的管辖异议，人民法院应当进行审查。异议成立的，裁定将案件移送有管辖权的人民法院；异议不成立的，裁定驳回。

三、诉讼参加人

第十一条 行政诉讼法第二十四条规定的“近亲属”，包括配偶、父母、子女、兄弟姐妹、祖父母、外祖父母、孙子女、外孙子女和其他具有扶养、赡养关系的亲属。

公民因被限制人身自由而不能提起诉讼的，其近亲属可以依其口头或者书面委托以该公民的名义提起诉讼。

第十二条 与具体行政行为有法律上利害关系的公民、法人或者其他组织对该行为不服的，可以依法提起行政诉讼。

第十三条 有下列情形之一的，公民、法人或者其他组织可以依法提起行政诉讼：

（一）被诉的具体行政行为涉及其相邻权或者公平竞争权的；

（二）与被诉的行政复议决定有法律上利害关系或者在复议程序中被追加为第三人的；

（三）要求主管行政机关依法追究加害人法律责任的；

（四）与撤销或者变更具体行政行为有法律上利害关系的。

第十四条 合伙企业向人民法院提起诉讼的，应当以核准登记的字号为原告，由执行合伙企业事务的合伙人作诉讼代表人；其他合伙组织提起诉讼的，合伙人为共同原告。

不具备法人资格的其他组织向人民法院提起诉讼的，由该组织的主要负责人作诉讼代表人；没有主要负责人的，可以由推选的负责人作诉讼代表人。

同案原告为5人以上，应当推选1至5名诉讼代表人参加诉讼；在指定期限内未选定的，人民法院可以依职权指定。

第十五条 联营企业、中外合资或者合作企业的联营、合资、合作各方，认为联营、合资、合作企业权益或者自己一方合法权益受具体行政行为侵害的，均可以自己的名义提起诉讼。

第十六条 农村土地承包人等土地使用权人对行政机关处分其使用的农村集体所有土地的行为不服，可以自己的名义提起诉讼。

第十七条 非国有企业被行政机关注销、撤销、合并、强令兼并、出售、分立或者改变企业隶属关系的，该企业或者其法定代表人可以提起诉讼。

第十八条 股份制企业的股东大会、股东代表大会、董事会等认为行政机关作出的具体行政行为侵犯企业经营自主权的，可以企业名义提起诉讼。

第十九条 当事人不服经上级行政机关批准的具体行政行为，向人民法院提起诉讼的，应当以在对外发生法律效力的文书上署名的机关为被告。

第二十条 行政机关组建并赋予行政管理职能但不具有独立承担法律责任能力的机构，以自己的名义作出具体行政行为，当事人不服提起诉讼的，应当以组建该机构的行政机关为被告。

行政机关的内设机构或者派出机构在没有法律、法规或者规章授权的情况下，以自己的名义作出具体行政行为，当事人不服提起诉讼的，应当以该行政机关为被告。

法律、法规或者规章授权行使行政职权的行政机关内设机构、派出机构或者其他组织，超出法定授权范围实施行政行为，当事人不服提起诉讼的，应当以实施该行为的机构或者组织为被告。

第二十一条 行政机关在没有法律、法规或者规章规定的情况下，授权其内设机构、派出机构或者其他组织行使行政职权的，应当视为委托。当事人不服提起诉讼的，应当以该行政机关为被告。

第二十二条 复议机关在法定期间内不作复议决定，当事人对原具体行政行为不服提起诉讼的，应当以作出原具体行政行为的行政机关为被告；当事人对复议机关不作为不服提起诉讼的，应当以复议机关为被告。

第二十三条 原告所起诉的被告不适格，人民法院应当告知原告变更被告；原告不同意变更的，裁定驳回起诉。

应当追加被告而原告不同意追加的，人民法院应当通知其以第三人的身份参加诉讼。

第二十四条 行政机关的同一具体行政行为涉及两个以上利害关系人，其中一部分利害关系人对具体行政行为不服提起诉讼，人民法院应当通知没有起诉的其他利害关系人作为第三人参加诉讼。

第三人有权提出与本案有关的诉讼主张，对人民法院的一审判决不服，有权提起上诉。

第二十五条 当事人委托诉讼代理人，应当向人民法院提交由委托人签名或者盖章的授权委托书。委托书应当载明委托事项和具体权限。公民在特殊情况下无法书面委托的，也可以口头委托。口头委托的，人民法院应当核实并记录在卷；被诉机关或者其他有义务协助的机关拒绝人民法院向被限制人身自由的公民核实的，视为委托成立。当事人解除或者变更委托的，应当书面报告人民法院，由人民法院通知其他当事人。

四、证据

第二十六条 在行政诉讼中，被告对其作出的具体行政行为承担举证责任。

被告应当在收到起诉状副本之日起10日内提交答辩状，并提供作出具体行政行为时的证据、依据；被告不提供或者无正当理由逾期提供的，应当认定该具体行政行为没有证据、依据。

第二十七条 原告对下列事项承担举证责任：

（一）证明起诉符合法定条件，但被告认为原告起诉超过起诉期限的除外；

（二）在起诉被告不作为的案件中，证明其提出申请的事实；

（三）在一并提起的行政赔偿诉讼中，证明因受被诉行为侵害而造成损失的事实；

（四）其他应当由原告承担举证责任的事项。

第二十八条 有下列情形之一的，被告经人民法院准许可以补充相关的证据：

（一）被告在作出具体行政行为时已经收集证据，但因不可抗力等正当事由不能提供的；

（二）原告或者第三人在诉讼过程中，提出了其在被告实施行政行为过程中没有提出的反驳理由或者证据的。

第二十九条 有下列情形之一的，人民法院有权调取证据：

（一）原告或者第三人及其诉讼代理人提供了证据线索，但无法自行收集而申请人民法院调取的；

（二）当事人应当提供而无法提供原件或者原物的。

第三十条 下列证据不能作为认定被诉具体行政行为合法的根据：

（一）被告及其诉讼代理人在作出具体行政行为后自行收集的证据；

（二）被告严重违反法定程序收集的其他证据。

第三十一条 未经法庭质证的证据不能作为人民法院裁判的根据。

复议机关在复议过程中收集和补充的证据，不能作为人民法院维持原具体行政行为的根据。

被告在二审过程中向法庭提交在一审过程中没有提交的证据，不能作为二审法院撤销或者变更一审裁判的根据。

五、起诉与受理

第三十二条 人民法院应当组成合议庭对原告的起诉进行审查。符合起诉条件的,应当在7日内立案;不符合起诉条件的,应当在7日内裁定不予受理。

7日内不能决定是否受理的,应当先予受理;受理后经审查不符合起诉条件的,裁定驳回起诉。

受诉人民法院在7日内既不立案,又不作出裁定的,起诉人可以向上一级人民法院申诉或者起诉。上一级人民法院认为符合受理条件的,应予受理;受理后可以移交或者指定下级人民法院审理,也可以自行审理。

前三款规定的期限,从受诉人民法院收到起诉状之日起计算;因起诉状内容欠缺而责令原告补正的,从人民法院收到补正材料之日起计算。

第三十三条 法律、法规规定应当先申请复议,公民、法人或者其他组织未申请复议直接提起诉讼的,人民法院不予受理。

复议机关不受理复议申请或者在法定期限内不作出复议决定,公民、法人或者其他组织不服,依法向人民法院提起诉讼的,人民法院应当依法受理。

第三十四条 法律、法规未规定行政复议为提起行政诉讼必经程序,公民、法人或者其他组织既提起诉讼又申请行政复议的,由先受理的机关管辖;同时受理的,由公民、法人或者其他组织选择。公民、法人或者其他组织已经申请行政复议,在法定复议期间内又向人民法院提起诉讼的,人民法院不予受理。

第三十五条 法律、法规未规定行政复议为提起行政诉讼必经程序,公民、法人或者其他组织向复议机关申请行政复议后,又经复议机关同意撤回复议申请,在法定起诉期限内对原具体行政行为提起诉讼的,人民法院应当依法受理。

第三十六条 人民法院裁定准许原告撤诉后,原告以同一事实和理由重新起诉的,人民法院不予受理。

准予撤诉的裁定确有错误,原告申请再审的,人民法院应当通过审判监督程序撤销原准予撤诉的裁定,重新对案件进行审理。

第三十七条 原告或者上诉人未按规定的期限预交案件受理费,又不提出缓交、减交、免交申请,或者提出申请未获批准的,按自动撤诉处理。在按撤诉处理后,原告或者上诉人在法定期限内再次起诉或者上诉,并依法解决诉讼费预交问题的,人民法院应予受理。

第三十八条 人民法院判决撤销行政机关的具体行政行为后,公民、法人或者其他组织对行政机关重新作出的具体行政行为不服向人民法院起诉的，人民法院应当依法受理。

第三十九条　公民、法人或者其他组织申请行政机关履行法定职责，行政机关在接到申请之日起60日内不履行的，公民、法人或者其他组织向人民法院提起诉讼，人民法院应当依法受理。法律、法规、规章和其他规范性文件对行政机关履行职责的期限另有规定的，从其规定。

公民、法人或者其他组织在紧急情况下请求行政机关履行保护其人身权、财产权的法定职责，行政机关不履行的，起诉期间不受前款规定的限制。

第四十条　行政机关作出具体行政行为时，没有制作或者没有送达法律文书，公民、法人或者其他组织不服向人民法院起诉的，只要能证明具体行政行为存在，人民法院应当依法受理。

第四十一条　行政机关作出具体行政行为时，未告知公民、法人或者其他组织诉权或者起诉期限的，起诉期限从公民、法人或者其他组织知道或者应当知道诉权或者起诉期限之日起计算，但从知道或者应当知道具体行政行为内容之日起最长不得超过2年。

复议决定未告知公民、法人或者其他组织诉权或者法定起诉期限的，适用前款规定。

第四十二条　公民、法人或者其他组织不知道行政机关作出的具体行政行为内容的，其起诉期限从知道或者应当知道该具体行政行为内容之日起计算。对涉及不动产的具体行政行为从作出之日起超过20年、其他具体行政行为从作出之日起超过5年提起诉讼的，人民法院不予受理。

第四十三条　由于不属于起诉人自身的原因超过起诉期限的，被耽误的时间不计算在起诉期间内。因人身自由受到限制而不能提起诉讼的，被限制人身自由的时间不计算在起诉期间内。

六、审理与判决

第四十四条　有下列情形之一的，应当裁定不予受理；已经受理的，裁定驳回起诉：

（一）请求事项不属于行政审判权限范围的；

（二）起诉人无原告诉讼主体资格的；

（三）起诉人错列被告且拒绝变更的；

（四）法律规定必须由法定或者指定代理人、代表人为诉讼行为，未由法定或者指定代理人、代表人为诉讼行为的；

（五）由诉讼代理人代为起诉，其代理不符合法定要求的；

（六）起诉超过法定期限且无正当理由的；

（七）法律、法规规定行政复议为提起诉讼必经程序而未申请复议的；

（八）起诉人重复起诉的；

（九）已撤回起诉，无正当理由再行起诉的；

（十）诉讼标的为生效判决的效力所羁束的；

（十一）起诉不具备其他法定要件的。

前款所列情形可以补正或者更正的，人民法院应当指定期间责令补正或者更正；在指定期间已经补正或者更正的，应当依法受理。

第四十五条 起诉状副本送达被告后，原告提出新的诉讼请求的，人民法院不予准许，但有正当理由的除外。

第四十六条 有下列情形之一的，人民法院可以决定合并审理：

（一）两个以上行政机关分别依据不同的法律、法规对同一事实作出具体行政行为，公民、法人或者其他组织不服向同一人民法院起诉的；

（二）行政机关就同一事实对若干公民、法人或者其他组织分别作出具体行政行为，公民、法人或者其他组织不服分别向同一人民法院起诉的；

（三）在诉讼过程中，被告对原告作出新的具体行政行为，原告不服向同一人民法院起诉的；

（四）人民法院认为可以合并审理的其他情形。

第四十七条 当事人申请回避，应当说明理由，在案件开始审理时提出；回避事由在案件开始审理后知道的，应当在法庭辩论终结前提出。

被申请回避的人员，在人民法院作出是否回避的决定前，应当暂停参与本案的工作，但案件需要采取紧急措施的除外。

对当事人提出的回避申请,人民法院应当在3日内以口头或者书面形式作出决定。

申请人对驳回回避申请决定不服的,可以向作出决定的人民法院申请复议一次。复议期间,被申请回避的人员不停止参与本案的工作。对申请人的复议申请,人民法院应当在3日内作出复议决定,并通知复议申请人。

第四十八条 人民法院对于因一方当事人的行为或者其他原因,可能使具体行政行为或者人民法院生效裁判不能或者难以执行的案件,可以根据对方当事人的申请作出财产保全的裁定;当事人没有提出申请的,人民法院在必要时也可以依法采取财产保全措施。

人民法院审理起诉行政机关没有依法发给抚恤金、社会保险金、最低生活保障费等案件,可以根据原告的申请,依法书面裁定先予执行。

当事人对财产保全或者先予执行的裁定不服的,可以申请复议。复议期间不停止裁定的执行。

第四十九条 原告或者上诉人经合法传唤,无正当理由拒不到庭或者未经法庭许可中途退庭的,可以按撤诉处理。

原告或者上诉人申请撤诉,人民法院裁定不予准许的,原告或者上诉人经合法传唤无正当理由拒不到庭,或者未经法庭许可而中途退庭的,人民法院可以缺席判决。

第三人经合法传唤无正当理由拒不到庭,或者未经法庭许可中途退庭的,不影响案件的审理。

第五十条 被告在一审期间改变被诉具体行政行为的,应当书面告知人民法院。

原告或者第三人对改变后的行政行为不服提起诉讼的,人民法院应当就改变后的具体行政行为进行审理。

被告改变原具体行政行为,原告不撤诉,人民法院经审查认为原具体行政行为违法的,应当作出确认其违法的判决;认为原具体行政行为合法的,应当判决驳回原告的诉讼请求。

原告起诉被告不作为,在诉讼中被告作出具体行政行为,原告不撤诉的,参照上述规定处理。

第五十一条 在诉讼过程中,有下列情形之一的,中止诉讼:

(一)原告死亡,须等待其近亲属表明是否参加诉讼的;

(二)原告丧失诉讼行为能力,尚未确定法定代理人的;

(三)作为一方当事人的行政机关、法人或者其他组织终止,尚未确定权利义务承受人的;

(四)一方当事人因不可抗力的事由不能参加诉讼的;

(五)案件涉及法律适用问题,需要送请有权机关作出解释或者确认的;

(六)案件的审判须以相关民事、刑事或者其他行政案件的审理结果为依据,而相关案件尚未审结的;

(七)其他应当中止诉讼的情形。

中止诉讼的原因消除后,恢复诉讼。

第五十二条 在诉讼过程中,有下列情形之一的,终结诉讼:

(一)原告死亡,没有近亲属或者近亲属放弃诉讼权利的;

(二)作为原告的法人或者其他组织终止后,其权利义务的承受人放弃诉讼权利的。

因本解释第五十一条第一款第(一)、(二)、(三)项原因中止诉讼满90日仍无人继续诉讼的,裁定终结诉讼,但有特殊情况的除外。

第五十三条 复议决定维持原具体行政行为的,人民法院判决撤销原具体行政行为,复议决定自然无效。

复议决定改变原具体行政行为错误,人民法院判决撤销复议决定时,应当责令复议机关重新作出复议决定。

第五十四条 人民法院判决被告重新作出具体行政行为,被告重新作出的具体行政行为与原具体行政行为的结果相同,但主要事实或者主要理由有改变的,不属于行政诉讼法第五十五条规定的情形。

人民法院以违反法定程序为由,判决撤销被诉具体行政行为的,行政机关重新作出具体行政行为不受行政诉讼法第五十五条规定的限制。

行政机关以同一事实和理由重新作出与原具体行政行为基本相同的具体行政

行为，人民法院应当根据行政诉讼法第五十四条第（二）项、第五十五条的规定判决撤销或者部分撤销，并根据行政诉讼法第六十五条第三款的规定处理。

第五十五条 人民法院审理行政案件不得加重对原告的处罚，但利害关系人同为原告的除外。

人民法院审理行政案件不得对行政机关未予处罚的人直接给予行政处罚。

第五十六条 有下列情形之一的，人民法院应当判决驳回原告的诉讼请求：

（一）起诉被告不作为理由不能成立的；

（二）被诉具体行政行为合法但存在合理性问题的；

（三）被诉具体行政行为合法，但因法律、政策变化需要变更或者废止的；

（四）其他应当判决驳回诉讼请求的情形。

第五十七条 人民法院认为被诉具体行政行为合法，但不适宜判决维持或者驳回诉讼请求的，可以作出确认其合法或者有效的判决。

有下列情形之一的，人民法院应当作出确认被诉具体行政行为违法或者无效的判决：

（一）被告不履行法定职责，但判决责令其履行法定职责已无实际意义的；

（二）被诉具体行政行为违法，但不具有可撤销内容的；

（三）被诉具体行政行为依法不成立或者无效的。

第五十八条 被诉具体行政行为违法，但撤销该具体行政行为将会给国家利益或者公共利益造成重大损失的，人民法院应当作出确认被诉具体行政行为违法的判决，并责令被诉行政机关采取相应的补救措施；造成损害的，依法判决承担赔偿责任。

第五十九条 根据行政诉讼法第五十四条第（二）项规定判决撤销违法的被诉具体行政行为，将会给国家利益、公共利益或者他人合法权益造成损失的，人民法院在判决撤销的同时，可以分别采取以下方式处理：

（一）判决被告重新作出具体行政行为；

（二）责令被诉行政机关采取相应的补救措施；

（三）向被告和有关机关提出司法建议；

（四）发现违法犯罪行为的，建议有权机关依法处理。

第六十条 人民法院判决被告重新作出具体行政行为,如不及时重新作出具体行政行为,将会给国家利益、公共利益或者当事人利益造成损失的,可以限定重新作出具体行政行为的期限。

人民法院判决被告履行法定职责,应当指定履行的期限,因情况特殊难于确定期限的除外。

第六十一条 被告对平等主体之间民事争议所作的裁决违法,民事争议当事人要求人民法院一并解决相关民事争议的,人民法院可以一并审理。

第六十二条 人民法院审理行政案件,适用最高人民法院司法解释的,应当在裁判文书中援引。

人民法院审理行政案件,可以在裁判文书中引用合法有效的规章及其他规范性文件。

第六十三条 裁定适用于下列范围:

(一)不予受理;

(二)驳回起诉;

(三)管辖异议;

(四)终结诉讼;

(五)中止诉讼;

(六)移送或者指定管辖;

(七)诉讼期间停止具体行政行为的执行或者驳回停止执行的申请;

(八)财产保全;

(九)先予执行;

(十)准许或者不准许撤诉;

(十一)补正裁判文书中的笔误;

(十二)中止或者终结执行;

(十三)提审、指令再审或者发回重审;

(十四)准许或者不准许执行行政机关的具体行政行为;

(十五)其他需要裁定的事项。

对第(一)、(二)、(三)项裁定,当事人可以上诉。

第六十四条 行政诉讼法第五十七条、第六十条规定的审限，是指从立案之日起至裁判宣告之日止的期间。鉴定、处理管辖争议或者异议以及中止诉讼的时间不计算在内。

第六十五条 第一审人民法院作出判决和裁定后，当事人均提起上诉的，上诉各方均为上诉人。

诉讼当事人中的一部分人提出上诉，没有提出上诉的对方当事人为被上诉人，其他当事人依原审诉讼地位列明。

第六十六条 当事人提出上诉，应当按照其他当事人或者诉讼代表人的人数提出上诉状副本。

原审人民法院收到上诉状，应当在5日内将上诉状副本送达其他当事人，对方当事人应当在收到上诉状副本之日起10日内提出答辩状。

原审人民法院应当在收到答辩状之日起5日内将副本送达当事人。

原审人民法院收到上诉状、答辩状，应当在5日内连同全部案卷和证据，报送第二审人民法院。已经预收诉讼费用的，一并报送。

第六十七条 第二审人民法院审理上诉案件，应当对原审人民法院的裁判和被诉具体行政行为是否合法进行全面审查。

当事人对原审人民法院认定的事实有争议的，或者第二审人民法院认为原审人民法院认定事实不清楚的，第二审人民法院应当开庭审理。

第六十八条 第二审人民法院经审理认为原审人民法院不予受理或者驳回起诉的裁定确有错误，且起诉符合法定条件的，应当裁定撤销原审人民法院的裁定，指令原审人民法院依法立案受理或者继续审理。

第六十九条 第二审人民法院裁定发回原审人民法院重新审理的行政案件，原审人民法院应当另行组成合议庭进行审理。

第七十条 第二审人民法院审理上诉案件，需要改变原审判决的，应当同时对被诉具体行政行为作出判决。

第七十一条 原审判决遗漏了必须参加诉讼的当事人或者诉讼请求的，第二审人民法院应当裁定撤销原审判决，发回重审。

原审判决遗漏行政赔偿请求，第二审人民法院经审查认为依法不应当予以赔偿的,应当判决驳回行政赔偿请求。

原审判决遗漏行政赔偿请求,第二审人民法院经审理认为依法应当予以赔偿的,在确认被诉具体行政行为违法的同时,可以就行政赔偿问题进行调解;调解不成的,应当就行政赔偿部分发回重审。

当事人在第二审期间提出行政赔偿请求的,第二审人民法院可以进行调解;调解不成的,应当告知当事人另行起诉。

第七十二条 有下列情形之一的,属于行政诉讼法第六十三条规定的"违反法律、法规规定":

(一)原判决、裁定认定的事实主要证据不足;

(二)原判决、裁定适用法律、法规确有错误;

(三)违反法定程序,可能影响案件正确裁判;

(四)其他违反法律、法规的情形。

第七十三条 当事人申请再审,应当在判决、裁定发生法律效力后 2 年内提出。

当事人对已经发生法律效力的行政赔偿调解书,提出证据证明调解违反自愿原则或者调解协议的内容违反法律规定的,可以在 2 年内申请再审。

第七十四条 人民法院接到当事人的再审申请后,经审查,符合再审条件的,应当立案并及时通知各方当事人;不符合再审条件的,予以驳回。

第七十五条 对人民检察院按照审判监督程序提出抗诉的案件,人民法院应当再审。

人民法院开庭审理抗诉案件时,应当通知人民检察院派员出庭。

第七十六条 人民法院按照审判监督程序再审的案件,发生法律效力的判决、裁定是由第一审人民法院作出的,按照第一审程序审理,所作的判决、裁定,当事人可以上诉;发生法律效力的判决、裁定是由第二审人民法院作出的,按照第二审程序审理,所作的判决、裁定是发生法律效力的判决、裁定;上级人民法院按照审判监督程序提审的,按照第二审程序审理,所作的判决、裁定是发生法律效力的判决、裁定。

人民法院审理再审案件,应当另行组成合议庭。

第七十七条 按照审判监督程序决定再审的案件,应当裁定中止原判决的执行;裁定由院长署名,加盖人民法院印章。

上级人民法院决定提审或者指令下级人民法院再审的,应当作出裁定,裁定应当写明中止原判决的执行;情况紧急的,可以将中止执行的裁定口头通知负责执行的人民法院或者作出生效判决、裁定的人民法院,但应当在口头通知后10日内发出裁定书。

第七十八条 人民法院审理再审案件,认为原生效判决、裁定确有错误,在撤销原生效判决或者裁定的同时,可以对生效判决、裁定的内容作出相应裁判,也可以裁定撤销生效判决或者裁定,发回作出生效判决、裁定的人民法院重新审判。

第七十九条 人民法院审理二审案件和再审案件,对原审法院受理、不予受理或者驳回起诉错误的,应当分别情况作如下处理:

(一)第一审人民法院作出实体判决后,第二审人民法院认为不应当受理的,在撤销第一审人民法院判决的同时,可以发回重审,也可以迳行驳回起诉;

(二)第二审人民法院维持第一审人民法院不予受理裁定错误的,再审法院应当撤销第一审、第二审人民法院裁定,指令第一审人民法院受理;

(三)第二审人民法院维持第一审人民法院驳回起诉裁定错误的,再审法院应当撤销第一审、第二审人民法院裁定,指令第一审人民法院审理。

第八十条 人民法院审理再审案件,发现生效裁判有下列情形之一的,应当裁定发回作出生效判决、裁定的人民法院重新审理:

(一)审理本案的审判人员、书记员应当回避而未回避的;

(二)依法应当开庭审理而未经开庭即作出判决的;

(三)未经合法传唤当事人而缺席判决的;

(四)遗漏必须参加诉讼的当事人的;

(五)对与本案有关的诉讼请求未予裁判的;

(六)其他违反法定程序可能影响案件正确裁判的。

第八十一条 再审案件按照第一审程序审理的,适用行政诉讼法第五十七条规定的审理期限。

再审案件按照第二审程序审理的,适用行政诉讼法第六十条规定的审理期限。

第八十二条 基层人民法院申请延长审理期限,应当直接报请高级人民法院批准,同时报中级人民法院备案。

七、执行

第八十三条 对发生法律效力的行政判决书、行政裁定书、行政赔偿判决书和行政赔偿调解书,负有义务的一方当事人拒绝履行的,对方当事人可以依法申请人民法院强制执行。

第八十四条 申请人是公民的,申请执行生效的行政判决书、行政裁定书、行政赔偿判决书和行政赔偿调解书的期限为 1 年,申请人是行政机关、法人或者其他组织的为 180 日。

申请执行的期限从法律文书规定的履行期间最后一日起计算;法律文书中没有规定履行期限的,从该法律文书送达当事人之日起计算。

逾期申请的,除有正当理由外,人民法院不予受理。

第八十五条 发生法律效力的行政判决书、行政裁定书、行政赔偿判决书和行政赔偿调解书,由第一审人民法院执行。

第一审人民法院认为情况特殊需要由第二审人民法院执行的,可以报请第二审人民法院执行;第二审人民法院可以决定由其执行,也可以决定由第一审人民法院执行。

第八十六条 行政机关根据行政诉讼法第六十六条的规定申请执行其具体行政行为,应当具备以下条件:

(一)具体行政行为依法可以由人民法院执行;

(二)具体行政行为已经生效并具有可执行内容;

(三)申请人是作出该具体行政行为的行政机关或者法律、法规、规章授权的组织;

(四)被申请人是该具体行政行为所确定的义务人;

(五)被申请人在具体行政行为确定的期限内或者行政机关另行指定的期限内未履行义务;

(六)申请人在法定期限内提出申请;

（七）被申请执行的行政案件属于受理申请执行的人民法院管辖。

人民法院对符合条件的申请，应当立案受理，并通知申请人；对不符合条件的申请，应当裁定不予受理。

第八十七条 法律、法规没有赋予行政机关强制执行权，行政机关申请人民法院强制执行的，人民法院应当依法受理。

法律、法规规定既可以由行政机关依法强制执行，也可以申请人民法院强制执行，行政机关申请人民法院强制执行的，人民法院可以依法受理。

第八十八条 行政机关申请人民法院强制执行其具体行政行为，应当自被执行人的法定起诉期限届满之日起180日内提出。逾期申请的，除有正当理由外，人民法院不予受理。

第八十九条 行政机关申请人民法院强制执行其具体行政行为的，由申请人所在地的基层人民法院受理；执行对象为不动产的，由不动产所在地的基层人民法院受理。

基层人民法院认为执行确有困难的，可以报请上级人民法院执行；上级人民法院可以决定由其执行，也可以决定由下级人民法院执行。

第九十条 行政机关根据法律的授权对平等主体之间民事争议作出裁决后，当事人在法定期限内不起诉又不履行，作出裁决的行政机关在申请执行的期限内未申请人民法院强制执行的，生效具体行政行为确定的权利人或者其继承人、权利承受人在90日内可以申请人民法院强制执行。

享有权利的公民、法人或者其他组织申请人民法院强制执行具体行政行为，参照行政机关申请人民法院强制执行具体行政行为的规定。

第九十一条 行政机关申请人民法院强制执行其具体行政行为，应当提交申请执行书、据以执行的行政法律文书、证明该具体行政行为合法的材料和被执行人财产状况以及其他必须提交的材料。

享有权利的公民、法人或者其他组织申请人民法院强制执行的，人民法院应当向作出裁决的行政机关调取有关材料。

第九十二条 行政机关或者具体行政行为确定的权利人申请人民法院强制执行前，有充分理由认为被执行人可能逃避执行的，可以申请人民法院采取财产保全措施。后者申请强制执行的,应当提供相应的财产担保。

第九十三条 人民法院受理行政机关申请执行其具体行政行为的案件后,应当在30日内由行政审判庭组成合议庭对具体行政行为的合法性进行审查,并就是否准予强制执行作出裁定;需要采取强制执行措施的,由本院负责强制执行非诉行政行为的机构执行。

第九十四条 在诉讼过程中,被告或者具体行政行为确定的权利人申请人民法院强制执行被诉具体行政行为,人民法院不予执行,但不及时执行可能给国家利益、公共利益或者他人合法权益造成不可弥补的损失的,人民法院可以先予执行。后者申请强制执行的,应当提供相应的财产担保。

第九十五条 被申请执行的具体行政行为有下列情形之一的,人民法院应当裁定不准予执行:

(一)明显缺乏事实根据的;

(二)明显缺乏法律依据的;

(三)其他明显违法并损害被执行人合法权益的。

第九十六条 行政机关拒绝履行人民法院生效判决、裁定的,人民法院可以依照行政诉讼法第六十五条第三款的规定处理,并可以参照民事诉讼法第一百零二条的有关规定,对主要负责人或者直接责任人员予以罚款处罚。

八、其他

第九十七条 人民法院审理行政案件,除依照行政诉讼法和本解释外,可以参照民事诉讼的有关规定。

第九十八条 本解释自发布之日起施行,最高人民法院《关于贯彻执行〈中华人民共和国行政诉讼法〉若干问题的意见(试行)》同时废止;最高人民法院以前所作的司法解释以及与有关机关联合发布的规范性文件,凡与本解释不一致的,按本解释执行。

（二）司法性文件

最高人民法院关于审理与低温雨雪冰冻灾害有关的行政案件若干问题座谈会纪要

（2008 年 4 月 29 日 法［2008］139 号）

2008 年 1 月中旬到 2 月上旬，我国南方地区遭受历史罕见的低温雨雪冰冻灾害、灾情发生后，党中央、国务院高度重视，及时作出部署，采取有力措施，在受灾地区干部群众的共同努力和全国人民的大力支援下，夺取了抗灾救灾和灾后重建工作的重大胜利。此间，各级人民政府及其相关部门实施了大量应急措施，在确保应急抢险抗灾和灾后恢复重建等各项工作高效有序开展的同时，也不可避免地会引发一些矛盾和纠纷，其中有些行政争议已经起诉到人民法院。为了妥善处理此类案件，切实维护抗灾救灾大局，最高人民法院行政审判庭于 2008 年 4 月 11 日在贵州省贵阳市召开了部分法院参加的审理与低温雨雪冰冻灾害有关的行政案件若干问题座谈会，根据行政诉讼法和突发事件应对法等有关法律的规定，对一些具有普遍性的问题达成了共识。现就有关内容纪要如下：

一、关于审理原则

会议认为，低温雨雪冰冻灾害属于造成严重社会危害的突发事件，需要采取应急处置措施予以应对。与此相关的行政案件。具有不同于一般行政案件的特殊性，因此，在审理时应把握好以下原则：

（一）服从服务大局，实现两个效果的统一。对低温雨雪冰冻灾害的应急抢险抗灾措施，是在党中央、国务院直接领导下研究、决定和部署的特别重大突发事件的应对工作，事关国家安全、公共安全、人民生命和财产安全，事关社会的稳定与和谐。人民法院在处理有关行政案件时，必须牢固树立服从和服务大局的意识，克服就案办案、孤立办案倾向，妥善处理国家利益、公共利益和个人利益的关系，努力实现法律效果和社会效果的统一。通过公正、高效的审判，切实维护抗灾救灾的胜利成果和灾后恢复与重建的各项部署和安排。

（二）注重权利救济，切实保障民生。低温雨雪冰冻灾害期间行政权力的特殊行使，有时对公民权利会有一些限制或者造成损害。人民法院在办案时应当从关注和保障民生，维护好、实现好、发展好最广大人民根本利益的高度出发，充分保护公民、法人和其他组织依法获得救济的权利。对因灾害引发的行政案件，凡是符合法定起诉条件的，均应当及时立案，不得以属于紧急状态为由不予受理。在案件审理中，要用足、用好法律、法规的规定，最大程度地保护公民、法人或者其他组织的合法权益。

（三）遵从应急规则，维护权力运行。突发事件应对属于非常时期，与正常情况下行政权力的行使有着明显的不同。人民法院在审理相关行政案件时，既要坚持合法性审查原则，依法对行政机关突发事件应对活动进行司法监督，又要充分考虑灾害期间行政权力的特殊运行原则，切实维护行政机关在控制、减轻和消除灾害后果方面所采取的各种必要的应对活动。一是为了保护人民生命财产安全，维护国家安全、公共安全、环境安全和社会秩序，有可能暂停、限制或者克减特定个体的某些权利；二是为了迅速应对突发事件，需要更多地追求效率价值，遵循某些特殊的程序性规定；三是行政权力应当依法行使，行政机关依照突发事件应对法和其他有关法律、法规、规章规定采取的应急处置措施，人民法院应当依法予以维护；四是人民法院应当尊重行政机关在危机状态下较大的自由裁量权，但以处置灾害为由滥用行政权力的，人民法院不予支持；五是有关人民政府及其部门采取的应对突发事件的措施，与突发事件可能造成社会危害的性质、程度和范围相适应的，人民法院应当依法予以支持；有多种措施可供选择的，应当选择有利于最大程度地保护公民、法人或者其他组织权益的措施。

二、关于期限问题

（一）关于起诉期限。公民、法人或者其他组织因低温雨雪冰冻灾害耽误法定起诉期限,在障碍消除后的10日内申请延长期限的,人民法院应当认定属于行政诉讼法第四十条规定的不可抗力。低温雨雪冰冻灾害的起止时间,原则上应以当地气象部门的认定为准。

(二)关于举证期限。被告因低温雨雪冰冻灾害逾期提供证据,或者无法在收到起诉状副本之日起10日内向人民法院提出延期提供证据书面申请的,人民法院应当认定属于《最高人民法院关于行政诉讼证据若干问题的规定》第一条规定的不可抗力或者客观上不能控制的其他正当事由,一般不视为被诉具体行政行为没有相应的证据。原告或者第三人因低温雨雪冰冻灾害申请延期提供证据的,经人民法院准许,可以在法庭调查中提供。由于低温雨雪冰冻灾害属于众所周知的事实,原则上无需诉讼当事人举证证明。

(三)关于中止诉讼问题。因低温雨雪冰冻灾害致使诉讼活动不能正常进行的,适用《最高人民法院关于执行〈中华人民共和国行政诉讼法〉若干问题的规定》第五十一条关于中止诉讼的规定,人民法院可以依职权作出中止诉讼的裁定。

三、关于行政处罚、行政强制措施类案件的处理

(一)不服行政处罚和行政强制措施案件。对于履行统一领导职责的人民政府以及公安、工商、物价等机关依照突发事件应对法作出的行政处罚和行政强制措施等行政行为,只要实体合法,不宜仅以行政程序存在瑕疵而判决撤销或者确认违法。

(二)不服交通管制案件。对于不服履行统一领导职责的人民政府以及公安机关为应对雨雪冰冻灾害而采取的交通管制、交通秩序疏导等措施提出行政赔偿请求的案件,可以依法判决驳回原告的诉讼请求。

(三)不服临时价格干预措施案件。对于物价部门加强市场监管,对生活必需品、救灾物资实行临时价格干预的措施,可以依法判决驳回原告的诉讼请求。

(四)不服林业执法案件。对于林业行政执法部门针对公民、法人或者其他组织灾后以树木难以成活等为由,未经批准自行清理的行为作出的罚款、没收财物等行政处罚,人民法院应根据案件具体情况慎重处理;对于自行清理行为构成借机乱砍滥伐林木的,应当依法维持行政机关的行政处罚决定。

四、关于工伤认定类行政案件的处理

（一）临时雇用员工的工伤认定。低温雨雪冰冻灾害期间，用人单位为维护国家利益和公共利益的需要，在恢复交通、通信、供电、供水、排水、供气、道路抢修、保障食品、饮用水、燃料等基本生活必需品的供应、组织营救和救治受害人员等过程中，临时雇用员工受到伤害的，可视为工伤，参照《工伤保险条例》的规定进行处理。

（二）工作时间的认定。低温雨雪冰冻灾害期间，工作时间应作宽泛理解，不仅指企业明确规定的上班至下班时间段，还应包括企业当班组长、班长或者某项具体工作负责人同意和安排的临时加班工作的时间。

（三）工作场所的认定。鉴于灾害期间的特殊情势，对于工作场所的认定，应当综合考虑工作职责、工作性质、工作需要、工作纪律等因素。某些劳动者可能存在多处或者不固定的工作地点和工作岗位，也有可能在企业住所地以外的场所，应当根据具体案情从宽掌握。原则上，凡是与职工的工作职责相关的场所，一般应认定为工作场所。

（四）上下班途中的认定。低温雨雪冰冻灾害期间，上下班的路线不宜只严格掌握为工作地点和居住地点之间特定的、固定的路线。只要路线没有显失合理且方向正确，一般应予认定。

五、关于行政征用、发放救济款物以及减免税费、救助、抚恤、安置等类行政案件的处理

（一）行政征用案件。公民、法人或者其他组织就有关人民政府及其部门依照突发事件应对法作出的行政征用行为提起诉讼的，人民法院应当依法受理，并可判决或者建议有关人民政府及其部门在使用完毕或者突发事件应急处置工作结束后，及时返还被征用的财产。对于财产被征用或者征用后毁损、灭失的，应当判决给予补偿。法律、法规对补偿标准有具体规定的，依照规定；没有具体规定的，按照适当与合理的原则裁判。也可以建议双方当事人协商解决补偿争议。

（二）发放救济款物案件。对要求人民政府及其部门依法发放自然灾害生活救助资金、城乡低保对象临时补助等救济款物的案件，人民法院应当及时进行处理。

在审理过程中发现救济款物管理中存在问题的，及时向有关部门提出司法建议。发现截留、挪用、私分或者变相私分应急救援资金、物资或者救灾款物线索的，应当移送有关部门处理。

（三）要求减免税费、救助、抚恤、安置等案件。对于公民、法人或者其他组织以低温雨雪冰冻灾害发生较大损失，正常生产经营活动受到较大影响为由主张减税、免税或者减免行政收费负担的，人民法院应当及时与有关行政机关沟通，征求相关部门意见，确有证据证明受灾损失较大的，应当依法予以支持。对于公民、法人或者其他组织要求人民政府履行救助、抚恤、安置等法定职责的，应当及时作出判决。

会议还认为，为了公正及时地审理好冰雪灾害有关的行政案件，各级人民法院应当坚持案件沟通协调制度，立案后及时与行政机关沟通联系，准确掌握行政行为发生的全面情况，加大协调处理的力度；坚持重大案件请示汇报制度，对重大、复杂或者群体性、敏感性等可能导致矛盾激化和事态扩大的案件，应当及时向上级人民法院和当地党委、人大汇报，力求得到及时妥善处理；要通过行使释明权以及案外沟通工作，向当事人做好耐心细致的宣传解释工作，树立人民法院关注民生、服务大局的良好形象。

人民法院在审理与其他自然灾害等突发事件有关的行政案件时，可以参照本座谈会纪要的精神处理。

最高人民法院关于充分发挥行政审判职能作用为保障和改善民生提供有力司法保障的通知

（2008年3月25日　法[2008]125号）

各省、自治区、直辖市高级人民法院，新疆维吾尔自治区高级人民法院生产建设兵团分院：

党的十七大和十七届二中全会对加快推进以改善民生为重点的社会建设作出

了重要部署。为贯彻党的十七大和十七届二中全会精神,充分发挥行政审判职能作用,为保障和改善民生提供有力的司法保障,现就有关问题通知如下:

一、统一思想,提高认识

党的十七大报告指出:"社会建设与人民幸福安康息息相关。必须在经济发展的基础上,更加注重社会建设,着力保障和改善民生,推进社会体制改革,扩大公共服务,完善社会管理,促进社会公平正义,努力使全体人民学有所教、劳有所得、病有所医、老有所养、住有所居,推动建设和谐社会。"这是我们党着眼于发展中国特色社会主义,推动科学发展,促进社会和谐,实现全面建设小康社会奋斗目标作出的重要决策和部署。行政审判与保障民生关系最为紧密、最为直接。行政审判工作搞得好不好,直接关系民生的保障和改善程度。各级人民法院要深刻领会、全面贯彻中央关于保障和改善民生的重要部署,牢固树立关注民生、重视民生、保障民生、改善民生的意识,把司法为民和维护社会公平正义作为行政审判工作的出发点和落脚点,充分发挥行政审判保障和改善民生的重要职能作用。

二、公正审判,保障民生

各级人民法院要把保障和改善民生贯彻到行政审判和非诉行政案件执行的每一个环节,以积极的态度救济民权,以优质的服务减轻民负,以快捷的审理解除民忧,以公正的裁判保障民利,以有力的执行实现民愿,切实维护好、实现好、发展好人民群众最关心、最直接、最现实的利益问题。

一是要依法受理和审理好与民生密切相关的行政案件。当前,要审理好涉及居民收入分配的行政案件,切实保障城乡居民收入权益,推动形成合理的收入分配制度;审理好涉及社会保障类的行政案件,切实保障人民群众的基本养老、基本医疗保险、最低生活保障费等合法权益;审理好涉及基本医疗卫生类行政案件,切实保障人民群众身体健康,推动公共卫生体系、医疗服务体系、医疗保障体系、药品保障体系的完善和发展;审理好关乎人民群众切身利益的土地征收、房屋拆迁行政案件,公平保护被拆迁人的合法利益;审理好涉及受教育权的行政案件,维护教育公平,实现学有所教;审理好涉及劳动权益的行政案件,保障扩大就业的发展战略得到实施。

二是要坚持公正司法,努力实现公平正义。在社会转型时期,行政争议日渐增多,不少群众既对法院是否"官官相护"、能否秉公执法心存疑虑,又对获得公正裁判充满期盼。各级人民法院要主动适应和不断满足人民群众的新要求、新期待,加大行政相对人诉权的保护力度,切实解决行政案件应当受理而不受理,或者不依法及时受理,导致行政相对人"告状难"的问题;切实解决应当撤销违法行政行为而违心迁就、违法办案,损害当事人利益的问题。对于违法或者显失公正的行政行为,要依法判决撤销、确认违法无效或者变更;对于行政机关不履行或者怠于履行行政职责的,要依法判决其在一定期限内履行。要努力做到"五个确保":确保行政机关和行政相对人的平等法律地位;确保当事人受损害的合法权益得到恢复;确保违法的行政行为得到纠正或者受到否定性评价;确保当事人的真实意愿得到尊重;确保法律的权威得到维护。不仅在案件处理结果上实现司法公正,也要在审判活动中体现程序公正。

三是要切实提高审判效率,及时化解纠纷。人民群众不仅期盼司法公正,也期盼司法高效。各级人民法院要切实解决一些案件审判效率不高,审判周期过长,久拖不结、久拖不执的问题。

四是要妥善处理人民内部矛盾,促进"官"民和谐。要认真执行《最高人民法院关于行政诉讼撤诉若干问题的规定》,依法探索行政案件处理新机制,在查明事实、分清是非,不损害国家利益、公共利益和他人合法权益的前提下,建议由行政机关完善、改变违法或不当的行政行为,弥补行政相对人损失,允许行政相对人自愿撤诉,促进人民群众与行政机关的相互理解和信任。要努力做到"六个善于":善于通过协调增加共识,求同存异;善于抓住主要矛盾和矛盾的主要方面;善于寻找当事人双方利益的平衡点;善于利用现行体制提供的各种资源,特别是争取人大、党委的支持;善于兼顾国家、集体和个人之间的利益;善于寻找解决公权力纠纷的替代性方案。

五是要维护和支持行政机关旨在保障和改善民生的宏观调控措施和行政执法行为。对于各级政府和行政机关在食品安全、生产安全、生命健康、住房保障、国民教育、消费维权、环境保护、劳动保障等领域实施的保障和改善民生的宏观调控措施和合法的行政行为,要依法给予维护和支持。要妥善处理个人利益、公共利益、国家利益的关系,服务党和国家大局,维护社会安定团结。

六是要落实便民措施，方便群众诉讼。要加强诉讼过程中的释明、引导工作，使当事人知晓其诉讼权利、义务和诉讼流程。要尊重当事人的诉讼主体地位，体现司法的人文关怀。要加大司法救助力度，让有理有据的当事人既打得赢官司，也打得起官司。

三、加强调研，注重宣传

在认真抓好审判和执行工作的同时，各级人民法院要加强涉及民生行政案件的调查研究工作，不断总结审判经验，及时研究解决工作中存在的问题，准确把握法律、政策界限，严把案件审理的事实关、证据关、法律适用关和审判程序关，确保办案质量。对审判实践中遇到的新情况、新问题要及时提出对策和建议，不断提高审理涉及民生类行政案件的工作水平。各高级人民法院要加强对本辖区法院审理涉及民生类案件的监督和指导。对审判工作中遇到的新情况和政策法律适用问题及时进行调查研究，必要时报告最高人民法院。对审判活动中发现的行政机关在行政执法中存在的缺陷和漏洞，及时提出司法建议，帮助其改进和完善。要通过公开审判、公开宣判、庭审直播等形式，扩大审判的社会效果，增强人民群众对行政审判工作的理解和信任。要全面掌握本辖区法院审理民生类行政案件的工作情况，及时总结审判经验。最高人民法院将在今年适当时间选择具有典型意义和良好效果的保障民生方面的行政案件向社会公布，就涉及民生的行政案件的审理和执行工作进行专项通报和宣传。请各高级人民法院在2008年6月底之前，向最高人民法院报送本辖区法院审理的涉及民生的行政案件。每个高级人民法院至少报送一件。

最高人民法院关于加强和改进行政审判工作的意见

（2007年4月24日　法发［2007］19号）

为切实贯彻党的十六届六中全会精神，落实中共中央办公厅、国务院办公厅

《关于预防和化解行政争议健全行政争议解决机制的意见》及第五次全国行政审判工作会议精神，适应新时期我国社会发展的需要，加强和改进行政审判工作，充分发挥行政审判的职能作用，为构建社会主义和谐社会提供更加有力的司法保障，特提出如下意见。

一、全面加强行政审判工作的重要性和紧迫性

1. 实现构建社会主义和谐社会的目标和任务，要求行政审判工作提供更加有力的司法保障。充分发挥行政审判的职能作用，对于妥善处理人民内部矛盾，维护行政管理秩序和社会和谐稳定，都具有极其重要的意义。特别是在当前行政争议数量日益增多，群体性行政争议较为突出的新形势下，行政审判化解行政争议、保护公民权益、维护社会稳定和促进社会和谐的任务更加艰巨。

2. 人民群众日益增长的司法需求，要求行政审判更加注重公正与效率。行政争议呈现增多的趋势，不仅反映社会利益格局日益多元化和复杂化，也反映了人民群众依法维权意识的不断提高和对司法救济期待的不断增强。随着形势的发展和法治建设步伐的加快，人民群众通过诉讼渠道解决行政争议的情况将会越来越多，对人民法院依法提供有效司法救济的要求也将越来越高。人民法院必须坚持“公正司法，一心为民”的指导方针，通过依法审理行政案件，妥善化解行政争议，以及时的救济保护民权，以优质的服务减轻民负，以快捷的审判解除民忧，以公正的裁判保障民利，以有力的执行实现民愿，切实解决行政诉讼“告状难”的问题，为人民群众提供公正及时的司法保护。

3. 加强党的执政能力建设，要求进一步提高行政审判能力。《中共中央关于加强党的执政能力建设的决定》，把科学执政、民主执政、依法执政作为加强党的执政能力建设的总体目标之一。党依法执政的方式，主要是通过立法、行政和司法活动加以实现。重视加强行政审判工作，是提高党的执政能力的必然要求，也是提高党的执政能力的重要保障。各级人民法院和全体行政审判人员，必须从加强党的执政能力建设的战略高度，不断增强行政审判能力，以适应新时期化解行政争议、解决人民内部矛盾的迫切需要。

4. 推进法治政府建设，要求进一步发挥行政审判监督、维护和促进依法行政的

积极作用。依法治国、建设社会主义法治国家，不仅是党领导人民治理国家的基本方略，也是一项重要的宪法原则。依法行政是依法治国的核心内容，实现依法治国，必须首先实现依法行政。在建设法治政府，实现政府职能转变和管理方式创新过程中，人民法院通过依法审理行政案件，监督、促进行政机关遵守法律程序，纠正越权和滥用职权行为，对于落实"有权必有责、用权受监督、侵权要赔偿"的依法行政要求，具有积极的、不可替代的重要作用。同时，人民法院对于合法适当的行政行为依法予以维持，通过司法程序确认行政行为的效力，也是对行政机关各项经济社会管理职能得以有效发挥的司法保障。

5. 加入世界贸易组织，要求人民法院承担司法审查的新职责。世贸组织协定对成员方的司法审查制度提出了明确要求，我国加入世贸组织议定书也将司法审查作为确保贸易制度实施的重要措施，作出了明确承诺，并且按照世贸组织规则的要求，修改和制定了大量的法律法规。最高人民法院也制定发布了相应的司法解释，建立和完善了相应的司法审查制度。近年来，涉及执行世贸组织规则的行政案件已经开始出现，特别是涉外知识产权行政案件大幅增加。新形势和新任务不仅扩展了行政审判的领域，还对我国行政审判的司法观念、司法水平提出了更高的要求。

6. 按照新形势和新任务的要求，当前行政审判工作还存在一些不相适应的问题和薄弱环节：一是有些法院的领导对行政审判工作重要性的认识还不够高，没有摆到应有的工作议事日程上来，导致少数法院行政审判机构不健全，审判力量不足，队伍不够稳定，审判人员整体素质不高；二是有的认为行政审判难度大、风险大，怕得罪政府或有关行政机关，不敢行使司法监督权，或是明知行政行为违法，却违心裁判，矛盾上交。也有些法院热衷于办理非诉行政执行案件，不愿受理和审理行政诉讼案件；三是有些行政案件的质量还不高，个别案件久拖不结，影响了当事人合法权益的实现；四是非法干预行政审判的现象在一些地方还不同程度地存在，对当事人诉权加以限制的“土政策”还没有彻底清除；五是对行政审判领域出现的新情况、新问题调查研究不够，等等。这些问题影响了行政诉讼法的贯彻实施，损害了司法权威和公正形象，制约了行政审判职能作用的发挥，必须引起高度重视，切实加以解决。

二、行政审判工作的基本经验和主要任务

7. 多年来,各级人民法院总结积累了许多行政审判方面的宝贵经验,主要是:依法保护行政相对人合法权益,是行政审判的首要任务;正确处理监督与维护的关系,是全面发挥行政审判职能的重要原则;坚持公正与效率相结合,是行政审判工作健康发展的重要保障;坚持法律效果与社会效果的统一,是开展行政审判工作的基本要求;不断改善和优化司法环境,是行政审判健康发展的必要条件;积极探索妥善处理行政争议的新方法,是行政审判工作不断取得新成绩、新发展的重要保证;坚持党的领导、自觉接受人大和社会各界的监督,是搞好行政审判工作的根本保障。

8. 当前和今后一个时期,人民法院行政审判工作的主要任务是:以邓小平理论和“三个代表”重要思想为指导,全面落实科学发展观,紧紧围绕“公正司法,一心为民”的指导方针,牢固树立社会主义司法理念,努力建设公正高效权威的行政审判制度,按照“保护合法权益,促进依法行政,优化司法环境,化解行政争议”的要求,充分发挥行政审判职能作用,为构建社会主义和谐社会提供有力的司法保障。

三、切实保护公民合法权益,促进依法行政

9. 各级人民法院要始终坚持“公正与效率”主题,坚持审判实践中的成功经验和有效做法,切实保证和不断提高行政审判的质量和效率。要全面理解和正确执行行政诉讼法和相关司法解释的规定,加大相对人诉权的保护力度,依法受理涉及公民人身权、财产权的行政案件,依法受理与人身权、财产权密切相关的其他经济社会权利的行政案件。要切实解决行政案件应当受理而不受理,或者不依法及时受理,导致行政相对人“告状难”的问题;切实解决应当撤销违法行政行为而违心迁就、违法办案,损害当事人利益的问题;切实解决一些案件审判效率不高,审判周期过长,久拖不结的问题。上级法院要加大对下级法院审理行政案件的监督力度,对不履行行政审判职责和违法办案的行为,要坚决依法予以纠正,对于造成恶劣影响的典型案件要给予通报和严肃处理。

10. 各级人民法院在依法保护行政相对人合法权益,监督行政机关依法行政的

同时，对于行政机关依法实施的行政管理活动及合法行政行为，要给予及时有力的支持。要依法正确受理和及时执行非诉行政执行案件，支持行政机关依法行政。对于各级行政机关依法实施经济调控、市场监管、公共服务、社会管理职能，要积极提供有效的司法保障。要坚决依法支持各级政府和相关行政部门打击制裁土地违法行为、金融证券领域的违法违规行为、侵犯知识产权的违法行为、危害食品药品安全的违法行为、破坏自然资源和环境保护的违法行为、损害农民合法权益的违法行为等专项执法活动，维护正常的行政管理秩序、经济秩序和社会秩序，维护各级政府和行政部门的权威和良好形象。

四、努力营造良好的司法环境

11. 当前影响行政审判工作发展的因素中，司法环境仍然是一个比较突出的问题。各级人民法院要紧紧依靠党委和人大的领导、监督和支持，切实解决以言代法、以权压法和非法干预行政审判的问题，克服行政审判中的地方和部门保护主义。对于干预、阻碍人民法院受理、审判和执行行政案件的行为，要及时向各级纪检监察机关通报情况，取得支持。

12. 要积极推进行政案件管辖制度的改革和完善，通过加大指定管辖、异地审理的力度，防止和排除地方非法干预，为人民法院依法独立公正审理行政案件提供制度保障。

13. 探索管辖制度改革应当正确处理好以下问题：一是要以确保司法公正为目标。无论是指定管辖还是提级管辖，其目的都在于防止和排除不当干预，保证人民法院依法公正处理行政案件。对于由当地基层法院管辖可能会影响公正审理的案件，中级人民法院可以根据当事人的申请，决定指定管辖或者提级管辖，以确保案件审理的公正性。二是当事人选择和法院决定相结合。当事人可以向被告所在地基层人民法院起诉，也可以申请中级人民法院管辖，或者请求中级人民法院指定本辖区其他基层人民法院管辖，是否准许由中级人民法院决定。三是方便诉讼与案件平衡相兼顾。指定管辖应当考虑当事人的困难和负担，尽可能以就近为原则。同时可以通过指定管辖均衡各基层法院承办行政案件的数量。四是立案和审判机构相配合。在决定指定管辖或者提级管辖时，立案庭和行政庭要加强沟通与配合，如何确定管辖法院可以由行政庭提出意见。五是以解决基层法院公正司法为重点，尽可能把行政争议解决在基层。中级以上人民法院案件的管辖问题，应当按照现行法律和司法解释的规定执行。

五、积极探索行政案件处理新机制

14. 行政争议属于人民内部矛盾，行政争议产生和形成的原因往往比较复杂，每一起行政案件的情况也有所不同。因此，行政争议的解决必须采取多种方式和手段。人民法院在审理行政案件过程中，要按照“坚持合法审查，促进执法完善，依法规范撤诉，力求案结事了”的要求，积极探索行政案件处理新机制。

巧、人民法院在查清事实，分清是非，不损害国家利益、公共利益和他人合法权益的前提下，可以建议由行政机关完善或改变行政行为，补偿行政相对人的损失，人民法院可以裁定准许行政相对人自愿撤诉。特别是对因农村土地征收、城市房屋拆迁、企业改制、劳动和社会保障、资源环保等社会热点问题引发的群体性行政争议，更要注意最大限度地采取协调方式处理。既要有娴熟的司法审查能力，又要具备高超的沟通协调能力和群众工作能力；既要依法保护群众的切身利益，又要善于引导当事人正当合法行使权利；既要保证个案处理的公正性，又要注意社会效益的最大化；既要全力做好本职工作，又要善于取得和依靠党委、政府的支持。要防止和避免因工作方法不当导致矛盾激化和转化，力争将案件处理的负面影响减少到最低限度。

16. 探索和完善协调机制应当正确处理好以下关系：一是合法性审查与协调的关系。人民法院要在查明事实、分清是非，不损害国家利益、公共利益和他人合法权益的前提下，协调处理行政争议。二是自愿撤诉与积极协调的关系。原告申请撤诉必须建立在自愿的基础上，不得代替当事人表达意愿，更不能强迫当事人接受某种条件。三是协调与裁判的关系。当事人不同意撤诉或者和解后又反悔的，应当及时恢复审理、做出裁判，不得片面追求撤诉率而当判不判，久拖不结。四是撤诉与执行的关系。在确认当事人协议效力的同时，对按约应即时履行没有履行的，不能急于送达裁定；对于约定到期履行的，应对义务方履行协议情况进行监督，防止因毁约或者失信而导致循环诉讼。

17. 要认清当前群体性行政争议日趋增多的严峻形势，不断提高依法妥善处理好群体性行政案件的司法能力，要按照最高人民法院下发的《关于妥善处理群体性行政案件的通知》的要求，对本辖区群体性行政案件的情况进行调查分析，制定相应的工作方案和措施，并认真抓好各项工作措施的落实，在党委的统一协调和政府的配合支持下，充分发挥人民法院在维护社会和谐稳定中的积极作用。

六、准确适用法律规范，维护法制统一

18. 要严格规范法律适用问题请示程序。各级人民法院在审理行政案件中遇到法律适用的疑难问题，可以向上级法院请示。上报请示应当严格执行最高人民法院关于请示问题的规定，请示的内容应当限于法律和司法解释的适用问题，不得就案件的事实认定问题、定性问题或者实体处理问题进行请示，更不得全案请示。法律适用问题请示应当逐级上报，不得越级请示。请示法院应当对请示问题的事实负责，并且经过审判委员会讨论提出倾向性意见。

19. 正确处理行政诉讼案件和民事诉讼案件交叉的问题。要区别责任发生的时间、法律对责任实现顺序是否有专门规定，以及是否涉及国家利益、公共利益，审慎解决民事责任和行政责任的冲突。要立足我国社会主义初级阶段的国情，既重视保障民事受害人的及时有效救济，也要兼顾行政与民事两种赔偿责任承担的基本公平。对选择民事或行政救济途径法律规定不明确的，要加强法院内部的沟通协商，不轻易否定起诉人的行政诉权或民事诉权。如争议的民事法律关系是行政行为合法的基础性前提性事实和主要构成要件的，应当先行中止行政诉讼，等候民事诉讼的判决结果。反之则可以行政诉讼先行。不同审判庭或者法院之间应当主动加强沟通协调，不得各行其是。

20. 充分尊重生效裁判的既判力，防止对同一事实或者同一法律问题作出不同裁判。无论是行政案件还是民事案件，在裁判发生法律效力后未经法定程序改判之前，对当事人、司法机关以及其他主体都具有拘束力，其他法院均不得作出与生效裁判不一致的裁判。即使生效裁判确有错误，也必须通过法定程序依法予以纠正，不得无视生效裁判的存在。

21. 高度重视“以罚代刑”的问题。当前在行政程序中，“以罚代刑”的现象比

较突出。各级人民法院在行政审判中发现违法行为已经构成犯罪的，应当及时移送刑事侦查机关处理；对于行政机关可能存在“以罚代刑”、放纵犯罪问题的，要向行政机关或者有关部门及时提出司法建议。

七、建立司法与行政良性互动机制

22. 人民法院要采取多种方式加强同政府有关部门和复议机构沟通联系，交流行政审判和行政执法的情况和信息，增加相互之间的了解和共识；分析行政执法存在的问题并提出司法建议，协助行政机关总结经验教训，完善行政程序制度；协助行政机关加强对行政执法人员的教育和培训，提高其法治意识和执法水平；邀请行政复议和行政执法人员旁听典型案件的开庭审理，增强依法行政观念和依法应诉能力；对于重视和支持行政审判的经验和做法要予以宣传和推广；对非法干扰行政审判、妨碍行政诉讼的典型进行通报或者曝光，维护诉讼秩序和法律尊严。

23. 人民法院在与政府有关部门和复议机构沟通交流中，应当处理好司法权与行政权的关系，人民法院不得参与行政机关对具体行政案件的处理，不得参加行政机关组织的具体执法活动，以保持司法的中立性和公信力。

24. 人民法院要肯定和支持行政领导出庭应诉。地方政府和行政部门领导出庭，是对行政审判工作的重视、支持和尊重，也是国家法治水平提升、社会文明进步的可喜现象，对于增强行政机关的诉讼意识和应诉能力、提高审判质量与效率、妥善解决行政争议、提高执法水平等，都有重要的作用和意义。

25. 人民法院对行政机关法定代表人出庭应诉不宜提出刚性要求和作出强制性规定，但是可以向行政机关或者有关部门提出建议，做好宣传工作，推动这项工作的健康发展。行政机关的主要领导出庭应诉，可以选择一些案情重大、社会普遍关注、具有规范和教育意义的案件；人民法院也可以根据案件具体情况和审判工作的需要，向行政机关提出建议。

八、重视加强对行政审判工作的领导

26. 要进一步提高对行政审判工作重要性的认识。各级人民法院领导务必站在讲政治、讲大局、加强宪政建设的高度，站在依法行政和民主执政一致性的高度，进一步提高对行政审判工作重要性的认识，把加强和改进行政审判工作摆在更加重要的位置。要纠正行政审判可有可无，甚至认为行政审判惹是生非的错误认识，敢于坚持维护宪法和法律的权威，敢于履行宪法和法律赋予人民法院的监督职责，敢于为行政审判人员撑腰打气，敢于出面抵制非法干扰。要通过我们卓有成效的工作，营造出一个守法拥政、政通人和的良好环境。

27. 要加强对行政审判工作的领导。要全面了解和掌握本院和本辖区行政审判工作的状况，学习借鉴有关法院开展行政审判工作的经验，研究制定开展行政审判工作的规划、目标和措施，并认真抓好各项措施的落实。要及时了解和认真解决行政审判实践中存在的问题和困难，对于工作中遇到的行政庭和分管副院长难以解决的问题，院长要亲自出面做好工作。要关心、爱护行政审判人员，支持他们依法履行职责，保障行政审判法官的职业安全。各级人民法院的院长、分管副院长每年可以争取办几件行政案件，亲自担任审判长开庭审理，提高业务能力和领导水平。要结合本地的实际，对行政审判工作提出量化考核的标准或要求，作为目标管理和考评的重要内容，并认真抓好督促、检查、落实和通报。

九、进一步加强行政审判队伍建设

28. 要加强思想政治建设和廉政建设。要继续深入开展社会主义法治理念教育和实践活动，进一步明确司法指导思想，端正司法理念，规范司法行为，改进审判作风，确保司法廉洁。要认真开展廉政建设和反腐败工作，严肃查处少数贪赃枉法、徇私舞弊、“权权交易”的人员，坚决纠正损害群众利益的不正之风。进一步健全和完善违法办案责任追究制度、案件质量评查制度、评比奖惩和通报等制度。同时，要保障法官的职业安全，预防和制止一切对法官打击报复、诬告伤害的行为，依法维护法官的人身安全和合法权益。

29. 加大行政审判人员的培训力度，进一步提高行政审判人员的素质。要大力加强行政审判人员业务培训，既要重视行政法理论知识的学习和培训，又要注重审判实务和实际操作技能的培训，既要注重行政诉讼知识和审判业务能力的提高，又要注意加强相关行政管理领域专业知识的学习。切实增强行政审判法官服务大局的能力、沟通协调的能力、驾驭庭审活动的能力、群众工作的能力、裁判文书制作的能力和调查研究的能力。最高人民法院和高级人民法院每年要对行政审判人员的业务培训制定计划,认真组织实施,抓好落实。对于新颁布的法律法规和新出台的司法解释,要及时组织培训。要认真总结和坚持在加强法院业务建设、提高法官司法能力方面的成功经验和有效做法,采取多种形式提高行政审判人员的业务素质。

30. 健全行政审判机构、配备审判力量,稳定审判队伍。要进一步健全行政审判机构,配备足够的行政审判人员。除个别地方法院确因编制太少难以达到要求外,基层法院必须保证组成一个合议庭,中级以上法院两个以上合议庭。这项工作要抓紧落实,力争在今年年底前完成。要充分考虑行政审判工作的特点,选配能够胜任和适合行政审判工作的人员充实到行政审判庭。认真解决行政审判庭庭长进审判委员会的问题,法院的专职审判委员会委员中也应当考虑有熟悉行政审判业务的人员。要保留一批具有行政审判经验、经过系统培训的业务骨干和资深法官,除提拔重用外不能轻易调整和调离,以保证行政审判队伍的相对稳定性。要建立符合行政审判工作特点的考核和激励机制,不能以案件数量多少作为衡量审判工作重要性和评判行政审判法官工作业绩的依据。

最高人民法院关于妥善处理群体性行政案件的通知

(2006 年 12 月 5 日　法[2006]316 号)

各省、自治区、直辖市高级人民法院,新疆维吾尔自治区高级人民法院生产建设兵团分院:

随着改革的深入,社会利益格局日益多元化和复杂化,行政争议呈现增多的趋势,特别是由农村土地征收、城市房屋拆迁、企业改制、劳动和社会保障、资源环保等社会热点问题引发的群体性行政争议较为突出。依法妥善处理好群体性行政案件,关系到人民群众的切身利益,关系到社会的和谐稳定,必须引起各级人民法院的高度重视。为此，特就妥善处理群体性行政案件的有关事项通知如下：

一、充分认识妥善处理群体性行政争议的重要性。要以党的十六届六中全会《关于构建社会主义和谐社会若干重大问题的决定》为指导，认真学习中共中央办公厅、国务院办公厅《关于预防和化解行政争议，健全行政争议解决机制的意见》和肖扬院长在全国法院加强行政审判工作，妥善处理行政争议电视电话会议的重要讲话精神，认清当前群体性行政争议日趋增多的严峻形势，充分认识妥善处理群体性行政争议的重要意义，牢固树立社会主义的法治理念，准确定位人民法院在维护社会和谐稳定中的作用，切实增强责任感和使命感，依法妥善处理好群体性行政案件。

二、高度重视群体性行政案件的立案受理工作。对于起诉到法院的群体性行政争议，符合法定起诉条件的，应当依法及时立案受理，不得拒之门外；对于不符合起诉条件的，或者不属于法院主管的问题，在依法作出处理前，应当向起诉人说明原因，告知其依法解决问题的途径，并视情况通知有关部门做好稳控工作；对于政治性、政策性强，难以单纯通过行政诉讼解决问题的争议，要慎重对待和处理，尽可能通过当地党委、政府统一协调解决；对于人数众多、重大复杂、符合立案条件的群体性案件，可以由中级人民法院受理，也可以指定其他基层人民法院受理。要根据案件的不同情况，对于可分的群体性案件，可以分别立案受理。各级人民法院的立案庭和行政庭在立案受理环节上要加强沟通，密切配合。

三、认真做好群体性行政案件的稳控工作。针对群体性行政争议涉及人数众多、矛盾尖锐、处理难度大等特点，要把维护稳定和防止矛盾激化贯穿诉讼活动始终。在受理、审理、开庭、执行等环节耐心细致地做好当事人的工作，对可能出现的影响稳定和案件正常审理等情况的，特别是对重大复杂的群体性案件，要事先做好预测，认真研究并制定相应的预案，防止矛盾激化和事态扩大酿成严重事件。对于重大、复杂和影响大的案件，院长、庭长可以亲自担任审判长。

四、积极探索以和解方式解决群体性行政争议机制。对于群体性行政争议案件，要尽可能通过协调方式加以解决。在依法进行合法性审查的基础上，对行政行为违法或者明显不合理、不适当，符合和解条件的案件，根据当事人自愿，积极做好协调工作，促使当事人达成诉讼和解，以达到消除矛盾、减少对抗、定分止争、案结事了的效果。

五、力求法律效果和社会效果的有机统一。处理群体行政案件，要把司法为民和服务大局紧密联系起来，综合考虑和平衡各方面的利益，即要保护最广大人民群众的根本利益和每一个公民的切身利益，又要监督支持行政机关依法行政，从大局出发，保障各项改革政策和措施的落实，维护经济和社会发展的秩序。要注意裁判的导向作用，通过对行政案件的审理和裁判，彰显社会的公平正义，促进改革和建设的健康发展，为构建社会主义和谐社会提供坚强有力的司法保障。

六、不断提高妥善处理群体性案件的能力。要切实提高协调利益关系、开展群众工作、处理人民内部矛盾、维持社会稳定的本领，讲究审判艺术，注意工作方法；要注重对当事人进行必要的诉讼指导，善于做耐心细致的疏导和解释工作，引导当事人依法行使诉讼权利和主张实体权益；要注意把握裁判的有利时机，缓解当事人的对立情绪，避免因工作方法不当，引起矛盾激化或者形成集体上访；要增强裁判文书的说理性，重视做好释明和答疑工作，使当事人明法知理，服判息诉，避免引发新的矛盾。

七、紧紧依靠党委的领导和政府的支持。对于重大复杂和有影响的群体性行政案件，要主动及时地向当地党委汇报，在党委的统一领导和协调下依法妥善处理。进一步加强与行政机关的沟通与联系，取得行政机关的理解和配合，增进司法与行政的良性互动。对于案件中反映出的苗头性、倾向性问题以及有可能引发群体性案件和影响社会稳定的问题，要及时提出司法建议，便于党委、政府及时采取措施，从源头上预防和减少群体性行政争议的发生。要加强同新闻媒体的协调与联系，注意正确引导舆论，防止对群体性行政案件的恶意炒作。

八、加强对群体性行政争议的调查研究。要了解和掌握群体性行政争议的规律和特点，注意总结预防和妥善处理群体性行政争议的经验。要坚持大要案报告制度，重大、复杂的群体性行政案件要及时向上级人民法院报告，上级人民法院要加强对下级人民法院受理和审理群体性行政案件指导。对于在审判中出现的重要、敏感情况和问题，应当及时报告上级人民法院。

2　受案范围

（一）司法解释

最高人民法院关于行政机关根据法院的协助执行通知书实施的行政行为是否属于人民法院行政诉讼受案范围的批复

（2004 年 7 月 6 日最高人民法院审判委员会第 1318 次会议通过　2004 年 7 月 13 日公布　自 2004 年 7 月 20 日起施行　法释〔2004〕6 号）

山东省高级人民法院：

你院“关于行政机关根据法院的协助执行通知书实施的行政行为是否属于人民法院行政诉讼受案范围的请示”收悉。经研究，批复如下：

行政机关根据人民法院的协助执行通知书实施的行为，是行政机关必须履行的法定协助义务，不属于人民法院行政诉讼受案范围。但如果当事人认为行政机关在协助执行时扩大了范围或违法采取措施造成其损害，提起行政诉讼的，人民法院应当受理。

(二)司法性文件

最高人民法院关于集中清理拖欠工程款和农民工工资案件的紧急通知

(2004年12月21日　法〔2004〕259号)

各省、自治区、直辖市高级人民法院,解放军军事法院,新疆维吾尔自治区高级人民法院生产建设兵团分院:

解决建设领域拖欠工程款和农民工工资问题,关系到人民群众的切身利益,关系到国民经济的健康发展和社会稳定。对此,党中央高度重视,国务院也建立了部际工作联席会议制度,并于2004年8月23日召开了全国清理拖欠工程款和农民工工资电视电话会议,10月29日下发了国办发〔2004〕78号《关于进一步解决建设领域拖欠工程款问题意见的通知》,明确要求各级政府应当在三年内完成清欠建设领域拖欠工程款的任务,对2003年年底前拖欠的农民工工资,要在2005年春节前清偿,并由省级人民政府负责统筹协调解决。11月29日,解决建设领域拖欠工程款部际工作协商会议又下发了建市电〔2004〕57号《关于抓紧做好农民工工资偿付工作的通知》。各级人民法院要抓住这一机遇,按照司法为民的要求,高度重视解决建设领域拖欠工程款和农民工工资问题,切实做好涉及工程款和农民工工资案件的执行工作。为此,紧急通知如下:

一、各级人民法院应当充分借助各级人民政府为解决拖欠工程款和农民工工资问题所建立的工作机制,及时与当地政府及有关部门进行沟通、协调,并将人民法院受理的建设领域拖欠工程款和农民工工资的执行案件通报给相关的人民政府和部门,争取政府和有关部门的协助、支持和配合,使这类案件得到更加及时、有效的执行。

二、各级人民法院应当将2004年12月20日以前未执结的拖欠工程款和农民工工资案件，按照中央政府预算拨款工程项目、地方各级政府投资工程项目和企业投资开发工程项目分类统计，逐级上报到所属的高级人民法院。属于中央投资项目的拖欠工程款执行案件，由各高级人民法院汇总后于今年12月30日前报告最高人民法院执行工作办公室。

三、对于地方政府投资项目需转由地方各级政府负责清理和协助执行的拖欠工程款和农民工工资执行案件，各高级人民法院要尽快制订适合本辖区实际情况的工作方案，统一组织实施，并将转由地方各级政府负责清理和协助执行的案件列表通报给省级人民政府。

四、在清理拖欠工程款和农民工工资执行案件的过程中，各级人民法院要分别不同情况，迅速处理：对于中央政府投资项目拖欠的工程款，由最高人民法院统一转国务院有关部门，由其负责清理并协助人民法院于2005年3月底前执结；对于各级地方政府投资建设项目拖欠的工程款，由执行法院分别转有关地方政府，由其负责清理并协助人民法院于2005年年底前执结；对于企业投资开发工程项目拖欠的工程款，各级人民法院应当借助各级人民政府解决拖欠工程款的工作机制，加大执行力度，最迟于2006年年底前全部执结。

五、在清理拖欠工程款和农民工工资案件的过程中，对于依法提起诉讼的案件，人民法院应当尽快立案，尽快审结；依法申请人民法院强制执行的，人民法院应当及时办理，尽快执结；需要转由地方人民政府负责清理和协助执行的，应按照本通知第三条的要求处理。

六、对国有或者国有控股企业投资项目形成的合同结清拖欠工程款的公证书，债务人应按经公证的结清工程款合同的约定履行义务。其中公证机关赋予强制执行效力，并经债权人申请执行的，人民法院应予受理，并在执行中及时转由政府的项目主管部门，由其监督落实经过公证的还款计划或者协助人民法院执行。

七、凡转由各级人民政府负责清理和协助执行或解决的案件，执行法院应当及时书面通知执行当事人，并定期向相关人民政府和部门了解清偿进展情况，及时协调这类案件在清偿过程中遇到的困难和问题，确保清偿工作落到实处。必要时，执行法院应当依职权直接予以执行。

八、在集中执行拖欠工程款和农民工工资案件的过程中，对于有履行能力而拒不履行、恶意拖欠工程款和农民工工资的有关单位和个人，应当依法给予制裁。必要时，可以借助新闻媒体的舆论监督作用，在媒体上公布债务人名单。

九、对于转由地方各级人民政府负责清理和协助执行的拖欠工程款和农民工工资执行案件，地方政府在规定的期限内未予清理和协助执行的，执行法院应当及时将有关情况层报省级高级人民法院。省级高级人民法院应当及时将有关情况反馈给省级人民政府。

十、各级人民法院在清理拖欠工程款和农民工工资案件工作中，要紧紧依靠党委领导、人大监督和政府支持；要加强调查研究，及时发现问题，总结经验，采取措施，推进清欠和执行工作的深入开展；要注重作好群众工作，力避矛盾激化，切实维护社会稳定。工作进展情况及遇到的问题，应及时报告最高人民法院。

特此通知。

附：

一、国务院办公厅国办发〔2004〕78 号《国务院办公厅转发建设部等部门关于进一步解决建设领域拖欠工程款问题意见的通知》（略）

二、解决建设领域拖欠工程款部际工作协商会议建市电〔2004〕57 号《关于抓紧做好农民工工资偿付工作的通知》（略）

最高人民法院关于当事人对行政机关作出的全民所有制工业企业分立的决定不服提起诉讼人民法院应作为何种行政案件受理问题的复函

（1994 年 6 月 27 日　法函〔1994〕34 号）

山西省高级人民法院：

你院〔1994〕晋法行字第14号请示收悉。经研究，我们认为，根据《中华人民共和国全民所有制工业企业法》第二条第二款、《全民所有制工业企业转换经营机制条例》第六条和《中华人民共和国行政诉讼法》第十一条第一款第（三）项的规定，当事人对行政机关强行作出的关于全民所有制工业企业分立的决定不服，依法向人民法院提起行政诉讼的，人民法院应作为"侵犯法律规定的经营自主权的"行政案件受理。

最高人民法院关于不服政府或房地产行政主管部门对争执房屋的确权行为提起诉讼人民法院应作何种案件受理问题的函

（1993年4月17日　法函〔1993〕33号）

四川省高级人民法院：

你院川高法〔1993〕27号关于不服政府或房地产行政主管部门对争执房屋的确权行为提起诉讼，人民法院应作何种案件受理的请示收悉。经研究，答复如下：

当事人对人民政府或房地产行政主管部门关于房屋产权争议的确权决定不服而提起诉讼的，人民法院应作为行政案件受理。

最高人民法院关于不服工商行政管理机关的确认经济合同无效及财产损失的处理决定的案件应属行政案件的答复

（1992年4月1日　（1992）行他字第5号）

湖南省高级人民法院：

你院湘高法行〔1992〕1号《关于当事人不服工商行政管理机关对无效经济合

同的财产损失的处理决定而起诉是否为行政案件及管辖权的请示报告》收悉。经研究,答复如下:

一、工商行政管理机关作出无效经济合同确认书的并对财产损失作了调解处理,一方或双方当事人事后反悔,依法就有关财产问题向人民法院起诉的,人民法院应作为经济纠纷案件受理;公民、法人或者其他组织对工商行政管理机关所作的确认经济合同无效及财产损失的处理决定不服,向人民法院提起诉讼的,人民法院应作为行政案件受理。湖南省工矿民族贸易公司不服国家工商行政管理局工商复字〔1991〕第8号无效经济合同复议决定向人民法院起诉一案,该案性质应属于行政案件。

二、根据《中华人民共和国行政诉讼法》第十七条的规定,湖南省工矿民族贸易公司不服国家工商行政管理局无效经济合同复议决定一案,应由最初作出具体行政行为的湖南省工商行政管理局所在地的长沙市西区人民法院管辖。

最高人民法院行政审判庭关于公安机关未具法定立案搜查手续对公民进行住宅人身搜查被搜查人提起诉讼,人民法院可否按行政案件受理问题的电话答复

(1991年6月18日)

四川省高级人民法院:

你院川法研〔1991〕22号请示收悉。经研究,同意请示中第一种意见。公安机关在侦破刑事案件中,对公民的住宅、人身进行搜查,属于刑事侦查措施。对于刑事侦查措施不服提起诉讼的,不属于行政诉讼调整范围。如果公安机关在采取上述措施时违反法定程序,可以向该公安机关或其上级机关及有关部门反映解决,人民法院不应作为行政案件受理。

附：

四川省高级人民法院关于公安机关未具法定立案搜查手续对公民进行住宅人身搜查，被搜查人提起诉讼，人民法院可否按行政案件受理的请示

（1991年5月6日　川法研〔1991〕22号）

最高人民法院：

我省有的公安机关主要的是公安派出所，接到群众和单位被盗的报案后，没有立案，也未具有合法搜查手续，在没有掌握任何证据的情况下，即对作案怀疑对象的住宅、人身进行搜查。被搜查人以公安机关非法搜查侵犯住宅、人身权利为由向法院提起诉讼，要求公安机关恢复名誉，消除影响。对此类诉讼，法院可否按行政案件受理，我们在讨论中有两种意见：

第一种意见认为，这种搜查住宅、人身的行为，虽不符法定手续，但仍属刑事侦查措施，不属行政诉讼法调整的范围，应告知被搜查人向其上级公安机关反映解决，或向检察机关提出控告，人民法院不应按行政案件受理。

第二种意见认为，刑事侦查措施应当按照刑事诉讼法的规定采取，公安机关既未依法立案，又未具备合法搜查手续，即对公民的住宅、人身进行搜查，侵犯了公民的人身权利，根据行政诉讼法第十一条第八项的规定，行政机关及其工作人员在执行职务中侵犯了公民的人身权、财产权，应属行政案件的受案范围，人民法院应按行政案件受理。在判决方式上，可宣告公安机关搜查违反刑事诉讼法的规定，造成对公民名誉权的损害，责令公安机关赔礼道歉，恢复名誉，消除影响。如果搜查中造成公民人身伤害和财产损失的，应按行政侵权赔偿一并审理。

我们倾向于第一种意见，当否，请批复。

最高人民法院行政审判庭关于对公安机关采取监视居住行为不服提起诉讼法院应否受理问题的电话答复

（1991 年 5 月 25 日）

福建省高级法院行政庭：

你院闽法传字〔1991〕147 号关于《对公安机关采取监视居住或名义上监视居住行为不服起诉法院应否立案受理问题的请示报告》收悉。现答复如下：

《中华人民共和国刑事诉讼法》第三十八条规定，“人民法院、人民检察院和公安机关根据案件情况，对被告人可以拘传、取保候审或者监视居住。被监视居住的被告人不得离开指定的区域……”

公安机关为了防止被告逃避侦查而作出监视居住决定，限制其活动区域和住所，是刑事侦查措施，不属行政诉讼法受案范围所列行为，公民对此不服坚持起诉，法院应裁定不予受理。

至于公安机关作出监视居住决定，但将监视居住对象关押在派出所、拘留所等场所的做法，这是刑事侦查过程中的违法行为，不属于行政诉讼法受案范围。公民对此不服坚持起诉，法院应裁定不予受理。其可向上级公安部门及有关单位反映。

附：

福建省高级人民法院对公安机关采取监视居住或名义上监视居住行为不服起诉，法院应否立案受理问题的请示报告

（1991 年 5 月 18 日　闽法传字〔1991〕147 号）

最高人民法院行政审判庭：

我庭前一阶段在全省法院进行行政案件立案方面调查中，发现对公安机关所采取监视居住措施，公民向法院提起行政诉讼，法院如何把关，存在一些不同意见，

现将情况报告如下：

一、公民向法院起诉中涉及公安机关采取监视居住措施的两种情形

第一种情形，公安机关作出监居决定，并按公安部的有关规定，由监居对象居住地派出所和受委托单位，对监居对象在其居住场所和单位区域内执行监视居住。这是一种名副其实的刑事侦查措施。

第二种情形，公安机关作出监居决定，但将监居对象关押在派出所、拘留所，或限制在其居住城镇的招待所之类场所，或限制在外县（市）某单位内。这是一种以“监居”为名，实则限制公民人身自由的具体行政行为。

二、对上述起诉审查立案的意见

（一）对第一种情形，(1)起诉人以不服监视居住决定，请求法院撤销监居决定。我们一致的意见认为公安机关的行为并非具体行政行为，而是刑事侦查措施，不属行政诉讼法受案范围所列行为，公民对此不服起诉，法院应裁定不予受理。(2)起诉人以不服公安机关借监居名义，限制人身自由的行政强制措施为由，请求法院撤销公安的行政强制措施。对此有两种意见。一种意见认为法院不予受理，理由与(1)相同。另一种意见认为应予受理，理由是：起诉人认为公安是以监居名义对其实际上实施限制人身自由的行政强制措施，侵犯其人身权，对此不服起诉符合行政诉讼法受案范围。法院应先在七日内作出立案决定。法院经审理后，如公安机关举证证实公安的监居行为合法，是刑侦措施，法院可裁定驳回原告的起诉。我们倾向于第一种意见。

（二）对于第二种情形，起诉人以不服公安机关借监居名义，限制人身自由的行政强制措施为由，请求法院撤销公安的行政强制措施，对此起诉，法院能否立案受理，存在二种意见：

一种意见认为这类起诉均不予受理。理由是公安的监居措施不是具体行政行为，不属行政诉讼受案范围。

第二种意见认为应立案受理。理由是：起诉人是不服公安限制人身自由的行政强制措施而起诉，是针对具体行政行为并非“监居”决定。而且，从起诉人起诉的

事实根据中反映出，公安机关虽名义上作出了监居决定，但对起诉人采取了并非“监居”法定办法的限制人身自由的行政强制措施，因此，起诉人起诉符合行政诉讼起诉条件。另外，从法院受理的社会效果看，能够有效地制约公安机关借监居名义，规避行政诉讼，如某些公安机关以“监居”为名，拘禁、收审行政管理相对人而使当事人无起诉权的现象则可以减少或避免。当然，法院如果经审理确认公安所执行的监居措施并非起诉人所述，可以裁定驳回原告的起诉。我们倾向于这一意见。

以上意见妥否？请批示。

3 管　　辖

（一）司法解释

最高人民法院关于行政案件管辖若干问题的规定

（2008 年 1 月 14 日　法释[2008]1 号）

为保证人民法院依法公正审理行政案件，切实保护公民、法人和其他组织的合法权益，维护和监督行政机关依法行使职权，根据《中华人民共和国行政诉讼法》制定本规定。

第一条　有下列情形之一的，属于行政诉讼法第十四条第（三）项规定的应当由中级人民法院管辖的第一审行政案件：

（一）被告为县级以上人民政府的案件，但以县级人民政府名义办理不动产物权登记的案件可以除外；

（二）社会影响重大的共同诉讼、集团诉讼案件；

（三）重大涉外或者涉及香港特别行政区、澳门特别行政区、台湾地区的案件；

（四）其他重大、复杂的案件。

第二条　当事人以案件重大复杂为由或者认为有管辖权的基层人民法院不宜行使管辖权，直接向中级人民法院起诉，中级人民法院应当根据不同情况在 7 日内分别作出以下处理：

（一）指定本辖区其他基层人民法院管辖；

（二）决定自己审理；

（三）书面告知当事人向有管辖权的基层人民法院起诉。

第三条 当事人向有管辖权的基层人民法院起诉，受诉人民法院在7日内未立案也未作出裁定，当事人向中级人民法院起诉，中级人民法院应当根据不同情况在7日内分别作出以下处理：

（一）要求有管辖权的基层人民法院依法处理；

（二）指定本辖区其他基层人民法院管辖；

（三）决定自己审理。

第四条 基层人民法院对其管辖的第一审行政案件，认为需要由中级人民法院审理或者指定管辖的，可以报请中级人民法院决定。中级人民法院应当根据不同情况在7日内分别作出以下处理：

（一）决定自己审理；

（二）指定本辖区其他基层人民法院管辖；

（三）决定由报请的人民法院审理。

第五条 中级人民法院对基层人民法院管辖的第一审行政案件，根据案件情况，可以决定自己审理，也可以指定本辖区其他基层人民法院管辖。

第六条 指定管辖裁定应当分别送达被指定管辖的人民法院及案件当事人。本规定第四条的指定管辖裁定还应当送达报请的人民法院。

第七条 对指定管辖裁定有异议的，不适用管辖异议的规定。

第八条 执行本规定的审理期限，提级管辖从决定之日起计算；指定管辖或者决定由报请的人民法院审理的，从收到指定管辖裁定或者决定之日起计算。

第九条 中级人民法院和高级人民法院管辖的第一审行政案件需要由上一级人民法院审理或者指定管辖的，参照本规定。

第十条 本规定施行前已经立案的不适用本规定。本院以前所作的司法解释及规范性文件，凡与本规定不一致的，按本规定执行。

最高人民法院关于海关行政处罚案件诉讼管辖问题的解释

(2002 年 1 月 28 日最高人民法院审判委员会第 1209 次会议通过 2002 年 1 月 30 日公布 自 2002 年 2 月 7 日起施行 法释〔2002〕4 号)

为规范海事法院的受理案件范围,根据《中华人民共和国行政诉讼法》的有关规定,现就海关行政处罚案件的诉讼管辖问题解释如下:

相对人不服海关作出的行政处罚决定提起诉讼的案件,由有管辖权的地方人民法院依照《中华人民共和国行政诉讼法》的有关规定审理。相对人向海事法院提起诉讼的,海事法院不予受理。

最高人民法院关于国有资产产权管理行政案件管辖问题的解释

(2001 年 1 月 10 日最高人民法院审判委员会第 1156 次会议通过 2001 年 2 月 16 日公布 自 2001 年 2 月 21 日起施行 法释〔2001〕6 号)

为了正确适用《中华人民共和国行政诉讼法》第十七条、第十九条的规定,现对国有资产产权管理行政案件的管辖问题作出如下解释:

当事人因国有资产产权界定行为提起行政诉讼的,应当根据不同情况确定管辖法院。产权界定行为直接针对不动产作出的,由不动产所在地人民法院管辖。产权界定行为针对包含不动产在内的整体产权作出的,由最初作出产权界定的行政机关所在地人民法院管辖;经过复议的案件,复议机关改变原产权界定行为的,也可以由复议机关所在地人民法院管辖。

（二）司法性文件

最高人民法院对广西壮族自治区高级人民法院《关于覃正龙等四人不服来宾县公安局维都林场派出所林业行政处罚一案管辖问题的请示报告》的复函

（1991 年 10 月 1 日　法（行）函〔1991〕102 号）

广西壮族自治区高级人民法院：

你院《关于覃正龙等四人不服来宾县公安局维都林场派出所林业行政处罚一案管辖问题的请示报告》收悉。经研究，我们认为：由县级以上林业主管部门（包括自治区林业厅）授权的单位所作的行政处罚决定属于由行政机关委托的组织所作的具体行政行为，根据《中华人民共和国行政诉讼法》第二十五条第四款的规定，本案被告应是广西壮族自治区林业厅，本案应由该厅所在地法院南宁市新城区人民法院管辖。

4　起诉与受理

司法性文件

最高人民法院对如何理解《最高人民法院关于执行〈中华人民共和国行政诉讼法〉若干问题的解释》第四十四条第一款第(十)项规定的请示的答复

(2000年6月5日　法行〔2000〕13号)

湖北省高级人民法院:

你院鄂高法〔2000〕93号《关于如何理解最高人民法院〈若干解释〉第四十四条第一款第(十)项规定的请示》收悉。经研究,答复如下:

行政诉讼的标的为人民法院生效判决书、裁定书和调解书所羁束的,人民法院应当裁定不予受理;已经受理的,应当裁定驳回起诉。

最高人民法院对如何理解《最高人民法院关于执行〈中华人民共和国行政诉讼法〉若干问题的解释》第四十一条第一款规定的请示的答复

(2000年4月19日　法行〔2000〕7号)

江苏省高级人民法院:

你院关于《最高人民法院关于执行〈中华人民共和国行政诉讼法〉若干问题的解释》(简称《若干解释》)第四十一条第一款理解和溯及力问题的请示报告收悉。经研究,答复如下:

一、根据《最高人民法院关于贯彻执行〈中华人民共和国行政诉讼法〉若干问题的意见(试行)》(简称《贯彻意见》)第三十五条的规定,公民、法人或者其他组织的起诉期限,在《若干解释》实施之日即2000年3月10日之前已经届满,其在起诉期限届满之后提起行政诉讼的,人民法院不予受理。

二、根据《贯彻意见》第三十五条的规定,公民、法人或者其他组织的起诉期限,在《若干解释》实施之日即2000年3月10日之前尚未届满的,其起诉期限适用《若干解释》第四十一条的规定。

最高人民法院关于因政府调整划转企业国有资产引起的纠纷是否受理问题的批复

(1996年4月2日　法复〔1996〕4号)

各省、自治区、直辖市高级人民法院,解放军军事法院:

近年来,在地方政府及其所属主管部门对一些企业国有资产以改变隶属关系或者分设新企业等方式进行调整、划转之后,出现了企业不服政府及其所属主管部门的决定,要求收回已被调整、划转资产的纠纷。一些高级人民法院就人民法院是否应当受理因这类纠纷提的起诉讼问题,向我院请示,现答复如下:

一、因政府及其所属主管部门在对企业国有资产调整、划转过程中引起相关国有企业之间的纠纷,应由政府或所属国有资产管理部门处理。国有企业作为当事人向人民法院提起民事诉讼的,人民法院不予受理。

二、当事人不服政府及其所属主管部门依据有关行政法规作出的调整、划转企业国有资产决定,向人民法院提起行政诉讼,凡符合法定起诉条件的,人民法院应予受理。

最高人民法院关于对“当事人以卫生行政部门不履行法定职责为由提起行政诉讼人民法院应否受理”的答复

（1995 年 6 月 14 日 〔1995〕行他字第 6 号）

安徽省高级人民法院：

你院〔1994〕皖行监字第 06 号请示报告收悉。经研究，答复如下：医疗事故鉴定委员会已作出不属于医疗事故的最终鉴定，卫生行政部门对医疗争议拒绝作出处理决定，当事人以不履行法定职责为由依法向人民法院提起行政诉讼，人民法院应予受理。

最高人民法院关于《行政诉讼法》施行前法律未规定由法院受理的案件应如何处理问题的批复

（1993 年 2 月 15 日 〔1992〕民他字第 10 号）

河南省高级人民法院：

你院豫法（告）请〔1991〕38 号《关于不服工商行政机关的查封、划拨通知书能否按民事或行政侵权案件受理的请示》收悉。经我院审判委员会讨论，同意你院请示报告中的第二种意见，即：开封市工商局 1988 年对开封市曹门经销部作出冻结划拨酒款通知书，并以“白条”为收据提走其 1653 件川曲酒替开封市豫川副食品联营公司冲抵货款的行为，是行政侵权行为，但案发在行政诉讼法施行之前，当时的法律没有规定法院受理此类案件，因此，人民法院不能受理。曹门经销部应向有关行政机关申请解决。

最高人民法院行政审判庭关于税务行政案件起诉期限问题的电话答复

（1990年12月27日）

湖北省高级人民法院：

你院行审文字〔1990〕第42号关于税务行政案件起诉期限的请示报告收悉。经研究，同意你院意见，即根据行政诉讼法第三十八条第二款的规定："申请人不服复议决定的，可以在收到复议决定书之日起十五日内向人民法院提起诉讼。""法律另有规定的除外。"中华人民共和国税收征收管理暂行条例规定当事人不服税务机关复议裁决的起诉期限为三十日。因该条例属于行政法规，不属于法律，故应适用行政诉讼法规定的起诉期限。如果税务复议裁决交代起诉期限为三十日，当事人在接到复议决定书之日起十五日后至三十日以前向人民法院起诉的，应视为当事人在法定期限内提起诉讼。

附：

湖北省高级人民法院关于税务行政案件起诉期限的请示报告

（1990年12月2日　行审文字〔1990〕第42号）

最高人民法院行政审判庭：

我省十堰市中级人民法院请示，行政诉讼法第三十八条第二款规定：“申请人不服复议决定的，可以在收到复议决定书之日起十五日内向人民法院提起诉讼。……法律另有规定的除外”。而《税收征收管理暂行条例》第四十条规定：“……申请人对答复不服的，可以在接到答复之日起三十日内向人民法院起诉。”前者是法律，后者是法规，二者规定的起诉期限不同，应如何确定。

我院审判委员会讨论认为，依照法律高于行政法规效力的原则，应按行政诉讼法确定的十五日执行。同时认为，行政诉讼法的本意是为了充分保护当事人的诉权，行政管理相对人大多是依照具体行政行为所依据的法律、法规规定的起诉期起诉。我们的意见是，在当前没有作出法律解释和司法解释的情况下，具体行政行为交代起诉期为三十天的，应该受理；没有交代起诉期的，按十五天的时限受理。

以上意见妥否，请批示。

最高人民法院行政审判庭关于高速公路交通警察支队“二裁”的案件人民法院可否受理问题的电话答复

（1990年5月7日）

辽宁省高级人民法院：

你院辽法（行政）字〔1990〕20号《关于高速公路交通警察支队二裁的行政案件人民法院可否受理的问题的请示》收悉。经研究，答复如下：

根据《道路交通管理条例》第八十六条“对违反交通管理行为的处罚，由县或市公安局、公安分局或者相当于县一级的公安交通管理机关裁决。警告、50元以下罚款、吊扣2个月以下驾驶证，可以由交通警察队裁决”的规定，我们原则上同意你们的第二种意见，即高速公路交通支队如果相当于县级公安交通管理机关，那么当事人不服高速公路交通警察支队所作的申诉裁决，向人民法院提起诉讼，人民法院应当受理。

附：

辽宁省高级人民法院关于高速公路交通警察支队二裁的行政案件人民法院可否受理的问题的请示

（1990年3月16日　辽法（行政）字〔1990〕20号）

最高人民法院：

我省公安厅提出，厅直属高速公路交通警察支队对警告、50元以下罚款处罚的申诉所作裁决，当事人仍不服提起诉讼的，人民法院可否受理的问题，我们有两种意见。一种意见根据《治安管理处罚条例》第三十三条和《人民法院审理治安行政案件具体应用法律若干问题的暂行规定》的规定精神，认为高速公路发生的违反交通管理行为的行政处罚案件，亦应由公安机关裁决，对公安机关二裁不服提起诉讼的，人民法院才能受理。另一种意见，根据国务院发布的《道路交通管理条例》第八十六条"对违反交通管理行为的处罚，由县级公安机关或相当于县一级的公安交通管理机关裁决。警告、50元以下罚款、吊扣2个月以下驾驶证，可由交通警察队裁决"的规定，认为当事人不服高速公路交通警察支队二裁的申诉，人民法院应当受理。因为《道路交通管理条例》是依据《治安管理处罚条例》，针对道路交通的实际情况而作出这一规定的，人民法院应当执行。对于上述两种意见我们同意第二种意见，是否妥当，请予批示。

最高人民法院行政审判庭关于工商行政管理机关的处罚决定所依据的法规没有规定可以起诉被处罚的个体工商户不服依据《城乡个体户管理暂行条例》向法院起诉应否受理问题的电话答复

（1989年12月22日）

福建省高级人民法院：

你院〔1989〕闽法行字第137号请示报告收悉。关于工商行政管理机关的行政处罚决定所依据的法规没有规定可以起诉，被处罚的个体工商户不服，依照《城乡个体工商户管理暂行条例》向法院起诉，法院应否受理的问题，经研究，我们认为，根据《城乡个体工商户管理暂行条例》第三十五条规定，个体工商户对管理机关的违章处理复议决定不服，在法定期限内人民法院起诉的，人民法院应予受理。

附：

福建省高级人民法院关于工商行政管理机关的处罚决定所依据的法规没有规定可以起诉，被处罚的个体工商户依照个体户管理法规起诉，法院应否受理的请示报告

（1989年11月25日　〔1989〕闽法行字第137号）

最高人民法院：

我省福州中院受理一起不服工商行政处罚案件，在工商行政管理机关的处罚决定所依据的法规没有规定可以起诉，被处罚的个体工商户依照个体户管理法规起诉，法院能否受理的问题上，意见不一致，现将有关情况报告如下：

运输个体户马玉龙于1987年11月领取工商营业执照，从事个体客运业务，1988年2月欲将其营运工具“蓝鸟”牌旧小轿车出让，经人介绍，在其家中以75000元卖给福州市城门龙峰茶厂的王某。1988年3月24日，福州市工商局认定马玉龙、马大星（代理人、马玉龙之父）违法倒卖进口“蓝鸟”牌旧轿车、决定追回非法所得36000元，上缴国库。马玉龙、马大星不服，向省工商管理局申请复议。省工商局复议认为：马玉龙、马大星父子出售自用的“蓝鸟”牌旧小轿车，未到当地政府指定的“旧车辆交易市场”进行交易，而在场外私下成交，违反了《城乡集市贸易管理办法》第十九条及《关于汽车交易市场管理办法》的有关规定，根据《城乡集市贸易管理办法》第三十二条第十三项的规定，作出复议决定：对马玉龙、马大星违章出售旧轿车的行为，处以销售货款15%的罚款，计人民币11250元，福州市工商行政管理局原追缴的36000元扣除该罚款后，余款退还当事人，马玉龙、马大星对复议决

定仍然不服,根据《城乡个体工商户管理暂行条例》第二十五条和国务院《关于城镇非农业个体经济若干政策性规定的补充规定》的有关精神,向福州市中级法院提起诉讼。

福州市中院立案受理后,书面通知省工商局应诉,工商局以本案不属法院受理范围而拒绝应诉。其理由:1. 在行政诉讼法实施之前,行政审判适用民事诉讼法(试行)。该法第三条第二款规定"法律规定由人民法院受理的行政案件适用本法规定。"第四十八条第(二)项规定"依法应当由其他行政机关处理的争议,告知原告向有关行政机关申请解决。"最高人民法院〔1983〕法研字第8号文也规定"凡是法律没有明文规定可以向人民法院起诉的,人民法院就不应受理,而应按照民事诉讼法(试行)第四十八条第(二)项的规定,告知原告向其他行政机关申请解决",工商行政机关对马玉龙父子的违法行为适用《城乡集市贸易管理办法》等两个行政法规作出处罚,这两个法规都没有明文规定可向法院起诉,法院立案受理,于法无据。2.《城乡个体工商户管理暂行条例》与市场管理法规所规范的内容不同。马玉龙父子的行为是违反市场管理法规,没有违反《城乡个体工商户管理暂行条例》,工商机关按照市场管理法规作出处罚决定,并没有规避法律;而《条例》所规范的行为,只能对个体工商户有约束力,对个体工商户违反其他行政管理法规的行为,则不具有约束力。

福州中级法院认为立案受理该案有法律依据。

一、国务院在1983年4月13日发布的《"关于城镇非农业个体经济若干政策性规定"的补充规定》中规定:"对侵犯个体工商业户合法权利和利益的,个体工商业户可以向当地或上级人民政府控告,或依法向人民法院起诉。"这里的"依法",应当包括本法。本案个体运输工商户马玉龙因处分作为营运工具的旧轿车而与行政机关发生争议,理所当然地属于规范个体工商户的行为,并保护其合法权益的法律规范的调整范畴。如果把"依法"理解为工商行政管理部门据以作出处罚决定的法律明文规定可以向人民法院起诉的才有诉权的话,那将曲解国务院的立法本意,不利于保护个体工商户的合法权益。

二、国务院1987年8月5日发布的《城乡个体工商业户管理暂行条例》,目的是为了发展个体经济,加强对个体工商户的管理,保护其合法权益,立法本意的一个重要方面也是对这种特殊主体的合法权益,给予特别的保护。而根据国务院《行政法规制定程序暂行条例》第三条规定的精神,该条例对城乡个体工商户管理工作具有普遍的约束力,个体工商户依该条例享有权利和承担义务,不能因为行政机关适用其他有关行政法规、规章对个体工商户进行处罚,而剥夺其依法向法院起诉的权利。

三、最高人民法院 1983 年 3 月 19 日"关于人民法院能否受理当事人不服工商行政管理部门的行政处罚而提起的诉讼的批复",是人民法院受理工商行政案件的一般性规定,它并不排除关于受理工商行政案件的特殊规定,国务院 1983 年 4 月 13 日发布的《补充规定》是对城镇个体经济管理领域的工商行政案件的特殊性规定,在这一领域,个体工商户不服工商行政处罚提起诉讼时,人民法院受理案件不应受最高人民法院《批复》的限制。

我院同意福州中院的意见,认为依法可以受理该案。当否,请批复。

最高人民法院关于行政案件受理问题的复函

(1989 年 1 月 23 日　法(行)函〔1989〕11 号)

湖南省高级人民法院:

你院湘法发字〔1988〕第 90 号请示收悉。经研究,仅就案件是否受理答复如下:

人民法院审理行政案件,由于新的行政法规取代旧的行政法规,旧法规未规定当事人不服行政机关的处罚和其他处理决定可以向人民法院起诉,新法规规定可以向人民法院起诉。如果当事人的行为发生在新法规实施之前,行政机关的处罚或处理决定又在新法规实施之后,当事人不服行政机关的处罚或处理决定,在法定诉讼时效内向人民法院起诉的,按照新的程序法规范生效之后必须遵循的原则,为保护公民、组织的诉权,人民法院予受理。

最高人民法院关于因政府行政管理方面的决定引起的房产纠纷不应由人民法院受理的复函

（1988年6月9日　民监字第531号）

安徽省高级人民法院：

安徽省科学技术委员会为与安徽省盐业公司房产纠纷一案，不服合肥市区人民法院〔1985〕民字第116号判决，合肥市中级人民法院〔1986〕民上字第1号判决和你院皖法民他字〔1988〕第007号通知，向我院提出申诉。

经研究，我院认为：省科委与省盐业公司均为省政府下属机构，他们之间的房产纠纷是因行政管理方面的决定引起的，案件应由省政府通过行政程序予以解决，而不应由人民法院作为民事案件受理。据此，建议你院按照审判监督程序重新研究该案的处理。为做好双方当事人的工作，妥善处理有关问题，请积极协助省政府做好善后工作。处理情况，请及时报我院备查。

最高人民法院关于全民所有制工业企业承包经营合同、租赁经营合同纠纷当事人不服工商行政管理机关终局裁决向人民法院起诉是否受理问题的复函

（1990年10月11日　法（经）函〔1990〕75号）

河北省高级人民法院：

你院冀法（研）字第〔1990〕44号《关于全民所有制工业企业承包经营合同纠

纷、全民所有制小型工业企业租赁经营合同纠纷当事人不服工商行政管理机关终局裁决的,人民法院是否可以受理的请示报告》收悉。经研究,答复如下:

根据国务院发布的《全民所有制工业企业承包经营责任制暂行条例》第二十一条和《全民所有制小型工业企业租赁经营暂行条例》第二十二条的规定,企业承包经营合同、租赁经营合同的当事人可以选择解决纠纷的方式。当事人在合同中约定发生纠纷后向工商行政管理机关申请仲裁,或在发生纠纷后达成申请工商行政管理机关仲裁的书面协议的,应由工商行政管理机关受理。任何一方当事人对仲裁机关的裁决不服,均可向上一级仲裁机关申请复议。上一级仲裁机关作出的复议裁决及逾期未申请复议的仲裁决定,都是终局裁决。当事人对工商行政管理机关的终局裁决不服,向人民法院起诉的,人民法院不予受理。

附:

河北省高级人民法院关于全民所有制工业企业承包经营合同纠纷、全民所有制小型工业企业租赁经营合同纠纷当事人不服工商行政管理机关终局裁决的人民法院是否可以受理的请示报告

(1990 年 9 月 7 日 冀法(研)字第〔1990〕144 号)

最高人民法院:

《全民所有制工业企业承包经营责任制暂行条例》第二十一条第二款、《全民所有制小型工业企业租赁经营暂行条例》第二十二条第一款规定:上一级仲裁机关作出的复议裁决(决定)为终局裁决。根据这一规定,当事人一方或双方对终局裁决不服,向人民法院起诉,人民法院是否受理,在审判实践中有两种意见:

一种意见认为:根据《经济合同法》和《经济合同仲裁条例》的有关规定,当事

人一方或双方对仲裁机关的裁决不服，在法定期限内向人民法院起诉，人民法院应当受理。当然，也包括终局裁决。

第二种意见认为：两个暂行条例都规定了当事人有选择纠纷处理办法的权利，即或者申请仲裁，或者直接向人民法院起诉。条例规定：合同双方可以根据合同的规定向国家工商行政管理机关申请仲裁，也可以根据合同的规定直接向人民法院起诉。合同中规定发生纠纷后由仲裁机关解决，或者合同中虽未规定，合同订立后或发生纠纷时双方达成申请仲裁书面协议的，由工商行政管理机关依法受理该仲裁案件。当事人双方选择了仲裁解决纠纷办法的，对仲裁决定不服，在法定期限内可以向上一级仲裁机关申请复议。上一级仲裁机关作出的复议决定，为终局裁决。终局裁决，即为发生法律效力的裁决，当事人不服的，不得再行向人民法院起诉。根据条例规定，人民法院只受理合同中规定发生纠纷后由人民法院解决，或者合同中虽未规定，发生纠纷后，当事人直接向人民法院起诉的案件。

我们同意第二种意见。

当否，请批复。

最高人民法院关于当事人要求收回经行政程序调整给他人的房屋的起诉，人民法院是否受理问题的批复

（1989年1月3日）

云南省高级人民法院：

你院民法字〔1988〕287号关于水利电力部第十四工程局诉云南省机电设备公司房屋产权纠纷一案是否属人民法院主管问题的请示报告收悉。

经研究认为：水电部第十四工程局要求收回的房屋是经云南省委发文件批转调整给云南省机电公司使用的，不属法院主管范围，不应受理，可告知当事人向有关部门申请解决。

5 证 据

司法解释

最高人民法院关于行政诉讼证据若干问题的规定

（2002 年 6 月 4 日最高人民法院审判委员会第 1224 次会议通过 2002 年 7 月 24 日最高人民法院公告公布 自 2002 年 10 月 1 日起施行 法释〔2002〕21 号）

为准确认定案件事实，公正、及时地审理行政案件，根据《中华人民共和国行政诉讼法》（以下简称行政诉讼法）等有关法律规定，结合行政审判实际，制定本规定。

一、举证责任分配和举证期限

第一条 根据行政诉讼法第三十二条和第四十三条的规定，被告对作出的具体行政行为负有举证责任，应当在收到起诉状副本之日起十日内，提供据以作出被诉具体行政行为的全部证据和所依据的规范性文件。被告不提供或者无正当理由逾期提供证据的，视为被诉具体行政行为没有相应的证据。

被告因不可抗力或者客观上不能控制的其他正当事由，不能在前款规定的期限内提供证据的，应当在收到起诉状副本之日起十日内向人民法院提出延期提供证据的书面申请。人民法院准许延期提供的，被告应当在正当事由消除后十日内提供证据。逾期提供的，视为被诉具体行政行为没有相应的证据。

第二条 原告或者第三人提出其在行政程序中没有提出的反驳理由或者证据的，经人民法院准许，被告可以在第一审程序中补充相应的证据。

第三条 根据行政诉讼法第三十三条的规定，在诉讼过程中，被告及其诉讼代理人不得自行向原告和证人收集证据。

第四条 公民、法人或者其他组织向人民法院起诉时，应当提供其符合起诉条件的相应的证据材料。

在起诉被告不作为的案件中，原告应当提供其在行政程序中曾经提出申请的证据材料。但有下列情形的除外：

（一）被告应当依职权主动履行法定职责的；

（二）原告因被告受理申请的登记制度不完备等正当事由不能提供相关证据材料并能够作出合理说明的。

被告认为原告起诉超过法定期限的，由被告承担举证责任。

第五条 在行政赔偿诉讼中，原告应当对被诉具体行政行为造成损害的事实提供证据。

第六条 原告可以提供证明被诉具体行政行为违法的证据。原告提供的证据不成立的，不免除被告对被诉具体行政行为合法性的举证责任。

第七条 原告或者第三人应当在开庭审理前或者人民法院指定的交换证据之日提供证据。因正当事由申请延期提供证据的，经人民法院准许，可以在法庭调查中提供。逾期提供证据的，视为放弃举证权利。

原告或者第三人在第一审程序中无正当事由未提供而在第二审程序中提供的证据，人民法院不予接纳。

第八条 人民法院向当事人送达受理案件通知书或者应诉通知书时，应当告知其举证范围、举证期限和逾期提供证据的法律后果，并告知因正当事由不能按期提供证据时应当提出延期提供证据的申请。

第九条 根据行政诉讼法第三十四条第一款的规定，人民法院有权要求当事人提供或者补充证据。

对当事人无争议，但涉及国家利益、公共利益或者他人合法权益的事实，人民法院可以责令当事人提供或者补充有关证据。

二、提供证据的要求

第十条 根据行政诉讼法第三十一条第一款第(一)项的规定,当事人向人民法院提供书证的,应当符合下列要求:

(一)提供书证的原件,原本、正本和副本均属于书证的原件。提供原件确有困难的,可以提供与原件核对无误的复印件、照片、节录本;

(二)提供由有关部门保管的书证原件的复制件、影印件或者抄录件的,应当注明出处,经该部门核对无异后加盖其印章;

(三)提供报表、图纸、会计帐册、专业技术资料、科技文献等书证的,应当附有说明材料;

(四)被告提供的被诉具体行政行为所依据的询问、陈述、谈话类笔录,应当有行政执法人员、被询问人、陈述人、谈话人签名或者盖章。

法律、法规、司法解释和规章对书证的制作形式另有规定的,从其规定。

第十一条 根据行政诉讼法第三十一条第一款第(二)项的规定,当事人向人民法院提供物证的,应当符合下列要求:

(一)提供原物。提供原物确有困难的,可以提供与原物核对无误的复制件或者证明该物证的照片、录像等其他证据;

(二)原物为数量较多的种类物的,提供其中的一部分。

第十二条 根据行政诉讼法第三十一条第一款第(三)项的规定,当事人向人民法院提供计算机数据或者录音、录像等视听资料的,应当符合下列要求:

(一)提供有关资料的原始载体。提供原始载体确有困难的,可以提供复制件;

(二)注明制作方法、制作时间、制作人和证明对象等;

(三)声音资料应当附有该声音内容的文字记录。

第十三条 根据行政诉讼法第三十一条第一款第(四)项的规定,当事人向人民法院提供证人证言的,应当符合下列要求:

(一)写明证人的姓名、年龄、性别、职业、住址等基本情况;

(二)有证人的签名,不能签名的,应当以盖章等方式证明;

（三）注明出具日期；

（四）附有居民身份证复印件等证明证人身份的文件。

第十四条 根据行政诉讼法第三十一条第一款第（六）项的规定，被告向人民法院提供的在行政程序中采用的鉴定结论，应当载明委托人和委托鉴定的事项、向鉴定部门提交的相关材料、鉴定的依据和使用的科学技术手段、鉴定部门和鉴定人鉴定资格的说明，并应有鉴定人的签名和鉴定部门的盖章。通过分析获得的鉴定结论，应当说明分析过程。

第十五条 根据行政诉讼法第三十一条第一款第（七）项的规定，被告向人民法院提供的现场笔录，应当载明时间、地点和事件等内容，并由执法人员和当事人签名。当事人拒绝签名或者不能签名的，应当注明原因。有其他人在现场的，可由其他人签名。

法律、法规和规章对现场笔录的制作形式另有规定的，从其规定。

第十六条 当事人向人民法院提供的在中华人民共和国领域外形成的证据，应当说明来源，经所在国公证机关证明，并经中华人民共和国驻该国使领馆认证，或者履行中华人民共和国与证据所在国订立的有关条约中规定的证明手续。

当事人提供的在中华人民共和国香港特别行政区、澳门特别行政区和台湾地区内形成的证据，应当具有按照有关规定办理的证明手续。

第十七条 当事人向人民法院提供外文书证或者外国语视听资料的，应当附有由具有翻译资质的机构翻译的或者其他翻译准确的中文译本，由翻译机构盖章或者翻译人员签名。

第十八条 证据涉及国家秘密、商业秘密或者个人隐私的，提供人应当作出明确标注，并向法庭说明，法庭予以审查确认。

第十九条 当事人应当对其提交的证据材料分类编号，对证据材料的来源、证明对象和内容作简要说明，签名或者盖章，注明提交日期。

第二十条 人民法院收到当事人提交的证据材料，应当出具收据，注明证据的名称、份数、页数、件数、种类等以及收到的时间，由经办人员签名或者盖章。

第二十一条 对于案情比较复杂或者证据数量较多的案件，人民法院可以组织当事人在开庭前向对方出示或者交换证据，并将交换证据的情况记录在卷。

三、调取和保全证据

第二十二条 根据行政诉讼法第三十四条第二款的规定，有下列情形之一的，人民法院有权向有关行政机关以及其他组织、公民调取证据：

（一）涉及国家利益、公共利益或者他人合法权益的事实认定的；

（二）涉及依职权追加当事人、中止诉讼、终结诉讼、回避等程序性事项的。

第二十三条 原告或者第三人不能自行收集，但能够提供确切线索的，可以申请人民法院调取下列证据材料：

（一）由国家有关部门保存而须由人民法院调取的证据材料；

（二）涉及国家秘密、商业秘密、个人隐私的证据材料；

（三）确因客观原因不能自行收集的其他证据材料。

人民法院不得为证明被诉具体行政行为的合法性，调取被告在作出具体行政行为时未收集的证据。

第二十四条 当事人申请人民法院调取证据的，应当在举证期限内提交调取证据申请书。

调取证据申请书应当写明下列内容：

（一）证据持有人的姓名或者名称、住址等基本情况；

（二）拟调取证据的内容；

（三）申请调取证据的原因及其要证明的案件事实。

第二十五条 人民法院对当事人调取证据的申请，经审查符合调取证据条件的，应当及时决定调取；不符合调取证据条件的，应当向当事人或者其诉讼代理人送达通知书，说明不准许调取的理由。当事人及其诉讼代理人可以在收到通知书之日起三日内向受理申请的人民法院书面申请复议一次。人民法院应当在收到复议申请之日起五日内作出答复。

人民法院根据当事人申请，经调取未能取得相应证据的，应当告知申请人并说明原因。

第二十六条 人民法院需要调取的证据在异地的，可以书面委托证据所在地人民法院调取。受托人民法院应当在收到委托书后，按照委托要求及时完成调取证据工作,送交委托人民法院。受托人民法院不能完成委托内容的,应当告知委托的人民法院并说明原因。

第二十七条 当事人根据行政诉讼法第三十六条的规定向人民法院申请保全证据的,应当在举证期限届满前以书面形式提出,并说明证据的名称和地点、保全的内容和范围、申请保全的理由等事项。

当事人申请保全证据的,人民法院可以要求其提供相应的担保。

法律、司法解释规定诉前保全证据的,依照其规定办理。

第二十八条 人民法院依照行政诉讼法第三十六条规定保全证据的,可以根据具体情况,采取查封、扣押、拍照、录音、录像、复制、鉴定、勘验、制作询问笔录等保全措施。

人民法院保全证据时,可以要求当事人或者其诉讼代理人到场。

第二十九条 原告或者第三人有证据或者有正当理由表明被告据以认定案件事实的鉴定结论可能有错误,在举证期限内书面申请重新鉴定的,人民法院应予准许。

第三十条 当事人对人民法院委托的鉴定部门作出的鉴定结论有异议申请重新鉴定,提出证据证明存在下列情形之一的,人民法院应予准许:

(一)鉴定部门或者鉴定人不具有相应的鉴定资格的;

(二)鉴定程序严重违法的;

(三)鉴定结论明显依据不足的;

(四)经过质证不能作为证据使用的其他情形。

对有缺陷的鉴定结论,可以通过补充鉴定、重新质证或者补充质证等方式解决。

第三十一条 对需要鉴定的事项负有举证责任的当事人,在举证期限内无正当理由不提出鉴定申请、不预交鉴定费用或者拒不提供相关材料,致使对案件争议的事实无法通过鉴定结论予以认定的,应当对该事实承担举证不能的法律后果。

第三十二条 人民法院对委托或者指定的鉴定部门出具的鉴定书,应当审查是否具有下列内容:

(一)鉴定的内容;

（二）鉴定时提交的相关材料；

（三）鉴定的依据和使用的科学技术手段；

（四）鉴定的过程；

（五）明确的鉴定结论；

（六）鉴定部门和鉴定人鉴定资格的说明；

（七）鉴定人及鉴定部门签名盖章。

前款内容欠缺或者鉴定结论不明确的，人民法院可以要求鉴定部门予以说明、补充鉴定或者重新鉴定。

第三十三条 人民法院可以依当事人申请或者依职权勘验现场。

勘验现场时，勘验人必须出示人民法院的证件，并邀请当地基层组织或者当事人所在单位派人参加。当事人或其成年亲属应当到场，拒不到场的，不影响勘验的进行，但应当在勘验笔录中说明情况。

第三十四条 审判人员应当制作勘验笔录，记载勘验的时间、地点、勘验人、在场人、勘验的经过和结果，由勘验人、当事人、在场人签名。

勘验现场时绘制的现场图，应当注明绘制的时间、方位、绘制人姓名和身份等内容。

当事人对勘验结论有异议的，可以在举证期限内申请重新勘验，是否准许由人民法院决定。

四、证据的对质辨认和核实

第三十五条 证据应当在法庭上出示，并经庭审质证。未经庭审质证的证据，不能作为定案的依据。

当事人在庭前证据交换过程中没有争议并记录在卷的证据，经审判人员在庭审中说明后，可以作为认定案件事实的依据。

第三十六条 经合法传唤，因被告无正当理由拒不到庭而需要依法缺席判决的，被告提供的证据不能作为定案的依据，但当事人在庭前交换证据中没有争议的证据除外。

第三十七条 涉及国家秘密、商业秘密和个人隐私或者法律规定的其他应当保密的证据,不得在开庭时公开质证。

第三十八条 当事人申请人民法院调取的证据,由申请调取证据的当事人在庭审中出示,并由当事人质证。

人民法院依职权调取的证据,由法庭出示,并可就调取该证据的情况进行说明,听取当事人意见。

第三十九条 当事人应当围绕证据的关联性、合法性和真实性,针对证据有无证明效力以及证明效力大小,进行质证。

经法庭准许,当事人及其代理人可以就证据问题相互发问,也可以向证人、鉴定人或者勘验人发问。

当事人及其代理人相互发问,或者向证人、鉴定人、勘验人发问时,发问的内容应当与案件事实有关联,不得采用引诱、威胁、侮辱等语言或者方式。

第四十条 对书证、物证和视听资料进行质证时,当事人应当出示证据的原件或者原物。但有下列情况之一的除外:

(一)出示原件或者原物确有困难并经法庭准许可以出示复制件或者复制品;

(二)原件或者原物已不存在,可以出示证明复制件、复制品与原件、原物一致的其他证据。

视听资料应当当庭播放或者显示,并由当事人进行质证。

第四十一条 凡是知道案件事实的人,都有出庭作证的义务。有下列情形之一的,经人民法院准许,当事人可以提交书面证言:

(一)当事人在行政程序或者庭前证据交换中对证人证言无异议的;

(二)证人因年迈体弱或者行动不便无法出庭的;

(三)证人因路途遥远、交通不便无法出庭的;

(四)证人因自然灾害等不可抗力或者其他意外事件无法出庭的;

(五)证人因其他特殊原因确实无法出庭的。

第四十二条 不能正确表达意志的人不能作证。

根据当事人申请,人民法院可以就证人能否正确表达意志进行审查或者交由有关部门鉴定。必要时,人民法院也可以依职权交由有关部门鉴定。

第四十三条 当事人申请证人出庭作证的,应当在举证期限届满前提出,并经人民法院许可。人民法院准许证人出庭作证的，应当在开庭审理前通知证人出庭作证。

当事人在庭审过程中要求证人出庭作证的，法庭可以根据审理案件的具体情况，决定是否准许以及是否延期审理。

第四十四条 有下列情形之一，原告或者第三人可以要求相关行政执法人员作为证人出庭作证：

（一）对现场笔录的合法性或者真实性有异议的；

（二）对扣押财产的品种或者数量有异议的；

（三）对检验的物品取样或者保管有异议的；

（四）对行政执法人员的身份的合法性有异议的；

（五）需要出庭作证的其他情形。

第四十五条 证人出庭作证时，应当出示证明其身份的证件。法庭应当告知其诚实作证的法律义务和作伪证的法律责任。

出庭作证的证人不得旁听案件的审理。法庭询问证人时，其他证人不得在场，但组织证人对质的除外。

第四十六条 证人应当陈述其亲历的具体事实。证人根据其经历所作的判断、推测或者评论，不能作为定案的依据。

第四十七条 当事人要求鉴定人出庭接受询问的，鉴定人应当出庭。鉴定人因正当事由不能出庭的，经法庭准许，可以不出庭，由当事人对其书面鉴定结论进行质证。

鉴定人不能出庭的正当事由，参照本规定第四十一条的规定。

对于出庭接受询问的鉴定人，法庭应当核实其身份、与当事人及案件的关系，并告知鉴定人如实说明鉴定情况的法律义务和故意作虚假说明的法律责任。

第四十八条 对被诉具体行政行为涉及的专门性问题，当事人可以向法庭申请由专业人员出庭进行说明，法庭也可以通知专业人员出庭说明。必要时，法庭可以组织专业人员进行对质。

当事人对出庭的专业人员是否具备相应专业知识、学历、资历等专业资格等有异议的，可以进行询问。由法庭决定其是否可以作为专业人员出庭。

专业人员可以对鉴定人进行询问。

第四十九条 法庭在质证过程中,对与案件没有关联的证据材料,应予排除并说明理由。

法庭在质证过程中,准许当事人补充证据的,对补充的证据仍应进行质证。

法庭对经过庭审质证的证据,除确有必要外,一般不再进行质证。

第五十条 在第二审程序中,对当事人依法提供的新的证据,法庭应当进行质证;当事人对第一审认定的证据仍有争议的,法庭也应当进行质证。

第五十一条 按照审判监督程序审理的案件,对当事人依法提供的新的证据,法庭应当进行质证;因原判决、裁定认定事实的证据不足而提起再审所涉及的主要证据,法庭也应当进行质证。

第五十二条 本规定第五十条和第五十一条中的“新的证据”是指以下证据:

(一)在一审程序中应当准予延期提供而未获准许的证据;

(二)当事人在一审程序中依法申请调取而未获准许或者未取得,人民法院在第二审程序中调取的证据;

(三)原告或者第三人提供的在举证期限届满后发现的证据。

五、证据的审核认定

第五十三条 人民法院裁判行政案件,应当以证据证明的案件事实为依据。

第五十四条 法庭应当对经过庭审质证的证据和无需质证的证据进行逐一审查和对全部证据综合审查,遵循法官职业道德,运用逻辑推理和生活经验,进行全面、客观和公正地分析判断,确定证据材料与案件事实之间的证明关系,排除不具有关联性的证据材料,准确认定案件事实。

第五十五条 法庭应当根据案件的具体情况,从以下方面审查证据的合法性:

(一)证据是否符合法定形式;

(二)证据的取得是否符合法律、法规、司法解释和规章的要求;

(三)是否有影响证据效力的其他违法情形。

第五十六条 法庭应当根据案件的具体情况,从以下方面审查证据的真实性:

(一)证据形成的原因;

(二)发现证据时的客观环境;

(三)证据是否为原件、原物,复制件、复制品与原件、原物是否相符;

(四)提供证据的人或者证人与当事人是否具有利害关系;

(五)影响证据真实性的其他因素。

第五十七条 下列证据材料不能作为定案依据:

(一)严重违反法定程序收集的证据材料;

(二)以偷拍、偷录、窃听等手段获取侵害他人合法权益的证据材料;

(三)以利诱、欺诈、胁迫、暴力等不正当手段获取的证据材料;

(四)当事人无正当事由超出举证期限提供的证据材料;

(五)在中华人民共和国领域以外或者在中华人民共和国香港特别行政区、澳门特别行政区和台湾地区形成的未办理法定证明手续的证据材料;

(六)当事人无正当理由拒不提供原件、原物,又无其他证据印证,且对方当事人不予认可的证据的复制件或者复制品;

(七)被当事人或者他人进行技术处理而无法辨明真伪的证据材料;

(八)不能正确表达意志的证人提供的证言;

(九)不具备合法性和真实性的其他证据材料。

第五十八条 以违反法律禁止性规定或者侵犯他人合法权益的方法取得的证据,不能作为认定案件事实的依据。

第五十九条 被告在行政程序中依照法定程序要求原告提供证据,原告依法应当提供而拒不提供,在诉讼程序中提供的证据,人民法院一般不予采纳。

第六十条 下列证据不能作为认定被诉具体行政行为合法的依据:

(一)被告及其诉讼代理人在作出具体行政行为后或者在诉讼程序中自行收集的证据;

(二)被告在行政程序中非法剥夺公民、法人或者其他组织依法享有的陈述、申辩或者听证权利所采用的证据;

(三)原告或者第三人在诉讼程序中提供的、被告在行政程序中未作为具体行政行为依据的证据。

第六十一条 复议机关在复议程序中收集和补充的证据,或者作出原具体行政行为的行政机关在复议程序中未向复议机关提交的证据,不能作为人民法院认定原具体行政行为合法的依据。

第六十二条 对被告在行政程序中采纳的鉴定结论,原告或者第三人提出证据证明有下列情形之一的,人民法院不予采纳:

(一)鉴定人不具备鉴定资格;

(二)鉴定程序严重违法;

(三)鉴定结论错误、不明确或者内容不完整。

第六十三条 证明同一事实的数个证据,其证明效力一般可以按照下列情形分别认定:

(一)国家机关以及其他职能部门依职权制作的公文文书优于其他书证;

(二)鉴定结论、现场笔录、勘验笔录、档案材料以及经过公证或者登记的书证优于其他书证、视听资料和证人证言;

(三)原件、原物优于复制件、复制品;

(四)法定鉴定部门的鉴定结论优于其他鉴定部门的鉴定结论;

(五)法庭主持勘验所制作的勘验笔录优于其他部门主持勘验所制作的勘验笔录;

(六)原始证据优于传来证据;

(七)其他证人证言优于与当事人有亲属关系或者其他密切关系的证人提供的对该当事人有利的证言;

(八)出庭作证的证人证言优于未出庭作证的证人证言;

(九)数个种类不同、内容一致的证据优于一个孤立的证据。

第六十四条 以有形载体固定或者显示的电子数据交换、电子邮件以及其他数据资料,其制作情况和真实性经对方当事人确认,或者以公证等其他有效方式予以证明的,与原件具有同等的证明效力。

第六十五条 在庭审中一方当事人或者其代理人在代理权限范围内对另一方当事人陈述的案件事实明确表示认可的,人民法院可以对该事实予以认定。但有相反证据足以推翻的除外。

第六十六条 在行政赔偿诉讼中，人民法院主持调解时当事人为达成调解协议而对案件事实的认可，不得在其后的诉讼中作为对其不利的证据。

第六十七条 在不受外力影响的情况下，一方当事人提供的证据，对方当事人明确表示认可的，可以认定该证据的证明效力；对方当事人予以否认，但不能提供充分的证据进行反驳的，可以综合全案情况审查认定该证据的证明效力。

第六十八条 下列事实法庭可以直接认定：

（一）众所周知的事实；

（二）自然规律及定理；

（三）按照法律规定推定的事实；

（四）已经依法证明的事实；

（五）根据日常生活经验法则推定的事实。

前款（一）、（三）、（四）、（五）项，当事人有相反证据足以推翻的除外。

第六十九条 原告确有证据证明被告持有的证据对原告有利，被告无正当事由拒不提供的，可以推定原告的主张成立。

第七十条 生效的人民法院裁判文书或者仲裁机构裁决文书确认的事实，可以作为定案依据。但是如果发现裁判文书或者裁决文书认定的事实有重大问题的，应当中止诉讼，通过法定程序予以纠正后恢复诉讼。

第七十一条 下列证据不能单独作为定案依据：

（一）未成年人所作的与其年龄和智力状况不相适应的证言；

（二）与一方当事人有亲属关系或者其他密切关系的证人所作的对该当事人有利的证言，或者与一方当事人有不利关系的证人所作的对该当事人不利的证言；

（三）应当出庭作证而无正当理由不出庭作证的证人证言；

（四）难以识别是否经过修改的视听资料；

（五）无法与原件、原物核对的复制件或者复制品；

（六）经一方当事人或者他人改动，对方当事人不予认可的证据材料；

（七）其他不能单独作为定案依据的证据材料。

第七十二条 庭审中经过质证的证据，能够当庭认定的，应当当庭认定；不能当庭认定的，应当在合议庭合议时认定。

人民法院应当在裁判文书中阐明证据是否采纳的理由。

第七十三条 法庭发现当庭认定的证据有误，可以按照下列方式纠正：

（一）庭审结束前发现错误的，应当重新进行认定；

（二）庭审结束后宣判前发现错误的，在裁判文书中予以更正并说明理由，也可以再次开庭予以认定；

（三）有新的证据材料可能推翻已认定的证据的，应当再次开庭予以认定。

六、附则

第七十四条 证人、鉴定人及其近亲属的人身和财产安全受法律保护。

人民法院应当对证人、鉴定人的住址和联系方式予以保密。

第七十五条 证人、鉴定人因出庭作证或者接受询问而支出的合理费用，由提供证人、鉴定人的一方当事人先行支付，由败诉一方当事人承担。

第七十六条 证人、鉴定人作伪证的，依照行政诉讼法第四十九条第一款第（二）项的规定追究其法律责任。

第七十七条 诉讼参与人或者其他人有对审判人员或者证人、鉴定人、勘验人及其近亲属实施威胁、侮辱、殴打、骚扰或者打击报复等妨碍行政诉讼行为的，依照行政诉讼法第四十九条第一款第（三）项、第（五）项或者第（六）项的规定追究其法律责任。

第七十八条 对应当协助调取证据的单位和个人，无正当理由拒不履行协助义务的，依照行政诉讼法第四十九条第一款第（五）项的规定追究其法律责任。

第七十九条 本院以前有关行政诉讼的司法解释与本规定不一致的，以本规定为准。

第八十条 本规定自2002年10月1日起施行。2002年10月1日尚未审结的一审、二审和再审行政案件不适用本规定。

本规定施行前已经审结的行政案件，当事人以违反本规定为由申请再审的，人民法院不予支持。

本规定施行后按照审判监督程序决定再审的行政案件，适用本规定。

最高人民法院行政诉讼证据文书样式(试行)

(2004年12月8日 法发〔2004〕26号)

目 录

22. 通知书(准许/不予准许对被告提供的鉴定结论重新鉴定申请)

23. 通知书(准许/不予准许对法院委托的鉴定部门的鉴定重新鉴定申请)

24. 通知书(准许/不予准许对法院的勘验结论重新勘验申请)

25. 通知书(准许证人出庭作证)

26. 通知书(不予准许证人出庭作证)

27. 通知书(法院依当事人申请通知证人出庭作证)

28. 通知书(法院依职权通知证人出庭作证)

29. 通知书(准许具有专门知识人员出庭协助质证)

30. 通知书(不予准许具有专门知识的人员出庭协助质证)

31. 通知书(具有专门知识的人员出庭协助质证)

32. 通知书(对新的证据提出意见或者举证)

33. 证据收据

样式之一人民法院受理通知书(　　)字第号:

你诉(被告)(案由)一案的起诉状已收到,本院已决定受理。现将有关事项通知如下:

一、当事人在诉讼过程中,有权行使法律规定的诉讼权利,同时必须遵守诉讼秩序,履行诉讼义务。

二、自然人参加诉讼的,应当提交身份证明。法人或者其他组织参加诉讼的,应在接到本通知书之日起十日内,提交法人或者其他组织资格证明以及法定代表人身份证明书或者负责人身份证明书。

三、如需委托代理人代为诉讼,应向本院递交由委托人签名或盖章的授权委托书。授权委托书应当载明委托事项和委托权限。

年　　月　　日

(院印)

说明:

本通知书送达起诉人。

样式之二人民法院参加诉讼通知书（ ）字第号：

本院受理（起诉人）诉（被告）（案由）一案后，发现你与本案的处理存在法律上的利害关系，依据《中华人民共和国行政诉讼法》第二十七条之规定，通知你作为本案第三人参加诉讼，现将有关参加诉讼事项通知如下：

一、当事人在诉讼过程中，有权行使法律规定的诉讼权利，同时必须遵守诉讼秩序，履行诉讼义务。

二、自然人参加诉讼的，应当在接到本通知书之日起十日内提交身份证明。法人或者其他组织参加诉讼的，应在接到本通知书之日起十日内，提交法人或者其他组织资格证明以及法定代表人身份证明书或者负责人身份证明书。

三、如需委托代理人代为诉讼，应向本院递交由委托人签名或盖章的授权委托书。授权委托书应当载明委托事项和委托权限。

年 月 日

（院印）

说明：

本通知书送达第三人。如有其他事项需要通知的，可另起一行增项续写。

样式之三人民法院应诉通知书（供通知被告和被上诉人使用）

（ ）字第号：

本院已受理（原告或者上诉人的姓名或名称）诉你方（案由）纠纷一案，现发送诉状副本一份，并将有关事项通知如下：

一、当事人在诉讼过程中，必须依法行使法律规定的诉讼权利，同时必须遵守诉讼秩序，履行诉讼义务。

二、你方应当在收到诉状之日起十日内向本院提交答辩状一式份。

三、法人或者其他组织参加诉讼的，应当提交法人或者其他组织资格证明以及法定代表人身份证明书或者负责人身份证明书。自然人参加诉讼的，应当提交身份证明。

四、需要委托代理人代为诉讼的，应当提交由委托人签名或者盖章的授权委托书，授权委托书应当按照法律的规定载明委托事项和权限。

年　　月　　日

（院印）

说明：

本通知书送达被告人或者被上诉人。

样式之四人民法院行政案件合议庭组成人员及书记员告知书（　　）字第号：

本院受理原告（或上诉人）与被告（或被上诉人）（写明当事人姓名或名称和案由）行政诉讼（或上诉）一案，根据《中华人民共和国行政诉讼法》第四十六条之规定，决定由担任审判长，与审判员（代理审判员）、组成合议庭进行审理，担任书记员。

根据《中华人民共和国行政诉讼法》第四十七条和《最高人民法院关于执行〈中华人民共和国行政诉讼法〉若干问题的解释》第四十七条之规定，当事人认为审判人员与本案有利害关系或者有其他关系可能影响公正审判的，有权申请回避，但应当说明理由；当事人申请回避，可以在案件开始审理时提出；申请回避事由在案件开始审理后知道的，应当在法庭辩论终结前提出。

以上事项，特此通知。

年　　月　　日

（院印）

说明：

本通知书样式供各级人民法院在受理行政案件、确定合议庭组成人员之后，告知当事人时使用。

样式之五人民法院变更合议庭组成人员及书记员告知书（　　）字第号：

本院受理的原告（或上诉人）与被告（或被上诉人）（写明当事人姓名或名称和案由）行政诉讼（或上诉）一案，因（写明变更理由），需变更本案合议庭组成人员，决定由担任审判长，与审判员（代理审判员）、组成合议庭进行审理，担任书记员。

根据《中华人民共和国行政诉讼法》第四十七条和《最高人民法院关于执行〈中华人民共和国行政诉讼法〉若干问题的解释》第四十七条之规定，当事人认为审判人员与本案有利害关系或者有其他关系可能影响公正审判的，有权申请回避，但应当说明理由；可以在案件开始审理时提出；申请回避事由在案件开始审理后知道的，应当在法庭辩论终结前提出。

以上事项，特此通知。

年 月 日

（院印）

说明：

本通知书样式供各级人民法院在变更审判人员和重新组成合议庭之后告知当事人时使用。

样式之六人民法院举证通知书（供被告举证使用）

（ ）字第号：

根据《中华人民共和国行政诉讼法》、最高人民法院《关于行政诉讼证据若干问题的规定》（下称《证据规定》）的有关规定，现将有关举证事项通知如下：

一、你方应当在收到起诉状副本之日起十日内，提供据以作出被诉具体行政行为的全部证据和所依据的规范性文件。不提供或者无正当理由逾期提供证据，将视为被诉具体行政行为没有相应证据。

因不可抗力或者客观上不能控制的其他正当事由，不能在前述规定的期限内提供证据的，应当在收到起诉状副本之日起十日内向人民法院提出延期提供证据的书面申请。人民法院准许延期提供的，应当在正当事由消除后十日内提供证据。逾期提供的，将视为被诉具体行政行为没有相应证据。

二、你方认为原告起诉超过法定期限，应当承担举证责任。原告或者第三人提出其在行政程序中没有提出的反驳理由或者证据的，经人民法院准许，你方可以在第一审程序中补充相应的证据。

三、在诉讼过程中,你方及其诉讼代理人不得自行向原告和证人收集证据。

四、你方可按照《证据规定》的要求,提供书证、物证、视听资料、证人证言、鉴定结论、现场笔录、在中华人民共和国领域外形成的证据以及外文书证或者视听资料等证据材料。证据涉及国家秘密、商业秘密或者个人隐私的,应当作出明确标注,并向法庭说明,由法庭予以审查确认。

向人民法院提供证据,应当对提交的证据材料分类编号,对证据材料的名称、证明对象和内容作简要说明,签名或者盖章,注明提交日期,并依照对方当事人人数提出证据清单。

五、你方申请人民法院调取证据的,应当在举证期限内提交调取证据申请书。调取证据申请书应写明证据持有人的姓名或名称、住址等基本情况,写明拟调取证据的内容以及申请调取证据的原因及其要证明的案件事实。

在证据可能灭失或者以后难以取得的情况下,可以向人民法院申请保全证据。申请保全证据,应当在举证期限届满前以书面形式提出,并说明证据的名称和地点、保全的内容和范围、申请保全的理由等事项。

申请保全证据,应向法院提供相应的担保。

六、你方认为人民法院委托的鉴定部门作出的鉴定结论存在《证据规定》第三十条规定的情形,可以申请重新鉴定。

如果你方对需要鉴定的事项负有举证责任,在举证期限内无正当理由不提出鉴定申请、不预交鉴定费用或者拒不提供相关材料,致使对案件争议的事实无法通过鉴定结论予以认定的,你方将对该事实承担举证不能的法律后果。

七、申请证人出庭作证的,应当在举证期限届满前提出。经申请,人民法院可以就证人能否正确表达意志进行审查或者交由有关部门鉴定。

你方提供的证人、鉴定人因出庭作证或者接受询问而支出的合理费用,由你方先行支付,由败诉一方当事人承担。

八、对当事人无争议,但涉及国家利益、公共利益或者他人合法权益的事实,人民法院有权要求你方提供或者补充有关证据。

九、在人民法院组织交换证据程序中,你方应向对方出示或者交换证据。

十、当事人如果有伪造、隐藏、毁灭证据,指使、贿买、胁迫他人作伪证或者威胁、阻止证人作证的行为之一的，人民法院可以根据情节轻重，予以训诫、责令具结悔过或者处一千元以下的罚款、十五日以下的拘留；构成犯罪的，依法追究刑事责任。如果对处罚决定不服，可以向作出决定的人民法院申请复议。

年　　月　　日

（院印）

说明：

本通知书适用于一审诉讼程序。

样式之七人民法院举证通知书（供原告、第三人举证使用）

（　　）字第号：

根据《中华人民共和国行政诉讼法》、最高人民法院《关于行政诉讼证据若干问题的规定》（下称《证据规定》）的有关规定，现将有关举证事项通知如下：

一、人民法院组织庭前交换证据的，你方应在指定的证据交换之日提供证据；未组织庭前交换证据的，应当在开庭审理前提供证据。如果在前述期限内不提交证据材料，视为放弃举证权利。

因正当事由申请延期提供证据的，你方应在举证期限内向人民法院申请延期举证，经人民法院准许，可以适当延长举证期限。

你方逾期提交的证据材料，应当说明理由，不说明理由或理由不成立的，人民法院将不组织质证。但被告同意质证的除外。

在第一审程序中无正当理由未提供而在第二审程序中提供的证据，人民法院将不予接纳。

二、你方应当提供符合起诉条件的相应证据材料。在起诉被告不作为的案件中，还应当提供在行政程序中曾经提出申请的证据材料。但下列情形除外：（一）你方申请的事项是被告应当依职权主动履行的法定职责；（二）你方因被告受理申请的登记制度不完备等正当事由不能提供相关证据材料并能作出合理说明。

在行政赔偿诉讼中，你方应当对被诉具体行政行为造成损害的事实提供证据。

你方也可以提供证明被诉具体行政行为违法的证据。提供的证据不成立的，并不免除被告对被诉具体行政行为合法性承担的举证责任。

对当事人无争议,但涉及国家利益、公共利益或者他人合法权益的事实,人民法院有权要求当事人提供或者补充有关证据。

三、你方可按照《证据规定》的要求提供书证、物证、视听资料、证人证言、在中华人民共和国领域外形成的证据以及外文书证或者外国语视听资料等证据材料。对涉及国家秘密、商业秘密或者个人隐私的证据,应当作出明确标注,并向法庭说明,由法庭予以审查确认。

向人民法院提供证据,应当对提交的证据材料分类编号,对证据材料的名称、证明对象和内容作简要说明,签名或者盖章,注明提交日期,并依照对方当事人人数提出证据清单。

四、因客观原因不能自行收集,但能够提供确切线索的证据材料,可以申请人民法院调取。

申请人民法院调取证据,应当在举证期限内提交书面申请。调取证据申请书应写明证据持有人的姓名或名称、住址等基本情况,拟调取证据的内容以及申请调取证据的原因及其要证明的案件事实。

五、在证据可能灭失或者以后难以取得的情况下,可以向人民法院申请保全证据。申请保全证据,应当在举证期限届满前以书面形式提出,并说明证据的名称和地点、保全的内容和范围、申请保全的理由等事项。

申请保全证据,应向法院提供相应的担保。

六、有证据或者有正当理由表明被告据以认定案件事实的鉴定结论可能有错误的,可以在举证期限内以书面形式申请重新鉴定。

你方认为人民法院委托的鉴定部门作出的鉴定结论存在《证据规定》第三十条规定的情形,可以申请重新鉴定。

如果你方对需要鉴定的事项负有举证责任,在举证期限内无正当理由不提出鉴定申请、不预交鉴定费用或者拒不提供相关材料,致使对案件争议的事实无法通过鉴定结论予以认定的,你方将对该事实承担举证不能的法律后果。

七、在人民法院组织交换证据程序中,你方应向对方出示或者交换证据。

八、你方提供的证人、鉴定人因出庭作证或者接受询问而支出的合理费用,由你方先行支付，由败诉一方当事人承担。

九、当事人如果有伪造、隐藏、毁灭证据，指使、贿买、胁迫他人作伪证或者威胁、阻止证人作证的行为之一的，人民法院可以根据情节轻重，予以训诫、责令具结悔过或者处一千元以下的罚款、十五日以下的拘留；构成犯罪的，依法追究刑事责任。不服处理决定的，可以向作出决定的人民法院申请复议。

年　　月　　日

（院印）

说明：

本通知书适用于一审诉讼程序。

样式之八人民法院通知书（准许延长举证期限）

（　　）字第号：

你方因与（对方当事人的姓名或者名称及案由）纠纷一案，于年月日以（申请延长举证期限的理由），在举证期限内提交证据确有困难为由，向本院申请延期举证。

经审查，你方的申请符合最高人民法院《关于行政诉讼证据若干问题的规定》第一条第二款（或第七条）的规定，本院予以准许。延长本案举证期限至年月日。

年　　月　　日

（院印）

说明：

1. 本通知书适用于最高人民法院《关于行政诉讼证据若干问题的规定》第一条第二款（或第七条）的情形。

2. 本通知书送达双方当事人及第三人。

样式之九人民法院通知书（不予准许延长举证期限）

（　　）字第号：

你方因与（对方当事人的姓名或者名称及案由）纠纷一案，于年月日以（申请延长举证期限的理由），在举证期限内提交证据确有困难为由，向本院申请延期举证。

经审查，你方申请延长举证期限的理由不成立，根据最高人民法院《关于行政诉讼证据若干问题的规定》第一条第二款（或第七条）的规定，本院不予准许。

年　　月　　日

（院印）

说明：

1. 本通知书适用于最高人民法院《关于行政诉讼证据若干问题的规定》第一条第二款（或第七条）的情形。

2. 本通知书送达申请人。本通知书的内容，人民法院可以口头方式告知申请人，并记入笔录，由当事人或代理人签名。

样式之十人民法院通知书（因公告送达变更举证期限）

（　　）字第号：

你方与（对方当事人的姓名或者名称及案由）纠纷一案，由（根据案件涉及的"受送达人下落不明或者以其他方式无法送达"的具体情况填写），本院现以公告方式向其送达有关诉讼文书。本案举证期限届满之日变更至年月日。逾期提供证据的，视为放弃举证权利。

年　　月　　日

（院印）

说明：

本通知书送达公告送达的受送达人之外的当事人。

样式之十一人民法院通知书（准许/不予准许原告或者第三人在第二审程序中提供证据）

（　　）字第号：

你方与（对方当事人的姓名或者名称及案由）纠纷一案，因……事由，你方提出向本院提供在第一审程序中未向法院提供的有关证据申请。

经审查,申请中的事由属于(或不属于)最高人民法院《关于行政诉讼证据若干问题的规定》第七条第二款规定的正当理由,本院予以准许(或"不予准许")。

年 月 日

(院印)

说明:

1. 本通知书适用于最高人民法院《关于行政诉讼证据若干问题的规定》第七条第二款规定的情形。

2. 准许的通知书应当送达双方当事人及第三人。不予准许的通知书,人民法院可以口头方式告知申请人,并记入笔录,由当事人或代理人签名。

样式之十二人民法院通知书(二审指定原审被告补充证据期限)

(　　)字第号:

你方与(对方当事人的姓名或者名称及案由)纠纷一案,(上诉人或被上诉人)因正当事由需向本院提供其在第一审程序中未提供的证据,根据最高人民法院《关于行政诉讼证据若干问题的规定》第九条之规定,本院决定指定你方于年月日前补充相应证据。逾期不举证的,视为放弃举证权利。

年 月 日

(院印)

说明:

本通知书送达原审被告。

样式之十三人民法院通知书(人民法院依职权组织交换证据)

(　　)字第号:

你方与(对方当事人的姓名或者名称及案由)纠纷一案,由于(由审判人员根据案件证据较多或复杂疑难的具体情况填写),本院根据最高人民法院《关于行政诉讼证据若干问题的规定》第二十一条的规定，决定组织双方于年月日时分交换证据，你方应准时到（证据交换的地点）参加。证据交换之日举证期限届满，逾期提供证据的，视为放弃举证权利。

年　　月　　日

（院印）

说明：

1. 本通知书适用于最高人民法院《关于行政诉讼证据若干问题的规定》第二十一条的情形。

2. 本通知书送达双方当事人。

样式之十四人民法院通知书（准许当事人申请法院调查收集证据）

（　　）字第号：

你方因与（对方当事人的姓名或者名称及案由）纠纷一案，于年月日向本院申请调查收集下列证据：（当事人申请调查收集的证据的名称）。

经审查，你方的申请符合最高人民法院《关于行政诉讼证据若干问题的规定》的有关规定，本院予以准许。

年　　月　　日

（院印）

说明：

1. 本通知书送达申请方。

2. 本通知书的内容，人民法院可以口头告知申请人，并记入笔录，由申请人签字或者盖章。

样式之十五人民法院决定书（不予准许当事人申请法院调查收集证据）

（　　）字第号：

你方因与（对方当事人的姓名或者名称及案由）纠纷一案，由年月日向本院申请调查收集下列证据：（当事人申请调查收集的证据名称）。

经审查,本院认为,(人民法院不予准许当事人申请调查收集证据的理由)。你方的申请不符合最高人民法院《关于行政诉讼证据若干问题的规定》的有关规定,本院决定不予准许。

如不服本决定,可以在收到本决定书之日起三日内向本院提出书面复议申请。

年 月 日

(院印)

说明:

1. 本决定书适用于最高人民法院《关于行政诉讼证据若干问题的规定》第二十五条的规定。

2. 本决定书送达双方当事人及其诉讼代理人。

样式之十六人民法院复议决定书(驳回当事人申请法院调查收集证据的复议申请)

( )字第号:

你方不服本院( )字第号不予准许调查收集证据申请的决定,于年月日向本院申请复议。提出:(当事人申请复议的请求和理由)。

经审查,本院认为,(人民法院作出复议决定的理由)。依照最高人民法院《关于行政诉讼证据若干问题的规定》第二十五条的规定,决定如下:

驳回申请,维持原决定。

年 月 日

(院印)

说明:

本决定书送达双方当事人及其诉讼代理人。

样式之十七人民法院复议决定书(撤销原决定)

( )字第号:

不服本院( )字第号不予准许调查收集证据申请的决定,于年月日向本院申请复议。你方提出:(申请复议的请求和理由)。

经审查,本院认为,(人民法院作出复议决定的理由)。依照最高人民法院《关于行政诉讼证据若干问题的规定》第二十五条的规定，决定如下：

一、撤销本院年月日(　　)字第号决定；

二、准许(申请人民法院调查收集证据的当事人的姓名或者名称)于年月日向本院提出的调查收集(当事人向人民法院申请调查收集的证据的名称)的申请。

年　　月　　日

(院印)

说明：

本决定书送达双方当事人及其诉讼代理人。

样式之十八人民法院通知书(调取证据)

(　　)字第号：

关于(写明当事人的姓名或者名称及案由)纠纷一案，根据最高人民法院《关于行政诉讼证据若干问题的规定》第二十二条、第二十三条规定，我院决定就事项，向你调取下列证据：(写明需要调取的证据的名称)。

年　　月　　日

(院印)

说明：

本通知书送达被调取证据的行政机关、其他组织或者公民。

样式之十九人民法院通知书(证据保全担保)

(　　)字第号：

你方因与(对方当事人的姓名或者名称及案由)纠纷一案，于年月日向本院提出关于(当事人申请保全的证据名称)证据保全的申请。根据最高人民法院《关于行政诉讼证据若干问题的规定》第二十七条第二款的规定，你方应当在收到本通知之日起日内提供(具体的担保方式)作为担保。逾期不提供担保的，视为放弃申请。

年 月 日

（院印）

说明：

本通知书送达申请人。

样式之二十人民法院行政裁定书（证据保全）

（ ）字第号申请人（姓名或名称、住所地等基本情况）。

被申请人（姓名或名称、住所地等基本情况）。

本院在审理诉（当事人姓名或者名称及案由）纠纷一案中，（申请人姓名或者名称）于年月日向本院提出证据保全申请，请求（写明当事人申请对何证据采取何种保全方法，当事人提供担保的情况）。

本院经审查认为，（人民法院作出证据保全裁定的理由）。依照《中华人民共和国行政诉讼法》第三十六条、最高人民法院《关于行政诉讼证据若干问题的规定》第二十七条的规定，裁定如下：（保全的证据名称、数量等情况及保全方法）

审判长

审判员

审判员

年月日

（院印）

本件与原本核对无异

书记员

说明：

本裁定书应当送达申请人以及所涉及的各方当事人或相关的第三人。

样式之二十一人民法院通知书（驳回证据保全申请）

（ ）字第号：

你方因与(对方当事人姓名或名称及案由)纠纷一案,于年月日向本院提出证据保全申请,请求(写明当事人申请对何证据采取何种保全方法,当事人提供担保的情况)。

本院经审查认为,(作出决定的理由)。依照《中华人民共和国行政诉讼法》第三十六条、最高人民法院《关于行政诉讼证据若干问题的规定》第二十七条(亦可援引其他法律或司法解释规定)的规定,驳回你方的证据保全申请。

年　　月　　日

(院印)

说明:

本通知书送达申请人。通知书内容可以口头方式告知当事人,并记入笔录,由当事人或者代理人签字。

样式之二十二人民法院通知书(准许/不予准许对被告提供的鉴定结论重新鉴定申请)

(　　)字第号:

(申请重新鉴定的当事人的姓名或者名称)因与(对方当事人的姓名或者名称及案由)纠纷一案,对(被告名称)据以认定案件事实的鉴定结论有异议,认为(当事人申请重新鉴定的理由),并于年月日向本院申请重新鉴定。

经审查,(申请人的姓名或者名称)的申请符合(或不符合)最高人民法院《关于行政诉讼证据若干问题的规定》第二十九条的规定,本院(予以或不予)准许。

年　　月　　日

(院印)

说明:

1. 本通知书适用最高人民法院《关于行政诉讼证据若干问题的规定》第二十九条规定的情形。

2. 准许重新鉴定通知书送达各方当事人。通知书的内容,审判人员可以当庭以口头方式告知当事人,并记入笔录,由双方当事人或者代理人签字。

3. 不准许重新鉴定通知书送达申请人。通知书的内容,审判人员可以当庭以口头方式告知申请人,并记入笔录,由双方申请人或者代理人签字。

样式之二十三人民法院通知书(准许/不予准许对法院委托的鉴定部门的鉴定重新鉴定申请)

( )字第号:

你方因与(对方当事人的姓名或者名称及案由)纠纷一案,对(原委托鉴定的人民法院名称)委托(原鉴定机构的名称或者鉴定人员的姓名)所作的鉴定结论有异议,认为(当事人申请重新鉴定的理由,并于年月日向本院申请重新鉴定。

经审查,(准许或不予准许当事人重新鉴定申请的理由),你方的申请(符合或不符合)最高人民法院《关于行政诉讼证据若干问题的规定》第三十条的规定,本院(予以或不予)准许。

年 月 日

(院印)

说明:

1. 本通知书适用于最高人民法院《关于行政诉讼证据若干问题的规定》第三十条规定的情形。

2. 准许重新鉴定通知书送达各方当事人。通知书的内容,审判人员可以当庭以口头方式告知当事人,并记入笔录,由双方当事人或者代理人签字。

3. 不准许重新鉴定通知书送达申请人。通知书的内容,审判人员可以当庭以口头方式告知申请人,并记入笔录,由双方申请人或者代理人签字。

样式之二十四人民法院通知书(准许/不予准许对法院勘验结论重新勘验申请)

( )字第号:

你方因与(对方当事人的姓名或者名称及案由)纠纷一案,对(勘验法院的名称)据以认定案件事实的勘验结论有异议,认为(当事人申请重新勘验的理由),并于年月日向本院申请重新勘验。

经审查,你方的申请符合(或不符合)最高人民法院《关于行政诉讼证据若干问题的规定》第三十四条的规定，本院（予以或不予）准许。

年　　月　　日

（院印）

说明：

1. 本通知书适用于最高人民法院《关于行政诉讼证据若干问题的规定》第三十四条的规定。

2. 准许重新勘验通知书送达各方当事人。通知书的内容，审判人员可以当庭以口头方式告知当事人，并记入笔录，由双方当事人或者代理人签字。

3. 不准许重新勘验通知书送达申请人。通知书的内容，审判人员可以当庭以口头方式告知申请人，并记入笔录，由双方申请人或者代理人签字。

样式之二十五人民法院通知书（准许证人出庭作证）

（　　）字第号：

你方因与（对方当事人的姓名或者名称及案由）纠纷一案，于年月日向本院申请证人（证人的姓名或者名称）出庭就（证人作证的事项）事项陈述证言。

经审查，你方的申请符合最高人民法院《关于行政诉讼证据若干问题的规定》第四十三条（或者第四十四条）的规定，本院予以准许。

年　　月　　日

（院印）

说明：

1. 本通知书适用于最高人民法院《关于行政诉讼证据若干问题的规定》第四十三条、第四十四条的情形。

2. 本通知书送达申请方，但有关证人出庭作证的申请，应当记入证据目录或证据收据。

样式之二十六人民法院通知书（不予准许证人出庭作证）

（　　）字第号：

你方因与（对方当事人的姓名或者名称）纠纷一案，于年月日向本院申请证人

(证人的姓名或者名称)出庭就(证人作证的事项)事项陈述证言。经审查,(不予准许当事人申请的理由),本院不予准许。

年 月 日

(院印)

说明:

1. 本通知书适用于最高人民法院《关于行政诉讼证据若干问题的规定》第四十三条、第四十四条的情形。

2. 本通知书送达申请人。通知书的内容,审判人员可口头告知申请人,并记入笔录,由当事人或者代理人签字。

样式之二十七人民法院通知书(法院依当事人申请通知证人出庭作证)

( )字第号:

与(当事人的姓名或者名称及案由)纠纷一案,(申请证人出庭作证的当事人的姓名或者名称)向本院申请你(单位作为证人的,可填写"你单位")出庭作证,并已经本院准许。你(单位作为证人的,可填写"你单位")应于年月日时分携带有效身份证明到(证人作证的地点)出席法庭审理(证人出席证据交换陈述证言的,可表述为"证据交换"),陈述证言。根据《中华人民共和国行政诉讼法》和最高人民法院《关于行政诉讼证据若干问题的规定》的规定,现将有关事项通知如下:

一、凡是知道案件情况的单位和个人,都有义务出庭作证。

二、证人应当客观陈述亲身感知的事实,不得使用猜测、推断或者评论性的语言。证人不得宣读事先准备的书面证言。

三、证人应当诚实作证,并如实回答审判人员和当事人的询问,作伪证的,应承担相应的法律责任。

四、证人不得旁听法庭审理,不得与当事人和其他证人交换意见。

五、证人的合法权利受法律保护。

年 月 日

(院印)

说明：

1. 本通知书适用于法院依当事人申请通知证人出庭作证情形。

2. 本通知书送达证人。

样式之二十八人民法院通知书（法院依职权通知证人出庭作证）

（　　）字第号：

与（当事人的姓名或者名称及案由）纠纷一案，本院现通知你（单位作为证人的，可填写“你单位”）作为证人，就（证人作证的事项）事项出庭陈述证言。你（单位作为证人的，可填写“你单位”）应于年月日时分携带有效身份证明到（证人作证的地点）出席法庭审理（证人出席证据交换陈述证言的，可表述为“证据交换”），陈述证言。根据《中华人民共和国行政诉讼法》和最高人民法院《关于行政诉讼证据若干问题的规定》的规定，现将有关事项通知如下：

一、凡是知道案件情况的单位和个人，都有义务出庭作证。

二、证人应当客观陈述亲身感知的事实，不得使用猜测、推断或者评论性的语言。证人不得宣读事先准备的书面证言。

三、证人应当诚实作证，并如实回答审判人员和当事人的询问，作伪证的，应承担相应的法律责任。

四、证人不得旁听法庭审理，不得与当事人和其他证人交换意见。

五、证人的合法权利受法律保护。

年　　月　　日

（院印）

说明：

1. 本通知书适用于法院依职权通知证人出庭作证情形。

2. 本通知书送达证人。

样式之二十九人民法院通知书（准许具有专门知识人员出庭协助质证）

（　　）字第号：

你方与（对方当事人的姓名或者名称及案由）纠纷一案，（申请具有专门知识的人员出庭的当事人的姓名或者名称）于年月日向本院申请（当事人申请的具有专门知识的人员的姓名)作为具有专门知识的人员出庭,就(具有专门知识的人员协助质证的事项)事项协助质证。经审查,(申请具有专门知识的人员出庭的当事人的姓名)的申请符合最高人民法院《关于行政诉讼证据若干问题的规定》第四十八条的规定,本院予以准许。

年 月 日

(院印)

说明:

1. 本通知书适用于最高人民法院《关于行政诉讼证据若干问题的规定》第四十八条的情形。

2. 为程序公证考虑,此通知书送达双方当事人。

样式之三十人民法院通知书(不予准许具有专门知识人员出庭协助质证)

( )字第号:

你方因与(对方当事人的姓名或者名称及案由)纠纷一案,于年月日向本院申请(当事人申请的具有专门知识的人员的姓名)作为具有专门知识的人员出庭,就(具有专门知识的人员协助质证的事项)事项协助质证。经审查,你方的申请不符合最高人民法院《关于行政诉讼证据若干问题的规定》的规定,本院不予准许。

年 月 日

(院印)

说明:

1. 本通知书适用于最高人民法院《关于诉讼证据若干问题的规定》第四十八条规定的情形。

2. 本通知书送达申请人。通知书内容,审判人员可口头告知申请人,并记入笔录,由申请人或者代理人签字。

样式之三十一人民法院通知书(具有专门知识人员出庭协助质证)

(　　)字第号：

与(当事人的姓名或者名称及案由)纠纷一案，(申请具有专门知识的人员出庭的当事人的姓名或者名称)向本院申请你作为具有专门知识的人员出庭，就本案涉及的(具有专门知识的人员协助质证的具体的专门性问题)问题协助其质证。本院经审查已准许(申请具有专门知识的人员出庭的当事人的姓名或者名称)的申请。现将有关事项通知如下：

一、你应当于年月日时分携带有效身份证明到(法庭审理的地点)出席法庭审理。

二、你应当遵守法庭秩序，服从审判人员指挥，不得参与本案与(具有专门知识的人员协助质证的具体的专门性问题)问题无关的诉讼活动。

三、审判人员和当事人可以对你进行询问。经人民法院准许，你可以与对方当事人申请的具有专门知识的人员就(具有专门知识的人员协助质证的具体的专门性问题)问题进行对质。

四、你在法庭上可以就(具有专门知识的人员协助质证的具体的专门性问题)问题对鉴定人进行询问。

年　　月　　日

(院印)

说明：

1. 本通知书适用于最高人民法院《关于行政诉讼证据若干问题的规定》第四十八条的情形。

2. 本通知书送达出庭协助质证的具有专门知识的人员。

样式之三十二人民法院通知书(对新的证据提出意见或者举证)

(　　)字第号：

你方与(对方当事人的姓名或者名称及案由)纠纷一案，(主张新的证据的当事人的姓名或者名称)依照最高人民法院《关于行政诉讼证据若干问题的规定》的有关规定向本院提交了新的证据：(新的证据的名称)。你方应当在年月日前针对该项新的证据提出意见或者举证。逾期提交证据的，视为放弃举证权利。

年 月 日

（院印）

说明：

1. 本通知书适用于最高人民法院《关于行政诉讼证据若干问题的规定》第五十条、第五十一条、第五十二条的情形。

2. 本通知书送达提出新的证据的当事人的对方。

样式之三十三人民法院证据收据（ ）字第号今收到（提交证据的当事人的姓名或者名称）提交的证据（单一证据可填写证据名称。如证据较多，可表述为“参见附录”）一式份。

签收人：

年月日

附录：

序号

证据名称

份数

页数

原件/复制件

证明目的

备注

说明：

本收据应当出具给向法院提交证据材料的当事人。

6　审理与判决

司法性文件

最高人民法院关于收容审查决定经行政判决撤销后，被收审人又因同一事实被判刑原收审日期应否折抵刑期的答复

（1995 年 9 月 13 日　法明传〔1995〕382 号）

上海市高级人民法院：

你院沪高法〔1995〕6 号《关于被告人被收容审查决定经行政判决撤销被收容审查的日期应否折抵刑期的请示》收悉。经研究，答复如下：

公安机关的收容审查决定经人民法院行政判决撤销，被收审人依法获得赔偿后，又因同一事实被人民法院判处刑罚的，其被收容审查的日期不予折抵刑期。

最高人民法院行政审判庭关于乡治安室工作人员执行职务中故意伤害当事人造成的损害乡人民政府应否承担责任问题的电话答复

（1991 年 10 月 10 日）

四川省高级人民法院：

你院川法研〔1991〕45 号《关于乡治安室工作人员执行职务中故意伤害当事人

造成的损害乡人民政府应否承担赔偿责任的请示》收悉。经研究,同意你们的第二种意见。

附:

四川省高级人民法院关于乡治安室工作人员执行职务中故意伤害当事人造成的损害乡人民政府应否承担赔偿责任的请示

(1991年9月20日川法研〔1991〕45号)

最高人民法院:

我省一些地方乡治安室工作人员在执行治安管理职务中故意伤害当事人的案件时有发生,有的被打致残,此类损害,乡人民政府应否承担赔偿责任的问题,有关部门和法院内部认识不够统一,我们讨论中,提出了三种意见:

第一种意见认为,乡治安室受乡政府领导、在公安派出所指导下负责管理辖区内的治安工作,其工作人员在执行治安管理职务中违法乱纪打伤当事人,不属正当履行职务造成的损害,应由行为人承担赔偿责任,乡政府不承担赔偿责任。

第二种意见认为,行政诉讼法第六十八条规定:“行政机关或者行政机关工作人员作出的具体行政行为侵犯公民、法人或者其他组织的合法权益造成损害的,由该行政机关或者该行政机关工作人员所在的行政机关负责赔偿。”根据这一规定,乡政府应承担治安室工作人员侵权造成损失的赔偿责任。乡政府赔偿损失后,可视情况责令行为人承担部分或者全部赔偿费用。

第三种意见认为,治安室工作人员在执行治安管理职务中违法乱纪打伤当事人,不属具体行政行为造成的损害,而属于执行职务中造成的民事侵权损害。民法通则第一百二十一条规定:“国家机关或者国家机关工作人员在执行职务中,侵犯公民、法人的合法权益造成损害的,应承担民事责任。”根据这一规定,乡政府应承担民事赔偿责任。

我们倾向于第二种意见,当否,请批复。

7 法律适用

(一)司法解释

最高人民法院关于适用《行政复议法》第三十条第一款有关问题的批复

(2003 年 1 月 9 日由最高人民法院审判委员会第 1263 次会议通过 自 2003 年 2 月 28 日起施行 法释〔2003〕5 号)

山西省高级人民法院:

你院《关于适用〈行政复议法〉第三十条第一款有关问题的请示》收悉。经研究,答复如下:

根据《行政复议法》第三十条第一款的规定,公民、法人或者其他组织认为行政机关确认土地、矿藏、水流、森林、山岭、草原、荒地、滩涂、海域等自然资源的所有权或者使用权的具体行政行为,侵犯其已经依法取得的自然资源所有权或者使用权的,经行政复议后,才可以向人民法院提起行政诉讼,但法律另有规定的除外;对涉及自然资源所有权或者使用权的行政处罚、行政强制措施等其他具体行政行为提起行政诉讼的,不适用《行政复议法》第三十条第一款的规定。

（二）司法性文件

公安部关于对吸食苯丙胺类毒品违法人员处理意见的通知

（2002年4月4日发布）

各省、自治区、直辖市公安厅、局，新疆生产建设兵团公安局：

近年来，冰毒、“摇头丸”等苯丙胺类毒品在我国部分地区迅速蔓延。由于冰毒、“摇头丸”是近年才开始在我国流行的新型毒品，戒断症状明显有别于鸦片、海洛因等阿片类毒品，加之对这类毒品成瘾机理、脱毒治疗科学依据的认识不一，各地对吸食这类毒品的违法人员在处理上也不尽一致。为规范对吸食苯丙胺类毒品违法人员的处理问题，根据《全国人大常委会关于禁毒的决定》、国务院《强制戒毒办法》和卫生部、国家药品监督管理局《苯丙胺类兴奋剂滥用及相关障碍的诊断治疗指导原则》的规定，现对吸食苯丙胺类毒品违法人员处理意见通知如下：

一、对于查获的偶尔吸食冰毒、“摇头丸”等苯丙胺类毒品的违法人员，即尿检苯丙胺类物质呈阳性，但尚无明显精神依赖症状的违法人员，按照《全国人大常委会关于禁毒的决定》第八条第一款的规定，处十五日以下拘留，单处或者并处二千元以下罚款，并没收毒品和吸食、注射器具。

二、对于多次吸食苯丙胺类毒品成瘾的，即已经出现卫生部、国家药品监督管理局《苯丙胺类兴奋剂滥用及相关障碍的诊断治疗指导原则》认定的不能自制地持续使用苯丙胺类兴奋剂，逐渐形成了对苯丙胺类毒品的耐受性、用量不断增加，停药或骤减用量后出现戒断症状，以及由于使用苯丙胺类毒品而对社会或他人造成危害等苯丙胺类兴奋剂依赖综合症的违法人员，除进行处罚外，还应当按照《全国人大常委会关于禁毒的决定》第八条第二款和国务院《强制戒毒办法》的有关规定，予以强制戒毒。

三、对于因吸食苯丙胺类毒品，被强制戒除后再次吸食毒品的违法人员，要按照《全国人大常委会关于禁毒的决定》第八条的规定，予以劳动教养，并在劳动教养中强制戒除。

四、对吸食苯丙胺类毒品违法人员的处理，要遵循强化教育、区别治疗、依法处理的原则，不论是采取治安处罚，还是强制戒毒，都要对吸毒者开展有针对性的禁毒教育，使其了解苯丙胺类毒品的特点及其危害，增强自觉抵制毒品的能力。强制戒毒期间，应将吸食苯丙胺类毒品人员与吸食阿片类毒品人员严格分区管理，按照《苯丙胺类兴奋剂滥用及相关障碍的诊断治疗指导原则》进行对症治疗。

最高人民法院关于对审理农用运输车行政管理纠纷案件应当如何适用法律问题的答复

（2000年2月29日　法行〔1999〕第14号）

河南省高级人民法院：

你院〔1999〕豫法行请字第1号“关于审理农用运输车行政管理纠纷案件应当如何适用法律的请示报告”收悉。经研究，答复如下：机动车道路交通应当由公安机关实行统一管理；作为机动车一种的农用运输车，其道路交通管理包括检验、发牌和驾驶员考核、发证等，也应当由公安机关统一负责。人民法院审理农用运输车行政管理纠纷案件，涉及相关行政管理职权的，应当适用《中华人民共和国道路交通管理条例》和《国务院关于改革道路交通管理体制的通知》的有关规定。

最高人民法院关于工商行政管理检查所是否具有行政主体资格问题的答复

（1995年12月18日 法函〔1995〕174号）

山东省高级人民法院：

你院鲁高法函〔1995〕110号《关于工商行政管理检查所是否具有行政主体资格的请示》收悉。经研究，答复如下：根据《投机倒把行政处罚暂行条例》第二条和《投机倒把行政处罚暂行条例施行细则》第十八条的规定，对投机倒把行为的处罚，应当由县级以上工商行政管理机关制作书面处罚决定书。山东省工商行政管理检查所不具有行政主体资格，更何况系事业编制，故不能以自己的名义作出行政处罚决定。

附：

山东省高级人民法院关于工商行政管理检查所是否具有行政主体资格的请示

（1995年6月23日 鲁高法函〔1995〕110号）

最高人民法院：

我省省工商行政管理局经省编制委员会批准于1985年设立山东省工商行政管理检查所，列为省工商行政管理局直接领导的处级单位。

在对待该所的行政主体资格问题上，法院同行政机关认识不一。

工商管理机关认为，工商行政管理检查所具有行政主体资格，理由是：

第一该检查所的设立是经省编委批准成立的。

第二国家工商行政管理局1990年8月1日以工商〔1990〕237号文件答复山东省工商行政管理局，检查所可以依据《投机倒把行政处罚暂行条例》查处案件。国家工商行政管理局一九九一年一月十一日印发的《关于对〈投机倒把行政处罚暂行条例施行细则〉若干问题的答复》第十一条关于"县级以上工商行政管理机关的解释"为县级以上工商行政管理机关指县局级以上工商行政管理局和分局，及经省级人民政府批准成立的县(处)级工商行政管理机构。

第三具有行政主体资格的，仅限于省工商行政管理检查所，下级工商行政管理检查所无处罚权。

我院认为，行政主体资格的取得应由法律、法规的授权。工商行政法规没有授予工商行政管理检查所行政主体。国家工商行政管理局的解释"县级以上工商行政管理机关包括经省级人民政府批准成立的县(处)级工商行政管理机构"与工商行政法规的规定不一致。因此工商行政管理检查所不具有行政主体资格。

我院的意思是否符合法律规定，请予答复。

最高人民法院关于土地被征用所得的补偿费和安置补助费应归被征地单位所有的复函

(1995年1月16日　法经〔1995〕13号)

江西省高级人民法院：

你院赣高法经〔1994〕22号请示报告收悉。经研究，答复如下：

原则同意你院第二种意见。根据《中华人民共和国土地管理法》和1986年12月27日江西省第六届人民代表大会常务委员会第21次会议通过的《江西省实施〈中华人民共和国土地管理法〉的办法》的规定，农村和城市郊区的土地，原以生产队为核算单位的，归村民小组农民集体所有，由村民小组农业集体经济组织或村民小组经营、管理；土地被征用所得的补偿费、安置补助费归被征地单位所有,由被征地单位集中管理,列专户储存,县级或乡级人民政府监督指导使用,由被征地单位用于发展生产和安排因土地被征用而造成的多余劳动力的就业和不能就业人员的生活补助,不得分给个人、移作他用或平调。你省九江市庐山区虞家河乡大桥村第十一组的土地被全部征用后,虞家河乡人民政府将部分土地补偿费和安置补助费由乡、村两级按3:7比例留用,并将该费用于扶助、开办乡属企业的做法与上述规定相悖。且大桥村第十一组在土地被征用后,仍然保留着村民组委会机构,在信用社有开户和存款。土地补偿费和安置补助费应归村民小组农民集体所有,由虞家河乡人民政府负责监督指导村民小组对上述费用的使用。

最高人民法院关于公路路政管理机构行政主体资格及有关法律适用问题的答复

(1995年1月15日 〔1994〕行复字第4号)

四川省高级人民法院:

你院《关于公路路政管理机构行政主体资格及有关法律适用问题的请示》收悉,经研究并征求全国人民代表大会常务委员会法制工作委员会和国务院法制局的意见,答复如下:

(一)《中华人民共和国公路管理条例实施细则》第九条规定的授权只能理解为是委托授权,公路养护管理总段分段不具备行政主体资格,且省政府也不具备该项行政管理权的授权主体资格。

(二)四川省人大常委会发布的《四川省公路路政管理条例》第五条中有关“其他单位和个人占用、挖掘公路,应向交通部门缴纳公路占用费”的规定,与《中华人民共和国公路管理条例》的有关规定不一致,人民法院审理具体行政案件时,应执行《中华人民共和国公路管理条例》的有关规定。

最高人民法院关于人民法院审理行政案件对缺乏法律和法规依据的规章的规定应如何参照问题的答复

（1994 年 1 月 13 日　法行复字〔1993〕第 5 号）

辽宁省高级人民法院：

你院〔1993〕行疑字第 3 号《关于刘淑华不服公路费征稽行政处罚一案如何参照规章问题的请示》收悉。经研究并征求国务院法制局的意见，答复如下：

国务院发布的《中华人民共和国公路管理条例》没有规定公路行政管理部门对拖缴、逃缴公路规费的单位和个人可以采取扣留驾驶证、行车证、车辆等强制措施。而辽宁省人民政府发布的《关于加强公路养路费征收稽查工作的通告》第六条“可以采取扣留驾驶证、行车证、车辆等强制措施”的规定，缺乏法律和法规依据，人民法院在审理具体案件时应适用国务院发布的《中华人民共和国公路管理条例》的有关规定。

最高人民法院关于人民法院审理行政案件对地方性法规的规定与法律和行政法规不一致的应当执行法律和行政法规的规定的复函

（1993 年 3 月 11 日　法函〔1993〕16 号）

福建省高级人民法院：

你院闽法行其〔1991〕017 号请示收悉。经研究并征求全国人大常委会法制工作委员会和国务院法制局的意见，答复如下：

《中华人民共和国渔业法》第三十条规定：“未按本法规定取得捕捞许可证擅自

进行捕捞的,没收渔获物和违法所得,可以并处罚款;情节严重的,并可以没收渔具。"这一条未规定可以没收渔船。《福建省实施〈中华人民共和国渔业法〉办法》第三十四条规定,未取得捕捞许可证擅自进行捕捞或者伪造捕捞许可证进行捕捞,情节严重的,可以没收渔船。这是与渔业法的规定不一致的,人民法院审理行政案件,对地方性法规的规定与法律和行政法规的规定不一致的,应当执行法律和行政法规的规定。

最高人民法院行政审判庭关于出售淫秽物品如何计算追溯期限问题的电话答复

(1991 年 8 月 21 日)

四川省高级人民法院:

你院川法研〔1991〕30 号《关于出售淫秽物品如何计算追溯期限问题的请示》收悉。经研究答复如下:

原则上同意你院的意见。

一、行为人"将淫秽物品出售他人后",应当视为其违法行为已经终了。"致使淫秽物品接连不断地在社会上转卖、复制、传播",只能作为其违法行为的情节(即所造成的后果)来考虑,而不能视为连续或继续状态。

二、根据《治安管理处罚条例》第十八条之规定,违反治安管理处罚条例的行为,只要超过法定追溯期限,即不能追究行为人的法律责任。

附:

四川省高级人民法院关于出售淫秽物品如何计算追溯期限问题的请示

(1991 年 6 月 25 日 川法研〔1991〕30 号)

最高人民法院:

行为人违反治安管理处罚条例，将淫秽物品出售他人后，致使淫秽物品接连不断地在社会上转卖、复制、传播，对行为人如何确定追溯期限的问题，我们与公安机关认识不一致，现请示如下：

公安机关认为，行为人将淫秽物品出售后，淫秽物品继续在社会上转卖、复制、传播，应视为行为人出售淫秽物品处于继续状态。公安机关查获时，无论是否超过六个月，都可对最初出售淫秽物品的行为人进行处罚。这样有利于同这种毒害社会的违法行为作斗争。

我们认为，行为人将淫秽物品一经出售，违法行为即告终结，根据《治安管理处罚条例》第十八条第一款的规定，其追溯期限应从出售之日起计算，在六个月内公安机关没有发现的，不再处罚。所谓继续状态是指行为人直接实施的出卖淫秽物品的行为处于继续状态，而不是行为人出售造成的后果延续。

如何计算为当，请批示。

最高人民法院行政审判庭关于铁路系统治安案件处罚权问题的电话答复

（1990年3月20日）

江西省高级人民法院行政审判庭：

你院赣法传〔1990〕09号传真报告收悉。经研究，答复如下：

关于你们报告中提出铁道部〔87〕53号文件和公安部〔87〕公发20号文件对铁路系统治安行政案件处罚权规定不一致的问题，我们征求了公安部三局的意见，他们认为，铁道部公治〔87〕53号文件的规定，同公安部〔84〕公发186号文“公安部关于查破和处理治安案件的通知”中第七条“铁路、交通、航空、林业……等系统发生的治安行政案件，分别由本系统查处，地方公安机关积极配合”的规定精神是一致的，现在〔84〕公发186号文件仍然有效，可以继续执行。本案我们同意按公安部的答复意见办。

附：

江西省高级人民法院关于铁路系统治安案件处罚权问题的请示

（1990年3月6日赣法传〔1990〕第9号）

最高人民法院行政审判庭：

南昌市西湖区法院受理萍乡市刘绍辉、刘志辉因殴打他人不服上海铁路公安局拘留处罚一案。该案发生在萍乡市铁路系统范围内，上海铁路公安局南昌铁路分局根据铁道部公安局公治〔1987〕53号文件第一条“……与上一级铁路公安机关不在同一县、市的公安派出所，公安科，对违反治安管理的人处超过50元的罚款或拘留处罚，交通不便的送所在地的县、市公安局、公安分局裁决，交通方便的可以送上级铁路公安机关裁决”之规定。认为该案属交通方便的，并由铁路派出所报南昌铁路公安分局作了裁决。但公安部〔1987〕公发20号文件第一条第二款规定“铁路、交通、民航、林业公安派出所与上级公安机关不在同一县、市的，对违反治安管理的人处超过50元的罚款或者拘留处罚的，送请所在地的县、市公安局、公安分局裁决”。没有也可以送上级铁路公安机关裁决的规定。考虑到公安部是《条例》的主管部门，可以对如何具体应用问题进行解释。

我们认为：铁道部公安局公治〔1987〕53号文件的规定，与《条例》第三十三条第一款并不抵触，但在审判实践中如何具体应用没有把握，特此请示报告，请答复。

最高人民法院行政审判庭关于对无财产的已满14岁不满18岁的人违反《治安管理处罚条例》可否适用罚款处罚问题的电话答复

（1988年10月21日）

四川省高级法院研究室：

你院川法研〔1988〕48 号请示收悉。关于对无财产的已满 14 岁不满 18 岁的人,违反《治安管理处罚条例》可否适用罚款处罚的问题,经研究,我们同意你院的第二种意见。

这个问题条例第九条已作明确规定,已满 14 岁不满 18 岁的人违反治安管理的,从轻处罚;不满 14 岁的人违反治安管理的,免予处罚,但是可以予以训诫,并责令其监护人严加管教。《条例》对无财产的已满 14 岁不满 18 岁的人违反治安管理,没有规定,不适用罚款处罚。鉴于监护人对未成年人员有法定的监护责任,所以对无财产的已满 14 岁不满 18 岁的人违反治安管理的可以适用罚款处罚,由其监护人支付罚款。

附:

四川省高级人民法院关于对无财产的已满 14 岁未满 18 岁的人违反《治安管理处罚条例》可否适用罚款处罚的请示

(1988 年 9 月 20 日　川法研〔1988〕48 号)

最高人民法院:

最近,涪陵地区中级人民法院,就无财产的已满 14 岁未满 18 岁的人违反《治安管理处罚条例》(以下简称条例)可否适用罚款的问题,请示我院,经我们研究,有两种意见:

第一种意见认为,对无财产的已满 14 岁未满 18 岁的人违反《条例》不能适用罚款处罚。因为罚款是对违反《条例》的行为人的一种行政处罚而不是民事赔偿,只能由行为人自己承担责任;如果对无财产的已满 14 岁未满 18 岁的人处以罚款,由其监护人支付,对行为人起不到教育处罚的作用,也不符合责任自负的原则。

第二种意见认为,《条例》中没有关于对无财产的已满 14 岁未满 18 岁的人违反《条例》不能适用罚款处罚的规定。且其监护人对无财产的已满 14 岁未满 18 岁的人负有法律上的监护责任,可以由监护人负担罚款。我们倾向于第一种意见,当否,请批复。

8 执　　行

司法性文件

最高人民法院对《关于非诉执行案件中作为被执行人的法人终止，人民法院是否可以直接裁定变更被执行人的请示》的答复

（2000年5月29日　法行〔2000〕16号）

山东省高级人民法院：

你院鲁高法函〔1999〕62号《关于非诉执行案件中作为被执行人的法人终止，人民法院是否可以直接裁定变更被执行人的请示》收悉。经研究，答复如下：

人民法院在办理行政机关申请人民法院强制执行其具体行政行为的案件过程中，作为被执行人的法人出现分立、合并、兼并、合营等情况，原具体行政行为仍应执行的，人民法院应当通知申请机关变更被执行人。对变更后的被执行人，人民法院应当依法进行审查。

最高人民法院对有关不动产的非诉行政案件执行管辖问题的答复

（1995年8月24日　法行〔1995〕13号）

山东省高级人民法院：

你院鲁高法函〔1995〕140号《关于执行非诉行政案件是否由不动产所在地人民法院管辖的请示》收悉。经研究，同意你院意见，即有关不动产的非诉行政案件执行，可以由被执行人所在地人民法院管辖，也可以由不动产所在地或作出具体行政行为的行政机关所在地的人民法院管辖。由哪个法院执行，可由申请执行人选择。

最高人民法院关于对林业行政机关依法作出具体行政行为申请人民法院强制执行问题的复函

（1993年12月24日 法函〔1993〕91号）

林业部：

你部林函策字〔1993〕308号函收悉，经研究，同意你部所提意见，即：林业主管部门依法作出的具体行政行为，公民、法人或者其他组织在法定期限内既不起诉又不履行的，林业主管部门依据行政诉讼法第六十六条的规定可以申请人民法院强制执行，人民法院应予受理。

最高人民法院关于由省级人民政府确定单独编制城市规划的矿区行政管理部门有权对拆迁纠纷作出处理决定并可向人民法院申请强制执行的复函

（1989年7月4日〔1989〕民他字第6号）

贵州省高级人民法院：

你院黔法〔1989〕民请字第1号关于个体工商户阎兴文、黄祥荣所经营商店被拆除一案处理意见的请示报告收悉。经研究,并征求了建设部和化工部的意见,我们认为:

由省、自治区、直辖市人民政府确定单独编制城市规划的矿区行政管理部门,对拆迁纠纷可以作出处理决定,也可以根据其处理决定申请人民法院强制执行。个体工商户阎兴文和黄祥荣是拆迁户,在他们拒不搬迁的情况下,开阳县人民法院于1984年1月根据有关法律规定精神以及开阳矿务局的申请,强制执行阎、黄搬迁并无不当。至于一些遗留问题,可根据具体情况妥善处理。

以上意见,仅供你院参考。

附件:

关于个体工商户阎兴文、黄祥荣所经营商店被拆除一案处理意见的请示报告

最高人民法院:

1984年11月1日至3日,开阳县人民法院根据开阳磷矿矿务局(下称矿务局)的强制执行申请,将个体工商户阎兴文、黄祥荣(系夫妻)经营的"开阳中心综合商店"拆除。阎、黄不服,多次向省委和有关部门申诉。我院在处理该案时,由于对该案的认识和处理意见分歧较大,特请示报告如下:

一、案件事实:

阎、黄经营的综合商店地处开阳县开阳磷矿矿区(靠近铁路中心站)。该店是1980年经铁路中心站站长同意修建的临时木房。1984年初,矿务局按照矿区规划,经省经委、省化工厅批准修建商业中心大楼(现已竣工),需将在规划范围内的职工住房和其它建筑拆除,综合商店也属拆迁房。但阎、黄却以补偿、安置问题为由拒不迁出,矿务局多次做工作,并请开阳县工商局出面劝导都无济于事。同年7月26日,矿务局以整顿矿容、矿貌办公室的名义、发出《关于责令开阳中心综合商

店退出非法占地、拆除非法建筑物的决定书》(下称《决定书》),阎、黄拒绝签收,仍不拆迁。1984 年 8 月 18 日矿务局以综合商店侵占公地为由向开阳县人民法院起诉。县法院受理该案后请示安顺地区中级人民法院。中院认为"该案属于行政干预案件,应由行政机关运用行政法规进行调处",县法院便以准予矿务局撤诉结案。矿务局旋即以《决定书》为依据,申请开阳县人民法院强制执行。县法院受理后对阎、黄说服动员无效。又于 10 月 15 日召集双方进行调解,双方仍因补偿、安置问题各执己见未达成协议。县法院遂于 10 月 20 日贴出公告,限令阎、黄在 10 日内将商店拆除,但阎、黄到期仍不执行。县法院便于 11 月 1 日至 2 日邀请当地派出所、工商所及矿方人员参加,将商店内的存货登记造册后运至矿务局食品仓库封存,将商店拆除。执行拆除时,因阎、黄不在场,便通知其成年女儿黄阎(1966 年 6 月 1 日生)到场,其女以不知父母的事而离开。强制执行后,县法院民庭庭长和其他 3 人于 11 月 3 日将存放货物仓库的钥匙和货物清单交与阎、黄的子女黄阎、黄汉兵。黄阎拒收,执行人当着黄阎之面将钥匙置放在桌子上。至此,该案执行完毕。

强制执行后,阎、黄申诉的主要理由是:1. 矿务局整顿矿容、矿貌办公室不是政府主管部门,不能行使《城市规划条例》赋予政府主管部门的职权;2. 综合商店修建在铁路中心站地界内,是经原中心站站长同意的;3. 开阳县法院不应将该案作为执行案执行。

1987 年 5 月 28 日,经我院审判委员会讨论,决定由安顺地区中级人民法院按审判监督程序处理(可按执行申诉案受理)。中院经过审查,认为该案执行合法,并于 1988 年 3 月 14 日将意见书面请示我院,此间,省人大法制委员会于 9 月 23 日来函,要求"将该案作为执法大检查的重点案件,尽快组织复查。"我院根据省人大法委会的要求,会同地、县法院,两次亲赴实地处理。因意见分歧大,解决未果。

二、请示意见

1. 开阳县法院强制执行是否合法。

一种意见认为:开阳县法院对该案的执行依据是国务院 1984 年 1 月 5 日颁发的《城市规划条例》第 53 条、该条规定:"省、自治区、直辖市人民政府确定单独编制城市规划的工矿区、城镇型居民点,参照本条例执行。"开阳磷矿应属单独编制城市规划的工矿区(我省未确定单独编制城市规划的工矿区,也未制定实施办法)其主管部门有权在其管辖的区域内作出行政管理决定。当其行政决定在执行中受到干扰的,有权向当地人民法院申请强制执行。开阳县法院受理并执行该案是合法的。并且阎、黄所建之房是在磷矿区内,未办理任何用地、建房手续、系侵占公地建房,法院拆除违章建筑并无不当。

另一种意见认为:省人民政府未确定单独编制城市规划的工矿区,矿务局不是国家行政机关。其整顿矿容、矿貌办公室无权行使城市规划主管部门职权。故该矿整顿矿容、矿貌办公室作出的《决定书》,不能作为人民法院执行的根据,综合商店虽系违章建筑,但在有关行政机关作出行政处理决定之前,也不能由人民法院来强制执行。因此,开阳县法院让矿务局撤诉后又作执行案受理而强制执行该案是没有法律依据的。

我院倾向第二种意见。

2. 采取何种方式进行处理和补偿问题。

如果上述第二种意见成立,就存在一个采取何种方式处理和进行补偿的问题。

一种意见认为:如果开阳县法院执行没有法律根据,并造成了被执行人一定财产的损失,根据《民法通则》第 121 条之规定,开阳县法院就应承担民事责任。因此,该案应按新案立案受理,将开阳县法院列为被告,由安顺地区中级人民法院作一审。

另一种意见认为:该案是四年多以前执行的,《民法通则》实施不久。对国家机关侵权损害承担民事责任的规定,原则上没有溯及力。根据该案的实际情况,综合商店实际上应予拆除,法院是在执行的程序上错了(对此要总结经验教训),可作执行申诉案处理,将阎、黄列为申诉人,开阳矿务局为被申诉人,按照申诉程序,在查清被执行人实际损失的基础上,由矿务局给予被执行人适当补偿。

我院倾向第二种意见。

当否,请批示。

9 其 他

（一）司法解释

最高人民法院关于行政诉讼撤诉若干问题的规定

（2008 年 1 月 14 日 法释[2008]2 号）

为妥善化解行政争议，依法审查行政诉讼中行政机关改变被诉具体行政行为及当事人申请撤诉的行为，根据《中华人民共和国行政诉讼法》制定本规定。

第一条 人民法院经审查认为被诉具体行政行为违法或者不当，可以在宣告判决或者裁定前，建议被告改变其所作的具体行政行为。

第二条 被告改变被诉具体行政行为，原告申请撤诉，符合下列条件的，人民法院应当裁定准许：

（一）申请撤诉是当事人真实意思表示；

（二）被告改变被诉具体行政行为，不违反法律、法规的禁止性规定，不超越或者放弃职权，不损害公共利益和他人合法权益；

（三）被告已经改变或者决定改变被诉具体行政行为，并书面告知人民法院；

（四）第三人无异议。

第三条 有下列情形之一的，属于行政诉讼法第五十一条规定的“被告改变其所作的具体行政行为”：

（一）改变被诉具体行政行为所认定的主要事实和证据；

（二）改变被诉具体行政行为所适用的规范依据且对定性产生影响；

（三）撤销、部分撤销或者变更被诉具体行政行为处理结果。

第四条 有下列情形之一的，可以视为"被告改变其所作的具体行政行为"：

（一）根据原告的请求依法履行法定职责；

（二）采取相应的补救、补偿等措施；

（三）在行政裁决案件中，书面认可原告与第三人达成的和解。

第五条 被告改变被诉具体行政行为，原告申请撤诉，有履行内容且履行完毕的，人民法院可以裁定准许撤诉；不能即时或者一次性履行的，人民法院可以裁定准许撤诉，也可以裁定中止审理。

第六条 准许撤诉裁定可以载明被告改变被诉具体行政行为的主要内容及履行情况，并可以根据案件具体情况，在裁定理由中明确被诉具体行政行为全部或者部分不再执行。

第七条 申请撤诉不符合法定条件，或者被告改变被诉具体行政行为后当事人不撤诉的，人民法院应当及时作出裁判。

第八条 第二审或者再审期间行政机关改变被诉具体行政行为，当事人申请撤回上诉或者再审申请的，参照本规定。

准许撤回上诉或者再审申请的裁定可以载明行政机关改变被诉具体行政行为的主要内容及履行情况，并可以根据案件具体情况，在裁定理由中明确被诉具体行政行为或者原裁判全部或者部分不再执行。

第九条 本院以前所作的司法解释及规范性文件，凡与本规定不一致的，按本规定执行。主题词：行政审判撤诉司法解释

最高人民法院监察部印发《关于执行〈中华人民共和国行政监察法〉第二十一条若干问题的规定》的通知

（1998年10月13日　监发〔1998〕3号）

各省、自治区、直辖市高级人民法院，新疆维吾尔自治区高级人民法院生产建设

兵团分院，各省、自治区、直辖市监察厅（局），监察部各派驻监察局、监察专员办公室：

现将《最高人民法院、监察部关于执行〈中华人民共和国行政监察法〉第二十一条若干问题的规定》印发给你们，请遵照执行。

附：

最高人民法院监察部关于执行《中华人民共和国行政监察法》第二十一条若干问题的规定

《中华人民共和国行政监察法》第二十一条规定，监察机关在调查贪污、贿赂、挪用公款等违反行政纪律的行为时，经县级以上监察机关领导人员批准，"必要时，可以提请人民法院采取保全措施，依法冻结涉嫌人员在银行或者其他金融机构的存款。"现就执行第二十一条的若干问题作出以下规定：

一、监察机关在立案调查贪污、贿赂、挪用公款和其他经济方面的违反行政纪律的行为时，对涉嫌人员在银行或者其他金融机构的存款需要作为证据使用或者依法作出处理的，经县级以上监察机关领导人员批准，可以提请涉嫌人员存款开户的银行或者其他金融机构所在地的基层人民法院采取保全措施，依法冻结涉嫌人员在银行或者其他金融机构的存款。

二、监察机关提请人民法院采取保全措施，应当提供《立案审批表》、《提请保全书》。接受提请的人民法院应当对上述材料是否齐全进行审查。

三、人民法院对于监察机关材料齐全的提请，应当在接到提请后的 24 小时内通知银行或者其他金融机构冻结涉嫌人员的存款；因银行或者其他金融机构地处偏远，交通不便或者其他特殊原因，不能在 24 小时内通知的，至迟不得超过 72 小时。

接受提请的人民法院及其工作人员应当对保全措施涉及的事项保密。

四、提请保全的监察机关应当自案件终结或者发现冻结的存款与案件无关之日起，在 72 小时内提请人民法院解除保全。

五、违法采取保全措施，侵犯公民合法权益造成损害的，人民法院应当依法赔偿。由于监察机关违法提请采取保全措施或者没有及时提请人民法院解除保全措施，侵犯公民合法权益造成损害的，由监察机关支付赔偿费用。

六、监察机关依法提请人民法院冻结存款，不属于诉讼保全措施，人民法院不得收取保全申请费。

附件：

一、《立案审批表》

二、《提请保全书》

三、《提请解除保全书》

附件一

中华人民共和国监察机关立案审批表

案件名称呈报单位承办人案件来源举报单位（人）立案对象案情摘要呈报单位意见单位领导签名年月日审批意见主管领导签名年月日

附件二

提请保全书

（存根）（　　）监保字第号提请法院事由：因提请从　　月　　日起冻结在的储蓄存款元　　　　（户名）。　　　　　　（账号）。　　　　批准机关批准人承办人填发人

年　　月　　日时监保字第号提请保全书（　　）监保字第号法院兹因特提请从　　月　　日起冻结在的储蓄存款元（户名）。（账号）。

年 月 日 时

（公章）

（批准人签章）监保保号

装线提请保全书

（回执）（　　）监保字第号字第号提请已于　　年　　月　　日时收悉。关于在的储蓄存款元已于　　月　　日时冻结,此复。

年 月 日

（人民法院公章）

（执行人签章）

此联交人民法院收执此联由人民法院填写退监察机关附卷

附件三

提请解除保全书

（存根）（　　）监解字第号提请法院事由:因提请从　　月　　日起解除冻结在的储蓄存款元（户名）。（账号）。批准机关批准人承办人填发人

年　　月　　日时监保字第号提请解除保全书（　　）监解字第号法院兹因特提请从　　月　　日起解除冻结储蓄存款元

（户名）。

（账号）。装监保保号

线提请解除保全书

（回执）（　　）监解字第号

（　　）监解字第号提请已于　　年　　月　　日时收悉。关于在的储蓄存款元已于　　月　　日时解除冻结，此复。

年月日

（人民法院公章）

（执行人签章）

此联交人民法院收执此联由人民法院填写退监察机关附卷

（二）司法性文件

最高人民法院关于人民检察院对行政诉讼进行法律监督具体程序问题的复函

（1991年8月19日 法（行）函〔1991〕91号）

广东省高级人民法院：

你院粤法行〔1991〕33号《关于检察院对行政诉讼进行法律监督具体程序问题的请示》收悉。经研究，答复如下：

根据行政诉讼法第六十四条、《人民检察院组织法》第十八条的规定，参照民事诉讼法第一百八十六条和第一百八十八条的规定，对人民检察院按照审判监督程序提出抗诉的行政案件，人民法院应当再审。再审开庭时，应当通知人民检察院派员出席法庭，并将裁判结果告诉提出抗诉的人民检察院。人民检察院在审查拟提出抗诉的行政案件时，可以向人民法院调阅有关案件材料。

附：

广东省高级人民法院关于检察院对行政诉讼进行法律监督具体程序问题的请示

（1991年8月5日 粤法行〔1991〕33号）

最高人民法院：

高法、高检1990年9月3日高检〔1990〕15号《关于开展民事、经济、行政诉讼法律监督试点工作的通知》指定我省进行行政诉讼法律监督试点。最近，省检察院草拟文稿与我院商议会签贯彻执行联合通知。由于人民检察院抗诉的行政案件，人民法院审理时，有些具体程序不明确，经审判委员会讨论决定，就下列几个问题向你院请示：

一、关于人民检察院抗诉的案件，人民法院是否一律要开庭再审的问题。最高人民法院副院长马原1990年9月18日在全国行政审判工作会议结束时的讲话中说："对各级人民检察院按照审判监督程序提出的抗诉，人民法院应当决定再审。再审开庭时，应当通知人民检察院派员出席，并将裁判结果告诉提起抗诉的人民检察院。"省检察院提出的文稿中，把马原副院长的上述讲话，作为具体程序的依据。要求凡是检察院抗诉的案件，法院一律要"决定再审"，并通知检察院派员出席开庭。对此，我院审判委员会讨论认为，对检察院按照审判监督程序抗诉的案件，人民法院应组织合议庭复查，并将复查结论提交审判委员会讨论决定。如果原判决、裁定正确的，通知检察院驳回抗诉；如果原判决、裁定违反法律、法规规定，应予提审或再审。

至于经过审判委员会讨论决定提审或再审的案件，是否应当通知检察院派员出席。我们认为，有的案件就没有必要，因为行政诉讼法第五十九条规定，法院审理上诉案件可以实行书面审理。因此，对原来发生法律效力的判决、裁定，如果是第二审终审的，依法应按第二审程序审理。法院认为可以书面审理的案件，就不存在必须通知检察院派员出席的问题；如果法院认为需要开庭的，可以通知检察院派员出席。

二、关于上级人民检察院能否调阅下级人民法院审判卷宗的问题。我们认为，按照人民法院独立行使审判权的原则，除上级人民法院外，任何其他机关都无权调取人民法院的审判卷宗。因此，对于检察院抗诉的行政案件，比照刑事诉讼法第一百三十五条规定，可以查阅法院审判案件的外卷材料，但不能"调阅"法院案卷。

以上意见当否？请批复。

最高人民法院关于检察院对行政诉讼进行法律监督具体程序问题请示的答复

(1991 年 4 月 1 日)

广东省高级人民法院:

你院粤法行〔1991〕33 号《关于检察院对行政诉讼进行法律监督具体程序问题的请示》收悉。经研究,答复如下:

根据《行政诉讼法》第六十四条、《人民检察院组织法》第十八条的规定,参照《民事诉讼法》第一百八十六条和第一百八十八条的规定,对人民检察院按照审判监督程序提出抗诉的行政案件,人民法院应当再审。再审开庭时,应当通知人民检察院派员出席法庭,并将裁判结果告诉提出抗诉的人民检察院。人民检察院在审查拟提出抗诉的行政案件时,可以向人民法院调阅有关案件材料。

最高人民法院关于印发《一审行政判决书样式(试行)》的通知

(2004 年 12 月 8 日 法发〔2004〕25 号)

各省、自治区、直辖市高级人民法院,新疆维吾尔自治区高级人民法院生产建设兵团分院:

为规范行政裁判文书的样式,提高行政裁判文书的制作水平,现将最高人民法院制定的《一审行政判决书样式(试行)》印发给你们,请在审判实践中加以试行。

试行中遇到的问题,望及时报告我院。

一审行政判决书样式(试行)

样式之一人民法院行政判决书(一审作为类行政案件用)

(　　)行初字第号原告……(写明姓名或名称等基本情况)。

法定代表人……(写明姓名、性别和职务)。

委托代理人(或指定代理人、法定代理人)……(写明姓名等基本情况)。

被告……(写明行政主体名称和所在地址)。

法定代表人……(写明姓名、性别和职务)。

委托代理人……(写明姓名等基本情况)。

第三人……(写明姓名或名称等基本情况)。

法定代表人……(写明姓名、性别和职务)。

委托代理人(或指定代理人、法定代理人)……(写明姓名等基本情况)。

原告不服(行政主体名称)(具体行政行为),于年月日向本院提起行政诉讼。本院于年月日受理后,于年月日向被告送达了起诉状副本及应诉通知书。本院依法组成合议庭,于年月日公开(或不公开)开庭审理了本案。……(写明到庭参加庭审活动的当事人、诉讼代理人、证人、鉴定人、勘验人和翻译人员等)到庭参加诉讼。……(写明发生的其他重要程序活动,如:被批准延长本案审理期限等情况)。本案现已审理终结。

被告(行政主体名称)(写明作出具体行政行为的行政程序)于年月日对原告作出号决定(或其他名称),……(详细写明被诉具体行政行为认定的事实、适用的法律规范和处理的内容)。被告于年月日向本院提供了作出被诉具体行政行为的证据、依据(若有经法院批准延期提供证据的情况,应当予以说明):1. ……(证据的名称及内容等),证明……(写明证据的证明目的。可以按被告举证顺序,归类概括证明目的);2. ……(可以根据案情,从法定职权、执法程序、认定事实、适用法律等方面,分类列举有关证据和依据;或者综合列举证据,略写无争议部分)。

原告诉称，……（概括写明原告的诉讼请求及理由，原告提供的证据）。

被告辩称，……（概括写明被告答辩的主要理由和要求）。

第三人述称，……（概括写明第三人的主要意见，第三人提供的证据）。

本院依法（或依原告、第三人的申请）调取了以下证据：……。

经庭审质证（或交换证据），本院对以下证据作如下确认：……。

经审理查明，……（经审理查明的案件事实内容）。

本院认为，……（运用行政实体及程序法律规范，对具体行政行为合法性进行分析论证，对各方当事人的诉讼理由逐一分析，论证是否成立，表明是否予以支持或采纳，并说明理由）。依照……（写明判决依据的行政诉讼法以及相关司法解释的条、款、项、目）之规定，判决如下：

……（写明判决结果），分以下九种情况：

第一、维持被诉具体行政行为的，写：

维持（行政主体名称）年月日作出的（　　）字第号……（具体行政行为名称）。

第二、撤销被诉具体行政行为的，写：

一、撤销（行政主体名称）年月日作出的（　　）字第号……（具体行政行为名称）；

二、责令（行政主体名称）在日内重新作出具体行政行为（不需要重作的，此项不写；不宜限定期限的，期限不写）。

第三、部分撤销被诉具体行政行为的，写：

一、维持（行政主体名称）年月日作出的（　　）字第号……（具体行政行为名称）的第项，即……（写明维持的具体内容）；

二、撤销（行政主体名称）年月日（　　）字第号……（具体行政行为名称）的第项，即……（写明撤销的具体内容）；

三、责令（行政主体名称）在日内重新作出具体行政行为（不需要重作的，此项不写；不宜限定期限的，期限不写）。

第四、判决变更行政处罚的，写：

变更（行政主体名称）年月日作出的（　　）字第号行政处罚决定（或行政复议决定、或属行政处罚等性质的其他具体行政行为），改为……（写明变更内容）。

第五、驳回原告诉讼请求的,写:

驳回原告要求撤销(或变更、确认违法等)(行政主体名称)年月日作出的(　　)字第号……(具体行政行为名称)的诉讼请求。

第六、确认被诉具体行政行为合法或有效的,写:

确认(行政主体名称)年月日作出的(　　)字第号……(具体行政行为名称)合法(或有效)。

第七、确认被诉具体行政行为违法(或无效)的,写:

一、确认(行政主体名称)年月日作出的(　　)字第号……(具体行政行为名称)违法(或无效)。

二、责令在……(限定的期限)内,……(写明采取的补救措施。不需要采取补救措施的,此项不写)。

第八、驳回原告赔偿请求的,写:

驳回原告关于……(赔偿请求事项)的赔偿请求。

第九、判决被告予以赔偿的,写:

(行政主体名称)于本判决生效之日起日内赔偿原告……(写明赔偿的金额)。

……(写明诉讼费用的负担)。

如不服本判决,可在判决书送达之日起十五日内提起上诉,向本院递交上诉状,并按对方当事人的人数递交上诉状副本,上诉于人民法院。

审判长
审判员
审判员
年　　月　　日
(院印)
本件与原本核对无异
书记员

附录:(根据案件需要,可以通过附录形式载明判决书中的有关内容)

样式之一说明

一、首部

首部应依次写明标题、案号、当事人及其诉讼代理人的基本情况,以及案件由来、审判组织和开庭审理过程等。

1. 标题中的法院名称,一般应与院印的文字一致,但基层法院应冠以省、市、自治区的名称。

2. 案号是不同案件的序列编号,应贯彻一案一号的原则。案号由立案年度、制作法院、案件性质、审判程序的代字和案件顺序号组成。例如上海市黄浦区人民法院 2002 年第 1 号一审行政案件,表述为"(2002)黄行初字第 1 号"。

3. 提起行政诉讼的原告包括公民、法人或者其他组织。

原告是公民的,写明姓名、性别、出生年月日、民族、籍贯和住址,公民的住址应写住所地,住所地和经常居住地不一致的,写经常居住地。原告是法人的,写明法人的名称和所在地址,并另起一行列项写明法定代表人及其姓名、性别和职务等。原告是不具备法人资格的其他组织的,写明其名称或字号和所在地址,并另起一行写明诉讼代表人及其姓名、性别和职务。原告是个体工商户的,写明业主的姓名、性别、出生年月日、民族、籍贯、住址;起有字号的,在其姓名之后用括号注明"系……(字号)业主"。原告是无诉讼行为能力的公民,除写明原告本人的基本情况外,还应列项写明其法定代理人或指定代理人的姓名、性别、住址,及其与被代理人的关系,并在姓名后括注其与原告的关系。

群体诉讼案件,推选或指定诉讼代表人的,在原告身份事项之后写明"原告暨诉讼代表人……",并写明诉讼代表人的基本情况,格式与原告基本情况相同。如涉及原告人数众多的,可在首部仅列明诉讼代表人基本情况,原告名单及其基本身份情况可列入判决书附录部分。

4. 行政判决书中的被告,应写明被诉的行政主体名称、所在地址;另起一行列项写明法定代表人或诉讼代表人姓名、性别和职务;再起一行列写委托代理人的基本事项。

5. 有第三人参加诉讼的,第三人列在被告之后,第三人基本情况的写法同上。

6. 书写案件由来、审判组织、被告与第三人的应诉、当事人进行证据交换情况以及开庭审理过程,是为了表明法院的审判活动公开和透明。如有第三人参加诉讼,可选择使用:“因×与本案被诉具体行政行为有法律上的利害关系,本院依法通知其为第三人参加诉讼(公民、法人或者其他组织申请作为第三人参加诉讼的写:因×与本案被诉具体行政行为有法律上的利害关系,经×申请,本院依法准许其为第三人参加诉讼)”的格式。如当事人经两次合法传唤无正当理由未到庭的,应当写明:“×告×经本院两次合法传唤,无正当理由拒不到庭”。进行证据交换的应写明:“本院于年月日组织原、被告及第三人进行了证据交换,并送达了证据清单副本”。如有被批准延长审理期限情况,应写明批准延长审理期限批复的文号。不公开开庭审理的,应写明不予公开的理由。有关程序活动可根据时间节点的先后顺序表明。

二、事实

事实部分应写明当事人行政争议的内容,以及经法院审理确认的事实和证据。这一部分的操作方法是:

1. 详细叙述被告实施具体行政行为的行政程序和具体行政行为的主要内容(包括认定的事实、适用的法律规范和处理结果),使需要进行合法性审查的“事实”得到充分展示。如被诉行政行为系非要式行为,可结合被告作出行政行为时的内部报告或庭审中双方认可的结论确定具体行政行为的内容。

2. 根据行政诉讼法及《最高人民法院关于行政诉讼证据若干问题的规定》的规定,被告对作出的具体行政行为负有举证责任。为了突出体现这一原则,在被诉具体行政行为得到展示之后,随之需将被告主张被诉具体行政行为合法性的证据一一列举在后。列举的证据应写明证据的名称及内容,写明证据的证明目的(可以按被告举证顺序,归类概括证明目的;也可以根据案情,从法定职权、执法程序、认定事实、适用法律等方面,分类列举有关证据和依据;还可以综合列举证据,略写无争议部分)。为体现被告必须在法定期限内向法院提供证据的要求,应当写明被告提供证据的时间。对于经法院批准延期提供证据的,应当予以说明。

3. 简明扼要地写明原告的诉讼请求及理由,避免照抄起诉状或者详细叙述诉讼请求中的具体理由。在原告诉讼请求之后,写明原告提供的证据。如有第三人参加诉讼,概括写明第三人的意见和其提供的证据。

4. 概述被告的答辩理由和要求,注意避免与已有内容的重复。

5. 对法院依职权或者原告、第三人的申请而调取证据的,应当予以说明。

6. 在事实部分需要注意的是:(1)判决书应反映出当事人的法庭质辩意见和法院认证的动态过程。(2)制作判决书时,案件在实体上已经审理终结,法官应做到心中有数,合理确定写作章法,对庭审过程的表述切忌事无巨细,要做到有所侧重。拟判决撤销的案件,可在事实及理由中重点表述违法部分,其余部分可简略或省略。如审查的结果是被告缺乏职权依据的情况,可考虑只写明对法定职权的审查,并辅以相关的法理论证,而对被诉行政行为的执法程序、认定事实、适用法律等方面的问题不必再赘述。(3)根据《最高人民法院关于行政诉讼证据若干问题的规定》第五十四条规定,法院的认证应从证据的关联性、合法性、真实性来阐述说明。对争议的问题,应当遵循法官职业道德,根据法律规定,运用逻辑推理和生活经验进行全面、客观、公正地分析判断,确定证据材料与案件事实之间的证明关系,排除不具有关联性的证据材料,准确认定案件事实。(4)通过庭审质证或交换证据,如果被告对原告诉讼理由中予以认可的部分与法院审查的事实相一致,则只须说明即可;如果不一致,且影响被诉具体行政行为合法性成立的,应当在质证后,再对这一部分事实的合法性进行认证。(5)根据行政诉讼法第四十一条和《最高人民法院关于行政诉讼证据若干问题的规定》第四条的规定,公民、法人或者其他组织向人民法院起诉时,应当提供其符合起诉条件的相应的证据材料。对原告是否符合起诉条件进行开庭审理的,应在判决书中写明审理、质证的情况。如需要时,可以在判决书中对此予以交待:“原告起诉时,提供了……等证据材料,以证明……(主要写明原告证明被诉具体行政行为客观存在,其起诉符合起诉条件的内容)”。(6)对于被告未提供证据的,应使用“被告在法定期限内未向本院提交作出具体行政行为时的证据、依据”的格式;被告逾期提交的,需说明法院收受或不收受证据的依据和理由;被告申请延期提供证据的,则写“被告以×为由,于年月日向本院提出延期提供证据的书面申请,经本院准许,被告于年月日提供了证据”。(7)如有法院依职权(或者依原告、第三人申请)调取证据的情况,则需写明被调取证据的名称、证明目的和双方当事人(或者第三人)的观点;如果法院不准许调取的或者经调取未能取得相应证据的，亦应予说明。法院根据原告或第三人的申请而调取的证据，应作为原告或第三人方的证据，在庭审质证表述中，可分别归于原告或第三人提供的证据作为质证内容。(8)对于根据原告(或者第三人、被告)的申请，委托鉴定部门进行鉴定的，需写明鉴定部门、鉴定事项和鉴定结论以及双方当事人(或者第三人)的意见。(9)事实表述时，应注意保守国家机密，保护当事人的声誉。

三、理由

针对行政诉讼的特点，理由部分要根据查明的事实和有关法律、法规和法学理论，就行政主体所作的具体行政行为是否合法、原告的诉讼请求是否有理进行分析论证，阐明判决的理由。

论述被诉具体行政行为的合法性，包括：1. 被告是否具有法定职权；2. 被诉具体行政行为是否符合法定程序；3. 被诉具体行政行为认定事实是否清楚，主要证据是否充分；4. 适用法律、法规、司法解释、规章以及其他规范性文件是否正确；5. 被告是否超越职权、滥用职权，行政处罚是否显失公正。

围绕法律规范展开法律分析，对法律条文的援引要做到准确。根据行政诉讼法和《最高人民法院关于执行〈中华人民共和国行政诉讼法〉若干问题的解释》的规定，审理行政案件应以法律、行政法规、地方性法规、自治条例和单行条例为依据，参照国务院各部、委以及省、自治区、直辖市人民政府和较大的市人民政府制定、发布的行政规章。

在最终判决依据的适用上，应分别适用行政诉讼法第五十四条(一)、(二)、(三)、(四)项的规定以及相关司法解释的规定，在引用时要写明最具体规定的条、款、项、目。

四、判决结果

判决结果是人民法院对当事人之间的行政诉讼争议作出的实体处理结论。根据行政诉讼法第五十四条和《最高人民法院关于执行〈中华人民共和国行政诉讼法〉若干问题的解释》第五十六条、第五十七条、第五十八条的规定，一审作为类行政判决可分为维持判决、撤销或者部分撤销判决、变更判决、确认判决及驳回诉讼请求判决等情形。对原告一并提出行政赔偿诉讼、经法院审查认为可以合并审理的案件，可以在判决书中将行政赔偿作为原告的一个诉讼请求来处理，在判决结果上分为“驳回原告赔偿请求”和“判决被告予以赔偿”两种情况。

五、尾部

尾部应依次写明诉讼费用的负担,交代上诉的权利、方法、期限和上诉审法院,合议庭成员署名,判决日期、书记员署名等内容。涉外案件的上诉期限参照民事诉讼法的规定。

判决书的正本,应由书记员在判决日期的左下方、书记员署名的左上方加盖“本件与原本核对无异”字样的印戳。

六、附录

根据案件的不同需要,可将判决书中的有关内容载入附录部分,如:将判决书中所提到的法律规范条文附上,以供当事人全面了解有关法律规定的内容。又如:群体诉讼案件中原告名单及其身份情况也可以列入此部分。

样式之二人民法院行政判决书(一审不作为类行政案件用)

(　　)×行初字第号原告……(写明姓名或名称等基本情况)。

法定代表人……(写明姓名、性别和职务)。

委托代理人(或指定代理人、法定代理人)……(写明姓名等基本情况)。

被告……(写明行政主体名称和所在地址)。

法定代表人……(写明姓名、性别和职务)。

委托代理人……(写明姓名等基本情况)。

第三人……(写明姓名或名称等基本情况)。

法定代表人……(写明姓名、性别和职务)。

委托代理人(或指定代理人、法定代理人)……(写明姓名等基本情况)。

原告因要求被告(行政主体名称)履行法定职责(或者其他行政义务),于年月日向本院提起行政诉讼。本院于年月日受理后,于年月日向被告送达了起诉状副本及应诉通知书。本院依法组成合议庭,于年月日公开(或不公开)开庭审理了本案。……(写明到庭的当事人、诉讼代理人、证人、鉴定人、勘验人和翻译人员等)到庭参加诉讼。……(写明发生的其他重要程序活动,如:被批准延长本案审理期限等情况)。本案现已审理终结。

原告于年月日向被告提出……申请。被告在原告起诉之前未作出处理决定。

原告诉称:……(概括原告提出的事实、理由及诉讼请求)。

被告辩称:……(概括被告答辩的主要理由,被告未提交答辩状的,写明:"被告未提交答辩状,但在庭审中辩称……")。

第三人述称,……(概括写明第三人的主要意见,第三人提供的证据)。

原告在起诉时提供了以下证据证明其曾于年月日向被告提出……申请事项:……(概括写明证据的名称、时间、内容)。经质证,被告认为……(写明被告提出异议的理由,如无异议,应予说明。有《最高人民法院关于行政诉讼证据若干问题的规定》第四条第二款中所列情形的,则此项不写)。

被告于年月日向本院提供了以下证据及依据(若被告申请延期提供证据的,写明:"被告以……为由,于年月日向本院提出延期提供证据的书面申请,经本院准许,被告于年月日提供了证据"):1. ……;2. ……。经质证,原告认为,……(写明对证据提出异议的理由,如无异议,应予说明),并提供了以下证据:……。经质证,被告认为,……。

本院依法(或依原告、第三人的申请)调取了以下证据:……。

经庭审质证(或交换证据),本院对证据作如下确认:……。

本院根据以上有效证据及当事人质证意见认定以下事实:……(认定有效证据所证明的事实,详细分析当事人各自所举证据能否支持其主张)。

本院认为:……(1. 写明应当适用的法律规范,并根据案情对法律、司法解释、行政法规、地方性法规及合法有效的规章等作必要诠释。2. 可根据案情分析被告是否具有法定职权,是否存在拖延履行、不予答复等情况。3. 分析原告申请的理由是否成立,确认原告的诉讼请求是否符合法定条件,阐明是否予以支持的理由。4. 分析确认原告合法权益是否受到侵害,与行政机关不作为有无因果关系。)依照……(写明判决依据的行政诉讼法以及相关司法解释的条、款、项、目)之规定,判决如下:

……(写明判决结果),分五种情况:

第一、判决驳回原告诉讼请求的,写:

驳回原告要求被告(行政主体名称)……(申请事项)的诉讼请求。

第二、判决被告履行法定职责的，写：

责令被告（行政主体名称）……（写明被告应当在一定期限内履行法定职责，因特殊情况难于确定期限的，可不写履行期限）。

第三、判决确认被告不履行法定职责行为违法的，写：

确认被告（行政主体名称）……（不履行法定职责的行为）违法。

第四、驳回原告赔偿请求的，写：

驳回原告关于……（赔偿请求事项）的赔偿请求。

第五、判决被告予以赔偿的，写：

被告（行政机关名称）于本判决生效之日起日内赔偿原告……（写明赔偿的金额）。

……（写明诉讼费用的负担）。

如不服本判决，可在判决书送达之日起十五日内，向本院递交上诉状，并按对方当事人的人数递交上诉状副本，上诉于人民法院。

审判长

审判员

审判员

年　月　日

（院印）

本件与原本核对无异

书记员

附录：（根据案件需要，可以通过附录形式载明判决书中的有关内容）

样式之二说明

一、本判决书样式供各级法院在受理不作为（仅指拖延履行和不予答复）类行政案件后，按照行政诉讼法规定的第一审程序审理终结，并就案件的实体问题作出处理时使用。

二、判决书的首部、尾部(包括附录部分)和正文中有关证据的列举、认证、说理方式以及相关的写作要求等,可参考一审作为类行政案件判决书样式及其说明。

三、行政不作为案件的审理对当事人双方的举证要求与行政作为案件有所区别,应在判决书中有所体现。原告应提供其已经向被诉行政机关提出申请的事实以及被诉行政机关不作为的证据和依据。被告应提供证据证明原审原告的申请事项是否属于其法定职责或者法定义务,其是否在法定期限内已经履行法定职责或者义务以及其不作为是否符合法律规定等。判决书要围绕行政实体法预先设定的有关条件一一列举有关证据,分别对双方当事人所举证据予以认证,在认证的基础上进行充分说理、论证,最后明确被告不作为是否合法,原告申请是否成立。

四、对于案情较复杂,证据较多的案件,可分类、分层表述举证、质证的过程。对于案情较简单,证据较少的案件,可待被告列举全部证据后一并质证。

五、按照《最高人民法院关于行政诉讼证据若干问题的规定》的规定,一方当事人提供的证据,对方当事人明确表示认可的,可以认定该证据的证明效力。对于这类证据的认证,可简略表述为:“×告对×告提供的证据表示认可,本院予以确认。”

六、认定事实时,可根据案情需要,先将双方当事人没有争议的事实直接予以认定,如:“原告对事实无异议,被告对事实无异议。上列事实,本院予以认定。”然后再根据有效证据对双方争议的事实进行分析认定。

对于案情简单、证据较少以及双方当事人对事实和证据的争议较小的案件,宜将认证和认定事实结合在一起进行综合表述,以避免出现不必要的重复。

七、对原告一并提出行政赔偿诉讼、经法院审查认为可以合并审理的案件,可以在判决书中将行政赔偿作为原告的一个诉讼请求来处理,在判决结果上选用“驳回原告赔偿请求”或“判决被告予以赔偿”方式

样式之三人民法院行政赔偿判决书(一审行政赔偿案件用)

(　　)行初字第号原告……(写明姓名或名称等基本情况)。

法定代表人……(写明姓名、性别和职务)。

委托代理人(或指定代理人、法定代理人)……(写明姓名等基本情况)。

被告……(写明行政主体名称和所在地址)。

法定代表人……(写明姓名、性别和职务)。

委托代理人……(写明姓名等基本情况)。

第三人……(写明姓名或名称等基本情况)。

法定代表人……(写明姓名、性别和职务)。

委托代理人(或指定代理人、法定代理人)……(写明姓名等基本情况)。

原告不服(行政主体名称)作出的行政赔偿处理决定,于年月日向本院提起行政赔偿诉讼[被告不作行政赔偿裁决的写:原告于年月日向(行政主体名称)提出行政赔偿申请,被告未给予答复(含未给予实质性答复),原告于年月日向本院提起行政赔偿诉讼]。本院于年月日受理后,于年月日向被告送达了起诉状副本及应诉通知书。因与本案被诉具体行政行为有法律上的利害关系,本院依法通知其为第三人参加诉讼(公民、法人或者其他组织申请作为第三人参加诉讼的写:"因与本案被诉行政行为或者事实行政行为有法律上的利害关系,经申请,本院依法准许其为第三人参加诉讼")。本院依法组成合议庭,于年月日公开(或不公开)开庭审理了本案(不公开开庭的,写明原因)。……(写明到庭参加庭审活动的当事人、诉讼代理人、证人、鉴定人、勘验人和翻译人员等)到庭参加诉讼。……(写明发生的其他重要程序活动,如:被批准延长审理期限等)。本案现已审理终结。

原告诉称,……(概括写明原告提出的主要事实、理由及赔偿诉讼请求)。

被告辩称,……(概括写明被告答辩的主要理由和要求),(如被告未提交答辩状的,写明:"被告未提交答辩状,但在庭审中辩称……")。

第三人述称,……(概括写明第三人的主要意见,第三人提供的证据)。

原告就赔偿请求提供了以下证据:……(概括证据名称、内容及证明目的)。经质证,被告认为,……(写明被告异议的理由,如无异议,应予说明)。原告则认为,……(辩驳理由)。

被告就答辩内容提供了以下证据:……(证据的名称、内容及证明目的)。经质证,原告认为……。被告则认为,……(辩驳理由)。

本院依法(或依原告、第三人的申请)调取了以下证据:……。

经庭审质证,本院对证据作如下确认:……。

本院根据以上有效证据及当事人的质证意见认定以下事实：……（写明有效证据所证明的事实）。

本院认为，……（1. 对未经确定的事实行政行为，应根据被告的举证确定该行为是否存在；对已经确认违法的具体行政行为和事实行政行为，无需分析论证。2. 论证原告的合法权益是否被侵害、被侵害的程度和后果及其与被诉行政行为的因果关系，是否应予赔偿。3. 论证各方当事人的诉讼理由是否成立，表明是否予以支持或采纳，并说明理由）。依照……（写明判决依据的行政诉讼法、国家赔偿法以及相关司法解释的条、款、项、目）之规定，判决如下：

……（写明判决结果），分两种情况：

第一、驳回原告赔偿请求的，写：

驳回原告关于……（赔偿请求事项）的赔偿请求。

第二、判决被告予以赔偿的，写：

被告（行政主体名称）于本判决生效之日起日内赔偿原告……（写明赔偿的金额）。

如不服本判决，可在判决书送达之日起十五日内提起上诉，向本院递交上诉状，并按对方当事人的人数递交上诉状副本，上诉于人民法院。

审判长

审判员

审判员

年　　月　　日

（院印）

本件与原本核对无异

书记员

附录：（根据案件需要，可以通过附录形式载明判决书中的有关内容）

样式之三说明

一、本判决书样式供各级法院在受理当事人单独提起行政赔偿案件后，按照行政诉讼法规定的第一审程序审理终结,并就案件的赔偿问题作出处理时使用。

当事人对行政机关作出的具体行政行为和事实行政行为都可以依法提起行政赔偿诉讼。“事实行政行为”是指行政机关非职务行为但与职务行为有关的违法行为。

二、本判决书的首部、尾部(附录部分),正文中有关证据的列举、认证、说理方式以及相关的写作要求等,可参考一审作为类行政案件判决书样式及其说明。

三、原告对具体行政行为提起行政诉讼时一并提起行政赔偿诉讼的,可以分别制作判决书,也可以只制作一份判决书。制作一份判决书时,可将行政赔偿作为原告的一个诉讼请求来处理。需要注意的是:最高人民法院《关于审理行政赔偿案件若干问题的规定》第二十八条中规定的“分别立案”,是指对一并提起两个诉讼请求的案件,应当按照年度、审级、一案一号的原则单独立案,并形成独立卷宗;如果经法院审查,认为可以合并审理的案件,应当将已经单独立案的两个案件退回立案登记处销案,并对需要合并审理的两个案件作为一案重新立案编号。

四、审理行政赔偿案件,应当以被诉行政行为违法为前提。原告因事实行政行为提起赔偿诉讼的,判决书应当以被告的举证确定被诉事实行政行为是否存在为判决依据;原告对具体行政行为提起行政诉讼时一并提起行政赔偿诉讼的,判决书应当以行政判决书确认的被诉具体行政行为是否合法为判决依据。

在赔偿诉讼中,证明因受被诉行政行为侵害而遭受损失的事实,适用“谁主张,谁举证”举证规则。

行政赔偿判决书论证的重点是被诉事实行政行为是否存在,被诉具体行政行为是否合法;原告是否存在合法权益,原告的合法权益是否被侵害,被侵害的程度和后果及其与被诉具体行政行为、事实行政行为的因果关系,原告是否应得到赔偿。对未经确定的事实行政行为,应当根据被告的举证确定该行为是否存在;对经确认违法的具体行政行为,只需写明“经何机关已经确认该行为违法”,无需进行分析论证。

五、行政赔偿判决书在适用法律时,不仅要适用行政诉讼法,还应适用国家赔偿法及《最高人民法院关于审理行政赔偿案件若干问题的规定》等行政赔偿司法解释的规定。

六、行政赔偿诉讼不收取诉讼费。

七 综合

最高人民法院印发《最高人民法院关于司法解释工作的规定》的通知

（2007 年 3 月 9 日　法发[2007]12 号）

一、一般规定

第一条　为进一步规范和完善司法解释工作，根据《中华人民共和国人民法院组织法》、《中华人民共和国各级人民代表大会常务委员会监督法》和《全国人民代表大会常务委员会关于加强法律解释工作的决议》等有关规定，制定本规定。

第二条　人民法院在审判工作中具体应用法律的问题，由最高人民法院作出司法解释。

第三条　司法解释应当根据法律和有关立法精神，结合审判工作实际需要制定。

第四条　最高人民法院发布的司法解释，应当经审判委员会讨论通过。

第五条　最高人民法院发布的司法解释，具有法律效力。

第六条　司法解释的形式分为"解释"、"规定"、"批复"和"决定"四种。

对在审判工作中如何具体应用某一法律或者对某一类案件、某一类问题如何应用法律制定的司法解释，采用"解释"的形式。

根据立法精神对审判工作中需要制定的规范、意见等司法解释，采用"规定"的形式。

对高级人民法院、解放军军事法院就审判工作中具体应用法律问题的请示制定的司法解释，采用"批复"的形式。

修改或者废止司法解释，采用"决定"的形式。

第七条　最高人民法院与最高人民检察院共同制定司法解释的工作，应当按照法律规定和双方协商一致的意见办理。

第八条 司法解释立项、审核、协调等工作由最高人民法院研究室统一负责。

二、立项

第九条 制定司法解释,应当立项。

第十条 最高人民法院制定司法解释的立项来源:

(一)最高人民法院审判委员会提出制定司法解释的要求;

(二)最高人民法院各审判业务部门提出制定司法解释的建议;

(三)各高级人民法院、解放军军事法院提出制定司法解释的建议或者对法律应用问题的请示;

(四)全国人大代表、全国政协委员提出制定司法解释的议案、提案;

(五)有关国家机关、社会团体或者其他组织以及公民提出制定司法解释的建议;

(六)最高人民法院认为需要制定司法解释的其他情形。

基层人民法院和中级人民法院认为需要制定司法解释的,应当层报高级人民法院,由高级人民法院审查决定是否向最高人民法院提出制定司法解释的建议或者对法律应用问题进行请示。

第十一条 最高人民法院审判委员会要求制定司法解释的,由研究室直接立项。

对其他制定司法解释的立项来源,由研究室审查是否立项。

第十二条 最高人民法院各审判业务部门拟制定"解释"、"规定"类司法解释的,应当于每年年底前提出下一年度的立项建议送研究室。

研究室汇总立项建议,草拟司法解释年度立项计划,经分管院领导审批后提交审判委员会讨论决定。

因特殊情况,需要增加或者调整司法解释立项的,有关部门提出建议,由研究室报分管院领导审批后报常务副院长或者院长决定。

第十三条 最高人民法院各审判业务部门拟对高级人民法院、解放军军事法院的请示制定批复的,应当及时提出立项建议,送研究室审查立项。

第十四条 司法解释立项计划应当包括以下内容:立项来源,立项的必要性,需要解释的主要事项,司法解释起草计划,承办部门以及其他必要事项。

第十五条 司法解释应当按照审判委员会讨论通过的立项计划完成。未能按照立项计划完成的,起草部门应当及时写出书面说明,由研究室报分管院领导审批后提交审判委员会决定是否继续立项。

三、起草与报送

第十六条 司法解释起草工作由最高人民法院各审判业务部门负责。

涉及不同审判业务部门职能范围的综合性司法解释,由最高人民法院研究室负责起草或者组织、协调相关部门起草。

第十七条 起草司法解释,应当深入调查研究,认真总结审判实践经验,广泛征求意见。

涉及人民群众切身利益或者重大疑难问题的司法解释,经分管院领导审批后报常务副院长或者院长决定,可以向社会公开征求意见。

第十八条 司法解释送审稿应当送全国人民代表大会相关专门委员会或者全国人民代表大会常务委员会相关工作部门征求意见。

第十九条 司法解释送审稿在提交审判委员会讨论前,起草部门应当将送审稿及其说明送研究室审核。

司法解释送审稿及其说明包括:立项计划、调研情况报告、征求意见情况、分管副院长对是否送审的审查意见、主要争议问题和相关法律、法规、司法解释以及其他相关材料。

第二十条 研究室主要审核以下内容:

(一)是否符合宪法、法律规定;

(二)是否超出司法解释权限;

(三)是否与相关司法解释重复、冲突;

(四)是否按照规定程序进行;

(五)提交的材料是否符合要求;

(六)是否充分、客观反映有关方面的主要意见;

（七）主要争议问题与解决方案是否明确；

（八）其他应当审核的内容。

研究室应当在一个月内提出审核意见。

第二十一条 研究室认为司法解释送审稿需要进一步修改、论证或者协调的，应当会同起草部门进行修改、论证或者协调。

第二十二条 研究室对司法解释送审稿审核形成草案后，由起草部门报分管院领导和常务副院长审批后提交审判委员会讨论。

四、讨论

第二十三条 最高人民法院审判委员会应当在司法解释草案报送之次日起三个月内进行讨论。逾期未讨论的，审判委员会办公室可以报常务副院长批准延长。

第二十四条 司法解释草案经审判委员会讨论通过的，由院长或者常务副院长签发。

司法解释草案经审判委员会讨论原则通过的，由起草部门会同研究室根据审判委员会讨论决定进行修改，报分管副院长审核后，由院长或者常务副院长签发。

审判委员会讨论认为制定司法解释的条件尚不成熟的，可以决定进一步论证、暂缓讨论或撤销立项。

五、发布、施行与备案

第二十五条 司法解释以最高人民法院公告形式发布。

司法解释应当在《最高人民法院公报》和《人民法院报》刊登。

司法解释自公告发布之日起施行，但司法解释另有规定的除外。

第二十六条 司法解释应当自发布之日起三十日内报全国人民代表大会常务委员会备案。

备案报送工作由办公厅负责，其他相关工作由研究室负责。

第二十七条 司法解释施行后，人民法院作为裁判依据的，应当在司法文书中援引。

人民法院同时引用法律和司法解释作为裁判依据的，应当先援引法律，后援引司法解释。

第二十八条 最高人民法院对地方各级人民法院和专门人民法院在审判工作中适用司法解释的情况进行监督。上级人民法院对下级人民法院在审判工作中适用司法解释的情况进行监督。

六、编纂、修改、废止

第二十九条 司法解释的编纂由审判委员会决定,具体工作由研究室负责,各审判业务部门参加。

第三十条 司法解释需要修改、废止的,参照司法解释制定程序的相关规定办理,由审判委员会讨论决定。

第三十一条 本规定自2007年4月1日起施行。1997年7月1日发布的《最高人民法院关于司法解释工作的若干规定》同时废止。

最高人民法院关于适用《诉讼费用交纳办法》的通知

(2007年4月20日 法发[2007]16号)

全国地方各级人民法院、各级军事法院、各铁路运输中级法院和基层法院、各海事法院,新疆生产建设兵团各级法院:

《诉讼费用交纳办法》(以上简称《办法》)自2007年4月1日起施行,最高人民法院颁布的《人民法院诉讼收费办法》和《〈人民法院诉讼收费办法〉补充规定》同时不再适用。为了贯彻落实《办法》,规范诉讼费用的交纳和管理,现就有关事项通知如下:

一、关于《办法》实施后的收费衔接

2007年4月1日以后人民法院受理的诉讼案件和执行案件,适用《办法》的规定。

2007 年 4 月 1 日以前人民法院受理的诉讼案件和执行案件，不适用《办法》的规定。

对 2007 年 4 月 1 日以前已经作出生效裁判的案件依法再审的，适用《办法》的规定。人民法院对再审案件依法改判的，原审诉讼费用的负担按照原审时诉讼费用负担的原则和标准重新予以确定。

二、关于当事人未按照规定交纳案件受理费或者申请费的后果

当事人逾期不按照《办法》第二十条规定交纳案件受理费或者申请费并且没有提出司法救助申请，或者申请司法救助未获批准，在人民法院指定期限内仍未交纳案件受理费或者申请费的，由人民法院依法按照当事人自动撤诉或者撤回申请处理。

三、关于诉讼费用的负担

《办法》第二十九条规定，诉讼费用由败诉方负担，胜诉方自愿承担的除外。对原告胜诉的案件，诉讼费用由被告负担，人民法院应当将预收的诉讼费用退还原告，再由人民法院直接向被告收取，但原告自愿承担或者同意被告直接向其支付的除外。

当事人拒不交纳诉讼费用的，人民法院应当依法强制执行。

四、关于执行申请费和破产申请费的收取

《办法》第二十条规定，执行申请费和破产申请费不由申请人预交，执行申请费执行后交纳，破产申请费清算后交纳。自 2007 年 4 月 1 日起，执行申请费由人民法院在执行生效法律文书确定的内容之外直接向被执行人收取，破产申请费由人民法院在破产清算后，从破产财产中优先拨付。

五、关于司法救助的申请和批准程序

《办法》对司法救助的原则、形式、程序等作出了规定，但对司法救助的申请和

批准程序未作规定。为规范人民法院司法救助的操作程序,最高人民法院将于近期对《关于对经济确有困难的当事人提供司法救助的规定》进行修订,及时向全国法院颁布施行。

六、关于各省、自治区、直辖市案件受理费和申请费的具体交纳标准

《办法》授权各省、自治区、直辖市人民政府可以结合本地实际情况,在第十二条第(二)、(三)、(六)项和第十四条第(一)项规定的幅度范围内制定各地案件受理费和申请费的具体交纳标准。各高级人民法院要商同级人民政府,及时就上述条款制定本省、自治区、直辖市案件受理费和申请费的具体交纳标准,并尽快下发辖区法院执行。

最高人民法院最高人民检察院关于切实保障司法人员依法履行职务的紧急通知

(2005 年 8 月 25 日 法〔2005〕173 号)

各省、自治区、直辖市高级人民法院、人民检察院,解放军军事法院、检察院,新疆维吾尔自治区高级人民法院生产建设兵团分院、新疆生产建设兵团人民检察院:

近年来,人民法院开庭审判活动中侮辱、谩骂、围攻、殴打审判人员、检察人员等妨碍司法人员依法履行职务现象时有发生。为此,中央政法委于 2005 年 1 月 19 日下发了《关于认真解决妨碍、报复政法干警依法履行职务问题的意见》(政法〔2005〕2 号)。为切实解决妨碍司法人员依法履行职务问题,保护司法人员的人身安全,保障司法工作的顺利进行,维护法律尊严和司法权威,现就落实中央政法委《关于认真解决妨碍、报复政法干警依法履行职务问题的意见》的有关问题通知如下:

一、高度重视司法人员依法履行职务的保障工作

开庭审判和出庭支持公诉是审判人员、检察人员依法行使国家审判权和检察

权的重要司法活动。保护审判人员、检察人员的人身安全,保障审判、公诉工作的顺利进行,维护法律尊严和司法权威,是实施依法治国方略,建设社会主义和谐社会的必然要求和重要保障。各级人民法院、人民检察院要高度认识保障司法人员依法履行职务工作的重要性,积极采取措施,为审判、公诉工作的顺利进行提供必要的物质保障,创造良好的司法环境。同时,各级人民法院、人民检察院要严格规范司法行为,做到公正、文明司法,不断改进司法形象,以公正司法赢得人民群众的理解和支持。

二、大力加强人民法院审判法庭建设以及安全保障工作管理

各级人民法院特别是基层人民法院要进一步加强审判法庭建设以及安全保障工作管理,切实解决司法人员履行职务所必要的设施条件和庭审环境。一是将审判活动区和旁听区严格分离,并分别设立专用通道;二是根据《最高人民法院关于人民法院法庭专用设备配置的意见》,抓紧配置监控、安检等设备,并配备安检司法警察;三是在审判场所显眼位置设置告示牌,警示、教育诉讼参与人员、旁听人员遵守法庭规则;四是司法警察部门要严格依照《中华人民共和国人民法院法庭规则》、《人民法院司法警察值庭规则》以及《人民法院司法警察安全检查规则》等有关规定,庭前严格落实值庭司法警察的警力配备,明确值庭司法警察的具体任务和职责分工。要对开庭审判的全过程进行监控,严禁携带器械以及易燃易爆、强腐蚀性等危险物品的人员进入法庭,保证庭审活动的顺利进行和司法人员的人身安全,并保护司法人员庭审后安全离开审判场所。

上述设施建设所需经费问题,各级人民法院应当按照中央政法委《关于认真解决妨碍、报复政法干警依法履行职务问题的意见》的有关要求,及时向当地党委、政法委汇报,妥善解决。各基层法院的法庭建设可纳入三年发展规划系统解决。

三、配备司法警察,保证公务用车,保障检察人员依法履行职务

人民检察院检察人员出庭履行职责时,不得少于二人。对于可能出现妨碍检察人员依法履行职务情形的,人民检察院司法警察应当配合出警,并依照有关规定

携带、使用警械具。人民检察院司法警察应当加强同人民法院司法警察的配合，必要时护送检察人员出庭和返回，保障检察人员依法履行职责和人身安全。各级人民检察院应当保证检察人员出庭所需公务用车。

四、制定临庭处置预案，组织落实应变防范措施

在法庭审理前，人民法院、人民检察院应当根据案情分别制定临庭处置预案，充分预测可能发生的妨碍司法行为。对可能出现妨碍司法人员依法履行职务情况的，人民法院、人民检察院应当共同制定处置预案，研究对策，采取措施，并视情况需要通报公安机关。必要时，可向党委、政法委、上级机关汇报，共同做好协调、防范工作。

五、依法严肃处理妨碍司法人员依法履行职务的行为

在法庭审理中，诉讼参与人员、旁听人员妨碍司法人员依法履行职务的，人民法院应当依照《中华人民共和国刑事诉讼法》、《中华人民共和国民事诉讼法》、《中华人民共和国行政诉讼法》、《中华人民共和国人民法院法庭规则》等有关规定，及时采取制止、训诫、强行带出法庭、罚款、拘留等措施；国家工作人员妨碍司法人员依法履行职务的，应当同时建议有关部门给予党纪、政纪处分；严重扰乱法庭秩序，构成犯罪的，应当依法追究刑事责任，并将处理情况公诸于众，以儆效尤。对于严重妨碍司法人员依法履行职务，造成恶劣影响的典型事件，人民法院和人民检察院应当及时向党委、政法委、上级机关等有关部门汇报，既要依法严肃查处，维护法律尊严和司法权威，又要注意方式方法，及时化解矛盾，防止事态的进一步扩大。

六、加强司法警察队伍建设和保密工作，做好宣传教育工作

各级人民法院、人民检察院应当加强司法警察队伍建设，组织专项培训，建立快速反应机制，提高司法警察处理紧急事件的能力；强化案件保密工作，严禁违反规定泄露案情以及办案人员的通讯方式、住址等个人信息，对于泄密行为，应当依照《人民法院审判纪律处分办法》、《检察人员纪律处分条例》的有关规定严肃惩

处；加强司法工作人员安全意识、自我保护意识以及安全防范技能的教育培训，建立健全政法干警依法履行职务的保障和救济措施，有条件的地方应当为其办理人身保险；加强法制宣传教育工作，提高人民群众的法律意识，在全社会形成崇尚法律、维护司法的良好氛围。

最高人民法院关于全面加强人民法庭工作的决定

（2005年9月23日　法发〔2005〕16号）

为进一步贯彻中央关于加强人民法庭工作的指示精神，根据《中华人民共和国人民法院组织法》、《中华人民共和国刑事诉讼法》、《中华人民共和国民事诉讼法》等法律的规定，结合人民法庭工作的实际，按照审判工作规律的要求，就今后如何全面加强人民法庭工作作出如下决定：

一、充分认识加强人民法庭工作的重要意义，明确加强人民法庭工作的指导思想和基本任务

1. 人民法庭是基层人民法院的派出机构和组成部分，代表国家依法行使审判权，它作出的裁判就是基层人民法院的裁判。人民法庭是党通过司法途径保持同人民群众密切联系的桥梁和纽带，是展示国家司法权威和提高司法公信力的重要窗口。人民法庭处在维护社会稳定的第一线，处于化解和调处矛盾纠纷的前沿，促进经济和社会发展、维护社会稳定的责任重大。只有不断增强司法能力，提高司法水平，人民法庭才能依法妥善处理和化解各种社会矛盾，推进基层社会主义民主法制建设的进程，维护社会的公平和正义。因此，全面加强人民法庭建设，对巩固党的执政基础，推动社会主义物质文明、政治文明和精神文明建设，构建社会主义和谐社会，具有十分重要的意义。

2. 加强人民法庭工作，必须以邓小平理论和“三个代表”重要思想为指导，坚

决贯彻落实"公正司法,一心为民"的指导方针,围绕"公正与效率"的工作主题,面向农村、面向基层、面向群众,坚持便于当事人诉讼,便于人民法院依法独立、公正和高效行使审判权的原则。

3. 加强人民法庭工作的基本任务是,遵循审判规律,规范审判管理,完善审判制度,稳定法官队伍,提高整体素质,优化法庭布局,加强基础建设,落实经费保障,为构建社会主义和谐社会,促进城乡经济社会发展、民主政治和精神文明建设提供有力的司法保障。

二、规范人民法庭和巡回审判点设置

4. 设置人民法庭,应当坚持"两便"原则。应当根据案件数量、区域大小、人口分布、交通条件、经济社会发展状况和有利于审判资源的合理配置等情况,决定人民法庭的具体设置、选址和案件管辖范围。人民法庭应当主要设置在农村或者城乡结合部。人民法庭的设置不受乡镇行政区划的限制。城市市区、基层人民法院所在的城镇不再新设人民法庭。

5. 设置人民法庭应当具备下列条件:一是年受理案件数量一般不低于二百件,但边远山区、牧区、林区等地区不受此限,具体受理案件数量由各高级人民法院根据实际情况决定;二是至少要有三名法官,一名书记员,有条件的应当配备司法警察。少数民族地区应当配备懂当地民族语言的审判人员和书记员;三是要有自有的审判、办公用房,以及适应审判工作需要的办公设施、通信设备和交通工具。

人民法院的名称,以其所在地地名命名,并冠以其所属基层人民法院的名称。具体名称为"某某人民法院+人民法庭所在地地名+人民法庭"。海事法院派出法庭的名称为:"某某海事法院+法庭所在地地名+法庭"。

6. 人民法庭的设置、变更和撤销,由基层人民法院根据实际需要提出方案,逐级上报高级人民法院批准。

高级人民法院对不符合设置条件的人民法庭,有权决定撤销。

7. 基层人民法院可根据需要设立巡回审判点,由人民法庭定期或不定期对案件进行巡回审理。巡回审判点应当有相对固定的审判场所和必要的办案设施。

三、加强规范化管理

8. 人民法庭的案件管辖范围，由基层人民法院在自己管辖的一审民事、刑事自诉和执行案件范围内根据实际情况确定，并向社会公布。

人民法庭应当严格依法履行职责，不得超越审判职权参与行政执法活动、地方经济事务和其他与审判无关的事务。

9. 经基层人民法院同意，人民法庭可以直接受理案件。对于当事人直接向人民法庭起诉的案件，经审查认为符合人民法庭受理条件而决定立案的，人民法庭应当及时将当事人的基本情况、案由、简要案情等报基层人民法院立案庭，由立案庭统一编立案号；对巡回审理中随立随审的案件，要及时补办立案手续；对人民法庭受理的案件，立案庭应当将其纳入基层人民法院统一的案件流程管理体系，及时加强管理和督办。

已经建立远程立案系统的基层人民法院，由其统一立案并不影响当事人及时行使诉讼权利的，立案权可以由基层人民法院立案庭统一行使。

10. 人民法庭审理案件，一般适用简易程序。

11. 人民法庭审结的案件，由人民法庭负责执行。但涉及执行审查事项或者基层人民法院认为不宜由人民法庭执行的，由基层人民法院执行机构负责执行。业务管理由基层人民法院执行机构统一负责。

人民法庭执行案件的立案，其立案程序和流程管理，适用本决定第9条的规定。

12. 基层人民法院对人民法庭诉讼费用的预收、结算和退费要严格管理。基层人民法院在人民法庭所在地的乡镇农业银行设立有诉讼费用专用账户的，人民法庭应当告知当事人到农业银行交纳案件诉讼费用。

13. 人民法庭应当建立健全审限管理制度，确保高效、及时审结各类案件，不得久拖不结。基层人民法院对人民法庭审理的案件，应当依法进行审限管理。

14. 人民法庭审理案件，应当按照案件质量管理的规定，注重程序公正，严把案件证据关、事实关和适用法律关，不断提高案件质量，实际法律效果和社会效果相统一。

15. 人民法庭应当建立健全印章、档案、财物及图书资料等保管制度；应当根据实际需要建立健全其他管理制度。

四、加强调解工作

16. 人民法庭受理民事案件和刑事自诉案件后,可视案件情况进行庭前调解。

17. 人民法庭审理案件,应当将调解贯穿案件审理的全过程,做到能调则调、当判则判、调判结合、案结事了。

18. 人民法庭应当配合司法行政部门对人民调解员进行法律业务培训,提高其调解能力;应当适时组织人民调解员旁听案件的审理;对人民调解委员会在开展调解活动中遇到的法律问题,可以进行指导,但不得直接参与个案调解。

19. 人民法庭审理涉及人民调解协议的案件,对合法调解达成的有民事权利义务内容的调解协议应当给予支持;对违法调解达成的协议,应当依法予以撤销或者确认无效。调解协议被人民法院生效判决撤销或者确认无效后,人民法庭可以以适当方式告知当地司法行政机关或人民调解委员会。

对当事人选择纠纷解决的方式,人民法庭应当予以尊重。

五、落实司法为民要求

20. 人民法庭应当根据当事人的文化水平、诉讼能力、是否委托律师等具体情况履行释明义务,指导当事人起诉时明确诉讼请求,并围绕诉讼请求进行举证。

21. 基层人民法院对人民法庭诉讼费用的预收、结算和退费要方便人民群众。基层人民法院在人民法庭所在地的乡镇没有设立诉讼费用专用账户的,可由人民法庭代收案件诉讼费用。当事人到基层人民法院办理诉讼费用的结算和退费确有困难的,人民法院可以代为办理。

22. 人民法庭除在法庭所在地对案件进行开庭审理外,可以根据需要在案件发生地、当事人所在地或巡回审判点对案件进行巡回审理。在巡回审理期间,双方当事人请求人民法庭解决纠纷的,如果该请求符合起诉立案条件,可以当即立案、当即开庭。当即开庭确有困难的,应当在确定开庭时间和地点后及时告知当事人。

23. 人民法庭应当不断增强便民、利民、为民意识,积极主动落实司法为民的各项具体措施。应当加强便民设施建设,设置公示栏、宣传栏,以便于公众查询和监督。对各类主要案件的收费标准、当事人主要诉讼权利和义务、举证须知、风险提示及审理程序应当公示。

六、加强物质装备保障

24. 各高级人民法院应当统一制定本辖区内人民法庭和海事法院派出法庭物质装备建设的总体规划,并根据国家对人民法庭建设的投资计划和当地的经济发展状况,制定出具体的年度建设计划,精心组织实施落实。人民法庭的审判、办公用房建设,应当在三年内完成;交通工具、法庭设备、现代化办公设备和计算机网络建设,也应当纳入总体建设规划和年度建设计划,所需经费纳入基层人民法院的经费预算,逐年安排解决。

25. 人民法庭审判、办公用房,应当按照《人民法庭建设标准》的相关规定进行建设。中西部地区的人民法庭未建和需要改、扩建审判、办公用房的,应当按照《国家发展和改革委员会办公厅、最高人民法院办公厅关于做好中西部地区基层人民法庭规划和建设工作的通知》执行。

26. 人民法庭应当配备必要的交通工具和办公、通讯设备;有条件的地方应当实现人民法庭与基层人民法院院机关的计算机联网,尽快实行电子签章,以保证审判工作高效进行。负有巡回审判任务的人民法庭,应当配备适应巡回审判工作需要的专用车辆、便携式法庭设备和其他业务专用设备。

27. 对于人民法庭的专项建设经费,要严格管理,专款专用,任何人不得以任何理由截留或挪用。

七、加强队伍建设

28. 人民法庭要按照"公正、高效、廉洁、文明"的要求,增强司法能力,提高司法水平,建设一支政治坚定、业务精通、作风优良、司法公正、联系群众、甘于奉献的法庭队伍。

29. 人民法庭的业务培训工作主要由高级人民法院负责;人民法庭庭长的培训由高级人民法院负责,其他法官和书记员的培训由高级人民法院或委托设有法官培训机构的中级人民法院承担;每三年应当对庭长、其他法官和书记员轮训一遍。

要充分利用网络、电视等现代科技手段开展远程教育。各级人民法院要积极争取同级党委、人大和政府的支持,加大培训经费的投入,保障对人民法庭法官业务培训所需的经费开支。上级人民法院要尽量减少人民法庭法官业务培训的经济负担。基层人民法院应当根据需要,及时为人民法庭购置图书、订阅报刊等审判业务学习资料。

30. 人民法庭庭长应当由政治强、业务精、善协调、懂管理的法官担任。除具备担任法官的一般条件外,还应当具有三年以上法官任职经历。人民法庭由庭长主持日常工作,行使审判事务、行政事务和队伍建设的管理权。要选派科级以上法官担任人民法庭庭长。直辖市的人民法庭和案件多、任务重的人民法庭,可选派处级法官担任。人民法庭庭长实行轮岗制度,原则上每四年交流一次。

人民法庭除设庭长外,还可根据工作需要设副庭长。

31. 人民法庭的法官实行定期轮岗制度,具体办法由各高级人民法院规定。鼓励上级人民法院派出干部到人民法庭锻炼,并从人民法庭选拔优秀法官。设有人民法庭的基层人民法院的初任法官一般应当到人民法庭工作一年以上;选任基层人民法院院、庭领导,一般应当有人民法庭工作经历。

32. 各级人民法院要加大对人民法庭法官依法履行职务的保障力度,支持人民法庭依法办案,确保公正司法。各级人民法院要积极会同有关部门协商解决人民法庭工作人员工资、审判津贴的及时足额发放问题,并保证人民法庭正常办案经费开支,适当增加人民法庭驻庭人员的出勤和伙食补贴,具体标准由各高级人民法院会同同级财政部门制定,并纳入财政预算。要积极协调地方财政优先落实人民法庭法官和其他工作人员的医疗和因公伤亡保险。

33. 人民法庭党员的组织关系隶属于基层人民法院党组织。基层人民法院党组织对人民法庭党员应当进行有效的管理,凡党员人数在三人以上的人民法庭,可以成立党支部。没有成立党支部和党员人数在三人以下的人民法庭,由基层人民法院党组决定党员所属的支部。基层党组织应当按规定切实落实“三会一课”制度,做好思想政治工作和廉政教育,充分发挥基层党组织的战斗堡垒作用,充分发挥党员的先锋模范作用。

34. 人民法庭的法官和其他工作人员要不断增强廉政意识,严格遵守审判纪律和廉政规定，坚决杜绝人情案、关系案、金钱案。对审判中的违法违纪行为，应当按照有关规定严肃查处。

35. 最高人民法院每四年对先进人民法庭和优秀人民法庭法官进行一次专项表彰；高级人民法院和中级人民法院每两年进行一次专项表彰。各级人民法院都要及时大力宣传人民法庭和人民法庭法官的先进事迹。

36. 基层人民法院要广泛听取社会各界对人民法庭队伍建设的意见，应当召开有人民法庭辖区内的人大代表、政协委员、人民陪审员、人民调解员、廉政监督员和群众代表等参加的座谈会，认真听取他们对人民法庭工作的意见。

八、加强对人民法庭工作的领导

37. 各级人民法院应当主动接受当地党委的领导、人大的监督，积极争取政府的支持，并定期或者不定期地向当地党委、人大汇报人民法庭的工作，及时与政府沟通情况，促进人民法庭工作的开展。

38. 最高人民法院、各高、中级人民法院应当成立人民法庭工作领导小组。领导小组由一名院领导担任组长，民事审判第一庭、政治人事工作部门、执行机构、研究室和司法行政装备管理等部门的负责人作为成员单位参加领导小组，职责是：研究本辖区内人民法庭工作的重大事项，布置各个时期人民法庭工作的任务。

人民法庭的基本建设和物质装备建设工作由各级人民法院司法行政装备管理部门具体负责。

基层人民法院要加强对人民法庭工作的领导，院长要亲自抓，在队伍建设、物质装备和审判管理等方面要采取切实可行的措施。

39. 最高人民法院、各高、中级人民法院人民法庭工作领导小组下设办公室，负责辖区内人民法庭日常工作的指导，完成领导小组交办的工作。有条件的应单独设立办公室；条件不具备的，办公室应依托在民事审判第一庭，但应配备一至二名专职工作人员。

40. 各级人民法院领导应当深入人民法庭开展调查研究，高级人民法院和中级人民法院领导每人应当确定一、二个联系点，每年到人民法庭调查研究。

各级人民法院应当从提高党的执政能力、巩固党的执政基础、构建社会主义和谐社会的高度，充分认识当前全面加强人民法庭工作的重要性，以求真务实、开拓进取的精神，全面加强人民法庭工作，下大力气解决新时期人民法庭建设中面临的实际困难，切实增强人民法庭的司法能力，提高人民法庭的司法水平，为开创人民法庭工作的新局面而努力奋斗！

法官行为规范（试行）

（最高人民法院 2005 年 11 月 4 日　法发〔2005〕19 号）

为了规范法官基本行为，引导法官公正、高效、廉洁、文明司法，根据《中华人民共和国法官法》和《中华人民共和国公务员法》等法律，制定本规范。

一、一般规定

第一条　坚定政治信念

（一）坚持以马克思列宁主义、毛泽东思想、邓小平理论和“三个代表”重要思想为指导；

（二）坚持牢固树立科学发展观，为构建社会主义和谐社会而奋斗；

（三）坚持党的领导，忠实执行宪法和法律；

（四）努力实践依法治国基本方略，促进社会主义民主政治建设；

（五）坚持“公正司法，一心为民”的工作方针。

第二条　维护司法公正，提高司法效率

（一）坚持“公正与效率”工作主题，以事实为根据，以法律为准绳，做到实体公正、程序公正、形象公正；

（二）提高审判质量，努力追求法律效果和社会效果的有机统一；

（三）严格遵守法律规定的各种诉讼期限，在法定时限内及时履行职责；

（四）科学合理安排工作，提高审判效率，节约司法资源。

第三条　坚持审判独立

（一）依法独立审判，不受任何行政机关、社会团体和个人的干涉；

（二）敢于坚持正确意见，自觉抵制权势、金钱、人情、关系等因素对审判活动的干扰；

（三）保持中立，平等保护各方当事人合法权益，不偏袒一方；

（四）不得影响其他承办人或者其他法院审理案件，不为当事人、代理人、辩护人打听案情，不向其提供案件承办人和合议庭其他成员的联系方式。

第四条 保持司法廉洁

（一）严格遵守有关廉政规定，不利用职务之便为自己或者他人谋取不当利益；

（二）不从事或者参与营利性活动、在企业或者其他营利性组织中兼任职务；

（三）正确处理与当事人及其代理人、辩护人的关系，不得私下与一方单独会见，不得违反规定为其提供咨询意见，不得为当事人推荐介绍代理人、辩护人及中介机构，或者为律师、其他人员介绍办理案件；

（四）对当事人、代理人、辩护人的馈赠或者贿赂行为，应当果断拒绝并给予批评。

第五条 加强职业修养

（一）崇尚法治，维护正义；

（二）公正廉洁，讲求效率；

（三）谨言慎行，刚正不阿；

（四）正直善良，以人为本；

（五）勤勉敬业，忠于职守。

第六条 注重着装仪表

（一）严格执行着装规定，保持良好形象；

（二）工作时间穿制服时，应当配套；穿便服时，做到整洁、庄重；

（三）工作时间不浓妆艳抹，不佩带与法官身份不相称的饰物；

（四）开庭时按规定着法袍或者穿制服。

第七条 约束举止言行

（一）谨言慎行，不得有任何损害司法公正和法官形象的言行；

（二）使用文明、规范、准确的语言；

（三）态度温和，举止得体，乐于助人，不得粗暴对待群众。

二、立案

第八条 基本要求

（一）保障当事人依法行使诉权；

（二）便利人民群众诉讼；

（三）确保立案质量，提高立案效率。

第九条 当事人来法院起诉

（一）符合起诉条件的，在法定时间内及时立案；

（二）不符合起诉条件的，不予受理并告知理由，当事人坚持起诉的，裁定不予受理；

（三）当事人自愿放弃起诉的，应当准许；

（四）提供诉讼指导材料。

第十条 当事人口头起诉

（一）告知应当递交书面诉状；

（二）当事人不能书写诉状且委托他人代写有困难的，要求其如实提供案件情况和联络方式，记入笔录并向其宣读，确认无误后交其签名或者捺印。

第十一条 当事人要求上门立案

（一）当事人因肢体残疾行动不便或者身患重病卧床不起确实无法到法院起诉且没有能力委托代理人的，可以根据实际情况上门接受起诉材料；

（二）对不符合上述条件的当事人，应当告知其到法院起诉。

第十二条 当事人到人民法庭起诉

人民法庭有权受理的，应当接受起诉材料，不得要求当事人到所在基层人民法院立案庭起诉。

第十三条 案件不属于法院主管或者本院管辖

（一）告知当事人不属于法院主管或者本院没有管辖权的理由；

（二）根据案件实际情况，指明主管机关或者有管辖权的法院；

（三）不得违反管辖规定受理案件。

第十四条　依法应当公诉的案件提起自诉

（一）应当在接受后移送主管机关处理，并且通知当事人；

（二）情况紧急的，应当先采取紧急措施，然后移送主管机关并告知当事人。

第十五条　诉状内容和形式不符合规定

（一）告知按照有关规定进行更正，做到一次讲清要求；

（二）不得因起诉要件以外的瑕疵拒绝立案。

第十六条　起诉材料中证据不足

不能以支持诉讼请求的证据不充分为由拒绝立案。

第十七条　遇到疑难复杂情况，不能当场决定是否立案

（一）收下材料并出具收据，告知等待审查结果；

（二）及时审查并在法定期限内将结果通知当事人。

第十八条　发现涉及群体的、矛盾易激化的纠纷

及时向领导汇报并和有关部门联系，积极做好疏导工作，防止矛盾激化。

第十九条　当事人在立案后询问证据是否有效、能否胜诉等实体问题

（一）不得向其提供倾向性意见；

（二）告知此类问题只有经过审理才能确定，相信法院会公正裁判。

第二十条　当事人在立案后询问案件处理流程或时间

告知案件处理流程和法定期限，不得以与立案工作无关为由拒绝回答。

第二十一条　当事人预交诉讼费

（一）严格按照规定确定数额，不得额外收取或者随意降低：

（二）需到指定银行交费的，及时告知账号及地点；

（三）确需人民法庭自行收取的，应当按规定出具收据。

第二十二条　当事人交纳诉讼费有困难

（一）符合司法救助条件的，告知可以申请缓交或者减免诉讼费；

（二）不符合司法救助条件的，可以书面形式通知其在规定期限内交费，并告知无正当理由不交诉讼费将按撤诉处理。

第二十三条　当事人申请诉前财产保全、证据保全等措施

（一）严格审查申请的条件和理由，及时依法作出裁定；

（二）裁定采取保全等措施的，及时依法执行；不符合申请条件的，耐心解释原因；

（三）不得滥用诉前财产保全、证据保全等措施。

三、庭审

第二十四条 基本要求

（一）规范庭审言行，树立良好形象；

（二）增强庭审驾驭能力，确保审判质量；

（三）严格遵循庭审程序，平等保护当事人的诉讼权利；

（四）维护庭审秩序，保障审判活动顺利进行。

第二十五条 开庭前的准备

（一）在法定期限内通知诉讼各方开庭时间和地点：

（二）公开审理的，应当及时公告；

（三）当事人申请不公开审理的，应当及时审查，不符合法定条件的，应当公开审理并解释理由。

第二十六条 原定庭审需要延期

（一）不应无故更改开庭时间；

（二）因当事人、证人原因等特殊情况确需延期的，应当立即通知当事人及其他诉讼参加人；

（三）无法通知的，应当安排人员在原定庭审时间和地点向当事人及其他诉讼参加人解释。

第二十七条 出庭时注意事项

（一）准时出庭，不迟到、缺席；

（二）规定着法袍的，应当在进入法庭前更换好并保持整洁和庄重；

（三）设立法官通道的，应当走法官通道；

（四）应当在当事人、代理人、辩护人、公诉人等入庭后进入法庭；

（五）不与诉讼中的任何一方有亲近的表示。

第二十八条 庭审中的言行

（一）坐姿端正，杜绝各种不雅动作；

（二）集中精力，专注庭审，不做与庭审活动无关的事；

（三）不得使用通讯工具、在审判席上吸烟、随意离开审判席等；

（四）礼貌示意当事人及其他诉讼参加人发言；

（五）不得用带有倾向性的语言进行提问，不得与当事人及其他诉讼参加人辩论、争吵；

（六）严格按照规定使用法槌，敲击法槌的轻重应当以旁听区能够听见为宜；

（七）严禁酒后参加庭审。

第二十九条　对诉讼各方陈述、辩论时间的分配与控制

（一）根据案情和审理需要，公平合理地分配诉讼各方在庭审中的陈述及辩论时间；

（二）不随意打断当事人、代理人、辩护人等的陈述；

（三）当事人、代理人、辩护人发表意见重复或与案件无关的，应当适当提醒，不以生硬言辞进行指责。

第三十条　当事人使用方言或者少数民族语言

（一）诉讼一方只能讲方言的，应当准许；他方表示不通晓的，可以由法官或者书记员用普通话复述；

（二）使用少数民族语言陈述，他方表示不通晓的，应当为其配备翻译。

第三十一条　当事人情绪激动，在法庭上喊冤或者鸣不平

（一）重申当事人必须遵守法庭纪律，法庭将会依法给予其陈述时间；

（二）当事人不听劝阻的，应当及时制止；

（三）制止无效的，依照有关规定作出适当处置。

第三十二条　诉讼各方发生争执或者互相进行人身攻击

（一）及时制止，并对各方均进行批评教育，不得偏袒一方；

（二）告诫各方必须围绕案件依序陈述；

（三）对不听劝阻的，依照有关法律规定作出适当处置。

第三十三条　当事人在庭审笔录上签字

（一）应当告知当事人庭审笔录的法律意义和效力，将庭审笔录交其阅览，无阅

读能力的，应向其宣读，确认无误后再签字、捺印；

（二）当事人指出记录有遗漏或者差错的，核实后要当场补正并要求当事人在补正处签字、捺印；无遗漏或者差错不应当补正的，应当将其申请记录在案；

（三）未经当事人阅览，不得要求其签字、捺印。

第三十四条　宣判时注意事项

（一）宣告判决，一律公开进行；

（二）宣判时，合议庭成员或者独任法官应当起立，宣读裁判文书声音要洪亮、清晰；

（三）当庭宣判的，应当宣告裁判事项，简要说明裁判理由并告知裁判文书送达的法定期限；

（四）定期宣判的，应当在宣读后立即发给裁判文书；

（五）宣判后，对诉讼各方不能赞赏或者指责，对败诉方提出的质疑，应当耐心做好解释工作。

第三十五条　案件不能在审限内结案

（一）需要延长审限的，按照规定履行审批手续；

（二）应当在审限届满或者转换程序前的合理时间内，及时告知当事人及其他诉讼参加人不能及时审结的原因。

第三十六条　人民检察院提起抗诉

（一）依法立案并按照有关规定进行审理；

（二）应当为检察人员和辩护人、诉讼代理人查阅案卷、复印卷宗等提供必要的条件和方便。

四、诉讼调解

第三十七条　基本要求

（一）增强调解意识，坚持将调解贯穿于民事诉讼全过程，充分发挥诉讼调解在解决纠纷中的作用；

（二）坚持自愿、合法原则，能调则调，当判则判，判调结合，案结事了；

（三）讲究方式方法，提高诉讼调解能力。

第三十八条 在调解过程中与当事人接触

（一）应当征询各方当事人的调解意愿；

（二）根据案件的具体情况，可以分别与各方当事人做调解工作；

（三）在与一方当事人接触时，应当避免他方当事人对法官的中立性产生合理怀疑。

第三十九条 只有当事人的代理人参加调解

认真审查代理人是否有特别授权，有特别授权的，可以由其直接参加调解；未经特别授权的，也可以参与调解，达成初步调解协议的，应当由当事人签字或者盖章，也可以由当事人补办特别授权追认手续。

第四十条 一方当事人表示不愿意调解

（一）有调解可能的，应当动之以情，晓之以理，积极引导调解；

（二）当事人坚持不愿调解的，不得强迫当事人进行调解。

第四十一条 调解协议损害他人利益

（一）告知参与调解的当事人应当对涉及到他人权利、义务的约定进行修改；

（二）发现调解协议有损他人利益的，不得认可该调解协议内容。

第四十二条 调解过程中当事人要求对责任问题表态

（一）除应当依法行使释明权外，不随意表态；

（二）确因调解需要应当表态的，要注意方式方法，努力促成当事人达成调解协议。

第四十三条 当事人对调解方案有分歧

（一）继续做好协调工作，以便当事人重新选择；

（二）分歧较大且难以调解的，应当及时依法裁判。

五、文书制作

第四十四条 基本要求

（一）严格遵守格式和规范，不断提高裁判文书制作能力，确保裁判文书质量，维护裁判文书严肃性和权威性；

（二）普通程序案件的裁判文书应当内容全面、说理透彻、逻辑严密、用语规范；

（三）简易程序案件的裁判文书应当简练、准确、规范。

第四十五条　裁判文书质量责任

（一）合议庭成员或者独任法官对裁判文书质量负主要责任；

（二）对裁判文书进行审核的法官，应当对裁判文书进行严格审查，并负审核责任。

第四十六条　对审判程序及审判全过程的叙述

（一）如实叙述当事人的名称、案由、立案时间、开庭审理时间、诉讼参加人到庭等情况；

（二）简易程序转为普通程序的，写明转换程序的时间和理由；

（三）追加、变更当事人的，写明追加、变更的时间、理由等情况。

第四十七条　对诉讼各方诉状、答辩状的归纳

（一）简要、如实归纳诉讼各方的诉、辩主张；

（二）在归纳中做到公平、合理分配篇幅。

第四十八条　对当事人质证过程和争议焦点的叙述

（一）简述开庭前证据交换和庭审质证阶段各方当事人质证过程；

（二）准确概括各方当事人争议的焦点；

（三）案件事实、法律关系较复杂的，应当在准确归纳争议焦点的基础上分段、分节叙述。

第四十九条　对案件审理过程中一些重要事项的交代

在"审理情况"部分，应当如实叙述审理管辖异议的情况，在"事实认定"部分，应当真实反映委托司法鉴定、评估、审计等环节的流程。

第五十条　普通程序案件的裁判文书对事实认定部分的叙述

（一）表述客观，逻辑严密，用词准确，避免使用明显的褒贬词汇；

（二）详细分析说明各方当事人提交证据采信与否的理由以及被采信的证据能够证明的事实；

（三）对证明责任、证据的证明力以及证明标准等问题应当进行合理解释。

第五十一条　对普通程序案件定性及审理结果的分析论证

（一）应当进行客观、全面、充分的说理，对辩护意见、代理意见是否采纳要阐述

理由；

（二）审理刑事案件，应当根据法律、司法解释的有关规定并结合具体事实做出有罪或者无罪的判决，确定有罪的，对法定、酌定的从重、从轻、减轻、免除处罚情节等进行分析认定；

（三）审理民事案件，应当根据法律、行政法规、司法解释的有关规定，结合个案具体情况，对当事人之间的权利义务关系、承担责任及责任的大小等进行详细的归纳评判；

（四）审理行政案件，应当根据法律、行政法规、司法解释的有关规定，结合案件事实，就行政机关及其工作人员所作的具体行政行为是否合法，原告的合法权益是否被侵害，与被诉具体行政行为之间是否存在因果关系等进行分析论证。

第五十二条 法律条文的引用

（一）在裁判理由部分应当视情况尽可能引用法律条款原文；说理中涉及多个争议问题的，应当一论一引；在判决主文理由部分最终援引法律依据时，只引用法律条款序号；

（二）一般法和特别法都有规定的，应当引用特别法；

（三）既有原则性法律条文又有具体法律条文时，应当引用具体法律条文。

第五十三条 裁判文书宣告或者送达后发现文字差错

（一）一般文字差错应当及时向当事人说明情况并收回裁判文书，以校对章补正或者重新制作裁判文书；

（二）重要文字差错且裁判文书已经送达不能收回的，应当裁定予以补正。

六、执行

第五十四条 基本要求

（一）依法及时有效执行，确保生效法律文书的严肃性和权威性，维护当事人的合法权益；

（二）坚持文明执行，严格依法采取执行措施；

（三）讲求方式方法，注重执行的法律效果和社会效果。

第五十五条 被执行人以特别授权为由要求执行人员找其代理人协商执行

事宜

（一）根据执行具体情况，决定是否与被执行人的代理人联系；

（二）确有必要与被执行人本人联系的，应当告知被执行人有义务配合法院执行工作，不得推托。

第五十六条 申请执行人来电或者来访查询案件执行情况

（一）认真做好记录，及时说明执行进展情况；

（二）申请执行人要求查阅有关案卷材料的，应当准许，但法律规定应予保密的除外。

第五十七条 申请执行人或者被执行人要求退还材料原件

执行当事人确需保留原件而要求退还的，执行人员应当在核对当事人提交的副本后将原件退还。

第五十八条 被执行财产的查找

（一）申请执行人向法院提供被执行财产线索的，应当及时进行调查，采取相应的执行措施，并将有关情况告知申请执行人；

（二）执行人员应当积极依职权查找被执行人财产，并及时采取相应的执行措施。

第五十九条 执行当事人要求和解

（一）及时将执行当事人和解请求向对方当事人转达，并以适当方式向执行当事人客观说明执行的难度和风险，促成执行当事人达成和解；

（二）执行当事人拒绝和解的，应当继续依法执行；

（三）申请执行人和被执行人达成和解的，应当形成书面和解协议；无书面协议的，应当将和解协议的内容记入笔录，并由双方当事人签字或者盖章。

第六十条 执行中的暂缓、中止、终结

（一）严格依照法定条件和程序采取暂缓、中止、终结执行措施；

（二）告知申请执行人暂缓、中止、终结执行所依据的事实和相关法律规定，并耐心做好解释工作；

（三）告知申请执行人暂缓、中止执行后恢复执行的条件和程序；

（四）暂缓、中止、终结执行确有错误的，应当及时纠正。

第六十一条 被执行人对受委托法院执行管辖提出异议

（一）审查案件是否符合委托执行条件，不符合条件的，及时向领导汇报，采取适当方式纠正；

（二）符合委托执行条件的，告知被执行人受委托法院受理执行的依据并依法执行。

第六十二条 案外人对执行提出异议

（一）要求案外人提供有关异议的证据材料，并及时进行审查；

（二）根据具体情况，可以对执行财产采取限制性措施，暂不处分；

（三）异议成立的，采取适当方式纠正；异议不成立的，依法驳回。

第六十三条 对被执行人财产的查封、扣押、冻结、拍卖、变卖

（一）严格依照规定办理手续，不得超标的查封、扣押、冻结被执行人财产；

（二）严格按照拍卖、变卖的有关规定，依法委托评估、拍卖机构，不得损害当事人利益。

第六十四条 执行款的收取

（一）执行款应当直接划进执行款专户；

（二）被执行人即时交付现金或者票据的，应当会同被执行人将现金或者票据交本院财务部门；

（三）异地执行、搜查扣押、小额标的执行或者因情况紧急确需执行人员直接代收现金或者票据的，应当即时向交款人出具收据，并及时移交本院财务部门。

第六十五条 执行款的划付

（一）应当在规定期限内办理执行费用和执行款的结算手续，并及时通知申请执行人办理取款手续；

（二）需要延期划付的，应当在期限届满前书面说明原因，并报领导审查批准；

（三）申请执行人委托或者指定他人代为收款的，应当审查其委托手续是否齐全、有效，并要求收款人出具合法有效的收款凭证。

第六十六条 被执行人以生效法律文书在实体或者程序上存在错误而不履行

发现生效法律文书确有错误的，应当及时提请院长按照审判监督程序处理；没有错误的，及时做好解释工作并继续执行。

第六十七条 有关部门和人员不协助执行应当告知相关法律规定，做好说服教育工作；仍拒不协助的，依法采取其他措施。

七、涉诉信访处理

第六十八条 基本要求

(一)重视并认真做好涉诉信访工作，切实保护信访人合法权益；

(二)及时处理信访事项，努力做到来访有接谈、来信有着落、申诉有回复；

(三)依法文明接待，维护法院形象。

第六十九条 对来信的处理

(一)及时审阅并按规定登记，不私自扣押或者拖延不办；

(二)需要回复和退回有关材料的，应当及时回复、退回；

(三)需要向有关部门和下级法院转办的，应当及时转办。

第七十条 对来访的接待

(一)及时接待，耐心听取来访人的意见并做好记录；

(二)能当场解答的，应当立即给予答复，不能当场解答的，收取材料并告知按约定期限等待处理结果。

第七十一条 来访人系老弱病残孕者

(一)优先接待；

(二)来访人申请救助的，可以根据情况帮助联系社会救助站；

(三)在接待时来访人出现意外情况的，应当立即采取适当救护措施。

第七十二条 集体来访

(一)向领导报告，及时安排接待并联系有关部门共同处理；

(二)视情况告知选派 1 至 5 名代表说明来访目的和理由；

(三)稳定来访人情绪，并做好劝导工作。

第七十三条 信访事项不属于法院职权范围

告知法院无权处理并解释原因，根据信访事项内容指明有权处理机关。

第七十四条 信访事项涉及国家秘密、商业秘密或者个人隐私

(一)妥善保管涉及秘密和个人隐私的材料；

(二)自觉遵守有关规定,不披露、不使用在信访工作中获得的国家秘密、商业秘密或者个人隐私。

第七十五条 信访人反映辖区法院裁判不公、执行不力、审判作风等问题

(一)认真记录信访人所反映的内容;

(二)对法院裁判不服的,告知其可以依法上诉、申诉或者申请再审;

(三)反映其他问题的,及时将材料转交本院有关部门处理。

第七十六条 信访人反复来信来访催促办理结果

(一)告知规定的办理期限,劝其耐心等待处理结果;

(二)情况紧急的,及时告知承办人或者承办部门;

(三)超过办理期限的,应当告知超期的理由。

第七十七条 信访人对处理结果不满,要求重新处理

(一)发现处理确实不当的,及时报告领导,按规定进行纠正;

(二)处理结果没有问题的,应当做好有关解释工作,讲清处理程序和依据。

第七十八条 来访人表示不解决问题就要滞留法院或者采取其他极端方式

(一)及时进行规劝和教育,避免用不当言行刺激来访人;

(二)立即向领导报告,积极采取适当措施,防止意外发生。

八、业外活动

第七十九条 基本要求

(一)遵纪守法,遵守社会公德;

(二)加强修养,严格自律;

(三)杜绝与法官形象不相称的、可能影响公正履行职责的不良嗜好和行为;

(四)注意言行,在日常生活中自觉维护法官形象。

第八十条 受邀请参加座谈、研讨活动

(一)对律师事务所、中介机构和可能与案件有利害关系的企事业单位的邀请应当谢绝;

(二)对与案件无利害关系的党、政、军机关、学术团体、群众组织的邀请,不影响司法公正的,经向单位请示获准后可以参加。

第八十一条 受邀请参加各类社团组织或者联谊活动

（一）确需参加在各级民政部门登记注册的社团组织的，及时报告并由所在法院按照法官管理权限审批；

（二）不参加营利性社团组织；

（三）不接受任何有违清正廉洁的吃请、礼品、礼金和赞助。

第八十二条 从事写作、授课等司法职务外活动

（一）在符合法律规定、不妨碍公正司法、不影响审判工作的前提下，可以利用业余时间从事写作、授课等司法职务外活动；

（二）在写作、授课过程中，应当避免对具体案件和有关当事人进行评论，不披露或者使用在工作中获得的国家秘密、商业秘密、个人隐私及其他非公开信息：

（三）对于参加司法职务外活动获得的合法报酬，应当依法纳税。

第八十三条 接受新闻媒体与法院工作有关的采访

（一）通过法院新闻部门接受新闻媒体采访；

（二）接受采访的内容涉及重大、疑难、复杂问题的，应当事先做好充分准备；

（三）在接受采访时，不发表有损司法公正的言论，不对正在审理中的案件和有关当事人进行评论，不披露在工作中获得的国家秘密、商业秘密、个人隐私及其他非公开信息。

第八十四条 本人在日常生活中与他人发生矛盾

（一）保持冷静克制，通过正当、合法途径解决纠纷；

（二）在纠纷解决中不利用法官身份寻求额外照顾，损害法官形象。

第八十五条 亲友与他人发生矛盾要求帮助解决

（一）劝导亲友通过合法途径解决矛盾；

（二）不利用法官身份，妨碍有关部门对问题的解决。

第八十六条 本人及家庭成员遇到纠纷需通过诉讼方式解决

（一）对本人的案件或者以直系亲属代理人身份参加的案件，应当依照有关法律规定，平等地参与诉讼；

（二）在诉讼过程中不以法官身份获取特殊照顾，不利用职权收集所需证据；

（三）对非直系亲属的其他家庭成员的诉讼案件，一般应当让其自行委托诉讼

代理人,本人不作为诉讼代理人参与诉讼。

第八十七条 出入社交场所注意事项

(一)参加社交活动要自觉维护法官形象;

(二)严禁乘警车、穿制服出入营业性娱乐场所。

第八十八条 家人或者朋友约请参与封建迷信活动

(一)坚决拒绝参与封建迷信活动;

(二)向家人和朋友宣传科学,引导他们相信科学、反对封建迷信;

(三)对利用封建迷信活动违法犯罪的,应当立即向有关组织和公安部门报告。

第八十九条 因私出国(境)探亲、旅游

(一)如实向组织申报所去的国家、地区及返回的时间,经组织同意后方可出行;

(二)准时返回工作岗位;

(三)遵守当地法律,尊重当地民风民俗和宗教习惯;

(四)注意形象,维护国家尊严。

九、附则

第九十条 各级人民法院指导、监督本院法官遵守本规范。

第九十一条 人民陪审员和人民法院其他工作人员参照本规范执行。

第九十二条 本规范由最高人民法院负责解释。

第九十三条 本规范自发布之日起施行。

最高人民法院关于充分发挥审判职能作用积极参与整顿和规范市场经济秩序工作的通知

(2005年5月14日 法〔2005〕58号)

各省、自治区、直辖市高级人民法院,解放军军事法院,新疆维吾尔自治区高级人民

法院生产建设兵团分院：

3 月 31 日，国务院召开全国整顿和规范市场经济秩序电视电话会议，总结了 2004 年全国整顿和规范市场经济秩序工作情况，对 2005 年全国整顿和规范市场经济秩序工作进行了部署，要求突出重点，落实责任，进一步推动整顿和规范市场经济秩序工作深入扎实开展。为充分发挥审判职能作用，配合做好全国整顿和规范市场经济秩序工作，特通知如下：

一、提高思想认识，切实加强组织领导

去年全国整顿和规范市场经济秩序工作，巩固和深化了整规工作的阶段性成果，市场经济秩序继续向好的方向发展。各级人民法院依法严惩各种严重破坏市场经济秩序犯罪活动，有力地打击了违法犯罪分子的嚣张气焰，遏制了违法犯罪行为蔓延的势头，继续为市场经济秩序的根本好转提供有力司法保障。但是，当前整规工作面临的形势和任务依然严峻，市场经济秩序距离人民群众的要求还有很大差距。制售假冒伪劣药品、有毒有害食品的重大案件时有发生，侵权盗版行为仍较严重，各种形式的商业欺诈屡禁不止，涉税犯罪、非法吸收公众存款、证券等金融领域犯罪、非法传销行为在有的地方仍然猖獗。各级人民法院对此必须保持清醒的头脑，始终高度重视整顿和规范市场经济秩序工作，从实践“三个代表”重要思想、落实司法为民要求的高度，以对国家和人民高度负责的态度，增强政治责任感和使命感，制定有效措施，进一步加强整顿和规范市场经济秩序审判工作的组织领导，保证起诉到法院的各类相关案件的质量和效率，密切配合有关部门开展专项整治行动，把保障和促进整顿和规范市场经济秩序工作的顺利进行，作为建立和完善社会主义市场经济体制、构建社会主义和谐社会的一项重要任务，切实抓紧抓好。

二、突出打击重点，继续抓好大要案刑事审判

2005 年全国整顿和规范市场经济秩序工作，要继续围绕人民群众反映强烈的突出问题展开，以抓好食品药品安全专项整治，开展保护知识产权和打击商业欺诈专项行动为重点。为此，各级人民法院今年要将生产、销售伪劣食品、药品犯罪、侵犯知识产权犯罪、虚假广告犯罪、非法行医犯罪、商业欺诈犯罪作为突出的打击重

点，坚决、及时依法从严惩处。同时，各地法院要结合本地实际，对起诉到法院的走私、偷骗税、非法传销、非法集资等其他严重破坏市场经济秩序的犯罪案件，继续保持高压态势，依法从严惩处。对于犯罪数额巨大、群众反映强烈，给国家和人民利益造成重大损失的大案要案，高级人民法院要加强督导，一审法院要确保起诉后及时审判，依法应当重判的要坚决重判。要将有国家工作人员参与或者包庇纵容的大案要案作为重中之重，深挖经济犯罪的"后台"和"保护伞"，依法从严惩治腐败犯罪。通过公正高效审判经济犯罪大要案，震慑严重破坏市场经济秩序的违法犯罪分子，推动整顿和规范市场经济秩序工作的深入开展，维护人民群众的合法权益。

三、全面发挥职能作用，有力推进综合整治

各级人民法院在加强刑事审判和加大刑罚打击力度的同时，要注重发挥民商事审判、行政审判和执行工作直接调整经济和社会生活的职能，为整顿和规范市场经济秩序提供全方位的司法保障。通过民商事审判有效调整平等主体之间的财产、信用和契约关系，制裁侵犯知识产权、欺诈经营和恶意拖欠甚至逃废债务等民事违法行为，保障市场经济秩序的有序运转。在民事诉讼过程中发现涉嫌经济犯罪的，要严格按照《最高人民法院关于在审理经济纠纷案件中涉及经济犯罪嫌疑若干问题的规定》办理，及时将犯罪嫌疑线索、材料移送有关公安机关或检察机关查处。通过行政审判依法支持整顿规范市场经济秩序的行政行为，遏制地方保护、地区封锁和部门行业垄断，为整顿和规范市场经济秩序提供有效的法律服务。坚决执行法院生效裁判和其它法律文书，保证被法律确认的财产权利真正及时落实到权利主体手上，切实维护市场主体的合法权益和市场经济秩序。各级人民法院在做好审判工作的同时，对于办案和调研中发现在管理制度和环节上存在的漏洞和隐患，要及时提出司法建议，促使有关部门和发案单位总结教训，建章立制，加强管理，预防犯罪。

四、深入开展调查研究，及时解决法律适用难题

良好的市场经济秩序不仅要靠打击和整顿，更要靠规范和建设。各级人民法

院要加强整顿和规范市场经济秩序的调查研究工作,不断总结审判经验,及时研究解决工作中存在的问题,准确把握法律、政策界限,严把案件审理的事实关、证据关、法律适用关和审判程序关,确保办案质量。继续坚决贯彻依法从严惩处方针,严格执行惩办与宽大相结合的刑事政策,以取得良好的法律效果和社会效果。最高人民法院今年已将金融犯罪、侵犯知识产权犯罪的法律适用问题作为重点调研课题,对非法采供血和非法行医有关适用法律的司法解释也在抓紧起草,争取尽快出台。各地人民法院要积极配合、主动开展上述课题的调查研究工作,并对审判实践中遇到的新情况、新问题适时提出对策和建议,从而不断提高整顿和规范市场经济秩序审判工作水平,维护执法的统一性和严肃性。

五、加强公开审判和法制宣传,保持打击声势和力度

近年来,各级人民法院在审理好与整顿和规范市场经济秩序有关案件的同时,注重选择典型案件通过新闻媒体开展法制宣传,实践证明这是震慑犯罪、教育群众,扩大审判效果的有效方式,取得了良好的社会效果。各级人民法院要积极配合抓好食品药品安全专项整治、开展保护知识产权和打击商业欺诈专项行动等三项整规重点工作,围绕打击重点,继续与新闻宣传部门配合做好宣传报道,采取曝光典型案件、揭露犯罪手法、以案释法等多种方式,利用新闻媒体宣告人民法院的严正判决,始终保持对经济犯罪的高压态势,提高公众的诚信意识和法制意识,营造整顿和规范市场经济秩序的良好社会氛围。

最高人民法院关于对经济确有困难的当事人提供司法救助的规定

(2005 年 4 月 5 日 法发〔2005〕6 号)

第一条 为了使经济确有困难的当事人能够依法行使诉讼权利,维护其合法权益,根据《中华人民共和国民事诉讼法》、《中华人民共和国行政诉讼法》和《人民法院诉讼收费办法》,制定本规定。

第二条 本规定所称司法救助,是指人民法院对于当事人为维护自己的合法权益,向人民法院提起民事、行政诉讼,但经济确有困难的,实行诉讼费用的缓交、减交、免交。

第三条 当事人符合本规定第二条并具有下列情形之一的,可以向人民法院申请司法救助:

(一)追索赡养费、扶养费、抚育费、抚恤金的;

(二)孤寡老人、孤儿和农村"五保户";

(三)没有固定生活来源的残疾人、患有严重疾病的人;

(四)国家规定的优抚、安置对象;

(五)追索社会保险金、劳动报酬和经济补偿金的;

(六)交通事故、医疗事故、工伤事故、产品质量事故或者其他人身伤害事故的受害人,请求赔偿的;

(七)因见义勇为或为保护社会公共利益致使自己合法权益受到损害,本人或者近亲属请求赔偿或经济补偿的;

(八)进城务工人员追索劳动报酬或其他合法权益受到侵害而请求赔偿的;

(九)正在享受城市居民最低生活保障、农村特困户救济或者领取失业保险金,无其他收入的;

(十)因自然灾害等不可抗力造成生活困难,正在接受社会救济,或者家庭生产经营难以为继的;

(十一)起诉行政机关违法要求农民履行义务的;

(十二)正在接受有关部门法律援助的;

(十三)当事人为社会福利机构、敬老院、优抚医院、精神病院、SOS 儿童村、社会救助站、特殊教育机构等社会公共福利单位的;

(十四)其他情形确实需要司法救助的。

第四条 当事人请求人民法院提供司法救助,应在起诉或上诉时提交书面申请和足以证明其确有经济困难的证明材料。其中因生活困难或者追索基本生活费用申请司法救助的,应当提供本人及其家庭经济状况符合当地民政、劳动和社会保障等部门规定的公民经济困难标准的证明。

第五条 人民法院对当事人司法救助的请求,经审查符合本规定第三条所列情形的,立案时应准许当事人缓交诉讼费用。

第六条 人民法院决定对一方当事人司法救助,对方当事人败诉的,诉讼费用由对方当事人交纳;拒不交纳的强制执行。

对方当事人胜诉的,可视申请司法救助当事人的经济状况决定其减交、免交诉讼费用。决定减交诉讼费用的,减交比例不得低于30%。符合本规定第三条第二项、第九项规定情形的,应免交诉讼费用。

第七条 对当事人请求缓交诉讼费用的,由承办案件的审判人员或合议庭提出意见,报庭长审批;对当事人请求减交、免交诉讼费用的,由承办案件的审判人员或合议庭提出意见,经庭长审核同意后,报院长审批。

第八条 人民法院决定对当事人减交、免交诉讼费用的,应在法律文书中列明。

第九条 当事人骗取司法救助的,人民法院应当责令其补交诉讼费用;拒不补交的,以妨害诉讼行为论处。

第十条 本规定自公布之日起施行。

最高人民法院关于增强司法能力提高司法水平的若干意见

(2005年4月1日 法发〔2005〕4号)

为贯彻落实党的十六届四中全会精神,按照加强党的执政能力建设总体目标的要求,不断增强司法能力,提高司法水平,进一步加强和改进人民法院工作,依法保障全面建设小康社会顺利进行,特制定如下意见。

一、增强司法能力、提高司法水平的重要性和紧迫性

1. 人民法院是国家司法机关,依照宪法和法律的规定行使审判权,肩负着贯彻依法治国方略的重要使命。党的十六届四中全会明确提出了加强党的执政能力建设的指导思想、总体目标和主要任务,为人民法院工作进一步指明了方向。人民法院是党领导下实施依法治国方略的重要载体,是党通过司法手段管理国家和社会

事务的重要力量，是党通过司法途径保持同人民群众血肉联系的重要纽带，必须通过公正、廉洁、文明、高效的司法活动，为加强党的执政能力建设总体目标的实现，提供有力的司法保障。能否做到这一点，关键在于我们是否具有与加强党的执政能力建设相适应的司法能力和司法水平。

2. 长期以来，全国各级人民法院以邓小平理论和“三个代表”重要思想为指导，落实科学的发展观，紧紧依靠党的领导，自觉接受人大监督，努力践行“公正与效率”工作主题，认真落实司法为民的要求，坚持“服务大局抓审判、突出重点抓基层、围绕公正抓队伍”的工作方针，充分发挥审判职能作用，为维护国家安全和社会稳定，保障社会主义市场经济体制的完善，保护广大人民群众合法权益，做出了不懈的努力。

3. 当前，国际国内形势正在发生深刻的变化。从国际上看，和平与发展仍然是时代的主题，但少数反华势力凭借强势的政治、经济、文化以及互联网信息技术等各种手段继续对我进行全方位渗透，其颠覆共产党的领导、推翻人民民主专政制度的企图没有改变，对敌斗争依然复杂。从国内看，我国改革发展正处于关键时期，随着改革开放的不断深入，社会利益关系的复杂性、价值观念的多样性、人财物的流动性、信息传播的便捷性进一步发展，我国正处于人民内部矛盾凸显、刑事犯罪高发时期。人民法院维护国家安全和社会稳定的任务繁重而艰巨。

十六届四中全会提出的发展社会主义市场经济、发展社会主义民主政治、建设社会主义先进文化、构建社会主义和谐社会的目标，对人民法院工作提出了新的更高的要求。面对新的形势和任务，人民法院必须大力加强能力建设，不断增强遵循社会主义市场经济发展规律、社会主义法治国家建设规律和司法活动规律，围绕“公正与效率”工作主题，落实司法为民要求，运用司法手段维护最广大人民根本利益、维护国家长治久安的能力和本领。

4. 多年来，人民法院工作不断取得明显的进展，但依然还有这样或那样的问题制约着人民法院工作的发展，主要表现为正确适用法律的水平还不够高，解决矛盾的本领还不够大，公正裁判的能力还不够强，司法作风还不够过硬，人民群众反映强烈的一些案件裁判不公、效率不高等问题还没有彻底解决，少数法官办“关系案”、“人情案”、“金钱案”的现象还屡禁不止。各级人民法院必须着眼于在增强司法能力、提高司法水平的实践中去解决存在的问题，最终又通过问题的解决推动人民法院工作不断开创新局面。切实认清增强司法能力、提高司法水平的重要性和紧迫性，不断增强践行“公正与效率”工作主题，做好审判工作、法院改革和队伍建设三件大事的自觉性和主动性，抓住机遇，迎接挑战，求真务实，加快发展。

二、增强司法能力、提高司法水平的指导思想和主要任务

5. 人民法院增强司法能力、提高司法水平的指导思想是：在以胡锦涛同志为总书记的党中央领导下，以马列主义、毛泽东思想、邓小平理论和“三个代表”重要思想为指导，按照全国政法工作会议提出的增强五个方面的执法司法能力的要求，以“公正与效率”为主题，以司法为民为基点，以司法体制改革为动力，以人民法院基层建设为基础，以建设高素质法官队伍为保证，全面增强司法能力、提高司法水平。坚持上述指导思想，关键在于始终坚持依靠党对法院工作的领导。

6. 人民法院增强司法能力、提高司法水平的主要任务是：增强惩罚刑事犯罪，维护国家安全和社会稳定的能力；增强调节经济关系，促进社会主义市场经济健康发展的能力；增强依法处理矛盾纠纷，保障社会和谐的能力；增强支持和促进依法行政，推进社会主义民主政治建设的能力；增强在司法领域保障人权，维护人民群众合法权益的能力；增强正确适用法律、公正高效司法，保障在全社会实现公平和正义的能力。全国各级人民法院要紧紧围绕上述任务，不断研究新情况、解决新问题、增长新本领，努力抓好审判工作、队伍建设、法院改革三件大事，全面推进人民法院的各项工作不断向前发展。

三、增强惩罚刑事犯罪，维护国家安全和社会稳定的能力

7. 维护国家安全和社会稳定始终是人民法院一项重大政治任务，各级人民法院要进一步增强责任意识和忧患意识，切实做好维护国家安全和社会稳定的各项工作。

8. 要坚决依法严惩分裂国家、破坏国家统一、颠覆国家政权、推翻社会主义制度等各类危害国家安全的犯罪。对利用互联网进行的各种危害国家安全犯罪，要

加强司法应对;对“法轮功”邪教组织利用法律手段与我对抗的新情况要保持高度警惕。

9. 经济社会转型时期滋生和诱发犯罪的因素大量增加的客观形势,决定了必须长期坚持严打方针。各级人民法院要坚持严打的针对性、实效性,注重与其他政法机关的协调配合。继续贯彻依法严打方针不动摇,坚持严打的经常性、长期性,继续重点打击严重暴力犯罪、有组织犯罪和盗窃、抢劫、抢夺等多发性侵犯财产权的犯罪,加大对毒品犯罪、赌博犯罪以及网络犯罪的惩处力度,净化社会环境,确保社会稳定。

10. 要特别注意解决好涉诉信访问题,牢固树立“群众利益无小事”的观念,耐心听取来访群众的诉求,充分尊重、平等保护当事人的诉权,切实维护人民群众的利益,对来访群众体现社会主义人文关怀。努力增强涉诉信访接待处理能力,充分发挥审判监督工作的司法救济功能,坚持依法办事、按照政策办事的原则,既依法维护群众的正当权益,又要对个别有意扰乱社会秩序的不法分子坚决予以严肃处理。

11. 要积极参与社会治安防控体系建设,加强法治宣传教育,加强司法建议工作,强化指导人民调解工作,加强未成年人犯罪审判工作,配合有关部门开展好社区矫正和帮教工作,推进社会治安综合治理。

四、增强依法调节经济关系,促进社会主义市场经济健康发展的能力

12. 当前,我国经济健康发展,市场经济秩序不断改善。但是,经济领域的犯罪仍然相对突出,新型犯罪不断出现,直接危害国家经济安全。各级人民法院要重点打击金融、财税、证券期货等事关国家经济安全领域的严重经济犯罪,非法集资等事关群众切身利益、影响社会稳定的严重经济犯罪,生产销售伪劣商品、走私、侵犯知识产权等严重破坏市场经济秩序的犯罪,利用国有企业改革之机侵吞国有资产的犯罪,尤其依法严惩严重经济犯罪背后国家工作人员索贿受贿、玩忽职守、滥用职权以及徇私舞弊等犯罪活动。

13. 要通过对大量民商事案件的审判,坚决贯彻民事主体平等原则,创造公平

和可预见的司法环境。对于跨地区的重大民事案件,可以采取上级法院指定管辖的法律措施,排除地方保护主义的干扰。加强对国有企业破产案件的审判指导和监督,严格执行国有企业兼并破产计划,严把破产案件受理关,遏制个别地方刮“破产风”、搞“破产运动”,导致银行债权被大量逃废现象。继续服从和服务于国家对整个国民经济的宏观调控和经济安全的监控,认真审理金融纠纷案件,防止企图通过诉讼逃债、消债等规避法律的行为,维护信贷秩序。制裁违约失信行为,维护诚实信用的商业道德,促进社会诚信体系的建立。加强对侵犯专利权、商标权、著作权、发明权、商业秘密等案件的审判,制裁侵犯知识产权和滥用知识产权行为,依法保障市场经济秩序的规范、经济结构的调整和经济增长方式的转变。

五、增强依法处理矛盾纠纷,保障社会和谐的能力

14. 依法处理矛盾纠纷案件,做到定纷止争,案结事了,这是人民法院司法能力的重要内容和标志,是检验民事司法活动的重要标准,也是促进社会和谐稳定的必然要求。各级人民法院在处理各种矛盾纠纷时,要注重法律效果和社会效果的统一,正确适用法律,做到程序合法、实体公正,尽可能地让当事人无论输赢都心服口服,努力化解各种社会矛盾。

15. 要大力加强诉讼调解工作,坚持“能调则调、当判则判、判调结合、案结事了”的要求,尽量通过诉讼调解达到平息纠纷的目的。既要切实解决重判决、轻调解导致的不愿调、不会调的问题,又要防止因片面追求调解率带来的违法调、强迫调的问题,坚决防止侵害当事人合法权益问题的发生。同时,加强对人民调解工作的指导,把人民调解和诉讼调解紧密结合起来,充分调动各方面的积极因素,探索和推动各种诉讼替代解决方式,进一步健全社会矛盾纠纷的多元处理机制。

16. 要妥善处理群体性诉讼案件。在处理群体性案件时,要坚持慎重、依法的原则,既要严格依法办事,维护好当事人的合法权益,又要落实好有关政策要求,耐心细致地做好宣传教育工作,注重并着眼于化解矛盾纠纷。要进一步落实和完善四个机制:一是贯穿法院工作各个环节的社会稳定预警机制,及时发现和解决苗头性、倾向性问题;二是排查和调处机制,要按照属地原则定期对重点案件进行摸排调处;三是应急处置机制,要制定详细的应急预案,确保能依法及时果断有效处置

各种事件;四是责任追究机制,对没有妥善处理群体性事件造成严重后果的领导和直接责任人,要严肃追究责任。

六、增强支持和促进依法行政,推进社会主义民主政治建设的能力

17. 行政诉讼制度对于保护行政相对人的合法权利,协调"官民"关系,促进社会稳定,促进行政机关依法行政,建构法治和廉洁政府,推进民主政治建设,具有十分重要的意义。各级人民法院要通过依法维护合法的行政行为,纠正违法的行政行为,协调公共权力与公民权利的关系,增进人民群众和政府之间的相互信任,减少社会不安定因素。既要反对将对行政行为进行司法监督与维护社会稳定对立起来,对依法应该受理的案件不予受理,或者不依法审判和执行;又要克服"法院万能"的观点和倾向,对不属于现行法律规定的行政审判范围的案件盲目受理或越权审理。总之,既要到位,又不越位,做到监督有力,保障有方。

七、增强在司法领域保障人权,维护人民群众合法权益的能力

18. 司法能力从根本上说,就是通过司法手段保障人权,为人民群众排忧解难、全心全意为人民服务的能力。各级人民法院要加强对刑事审判内在规律的研究,既增强严厉打击犯罪、维护国家安全和社会稳定的能力,又提高依法保障人权的水平,切实保证无罪的人不受刑事追究。

19. 要认真贯彻宽严相济的刑事政策,在严厉惩罚犯罪的同时,对具有法定从宽条件的,依法从宽处理;对具有减刑、假释条件的服刑人员,依法减刑、假释并积极探索减刑、假释的公示和有条件的听证制定;对法律、政策界限不明确,可判可不判的,可杀可不杀的,应该根据具体情况,依法从宽处理。要进一步落实好防止超期羁押和超审限的有关通知要求和各项制度措施,巩固已有成果,防止新的超期羁押和超审限现象的发生。要切实通过司法活动将尊重和保障人权的原则贯彻到社会生活的各个方面。坚持以人为本的发展观,通过依法保障公民政治权利的行使,通过对经济关系的法律调节,通过在司法活动中弘扬精神文明建设的成果,促进全社会牢固树立尊重和保障人权的基本理念,努力营造尊重人、关心人、爱护人、帮助人的良好社会风尚。

八、增强正确适用法律、公正高效司法，保障在全社会实现公平和正义的能力

20. 司法工作的灵魂和生命是司法公正，人民法院始终追求并努力实现的司法目标也是司法公正，衡量司法能力强弱和司法水平高低的根本标准还是司法公正。人民群众对司法公正的期盼最热切，对司法不公的指责也最激烈。裁判不公、执行不力的案件虽为数不多，但影响很坏。这就要求各级人民法院很好地提高学习与适用法律的能力，不仅要有公正之心，而且要有公正之举，切实以公正之能求得公正之效。因此，法官的判决必须考虑社会稳定、经济发展问题，而不应为了追求一个法律价值而不顾其他的社会价值。各级人民法院都要在总结"司法公正树形象"教育活动成果的基础上，树立科学的司法理念，坚持实体公正与程序公正的统一，坚持法律真实与客观真实的统一，坚决抵制和克服人情、关系、金钱、地方和部门保护等各种干扰，进一步完善并强化内部监督，切实提高公正司法、廉洁司法的能力。

九、全面加强法院队伍建设

21. 人民法院增强司法能力、提高司法水平，关键在于造就一支政治坚定、业务精通、作风优良、司法公正的法院队伍，必须以增强司法能力、提高司法水平为目标，不断加强法院队伍的政治素质、业务素质和职业道德素质，继续推进法官职业化建设，为实现"公正与效率"主题，保障审判工作和人民法院其他各项工作的开展，提供强有力的组织保证和人才支持。

22. 要牢固确立"三个代表"重要思想在法院队伍建设中的指导地位，坚持司法为民，切实解决为谁执法、为谁服务这一根本问题，把维护人民群众的利益永远放在第一位，坚持忠于党、忠于人民、忠于事实、忠于法律的政治本色，在思想上和行动上与以胡锦涛同志为总书记的党中央保持高度一致。

23. 要抓住领导干部这个关键环节，把政治立场坚定、懂得法律业务、年富力强、符合法官法条件的人选任到法院领导岗位，按照政治坚定、求真务实、开拓创新、勤政廉政、团结协作的要求，建设好各级人民法院的领导班子。要着重从驾驭庭审、司法指导、司法监督等方面增强领导干部的审判能力，着重从队伍管理、审判

管理、政务管理等方面增强管理能力，着重从民主决策、科学决策、依法决策等方面增强决策能力。

24. 上级人民法院要按照法院领导班子双重管理的规定，加强对下级人民法院领导班子的协管工作，主动与地方党委沟通，按照法官法规定的条件，提出人选并进行考察。对2002年以来没有按照法官法规定条件任命的法院副院长，要及时与地方党委沟通，调整工作。要加强对人民法院后备干部的培养，领导班子成员的调整、补充，要严格执行《党政领导干部选拔任用工作条例》的规定。

25. 要立足于提高现有法官的司法能力和司法水平，着力提高适用法律的能力、驾驭庭审的能力、制作裁判文书的能力，造就一支职业法官群体，强化职业意识，树立职业道德，增强职业技能；造就一支资深法官群体，练就高超本领，树立权威形象，赢得社会公信；造就一支优秀法官群体，弘扬优秀品格，捍卫法律尊严，保护公民权利。

26. 要加强干部管理制度建设，建立和落实好院、庭长办案制度，积极探索保障院、庭长办案的审判组织和运行机制保障办法，确定院、庭长每年直接参加合议庭办案数量的硬指标，并列入岗位目标考核的重要内容，各级领导干部尤其是院、庭长必须排除一切困难和干扰，切实承担起审判职责。按照法律效果和社会效果相结合的原则，在各级人民法院全面建立起各类案件审判工作的科学考评体系，加强对审判质量和效率的评查。

27. 继续贯彻落实党风建设责任制，不断丰富和完善责任制的内容，认真执行领导干部重大事项报告、述职述廉、民主评议、谈话诫勉、交流轮岗、任职回避等制度，严格执行党内监督条例，加强对各级法院领导干部，特别是"一把手"的监督，做到靠廉洁勤政的班子带出一流过硬的队伍。要不断加大廉政建设的力度，加强对法官的审判纪律教育，教育法官增强廉洁意识，建立健全党风廉政制度，完善审判监督，发挥上级法院了解案件审判情况的优势，依法纠正下级法院审判过程中存在的少数不公、不廉等现象，完善举报监督制度，强化对法官司法行为的监督，坚持和完善巡视制度，重视运用巡视成果，及时处理巡视中发现的司法不廉问题。

28. 建立完善法院经费保障机制。积极与有关部门沟通，努力落实审判津贴制度，积极推动地方党委、政府尽快制定出台基层法院经费保障标准，争取中央财政继续加大对基层法院的经费补助力度。

29. 继续深化人民法院改革。根据中央关于司法体制改革的总体部署和要求，最高人民法院将颁布和实施《人民法院第二个五年改革纲要》，从解决群众关心的司法公正和效率问题入手，重点深化刑事审判方式改革，进一步完善刑事审判二审、死刑复核程序，健全证人、鉴定人出庭制度，充实审判力量，使每一件刑事案件都做到程序合法、实体公正，经得起历史的检验；改革审判委员会制度，进一步促进审理与判决的有机统一，提高审判质量和工作效率；完善人民陪审员制度，会同司法行政机关选拔、培训人民陪审员，保障人民群众依法参与审判活动，弘扬司法民主；改革完善民事、行政案件审判监督制度，尊重和保障当事人依照法律程序提起再审的权利，及时受理当事人申诉和申请再审的案件，解决群众“打官司难”问题；改革完善人民法庭工作机制，规范巡回审理工作，人民法庭可以直接受理案件，方便群众诉讼；针对未成年人的心理、生理特点和法律保护的特殊要求，改革完善未成年人司法制度，加强对未成年人合法权益的保护；坚决贯彻执行《全国人大常委会关于司法鉴定管理问题的决定》，促进司法鉴定管理制度的完善；改革执行工作体制，积极参与社会信用体系建设，完善执行案件信息管理系统，促使当事人自动履行生效裁判。

十、增强司法能力、提高司法水平的基本要求

30. 增强司法能力、提高司法水平，既是一件需要常抓不懈的大事，也是当前的紧迫任务。在加强司法能力建设的过程中，必须始终坚持解放思想、实事求是、与时俱进、求真务实的思想路线，坚持一切从实际出发，一切从司法工作规律出发。

31. 增强司法能力、提高司法水平，必须因时、因地制宜，不搞千篇一律。在落实好增强司法能力、提高司法水平的总任务的同时，立足所处地区的工作全局和工作环境，立足审判、执行等各项工作和队伍的实际情况，从各地区、各单位司法能力和司法水平的现状和基础出发，准确把握司法能力的主要方面和薄弱环节，科学地确定工作重点和实现途径。既要防止脱离增强司法能力、提高司法水平的总任务，

另搞一套,偏离方向,又要防止照本宣科,搞教条主义。在坚持加强司法能力建设的各项既定方针的同时,坚持与时俱进,根据增强司法能力、提高司法水平的进展情况和司法环境的变化,及时调整工作重点。既要防止朝令夕改,保证司法能力建设的连续性和稳定性,又要防止抱残守缺,搞经验主义。

32. 增强司法能力、提高司法水平,必须与"一个主题、三件大事"紧密结合。坚持"一个主题、三件大事"这一人民法院科学的工作格局不变,确保加强司法能力建设的各项要求落到实处,并用推动各项工作进步,提高司法公正与效率水平的实际效果来检验加强司法能力建设的成果。

33. 增强司法能力、提高司法水平,必须加强组织领导。各级人民法院必须及时编制加强司法能力建设的实施方案,确定今后一个时期各地区、各单位增强司法能力、提高司法水平的工作重点、工作方法、阶段步骤、具体目标等内容。最高人民法院将根据实际情况适时派出巡视组赴部分地区、部分法院进行督促检查,上级法院特别是各高级法院也要定期进行督促检查,及时发现和解决辖区内当前存在的一些突出问题。各高级法院要将辖区内加强司法能力建设的情况特别是典型经验和突出问题,及时报告最高人民法院。每年表彰和宣传一定数量的各级人民法院增强司法能力、提高司法水平的先进典型,加强宣传先进经验和做法,营造增强司法能力、提高司法水平的良好氛围。

34. 增强司法能力、提高司法水平,必须与保持先进性教育相结合。按照中央部署的保持共产党员先进性教育活动的要求,结合法院实际,在学、摆、改、立四个环节上抓好落实,推动广大法官和其他工作人员时刻注意恪守职业道德、确保司法廉洁、弘扬司法文化。认真组织广大党员学习好毛泽东同志《为人民服务》、《中国共产党的三大作风》,邓小平同志《建设有中国特色社会主义》、《一靠理想二靠纪律才能团结起来》,江泽民同志《论加强和改进执政党建设》,胡锦涛同志《在全党大力弘扬求真务实精神,大兴求真务实之风》、《树立和落实科学发展观》等重要的论著。认真组织广大党员分析评议自己在思想、工作和作风上存在的问题,开展好党员之间的相互评议,开展好批评和自我批评。针对发现的各种问题认真制定整改措施,明确整改重点,落实整改责任,切实进行整改。通过开展先进性教育活动切实解决人民群众反映强烈、通过努力能够解决的突出问题,推动司法能力的增强和司法水平的提高。

最高人民法院最高人民检察院关于法官、检察官相互交流任职不需要再通过国家统一司法考试的通知

（2005 年 3 月 3 日　法〔2005〕25 号）

各省、自治区、直辖市高级人民法院、人民检察院，解放军军事法院、军事检察院，新疆维吾尔自治区高级人民法院生产建设兵团分院、新疆维吾尔自治区生产建设兵团人民检察院：

鉴于《中华人民共和国法官法》和《中华人民共和国检察官法》对担任法官和检察官的条件及初任资格的规定是相同的，为利于法官、检察官相互交流，经征得有关部门同意，在任法官调入人民检察院担任检察官或者在任检察官调入人民法院担任法官的，不需要再通过国家统一司法考试。上述人员经调入方考核合格者，即可由人民法院、人民检察院依照法定程序任命或者提请任命相应的法官、检察官职务。

曾任法官职务的人员调入人民检察院担任检察官或者曾任检察官职务的人员调入人民法院担任法官的，按照上述规定办理。

2001 年 12 月 31 日以前担任法官、检察官职务，但不具备高等院校本科毕业学历条件的在任法官、检察官，依法接受培训后，可以相互交流任职。

最高人民法院
司法解释全书

（2010年权威解读版）

最高人民法院研究室　审定
《最高人民法院司法解释全书》编委会　编

（第四卷）

中国言实出版社

总　目　录

目　　录

八　最高人民法院最新司法解释与解读

第一部分　最高人民法院司法解释

第二部分　最高人民法院司法文件

附录：废止的司法解释

八

最高人民法院最新司法解释与解读

第一部分　最高人民法院司法解释

最高人民法院关于审理无正本提单交付货物案件适用法律若干问题的规定

（法释[2009]1号，2009年2月16日最高人民法院审判委员会第1463次会议通过）

中华人民共和国最高人民法院公告

《最高人民法院关于审理无正本提单交付货物案件适用法律若干问题的规定》已于2009年2月16日由最高人民法院审判委员会第1463次会议通过，现予公布，自2009年3月5日起施行。

二〇〇九年二月二十六日

为正确审理无正本提单交付货物案件，根据《中华人民共和国海商法》、《中华人民共和国合同法》、《中华人民共和国民法通则》等法律，制定本规定。

第一条　本规定所称正本提单包括记名提单、指示提单和不记名提单。

第二条　承运人违反法律规定，无正本提单交付货物，损害正本提单持有人提单权利的，正本提单持有人可以要求承运人承担由此造成损失的民事责任。

第三条　承运人因无正本提单交付货物造成正本提单持有人损失的，正本提单持有人可以要求承运人承担违约责任，或者承担侵权责任。

正本提单持有人要求承运人承担无正本提单交付货物民事责任的，适用海商法规定；海商法没有规定的，适用其他法律规定。

第四条　承运人因无正本提单交付货物承担民事责任的，不适用海商法第五十六条关于限制赔偿责任的规定。

第五条 提货人凭伪造的提单向承运人提取了货物，持有正本提单的收货人可以要求承运人承担无正本提单交付货物的民事责任。

第六条 承运人因无正本提单交付货物造成正本提单持有人损失的赔偿额，按照货物装船时的价值加运费和保险费计算。

第七条 承运人依照提单载明的卸货港所在地法律规定，必须将承运到港的货物交付给当地海关或者港口当局的，不承担无正本提单交付货物的民事责任。

第八条 承运到港的货物超过法律规定期限无人向海关申报，被海关提取并依法变卖处理，或者法院依法裁定拍卖承运人留置的货物，承运人主张免除交付货物责任的，人民法院应予支持。

第九条 承运人按照记名提单托运人的要求中止运输、返还货物、变更到达地或者将货物交给其他收货人，持有记名提单的收货人要求承运人承担无正本提单交付货物民事责任的，人民法院不予支持。

第十条 承运人签发一式数份正本提单，向最先提交正本提单的人交付货物后，其他持有相同正本提单的人要求承运人承担无正本提单交付货物民事责任的，人民法院不予支持。

第十一条 正本提单持有人可以要求无正本提单交付货物的承运人与无正本提单提取货物的人承担连带赔偿责任。

第十二条 向承运人实际交付货物并持有指示提单的托运人，虽然在正本提单上没有载明其托运人身份，因承运人无正本提单交付货物，要求承运人依据海上货物运输合同承担无正本提单交付货物民事责任的，人民法院应予支持。

第十三条 在承运人未凭正本提单交付货物后，正本提单持有人与无正本提单提取货物的人就货款支付达成协议，在协议款项得不到赔付时，不影响正本提单持有人就其遭受的损失，要求承运人承担无正本提单交付货物的民事责任。

第十四条 正本提单持有人以承运人无正本提单交付货物为由提起的诉讼，适用海商法第二百五十七条的规定，时效期间为一年，自承运人应当交付货物之日起计算。

正本提单持有人以承运人与无正本提单提取货物的人共同实施无正本提单交

付货物行为为由提起的侵权诉讼，诉讼时效适用本条前款规定。

第十五条 正本提单持有人以承运人无正本提单交付货物为由提起的诉讼，时效中断适用海商法第二百六十七条的规定。

正本提单持有人以承运人与无正本提单提取货物的人共同实施无正本提单交付货物行为为由提起的侵权诉讼，时效中断适用本条前款规定。

附录：最高人民法院民四庭负责人详解《规定》

3月4日，最高人民法院公布《关于审理无正本提单交付货物案件适用法律若干问题的规定》后，记者采访了最高法院民四庭负责人。该负责人就记者提出的问题，对《规定》中的一些条款作了详细解读。

承运人应当如何承担责任，是否享有限制赔偿责任的权利

无正本提单交付货物的行为发生在承运人履行海上货物运输过程中的货物交付环节，损害了提单持有人的提单物权，构成了请求权竞合。正本提单持有人根据我国法律规定，有权选择依照海商法有关海上货物运输合同权利义务关系的规定请求承运人承担违约责任，或者基于承运人无正本提单交付货物侵害了提单持有人的提单物权，依照民法通则的规定请求承运人承担侵权责任。无正本提单交付货物的侵权是在履行合同中的侵权，属于合同框架内的侵权，不同于普通的民事侵权。因此，在审理无正本提单交付货物案件中所涉及的损害赔偿范围、承运人交付货物抗辩的认定以及诉讼时效的认定等问题时，应当按照特别法优于普通法的原则，首先适用海商法的规定。

承运人因无正本提单交付货物不适用我国海商法关于限制赔偿责任的规定，与我国海商法规定的承运人责任限制的立法本意相符。首先，承运人没有凭提单交付货物行为发生在货物卸下船舶后的交付环节，不同于发生在承运人运输责任期间（即舷到舷）的货物灭失、损坏或者延迟交付。海商法关于限制赔偿责任的规定是承运人和货主共同分担海上风险原则的体现，但承运人没有凭正本提单交付货物发生在陆上的交付环节，并不存在海上风险。本条规定符合国际上比较通用的《海牙维斯比规则》和我国海商法的规定。其次，国际上，船东互保协会和各国保险公司对承运人没有凭正本提单交付货物造成的损失均不予以承保，因为这属于承运人自己选择承担的商业风险，并不属于运输中海上风险造成的。

承运人免除交付货物义务与不承担赔偿责任涉及哪些内容

有两个方面。

其一，关于免除承运人因无正本提单交付货物承担民事责任的规定。目前，在世界范围内，墨西哥以及南美洲部分国家的法律强制规定，承运到该国港口的货物必须交付给当地海关或者港口当局，由于上述法律限制，承运人在目的港无法履行在收货人提交正本提单之后交付货物的义务，只能向当地海关或者港口当局交付货物，收货人可以持正本提单向海关或者港口当局请求提取货物。因此，承运人只要将货物运输到目的港，按照当地的法律规定交付了货物，即视为完成了货物运输合同的交付义务，应当免除承运人的赔偿责任。

其二，特殊情况下的免除承运人交付货物责任的规定。承运人本可以向持有正本提单的收货人交付货物，但是在目的港出现了法律规定的承运人不能交付货物，或者法院根据承运人的请求裁定拍卖留置的货物，由此免除承运人交付义务。免除承运人交付货物责任主要包括以下几种情况：收货人没有按照约定向承运人支付运费、共同海损分摊、滞期费和承运人为货物垫付的必要的费用，以及应当向承运人支付的其他费用没有付清，在没有提供担保的情况下，承运人依法可以行使留置权的相关规定。在此情况下，正本提单虽然在提单持有人手里，但是构成可以承运人免除向收货人交付部分货物或者全部货物的义务的法定条件，正本提单持有人据此要求承运人承担赔偿责任的，诉讼请求不应予以支持。

关于连带责任和记名提单持有人向承运人提起诉讼的限制

承运人所以在没有收到正本提单情况下交付货物，主要是为减少船舶到港之后的船期损失，变通采取的一种协商交付货物的措施。无正本提单提取货物的人因其提取货物构成了对提单持有人权利的侵害，应当承担侵权民事责任。承运人与无正本提单提取货物的人因共同实施无正本提单交付货物行为造成提单持有人损害的，应当承担共同侵权的连带民事责任。无正本提单交付货物行为包括承运人交付货物与第三人故意非法提取货物两个方面，两者缺一不可，属于共同实施的侵权行为,应承担连带民事责任。

根据海商法规定,记名提单不得转让。记名提单属于非流通转让的运输单证,记名提单收货人的提单权利依附于记名提单的托运人,记名提单托运人享有对运输货物的支配权,所以根据合同法第三百零八条规定,在货物交付给收货人之前,记名提单托运人享有变更运输合同的权利,包括要求承运人中止货物运输、返还运输的货物、变更约定的货物到达地,或者指令承运人将货物交付给记名提单收货人以外的其他人的权利。

实际承运人有权要求承运人提起赔偿责任

根据海商法规定,托运人包括两种情况:一是与承运人订立运输合同并在提单正面明确记载为托运人,二是将货物交给承运人,但依据买卖合同约定由买方租船定舱,不能在提单中记载为托运人。第二种情况的托运人是否享有诉权,是否可以胜诉,涉及在 FOB 价格条款下中国企业利益的保护。我国海商法所以规定了实际托运人,因为在 FOB 价格条件下,由运输合同的契约托运人即买方租船定舱,实际托运人将货物交付给承运人,承运人签发提单,然后由托运人向开立信用证的银行交付提单等议付单证,提单经流转至买卖合同的买方,最终凭提单在目的港向承运人提货。实际托运人虽然没有在提单上载明托运人身份,仅说明他没有处分提单和背书转让提单的权利,但作为运输合同的托运人享有通过法律赋予的实际托运人的地位凭正本提单向承运人主张货物的权利。承运人把货物交给非正本提单持有人,应当承担无正本提单交付货物的责任,这也是海商法通过规定实际托运人法律地位,保护 FOB 价格条件下买卖合同卖方保证收到货款的立法本意。

提单持有人与提货人达成协议且不能履行,能否主张权利

在承运人未凭正本提单交付货物后,正本提单持有人与无正本提单提取货物的人就货款支付达成协议,在协议款项得不到赔付时,不影响正本提单持有人就其遭受的损失,要求承运人承担无正本提单交付货物的民事责任。只要承运人在无正本提单交付货物后,正本提单持有人在没有重新占有货物情况下与提货人就货款的支付进行协商,在协议款项没有得到赔付时,正本提单持有人有权依据提单的记载向承运人主张无正本提单交付货物的赔偿责任,因为提单物权效力仍然存在。因此,本司法解释明确规定,正本提单持有人与提货人就货物款项的支付虽然达成协议，但是并不产生提单物权效力丧失的法律后果，除非提单持有人在协商中交还提单或者重新占有货物，否则提单持有人仍然享有诉讼的权利。

关于正本提单持有人诉讼时效以及诉讼时效中断

承运人无正本提单交付货物纠纷案件，应当优先适用海商法关于诉讼时效的专门规定。根据民法通则规定，侵权索赔时效期间为2年，但由于海上货物运输的特点，国际公约以及国际海事司法的通常做法，对涉及海上货物运输纠纷的索赔时效均规定为1年，我国海商法对此也有明确的规定。

海商法规定，诉讼时效因请求人提起诉讼、提交仲裁或者被请求人同意履行义务而中断。民法通则规定，诉讼时效因提起诉讼、当事人一方提出要求或者同意履行义务而中断，应当说，在诉讼时效中断的构成条件上，海商法严于民法通则。由于无正本提单交付货物属于海上货物运输合同履行中发生的纠纷，诉讼时效中断应当优先适用海商法。

最高人民法院关于涉港澳民商事案件司法文书送达问题若干规定

（法释[2009]2号，2009年2月16日最高人民法院审判委员会第1463次会议通过）

中华人民共和国最高人民法院公告

《最高人民法院关于涉港澳民商事案件司法文书送达问题若干规定》已于2009年2月16日由最高人民法院审判委员会第1463次会议通过，现予公布，自2009年3月16日起施行。

二〇〇九年三月九日

为规范涉及香港特别行政区、澳门特别行政区民商事案件司法文书送达，根据《中华人民共和国民事诉讼法》的规定，结合审判实践，制定本规定。

第一条 人民法院审理涉及香港特别行政区、澳门特别行政区的民商事案件时，向住所地在香港特别行政区、澳门特别行政区的受送达人送达司法文书，适用本规定。

第二条 本规定所称司法文书，是指起诉状副本、上诉状副本、反诉状副本、答辩状副本、传票、判决书、调解书、裁定书、支付令、决定书、通知书、证明书、送达回证等与诉讼相关的文书。

第三条 作为受送达人的自然人或者企业、其他组织的法定代表人、主要负责人在内地的，人民法院可以直接向该自然人或者法定代表人、主要负责人送达。

第四条 除受送达人在授权委托书中明确表明其诉讼代理人无权代为接收有关司法文书外，其委托的诉讼代理人为有权代其接受送达的诉讼代理人，人民法院可以向该诉讼代理人送达。

第五条 受送达人在内地设立有代表机构的，人民法院可以直接向该代表机构送达。

受送达人在内地设立有分支机构或者业务代办人并授权其接受送达的，人民法院可以直接向该分支机构或者业务代办人送达。

第六条 人民法院向在内地没有住所的受送达人送达司法文书，可以按照《最高人民法院关于内地与香港特别行政区法院相互委托送达民商事司法文书的安排》或者《最高人民法院关于内地与澳门特别行政区法院就民商事案件相互委托送达司法文书和调取证据的安排》送达。

按照前款规定方式送达的，自内地的高级人民法院或者最高人民法院将有关司法文书递送香港特别行政区高等法院或者澳门特别行政区终审法院之日起满三个月，如果未能收到送达与否的证明文件且不存在本规定第十二条规定情形的，视为不能适用上述安排中规定的方式送达。

第七条 人民法院向受送达人送达司法文书，可以邮寄送达。

邮寄送达时应附有送达回证。受送达人未在送达回证上签收但在邮件回执上签收的，视为送达，签收日期为送达日期。

自邮寄之日起满三个月，虽未收到送达与否的证明文件，但存在本规定第十二条规定情形的，期间届满之日视为送达。

自邮寄之日起满三个月，如果未能收到送达与否的证明文件，且不存在本规定第十二条规定情形的，视为未送达。

第八条 人民法院可以通过传真、电子邮件等能够确认收悉的其他适当方式向受送达人送达。

第九条 人民法院不能依照本规定上述方式送达的，可以公告送达。公告内容应当在内地和受送达人住所地公开发行的报刊上刊登，自公告之日起满三个月即视为送达。

第十条 除公告送达方式外，人民法院可以同时采取多种法定方式向受送达人送达。

采取多种方式送达的，应当根据最先实现送达的方式确定送达日期。

第十一条 人民法院向在内地的受送达人或者受送达人的法定代表人、主要负责人、诉讼代理人、代表机构以及有权接受送达的分支机构、业务代办人送达司法文书，可以适用留置送达的方式。

第十二条 受送达人未对人民法院送达的司法文书履行签收手续，但存在以下情形之一的，视为送达：

（一）受送达人向人民法院提及了所送达司法文书的内容；

（二）受送达人已经按照所送达司法文书的内容履行；

（三）其他可以确认已经送达的情形。

第十三条 下级人民法院送达司法文书，根据有关规定需要通过上级人民法院转递的，应当附申请转递函。

上级人民法院收到下级人民法院申请转递的司法文书，应当在七个工作日内予以转递。

上级人民法院认为下级人民法院申请转递的司法文书不符合有关规定需要补正的，应当在七个工作日内退回申请转递的人民法院。

附录：规范涉港澳送达 保障当事人权益

——最高人民法院民四庭负责人答记者问

最高人民法院以法释[2009]2 号文，正式发布了《最高人民法院关于涉港澳民商事案件司法文书送达问题若干规定》(简称《规定》)。近日,最高人民法院民四庭负责人就该司法解释制定的背景、目的以及对相关条文内容如何理解等接受了本报记者的采访。

问:请您谈一谈《规定》对涉港澳送达的基本规定。

答:由于涉港澳案件司法文书送达一直缺乏明确规定,人民法院在审理此类案件时均参照适用涉外案件的有关规定,民事诉讼法第二百四十五条关于对涉外案件送达。规定了七种送达方式,但对于在我国内地没有住所的港澳地区的受送达人在我国内地出现时可否向其直接送达,没有明确规定。现《规定》第三条对此予以了明确,即作为受送达人的港澳地区的自然人或者企业、其他组织的法定代表人、主要负责人在内地的,人民法院可以向其直接送达。该条规定进一步丰富了涉港澳民商事案件司法文书的送达方式。

民诉法第二百四十五条第(四)项规定,人民法院对在中华人民共和国领域内没有住所的当事人,可以"向受送达人委托的有权代其接受送达的诉讼代理人送达"。《规定》第四条结合审判实践,对于何为"有权接受送达的诉讼代理人"进行了明确,即"除受送达人在授权委托书中明确表明其诉讼代理人无权代为接收有关司法文书外,其委托的诉讼代理人为有权代其接受送达的诉讼代理人,人民法院可以向该诉讼代理人送达。"有的案件当事人为了拖延诉讼,其诉讼代理人以未明确授权为由,拒绝接受司法文书。《规定》针对此作出规定,可以防止受送达人以此理由拖延诉讼。

《规定》第五条参照民诉法第二百四十五条第(五)项规定,明确受送达人在我国内地设立有代表机构的,人民法院可以送达给其代表机构。而对于受送达人在内地的分支机构和业务代办人,《规定》强调需要经过受送达人授权,人民法院才可以向该分支机构和业务代办人送达。这是特别需要注意的地方,即向受送达人的代表机构送达不需要受送达人的授权,人民法院即可向其直接送达,而如果是受送达人的分支机构或业务代办人,则必须经过其授权,人民法院才可以向其送达。

问:对于适用"两个安排"规定方式送达问题,《规定》是如何考虑的?

答:《规定》第六条强调了对于《与香港送达安排》和《与澳门送达安排》的适用。上述两个安排是最高人民法院与香港、澳门特区代表经过协商,分别签署的,并分别于1998年12月和2001年8月以司法解释的形式发布。根据两个《安排》的规定，内地法院和香港法院、内地法院和澳门法院可以相互委托送达民商事司法文书，委托送达司法文书均须通过各高级人民法院和香港特区高等法院、澳门特区终审法院进行。由此，内地基层法院和中级法院审理涉港澳民商事案件需要委托港澳地区法院送达司法文书时，必须通过上级法院进行转递，司法实践中送达的情况往往难以把握，从而使得司法文书送达问题长时间处于一种不确定的状态，影响了审理案件的效率。《规定》第七条结合审判实践，对于如何认定不能通过两个《安排》规定的方式送达作出了明确规定，这样可以使得人民法院在一个相对确定的时间内对能否适用该种方式送达作出判断，以便于在这种方式不能送达的情况下及时采取其他送达方式。

问：《规定》为何将传真、电子邮件作为一种法定送达方式？

答：《规定》第八条借鉴《海事诉讼特别程序法》的内容，规定人民法院可以通过传真、电子邮件等能够确认收悉的其他适当方式向受送达人送达，即将传真、电子邮件等方式也确定为一种法定的送达方式。随着电子计算机技术和国际互联网业务迅速发展，现代通信方式已不局限于传统的邮件，通过电子邮件和传真传送信息日趋普遍。在国外，许多国家的法律已经认可可以通过传真、电子邮件等方式送达。在我国，随着互联网技术的高速发展，人民法院也已具备通过国际互联网等方式送达民事诉讼文书的条件。当然，该条规定的适用必须慎重，特别是必须确认受送达人已经收悉，例如通过电子邮件方式送达，当事人明确向人民法院予以回复，以充分保护当事人的诉讼权利。

问：对于公告送达期限问题是如何规定的？

答：人民法院受理涉港澳民商事案件，对住所地在港澳地区的当事人进行公告送达的期限问题，一直以来相关法律缺乏明确规定，而最高人民法院公布的一些批复、纪要等，存在矛盾的地方，因此导致实践中混乱情况的出现，有的法院采用涉外案件六个月的期限，有的采用国内案件60日的期限。最高人民法院于2008年4月23日公布施行的《最高人民法院关于涉台民事诉讼文书送达的若干规定》第八条规定了涉台案件公告送达的期限为三个月，此次《规定》参照了该条的规定，也规定自公告之日起满三个月即视为送达，即确定涉港澳民商事案件公告送达的期限三个月，这样与涉台案件规定的公告送达期限相一致，而且也可以突出涉港澳案件既不同于涉外案件，也不同于国内案件的特性。

问： 为什么要规定可以同时采取多种方式送达？对于留置送达方式的适用是如何考虑的？

答： 为了提高司法文书送达的效率，《规定》第十条规定，除公告送达方式外，可以同时采取多种方式进行送达，例如在采取邮寄送达方式送达的同时，可以一并按照两个《安排》规定的方式送达，但考虑到可能存在多种方式均成功送达的情况，为了避免在此种情况下难以确定送达日期，规定还强调应该根据最先实现送达的送达方式确定送达日期。这里特别需要注意的一点，同时采取的多种送达方式，是指公告方式以外的送达方式，只有在不能用其他方式送达的时候，才能公告送达，公告送达方式不能与其他方式一并进行。

《规定》第十一条规定，人民法院向受送达人在我国内地的法定代表人、主要负责人、诉讼代理人、代表机构以及有权接受送达的分支机构、业务代办人送达司法文书，可以适用留置送达的方式。对于该问题有一点需要注意，即在对受送达人在我国领域内的代表机构和有权接受的分支机构适用留置送达时，应该是向这些机构有权签收相关司法文书的人员送达时，其拒绝接受，人民法院才能适用留置送达，而不能到了这些机构，在没有找到相关的有权签收的人员的情况下，把司法文书随意留下就算送达了，这种理解是不正确的。根据《最高人民法院关于适用〈中华人民共和国民事诉讼法〉若干问题的意见》第八十一条的规定，上述机构的代表人、主要负责人或者办公室、收发室、值班室等负责收件的人员，可以认定为有权签收的人员。

问： 未履行签收手续时如何认定已送达？

答：《规定》第十二条结合审判实践，对在受送达人未履行签收手续的情况下，如何认定已经合法送达进行了规定。例如人民法院向受送达人送达了开庭传票，受送达人虽然未履行签收手续，但其通过书面形式向法院提出了延期开庭的申请。如果存在上述情形，显然可以认定受送达人已经收到司法文书。该条第三项是一项兜底性规定，主要是考虑到实践情况复杂，司法解释难以完全概括，法院可根据该项规定，在具体案件中具体把握，但该项的适用必须遵循一项原则即从严掌握，不能为了及时结案、片面追求结案率而随意扩大该项的适用。

焦点

《规定》适用范围

涉港澳民商事案件司法文书的送达，广义上包括两种情形，一种是内地法院受理的案件，需要向港澳地区当事人送达；另一种是港澳地区法院受理的案件，需要通过司法协助程序，委托内地法院代为送达。《规定》第一条强调本规定适用于人民法院受理的涉港澳民商事案件需向住所地在港澳地区的受送达人送达司法文书的情况。对于港澳地区相关机构通过司法协助程序委托内地相关机构送达司法文书的情形，《规定》暂不涉及。

《规定》适用的案件范围包括人民法院审理的涉港澳民商事案件，既包括传统的涉港澳民事案件，如涉港澳的婚姻家庭、劳动争议、不当得利、无因管理等案件，也包括当事人在经济贸易活动中发生的涉港澳合同、侵权等商事纠纷案件。另外，考虑到“司法文书”这一概念从外延上比“诉讼文书”更为广泛，且内地与香港和澳门分别签署的《最高人民法院关于内地与香港特别行政区法院相互委托送达民商事司法文书的安排》和《最高人民法院关于内地与澳门特别行政区法院就民商事案件相互委托送达司法文书和调取证据的安排》均使用了司法文书的概念，故《规定》中亦使用了司法文书的概念。（雪峰）

背景

解决送达难题

司法文书送达程序是诉讼程序重要的组成部分，送达的有效性直接影响案件审理的效率。人民法院只有合法而有效地送达了司法文书才能行使司法审判权；诉讼过程中许多诉讼的期间也是以有关司法文书的送达而开始计算的；对受送达人而言，受送达人只有在收到司法文书并获悉司法文书的内容之后才能确定如何行使诉讼权利、承担诉讼义务。

近年来，人民法院受理的涉港澳民商事案件数量逐年增多，此类案件中存在的向当事人送达司法文书难的问题逐渐显现。

从最高人民法院调研的情况看，造成涉港澳民商事案件中向当事人送达司法文书难的原因是多方面的，其中非常重要的一个就是相关法律法规、司法解释不完备，缺乏系统性、连贯性；有些送达的具体程序缺乏相应的法律规定，从而造成法律适用方面的空白。为此，最高人民法院决定通过制定相关司法解释，解决这一问题。

最高人民法院关于审理涉及驰名商标保护的民事纠纷案件应用法律若干问题的解释

（法释[2009]3号，2009年4月22日最高人民法院审判委员会第1467次会议通过）

《最高人民法院关于审理涉及驰名商标保护的民事纠纷案件应用法律若干问题的解释》已于2009年4月22日由最高人民法院审判委员会第1467次会议通过，现予公布，自2009年5月1日起施行。

二〇〇九年四月二十三日

为在审理侵犯商标权等民事纠纷案件中依法保护驰名商标，根据《中华人民共和国商标法》、《中华人民共和国反不正当竞争法》、《中华人民共和国民事诉讼法》等有关法律规定，结合审判实际，制定本解释。

第一条　本解释所称驰名商标，是指在中国境内为相关公众广为知晓的商标。

第二条　在下列民事纠纷案件中，当事人以商标驰名作为事实根据，人民法院根据案件具体情况，认为确有必要的，对所涉商标是否驰名作出认定：

（一）以违反商标法第十三条的规定为由，提起的侵犯商标权诉讼；

（二）以企业名称与其驰名商标相同或者近似为由，提起的侵犯商标权或者不正当竞争诉讼；

（三）符合本解释第六条规定的抗辩或者反诉的诉讼。

第三条　在下列民事纠纷案件中，人民法院对于所涉商标是否驰名不予审查：

（一）被诉侵犯商标权或者不正当竞争行为的成立不以商标驰名为事实根

据的；

（二）被诉侵犯商标权或者不正当竞争行为因不具备法律规定的其他要件而不成立的。

原告以被告注册、使用的域名与其注册商标相同或者近似，并通过该域名进行相关商品交易的电子商务，足以造成相关公众误认为由，提起的侵权诉讼，按照前款第（一）项的规定处理。

第四条 人民法院认定商标是否驰名，应当以证明其驰名的事实为依据，综合考虑商标法第十四条规定的各项因素，但是根据案件具体情况无需考虑该条规定的全部因素即足以认定商标驰名的情形除外。

第五条 当事人主张商标驰名的，应当根据案件具体情况，提供下列证据，证明被诉侵犯商标权或者不正当竞争行为发生时，其商标已属驰名：

（一）使用该商标的商品的市场份额、销售区域、利税等；

（二）该商标的持续使用时间；

（三）该商标的宣传或者促销活动的方式、持续时间、程度、资金投入和地域范围；

（四）该商标曾被作为驰名商标受保护的记录；

（五）该商标享有的市场声誉；

（六）证明该商标已属驰名的其他事实。

前款所涉及的商标使用的时间、范围、方式等，包括其核准注册前持续使用的情形。

对于商标使用时间长短、行业排名、市场调查报告、市场价值评估报告、是否曾被认定为著名商标等证据，人民法院应当结合认定商标驰名的其他证据，客观、全面地进行审查。

第六条 原告以被诉商标的使用侵犯其注册商标专用权为由提起民事诉讼，被告以原告的注册商标复制、摹仿或者翻译其在先未注册驰名商标为由提出抗辩或者提起反诉的，应当对其在先未注册商标驰名的事实负举证责任。

第七条 被诉侵犯商标权或者不正当竞争行为发生前，曾被人民法院或者国务院工商行政管理部门认定驰名的商标，被告对该商标驰名的事实不持异议的，人民法院应当予以认定。被告提出异议的，原告仍应当对该商标驰名的事实负举证责任。

除本解释另有规定外，人民法院对于商标驰名的事实，不适用民事诉讼证据的自认规则。

第八条　对于在中国境内为社会公众广为知晓的商标，原告已提供其商标驰名的基本证据，或者被告不持异议的，人民法院对该商标驰名的事实予以认定。

第九条　足以使相关公众对使用驰名商标和被诉商标的商品来源产生误认，或者足以使相关公众认为使用驰名商标和被诉商标的经营者之间具有许可使用、关联企业关系等特定联系的，属于商标法第十三条第一款规定的“容易导致混淆”。

足以使相关公众认为被诉商标与驰名商标具有相当程度的联系，而减弱驰名商标的显著性、贬损驰名商标的市场声誉，或者不正当利用驰名商标的市场声誉的，属于商标法第十三条第二款规定的“误导公众，致使该驰名商标注册人的利益可能受到损害”。

第十条　原告请求禁止被告在不相类似商品上使用与原告驰名的注册商标相同或者近似的商标或者企业名称的，人民法院应当根据案件具体情况，综合考虑以下因素后作出裁判：

（一）该驰名商标的显著程度；

（二）该驰名商标在使用被诉商标或者企业名称的商品的相关公众中的知晓程度；

（三）使用驰名商标的商品与使用被诉商标或者企业名称的商品之间的关联程度；

（四）其他相关因素。

第十一条　被告使用的注册商标违反商标法第十三条的规定，复制、摹仿或者翻译原告驰名商标，构成侵犯商标权的，人民法院应当根据原告的请求，依法判决禁止被告使用该商标，但被告的注册商标有下列情形之一的，人民法院对原告的请求不予支持：

（一）已经超过商标法第四十一条第二款规定的请求撤销期限的；

（二）被告提出注册申请时，原告的商标并不驰名的。

第十二条 当事人请求保护的未注册驰名商标，属于商标法第十条、第十一条、第十二条规定不得作为商标使用或者注册情形的，人民法院不予支持。

第十三条 在涉及驰名商标保护的民事纠纷案件中，人民法院对于商标驰名的认定，仅作为案件事实和判决理由，不写入判决主文；以调解方式审结的，在调解书中对商标驰名的事实不予认定。

第十四条 本院以前有关司法解释与本解释不一致的，以本解释为准。

附录：准确把握立法意图加强驰名商标司法保护

——最高人民法院民三庭负责人谈驰名商标认定司法解释征求意见稿

11 月 11 日，最高人民法院全文公布了《关于在审理侵犯商标权等民事纠纷案件中认定和保护驰名商标应用法律若干问题的解释（征求意见稿）》（以下简称《征求意见稿》），并向社会各界广泛征求意见。近日，最高人民法院民三庭负责人接受本报记者专访，介绍了起草中的一些想法。

问：请问这次为何将《征求意见稿》向社会公开征求意见？

答：驰名商标的社会关注度比较高，企业、个人和社会各界对此都很关注，也是一个热点。我们全文公布就是想尽量多听取各方意见，做到集思广益，这是第一个考虑。

第二个考虑是，最高人民法院一贯注重知识产权审判工作的透明度。司法解释、司法政策的制定以及案件的审理，我们都希望透明度高一些。比如我们建立了知识产权裁判文书网，将案件裁判文书全部公开，之前有司法解释稿也曾通过互联网向社会公开征求意见。这次也是体现公开、公正、透明的一个举措。

问：请您介绍一下《征求意见稿》起草的目的和依据。

答：起草《征求意见稿》的主要目的，是为了在审理涉及驰名商标保护的民事纠纷案件中准确把握立法意图，有效解决当前驰名商标司法保护中的突出问题，统一司法标准，依法加强驰名商标司法保护。

起草工作主要立足于以下几个方面：第一，严格遵守法律规定。主要依据商标法第十三条和第十四条、商标法实施条例第五十三条的规定及其精神，对于在审理相关民事纠纷案件中认定和保护驰名商标的一些突出问题作出了解释。

第二，总结审判经验。最高人民法院《关于审理涉及计算机域名民事纠纷案件适用法律若干问题的解释》(2001 年 7 月 24 日发布)和《关于审理商标民事纠纷案件适用法律若干问题的解释》(2002 年 10 月 16 日施行)分别对于在审理计算机域名和商标民事纠纷案件中认定和保护驰名商标问题作出规定。此外，各级法院在企业名称与注册商标等民事案件中对认定驰名商标进行了探索，在审判实践中认定和保护了一批驰名商标，积累了较为丰富的审判经验。我们在起草中注意认真总结和反映了这些审判经验。

第三，从国情和实际出发。既要依法加强驰名商标法律保护，对于符合法定条件的驰名商标依法给予强化保护，又要防止驰名商标制度的异化现象，如防止经营者不正当地将驰名商标认定当作单纯追逐荣誉称号等的消极现象。因此，《征求意见稿》特别针对司法实践中反映出来的突出问题，如需认定驰名商标的案件范围、认定驰名商标的考虑因素及举证责任、驰名商标的保护条件、管辖法院等问题，依法进行了规范。

问：《征求意见稿》第三条规定，在某些案件中法院对于所涉商标是否驰名不予认定，这是出于何种考虑？

答：司法实践中，只有在商标驰名是认定被诉侵犯商标权或者不正当竞争行为是否构成的法律要件事实时，才有必要认定驰名商标。而且，为防止当事人单纯地获取驰名商标的司法认定，不正当地追求法律保护以外的其他意义，司法实践中一直遵循按需认定原则，强调驰名商标的认定必须为审理案件所必须，严格把握驰名商标司法认定的范围。鉴于此，为遵循按需认定原则以及规范和统一司法认定范围，在总结审判经验的基础上，《征求意见稿》第二条对于需要认定驰名商标的民事纠纷案件类型作出了规定，且在第三条中规定了不需要认定驰名商标的情形。

问：《征求意见稿》第十三条规定："人民法院对驰名商标的认定不写入判决主文，也不在调解书中予以认定。"请问这是为什么？

答：鉴于驰名商标司法认定是在个案中为保护驰名商标权利的需要而进行的法律要件事实的认定，属于认定事实的范畴，而且为尽量减少当事人利用驰名商标认定追逐其他不正当利益的机会，《征求意见稿》第十三条规定，对于驰名商标的认定不写入判决书主文，也不在调解书中认定驰名商标。

问：对于当事人请求保护驰名商标的民事案件管辖问题，第十四条为什么要列出两种不同意见？

答：鉴于当前社会生活中驰名商标认定被“异化”的现象较为严重，而在法律规定的认定标准又不可能非常具体，在具体把握上具有较大的弹性，容易导致执行尺度不一，为尽量统一司法尺度和纠正一些不规范的做法，最高人民法院已经要求只能由中级以上法院管辖此类案件。但是，对于是否还需要进一步集中管辖法院，仍有不同意见，故《征求意见稿》第十四条列举了两种不同意见。

驰名商标司法认定考虑哪些因素

商标法第十四条规定了认定驰名商标应当考虑的要素，司法实践中对于这些因素的具体把握进行了较多的探索，积累了一些经验。在总结认定经验的基础上，《征求意见稿》从以下几个方面作出了规定：

关于各因素之间的相互关系

在认定驰名商标时，对于商标法第十四条规定的因素通常都要进行综合考虑，但在一些特殊情况下，考虑部分因素即足以认定所涉商标驰名，而无需机械地一一考虑其全部因素。而且，商标法第十四条规定的一些因素之间也是相互重合的，如其第(一)项规定的“知晓程度”，恰恰需要通过其他各项规定的持续使用时间、宣传情况、受保护的记录等因素加以证明。因此，《征求意见稿》第四条第一款对于如何处理这些因素之间的关系进行了规定。

关于商标驰名的地域范围

驰名商标应当是在全国范围内被相关公众广为知晓，但这并不意味着在所有地区均具有知名度，而只需在国内大部分地区(主要地区)具有知名度即可。而且，按照商标权的地域性原则，认定驰名商标必须以商标在中国境内驰名为必要，在国外驰名而在国内不驰名的商标，不能仅仅根据其在国外的驰名情况而在中国境内受到驰名商标保护。但是，在当今经济全球化的背景之下，一些商标在国内外的驰名情况相互影响，因此，在一些情况下也需要考虑国外驰名的情况。《征求意见稿》第四条第二款对此作出了规定。

认定驰名商标的具体考虑因素

为便于实践中具体把握,《征求意见稿》第五条从举证的角度,对于认定驰名商标的具体考虑因素进行了细化规定。特别是,考虑到我国商标注册程序较为复杂和注册时间较长,该条第二款将注册前后的持续使用时间纳入了考虑范围。而且,考虑司法认定的实际和特点,该条第三款强调了驰名商标认定应当以实际驰名程度为最终标准,对于实践中经常遇到的反映驰名程度的一些情形,需要具体情况具体分析和全面客观地对待,不能机械和简单化地处理。例如,有些法院将曾获取省级著名商标、行业排名等作为认定驰名商标的硬性条件,这种做法有些简单化和绝对化,也会给企业增加一些不必要的负担,因而有必要给予适当限制。

案例

星巴克之争

星源公司、统一星巴克诉上海星巴克、上海星巴克分公司商标侵权及不正当竞争纠纷案

关注点:1. 将他人驰名商标抢先注册为自己的企业字号,利用驰名商标知名度,是否享有在先的合法权利? 2. 将他人驰名商标作为自己的企业字号,足以造成误认或者误解的,是否构成侵犯注册商标专用权?

2003年,美国星源公司和上海统一星巴克咖啡有限公司向上海二中院起诉,认为上海星巴克咖啡馆有限公司及该公司南京路分公司在企业名称和经营活动中使用与"星巴克"、"STARBUCKS"文字及图形相同或近似的标志,构成商标侵权和不正当竞争。

上海二中院审理查明,原告是一家在美国注册成立、并在美国及世界范围内从事咖啡零售业务的公司,于1996年、1999年分别将"STARBUCKS"文字标志、"STARBUCKS"文字及图形标志、"星巴克"文字标志在中国内地进行了商标注册,并通过各类媒体、促销和公益活动对商标等进行了长时间的广泛宣传,故认定"STARBUCKS"商标、"星巴克"商标为驰名商标。2000年3月,星源公司与其在美国设立的全资子公司SBI公司及统一星巴克三方共同签订一份商标许可协议,规定统一星巴克可以使用星源公司上述三种注册商标。其后,统一星巴克陆续在上海、杭州、南京等地开设星巴克咖啡连锁店以扩大经营,并在经营活动中使用上述

三种商标。

而成立于2000年3月的被告将“星巴克”作为企业名称，并在玻璃窗、立牌、收银条、定额发票、咖啡店个人名片等经营场所及其经营活动中使用“星巴克”、“STARBUCKS”文字及图形标志。

法院将两被告的文字及图形标志与两原告的商标文字等进行比较和观察，认为均整体相似，考虑原告文字及图形商标的显著性和知名度因素，认定两被告构成对“STARBUCKS”文字及图形商标的近似。法院认为，被告将“星巴克”文字作为企业名称中的字号进行登记具有主观恶意，由此认定被告侵犯了原告享有的驰名商标专用权，同时构成不正当竞争。

上海二中院判决被告停止侵犯原告的商标使用权、停止对原告的不正当竞争行为，变更企业名称，赔偿原告经济损失人民币50万元，并在《新民晚报》上刊登声明，赔礼道歉，消除影响。二被告不服，提出上诉。2006年12月20日，上海市高级人民法院对“星巴克”商标纠纷案作出终审判决，维持一审判决。

狗不理之争

天津狗不理集团有限公司诉济南市大观园商场天丰园饭店侵犯商标专用权纠纷案。

关注点：1.行为人将他人已经注册的服务商标相同或相近似的文字用作其商品名称使用，是否构成侵权？2.在先权利人能否将与驰名商标相同或相近似的文字突出使用，且用于广泛宣传？

1994年10月7日，天津狗不理包子饮食（集团）公司（后变更为天津狗不理集团有限公司）在国家工商行政管理局商标局注册了“狗不理”文字商标。1999年，该商标被国家工商局认定为驰名商标。2006年4月，天津狗不理集团有限公司以济南天丰园饭店侵权为由起诉到法院，请求判令被告停止侵权，公开道歉，赔偿经济损失26.5万元。

被告天丰园饭店辩称，被告是提供餐饮服务的国有企业，在自己的经营场所内使用“狗不理”作为服务项目灌汤包的服务标识，并且在冠以天丰园饭店的字号下使用，与原告的区别十分明显，对服务对象不会产生误认。济南的老食客都知道济南大观园的狗不理包子是济南著名小吃，早在上世纪四十年代就存在，从来没有人认为济南的狗不理灌汤包与天津的狗不理包子有关系。被告在自己的经营场所内使用"狗不理"作为灌汤包的服务标识从1979年开始，已连续使用20多年，而原告的商标是在1994年注册，依我国有关商标法律，连续使用至1993年7月1日的服务商标，与他人在相同或类似的服务上已注册的服务商标相同或者近似的，可以继续使用的规定，被告认为，原告所诉商标侵权于法无据，应予驳回。

济南市中院经审理认为，本案争议焦点在于被告在经营中使用有关"狗不理"包子等标识并进行宣传的行为性质，是否侵犯了原告的"狗不理"服务商标。法院认为，被告未超出原有地域和服务项目，也未使用原告对于"狗不理"商标的特定书写方式。一审判决驳回原告诉请。

天津狗不理不服，上诉到山东省高院。二审认为，天丰园饭店开业以来提供"狗不理猪肉灌汤包"这一食品，并非是在天津狗不理集团商标注册并驰名后为争夺市场才故意使用"狗不理"三字，并没有违背市场公认的商业道德。考虑到"狗不理"是驰名商标，被告将"狗不理"三字用于宣传牌匾、墙体广告和指示牌，可能误导普通消费者。因此，终审撤销一审判决，判令被告停止在宣传牌匾、墙体广告和其他形式中使用"狗不理"三字进行宣传；驳回原告的其他诉请。

如何依法加强保护

认定驰名商标的主要目的是依法加强驰名商标保护，《征求意见稿》针对实践中反映的突出问题，对于加强保护的有关问题作出了规定。

关于驰名商标的举证问题

驰名商标是被诉侵犯商标权或者不正当竞争行为是否成立的法律要件事实，按照"谁主张，谁举证"的原则，原告对其主张的商标驰名事实负举证责任。但是，考虑到认定驰名商标的举证一般较为复杂，对于曾被认定过的驰名商标等特殊情形，为有利于保护权利人的权利，《征求意见稿》又作出了减轻举证责任等特殊规定。

对于在其他案件中曾被法院认定过的驰名商标，或者曾被商标局、商标评审委员会认定的驰名商标，在对方当事人不持异议的情况下，可以直接认定，但如果法院另有证据（如依职权调取的证据）推翻该事实，仍以实际情况为准，以便于审理法院加强对于该商标驰名情况的审查等。而且，对于对方当事人无正当理由在第二审程序中才提出异议的情形，考虑此类商标构成驰名的盖然性较高的实际，《征求意见稿》第六条第三款规定由该当事人举证。考虑到商标驰名情况具有动态性，可能因时间和市场等情况的变化而变化，以及为防止当事人在驰名商标认定中“串通”造假，《征求意见稿》第六条第四款规定，除上述情况外，驰名商标的认定不适用自认规则，对方当事人对于驰名商标的认可，并不免除原告的举证责任。

驰名商标之间的驰名程度是有差别的，有些“超级”驰名商标可能达到了家喻户晓、众所周知的程度，如海尔、可口可乐商标，对于这些除相关公众以外的社会公众都广泛知晓的商标，不应再要求进行繁琐的举证，应当有限度地引入司法认知，减轻权利人的举证责任。据此，《征求意见稿》第七条作出了相应的规定。

关于损害后果的界定

考虑到对于注册的驰名商标所给予的是在不相同和不相类似的商品上的跨类保护，商标法第十三条第二款规定的“误导公众，致使该驰名商标注册人的利益可能受到损害”，不应简单地从一般商标侵权的市场混淆意义上进行理解，通常都涉及因误导相关公众而减弱其显著性或者贬损其声誉，因而《征求意见稿》第八条对此进行界定。这种界定更符合此类驰名商标的司法保护实际，更利于加强驰名商标的保护。当然，这种界定直接涉及到跨类保护的范围，故第八条第二款要求“使相关公众对商品或者其经营者产生相当程度的联系”，而不能是程度不高的“联想”，且第九条还要求考虑驰名商标的显著性和在被控侵权商品中的知名度。这些限定便于审判实践中准确把握跨类保护的范围，避免使跨类保护成为“全类保护”，从而使跨类保护更符合立法意图。

构成侵犯驰名商标的注册商标，法院可判决禁止使用

对于抢注他人在先未注册或者注册的驰名商标的注册商标，给予驰名商标所有人禁止其使用的民事救济，符合商标法第十三条规定关于“禁止使用”的规定精神，符合驰名商标保护实际，也有利于加强驰名商标保护，故《征求意见稿》第十条对此作出了规定。

基于同样的精神，原告以被告商标侵犯其注册商标专用权为由提起诉讼，倘若被诉侵权商标系被告在先使用而被原告抢注了的商标，被告当然应当有权以此为由进行抗辩，并可以提出禁止原告使用其注册商标的反诉。

最高人民法院关于人民法院认可台湾地区有关法院民事判决的补充规定

（法释[2009]第4号，2009年3月30日
由最高人民法院审判委员会第1465次会议通过）

中华人民共和国最高人民法院公告

《最高人民法院关于人民法院认可台湾地区有关法院民事判决的补充规定》已于2009年3月30日由最高人民法院审判委员会第1465次会议通过，现予公布，自2009年5月14日起施行。

最高人民法院

二〇〇九年四月二十四日

为了更好地解决认可台湾地区有关法院民事判决的相关问题，维护当事人的合法权益，现对最高人民法院《关于人民法院认可台湾地区有关法院民事判决的规定》（以下简称《规定》）作出补充规定。

第一条 申请人同时提出认可和执行台湾地区有关法院民事判决申请的，人民法院应按规定对认可申请进行审查。

经人民法院裁定认可的台湾地区有关法院民事判决，与人民法院作出的生效判决具有同等效力。申请人依裁定向人民法院申请执行的，人民法院应予受理。

第二条 申请认可的台湾地区有关法院民事判决，包括对商事、知识产权、海事等民事纠纷案件作出的判决。

申请认可台湾地区有关法院民事裁定、调解书、支付令，以及台湾地区仲裁机构裁决的，适用《规定》和本补充规定。

第三条 申请人向两个以上有管辖权的中级人民法院申请认可的，由最先立案的中级人民法院管辖。

申请人向被执行财产所在地中级人民法院申请认可的，应当提供被执行财产

存在的相关证据。

第四条 申请人申请认可台湾地区有关法院民事判决，应当提供相关证据，以证明该判决真实并且效力已确定。

第五条 申请人提出认可台湾地区有关法院民事判决的申请时，或者在案件受理后、人民法院作出裁定前，可以提出财产保全申请。

申请人申请财产保全的，应当向人民法院提供有效的担保。申请人不提供担保或者提供的担保不符合条件的，驳回其申请。

第六条 具有下列情形之一的，人民法院应当及时解除财产保全：

(一)人民法院作出准予财产保全的裁定后，被申请人提供有效担保的；

(二)人民法院作出认可裁定后，申请人在申请执行期限内不申请执行的；

(三)人民法院裁定不予认可台湾地区有关法院民事判决的；

(四)申请人撤回保全申请的。

申请财产保全的其他程序，适用民事诉讼法及相关司法解释的规定。

第七条 申请认可台湾地区有关法院民事判决的案件，应根据案件的不同类型，由相关民事审判庭的审判人员组成合议庭进行审理。

第八条 人民法院经审查能够确认该判决真实并且效力已确定，且不具有《规定》第九条所列情形的，裁定认可其效力；不能确认的，裁定驳回申请人的申请。

第九条 申请认可台湾地区有关法院民事判决的，应当在该判决效力确定后二年内提出。

当事人因不可抗拒的事由或者其他正当理由耽误期限而不能提出认可申请的，在障碍消除后的十日内，可以申请顺延期限。

第十条 人民法院受理申请人申请后，应当在六个月内审结。

附录：《补充规定》对促进海峡两岸关系具有重要意义

——最高人民法院民一庭负责人答记者问

记者：请您介绍一下最高人民法院制定《关于人民法院认可台湾地区有关法院

民事判决的补充规定》(以下简称《补充规定》)这一司法解释的背景和意义?

答:为了促进两岸关系,最高人民法院于 1998 年 5 月正式公布了《关于人民法院认可台湾地区有关法院民事判决的规定》(以下简称《规定》),该《规定》出台后,对于促进两岸人民相互往来,维护两岸人民合法权益发挥了很大的作用。第一个作出认可判决的是浙江省的台州市中级人民法院,随后各地法院又认可了一批台湾地区有关法院的民事判决、裁定、调解书、支付令和仲裁机构的裁决,多数是涉及身份关系方面的案件。随着申请认可范围的扩大,申请认可涉及财产权益方面的案件在不断增多,进一步认可具有财产执行内容的民事判决,对融合两岸经济、文化、社会具有重要意义,特别是海峡两岸已经实现"大三通",为了保证认可台湾地区法院民事裁判文书在促进海峡两岸关系发展中能够发挥更大的作用,需要对原来的司法解释进一步进行完善,在程序上全面进行规范,以便更好地解决申请认可台湾地区有关法院民事判决的相关问题,最高人民法院在广泛听取各级法院及相关部门意见和深入调查研究的基础上制定了《补充规定》。

完善了 1998 年司法解释

记者:与 1998 年颁布的涉台司法解释相比,这次公布的《补充规定》有哪些特点?

答:首先,扩大了申请认可的范围,不仅包括申请认可台湾地区有关法院的民事判决,还包括申请认可台湾地区有关法院民事裁定、调解书、支付令以及台湾地区仲裁机构的裁决。

鉴于目前人民法院的民事案件与商事案件、知识产权案件、海事案件,既同属民事范畴、又有区别,《补充规定》将申请认可的民事判决的范围加以明确,既包括一般意义上的民事判决,也包括对商事、知识产权和海事纠纷案件作出的判决。这样规定,不仅便于申请人申请认可,而且便于地方人民法院和专门法院(如海事法院)受理此类案件。

其次,为防止在申请认可的过程中被申请人转移被执行财产,维护申请人的正当权益,《补充规定》参照民事诉讼法相关条款对财产保全做了专门规定,明确了申请财产保全的时间、条件以及财产保全的解除。在时间上,把申请财产保全的期限确定为从申请开始到人民法院作出裁定前,最大限度地保护权利人利益;把提供有效的担保作为申请条件,具体由法官酌情裁量。这样规定是基于台湾与大陆没有司法协助的安排,可以防止因申请错误给大陆的被申请人造成不可弥补的损失,体现了权利义务的平等;为防止因财产保全给被申请人造成不必要的损失,同时还对解除财产保全做了规定。

再次,鉴于我国修改后的民事诉讼法已将当事人申请执行的期限延长为2年,最高人民法院《关于内地与香港特别行政区法院相互认可和执行当事人协议管辖的民商事案件判决的安排》中规定申请人申请认可和执行的期间为2年,出于平等保护的考虑,《补充规定》将原来《规定》中申请认可台湾地区有关法院民事判决的期限由1年改为2年。

申请认可和申请执行分两步走

记者:申请人同时申请认可与执行台湾地区有关法院民事判决的应如何处理?

答:申请认可与申请执行应该分两步走,申请人同时申请认可与执行台湾地区有关法院民事判决的,人民法院仅对应否认可该判决的效力进行审查。经审查符合认可条件的,裁定认可该判决效力。根据审执分离的原则,申请人可以另行向人民法院申请执行。

申请案件由相关部门对应审查

记者:申请认可台湾地区有关法院民事判决的案件,是由哪些审判业务部门负责审理?

答:认可台湾地区有关法院的不同类型的民事判决,应根据人民法院内部职能分工,立案后分别交由相关的民事审判庭进行审查,而不是由立案庭或执行局去审查。鉴于以前各地法院对此掌握的不一致,《补充规定》专门明确了这个问题。

申请人有举证责任

记者:申请人申请认可台湾地区有关法院民事判决,是否有一定的举证责任?

答:鉴于台湾与大陆目前的实际状况,人民法院对申请认可台湾地区有关法院民事判决的案件相关事实难以查明,办案过程中存在三个问题,一是对申请人所提交的民事判决书的真伪无法辨认,二是民事判决是否生效不明确,三是申请认可的被执行财产是否存在不清楚。因此,《补充规定》明确申请人对此负有举证责任,以防止在认可台湾地区有关法院民事判决过程中出现错误,或者认可以后判决确认的被执行财产不在大陆地区,造成司法资源浪费。

被认可判决与内地生效判决同等效力

记者:台湾地区有关法院的民事判决被认可后,与内地人民法院作出的生效判决在效力上有无差别?

答:这个问题问得很好。为了澄清一些疑惑,《补充规定》特别强调:人民法院认可台湾地区有关法院民事判决的裁定生效后,所认可的判决与人民法院作出的生效判决具有同等效力。

最高人民法院关于适用《中华人民共和国合同法》若干问题的解释(二)

(法释[2009]5号,2009年2月9日最高人民法院审判委员会第1462次会议通过)

中华人民共和国最高人民法院公告

《最高人民法院关于适用〈中华人民共和国合同法〉若干问题的解释(二)》已于2009年2月9日由最高人民法院审判委员会第1462次会议通过,现予公布,自2009年5月13日起施行。

二〇〇九年四月二十四日

为了正确审理合同纠纷案件,根据《中华人民共和国合同法》的规定,对人民法院适用合同法的有关问题作出如下解释:

一、合同的订立

第一条 当事人对合同是否成立存在争议,人民法院能够确定当事人名称或者姓名、标的和数量的,一般应当认定合同成立。但法律另有规定或者当事人另有约定的除外。

对合同欠缺的前款规定以外的其他内容,当事人达不成协议的,人民法院依照合同法第六十一条、第六十二条、第一百二十五条等有关规定予以确定。

第二条 当事人未以书面形式或者口头形式订立合同，但从双方从事的民事行为能够推定双方有订立合同意愿的，人民法院可以认定是以合同法第十条第一款中的“其他形式”订立的合同。但法律另有规定的除外。

第三条 悬赏人以公开方式声明对完成一定行为的人支付报酬，完成特定行为的人请求悬赏人支付报酬的，人民法院依法予以支持。但悬赏有合同法第五十二条规定情形的除外。

第四条 采用书面形式订立合同，合同约定的签订地与实际签字或者盖章地点不符的，人民法院应当认定约定的签订地为合同签订地；合同没有约定签订地，双方当事人签字或者盖章不在同一地点的，人民法院应当认定最后签字或者盖章的地点为合同签订地。

第五条 当事人采用合同书形式订立合同的，应当签字或者盖章。当事人在合同书上摁手印的，人民法院应当认定其具有与签字或者盖章同等的法律效力。

第六条 提供格式条款的一方对格式条款中免除或者限制其责任的内容，在合同订立时采用足以引起对方注意的文字、符号、字体等特别标识，并按照对方的要求对该格式条款予以说明的，人民法院应当认定符合合同法第三十九条所称“采取合理的方式”。

提供格式条款一方对已尽合理提示及说明义务承担举证责任。

第七条 下列情形，不违反法律、行政法规强制性规定的，人民法院可以认定为合同法所称“交易习惯”：

（一）在交易行为当地或者某一领域、某一行业通常采用并为交易对方订立合同时所知道或者应当知道的做法；

（二）当事人双方经常使用的习惯做法。

对于交易习惯，由提出主张的一方当事人承担举证责任。

第八条 依照法律、行政法规的规定经批准或者登记才能生效的合同成立后，有义务办理申请批准或者申请登记等手续的一方当事人未按照法律规定或者合同约定办理申请批准或者未申请登记的，属于合同法第四十二条第（三）项规定的“其他违背诚实信用原则的行为”，人民法院可以根据案件的具体情况和相对人的请求，判决相对人自己办理有关手续；对方当事人对由此产生的费用和给相对人造成的实际损失，应当承担损害赔偿责任。

二、合同的效力

第九条　提供格式条款的一方当事人违反合同法第三十九条第一款关于提示和说明义务的规定，导致对方没有注意免除或者限制其责任的条款，对方当事人申请撤销该格式条款的，人民法院应当支持。

第十条　提供格式条款的一方当事人违反合同法第三十九条第一款的规定，并具有合同法第四十条规定的情形之一的，人民法院应当认定该格式条款无效。

第十一条　根据合同法第四十七条、第四十八条的规定，追认的意思表示自到达相对人时生效，合同自订立时起生效。

第十二条　无权代理人以被代理人的名义订立合同，被代理人已经开始履行合同义务的，视为对合同的追认。

第十三条　被代理人依照合同法第四十九条的规定承担有效代理行为所产生的责任后，可以向无权代理人追偿因代理行为而遭受的损失。

第十四条　合同法第五十二条第（五）项规定的"强制性规定"，是指效力性强制性规定。

第十五条　出卖人就同一标的物订立多重买卖合同，合同均不具有合同法第五十二条规定的无效情形，买受人因不能按照合同约定取得标的物所有权，请求追究出卖人违约责任的，人民法院应予支持。

三、合同的履行

第十六条　人民法院根据具体案情可以将合同法第六十四条、第六十五条规定的第三人列为无独立请求权的第三人，但不得依职权将其列为该合同诉讼案件的被告或者有独立请求权的第三人。

第十七条　债权人以境外当事人为被告提起的代位权诉讼，人民法院根据《中华人民共和国民事诉讼法》第二百四十一条的规定确定管辖。

第十八条　债务人放弃其未到期的债权或者放弃债权担保，或者恶意延长到期债权的履行期，对债权人造成损害，债权人依照合同法第七十四条的规定提起撤销权诉讼的，人民法院应当支持。

第十九条　对于合同法第七十四条规定的"明显不合理的低价"，人民法院应当以交易当地一般经营者的判断，并参考交易当时交易地的物价部门指导价或者市场交易价，结合其他相关因素综合考虑予以确认。

转让价格达不到交易时交易地的指导价或者市场交易价百分之七十的，一般可以视为明显不合理的低价；对转让价格高于当地指导价或者市场交易价百分之三十的，一般可以视为明显不合理的高价。

债务人以明显不合理的高价收购他人财产，人民法院可以根据债权人的申请，参照合同法第七十四条的规定予以撤销。

第二十条 债务人的给付不足以清偿其对同一债权人所负的数笔相同种类的全部债务，应当优先抵充已到期的债务；几项债务均到期的，优先抵充对债权人缺乏担保或者担保数额最少的债务；担保数额相同的，优先抵充债务负担较重的债务；负担相同的，按照债务到期的先后顺序抵充；到期时间相同的，按比例抵充。但是，债权人与债务人对清偿的债务或者清偿抵充顺序有约定的除外。

第二十一条 债务人除主债务之外还应当支付利息和费用，当其给付不足以清偿全部债务时，并且当事人没有约定的，人民法院应当按照下列顺序抵充：

（一）实现债权的有关费用；

（二）利息；

（三）主债务。

四、合同的权利义务终止

第二十二条 当事人一方违反合同法第九十二条规定的义务，给对方当事人造成损失，对方当事人请求赔偿实际损失的，人民法院应当支持。

第二十三条 对于依照合同法第九十九条的规定可以抵销的到期债权，当事人约定不得抵销的，人民法院可以认定该约定有效。

第二十四条 当事人对合同法第九十六条、第九十九条规定的合同解除或者债务抵销虽有异议，但在约定的异议期限届满后才提出异议并向人民法院起诉的，人民法院不予支持；当事人没有约定异议期间，在解除合同或者债务抵销通知到达之日起三个月以后才向人民法院起诉的，人民法院不予支持。

第二十五条 依照合同法第一百零一条的规定，债务人将合同标的物或者标的物拍卖、变卖所得价款交付提存部门时，人民法院应当认定提存成立。

提存成立的，视为债务人在其提存范围内已经履行债务。

第二十六条　合同成立以后客观情况发生了当事人在订立合同时无法预见的、非不可抗力造成的不属于商业风险的重大变化，继续履行合同对于一方当事人明显不公平或者不能实现合同目的，当事人请求人民法院变更或者解除合同的，人民法院应当根据公平原则，并结合案件的实际情况确定是否变更或者解除。

五、违约责任

第二十七条　当事人通过反诉或者抗辩的方式，请求人民法院依照合同法第一百一十四条第二款的规定调整违约金的，人民法院应予支持。

第二十八条　当事人依照合同法第一百一十四条第二款的规定，请求人民法院增加违约金的，增加后的违约金数额以不超过实际损失额为限。增加违约金以后，当事人又请求对方赔偿损失的，人民法院不予支持。

第二十九条　当事人主张约定的违约金过高请求予以适当减少的，人民法院应当以实际损失为基础，兼顾合同的履行情况、当事人的过错程度以及预期利益等综合因素，根据公平原则和诚实信用原则予以衡量，并作出裁决。

当事人约定的违约金超过造成损失的百分之三十的，一般可以认定为合同法第一百一十四条第二款规定的"过分高于造成的损失"。

六、附则

第三十条　合同法施行后成立的合同发生纠纷的案件，本解释施行后尚未终审的，适用本解释；本解释施行前已经终审，当事人申请再审或者按照审判监督程序决定再审的，不适用本解释。

附录1：解读《最高人民法院关于适用〈中华人民共和国合同法〉若干问题的解释（二）》

一、合同的订立

第一条　当事人对合同是否成立存在争议，人民法院能够确定当事人名称或者姓名、标的和数量的，一般应当认定合同成立。但法律另有规定或者当事人另有约定的除外。

对合同欠缺的前款规定以外的其他内容，当事人达不成协议的，人民法院依照合同法第六十一条、第六十二条、第一百二十五条等有关规定予以确定。

解读：具备基本三要素：当事人名、标的和数量，合同一般即视为成立。

第二条 当事人未以书面形式或者口头形式订立合同，但从双方从事的民事行为能够推定双方有订立合同意愿的，人民法院可以认定是以合同法第十条第一款中的“其他形式”订立的合同。但法律另有规定的除外。

解读：合同签订三形式，口头、书面和行为。

第三条 悬赏人以公开方式声明对完成一定行为的人支付报酬，完成特定行为的人请求悬赏人支付报酬的，人民法院依法予以支持。但悬赏有合同法第五十二条规定情形的除外。

解读：悬赏声明可构成合同。

第四条 采用书面形式订立合同，合同约定的签订地与实际签字或者盖章地点不符的，人民法院应当认定约定的签订地为合同签订地；合同没有约定签订地，双方当事人签字或者盖章不在同一地点的，人民法院应当认定最后签字或者盖章的地点为合同签订地。

解读：本条没明确认定合同签订地的目的和背景，实际上合同签订地主要在于争议管辖条款约定合同签订地时才有其法律价值，此条规定会出现合同的签订地的认定，虽然明知实际签订地点，淡也按合同约定地点。

第五条 当事人采用合同书形式订立合同的，应当签字或者盖章。当事人在合同书上摁手印的，人民法院应当认定其具有与签字或者盖章同等的法律效力。

解读：合同签署三方式：签字、盖章或手印。本条“手印”应为指纹印迹，而非人名章。

第六条 提供格式条款的一方对格式条款中免除或者限制其责任的内容，在合同订立时采用足以引起对方注意的文字、符号、字体等特别标识，并按照对方的要求对该格式条款予以说明的，人民法院应当认定符合合同法第三十九条所称“采取合理的方式”。

提供格式条款一方对已尽合理提示及说明义务承担举证责任。

解读:虽然这条要求不让把敏感条款(实际上有点像霸王条款)遮着掩着,但这这种提示很容易做得到,描黑加粗就行了,至于说明得是否在理就另当别论了。注意其举证责任(本质上是谁主张谁举证)。

第七条　下列情形,不违反法律、行政法规强制性规定的,人民法院可以认定为合同法所称"交易习惯":

(一)在交易行为当地或者某一领域、某一行业通常采用并为交易对方订立合同时所知道或者应当知道的做法;

(二)当事人双方经常使用的习惯做法。

对于交易习惯,由提出主张的一方当事人承担举证责任。

解读:凡当事人知道或应当知道的的行为地习惯、领域习惯、行业习惯,还有双方或当事人各方经常习惯使用的交易规则,都可能被认定为"交易习惯",这有很大的自由裁量的余地,一些领域或行业应当主动整理一些"交易习惯"出来。注意其举证责任(本质上是谁主张谁举证)。

第八条　依照法律、行政法规的规定经批准或者登记才能生效的合同成立后,有义务办理申请批准或者申请登记等手续的一方当事人未按照法律规定或者合同约定办理申请批准或者未申请登记的,属于合同法第四十二条第(三)项规定的"其他违背诚实信用原则的行为",人民法院可以根据案件的具体情况和相对人的请求,判决相对人自己办理有关手续;对方当事人对由此产生的费用和给相对人造成的实际损失,应当承担损害赔偿责任。

解读:以前有个非常恶劣的错误,就是承担缔约过失责任可换来恶意不让合同生效,此条明确了法院可以判决办理让合同生效的手续。

二、合同的效力

第九条　提供格式条款的一方当事人违反合同法第三十九条第一款关于提示和说明义务的规定,导致对方没有注意免除或者限制其责任的条款,对方当事人申请撤销该格式条款的,人民法院应当支持。

解读:表面上看相当于新增了格式条款可撤销的情形,本质上还是基于显示公平的撤销权。

第十条　提供格式条款的一方当事人违反合同法第三十九条第一款的规定,

并具有合同法第四十条规定的情形之一的，人民法院应当认定该格式条款无效。

解读：但是本条规定有一定缺陷，格式条款无效的认定不但要符合合同无效的认定标准，还要有未作合理提示和说明的情形。本人以为格式条款即便提示和说明了，但其违反认定合同无效或条款无效的情形就够了。也许本条的含义旨在进一步放宽对合同效力的否定。

《合同法》第三十九条第一款规定“采用格式条款订立合同的，提供格式条款的一方应当遵循公平原则确定当事人之间的权利和义务，并采取合理的方式提请对方注意免除或者限制其责任的条款，按照对方的要求，对该条款予以说明。”《合同法》第四十条规定“具有《合同法》第五十二条和第五十三条规定情形的，或者提供格式条款一方免除其责任、加重对方责任、排除对方主要权利的，该条款无效。”

第十一条　根据合同法第四十七条、第四十八条的规定，追认的意思表示自到达相对人时生效，合同自订立时起生效。

解读：“追认”采取到达生效主义，但是追认对合同效力的可溯及，

第十二条　无权代理人以被代理人的名义订立合同，被代理人已经开始履行合同义务的，视为对合同的追认。

解读：本质上是行为可构成追认或者说可作为签约的方式。

第十三条　被代理人依照合同法第四十九条的规定承担有效代理行为所产生的责任后，可以向无权代理人追偿因代理行为而遭受的损失。

解读：似乎略嫌多余，显示中多将此种情况列为共同被告，但只判定被代理人担责，不按连带责任处理(与侵权竞合的除外)。《合同法》第四十九条规定“行为人没有代理权、超越代理权或者代理权终止后以被代理人名义订立合同，相对人有理由相信行为人有代理权的，该代理行为有效。”

第十四条　合同法第五十二条第(五)项规定的“强制性规定”，是指效力性强制性规定。

解读：从“规定”到“强制性规定”，从“强制性规定”到“效力性强制性规定”，让人还是琢磨不透，法理学上有一定得说法，从“效力性强制性规定”到“?”。似乎是点到为止，敢情是说，判定的规定应当具有此等字样：“违反规定应当认定无效”，

第十五条　出卖人就同一标的物订立多重买卖合同，合同均不具有合同法第

五十二条规定的无效情形，买受人因不能按照合同约定取得标的物所有权，请求追究出卖人违约责任的，人民法院应予支持。

解读：与物权法的规定一致，多重买卖的合同虽然不能履行但有效，据此可主张违约，此类合同看来得防止一物多卖，附加上对应的条款。

三、合同的履行

第十六条 人民法院根据具体案情可以将合同法第六十四条、第六十五条规定的第三人列为无独立请求权的第三人，但不得依职权将其列为该合同诉讼案件的被告或者有独立请求权的第三人。

解读：诉讼法性质的条款，不难理解。

合同法第六十四条、第六十五条规定如下：第六十四条当事人约定由债务人向第三人履行债务的，债务人未向第三人履行债务或者履行债务不符合约定，应当向债权人承担违约责任。第六十五条当事人约定由第三人向债权人履行债务的，第三人不履行债务或者履行债务不符合约定，债务人应当向债权人承担违约责任。

第十七条 债权人以境外当事人为被告提起的代位权诉讼，人民法院根据《中华人民共和国民事诉讼法》第二百四十一条的规定确定管辖。

解读：代位权诉讼的管辖确定问题。

《中华人民共和国民事诉讼法》第二百四十一条因合同纠纷或者其他财产权益纠纷，对在中华人民共和国领域内没有住所的被告提起的诉讼，如果合同在中华人民共和国领域内签订或者履行，或者诉讼标的物在中华人民共和国领域内，或者被告在中华人民共和国领域内有可供扣押的财产，或者被告在中华人民共和国领域内设有代表机构，可以由合同签订地、合同履行地、诉讼标的物所在地、可供扣押财产所在地、侵权行为地或者代表机构住所地人民法院管辖。

第十八条 债务人放弃其未到期的债权或者放弃债权担保，或者恶意延长到期债权的履行期，对债权人造成损害，债权人依照合同法第七十四条的规定提起撤销权诉讼的，人民法院应当支持。

解读：提起撤销权诉讼的条件。

第十九条 对于合同法第七十四条规定的“明显不合理的低价”，人民法院应当以交易当地一般经营者的判断，并参考交易当时交易地的物价部门指导价或者市场交易价，结合其他相关因素综合考虑予以确认。

转让价格达不到交易时交易地的指导价或者市场交易价百分之七十的，一般可以视为明显不合理的低价；对转让价格高于当地指导价或者市场交易价百分之三十的，一般可以视为明显不合理的高价。

债务人以明显不合理的高价收购他人财产，人民法院可以根据债权人的申请，参照合同法第七十四条的规定予以撤销。

解读：明确撤销权的价格认定参照（指导价或市场价）和标准（高低30%）。增加高价购置行为也可撤销，其实撤销权的范围就是使债务人的债权应增加却不能增加，不应减少却减少的，都算作可撤销范围，包括放弃担保权或对外恶意提供担保权等。

合同法第七十四条因债务人放弃其到期债权或者无偿转让财产，对债权人造成损害的，债权人可以请求人民法院撤销债务人的行为。债务人以明显不合理的低价转让财产，对债权人造成损害，并且受让人知道该情形的，债权人也可以请求人民法院撤销债务人的行为。撤销权的行使范围以债权人的债权为限。债权人行使撤销权的必要费用，由债务人负担。

第二十条 债务人的给付不足以清偿其对同一债权人所负的数笔相同种类的全部债务，应当优先抵充已到期的债务；几项债务均到期的，优先抵充对债权人缺乏担保或者担保数额最少的债务；担保数额相同的，优先抵充债务负担较重的债务；负担相同的，按照债务到期的先后顺序抵充；到期时间相同的，按比例抵充。但是，债权人与债务人对清偿的债务或者清偿抵充顺序有约定的除外。

解读：债务人的给付不足以清偿其对同一债权人所负的数笔相同种类的全部债务时还债的认定：到期时间早、无担保权、负担较重的，先认定。

第二十一条 债务人除主债务之外还应当支付利息和费用，当其给付不足以清偿全部债务时，并且当事人没有约定的，人民法院应当按照下列顺序抵充：

（一）实现债权的有关费用；

（二）利息；

（三）主债务。

解读:给付不足以清偿全部债务时清偿同一债务的认定顺序,先费用,再孳息,后本钱。不难理解,否则最终的清偿额不一样。

四、合同的权利义务终止

第二十二条 当事人一方违反合同法第九十二条规定的义务,给对方当事人造成损失,对方当事人请求赔偿实际损失的,人民法院应当支持。

解读:违反附随义务或从义务的,也得赔偿,但是有损失是前提。《合同法》第九十二条合同的权利义务终止后,当事人应当遵循诚实信用原则,根据交易习惯履行通知、协助、保密等义务。

第二十三条 对于依照合同法第九十九条的规定可以抵销的到期债权,当事人约定不得抵销的,人民法院可以认定该约定有效。

解读:通过约定可以排除法定的抵消权。《合同法》第九十九条当事人互负到期债务,该债务的标的物种类、品质相同的,任何一方可以将自己的债务与对方的债务抵销,但依照法律规定或者按照合同性质不得抵销的除外。当事人主张抵销的,应当通知对方。通知自到达对方时生效。抵销不得附条件或者附期限。

第二十四条 当事人对合同法第九十六条、第九十九条规定的合同解除或者债务抵销虽有异议,但在约定的异议期限届满后才提出异议并向人民法院起诉的,人民法院不予支持;当事人没有约定异议期间,在解除合同或者债务抵销通知到达之日起三个月以后才向人民法院起诉的,人民法院不予支持。

解读:合同法定或约定解除和债务法定抵销均受异议期约束,该异议期了由合同各方约定,没有约定的视为3个月。也是为了保护交易秩序。

《合同法》第九十六条 当事人一方依照本法第九十三条第二款、第九十四条的规定主张解除合同的,应当通知对方。合同自通知到达对方时解除。对方有异议的,可以请求人民法院或者仲裁机构确认解除合同的效力。法律、行政法规规定解除合同应当办理批准、登记等手续的,依照其规定。

《合同法》第九十九条 当事人互负到期债务,该债务的标的物种类、品质相同的,任何一方可以将自己的债务与对方的债务抵销,但依照法律规定或者按照合同性质不得抵销的除外。

《合同法》第九十三条第二款 当事人可以约定一方解除合同的条件。解除合同的条件成就时，解除权人可以解除合同。

《合同法》第九十四条　有下列情形之一的，当事人可以解除合同：

(一)因不可抗力致使不能实现合同目的；

(二)在履行期限届满之前，当事人一方明确表示或者以自己的行为表明不履行主要债务；

(三)当事人一方迟延履行主要债务，经催告后在合理期限内仍未履行；

(四)当事人一方迟延履行债务或者有其他违约行为致使不能实现合同目的；

(五)法律规定的其他情形。

第二十五条　依照合同法第一百零一条的规定，债务人将合同标的物或者标的物拍卖、变卖所得价款交付提存部门时，人民法院应当认定提存成立。

提存成立的，视为债务人在其提存范围内已经履行债务。

解读：明确提存的成立时间(不是公告时间，也不是债权人收到通知的时间)和提存的法律效果(视同履约)。

第二十六条　合同成立以后客观情况发生了当事人在订立合同时无法预见的、非不可抗力造成的不属于商业风险的重大变化，继续履行合同对于一方当事人明显不公平或者不能实现合同目的，当事人请求人民法院变更或者解除合同的，人民法院应当根据公平原则，并结合案件的实际情况确定是否变更或者解除。

解读：情事变更原则，救济商业风险之外又不属于不可抗力范围的重大合同履行环境变故，但很可能被滥用。

五、违约责任

第二十七条　当事人通过反诉或者抗辩的方式，请求人民法院依照合同法第一百一十四条第二款的规定调整违约金的，人民法院应予支持。

解读：约定的违约金低于造成的损失的或过分高于造成的损失的，当事人可以通过反诉和抗辩提请请求人民法院或者仲裁机构予以适当调整。

第二十八条　当事人依照合同法第一百一十四条第二款的规定，请求人民法院增加违约金的，增加后的违约金数额以不超过实际损失额为限。增加违约金以后，当事人又请求对方赔偿损失的，人民法院不予支持。

解读:违约金的惩罚性在此未能体现。违约金太低的,可以要求赔偿损失,或者申请调高违约金的,只能选择一种方式,增加的违约金仍以损失为限。

第二十九条　当事人主张约定的违约金过高请求予以适当减少的,人民法院应当以实际损失为基础,兼顾合同的履行情况、当事人的过错程度以及预期利益等综合因素,根据公平原则和诚实信用原则予以衡量,并作出裁决。

当事人约定的违约金超过造成损失的百分之三十的,一般可以认定为合同法第一百一十四条第二款规定的"过分高于造成的损失"。

解读:违约金过高的调低确定七要素:1)以实际损失为基础,兼顾 2)合同的履行情况、3)当事人的过错程度以及 3)预期利益 4)等综合因素,根据 5)公平原则和 6)诚实信用原则予以衡量,7)超过损失 30%的标准方可认定过高。超过 30%的部分其实很好地体现了惩罚性,是对《合同法》已有精神的延伸和量化,避免法官随心。

六、附则

第三十条　合同法施行后成立的合同发生纠纷的案件,本解释施行后尚未终审的,适用本解释;本解释施行前已经终审,当事人申请再审或者按照审判监督程序决定再审的,不适用本解释。

解读:适用条款:1)合同法施行后(1999 年 10 月 1 日)成立的合同发生纠纷的案件,本解释施行后尚未终审的,适用本解释;2)本解释施行前(自 2009 年 5 月 13 日起施行)已经终审,当事人申请再审或者按照审判监督程序决定再审的,不适用本解释。

附录 2:《中华人民共和国合同法》

(1999 年 3 月 15 日第九届全国人民代表大会第二次会议通过)

总　则

第一章　一般规定

第一条　为了保护合同当事人的合法权益,维护社会经济秩序,促进社会主义现代化建设，制定本法。

第二条 本法所称合同是平等主体的自然人、法人、其他组织之间设立、变更、终止民事权利义务关系的协议。

婚姻、收养、监护等有关身份关系的协议，适用其他法律的规定。

第三条 合同当事人的法律地位平等，一方不得将自己的意志强加给另一方。

第四条 当事人依法享有自愿订立合同的权利，任何单位和个人不得非法干预。

第五条 当事人应当遵循公平原则确定各方的权利和义务。

第六条 当事人行使权利、履行义务应当遵循诚实信用原则。

第七条 当事人订立、履行合同，应当遵守法律、行政法规，尊重社会公德，不得扰乱社会经济秩序，损害社会公共利益。

第八条 依法成立的合同，对当事人具有法律约束力。当事人应当按照约定履行自己的义务，不得擅自变更或者解除合同。

依法成立的合同，受法律保护。

第二章 合同的订立

第九条 当事人订立合同，应当具有相应的民事权利能力和民事行为能力。

当事人依法可以委托代理人订立合同。

第十条 当事人订立合同，有书面形式、口头形式和其他形式。

法律、行政法规规定采用书面形式的，应当采用书面形式。当事人约定采用书面形式的，应当采用书面形式。

第十一条 书面形式是指合同书、信件和数据电文（包括电报、电传、传真、电子数据交换和电子邮件）等可以有形地表现所载内容的形式。

第十二条 合同的内容由当事人约定，一般包括以下条款：

（一）当事人的名称或者姓名和住所；

（二）标的；

（三）数量；

（四）质量；

（五）价款或者报酬；

（六）履行期限、地点和方式；

（七）违约责任；

（八）解决争议的方法。

当事人可以参照各类合同的示范文本订立合同。

第十三条　当事人订立合同，采取要约、承诺方式。

第十四条　要约是希望和他人订立合同的意思表示，该意思表示应当符合下列规定：

（一）内容具体确定；

（二）表明经受要约人承诺，要约人即受该意思表示约束。

第十五条　要约邀请是希望他人向自己发出要约的意思表示。寄送的价目表、拍卖公告、招标公告、招股说明书、商业广告等为要约邀请。

商业广告的内容符合要约规定的，视为要约。

第十六条　要约到达受要约人时生效。

采用数据电文形式订立合同，收件人指定特定系统接收数据电文的，该数据电文进入该特定系统的时间，视为到达时间；未指定特定系统的，该数据电文进入收件人的任何系统的首次时间，视为到达时间。

第十七条　要约可以撤回。撤回要约的通知应当在要约到达受要约人之前或者与要约同时到达受要约人。

第十八条　要约可以撤销。撤销要约的通知应当在受要约人发出承诺通知之前到达受要约人。

第十九条　有下列情形之一的，要约不得撤销：

（一）要约人确定了承诺期限或者以其他形式明示要约不可撤销；

（二）受要约人有理由认为要约是不可撤销的，并已经为履行合同作了准备工作。

第二十条　有下列情形之一的，要约失效：

（一）拒绝要约的通知到达要约人；

（二）要约人依法撤销要约；

（三）承诺期限届满，受要约人未作出承诺；

（四）受要约人对要约的内容作出实质性变更。

第二十一条 承诺是受要约人同意要约的意思表示。

第二十二条 承诺应当以通知的方式作出，但根据交易习惯或者要约表明可以通过行为作出承诺的除外。

第二十三条 承诺应当在要约确定的期限内到达要约人。

要约没有确定承诺期限的，承诺应当依照下列规定到达：

（一）要约以对话方式作出的，应当即时作出承诺，但当事人另有约定的除外；

（二）要约以非对话方式作出的，承诺应当在合理期限内到达。

第二十四条 要约以信件或者电报作出的，承诺期限自信件载明的日期或者电报交发之日开始计算。信件未载明日期的，自投寄该信件的邮戳日期开始计算。要约以电话、传真等快速通讯方式作出的，承诺期限自要约到达受要约人时开始计算。

第二十五条 承诺生效时合同成立。

第二十六条 承诺通知到达要约人时生效。承诺不需要通知的，根据交易习惯或者要约的要求作出承诺的行为时生效。

采用数据电文形式订立合同的，承诺到达的时间适用本法第十六条第二款的规定。

第二十七条 承诺可以撤回。撤回承诺的通知应当在承诺通知到达要约人之前或者与承诺通知同时到达要约人。

第二十八条 受要约人超过承诺期限发出承诺的，除要约人及时通知受要约人该承诺有效的以外，为新要约。

第二十九条 受要约人在承诺期限内发出承诺，按照通常情形能够及时到达要约人，但因其他原因承诺到达要约人时超过承诺期限的，除要约人及时通知受要约人因承诺超过期限不接受该承诺的以外，该承诺有效。

第三十条 承诺的内容应当与要约的内容一致。受要约人对要约的内容作出实质性变更的，为新要约。有关合同标的、数量、质量、价款或者报酬、履行期限、履行地点和方式、违约责任和解决争议方法等的变更，是对要约内容的实质性变更。

第三十一条　承诺对要约的内容作出非实质性变更的，除要约人及时表示反对或者要约表明承诺不得对要约的内容作出任何变更的以外，该承诺有效，合同的内容以承诺的内容为准。

第三十二条　当事人采用合同书形式订立合同的，自双方当事人签字或者盖章时合同成立。

第三十三条　当事人采用信件、数据电文等形式订立合同的，可以在合同成立之前要求签订确认书。签订确认书时合同成立。

第三十四条　承诺生效的地点为合同成立的地点。

采用数据电文形式订立合同的，收件人的主营业地为合同成立的地点；没有主营业地的，其经常居住地为合同成立的地点。当事人另有约定的，按照其约定。

第三十五条　当事人采用合同书形式订立合同的，双方当事人签字或者盖章的地点为合同成立的地点。

第三十六条　法律、行政法规规定或者当事人约定采用书面形式订立合同，当事人未采用书面形式但一方已经履行主要义务，对方接受的，该合同成立。

第三十七条　采用合同书形式订立合同，在签字或者盖章之前，当事人一方已经履行主要义务，对方接受的，该合同成立。

第三十八条　国家根据需要下达指令性任务或者国家订货任务的，有关法人、其他组织之间应当依照有关法律、行政法规规定的权利和义务订立合同。

第三十九条　采用格式条款订立合同的，提供格式条款的一方应当遵循公平原则确定当事人之间的权利和义务，并采取合理的方式提请对方注意免除或者限制其责任的条款，按照对方的要求，对该条款予以说明。

格式条款是当事人为了重复使用而预先拟定，并在订立合同时未与对方协商的条款。

第四十条　格式条款具有本法第五十二条和第五十三条规定情形的，或者提供格式条款一方免除其责任、加重对方责任、排除对方主要权利的，该条款无效。

第四十一条　对格式条款的理解发生争议的，应当按照通常理解予以解释。对格式条款有两种以上解释的，应当作出不利于提供格式条款一方的解释。格式条款和非格式条款不一致的，应当采用非格式条款。

第四十二条　当事人在订立合同过程中有下列情形之一，给对方造成损失的，应当承担损害赔偿责任：

（一）假借订立合同，恶意进行磋商；

（二）故意隐瞒与订立合同有关的重要事实或者提供虚假情况；

（三）有其他违背诚实信用原则的行为。

第四十三条　当事人在订立合同过程中知悉的商业秘密，无论合同是否成立，不得泄露或者不正当地使用。泄露或者不正当地使用该商业秘密给对方造成损失的，应当承担损害赔偿责任。

第三章　合同的效力

第四十四条　依法成立的合同，自成立时生效。

法律、行政法规规定应当办理批准、登记等手续生效的，依照其规定。

第四十五条　当事人对合同的效力可以约定附条件。附生效条件的合同，自条件成就时生效。附解除条件的合同，自条件成就时失效。

当事人为自己的利益不正当地阻止条件成就的，视为条件已成就；不正当地促成条件成就的，视为条件不成就。

第四十六条　当事人对合同的效力可以约定附期限。附生效期限的合同，自期限届至时生效。附终止期限的合同，自期限届满时失效。

第四十七条　限制民事行为能力人订立的合同，经法定代理人追认后，该合同有效，但纯获利益的合同或者与其年龄、智力、精神健康状况相适应而订立的合同，不必经法定代理人追认。

相对人可以催告法定代理人在一个月内予以追认。法定代理人未作表示的，视为拒绝追认。合同被追认之前，善意相对人有撤销的权利。撤销应当以通知的方式作出。

第四十八条　行为人没有代理权、超越代理权或者代理权终止后以被代理人名义订立的合同，未经被代理人追认，对被代理人不发生效力，由行为人承担责任。

相对人可以催告被代理人在一个月内予以追认。被代理人未作表示的，视为拒绝追认。合同被追认之前，善意相对人有撤销的权利。撤销应当以通知的方式作出。

第四十九条　行为人没有代理权、超越代理权或者代理权终止后以被代理人名义订立合同，相对人有理由相信行为人有代理权的，该代理行为有效。

第五十条　法人或者其他组织的法定代表人、负责人超越权限订立的合同，除相对人知道或者应当知道其超越权限的以外，该代表行为有效。

第五十一条　无处分权的人处分他人财产，经权利人追认或者无处分权的人订立合同后取得处分权的，该合同有效。

第五十二条　有下列情形之一的，合同无效：

（一）一方以欺诈、胁迫的手段订立合同，损害国家利益；

（二）恶意串通，损害国家、集体或者第三人利益；

（三）以合法形式掩盖非法目的；

（四）损害社会公共利益；

（五）违反法律、行政法规的强制性规定。

第五十三条　合同中的下列免责条款无效：

（一）造成对方人身伤害的；

（二）因故意或者重大过失造成对方财产损失的。

第五十四条　下列合同，当事人一方有权请求人民法院或者仲裁机构变更或者撤销：

（一）因重大误解订立的；

（二）在订立合同时显失公平的。

一方以欺诈、胁迫的手段或者乘人之危，使对方在违背真实意思的情况下订立的合同，受损害方有权请求人民法院或者仲裁机构变更或者撤销。

当事人请求变更的，人民法院或者仲裁机构不得撤销。

第五十五条　有下列情形之一的，撤销权消灭：

（一）具有撤销权的当事人自知道或者应当知道撤销事由之日起一年内没有行使撤销权；

（二）具有撤销权的当事人知道撤销事由后明确表示或者以自己的行为放弃撤销权。

第五十六条 无效的合同或者被撤销的合同自始没有法律约束力。合同部分无效，不影响其他部分效力的，其他部分仍然有效。

第五十七条 合同无效、被撤销或者终止的，不影响合同中独立存在的有关解决争议方法的条款的效力。

第五十八条 合同无效或者被撤销后，因该合同取得的财产，应当予以返还；不能返还或者没有必要返还的，应当折价补偿。有过错的一方应当赔偿对方因此所受到的损失，双方都有过错的，应当各自承担相应的责任。

第五十九条 当事人恶意串通，损害国家、集体或者第三人利益的，因此取得的财产收归国家所有或者返还集体、第三人。

第四章　合同的履行

第六十条 当事人应当按照约定全面履行自己的义务。

当事人应当遵循诚实信用原则，根据合同的性质、目的和交易习惯履行通知、协助、保密等义务。

第六十一条 合同生效后，当事人就质量、价款或者报酬、履行地点等内容没有约定或者约定不明确的，可以协议补充；不能达成补充协议的，按照合同有关条款或者交易习惯确定。

第六十二条 当事人就有关合同内容约定不明确，依照本法第六十一条的规定仍不能确定的，适用下列规定：

(一)质量要求不明确的，按照国家标准、行业标准履行；没有国家标准、行业标准的，按照通常标准或者符合合同目的的特定标准履行。

(二)价款或者报酬不明确的，按照订立合同时履行地的市场价格履行；依法应当执行政府定价或者政府指导价的，按照规定履行。

(三)履行地点不明确，给付货币的，在接受货币一方所在地履行；交付不动产的，在不动产所在地履行；其他标的，在履行义务一方所在地履行。

(四)履行期限不明确的，债务人可以随时履行，债权人也可以随时要求履行，但应当给对方必要的准备时间。

(五)履行方式不明确的，按照有利于实现合同目的的方式履行。

(六)履行费用的负担不明确的,由履行义务一方负担。

第六十三条　执行政府定价或者政府指导价的,在合同约定的交付期限内政府价格调整时,按照交付时的价格计价。逾期交付标的物的,遇价格上涨时,按照原价格执行;价格下降时,按照新价格执行。逾期提取标的物或者逾期付款的,遇价格上涨时,按照新价格执行;价格下降时,按照原价格执行。

第六十四条　当事人约定由债务人向第三人履行债务的,债务人未向第三人履行债务或者履行债务不符合约定,应当向债权人承担违约责任。

第六十五条　当事人约定由第三人向债权人履行债务的,第三人不履行债务或者履行债务不符合约定,债务人应当向债权人承担违约责任。

第六十六条　当事人互负债务,没有先后履行顺序的,应当同时履行。一方在对方履行之前有权拒绝其履行要求。一方在对方履行债务不符合约定时,有权拒绝其相应的履行要求。

第六十七条　当事人互负债务,有先后履行顺序,先履行一方未履行的,后履行一方有权拒绝其履行要求。先履行一方履行债务不符合约定的,后履行一方有权拒绝其相应的履行要求。

第六十八条　应当先履行债务的当事人,有确切证据证明对方有下列情形之一的,可以中止履行:

(一)经营状况严重恶化;

(二)转移财产、抽逃资金,以逃避债务;

(三)丧失商业信誉;

(四)有丧失或者可能丧失履行债务能力的其他情形。

当事人没有确切证据中止履行的,应当承担违约责任。

第六十九条　当事人依照本法第六十八条的规定中止履行的,应当及时通知对方。对方提供适当担保时,应当恢复履行。中止履行后,对方在合理期限内未恢复履行能力并且未提供适当担保的,中止履行的一方可以解除合同。

第七十条　债权人分立、合并或者变更住所没有通知债务人,致使履行债务发生困难的,债务人可以中止履行或者将标的物提存。

第七十一条　债权人可以拒绝债务人提前履行债务,但提前履行不损害债权人利益的除外。

债务人提前履行债务给债权人增加的费用,由债务人负担。

第七十二条 债权人可以拒绝债务人部分履行债务,但部分履行不损害债权人利益的除外。

债务人部分履行债务给债权人增加的费用,由债务人负担。

第七十三条 因债务人怠于行使其到期债权,对债权人造成损害的,债权人可以向人民法院请求以自己的名义代位行使债务人的债权,但该债权专属于债务人自身的除外。

代位权的行使范围以债权人的债权为限。债权人行使代位权的必要费用,由债务人负担。

第七十四条 因债务人放弃其到期债权或者无偿转让财产,对债权人造成损害的,债权人可以请求人民法院撤销债务人的行为。债务人以明显不合理的低价转让财产,对债权人造成损害,并且受让人知道该情形的,债权人也可以请求人民法院撤销债务人的行为。

撤销权的行使范围以债权人的债权为限。债权人行使撤销权的必要费用,由债务人负担。

第七十五条 撤销权自债权人知道或者应当知道撤销事由之日起一年内行使。自债务人的行为发生之日起五年内没有行使撤销权的,该撤销权消灭。

第七十六条 合同生效后,当事人不得因姓名、名称的变更或者法定代表人、负责人、承办人的变动而不履行合同义务。

第五章 合同的变更和转让

第七十七条 当事人协商一致,可以变更合同。

法律、行政法规规定变更合同应当办理批准、登记等手续的,依照其规定。

第七十八条 当事人对合同变更的内容约定不明确的,推定为未变更。

第七十九条 债权人可以将合同的权利全部或者部分转让给第三人,但有下列情形之一的除外:

(一)根据合同性质不得转让;

(二)按照当事人约定不得转让;

(三)依照法律规定不得转让。

第八十条 债权人转让权利的,应当通知债务人。未经通知,该转让对债务人不发生效力。

债权人转让权利的通知不得撤销,但经受让人同意的除外。

第八十一条 债权人转让权利的,受让人取得与债权有关的从权利,但该从权利专属于债权人自身的除外。

第八十二条 债务人接到债权转让通知后,债务人对让与人的抗辩,可以向受让人主张。

第八十三条 债务人接到债权转让通知时,债务人对让与人享有债权,并且债务人的债权先于转让的债权到期或者同时到期的,债务人可以向受让人主张抵销。

第八十四条 债务人将合同的义务全部或者部分转移给第三人的,应当经债权人同意。

第八十五条 债务人转移义务的,新债务人可以主张原债务人对债权人的抗辩。

第八十六条 债务人转移义务的,新债务人应当承担与主债务有关的从债务,但该从债务专属于原债务人自身的除外。

第八十七条 法律、行政法规规定转让权利或者转移义务应当办理批准、登记等手续的,依照其规定。

第八十八条 当事人一方经对方同意,可以将自己在合同中的权利和义务一并转让给第三人。

第八十九条 权利和义务一并转让的,适用本法第七十九条、第八十一条至第八十三条、第八十五条至第八十七条的规定。

第九十条 当事人订立合同后合并的,由合并后的法人或者其他组织行使合同权利,履行合同义务。当事人订立合同后分立的,除债权人和债务人另有约定的以外,由分立的法人或者其他组织对合同的权利和义务享有连带债权,承担连带债务。

第六章　合同的权利义务终止

第九十一条　有下列情形之一的，合同的权利义务终止：

（一）债务已经按照约定履行；

（二）合同解除；

（三）债务相互抵销；

（四）债务人依法将标的物提存；

（五）债权人免除债务；

（六）债权债务同归于一人；

（七）法律规定或者当事人约定终止的其他情形。

第九十二条　合同的权利义务终止后，当事人应当遵循诚实信用原则，根据交易习惯履行通知、协助、保密等义务。

第九十三条　当事人协商一致，可以解除合同。

当事人可以约定一方解除合同的条件。解除合同的条件成就时，解除权人可以解除合同。

第九十四条　有下列情形之一的，当事人可以解除合同：

（一）因不可抗力致使不能实现合同目的；

（二）在履行期限届满之前，当事人一方明确表示或者以自己的行为表明不履行主要债务；

（三）当事人一方迟延履行主要债务，经催告后在合理期限内仍未履行；

（四）当事人一方迟延履行债务或者有其他违约行为致使不能实现合同目的；

（五）法律规定的其他情形。

第九十五条　法律规定或者当事人约定解除权行使期限，期限届满当事人不行使的，该权利消灭。

法律没有规定或者当事人没有约定解除权行使期限，经对方催告后在合理期限内不行使的，该权利消灭。

第九十六条　当事人一方依照本法第九十三条第二款、第九十四条的规定主张解除合同的，应当通知对方。合同自通知到达对方时解除。对方有异议的，可以请求人民法院或者仲裁机构确认解除合同的效力。

法律、行政法规规定解除合同应当办理批准、登记等手续的，依照其规定。

第九十七条　合同解除后，尚未履行的，终止履行；已经履行的，根据履行情况和合同性质，当事人可以要求恢复原状、采取其他补救措施，并有权要求赔偿损失。

第九十八条　合同的权利义务终止，不影响合同中结算和清理条款的效力。

第九十九条　当事人互负到期债务，该债务的标的物种类、品质相同的，任何一方可以将自己的债务与对方的债务抵销，但依照法律规定或者按照合同性质不得抵销的除外。

当事人主张抵销的，应当通知对方。通知自到达对方时生效。抵销不得附条件或者附期限。

第一百条　当事人互负债务，标的物种类、品质不相同的，经双方协商一致，也可以抵销。

第一百零一条　有下列情形之一，难以履行债务的，债务人可以将标的物提存：

（一）债权人无正当理由拒绝受领；

（二）债权人下落不明；

（三）债权人死亡未确定继承人或者丧失民事行为能力未确定监护人；

（四）法律规定的其他情形。

标的物不适于提存或者提存费用过高的，债务人依法可以拍卖或者变卖标的物，提存所得的价款。

第一百零二条　标的物提存后，除债权人下落不明的以外，债务人应当及时通知债权人或者债权人的继承人、监护人。

第一百零三条　标的物提存后，毁损、灭失的风险由债权人承担。提存期间，标的物的孳息归债权人所有。提存费用由债权人负担。

第一百零四条　债权人可以随时领取提存物，但债权人对债务人负有到期债务的，在债权人未履行债务或者提供担保之前，提存部门根据债务人的要求应当拒绝其领取提存物。

债权人领取提存物的权利，自提存之日起五年内不行使而消灭，提存物扣除提存费用后归国家所有。

第一百零五条 债权人免除债务人部分或者全部债务的，合同的权利义务部分或者全部终止。

第一百零六条 债权和债务同归于一人的，合同的权利义务终止，但涉及第三人利益的除外。

第七章 违约责任

第一百零七条 当事人一方不履行合同义务或者履行合同义务不符合约定的，应当承担继续履行、采取补救措施或者赔偿损失等违约责任。

第一百零八条 当事人一方明确表示或者以自己的行为表明不履行合同义务的，对方可以在履行期限届满之前要求其承担违约责任。

第一百零九条 当事人一方未支付价款或者报酬的，对方可以要求其支付价款或者报酬。

第一百一十条 当事人一方不履行非金钱债务或者履行非金钱债务不符合约定的，对方可以要求履行，但有下列情形之一的除外：

（一）法律上或者事实上不能履行；

（二）债务的标的不适于强制履行或者履行费用过高；

（三）债权人在合理期限内未要求履行。

第一百一十一条 质量不符合约定的，应当按照当事人的约定承担违约责任。对违约责任没有约定或者约定不明确，依照本法第六十一条的规定仍不能确定的，受损害方根据标的的性质以及损失的大小，可以合理选择要求对方承担修理、更换、重作、退货、减少价款或者报酬等违约责任。

第一百一十二条 当事人一方不履行合同义务或者履行合同义务不符合约定的，在履行义务或者采取补救措施后，对方还有其他损失的，应当赔偿损失。

第一百一十三条 当事人一方不履行合同义务或者履行合同义务不符合约定，给对方造成损失的，损失赔偿额应当相当于因违约所造成的损失，包括合同履行后可以获得的利益，但不得超过违反合同一方订立合同时预见到或者应当预见到的因违反合同可能造成的损失。

经营者对消费者提供商品或者服务有欺诈行为的，依照《中华人民共和国消费者权益保护法》的规定承担损害赔偿责任。

第一百一十四条　当事人可以约定一方违约时应当根据违约情况向对方支付一定数额的违约金，也可以约定因违约产生的损失赔偿额的计算方法。

约定的违约金低于造成的损失的，当事人可以请求人民法院或者仲裁机构予以增加；约定的违约金过分高于造成的损失的，当事人可以请求人民法院或者仲裁机构予以适当减少。

当事人就迟延履行约定违约金的，违约方支付违约金后，还应当履行债务。

第一百一十五条　当事人可以依照《中华人民共和国担保法》约定一方向对方给付定金作为债权的担保。债务人履行债务后，定金应当抵作价款或者收回。给付定金的一方不履行约定的债务的，无权要求返还定金；收受定金的一方不履行约定的债务的，应当双倍返还定金。

第一百一十六条　当事人既约定违约金，又约定定金的，一方违约时，对方可以选择适用违约金或者定金条款。

第一百一十七条　因不可抗力不能履行合同的，根据不可抗力的影响，部分或者全部免除责任，但法律另有规定的除外。当事人迟延履行后发生不可抗力的，不能免除责任。

本法所称不可抗力，是指不能预见、不能避免并不能克服的客观情况。

第一百一十八条　当事人一方因不可抗力不能履行合同的，应当及时通知对方，以减轻可能给对方造成的损失，并应当在合理期限内提供证明。

第一百一十九条　当事人一方违约后，对方应当采取适当措施防止损失的扩大；没有采取适当措施致使损失扩大的，不得就扩大的损失要求赔偿。

当事人因防止损失扩大而支出的合理费用，由违约方承担。

第一百二十条　当事人双方都违反合同的，应当各自承担相应的责任。

第一百二十一条　当事人一方因第三人的原因造成违约的，应当向对方承担违约责任。当事人一方和第三人之间的纠纷，依照法律规定或者按照约定解决。

第一百二十二条　因当事人一方的违约行为，侵害对方人身、财产权益的，受损害方有权选择依照本法要求其承担违约责任或者依照其他法律要求其承担侵权责任。

第八章　其他规定

第一百二十三条　其他法律对合同另有规定的，依照其规定。

第一百二十四条　本法分则或者其他法律没有明文规定的合同，适用本法总则的规定，并可以参照本法分则或者其他法律最相类似的规定。

第一百二十五条　当事人对合同条款的理解有争议的，应当按照合同所使用的词句、合同的有关条款、合同的目的、交易习惯以及诚实信用原则，确定该条款的真实意思。

合同文本采用两种以上文字订立并约定具有同等效力的，对各文本使用的词句推定具有相同含义。各文本使用的词句不一致的，应当根据合同的目的予以解释。

第一百二十六条　涉外合同的当事人可以选择处理合同争议所适用的法律，但法律另有规定的除外。涉外合同的当事人没有选择的，适用与合同有最密切联系的国家的法律。

在中华人民共和国境内履行的中外合资经营企业合同、中外合作经营企业合同、中外合作勘探开发自然资源合同，适用中华人民共和国法律。

第一百二十七条　工商行政管理部门和其他有关行政主管部门在各自的职权范围内，依照法律、行政法规的规定，对利用合同危害国家利益、社会公共利益的违法行为，负责监督处理；构成犯罪的，依法追究刑事责任。

第一百二十八条　当事人可以通过和解或者调解解决合同争议。

当事人不愿和解、调解或者和解、调解不成的，可以根据仲裁协议向仲裁机构申请仲裁。涉外合同的当事人可以根据仲裁协议向中国仲裁机构或者其他仲裁机构申请仲裁。当事人没有订立仲裁协议或者仲裁协议无效的，可以向人民法院起诉。当事人应当履行发生法律效力的判决、仲裁裁决、调解书；拒不履行的，对方可以请求人民法院执行。

第一百二十九条　因国际货物买卖合同和技术进出口合同争议提起诉讼或者申请仲裁的期限为四年，自当事人知道或者应当知道其权利受到侵害之日起计算。

因其他合同争议提起诉讼或者申请仲裁的期限，依照有关法律的规定。

分　则

第九章　买卖合同

第一百三十条　买卖合同是出卖人转移标的物的所有权于买受人，买受人支付价款的合同。

第一百三十一条　买卖合同的内容除依照本法第十二条的规定以外，还可以包括包装方式、检验标准和方法、结算方式、合同使用的文字及其效力等条款。

第一百三十二条　出卖的标的物，应当属于出卖人所有或者出卖人有权处分。

法律、行政法规禁止或者限制转让的标的物，依照其规定。

第一百三十三条　标的物的所有权自标的物交付时起转移，但法律另有规定或者当事人另有约定的除外。

第一百三十四条　当事人可以在买卖合同中约定买受人未履行支付价款或者其他义务的，标的物的所有权属于出卖人。

第一百三十五条　出卖人应当履行向买受人交付标的物或者交付提取标的物的单证，并转移标的物所有权的义务。

第一百三十六条　出卖人应当按照约定或者交易习惯向买受人交付提取标的物单证以外的有关单证和资料。

第一百三十七条　出卖具有知识产权的计算机软件等标的物的，除法律另有规定或者当事人另有约定的以外，该标的物的知识产权不属于买受人。

第一百三十八条　出卖人应当按照约定的期限交付标的物。约定交付期间的，出卖人可以在该交付期间内的任何时间交付。

第一百三十九条　当事人没有约定标的物的交付期限或者约定不明确的，适用本法第六十一条、第六十二条第四项的规定。

第一百四十条　标的物在订立合同之前已为买受人占有的，合同生效的时间为交付时间。

第一百四十一条　出卖人应当按照约定的地点交付标的物。

当事人没有约定交付地点或者约定不明确，依照本法第六十一条的规定仍不能确定的，适用下列规定：

（一）标的物需要运输的，出卖人应当将标的物交付给第一承运人以运交给买受人；

（二）标的物不需要运输，出卖人和买受人订立合同时知道标的物在某一地点的，出卖人应当在该地点交付标的物；不知道标的物在某一地点的，应当在出卖人订立合同时的营业地交付标的物。

第一百四十二条 标的物毁损、灭失的风险，在标的物交付之前由出卖人承担，交付之后由买受人承担，但法律另有规定或者当事人另有约定的除外。

第一百四十三条 因买受人的原因致使标的物不能按照约定的期限交付的，买受人应当自违反约定之日起承担标的物毁损、灭失的风险。

第一百四十四条 出卖人出卖交由承运人运输的在途标的物，除当事人另有约定的以外，毁损、灭失的风险自合同成立时起由买受人承担。

第一百四十五条 当事人没有约定交付地点或者约定不明确，依照本法第一百四十一条第二款第一项的规定标的物需要运输的，出卖人将标的物交付给第一承运人后，标的物毁损、灭失的风险由买受人承担。

第一百四十六条 出卖人按照约定或者依照本法第一百四十一条第二款第二项的规定将标的物置于交付地点，买受人违反约定没有收取的，标的物毁损、灭失的风险自违反约定之日起由买受人承担。

第一百四十七条 出卖人按照约定未交付有关标的物的单证和资料的，不影响标的物毁损、灭失风险的转移。

第一百四十八条 因标的物质量不符合质量要求，致使不能实现合同目的的，买受人可以拒绝接受标的物或者解除合同。买受人拒绝接受标的物或者解除合同的，标的物毁损、灭失的风险由出卖人承担。

第一百四十九条 标的物毁损、灭失的风险由买受人承担的，不影响因出卖人履行债务不符合约定，买受人要求其承担违约责任的权利。

第一百五十条 出卖人就交付的标的物，负有保证第三人不得向买受人主张任何权利的义务，但法律另有规定的除外。

第一百五十一条　买受人订立合同时知道或者应当知道第三人对买卖的标的物享有权利的，出卖人不承担本法第一百五十条规定的义务。

第一百五十二条　买受人有确切证据证明第三人可能就标的物主张权利的，可以中止支付相应的价款，但出卖人提供适当担保的除外。

第一百五十三条　出卖人应当按照约定的质量要求交付标的物。出卖人提供有关标的物质量说明的，交付的标的物应当符合该说明的质量要求。

第一百五十四条　当事人对标的物的质量要求没有约定或者约定不明确，依照本法第六十一条的规定仍不能确定的，适用本法第六十二条第一项的规定。

第一百五十五条　出卖人交付的标的物不符合质量要求的，买受人可以依照本法第一百一十一条的规定要求承担违约责任。

第一百五十六条　出卖人应当按照约定的包装方式交付标的物。对包装方式没有约定或者约定不明确，依照本法第六十一条的规定仍不能确定的，应当按照通用的方式包装，没有通用方式的，应当采取足以保护标的物的包装方式。

第一百五十七条　买受人收到标的物时应当在约定的检验期间内检验。没有约定检验期间的，应当及时检验。

第一百五十八条　当事人约定检验期间的，买受人应当在检验期间内将标的物的数量或者质量不符合约定的情形通知出卖人。买受人怠于通知的，视为标的物的数量或者质量符合约定。

当事人没有约定检验期间的，买受人应当在发现或者应当发现标的物的数量或者质量不符合约定的合理期间内通知出卖人。买受人在合理期间内未通知或者自标的物收到之日起两年内未通知出卖人的，视为标的物的数量或者质量符合约定，但对标的物有质量保证期的，适用质量保证期，不适用该两年的规定。

出卖人知道或者应当知道提供的标的物不符合约定的，买受人不受前两款规定的通知时间的限制。

第一百五十九条　买受人应当按照约定的数额支付价款。对价款没有约定或者约定不明确的，适用本法第六十一条、第六十二条第二项的规定。

第一百六十条　买受人应当按照约定的地点支付价款。对支付地点没有约定或者约定不明确，依照本法第六十一条的规定仍不能确定的，买受人应当在出卖人的营业地支付,但约定支付价款以交付标的物或者交付提取标的物单证为条件的,在交付标的物或者交付提取标的物单证的所在地支付。

第一百六十一条 买受人应当按照约定的时间支付价款。对支付时间没有约定或者约定不明确,依照本法第六十一条的规定仍不能确定的,买受人应当在收到标的物或者提取标的物单证的同时支付。

第一百六十二条 出卖人多交标的物的,买受人可以接收或者拒绝接收多交的部分。买受人接收多交部分的,按照合同的价格支付价款;买受人拒绝接收多交部分的,应当及时通知出卖人。

第一百六十三条 标的物在交付之前产生的孳息,归出卖人所有,交付之后产生的孳息,归买受人所有。

第一百六十四条 因标的物的主物不符合约定而解除合同的,解除合同的效力及于从物。因标的物的从物不符合约定被解除的,解除的效力不及于主物。

第一百六十五条 标的物为数物,其中一物不符合约定的,买受人可以就该物解除,但该物与他物分离使标的物的价值显受损害的,当事人可以就数物解除合同。

第一百六十六条 出卖人分批交付标的物的,出卖人对其中一批标的物不交付或者交付不符合约定,致使该批标的物不能实现合同目的的,买受人可以就该批标的物解除。

出卖人不交付其中一批标的物或者交付不符合约定,致使今后其他各批标的物的交付不能实现合同目的的,买受人可以就该批以及今后其他各批标的物解除。

买受人如果就其中一批标的物解除,该批标的物与其他各批标的物相互依存的,可以就已经交付和未交付的各批标的物解除。

第一百六十七条 分期付款的买受人未支付到期价款的金额达到全部价款的五分之一的,出卖人可以要求买受人支付全部价款或者解除合同。

出卖人解除合同的,可以向买受人要求支付该标的物的使用费。

第一百六十八条 凭样品买卖的当事人应当封存样品,并可以对样品质量予以说明。出卖人交付的标的物应当与样品及其说明的质量相同。

第一百六十九条 凭样品买卖的买受人不知道样品有隐蔽瑕疵的,即使交付的标的物与样品相同，出卖人交付的标的物的质量仍然应当符合同种物的通常标准。

第一百七十条 试用买卖的当事人可以约定标的物的试用期间。对试用期间没有约定或者约定不明确，依照本法第六十一条的规定仍不能确定的，由出卖人确定。

第一百七十一条 试用买卖的买受人在试用期内可以购买标的物，也可以拒绝购买。试用期间届满，买受人对是否购买标的物未作表示的，视为购买。

第一百七十二条 招标投标买卖的当事人的权利和义务以及招标投标程序等，依照有关法律、行政法规的规定。

第一百七十三条 拍卖的当事人的权利和义务以及拍卖程序等，依照有关法律、行政法规的规定。

第一百七十四条 法律对其他有偿合同有规定的，依照其规定；没有规定的，参照买卖合同的有关规定。

第一百七十五条 当事人约定易货交易，转移标的物的所有权的，参照买卖合同的有关规定。

第十章 供用电、水、气、热力合同

第一百七十六条 供用电合同是供电人向用电人供电，用电人支付电费的合同。

第一百七十七条 供用电合同的内容包括供电的方式、质量、时间，用电容量、地址、性质，计量方式，电价、电费的结算方式，供用电设施的维护责任等条款。

第一百七十八条 供用电合同的履行地点，按照当事人约定；当事人没有约定或者约定不明确的，供电设施的产权分界处为履行地点。

第一百七十九条 供电人应当按照国家规定的供电质量标准和约定安全供电。供电人未按照国家规定的供电质量标准和约定安全供电，造成用电人损失的，应当承担损害赔偿责任。

第一百八十条 供电人因供电设施计划检修、临时检修、依法限电或者用电人违法用电等原因，需要中断供电时，应当按照国家有关规定事先通知用电人。未事先通知用电人中断供电，造成用电人损失的，应当承担损害赔偿责任。

第一百八十一条 因自然灾害等原因断电，供电人应当按照国家有关规定及时抢修。未及时抢修，造成用电人损失的，应当承担损害赔偿责任。

第一百八十二条 用电人应当按照国家有关规定和当事人的约定及时交付电费。用电人逾期不交付电费的，应当按照约定支付违约金。经催告用电人在合理期限内仍不交付电费和违约金的，供电人可以按照国家规定的程序中止供电。

第一百八十三条 用电人应当按照国家有关规定和当事人的约定安全用电。用电人未按照国家有关规定和当事人的约定安全用电，造成供电人损失的，应当承担损害赔偿责任。

第一百八十四条 供用水、供用气、供用热力合同，参照供用电合同的有关规定。

第十一章　赠与合同

第一百八十五条 赠与合同是赠与人将自己的财产无偿给予受赠人，受赠人表示接受赠与的合同。

第一百八十六条 赠与人在赠与财产的权利转移之前可以撤销赠与。

具有救灾、扶贫等社会公益、道德义务性质的赠与合同或者经过公证的赠与合同，不适用前款规定。

第一百八十七条 赠与的财产依法需要办理登记等手续的，应当办理有关手续。

第一百八十八条 具有救灾、扶贫等社会公益、道德义务性质的赠与合同或者经过公证的赠与合同，赠与人不交付赠与的财产的，受赠人可以要求交付。

第一百八十九条 因赠与人故意或者重大过失致使赠与的财产毁损、灭失的，赠与人应当承担损害赔偿责任。

第一百九十条 赠与可以附义务。

赠与附义务的，受赠人应当按照约定履行义务。

第一百九十一条 赠与的财产有瑕疵的，赠与人不承担责任。附义务的赠与，赠与的财产有瑕疵的，赠与人在附义务的限度内承担与出卖人相同的责任。

赠与人故意不告知瑕疵或者保证无瑕疵，造成受赠人损失的，应当承担损害赔偿责任。

第一百九十二条　受赠人有下列情形之一的，赠与人可以撤销赠与：

（一）严重侵害赠与人或者赠与人的近亲属；

（二）对赠与人有扶养义务而不履行；

（三）不履行赠与合同约定的义务。

赠与人的撤销权，自知道或者应当知道撤销原因之日起一年内行使。

第一百九十三条　因受赠人的违法行为致使赠与人死亡或者丧失民事行为能力的，赠与人的继承人或者法定代理人可以撤销赠与。

赠与人的继承人或者法定代理人的撤销权，自知道或者应当知道撤销原因之日起六个月内行使。

第一百九十四条　撤销权人撤销赠与的，可以向受赠人要求返还赠与的财产。

第一百九十五条　赠与人的经济状况显著恶化，严重影响其生产经营或者家庭生活的，可以不再履行赠与义务。

第十二章　借款合同

第一百九十六条　借款合同是借款人向贷款人借款，到期返还借款并支付利息的合同。

第一百九十七条　借款合同采用书面形式，但自然人之间借款另有约定的除外。

借款合同的内容包括借款种类、币种、用途、数额、利率、期限和还款方式等条款。

第一百九十八条　订立借款合同，贷款人可以要求借款人提供担保。担保依照《中华人民共和国担保法》的规定。

第一百九十九条　订立借款合同，借款人应当按照贷款人的要求提供与借款有关的业务活动和财务状况的真实情况。

第二百条　借款的利息不得预先在本金中扣除。利息预先在本金中扣除的，应当按照实际借款数额返还借款并计算利息。

第二百零一条 贷款人未按照约定的日期、数额提供借款，造成借款人损失的，应当赔偿损失。

借款人未按照约定的日期、数额收取借款的，应当按照约定的日期、数额支付利息。

第二百零二条 贷款人按照约定可以检查、监督借款的使用情况。借款人应当按照约定向贷款人定期提供有关财务会计报表等资料。

第二百零三条 借款人未按照约定的借款用途使用借款的，贷款人可以停止发放借款、提前收回借款或者解除合同。

第二百零四条 办理贷款业务的金融机构贷款的利率，应当按照中国人民银行规定的贷款利率的上下限确定。

第二百零五条 借款人应当按照约定的期限支付利息。对支付利息的期限没有约定或者约定不明确，依照本法第六十一条的规定仍不能确定，借款期间不满一年的，应当在返还借款时一并支付；借款期间一年以上的，应当在每届满一年时支付，剩余期间不满一年的，应当在返还借款时一并支付。

第二百零六条 借款人应当按照约定的期限返还借款。对借款期限没有约定或者约定不明确，依照本法第六十一条的规定仍不能确定的，借款人可以随时返还；贷款人可以催告借款人在合理期限内返还。

第二百零七条 借款人未按照约定的期限返还借款的，应当按照约定或者国家有关规定支付逾期利息。

第二百零八条 借款人提前偿还借款的，除当事人另有约定的以外，应当按照实际借款的期间计算利息。

第二百零九条 借款人可以在还款期限届满之前向贷款人申请展期。贷款人同意的，可以展期。

第二百一十条 自然人之间的借款合同，自贷款人提供借款时生效。

第二百一十一条 自然人之间的借款合同对支付利息没有约定或者约定不明确的，视为不支付利息。

自然人之间的借款合同约定支付利息的，借款的利率不得违反国家有关限制借款利率的规定。

第十三章　租赁合同

第二百一十二条　租赁合同是出租人将租赁物交付承租人使用、收益，承租人支付租金的合同。

第二百一十三条　租赁合同的内容包括租赁物的名称、数量、用途、租赁期限、租金及其支付期限和方式、租赁物维修等条款。

第二百一十四条　租赁期限不得超过二十年。超过二十年的，超过部分无效。

租赁期间届满，当事人可以续订租赁合同，但约定的租赁期限自续订之日起不得超过二十年。

第二百一十五条　租赁期限六个月以上的，应当采用书面形式。当事人未采用书面形式的，视为不定期租赁。

第二百一十六条　出租人应当按照约定将租赁物交付承租人，并在租赁期间保持租赁物符合约定的用途。

第二百一十七条　承租人应当按照约定的方法使用租赁物。对租赁物的使用方法没有约定或者约定不明确，依照本法第六十一条的规定仍不能确定的，应当按照租赁物的性质使用。

第二百一十八条　承租人按照约定的方法或者租赁物的性质使用租赁物，致使租赁物受到损耗的，不承担损害赔偿责任。

第二百一十九条　承租人未按照约定的方法或者租赁物的性质使用租赁物，致使租赁物受到损失的，出租人可以解除合同并要求赔偿损失。

第二百二十条　出租人应当履行租赁物的维修义务，但当事人另有约定的除外。

第二百二十一条　承租人在租赁物需要维修时可以要求出租人在合理期限内维修。出租人未履行维修义务的，承租人可以自行维修，维修费用由出租人负担。因维修租赁物影响承租人使用的，应当相应减少租金或者延长租期。

第二百二十二条　承租人应当妥善保管租赁物，因保管不善造成租赁物毁损、灭失的，应当承担损害赔偿责任。

第二百二十三条　承租人经出租人同意，可以对租赁物进行改善或者增设他物。

承租人未经出租人同意，对租赁物进行改善或者增设他物的，出租人可以要求承租人恢复原状或者赔偿损失。

第二百二十四条 承租人经出租人同意，可以将租赁物转租给第三人。承租人转租的，承租人与出租人之间的租赁合同继续有效，第三人对租赁物造成损失的，承租人应当赔偿损失。

承租人未经出租人同意转租的，出租人可以解除合同。

第二百二十五条 在租赁期间因占有、使用租赁物获得的收益，归承租人所有，但当事人另有约定的除外。

第二百二十六条 承租人应当按照约定的期限支付租金。对支付期限没有约定或者约定不明确，依照本法第六十一条的规定仍不能确定，租赁期间不满一年的，应当在租赁期间届满时支付；租赁期间一年以上的，应当在每届满一年时支付，剩余期间不满一年的，应当在租赁期间届满时支付。

第二百二十七条 承租人无正当理由未支付或者迟延支付租金的，出租人可以要求承租人在合理期限内支付。承租人逾期不支付的，出租人可以解除合同。

第二百二十八条 因第三人主张权利，致使承租人不能对租赁物使用、收益的，承租人可以要求减少租金或者不支付租金。

第三人主张权利的，承租人应当及时通知出租人。

第二百二十九条 租赁物在租赁期间发生所有权变动的，不影响租赁合同的效力。

第二百三十条 出租人出卖租赁房屋的，应当在出卖之前的合理期限内通知承租人，承租人享有以同等条件优先购买的权利。

第二百三十一条 因不可归责于承租人的事由，致使租赁物部分或者全部毁损、灭失的，承租人可以要求减少租金或者不支付租金；因租赁物部分或者全部毁损、灭失，致使不能实现合同目的的，承租人可以解除合同。

第二百三十二条 当事人对租赁期限没有约定或者约定不明确，依照本法第六十一条的规定仍不能确定的，视为不定期租赁。当事人可以随时解除合同，但出租人解除合同应当在合理期限之前通知承租人。

第二百三十三条　租赁物危及承租人的安全或者健康的，即使承租人订立合同时明知该租赁物质量不合格，承租人仍然可以随时解除合同。

第二百三十四条　承租人在房屋租赁期间死亡的，与其生前共同居住的人可以按照原租赁合同租赁该房屋。

第二百三十五条　租赁期间届满，承租人应当返还租赁物。返还的租赁物应当符合按照约定或者租赁物的性质使用后的状态。

第二百三十六条　租赁期间届满，承租人继续使用租赁物，出租人没有提出异议的，原租赁合同继续有效，但租赁期限为不定期。

第十四章　融资租赁合同

第二百三十七条　融资租赁合同是出租人根据承租人对出卖人、租赁物的选择，向出卖人购买租赁物，提供给承租人使用，承租人支付租金的合同。

第二百三十八条　融资租赁合同的内容包括租赁物名称、数量、规格、技术性能、检验方法、租赁期限、租金构成及其支付期限和方式、币种、租赁期间届满租赁物的归属等条款。

融资租赁合同应当采用书面形式。

第二百三十九条　出租人根据承租人对出卖人、租赁物的选择订立的买卖合同，出卖人应当按照约定向承租人交付标的物，承租人享有与受领标的物有关的买受人的权利。

第二百四十条　出租人、出卖人、承租人可以约定，出卖人不履行买卖合同义务的，由承租人行使索赔的权利。承租人行使索赔权利的，出租人应当协助。

第二百四十一条　出租人根据承租人对出卖人、租赁物的选择订立的买卖合同，未经承租人同意，出租人不得变更与承租人有关的合同内容。

第二百四十二条　出租人享有租赁物的所有权。承租人破产的，租赁物不属于破产财产。

第二百四十三条　融资租赁合同的租金，除当事人另有约定的以外，应当根据购买租赁物的大部分或者全部成本以及出租人的合理利润确定。

第二百四十四条　租赁物不符合约定或者不符合使用目的的，出租人不承担责任，但承租人依赖出租人的技能确定租赁物或者出租人干预选择租赁物的除外。

第二百四十五条 出租人应当保证承租人对租赁物的占有和使用。

第二百四十六条 承租人占有租赁物期间，租赁物造成第三人的人身伤害或者财产损害的，出租人不承担责任。

第二百四十七条 承租人应当妥善保管、使用租赁物。

承租人应当履行占有租赁物期间的维修义务。

第二百四十八条 承租人应当按照约定支付租金。承租人经催告后在合理期限内仍不支付租金的，出租人可以要求支付全部租金；也可以解除合同，收回租赁物。

第二百四十九条 当事人约定租赁期间届满租赁物归承租人所有，承租人已经支付大部分租金，但无力支付剩余租金，出租人因此解除合同收回租赁物的，收回的租赁物的价值超过承租人欠付的租金以及其他费用的，承租人可以要求部分返还。

第二百五十条 出租人和承租人可以约定租赁期间届满租赁物的归属。对租赁物的归属没有约定或者约定不明确，依照本法第六十一条的规定仍不能确定的，租赁物的所有权归出租人。

第十五章 承揽合同

第二百五十一条 承揽合同是承揽人按照定作人的要求完成工作，交付工作成果，定作人给付报酬的合同。

承揽包括加工、定作、修理、复制、测试、检验等工作。

第二百五十二条 承揽合同的内容包括承揽的标的、数量、质量、报酬、承揽方式、材料的提供、履行期限、验收标准和方法等条款。

第二百五十三条 承揽人应当以自己的设备、技术和劳力，完成主要工作，但当事人另有约定的除外。

承揽人将其承揽的主要工作交由第三人完成的，应当就该第三人完成的工作成果向定作人负责；未经定作人同意的，定作人也可以解除合同。

第二百五十四条 承揽人可以将其承揽的辅助工作交由第三人完成。承揽人将其承揽的辅助工作交由第三人完成的，应当就该第三人完成的工作成果向定作人负责。

第二百五十五条 承揽人提供材料的，承揽人应当按照约定选用材料，并接受定作人检验。

第二百五十六条 定作人提供材料的，定作人应当按照约定提供材料。承揽人对定作人提供的材料，应当及时检验，发现不符合约定时，应当及时通知定作人更换、补齐或者采取其他补救措施。

承揽人不得擅自更换定作人提供的材料，不得更换不需要修理的零部件。

第二百五十七条 承揽人发现定作人提供的图纸或者技术要求不合理的，应当及时通知定作人。因定作人怠于答复等原因造成承揽人损失的，应当赔偿损失。

第二百五十八条 定作人中途变更承揽工作的要求，造成承揽人损失的，应当赔偿损失。

第二百五十九条 承揽工作需要定作人协助的，定作人有协助的义务。定作人不履行协助义务致使承揽工作不能完成的，承揽人可以催告定作人在合理期限内履行义务，并可以顺延履行期限；定作人逾期不履行的，承揽人可以解除合同。

第二百六十条 承揽人在工作期间，应当接受定作人必要的监督检验。定作人不得因监督检验妨碍承揽人的正常工作。

第二百六十一条 承揽人完成工作的，应当向定作人交付工作成果，并提交必要的技术资料和有关质量证明。定作人应当验收该工作成果。

第二百六十二条 承揽人交付的工作成果不符合质量要求的，定作人可以要求承揽人承担修理、重作、减少报酬、赔偿损失等违约责任。

第二百六十三条 定作人应当按照约定的期限支付报酬。对支付报酬的期限没有约定或者约定不明确，依照本法第六十一条的规定仍不能确定的，定作人应当在承揽人交付工作成果时支付；工作成果部分交付的，定作人应当相应支付。

第二百六十四条 定作人未向承揽人支付报酬或者材料费等价款的，承揽人对完成的工作成果享有留置权，但当事人另有约定的除外。

第二百六十五条 承揽人应当妥善保管定作人提供的材料以及完成的工作成果，因保管不善造成毁损、灭失的，应当承担损害赔偿责任。

第二百六十六条 承揽人应当按照定作人的要求保守秘密，未经定作人许可，不得留存复制品或者技术资料。

第二百六十七条 共同承揽人对定作人承担连带责任,但当事人另有约定的除外。

第二百六十八条 定作人可以随时解除承揽合同,造成承揽人损失的,应当赔偿损失。

第十六章 建设工程合同

第二百六十九条 建设工程合同是承包人进行工程建设,发包人支付价款的合同。

建设工程合同包括工程勘察、设计、施工合同。

第二百七十条 建设工程合同应当采用书面形式。

第二百七十一条 建设工程的招标投标活动,应当依照有关法律的规定公开、公平、公正进行。

第二百七十二条 发包人可以与总承包人订立建设工程合同,也可以分别与勘察人、设计人、施工人订立勘察、设计、施工承包合同。发包人不得将应当由一个承包人完成的建设工程肢解成若干部分发包给几个承包人。

总承包人或者勘察、设计、施工承包人经发包人同意,可以将自己承包的部分工作交由第三人完成。第三人就其完成的工作成果与总承包人或者勘察、设计、施工承包人向发包人承担连带责任。承包人不得将其承包的全部建设工程转包给第三人或者将其承包的全部建设工程肢解以后以分包的名义分别转包给第三人。

禁止承包人将工程分包给不具备相应资质条件的单位。禁止分包单位将其承包的工程再分包。建设工程主体结构的施工必须由承包人自行完成。

第二百七十三条 国家重大建设工程合同,应当按照国家规定的程序和国家批准的投资计划、可行性研究报告等文件订立。

第二百七十四条 勘察、设计合同的内容包括提交有关基础资料和文件(包括概预算)的期限、质量要求、费用以及其他协作条件等条款。

第二百七十五条 施工合同的内容包括工程范围、建设工期、中间交工工程的开工和竣工时间、工程质量、工程造价、技术资料交付时间、材料和设备供应责任、拨款和结算、竣工验收、质量保修范围和质量保证期、双方相互协作等条款。

第二百七十六条　建设工程实行监理的,发包人应当与监理人采用书面形式订立委托监理合同。发包人与监理人的权利和义务以及法律责任,应当依照本法委托合同以及其他有关法律、行政法规的规定。

第二百七十七条　发包人在不妨碍承包人正常作业的情况下,可以随时对作业进度、质量进行检查。

第二百七十八条　隐蔽工程在隐蔽以前,承包人应当通知发包人检查。发包人没有及时检查的,承包人可以顺延工程日期,并有权要求赔偿停工、窝工等损失。

第二百七十九条　建设工程竣工后,发包人应当根据施工图纸及说明书、国家颁发的施工验收规范和质量检验标准及时进行验收。验收合格的,发包人应当按照约定支付价款,并接收该建设工程。建设工程竣工经验收合格后,方可交付使用;未经验收或者验收不合格的,不得交付使用。

第二百八十条　勘察、设计的质量不符合要求或者未按照期限提交勘察、设计文件拖延工期,造成发包人损失的,勘察人、设计人应当继续完善勘察、设计,减收或者免收勘察、设计费并赔偿损失。

第二百八十一条　因施工人的原因致使建设工程质量不符合约定的,发包人有权要求施工人在合理期限内无偿修理或者返工、改建。经过修理或者返工、改建后,造成逾期交付的,施工人应当承担违约责任。

第二百八十二条　因承包人的原因致使建设工程在合理使用期限内造成人身和财产损害的,承包人应当承担损害赔偿责任。

第二百八十三条　发包人未按照约定的时间和要求提供原材料、设备、场地、资金、技术资料的,承包人可以顺延工程日期,并有权要求赔偿停工、窝工等损失。

第二百八十四条　因发包人的原因致使工程中途停建、缓建的,发包人应当采取措施弥补或者减少损失,赔偿承包人因此造成的停工、窝工、倒运、机械设备调迁、材料和构件积压等损失和实际费用。

第二百八十五条　因发包人变更计划,提供的资料不准确,或者未按照期限提供必需的勘察、设计工作条件而造成勘察、设计的返工、停工或者修改设计,发包人应当按照勘察人、设计人实际消耗的工作量增付费用。

第二百八十六条　发包人未按照约定支付价款的,承包人可以催告发包人在合理期限内支付价款。发包人逾期不支付的，除按照建设工程的性质不宜折价、拍卖的以外，承包人可以与发包人协议将该工程折价，也可以申请人民法院将该工程依法拍卖。建设工程的价款就该工程折价或者拍卖的价款优先受偿。

第二百八十七条 本章没有规定的，适用承揽合同的有关规定。

第十七章 运输合同

第一节 一般规定

第二百八十八条 运输合同是承运人将旅客或者货物从起运地点运输到约定地点，旅客、托运人或者收货人支付票款或者运输费用的合同。

第二百八十九条 从事公共运输的承运人不得拒绝旅客、托运人通常、合理的运输要求。

第二百九十条 承运人应当在约定期间或者合理期间内将旅客、货物安全运输到约定地点。

第二百九十一条 承运人应当按照约定的或者通常的运输路线将旅客、货物运输到约定地点。

第二百九十二条 旅客、托运人或者收货人应当支付票款或者运输费用。承运人未按照约定路线或者通常路线运输增加票款或者运输费用的，旅客、托运人或者收货人可以拒绝支付增加部分的票款或者运输费用。

第二节 客运合同

第二百九十三条 客运合同自承运人向旅客交付客票时成立，但当事人另有约定或者另有交易习惯的除外。

第二百九十四条 旅客应当持有效客票乘运。旅客无票乘运、超程乘运、越级乘运或者持失效客票乘运的，应当补交票款，承运人可以按照规定加收票款。旅客不交付票款的，承运人可以拒绝运输。

第二百九十五条 旅客因自己的原因不能按照客票记载的时间乘坐的，应当在约定的时间内办理退票或者变更手续。逾期办理的，承运人可以不退票款，并不再承担运输义务。

第二百九十六条　旅客在运输中应当按照约定的限量携带行李。超过限量携带行李的，应当办理托运手续。

第二百九十七条　旅客不得随身携带或者在行李中夹带易燃、易爆、有毒、有腐蚀性、有放射性以及有可能危及运输工具上人身和财产安全的危险物品或者其他违禁物品。

旅客违反前款规定的，承运人可以将违禁物品卸下、销毁或者送交有关部门。旅客坚持携带或者夹带违禁物品的，承运人应当拒绝运输。

第二百九十八条　承运人应当向旅客及时告知有关不能正常运输的重要事由和安全运输应当注意的事项。

第二百九十九条　承运人应当按照客票载明的时间和班次运输旅客。承运人迟延运输的，应当根据旅客的要求安排改乘其他班次或者退票。

第三百条　承运人擅自变更运输工具而降低服务标准的，应当根据旅客的要求退票或者减收票款；提高服务标准的，不应当加收票款。

第三百零一条　承运人在运输过程中，应当尽力救助患有急病、分娩、遇险的旅客。

第三百零二条　承运人应当对运输过程中旅客的伤亡承担损害赔偿责任，但伤亡是旅客自身健康原因造成的或者承运人证明伤亡是旅客故意、重大过失造成的除外。

前款规定适用于按照规定免票、持优待票或者经承运人许可搭乘的无票旅客。

第三百零三条　在运输过程中旅客自带物品毁损、灭失，承运人有过错的，应当承担损害赔偿责任。

旅客托运的行李毁损、灭失的，适用货物运输的有关规定。

第三节　货运合同

第三百零四条　托运人办理货物运输，应当向承运人准确表明收货人的名称或者姓名或者凭指示的收货人，货物的名称、性质、重量、数量，收货地点等有关货物运输的必要情况。

因托运人申报不实或者遗漏重要情况，造成承运人损失的，托运人应当承担损害赔偿责任。

第三百零五条 货物运输需要办理审批、检验等手续的，托运人应当将办理完有关手续的文件提交承运人。

第三百零六条 托运人应当按照约定的方式包装货物。对包装方式没有约定或者约定不明确的，适用本法第一百五十六条的规定。

托运人违反前款规定的，承运人可以拒绝运输。

第三百零七条 托运人托运易燃、易爆、有毒、有腐蚀性、有放射性等危险物品的，应当按照国家有关危险物品运输的规定对危险物品妥善包装，作出危险物标志和标签，并将有关危险物品的名称、性质和防范措施的书面材料提交承运人。

托运人违反前款规定的，承运人可以拒绝运输，也可以采取相应措施以避免损失的发生，因此产生的费用由托运人承担。

第三百零八条 在承运人将货物交付收货人之前，托运人可以要求承运人中止运输、返还货物、变更到达地或者将货物交给其他收货人，但应当赔偿承运人因此受到的损失。

第三百零九条 货物运输到达后，承运人知道收货人的，应当及时通知收货人，收货人应当及时提货。收货人逾期提货的，应当向承运人支付保管费等费用。

第三百一十条 收货人提货时应当按照约定的期限检验货物。对检验货物的期限没有约定或者约定不明确，依照本法第六十一条的规定仍不能确定的，应当在合理期限内检验货物。收货人在约定的期限或者合理期限内对货物的数量、毁损等未提出异议的，视为承运人已经按照运输单证的记载交付的初步证据。

第三百一十一条 承运人对运输过程中货物的毁损、灭失承担损害赔偿责任，但承运人证明货物的毁损、灭失是因不可抗力、货物本身的自然性质或者合理损耗以及托运人、收货人的过错造成的，不承担损害赔偿责任。

第三百一十二条 货物的毁损、灭失的赔偿额，当事人有约定的，按照其约定；没有约定或者约定不明确，依照本法第六十一条的规定仍不能确定的，按照交付或者应当交付时货物到达地的市场价格计算。法律、行政法规对赔偿额的计算方法和赔偿限额另有规定的，依照其规定。

第三百一十三条　两个以上承运人以同一运输方式联运的，与托运人订立合同的承运人应当对全程运输承担责任。损失发生在某一运输区段的，与托运人订立合同的承运人和该区段的承运人承担连带责任。

第三百一十四条　货物在运输过程中因不可抗力灭失，未收取运费的，承运人不得要求支付运费；已收取运费的，托运人可以要求返还。

第三百一十五条　托运人或者收货人不支付运费、保管费以及其他运输费用的，承运人对相应的运输货物享有留置权，但当事人另有约定的除外。

第三百一十六条　收货人不明或者收货人无正当理由拒绝受领货物的，依照本法第一百零一条的规定，承运人可以提存货物。

第四节　多式联运合同

第三百一十七条　多式联运经营人负责履行或者组织履行多式联运合同，对全程运输享有承运人的权利，承担承运人的义务。

第三百一十八条　多式联运经营人可以与参加多式联运的各区段承运人就多式联运合同的各区段运输约定相互之间的责任，但该约定不影响多式联运经营人对全程运输承担的义务。

第三百一十九条　多式联运经营人收到托运人交付的货物时，应当签发多式联运单据。按照托运人的要求，多式联运单据可以是可转让单据，也可以是不可转让单据。

第三百二十条　因托运人托运货物时的过错造成多式联运经营人损失的，即使托运人已经转让多式联运单据，托运人仍然应当承担损害赔偿责任。

第三百二十一条　货物的毁损、灭失发生于多式联运的某一运输区段的，多式联运经营人的赔偿责任和责任限额，适用调整该区段运输方式的有关法律规定。货物毁损、灭失发生的运输区段不能确定的，依照本章规定承担损害赔偿责任。

第十八章　技术合同

第一节　一般规定

第三百二十二条　技术合同是当事人就技术开发、转让、咨询或者服务订立的确立相互之间权利和义务的合同。

第三百二十三条 订立技术合同，应当有利于科学技术的进步，加速科学技术成果的转化、应用和推广。

第三百二十四条 技术合同的内容由当事人约定，一般包括以下条款：

（一）项目名称；

（二）标的的内容、范围和要求；

（三）履行的计划、进度、期限、地点、地域和方式；

（四）技术情报和资料的保密；

（五）风险责任的承担；

（六）技术成果的归属和收益的分成办法；

（七）验收标准和方法；

（八）价款、报酬或者使用费及其支付方式；

（九）违约金或者损失赔偿的计算方法；

（十）解决争议的方法；

（十一）名词和术语的解释。

与履行合同有关的技术背景资料、可行性论证和技术评价报告、项目任务书和计划书、技术标准、技术规范、原始设计和工艺文件，以及其他技术文档，按照当事人的约定可以作为合同的组成部分。

技术合同涉及专利的，应当注明发明创造的名称、专利申请人和专利权人、申请日期、申请号、专利号以及专利权的有效期限。

第三百二十五条 技术合同价款、报酬或者使用费的支付方式由当事人约定，可以采取一次总算、一次总付或者一次总算、分期支付，也可以采取提成支付或者提成支付附加预付入门费的方式。

约定提成支付的，可以按照产品价格、实施专利和使用技术秘密后新增的产值、利润或者产品销售额的一定比例提成，也可以按照约定的其他方式计算。提成支付的比例可以采取固定比例、逐年递增比例或者逐年递减比例。

约定提成支付的，当事人应当在合同中约定查阅有关会计帐目的办法。

第三百二十六条 职务技术成果的使用权、转让权属于法人或者其他组织的，法人或者其他组织可以就该项职务技术成果订立技术合同。法人或者其他组织应当从使用和转让该项职务技术成果所取得的收益中提取一定比例，对完成该项职务技术成果的个人给予奖励或者报酬。法人或者其他组织订立技术合同转让职务技术成果时，职务技术成果的完成人享有以同等条件优先受让的权利。

职务技术成果是执行法人或者其他组织的工作任务，或者主要是利用法人或者其他组织的物质技术条件所完成的技术成果。

第三百二十七条　非职务技术成果的使用权、转让权属于完成技术成果的个人，完成技术成果的个人可以就该项非职务技术成果订立技术合同。

第三百二十八条　完成技术成果的个人有在有关技术成果文件上写明自己是技术成果完成者的权利和取得荣誉证书、奖励的权利。

第三百二十九条　非法垄断技术、妨碍技术进步或者侵害他人技术成果的技术合同无效。

第二节　技术开发合同

第三百三十条　技术开发合同是指当事人之间就新技术、新产品、新工艺或者新材料及其系统的研究开发所订立的合同。

技术开发合同包括委托开发合同和合作开发合同。

技术开发合同应当采用书面形式。

当事人之间就具有产业应用价值的科技成果实施转化订立的合同，参照技术开发合同的规定。

第三百三十一条　委托开发合同的委托人应当按照约定支付研究开发经费和报酬；提供技术资料、原始数据；完成协作事项；接受研究开发成果。

第三百三十二条　委托开发合同的研究开发人应当按照约定制定和实施研究开发计划；合理使用研究开发经费；按期完成研究开发工作，交付研究开发成果，提供有关的技术资料和必要的技术指导，帮助委托人掌握研究开发成果。

第三百三十三条　委托人违反约定造成研究开发工作停滞、延误或者失败的，应当承担违约责任。

第三百三十四条　研究开发人违反约定造成研究开发工作停滞、延误或者失败的，应当承担违约责任。

第三百三十五条 合作开发合同的当事人应当按照约定进行投资，包括以技术进行投资；分工参与研究开发工作；协作配合研究开发工作。

第三百三十六条 合作开发合同的当事人违反约定造成研究开发工作停滞、延误或者失败的，应当承担违约责任。

第三百三十七条 因作为技术开发合同标的的技术已经由他人公开，致使技术开发合同的履行没有意义的，当事人可以解除合同。

第三百三十八条 在技术开发合同履行过程中，因出现无法克服的技术困难，致使研究开发失败或者部分失败的，该风险责任由当事人约定。没有约定或者约定不明确，依照本法第六十一条的规定仍不能确定的，风险责任由当事人合理分担。

当事人一方发现前款规定的可能致使研究开发失败或者部分失败的情形时，应当及时通知另一方并采取适当措施减少损失。没有及时通知并采取适当措施，致使损失扩大的，应当就扩大的损失承担责任。

第三百三十九条 委托开发完成的发明创造，除当事人另有约定的以外，申请专利的权利属于研究开发人。研究开发人取得专利权的，委托人可以免费实施该专利。

研究开发人转让专利申请权的，委托人享有以同等条件优先受让的权利。

第三百四十条 合作开发完成的发明创造，除当事人另有约定的以外，申请专利的权利属于合作开发的当事人共有。当事人一方转让其共有的专利申请权的，其他各方享有以同等条件优先受让的权利。

合作开发的当事人一方声明放弃其共有的专利申请权的，可以由另一方单独申请或者由其他各方共同申请。申请人取得专利权的，放弃专利申请权的一方可以免费实施该专利。

合作开发的当事人一方不同意申请专利的，另一方或者其他各方不得申请专利。

第三百四十一条 委托开发或者合作开发完成的技术秘密成果的使用权、转让权以及利益的分配办法，由当事人约定。没有约定或者约定不明确，依照本法第六十一条的规定仍不能确定的，当事人均有使用和转让的权利，但委托开发的研究开发人不得在向委托人交付研究开发成果之前，将研究开发成果转让给第三人。

第三节　技术转让合同

第三百四十二条　技术转让合同包括专利权转让、专利申请权转让、技术秘密转让、专利实施许可合同。

技术转让合同应当采用书面形式。

第三百四十三条　技术转让合同可以约定让与人和受让人实施专利或者使用技术秘密的范围，但不得限制技术竞争和技术发展。

第三百四十四条　专利实施许可合同只在该专利权的存续期间内有效。专利权有效期限届满或者专利权被宣布无效的，专利权人不得就该专利与他人订立专利实施许可合同。

第三百四十五条　专利实施许可合同的让与人应当按照约定许可受让人实施专利，交付实施专利有关的技术资料，提供必要的技术指导。

第三百四十六条　专利实施许可合同的受让人应当按照约定实施专利，不得许可约定以外的第三人实施该专利；并按照约定支付使用费。

第三百四十七条　技术秘密转让合同的让与人应当按照约定提供技术资料，进行技术指导，保证技术的实用性、可靠性，承担保密义务。

第三百四十八条　技术秘密转让合同的受让人应当按照约定使用技术，支付使用费，承担保密义务。

第三百四十九条　技术转让合同的让与人应当保证自己是所提供的技术的合法拥有者，并保证所提供的技术完整、无误、有效，能够达到约定的目标。

第三百五十条　技术转让合同的受让人应当按照约定的范围和期限，对让与人提供的技术中尚未公开的秘密部分，承担保密义务。

第三百五十一条　让与人未按照约定转让技术的，应当返还部分或者全部使用费，并应当承担违约责任；实施专利或者使用技术秘密超越约定的范围的，违反约定擅自许可第三人实施该项专利或者使用该项技术秘密的，应当停止违约行为，承担违约责任；违反约定的保密义务的，应当承担违约责任。

第三百五十二条 受让人未按照约定支付使用费的,应当补交使用费并按照约定支付违约金;不补交使用费或者支付违约金的,应当停止实施专利或者使用技术秘密,交还技术资料,承担违约责任;实施专利或者使用技术秘密超越约定的范围的,未经让与人同意擅自许可第三人实施该专利或者使用该技术秘密的,应当停止违约行为,承担违约责任;违反约定的保密义务的,应当承担违约责任。

第三百五十三条 受让人按照约定实施专利、使用技术秘密侵害他人合法权益的,由让与人承担责任,但当事人另有约定的除外。

第三百五十四条 当事人可以按照互利的原则,在技术转让合同中约定实施专利、使用技术秘密后续改进的技术成果的分享办法。没有约定或者约定不明确,依照本法第六十一条的规定仍不能确定的,一方后续改进的技术成果,其他各方无权分享。

第三百五十五条 法律、行政法规对技术进出口合同或者专利、专利申请合同另有规定的,依照其规定。

第四节 技术咨询合同和技术服务合同

第三百五十六条 技术咨询合同包括就特定技术项目提供可行性论证、技术预测、专题技术调查、分析评价报告等合同。

技术服务合同是指当事人一方以技术知识为另一方解决特定技术问题所订立的合同,不包括建设工程合同和承揽合同。

第三百五十七条 技术咨询合同的委托人应当按照约定阐明咨询的问题,提供技术背景材料及有关技术资料、数据;接受受托人的工作成果,支付报酬。

第三百五十八条 技术咨询合同的受托人应当按照约定的期限完成咨询报告或者解答问题;提出的咨询报告应当达到约定的要求。

第三百五十九条 技术咨询合同的委托人未按照约定提供必要的资料和数据,影响工作进度和质量,不接受或者逾期接受工作成果的,支付的报酬不得追回,未支付的报酬应当支付。

技术咨询合同的受托人未按期提出咨询报告或者提出的咨询报告不符合约定的,应当承担减收或者免收报酬等违约责任。

技术咨询合同的委托人按照受托人符合约定要求的咨询报告和意见作出决策所造成的损失，由委托人承担，但当事人另有约定的除外。

第三百六十条　技术服务合同的委托人应当按照约定提供工作条件，完成配合事项；接受工作成果并支付报酬。

第三百六十一条　技术服务合同的受托人应当按照约定完成服务项目，解决技术问题，保证工作质量，并传授解决技术问题的知识。

第三百六十二条　技术服务合同的委托人不履行合同义务或者履行合同义务不符合约定，影响工作进度和质量，不接受或者逾期接受工作成果的，支付的报酬不得追回，未支付的报酬应当支付。

技术服务合同的受托人未按照合同约定完成服务工作的，应当承担免收报酬等违约责任。

第三百六十三条　在技术咨询合同、技术服务合同履行过程中，受托人利用委托人提供的技术资料和工作条件完成的新的技术成果，属于受托人。委托人利用受托人的工作成果完成的新的技术成果，属于委托人。当事人另有约定的，按照其约定。

第三百六十四条　法律、行政法规对技术中介合同、技术培训合同另有规定的，依照其规定。

第十九章　保管合同

第三百六十五条　保管合同是保管人保管寄存人交付的保管物，并返还该物的合同。

第三百六十六条　寄存人应当按照约定向保管人支付保管费。

当事人对保管费没有约定或者约定不明确，依照本法第六十一条的规定仍不能确定的，保管是无偿的。

第三百六十七条　保管合同自保管物交付时成立，但当事人另有约定的除外。

第三百六十八条　寄存人向保管人交付保管物的，保管人应当给付保管凭证，但另有交易习惯的除外。

第三百六十九条　保管人应当妥善保管保管物。

当事人可以约定保管场所或者方法。除紧急情况或者为了维护寄存人利益的以外，不得擅自改变保管场所或者方法。

第三百七十条 寄存人交付的保管物有瑕疵或者按照保管物的性质需要采取特殊保管措施的，寄存人应当将有关情况告知保管人。寄存人未告知，致使保管物受损失的，保管人不承担损害赔偿责任；保管人因此受损失的，除保管人知道或者应当知道并且未采取补救措施的以外，寄存人应当承担损害赔偿责任。

第三百七十一条 保管人不得将保管物转交第三人保管，但当事人另有约定的除外。

保管人违反前款规定，将保管物转交第三人保管，对保管物造成损失的，应当承担损害赔偿责任。

第三百七十二条 保管人不得使用或者许可第三人使用保管物，但当事人另有约定的除外。

第三百七十三条 第三人对保管物主张权利的，除依法对保管物采取保全或者执行的以外，保管人应当履行向寄存人返还保管物的义务。

第三人对保管人提起诉讼或者对保管物申请扣押的，保管人应当及时通知寄存人。

第三百七十四条 保管期间，因保管人保管不善造成保管物毁损、灭失的，保管人应当承担损害赔偿责任，但保管是无偿的，保管人证明自己没有重大过失的，不承担损害赔偿责任。

第三百七十五条 寄存人寄存货币、有价证券或者其他贵重物品的，应当向保管人声明，由保管人验收或者封存。寄存人未声明的，该物品毁损、灭失后，保管人可以按照一般物品予以赔偿。

第三百七十六条 寄存人可以随时领取保管物。

当事人对保管期间没有约定或者约定不明确的，保管人可以随时要求寄存人领取保管物；约定保管期间的，保管人无特别事由，不得要求寄存人提前领取保管物。

第三百七十七条 保管期间届满或者寄存人提前领取保管物的，保管人应当将原物及其孳息归还寄存人。

第三百七十八条　保管人保管货币的,可以返还相同种类、数量的货币。保管其他可替代物的,可以按照约定返还相同种类、品质、数量的物品。

第三百七十九条　有偿的保管合同,寄存人应当按照约定的期限向保管人支付保管费。

当事人对支付期限没有约定或者约定不明确,依照本法第六十一条的规定仍不能确定的,应当在领取保管物的同时支付。

第三百八十条　寄存人未按照约定支付保管费以及其他费用的,保管人对保管物享有留置权,但当事人另有约定的除外。

第二十章　仓储合同

第三百八十一条　仓储合同是保管人储存存货人交付的仓储物,存货人支付仓储费的合同。

第三百八十二条　仓储合同自成立时生效。

第三百八十三条　储存易燃、易爆、有毒、有腐蚀性、有放射性等危险物品或者易变质物品,存货人应当说明该物品的性质,提供有关资料。

存货人违反前款规定的,保管人可以拒收仓储物,也可以采取相应措施以避免损失的发生,因此产生的费用由存货人承担。

保管人储存易燃、易爆、有毒、有腐蚀性、有放射性等危险物品的,应当具备相应的保管条件。

第三百八十四条　保管人应当按照约定对入库仓储物进行验收。保管人验收时发现入库仓储物与约定不符合的,应当及时通知存货人。保管人验收后,发生仓储物的品种、数量、质量不符合约定的,保管人应当承担损害赔偿责任。

第三百八十五条　存货人交付仓储物的,保管人应当给付仓单。

第三百八十六条　保管人应当在仓单上签字或者盖章。仓单包括下列事项:

(一)存货人的名称或者姓名和住所;

(二)仓储物的品种、数量、质量、包装、件数和标记;

(三)仓储物的损耗标准;

(四)储存场所;

（五）储存期间；

（六）仓储费；

（七）仓储物已经办理保险的，其保险金额、期间以及保险人的名称；

（八）填发人、填发地和填发日期。

第三百八十七条　仓单是提取仓储物的凭证。存货人或者仓单持有人在仓单上背书并经保管人签字或者盖章的，可以转让提取仓储物的权利。

第三百八十八条　保管人根据存货人或者仓单持有人的要求，应当同意其检查仓储物或者提取样品。

第三百八十九条　保管人对入库仓储物发现有变质或者其他损坏的，应当及时通知存货人或者仓单持有人。

第三百九十条　保管人对入库仓储物发现有变质或者其他损坏，危及其他仓储物的安全和正常保管的，应当催告存货人或者仓单持有人作出必要的处置。因情况紧急，保管人可以作出必要的处置，但事后应当将该情况及时通知存货人或者仓单持有人。

第三百九十一条　当事人对储存期间没有约定或者约定不明确的，存货人或者仓单持有人可以随时提取仓储物，保管人也可以随时要求存货人或者仓单持有人提取仓储物，但应当给予必要的准备时间。

第三百九十二条　储存期间届满，存货人或者仓单持有人应当凭仓单提取仓储物。存货人或者仓单持有人逾期提取的，应当加收仓储费；提前提取的，不减收仓储费。

第三百九十三条　储存期间届满，存货人或者仓单持有人不提取仓储物的，保管人可以催告其在合理期限内提取，逾期不提取的，保管人可以提存仓储物。

第三百九十四条　储存期间，因保管人保管不善造成仓储物毁损、灭失的，保管人应当承担损害赔偿责任。因仓储物的性质、包装不符合约定或者超过有效储存期造成仓储物变质、损坏的，保管人不承担损害赔偿责任。

第三百九十五条　本章没有规定的，适用保管合同的有关规定。

第二十一章　委托合同

第三百九十六条　委托合同是委托人和受托人约定，由受托人处理委托人事务的合同。

第三百九十七条　委托人可以特别委托受托人处理一项或者数项事务，也可以概括委托受托人处理一切事务。

第三百九十八条　委托人应当预付处理委托事务的费用。受托人为处理委托事务垫付的必要费用，委托人应当偿还该费用及其利息。

第三百九十九条　受托人应当按照委托人的指示处理委托事务。需要变更委托人指示的，应当经委托人同意；因情况紧急，难以和委托人取得联系的，受托人应当妥善处理委托事务，但事后应当将该情况及时报告委托人。

第四百条　受托人应当亲自处理委托事务。经委托人同意，受托人可以转委托。转委托经同意的，委托人可以就委托事务直接指示转委托的第三人，受托人仅就第三人的选任及其对第三人的指示承担责任。转委托未经同意的，受托人应当对转委托的第三人的行为承担责任，但在紧急情况下受托人为维护委托人的利益需要转委托的除外。

第四百零一条　受托人应当按照委托人的要求，报告委托事务的处理情况。委托合同终止时，受托人应当报告委托事务的结果。

第四百零二条　受托人以自己的名义，在委托人的授权范围内与第三人订立的合同，第三人在订立合同时知道受托人与委托人之间的代理关系的，该合同直接约束委托人和第三人，但有确切证据证明该合同只约束受托人和第三人的除外。

第四百零三条　受托人以自己的名义与第三人订立合同时，第三人不知道受托人与委托人之间的代理关系的，受托人因第三人的原因对委托人不履行义务，受托人应当向委托人披露第三人，委托人因此可以行使受托人对第三人的权利，但第三人与受托人订立合同时如果知道该委托人就不会订立合同的除外。

受托人因委托人的原因对第三人不履行义务，受托人应当向第三人披露委托人，第三人因此可以选择受托人或者委托人作为相对人主张其权利，但第三人不得变更选定的相对人。

委托人行使受托人对第三人的权利的，第三人可以向委托人主张其对受托人的抗辩。第三人选定委托人作为其相对人的，委托人可以向第三人主张其对受托人的抗辩以及受托人对第三人的抗辩。

第四百零四条　受托人处理委托事务取得的财产，应当转交给委托人。

第四百零五条　受托人完成委托事务的，委托人应当向其支付报酬。因不可归责于受托人的事由，委托合同解除或者委托事务不能完成的，委托人应当向受托人支付相应的报酬。当事人另有约定的，按照其约定。

第四百零六条　有偿的委托合同，因受托人的过错给委托人造成损失的，委托人可以要求赔偿损失。无偿的委托合同，因受托人的故意或者重大过失给委托人造成损失的，委托人可以要求赔偿损失。

受托人超越权限给委托人造成损失的，应当赔偿损失。

第四百零七条　受托人处理委托事务时，因不可归责于自己的事由受到损失的，可以向委托人要求赔偿损失。

第四百零八条　委托人经受托人同意，可以在受托人之外委托第三人处理委托事务。因此给受托人造成损失的，受托人可以向委托人要求赔偿损失。

第四百零九条　两个以上的受托人共同处理委托事务的，对委托人承担连带责任。

第四百一十条　委托人或者受托人可以随时解除委托合同。因解除合同给对方造成损失的，除不可归责于该当事人的事由以外，应当赔偿损失。

第四百一十一条　委托人或者受托人死亡、丧失民事行为能力或者破产的，委托合同终止，但当事人另有约定或者根据委托事务的性质不宜终止的除外。

第四百一十二条　因委托人死亡、丧失民事行为能力或者破产，致使委托合同终止将损害委托人利益的，在委托人的继承人、法定代理人或者清算组织承受委托事务之前，受托人应当继续处理委托事务。

第四百一十三条　因受托人死亡、丧失民事行为能力或者破产，致使委托合同终止的，受托人的继承人、法定代理人或者清算组织应当及时通知委托人。因委托合同终止将损害委托人利益的，在委托人作出善后处理之前，受托人的继承人、法定代理人或者清算组织应当采取必要措施。

第二十二章　行纪合同

第四百一十四条　行纪合同是行纪人以自己的名义为委托人从事贸易活动，

委托人支付报酬的合同。

第四百一十五条 行纪人处理委托事务支出的费用,由行纪人负担,但当事人另有约定的除外。

第四百一十六条 行纪人占有委托物的,应当妥善保管委托物。

第四百一十七条 委托物交付给行纪人时有瑕疵或者容易腐烂、变质的,经委托人同意,行纪人可以处分该物;和委托人不能及时取得联系的,行纪人可以合理处分。

第四百一十八条 行纪人低于委托人指定的价格卖出或者高于委托人指定的价格买入的,应当经委托人同意。未经委托人同意,行纪人补偿其差额的,该买卖对委托人发生效力。

行纪人高于委托人指定的价格卖出或者低于委托人指定的价格买入的,可以按照约定增加报酬。没有约定或者约定不明确,依照本法第六十一条的规定仍不能确定的,该利益属于委托人。

委托人对价格有特别指示的,行纪人不得违背该指示卖出或者买入。

第四百一十九条 行纪人卖出或者买入具有市场定价的商品,除委托人有相反的意思表示的以外,行纪人自己可以作为买受人或者出卖人。

行纪人有前款规定情形的,仍然可以要求委托人支付报酬。

第四百二十条 行纪人按照约定买入委托物,委托人应当及时受领。经行纪人催告,委托人无正当理由拒绝受领的,行纪人依照本法第一百零一条的规定可以提存委托物。

委托物不能卖出或者委托人撤回出卖,经行纪人催告,委托人不取回或者不处分该物的,行纪人依照本法第一百零一条的规定可以提存委托物。

第四百二十一条 行纪人与第三人订立合同的,行纪人对该合同直接享有权利、承担义务。

第三人不履行义务致使委托人受到损害的,行纪人应当承担损害赔偿责任,但行纪人与委托人另有约定的除外。

第四百二十二条 行纪人完成或者部分完成委托事务的,委托人应当向其支付相应的报酬。委托人逾期不支付报酬的,行纪人对委托物享有留置权,但当事人另有约定的除外。

第四百二十三条 本章没有规定的，适用委托合同的有关规定。

第二十三章 居间合同

第四百二十四条 居间合同是居间人向委托人报告订立合同的机会或者提供订立合同的媒介服务，委托人支付报酬的合同。

第四百二十五条 居间人应当就有关订立合同的事项向委托人如实报告。

居间人故意隐瞒与订立合同有关的重要事实或者提供虚假情况，损害委托人利益的，不得要求支付报酬并应当承担损害赔偿责任。

第四百二十六条 居间人促成合同成立的，委托人应当按照约定支付报酬。对居间人的报酬没有约定或者约定不明确，依照本法第六十一条的规定仍不能确定的，根据居间人的劳务合理确定。因居间人提供订立合同的媒介服务而促成合同成立的，由该合同的当事人平均负担居间人的报酬。

居间人促成合同成立的，居间活动的费用，由居间人负担。

第四百二十七条 居间人未促成合同成立的，不得要求支付报酬，但可以要求委托人支付从事居间活动支出的必要费用。

附 则

第四百二十八条 本法自1999年10月1日起施行，《中华人民共和国经济合同法》、《中华人民共和国涉外经济合同法》、《中华人民共和国技术合同法》同时废止。

最高人民法院关于在执行工作中如何计算迟延履行期间的债务利息等问题的批复

（法释[2009]6号，2009年3月30日最高人民法院审判委员会第1465次会议通过）

中华人民共和国最高人民法院公告

《最高人民法院关于在执行工作中如何计算迟延履行期间的债务利息等问题

的批复》已于2009年3月30日由最高人民法院审判委员会第1465次会议通过。现予公布，自2009年5月18日起施行。

二〇〇九年五月十一日

四川省高级人民法院：

你院《关于执行工作几个适用法律问题的请示》(川高法[2007]390号)收悉。经研究，批复如下：

一、人民法院根据《中华人民共和国民事诉讼法》第二百二十九条计算“迟延履行期间的债务利息”时，应当按照中国人民银行规定的同期贷款基准利率计算。

二、执行款不足以偿付全部债务的，应当根据并还原则按比例清偿法律文书确定的金钱债务与迟延履行期间的债务利息，但当事人在执行和解中对清偿顺序另有约定的除外。此复。

附：

具体计算方法

(1)执行款=清偿的法律文书确定的金钱债务+清偿的迟延履行期间的债务利息。

(2)清偿的迟延履行期间的债务利息=清偿的法律文书确定的金钱债务×同期贷款基准利率×2×迟延履行期间。

附录：最高法院公布司法解释明确迟延履行债务利息计算方法

最高人民法院5月17日公布的《最高人民法院关于在执行工作中如何计算迟延履行期间的债务利息等问题的批复》，对在执行工作中如何计算迟延履行期间的债务利息等问题予以明确。该司法解释自5月18日起施行。

据了解，修订后的民事诉讼法第二百二十九条规定，被执行人未按判决、裁定和其他法律文书指定的期间履行给付金钱义务的，应当加倍支付迟延履行期间的债务利息。被执行人未按判决、裁定和其他法律文书指定的期间履行其他义务的，应当支付迟延履行金。被执行人逾期履行应如何计算双倍债务利息？司法实践中，不同地区的法院，甚至一个法院不同的执行法官对迟延履行期间的债务利息理解不同，往往造成同类执行案件处理结果相去甚远。

为此，司法解释规定，人民法院根据民事诉讼法第二百二十九条计算迟延履行期间的债务利息时，应当按照中国人民银行规定的同期贷款基准利率计算。执行款不足以偿付全部债务的，应当根据并原则按比例清偿法律文书确定的金钱债务与迟延履行期间的债务利息，但当事人在执行和解中对清偿顺序另有约定的除外。

此外，司法解释还进一步明确迟延履行期间债务利息的具体计算方法：(1)执行款＝清偿的法律文书确定的金钱债务＋清偿的迟延履行期间的债务利息。(2)清偿的迟延履行期间的债务利息＝清偿的法律文书确定的金钱债务×同期贷款基准利率×2×迟延履行期间。

最高人民法院关于审理建筑物区分所有权纠纷案件具体应用法律若干问题的解释

（法释[2009]7号，2009年3月23日最高人民法院审判委员会第1464次会议通过）

中华人民共和国最高人民法院公告

《最高人民法院关于审理建筑物区分所有权纠纷案件具体应用法律若干问题的解释》已于2009年3月23日由最高人民法院审判委员会第1464次会议通过，现予公布，自2009年10月1日起施行。

二〇〇九年五月十四日

为正确审理建筑物区分所有权纠纷案件，依法保护当事人的合法权益，根据《中华人民共和国物权法》等法律的规定，结合民事审判实践，制定本解释。

第一条 依法登记取得或者根据物权法第二章第三节规定取得建筑物专有部分所有权的人，应当认定为物权法第六章所称的业主。

基于与建设单位之间的商品房买卖民事法律行为，已经合法占有建筑物专有部分，但尚未依法办理所有权登记的人，可以认定为物权法第六章所称的业主。

第二条　建筑区划内符合下列条件的房屋，以及车位、摊位等特定空间，应当认定为物权法第六章所称的专有部分：

（一）具有构造上的独立性，能够明确区分；

（二）具有利用上的独立性，可以排他使用；

（三）能够登记成为特定业主所有权的客体。

规划上专属于特定房屋，且建设单位销售时已经根据规划列入该特定房屋买卖合同中的露台等，应当认定为物权法第六章所称专有部分的组成部分。

本条第一款所称房屋，包括整栋建筑物。

第三条　除法律、行政法规规定的共有部分外，建筑区划内的以下部分，也应当认定为物权法第六章所称的共有部分：

（一）建筑物的基础、承重结构、外墙、屋顶等基本结构部分，通道、楼梯、大堂等公共通行部分，消防、公共照明等附属设施、设备，避难层、设备层或者设备间等结构部分；

（二）其他不属于业主专有部分，也不属于市政公用部分或者其他权利人所有的场所及设施等。

建筑区划内的土地，依法由业主共同享有建设用地使用权，但属于业主专有的整栋建筑物的规划占地或者城镇公共道路、绿地占地除外。

第四条　业主基于对住宅、经营性用房等专有部分特定使用功能的合理需要，无偿利用屋顶以及与其专有部分相对应的外墙面等共有部分的，不应认定为侵权。但违反法律、法规、管理规约，损害他人合法权益的除外。

第五条　建设单位按照配置比例将车位、车库，以出售、附赠或者出租等方式处分给业主的，应当认定其行为符合物权法第七十四条第一款有关“应当首先满足业主的需要”的规定。

前款所称配置比例是指规划确定的建筑区划内规划用于停放汽车的车位、车库与房屋套数的比例。

第六条　建筑区划内在规划用于停放汽车的车位之外，占用业主共有道路或者其他场地增设的车位,应当认定为物权法第七十四条第三款所称的车位。

第七条 改变共有部分的用途、利用共有部分从事经营性活动、处分共有部分,以及业主大会依法决定或者管理规约依法确定应由业主共同决定的事项,应当认定为物权法第七十六条第一款第(七)项规定的有关共有和共同管理权利的“其他重大事项”。

第八条 物权法第七十六条第二款和第八十条规定的专有部分面积和建筑物总面积,可以按照下列方法认定:

(一)专有部分面积,按照不动产登记簿记载的面积计算;尚未进行物权登记的,暂按测绘机构的实测面积计算;尚未进行实测的,暂按房屋买卖合同记载的面积计算;

(二)建筑物总面积,按照前项的统计总和计算。

第九条 物权法第七十六条第二款规定的业主人数和总人数,可以按照下列方法认定:

(一)业主人数,按照专有部分的数量计算,一个专有部分按一人计算。但建设单位尚未出售和虽已出售但尚未交付的部分,以及同一买受人拥有一个以上专有部分的,按一人计算;

(二)总人数,按照前项的统计总和计算。

第十条 业主将住宅改变为经营性用房,未按照物权法第七十七条的规定经有利害关系的业主同意,有利害关系的业主请求排除妨害、消除危险、恢复原状或者赔偿损失的,人民法院应予支持。

将住宅改变为经营性用房的业主以多数有利害关系的业主同意其行为进行抗辩的,人民法院不予支持。

第十一条 业主将住宅改变为经营性用房,本栋建筑物内的其他业主,应当认定为物权法第七十七条所称“有利害关系的业主”。建筑区划内,本栋建筑物之外的业主,主张与自己有利害关系的,应证明其房屋价值、生活质量受到或者可能受到不利影响。

第十二条 业主以业主大会或者业主委员会作出的决定侵害其合法权益或者违反了法律规定的程序为由,依据物权法第七十八条第二款的规定请求人民法院撤销该决定的，应当在知道或者应当知道业主大会或者业主委员会作出决定之日起一年内行使。

第十三条 业主请求公布、查阅下列应当向业主公开的情况和资料的，人民法院应予支持：

（一）建筑物及其附属设施的维修资金的筹集、使用情况；

（二）管理规约、业主大会议事规则，以及业主大会或者业主委员会的决定及会议记录；

（三）物业服务合同、共有部分的使用和收益情况；

（四）建筑区划内规划用于停放汽车的车位、车库的处分情况；

（五）其他应当向业主公开的情况和资料。

第十四条 建设单位或者其他行为人擅自占用、处分业主共有部分、改变其使用功能或者进行经营性活动，权利人请求排除妨害、恢复原状、确认处分行为无效或者赔偿损失的，人民法院应予支持。

属于前款所称擅自进行经营性活动的情形，权利人请求行为人将扣除合理成本之后的收益用于补充专项维修资金或者业主共同决定的其他用途的，人民法院应予支持。行为人对成本的支出及其合理性承担举证责任。

第十五条 业主或者其他行为人违反法律、法规、国家相关强制性标准、管理规约，或者违反业主大会、业主委员会依法作出的决定，实施下列行为的，可以认定为物权法第八十三条第二款所称的其他“损害他人合法权益的行为”：

（一）损害房屋承重结构，损害或者违章使用电力、燃气、消防设施，在建筑物内放置危险、放射性物品等危及建筑物安全或者妨碍建筑物正常使用；

（二）违反规定破坏、改变建筑物外墙面的形状、颜色等损害建筑物外观；

（三）违反规定进行房屋装饰装修；

（四）违章加建、改建，侵占、挖掘公共通道、道路、场地或者其他共有部分。

第十六条 建筑物区分所有权纠纷涉及专有部分的承租人、借用人等物业使用人的，参照本解释处理。

专有部分的承租人、借用人等物业使用人，根据法律、法规、管理规约、业主大会或者业主委员会依法作出的决定，以及其与业主的约定，享有相应权利，承担相应义务。

第十七条 本解释所称建设单位，包括包销期满，按照包销合同约定的包销价格购买尚未销售的物业后，以自己名义对外销售的包销人。

第十八条 人民法院审理建筑物区分所有权案件中，涉及有关物权归属争议的，应当以法律、行政法规为依据。

第十九条 本解释自2009年10月1日起施行。

因物权法施行后实施的行为引起的建筑物区分所有权纠纷案件，适用本解释。

本解释施行前已经终审，本解释施行后当事人申请再审或者按照审判监督程序决定再审的案件，不适用本解释。

附录1：最高人民法院民一庭负责人就建筑物区分所有权司法解释答记者问

问：实践中，对如何认定业主观点不一，司法解释作出相关规定主要基于何种考虑？

答："业主"在建筑物区分所有权理论中被称为建筑物区分所有权人，明确业主身份的界定标准，对贯彻执行物权法第六章规定具有重要意义，有必要在司法解释中予以明确。根据物权法第九条、第二十八条等规定，司法解释确定依法登记取得或者依据生效法律文书、继承或者受遗赠，以及合法建造房屋等事实行为取得专有部分所有权的人，应当认定为业主。这是界定业主身份的一般规则。

但在现实生活中，基于与建设单位之间的商品房买卖民事法律行为，房屋买受人在已经合法占有使用专有部分的情况下，仍未依法办理所有权登记的情形大量存在。在此情况下，如果仅以是否已经依法登记取得所有权作为界定业主身份的标准，将与现实生活产生冲突，并有可能对前述人群应当享有的权利造成损害。这部分人对共有部分的利用以及共同管理权的行使需求更为强烈，与其他业主之间的联系程度也更为直接和紧密，因此有必要对其"业主身份"问题进行特别规定。为了更好地维护业主自治秩序和建筑物区分所有权法律关系的和谐稳定，根据物权法等法律规定精神，司法解释对这种情形下的业主身份认定问题作出特别规定，即可以认定其为物权法第六章所称的业主。这样的规定既可以有效地统一司法评价标准，也符合物权法的规定精神，适应现实生活。同时，还可以引导这部分人及时办理物权登记。

问：如何认定专有部分和共有部分是实践中大量纠纷的关键问题，司法解释对此作出了怎样的规定？

答：按照建筑物区分所有权理论通说认为，界定专有部分的标准是“具有构造和利用上的独立性”。此外，专有部分属于不动产，而不动产所有权的取得一般须经登记。因此有必要把登记作为专有部分界定的标准之一。尽管目前还存在一些本应属于专有部分却无法进行登记的情况，但随着登记制度的不断完善，并不意味着日后不能办理登记。所以，司法解释将“登记”表述为“能够登记”。除了建筑物内住宅、经营性用房等房屋外，司法解释从现实生活出发规定，专有部分的范围还包括整栋建筑物、特定空间及露台等。

实践中很多建筑物区分所有权纠纷是围绕共有部分产生的。物权法第六章对共有部分采取了较为分散的列举式规定。综合实践中有关共有部分界定争议的实际情况并经反复研究，司法解释采用列举、排除加兜底的方法，明确了共有部分的含义，以便于解决审判实践中的问题。为了条文文字的简洁，司法解释对法定共有部分不再重复。根据物权法第六章的规定，法定共有部分包括建筑区划内的道路（属于城镇公共道路的除外）、绿地（属于城镇公共绿地以及明示属于个人的除外）、其他公共场所、公用设施和物业服务用房、占用业主共有的道路或者其他场地用于停放汽车的车位及电梯、水箱等。此外，司法解释也就天然共有部分作出了明确规定。天然共有部分，即法律没有规定，合同也没有约定，而且一般也不具备登记条件，但从其属性上天然属于共有的部分，包括建筑物的基本结构部分、公共通行部分、公共设施设备部分和公共空间等，其中明确列举外墙面、屋顶、通道等属于共有部分，是为了便于解决审判实践中的纠纷。因共有部分很难通过列举的方法予以穷尽，按照“非特定权利人所有即为业主共有”的思路，司法解释还专门作出了兜底性的规定。满足下列两个条件的应当认定为共有部分：1. 不属于业主专有部分；2. 不属于市政公用部分或者其他权利人所有。对建筑区划内的土地，司法解释根据物权法第一百三十五条也做出了相关规定。

问:车位、车库争议是建筑物区分所有权纠纷案件的热点难点问题,司法解释是如何处理此类问题的?

答:司法解释在物权法第七十四条第一款规定框架内,着重解决如何认定建设单位已经履行法律有关"首先满足业主的需要"问题。如果建设单位已经按照规划确定的建筑区划内规划用于停放汽车的车位、车库与专有部分的比例,将车位、车库以出售、附赠或者出租等方式处分给业主的,应当认定其行为已符合物权法第七十四条第一款有关"应当首先满足业主的需要"的规定。其原因在于,规划确定的配置比例具有法定性和确定性,业主在购买专有部分的时候对此也是明知的。只要业主已经按照配置比例购置或者租赁到车位、车库,就应当认为其需要已经得到了"首先满足"。否则,将有可能出现特定业主对车位、车库提出过度主张。

车位、车库纠纷的处理是一个极其复杂的问题,司法解释的规定还有些原则,但思路是明确的。在审判实践中,各级法院和法官可以在司法解释确定的大原则下,结合纠纷具体情况妥处相关案件。待审判实践经验的积累足够丰富之后,也可择机就新问题、新情况作出单行批复。

问:物权法第七十六条规定了业主共同决定重大事项时对专有部分面积、建筑物总面积以及业主人数、总人数的比例要求,这些比例应如何计算?

答:专有部分面积、建筑物总面积以及业主人数、总人数如何计算,关系到业主共同管理权的具体行使问题,是认定业主自治决议作出的程序是否合法的重要依据。物权法第七十六条第二款规定了业主自治多数决的比例。但对计算该比例依据的专有部分面积、建筑物总面积,以及业主人数、总人数却未作明确规定,对此有必要在司法解释中进行解释。

不动产登记实践中,各地对专有部分面积依何种标准记载并不统一,但在同一建筑区划内则是相同的,所以司法解释仅笼统表述为"面积"。如果已经依法登记的,按照不动产登记簿记载的面积计算;尚未进行物权登记的,暂按测绘机构的实测面积计算;尚未进行实测的,暂按房屋买卖合同记载的面积计算。专有部分面积确定后,建筑物总面积则应以按照同一标准计算的专有部分面积的总和计算。业主人数原则上应当按照专有部分的数量计算。但在一人(包括建设单位)拥有数个专有部分的情况中,如果同时复计人数将导致该人双重优势。因此,司法解释特别规定，建设单位尚未出售和虽已出售但尚未交付的部分，以及同一买受人拥有一个以上专有部分的，按一人计算。该规定并不会对这类权利人行使管理权造成影响，因为其专有部分面积在建筑物总面积中的比例未被改变。

问：当前，因“住改商”引发的纠纷比较多，司法解释对物权法第七十七条作出了怎样的解释性规定？

答：物权法第七十七条规定，业主不得违反法律、法规以及管理规约，将住宅改变为经营性用房。业主将住宅改变为经营性用房的，除遵守法律、法规以及管理规约外，应当经有利害关系的业主同意。对该条的理解主要有三个问题需要解决：一是如果未经有利害关系的业主同意，其法律后果是什么；二是有利害关系业主的同意是需全部同意还是多数同意即可；三是如何确定有利害关系业主的范围。

按照物权法第七十七条规定，“住改商”行为的合法性需要满足两个条件：遵守法律、法规以及管理规约；应当经有利害关系的业主同意。未经有利害关系的业主同意，其行为仍不具备合法性。据此，物权法第七十七条实际上已经成为“住改商”业主对由此产生的损害后果需承担相应民事责任的法律依据。

物权法施行后，在实践中有做法是按照多数决来确定有利害关系业主的意见。这既没有法律依据，也违反了物权法第七十七条的立法目的，针对这种情况，司法解释特别规定，将住宅改变为经营性用房的业主以多数有利害关系的业主同意其行为进行抗辩的，不予支持。司法解释综合考虑“住改商”纠纷的实际情况，将有利害关系业主的范围原则上确定为在本栋建筑物之内，该范围基本上有效涵盖了与“住改商”行为有利害关系的业主，在审判实务中也比较容易掌握和操作。此外，实践中确实有可能出现建筑区划内本栋建筑物之外的业主也与“住改商”行为存在利害关系的情况，但这部分业主的范围难以统一划定，为防止利害关系业主范围的无限制泛化，司法解释另外规定，其应证明利害关系的存在。

问：物权法第七十八条规定了业主的撤销权，司法解释对业主撤销权行使问题有何具体规定？

答：物权法第七十八条第二款对业主撤销权作出了规定，但业主撤销权的行使还涉及到一些具体问题需要明确。比如，业主大会、业主委员会违反法定程序作出的决定，业主能否申请撤销，以及业主撤销权的行使应否有一个时间限制等。根据物权法第七十六条的立法精神，司法解释将物权法第七十八条第二款规定的“业主合法权益”解释为：不仅包括侵害业主的实体权利，也包括作出决定的程序违反法律规定。业主撤销权作为一种形成权，应当受到除斥期间的限制，本条参照合同法有关债权人撤销权的规定，将其确定为自知道或者应当知道业主大会或者业主委员会作出决定之日起一年之内。如此规定，既可以督促受侵害的业主及时行使权利，也有利于尽量维护业主共同生活秩序的稳定。因该除斥期间的起算点为“在知道或者应当知道业主大会或者业主委员会作出决定之日起”，所以也不会对业主合法权益保护带来不利影响。

物权法施行前，法律并无“住改商”应当经有利害关系的业主同意的规定，也没有规划用于停放汽车的车位、车库应当首先满足业主的需要的规定，除此以外，物权法对共同事项多数决的比例规定也比修订前的物业管理条例的规定高。如果不对司法解释的时间效力进行适当限制，将有可能使得许多已经稳定的社会关系重新被打破，并引发大量纠纷案件。基于此种考虑，根据法不溯及既往的原则，建筑物区分所有权司法解释明确规定，因物权法施行后实施的行为引起的建筑物区分所有权纠纷案件，适用该解释。同时，为了在司法解释正式施行之前，给各界预留一个宣传学习的时间，也为了最大限度通过自律、自纠的方式消化可能发生的纠纷案件，两部司法解释都将于 2009 年 10 月 1 日起正式施行。

附录 2:《中华人民共和国物权法》

（2007 年 3 月 16 日第十届全国人民代表大会第五次会议通过）

第一编　总　则

第一章　基本原则

第一条　为了维护国家基本经济制度，维护社会主义市场经济秩序，明确物的归属，发挥物的效用，保护权利人的物权，根据宪法，制定本法。

第二条　因物的归属和利用而产生的民事关系，适用本法。

本法所称物，包括不动产和动产。法律规定权利作为物权客体的，依照其规定。

本法所称物权，是指权利人依法对特定的物享有直接支配和排他的权利，包括所有权、用益物权和担保物权。

第三条　国家在社会主义初级阶段，坚持公有制为主体、多种所有制经济共同发展的基本经济制度。

国家巩固和发展公有制经济，鼓励、支持和引导非公有制经济的发展。

国家实行社会主义市场经济，保障一切市场主体的平等法律地位和发展权利。

第四条　国家、集体、私人的物权和其他权利人的物权受法律保护，任何单位和个人不得侵犯。

第五条　物权的种类和内容，由法律规定。

第六条　不动产物权的设立、变更、转让和消灭，应当依照法律规定登记。动产物权的设立和转让，应当依照法律规定交付。

第七条　物权的取得和行使，应当遵守法律，尊重社会公德，不得损害公共利益和他人合法权益。

第八条　其他相关法律对物权另有特别规定的，依照其规定。

第二章　物权的设立、变更、转让和消灭

第一节　不动产登记

第九条　不动产物权的设立、变更、转让和消灭，经依法登记，发生效力；未经登记，不发生效力，但法律另有规定的除外。

依法属于国家所有的自然资源，所有权可以不登记。

第十条　不动产登记，由不动产所在地的登记机构办理。

国家对不动产实行统一登记制度。统一登记的范围、登记机构和登记办法，由法律、行政法规规定。

第十一条　当事人申请登记，应当根据不同登记事项提供权属证明和不动产界址、面积等必要材料。

第十二条 登记机构应当履行下列职责：

（一）查验申请人提供的权属证明和其他必要材料；

（二）就有关登记事项询问申请人；

（三）如实、及时登记有关事项；

（四）法律、行政法规规定的其他职责。

申请登记的不动产的有关情况需要进一步证明的，登记机构可以要求申请人补充材料，必要时可以实地查看。

第十三条 登记机构不得有下列行为：

（一）要求对不动产进行评估；

（二）以年检等名义进行重复登记；

（三）超出登记职责范围的其他行为。

第十四条 不动产物权的设立、变更、转让和消灭，依照法律规定应当登记的，自记载于不动产登记簿时发生效力。

第十五条 当事人之间订立有关设立、变更、转让和消灭不动产物权的合同，除法律另有规定或者合同另有约定外，自合同成立时生效；未办理物权登记的，不影响合同效力。

第十六条 不动产登记簿是物权归属和内容的根据。不动产登记簿由登记机构管理。

第十七条 不动产权属证书是权利人享有该不动产物权的证明。不动产权属证书记载的事项，应当与不动产登记簿一致；记载不一致的，除有证据证明不动产登记簿确有错误外，以不动产登记簿为准。

第十八条 权利人、利害关系人可以申请查询、复制登记资料，登记机构应当提供。

第十九条 权利人、利害关系人认为不动产登记簿记载的事项错误的，可以申请更正登记。不动产登记簿记载的权利人书面同意更正或者有证据证明登记确有错误的，登记机构应当予以更正。

不动产登记簿记载的权利人不同意更正的，利害关系人可以申请异议登记。登记机构予以异议登记的，申请人在异议登记之日起十五日内不起诉，异议登记失效。异议登记不当，造成权利人损害的，权利人可以向申请人请求损害赔偿。

第二十条　当事人签订买卖房屋或者其他不动产物权的协议，为保障将来实现物权，按照约定可以向登记机构申请预告登记。预告登记后，未经预告登记的权利人同意，处分该不动产的，不发生物权效力。

预告登记后，债权消灭或者自能够进行不动产登记之日起三个月内未申请登记的，预告登记失效。

第二十一条　当事人提供虚假材料申请登记，给他人造成损害的，应当承担赔偿责任。

因登记错误，给他人造成损害的，登记机构应当承担赔偿责任。登记机构赔偿后，可以向造成登记错误的人追偿。

第二十二条　不动产登记费按件收取，不得按照不动产的面积、体积或者价款的比例收取。具体收费标准由国务院有关部门会同价格主管部门规定。

第二节　动产交付

第二十三条　动产物权的设立和转让，自交付时发生效力，但法律另有规定的除外。

第二十四条　船舶、航空器和机动车等物权的设立、变更、转让和消灭，未经登记，不得对抗善意第三人。

第二十五条　动产物权设立和转让前，权利人已经依法占有该动产的，物权自法律行为生效时发生效力。

第二十六条　动产物权设立和转让前，第三人依法占有该动产的，负有交付义务的人可以通过转让请求第三人返还原物的权利代替交付。

第二十七条　动产物权转让时，双方又约定由出让人继续占有该动产的，物权自该约定生效时发生效力。

第三节　其他规定

第二十八条　因人民法院、仲裁委员会的法律文书或者人民政府的征收决定等，导致物权设立、变更、转让或者消灭的，自法律文书或者人民政府的征收决定等生效时发生效力。

第二十九条 因继承或者受遗赠取得物权的，自继承或者受遗赠开始时发生效力。

第三十条 因合法建造、拆除房屋等事实行为设立或者消灭物权的，自事实行为成就时发生效力。

第三十一条 依照本法第二十八条至第三十条规定享有不动产物权的，处分该物权时，依照法律规定需要办理登记的，未经登记，不发生物权效力。

第三章 物权的保护

第三十二条 物权受到侵害的，权利人可以通过和解、调解、仲裁、诉讼等途径解决。

第三十三条 因物权的归属、内容发生争议的，利害关系人可以请求确认权利。

第三十四条 无权占有不动产或者动产的，权利人可以请求返还原物。

第三十五条 妨害物权或者可能妨害物权的，权利人可以请求排除妨害或者消除危险。

第三十六条 造成不动产或者动产毁损的，权利人可以请求修理、重作、更换或者恢复原状。

第三十七条 侵害物权，造成权利人损害的，权利人可以请求损害赔偿，也可以请求承担其他民事责任。

第三十八条 本章规定的物权保护方式，可以单独适用，也可以根据权利被侵害的情形合并适用。

侵害物权，除承担民事责任外，违反行政管理规定的，依法承担行政责任；构成犯罪的，依法追究刑事责任。

第二编 所有权

第四章 一般规定

第三十九条 所有权人对自己的不动产或者动产，依法享有占有、使用、收益和处分的权利。

第四十条　所有权人有权在自己的不动产或者动产上设立用益物权和担保物权。用益物权人、担保物权人行使权利，不得损害所有权人的权益。

第四十一条　法律规定专属于国家所有的不动产和动产，任何单位和个人不能取得所有权。

第四十二条　为了公共利益的需要，依照法律规定的权限和程序可以征收集体所有的土地和单位、个人的房屋及其他不动产。

征收集体所有的土地，应当依法足额支付土地补偿费、安置补助费、地上附着物和青苗的补偿费等费用，安排被征地农民的社会保障费用，保障被征地农民的生活，维护被征地农民的合法权益。

征收单位、个人的房屋及其他不动产，应当依法给予拆迁补偿，维护被征收人的合法权益；征收个人住宅的，还应当保障被征收人的居住条件。

任何单位和个人不得贪污、挪用、私分、截留、拖欠征收补偿费等费用。

第四十三条　国家对耕地实行特殊保护，严格限制农用地转为建设用地，控制建设用地总量。不得违反法律规定的权限和程序征收集体所有的土地。

第四十四条　因抢险、救灾等紧急需要，依照法律规定的权限和程序可以征用单位、个人的不动产或者动产。被征用的不动产或者动产使用后，应当返还被征用人。单位、个人的不动产或者动产被征用或者征用后毁损、灭失的，应当给予补偿。

第五章 国家所有权和集体所有权、私人所有权

第四十五条　法律规定属于国家所有的财产，属于国家所有即全民所有。

国有财产由国务院代表国家行使所有权；法律另有规定的，依照其规定。

第四十六条　矿藏、水流、海域属于国家所有。

第四十七条　城市的土地，属于国家所有。法律规定属于国家所有的农村和城市郊区的土地，属于国家所有。

第四十八条　森林、山岭、草原、荒地、滩涂等自然资源，属于国家所有，但法律规定属于集体所有的除外。

第四十九条　法律规定属于国家所有的野生动植物资源，属于国家所有。

第五十条　无线电频谱资源属于国家所有。

第五十一条 法律规定属于国家所有的文物，属于国家所有。

第五十二条 国防资产属于国家所有。

铁路、公路、电力设施、电信设施和油气管道等基础设施，依照法律规定为国家所有的，属于国家所有。

第五十三条 国家机关对其直接支配的不动产和动产，享有占有、使用以及依照法律和国务院的有关规定处分的权利。

第五十四条 国家举办的事业单位对其直接支配的不动产和动产，享有占有、使用以及依照法律和国务院的有关规定收益、处分的权利。

第五十五条 国家出资的企业，由国务院、地方人民政府依照法律、行政法规规定分别代表国家履行出资人职责，享有出资人权益。

第五十六条 国家所有的财产受法律保护，禁止任何单位和个人侵占、哄抢、私分、截留、破坏。

第五十七条 履行国有财产管理、监督职责的机构及其工作人员，应当依法加强对国有财产的管理、监督，促进国有财产保值增值，防止国有财产损失；滥用职权，玩忽职守，造成国有财产损失的，应当依法承担法律责任。

违反国有财产管理规定，在企业改制、合并分立、关联交易等过程中，低价转让、合谋私分、擅自担保或者以其他方式造成国有财产损失的，应当依法承担法律责任。

第五十八条 集体所有的不动产和动产包括：

(一)法律规定属于集体所有的土地和森林、山岭、草原、荒地、滩涂；

(二)集体所有的建筑物、生产设施、农田水利设施；

(三)集体所有的教育、科学、文化、卫生、体育等设施；

(四)集体所有的其他不动产和动产。

第五十九条 农民集体所有的不动产和动产，属于本集体成员集体所有。

下列事项应当依照法定程序经本集体成员决定：

(一)土地承包方案以及将土地发包给本集体以外的单位或者个人承包；

(二)个别土地承包经营权人之间承包地的调整；

(三)土地补偿费等费用的使用、分配办法；

（四）集体出资的企业的所有权变动等事项；

（五）法律规定的其他事项。

第六十条　对于集体所有的土地和森林、山岭、草原、荒地、滩涂等，依照下列规定行使所有权：

（一）属于村农民集体所有的，由村集体经济组织或者村民委员会代表集体行使所有权；

（二）分别属于村内两个以上农民集体所有的，由村内各该集体经济组织或者村民小组代表集体行使所有权；

（三）属于乡镇农民集体所有的，由乡镇集体经济组织代表集体行使所有权。

第六十一条　城镇集体所有的不动产和动产，依照法律、行政法规的规定由本集体享有占有、使用、收益和处分的权利。

第六十二条　集体经济组织或者村民委员会、村民小组应当依照法律、行政法规以及章程、村规民约向本集体成员公布集体财产的状况。

第六十三条　集体所有的财产受法律保护，禁止任何单位和个人侵占、哄抢、私分、破坏。

集体经济组织、村民委员会或者其负责人作出的决定侵害集体成员合法权益的，受侵害的集体成员可以请求人民法院予以撤销。

第六十四条　私人对其合法的收入、房屋、生活用品、生产工具、原材料等不动产和动产享有所有权。

第六十五条　私人合法的储蓄、投资及其收益受法律保护。

国家依照法律规定保护私人的继承权及其他合法权益。

第六十六条　私人的合法财产受法律保护，禁止任何单位和个人侵占、哄抢、破坏。

第六十七条　国家、集体和私人依法可以出资设立有限责任公司、股份有限公司或者其他企业。国家、集体和私人所有的不动产或者动产，投到企业的，由出资人按照约定或者出资比例享有资产收益、重大决策以及选择经营管理者等权利并履行义务。

第六十八条　企业法人对其不动产和动产依照法律、行政法规以及章程享有占有、使用、收益和处分的权利。

企业法人以外的法人，对其不动产和动产的权利，适用有关法律、行政法规以及章程的规定。

第六十九条 社会团体依法所有的不动产和动产，受法律保护。

第六章 业主的建筑物区分所有权

第七十条 业主对建筑物内的住宅、经营性用房等专有部分享有所有权，对专有部分以外的共有部分享有共有和共同管理的权利。

第七十一条 业主对其建筑物专有部分享有占有、使用、收益和处分的权利。业主行使权利不得危及建筑物的安全，不得损害其他业主的合法权益。

第七十二条 业主对建筑物专有部分以外的共有部分，享有权利，承担义务；不得以放弃权利不履行义务。

业主转让建筑物内的住宅、经营性用房，其对共有部分享有的共有和共同管理的权利一并转让。

第七十三条 建筑区划内的道路，属于业主共有，但属于城镇公共道路的除外。建筑区划内的绿地，属于业主共有，但属于城镇公共绿地或者明示属于个人的除外。建筑区划内的其他公共场所、公用设施和物业服务用房，属于业主共有。

第七十四条 建筑区划内，规划用于停放汽车的车位、车库应当首先满足业主的需要。

建筑区划内，规划用于停放汽车的车位、车库的归属，由当事人通过出售、附赠或者出租等方式约定。

占用业主共有的道路或者其他场地用于停放汽车的车位，属于业主共有。

第七十五条 业主可以设立业主大会，选举业主委员会。

地方人民政府有关部门应当对设立业主大会和选举业主委员会给予指导和协助。

第七十六条 下列事项由业主共同决定：

（一）制定和修改业主大会议事规则；

（二）制定和修改建筑物及其附属设施的管理规约；

（三）选举业主委员会或者更换业主委员会成员；

（四）选聘和解聘物业服务企业或者其他管理人；

（五）筹集和使用建筑物及其附属设施的维修资金；

（六）改建、重建建筑物及其附属设施；

（七）有关共有和共同管理权利的其他重大事项。

决定前款第五项和第六项规定的事项，应当经专有部分占建筑物总面积三分之二以上的业主且占总人数三分之二以上的业主同意。决定前款其他事项，应当经专有部分占建筑物总面积过半数的业主且占总人数过半数的业主同意。

第七十七条　业主不得违反法律、法规以及管理规约，将住宅改变为经营性用房。业主将住宅改变为经营性用房的，除遵守法律、法规以及管理规约外，应当经有利害关系的业主同意。

第七十八条　业主大会或者业主委员会的决定，对业主具有约束力。

业主大会或者业主委员会作出的决定侵害业主合法权益的，受侵害的业主可以请求人民法院予以撤销。

第七十九条　建筑物及其附属设施的维修资金，属于业主共有。经业主共同决定，可以用于电梯、水箱等共有部分的维修。维修资金的筹集、使用情况应当公布。

第八十条　建筑物及其附属设施的费用分摊、收益分配等事项，有约定的，按照约定；没有约定或者约定不明确的，按照业主专有部分占建筑物总面积的比例确定。

第八十一条　业主可以自行管理建筑物及其附属设施，也可以委托物业服务企业或者其他管理人管理。

对建设单位聘请的物业服务企业或者其他管理人，业主有权依法更换。

第八十二条　物业服务企业或者其他管理人根据业主的委托管理建筑区划内的建筑物及其附属设施，并接受业主的监督。

第八十三条　业主应当遵守法律、法规以及管理规约。

业主大会和业主委员会，对任意弃置垃圾、排放污染物或者噪声、违反规定饲养动物、违章搭建、侵占通道、拒付物业费等损害他人合法权益的行为，有权依照法律、法规以及管理规约，要求行为人停止侵害、消除危险、排除妨害、赔偿损失。业主对侵害自己合法权益的行为，可以依法向人民法院提起诉讼。

第七章　相邻关系

第八十四条　不动产的相邻权利人应当按照有利生产、方便生活、团结互助、公平合理的原则，正确处理相邻关系。

第八十五条　法律、法规对处理相邻关系有规定的，依照其规定；法律、法规没有规定的，可以按照当地习惯。

第八十六条　不动产权利人应当为相邻权利人用水、排水提供必要的便利。

对自然流水的利用，应当在不动产的相邻权利人之间合理分配。对自然流水的排放，应当尊重自然流向。

第八十七条　不动产权利人对相邻权利人因通行等必须利用其土地的，应当提供必要的便利。

第八十八条　不动产权利人因建造、修缮建筑物以及铺设电线、电缆、水管、暖气和燃气管线等必须利用相邻土地、建筑物的，该土地、建筑物的权利人应当提供必要的便利。

第八十九条　建造建筑物，不得违反国家有关工程建设标准，妨碍相邻建筑物的通风、采光和日照。

第九十条　不动产权利人不得违反国家规定弃置固体废物，排放大气污染物、水污染物、噪声、光、电磁波辐射等有害物质。

第九十一条　不动产权利人挖掘土地、建造建筑物、铺设管线以及安装设备等，不得危及相邻不动产的安全。

第九十二条　不动产权利人因用水、排水、通行、铺设管线等利用相邻不动产的，应当尽量避免对相邻的不动产权利人造成损害；造成损害的，应当给予赔偿。

第八章　共　有

第九十三条　不动产或者动产可以由两个以上单位、个人共有。共有包括按份共有和共同共有。

第九十四条 按份共有人对共有的不动产或者动产按照其份额享有所有权。

第九十五条 共同共有人对共有的不动产或者动产共同享有所有权。

第九十六条 共有人按照约定管理共有的不动产或者动产;没有约定或者约定不明确的,各共有人都有管理的权利和义务。

第九十七条 处分共有的不动产或者动产以及对共有的不动产或者动产作重大修缮的,应当经占份额三分之二以上的按份共有人或者全体共同共有人同意,但共有人之间另有约定的除外。

第九十八条 对共有物的管理费用以及其他负担,有约定的,按照约定;没有约定或者约定不明确的,按份共有人按照其份额负担,共同共有人共同负担。

第九十九条 共有人约定不得分割共有的不动产或者动产,以维持共有关系的,应当按照约定,但共有人有重大理由需要分割的,可以请求分割;没有约定或者约定不明确的,按份共有人可以随时请求分割,共同共有人在共有的基础丧失或者有重大理由需要分割时可以请求分割。因分割对其他共有人造成损害的,应当给予赔偿。

第一百条 共有人可以协商确定分割方式。达不成协议,共有的不动产或者动产可以分割并且不会因分割减损价值的,应当对实物予以分割;难以分割或者因分割会减损价值的,应当对折价或者拍卖、变卖取得的价款予以分割。

共有人分割所得的不动产或者动产有瑕疵的,其他共有人应当分担损失。

第一百零一条 按份共有人可以转让其享有的共有的不动产或者动产份额。其他共有人在同等条件下享有优先购买的权利。

第一百零二条 因共有的不动产或者动产产生的债权债务,在对外关系上,共有人享有连带债权、承担连带债务,但法律另有规定或者第三人知道共有人不具有连带债权债务关系的除外;在共有人内部关系上,除共有人另有约定外,按份共有人按照份额享有债权、承担债务,共同共有人共同享有债权、承担债务。偿还债务超过自己应当承担份额的按份共有人,有权向其他共有人追偿。

第一百零三条 共有人对共有的不动产或者动产没有约定为按份共有或者共同共有,或者约定不明确的,除共有人具有家庭关系等外,视为按份共有。

第一百零四条 按份共有人对共有的不动产或者动产享有的份额,没有约定或者约定不明确的，按照出资额确定；不能确定出资额的，视为等额享有。

第一百零五条 两个以上单位、个人共同享有用益物权、担保物权的，参照本章规定。

第九章 所有权取得的特别规定

第一百零六条 无处分权人将不动产或者动产转让给受让人的，所有权人有权追回；除法律另有规定外，符合下列情形的，受让人取得该不动产或者动产的所有权：

（一）受让人受让该不动产或者动产时是善意的；

（二）以合理的价格转让；

（三）转让的不动产或者动产依照法律规定应当登记的已经登记，不需要登记的已经交付给受让人。

受让人依照前款规定取得不动产或者动产的所有权的，原所有权人有权向无处分权人请求赔偿损失。

当事人善意取得其他物权的，参照前两款规定。

第一百零七条 所有权人或者其他权利人有权追回遗失物。该遗失物通过转让被他人占有的，权利人有权向无处分权人请求损害赔偿，或者自知道或者应当知道受让人之日起二年内向受让人请求返还原物，但受让人通过拍卖或者向具有经营资格的经营者购得该遗失物的，权利人请求返还原物时应当支付受让人所付的费用。权利人向受让人支付所付费用后，有权向无处分权人追偿。

第一百零八条 善意受让人取得动产后，该动产上的原有权利消灭，但善意受让人在受让时知道或者应当知道该权利的除外。

第一百零九条 拾得遗失物，应当返还权利人。拾得人应当及时通知权利人领取，或者送交公安等有关部门。

第一百一十条 有关部门收到遗失物，知道权利人的，应当及时通知其领取；不知道的，应当及时发布招领公告。

第一百一十一条 拾得人在遗失物送交有关部门前，有关部门在遗失物被领取前，应当妥善保管遗失物。因故意或者重大过失致使遗失物毁损、灭失的，应当承担民事责任。

第一百一十二条　权利人领取遗失物时，应当向拾得人或者有关部门支付保管遗失物等支出的必要费用。

权利人悬赏寻找遗失物的，领取遗失物时应当按照承诺履行义务。

拾得人侵占遗失物的，无权请求保管遗失物等支出的费用，也无权请求权利人按照承诺履行义务。

第一百一十三条　遗失物自发布招领公告之日起六个月内无人认领的，归国家所有。

第一百一十四条　拾得漂流物、发现埋藏物或者隐藏物的，参照拾得遗失物的有关规定。文物保护法等法律另有规定的，依照其规定。

第一百一十五条　主物转让的，从物随主物转让，但当事人另有约定的除外。

第一百一十六条　天然孳息，由所有权人取得；既有所有权人又有用益物权人的，由用益物权人取得。当事人另有约定的，按照约定。

法定孳息，当事人有约定的，按照约定取得；没有约定或者约定不明确的，按照交易习惯取得。

第三编　用益物权

第十章　一般规定

第一百一十七条　用益物权人对他人所有的不动产或者动产，依法享有占有、使用和收益的权利。

第一百一十八条　国家所有或者国家所有由集体使用以及法律规定属于集体所有的自然资源，单位、个人依法可以占有、使用和收益。

第一百一十九条　国家实行自然资源有偿使用制度，但法律另有规定的除外。

第一百二十条　用益物权人行使权利，应当遵守法律有关保护和合理开发利用资源的规定。所有权人不得干涉用益物权人行使权利。

第一百二十一条　因不动产或者动产被征收、征用致使用益物权消灭或者影响用益物权行使的，用益物权人有权依照本法第四十二条、第四十四条的规定获得相应补偿。

第一百二十二条 依法取得的海域使用权受法律保护。

第一百二十三条 依法取得的探矿权、采矿权、取水权和使用水域、滩涂从事养殖、捕捞的权利受法律保护。

第十一章 土地承包经营权

第一百二十四条 农村集体经济组织实行家庭承包经营为基础、统分结合的双层经营体制。

农民集体所有和国家所有由农民集体使用的耕地、林地、草地以及其他用于农业的土地，依法实行土地承包经营制度。

第一百二十五条 土地承包经营权人依法对其承包经营的耕地、林地、草地等享有占有、使用和收益的权利，有权从事种植业、林业、畜牧业等农业生产。

第一百二十六条 耕地的承包期为三十年。草地的承包期为三十年至五十年。林地的承包期为三十年至七十年；特殊林木的林地承包期，经国务院林业行政主管部门批准可以延长。

前款规定的承包期届满，由土地承包经营权人按照国家有关规定继续承包。

第一百二十七条 土地承包经营权自土地承包经营权合同生效时设立。

县级以上地方人民政府应当向土地承包经营权人发放土地承包经营权证、林权证、草原使用权证，并登记造册，确认土地承包经营权。

第一百二十八条 土地承包经营权人依照农村土地承包法的规定，有权将土地承包经营权采取转包、互换、转让等方式流转。流转的期限不得超过承包期的剩余期限。未经依法批准，不得将承包地用于非农建设。

第一百二十九条 土地承包经营权人将土地承包经营权互换、转让，当事人要求登记的，应当向县级以上地方人民政府申请土地承包经营权变更登记；未经登记，不得对抗善意第三人。

第一百三十条 承包期内发包人不得调整承包地。

因自然灾害严重毁损承包地等特殊情形，需要适当调整承包的耕地和草地的，应当依照农村土地承包法等法律规定办理。

第一百三十一条　承包期内发包人不得收回承包地。农村土地承包法等法律另有规定的，依照其规定。

第一百三十二条　承包地被征收的，土地承包经营权人有权依照本法第四十二条第二款的规定获得相应补偿。

第一百三十三条　通过招标、拍卖、公开协商等方式承包荒地等农村土地，依照农村土地承包法等法律和国务院的有关规定，其土地承包经营权可以转让、入股、抵押或者以其他方式流转。

第一百三十四条　国家所有的农用地实行承包经营的，参照本法的有关规定。

第十二章　建设用地使用权

第一百三十五条　建设用地使用权人依法对国家所有的土地享有占有、使用和收益的权利，有权利用该土地建造建筑物、构筑物及其附属设施。

第一百三十六条　建设用地使用权可以在土地的地表、地上或者地下分别设立。新设立的建设用地使用权，不得损害已设立的用益物权。

第一百三十七条　设立建设用地使用权，可以采取出让或者划拨等方式。

工业、商业、旅游、娱乐和商品住宅等经营性用地以及同一土地有两个以上意向用地者的，应当采取招标、拍卖等公开竞价的方式出让。

严格限制以划拨方式设立建设用地使用权。采取划拨方式的，应当遵守法律、行政法规关于土地用途的规定。

第一百三十八条　采取招标、拍卖、协议等出让方式设立建设用地使用权的，当事人应当采取书面形式订立建设用地使用权出让合同。

建设用地使用权出让合同一般包括下列条款：

（一）当事人的名称和住所；

（二）土地界址、面积等；

（三）建筑物、构筑物及其附属设施占用的空间；

（四）土地用途；

（五）使用期限；

（六）出让金等费用及其支付方式；

（七）解决争议的方法。

第一百三十九条 设立建设用地使用权的，应当向登记机构申请建设用地使用权登记。建设用地使用权自登记时设立。登记机构应当向建设用地使用权人发放建设用地使用权证书。

第一百四十条 建设用地使用权人应当合理利用土地，不得改变土地用途；需要改变土地用途的，应当依法经有关行政主管部门批准。

第一百四十一条 建设用地使用权人应当依照法律规定以及合同约定支付出让金等费用。

第一百四十二条 建设用地使用权人建造的建筑物、构筑物及其附属设施的所有权属于建设用地使用权人，但有相反证据证明的除外。

第一百四十三条 建设用地使用权人有权将建设用地使用权转让、互换、出资、赠与或者抵押，但法律另有规定的除外。

第一百四十四条 建设用地使用权转让、互换、出资、赠与或者抵押的，当事人应当采取书面形式订立相应的合同。使用期限由当事人约定，但不得超过建设用地使用权的剩余期限。

第一百四十五条 建设用地使用权转让、互换、出资或者赠与的，应当向登记机构申请变更登记。

第一百四十六条 建设用地使用权转让、互换、出资或者赠与的，附着于该土地上的建筑物、构筑物及其附属设施一并处分。

第一百四十七条 建筑物、构筑物及其附属设施转让、互换、出资或者赠与的，该建筑物、构筑物及其附属设施占用范围内的建设用地使用权一并处分。

第一百四十八条 建设用地使用权期间届满前，因公共利益需要提前收回该土地的，应当依照本法第四十二条的规定对该土地上的房屋及其他不动产给予补偿，并退还相应的出让金。

第一百四十九条 住宅建设用地使用权期间届满的，自动续期。

非住宅建设用地使用权期间届满后的续期，依照法律规定办理。该土地上的房屋及其他不动产的归属，有约定的，按照约定；没有约定或者约定不明确的，依照法律、行政法规的规定办理。

第一百五十条 建设用地使用权消灭的，出让人应当及时办理注销登记。登记机构应当收回建设用地使用权证书。

第一百五十一条　集体所有的土地作为建设用地的，应当依照土地管理法等法律规定办理。

第十三章　宅基地使用权

第一百五十二条　宅基地使用权人依法对集体所有的土地享有占有和使用的权利，有权依法利用该土地建造住宅及其附属设施。

第一百五十三条　宅基地使用权的取得、行使和转让，适用土地管理法等法律和国家有关规定。

第一百五十四条　宅基地因自然灾害等原因灭失的，宅基地使用权消灭。对失去宅基地的村民，应当重新分配宅基地。

第一百五十五条　已经登记的宅基地使用权转让或者消灭的，应当及时办理变更登记或者注销登记。

第十四章　地役权

第一百五十六条　地役权人有权按照合同约定，利用他人的不动产，以提高自己的不动产的效益。

前款所称他人的不动产为供役地，自己的不动产为需役地。

第一百五十七条　设立地役权，当事人应当采取书面形式订立地役权合同。

地役权合同一般包括下列条款：

（一）当事人的姓名或者名称和住所；

（二）供役地和需役地的位置；

（三）利用目的和方法；

（四）利用期限；

（五）费用及其支付方式；

（六）解决争议的方法。

第一百五十八条　地役权自地役权合同生效时设立。当事人要求登记的，可以向登记机构申请地役权登记；未经登记，不得对抗善意第三人。

第一百五十九条　供役地权利人应当按照合同约定，允许地役权人利用其土地，不得妨害地役权人行使权利。

第一百六十条 地役权人应当按照合同约定的利用目的和方法利用供役地，尽量减少对供役地权利人物权的限制。

第一百六十一条 地役权的期限由当事人约定，但不得超过土地承包经营权、建设用地使用权等用益物权的剩余期限。

第一百六十二条 土地所有权人享有地役权或者负担地役权的，设立土地承包经营权、宅基地使用权时，该土地承包经营权人、宅基地使用权人继续享有或者负担已设立的地役权。

第一百六十三条 土地上已设立土地承包经营权、建设用地使用权、宅基地使用权等权利的，未经用益物权人同意，土地所有权人不得设立地役权。

第一百六十四条 地役权不得单独转让。土地承包经营权、建设用地使用权等转让的，地役权一并转让，但合同另有约定的除外。

第一百六十五条 地役权不得单独抵押。土地承包经营权、建设用地使用权等抵押的，在实现抵押权时，地役权一并转让。

第一百六十六条 需役地以及需役地上的土地承包经营权、建设用地使用权部分转让时，转让部分涉及地役权的，受让人同时享有地役权。

第一百六十七条 供役地以及供役地上的土地承包经营权、建设用地使用权部分转让时，转让部分涉及地役权的，地役权对受让人具有约束力。

第一百六十八条 地役权人有下列情形之一的，供役地权利人有权解除地役权合同，地役权消灭：

（一）违反法律规定或者合同约定，滥用地役权；

（二）有偿利用供役地，约定的付款期间届满后在合理期限内经两次催告未支付费用。

第一百六十九条 已经登记的地役权变更、转让或者消灭的，应当及时办理变更登记或者注销登记。

第四编　担保物权

第十五章　一般规定

第一百七十条 担保物权人在债务人不履行到期债务或者发生当事人约定的

实现担保物权的情形,依法享有就担保财产优先受偿的权利,但法律另有规定的除外。

第一百七十一条　债权人在借贷、买卖等民事活动中,为保障实现其债权,需要担保的,可以依照本法和其他法律的规定设立担保物权。

第三人为债务人向债权人提供担保的,可以要求债务人提供反担保。反担保适用本法和其他法律的规定。

第一百七十二条　设立担保物权,应当依照本法和其他法律的规定订立担保合同。担保合同是主债权债务合同的从合同。主债权债务合同无效,担保合同无效,但法律另有规定的除外。

担保合同被确认无效后,债务人、担保人、债权人有过错的,应当根据其过错各自承担相应的民事责任。

第一百七十三条　担保物权的担保范围包括主债权及其利息、违约金、损害赔偿金、保管担保财产和实现担保物权的费用。当事人另有约定的,按照约定。

第一百七十四条　担保期间,担保财产毁损、灭失或者被征收等,担保物权人可以就获得的保险金、赔偿金或者补偿金等优先受偿。被担保债权的履行期未届满的,也可以提存该保险金、赔偿金或者补偿金等。

第一百七十五条　第三人提供担保,未经其书面同意,债权人允许债务人转移全部或者部分债务的,担保人不再承担相应的担保责任。

第一百七十六条　被担保的债权既有物的担保又有人的担保的,债务人不履行到期债务或者发生当事人约定的实现担保物权的情形,债权人应当按照约定实现债权;没有约定或者约定不明确,债务人自己提供物的担保的,债权人应当先就该物的担保实现债权;第三人提供物的担保的,债权人可以就物的担保实现债权,也可以要求保证人承担保证责任。提供担保的第三人承担担保责任后,有权向债务人追偿。

第一百七十七条　有下列情形之一的,担保物权消灭:

(一)主债权消灭;

(二)担保物权实现;

(三)债权人放弃担保物权;

(四)法律规定担保物权消灭的其他情形。

第一百七十八条 担保法与本法的规定不一致的，适用本法。

第十六章 抵押权

第一节 一般抵押权

第一百七十九条 为担保债务的履行，债务人或者第三人不转移财产的占有，将该财产抵押给债权人的，债务人不履行到期债务或者发生当事人约定的实现抵押权的情形，债权人有权就该财产优先受偿。

前款规定的债务人或者第三人为抵押人，债权人为抵押权人，提供担保的财产为抵押财产。

第一百八十条 债务人或者第三人有权处分的下列财产可以抵押：

（一）建筑物和其他土地附着物；

（二）建设用地使用权；

（三）以招标、拍卖、公开协商等方式取得的荒地等土地承包经营权；

（四）生产设备、原材料、半成品、产品；

（五）正在建造的建筑物、船舶、航空器；

（六）交通运输工具；

（七）法律、行政法规未禁止抵押的其他财产。

抵押人可以将前款所列财产一并抵押。

第一百八十一条 经当事人书面协议，企业、个体工商户、农业生产经营者可以将现有的以及将有的生产设备、原材料、半成品、产品抵押，债务人不履行到期债务或者发生当事人约定的实现抵押权的情形，债权人有权就实现抵押权时的动产优先受偿。

第一百八十二条 以建筑物抵押的，该建筑物占用范围内的建设用地使用权一并抵押。以建设用地使用权抵押的，该土地上的建筑物一并抵押。

抵押人未依照前款规定一并抵押的，未抵押的财产视为一并抵押。

第一百八十三条 乡镇、村企业的建设用地使用权不得单独抵押。以乡镇、村企业的厂房等建筑物抵押的，其占用范围内的建设用地使用权一并抵押。

第一百八十四条　下列财产不得抵押：

（一）土地所有权；

（二）耕地、宅基地、自留地、自留山等集体所有的土地使用权，但法律规定可以抵押的除外；

（三）学校、幼儿园、医院等以公益为目的的事业单位、社会团体的教育设施、医疗卫生设施和其他社会公益设施；

（四）所有权、使用权不明或者有争议的财产；

（五）依法被查封、扣押、监管的财产；

（六）法律、行政法规规定不得抵押的其他财产。

第一百八十五条　设立抵押权，当事人应当采取书面形式订立抵押合同。

抵押合同一般包括下列条款：

（一）被担保债权的种类和数额；

（二）债务人履行债务的期限；

（三）抵押财产的名称、数量、质量、状况、所在地、所有权归属或者使用权归属；

（四）担保的范围。

第一百八十六条　抵押权人在债务履行期届满前，不得与抵押人约定债务人不履行到期债务时抵押财产归债权人所有。

第一百八十七条　以本法第一百八十条第一款第一项至第三项规定的财产或者第五项规定的正在建造的建筑物抵押的，应当办理抵押登记。抵押权自登记时设立。

第一百八十八条　以本法第一百八十条第一款第四项、第六项规定的财产或者第五项规定的正在建造的船舶、航空器抵押的，抵押权自抵押合同生效时设立；未经登记，不得对抗善意第三人。

第一百八十九条　企业、个体工商户、农业生产经营者以本法第一百八十一条规定的动产抵押的，应当向抵押人住所地的工商行政管理部门办理登记。抵押权自抵押合同生效时设立；未经登记，不得对抗善意第三人。

依照本法第一百八十一条规定抵押的，不得对抗正常经营活动中已支付合理价款并取得抵押财产的买受人。

第一百九十条　订立抵押合同前抵押财产已出租的，原租赁关系不受该抵押权的影响。抵押权设立后抵押财产出租的，该租赁关系不得对抗已登记的抵押权。

第一百九十一条　抵押期间，抵押人经抵押权人同意转让抵押财产的，应当将转让所得的价款向抵押权人提前清偿债务或者提存。转让的价款超过债权数额的部分归抵押人所有，不足部分由债务人清偿。

抵押期间，抵押人未经抵押权人同意，不得转让抵押财产，但受让人代为清偿债务消灭抵押权的除外。

第一百九十二条　抵押权不得与债权分离而单独转让或者作为其他债权的担保。债权转让的，担保该债权的抵押权一并转让，但法律另有规定或者当事人另有约定的除外。

第一百九十三条　抵押人的行为足以使抵押财产价值减少的，抵押权人有权要求抵押人停止其行为。抵押财产价值减少的，抵押权人有权要求恢复抵押财产的价值，或者提供与减少的价值相应的担保。抵押人不恢复抵押财产的价值也不提供担保的，抵押权人有权要求债务人提前清偿债务。

第一百九十四条　抵押权人可以放弃抵押权或者抵押权的顺位。抵押权人与抵押人可以协议变更抵押权顺位以及被担保的债权数额等内容，但抵押权的变更，未经其他抵押权人书面同意，不得对其他抵押权人产生不利影响。

债务人以自己的财产设定抵押，抵押权人放弃该抵押权、抵押权顺位或者变更抵押权的，其他担保人在抵押权人丧失优先受偿权益的范围内免除担保责任，但其他担保人承诺仍然提供担保的除外。

第一百九十五条　债务人不履行到期债务或者发生当事人约定的实现抵押权的情形，抵押权人可以与抵押人协议以抵押财产折价或者以拍卖、变卖该抵押财产所得的价款优先受偿。协议损害其他债权人利益的，其他债权人可以在知道或者应当知道撤销事由之日起一年内请求人民法院撤销该协议。

抵押权人与抵押人未就抵押权实现方式达成协议的，抵押权人可以请求人民法院拍卖、变卖抵押财产。

抵押财产折价或者变卖的，应当参照市场价格。

第一百九十六条　依照本法第一百八十一条规定设定抵押的，抵押财产自下列情形之一发生时确定：

(一)债务履行期届满，债权未实现；

(二)抵押人被宣告破产或者被撤销；

(三)当事人约定的实现抵押权的情形；

(四)严重影响债权实现的其他情形。

第一百九十七条　债务人不履行到期债务或者发生当事人约定的实现抵押权的情形，致使抵押财产被人民法院依法扣押的，自扣押之日起抵押权人有权收取该抵押财产的天然孳息或者法定孳息，但抵押权人未通知应当清偿法定孳息的义务人的除外。

前款规定的孳息应当先充抵收取孳息的费用。

第一百九十八条　抵押财产折价或者拍卖、变卖后，其价款超过债权数额的部分归抵押人所有，不足部分由债务人清偿。

第一百九十九条　同一财产向两个以上债权人抵押的，拍卖、变卖抵押财产所得的价款依照下列规定清偿：

(一)抵押权已登记的，按照登记的先后顺序清偿；顺序相同的，按照债权比例清偿；

(二)抵押权已登记的先于未登记的受偿；

(三)抵押权未登记的，按照债权比例清偿。

第二百条　建设用地使用权抵押后，该土地上新增的建筑物不属于抵押财产。该建设用地使用权实现抵押权时，应当将该土地上新增的建筑物与建设用地使用权一并处分，但新增建筑物所得的价款，抵押权人无权优先受偿。

第二百零一条　依照本法第一百八十条第一款第三项规定的土地承包经营权抵押的，或者依照本法第一百八十三条规定以乡镇、村企业的厂房等建筑物占用范围内的建设用地使用权一并抵押的，实现抵押权后，未经法定程序，不得改变土地所有权的性质和土地用途。

第二百零二条　抵押权人应当在主债权诉讼时效期间行使抵押权；未行使的，人民法院不予保护。

第二节　最高额抵押权

第二百零三条　为担保债务的履行，债务人或者第三人对一定期间内将要连续发生的债权提供担保财产的，债务人不履行到期债务或者发生当事人约定的实现抵押权的情形，抵押权人有权在最高债权额限度内就该担保财产优先受偿。

最高额抵押权设立前已经存在的债权，经当事人同意，可以转入最高额抵押担保的债权范围。

第二百零四条　最高额抵押担保的债权确定前，部分债权转让的，最高额抵押权不得转让，但当事人另有约定的除外。

第二百零五条　最高额抵押担保的债权确定前，抵押权人与抵押人可以通过协议变更债权确定的期间、债权范围以及最高债权额，但变更的内容不得对其他抵押权人产生不利影响。

第二百零六条　有下列情形之一的，抵押权人的债权确定：

(一)约定的债权确定期间届满；

(二)没有约定债权确定期间或者约定不明确，抵押权人或者抵押人自最高额抵押权设立之日起满二年后请求确定债权；

(三)新的债权不可能发生；

(四)抵押财产被查封、扣押；

(五)债务人、抵押人被宣告破产或者被撤销；

(六)法律规定债权确定的其他情形。

第二百零七条　最高额抵押权除适用本节规定外，适用本章第一节一般抵押权的规定。

第十七章　质　权

第一节　动产质权

第二百零八条　为担保债务的履行，债务人或者第三人将其动产出质给债权人占有的，债务人不履行到期债务或者发生当事人约定的实现质权的情形，债权人有权就该动产优先受偿。

前款规定的债务人或者第三人为出质人，债权人为质权人，交付的动产为质押财产。

第二百零九条　法律、行政法规禁止转让的动产不得出质。

第二百一十条　设立质权，当事人应当采取书面形式订立质权合同。

质权合同一般包括下列条款：

（一）被担保债权的种类和数额；

（二）债务人履行债务的期限；

（三）质押财产的名称、数量、质量、状况；

（四）担保的范围；

（五）质押财产交付的时间。

第二百一十一条　质权人在债务履行期届满前，不得与出质人约定债务人不履行到期债务时质押财产归债权人所有。

第二百一十二条　质权自出质人交付质押财产时设立。

第二百一十三条　质权人有权收取质押财产的孳息，但合同另有约定的除外。

前款规定的孳息应当先充抵收取孳息的费用。

第二百一十四条　质权人在质权存续期间，未经出质人同意，擅自使用、处分质押财产，给出质人造成损害的，应当承担赔偿责任。

第二百一十五条　质权人负有妥善保管质押财产的义务；因保管不善致使质押财产毁损、灭失的，应当承担赔偿责任。

质权人的行为可能使质押财产毁损、灭失的，出质人可以要求质权人将质押财产提存，或者要求提前清偿债务并返还质押财产。

第二百一十六条　因不能归责于质权人的事由可能使质押财产毁损或者价值明显减少，足以危害质权人权利的，质权人有权要求出质人提供相应的担保；出质人不提供的，质权人可以拍卖、变卖质押财产，并与出质人通过协议将拍卖、变卖所得的价款提前清偿债务或者提存。

第二百一十七条　质权人在质权存续期间，未经出质人同意转质，造成质押财产毁损、灭失的，应当向出质人承担赔偿责任。

第二百一十八条 质权人可以放弃质权。债务人以自己的财产出质，质权人放弃该质权的，其他担保人在质权人丧失优先受偿权益的范围内免除担保责任，但其他担保人承诺仍然提供担保的除外。

第二百一十九条 债务人履行债务或者出质人提前清偿所担保的债权的，质权人应当返还质押财产。

债务人不履行到期债务或者发生当事人约定的实现质权的情形，质权人可以与出质人协议以质押财产折价，也可以就拍卖、变卖质押财产所得的价款优先受偿。

质押财产折价或者变卖的，应当参照市场价格。

第二百二十条 出质人可以请求质权人在债务履行期届满后及时行使质权；质权人不行使的，出质人可以请求人民法院拍卖、变卖质押财产。

出质人请求质权人及时行使质权，因质权人怠于行使权利造成损害的，由质权人承担赔偿责任。

第二百二十一条 质押财产折价或者拍卖、变卖后，其价款超过债权数额的部分归出质人所有，不足部分由债务人清偿。

第二百二十二条 出质人与质权人可以协议设立最高额质权。

最高额质权除适用本节有关规定外，参照本法第十六章第二节最高额抵押权的规定。

第二节 权利质权

第二百二十三条 债务人或者第三人有权处分的下列权利可以出质：

（一）汇票、支票、本票；

（二）债券、存款单；

（三）仓单、提单；

（四）可以转让的基金份额、股权；

（五）可以转让的注册商标专用权、专利权、著作权等知识产权中的财产权；

（六）应收账款；

（七）法律、行政法规规定可以出质的其他财产权利。

第二百二十四条 以汇票、支票、本票、债券、存款单、仓单、提单出质的，当事人应当订立书面合同。质权自权利凭证交付质权人时设立；没有权利凭证的，质权自有关部门办理出质登记时设立。

第二百二十五条 汇票、支票、本票、债券、存款单、仓单、提单的兑现日期或者提货日期先于主债权到期的，质权人可以兑现或者提货，并与出质人协议将兑现的价款或者提取的货物提前清偿债务或者提存。

第二百二十六条 以基金份额、股权出质的，当事人应当订立书面合同。以基金份额、证券登记结算机构登记的股权出质的，质权自证券登记结算机构办理出质登记时设立；以其他股权出质的，质权自工商行政管理部门办理出质登记时设立。

基金份额、股权出质后，不得转让，但经出质人与质权人协商同意的除外。出质人转让基金份额、股权所得的价款，应当向质权人提前清偿债务或者提存。

第二百二十七条 以注册商标专用权、专利权、著作权等知识产权中的财产权出质的，当事人应当订立书面合同。质权自有关主管部门办理出质登记时设立。

知识产权中的财产权出质后，出质人不得转让或者许可他人使用，但经出质人与质权人协商同意的除外。出质人转让或者许可他人使用出质的知识产权中的财产权所得的价款，应当向质权人提前清偿债务或者提存。

第二百二十八条 以应收账款出质的，当事人应当订立书面合同。质权自信贷征信机构办理出质登记时设立。

应收账款出质后，不得转让，但经出质人与质权人协商同意的除外。出质人转让应收账款所得的价款，应当向质权人提前清偿债务或者提存。

第二百二十九条 权利质权除适用本节规定外，适用本章第一节动产质权的规定。

第十八章 留置权

第二百三十条 债务人不履行到期债务，债权人可以留置已经合法占有的债务人的动产，并有权就该动产优先受偿。

前款规定的债权人为留置权人，占有的动产为留置财产。

第二百三十一条 债权人留置的动产，应当与债权属于同一法律关系，但企业之间留置的除外。

第二百三十二条 法律规定或者当事人约定不得留置的动产,不得留置。

第二百三十三条 留置财产为可分物的,留置财产的价值应当相当于债务的金额。

第二百三十四条 留置权人负有妥善保管留置财产的义务;因保管不善致使留置财产毁损、灭失的,应当承担赔偿责任。

第二百三十五条 留置权人有权收取留置财产的孳息。

前款规定的孳息应当先充抵收取孳息的费用。

第二百三十六条 留置权人与债务人应当约定留置财产后的债务履行期间;没有约定或者约定不明确的,留置权人应当给债务人两个月以上履行债务的期间,但鲜活易腐等不易保管的动产除外。债务人逾期未履行的,留置权人可以与债务人协议以留置财产折价,也可以就拍卖、变卖留置财产所得的价款优先受偿。

留置财产折价或者变卖的,应当参照市场价格。

第二百三十七条 债务人可以请求留置权人在债务履行期届满后行使留置权;留置权人不行使的,债务人可以请求人民法院拍卖、变卖留置财产。

第二百三十八条 留置财产折价或者拍卖、变卖后,其价款超过债权数额的部分归债务人所有,不足部分由债务人清偿。

第二百三十九条 同一动产上已设立抵押权或者质权,该动产又被留置的,留置权人优先受偿。

第二百四十条 留置权人对留置财产丧失占有或者留置权人接受债务人另行提供担保的,留置权消灭。

第五编 占 有

第十九章 占 有

第二百四十一条 基于合同关系等产生的占有,有关不动产或者动产的使用、收益、违约责任等,按照合同约定;合同没有约定或者约定不明确的,依照有关法律规定。

第二百四十二条　占有人因使用占有的不动产或者动产，致使该不动产或者动产受到损害的，恶意占有人应当承担赔偿责任。

第二百四十三条　不动产或者动产被占有人占有的，权利人可以请求返还原物及其孳息，但应当支付善意占有人因维护该不动产或者动产支出的必要费用。

第二百四十四条　占有的不动产或者动产毁损、灭失，该不动产或者动产的权利人请求赔偿的，占有人应当将因毁损、灭失取得的保险金、赔偿金或者补偿金等返还给权利人；权利人的损害未得到足够弥补的，恶意占有人还应当赔偿损失。

第二百四十五条　占有的不动产或者动产被侵占的，占有人有权请求返还原物；对妨害占有的行为，占有人有权请求排除妨害或者消除危险；因侵占或者妨害造成损害的，占有人有权请求损害赔偿。

占有人返还原物的请求权，自侵占发生之日起一年内未行使的，该请求权消灭。

附　　则

第二百四十六条　法律、行政法规对不动产统一登记的范围、登记机构和登记办法作出规定前，地方性法规可以依照本法有关规定作出规定。

第二百四十七条　本法自2007年10月1日起施行。

附录3:中华人民共和国侵权责任法

（2009年12月26日第十一届全国人民代表大会常务委员会第十二次会议通过）

第一章　一般规定

第一条　为保护民事主体的合法权益，明确侵权责任，预防并制裁侵权行为，促进社会和谐稳定，制定本法。

第二条　侵害民事权益，应当依照本法承担侵权责任。

本法所称民事权益，包括生命权、健康权、姓名权、名誉权、荣誉权、肖像权、隐私权、婚姻自主权、监护权、所有权、用益物权、担保物权、著作权、专利权、商标专用权、发现权、股权、继承权等人身、财产权益。

第三条 被侵权人有权请求侵权人承担侵权责任。

第四条 侵权人因同一行为应当承担行政责任或者刑事责任的，不影响依法承担侵权责任。

因同一行为应当承担侵权责任和行政责任、刑事责任，侵权人的财产不足以支付的，先承担侵权责任。

第五条 其他法律对侵权责任另有特别规定的，依照其规定。

第二章 责任构成和责任方式

第六条 行为人因过错侵害他人民事权益，应当承担侵权责任。

根据法律规定推定行为人有过错，行为人不能证明自己没有过错的，应当承担侵权责任。

第七条 行为人损害他人民事权益，不论行为人有无过错，法律规定应当承担侵权责任的，依照其规定。

第八条 二人以上共同实施侵权行为，造成他人损害的，应当承担连带责任。

第九条 教唆、帮助他人实施侵权行为的，应当与行为人承担连带责任。

教唆、帮助无民事行为能力人、限制民事行为能力人实施侵权行为的，应当承担侵权责任；该无民事行为能力人、限制民事行为能力人的监护人未尽到监护责任的，应当承担相应的责任。

第十条 二人以上实施危及他人人身、财产安全的行为，其中一人或者数人的行为造成他人损害，能够确定具体侵权人的，由侵权人承担责任；不能确定具体侵权人的，行为人承担连带责任。

第十一条 二人以上分别实施侵权行为造成同一损害，每个人的侵权行为都足以造成全部损害的，行为人承担连带责任。

第十二条 二人以上分别实施侵权行为造成同一损害，能够确定责任大小的，各自承担相应的责任；难以确定责任大小的，平均承担赔偿责任。

第十三条 法律规定承担连带责任的，被侵权人有权请求部分或者全部连带责任人承担责任。

第十四条 连带责任人根据各自责任大小确定相应的赔偿数额;难以确定责任大小的,平均承担赔偿责任。

支付超出自己赔偿数额的连带责任人,有权向其他连带责任人追偿。

第十五条 承担侵权责任的方式主要有:

(一)停止侵害;

(二)排除妨碍;

(三)消除危险;

(四)返还财产;

(五)恢复原状;

(六)赔偿损失;

(七)赔礼道歉;

(八)消除影响、恢复名誉。

以上承担侵权责任的方式,可以单独适用,也可以合并适用。

第十六条 侵害他人造成人身损害的,应当赔偿医疗费、护理费、交通费等为治疗和康复支出的合理费用,以及因误工减少的收入。造成残疾的,还应当赔偿残疾生活辅助具费和残疾赔偿金。造成死亡的,还应当赔偿丧葬费和死亡赔偿金。

第十七条 因同一侵权行为造成多人死亡的,可以以相同数额确定死亡赔偿金。

第十八条 被侵权人死亡的,其近亲属有权请求侵权人承担侵权责任。被侵权人为单位,该单位分立、合并的,承继权利的单位有权请求侵权人承担侵权责任。

被侵权人死亡的,支付被侵权人医疗费、丧葬费等合理费用的人有权请求侵权人赔偿费用,但侵权人已支付该费用的除外。

第十九条 侵害他人财产的,财产损失按照损失发生时的市场价格或者其他方式计算。

第二十条 侵害他人人身权益造成财产损失的,按照被侵权人因此受到的损失赔偿;被侵权人的损失难以确定,侵权人因此获得利益的,按照其获得的利益赔偿;侵权人因此获得的利益难以确定,被侵权人和侵权人就赔偿数额协商不一致,向人民法院提起诉讼的，由人民法院根据实际情况确定赔偿数额。

第二十一条 侵权行为危及他人人身、财产安全的，被侵权人可以请求侵权人承担停止侵害、排除妨碍、消除危险等侵权责任。

第二十二条 侵害他人人身权益，造成他人严重精神损害的，被侵权人可以请求精神损害赔偿。

第二十三条 因防止、制止他人民事权益被侵害而使自己受到损害的，由侵权人承担责任。侵权人逃逸或者无力承担责任，被侵权人请求补偿的，受益人应当给予适当补偿。

第二十四条 受害人和行为人对损害的发生都没有过错的，可以根据实际情况，由双方分担损失。

第二十五条 损害发生后，当事人可以协商赔偿费用的支付方式。协商不一致的，赔偿费用应当一次性支付；一次性支付确有困难的，可以分期支付，但应当提供相应的担保。

第三章　不承担责任和减轻责任的情形

第二十六条 被侵权人对损害的发生也有过错的，可以减轻侵权人的责任。

第二十七条 损害是因受害人故意造成的，行为人不承担责任。

第二十八条 损害是因第三人造成的，第三人应当承担侵权责任。

第二十九条 因不可抗力造成他人损害的，不承担责任。法律另有规定的，依照其规定。

第三十条 因正当防卫造成损害的，不承担责任。正当防卫超过必要的限度，造成不应有的损害的，正当防卫人应当承担适当的责任。

第三十一条 因紧急避险造成损害的，由引起险情发生的人承担责任。如果危险是由自然原因引起的，紧急避险人不承担责任或者给予适当补偿。紧急避险采取措施不当或者超过必要的限度，造成不应有的损害的，紧急避险人应当承担适当的责任。

第四章　关于责任主体的特殊规定

第三十二条 无民事行为能力人、限制民事行为能力人造成他人损害的，由监护人承担侵权责任。监护人尽到监护责任的，可以减轻其侵权责任。

有财产的无民事行为能力人、限制民事行为能力人造成他人损害的，从本人财产中支付赔偿费用。不足部分，由监护人赔偿。

第三十三条　完全民事行为能力人对自己的行为暂时没有意识或者失去控制造成他人损害有过错的，应当承担侵权责任；没有过错的，根据行为人的经济状况对受害人适当补偿。

完全民事行为能力人因醉酒、滥用麻醉药品或者精神药品对自己的行为暂时没有意识或者失去控制造成他人损害的，应当承担侵权责任。

第三十四条　用人单位的工作人员因执行工作任务造成他人损害的，由用人单位承担侵权责任。

劳务派遣期间，被派遣的工作人员因执行工作任务造成他人损害的，由接受劳务派遣的用工单位承担侵权责任；劳务派遣单位有过错的，承担相应的补充责任。

第三十五条　个人之间形成劳务关系，提供劳务一方因劳务造成他人损害的，由接受劳务一方承担侵权责任。提供劳务一方因劳务自己受到损害的，根据双方各自的过错承担相应的责任。

第三十六条　网络用户、网络服务提供者利用网络侵害他人民事权益的，应当承担侵权责任。

网络用户利用网络服务实施侵权行为的，被侵权人有权通知网络服务提供者采取删除、屏蔽、断开链接等必要措施。网络服务提供者接到通知后未及时采取必要措施的，对损害的扩大部分与该网络用户承担连带责任。

网络服务提供者知道网络用户利用其网络服务侵害他人民事权益，未采取必要措施的，与该网络用户承担连带责任。

第三十七条　宾馆、商场、银行、车站、娱乐场所等公共场所的管理人或者群众性活动的组织者，未尽到安全保障义务，造成他人损害的，应当承担侵权责任。

因第三人的行为造成他人损害的，由第三人承担侵权责任；管理人或者组织者未尽到安全保障义务的，承担相应的补充责任。

第三十八条　无民事行为能力人在幼儿园、学校或者其他教育机构学习、生活期间受到人身损害的，幼儿园、学校或者其他教育机构应当承担责任，但能够证明尽到教育、管理职责的，不承担责任。

第三十九条 限制民事行为能力人在学校或者其他教育机构学习、生活期间受到人身损害，学校或者其他教育机构未尽到教育、管理职责的，应当承担责任。

第四十条 无民事行为能力人或者限制民事行为能力人在幼儿园、学校或者其他教育机构学习、生活期间，受到幼儿园、学校或者其他教育机构以外的人员人身损害的，由侵权人承担侵权责任；幼儿园、学校或者其他教育机构未尽到管理职责的，承担相应的补充责任。

第五章 产品责任

第四十一条 因产品存在缺陷造成他人损害的，生产者应当承担侵权责任。

第四十二条 因销售者的过错使产品存在缺陷，造成他人损害的，销售者应当承担侵权责任。

销售者不能指明缺陷产品的生产者也不能指明缺陷产品的供货者的，销售者应当承担侵权责任。

第四十三条 因产品存在缺陷造成损害的，被侵权人可以向产品的生产者请求赔偿，也可以向产品的销售者请求赔偿。

产品缺陷由生产者造成的，销售者赔偿后，有权向生产者追偿。

因销售者的过错使产品存在缺陷的，生产者赔偿后，有权向销售者追偿。

第四十四条 因运输者、仓储者等第三人的过错使产品存在缺陷，造成他人损害的，产品的生产者、销售者赔偿后，有权向第三人追偿。

第四十五条 因产品缺陷危及他人人身、财产安全的，被侵权人有权请求生产者、销售者承担排除妨碍、消除危险等侵权责任。

第四十六条 产品投入流通后发现存在缺陷的，生产者、销售者应当及时采取警示、召回等补救措施。未及时采取补救措施或者补救措施不力造成损害的，应当承担侵权责任。

第四十七条 明知产品存在缺陷仍然生产、销售，造成他人死亡或者健康严重损害的，被侵权人有权请求相应的惩罚性赔偿。

第六章　机动车交通事故责任

第四十八条　机动车发生交通事故造成损害的，依照道路交通安全法的有关规定承担赔偿责任。

第四十九条　因租赁、借用等情形机动车所有人与使用人不是同一人时，发生交通事故后属于该机动车一方责任的，由保险公司在机动车强制保险责任限额范围内予以赔偿。不足部分，由机动车使用人承担赔偿责任；机动车所有人对损害的发生有过错的，承担相应的赔偿责任。

第五十条　当事人之间已经以买卖等方式转让并交付机动车但未办理所有权转移登记，发生交通事故后属于该机动车一方责任的，由保险公司在机动车强制保险责任限额范围内予以赔偿。不足部分，由受让人承担赔偿责任。

第五十一条　以买卖等方式转让拼装或者已达到报废标准的机动车，发生交通事故造成损害的，由转让人和受让人承担连带责任。

第五十二条　盗窃、抢劫或者抢夺的机动车发生交通事故造成损害的，由盗窃人、抢劫人或者抢夺人承担赔偿责任。保险公司在机动车强制保险责任限额范围内垫付抢救费用的，有权向交通事故责任人追偿。

第五十三条　机动车驾驶人发生交通事故后逃逸，该机动车参加强制保险的，由保险公司在机动车强制保险责任限额范围内予以赔偿；机动车不明或者该机动车未参加强制保险，需要支付被侵权人人身伤亡的抢救、丧葬等费用的，由道路交通事故社会救助基金垫付。道路交通事故社会救助基金垫付后，其管理机构有权向交通事故责任人追偿。

第七章　医疗损害责任

第五十四条　患者在诊疗活动中受到损害，医疗机构及其医务人员有过错的，由医疗机构承担赔偿责任。

第五十五条　医务人员在诊疗活动中应当向患者说明病情和医疗措施。需要实施手术、特殊检查、特殊治疗的，医务人员应当及时向患者说明医疗风险、替代医疗方案等情况，并取得其书面同意；不宜向患者说明的，应当向患者的近亲属说明，并取得其书面同意。

医务人员未尽到前款义务，造成患者损害的，医疗机构应当承担赔偿责任。

第五十六条　因抢救生命垂危的患者等紧急情况，不能取得患者或者其近亲属意见的，经医疗机构负责人或者授权的负责人批准，可以立即实施相应的医疗措施。

第五十七条　医务人员在诊疗活动中未尽到与当时的医疗水平相应的诊疗义务，造成患者损害的，医疗机构应当承担赔偿责任。

第五十八条　患者有损害，因下列情形之一的，推定医疗机构有过错：

（一）违反法律、行政法规、规章以及其他有关诊疗规范的规定；

（二）隐匿或者拒绝提供与纠纷有关的病历资料；

（三）伪造、篡改或者销毁病历资料。

第五十九条　因药品、消毒药剂、医疗器械的缺陷，或者输入不合格的血液造成患者损害的，患者可以向生产者或者血液提供机构请求赔偿，也可以向医疗机构请求赔偿。患者向医疗机构请求赔偿的，医疗机构赔偿后，有权向负有责任的生产者或者血液提供机构追偿。

第六十条　患者有损害，因下列情形之一的，医疗机构不承担赔偿责任：

（一）患者或者其近亲属不配合医疗机构进行符合诊疗规范的诊疗；

（二）医务人员在抢救生命垂危的患者等紧急情况下已经尽到合理诊疗义务；

（三）限于当时的医疗水平难以诊疗。

前款第一项情形中，医疗机构及其医务人员也有过错的，应当承担相应的赔偿责任。

第六十一条　医疗机构及其医务人员应当按照规定填写并妥善保管住院志、医嘱单、检验报告、手术及麻醉记录、病理资料、护理记录、医疗费用等病历资料。

患者要求查阅、复制前款规定的病历资料的，医疗机构应当提供。

第六十二条　医疗机构及其医务人员应当对患者的隐私保密。泄露患者隐私或者未经患者同意公开其病历资料，造成患者损害的，应当承担侵权责任。

第六十三条　医疗机构及其医务人员不得违反诊疗规范实施不必要的检查。

第六十四条　医疗机构及其医务人员的合法权益受法律保护。干扰医疗秩序，妨害医务人员工作、生活的，应当依法承担法律责任。

第八章 环境污染责任

第六十五条　因污染环境造成损害的，污染者应当承担侵权责任。

第六十六条　因污染环境发生纠纷，污染者应当就法律规定的不承担责任或者减轻责任的情形及其行为与损害之间不存在因果关系承担举证责任。

第六十七条　两个以上污染者污染环境，污染者承担责任的大小，根据污染物的种类、排放量等因素确定。

第六十八条　因第三人的过错污染环境造成损害的，被侵权人可以向污染者请求赔偿，也可以向第三人请求赔偿。污染者赔偿后，有权向第三人追偿。

第九章　高度危险责任

第六十九条　从事高度危险作业造成他人损害的，应当承担侵权责任。

第七十条　民用核设施发生核事故造成他人损害的，民用核设施的经营者应当承担侵权责任，但能够证明损害是因战争等情形或者受害人故意造成的，不承担责任。

第七十一条　民用航空器造成他人损害的，民用航空器的经营者应当承担侵权责任，但能够证明损害是因受害人故意造成的，不承担责任。

第七十二条　占有或者使用易燃、易爆、剧毒、放射性等高度危险物造成他人损害的，占有人或者使用人应当承担侵权责任，但能够证明损害是因受害人故意或者不可抗力造成的，不承担责任。被侵权人对损害的发生有重大过失的，可以减轻占有人或者使用人的责任。

第七十三条　从事高空、高压、地下挖掘活动或者使用高速轨道运输工具造成他人损害的，经营者应当承担侵权责任，但能够证明损害是因受害人故意或者不可抗力造成的，不承担责任。被侵权人对损害的发生有过失的，可以减轻经营者的责任。

第七十四条　遗失、抛弃高度危险物造成他人损害的，由所有人承担侵权责任。所有人将高度危险物交由他人管理的，由管理人承担侵权责任；所有人有过错的，与管理人承担连带责任。

第七十五条 非法占有高度危险物造成他人损害的，由非法占有人承担侵权责任。所有人、管理人不能证明对防止他人非法占有尽到高度注意义务的，与非法占有人承担连带责任。

第七十六条 未经许可进入高度危险活动区域或者高度危险物存放区域受到损害，管理人已经采取安全措施并尽到警示义务的，可以减轻或者不承担责任。

第七十七条 承担高度危险责任，法律规定赔偿限额的，依照其规定。

第十章 饲养动物损害责任

第七十八条 饲养的动物造成他人损害的，动物饲养人或者管理人应当承担侵权责任，但能够证明损害是因被侵权人故意或者重大过失造成的，可以不承担或者减轻责任。

第七十九条 违反管理规定，未对动物采取安全措施造成他人损害的，动物饲养人或者管理人应当承担侵权责任。

第八十条 禁止饲养的烈性犬等危险动物造成他人损害的，动物饲养人或者管理人应当承担侵权责任。

第八十一条 动物园的动物造成他人损害的，动物园应当承担侵权责任，但能够证明尽到管理职责的，不承担责任。

第八十二条 遗弃、逃逸的动物在遗弃、逃逸期间造成他人损害的，由原动物饲养人或者管理人承担侵权责任。

第八十三条 因第三人的过错致使动物造成他人损害的，被侵权人可以向动物饲养人或者管理人请求赔偿，也可以向第三人请求赔偿。动物饲养人或者管理人赔偿后，有权向第三人追偿。

第八十四条 饲养动物应当遵守法律，尊重社会公德，不得妨害他人生活。

第十一章 物件损害责任

第八十五条 建筑物、构筑物或者其他设施及其搁置物、悬挂物发生脱落、坠落造成他人损害，所有人、管理人或者使用人不能证明自己没有过错的，应当承担侵权责任。所有人、管理人或者使用人赔偿后，有其他责任人的，有权向其他责任人追偿。

第八十六条　建筑物、构筑物或者其他设施倒塌造成他人损害的，由建设单位与施工单位承担连带责任。建设单位、施工单位赔偿后，有其他责任人的，有权向其他责任人追偿。

因其他责任人的原因，建筑物、构筑物或者其他设施倒塌造成他人损害的，由其他责任人承担侵权责任。

第八十七条　从建筑物中抛掷物品或者从建筑物上坠落的物品造成他人损害，难以确定具体侵权人的，除能够证明自己不是侵权人的外，由可能加害的建筑物使用人给予补偿。

第八十八条　堆放物倒塌造成他人损害，堆放人不能证明自己没有过错的，应当承担侵权责任。

第八十九条　在公共道路上堆放、倾倒、遗撒妨碍通行的物品造成他人损害的，有关单位或者个人应当承担侵权责任。

第九十条　因林木折断造成他人损害，林木的所有人或者管理人不能证明自己没有过错的，应当承担侵权责任。

第九十一条　在公共场所或者道路上挖坑、修缮安装地下设施等，没有设置明显标志和采取安全措施造成他人损害的，施工人应当承担侵权责任。

窨井等地下设施造成他人损害，管理人不能证明尽到管理职责的，应当承担侵权责任。

第十二章　附　则

第九十二条　本法自2010年7月1日起施行。

最高人民法院关于审理物业服务纠纷案件具体应用法律若干问题的解释

（法释[2009]8号，2009年4月20日）

中华人民共和国最高人民法院公告

《最高人民法院关于审理物业服务纠纷案件具体应用法律若干问题的解释》已

于2009年4月20日由最高人民法院审判委员会第1466次会议通过，现予公布，自2009年10月1日起施行。

二〇〇九年五月十五日

为正确审理物业服务纠纷案件，依法保护当事人的合法权益，根据《中华人民共和国民法通则》、《中华人民共和国物权法》、《中华人民共和国合同法》等法律规定，结合民事审判实践，制定本解释。

第一条 建设单位依法与物业服务企业签订的前期物业服务合同，以及业主委员会与业主大会依法选聘的物业服务企业签订的物业服务合同，对业主具有约束力。业主以其并非合同当事人为由提出抗辩的，人民法院不予支持。

第二条 符合下列情形之一，业主委员会或者业主请求确认合同或者合同相关条款无效的，人民法院应予支持：

(一)物业服务企业将物业服务区域内的全部物业服务业务一并委托他人而签订的委托合同；

(二)物业服务合同中免除物业服务企业责任、加重业主委员会或者业主责任、排除业主委员会或者业主主要权利的条款。

前款所称物业服务合同包括前期物业服务合同。

第三条 物业服务企业不履行或者不完全履行物业服务合同约定的或者法律、法规规定以及相关行业规范确定的维修、养护、管理和维护义务，业主请求物业服务企业承担继续履行、采取补救措施或者赔偿损失等违约责任的，人民法院应予支持。

物业服务企业公开作出的服务承诺及制定的服务细则，应当认定为物业服务合同的组成部分。

第四条 业主违反物业服务合同或者法律、法规、管理规约，实施妨害物业服务与管理的行为，物业服务企业请求业主承担恢复原状、停止侵害、排除妨害等相应民事责任的，人民法院应予支持。

第五条 物业服务企业违反物业服务合同约定或者法律、法规、部门规章规定，擅自扩大收费范围、提高收费标准或者重复收费，业主以违规收费为由提出抗辩的，人民法院应予支持。

业主请求物业服务企业退还其已收取的违规费用的，人民法院应予支持。

第六条　经书面催交，业主无正当理由拒绝交纳或者在催告的合理期限内仍未交纳物业费，物业服务企业请求业主支付物业费的，人民法院应予支持。物业服务企业已经按照合同约定以及相关规定提供服务，业主仅以未享受或者无需接受相关物业服务为抗辩理由的，人民法院不予支持。

第七条　业主与物业的承租人、借用人或者其他物业使用人约定由物业使用人交纳物业费，物业服务企业请求业主承担连带责任的，人民法院应予支持。

第八条　业主大会按照物权法第七十六条规定的程序作出解聘物业服务企业的决定后，业主委员会请求解除物业服务合同的，人民法院应予支持。

物业服务企业向业主委员会提出物业费主张的，人民法院应当告知其向拖欠物业费的业主另行主张权利。

第九条　物业服务合同的权利义务终止后，业主请求物业服务企业退还已经预收，但尚未提供物业服务期间的物业费的，人民法院应予支持。

物业服务企业请求业主支付拖欠的物业费的，按照本解释第六条规定处理。

第十条　物业服务合同的权利义务终止后，业主委员会请求物业服务企业退出物业服务区域、移交物业服务用房和相关设施，以及物业服务所必需的相关资料和由其代管的专项维修资金的，人民法院应予支持。

物业服务企业拒绝退出、移交，并以存在事实上的物业服务关系为由，请求业主支付物业服务合同权利义务终止后的物业费的，人民法院不予支持。

第十一条　本解释涉及物业服务企业的规定，适用于物权法第七十六条、第八十一条、第八十二条所称其他管理人。

第十二条　因物业的承租人、借用人或者其他物业使用人实施违反物业服务合同，以及法律、法规或者管理规约的行为引起的物业服务纠纷，人民法院应当参照本解释关于业主的规定处理。

第十三条　本解释自2009年10月1日起施行。

本解释施行前已经终审，本解释施行后当事人申请再审或者按照审判监督程序决定再审的案件，不适用本解释。

附录1:最高人民法院民一庭负责人就物业服务司法解释答记者问

问:物业服务合同一般是由业主委员会与物业服务企业订立的,一些业主以其不是合同当事人为由拒绝履行相关义务,司法解释如何解决?

答:不仅是物业服务合同,前期物业服务合同也存在这个问题。根据《物业管理条例》的相关规定,在业主、业主大会选聘物业服务企业之前,建设单位可以通过招投标或者经行政主管部门批准采用协议方式选聘物业服务企业,签订前期物业服务合同。只要前期物业服务合同合法有效,其对业主即应具有约束力。物权法第七十六条规定,选聘物业服务企业应当由业主共同决定。业主委员会根据《物业管理条例》的相关规定,与业主大会依法选聘的物业服务企业签订的物业服务合同,是业主自治权行使的结果,全体业主都应遵守。在实践中,有些业主以不是合同当事人为由,不愿接受物业服务合同的约束,拒绝履行相应义务并引发纠纷。业主虽然不是物业服务合同(包括前期物业服务合同)形式上的签订者,但其是物业服务合同项下权利义务的一方实际享有者和承担者。从这个角度看,物业服务企业是和业主而不是与业主委员会建立的物业服务法律关系。据此,司法解释规定,业主以其并非合同当事人为由提出抗辩的,人民法院不予支持。

问:实践中物业服务合同的约定内容一般较为简单,产生纠纷时,当事人对如何确定物业服务企业的义务常发生争议,司法解释对此有何规定?

答:实践中,很多物业服务合同约定内容并不十分详细,而对物业服务管理行为的规范很多是通过法律、法规规定或者相关行业规范来进行的。除此以外,物业服务企业公开作出的服务承诺及制定的服务细则,往往对业主作出选聘决定具有重要作用。为更好维护业主权益,司法解释依据合同默示条款理论,合理扩充了物业服务企业应承担义务的依据范围,即不仅限于物业服务合同中的明示条款,法律、法规规定、相关行业规范,以及物业服务企业公开作出的服务承诺及制定的服务细则也是确定物业服务企业应尽义务的依据。根据《物业管理条例》第二条规定,物业服务企业应当承担的义务主要是对房屋及配套的设施设备和相关场地进行维修、养护、管理,维护相关区域内的环境卫生和秩序,就其义务量而言,司法解释对物业服务企业应尽义务所做的规定并不会额外增加物业服务企业的义务。

问:很多业主认为,物业服务企业没有权利就业主相关妨害物业服务秩序的行为提起诉讼,这种观点是否正确,司法解释是如何规定的?

答:这种观点是不正确的。物业服务企业与业主之间的委托关系具有一定的特殊性,其中很重要的一个方面就是全体业主将维护物业服务区域秩序的管理权交给物业服务企业。该权利行使的主要途径是对业主实施"人"的管理。业主实施妨害物业服务与管理的行为,既有可能是违反物业服务合同的违约行为,有时也可能是一种侵权行为。赋予物业服务企业以相应诉权,并未超出其对"人"管理权的行使边界,而且可以及时有效地制止不法行为。实际上在实践中,其他业主往往都是要求物业服务企业去制止妨害、侵害行为,而不愿自己亲力亲为。基于以上考虑,司法解释规定,业主违反物业服务合同或者法律、法规、管理规约,实施妨害物业服务与管理的行为,物业服务企业请求业主承担恢复原状、停止侵害、排除妨害等相应民事责任的,人民法院应予支持。

问:欠费纠纷是物业服务纠纷的主要类型,如果业主提出不需要有关物业服务或者因出国等原因没有享受物业服务而拒绝缴费,应如何处理?

答:业主委员会根据《物业管理条例》的规定,与业主大会依法选聘的物业服务企业签订的物业服务合同,是业主自治权行使的结果,全体业主都应遵守。实践中,在物业服务企业已经按照约定以及规定全面履行了相应义务的情况下,有的业主以未享受物业服务企业已经提供的服务(比如业主提出其因出国而未享受服务)或者无需接受相关物业服务(比如低楼层业主提出其从未乘坐电梯等)提出抗辩。选聘物业服务企业是业主共同作出的决定,只要物业服务企业按照合同约定提供了相关服务,则物业费的交纳义务对全体业主而言都是均等的。否则,物业服务关系的稳定性和确定性将会被彻底打破。除非管理规约或者物业服务合同等有另外的规定或者约定,业主以前述理由所提的抗辩属于权利滥用,有损业主自治机制和物业服务秩序,所以不应得到支持。

问:服务合同解除后,如物业服务企业提出其尚有物业费被拖欠,应如何主张权利? 如物业服务企业拒绝退出,并以存在事实物业服务关系为由要求支付物业费,应否得到支持?

答:物权法第七十六条规定,业主大会有权决定解聘物业服务企业。按照业主大会决定,业主委员会代表业主,应有请求解除物业服务合同的权利。业主委员会虽为物业服务合同的一方当事人，但其既不是欠费人又没有责任财产，所以如果确实存在拖欠物业费的情形，物业服务企业可以在合同解除后，向拖欠物业费的业主提起诉讼。对此，司法解释明确规定，如果物业服务企业在解除物业服务合同的诉讼中，提出要求业主委员会支付拖欠的物业费的请求，法院应当告知其向拖欠物业费的业主另行主张权利。

实践中，在物业服务合同权利义务终止后，因物业服务企业拒绝退出而引发的纠纷不在少数。司法解释明确规定，在物业服务合同权利义务终止后，物业服务企业应当退出物业服务区域、移交物业服务用房和相关设施，以及物业服务所必需的相关资料和由其代管的专项维修资金。如果物业服务企业拒绝退出，并以存在事实物业服务关系为由，请求业主支付物业服务合同权利义务终止后的物业费的，法院不予支持。物业服务合同权利义务终止的情形，主要包括合同终止、解除、期限届满且未续期等。

问：如果物业服务纠纷是由于承租人、借用人等引起的，是否也适用司法解释相关规定？最高法院对两部司法解释的施行有何特殊考虑？

答：实践中，物业服务纠纷常常会涉及到房屋的承租人、借用人等物业使用人。该物业使用人虽然不是业主，但其居住生活在物业服务区域内，也应当受到物业服务合同、法律、法规以及管理规约的约束。从这个意义上说，司法解释对物业服务纠纷的规定，应当同样适用于因非业主的物业使用人实施违反物业服务合同、法律、法规或者管理规约的行为引起的物业服务纠纷案件的处理。对此，司法解释明确作出了规定。

附录2：《物业管理条例》

（2003年6月8日中华人民共和国国务院令第379号公布　根据2007年8月26日《国务院关于修改〈物业管理条例〉的决定》修订）

第一章　总　则

第一条　为了规范物业管理活动，维护业主和物业服务企业的合法权益，改善人民群众的生活和工作环境，制定本条例。

第二条　本条例所称物业管理，是指业主通过选聘物业服务企业，由业主和物业服务企业按照物业服务合同约定，对房屋及配套的设施设备和相关场地进行维修、养护、管理，维护物业管理区域内的环境卫生和相关秩序的活动。

第三条　国家提倡业主通过公开、公平、公正的市场竞争机制选择物业服务企业。

第四条　国家鼓励采用新技术、新方法，依靠科技进步提高物业管理和服务水平。

第五条　国务院建设行政主管部门负责全国物业管理活动的监督管理工作。

县级以上地方人民政府房地产行政主管部门负责本行政区域内物业管理活动的监督管理工作。

第二章　业主及业主大会

第六条　房屋的所有权人为业主。

业主在物业管理活动中，享有下列权利：

（一）按照物业服务合同的约定，接受物业服务企业提供的服务；

（二）提议召开业主大会会议，并就物业管理的有关事项提出建议；

（三）提出制定和修改管理规约、业主大会议事规则的建议；

（四）参加业主大会会议，行使投票权；

（五）选举业主委员会成员，并享有被选举权；

（六）监督业主委员会的工作；

（七）监督物业服务企业履行物业服务合同；

（八）对物业共用部位、共用设施设备和相关场地使用情况享有知情权和监督权；

（九）监督物业共用部位、共用设施设备专项维修资金（以下简称专项维修资金）的管理和使用；

（十）法律、法规规定的其他权利。

第七条　业主在物业管理活动中，履行下列义务：

（一）遵守管理规约、业主大会议事规则；

（二）遵守物业管理区域内物业共用部位和共用设施设备的使用、公共秩序和环境卫生的维护等方面的规章制度；

（三）执行业主大会的决定和业主大会授权业主委员会作出的决定；

（四）按照国家有关规定交纳专项维修资金；

（五）按时交纳物业服务费用；

（六）法律、法规规定的其他义务。

第八条 物业管理区域内全体业主组成业主大会。

业主大会应当代表和维护物业管理区域内全体业主在物业管理活动中的合法权益。

第九条 一个物业管理区域成立一个业主大会。

物业管理区域的划分应当考虑物业的共用设施设备、建筑物规模、社区建设等因素。具体办法由省、自治区、直辖市制定。

第十条 同一个物业管理区域内的业主，应当在物业所在地的区、县人民政府房地产行政主管部门或者街道办事处、乡镇人民政府的指导下成立业主大会，并选举产生业主委员会。但是，只有一个业主的，或者业主人数较少且经全体业主一致同意，决定不成立业主大会的，由业主共同履行业主大会、业主委员会职责。

第十一条 下列事项由业主共同决定：

（一）制定和修改业主大会议事规则；

（二）制定和修改管理规约；

（三）选举业主委员会或者更换业主委员会成员；

（四）选聘和解聘物业服务企业；

（五）筹集和使用专项维修资金；

（六）改建、重建建筑物及其附属设施；

（七）有关共有和共同管理权利的其他重大事项。

第十二条 业主大会会议可以采用集体讨论的形式，也可以采用书面征求意见的形式；但是，应当有物业管理区域内专有部分占建筑物总面积过半数的业主且占总人数过半数的业主参加。

业主可以委托代理人参加业主大会会议。

业主大会决定本条例第十一条第(五)项和第(六)项规定的事项，应当经专有部分占建筑物总面积 2/3 以上的业主且占总人数 2/3 以上的业主同意；决定本条例第十一条规定的其他事项，应当经专有部分占建筑物总面积过半数的业主且占总人数过半数的业主同意。

业主大会或者业主委员会的决定，对业主具有约束力。

业主大会或者业主委员会作出的决定侵害业主合法权益的，受侵害的业主可以请求人民法院予以撤销。

第十三条　业主大会会议分为定期会议和临时会议。

业主大会定期会议应当按照业主大会议事规则的规定召开。经 20%以上的业主提议，业主委员会应当组织召开业主大会临时会议。

第十四条　召开业主大会会议，应当于会议召开 15 日以前通知全体业主。

住宅小区的业主大会会议，应当同时告知相关的居民委员会。

业主委员会应当做好业主大会会议记录。

第十五条　业主委员会执行业主大会的决定事项，履行下列职责：

(一)召集业主大会会议，报告物业管理的实施情况；

(二)代表业主与业主大会选聘的物业服务企业签订物业服务合同；

(三)及时了解业主、物业使用人的意见和建议，监督和协助物业服务企业履行物业服务合同；

(四)监督管理规约的实施；

(五)业主大会赋予的其他职责。

第十六条　业主委员会应当自选举产生之日起 30 日内，向物业所在地的区、县人民政府房地产行政主管部门和街道办事处、乡镇人民政府备案。

业主委员会委员应当由热心公益事业、责任心强、具有一定组织能力的业主担任。

业主委员会主任、副主任在业主委员会成员中推选产生。

第十七条　管理规约应当对有关物业的使用、维护、管理，业主的共同利益，业主应当履行的义务，违反管理规约应当承担的责任等事项依法作出约定。

管理规约应当尊重社会公德，不得违反法律、法规或者损害社会公共利益。

管理规约对全体业主具有约束力。

第十八条 业主大会议事规则应当就业主大会的议事方式、表决程序、业主委员会的组成和成员任期等事项作出约定。

第十九条 业主大会、业主委员会应当依法履行职责，不得作出与物业管理无关的决定，不得从事与物业管理无关的活动。

业主大会、业主委员会作出的决定违反法律、法规的，物业所在地的区、县人民政府房地产行政主管部门或者街道办事处、乡镇人民政府，应当责令限期改正或者撤销其决定，并通告全体业主。

第二十条 业主大会、业主委员会应当配合公安机关，与居民委员会相互协作，共同做好维护物业管理区域内的社会治安等相关工作。

在物业管理区域内，业主大会、业主委员会应当积极配合相关居民委员会依法履行自治管理职责，支持居民委员会开展工作，并接受其指导和监督。

住宅小区的业主大会、业主委员会作出的决定，应当告知相关的居民委员会，并认真听取居民委员会的建议。

第三章 前期物业管理

第二十一条 在业主、业主大会选聘物业服务企业之前，建设单位选聘物业服务企业的，应当签订书面的前期物业服务合同。

第二十二条 建设单位应当在销售物业之前，制定临时管理规约，对有关物业的使用、维护、管理，业主的共同利益，业主应当履行的义务，违反临时管理规约应当承担的责任等事项依法作出约定。

建设单位制定的临时管理规约，不得侵害物业买受人的合法权益。

第二十三条 建设单位应当在物业销售前将临时管理规约向物业买受人明示，并予以说明。

物业买受人在与建设单位签订物业买卖合同时，应当对遵守临时管理规约予以书面承诺。

第二十四条 国家提倡建设单位按照房地产开发与物业管理相分离的原则，

通过招投标的方式选聘具有相应资质的物业服务企业。

住宅物业的建设单位，应当通过招投标的方式选聘具有相应资质的物业服务企业；投标人少于3个或者住宅规模较小的，经物业所在地的区、县人民政府房地产行政主管部门批准，可以采用协议方式选聘具有相应资质的物业服务企业。

第二十五条　建设单位与物业买受人签订的买卖合同应当包含前期物业服务合同约定的内容。

第二十六条　前期物业服务合同可以约定期限；但是，期限未满、业主委员会与物业服务企业签订的物业服务合同生效的，前期物业服务合同终止。

第二十七条　业主依法享有的物业共用部位、共用设施设备的所有权或者使用权，建设单位不得擅自处分。

第二十八条　物业服务企业承接物业时，应当对物业共用部位、共用设施设备进行查验。

第二十九条　在办理物业承接验收手续时，建设单位应当向物业服务企业移交下列资料：

（一）竣工总平面图，单体建筑、结构、设备竣工图，配套设施、地下管网工程竣工图等竣工验收资料；

（二）设施设备的安装、使用和维护保养等技术资料；

（三）物业质量保修文件和物业使用说明文件；

（四）物业管理所必需的其他资料。

物业服务企业应当在前期物业服务合同终止时将上述资料移交给业主委员会。

第三十条　建设单位应当按照规定在物业管理区域内配置必要的物业管理用房。

第三十一条　建设单位应当按照国家规定的保修期限和保修范围，承担物业的保修责任。

第四章　物业管理服务

第三十二条　从事物业管理活动的企业应当具有独立的法人资格。

国家对从事物业管理活动的企业实行资质管理制度。具体办法由国务院建设行政主管部门制定。

第三十三条 从事物业管理的人员应当按照国家有关规定，取得职业资格证书。

第三十四条 一个物业管理区域由一个物业服务企业实施物业管理。

第三十五条 业主委员会应当与业主大会选聘的物业服务企业订立书面的物业服务合同。

物业服务合同应当对物业管理事项、服务质量、服务费用、双方的权利义务、专项维修资金的管理与使用、物业管理用房、合同期限、违约责任等内容进行约定。

第三十六条 物业服务企业应当按照物业服务合同的约定，提供相应的服务。

物业服务企业未能履行物业服务合同的约定，导致业主人身、财产安全受到损害的，应当依法承担相应的法律责任。

第三十七条 物业服务企业承接物业时，应当与业主委员会办理物业验收手续。

业主委员会应当向物业服务企业移交本条例第二十九条第一款规定的资料。

第三十八条 物业管理用房的所有权依法属于业主。未经业主大会同意，物业服务企业不得改变物业管理用房的用途。

第三十九条 物业服务合同终止时，物业服务企业应当将物业管理用房和本条例第二十九条第一款规定的资料交还给业主委员会。

物业服务合同终止时，业主大会选聘了新的物业服务企业的，物业服务企业之间应当做好交接工作。

第四十条 物业服务企业可以将物业管理区域内的专项服务业务委托给专业性服务企业，但不得将该区域内的全部物业管理一并委托给他人。

第四十一条 物业服务收费应当遵循合理、公开以及费用与服务水平相适应的原则，区别不同物业的性质和特点，由业主和物业服务企业按照国务院价格主管部门会同国务院建设行政主管部门制定的物业服务收费办法，在物业服务合同中约定。

第四十二条 业主应当根据物业服务合同的约定交纳物业服务费用。业主与物业使用人约定由物业使用人交纳物业服务费用的，从其约定，业主负连带交纳责任。

已竣工但尚未出售或者尚未交给物业买受人的物业，物业服务费用由建设单位交纳。

第四十三条　县级以上人民政府价格主管部门会同同级房地产行政主管部门，应当加强对物业服务收费的监督。

第四十四条　物业服务企业可以根据业主的委托提供物业服务合同约定以外的服务项目，服务报酬由双方约定。

第四十五条　物业管理区域内，供水、供电、供气、供热、通信、有线电视等单位应当向最终用户收取有关费用。

物业服务企业接受委托代收前款费用的，不得向业主收取手续费等额外费用。

第四十六条　对物业管理区域内违反有关治安、环保、物业装饰装修和使用等方面法律、法规规定的行为，物业服务企业应当制止，并及时向有关行政管理部门报告。

有关行政管理部门在接到物业服务企业的报告后，应当依法对违法行为予以制止或者依法处理。

第四十七条　物业服务企业应当协助做好物业管理区域内的安全防范工作。发生安全事故时，物业服务企业在采取应急措施的同时，应当及时向有关行政管理部门报告，协助做好救助工作。

物业服务企业雇请保安人员的，应当遵守国家有关规定。保安人员在维护物业管理区域内的公共秩序时，应当履行职责，不得侵害公民的合法权益。

第四十八条　物业使用人在物业管理活动中的权利义务由业主和物业使用人约定，但不得违反法律、法规和管理规约的有关规定。

物业使用人违反本条例和管理规约的规定，有关业主应当承担连带责任。

第四十九条　县级以上地方人民政府房地产行政主管部门应当及时处理业主、业主委员会、物业使用人和物业服务企业在物业管理活动中的投诉。

第五章　物业的使用与维护

第五十条　物业管理区域内按照规划建设的公共建筑和共用设施，不得改变用途。

业主依法确需改变公共建筑和共用设施用途的，应当在依法办理有关手续后告知物业服务企业；物业服务企业确需改变公共建筑和共用设施用途的，应当提请业主大会讨论决定同意后，由业主依法办理有关手续。

第五十一条 业主、物业服务企业不得擅自占用、挖掘物业管理区域内的道路、场地，损害业主的共同利益。

因维修物业或者公共利益，业主确需临时占用、挖掘道路、场地的，应当征得业主委员会和物业服务企业的同意；物业服务企业确需临时占用、挖掘道路、场地的，应当征得业主委员会的同意。

业主、物业服务企业应当将临时占用、挖掘的道路、场地，在约定期限内恢复原状。

第五十二条 供水、供电、供气、供热、通信、有线电视等单位，应当依法承担物业管理区域内相关管线和设施设备维修、养护的责任。

前款规定的单位因维修、养护等需要，临时占用、挖掘道路、场地的，应当及时恢复原状。

第五十三条 业主需要装饰装修房屋的，应当事先告知物业服务企业。

物业服务企业应当将房屋装饰装修中的禁止行为和注意事项告知业主。

第五十四条 住宅物业、住宅小区内的非住宅物业或者与单幢住宅楼结构相连的非住宅物业的业主，应当按照国家有关规定交纳专项维修资金。

专项维修资金属于业主所有，专项用于物业保修期满后物业共用部位、共用设施设备的维修和更新、改造，不得挪作他用。

专项维修资金收取、使用、管理的办法由国务院建设行政主管部门会同国务院财政部门制定。

第五十五条 利用物业共用部位、共用设施设备进行经营的，应当在征得相关业主、业主大会、物业服务企业的同意后，按照规定办理有关手续。业主所得收益应当主要用于补充专项维修资金，也可以按照业主大会的决定使用。

第五十六条 物业存在安全隐患，危及公共利益及他人合法权益时，责任人应当及时维修养护，有关业主应当给予配合。

责任人不履行维修养护义务的，经业主大会同意，可以由物业服务企业维修养护，费用由责任人承担。

第六章　法律责任

第五十七条　违反本条例的规定，住宅物业的建设单位未通过招投标的方式选聘物业服务企业或者未经批准，擅自采用协议方式选聘物业服务企业的，由县级以上地方人民政府房地产行政主管部门责令限期改正，给予警告，可以并处10万元以下的罚款。

第五十八条　违反本条例的规定，建设单位擅自处分属于业主的物业共用部位、共用设施设备的所有权或者使用权的，由县级以上地方人民政府房地产行政主管部门处5万元以上20万元以下的罚款；给业主造成损失的，依法承担赔偿责任。

第五十九条　违反本条例的规定，不移交有关资料的，由县级以上地方人民政府房地产行政主管部门责令限期改正；逾期仍不移交有关资料的，对建设单位、物业服务企业予以通报，处1万元以上10万元以下的罚款。

第六十条　违反本条例的规定，未取得资质证书从事物业管理的，由县级以上地方人民政府房地产行政主管部门没收违法所得，并处5万元以上20万元以下的罚款；给业主造成损失的，依法承担赔偿责任。

以欺骗手段取得资质证书的，依照本条第一款规定处罚，并由颁发资质证书的部门吊销资质证书。

第六十一条　违反本条例的规定，物业服务企业聘用未取得物业管理职业资格证书的人员从事物业管理活动的，由县级以上地方人民政府房地产行政主管部门责令停止违法行为，处5万元以上20万元以下的罚款；给业主造成损失的，依法承担赔偿责任。

第六十二条　违反本条例的规定，物业服务企业将一个物业管理区域内的全部物业管理一并委托给他人的，由县级以上地方人民政府房地产行政主管部门责令限期改正，处委托合同价款30%以上50%以下的罚款；情节严重的，由颁发资质证书的部门吊销资质证书。委托所得收益，用于物业管理区域内物业共用部位、共用设施设备的维修、养护，剩余部分按照业主大会的决定使用；给业主造成损失的，依法承担赔偿责任。

第六十三条 违反本条例的规定，挪用专项维修资金的，由县级以上地方人民政府房地产行政主管部门追回挪用的专项维修资金，给予警告，没收违法所得，可以并处挪用数额2倍以下的罚款；物业服务企业挪用专项维修资金，情节严重的，并由颁发资质证书的部门吊销资质证书；构成犯罪的，依法追究直接负责的主管人员和其他直接责任人员的刑事责任。

第六十四条 违反本条例的规定，建设单位在物业管理区域内不按照规定配置必要的物业管理用房的，由县级以上地方人民政府房地产行政主管部门责令限期改正，给予警告，没收违法所得，并处10万元以上50万元以下的罚款。

第六十五条 违反本条例的规定，未经业主大会同意，物业服务企业擅自改变物业管理用房的用途的，由县级以上地方人民政府房地产行政主管部门责令限期改正，给予警告，并处1万元以上10万元以下的罚款；有收益的，所得收益用于物业管理区域内物业共用部位、共用设施设备的维修、养护，剩余部分按照业主大会的决定使用。

第六十六条 违反本条例的规定，有下列行为之一的，由县级以上地方人民政府房地产行政主管部门责令限期改正，给予警告，并按照本条第二款的规定处以罚款；所得收益，用于物业管理区域内物业共用部位、共用设施设备的维修、养护，剩余部分按照业主大会的决定使用：

(一)擅自改变物业管理区域内按照规划建设的公共建筑和共用设施用途的；

(二)擅自占用、挖掘物业管理区域内道路、场地，损害业主共同利益的；

(三)擅自利用物业共用部位、共用设施设备进行经营的。

个人有前款规定行为之一的，处1000元以上1万元以下的罚款；单位有前款规定行为之一的，处5万元以上20万元以下的罚款。

第六十七条 违反物业服务合同约定，业主逾期不交纳物业服务费用的，业主委员会应当督促其限期交纳；逾期仍不交纳的，物业服务企业可以向人民法院起诉。

第六十八条 业主以业主大会或者业主委员会的名义，从事违反法律、法规的活动，构成犯罪的，依法追究刑事责任；尚不构成犯罪的，依法给予治安管理处罚。

第六十九条 违反本条例的规定，国务院建设行政主管部门、县级以上地方人民政府房地产行政主管部门或者其他有关行政管理部门的工作人员利用职务上的便利，收受他人财物或者其他好处，不依法履行监督管理职责，或者发现违法行为不予查处，构成犯罪的，依法追究刑事责任；尚不构成犯罪的，依法给予行政处分。

第七章　附　则

第七十条　本条例自2003年9月1日起施行。

最高人民法院、最高人民检察院关于办理生产、销售假药、劣药刑事案件具体应用法律若干问题的解释

（法释[2009]9号，2009年1月5日最高人民法院审判委员会第1461次会议、2009年2月24日最高人民检察院第十一届检察委员会第10次会议通过）

中华人民共和国最高人民法院
中华人民共和国最高人民检察院
公告

《最高人民法院、最高人民检察院关于办理生产、销售假药、劣药刑事案件具体应用法律若干问题的解释》已于2009年1月5日由最高人民法院审判委员会第1461次会议、2009年2月24日由最高人民检察院第十一届检察委员会第10次会议通过，现予公布，自2009年5月27日起施行。

二〇〇九年五月十三日

为依法惩治生产、销售假药、劣药犯罪，保障人民群众生命健康安全，维护药品市场秩序，根据刑法有关规定，现就办理此类刑事案件具体应用法律的若干问题解释如下：

第一条　生产、销售的假药具有下列情形之一的，应当认定为刑法第一百四十一条规定的“足以严重危害人体健康”：

（一）依照国家药品标准不应含有有毒有害物质而含有，或者含有的有毒有害

物质超过国家药品标准规定的；

（二）属于麻醉药品、精神药品、医疗用毒性药品、放射性药品、避孕药品、血液制品或者疫苗的；

（三）以孕产妇、婴幼儿、儿童或者危重病人为主要使用对象的；

（四）属于注射剂药品、急救药品的；

（五）没有或者伪造药品生产许可证或者批准文号，且属于处方药的；

（六）其他足以严重危害人体健康的情形。

对前款第（一）项、第（六）项规定的情形难以确定的，可以委托省级以上药品监督管理部门设置或者确定的药品检验机构检验。司法机关根据检验结论，结合假药标明的适应病症、对人体健康可能造成的危害程度等情况认定。

第二条 生产、销售的假药被使用后，造成轻伤以上伤害，或者轻度残疾、中度残疾，或者器官组织损伤导致一般功能障碍或者严重功能障碍，或者有其他严重危害人体健康情形的，应当认定为刑法第一百四十一条规定的"对人体健康造成严重危害"。

生产、销售的假药被使用后，造成重度残疾、三人以上重伤、三人以上中度残疾或者器官组织损伤导致严重功能障碍、十人以上轻伤、五人以上轻度残疾或者器官组织损伤导致一般功能障碍，或者有其他特别严重危害人体健康情形的，应当认定为刑法第一百四十一条规定的"对人体健康造成特别严重危害"。

第三条 生产、销售的劣药被使用后，造成轻伤以上伤害，或者轻度残疾、中度残疾，或者器官组织损伤导致一般功能障碍或者严重功能障碍，或者有其他严重危害人体健康情形的，应当认定为刑法第一百四十二条规定的"对人体健康造成严重危害"。

生产、销售的劣药被使用后，致人死亡、重度残疾、三人以上重伤、三人以上中度残疾或者器官组织损伤导致严重功能障碍、十人以上轻伤、五人以上轻度残疾或者器官组织损伤导致一般功能障碍，或者有其他特别严重危害人体健康情形的，应当认定为刑法第一百四十二条规定的"后果特别严重"。

第四条 医疗机构知道或者应当知道是假药而使用或者销售，符合本解释第一条或者第二条规定标准的，以销售假药罪追究刑事责任。

医疗机构知道或者应当知道是劣药而使用或者销售，符合本解释第三条规定标准的，以销售劣药罪追究刑事责任。

第五条 知道或者应当知道他人生产、销售假药、劣药，而有下列情形之一的，以生产、销售假药罪或者生产、销售劣药罪等犯罪的共犯论处：

(一)提供资金、贷款、账号、发票、证明、许可证件的；

(二)提供生产、经营场所、设备或者运输、仓储、保管、邮寄等便利条件的；

(三)提供生产技术，或者提供原料、辅料、包装材料的；

(四)提供广告等宣传的。

第六条 实施生产、销售假药、劣药犯罪，同时构成生产、销售伪劣产品、侵犯知识产权、非法经营、非法行医、非法采供血等犯罪的，依照处罚较重的规定定罪处罚。

第七条 在自然灾害、事故灾难、公共卫生事件、社会安全事件等突发事件发生时期，生产、销售用于应对突发事件药品的假药、劣药的，依法从重处罚。

第八条 最高人民法院、最高人民检察院以前发布的司法解释、规范性文件与本解释不一致的，以本解释为准。

附录：两高公布办理生产销售假药劣药刑事案件司法解释，有力打击生产销售假药劣药犯罪 保障群众身体健康和生命安全

重要提示

完善了生产、销售假药罪“足以严重危害人体健康”的认定标准，使认定生产、销售假药罪更具有可操作性

对假、劣药造成的危害后果新增了器官组织损伤、功能障碍的规定，解决了司法实践中认定困难的问题

规定了医疗机构知道或者应当知道是假药、劣药而使用或者销售，以销售假药罪、销售劣药罪追究刑事责任

规定了为生产、销售假药、劣药的犯罪分子提供帮助或者方便条件的行为，例如邮寄、广告行为，以共犯论处

规定在自然灾害、事故灾难、公共卫生事件、社会安全事件等突发事件发生时期，生产、销售用于应对突发事件药品的假药、劣药的，依法从重处罚

5 月 26 日上午，国务院新闻办举行新闻发布会，邀请最高人民法院副院长熊选

国、最高人民检察院副检察长朱孝清和国家食品药品监督管理局副局长边振甲，介绍将于5月27日正式施行的“两高”《关于办理生产、销售假药、劣药刑事案件具体应用法律若干问题的解释》的起草背景、过程及主要内容，并回答中外记者们的有关提问。

药品安全，事关人民群众身体健康和生命安全，事关社会和谐稳定大局。近几年来，生产、销售假药、劣药违法犯罪行为比较严重，发生了多起生产、销售假药、劣药犯罪的大案。生产、销售假药、劣药犯罪具有严重的危害性：一是严重危害人民群众的生命健康安全。二是严重危害药品行业的整体发展和市场正常秩序。三是严重损害我国在国际社会上的形象。我国刑法第一百四十一条、第一百四十二条分别规定了生产、销售假药罪与生产、销售劣药罪。为了强化法律适用，2001年最高人民法院、最高人民检察院《关于办理生产、销售伪劣商品刑事案件具体应用法律若干问题的解释》(以下简称《2001年解释》)第三条对生产、销售假药罪的有关问题作了司法解释，随着形势发展，为适应司法实践的需要，明确查处假劣药品的法律适用问题，有必要对生产、销售假药、劣药刑事案件中的法律问题出台专门的司法解释。

从2007年7月开始，最高人民法院、最高人民检察院在国家食品药品监督管理局的支持配合下，组成调研组，分别在山东、北京、河北、黑龙江等省(市)开展了调研。在调研过程中，针对办理生产、销售假药、劣药犯罪案件中遇到的适用法律问题，起草了解释初稿，广泛听取并征求不同地区法院、检察院、公安机关以及药监部门的意见。2007年11月专门召开研讨会，邀请全国人大常委会法工委刑法室、公安部法制局、国家药监局法规司的同志，以及北京大学、中国政法大学、北京师范大学、社科院等单位的专家学者座谈。2007年11月至2008年7月，最高人民法院、最高人民检察院分别征求了法院系统、检察院系统的意见，并征求了全国人大常委会法工委刑法室、公安部法制局、治安局等单位和部门的意见。经综合各方面的意见，十数次修改，正式将解释稿提交最高人民法院审判委员会、最高人民检察院检察委员会讨论。2009年1月5日最高人民法院审判委员会第1461次会议、2009年2月24日最高人民检察院第十一届检察委员会第10次会议通过该解释。

《解释》的主要内容共分八条。主要有以下重点内容：

——完善了生产、销售假药罪“足以严重危害人体健康”的认定标准，使认定生产、销售假药罪更具有可操作性。《解释》第一条规定了认定“足以严重危害人体健康”的六项具体标准。增加规定了麻醉药品、精神药品、医疗用毒性药品、放射性药品、避孕药品、血液制品、疫苗等几类特殊药品，以孕产妇、婴幼儿、儿童或者危重病人等特殊人群为使用对象的药品，注射剂、急救药品等给药途径特殊或用途特殊的药品，没有或者伪造药品生产许可证或者批准文号，且属于处方药的药品，更有利于满足司法实践需要。

——对假、劣药造成的危害后果新增了器官组织损伤、功能障碍的规定，解决了司法实践中认定困难的问题。《解释》第二条、第三条关于假、劣药“对人体健康造成严重危害”、“对人体健康造成特别严重危害”及“后果特别严重”的规定，除《2001年解释》中已规定的轻伤、重伤和残疾标准外，新增了器官组织损伤、功能障碍的规定。现在的规定，基本解决了司法实践中对假、劣药造成的危害后果认定困难的问题，更符合保护人民群众生命健康安全的需要。

——规定了医疗机构知道或者应当知道是假药、劣药而使用或者销售，以销售假药罪、销售劣药罪追究刑事责任。《解释》第四条对此进行了规定。本条中的医疗机构，包括个体行医者。医疗机构是病患者最信赖的地方，医疗机构使用假劣药具有严重社会危害性，应当依法惩处。

——规定了为生产、销售假药、劣药的犯罪分子提供帮助或者方便条件的行为，例如邮寄、广告行为，以共犯论处。司法实践中，有的人知道或者应当知道他人生产、销售假药、劣药，而为其提供资金等经济条件，有的提供生产技术，有的提供其他生产、经营便利条件，还有的为其进行广告等宣传活动。这些共同犯罪行为极大地助长了生产、销售假药、劣药的犯罪，对于此种共同犯罪人，应当依法予以严厉打击。

——规定在自然灾害、事故灾难、公共卫生事件、社会安全事件等突发事件发生时期，生产、销售用于应对突发事件药品的假药、劣药的，依法从重处罚。药品造假行为本身已经令人深恶痛绝，突发事件时期的药品造假行为更是直接危及人的生命健康。例如，在传染病流行时期，生产、销售用于防控该传染病急需药品的假药、劣药的；在地震等造成人员重大伤亡的事故灾难发生时期，生产、销售用于止血的药品的假药、劣药的，等等。突发事件时期的药品造假行为的危害性更加突出，对其从重处罚符合维护人民群众根本利益的需要。

国家食品药品监督管理局副局长边振甲表示，在当前防控甲型H1N1流感过程中，将更加严密地做好打击假劣药品和医疗器械的相关工作。凡是发现和甲型H1N1流感防控工作有关的假药、医疗器械，将坚决予以打击，确保防控药品、医疗器械的安全。

最高人民法院《关于在执行附加刑剥夺政治权利期间犯新罪应如何处理的批复》

（法释[2009]第10号，2009年3月30日由最高人民法院审判委员会第1465次会议通过）

中华人民共和国最高人民法院公告

《最高人民法院关于在执行附加刑剥夺政治权利期间犯新罪应如何处理的批复》已于2009年3月30日由最高人民法院审判委员会第1465次会议通过。现予公布，自2009年6月10日起施行。

二〇〇九年五月二十五日

上海市高级人民法院：

你院《关于被告人在执行附加刑剥夺政治权利期间重新犯罪适用法律问题的请示》（沪高法[2008]24号）收悉。经研究，批复如下：

一、对判处有期徒刑并处剥夺政治权利的罪犯，主刑已执行完毕，在执行附加刑剥夺政治权利期间又犯新罪，如果所犯新罪无须附加剥夺政治权利的，依照刑法第七十一条的规定数罪并罚。

二、前罪尚未执行完毕的附加刑剥夺政治权利的刑期从新罪的主刑有期徒刑执行之日起停止计算，并依照刑法第五十八条规定从新罪的主刑有期徒刑执行完毕之日或者假释之日起继续计算；附加刑剥夺政治权利的效力施用于新罪的主刑执行期间。

三、对判处有期徒刑的罪犯，主刑已执行完毕，在执行附加刑剥夺政治权利期间又犯新罪，如果所犯新罪也剥夺政治权利的，依照刑法第五十五条、第五十七条、第七十一条的规定并罚。

附录：最高人民法院刑五庭负责人就《批复》答本报记者问

最高人民法院法释[2009]10 号《关于在执行附加刑剥夺政治权利期间犯新罪应如何处理的批复》（以下简称《批复》），经最高人民法院审判委员会第 1465 次会议讨论通过，自 2009 年 6 月 10 日起施行。为正确理解和适用《批复》，最高人民法院刑五庭负责人近日应相关媒体要求，对《批复》起草情况和主要内容作了解读。

执行剥夺政治权利期间犯新罪是否数罪并罚

对被判处有期徒刑并处剥夺政治权利的罪犯，主刑已执行完毕，在执行附加刑剥夺政治权利期间又犯新罪，如果所犯新罪无须判处剥夺政治权利的，是否数罪并罚？对此有肯定与否定两种截然相反的意见。

《批复》采纳了肯定意见，即对判处有期徒刑并处剥夺政治权利的罪犯，主刑已执行完毕，在执行附加刑剥夺政治权利期间又犯新罪，如果所犯新罪无须附加剥夺政治权利的，依照刑法第 71 条的规定数罪并罚。也就是说，在此情形下应当对新犯的罪作出判决，将前罪没有执行完毕的附加刑剥夺政治权利和新罪所判处的刑罚，依照刑法第 69 条的规定，决定执行的刑罚。其主要理由是：其一，这符合刑法第 71 条有关数罪并罚和第 32 条“刑罚分为主刑和附加刑”规定的要求。附加刑未执行完毕的属于刑法第 71 条中的“刑罚执行完毕以前”。其二，根据最高人民法院 1997 年 3 月 25 日《关于认真学习宣传贯彻修订后的〈中华人民共和国刑法〉的通知》第五条修订后的刑法有关条文实质内容没有变化的，在没有新的司法解释前，最高人民法院原司法解释可参照执行的规定，《1994 年批复》仍具有参照意义。其三,根据刑法第 69 条第 2 款“如果数罪中有判处附加刑的,附加刑仍须执行”的规定,数罪并罚不仅包括主刑之间、附加刑之间的并罚,也包括主刑与附加刑的并罚。其四,根据刑法第 58 条第 1 款“剥夺政治权利的刑期从徒刑、拘役执行完毕之日起计算”的规定,剥夺政治权利在徒刑执行完毕以后才能开始执行,而不能在有期徒刑执行期间同时继续执行前罪尚未执行的剥夺政治权利。

如何计算前罪尚未执行完毕的剥夺政治权利的刑期

这一问题是在前述数罪并罚的基础上产生的,因为在数罪并罚时,必须计算前罪尚未执行完毕的剥夺政治权利的剩余刑期。对此,司法实践中主要有以下三种意见:第一种意见认为,前罪附加刑剥夺政治权利,应从新罪的主刑有期徒刑执行之日起停止计算,如判决前先行羁押的,应从涉嫌犯新罪被羁押之日起停止计算。第二种意见认为,应从新罪一审判决之日起停止计算。第三种意见认为,应从新罪判决生效之日起停止计算,因为罪犯在新罪判决生效之前,其被剥夺政治权利的根据只能是前罪正执行的附加刑。

对此,刑法和司法解释没有明确规定,《批复》综合考虑上述意见后规定:前罪尚未执行完毕的附加刑剥夺政治权利的刑期从新罪的主刑有期徒刑执行之日起停止计算,并依照刑法第 58 条规定从新罪的主刑有期徒刑执行完毕之日或者假释之日起继续计算。其主要理由是:其一,符合刑法“剥夺政治权利的效力当然施用于主刑执行期间”、“有期徒刑的刑期从判决执行之日起计算”的规定,有利于维护剥夺政治权利的连续性。其二,符合《1994 年批复》“在新罪所判处的刑罚执行完毕以后,继续执行前罪没有执行完毕的附加刑剥夺政治权利”规定精神。其三,有利于维护尚未执行完毕的剥夺政治权利停止计算标准的统一性。如果不停止计算前罪的剥夺政治权利,就造成一、二审仅因为判决时前罪尚未执行的剥夺政治权利刑期的不同而作出不同的判决,显然不利于维护判决的稳定性和权威性。如果将判决生效时间作为停止计算时间,则一审判决时无法知道是否将经过二审程序和二审宣判时间,也就无法确定尚未执行完毕的剥夺政治权利的刑期。

需要指出的是,在具体适用“前罪尚未执行完毕的附加刑剥夺政治权利的刑期从新罪的主刑有期徒刑执行之日起停止计算”时,需要注意把握以下两个问题:一是对于判决以前先行羁押的,前罪尚未执行完毕的附加刑剥夺政治权利的刑期可从因涉嫌犯新罪被羁押之日起停止计算。这样一方面可以与主刑刑期的实际起算时间一致。刑法第 47 条规定有期徒刑刑期的计算从判决执行之日起计算，判决执行前先行羁押的，羁押一日折抵刑期一日。因此对于先行羁押的，新罪所判处有期徒刑的刑期实际上从羁押之日起算，《批复》将羁押之日作为停止计算时间，便于计算剥夺政治权利的执行期间。另一方面，也符合剥夺政治权利的实际执行情况，有利于执行机关执行。剥夺政治权利的执行，由罪犯居住地县级公安机关指定派出所执行，基层组织或罪犯的原所在单位协助进行监督。因此，罪犯在因犯新罪被羁押后，原执行机关实际上难以对其继续执行前罪附加刑剥夺政治权利。二是对于判决前未予羁押的，可以将一审判决作出之日作为前罪尚未执行完毕的剥夺政治权利停止计算的时间点，从而确定尚未执行完毕的刑期。罪犯犯新罪后，其原有的被剥夺政治权利状态不应因犯新罪而改变。因此，在新罪判决的有期徒刑执行之日前，都是前罪剥夺政治权利的执行期间。同时由于新罪的一审判决作出时，尚无法确定新罪的有期徒刑执行之日，也就无法确定尚未执行的剥夺政治权利的剩余刑期。为解决这一问题，在技术操作上，可以将一审判决作出之日作为前罪尚未执行的剥夺政治权利停止计算的时间点，并将应当从尚未执行的刑期中扣除的一审判决作出之日至新罪有期徒刑执行之日的期间，计算在新判决确定的剥夺政治权利的刑期以内。当然，如果在一审判决之后、新罪有期徒刑执行之日前，前罪的剥夺政治权利执行完毕，则不存在再执行前罪的剥夺政治权利问题。

剥夺政治权利的效力是否施用于新罪主刑执行期间

这一问题与前一问题紧密相关，正是因为前罪剥夺政治权利的效力施用于新罪的主刑执行期间，才会产生前罪尚未执行完毕的剥夺政治权利的刑期停止计算问题。对此《1994 年批复》未作明确规定，司法实践中有肯定与否定两种相反意见。

《批复》采纳了肯定意见，其主要理由是：其一，符合刑法有关剥夺政治权利的效力规定精神。刑法第 58 条第 1 款后半段规定，剥夺政治权利的效力当然施用于主刑执行期间。被告人所犯新罪被判处的有期徒刑与前罪尚未执行完毕的剥夺政治权利数罪并罚后，仍有主刑和附加刑，这两者仍是主刑和附加刑的关系，数罪并罚条件下一罪附加剥夺政治权利的效力可以及于并罚后决定执行的主刑执行期间。反之，如果剥夺政治权利的效力不施用于新罪的主刑执行期间，就会出现主刑执行完毕后被剥夺政治权利，而主刑执行期间却具有政治权利的矛盾和不合理现象。其二，符合刑法第 71 条对犯新罪的被告人从重处罚的数罪并罚精神。由于罪犯在服刑期间不思悔改、再犯新罪，其主观恶性和人身危险性较大，与没有再犯新罪的相比，理应实际上延长剥夺政治权利的时间，受到更严厉惩罚。

关于附加刑剥夺政治权利的并罚问题

对判处有期徒刑的罪犯，主刑已执行完毕，在执行附加刑剥夺政治权利期间又犯新罪，如果所犯新罪也被判处剥夺政治权利的，两个以上剥夺政治权利应当如何并罚？

如果数罪中有一个被判处死刑或无期徒刑附加剥夺政治权利终身的，因其剥夺政治权利已达到该刑种法定最高限度，应采取吸收原则，只执行剥夺政治权利终身。对此，刑法理论界和司法实践中没有异议。但是，对剥夺政治权利均为一定期限的，是采取限制加重方法，还是采取相加方法，存在不同意见。

经研究，《批复》采纳了限制加重的意见，即如果所犯新罪也剥夺政治权利的，依照刑法第 55 条、第 57 条、第 71 条的规定并罚。也就是说，对剥夺政治权利均为有期限的，采取限制加重的方法，把前罪未执行完毕的剥夺政治权利的刑期与新罪的剥夺政治权利并罚，除刑法第 57 条第 2 款规定外，依照刑法第 55 条规定在一年以上五年以下决定应执行的刑期；如果有一罪判处剥夺政治权利终身的，则采取吸收方法，并罚时只执行剥夺政治权利终身。其主要理由是：其一，刑法第 69 条第 1 款对主刑并罚的限制加重方法可以参考，以避免采用吸收原则畸轻、并科原则畸重的弊端。其二，最高人民法院有关剥夺政治权利并罚问题的答复可参照执行。最高人民法院研究室 1986 年 10 月 20 日在《关于数罪中有判处两个以上剥夺政治权利附加刑的应如何并罚问题的电话答复》中指出：如数罪中有两罪以上都判处有期徒刑并附加剥夺政治权利的，按限制加重的方法，其剥夺政治权利的附加刑，只能在一年以上五年以下决定应执行的刑期，不能超过五年。尽管它是依据 1979 年刑法有关规定作出的，但是刑法修订后有关条文实质内容没有变化，仍可参照执行。此外，由于刑法第 57 条第 2 款对死刑缓期执行、无期徒刑减为有期徒刑的剥夺政治权利的期限规定为 3 年以上 10 年以下，在此情形下并罚时的剥夺政治权利期限可能超过 5 年，故《批复》补充了“依照刑法第五十七条规定”的相关内容。

背景

对被判处有期徒刑的罪犯，主刑已执行完毕，在执行附加刑剥夺政治权利期间又犯新罪的是否数罪并罚问题，最高人民法院曾于1994年5月16日作出法复[1994]8号《关于在附加剥夺政治权利执行期间重新犯罪的被告人是否适用数罪并罚问题的批复》(以下简称《1994年批复》)，规定应当依法数罪并罚。但由于它是针对1979年刑法所作的解释，能否适用于现行刑法有关规定，且该批复未明确如何计算前罪尚未执行完毕的剥夺政治权利、剥夺政治权利是否施用于新罪的主刑执行期间以及剥夺政治权利如何并罚，以致在审判实践中产生认识分歧。鉴于此，上海市高级人民法院以沪高法(2008)24号《关于被告人在执行附加刑剥夺政治权利期间重新犯罪适用法律问题的请示》向最高人民法院请示。

最高人民法院为规范和统一案件裁判标准，在调查研究的基础上，根据刑法有关规定和以往有关答复，结合刑事审判实践经验，起草了《批复》稿，分别征求和听取了全国人大常委会法制工作委员会、最高人民检察院、公安部、司法部和最高人民法院有关庭室以及刑法学界部分专家、教授的意见。2009年3月30日最高人民法院审判委员会讨论通过了《批复》，自6月10日起施行。

链接：中华人民共和国刑法(摘录)

第四十七条　有期徒刑的刑期，从判决执行之日起计算；判决执行以前先行羁押的，羁押一日折抵刑期一日。

第五十五条　剥夺政治权利的期限，除本法第五十七条规定外，为一年以上五年以下。

判处管制附加剥夺政治权利的，剥夺政治权利的期限与管制的期限相等，同时执行。

第五十七条　对于被判处死刑、无期徒刑的犯罪分子，应当剥夺政治权利终身。

在死刑缓期执行减为有期徒刑或者无期徒刑减为有期徒刑的时候，应当把附加剥夺政治权利的期限改为三年以上十年以下。

第五十八条　附加剥夺政治权利的刑期，从徒刑、拘役执行完毕之日或者从假释之日起计算；剥夺政治权利的效力当然施用于主刑执行期间。

被剥夺政治权利的犯罪分子，在执行期间，应当遵守法律、行政法规和国务院公安部门有关监督管理的规定，服从监督；不得行使本法第五十四条规定的各项权利。

第六十九条 判决宣告以前一人犯数罪的，除判处死刑和无期徒刑的以外，应当在总和刑期以下、数刑中最高刑期以上，酌情决定执行的刑期，但是管制最高不能超过三年，拘役最高不能超过一年，有期徒刑最高不能超过二十年。

如果数罪中有判处附加刑的，附加刑仍须执行。

第七十一条 判决宣告以后，刑罚执行完毕以前，被判刑的犯罪分子又犯罪的，应当对新犯的罪作出判决，把前罪没有执行的刑罚和后罪所判处的刑罚，依照本法第六十九条的规定，决定执行的刑罚。

最高人民法院关于审理城镇房屋租赁合同纠纷案件具体应用法律若干问题的解释

（法释[2009]11 号，2009 年 6 月 22 日最高人民法院审判委员会第 1469 次会议通过）

中华人民共和国最高人民法院公告

《最高人民法院关于审理城镇房屋租赁合同纠纷案件具体应用法律若干问题的解释》已于 2009 年 6 月 22 日由最高人民法院审判委员会第 1469 次会议通过，现予公布，自 2009 年 9 月 1 日起施行。

二〇〇九年七月三十日

为正确审理城镇房屋租赁合同纠纷案件，依法保护当事人的合法权益，根据《中华人民共和国民法通则》、《中华人民共和国物权法》、《中华人民共和国合同法》等法律规定，结合民事审判实践，制定本解释。

第一条 本解释所称城镇房屋，是指城市、镇规划区内的房屋。

乡、村庄规划区内的房屋租赁合同纠纷案件，可以参照本解释处理。但法律另有规定的，适用其规定。

当事人依照国家福利政策租赁公有住房、廉租住房、经济适用住房产生的纠纷案件，不适用本解释。

第二条 出租人就未取得建设工程规划许可证或者未按照建设工程规划许可证的规定建设的房屋，与承租人订立的租赁合同无效。但在一审法庭辩论终结前取得建设工程规划许可证或者经主管部门批准建设的，人民法院应当认定有效。

第三条 出租人就未经批准或者未按照批准内容建设的临时建筑，与承租人订立的租赁合同无效。但在一审法庭辩论终结前经主管部门批准建设的，人民法院应当认定有效。

租赁期限超过临时建筑的使用期限，超过部分无效。但在一审法庭辩论终结前经主管部门批准延长使用期限的，人民法院应当认定延长使用期限内的租赁期间有效。

第四条 当事人以房屋租赁合同未按照法律、行政法规规定办理登记备案手续为由，请求确认合同无效的，人民法院不予支持。

当事人约定以办理登记备案手续为房屋租赁合同生效条件的，从其约定。但当事人一方已经履行主要义务，对方接受的除外。

第五条 房屋租赁合同无效，当事人请求参照合同约定的租金标准支付房屋占有使用费的，人民法院一般应予支持。

当事人请求赔偿因合同无效受到的损失，人民法院依照合同法的有关规定和本司法解释第九条、第十三条、第十四条的规定处理。

第六条 出租人就同一房屋订立数份租赁合同，在合同均有效的情况下，承租人均主张履行合同的，人民法院按照下列顺序确定履行合同的承租人：

（一）已经合法占有租赁房屋的；

（二）已经办理登记备案手续的；

（三）合同成立在先的。

不能取得租赁房屋的承租人请求解除合同、赔偿损失的，依照合同法的有关规定处理。

第七条 承租人擅自变动房屋建筑主体和承重结构或者扩建，在出租人要求的合理期限内仍不予恢复原状，出租人请求解除合同并要求赔偿损失的，人民法院依照合同法第二百一十九条的规定处理。

第八条 因下列情形之一，导致租赁房屋无法使用，承租人请求解除合同的，人民法院应予支持：

（一）租赁房屋被司法机关或者行政机关依法查封的；

（二）租赁房屋权属有争议的；

（三）租赁房屋具有违反法律、行政法规关于房屋使用条件强制性规定情况的。

第九条 承租人经出租人同意装饰装修，租赁合同无效时，未形成附合的装饰装修物，出租人同意利用的，可折价归出租人所有；不同意利用的，可由承租人拆除。因拆除造成房屋毁损的，承租人应当恢复原状。

已形成附合的装饰装修物，出租人同意利用的，可折价归出租人所有；不同意利用的，由双方各自按照导致合同无效的过错分担现值损失。

第十条 承租人经出租人同意装饰装修，租赁期间届满或者合同解除时，除当事人另有约定外，未形成附合的装饰装修物，可由承租人拆除。因拆除造成房屋毁损的，承租人应当恢复原状。

第十一条 承租人经出租人同意装饰装修，合同解除时，双方对已形成附合的装饰装修物的处理没有约定的，人民法院按照下列情形分别处理：

（一）因出租人违约导致合同解除，承租人请求出租人赔偿剩余租赁期内装饰装修残值损失的，应予支持；

（二）因承租人违约导致合同解除，承租人请求出租人赔偿剩余租赁期内装饰装修残值损失的，不予支持。但出租人同意利用的，应在利用价值范围内予以适当补偿；

（三）因双方违约导致合同解除，剩余租赁期内的装饰装修残值损失，由双方根据各自的过错承担相应的责任；

（四）因不可归责于双方的事由导致合同解除的，剩余租赁期内的装饰装修残值损失，由双方按照公平原则分担。法律另有规定的，适用其规定。

第十二条 承租人经出租人同意装饰装修，租赁期间届满时，承租人请求出租人补偿附合装饰装修费用的，不予支持。但当事人另有约定的除外。

第十三条 承租人未经出租人同意装饰装修或者扩建发生的费用，由承租人负担。出租人请求承租人恢复原状或者赔偿损失的，人民法院应予支持。

第十四条　承租人经出租人同意扩建，但双方对扩建费用的处理没有约定的，人民法院按照下列情形分别处理：

（一）办理合法建设手续的，扩建造价费用由出租人负担；

（二）未办理合法建设手续的，扩建造价费用由双方按照过错分担。

第十五条　承租人经出租人同意将租赁房屋转租给第三人时，转租期限超过承租人剩余租赁期限的，人民法院应当认定超过部分的约定无效。但出租人与承租人另有约定的除外。

第十六条　出租人知道或者应当知道承租人转租，但在六个月内未提出异议，其以承租人未经同意为由请求解除合同或者认定转租合同无效的，人民法院不予支持。

因租赁合同产生的纠纷案件，人民法院可以通知次承租人作为第三人参加诉讼。

第十七条　因承租人拖欠租金，出租人请求解除合同时，次承租人请求代承租人支付欠付的租金和违约金以抗辩出租人合同解除权的，人民法院应予支持。但转租合同无效的除外。

次承租人代为支付的租金和违约金超出其应付的租金数额，可以折抵租金或者向承租人追偿。

第十八条　房屋租赁合同无效、履行期限届满或者解除，出租人请求负有腾房义务的次承租人支付逾期腾房占有使用费的，人民法院应予支持。

第十九条　承租人租赁房屋用于以个体工商户或者个人合伙方式从事经营活动，承租人在租赁期间死亡、宣告失踪或者宣告死亡，其共同经营人或者其他合伙人请求按照原租赁合同租赁该房屋的，人民法院应予支持。

第二十条　租赁房屋在租赁期间发生所有权变动，承租人请求房屋受让人继续履行原租赁合同的，人民法院应予支持。但租赁房屋具有下列情形或者当事人另有约定的除外：

（一）房屋在出租前已设立抵押权，因抵押权人实现抵押权发生所有权变动的；

（二）房屋在出租前已被人民法院依法查封的。

第二十一条 出租人出卖租赁房屋未在合理期限内通知承租人或者存在其他侵害承租人优先购买权情形，承租人请求出租人承担赔偿责任的，人民法院应予支持。但请求确认出租人与第三人签订的房屋买卖合同无效的，人民法院不予支持。

第二十二条 出租人与抵押权人协议折价、变卖租赁房屋偿还债务，应当在合理期限内通知承租人。承租人请求以同等条件优先购买房屋的，人民法院应予支持。

第二十三条 出租人委托拍卖人拍卖租赁房屋，应当在拍卖5日前通知承租人。承租人未参加拍卖的，人民法院应当认定承租人放弃优先购买权。

第二十四条 具有下列情形之一，承租人主张优先购买房屋的，人民法院不予支持：

（一）房屋共有人行使优先购买权的；

（二）出租人将房屋出卖给近亲属，包括配偶、父母、子女、兄弟姐妹、祖父母、外祖父母、孙子女、外孙子女的；

（三）出租人履行通知义务后，承租人在十五日内未明确表示购买的；

（四）第三人善意购买租赁房屋并已经办理登记手续的。

第二十五条 本解释施行前已经终审，本解释施行后当事人申请再审或者按照审判监督程序决定再审的案件，不适用本解释。

附录：最高人民法院民一庭负责人就《解释》答记者问

最高人民法院《关于审理城镇房屋租赁合同纠纷案件具体应用法律若干问题的解释》（以下简称《解释》）2009年9月1日正式施行。最高人民法院民一庭负责人近日就相关话题回答了本报记者提问。

据这位负责人介绍，在我国经济高速发展和住房制度改革日益深化的推动下，房屋租赁经营方式日益普遍，房屋租赁业迅猛发展，涌现出许多新情况、新问题，并形成诉讼进入司法领域。近年来，人民法院受理的房屋租赁合同纠纷案件日益增多。由于相关法律规范比较原则，人民法院在审理房屋租赁合同纠纷案件中面临很多具体适用法律的难点问题。为统一法律适用，指导各级人民法院及时公正审理房屋租赁合同纠纷案件，促进房屋租赁市场的健康发展，最高人民法院于2006年9月着手《解释》(征求意见稿)的起草和调研工作。

房屋租赁主要包括居住用房的租赁和经营用房的租赁。居住用房是人类生存的基本物质条件，经营用房是人类从事生产经营的必要生产资料，因此，房屋租赁与国家利益、社会公共利益和广大人民群众的切身利益息息相关，亦与社会的和谐稳定、经济的平稳发展息息相关。最高人民法院从“保增长、保民生、保稳定”的全局工作出发，高度重视该部司法解释的起草工作，确定以落实科学发展观和司法为民作为指导思想，严循立法精神，重视调查研究，强化起草内容的针对性和可操作性。其间，起草小组多次奔赴全国各地调研，广泛征求各方意见。在反复研究讨论的基础上，《解释》经最高人民法院审判委员会第1469次会议研究通过。

明确租赁合同无效的范围

问:《解释》在合同效力的认定上，是如何体现促进房屋租赁市场发展和维护稳定的房屋租赁交易秩序这一目标的？

答:合同效力的认定对促进房屋租赁市场发展，维护房屋租赁市场交易秩序稳定意义重大。《解释》在准确判断相关法律、行政法规的强制性规定是否为效力性强制性规定基础上，确定了认定合同效力的原则:一是限定无效合同的范围。《解释》仅将违法建筑物租赁合同、转租期限超过承租人剩余租赁期限的合同、未经出租人同意的转租合同认定为无效。在违法建筑物范围认定上，确定未取得建设工程规划许可证或者未按照建设工程规划许可证规定建设的房屋，未经批准或者未按照批准内容建设的临时建筑，超过批准使用期限的临时建筑为违法建筑。二是对欠缺生效条件合同效力的处理上，采取了补救性的措施，即当事人只要在一审法庭辩论终结前，取得了法律、行政法规规定的条件，不存在合同法第五十二条规定的无效情形，就认定合同有效。《解释》在遵循法律规定精神的基础上，采用宽严适当的原则，确定合同效力，目的就是在尽量维持合同效力的基础上，促进社会资源的有效利用，保障房屋租赁市场的健康发展。

问:《解释》规定合同被认定无效后，承租人要支付房屋占有使用费，是将无效合同按照有效处理吗？为什么参照合同约定的租金标准确定占有使用费？

答:这种理解是错误的。合同无效后,承租人支付占有房屋期间的使用费,是返还依无效合同取得的财产的一种方式,并不是按照合同履行支付的租金。依照无效合同的处理原则,承租人应返还依无效合同取得的财产,包括占有租赁的房屋和实际占有房屋所获取的占有利益。占有利益为无形财产,承租人只能采用折价补偿的方式,即支付房屋使用费予以返还。

对于房屋使用费按照何种标准确定,实践中做法很多。合同约定的租金标准,与合同签订时的市场行情相符,易于双方当事人认可,且标准明确,有利于人民法院判断掌握,亦可避免采用评估方式确定房屋使用费,加重当事人诉讼成本,延长案件审理期间的弊端。考虑到实践中存在因房屋质量问题或其他原因影响承租人使用房屋的情形,完全参照合同约定的租金标准确定承租人支付使用费可能与其获取的占有利益不符,有失公平,本条规定"当事人请求参照合同约定的租金标准支付房屋占有使用费的,人民法院一般应予支持。"将是否支持的裁量权交由人民法院,根据承租人对房屋的实际使用状况确定是否参照、如何参照合同约定的租金标准确定占有使用费。

适用不同民法理论处理装饰装修问题

问:房屋租赁合同纠纷案件中装饰装修的处理,一直是司法审判中的热点和难点问题,《解释》对此问题是如何规定的?

答:装饰装修的处理涉及到债权和物权两大领域,关涉添附制度、不当得利等民法理论,该类案件的处理在理论界及审判实务界均引起高度关注。《解释》在吸收各级人民法院和学术界意见基础上,确立了处理此类纠纷的规则:承租人擅自进行装饰装修,构成侵权,承担侵权责任;承租人经同意装饰装修,区分情况适用不同的处理原则,一是对附合和未形成附合的装饰装修物分别适用不同的处理规则。未形成附合的装饰装修物,承租人作为所有权人享有处分权;已形成附合的装饰装修物区分合同无效、合同有效解除、合同履行期限届满情形,适用不同的处理规则。二是出租人是否对承租人的装饰装修进行补偿,如何补偿,要区分不同情况。合同无效时,出租人同意利用的装饰装修,基于不当得利对承租人进行补偿;不同意利用的,装饰装修的现值损失作为无效合同的损失,由双方按照过错承担;合同解除,由导致合同解除的违约方承担装饰装修残值损失。在双方均无过错情形下,由双方依照公平原则分担装饰装修残值损失；需要注意的是，合同解除时，如果出租人同意利用承租人装饰装修的，仍需基于不当得利对承租人予以补偿；合同履行期间届满，出租人取得附合装饰装修物无需补偿。

问：《解释》就附合装饰装修的处理出现“现值损失”和“残值损失”两个名词，如何理解和区分这两种损失。

答：一直以来，各地人民法院对附合装饰装修损失的认定，方法多样，标准不同，统一这一问题的法律适用，对司法审判意义重大。《解释》根据有效合同和无效合同的不同法律效果，对装饰装修损失采用了现值损失和残值损失两种不同的标准。现值损失是指合同被认定无效时，装饰装修的现存价值。在合同无效场合，承租人通常已经占用使用租赁房屋一段时间，其在此期间享有的装饰装修利益，不应再列入合同无效的损失范围。残值损失是指在合同解除时，装饰装修的剩余“价值”，这一“价值”的确定是以合同解除时装饰装修的现值为基础，且不能低于合同履行期间摊销的装饰装修费用。《解释》依照租赁合同的权利义务内容、行业惯例、交易习惯，规定在双方当事人无约定情形下，承租人的附合装饰装修费用应当在租赁期内摊销完毕，出租人无需补偿。按照这一规定，合同履行期间已经摊销的装饰装修费用，不应列入合同解除的损失范围。如装饰装修造价 60 万元，租期 5 年，则 60 万元造价摊销在租期内，每年平均摊销 12 万元。合同履行三年后解除，按照评估价值，装饰装修现值为 30 万元，但按照租期内摊销价计算，三年摊销费用为 36 万元。则残值应当按照摊销费用确定为 36 万元。如果装饰装修现值高于摊销的造价费用，则应当按照装饰装修的现值来确定残值。

依法保护承租人的优先购买权

问：《解释》规定承租人优先购买权受侵害时，无权主张认定出租人与第三人签订的买卖合同无效，是基于何种考虑？

答：首先需要明确，《解释》规定的是“承租人不能以出租人侵害其优先购买权为由，请求确认出租人与第三人签订的房屋买卖合同无效”，而不是规定在何种情形下，承租人均不得主张认定出租人与第三人签订的买卖合同无效。

优先购买权纠纷一直是审判实践中的难点问题。承租人优先购买权性质的认定，是解决该难点首要面临的问题。2007 年 10 月 1 日施行的物权法，并未将优先购买权规定为物权，该权利因此不具有“对世性”权利。最高人民法院废止了《〈民法通则〉适用意见》第 118 条规定，就是基于该条规定与物权法规定相冲突。本《解释》遵循法律规定精神，将承租人优先购买权定性还原为债权，规定承租人不能以出租人侵害其优先购买权为由，请求确认出租人与第三人签订的房屋买卖合同无效。该项规定并不妨碍出租人与第三人恶意串通签订买卖合同损害承租人优先购买权时，承租人依照民法通则第五十八条第一款第(四)项规定和合同法第五十二条第(二)项规定，主张认定出租人与第三人签订的买卖合同无效。

问:出租人出租房屋上设立抵押权的情况在房屋租赁中时有发生，《解释》对抵押权人行使抵押权时承租人优先购买权的保护是如何规定的?

答:从权力的设置目的看，抵押权是从抵押物的交换价值优先受偿，其追求的是抵押物的交换价值，不要求转移抵押物的占有，亦不享有对抵押物的处分权。优先购买权是优先购买租赁房屋的权力，并以同等条件为权力行使的必备要件。上述两种权利从设置目的上看，行使时不会发生冲突。抵押权人与出租人协商折价、变卖或者拍卖抵押房屋实现抵押权时，属于出租人出卖房屋的方式，承租人以同等条件优先购买抵押的租赁房屋，不会影响抵押权人实现债权，不论抵押权设立在租赁合同成立前或后，均不会与抵押人实现抵押权发生冲突。因此，解释依照抵押权与承租人优先购买权立法目的不同，规定出租人与抵押权人协议折价、变卖租赁房屋偿还债务，或者拍卖房屋时，依法保护承租人的优先购买权。出租人以其他方式出卖房屋时，应当采取同样的规则保护承租人的优先购买权。当然，承租人主张优先购买房屋时，人民法院应当考虑以下两方面的问题，一是承租人应当具有让出租人信赖的履约能力，如责令承租人以交付押金或者定金等方式提供履约担保，使出租人信赖其履约能力，以避免人民法院支持承租人购买房屋的主张后，因承租人缺乏履约能力导致合同无法履行，损害出租人利益。二是依照权利义务对等原则，承租人的优先购买权亦应当在合理期限内主张，在出租人履行通知义务后，承租人应当在 15 日内明确表示是否行使优先购买权;出租人没有履行通知义务的，承租人可在知道或者应当知道出租人出卖房屋之日起一年内主张，超过合理期限的，人民法院不应予以支持。

问:按照《解释》规定，是否只要出租人出卖租赁房屋，承租人就可主张优先购买房屋？

答：这种理解是错误的。《解释》第 24 条规定了承租人优先购买权行使的四种例外情形：（一）房屋共有人行使优先购买权的。法律设定共有人具有优先购买权，宗旨是简化物权关系，维护共有关系的稳定性，充分发挥物的用益价值，而承租人优先购买权主要是维护使用关系的稳定性，从利益衡量的角度考量，应当优先保护共有人的购买权。（二）出租人将房屋出卖给近亲属情形。我国是靠亲情和人情为纽带联系起来的熟人社会，人们在经济交往中，亲情关系往往是交换价值确定的重要考虑因素，具有浓厚的人身色彩，与纯粹的买卖关系终究有所不同。《解释》立足国情，将出租人出卖房屋给近亲属的情况，列为出租人出售房屋的特别方式，排除承租人优先购买权。这一规定有利于促进家庭和睦和社会稳定，符合构建和谐社会的重大历史任务要求。（三）出租人履行告知义务后，承租人在 15 日内未明确表示愿意购买的。本项是对合同法第二百三十条规定的进一步细化。从权利义务对等的角度分析，承租人在合理期限内行使优先购买权，亦应为承租人优先购买权的内容。如果承租人不及时行使优先购买权，将导致出租人所有者权益受到损害。在房屋交易市场价格波动加大的情况下，这种损害更为明显。因此，本项将承租人接到通知后 15 日，作为行使优先购买权的合理期限，逾期视为承租人放弃优先购买权。（四）购买房屋的第三人出于善意并已办理登记手续的。物权法第一百零六条规定了善意取得制度，即受让人以财产所有权转移为目的，善意、对价受让且占有该财产，即使出让人无处分权，受让人仍可取得转让物的所有权。根据“举重以明轻”的民法解释原则，在第三人善意购买出租房屋，并办理登记手续情形下，可以对抗承租人优先购买房屋的主张。

背景

司法解释适用范围

《解释》将适用范围确定为城镇房屋租赁合同纠纷案件，是基于何种考虑？

最高人民法院民一庭负责人告诉记者，按照城乡规划法有关规划区域的规定，我国现有房屋可分为城市规划区、镇规划区、乡规划区、村庄规划区范围内的房屋。《解释》为表述简练，将城市规划区、镇规划区范围内的房屋统称为城镇房屋。城镇房屋建设规模大，房屋性质多样，用途广泛。其开发、建设、交付使用受到城市房地产管理法、城乡规划法、建筑法、消防法等法律和行政法规强制性规范的调整。

如建筑法规定，限额以上的工程应当向工程所在地县级以上人民政府建设行政主管部门申请领取施工许可证。该类工程按照消防法的规定，属于按照国家工程建筑消防技术标准需要进行消防设计的建筑工程。上述工程未经竣工验收，不得交付使用。而乡、村庄规划区内的房屋因建设规模小，达不到适用上述法律、行政法规强制性规范的标准，在房屋建设、使用条件上的强制性法律规定较少。同时，由于城镇房屋和乡村房屋租赁经营活跃程度不同，租赁交易规则和租赁纠纷产生的原因亦有很大不同。从数量上看，乡村房屋租赁合同纠纷数量较少。为解决审判实践中的突出问题，我们确定本司法解释的适用范围为城镇房屋租赁合同纠纷案件。

随着我国城市化和城乡一体化进程的快速推进，一部分经济比较发达的乡村和城镇规划区周边的乡村，房屋建设规模扩大、房屋使用性质多样、租赁经营日益活跃，与城镇房屋租赁在适用法律和采用的交易规则方面已没有区别。为满足这部分乡村房屋租赁合同纠纷案件审判的需要，《解释》规定："乡、村庄规划区内的房屋租赁合同纠纷案件，可以参照本解释处理。但法律另有规定的，适用其规定。"

承租人依照国家福利政策承租的公有住房、廉租住房、经济适用房，具有社会福利性和保障性，其租赁关系不属于完全的民事法律行为，有关合同纠纷不适用本《解释》。

最高人民法院关于适用《中华人民共和国保险法》若干问题的解释(一)

（法释[2009]12号，2009年9月14日由最高人民法院审判委员会第1473次会议通过）

中华人民共和国最高人民法院公告

《最高人民法院关于适用〈中华人民共和国保险法〉若干问题的解释(一)》已于

2009 年 9 月 14 日由最高人民法院审判委员会第 1473 次会议通过，现予公布，自 2009 年 10 月 1 日起施行。

二〇〇九年九月二十一日

为正确审理保险合同纠纷案件，切实维护当事人的合法权益，现就人民法院适用 2009 年 2 月 28 日第十一届全国人大常委会第七次会议修订的《中华人民共和国保险法》(以下简称保险法)的有关问题规定如下：

第一条　保险法施行后成立的保险合同发生的纠纷，适用保险法的规定。保险法施行前成立的保险合同发生的纠纷，除本解释另有规定外，适用当时的法律规定；当时的法律没有规定的，参照适用保险法的有关规定。

认定保险合同是否成立，适用合同订立时的法律。

第二条　对于保险法施行前成立的保险合同，适用当时的法律认定无效而适用保险法认定有效的，适用保险法的规定。

第三条　保险合同成立于保险法施行前而保险标的转让、保险事故、理赔、代位求偿等行为或事件，发生于保险法施行后的，适用保险法的规定。

第四条　保险合同成立于保险法施行前，保险法施行后，保险人以投保人未履行如实告知义务或者申报被保险人年龄不真实为由，主张解除合同的，适用保险法的规定。

第五条　保险法施行前成立的保险合同，下列情形下的期间自 2009 年 10 月 1 日起计算：

(一)保险法施行前，保险人收到赔偿或者给付保险金的请求，保险法施行后，适用保险法第二十三条规定的三十日的；

(二)保险法施行前，保险人知道解除事由，保险法施行后，按照保险法第十六条、第三十二条的规定行使解除权，适用保险法第十六条规定的三十日的；

(三)保险法施行后，保险人按照保险法第十六条第二款的规定请求解除合同，适用保险法第十六条规定的二年的；

(四)保险法施行前，保险人收到保险标的转让通知，保险法施行后，以保险标的的转让导致危险程度显著增加为由请求按照合同约定增加保险费或者解除合同，适用保险法第四十九条规定的三十日的。

第六条 保险法施行前已经终审的案件，当事人申请再审或者按照审判监督程序提起再审的案件，不适用保险法的规定。

附录：《中华人民共和国保险法》

（1995 年 6 月 30 日第八届全国人民代表大会常务委员会第十四次会议通过 根据 2002 年 10 月 28 日第九届全国人民代表大会常务委员会第三十次会议《关于修改〈中华人民共和国保险法〉的决定》修正 2009 年 2 月 28 日第十一届全国人民代表大会常务委员会第七次会议修订）

第一章 总 则

第一条 为了规范保险活动，保护保险活动当事人的合法权益，加强对保险业的监督管理，维护社会经济秩序和社会公共利益，促进保险事业的健康发展，制定本法。

第二条 本法所称保险，是指投保人根据合同约定，向保险人支付保险费，保险人对于合同约定的可能发生的事故因其发生所造成的财产损失承担赔偿保险金责任，或者当被保险人死亡、伤残、疾病或者达到合同约定的年龄、期限等条件时承担给付保险金责任的商业保险行为。

第三条 在中华人民共和国境内从事保险活动，适用本法。

第四条 从事保险活动必须遵守法律、行政法规，尊重社会公德，不得损害社会公共利益。

第五条 保险活动当事人行使权利、履行义务应当遵循诚实信用原则。

第六条 保险业务由依照本法设立的保险公司以及法律、行政法规规定的其他保险组织经营，其他单位和个人不得经营保险业务。

第七条 在中华人民共和国境内的法人和其他组织需要办理境内保险的，应当向中华人民共和国境内的保险公司投保。

第八条　保险业和银行业、证券业、信托业实行分业经营、分业管理，保险公司与银行、证券、信托业务机构分别设立。国家另有规定的除外。

第九条　国务院保险监督管理机构依法对保险业实施监督管理。

国务院保险监督管理机构根据履行职责的需要设立派出机构。派出机构按照国务院保险监督管理机构的授权履行监督管理职责。

第二章　保险合同

第一节　一般规定

第十条　保险合同是投保人与保险人约定保险权利义务关系的协议。

投保人是指与保险人订立保险合同，并按照合同约定负有支付保险费义务的人。

保险人是指与投保人订立保险合同，并按照合同约定承担赔偿或者给付保险金责任的保险公司。

第十一条　订立保险合同，应当协商一致，遵循公平原则确定各方的权利和义务。

除法律、行政法规规定必须保险的外，保险合同自愿订立。

第十二条　人身保险的投保人在保险合同订立时，对被保险人应当具有保险利益。

财产保险的被保险人在保险事故发生时，对保险标的应当具有保险利益。

人身保险是以人的寿命和身体为保险标的的保险。

财产保险是以财产及其有关利益为保险标的的保险。

被保险人是指其财产或者人身受保险合同保障，享有保险金请求权的人。投保人可以为被保险人。

保险利益是指投保人或者被保险人对保险标的具有的法律上承认的利益。

第十三条　投保人提出保险要求，经保险人同意承保，保险合同成立。保险人应当及时向投保人签发保险单或者其他保险凭证。

保险单或者其他保险凭证应当载明当事人双方约定的合同内容。当事人也可以约定采用其他书面形式载明合同内容。

依法成立的保险合同，自成立时生效。投保人和保险人可以对合同的效力约定附条件或者附期限。

第十四条 保险合同成立后，投保人按照约定交付保险费，保险人按照约定的时间开始承担保险责任。

第十五条 除本法另有规定或者保险合同另有约定外，保险合同成立后，投保人可以解除合同，保险人不得解除合同。

第十六条 订立保险合同，保险人就保险标的或者被保险人的有关情况提出询问的，投保人应当如实告知。

投保人故意或者因重大过失未履行前款规定的如实告知义务，足以影响保险人决定是否同意承保或者提高保险费率的，保险人有权解除合同。

前款规定的合同解除权，自保险人知道有解除事由之日起，超过三十日不行使而消灭。自合同成立之日起超过二年的，保险人不得解除合同；发生保险事故的，保险人应当承担赔偿或者给付保险金的责任。

投保人故意不履行如实告知义务的，保险人对于合同解除前发生的保险事故，不承担赔偿或者给付保险金的责任，并不退还保险费。

投保人因重大过失未履行如实告知义务，对保险事故的发生有严重影响的，保险人对于合同解除前发生的保险事故，不承担赔偿或者给付保险金的责任，但应当退还保险费。

保险人在合同订立时已经知道投保人未如实告知的情况的，保险人不得解除合同；发生保险事故的，保险人应当承担赔偿或者给付保险金的责任。

保险事故是指保险合同约定的保险责任范围内的事故。

第十七条 订立保险合同，采用保险人提供的格式条款的，保险人向投保人提供的投保单应当附格式条款，保险人应当向投保人说明合同的内容。

对保险合同中免除保险人责任的条款，保险人在订立合同时应当在投保单、保险单或者其他保险凭证上作出足以引起投保人注意的提示，并对该条款的内容以书面或者口头形式向投保人作出明确说明；未作提示或者明确说明的，该条款不产生效力。

第十八条　保险合同应当包括下列事项：

（一）保险人的名称和住所；

（二）投保人、被保险人的姓名或者名称、住所，以及人身保险的受益人的姓名或者名称、住所；

（三）保险标的；

（四）保险责任和责任免除；

（五）保险期间和保险责任开始时间；

（六）保险金额；

（七）保险费以及支付办法；

（八）保险金赔偿或者给付办法；

（九）违约责任和争议处理；

（十）订立合同的年、月、日。

投保人和保险人可以约定与保险有关的其他事项。

受益人是指人身保险合同中由被保险人或者投保人指定的享有保险金请求权的人。投保人、被保险人可以为受益人。

保险金额是指保险人承担赔偿或者给付保险金责任的最高限额。

第十九条　采用保险人提供的格式条款订立的保险合同中的下列条款无效：

（一）免除保险人依法应承担的义务或者加重投保人、被保险人责任的；

（二）排除投保人、被保险人或者受益人依法享有的权利的。

第二十条　投保人和保险人可以协商变更合同内容。

变更保险合同的，应当由保险人在保险单或者其他保险凭证上批注或者附贴批单，或者由投保人和保险人订立变更的书面协议。

第二十一条　投保人、被保险人或者受益人知道保险事故发生后，应当及时通知保险人。故意或者因重大过失未及时通知，致使保险事故的性质、原因、损失程度等难以确定的，保险人对无法确定的部分，不承担赔偿或者给付保险金的责任，但保险人通过其他途径已经及时知道或者应当及时知道保险事故发生的除外。

第二十二条　保险事故发生后，按照保险合同请求保险人赔偿或者给付保险金时，投保人、被保险人或者受益人应当向保险人提供其所能提供的与确认保险事故的性质、原因、损失程度等有关的证明和资料。

保险人按照合同的约定，认为有关的证明和资料不完整的，应当及时一次性通知投保人、被保险人或者受益人补充提供。

第二十三条 保险人收到被保险人或者受益人的赔偿或者给付保险金的请求后，应当及时作出核定；情形复杂的，应当在三十日内作出核定，但合同另有约定的除外。保险人应当将核定结果通知被保险人或者受益人；对属于保险责任的，在与被保险人或者受益人达成赔偿或者给付保险金的协议后十日内，履行赔偿或者给付保险金义务。保险合同对赔偿或者给付保险金的期限有约定的，保险人应当按照约定履行赔偿或者给付保险金义务。

保险人未及时履行前款规定义务的，除支付保险金外，应当赔偿被保险人或者受益人因此受到的损失。

任何单位和个人不得非法干预保险人履行赔偿或者给付保险金的义务，也不得限制被保险人或者受益人取得保险金的权利。

第二十四条 保险人依照本法第二十三条的规定作出核定后，对不属于保险责任的，应当自作出核定之日起三日内向被保险人或者受益人发出拒绝赔偿或者拒绝给付保险金通知书，并说明理由。

第二十五条 保险人自收到赔偿或者给付保险金的请求和有关证明、资料之日起六十日内，对其赔偿或者给付保险金的数额不能确定的，应当根据已有证明和资料可以确定的数额先予支付；保险人最终确定赔偿或者给付保险金的数额后，应当支付相应的差额。

第二十六条 人寿保险以外的其他保险的被保险人或者受益人，向保险人请求赔偿或者给付保险金的诉讼时效期间为二年，自其知道或者应当知道保险事故发生之日起计算。

人寿保险的被保险人或者受益人向保险人请求给付保险金的诉讼时效期间为五年，自其知道或者应当知道保险事故发生之日起计算。

第二十七条 未发生保险事故，被保险人或者受益人谎称发生了保险事故，向保险人提出赔偿或者给付保险金请求的，保险人有权解除合同，并不退还保险费。

投保人、被保险人故意制造保险事故的，保险人有权解除合同，不承担赔偿或者给付保险金的责任；除本法第四十三条规定外，不退还保险费。

保险事故发生后，投保人、被保险人或者受益人以伪造、变造的有关证明、资料或者其他证据，编造虚假的事故原因或者夸大损失程度的，保险人对其虚报的部分不承担赔偿或者给付保险金的责任。

投保人、被保险人或者受益人有前三款规定行为之一，致使保险人支付保险金或者支出费用的，应当退回或者赔偿。

第二十八条　保险人将其承担的保险业务，以分保形式部分转移给其他保险人的，为再保险。

应再保险接受人的要求，再保险分出人应当将其自负责任及原保险的有关情况书面告知再保险接受人。

第二十九条　再保险接受人不得向原保险的投保人要求支付保险费。

原保险的被保险人或者受益人不得向再保险接受人提出赔偿或者给付保险金的请求。

再保险分出人不得以再保险接受人未履行再保险责任为由，拒绝履行或者迟延履行其原保险责任。

第三十条　采用保险人提供的格式条款订立的保险合同，保险人与投保人、被保险人或者受益人对合同条款有争议的，应当按照通常理解予以解释。对合同条款有两种以上解释的，人民法院或者仲裁机构应当作出有利于被保险人和受益人的解释。

第二节　人身保险合同

第三十一条　投保人对下列人员具有保险利益：

(一)本人；

(二)配偶、子女、父母；

(三)前项以外与投保人有抚养、赡养或者扶养关系的家庭其他成员、近亲属；

(四)与投保人有劳动关系的劳动者。

除前款规定外，被保险人同意投保人为其订立合同的，视为投保人对被保险人具有保险利益。

订立合同时，投保人对被保险人不具有保险利益的，合同无效。

第三十二条 投保人申报的被保险人年龄不真实，并且其真实年龄不符合合同约定的年龄限制的，保险人可以解除合同，并按照合同约定退还保险单的现金价值。保险人行使合同解除权，适用本法第十六条第三款、第六款的规定。

投保人申报的被保险人年龄不真实，致使投保人支付的保险费少于应付保险费的，保险人有权更正并要求投保人补交保险费，或者在给付保险金时按照实付保险费与应付保险费的比例支付。

投保人申报的被保险人年龄不真实，致使投保人支付的保险费多于应付保险费的，保险人应当将多收的保险费退还投保人。

第三十三条 投保人不得为无民事行为能力人投保以死亡为给付保险金条件的人身保险，保险人也不得承保。

父母为其未成年子女投保的人身保险，不受前款规定限制。但是，因被保险人死亡给付的保险金总和不得超过国务院保险监督管理机构规定的限额。

第三十四条 以死亡为给付保险金条件的合同，未经被保险人同意并认可保险金额的，合同无效。

按照以死亡为给付保险金条件的合同所签发的保险单，未经被保险人书面同意，不得转让或者质押。

父母为其未成年子女投保的人身保险，不受本条第一款规定限制。

第三十五条 投保人可以按照合同约定向保险人一次支付全部保险费或者分期支付保险费。

第三十六条 合同约定分期支付保险费，投保人支付首期保险费后，除合同另有约定外，投保人自保险人催告之日起超过三十日未支付当期保险费，或者超过约定的期限六十日未支付当期保险费的，合同效力中止，或者由保险人按照合同约定的条件减少保险金额。

被保险人在前款规定期限内发生保险事故的，保险人应当按照合同约定给付保险金，但可以扣减欠交的保险费。

第三十七条 合同效力依照本法第三十六条规定中止的，经保险人与投保人协商并达成协议，在投保人补交保险费后，合同效力恢复。但是，自合同效力中止之日起满二年双方未达成协议的，保险人有权解除合同。

保险人依照前款规定解除合同的，应当按照合同约定退还保险单的现金价值。

第三十八条　保险人对人寿保险的保险费，不得用诉讼方式要求投保人支付。

第三十九条　人身保险的受益人由被保险人或者投保人指定。

投保人指定受益人时须经被保险人同意。投保人为与其有劳动关系的劳动者投保人身保险，不得指定被保险人及其近亲属以外的人为受益人。

被保险人为无民事行为能力人或者限制民事行为能力人的，可以由其监护人指定受益人。

第四十条　被保险人或者投保人可以指定一人或者数人为受益人。

受益人为数人的，被保险人或者投保人可以确定受益顺序和受益份额；未确定受益份额的，受益人按照相等份额享有受益权。

第四十一条　被保险人或者投保人可以变更受益人并书面通知保险人。保险人收到变更受益人的书面通知后，应当在保险单或者其他保险凭证上批注或者附贴批单。

投保人变更受益人时须经被保险人同意。

第四十二条　被保险人死亡后，有下列情形之一的，保险金作为被保险人的遗产，由保险人依照《中华人民共和国继承法》的规定履行给付保险金的义务：

（一）没有指定受益人，或者受益人指定不明无法确定的；

（二）受益人先于被保险人死亡，没有其他受益人的；

（三）受益人依法丧失受益权或者放弃受益权，没有其他受益人的。

受益人与被保险人在同一事件中死亡，且不能确定死亡先后顺序的，推定受益人死亡在先。

第四十三条　投保人故意造成被保险人死亡、伤残或者疾病的，保险人不承担给付保险金的责任。投保人已交足二年以上保险费的，保险人应当按照合同约定向其他权利人退还保险单的现金价值。

受益人故意造成被保险人死亡、伤残、疾病的，或者故意杀害被保险人未遂的，该受益人丧失受益权。

第四十四条 以被保险人死亡为给付保险金条件的合同，自合同成立或者合同效力恢复之日起二年内，被保险人自杀的，保险人不承担给付保险金的责任，但被保险人自杀时为无民事行为能力人的除外。

保险人依照前款规定不承担给付保险金责任的，应当按照合同约定退还保险单的现金价值。

第四十五条 因被保险人故意犯罪或者抗拒依法采取的刑事强制措施导致其伤残或者死亡的，保险人不承担给付保险金的责任。投保人已交足二年以上保险费的，保险人应当按照合同约定退还保险单的现金价值。

第四十六条 被保险人因第三者的行为而发生死亡、伤残或者疾病等保险事故的，保险人向被保险人或者受益人给付保险金后，不享有向第三者追偿的权利，但被保险人或者受益人仍有权向第三者请求赔偿。

第四十七条 投保人解除合同的，保险人应当自收到解除合同通知之日起三十日内，按照合同约定退还保险单的现金价值。

第三节　财产保险合同

第四十八条 保险事故发生时，被保险人对保险标的不具有保险利益的，不得向保险人请求赔偿保险金。

第四十九条 保险标的转让的，保险标的的受让人承继被保险人的权利和义务。

保险标的转让的，被保险人或者受让人应当及时通知保险人，但货物运输保险合同和另有约定的合同除外。

因保险标的转让导致危险程度显著增加的，保险人自收到前款规定的通知之日起三十日内，可以按照合同约定增加保险费或者解除合同。保险人解除合同的，应当将已收取的保险费，按照合同约定扣除自保险责任开始之日起至合同解除之日止应收的部分后，退还投保人。

被保险人、受让人未履行本条第二款规定的通知义务的，因转让导致保险标的危险程度显著增加而发生的保险事故，保险人不承担赔偿保险金的责任。

第五十条 货物运输保险合同和运输工具航程保险合同，保险责任开始后，合同当事人不得解除合同。

第五十一条　被保险人应当遵守国家有关消防、安全、生产操作、劳动保护等方面的规定，维护保险标的的安全。

保险人可以按照合同约定对保险标的的安全状况进行检查，及时向投保人、被保险人提出消除不安全因素和隐患的书面建议。

投保人、被保险人未按照约定履行其对保险标的的安全应尽责任的，保险人有权要求增加保险费或者解除合同。

保险人为维护保险标的的安全，经被保险人同意，可以采取安全预防措施。

第五十二条　在合同有效期内，保险标的的危险程度显著增加的，被保险人应当按照合同约定及时通知保险人，保险人可以按照合同约定增加保险费或者解除合同。保险人解除合同的，应当将已收取的保险费，按照合同约定扣除自保险责任开始之日起至合同解除之日止应收的部分后，退还投保人。

被保险人未履行前款规定的通知义务的，因保险标的的危险程度显著增加而发生的保险事故，保险人不承担赔偿保险金的责任。

第五十三条　有下列情形之一的，除合同另有约定外，保险人应当降低保险费，并按日计算退还相应的保险费：

（一）据以确定保险费率的有关情况发生变化，保险标的的危险程度明显减少的；

（二）保险标的的保险价值明显减少的。

第五十四条　保险责任开始前，投保人要求解除合同的，应当按照合同约定向保险人支付手续费，保险人应当退还保险费。保险责任开始后，投保人要求解除合同的，保险人应当将已收取的保险费，按照合同约定扣除自保险责任开始之日起至合同解除之日止应收的部分后，退还投保人。

第五十五条　投保人和保险人约定保险标的的保险价值并在合同中载明的，保险标的发生损失时，以约定的保险价值为赔偿计算标准。

投保人和保险人未约定保险标的的保险价值的，保险标的发生损失时，以保险事故发生时保险标的的实际价值为赔偿计算标准。

保险金额不得超过保险价值。超过保险价值的，超过部分无效，保险人应当退还相应的保险费。

保险金额低于保险价值的,除合同另有约定外,保险人按照保险金额与保险价值的比例承担赔偿保险金的责任。

第五十六条 重复保险的投保人应当将重复保险的有关情况通知各保险人。

重复保险的各保险人赔偿保险金的总和不得超过保险价值。除合同另有约定外,各保险人按照其保险金额与保险金额总和的比例承担赔偿保险金的责任。

重复保险的投保人可以就保险金额总和超过保险价值的部分,请求各保险人按比例返还保险费。

重复保险是指投保人对同一保险标的、同一保险利益、同一保险事故分别与两个以上保险人订立保险合同,且保险金额总和超过保险价值的保险。

第五十七条 保险事故发生时,被保险人应当尽力采取必要的措施,防止或者减少损失。

保险事故发生后,被保险人为防止或者减少保险标的的损失所支付的必要的、合理的费用,由保险人承担;保险人所承担的费用数额在保险标的损失赔偿金额以外另行计算,最高不超过保险金额的数额。

第五十八条 保险标的发生部分损失的,自保险人赔偿之日起三十日内,投保人可以解除合同;除合同另有约定外,保险人也可以解除合同,但应当提前十五日通知投保人。

合同解除的,保险人应当将保险标的未受损失部分的保险费,按照合同约定扣除自保险责任开始之日起至合同解除之日止应收的部分后,退还投保人。

第五十九条 保险事故发生后,保险人已支付了全部保险金额,并且保险金额等于保险价值的,受损保险标的的全部权利归于保险人;保险金额低于保险价值的,保险人按照保险金额与保险价值的比例取得受损保险标的的部分权利。

第六十条 因第三者对保险标的的损害而造成保险事故的,保险人自向被保险人赔偿保险金之日起,在赔偿金额范围内代位行使被保险人对第三者请求赔偿的权利。

前款规定的保险事故发生后,被保险人已经从第三者取得损害赔偿的,保险人赔偿保险金时,可以相应扣减被保险人从第三者已取得的赔偿金额。

保险人依照本条第一款规定行使代位请求赔偿的权利，不影响被保险人就未取得赔偿的部分向第三者请求赔偿的权利。

第六十一条　保险事故发生后，保险人未赔偿保险金之前，被保险人放弃对第三者请求赔偿的权利的，保险人不承担赔偿保险金的责任。

保险人向被保险人赔偿保险金后，被保险人未经保险人同意放弃对第三者请求赔偿的权利的，该行为无效。

被保险人故意或者因重大过失致使保险人不能行使代位请求赔偿的权利的，保险人可以扣减或者要求返还相应的保险金。

第六十二条　除被保险人的家庭成员或者其组成人员故意造成本法第六十条第一款规定的保险事故外，保险人不得对被保险人的家庭成员或者其组成人员行使代位请求赔偿的权利。

第六十三条　保险人向第三者行使代位请求赔偿的权利时，被保险人应当向保险人提供必要的文件和所知道的有关情况。

第六十四条　保险人、被保险人为查明和确定保险事故的性质、原因和保险标的的损失程度所支付的必要的、合理的费用，由保险人承担。

第六十五条　保险人对责任保险的被保险人给第三者造成的损害，可以依照法律的规定或者合同的约定，直接向该第三者赔偿保险金。

责任保险的被保险人给第三者造成损害，被保险人对第三者应负的赔偿责任确定的，根据被保险人的请求，保险人应当直接向该第三者赔偿保险金。被保险人怠于请求的，第三者有权就其应获赔偿部分直接向保险人请求赔偿保险金。

责任保险的被保险人给第三者造成损害，被保险人未向该第三者赔偿的，保险人不得向被保险人赔偿保险金。

责任保险是指以被保险人对第三者依法应负的赔偿责任为保险标的的保险。

第六十六条　责任保险的被保险人因给第三者造成损害的保险事故而被提起仲裁或者诉讼的，被保险人支付的仲裁或者诉讼费用以及其他必要的、合理的费用，除合同另有约定外，由保险人承担。

第三章　保险公司

第六十七条　设立保险公司应当经国务院保险监督管理机构批准。

国务院保险监督管理机构审查保险公司的设立申请时，应当考虑保险业的发展和公平竞争的需要。

第六十八条 设立保险公司应当具备下列条件：

（一）主要股东具有持续盈利能力，信誉良好，最近三年内无重大违法违规记录，净资产不低于人民币二亿元；

（二）有符合本法和《中华人民共和国公司法》规定的章程；

（三）有符合本法规定的注册资本；

（四）有具备任职专业知识和业务工作经验的董事、监事和高级管理人员；

（五）有健全的组织机构和管理制度；

（六）有符合要求的营业场所和与经营业务有关的其他设施；

（七）法律、行政法规和国务院保险监督管理机构规定的其他条件。

第六十九条 设立保险公司，其注册资本的最低限额为人民币二亿元。

国务院保险监督管理机构根据保险公司的业务范围、经营规模，可以调整其注册资本的最低限额，但不得低于本条第一款规定的限额。

保险公司的注册资本必须为实缴货币资本。

第七十条 申请设立保险公司，应当向国务院保险监督管理机构提出书面申请，并提交下列材料：

（一）设立申请书，申请书应当载明拟设立的保险公司的名称、注册资本、业务范围等；

（二）可行性研究报告；

（三）筹建方案；

（四）投资人的营业执照或者其他背景资料，经会计师事务所审计的上一年度财务会计报告；

（五）投资人认可的筹备组负责人和拟任董事长、经理名单及本人认可证明；

（六）国务院保险监督管理机构规定的其他材料。

第七十一条 国务院保险监督管理机构应当对设立保险公司的申请进行审查，自受理之日起六个月内作出批准或者不批准筹建的决定，并书面通知申请人。决定不批准的，应当书面说明理由。

第七十二条　申请人应当自收到批准筹建通知之日起一年内完成筹建工作；筹建期间不得从事保险经营活动。

第七十三条　筹建工作完成后，申请人具备本法第六十八条规定的设立条件的，可以向国务院保险监督管理机构提出开业申请。

国务院保险监督管理机构应当自受理开业申请之日起六十日内，作出批准或者不批准开业的决定。决定批准的，颁发经营保险业务许可证；决定不批准的，应当书面通知申请人并说明理由。

第七十四条　保险公司在中华人民共和国境内设立分支机构，应当经保险监督管理机构批准。

保险公司分支机构不具有法人资格，其民事责任由保险公司承担。

第七十五条　保险公司申请设立分支机构，应当向保险监督管理机构提出书面申请，并提交下列材料：

（一）设立申请书；

（二）拟设机构三年业务发展规划和市场分析材料；

（三）拟任高级管理人员的简历及相关证明材料；

（四）国务院保险监督管理机构规定的其他材料。

第七十六条　保险监督管理机构应当对保险公司设立分支机构的申请进行审查，自受理之日起六十日内作出批准或者不批准的决定。决定批准的，颁发分支机构经营保险业务许可证；决定不批准的，应当书面通知申请人并说明理由。

第七十七条　经批准设立的保险公司及其分支机构，凭经营保险业务许可证向工商行政管理机关办理登记，领取营业执照。

第七十八条　保险公司及其分支机构自取得经营保险业务许可证之日起六个月内，无正当理由未向工商行政管理机关办理登记的，其经营保险业务许可证失效。

第七十九条　保险公司在中华人民共和国境外设立子公司、分支机构、代表机构，应当经国务院保险监督管理机构批准。

第八十条　外国保险机构在中华人民共和国境内设立代表机构，应当经国务院保险监督管理机构批准。代表机构不得从事保险经营活动。

第八十一条 保险公司的董事、监事和高级管理人员，应当品行良好，熟悉与保险相关的法律、行政法规，具有履行职责所需的经营管理能力，并在任职前取得保险监督管理机构核准的任职资格。

保险公司高级管理人员的范围由国务院保险监督管理机构规定。

第八十二条 有《中华人民共和国公司法》第一百四十七条规定的情形或者下列情形之一的，不得担任保险公司的董事、监事、高级管理人员：

（一）因违法行为或者违纪行为被金融监督管理机构取消任职资格的金融机构的董事、监事、高级管理人员，自被取消任职资格之日起未逾五年的；

（二）因违法行为或者违纪行为被吊销执业资格的律师、注册会计师或者资产评估机构、验证机构等机构的专业人员，自被吊销执业资格之日起未逾五年的。

第八十三条 保险公司的董事、监事、高级管理人员执行公司职务时违反法律、行政法规或者公司章程的规定，给公司造成损失的，应当承担赔偿责任。

第八十四条 保险公司有下列情形之一的，应当经保险监督管理机构批准：

（一）变更名称；

（二）变更注册资本；

（三）变更公司或者分支机构的营业场所；

（四）撤销分支机构；

（五）公司分立或者合并；

（六）修改公司章程；

（七）变更出资额占有限责任公司资本总额百分之五以上的股东，或者变更持有股份有限公司股份百分之五以上的股东；

（八）国务院保险监督管理机构规定的其他情形。

第八十五条 保险公司应当聘用经国务院保险监督管理机构认可的精算专业人员，建立精算报告制度。

保险公司应当聘用专业人员，建立合规报告制度。

第八十六条 保险公司应当按照保险监督管理机构的规定，报送有关报告、报表、文件和资料。

保险公司的偿付能力报告、财务会计报告、精算报告、合规报告及其他有关报告、报表、文件和资料必须如实记录保险业务事项，不得有虚假记载、误导性陈述和重大遗漏。

第八十七条　保险公司应当按照国务院保险监督管理机构的规定妥善保管业务经营活动的完整账簿、原始凭证和有关资料。

前款规定的账簿、原始凭证和有关资料的保管期限，自保险合同终止之日起计算，保险期间在一年以下的不得少于五年，保险期间超过一年的不得少于十年。

第八十八条　保险公司聘请或者解聘会计师事务所、资产评估机构、资信评级机构等中介服务机构，应当向保险监督管理机构报告；解聘会计师事务所、资产评估机构、资信评级机构等中介服务机构，应当说明理由。

第八十九条　保险公司因分立、合并需要解散，或者股东会、股东大会决议解散，或者公司章程规定的解散事由出现，经国务院保险监督管理机构批准后解散。

经营有人寿保险业务的保险公司，除因分立、合并或者被依法撤销外，不得解散。

保险公司解散，应当依法成立清算组进行清算。

第九十条　保险公司有《中华人民共和国企业破产法》第二条规定情形的，经国务院保险监督管理机构同意，保险公司或者其债权人可以依法向人民法院申请重整、和解或者破产清算；国务院保险监督管理机构也可以依法向人民法院申请对该保险公司进行重整或者破产清算。

第九十一条　破产财产在优先清偿破产费用和共益债务后，按照下列顺序清偿：

（一）所欠职工工资和医疗、伤残补助、抚恤费用，所欠应当划入职工个人账户的基本养老保险、基本医疗保险费用，以及法律、行政法规规定应当支付给职工的补偿金；

（二）赔偿或者给付保险金；

（三）保险公司欠缴的除第（一）项规定以外的社会保险费用和所欠税款；

（四）普通破产债权。

破产财产不足以清偿同一顺序的清偿要求的，按照比例分配。

破产保险公司的董事、监事和高级管理人员的工资，按照该公司职工的平均工资计算。

第九十二条 经营有人寿保险业务的保险公司被依法撤销或者被依法宣告破产的，其持有的人寿保险合同及责任准备金，必须转让给其他经营有人寿保险业务的保险公司；不能同其他保险公司达成转让协议的，由国务院保险监督管理机构指定经营有人寿保险业务的保险公司接受转让。

转让或者由国务院保险监督管理机构指定接受转让前款规定的人寿保险合同及责任准备金的，应当维护被保险人、受益人的合法权益。

第九十三条 保险公司依法终止其业务活动，应当注销其经营保险业务许可证。

第九十四条 保险公司，除本法另有规定外，适用《中华人民共和国公司法》的规定。

第四章 保险经营规则

第九十五条 保险公司的业务范围：

（一）人身保险业务，包括人寿保险、健康保险、意外伤害保险等保险业务；

（二）财产保险业务，包括财产损失保险、责任保险、信用保险、保证保险等保险业务；

（三）国务院保险监督管理机构批准的与保险有关的其他业务。

保险人不得兼营人身保险业务和财产保险业务。但是，经营财产保险业务的保险公司经国务院保险监督管理机构批准，可以经营短期健康保险业务和意外伤害保险业务。

保险公司应当在国务院保险监督管理机构依法批准的业务范围内从事保险经营活动。

第九十六条 经国务院保险监督管理机构批准，保险公司可以经营本法第九十五条规定的保险业务的下列再保险业务：

（一）分出保险；

（二）分入保险。

第九十七条 保险公司应当按照其注册资本总额的百分之二十提取保证金，

存入国务院保险监督管理机构指定的银行，除公司清算时用于清偿债务外，不得动用。

第九十八条　保险公司应当根据保障被保险人利益、保证偿付能力的原则，提取各项责任准备金。

保险公司提取和结转责任准备金的具体办法，由国务院保险监督管理机构制定。

第九十九条　保险公司应当依法提取公积金。

第一百条　保险公司应当缴纳保险保障基金。

保险保障基金应当集中管理，并在下列情形下统筹使用：

（一）在保险公司被撤销或者被宣告破产时，向投保人、被保险人或者受益人提供救济；

（二）在保险公司被撤销或者被宣告破产时，向依法接受其人寿保险合同的保险公司提供救济；

（三）国务院规定的其他情形。

保险保障基金筹集、管理和使用的具体办法，由国务院制定。

第一百零一条　保险公司应当具有与其业务规模和风险程度相适应的最低偿付能力。保险公司的认可资产减去认可负债的差额不得低于国务院保险监督管理机构规定的数额；低于规定数额的，应当按照国务院保险监督管理机构的要求采取相应措施达到规定的数额。

第一百零二条　经营财产保险业务的保险公司当年自留保险费，不得超过其实有资本金加公积金总和的四倍。

第一百零三条　保险公司对每一危险单位，即对一次保险事故可能造成的最大损失范围所承担的责任，不得超过其实有资本金加公积金总和的百分之十；超过的部分应当办理再保险。

保险公司对危险单位的划分应当符合国务院保险监督管理机构的规定。

第一百零四条　保险公司对危险单位的划分方法和巨灾风险安排方案，应当报国务院保险监督管理机构备案。

第一百零五条　保险公司应当按照国务院保险监督管理机构的规定办理再保

险，并审慎选择再保险接受人。

第一百零六条 保险公司的资金运用必须稳健，遵循安全性原则。

保险公司的资金运用限于下列形式：

（一）银行存款；

（二）买卖债券、股票、证券投资基金份额等有价证券；

（三）投资不动产；

（四）国务院规定的其他资金运用形式。

保险公司资金运用的具体管理办法，由国务院保险监督管理机构依照前两款的规定制定。

第一百零七条 经国务院保险监督管理机构会同国务院证券监督管理机构批准，保险公司可以设立保险资产管理公司。

保险资产管理公司从事证券投资活动，应当遵守《中华人民共和国证券法》等法律、行政法规的规定。

保险资产管理公司的管理办法，由国务院保险监督管理机构会同国务院有关部门制定。

第一百零八条 保险公司应当按照国务院保险监督管理机构的规定，建立对关联交易的管理和信息披露制度。

第一百零九条 保险公司的控股股东、实际控制人、董事、监事、高级管理人员不得利用关联交易损害公司的利益。

第一百一十条 保险公司应当按照国务院保险监督管理机构的规定，真实、准确、完整地披露财务会计报告、风险管理状况、保险产品经营情况等重大事项。

第一百一十一条 保险公司从事保险销售的人员应当符合国务院保险监督管理机构规定的资格条件，取得保险监督管理机构颁发的资格证书。

前款规定的保险销售人员的范围和管理办法，由国务院保险监督管理机构规定。

第一百一十二条 保险公司应当建立保险代理人登记管理制度，加强对保险代理人的培训和管理，不得唆使、诱导保险代理人进行违背诚信义务的活动。

第一百一十三条 保险公司及其分支机构应当依法使用经营保险业务许可

证，不得转让、出租、出借经营保险业务许可证。

第一百一十四条　保险公司应当按照国务院保险监督管理机构的规定，公平、合理拟订保险条款和保险费率，不得损害投保人、被保险人和受益人的合法权益。

保险公司应当按照合同约定和本法规定，及时履行赔偿或者给付保险金义务。

第一百一十五条　保险公司开展业务，应当遵循公平竞争的原则，不得从事不正当竞争。

第一百一十六条　保险公司及其工作人员在保险业务活动中不得有下列行为：

（一）欺骗投保人、被保险人或者受益人；

（二）对投保人隐瞒与保险合同有关的重要情况；

（三）阻碍投保人履行本法规定的如实告知义务，或者诱导其不履行本法规定的如实告知义务；

（四）给予或者承诺给予投保人、被保险人、受益人保险合同约定以外的保险费回扣或者其他利益；

（五）拒不依法履行保险合同约定的赔偿或者给付保险金义务；

（六）故意编造未曾发生的保险事故、虚构保险合同或者故意夸大已经发生的保险事故的损失程度进行虚假理赔，骗取保险金或者牟取其他不正当利益；

（七）挪用、截留、侵占保险费；

（八）委托未取得合法资格的机构或者个人从事保险销售活动；

（九）利用开展保险业务为其他机构或者个人牟取不正当利益；

（十）利用保险代理人、保险经纪人或者保险评估机构，从事以虚构保险中介业务或者编造退保等方式套取费用等违法活动；

（十一）以捏造、散布虚假事实等方式损害竞争对手的商业信誉，或者以其他不正当竞争行为扰乱保险市场秩序；

（十二）泄露在业务活动中知悉的投保人、被保险人的商业秘密；

（十三）违反法律、行政法规和国务院保险监督管理机构规定的其他行为。

第五章　保险代理人和保险经纪人

第一百一十七条　保险代理人是根据保险人的委托，向保险人收取佣金，并在保险人授权的范围内代为办理保险业务的机构或者个人。

保险代理机构包括专门从事保险代理业务的保险专业代理机构和兼营保险代理业务的保险兼业代理机构。

第一百一十八条 保险经纪人是基于投保人的利益，为投保人与保险人订立保险合同提供中介服务，并依法收取佣金的机构。

第一百一十九条 保险代理机构、保险经纪人应当具备国务院保险监督管理机构规定的条件，取得保险监督管理机构颁发的经营保险代理业务许可证、保险经纪业务许可证。

保险专业代理机构、保险经纪人凭保险监督管理机构颁发的许可证向工商行政管理机关办理登记，领取营业执照。

保险兼业代理机构凭保险监督管理机构颁发的许可证，向工商行政管理机关办理变更登记。

第一百二十条 以公司形式设立保险专业代理机构、保险经纪人，其注册资本最低限额适用《中华人民共和国公司法》的规定。

国务院保险监督管理机构根据保险专业代理机构、保险经纪人的业务范围和经营规模，可以调整其注册资本的最低限额，但不得低于《中华人民共和国公司法》规定的限额。

保险专业代理机构、保险经纪人的注册资本或者出资额必须为实缴货币资本。

第一百二十一条 保险专业代理机构、保险经纪人的高级管理人员，应当品行良好，熟悉保险法律、行政法规，具有履行职责所需的经营管理能力，并在任职前取得保险监督管理机构核准的任职资格。

第一百二十二条 个人保险代理人、保险代理机构的代理从业人员、保险经纪人的经纪从业人员，应当具备国务院保险监督管理机构规定的资格条件，取得保险监督管理机构颁发的资格证书。

第一百二十三条 保险代理机构、保险经纪人应当有自己的经营场所，设立专门账簿记载保险代理业务、经纪业务的收支情况。

第一百二十四条 保险代理机构、保险经纪人应当按照国务院保险监督管理机构的规定缴存保证金或者投保职业责任保险。未经保险监督管理机构批准，保险代理机构、保险经纪人不得动用保证金。

第一百二十五条　个人保险代理人在代为办理人寿保险业务时，不得同时接受两个以上保险人的委托。

第一百二十六条　保险人委托保险代理人代为办理保险业务，应当与保险代理人签订委托代理协议，依法约定双方的权利和义务。

第一百二十七条　保险代理人根据保险人的授权代为办理保险业务的行为，由保险人承担责任。

保险代理人没有代理权、超越代理权或者代理权终止后以保险人名义订立合同，使投保人有理由相信其有代理权的，该代理行为有效。保险人可以依法追究越权的保险代理人的责任。

第一百二十八条　保险经纪人因过错给投保人、被保险人造成损失的，依法承担赔偿责任。

第一百二十九条　保险活动当事人可以委托保险公估机构等依法设立的独立评估机构或者具有相关专业知识的人员，对保险事故进行评估和鉴定。

接受委托对保险事故进行评估和鉴定的机构和人员，应当依法、独立、客观、公正地进行评估和鉴定，任何单位和个人不得干涉。

前款规定的机构和人员，因故意或者过失给保险人或者被保险人造成损失的，依法承担赔偿责任。

第一百三十条　保险佣金只限于向具有合法资格的保险代理人、保险经纪人支付，不得向其他人支付。

第一百三十一条　保险代理人、保险经纪人及其从业人员在办理保险业务活动中不得有下列行为：

（一）欺骗保险人、投保人、被保险人或者受益人；

（二）隐瞒与保险合同有关的重要情况；

（三）阻碍投保人履行本法规定的如实告知义务，或者诱导其不履行本法规定的如实告知义务；

（四）给予或者承诺给予投保人、被保险人或者受益人保险合同约定以外的利益；

(五)利用行政权力、职务或者职业便利以及其他不正当手段强迫、引诱或者限制投保人订立保险合同;

(六)伪造、擅自变更保险合同,或者为保险合同当事人提供虚假证明材料;

(七)挪用、截留、侵占保险费或者保险金;

(八)利用业务便利为其他机构或者个人牟取不正当利益;

(九)串通投保人、被保险人或者受益人,骗取保险金;

(十)泄露在业务活动中知悉的保险人、投保人、被保险人的商业秘密。

第一百三十二条 保险专业代理机构、保险经纪人分立、合并、变更组织形式、设立分支机构或者解散的,应当经保险监督管理机构批准。

第一百三十三条 本法第八十六条第一款、第一百一十三条的规定,适用于保险代理机构和保险经纪人。

第六章 保险业监督管理

第一百三十四条 保险监督管理机构依照本法和国务院规定的职责,遵循依法、公开、公正的原则,对保险业实施监督管理,维护保险市场秩序,保护投保人、被保险人和受益人的合法权益。

第一百三十五条 国务院保险监督管理机构依照法律、行政法规制定并发布有关保险业监督管理的规章。

第一百三十六条 关系社会公众利益的保险险种、依法实行强制保险的险种和新开发的人寿保险险种等的保险条款和保险费率,应当报国务院保险监督管理机构批准。国务院保险监督管理机构审批时,应当遵循保护社会公众利益和防止不正当竞争的原则。其他保险险种的保险条款和保险费率,应当报保险监督管理机构备案。

保险条款和保险费率审批、备案的具体办法,由国务院保险监督管理机构依照前款规定制定。

第一百三十七条 保险公司使用的保险条款和保险费率违反法律、行政法规或者国务院保险监督管理机构的有关规定的,由保险监督管理机构责令停止使用,限期修改;情节严重的,可以在一定期限内禁止申报新的保险条款和保险费率。

第一百三十八条 国务院保险监督管理机构应当建立健全保险公司偿付能力

监管体系，对保险公司的偿付能力实施监控。

第一百三十九条　对偿付能力不足的保险公司，国务院保险监督管理机构应当将其列为重点监管对象，并可以根据具体情况采取下列措施：

（一）责令增加资本金、办理再保险；

（二）限制业务范围；

（三）限制向股东分红；

（四）限制固定资产购置或者经营费用规模；

（五）限制资金运用的形式、比例；

（六）限制增设分支机构；

（七）责令拍卖不良资产、转让保险业务；

（八）限制董事、监事、高级管理人员的薪酬水平；

（九）限制商业性广告；

（十）责令停止接受新业务。

第一百四十条　保险公司未依照本法规定提取或者结转各项责任准备金，或者未依照本法规定办理再保险，或者严重违反本法关于资金运用的规定的，由保险监督管理机构责令限期改正，并可以责令调整负责人及有关管理人员。

第一百四十一条　保险监督管理机构依照本法第一百四十条的规定作出限期改正的决定后，保险公司逾期未改正的，国务院保险监督管理机构可以决定选派保险专业人员和指定该保险公司的有关人员组成整顿组，对公司进行整顿。

整顿决定应当载明被整顿公司的名称、整顿理由、整顿组成员和整顿期限，并予以公告。

第一百四十二条　整顿组有权监督被整顿保险公司的日常业务。被整顿公司的负责人及有关管理人员应当在整顿组的监督下行使职权。

第一百四十三条　整顿过程中，被整顿保险公司的原有业务继续进行。但是，国务院保险监督管理机构可以责令被整顿公司停止部分原有业务、停止接受新业务，调整资金运用。

第一百四十四条　被整顿保险公司经整顿已纠正其违反本法规定的行为，恢复正常经营状况的，由整顿组提出报告，经国务院保险监督管理机构批准，结束整顿，并由国务院保险监督管理机构予以公告。

第一百四十五条 保险公司有下列情形之一的,国务院保险监督管理机构可以对其实行接管:

(一)公司的偿付能力严重不足的;

(二)违反本法规定,损害社会公共利益,可能严重危及或者已经严重危及公司的偿付能力的。

被接管的保险公司的债权债务关系不因接管而变化。

第一百四十六条 接管组的组成和接管的实施办法,由国务院保险监督管理机构决定,并予以公告。

第一百四十七条 接管期限届满,国务院保险监督管理机构可以决定延长接管期限,但接管期限最长不得超过二年。

第一百四十八条 接管期限届满,被接管的保险公司已恢复正常经营能力的,由国务院保险监督管理机构决定终止接管,并予以公告。

第一百四十九条 被整顿、被接管的保险公司有《中华人民共和国企业破产法》第二条规定情形的,国务院保险监督管理机构可以依法向人民法院申请对该保险公司进行重整或者破产清算。

第一百五十条 保险公司因违法经营被依法吊销经营保险业务许可证的,或者偿付能力低于国务院保险监督管理机构规定标准,不予撤销将严重危害保险市场秩序、损害公共利益的,由国务院保险监督管理机构予以撤销并公告,依法及时组织清算组进行清算。

第一百五十一条 国务院保险监督管理机构有权要求保险公司股东、实际控制人在指定的期限内提供有关信息和资料。

第一百五十二条 保险公司的股东利用关联交易严重损害公司利益,危及公司偿付能力的,由国务院保险监督管理机构责令改正。在按照要求改正前,国务院保险监督管理机构可以限制其股东权利;拒不改正的,可以责令其转让所持的保险公司股权。

第一百五十三条 保险监督管理机构根据履行监督管理职责的需要,可以与保险公司董事、监事和高级管理人员进行监督管理谈话,要求其就公司的业务活动和风险管理的重大事项作出说明。

第一百五十四条 保险公司在整顿、接管、撤销清算期间,或者出现重大风险时，国务院保险监督管理机构可以对该公司直接负责的董事、监事、高级管理人员和其他直接责任人员采取以下措施：

（一）通知出境管理机关依法阻止其出境；

（二）申请司法机关禁止其转移、转让或者以其他方式处分财产，或者在财产上设定其他权利。

第一百五十五条 保险监督管理机构依法履行职责，可以采取下列措施：

（一）对保险公司、保险代理人、保险经纪人、保险资产管理公司、外国保险机构的代表机构进行现场检查；

（二）进入涉嫌违法行为发生场所调查取证；

（三）询问当事人及与被调查事件有关的单位和个人，要求其对与被调查事件有关的事项作出说明；

（四）查阅、复制与被调查事件有关的财产权登记等资料；

（五）查阅、复制保险公司、保险代理人、保险经纪人、保险资产管理公司、外国保险机构的代表机构以及与被调查事件有关的单位和个人的财务会计资料及其他相关文件和资料；对可能被转移、隐匿或者毁损的文件和资料予以封存；

（六）查询涉嫌违法经营的保险公司、保险代理人、保险经纪人、保险资产管理公司、外国保险机构的代表机构以及与涉嫌违法事项有关的单位和个人的银行账户；

（七）对有证据证明已经或者可能转移、隐匿违法资金等涉案财产或者隐匿、伪造、毁损重要证据的，经保险监督管理机构主要负责人批准，申请人民法院予以冻结或者查封。

保险监督管理机构采取前款第（一）项、第（二）项、第（五）项措施的，应当经保险监督管理机构负责人批准；采取第（六）项措施的，应当经国务院保险监督管理机构负责人批准。

保险监督管理机构依法进行监督检查或者调查，其监督检查、调查的人员不得少于二人，并应当出示合法证件和监督检查、调查通知书；监督检查、调查的人员少于二人或者未出示合法证件和监督检查、调查通知书的，被检查、调查的单位和个人有权拒绝。

第一百五十六条 保险监督管理机构依法履行职责，被检查、调查的单位和个人应当配合。

第一百五十七条　保险监督管理机构工作人员应当忠于职守，依法办事，公正廉洁，不得利用职务便利牟取不正当利益，不得泄露所知悉的有关单位和个人的商业秘密。

第一百五十八条　国务院保险监督管理机构应当与中国人民银行、国务院其他金融监督管理机构建立监督管理信息共享机制。

保险监督管理机构依法履行职责，进行监督检查、调查时，有关部门应当予以配合。

第七章　法律责任

第一百五十九条　违反本法规定，擅自设立保险公司、保险资产管理公司或者非法经营商业保险业务的，由保险监督管理机构予以取缔，没收违法所得，并处违法所得一倍以上五倍以下的罚款；没有违法所得或者违法所得不足二十万元的，处二十万元以上一百万元以下的罚款。

第一百六十条　违反本法规定，擅自设立保险专业代理机构、保险经纪人，或者未取得经营保险代理业务许可证、保险经纪业务许可证从事保险代理业务、保险经纪业务的，由保险监督管理机构予以取缔，没收违法所得，并处违法所得一倍以上五倍以下的罚款；没有违法所得或者违法所得不足五万元的，处五万元以上三十万元以下的罚款。

第一百六十一条　保险公司违反本法规定，超出批准的业务范围经营的，由保险监督管理机构责令限期改正，没收违法所得，并处违法所得一倍以上五倍以下的罚款；没有违法所得或者违法所得不足十万元的，处十万元以上五十万元以下的罚款。逾期不改正或者造成严重后果的，责令停业整顿或者吊销业务许可证。

第一百六十二条　保险公司有本法第一百一十六条规定行为之一的，由保险监督管理机构责令改正，处五万元以上三十万元以下的罚款；情节严重的，限制其业务范围、责令停止接受新业务或者吊销业务许可证。

第一百六十三条　保险公司违反本法第八十四条规定的，由保险监督管理机构责令改正，处一万元以上十万元以下的罚款。

第一百六十四条　保险公司违反本法规定，有下列行为之一的，由保险监督管理机构责令改正，处五万元以上三十万元以下的罚款：

（一）超额承保，情节严重的；

（二）为无民事行为能力人承保以死亡为给付保险金条件的保险的。

第一百六十五条　违反本法规定，有下列行为之一的，由保险监督管理机构责令改正，处五万元以上三十万元以下的罚款；情节严重的，可以限制其业务范围、责令停止接受新业务或者吊销业务许可证：

（一）未按照规定提存保证金或者违反规定动用保证金的；

（二）未按照规定提取或者结转各项责任准备金的；

（三）未按照规定缴纳保险保障基金或者提取公积金的；

（四）未按照规定办理再保险的；

（五）未按照规定运用保险公司资金的；

（六）未经批准设立分支机构或者代表机构的；

（七）未按照规定申请批准保险条款、保险费率的。

第一百六十六条　保险代理机构、保险经纪人有本法第一百三十一条规定行为之一的，由保险监督管理机构责令改正，处五万元以上三十万元以下的罚款；情节严重的，吊销业务许可证。

第一百六十七条　保险代理机构、保险经纪人违反本法规定，有下列行为之一的，由保险监督管理机构责令改正，处二万元以上十万元以下的罚款；情节严重的，责令停业整顿或者吊销业务许可证：

（一）未按照规定缴存保证金或者投保职业责任保险的；

（二）未按照规定设立专门账簿记载业务收支情况的。

第一百六十八条　保险专业代理机构、保险经纪人违反本法规定，未经批准设立分支机构或者变更组织形式的，由保险监督管理机构责令改正，处一万元以上五万元以下的罚款。

第一百六十九条　违反本法规定，聘任不具有任职资格、从业资格的人员的，由保险监督管理机构责令改正，处二万元以上十万元以下的罚款。

第一百七十条　违反本法规定，转让、出租、出借业务许可证的，由保险监督管理机构处一万元以上十万元以下的罚款；情节严重的，责令停业整顿或者吊销业务许可证。

第一百七十一条 违反本法规定，有下列行为之一的，由保险监督管理机构责令限期改正；逾期不改正的，处一万元以上十万元以下的罚款：

（一）未按照规定报送或者保管报告、报表、文件、资料的，或者未按照规定提供有关信息、资料的；

（二）未按照规定报送保险条款、保险费率备案的；

（三）未按照规定披露信息的。

第一百七十二条 违反本法规定，有下列行为之一的，由保险监督管理机构责令改正，处十万元以上五十万元以下的罚款；情节严重的，可以限制其业务范围、责令停止接受新业务或者吊销业务许可证：

（一）编制或者提供虚假的报告、报表、文件、资料的；

（二）拒绝或者妨碍依法监督检查的；

（三）未按照规定使用经批准或者备案的保险条款、保险费率的。

第一百七十三条 保险公司、保险资产管理公司、保险专业代理机构、保险经纪人违反本法规定的，保险监督管理机构除分别依照本法第一百六十一条至第一百七十二条的规定对该单位给予处罚外，对其直接负责的主管人员和其他直接责任人员给予警告，并处一万元以上十万元以下的罚款；情节严重的，撤销任职资格或者从业资格。

第一百七十四条 个人保险代理人违反本法规定的，由保险监督管理机构给予警告，可以并处二万元以下的罚款；情节严重的，处二万元以上十万元以下的罚款，并可以吊销其资格证书。

未取得合法资格的人员从事个人保险代理活动的，由保险监督管理机构给予警告，可以并处二万元以下的罚款；情节严重的，处二万元以上十万元以下的罚款。

第一百七十五条 外国保险机构未经国务院保险监督管理机构批准，擅自在中华人民共和国境内设立代表机构的，由国务院保险监督管理机构予以取缔，处五万元以上三十万元以下的罚款。

外国保险机构在中华人民共和国境内设立的代表机构从事保险经营活动的，由保险监督管理机构责令改正，没收违法所得，并处违法所得一倍以上五倍以下的罚款；没有违法所得或者违法所得不足二十万元的，处二十万元以上一百万元以下的罚款；对其首席代表可以责令撤换；情节严重的，撤销其代表机构。

第一百七十六条　投保人、被保险人或者受益人有下列行为之一，进行保险诈骗活动，尚不构成犯罪的，依法给予行政处罚：

（一）投保人故意虚构保险标的，骗取保险金的；

（二）编造未曾发生的保险事故，或者编造虚假的事故原因或者夸大损失程度，骗取保险金的；

（三）故意造成保险事故，骗取保险金的。

保险事故的鉴定人、评估人、证明人故意提供虚假的证明文件，为投保人、被保险人或者受益人进行保险诈骗提供条件的，依照前款规定给予处罚。

第一百七十七条　违反本法规定，给他人造成损害的，依法承担民事责任。

第一百七十八条　拒绝、阻碍保险监督管理机构及其工作人员依法行使监督检查、调查职权，未使用暴力、威胁方法的，依法给予治安管理处罚。

第一百七十九条　违反法律、行政法规的规定，情节严重的，国务院保险监督管理机构可以禁止有关责任人员一定期限直至终身进入保险业。

第一百八十条　保险监督管理机构从事监督管理工作的人员有下列情形之一的，依法给予处分：

（一）违反规定批准机构的设立的；

（二）违反规定进行保险条款、保险费率审批的；

（三）违反规定进行现场检查的；

（四）违反规定查询账户或者冻结资金的；

（五）泄露其知悉的有关单位和个人的商业秘密的；

（六）违反规定实施行政处罚的；

（七）滥用职权、玩忽职守的其他行为。

第一百八十一条　违反本法规定，构成犯罪的，依法追究刑事责任。

第八章　附　则

第一百八十二条　保险公司应当加入保险行业协会。保险代理人、保险经纪人、保险公估机构可以加入保险行业协会。

保险行业协会是保险业的自律性组织，是社会团体法人。

第一百八十三条　保险公司以外的其他依法设立的保险组织经营的商业保险

业务，适用本法。

第一百八十四条　海上保险适用《中华人民共和国海商法》的有关规定；《中华人民共和国海商法》未规定的，适用本法的有关规定。

第一百八十五条　中外合资保险公司、外资独资保险公司、外国保险公司分公司适用本法规定；法律、行政法规另有规定的，适用其规定。

第一百八十六条　国家支持发展为农业生产服务的保险事业。农业保险由法律、行政法规另行规定。

强制保险，法律、行政法规另有规定的，适用其规定。

第一百八十七条　本法自2009年10月1日起施行。

最高人民法院、最高人民检察院关于执行《中华人民共和国刑法》确定罪名的补充规定(四)

（法释[2009]13号，2009年9月21日最高人民法院审判委员会第1474次会议、2009年9月28日最高人民检察院第十一届检察委员会第20次会议通过）

中华人民共和国最高人民法院
中华人民共和国最高人民检察院
公告

《最高人民法院、最高人民检察院关于执行〈中华人民共和国刑法〉确定罪名的补充规定(四)》已于2009年9月21日由最高人民法院审判委员会第1474次会议、2009年9月28日由最高人民检察院第十一届检察委员会第20次会议通过，现予公布，自2009年10月16日起施行。

二〇〇九年十月十四日

根据《中华人民共和国刑法修正案（七）》（以下简称《刑法修正案（七）》）的规

定，现对最高人民法院《关于执行〈中华人民共和国刑法〉确定罪名的规定》、最高人民检察院《关于适用刑法分则规定的犯罪的罪名的意见》作如下补充、修改：

刑法条文	罪名
第 151 条第 3 款 （《刑法修正案（七）》第 1 条）	走私国家禁止进出口的货物、物品罪 （取消走私珍稀植物、珍稀植物制品罪罪名）
第 180 条第 4 款 （《刑法修正案（七）》第 2 条第 2 款）	利用未公开信息交易罪
第 201 条 （《刑法修正案（七）》第 3 条）	逃税罪 （取消偷税罪罪名）
第 224 条之一 （《刑法修正案（七）》第 4 条）	组织、领导传销活动罪
第 253 条之一第 1 款 （《刑法修正案（七）》第 7 条第 1 款）	出售、非法提供公民个人信息罪
第 253 条之一第 2 款 （《刑法修正案（七）》第 7 条第 2 款）	非法获取公民个人信息罪
第 262 条之二 （《刑法修正案（七）》第 8 条）	组织未成年人进行违反治安管理活动罪
第 85 条第 2 款 （《刑法修正案（七）》第 9 条第 1 款）	非法获取计算机信息系统数据、非法控制计算机信息系统罪
第 285 条第 3 款 （《刑法修正案（七）》第 9 条第 2 款）	提供侵入、非法控制计算机信息系统程序、工具罪
第 337 条第 1 款 （《刑法修正案（七）》第 11 条）	妨害动植物防疫、检疫罪 （取消逃避动植物检疫罪罪名）
第 375 条第 2 款 （《刑法修正案（七）》第 12 条第 1 款）	非法生产、买卖武装部队制式服装罪 （取消非法生产、买卖军用标志罪罪名）
第 375 条第 3 款 （《刑法修正案（七）》第 12 条第 2 款）	伪造、盗窃、买卖、非法提供、非法使用武装部队专用标志罪
第 388 条之一 （《刑法修正案（七）》第 13 条）	利用影响力受贿罪

附录 1：两高《补充规定（四）》解读

《中华人民共和国刑法修正案（七）》（以下简称《刑法修正案（七）》）于 2009 年 2 月 28 日颁布实施后，“两高”研究室共同对《刑法修正案（七）》涉及的罪名适用问题进行了研究，经过多次征求意见、反复修改形成一致认识。经 2009 年 9 月 21 日最高人民法院审判委员会第 1474 次会议、2009 年 9 月 28 日最高人民检察院第十一届检察委员会第20次会议审议通过,《最高人民法院、最高人民检察院关于执行〈中华人民共和国刑法〉确定罪名的补充规定(四)》(以下简称《罪名补充规定(四)》)于2009年10月16日公布施行。这一司法解释的出台,对于各级公检法机关统一执法、规范执法将发挥重要作用。

《刑法修正案(七)》共涉及14个刑法原条文,从内容上分为两大类:一是新增加9个条(款),对增加的9个条(款)相应增加9个罪名。二是修改9个条(款)。修改的9个条(款)中改变罪名的有4个,可以继续适用原罪名的有5个(内幕交易、泄露内幕信息罪,非法经营罪,绑架罪,掩饰、隐瞒犯罪所得、犯罪所得收益罪,巨额财产来源不明罪)。《罪名补充规定(四)》共确定罪名13个。

一、研究起草《罪名补充规定(四)》所遵循的原则

罪名,是指刑法分则规定的某一具体犯罪的名称。办理刑事案件,首先需要准确适用罪名,这是严格区分罪与非罪、此罪与彼罪的前提条件,也是公检法机关统一执法、规范执法的必然要求。在研究起草《罪名补充规定(四)》过程中,注意把握了以下几个原则:

(一)法定,即严格按照《刑法修正案(七)》条文的具体规定确定罪名。

(二)准确,尽量从《刑法修正案(七)》条文规定的构成要件上准确提炼罪名,以使罪名体现犯罪构成要件的本质和主要特征。

(三)简练,罪名不是罪状,需要在办案过程中反复使用,并且引用于法律文书中,要高度概括,简练实用。

(四)稳定,现有罪名确有修改必要的才修改,以保持罪名适用的连续性和稳定性。

二、《罪名补充规定(四)》确定的9个新罪名

(一)利用未公开信息交易罪

《刑法修正案(七)》第2条第2款对刑法第180条作出修正,增加1款作为第4款,将证券交易所、期货交易所、证券公司、期货经纪公司、基金管理公司、商业银行、保险公司等金融机构的从业人员以及有关监管部门或者行业协会的工作人员,利用因职务便利获取的内幕信息以外的其他未公开的信息,违反规定,从事与该信息相关的证券、期货交易活动,或者明示、暗示他人从事相关交易活动,情节严重的

行为规定为犯罪。刑法第 180 条第 1 款的罪名是内幕交易、泄露内幕信息罪，本款的犯罪对象是“内幕信息以外的其他未公开的信息”。罪名应当体现本款中的三个核心要件，即“利用因职务便利获取”、“未公开信息”和“交易”，因此确定罪名为“利用未公开信息交易罪”。

（二）组织、领导传销活动罪

《刑法修正案（七）》第 4 条在刑法第 224 条后增加 1 条，作为第 224 条之一，将组织、领导传销活动的行为入罪，本条罪名即确定为“组织、领导传销活动罪”。

（三）出售、非法提供公民个人信息罪

《刑法修正案（七）》第 7 条在刑法第 253 条后增加 1 条，作为第 253 条之一，第 1 款将国家机关或者金融、电信、交通、教育、医疗等单位的工作人员，违反国家规定，出售或者非法提供公民个人信息给他人，情节严重的行为规定为犯罪。本款罪名将罪状规定的行为特征及犯罪对象列出，确定为“出售、非法提供公民个人信息罪”。

（四）非法获取公民个人信息罪

《刑法修正案（七）》第 7 条第 2 款将窃取或者以其他方法非法获取本条第 1 款规定的信息，情节严重的行为规定为犯罪。本款罪名确定为“非法获取公民个人信息罪”。

（五）组织未成年人进行违反治安管理活动罪

《刑法修正案（七）》第 8 条在刑法第 262 条之一后增加 1 条，作为第 262 条之二，将组织未成年人进行盗窃、诈骗、抢夺、敲诈勒索等违反治安管理活动的行为规定为犯罪。本罪罪状采用了列举加概括的表述方式，列举的行为从属于概括表述的范围，应当使用概括表述，本罪罪名即确定为“组织未成年人进行违反治安管理活动罪”。有观点认为本罪罪名采用“组织未成年人违反治安管理罪”，这样文字更简洁；也有观点认为本罪罪名应与罪状一致，文字过于概括易导致司法实践中的扩大理解。经研究，采纳了后一种意见。

（六）非法获取计算机信息系统数据、非法控制计算机信息系统罪

刑法第 285 条第 1 款保护的是国家事务、国防建设、尖端科学技术领域的计算机信息系统。《刑法修正案（七）》第 9 条第 1 款在刑法第 285 条中增加 1 款作为第

2 款，扩大了对计算机信息系统的保护范围，将违反国家规定，侵入第 1 款规定以外的计算机信息系统或者采用其他技术手段，获取该计算机信息系统中存储、处理或者传输的数据，或者对该计算机信息系统实施非法控制，情节严重的行为规定为犯罪。本款的罪名应当体现罪状规定的行为特征和犯罪对象，确定为选择性罪名“非法获取计算机信息系统数据、非法控制计算机信息系统罪”。有观点认为本款罪名应当确定为两个独立罪名，即“非法获取计算机信息系统数据罪”和“非法控制计算机信息系统罪”。经研究，本款仍然采用选择性罪名。主要理由是：第一，《刑法修正案（七）》第 9 条第 1 款规定的是一个复杂的犯罪构成，其中包括两项可选择的手段要件，即“获取该计算机信息系统中存储、处理或者传输的数据”和“对该计算机信息系统实施非法控制”。行为人在具体实施相关犯罪过程中，可能独立使用两种犯罪手段，也可能交叉使用两种手段。在上述情形下，行为人主观上都是出于故意，侵犯的客体都是计算机信息系统的安全，社会危害性相当，符合选择性罪名适用的一般条件，不宜作为独立个罪评价。第二，如果将本款罪名确定为两个独立罪名，行为人同时采用“获取数据”和“非法控制”的手段实施犯罪，则应当对其数罪并罚，这样有违刑法的谦抑性，也导致与刑法第 285 条第 1 款规定的刑罚（最高刑为三年以下有期徒刑）之间明显不平衡。第三，将本款罪名确定为选择性罪名，可由办案人员根据案件的具体情况，分解或者并列适用罪名。

（七）提供侵入、非法控制计算机信息系统程序、工具罪

《刑法修正案（七）》第 9 条第 2 款在刑法第 285 条中增加 1 款作为第 3 款，将提供专门用于侵入、非法控制计算机信息系统的程序、工具，或者明知他人实施侵入、非法控制计算机信息系统的违法犯罪行为而为其提供程序、工具，情节严重的行为规定为犯罪。本款罪名体现了罪状中规定的“提供”、“侵入”和“非法控制计算机信息系统程序、工具”三个核心要件。在征求意见过程中，有观点认为本罪罪名在“提供”后面应当增加“用于”二字。经研究，如果增加“用于”二字，则按照罪状的规定，还需相应增加“专门”二字，不符合罪名简练的原则，且现在确定的罪名不会产生歧义，因此未予采纳。

（八）伪造、盗窃、买卖、非法提供、非法使用武装部队专用标志罪

《刑法修正案（七）》第 12 条第 2 款在刑法第 375 条第 2 款后增加了第 3 款，将

伪造、盗窃、买卖或者非法提供、使用武装部队车辆号牌等专用标志，情节严重的行为规定为犯罪。本款罪名同样将犯罪行为与犯罪对象列出，确定为“伪造、盗窃、买卖、非法提供、非法使用武装部队专用标志罪”。征求意见稿原拟定罪名为“伪造、盗窃、买卖、非法提供、使用军用标志罪”。《罪名补充规定(四)》吸收了相关部门的意见，作了两处修改：一是在“使用”之前增加了“非法”二字。征求意见过程中，相关部门提出，由于在文字表述上“伪造”、“盗窃”、“买卖”、“非法提供”与“使用”之间均为顿号，容易将“非法使用军用标志罪”理解为“使用军用标志罪”。经研究，采纳了这一意见。二是将“军用标志”修改为“武装部队专用标志”，即本罪的犯罪对象在文字表述上也与罪状保持一致。

(九)利用影响力受贿罪

《刑法修正案(七)》第 13 条在刑法第 388 条后增加 1 条作为第 388 条之一，将国家工作人员的近亲属或者其他与该国家工作人员关系密切的人，通过该国家工作人员职务上的行为，或者利用该国家工作人员职权或者地位形成的便利条件，通过其他国家工作人员职务上的行为，为请托人谋取不正当利益，索取或者收受贿赂数额较大或者有其他较重情节的行为，以及离职的国家工作人员或者其近亲属以及其他与其关系密切的人，利用该离职的国家工作人员原职权或者地位形成的便利条件实施的索贿受贿行为，规定为犯罪。从罪状表述分析，行为人索取或者收受贿赂的行为都是围绕国家工作人员的职务或者职权、地位形成的便利条件，或者离职的国家工作人员原职权、地位形成的便利条件，本罪罪名可以对应《联合国反腐败公约》第 18 条规定的影响力交易犯罪，因此将本罪罪名确定为“利用影响力受贿罪”。

三、《罪名补充规定(四)》修改的 4 个罪名

(一)走私国家禁止进出口的货物、物品罪

《刑法修正案(七)》第 1 条对刑法第 151 条第 3 款作出修正，将原条文保护的对象由“国家禁止进出口的珍稀植物及其制品”扩大到“珍稀植物及其制品等国家禁止进出口的其他货物、物品”。在研究起草这一罪名过程中，对于是否将罪状中的“其他”二字体现在罪名中存在不同认识。经研究，将本款罪名确定为“走私国家禁止进出口的货物、物品罪”，主要理由是：第一，“其他”属于列举情形之外的概括式

表述，范围上有一定模糊性，在罪名中不宜出现。第二，对于类似的情形，以往的罪名也有过规定，如刑法第 114 条、115 条以危险方法危害公共安全罪，对应的就是“以其他方法危害公共安全”的情形，罪名中并没有出现“其他”二字。

（二）逃税罪

《刑法修正案（七）》第 3 条对刑法第 201 条作出修正，原条文的规定是“纳税人采取伪造、变造、隐匿、擅自销毁账簿、记账凭证，在账簿上多列支出或者不列、少列收入，经税务机关通知申报而拒不申报或者进行虚假的纳税申报的手段，不缴或者少缴应纳税款，偷税数额占应纳税额的百分之十以上不满百分之三十并且偷税数额在一万元以上不满十万元的，或者因偷税被税务机关给予二次行政处罚又偷税的，处……”；修正后的条文表述为“纳税人采取欺骗、隐瞒手段进行虚假纳税申报或者不申报，逃避缴纳税款数额较大并且占应纳税额百分之十以上的，处……”。前后条文对比，罪状关于犯罪行为的表述发生较大变化，本罪罪名也应调整，征求意见稿原拟定罪名为“逃避缴纳税款罪”。经综合考虑相关部门的意见，《罪名补充规定（四）》将本条罪名确定为“逃税罪”，相应取消原罪名“偷税罪”。

（三）妨害动植物防疫、检疫罪

《刑法修正案（七）》第 11 条对刑法第 337 条第 1 款作出修正，原条文对犯罪行为的表述是“违反进出境动植物检疫法的规定，逃避动植物检疫，引起重大动植物疫情的”，现在的表述是“违反有关动植物防疫、检疫的国家规定，引起重大动植物疫情的，或者有引起重大动植物疫情危险，情节严重的”。本罪的构成要件已经发生重大变化，原有罪名已不适用。参照刑法第 332 条“妨害国境卫生检疫罪”罪名，本罪罪名确定为“妨害动植物防疫、检疫罪”，相应取消原罪名“逃避动植物检疫罪”。

（四）非法生产、买卖武装部队制式服装罪

《刑法修正案（七）》第 12 条对刑法第 375 条第 2 款作出修正，专门打击非法生产、买卖武装部队制式服装的犯罪，原来规定的有关武装部队专用标志的犯罪已单独规定为本条第 3 款，本罪罪名确定为“非法生产、买卖武装部队制式服装罪”，相应取消原罪名“非法生产、买卖军用标志罪”。

四、其他需要说明的问题

(一)关于《罪名补充规定(四)》的时间效力。《罪名补充规定(四)》所确定的13个罪名是针对《刑法修正案(七)》新增加的条(款)或者修改原刑法条(款)而规定的,在适用《刑法修正案(七)》办理案件时应当严格依照《罪名补充规定(四)》的规定适用相关条(款)的罪名。《罪名补充规定(四)》不是对刑法的补充、修改,只是对罪名的确定,其时间效力及于《刑法修正案(七)》的施行期间。

(二)关于刑法分则目前罪名的总体数量。修订刑法施行后,1997年12月25日最高人民检察院发布《关于适用刑法分则规定的犯罪的罪名的意见》,共确定了414个罪名。2002年3月26日,"两高"《关于执行〈中华人民共和国刑法〉确定罪名的补充规定》新增6个罪名,同时减少2个旧罪名。2003年8月21日"两高"《关于执行〈中华人民共和国刑法〉确定罪名的补充规定(二)》新增4个罪名。2007年11月6日"两高"《关于执行〈中华人民共和国刑法〉确定罪名的补充规定(三)》新增14个罪名。此次"两高"《罪名补充规定(四)》新增9个罪名。截至目前,刑法分则共有罪名445个。

附录2:《中华人民共和国刑法修正案(七)》

(2009年2月28日第十一届全国人民代表大会常务委员会第七次会议通过)

一、将刑法第一百五十一条第三款修改为:"走私珍稀植物及其制品等国家禁止进出口的其他货物、物品的,处五年以下有期徒刑或者拘役,并处或者单处罚金;情节严重的,处五年以上有期徒刑,并处罚金。"

二、将刑法第一百八十条第一款修改为:"证券、期货交易内幕信息的知情人员或者非法获取证券、期货交易内幕信息的人员,在涉及证券的发行,证券、期货交易或者其他对证券、期货交易价格有重大影响的信息尚未公开前,买入或者卖出该证券,或者从事与该内幕信息有关的期货交易,或者泄露该信息,或者明示、暗示他人从事上述交易活动,情节严重的,处五年以下有期徒刑或者拘役,并处或者单处违法所得一倍以上五倍以下罚金;情节特别严重的,处五年以上十年以下有期徒刑,并处违法所得一倍以上五倍以下罚金。"

增加一款作为第四款："证券交易所、期货交易所、证券公司、期货经纪公司、基金管理公司、商业银行、保险公司等金融机构的从业人员以及有关监管部门或者行业协会的工作人员，利用因职务便利获取的内幕信息以外的其他未公开的信息，违反规定，从事与该信息相关的证券、期货交易活动，或者明示、暗示他人从事相关交易活动，情节严重的，依照第一款的规定处罚。"

三、将刑法第二百零一条修改为："纳税人采取欺骗、隐瞒手段进行虚假纳税申报或者不申报，逃避缴纳税款数额较大并且占应纳税额百分之十以上的，处三年以下有期徒刑或者拘役，并处罚金；数额巨大并且占应纳税额百分之三十以上的，处三年以上七年以下有期徒刑，并处罚金。

"扣缴义务人采取前款所列手段，不缴或者少缴已扣、已收税款，数额较大的，依照前款的规定处罚。

"对多次实施前两款行为，未经处理的，按照累计数额计算。

"有第一款行为，经税务机关依法下达追缴通知后，补缴应纳税款，缴纳滞纳金，已受行政处罚的，不予追究刑事责任；但是，五年内因逃避缴纳税款受过刑事处罚或者被税务机关给予二次以上行政处罚的除外。"

四、在刑法第二百二十四条后增加一条，作为第二百二十四条之一："组织、领导以推销商品、提供服务等经营活动为名，要求参加者以缴纳费用或者购买商品、服务等方式获得加入资格，并按照一定顺序组成层级，直接或者间接以发展人员的数量作为计酬或者返利依据，引诱、胁迫参加者继续发展他人参加，骗取财物，扰乱经济社会秩序的传销活动的，处五年以下有期徒刑或者拘役，并处罚金；情节严重的，处五年以上有期徒刑，并处罚金。"

五、将刑法第二百二十五条第三项修改为："未经国家有关主管部门批准非法经营证券、期货、保险业务的，或者非法从事资金支付结算业务的；"

六、将刑法第二百三十九条修改为："以勒索财物为目的绑架他人的，或者绑架他人作为人质的，处十年以上有期徒刑或者无期徒刑，并处罚金或者没收财产；情节较轻的，处五年以上十年以下有期徒刑，并处罚金。

"犯前款罪，致使被绑架人死亡或者杀害被绑架人的，处死刑，并处没收财产。

"以勒索财物为目的偷盗婴幼儿的，依照前两款的规定处罚。"

七、在刑法第二百五十三条后增加一条，作为第二百五十三条之一："国家机关或者金融、电信、交通、教育、医疗等单位的工作人员，违反国家规定，将本单位在履行职责或者提供服务过程中获得的公民个人信息，出售或者非法提供给他人，情节严重的，处三年以下有期徒刑或者拘役，并处或者单处罚金。

“窃取或者以其他方法非法获取上述信息，情节严重的，依照前款的规定处罚。

“单位犯前两款罪的，对单位判处罚金，并对其直接负责的主管人员和其他直接责任人员，依照各该款的规定处罚。”

八、在刑法第二百六十二条之一后增加一条，作为第二百六十二条之二：“组织未成年人进行盗窃、诈骗、抢夺、敲诈勒索等违反治安管理活动的，处三年以下有期徒刑或者拘役，并处罚金；情节严重的，处三年以上七年以下有期徒刑，并处罚金。”

九、在刑法第二百八十五条中增加两款作为第二款、第三款：“违反国家规定，侵入前款规定以外的计算机信息系统或者采用其他技术手段，获取该计算机信息系统中存储、处理或者传输的数据，或者对该计算机信息系统实施非法控制，情节严重的，处三年以下有期徒刑或者拘役，并处或者单处罚金；情节特别严重的，处三年以上七年以下有期徒刑，并处罚金。

“提供专门用于侵入、非法控制计算机信息系统的程序、工具，或者明知他人实施侵入、非法控制计算机信息系统的违法犯罪行为而为其提供程序、工具，情节严重的，依照前款的规定处罚。”

十、在刑法第三百一十二条中增加一款作为第二款：“单位犯前款罪的，对单位判处罚金，并对其直接负责的主管人员和其他直接责任人员，依照前款的规定处罚。”

十一、将刑法第三百三十七条第一款修改为：“违反有关动植物防疫、检疫的国家规定，引起重大动植物疫情的，或者有引起重大动植物疫情危险，情节严重的，处三年以下有期徒刑或者拘役，并处或者单处罚金。”

十二、将刑法第三百七十五条第二款修改为：“非法生产、买卖武装部队制式服装，情节严重的，处三年以下有期徒刑、拘役或者管制，并处或者单处罚金。”

增加一款作为第三款：“伪造、盗窃、买卖或者非法提供、使用武装部队车辆号牌等专用标志，情节严重的，处三年以下有期徒刑、拘役或者管制，并处或者单处罚金；情节特别严重的，处三年以上七年以下有期徒刑，并处罚金。”

原第三款作为第四款，修改为：“单位犯第二款、第三款罪的，对单位判处罚金，并对其直接负责的主管人员和其他直接责任人员,依照各该款的规定处罚。”

十三、在刑法第三百八十八条后增加一条作为第三百八十八条之一:“国家工作人员的近亲属或者其他与该国家工作人员关系密切的人,通过该国家工作人员职务上的行为,或者利用该国家工作人员职权或者地位形成的便利条件,通过其他国家工作人员职务上的行为,为请托人谋取不正当利益,索取请托人财物或者收受请托人财物,数额较大或者有其他较重情节的,处三年以下有期徒刑或者拘役,并处罚金;数额巨大或者有其他严重情节的,处三年以上七年以下有期徒刑,并处罚金;数额特别巨大或者有其他特别严重情节的,处七年以上有期徒刑,并处罚金或者没收财产。

“离职的国家工作人员或者其近亲属以及其他与其关系密切的人,利用该离职的国家工作人员原职权或者地位形成的便利条件实施前款行为的,依照前款的规定定罪处罚。”

十四、将刑法第三百九十五条第一款修改为:“国家工作人员的财产、支出明显超过合法收入,差额巨大的,可以责令该国家工作人员说明来源,不能说明来源的,差额部分以非法所得论,处五年以下有期徒刑或者拘役;差额特别巨大的,处五年以上十年以下有期徒刑。财产的差额部分予以追缴。”

十五、本修正案自公布之日起施行。

最高人民法院关于裁判文书引用法律、法规等规范性法律文件的规定

(法释[2009]14 号,2009 年 7 月 13 日由最高人民法院审判委员会第 1470 次会议通过)

中华人民共和国最高人民法院公告

《最高人民法院关于裁判文书引用法律、法规等规范性法律文件的规定》已于2009 年 7 月 13 日由最高人民法院审判委员会第 1470 次会议通过,现予公布,自

2009 年 11 月 4 日起施行。

二〇〇九年十月二十六日

为进一步规范裁判文书引用法律、法规等规范性法律文件的工作，提高裁判质量，确保司法统一，维护法律权威，根据《中华人民共和国立法法》等法律规定，制定本规定。

第一条　人民法院的裁判文书应当依法引用相关法律、法规等规范性法律文件作为裁判依据。引用时应当准确完整写明规范性法律文件的名称、条款序号，需要引用具体条文的，应当整条引用。

第二条　并列引用多个规范性法律文件的，引用顺序如下：法律及法律解释、行政法规、地方性法规、自治条例或者单行条例、司法解释。同时引用两部以上法律的，应当先引用基本法律，后引用其他法律。引用包括实体法和程序法的，先引用实体法，后引用程序法。

第三条　刑事裁判文书应当引用法律、法律解释或者司法解释。刑事附带民事诉讼裁判文书引用规范性法律文件，同时适用本规定第四条规定。

第四条　民事裁判文书应当引用法律、法律解释或者司法解释。对于应当适用的行政法规、地方性法规或者自治条例和单行条例，可以直接引用。

第五条　行政裁判文书应当引用法律、法律解释、行政法规或者司法解释。对于应当适用的地方性法规、自治条例和单行条例、国务院或者国务院授权的部门公布的行政法规解释或者行政规章，可以直接引用。

第六条　对于本规定第三条、第四条、第五条规定之外的规范性文件，根据审理案件的需要，经审查认定为合法有效的，可以作为裁判说理的依据。

第七条　人民法院制作裁判文书确需引用的规范性法律文件之间存在冲突，根据立法法等有关法律规定无法选择适用的，应当依法提请有决定权的机关做出裁决，不得自行在裁判文书中认定相关规范性法律文件的效力。

第八条　本院以前发布的司法解释与本规定不一致的，以本规定为准。

附录:《规定》解读

第一,该规定未明言,但实质是不允许引用宪法作为裁判依据。这应当是对齐玉苓等一系列案件的后续反应之一。到此,应当算是告一段落了。

第二,民事可引用范围大于刑事,多出了"应当适用的行政法规、地方性法规或者自治条例和单行条例"。行政可引用范围大于民事,多出了"应当适用的国务院或者国务院授权的部门公布的行政法规解释或者行政规章"。不过此处的行政可引用范围,还是排除了地方规章。

第三,第七条是对河南种子案的回应。李慧娟式的法官不会再有了。(2003 年 5 月 27 日,李慧娟在一起民事案件中判决:"《河南省农作物种子管理条例》作为法律阶位较低的地方性法规,其与《种子法》相冲突的条款自然无效……")

第四,第一条要求必须引用全文,这就意味着不能单独引用某款、某项的规定。当需要引用合同法第五十二条这样多款项的条文时,裁判文书的书写会变得麻烦一些。

最高人民法院关于审理洗钱等刑事案件具体应用法律若干问题的解释

(法释[2009]15 号,2009 年 9 月 21 日由
最高人民法院审判委员会第 1474 次会议通过)

《最高人民法院关于审理洗钱等刑事案件具体应用法律若干问题的解释》已于 2009 年 9 月 21 日由最高人民法院审判委员会第 1474 次会议通过,现予公布,自 2009 年 11 月 11 日起施行。

二〇〇九年十一月四日

为依法惩治洗钱，掩饰、隐瞒犯罪所得、犯罪所得收益，资助恐怖活动等犯罪活动，根据刑法有关规定，现就审理此类刑事案件具体应用法律的若干问题解释如下：

第一条　刑法第一百九十一条、第三百一十二条规定的“明知”，应当结合被告人的认知能力，接触他人犯罪所得及其收益的情况，犯罪所得及其收益的种类、数额，犯罪所得及其收益的转换、转移方式以及被告人的供述等主、客观因素进行认定。

具有下列情形之一的，可以认定被告人明知系犯罪所得及其收益，但有证据证明确实不知道的除外：

（一）知道他人从事犯罪活动，协助转换或者转移财物的；

（二）没有正当理由，通过非法途径协助转换或者转移财物的；

（三）没有正当理由，以明显低于市场的价格收购财物的；

（四）没有正当理由，协助转换或者转移财物，收取明显高于市场的“手续费”的；

（五）没有正当理由，协助他人将巨额现金散存于多个银行账户或者在不同银行账户之间频繁划转的；

（六）协助近亲属或者其他关系密切的人转换或者转移与其职业或者财产状况明显不符的财物的；

（七）其他可以认定行为人明知的情形。

被告人将刑法第一百九十一条规定的某一上游犯罪的犯罪所得及其收益误认为刑法第一百九十一条规定的上游犯罪范围内的其他犯罪所得及其收益的，不影响刑法第一百九十一条规定的“明知”的认定。

第二条　具有下列情形之一的，可以认定为刑法第一百九十一条第一款第（五）项规定的“以其他方法掩饰、隐瞒犯罪所得及其收益的来源和性质”：

（一）通过典当、租赁、买卖、投资等方式，协助转移、转换犯罪所得及其收益的；

（二）通过与商场、饭店、娱乐场所等现金密集型场所的经营收入相混合的方式，协助转移、转换犯罪所得及其收益的；（三）通过虚构交易、虚设债权债务、虚假担保、虚报收入等方式，协助将犯罪所得及其收益转换为“合法”财物的；

（四）通过买卖彩票、奖券等方式，协助转换犯罪所得及其收益的；

（五）通过赌博方式，协助将犯罪所得及其收益转换为赌博收益的；

（六）协助将犯罪所得及其收益携带、运输或者邮寄出入境的；

（七）通过前述规定以外的方式协助转移、转换犯罪所得及其收益的。

第三条 明知是犯罪所得及其产生的收益而予以掩饰、隐瞒，构成刑法第三百一十二条规定的犯罪，同时又构成刑法第一百九十一条或者第三百四十九条规定的犯罪的，依照处罚较重的规定定罪处罚。

第四条 刑法第一百九十一条、第三百一十二条、第三百四十九条规定的犯罪，应当以上游犯罪事实成立为认定前提。上游犯罪尚未依法裁判，但查证属实的，不影响刑法第一百九十一条、第三百一十二条、第三百四十九条规定的犯罪的审判。

上游犯罪事实可以确认，因行为人死亡等原因依法不予追究刑事责任的，不影响刑法第一百九十一条、第三百一十二条、第三百四十九条规定的犯罪的认定。

上游犯罪事实可以确认，依法以其他罪名定罪处罚的，不影响刑法第一百九十一条、第三百一十二条、第三百四十九条规定的犯罪的认定。

本条所称"上游犯罪"，是指产生刑法第一百九十一条、第三百一十二条、第三百四十九条规定的犯罪所得及其收益的各种犯罪行为。

第五条 刑法第一百二十条之一规定的"资助"，是指为恐怖活动组织或者实施恐怖活动的个人筹集、提供经费、物资或者提供场所以及其他物质便利的行为。

刑法第一百二十条之一规定的"实施恐怖活动的个人"，包括预谋实施、准备实施和实际实施恐怖活动的个人。

附录：最高人民法院刑二庭负责人详解《解释》

如何认定洗钱犯罪中的"明知"

《解释》第1条规定主要解决了明知的客观推定和明知的对象内容两个问题。

第一，明知的客观推定。《解释》的基本意见是：明知不意味着确实知道，确定性认识和可能性认识均应纳入明知范畴，这也是刑事司法实践长期坚持的一贯立场。为方便司法操作，《解释》对明知的具体认定，采取了概括加列举的表述方式，除对认定原则作出一般性规定之外，还结合实践中的具体个案情况列举了六种推定明知的具体情形，对于该六种情形，除有证据证明确实不知道的之外，均可以认定行为人对犯罪所得及其收益具有主观明知。

第二，明知的对象内容。《解释》的基本意见是：在刑法第一百九十一条洗钱罪的认定中，行为人对属于七类上游犯罪的违法所得及其收益具有概括性认识即告充足，而不要求具体到某一特定上游犯罪。据此，《解释》规定，“被告人将刑法第一百九十一条规定的某一上游犯罪的犯罪所得及其收益误认为刑法第一百九十一条规定的上游犯罪范围内的其他犯罪所得及其收益的，不影响刑法第一百九十一条规定的‘明知’的认定。”

如何理解刑法第一百九十一条的“其他方法”进行洗钱

鉴于刑法第一百九十一条第一款第(一)至(四)项规定主要是针对通过银行类金融机构实施的洗钱行为，实践部门对于非通过银行类金融机构特别是通过金融机构以外的其他途径进行的转换、转移、掩饰、隐瞒行为是否可以通过本条第(五)项关于“以其他方法掩饰、隐瞒犯罪的违法所得及其收益的性质和来源”的规定来理解，存在疑虑。对此，《解释》的基本意见是：区分三个洗钱犯罪条文，关键在于上游犯罪，而非具体的行为方式。以此为基础，为方便理解和掌握，经对实践中发生较多的洗钱行为予以甄别分类，《解释》在刑法规定的四种洗钱行为之外，明确了以下六类洗钱行为应当依法追究刑事责任：(1)通过典当、租赁、买卖、投资等方式，协助转移、转换犯罪所得及其收益的；(2)通过与商场、饭店、娱乐场所等现金密集型场所的经营收入相混合的方式，协助转移、转换犯罪所得及其收益的；(3)通过虚构交易、虚设债权债务、虚假担保、虚报收入等方式，协助将犯罪所得及其收益转换为“合法”财物的；(4)通过买卖彩票、奖券等方式，协助转换犯罪所得及其收益的；(5)通过赌博方式，协助将犯罪所得及其收益转换为赌博收益的；(6)协助将犯罪所得及其收益携带、运输或者邮寄出入境的。

三个洗钱犯罪条文之间的关系和处罚原则

《解释》第3条规定主要解决三个洗钱犯罪条款的竞合处理问题，同时也与《解释》第2条规定相呼应，借助一般法与特别法的适用原则间接说明：刑法第三百一十二条是洗钱犯罪的一般条款，三个法条的主要区分在于犯罪对象，以此淡化三者在行为方式和行为性质上的差异。

刑法第一百九十一条、第三百一十二条、第三百四十九条三个条文的规定均属洗钱犯罪，三个条文之间的关系属于特别法与一般法的关系，这在《刑法修正案(六)》的立法文件中有着清楚说明。

为进一步明确法律界限，依法从严惩治洗钱犯罪，根据特别法优于一般法的司法原则，《解释》规定，“明知是犯罪所得及其产生的收益而予以掩饰、隐瞒，构成刑法第三百一十二条规定的犯罪，同时又构成刑法第一百九十一条或者第三百四十九条规定的犯罪的，依照处罚较重的规定定罪处罚。”

上游犯罪未经刑事判决确认的洗钱犯罪案件如何处理?

鉴于上游犯罪与洗钱犯罪的侦查、审查起诉以及审判活动很难做到同步进行，此外，实践中还存在一些因上游犯罪人在境外、死亡等客观原因而难以对上游犯罪人诉诸刑事程序的情形，一律要求上游犯罪经定罪判刑后才能审判洗钱犯罪，既不符合立法精神，也不利于实践打击。经研究，是否存在上游犯罪，可以作为洗钱犯罪的案内事实来审查。故此，《解释》在强调刑法第一百九十一条、第三百一十二条、第三百四十九条规定的犯罪应当以上游犯罪事实成立为认定前提的同时，提出下述三种情形均不影响洗钱犯罪的审判和认定：(1)上游犯罪尚未依法裁判，但查证属实的；(2)上游犯罪事实可以确认，因行为人死亡等原因依法不予追究刑事责任的；(3)上游犯罪事实可以确认，依法以其他罪名定罪处罚的。适用本条第1款规定时应充分注意到，在上游犯罪未经审判确认甚至是上游犯罪人尚未归案的情况下，上游犯罪存在与否具有诸多不确定性，审理此类洗钱案件的法院应当慎重行事，严格把握。只有根据案件事实足以认定上游犯罪事实成立的，才能认定洗钱犯罪成立。《解释》在赋予洗钱案件审理程序的相对独立性的同时，并无降低此类洗钱案件的证明标准之意。

关于刑法第一百二十条之一规定的相关概念的理解

刑法第一百二十条之一对资助恐怖活动罪的罪状规定较为原则，实践中在对于一些名词概念的理解存在分歧，比如，筹集但尚未提供资金的行为能否独立构成资助行为，资助恐怖活动是否需以实施具体恐怖活动为条件等，同时考虑到当前理论上一般均将恐怖融资视为反向洗钱行为，相关公约文件也都将资助恐怖行为置于大的洗钱概念之下在反洗钱框架内予以规范，故在本《解释》一并解决。《解释》主要明确了三个方面的问题：一是资助包括筹集资金和提供资金两种具体行为，单纯的筹集资金行为，同样应以资助恐怖活动罪定罪处罚；二是“资助”的方式不以金钱为限，为恐怖活动组织或者实施恐怖活动的个人筹集、提供经费、物资或者提供场所以及其他物质便利的行为，均属于资助行为；三是资助恐怖活动罪的成立不以被资助的人具体实施恐怖活动为条件，预谋实施、准备实施和实际实施恐怖活动的个人，均属于刑法第一百二十条之一规定的"实施恐怖活动的个人"。

焦点

《解释》起草遵循三项原则

最高人民法院刑二庭负责人介绍说，《解释》的起草严格遵循了以下三项原则。

第一，充分借鉴国际经验，准确把握洗钱、恐怖融资犯罪的发展趋势和打击趋势，确保《解释》规定的科学性和前瞻性。比如，非通过银行类金融机构特别是通过金融机构以外的其他途径实施的转换、转移、掩饰、隐瞒犯罪所得及其收益的行为，应当以刑法第一百九十一条还是第三百一十二条规定追究刑事责任，理论上和实践上均存在严重分歧。经研究，从公约文件规定看，基于掩饰、隐瞒财产非法来源或者帮助上游犯罪人逃避刑事追究之目的而转换或者转移犯罪所得的行为，以及掩饰、隐瞒上游犯罪所得的真实性质、来源等的行为，均属于洗钱行为，具体行为方式上的差异不影响行为性质的认定；从国外洗钱犯罪的立法例看，多数国家都存在不断修订增补和多法条并存的现象，都涉及到对既有法律条文作重新解释和整合的问题，在这一问题的处理上，重行为性质轻行为方式，是一个普遍趋势。为避免刑法第一百九十一条、第三百一十二条两个条文规定出现遗漏或者重叠问题，确保两者之间关系清晰、逻辑周延、法网严密，方便实践把握和操作，《解释》根据立法本意将刑法第一百九十一条和第三百一十二条的关系定位为特别法与一般法的关系，强调两者区分的关键在于上游犯罪的不同，明确针对刑法第一百九十一条项下上游犯罪的所有洗钱行为，均应依照刑法第一百九十一条的规定定罪处罚。

第二，立足国情，重在解决国内实际问题，确保《解释》规定的针对性和有效性。一方面，对于公约文件的规定注意结合国内情况进行甄别取舍，不盲目照搬。另一方面，对于公约文件没有具体要求但国内司法有实际需求的问题，认真研究并加以解决。比如，公约文件仅规定，主观明知可以根据客观实际情况推定，但对于如何推定以及推定的具体依据，公约文件没有进一步的说明，而这恰恰是当前严重制约洗钱犯罪司法处理，实践中反映普遍、较为棘手的一个问题。为此，在大量分析、总结各类洗钱犯罪案例的基础上，我们在《解释》第1条对此提出了具体的认定意见。

第三，严格依法、积极理性、循序渐进，确保《解释》规定的合法性和稳妥性。一方面，在现有的法律框架内可以通过司法解释解决的问题，尽可能解决。比如，上游犯罪未经判决确认的情况下，能否对洗钱犯罪依法进行审判，实践中存在顾虑。经研究，是否存在上游犯罪，是否属于特定上游犯罪的犯罪所得及其收益，主要是一个实体判断问题，法律对此未作出程序要件限定，故《解释》明确提出，上游犯罪事实是否存在，可以在洗钱犯罪的审判中一并予以审查，而不必依赖于上游犯罪的有罪判决。另一方面，对于需要通过修订立法解决的问题，本司法解释不予处理。

背景

自上世纪90年代以来，根据《联合国禁止非法贩运麻醉药品和精神药物公约》(《维也纳公约》)、《联合国打击跨国有组织犯罪公约》(《巴勒莫公约》)、《联合国反腐败公约》、《联合国制止向恐怖主义提供资助的国际公约》等相关国际公约文件(以下统称"公约文件")规定，我国立法机关就洗钱、恐怖融资犯罪问题开展了一系列的刑事立法修订完善工作。经较长时期的持续立法努力，以1997年刑法规定洗钱罪、2001年规定资助恐怖活动罪、2006年规定掩饰、隐瞒犯罪所得、犯罪所得收益罪为重要标志，当前我国已经建立起了相对完备的打击洗钱、恐怖融资犯罪活动的刑事法律体系，基本实现了国际公约文件规定的国内立法转化。

与此同时，公安、司法机关不断加大对于洗钱犯罪的打击力度，近几年来在打击毒品犯罪、走私犯罪、黑社会性质的组织犯罪、腐败犯罪等领域的洗钱犯罪活动取得了显著成效。据统计，2005至2008年，依照刑法第一百九十一条、第三百一十二条、第三百四十九条被定罪处罚的犯罪人每年均达1万余人。尤其是在2006年《刑法修正案(六)》颁布实施之后，以刑法第三百一十二条追究刑事责任的犯罪人数快速上升。据统计，2005年有10097人依照第三百一十二条规定定罪处罚，2006年上升至12156人，2007年上升至13768人，2008年更是高达17650人，年均递增20.62%。

我国在反洗钱、反恐融资领域的刑事立法、司法中取得的重大进展，得到了国际社会的广泛认可。2007年6月28日，负责制定国际反洗钱、反恐融资标准和监督标准实施的政府间国际组织——金融行动特别工作组(FATF)经严格评估和全体会议讨论，将我国吸收为该组织正式成员国。另一方面，我国反洗钱、反恐融资工作整体起步较晚，与公约文件规定和金融行动特别工作组关于反洗钱、反恐融资的“40+9项建议”要求相比较，在洗钱犯罪、恐怖融资犯罪的刑事立法、司法上还存在一些差距和问题。比如，我国洗钱犯罪的刑事立法采取了“多条文规定、多罪名规范”的做法，分别是刑法第一百九十一条的洗钱罪、第三百一十二条的掩饰、隐瞒犯罪所得、犯罪所得收益罪以及第三百四十九条的窝藏、转移、隐瞒毒品、毒赃罪，实践中反映三个法条之间的区分界限不够清晰、不易掌握。又如，刑法第一百二十条之一对资助恐怖活动罪的规定较为原则，实践中对于筹集但尚未提供资金的行为能否独立构成资助恐怖活动犯罪、资助恐怖活动是否需以实施具体恐怖活动为前提等存在疑问。

这些问题在一定程度上制约了刑事司法职能作用的充分发挥。1997年至今，全国法院审理的、以刑法第一百九十一条洗钱罪追究刑事责任的洗钱案件仅20余件；2001年刑法第一百二十条之一规定资助恐怖活动罪以来尚无一例以此罪追究刑事责任的案件。为此，最高人民法院经认真细致的调研，广泛听取公安部等有关单位以及专家学者的意见，制定出台了本司法解释。

最高人民法院关于人民法院委托评估、拍卖和变卖工作的若干规定

（法释[2009]16号，2009年8月24日最高人民法院审判委员会第1472次会议通过）

中华人民共和国最高人民法院公告

《最高人民法院关于人民法院委托评估、拍卖和变卖工作的若干规定》已于2009年8月24日由最高人民法院审判委员会第1472次会议通过，现予公布，自2009年11月20日起施行。

二○○九年十一月十二日

为规范人民法院委托评估、拍卖和变卖工作，保障当事人的合法权益，维护司法公正，根据《中华人民共和国民事诉讼法》等有关法律的规定，结合人民法院委托评估、拍卖和变卖工作实际，制定本规定。

第一条 人民法院司法技术管理部门负责本院的委托评估、拍卖和流拍财产的变卖工作，依法对委托评估、拍卖机构的评估、拍卖活动进行监督。

第二条 根据工作需要，下级人民法院可将评估、拍卖和变卖工作报请上级人民法院办理。

第三条 人民法院需要对异地的财产进行评估或拍卖时，可以委托财产所在地人民法院办理。

第四条 人民法院按照公开、公平、择优的原则编制人民法院委托评估、拍卖机构名册。

人民法院编制委托评估、拍卖机构名册，应当先期公告，明确入册机构的条件和评审程序等事项。

第五条 人民法院在编制委托评估、拍卖机构名册时，由司法技术管理部门、审判部门、执行部门组成评审委员会，必要时可邀请评估、拍卖行业的专家参加评审。

第六条 评审委员会对申请加入人民法院委托评估、拍卖名册的机构，应当从资质等级、职业信誉、经营业绩、执业人员情况等方面进行审查、打分，按分数高低经过初审、公示、复审后确定进入名册的机构，并对名册进行动态管理。

第七条 人民法院选择评估、拍卖机构，应当在人民法院委托评估、拍卖机构名册内采取公开随机的方式选定。

第八条 人民法院选择评估、拍卖机构，应当通知审判、执行人员到场，视情况可邀请社会有关人员到场监督。

第九条 人民法院选择评估、拍卖机构，应当提前通知各方当事人到场；当事人不到场的，人民法院可将选择机构的情况，以书面形式送达当事人。

第十条 评估、拍卖机构选定后，人民法院应当向选定的机构出具委托书，委托书中应当载明本次委托的要求和工作完成的期限等事项。

第十一条 评估、拍卖机构接受人民法院的委托后，在规定期限内无正当理由不能完成委托事项的，人民法院应当解除委托，重新选择机构，并对其暂停备选资格或从委托评估、拍卖机构名册内除名。

第十二条 评估机构在工作中需要对现场进行勘验的，人民法院应当提前通知审判、执行人员和当事人到场。当事人不到场的，不影响勘验的进行，但应当有见证人见证。评估机构勘验现场，应当制作现场勘验笔录。

勘验现场人员、当事人或见证人应当在勘验笔录上签字或盖章确认。

第十三条 拍卖财产经过评估的，评估价即为第一次拍卖的保留价；未作评估的，保留价由人民法院参照市价确定，并应当征询有关当事人的意见。

第十四条 审判、执行部门未经司法技术管理部门同意擅自委托评估、拍卖，或对流拍财产进行变卖的，按照有关纪律规定追究责任。

第十五条 人民法院司法技术管理部门，在组织评审委员会审查评估、拍卖入册机构，或选择评估、拍卖机构，或对流拍财产进行变卖时，应当通知本院纪检监察部门。纪检监察部门可视情况派员参加。

第十六条 施行前本院公布的司法解释与本规定不一致的，以本规定为准。

附录：最高法院就《若干规定》答记者问

11 月 19 日，最高人民法院发布《人民法院委托评估、拍卖和变卖工作的若干规定》（以下简称《规定》）。就这一司法解释涉及的相关话题，最高人民法院相关负责人回答了本报记者的提问。

问：请问，最高人民法院制定这部司法解释的背景和目的是什么？

答：随着人民法院涉及委托评估、拍卖和变卖案件逐年增多，司法实践中反映出一些新的亟待明确或者解决的问题。各地法院在司法实践中遇到的这些具体法律适用问题，现行的法律和司法解释没有明确。同时，因管理部门不明确、监督制度不完善，对外委托评估、拍卖和变卖环节出现违法违纪问题时有发生，严重影响了司法公正和法院的形象。因此，各级法院和社会各界都希望尽快出台新的司法解释。

为了进一步规范人民法院委托评估、拍卖和变卖工作，及时指导各级人民法院正确处理委托评估、拍卖和变卖过程中遇到的问题，有效地监督对外委托评估、拍卖和变卖活动，切实依法维护当事人的合法权益，历经两年的起草制定过程，最高人民法院出台了这部司法解释，其目的只有一个，就是依法履行好宪法、法律赋予最高人民法院的工作职责，通过司法解释的形式对人民法院对外委托拍卖、评估和变卖工作进行规范，切实保障审判和执行工作的顺利进行。

问：这部司法解释规范的是司法实践中容易出问题的环节，也是引起社会广泛关注的问题，是否对起草制定工作有着更高的要求？

答：对人民法院对外委托评估、拍卖、变卖工作进行统一规范，有利于维护当事各方的切身利益，确保案件得到公正处理，有利于维护法院自身的廉洁，最高法院对此高度重视。自启动以来，在反复征求全国各高级人民法院和部分中、基层人民法院意见的基础上，针对司法实践中反映出来的需要解释的问题，经过多次调研、论证，起草了初稿，并广泛征求了人民法院司法实践部门、专家学者和评估、拍卖行业协会等社会各界的意见，前后修改达数十稿。

在《规定》起草过程中，注意贯彻了以下指导思想：一是秉承立法原意，严格遵循民事诉讼法的有关规定，将人民法院对外委托评估、拍卖和变卖工作进行了统一规定。二是根据审判实践需要，有针对性地解决具有普遍意义的法律适用问题，如人民法院委托评估、拍卖、变卖工作的管理职能部门，人民法院委托评估、拍卖机构名册的编制和管理问题，评估、拍卖机构的选择问题，对异地财产进行评估或拍卖等问题。三是监督和制约原则，如规定了人民法院在编制委托评估、拍卖机构名册时纪检、监察、审判、执行部门组成评审委员会，并可邀请评估、拍卖行业的专家参加评审。四是利益保护原则，如机构随机选择、保留价征询当事人意见等。

问：本司法解释与2004年《最高人民法院关于人民法院民事执行中拍卖、变卖财产的规定》是何关系？最高人民法院对司法解释的施行有什么特殊的考虑？

答：本司法解释是根据民事诉讼法等法律的有关规定，针对司法实践中反映出来的需要解释的问题，包括人民法院委托评估、拍卖、变卖工作的管理、协调部门，评估、拍卖机构名册的编制及机构的选择方式等，根据现行法律法规的规定加以修正、补充后，对委托评估、委托拍卖和变卖工作中的一些原则性问题进行了规定，是对2004年《最高人民法院关于人民法院民事执行中拍卖、变卖财产的规定》的补充和完善。最高人民法院之前公布的司法解释与本司法解释不一致的，以本司法解释为准。本司法解释没有涉及的内容，仍按以前的司法解释执行。

最高人民法院关于审理民事级别管辖异议案件若干问题的规定

（法释[2009]17号，2009年7月20日
由最高人民法院审判委员会第1471次会议通过）

《最高人民法院关于审理民事级别管辖异议案件若干问题的规定》已于2009年7月20日由最高人民法院审判委员会第1471次会议通过，现予公布，自2010年1月1日起施行。

最高人民法院

二〇〇九年十一月十二日

为正确审理民事级别管辖异议案件，依法维护诉讼秩序和当事人的合法权益，根据《中华人民共和国民事诉讼法》的规定，结合审判实践，制定本规定。

第一条　被告在提交答辩状期间提出管辖权异议，认为受诉人民法院违反级别管辖规定，案件应当由上级人民法院或者下级人民法院管辖的，受诉人民法院应当审查，并在受理异议之日起十五日内作出裁定：

（一）异议不成立的，裁定驳回；

（二）异议成立的，裁定移送有管辖权的人民法院。

第二条　在管辖权异议裁定作出前，原告申请撤回起诉，受诉人民法院作出准予撤回起诉裁定的，对管辖权异议不再审查，并在裁定书中一并写明。

第三条　提交答辩状期间届满后，原告增加诉讼请求金额致使案件标的额超过受诉人民法院级别管辖标准，被告提出管辖权异议，请求由上级人民法院管辖的，人民法院应当按照本规定第一条审查并作出裁定。

第四条 上级人民法院根据民事诉讼法第三十九条第一款的规定，将其管辖的第一审民事案件交由下级人民法院审理的，应当作出裁定。当事人对裁定不服提起上诉的，第二审人民法院应当依法审理并作出裁定。

第五条 对于应由上级人民法院管辖的第一审民事案件，下级人民法院不得报请上级人民法院交其审理。

第六条 被告以受诉人民法院同时违反级别管辖和地域管辖规定为由提出管辖权异议的，受诉人民法院应当一并作出裁定。

第七条 当事人未依法提出管辖权异议，但受诉人民法院发现其没有级别管辖权的，应当将案件移送有管辖权的人民法院审理。

第八条 对人民法院就级别管辖异议作出的裁定，当事人不服提起上诉的，第二审人民法院应当依法审理并作出裁定。

第九条 对于将案件移送上级人民法院管辖的裁定，当事人未提出上诉，但受移送的上级人民法院认为确有错误的，可以依职权裁定撤销。

第十条 经最高人民法院批准的第一审民事案件级别管辖标准的规定，应当作为审理民事级别管辖异议案件的依据。

第十一条 本规定施行前颁布的有关司法解释与本规定不一致的，以本规定为准。

附录：最高人民法院立案一庭负责人就《若干问题的规定》答记者问

11月30日，《最高人民法院关于审理民事级别管辖异议案件若干问题的规定》（以下简称《规定》）正式发布。最高人民法院立案一庭负责人就这一司法解释的有关话题接受了本报记者的专访。

问：请您介绍一下《规定》出台的背景和经过。

答：管辖是审判的前置性问题，必须依法优先解决，案件管辖出了问题，便很难保障审判的公正。长期以来，当事人“争管辖”、法院“抢管辖”的现象时有发生，社会各界对此反映强烈。就级别管辖而言，实践中产生问题的，大多是诉讼标的额较大的案件和当事人跨地区的案件。主要表现为：中、基层法院违反级别管辖标准，越级受理本应由上级法院管辖的案件，不理睬当事人提出的级别管辖异议；中、基层法院违反级别管辖标准先立案，然后根据民事诉讼法第三十九条规定报请上一级法院指令其管辖，将违规做法合法化；中级法院将本应由高级法院管辖的案件，受理后再指令到基层法院管辖，将案件留在当地；中、高级法院将本应由其审理的案件，不问案件的性质和类型，根据民事诉讼法第三十九条的规定指定下一级法院管辖，通过合法形式将案件留在当地。现行民事诉讼法第三十八条规定了管辖权异议制度，但在审判实践中多被理解为只适用于地域管辖异议，而不适用于级别管辖异议。

最高人民法院早就注意到这个问题，将《规定》列入了2007、2008年度司法解释立项计划。经过广泛调研，征求学者、律师和各级法院法官意见，并与全国人大法工委多次沟通，于2009年7月20日提交最高人民法院审判委员会第1471次会议审议通过。

问：请问制定《规定》的目的是什么？

答：制定《规定》的目的是，改革现行的对于民事案件级别管辖异议的行政化处理模式，为当事人级别管辖异议权提供诉讼程序保障，强化上级法院对级别管辖秩序的审判监督力度，提高裁判的权威性和公信力。

问：《规定》对于民事级别管辖异议案件的审理，较之以往有了哪些重要改变？

答：民事级别管辖异议案件的公正、快速审理，关系到当事人管辖利益的保障和级别管辖秩序的维护，关系到司法裁判的公信力，非常重要。《规定》对于民事级别管辖异议的最大变化，是摒弃以往的行政化处理模式，采取与地域管辖异议相同的诉讼化模式。这种诉讼化模式的优势在于：

一是有利于为当事人级别管辖异议权提供程序保障。级别管辖的确定不仅是法院内部的事情，也关系到当事人的程序利益。尤其是在目前地方保护和部门保护一定程度客观存在的情况下，仅仅采取内部通报、批评、追究责任等方式，当事人被动接受这种反射性利益，这对当事人程序利益的保护是远远不够的。

二是有利于上级法院及时、有效地行使监督权，维护级别管辖秩序。目前上级法院对下级法院级别管辖秩序的监督，基本上是滞后、乏力的，级别管辖标准被突破的现象屡见不鲜。一方面，因不做书面裁定，当事人不能上诉，上级法院对于下级法院违反级别管辖规定的行为难以及时发现。另一方面，即使通过信访渠道发现，上级法院也无法定程序可依，只能以内部函的形式要求下级法院改正。若采用诉讼方式处理级别管辖异议，上级法院就可以公开地通过二审程序行使级别管辖监督权。

三是有利于顺应民事诉讼法对管辖提出的新要求。修改后的民事诉讼法第一百七十九条明确将"违反法律规定，管辖错误"作为再审事由，体现了立法者对管辖问题的高度重视。人民法院也应当顺势而为，彻底改变以往那种级别管辖纯属法院系统内部上下级分工问题，发生错误无足轻重的观点，认识到正确确定案件级别管辖还是涉及当事人程序利益、影响生效判决稳定性的重要问题，必须认真对待。

最高人民法院关于审理非法制造、买卖、运输枪支、弹药、爆炸物等刑事案件具体应用法律若干问题的解释

（法释[2009]18号，2009年11月9日最高人民法院
审判委员会第1476次会议通过）

中华人民共和国最高人民法院公告

《最高人民法院关于修改〈最高人民法院关于审理非法制造、买卖、运输枪支、弹药、爆炸物等刑事案件具体应用法律若干问题的解释〉的决定》已于2009年11月9日由最高人民法院审判委员会第1476次会议通过。现予公布，自2010年1月1日起施行。

二〇〇九年十一月十六日

为了依法惩治非法制造、买卖、运输、邮寄、储存爆炸物犯罪活动，根据刑法有关规定，并结合审判实践情况，现决定对《最高人民法院关于审理非法制造、买卖、运输枪支、弹药、爆炸物等刑事案件具体应用法律若干问题的解释》（以下简称《解释》）作如下修改：

一、将《解释》第八条第一款修改为："刑法第一百二十五条第一款规定的'非法

储存’，是指明知是他人非法制造、买卖、运输、邮寄的枪支、弹药而为其存放的行为，或者非法存放爆炸物的行为。”

二、增加一条，作为《解释》第九条：“因筑路、建房、打井、整修宅基地和土地等正常生产、生活需要，或者因从事合法的生产经营活动而非法制造、买卖、运输、邮寄、储存爆炸物，数量达到本《解释》第一条规定标准，没有造成严重社会危害，并确有悔改表现的，可依法从轻处罚；情节轻微的，可以免除处罚。

具有前款情形，数量虽达到本《解释》第二条规定标准的，也可以不认定为刑法第一百二十五条第一款规定的‘情节严重’。

在公共场所、居民区等人员集中区域非法制造、买卖、运输、邮寄、储存爆炸物，或者因非法制造、买卖、运输、邮寄、储存爆炸物三年内受到两次以上行政处罚又实施上述行为，数量达到本《解释》规定标准的，不适用前两款量刑的规定。”

三、将《解释》原第九条变更为第十条。

根据本《决定》，将《解释》作相应修改并对条文顺序作相应调整后，重新公布。

最高人民法院关于审理非法制造、买卖、运输枪支、弹药、爆炸物等刑事案件具体应用法律若干问题的解释。

(2001 年 5 月 10 日最高人民法院审判委员会第 1174 次会议通过，根据 2009 年 11 月 9 日最高人民法院审判委员会第 1476 次会议通过的《最高人民法院关于修改〈最高人民法院关于审理非法制造、买卖、运输枪支、弹药、爆炸物等刑事案件具体应用法律若干问题的解释〉的决定》修正)

为依法严惩非法制造、买卖、运输枪支、弹药、爆炸物等犯罪活动，根据刑法有关规定，现就审理这类案件具体应用法律的若干问题解释如下：

第一条　个人或者单位非法制造、买卖、运输、邮寄、储存枪支、弹药、爆炸物，具有下列情形之一的，依照刑法第一百二十五条第一款的规定，以非法制造、买卖、运输、邮寄、储存枪支、弹药、爆炸物罪定罪处罚：

(一)非法制造、买卖、运输、邮寄、储存军用枪支一支以上的；

(二)非法制造、买卖、运输、邮寄、储存以火药为动力发射枪弹的非军用枪支一支以上或者以压缩气体等为动力的其他非军用枪支二支以上的；

(三)非法制造、买卖、运输、邮寄、储存军用子弹十发以上、气枪铅弹五百发以上或者其他非军用子弹一百发以上的；

(四)非法制造、买卖、运输、邮寄、储存手榴弹一枚以上的；

（五）非法制造、买卖、运输、邮寄、储存爆炸装置的；

（六）非法制造、买卖、运输、邮寄、储存炸药、发射药、黑火药一千克以上或者烟火药三千克以上、雷管三十枚以上或者导火索、导爆索三十米以上的；

（七）具有生产爆炸物品资格的单位不按照规定的品种制造，或者具有销售、使用爆炸物品资格的单位超过限额买卖炸药、发射药、黑火药十千克以上或者烟火药三十千克以上、雷管三百枚以上或者导火索、导爆索三百米以上的；

（八）多次非法制造、买卖、运输、邮寄、储存弹药、爆炸物的；

（九）虽未达到上述最低数量标准，但具有造成严重后果等其他恶劣情节的。

介绍买卖枪支、弹药、爆炸物的，以买卖枪支、弹药、爆炸物罪的共犯论处。

第二条 非法制造、买卖、运输、邮寄、储存枪支、弹药、爆炸物，具有下列情形之一的，属于刑法第一百二十五条第一款规定的“情节严重”：

（一）非法制造、买卖、运输、邮寄、储存枪支、弹药、爆炸物的数量达到本解释第一条第（一）、（二）、（三）、（六）、（七）项规定的最低数量标准五倍以上的；

（二）非法制造、买卖、运输、邮寄、储存手榴弹三枚以上的；

（三）非法制造、买卖、运输、邮寄、储存爆炸装置，危害严重的；

（四）达到本解释第一条规定的最低数量标准，并具有造成严重后果等其他恶劣情节的。

第三条 依法被指定或者确定的枪支制造、销售企业，实施刑法第一百二十六条规定的行为，具有下列情形之一的，以违规制造、销售枪支罪定罪处罚：

（一）违规制造枪支五支以上的；

（二）违规销售枪支二支以上的；

（三）虽未达到上述最低数量标准，但具有造成严重后果等其他恶劣情节的。

具有下列情形之一的，属于刑法第一百二十六条规定的“情节严重”：

（一）违规制造枪支二十支以上的；

（二）违规销售枪支十支以上的；

（三）达到本条第一款规定的最低数量标准，并具有造成严重后果等其他恶劣情节的。

具有下列情形之一的，属于刑法第一百二十六条规定的“情节特别严重”：

（一）违规制造枪支五十支以上的；

（二）违规销售枪支三十支以上的；

（三）达到本条第二款规定的最低数量标准，并具有造成严重后果等其他恶劣情节的。

第四条　盗窃、抢夺枪支、弹药、爆炸物，具有下列情形之一的，依照刑法第一百二十七条第一款的规定，以盗窃、抢夺枪支、弹药、爆炸物罪定罪处罚：

（一）盗窃、抢夺以火药为动力的发射枪弹非军用枪支一支以上或者以压缩气体等为动力的其他非军用枪支二支以上的；

（二）盗窃、抢夺军用子弹十发以上、气枪铅弹五百发以上或者其他非军用子弹一百发以上的；

（三）盗窃、抢夺爆炸装置的；

（四）盗窃、抢夺炸药、发射药、黑火药一千克以上或者烟火药三千克以上、雷管三十枚以上或者导火索、导爆索三十米以上的；

（五）虽未达到上述最低数量标准，但具有造成严重后果等其他恶劣情节的。

具有下列情形之一的，属于刑法第一百二十七条第一款规定的“情节严重”：

（一）盗窃、抢夺枪支、弹药、爆炸物的数量达到本条第一款规定的最低数量标准五倍以上的；

（二）盗窃、抢夺军用枪支的；

（三）盗窃、抢夺手榴弹的；

（四）盗窃、抢夺爆炸装置，危害严重的；

（五）达到本条第一款规定的最低数量标准，并具有造成严重后果等其他恶劣情节的。

第五条　具有下列情形之一的，依照刑法第一百二十八条第一款的规定，以非法持有、私藏枪支、弹药罪定罪处罚：

（一）非法持有、私藏军用枪支一支的；

（二）非法持有、私藏以火药为动力发射枪弹的非军用枪支一支或者以压缩气体等为动力的其他非军用枪支二支以上的；

（三）非法持有、私藏军用子弹二十发以上，气枪铅弹一千发以上或者其他非军用子弹二百发以上的；

（四）非法持有、私藏手榴弹一枚以上的；

（五）非法持有、私藏的弹药造成人员伤亡、财产损失的。

具有下列情形之一的，属于刑法第一百二十八条第一款规定的“情节严重”：

（一）非法持有、私藏军用枪支二支以上的；

（二）非法持有、私藏以火药为动力发射枪弹的非军用枪支二支以上或者以压缩气体等为动力的其他非军用枪支五支以上的；

（三）非法持有、私藏军用子弹一百发以上，气枪铅弹五千发以上或者其他非军用子弹一千发以上的；

（四）非法持有、私藏手榴弹三枚以上的；

（五）达到本条第一款规定的最低数量标准，并具有造成严重后果等其他恶劣情节的。

第六条　非法携带枪支、弹药、爆炸物进入公共场所或者公共交通工具，危及公共安全，具有下列情形之一的，属于刑法第一百三十条规定的“情节严重”：

（一）携带枪支或者手榴弹的；

（二）携带爆炸装置的；

（三）携带炸药、发射药、黑火药五百克以上或者烟火药一千克以上、雷管二十枚以上或者导火索、导爆索二十米以上的；

（四）携带的弹药、爆炸物在公共场所或者公共交通工具上发生爆炸或者燃烧，尚未造成严重后果的；

（五）具有其他严重情节的。

行为人非法携带本条第一款第（三）项规定的爆炸物进入公共场所或者公共交通工具，虽未达到上述数量标准，但拒不交出的，依照刑法第一百三十条的规定定罪处罚；携带的数量达到最低数量标准，能够主动、全部交出的，可不以犯罪论处。

第七条　非法制造、买卖、运输、邮寄、储存、盗窃、抢夺、持有、私藏、携带成套枪支散件的，以相应数量的枪支计；非成套枪支散件以每三十件为一成套枪支散件计。

第八条　刑法第一百二十五条第一款规定的“非法储存”，是指明知是他人非法制造、买卖、运输、邮寄的枪支、弹药而为其存放的行为，或者非法存放爆炸物的行为。

刑法第一百二十八条第一款规定的“非法持有”，是指不符合配备、配置枪支、弹药条件的人员，违反枪支管理法律、法规的规定，擅自持有枪支、弹药的行为。

刑法第一百二十八条第一款规定的“私藏”，是指依法配备、配置枪支、弹药的人员，在配备、配置枪支、弹药的条件消除后，违反枪支管理法律、法规的规定，私自藏匿所配备、配置的枪支、弹药且拒不交出的行为。

第九条 因筑路、建房、打井、整修宅基地和土地等正常生产、生活需要，以及因从事合法的生产经营活动而非法制造、买卖、运输、邮寄、储存爆炸物，数量达到本解释第一条规定标准，没有造成严重社会危害，并确有悔改表现的，可依法从轻处罚；情节轻微的，可以免除处罚。

具有前款情形，数量虽达到本解释第二条规定标准的，也可以不认定为刑法第一百二十五条第一款规定的"情节严重"。

在公共场所、居民区等人员集中区域非法制造、买卖、运输、邮寄、储存爆炸物，或者因非法制造、买卖、运输、邮寄、储存爆炸物三年内受到两次以上行政处罚又实施上述行为，数量达到本解释规定标准的，不适用前两款量刑的规定。

第十条 实施非法制造、买卖、运输、邮寄、储存、盗窃、抢夺、持有、私藏其他弹药、爆炸物品等行为，参照本解释有关条文规定的定罪量刑标准处罚。

附录：最高人民法院研究室负责人就《决定》答记者问

《最高人民法院关于修改〈最高人民法院关于审理非法制造、买卖、运输枪支、弹药、爆炸物等刑事案件具体应用法律若干问题的解释〉的决定》近日公布。记者25日就此采访了最高人民法院研究室负责人。

问：出台《最高人民法院关于修改〈最高人民法院关于审理非法制造、买卖、运输枪支、弹药、爆炸物等刑事案件具体应用法律若干问题的解释〉的决定》的背景是什么?

答：最高人民法院2001年5月公布施行了《关于审理非法制造、买卖、运输枪支、弹药、爆炸物等刑事案件具体应用法律若干问题的解释》(以下简称《解释》)，为正确贯彻实施该《解释》，2001年9月，最高人民法院又下发了《对执行〈关于审理非法制造、买卖、运输枪支、弹药、爆炸物等刑事案件具体应用法律若干问题的解释〉有关问题的通知》(以下简称《通知》)。但由于客观情况的发展变化和具体案件的复杂性、多样性，《解释》及其《通知》在实践运用过程中出现了一些需要进一步改进的问题，主要集中在以下几个方面：

——《解释》将“非法储存”的爆炸物仅限定为他人非法制造、买卖、运输、邮寄的爆炸物，没有包括行为人非法储存他人抢劫、抢夺、盗窃的爆炸物以及来源不明的爆炸物，造成实践中对非法存放这些爆炸物的行为，无法定罪处罚。而爆炸物的危险性在于其自身，而不在于获得的途径，仅从爆炸物的获得途径上加以区分不科学，容易出现处罚上的漏洞，进而危害公共安全。

——《通知》中规定的“生产、生活”的内涵需要进一步明确。如对“生产”的理解，有的认为仅限于合法生产；有的认为既包括合法生产，也包括非法生产，易导致各地审理案件时因理解不同而产生差异。

——《通知》中仅有“行为人确因生产、生活所需而非法制造、买卖、运输枪支、弹药、爆炸物，没有造成严重社会危害，经教育确有悔改表现的，可依法免除或者从轻处罚”的规定，但在审判实践中，不少法院反映，对许多犯罪行为，从轻处罚显得过重，免除处罚又显得过轻，只有减轻处罚才能实现罪刑相适应。而《通知》中没有减轻处罚的规定，若适用减轻处罚只能一案一案逐级报请最高人民法院核准，这就大大增加了审判机关的工作量，延长了诉讼期限，影响了诉讼效率。

问：修改《解释》所遵循的原则是什么？

答：对《解释》进行修改，我们主要遵循了三个原则：继续保持对涉枪涉爆犯罪的高压态势，不降低《解释》确定的定罪量刑标准；注重解决突出问题；认真贯彻宽严相济的刑事政策。

问：涉枪涉爆犯罪是危害性严重的犯罪，请简要介绍一下当前我国此类犯罪的总体情况。

答：自2002年以来，人民法院每年一审受理的非法制造、买卖、运输、邮寄、储存枪支、弹药、爆炸物刑事案件二千五百件左右，这些案件大体上分为两种类型：一类是将枪支、弹药、爆炸物作为犯罪工具，实施严重危害公共安全犯罪行为的案件，这类案件对社会治安秩序的威胁最大，是我们严厉打击的对象和防范的重点。另一类是将枪支、弹药、爆炸物作为生产、生活用品的案件，特别是将爆炸物作为生产经营活动的用品，这类犯罪的行为人主观恶性不是很深，有些也没有造成严重的社会危害，对于这一类案件，应当区别不同情况，采取不同的处理方式。依法能够从轻、减轻、免除处罚的，应当从轻、减轻或者免除处罚。

问：《决定》对生产、生活内涵的解释是否会扩大刑罚处罚范围？

答:《决定》第二条对生产、生活的内涵进行了明确,将其限定为“筑路、建房、打井、整修宅基地和耕地等正常生产、生活”和“合法的生产经营活动”,这一规定符合法律精神和当前实际。将“生产、生活”的内涵进行这样的限定,有利于打击非法的生产经营活动,体现刑法的严肃性和导向功能。

问:《决定》规定因正常生产、生活需要和合法的生产经营活动而实施涉爆犯罪,数量虽然达到处十年以上有期徒刑、无期徒刑或者死刑的标准,但可以不认定为“情节严重”,这是否意味着规定了减轻处罚情节?

答:这不是规定了减轻处罚,而是此类犯罪行为没有达到情节严重,所以不能按照情节严重处罚。由于现实情况的复杂性,一些因正常生产、生活和合法的生产经营活动而实施的非法涉爆行为并没有造成严重的社会危害,不能在十年以上有期徒刑、无期徒刑或者死刑的幅度内判处刑罚。

最高人民法院、最高人民检察院关于办理妨害信用卡管理刑事案件具体应用法律若干问题的解释

(法释[2009]19 号,2009 年 10 月 12 日由最高人民法院审判委员会第 1475 次会议、2009 年 11 月 12 日由最高人民检察院第十一届检察委员会第 22 次会议通过)

中华人民共和国最高人民法院
中华人民共和国最高人民检察院　公告

《最高人民法院、最高人民检察院关于办理妨害信用卡管理刑事案件具体应用法律若干问题的解释》已于 2009 年 10 月 12 日由最高人民法院审判委员会第 1475 次会议、2009 年 11 月 12 日由最高人民检察院第十一届检察委员会第 22 次会议通过,现予公布,自 2009 年 12 月 16 日起施行。

二〇〇九年十二月三日

（2009年10月12日最高人民法院审判委员会第1475次会议、2009年11月12日最高人民检察院第十一届检察委员会第22次会议通过）

为依法惩治妨害信用卡管理犯罪活动，维护信用卡管理秩序和持卡人合法权益，根据《中华人民共和国刑法》规定，现就办理这类刑事案件具体应用法律的若干问题解释如下：

第一条 复制他人信用卡、将他人信用卡信息资料写入磁条介质、芯片或者以其他方法伪造信用卡1张以上的，应当认定为刑法第一百七十七条第一款第（四）项规定的“伪造信用卡”，以伪造金融票证罪定罪处罚。

伪造空白信用卡10张以上的，应当认定为刑法第一百七十七条第一款第（四）项规定的“伪造信用卡”，以伪造金融票证罪定罪处罚。

伪造信用卡，有下列情形之一的，应当认定为刑法第一百七十七条规定的“情节严重”：

（一）伪造信用卡5张以上不满25张的；

（二）伪造的信用卡内存款余额、透支额度单独或者合计数额在20万元以上不满100万元的；

（三）伪造空白信用卡50张以上不满250张的；

（四）其他情节严重的情形。

伪造信用卡，有下列情形之一的，应当认定为刑法第一百七十七条规定的“情节特别严重”：

（一）伪造信用卡25张以上的；

（二）伪造的信用卡内存款余额、透支额度单独或者合计数额在100万元以上的；

（三）伪造空白信用卡250张以上的；

（四）其他情节特别严重的情形。

本条所称“信用卡内存款余额、透支额度”，以信用卡被伪造后发卡行记录的最高存款余额、可透支额度计算。

第二条 明知是伪造的空白信用卡而持有、运输10张以上不满100张的，应当认定为刑法第一百七十七条之一第一款第（一）项规定的“数量较大”；非法持有他人信用卡5张以上不满50张的，应当认定为刑法第一百七十七条之一第一款第

(二)项规定的“数量较大”。

有下列情形之一的，应当认定为刑法第一百七十七条之一第一款规定的“数量巨大”：

(一)明知是伪造的信用卡而持有、运输10张以上的；

(二)明知是伪造的空白信用卡而持有、运输100张以上的；

(三)非法持有他人信用卡50张以上的；

(四)使用虚假的身份证明骗领信用卡10张以上的；

(五)出售、购买、为他人提供伪造的信用卡或者以虚假的身份证明骗领的信用卡10张以上的。

违背他人意愿，使用其居民身份证、军官证、士兵证、港澳居民往来内地通行证、台湾居民来往大陆通行证、护照等身份证明申领信用卡的，或者使用伪造、变造的身份证明申领信用卡的，应当认定为刑法第一百七十七条之一第一款第(三)项规定的“使用虚假的身份证明骗领信用卡”。

第三条　窃取、收买、非法提供他人信用卡信息资料，足以伪造可进行交易的信用卡，或者足以使他人以信用卡持卡人名义进行交易，涉及信用卡1张以上不满5张的，依照刑法第一百七十七条之一第二款的规定，以窃取、收买、非法提供信用卡信息罪定罪处罚；涉及信用卡5张以上的，应当认定为刑法第一百七十七条之一第一款规定的“数量巨大”。

第四条　为信用卡申请人制作、提供虚假的财产状况、收入、职务等资信证明材料，涉及伪造、变造、买卖国家机关公文、证件、印章，或者涉及伪造公司、企业、事业单位、人民团体印章，应当追究刑事责任的，依照刑法第二百八十条的规定，分别以伪造、变造、买卖国家机关公文、证件、印章罪和伪造公司、企业、事业单位、人民团体印章罪定罪处罚。

承担资产评估、验资、验证、会计、审计、法律服务等职责的中介组织或其人员，为信用卡申请人提供虚假的财产状况、收入、职务等资信证明材料，应当追究刑事责任的，依照刑法第二百二十九条的规定，分别以提供虚假证明文件罪和出具证明文件重大失实罪定罪处罚。

第五条　使用伪造的信用卡、以虚假的身份证明骗领的信用卡、作废的信用卡或者冒用他人信用卡，进行信用卡诈骗活动，数额在5000元以上不满5万元的，应当认定为刑法第一百九十六条规定的“数额较大”；数额在 5 万元以上不满 50 万元的，应当认定为刑法第一百九十六条规定的“数额巨大”；数额在 50 万元以上的，应当认定为刑法第一百九十六条规定的“数额特别巨大”。

刑法第一百九十六条第一款第(三)项所称“冒用他人信用卡”，包括以下情形：

(一)拾得他人信用卡并使用的；

(二)骗取他人信用卡并使用的；

(三)窃取、收买、骗取或者以其他非法方式获取他人信用卡信息资料，并通过互联网、通讯终端等使用的；

(四)其他冒用他人信用卡的情形。

第六条 持卡人以非法占有为目的，超过规定限额或者规定期限透支，并且经发卡银行两次催收后超过 3 个月仍不归还的，应当认定为刑法第一百九十六条规定的“恶意透支”。

有以下情形之一的，应当认定为刑法第一百九十六条第二款规定的“以非法占有为目的”：

(一)明知没有还款能力而大量透支，无法归还的；

(二)肆意挥霍透支的资金，无法归还的；

(三)透支后逃匿、改变联系方式，逃避银行催收的；

(四)抽逃、转移资金，隐匿财产，逃避还款的；

(五)使用透支的资金进行违法犯罪活动的；

(六)其他非法占有资金，拒不归还的行为。

恶意透支，数额在 1 万元以上不满 10 万元的，应当认定为刑法第一百九十六条规定的“数额较大”；数额在 10 万元以上不满 100 万元的，应当认定为刑法第一百九十六条规定的“数额巨大”；数额在 100 万元以上的，应当认定为刑法第一百九十六条规定的“数额特别巨大”。

恶意透支的数额，是指在第一款规定的条件下持卡人拒不归还的数额或者尚未归还的数额。不包括复利、滞纳金、手续费等发卡银行收取的费用。

恶意透支应当追究刑事责任，但在公安机关立案后人民法院判决宣告前已偿还全部透支款息的，可以从轻处罚，情节轻微的，可以免除处罚。恶意透支数额较大，在公安机关立案前已偿还全部透支款息，情节显著轻微的，可以依法不追究刑事责任。

第七条　违反国家规定，使用销售点终端机具（POS 机）等方法，以虚构交易、虚开价格、现金退货等方式向信用卡持卡人直接支付现金，情节严重的，应当依据刑法第二百二十五条的规定，以非法经营罪定罪处罚。

实施前款行为，数额在 100 万元以上的，或者造成金融机构资金 20 万元以上逾期未还的，或者造成金融机构经济损失 10 万元以上的，应当认定为刑法第二百二十五条规定的“情节严重”；数额在 500 万元以上的，或者造成金融机构资金 100 万元以上逾期未还的，或者造成金融机构经济损失 50 万元以上的，应当认定为刑法第二百二十五条规定的“情节特别严重”。

持卡人以非法占有为目的，采用上述方式恶意透支，应当追究刑事责任的，依照刑法第一百九十六条的规定，以信用卡诈骗罪定罪处罚。

第八条　单位犯本解释第一条、第七条规定的犯罪的，定罪量刑标准依照各该条的规定执行。

附录：妨害信用卡管理刑事案件具体应用法律的解释发布会

——最高人民法院副院长熊选国、最高人民检察院副检察长孙谦、中国人民银行行长助理李东荣和中国银联董事长刘廷焕解读《最高人民法院、最高人民检察院关于办理妨害信用卡管理刑事案件具体应用法律若干问题的解释》

2009 年 12 月 15 日上午 10 时，国新办举行新闻发布会，请最高人民法院副院长熊选国、最高人民检察院副检察长孙谦、中国人民银行行长助理李东荣和中国银联董事长刘廷焕介绍《最高人民法院、最高人民检察院关于办理妨害信用卡管理刑事案件具体应用法律若干问题的解释》的有关情况，并答记者问。以下为发布会实录：

国新办新闻局局长郭卫民：女士们、先生们，大家上午好！欢迎大家出席今天的发布会。今天最高人民法院、最高人民检察院正式发布《关于办理妨害信用卡管理刑事案件具体应用法律若干问题的解释》，我们请来了最高人民法院副院长熊选国先生、最高人民检察院副检察长孙谦先生、中国人民银行行长助理李东荣先生和中国银联董事长刘廷焕先生，今天出席发布会，向大家介绍这一司法解释的有关情况，并回答大家的提问。

熊选国：各位女士、各位朋友，大家上午好！我受高检孙谦副检察长的委托，就最高人民法院、最高人民检察院《关于办理妨害信用卡管理刑事案件具体应用法律若干问题的解释》有关情况向大家做一个介绍。最高人民法院、最高人民检察院联合发布了《关于妨害信用卡管理刑事案件具体应用法律若干问题的解释》，于12月16日起施行。《解释》规定了相关信用卡犯罪的量刑标准，明确了办理妨害信用卡管理刑事案件法律适用中的一系列疑难问题。最高人民法院、最高人民检察院为依法惩治信用卡犯罪活动，维护信用卡管理秩序和持卡人的合法权益，保障金融市场秩序和人民群众财产安全的一个重要的举措。

一、《解释》出台的必要性和背景

近年来，随着我国信用卡产业高速发展，信用卡犯罪活动日益增多，新的犯罪形式不断出现，特别是一些违法犯罪分子进行信用卡虚假申请、信用卡诈骗和信用卡套现等活动已发展到公开化、产业化的程度。这些违法犯罪行为具有严重的社会危害性，不仅扰乱了正常的金融管理秩序，而且侵害了银行消费信贷资金和持卡人财产。2007年以来美国因个人房屋不良贷款引发的“次贷危机”和蔓延全世界的“金融危机”，以及近几年有的国家和地区陆续出现的因信用卡不良贷款引发的经济社会问题，都充分反映了信用卡风险管理关系到全社会经济秩序和信用体系的安全稳定，加强信用卡安全管理、预防和打击信用卡犯罪具有重要的现实意义。

2005年2月28日全国人大常委会通过的《刑法修正案(五)》增加规定了“妨害信用卡管理罪”和“窃取、收买、非法提供信用卡信息罪”，还修改了信用卡诈骗罪的规定。但随着形势的发展，信用卡犯罪的手段不断翻新，防范和打击难度进一步加大，为了有效惩治信用卡虚假申请、信用卡诈骗、信用卡套现等犯罪活动，有必要进一步明确相关信用卡犯罪的定罪量刑标准。为此，最高人民法院、最高人民检察院就信用卡犯罪刑事案件中的法律适用问题出台了专门司法解释，为打击相关信用卡犯罪提供了明确具体的适用法律依据。

二、《解释》的主要内容

《解释》共八条，主要有以下重点内容：

（一）明确了伪造金融票证罪中“伪造信用卡”的认定，以及伪造信用卡犯罪的定罪量刑标准，规定伪造信用卡1张即可构成犯罪。

（二）明确了妨害信用卡管理罪的定罪量刑标准，以及“使用虚假的身份证明骗领信用卡”的认定问题。

（三）规定了窃取、收买、非法提供他人信用卡信息资料，涉及1张以上信用卡的，即以窃取、收买、非法提供信用卡信息罪定罪处罚。

（四）规定了为信用卡申请人制作、提供虚假资信证明的行为，以伪造、变造、买卖国家机关公文、证件、印章罪，伪造公司、企业、事业单位、人民团体印章罪，提供虚假证明文件罪或者出具证明文件重大失实罪追究刑事责任。

（五）明确了使用伪造的信用卡、以虚假的身份证明骗领的信用卡、作废的信用卡或者冒用他人信用卡，进行信用卡诈骗犯罪的定罪量刑标准，以及“冒用他人信用卡”的认定问题。

（六）明确了“恶意透支”型信用卡诈骗犯罪的定罪量刑标准，以及“恶意透支”认定处罚的相关问题，对“以非法占有为目的”作了界定，以区别于善意透支的行为。

（七）规定了对使用销售点终端机具（POS机）等方法进行信用卡套现，情节严重的行为，以非法经营罪定罪处罚。

三、《解释》出台的积极意义

依法惩治妨害信用卡管理犯罪，是人民法院、人民检察院贯彻落实中央部署，为国家大局服务的重要方面，是人民法院、人民检察院保民生、保增长、保稳定，从司法工作实际出发，切实解决群众反映强烈的突出问题的重要举措。《解释》旨在加大对相关信用卡犯罪的打击力度，为我国妥善应对国际金融危机，加强信用卡安全管理提供法律保障。《解释》明确了相关信用卡犯罪的定罪量刑标准，有利于统一司法认定标准，规范执法行为。《解释》的公布施行，将对打击伪造信用卡、信用卡诈骗、信用卡套现等信用卡犯罪活动，保障金融市场秩序和人民群众财产安全，发挥重要的作用，产生积极的影响。

我的介绍就到这里，谢谢大家！

郭卫民：感谢熊院长的介绍。下面进入提问阶段，提问的时候，请大家报一下所代表的新闻机构。

中国日报记者：请问孙检察长，我们看到这个《解释》中“恶意透支”有一个明确的规定，实践中怎样区分持卡人的“恶意透支”和“善意透支”。还有怎么样把握严格执法和维护持卡人利益之间的关系？

孙谦：依照《中华人民共和国刑法》第一百九十六条的规定，“恶意透支”属于信用卡诈骗的犯罪行为。这次“两高”司法解释对“恶意透支”构成犯罪的条件作了明确的规定，这里我就刚才记者提出的问题作四点回答：

第一，在司法解释中，对“恶意透支”增加了两个限制条件：一是发卡银行的两次催收；二是超过三个月没有归还。这里面就排除了因为没有收到银行的催款通知或者其他的催款文书，而没有按时归还的行为，持卡人没有接到有关通知或者文书，过了一定的期限没有归还的，不属于“恶意透支”。

第二，因为“恶意透支”这种信用卡诈骗犯罪是故意犯罪，因此在主观上具有非法占有的目的，这是该行为非常重要的构成要件。“非法占有”是区分“恶意透支”和“善意透支”的一个主要界限，只有具备“以非法占有为目的”进行透支的才属于“恶意透支”，才构成犯罪。

这次司法解释中对“以非法占有为目的”，结合近年来的司法实践列举了六种情形，比如明知无法偿还而大量透支的不归还；肆意挥霍透支款不归还；透支以后隐匿、改变通讯方式，逃避金融机构的追款等。这些情形都是“以非法占有为目的”的表现。

第三，这次司法解释明确了“恶意透支”的数额，“恶意透支”的数额是指拒不归还和尚未归还的款项，不包括滞纳金、复利等发卡银行收取的费用。

第四，根据宽严相济的刑事政策，在法院未判决或者公安机关未立案之前，偿还了这些透支款息的，从轻处理或者不追究刑事责任，这样既依法追究那些“恶意透支”的诈骗行为，同时又发挥法律的警示和教育作用，尽可能地缩小刑事打击面。

我的回答完了，谢谢。

香港文汇报记者：有两个问题。第一个问题提给央行的李先生，关于央行在预防和打击信用卡套现方面做了哪些工作？司法解释出台后，央行将采取哪些措施进行风险管理，加大打击力度？第二个问题提给高法的熊先生，有媒体近日报道称，黄光裕案将于12月15日开庭审理，请问是否属实？如果宣判的话，黄光裕将被判何种刑罚？

熊选国：我们今天是信用卡司法解释的新闻发布会，如果我们想了解个案的具体情况，还是到法院或者检察院有关部门去具体了解。所以，今天在这个会上不再具体回应你的这个问题。

李东荣：针对近年来出现的信用卡套现行为，人民银行和有关部门紧密配合预防和打击信用卡套现，主要工作包括以下三个方面：一是加强法律制度建设；二是加强部门之间的监管合作；三是加强技术手段建设。

在法律制度建设方面，主要是加强对发卡市场和受理市场的规范管理。2006年，我们和银监会共同发布了《关于防范信用卡业务风险有关问题的通知》，在这个《通知》里，对发卡机构和收单机构提出了一系列规范管理的要求。今年4月，人民银行和银监会、公安部、工商总局四家单位又联合发布了《关于加强银行卡安全管理，预防和打击银行卡犯罪的通知》，这个通知里，我们从发卡、受理、使用、交易、清算这几个环节，全面系统地提出了风险控制的要求。比如说，我们强调要落实银行账户实名制，在发卡环节，禁止发卡营销机构将业务外包，禁止单位代办信用卡，从发卡这个环节堵塞漏洞。对有疑似套现欺诈行为的持卡人可以采取锁定交易的措施，在收单环节，要求收单机构加强对特约商户的准入和实名制管理，同时要求收单机构要加强对现场与非现场的检查和监控，从收单环节堵塞漏洞。

加强部门之间的协调合作，构建联合防控机制，我们跟工商总局配合，加大对不法广告信息的清理，防止一些不真实的信息扰乱群众使用信用卡。此外，我们加强和公安部门的配合，针对银行卡领域的犯罪活动，在去年我们开展了专项打击活动，破获了一大批与信用卡套现有关的犯罪案件，也抓获了一些嫌疑人。为了使打击活动长期有效，今年我们和公安部又专门成立了联合整治银行卡违法犯罪办公室，使这项工作成为一个长效机制。

加强技术手段建设，针对当前银行卡领域的犯罪活动，手法不断翻新，手段更加隐蔽，而且出现集团化、专业化、规模化的情形，人民银行要求银联、各商业银行及有关方面加强技术手段建设，从交易排查、协查处理、技术侦测等方面增加投入和培训，提高我们侦测、防范风险的能力。

这次司法解释的出台是一个很好的契机，我们准备利用这个契机，从以下四个方面加大预防和打击银行卡犯罪的活动。

一是针对银行卡市场开展一次专项整治行动，主要对发卡市场和受理市场进行全面排查，针对其中的隐患和不规范的地方，进一步加大管理力度。

二是和有关部门配合，开展一次对广告信息的清理和查处行动，主要是对目前的平面媒体和网络媒体上的有关信用卡方面的广告进行清理，对其中发现的不法信息和不法广告要进行查处。

三是和公安部门配合，针对银行卡领域的犯罪活动，开展一次专项打击行动，这次行动计划为期10个月。

四是利用这次司法解释出台的契机，开展一次大规模的宣传教育活动，让社会各界了解银行卡，正确地使用银行卡，避免不当使用银行卡所带来的损失。

我的汇报完了。

中央电视台记者：请问熊选国副院长，目前我们银行卡犯罪往往与互联网和手机密切联系，这次"两高"出台的司法解释是如何应对这类犯罪的？谢谢！

熊选国：这是一个很好的问题。我们在《解释》制定过程中也注意到了这个问题。近年来，随着银行卡产业的发展与信息技术的进步，信用卡的使用渠道不断拓宽，信用卡诈骗活动的犯罪手段也随之发生了变化，从传统的在自动柜员机上使用他人信用卡，演变为在销售点终端机具、网上支付、电话支付渠道使用他人信用卡或者信用卡信息。

以网上支付、电话支付方式使用他人信用卡，属于以无磁交易方式实施的信用卡诈骗。这种犯罪行为，进行交易时不需要提供信用卡卡片，因此犯罪手段更为隐蔽，危害性更大。

考虑到这种犯罪手段的新变化，司法解释从两个方面对这个问题进行了回应或应对。第一，《解释》第五条有关对"冒用他人信用卡"的解释，把通过窃取、收买、骗取或者以其他非法方式获取他人信用卡信息资料，并通过互联网、通讯终端等使用的行为，作为"冒用他人信用卡"进行诈骗犯罪的一种情形。所以，如果利用互联网或者手机等方式"冒用他人信用卡"这种行为可以按照信用卡诈骗罪来追究刑事责任。

第二,《解释》第三条在解释关于“窃取、收买、非法提供信用卡信息罪”的时候,对于窃取、收买、非法提供他人信用卡信息资料,足以使他人以一张信用卡的持卡人名义进行交易的,也要按照窃取、收买、非法提供信用卡信息罪进行处罚。这种情况实际上也是针对无磁交易的情况,也是针对使用互联网、电话来进行违法交易的情况来进行规定。通过这两个方面的规定,《解释》比较好地解决了利用新技术实施信用卡有关犯罪方面的应对问题。

北京电视台财经频道天下财经记者:请问中国银联的刘廷焕先生,作为中国银行卡的组织,中国银联在加强风险管理、维持持卡人用卡安全方面采取了哪些措施?谢谢!

刘廷焕:你这个问题提得很好,刚才“两高”和人民银行的领导都作了很好的解释,我在这里作一点补充。大家知道,中国银联是一个卡组织,它在特约商户、发卡行和持卡人中间起着重要的纽带和桥梁作用。银行卡的安全和保护持卡人权益,始终是我们在业务发展过程中关注的重点。

中国银联和商业银行一道采取了很多措施,具体可概括为24个字,即:“规则约束、抓住源头、宣传培训、技术监控、信息共享、快速处置”。

首先,规则约束,中国银联联合各主要商业银行成立了行业自律组织,制定实施一系列风险管理规则,从发卡、受理、终端机具的管理、账户信息保护等各个环节加强管理。

其次,抓住源头,中国银联积极提示成员机构从发卡的审批、商户的入网等源头上规范管理制度和操作流程,从而减少漏洞,实现有效的风险控制。同时提示和引导各方有序竞争、规范发展,共同培育一个健康发展的银行卡市场,实现各方的共赢。

第三,宣传培训。中国银联近年来持续联合各商业银行开展“放心用卡、安全支付”宣传活动,帮助广大的持卡人、特约商户加强风险防范意识,掌握基本防范技巧,收到了良好的效果。同时,中国银联定期联合商业银行面向特约商户开展安全受理、伪卡识别等知识培训。

第四,技术监控。中国银联自主开发了一系列风险管理与服务支持系统,借助强大的信息技术手段,协助各商业银行监控、识别各类银行卡风险事件,帮助商业银行及时降低、消除风险隐患。

第五，信息共享。充分发挥银行卡组织的信息资源优势，依托各类风险信息采集共享平台，及时向商业银行提供行业风险报告、风险提示等信息服务，帮助商业银行及时掌握持卡人和商户的风险状况。

第六，快速处置。近年来，中国银联联合境内外警方、成员机构建立了分布广泛的风险联系人网络和应急处理机制，一旦发现风险事件，各方联动，快速调查处理，并惩治违法犯罪分子，尽可能把损失降低到最低点。

我的回答完毕。

南方都市报记者：请问刘先生，目前我们信用卡制作工艺技术水平怎么样，信用卡被复制的可能性大概有多大？我们有无办法从技术上可以防范这种风险？第二个问题请问孙谦副检察长，重庆法院法官乌小青在看守所里自杀了，最高检有无派人去调查，调查的结果如何？前两天昆明好象有一个嫌疑人在羁押场所自杀了，请问，在发生自杀事件以后，在监管场所的这些监控设备究竟有没有起到作用，有无人员涉及到失职渎职行为？

刘廷焕：从银联的组织架构上讲，我们在组织架构上是比较完善的，我们内部专门有业务管理部，还有风险管理部，我们风险管理部的总经理彭桂林今天也到现场了。设立这两个部门，它的主要作用就是要培训、提示、监控各类风险，从而最大限度地防范信用卡案件的发生。我这里有个数字，2009 年，中国银联向各成员银行发出十几万个疑似套现案例的风险提示。

在组织保障上还有另外一个特点，就是建立了风险管理委员会，委员会成员除了我们成员银行内部的风险管理部门，还取得了社会上的其他专业机构的帮助，组成了风险管理委员会。这个风险管理委员会的主要任务就是不断地、随时地研究社会上发生的各类案例，优化银行卡的风险管理规则。这方面我们也收到了很好的效果，仅 2009 年，中国银联协助商业银行一共确认了近三万个套现案例，套现金额达数十亿元，关闭了 800 多家有严重套现商户的 POS 机。

从技术层面讲，我们有功能比较强大的数据中心，就是在上海浦东的金融数据中心，在那里占地有 300 多亩。为了加强风险防范，我们正在研究建立第二代风险管理的技术、系统。这个数据中心的处理能力和防范手段，可以和 VISA、万事达相媲美。

孙谦：你这个问题本来与这次新闻发布会没有直接关系，但是既然你这么关心这方面的问题，我作个简单的回应。

重庆一个法官在看守所自杀，检察机关介入了。具体的报告我没看到，我想说点情况，对你这个问题作个回应。在看守所、监狱等监管场所发生自杀等事件，监管部门肯定是有责任的，因为犯罪嫌疑人或者罪犯，在国家监管下，国家有权力侦查犯罪，改造罪犯，同时也有义务保障他们的安全。因此自杀和非正常死亡，监管部门都有责任。大家可能也从各种媒体看到这一两年来发生在监管场所的一些事件，引起了大家广泛的关注。

保护、保障被监管人员的合法权利，也是人权保障的重要方面。在这方面，检察机关作为法律监督机关，有责任对看守所、监狱的监管改造活动进行法律监督。在今年云南的"躲猫猫"事件之后，从春天开始，我们与公安部一起对看守所的监管活动进行了一次彻底的执法检查。这几年以来，每年都有几十个监管场所的警察被追究渎职的刑事责任。但实事求是地说，无论是看守所、监狱的监管活动，还是检察机关的法律监督，都还有一个需要不断完善和加强的问题，通过检查，我们也发现了一些工作方面的漏洞和制度方面的欠缺，我们将不断地改进和完善。谢谢!

第一财经电视记者：有两个问题想请问央行的李助理。第一个问题，我们看到最近的数据，就是三季度的信用卡数据，发卡量较上年同期有较大回落，但是信用卡坏账却是持续上升，不知道目前的信用卡这种坏账的现状对金融体系冲击有多大？是否在可控的范围之内？第二个问题，昨天国务院常务会议提出了用差别化的金融政策来调控房地产市场，不知道目前央行是否有考虑，这个差别化会体现在什么方面，具体政策什么时候会出台？

李东荣：关于最近反映的一些信用卡坏账率的上升，的确，从最近的情况来看，今天我们介绍银行卡领域里的情况，确实存在一些信用卡半年未偿款率或者延滞率的上升，这是一个事实。但是从出现这种风险和发生真正的损失不是等同的，还没有真正造成损失，未偿款半年到期了，到期之后，持卡人有可能半年后的某一天会还，有可能会还得多一点，有可能还得少一点。所以有风险但不等于有坏账损失。第二个方面，从我们国家目前银行卡的管理来看，我们整个金融机构的内控机制还是比较健全完善的，发生风险的部分跟我们整个信用卡交易比较起来比例是非常小的，不会对银行的正常经营和银行卡健康发展造成威胁。但是我们很重视这个问题，所以在我们发布的支付信息报告里面，我们把这个问题点出来，希望引起社会各界的重视和关注。不论是持卡人还是管理者，还是经营机构，都要重视风险防范问题，我们不要等着问题出了再说，那就晚了。但是我可以很负责任地告诉你，对我们金融体系有关银行卡风险的问题，我们将会控制得很好。

关于你刚才提到的第二个问题，昨天国务院常务会议提出差别化的问题，我也是刚刚听到你说的，所以这个情况我还不是很了解，我建议你会后和我们新闻处联系一下，让他们就你这个问题解答一下。

郭卫民：今天的新闻发布会到此结束。谢谢各位。

最高人民法院关于审理侵犯专利权纠纷案件应用法律若干问题的解释

（法释[2009]21号，2009年12月21日
最高人民法院审判委员会第1480次会议通过）

中华人民共和国最高人民法院公告

《最高人民法院关于审理侵犯专利权纠纷案件应用法律若干问题的解释》已于2009年12月21日最高人民法院审判委员会第1480次会议通过，现予公布，自2010年1月1日起施行。

二〇〇九年十二月二十八日

为正确审理侵犯专利权纠纷案件，根据《中华人民共和国专利法》、《中华人民共和国民事诉讼法》等有关法律规定，结合审判实际，制定本解释。

第一条 人民法院应当根据权利人主张的权利要求，依据专利法第五十九条

第一款的规定确定专利权的保护范围。权利人在一审法庭辩论终结前变更其主张的权利要求的，人民法院应当准许。

权利人主张以从属权利要求确定专利权保护范围的，人民法院应当以该从属权利要求记载的附加技术特征及其引用的权利要求记载的技术特征，确定专利权的保护范围。

第二条　人民法院应当根据权利要求的记载，结合本领域普通技术人员阅读说明书及附图后对权利要求的理解，确定专利法第五十九条第一款规定的权利要求的内容。

第三条　人民法院对于权利要求，可以运用说明书及附图、权利要求书中的相关权利要求、专利审查档案进行解释。说明书对权利要求用语有特别界定的，从其特别界定。

以上述方法仍不能明确权利要求含义的，可以结合工具书、教科书等公知文献以及本领域普通技术人员的通常理解进行解释。

第四条　对于权利要求中以功能或者效果表述的技术特征，人民法院应当结合说明书和附图描述的该功能或者效果的具体实施方式及其等同的实施方式，确定该技术特征的内容。

第五条　对于仅在说明书或者附图中描述而在权利要求中未记载的技术方案，权利人在侵犯专利权纠纷案件中将其纳入专利权保护范围的，人民法院不予支持。

第六条　专利申请人、专利权人在专利授权或者无效宣告程序中，通过对权利要求、说明书的修改或者意见陈述而放弃的技术方案，权利人在侵犯专利权纠纷案件中又将其纳入专利权保护范围的，人民法院不予支持。

第七条　人民法院判定被诉侵权技术方案是否落入专利权的保护范围，应当审查权利人主张的权利要求所记载的全部技术特征。

被诉侵权技术方案包含与权利要求记载的全部技术特征相同或者等同的技术特征的，人民法院应当认定其落入专利权的保护范围；被诉侵权技术方案的技术特征与权利要求记载的全部技术特征相比，缺少权利要求记载的一个以上的技术特征，或者有一个以上技术特征不相同也不等同的，人民法院应当认定其没有落入专利权的保护范围。

第八条 在与外观设计专利产品相同或者相近种类产品上，采用与授权外观设计相同或者近似的外观设计的，人民法院应当认定被诉侵权设计落入专利法第五十九条第二款规定的外观设计专利权的保护范围。

第九条 人民法院应当根据外观设计产品的用途，认定产品种类是否相同或者相近。确定产品的用途，可以参考外观设计的简要说明、国际外观设计分类表、产品的功能以及产品销售、实际使用的情况等因素。

第十条 人民法院应当以外观设计专利产品的一般消费者的知识水平和认知能力，判断外观设计是否相同或者近似。

第十一条 人民法院认定外观设计是否相同或者近似时，应当根据授权外观设计、被诉侵权设计的设计特征，以外观设计的整体视觉效果进行综合判断；对于主要由技术功能决定的设计特征以及对整体视觉效果不产生影响的产品的材料、内部结构等特征，应当不予考虑。

下列情形，通常对外观设计的整体视觉效果更具有影响：

（一）产品正常使用时容易被直接观察到的部位相对于其他部位；

（二）授权外观设计区别于现有设计的设计特征相对于授权外观设计的其他设计特征。

被诉侵权设计与授权外观设计在整体视觉效果上无差异的，人民法院应当认定两者相同；在整体视觉效果上无实质性差异的，应当认定两者近似。

第十二条 将侵犯发明或者实用新型专利权的产品作为零部件，制造另一产品的，人民法院应当认定属于专利法第十一条规定的使用行为；销售该另一产品的，人民法院应当认定属于专利法第十一条规定的销售行为。

将侵犯外观设计专利权的产品作为零部件，制造另一产品并销售的，人民法院应当认定属于专利法第十一条规定的销售行为，但侵犯外观设计专利权的产品在该另一产品中仅具有技术功能的除外。

对于前两款规定的情形，被诉侵权人之间存在分工合作的，人民法院应当认定为共同侵权。

第十三条 对于使用专利方法获得的原始产品，人民法院应当认定为专利法

第十一条规定的依照专利方法直接获得的产品。

对于将上述原始产品进一步加工、处理而获得后续产品的行为，人民法院应当认定属于专利法第十一条规定的使用依照该专利方法直接获得的产品。

第十四条　被诉落入专利权保护范围的全部技术特征，与一项现有技术方案中的相应技术特征相同或者无实质性差异的，人民法院应当认定被诉侵权人实施的技术属于专利法第六十二条规定的现有技术。

被诉侵权设计与一个现有设计相同或者无实质性差异的，人民法院应当认定被诉侵权人实施的设计属于专利法第六十二条规定的现有设计。

第十五条　被诉侵权人以非法获得的技术或者设计主张先用权抗辩的，人民法院不予支持。

有下列情形之一的，人民法院应当认定属于专利法第六十九条第（二）项规定的已经作好制造、使用的必要准备：

（一）已经完成实施发明创造所必需的主要技术图纸或者工艺文件；

（二）已经制造或者购买实施发明创造所必需的主要设备或者原材料。

专利法第六十九条第（二）项规定的原有范围，包括专利申请日前已有的生产规模以及利用已有的生产设备或者根据已有的生产准备可以达到的生产规模。

先用权人在专利申请日后将其已经实施或作好实施必要准备的技术或设计转让或者许可他人实施，被诉侵权人主张该实施行为属于在原有范围内继续实施的，人民法院不予支持，但该技术或设计与原有企业一并转让或者承继的除外。

第十六条　人民法院依据专利法第六十五条第一款的规定确定侵权人因侵权所获得的利益，应当限于侵权人因侵犯专利权行为所获得的利益；因其他权利所产生的利益，应当合理扣除。

侵犯发明、实用新型专利权的产品系另一产品的零部件的，人民法院应当根据该零部件本身的价值及其在实现成品利润中的作用等因素合理确定赔偿数额。

侵犯外观设计专利权的产品为包装物的，人民法院应当按照包装物本身的价值及其在实现被包装产品利润中的作用等因素合理确定赔偿数额。

第十七条　产品或者制造产品的技术方案在专利申请日以前为国内外公众所知的，人民法院应当认定该产品不属于专利法第六十一条第一款规定的新产品。

第十八条 权利人向他人发出侵犯专利权的警告，被警告人或者利害关系人经书面催告权利人行使诉权，自权利人收到该书面催告之日起一个月内或者自书面催告发出之日起二个月内，权利人不撤回警告也不提起诉讼，被警告人或者利害关系人向人民法院提起请求确认其行为不侵犯专利权的诉讼的，人民法院应当受理。

第十九条 被诉侵犯专利权行为发生在2009年10月1日以前的，人民法院适用修改前的专利法；发生在2009年10月1日以后的，人民法院适用修改后的专利法。

被诉侵犯专利权行为发生在2009年10月1日以前且持续到2009年10月1日以后，依据修改前和修改后的专利法的规定侵权人均应承担赔偿责任的，人民法院适用修改后的专利法确定赔偿数额。

第二十条 本院以前发布的有关司法解释与本解释不一致的，以本解释为准。

附录：最高人民法院知识产权庭负责人就《解释》答记者问

问：请介绍一下专利司法解释起草的情况和背景。

答：自1985年以来，人民法院的专利审判工作经历了20多年的发展历程，积累了比较丰富的审判经验。最高人民法院于2001年发布《关于审理专利纠纷案件适用法律问题的若干规定》，该司法解释在明确审判标准、配合我国加入世界贸易组织等方面发挥了重要作用。为进一步研究专利审判实践中的突出问题，最高人民法院曾于2003年3月启动关于"专利侵权判定基准"的调研工作，形成了70条的专利司法解释草稿，并征求了有关法院、专家学者及社会公众的修改意见。后因专利法的第三次修改，2003年司法解释稿的起草工作暂时停止。

2008年6月5日，国务院发布《国家知识产权战略纲要》，决定实施国家知识产权战略。及时出台司法解释和司法政策、建立健全知识产权相关诉讼制度，成为人民法院贯彻国家知识产权战略纲要的重要任务之一。2008年12月27日，第十一届全国人民代表大会常务委员会第六次会议审议通过了《关于修改〈中华人民共和国专利法〉的决定》。修改后的专利法于2009年10月1日起施行。2003年司法解释稿的部分内容在这次专利法修改中被吸收。

根据新形势、新任务和我国知识产权保护的实际情况，为进一步落实建设创新型国家、实施知识产权战略的工作要求，正确贯彻和准确实施专利法的相关规定精神，充分发挥司法保护知识产权的主导作用，妥善处理侵犯专利权纠纷案件，依法保护当事人合法权益，我们于2009年1月恢复了专利法司法解释的起草工作，并列入最高人民法院2009年度司法解释第一档立项计划。最高人民法院知识产权庭组织成立了由部分高级人民法院参加的课题组，对审判实践中的突出问题和新情况进行专题调研。在此基础上，于2009年3月完成初稿，后十易其稿，于2009年6月18日向社会公开征求意见，同时征求中央有关部门以及各高级法院的意见。专利法司法解释的起草引起了国内外的高度关注，中华全国律师协会知识产权专业委员会、中国药品研发协会以及美国、日本、欧洲专利局等提出了修改建议，通过互联网反馈的修改意见也多达200余条。在综合各方意见的基础上，又经反复讨论修改，形成送审稿，提请最高人民法院审判委员会审议。

问：专利司法解释的起草遵循了什么基本思路？

答：为保证司法解释符合立法本意，符合中国国情，有利于激励自主创新，我们在起草过程中，注意贯彻以下指导原则：一是依法解释的原则。立足司法解释的功能定位，严格依照专利法、民事诉讼法等法律进行解释，秉承立法精神，坚持立法本意，细化法律规定；二是利益平衡的原则。一方面，从我国当前经济社会和科技文化发展的实际状况出发，以国家战略需求为导向，切实保护创新成果和创新权益，促进企业提高自主创新能力，激励科技创新和经济发展。另一方面，严格专利权利要求的解释，准确确定专利权保护范围，充分尊重权利要求的公示性和划界作用，防止不适当地扩张专利权保护范围、压缩创新空间、损害创新能力和公共利益；三是针对性和可操作性的原则。紧贴专利审判实践中的基础性、普遍性法律适用问题，总结和明确多年来成熟的审判经验，不贪大求全，对于尚未形成普遍共识的问题暂不规定，切实为审判实践提供统一的裁判依据。

司法解释涉及当前专利侵权审判中的主要法律适用问题，包括：发明、实用新型专利权保护范围的确定以及侵权判定原则，外观设计专利侵权的判定原则，现有技术抗辩以及先用权抗辩的适用，确认不侵权诉讼的受理等。

问：专利司法解释用较大篇幅规定专利权保护范围的问题，是出于何种考虑？

答：专利权的保护范围，是专利权的权利边界，是专利法上重要的基础性概念。我国专利法第五十九条第一款规定，专利权的保护范围以权利要求的内容为准。因此，权利要求内容的解释过程，就是专利权保护范围的确定过程。权利要求解释尺度的宽严直接决定专利权保护范围的大小，影响专利权人与社会公众之间的利益关系。

司法解释的第一条至第四条均涉及专利权保护范围的确定问题。第一条是关于确定依据的规定，明确了权利人可以在一审法庭辩论终结前选择具体一项或多项权利要求，以确定其诉称的被诉侵权技术方案所落入的专利权保护范围。之所以如此规定，是因为每一项权利要求都是一个完整的技术方案，权利人选择何项权利要求作为其主张的专利权保护范围的依据，是权利人对自己权利的处分。具体地说，专利法第五十九条第一款规定的"权利要求"并非仅指独立权利要求，因此，权利人选择从属权利要求作为确定专利权保护范围的依据，不违反法律；又因从属权利要求所限定的专利权保护范围小于独立权利要求或者被引用的权利要求所限定的专利权保护范围，故权利人选择从属权利要求主张权利，也不损害社会公众利益。

为避免因权利要求的随意变更而导致诉讼秩序的混乱，参照民事诉讼法司法解释关于变更诉讼请求的规定，该条将权利人变更其主张的权利要求的时间界定为一审法庭辩论终结前。亦即，对于一审法庭辩论终结后的变更，不予准许。但是，这并不影响权利人根据其他权利要求另行提起诉讼。

第二条是从宏观层面明确了折衷解释的原则。权利要求的解释，应当既合理地保护专利权人的利益，又使社会公众能够比较清楚地确定专利权的边界。

第三条是从微观层面规定了权利要求解释的具体操作指南。说明书及附图、权利要求书的相关权利要求都是专利授权文件的组成部分，其与权利要求的关系最为密切，通常是澄清争议用语的最佳指南。此外，专利审查档案虽然不是专利授权文件的组成部分，但公众可以查阅，且权利要求用语在专利审查过程中和侵权诉讼中应当具有相同的含义，因此，专利审查档案对于权利要求也具有重要的解释作用。当然，这并不意味着，权利要求的解释必须运用上述全部的解释手段。若运用说明书即可明确权利要求的含义，则无需再借助其他的解释手段。

第四条是关于功能性特征解释的规定。在权利要求中，有些技术特征难以用结构特征表述，而不得不采用功能或者效果的表述方式。由于其字面含义本身较为宽泛，因此，应当结合具体实施方式及其等同实施方式进行解释。这样，既可以给专利权人提供合理的保护，同时又能确保社会公众利益不受侵害。

问：专利侵权判定是专利审判实践中的难点和重点问题，专利司法解释对该问题作了比较系统的规定，如何把握这些规定？

答：2001 年 7 月 1 日施行的《最高人民法院关于审理专利纠纷案件适用法律问题的若干规定》确立了专利侵权判定中的等同原则，同时明确，专利权的保护范围不仅包括权利要求记载的技术特征所确定的范围，还包括等同特征所确定的范围。

本次司法解释对等同原则的适用规则又作了进一步的明确和完善。一是第五条的规定，即专利法理论上的捐献规则。该规则是指，对于说明书记载而权利要求未记载的技术方案，视为专利权人将其捐献给社会公众，不得在专利侵权诉讼中主张上述已捐献的内容属于等同特征所确定的范围。捐献规则实质上是对等同原则适用的一种限制。之所以如此规定，是考虑到以下情形：专利申请人有时为了容易获得授权，权利要求采用比较下位的概念，而说明书及附图又对其扩张解释。专利权人在侵权诉讼中主张说明书所扩张的部分属于等同特征，从而不适当地扩大了专利权的保护范围。实际上，这是一种"两头得利"的行为。专利制度的价值不仅要体现对专利权人利益的保护，同时也要维护权利要求的公示作用。因此，捐献规则的确立，有利于维护权利要求书的公示性，平衡专利权人与社会公众的利益关系；二是第六条的规定，即专利法理论上的禁止反悔规则。该规则也是对等同原则适用的一种限制。专利权人对其在授权或无效宣告程序中已放弃的内容，不能通过等同原则的适用再纳入专利权的保护范围。为增强操作性，该条强调的是，专利申请人、专利权人客观上所作的限制性修改或者意见陈述。至于该修改或者陈述的动因、与专利授权条件是否有因果关系以及是否被审查员采信，均不影响该规则的适用。

第七条规定了专利侵权判定的基本方法，即专利法理论上的"全面覆盖原则"。

只要被诉侵权技术方案的技术特征包含了专利权保护范围的技术特征,即认定其落入了专利权的保护范围。被诉侵权技术方案是否包括其他增加的技术特征,在所不问。

针对争议较多的应否适用多余指定原则的问题,第七条第一款明确规定,应当审查权利人主张的权利要求所记载的全部技术特征,从而否定了所谓的"多余指定原则"。之所以如此规定,是出于以下考虑:权利要求书的作用是确定专利权的保护范围。即通过向公众表明构成发明或者实用新型的技术方案所包括的全部技术特征,使公众能够清楚地知道实施何种行为不会侵犯专利权。只有对权利要求书所记载的全部技术特征给予全面、充分的尊重,社会公众才不会因权利要求内容不可预见的变动而无所适从,从而保障法律权利的确定性。

问:专利司法解释关于判断外观设计近似的规定,适用时应注意哪些问题?

答:我国外观设计专利权所保护的外观设计必须以产品为载体,而非脱离产品的外观设计。专利权人通过消费者对其专利产品的认可而获得利益回报。因此,关于侵权诉讼中外观设计近似性的判断,应当基于一般消费者的知识水平和认知能力,根据外观设计的全部设计特征,以外观设计的整体视觉效果进行综合判断。

第十一条第一款规定的是"整体观察"的对象,即对于外观设计的全部设计特征,都应予考虑。但因外观设计专利保护的是外观,故将功能性特征以及视觉无法直接观察到的非外观特征排除在外。第二款规定的是"综合判断"的考虑因素,通常情况下,主视部分及设计创新部分对外观设计的整体视觉效果更具有影响。第三款规定的是综合判断的标准,即在考察设计特征对外观设计整体视觉效果影响程度的基础上,综合判断不同外观设计的整体视觉效果有无实质性差异。若授权外观设计与被诉侵权设计的整体视觉效果没有实质性的差异,则认为两外观设计构成近似。

外观设计专利实质上保护的是授权图片所显示的产品的外观,而非发明或实用新型专利权所保护的技术方案。因此,判断外观设计是否相似,不能简单地套用发明或实用新型专利侵权判定的规则,而应审查一般消费者对不同外观设计的整体视觉效果是否混同。为与商标法上的混淆概念相区别,该条采用“整体视觉效果无实质性差异”的措辞。

问:关于零部件侵权行为,司法解释是如何规定的?

答:根据专利法第七十条的规定,专利侵权产品的使用者在一定条件下可以不承担赔偿责任,而制造者则不能免除赔偿责任。所以,区分制造与使用,具有一定的法律意义。对于将专利侵权产品作为另一产品零部件的情形,司法实践中有两种观点:一是视为"制造",二是视为"使用"。由于被诉侵权人制造的是该另一产品,对专利侵权产品本身没有制造行为,因此,司法解释第十二条将其界定为使用行为。由于外观设计专利侵权行为不包括使用行为,因此,将侵犯外观设计专利权的产品作为零部件,制造该另一产品并销售的,归入销售行为的范畴。但因外观设计专利权保护的是产品的外观,若零部件在最终产品的正常使用中只具有技术功能作用,而不产生视觉效果,则上述行为不能认定为销售。此与司法解释第十一条第一款的规定是相呼应的。第三款是前两款的但书。前两款针对的是,专利侵权产品的制造者与该另一产品制造者之间是正常的买卖关系。如果两者有分工协作的情形,则属于共同实施了制造行为,依照民法通则司法解释第 148 条第一款追究其共同侵权责任。

问:现有技术抗辩是专利法第三次修改增加的新规定,专利司法解释也作了相应的解释,如何理解和适用?

答:现有技术抗辩、现有设计抗辩,是本次专利法修改新增加的一项制度,是被诉侵权人用于对抗专利权人侵权指控的一种不侵权抗辩,该制度的理论基础是,专利权的保护范围不得包括现有技术。专利法第六十二条规定,在专利侵权纠纷中,被控侵权人有证据证明其实施的技术或者设计属于现有技术或者现有设计的,不构成侵犯专利权。关于如何确定被诉侵权人实施的技术属于现有技术,本司法解释从操作性的角度出发,将被诉落入专利权保护范围的技术特征,而非被诉侵权人实施技术的全部技术特征,与一项现有技术的相应技术特征进行对比。如果两者相同或者无实质性差异,则可以认定被诉侵权人实施的技术属于现有技术,从而免除其侵权责任。这样可以节约程序,有利于及时定分止争,保护当事人的合法权益。

问:司法解释第十五条为什么要求先用权人在申请日后将技术或设计与原有企业一并转让或者承继?

答:专利制度采用申请在先原则,即专利权只授予第一个向授权机关提出专利申请的人。先用权制度旨在弥补申请在先制度的缺陷。但是,为了合理平衡先用权人与专利权人之间的利益关系,如果先用权人在申请日后将其技术另行转让或许可他人实施,就会增加市场上新的竞争者,有损专利权人的独占权。因此,本司法解释规定,在申请日后,先用权人只能将其已实施或作好实施必要准备的技术、设计,与原有企业一并转让或者承继。亦即,对于先用权人在申请日前的转让、许可行为,并无此限制。此外,根据该条第一款的规定,被诉侵权人主张先用权抗辩的技术或者设计,不能是非法获得的,而应自己研发或者合法受让的。

问:司法解释第十六条为什么规定"因其他权利所产生的利益,应当合理扣除"?

答:针对专利侵权产品中存在多个专利权或者既有专利权又有商标权的实际情况,在侵犯其中一个或者部分专利权的诉讼中,不宜根据该产品的全部利润确定侵权人的获利,而应当限于侵权人因侵犯本案专利权所获得的利益。

问:如何理解司法解释第十七条规定的"新产品"?

答:新产品如何界定,直接影响新产品方法专利侵权诉讼中举证责任倒置规则的适用。为统一新产品的界定标准,该条规定,产品本身或者制造产品的技术方案,在专利申请日以前为国内外公众所知的,该产品则不属于新产品。

问:确认不侵权诉讼制度是第一次在司法解释中明确,如何掌握?

答:最高人民法院曾于 2002 年 7 月 12 日就某请示案作出[2001]民三他字第 4 号批复,引入了知识产权领域的确认不侵权制度。为进一步规范和完善确认不侵权诉讼制度,防止被告动辄提起确认不侵权之诉,在总结审判经验的基础上,司法解释第十八条规定了提起此类诉讼的具体条件,特别是被警告人或其利害关系人的书面催告义务。

需要注意的是,当事人提起确认不侵权之诉,除符合本条的规定外,还需符合民事诉讼法第一百零八条规定的起诉条件。

问:关于持续跨越 2009 年 10 月 1 日的被诉侵犯专利权行为,如何适用专利法?

答:对于持续跨越 2009 年 10 月 1 日的被诉侵权行为,以专利法生效日为界,分别适用所属时段的专利法判断专利侵权是否成立。

关于赔偿数额的确定，修改前的专利法没有规定法定赔偿制度，《最高人民法院关于审理专利纠纷案件适用法律问题的若干规定》进行了填补性解释，在很大程度上有效解决了赔偿数额计算难的问题。这次修改后的专利法肯定了这一司法实践已普遍适用的制度，并适当提高了赔偿额度，最低数额由5000元增加至1万元，最高数额也由50万元增加至100万元。鉴于此，为体现加大赔偿力度，对于持续跨越2009年10月1日的被诉侵权行为，依据修改前、后专利法的规定，侵权人均应承担赔偿责任的，一并适用修改后的专利法确定赔偿数额，而不以生效日为界分别适用所属时段的专利法。

第二部分　最高人民法院司法文件

最高人民法院关于印发《二〇〇九年最高人民法院工作要点》的通知

（法发[2009]1号）

各省、自治区、直辖市高级人民法院，解放军军事法院，新疆维吾尔自治区高级人民法院生产建设兵团分院：

现将最高人民法院制定的《二〇〇九年人民法院工作要点》印发给你们，请结合各地的实际情况，认真贯彻执行。执行中有何问题，请及时报告我院。

二〇〇九年一月八日

二〇〇九年人民法院工作要点

2009年是新中国成立60周年，是推进“十一五“规划顺利实施、全面应对国际金融危机、实现经济社会又快又好发展的关键一年。人民法院工作的总体要求是：以党的的十七大精神为指导，高举中国特色社会主义伟大旗帜，深入贯彻落实科学发展观，坚持“三个至上“的重要指导思想，紧紧围绕党中央、国务院关于促进经济平稳较快发展的重大部署开展审判执行工作，紧紧围绕司法为民的要求维护人民群众合法权益，紧紧围绕确保公正廉洁司法的要求加强人民法院队伍建设，紧紧围绕落实中央关于深化司法体制和工作机制改革的意见推进司法改革，紧紧围绕实现人民法院工作的整体发展价钱个基层基础建设，更好地服务经济社会科学发展，更好地实现人民法院自身的科学发展。经全国高级法院院长会议讨论，确定二〇〇九年人民法院工作要点如下：

一、深入学习时间科学发展观，努力践行“三个至上“指导思想

1.认真开展深入学习实践科学发展观活动。认真贯彻落实中央政法委《关于

深入学习实践科学发展观解决政法工作突出问题的意见》,进一步把开展深入学习实践科学发展观活动摆在突出位置,在提高思想认识的基础上,重点对照《意见》的要求,深入查找本单位、本部门存在的问题,逐一制定、落实政策方案,解决人民法院工作和党性党风党纪等方面群众反映强烈的突出问题,转变执法理念,提高执法能力,改进执法作风,创新体制机制,推动人民法院事业科学发展。

2.深入开展社会主义法治理念教育活动。认真贯彻落实中央政法委《关于深入开展社会主义法治理念教育的意见》,紧密结合深入学习实践科学发展观活动和“大学习、大讨论“活动,坚持不懈地开展中国特色社会主义理论体系的教育,确保人民法院干警始终坚持中国特色社会主义的政治方向。努力践行“三个至上”的重要指导思想,进一步深化对人民法院工作指导思想的认识,正确理解和处理“三个至上“与执法办案的关系,认真贯彻以事实为依据、以法律为准绳的裁判原则,最大限度地实现法律效果与社会效果的统一。加强司法理论研究,有组织、有计划研究一系列事关人民司法事业长远发展的重大理论和实践问题。

二、围绕党和国家工作大局,为经济平稳较快发展提供有力司法保障

3.积极审慎处理因国际金融危机引发的各类案件。按照党中央、国务院关于扩大国内需求、保持经济平稳较快增长以及整顿市场经济秩序的决策部署,深入研究国家有关政策措施实施中遇到的法律问题,特别要密切关注因金融危机引发的企业兼并、重组、破产、劳动争议以及合同不能履行、执行不能等案件纠纷,研究采取稳妥慎重的处理办法,协调和配合做好职工安置、工资发放、债权债务处理等工作,减少由此造成的经济、社会风险。会同有关部门开展对经济领域不稳定不确定因素的排查工作;及时向有关方面提出预防和解决问题的司法建议。处理好由国际贸易争端引发的案件,维护国家利益和企业利益。认真贯彻最高人民法院《关于为维护国家金融安全和经济全面协调可持续发展提供司法保障和法律服务的若干意见》,结合本地实际,在依法保障金融债权、制裁金融违法违规行为、依法保障企业发展、依法规范经济秩序等方面提出具体的落实措施。

4.为推进农村改革发展战略提供司法服务。认真贯彻中央关于推进农村改革发展的政策措施,研究解决审判执行工作中涉及“三农“问题出现的各种新情况。认真贯彻最高人民法院《关于为推进农村改革发展提供司法保障和法律服务的若干意见》,及时、主动、有效地为“三农“工作搞好司法服务。依法处理好涉及农村基

本经营制度、土地管理制度以及农业科技创新、农业社会化服务体系、农村公共事业建设、农民权益保障等方面的案件，特别要依法处理好土地确权登记、土地承包经营权流转、林权改革等过程中发生的案件，为推进农村改革发展提供有力的保障。充分考虑农村社会现状，以农民群众听得懂、能接受的方式方法妥善处理案件，特别是要发挥人民法庭面向农村、贴近人名群众的优势，依法审理好各类涉农案件，确保取得良好的办案效果。

5. 充分发挥司法保护知识产权的主导作用。要认真贯彻实施《国家知识产权战略纲要》，抓紧完善《人民法院贯彻实施〈国家知识产权战略纲要〉的若干意见》，积极探索符合知识产权特点的审判组织配置模式，妥善处理好各类知识产权案件，依法制裁侵犯知识产权的行为，充分发挥司法保护知识产权的主导作用，努力营造鼓励创新的司法环境。

6. 认真研究解决各种新类型案件。要坚决贯彻节约资源和保护环境的基本国策，依法处理好有关资源开发、环境保护等方面的案件，有效制裁浪费资源、污染环境等违法犯罪行为，推动节能减排工作的开展，促进人与自然的和谐发展。深入研究因经济利益关系调整和民生等问题引发的群体性纠纷和各种社会公共事件的法律应对问题，要妥善处理进司法程序的各种新类型案件，确保取得良好的办案效果。

三、充分发挥审判职能，确保国家安全和社会稳定

7. 进一步贯彻宽严相济的刑事政策。充分考虑社会治安形势与人民群众的安全感，进一步细化宽严相济的适用标准，做好《人民法院量刑指导意见》的试点与推广工作。制定《最高人民法院关于审理死刑案件审查判断证据若干问题的意见（试行）》，根据各地区不同特点，加强分类指导，统一裁判标准，完善死刑复核程序。完善打击危害国家安全犯罪、恐怖犯罪和涉外犯罪的审判工作机制，加大对黑恶势力犯罪、严重暴力犯罪、多发性侵财犯罪、涉众型经济犯罪、毒品犯罪的打击力度。制定《办理黑社会性质组织具体应用法律的指导意见》，完善对黑社会性质组织案件的审理工作。积极参与关系人民健康和国计民生的重要产品专项整治和打假活动，做好相关刑事案件的审理工作，并及时公之于众。会同有关部门研究打击非法集资、传销、地下“六合彩“等涉众型犯罪中存在的法律问题，提出完善有关法律规

定的意见建议。对于涉及受害群众比较多的案件，要提前制定处理处置预案。妥善处理民事赔偿和量刑的关系，既要加大对刑事被害人的保护力度，也要防止对罪行极其严重的犯罪分子不顾社会影响面片面以赔偿被害人损失为由从轻处罚。

8.认真贯彻"调解优先、调判结合"的司法原则。加强和规范司法调解工作，积极总结调解经验，对调解的阶段和主体、司法调解与人民调解的对接、调解与判决的协调、刑事附带民事案件的调解、轻微刑事案件的和解等作出具体规定。进一步推进行政审判协调工作。积极探索立案调解的规定，制定《关于人民法院立案调解工作若干问题的规定》。积极参与不同矛盾化解机制之间的协调、配合、衔接、整合社会资源，探索建立健全多元纠纷解决机制。

四、高度关注民生，着力解决好人民法院工作中涉及群众利益的难点热点问题

9.着力解决好执行难问题。加强和规范执行工作，下大力气组织开展好集中清理执行积案活动。探索建立单位政法委组织协调、人民法院主办、有关部门联动、社会各界参与的执行工作长效机制。做好 2009 年 10 月向全国人大报告民事执行工作的专题报告。修改完善全国法院执行案件信息管理系统，深入推进执行联动威慑机制建设。

10.认真做好涉诉信访工作。完善信访案件的接待、分流、处理工作机制，妥善解决群众信访中反映的突出问题；落实诉访分离制度，探索建立在党委领导下的信访案件中衔接机制；加强源头治理，提高司法水平，努力从根本上预防和减少涉诉信访案件的发生；会同有关部门完善对上访人的教助基金制度。

11.尝试建立司法协调网络。探索实现司法专业化和大众化相结合的新途径，在地方党委政法委的支持下，基层法院可以聘请乡村、社区一些德高望重、热心服务、能力较强的群众担任司法协调员，协助人民法院化解社会矛盾，代表人民群众反映意见，建立遍布整个乡村社区的司法协调网络。

五、坚持与时俱进，进一步推进司法改革

12.全面贯彻落实中央《关于深化司法体制和工作机制改革若干问题的意见》。根据中央的部署，进一步推进司法改革，最高人民法院要抓紧完善下发《关于深化人民法院司法体制和工作机制改革的实施意见》。各级人民法院要按照中央的总体部署和最高人民法院的统一要求，根据本地实际情况，制定出具体改革方案和实

施步骤，严格落实责任，列出具体时间表，务必达到预期目标。在贯彻落实过程中，要优化司法职权配置，研究加强内外监督制约的措施；要落实宽严相济刑事政策，提高打击能力的同时减少社会对抗；要加强人民法院队伍建设，努力解决中西部地区法官短缺问题，建立健全人民法院干警每年定期集中培训制度，关心干警的成长进步；要加强人民法院经费保障，配合相关部门研究确定人民法院系统经费保障的范围和责任。最高人民法院和各级高级人民法院要加强对下级人民法院司法体制和共组机制改革工作的监督与指导，同时做好检查评估、督促协调、信息反馈工作。

六、加强反腐倡廉建设，提高人民发法院公信力

13.建立并严格执行有关反腐倡廉的制度规定。建立反腐倡廉教育制度，深入开展先进典型教育和警示教育，尤其是要用发生在身边的违纪违法典型案例教育广大干警。认真执行"五个严禁"的规定。凡违反"五个严禁"规定的干警，对不适宜继续从事审判、执行工作的，要坚决调离岗位；对情节严重的，坚决依纪依法处理，切实做到令行禁止，有效预防腐败现象。加大落实党风廉政建设责任制的力度，把党风廉政建设和反腐倡廉工作纳入本单位总体工作规划，建立"一级抓一级、层层抓落实"的工作格局。

七、深入贯彻中央决定精神，努力提高司法保障水平

14.会同有关部门督促检查中央关于加强"两院"工作决定的落实情况。在中央政法委的统一领导下，最高人民法院会同中央相关部门对地方贯彻落实中央关于加强"两院"工作决定，支持人民法院加强队伍建设，增加政法专项编制和机动编制，制定人民法院经费保障标准等情况进行督促检查。

八、加强人民法院宣传工作和司法文化建设，树立人民法院良好形象

15.加强人民法院的宣传工作。建立人民法院宣传工作协调机制，整合全国法院宣传力度，进一步落实《人民法院新闻发布制度》，加强与主流媒体的联络沟通，拓宽宣传渠道，大力宣传人民法院工作中的好经验、好做法、好人物，好事迹，树立新时期人民法院和人民法官的良好形象。

16.加强人民法院文化建设。结合开展"学习型、团结型、创新型"机关创建活动，制定共组方案，开展丰富多彩的司法文化建设活动，认真做好人民法院六十周

年纪念活动筹备工作。

做好人民法院2009年的各项工作，各级人民法院必须自觉接受党的领导、人大监督、政协民主监督、检查法律监督和社会监督，始终坚持“三个至上“的重要指导思想，进一步增强忧患意识，发扬求真务实的工作作风，为确保经济平稳较快发展、社会和谐稳定提供有力的司法保障。

最高人民法院印发《关于“五个严禁”的规定》和《关于违反“五个严禁”规定的处理办法》的通知

（法发[2009]2号）

全国地方各级人民法院、各级军事法院、各铁路运输中级法院和基层法院、各海事法院，新疆生产建设兵团各级法院：

最高人民法院《关于“五个严禁”的规定》和《关于“五个严禁”的规定及违反规定的处理办法》已经最高人民法院党组讨论通过，现印发给你们，请认真执行。

二○○九年一月八日

最高人民法院关于“五个严禁”的规定

（2009年1月8日起施行）

一、严禁接受案件当事人及相关人员的请客送礼；

二、严禁违反规定与律师进行不正当交往；

三、严禁插手过问他人办理的案件；

四、严禁在委托评估、拍卖等活动中徇私舞弊；

五、严禁泄露审判工作秘密。

人民法院工作人员凡违反上述规定，依纪依法追究纪律责任直至刑事责任。从事审判、执行工作的，一律调离审判、执行岗位。

最高人民法院关于违反“五个严禁”规定的处理办法

第一条 为了严肃人民法院工作纪律、确保“五个严禁”规定落到实处，特制定本办法。

第二条 “五个严禁”规定所称“接受案件当事人及相关人员的请客送礼”，是指接受案件当事人、辩护人、代理人以及受委托从事审计、评估、拍卖、变卖、鉴定或者破产管理等单位人员的钱物、请吃、娱乐、旅游以及其他利益的行为。

第三条 “五个严禁”规定所称“违反规定与律师进行不正当交往”，是指违反最高人民法院、司法部《关于规范法官和律师相互关系维护司法公正的若干规定》以及最高人民法院的相关制度规定，与律师进行不正当交往的行为。

第四条 “五个严禁”规定所称“插手过问他人办理的案件”，是指违反规定插手、干预、过问、打听他人办理的案件，或者向案件承办单位(部门)的领导、合议庭成员、独任审判人员或者其他辅助办案人员打招呼、说情等行为。

第五条 “五个严禁”规定所称“在委托评估、拍卖等活动中徇私舞弊”，是指在委托审计、评估、拍卖、变卖、鉴定或者指定破产管理人等活动中徇私情、谋私利，与相关机构和人员恶意串通、弄虚作假、违规操作等行为。

第六条 “五个严禁”规定所称“泄露审判工作秘密”，是指违反规定泄露合议庭或者审判委员会讨论案件的具体情况及其他审判、执行工作秘密的行为。

第七条 人民法院行政编制、事业编制人员违反“五个严禁”规定之一的，要依纪依法追究纪律责任直至刑事责任；从事审判、执行工作的，一律调离审判、执行岗位。人民法院聘用制人员违反“五个严禁”规定之一的，一律解除聘用合同。

第八条 人民法院工作人员违反“五个严禁”规定的线索，由人民法院纪检监察部门统一管理，人民法院其他部门接到群众举报或者自行发现线索后，应当及时移送纪检监察部门。

第九条 人民法院纪检监察部门要按照管辖权限及时对违反“五个严禁”规定的线索进行检查。一经核实，需要调离审判、执行岗位的，应当及时提出处理意见报院党组决定。

第十条 人民法院政工部门根据院党组的决定，对违反“五个严禁”规定的人员履行组织处理手续。

第十一条　需要对违反“五个严禁”规定的人员追究纪律责任的，由人民法院纪检监察部门和机关党组织分别按照程序办理；需追究刑事责任的，由纪检监察部门负责移送相关司法部门。

第十二条　违反“五个严禁”规定受到处理的人员，当年考核等次应当确定为不称职。

第十三条　本办法由最高人民法院负责解释。

第十四条　本办法自颁布之日起施行。

最高人民法院 最高人民检察院关于办理职务犯罪案件认定自首、立功等量刑情节若干问题的意见

（法发[2009]13 号）

为依法惩处贪污贿赂、渎职等职务犯罪，根据刑法和相关司法解释的规定，结合办案工作实际，现就办理职务犯罪案件有关自首、立功等量刑情节的认定和处理问题，提出如下意见：

一、关于自首的认定和处理

根据刑法第六十七条第一款的规定，成立自首需同时具备自动投案和如实供述自己的罪行两个要件。犯罪事实或者犯罪分子未被办案机关掌握，或者虽被掌握，但犯罪分子尚未受到调查谈话、讯问，或者未被宣布采取调查措施或者强制措施时，向办案机关投案的，是自动投案。在此期间如实交代自己的主要犯罪事实的，应当认定为自首。

犯罪分子向所在单位等办案机关以外的单位、组织或者有关负责人员投案的，应当视为自动投案。

没有自动投案，在办案机关调查谈话、讯问、采取调查措施或者强制措施期间，犯罪分子如实交代办案机关掌握的线索所针对的事实的，不能认定为自首。

没有自动投案，但具有以下情形之一的，以自首论：(1)犯罪分子如实交代办案

机关未掌握的罪行,与办案机关已掌握的罪行属不同种罪行的;(2)办案机关所掌握线索针对的犯罪事实不成立,在此范围外犯罪分子交代同种罪行的。

单位犯罪案件中,单位集体决定或者单位负责人决定而自动投案,如实交代单位犯罪事实的,或者单位直接负责的主管人员自动投案,如实交代单位犯罪事实的,应当认定为单位自首。单位自首的,直接负责的主管人员和直接责任人员未自动投案,但如实交代自己知道的犯罪事实的,可以视为自首;拒不交代自己知道的犯罪事实或者逃避法律追究的,不应当认定为自首。单位没有自首,直接责任人员自动投案并如实交代自己知道的犯罪事实的,对该直接责任人员应当认定为自首。

对于具有自首情节的犯罪分子,办案机关移送案件时应当予以说明并移交相关证据材料。

对于具有自首情节的犯罪分子,应当根据犯罪的事实、性质、情节和对于社会的危害程度,结合自动投案的动机、阶段、客观环境,交代犯罪事实的完整性、稳定性以及悔罪表现等具体情节,依法决定是否从轻、减轻或者免除处罚以及从轻、减轻处罚的幅度。

二、关于立功的认定和处理

立功必须是犯罪分子本人实施的行为。为使犯罪分子得到从轻处理,犯罪分子的亲友直接向有关机关揭发他人犯罪行为,提供侦破其他案件的重要线索,或者协助司法机关抓捕其他犯罪嫌疑人的,不应当认定为犯罪分子的立功表现。

据以立功的他人罪行材料应当指明具体犯罪事实;据以立功的线索或者协助行为对于侦破案件或者抓捕犯罪嫌疑人要有实际作用。犯罪分子揭发他人犯罪行为时没有指明具体犯罪事实的;揭发的犯罪事实与查实的犯罪事实不具有关联性的;提供的线索或者协助行为对于其他案件的侦破或者其他犯罪嫌疑人的抓捕不具有实际作用的,不能认定为立功表现。

犯罪分子揭发他人犯罪行为,提供侦破其他案件重要线索的,必须经查证属实,才能认定为立功。审查是否构成立功,不仅要审查办案机关的说明材料,还要审查有关事实和证据以及与案件定性处罚相关的法律文书,如立案决定书、逮捕决定书、侦查终结报告、起诉意见书、起诉书或者判决书等。

据以立功的线索、材料来源有下列情形之一的,不能认定为立功:(1)本人通过非法手段或者非法途径获取的;(2)本人因原担任的查禁犯罪等职务获取的;(3)他人违反监管规定向犯罪分子提供的;(4)负有查禁犯罪活动职责的国家机关工作人员或者其他国家工作人员利用职务便利提供的。

犯罪分子检举、揭发的他人犯罪,提供侦破其他案件的重要线索,阻止他人的犯罪活动,或者协助司法机关抓捕的其他犯罪嫌疑人,犯罪嫌疑人、被告人依法可能被判处无期徒刑以上刑罚的,应当认定为有重大立功表现。其中,可能被判处无期徒刑以上刑罚,是指根据犯罪行为的事实、情节可能判处无期徒刑以上刑罚。案件已经判决的,以实际判处的刑罚为准。但是,根据犯罪行为的事实、情节应当判处无期徒刑以上刑罚,因被判刑人有法定情节经依法从轻、减轻处罚后判处有期徒刑的,应当认定为重大立功。

对于具有立功情节的犯罪分子,应当根据犯罪的事实、性质、情节和对于社会的危害程度,结合立功表现所起作用的大小、所破获案件的罪行轻重、所抓获犯罪嫌疑人可能判处的法定刑以及立功的时机等具体情节,依法决定是否从轻、减轻或者免除处罚以及从轻、减轻处罚的幅度。

三、关于如实交代犯罪事实的认定和处理

犯罪分子依法不成立自首,但如实交代犯罪事实,有下列情形之一的,可以酌情从轻处罚:(1)办案机关掌握部分犯罪事实,犯罪分子交代了同种其他犯罪事实的;(2)办案机关掌握的证据不充分,犯罪分子如实交代有助于收集定案证据的。

犯罪分子如实交代犯罪事实,有下列情形之一的,一般应当从轻处罚:(1)办案机关仅掌握小部分犯罪事实,犯罪分子交代了大部分未被掌握的同种犯罪事实的;(2)如实交代对于定案证据的收集有重要作用的。

四、关于赃款赃物追缴等情形的处理

贪污案件中赃款赃物全部或者大部分追缴的,一般应当考虑从轻处罚。

受贿案件中赃款赃物全部或者大部分追缴的,视具体情况可以酌定从轻处罚。

犯罪分子及其亲友主动退赃或者在办案机关追缴赃款赃物过程中积极配合的,在量刑时应当与办案机关查办案件过程中依职权追缴赃款赃物的有所区别。

职务犯罪案件立案后,犯罪分子及其亲友自行挽回的经济损失,司法机关或者犯罪分子所在单位及其上级主管部门挽回的经济损失,或者因客观原因减少的经济损失，不予扣减，但可以作为酌情从轻处罚的情节。

最高人民法院关于印发《人民法院第三个五年改革纲要(2009—2013)》的通知

（法发[2009]14号）

各省、自治区、直辖市高级人民法院，解放军军事法院，新疆维吾尔自治区高级人民法院生产建设兵团分院：

《人民法院第三个五年改革纲要(2009—2013)》已经中央批准，现印发给你们，请认真贯彻执行。贯彻执行中的重大事项，请及时报告我院。

二〇〇九年三月十七日

人民法院第三个五年改革纲要(2009—2013)

为贯彻党的十七大精神，落实中央关于深化司法体制和工作机制改革的总体要求，维护社会公平正义，满足人民群众对司法工作的新要求、新期待，实现人民法院科学发展，现制定《人民法院第三个五年改革纲要(2009—2013)》。

一、深化人民法院司法改革的指导思想、目标和原则

（一）深化人民法院司法体制和工作机制改革的指导思想

深化人民法院司法体制和工作机制改革的指导思想是：高举中国特色社会主义伟大旗帜，坚持以邓小平理论和“三个代表”重要思想为指导，深入贯彻落实科学发展观，牢固树立社会主义法治理念，贯彻从严治院、公信立院、科技强院的工作方针，从满足人民群众司法需求出发，以维护人民利益为根本，以促进社会和谐为主线，以加强权力制约和监督为重点，从人民群众不满意的实际问题入手，紧紧抓住影响和制约司法公正、司法效率、司法能力、司法权威的关键环节，进一步解决人民群众最关心、最期待改进的司法问题和制约人民法院科学发展的体制性、机制性、保障性障碍，充分发挥中国特色社会主义司法制度的优越性，为社会主义市场经济

体制的顺利运行，为中国特色社会主义事业提供坚强可靠的司法保障和和谐稳定的社会环境。

（二）深化人民法院司法体制和工作机制改革的目标

深化人民法院司法体制和工作机制改革的目标是：进一步优化人民法院职权配置，落实宽严相济刑事政策，加强队伍建设，改革经费保障体制，健全司法为民工作机制，着力解决人民群众日益增长的司法需求与人民法院司法能力相对不足的矛盾，推进中国特色社会主义审判制度的自我完善和发展，建设公正高效权威的社会主义司法制度。

（三）深化人民法院司法体制和工作机制改革的原则

深化人民法院司法体制和工作机制改革的原则：一是始终坚持党的领导。司法体制和工作机制改革是我国政治体制改革的重要组成部分，具有很强的政治性、政策性、法律性，必须在党的统一领导下，科学决策、民主决策、依法决策，积极稳妥，循序渐进，自上而下，总体规划，分步推进；必须牢牢把握司法改革导向，确保人民法院司法改革的正确政治方向。二是始终坚持中国特色社会主义方向。司法体制和工作机制改革必须符合人民民主专政的国体和人民代表大会制度的政体，必须以马克思主义法制思想和社会主义法治理念为指导，必须走中国特色社会主义政治发展、法治建设道路，必须体现党的事业至上、人民利益至上、宪法法律至上的要求，确保有利于经济社会又好又快发展，有利于维护国家安全和社会稳定，有利于社会主义司法制度的自我完善和发展，有利于加强和改进党对人民法院工作的领导。三是始终坚持从我国国情出发。司法体制和工作机制改革必须立足于我国仍处于并长期处于社会主义初级阶段的基本国情和发展阶段性特征，既认真研究和吸收借鉴人类法治文明有益成果，又不照抄照搬外国的司法制度和司法体制；既与时俱进，又不超越现阶段实际提出过高要求。四是始终坚持群众路线。司法体制和工作机制改革必须充分听取人民群众的意见，充分体现人民群众的意愿，着眼于解决人民群众不满意的问题，自觉接受人民群众的监督和检验，真正做到改革为了人民、依靠人民、惠及人民。五是始终坚持统筹协调。司法体制和工作机制改革必须立足于提高人民法院履行法律赋予的职责使命的能力，统筹协调中央和地方、当前和长远的关系，统筹协调上下级法院之间、人民法院与其他政法部门之间的关系，确保各项改革措施既适应我国经济社会发展、民主政治建设、公民法律素养的要求，又适应人民法院和法院干警的职业特点，积极推进人民法院事业科学发展。六是始终坚持依法推进改革。司法体制和工作机制改革的各项措施要以宪法和法律为依据，自觉接受人大监督，维护人民法院的宪法地位和司法权威，凡与现行法律相冲突的，应在修改相关法律法规后实施，确保人民法院各项改革措施完全符合宪法精神和法律的规定。七是始终坚持遵循司法工作的客观规律。司法体制和工作机制改革必须结合审判和执行工作自身特有的规律，注重探索司法规律在特定国情、特定环境下的具体应用和体现。坚持以科学发展观统领司法改革全局，建立符合司法规律的科学的审判制度和有效的执行工作机制，完善司法管理体制，努力提高人民法院的司法能力，确保人民法院各项改革措施适应我国经济社会发展和社会主义民主政治建设的要求。

二、2009—2013 年人民法院司法改革的主要任务

(一)优化人民法院职权配置

1.改革和完善人民法院司法职权运行机制。以审判和执行工作为中心，优化审判业务部门之间、综合管理部门之间、审判业务部门与综合管理部门之间、上下级法院之间的职权配置，形成更加合理的职权结构和组织体系。

2.改革和完善刑事审判制度。规范自由裁量权，将量刑纳入法庭审理程序，研究制定《人民法院量刑程序指导意见》。完善刑事诉讼第一审程序和第二审程序，落实检察机关和律师在刑事审判中的职能作用的有关规定，切实提高审判质量和效率。建立减刑、假释审理程序的公开制度，严格重大刑事罪犯减刑、假释的适用条件，加强同步监督。配合有关部门促进重大、疑难、复杂案件的审理期限的立法完善；完善保外就医、暂予监外执行、服刑地变更的适用条件和裁定程序；完善刑事附带民事审判制度，规范财产刑和刑事附带民事诉讼裁判的执行工作机制，强化诉讼调解，促进裁判执行；完善刑事证据制度，制定刑事证据审查规则，统一证据采信标准；建立健全证人、鉴定人出庭制度和保护制度，明确侦查人员出庭作证的范围和程序。

3.改革和完善民事、行政审判制度。进一步完善民事诉讼证据规则。明确军事法院受理军内民事案件的具体条件。建立健全符合知识产权案件特点的审判体

制和工作机制，在直辖市和知识产权案件较多的大中城市，探索设置统一受理知识产权案件的综合审判庭。推进行政诉讼法的修改进程，促进行政诉讼审判体制和管辖制度的改革和完善。完善民事、行政诉讼简易程序，明确适用简易程序的案件范围，制定简易程序审理规则。建立新型、疑难、群体性、敏感性民事案件审判信息沟通协调机制，保证裁判标准统一。

4. 改革和完善再审制度。完善刑事审判监督程序，规范按照审判监督程序提出的刑事抗诉案件的审判程序，完善刑事申诉案件立案与再审的职能分工和工作流程。完善民事再审程序，依法保护当事人的申请再审权，正确处理依法纠错与维护司法既判力的关系，切实解决人民群众申诉难和申请再审难问题。

5. 改革和完善审判组织。完善审判委员会讨论案件的范围和程序，规范审判委员会的职责和管理工作。落实人民检察院检察长、受检察长委托的副检察长列席同级人民法院审判委员会的规定。完善合议庭制度，加强合议庭和主审法官的职责。进一步完善人民陪审员制度，扩大人民陪审员的选任范围和参与审判活动的范围，规范人民陪审员参与审理案件的活动，健全相关管理制度，落实保障措施。

6. 改革和完善民事、行政案件的执行体制。严格规范执行程序和执行行为，提高执行工作效率。规范人民法院统一的执行工作体制。完善高级人民法院对本辖区内执行工作统一管理、统一协调的工作机制。完善执行异议和异议之诉制度。贯彻审执分立原则，建立执行裁决权和执行实施权分权制约的执行体制，当事人提起的执行异议之诉由作出生效裁判的原审判庭审理。规范诉讼中财产控制措施的工作分工，完善评估、拍卖、变卖程序，健全执行程序中的财产调查、控制、处分和分配制度，制裁规避执行行为。配合有关部门建立健全执行威慑机制，依法明确有关部门和单位协助执行的法律义务；推动建立党委政法委组织协调、人民法院主办、有关部门联动、社会各界参与的执行工作长效机制。

7. 改革和完善上下级人民法院之间的关系。加强和完善上级人民法院对下级人民法院的监督指导工作机制，明确上级人民法院对下级人民法院进行司法业务管理、司法人事管理和司法行政管理方面的范围与程序，构建科学的审级关系。规范发回重审制度，明确发回重审的条件，建立发回重审案件的沟通协调机制。规范下级人民法院向上级人民法院请示报告制度。完善委托宣判、委托送达、委托执行工作机制。

8.改革和完善审判管理制度。健全权责明确、相互配合、高效运转的审判管理工作机制。研究制定符合审判工作规律的案件质量评查标准和适用于全国同一级法院的统一的审判流程管理办法。规范审判管理部门的职能和工作程序。

9.改革和完善人民法院接受外部制约与监督机制。完善人民法院自觉接受党委对法院领导班子及其成员、党组织、党员干部进行监督的工作机制。健全依法向人大报告工作并接受监督的工作机制。规范人民法院接受检察机关法律监督的内容、方式和程序。规范人民法院接受新闻舆论监督的工作机制。

10.加强司法职业保障制度建设。加强人民法院依法独立公正行使审判权的保障机制建设。研究建立对非法干预人民法院依法独立办案行为的责任追究制度。研究建立违反法定程序过问案件的备案登记报告制度。加大对不当干预人民法院审判和执行工作的纪检监察力度。完善惩戒妨碍人民法院执行公务、拒不执行人民法院作出的生效裁判等违法犯罪行为的法律规定。完善最高人民法院就司法解释工作与相关部门的协调制度和人大备案制度,保证司法解释的统一和权威。

(二)落实宽严相济刑事政策

11.建立和完善依法从严惩处的审判制度与工作机制。适应新形势下依法打击严重犯罪的需要,适时制定从严惩处严重犯罪的司法政策,完善有关犯罪的定罪量刑标准。完善死刑复核程序,提高死刑案件复核的质量和效率。配合有关部门研究建立犯罪人员的犯罪登记制度,完善从严惩处严重犯罪的诉讼制度;建立严格的死刑缓期执行和无期徒刑执行制度,明确死刑缓期执行和无期徒刑减为有期徒刑后罪犯应当实际执行的刑期。

12.建立和完善依法从宽处理的审判制度与工作机制。完善未成年人案件审判制度和机构设置,推行适合未成年人生理特点和心理特征的案件审理方式及刑罚执行方式的改革。探索建立被告人附条件的认罪从轻处罚制度。配合有关部门有条件地建立未成年人轻罪犯罪记录消灭制度,明确其条件、期限、程序和法律后果;研究建立老年人犯罪适度从宽处理的司法机制,明确其条件、范围和程序;研究建立刑事自诉案件和轻微刑事犯罪案件的刑事和解制度,明确其范围和效力;完善在法定刑以下判处刑罚的核准制度;研究建立轻微刑事案件的快速审理制度,扩大简易程序适用范围；依法扩大缓刑制度的适用范围，适当减少监禁刑的适用，明确适用非监禁刑案件的范围。

13. 建立健全贯彻宽严相济刑事政策的司法协调制度与保障制度。配合有关部门建立刑事审判与行政执法、执纪的有效衔接机制。建立体现宽严相济、促进社会和谐稳定的办案质量考评制度和奖惩机制，改进办案考核考评指标体系，完善人民法院错案认定标准和违法审判责任追究制度。

（三）加强人民法院队伍建设

14. 完善法官招录培养体制。配合有关部门完善法官招录办法。最高人民法院、高级人民法院和中级人民法院遴选或招考法官，原则上从具有相关基层工作经验的法官或其他优秀的法律人才中择优录用。建立选任法官的综合素质全面考察标准。通过定向选拔、委托培养、定期工作、定向流动等法官招录办法改革，切实解决中西部少数民族地区和欠发达地区基层人民法院法官短缺与法官断层问题。建立和完善军事法院法官转任地方人民法院法官制度。

15. 完善法官培训机制。加强法官的思想政治教育，形成社会主义法治理念教育的长效机制。建立符合法官职业特点的在职培训制度。推行法官全员定期集中培训制度。完善初任法官任前培训制度和晋升晋级培训制度，切实增强人民法院服务党和国家工作大局与维护人民群众利益的司法能力。加大对少数民族法官的培训力度，尤其是加强对少数民族法官的双语培训，尽快培养一批适应少数民族地区审判工作需要的双语法官。

16. 完善法官行为规范。严格执行"五个严禁"规定，落实监督责任，确保司法廉洁。建立健全审判人员与执行人员违法审判、违法执行的责任追究制度和领导干部失职责任追究制度。研究建立审务督察制度，加强督察督办工作，强化对法官违反司法行为规范的惩戒措施。

17. 完善人民法院反腐倡廉长效工作机制。构建符合法官职业特点的职权明确、考核到位、追究有力的责任体系，推进从源头上防治司法腐败的体制机制改革。完善和落实党风廉政建设责任制和责任追究制度，加强人民法院惩治和预防腐败体系建设，建立与社会主义审判制度相适应的人民法院纪检监察工作体制机制。完善巡视制度，研究建立在各业务庭室派驻廉政监察员制度。建立法官廉政档案制度，研究建立确保司法廉洁的廉政激励机制。健全举报网络，加强内外监督机制之间的信息沟通和相互衔接工作，全面推进人民法院党风廉政建设。

18. 完善人民法院人事管理制度和机构设置。建立健全人民法院科学的选拔任用机制和有效的干部监督管理机制，增强人事管理的透明度和公开性。完善法官及其辅助人员分类管理的制度。改革人民法院司法警察体制，明确司法警察的法律地位、作用、职责和职权，优化司法警察的职能设置，规范人员管理体制和工作机制，建立健全适合审判工作特点的警务保障体系。完善司法技术辅助机构的设置。

19. 完善人民法院编制与职务序列制度。配合有关部门制定与人民法院工作性质和地区特点相适应的政法专项编制标准，研究建立适应性更强的编制制度，逐步实施法官员额制度；研究制定与法官职业特点相适应的职数比例和职务序列的意见，适当提高基层人民法庭法官职级。

20. 改革和完善法官工资福利和任职保障制度。完善法官激励机制。配合有关部门制定与法官职业特点相适应、与法官等级相匹配的工资政策，研究制定有利于稳定基层法官队伍的工资制度，完善法官定期增资制度；统筹解决法官岗位津贴、办案津贴和加班补助；提高法官岗位津贴、审判津贴在法官工资收入中的比例；适当提高法官因公牺牲、伤残的抚恤标准，制定患重病法官的生活补助办法；针对实践中存在的提前离岗、离职等现象，修改完善符合法官职业特点的一线办案法官退休制度；完善法官人身安全保障、任职保障等职业保障制度。

21. 改革和完善人民法院队伍管理制度。配合有关部门完善人民法院主要负责人跨地区跨部门交流任职制度。建立人民法院领导班子成员和中层领导定期轮岗制度。建立健全院长、庭长的“一岗双责”制度，落实院长、庭长一手抓审判、一手抓队伍的双重职责。建立法官流动和交流制度。建立健全以案件审判质量和效率考核为主要内容的审判质量效率监督控制体系，以法官、法官助理、书记员和其他行政人员的绩效和分类管理为主要内容的岗位目标考核管理体系，以综合服务部门保障的能力和水平为主要内容的司法政务保障体系。

（四）加强人民法院经费保障

22. 改革和完善人民法院经费保障体制。配合有关部门改革现行行政经费保障体制，建立“明确责任、分类负担、收支脱钩、全额保障”的经费保障体制；人民法院经费划分为人员经费、公用经费、业务装备经费和基础设施建设经费四大类，根据不同地区和人民法院的工作特点，确定各级财政负担级次和比例，实现人民法院经费由财政全额负担，落实"收支两条线"规定，杜绝"收支挂钩"；根据中央确立的分项目、分区域、分部门的经费分类保障政策，配合有关部门制定适应人民法院实际情况的经费分类保障实施办法；改革和完善人民法院经费管理制度，提高管理能力和水平。

23.建立人民法院公用经费正常增长机制。配合有关部门完善和落实基层人民法院公用经费保障标准；建立基层人民法院公用经费正常增长机制，高级人民法院配合本级财政部门根据本地区经济社会发展、财力增长水平和人民法院审判工作实际需要，适时调整基层人民法院公用经费标准；研究制定人民法院业务装备标准，确定业务装备配备总体规划和年度计划，落实装备经费。加强人民法院基础设施建设，研究制定和完善人民法院各类基础设施建设标准，确定各类基础设施建设投资由中央、省级和同级财政负担的比例。配合有关部门逐步化解基本建设债务。

24.加强人民法院信息化建设。促进信息化在人民法院行政管理、法官培训、案件信息管理、执行管理、信访管理等方面的应用。尽快完成覆盖全国各级人民法院的审判业务信息网络建设。研究制定关于改革庭审活动记录方式的实施意见。研究开发全国法院统一适用的案件管理流程软件和司法政务管理软件。加快建立信息安全基础设施。推进人民法院与其他国家机关之间电子政务协同办公的应用。构建全国法院案件信息数据库，加快案件信息查询系统建设。

（五）健全司法为民工作机制

25.加强和完善审判与执行公开制度。继续推进审判和执行公开制度改革，增强裁判文书的说理性，提高司法的透明度，大力推动司法民主化进程。完善庭审旁听制度，规范庭审直播和转播。完善公开听证制度。研究建立裁判文书网上发布制度和执行案件信息的网上查询制度。

26.建立健全多元纠纷解决机制。按照"党委领导、政府支持、多方参与、司法推动"的多元纠纷解决机制的要求，配合有关部门大力发展替代性纠纷解决机制，扩大调解主体范围，完善调解机制，为人民群众提供更多可供选择的纠纷解决方式。加强诉前调解与诉讼调解之间的有效衔接，完善多元纠纷解决方式之间的协调机制，健全诉讼与非诉讼相衔接的矛盾纠纷调处机制。

27.建立健全民意沟通表达机制。健全科学、畅通、有效、透明、简便的民意沟通表达长效机制，充分保障人民群众的知情权、参与权、表达权和监督权。完善人民法院与人大代表、政协委员、民主党派和无党派人士、广大人民群众、律师、专家学者等的沟通联络机制。进一步完善人民法院领导干部定期深入基层倾听民意的机制，及时了解人民群众的司法需求。研究建立人民法院网络民意表达和民意调查制度，方便广大人民群众通过网络渠道直接向人民法院提出意见或建议。建立健全案件反馈和回访制度，及时了解人民群众对审判和执行工作的意见或建议。完善对人民群众意见的分析处理和反馈制度。完善社会舆情汇集工作机制，妥善解决司法工作中涉及民生的热点问题。

28.完善涉诉信访工作机制。建立涉诉信访综合治理工作机制。推进涉诉信访法治化、规范化。建立“诉”与“访”分离制度。完善涉诉信访工作责任制，实行责任倒查制度。研究建立涉诉信访终结机制，规范涉诉信访秩序。完善涉诉信访工作信息反馈机制。规范人民法院的院长、庭长接访和走访、下访制度。

29.建立健全司法为民长效机制。健全诉讼服务机构，加强诉讼引导、诉前调解、风险告知、诉讼救助、案件查询、诉讼材料收转、信访接待、文书查阅等工作，切实方便人民群众诉讼。探索推行远程立案、网上立案查询、巡回审判、速裁法庭、远程审理等便民利民措施。建立健全基层司法服务网络，推行基层人民法院及人民法庭聘请乡村、社区一些德高望重、热心服务、能力较强的人民群众担任司法调解员，或邀请人民调解员、司法行政部门、行业组织等协助化解社会矛盾纠纷。

30.改革和完善司法救助制度。建立刑事被害人救助制度，对因受犯罪侵害而陷入生活困境的受害群众，实行国家救助，研究制定人民法院救助细则。配合有关部门推进国家赔偿制度的完善，规范赔偿程序，加强赔偿执行，增强赔偿实效；完善执行救济程序，建立执行救助基金。

三、深化人民法院司法体制和工作机制改革的工作要求

（一）加强领导，明确责任

深化人民法院司法体制和工作机制改革，是深入学习实践科学发展观的重大举措，是当前和今后一个时期全国各级人民法院的重要政治任务。各级人民法院

一定要把此项工作列入重要议事日程，切实加强组织领导，主要领导亲自挂帅，分管领导狠抓落实，并尽快建立联络员制度和项目责任制，每个环节都要明确责任单位、责任人员、时间进度和工作要求，集中力量攻坚克难。最高人民法院司法改革工作领导小组负责各项改革任务的统一部署和组织实施，及时掌握情况，适时协调指导，加强督促检查和评估总结工作。最高人民法院有关部门是落实各项改革任务的直接责任者，各项改革任务的牵头部门具体负责该项目的贯彻实施，与协办部门抓紧制定落实改革意见的实施方案。各协办部门要指派专人负责协作配合，及时完成牵头部门安排的改革工作事项。各牵头部门要及时向最高人民法院司法改革工作领导小组办公室通报贯彻落实情况以及需要研究协调的重大问题。地方各级人民法院要尽快确定有关部门和专人负责，切实抓好各项改革任务的落实和组织实施工作，务必取得新成效。对于涉及不同部门的改革项目，人民法院各相关部门都应当积极参与，通力协作，保证各项改革任务顺利完成。

（二）精心部署，集思广益

深化人民法院司法体制和工作机制改革涉及方方面面，具有很强的联动性，必须集思广益，精心设计，周密部署，统筹协调，把各项改革措施落实到位。各级人民法院在研究制定具体实施方案时，要早谋划、早动手，切实搞好相互衔接和协调工作，争取党委、人大、政府、政协、政法各单位和社会各界的大力支持。人民法院司法改革工作涉及其他部门工作时，要广泛听取意见，充分协商沟通。有重大分歧的，应当及时向同级党委和人大请示汇报，共同研究解决遇到的问题。各级人民法院要自觉接受党委的领导、人大的监督和人民群众的评判，主动征求社会各界的意见和建议，摸准情况，吃透问题，对症下药，确保司法改革工作在广泛的社会和群众基础上扎实推进，尽快在各个方面取得实质性进展。

（三）强化措施，务求实效

深化人民法院司法体制和工作机制改革要求高，任务重，责任大，难题多，必须大力加强监督和指导工作。地方各级人民法院要按照中央的总体部署和最高人民法院的统一要求，根据本地区的实际情况，统筹兼顾，因地制宜，分类实施，狠抓落实，确保取得实际效果。最高人民法院和高级人民法院负责对下级人民法院的司法改革工作进行监督与指导，健全情况通报、请示报告、督促检查制度，做好检查评估、经验总结、督促协调、信息反馈等工作，统一调度，重点督查，保证全国法院司法改革工作始终有序进行。上级人民法院要大力支持下级人民法院的司法改革工作，及时了解各个项目的进展情况，全面把握改革动态，有效解决发现的新问题。基层人民法院和中级人民法院制定的落实本纲要的具体工作方案，应当报请高级人民法院批准后方可实施。地方各级人民法院对于在实施司法改革工作方案过程中发现的新情况新问题，应当及时逐级上报最高人民法院。高级人民法院可以结合最高人民法院的部署和本地实际情况选择一些改革项目进行试点，待实践证明相对成熟并取得实际成效后再全面推广。改革试点方案须报最高人民法院审批同意，重大改革试点方案须经由最高人民法院报中央审批同意后方可实施。各级人民法院要进一步加强司法改革工作的调查研究和理论创新，坚持用科学的理论和科学的方法指导司法改革实践，确保人民法院司法改革工作取得良好的法律效果、政治效果和社会效果，为促进经济又好又快发展、保障社会公平正义、维护社会和谐稳定做出新贡献。

中央政法委、最高人民法院关于规范集中清理执行积案结案标准的通知

（法发[2009]15号）

各省、自治区、直辖市党委政法委、新疆生产建设兵团党委政法委，各省、自治区、直辖市高级人民法院、新疆维吾尔自治区高级人民法院兵团分院，解放军总政治部、军事法院：

全国集中清理执行积案活动开展以来，各地人民法院已执结了一大批积案，清积活动取得了阶段性成果。但也存在一些问题：有的地方认识不到位，清积力度不大，执结率不高；有的地方理解慎用强制措施有误区，不敢依法执行，不敢碰硬，导致债权人权益无法实现；有的地方结案标准存在偏差，存在不当中止、不当终结等问题；有的地方基础数据不准确，存在瞒报、漏报甚至弄虚作假的现象；有的地方案

件卷宗质量不高，内容缺损。为实现这次集中清理执行积案活动的总体目标，现就进一步规范清理执行积案的结案标准通知如下：

二〇〇九年三月十七日

（一）坚决依法执结有财产可供执行的案件，切实提高执行到位率。

1. 属于被执行人所有的财产，除法律或司法解释规定的被执行人及其所抚养家属生活所必需的房屋、生活用品、生活费用或其他不得查封、扣押、冻结的财产外，均为可供执行的财产。

2. 执行法院对已查明的被执行人可供执行的财产，应当依法及时采取查封、扣押、冻结等相应的执行措施，并依法采取拍卖、变卖、以物抵债等执行措施。

3. 被执行人下落不明但有财产可供执行的，可以直接对其财产采取执行措施。执行通知书的送达应依照有关法律规定办理。

4. 被执行人可供执行的财产在其他法院或者其他执法机关的控制之下，或该财产上存有权属争议或其他优先权正在审理或审查之中的，应按照法定程序提请上级法院或有关部门协调处理，不得作结案处理。

5. 因协助执行周期或财产变现周期较长、无法在清理积案活动期间执行完毕的案件，执行法院应积极协调有关部门，争取尽快依法执结；在执结之前，不得作结案处理。

6. 因涉及稳定、信访等因素在清理积案活动期间不宜强制执行的案件，执行法院应报请当地清理积案领导小组协调解决；在执结之前，不得作结案处理。

7. 原统计为有财产可供执行的案件，在清理积案期间经进一步调查属于无财产可供执行的案件，须报上一级法院审查确认。

（二）执行法院应依法穷尽财产调查措施，并将调查结果告知申请执行人。只有在积极采取法律赋予的调查手段、穷尽对被执行人财产状况的相关调查措施之后，才可以将有关案件认定为无财产可供执行的案件。

1. 申请执行人不能提供被执行人的财产或财产线索的，执行法院应当要求被执行人进行财产申报。

被执行人进行了财产申报，或者申请执行人提供了被执行人的财产或财产线索的，执行法院必须进行调查核实。调查结果应当告知申请执行人。

如果根据有关线索认定被执行人有履行能力，但无法查到确切财产下落的，执行法院可以根据案件具体情况，采取在征信系统记录、通过媒体公布不履行义务信息等合法措施。

2.被执行人申报无财产或申请执行人无法提供被执行人财产或财产线索的，执行法院应按照下列情况处理：

(1)被执行人是法人的，应当向有关金融机构查询银行存款，向有关房地产管理部门查询房地产登记，向法人登记机关查询股权，向有关车管部门查询车辆等。

(2)被执行人是自然人的，应当向被执行人所在单位及居住地周边群众调查了解被执行人的财产状况或财产线索，包括被执行人的经济收入来源、被执行人到期债权等。如果根据财产线索判断被执行人有较高收入，应当按照对法人的调查途径进行调查。

3.作为被执行人的企业法人被撤销、注销、吊销营业执照或者歇业的，在申请执行人提出清算或审计申请并预交相关费用后，执行法院可以责令股东进行清算或者由执行法院委托中介机构进行审计。

4.需要查找被执行人的案件，执行依据中记载被执行人地址或者联系方式的，必须根据该线索进行查找或联系。无其他适当线索的，被执行人是法人的，应根据登记机关的登记资料查找其负责人；被执行人是自然人的，应到其户籍所在地、住所地(暂住地)向当地公安派出所、居委会、村委会、被执行人的亲属和邻居进行调查。

5.如果认定被执行人下落不明且无财产可供执行，案卷中必须具备下列材料：

(1)被执行人是法人的，其注册登记情况、法律文书中注明的营业地址现场调查情况或者登记机关的书面证明材料。

(2)被执行人是自然人的，其近亲属、邻居、当地村委会、居委会、公安派出所的调查笔录或者证明材料。

6.认定被执行人无财产可供执行的，必须将所采取的各种财产调查措施的材料归入案卷。包括工作记录、调查(询问)笔录、谈话笔录、当事人书面确认材料、被查询单位出具的书面查询结果，以及其他能够证明被执行人财产状况和执行法院进行相关调查工作情况的材料。

7. 执行法院应当及时将案件执行情况向申请执行人反馈，反馈情况记录必须归入案卷。

8. 对无财产可供执行的重点案件，应分别按照下列情况办理：

(1)申请执行人属于特困群体，已经设立救助资金的，应当启动特困群体救助程序，给予申请执行人适当救助金；未设立救助资金的，应报请当地清理积案领导小组，协调有关部门给予申请执行人以适当救助。

(2)申请执行人不属于特困群体但坚持要求执行的，应通过说明解释工作，实现当事人息诉息访。

给予申请执行人适当救助资金后，如发现被执行人有可供执行的财产，执行法院应积极采取措施执行。在申请执行人实现债权后，应将救助资金扣回纳入救助资金循环使用。

(三)对有财产可供执行的案件，应依法按规定结案；对无财产可供执行的案件，可按下列条件和方式结案。

1. 符合法律或司法解释规定的终结执行情形的，可依法结案。仲裁裁决、公证债权文书被裁定不予执行的，可依法结案。

2. 被执行人可供执行的财产执行完毕后，申请执行人书面表示放弃剩余债权的，可依法结案。

3. 案件执行标的款全部执行到执行款专户，因申请执行人下落不明无法领取或不愿领取，执行法院已依法予以提存的，可以作结案处理。

4. 委托执行的案件，受托法院可以按照新收执行案件办理，委托法院不得作结案处理。待受托法院将案件依法结案后，委托法院的案件一并依法结案。

5. 中止执行的案件，不得作结案处理。

6. 提级执行或指定执行的案件，提级执行的法院或被指定执行的法院应当按照新收执行案件办理，原执行法院可作销案处理，不得作结案处理。

7. 因重复立案移送管辖的案件，原执行法院应作销案处理，不得作结案处理。

8. 无财产可供执行的案件，执行程序在一定期间无法继续进行，且有下列情形之一的，经合议庭评议，可裁定终结本次执行程序后结案：

(1)被执行人确无财产可供执行,申请执行人书面同意人民法院终结本次执行程序的;

(2)因被执行人无财产而中止执行满两年,经查证被执行人确无财产可供执行的;

(3)申请执行人明确表示提供不出被执行人的财产或财产线索,并在人民法院穷尽财产调查措施之后对人民法院认定被执行人无财产可供执行书面表示认可的;

(4)被执行人的财产无法拍卖变卖,或者动产经两次拍卖、不动产或其他财产权经三次拍卖仍然流拍,申请执行人拒绝接受或者依法不能交付其抵债,经人民法院穷尽财产调查措施,被执行人确无其他财产可供执行的;

(5)作为被执行人的企业法人被撤销、注销、吊销营业执照或者歇业后既无财产可供执行,又无义务承受人,也没有能够依法追加变更执行主体的;

(6)经人民法院穷尽财产调查措施,被执行人确无财产可供执行或虽有财产但不宜强制执行,当事人达成分期履行和解协议的;

(7)被执行人确无财产可供执行,申请执行人属于特困群体,执行法院已经给予其适当救助资金的。

9.裁定终结本次执行程序的,应当符合下列要求:

(1)裁定书中应当载明执行标的总额、已经执行的债权数额和剩余的债权数额,并写明申请执行人在具备执行条件时,可以向有管辖权的人民法院申请执行剩余债权。

(2)执行法院终结本次执行程序,在下达裁定前应当告知申请执行人。申请执行人对终结本次执行程序有异议的,执行法院应当另行派员组织当事人就被执行人是否有财产可供执行进行听证;申请执行人提供被执行人财产线索的,执行法院应当就其提供的线索重新调查核实,发现被执行人有财产可供执行的,应当继续执行。

10.裁定终结本次执行程序后,如发现被执行人有财产可供执行的,申请执行人可以再次提出执行申请。申请执行人再次提出执行申请不受申请执行期间的限制。

申请执行人申请或者人民法院依职权恢复执行的，应当重新立案。

各地法院对清理积案活动以来已经报结的执行案件要重新进行核查，对不符合本通知要求的已结案件要抓紧整改。清理积案领导小组将适时派出检查组进行检查验收。发现故意弄虚作假、欺上瞒下等情况的，将坚决依照有关规定严肃处理。

最高人民法院关于贯彻实施国家知识产权战略若干问题的意见

（法发[2009]16号）

党的十七大明确提出“实施知识产权战略”的要求。国务院于2008年6月5日发布了《国家知识产权战略纲要》（以下简称《纲要》），决定实施国家知识产权战略。贯彻落实国家知识产权战略，是摆在全国法院面前的一项长期而紧迫的重要任务。各级人民法院必须以邓小平理论和“三个代表”重要思想为指导，深入学习实践科学发展观，始终坚持“三个至上”指导思想，紧紧围绕“为大局服务、为人民司法”工作主题，全面加强知识产权司法保护体系建设，充分发挥司法保护知识产权的主导作用，为建设创新型国家和全面建设小康社会提供强有力的司法保障。现根据国家知识产权战略要求，结合人民法院知识产权司法保护工作实际，制定如下意见。

一、充分认识实施国家知识产权战略的重大意义，切实增强人民法院知识产权司法保护的责任感和使命感

1. 实施知识产权战略，是提高自主创新能力，建设创新型国家，促进国民经济又好又快发展，实现全面建成小康社会奋斗目标的重大战略抉择。提高自主创新能力，建设创新型国家，这是国家发展战略的核心，是提高综合国力的关键。实施知识产权战略，这是在改革开放新时期，党中央、国务院根据提高自主创新能力和建设创新型国家的需要作出的一项重大战略部署，是关系国家前途和民族未来的大事。当前正在向实体经济蔓延的国际金融危机，更加突显了加强知识产权保护，

提高自主创新能力,建设创新型国家的重要性。各级人民法院要从深入贯彻落实科学发展观的高度,从我国经济社会文化自身发展需求和知识经济发展迅速及经济全球化进程加快的角度,深刻领会知识产权战略是我国主动运用知识产权制度促进经济发展和社会进步的重要国家战略;要从有利于增强我国自主创新能力,有利于完善我国社会主义市场经济体制,有利于增强我国企业市场竞争力和提高国家核心竞争力,有利于扩大对外开放等方面,深刻领会实施知识产权战略是建设创新型国家的迫切需要,是转变经济发展方式的必由之路,是提高国家核心竞争力的关键举措;要从激励创造、有效运用、依法保护、科学管理四个方面,深刻领会实施国家知识产权战略的指导思想和基本精神。

2.贯彻实施好国家知识产权战略,是人民法院服务大局的重要使命。为党和国家工作大局服务,是人民法院知识产权司法保护的重要出发点和立足点。各级人民法院要认清形势和明确任务,以高度的政治责任感和历史使命感,切实增强贯彻实施国家知识产权战略的自觉性和坚定性,紧紧依靠党委领导、人大监督、政府支持、政协以及社会各界的关心,抓住机遇、迎难而上,积极主动、开拓进取,加强组织领导、加大投入力度,有计划、分步骤,确保国家知识产权战略有关人民法院工作要求的贯彻落实和各项战略措施的顺利实施,使人民法院在实施国家知识产权战略进程中更加积极主动地发挥作用。

二、充分发挥司法保护知识产权的主导作用,切实保障创新型国家建设

3.大力加强人民法院知识产权司法保护体系建设,切实发挥司法保护知识产权的主导作用。根据新形势新任务和我国知识产权保护的实际情况,《纲要》将"加强司法保护体系建设"、"发挥司法保护知识产权的主导作用"纳入国家知识产权战略重点。这是对我国司法在知识产权保护中职能作用的基本定位,也是从全局和国家发展战略的高度对我国知识产权司法保护工作提出的殷切期望和全新要求。人民法院贯彻实施国家知识产权战略,必须增强发挥司法保护知识产权主导作用的自觉性和主动性,以保障和促进创新型国家建设为基本目标,高度重视并全面加强知识产权审判工作,充分发挥各项知识产权审判的职能作用,切实加大知识产权司法保护力度,不断提高人民法院知识产权司法保护的整体效能,努力营造鼓励和引导创新的知识产权司法环境;必须大力解决影响和制约科学发展的突出问题,不

断提高司法水平和司法效率，及时出台司法解释和司法政策，建立健全知识产权相关诉讼制度，大力完善知识产权司法保护制度；必须着力构建有利于科学发展、符合知识产权案件特点的审判体制和工作机制，全面优化知识产权审判资源配置，整体提升知识产权审判队伍素质，大幅度提升人民法院知识产权司法保护能力。

4.充分发挥各项知识产权审判的职能作用，全面加强对各种知识产权的司法保护。以执法办案为第一要务，不断提高知识产权审判质量和效率，努力确保每一起案件都能够依法公正及时裁判并得到有效执行，增强知识产权司法保护的公信力和权威性，切实体现法院司法定分止争的终局作用，最大限度地维护人民群众的创新权益，实现知识产权领域的公平正义。充分运用刑事、民事和行政三种审判职能，大力发挥知识产权审判整体效能，对各种知识产权提供全面有效的司法保护。依法严惩各类侵犯知识产权犯罪，综合运用各种刑事制裁措施，充分发挥刑事审判惩治和预防知识产权犯罪的功能；依法调整涉及各种知识产权的民事法律关系，合理界定当事人权利义务，积极采取民事救济措施，充分发挥民事审判解决各种知识产权纠纷的主渠道作用；依法保护行政相对人的合法权益，监督和维护各相关行政主管机关依法履行各自职权范围内的知识产权行政执法和行政管理职责，充分发挥行政审判监督和支持知识产权行政执法保护的职能。

5.综合运用知识产权司法救济手段，不断增强知识产权司法保护的有效性。依法确定当事人应当承担的各种法律责任，积极采取各种救济手段，对知识产权进行全方位的有效保护。通过判决赔偿经济损失和责令停止侵权、消除影响和赔礼道歉等，对权利人予以物质的与精神的、金钱的与非金钱的综合救济；通过终审判决和诉前或诉中临时措施裁定等，对权利人予以现实的和临时的司法救济；通过判处罚金、没收财产和采取民事制裁措施等，剥夺侵权人再侵权的能力和消除再侵权危险。特别是要突出发挥损害赔偿在制裁侵权和救济权利中的作用，坚持全面赔偿原则，依法加大赔偿力度，加重恶意侵权、重复侵权、规模化侵权等严重侵权行为的赔偿责任，努力确保权利人获得足够的充分的损害赔偿，切实保障当事人合法权益的实现。

6.及时明晰知识产权法律适用标准，有效发挥司法保护知识产权的导向作用。根据知识产权司法保护中的法律适用需求，认真总结审判实践经验，及时发布司法解释，统一司法尺度，为确保法律正确适用和有效保护知识产权及时提供操作性规范依据。深入调查研究，找准司法保护服务经济社会发展的结合点和着力点，通过各种行之有效的形式，明确司法政策，加强司法指导，积极引导经济社会文化发展。加快构建符合中国国情的知识产权司法案例指导制度，充分发挥指导性案例在规范自由裁量权行使、统一法律适用标准中的作用，减少裁量过程中的随意性。依法受理并妥善裁决各种复杂疑难和新类型知识产权纠纷，及时为企业和社会提供价值判断和行为指引，规范和促进新兴产业发展。强化知识产权裁判的说理性，充分公开裁判文书，实现审判全过程的公开，发挥司法裁判的教育和导向作用，促使当事人息诉止争，引导案外人自行解决类似矛盾纠纷。

7.努力加强人民法院与其他司法机关和知识产权行政执法机关之间的协作配合，推动形成知识产权保护的整体合力。加强与公安、检察机关在知识产权刑事司法程序中的配合，依法受理和裁判知识产权刑事案件，切实加大刑事保护力度。加强与工商、版权、专利等行政主管部门在知识产权行政执法程序上的衔接，实现司法保护与行政保护的优势互补和良性互动。加强与知识产权、外事、商务、科技、信息产业、新闻、宣传等综合部门在知识产权保护工作中的沟通协调，扩大我国知识产权保护的影响力。

三、依法审理好各类知识产权案件，切实加大知识产权司法保护力度

8.统筹兼顾各种重大关系，确保《纲要》提出的各项专项任务在人民法院系统的贯彻落实，实现知识产权审判全面协调可持续发展。一是处理好执行法律与服务大局的关系，既要坚持宪法和法律至上，履行法定职责，遵循司法规律、司法途径和司法方式，严格依法办案，做到公正司法，维护法律权威；又要强化大局意识和宏观思维，正确处理局部利益与全局利益的关系，努力实现办案法律效果与社会效果的有机统一，确保正确政治方向。二是处理好保护私权与维护公共利益的关系，既要强化私权保护意识和尊重私权保护规律，依法保护当事人的合法权益，通过保护私权实现激励创新的知识产权制度目标；又要合理界定知识产权的界限，服从法律为保护公共利益所设定的强制性规范，确保私权与公共利益的平衡，维护公共秩序。三是处理好依法保护与适度保护的关系，充分考虑和把握我国经济社会和科技文化发展状况，善于利用司法政策、自由裁量权和法律适用技术，使司法保护既

合法，又适度；既能激励科技创新和经济发展，又有利于促进知识传播和运用；既能切实保护创新成果和创新权益，又能促进企业提高自主创新能力。四是处理好保护权利与防止滥用的关系，既要加大知识产权司法保护力度，严厉打击假冒、盗版等严重侵权行为，大力降低维权成本，大幅提高侵权代价，有效遏制侵权行为，切实保护权利人和消费者的合法权益，维护公平竞争的市场秩序；又要防止知识产权滥用，依法审查和支持在先权、先用权、现有技术、禁止反悔、合理使用等抗辩事由，制止垄断行为，依法受理和审查确认不侵权之诉和滥诉反赔之诉，规制滥用知识产权和诉讼程序打击竞争对手、排除和限制竞争、阻碍创新的行为，维护社会公众的合法权益。

9. 加强专利权司法保护，保障技术创新权益，促进自主创新。从我国国情出发，以国家战略需求为导向，依法保护专利权，根据我国科技发展阶段和产业知识产权政策，确定合理的权利保护范围和强度，平衡好权利人、使用者和社会公众之间的利益格局，强化科技创新活动中的知识产权司法政策导向作用。加大对经济增长有重大突破性带动作用、具有自主知识产权的关键核心技术的保护力度，促进高技术产业与新兴产业发展，提升我国自主创新能力和增强国家核心竞争力。不断完善专利侵权判定标准，准确确定专利权保护范围，正确认定专利侵权行为，在依法保护专利权的同时，防止不适当地扩张专利权保护范围、压缩创新空间、损害创新能力和公共利益。严格专利权利要求的解释，充分尊重权利要求的公示和划界作用，妥善处理相同侵权与等同侵权的关系，适度从严把握等同侵权的适用条件，合理确定等同侵权的适用范围，防止等同侵权的过度适用。注重发挥人民陪审员、专家证人和专家咨询、技术鉴定的作用，通过多种途径和渠道有效解决专业技术事实认定问题。

10. 加强商标权司法保护，维护商标信誉，推动形成自主品牌。通过商标案件的审判，支持和引导企业实施商标战略，促使其在经营中积极、规范使用自主商标，促进自主品牌的形成和品牌经济的发展。严厉制裁商标假冒、恶意模仿等侵权行为，严格适用侵权法律责任，切实保障商标权人和消费者的利益，维护公平竞争的市场秩序。正确把握商标权的法律属性，根据商标用于区别商品或服务来源的核心功能，合理界定商标权的范围，根据商标的显著性程度、知名度大小等确定保护强度和范围，准确认定商标侵权判定中的商品类似、商标近似和误导性后果。正确把握驰名商标司法认定和保护的法律定位，坚持事实认定、个案认定、被动认定、因需认定等司法原则，依法慎重认定驰名商标，合理适度确定驰名商标跨类保护范围，强化有关案件的审判监督和业务指导。妥善处理商标权保护与特定产业发展的关系，既注重保护商标权，又有利于促进相关产业的升级和发展。依法受理并及时处理好涉及地理标志和奥林匹克标志、世界博览会标志、特殊标志等案件。

11. 加强著作权司法保护，维护著作权人合法权利，提升国家文化软实力。严厉制裁盗版、抄袭等侵犯著作权行为，加大侵权赔偿力度，提高全社会的版权保护意识。依法合理界定著作权保护与合理使用、法定许可的关系，平衡处理创作者、传播者和利用者之间的利益关系，确保私人权利与公共利益的平衡，保障人民基本文化权益。加强对新闻出版、广播影视、文学艺术、文化娱乐、广告设计、工艺美术、计算机软件、信息网络等领域的著作权案件审判，推动版权相关产业健康有序发展，推进文化创新，增强文化发展活力，繁荣文化市场。有效应对互联网等新技术发展对著作权保护的挑战，准确把握网络环境下著作权司法保护的尺度，妥善处理保护著作权与保障信息传播的关系，既要有利于网络新技术和新商业模式的开发和运用，促进信息传播，又要充分考虑网络侵权的特点和维权的困难，完善网络环境下的证据规则，有效保障著作权。加大对计算机软件的司法保护力度，帮助企业开拓市场，促进相关服务外包产业成长。

12. 加强商业秘密司法保护，保护企业权益和职工择业自由，保障商业信息安全与人才合理流动。依法制裁窃取和非法披露、使用他人商业秘密的行为，保护企业商业秘密权益，引导市场主体依法建立健全商业秘密管理制度。妥善处理保护商业秘密与自由择业、涉密者竞业限制与人才合理流动的关系，维护职工合法权益。根据商业秘密案件特点，合理分配当事人的举证责任，合理确定当事人和诉讼参与人的保密义务。注意保护被控侵权人对自己商业秘密的正当权益，防止原告滥用诉权获取他人商业秘密。

13. 加强植物新品种权司法保护，激励农业科技创新，促进农业发展。强化农业知识产权保护，依法保护植物新品种权和育种技术，加大对具有自主知识产权的重大农业科技成果和植物新品种的保护力度，合理调节资源提供者、育种者、生产者和经营者之间的利益关系，激励农业科技创新，推动现代农业经营方式的转变，促进农业发展，保护农民利益，维护农村稳定，保障社会主义新农村建设。准确掌握植物新品种侵权判定标准，以繁殖材料承载的性状特征确定品种权的保护范围，以生产、销售或者重复使用授权品种的繁殖材料为侵权行为方式。依法判定民事责任，保障权利人利益的实现，注重对农民合法权益的保护，通过育种者免责、农民免责等权利限制，合理平衡权利人与社会公众的利益关系；本着既要及时制止侵权和防止侵权物再扩散，又要避免资源浪费的原则，慎重适用销毁侵权物的民事责任。针对种子生产和销售的季节性特点，注意运用证据保全措施及时固定相关证据。

14. 加强特定领域知识产权司法保护，有效保护特种资源，维护我国特色优势。根据现有法律规则和立法精神，积极保护遗传资源、传统知识、民间文艺和其他一切非物质文化遗产，根据历史和现实，公平合理地协调和平衡在发掘、整理、传承、保护、开发和利用过程中各方主体的利益关系，保护提供者、持有者知情同意和惠益分享的正当权益，合理利用相关信息。加强对传统医药和传统工艺的保护，促进传统知识和民间文艺的发展，推动传统资源转化为现实生产力和市场竞争力，弘扬民族产业优势和地区特色经济优势。依法保护集成电路布图设计专有权，及时予以司法救济，促进集成电路产业发展。

15. 依法制止不正当竞争，规范市场竞争秩序，推动形成统一开放竞争有序的现代市场体系。审理好仿冒知名商品特有名称、包装、装潢和虚假宣传、商业诋毁等不正当竞争案件，积极受理涉及企业名称（商号）、商业外观、计算机网络域名等新类型知识产权案件，制止一切非诚信的仿冒搭车行为，避免市场混淆和误导公众，切实维护权利人和消费者的合法权益，确保诚信竞争和有序竞争，促进社会信用体系建设。依法积极受理涉及注册商标、企业名称等与在先权利冲突的民事纠纷，按照遵循诚实信用、维护公平竞争和保护在先权利等原则，妥善予以裁决。准确把握反不正当竞争法的立法精神和适用条件，既要与时俱进，对市场上新出现的竞争行为，适用反不正当竞争法的原则规定予以规范和调整；又要严格依法，对于法律未作特别规定的竞争行为，只有按照公认的商业标准和普遍认识能够认定违反反不正当竞争法的原则规定时，才可以认定为不正当竞争行为，防止因不适当扩大不正当竞争行为方式范围而妨碍自由、公平竞争。对于既不存在商业秘密、又不存在法定和约定竞业限制的竞争领域，不能简单地以利用或损害特定竞争优势为由，适用反不正当竞争法的原则规定认定构成不正当竞争。

16.积极开展反垄断审判，保护市场公平竞争，维护消费者利益与社会公共利益。根据民事诉讼法和反垄断法规定的受理条件，依法受理当事人因垄断行为提起的民事诉讼。切实履行审判职责，妥善处理竞争政策与产业政策的关系，审理好涉及滥用知识产权的垄断案件以及其他各类垄断案件，制止垄断行为，鼓励公平竞争，提高引进外资质量，促进经济结构调整，维护国家经济运行健康有序。加强反垄断审判调查研究工作，认真总结审判经验，及时明确司法原则、裁判标准和操作程序。

17.妥善处理知识产权合同纠纷，维护交易安全，促进智力成果创造运用。尊重当事人意思自治，维护合同的严肃性和有效性，严格合同解除条件，依法制裁违约行为。依法合理掌握权属纠纷诉讼时效，准确界定职务成果与非职务成果，既要有利于激发研发创作人创新积极性，又要有利于促进成果的转化实施。本着尽可能降低交易风险和减少交易成本的精神，依法界定在知识产权委托或合作创造、转让、许可、质押等环节形成的法律关系和利益分配及责任承担，促进自主创新成果的知识产权化、商品化、产业化、市场化。积极受理特许经营合同纠纷，妥善处理知识产权代理合同纠纷。

18.认真审查知识产权诉前临时措施申请，及时慎重裁定，有效制止侵权。发挥诉前临时措施的及时救济功能，确保在法定时限内作出裁定并立即予以执行。对于商标和著作权侵权案件，尤其是假冒和盗版等显性侵权和故意侵权案件，注意积极采取诉前责令停止侵权措施。适度从严掌握认定侵权可能性的标准，原则上应当达到基本确信的程度，在专利案件尤其是发明和实用新型专利案件中，要审慎决定采取诉前责令停止侵权措施。对于当事人起诉时或诉讼中提出的临时措施申请，要迅速审查并及时裁定和执行。对于证据保全申请，重点考虑证据风险和申请人的取证能力，及时作出裁定。

19.强化对知识产权授权确权行为的司法复审，依法审查授权条件，统一和完善授权审查标准。在事实认定和法律适用上对专利和商标等知识产权授权确权行政行为进行全面的合法性审查，既要给予行政主管机关对专业技术事实评判的适当尊重，又要对相关的实质性授权条件进行独立审查判断，切实依法全面履行司法复审的基本职责。加强与行政主管机关的工作协调与业务交流，促进审理和审查标准的统一与完善，提高相关案件的执法水平。努力提高审判效率，及时依法确认权利的有效性，保障权利维护和利益实现的时效性。

20.加强知识产权行政司法保护，依法监督行政行为，支持依法行政。依法审理各类知识产权行政案件，在合法性审查中既要保护知识产权行政相对人的合法权益，又要维护知识产权行政管理秩序，依法支持行政机关制裁侵权行为，促进知识产权行政保护。行政机关申请强制执行行政处理决定，经审查符合执行条件的，应及时裁定并予以强制执行。

21.加大知识产权刑事司法保护力度，依法严厉制裁侵犯知识产权犯罪行为，充分体现惩罚和震慑犯罪功能。依法受理知识产权刑事案件并及时作出裁判，切实加大对假冒注册商标和侵犯著作权犯罪行为的打击力度，在依法适用主刑的同时，加大罚金刑的适用与执行力度，并注意通过采取追缴违法所得、收缴犯罪工具、销毁侵权产品等措施，从经济上剥夺侵权人的再犯罪能力和条件。配合有关部门，针对反复侵权、群体性侵权以及大规模假冒、盗版等行为，有计划、有重点地开展知识产权保护专项行动，遏制假冒盗版现象。统一和规范侵犯知识产权犯罪案件适用刑罚的条件和标准，准确把握宽严相济的刑事政策。依法审理侵犯知识产权的刑事自诉案件，切实保障被害人的刑事自诉权利。

22.加强知识产权审判监督，保障当事人申诉权，维护知识产权司法公正。既要充分维护正确生效裁判的既判力，又要让符合法定条件的案件及时进入再审，确保公正司法和维护法制统一。统一裁定再审的标准，以生效裁判确有错误作为上级法院和本院依职权启动再审的标准，以符合法定再审事由作为依当事人申请裁定再审的标准。通过及时、规范的听证程序和耐心细致的审查说服工作，尽可能使当事人服判息诉，尽可能降低多次申诉的比率。努力提高审查的质量和效率，对于经审查申请书、答辩意见等足以确定再审事由是否成立的，可以迳行裁定。

23.加大知识产权案件执行力度，保障裁判权益及时实现，树立司法保护权威。健全知识产权案件强制执行机制，充分运用执行工作联动威慑机制，完善提级执行、指定执行、委托执行等措施，保证知识产权案件的切实执行，强化对诉前临时措施裁定的及时执行。对被执行人拒不履行停止侵权的生效裁判内容继续其原侵权行为的，除支持权利人依法追究其民事责任以外，积极协调公安、检察机关以拒不执行判决、裁定罪追究其刑事责任。

24.依法开展涉外知识产权司法保护，保障对外开放，促进国际经贸合作。正确处理本国利益与他国利益的关系、对外关系与具体案件审理的关系、本国当事人与外国当事人的利益关系，始终坚持依法公正审判和平等保护原则，维护和提升我国司法良好的国际形象，优化经济发展外部环境。统筹国内国际两个大局，妥善处理与贸易有关的重大知识产权纠纷，既确保遵循相关国际公约及国际惯例，也始终维护国家利益和经济安全。注意从个案中发现知识产权工作的薄弱环节和管理漏洞，通过司法建议和裁判说明等形式，对行政管理提出改进建议，为行业和产业提供行为预警，提高企业应对知识产权纠纷的能力，延伸知识产权司法保护效果。

四、完善知识产权审判体制和工作机制，优化审判资源配置

25.积极探索符合知识产权特点的审判组织模式。按照《纲要》要求，研究设置统一受理知识产权民事、行政和刑事案件的专门知识产权审判庭，尽快统一专利和商标等知识产权授权确权案件的审理分工，优化知识产权审判资源配置，实现知识产权司法的统一高效。认真总结近年来一些地方法院开展的由一个审判庭统一受理知识产权民事、行政和刑事案件试点工作，以及采用扩大合议庭组成或知识产权民事法官参与知识产权刑事、行政案件审判的探索工作，深入调查研究，认真解决试点和探索工作中出现的问题，加强统一协调和工作指导，积极稳妥地加以推进。

26.探索建立知识产权上诉法院。按照《纲要》要求，加强与相关部门的沟通、协调和配合，根据完善知识产权案件上诉机制的要求，深入研究建立知识产权上诉法院的可行性和必要性，积极探索有关改革路径和模式，努力实现知识产权确权程序与侵权诉讼程序的有效衔接，简化司法救济程序，提高裁判效率，保证司法统一。

27.推动改革专利和商标确权授权程序。积极配合国家有关部门，以简化救济程序为目标，研究专利无效审理和商标评审机构向准司法机构转变的问题，积极推动相关法律规定的修订。

28.健全知识产权多元纠纷解决机制。坚持“调解优先、调判结合”原则和“定

分止争、案结事了”要求，加大知识产权案件调解力度，将调解贯穿于案件审理的全过程。高度重视在诉前临时措施案件和刑事自诉案件中的调解以及在知识产权行政案件中的协调，加强审判工作与人民调解、行政调解、仲裁等纠纷解决方式的衔接，积极支持调解和仲裁机构以及知识产权援助中心等发挥处理知识产权纠纷的作用，注意发挥行业协会、专业部门和专业人士等的沟通协商、参与调解的作用，扩大邀请协助调解的案件范围，努力提高诉讼调解率、和解撤诉率。

29. 加强知识产权司法保护宣传。采取各种形式大力宣传知识产权司法保护，提高全社会知识产权意识，推进知识产权文化建设。结合人民法院新闻发布制度，适时发布知识产权审判中的重要新闻和典型案例，努力做到“4·26”世界知识产权日司法保护宣传常态化。坚持审判公开和透明原则，严格按照有关规定和要求，将生效知识产权裁判文书及时上网公开。定期选择有影响的案例，邀请人大代表、政协委员、专家学者、行业协会和有关部门的代表、外国政府和国际组织驻华机构代表等代表性人士和社会公众等旁听庭审，增进司法公开，接受群众监督，扩大社会影响。

30. 扩大知识产权对外司法交流合作。建立和完善知识产权司法保护对外信息沟通交流机制，积极参与国际和区域知识产权交流与合作，拓展交流深度，加大宣传力度，加深世界各国对我国知识产权司法保护制度及保护状况的全面、客观了解。既要根据我国国情和发展需求开展知识产权司法保护，又要有针对性地学习借鉴吸收国外有益司法经验。

五、加强知识产权司法解释工作，完善知识产权诉讼制度

31. 及时制定知识产权司法解释。按照《纲要》要求，增强司法解释的针对性和及时性，针对审判实践存在的比较普遍和突出的法律适用问题，及时制定司法解释，明确司法原则和政策，统一司法标准，规范并细化自由裁量权的行使，完善知识产权诉讼制度。强化司法解释的科学性和实效性，深入开展调查研究，广泛听取和征求各方面的意见，注意发挥学术团体、研究机构以及中介组织的参与作用，共同为完善知识产权司法保护制度提供智力支持。近期发布关于驰名商标司法保护的司法解释，尽快出台关于专利侵权判断标准和反垄断民事诉讼程序的司法解释。

32. 建立健全知识产权相关诉讼制度。按照《纲要》要求，与有关部门协调配

合，针对知识产权案件专业性强等特点，建立和完善司法鉴定、专家证人、技术调查等诉讼制度，鼓励有条件的法院在专利等技术性案件审判中积极探索开展技术调查的有效方式和具体做法。完善知识产权诉前临时措施制度，适时启动相关司法解释的起草工作。配合有关部门明确知识产权代理人的诉讼执业资质问题，推动有关部门研究建立相关律师代理制度。

33.调整完善知识产权案件管辖制度。按照既方便法院审理和当事人诉讼，又充分满足科技创新和经济社会发展对知识产权审判新需求的原则，统筹规划知识产权审判管辖体制。继续坚持对专利、植物新品种和集成电路布图设计案件的指定管辖制度，严格控制新增专利案件管辖权的中级人民法院的数量；适度集中垄断案件和涉及驰名商标认定等特殊类型知识产权案件的管辖权；适当增加受理著作权、商标、不正当竞争和知识产权合同等一般知识产权案件的基层法院；经上级人民法院依法指定，具有一般知识产权案件管辖权的基层法院可以跨区域管辖同一上级人民法院辖区内的一般知识产权案件。

六、加强知识产权审判队伍建设，提高知识产权司法保护能力

34.进一步健全知识产权审判机构。各级人民法院要根据担负的知识产权审判职责和任务的客观需要，本着立足现实、兼顾长远的原则精神，加强知识产权审判庭的机构设置、人员编制和内设机构配置。在中级以上法院和具有案件管辖权的基层法院普遍建立知识产权审判庭，暂不具备独立设庭的中级人民法院，也应当建立或指定专门负责审理知识产权案件的合议庭。

35.大力充实知识产权审判队伍。采取切实有效措施，调整和充实知识产权法官队伍，提高知识产权法官队伍素质，强化审判和执行能力。注意从精通法律、外语基础较好、具有理工专业背景和一定审判经验的人员中选拔、培养知识产权法官，有效缓解案件持续增长与专业审判力量相对不足的矛盾。保持知识产权法官队伍的基本稳定，完善知识产权审判人才的专业结构，对于专业性和技术性较强的知识产权案件，尽可能由相对固定的合议庭和专业法官负责审理，重点培养一批社会认可度高的专业型、专家型知识产权法官。充分考虑知识产权审判和知识产权法官培养的规律，在工作量、业务考核等方面采用科学合理的业绩评价指标。积极开展与专利复审委员会等知识产权专业部门的人员和业务交流，鼓励东中西部法

院之间开展各种形式的业务和人才交流。加大知识产权审判技能和专业知识培训力度，最高人民法院和各高级人民法院要制定长期培训规划，及时更新培训大纲，保证培训时间和质量，重点加大对中、基层法院和中西部地区法院知识产权审判人员的培训力度。

36.高度重视知识产权法官队伍思想政治建设和廉政建设。强化知识产权审判人员的政治纪律和工作责任，进一步加强社会主义法治理念教育，使全体审判人员牢固树立"三个至上"指导思想，切实做到为民、务实、清廉。严格执行有关反腐倡廉的制度和要求，认真落实"五个严禁"的规定，每一位审判人员要时刻保持警惕，各级领导要切实负起责任，加强对关键环节的监督检查，规范司法行为，严惩违规行为，确保知识产权司法的公正和廉洁。积极发掘并大力宣传知识产权司法保护工作中的好经验、好做法、好人物、好事迹，树立人民法院和知识产权法官的良好形象。

最高人民法院关于印发《关于审理涉及金融不良债权转让案件工作座谈会纪要》的通知

（法发[2009]19号）

各省、自治区、直辖市高级人民法院，解放军军事法院，新疆维吾尔自治区高级人民法院生产建设兵团分院：

为认真落实中央关于研究解决金融不良债权转让过程中国有资产流失问题的精神，统一思想，明确任务，依法公正妥善地审理涉及金融不良债权转让案件，防止国有资产流失，保障金融不良债权处置工作的顺利进行，维护和促进社会和谐稳定，维护社会公共利益和相关当事人的合法权益，最高人民法院商有关部门形成了《关于审理涉及金融不良债权转让案件工作座谈会纪要》，现印发给你们，请结合审判工作实际，遵照执行。

各高级人民法院，特别是不良债权转让纠纷案件数量较多、标的额较大、影响较大地区的高级人民法院，要加强对有关案件审判、执行工作的调研指导，发现新情况、新问题的，应当及时报告最高人民法院。

二〇〇九年四月三日

最高人民法院关于审理涉及金融不良债权转让案件工作座谈会纪要

为了认真落实中央关于研究解决金融不良债权转让过程中国有资产流失问题的精神，统一思想，明确任务，依法妥善公正地审理涉及金融不良债权转让案件，防止国有资产流失，保障金融不良债权处置工作的顺利进行，维护和促进社会和谐稳定，最高人民法院邀请全国人大常委会法制工作委员会、中共中央政法委员会、国务院法制办公室、财政部、国务院国有资产监督管理委员会、中国银行业监督管理委员会、中国人民银行和审计署等单位，于2008年10月14日在海南省海口市召开了全国法院审理金融不良债权转让案件工作座谈会。

各省、自治区、直辖市高级人民法院和解放军军事法院以及新疆维吾尔自治区高级人民法院生产建设兵团分院主管民商审判工作的副院长、相关审判庭的负责同志参加了座谈会。与会同志通过认真讨论，就关于审理涉及金融不良债权转让案件的主要问题取得了一致的看法。现纪要如下：

一、关于审理此类案件应遵循的原则

会议认为，此类案件事关金融不良资产处置工作的顺利进行，事关国有资产保护，事关职工利益保障和社会稳定。因此，人民法院必须高度重视此类案件，并在审理中注意坚持以下原则：

（一）坚持保障国家经济安全原则。民商事审判工作是国家维护经济秩序、防范和化解市场风险、维护国家经济安全的重要手段。全国法院必须服从和服务于国家对整个国民经济稳定和国有资产安全的监控，从中央政策精神的目的出发，以民商事法律、法规的基本精神为依托，本着规范金融市场、防范金融风险、维护金融稳定、保障经济安全的宗旨，依法公正妥善地审理此类纠纷案件，确保国家经济秩序稳定和国有资产安全。

（二）坚持维护企业和社会稳定原则。金融不良资产的处置，涉及企业重大经济利益，全国法院要进一步强化政治意识、大局意识、责任意识和保障意识，从维护国家改革、发展和稳定的大局出发，依法公正妥善地审理好此类纠纷案件，切实防止可能引发的群体性、突发性和恶性事件，切实做到“化解矛盾、理顺关系、安定人心、维护秩序”。

（三）坚持依法公正和妥善合理的原则。人民法院在审理此类案件中，要将法律条文规则的适用与中央政策精神的实现相结合，将坚持民商法的意思自治、平等保护等理念与国家经济政策、金融市场监管和社会影响等因素相结合，正确处理好保护国有资产、保障金融不良资产处置工作顺利进行、维护企业和社会稳定的“关系，做到统筹兼顾、妥善合理，确保依法公正与妥善合理的统一，确保审判的法律效果和社会效果统一。

（四）坚持调解优先、调判结合的原则。为了避免矛盾激化，维护社会稳定，平衡各方利益，人民法院在诉讼中应当向当事人充分说明国家的政策精神，澄清当事人对法律和政策的模糊认识。坚持调解优先，积极引导各方当事人本着互谅互让的精神进行协商，尽最大可能采用调解的方式解决纠纷。如果当事人不能达成和解，人民法院要根据相关法律法规以及本座谈会纪要（以下简称《纪要》）进行妥善公正的审理。

二、关于案件的受理

会议认为，为确保此类案件得到公正妥善的处理，凡符合民事诉讼法规定的受理条件及《纪要》有关规定精神涉及的此类案件，人民法院应予受理。不良债权已经剥离至金融资产管理公司又被转让给受让人后，国有企业债务人知道或者应当知道不良债权已经转让而仍向原国有银行清偿的，不得对抗受让人对其提起的追索之诉，国有企业债务人在对受让人清偿后向原国有银行提起返还不当得利之诉的，人民法院应予受理；国有企业债务人不知道不良债权已经转让而向原国有银行清偿的，可以对抗受让人对其提起的追索之诉，受让人向国有银行提起返还不当得利之诉的，人民法院应予受理。

受让人在对国有企业债务人的追索诉讼中，主张追加原国有银行为第三人的，人民法院不予支持；在《纪要》发布前已经终审或者根据《纪要》做出终审的，当事人根据《纪要》认为生效裁判存在错误而申请再审的，人民法院不予支持。

案件存在下列情形之一的，人民法院不予受理：（一）金融资产管理公司与国有银行就政策性金融资产转让协议发生纠纷起诉到人民法院的；（二）债权人向国家政策性关闭破产的国有企业债务人主张清偿债务的；（三）债权人向已列入经国务院批准的全国企业政策性关闭破产总体规划并拟实施关闭破产的国有企业债务人主张清偿债务的；（四）《纪要》发布前，受让人与国有企业债务人之间的债权债务关系已经履行完毕，优先购买权人或国有企业债务人提起不良债权转让合同无效诉讼的；（五）受让人自金融资产管理公司受让不良债权后，以不良债权存在瑕疵为由起诉原国有银行的；（六）国有银行或金融资产管理公司转让享受天然林资源保护工程政策的国有森工企业不良债权而引发受让人向森工企业主张债权的（具体详见《天然林资源保护区森工企业金融机构债务免除申请表》名录）；（七）在不良债权转让合同无效之诉中，国有企业债务人不能提供相应担保或者优先购买权人放弃优先购买权的。

三、关于债权转让生效条件的法律适用和自行约定的效力

会议认为，不良债权成立在合同法施行之前，转让于合同法施行之后的，该债权转让对债务人生效的条件应适用合同法第八十条第一款的规定。

金融资产管理公司受让不良债权后，自行与债务人约定或重新约定诉讼管辖的，如不违反法律规定，人民法院应当认定该约定有效。金融资产管理公司在不良债权转让合同中订有禁止转售、禁止向国有银行、各级人民政府、国家机构等追偿、禁止转让给特定第三人等要求受让人放弃部分权利条款的，人民法院应认定该条款有效。国有银行向金融资产管理公司转让不良债权，或者金融资产管理公司收购、处置不良债权的，担保债权同时转让，无须征得担保人的同意，担保人仍应在原担保范围内对受让人继续承担担保责任。担保合同中关于合同变更需经担保人同意或者禁止转让主债权约定，对主债权和担保权利转让没有约束力。

四、关于地方政府等的优先购买权

会议认为，为了防止在通过债权转让方式处置不良债权过程中发生国有资产流失，相关地方人民政府或者代表本级人民政府履行出资人职责的机构、部门或者持有国有企业债务人国有资本的集团公司可以对不良债权行使优先购买权。

金融资产管理公司向非国有金融机构法人转让不良债权的处置方案、交易条件以及处置程序、方式确定后，单笔（单户）转让不良债权的，金融资产管理公司应当通知国有企业债务人注册登记地的优先购买权人。以整体"资产包"的形式转让

不良债权的，如资产包中主要债务人注册登记地属同一辖区，应当通知该辖区的优先购买权人；如资产包中主要债务人注册登记地属不同辖区，应当通知主要债务人共同的上级行政区域的优先购买权人。

按照确定的处置方案、交易条件以及处置程序、方式，上述优先购买权人在同等条件下享有优先购买权。优先购买权人收到通知后明确表示不予购买或者在收到通知之日起三十日内未就是否行使优先购买权做出书面答复，或者未在公告确定的拍卖、招标日之前做出书面答复或者未按拍卖公告、招标公告的规定时间和条件参加竞拍、竞标的，视为放弃优先购买权。

金融资产管理公司在《纪要》发布之前已经完成不良债权转让，上述优先购买权人主张行使优先购买权的，人民法院不予支持，债务人主张优先购买不良债权的，人民法院不予支持。

五、关于国有企业的诉权及相关诉讼程序

会议认为，为避免当事人滥用诉权，在受让人向国有企业债务人主张债权的诉讼中，国有企业债务人以不良债权转让行为损害国有资产等为由，提出不良债权转让合同无效抗辩的，人民法院应告知其向同一人民法院另行提起不良债权转让合同无效的诉讼；国有企业债务人不另行起诉的，人民法院对其抗辩不予支持。国有企业债务人另行提起不良债权转让合同无效诉讼的，人民法院应中止审理受让人向国有企业债务人主张债权的诉讼，在不良债权转让合同无效诉讼被受理后，两案合并审理。国有企业债务人在二审期间另行提起不良债权转让合同无效诉讼的，人民法院应中止审理受让人向国有企业债务人主张债权的诉讼，在不良债权转让合同无效诉讼被受理且做出一审裁判后再行审理。

国有企业债务人提出的不良债权转让合同无效诉讼被受理后，对于受让人的债权系直接从金融资产管理公司处受让的，人民法院应当将金融资产管理公司和受让人列为案件当事人；如果受让人的债权系金融资产管理公司转让给其他受让人后，因该受让人再次转让或多次转让而取得的，人民法院应当将金融资产管理公司和该转让人以及后手受让人列为案件当事人。

六、关于不良债权转让合同无效和可撤销事由的认定

会议认为，在审理不良债权转让合同效力的诉讼中，人民法院应当根据合同法和《金融资产管理公司条例》等法律法规，并参照国家相关政策规定，重点审查不良

债权的可转让性、受让人的适格性以及转让程序的公正性和合法性。金融资产管理公司转让不良债权存在下列情形的，人民法院应当认定转让合同损害国家利益或社会公共利益或者违反法律、行政法规强制性规定而无效。(一)债务人或者担保人为国家机关的；(二)被有关国家机关依法认定为涉及国防、军工等国家安全和敏感信息的以及其他依法禁止转让或限制转让情形的；(三)与受让人恶意串通转让不良债权的；(四)转让不良债权公告违反《金融资产管理公司资产处置公告管理办法(修订)》规定，对依照公开、公平、公正和竞争、择优原则处置不良资产造成实质性影响的；(五)实际转让的资产包与转让前公告的资产包内容严重不符，且不符合《金融资产管理公司资产处置公告管理办法(修订)》规定的；(六)根据有关规定应经合法、独立的评估机构评估，但未经评估的；或者金融资产管理公司与评估机构、评估机构与债务人、金融资产管理公司和债务人、以及三方之间恶意串通，低估、漏估不良债权的；(七)根据有关规定应当采取公开招标、拍卖等方式处置，但未公开招标、拍卖的；或者公开招标中的投标人少于三家(不含三家)的；或者以拍卖方式转让不良债权时，未公开选择有资质的拍卖中介机构的；或者未依照《中华人民共和国拍卖法》的规定进行拍卖的；(八)根据有关规定应当向行政主管部门办理相关报批或者备案、登记手续而未办理，且在一审法庭辩论终结前仍未能办理的；(九)受让人为国家公务员、金融监管机构工作人员、政法干警、金融资产管理公司工作人员、国有企业债务人管理人员、参与资产处置工作的律师、会计师、评估师等中介机构等关联人或者上述关联人参与的非金融机构法人的；(十)受让人与参与不良债权转让的金融资产管理公司工作人员、国有企业债务人或者受托资产评估机构负责人员等有直系亲属关系的；(十一)存在其他损害国家利益或社会公共利益的转让情形的。

在金融资产管理公司转让不良债权后，国有企业债务人有证据证明不良债权根本不存在或者已经全部或部分归还而主张撤销不良债权转让合同的，人民法院应当撤销或者部分撤销不良债权转让合同；不良债权转让合同被撤销或者部分撤销后，受让人可以请求金融资产管理公司承担相应的缔约过失责任。

七、关于不良债权转让无效合同的处理

会议认为，人民法院认定金融不良债权转让合同无效后，对于受让人直接从金融资产管理公司受让不良债权的，人民法院应当判决金融资产管理公司与受让人之间的债权转让合同无效；受让人通过再次转让而取得债权的，人民法院应当判决金融资产管理公司与转让人、转让人与后手受让人之间的系列债权转让合同无效。债权转让合同被认定无效后，人民法院应当按照合同法的相关规定处理；受让人要求转让人赔偿损失，赔偿损失数额应以受让人实际支付的价金之利息损失为限。相关不良债权的诉讼时效自金融不良债权转让合同被认定无效之日起重新计算。

金融资产管理公司以整体"资产包"的形式转让不良债权中出现单笔或者数笔债权无效情形、或者单笔或数笔不良债权的债务人为非国有企业，受让人请求认定合同全部无效的，人民法院应当判令金融资产管理公司与转让人之间的资产包债权转让合同无效；受让人请求认定已履行或已清结部分有效的，人民法院应当认定尚未履行或尚未清结部分无效，并判令受让人将尚未履行部分或尚未清结部分返还给金融资产管理公司，金融资产管理公司不再向受让人返还相应价金。

八、关于举证责任分配和相关证据的审查

会议认为，人民法院在审查不良债权转让合同效力时，要加强对不良债权转让合同、转让标的、转让程序、以及相关证据的审查，尤其是对受让人权利范围、受让人身份合法性以及证据真实性的审查。不良债权转让合同中经常存在诸多限制受让人权利范围的条款，人民法院应当要求受让人向法庭披露不良债权转让合同以证明其权利合法性和权利范围。受让人不予提供的，人民法院应当责令其提供；受让人拒不提供的，应当承担举证不能的法律后果。人民法院在对受让人身份的合法性以及是否存在恶意串通等方面存在合理怀疑时，应当根据最高人民法院《关于民事诉讼证据的若干规定》及时合理地分配举证责任；但人民法院不得仅以不良债权出让价格与资产账面额之间的差额幅度作为引起怀疑的证据，而应当综合判断。对当事人伪造或变造借款合同、担保合同、借款借据、修改缔约时间和债务人还贷时间以及产生诉讼时效中断证据等情形的，人民法院应当严格依据相关法律规定予以制裁。

九、关于受让人收取利息的问题

会议认为，受让人向国有企业债务人主张利息的计算基数应以原借款合同本金为准；受让人向国有企业债务人主张不良债权受让日之后发生的利息的，人民法院不予支持。但不良债权转让合同被认定无效的，出让人在向受让人返还受让款本金的同时，应当按照中国人民银行规定的同期定期存款利率支付利息。

十、关于诉讼或执行主体的变更

会议认为，金融资产管理公司转让已经涉及诉讼、执行或者破产等程序的不良债权的，人民法院应当根据债权转让合同以及受让人或者转让人的申请，裁定变更诉讼主体或者执行主体。在不良债权转让合同被认定无效后，金融资产管理公司请求变更受让人为金融资产管理公司以通过诉讼继续追索国有企业债务人的，人民法院应予支持。人民法院裁判金融不良债权转让合同无效后当事人履行相互返还义务时，应从不良绩权最终受让人开始逐一与前手相互返还，直至完成第一受让人与金融资产管理公司的相互返还。后手受让人直接对金融资产管理公司主张不良债权转让合同无效并请求赔偿的，人民法院不予支持。

十一、关于既有规定的适用

会议认为，国有银行向金融资产管理公司转让不良债权，或者金融资产管理公司受让不良债权后，通过债权转让方式处置不良资产的，可以适用最高人民法院《关于审理金融资产管理公司收购、管理、处置国有银行不良贷款形成的资产的案件适用法律若干问题的规定》、《关于贯彻执行最高人民法院"十二条"司法解释有关问题的函的答复》、《关于金融资产管理公司收购、管理、处置银行不良资产有关问题的的补充通知》和《关于国有金融资产管理公司处置国有商业银行不良资产案件交纳诉讼费用的通知》。受让人受让不良债权后再行转让的，不适用上述规定，但受让人为相关地方人民政府或者代表本级人民政府履行出资人职责的机构、部门或者持有国有企业债务人国有资本的集剧公司除外。

国有银行或者金融资产管理公司根据《关于贯彻执行最高人民法院"十二条"司法解释有关问题的函的答复》的规定，在全国或省级有影响的报纸上发布有催收内容的债权转让通知或公告的，该公告或通知之日应为诉讼时效的实际中断日。上述公告或者通知对保证合同诉讼时效发生同等效力。

十二、关于《纪要》的适用范围

会议认为，在《纪要》中，国有银行包括国有独资商业银行、国有控股商业银行以及国有政策性银行；金融资产管理公司包括华融、长城、东方和信达等金融资产管理公司和资产管理公司通过组建或参股等方式成立的资产处置联合体。国有企业债务人包括国有独资和国有控股的企业法人。受让人是指非金融资产管理公司法人、自然人。不良债权转让包括金融资产管理公司政策性和商业性不良债权的转让。政策性不良债权是指 1999 年 2000 年上述四家金融资产管理公司在国家统一安排下通过再贷款或者财政担保的商业票据形式支付收购成本从中国银行、中国农业银行、中国建设银行、中国工商银行以及国家开发银行收购的不良债权;商业性不良债权是指 2004 年至 2005 年上述四家金融资产管理公司在政府主管部门主导下从交通银行、中国银行、中国建设银行和中国工商银行收购的不良债权。

《纪要》的内容和精神仅适用于在《纪要》发布之后尚在一审或者二审阶段的涉及最初转让方为国有银行、金融资产管理公司通过债权转让方式处置不良资产形成的相关案件。人民法院依照审判监督程序决定再审的案件,不适用《纪要》。

会议还认为,鉴于此类纠纷案件具有较强政策性,人民法院在案件审理过程中,遇到难度大、涉及面广或者涉及社会稳定的案件,要紧紧依靠党委领导,自觉接受人大监督,必要时也可以请示上级人民法院。在不良债权处置工作中发现违规现象的,要及时与财政、金融监管部门联系或者向金融监管部门提出司法建议;对存在经济犯罪嫌疑、发现犯罪线索的,要及时向有关侦查机关移送案件或者案件线索。上级人民法院要加强审理此类纠纷案件的监督指导,及时总结审判经验,发布案件指导,依法妥善公正地审理好此类案件。

附录:关于审理涉及金融不良债权转让案件的若干政策和法律问题

——解读最高法院《关于审理涉及金融不良债权转让案件工作座谈会纪要》

为依法妥善公正地审理涉及金融不良债权转让案件,防止国有资产流失,保障金融不良债权处置工作的顺利进行,维护和促进社会和谐稳定,维护社会公共利益和相关当事人的合法权益,最高法院于 2005 年 1 月正式起草制定关于审理涉及金融不良债权转让案件的司法政策性文件。该文件的起草、论证、沟通、协调工作历时四年有余,不仅梳理了最高法院以往发布的相关司法解释和司法解释性文件,而且总结了各级法院的审判实践，更吸纳了国家相关主管部门的意见。

为贯彻落实中央确定的解决金融不良债权转让过程中国有资产流失问题精神，最高法院邀请全国人大常委会法制工作委员会、中共中央政法委员会、国务院法制办公室、国家财政部、国务院国有资产监督管理委员会、中国银行业监督管理委员会、中国人民银行和国家审计署等单位，于2008年10月14日在海南省海口市召开了全国法院审理金融不良债权转让案件工作座谈会。以前期已经起草比较成熟的司法政策性文件为蓝本，并根据与会代表就关于审理涉及金融不良债权转让案件的主要问题所取得的一致意见，最高法院于2009年4月3日公布了法发[2009]19号《关于审理涉及金融不良债权转让案件工作座谈会纪要》(以下简称《纪要》)。

该《纪要》共计12部分，主要规定了审理此类案件的原则、案件的受理、债权转让生效条件的法律适用和自行约定的效力、地方政府等优先购买权、国有企业的诉权及相关诉讼程序、不良债权转让合同无效和可撤销事由的认定、不良债权转让无效合同的处理、举证责任分配和相关证据审查、受让人收取利息、诉讼或执行主体变更、既有规定的适用以及纪要的适用范围等问题。

为了有助于各级法院把握该《纪要》的背景和蕴含的价值权衡以及若干重要规则形成的脉络，进一步加深对该《纪要》精神和内容的理解，更好地发挥其在审理涉及金融不良债权转让案件中的指导作用，现就该规定所涉及的主要问题加以阐释。

一、问题背景与价值权衡

(一)问题之所在

为了防范金融风险，解决国有商业银行不良贷款问题，1999年国务院组建了华融、长城、东方、信达四大金融资产管理公司，分别受让了工、农、中、建四家国有商业银行约1.3万亿元人民币的不良资产(其后又陆续受让了部分债权，总额达到2万亿元人民币左右)，并于2000年11月1日公布实施《金融资产管理公司条例》。金融资产管理公司运用其特殊的法律地位，通过打包出售、债务重组、债转股、资产证券化等手段，最大限度地保全国有资产，比较有效地降低了不良资产率，缓解了金融业经营风险。但在处置不良资产过程中，仍然存在一些导致国有资产流失的漏洞。最高法院、财政部、中国人民银行、国资委、中国银监会等五单位的协同调研报告指出，其中导致国有资产流失的突出问题有四：第一，不良债权定价机制不完善，缺少有效的外部监督和约束，容易出现内部人控制、低价贱卖等问题。第二，评估程序欠缺规范，评估机构多由资产管理公司自行委托，评估结果亦由其自行认定，容易导致评估价格与不良债权的真实价值大幅偏离。第三，资产管理公司内控系统在实践中操作性不强，常流于形式。实际处置资产过程不透明，内部交易和关联交易较多，存在假招标和假拍卖等问题。第四，资产管理公司采取折扣转让的方式处置债权时，与国有企业债务人（担保人）、国有资产管理部门之间缺乏必要的沟通，使债务人或担保人直接面临不良债权处置后的诉讼风险和高额偿付风险。2005年6月28日，国家审计署在向人大常委会做报告时指出：审计署对四大资产管理公司的审计发现了诸多违规问题，包括违规剥离和收购不良资产、违规低价处置不良资产、违规挪用资产处置回收资金为职工谋利或公款私存，造成回收资金损失，共涉及金额715.49亿元。国家审计署2006年3月29日发布的审计公告显示：金融资产管理公司收购违规剥离的不良资产169.18亿元，违规和不规范不合理处置不良资产272.15亿元。这种状况不仅引发社会各界关于国有资产流失的争论，而且可能影响不良金融资产处置目标的实现，进而可能因国有企业职工债权问题而造成社会不稳定。中央对此高度重视。

由于不良资产处置涉及面较广，影响较大，所涉问题较多，既面临国家相关政策各异的困境，也遭遇法律适用不一的问题，致使人民法院在审理此类案件中面临规则适用上的巨大困境，造成大量的此类相关案件处于中止审理或中止执行状态，并使此类案件的审理和执行已经成为近年来全国民商审判工作中的焦点和疑难问题。据统计，全国各级法院目前已经受理此类相关案件1万余件。

为审理此类案件提供妥当的适用规则，最高法院与相关部门进行了多次沟通和协调，但各部门就政策性破产企业的核销债务及担保、国有企业债务人优先购买权、债务人提起无效之诉权、认定转让合同无效的情形、以及受让人收取利息等诸多问题，相互之间仍然存在一定的分歧，有些意见甚至比较激烈。其中诸多争论问题并非最高法院法定权限内所能解决。因此，充分征求中央相关部门和立法部门意见，并由更高决策层确定解决此类问题的精神，以此为基础制订相关司法政策性文件，尽快明确法律适用规则，是人民法院公正稳妥地解决此类纠纷的当务之急。

(二)利益之权衡

我们认为,相关诸多争论问题的根本症结或者说解决不良债权转让纠纷案件的关键在于:如何解决和化解计划经济时期形成的历史遗留问题。该问题的实质是一个价值权衡以及价值选择问题,并至少权衡以下五个价值因素。

价值权衡之一:私权处分和公共利益的权衡。有观点认为,金融资产管理公司受让不良债权后通过各种方式处置债权,属于私权处分行为,债务人无权过问,人民法院不宜干预。我们认为,数以万亿的国有金融债权的剥离与处置,绝不仅是国有商业银行、金融资产管理公司与受让人之间简单的债权转让关系问题,更不仅仅是简单的商事主体之间的私权处分,而是巨额国有资产的流动与利益再分配问题。这种流动能否在公开公平公正的程序下进行,事关全体国民和国家的利益,事关人民对党和政府的基本信心,事关我国金融体制改革乃至国有资产管理体制改革目的能否顺利实现,这是我国当前非常重要的社会公共利益之一。因此,单纯地以意思自治为由并以保护私权处分的名义来评断不良债权转让行为,是有失偏颇的。

价值权衡之二:职工债权和金融债权的权衡。虽然国有企业财务账面上主要体现为银行的金融债权,但实际上还存在一笔政府承认的"职工债权",即企业拖欠职工的工资、医疗伤残补助、抚恤费用、基本养老保险、基本医疗保险费用、以及法律、行政法规规定应当支付给职工的补偿金等。根据国家相关政策,在国企改革中为了确保社会稳定和社会公平,在计算国有企业净资产时,既要从企业账面总资产中扣除包括金融债权在内各种账面债务,也要扣除"职工债权"。实践中,受让人以较低的市场价格购买金融不良债权时,其支付的仅是购买金融不良债权的对价,并未支付购买"职工债权"的对价,而得到的实际效果却是整个国有企业的所有权。受让人作为新债权人对国有企业债务人追索债权的结果通常是,或者在现行法律规则下造成国有企业破产,或者新企业为增效而减员,从而引发职工下岗、集体上访问题,由此直接触及国企改制中的难点问题即职工债权和职工安置问题。由于该过程中经常出现一些受让人"一夜暴富"或"一案暴富"现象,故而引发社会各界关于国有资产流失的争论。

我们认为,根据现行合同法和《金融资产管理公司条例》的规定,金融资产管理公司或者受让人有权向国有企业债务人追偿债权,而国有企业职工主张保护其自身债权，也是有国家政策和相关法律支持的。因此，单纯地以合同法等规定保护金融机构债权，难以避免出现职工上访、围攻金融机构或法院的现象，并进而影响社会和谐稳定；而单纯地通过国家政策和相关法律精神保护职工权益，也必然出现金融机构或受让人不服裁判而认为司法不公。如何协调法律法规与国家政策的关系，如何权衡金融债权与职工债权之间的冲突，是制定审理相关司法政策时必须思考的一个重要问题。

价值权衡之三：中央财政和地方财政的权衡。金融资产管理公司处置债权后，将其回收的款项上缴财政部，从而充盈中央财政；但国有企业在向受让人清偿后，常常导致职工下岗或上访，地方政府为维护社会和谐稳定必然要对职工进行安置，安置费用通常由地方财政负责。因此，不良债权处置问题也蕴含着中央财政和地方财政之间的权衡问题。

价值权衡之四：计划经济法律问题与市场经济法律规则的权衡：如果说经济法律规则是经济运行规则在法律上的抽象和体现，那么现行民商法律规则是社会主义市场经济交易规则在法律上的抽象和体现。由于国有商业银行剥离和金融资产管理公司处置的不良债权大多是计划经济阶段形成的债权债务关系，其中的很多债权债务法律关系的形成是源于政府指令而非基于意思自治原则，因此如果依据社会主义市场经济阶段以意思自治为原则的现行民商事法律规则来裁判，那么这种做法的实质就是赋予现行民商法律规则以溯及力。这不仅违反“法律不溯及既往”的基本原则，而且必将导致利益安排和分配方面的不公平。加之，现行合同法是以一般合理对价交易行为所形成的普通债权作为规制对象，虽然不再明确强调等价，但仍然内在地遵循价值和价格的关系；而不良债权并非普通债权，而是一种特定历史时期形成的特别债权，尽管处置时在形式上遵循了市场交易方式，但对其价值和价格的偏离程度以及合理的价格，至今未有明确和完善的认定机制。因此，单纯机械地适用合同法等法律法规裁判此类纠纷案件，其结果自然有失公允。权衡计划经济法律问题与市场经济法律规则的实质是如何做到“尊重历史、正视现实、展望未来”的问题。

价值权衡之五：市场竞争与国家干预的权衡。有观点认为，人民法院应当采取司法保守立场，包括人民法院在内的国家层面不宜干预不良债权处置问题，否则将严重影响社会主义市场经济发展进程，甚至关乎能否坚持市场化的方向问题。我们认为，法律规则与经济规则之间属于互动关系。改革开放三十年的历程，在经济层面上体现为从计划经济向市场经济的转型过程；在市场层面上体现为从没有市场竞争向培育和鼓励市场竞争的演变过程；在国家干预层面上体现为从国家全面过度干预向国家适时适度干预的演变过程；在法律层面体现为市场经济法律规则的逐步建立和健全的发展过程；在司法层面上，体现为人民法院不断推动市场经济法律规则建立和健全以及妥当适用规则的过程。因此，在我国三十年发展历程中，人民法院的司法立场和态度并不是发达国家司法机关那种趋于保守的态度，而是采取积极推进和大力保障的立场，充分发挥经济基础和上层之间的良性互动功能。但应当看到，在经济转型阶段特别容易出现社会财富分配不公平状况，在市场培育和发展过程中特别容易出现不公平竞争，因此，国家在这个良性互动过程中，虽然不会全面地过度地干预，但也绝不是“守夜人”式的不干预；司法裁判作为国家干预的一种方式，无疑要对市场化进程中出现的不公平进行干预。所以，人民法院代表国家通过裁判方式对不良债权处置过程中出现的诸多问题进行干预，不仅是必要的，也是必须的。当然，这种干预不是旨在阻碍市场化进程，更不是意在逆转市场化方向，而是在保障市场化方向的前提下，矫正市场化进程中出现的不公平，防止或减少市场化过程中因规则模糊、道德风险等因素所造成的国有资产流失。

（三）立场之选择

合理地权衡不良债权转让行为所蕴含的价值因素并妥当地解决相关问题，并非人民法院依靠自身力量所能及。但是我们始终认为，中国经济要发展，社会要进步，必须坚持社会主义市场经济的方向。中国社会和经济发展的历史阶段，决定了人民法院不能采取过于保守的司法立场，而必须继续采取积极参与并提供良性保障的立场。

在经历较长时间调研的基础上，通过与中央相关部门反复沟通、多次协调，最后根据中央确定的精神，就不良债权转让问题以及相关案件的处理形成了共识：不良债权的政策性和商业性剥离以及相关的转让行为是在特定时期、特定背景下出现的特殊金融债权处置行为，不良金融债权转让及相关纠纷案件的审理，事关金融不良资产处置工作的顺利进行，事关职工利益保障和社会稳定，事关国有资产保护和社会公共利益。此类案件的处理，并非一个单纯的法律问题，而是一个以政策性为主、法律性为辅的社会经济问题。人民法院既要尊重不良债权转让的市场性和交易行为的自治性，又要尊重不良债权形成的历史背景，在坚持市场化的前提下，着重审查并矫正转让过程以及其中出现的不公平情形，这就是《纪要》所体现的价值衡量和价值选择。

二、审理原则与裁判理念

审判原则事关民商审判工作的发展方向，裁判理念关涉对民商审判工作本质和审判规律的把握。人民法院在审理此类案件中，要在充分了解问题背景、价值考量以及司法立场的基础上，进一步把握和坚持四个原则和理念。

原则和理念之一：保障国家经济安全。《纪要》明确指出："民商事审判工作是国家维护经济秩序、防范和化解市场风险、维护国家经济安全的重要手段，全国法院必须服从和服务于国家对整个国民经济稳定和国有资产安全的监控"。保障国家经济安全是人民法院民商审判工作的重要原则。我们认为，虽然随着我国经济体制改革进程的不断深入，国家在国有企业和国有资产管理方面的监管更趋灵活，但这并不意味着国家放弃国有资产监管和金融安全监控，适当干预并不意味着不干预，不良资产的剥离并不等于不良责任的剥离。特别是在全球性金融危机正在蔓延的形势下，人民法院要公正妥善地审理此类纠纷案件，必须从国家政策精神的目的出发，以民商事法律、法规的基本精神为依托，本着规范金融市场、防范金融风险、维护金融稳定，保障经济安全的宗旨，确保国家经济秩序稳定和国有资产安全。这既是《纪要》所体现的"维护国有资产安全，防止国有资产流失"的价值所在，也是人民法院民商审判工作的历史责任所在。

原则和理念之二：维护企业和社会稳定。《纪要》指出："金融不良资产的处置，涉及企业重大经济利益。人民法院要从维护国家改革、发展和稳定的大局出发，依法妥善公正地审理好此类纠纷案件，切实防止可能引发的群体性、突发性和恶性事件，切实做到化解矛盾、理顺关系、安定人心、维护秩序"。我们认为，在社会主义市场经济体制中，企业是主要的市场主体。只有企业搞活，市场才能搞活；只有企业发展，经济才能发展；只有企业稳定，社会才能稳定。应当看到，中国的国有企业承载着建国以来几代人艰苦努力和无私奉献的劳动成果，虽然经济改革和体制转型是经济发展的必由之路，但在坚持市场化的路途中必须确保改革成果和国民财富的公平分配。国有企业改革和不良债权处置过程中之所以呈现出“矛盾突出、纠纷增多、规模扩大”的特点，重要原因之一就是在改革过程中出现了各种不公平分配。分配不公必然发生纠纷，而此类纠纷一旦处理不当，必将直接影响到企业和社会经济乃至政治稳定。因此，人民法院应当深刻认识维护企业和社会稳定的重大意义，进一步强化政治意识、大局意识、责任意识和保障意识，维护国家改革、发展和稳定的大局。这既是《纪要》所体现的“维护企业和社会稳定”的价值所在，也是当前和今后一个时期人民法院民商审判工作的重要任务。

原则和理念之三：依法公正和妥善合理。《纪要》指出：“人民法院在审理此类案件中，要将法律条文规则的适用与国家政策精神的实现相结合，将坚持民商法的意思自治、平等保护等理念与国家经济政策、金融市场监管和社会影响等因素相结合，做到统筹兼顾，避免机械执法，确保依法公正与妥善合理的统一”。我们认为，“实现国家政策精神”、“结合经济政策和社会影响”等，体现出人民法院尊重历史，保障现实社会分配公平合理的价值取向；“坚持民商法的意思自治”、“坚持平等保护理念”、“适用法律条文规则”等，彰显着人民法院要坚持并保障市场化方向和道路的价值取向。因此，坚持“依法公正和妥善合理”原则，意味着人民法院要统筹兼顾市场经济下的法律规则和计划经济下的历史问题，在坚持市场化方向的前提下，最大限度地实现纠纷案件的平衡处理和社会分配的公平合理，这就是《纪要》所蕴含的“尊重历史、正视现实、展望未来”价值逻辑之体现。

原则和理念之四：调解优先、调判结合。《纪要》强调：“坚持调解优先，积极引导各方当事人本着互谅互让的精神进行协商，尽最大可能采用调解的方式解决纠纷”。由于此类案件中蕴含着前述诸多相互冲突的价值因素，因此在纠纷中国有企业债务人、担保人与资产公司尤其是新的受让人之间情绪对立、矛盾激化。加之，无论是企业积累的几代职工的劳动成果，还是企业欠下的不良金融债权，在经历长时间多次数改制后，很多企业资产状况和债权债务数额呈现出非常复杂的特点。有鉴于此，为了避免矛盾激化，维护社会稳定，平衡各方利益，人民法院在诉讼中应当坚持“优先调解、调判结合”原则，向当事人充分说明国家政策和《纪要》精神，澄清当事人对法律和政策的模糊认识。既要向受让人说明不良债权的特殊性质，清收债权时要尊重历史和考虑国有企业职工的合法利益，只有协商和解才能实现共赢，盲目博弈只能出现零和结果；又要促使债务人认清受让人与金融机构在法律地位上并无实质区别，任何合法债权均应清偿，打消国有企业债务人期冀国家豁免、逃避债务的幻想；积极引导各方尊重历史、面对现实、互谅互让、友好协商履行债务。

三、案件受理与诉讼管辖

近年来，由于此类案件相关规则模糊和政策各异，各方矛盾难以协调而致使人民法院陷入左右为难、进退维谷的困境，因此很多法院不得不采取“暂缓受理、暂缓审理和暂缓执行”此类案件的做法。鉴于目前此类案件的相关规则和政策已经比较明晰，为此《纪要》明确规定：凡符合民事诉讼法规定的受理条件及《纪要》有关规定精神涉及的此类案件，人民法院应予受理；并就实务中关于受理和管辖方面争议较多的问题做出专门规定。

（一）关于以国有银行为被告的问题

在案件受理方面，原国有商业银行能否成为被告，可谓实务中最具争议的问题。该问题争论来源于最高法院[2004]民二他字第25号《关于人民法院是否受理金融资产管理公司与国有商业银行就政策性金融资产转让协议发生的纠纷问题的答复》关于“金融资产管理公司接收国有商业银行的不良资产是国家根据有关政策实施的，具有政府指令划转国有资产的性质。金融资产管理公司与国有商业银行就政策性金融资产转让协议发生纠纷起诉到人民法院的，人民法院不予受理”的规定。该答复的法理基础是：对于设定法律关系的主体为政府、法律关系内容各方当事人并无选择权、资产转移无对价或者对价不平衡的行为，虽然表现为民事法律关系的形式，但实质上是行政性调整、划转行为所引发的纠纷，不属于民商事案件受理范围。但是，事物发展通常超出预想。在这种行政划转行为侵害他人合法权利时，受害人能否对国有商业银行提起诉讼，便成为备受争议的问题，并导致各地法院判法不一。我们认为，国家剥离不良债权的战略目的在于提高国有商业银行的国际竞争力和最大限度保障国有商业银行的安全，如果受理债务人或受让人对国有商业银行的诉讼，金融资产管理公司完全可以通过将争议债权以转让的方式间接获得对国有商业银行的诉权，这相当于变相违背了最高法院答复的精神和国家剥离不良债权战略的目的初衷以及合同相对性原则。因此,债务人或受让人起诉国有商业银行的案件在原则上不予受理。例如《纪要》明确规定:"金融资产管理公司与国有银行就政策性金融资产转让协议发生纠纷起诉到人民法院的,或者受让人自金融资产管理公司受让不良债权后,以不良债权存在瑕疵为由起诉原国有银行的,人民法院不予受理"。在同样的考虑之下,受让人在对国有企业债务人的追索诉讼中,主张追加原国有银行为第三人的,人民法院亦应不予支持。

但是,有原则就有例外。在特殊情况下,我们不宜将权利人寻求司法救济的渠道一概封闭。《纪要》规定了国有商业银行在获得不当得利时可以被起诉的两种例外情形:其一,不良债权已经剥离至金融资产管理公司又被转让给受让人后,国有企业债务人知道或者应当知道不良债权已经转让而仍向原国有银行清偿的,国有企业债务人在对受让人清偿后可以向原国有银行提起返还不当得利之诉。其二,国有企业债务人不知道不良债权已经转让而向原国有银行清偿并以此对抗受让人追索之诉的,受让人可以向国有银行提起返还不当得利之诉。

此外,需要说明的是,近年来,随着公司法、担保法以及相关司法解释的出台,明确了债务人的开办单位、投资人、验资机构等向债权人承担相应的民事责任。实践中,不断出现因国有商业银行剥离其对自办公司不良债权所引发的纠纷案件,在案件类型上主要表现为不良债权最终受让人以国有商业银行出资不足等理由,要求国有商业银行承担赔偿责任的纠纷。为此,最高法院于2008年4月14日发布法(2008)130号《关于审理国有商业银行剥离其对自办公司的债权纠纷案件有关问题的通知》,要求对此类案件在调解不成的情形下判令解除合同。该通知下发后,有观点认为该通知的法理基础和法律依据不足,因此,为便于人民法院在审理此类案件过程中更好地适用该《通知》,有必要对该《通知》之法理依据略作阐释。在该《通知》制定过程中存在是认定合同无效抑或是以情势变更为基础解除合同的争论,《通知》最后否定无效的裁判方案而采纳解除合同的做法。理由在于:其一,禁止此类不良债权转让的政策是近期由国家相关主管部门联合制定的,而此类债权中已经在1999年至2000年间转让了一部分,以嗣后的规则追溯认定前期法律行为无效,有违"法不溯及既往"的法律原则。加之由于合同是否无效属于国家意志的评判，当事人不能通过重新协商或协议变更等意思自治的方式予以处分；如果判令此类合同无效，必然导致当事人之间协商解决的基础不复存在。其二，因前期关于此类债权是否可以转让没有明文规定，嗣后出台禁止规定，这在法律上应属于情势变更范畴。尽管合同法没有规定情势变更原则，但情势变更原则早已为最高法院司法解释和司法政策所确认。例如，最高法院法函[1992]27号《关于武汉市煤气公司诉重庆检测仪表厂煤气表装配线技术转让合同购销煤气表散件合同纠纷一案适用法律问题的函》中就明确提出并认可情势变更原则。此外，1993年5月6日最高法院发布的（法发[1993]8号）《全国经济审判工作座谈会纪要》中明确提出"由于不可归责于当事人双方的原因，作为合同基础的客观情况发生了非当事人所能预见的根本性变化，以致按原合同履行显失公平的，可以根据当事人的申请，按情势变更的原则变更或解除合同。"虽然最高法院自1994年7月27日和2002年5月23日分别发布法发[1994]16号通知和法释[2002]13号通知，清理并废止了六批司法解释，但是上述两个司法解释并不在废止之列，由此可以说明其仍然有效。因此，将国家相关主管部门关于"禁止国有商业银行剥离其对自办公司的债权"的金融政策界定为情势变更事由，并据此认为当事人合同目的落空，则自然得出《通知》的规定内容：先由当事人进行协商，能达成协议的，按照协议执行；不能达成协议的，应当解除合同，并赔偿相应的损失。

（二）关于申请再审是否受理的问题

考虑到不良债权形成历史悠久、关系庞杂、矛盾交织，加之此类案件通常审理时间较长，为防止处置行为和案件审理出现不断"翻烧饼"的结果，以维护不良债权处置行为的稳定性、维护交易的稳定和安全、维护生效判决的既判力，根据"法律不溯及既往"原则，《纪要》规定：在《纪要》发布前已经终审或者根据《纪要》做出终审的，人民法院对申请再审应做出不予支持的裁判。人民法院依照审判监督程序决定再审的案件，不适用《纪要》。

（三）关于破产债权核销后追偿问题

国有企业债务人属于国家政策性破产或者被纳入政策性破产并拟实施破产情形，债权人向债务人或担保人提起追偿之诉的，人民法院应否受理？该问题可谓司法政策制定过程中相关主管部门之间争议最大的问题。一种观点认为：根据国务院关于国有企业政策性关闭破产工作的政策精神，如果政策性关闭破产企业的债权已被核销，则意味着债权已经消灭，债权人不能再起诉债务人或担保人。对列入经国务院批准的全国企业政策性关闭破产总体规划的拟实施关闭破产的企业，债权人亦不得追讨债权及担保责任。另一种观点认为：虽然政策性关闭破产企业的债权已经核销，但该债权核销仅仅是债权人在内部对债权进行的账面处理而已，债权处于“账销案存”状态，不意味着债权已经消灭，因此，债权人仍然有权向债务人和担保人进行追偿。

经过充分沟通和协调之后，根据中央的精神并结合部委间的共识，《纪要》对此区分两种情形处理：其一，对于国有企业债务人已经实施国家政策性关闭破产或者被列入经国务院批准的全国企业政策性关闭破产总体规划并拟实施关闭破产的，因相关部委就此政策精神达成共识即同意有限地放弃权利，故债权人向债务人追索债权的，人民法院不予受理。其二，在上述情形中，债权人向担保人追偿债权的，因相关部委没有达成共识，故《纪要》对此不做规定，应继续按照国务院国办发[2006]年3号等文件精神办理。

（四）关于案件诉讼管辖和约定问题

关于金融资产管理公司对债务人、担保人提起追偿之诉时的诉讼管辖问题，最高法院法释[2001]12号《关于审理涉及金融资产管理公司收购、管理、处置国有银行不良贷款形成的资产的案件适用法律若干问题的规定》第三条规定：“金融资产管理公司向债务人提起诉讼的，应当由被告人住所地人民法院管辖。原债权银行与债务人有协议管辖约定的，如不违反法律规定，该约定继续有效”。如果金融资产管理公司自行与债务人约定或重新约定诉讼管辖的，应当如何认定该约定管辖之效力，在审判实务中颇具争议。有观点认为，不良债权转让属于债权转让，而非合同转让，因此合同争议解决条款只有在合同权利义务概括式转让时才能一并转让，纯粹的债权转让并不能产生上述效力，受让人亦不得享有原合同当事人的法律地位。该观点在审判实务中的体现是：有些法院认为金融资产管理公司追索诉讼案件的管辖属于“专属管辖”即由债务人住所地法院管辖，金融资产管理公司与债务人之间的协议管辖约定无效。

我们认为，如果单纯从债权转让与合同转让的区别角度出发，可能会导出金融资产管理公司与债务人之间的协议管辖约定无效的判断，但不能得出此类案件管辖系专属管辖的结论，况且民事诉讼法并未规定此类案件管辖属于专属管辖。应当看到，尽管不良债权转让行为和相关诉讼蕴含着诸多利益衡量因素，而且价值权衡的结果通常会影响实体规则和举证规则，但只要受让的债权是合法债权，那么在管辖方面仍然要遵循方便当事人诉讼、方便债权人实现债权的价值取向。鉴于金融资产管理公司大多仅在省会城市设置办事处而债务人却遍布全国各地的现实，考虑到现阶段市场诚信缺失、法制环境欠佳、地方保护主义严重的状况，以及债务人利用所谓的"专属管辖"在追偿诉讼中恶意逃废债务的可能性，《纪要》本着高效处置不良资产、排除地方保护主义、降低资产处置成本之趣旨，明确规定："金融资产管理公司受让不良债权后，自行与债务人约定或重新约定诉讼管辖的，如不违反法律规定，人民法院应当认定该约定有效"。

四、限制条款与担保约定

(一)限制条款的效力

实践中，金融资产管理公司在与受让人签订不良债权转让合同时，常常约定有禁止向国有银行、各级人民政府、国家机构追偿等要求受让人放弃部分权利条款。对于这类条款的效力，审判实践见解不一。有观点认为，该约定不仅排除了受让人根据法律规定追究应当承担民事责任的部分主体的诉讼权利，而且排除了国家机关和原国有商业银行依法必须承担的出资责任、清算责任等，应当认定无效。也有观点认为，此种约定仅能约束金融资产管理公司与受让人，受让人即便违反该约定向有关国家机关或原国有商业银行提起诉讼的，仅构成对金融资产管理公司的违约，相关主体无权以此抗辩。

我们认为，此类约定不仅符合金融不良债权剥离政策的目的初衷，而且在法律性质上亦可被视为"利他合同"或"为第三人的合同"。合同法第六十四条规定："当事人约定由债务人向第三人履行债务的，债务人未向第三人履行债务或者履行债务不符合约定，应当向债权人承担违约责任。"虽然就该条款是否明确赋予第三人对债务人的履行请求权，我国学界尚存争论；但从体系解释、法意解释、比较法解释以及目的解释的视角观之，将其解释为赋予了第三人直接针对债务人的请求权更为妥当。据此，上述限制追偿条款实际赋予了受让人针对特定主体的不作为义务，第三人基于对不良债权转让合同的信赖，应当有权以此抗辩受让人对其追偿债务的请求权。因此，《纪要》明确规定人民法院应当认定此类限制条款有效。这也为人民法院有权审查受让人的权利范围确定了理论基础。

（二）担保约定的效力

审判实践中，一些不良债权的保证担保合同中通常订有类似“主合同变更需经担保人同意，未经保证人书面同意的免除保证责任”的约定，在金融资产管理公司等债权人向担保人主张承担担保责任时，担保人通常以担保法第二十二条和第二十四条之规定以及合同约定提出免责的抗辩。在最高法院法发[2005]62号《关于金融资产管理公司收购、处置银行不良资产有关问题的补充通知》第二条明确做出“国有商业银行（包括国有控股银行）向金融资产管理公司转让不良贷款，或者金融资产管理公司收购、处置不良贷款的，担保债权同时转让，无须征得担保人的同意，担保人仍应在原担保范围内对受让人继续承担担保责任。担保合同中关于合同变更需经担保人同意的约定，对债权人转让债权没有约束力”的规定后，仍有观点认为该规定与担保法上述条文相冲突。

我们认为，保证人之所以自愿为债务人担保，主要源于其对债务人的财产状况及其履约能力的信任，而不是对债权人为何人的关注。也正因为如此，最高法院《关于适用〈中华人民共和国担保法〉若干问题的解释》第三十条采用“责任不加重说”而规定主合同变更“未经保证人同意的，如果减轻债务人的债务的，保证人仍应当对变更后的合同承担保证责任；如果加重债务人的债务的，保证人对加重的部分不承担保证责任”。事实表明，无论是债权剥离合同还是债权转让合同，其变更的结果通常是减轻担保人的债务负担，最高法院法发[2005]62号《关于金融资产管理公司收购、处置银行不良资产有关问题的补充通知》第二条继续遵循《关于适用〈中华人民共和国担保法〉若干问题的解释》第三十条的规定精神。鉴于实务中仍有不同观点，为维持司法政策的一致性，《纪要》对此再次重申：“国有银行向金融资产管理公司转让不良债权，或者金融资产管理公司收购、处置不良债权的，担保债权同时转让，无须征得担保人的同意，担保人仍应在原担保范围内对受让人继续承担担保责任。担保合同中关于合同变更需经担保人同意的约定，对债权人转让债权没有约束力。”

五、优先购买与司法导向

为最大程度地减少国有资产流失，实现私权处分与公共利益、金融债权与职工债权、市场竞争与国家干预、历史问题与现行法则等诸多价值的权衡目的，国家相关主管部门达成一个重要共识：赋予相关地方人民政府或者代表本级人民政府履行出资人职责的机构、部门或者持有国有企业债务人国有资本的集团公司对不良债权的优先购买权。《纪要》对此亦做出明确规定。由于绝大多数不良债权目前均已处置完毕，因此《纪要》关于优先购买权的规定内容主要是适用于某些转让行为被认定无效后再行处置的情形，以及将来国家允许适用《纪要》规则的其他金融机构处置和清收不良债权的情形。应当注意的是整体资产包转让情形中"主要债务人注册登记地"的概念。所谓"主要债务人"是指在整体"资产包"总债权额中所占份额较大，或者人数较多且债权份额比重较大的债务人。所谓"注册登记地"是指注册登记各机关所在地。

审判实践中，经常出现债务人在金融资产管理公司转让不良债权时主张行使优先购买权的情形。应否允许债务人主张优先购买权，无论是审判实践中，还是国家相关部委间，均存在赞成与反对两种意见。我们认为，尽管国有商业银行已经或即将上市，但由于各种因素的影响导致这些国有商业银行仍然不断产生不良资产。如果赋予债务人优先购买权，就可能为潜在的债务人提供一个逃债机会，即债务人从国有商业银行贷款之后久拖不还，直至将贷款拖成不良债权，进而在不良债权处置时要求行使优先购买权。《纪要》关于"债务人主张优先购买不良债权的，人民法院不予支持"的明确规定，充分彰显了最高法院"维护诚信体系、制裁恶意逃债"的司法导向。

六、国企诉权与诉讼程序

（一）赋予国企诉权的依据

国有企业债务人能否对金融不良债权转让合同的效力提起无效之诉，是司法政策文件制定过程中争议较大的问题。通常认为，在债权转让中，债权人仅对债务人负有《合同法》第八十条规定的通知义务；而债务人对于转让合同的效力不应享有诉权。但是，《纪要》明确了国有企业债务人以损害国有资产等为由提起不良债权转让合同无效的诉权。理由有三：其一，《金融资产管理公司条例》导言中明确规定:“为了规范金融资产管理公司的活动,依法处理国有银行不良贷款,促进国有银行和国有企业的改革和发展,制定本条例”。分析该导言,可以发现其蕴含着调整国有企业债务人利益的目的,因此国有企业债务人对不良债权转让合同的效力便具有可诉之利益。根据民事诉讼法学关于“诉之利益”的法理,不良债权转让直接关涉了国有企业债务人的根本利益,故而有必要肯定国有企业债务人提起不良债权转让合同无效的诉讼主体资格。其二,由于国有企业经营管理国有资产是经过国有资产监督机构授权的,因此国有企业便具备了企业法人和国有资产管理机构代理人的双重身份。在国有资产监管机构未就金融不良债权转让合同主张无效的场合,国有企业债务人可以国有资产管理机构代理人的身份提起合同无效之诉。国有资产经营管理理论为此提供了理论基础。其三,最大限度地防止国有资产流失,可谓《纪要》的重要目的之一。如果不赋予国有企业债务人提起不良债权转让合同无效之诉权,人民法院将难以启动对债权转让合同效力的审查,从而导致防止国有资产流失规则目的之落空。

当然,肯定或赋予权利的同时,必须防止权利滥用之可能。为了防止国有企业债务人滥用诉权,引导理性诉讼,《纪要》规定两种防止滥诉措施:其一,增加诉讼成本。在国有企业债务人通过抗辩的方式提出不良债权转让合同无效时,人民法院应当进行释明,告知其以金融资产管理公司和受让人为被告向同一人民法院另行提起转让合同无效之诉;债务人不另行起诉的,人民法院对其抗辩不予支持。其二,提供诉讼担保。国有企业债务人提起在不良债权转让合同无效之诉中必须提供相应的担保,否则人民法院不予受理。关于诉讼担保的参考基数问题,我们认为以债权转让标的金额为参考基数为宜。

(二)无效之诉的相关程序

国有企业债务人另行提起不良债权转让合同无效诉讼后的程序问题主要涉及两个方面:其一,合并审理。其二,当事人列置。

关于合并审理问题。《纪要》规定:“人民法院应中止审理受让人向国有企业债务人主张债权的诉讼,在不良债权转让合同无效诉讼被受理后,两案合并审理。国有企业债务人在二审期间另行提起不良债权转让合同无效诉讼的,人民法院应中止审理受让人向国有企业债务人主张债权的诉讼,在不良债权转让合同无效诉讼被受理且做出一审裁判后再行审理。”如此规定的目的在于为了便于查明事实，一次性解决纠纷。

关于当事人列置问题。《纪要》规定：“国有企业债务人提出的不良债权转让合同无效诉讼被受理后，对于受让人的债权系直接从金融资产管理公司处受让的，人民法院应当将金融资产管理公司和受让人列为案件当事人；如果受让人的债权系金融资产管理公司转让给其他受让人后，因该受让人再次转让或多次转让而取得的，人民法院应当将金融资产管理公司和该转让人以及后手受让人列为案件当事人。”需要指明的是，金融资产管理公司和受让人应当作为共同被告参加诉讼，而不是第三人。理由在于：其一，通常是诉讼必须有原告和被告。国有企业债务人提起转让合同无效诉讼，其理由是转让合同损害国家利益或社会公共利益等，因此被告必然是转让合同当事人。其二，如果转让合同被认定无效，那么金融资产管理公司和受让人应当承担合同无效后的相互返还和赔偿责任等。若其以作为第三人参加诉讼，则面临其是有独立请求权第三人还是无独立请求权第三人的争论，在诉讼权利行使方面存在模糊之处。

此外，关于其他被转让债权的债务人尤其是整体资产包中未提起债权转让合同无效诉讼的债务人是否应当参加诉讼的问题，我们认为，基于不告不理之原则并考虑转让合同是否有效与其是否履行债务并无实际影响，故没有必要追加其他债务人为诉讼当事人。

七、无效事由与无效处理

（一）无效事由的认定

根据国家相关部门的共识，人民法院在审理不良债权转让合同效力的诉讼中的审查重点有三：其一，不良债权的可转让性。即被转让的不良债权是否属于国家禁止或限制转让的债权。其二，受让人的适格性。即受让人是否属于国家政策规定不准介入购买的组织或个人。其三，转让程序的公正性和合法性。即转让过程中评估、公告、批准、登记、备案、拍卖等诸环节是否符合“公开、公平、公正、竞争、择优”原则。下文着重阐释其中易生歧义的认定根据和三种无效事由。

首先，关于无效事由认定的法律依据问题。《纪要》判定转让无效的依据是转让合同损害国家利益或社会公共利益或者违反法律、行政法规强制性规定，该依据来源于《合同法》第五十二条之规定。如前所述，不良债权处置问题事关不良债权处置战略实施、国有资产保护、职工合法权益保护、社会公共利益、以及社会和谐稳定等诸多重要价值权衡因素，这些因素均可以归入国家利益、集体利益、社会公益以及第三人利益范畴。由于《纪要》所列出的十一种无效事由均与损害上述价值和利益有关，因此人民法院可以根据《合同法》五十二条之规定，认定转让合同无效。

其次，关于债务人或担保人为国家机关的债权转让无效问题。财政部财金[2005]74号《关于进一步规范金融资产管理公司不良债权转让有关问题的通知》第二条规定："债务人或担保人为国家机关的不良债权、经国务院批准列入全国企业政策性破产计划的国有企业债权、国防军工等涉及国家安全信息的债权、以及其他限制转让的债权，不得对外公开转让"。国家发展改革委员会、国家外汇管理局联合发布的发改外资[2007]254号《关于规范境内金融机构对外转让不良债权备案管理的通知》第五条亦规定："对外转让不良债权中不得含有我国各级政府及其所属行政部门作为债务人或提供担保的债权"。审判实务中，对于转让债务人或担保人为国家机关的不良债权合同是否无效存在较大争议。有观点认为，国家机关作为债务人或者担保人，其与国有商业银行之间形成的是借款或担保法律关系；即便担保法律关系无效，亦应依据担保法及其司法解释的规定承担相应的赔偿责任。在该债权转让给其他主体后，双方也是正常的民事活动中的正常债权债务关系，并不会因债权人主张债权而损害国家利益或社会公益，因此不宜认定此类债权转让合同无效。我们认为，国有商业银行剥离或转让的不良债权的产生有其特殊的政策和法律背景，金融资产管理公司受让的不良债权绝大多数是国有商业银行早期甚至是计划经济时期发生的贷款而经过多次展期仍未能收回的逾期、呆账、滞账类贷款。很多贷款是因为当时的政策原因形成，国家机关作为担保人也是特定历史时期的产物。国家实施不良债权剥离政策的目的不仅要使金融机构顺利转轨，而且要解决历史遗留问题，通过国家财政补贴等方式使各方受惠。国家对金融资产管理公司的资产回收率要求不高，也是为了让利于地方，其中债务人或担保人为国家机关的，更是直接的受益者。国家以财政补贴方式解决银行呆坏账，意味着国家财政负担了银行不良债权损失，而国家机关完全依靠财政资金运转。如果说金融资产管理公司向国家机关追索债权或者要求其承担担保责任，资产实际上并未流出国有资产管理范围，那么若允许社会投资者也可以向国家机关行使追索权，无疑等于国家以公共财政资金在补贴社会投资者，这并不符合金融不良资产剥离政策的本意。所以，对于转让债务人或者担保人为国家机关的不良债权转让合同，人民法院应当认定为无效。

再次，关于向“三资”企业和境外机构转让不良债权的效力认定问题。在审判实务中，对于此类债权转让合同以及相关担保合同效力的认定，存在较大的争议。我们认为，关于此类债权转让和相关担保效力问题，国家政策和相关司法解释已有比较明确的规定。前述发改外资[2007]254号《关于规范境内金融机构对外转让不良债权备案管理的通知》第七条规定：“境内金融机构应在对外转让不良债权协议签订后20个工作日内，将对外转让债权有关情况报送国家发展改革委备案，同时抄报财政部、银监会。”商务部商资字[2005]37号《关于加强外商投资处置不良资产审批管理的通知》规定：“2001年经国务院批准允许金融资产管理公司吸收外资参与资本重组或处置，允许向外商转让所持有的股权、债权等不良资产，或设立外商投资企业从事债务重组、债权追偿等不良债权处置活动，由于此类投资方式政策性强、敏感度高、涉及面广，在审批时应从严掌握，凡此类外商投资企业的设立均应报请国有商务部批准。”根据上述规定，对“三资”企业和境外机构转让金融不良债权，必须履行向相关行政主管部门办理相关报批或者登记或者备案手续，而且相关部门必须出具具体的行政审批意见。我们认为，虽然前述部委通知等在形式上仅是法律位阶层次较低的行政规章，但其中的强制性规定是根据国务院授权制定的，应当具有相当于行政法规的效力。退而言之，即便不能将其视为行政法规，也应当看到，其中的强制性或禁止性规定是针对金融不良债权转让过程中出现的问题而制定和发布的，目的在于规范、管理、保障不良债权处置工作的健康有序进行，防止损害国家利益和社会公共利益。特别是，此类债权转让中通常存在原来的国内担保因不良债权对外转让而转化为对外担保的问题。根据上述国家政策规定以及最高法院《关于适用〈中华人民共和国担保法〉若干问题的解释》第六条关于“未经国家有关主管部门批准或者登记对外担保的、未经国家有关主管部门批准或者登记而为境外机构向境内债权人提供担保的，对外担保合同无效；主合同变更或者债权人将对外担保合同项下的权利转让，未经担保人同意和国家有关主管部门批准的，担保人不再承担担保责任”之规定精神，应当认定此类担保合同无效。当然，根据纯粹民法学理和《合同法》第四十四条之规定，未经批准、登记、备案等手续合同，应当属于未生效范畴；但由于实践中此类不良债权转让合同大多已经开始履行或者履行完毕，因此继续用“生效与未生效”标准和范畴来衡量，已无实益；采用“有效与无效”范畴来评价，更为妥当。基于上述考虑，《纪要》规定：“根据有关规定应当向行政主管部门办理相关报批或者备案、登记手续而未办理，且在一审法庭辩论终结前仍未能办理的，应当认定合同无效。”

最后，关于受让人资质的限制问题。《国家公务员法》第五十三条第四项明确禁止国家公务员经商牟利；财政部财金[2005]74号《关于进一步规范金融资产管理公司不良债权转让有关问题的通知》第三条亦明确禁止与金融不良债权有关联的人员购买不良债权。其目的均在于防止其利用职务或业务之便从事关联交易，侵吞国有资产，损害公平交易，造成国有资产流失。尽管实践中上述人员在个案中可能并未利用身份、地位和信息的优势获取不当利益，但国家法律和政策对身份的限制关涉社会公众对金融不良债权处置的感受与评价，关系到国家利益和社会公共利益的保护；因此，从保护国家利益和社会公共利益的角度出发，根据《合同法》第五十二条第二项、第四项之规定精神，有必要将受让人的主体资格欠缺作为单独的判断转让合同效力的依据。为此，《纪要》规定：“受让人为国家公务员、金融监管机构工作人员、政法干警、金融资产管理公司工作人员、国有企业债务人管理人员、参与资产处置工作的律师、会计师、评估师等中介机构关联人或者关联人等参与的非金融机构法人的，或者受让人与参与不良债权转让的金融资产管理公司工作人员、国有企业债务人或者受托资产评估机构负责人员等有直系亲属关系的，应当认定不良债权转让合同无效”。

（二）无效合同的处理

在审判实务中，如果不良债权转让合同被认定无效，其处理问题比较复杂。《纪要》将其区分为两种情形：其一，单笔转让合同无效的处理；其二，打包转让合同无效的处理。

关于单笔转让合同无效的处理问题。单笔转让合同被认定无效后，人民法院应当依据《合同法》第五十八条关于返还财产、赔偿损失的原则处理。其中，受让人要求转让人赔偿损失的，根据民商审判实践长期以来遵循的无效合同处理规则，该赔偿损失数额应以受让人实际支付的价金之利息损失为限。此外，应当特别注意的是，为了便于金融资产管理公司将来继续处置被返还的不良债权，《纪要》规定："不良债权的诉讼时效自金融不良债权转让合同被认定无效之日起重新计算。"

关于打包转让合同无效的处理问题。如果整体"资产包"中的所有债权均具备《纪要》规定的无效事由或者整体"资产包"处置程序违法，无疑应当认定整体"资产包"转让合同全部无效。但实践中常见情形是，整体"资产包"中仅有单笔或者数笔债权属于无效情形。对于该情形如何处理，审判实践争议颇大。有观点认为，应当认定单笔或数笔债权无效，但该无效属于合同部分无效，不影响其他部分的效力，并应根据无效债权在整体"资产包"债权中所占比例来返还相应价金。也有观点认为，由于整体"资产包"债权处置的标的是"资产包"，而非多个标的之集合体，金融资产管理公司通常只接受买受人对整体"资产包"的报价，不接受分户分笔报价，因此整体"资产包"的转让定价和交易交割环节已经形成一个不可分割的统一整体交易标的，具有不可分割性，客观上难以界定单笔不良债权价格的合理性。所以，若出现单笔或数笔债权无效时，要么认定整体"资产包"转让全部无效，要么驳回无效诉请。我们认为，金融资产管理公司在以整体"资产包"方式转让不良债权时，难以预见其中哪一笔债权可以完全收回；同时，"资产包"中有时仅仅一笔即可让受让人收回成本并盈利。因此，若欲根据现有法律规则和民法学理梳理出一套准确判定无效部分与有效部分的界限标准并使其具备可操作性，相当困难。鉴于交易的关键要素是盈亏情况，而最了解交易内部情况以及盈亏状况的人无疑是受让人，因此，《纪要》在权衡尊重私权处分和保护国家公益的基础上，采取一种尊重现实的处理办法，即在保持人民法院公权认定合同效力的基础上，赋予受让人以合同效力选择权，即受让人可以根据其实际或可能盈亏情况在一定范围内选择是否接受合同全部或者部分无效的后果。具体而言：(一)如果受让人选择合同全部无效，通常意味着其已经发生亏损或者将来盈利远景不佳，此种场合认定合同无效，既符合合同法第五十二条规定精神，也与受让人的请求相契合。(二)如果受让人主张已履行或已清结部分有效，则意味着受让人可能通过已履行或清结部分回收了其全部成本并实现盈利或预期盈利，此种场合认定该部分有效，其他部分无效，符合合同法

第五十六条的规定精神。应当注意到，在尊重受让人私权处置及其利益的同时，也要维护公权的评价地位，兼顾作为转让人的金融资产管理公司的权益，因此，在受让人在选择部分有效即其已盈利的情形下，必须接受放弃其他无效部分的对价，如此基本实现了私权处分与公权评价、受让人利益与转让人利益之间的平衡。《纪要》中关于"受让人请求认定已履行或已清结部分有效的，人民法院应当认定尚未履行或尚未清结部分无效，并判令受让人将尚未履行部分或尚未清结部分返还给金融资产管理公司，金融资产管理公司不再向受让人返还相应价金"的规定，即是此种权衡之体现。（三）如果已经履行部分或者已清洁部分属于《纪要》规定无效事由中（一）、（二）、（八）、（九）、（十）等依法应当认定绝对无效情形的，受让人不能主张选择该部分有效，而只能选择无此情形的其他部分有效，否则人民法院应当认定整体"资产包"全部无效。（四）由于《纪要》所谓债务人系指国有企业债务人，因此《纪要》原则上不适用于债务人或担保人为非国有企业的此类纠纷。但如果整体"资产包"存在单笔或数笔不良债权的债务人为非国有企业的情形，无论符合无效事由的不良债权之债务人为国有企业还是非国有企业，因难以将其实际剥离和单独处理，故亦应按照上述规则处理。

关于无效后的返还顺序问题。《纪要》规定，无论是单笔转让和整体"资产包"转让，在合同被认定无效后当事人履行相互返还义务时，均应从不良债权最终受让人开始逐一与前手相互返还，直至完成第一受让人与金融资产管理公司的相互返还。后手受让人直接对金融资产管理公司主张不良债权转让合同无效并请求赔偿的，人民法院不予支持。其中一个问题是：如果执行过程中出现中间环节缺失（诸如自然人死亡、法人注销）等，后手受让人可否超过该中间环节而向其他前手受让人主张返还？我们认为，鉴于该问题实践中出现频率不大，可以在个案中具体解决。

八、举证分配与证据审查

尽管《纪要》规定了诸种无效事由，但无效事由的最终认定有赖于相关证据审查和举证责任分配。在债务人提起转让合同无效之诉中，人民法院应当根据最高法院《关于民事诉讼证据的若干规定》及时合理地分配举证责任，重点加强对不良债权的可转让性、转让合同的内容、转让程序的公正合法性以及受让人资质的适格性等方面的审查。

(一)强化转让合同内容的审查

审判实践中普遍存在的问题是:受让人常以涉及商业秘密为由拒不提供其与金融资产管理公司等转让人之间的不良债权转让合同,而是仅向人民法院提供其从金融资产管理公司等转让人获得的有关债权凭证,但该凭证远远不能反映合同双方约定的具体内容,部分法官亦不深究。事实证明,不良债权转让合同中存在不少诸如禁止转售、禁止向国有银行、国家机关追偿等限制性条款,这在确定受让人权利范围方面非常重要。因此,《纪要》强调:不良债权转让合同应当成为法庭上必须披露的、用于证明受让人权利合法性和确切权利范围的必要法律文件。受让人不主动提供的,人民法院应当责令其提供;拒不提供的,应当承担举证不能的法律后果。

(二)强化转让合同效力的审查

人民法院在根据《纪要》规定审查转让合同效力时,应当注意三个具体问题:

第一,关于公告程序的审查。

财政部、中国银监会联合发布的财金字[2005]47号《金融资产管理公司资产处置公告管理办法》和财金字[2008]87号《金融资产管理公司资产处置公告管理办法(修订)》对转让公告的资产范围、公告载体、公告期限以及披露内容做出比较详细的规定。其目的无疑是为便于社会公众的监督,增强金融不良债权处置的透明度和提高不良债权的回收变现率等。因此,人民法院对资产处置公告合规性审查时,着重审查三点:其一,公告的载体是否合规。公告的媒体级别要求拟处置资产的规模是否相适应,发布公告的媒体是否已经在财政部在各地财政监察专员办事处和各地银监局备案。其二,审查公告的时限是否合规。其中,以整体"资产包"方式处置不良资产项目,应在资产处置审核机构审核至少22个工作日前刊登公告,以保障公众在知悉后有充分时间了解资产信息。其三,公告信息与资产信息内容是否一致。即实际转让的资产包内容与公告的整体"资产包"内容相比是否出现"掉包"或"加塞"情形。经审查,若出现不合规情形,根据《纪要》规定,人民法院在衡量公告违规对转让合同效力的影响时,应当参照两个标准。第一个标准是:该公告违规行为是否对依照公开、公平、公正、竞争、择优原则处置不良资产造成实质性影响。

通常情形下，尽管金融资产管理公司存在一些不符合规定的公告行为，但如果不能证明受让人存在恶意或者与金融资产管理公司之间存在恶意串通行为的，或者尚未对依照公开、公平、公正、竞争、择优原则处置不良资产造成实质性影响的，人民法院不宜仅据此认定债权转让合同无效。第二个标准是：实际转让的资产包与转让前公告的资产包内容严重不符，且不符合《金融资产管理公司资产处置公告管理办法（修订）》规定的公告要求。如果金融资产管理公司转让债权公告违反《金融资产管理公司资产处置公告管理办法（修订）》之规定，实际转让中存在“掉包”或者“加塞”等严重不符情形，可以认定构成公告信息虚假，人民法院应当根据合同法第五十二条第二项、第四项以及《纪要》的规定，认定不良债权转让合同无效。

第二，关于评估程序的审查。

实践证明，在金融不良债权评估过程中的确存在由于对债务人资产低估、漏估等原因造成评估报告不真实的情形。根据《纪要》规定精神，人民法院对此应当区分情况予以处理。（1）如果由于无法全面掌握债务人资产状况或者因债务人企业形态发生变化等客观原因导致评估报告与实际不符的，只要金融资产管理公司或者评估机构尽到必要的审慎注意义务，仍然不能完全了解债务人资产真实状况的，应当属于金融不良债权处置过程中的自身风险，人民法院不宜据此认定转让合同无效。（2）如果根据国家有关规定应经合法、独立的评估机构评估，但未经评估的，则可以认为金融资产管理公司存在重大过失或者至少未尽谨慎义务，由此可能导致国有资产流失，应当认定转让合同无效。（3）如果有证据证明在评估过程中存在金融资产管理公司与评估机构相互勾结、恶意串通，故意低估、漏估而造成国有资产流失损害国家利益或社会公共利益的，应当认定转让合同无效。

第三，关于处置价格的审查。

值得注意的是，国家允许金融资产管理公司通过“打包”的方式处置金融不良债权本身就蕴含着一个前提，就是金融资产管理公司与受让人对资产实际价值的认识和评价存在区别，这种区别的原因主要在于信息不对称。受让人通过充分调查和比较判断后，可能比金融资产管理公司更了解资产或资产包的具体价格信息，加之市场行情的变化等多种因素，经常出现受让人以较低的价格受让不良债权并获得高额回报的情形。仅就单笔债权而言，的确可能出现受让人以较低价格受让不良债权并获得高额回报的现象，但综观整体资产包全面状况，也完全存在其他资产无法获得清偿的可能。加之，关于不良债权如何合理定价，目前国家相关主管部门尚未形成定价机制，只能依靠市场竞争来形成价格。因此，人民法院不宜仅仅以金融不良债权的出让价格与资产账面额之间的差额幅度作为引起合理怀疑的证据，而应当综合判断。

（三）强化相关证据调查和审查

审判实践中，一些受让人为了达到诉讼时效中断的效果或者为了适用不同时期对自己最有利的法律或者司法解释，存在伪造、变造证据现象。其中，最为常见的是伪造或者变造借款合同、担保合同、借款借据，修改合同签订时间、债务人还贷时间以及产生诉讼时效中断的证据。人民法院要高度重视对证据真实性的审查，发现当事人伪造、变造证据的，要严格依照程序法的规定予以制裁。同时，鉴于此类案件年代久远，加之转让环节较多，对各方当事人而言均存在证据失散严重的问题，人民法院要适当加强以职权主动审查，尽可能地查清案件事实。

九、利息收取和主体变更

（一）利息收取的相关问题

无论是民法理论界还是审判实务界，关于受让人对债务人利息收取问题存在较大分歧。基本可以归纳为四个方面的分歧：其一，计算基数；其二，起算时间；其三，利率标准；其四，计收复息。

首先，关于计算基数问题。

有观点认为，应当以原借款合同项下本金及自贷款逾期时始直至金融资产管理公司出让给受让人时，按照借款合同约定或者《人民币利率管理规定》计算的利息（包括逾期利息并计收复息）总和为基数。我们认为，受让人受让的是合同权利，其权利不能大于原权利人，也不能享有原权利人依其为金融机构特殊身份既而特别享有的权利。因此，《纪要》明确规定："受让人向国有企业债务人主张利息的计算基数应以原借款合同本金为准"。

其次，关于起算时间问题。

有观点认为，因担保权、利息债权、违约金请求权等从权利，以与主权利同其命运为原则，故主债权让与时，从权利原则上也随同转移于受让人；但当事人不欲其随同转移者,却须于合同中订明。据此,受让人应当有权自受让之日起取得原债权人收取利息的权利。我们认为,依据合同法理和合同法第八十一条之规定,该观点颇有道理。不过,同样根据合同法理,利息债权可以区分为尚未届期和已经届期却尚未支付(即迟延利息)两种情形。其中,尚未届期的利息债权无疑属于从权利,自应随主债权一同转移;但迟延利息则具有独立地位,与从权利并不相同,并不当然地随同主债权一同转移。尽管有立法例推定未支付的利息随同主债权转移与受让人,但这种推定可以反证推翻。因此,就不良债权利息收取而言,在受让人受让不良债权后,无疑有权收取对主债权尚未届期的利息;但并不必然有权收取已经届期却尚未支付的迟延利息。考虑到不良债权自身的特殊性,尤其是在尚无不良债权合理定价机制且公众普遍认为不良债权转让价格过低情势下,经国家相关主管部门多次沟通并经中央原则同意,认为受让人无权收取不良债权受让日后产生的迟延利息。因此,《纪要》明确规定:"受让人向国有企业债务人主张不良债权受让日之后发生的利息的,人民法院不予支持"。

再次,关于利率标准问题。

如果不良债权转让合同被认定无效而相互返还时,出让人依据何种标准支付利息?对此,《纪要》尊重民商审判多年来的实践做法而规定:不良债权转让合同被认定无效的,出让人在向受让人返还受让款本金的同时,应当按照中国人民银行规定的同期定期存款利率支付利息。

最后,关于计收复息问题。

最高法院法释[2001]12号《关于审理涉及金融资产管理公司收购、管理、处置国有银行不良贷款形成的资产的案件适用法律若干问题的规定》第七条规定:"债务人逾期归还贷款,原借款合同约定的利息计算方法不违反法律法规规定的,该约定有效。没有约定或约定不明的,依照中国人民银行发布的《人民币利率管理规定》计算利息和复息"。最高法院法发[2005]62号《关于金融资产管理公司收购、处置银行不良资产有关问题的补充通知》第一条规定:"国有商业银行(包括国有控股银行)向金融资产管理公司转让不良贷款,或者金融资产管理公司受让不良贷款后,通过债权转让方式处置不良资产的,可以适用本院发布的上述规定"。审判实务中由此引发受让人能否如同金融资产管理公司一样以同样的标准向债务人收取复息的问题，并形成肯定和否定以及折中等不同观点。我们认为，复息计算规定来源于中国人民银行《人民币利率管理规定》，该规定适用对象仅限于金融机构。虽然最高法院法释[1999]8号《关于逾期付款违约金应当按照何种标准计算问题的批复》和法释[2000]34号关于修改法释[1999]8号的批复明确了计算标准，但并未赋予其他合同当事人计收复息的权利。因此，计收复息的权利专属于商业银行和金融资产管理公司等金融机构。根据合同法第八十一条关于"债权人转让权利的，受让人取得与债权相关的从权利，但该权利专属于债权人自身的除外"的规定，非金融机构的不良债权受让人，无权向债务人计收复息。

（二）诉讼和执行主体变更

最高法院法发[2005]62号《关于金融资产管理公司收购、处置银行不良资产有关问题的补充通知》第三条规定："金融资产管理公司转让、处置已经涉及诉讼、执行或者破产等程序的不良债权时，人民法院应当根据债权转让协议和转让人或者受让人的申请，裁定变更诉讼或者执行主体"。《纪要》对此再作重申。此外，为便于金融资产管理公司继续向国有企业债务人追偿，人民法院应当支持金融资产管理公司关于变更受让人为金融资产管理公司的请求。

十、相关规定与适用范围

（一）以往特殊政策的适用范围

《纪要》明确规定：最高法院已经发布的关于不良债权处置方面的特殊司法保护政策文件诸如《关于审理金融资产管理公司收购、管理、处置国有银行不良贷款形成的资产的案件适用法律若干问题的规定》、《关于贯彻执行最高人民法院"十二条"司法解释有关问题的函的答复》、《关于金融资产管理公司收购、管理、处置银行不良资产有关问题的补充通知》和《关于国有金融资产管理公司处置国有商业银行不良资产案件交纳诉讼费用的通知》等，仅适用于国有商业银行、金融资产管理公司以及相关地方人民政府或者代表本级人民政府履行出资人职责的机构、部门或者持有国有企业债务人国有资本的集团公司。但是，实践中一直有观点认为，民商审判工作历来强调保护债权人利益，维护社会诚信。在审理金融机构与债务人之间的金融借款案件中，是始终坚持充分保护债权人合法权益，因此，在受让人追索国有企业债务人的案件中，亦应坚持平等保护原则，将金融资产管理公司与受让人一视同仁，不能仅对金融资产管理公司适用特殊司法政策。

我们认为，这种争论的实质是如何认识适用平等保护原则与适用特殊保护政策关系的问题。平等保护不同所有制主体的民事权益不仅是法律的基本要求，也是司法审判的基本原则。无论是对国有企业还是民营企业、内资企业还是外资企业，集体还是个人，在法律上一律平等保护的原则是我国法治进步的重要标志，是人民法院应当始终不渝地坚持的价值取向。但必须指出，贯彻平等保护原则与对金融资产管理公司采取的特殊司法政策并不矛盾。根据《金融资产管理公司条例》第二条和第三条之规定，金融资产管理公司作为国有独资的专以收购、管理、处置国有银行不良债权而设立的非银行金融机构，是以最大限度保全金融资产、减少金融损失、促进金融和国企改革为主要经营目标，并非以获取最大利润为主要经营目标。可见，其设立的目的在于理顺国有商业银行的治理结构、解决我国国有商业银行的国际竞争力问题，是国家金融体制改革战略的重要部分，是防范和化解金融风险的重要手段，因此国家根据行政法规所规定的特殊地位赋予了金融资产管理公司有别于一般民事主体的一定的特殊地位和政策，诸如诉讼收费的减免，税费的减免等。人民法院在处理两者关系时，应当严格适用特殊司法保护政策的范围，不能将国家相关部门和最高法院以往发布的对金融资产管理公司的特殊保护政策适用于普通民事主体。这非但没有违背平等保护原则，相反正是对平等保护原则的坚持。如果将特殊政策适用于受让人，恰恰会导致受让人与其他普通民事主体之间的权利义务失衡。因此，对于诉讼费用的减免、以公告形式履行债权转让通知义务等金融资产管理公司特别享有的权利，不能适用于受让不良债权的普通民事主体。同时，人民法院应当坚持平等保护原则。在审理受让人向债务人追索债务的案件中，无论在证据判断还是诉讼时效的把握，均应秉持保护合法权利、维护诚实信用的价值取向。权益没有公私之别，只要是合法的权益，均应受到平等保护。人民法院对受让人合法权利的充分保护，就是对金融资产管理公司处置工作的大力支持；受让人能够获得合法的预期回报，不仅将促进这一市场的健康稳定发展，而且能使国家维护金融安全、化解金融风险的金融体制改革政策得到落实。

（二）《纪要》内容的适用范围

《纪要》明确规定：《纪要》规定的内容和精神仅适用于《纪要》发布之后尚在一审或者二审阶段的涉及最初转让方为国有银行、金融资产管理公司通过债权转让方式处置不良资产形成的相关案件。同时，考虑到维护金融不良债权处置工作的稳定性和人民法院裁判的既判力，人民法院依照审判监督程序决定再审的案件，不适用《纪要》。

《纪要》区分了政策性不良债权和商业性不良债权。这种区分的司法裁判意义在于：虽然最高法院[2004]民二他字第25号《关于人民法院是否受理金融资产管理公司与国有商业银行就政策性金融资产转让协议发生的纠纷问题的答复》明确规定商业银行与金融资产管理公司就政策性不良债权转让协议发生纠纷起诉到人民法院的，人民法院不予受理；但若干就商业性不良债权转让协议发生纠纷起诉到人民法院的，是否应予受理，目前尚无明确规定。因此，这种区分为最高法院与国家相关主管部门进一步沟通协调以明确相关政策典型基础。此外，应当注意的是，商业性不良债权主要指金融资产管理公司从中国银行、中国建设银行、中国工商银行、交通银行收购的不良债权，但并不限于上述几家商业银行。

此外，鉴于不良资产处置涉及面较广，影响较大，所涉问题较多，为此，一些法院在国家相关政策未出台之前采取慎重态度，出台一些"暂缓受理、暂缓审理和暂缓执行"或者"中止受理、中止审理和中止执行"的规定文件，是可以理解的。目前，《纪要》已经发布，各级法院应当废止此类"三暂缓"、"三中止"规定，严格执行《纪要》规定内容和精神。

最高人民法院关于进一步加强民意沟通工作的意见

（法发[2009]20号）

各省、自治区、直辖市高级人民法院，解放军军事法院，新疆维吾尔自治区高级人民法院生产建设兵团分院：

现将《最高人民法院关于进一步加强民意沟通工作的意见》印发给你们，请结合工作实际，认真贯彻执行。

二〇〇九年四月十三日

最高人民法院关于进一步加强民意沟通工作的意见

加强民意沟通工作，是坚持实事求是和群众路线的具体体现，是深入贯彻落实科学发展观的必然要求，是畅通司法民主渠道的重要举措。为进一步推进司法决策民主化、科学化，更好地接受民主监督，深化司法公开、促进司法公正、提高司法公信，不断满足人民群众对人民法院工作的新要求、新期待，现就进一步加强民意沟通工作提出如下意见。

一、充分认识进一步加强民意沟通工作的重大意义

（一）进一步加强民意沟通工作是践行司法为民、推进司法民主的关键环节。审判执行工作涉及到社会生活的方方面面，与广大人民群众的切身利益密切相关。依法维护人民权益，是人民法院的职责所在，也是人民法院工作的本质要求。要更好地实践"为大局服务，为人民司法"的工作主题，维护好、保障好人民群众的知情权、参与权、表达权和监督权等合法权益，就必须坚持以人为本，广泛深入地倾听民意、了解民情、关注民生，以实际行动尊重群众意见，发扬司法民主，充分体现中国特色社会主义司法制度的人民性优势。

（二）进一步加强民意沟通工作是发挥好审判执行职能、完善司法公开、优化司法决策、实现案结事了的重要保障。执法办案是人民法院的第一要务，要切实做好审判执行工作，促进办案的社会效果和法律效果的统一，就必须采取多种方式，联系实际、深入群众，大力弘扬人民司法优良传统，努力开拓创新，积极推行审判公开制度，积极改进各种便民利民的诉讼措施，在审判执行的各个环节中充分听取人民群众和社会各界的意见和建议，促进司法决策的科学化，不断满足人民群众对司法工作的新要求、新期待。

（三）进一步加强民意沟通工作是促进司法廉洁、增强队伍素质、提高司法公信力的有效途径。通过加强民意沟通工作，动员社会力量，积极接受外部监督，有助于促进人民法院的队伍建设，提高法官办案水平和群众工作能力，不断改进纪律作风，树立司法公正、高效、为民、廉洁的良好形象，不断提高司法的公信力，推进社会主义民主法制建设，推动人民法院自身科学发展、更好地服务经济社会科学发展。

二、进一步加强民意沟通工作的基本要求

（一）着力构建与广大人民群众、社会各界沟通交流的长效机制。各级人民法院要按照科学、畅通、务实、有效、便捷的要求，不断改进和创新工作机制，拓宽民意沟通渠道，最大限度地了解和把握社情民意，最大限度地方便人民群众行使权利、表达意见、监督司法，使民意成为司法决策的重要参考依据和检验工作成效的重要标准，使各项决策顺应群众要求，符合司法规律。

（二）大力扩展民意沟通的对象范围。各级人民法院在确定工作思路、完善便民措施、评价司法效果等工作中，应根据需要采取多种途径和方式，广泛征求人大代表、政协委员、民主党派、社会团体、专家学者、其他法律工作者、基层群众等社会各界的意见和建议。特别要注重深入企业、社区、乡村，及时了解最广大基层群众的意见和呼声。

（三）改进和完善与人大代表、政协委员的联络工作机制。充分发挥人民法院人民监督办公室的职能作用，改进和完善联络的方式方法，在联络工作经常化的基础上，根据每年确定的工作重点，采取各种灵活有效的方式向人大代表和政协委员通报工作情况，征求意见和建议。

（四）改进和完善与各民主党派、工商联、无党派人士以及社团组织的沟通协调机制。按照“积极主动、及时沟通、充分协商、务实有效”原则，制定相关工作规则，指定专门机构和人员负责与各民主党派、工商联和无党派人士的沟通协调工作，通过建立定期联络制度、联合调研制度等方式通报工作、听取意见和建议，共同研究解决问题；通过加强日常交流、设立联络员等方式，开展与工青妇等社团组织经常性的工作沟通。

（五）改进和完善特邀咨询员制度。最高人民法院要认真执行《最高人民法院特邀咨询员工作条例》，扩大选任特邀咨询员的代表领域的广泛性，进一步加强与特邀咨询员经常性的沟通联络，注重听取他们对法院工作的意见和建议，并通过适当方式及时转化为司法决策意见。同时，大力支持、积极配合特邀咨询员开展工作，努力为加强特邀咨询员与基层群众沟通联系创造条件，提供方便。

（六）改进和完善人民陪审员制度。要切实执行《全国人民代表大会常务委员会关于完善人民陪审员制度的决定》、《最高人民法院、司法部关于人民陪审员选任、培训、考核工作的实施意见》、《最高人民法院关于人民陪审员管理办法(试行)》等规定,改进和完善人民陪审员选任方式和管理机制,加大调整、充实人民陪审员力度,中级和基层人民法院每年至少应当组织两次座谈会专门听取人民陪审员的意见和建议,进一步发挥其桥梁纽带作用,发挥来自群众、贴近群众、服务群众的优势,通过他们了解民情、宣传法律,实现人民陪审员制度沟通民意功能的最大化。

(七)健全和创新法院领导干部深入基层倾听民意机制。建立法院领导干部基层联系点制度,最高人民法院和各高级人民法院领导干部要定期深入基层联系点开展调研。进一步推进法官进企业、进乡村、进社区活动,大法官和高级法官要深入基层倾听民意,了解民情,及时准确地把握人民群众对司法工作的新要求、新期待。

(八)健全和创新司法决策征求意见机制。进一步促进制定司法解释、司法指导意见等过程中征求民意工作的制度化、规范化;探索设立法院开放日,邀请公众参观法院,旁听审判,积极开展普法宣传;探索建立基层司法服务网络,聘请乡村、社区一些德高望重、热心服务、能力较强的群众担任司法协理员,协助人民法院化解矛盾,代表人民群众反映意见;选任基层干部群众担任特邀调解员、执行联络员,使司法工作更加贴近群众、方便群众;加强网络民意收集制度,抓好机关网站建设,丰富网上信息发布、网上民意调查等栏目,方便群众发表意见和建议。

(九)改进和完善网络民意沟通机制。积极推行审判、执行信息网络公开制度;加大庭审网络直播力度;各级人民法院主要领导每年至少应参加1次与网民直接交流、沟通、互动活动,广泛听取网民意见;对于了解的民意、听到的反映,可通过在线解答、个别沟通的方式,让群众了解信息,感受人民法院对民意的尊重;完善通过网络及其他各种途径受理群众举报的工作制度,有条件的法院可开设专门的电子信箱,收集群众的意见、建议。

(十)改进和完善人民法院与新闻媒体沟通协调机制。通过报刊、广播、电视等媒体,发布人民法院工作报告、重大司法决策及案件审判信息,加大宣传工作力度,为人民群众提供及时准确的司法信息服务。进一步加强与新闻媒体的沟通交流,认真执行《人民法院新闻发布制度》以及《关于进一步完善最高人民法院新闻发布制度的补充规定》,完善新闻发布会制度;重视新闻媒体的舆论导向,积极收集舆情，了解民意，宣传法律；最高人民法院和各高级人民法院每年至少要组织2次会议专门讨论和分析各种舆情，把握司法工作动态。

（十一）健全和创新民意转化机制。要实现民意转化的制度化，及时对收集到的意见和建议进行汇总、筛选、分类、分析，把合理的意见和建议转化为工作整改的内容。意见和建议涉及立法修改事项的，向国家权力机关提出；涉及政策制定事项的，向有关决策部门提出；涉及制定或修改司法解释事项的，逐级向最高人民法院提出。要把民意吸收、转化情况作为评价工作的重要指标，开展经常性的民意调查、意见征询活动，切实解决存在的问题。

（十二）健全和创新工作整改情况向群众反馈机制。出台重大司法决策时，可在新闻发布等环节就决策过程中听取和吸收民意情况作出专门说明；对于其他具体事项的整改情况，可以通过媒体发布、信函回复、实地回访、组织座谈等方式向群众反馈，争取理解和支持，增强司法公信力。

三、切实加强组织领导，务求取得实效

（一）各级人民法院要高度重视民意沟通工作，将加强该项工作列入重要议事日程，认真研究和解决实践中出现的各种问题，注重工作实效。各级人民法院领导干部要带头做好此项工作，摆正位置、以身作则，切实抓好各项制度、措施的落实，切实将社情民意及时转化为司法决策的重要指导和参考依据。

（二）各级人民法院要积极抓好民意沟通工作具体措施的组织实施和综合协调工作，层层抓好落实，确保措施到位、责任到位、工作到位。各级人民法院要明确专门机构、专门人员负责组织协调此项工作。要认真积累经验，及时总结各种好的做法，注重做好新闻宣传工作，让更多的人民群众依法了解、参与、监督司法决策。

（三）上级人民法院要加强对下级人民法院的指导，组织经常性的监督检查，及时通报督查结果。最高人民法院和各高级人民法院在积极改进和完善自身民意沟通工作的同时，应及时总结各地人民法院的典型经验，推进民意沟通工作不断取得新进展。

最高人民法院关于当前经济形势下知识产权审判服务大局若干问题的意见

（法发[2009]23号）

各省、自治区、直辖市高级人民法院，解放军军事法院，新疆维吾尔自治区高级人民法院生产建设兵团分院：

现将《最高人民法院关于当前经济形势下知识产权审判服务大局若干问题的意见》印发给你们，请结合审判工作实际，认真贯彻执行。

二〇〇九年四月二十一日

当前，我国国民经济继续保持平稳较快发展，改革开放深入推进，社会事业加快发展，人民生活进一步改善，但同时也面临着严重的困难和挑战。为深入贯彻全国“两会”精神，落实国家知识产权战略，使知识产权审判更好地服务于有效应对国际金融危机冲击，促进经济平稳较快发展的大局，为“保增长、保民生、保稳定”作出更加积极的贡献，现就当前经济形势下人民法院做好知识产权审判工作的若干问题，提出如下意见：

一、立足实际，突出重点，努力增强知识产权审判服务大局的针对性和有效性

1.充分认识知识产权保护对于促进经济平稳较快发展的重要性，切实增强服务大局的使命感。知识产权是国家科技创新能力和水平的集中体现，是国家发展的战略性资源，是提高国际竞争力的核心要素。现代经济竞争归根结底也是知识产权的竞争。加强知识产权保护，提高知识产权的创造、运用和管理水平，对于加快经济结构调整、转变发展方式、推进自主创新、深化改革、提高对外开放水平，从而保持经济平稳较快发展，都具有重要意义。历史经验表明，经济危机常常伴随着科技革命，科技革命又成为推动新一轮经济增长和繁荣的重要引擎。在当前经济形势下加强知识产权保护，对于有效推动科技创新和科技革命，为催生新兴

产业、创造新的市场需求、培育新的经济增长点和引领经济发展新方向，具有重大作用。

2.高度关注国际国内经济形势变化对于知识产权审判的新需求，切实增强服务大局的针对性、有效性和主动性。当前经济形势对于知识产权审判提出了更新更高的要求和期待。知识产权司法保护只能加强和提升，不能削弱和放松。各级法院务必要增强危机意识、忧患意识、宏观意识和大局意识，更加注重拓展创新空间，促进培育自主知识产权、自主品牌和新的经济增长点，增强企业的市场竞争力，提高国家的核心竞争力；更加注重营造开放自由的贸易和投资环境，规范市场秩序，维护公平竞争，完善社会主义市场经济体制，大力推动诚信社会的建设，在应对挑战、化危为机中充分发挥知识产权审判的独特职能作用。

二、加大专利权保护力度，着力培育科技创新能力和拓展创新空间，积极推进自主创新

3.以贯彻新修订的专利法为契机，高度重视专利审判工作，全面提高专利审判水平。以专利为核心的科技创新成果构成了企业和国家的核心竞争力，加强专利权保护对于科技进步和自主创新具有最直接、最重要的促进作用。各有关法院要以提高创新能力和建设创新型国家的责任感和使命感，高度重视专利案件的审理，把提高专利审判水平作为一项重点工作。要深刻领会和正确把握专利法立法宗旨和精神，加强调查研究，及时发现新情况，解决新问题，确保修订后的专利法的正确贯彻实施。

4.准确把握专利司法政策，切实加强专利权保护。要从我国国情出发，根据我国科技发展阶段和产业知识产权政策，依法确定合理的专利司法保护范围和强度，既要使企业具有投资创新的动力，使个人具有创造热情，使社会富有创造活力，又不能使专利权成为阻碍技术进步、不正当打击竞争对手的工具；既能够充分调动、配置全社会的资本和技术资源，又能够加速技术信息的传播和利用。要正确适用专利侵权判定原则和方法，进一步总结审判经验，完善权利要求解释规则和侵权对比判定标准。正确解释发明和实用新型专利的权利要求，准确界定专利权保护范围，既不能简单地将专利权保护范围限于权利要求严格的字面含义，也不能将权利要求作为一种可以随意发挥的技术指导，应当从上述两种极端解释的中间立场出

发，使权利要求的解释既能够为专利权人提供公平的保护，又能确保给予公众以合理的法律稳定性。凡写入独立权利要求的技术特征，均应纳入技术特征对比之列。对于权利人在专利授权确权程序中所做的实质性的放弃或者限制，在侵权诉讼中应当禁止反悔，不能将有关技术内容再纳入保护范围。严格等同侵权的适用条件，探索完善等同侵权的适用规则，防止不适当地扩张保护范围。依法认真审查各种不侵权抗辩事由和侵权责任抗辩事由，合理认定先用权，依法支持现有技术抗辩。

三、加强商业标识保护，积极推动品牌经济发展，规范市场秩序和维护公平竞争

5. 充分尊重知名品牌的市场价值，依法加强知名品牌保护。知名品牌凝聚了企业的竞争优势，是企业参与国内国际市场竞争的利器，代表着核心的经济竞争力，是企业和国家的战略性资产，也是引领市场消费方向的主要因素。人民法院要通过依法加强商标权保护和制止不正当竞争，为知名品牌的创立和发展提供和谐宽松的法律环境，促进品牌经济发展，刺激和创造消费需求，拉动经济增长，增强我国企业的国内和国际竞争力。

6. 完善商标司法政策，加强商标权保护，促进自主品牌的培育。正确把握商标权的专用权属性，合理界定权利范围，既确保合理利用商标资源，又维护公平竞争；既以核定使用的商品和核准使用的商标为基础，加强商标专用权核心领域的保护，又以市场混淆为指针，合理划定商标权的排斥范围，确保经营者之间在商标的使用上保持清晰的边界，使自主品牌的创立和发展具有足够的法律空间。未经商标注册人许可，在同一种商品上使用与其注册商标相同的商标的，除构成正当合理使用的情形外，认定侵权行为时不需要考虑混淆因素。认定商品类似和商标近似要考虑请求保护的注册商标的显著程度和市场知名度，对于显著性越强和市场知名度越高的注册商标，给予其范围越宽和强度越大的保护，以激励市场竞争的优胜者，净化市场环境，遏制不正当搭车、模仿行为。

7. 妥善处理注册商标实际使用与民事责任承担的关系，使民事责任的承担有利于鼓励商标使用，激活商标资源，防止利用注册商标不正当地投机取巧。请求保护的注册商标未实际投入商业使用的，确定民事责任时可将责令停止侵权行为作

为主要方式，在确定赔偿责任时可以酌情考虑未实际使用的事实，除为维权而支出的合理费用外，如果确无实际损失和其他损害，一般不根据被控侵权人的获利确定赔偿；注册人或者受让人并无实际使用意图，仅将注册商标作为索赔工具的，可以不予赔偿；注册商标已构成商标法规定的连续三年停止使用情形的，可以不支持其损害赔偿请求。

8.加强驰名商标司法认定的审核监督，完善驰名商标司法保护制度，确保司法保护的权威性和公信力。严格把握驰名商标的认定范围和认定条件，严禁扩张认定范围和降低认定条件。凡商标是否驰名不是认定被诉侵权行为要件的情形，均不应认定商标是否驰名。凡能够在认定类似商品的范围内给予保护的注册商标，均无需认定驰名商标。对于确实符合法律要求的驰名商标，要加大保护力度，坚决制止贬损或者淡化驰名商标的侵权行为，依法维护驰名商标的品牌价值。认真贯彻《最高人民法院关于涉及驰名商标认定的民事纠纷案件管辖问题的通知》（法[2009]1号），凡通知下发以后不具有管辖权的法院受理的此类案件，均需移送有管辖权的法院审理；通知下发前受理、尚未审结的此类案件，要严格执行判前审核制度。各级法院均应加强已认定驰名商标的案件的评查和审判监督，对于伪造证据骗取驰名商标认定的案件，以及其他违法认定驰名商标的案件，均需通过审判监督程序予以纠正；当事人在涉及驰名商标认定的案件中有妨碍民事诉讼行为的，依法给予制裁。有管辖权的法院均应积极接受各有关方面对于驰名商标司法认定的监督，发现问题务必及时解决。有关驰名商标司法保护的司法解释颁布施行以后，各级法院要认真贯彻落实，使驰名商标司法保护更加规范化。

9.加强商标授权确权案件的审判工作，正确处理保护商标权与维持市场秩序的关系。既要有效遏制不正当抢注他人在先商标行为，加强对于具有一定知名度的在先商标的保护，又要准确把握商标权的相对权属性，不能轻率地给予非驰名注册商标跨类保护。正确区分撤销注册商标的公权事由和私权事由，防止不适当地扩张撤销注册商标的范围，避免撤销注册商标的随意性。对于注册使用时间较长、已建立较高市场声誉和形成自身的相关公众群体的商标，不能轻率地予以撤销，在依法保护在先权利的同时，尊重相关公众已在客观上将相关商标区别开来的市场实际。要把握商标法有关保护在先权利与维护市场秩序相协调的立法精神，注重维护已经形成和稳定了的市场秩序,防止当事人假商标争议制度不正当地投机取巧和巧取豪夺,避免因轻率撤销已注册商标给企业正常经营造成重大困难。与他人著作权、企业名称权等在先财产权利相冲突的注册商标,因超过商标法规定的争议期限而不可撤销的,在先权利人仍可在诉讼时效期间内对其提起侵权的民事诉讼,但人民法院不再判决承担停止使用该注册商标的民事责任。

10.妥善处理注册商标、企业名称与在先权利的冲突,依法制止"傍名牌"等不正当竞争行为。除注册商标之间的权利冲突民事纠纷外,对于涉及注册商标、企业名称与在先权利冲突的民事纠纷,包括被告实际使用中改变了注册商标或者超出核定使用的商品范围使用注册商标的纠纷,只要属于民事权益争议并符合民事诉讼法规定的受理条件,人民法院应予受理。凡被诉侵权商标在人民法院受理案件时尚未获得注册的,均不妨碍人民法院依法受理和审理;被诉侵权商标虽为注册商标,但被诉侵权行为是复制、摹仿、翻译在先驰名商标的案件,人民法院应当依法受理。

按照诚实信用、维护公平竞争和保护在先权利等原则,依法审理该类权利冲突案件。有工商登记等的合法形式,但实体上构成商标侵权或者不正当竞争的,依法认定构成商标侵权或者不正当竞争,既不需要以行政处理为前置条件,也不应因行政处理而中止诉讼。在中国境外取得的企业名称等商业标识,即便其取得程序符合境外的法律规定,但在中国境内的使用行为违反我国法律和扰乱我国市场经济秩序的,按照知识产权的独立性和地域性原则,依照我国法律认定其使用行为构成商标侵权或者不正当竞争。企业名称因突出使用而侵犯在先注册商标专用权的,依法按照商标侵权行为处理;企业名称未突出使用但其使用足以产生市场混淆、违反公平竞争的,依法按照不正当竞争处理。对于因历史原因造成的注册商标与企业名称的权利冲突,当事人不具有恶意的,应当视案件具体情况,在考虑历史因素和使用现状的基础上,公平合理地解决冲突,不宜简单地认定构成商标侵权或者不正当竞争;对于权属已经清晰的老字号等商业标识纠纷,要尊重历史和维护已形成的法律秩序。对于具有一定市场知名度、为相关公众所熟知、已实际具有商号作用的企业名称中的字号、企业或者企业名称的简称,视为企业名称并给予制止不正当竞争的保护。因使用企业名称而构成侵犯商标权的,可以根据案件具体情况判令停止使用,或者对该企业名称的使用方式、使用范围作出限制。因企业名称不正当使用他人具有较高知名度的注册商标,不论是否突出使用均难以避免产生市场混淆的,应当根据当事人的请求判决停止使用或者变更该企业名称。判决停止使用而当事人拒不执行的,要加大强制执行和相应的损害赔偿救济力度。

11. 加强不正当竞争和反垄断审判,统筹兼顾自由竞争与公平竞争的关系,积极促进市场结构完善和社会主义市场经济体制的健全。妥善处理专利、商标、著作权等知识产权专门法与反不正当竞争法的关系,反不正当竞争法补充性保护不能抵触专门法的立法政策,凡专门法已作穷尽规定的,原则上不再以反不正当竞争法作扩展保护。凡反不正当竞争法已在特别规定中作穷尽性保护的行为,一般不再按照原则规定扩展其保护范围;对于其未作特别规定的竞争行为,只有按照公认的商业标准和普遍认识能够认定违反原则规定时,才可以认定构成不正当竞争行为,防止因不适当地扩大不正当竞争范围而妨碍自由、公平竞争。妥善处理保护商业秘密与自由择业、涉密者竞业限制和人才合理流动的关系,维护劳动者正当就业、创业的合法权益。高度重视反垄断法的执行,依法审理好各类垄断纠纷案件,遏制垄断行为,维护公平竞争,为企业提供自由宽松的创业和发展环境。

四、完善知识产权诉讼制度,着力改善贸易和投资环境,积极推动对外开放水平的提高

12. 加强诉权保护,畅通诉讼渠道。依法加强诉权保护,凡符合受理条件的起诉均应及时受理;凡经权利人明确授权代为提起诉讼的律师,均可以权利人的名义提起诉讼,并考虑境外当事人维权的实际,不苛求境外权利人在起诉书上签章。结合知识产权审判实际,完善各种诉讼制度,简化救济程序,积极施行各项便民利民措施,增强司法救济的有效性。

13. 完善确认不侵权诉讼制度,遏制知识产权滥用行为,为贸易和投资提供安全宽松的司法环境。继续探索和完善知识产权领域的确认不侵权诉讼制度,充分发挥其维护投资和经营活动安全的作用。除知识产权权利人针对特定主体发出侵权警告且未在合理期限内依法提起诉讼,被警告人可以提起确认不侵权诉讼以外,正在实施或者准备实施投资建厂等经营活动的当事人,受到知识产权权利人以其

他方式实施的有关侵犯专利权等的警告或威胁，主动请求该权利人确认其行为不构成侵权，且以合理的方式提供了确认所需的资料和信息，该权利人在合理期限内未作答复或者拒绝确认的，也可以提起确认不侵权诉讼。探索确认不侵犯商业秘密诉讼的审理问题，既保护原告的合法权益和投资安全，又防止原告滥用诉权获取他人商业秘密。

14.严格把握法律条件，慎用诉前停止侵权措施。采取诉前停止侵权措施既要积极又要慎重，既要合理又要有效，要妥善处理有效制止侵权与维护企业正常经营的关系。诉前停止侵权主要适用于事实比较清楚、侵权易于判断的案件，适度从严掌握认定侵权可能性的标准，应当达到基本确信的程度。在认定是否会对申请人造成难以弥补的损害时，应当重点考虑有关损害是否可以通过金钱赔偿予以弥补以及是否有可执行的合理预期。担保金额的确定既要合理又要有效，主要考虑禁令实施后对被申请人可能造成的损失，也可以参考申请人的索赔数额。严格审查被申请人的社会公共利益抗辩，一般只有在涉及公众健康、环保以及其他重大社会利益的情况下才予考虑。诉前停止侵权涉及当事人的重大经济利益和市场前景，要注意防止和规制当事人滥用有关权利。应考虑被诉企业的生存状态，防止采取措施不当使被诉企业生产经营陷入困境。特别是在专利侵权案件中，如果被申请人的行为不构成字面侵权，其行为还需要经进一步审理进行比较复杂的技术对比才能作出判定时，不宜裁定责令诉前停止侵犯专利权；在被申请人依法已经另案提出确认不侵权诉讼或者已就涉案专利提出无效宣告请求的情况下，要对被申请人主张的事实和理由进行审查，慎重裁定采取有关措施。根据案件进展情况，注意依法适时解除诉前停止侵权裁定。加强在诉前停止侵权措施申请错误时对受害人的救济，申请人未在法定期限内起诉或者已经实际构成申请错误，受害人提起损害赔偿诉讼的，应给予受害人应有的充分赔偿。对于为阻碍他人新产品上市等重大经营活动而恶意申请诉前停止侵权措施，致使他人的市场利益受到严重损害的情形，要注意给予受害人充分保护。

15.充分发挥停止侵害的救济作用，妥善适用停止侵害责任，有效遏制侵权行为。根据当事人的诉讼请求、案件的具体情况和停止侵害的实际需要，可以明确责令当事人销毁制造侵权产品的专用材料、工具等，但采取销毁措施应当以确有必要为前提，与侵权行为的严重程度相当，且不能造成不必要的损失。如果停止有关行为会造成当事人之间的重大利益失衡，或者有悖社会公共利益，或者实际上无法执行，可以根据案件具体情况进行利益衡量，不判决停止行为，而采取更充分的赔偿或者经济补偿等替代性措施了断纠纷。权利人长期放任侵权、怠于维权，在其请求停止侵害时，倘若责令停止有关行为会在当事人之间造成较大的利益不平衡，可以审慎地考虑不再责令停止行为，但不影响依法给予合理的赔偿。

16.增强损害赔偿的补偿、惩罚和威慑效果，降低维权成本，提高侵权代价。在确定损害赔偿时要善用证据规则，全面、客观地审核计算赔偿数额的证据，充分运用逻辑推理和日常生活经验，对有关证据的真实性、合法性和证明力进行综合审查判断，采取优势证据标准认定损害赔偿事实。积极引导当事人选用侵权受损或者侵权获利方法计算赔偿，尽可能避免简单适用法定赔偿方法。对于难以证明侵权受损或侵权获利的具体数额，但有证据证明前述数额明显超过法定赔偿最高限额的，应当综合全案的证据情况，在法定最高限额以上合理确定赔偿额。除法律另有规定外，在适用法定赔偿时，合理的维权成本应另行计赔。适用法定赔偿时要尽可能细化和具体说明各种实际考虑的酌定因素，使最终得出的赔偿结果合理可信。根据权利人的主张和被告无正当理由拒不提供所持证据的行为推定侵权获利的数额，要有合理的根据或者理由，所确定的数额要合情合理，具有充分的说服力。注意参照许可费计算赔偿时的可比性，充分考虑正常许可与侵权实施在实施方式、时间和规模等方面的区别，并体现侵权赔偿金适当高于正常许可费的精神。注意发挥审计、会计等专业人员辅助确定损害赔偿的作用，引导当事人借助专业人员帮助计算、说明和质证。积极探索知识产权损害赔偿专业评估问题，在条件成熟时适当引入由专业机构进行专门评估的损害赔偿认定机制。

17.注意研究经济领域的知识产权新问题，积极促进科技兴贸基地和服务外包基地建设。加强科技兴贸基地和服务外包基地建设所涉及的知识产权保护问题的调查研究，有针对性地加强相关知识产权的司法保护，为促进科技兴贸基地和服务外包基地建设提供优良的司法环境。加大对信息、软件、医药、新材料、航空航天、精细化工等高新技术领域的知识产权保护力度，积极促进科技兴贸基地建设。引导高技术企业进一步增强自主创新能力，拥有自主知识产权，大力支持具有自主品牌和自主知识产权的高新技术产品出口，进一步提高出口产品国际市场竞争力。深入研究服务外包中的知识产权法律问题，促进服务外包基地建设。通过司法裁判引导服务外包企业树立知识产权保护意识，建立健全企业知识产权保护制度，提高外包服务的竞争力。

18. 完善有关加工贸易的司法政策，促进加工贸易健康发展。认真研究加工贸易中的知识产权保护问题，抓紧总结涉及加工贸易的知识产权案件的审判经验，解决其中存在的突出问题，完善司法保护政策，促进加工贸易的转型升级。妥善处理当前外贸“贴牌加工”中多发的商标侵权纠纷，对于构成商标侵权的情形，应当结合加工方是否尽到必要的审查注意义务，合理确定侵权责任的承担。

19. 坚持平等保护原则，坚决反对任何形式的保护主义。严格依法办案，平等保护本地与外地、本国与外国当事人的合法权益，坚决遏制地方保护和部门保护，促进国内市场的统一开放，完善投资环境和增强投资信心，提高国际声誉和树立良好形象，提高对外开放水平。统筹好国内国际两个大局，妥善处理与贸易有关的重大知识产权纠纷，积极服务于国内国际两个市场、两种资源的统筹利用，既确保遵循相关国际公约和国际惯例，促进国际经贸合作，又始终注意维护国家利益和经济安全，激励和促进自主创新，提升我国的知识产权综合能力和国际竞争力。正确处理对外关系与具体案件审理的关系，无论普通涉外案件还是引起国际关注的敏感性案件，都要严格依法办案，不能为盲目迎合片面的外部舆论而牺牲公正司法。

20. 加强同类案件和关联案件的协调指导，规范司法行为，维护法治统一。加强同类案件的调查研究和业务指导，加大司法解释力度，完善司法政策，积极推行典型案例指导制度，不断明确和完善法律适用标准。强化对法官行使自由裁量权的约束和规范机制，细化正当行使自由裁量权的标准。对于法律问题相同、裁判定性不一的案件，强化审级监督，充分发挥二审和再审的纠错功能。加强关联案件的协调指导力度，完善协调处理机制。对于涉及同一法律事实或者同一法律关系的关联案件，需要移送的，应当依照法律规定移送管辖和合并审理。健全关联案件审理法院之间的相互沟通制度和报请共同上级法院协调指导制度。在后受理的法院，应积极主动加强沟通并及时报请上级法院进行协调，避免作出相互矛盾的判决。

最高人民法院关于受理审查民事申请再审案件的若干意见

（法发[2009]26号）

各省、自治区、直辖市高级人民法院，解放军军事法院，新疆维吾尔自治区高级人民法院生产建设兵团分院：

为依法保障当事人申请再审权利，规范人民法院受理审查民事申请再审案件工作，最高人民法院制定了《关于受理审查民事申请再审案件的若干意见》，现印发给你们，请结合审判实际，认真贯彻执行。

二〇〇九年四月二十七日

为依法保障当事人申请再审权利，规范人民法院受理审查民事申请再审案件工作，根据《中华人民共和国民事诉讼法》和《最高人民法院关于适用〈中华人民共和国民事诉讼法〉审判监督程序若干问题的解释》的有关规定，结合审判工作实际，现就受理审查民事申请再审案件工作提出以下意见：

一、民事申请再审案件的受理

第一条 当事人或案外人申请再审，应当提交再审申请书等材料，并按照被申请人及原审其他当事人人数提交再审申请书副本。

第二条 人民法院应当审查再审申请书是否载明下列事项：

（一）申请再审人、被申请人及原审其他当事人的基本情况。当事人是自然人的，应列明姓名、性别、年龄、民族、职业、工作单位、住所及有效联系电话、邮寄地址；当事人是法人或者其他组织的，应列明名称、住所和法定代表人或者主要负责人的姓名、职务及有效联系电话、邮寄地址；

（二）原审法院名称，原判决、裁定、调解文书案号；

（三）具体的再审请求；

（四）申请再审的法定事由及具体事实、理由；

（五）受理再审申请的法院名称；

（六）申请再审人的签名或者盖章。

第三条 申请再审人申请再审，除应提交符合前条规定的再审申请书外，还应当提交以下材料：

（一）申请再审人是自然人的，应提交身份证明复印件；申请再审人是法人或其他组织的，应提交营业执照复印件、法定代表人或主要负责人身份证明书。委托他人代为申请的，应提交授权委托书和代理人身份证明；

（二）申请再审的生效裁判文书原件，或者经核对无误的复印件；生效裁判系二审、再审裁判的，应同时提交一审、二审裁判文书原件，或者经核对无误的复印件；

（三）在原审诉讼过程中提交的主要证据复印件；

（四）支持申请再审事由和再审诉讼请求的证据材料。

第四条 申请再审人提交再审申请书等材料的同时，应提交材料清单一式两份，并可附申请再审材料的电子文本，同时填写送达地址确认书。

第五条 申请再审人提交的再审申请书等材料不符合上述要求，或者有人身攻击等内容，可能引起矛盾激化的，人民法院应将材料退回申请再审人并告知其补充或改正。

再审申请书等材料符合上述要求的，人民法院应在申请再审人提交的材料清单上注明收到日期，加盖收件章，并将其中一份清单返还申请再审人。

第六条 申请再审人提出的再审申请符合以下条件的，人民法院应当在5日内受理并向申请再审人发送受理通知书，同时向被申请人及原审其他当事人发送受理通知书、再审申请书副本及送达地址确认书：

（一）申请再审人是生效裁判文书列明的当事人，或者符合法律和司法解释规定的案外人；

（二）受理再审申请的法院是作出生效裁判法院的上一级法院；

（三）申请再审的裁判属于法律和司法解释允许申请再审的生效裁判；

（四）申请再审的事由属于民事诉讼法第一百七十九条规定的情形。

再审申请不符合上述条件的，应当及时告知申请再审人。

第七条 申请再审人向原审法院申请再审的，原审法院应针对申请再审事由并结合原裁判理由作好释明工作。申请再审人坚持申请再审的，告知其可以向上一级法院提出。

第八条　申请再审人越级申请再审的，有关上级法院应告知其向原审法院的上一级法院提出。

第九条　人民法院认为再审申请不符合民事诉讼法第一百八十四条规定的期间要求的，应告知申请再审人。申请再审人认为未超过法定期间的，人民法院可以限期要求其提交生效裁判文书的送达回证复印件或其他能够证明裁判文书实际生效日期的相应证据材料。

二、民事申请再审案件的审查

第十条　人民法院受理申请再审案件后，应当组成合议庭进行审查。

第十一条　人民法院审查申请再审案件，应当围绕申请再审事由是否成立进行，申请再审人未主张的事由不予审查。

第十二条　人民法院审查申请再审案件，应当审查当事人诉讼主体资格的变化情况。

第十三条　人民法院审查申请再审案件，采取以下方式：

(一)审查当事人提交的再审申请书、书面意见等材料；

(二)审阅原审卷宗；

(三)询问当事人；

(四)组织当事人听证。

第十四条　人民法院经审查申请再审人提交的再审申请书、对方当事人提交的书面意见、原审裁判文书和证据等材料，足以确定申请再审事由不能成立的，可以径行裁定驳回再审申请。

第十五条　对于以下列事由申请再审，且根据当事人提交的申请材料足以确定再审事由成立的案件，人民法院可以径行裁定再审：

(一)违反法律规定，管辖错误的；

(二)审判组织的组成不合法或者依法应当回避的审判人员没有回避的；

(三)无诉讼行为能力人未经法定代理人代为诉讼，或者应当参加诉讼的当事人因不能归责于本人或者其诉讼代理人的事由未参加诉讼的；

(四)据以作出原判决、裁定的法律文书被撤销或者变更的；

(五)审判人员在审理该案件时有贪污受贿、徇私舞弊、枉法裁判行为，并经相关刑事法律文书或者纪律处分决定确认的。

第十六条 人民法院决定调卷审查的，原审法院应当在收到调卷函后15日内按要求报送卷宗。

调取原审卷宗的范围可根据审查工作需要决定。必要时，在保证真实的前提下，可要求原审法院以传真件、复印件、电子文档等方式及时报送相关卷宗材料。

第十七条 人民法院可根据审查工作需要询问一方或者双方当事人。

第十八条 人民法院对以下列事由申请再审的案件，可以组织当事人进行听证：

（一）有新的证据，足以推翻原判决、裁定的；

（二）原判决、裁定认定的基本事实缺乏证据证明的；

（三）原判决、裁定认定事实的主要证据是伪造的；

（四）原判决、裁定适用法律确有错误的。

第十九条 合议庭决定听证的案件，应在听证5日前通知当事人。

第二十条 听证由审判长主持，围绕申请再审事由是否成立进行。

第二十一条 申请再审人经传票传唤，无正当理由拒不参加询问、听证或未经许可中途退出的，裁定按撤回再审申请处理。被申请人及原审其他当事人不参加询问、听证或未经许可中途退出的，视为放弃在询问、听证过程中陈述意见的权利。

第二十二条 人民法院在审查申请再审案件过程中，被申请人或者原审其他当事人提出符合条件的再审申请的，应当将其列为申请再审人，对于其申请再审事由一并审查，审查期限重新计算。经审查，其中一方申请再审人主张的再审事由成立的，人民法院即应裁定再审。各方申请再审人主张的再审事由均不成立的，一并裁定驳回。

第二十三条 申请再审人在审查过程中撤回再审申请的，是否准许，由人民法院裁定。

第二十四条 审查过程中，申请再审人、被申请人及原审其他当事人自愿达成和解协议，当事人申请人民法院出具调解书且能够确定申请再审事由成立的，人民法院应当裁定再审并制作调解书。

第二十五条 审查过程中，申请再审人或者被申请人死亡或者终止的，按下列情形分别处理：

（一）申请再审人有权利义务继受人且该权利义务继受人申请参加审查程序的，变更其为申请再审人；

（二）被申请人有权利义务继受人的，变更其权利义务继受人为被申请人；

（三）申请再审人无权利义务继受人或其权利义务继受人未申请参加审查程序的，裁定终结审查程序；

（四）被申请人无权利义务继受人且无可供执行财产的，裁定终结审查程序。

第二十六条　人民法院经审查认为再审申请超过民事诉讼法第一百八十四条规定期间的，裁定驳回申请。

第二十七条　人民法院经审查认为申请再审事由成立的，一般应由本院提审。

第二十八条　最高人民法院、高级人民法院审查的下列案件，可以指令原审法院再审：

（一）依据民事诉讼法第一百七十九条第一款第（八）至第（十三）项事由提起再审的；

（二）因违反法定程序可能影响案件正确判决、裁定提起再审的；

（三）上一级法院认为其他应当指令原审法院再审的。

第二十九条　提审和指令再审的裁定书应当包括以下内容：

（一）申请再审人、被申请人及原审其他当事人基本情况；

（二）原审法院名称、申请再审的生效裁判文书名称、案号；

（三）裁定再审的法律依据；

（四）裁定结果。

裁定书由院长署名，加盖人民法院印章。

第三十条　驳回再审申请的裁定书，应当包括以下内容：

（一）申请再审人、被申请人及原审其他当事人基本情况；

（二）原审法院名称、申请再审的生效裁判文书名称、案号；

（三）申请再审人主张的再审事由、被申请人的意见；

（四）驳回再审申请的理由、法律依据；

（五）裁定结果。

裁定书由审判人员、书记员署名,加盖人民法院印章。

第三十一条 再审申请被裁定驳回后,申请再审人以相同理由再次申请再审的,不作为申请再审案件审查处理。

申请再审人不服驳回其再审申请的裁定,向作出驳回裁定法院的上一级法院申请再审的,不作为申请再审案件审查处理。

第三十二条 人民法院应当自受理再审申请之日起3个月内审查完毕,但鉴定期间等不计入审查期限。有特殊情况需要延长的,报经本院院长批准。

第三十三条 2008年4月1日之前受理,尚未审结的案件,符合申请再审条件的,由受理再审申请的人民法院继续审查处理并作出裁定。

附录:《若干意见》解读

最高人民法院18日公布的《关于受理审查民事申请再审案件的若干意见》中明确规定,再审申请被裁定驳回后,申请再审人以相同理由再次申请再审的,不作为申请再审案件审查处理。申请再审人不服驳回其再审申请的裁定,向作出驳回裁定法院的上一级法院申请再审的,不作为申请再审案件审查处理。

对于司法解释规定了2种情形不作为申请再审案件审查处理,最高人民法院立案庭庭长刘学文解释说,再审申请被裁定驳回后,申请再审人以相同理由再次申请再审的,明显属于"一事两诉",不应作为申请再审案件受理。但是生效裁判确有错误的,可以依据民事诉讼法规定裁定再审。

关于当事人先以一项事由申请被驳回后,又以新的事由再次申请是否应当受理的问题,法律界一种意见认为,当事人只能申请一次,以不同理由再次申请的应当不予受理。还有一种意见认为,法律没有对于申请再审次数作出约束,当事人可以不同事由再次申请,应当受理。

对此,刘学文解释说,从理论上讲,以不同的事由申请再审的,构成一个新的再审之诉。再审申请被驳回后,当事人又以其他再审事由申请再审的,只要符合其他条件,并且有正当理由无法在上一次申请时一并提出的,仍应当受理。

关于驳回再审申请的裁定是否可以申请再审问题,"由于当事人不服驳回裁定的目的仍然是通过推翻该驳回裁定启动对于原审裁判的再审程序,且当事人发现新的事由还可以申请再审,另外此类案件还可以作为申诉案件依职权启动再审,当事人还有其他救济途径,因此,对于驳回再审申请裁定申请再审的,不作为申请再审案件审查处理。"刘学文说。

"申请再审人经传票传唤,无正当理由拒不参加询问、听证或未经许可中途退出的,裁定按撤回再审申请处理。被申请人及原审其他当事人不参加询问、听证或未经许可中途退出的,视为放弃在询问、听证过程中陈述意见的权利。"

最高人民法院18日公布的《关于受理审查民事申请再审案件的若干意见》司法解释中,除了法律要求的再审裁定书和驳回再审申请裁定书外,还增加了准许撤回申请、按撤回申请处理和终结审查程序三类裁定,进一步提高了审查结果的规范性。

"再审申请审查的规范性和透明度提高了,当事人申请再审权利就能够得到切实保障。"最高人民法院立案庭庭长刘学文说,司法解释从规范工作角度对再审申请审查作了细化规定:一是规范审判组织,一律要求组成合议庭审查;二是规范审查范围,尊重当事人的处分权,审查当事人主张的再审事由;三是规范审查方式,采取审查材料、审阅卷宗、询问当事人和听证方式,并明确了听证的范围、程序和法律后果;四是规范诉讼文书样式和内容,要求驳回裁定明确阐明理由,增强文书说理性。

在提高工作透明度方面,刘学文说:"一是在受理阶段,司法解释要求法院立案部门认真审查签收申请材料。材料不齐备的,要及时告知当事人补正;对于符合条件的再审申请,要依法在5日内向当事人发送受理通知书和再审申请书副本;对不符合条件的,也要及时告知申请再审人。二是高度重视被申请人提交的书面意见,依法开展询问和听证活动,给当事人充分表达意见的空间。三是要求公开裁定理由,提高文书的透明度。"

最高人民法院18日公布的《关于受理审查民事申请再审案件的若干意见》中明确规定了,申请再审人提出的再审申请符合条件的,人民法院应当在5日内受理。

这个司法解释规定,申请再审人提出的再审申请符合以下条件的,人民法院应当在5日内受理并向申请再审人发送受理通知书,同时向被申请人及原审其他当事人发送受理通知书、再审申请书副本及送达地址确认书:(一)申请再审人是生效裁判文书列明的当事人,或者符合法律和司法解释规定的案外人;(二)受理再审申请的法院是作出生效裁判法院的上一级法院;(三)申请再审的裁判属于法律和司法解释允许申请再审的生效裁判;(四)申请再审的事由属于民事诉讼法第一百七十九条规定的情形。再审申请不符合上述条件的,应当及时告知申请再审人。

最高人民法院立案庭庭长刘学文对司法解释规定的申请再审条件,如何在司法实践应用作出了说明。他说,申请再审人是依法享有申请再审权的当事人或者案外人。当事人向原审法院或者越级向上级法院申请再审的,均不构成申请再审案件。当事人坚持向无管辖权的法院申请的,可以按照申诉案件进行审查,符合民诉法第一百七十七条规定的“确有错误”条件的,可以裁定进入再审。

刘学文特别提出,“当事人向原审法院申请的,原审法院应当先做好释明工作,不能一推了之。”司法解释规定,申请再审人向原审法院申请再审的,原审法院应针对申请再审事由并结合原裁判理由做好释明工作。申请再审人坚持申请再审的,告知其可以向上一级法院提出。申请再审人越级申请再审的,有关上级法院应告知其向原审法院的上一级法院提出。

刘学文表示,申请再审的裁判必须是已经发生法律效力,并且不属于法律和司法解释规定不得申请再审的裁判范围。在受理阶段,只要当事人主张的事由是民事诉讼法第一百七十九条规定的法定事由,即视为符合此项条件,不必过度审查事由是否成立。在受理阶段对申请再审期间的掌握可以适当从宽。

此外,司法解释规定,“人民法院审查申请再审案件,应当围绕申请再审事由是否成立进行,申请再审人未主张的事由不予审查。”

对此,刘学文解释说,申请再审案件审查工作的中心任务是确定生效裁判是否存在当事人主张的法定再审事由,作出再审或者驳回申请的裁定。从尊重当事人处分权角度考虑,审查申请再审案件的范围一般应限于再审事由。如果在审查过程中发现生效裁判确有错误的,可以依据民事诉讼法第一百七十七条的规定依职权启动再审。

最高人民法院18日公布的《关于受理审查民事申请再审案件的若干意见》,从七个方面加强当事人申请再审的权利保障。

最高人民法院立案庭庭长刘学文表示，保障当事人申请再审的权利，关键在于做到递交材料有人接收，审查进程有人告知，陈述意见有人听取，裁定文书有人送达，司法解释对此作了一系列细化规定。

《若干意见》从七方面保障当事人申请再审权利

司法解释保障当事人申请再审权利的七个方面分别是：

明确规定了再审申请书的必备内容、份数及其他必要的诉讼材料，便利于当事人准备申请再审材料，减少不必要的诉讼成本；

要求人民法院在申请再审材料清单上加盖收件章并返还给当事人，使申请再审时间、提交材料内容均有据可查；

为申请再审人和被申请人提供送达地址确认书，确保当事人能够及时收到诉讼文书，知悉诉讼进程；

要求对于符合条件的再审申请必须依法发送受理通知书、再审申请书副本，对于不符合条件的再审申请，应当及时告知申请再审人；

对于不属于本级法院管辖的申请再审案件，要求在做好释明工作的同时，及时告知当事人向上一级法院提出申请；

适度扩大听证的案件范围，规范听证程序，保障当事人质证和陈述意见的权利；

细化了对方当事人在审查程序中提出再审申请的审查程序，平等保护双方当事人申请再审的权利。

最高人民法院关于应对国际金融危机做好当前执行工作的若干意见

（法发[2009]34号）

各省、自治区、直辖市高级人民法院，解放军军事法院，新疆维吾尔自治区高级人民

法院生产建设兵团分院：

《关于应对国际金融危机做好当前执行工作的若干意见》已经最高人民法院民事行政审判专业委员会2009年5月18日第44次会议研究通过，现印发给你们，请结合工作实际，认真贯彻落实。

二〇〇九年五月二十五日

当前，国际金融危机影响日益加深，世界经济出现衰退迹象，我国经济增速明显放缓，保持经济持续稳定发展的难度明显加大。金融危机的影响已经逐渐反映到司法领域，给人民法院的执行工作带来新的压力和挑战，被执行人履行能力降低，执行和解难度加大，金融纠纷、投资纠纷、劳资纠纷等新类型案件增加，收案大幅上升，资产处置难度加大。在金融危机冲击下，为企业和市场提供司法服务，积极应对宏观经济环境变化引发的新情况、新问题，为保增长、保民生、保稳定"三保"方针的贯彻落实提供司法保障，是当前和今后一段时期人民法院工作的重中之重。现就应对金融危机形势，稳妥执行各类案件，进一步做好执行工作，提出以下意见：

一、指导思想和基本原则

1. 坚持科学发展观，坚持"三个至上"的指导思想，切实增强政治意识、大局意识、责任意识，不断适应"三保"对执行工作提出的新要求，不断解决"三保"面临的新问题，将落实"三保"的方针作为执行工作的重要目标，将有利于实现"三保"的目标作为评价执行工作的重要标准。

2. 坚持依法执行与贯彻国家宏观政策相结合。既要在法律的框架内正确适用法律，又要在国家宏观政策出现新变化，对司法工作提出新需求时，将国家宏观政策精神和要求切实贯彻落实到执行工作中，以顺应社会和国家对司法的总体需求。

3. 坚持区别对待。区别被执行人是故意消极执行、规避执行和抗拒执行还是因经济形势影响造成临时无力履行债务的情况；区别债务是因历史原因造成还是正常市场交易下造成的情况。

4. 坚持和谐执行。既要加大执行力度，切实提高执行效率，尽快实现申请执行人债权，又要讲究执行艺术和方式方法，防止激化矛盾，始终坚持执行工作政治效果、法律效果和社会效果的有机统一。

5.坚持统筹兼顾。既要依法、充分、及时地保护和实现申请执行人的合法权益，也要妥善平衡各方当事人和相关利害关系人的利益关系，兼顾对被执行人、其他利害关系人的合法权利的保护。

二、服务经济平稳较快发展

6.对于因资金暂时短缺但仍处于正常生产经营状态、有发展前景的被执行人企业，慎用查封、扣押、冻结等执行措施和罚款、拘留等强制措施，多做执行和解工作，争取申请执行人同意延缓被执行企业的履行期限，以维持企业正常运转，帮助困难企业渡过难关。

7.对于被执行企业正在使用的厂房、机器设备等主要生产设施，慎用扣押、拍卖和变卖等执行措施。要及时组织当事人协商，争取使申请执行人同意通过生产设施抵押方式给被执行人企业以缓冲时间。确需查封相关生产设施的，可以采取查封措施，但应当允许被执行人使用，并加强对查封资产的监管。

8.对于被执行人的企业资产进行处置时，综合平衡分割处置和整体处置企业资产的效果，最大限度地减少对企业整体生产经营的影响或者财产价值的贬损。

9.对于已经控制的被执行企业资产，要选择适当的处置时机和处置方式，最大程度地实现执行财产的价值，避免因仓促、草率执行导致财产处置变现价值与实际价值产生重大悬殊，从而加重被执行人的负担，甚至损害其合法利益。

10.对于被执行人为国有大中型企业、金融机构、上市公司或国有控股上市公司，对其资产采取强制执行措施可能导致其破产或影响社会稳定的，可主动与其国有资产管理部门、监管部门进行沟通协调，争取其通盘考虑，帮助企业解决债务问题，防止影响企业的平稳和长远发展。

三、服务社会民生持续改善

11.高度关注中央和地方有关改善民生的决策部署，积极稳妥地处理好重大基础设施建设工程、旧区改造、市政动迁、违章拆除等涉及民生改善和社会发展的执行案件。

12.对于公司清算、企业破产、裁员欠薪等引发的职工安置保障、劳动争议、讨要工资报酬以及追索赡养费、抚育费、扶养费等案件，进一步完善“绿色通道”，建立快速执行机制，优先执行。

13. 对于职工人数较多的企业，执行时尽量不要影响被执行人企业职工工资的发放以及社保、医保费用的交纳。因此而影响申请执行人职工工资发放和相关费用交纳的，要优先保障申请执行人企业职工利益。

14. 对于农村土地承包经营权纠纷、农村土地承包经营权流转纠纷等执行案件，要及时采取有效措施，依法维护农民权益，保护农业、农村发展。

四、维护社会和谐稳定

15. 建立重点案件排查机制。定期对可能影响社会稳定的案件进行排查，对矛盾有可能激化的案件，做到及时掌握，及时向当地党委、人大报告，及时与政府沟通情况，争取重视和支持，寻求有效的解决措施。

16. 建立异地执行预案机制。对于被执行人跨辖区的案件，必须认真做好执行预案，事先与当地法院取得联系。对于可能发生暴力抗法事件的，要及时发现苗头，妥善处理，把抗拒执行事件消灭在萌芽状态。

17. 建立群体性事件预警机制。对于短期内涉及同一企业的执行案件数量骤增现象及具有示范效应、可能引起批量案件的情况应当引起重视，及时发现“群访”苗头并梳理汇总，向党委政府报送预警信息。

18. 建立汇报沟通协调机制。对于执行工作中发现的影响区域经济发展的突出问题，及时向当地党委、人大报告，及时与政府沟通情况，积极争取党委的领导和政府的支持；对案件执行中需要相关部门做好配合工作的，要主动利用执行联动机制或执行联席会议制度，进行沟通协调，努力为案件执行创造有利条件。

19. 完善执行和解机制。通过多做双方当事人的执行和解与协调工作，既维护申请执行人的合法权益，也妥善关照、处理好被执行人的实际困难，提高执行工作的社会效果；既满足申请执行人的实现债权的执行诉求，又保障被执行人正常经营发展或者正常生活。

五、加大管理力度，强化监督指导

20. 建立业务指导制度。对直接涉及社会稳定、有影响的执行案件，要通过建立业务交流平台、召开业务交流会、发布典型案例等多种形式加强业务指导。

21. 建立系列案件执行统一协调机制。对于众多债权人集中向同一债务企业启动的系列执行案件，受理案件的不同地区、不同审级法院之间以及同一法院的不同部门之间要加强信息沟通，在上级法院的统一协调下执行。

22.建立专项案件报告制度。下级法院在执行工作中对因金融危机引发的各类涉外、涉港澳台及其他敏感性、重大案件，要及时向上级法院报告。必要时，由上级法院提级执行或集中指定执行。

六、认真开展调查研究，积极做好法律服务

23.加强对辖区企业状况的调研。通过召开企业及相关部门座谈会、走访企业等多种形式加强对辖区企业经营状况的调研，与基层社区管理部门保持密切联系，形成共同应对经济危机的联动机制。

24.加强法律知识的宣传。采取剖析典型案例、提供法律咨询、开展业务培训等多种形式，广泛宣传法律知识，教育和引导各类市场主体增强风险防范意识，努力营造公平有序的社会主义市场经济秩序。

25.加强法律适用疑难问题的研究。对因金融危机引发的各类执行问题，深入开展前瞻性研究，及时总结经验，提出相应的对策。

26.加强司法建议工作。及时收集执行实践中遇到的法律适用疑难问题及与金融危机密切相关的新类型、疑难及敏感案件，及时向有关部门提出应对措施和建议，帮助有关部门和企业堵塞管理漏洞。

附录：应对挑战服务大局

——最高人民法院执行局负责人解读《若干意见》

2009年5月18日，最高人民法院民事行政审判专业委员会第44次会议研究通过了《关于应对国际金融危机做好当前执行工作的若干意见》（以下简称《若干意见》），这对当前国际金融危机形势下，积极稳妥地做好执行工作，更好地为“保增长、保民生、保稳定”大局服务具有重要意义。针对这个意见，最高人民法院执行局局长俞灵雨进行了解读。

一、《若干意见》的起草背景

国际金融危机对我国的经济冲击较大，而且金融危机的影响已经逐渐反映到司法领域,对人民法院审判执行工作产生了重大影响。其中,对执行工作的影响主要表现在以下方面:一是执行案件总体数量增加。受国际金融危机影响,一些企业资金链断裂,出口订单减少,出现生产经营困难,各类民商事纠纷明显增多,执行案件数量也相应增加。二是执行案件类型的构成发生了一些变化。表现在:涉及重大项目与地方经济发展影响较大的执行案件增加。受国际金融危机影响,一些重大建设项目推迟或下马,相关的执行案件增加;涉及弱势群体的执行案件增加。一些劳动密集型企业由于出口订单急剧减少而倒闭或停产,一批农民工失业返乡,其中相当一部分企业拖欠工人工资,从而产生了较多的劳资争议案件;征地纠纷、劳资纠纷等容易引发群体性事件,影响社会稳定的执行案件增加;三角债、多角债纠纷执行案件增多。三是债务人履行义务能力下降。很多债务人身价缩水,可供执行的财产大幅减少。由于被执行人偿债能力的下降,以往罚款、拘留等行之有效的强制措施,在实践中的效果明显下降。四是执行和解难度增大。由于企业经营困难加大,融资难度加大,因此由被执行人通过偿还部分债务达成执行和解的难度加大。债权人在媒体不断宣传国际金融危机的氛围下,对债务人分期偿还债务的信心不足,也增加了法院通过调解化解双方矛盾的难度。五是财产拍卖处置难度增大。由于市场的购买力下降,对执行财产的变现处分产生影响,法院拍卖财产不再像以往那么顺利,流拍增多,特别是房地产,经常要多轮降价,除了变现难,变现的价值也偏低。而对生产设备和股权等财产拍卖时,经常无人问津,财产变现困难,影响到了执行案件的进度和效率。六是政府为被执行人的案件,执行难度进一步加大。由于地方财政资金紧张,此类案件执行更难。

因此,这次国际金融危机既给人民法院执行工作带来新的压力和挑战,也是对人民法院执行能力的综合考验。人民法院必须回应企业在当前形势下对人民法院工作的新要求与新期待,积极探索人民法院如何按照中央“保增长、保民生、保稳定”的部署要求,就有必要对执行政策进行调整。为了使《若干意见》更有针对性和可操作性,最高法院院领导专程赴福建等地开展调研,组织召开部分企业家代表座谈会,认真听取来自央企、民企、台企等企业家代表和全国人大代表有关在金融危机的背景下企业对人民法院特别是执行工作的司法需求及对执行工作如何应对金融危机的意见和建议。并召开部分高级法院执行局长参加的座谈会,就执行工作如何为“保增长、保民生、保稳定”的大局服务，调整司法政策，采取具体措施等问题广泛听取意见。在综合各方意见的基础上，2009 年 5 月 18 日，最高人民法院民事行政审判专业委员会进行了研究并原则通过。

二、《若干意见》的主要内容

《若干意见》主要包括四个方面的内容：

一是明确了当前执行工作应当坚持的指导思想。即坚持科学发展观，坚持“三个至上”的指导思想，切实增强政治意识、大局意识、责任意识，不断适应“三保”对执行工作提出的新要求，不断解决“三保”面临的新问题，将落实“三保”的方针作为执行工作的重要目标，将有利于实现“三保”的目标作为评价执行工作的重要标准。同时提出了应当坚持的四个基本原则：一是坚持依法执行与贯彻国家宏观政策相结合的原则，既要在法律的框架内正确适用法律，又要在国家宏观政策出现新变化，对司法工作提出新需求时，将国家宏观政策精神和要求切实贯彻落实到执行工作中，以顺应社会和国家对司法的总体需求。二是坚持区别对待原则。区别被执行人是故意消极执行、规避执行和抗拒执行还是因经济形势影响造成临时无力履行债务的情况；区别债务是因历史原因造成还是正常市场交易下造成的情况。三是坚持和谐执行原则。既要加大执行力度，切实提高执行效率，尽快实现申请执行人债权，又要讲究执行艺术和方式方法，防止激化矛盾，始终坚持执行工作政治效果、法律效果和社会效果的有机统一。四是坚持统筹兼顾原则。既要依法、充分、及时地保护和实现申请执行人的合法权益，也要妥善平衡各方当事人和相关利害关系人的利益关系，兼顾对被执行人、其他利害关系人的合法权利的保护。

二是围绕中央“保增长、保民生、保稳定”的三个方面提出了明确具体的工作要求。在服务经济平稳较快发展方面，要求各级法院在执行工作中，对于因资金暂时短缺但仍处于正常生产经营状态、有发展前景的被执行人企业，慎用查封、扣押、冻结等执行措施和罚款、拘留等强制措施，多做执行和解工作，争取申请执行人同意延缓被执行企业的履行期限，以维持企业正常运转，帮助困难企业渡过难关。等等。在服务社会民生持续改善方面，要求各地高度关注中央和地方有关改善民生的决策部署，积极稳妥地处理好重大基础设施建设工程、旧区改造、市政动迁、违章拆除等涉及民生改善和社会发展的执行案件。等等。在维护社会和谐稳定方面，提出建立完善五项工作机制。即建立重点案件排查机制、异地执行预案机制、群体性事件预警机制、汇报沟通协调机制、执行和解机制。

三是强调上级法院要发挥统一管理、统一协调的职能作用,加大管理力度,强化监督指导。包括:建立业务指导制度。对执结的涉及社会稳定的有影响的案件,要通过建立业务交流平台、召开业务交流会、发布典型案例等多种形式加强业务指导。建立系列案件执行统一协调机制。对于众多债权人集中向同一债务企业启动的系列执行案件,受理案件的不同地区、不同审级法院之间以及同一法院的不同部门之间要加强信息沟通,在上级法院的统一协调下执行。建立专项案件报告制度。下级法院在执行工作中对因金融危机引发的各类涉外、涉港澳台及其他敏感性、重大案件,要及时向上级法院报告。上级法院必要时对相关案件提级执行或集中指定执行。

四是强调各地要认真开展调查研究,积极做好法律服务,通过召开企业及相关部门座谈会、走访企业等多种形式加强对辖区企业经营状况的调研,与基层社区管理部门保持密切联系,形成共同应对经济危机的联动机制。加强法律适用疑难问题的研究。对因金融危机引发的各类执行问题,深入开展前瞻性研究,及时总结经验,提出相应的对策。加强司法建议工作。及时收集执行实践中遇到的法律适用疑难问题及与金融危机密切相关的新类型、疑难及敏感案件,及时向有关部门提出应对措施和建议,帮助有关部门和企业堵塞管理漏洞。

三、贯彻《若干意见》应当把握的几点要求

各级法院在贯彻落实《若干意见》过程中,应当结合各自实际,注重把握以下几点:

(一)注重从实际出发。这次国际金融危机影响面广,影响时间长,对我国经济生活的各个方面都产生了不同程度的影响,同时应当看到,这次金融危机对我国不同地区的影响是不同的,即便是同一地区,对该地区出口型、劳动密集型等不同类型企业,对国有大中型企业、上市公司或国有控股上市公司、金融机构、民营企业等不同性质的企业的影响也是不同的。这就要求各级法院在执行工作中具体情况具体分析,从每个案件的实际出发,根据不同特点制定针对性强的执行方案。

(二)注重执行措施的灵活应用。查封、扣押、冻结、拍卖和变卖等执行措施和罚款、拘留等强制措施是案件得以顺利执行的强有力后盾,但是在当前形势下,应当灵活使用。比如，对于被执行企业正在使用的厂房、机器设备等主要生产设施，慎用扣押、拍卖和变卖等执行措施；确需查封相关生产设施的，可以采取查封措施，但应当允许被执行人使用，并加强对查封资产的监管；对于已经控制的被执行企业资产，要选择适当的处置时机和处置方式，最大程度地实现执行财产的价值。

（三）注重执行和解。应当把执行和解贯穿于执行案件的整个过程，通过多做双方当事人的执行和解与协调工作，既维护申请执行人的合法权益，也妥善关照、处理好被执行人的实际困难，提高执行工作的社会效果，从而既能满足申请执行人的实现债权的执行诉求，又保障被执行人正常经营发展或者正常生活。要尽量争取申请执行人同意延缓被执行企业的履行期限，以维持企业正常运转，帮助困难企业渡过难关。对于被执行企业正在使用的厂房、机器设备等主要生产设施，要及时组织当事人协商，争取使申请执行人同意通过生产设施抵押方式给被执行人企业以缓冲时间。

（四）注重沟通民意。按照回应性司法的要求，执行工作要积极回应企业在当前形势下对人民法院工作的新要求与新期待，各级法院在具体工作中必须高度重视民意沟通工作，通过召开座谈会、进企业调研等多种形式广泛深入地了解不同类型、不同性质的企业对执行工作的意见和建议，把合理的社情民意转化为改进工作的具体措施，提高执行工作水平。

（五）注重与有关部门协调。应对这次国际金融危机，帮助企业渡过难关，实践中央“三保”工作大局，单靠人民法院的力量是不够的，必须争取、协调相关部门共同努力，尤其对于被执行人为国有大中型企业、金融机构、上市公司或国有控股上市公司，对其资产采取强制执行措施可能导致其破产或影响社会稳定的，可以主动与该企业的国有资产管理部门、监管部门进行沟通协调，争取其通盘考虑，帮助企业解决债务问题，防止影响企业的平稳和长远发展，真正使企业化危为机。

（六）注重机制建设，积累工作经验。这次国际金融危机既给人民法院执行工作带来新的压力和挑战，也是对人民法院执行能力的综合考验，更为今后应对此类事件提供了难得的机遇。比如建立重点案件排查机制，通过定期对可能影响社会稳定的案件进行排查，对矛盾有可能激化的案件，做到及时掌握，及时向当地党委、人大报告，及时与政府沟通情况，争取重视和支持，寻求有效的解决措施。再如建立汇报沟通协调机制，对于执行工作中发现的影响区域经济发展的突出问题，及时向当地党委、人大报告，及时与政府沟通情况，积极争取党委的领导和政府的支持；对案件执行中需要相关部门做好配合工作的，要主动利用执行联动机制或执行联席会议制度，进行沟通协调，努力为案件执行创造有利条件。等等。这些在实践中都可以转化为常态的工作机制。

最高人民法院关于当前形势下进一步做好涉农民事案件审判工作的指导意见

（法发[2009]37号）

各省、自治区、直辖市高级人民法院，解放军军事法院，新疆维吾尔自治区高级人民法院生产建设兵团分院：

现将最高人民法院《关于当前形势下进一步做好涉农民事案件审判工作的指导意见》印发给你们，请结合当地实际，认真贯彻落实。

二〇〇九年六月十九日

当前，受国际金融危机不断蔓延和扩散的影响，涉农民事案件数量大幅上升，案件中出现了许多新情况和新问题。充分发挥审判职能作用，做好涉农民事案件审判工作，积极应对国际金融危机带来的挑战，是今后一段时期特别是今年人民法院民事审判工作的重要内容。各级人民法院要认真坚持社会主义法治理念，牢固树立为大局服务、为人民司法的意识，深刻认识开展好当前形势下，特别是国际金融危机影响下涉农民事审判工作的重要意义。为切实抓好当前形势下涉农民事案件审判工作，根据相关法律和国家政策规定，特提出以下意见：

一、严格执行物权法、农村土地承包法以及最高人民法院《关于审理涉及农村土地承包纠纷案件适用法律问题的解释》等法律、司法解释的相关规定，加大对违法收回、调整承包地等侵害土地承包经营权，尤其是侵害农民工土地承包经营权各项权益纠纷案件的审判力度，切实维护农民土地承包经营各项权益。

二、统筹协调维护土地承包经营权与促进土地承包经营权流转之间的关系。促进土地承包经营权流转，重要目标在于增加农民收入、提高农业发展水平和竞争力。要按照既有利于土地承包经营权有序流转和规范流转，也有利于农民土地承包各项合法权益充分保障的原则，切实审理好有关违反法律、国家政策规定，借土地承包经营权流转之名损害农民土地承包经营权的纠纷案件。

三、对返乡农民工因土地承包经营权流转费用明显偏低或者返乡后流转合同期限尚未届满而引发的纠纷，特别是返乡农民工因此陷于生活困难的案件，要在当地党委领导、政府支持下，加大调解力度，多做对方当事人的工作，努力实现双方当事人利益的平衡。调解不成的，应当根据当事人和案件的具体情况，按照公平原则妥善处理，以最大限度避免返乡农民工因生活无着而引发新的社会问题。

四、认真审理好国家有关家电下乡、汽车下乡、农机下乡、家电汽车以旧换新等拉动内需政策措施落实过程中出现的产品质量、损害赔偿等侵权纠纷和合同纠纷案件，依法充分维护农民的合法权益，通过司法手段为国家相关优惠政策切实惠及农民群众提供保障。

五、进一步发挥司法审判职能，在劳动条件、安全生产、劳动报酬，以及工伤、医疗、养老保险等各个方面，引导和树立城乡平等的社会观念。对因就业歧视等引发的纠纷案件，要按照促进城乡平等就业、推进城乡经济社会发展一体化以及有效化解农村就业压力的指导原则，做好审判及相关工作。

六、不断强化返乡创业、就地就业农民工合法权益的司法保护工作，积极探索、稳步推进返乡创业、就地就业农民工合法权益司法保护制度措施，为农民工返乡创业、就地就业创造有利司法环境。

七、按照物权法、最高人民法院《关于审理涉及农村土地承包纠纷案件适用法律问题的解释》等法律、司法解释的相关规定，妥善处理好征地补偿费用分配等纠纷。在审理因土地补偿费分配方案实行差别待遇，侵害当事人利益引发的纠纷案件中，要依法充分保护农村集体成员特别是妇女、儿童以及农民工等群体的合法权益。

八、认真贯彻《诉讼费用交纳办法》，继续加大对农村贫困群众的司法救助力度，强化诉讼提示和指导。对经济上确有困难的农民当事人，特别是特殊困难群体，要积极采取缓、减、免交诉讼费的措施，确保符合救助条件的农民当事人打得起官司。

九、抓紧建立健全案件繁简分流和速裁工作机制，快速化解矛盾，提高诉讼效率。对于边远地区或者纠纷集中地区，人民法庭应当加大巡回办案力度，努力做到就地立案，就地审判，当即调解，当即结案，就地执行，切实方便农民群众诉讼。

十、结合当前形势，认真做好农村涉诉信访工作，努力从根本上预防和减少涉诉信访案件的发生。加强源头治理，落实诉访分离制度，完善信访案件的接待、分流、处理工作机制。探索建立党委领导下的信访案件终结机制，会同有关部门逐步完善对符合救助条件上访人的救助基金制度。

十一、积极探索稳步推进农村多元纠纷解决机制，引导当事人利用农村土地承包仲裁、调解等方式解决纠纷，切实减少纠纷解决的层次和环节，降低化解矛盾的成本支出。注重与基层政府、村民自治组织等多元纠纷解决主体的联动协作，构建纠纷解决的全覆盖网络，争取将矛盾化解在诉前，消除在萌芽状态。

十二、在当地党委领导下，加强与政府及相关部门的沟通联系，支持政府在化解重大风险方面的主导地位，着力推动建立多层次、全方位的协同联动化解机制，形成合力，避免风险扩散和失控。建立畅通的预警机制，及时发现重大涉诉信息；完善指导机制，强化对重大案件的审判指导；健全应急预案，妥善化解敏感性和群体性纠纷。对国际金融危机影响下涉农民事案件审判工作中出现的新情况、新问题，要及时认真研究，尽早提出对策，必要时及时层报我院。

附录1：应对国际金融危机 妥处涉农民事案件

——最高人民法院民一庭负责人解读《意见》

6月23日，最高人民法院出台《关于当前形势下进一步做好涉农民事案件审判工作的指导意见》（以下简称《意见》）。《意见》的出台是最高人民法院积极开展国际金融危机司法应对工作的重要举措。

高度重视当前形势下的涉农民事案件审判

中央指出:“扩大国内需求,最大潜力在农村;实现经济平稳较快发展,基础支撑在农业;保障和改善民生,重点难点在农民。”这充分说明了做好“三农”工作的重要性。做好当前形势下的“三农”工作,对于我国摆脱国际金融危机的冲击,尽早走向经济复苏,实现党中央确定的平稳较快发展目标,具有十分重要的意义。因此,做好当前形势下的涉农民事案件审判工作,是人民法院践行为大局服务、为人民司法指导思想的重要内容。

基于此,《意见》首先强调,各级人民法院要深刻认识做好国际金融危机形势下涉农民事案件审判工作的重要意义,始终坚持社会主义法治理念,牢固树立为大局服务、为人民司法意识。

加大农民土地承包经营权的司法保护力度

土地承包经营权是广大农民的极为重要的民事权利,是农民各项权益的核心,也是农村社会稳定和农民基本生活保障的重要基础和载体。这次国际金融危机导致大量农民工返乡,之所以没有引发社会动荡,其中很重要的一个原因就在于,返乡的农民还有一个土地承包经营权或者说“一亩三分地”来提供保障。在当前形势下,依法充分保护农民土地承包经营权具有尤其重要的现实意义,对维护农村社会稳定关系重大。人民法院必须站在稳定农村社会和保障其生存权的高度,最大限度地维护好农民特别是农民工的土地承包经营权益,全力避免因其成为失地农民所导致的社会风险。

此外,考虑到实践中假借促进土地承包经营权流转之名损害农民权益的现象时有发生,《意见》提出,要加大对违法收回、调整承包地等侵害土地承包经营权,尤其是侵害农民工土地承包经营权各项权益的纠纷案件的审判力度;统筹协调维护土地承包经营权与促进土地承包经营权流转之间的关系,做好违反法律、国家政策规定,借土地承包经营权流转之名损害农民土地承包经营权纠纷案件的审判工作。

根据公平原则妥善处理涉及返乡农民工土地承包经营权流转纠纷

国际金融危机对我国农村社会最为明显的影响和冲击就是导致了大量农民工离城返乡。

综合各地情况可见,在审判实践中,涉及农民工进城务工前签订的土地承包经营权流转合同的纠纷案件呈现出激增态势。

这类案件能否得到妥善解决和处理，对稳定返乡农民工甚至是维护农村社会稳定意义重大。

为实现当事人利益的平衡，尽最大努力妥善化解矛盾，最大限度避免返乡农民工因生活无着而引发新的社会问题，《意见》要求，对返乡农民工因土地承包经营权流转费用明显偏低或者返乡后流转合同期限尚未届满而引发的纠纷，特别是返乡农民工因此陷于生活困难的案件，要在当地党委领导、政府支持下，加大调解力度，调解不成的，应当根据当事人和案件的具体情况，按照公平原则妥善处理。

做好国家支农、惠农政策措施落实过程中相关纠纷案件的审判工作

为全面应对国际金融危机，让广大农民群众切实享受改革开放的成果、有效拉动国内消费需求，国家陆续出台了家电下乡、汽车下乡、农机下乡、家电汽车以旧换新等政策措施。但在这些支农、惠农政策措施落实过程中，不同程度地出现了一些坑农、害农的现象，对相关政策措施的全面落实带来消极影响。此外，随着就业压力的不断增加，在用工实践中，有些用人单位对农民实行城乡差别待遇，由此引发的纠纷不断上升。为通过司法手段为国家相关优惠政策切实惠及农民群众提供保障，有效化解农村就业压力，《意见》明确，要认真审理好家电下乡等政策措施落实过程中出现的产品质量、损害赔偿等纠纷案件，依法充分维护农民合法权益；进一步发挥司法审判职能，对因就业歧视等引发的纠纷案件，要按照促进城乡平等就业、推进城乡经济社会发展一体化的指导原则，做好审判及相关工作。

发挥审判职能作用，加大对农民工返乡创业的司法保障和支持力度

返乡创业、就地就业，实际上就是农民工的二次创业，这对农村社会“化危为机”、优化发展模式、提升发展水平意义重大。国家陆续出台政策措施，大力提倡和全力支持农民工返乡创业、就地就业，人民法院要站在为大局服务的高度，加大对返乡创业农民工合法权益的保护力度，为农民工返乡创业创造有利条件；要站在确保经济社会稳定发展的高度，积极探索、稳步推进返乡创业农民工合法权益司法保护工作的制度措施，为农业农村的稳定和发展、农村民生的保障与改善作出积极贡献。

《意见》指出，要不断强化返乡创业、就地就业农民工合法权益的司法保护力度，为农民工返乡创业、就地就业创造有利司法环境。

依法维护农村集体经济组织成员的土地补偿费分配权益

当前，因土地补偿费分配方案实行差别待遇侵害特定人群合法权益而引发的纠纷不断增加。集体土地所有权的权利主体是农民集体，所以土地补偿费的受益主体也只能是农民集体。只要具有该集体经济组织的成员资格，就应具有相应的分配权。

同时，一般来讲，集体土地所有权的替代物价值（即土地补偿费的数额）大小与农村集体经济组织成员的劳动没有关系，也并非集体经济组织的经营收益，按照成员权理论，就土地补偿费分配而言，每个集体经济组织成员的分配权应当是均等的。因此，对特定人群实行差别待遇没有法律和法理依据。虽然该分配方案系经民主议定，但对权利受到侵害的特定人群来说，已经构成"多数人的暴政"。村民自治决议应受法律保护的前提是，该决议不违反法律规定。如果该决议侵害了集体经济组织成员的合法权益，受侵害的人当然有权提起民事诉讼寻求救济。对此，物权法和最高人民法院《关于审理涉及农村土地承包纠纷案件适用法律问题的解释》等法律、司法解释已有明确规定。

为依法维护农村集体经济组织成员的土地补偿费分配权益，《意见》提出，要妥善处理好征地补偿费用分配等纠纷。在审理因土地补偿费分配方案实行差别待遇，侵害当事人利益引发的纠纷案件中，要依法充分保护农村集体成员特别是妇女、儿童以及农民工等群体的合法权益。

背景

涉农案件激增

国际金融危机的爆发、扩散和蔓延，直接导致西方主要发达经济体陷入衰退、新兴经济体增幅放缓，我国经济特别是对外贸易也受到严重冲击。由于不同经济领域之间存在着彼此依存的密切联系，国际金融危机的影响已经现实地渗透到了我国社会经济生活的方方面面。这种影响和冲击反映在民事审判工作中，集中体现为案件数量的激增。其中，几类民事案件的增幅远远超过了平均水平。

比如,2008年全国法院共审结涉农案件232615件,同比上升35.81%。2009年1至5月,这一增长势头更为突出。在案件数量大幅增加的同时,疑难复杂类型案件显著增多,出现许多新情况和新问题。

一是涉及农民工群体的纠纷案件明显增多。受人民币升值、出口市场萎缩、劳动力成本增加以及国内消费需求减少等因素影响,许多企业尤其是吸纳大量农民工就业的出口加工企业(特别是中小企业)普遍陷入经营困难,大量农民工离城返乡。除此以外,国家相继出台一系列鼓励农民工返乡创业、就地就业政策措施以来,涉及返乡创业、就地就业农民工的纠纷案件也呈现出明显上升态势。

二是敏感性案件增多。涉及农村土地承包、征地补偿费分配等纠纷案件,大都事关民生,社会关注度高。特别是在当前形势下,这些纠纷案件如果处理不好,将会带来许多负面影响,甚至影响社会稳定。

三是群体性案件增多。国际金融危机影响所具有的全局性和普遍性,决定了利益冲突的聚合性,点对点的纠纷极易粘连成为点面之间的对抗,争议一方人数众多不仅使案件妥善处理的难度骤增,更为矛盾激化埋下隐患,群体性诉讼动辄演变成为群体性事件,严重威胁社会和谐与稳定。

四是国家支农、惠农政策措施落实过程中的纠纷案件不断显现。在国家有关家电下乡、汽车下乡、农机下乡、家电汽车以旧换新等拉动内需政策措施落实过程中,有关产品质量、损害赔偿等侵权纠纷和合同纠纷案件不断增加,如何审理好这些纠纷案件已经成为审判实践中亟待解决的突出问题。

高法积极应对

最高人民法院历来高度重视涉农民事案件审判工作,国际金融危机爆发以来,即决定由民一庭具体负责对国际金融危机对涉农民事案件审判工作的影响进行调研、分析,同时启动指导意见的起草制定工作。

2008年11月,经过对东、中、西部有代表性的省、自治区进行广泛调研,并在全国各高院上报相关专题报告的基础上,起草小组拟出初稿。在进一步分析、论证和召开座谈会的基础上,指导意见第二稿形成。今年5月7日至8日,最高人民法院在上海市召开了应对国际金融危机民事审判工作座谈会。指导意见(征求意见稿)作为会议讨论文件提交与会代表进行充分讨论。在会议讨论的基础上,起草小组修改形成了指导意见第三稿，并将该稿作为送审稿提交最高人民法院审判委员会民事行政专业委员会讨论。

总体而言，指导意见的出台是建立在广泛、充分的调查研究的基础之上，指导思想突出，针对性明确，必将对人民法院做好当前形势下的涉农民事案件审判工作起到积极的指导作用。

附录 2:《诉讼费用交纳办法》

（中华人民共和国国务院令第 481 号　2006 年 12 月 19 日）

第一章　总　则

第一条　根据《中华人民共和国民事诉讼法》（以下简称民事诉讼法）和《中华人民共和国行政诉讼法》（以下简称行政诉讼法）的有关规定，制定本办法。

第二条　当事人进行民事诉讼、行政诉讼，应当依照本办法交纳诉讼费用。

本办法规定可以不交纳或者免予交纳诉讼费用的除外。

第三条　在诉讼过程中不得违反本办法规定的范围和标准向当事人收取费用。

第四条　国家对交纳诉讼费用确有困难的当事人提供司法救助，保障其依法行使诉讼权利，维护其合法权益。

第五条　外国人、无国籍人、外国企业或者组织在人民法院进行诉讼，适用本办法。

外国法院对中华人民共和国公民、法人或者其他组织，与其本国公民、法人或者其他组织在诉讼费用交纳上实行差别对待的，按照对等原则处理。

第二章　诉讼费用交纳范围

第六条　当事人应当向人民法院交纳的诉讼费用包括：

（一）案件受理费；

（二）申请费；

（三）证人、鉴定人、翻译人员、理算人员在人民法院指定日期出庭发生的交通费、住宿费、生活费和误工补贴。

第七条 案件受理费包括：

（一）第一审案件受理费；

（二）第二审案件受理费；

（三）再审案件中，依照本办法规定需要交纳的案件受理费。

第八条 下列案件不交纳案件受理费：

（一）依照民事诉讼法规定的特别程序审理的案件；

（二）裁定不予受理、驳回起诉、驳回上诉的案件；

（三）对不予受理、驳回起诉和管辖权异议裁定不服，提起上诉的案件；

（四）行政赔偿案件。

第九条 根据民事诉讼法和行政诉讼法规定的审判监督程序审理的案件，当事人不交纳案件受理费。但是，下列情形除外：

（一）当事人有新的证据，足以推翻原判决、裁定，向人民法院申请再审，人民法院经审查决定再审的案件；

（二）当事人对人民法院第一审判决或者裁定未提出上诉，第一审判决、裁定或者调解书发生法律效力后又申请再审，人民法院经审查决定再审的案件。

第十条 当事人依法向人民法院申请下列事项，应当交纳申请费：

（一）申请执行人民法院发生法律效力的判决、裁定、调解书，仲裁机构依法作出的裁决和调解书，公证机构依法赋予强制执行效力的债权文书；

（二）申请保全措施；

（三）申请支付令；

（四）申请公示催告；

（五）申请撤销仲裁裁决或者认定仲裁协议效力；

（六）申请破产；

（七）申请海事强制令、共同海损理算、设立海事赔偿责任限制基金、海事债权登记、船舶优先权催告；

（八）申请承认和执行外国法院判决、裁定和国外仲裁机构裁决。

第十一条 证人、鉴定人、翻译人员、理算人员在人民法院指定日期出庭发生的交通费、住宿费、生活费和误工补贴，由人民法院按照国家规定标准代为收取。

当事人复制案件卷宗材料和法律文书应当按实际成本向人民法院交纳工本费。

第十二条 诉讼过程中因鉴定、公告、勘验、翻译、评估、拍卖、变卖、仓储、保管、运输、船舶监管等发生的依法应当由当事人负担的费用，人民法院根据谁主张、谁负担的原则，决定由当事人直接支付给有关机构或者单位，人民法院不得代收代付。

人民法院依照民事诉讼法第十一条第三款规定提供当地民族通用语言、文字翻译的，不收取费用。

第三章 诉讼费用交纳标准

第十三条 案件受理费分别按照下列标准交纳：

（一）财产案件根据诉讼请求的金额或者价额，按照下列比例分段累计交纳：

1. 不超过1万元的，每件交纳50元；

2. 超过1万元至10万元的部分，按照2.5%交纳；

3. 超过10万元至20万元的部分，按照2%交纳；

4. 超过20万元至50万元的部分，按照1.5%交纳；

5. 超过50万元至100万元的部分，按照1%交纳；

6. 超过100万元至200万元的部分，按照0.9%交纳；

7. 超过200万元至500万元的部分，按照0.8%交纳；

8. 超过500万元至1000万元的部分，按照0.7%交纳；

9. 超过1000万元至2000万元的部分，按照0.6%交纳；

10. 超过2000万元的部分，按照0.5%交纳。

（二）非财产案件按照下列标准交纳：

1. 离婚案件每件交纳50元至300元。涉及财产分割，财产总额不超过20万元的，不另行交纳；超过20万元的部分，按照0.5%交纳。

2.侵害姓名权、名称权、肖像权、名誉权、荣誉权以及其他人格权的案件，每件交纳100元至500元。涉及损害赔偿，赔偿金额不超过5万元的，不另行交纳；超过5万元至10万元的部分，按照1%交纳；超过10万元的部分，按照0.5%交纳。

3.其他非财产案件每件交纳50元至100元。

（三）知识产权民事案件，没有争议金额或者价额的，每件交纳500元至1000元；有争议金额或者价额的，按照财产案件的标准交纳。

（四）劳动争议案件每件交纳10元。

（五）行政案件按照下列标准交纳：

1.商标、专利、海事行政案件每件交纳100元；

2.其他行政案件每件交纳50元。

（六）当事人提出案件管辖权异议，异议不成立的，每件交纳50元至100元。

省、自治区、直辖市人民政府可以结合本地实际情况在本条第（二）项、第（三）项、第（六）项规定的幅度内制定具体交纳标准。

第十四条 申请费分别按照下列标准交纳：

（一）依法向人民法院申请执行人民法院发生法律效力的判决、裁定、调解书，仲裁机构依法作出的裁决和调解书，公证机关依法赋予强制执行效力的债权文书，申请承认和执行外国法院判决、裁定以及国外仲裁机构裁决的，按照下列标准交纳：

1.没有执行金额或者价额的，每件交纳50元至500元。

2.执行金额或者价额不超过1万元的，每件交纳50元；超过1万元至50万元的部分，按照1.5%交纳；超过50万元至500万元的部分，按照1%交纳；超过500万元至1000万元的部分，按照0.5%交纳；超过1000万元的部分，按照0.1%交纳。

3.符合民事诉讼法第五十五条第四款规定，未参加登记的权利人向人民法院提起诉讼的，按照本项规定的标准交纳申请费，不再交纳案件受理费。

（二）申请保全措施的，根据实际保全的财产数额按照下列标准交纳：

财产数额不超过1000元或者不涉及财产数额的，每件交纳30元；超过1000元至10万元的部分，按照1%交纳；超过10万元的部分，按照0.5%交纳。但是，当事人申请保全措施交纳的费用最多不超过5000元。

（三）依法申请支付令的，比照财产案件受理费标准的1/3交纳。

（四）依法申请公示催告的，每件交纳100元。

（五）申请撤销仲裁裁决或者认定仲裁协议效力的，每件交纳400元。

（六）破产案件依据破产财产总额计算，按照财产案件受理费标准减半交纳，但是，最高不超过30万元。

（七）海事案件的申请费按照下列标准交纳：

1. 申请设立海事赔偿责任限制基金的，每件交纳1000元至1万元；

2. 申请海事强制令的，每件交纳1000元至5000元；

3. 申请船舶优先权催告的，每件交纳1000元至5000元；

4. 申请海事债权登记的，每件交纳1000元；

5. 申请共同海损理算的，每件交纳1000元。

第十五条　以调解方式结案或者当事人申请撤诉的，减半交纳案件受理费。

第十六条　适用简易程序审理的案件减半交纳案件受理费。

第十七条　对财产案件提起上诉的，按照不服一审判决部分的上诉请求数额交纳案件受理费。

第十八条　被告提起反诉、有独立请求权的第三人提出与本案有关的诉讼请求，人民法院决定合并审理的，分别减半交纳案件受理费。

第十九条　依照本办法第九条规定需要交纳案件受理费的再审案件，按照不服原判决部分的再审请求数额交纳案件受理费。

第四章　诉讼费用的交纳和退还

第二十条　案件受理费由原告、有独立请求权的第三人、上诉人预交。被告提起反诉，依照本办法规定需要交纳案件受理费的，由被告预交。追索劳动报酬的案件可以不预交案件受理费。

申请费由申请人预交。但是，本办法第十条第（一）项、第（六）项规定的申请费不由申请人预交，执行申请费执行后交纳，破产申请费清算后交纳。

本办法第十一条规定的费用，待实际发生后交纳。

第二十一条　当事人在诉讼中变更诉讼请求数额，案件受理费依照下列规定处理：

（一）当事人增加诉讼请求数额的，按照增加后的诉讼请求数额计算补交；

（二）当事人在法庭调查终结前提出减少诉讼请求数额的，按照减少后的诉讼请求数额计算退还。

第二十二条 原告自接到人民法院交纳诉讼费用通知次日起7日内交纳案件受理费；反诉案件由提起反诉的当事人自提起反诉次日起7日内交纳案件受理费。

上诉案件的案件受理费由上诉人向人民法院提交上诉状时预交。双方当事人都提起上诉的，分别预交。上诉人在上诉期内未预交诉讼费用的，人民法院应当通知其在7日内预交。

申请费由申请人在提出申请时或者在人民法院指定的期限内预交。

当事人逾期不交纳诉讼费用又未提出司法救助申请，或者申请司法救助未获批准，在人民法院指定期限内仍未交纳诉讼费用的，由人民法院依照有关规定处理。

第二十三条 依照本办法第九条规定需要交纳案件受理费的再审案件，由申请再审的当事人预交。双方当事人都申请再审的，分别预交。

第二十四条 依照民事诉讼法第三十六条、第三十七条、第三十八条、第三十九条规定移送、移交的案件，原受理人民法院应当将当事人预交的诉讼费用随案移交接收案件的人民法院。

第二十五条 人民法院审理民事案件过程中发现涉嫌刑事犯罪并将案件移送有关部门处理的，当事人交纳的案件受理费予以退还；移送后民事案件需要继续审理的，当事人已交纳的案件受理费不予退还。

第二十六条 中止诉讼、中止执行的案件，已交纳的案件受理费、申请费不予退还。中止诉讼、中止执行的原因消除，恢复诉讼、执行的，不再交纳案件受理费、申请费。

第二十七条 第二审人民法院决定将案件发回重审的，应当退还上诉人已交纳的第二审案件受理费。

第一审人民法院裁定不予受理或者驳回起诉的，应当退还当事人已交纳的案件受理费；当事人对第一审人民法院不予受理、驳回起诉的裁定提起上诉，第二审人民法院维持第一审人民法院作出的裁定的，第一审人民法院应当退还当事人已交纳的案件受理费。

第二十八条　依照民事诉讼法第一百三十七条规定终结诉讼的案件，依照本办法规定已交纳的案件受理费不予退还。

第五章　诉讼费用的负担

第二十九条　诉讼费用由败诉方负担，胜诉方自愿承担的除外。

部分胜诉、部分败诉的，人民法院根据案件的具体情况决定当事人各自负担的诉讼费用数额。

共同诉讼当事人败诉的，人民法院根据其对诉讼标的的利害关系，决定当事人各自负担的诉讼费用数额。

第三十条　第二审人民法院改变第一审人民法院作出的判决、裁定的，应当相应变更第一审人民法院对诉讼费用负担的决定。

第三十一条　经人民法院调解达成协议的案件，诉讼费用的负担由双方当事人协商解决；协商不成的，由人民法院决定。

第三十二条　依照本办法第九条第(一)项、第(二)项的规定应当交纳案件受理费的再审案件，诉讼费用由申请再审的当事人负担；双方当事人都申请再审的，诉讼费用依照本办法第二十九条的规定负担。原审诉讼费用的负担由人民法院根据诉讼费用负担原则重新确定。

第三十三条　离婚案件诉讼费用的负担由双方当事人协商解决；协商不成的，由人民法院决定。

第三十四条　民事案件的原告或者上诉人申请撤诉，人民法院裁定准许的，案件受理费由原告或者上诉人负担。

行政案件的被告改变或者撤销具体行政行为，原告申请撤诉，人民法院裁定准许的，案件受理费由被告负担。

第三十五条　当事人在法庭调查终结后提出减少诉讼请求数额的，减少请求数额部分的案件受理费由变更诉讼请求的当事人负担。

第三十六条　债务人对督促程序未提出异议的，申请费由债务人负担。债务人对督促程序提出异议致使督促程序终结的，申请费由申请人负担；申请人另行起诉的，可以将申请费列入诉讼请求。

第三十七条 公示催告的申请费由申请人负担。

第三十八条 本办法第十条第(一)项、第(八)项规定的申请费由被执行人负担。

执行中当事人达成和解协议的，申请费的负担由双方当事人协商解决；协商不成的，由人民法院决定。

本办法第十条第(二)项规定的申请费由申请人负担，申请人提起诉讼的，可以将该申请费列入诉讼请求。

本办法第十条第(五)项规定的申请费，由人民法院依照本办法第二十九条规定决定申请费的负担。

第三十九条 海事案件中的有关诉讼费用依照下列规定负担：

(一)诉前申请海事请求保全、海事强制令的，申请费由申请人负担；申请人就有关海事请求提起诉讼的，可将上述费用列入诉讼请求；

(二)诉前申请海事证据保全的，申请费由申请人负担；

(三)诉讼中拍卖、变卖被扣押船舶、船载货物、船用燃油、船用物料发生的合理费用，由申请人预付，从拍卖、变卖价款中先行扣除，退还申请人；

(四)申请设立海事赔偿责任限制基金、申请债权登记与受偿、申请船舶优先权催告案件的申请费，由申请人负担；

(五)设立海事赔偿责任限制基金、船舶优先权催告程序中的公告费用由申请人负担。

第四十条 当事人因自身原因未能在举证期限内举证，在二审或者再审期间提出新的证据致使诉讼费用增加的，增加的诉讼费用由该当事人负担。

第四十一条 依照特别程序审理案件的公告费，由起诉人或者申请人负担。

第四十二条 依法向人民法院申请破产的，诉讼费用依照有关法律规定从破产财产中拨付。

第四十三条 当事人不得单独对人民法院关于诉讼费用的决定提起上诉。

当事人单独对人民法院关于诉讼费用的决定有异议的，可以向作出决定的人民法院院长申请复核。复核决定应当自收到当事人申请之日起 15 日内作出。

当事人对人民法院决定诉讼费用的计算有异议的，可以向作出决定的人民法院请求复核。计算确有错误的，作出决定的人民法院应当予以更正。

第六章　司法救助

第四十四条　当事人交纳诉讼费用确有困难的，可以依照本办法向人民法院申请缓交、减交或者免交诉讼费用的司法救助。

诉讼费用的免交只适用于自然人。

第四十五条　当事人申请司法救助，符合下列情形之一的，人民法院应当准予免交诉讼费用：

（一）残疾人无固定生活来源的；

（二）追索赡养费、扶养费、抚育费、抚恤金的；

（三）最低生活保障对象、农村特困定期救济对象、农村五保供养对象或者领取失业保险金人员，无其他收入的；

（四）因见义勇为或者为保护社会公共利益致使自身合法权益受到损害，本人或者其近亲属请求赔偿或者补偿的；

（五）确实需要免交的其他情形。

第四十六条　当事人申请司法救助，符合下列情形之一的，人民法院应当准予减交诉讼费用：

（一）因自然灾害等不可抗力造成生活困难，正在接受社会救济，或者家庭生产经营难以为继的；

（二）属于国家规定的优抚、安置对象的；

（三）社会福利机构和救助管理站；

（四）确实需要减交的其他情形。

人民法院准予减交诉讼费用的，减交比例不得低于 30％。

第四十七条　当事人申请司法救助，符合下列情形之一的，人民法院应当准予缓交诉讼费用：

（一）追索社会保险金、经济补偿金的；

（二）海上事故、交通事故、医疗事故、工伤事故、产品质量事故或者其他人身伤害事故的受害人请求赔偿的；

（三）正在接受有关部门法律援助的；

（四）确实需要缓交的其他情形。

第四十八条 当事人申请司法救助，应当在起诉或者上诉时提交书面申请、足以证明其确有经济困难的证明材料以及其他相关证明材料。

因生活困难或者追索基本生活费用申请免交、减交诉讼费用的，还应当提供本人及其家庭经济状况符合当地民政、劳动保障等部门规定的公民经济困难标准的证明。

人民法院对当事人的司法救助申请不予批准的，应当向当事人书面说明理由。

第四十九条 当事人申请缓交诉讼费用经审查符合本办法第四十七条规定的，人民法院应当在决定立案之前作出准予缓交的决定。

第五十条 人民法院对一方当事人提供司法救助，对方当事人败诉的，诉讼费用由对方当事人负担；对方当事人胜诉的，可以视申请司法救助的当事人的经济状况决定其减交、免交诉讼费用。

第五十一条 人民法院准予当事人减交、免交诉讼费用的，应当在法律文书中载明。

第七章 诉讼费用的管理和监督

第五十二条 诉讼费用的交纳和收取制度应当公示。人民法院收取诉讼费用按照其财务隶属关系使用国务院财政部门或者省级人民政府财政部门印制的财政票据。案件受理费、申请费全额上缴财政，纳入预算，实行收支两条线管理。

人民法院收取诉讼费用应当向当事人开具缴费凭证，当事人持缴费凭证到指定代理银行交费。依法应当向当事人退费的，人民法院应当按照国家有关规定办理。诉讼费用缴库和退费的具体办法由国务院财政部门商最高人民法院另行制定。

在边远、水上、交通不便地区，基层巡回法庭当场审理案件，当事人提出向指定代理银行交纳诉讼费用确有困难的，基层巡回法庭可以当场收取诉讼费用，并向当事人出具省级人民政府财政部门印制的财政票据；不出具省级人民政府财政部门印制的财政票据的，当事人有权拒绝交纳。

第五十三条　案件审结后，人民法院应当将诉讼费用的详细清单和当事人应当负担的数额书面通知当事人，同时在判决书、裁定书或者调解书中写明当事人各方应当负担的数额。

需要向当事人退还诉讼费用的，人民法院应当自法律文书生效之日起15日内退还有关当事人。

第五十四条　价格主管部门、财政部门按照收费管理的职责分工，对诉讼费用进行管理和监督；对违反本办法规定的乱收费行为，依照法律、法规和国务院相关规定予以查处。

第八章 附则

第五十五条　诉讼费用以人民币为计算单位。以外币为计算单位的，依照人民法院决定受理案件之日国家公布的汇率换算成人民币计算交纳；上诉案件和申请再审案件的诉讼费用，按照第一审人民法院决定受理案件之日国家公布的汇率换算。

第五十六条　本办法自2007年4月1日起施行。

最高人民法院关于当前形势下做好行政审判工作的若干意见

（法发[2009]38号）

各省、自治区、直辖市高级人民法院，解放军军事法院，新疆维吾尔自治区高级人民法院生产建设兵团分院：

现将《最高人民法院关于当前形势下做好行政审判工作的若干意见》印发给你们，请结合工作实际，认真贯彻落实。

二〇〇九年二十六日

国际金融危机发生以来，中央采取了一系列正确有效的应对方针和一揽子计划，经济运行出现积极变化，有利条件和积极因素增多，总体形势趋稳向好。同时也必须看到，巩固和发展趋稳向好的形势，需要做好在较长时间内应对各种困难和复杂局面的准备。在此期间产生的一些矛盾和问题,有些已经转化成行政纠纷,有的还呈现出突发性、群体性、极端性的特点。积极应对经济社会形势变化引发的新情况、新问题,引导群众以理性合法的方式表达利益诉求,及时妥善化解行政纠纷,为“保增长、保民生、保稳定”方针的贯彻落实提供司法保障,已成为当前和今后一个时期人民法院行政审判工作的重点。现就当前形势下人民法院做好行政审判工作的若干问题,提出如下意见:

一、统一思想,提高认识,自觉服从、服务于“三保”大局

在金融危机冲击下的特殊困难时期,人民法院的行政审判工作要更加坚持科学发展观,更加坚持“三个至上”的指导思想,积极主动地为党和国家的首要任务提供司法保障和服务。要准确把握金融危机冲击下经济社会形势的新发展、新变化,认真研究特殊困难时期政府行为的特点和方式,深入了解当前形势下人民群众的困难和需求,密切关注新类型行政纠纷的动向和态势,积极探索为“三保”大局服务的思路和办法。要把落实“三保”方针作为行政审判工作的重要目标,把有利于实现“三保”目标作为评价行政审判工作的重要标准。

要妥善处理好“保增长、保民生、保稳定”三者之间的辩证统一关系,既要保证各项应对措施落实到位,又要保证人民群众的合法权益不因权力违法滥用而受损,更要着力避免由此引发群体性事件,影响社会稳定。

二、充分发挥司法保障作用,依法支持行政机关为应对金融危机而采取的各项政策、措施

各级人民法院要切实增强为大局服务的意识,认真审理好因金融危机应对措施引发的行政诉讼案件。要深刻领会党和政府的各项大政方针、决策部署,全面了解相关政策、措施的出台背景,密切跟踪分析形势,及时调整行政审判为大局服务的思路和方法,注意克服就案办案、孤立办案的倾向。

要着眼于科学发展,本着有利于实现“三保”目标的原则,充分尊重行政机关的选择和判断。对于行政机关在拉动内需、促进企业发展、实行积极的财政政策和适度宽松的货币政策、压缩行政许可和行政审批事项、防范金融风险等方面实施的各项行政行为,在坚持合法性审查的基础上依法维护和支持。

对于因行政指导或政策调整而引发的案件,既要注意保护各类企业的信赖利

益、公平竞争,促进政府诚实守信,也要考虑因金融危机而导致的情势变更因素,充分考虑特殊时期行政权的运行特点,妥善处理好国家利益、公共利益和个人利益的关系。

要依法慎重受理和审理政府信息公开行政案件,正确处理公开与例外的关系。既要保障公民、法人和其他组织的知情权、参与权、表达权、监督权,促进政务公开和服务型政府建设,又要注意把握信息披露的时间、对象和范围,保证政府信息公开不危及国家安全、经济安全、公共安全和社会稳定。

三、正确处理适用法律与执行政策的关系,努力实现法律效果与社会效果的有机统一

要坚持法制的原则性和灵活性相结合,法律标准与政策考量相结合。在对规范性文件选择适用和对具体行政行为进行审查时,充分考虑行政机关为应对紧急情况而在法律框架内适当采取灵活措施的必要性,既要遵循法律的具体规定,又要善于运用法律的原则和精神解决个案的法律适用问题。对于没有明确法律依据但并不与上位法和法律原则相抵触的应对举措,一般不应作出违法认定。

要始终坚持法制统一原则,不能以牺牲法律为代价迁就明显违反法律强制性规定、侵犯当事人合法权益的行为。对于那些以应对危机为借口擅自突破法律规定,形成新的地方保护和行业垄断,侵犯公民、法人和其他组织合法权益的违法行为,要依法予以纠正。

四、主动建言献策,促进依法行政,不断强化行政审判的服务功能

要高度重视法律服务工作。积极参与党委、政府为"保增长、保民生、保稳定"出台重大政策、重大项目的研究论证,主动提供司法意见和法律咨询,积极为党委和政府建言献策,协助行政机关完善各项制度措施,从源头上预防和减少争议。

要高度重视司法建议工作。对于个案审理中发现的行政执法方面存在的问题,及时向有关行政机关提出改进意见和建议。对于政府决策和行政管理活动中出现的共性问题,书面报送当地党委、人大和政府,为领导决策和改进工作提供参考。

要高度重视立法建议工作。在审判活动中发现现行法律、法规或者规章确实不适应经济社会发展要求、无法满足应对金融危机需要的,应当通过法定程序及时向有关机关提出修改或者废止的建议。

五、改进和加强非诉行政案件审查执行，确保各项应对措施落到实处

高度重视与“保增长、保民生、保稳定”密切相关的行政行为的非诉执行工作，对于行政机关和权利人依法提出的非诉执行申请，人民法院要尽可能缩短审查期间，及时审查，及时执行。情况紧急需要先予执行的，可以依法先予执行。确有必要采取保全措施的，一般应当准许。在掌握非诉执行的审查标准时，要充分考虑应对金融危机和服务“三保”的特殊需要，不过多纠缠细枝末节，切实保证行政效率和人民群众合法权益的及时救济。

六、畅通行政案件受理渠道，积极引导群众通过理性、合法的方式表达诉求

进一步增强为党委和政府分忧、为群众解难的主动性和自觉性，依法及时受理行政案件，积极引导群众通过理性、合法的方式表达诉求。各级人民法院要高度重视行政诉讼立案工作，不得随意限缩行政诉讼受案范围，不得额外增加受理条件。上级人民法院要加强行政诉讼立案监督，对于符合立案条件不予受理的，及时予以纠正，防止因当事人告状无门而到处上访，激化社会矛盾。

七、高度重视民生类案件的审理，切实维护公民、法人和其他组织的合法权益

要积极参加“人民法官为人民”主题实践活动，高度重视涉及民生的各类行政案件的审理，大力提高审判质量和审判效率，通过公正、快捷的审判，实现好、维护好、发展好人民群众的根本利益。

依法审理好因政府大规模公共投资振兴经济政策引起的农村土地征收、城市房屋拆迁等案件。在确保国家重点项目推进的同时，始终注意保护相对人的实体权益。对土地征收和房屋拆迁补偿标准明显偏低或者因立法滞后造成相对人合法权益不能得到充分保护的，要综合运用多种方式进行合理补偿。

依法审理好农民工返乡后因土地、林地、草原等承包经营权而引发的行政案件。既要注意维持承包经营法律关系的稳定，也要依法保护返乡农民合法的承包经营权益。

依法审理好行政给付类案件。用好用足现行法律规定，最大限度地维护相对人合法权益，保障弱势群体利益。对起诉行政机关依法发放抚恤金、社会保险金、基本生活保障费等案件，可以根据原告的申请依法先予执行。

依法审理好因企业经营状况恶化而引发的劳动和社会保障类行政案件。正确

把握法律规范的原则性和灵活性，注重维护劳动者实体权益。在涉及养老、失业、医疗、工伤和生育保险等社会保险费用和工人工资的金额认定方面，合理分配举证责任，准确把握证明标准。行政机关认定的基本事实成立，但在相关金额计算上存在错误的，人民法院可以依法确定相应数额。

依法审理好劳动执法案件。对于劳动部门申请先予执行对恶意欠薪逃匿企业责令发放工资等处理决定的，要及时立案审查，尽快采取先予执行等措施，保证劳动部门处理决定的及时执行，维护劳动者的合法权益。

八、注重行政审判协调，建立健全司法与行政的良性互动机制

要善于运用协调手段有效化解行政纠纷，促进社会和谐。在不违反法律规定的前提下，将协调、和解机制贯穿行政审判的庭前、庭中和庭后全过程。协调过程既可以由法官主持，也可以委托其他机关和个人主持。下级法院协调处理案件存在困难的，可以请求上级法院予以协助。要通过推动行政机关法定代表人出庭应诉制度，为协调、和解提供有效的沟通平台。要关注撤诉和解协议的执行情况，防止裁定撤诉后和解协议得不到及时有效执行而引起新的争议。

要探索建立制度化的沟通协调平台，形成司法与行政良性互动机制。通过制度化的良性互动机制，积极争取当地党委和政府的支持，形成协调、和解的合力，有效化解行政争议，维护社会和谐。

九、丰富和创新行政诉讼裁判方式，快速有效化解纠纷

各级人民法院要通过法律规范释明、诉前风险提示等措施，加强诉讼指导，避免连环诉讼、重复诉讼，使行政法律关系尽快稳定，使各项应对举措发挥实效。

充分发挥行政诉讼附带解决民事争议的功能，在受理行政机关对平等主体之间的民事争议所作的行政裁决、行政确权、行政处理、颁发权属证书等案件时，可以基于当事人申请一并解决相关民事争议。要正确处理行政诉讼与民事诉讼交叉问题，防止出现相互矛盾或相互推诿。

要注意争议的实质性解决，促进案结事了。对于行政裁决和行政确认案件，可以在查清事实的基础上直接就行政主体对原民事性质的事项所作出的裁决或确认依法作出判决，以减少当事人的诉累。撤销具体行政行为责令重新作出具体行政行为的判决以及责令行政机关履行法定职责的判决，要尽可能明确具体，

具有可执行性;不宜在判决书或判决主文表述的内容,可以通过司法建议加以明确。

十、更加自觉地依靠党的领导,接受人大的监督,切实加强对下指导

行政审判工作的顺利开展,离不开党的领导和人大的监督。审理与应对金融危机和"保增长、保民生、保稳定"有关的行政案件,与全局和大局的关系更加紧密,政治性和政策性更为突出。各级人民法院更要自觉地依靠党的领导,接受人大的监督。

要坚持大要案报告制度,特别是涉及国家重点项目建设、重要政策,或者可能导致矛盾激化和事态扩大的案件,要及时报告当地党委和上级法院,上级法院要及时给予工作指导和业务监督。

附录:最高人民法院关于执行《中华人民共和国行政诉讼法》若干问题的解释

(法释[2000]8号,1999年11月24日由最高人民法院审判委员会第1088次会议通过)

为正确理解和适用《中华人民共和国行政诉讼法》(以下简称行政诉讼法),现结合行政审判工作实际,对执行行政诉讼法的若干问题作出如下解释:

一、受案范围

第一条 公民、法人或者其他组织对具有国家行政职权的机关和组织及其工作人员的行政行为不服,依法提起诉讼的,属于人民法院行政诉讼的受案范围。

公民、法人或者其他组织对下列行为不服提起诉讼的,不属于人民法院行政诉讼的受案范围:

(一)行政诉讼法第十二条规定的行为;

(二)公安、国家安全等机关依照刑事诉讼法的明确授权实施的行为;

(三)调解行为以及法律规定的仲裁行为;

(四)不具有强制力的行政指导行为;

（五）驳回当事人对行政行为提起申诉的重复处理行为；

（六）对公民、法人或者其他组织权利义务不产生实际影响的行为。

第二条　行政诉讼法第十二条第（一）项规定的国家行为，是指国务院、中央军事委员会、国防部、外交部等根据宪法和法律的授权，以国家的名义实施的有关国防和外交事务的行为，以及经宪法和法律授权的国家机关宣布紧急状态、实施戒严和总动员等行为。

第三条　行政诉讼法第十二条第（二）项规定的"具有普遍约束力的决定、命令"，是指行政机关针对不特定对象发布的能反复适用的行政规范性文件。

第四条　行政诉讼法第十二条第（三）项规定的"对行政机关工作人员的奖惩、任免等决定"，是指行政机关作出的涉及该行政机关公务员权利义务的决定。

第五条　行政诉讼法第十二条第（四）项规定的"法律规定由行政机关最终裁决的具体行政行为"中的"法律"，是指全国人民代表大会及其常务委员会制定、通过的规范性文件。

二、管辖

第六条　各级人民法院行政审判庭审理行政案件和审查行政机关申请执行其具体行政行为的案件。

专门人民法院、人民法庭不审理行政案件，也不审查和执行行政机关申请执行其具体行政行为的案件。

第七条　复议决定有下列情形之一的，属于行政诉讼法规定的"改变原具体行政行为"：

（一）改变原具体行政行为所认定的主要事实和证据的；

（二）改变原具体行政行为所适用的规范依据且对定性产生影响的；

（三）撤销、部分撤销或者变更原具体行政行为处理结果的。

第八条　有下列情形之一的，属于行政诉讼法第十四条第（三）项规定的"本辖区内重大、复杂的案件"：

（一）被告为县级以上人民政府，且基层人民法院不适宜审理的案件；

（二）社会影响重大的共同诉讼、集团诉讼案件；

（三）重大涉外或者涉及香港特别行政区、澳门特别行政区、台湾地区的案件；

（四）其他重大、复杂案件。

第九条 行政诉讼法第十八条规定的“原告所在地”，包括原告的户籍所在地、经常居住地和被限制人身自由地。

行政机关基于同一事实既对人身又对财产实施行政处罚或者采取行政强制措施的，被限制人身自由的公民、被扣押或者没收财产的公民、法人或者其他组织对上述行为均不服的，既可以向被告所在地人民法院提起诉讼，也可以向原告所在地人民法院提起诉讼，受诉人民法院可一并管辖。

第十条 当事人提出管辖异议，应当在接到人民法院应诉通知之日起10日内以书面形式提出。

对当事人提出的管辖异议，人民法院应当进行审查。异议成立的，裁定将案件移送有管辖权的人民法院；异议不成立的，裁定驳回。

三、诉讼参加人

第十一条 行政诉讼法第二十四条规定的“近亲属”，包括配偶、父母、子女、兄弟姐妹、祖父母、外祖父母、孙子女、外孙子女和其他具有扶养、赡养关系的亲属。

公民因被限制人身自由而不能提起诉讼的，其近亲属可以依其口头或者书面委托以该公民的名义提起诉讼。

第十二条 与具体行政行为有法律上利害关系的公民、法人或者其他组织对该行为不服的，可以依法提起行政诉讼。

第十三条 有下列情形之一的，公民、法人或者其他组织可以依法提起行政诉讼：

（一）被诉的具体行政行为涉及其相邻权或者公平竞争权的；

（二）与被诉的行政复议决定有法律上利害关系或者在复议程序中被追加为第三人的；

（三）要求主管行政机关依法追究加害人法律责任的；

（四）与撤销或者变更具体行政行为有法律上利害关系的。

第十四条 合伙企业向人民法院提起诉讼的，应当以核准登记的字号为原告，由执行合伙企业事务的合伙人作诉讼代表人；其他合伙组织提起诉讼的，合伙人为共同原告。

不具备法人资格的其他组织向人民法院提起诉讼的，由该组织的主要负责人作诉讼代表人；没有主要负责人的，可以由推选的负责人作诉讼代表人。

同案原告为5人以上，应当推选1至5名诉讼代表人参加诉讼；在指定期限内未选定的，人民法院可以依职权指定。

第十五条　联营企业、中外合资或者合作企业的联营、合资、合作各方，认为联营、合资、合作企业权益或者自己一方合法权益受具体行政行为侵害的，均可以自己的名义提起诉讼。

第十六条　农村土地承包人等土地使用权人对行政机关处分其使用的农村集体所有土地的行为不服，可以自己的名义提起诉讼。

第十七条　非国有企业被行政机关注销、撤销、合并、强令兼并、出售、分立或者改变企业隶属关系的，该企业或者其法定代表人可以提起诉讼。

第十八条　股份制企业的股东大会、股东代表大会、董事会等认为行政机关作出的具体行政行为侵犯企业经营自主权的，可以企业名义提起诉讼。

第十九条　当事人不服经上级行政机关批准的具体行政行为，向人民法院提起诉讼的，应当以在对外发生法律效力的文书上署名的机关为被告。

第二十条　行政机关组建并赋予行政管理职能但不具有独立承担法律责任能力的机构，以自己的名义作出具体行政行为，当事人不服提起诉讼的，应当以组建该机构的行政机关为被告。

行政机关的内设机构或者派出机构在没有法律、法规或者规章授权的情况下，以自己的名义作出具体行政行为，当事人不服提起诉讼的，应当以该行政机关为被告。

法律、法规或者规章授权行使行政职权的行政机关内设机构、派出机构或者其他组织，超出法定授权范围实施行政行为，当事人不服提起诉讼的，应当以实施该行为的机构或者组织为被告。

第二十一条　行政机关在没有法律、法规或者规章规定的情况下，授权其内设机构、派出机构或者其他组织行使行政职权的，应当视为委托。当事人不服提起诉讼的，应当以该行政机关为被告。

第二十二条　复议机关在法定期间内不作复议决定，当事人对原具体行政行为不服提起诉讼的，应当以作出原具体行政行为的行政机关为被告；当事人对复议机关不作为不服提起诉讼的，应当以复议机关为被告。

第二十三条 原告所起诉的被告不适格，人民法院应当告知原告变更被告；原告不同意变更的，裁定驳回起诉。

应当追加被告而原告不同意追加的，人民法院应当通知其以第三人的身份参加诉讼。

第二十四条 行政机关的同一具体行政行为涉及两个以上利害关系人，其中一部分利害关系人对具体行政行为不服提起诉讼，人民法院应当通知没有起诉的其他利害关系人作为第三人参加诉讼。

第三人有权提出与本案有关的诉讼主张，对人民法院的一审判决不服，有权提起上诉。

第二十五条 当事人委托诉讼代理人，应当向人民法院提交由委托人签名或者盖章的授权委托书。委托书应当载明委托事项和具体权限。公民在特殊情况下无法书面委托的，也可以口头委托。口头委托的，人民法院应当核实并记录在卷；被诉机关或者其他有义务协助的机关拒绝人民法院向被限制人身自由的公民核实的，视为委托成立。当事人解除或者变更委托的，应当书面报告人民法院，由人民法院通知其他当事人。

四、证据

第二十六条 在行政诉讼中，被告对其作出的具体行政行为承担举证责任。

被告应当在收到起诉状副本之日起 10 日内提交答辩状，并提供作出具体行政行为时的证据、依据；被告不提供或者无正当理由逾期提供的，应当认定该具体行政行为没有证据、依据。

第二十七条 原告对下列事项承担举证责任：

（一）证明起诉符合法定条件，但被告认为原告起诉超过起诉期限的除外；

（二）在起诉被告不作为的案件中，证明其提出申请的事实；

（三）在一并提起的行政赔偿诉讼中，证明因受被诉行为侵害而造成损失的事实；

（四）其他应当由原告承担举证责任的事项。

第二十八条　有下列情形之一的，被告经人民法院准许可以补充相关的证据：

（一）被告在作出具体行政行为时已经收集证据，但因不可抗力等正当事由不能提供的；

（二）原告或者第三人在诉讼过程中，提出了其在被告实施行政行为过程中没有提出的反驳理由或者证据的。

第二十九条　有下列情形之一的，人民法院有权调取证据：

（一）原告或者第三人及其诉讼代理人提供了证据线索，但无法自行收集而申请人民法院调取的；

（二）当事人应当提供而无法提供原件或者原物的。

第三十条　下列证据不能作为认定被诉具体行政行为合法的根据：

（一）被告及其诉讼代理人在作出具体行政行为后自行收集的证据；

（二）被告严重违反法定程序收集的其他证据。

第三十一条　未经法庭质证的证据不能作为人民法院裁判的根据。

复议机关在复议过程中收集和补充的证据，不能作为人民法院维持原具体行政行为的根据。

被告在二审过程中向法庭提交在一审过程中没有提交的证据，不能作为二审法院撤销或者变更一审裁判的根据。

五、起诉与受理

第三十二条　人民法院应当组成合议庭对原告的起诉进行审查。符合起诉条件的，应当在7日内立案；不符合起诉条件的，应当在7日内裁定不予受理。

7日内不能决定是否受理的，应当先予受理；受理后经审查不符合起诉条件的，裁定驳回起诉。

受诉人民法院在7日内既不立案，又不作出裁定的，起诉人可以向上一级人民法院申诉或者起诉。上一级人民法院认为符合受理条件的，应予受理；受理后可以移交或者指定下级人民法院审理，也可以自行审理。

前三款规定的期限，从受诉人民法院收到起诉状之日起计算；因起诉状内容欠缺而责令原告补正的，从人民法院收到补正材料之日起计算。

第三十三条　法律、法规规定应当先申请复议，公民、法人或者其他组织未申请复议直接提起诉讼的,人民法院不予受理。

复议机关不受理复议申请或者在法定期限内不作出复议决定,公民、法人或者其他组织不服,依法向人民法院提起诉讼的,人民法院应当依法受理。

第三十四条 法律、法规未规定行政复议为提起行政诉讼必经程序,公民、法人或者其他组织既提起诉讼又申请行政复议的,由先受理的机关管辖;同时受理的,由公民、法人或者其他组织选择。公民、法人或者其他组织已经申请行政复议,在法定复议期间内又向人民法院提起诉讼的,人民法院不予受理。

第三十五条 法律、法规未规定行政复议为提起行政诉讼必经程序,公民、法人或者其他组织向复议机关申请行政复议后,又经复议机关同意撤回复议申请,在法定起诉期限内对原具体行政行为提起诉讼的,人民法院应当依法受理。

第三十六条 人民法院裁定准许原告撤诉后,原告以同一事实和理由重新起诉的,人民法院不予受理。

准予撤诉的裁定确有错误,原告申请再审的,人民法院应当通过审判监督程序撤销原准予撤诉的裁定,重新对案件进行审理。

第三十七条 原告或者上诉人未按规定的期限预交案件受理费,又不提出缓交、减交、免交申请,或者提出申请未获批准的,按自动撤诉处理。在按撤诉处理后,原告或者上诉人在法定期限内再次起诉或者上诉,并依法解决诉讼费预交问题的,人民法院应予受理。

第三十八条 人民法院判决撤销行政机关的具体行政行为后,公民、法人或者其他组织对行政机关重新作出的具体行政行为不服向人民法院起诉的,人民法院应当依法受理。

第三十九条 公民、法人或者其他组织申请行政机关履行法定职责,行政机关在接到申请之日起60日内不履行的,公民、法人或者其他组织向人民法院提起诉讼,人民法院应当依法受理。法律、法规、规章和其他规范性文件对行政机关履行职责的期限另有规定的,从其规定。

公民、法人或者其他组织在紧急情况下请求行政机关履行保护其人身权、财产权的法定职责,行政机关不履行的,起诉期间不受前款规定的限制。

第四十条 行政机关作出具体行政行为时,没有制作或者没有送达法律文书,公民、法人或者其他组织不服向人民法院起诉的，只要能证明具体行政行为存在，人民法院应当依法受理。

第四十一条　行政机关作出具体行政行为时，未告知公民、法人或者其他组织诉权或者起诉期限的，起诉期限从公民、法人或者其他组织知道或者应当知道诉权或者起诉期限之日起计算，但从知道或者应当知道具体行政行为内容之日起最长不得超过 2 年。

复议决定未告知公民、法人或者其他组织诉权或者法定起诉期限的，适用前款规定。

第四十二条　公民、法人或者其他组织不知道行政机关作出的具体行政行为内容的，其起诉期限从知道或者应当知道该具体行政行为内容之日起计算。对涉及不动产的具体行政行为从作出之日起超过 20 年、其他具体行政行为从作出之日起超过 5 年提起诉讼的，人民法院不予受理。

第四十三条　由于不属于起诉人自身的原因超过起诉期限的，被耽误的时间不计算在起诉期间内。因人身自由受到限制而不能提起诉讼的，被限制人身自由的时间不计算在起诉期间内。

六、审理与判决

第四十四条　有下列情形之一的，应当裁定不予受理；已经受理的，裁定驳回起诉：

（一）请求事项不属于行政审判权限范围的；

（二）起诉人无原告诉讼主体资格的；

（三）起诉人错列被告且拒绝变更的；

（四）法律规定必须由法定或者指定代理人、代表人为诉讼行为，未由法定或者指定代理人、代表人为诉讼行为的；

（五）由诉讼代理人代为起诉，其代理不符合法定要求的；

（六）起诉超过法定期限且无正当理由的；

（七）法律、法规规定行政复议为提起诉讼必经程序而未申请复议的；

（八）起诉人重复起诉的；

（九）已撤回起诉，无正当理由再行起诉的；

（十）诉讼标的为生效判决的效力所羁束的；

（十一）起诉不具备其他法定要件的。

前款所列情形可以补正或者更正的，人民法院应当指定期间责令补正或者更正；在指定期间已经补正或者更正的，应当依法受理。

第四十五条 起诉状副本送达被告后，原告提出新的诉讼请求的，人民法院不予准许，但有正当理由的除外。

第四十六条 有下列情形之一的，人民法院可以决定合并审理：

（一）两个以上行政机关分别依据不同的法律、法规对同一事实作出具体行政行为，公民、法人或者其他组织不服向同一人民法院起诉的；

（二）行政机关就同一事实对若干公民、法人或者其他组织分别作出具体行政行为，公民、法人或者其他组织不服分别向同一人民法院起诉的；

（三）在诉讼过程中，被告对原告作出新的具体行政行为，原告不服向同一人民法院起诉的；

（四）人民法院认为可以合并审理的其他情形。

第四十七条 当事人申请回避，应当说明理由，在案件开始审理时提出；回避事由在案件开始审理后知道的，应当在法庭辩论终结前提出。

被申请回避的人员，在人民法院作出是否回避的决定前，应当暂停参与本案的工作，但案件需要采取紧急措施的除外。

对当事人提出的回避申请，人民法院应当在3日内以口头或者书面形式作出决定。

申请人对驳回回避申请决定不服的，可以向作出决定的人民法院申请复议一次。复议期间，被申请回避的人员不停止参与本案的工作。对申请人的复议申请，人民法院应当在3日内作出复议决定，并通知复议申请人。

第四十八条 人民法院对于因一方当事人的行为或者其他原因，可能使具体行政行为或者人民法院生效裁判不能或者难以执行的案件，可以根据对方当事人的申请作出财产保全的裁定；当事人没有提出申请的，人民法院在必要时也可以依法采取财产保全措施。

人民法院审理起诉行政机关没有依法发给抚恤金、社会保险金、最低生活保障费等案件,可以根据原告的申请,依法书面裁定先予执行。

当事人对财产保全或者先予执行的裁定不服的,可以申请复议。复议期间不停止裁定的执行。

第四十九条　原告或者上诉人经合法传唤,无正当理由拒不到庭或者未经法庭许可中途退庭的,可以按撤诉处理。

原告或者上诉人申请撤诉,人民法院裁定不予准许的,原告或者上诉人经合法传唤无正当理由拒不到庭,或者未经法庭许可而中途退庭的,人民法院可以缺席判决。

第三人经合法传唤无正当理由拒不到庭,或者未经法庭许可中途退庭的,不影响案件的审理。

第五十条　被告在一审期间改变被诉具体行政行为的,应当书面告知人民法院。

原告或者第三人对改变后的行为不服提起诉讼的,人民法院应当就改变后的具体行政行为进行审理。

被告改变原具体行政行为,原告不撤诉,人民法院经审查认为原具体行政行为违法的,应当作出确认其违法的判决;认为原具体行政行为合法的,应当判决驳回原告的诉讼请求。

原告起诉被告不作为,在诉讼中被告作出具体行政行为,原告不撤诉的,参照上述规定处理。

第五十一条　在诉讼过程中,有下列情形之一的,中止诉讼:

(一)原告死亡,须等待其近亲属表明是否参加诉讼的;

(二)原告丧失诉讼行为能力,尚未确定法定代理人的;

(三)作为一方当事人的行政机关、法人或者其他组织终止,尚未确定权利义务承受人的;

(四)一方当事人因不可抗力的事由不能参加诉讼的;

(五)案件涉及法律适用问题,需要送请有权机关作出解释或者确认的;

(六)案件的审判须以相关民事、刑事或者其他行政案件的审理结果为依据,而相关案件尚未审结的;

（七）其他应当中止诉讼的情形。

中止诉讼的原因消除后，恢复诉讼。

第五十二条 在诉讼过程中，有下列情形之一的，终结诉讼：

（一）原告死亡，没有近亲属或者近亲属放弃诉讼权利的；

（二）作为原告的法人或者其他组织终止后，其权利义务的承受人放弃诉讼权利的。

因本解释第五十一条第一款第（一）、（二）、（三）项原因中止诉讼满 90 日仍无人继续诉讼的，裁定终结诉讼，但有特殊情况的除外。

第五十三条 复议决定维持原具体行政行为的，人民法院判决撤销原具体行政行为，复议决定自然无效。

复议决定改变原具体行政行为错误，人民法院判决撤销复议决定时，应当责令复议机关重新作出复议决定。

第五十四条 人民法院判决被告重新作出具体行政行为，被告重新作出的具体行政行为与原具体行政行为的结果相同，但主要事实或者主要理由有改变的，不属于行政诉讼法第五十五条规定的情形。

人民法院以违反法定程序为由，判决撤销被诉具体行政行为的，行政机关重新作出具体行政行为不受行政诉讼法第五十五条规定的限制。

行政机关以同一事实和理由重新作出与原具体行政行为基本相同的具体行政行为，人民法院应当根据行政诉讼法第五十四条第（二）项、第五十五条的规定判决撤销或者部分撤销，并根据行政诉讼法第六十五条第三款的规定处理。

第五十五条 人民法院审理行政案件不得加重对原告的处罚，但利害关系人同为原告的除外。

人民法院审理行政案件不得对行政机关未予处罚的人直接给予行政处罚。

第五十六条 有下列情形之一的，人民法院应当判决驳回原告的诉讼请求：

（一）起诉被告不作为理由不能成立的；

（二）被诉具体行政行为合法但存在合理性问题的；

（三）被诉具体行政行为合法，但因法律、政策变化需要变更或者废止的；

（四）其他应当判决驳回诉讼请求的情形。

第五十七条 人民法院认为被诉具体行政行为合法，但不适宜判决维持或者驳回诉讼请求的，可以作出确认其合法或者有效的判决。

有下列情形之一的，人民法院应当作出确认被诉具体行政行为违法或者无效的判决：

（一）被告不履行法定职责，但判决责令其履行法定职责已无实际意义的；

（二）被诉具体行政行为违法，但不具有可撤销内容的；

（三）被诉具体行政行为依法不成立或者无效的。

第五十八条 被诉具体行政行为违法，但撤销该具体行政行为将会给国家利益或者公共利益造成重大损失的，人民法院应当作出确认被诉具体行政行为违法的判决，并责令被诉行政机关采取相应的补救措施；造成损害的，依法判决承担赔偿责任。

第五十九条 根据行政诉讼法第五十四条第（二）项规定判决撤销违法的被诉具体行政行为，将会给国家利益、公共利益或者他人合法权益造成损失的，人民法院在判决撤销的同时，可以分别采取以下方式处理：

（一）判决被告重新作出具体行政行为；

（二）责令被诉行政机关采取相应的补救措施；

（三）向被告和有关机关提出司法建议；

（四）发现违法犯罪行为的，建议有权机关依法处理。

第六十条 人民法院判决被告重新作出具体行政行为，如不及时重新作出具体行政行为，将会给国家利益、公共利益或者当事人利益造成损失的，可以限定重新作出具体行政行为的期限。

人民法院判决被告履行法定职责，应当指定履行的期限，因情况特殊难于确定期限的除外。

第六十一条 被告对平等主体之间民事争议所作的裁决违法，民事争议当事人要求人民法院一并解决相关民事争议的，人民法院可以一并审理。

第六十二条 人民法院审理行政案件，适用最高人民法院司法解释的，应当在裁判文书中援引。

人民法院审理行政案件，可以在裁判文书中引用合法有效的规章及其他规范性文件。

第六十三条　裁定适用于下列范围：

（一）不予受理；

（二）驳回起诉；

（三）管辖异议；

（四）终结诉讼；

（五）中止诉讼；

（六）移送或者指定管辖；

（七）诉讼期间停止具体行政行为的执行或者驳回停止执行的申请；

（八）财产保全；

（九）先予执行；

（十）准许或者不准许撤诉；

（十一）补正裁判文书中的笔误；

（十二）中止或者终结执行；

（十三）提审、指令再审或者发回重审；

（十四）准许或者不准许执行行政机关的具体行政行为；

（十五）其他需要裁定的事项。

对第（一）、（二）、（三）项裁定，当事人可以上诉。

第六十四条　行政诉讼法第五十七条、第六十条规定的审限，是指从立案之日起至裁判宣告之日止的期间。鉴定、处理管辖争议或者异议以及中止诉讼的时间不计算在内。

第六十五条　第一审人民法院作出判决和裁定后，当事人均提起上诉的，上诉各方均为上诉人。

诉讼当事人中的一部分人提出上诉，没有提出上诉的对方当事人为被上诉人，其他当事人依原审诉讼地位列明。

第六十六条　当事人提出上诉，应当按照其他当事人或者诉讼代表人的人数提出上诉状副本。

原审人民法院收到上诉状，应当在5日内将上诉状副本送达其他当事人，对方当事人应当在收到上诉状副本之日起 10 日内提出答辩状。

原审人民法院应当在收到答辩状之日起 5 日内将副本送达当事人。

原审人民法院收到上诉状、答辩状，应当在 5 日内连同全部案卷和证据，报送第二审人民法院。已经预收诉讼费用的，一并报送。

第六十七条　第二审人民法院审理上诉案件，应当对原审人民法院的裁判和被诉具体行政行为是否合法进行全面审查。

当事人对原审人民法院认定的事实有争议的，或者第二审人民法院认为原审人民法院认定事实不清楚的，第二审人民法院应当开庭审理。

第六十八条　第二审人民法院经审理认为原审人民法院不予受理或者驳回起诉的裁定确有错误，且起诉符合法定条件的，应当裁定撤销原审人民法院的裁定，指令原审人民法院依法立案受理或者继续审理。

第六十九条　第二审人民法院裁定发回原审人民法院重新审理的行政案件，原审人民法院应当另行组成合议庭进行审理。

第七十条　第二审人民法院审理上诉案件，需要改变原审判决的，应当同时对被诉具体行政行为作出判决。

第七十一条　原审判决遗漏了必须参加诉讼的当事人或者诉讼请求的，第二审人民法院应当裁定撤销原审判决，发回重审。

原审判决遗漏行政赔偿请求，第二审人民法院经审查认为依法不应当予以赔偿的，应当判决驳回行政赔偿请求。

原审判决遗漏行政赔偿请求，第二审人民法院经审理认为依法应当予以赔偿的，在确认被诉具体行政行为违法的同时，可以就行政赔偿问题进行调解；调解不成的，应当就行政赔偿部分发回重审。

当事人在第二审期间提出行政赔偿请求的，第二审人民法院可以进行调解；调解不成的，应当告知当事人另行起诉。

第七十二条　有下列情形之一的，属于行政诉讼法第六十三条规定的“违反法律、法规规定”：

（一）原判决、裁定认定的事实主要证据不足；

（二）原判决、裁定适用法律、法规确有错误；

（三）违反法定程序，可能影响案件正确裁判；

（四）其他违反法律、法规的情形。

第七十三条 当事人申请再审，应当在判决、裁定发生法律效力后2年内提出。

当事人对已经发生法律效力的行政赔偿调解书，提出证据证明调解违反自愿原则或者调解协议的内容违反法律规定的，可以在2年内申请再审。

第七十四条 人民法院接到当事人的再审申请后，经审查，符合再审条件的，应当立案并及时通知各方当事人；不符合再审条件的，予以驳回。

第七十五条 对人民检察院按照审判监督程序提出抗诉的案件，人民法院应当再审。

人民法院开庭审理抗诉案件时，应当通知人民检察院派员出庭。

第七十六条 人民法院按照审判监督程序再审的案件，发生法律效力的判决、裁定是由第一审人民法院作出的，按照第一审程序审理，所作的判决、裁定，当事人可以上诉；发生法律效力的判决、裁定是由第二审人民法院作出的，按照第二审程序审理，所作的判决、裁定是发生法律效力的判决、裁定；上级人民法院按照审判监督程序提审的，按照第二审程序审理，所作的判决、裁定是发生法律效力的判决、裁定。

人民法院审理再审案件，应当另行组成合议庭。

第七十七条 按照审判监督程序决定再审的案件，应当裁定中止原判决的执行；裁定由院长署名，加盖人民法院印章。

上级人民法院决定提审或者指令下级人民法院再审的，应当作出裁定，裁定应当写明中止原判决的执行；情况紧急的，可以将中止执行的裁定口头通知负责执行的人民法院或者作出生效判决、裁定的人民法院，但应当在口头通知后10日内发出裁定书。

第七十八条 人民法院审理再审案件，认为原生效判决、裁定确有错误，在撤销原生效判决或者裁定的同时，可以对生效判决、裁定的内容作出相应裁判，也可以裁定撤销生效判决或者裁定，发回作出生效判决、裁定的人民法院重新审判。

第七十九条　人民法院审理二审案件和再审案件，对原审法院受理、不予受理或者驳回起诉错误的，应当分别情况作如下处理：

（一）第一审人民法院作出实体判决后，第二审人民法院认为不应当受理的，在撤销第一审人民法院判决的同时，可以发回重审，也可以迳行驳回起诉；

（二）第二审人民法院维持第一审人民法院不予受理裁定错误的，再审法院应当撤销第一审、第二审人民法院裁定，指令第一审人民法院受理；

（三）第二审人民法院维持第一审人民法院驳回起诉裁定错误的，再审法院应当撤销第一审、第二审人民法院裁定，指令第一审人民法院审理。

第八十条　人民法院审理再审案件，发现生效裁判有下列情形之一的，应当裁定发回作出生效判决、裁定的人民法院重新审理：

（一）审理本案的审判人员、书记员应当回避而未回避的；

（二）依法应当开庭审理而未经开庭即作出判决的；

（三）未经合法传唤当事人而缺席判决的；

（四）遗漏必须参加诉讼的当事人的；

（五）对与本案有关的诉讼请求未予裁判的；

（六）其他违反法定程序可能影响案件正确裁判的。

第八十一条　再审案件按照第一审程序审理的，适用行政诉讼法第五十七条规定的审理期限。

再审案件按照第二审程序审理的，适用行政诉讼法第六十条规定的审理期限。

第八十二条　基层人民法院申请延长审理期限，应当直接报请高级人民法院批准，同时报中级人民法院备案。

七、执行

第八十三条　对发生法律效力的行政判决书、行政裁定书、行政赔偿判决书和行政赔偿调解书，负有义务的一方当事人拒绝履行的，对方当事人可以依法申请人民法院强制执行。

第八十四条　申请人是公民的，申请执行生效的行政判决书、行政裁定书、行政赔偿判决书和行政赔偿调解书的期限为 1 年，申请人是行政机关、法人或者其他组织的为 180 日。

申请执行的期限从法律文书规定的履行期间最后一日起计算；法律文书中没有规定履行期限的，从该法律文书送达当事人之日起计算。

逾期申请的，除有正当理由外，人民法院不予受理。

第八十五条 发生法律效力的行政判决书、行政裁定书、行政赔偿判决书和行政赔偿调解书，由第一审人民法院执行。

第一审人民法院认为情况特殊需要由第二审人民法院执行的，可以报请第二审人民法院执行；第二审人民法院可以决定由其执行，也可以决定由第一审人民法院执行。

第八十六条 行政机关根据行政诉讼法第六十六条的规定申请执行其具体行政行为，应当具备以下条件：

（一）具体行政行为依法可以由人民法院执行；

（二）具体行政行为已经生效并具有可执行内容；

（三）申请人是作出该具体行政行为的行政机关或者法律、法规、规章授权的组织；

（四）被申请人是该具体行政行为所确定的义务人；

（五）被申请人在具体行政行为确定的期限内或者行政机关另行指定的期限内未履行义务；

（六）申请人在法定期限内提出申请；

（七）被申请执行的行政案件属于受理申请执行的人民法院管辖。

人民法院对符合条件的申请，应当立案受理，并通知申请人；对不符合条件的申请，应当裁定不予受理。

第八十七条 法律、法规没有赋予行政机关强制执行权，行政机关申请人民法院强制执行的，人民法院应当依法受理。

法律、法规规定既可以由行政机关依法强制执行，也可以申请人民法院强制执行，行政机关申请人民法院强制执行的，人民法院可以依法受理。

第八十八条 行政机关申请人民法院强制执行其具体行政行为，应当自被执行人的法定起诉期限届满之日起180日内提出。逾期申请的，除有正当理由外，人民法院不予受理。

第八十九条　行政机关申请人民法院强制执行其具体行政行为，由申请人所在地的基层人民法院受理；执行对象为不动产的，由不动产所在地的基层人民法院受理。

基层人民法院认为执行确有困难的，可以报请上级人民法院执行；上级人民法院可以决定由其执行，也可以决定由下级人民法院执行。

第九十条　行政机关根据法律的授权对平等主体之间民事争议作出裁决后，当事人在法定期限内不起诉又不履行，作出裁决的行政机关在申请执行的期限内未申请人民法院强制执行的，生效具体行政行为确定的权利人或者其继承人、权利承受人在90日内可以申请人民法院强制执行。

享有权利的公民、法人或者其他组织申请人民法院强制执行具体行政行为，参照行政机关申请人民法院强制执行具体行政行为的规定。

第九十一条　行政机关申请人民法院强制执行其具体行政行为，应当提交申请执行书、据以执行的行政法律文书、证明该具体行政行为合法的材料和被执行人财产状况以及其他必须提交的材料。

享有权利的公民、法人或者其他组织申请人民法院强制执行的，人民法院应当向作出裁决的行政机关调取有关材料。

第九十二条　行政机关或者具体行政行为确定的权利人申请人民法院强制执行前，有充分理由认为被执行人可能逃避执行的，可以申请人民法院采取财产保全措施。后者申请强制执行的，应当提供相应的财产担保。

第九十三条　人民法院受理行政机关申请执行其具体行政行为的案件后，应当在30日内由行政审判庭组成合议庭对具体行政行为的合法性进行审查，并就是否准予强制执行作出裁定；需要采取强制执行措施的，由本院负责强制执行非诉行政行为的机构执行。

第九十四条　在诉讼过程中，被告或者具体行政行为确定的权利人申请人民法院强制执行被诉具体行政行为，人民法院不予执行，但不及时执行可能给国家利益、公共利益或者他人合法权益造成不可弥补的损失的，人民法院可以先予执行。后者申请强制执行的，应当提供相应的财产担保。

第九十五条　被申请执行的具体行政行为有下列情形之一的，人民法院应当裁定不准予执行：

（一）明显缺乏事实根据的；

（二）明显缺乏法律依据的；

（三）其他明显违法并损害被执行人合法权益的。

第九十六条 行政机关拒绝履行人民法院生效判决、裁定的，人民法院可以依照行政诉讼法第六十五条第三款的规定处理，并可以参照民事诉讼法第一百零二条的有关规定，对主要负责人或者直接责任人员予以罚款处罚。

八、其他

第九十七条 人民法院审理行政案件，除依照行政诉讼法和本解释外，可以参照民事诉讼的有关规定。

第九十八条 本解释自发布之日起施行，最高人民法院《关于贯彻执行〈中华人民共和国行政诉讼法〉若干问题的意见（试行）》同时废止；最高人民法院以前所作的司法解释以及与有关机关联合发布的规范性文件，凡与本解释不一致的，按本解释执行。

最高人民法院关于专利、商标等授权确权类知识产权行政案件审理分工的规定

（法发[2009]39 号）

为贯彻落实《国家知识产权战略纲要》，完善知识产权审判体制，确保司法标准的统一，现就专利、商标等授权确权类知识产权行政案件的审理分工作如下规定：

第一条 下列一、二审案件由北京市有关中级人民法院、北京市高级人民法院和最高人民法院知识产权审判庭审理：

（一）不服国务院专利行政部门专利复审委员会作出的专利复审决定和无效决定的案件；

（二）不服国务院专利行政部门作出的实施专利强制许可决定和实施专利强制许可的使用费裁决的案件；

（三）不服国务院工商行政管理部门商标评审委员会作出的商标复审决定和裁定的案件；

（四）不服国务院知识产权行政部门作出的集成电路布图设计复审决定和撤销决定的案件；

（五）不服国务院知识产权行政部门作出的使用集成电路布图设计非自愿许可决定的案件和使用集成电路布图设计非自愿许可的报酬裁决的案件；

（六）不服国务院农业、林业行政部门植物新品种复审委员会作出的植物新品种复审决定、无效决定和更名决定的案件；

（七）不服国务院农业、林业行政部门作出的实施植物新品种强制许可决定和实施植物新品种强制许可的使用费裁决的案件。

第二条　当事人对于人民法院就第一条所列案件作出的生效判决或者裁定不服，向上级人民法院申请再审的案件，由上级人民法院知识产权审判庭负责再审审查和审理。

第三条　由最高人民法院、北京市高级人民法院和北京市有关中级人民法院知识产权审判庭审理的上述案件，立案时统一使用“知行”字编号。

第四条　本规定自2009年7月1日起施行，最高人民法院于2002年5月21日作出的《关于专利法、商标法修改后专利、商标相关案件分工问题的批复》（法[2002]117号）同时废止。

最高人民法院关于当前形势下审理民商事合同纠纷案件若干问题的指导意见

（法发[2009]40号）

各省、自治区、直辖市高级人民法院，解放军军事法院，新疆维吾尔自治区高级人民法院生产建设兵团分院：

现将最高人民法院《关于当前形势下审理民商事合同纠纷案件若干问题的指

导意见》印发给你们，请结合当地实际，认真贯彻落实。

二〇〇九年七月七日

当前，因全球金融危机蔓延所引发的矛盾和纠纷在司法领域已经出现明显反映，民商事案件尤其是与企业经营相关的民商事合同纠纷案件呈大幅增长的态势；同时出现了诸多由宏观经济形势变化所引发的新的审判实务问题。人民法院围绕国家经济发展战略和“保增长、保民生、保稳定”要求，坚持“立足审判、胸怀大局、同舟共济、共克时艰”的指导方针，牢固树立为大局服务、为人民司法的理念，认真研究并及时解决这些民商事审判实务中与宏观经济形势变化密切相关的普遍性问题、重点问题，有效化解矛盾和纠纷，不仅是民商事审判部门应对金融危机工作的重要任务，而且对于维护诚信的市场交易秩序，保障公平法治的投资环境，公平解决纠纷、提振市场信心等具有重要意义。现就人民法院在当前形势下审理民商事合同纠纷案件中的若干问题，提出以下意见。

一、慎重适用情势变更原则，合理调整双方利益关系

1. 当前市场主体之间的产品交易、资金流转因原料价格剧烈波动、市场需求关系的变化、流动资金不足等诸多因素的影响而产生大量纠纷，对于部分当事人在诉讼中提出适用情势变更原则变更或者解除合同的请求，人民法院应当依据公平原则和情势变更原则严格审查。

2. 人民法院在适用情势变更原则时，应当充分注意到全球性金融危机和国内宏观经济形势变化并非完全是一个令所有市场主体猝不及防的突变过程，而是一个逐步演变的过程。在演变过程中，市场主体应当对于市场风险存在一定程度的预见和判断。人民法院应当依法把握情势变更原则的适用条件，严格审查当事人提出的“无法预见”的主张，对于涉及石油、焦炭、有色金属等市场属性活泼、长期以来价格波动较大的大宗商品标的物以及股票、期货等风险投资型金融产品标的物的合同，更要慎重适用情势变更原则。

3. 人民法院要合理区分情势变更与商业风险。商业风险属于从事商业活动的固有风险，诸如尚未达到异常变动程度的供求关系变化、价格涨跌等。情势变更是当事人在缔约时无法预见的非市场系统固有的风险。人民法院在判断某种重大客

观变化是否属于情势变更时，应当注意衡量风险类型是否属于社会一般观念上的事先无法预见、风险程度是否远远超出正常人的合理预期、风险是否可以防范和控制、交易性质是否属于通常的“高风险高收益”范围等因素，并结合市场的具体情况，在个案中识别情势变更和商业风险。

4. 在调整尺度的价值取向把握上，人民法院仍应遵循侧重于保护守约方的原则。适用情势变更原则并非简单地豁免债务人的义务而使债权人承受不利后果，而是要充分注意利益均衡，公平合理地调整双方利益关系。在诉讼过程中，人民法院要积极引导当事人重新协商，改订合同；重新协商不成的，争取调解解决。为防止情势变更原则被滥用而影响市场正常的交易秩序，人民法院决定适用情势变更原则作出判决的，应当按照最高人民法院《关于正确适用〈中华人民共和国合同法〉若干问题的解释(二)服务党和国家工作大局的通知》(法[2009]165号)的要求，严格履行适用情势变更的相关审核程序。

二、依法合理调整违约金数额，公平解决违约责任问题

5. 现阶段由于国内宏观经济环境的变化和影响，民商事合同履行过程中违约现象比较突出。对于双方当事人在合同中所约定的过分高于违约造成损失的违约金或者极具惩罚性的违约金条款，人民法院应根据合同法第一百一十四条第二款和最高人民法院《关于适用中华人民共和国合同法若干问题的解释(二)》(以下简称《合同法解释(二)》)第二十九条等关于调整过高违约金的规定内容和精神，合理调整违约金数额，公平解决违约责任问题。

6. 在当前企业经营状况普遍较为困难的情况下，对于违约金数额过分高于违约造成损失的，应当根据合同法规定的诚实信用原则、公平原则，坚持以补偿性为主、以惩罚性为辅的违约金性质，合理调整裁量幅度，切实防止以意思自治为由而完全放任当事人约定过高的违约金。

7. 人民法院根据合同法第一百一十四条第二款调整过高违约金时，应当根据案件的具体情形，以违约造成的损失为基准，综合衡量合同履行程度、当事人的过错、预期利益、当事人缔约地位强弱、是否适用格式合同或条款等多项因素，根据公平原则和诚实信用原则予以综合权衡，避免简单地采用固定比例等“一刀切”的做法，防止机械司法而可能造成的实质不公平。

8. 为减轻当事人诉累,妥当解决违约金纠纷,违约方以合同不成立、合同未生效、合同无效或者不构成违约进行免责抗辩而未提出违约金调整请求的,人民法院可以就当事人是否需要主张违约金过高问题进行释明。人民法院要正确确定举证责任,违约方对于违约金约定过高的主张承担举证责任,非违约方主张违约金约定合理的,亦应提供相应的证据。合同解除后,当事人主张违约金条款继续有效的,人民法院可以根据合同法第九十八条的规定进行处理。

三、区分可得利益损失类型,妥善认定可得利益损失

9. 在当前市场主体违约情形比较突出的情况下,违约行为通常导致可得利益损失。根据交易的性质、合同的目的等因素,可得利益损失主要分为生产利润损失、经营利润损失和转售利润损失等类型。生产设备和原材料等买卖合同违约中,因出卖人违约而造成买受人的可得利益损失通常属于生产利润损失。承包经营、租赁经营合同以及提供服务或劳务的合同中,因一方违约造成的可得利益损失通常属于经营利润损失。先后系列买卖合同中,因原合同出卖方违约而造成其后的转售合同出售方的可得利益损失通常属于转售利润损失。

10. 人民法院在计算和认定可得利益损失时,应当综合运用可预见规则、减损规则、损益相抵规则以及过失相抵规则等,从非违约方主张的可得利益赔偿总额中扣除违约方不可预见的损失、非违约方不当扩大的损失、非违约方因违约获得的利益、非违约方亦有过失所造成的损失以及必要的交易成本。存在合同法第一百一十三条第二款规定的欺诈经营、合同法第一百一十四条第一款规定的当事人约定损害赔偿的计算方法以及因违约导致人身伤亡、精神损害等情形的,不宜适用可得利益损失赔偿规则。

11. 人民法院认定可得利益损失时应当合理分配举证责任。违约方一般应当承担非违约方没有采取合理减损措施而导致损失扩大、非违约方因违约而获得利益以及非违约方亦有过失的举证责任;非违约方应当承担其遭受的可得利益损失总额、必要的交易成本的举证责任。对于可以预见的损失,既可以由非违约方举证,也可以由人民法院根据具体情况予以裁量。

四、正确把握法律构成要件,稳妥认定表见代理行为

12. 当前在国家重大项目和承包租赁行业等受到全球性金融危机冲击和国内

宏观经济形势变化影响比较明显的行业领域，由于合同当事人采用转包、分包、转租方式，出现了大量以单位部门、项目经理乃至个人名义签订或实际履行合同的情形，并因合同主体和效力认定问题引发表见代理纠纷案件。对此，人民法院应当正确适用合同法第四十九条关于表见代理制度的规定，严格认定表见代理行为。

13.合同法第四十九条规定的表见代理制度不仅要求代理人的无权代理行为在客观上形成具有代理权的表象，而且要求相对人在主观上善意且无过失地相信行为人有代理权。合同相对人主张构成表见代理的，应当承担举证责任，不仅应当举证证明代理行为存在诸如合同书、公章、印鉴等有权代理的客观表象形式要素，而且应当证明其善意且无过失地相信行为人具有代理权。

14.人民法院在判断合同相对人主观上是否属于善意且无过失时，应当结合合同缔结与履行过程中的各种因素综合判断合同相对人是否尽到合理注意义务，此外还要考虑合同的缔结时间、以谁的名义签字、是否盖有相关印章及印章真伪、标的物的交付方式与地点、购买的材料、租赁的器材、所借款项的用途、建筑单位是否知道项目经理的行为、是否参与合同履行等各种因素，作出综合分析判断。

五、正确适用强制性规定，稳妥认定民商事合同效力

15.正确理解、识别和适用合同法第五十二条第（五）项中的“违反法律、行政法规的强制性规定”，关系到民商事合同的效力维护以及市场交易的安全和稳定。人民法院应当注意根据《合同法解释（二）》第十四条之规定，注意区分效力性强制规定和管理性强制规定。违反效力性强制规定的，人民法院应当认定合同无效；违反管理性强制规定的，人民法院应当根据具体情形认定其效力。

16.人民法院应当综合法律法规的意旨，权衡相互冲突的权益，诸如权益的种类、交易安全以及其所规制的对象等，综合认定强制性规定的类型。如果强制性规范规制的是合同行为本身即只要该合同行为发生即绝对地损害国家利益或者社会公共利益的，人民法院应当认定合同无效。如果强制性规定规制的是当事人的“市场准入”资格而非某种类型的合同行为，或者规制的是某种合同的履行行为而非某类合同行为，人民法院对于此类合同效力的认定，应当慎重把握，必要时应当征求相关立法部门的意见或者请示上级人民法院。

六、合理适用不安抗辩权规则，维护权利人合法权益

17. 在当前情势下，为敦促诚信的合同一方当事人及时保全证据、有效保护权利人的正当合法权益，对于一方当事人已经履行全部交付义务，虽然约定的价款期限尚未到期，但其诉请付款方支付未到期价款的，如果有确切证据证明付款方明确表示不履行给付价款义务，或者付款方被吊销营业执照、被注销、被有关部门撤销、处于歇业状态，或者付款方转移财产、抽逃资金以逃避债务，或者付款方丧失商业信誉，以及付款方以自己的行为表明不履行给付价款义务的其他情形的，除非付款方已经提供适当的担保，人民法院可以根据合同法第六十八条第一款、第六十九条、第九十四条第(二)项、第一百零八条、第一百六十七条等规定精神，判令付款期限已到期或者加速到期。

附录：妥善审理合同纠纷案件 维护市场正常交易秩序

——最高人民法院民二庭负责人就《关于当前形势下审理民商事合同纠纷案件若干问题的指导意见》答记者问

近日，最高人民法院发布了《关于当前形势下审理民商事合同纠纷案件若干问题的指导意见》(以下简称《指导意见》)。最高人民法院民二庭负责人在接受记者采访时表示，在当前形势下，认真研究并及时解决民商事审判实务中与宏观经济形势变化密切相关的普遍性问题、重点问题，有效化解矛盾和纠纷，不仅是民商事审判部门应对金融危机工作的重要任务，而且对于维护诚信的市场交易秩序，保障公平法治的投资环境，公平解决纠纷、提振市场信心等具有重大意义。

问：情势变更原则的适用是当前形势下人民法院审判实务中的热点问题，人民法院应当如何把握该原则？

答：金融危机形势下，企业之间的产品交易、资金流转因原料价格剧烈波动、市场需求关系的变化、流动资金不足等诸多因素的影响而产生大量纠纷，部分当事人在诉讼中提出适用情势变更原则变更或者解除合同的请求，如何妥善适用情势变更原则，成为当前商事审判中的热点和难点问题。

合同法的立法者考虑到不可抗力基本涵盖了情势变更，而且情势变更与商业风险难以区分，加之防止法官滥用，故未在合同法中规定情势变更原则。但合同法也未明文禁止适用该原则，因此，最高法院合同法解释(二)第26条规定了情势变更原则。《指导意见》对当前形势下情势变更原则的适用提出了更加具体的要求。审判实践中应当注意三个问题：

第一，关于对无法预见主张的审查。适用情势变更原则的关键要件之一是在合同成立之后出现了当事人缔约时无法预见的客观重大变化。需要注意的是，全球性金融危机和国内宏观经济形势变化并非完全是一个令所有市场主体猝不及防的突变过程，而主要是一个日益发展、逐步演变的过程。在该过程中，市场主体应当对于市场风险存在一定程度的预见和判断，在审判实务中对于当事人提出"无法预见"主张的，法院应慎重审查。在确定是否可预见时，应审查三个因素。其一，预见的时间。预见的时间应当是合同缔结之时。其二，预见的标准。该标准应为主观标准，即以遭受损失一方当事人的实际情况为准。其三，风险的承担。如果根据合同的性质可以确定当事人在缔约时能够预见情势变更或者自愿承担一定程度的风险，则自无运用情势变更之余地。例如，合同标的物是石油、焦炭、有色金属等市场属性活泼、长期以来价格波动较大的大宗商品或者是股票、期货等风险投资型金融产品，通常不宜适用情势变更原则。

第二，关于情势变更与商业风险的区分。情势变更与商业风险虽不易区分，但两者在风险的固有性、风险可预见性、风险的可归责性等方面并不相同。法院在衡量某种重大客观变化是否属于情势变更时，应注意考量风险类型是否属于社会一般观念上的预先无法预见、风险程度是否远远超出正常人的合理预期、风险是否可以防范和控制、交易性质是否属于通常的"高风险高收益"范围等因素，并结合市场具体情况，在个案中识别情势变更和商业风险。

第三，关于调整尺度的价值取向。如果当事人经过诚信地再交涉后仍然无法改订合同而请求人民法院变更或解除合同的，人民法院在利益衡量方面应当认识到，司法解释规定情势变更原则的适用并非单向地豁免债务人的义务而使债权人单方承受不利后果，而是要求人民法院应当充分注意利益均衡，公平合理地调整双方利益格局。在调整尺度的价值取向把握上，人民法院仍应遵循侧重于保护守约方的原则。

问:审判实务就如何对待合同中约定的过高违约金或者极具惩罚性的违约金条款存在较大争议,《指导意见》在违约金调整方面的精神是什么?

答:的确,审判实务对于过高违约金的调整规则存在较大争议,为此,合同法解释(二)第29条对此作出比较明确的规定。《指导意见》针对审判实务中的相关问题进一步提出意见,旨在依法合理调整违约金额,公平解决违约责任问题。对此,审判实践中应当主要把握三个问题:

第一,关于违约金的性质和调整的立法精神。关于违约金的性质,无论是民法理论界还是审判实务界,历来众说纷纭,莫衷一是,大致可以归纳为补偿说、惩罚说、双重说以及目的解释说等四种观点。合同法解释(二)和《指导意见》以及最高法院的相关判决均采纳"以赔偿性为主、赔偿性为辅"的双重性质说。人民法院在适用合同法第114条第2款调整过高的违约金数额时,应当注意准确把握该授权条款的立法本意和精神。合同自由并非绝对,需以合同正义予以规制,以防止违约金条款成为一方压榨另一方和获取暴利的工具。在金融危机中企业经营状况普遍较为困难的情况下,人民法院不能将违约金条款完全留待当事人约定,尤其是对数额过高的违约金条款,更是如此。如果任由当事人约定过高的违约金且以意思自治为由予以支持,在有些情况下,无异于鼓励当事人通过不正当的方式取得暴利,也可能促使一方为取得高额违约金而故意引诱对方违约。因此,人民法院可以根据当事人的请求依法对不合理的违约金数额进行调整,以维护民法的公平和诚实信用原则。

第二,关于衡量标准和因素的综合运用。人民法院依法调整过高的违约金时,应避免绝对地按照固定比例调整那种"一刀切"的简单做法,防止机械司法而造成的以偏概全、挂一漏万等的实质不公平结果。《指导意见》根据合同法解释(二)第29条规定精神,提出人民法院调整过高违约金时应当综合衡量多种因素。首先,"违约造成的损失"可谓衡量违约金是否过高的最基础、最重要的标准。其次,应考虑合同的履行程度。毋庸置疑,已经几近履行完毕的合同和尚未履行的合同,违约所造成的结果存在较大区别。再次,应考虑当事人的过错程度。违约方的恶意违约还是过失违约,直接决定违约金的补偿性和惩罚性功能的此消彼长。最后,人民法院应考虑当事人缔约时对可得利益损失的预见、当事人之间的缔约地位是否平等、是否适用格式合同条款、是否存在过失相抵、减损规则以及损益相抵规则等因素，根据诚实信用原则和公平原则，结合案件的实际情况，综合衡量。

第三，关于法官释明权的行使。审判实践表明，对于在守约方提起的违约之诉中，违约方通常以合同不成立、合同不生效、合同无效或者不构成违约进行免责抗辩而未提出违约金调整请求的情形，人民法院可以就违约金是否过高的问题进行释明，即假设违约成立，是否认为违约金过高。对于已经向违约方进行释明但违约方坚持不提出调整违约金请求的，人民法院应当遵循民法意思自治原则，一般不予主动调整。

问：审判实务中对可得利益损失如何认定见仁见智，判法不一。《指导意见》在认定可得利益损失方面有何精神？

答：违约行为通常会产生可得利益损失。多年来，由于相关认定规则比较模糊并难以把握，不少法官在判决中并不支持可得利益损失。为此，《指导意见》根据审判实践经验和调研成果，对此提出具有可操作性的指导意见。适用时应当注意把握三个问题：

第一，关于可得利益损失类型的区分。根据交易的性质、合同的目的等因素，可得利益损失主要分为生产利润损失、经营利润损失和转售利润损失等三种类型。生产设备和原材料等买卖合同违约中，因出卖人违约而造成买受人的可得利益损失通常属于生产利润损失。承包经营、租赁经营合同以及提供服务或劳务的合同中，因一方违约造成的可得利益损失通常属于经营利润损失。先后系列买卖合同中，因原合同出卖方违约而造成其后的转售合同出售方的可得利益损失通常属于转售利润损失。

第二，关于四个认定规则的适用。人民法院在计算和认定可得利益损失时，应当综合运用合同法第 113 条第 1 款规定的可预见规则、合同法第 119 条规定的减损规则、以及损益相抵规则和过失相抵规则等，从非违约方主张的可得利益赔偿总额中扣除违约方不可预见的损失、非违约方不当扩大的损失、非违约方因违约获得的利益、非违约方亦有过失所造成的损失以及必要的交易成本。但在以下三种情形中，不宜适用上述认定规则。其一，在合同法第 113 条第 2 款规定的欺诈经营情形，应当适用消费者权益保护法；其二，在合同法第 114 条第 1 款规定的当事人约定损害赔偿的计算方法情形中，应当按照当事人约定的计算方法认定；其三，因违约导致人身伤亡、精神损害等情形，应当适用侵权行为法则。

第三，关于合理确定举证责任。为了保障认定规则的实务操作性，《指导意见》提出举证责任的确定规则。即违约方一般应当承担非违约方没有采取合理减损措施而导致损失扩大、非违约方因违约而获得利益、以及非违约方亦有过失的举证责任；非违约方应当承担其遭受的可得利益损失总额、必要的交易成本的举证责任。对于可以预见的损失，既可以由非违约方举证，也可以由人民法院根据具体情况予以裁量。

问：表见代理制度可谓合同纠纷案件审判实务中长期以来争论较大的问题，《指导意见》在该制度适用方面的精神是什么？

答：当前形势下，在国家重大项目和承包租赁行业等受到全球性金融危机冲击和国内宏观经济形势变化影响比较明显的行业领域，由于合同当事人采用转包、分包、转租方式，出现了大量以单位部门、项目经理乃至个人名义实际履行合同的情形，并因合同主体和效力认定问题引发表见代理纠纷案件。鉴于表见代理属于市场交易法则中极其例外的情形，为维护正常的市场交易秩序，《指导意见》对于表见代理制度适用的主要精神是严格认定其构成要件。人民法院要注意两个问题：

第一，关于"有理由相信"的理解。根据合同法第 49 条的规定，构成表见代理行为不仅要求代理人的无权代理行为在客观上形成具有代理权的表象，而且要求相对人在主观上有理由相信行为人有代理权。《指导意见》认为"有理由相信"是指合同相对人善意且无过失地相信行为人有代理权，即相对人在不知道行为人无代理权方面不存在疏忽或懈怠，并为此承担举证责任。

第二，关于表见代理的综合认定。《指导意见》根据多年的审判经验提出，人民法院在判断合同相对人主观上是否属于善意且无过失时，应当结合合同缔结与履行过程中的各种因素综合判断合同相对人是否尽到合理注意义务，此外还要考虑合同的出具时间、以谁的名义签字、是否盖有相关印章及印章真伪、标的物的交付方式与地点、购买的材料、租赁的器材、所借款项的用途、建筑单位是否知道项目经理的行为、是否参与合同履行等各种因素，作出综合分析判断。

问:如何理解和适用合同法第52条第5项规定"强制性规定",在审判实务中见仁见智。《指导意见》对该问题的指导精神是什么?

答:强行性规范通常以"应当"、"必须"、"不得"等用语提醒当事人必须严格遵守而不得随意以协议交易改变,但由于文字表义的局限性,立法者在制定法律法规条文时,其所使用的文字常常背离其立法意旨;因此,在合同的有效和无效取决于一个法律条文是否属于强行性规范时,如果法官仅仅以条文的措辞或用语作为区分或判断标准,是远远不够的,甚至在许多情况下是相当危险的。

近年来,理论界和实务界对强制性规定的分类进行探讨,并形成效力性强制性规定与管理性强制性规定之区分及其不同效力影响之认识。目前形成的共识是:强制性规定区分为效力性强制规定和管理性强制规定,违反效力性强制规定,合同无效;违反管理性强制规定,合同未必无效。在国内经济形势发生变化的情形下,最高法院合同法解释(二)第14条据此作出一个原则性和理念性的规定:"《合同法》第52条第5项规定的'强制性规定'是指效力性强制性规定"。这意味着,司法解释将法律、行政法规的强制性规定作出效力性和管理性之区分,法院不得仅以违反管理性强制性规定为由认定合同无效。

该区分原则的理论基础在于:效力性强制规范着重于违反行为之法律行为的价值,以否认其法律效力为目的,违反效力性强制规范的,合同应被认定无效;而管理性强制规范着重于违反行为之事实行为价值,以禁止其行为为目的,违反管理性强制规范的,合同未必无效。最高法院在近几年的一些请示答复和司法解释中已运用该区分原则,如法经(2000)27号请示答复就是对违反《商业银行法》第39条第4项管理性强制规范的解答;再如,对于违反规定《城市房地产管理法》第37条第1项和第38条第1款规定的商品房预售合同,法解(2003)7号并未认定合同无效,而是规定在起诉前预售人取得商品房预售许可证的,可以认定预售合同有效。《指导意见》为保障国民经济又好又快发展,鼓励增加社会财富,防止因合同效力的不当认定而中断交易链条,进一步提出,人民法院应综合法律法规的意旨,权衡相互冲突的权益诸如权益的种类、交易安全以及其所规制的对象等综合认定强制性规定的类型。如果强制性规范规制的是合同行为本身即只要该合同行为发生即绝对地损害国家利益或者社会公共利益的,应当认定合同无效。如果强制性规定规制的是当事人的“市场准入”资格而非某种类型的合同行为，或者规制的是某种合同的履行行为而非某类合同行为，此类合同未必绝对无效。人民法院在把握不准时，应当征求相关立法部门的意见或者请示上级法院。

问：在当前形势下，为防止合同欺诈、保障权利人的合法权利，《指导意见》提出哪些措施？

答：在市场经济条件下，大多数双务合同的订立和履行均非同时进行。尤其是在动产的交易实务中，标的物先行交付、价款于日后另行交付的交易安排占据压倒性的多数。在当前形势下，由于信用的不安等诸多因素引发了深刻的法律问题，直接危及权利人合法权益的保护。为此，《指导意见》结合当前形势，根据合同法第68条等规定，对不安抗辩权的适用提出具体指导意见，以敦促诚信的合同一方当事人及时保全证据，进而有效保护权利人的正当合法权益。具体而言，对于一方当事人已经履行全部交付义务，虽然约定的价款期限尚未到期，但其诉请付款方支付未到期价款的，如果有确切证据证明付款方明确表示不履行给付价款义务，或者付款方被吊销营业执照、被注销、被有关部门撤销、处于歇业状态，或者付款方转移财产、抽逃资金以逃避债务，或者付款方丧失商业信誉，或者付款方以自己的行为表明不履行给付价款义务的其他情形的，除非付款方已经提供适当的担保，否则人民法院可以根据合同法第68条第1款、第69条、第94条第(二)项、第108条、第167条等规定精神，判令付款期限已到期或者加速到期。

最高人民法院关于当前形势下做好劳动争议纠纷案件审判工作的指导意见

（法发[2009]41号）

各省、自治区、直辖市高级人民法院，解放军军事法院，新疆维吾尔自治区高级人民法院生产建设兵团分院：

现将最高人民法院《关于当前形势下做好劳动争议纠纷案件审判工作的指导意见》印发给你们，请结合当地实际，认真贯彻落实。

二〇〇九年七月六日

受国际金融市场动荡和世界经济衰退的影响，当前，因企业经营困难、亏损、欠薪和关闭等原因引发的各种劳动争议纠纷案件大幅攀升，给民事审判工作带来新的挑战。为充分发挥人民法院服务经济社会发展与社会和谐稳定的职能作用，积极应对宏观经济形势变化，为“保增长、保民生、保稳定”的工作大局提供更加有力的司法保障，现就人民法院在当前形势下做好劳动争议纠纷案件审判工作，提出以下意见。

1. 努力做到保障劳动者合法权益与维护用人单位的生存发展并重。我国社会主义条件下的劳动关系矛盾本质上是非对抗性的，矛盾双方是对立统一体和利益共同体，具有根本利益的高度一致性和具体利益的相对差异性。在审理劳动争议纠纷案件时，既要依法维护劳动者合法权益，又要促进企业的生存发展，努力做到双方互利共赢，对于在当前形势下妥善处理好劳动争议纠纷案件具有十分重要的意义。

2. 积极促进劳动关系的和谐稳定。在审理劳动争议纠纷案件时，要尽量维护劳动合同的效力，慎重简单使用解除劳动合同的方法来解决劳动争议纠纷案件。既要鼓励、规范企业自觉履行义务、承担社会责任，又要倡导职工理解企业确因经济困难所采取的合理应对行为。要积极引导职工与企业协商通过缩短工时、轮岗培训、暂时放假、协商薪酬等多种措施，有效稳定劳动关系。

3. 准确把握法律法规与国家相关政策。在审理劳动争议纠纷案件时，不仅要严格执行法律、法规，还要充分考虑国家为应对国际金融危机出台的一系列方针政策。要全面、正确理解劳动合同法、劳动争议调解仲裁法的立法原意和宗旨，充分发挥人民法院审判工作服务大局、应对危机的职能作用。对于历史遗留的劳动问题，要按照当时的法律法规及国家的方针政策处理。

4. 充分发挥诉讼调解的功能作用。在审理劳动争议纠纷案件的全过程中，要尽可能采取调解、和解方法，寻找各方利益平衡点，做到案结事了。同时还要注意调解程序的正当性、灵活性和可操作性，努力化解劳动关系的矛盾和隐患，使诉讼调解的职能作用得到更加有效的发挥，力争案件处理达到法律效果与社会效果的统一。

5. 积极发挥人民调解的职能作用。在审理劳动争议纠纷案件时，要加强与政府部门的沟通和协调，积极主动地邀请企业工会、居民委员会、村民委员会、人民调解员、人民陪审员等社会各方力量参与调解，促成劳动关系双方当事人互谅互让。要充分尊重人民调解在社会矛盾纠纷调解工作体系的基础作用，加强对人民调解的业务指导，依法确认人民调解协议的效力，促进人民调解制度更加有效地发挥预防和及时化解矛盾纠纷、维护社会和谐稳定的功能。

6.建立健全多渠道解决劳动争议纠纷机制。要通过正面宣传教育，增强劳动者和用人单位守法的自觉性；积极采取措施，创新对策，引导劳动者合法、合理地表达利益诉求。要立足预防，重在化解，创建和完善劳动争议多方联动解决机制和应急处理机制，全力预防和化解劳动争议，促进劳动关系的有序运行和经济社会的健康发展。

7.妥善处理因解除劳动合同和追索经济补偿引发的纠纷。在审理解除劳动合同纠纷案件时，既要保障劳动者的就业权和辞职权，又要尊重用人单位的用工自主权。要引导劳动关系双方依照法律规定解除劳动合同，既要防止劳动者不诚信的辞职行为影响用人单位的正常生产经营秩序，又要避免用人单位违法解除劳动合同侵犯劳动者的合法权益。在审理劳动争议经济补偿纠纷案件时，要严格依照劳动合同法第四十六条和第四十七条的规定，准确把握支付经济补偿的法定条件，合理确定经济补偿的计算基数和方式。

8.妥善处理因拖欠基本工资和追索加班费引发的纠纷。要从充分保护劳动者生存权利的角度出发，依法及时处理因拖欠基本工资引发的劳动争议，按照"快立、快调、快审、快执"的原则，尽快受理，适时调解，及时判决，优先执行。在审理涉及加班费的案件中，就加班事实应注意合理分配举证责任；加班费的确定，应当结合劳动合同约定、劳动者的岗位性质以及工作要求等因素综合考量、合理裁判。

9.妥善处理因企业裁员引发的纠纷。要严格审查用人单位的裁员行为是否符合劳动合同法规定的程序和条件，积极鼓励和引导用人单位与劳动者进行协商，尽量不裁员或少裁员。对于困难企业经过多方努力仍不得不实行经济性裁员，且一次性支付经济补偿确有困难的，要尽可能促使用人单位与工会或职工就分期支付或以其他方式支付经济补偿问题达成调解协议或和解协议。

10.妥善处理因竞业限制引发的纠纷。在审理竞业限制纠纷案件时，要充分考虑到我国经济和科技发展的实际水平，坚持以社会公共利益为基点，既要维护社会主义市场经济的公平竞争秩序，又要注意平衡市场主体的利益关系；既要防止因不适当扩大竞业限制的范围而妨碍劳动者的择业自由，又要保护用人单位的商业秘密等合法权益，最大限度地实现设立竞业限制制度的立法本意和目的。

11. 合理采取财产保全措施。对受到金融危机影响较为严重的企业，在处理财产保全申请时，要充分考虑企业的生存发展、劳动者的生计保障和社会的和谐稳定，灵活采取财产保全措施，既要注意确保劳动者的合法权益将来能够实现，又要防止因采取财产保全措施不当，给用人单位造成生产经营困难。对有转移财产、逃避债务迹象的企业，要加大财产保全力度，及时采取查封、扣押、冻结等措施，防止因企业资产流失导致劳动者权益受损；对暂时资金周转困难、尚有经营发展前景的负债企业，采用"活扣"、"活封"等诉讼保全方式，慎用冻结、划拨流动资金，不拍卖、变卖厂房设备，避免因保全措施不当影响企业的生产经营或导致企业倒闭停业。

12. 要积极探讨劳动争议诉讼程序和仲裁程序的有效衔接。要建立与劳动争议仲裁委员会的沟通协调机制，及时交流劳动争议处理的新情况、新问题，积极探索和创建诉讼程序与仲裁程序有效衔接的新规则、新制度。要准确把握劳动合同法和劳动争议调解仲裁法的新规定和新精神，严格审查仲裁时效，合理把握仲裁审理时限超期的认定标准，对于仲裁委员会确有正当理由未能在规定时限内作出受理决定或仲裁裁决，劳动者以此为由向人民法院起诉的，人民法院应告知劳动者等待仲裁委员会的决定或裁决。要妥善解决劳动者不服仲裁裁决提起诉讼的同时，用人单位又申请撤销仲裁裁决出现的有关问题，切实规范仲裁委员会逾期未作出受理决定和仲裁裁决的相关程序。

13. 各级人民法院要积极争取党委的领导和政府的支持，加强与相关职能部门的沟通和协作，紧紧围绕经济发展和社会稳定的大局，密切关注国际金融危机的不断变化，依法审理劳动争议，调节社会关系，化解矛盾纠纷，为促进我国经济平稳较快发展提供公正高效权威的司法保障。

附录 1：最高人民法院民一庭负责人解读《指导意见》

问：当前形势下人民法院审理劳动争议纠纷案件应秉承哪些基本原则？

最高人民法院民一庭负责人强调，做好人民法院工作，必须始终坚持以人为本，坚定地站稳人民的立场，切实解决人民群众最关心、最直接、最现实的诉讼利益问题，不断满足人民群众的司法需求。具体到劳动争议纠纷案件的审判工作，必须坚持以下几个方面的基本原则：

第一，以“保增长、保民生、保稳定”为根本目标，将既要保障劳动者合法权益，又要维护用人单位的生存发展的原则作为当前形势下做好劳动争议案件审判工作的首要原则。坚持民生保障为本、经济发展为基，既要注重保障劳动者的合法权益，又要保证实现经济平稳较快发展。要避免对企业竭泽而渔、杀鸡取卵，努力寻找劳动关系双方当事人利益的共同点和平衡点，在保障民生、促进就业、企业生存、社会稳定、经济发展之间实现互利共赢。

第二，全面、正确理解劳动合同法、劳动争议调解仲裁法的立法原意和宗旨，准确把握法律内涵，避免对法律的误读误解。要把个案的公正与社会公正结合起来，正确处理个人利益与社会利益、局部利益与全局利益之间的关系。要处理好严格执行法律和贯彻方针政策之间的辩证统一关系。既要不折不扣地执行法律，又要充分考虑国家为应对国际金融危机出台的一系列方针政策，实现执行法律法规和贯彻方针政策的统一，充分发挥人民法院审判工作服务大局、应对危机的职能作用。对于历史遗留的劳动问题，要按照当时的法律法规及党和国家的方针政策妥善处理。

第三，充分发挥诉讼调解和人民调解的作用。在审理劳动争议纠纷案件时，要高度重视调解的功能作用，以协商正义补充规则正义的不足，不断改进和完善调解制度。要进一步发挥人民调解在社会矛盾纠纷调解工作体系的基础作用，建立诉讼调解和人民调解联动与贯通的“大调解”工作格局，有效预防和及时化解矛盾纠纷，维护社会的和谐稳定，不断拓宽司法为民惠及社会的渠道。

第四，畅通多层次利益诉求渠道，建立健全劳动争议纠纷解决机制。及时全面地收集民意，加强和改进劳动争议审判工作，是人民法院不断满足人民群众司法新需求的一项基础性任务。要积极采取措施，创新对策，引导劳动者合法、合理地表达利益诉求。要认真梳理劳动者的司法需求，正确判断，去伪存真，在法律规定的框架下，适时调整司法政策，采取有针对性的措施。要立足预防，重在化解，创建和完善劳动争议多方联动解决机制和应急处理机制，全力预防和化解劳动争议，促进劳动关系的有序运行和经济社会的健康发展。

问：人民法院审理解除劳动合同纠纷案件，如何处理当事人意思自治和稳定劳动关系之间的关系？

答：解除劳动合同纠纷是司法实践中最常见劳动争议纠纷案件之一，且由“两法”颁布前用人单位解除劳动合同居多逐步转变为劳动者解除劳动合同居多的情形。在审理解除劳动合同纠纷案件时，要尽量维护劳动合同的效力，慎用解除劳动合同的方法解决劳动争议。既要尊重当事人的意思自治，又要促进劳动关系的和谐稳定；既要保障劳动者的就业权和辞职权，又要尊重用人单位的用工自主权。要引导劳动关系双方依照法律规定解除劳动合同，既要防止劳动者不诚信的辞职行为影响用人单位的正常生产经营秩序，又要避免用人单位违法解除劳动合同侵犯劳动者的合法权益。

问：当前许多企业因经营困难、转产调整进而大量裁员引发劳动争议，人民法院对此如何处理？

答：当前许多企业受国际金融危机的影响和冲击，出现经营困难、转产调整并进而大量裁员引发劳动争议，人民法院在审理因企业裁员引发的纠纷时，既要鼓励、规范企业自觉履行义务、承担社会责任，又要倡导职工理解企业确因经济困难所采取的合理应对行为。

要严格审查用人单位的裁员行为是否符合劳动合同法第四十一条规定的程序和条件，积极鼓励和引导用人单位与劳动者进行协商，尽量不裁员或少裁员。对于困难企业经过多方努力仍不得不实行经济性裁员，且一次性支付经济补偿确有困难的，要尽可能促使用人单位与工会或职工就分期支付或以其他方式支付经济补偿问题达成调解协议或和解协议。

问：人民法院在劳动争议案件的财产保全工作中，要注意什么问题？

答：要注意合理采取财产保全措施，保障用人单位的生存发展。

对受到金融危机冲击的企业采取财产保全措施，要充分考虑企业的生存发展、劳动者的生计保障和社会的和谐稳定，灵活采取财产保全措施，既要注意确保劳动者的合法权益将来能够实现，又要防止因采取保全措施不当，给用人单位造成生产经营困难。在采取财产保全措施时，要坚持区别对待：对有转移财产、逃避债务迹象的企业，要加大财产保全力度，及时采取查封、扣押、冻结等措施，防止因企业资产流失导致劳动者权益受损；对暂时资金周转困难、尚有经营发展前景的负债企业，采用“活扣”、“活封”等诉讼保全方式，慎用冻结、划拨流动资金，不拍卖、变卖厂房设备，避免因保全措施不当影响企业的生产经营或导致企业倒闭停业。

问：人民法院在劳动争议纠纷案件的审判工作中，如何处理诉讼程序和仲裁程序的对接？

答：目前，我国劳动争议纠纷案件的处理实行“一裁二审”的争议解决机制。实现劳动争议诉讼程序和仲裁程序的有效衔接，有利于最大限度地发挥现有司法资源的整体效益，最大可能地降低当事人的诉累，以最低的成本实现司法公正。要建立与劳动争议仲裁委员会的沟通协调机制，及时交流劳动争议处理的新情况、新问题，积极探索和创建诉讼程序与仲裁程序有效衔接的新规则、新制度。要准确把握劳动合同法和调解仲裁法的新规定和新精神，严格审查仲裁时效，合理把握仲裁审理时限超期的认定标准。对于仲裁委员会确有正当理由未能在规定时限内作出受理决定或仲裁裁决，劳动者以此为由向人民法院起诉的，人民法院不予受理。要妥善解决劳动者不服仲裁裁决提起诉讼的同时，用人单位又申请撤销仲裁裁决出现的有关问题，切实规范仲裁委员会逾期未作出受理决定和仲裁裁决的相关程序。

背景

劳动争议案件当前五大特点

一是案件数量膨胀化。2008 年全国受理劳动争议案件 28 万余件，较 2007 年增长 93.93%；2009 年上半年受理近 17 万件，同比增长 30%。有的地区更是呈现井喷式激增，如今年一季度，广东、江苏、浙江增幅分别达 41.63%、50.32%和 159.61%。

二是案件内容复杂化。以往纠纷大多仅涉及工伤赔偿及劳动报酬给付，随着市场经济发展以及法律赋予劳动者权益多样化，争议纠纷内容出现复杂化趋势。目前当事人的诉求出现了大量要求补办社会保险或退休手续、签订无固定期限劳动合同、要求依据同工同酬原则给付工资及福利待遇，以及确认辞退开除决定无效并恢复工作等新的诉讼内容。

三是案件区间多样化。不仅包括劳动合同履行期间发生的纠纷，还出现了涉及签订、解除、终止劳动合同过程中所产生的附随义务的纠纷；不仅要审查订立劳动合同时的缔约责任，还要审查合同终止后产生的竞业限制义务，从而使纠纷涉及区间更广、涉及问题更多。

四是案件诉讼群体化。许多纠纷所涉问题在同一用人单位内部具有相当的普遍性，劳动者之间具有利益上相关性和诉求上共同性，普遍认为通过群体性诉讼更能增强其在诉讼中的博弈能力，更有利于实现其诉求。此外，法律服务市场的不规范催生了部分劳动争议职业诉讼人。个别公民代理人和少数不良律师不当地引导甚至煽动劳动者利用用人单位管理的漏洞进行诉讼，也是引发群体性纠纷的重要原因。

五是案件难度增大化。随着社会经济发展，劳动用工关系朝多元化方向发展，反映在案件中，直接表现为劳动权利义务内容的日益丰富和诉讼请求的日益复杂，社会敏感度高、法律依据不明确的新类型案件日趋增多。

分析

纠纷案件激增背后三大原因

第一，特定经济环境下劳动关系矛盾日趋激烈。2008 年下半年以来，由美国次贷风暴引发的金融危机迅速扩散蔓延，对世界经济产生直接而持久的不利影响。我国经济也难以独善其身，全国许多企业和行业经营困难，持续亏损，有的甚至停业、倒闭和破产。与此同时，用人单位拖薪、欠薪现象普遍，携款逃匿事件时有发生。劳动者与用人单位之间因追索基本工资、加班费等劳动报酬产生的矛盾纠纷日渐突出，直接引发了劳动争议案件数量激增。

第二，“两法”的颁行，为劳动者依法行使权利提供了保障。劳动合同法及其实施条例的颁行，在实体法方面为劳动者依法维护自身利益提供了更为周全的保护；劳动争议调解仲裁法进一步规范了劳动争议纠纷的解决途径，明晰了相应的操作规程，在程序法方面为劳动者以更简便、经济的方式解决劳资纠纷提供了依据。上述两部法律对劳动者权益的倾斜保护，客观上鼓励了劳动者通过仲裁与诉讼维权，从而导致劳动争议案件增加。

第三，仲裁和诉讼的门槛大大降低。根据《诉讼费用交纳办法》规定，劳动争议案件不论标的大小，均只收10元诉讼费，简易程序审理、调解结案的仅收5元；劳动仲裁则分文不收。仲裁、诉讼门槛的降低对劳动者维权有着积极的推动作用，从而不可避免地产生某些滥诉、恶意诉讼现象。此外，有些人以"诉讼零成本"为诱惑提出风险代理，甚至以代理劳动争议案件为主业，寻觅、挖掘适合诉讼的劳资纠纷，将本不太尖锐的矛盾引为尖锐，从而将代理劳动争议案件作为其增加收入的主要来源。也是引发案件数量增加的原因之一。

附录2:妥处劳动争议纠纷　促进劳动关系和谐

——最高人民法院民一庭负责人就"劳动争议纠纷案件审判工作指导意见"答记者问

近日，最高人民法院出台《关于当前形势下做好劳动争议纠纷案件审判工作的指导意见》(以下简称《指导意见》)。最高人民法院民一庭负责人就相关背景和内容等进行了解读。

当前金融危机形势下，劳动争议纠纷案件已成为民事案件中增长幅度最快、涉及范围最广、影响程度最深、社会关注最多的案件类型

问:请介绍一下《指导意见》出台的背景。

答:人民法院的民事审判工作，必须始终围绕服务党和国家工作大局来进行。当前金融危机形势下，劳动争议纠纷案件已成为民事案件中增长幅度最快、涉及范围最广、影响程度最深、社会关注最多的案件类型。更加突出、有效地做好劳动争议纠纷案件审判工作，既是当前形势所需，也是时代发展所需；既是审判工作所需，也是服务党和国家工作大局所需。

从宏观经济层面来看，我国经济发展正进入一个生产要素成本周期性上升的阶段，成本推动的压力趋于加大，原材料价格急剧上涨及出口退税率下调等各种客观因素给用人单位造成极大压力。另一方面，随着全球经济一体化，我国经济国际

化程度日益提高，特别是一年多来国际金融危机的爆发、扩散和蔓延，直接导致西方主要发达经济体陷入衰退、新兴经济体增幅放缓，我国经济特别是对外贸易也受到严重冲击，许多行业和企业经营困难，用人单位的成本压力进一步增大。

劳动合同法与劳动争议调解仲裁法(以下简称“两法”)在去年相继颁行后，许多劳动者以此作为维护自身利益的利器，纷纷通过仲裁与诉讼方式解决矛盾。劳动争议案件类型日趋复杂，人民法院审理劳动争议案件的难度越来越大。

上述原因和影响导致当前劳动关系矛盾日益显现，反映在司法层面集中体现为劳动争议案件数量的激增。最高人民法院充分考虑到当前我国劳动关系的现状和金融危机对经济发展的影响，经多次研究后出台了《指导意见》。

《指导意见》对于促进经济又好又快发展，对于构建社会主义和谐社会，对于建设社会主义新农村，对于保障民生、改善民生、促进民生将产生积极影响

问:当前，劳动争议成为社会关注的焦点，在此形势下出台《指导意见》有何重要意义?

答:《指导意见》为当前形势下做好劳动争议纠纷案件的审判工作提出了原则性指导意见，主要有四个方面意义。

第一，对于促进经济又好又快发展将产生积极影响。受金融危机影响，我国经济运行压力加大，增速明显放缓。公正高效地审理好劳动争议案件，可以使广大企业，尤其是受宏观经济形势影响较大、生产经营遇到困难的企业，尽早从矛盾纠纷中解脱出来，使企业将更多的精力投入到优化结构、加快转变经营模式中;投入到自主创新、促进产业升级换代中;投入到技术改造、提升企业综合竞争力中，从而最大限度地降低宏观经济环境变化对经济发展带来的负面影响，为实现“保增长、保民生、保稳定”的目标提供有力的司法保障。

第二，对于构建社会主义和谐社会将产生积极影响。劳动关系是市场经济条件下最基本、最重要的社会关系。在构建和谐社会的总体格局中，保持健康、稳定、协调的劳动关系至关重要。劳动关系和谐是社会最大的和谐，和谐社会一定是广大劳动者正当利益真正得到实现的社会，也一定是劳动关系双方都能够共赢共荣共同发展的社会。没有健康和谐的劳动关系，整个社会的和谐就失去了广泛而坚实的基础。因此，通过有效处理劳动争议，妥善协调劳动关系，及时化解用人单位

与劳动者之间的矛盾，依法平等保护双方当事人的合法权益，对于促进人的全面发展，在全社会形成各尽所能、各得其所、和谐共处的社会关系具有积极意义。

第三，对于建设社会主义新农村将产生积极影响。在我国发展现阶段，劳动者的构成纷繁多元，但其中很大一部分来自农村。通过妥善处理好工资拖欠、减员裁员等劳动争议纠纷案件，有利于保护广大农民工的切身利益，不断增加农民工收入，进而促进农村社会稳定和农业健康发展，为社会主义新农村建设做出积极而重要的贡献。

第四，对于保障民生、改善民生、促进民生将产生积极影响。劳动争议案件的处理涉及到广大劳动者切身利益的维护，涉及到千家万户根本利益的保障。审理好劳动争议案件，一方面，可以积极回应人民群众对于人民法院维护劳动者合法权益、改善与促进民生的新期待和新要求，切实做到以司法保障民生、以司法改善民生，以司法维护民生；另一方面，可以有效解决工资拖欠和就业稳定问题，不断增加职工收入，提高职工和群众的消费能力，进一步增强消费对经济增长的拉动力。

最高人民法院关于当前形势下进一步做好房地产纠纷案件审判工作的指导意见

（法发[2009]42 号）

各省、自治区、直辖市高级人民法院，解放军军事法院，新疆维吾尔自治区高级人民法院生产建设兵团分院：

现将《关于当前形势下进一步做好房地产纠纷案件审判工作的指导意见》印发给你们，请结合当地实际，认真贯彻落实。

二〇〇九年七月九日

当前，稳定房地产市场，保障房地产业的健康发展，是党和国家应对国际金融危机影响，促进经济平稳较快发展的重大决策部署。充分发挥人民法院的审判职能作用，切实做好房地产纠纷案件审判工作，是人民法院为大局服务、为人民司法的必然要求。各级人民法院要深刻认识当前形势下做好房地产纠纷案件审判工作的重要意义，准确把握宏观经济形势发生的客观变化，在法律和国家政策规定框架内，适用原则性和灵活性相统一的方法，妥善审理房地产案件，为国家"保增长、保民生、保稳定"的工作大局提供强有力的司法保障。现就做好房地产纠纷案件的审判工作，提出如下指导意见。

一、切实依法维护国有土地使用权出让市场。要依照物权法、合同法、城市房地产管理法等法律及最高人民法院《关于审理涉及国有土地使用权合同纠纷案件适用法律问题的解释》的规定，尽可能维持土地使用权出让合同效力，依法保护守约方的合法权益，促进土地使用权出让市场的平稳发展。

二、切实依法维护国有土地使用权转让市场。要正确理解城市房地产管理法等法律、行政法规关于土地使用权转让条件的规定，准确把握物权效力与合同效力的区分原则，尽可能维持合同效力，促进土地使用权的正常流转。

三、切实依法保护国家投资基础设施建设拉大内需政策的落实。要依照法律规定，结合国家政策，妥善审理好涉及国家重大工程、重点项目的建设工程施工合同纠纷案件；要慎用财产保全措施，尽可能加快案件审理进度，发挥财产效益，为重点工程按期完工提供司法保障。

四、加大对招标投标法的贯彻力度。要依照招标投标法和最高人民法院《关于审理建设工程施工合同纠纷案件适用法律问题的解释》的规定，准确把握"黑白合同"的认定标准，依法维护中标合同的实质性内容；对案件审理中发现的带有普遍性的违反招标投标法等法律、行政法规和司法解释规定的问题，要及时与建设行政管理部门沟通、协商，共同研究提出从源头上根治的工作方案，切实维护建筑市场秩序。

五、妥善处理因发包人资金困难产生的发包人拖欠工程款、承包人拖欠劳务分包人工程款等连锁纠纷案件。要统筹协调各方当事人的利益，加大案件调解力度，力争通过案件审判盘活现有的存量资金，实现当事人双赢、多赢的结果。调解不成的，要综合考虑连锁案件的整体情况，根据当事人的偿付能力和对方的资金需求，确定还款期限、还款方式，最大限度避免连锁案件引发群体事件影响社会稳定。

六、妥善处理非法转包、违法分包、肢解发包、不具备法定资质的实际施工人借用资质承揽工程等违法行为，以保证工程质量。对规避标准化法关于国家强制性标准的规定，降低建材标号，擅自缩减施工流程，降低工程质量标准等危及建筑产品安全的行为，要按照法律规定和合同约定严格予以处理；构成犯罪的，交由有关部门依法追究责任人的刑事责任。

七、妥善处理各类房屋买卖合同纠纷案件，依法稳定房屋交易市场。要依照法律和最高人民法院《关于审理商品房买卖合同纠纷案件适用法律若干问题的解释》的规定，妥善处理房屋销售广告纠纷，认购协议中定金纠纷、房屋质量纠纷、房屋面积纠纷，制裁恶意违约行为，保护购房人利益；对于房地产开发商确因资金暂时困难未按时交付房屋的，要多做双方当事人的调解工作，确无调解可能的案件，可以根据案件的具体情况，依法合理调整违约金数额，公平解决违约责任问题；对于买受人请求解除商品房合同纠纷案件，要严格依法审查，对不符合解除条件的不能解除；要引导当事人理性面对市场经营风险，共同维护诚信的市场交易秩序。对矛盾有可能激化的敏感案件和群体性案件，要及时向当地党委汇报，与政府主管部门沟通情况，力争将不稳定因素化解在萌芽状态。

八、妥善审理商品房抵押贷款合同纠纷案件，维护房地产金融体系安全。在审理因商品房买受人拖欠银行贷款产生的纠纷案件中，要依法保护银行的合法权益；对涉嫌利用虚假房地产交易套取银行信贷资金等违法犯罪活动的，要及时向侦查机关提供线索；对案件中出现的新情况、新问题及时与房地产主管部门、银行业进行沟通，依法支持金融监管机构有效行使管理职能，防范房地产金融体系风险。

九、妥善处理拖欠租金引发的房屋租赁合同纠纷案件。在处理小型企业租赁他人厂房、仓库等经营性用房的案件时，如果承租人因资金短缺临时拖欠租金，但企业仍处于正常生产经营状态的，要从维护企业的生存发展入手，加大调解力度，尽可能促成合同继续履行。

十、妥善采用多种途径处理房地产纠纷案件。房地产案件的审判涉及到房地产企业和广大人民群众的切身利益，要从保障企业合法权益，保障人民群众居住权益的角度，切实贯彻“调解优先、调判结合”原则，大力加强诉讼调解工作；要借助行政调解、人民调解力量，多种途径、多种方式化解纠纷，维护稳定，切实防止房地产纠纷转变为群体性行为。

十一、加强对当前形势下房地产业审判工作新情况、新问题的进一步研究。房地产业在国民经济中的重要作用，决定了国际金融危机对房地产业的影响是深远的，要加强对房地产案件审判的前瞻性研究，密切关注国内外经济形势变化可能引发的房地产纠纷案件，对案件审判中出现的新情况、新问题及时提出应对的司法政策；要及时总结审判经验，有效提高解决疑难复杂问题的能力，为房地产业的健康、持续发展提供可靠的司法保证。

附录：大力加强房地产纠纷案件审判工作

——最高人民法院民一庭负责人解读《指导意见》

近日，最高人民法院出台了《关于当前形势下进一步做好房地产纠纷案件审判工作的指导意见》(以下简称指导意见)。指导意见的出台是最高人民法院积极开展国际金融危机司法应对工作的重要举措。

(一)高度重视当前形势下的房地产案件审判工作

房地产业作为国民经济的重要支柱性产业，关系到国民经济的发展和综合国力的增强。保障房地产业的健康发展，是党和国家应对国际金融危机影响，促进经济平稳较快发展的重大决策部署。依法妥善审理房地产案件，是人民法院为党和国家的工作大局服务、为人民司法的切实体现，是落实科学发展观的重要举措。因此，指导意见首先强调，各级人民法院要深刻认识当前形势下做好房地产纠纷案件审判工作的重要意义，准确把握宏观经济形势发生的客观变化，在法律和国家政策规定框架内，适用原则性和灵活性相统一的方法，妥善审理房地产案件，为国家“保增长、保民生、保稳定”的工作大局提供强有力的司法保障。

(二)维持合同效力，促进土地使用权的正常流转，保障土地交易市场的平稳发展

在人口众多的我国，土地资源日益紧缺，土地的有限性和不可再生性，加剧了人多地少的不均衡现状，严重影响土地交易市场的供需关系。因此，建立一个高效有序运行的土地市场，促进土地交易，以保证土地利用效力的最大化，是土地交易

制度的核心内容，对国民经济具有极为重要的意义。稳定土地交易市场，是保障房地产业健康发展的首要环节和重要内容。在当前形势下，人民法院要从为地产业健康发展提供强有力司法保障的高度，依法审理土地使用权出让合同、转让合同纠纷案件，尽可能维持合同效力，促进土地使用权的正常流转，维护土地交易市场秩序。

（三）宽严适度，规范建筑市场秩序，保障国家重大基础设施、重点项目的建设工程顺利进行

加大基础设施建设投资是国家应对国际金融危机影响，拉大内需的激励经济振兴措施之一，通过建设工程案件审理，规范建筑市场秩序，为国家重大基础设施、重点项目的建设工程营造公平有序的市场竞争环境，是人民法院服务党和国家工作大局的必然要求。因此，指导意见要求，人民法院强化对招标投标法的执法力度。严格依照招标投标法和最高人民法院《关于审理建设工程施工合同纠纷案件适用法律问题的解释》规定，准确把握认定“黑白合同”的标准，对背离中标合同的价款、工期、质量标准等实质性内容的“黑合同”，依法认定无效，以制裁违法、违规行为。对当事人双方达成的没有背离中标合同实质内容的变更条款，依法认定有效，保护当事人的合法权益。要依照法律规定，结合国家政策，妥善审理好涉及国家重大工程、重点项目的建设工程施工合同纠纷案件；要慎用财产保全措施，尽可能加快案件审理进度，发挥财产效益，为重点工程按期完工提供司法保障。

（四）统筹协调，强化调解，妥善审理房地产连锁纠纷案件

目前，发包人因资金周转困难拖欠工程款现象十分严重，引发发包人拖欠承包人工程款，承包人拖欠劳务分包人工程款、拖欠材料供应商材料款、施工设备企业设备租赁费等纠纷案件。连锁案件的审理涉及众多主体利益，关系到不同企业的生存发展，处理不当亦激化不同利益主体之间的矛盾，引发群体事件，影响社会稳定。指导意见要求，人民法院在审理因房地产企业资金困难引发的连锁纠纷案件中，要统筹协调各方当事人的利益，加大案件调解力度，力争通过案件审判盘活现有的存量资金，实现当事人双赢、多赢的结果。调解不成的，要综合考虑连锁案件的整体情况，根据当事人的偿付能力和对方的资金需求，确定还款期限、还款方式，

最大限度避免连锁案件引发群体事件影响社会稳定。

（五）区分情况，慎用解除，依法稳定房屋交易市场

当前，商品房销售市场中房地产企业通过广告宣传等方式损害购房人利益的情形仍然存在。房地产价格大幅下跌，购房人以各种理由解除合同的纠纷凸显。成熟规范的市场交易秩序、良性发展的房地产企业是房地产业健康发展的必要基础条件，因此，在规范房地产市场交易秩序的同时，要高度关注房地产企业的生存发展，通过“放水养鱼”，保障房地产企业的生存发展，避免购房人的损失扩大，这在金融危机影响下，对于房地产市场的健康发展意义重大。因此，指导意见要求，要妥善处理各类房屋买卖合同纠纷案件，妥善处理房屋销售广告纠纷，认购协议中定金纠纷、房屋质量纠纷、房屋面积纠纷，制裁恶意违约行为，保护购房人利益；对于房地产开发商确因资金暂时困难未按时交付房屋的，要多做双方当事人的调解工作，确无调解可能的案件，可以根据案件的具体情况，依法合理调整违约金数额，公平解决违约责任问题；对于买受人请求解除商品房合同纠纷案件，要严格依法审查，对不符合解除条件的不能解除；要引导当事人理性面对市场经营风险，共同维护诚信的市场交易秩序。

（六）能动司法，多方联动，共同维护房地产市场的健康发展

能动司法是人民法院为大局服务、为人民司法的重要内容。房地产市场的健康发展，离不开相关行政主管部门的依法管理规范和司法提供的最终保障。指导意见要求妥善采用多种途径处理房地产纠纷案件。房地产案件的审判涉及到房地产企业和广大人民群众的切身利益，要从保障企业合法权益，保障人民群众居住权益的角度，切实贯彻“调解优先、调判结合”原则，大力加强诉讼调解工作；要借助行政调解、人民调解力量，多种途径、多种方式化解纠纷，维护稳定，切实防止房地产纠纷转变为群体性行为；对案件审理中发现的带有普遍性的违反招标投标法等法律、行政法规和司法解释规定的问题，要及时与建设行政管理部门沟通、协商，共同研究提出从源头上根治的工作方案，切实维护建筑市场秩序；妥善审理商品房抵押贷款合同纠纷案件，维护房地产金融体系安全。在审理因商品房买受人拖欠银行贷款产生的纠纷案件中，要依法保护银行的合法权益；对涉嫌利用虚假房地产交易套取银行信贷资金等违法犯罪活动的，要及时向侦查机关提供线索；对案件中出现

的新情况、新问题及时与房地产主管部门、银行业进行沟通，依法支持金融监管机构有效行使管理职能，防范房地产金融体系风险。

背景

案量迅猛攀升

随着国际金融危机的日益深化，国际国内经济增长明显减速，对我国房地产业产生较大影响。当前，商品房交易市场低迷，房地产企业资金链断裂，进而引发退地潮、停建潮、断供潮、退房潮，房地产纠纷案件数量迅猛攀升，成为国际金融危机影响下增幅最快的案件类型之一。2008 年全国法院共审结房地产民事案件 118564 件，同比上升 11.93%。今年 1 至 6 月份，全国法院受理房地产民事案件 67294 件，同比上升 10.58%。在案件数量大幅增加的同时，疑难复杂类型案件显著增多，出现了许多新情况和新问题。

一是因房地产企业资金困难引发的连锁房地产民事案件增加。在经济增长减速的影响下，房地产企业的融资和商品房销售受到冲击，产生资金困难，引发房地产企业拖欠土地出让金、土地使用权转让费，发包人拖欠承包人工程款，承包人拖欠劳务分包人工程款、拖欠材料供应商材料款、施工设备企业设备租赁费等连锁纠纷案件。连锁案件的审判关系到国家、集体、个人的根本利益，与国家稳定房地产业，保障房地产业健康发展政策的落实息息相关。

二是敏感性案件增多。金融危机影响下，商品房价格严重下跌，买受人请求解除商品房买卖合同纠纷案件大幅上升。该类案件往往形成群体性诉讼，双方利益冲突加剧，矛盾激化难以调和，动辄演变成为群体性事件，如果处理不好，将会带来许多负面影响，甚至影响社会和谐与稳定。三是增加房地产金融风险的案件大量显现。我国房地产业融资手段较为单一，房地产企业 70%的资金来源于银行贷款，按揭亦是购房人支付房价款的主要方式。少数开发商为了缓解资金压力，以假按揭等违法方式套取银行贷款，而部分购房人由于偿还能力的下降，拖欠银行按揭贷款，加大银行业金融风险。该类案件的审判直接关系国家保障金融体系安全政策的实施。四是建筑工程施工合同纠纷案件大幅上升。受经济增长减速的影响，建设工程投资规模缩小，建筑市场竞争加剧。发包人利用施工企业承揽工程的急迫心理，双方在工程招投标中通过串标等违法方式，另行签订背离中标合同实质内容的“黑合同”的情形增多，严重扰乱了建筑市场的正常经营秩序，破坏了市场主体的公平竞争秩序，阻碍建筑业的持续健康发展，直接影响到国家加大基础设施建设，拉动内需的激励经济振兴计划的实施。

起草制定过程

最高人民法院历来高度重视房地产民事案件的审判工作，曾先后出台《关于审理商品房买卖合同纠纷案件适用法律问题的解释》、《关于审理建设工程施工合同纠纷案件适用法律问题的解释》、《关于审理涉及国有土地使用权合同纠纷案件适用法律问题的解释》指导房地产民事审判工作。国际金融危机爆发以来，最高人民法院即决定由民一庭具体负责调研国际金融危机对房地产民事审判工作的影响，并同时启动指导意见的起草制定工作。

2008 年 11 月，经过对东、中、西部有代表性的省、自治区进行广泛调研，并在全国各高院上报相关专题报告的基础上，起草小组拟出初稿。在进一步分析、论证和召开座谈会的基础上，指导意见第二稿形成。2009 年 5 月 7 日至 8 日，最高人民法院在上海市召开了应对国际金融危机民事审判工作座谈会。指导意见(征求意见稿)作为会议讨论文件提交与会代表进行充分讨论。在会议讨论的基础上，起草小组修改形成了指导意见第三稿，并将该稿作为送审稿提交最高人民法院审判委员会民事行政专业委员会讨论。

指导意见的出台是建立在广泛、充分的调查研究的基础之上，指导思想突出，针对性明确，必将对人民法院做好当前形势下的房地产民事案件审判工作起到积极的指导作用。

最高人民法院关于学习贯彻修改后的专利法的通知

（法发[2009]49 号）

各省、自治区、直辖市高级人民法院，解放军军事法院，新疆维吾尔自治区高级人民

法院生产建设兵团分院：

《全国人民代表大会常务委员会关于修改〈中华人民共和国专利法〉的决定》于2008年12月27日经第十一届全国人民代表大会常务委员会第六次会议审议通过，自2009年10月1日起施行。为了保证修改后的专利法的贯彻实施，现就有关问题通知如下：

一、认真做好修改后的专利法的学习、贯彻工作。修改后的专利法，适度调整了专利授权条件，赋予外观设计专利权人许诺销售权，强化专利侵权损害赔偿责任，明确规定诉前证据保全措施、现有技术和现有设计抗辩事由等，对激励自主创新、促进科学技术进步和经济社会发展具有十分重要的意义，是我国专利制度发展历程中又一里程碑。各级人民法院要充分认识专利法修改的重要意义，高度重视修改后的专利法的学习、贯彻工作，结合人民法院的实际情况，制定学习、贯彻的具体计划和措施，学习好、领会好新的立法精神，为贯彻实施修改后的专利法打下良好的基础。

二、人民法院审理侵犯专利权纠纷案件，对于2009年10月1日以前的被诉侵犯专利权行为，适用修改前的专利法；对于2009年10月1日以后的被诉侵犯专利权行为，适用修改后的专利法；对于发生在2009年10月1日以前且持续到2009年10月1日以后的被诉侵犯专利权行为，依据修改前和修改后的专利法侵权人均应承担赔偿责任的，适用修改后的专利法确定赔偿数额。

三、被诉侵犯专利权行为发生在2009年10月1日以前，当事人在2009年10月1日以后向人民法院申请采取责令停止有关行为的措施、申请保全证据的，适用修改后的专利法。

四、人民法院适用修改后的专利法审理专利纠纷案件时，《最高人民法院关于对诉前停止侵犯专利权行为适用法律问题的若干规定》、《最高人民法院关于审理专利纠纷案件适用法律问题的若干规定》与修改后的专利法相抵触的内容，不再适用。

五、各级人民法院在适用修改后的专利法的过程中，要不断总结经验。对遇到的问题，要认真研究并提出意见，及时向最高人民法院请示报告，以保证修改后的专利法正确贯彻实施。

特此通知。

最高人民法院关于审理公司强制清算案件工作座谈会纪要

（法发[2009]52 号）

全国地方各级人民法院、各级军事法院、各铁路运输中级法院和基层法院、各海事法院，新疆生产建设兵团各级法院：

现将最高人民法院《关于审理公司强制清算案件工作座谈会纪要》印发给你们，请结合审判工作实际，遵照执行。

二〇〇九年十一月四日

当前，因受国际金融危机和世界经济衰退影响，公司经营困难引发的公司强制清算案件大幅度增加。《中华人民共和国公司法》和《最高人民法院关于适用〈中华人民共和国公司法〉若干问题的规定（二）》（以下简称公司法司法解释二）对于公司强制清算案件审理中的有关问题已作出规定，但鉴于该类案件非讼程序的特点和目前清算程序规范的不完善，有必要进一步明确该类案件审理原则，细化有关程序和实体规定，更好地规范公司退出市场行为，维护市场运行秩序，依法妥善审理公司强制清算案件，维护和促进经济社会和谐稳定。为此，最高人民法院在广泛调研的基础上，于 2009 年 9 月 15 日至 16 日在浙江省绍兴市召开了全国部分法院审理公司强制清算案件工作座谈会。与会同志通过认真讨论，就有关审理公司强制清算案件中涉及的主要问题达成了共识。现纪要如下：

一、关于审理公司强制清算案件应当遵循的原则

1. 会议认为，公司作为现代企业的主要类型，在参与市场竞争时，不仅要严格遵循市场准入规则，也要严格遵循市场退出规则。公司强制清算作为公司退出市场机制的重要途径之一，是公司法律制度的重要组成部分。人民法院在审理此类案件时，应坚持以下原则：

第一，坚持清算程序公正原则。公司强制清算的目的在于有序结束公司存续

期间的各种商事关系，合理调整众多法律主体的利益，维护正常的经济秩序。人民法院审理公司强制清算案件，应当严格依照法定程序进行，坚持在程序正义的基础上实现清算结果的公正。

第二，坚持清算效率原则。提高社会经济的整体效率，是公司强制清算制度追求的目标之一，要严格而不失快捷地使已经出现解散事由的公司退出市场，将其可能给各方利益主体造成的损失降至最低。人民法院审理强制清算案件，要严格按照法律规定及时有效地完成清算，保障债权人、股东等利害关系人的利益及时得到实现，避免因长期拖延清算给相关利害关系人造成不必要的损失，保障社会资源的有效利用。

第三，坚持利益均衡保护原则。公司强制清算中应当以维护公司各方主体利益平衡为原则，实现公司退出环节中的公平公正。人民法院在审理公司强制清算案件时，既要充分保护债权人利益，又要兼顾职工利益、股东利益和社会利益，妥善处理各方利益冲突，实现法律效果和社会效果的有机统一。

二、关于强制清算案件的管辖

2.对于公司强制清算案件的管辖应当分别从地域管辖和级别管辖两个角度确定。地域管辖法院应为公司住所地的人民法院，即公司主要办事机构所在地法院；公司主要办事机构所在地不明确、存在争议的，由公司注册登记地人民法院管辖。级别管辖应当按照公司登记机关的级别予以确定，即基层人民法院管辖县、县级市或者区的公司登记机关核准登记公司的公司强制清算案件；中级人民法院管辖地区、地级市以上的公司登记机关核准登记公司的公司强制清算案件。存在特殊原因的，也可参照适用《中华人民共和国企业破产法》第四条、《中华人民共和国民事诉讼法》第三十七条和第三十九条的规定，确定公司强制清算案件的审理法院。

三、关于强制清算案件的案号管理

3.人民法院立案庭收到申请人提交的对公司进行强制清算的申请后，应当及时以“(××××)××法×清(预)字第×号”立案。立案庭立案后，应当将申请人提交的申请等有关材料移交审理强制清算案件的审判庭审查，并由审判庭依法作出是否受理强制清算申请的裁定。

4.审判庭裁定不予受理强制清算申请的，裁定生效后，公司强制清算案件应当以“(××××)××法×清(预)字第×号”结案。审判庭裁定受理强制清算申请的，立案庭应当以“(××××)××法×清(算)字第×号”立案。

5. 审判庭裁定受理强制清算申请后，在审理强制清算案件中制作的民事裁定书、决定书等，应当在“(××××)××法×清(算)字第×号”后依次编号，如“(××××)××法×清(算)字第×－1号民事裁定书”、“(××××)××法×清(算)字第×－2号民事裁定书”等，或者“(××××)××法×清(算)字第×－1号决定书”、“(××××)××法×清(算)字第×－2号决定书”等。

四、关于强制清算案件的审判组织

6. 因公司强制清算案件在案件性质上类似于企业破产案件，因此强制清算案件应当由负责审理企业破产案件的审判庭审理。有条件的人民法院，可由专门的审判庭或者指定专门的合议庭审理公司强制清算案件和企业破产案件。公司强制清算案件应当组成合议庭进行审理。

五、关于强制清算的申请

7. 公司债权人或者股东向人民法院申请强制清算应当提交清算申请书。申请书应当载明申请人、被申请人的基本情况和申请的事实和理由。同时，申请人应当向人民法院提交被申请人已经发生解散事由以及申请人对被申请人享有债权或者股权的有关证据。公司解散后已经自行成立清算组进行清算，但债权人或者股东以其故意拖延清算，或者存在其他违法清算可能严重损害债权人或者股东利益为由，申请人民法院强制清算的，申请人还应当向人民法院提交公司故意拖延清算，或者存在其他违法清算行为可能严重损害其利益的相应证据材料。

8. 申请人提交的材料需要更正、补充的，人民法院应当责令申请人于七日内予以更正、补充。申请人由于客观原因无法按时更正、补充的，应当向人民法院予以书面说明并提出延期申请，由人民法院决定是否延长期限。

六、关于对强制清算申请的审查

9. 审理强制清算案件的审判庭审查决定是否受理强制清算申请时，一般应当召开听证会。对于事实清楚、法律关系明确、证据确实充分的案件，经书面通知被申请人，其对书面审查方式无异议的，也可决定不召开听证会，而采用书面方式进行审查。

10. 人民法院决定召开听证会的，应当于听证会召开五日前通知申请人、被申请人，并送达相关申请材料。公司股东、实际控制人等利害关系人申请参加听证的，人民法院应予准许。听证会中，人民法院应当组织有关利害关系人对申请人是否具备申请资格、被申请人是否已经发生解散事由、强制清算申请是否符合法律规定等内容进行听证。因补充证据等原因需要再次召开听证会的，应在补充期限届满后十日内进行。

11. 人民法院决定不召开听证会的，应当及时通知申请人和被申请人，并向被申请人送达有关申请材料，同时告知被申请人若对申请人的申请有异议，应当自收到人民法院通知之日起七日内向人民法院书面提出。

七、关于对强制清算申请的受理

12. 人民法院应当在听证会召开之日或者自异议期满之日起十日内，依法作出是否受理强制清算申请的裁定。

13. 被申请人就申请人对其是否享有债权或者股权，或者对被申请人是否发生解散事由提出异议的，人民法院对申请人提出的强制清算申请应不予受理。申请人可就有关争议单独提起诉讼或者仲裁予以确认后，另行向人民法院提起强制清算申请。但对上述异议事项已有生效法律文书予以确认，以及发生被吊销企业法人营业执照、责令关闭或者被撤销等解散事由有明确、充分证据的除外。

14. 申请人提供被申请人自行清算中故意拖延清算，或者存在其他违法清算可能严重损害债权人或者股东利益的相应证据材料后，被申请人未能举出相反证据的，人民法院对申请人提出的强制清算申请应予受理。债权人申请强制清算，被申请人的主要财产、账册、重要文件等灭失，或者被申请人人员下落不明，导致无法清算的，人民法院不得以此为由不予受理。

15. 人民法院受理强制清算申请后，经审查发现强制清算申请不符合法律规定的，可以裁定驳回强制清算申请。

16. 人民法院裁定不予受理或者驳回受理申请，申请人不服的，可以向上一级人民法院提起上诉。

八、关于强制清算申请的撤回

17. 人民法院裁定受理公司强制清算申请前，申请人请求撤回其申请的，人民法院应予准许。

18.公司因公司章程规定的营业期限届满或者公司章程规定的其他解散事由出现，或者股东会、股东大会决议自愿解散的，人民法院受理强制清算申请后，清算组对股东进行剩余财产分配前，申请人以公司修改章程，或者股东会、股东大会决议公司继续存续为由，请求撤回强制清算申请的，人民法院应予准许。

19.公司因依法被吊销营业执照、责令关闭或者被撤销，或者被人民法院判决强制解散的，人民法院受理强制清算申请后，清算组对股东进行剩余财产分配前，申请人向人民法院申请撤回强制清算申请的，人民法院应不予准许。但申请人有证据证明相关行政决定被撤销，或者人民法院作出解散公司判决后当事人又达成公司存续和解协议的除外。

九、关于强制清算案件的申请费

20.参照《诉讼费用交纳办法》第十条、第十四条、第二十条和第四十二条关于企业破产案件申请费的有关规定，公司强制清算案件的申请费以强制清算财产总额为基数，按照财产案件受理费标准减半计算，人民法院受理强制清算申请后从被申请人财产中优先拨付。因财产不足以清偿全部债务，强制清算程序依法转入破产清算程序的，不再另行计收破产案件申请费；按照上述标准计收的强制清算案件申请费超过30万元的，超过部分不再收取，已经收取的，应予退还。

21.人民法院裁定受理强制清算申请前，申请人请求撤回申请，人民法院准许的，强制清算案件的申请费不再从被申请人财产中予以拨付；人民法院受理强制清算申请后，申请人请求撤回申请，人民法院准许的，已经从被申请人财产中优先拨付的强制清算案件申请费不予退回。

十、关于强制清算清算组的指定

22.人民法院受理强制清算案件后，应当及时指定清算组成员。公司股东、董事、监事、高级管理人员能够而且愿意参加清算的，人民法院可优先考虑指定上述人员组成清算组；上述人员不能、不愿进行清算，或者由其负责清算不利于清算依法进行的，人民法院可以指定《人民法院中介机构管理人名册》和《人民法院个人管理人名册》中的中介机构或者个人组成清算组；人民法院也可根据实际需要，指定公司股东、董事、监事、高级管理人员，与管理人名册中的中介机构或者个人共同组成清算组。人民法院指定管理人名册中的中介机构或者个人组成清算组，或者担任清算组成员的，应当参照适用《最高人民法院关于审理企业破产案件指定管理人的规定》。

23.强制清算清算组成员的人数应当为单数。人民法院指定清算组成员的同时，应当根据清算组成员的推选，或者依职权，指定清算组负责人。清算组负责人代行清算中公司诉讼代表人职权。清算组成员未依法履行职责的，人民法院应当依据利害关系人的申请，或者依职权及时予以更换。

十一、关于强制清算清算组成员的报酬

24.公司股东、实际控制人或者股份有限公司的董事担任清算组成员的，不计付报酬。上述人员以外的有限责任公司的董事、监事、高级管理人员，股份有限公司的监事、高级管理人员担任清算组成员的，可以按照其上一年度的平均工资标准计付报酬。

25.中介机构或者个人担任清算组成员的，其报酬由中介机构或者个人与公司协商确定；协商不成的，由人民法院参照《最高人民法院关于审理企业破产案件确定管理人报酬的规定》确定。

十二、关于强制清算清算组的议事机制

26.公司强制清算中的清算组因清算事务发生争议的，应当参照公司法第一百一十二条的规定，经全体清算组成员过半数决议通过。与争议事项有直接利害关系的清算组成员可以发表意见，但不得参与投票；因利害关系人回避表决无法形成多数意见的，清算组可以请求人民法院作出决定。与争议事项有直接利害关系的清算组成员未回避表决形成决定的，债权人或者清算组其他成员可以参照公司法第二十二条的规定，自决定作出之日起六十日内，请求人民法院予以撤销。

十三、关于强制清算中的财产保全

27.人民法院受理强制清算申请后，公司财产存在被隐匿、转移、毁损等可能影响依法清算情形的，人民法院可依清算组或者申请人的申请，对公司财产采取相应的保全措施。

十四、关于无法清算案件的审理

28.对于被申请人主要财产、账册、重要文件等灭失，或者被申请人人员下落不明的强制清算案件，经向被申请人的股东、董事等直接责任人员释明或采取罚款等民事制裁措施后，仍然无法清算或者无法全面清算，对于尚有部分财产，且依据现有账册、重要文件等，可以进行部分清偿的，应当参照企业破产法的规定，对现有财产进行公平清偿后，以无法全面清算为由终结强制清算程序；对于没有任何财产、账册、重要文件，被申请人人员下落不明的，应当以无法清算为由终结强制清算程序。

29. 债权人申请强制清算，人民法院以无法清算或者无法全面清算为由裁定终结强制清算程序的，应当在终结裁定中载明，债权人可以另行依据公司法司法解释二第十八条的规定，要求被申请人的股东、董事、实际控制人等清算义务人对其债务承担偿还责任。股东申请强制清算，人民法院以无法清算或者无法全面清算为由作出终结强制清算程序的，应当在终结裁定中载明，股东可以向控股股东等实际控制公司的主体主张有关权利。

十五、关于强制清算案件衍生诉讼的审理

30. 人民法院受理强制清算申请前已经开始，人民法院受理强制清算申请时尚未审结的有关被强制清算公司的民事诉讼，由原受理法院继续审理，但应依法将原法定代表人变更为清算组负责人。

31. 人民法院受理强制清算申请后，就强制清算公司的权利义务产生争议的，应当向受理强制清算申请的人民法院提起诉讼，并由清算组负责人代表清算中公司参加诉讼活动。受理强制清算申请的人民法院对此类案件，可以适用民事诉讼法第三十七条和第三十九条的规定确定审理法院。上述案件在受理法院内部各审判庭之间按照业务分工进行审理。人民法院受理强制清算申请后，就强制清算公司的权利义务产生争议，当事人双方就产生争议约定有明确有效的仲裁条款的，应当按照约定通过仲裁方式解决。

十六、关于强制清算和破产清算的衔接

32. 公司强制清算中，清算组在清理公司财产、编制资产负债表和财产清单时，发现公司财产不足清偿债务的，除依据公司法司法解释二第十七条的规定，通过与债权人协商制作有关债务清偿方案并清偿债务的外，应依据公司法第一百八十八条和企业破产法第七条第三款的规定向人民法院申请宣告破产。

33. 公司强制清算中，有关权利人依据企业破产法第二条和第七条的规定向人民法院另行提起破产申请的，人民法院应当依法进行审查。权利人的破产申请符合企业破产法规定的，人民法院应当依法裁定予以受理。人民法院裁定受理破产申请后，应当裁定终结强制清算程序。

34. 公司强制清算转入破产清算后，原强制清算中的清算组由《人民法院中介机构管理人名册》和《人民法院个人管理人名册》中的中介机构或者个人组成或者参加的，除该中介机构或者个人存在与本案有利害关系等不宜担任管理人或者管理人成员的情形外，人民法院可根据企业破产法及其司法解释的规定，指定该中介机构或者个人作为破产案件的管理人，或者吸收该中介机构作为新成立的清算组管理人的成员。上述中介机构或者个人在公司强制清算和破产清算中取得的报酬总额，不应超过按照企业破产计付的管理人或者管理人成员的报酬。

35. 上述中介机构或者个人不宜担任破产清算中的管理人或者管理人的成员的，人民法院应当根据企业破产法和有关司法解释的规定，及时指定管理人。原强制清算中的清算组应当及时将清算事务及有关材料等移交给管理人。公司强制清算中已经完成的清算事项，如无违反企业破产法或者有关司法解释的情形的，在破产清算程序中应承认其效力。

十七、关于强制清算程序的终结

36. 公司依法清算结束，清算组制作清算报告并报人民法院确认后，人民法院应当裁定终结清算程序。公司登记机关依清算组的申请注销公司登记后，公司终止。

37. 公司因公司章程规定的营业期限届满或者公司章程规定的其他解散事由出现，或者股东会、股东大会决议自愿解散的，人民法院受理债权人提出的强制清算申请后，对股东进行剩余财产分配前，公司修改章程、或者股东会、股东大会决议公司继续存续，申请人在其个人债权及他人债权均得到全额清偿后，未撤回申请的，人民法院可以根据被申请人的请求裁定终结强制清算程序，强制清算程序终结后，公司可以继续存续。

十八、关于强制清算案件中的法律文书

38. 审理强制清算的审判庭审理该类案件时，对于受理、不受理强制清算申请、驳回申请人的申请、允许或者驳回申请人撤回申请、采取保全措施、确认清算方案、确认清算终结报告、终结强制清算程序的，应当制作民事裁定书。对于指定或者变更清算组成员、确定清算组成员报酬、延长清算期限、制裁妨碍清算行为的，应当制作决定书。对于其他所涉有关法律文书的制作，可参照企业破产清算中人民法院的法律文书样式。

十九、关于强制清算程序中对破产清算程序的准用

39.鉴于公司强制清算与破产清算在具体程序操作上的相似性，就公司法、公司法司法解释二，以及本会议纪要未予涉及的情形，如清算中公司的有关人员未依法妥善保管其占有和管理的财产、印章和账簿、文书资料，清算组未及时接管清算中公司的财产、印章和账簿、文书，清算中公司拒不向人民法院提交或者提交不真实的财产状况说明、债务清册、债权清册、有关财务会计报告以及职工工资的支付情况和社会保险费用的缴纳情况，清算中公司拒不向清算组移交财产、印章和账簿、文书等资料，或者伪造、销毁有关财产证据材料而使财产状况不明，股东未缴足出资、抽逃出资，以及公司董事、监事、高级管理人员非法侵占公司财产等，可参照企业破产法及其司法解释的有关规定处理。

二十、关于审理公司强制清算案件中应当注意的问题

40.鉴于此类案件属于新类型案件，且涉及的法律关系复杂、利益主体众多，人民法院在审理难度大、涉及面广、牵涉社会稳定的重大疑难清算案件时，要在严格依法的前提下，紧紧依靠党委领导和政府支持，充分发挥地方政府建立的各项机制，有效做好维护社会稳定的工作。同时，对于审判实践中发现的新情况、新问题，要及时逐级上报。上级人民法院要加强对此类案件的监督指导，注重深入调查研究，及时总结审判经验，确保依法妥善审理好此类案件。

最高人民法院印发《关于依法保护行政诉讼当事人诉权的意见》的通知

（法发[2009]54号）

各省、自治区、直辖市高级人民法院，解放军军事法院，新疆维吾尔自治区高级人民法院生产建设兵团分院：

现将《最高人民法院关于依法保护行政诉讼当事人诉权的意见》印发给你们，请结合工作实际，认真贯彻落实。

二〇〇九年十一月九日

行政诉讼法施行以来，人民法院依法受理和审理了大量行政案件，有效化解了行政争议，维护了人民群众合法权益，促进了行政机关依法行政，行政审判的特殊职能作用日益彰显。但是，行政诉讼“告状难”现象依然存在，已经成为人民群众反映强烈的突出问题之一。为不断满足人民群众日益增长的司法需求，切实解决行政诉讼有案不收、有诉不理的问题，现就进一步重视和加强行政案件受理，依法保护当事人诉讼权利，切实解决行政诉讼“告状难”问题，提出如下意见：

一、切实提高对行政案件受理工作重要性的认识

行政诉讼制度是保障最广大人民群众利益最有效、最直接的法律制度之一，是新形势下解决人民内部矛盾的一种有效方式，是维护社会和谐稳定的重要手段。行政诉讼受理渠道是否畅通，是这一优良司法制度能否有效发挥功能和作用的前提。诉权保障不力，公民的合法权益就难以有效救济，人民群众日益增长的司法需求就不可能得到满足。随着社会利益格局日益多元化和复杂化，特别是受国际金融危机的影响，行政纠纷日益增多，日趋复杂多样化，有的还呈现出突发性、群体性、极端性的特点。只有畅通行政诉讼渠道，才能引导人民群众以理性合法的方式表达利益诉求，最大限度地减少社会不和谐因素，增进人民群众与政府之间的理解与信任。诉讼渠道不畅，必然导致上访增多，非理性行为加剧，必将严重影响社会和谐稳定，削弱人民法院行政审判“为大局服务，为人民司法”的职能作用。各级人民法院必须充分理解司法权源于人民、属于人民、服务人民、受人民监督的根本属性，从贯彻落实党的十七届四中全会精神和实现司法的人民性的高度，充分认识行政案件受理工作的重要性，认真抓好行政案件受理工作，切实解决行政诉讼“告状难”问题。

二、不得随意限缩受案范围、违法增设受理条件

行政诉讼法和相关司法解释根据我国国情和现阶段的法治发展程度，设计了符合实际的行政案件受案范围，这是人民法院受理行政诉讼案件的法定依据。各

级人民法院要全面准确理解和适用，不得以任何借口随意限制受案范围。凡是行政诉讼法明确规定的可诉性事项，不得擅自加以排除；行政诉讼法没有明确规定但有单行法律、法规授权的，也要严格遵循；法律和司法解释没有明确排除的具体行政行为，应当属于人民法院行政诉讼受案范围。不仅要保护公民、法人和其他组织的人身权和财产权，也要顺应权利保障的需要，依法保护法律、法规规定可以提起诉讼的与人身权、财产权密切相关的其他经济、社会权利。要坚决清除限制行政诉讼受理的各种“土政策”，严禁以服务地方中心工作、应对金融危机等为借口，拒绝受理某类依法应当受理的行政案件。要准确理解、严格执行行政诉讼法和相关司法解释关于起诉条件、诉讼主体资格、起诉期限的规定，不得在法律规定之外另行规定限制当事人起诉的其他条件。要正确处理起诉权和胜诉权的关系，不能以当事人的诉讼请求明显不成立而限制或者剥夺当事人的诉讼权利。要正确处理诉前协调和立案审理的关系，既要充分发挥诉前协调的作用，又不能使之成为妨碍当事人行使诉权的附加条件。要全面正确审查起诉期限，对不属于起诉人自身原因超过起诉期限的，应当根据案件具体情况依法提供有效救济。

三、依法积极受理新类型行政案件

随着形势的发展和法治的进步，行政行为的方式不断丰富，行政管理的领域不断拓展，人民群众的司法需求不断增长，行政争议的特点不断变化。各级人民法院要深入了解各阶层人民群众的生活现状和思想动向，了解人民群众对行政审判工作的期待，依法受理由此引发的各种新类型案件，积极回应人民群众的现实司法需求。要依法积极受理行政给付、行政监管、行政允诺、行政不作为等新类型案件；依法积极受理教育、劳动、医疗、社会保障等事关民生的案件，依法积极受理政府信息公开等涉及公民其他社会权利的案件，积极探讨研究公益诉讼案件的受理条件和裁判方式。对新类型案件拿不准的，应当在法定期间先予立案，必要时请示上级人民法院，不得随意作出不予受理决定。

四、完善工作机制，改进工作作风 行政案件立案专业性较强

各级人民法院的立案庭和行政庭要在行政案件受理环节加强协调、沟通与配合。要严格执行行政诉讼法和司法解释有关受理案件的程序制度，对于当事人的起诉要在法定期限内立案或者作出裁定；不能决定是否受理的，应当先予受理，经

审查确实不符合法定立案条件的，裁定驳回起诉。要认真执行《关于行政案件管辖若干问题的规定》，对于起诉人向上一级人民法院起诉的，上一级人民法院应当依法及时作出处理，符合受理条件的，督促有管辖权的人民法院立案受理，也可以直接立案后由自己审理或者指定辖区其他人民法院审理。要改进工作作风，强化便民措施，简化立案环节，丰富立案方式，方便群众诉讼。对于情况紧急且涉及人民群众切身利益或公共利益符合立案条件的案件，要及时立案，尽快审理。要大力推行诉讼引导和指导、权利告知、风险提示等措施，由于起诉人法律知识不足导致起诉状内容欠缺、错列被告等情形的，应当给予必要的指导和释明，不得未经指导和释明即以起诉不符合条件为由予以驳回。要增强司法公开和透明，对依法不予受理或驳回起诉的，必须依法出具法律文书，并在法律文书中给出令人信服的理由。

五、加强对行政案件受理工作的监督

上级人民法院要通过审理上诉和申诉案件、受理举报、案件评查、专项检查、通报排名等各种措施，进一步加强对下级人民法院行政案件立案受理工作的指导和监督，切实防止因当事人告状无门而引发到处上访、激化社会矛盾的事件发生。要健全完善行政审判绩效考核办法，加大因违法不受理案件导致申诉信访的考核权重。要严格执行《人民法院审判人员违法审判责任追究办法（试行）》的规定，对于违反法律规定，擅自对应当受理的案件不予受理，或者因违法失职造成严重后果的责任人员，要依法依纪严肃处理。要坚决抵制非法干预行政案件受理的各种违法行为，彻底废除各种违法限制行政案件受理的“土政策”。对于干预、阻碍人民法院受理行政案件造成恶劣影响的，应当及时向当地党委、纪检监察机关和上级人民法院反映，上级人民法院要协助党委和纪检监察机关作出严肃处理。

六、努力营造行政案件立案受理的良好外部环境

要通过典型案例、普法宣传、诉讼指导等多种途径，加大行政诉讼法的宣传力度，提高当事人参与行政诉讼的能力和水平，引导人民群众通过理性合法的方式主张权利；要切实提高行政案件的办案质量，千方百计降低诉讼成本，缩短诉讼周期，加大执行力度，增强行政审判的公信力；要进一步改进工作作风，增强服务意识，提高服务水平，为人民群众提供更加便捷的救济；要采取强有力的法律保护手段，严

厉查处打击报复当事人的行为，使人民群众敢于运用法律手段维护自己的合法权益。要建议政府和有关部门正确理解和评价行政诉讼败诉现象，修改和完善相关考评制度，防止和消除由此产生的负面影响。要更加主动自觉地争取党委的领导和人大的监督，取得政府机关及社会各界的支持。通过不懈努力，使行政案件受理难、审理难、执行难问题得到根本解决，使行政诉讼制度在保护合法权益，促进依法行政，化解行政争议，维护和谐稳定中发挥更加积极的作用。

附录:《中华人民共和国行政诉讼法》

（1989 年 4 月 4 日第七届全国人民代表大会第二次会议通过，
1989 年 4 月 4 日中华人民共和国主席令第 16 号公布）

第一章　总　则

第一条　为保证人民法院正确、及时审理行政案件，保护公民、法人和其他组织的合法权益，维护和监督行政机关依法行使行政职权，根据宪法制定本法。

第二条　公民、法人或者其他组织认为行政机关和行政机关工作人员的具体行政行为侵犯其合法权益，有权依照本法向人民法院提起诉讼。

第三条　人民法院依法对行政案件独立行使审判权，不受行政机关、社会团体和个人的干涉。

人民法院设行政审判庭，审理行政案件。

第四条　人民法院审理行政案件，以事实为根据，以法律为准绳。

第五条　人民法院审理行政案件，对具体行政行为是否合法进行审查。

第六条　人民法院审理行政案件，依法实行合议、回避、公开审判和两审终审制度。

第七条　当事人在行政诉讼中的法律地位平等。

第八条　各民族公民都有用本民族语言、文字进行行政诉讼的权利。

在少数民族聚居或者多民族共同居住的地区，人民法院应当用当地民族通用的语言、文字进行审理和发布法律文书。

人民法院应当对不通晓当地民族通用的语言、文字的诉讼参与人提供翻译。

第九条 当事人在行政诉讼中有权进行辩论。

第十条 人民检察院有权对行政诉讼实行法律监督。

第二章 受案范围

第十一条 人民法院受理公民、法人和其他组织对下列具体行政行为不服提起的诉讼：

（一）对拘留、罚款、吊销许可证和执照、责令停产停业、没收财物等行政处罚不服的；

（二）对限制人身自由或者对财产的查封、扣押、冻结等行政强制措施不服的；

（三）认为行政机关侵犯法律规定的经营自主权的；

（四）认为符合法定条件申请行政机关颁发许可证和执照，行政机关拒绝颁发或者不予答复的；

（五）申请行政机关履行保护人身权、财产权的法定职责，行政机关拒绝履行或者不予答复的；

（六）认为行政机关没有依法发给抚恤金的；

（七）认为行政机关违法要求履行义务的；

（八）认为行政机关侵犯其他人身权、财产权的。

除前款规定外，人民法院受理法律、法规规定可以提起诉讼的其他行政案件。

第十二条 人民法院不受理公民、法人或者其他组织对下列事项提起的诉讼：

（一）国防、外交等国家行为；

（二）行政法规、规章或者行政机关制定、发布的具有普遍约束力的决定、命令；

（三）行政机关对行政机关工作人员的奖惩、任免等决定；

（四）法律规定由行政机关最终裁决的具体行政行为。

第三章 管 辖

第十三条 基层人民法院管辖第一审行政案件。

第十四条　中级人民法院管辖下列第一审行政案件：

（一）确认发明专利权的案件、海关处理的案件；

（二）对国务院各部门或者省、自治区、直辖市人民政府所作的具体行政行为提起诉讼的案件；

（三）本辖区内重大、复杂的案件。

第十五条　高级人民法院管辖本辖区内重大、复杂的第一审行政案件。

第十六条　最高人民法院管辖全国范围内重大、复杂的第一审行政案件。

第十七条　行政案件由最初作出具体行政行为的行政机关所在地人民法院管辖。经复议的案件，复议机关改变原具体行政行为的，也可以由复议机关所在地人民法院管辖。

第十八条　对限制人身自由的行政强制措施不服提起的诉讼，由被告所在地或者原告所在地人民法院管辖。

第十九条　因不动产提起的行政诉讼，由不动产所在地人民法院管辖。

第二十条　两个以上人民法院都有管辖权的案件，原告可以选择其中一个人民法院提起诉讼。原告向两个以上有管辖权的人民法院提起诉讼的，由最先收到起诉状的人民法院管辖。

第二十一条　人民法院发现受理的案件不属于自己管辖时，应当移送有管辖权的人民法院。受移送的人民法院不得自行移送。

第二十二条　有管辖权的人民法院由于特殊原因不能行使管辖权的，由上级人民法院指定管辖。

人民法院对管辖权发生争议，由争议双方协商解决。协商不成的，报它们的共同上级人民法院指定管辖。

第二十三条　上级人民法院有权审判下级人民法院管辖的第一审行政案件，也可以把自己管辖的第一审行政案件移交下级人民法院审判。

下级人民法院对其管辖的第一审行政案件，认为需要由上级人民法院审判的，可以报请上级人民法院决定。

第四章　诉讼参加人

第二十四条　依照本法提起诉讼的公民、法人或者其他组织是原告。

有权提起诉讼的公民死亡，其近亲属可以提起诉讼。

有权提起诉讼的法人或者其他组织终止，承受其权利的法人或者其他组织可以提起诉讼。

第二十五条 公民、法人或者其他组织直接向人民法院提起诉讼的，作出具体行政行为的行政机关是被告。

经复议的案件，复议机关决定维持原具体行政行为的，作出原具体行政行为的行政机关是被告；复议机关改变原具体行政行为的，复议机关是被告。

两个以上行政机关作出同一具体行政行为的，共同作出具体行政行为的行政机关是共同被告。

由法律、法规授权的组织所作的具体行政行为，该组织是被告。由行政机关委托的组织所作的具体行政行为，委托的行政机关是被告。

行政机关被撤销的，继续行使其职权的行政机关是被告。

第二十六条 当事人一方或者双方为二人以上，因同一具体行政行为发生的行政案件，或者因同样的具体行政行为发生的行政案件、人民法院认为可以合并审理的，为共同诉讼。

第二十七条 同提起诉讼的具体行政行为有利害关系的其他公民、法人或者其他组织，可以作为第三人申请参加诉讼，或者由人民法院通知参加诉讼。

第二十八条 没有诉讼行为能力的公民，由其法定代理人代为诉讼。法定代理人互相推诿代理责任的，由人民法院指定其中一人代为诉讼。

第二十九条 当事人、法定代理人，可以委托一至二人代为诉讼。

律师、社会团体、提起诉讼的公民的近亲属或者所在单位推荐的人，以及经人民法院许可的其他公民，可以受委托为诉讼代理人。

第三十条 代理诉讼的律师，可以依照规定查阅本案有关材料，可以向有关组织和公民调查，收集证据。对涉及国家秘密和个人隐私的材料，应当依照法律规定保密。

经人民法院许可，当事人和其他诉讼代理人可以查阅本案庭审材料，但涉及国家秘密和个人隐私的除外。

第五章　证　据

第三十一条　证据有以下几种：

（一）书证；

（二）物证；

（三）视听资料；

（四）证人证言；

（五）当事人的陈述；

（六）鉴定结论；

（七）勘验笔录、现场笔录。

以上证据经法庭审查属实，才能作为定案的根据。

第三十二条　被告对作出的具体行政行为负有举证责任，应当提供作出该具体行政行为的证据和所依据的规范性文件。

第三十三条　在诉讼过程中，被告不得自行向原告和证人收集证据。

第三十四条　人民法院有权要求当事人提供或者补充证据。

人民法院有权向有关行政机关以及其他组织、公民调取证据。

第三十五条　在诉讼过程中，人民法院认为对专门性问题需要鉴定的，应当交由法定鉴定部门鉴定；没有法定鉴定部门的，由人民法院指定的鉴定部门鉴定。

第三十六条　在证据可能灭失或者以后难以取得的情况下，诉讼参加人可以向人民法院申请保全证据，人民法院也可以主动采取保全措施。

第六章　起诉和受理

第三十七条　对属于人民法院受案范围的行政案件，公民、法人或者其他组织可以先向上一级行政机关或者法律、法规规定的行政机关申请复议，对复议不服的，再向人民法院提起诉讼；也可以直接向人民法院提起诉讼。

法律、法规规定应当先向行政机关申请复议，对复议不服再向人民法院提起诉讼的，依照法律、法规的规定。

第三十八条　公民、法人或者其他组织向行政机关申请复议的，复议机关应当在收到申请书之日起两个月内作出决定。法律、法规另有规定的除外。

申请人不服复议决定的，可以在收到复议决定书之日起十五日内向人民法院提起诉讼。复议机关逾期不作决定的，申请人可以在复议期满之日起十五日内向人民法院提起诉讼。法律另有规定的除外。

第三十九条 公民、法人或者其他组织直接向人民法院提起诉讼的，应当在知道作出具体行政行为之日起三个月内提出。法律另有规定的除外。

第四十条 公民、法人或者其他组织因不可抗力或者其他特殊情况耽误法定期限的，在障碍消除后的十日内，可以申请延长期限，由人民法院决定。

第四十一条 提起诉讼应当符合下列条件：

（一）原告是认为具体行政行为侵犯其合法权益的公民、法人或者其他组织；

（二）有明确的被告；

（三）有具体的诉讼请求和事实根据；

（四）属于人民法院受案范围和受诉人民法院管辖。

第四十二条 人民法院接到起诉状，经审查，应当在七日内立案或者作出裁定不予受理。原告对裁定不服的，可以提起上诉。

第七章 审理和判决

第四十三条 人民法院应当在立案之日起五日内，将起诉状副本发送被告。被告应当在收到起诉状副本之日起十日内向人民法院提交作出具体行政行为的有关材料，并提出答辩状。人民法院应当在收到答辩状之日起五日内，将答辩状副本发送原告。

被告不提出答辩状的，不影响人民法院审理。

第四十四条 诉讼期间，不停止具体行政行为的执行。但有下列情形之一的，停止具体行政行为的执行：

（一）被告认为需要停止执行的；

（二）原告申请停止执行，人民法院认为该具体行政行为的执行会造成难以弥补的损失，并且停止执行不损害社会公共利益，裁定停止执行的；

（三）法律、法规规定停止执行的。

第四十五条 人民法院公开审理行政案件，但涉及国家秘密、个人隐私和法律另有规定的除外。

第四十六条　人民法院审理行政案件，由审判员组成合议庭，或者由审判员、陪审员组成合议庭。合议庭的成员，应当是三人以上的单数。

第四十七条　当事人认为审判人员与本案有利害关系或者有其他关系可能影响公正审判，有权申请审判人员回避。

审判人员认为自己与本案有利害关系或者有其他关系，应当申请回避。

前两款规定，适用于书记员、翻译人员、鉴定人、勘验人。

院长担任审判长时的回避，由审判委员会决定；审判人员的回避，由院长决定；其他人员的回避，由审判长决定。当事人对决定不服的，可以申请复议。

第四十八条　经人民法院两次合法传唤，原告无正当理由拒不到庭的，视为申请撤诉；被告无正当理由拒不到庭的，可以缺席判决。

第四十九条　诉讼参与人或者其他人有下列行为之一的，人民法院可以根据情节轻重，予以训诫，责令具结悔过或者处一千元以下的罚款、十五日以下的拘留；构成犯罪的，依法追究刑事责任：

（一）有义务协助执行的人，对人民法院的协助执行通知书，无故推拖、拒绝或者妨碍执行的；

（二）伪造、隐藏、毁灭证据的；

（三）指使、贿买、胁迫他人作伪证或者威胁、阻止证人作证的；

（四）隐藏、转移、变卖、毁损已被查封、扣押、冻结的财产的；

（五）以暴力、威胁或者其他方法阻碍人民法院工作人员执行职务或者扰乱人民法院工作秩序的；

（六）对人民法院工作人员、诉讼参与人、协助执行人侮辱、诽谤、诬陷、殴打或者打击报复的。

罚款、拘留须经人民法院院长批准。当事人不服的，可以申请复议。

第五十条　人民法院审理行政案件，不适用调解。

第五十一条　人民法院对行政案件宣告判决或者裁定前，原告申请撤诉的，或者被告改变其所作的具体行政行为，原告同意并申请撤诉的，是否准许，由人民法院裁定。

第五十二条　人民法院审理行政案件，以法律和行政法规、地方性法规为依据。地方性法规适用于本行政区域内发生的行政案件。

人民法院审理民族自治地方的行政案件，并以该民族自治地方的自治条例和单行条例为依据。

第五十三条 人民法院审理行政案件，参照国务院部、委根据法律和国务院的行政法规、决定、命令制定、发布的规章以及省、自治区、直辖市和省、自治区的人民政府所在地的市和经国务院批准的较大的市的人民政府根据法律和国务院的行政法规制定、发布的规章。

人民法院认为地方人民政府制定、发布的规章与国务院部、委制定、发布的规章不一致的，以及国务院部、委制定、发布的规章之间不一致的，由最高人民法院送请国务院作出解释或者裁决。

第五十四条 人民法院经过审理，根据不同情况，分别作出以下判决：

(一)具体行政行为证据确凿，适用法律、法规正确，符合法定程序的，判决维持。

(二)具体行政行为有下列情形之一的，判决撤销或者部分撤销，并可以判决被告重新作出具体行政行为：

1 主要证据不足的；

2 适用法律、法规错误的；

3 违反法定程序的；

4 超越职权的；

5 滥用职权的。

(三)被告不履行或者拖延履行法定职责的，判决其在一定期限内履行。

(四)行政处罚显失公正的，可以判决变更。

第五十五条 人民法院判决被告重新作出具体行政行为的，被告不得以同一的事实和理由作出与原具体行政行为基本相同的具体行政行为。

第五十六条 人民法院在审理行政案件中，认为行政机关的主管人员、直接责任人员违反政纪的，应当将有关材料移送该行政机关或者其上一级行政机关或者监察、人事机关；认为有犯罪行为的，应当将有关材料移送公安、检察机关。

第五十七条 人民法院应当在立案之日起三个月内作出第一审判决。有特殊情况需要延长的，由高级人民法院批准，高级人民法院审理第一审案件需要延长的，由最高人民法院批准。

第五十八条　当事人不服人民法院第一审判决的，有权在判决书送达之日起十五日内向上一级人民法院提起上诉。当事人不服人民法院第一审裁定的，有权在裁定书送达之日起十日内向上一级人民法院提起上诉。逾期不提起上诉的，人民法院的第一审判决或者裁定发生法律效力。

第五十九条　人民法院对上诉案件，认为事实清楚的，可以实行书面审理。

第六十条　人民法院审理上诉案件，应当在收到上诉状之日起两个月内作出终审判决。有特殊情况需要延长的，由高级人民法院批准，高级人民法院审理上诉案件需要延长的，由最高人民法院批准。

第六十一条　人民法院审理上诉案件，按照下列情形，分别处理：

（一）原判决认定事实清楚，适用法律、法规正确的，判决驳回上诉，维持原判；

（二）原判决认定事实清楚，但适用法律、法规错误的，依法改判；

（三）原判决认定事实不清，证据不足，或者由于违反法定程序可能影响案件正确判决的，裁定撤销原判，发回原审人民法院重审，也可以查清事实后改判。当事人对重审案件的判决、裁定，可以上诉。

第六十二条　当事人对已经发生法律效力的判决、裁定，认为确有错误的，可以向原审人民法院或者上一级人民法院提出申诉，但判决、裁定不停止执行。

第六十三条　人民法院院长对本院已经发生法律效力的判决、裁定，发现违反法律、法规规定认为需要再审的，应当提交审判委员会决定是否再审。

上级人民法院对下级人民法院已经发生法律效力的判决、裁定，发现违反法律、法规规定的，有权提审或者指令下级人民法院再审。

第六十四条　人民检察院对人民法院已经发生法律效力的判决、裁定，发现违反法律、法规规定的，有权按照审判监督程序提出抗诉。

第八章　执　行

第六十五条　当事人必须履行人民法院发生法律效力的判决、裁定。

公民、法人或者其他组织拒绝履行判决、裁定的，行政机关可以向第一审人民法院申请强制执行，或者依法强制执行。

行政机关拒绝履行判决、裁定的，第一审人民法院可以采取以下措施：

（一）对应当归还的罚款或者应当给付的赔偿金，通知银行从该行政机关的账户内划拨；

（二）在规定期限内不履行的，从期满之日起，对该行政机关按日处五十元至一百元的罚款；

（三）向该行政机关的上一级行政机关或者监察、人事机关提出司法建议。接受司法建议的机关，根据有关规定进行处理，并将处理情况告知人民法院；

（四）拒不履行判决、裁定，情节严重构成犯罪的，依法追究主管人员和直接责任人员的刑事责任。

第六十六条　公民、法人或者其他组织对具体行政行为在法定期限内不提起诉讼又不履行的，行政机关可以申请人民法院强制执行，或者依法强制执行。

第九章　侵权赔偿责任

第六十七条　公民、法人或者其他组织的合法权益受到行政机关或者行政机关工作人员作出的具体行政行为侵犯造成损害的，有权请求赔偿。

公民、法人或者其他组织单独就损害赔偿提出请求，应当先由行政机关解决。对行政机关的处理不服，可以向人民法院提起诉讼。

赔偿诉讼可以适用调解。

第六十八条　行政机关或者行政机关工作人员作出的具体行政行为侵犯公民、法人或者其他组织的合法权益造成损害的，由该行政机关或者该行政机关工作人员所在的行政机关负责赔偿。

行政机关赔偿损失后，应当责令有故意或者重大过失的行政机关工作人员承担部分或者全部赔偿费用。

第六十九条　赔偿费用，从各级财政列支。各级人民政府可以责令有责任的行政机关支付部分或者全部赔偿费用。具体办法由国务院规定。

第十章　涉外行政诉讼

第七十条　外国人、无国籍人、外国组织在中华人民共和国进行行政诉讼，适用本法。法律另有规定的除外。

第七十一条　外国人、无国籍人、外国组织在中华人民共和国进行行政诉讼，同中华人民共和国公民、组织有同等的诉讼权利和义务。

外国法院对中华人民共和国公民、组织的行政诉讼权利加以限制的，人民法院对该国公民、组织的行政诉讼权利，实行对等原则。

第七十二条　中华人民共和国缔结或者参加的国际条约同本法有不同规定的，适用该国际条约的规定。中华人民共和国声明保留的条款除外。

第七十三条　外国人、无国籍人、外国组织在中华人民共和国进行行政诉讼，委托律师代理诉讼的，应当委托中华人民共和国律师机构的律师。

第十一章　附　则

第七十四条　人民法院审理行政案件，应当收取诉讼费用。诉讼费用由败诉方承担，双方都有责任的由双方分担。收取诉讼费用的具体办法另行规定。

第七十五条　本法自 1990 年 10 月 1 日起施行。

最高人民法院关于涉及驰名商标认定的民事纠纷案件管辖问题的通知

（法[2009]01 号）

各省、自治区、直辖市高级人民法院，解放军军事法院，新疆维吾尔自治区高级人民法院生产建设兵团分院：

为进一步加强人民法院对驰名商标的司法保护，完善司法保护制度，规范司法保护行为，增强司法保护的权威性和公信力，维护公平竞争的市场经济秩序，为国家经济发展大局服务，从本通知下发之日起，涉及驰名商标认定的民事纠纷案件，由省、自治区人民政府所在地的市、计划单列市中级人民法院，以及直辖市辖区内的中级人民法院管辖。其他中级人民法院管辖此类民事纠纷案件，需报经最高人民法院批准；未经批准的中级人民法院不再受理此类案件。

以上通知，请遵照执行。

二〇〇九年一月五日

最高人民法院关于公布人民法庭庭训的通知

（法[2009]339号）

各省、自治区、直辖市高级人民法院，新疆维吾尔自治区高级人民法院生产建设兵团分院：

人民法庭是基层人民法院的派出机构和组成部分，承担着定纷止争、维护社会和谐稳定的重要职责，是人民法院工作的基础和重点。为进一步加强人民法庭建设，最高人民法院决定，在向社会公开征集人民法庭庭训的基础上，确定统一规范的人民法庭庭训。

最高人民法院向社会公开征集人民法庭庭训的活动受到了社会各界和广大法院干警的高度关注，数千人参与了人民法庭庭训征集和评议活动。日前，在充分采纳各方面意见、广泛凝聚集体智慧的基础上，最高人民法院党组决定，将"公正、廉洁、为民"确定为人民法庭庭训，现予以公布。

"公正"是人民法院工作的生命线。执法办案是人民法院的第一要务，人民法庭处在化解人民内部矛盾、维护社会和谐稳定的第一线，广大人民法庭干警必须坚持"调解优先、调判结合"的原则，以事实为根据，以法律为准绳，以维护公平正义、化解矛盾纠纷、实现案结事了为目标，严格公正、精益求精地办好每一起案件，努力实现办案法律效果和社会效果的有机统一。

"廉洁"是人民法官的立身之本。没有队伍的清正廉洁，就不可能实现司法公正。反腐倡廉是人民法庭队伍建设的重中之重，也是人民群众关心关注的问题。广大人民法庭干警必须恪守职业道德，保持职业良知，严格遵守"五个严禁"等审判纪律和廉政规定，不为金钱所诱，不为人情所惑，不为关系所扰，不为权势所迫，堂堂正正办案，干干净净做人，以清正廉洁取信于民。

"为民"是人民司法的核心价值。人民法院的司法权源于人民，必须服务于人民。人民法庭身处最基层，与人民群众打交道最直接、最密切、最广泛。广大人民法庭干警必须牢固树立为民意识，坚持走群众路线，把人民群众当亲人，把人民群众的呼声作为第一信号，设身处地为群众着想，想方设法为群众解难，以司法为民、利民、便民、爱民的实际行动，切实保护人民群众的合法权益，满足人民群众的新要求、新期待，做受人民群众信赖和拥护的“平民法官”。

“公正、廉洁、为民”充分体现了“三个至上”指导思想和社会主义法治理念，是人民法庭工作的根本要求，是人民法庭优良传统的传承与发扬，是全体人民法庭干警的价值取向和行动指南。最高人民法院要求：

一、要在人民法庭醒目处悬挂、张贴人民法庭庭训，引导和激励人民法庭干警，接受人民群众监督。要在今年 12 月 31 日以前落实。

二、各级人民法院要充分认识人民法庭庭训的重要意义，精心组织，周密安排，积极开展学习宣传人民法庭庭训活动。要通过召开座谈会、讨论交流学习心得体会等多种方式，使广大人民法庭干警准确理解和把握人民法庭庭训的精神实质和丰富内涵，进一步增强荣誉感、责任感和使命感。

三、全国人民法庭和广大人民法庭干警要谨记“公正、廉洁、为民”庭训，紧密结合“人民法官为人民”主题实践活动，把人民法庭庭训要求贯彻到工作实践中，落实在具体行动上，更好地履行职责、服务人民，努力推进新时期人民法庭建设与发展。

二〇〇九年九月三日

附录

废止的司法解释

最高人民法院关于废止2007年底以前发布的有关司法解释（第七批）的决定

（2008年12月18日　法释[2008]15号）

为进一步加强民事审判工作，依法保护当事人的合法权益，根据有关法律规定和审判实际需要，决定废止2007年底以前发布的27件司法解释（第七批）。废止的司法解释从公布之日起不再适用，但过去适用下列司法解释对有关案件作出的判决、裁定仍然有效。

予以废止的2007年底以前发布的有关司法解释目录（第七批）

序　号	司法解释名称	发文日期、文号	废　止　理　由
1	最高人民法院关于国家经租的房屋不允许继承问题的批复	1964年9月18日	情况已变化，不再适用
2	最高人民法院关于城市居民和资本家的城市房屋是否准许买卖的复函	[1965]法研字第173号	情况已变化，不再适用
3	最高人民法院关于国营企业购买私房已经使用多年经补办批准手续后可承认买卖关系有效的批复	[1985]法民字第14号	情况已变化，不再适用
4	最高人民法院关于吴天爵等与新宾镇集体饮食服务店房产纠纷案的批复	法〔民〕复〔1985〕17号	情况已变化，不再适用
5	最高人民法院关于房屋抵押不能改为房屋典当处理的批复	1985年4月27日	情况已变化，不再适用
6	最高人民法院关于解放前劳动人民之间宅基地租赁契约是否承认和保护问题的批复	1985年11月21日	情况已变化，不再适用
7	最高人民法院关于毕云亭房屋被人股后，久不主张权利应如何处理的批复	[1985]法民字第18号	情况已变化，不再适用

（续表 1）

序　号	司法解释名称	发文日期、文号	废　止　理　由
8	最高人民法院关于李斯棣等人为房屋产权申诉案的批复	[1986]民他字第 7 号	情况已变化，不再适用
9	最高人民法院关于公民对宅基地只有使用权没有所有权的批复	[1986]民他字第 33 号	已被物权法取代
10	最高人民法院关于如何具体适用最高人民法院《关于贯彻执行民事政策法律若干问题的意见》第五十六条规定的批复	[1987]民他字第 42 号	与物权法规定冲突
11	最高人民法院关于曹根田与张仁吉房屋买卖关系是否有效的批复	1987 年 12 月 10 日	情况已变化，不再适用
12	最高人民法院关于原孙兆骧购置的房产应如何确认产权和继承的批复	[1988]民他字第 27 号	情况已变化，不再适用
13	最高人民法院关于土改时献产且产权早已转移的房屋，现在要求返还不应支持的复函	[1989]民他字第 5 号	情况已变化，不再适用
14	最高人民法院关于土改中地主的房产，已确权部分归地主所有，未确权又未分配的部分应属公产的批复	[1989]民他字第 13 号	情况已变化，不再适用
15	最高人民法院关于肖至柔、肖荣沈诉泰和县螺溪乡郭瓦、集丰两村委会房屋产权纠纷案的函	1990 年 6 月 19 日	情况已变化，不再适用
16	最高人民法院关于杜月丑房屋申诉案处理问题的函	1990 年 11 月 7 日	情况已变化，不再适用
17	最高人民法院关于陈伯恩与泉州制药厂房产纠纷上诉案的复函	[1991]民他字第 55 号	情况已变化，不再适用
18	最高人民法院关于地主在土改时隐瞒未报的房屋应如何处理问题的函复	1992 年 3 月 26 日	情况已变化，不再适用
19	《最高人民法院关于适用〈中华人民共和国民事诉讼法〉若干问题的意见》第 136 条、第 205 条、第 206 条、第 240 条至第 253 条、第 299 条	法发[1992]22 号	民事诉讼法已经修改
20	最高人民法院关于同一土地登记在两个土地证上应如何确认权属的复函	1992 年 7 月 9 日	情况已变化，不再适用

（续表2）

序　号	司法解释名称	发文日期、文号	废　止　理　由
21	最高人民法院关于淄博食品厂诉张店区车站办事处财产交换一案请示的函	1994 年 9 月 6 日	情况已变化，不再适用
22	最高人民法院关于国营企业购买私房已经使用多年何时补办批准手续方可承认买卖关系有效的复函	［1994］法民字第 28 号	情况已变化，不再适用
23	最高人民法院关于审理农业承包合同纠纷案件若干问题的规定（试行）法释［1999］15 号	已被物权法及新的司法解释所取代	
24	最高人民法院关于贯彻执行《中华人民共和国民法通则》若干问题的意见（试行）第 88 条、第 94 条、第 115 条、第 117 条、第 118 条、第 177 条	1988 年 1 月 26 日最高人民法院审判委员会讨论通过	与物权法有关规定冲突
25	最高人民法院关于审理融资租赁合同纠纷案件若干问题的规定第 10 条	法发［1996］19 号	与物权法相关规定冲突
26	最高人民法院关于以侵犯姓名权的手段侵犯宪法保护的公民受教育的基本权利是否应承担民事责任的批复法释［2001］25 号	已停止适用	
27	最高人民法院关于审理出口退税托管账户质押贷款案件有关问题的规定第 2 条法释［2004］18 号	与物权法有关规定冲突	

最高人民法院予以废止的 2000 年底以前发布的有关司法解释目录（第六批）

（2002 年 2 月 22 日最高人民法院审判委员会第 1214 次会议通过 2002 年 5 月 23 日公布　自 2002 年 5 月 29 日起不再适用　法释〔2002〕13 号）

序　号	司法解释名称	发文日期、文号	废　止　理　由
1	最高人民法院关于办理出国手续不属法院工作范围及有关法律文书转递问题的批复	1978 年 5 月 24 日［1978］法民字第 12 号	已被 1991 年 4 月 9 日全国人民代表大会通过的《中华人民共和国民事诉讼法》代替

（续表3）

序　号	司法解释名称	发文日期、文号	废　止　理　由
2	最高人民法院关于邮电部门造成电报稽延、错误是否承担赔偿责任问题的批复	1986年12月30日法（经）复〔1986〕38号	已被1999年6月9日最高人民法院发布的法释〔1999〕11号《最高人民法院关于人民法院是否受理因邮电部门电报稽延纠纷提起诉讼问题的批复》代替
3	最高人民法院关于人民法院应否受理财政支农周转金借款合同纠纷案件的问题的批复	1987年8月3日法（研）复〔1987〕29号	已被1993年8月28日最高人民法院发布的法复〔1993〕7号《最高人民法院关于人民法院应否受理财政、扶贫办等非金融行政机构借款合同纠纷的批复》代替
4	最高人民法院关于行政单位或企业单位开办的企业倒闭后债务由谁承担的批复	1987年8月29日法（研）复〔1987〕33号	已被1994年3月30日最高人民法院发布的法复〔1994〕4号《最高人民法院关于企业开办的其他企业被撤销或者歇业后民事责任承担问题的批复》代替
5	最高人民法院印发《关于强制变卖被扣押船舶清偿债务的具体规定》的通知	1987年8月29日法（经）发〔1987〕22号	已被1999年12月25日全国人民代表大会常务委员会通过的《中华人民共和国海事诉讼特别程序法》代替
6	最高人民法院关于保险货物发生损失引起运输合同赔偿纠纷如何适用法律问题的批复	1989年5月30日法（交）复〔1989〕3号	原依据的《中华人民共和国经济合同法》已失效
7	最高人民法院关于经工商行政管理部门查处后人民法院对购销伪劣假冒商品合同纠纷是否受理的问题的函	1989年5月30日〔1989〕法经函字第15号	已被1991年4月9日全国人民代表大会通过的《中华人民共和国民事诉讼法》代替
8	最高人民法院民事审判庭关于民事制裁复议程序几个问题的复函	1990年4月13日〔1989〕民他字第47号	已被1991年4月9日全国人民代表大会通过的《中华人民共和国民事诉讼法》和1992年7月14日最高人民法院发布的法发〔1992〕22号《最高人民法院关于适用〈中华人民共和国民事诉讼法〉若干问题的意见》代替
9	最高人民法院关于在经济审判中适用国务院国发〔1990〕68号文件有关问题的通知	1991年3月16日法（经）发〔1991〕10号	情况已变化，实际上已失效
10	最高人民法院关于适用《关于修改〈中华人民共和国经济合同法〉的决定》有关问题的通知	1993年11月27日法发〔1993〕39号	原依据的《中华人民共和国经济合同法》已失效
11	最高人民法院关于逾期付款的违约金应依何种标准计算问题的复函	1994年3月12日法函〔1994〕10号	已被1999年2月16日最高人民法院发布的法释〔1998〕8号《最高人民法院关于逾期付款违约金应当按照何种标准计算问题的批复》代替
12	最高人民法院关于海事法院诉讼前扣押船舶的规定	1994年7月6日法发〔1994〕14号	已被1699年12月25日全国人民代表大会常务委员会通过的《中华人民共和国海事诉讼特别程序法》代替

（续表 4）

序　号	司法解释名称	发文日期、文号	废　止　理　由
13	最高人民法院关于逾期付款违约金应当依据何种标准计算问题的批复	1996 年 5 月 16 日法复〔1996〕7 号	已被 1999 年 2 月 16 日最高人民法院发布的法释〔1998〕8 号《最高人民法院关于逾期付款违约金应当按照何种标准计算问题的批复》代替
14	最高人民法院关于对公民在羁押期内被同监室人犯殴打致死公安机关应否承担责任问题的答复	1998 年 1 月 19 日〔1997〕行他字第 9 号	已被 2001 年 6 月 26 日最高人民法院发布的法释〔2001〕23 号《最高人民法院关于公安机关不履行法定行政职责是否承担行政赔偿责任问题的批复》代替

最高人民法院予以废止的 2000 年底以前发布的有关司法解释目录（第五批）

（2002 年 2 月 22 日最高人民法院审判委员会第 1214 次会议通过　法释〔2002〕6 号）

序　号	司法解释名称	发文日期、文号	废　止　理　由
1	最高人民法院关于申请执行仲裁裁决应向何地法院提出的批复	1985 年 1 月 17 日法（研）复〔1985〕5 号	已被 1991 年 4 月 9 日全国人民代表大会通过的《中华人民共和国民事诉讼法》代替
2	最高人民法院关于上级人民法院发现下级人民法院对没有严重妨害民事诉讼行为的当事人采取的强制措施能否纠正问题的批复	1986 年 4 月 2 日法（研）复〔1986〕14 号	已被 1992 年 7 月 14 日最高人民法院发布的法发〔1992〕22 号《最高人民法院关于适用〈中华人民共和国民事诉讼法〉若干问题的意见》代替
3	最高人民法院关于人民法院对申请强制执行仲裁机构的调解书应如何处理问题的通知	1986 年 8 月 20 日法（经）复〔1986〕26 号	原依据的《中华人民共和国经济合同法》和《中华人民共和国民事诉讼法（试行）》有关规定作出的该司法解释不再适用，并且其内容已被 1994 年 8 月 31 日全国人民代表大会常务委员会通过的《中华人民共和国仲裁法》代替
4	最高人民法院关于在审理经济纠纷案件中认真办好外地法院委托事项的通知	1988 年 1 月 20 日法（经）发〔1988〕2 号	已被 1993 年 9 月 25 日最高人民法院发布的法发〔1993〕26 号《最高人民法院关于人民法院相互办理委托事项的规定》代替
5	最高人民法院关于经济纠纷案件复查期间执行问题的批复	1989 年 8 月 8 日法（经）复〔1989〕6 号	已被 1991 年 4 月 9 日全国人民代表大会通过的《中华人民共和国民事诉讼法》代替

（续表1）

序　号	司法解释名称	发文日期、文号	废　止　理　由
6	最高人民法院关于在经济纠纷案件执行过程中当事人自愿达成和解后一方当事人不履行或者翻悔可否按原生效法律文书执行问题的批复	1989年9月16日法（经）复〔1989〕9号	已被1998年7月8日最高人民法院发布的法释〔1998〕15号《最高人民法院关于执行工作的若干问题的规定（试行）》代替
7	最高人民法院关于被执行人未按民事调解书指定期间给付金钱的义务是否应当支付延期履行的债务利息的复函	1992年5月4日法函〔1992〕58号	已被1992年7月14日最高人民法院发布的法发〔1992〕22号《最高人民法院关于适用〈中华人民共和国民事诉讼法〉若干问题的意见》代替
8	最高人民法院经济审判庭关于在财产保全时为被申请人提供担保的当事人应否在判决书或调解书中明确其承担的义务及在执行程序中可否直接执行担保人财产的复函	1994年4月11日法经〔1994〕90号	已被1998年7月8日最高人民法院发布的法释〔1998〕15号《最高人民法院关于执行工作的若干问题的规定（试行）》代替
9	最高人民法院关于海事法院诉讼前扣押船舶的规定	1994年7月6日法发〔1994〕14号	已被1999年12月25日全国人民代表大会常务委员会通过的《中华人民共和国海事诉讼特别程序法》代替
10	最高人民法院关于对银行贷款抵押财产执行问题的复函	1994年12月16日法经〔1994〕334号	已被1998年7月8日最高人民法院发布的法释〔1998〕15号《最高人民法院关于执行工作的若干问题的规定（试行）》代替
11	最高人民法院关于信用社非法转移人民法院冻结款项应如何承担法律责任的复函	1995年5月5日法函〔1995〕51号	已被1998年7月8日最高人民法院发布的法释〔1998〕15号《最高人民法院关于执行工作的若干问题的规定（试行）》代替
12	最高人民法院关于企业法人的一个分支机构已无财产法院能否执行该企业法人其他分支机构财产问题的复函	1995年12月6日法函〔1995〕158号	已被1998年7月8日最高人民法院发布的法释〔1998〕15号《最高人民法院关于执行工作的若干问题的规定（试行）》代替
13	最高人民法院关于处理行政机关申请人民法院强制执行案件分工问题的通知	1996年4月29日法发〔1996〕12号	已被1998年8月18日最高人民法院发布的法〔1998〕77号《最高人民法院关于办理行政机关申请强制执行案件有关问题的通知》代替
14	最高人民法院关于信用社擅自解冻被执行人存款造成款项流失能否要求该信用社承担相应的偿付责任问题的复函	1996年6月6日法函〔1996〕96号	已被1998年7月8日最高人民法院发布的法释〔1998〕15号《最高人民法院关于执行工作的若干问题的规定（试行）》代替
15	最高人民法院关于不宜冻结证券交易账户的函	1997年8月1日法函〔1997〕91号	已被1997年12月2日最高人民法院法发〔1997〕27号《关于冻结、划拨证券或期货交易所、证券登记结算机构、证券经营或期货经纪机构清算账户资金等问题的通知》代替

（续表 2）

序　号	司法解释名称	发文日期、文号	废　止　理　由
16	最高人民法院执行工作办公室关于不宜冻结、划拨证券经营机构在其交易资金结算账户上的存款问题的函	1997 年 9 月 3 日法明传〔1997〕324 号	已被 1997 年 12 月 2 日最高人民法院法发〔1997〕27 号《关于冻结、划拨证券或期货交易所、证券登记结算机构、证券经营或期货经纪机构清算账户资金等问题的通知》代替

最高人民法院予以废止的 2000 年底以前发布的有关司法解释目录（第四批）

（2001 年 12 月 24 日最高人民法院审判委员会第 1202 次会议通过　法释〔2001〕32 号）

序　号	司法解释名称	发文日期、文号	废　止　理　由
1	最高人民法院关于波侨财产遗赠中国人应否有效问题的批复	1951 年 6 月 14 日东法编字第 2842 号	已被 1985 年 4 月 10 日全国人民代表大会已经通过并公布的《中华人民共和国继承法》代替
2	最高人民法院关于处理外侨案件如当地无外事处可就近与省市人民政府外事处联系处理的通报	1951 年 9 月 26 日法督（一）字第 5 号	情况已改变，实际上已经失效
3	最高人民法院中南分院转知苏联废除苏联公民与外国人结婚的禁令	1954 年 6 月 14 日〔1954〕办秘发字第 87 号	调整对象已消失，实际上已经失效
4	最高人民法院关于波兰法院对双方都居住在波兰的中国侨民的离婚判决在中国是否有法律效力问题的复函	1957 年 5 月 4 日法行字第 8490 号	已被 1991 年 8 月 13 日最高人民法院发布的法〔民〕发〔1991〕21 号《最高人民法院关于中国公民申请承认外国法院离婚判决程序问题的规定》代替
5	最高人民法院关于中国籍的朝鲜族公民申请离婚应如何处理问题的批复	1962 年 8 月 22 日〔1962〕法行字第 160 号	已被 1994 年 2 月 1 日国务院发布的《婚姻登记管理条例》代替
6	最高人民法院关于离婚判决可以直接寄给在香港的当事人的批复	1963 年 2 月 25 日〔1963〕法研字第 21 号	已被 1999 年 3 月 29 日最高人民法院发布的法释〔1999〕9 号《关于内地与香港特别行政区法院相互委托送达民商事司法文书的安排》的司法解释代替
7	最高人民法院关于我国公民要求与已回国的日本人离婚问题的复函	1964 年 7 月 7 日〔1964〕法研字第 64 号	已被 1994 年 2 月 1 日国务院发布《婚姻登记管理条例》代替

（续表1）

序号	司法解释名称	发文日期、文号	废止理由
8	最高人民法院关于李淑芬与黄正宽离婚一案的批复	1964年11月16日〔1964〕民他字60号	主要内容与1994年2月1日国务院发布《婚姻登记管理条例》不相符
9	最高人民法院关于朱玉琴与山田良离婚问题的批复	1978年7月28日〔1978〕法民字第18号	与1992年3月4日最高人民法院、外交部、司法部发布的外发〔1992〕8号《关于执行〈关于向国外送达民事或商事司法文书和司法外文书公约〉有关程序的通知》不相符
10	最高人民法院关于审理涉外海上交通事故案件的几个问题的通知	1983年12月30日〔1983〕法经字第8号	已被1999年12月25日全国人民代表大会已经通过并公布的《中华人民共和国海事诉讼特别程序法》代替
11	最高人民法院关于开展专利审判工作的几个问题的通知	1985年2月16日法〔经〕〔1985〕3号	已被2000年8月25日全国人民代表大会常务委员会已经修正并公布的《中华人民共和国专利法》和1997年3月14日全国人民代表大会修订并公布的《中华人民共和国刑法》代替
12	最高人民法院关于驻外使馆参赞能否以外交代表身份为本国国民在我国的民事诉讼中聘请中国律师代理诉讼问题的批复	1985年3月28日〔1985〕民他字第5号	已被1992年7月14日最高人民法院发布的法发〔1992〕22号《最高人民法院关于适用〈民事诉讼法〉若干问题的意见》代替
13	最高人民法院关于外籍当事人委托居住我国境内的外国人或本国住我国领事馆人员为诉讼代理人，可否允许问题的批复第一条	1985年6月8日〔1985〕民他字第3号	已被1992年7月14日最高人民法院发布的法发〔1992〕22号《最高人民法院关于适用〈民事诉讼法〉若干问题的意见》代替
14	最高人民法院关于商标侵权如何计算损失赔偿额和侵权期间问题的批复	1985年11月6日法经复〔1985〕53号	与2001年10月27日全国人民代表大会常务委员会修正并公布的《中华人民共和国商标法》不相符
15	最高人民法院关于专利侵权纠纷案件地域管辖问题的通知	1987年6月29日发布	已被2001年6月22日最高人民法院发布的法释〔2001〕21号《最高人民法院关于审理专利纠纷案件适用法律问题的若干规定》的司法解释代替
16	最高人民法院关于著作权（版权）归主办单位所有的作品是否侵犯个人版权的批复	1987年12月31日〔1987〕民他字第24号	已被2001年10月27日全国人民代表大会已经修正并公布的《中华人民共和国著作权法》代替
17	最高人民法院关于外国法院离婚判决中的中国当事人向人民法院申请承认该外国法院离婚判决的效力问题的批复	1990年8月28日法民复字〔1990〕12号	已被1991年8月13日最高人民法院发布的法〔民〕发〔1991〕21号《最高人民法院关于中国公民申请承认外国法院离婚判决程序问题的规定》代替

（续表 2）

序　号	司法解释名称	发文日期、文号	废　止　理　由
18	最高人民法院关于审理专利纠纷案件若干问题的解答	1992 年 2 月 9 日法发〔1992〕3 号	已被 2001 年 6 月 22 日最高人民法院发布的法释〔2001〕21 号《最高人民法院关于审理专利纠纷案件适用法律问题的若干规定》的司法解释代替
19	最高人民法院关于学习宣传和贯彻执行《中华人民共和国海商法》的通知	1992 年 11 月 18 日法发〔1992〕37 号	适用期已过，实际上已经失效
20	最高人民法院关于水路货物逾期运到，因货物价格下降所造成的经济损失应否赔偿的复函	1995 年 12 月 7 日〔1995〕交他字第 7 号	原依据的《中华人民共和国经济合同法》和《水路货物运输规则》、《水路货物运输合同实施细则》有关规定作出的该司法解释不再适用

最高人民法院予以废止的 1999 年底以前发布的有关司法解释目录（第三批）

（2000 年 6 月 16 日最高人民法院审判委员会第 1119 次会议通过　法释〔2000〕20 号）

序　号	司法解释名称	发文日期、文号	废　止　理　由
1	最高人民法院关于华侨买卖国内房屋问题的批复	1982 年 8 月 19 日〔1779〕民他字第 40 号	1999 年 3 月 15 日全国人民代表大会已经通过并公布了《中华人民共和国合同法》，该司法解释与之抵触，不再适用
2	最高人民法院关于王正贵与林作信、江妙法房屋买卖关系如何确认的批复	1982 年 12 月 18 日〔1982〕民他字第 1 号	同上
3	最高人民法院关于租赁契约在履行期间发生争执新订立协议在办理公证时一方反悔并拒绝签字、领受公证书，应如何处理问题的批复	1987 年 1 月 19 日〔1986〕民他字第 122 号	同上
4	最高人民法院关于强锡麟捐赠给国家的财产应如何处理的批复	1988 年 3 月 12 日〔1987〕民他字第 66 号	1999 年 3 月 15 日全国人民代表大会已经通过并公布了《中华人民共和国合同法》，该司法解释的有关内容已被合同法相关内容所替代

（续表）

序　号	司法解释名称	发文日期、文号	废　止　理　由
5	最高人民法院关于公产房屋的买卖及买卖协议签订后一方是否可以翻悔问题的复函	1990年2月17日〔1989〕民他字第50号	1999年3月15日全国人民代表大会已经通过并公布了《中华人民共和国合同法》，该司法解释与之抵触，不再适用
6	最高人民法院关于贯彻执行《经济合同法》若干问题的意见	1984年9月17日〔1984〕法办字第128号	1999年3月15日全国人民代表大会已经通过并公布了《中华人民共和国合同法》，原依据《中华人民共和国经济合同法》有关规定作出的该司法解释不再适用
7	最高人民法院关于在审理经济合同纠纷案件中具体适用《经济合同法》的若干问题的解答	1987年7月21日法（经）发〔1987〕20号	同上
8	最高人民法院关于适用《涉外经济合同法》若干问题的解答	1987年10月19日法（经）发〔1987〕27号	1999年3月15日全国人民代表大会已经通过并公布了《中华人民共和国合同法》，原依据《中华人民共和国涉外经济合同法》有关规定作出的该司法解释不再适用
9	最高人民法院关于对无法定和约定期限的工矿产品内在质量提出异议应如何确定期限问题的复函	1993年9月13日法经〔1993〕195号	1999年3月15日全国人民代表大会已经通过并公布《中华人民共和国合同法》，该批复与之抵触，不再适用
10	最高人民法院关于审理科技纠纷案件的若干问题的规定	1995年4月2日法发〔1995〕6号	1999年3月15日全国人民代表大会已经通过并公布了《中华人民共和国合同法》，原依据《中华人民共和国技术合同法》有关规定作出的该司法解释不再适用

最高人民法院决定废止的1979年至1989年间发布的司法解释目录(第二批)

（1996年12月31日最高人民法院审判委员会第869次会议讨论通过）

序　号	分　类	司法解释名称	发文日期、文号	废　止　理　由
1	刑　事	最高人民法院关于管辖区划变更后复查案件审批程序问题的批复	1979年3月21日〔1979〕法办研字第7号	该批复是对个案问题的处理意见，现已不再适用

（续表1）

序　号	分　类	司法解释名称	发文日期、文号	废　止　理　由
2		最高人民法院关于报送死刑复核案件的几项规定的通知	1979年12月12日〔1979〕法办字第92号	该司法解释已被1994年3月21日最高人民法院发布的《关于审理刑事案件程序的具体规定》代替
3		最高人民法院关于对几类现行犯授权高级人民法院核准死刑的若干具体规定的通知	1980年3月18日	该司法解释已被1983年9月7日最高人民法院发布的《关于授权高级人民法院核准部分死刑案件的通知》代替
4		最高人民法院关于揭批"四人帮"斗争中清查出来的犯罪分子在逮捕前被隔离审查的日期可否折抵刑期的批复	1980年4月17日〔1980〕法研字第13号	该批复是对特定历史时期遗留问题的处理意见，现已不再适用
5		最高人民法院关于中级人民法院判处死缓经高级人民法院复核认为必须判处死刑立即执行的案件应如何处理问题的批复	1981年6月10日〔1981〕法研字第11号	该批复已被1994年3月21日最高人民法院发布的《关于审理刑事案件程序的具体规定》代替
6		最高人民法院关于在逮捕前交"群众监督劳动"的日期可否折抵刑期问题的批复	1982年9月8日〔1982〕法研字第7号	该批复是对个案问题的处理意见，现已不再适用
7		最高人民法院关于刑事案件被告人在审理过程中患精神病应否中止审理的批复	1983年2月4日〔83〕法研字第1号	该批复已被1994年3月21日最高人民法院发布的《关于审理刑事案件程序的具体规定》代替
8		最高人民法院关于个人非法制造、销售他人注册商标标识而构成犯罪的应按假冒商标罪惩处的批复	1985年5月9日法（研）复〔1985〕28号	1993年2月22日全国人民代表大会常务委员会通过并公布了《关于惩治假冒注册商标犯罪的补充规定》，该批复内容与之抵触，不再适用
9		最高人民法院关于播放淫秽录像、影片、电视片、幻灯片等犯罪案件如何定罪问题的批复	1985年7月8日法（研）复〔1985〕40号	1990年12月28日全国人民代表大会常务委员会通过并公布了《关于惩治走私制造贩卖传播淫秽物品的犯罪分子的决定》，该批复内容与之抵触，不再适用
10		最高人民法院关于对罪犯减刑时应将判决前羁押的日期折抵为已执行的刑期的批复	1985年11月14日	该批复是对最高人民法院、最高人民检察院、公安部1979年10月10日《关于死缓犯和无期徒刑犯减刑问题的联合通知》有关问题的解释，该《联合通知》已废除，该批复不再适用
11		最高人民法院关于依法严惩猎杀大熊猫、倒卖走私大熊猫皮的犯罪活动的通知	1987年7月24日	该批复已被1988年11月8日全国人民代表大会常务委员会通过并公布的《关于惩治捕杀国家重点保护的珍贵、濒危野生动物犯罪的补充规定》代替

（续表 2）

序　号	分　类	司法解释名称	发文日期、文号	废　止　理　由
12		最高人民法院关于被判处拘役或者三年以下有期徒刑宣告缓刑的罪犯减刑的管辖和处理程序的批复	1988 年 1 月 5 日法（研）复〔1988〕1 号	该批复已被 1994 年 3 月 21 日最高人民法院发布的《关于审理刑事案件程序的具体规定》代替
13		最高人民法院关于第二审人民法院审理被害人对刑事案件中附带的民事诉讼部分提出的上诉应全案审查并就附带民事诉讼部分作出终审裁判的批复	1988 年 5 月 11 日法（研）发〔1988〕23 号	该批复已被 1994 年 3 月 21 日最高人民法院发布的《关于审理刑事案件程序的具体规定》代替
14		最高人民法院关于刑事案件取保候审的被告人在法院审理期间潜逃应宣告中止审理的批复	1988 年 7 月 6 日法（研）复〔1988〕29 号	该批复已被 1994 年 3 月 21 日最高人民法院发布的《关于审理刑事案件程序的具体规定》代替
15		最高人民法院关于假冒商标案件两个问题的批复	1988 年 12 月 26 日法(研)复〔1988〕73 号	该批复已被 1993 年 2 月 22 日全国人民代表大会常务委员会通过并公布的《关于惩治假冒注册商标犯罪的补充规定》代替
16		最高人民法院关于拐卖人口案件中,婴儿、幼儿、儿童年龄界限如何划分问题的批复	1989 年 7 月 7 日法（研）复〔1989〕5 号	该批复已被 1992 年 12 月 11 日最高人民法院、最高人民检察院《关于执行〈全国人民代表大会常务委员会关于严惩拐卖绑架妇女儿童的犯罪分子的决定〉的若干问题的解答》代替
17	民事	最高人民法院关于贯彻执行民事政策法律的意见	1979 年 2 月 2 日	该司法解释已被 1986 年 4 月 12 日全国人民代表大会通过并公布的《中华人民共和国民法通则》等法律所代替
18		最高人民法院关于人民法院审判民事案件程序制度的规定(试行)	1979 年 2 月 2 日	1991 年 4 月 9 日全国人民代表大会通过并公布了《中华人民共和国民事诉讼法》,该司法解释与之抵触,不再适用
19		最高人民法院关于复员、转业军人的复员费、转业费、医疗费能否按家庭共同财产处理问题的批复	1979 年 3 月 21 日〔79〕法办研字第 9 号	该批复已被 1993 年 11 月 3 日最高人民法院发布的《关于人民法院审理离婚案件处理财产分割问题的若干具体意见》代替
20		最高人民法院关于给我国旅居加拿大的公司寄递离婚诉讼文书问题的批复	1980 年 8 月 25 日〔1980〕民他字第 26 号	1991 年 4 月 9 日全国人民代表大会通过并公布了《中华人民共和国民事诉讼法》,该批复与之抵触,不再适用
21		最高人民法院关于对日本国询问有关继承的几个问题的答复	1980 年 10 月 25 日	1985 年 4 月 10 日全国人民代表大会通过并公布了《中华人民共和国继承法》,该司法解释有关内容与之抵触,不再适用

（续表3）

序　号	分　类	司法解释名称	发文日期、文号	废　止　理　由
22		最高人民法院关于女方外流男方要求离婚的案件仍应由原告(男方)户口所在地法院管辖的函	1982年9月21日〔1982〕民他字第32号	该司法解释已被1992年7月14日最高人民法院发布的《关于适用〈中华人民共和国民事诉讼法〉若干问题的意见》代替
23		关于适用民事诉讼法(试行)第一百九十一条第二款和第一百九十二条第二款的两个问题的批复	1982年12月17日〔1982〕法研字第18号	该批复已被1991年4月9日全国人民代表大会通过并公布的《中华人民共和国民事诉讼法》代替
24		最高人民法院关于对经公告送达起诉书而不应诉的居住在国外的民事被告缺席判决后仍应公告送达判决书的批复	1983年2月7日〔1983〕法研字第2号	1991年4月9日全国人民代表大会通过并公布了《中华人民共和国民事诉讼法》，该批复与之抵触，不再适用
25		最高人民法院关于人民法院能否受理当事人因不服工商行政管理部门的行政处罚而提起的诉讼的批复	1983年3月19日〔1983〕法研字第8号	1989年4月4日全国人民代表大会通过并公布了《中华人民共和国行政诉讼法》，该批复与之抵触，不再适用
26		最高人民法院关于被告在外地就医的离婚案件管辖问题的批复	1984年3月26日〔1984〕法民字第5号	该批复已被1992年7月14日最高人民法院发布的《关于适用〈中华人民共和国民事诉讼法〉若干问题的意见》代替
27		最高人民法院关于双方当事人在户籍所在地结婚后去外地居住的离婚案件应由何地法院管辖的函	1984年5月11日〔1984〕民他字第5号	该司法解释已被1992年7月14日最高人民法院发布的《关于适用〈中华人民共和国民事诉讼法〉若干问题的意见》代替
28		最高人民法院《关于贯彻执行民事诉讼法(试行)若干问题的意见》	1984年9月8日	该司法解释已被1992年7月14日最高人民法院发布的《关于适用〈中华人民共和国民事诉讼法〉若干问题的意见》代替
29		最高人民法院民事诉讼收费办法(试行)	1984年9月15日	该司法解释已被1989年7月12日最高人民法院发布的《人民法院诉讼收费办法》代替
30		最高人民法院就吉林省浑江市卫生防疫站的来信给吉林省高级人民法院的通知	1984年9月11日〔1984〕法民字第10号	1989年4月4日全国人民代表大会通过并公布了《中华人民共和国行政诉讼法》，该司法解释与之抵触，不再适用
31		最高人民法院关于王威与徐保俊离婚一案中几个问题的批复	1984年9月18日〔1984〕民他字第12号	1991年4月9日全国人民代表大会通过并公布了《中华人民共和国民事诉讼法》，该批复与之抵触，不再适用
32		最高人民法院关于女方外流重婚后原夫起诉要求人民法院受理的复函	1984年10月27日〔1984〕法民字第12号	该司法解释已被1992年7月14日最高人民法院发布的《关于适用〈中华人民共和国民事诉讼法〉若干问题的意见》代替

(续表4)

序 号	分 类	司法解释名称	发文日期、文号	废 止 理 由
33		关于申请执行仲裁裁决应向何地法院提出的批复	1985年1月17日法(研)复〔1985〕5号	该批复已被1992年7月14日最高人民法院发布的《关于适用〈中华人民共和国民事诉讼法〉若干问题的意见》代替
34		最高人民法院关于财产案件受理费如何计算等问题的批复	1985年1月24日法〔民〕复〔1985〕6号	《民事诉讼收费办法(试行)》已于1989年9月1日废止,该司法解释是对《民事诉讼法收费办法(试行)》中有关问题的解释,不再适用
35		最高人民法院关于卢伟明与卢伟范继承案管辖问题的批复	1985年2月24日法〔民〕复〔1985〕14号	该批复已被1991年4月9日全国人民代表大会通过并公布的《中华人民共和国民事诉讼法》代替
36		关于民事案件上诉后,第二审法院对案件的实体问题作了改判后,可否变更第一审法院关于诉讼费用负担的决定等问题的批复	1985年5月30日法〔民〕复〔1985〕31号	该批复已被1989年6月29日最高人民法院发布的《人民法院诉讼收费办法》代替
37		关于胜诉一方当事人提起上诉第二审法院维持原判第二审的诉讼费用应由谁负担等问题的批复	1985年5月30日法〔民〕复〔1985〕32号	该批复已被1989年6月29日最高人民法院发布的《人民法院诉讼收费办法》代替
38		最高人民法院关于当事人一方提起上诉如何预交上诉案件受理费问题的批复	1985年5月30日法〔民〕复〔1985〕33号	该批复已被1989年6月29日最高人民法院发布的《人民法院诉讼收费办法》代替
39		关于一方当事人在国内居住另一方当事人在国外居住的涉外民事案件的上诉期应如何确定的批复	1985年6月11日法(研)复〔1985〕34号	1991年4月9日全国人民代表大会通过并公布了《中华人民共和国民事诉讼法》,该批复与之抵触,不再适用
40		最高人民法院关于财产案件受理费如何计算等问题的批复	1985年7月24日法〔民〕复〔1985〕6号	《民事诉讼收费办法(试行)》已于1989年6月30日废止,依据《民事诉讼收费办法(试行)》作出的批复不再适用
41		关于一、二两审人民法院驳回起诉的裁定确有错误应如何予以纠正的批复	1985年10月28日法〔民〕复〔1985〕52号	该批复已被1992年7月14日最高人民法院发布的《关于适用〈中华人民共和国民事诉讼法〉若干问题的意见》代替
42		最高人民法院关于王占有与王言林赡养管辖问题的批复	1986年1月7日〔1985〕法民字第24号	1991年4月9日全国人民代表大会通过并公布了《中华人民共和国民事诉讼法》,该批复与之抵触,不再适用
43		最高人民法院关于在继承案件中可以将实际占有遗产的其他人列为被告并适用普通程序审理的批复	1986年4月3日〔1983〕民他字第12号	1991年4月9日全国人民代表大会通过并公布了《中华人民共和国民事诉讼法》,该批复与之抵触,不再适用

（续表 5）

序　号	分　类	司法解释名称	发文日期、文号	废　止　理　由
44		最高人民法院关于同意将马本师房产按归侨政策处理的批复	1985 年 5 月 9 日法〔民〕复〔1985〕字第 9 号	1985 年 4 月 10 日全国人民代表大会通过并公布了《中华人民共和国继承法》，该批复与之抵触，不再适用
45		最高人民法院关于付桂芬与李兴凯离婚案管辖问题的批复	1987 年 7 月 29 日〔1987〕民他字第 37 号	该批复已被 1992 年 7 月 14 日最高人民法院发布的《关于适用〈中华人民共和国民事诉讼法〉若干问题的意见》代替
46		最高人民法院对生效多年的判决逾期申请执行的依法不予支持的批复	1987 年 8 月 25 日〔1987〕民他字第 20 号	1991 年 4 月 9 日全国人民代表大会通过并公布了《中华人民共和国民事诉讼法》，该批复与之抵触，不再适用
47		最高人民法院关于侵害名誉权案件有关报刊社应否列为被告和如何适用管辖问题的批复	1988 年 1 月 15 日法〔民〕复〔1988〕11 号	该批复已被 1993 年 11 月最高人民法院发布的《关于审理名誉权案件若干问题的问答》代替
48		最高人民法院关于委托执行工作中两个问题的批复	1988 年 6 月 20 日法（研）复〔1988〕	该批复已被 1992 年 7 月 14 日最高人民法院发布的《关于适用〈中华人民共和国民事诉讼法〉若干问题的意见》代替
49		关于人民法院已生效的法律文书是否适用民事诉讼法（试行）第一百六十九条规定的申请执行期限等问题的批复	1988 年 8 月 15 日法（研）复〔1988〕35 号	1991 年 4 月 9 日全国人民代表大会通过并公布了《中华人民共和国民事诉讼法》，该批复与之抵触，不再适用
50		最高人民法院关于对甘秀珍与李福离婚是否需要通过再审程序撤销原调解书问题的函	1989 年 9 月 7 日〔1989〕民他字第 36 号	1991 年 4 月 9 日全国人民代表大会通过并公布了《中华人民共和国民事诉讼法》，该司法解释与之抵触，不再适用
51		最高人民法院关于在经济审判工作中贯彻执行《中华人民共和国民事诉讼法（试行）》若干问题的意见	1984 年 9 月 17 日	1991 年 4 月 9 日全国人民代表大会通过并公布了《中华人民共和国民事诉讼法》，该司法解释有关内容与之抵触，不再适用
52		最高人民法院关于人民法院该批复已被 1993 年 12 月 11 日中国人民银行、最可以直接与银行系统的营业所、信用社联系查询、冻结或者扣划企事业等单位存款的批复	1985 年 1 月 17 日法（研）复〔1985〕4 号	高人民法院，最高人民检察院、公安部发布的《关于查询、冻结、扣划企业事业单位、机关、团体银行存款的通知》代替
53		最高人民法院关于国内工矿产品购销合同农副产品购销合同中的合同履行地如何确定的批复	1985 年 7 月 4 日法（经）复〔1985〕39 号	该批复已被 1996 年 9 月 12 日最高人民法院发布的《关于在确定经济纠纷案件管辖中如何确定购销合同履行地的规定》代替

（续表 6）

序　号	分　类	司法解释名称	发文日期、文号	废　止　理　由
54		最高人民法院关于合同纠纷当事人一方向仲裁机关申请仲裁仲裁机关已立案另一方向人民法院起诉人民法院应否受理的批复	1985 年 8 月 3 日法（经）复〔1985〕42 号	1993 年 9 月 2 日全国人民代表大会常务委员会通过并公布了《关于修改〈中华人民共和国经济合同法〉的决定》，该批复与之抵触，不再适用
55		最高人民法院关于人民法院审理经济行政案件不应进行调解的通知	1985 年 11 月 6 日法（经）发〔1985〕25 号	该司法解释已被 1989 年 4 月 4 日全国人民代表大会通过并公布的《中华人民共和国行政诉讼法》代替
56		最高人民法院关于原告向某人民法院起诉后撤诉又向另一个人民法院起诉该法院是否受理的批复	1985 年 12 月 14 日法（经）复〔1985〕58 号	该批复已被 1991 年 4 月 9 日全国人民代表大会通过并公布的《中华人民共和国民事诉讼法》代替
57		最高人民法院关于如何确定合同签订地问题的批复	1986 年 4 月 11 日法（经）复〔1986〕15 号	1991 年 4 月 9 日全国人民代表大会通过并公布了《中华人民共和国民事诉讼法》，该批复与之抵触，不再适用
58		最高人民法院关于需要再审而发现遗漏了诉讼第三人的案件应指令哪一级法院按什么程序再审问题的批复	1986 年 5 月 21 日法（研）复〔1986〕18 号	该批复已被 1992 年 7 月 14 日最高人民法院发布的《关于适用〈中华人民共和国民事诉讼法〉若干问题的意见》代替
59		最高人民法院关于专业银行信用社担保的经济合同被确认无效后保证人是否应承担连带责任问题的批复	1987 年 2 月 5 日法（经）复〔1987〕5 号	该批复已被 1995 年 6 月 30 日全国人民代表大会常务委员会通过并公布的《中华人民共和国担保法》代替
60		最高人民法院关于审理经济纠纷案件具体适用《中华人民共和国民事诉讼法（试行）》的若干问题的解答	1987 年 7 月 21 日	该司法解释已被 1992 年 7 月 14 日最高人民法院发布的《关于适用〈中华人民共和国民事诉讼法〉若干问题的意见》代替
61		最高人民法院关于决定采取民事拘留措施的法院能否委托被拘留人所在地法院代为执行的批复	1987 年 10 月 15 日法（经）复〔1987〕43 号	该批复已被 1992 年 7 月 14 日最高人民法院发布的《关于适用〈中华人民共和国民事诉讼法〉若干问题的意见》代替
62		最高人民法院关于经人民法院裁定冻结的当事人银行存款其他人民法院不应就同一笔款额重复冻结问题的批复	1987 年 12 月 14 日法（经）复〔1987〕49 号	该批复已被 1993 年 12 月 11 日中国人民银行、最高人民法院、最高人民检察院、公安部发布的《关于查询、冻结、扣划企业事业单位、机关、团体银行存款的通知》代替
63		最高人民法院关于借款合同的双方当事人未经保证人同意达成延期还款协议后保证人是否继续承担担保责任的批复	1988 年 1 月 9 日法（经）复〔1988〕4 号	该批复已被 1995 年 6 月 30 日全国人民代表大会常务委员会通过并公布的《中华人民共和国担保法》代替

（续表7）

序 号	分 类	司法解释名称	发文日期、文号	废 止 理 由
64		最高人民法院关于在一审判决后的上诉期限内原审法院能否采取诉讼保全措施的批复	1988年1月13日法（研）复〔1988〕7号	该批复已被1992年7月14日最高人民法院发布的《关于适用〈中华人民共和国民事诉讼法〉若干问题的意见》代替
65		最高人民法院关于不具备法人资格的企业分支机构作为经济合同一方当事人的保证人其保证合同是否有效及发生纠纷时应如何处理问题的批复	1988年3月24日法（研）复〔1988〕17号	该批复已被1995年6月30日全国人民代表大会常务委员会通过并公布的《中华人民共和国担保法》代替
66		最高人民法院关于如何确定合同履行地问题的批复	1988年4月22日法（经）复〔1988〕20号	该批复已被1996年9月12日最高人民法院发布的《关于在确定经济纠纷案件管辖中如何确定购销合同履行地的规定》代替
67		最高人民法院关于经济合同纠纷案件复查期间执行问题的批复	1989年8月8日法（经）复〔1989〕6号	该批复已被1991年4月9日全国人民代表大会通过并公布的《中华人民共和国民事诉讼法》代替
68		最高人民法院关于当事人虽表示上诉但未在法定期限内提交上诉状是否作为上诉案件受理问题的批复	1989年8月21日法（经）复〔1989〕7号	该批复已被1992年7月14日最高人民法院发布的《关于适用〈中华人民共和国民事诉讼法〉若干问题的意见》代替
69		最高人民法院关于在经济纠纷案件执行过程中当事人自愿达成和解协议后一方当事人不履行或者翻悔可否按原生效法律文书执行问题的批复	1989年9月16日法（经）复〔1989〕8号	该批复已被1992年7月14日最高人民法院发布的《关于适用〈中华人民共和国民事诉讼法〉若干问题的意见》代替

最高人民法院最高人民检察院予以废止的1993年底以前联合发布的司法解释目录（第一批）

（1994年8月29日法发〔1994〕21号高检会〔1994〕37号）

序 号	司法解释名称	发文日期、文号	废 止 理 由
1	最高人民法院 最高人民检察院关于办理淫秽物品刑事案件具体应用法律的规定	1990年7月6日法（研）发〔1990〕11号	1990年12月28日全国人大常委会已通过《关于惩治走私、制作、贩卖、传播淫秽物品的犯罪分子的决定》原依据刑法有关规定作出的上述解释不再适用

（续表）

序　号	司法解释名称	发文日期、文号	废　止　理　由
2	最高人民法院 最高人民检察院关于非法种植罂粟构成犯罪的以制造毒品罪论处的规定	1990年7月9日法（研）发〔1990〕14号	1990年12月28日全国人大常委会已通过《关于禁毒的决定》，原依据刑法有关规定作出的上述解释不再适用
3	最高人民法院最高人民检察院关于依法严惩盗窃通讯设备犯罪的规定	1990年7月10日法（研）发〔1990〕15号	已被1992年12月11日最高人民法院、最高人民检察院发布的《关于办理盗窃案件具体应用法律的若干问题的解释》代替
4	最高人民法院 最高人民检察院关于修改盗窃犯罪数额标准的通知	1991年12月30日法（研）发〔1991〕47号	已被1992年12月11日最高人民法院、最高人民检察院发布的《关于办理盗窃案件具体应用法律的若干问题的解释》代替

附：

最高人民法院予以废止的1993年底以前发布的司法解释目录(第一批)

（最高人民法院审判委员会第667次会议讨论通过）

序　号	分　类	司法解释名称	发文日期、文号	废　止　理　由
1	刑　事	最高人民法院关于办理共同盗窃犯罪案件如何适用法律问题的意见	1991年4月12日法（研）发〔1991〕11号	已被1992年12月11日最高人民法院、最高人民检察院发布的《关于办理盗窃案件具体应用法律的若干问题的解释》代替
2		最高人民法院关于严厉打击偷渡犯罪活动的通知	1993年9月24日法发〔1993〕24号	1994年3月5日全国人民代表大会常务委员会已经通过并公布了《关于严惩组织、运送他人偷越国（边）境犯罪的补充规定》，原依据刑法有关规定作出的上述司法解释不再适用
3	经　济	最高人民法院关于因口头协议纠纷提起的诉讼管辖问题的批复	1990年3月16日	1991年4月9日全国人民代表大会通过并公布了《中华人民共和国民事诉讼法》，上述批复有关内容与之抵触或者重复，不再适用
4		最高人民法院关于工商行政管理机关对无效经济合同引起的财产争议处理后当事人向人民法院起诉是否受理的批复	1990年11月3日法（经）复〔1990〕16号	已被1992年4月1日最高人民法院发布的《关于不服工商行政管理机关的确认经济合同无效及财产损失的处理决定的案件应属行政案件的复函》代替

（续表）

序号	分类	司法解释名称	发文日期、文号	废止理由
5	行政	人民法院审理治安行政案件具体应用法律的若干问题的暂行规定	1986年10月24日法（研）发〔1986〕31号	1989年4月4日全国人民代表大会已经通过并公布了《中华人民共和国行政诉讼法》，上述司法解释与之抵触，不再适用
6		最高人民法院关于如何适用土地管理法第十三条和森林法第十四条的批复	1987年7月31日法（经）复字〔1987〕28号	1989年4月4日全国人民代表大会通过并公布了《中华人民共和国行政诉讼法》，上述批复与之抵触，不再适用
7		最高人民法院关于铁路运输法院是否受理治安行政案件的批复	1987年9月11日法（研）复〔1987〕34号	1989年4月4日全国人民代表大会已经通过并公布了《中华人民共和国行政诉讼法》，上述批复与之抵触，不再适用
8		最高人民法院关于《人民法院审理治安行政案件具体应用法律的若干问题的暂行规定》是否适用于审理其他行政案件的批复	1988年1月13日法（研）复〔1988〕9号	1989年4月4日全国人民代表大会已经通过并公布了《中华人民共和国行政诉讼法》，上述批复与之抵触，不再适用
9	海事	最高人民法院在扣船规定出台前关于扣船程序的批复	1981年10月24日〔1981〕法（交）字第3号	已被1994年7月6日最高人民法院发布的《关于海事法院诉讼前扣押船舶的规定》代替
10		最高人民法院关于诉讼前扣押船舶的具体规定（1986年1月31日最高人民法院审判委员会通过）		已被1994年7月6日最高人民法院发布的《关于海事法院诉讼前扣押船舶的规定》代替
11		最高人民法院关于强制变卖被扣押船舶清偿债务的具体规定	1987年8月29日法（经）发〔1987〕22号	已被1994年7月6日最高人民法院发布的《关于海事法院拍卖被扣押船舶清偿债务的规定》代替